D1727808

Heidelberger Kommentar

Heidelberger Kommentar zum
Urheberrecht

von

Dr. Gunda Dreyer
Richterin am Landgericht

Dr. Jost Kotthoff
Rechtsanwalt

Dr. Astrid Meckel
Richterin am Oberlandesgericht

unter Mitarbeit von

Dr. Hans-Joachim Zeisberg
Regierungsdirektor

CFM

C. F. Müller Verlag · Heidelberg

Bibliografische Information Der Deutschen Bibliothek

Die Deutsche Bibliothek verzeichnet diese Publikation
in der Deutschen Nationalbibliografie; detaillierte bibliografische Daten
sind im Internet über <http://dnb.ddb.de> abrufbar.

© 2004 C. F. Müller Verlag, Verlagsgruppe Hüthig Jehle Rehm GmbH, Heidelberg
Printed in Germany
Satz: Strassner Computersatz, Leimen
Druck und Bindung: Friedrich Pustet, Regensburg
ISBN 3-8114-2349-5

Vorwort

Die ökonomische Bedeutung des Urheberrechts nimmt durch die fortschreitende technische Entwicklung, die große Akzeptanz der neuen Medien und den hohen Stellenwert der Information als solcher stetig zu. Bedingt durch den technischen Fortschritt und die Globalisierung der Wirtschaft muss das Urheberrechtsgesetz immer wieder angepasst werden, um die Rechte der Urheber auf Dauer zu schützen, die Verletzungen des Urheberrechts zu ahnden und die Schranken der Nutzung zu bestimmen. Damit verbunden ist die Zunahme der entsprechenden Rechtsfragen, oft auch mit internationalem Bezug, mit denen sich über den Kreis der Spezialisten hinaus die betriebliche und anwaltliche Praxis konfrontiert sieht.

Der vorliegende Kommentar trägt den Bedürfnissen der Praxis nach zuverlässiger Information Rechnung. Sein Schwerpunkt liegt auf der praxisnahen Kommentierung des Urheberrechtsgesetzes, wobei ausführlich auf die Änderungen durch das Gesetz zur Regelung des Urheberrechts in der Informationsgesellschaft und durch das Urhebervertragsgesetz eingegangen wird. Erläutert wird auch das in den §§ 22 ff. KUG geregelte Recht am eigenen Bild. In einem eigenen Kapitel wird das Urheberrechtswahrnehmungsgesetz kommentiert. Das Werk soll eine Orientierung über die wesentlichen Gesichtspunkte des deutschen Urheberrechts einschließlich der europäischen und internationalen Entwicklung und einen Überblick über die höchstrichterliche Rechtsprechung bieten. Weitere einschlägige, nationale und internationale Gesetze, Richtlinien, Abkommen und Ähnliches sind im Anhang abgedruckt.

Gesetzgebung, Rechtsprechung und Literatur befinden sich, abgesehen von einzelnen Nachträgen während der Drucklegung, auf dem Stand Anfang Dezember 2003.

Für Kritik und Anregungen sind die Autoren dankbar.

Im Dezember 2003   *Die Verfasser*

Bearbeiterverzeichnis

Dreyer: Einleitung, §§ 1-3, 5-27, 42a, 44a-55, 56-63a, 95a-95d UrhG, Recht am eigenen Bild (Anhang zu § 60 UrhG)

Kotthoff: §§ 4, 28-42, 43-44, 55a, 69a-69g, 87a-87e, 106-143 UrhG

Meckel: §§ 64-69, 70-87, 88-95, 96-105 UrhG

Zeisberg: WahrnG

Zitiervorschlag

Kotthoff in HK-UrhR, § 4 Rn 8

Inhaltsverzeichnis

Kapitel I
Gesetz über Urheberrecht und verwandte Schutzrechte
– UrhG –

Inhaltsverzeichnis

Kapitel II
Gesetz über die Wahrnehmung von Urheberrechten und verwandten Schutzrechten
– WahrnG –

Anhang

Abkürzungsverzeichnis

aA	andere(r) Ansicht
aaO	am angegebenen Ort
abgedr.	abgedruckt
ABlEG	Amtsblatt der Europäischen Gemeinschaften
Abs.	Absatz
Abschn.	Abschnitt
aE	am Ende
AGB	Allgemeine Geschäftsbedingungen
ÄndG	Änderungsgesetz
aF	alte Fassung
AfP	Archiv für Presserecht (Zeitschrift)
AG	Amtsgericht; Aktiengesellschaft; Ausführungsgesetz
allg.	allgemein
Alt.	Alternative
aM	andere(r) Meinung
AMG	Arzneimittelgesetz
amtl.	amtlich
Anh.	Anhang
Anm.	Anmerkung
ArbnErfG	Gesetz über Arbeitnehmererfindungen
Art.	Artikel
Aufl.	Auflage
Az	Aktenzeichen
BAnz.	Bundesanzeiger
BayVGH	Bayerischer Verwaltungsgerichtshof
BB	Betriebs-Berater (Zeitschrift)
Bd	Band
Begr.	Begründung
Beil.	Beilage
bes.	besonders
Beschl.	Beschluss
betr.	betreffend
BGB	Bürgerliches Gesetzbuch
BGBl	Bundesgesetzblatt
BGH	Bundesgerichtshof
BGHZ(St)	Entscheidungen des Bundesgerichtshofs in Zivilsachen (Strafsachen)
BKartA	Bundeskartellamt
BlPMZ	Blatt für Patente-, Muster- und Zeichenwesen
BMI	Urheberrechtsverwertungsgesellschaft (USA)
BMJ	Bundesministerium der Justiz
BPatG	Bundespatentgericht

Abkürzungsverzeichnis

BR-Drucks.	Bundesratsdrucksache
BReg	Bundesregierung
BSHG	Bundessozialhilfegesetz
bspw	beispielsweise
BTag	Bundestag
BT-Drucks.	Bundestagsdrucksache
BVerfG	Bundesverfassungsgericht
BVerfGE	Entscheidungen des BVerfG
bzgl	bezüglich
bzw	beziehungsweise
ca	circa
CDDA	Compact Disk Digital Audio
CEN	Europäisches Komitee für Normung
CR	Computer und Recht (Zeitschrift)
CR Int	Computer und Recht International (Zeitschrift)
DB	Der Betrieb (Zeitschrift)
DENIC	Domain Verwaltungs- und Betriebsgesellschaft
ders.	derselbe
DGVZ	Deutsche Gerichtsvollzieher-Zeitung
dh	das heißt
dies.	dieselbe(n)
Diss.	Dissertation
DJZ	Deutsche Juristen-Zeitung
DPA	Deutsches Patentamt
DPMA	Deutsches Patent- und Markenamt
DRiG	Deutsches Richtergesetz
DRiZ	Deutsche Richter-Zeitung
DRM	Digital Rights Management
DVBl	Deutsches Verwaltungsblatt
DVO	Durchführungsverordnung
DZWIR	Deutsche Zeitschrift für Wirtschaftsrecht
EG	Einführungsgesetz; Europäische Gemeinschaften
EGBGB	Einführungsgesetz zum Bürgerlichen Gesetzbuch
EGG	Elektronisches Geschäftsverkehrgesetz
EGMR	Europäischer Gerichtshof für Menschenrechte; Entscheidungen des Europäischen Gerichtshofs für Menschenrechte
EGV	Vertrag zur Gründung der Europäischen Gemeinschaft
Einf.	Einführung
Einl.	Einleitung
E-Mail	electronic mail
EMRK	Europäische Menschenrechtskonvention
Entsch.	Entscheidung
entspr.	entsprechend
EPÜ	Europäisches Patentübereinkommen

erg.	ergänzend
Erl.	Erläuterung
Erwgr	Erwägungsgrund
etc	et cetera
EU	Europäische Union
EuGH	Gerichtshof der Europäischen Gemeinschaften
EuGHE	Sammlung der Entscheidungen des Gerichtshofs der Europäischen Gemeinschaften
EuGVVO	Verordnung über die gerichtliche Zuständigkeit und die Anerkennung und Vollstreckung in Zivil- und Handelssachen
EuZW	Europäische Zeitschrift für Wirtschaftsrecht
evtl	eventuell
EVÜ	Römisches Übereinkommen über das Internationale Privatrecht der Schuldverträge
EWG	Europäische Wirtschaftsgemeinschaft
EWiR	Entscheidungen zum Wirtschaftsrecht
EWR	Europäischer Wirtschaftsraum
EWS	Europäisches Wirtschafts- und Steuerrecht (Zeitschrift)
f.	folgende
ff.	fortfolgende
FK	Glassen/von Hahn/Kersten/Rieger, Frankfurter Kommentar zum Kartellrecht
Fn	Fußnote
FS	Festschrift
FuR	Film und Recht (Zeitschrift)
G	Gesetz
GA	Gutachterausschuss für Wettbewerbsfragen; Goltdammer's Archiv für Strafrecht
GbR	Gesellschaft bürgerlichen Rechts
GebrMG	Gebrauchsmustergesetz
gem.	gemäß
GEMA	Gesellschaft für musikalische Aufführungs- und mechanische Vervielfältigungsrechte
GeschmMG	Geschmacksmustergesetz
GewO	Gewerbeordnung
GG	Grundgesetz
ggf	gegebenenfalls
GmbH	Gesellschaft mit beschränkter Haftung
grds	grundsätzlich
GRUR	Gewerblicher Rechtsschutz und Urheberrecht (Zeitschrift)
GRUR Ausl	Gewerblicher Rechtsschutz und Urheberrecht, Auslands- und internationaler Teil (1952–1969)
GRUR Int	Gewerblicher Rechtsschutz und Urheberrecht, Internationaler Teil (seit 1970)
GRUR-RR	Gewerblicher Rechtsschutz und Urheberrecht, Rechtsprechungs-Report

Abkürzungsverzeichnis

GÜFA	Gesellschaft zur Übernahme und Wahrnehmung von Filmaufführungs-rechten
GVG	Gerichtsverfassungsgesetz
GVL	Gesellschaft zur Verwertung von Leistungsschutzrechten
GWB	Gesetz gegen Wettbewerbsbeschränkungen
GWFF	Gesellschaft zur Wahrnehmung von Film- und Fernsehrechten
Hdb	Handbuch
HGB	Handelsgesetzbuch
HK-WettbR/ Verfasser	Ekey/Klippel/Kotthoff/Meckel/Plaß, Heidelberger Kommentar zum Wettbewerbsrecht
hL	herrschende Lehre
hM	herrschende Meinung
HRG	Hochschulrahmengesetz
Hrsg	Herausgeber
HS	Halbsatz
ICC	International Review of Industrial Property and Copyright Law (Zeitschrift)
idF	in der Fassung
idR	in der Regel
iE	im Ergebnis; in Ergänzung
ieS	im engeren Sinne
IGH	Internationaler Gerichtshof
IHK	Industrie- und Handelskammer
IIC	International Review of Industrial Property of Copyright Law
insb.	insbesondere
int.	international
IPRax	Praxis des Internationalen Privat- und Verfahrensrechts (Zeitschrift)
iRd	im Rahmen der/des
iSd	im Sinne der/des
iSv	im Sinne von
ITRB	Der IT-Rechtsberater (Zeitschrift)
iÜ	im Übrigen
IuKDG	Informations- und Kommunikationsdienste-Gesetz
iVm	in Verbindung mit
iwS	im weiteren Sinne
Jb	Jahrbuch
JurPC	Internet-Zeitschrift für Rechtsinformatik
JWG	Gesetz für Jugendwohlfahrt
JZ	Juristenzeitung
Kap.	Kapitel
KG	Kammergericht; Kommanditgesellschaft
KJHG	Kinder- und Jugendhilfegesetz
Komm.	Kommentar
krit.	kritisch

KUG	Gesetz betr. das Urheberrecht an Werken der bildenden Kunst und der Photographie
K&R	Kommunikation und Recht (Zeitschrift)
KUR	Kunstrecht und Urheberrecht (Zeitschrift)
KWG	Gesetz über das Kreditwesengesetz
LAG	Landesarbeitsgericht
LG	Landgericht
lit.	Buchstabe
Lit.	Literatur
LPartG	Lebenspartnerschaftsgesetz
LS	Leitsatz
LUG	Gesetz betr. das Urheberrecht an Werken der Literatur und der Tonkunst
MarkenG	Markengesetz
Mat.	Materialien
MDR	Monatsschrift für Deutsches Recht
mE	meines Erachtens
Mitt.	Mitteilungen der deutschen Patentanwälte (Zeitschrift)
MK	Münchener Kommentar
MMR	Multi Media und Recht (Zeitschrift)
mN	mit Nachweisen
MR	Markenrecht (Zeitschrift)
MuW	Markenschutz und Wettbewerb (Zeitschrift)
mwN	mit weiteren Nachweisen
nF	neue Fassung
NJ	Neue Justiz (Zeitschrift)
NJW	Neue Juristische Wochenschrift
NJW-CoR	NJW-Computerreport
NJWE-WettbR	NJW-Entscheidungsdienst Wettbewerbsrecht
NJW-RR	NJW-Rechtsprechungs-Report Zivilrecht
Nr.	Nummer
NStZ	Neue Zeitschrift für Strafrecht
NVwZ	Neue Zeitschrift für Verwaltungsrecht
NZA-RR	NZA Rechtsprechungsreport Arbeitsrecht
NZM	Neue Zeitschrift für Miet- und Wohnungsrecht
oa	oben angegeben
oÄ	oder Ähnlich(e)
og	oben genannte(n)
OGH	Oberster Gerichtshof, Österreich
OLG	Oberlandesgericht
OLGE	Rechtsprechung der Oberlandesgerichte
OLGZ(St)	Entscheidungen der OLG in Zivilsachen (Strafsachen)
PatG	Patentgesetz
p.m.a.	post mortem auctoris

Abkürzungsverzeichnis

Prot.	Protokoll
PVÜ	Pariser Verbandsübereinkunft zum Schutz des gewerblichen Eigentums
RAnz.	Reichsanzeiger
RBÜ	Revidierte Berner Übereinkunft
RdA	Recht der Arbeit (Zeitschrift)
RefE	Referentenentwurf
RegE	Regierungsentwurf
RelKErzG	Gesetz über die religiöse Kindererziehung
RG	Reichsgericht
RGBl	Reichsgesetzblatt
RGZ(St)	Entscheidungen des Reichsgerichts in Zivilsachen (Strafsachen)
RIW	Recht der internationalen Wirtschaft (Zeitschrift)
RL	Richtlinie
Rn	Randnummer
Rs	Rechtssache
Rspr	Rechtsprechung
RT-Drucks.	Reichstagsdrucksache
rV	rechtsfähiger Verein
s.	siehe
S.	Seite, Satz (bei Rechtsnormen)
SACEM	Urheberrechtsverwertungsgesellschaft (Frankreich)
SGAE	Urheberrechtsverwertungsgesellschaft (Spanien)
SGB	Sozialgesetzbuch
SIAE	Società Italiana degli Autori ed Editori (Urheberrechtsverwertungsgesellschaft, Italien)
so	siehe oben
sog.	so genannte
StGB	Strafgesetzbuch
StPO	Strafprozessordnung
stRspr	ständige Rechtsprechung
StUG	Stasi-Unterlagen-Gesetz
su	siehe unten
TDG	Teledienstgesetz
Telex	Teleprinter exchange
TKG	Telekommunikationsgesetz
TRIPS	Abkommen über handelsbezogene Aspekte der Rechte des geistigen Eigentums
TVG	Tarifvertragsgesetz
Tz	Teilziffer
ua	unter anderem; und andere
uÄ	und Ähnliche(s)
UFITA	Archiv für Urheber-, Film-, Funk- und Theaterrecht
UKlaG	Unterlassungsklagengesetz

XVIII

umstr.	umstritten
unstr.	unstreitig
UrhG	Urheberrechtsgesetz
UrhGÄndG	Gesetz zur Änderung des Urheberrechtsgesetztes
UrhSchiedsV	Urheberrechtsschiedsstellenverordnung
Urt.	Urteil
usw	und so weiter
uU	unter Umständen
uvm	und vieles mehr
UWG	Gesetz gegen den unlauteren Wettbewerb
v.	vom/von
Var.	Variante
VerbrKrG	Verbraucherkreditgesetz
Verf.	Verfasser; Verfassung
VerlG	Verlagsgesetz
VFF	Verwertungsgesellschaft für Film und Fernsehgesellschaften
VG	Verwertungsgesellschaft
VGF	Verwertungsgesellschaft für Nutzungsrechte an Filmwerken
vgl	vergleiche
VO	Verordnung
Vor/vor	Vorbemerkung
VwGO	Verwaltungsgerichtsordnung
VwVfG	Verwaltungsverfahrensgesetz
VwZG	Verwaltungszustellungsgesetz
WahrnG	Urheberrechtswahrnehmungsgesetz
WCT	WIPO Copyright Treaty
WiB	Wirtschaftsrechtliche Beratung (Zeitschrift)
WIPO	World Intellectual Property Organization
WM	Wertpapiermitteilungen (Zeitschrift)
WPPT	WIPO-Vertrag über Darbietungen und Tonträger
WRP	Wettbewerb in Recht und Praxis (Zeitschrift)
WUA	Welturheberrechtsabkommen
WuW	Wirtschaft und Wettbewerb (Zeitschrift)
WuW/E	WuW-Entscheidungssammlung zum Kartellrecht
zB	zum Beispiel
ZBR	Zeitschrift für Beamtenrecht
ZEuP	Zeitschrift für Europäisches Privatrecht
ZEV	Zeitschrift für Erbrecht und Vermögensnachfolge
Ziff.	Ziffer
ZIP	Zeitschrift für Wirtschaftsrecht
ZKDSG	Zugangskontrolldiensteschutz-Gesetz
ZNR	Zeitschrift für Neuere Rechtsgeschichte
ZPO	Zivilprozessordnung
ZPÜ	Zentralstelle für private Überspielungsrechte

Abkürzungsverzeichnis

ZRP	Zeitschrift für Rechtspolitik
zT	zum Teil
ZUM	Zeitschrift für Urheber- und Medienrecht
ZUM-RD	Rechtsprechungsdienst der ZUM
zutr.	zutreffend
zz	zurzeit

Literaturverzeichnis

Fromm/Nordemann Urheberrecht, 9. Aufl. 1998

v. Gamm Urheberrechtsgesetz, Kommentar, 1968

Haberstumpf Handbuch des Urheberrechts, 2. Aufl. 2000

Kilian/Heussen Computerrechts-Handbuch, Stand 20. Erg.-Lfg. 1/2003

Lehmann (Hrsg.) Internet- und Multimediarecht (Cyberlaw), 1997

ders. Rechtsschutz und Verwertung von Computerprogrammen, 2. Aufl. 1993

Loewenheim Handbuch des Urheberrechts, 2003

Möhring/Nicolini Urheberrechtsgesetz, Kommentar, 1. Aufl. 1970 mit Nachtrag 1979
und 2. Aufl. 2000

Möhring/Schulze/Ulmer/Zweigert Quellen des Urheberrechts, Bd. 1-6, Stand
53. Erg.-Lfg. 10/2003

Palandt Bürgerliches Gesetzbuch, 62. Aufl. 2003

Rehbinder Urheberrecht, 12. Aufl. 2002

Schack Urheber- und Urhebervertragsrecht, 2. Aufl. 2001

Schricker Urheberrecht, Kommentar, 2. Aufl. 1999

Schulze Materialien zum Urheberrechtsgesetz, Bd. 1 und 2, 2. Aufl. 1997

Schulze/Dreier Urheberrecht, 2003

Ulmer Urheber- und Verlagsrecht, 3. Aufl. 1980

Wandtke/Bullinger Praxiskommentar zum Urheberrecht, Bd. 1 und 2, 2002

Zöller Zivilprozessordnung, 23. Aufl. 2002

Einleitung

Literatur: *Becker/Lerche/Mestmäcker (Hrsg)* Wanderer zwischen Musik, Politik und Recht, FS Kreile, 1994; *Beier* Wettbewerbsfreiheit und Patentschutz, GRUR 1978, 123; *Bielenberg* Das urheberrechtlich schützbare Werk und das Urheberpersönlichkeitsrecht, GRUR 1974, 589; *Coing* Europäisches Privatrecht, Bd 2: 19. Jahrhundert, 1989; *Dietz* Das Droit Moral des Urhebers im neuen französischen und deutschen Urheberrecht, Bd 7 der Urheberrechtlichen Abhandlungen des Max-Planck-Instituts für ausländisches und internationales Patent-, Urheber- und Wettbewerbsrecht, 1968, zugleich Diss. München 1966; *ders.* Das Urheberrecht in der Europäischen Gemeinschaft: Studie im Auftrag der Generaldirektion „Forschung, Wissenschaft und Bildung" der Kommission der Europäischen Gemeinschaften, Schriftenreihe Europäische Wirtschaft, Bd 91, 1978; *ders.* Die Entwicklung des Urheberrechts in Deutschland von 1993 bis Mitte 1997, UFITA 136 (1998), 5; *ders.* Tendenzen der Entwicklung des Urheberrechts in den Ländern Mittel- und Osteuropas, UFITA 129 (1995), 5; *ders.* Urheberrecht und Entwicklungsländer: Urheberrechtliche Probleme bei der Errichtung einer neuen internationalen Wirtschaftsordnung, Bd 17 der Urheberrechtlichen Abhandlungen des Max-Planck-Instituts für ausländisches und internationales Patent-, Urheber- und Wettbewerbsrecht, 1981; *Dölemeyer/ Klippel* Der Beitrag der deutschen Rechtswissenschaft zur Theorie des gewerblichen Rechtsschutzes und Urheberrechts, FS zum hundertjährigen Bestehen der Deutschen Vereinigung für gewerblichen Rechtsschutz und Urheberrecht und ihrer Zeitschrift, Bd 1, 1991, S. 185; *dies.* Urheber- und Verlagsrecht, in: Coing, Handbuch der Quellen und Literatur der neueren europäischen Privatrechtsgeschichte, Bd III/3, 1986, S. 3956; *dies.* „Das Urheberrecht ist ein Weltrecht" – Rechtsvergleichung und Immaterialgüterrecht bei Josef Kohler, in: Wadle (Hrsg), Historische Studien zum Urheberrecht in Europa, 1993, S. 139; *Dreier* Urheberrecht an der Schwelle des 3. Jahrtausends – Einige Gedanken zur Zukunft des Urheberrechts, CR 2000, 45; *Fromm/Nordemann* Urheberrecht, 9. Aufl. 1998; *v. Gierke* Deutsches Privatrecht, Bd 1: Allgemeiner Teil und Personenrecht, 1985; *Gieseke* Vom Privileg zum Urheberrecht: Die Entwicklung des Urheberrechts in Deutschland bis 1845, 1995; *Götting* Persönlichkeitsrechte als Vermögensrechte, Schriftenreihe Jus privatum, Bd 7, 1995; *Hegel* Vorlesungen: Ausgewählte Nachschriften und Manuskripte, Bd 1: Vorlesungen über Naturrecht und Staatswissenschaft: Heidelberg 1817/18, mit Nachträgen aus der Vorlesung 1818/19, nachgeschrieben von P. Wannenmann, Hrsg Bekker/Bonnesiepen, 1983; *Hoeren* Andy Müller-Maguhn – der postmoderne Savigny?, NJW 2001, 1184; *Hubmann* Das Persönlichkeitsrecht, Heft 4 der Beiträge zum Handels-, Wirtschafts- und Steuerrecht, 1953; *ders.* Das Recht des schöpferischen Geistes: Eine philosophisch-juristische Betrachtung zur Urheberrechtsreform, 1954; *ders.* Die Entwicklung des Urheberpersönlichkeitsrechts im Spiegel der Grünen Zeitschrift, FS zum hundertjährigen Bestehen der Deutschen Vereinigung für gewerblichen Rechtsschutz und Urheberrecht und ihrer Zeitschrift, Bd 2, 1991, S. 1175; *ders.* Urheber- und Verlagsrecht: Ein Studienbuch, 1959; *Joos* Die Erschöpfungslehre im Urheberrecht: Eine Untersuchung zu Rechtsinhalt und Aufspaltbarkeit des Urheberrechts mit vergleichenden Hinweisen auf Warenzeichenrecht, Patentrecht und Sortenschutz, 1991; *Kant* Von der Unrechtmäßigkeit des Büchernachdrucks, Nachdruck aus: Berlinische Monatsschrift 5 (1985), UFITA 106 (1987), 137; *Klippel* Das Privileg im deutschen Naturrecht des 18. und 19. Jahrhunderts, in: Dölemeyer/Mohnhaupt (Hrsg), Das Privileg im europäischen Vergleich, 1997, S. 329; *ders.* Historische Wurzeln und Funktionen von Immaterialgüter- und Persönlichkeitsrechten im 19. Jahrhundert, ZNR 1982, 132; *Kohler* Das Immaterialgüterrecht und seine Gegner, Nachdruck aus: Buschs Archiv für Theorie und Praxis des Allgemeinen Deutschen Handels- und Wechselrechts 47 (1887), UFITA 123 (1993), 81; *ders.* Die Idee des geistigen Eigentums, Nachdruck aus: AcP 32 N. F. (1894), UFITA 123

(1993), 99; *ders.* Lehrbuch des Patentrechts, 1908; *ders.* Urheberrecht an Schriftwerken und Verlagsrecht, 1907; *v. Lewinski* Das Urheberrecht zwischen GATT/WTO und WIPO, UFITA 136 (1998), 103; *dies.* USA gegen Europa? Internationales Urheberrecht im Wandel, FS Kreile 1994, S. 389; *Luf* Philosophische Strömungen in der Aufklärung und ihr Einfluß auf das Urheberrecht, in: Dittrich (Hrsg), Woher kommt das Urheberrecht und wohin geht es? – Wurzeln, geschichtlicher Ursprung, geistesgeschichtlicher Hintergrund und Zukunft des Urheberrechts, Österreichische Schriftenreihe zum gewerblichen Rechtsschutz, Urheber- und Medienrecht (ÖSGRUM), Bd 7, 1997, S. 9; *Mandry* Der Entwurf eines gemeinsamen deutschen Nachdrucksgesetzes, Nachdruck aus: Kritische Vierteljahrsschrift für Gesetzgebung und Rechtswissenschaft 7 (1865), UFITA 128 (1995), 101; *Möhring/Nicolini* Urheberrechtsgesetz, 2. Aufl. 2000; *Nordemann* Entwicklung und Bedeutung der Verwertungsgesellschaften, FS zum hundertjährigen Bestehen der Deutschen Vereinigung für gewerblichen Rechtsschutz und Urheberrecht und ihrer Zeitschrift, Bd 2, 1991, S. 1197; *Peukert* Leistungsschutz des ausübenden Künstlers de lege lata und de lege ferenda unter besonderer Berücksichtigung der postmortalen Rechtslage, UFITA 138 (1999), 63; *ders.* Persönlichkeitsbezogene Immaterialgüterrechte?, ZUM 2000, 711; *Rehbinder* Kein Urheberrecht ohne Gesetzesrecht: Zum Urheberschutz um die Mitte des 19. Jahrhunderts, in: Dittrich (Hrsg), Woher kommt das Urheberrecht und wohin geht es? – Wurzeln, geschichtlicher Ursprung, geistesgeschichtlicher Hintergrund und Zukunft des Urheberrechts, Österreichische Schriftenreihe zum gewerblichen Rechtsschutz, Urheber- und Medienrecht (ÖSGRUM), Bd 7, 1988, S. 99; *Schack* Urheber- und Urhebervertragsrecht, 2. Aufl. 2001; *Schricker* Abschied von der Gestaltungshöhe im Urheberrecht?, FS Kreile, 1994, S. 715; *ders.* Hundert Jahre Urheberrechtsentwicklung, FS zum hundertjährigen Bestehen der Deutschen Vereinigung für gewerblichen Rechtsschutz und Urheberrecht und ihrer Zeitschrift, Bd 2, 1991, S. 1095; *ders. (Hrsg)* Urheberrecht, 2. Aufl. 1999; *ders.* Verlagsrecht, 3. Aufl. 2001; *Strömholm* Was bleibt vom Erbe übrig? – Überlegungen zur Entwicklung des heutigen Urheberrechts, GRUR Int 1989, 15; *Troller* Eingriffe des Staates in die Verwaltung und Verwertung von urheberrechtlichen Befugnissen, Bd 17 der Schriftenreihe der internationalen Gesellschaft für Urheberrecht e.V., 1960; *ders.* Immaterialgüterrecht: Patentrecht, Markenrecht, Urheberrecht, Muster- und Modellrecht, Wettbewerbsrecht, Bd 1, 3. Aufl. 1983; *Uchtenhagen* Die Urheberrechts-Systeme der Welt und ihre Verwurzelung in den geistigen Grundlagen des Urheberrechts, in: Dittrich (Hrsg), Woher kommt das Urheberrecht und wohin geht es? – Wurzeln, geschichtlicher Ursprung, geistesgeschichtlicher Hintergrund und Zukunft des Urheberrechts, Österreichische Schriftenreihe zum gewerblichen Rechtsschutz, Urheber- und Medienrecht (ÖSGRUM), Bd 7, 1988, S. 29; *Ulmer* Urheber- und Verlagsrecht, 3. Aufl. 1980; *Vogel* Die Entwicklung des Verlagsrechts, FS zum hundertjährigen Bestehen der Deutschen Vereinigung für gewerblichen Rechtsschutz und Urheberrecht und ihrer Zeitschrift, Bd 2, 1991, S. 1211; *Wadle* Das preußische Urheberrechtsgesetz von 1837 im Spiegel seiner Vorgeschichte, in: Dittrich (Hrsg), Woher kommt das Urheberrecht und wohin geht es? – Wurzeln, geschichtlicher Ursprung, geistesgeschichtlicher Hintergrund und Zukunft des Urheberrechts, Österreichische Schriftenreihe zum gewerblichen Rechtsschutz, Urheber- und Medienrecht (ÖSGRUM), Bd 7, 1988, S. 55; *ders.* Der Weg zum gesetzlichen Schutz des geistigen und gewerblichen Schaffens – Die deutsche Entwicklung im 19. Jahrhundert, FS zum hundertjährigen Bestehen der Deutschen Vereinigung für gewerblichen Rechtsschutz und Urheberrecht und ihrer Zeitschrift, Bd 1, 1991, S. 93; *ders.* Die Entfaltung des Urheberrechts als Antwort auf technische Neuerungen, UFITA 106 (1987), 203; *ders.* Vor- oder Frühgeschichte des Urheberrechts, UFITA 106 (1987), 95.

I. Geschichte und Systematik

1. Privilegienwesen

Die Geschichte des Urheberrechts ist eng verbunden mit der Erfindung des Bücher- **1** drucks Mitte des 15. Jahrhunderts. Nach einer relativ kurzen Übergangsphase stieg die Zahl gedruckter Schriften stark an, ebenso aber auch der (nicht genehmigte) Bü- chernachdruck. Eine gesetzliche Handhabe, gegen ihn vorzugehen, bestand zunächst weder für den Autor noch für den Verleger, weil das Mittelalter ebenso wie schon die Antike keinen Urheberrechtsschutz kannte. Während die Autoren den Nachdruck als rufausbeutend ansahen und die oft mangelhafte Qualität der Nachdrucke beklagten, die nicht selten auch inhaltlich vom Original abwichen, mussten die Verlage emp- findliche Umsatzeinbußen hinnehmen und sprachen von „schmarotzerischer Absatz- schädigung".

Die Forderung nach einem Schutz vor Nachdruck fiel in einer Epoche, in der unter **2** dem Einfluss von Humanismus und Renaissance die Persönlichkeit des Einzelnen entdeckt und anerkannt wurde, auf fruchtbaren Boden. Es kam sogar für den Nach- drucker der Begriff des „plagiarius" wieder auf, der noch vom römischen Dichter *Martial* stammen soll, der den seine Epigramme unter eigenem Namen verbreitenden *Fidentinus*, die Epigramme mit Sklaven vergleichend, verächtlich „plagiarius" (Menschenräuber) nannte. Der Kaiser und die Territorialherren reagierten zuneh- mend auf den Ruf nach einem Nachdrucksschutz, indem sie sog. Privilegien erteil- ten. Es handelte sich um meist zeitlich befristete Rechte zum Druck einer bestimmten Schrift, die teils den Autoren der Schrift, später aber zunehmend den Verlegern oder Druckern eingeräumt wurden und die mit einer Zensur verbunden sein konnten. Die Befugnis der Verleger, aufgrund eines vom Kaiser bzw Territorialherren erteilten Privilegs ein fremdes Werk auch ohne die Einwilligung des Autors drucken zu dür- fen, wurde zu dieser Zeit praktisch nicht angezweifelt. Wohl aber bestand das Be- wusstsein eines Rechts des Autors, über die (erste) Veröffentlichung zu entscheiden, was sich auch daran zeigte, dass die Autoren häufig selbst ein Privileg für den von ihnen bevorzugten Drucker beantragten. Die Privilegien genossen nur den Schutz der sie erteilenden Person, also des Kaisers bzw des Territorialherrn, und waren damit zwangsläufig auf deren Hoheitsgebiet beschränkt. Eine räumliche Ausdehnung des Druckrechts war zunächst nur dadurch möglich, dass mehrere Privilegien beantragt und erteilt wurden. Die Anfänge des Territorialitätsprinzips und daraus folgend Schutzlandprinzips waren damit bereits in dieser frühen Zeit gemacht. Erst später, als es schon eine große Zahl von örtlichen Nachdruckregelungen gab, kam es zum Ab- schluss von Gegenseitigkeitsverträgen und zu Bemühungen zur Vereinheitlichung der Rechtslage zumindest in den Staaten des Deutschen Bundes.

2. Die Zeit ab dem 18. Jahrhundert bis zum Erlass des Urhebergesetzes

3 Im 18. Jahrhundert begann in Deutschland unter englischem und französischem Einfluss eine **wissenschaftliche Kontroverse** um das Wesen der Rechte an der Schrift. Durch die in ihrer Zahl immer mehr zunehmenden örtlichen Nachdruckregelungen wurde sie kaum beeinflusst. Die bestehenden Gesetze wichen inhaltlich stark voneinander ab; von gewerberechtlichen Vorschriften über Strafrechtsgesetze bis hin zu Regelungen auf der Ebene des Verlagsrechts war alles vertreten. Die gesetzlichen Regelungen gaben, soweit sie ein Recht des Autors bzw Verlegers überhaupt anerkannten, auch keine Antwort auf die Frage nach dessen Wesen. *Fichte* war wohl der Erste, der zwischen dem Eigentum am Buch und dem Recht an dessen Inhalt unterschied (näher *Coing* S. 151 ff.; *Beier* GRUR 1978, 123, 126 ff.). *Hegel* warf in seinen Vorlesungen die Frage auf, ob eine Trennung zwischen dem Eigentum an der Sache und der Befugnis, sie zu produzieren, überhaupt möglich sei (*Hegel* Vorlesungen 1817/18, S. 21-24). Immer stärker rückte unter naturrechtlichem Verständnis der Gedanke in den Raum, dass es ein Urheberrecht am Geisteswerk gebe, das der Autor schließlich geschaffen habe bzw das seiner Persönlichkeit entsprungen sei, das ihm als natürliches Recht zustehe. Die Meinungen über den Inhalt dieses Rechts gingen allerdings weit auseinander. Die Vertreter der einen Auffassung, deren bedeutendster Vertreter später *Josef Kohler* wurde (*Kohler* UFITA 123 (1993), 81 ff.; UFITA 123 (1993), 99 ff.; Urheberrecht an Schriftwerken, S. 1 ff.), begriffen es als eigentumsgleiches vermögenswertes Recht, neben und unabhängig von dem ein Persönlichkeitsrecht des Urhebers in Bezug auf das Werk bestehen könne. *Kohler* wurde so der Wegbereiter für die sog. **dualistische Theorie**. Die Gegenauffassung, deren Anfänge in *Kants* Aufsatz „Von der Unrechtmäßigkeit des Büchernachdrucks" (Nachdruck in: UFITA 106 (1987), 137 ff.) gesehen werden (vgl *Ulmer* § 9 III 3; *Schricker/Vogel* Einl. Rn 64 mwN), und deren bedeutendster Vertreter *v. Gierke* wurde (S. 199 ff. und S. 763 ff.), sah das Urheberrecht als Persönlichkeitsrecht an. Die Rechtswissenschaft des 20. Jahrhunderts, insb. *Eugen Ulmer,* entwickelte auf dieser Grundlage die sog. **monistische Theorie**, nach der es nur ein einziges Urheberrecht gibt, das vermögenswerte und persönlichkeitswerte Elemente in sich verklammert (*Ulmer* § 18).

4 Die Debatte um die Rechtsnatur des Urheberrechts erreichte ihren Höhepunkt um die Wende zum 20. Jahrhundert. Zu diesem Zeitpunkt war das Urheberrecht bereits Gegenstand der Gesetzgebung: Das Gesetz betr. das Urheberrecht an Schriftwerken, Abbildungen, musikalischen Kompositionen und dramatischen Werken des Norddeutschen Bundes war am **11.6.1870** erlassen (BGBl des Norddeutschen Bundes, S. 339) und durch das Gesetz betr. das Urheberrecht an Werken der bildenden Künste v. **9.1.1876** (RGBl S. 4) und das Gesetz betr. den Schutz von Photographien gegen unbefugte Nachbildung v. **10.1.1876** (RGBl S. 8) des Deutschen Reiches abgelöst worden. Alle drei Gesetze blieben in wesentlichen Punkten hinter den von der Lit. ausgearbeiteten Lösungen zurück. Von der Anerkennung eines umfassenden Urheberrechts, dessen sämtliche Befugnisse dem Urheber zustehen, lassen die Gesetze kaum etwas spüren. Das Gesetz betr. das Urheberrecht an Werken der Literatur und Tonkunst v. 19.6.1901 (**LUG**) und das Gesetz betr. das Urheberrecht an Werken der bildenden Künste und der Photographie v. 9.1.1907 (**KUG**) brachten zwar Verbesserungen, die größtenteils auf dem Einfluss der Lit. und dem der zwischenzeitlich gegründeten Berner Union beruhen. Insb. erkannten die neuen Gesetze mit dem Ver-

öffentlichungsrecht, dem Änderungsrecht und einem (reduzierten) Bearbeitungsrecht auch urheberpersönlichkeitsrechtliche Elemente des Urheberrechts an.
Trotzdem blieben wesentliche Fragen offen, so insb. die nach dem Wesen des Urheberrechts. Sie wurden auch in den späteren Änderungen von KUG und LUG, die teils
wegen der wirtschaftlich-technischen Fortentwicklung erforderlich wurden, teils auf
dem Einfluss int. Rechts beruhen, nicht gelöst.

Die erste Fassung des LUG bzw KUG kennt keinen verwandten Rechtsschutz. Der   5
technische Fortschritt führte aber dazu, dass vor allem die **ausübenden Künstler** zunehmend als schutzbedürftig angesehen wurden. Als Grundlage für ihren Schutz
wurden das Allg. Persönlichkeitsrecht und das Wettbewerbsrecht sowie der später in
§ 2 Abs. 2 LUG geregelte Schutz der auf mechanische Vorrichtungen übertragenen
Werke herangezogen. In mehreren Grundsatzentscheidungen erkannte der BGH dem
ausübenden Künstler ein Recht zu, über die Tonbandaufnahme des Werkes (*BGH*
NJW 1960, 2043 ff. – Figaros Hochzeit), die Sendung im Rundfunk (*BGH* NJW
1960, 2055 ff. – Orchester Graunke) und die anschließende Hörbarmachung durch
ein Rundfunkempfangsgerät oder vom Tonband (*BGH* NJW 1960, 2051 ff. – Künstlerlizenz Schallplatten) zu entscheiden. Begründet wurden die Entsch. mit der Notwendigkeit eines Investitionsschutzes, der bei mit Zustimmung des Künstlers aufgenommenen Darbietungen aus § 2 Abs. 2 LUG (*BGH* NJW 1960, 2048 – Künstlerlizenz Rundfunk; NJW 1960, 2051 – Künstlerlizenz Schallplatten; NJW 1960,
2055 ff. – Orchester Graunke), ansonsten jedoch entweder aus einer entspr. Anwendung des § 2 Abs. 2 LUG oder aus § 826 BGB herzuleiten sei (*BGH* NJW 1960,
2043 ff. – Figaros Hochzeit).

3. Das Urhebergesetz vom 9.9.1965

Das UrhG v. 9.9.1965 brachte sowohl für die Urheber als auch für die meisten Leis-   6
tungsschutzberechtigten einen umfassenden Schutz, der maßgeblich auf den bis dahin von der Rspr und Lit. anerkannten Grundsätzen beruhte. Es trat an die Stelle des
LUG und weitgehend auch des KUG, von dem nur die §§ 22 ff. KUG betr. das Recht
am eigenen Bild in Kraft blieben. Von seiner **Systematik** her regelt der Erste Teil des
UrhG 1965 das Urheberrecht, der Zweite und Dritte – Letzterer enthält außerdem
Vorschriften über die Rechtsverhältnisse am Film – die verwandten Schutzrechte
und der Vierte und Fünfte Teil enthalten gemeinsame Bestimmungen. § 11 UrhG
1965 spricht vom Schutz des Urhebers „in seinen geistigen und persönlichen Beziehungen zum Werk", normiert also das ausschließliche Recht des Urhebers am Werk
in persönlichkeitsrechtlicher *und* vermögensrechtlicher Form. Das Gesetz folgt damit der **monistischen Theorie** *Eugen Ulmers*, die das Urheberrecht als ein einziges
Recht ansieht, welches vermögensrechtliche und persönlichkeitsrechtliche Befugnisse in sich verklammert (amtl. Begr. zum UrhG-Entwurf v. 23.3.1962, zu § 11). Die
„offene" Natur des UrhG, das von der ausschließlichen vermögens- und persönlichkeitsrechtlichen Herrschaft des Urhebers über sein Werk ausgeht, die einzelnen dem
Urheberrecht entspringenden Befugnisse also nicht abschließend normiert, bot der
Rspr und Lit. in der Folgezeit hinreichend Raum, um wirtschaftlich-technische Neuerungen unter urheberrechtlichen Gesichtspunkten zu erfassen.

7   Im Zweiten und Dritten Teil des UrhG 1965 ist der Schutz wissenschaftlicher Aus-
     gaben und nachgelassener Werke, von Lichtbildern, ausübenden Künstlern und Ver-
     anstaltern, Tonträgerherstellern, Sendeunternehmen und Film- bzw Laufbilderher-
     stellern geregelt. Entscheidend zur Vielzahl der Leistungsschutzrechte und zum Um-
     fang ihres Schutzes beigetragen hatte das Int. Abkommen über den Schutz der
     ausübenden Künstler, der Hersteller von Tonträgern und der Sendeunternehmen
     (Rom-Abkommen) v. 26.10.1961, das die Vertragsstaaten zur Inländerbehandlung
     und einem gewissen Mindestschutz von ausübenden Künstlern, Tonträgerherstellern
     und Sendeunternehmen verpflichtet.

4. Wesentliche Änderungen des Urhebergesetzes seit 1965

8   Die wesentlichen Änderungen des UrhG nach 1965 beruhen im Wesentlichen auf
     drei Ursachen, nämlich der Rspr des BVerfG, der Novellierung des Urheberver-
     tragsrechts und Veränderungen durch das Europäische Recht:

9   Schon früh entstand Änderungsbedarf durch Entsch. des **BVerfG**, das sich mehrfach
     mit der Vereinbarkeit des UrhG, insb. der Schrankenregelungen, mit dem Grundge-
     setz zu befassen hatte (s. nur *BVerfGE* 31, 229 – Kirchen- und Schulgebrauch; 31,
     270 – Schulfunksendungen; 31, 275 – Schallplatten; 49, 382 – Kirchenmusik; 79, 29
     – Vollzugsanstalten; 81, 208 – Bob Dylan; *BVerfG* NJW 1997, 247 – Kopierladen I;
     NJW 1997, 248 – Kopierladen II; ZUM 2001, 320 – „Deutschland muss sterben").
     Der Schwerpunkt der Entsch. lag auf der Frage eines Eingriffs in das Grundrecht der
     Urheber bzw ausübenden Künstler auf Eigentum (Art. 14 GG). Die erste auf der Rspr
     des BVerfG beruhende Novellierung erfolgte durch das UrhGÄndG v. 10.11.1972
     (BGBl I, 2081).

10   Erst vor Kurzem wurden das **Urhebervertragsrecht** und das **Recht der verwand-
     ten Schutzrechte** durch das Gesetz zur Stärkung der vertraglichen Stellung von Ur-
     hebern und ausübenden Künstlern v. 22.3.2002 (BGBl I, 1155) wesentlich geändert.
     Die Novellierung des Urhebervertragsrecht ist ein Schritt, über den man oft nachge-
     dacht, bislang aber immer wieder zurückgestellt hatte.

11   Die bedeutendsten Änderungen des UrhG zwischen 1965 und heute beruhen aber auf
     europäischem Recht: Die unterschiedlichen Auffassungen der Europäischen Mit-
     gliedstaaten zum Wesen des Urheberrechts verhinderten allerdings eine Harmoni-
     sierung der Urheberpersönlichkeitsrechte. Alle bislang ergangenen Europäischen
     Richtlinien beschränken sich auf vermögenswerte Aspekte des Urheberrechts:

12   Der Schutz von **Computerprogrammen** in §§ 69a ff. beruht auf der Europäischen
     Richtlinie 91/250/EWG über den Rechtsschutz von Computerprogrammen v.
     14.5.1991 (ABlEG Nr. L 122/42). Die Richtlinie war durch das 2. UrhGÄndG v.
     9.6.1993 (BGBl I, 910) in deutsches Recht umgesetzt worden.

13   Vom 19.11.1992 stammt die Richtlinie 92/100/EWG des Rates zum **Vermiet- und
     Verleihrecht** sowie zu bestimmten dem Urheberrecht verwandten Schutzrechten im
     Bereich des geistigen Eigentums (ABlEG Nr. L 346/61). Sie wurde durch das
     3. UrhGÄndG v. 23.6.1995 (BGBl I, 842) umgesetzt.

14   Die Richtlinie 93/98/EWG des Rates zur Harmonisierung der **Schutzdauer** des
     Urheberrechts und bestimmter verwandter Schutzrechte v. 29.10.1993 (ABlEG

Nr. L 290/9) brachte eine Harmonisierung der Schutzdauer von 70 Jahren für das Urheberrecht und 50 Jahre für das Recht der ausübenden Künstler sowie eine weitere Rechtsvereinheitlichung der Schutzfristen bestimmter anderer verwandter Schutzrechte. Sie wurde durch das 3. UrhGÄndG v. 23.6.1995 (BGBl I, 842) in deutsches Recht umgesetzt.

Der **Datenbankschutz** im Europäischen Raum war Gegenstand der Richtlinie 96/9/ **15** EG des Europäischen Parlaments und des Rates über den rechtlichen Schutz von Datenbanken v. 11.3.1996 (ABlEG Nr. L 77/20), deren Umsetzung durch Art. 7 des Informations- und Kommunikationsdienstegesetzes (IuKDG) v. 13.6.1997 (BGBl I, 1870) ua zur Einfügung der §§ 4 Abs. 2, 87a ff. führte.

Die Richtlinie 93/83/EWG des Rates zur Koordinierung bestimmter urheber- und **16** leistungsschutzrechtlicher Vorschriften betr. **Satellitenrundfunk und Kabelweiterverbreitung** v. 27.9.1993 (ABlEG Nr. L 248/15) führte zu Änderungen am Senderecht, vor allem im Hinblick auf die „Europäische Satellitensendung" und das Kabelweiterverbreitungsrecht (§§ 20a, 20b). Erst das 4. UrhGÄndG v. 8.5.1998 (BGBl I, 902) setzte sie um. Ihm waren längere Reformdiskussionen vorangegangen.

Die langen Kontroversen um eine Harmonisierung des **Folgerechts** wurden durch **17** die Richtlinie 2001/84/EG des Europäischen Parlaments und des Rates v. 27.9.2001 über das Folgerecht des Urhebers des Originals eines Kunstwerks (ABlEG Nr. L 272/32) abgeschlossen (näher § 26 Rn 4). Die Mitgliedstaaten haben sie bis zum 1.1.2006 in nationales Recht umzusetzen.

Allen bisher genannten Richtlinien ist gemein, dass sie nur eine punktuelle Harmo- **18** nisierung einzelner Problembereiche zum Gegenstand haben. Seit langem waren deshalb auf Europäischer Ebene Bemühungen unternommen worden, das Urheberrecht insgesamt, zumindest was seine vermögensrechtliche Seite anbetrifft, zu harmonisieren. Ihr Ergebnis ist die Europäische Richtlinie 2001/29/EG des Europäischen Parlaments und des Rates v. 22.5.2001 zur **Harmonisierung bestimmter Aspekte des Urheberrechts und der verwandten Schutzrechte in der Informationsgesellschaft** (ABlEG Nr. L 167/10). Sie harmonisiert im Wesentlichen (unter dem vermögensrechtlichen Aspekt) die Verwertungsrechte des Urhebers sowie deren Schranken. Darüber hinaus enthält sie die Verpflichtung zur Gewährung eines angemessenen Rechtsschutzes gegen die Umgehung sog. wirksamer technischer Maßnahmen und Regelungen im Zusammenhang mit diesem. Der deutsche Gesetzgeber hat die Richtlinie erst nach Ablaufen der hierfür gesetzten Frist durch das in großen Teilen zum 13.9.2003 in Kraft getretene Gesetz zur Regelung des Urheberrechts in der Informationsgesellschaft (BGBl I, 1774) in nationales Recht umgesetzt.

II. Wesen und Bedeutung

Das Wesen des Urheberrechts ist schwer zu fassen. Die Ursachen hierfür sind darin **19** zu sehen, dass das Urheberrecht im Grunde gewachsenes Recht ist. Die Kodifizierung des UrhG greift dies auf und gibt den Rahmen vor, innerhalb dessen es der Rspr und Lit. obliegt, das Wesen des Urheberrechts in all seinen Facetten herauszuarbeiten. Dabei ist das Urheberrecht ein Recht, das wegen seiner sozial-ökonomischen Bedeutung stark äußeren Einflüssen – etwa Veränderungen der Technik – ausgesetzt ist.

20   Betrachtet man den **Schaffensbereich**, in dem Urheberrecht zum Tragen kommt, so stellt man fest, dass es um das **kulturelle Werkschaffen** geht. Urheberrechtlich geschützt werden können nur Werke der Lit., Wissenschaft und Kunst. Herkömmlich geht es in Abgrenzung zu den technischen Schutzrechten um die Kultur, wobei der Schwerpunkt ursprünglich auf den literarischen, später auch auf den musischen und künstlerischen Werken lag. Inzwischen ist die Grenzziehung zwischen Kultur und Technik nicht mehr so einfach wie ehedem (s. Rn 30). Die herausgehobene **ökonomische Bedeutung** des Urheberrechts und der verwandten Schutzrechte wird dadurch nicht berührt, sondern vergrößert sich eher noch.

21   Was die **Rechtsnatur** des Urheberrechts anbetrifft, ist der deutsche Gesetzgeber bei der Schaffung des UrhG aus dem Jahre 1965, auf dem das heutige Urheberrecht beruht, der monistischen Theorie *Eugen Ulmers* gefolgt (s. Rn 6). Dem UrhG liegt die Vorstellung eines einzigen Urheberrechts zugrunde, das sowohl vermögens- als auch persönlichkeitsrechtliche Elemente enthält, die im Prinzip untrennbar miteinander verklammert sind (**monistisches Recht**). Auch die meisten der aus dem Urheberrecht fließenden Befugnisse haben diesen Mischcharakter; zu den Folgen s. § 11 Rn 3. Das Urheberrecht ist ein ausschließliches, also **absolutes Recht**. Ob es auch dingliches Recht im sachenrechtlichen Sinne ist, hängt davon ab, ob man diesen Begriff auf Rechte an körperlichen Gegenständen beschränken will. S. hierzu auch näher § 1 Rn 11.

22   Die **Ausgestaltung** des Urheberrechts ist weder die eines Eigentumsrechts noch jene eines Persönlichkeitsrechts. Wenngleich das Urheberrecht in seiner Unübertragbarkeit unter Lebenden und den Urheberpersönlichkeitsrechten (§§ 12 ff.) dem Persönlichkeitsrecht und mit den umfassenden Verwertungsrechten dem Eigentum ähnelt, kann es doch keinem der beiden Rechte zugeordnet werden. Einer Aufspaltung des Urheberrechts in einen vermögensrechtlichen und einen persönlichkeitsrechtlichen Teil, für die jeweils unterschiedliche Regelungen gelten, steht sein monistischer Charakter entgegen. Fragen der **Auslegung** des UrhG sind deshalb, soweit nicht ohnehin richtlinienkonform auszulegen ist, idR nach der im UrhG zum Ausdruck kommenden Wertung und nicht durch den Rückgriff auf die zum Eigentumsrecht bzw Persönlichkeitsrecht entwickelten Grundsätze zu beantworten. Das Gesetz geht davon aus, dass der Urheber in seiner **persönlichen und geistigen Beziehung zum Werk** und in dessen Nutzung zu schützen ist (§ 11 S. 1). Es dient zugleich der **Sicherung einer angemessenen Vergütung** des Urhebers für die Nutzung des Werkes (§ 11 S. 2). S. näher hierzu § 11 Rn 5 ff. und § 15 Rn 3 ff. Das Urheberrecht hat eine **positive und eine negative Seite**, dem Urheber ist also einerseits das alleinige Recht zur Werknutzung vorbehalten und wird andererseits ermöglicht, dritte Personen von der Nutzung auszuschließen (näher § 15 Rn 21). Die **Lizenzierung** von Verwertungsrechten lässt das Gesetz ausdrücklich zu. Das ist für den Urheber deshalb bes. bedeutsam, weil die wenigsten Urheber ihre Werke selbst verwerten. Im Allgemeinen wird für sie eine Verwertungsgesellschaft, ein Verlagsunternehmen oder ein sonstiger Dritter tätig. Die Möglichkeit zur Lizenzierung der Verwertungsrechte hat Folgen auch für die persönlichkeitsrechtlichen Befugnisse des Urhebers (näher Vor §§ 12 ff. Rn 21 f.).

23   Betrachtet man das Urheberrecht vom verfassungsrechtlichen Blickwinkel aus, zeigt sich zunächst, dass das Urheberrecht, trotzdem es kein „Eigentum" im zivilrechtlichen Sinne ist, doch als absolutes Recht den verfassungsrechtlichen **Eigentums-**

schutz aus Art. 14 GG für sich in Anspruch nehmen kann (*BVerfGE* 31, 229 – Kirchen- und Schulgebrauch; 31, 270, 272 – Schulfunksendungen). Auch der ausübende Künstler genießt den Schutz des Grundrechts auf Eigentum (*BVerfGE* 31, 275 – Schallplatten). Beschränkungen der Rechte des Urhebers bzw ausübenden Künstlers, insb. die §§ 44a ff., haben sich am Grundrecht auf Eigentumsfreiheit messen zu lassen. Neben dem Urheberrecht kann auch das Eigentum an dem oder den Werkstücken Grundrechtsschutz nach Art. 14 GG genießen. Es handelt sich aber um einen Schutz, der neben den Urheberrechtsschutz tritt und von diesem zu trennen ist. Der Urheber des Werkes und der Eigentümer des Werkstücks können unterschiedliche Personen sein. In der Praxis steht das Eigentum am Werkstück idR einer anderen Person als dem Urheber zu, da die meisten Urheber ihre Werke dadurch verwerten, dass sie Werkstücke veräußern oder veräußern lassen. Gerade weil rechtlich zwischen dem Eigentum und Urheberrecht zu unterscheiden ist, kann es zwischen beiden Rechten zu Kollisionen kommen, etwa bei der Frage der zulässigen Bearbeitung eines Werkstücks durch dessen Eigentümer oder bei der Erschöpfung (§ 17 Rn 22 ff.). Zum Verhältnis des Urheberrechts zu Grundrechten allg. s. Vor §§ 44a ff. Rn 1 f.

Bei der Frage nach dem **Zweck** des Urheberrechts gehen die Meinungen weit auseinander. Sie reichen von der Auffassung, das Urheberrecht sei das **Recht des schöpferischen Geistes** (*Schack* § 1 Rn 7) bis hin zur Auffassung, das Urheberrecht diene dem **Schutz qualifizierter menschlicher Kommunikation** (*Schricker* Einl. Rn 7; *Strömholm* GRUR Int 1989, 15, 16). Beide Elemente finden sich in § 2 wieder, der vom Schutz der „schöpferischen" Leistung spricht (§ 2 Abs. 2) und einen Katalog von Werkarten nennt, die jedenfalls im weitesten Sinne kommunikativen Charakter haben (§ 2 Abs. 1). Die Beschränkung des Urheberrechtsschutzes auf „Schöpfungen" bedeutet nicht, dass Werke der sog. **kleinen Münze** nicht geschützt werden können (näher § 2 Rn 53 ff., 58).   24

Die auch im UrhG geregelten **Leistungsschutzrechte** sind ihrer Entstehungsgeschichte und Ausgestaltung nach inhomogen. Sie sind idR keine „kleinen Urheberrechte" und nur wegen des engen Sachzusammenhangs im UrhG geregelt, der sich daraus ergibt, dass diese Rechte vorwiegend gerade durch die Darbietung und Verwertung urheberrechtlich geschützter Rechte begründet werden (amtl. Begr. zum Gesetzentwurf v. 23.3.1962; Vor §§ 80 ff.; abgedr. in *Schulze* Bd 1, S. 527). Ein einheitliches „Wesen der verwandten Schutzrechte" gibt es nicht. Mit Blick auf den Schutzgegenstand lassen sich bei aller Verschiedenheit im Detail im Groben zwei große Gruppen von Leistungsschutzrechten ausmachen. Die erste enthält Schutzrechte, die einen Investitionsschutz gewähren wollen; die zweite bezieht sich auf den Schutz von Persönlichkeitsrechten im weitesten Sinne. Letztlich ist diese Einteilung aber unvollkommen, weil die den einzelnen Gruppen zugeordneten Rechte in ihrer Ausgestaltung sehr stark differenzieren.   25

Der Urheberrechtsschutz gerät in Erschütterung, wenn **moderne Technik** es möglich macht, das Schutzrecht ohne oder mit nur geringer Gefahr der Ahndung zu umgehen. Die Aufmerksamkeit, die File-Sharing-Systeme in der Öffentlichkeit genossen haben, und die langen Debatten um eine wirksame Bekämpfung von Urheberrechtsverletzungen mit **Auslandsbezug** zeigen zur Genüge, wie wichtig es auch unter dem Gesichtspunkt der Rechtssicherheit ist, einerseits die Grenzen des Urheberrechts genau zu bestimmen und andererseits die Durchsetzung von den aus Urhe-   26 berrechtsverletzungen fließenden Ansprüchen sicherzustellen. Beim zuerst genannten Punkt setzt die zum 13.9.2003 in Kraft getretene Überarbeitung der Schrankenregelungen des UrhG an. Der zuletzt genannte Punkt ist Gegenstand der §§ 95a ff., die den mit dem **DCMA** (Digital Copyright Millennium Act) in den USA begonnenen Trend aufnehmen, der den Schutz des Urheberrechts auch im Tatsächlichen sucht. Ob solche Maßnahmen nicht über ihr Ziel hinausschießen, ist rechtspolitisch stark umstr., s. näher Vor §§ 95a Rn 4.

III. Abgrenzung zu anderen Rechtsgebieten

27 Zum Verhältnis des Urheberrechts zum **Europäischen Recht** s. ausführlich § 15 Rn 29 ff.

28 Zum **Grundrechtsschutz** des Urheberrechts s. Rn 23 und Vor §§ 44a Rn 1 f.

29 Das Urheberrecht ist, was für das Konkurrenzverhältnis Bedeutung erlangt, Sonderrecht und daher gegenüber den **allg. Gesetzen** wie dem BGB *lex specialis*. Allg. Gesetze können nur erg. und auch nur dann herangezogen werden, wenn das UrhG insoweit eine ausfüllungsfähige und ausfüllungsbedürftige Lücke enthält, s. insoweit schon § 1 Rn 6 ff. Das ist bzgl der aus einer Verletzung des Urheberrechts fließenden Ansprüche nicht der Fall. §§ 97 ff. normiert sie abschließend, sodass § 823 Abs. 1 BGB trotz des absoluten Charakters des Urheberrechts nicht herangezogen werden kann, wenn der Schutz der §§ 97 ff. versagt. Zum Verhältnis des Urheberrechts zum Eigentumsschutz s. § 15 Rn 17 ff., zum Verhältnis zum Wettbewerbsrecht § 1 Rn 7.

30 Neben anderen **Sondergesetzen** wie dem PatG, dem GebrMG und dem MarkenG bleibt das UrhG grds anwendbar. Um eine Aushöhlung der Wertungen der einzelnen Sondergesetze, insb. der Schutzdauer der Rechte, zu verhindern, ist aber eine exakte Abgrenzung der Anwendungsbereiche bes. wichtig. Während das Urheberrecht Werke der Lit., Wissenschaft und Kunst schützt, steht beim PatG und GebrMG die gewerbliche Anwendbarkeit im Vordergrund. Wie exemplarisch der Urheberrechtsschutz wissenschaftlicher und technischer Darstellungen (§ 2 Abs. 1 Ziff. 7) und von Computerprogrammen (§§ 69a ff.) zeigen, gibt es aber durchaus Bereiche, in denen es zu Überschneidungen kommen kann. Genießt ein gemeinfreies Werk noch Patent- oder Gebrauchsmusterschutz, ist darauf zu achten, dass dieser nur die Erfindung, nicht aber das schöpferische Werk betrifft. Eine „Remonopolisierung" eines gemeinfreien Werkes durch seine Eintragung als Marke ist zwar möglich, muss aber auf Sachverhalte mit Kennzeichnungsfunktion beschränkt bleiben, s. näher hierzu auch § 1 Rn 9.

I. Gesetz über Urheberrecht und verwandte Schutzrechte (Urheberrechtsgesetz)

vom 9. September 1965 (BGBl I S. 1273),
zuletzt geändert durch Gesetz vom 10. September 2003 (BGBl I S. 1774)

Teil 1
Urheberrecht

Abschnitt 1
Allgemeines

§ 1 Allgemeines

Die Urheber von Werken der Literatur, Wissenschaft und Kunst genießen für ihre Werke Schutz nach Maßgabe dieses Gesetzes.

Literatur: *Delp* Das Recht des geistigen Schaffens – Entstehung, Bestand, Tendenzen der autonomen und antinomen Grundrechte, des Urheberrechts und des Urhebervertragsrechts, 1993; *ders.* Urheberrechtliche Gemeinfreiheit im Verhältnis zu Titel- und Figurenschutz – Eine Entgegnung, WRP 2000, 1086; *Dietz* Das Urheberrecht in der Europäischen Gemeinschaft, Studie im Auftrag der Generaldirektion „Forschung, Wissenschaft und Bildung" der Kommission der EG, 1978; *Ellins* Copyright Law, Urheberrecht und ihre Harmonisierung in der Europäischen Gemeinschaft, 1997; *Forkel* Gebundene Rechtsübertragungen, Bd 1: Patent, Musterrechte, Urheberrecht, 1977; *Gieseke* Vom Privileg zum Urheberrecht – Die Entwicklung des Urheberrechts in Deutschland bis 1845, 1995; *Hertin* Schutz des Titels an urheberrechtlich gemeinfrei gewordenen Werken und fiktiven Figuren?, WRP 2000, 890; *Klippel/Dölemeyer* Der Beitrag der deutschen Rechtswissenschaft zur Theorie des gewerblichen Rechtsschutzes und Urheberrechts, FS zum hundertjährigen Bestehen der Deutschen Vereinigung für gewerblichen Rechtsschutz und Urheberrecht und ihrer Zeitschrift, Bd 1, 1991, S. 185; *Kohler* Urheberrecht an Schriftwerken und Verlagsrecht, 1907; *Seifert* Markenschutz und urheberrechtliche Gemeinfreiheit, WRP 2000, 1014; *Wadle* Der Weg zum gesetzlichen Schutz des geistigen und gewerblichen Schaffens – Die deutsche Entwicklung im 19. Jahrhundert, FS zum hundertjährigen Bestehen der Deutschen Vereinigung für gewerblichen Rechtsschutz und Urheberrecht und ihrer Zeitschrift, Bd 1, 1991, S. 93.

I. Allgemeines

§ 1 kommt sowohl seiner systematischen Stellung als auch seinem Inhalt nach die **1** Funktion einer Präambel zu. Der Bestimmung lassen sich vor allem Aussagen über Schutzsubjekt und -objekt des UrhG sowie über das Verhältnis dieses Gesetzes zu anderen gesetzlichen Regelungen entnehmen.

II. Schutzsubjekt

2   Gem. § 1 gewährt das UrhG dem Urheber Schutz für seine Werke. Geregelt ist der Urheberrechtsschutz in §§ 1-69g, 95a ff. Kein Urheberrechtsschutz ist der Schutz der **verwandten Schutzrechte** in §§ 70 ff., der teils dem Investitionsschutz, teils dem Schutz der Persönlichkeit dient (näher Einl. Rn 25).

3   Im Vordergrund des urheberrechtlichen Schutzes steht die **schöpferisch tätige Person** und nicht das Werk (amtl. Begr. BT-Drucks. IV/270, 37). Damit liegt das Gesetz ganz auf der Linie des Urheberrechtsprinzips, welches anders als das anglo-amerikanische Copyright-System das Urheberrecht nicht als reinen Investitionsschutz, sondern der monistischen Theorie *Ulmers* (§ 18) folgend (vgl amtl. Begr. BT-Drucks. IV/270, 43) als Verklammerung persönlichkeits- und vermögensrechtlicher Interessen des Urhebers versteht. Dieser Gesetzeszweck erklärt auch die bedeutenden gesetzlichen Beschränkungen der Übertragbarkeit des Urheberrechts in den §§ 28 ff.

III. Schutzobjekt

4   Schutzobjekt des UrhG sind nach § 1 die von dem jeweiligen Urheber geschaffenen Werke der Lit., Wissenschaft und Kunst. Trotz der missverständlichen Formulierung („Wissenschaft") soll damit zum Ausdruck gebracht werden, dass nur **kulturelle Leistungen** Urheberrechtsschutz genießen können (vgl amtl. Begr. BT-Drucks. IV/270, 37). De lege lata zählen auch Computerprogramme zu ihnen (vgl § 69a Abs. 3, 4). Durch das Erfordernis der kulturellen Leistung betont § 1 die **Dichotomie der Immaterialgüterrechte**. Diese spalten sich auf in das Urheberrecht auf der einen und den gewerblichen Rechtsschutz auf der anderen Seite. Während das Urheberrecht das geistige Schaffen auf kulturellem und informationstechnologischem Gebiet schützt, bietet der vor allem im PatG, GebrMG, GeschmMG, SortenschutzG, HalbleiterschutzG und MarkenG ausgestaltete gewerbliche Rechtsschutz dem geistigen Schaffen auf gewerblichem Gebiet Schutz. Damit ist der Schutz des geistigen Eigentums dem Grunde nach gewährleistet. Ob er umfassend genug ist, wird vor allem im Hinblick auf die niedrigen Kopiervergütungen hinterfragt. Die jüngsten Gesetzesänderungen, vor allem der Schutz von technischen Maßnahmen, die den Zugang zum Werk und die Werknutzung verhindern, setzen insoweit allerdings einen Kontrapunkt.

5   Der Begriff der „Werke der Literatur, Wissenschaft und Kunst" kehrt in § 2 Abs. 1 wieder und wird dort konkretisiert. Wegen der Einzelheiten wird auf die dortigen Ausführungen (Rn 162 ff.) verwiesen.

IV. Verhältnis zu anderen Gesetzesbestimmungen

6   Gem. § 1 genießt der Urheber für seine Werke Schutz „nach Maßgabe" des UrhG. Schon der Wortlaut der Bestimmung macht deutlich, dass sich der Schutz urheberrechtlicher Werke vorrangig aus dem UrhG ergibt. Für die Konkurrenz zu anderen Rechtsgebieten gilt Folgendes:

Im Anwendungsbereich dieses Gesetzes ist für eine parallele Anwendung anderer **allg. gesetzlicher Bestimmungen**, zB des § 1 UWG, kein Raum (*BGH* NJW 1992, 2824, 2825 – ALF; vgl zur vergleichbaren Rechtslage im Anwendungsbereich des MarkenG: *BGH* WRP 1998, 1181 – MAC Dog). Erst wenn der urheberrechtliche Schutz versagt, ist der Rückgriff auf andere Gesetze möglich (zum MarkenG: *BGH*

WRP 1998, 1181, 1182 – MAC Dog) und durch § 97 Abs. 3 auch zugelassen. Voraussetzung für die Anwendbarkeit nicht sondergesetzlicher Bestimmungen ist jedoch, dass der Sachverhalt nach den konkreten Umständen des Einzelfalls im UrhG keine abschließende Ausgestaltung erfahren hat (*BGH* NJW 1960, 459, 460 – Sherlock Holmes).

Für den allg. wettbewerbsrechtlichen Schutz nach § 1 UWG bedeutet dies, dass im   **7** Anwendungsbereich des UWG die Wertungen des Sonderschutzes grds hinzunehmen sind (*BGH* NJW 1960, 459, 460 – Sherlock Holmes; NJW 1998, 3773, 3775 – Les-Paul-Gitarren). Die Vorschriften des UWG dürfen also nicht herangezogen werden, um einen nicht bestehenden Urheberrechtsschutz zu ersetzen (*BGH* NJW 1960, 459, 460 – Sherlock Holmes; NJW 1973, 800, 801 – Modeneuheit). Vor diesem Hintergrund kann die Übernahme eines Leistungsergebnisses, welches die erforderliche Schöpfungshöhe nicht erreicht, um Urheberrechtsschutz genießen zu können, nur ausnahmsweise sittenwidrig iSd § 1 UWG sein. Voraussetzung ist, dass Umstände hinzutreten, die außerhalb des sondergesetzlichen Tatbestandes liegen und die Nachahmung unlauter erscheinen lassen (*BGH* NJW 1991, 1485, 1486 – Finnischer Schmuck; NJW 1998, 3773, 3775 – Les-Paul-Gitarren; WRP 2003, 496, 498 – Pflegebett; WRP 2003, 500, 501 – Präzisionsmessgeräte). Derartige Umstände können zB eine vermeidbare Herkunftstäuschung (*BGH* NJW 1991, 1485, 1486 – Finnischer Schmuck; NJW 1998, 3773, 3775 – Les-Paul-Gitarren; GRUR 1999, 751 – Güllepumpen; WRP 2003, 496, 498 – Pflegebett) oder eine Behinderung des Herstellers (*BGH* NJW 1991, 1485, 1486 – Finnischer Schmuck; GRUR 1999, 751, 753 – Güllepumpen; WRP 2003, 496, 498 – Pflegebett) sein. Unlauter kann es auch sein, sich ein fremdes Arbeitsergebnis zum Schaden dessen anzueignen, dem billigerweise die Früchte der Arbeit zukommen müssten (*BGH* NJW 1969, 46, 47 – Reprint; GRUR 1984, 453, 454 – Hemdblusenkleid). Deshalb kommt ein Wettbewerbsverstoß in Betracht, wenn der Nachbau eines nicht (mehr) sondergesetzlich geschützten Objekts durch strafrechtliche Handlungen oder durch Erschleichen bzw Vertrauensbruch ermöglicht wurde (*BGH* WRP 2003, 500, 502 – Präzisionsmessgeräte). Der bloße Nachdruck eines Werkes nach Ablauf der urheberrechtlichen Schutzfrist hingegen ist für sich genommen nicht zu beanstanden, weil sonst die zeitliche Begrenzung des Urheberrechtsschutzes ihren Sinn verlöre (*BGH* NJW 1969, 46 – Reprint; NJW 1973, 800, 801 – Modeneuheit; vgl *BGH* WRP 2003, 500, 501 – Präzisionsmessgeräte).

Umgekehrt sind auch die Vorschriften des UrhG auf allg. Gesetze idR nicht anwend-   **8** bar. So finden die Schrankenbestimmungen der §§ 44a ff. auf § 1 UWG keine Anwendung (vgl *BGH* NJW 1958, 1486, 1488 – Box-Programme).

Im Verhältnis zu anderen **Sondergesetzen** entfaltet das UrhG keine abschließende   **9** Wirkung. Urheberrechtlicher Schutz kommt deshalb neben einem etwaigen Markenoder Gebrauchsmusterschutz in Betracht, wenn die jeweiligen Voraussetzungen gegeben sind. Auch der unzutreffend als **Remonopolisierung** angesehene Schutz eines gemeinfreien Werkes als Kennzeichen ist möglich, er hat dann jedoch eine andere, nämlich zeichenrechtliche, Zielrichtung und wird nur im Umfang des MarkenG gewährt (s. hierzu *Seifert* WRP 2000, 1014 ff.; vgl auch *OLG Nürnberg* WRP 2000, 1168). Ist der Titel Teil des Werkes, darf er zusammen mit diesem bei Eintritt der Gemeinfreiheit benutzt werden (*OLG Nürnberg* WRP 2000, 1068; vgl *Hertin* WRP 2000, 891 ff.; *Delp* WRP 2000, 1086, 1087 f.). Eine Abweichung von dem Grundsatz der Unabhängigkeit der Sondergesetze voneinander deutet sich für Computerprogramme an durch die Entsch. des *BGH* (ZUM 2001, 161, 163 f. – Wetterführungspläne I), nach der es sich bei § 69b um eine im Verhältnis zu §§ 3, 20 ArbnErfG abschließende Regelung der Vergütungsansprüche des Arbeitnehmerprogrammierers handeln soll. Zwar hat der BGH offen gelassen, ob ausnahmsweise Vergütungsansprüche des Arbeitnehmers nach dem ArbnErfG begründet sein können, wenn das **Computerprogramm** selbst und nicht nur das mit seiner Anwendung angestrebte Arbeitsergebnis einen technischen Überschuss aufweise, diese Voraussetzungen dann jedoch selbst für das in Frage stehende Programm zur graphischen Erstellung von Wetterführungsplänen im Bergbau verneint (*BGH* ZUM 2001, 161, 163 – Wetterführungspläne I). Damit hat sich zugleich die deutsche Auffassung verfestigt, dass gem. § 1 Abs. 2 Nr. 3, Abs. 3 PatG der Programmcode selbst und dessen körperliche Niederlegung nur urheberrechtlich geschützt werden können (*BPatG* CR 2001, 155, 157 mit Anm. *Sedlmaier*). Ein von einem Arbeitnehmer im Rahmen seiner arbeitsvertraglichen Pflichten für seinen Arbeitgeber entwickeltes Computerprogramm begründet umgekehrt einen Vergütungsanspruch nach **§ 20 ArbnErfG** nicht schon deshalb, weil dem Arbeitgeber an dem Programm nach dem Urheberrecht ein alleiniges Nutzungsrecht zusteht und eine Nachschöpfung aus tatsächlichen Gründen, insb. wegen des Dekompilierungsverbots und der darauf beruhenden Schwierigkeiten einer solchen Nachbildung ausscheidet (*BGH* NJW 2002, 1352 – Wetterführungspläne II). Im Verhältnis von Urheber- und **Geschmacksmusterrecht** geht der *BGH* (NJW-RR 1995, 1253 – Silberdistel) nicht von einem Wesensunterschied, sondern von einem graduellen Stufenverhältnis aus.

10   Kollidiert das Urheberrecht mit Rechten Dritter, stehen sich etwa die Interessen des Eigentümers und des Urhebers konträr entgegen, muss abgewogen werden (hierzu iE § 14 Rn 25 ff.). Gleiches gilt bei einer Kollision des Urheberrechts mit sonstigen Rechten Dritter, zB deren Allg. Persönlichkeitsrecht (s. hierzu *VG Sigmaringen* NJW 2001, 628 ff.).

V. Folgen von Rechtsverletzungen

11   Das Urheberrecht ist **ausschließliches** (absolutes) **Recht**. In der Lit. wird es meist entweder als dingliches oder als „quasidingliches Recht" angesehen. Die Einschränkung „quasi" soll dabei den Charakter des Rechts als unkörperliches betonen (s. hierzu und zum Rechtscharakter erteilter Lizenzen *Forkel* S. 75 ff.). Die Folgen von Rechtsverletzungen sind unabhängig von dieser Einordnung im UrhG als Sondergesetz eigens geregelt. Werden **absolute** Urheberbefugnisse verletzt, wird insb. in die Urheberpersönlichkeits- oder Verwertungsrechte der §§ 11-23 eingegriffen, sind die Folgen der Verletzung des Urheberrechts in den §§ 97 ff. geregelt; auf die dortige Kommentierung wird verwiesen. Von §§ 97 ff. nicht erfasst sind Verstöße gegen die **relativen** Rechte des Urhebers zB aus §§ 26 Abs. 1, 27 Abs. 1 oder gegen die Verpflichtung zur Vergütung einer vertraglichen Nutzung (vgl auch §§ 32a, 32b) oder auf der Grundlage einer Schrankenregelung (vgl zB §§ 46 Abs. 4, 47 Abs. 2, 49 Abs. 1 S. 2, 3, 52 Abs. 1 S. 2, Abs. 2 S. 2). Hier ist für jede Vorschrift gesondert zu prüfen, ob sich die Rechtsfolge aus ihr selbst ergibt oder ob ein Rückgriff auf allg. Vorschriften, etwa die §§ 286 ff. BGB, möglich ist. Wegen der Einzelheiten wird auf die Kommentierung zu den jeweiligen Vorschriften und zu § 97 verwiesen.

Abschnitt 2
Das Werk

§ 2   Geschützte Werke

(1) Zu den geschützten Werken der Literatur, Wissenschaft und Kunst gehören insbesondere:

1. Sprachwerke, wie Schriftwerke, Reden und Computerprogramme;

2. Werke der Musik;

3. pantomimische Werke einschließlich der Werke der Tanzkunst;

4. Werke der bildenden Künste einschließlich der Werke der Baukunst und der angewandten Kunst und Entwürfe solcher Werke;

5. Lichtbildwerke einschließlich der Werke, die ähnlich wie Lichtbildwerke geschaffen werden;

6. Filmwerke einschließlich der Werke, die ähnlich wie Filmwerke geschaffen werden;

7. Darstellungen wissenschaftlicher oder technischer Art, wie Zeichnungen, Pläne, Karten, Skizzen, Tabellen und plastische Darstellungen.

(2) Werke im Sinne dieses Gesetzes sind nur persönliche geistige Schöpfungen.

Literatur: *Bayreuther* Gewerblicher und bürgerlicher Rechtsschutz des Vereinssymbols, WRP 1997, 820; *Broy/Lehmann* Die Schutzfähigkeit von Computerprogrammen nach dem neuen europäischen und deutschen Urheberrecht, GRUR 1992, 419; *Delp* Das Recht des geistigen Schaffens – Entstehung, Bestand, Tendenzen der autonomen und antinomen Grundrechte, des Urheberrechts und des Urhebervertragsrechts, 1993; *ders.* Urheberrechtliche Gemeinfreiheit im Verhältnis zu Titel- und Figurenschutz – Eine Entgegnung, WRP 2000, 1086; *Deutsch* Die Dokumentationsfreiheit im Urheberrecht, NJW 1967, 1393; *Ensthaler* Urheberrechtsschutz von Computerprogrammen – Zur Kritik an der Rechtsprechung des BGH, GRUR 1991, 881; *Erdmann* Schutz der Kunst im Urheberrecht, FS v. Gamm, 1990, S. 389; *Erdmann/Bornkamm* Schutz von Computerprogrammen – Rechtslage nach der EG-Richtlinie, GRUR 1991, 877; *Fezer* Kennzeichenschutz an Namen fiktiver Figuren – Werktitelrechte und Markenrechte an Namen von Comics und Characters als Werke und Produkte, WRP 1997, 887; *Fromm* Der Apparat als geistiger Schöpfer, GRUR 1964, 304; *Gaster* Anmerkung zu OLG Düsseldorf ZUM 1999, 729, ZUM 1999, 733; *Haberstumpf* Neue Entwicklungen im Software-Urheberrecht, NJW 1991, 2105; *ders.* Urheberrechtlich geschützte Werke und verwandte Schutzrechte, FS zum hundertjährigen Bestehen der Deutschen Vereinigung für gewerblichen Rechtsschutz und Urheberrecht und ihrer Zeitschrift, Bd 2, 1991, S. 1125; *ders.* Zur urheberrechtlichen Beurteilung von Programmen für Datenverarbeitungsanlagen, GRUR 1982, 142; *Heinrich* Der rechtliche Schutz von Datenbanken, WRP 1997, 275; *Heitland* Der Schutz der Fotografie im Urheberrecht Deutschlands, Frankreichs und der Vereinigten Staaten von Amerika, 1995; *Hertin* Schutz des Titels an urheberrechtlich gemeinfrei gewordenen Werken und fiktiven Figuren?, WRP 2000, 890; *Junker* Die Entwicklung des Computerrechts im Jahre 1998, NJW 1999, 1294; *Katzenberger* Elektronische Printmedien und Urheberrecht – Urheberrechtliche und urhebervertragsrechtliche Fragen der elektronischen Nutzung von Zeitungen und Zeitschriften, AfP 1997, 434; *Koch* Software-Urheberrechtsschutz für Multimedia-Anwendungen, GRUR 1995, 459; *Kohler* Urheberrecht an Schriftwerken und Verlagsrecht, 1907; *Kolle* Der Rechtsschutz der Computersoftware in der Bundesrepublik Deutschland, GRUR 1982, 443; *Kummer* Das urheberrechtlich schützbare Werk, 1968; *Lehmann* Der neue Europäische Rechtsschutz von Computerprogrammen, NJW 1991, 2112; *Lenz* Das Recht auf Kurzberichterstattung – Bestätigung und Korrektur aus Karlsruhe, NJW 1999, 757; *Loewenheim* Urheberrechtliche Probleme bei Multimediaanwendungen, GRUR 1996, 830; *ders.* Urheberrechtlicher Schutz von Videospielen, FS Hubmann, 1985, S. 307; *Malpricht* Über die rechtlichen Probleme beim Kopieren von Musik-CDs und beim Download von MP3-Dateien aus dem Internet, NJW-CoR 2000, 233; *Müglich/Börstinghaus* Urheberrechtsschutz für Mietspiegel und seine mietrechtlichen Auswirkungen, NZM 1998, 353; *Müller-Katzenburg* Offener Rechtsstreit um verhüllten Reichstag – Urheberrechtliche Aspekte von Christos Verpackungskunst, NJW 1996, 2341; *Nordemann A./Czychowski* Der Schutz von Gesetzessammlungen auf CD-ROM nach altem und neuem Recht, NJW 1998, 1603; *Nordemann A./Nordemann B./Czychowski* Die Entwicklung der Gesetzgebung und Rspr zum Urheberrecht in den Jahren 1998 und 1999, NJW 2000, 620; *dies.* Die Entwicklung der Gesetzgebung und Rspr zum Urheberrecht in den Jahren 2000 und 2001, NJW 2002, 562; *Nordemann, W.* Bildschirmspiele – eine neue Werkart im Urheberrecht, GRUR 1981, 891; *ders.* Mona Lisa als Marke, WRP 1997, 389; *Plaß* Hyperlinks im Spannungsfeld von Urheber-, Wettbewerbs- und Haftungsrecht, WRP 2000, 599; *Poll/Brauneck* Rechtliche Aspekte des Gaming-Markts, GRUR 2001, 389; *Rehbinder* Nachrichten als Sprachwerke, ZUM 2000, 1; *Rehbinder/Pahud* Urheberrechtsschutz und strafrechtliche Inhaltskontrolle – Zur rechtshistorischen Entwicklung einer Grundsatzfrage, UFITA 136 (1998), 277; *Reimer* Zum Urheberrechtsschutz von Darstellungen wissenschaftlicher oder technischer Art, GRUR 1980, 572; *Schack* Urheberrechtliche Gestaltung von Webseiten unter Einsatz von Links und Frames, MMR 2001, 9; *Schmidt* Urheberrechtsprobleme in der Werbung, 1981; *Schaefer* Die urheberrechtliche Schutzfähigkeit von Werken der Gartengestaltung: Zugleich ein Beitrag zu Fragen des Urheberrechtsschutzes von Raumgestaltungen, UFITA 98 (1992); *Schricker* Anmerkung zu BGH GRUR 1984, 730 = NJW 1984, 2582 – Filmregisseur, GRUR 1984, 733; *ders.* Der Urheberrechtsschutz von Werbeschöpfungen, Werbeideen, Werbekonzeptionen und Werbekampagnen, GRUR 1996, 815; *ders.* Hundert Jahre Urheberrechtsentwicklung, FS zum hundertjährigen Bestehen der Deutschen Vereinigung für gewerblichen Rechtsschutz und Urheberrecht und ihrer Zeitschrift, Bd 2, 1991, S. 1095; *ders.* Zum Urheberrechtsschutz und Geschmacksmusterschutz von Postwertzeichen – Teil II, GRUR 1991, 645; *Schulze* Das Urheberrecht und die bildende Kunst, FS zum hundertjährigen Bestehen der Deutschen Vereinigung für gewerblichen Rechtsschutz und Urheberrecht und ihrer Zeitschrift, Bd 2, 1991, S. 1303; *ders.* Die kleine Münze und ihre Abgrenzungsproblematik bei den Werkarten des Urheberrechts, UFITA 66 (1983); *ders.* Rechtsfragen von Printmedien im Internet, ZUM 2000, 432; *ders.* Der Schutz der kleinen Münze im Urheberrecht, GRUR 1987, 769; *Seifert* Markenschutz und urheberrechtliche Gemeinfreiheit, WRP 2000, 1014; *Straßer* Die Abgrenzung der Laufbilder vom Filmwerk: Unter besonderer Berücksichtigung des urheberrechtlichen Werkbegriffs, UFITA 126 (1995); *Ullmann* Schutz der Elemente – elementarer Schutz der immaterialen Güter?, GRUR 1993, 334; *Wandtke* Die Kommerzialisierung der Kunst und die Entwicklung des Urheberrechts im Lichte der Immaterialgüterrechtslehre von Josef Kohler, GRUR 1995, 385; *Will* Merchandising mit fiktiven Figuren, WRP 1996, 652.

Übersicht

I. Regelungsgehalt und Abgrenzung

1   Der Urheber genießt nach §§ 1, 2 Abs. 1 Schutz für Werke der Lit., Wissenschaft und Kunst. Damit stellt das Gesetz zwei grds Anforderungen an den Urheberrechtsschutz einer Leistung:

1. Werk

2   **Erste Voraussetzung** für den Schutz ist, dass es sich bei der Leistung um ein „Werk" handelt (hierzu unten Rn 7 ff.). Was darunter zu verstehen ist, ergibt sich aus § 2 Abs. 2. Werke sind danach persönliche geistige Schöpfungen. Das setzt neben einer persönlichen Leistung (hierzu unten Rn 12 ff.) in einer bestimmten Form (hierzu unten Rn 29 ff.) mit einem bestimmten geistigen Inhalt (hierzu unten Rn 37 ff.) Schöpfungshöhe (hierzu unten Rn 53 ff.) voraus.

3   Durch diese Definition grenzt § 2 Abs. 2 zum einen die **schöpferischen** von den nicht schöpferischen, zB rein wiederholenden, Leistungen ab.

4   Die Vorschrift zieht aber weitergehend auch die **Grenze zu den verwandten Schutzrechten**. Urheberrechtschutz und Leistungsschutz verfolgen im Allgemeinen unterschiedliche Ziele. So ist Gegenstand des Leistungsschutzrechts des ausübenden Künstlers (§§ 73 ff.) die persönliche Darbietung oder künstlerische Mitwirkung, beim Urheberrecht an Kunst (§ 2 Abs. 1 Nr. 4, Abs. 2) hingegen die in dem Werk selbst zum Ausdruck gelangte persönliche geistige Schöpfung. Urheberrechtsschutz und Leistungsschutz greifen daher bei verschiedenen Leistungen oder verschiedenen Anspruchstellern grds unabhängig voneinander ein. Ist ein und dieselbe Leistung einer einzigen Person betroffen, kann jedoch nur entweder Urheberrechtsschutz oder Leistungsschutz in Anspruch genommen werden (*BGH* NJW 1984, 2582 – Filmregisseur). Das schließt nicht aus, dass an einem Werk **gleichzeitig Urheberrechte und Leistungsschutzrechte** auch derselben Person bestehen, die mehrere jeweils sachlich unterschiedliche Leistungen betreffen (*BGH* NJW 1984, 2582, 2583 – Filmregisseur). So kann beim Vortrag eines Stehgreifgedichts der Vortragende für seine Sprechleistung Schutz als ausübender Künstler und für das gleichzeitig mit dem Vortrag von ihm geschaffene Sprachwerk Urheberrechtsschutz in Anspruch nehmen (*BGH* NJW 1984, 2582, 2583 – Filmregisseur).

5   Schließlich knüpft § 2 Abs. 2 die Qualifikation einer Leistung als Werk neben dem Erfordernis der Schöpfungshöhe daran, dass es sich um eine persönliche Leistung handelt. **Fremdleistungen** dritter Personen, von **Tieren** oder **Maschinen** scheiden damit als Werke aus.

2. Kulturelle Leistung

6   Die **zweite Voraussetzung** für den Urheberrechtsschutz ergibt sich aus § 2 Abs. 1. Von den persönlichen geistigen Schöpfungen sind nach § 2 Abs. 1 nur diejenigen geschützt, die aus dem Bereich der Lit., Wissenschaft oder Kunst stammen, zu dem auch die Computerprogramme gezählt werden. Die Leistung muss also entweder

kulturellen Ursprungs sein oder der **Informationstechnologie** angehören (hierzu unten Rn 162 ff.). § 2 Abs. 1 zählt die damit angesprochenen Werkarten auf, ohne dass der Aufzählung abschließender Charakter zukäme.

II. Werkbegriff

1. Allgemeines

Der Werkbegriff ist in § 2 Abs. 2 niedergelegt. Er **gilt für alle Werke einheitlich.** 7
Das schließt unterschiedliche Anforderungen an die Gestaltungshöhe eines Werkes aus (*Fromm/Nordemann/Vinck* § 2 Rn 3; **aA** *BGH* NJW-RR 1995, 1253 – Silberdistel). Daher sind schon Werke der sog. kleinen Münze schutzfähig (hierzu näher unten Rn 53 ff.).

Unter einem „Werk" iSd § 2 versteht man nach ganz **hM** (anstelle vieler: *Schricker/* 8
Loewenheim § 2 Rn 9; *Rehbinder* Rn 114 ff.) eine **persönliche** Leistung, die einen **geistigen Inhalt** hat, der in einer bestimmten **Form** zu Tage tritt und **Schöpfungshöhe** besitzt. Das Werk ist ein geistiges und unterscheidet sich dadurch vom **Werkexemplar**, in dem es verkörpert ist. Während jedes Werk eine bestimmte Form und einen bestimmten Inhalt haben muss, reicht aus, wenn entweder die Form oder der Inhalt des Werkes persönlich geschaffen und schöpferisch sind (amtl. Begr. BT-Drucks. IV/270, 38). Die schöpferische Leistung kann sich auch aus der Verbindung von Inhalt und Form (amtl. Begr. BT-Drucks. IV/270, 38) oder sogar aus der Auswahl, Sichtung oder Anordnung mehrerer für sich genommen nicht schöpferischer Elemente ergeben (*BGH* GRUR 1980, 227, 230 – Monumenta Germaniae Historica; NJW-RR 1987, 1081, 1082 – Warenzeichenlexika). Der Schutz des UrhG ist jedoch auf die Merkmale des Werkes beschränkt, die eine persönliche Schöpfung darstellen (*BGH* NJW 1958, 1587 – Mecki-Igel I). Sind nur die Elementenauswahl und Elementenanordnung schöpferisch, genießt das einzelne Element für sich genommen keinen urheberrechtlichen Nachahmungsschutz.

Die einzelnen **Voraussetzungen** an die Urheberrechtsschutzfähigkeit einer Leistung 9
greifen oft eng ineinander. Wer bspw einen Computer fremde Texte aneinander reihen lässt, erbringt weder eine persönliche Leistung noch verleiht er dem Gesamttext einen (eigenen) Gedankeninhalt; erst recht fehlt es an der Schöpfungshöhe. Um überflüssige Kosten durch ein Sachverständigengutachten zu vermeiden, empfiehlt sich in Fällen, in denen mehrere Elemente des Werkschutzes zweifelhaft sind, zunächst die sehr genaue Feststellung, ob eine persönliche Leistung gegeben ist und mit welchem Inhalt und in welcher Form. Hat man auf diese Weise den Kreis der Elemente abgegrenzt, für die es auf die Frage der Schöpfungshöhe überhaupt noch ankommt, wird zur Frage der Schöpfungshöhe häufig ein Sachverständiger zu beauftragen sein.

Unmaßgeblich für die Beurteilung einer Leistung als Werk ist, ob sie bereits veröf- 10
fentlicht oder sogar erschienen ist. Auch **unveröffentlichte** oder noch **nicht erschienene** Leistungen sind, wenn sie die Voraussetzungen des § 2 erfüllen, Werke iSd § 2 Abs. 2. An die Veröffentlichung und das Erscheinen eines Werkes sind aber verschiedene Rechtsfolgen geknüpft (näher unten § 6 Rn 1 ff.).

Der Werkbegriff des § 2 Abs. 2 darf ferner nicht mit dem **Eigentum** am Werkstück 11
verwechselt oder gleichgesetzt werden. Das Urheberrecht lässt die Eigentumssituation grds unberührt. Eigentum und Urheberrecht können daher auseinander fallen.

Der Konflikt zwischen Eigentümer- und Urheberinteressen ist dann durch eine Interessenabwägung zu lösen.

2. Persönliche Leistung

12   **a) Begriff.** Urheberrechtsschutz genießen nur persönliche geistige Schöpfungen. Das Erfordernis der persönlichen Leistung ergibt sich unmittelbar aus dem Gesetzeswortlaut des § 2 Abs. 2, der von einer „persönlichen" geistigen Schöpfung spricht. Es folgt darüber hinaus auch aus § 1, der den Schutz des Urhebers und nicht des Werkes an die Spitze des Gesetzes gestellt hat. Urheber kann aber zwangsläufig nur derjenige sein, der das Werk selbst geschaffen hat.

13   Unter einer persönlichen Leistung des Urhebers in diesem Sinne versteht man eine solche, die auf einer **menschlich-gestalterischen** Tätigkeit des Urhebers beruht (*Schricker/Loewenheim* § 2 Rn 11). Nicht Voraussetzung für eine persönliche Leistung ist, dass die **Persönlichkeit des Urhebers** in das Werk Eingang gefunden hat. Die gegenteilige Auffassung (*Fromm/Nordemann/Vinck* 8. Aufl., § 2 Rn 11 und 13; ausdrücklich aufgegeben in der Folgeaufl. § 2 Rn 12) findet im Wortlaut keine Stütze und führte auch dazu, dass bestimmte Leistungen wie Computerprogramme entgegen dem gesetzgeberischen Willen von vornherein aus dem Kreis schutzfähiger Werke ausscheiden würden (hierzu sogleich Rn 14). Erst recht zu eng wäre es zu verlangen, dass das Werk den Stempel der Persönlichkeit des Urhebers trägt (ebenso *Rehbinder* Rn 114; *Fromm/Nordemann/Vinck* § 2 Rn 12). In welchem Maße das Werk die Persönlichkeit des Urhebers widerspiegelt, kann aber für die Frage des Werkinhalts und der schöpferischen Tätigkeit eine Rolle spielen.

14   Bei **Computerprogrammen** ist für die Werkseigenschaft ausreichend, dass das Programm ein individuelles Werk in dem Sinne darstellt, dass es das Ergebnis der eigenen geistigen Schöpfung des Urhebers ist (§ 69a Abs. 3 S. 1). Ob diese Voraussetzungen vorliegen, ist ohne Ansehen ästhetischer oder qualitativer Kriterien festzustellen (§ 69a Abs. 3 S. 2). Darin liegt keine Ausnahme vom Erfordernis der persönlichen Leistung, sondern geregelt werden hier die Anforderungen an das schöpferische Tun des Programmherstellers (ebenso *Schricker/Loewenheim* § 2 Rn 15; *Lehmann/Haberstumpf* Rechtsschutz, Kap. II Rn 79; vgl auch *Kilian/Heussen/Harte-Bavendamm/Wiebe* Kap. 51 Rn 24). Eine ausführliche Darstellung der Anforderungen an die Schutzfähigkeit von Computerprogrammen erfolgt in der Kommentierung zu §§ 69a ff.).

15   Menschlich-gestalterisch ist eine Leistung dann, wenn das Werk oder der in Frage stehende Werkteil **seine Gestalt dem Tun des Urhebers verdankt.** Sind bei der Werkerstellung **mehrere Personen** gestalterisch tätig geworden, kann Miturheberschaft (§ 8) oder Urheberschaft am verbundenen Werk (§ 9) vorliegen, wenn die fraglichen Beiträge jeweils schöpferisch sind.

16   Nicht erforderlich ist, dass der Urheber bewusst handelt, weil der Schöpfungsakt **Realakt** und kein Rechtsgeschäft ist. Auch die in Trance oder unter Hypnose geschaffenen geistigen Schöpfungen sind daher urheberrechtsschutzfähig (*Fromm* GRUR 1964, 304, 306).

17   **b) Abgrenzungen. aa) Unterlassen.** Keine persönliche Schöpfung liegt in Leistungen, welche durch ein **Unterlassen** hervorgebracht werden, selbst wenn der Urheber

bewusst davon abgesehen hat, einen fremden Schaffens- oder Wachstumsprozess zu unterbrechen. Wer ein Exemplar einer ästhetisch geformten Bonsaiart kultiviert, indem er den Baum pflanzt, mit Wasser und Nährstoffen versorgt und den Wachstumsprozess bewusst nicht unterbricht, ist damit noch nicht Urheber des Baumes, weil es an einer unmittelbar auf die Form des Baumes bezogenen, menschlich-gestalterischen Tätigkeit fehlt. Hingegen kommt ein urheberrechtlicher Schutz dann in Betracht, wenn der Formungsprozess aktiv beeinflusst wird, zB indem einzelne Äste und Triebe mit dem Ziel eines ästhetischen Gesamtbildes abgeschnitten, abgebunden oder eingesteckt werden.

bb) Kummer's Präsentationslehre. Kein Urheberrechtsschutz kann für Leistungen **18** in Anspruch genommen werden, welche die **Natur** ohne Zutun Dritter hervorgebracht hat. Die im Wald aufgefundene und zur Kunst erklärte Föhrenwurzel ist daher noch kein Werk iSd § 2 Abs. 1. Das entspricht heute ganz **hM** (anstelle vieler: *Schricker/Loewenheim* § 2 Rn 16 ff.). Anders sah dies vor allem Kummer's Präsentationslehre (*Kummer* S. 75 ff.). Nach ihr soll für den Urheberrechtsschutz ausreichend sein, dass eine Person durch bes. Vorkehrungen zu erkennen gegeben habe, dass eine vorgefundene Sache als Werk verstanden werde. Diese Lehre stellt jedoch an die Stelle des in § 2 niedergelegten Werkbegriffs eine Selbstdefinition des Werkes durch den Menschen und führt bei konsequenter Betrachtung dazu, dass der Schutz des UrhG durch jedermann und für jeden Gegenstand in Anspruch genommen werden könnte. Sie ist aus diesem Grund fast einhellig auf Ablehnung gestoßen (*Schricker/Loewenheim* § 2 Rn 17; *Fromm/Nordemann/Vinck* § 2 Rn 5; *Rehbinder* Rn 135).

Spricht man sich gegen Kummer's Präsentationstheorie aus, kann das nicht ohne **19** Auswirkungen auf den Kunstbegriff bleiben. Wird nämlich die Schutzfähigkeit einer bloßen Werkinszenierung verneint, führt dies zu einem Auseinanderfallen des urheberrechtlichen und des grundgesetzlichen Kunstbegriffs (hierzu näher unten Rn 220).

cc) Natur, Tiere, Maschinen, Zufall. Eine auf **Zufall** beruhende Leistung ist ebenso **20** wenig das Ergebnis menschlich-gestalterischen Schaffens wie eine Leistung, die durch andere Kräfte als menschliche geschaffen wurde. Nicht schutzfähig sind Leistungen, welche durch **Tiere** erstellt wurden. Das gilt auch dann, wenn das Tier erst infolge einer Dressur überhaupt in der Lage ist, derartige Tätigkeiten zu erbringen. Denn zwischen der Dressur und der Werkerstellung liegt ein Zwischenschritt, auf den der Mensch keinen unmittelbaren Einfluss mehr nehmen kann. Der Dresseur wirkt zwar persönlich auf das Tier, nicht jedoch auf dessen Leistung ein und kann für Letztere daher auch keinen Urheberrechtsschutz beanspruchen.

Urheberrechtsschutz scheidet schließlich für solche Leistungen aus, welche ohne Zu- **21** tun menschlichen Schaffens durch **Maschinen** erstellt wurden (heute ganz **hM**, anstelle vieler: *Schricker/Loewenheim* § 2 Rn 12 mwN; *Kilian/Heussen/Harte-Bavendamm/Wiebe* 51. Kap. Rn 20; zweifelnd noch *Fromm* GRUR 1964, 304, 305 f.). Die reine Computermusik, bei welcher die Auswahl, Anordnung und Präsentation der Töne und Klangfolgen vollständig dem Computer überlassen bleibt, ist danach kein urheberrechtsschutzfähiges Werk.

Das schließt nicht aus, dass sich der Urheber bei der Werkerstellung **der Hilfe der** **22** **Natur, von Tieren oder Maschinen bedient**. Voraussetzung ist aber stets, dass er dabei in einer Weise planend und gestaltend mitwirkt, die den Schluss auf eine eigene gestalterische Tätigkeit noch zulässt. Daran fehlt es, wenn Natur, Tier oder Maschine nicht nur als Hilfsmittel zur Herstellung eines vom Urheber nach Form und Inhalt vorgegebenen Werkes eingesetzt, sondern die eigentliche Werkerstellung, dh die Auswahl der Form und des Inhaltes, erst durch sie vorgenommen werden. Dann reicht es auch nicht aus, dass die Initiative, überhaupt ein Werk zu erstellen und dazu die Naturkräfte, die Arbeitskraft von Tieren oder aber Maschinen einzusetzen, vom Urheber ausging. Ob etwa ein 3-D-Scan Werkeigenschaft hat, hängt danach maßgeblich davon ab, inwieweit trotz der Automatisierung noch menschlicher schöpferischer Einfluss ausgeübt wird. Erfolgt die Herstellung gänzlich automatisiert, kommt auch ein Leistungsschutz nach § 72 nicht in Betracht.

23   **dd) Computermusik und -spiele.** Beim Einsatz von Maschinen können sowohl der **Hersteller** der Maschine als auch deren **Anwender** die erforderliche menschlich-gestalterische Tätigkeit entfalten (vgl *Kilian/Heussen/Harte-Bavendamm* 54. Kap. Rn 38). Ersteres ist bei der Herstellung eines nicht ganz banalen Computerprogramms, Letzteres zB bei einer Computermusik der Fall, bei welcher der Komponist die musikalische Leistung dadurch vorgibt, dass er die Auswahlmöglichkeiten des Zufallsgenerators so stark einschränkt, dass die Tonfolge praktisch vorgegeben ist.

24   In der Lit. wird für Computermusik zT weitergehend Urheberrechtsschutz auch dann gewährt, wenn der Urheber nur das wesentliche **Grundmuster des Werkes** schafft und bei mehreren vom Computer erzeugten Versionen eine oder einige als definitiv bestimmt (*Schricker/Loewenheim* § 2 Rn 14 mwN). Das läuft jedoch letztlich auf eine eingeschränkte Präsentationslehre iSv Kummer (hierzu näher oben Rn 18) hinaus.

25   Wird sowohl bei der Herstellung eines Computerprogramms als auch bei seiner Anwendung menschlich-gestalterische Aktivität entfaltet, können Produzent und Anwender nebeneinander Urheberrechtsschutz genießen. Eine persönliche Leistung iSd § 2 Abs. 2 erbringt aber nicht schon derjenige, welcher bei einem Computerspiel spielerisch Entsch. trifft und dadurch in das Spielgeschehen eingreift, weil alle sich im Spiel dadurch ergebenden Veränderungen bereits vorprogrammiert sind (vgl *OLG Hamm* NJW 1991, 2161; *BayObLG* GRUR 1992, 508).

26   **c) Schutzumfang.** Nur soweit die Leistung auf menschlich-gestalterischer Tätigkeit beruht, ist sie überhaupt urheberrechtsschutzfähig. Lässt sich das Werk in **selbständige Teile** zerlegen, sind die Voraussetzungen der persönlichen Schöpfung für jeden Werkteil gesondert zu untersuchen. Wer demnach in eine Collage einen von einem Affen gemalten Bildteil aufnimmt, kann sich gegen die Nachahmung desselben nicht unter Bezugnahme auf das Urheberrecht wenden. Wohl aber kann in den sonstigen Teilen der Collage und auch der Anordnung der einzelnen Elemente einschließlich des durch das Tier produzierten Bildteiles eine persönliche Schöpfung liegen. Ist das der Fall, dürfen weder die fraglichen Bildteile noch das Ensemble nachgeahmt werden, wohl aber ist dies für den vom Tier gemalten Bildteil möglich.

27   **d) Beispiele.** Eine **persönliche Leistung liegt vor** bei einer **Automatenfotografie**, auf die der fotografierte Mensch gestalterischen Einfluss nimmt, zB indem er eine bes. ungewöhnliche und von dem Automaten an sich nicht vorgesehene Aufnahmeposition einnimmt (ebenso *Fromm/Nordemann/Vinck* § 2 Rn 12). IdR wird es dem Lichtbild aber an der Schöpfungshöhe fehlen; dann kommt nur Leistungsschutz nach

§ 72 in Betracht. Keine persönliche Leistung ist das Anfertigen eines Röntgenbildes, das der Apparat selbsttätig aufnimmt; bei seiner Verwertung ist der Bildnisschutz des Abgebildeten zu beachten (vgl Anh. § 60/§ 23 KUG Rn 43). Dem Urheberrechtsschutz von Texten steht nicht entgegen, dass sich der Autor bei ihrer Abfassung eines **Textverarbeitungsprogramms** bedient hat (*Schricker/Loewenheim* § 2 Rn 13). Auch Grafiken oder Designs, die mit Hilfe von **Zeichen- oder Malprogrammen** hergestellt wurden, beruhen auf menschlich-gestalterischem Tätigwerden (*Schricker* § 2 Rn 13 mwN).

Keine persönliche Schöpfung stellt ein **Automatenfoto** dar, wenn es in vollständiger Befolgung der schriftlichen Anweisungen des Automaten gefertigt wird. Auch eine Grafik oder ein Design, welche ohne menschliches Zutun vom Computerprogramm erstellt werden, genießen keinen Urheberrechtsschutz. Die reine **Computermusik**, bei welcher die Auswahl, Anordnung und Präsentation der Töne und Klangfolgen dem Computer überlassen bleibt, ist kein urheberrechtsschutzfähiges Werk. Anders kann es sich verhalten, wenn der Urheber die Auswahl des Computers eingeschränkt hat (so Rn 23). Sog. **objets trouvés**, wie die zum Kunstwerk erklärte Föhrenwurzel, sind dem Urheberrechtsschutz nicht zugänglich (*Schricker/Loewenheim* § 2 Rn 16; *Rehbinder* Rn 135; **aA** *Kummer* S. 103 f.). Gleiches gilt für den „**ausradierten Kooning**" des Künstlers Robert Rauschenberg, weil dessen Idee, ein weißes Blatt mit einem entspr. Vermerk als Kunst zu präsentieren, zwar originell ist, das Papier als Werk selbst jedoch nicht auf menschlich-gestalterischem Schaffen des Künstlers beruht. Keine persönliche geistige Schöpfung ist eine Übersetzung, welche von einer **Übersetzungsmaschine** gefertigt wurde (anders noch *Fromm* GRUR 1965, 304, 306). **28**

3. Form

a) Begriff. Ein „Werk" ist nur ein solcher Gedankeninhalt, der durch die Festlegung in einer bestimmten Form **in konkrete Erscheinung getreten ist** (*BGH* NJW 1953, 1062 – Gaunerroman). Dabei kann es sich zB um die **Schriftform** (vgl *BGH* NJW-RR 1987, 750 – Werbepläne; NJW 1987, 1332 – Anwaltsschriftsatz) oder um eine **gestaltende Form** wie die eines Bauwerks (vgl *BGH* NJW-RR 1988, 1204 – Vorentwurf II) handeln. Auch Zeichnungen oder sonstige Darstellungen sind ausreichend. **29**

Bei Comic-Figuren wie Asterix und Obelix, den Schlümpfen oder anderen Zeichenfiguren (*BGH* NJW 1960, 573, 574 – Mecki-Igel II; NJW-RR 1995, 307, 309 – Rosaroter Elefant) hat häufig neben der konkreten **zeichnerischen Darstellung** in verschiedenen Körperhaltungen auch die fiktive Gestalt hinreichend Form erlangt (*BGH* NJW-RR 1993, 1002, 1003 – Asterix-Persiflagen; NJW 1993, 2620 – Alcolix; *OLG Hamburg* WRP 1989, 602 f.; vgl *OLG Frankfurt* WRP 1984, 483, 484 f.). Ist sie durch eine unverwechselbare Kombination äußerer Merkmale sowie von Eigenschaften, Fähigkeiten und typischen Verhaltensweisen zu einer bes. ausgeprägten **Persönlichkeit geformt** worden, genießt sie neben der Einzeldarstellung Schutz (*BGH* NJW-RR 1993, 1002, 1003 – Asterix-Persiflagen; NJW 1993, 2620 – Alcolix; *OLG Hamburg* WRP 1989, 602 f.; *OLG Karlsruhe* ZUM 2000, 327, 329). Gleiches kann für andere **bes. ausgeprägte Charakterfiguren**, wie zB die für kabarettistische Darstellungen verwandte Figur eines erfundenen senilen Professors, gelten, wenn die Darbietung ein bestimmtes Persönlichkeitsprofil erworben hat (vgl *Will* WRP 1996, 652, 658). **30**

31   Einer **körperlichen Festlegung** des Werkes **bedarf es nicht** (*BGH* NJW 1962, 1295, 1296 – AKI; vgl *BGH* GRUR 1962, 531, 533 – Bad auf der Tenne II). Auch steht es dem Urheberrechtsschutz nicht entgegen, wenn zur **Wahrnehmbarmachung** des Werkes auf technische Einrichtungen zurückgegriffen werden muss, wie das bei der Festlegung auf **Datenträger** und allg. bei **digitalisierten Werken** meist der Fall ist. Computerprogramme sind daher schon dann in einer bestimmten Form niedergelegt, wenn sie auf Diskette oder Festplatte gespeichert wurden. Ein Lichtbildwerk ist hinreichend fixiert, wenn es auf Dia vorliegt. Auch literarische Abhandlungen, die nur im Internet, als E-Mail oder als E-Book erhältlich sind (vgl hierzu *Schulze* ZUM 2000, 432, 433) können urheberrechtsgeschützt sein.

32   Nicht erforderlich ist nach **hM**, dass die Festlegung **dauerhaft** erfolgt (*BGH* NJW 1962, 1295, 1296 – AKI; vgl *BGH* GRUR 1962, 531, 533 – Bad auf der Tenne II). Christos „verhüllter Reichstag" genießt daher ebenso Urheberrechtsschutz (*LG Berlin* NJW 1996, 2380, 2382) wie eine Schneeskulptur.

33   **b) Werkteile und Entwürfe.** Auch **Werkteile können Urheberrechtsschutz genießen**, wenn sie für sich genommen die Voraussetzungen, die an ein Werk zu stellen sind, erfüllen (*BGH* NJW 1953, 1258, 1260 – Lied der Wildbahn I; NJW-RR 1988, 1204 – Vorentwurf II). Für Werke der bildenden und angewandten Künste sowie der Baukunst ist dies in § 2 Abs. 1 Nr. 4 ausdrücklich geregelt, es gilt nach allg. Grundsätzen aber auch für Werke aus anderen Werkgattungen.

34   Die Voraussetzungen für den Schutz von Werkteilen können schon bei einem **Vorentwurf** für einen Architektenplan gegeben sein, wenn dieser die wesentlichen Raumvorstellungen, zB die Baukörperform und seine Anpassung an das vorhandene Grundstück, die Raumzuordnung, die Tür- und Fensteranordnung sowie die Lichtführung und die Blickrichtungen, erkennen lässt, in denen wiederum eine hinreichende schöpferische Gestaltungskraft zum Ausdruck kommt (*BGH* NJW-RR 1988, 1204 – Vorentwurf II). Auch die Fassadengestaltung eines Bauwerks kann den urheberrechtlichen Schutzvoraussetzungen genügen, selbst wenn das Bauwerk iÜ noch nicht vollständig errichtet ist (*BGH* NJW-RR 1988, 1204 – Vorentwurf II mwN).

35   Aus diesen Grundsätzen ergibt sich, dass auch ein **unfertiges Werk schutzfähig** ist, sofern es diesen Anforderungen genügt. Ein „Werk" iSd § 2 kann also schon vor der Werkvollendung vorliegen. Eine andere Definition gilt im VerlG. Hier genügt der Autor seiner Verpflichtung, dem Verleger ein Werk zur Vervielfältigung und Verbreitung für eigene Rechnung zu überlassen (§ 1 S. 1 VerlG) nur, wenn die Arbeit im Zeitpunkt der Überlassung fertig gestellt ist.

36   **c) Beispiele. Bejaht** wurde die für einen Urheberrechtsschutz notwendige Formgestaltung in folgenden Fällen: Sie wurde einem Stadtplan in der Form eines farbigen **Faltplans** zuerkannt (*BGH* NJW-RR 1987, 750 – Werbepläne; vgl *BGH* NJW 1998, 3352 – Stadtplanwerk), bei der sie in der **kartographischen Plandarstellung** lag (*BGH* NJW-RR 1987, 750 – Werbepläne). Ein **Vorentwurf eines Erdgeschossgrundrisses** für ein Einfamilienhaus kann, Schöpfungshöhe vorausgesetzt, schutzfähig sein, wenn er die wesentlichen Raumvorstellungen erkennen lässt (*BGH* NJW-RR 1988, 1204 – Vorentwurf II). **DIN-Normen** besitzen die für einen Urheberrechtsschutz erforderliche Form (vgl *BGH* NJW-RR 1990, 1452 – DIN-Normen).

4. Geistiger Inhalt

a) Begriff. Gem. § 2 Abs. 2 werden nur „geistige" Schöpfungen urheberrechtlich ge- **37** schützt. Das Werk muss mit anderen Worten den individuellen Geist des schaffenden Menschen zum Ausdruck bringen. Das ist der Fall, wenn es eine über die sinnlich wahrnehmbare Form hinausgehende Aussage oder Botschaft beinhaltet, welche dem Bereich der Gedanken, des Ästhetischen oder sonstiger menschlicher Regungen oder Reaktionsweisen zugehört (*Schricker/Loewenheim* § 2 Rn 18 und Einl. Rn 7). Daran fehlt es bei bloß **mechanischer Tätigkeit** oder **gedankenloser Spielerei**, wobei es freilich nur auf die im Werk selbst erkennbaren Momente und nicht auf die Absichten ankommt, die der Schaffende im Zeitpunkt seiner Errichtung verfolgte. Auch eine Zeichnung, die ohne größere Konzentration bei anderer Gelegenheit, etwa während der Betreffende einem Vortrag zuhörte, angefertigt wurde, kann danach urheberrechtsgeschützt sein.

Ein ästhetischer Gehalt im Sinne einer den Schönheitssinn ansprechenden Wirkung **38** kann den geistigen Inhalt begründen, ist aber nicht zwingend erforderlich (*BGH* NJW 1986, 192, 196 – Inkasso-Programm).

Der geistige Inhalt muss **unmittelbar in dem Gebilde**, für welches Urheberrechts- **39** schutz in Anspruch genommen wird, **niedergelegt und erkennbar** sein (*BGH* NJW 1963, 1877 – Rechenschieber). Ausreichend ist, wenn er sich Fachleuten ohne Zuhilfenahme zusätzlicher Lehren oder Anweisungen erschließt (*BGH* NJW 1986, 192, 195 – Inkasso-Programm).

Bei **Sprachwerken** besteht der geistige Gehalt des Werkes in einem durch das Mittel **40** der Sprache ausgedrückten Gedankeninhalt (*BGH* NJW 1955, 1753 – Werbeidee (Nachschlagewerk); NJW 1963, 1877 – Rechenschieber). Dieser kann auch in der Gedankenformung und -führung liegen (*OLG Köln* AfP 2000, 296, 297; vgl *BGH* NJW 1986, 192, 196 – Inkasso-Programm). An einem geistigen Inhalt fehlt es aber, wenn die Gedanken nicht mitgeteilt, sondern nur umgesetzt werden, wie dies bei einem Rechenschieber (vgl *BGH* NJW 1963, 1877 – Rechenschieber) oder bei Kontenbüchern (*Rehbinder* Rn 124) der Fall ist.

Bei **Musikwerken** ist der geistige Gehalt in der durch Hören erfassbaren Tonfolge **41** erkennbar, welche die Gedanken, die Stimmung oder die Gefühle des Komponisten offenbaren (vgl *Schricker/Loewenheim* § 2 Rn 19; *Rehbinder* Rn 131). Daher sind Signale nicht geschützt (*Rehbinder* Rn 131).

Bei **Kunstwerken** liegt der geistige Inhalt in der Anregung des ästhetischen Gefühls **42** des Kunstbetrachters bzw Werkadressaten. Präsentiert der Künstler ein objet trouvé als Kunstwerk oder spricht er von Tieren oder Maschinen hergestellten Gegenständen Kunstcharakter zu, indem er sie in einen fremden Umraum stellt, verleiht er dem Gegenstand dadurch einen Ausdruck des menschlichen Geistes. Der Urheberrechtsschutz wird jedoch im Allgemeinen an der fehlenden persönlichen Leistung scheitern (hierzu oben Rn 12 ff.).

Choreographische und pantomimische Werke haben einen geistigen Inhalt, wenn **43** sie durch Mimik, Gebärden oder Körperbewegung Gedanken oder Gefühle ausdrücken. Daran fehlt es im Allgemeinen bei sportlichen Leistungen (*Rehbinder* Rn 132).

44 **Darstellungen wissenschaftlicher oder technischer Art** (§ 2 Abs. 1 Nr. 7) schöpfen ihren geistigen Inhalt zumeist aus der **Formgebung, dem Sammeln, Einteilen oder Anordnen des Stoffes** (*BGH* GRUR 1980, 227, 230 – Monumenta Germaniae Historica; NJW 1986, 192, 196 – Inkasso-Programm). Die bloße mechanische Zusammenstellung einzelner Fakten in einem Register genügt hierfür allerdings auch dann nicht, wenn sie mit großer Mühe und erheblichem Zeitaufwand verbunden ist (*BGH* NJW 1986, 192, 196 – Inkasso-Programm; vgl *BGH* GRUR 1980, 227, 231 – Monumenta Germaniae Historica).

45 **b) Konkreter Bezug zur Leistung.** Schutzfähig ist immer nur die **konkrete Verkörperung** eines schöpferischen Gedankens (*BGH* GRUR 1977, 547, 550 – Kettenkerze). Außerhalb derselben liegende Anweisungen, die zum Verständnis des Inhalts des Gebildes erforderlich sind, müssen für die Schutzfähigkeit außer Betracht bleiben (*BGH* NJW 1963, 1877 – Rechenschieber).

46 **Allg. Ausdrucksmittel** wie der **Stil**, die **Manier** oder die **Technik** des Künstlers können **nicht Gegenstand des Urheberrechtsschutzes** sein (*BGH* NJW 1952, 784 – Hummel I; GRUR 1970, 250, 251 – Hummel III), weil ihnen der geistige Inhalt fehlt. Werkinhalt kann ein Stil oder eine Technik schon begrifflich nur dann und insoweit sein, als er in einer bestimmten Leistung konkrete Gestalt angenommen hat.

47 Abstrakte, nicht verkörperte **Gedanken oder Ideen** sind folglich ebenfalls nicht schutzfähig (*BGH* GRUR 1977, 547, 550 – Kettenkerze; GRUR 1979, 705, 706 – Notizklötze; NJW-RR 1987, 1081, 1082 – Warenzeichenlexika; NJW 1993, 3136, 3138 – Buchhaltungsprogramm). Erst in ihrer Verkörperung in einem bestimmten Werk können sie Schutz erfahren, dann jedoch mit der Beschränkung des Schutzumfangs auf die konkrete Werkgestaltung (vgl *BGH* NJW-RR 1987, 1981, 1982 – Warenzeichenlexika). So ist die Zwölftonmusik kein Werk, weil aus der Vielzahl der Möglichkeiten, einen Gedanken unter Verwendung dieser Technik auszudrücken, keine Auswahl getroffen wurde. Wohl aber kann ein einzelnes Musikstück geschützt sein, bei dessen Komposition sich der Komponist der Zwölftonmusik bedient hat. Auf das Argument, es sei mit dem urheberrechtlichen Grundsatz, dass die Schaffensfreiheit nicht durch Ausschließlichkeitsrechte eingeschränkt werden dürfe, unvereinbar, an abstrakten Eigenschaften eines Werkes wie Stil, Motiv, Technik oder Methode der Darstellung Ausschließlichkeitsrechte zu begründen (*BGH* GRUR 1977, 547, 550 – Kettenkerze; NJW-RR 1987, 1081, 1082 – Warenzeichenlexika), kommt es dann nicht mehr an.

48 **Spielsysteme** zählen zu den abstrakten Ideen und Gedanken und sind folglich ebenfalls urheberrechtlich nicht geschützt (*BGH* GRUR 1962, 51 – Zahlenlotto; *Fromm/ Nordemann/Vinck* § 2 Rn 25; *Schricker/Loewenheim* § 2 Rn 6). Haben sie allerdings Ausdruck in einem konkreten Spiel gefunden, kann der Urheberrechtsschutz nicht mehr unter Verweis auf die mangelnde Schutzfähigkeit der abstrakten Idee verneint werden (teilweise **aA** *BGH* GRUR 1962, 51 – Zahlenlotto; *Schricker/Loewenheim* § 2 Rn 6). Auch ein Freihaltebedürfnis kann dann nicht anerkannt werden, weil für Mitbewerber hinreichende Ausweichmöglichkeiten bestehen. Ein urheberrechtlicher Nachahmungsschutz des Spiels selbst scheitert jedoch im Allgemeinen daran, dass dieses dem Bereich der Organisationssysteme und nicht dem der Lit., Wissenschaft oder Kunst zugehört (*Schricker/Loewenheim* § 2 Rn 6; s. Rn 165). Unabhängig vom

Spiel kann aber die Spielanweisung als Sprachwerk, Kunstwerk oder wissenschaftliche Darstellung Urheberrechtsschutz genießen.

Wissenschaftlich-technisches Gedankengut ist als solches nicht urheberrechts- **49** **geschützt** (*BGH* NJW 1993, 3136, 3138 – Buchhaltungsprogramm; *OLG Hamburg* ZUM 2001, 519, 520). Hingegen kann die konkrete Darstellung wissenschaftlicher oder technischer Dinge zB wegen des darin verkörperten Konstruktionsgedankens eine persönliche geistige Leistung sein. Diese genießt, wenn sie bes. originell und damit schöpferisch ist, Urheberrechtsschutz. Der Urheberrechtsschutz erstreckt sich aber auch in diesem Fall nur auf die Form der Darstellung, nicht auf deren wissenschaftlich-technischen Inhalt (vgl amtl. Begr. BT-Drucks. IV/270, 37; *OLG Köln* AfP 2000, 296, 297).

Nicht schutzfähig ist die **Werkgattung als solche** (*BGH* NJW 1955, 1753 – Werbe- **50** idee (Nachschlagewerk); näher unten Rn 168). Neben dem allg. Sprachverständnis, in dem unter einem „Werk" eine konkrete Schöpfung verstanden wird, ergibt dies auch die teleologische Auslegung. Mit dem Sinn der Urheberrechtsgesetzgebung, die auf einen angemessenen Ausgleich zwischen den Individualinteressen des Künstlers und den Belangen der Allgemeinheit abzielt, würde es auch unvereinbar sein, eine ganze Werkgattung dem ausschließlichen Recht des Urhebers vorzubehalten und dadurch der Allgemeinheit zu entziehen (vgl auch *BGH* NJW 1952, 784, 785 – Hummel I).

c) Beispiele. Der notwendige geistige Inhalt (aber nicht notwendig auch die erfor- **51** derliche Schöpfungshöhe) **liegt in folgenden Fällen vor:** Ein **Anwaltsschriftsatz** hat hinreichenden geistigen Gehalt (*BGH* NJW 1987, 1332 – Anwaltsschriftsatz). Der von Walt Disney geschaffenen Rehfigur **„Bambi"** kommt geistiger Inhalt zu (*BGH* NJW 1960, 37, 38 – Bambi), ebenso einer **Keramik-Kinderfigur**, die einen aufgeweckten munteren Jungen mit einem Bierkrug und einem Rettich in den Armen zeigt (*BGH* GRUR 1970, 250, 251 – Hummel III). Ein **Stadtplan** in der Form eines farbigen Faltplans weist hinreichenden geistigen Inhalt auf, um urheberrechtlich geschützt zu werden (vgl *BGH* NJW-RR 1987, 750 – Werbepläne; NJW 1998, 3352 – Stadtplanwerk). Ein Warenzeichen-**Rechtsstandslexikon** hat aufgrund der Art der Materialauswahl, -einteilung und -anordnung seiner Rechtsstandsangaben hinreichenden geistigen Inhalt und ist in seiner konkreten Ausformung daher, Schöpfungshöhe vorausgesetzt, grds schutzfähig (*BGH* NJW-RR 1987, 1081, 1982 – Warenzeichenlexika). Bei der **Konzeption eines Registers zu einer Sammlung mittelalterlicher Briefe** kann der Inhalt ebenfalls in der Auswahl und Anordnung der Briefe liegen (*BGH* GRUR 1980, 227, 230 f. – Monumenta Germaniae Historica; NJW-RR 1987, 1081, 1082 – Warenzeichenlexika mwN). Ein **Bauwerk** und sogar der **Vorentwurf** eines solchen haben hinreichend geistigen Gehalt (vgl *BGH* NJW-RR 1988, 1204 – Vorentwurf II). **DIN-Normen** weisen den erforderlichen geistigen Inhalt auf (vgl *BGH* NJW-RR 1990, 1452 – DIN-Normen). **Comic-Figuren** wie Asterix und Obelix oder die Schlümpfe haben den für ein Werk erforderlichen geistigen Inhalt, und zwar nicht nur in der konkreten zeichnerischen Darstellung, sondern sogar in der Gestalt als solcher, die durch unverwechselbare Kombinationen äußerer Merkmale sowie Eigenschaften, Fähigkeiten und typische Verhaltensweisen zu einer bes. ausgeprägten Comic-Persönlichkeit geformt ist (*BGH* NJW-RR 1993, 1002, 1003 –

Asterix-Persiflagen; NJW 1993, 2620 – Alcolix; *OLG Hamburg* WRP 1989, 602 f.; vgl *OLG Frankfurt* WRP 1984, 483, 484 f.). Auch andere **Zeichenfiguren** oder andere **erfundenen Persönlichkeiten**, zB eine Kabarettfigur, können als solche und nicht nur in einer oder mehreren konkreten zeichnerischen Darstellungen urheberrechtlich geschützt sein, wenn sie durch unverwechselbare äußere Merkmale sowie Eigenschaften, Fähigkeiten und typische Verhaltensweisen zu Persönlichkeiten geworden sind, welche in den verschiedenen Situationen, in die sie gestellt werden, jeweils in charakteristischer Weise auftreten (*BGH* NJW-RR 1995, 307, 309 – Rosaroter Elefant; *OLG Karlsruhe* ZUM 2000, 327, 329; vgl *Will* WRP 1996, 652, 658). **Telefonbücher** weisen den nach § 2 Abs. 1 Nr. 1 erforderlichen geistigen Inhalt auf, ihr Schutz als Sprachwerk scheitert jedoch im Allgemeinen an der fehlenden Schöpfungshöhe (*BGH* NJW 1999, 2898 – Tele-Info-CD). Aus demselben Grund kommt auch ein Schutz als Sammelwerk iSd § 4 nicht in Betracht (*BGH* NJW 1999, 2898 – Tele-Info-CD; zum Schutz von Sammelwerken § 4). **Wissenschaftliche Aufsätze und Beiträge** aus einer Fachzeitschrift haben idR den notwendigen geistigen Gehalt (vgl *OLG Köln* AfP 2000, 296, 297).

52 **Keinen geistigen Inhalt haben die folgenden Leistungen:** Der geistige Gehalt fehlt einem **Rechenschieber**, der dazu dient, mit Hilfe einer gegenüber einem Rechenkörper verschiebbaren Zunge Rechenergebnisse zu ermitteln (*BGH* NJW 1963, 1877 – Rechenschieber). **Sportlichen Leistungen** wie einem Fußball- oder Basketballspiel fehlt im Allgemeinen schon der geistige Gehalt (vgl *Rehbinder* Rn 132); liegt er gleichwohl vor, scheitert der Urheberrechtsschutz idR an der fehlenden Schöpfungshöhe (vgl *Lenz* NJW 1999, 757). Für eine **Werbeidee** als solche kann kein Urheberrechtsschutz in Anspruch genommen werden (*BGH* NJW 1955, 1753 – Werbeidee (Nachschlagewerk)). Nicht urheberrechtsschutzfähig ist auch die **allg. äußere Formgestaltung** von Werken zB dergestalt, dass Sammelwerke in Zeitungen in einem Format abgedruckt werden, dass sie sich abheften und als Nachschlagewerk verwenden lassen (*BGH* NJW 1955, 1753 – Werbeidee (Nachschlagewerk)). Die **Idee**, einen Notizklotz aus weißen Blättern zu vertreiben, ist nicht urheberrechtsgeschützt (vgl *BGH* GRUR 1979, 705, 706 – Notizklötze). Kein geistiger Gehalt wohnt im Allgemeinen einem **Signal** inne; es verkörpert ebenso wenig ein musikalisches Erlebnis wie der Kuckucksruf (*Rehbinder* Rn 131). Eine vereinbarte Bedeutung des Signals ist noch kein musikalischer Inhalt (*Rehbinder* Rn 131). Die **Hardwarekonfiguration** einer Faxkarte hat keinen geistigen Inhalt (vgl *OLG Hamburg* ZUM 2001, 519, 520; s. zum Fortgang des dortigen Verfahrens *BGH* GRUR 2002, 1046, 1047 – Faxkarte).

5. Schöpfungshöhe

53 **a) Erforderliches Maß der Schöpfungshöhe. aa) Unterschiedliches Maß an Schöpfungshöhe für die einzelnen Werkgattungen. aaa) Auffassung der Rspr.** Mit der Definition des § 2 Abs. 2 betrat der Gesetzgeber 1965 Neuland; die geltenden Urheberrechtsgesetze enthielten keine vergleichbare Definition. Gleichwohl war eine Änderung des geltenden Rechts nicht bezweckt, sodass auch Werke von geringem schöpferischen Wert, die sog. kleine Münze, nach wie vor Schutz genießen sollten (amtl. Begr. BT-Drucks. IV/270, 38).

Mit dem Kriterium der Schöpfungshöhe nimmt das Gesetz das, was jeder kann und **54** tut, vom urheberrechtlichen Schutz aus. Geschützt sind nur Leistungen, die eine gewisse Individualität oder Eigentümlichkeit aufweisen. **Der Mindestgrad der Schöpfungshöhe wird dabei von der Rspr für die verschiedenen Werkarten seit jeher unterschiedlich hoch angesetzt** (vgl *BGH* NJW 1986, 192, 196 – Inkasso-Programm (überholt durch § 69a Abs. 3); NJW 1987, 1332 – Anwaltsschriftsatz; NJW 1991, 1231, 1232 – Betriebssystem (überholt durch § 69a Abs. 3); NJW 1992, 689, 691 – Bedienungsanweisung; NJW-RR 1995, 1253 – Silberdistel; *OLG Düsseldorf* AfP 1997, 645, 648).

Während bei literarischen Sprachwerken und Darstellungen wissenschaftlicher oder **55** technischer Art auch die sog. kleine Münze geschützt wird, dh schöpferisches Tun am unteren Rand der Individualität, **stellt die Rspr bei Gebrauchszwecken dienenden Sprachwerken strengere Anforderungen.** Diese sollen nur schutzfähig sein, wenn sie das Alltägliche und Handwerksmäßige bzw das bloße mechanisch-technische Aneinanderreihen von Material deutlich überragen (*BGH* NJW 1987, 1332 – Anwaltsschriftsatz; NJW 1992, 689, 691 – Bedienungsanweisung; *OLG Hamburg* GRUR 2000, 146; anders aber schon *RGZ* 121, 357, 361). Zur Begr. wird darauf verwiesen, dass die Zweckbestimmung der Darstellungen wissenschaftlicher oder technischer Art im Unterschied zu den Gebrauchszwecken dienenden Sprachwerken wenig Raum für eine individuelle Gestaltung lasse (*BGH* NJW-RR 1987, 750 – Werbepläne; NJW 1988, 337 – Topographische Landeskarten; NJW 1991, 1231, 1232 – Betriebssystem; *OLG Hamburg* GRUR 2000, 146). Die strengen Grundsätze sollen **auch für Werke der angewandten Kunst gelten**, die im Gegensatz zur bildenden Kunst und zur Baukunst nur geschützt werden sollen, wenn sie sich von der Masse deutlich abheben (*BGH* NJW-RR 1995, 1253 – Silberdistel).

bbb) Kritik. Diese Rspr ist in der Lit. auf **Kritik** gestoßen (s. nur *Schricker/Loewen-* **56** *heim* § 2 Rn 35; *Haberstumpf* NJW 1991, 2105, 2109; *Schricker* GRUR-FS Bd 2, Rn 31 ff.; *ders.* GRUR 1996, 815, 817; *Fromm/Nordemann/Nordmann/Vinck* § 2 Rn 3; *Haberstumpf* Hdb, Rn 102 ff.) – zu Recht. Der Annahme einer unterschiedlichen Schöpfungshöhe für die verschiedenen Werkgattungen steht schon die Einheitlichkeit des Werkbegriffs in § 2 Abs. 2 entgegen (*Fromm/Nordemann/Vinck* § 2 Rn 3; *Haberstumpf* Hdb, Rn 104; *ders.* NJW 1991, 2105, 2109; *Schulze* GRUR 1987, 769, 772 f.; **aA** *BGH* NJW-RR 1995, 1253 – Silberdistel; *Schricker/Loewenheim* § 2 Rn 32; *Reimer* GRUR 1980, 572, 574). „Schöpferisch" iSd § 2 Abs. 2 ist ein Schaffen oder es ist es nicht; ist es schöpferisch, wächst dem Schaffenden daran ein Urheberrecht zu. Mag in einigen Bereichen schöpferisches Tun auch häufiger oder seltener als in anderen sein, rechtfertigt dies doch nicht unterschiedliche Anforderungen an die Schutzuntergrenze der Schöpfungshöhe (**aA** *Schricker/Loewenheim* § 2 Rn 32).

Ein generelles Absenken oder Heraufsetzen der Schutzgrenzen für einzelne Werk- **57** gattungen findet darüber hinaus – mit Ausnahme des Bereiches der angewandten Kunst (hierzu sogleich Rn 59) – auch weder im Wortlaut noch in Sinn und Zweck des § 2 eine Stütze. Eine entspr. Notwendigkeit ergibt sich insb. nicht aus dem Zusammenwirken von Urheberrechtsschutz (§§ 1 ff.) und Leistungsschutz (§§ 70 ff.). Denn die Leistungsschutzrechte sind keine „kleinen Urheberrechte", vielmehr sind Urheber- und Leistungsschutz auf unterschiedliche Ziele gerichtet. Während das Urheberrecht die persönliche schöpferische Leistung des Urhebers honorieren will, schützen die Leistungsschutzrechte meistens eine Investition oder einen – nicht schöpferischen – Arbeitsaufwand (vgl §§ 70 f., 81, 85 f., 87, 87a ff., 94). Das zeigt, dass es dem Gesetzgeber nicht darauf ankam, mit den Leistungsschutzrechten einen den Urheberrechtsschutz erg. und daher zu ihm in einem Stufenverhältnis stehenden Schutz der sog. kleine Münze zu schaffen, sondern dass in den §§ 70 ff. vielmehr unabhängig vom Urheberrechtsschutz eigene Leistungen honoriert werden sollten. Angesichts dieses Gesetzeszwecks kann von einem Stufenverhältnis des Urheber- und des Leistungsschutzes auch dort nicht gesprochen werden, wo sich der Letztere ausnahmsweise doch einmal faktisch als eine Art kleiner Münze des Urheberrechtsschutzes darstellt, wie dies etwa in § 72 der Fall ist.

58   Setzt man demnach entgegen der Auffassung des BGH eine einheitliche Schutzgrenze für alle Werkgattungen an, kann dies nur die sog. **kleine Münze** sein (ebenso *Fromm/Nordemann/Vinck* § 2 Rn 19; *Schricker/Loewenheim* § 2 Rn 35). Deren Schutz ist vor allem für Computerprogramme durch Europäisches Recht vorgegeben. Hier genießen auf der Grundlage der Richtlinie 91/250/EWG des Rates der EG v. 14.5.1991 über den Rechtsschutz von Computerprogrammen (ABlEG Nr. L 122, 42 ff.) schon einfache, aber nicht ganz banale Programme Schutz (amtl. Begr. BT-Drucks. 12/4022, 10). Gleiches muss auch für alle anderen Werkgattungen gelten, wenn man eine unterschiedliche Behandlung der Urheber verschiedener Werkgattungen ohne sachlichen Grund vermeiden will.

59   Ob dies auch für den Bereich der **angewandten Kunst** gelten kann, ist zweifelhaft Die Rspr geht davon aus, dass Urheber- und Geschmacksmusterrecht zueinander in einem Stufenverhältnis dergestalt stehen, dass das GeschmMG ästhetische Schöpfungen zu Gebrauchszwecken schützt, die nur ein kleines Maß an Schöpfungshöhe aufweisen. Teilt man diese Meinung, so dürfen die strengeren Anforderungen des GeschmMG nicht dadurch umlaufen werden, dass unabhängig vom Erwirken eines Geschmacksmusterschutzes Urheberrechtsschutz auch für Leistungen gewährt wird, für welche ein Geschmacksmusterschutz hätte gewährt werden können oder bewusst nicht gewährt wurde. Gegen sie spricht allerdings, dass der Gesetzgeber es schon im KUG-Entwurf von 1905 nicht mehr als gerechtfertigt ansah, für gewerbliche Kunsterzeugnisse von anderen Voraussetzungen auszugehen als für die „hohe Kunst" (amtl. Begr. zu §§ 1, 2 KUG-Entwurf v. 28.11.1905, abgedr. in: *Schulze* Bd 1, S. 200 f.). Demgemäß wird teilweise von der Unabhängigkeit beider Gesetze voneinander ausgegangen (so zB *Schricker* GRUR 1996, 815, 818 f.; **aA** *Schricker/Loewenheim* § 2 Rn 33; *Haberstumpf* NJW 1991, 2105, 2110).

60   **bb) Weitere Einzelfälle.** Unabhängig von der Werkgattung kann sich das Maß der Schöpfungshöhe in mehrfacher Hinsicht auswirken:

61   Die **Anforderungen an** die für ein schöpferisches Tun erforderliche **Eigentümlichkeit einer Leistung** können **um so höher** zu setzen sein, **je vielfältiger die Möglichkeiten einer individuellen schöpferischen Gestaltung** in der entspr. Werk(unter)gattung sind (*BGH* NJW 1991, 1231, 1233 – Betriebssystem). Die Rspr (*BGH* NJW 1991, 1231, 1233 – Betriebssystem) hatte daher ursprünglich auch höhere Anforderungen an die Schutzfähigkeit von Datenverarbeitungsprogrammen gestellt. Diese Rspr ist durch die Umsetzung der Richtlinie 91/250/EWG über den rechtlichen

Schutz von Computerprogrammen jedoch gegenstandslos geworden (*BGH* NJW 1993, 3136, 3137 – Buchhaltungsprogramm; näher hierzu unten § 2 Rn 101 f.). Dieser Rspr, welche die Anforderungen an die Eigentümlichkeit eines Werkes an den Schwierigkeiten der Werkschaffung festmacht, ist zu folgen. Sie macht den Werkschutz nicht je nach Werkgattung von einem unterschiedlichen Maß an Schöpfungshöhe abhängig, sondern trägt lediglich dem Umstand Rechnung, dass der Gesetzgeber im UrhG das persönliche schöpferische Schaffen privilegieren will. Wann ein Schaffen jedoch schöpferisch ist, bemisst sich nicht zuletzt auch danach, welche Geisteskraft der Schaffende daransetzen muss, um eine Leistung zu bewirken, welche sich von den vorbekannten Leistungen abhebt. Die unterschiedlichen Anforderungen an die Schöpfungshöhe rechtfertigen sich hier also aus dem unterschiedlichen Maß an schaffendem Tun, welches der Urheber aufbringen muss, um noch Neues in dem entspr. Tätigkeitsbereich hervorzubringen.

Der Kreis, innerhalb dessen es gegen **Nachahmung** geschützt ist, ist um so weiter **62** zu ziehen, je schöpferischer ein Werk ist. Umgekehrt sind dem Urheber Einschränkungen seiner Urheberschaft eher zumutbar, wenn das Werk nur eine geringe Gestaltungshöhe aufweist (*BGH* NJW 1973, 1381, 1382 f. – Schulerweiterung; NJW 1987, 337, 338 – Topographische Landeskarten; NJW-RR 1991, 1189 – Explosionszeichnungen; *KG* ZUM 2001, 503, 504). Gleiches gilt auch für den Schutz gegen **Entstellungen** und sonstige Beeinträchtigungen (*OLG Düsseldorf* GRUR 1979, 318).

Auch für die **Abgrenzung zwischen Vervielfältigung (§ 16), Bearbeitung (§§ 3, 23) und freier Benutzung (§ 24)** ist die Schöpfungshöhe wichtig. Welche Anforderungen insoweit an die eigenschöpferische Tätigkeit desjenigen, der ein fremdes Werk für seine eigene Leistung verwendet, zu stellen sind, hängt von der Gestaltungshöhe des erstgenannten Werkes ab. Je auffallender dessen Eigenart ist, um so weniger werden diese in dem danach geschaffenen Werk zurücktreten bzw verblassen (*BGH* GRUR 1982, 37, 39 – WK-Dokumentation). Muss sich hingegen die zweite Werkgestaltung der Natur der Sache nach eng an das fremde Original anlehnen, kann nach der Rspr ein bescheidenes Maß geistiger Tätigkeit ausreichen, um noch von einer Bearbeitung oder sogar einer freien Benutzung auszugehen (*BGH* GRUR 1981, 520, 521 – Fragensammlung). Ebenso sei der Schutzumfang einer wissenschaftlichen Arbeit gegenüber einer späteren Arbeit desselben wissenschaftlichen Themenbereichs mit zwangsläufig ähnlicher Gliederung und Fachsprache sowie ähnlichen Feststellungen und Beobachtungen eng zu bemessen, solle nicht die Möglichkeit einer nochmaligen wissenschaftlichen Arbeit unzumutbar erschwert werden (*BGH* GRUR 1981, 352, 355 – Staatsexamensarbeit). Als abhängige Werkschöpfung iSd § 3 **urheberrechtsschutzfähig** kann folglich eine Fragensammlung sein, die als Arbeitskontrolle zu einem medizinischen Fachbuch dienen soll und sich dementsprechend sachlich und inhaltlich an dieses Fachbuch anlehnt, wenn die Auswahl und Gestaltung der Fragen eigenschöpferisch sind (*BGH* GRUR 1981, 520, 521 – Fragensammlung).

Selbst für die Frage der seltenen Doppelschöpfung kann die Schöpfungshöhe der **64** Werke von Bedeutung sein. Je geringer die Schöpfungshöhe beider Werke ist, um so näher liegen auch Gestaltungen dieser Art für Dritte, sodass eine Doppelschöpfung eher zu erwarten ist als bei ausgefallenen Werken (vgl *KG* ZUM 2001, 503 ff.).

65 b) Kriterien der Beurteilung der Schöpfungshöhe. aa) Gesamteindruck. Ob ein Werk schöpferisch ist, bemisst sich nach seinem **geistig-schöpferischen Gesamteindruck** (*BGH* GRUR 1981, 267, 268 – Dirlada; NJW 1987, 1332 – Anwaltsschriftsatz; NJW-RR 1991, 812 – Brown Girl II; NJW 1992, 689, 691 – Bedienungsanweisung). Dieser ist nicht identisch mit der Summe aller Elemente eines Werkes (*BGH* NJW-RR 1991, 812, 814 – Brown Girl II). Soll die Urheberrechtsfähigkeit einer aus Bleikristall geschaffenen Tierfigur beurteilt werden, dürfen daher das verwandte Material, dessen Formbildung und der vermenschlichte Ausdruck der Tierfiguren nicht isoliert betrachtet werden.

66 Der Gesamteindruck eines Werkes beruht allerdings auf dem Zusammenspiel seiner verschiedenen Merkmale. Die **Analyse der einzelnen Elemente kann daher als Aufhellung dessen verstanden werden, was im Einzelnen zu dem Gesamteindruck beiträgt** (*BGH* NJW-RR 1991, 812, 814 – Brown Girl II).

67 UU können auch **Sachgesamtheiten**, also mehrere auf den ersten Blick selbständige Gegenstände, die für sich genommen jeweils nicht schöpferisch sind, in ihrer Gesamtheit ein urheberrechtsfähiges Werk darstellen und vom Verkehr als Einheit aufgefasst und verwendet werden (*BGH* GRUR 1982, 305, 306 – Büromöbelprogramm). Von einer **Miturheberschaft** iSd § 8 und vom **verbundenen Werk** iSd § 9 unterscheidet sich eine solche Leistung dadurch, dass sie von ein und demselben Urheber geschaffen wurde bzw dass die Einzelteile nicht gesondert verkehrsfähig sind.

68 Ein dergestalt gemeinsamer Urheberrechtsschutz kann für die Gesamtheit der Möbel eines bestimmten Möbelprogramms bestehen, selbst wenn die Einzelteile jeweils isoliert betrachtet nicht eigentümlich genug für einen Urheberrechtsschutz sind (*BGH* GRUR 1982, 305, 306 – Büromöbelprogramm). Dafür kommt es darauf an, ob die einzelnen Anbauteile konstruktionsgemäß und im Hinblick auf die ästhetische Wirkung auf eine gemeinsame Verwendung als Einheit angelegt sind, sodass ihre Verwendung praktisch die Ausnahme bleibt. Ist dies der Fall, kann sich die Individualität des Werkes gerade auch aus dem ästhetischen Zusammenspiel der einzelnen Elemente ergeben (vgl *BGH* GRUR 1982, 305, 306 – Büromöbelprogramm).

69 bb) Blickwinkel. Ob ein Werk die erforderliche Schöpfungshöhe aufweist, ist aus der Sicht der **mit der jeweiligen Gestaltungsart einigermaßen vertrauten und für sie aufgeschlossenen Verkehrskreise** zu beurteilen (*BGH* GRUR 1977, 547, 550 – Kettenkerze; GRUR 1981, 267, 268 – Dirlada; vgl *BGH* GRUR 1980, 853, 854 – Architektenwechsel). Kann das erkennende Gericht die Schöpfungshöhe nach diesen Maßstäben aus **eigener Sachkunde** bestimmen, bedarf es der Hinzuziehung eines Sachverständigen nicht (*BGH* GRUR 1980, 853 – Architektenwechsel; *OLG Karlsruhe* ZUM 2000, 327, 330).

70 cc) Verwendung von Vorbekanntem. aaa) Neuheit des Werkes. Auf die Frage der objektiven Neuheit des Werkes kommt es anders als im Patentrecht im UrhR grds **nicht an** (*BGH* GRUR 1982, 305, 307 – Büromöbelprogramm). Auch ein Werk, das unter Verwendung bekannter Stilmittel geschaffen wurde (*BGH* NJW 1989, 383 – Kristallfiguren) oder die sog. **Doppelschöpfung**, bei welcher ein Urheber ein identisches Werk in Unkenntnis dessen schafft, dass es ein eben solches bereits gibt (näher unten Rn 81), können daher urheberrechtsgeschützt sein.

Schöpferisch kann aber nur sein, was der Urheber selbst aus **eigenem Antrieb** auf-   **71**
getan hat. Daher müssen für die Prüfung, ob eine Leistung den erforderlichen Mindestgrad an Schöpferischem mitbringt, alle Elemente ausscheiden, die auf dem Urheber bekannte Vorbilder zurückzuführen sind (*BGH* GRUR 1982, 305, 307 – Büromöbelprogramm). Ein auf bekannte Inhalte, Stilmittel oder Formen zurückgehendes
Werk kann **nur Urheberrechtsschutz** beanspruchen, wenn und **soweit Elemente
betroffen sind, die gerade in ihrer Kombination – untereinander oder mit einem
neuen Element – wiederum schöpferisch sind** (*BGH* NJW 1958, 1585, 1586 –
Candida-Schrift; NJW 1968, 2193, 2195 – Rüschenhaube). Zwischen der Neuheit eines Werkes und seiner Schöpfungshöhe besteht folglich eine Wechselbeziehung
(*BGH* NJW 1958, 1585, 1586 – Candida-Schrift).

Das gilt freilich auch dann, wenn die vorbekannte Leistung ein ihrerseits iSd § 2   **72**
schutzfähiges Werk darstellt, die Schutzfrist jedoch schon abgelaufen ist. Denn auch
in diesem Fall hat der Schaffende der neuen Leistung insoweit gerade keine eigenschöpferische Tätigkeit entfaltet. Eine Bildmarke, die sich eines **gemeinfreien Werkes** bedient, genießt daher keinen urheberrechtlichen Schutz (*Bayreuther* WRP 1997,
820, 823 f.). Wohl aber kommt wegen der unterschiedlichen Zielrichtung von Urhe-
ber- und Markenrecht ein kennzeichenrechtlicher Schutz in Betracht. Wenn ein
Werktitel kennzeichenrechtlichen Schutz genießt, hat dieser deshalb auch dann weiterhin Bestand, wenn das mit dem Titel bezeichnete Werk gemeinfrei geworden ist
(*BGH* WRP 2003, 644 – Winnetous Rückkehr). Jedermann darf zwar Nachdrucke
des gemeinfreien Werkes unter seinem Titel veröffentlichen und vertreiben. Es entfällt jedoch weder das Recht des ursprünglichen Titelschutzberechtigten noch das eines sonstigen Verwenders des Titels im Zusammenhang mit dem Werk. Diese können Rechte aus dem Titel geltend machen, wenn dieser für ein neues, ein anderes
Werk benutzt wird (*BGH* WRP 2003, 644, 646 – Winnetous Rückkehr). Zur sog. **Remonopolisierung** des Schutzes über das Markenrecht *Nordemann* WRP 1997,
389 ff.; *Seifert* WRP 2000, 1014 ff.; vgl auch *OLG Nürnberg* WRP 2000, 1168.

bbb) Beurteilung der Schöpfungshöhe eines auf Vorbekanntem aufbauenden   **73**
Werkes. Um beurteilen zu können, ob eine auf bekannten Elementen aufbauende
Leistung schöpferisch ist, ist vorab festzustellen, ob sie im Verhältnis zu dem bereits
Vorhandenen abweichend gestaltet ist und damit Eigenheiten aufweist (*BGH* GRUR
1974, 740, 742 – Sessel; GRUR 1977, 547, 550 – Kettenkerze; NJW-RR 1987, 1981,
1982 – Warenzeichenlexika; NJW 1992, 689, 691 – Bedienungsanweisung).

Lassen sich nach Maßgabe des Gesamtvergleichs mit dem Vorbekannten Eigenhei-   **74**
ten feststellen, so sind diese **dem Schaffen eines Durchschnittsgestalters gegenüberzustellen** (*BGH* NJW-RR 1987, 1081, 1082 – Warenzeichenlexika; NJW 1987,
1332 – Anwaltsschriftsatz). Dabei ist festzustellen, ob sich die Leistung in den vom
Bekannten abweichenden Punkten von dessen Schaffen – und nicht etwa der Leistung eines ähnlich guten Gestalters wie dem Schaffenden (*BGH* NJW 1987, 1332 f.
– Anwaltsschriftsatz) – unterscheidet. Die **Abweichungen vom Bekannten** müssen
so **individuell** sein, dass von einer eigentümlichen Schöpfung gesprochen werden
kann (*BGH* NJW-RR 1987, 1081, 1082 – Warenzeichenlexika).

Die Beurteilung erfolgt **aus Sicht** der mit der jeweiligen Gestaltungsart einigerma-   **75**
ßen vertrauten und aufgeschlossenen Verkehrskreise (*BGH* GRUR 1977, 547, 550 –

Kettenkerze). Bei Werken der angewandten Kunst und bei Schriftwerken, die einem Gebrauchszweck dienen, ist nach der Rspr ein deutliches Überragen der Durchschnittsgestaltung erforderlich (*BGH* NJW 1998, 3773, 3774 – Les-Paul-Gitarren; näher unten Rn 55 ff. und 99). Fehlt es an schöpferischen Eigenheiten, gibt die neue Leistung etwa nur rein Handwerksmäßiges wieder oder stellt sie bloß eine mechanisch-technische Aneinanderreihung und Zusammenfügung des Informationsmaterials dar, ist sie nicht schutzwürdig (*BGH* GRUR 1974, 672, 673 – Celestina; NJW-RR 1987, 1081, 1082 – Warenzeichenlexika; NJW 1987, 1332 – Anwaltsschriftsatz; NJW 1992, 689, 691 – Bedienungsanweisung).

76   Die **Beweislast** dafür, dass der Urheber auf vorbekanntes Formengut zurückgegriffen hat, trägt der Beklagte, der sich mit diesem Einwand verteidigt (*BGH* WRP 2002, 1177 – Technische Lieferbedingungen). Er muss seine Entgegenhaltungen im Einzelnen bezeichnen und darlegen, inwieweit der Urheber auf frühere Gestaltungen zurückgegriffen hat (*BGH* WRP 2002, 1177 – Technische Lieferbedingungen).

77   **ccc) Sonderfälle.** Die **Anwendung der Denkgesetze und Fachkenntnisse** sowie die Berücksichtigung von Erfahrungen schließt bei wissenschaftlichen Arbeiten den Urheberrechtsschutz gegenüber früheren Arbeiten nicht aus, wenn deren Inhalt oder Form noch hinreichend Raum für schöpferische Tätigkeit lassen und dieser ausgenutzt wurde (*BGH* NJW 1987, 1332, 1333 – Anwaltsschriftsatz). An der Eigentümlichkeit fehlt es aber, wenn dem Schaffenden praktisch kein individueller Gestaltungsspielraum verbleibt, weil die Vorgehensweise durch praktische Bedürfnisse im Wesentlichen vollständig vorgezeichnet ist (*BGH* NJW-RR 1987, 1081, 1082 – Warenzeichenlexika; NJW 1987, 1332, 1333 – Anwaltsschriftsatz; NJW 1992, 689, 691 – Bedienungsanweisung).

78   Orientiert sich der Schaffende an der **Natur**, spricht dies nicht in jedem Fall gegen einen Schutz (*BGH* NJW-RR 1995, 1253 – Silberdistel). Die Nachbildung darf sich aber nicht als reine handwerkliche Leistung darstellen, sondern muss – in Form oder Inhalt – die erforderliche eigenschöpferische Originalität aufweisen (*BGH* NJW-RR 1995, 1253 – Silberdistel).

79   Die **Szene** selbst ist, auch wenn ihr Auffinden noch so schwierig war, nicht urheberrechtsgeschützt. Der Fotograf oder Kameramann kann sich daher unter urheberrechtlichen Gesichtspunkten nicht dagegen wehren, dass Dritte, die ihn beim Auswählen des Ortes, beim Ausleuchten der Szene und beim Aufstellen der Kamera beobachten, dies ausnutzen, um selbst einige Schnappschüsse vom selben Standort aus zu tätigen.

80   **Sportliche Leistungen** werden im Allgemeinen nicht urheberrechtsschutzfähig sein (vgl *Lenz* NJW 1999, 757). Denn Ziel des Sportlers ist es zumeist, die vorgegebenen Sportregeln, die für individuelles Schaffen keinen Raum lassen, so weit als möglich zu erfüllen.

81   Anders als im Patentrecht können auch andere als objektiv neue Gestaltungen geschützt werden. Es ist nämlich grds auch die sog. **Doppelschöpfung** denkbar, bei welcher der Urheber in Unkenntnis eines bereits bestehenden Werkes eine identische Gestaltung schafft. In diesem Fall spricht der Vergleich der Werke jedoch für eine Nachahmung des früheren Werkes durch die spätere Leistung. Diese **Vermutung** muss derjenige erschüttern, der für die spätere Leistung Urheberrechtsschutz beansprucht.

dd) Schöpfungshöhe der Form und des Inhalts. Schöpfungshöhe kann das Werk   **82**
im Allgemeinen sowohl aus seinem Inhalt als auch aus der Art der Darstellung
(Form) oder der Kombination von beidem und sogar auch aus der Sammlung, Einteilung und Anordnung des Stoffes gewinnen (*BGH* NJW 1955, 1918, 1919 – Bebauungsplan; GRUR 1981, 352, 353 – Staatsexamensarbeit; GRUR 1981, 520, 521 –
Fragensammlung; NJW 1987, 1332 – Anwaltsschriftsatz; amtl. Begr. BT-Drucks.
IV/270, 38). Die Schutzfähigkeit des Inhalts des Werkes war früher umstr. (vgl einerseits *RGZ* 63, 158 ff. – Durchlaucht Radieschen; 82, 16, 17 – Die lustige Witwe;
Kohler S. 128 ff. und andererseits *RGZ* 121, 65, 70 f.; 143, 412, 416), ist aber inzwischen in der Gesetzesbegründung (amtl. Begr. BT-Drucks. IV/279, 38) ausdrücklich
genannt und allg. (*BGH* GRUR 1981, 352, 353 – Staatsexamensarbeit; *Schricker/
Loewenheim* § 2 Rn 57 ff.; *Fromm/Nordemann/Vinck* § 2 Rn 24) anerkannt. UU
kann ein bescheidenes Maß geistiger Tätigkeit genügen (*BGH* GRUR 1981, 520, 521
– Fragensammlung).

Nur soweit das Werk schöpferisch ist, wird es auch geschützt. Ein Roman, der eine   **83**
historische Begebenheit nacherzählt, genießt daher für seine historische Handlung
keinen Schutz, wohl aber für die Form der Erzählung sowie für erdachte Abweichungen von den historischen Gegebenheiten. Ein Komposition ist nicht geschützt, soweit
die in ihr verkörperten Elemente gemeinfrei oder rein handwerklich sind (vgl *BGH*
GRUR 1981, 267, 268 – Dirlada).

Kommt es darauf an, ist daher für **Form und Inhalt gesondert zu untersuchen**, ob   **84**
und inwieweit sie urheberrechtsschutzfähig sind.

ee) Einzelbetrachtung von Werkteilen. Auch Werkteile können Urheberrechts-   **85**
schutz genießen, wenn sie eine schutzfähige individuelle Prägung aufweisen, die
auch auf der reinen Formgestaltung beruhen kann (*BGH* NJW 1953, 1258, 1260 –
Lied der Wildbahn I; GRUR 1981, 352, 353 – Staatsexamensarbeit; NJW-RR 1989,
618, 619 – Bauaußenkante). Der Schutz ist nicht davon abhängig, dass sich die bes.
Eigenart des Werkes als Ganzem in dem fraglichen Teil offenbart (*BGH* NJW 1953,
1258, 1260 – Lied der Wildbahn I; näher unten Rn 166). Ist das Werk nicht insgesamt
schöpferisch, ist deshalb **für die einzelnen Werkteile** – ebenso wie für Form und Inhalt – **gesondert zu untersuchen**, wie weit der Urheberrechtsschutz reicht (vgl *BGH*
GRUR 1976, 434, 435 – Merkmalklötze).

Urheberrechtsgeschützt ist ein in Buchform herausgebrachtes, nach Monaten ein-   **86**
geteiltes Jahreshoroskop mit dem Titel „Die Bäume lügen nicht – Ihr Baumhoroskop
für 1986", was die Gedankenformung und -führung des Inhalts und die Form und Art
der Sammlung, Einteilung und Anordnung des Materials anbetrifft (*BGH* NJW 1992,
232, 234 – Keltisches Horoskop). Hingegen ist die Zuordnung jeweils einer zeitlichen Periode und eines Begriffs zu einem Baum in eben demselben Horoskop nicht
schöpferisch und genießt daher keinen Urheberrechtsschutz (*BGH* NJW 1992, 232,
234 – Keltisches Horoskop). Wendet sich der Hrsg eines 22-bändigen Dokumenta-
tionswerks zur Geschichte der deutschen Kriegsgefangenen im 2. Weltkrieg, in dem
die Quellen, die für die Geschichte der deutschen Kriegsgefangenen gesammelt, ausgewertet und dargestellt werden, gegen die Übernahme seiner sichtenden und ordnenden Quellengestaltung, kommt es für den Erfolg seiner Klage nur darauf an, ob
die Auswahl und Anordnung der Quellen schöpferisch ist, und nicht darauf, ob die

die einzelnen Quellen verbindenden Texte ihrerseits die nach § 2 Abs. 2 vorausgesetzte Schöpfungshöhe aufweisen (*BGH* GRUR 1982, 37, 38 – WK-Dokumentation).

87 **ff) Arbeits- und Kostenaufwand sowie Verwertungsabsicht. Kein Argument** für die Frage, ob und in welchem Maße eine Leistung schöpferische Gestaltungshöhe aufweist, sind **quantitative** Gesichtspunkte (*BGH* NJW 1986, 192, 196 – Inkasso-Programm). Der **Arbeits- und Kostenaufwand**, der für die Entwicklung eines Gegenstandes erforderlich war, spielt für sich genommen daher keine Rolle (*BGH* NJW 1958, 1585, 1587 – Candida-Schrift; NJW 1986, 192, 196 – Inkasso-Programm). Zwar lässt sich häufig eine Wechselwirkung zwischen ihm und der Schöpfungshöhe des Werkes nicht verkennen. Was aber Goethe aus dem Stehgreif niedergeschrieben hat, entbehrt nicht der Schöpfungshöhe, nur weil der Dichter mit weniger Arbeitsaufwand als andere eine Leistung geschaffen hat, die das ästhetische Empfinden des Lesers – wohl noch mehr als viele anderen Dichtungen – anspricht.

88 Ein fehlender **Verwertungszweck** rechtfertigt keine höheren Anforderungen an den Urheberrechtsschutz (*BGH* NJW 1987, 1332 – Anwaltsschriftsatz). Bei einigen Werkarten, die als solche einem Verwertungszweck dienen, wie zB die angewandte Kunst, soll nach der Rspr erst bei einem höheren Maß an schöpferischem Tun von einem Werk iSd § 2 Abs. 2 gesprochen werden können (näher unten Rn 99).

89 **gg) Niveau und Wert der Werke.** Vor allem bei Werken der (bildenden, angewandten oder Bau-) Kunst stellt sich die Frage, ob und inwieweit das Niveau und der Wert der Werke für die Beurteilung der Schöpfungshöhe Voraussetzung sind oder dabei jedenfalls eine Rolle spielen.

90 Sowohl nach dem Gesetzeswortlaut als auch nach dem Gesetzeszweck soll das UrhG schöpferischen Leistungen, also Gestaltungen mit einer gewissen Individualität und Originalität, Schutz gewähren. Für das Maß der Individualität und Eigentümlichkeit einer Leistung ist ihr **Wert** jedoch **ohne Bedeutung**. Er kann daher bei der Beurteilung der Schöpfungshöhe keine Rolle spielen.

91 Auch **kunsthistorische Maßstäbe** können vor diesem Hintergrund für das Vorliegen und das Maß der Schöpfungshöhe nicht von Bedeutung sein (*BGH* GRUR 1974, 669, 671 – Tierfiguren). Denn was schöpferisch ist, bemisst sich nicht nach dem, was bereits anerkannt und etabliert ist; ausschlaggebend ist vielmehr, ob das Werk aus Sicht eines für Kunst empfänglichen und mit Kunstdingen einigermaßen vertrauten Menschen (*BGH* NJW 1957, 220, 222 – Europapost; NJW 1958, 1585, 1586 – Candida-Schrift; GRUR 1974, 669, 671 – Tierfiguren) im Zeitpunkt der erstmaligen Werkerstellung (*BGH* GRUR 1974, 669, 671 – Tierfiguren) künstlerisch ist oder nicht.

92 Ob **qualitative** Gesichtspunkte die Eigentümlichkeit einer Leistung beeinflussen können, hängt nicht zuletzt von der Definition des Qualitätsbegriffs ab. Versteht man den Begriff der Qualität als Meßlatte der künstlerischen Eigentümlichkeit eines Werkes, gibt er die Schöpfungshöhe der Leistung unmittelbar an. Versteht man ihn objektiv im Sinne einer bes. Haltbarkeit, Dauerhaftigkeit oÄ, hat das Maß der Qualität entspr. den genannten Grundsätzen keinen Einfluss auf dessen Schöpfungshöhe. Setzt man den Begriff der Qualität mit der Mühe oder dem Arbeitsaufwand gleich, gilt das schon oben (Rn 87) Gesagte. Wegen des geltenden subjektiven Mängelbegriffs kann keine Rolle spielen, ob das Werk vertragsrechtlich betrachtet einen **Mangel** aufweist (vgl *BGH* GRUR 1966, 390 – Werbefilm).

hh) Gesetzes- und sittenwidrige Schöpfungen. Für die Beurteilung der Urheber-   **93**
rechtsschutzfähigkeit kommt es nicht darauf an, ob die Herstellung des Werkes mit
einem Gesetzesverstoß verbunden ist. Der Schutzfähigkeit eines Werkes steht auch
nicht entgegen, dass dieses unter Verstoß gegen fremde Eigentumsrechte geschaffen
wurde (*BGH* NJW 1995, 1556 – Mauer-Bilder). Schließlich sind auch sittenwidrige
Werke urheberrechtsgeschützt.

c) Reichweite des urheberrechtlichen Schutzes. Die Reichweite des urheberrecht-   **94**
lichen Schutzes hängt davon ab, inwieweit das Werk schöpferisch ist. Ausschließlich
in den Teilen, die schöpferisch sind, genießt das Werk Urheberrechtsschutz (*BGH*
GRUR 1976, 434, 435 – Merkmalklötze; vgl *BGH* NJW 1993, 2620 – Alcolix;
GRUR 1970, 250, 251 – Hummel III). Ein urheberrechtlicher Schutz gegen eine
(Teil-)Entnahme kommt danach nur in Betracht, wenn die entnommenen Werkteile
als solche schöpferische Eigenart besitzen und auch iÜ urheberrechtsfähig sind
(*BGH* GRUR 1976, 434, 435 – Merkmalklötze). Für die Frage, ob eine freie Benutzung, eine Bearbeitung oder eine Nachahmung vorliegt, kommt es ebenfalls nur auf
die urheberrechtlich schutzfähigen Elemente des Ausgangswerkes an (vgl *BGH* NJW
1993, 2620, 2621 – Alcolix; GRUR 1970, 250, 251 – Hummel III). Die Übernahme
nicht schöpferischer Elemente eines Werkes kann danach nur unter Leistungsschutz-
gesichtspunkten zu Ansprüchen führen.

Geschützt sein kann immer nur ein konkretes **einheitliches Werk** (*BGH* GRUR   **95**
1976, 434, 435 – Merkmalklötze; vgl *BGH* GRUR 1970, 250, 251 – Hummel III).
Eine „Ausstrahlungswirkung" dahingehend, dass über das schöpferische Werk oder
den schöpferischen Werkteil hinaus auch die anderen Werkteile oder sogar andere
Gestaltungen am Urheberrechtsschutz teilhaben, ist dem Urheberrecht fremd (*BGH*
GRUR 1976, 434, 435 – Merkmalklötze). Ein Urheberrechtsschutz an für sich genommen nicht urheberrechtsschutzfähiger Merkmalklötze, mit deren Hilfe Kinder
im Grundschulalter mit dem mathematischen Denken vertraut gemacht werden sollen, entsteht deshalb nicht dadurch, dass sie zusammen mit einer urheberrechtsgeschützten Rechenfibel vertrieben werden (*BGH* GRUR 1976, 434, 435 – Merkmalklötze). Ebenso genießt beim Sammelwerk nur die Auswahl und Anordnung der einzelnen Elemente, nicht jedoch das einzelne Element selbst Urheberrechtsschutz.

Ausnahmsweise kann die schöpferische Natur eines Werkes im Einzelfall aber auch   **96**
über die konkrete Einzeldarstellung hinausreichen (vgl *BGH* GRUR 1970, 250,
251 – Hummel III; NJW-RR 1993, 1002, 1003 – Asterix-Persiflagen; *OLG Karlsruhe* ZUM 2000, 327, 329). Dies steht nur scheinbar im Widerspruch zur Ablehnung
der besagten „Ausstrahlungswirkung". In Wahrheit geht es nämlich nicht um eine
Ausstrahlung eines Urheberrechtsschutzes auf nicht urheberrechtsgeschützte Leistungen; vielmehr erstreckt sich der Urheberrechtsschutz von vornherein auch auf sie.
So beschränkt sich bei Comic-Figuren der urheberrechtliche Schutz uU nicht auf die
konkrete zeichnerische Darstellung in verschiedenen Körperhaltungen, sondern die
Gestalt genießt als solche Schutz, wenn sie durch eine unverwechselbare Kombination äußerer Merkmale sowie von Eigenschaften, Fähigkeiten und typischen Verhaltensweisen zu bes. ausgeprägten Comic-Persönlichkeiten geformt ist (*BGH* NJW-RR
1993, 1002, 1003 – Asterix-Persiflagen; NJW 1993, 2620 – Alcolix; *OLG Hamburg*
WRP 1989, 602 f.). Gleiches kann auch für andere gezeichnete (*BGH* NJW-RR
1995, 307, 309 – Rosaroter Elefant) und geformte (*OLG Karlsruhe* ZUM 2000, 327,

328) und sogar für bloß literarische Figuren, zB die kabarettistische Darstellung eines senilen Professors, gelten, wenn ihr Persönlichkeitsprofil ein Eigenleben dergestalt erworben hat, dass die Figur infolge des ihr verliehenen Charakters und durch das Ziehen von Parallelen zu bisherigen Darstellungen auch unter veränderten Umständen wiederzuerkennen ist (*Will* WRP 1996, 652, 658 mwN). Urheberrechtsschutz kann die Figur allerdings nur erwerben, wenn sie schöpferisch ist. Das setzt voraus, dass sie erfunden wurde; es versteht sich von selbst, dass deshalb der bes. ausgeprägte Charakter einer natürlichen Person nicht urheberrechtsschutzfähig ist.

97 Auch noch in einem anderen Punkte ist der Urheberrechtsschutz weit zu ziehen, ohne dass sich dies als bloße „Ausstrahlung" des Werkcharakters einer Leistung auf nicht urheberrechtsgeschützte Elemente qualifizieren ließe. Es wird nämlich eine Urheberrechtsverletzung durch Veränderungen nicht ausgeschlossen, die nur als **zufällige Abweichung** wirken und den Eindruck entstehen lassen, es handele sich gleichwohl um dasselbe Werk (*BGH* GRUR 1970, 250, 251 – Hummel III). Die Nachbildung einer Kinderfigur aus Keramik kann deshalb auch dann Urheberrechtsverletzung sein, wenn Veränderungen an der Nachbildung vorgenommen wurden, welche die schöpferische **Persönlichkeit** der Figur unberührt lassen.

98 **d) Maßgeblicher Zeitpunkt der Schöpfungshöhe.** Die erforderliche Schöpfungshöhe muss das Werk **im Zeitpunkt der Schöpfung** aufweisen (*BGH* NJW 1961, 1210 – Stahlrohrstuhl; GRUR 1974, 669, 671 – Tierfiguren; NJW 1987, 2678, 2679 – Le-Corbusier-Möbel). Anders als das PatG will das UrhG die schöpferische Leistung auch dann privilegieren, wenn sie für die Allgemeinheit nicht verwertbar ist. Daher muss der Urheber sein Werk, anders als derjenige, der eine technische Erfindung gemacht hat, nicht behördlich anmelden, um in den Genuss des Urheberrechtsschutzes zu kommen. Das Risiko, dass sich die Eigentümlichkeit eines Objektes aus der Sicht des Betrachters aufgrund einer zwischenzeitlich eingetretenen Entwicklung abschwächt, kann sich nach Sinn und Zweck des UrhG nicht zu Lasten des Schaffenden auswirken. Der Urheberrechtsschutz wird folglich nicht dadurch ausgeschlossen, dass im Zeitpunkt der mündlichen Verhandlung Nachbildungen des Werkes vorliegen (*BGH* GRUR 1974, 669, 671 – Tierfiguren).

99 **e) Differenzierung zwischen den Werkgattungen. aa) Allgemeines.** Die Anforderungen an die Schöpfungshöhe sind nach der Rspr je nach Werkgattung unterschiedlich. Üblicherweise wird die sog. kleine Münze geschützt, dh schöpferisches Tun am unteren Rand der Individualität. Anders verhält es sich bei Werken der angewandten Kunst und bei Sprachwerken, die wie ein Brief Gebrauchszwecken dienen. Hier soll der urheberrechtliche Schutz nach Auffassung des *BGH* (NJW 1986, 192, 196 – Inkasso-Programm (überholt durch § 69a Abs. 3); NJW 1987, 1332 – Anwaltsschriftsatz; NJW 1991, 1231, 1232 – Betriebssystem (überholt durch § 69a Abs. 3); NJW 1992, 689, 691 – Bedienungsanweisung; NJW-RR 1995, 1253 – Silberdistel; s. auch *OLG Düsseldorf* AfP 1997, 645, 648) erst eingreifen, wenn die Leistung das Herkömmliche deutlich überragt. An dieser Rspr orientieren sich die folgenden Ausführungen. Zur Kritik an ihr s. Rn 56 ff.

100 **bb) Sprachwerke. aaa) Schriftwerke allgemein.** Bei Schriftwerken sind die Möglichkeiten, einen Gedankeninhalt in eine sprachliche Form zu gießen, mannigfaltig. Hier findet sich daher ein Großteil der urheberrechtsgeschützten Werke. Schöp-

fungshöhe kann das Schriftwerk entweder was den Inhalt, also die **Fabel**, oder was die gewählte Form angeht, also die von der Gedankenführung geprägte **Gestaltung der Sprache** oder die **Sammlung, Auswahl, Einteilung und Anordnung des Stoffes**, aufweisen (vgl *BGH* NJW 1997, 1363, 1365 – CB-infobank I). Auch ist denkbar, dass – wie bei einem erdachten Roman – sowohl dem Inhalt als auch der Form die erforderliche Schöpfungshöhe zukommt (*BGH* NJW 1953, 1258, 1260 – Lied der Wildbahn I). Nicht nur die konkrete Textfassung oder die unmittelbare Formgebung der Gedanken sind schutzfähig, sondern auch die eigenpersönlich geprägten Bestandteile und Form bildenden Elemente des Werks, die im Gang der Handlung, in der Charakteristik und Rollenverteilung der handelnden Personen, in der Ausgestaltung von Szenen und allg. in der „Szenerie" des Romans liegen können (*BGH* NJW 2000, 2202, 2205 – Laras Tochter; lesenswert auch die Vorinstanz: *OLG Karlsruhe* AfP 1997, 717 ff.). **IdR** ist auch nach Auffassung des BGH schon die sog. **kleine Münze** geschützt (*BGH* NJW 2000, 140, 141 – Comic-Übersetzungen II; s. auch oben Rn 55 ff.).

bbb) Wissenschaftliche Schriftwerke. Als Sprachwerk geschützt sind auch wissen-   **101** schaftliche Schriftwerke. Der Begriff der Wissenschaft ist dabei weit zu fassen. Er beschränkt sich nicht nur auf Forschung und Lehre im engeren verfassungsrechtlichen Sinne (*BGH* NJW-RR 1990, 1513 – Themenkatalog). Der wissenschaftliche oder technische **Inhalt** eines Schriftwerkes ist als solcher **nicht schutzfähig**, weil, so die Begr. der **hM** (*BGH* NJW-RR 1990, 1513 – Themenkatalog; *OLG Frankfurt* WRP 1984, 79, 83), die wissenschaftliche Lehre und die ihr entnommenen Begriffe urheberrechtlich frei und jedermann zugänglich bleiben müssen, sodass eine Monopolisierung über das Urheberrecht nicht zulässig ist (hierzu oben Rn 49). Bei einem wissenschaftlichen Schriftwerk findet der erforderliche geistig-schöpferische Gehalt seinen Niederschlag und Ausdruck daher in erster Linie in der Form und Art der Sammlung, Einteilung und Anordnung des dargebotenen Stoffs und nicht ohne weiteres auch – wie meist bei literarischen Werken – in der Gedankenformung und -ausführung des dargebotenen Inhalts (*BGH* NJW 1985, 1631, 1632 – Ausschreibungsunterlagen; NJW 1987, 1332 – Anwaltsschriftsatz; NJW-RR 1990, 1513 – Themenkatalog). **Schutzfähig** kann ein wissenschaftliches Schriftwerk daher insb. sein, wenn es eine **eigenschöpferische Gedankenführung** des dargestellten Inhalts oder eine bes. **geistvolle Form und Art der Sammlung, Einteilung und Anordnung** des dargebotenen Stoffs enthält (*BGH* NJW 1985, 1631, 1632 – Ausschreibungsunterlagen). Dabei kann je nach den Umständen auch ein geringes Maß an geistiger Betätigung genügen (*BGH* NJW-RR 1990, 1513 – Themenkatalog; näher oben Rn 55 ff.).

ccc) Computerprogramme. Nach § 2 Abs. 1 Nr. 1 genießen Computerprogramme   **102** als Sprachwerke Urheberrechtsschutz. Die Bestimmung ist im Zusammenhang mit § 69a Abs. 3, 4 zu lesen, nach dem Computerprogramme wie Sprachwerke geschützt werden mit der Maßgabe, dass qualitative oder ästhetische Merkmale des Programms für den Schutz nicht Voraussetzung sind. Daraus folgt, dass an den urheberrechtlichen Schutz von Computerprogrammen nur geringe Anforderungen zu stellen sind (*BGH* NJW 1993, 3136, 3137 – Buchhaltungsprogramm). Schon die sog. **kleine Münze** ist geschützt, also eine Gestaltung, bei der das Programm, wenn auch in geringem Maße, überhaupt individuelle Züge aufweist (*BGH* NW 1993, 3136, 3137 – Buchhaltungsprogramm; *Kilian/Heussen/Harte-Bavendamm/Wiebe* 51. Kap. Rn 29).

Nur ganz banale oder durch die Umstände gänzlich vorgegebene Programme genießen keinen Schutz (*Kilian/Heussen/Harte-Bavendamm/Wiebe* 51. Kap. Rn 29). Wie der Schutz von Computerprogrammen im Einzelnen ausgestaltet ist, ergibt sich aus §§ 69a ff. (näher hierzu unten Rn 194 ff.; vgl ferner zB *OLG Karlsruhe* WRP 1996, 587, 588).

103   § 69a beruht auf der Europäischen Richtlinie 91/250/EWG, der Richtlinie über den Rechtsschutz von Computerprogrammen (ABlEG Nr. L 122 v. 17.5.1991, 42 ff.). **Vorher** hatte die Rspr (*BGH* NJW 1986, 192, 196 – Inkasso-Programm) die Schutzfähigkeit von Computerprogrammen als Sprachwerk (§ 2 Abs. 1 Nr. 1) oder Darstellung wissenschaftlicher oder technischer Art (§ 2 Abs. 1 Nr. 7) zwar grds bejaht, an die Urheberrechtsschutzfähigkeit jedoch strenge Voraussetzungen geknüpft. Da der Algorithmus als solcher ebenso wenig wie andere mathematische oder technische Lehren oder Regeln schutzfähig sein könne, komme für den Urheberrechtsschutz eines Computerprogramms und seiner Vorstufen nur die Form und Art der Sammlung, Einteilung und Anordnung des Materials in Betracht (*BGH* NJW 1986, 192, 196 – Inkasso-Programm; vgl auch *Kilian/Heussen/Harte-Bavendamm/Wiebe* 51. Kap. Rn 9 ff.). Das gelte selbst für die eigentliche Kodierung, bei der im Einzelfall ein nicht hinreichend konkretisierter Programmablauf noch genügend Raum für eine individuelle Auswahl und Einteilung bei der Kodierung lasse (*BGH* NJW 1986, 192, 196 – Inkasso-Programm). Schöpferisch könne das Programm oder seine Vorstufe nur sein, wenn ihm im Gesamtvergleich mit vorbestehenden Gestaltungen mit ihren jeweils bekannten und üblichen Anordnungen, Systemen, Aufbau- und Einteilungsprinzipien individuelle Eigenheiten zukämen. Alle in deren Nähe bleibenden Gestaltungsformen besäßen keinen hinreichenden schöpferischen Eigentümlichkeitsgrad; auch die bloß mechanisch-technische Fortführung und Entwicklung des Vorbekannten bleibe in diesem Bereich. Ließen sich nach Maßgabe des Gesamtvergleichs mit dem Vorbekannten schöpferische Eigenheiten feststellen, so seien diese dem Schaffen eines Durchschnittsprogrammierers gegenüberzustellen. Erst wenn sich dabei ein erheblicher Abstand des Programms oder der Anordnung zu dem Vorbekannten und damit rein Handwerksmäßigen, ein deutliches Überragen der Gestaltungstätigkeit in Auswahl, Sammlung, Anordnung und Einteilung der Informationen und Anweisungen gegenüber dem allg. Durchschnittskönnen ergebe, setze der Urheberrechtsschutz ein (*BGH* NJW 1986, 192, 196 – Inkasso-Programm). Näher zum Schutz von Computerprogrammen oben Rn 14 und unten Rn 194 ff.

104   **ddd) Beispiele. Urheberrechtsschutz wurde folgenden Werken zuerkannt:** Einem **Merkblatt** für Arbeitgeber kann Urheberrechtsschutz zukommen, wenn es sich durch eine Auswahl der für den Arbeitgeber wesentlichen sozialversicherungsrechtlichen Regelungen aus einem bes. umfangreichen und für den Nichtfachmann kaum zu überblickenden Material sowie durch seine systematische, übersichtliche und vereinfachende Darstellung auszeichnet (*BGH* NJW-RR 1987, 185 – AOK-Merkblatt). Gleiches kann für ein **Informationspapier** gelten (*OLG Frankfurt* OLG-Report 1998, 317 ff.). Ein **Lexikon**, in dem der Rechtsstand der deutschen Warenzeichenanmeldungen und -eintragungen verzeichnet ist, kann schöpferisch sein, wenn ihm gegenüber den vorbekannten Gestaltungen nach Auswahl und Anordnung der Informationen schöpferische Eigenart zukommt (*BGH* NJW-RR 1987, 1081, 1082 – Warenzeichenlexika). Einem **Anwaltsschriftsatz** in einem Ermittlungsverfahren von 122

Seiten, in dem der Rechtsanwalt mit dem Ziel, seinen Mandanten zu entlasten, den Sachverhalt aus dessen Sicht schildert, kann die erforderliche Schöpfungshöhe sowohl des Inhalts, wenn dieser eine tiefe Durchdringung des Tatsachen- und Rechtsstoffes und eine souveräne Beherrschung der Sprach- und Stilmittel erkennen lässt, als auch der Form zukommen, wenn der Anwalt das Material unter individuellen Ordnungs- und Gestaltungsprinzipien ausgewählt, angeordnet und in das Einzel- und Gesamtgeschehen eingeordnet hat (*BGH* NJW 1987, 1332 – Anwaltsschriftsatz). **DIN-Normen** können als Schriftwerke iSd § 2 Abs. 1 Nr. 1 oder als Darstellungen wissenschaftlicher oder technischer Art iSd § 2 Abs. 1 Nr. 7 geschützt werden (*BGH* NJW-RR 1990, 1452 – DIN-Normen). Zur Frage, ob der Urheberrechtsschutz nach § 5 eingeschränkt bzw ausgeschlossen ist, s. dort Rn 38 ff. Selbst ein **Gesetzestext** kann eine persönliche geistige Schöpfung sein (*Nordemann/Czychowski* NJW 1998, 1603); sein Schutz wird jedoch im Allgemeinen an § 5 Abs. 1 scheitern (hierzu unten § 5 Rn 11 ff.). Ein **wissenschaftlicher Themenkatalog** ist schutzfähig, wenn er auf der Grundlage der wissenschaftlichen Erfassung des Stoffs den Ausbildungsgegenstand in bes. Weise betrachtet, zusammenfasst und ordnet (vgl *BGH* NJW-RR 1990, 1513 – Themenkatalog). Dabei ist unerheblich, dass sich der Themenkatalog im Rahmen von jeweils einzelnen Sätzen auf die Darstellung von – in einen sachlichen Zusammenhang gestellten – Einzelpunkten beschränkt, weil auch in dieser Form die Darstellung der Lerninhalte des Lernplans und deren Auswahl, Eingrenzung, Zusammenstellung und zeitlicher Ablauf eine eigene geistige Schöpfung iSd § 2 Abs. 2 sein kann (*BGH* NJW-RR 1990, 1513, 1514 – Themenkatalog). Ein in Buchform herausgebrachtes, nach Monaten eingeteiltes **Jahreshoroskop** mit dem Titel „Die Bäume lügen nicht – Ihr Baumhoroskop für 1986" ist urheberrechtsgeschützt, was die Gedankenformung und -führung des Inhalts und die Form und Art der Sammlung, Einteilung und Anordnung des Materials anbetrifft (*BGH* NJW 1992, 232, 234 – Keltisches Horoskop). Hingegen ist die Zuordnung jeweils einer zeitlichen Periode und eines Begriffs zu einem Baum nicht schöpferisch und genießt daher keinen Urheberrechtsschutz (*BGH* NJW 1992, 232, 234 – Keltisches Horoskop). **Zeitungsartikel** sind, soweit sie nicht aus tabellarischen Darstellungen, Zeichnungen oder anderen Nicht-Schriftbildern bestehen, als Schriftwerke einzustufen. Sie sollen nach neuerer Rspr im Allgemeinen, zumindest was die Form der Darstellung anbetrifft, hinreichend individuell sein, um die nach § 2 Abs. 2 erforderliche Schöpfungshöhe aufzuweisen (*BGH* NJW 1997, 1363, 1365 – CB-infobank I; NJW 1997, 1368, 1369 – CB-infobank II). Der bestehende Gebrauchszweck, an dem der BGH üblicherweise höhere Anforderungen an die Schöpfungshöhe festmacht, soll dabei keine Rolle spielen (vgl *BGH* NJW 1997, 1363, 1365 – CB-infobank I). Ein urheberrechtlicher **Titelschutz** ist zwar grds möglich, scheidet aber im konkreten Fall meistens aus, weil es dem Titel an dem geistigen Inhalt und bzw oder der Schöpfungshöhe fehlt (näher unten Rn 152 ff.). Eine **Fragensammlung**, die als Arbeitskontrolle zu einem medizinischen Fachbuch eines Dritten dienen soll und sich dementsprechend sachlich und inhaltlich an dieses Fachbuch anlehnt, kann bei eigenschöpferischer Auswahl und Gestaltung der Fragen als abhängige Werkschöpfung iSd §§ 3, 23 urheberrechtsschutzfähig sein (*BGH* GRUR 1981, 520 – Fragensammlung).

Urheberrechtsschutz wurde in folgenden Fällen nicht gewährt: Gewöhnliche **Briefe**, die sich nach Inhalt und Form von den Briefen der Gesellschaftsschicht des **105**

Verfassers nicht abheben, sollen die für einen Urheberrechtsschutz erforderliche Schöpfungshöhe nach Auffassung des *BGH* (NJW 1960, 476, 477 – Alte Herren) nicht aufweisen können. Ein urheberrechtlicher **Titelschutz** ist zwar grds möglich, scheidet aber im konkreten Fall meistens aus, weil es dem Titel an dem geistigen Inhalt und bzw oder der Schöpfungshöhe fehlt (näher unten Rn 152 ff.). **Ausschreibungsunterlagen** sind im Allgemeinen nicht als Schriftwerk iSd § 2 Abs. 1 Nr. 1 – wohl aber uU nach § 2 Abs. 1 Nr. 7 – schutzfähig. **Telefonbüchern** kommt ungeachtet des komplexen Regelwerks, das ihrer Erstellung zugrunde liegt, im Allgemeinen kein urheberrechtlicher Schutz nach § 2 Abs. 1 Nr. 1 zu (*BGH* NJW 1999, 2898 – Tele-Info-CD). Der Gestaltung einer **Telefonkarte** der Deutschen Telekom AG mit im Wesentlichen einer stilisierten Weltkarte mit blauem Quadrantennetz wurde der Urheberrechtsschutz versagt (*BGH* WRP 2001, 804, 806 – Telefonkarte).

106   **cc) Musikwerke.** Bei Musikwerken liegt die schöpferische Eigentümlichkeit in ihrer **individuellen ästhetischen Ausdruckskraft** (*BGH* GRUR 1981, 267, 268 – Dirlada; *OLG München* ZUM 2000, 408, 409). Musikwerke lassen dem Komponisten bei Anwendung der bestehenden Lehren und Gestaltungsmittel wie Melodik, Harmonik, Rhythmik, Metrik, Tempo, Phrasierung, Artikulierung, Ornamentik, Kadenz, Periodik und Arrangement einen weiten Spielraum für eine individuelle Ausdruckskraft (*BGH* NJW 1989, 337, 339 – Ein bisschen Frieden). Ebenso wie bei Sprachwerken werden sich hier daher häufig urheberrechtsgeschützte Werke finden.

107   Dabei geht die Rspr (*BGH* GRUR 1981, 267, 268 – Dirlada; NJW 1989, 387, 388 – Ein bisschen Frieden; NJW-RR 1991, 812 – Brown Girl II) davon aus, dass an die schöpferische Eigentümlichkeit eines Musikwerkes keine zu hohen Anforderungen gestellt werden dürfen. Es reicht aus, dass die formgebende Tätigkeit des Komponisten einen nur geringen Schöpfungsgrad aufweist (*BGH* GRUR 1981, 267, 268 – Dirlada; NJW 1989, 337, 338 – Ein bisschen Frieden; NJW-RR 1991, 812 – Brown Girl II; *OLG München* ZUM 2000, 408, 409). Auf den künstlerischen Wert der Leistung kommt es dabei nicht an (*BGH* GRUR 1981, 267, 268 – Dirlada). Vor diesem Hintergrund ist für den Bereich des musikalischen Schaffens seit langem der Schutz der sog. **kleinen Münze** anerkannt. Sie umfasst einfache, am unteren Rande der Schöpfungsskala liegende geistige Schöpfungen (*BGH* GRUR 1981, 267, 268 – Dirlada; NJW 1989, 387, 388 – Ein bisschen Frieden, NJW-RR 1991, 812 – Brown Girl II). Dass (schon) sie den Urheberrechtsschutz auslöst, ergibt sich auch aus der amtl. Begr. (BT-Drucks. IV/270, 38; vgl auch *BGH* GRUR 1981, 267, 268 – Dirlada). Diese Grundsätze gelten sowohl für originär geschaffene Werke als auch für **Bearbeitungen** iSd § 23 (*BGH* NJW-RR 1991, 812 – Brown Girl II; näher § 3 Rn 24).

108   Für die Beurteilung der Schöpfungshöhe kommt es wie bei allen anderen Werken auf den Gesamteindruck an (*BGH* GRUR 1981, 267, 268 – Dirlada; NJW-RR 1991, 812 – Brown Girl II). Die Beurteilung ist aus der Sicht der mit musikalischen Fragen einigermaßen vertrauten und hierfür aufgeschlossenen Verkehrskreise vorzunehmen (*BGH* GRUR 1981, 267, 268 – Dirlada). Offenbart der Gesamteindruck der Leistung eine rein handwerkliche Tätigkeit, kommt Urheberrechtsschutz nicht in Betracht. Auch die formalen Gestaltungselemente, die auf den Lehren von der Harmonik, Rhythmik und Melodik beruhen oder sich im Wechselgesang zwischen Solist und Chor ausdrücken, sind nicht urheberrechtsgeschützt (*BGH* GRUR 1981, 267, 268 – Dirlada).

Schutz kann der Komponist aber für die konkrete Formgestaltung des Werkes erhal- **109** ten, wenn diese durch eine individuelle Verarbeitungsweise geprägt wurde, die auch in der Durchführung der **Instrumentierung** und **Orchestrierung** liegen kann (*BGH* GRUR 1981, 267, 268 – Dirlada). Dementsprechend kann (muss aber nicht) die Arbeit des **Mischtonmeisters** angesichts der durch die moderne Technik gegebenen Möglichkeiten zur Beeinflussung des Klangbildes urheberrechtliche Qualität erreichen (*BGH* WRP 2002, 1181, 1182 – Mischtonmeister; *OLG Köln* ZUM 2000, 321 ff. (Vorinstanz)).

Schöpfungshöhe wurde folgenden Werken zuerkannt: Die Magdalenenarie der **110** **Oper** „Der Evangelimann" von Wilhelm Kienzl wurde als urheberrechtsgeschützt angesehen (*BGH* GRUR 1971, 266, 267 – Magdalenenarie). Schutzfähig sollte auch das **Lied** des Griechen Pantelis G. mit dem Titel „Dirlada" sein, soweit nicht gemeinfreie oder rein handwerkliche Elemente betroffen waren (*BGH* GRUR 1981, 267, 268 – Dirlada). Das vom **Mischtonmeister** (mit-)hervorgerufene Klangbild kann schöpferisch sein (*OLG Köln* ZUM 2000, 321 ff.).

Die **Schöpfungshöhe abgesprochen** wurde einer metrisch einfach gestalteten, sich **111** in Sekund- und Terzschritten bewegenden **Folge von fünf Tönen** (*OLG München* ZUM 2000, 408 ff.).

dd) Pantomime und Tanzkunst. Für pantomimische und tänzerische Leistungen er- **112** geben sich keine Besonderheiten. Geschützt ist schon die **kleine Münze**. Einem pantomimischen **Eistanz**, dem eine entspr. Choreographie zugrunde liegt, kommt im Allgemeinen die für einen Werkschutz erforderliche Schöpfungshöhe zu (vgl *BGH* NJW 1960, 1900, 1901 – Eisrevue I). Hingegen fehlt sie idR **sportlichen** Leistungen, und zwar wegen der dort meist bestehenden strengen Vorgaben an die Bewegung des Sportlers selbst dann, wenn diese, wie das Dressurreiten, beim Betrachter einen ästhetischen Eindruck erwecken.

ee) Kunstwerke. Ein schützenswertes Kunstwerk iSd § 2 Abs. 1 Nr. 4 liegt in jeder **113** eigenpersönlichen geistigen Schöpfung, die **mit Darlegungsmitteln der Kunst durch formgebende Tätigkeit hervorgebracht** worden ist und **deren ästhetischer Gehalt einen solchen Grad erreicht hat, dass nach den im Leben herrschenden Anschauungen von Kunst gesprochen werden kann** (*BGH* NJW 1957, 1108, 1109 – Ledigenheim; GRUR 1983, 377, 378 – Brombeer-Muster; näher Rn 219 ff.).

Gleichgültig ist, ob das Werk neben seinem ästhetischen Zweck noch einem **praktischen Gebrauchszweck** dient (*BGH* GRUR 1972, 38, 39 – Vasenleuchter; GRUR 1974, 669, 671 – Tierfiguren). Der ästhetische Gehalt des Werkes muss dann aber einen solchen Grad erreichen, dass von einer künstlerischen und nicht bloß geschmacklichen Leistung gesprochen werden kann (*BGH* GRUR 1974, 669, 671 – Tierfiguren; GRUR 1983, 477, 478 – Brombeer-Muster; näher unten Rn 225 ff.).

Maßgeblich ist nicht die Einstufung, die ein Fachkenner vornehmen würde, sondern **114** das durchschnittliche Urt. eines **für Kunst empfänglichen und mit Kunstdingen einigermaßen vertrauten Menschen** (*BGH* NJW 1957, 220, 222 – Europapost; NJW 1958, 1585, 1586 – Candida-Schrift; GRUR 1974, 669, 671 – Tierfiguren; GRUR 1983, 377, 378 – Brombeer-Muster; näher Rn 220). Die Verwendung bekannter Stilmittel steht der Schöpfungshöhe nicht entgegen, wenn das Werk, trotzdem auf Herkömmliches zurückgegriffen wurde, ausreichend Gestaltungshöhe besitzt (*BGH* NJW 1989, 383 – Kristallfiguren).

115   Für die Schöpfungshöhe eines Kunstwerkes spricht es, wenn das Werk in der konkreten Ausgestaltung **neu** ist und darstellerische Gedanken zum Ausdruck bringt, zB weil mit künstlerischen Ausdrucksformen aus Bleikristall gebildeten Tierfiguren charakteristische Eigenschaften beigemessen werden (*BGH* NJW 1989, 383 – Kristallfiguren). Auch dem verwandten **Material** kann Bedeutung beikommen. Es darf jedoch nicht isoliert bewertet werden, sondern kann nur in der Gesamtbetrachtung eine Rolle spielen. Bei der Frage, ob aus Bleikristall gebildete Tierfiguren künstlerisch sind, darf danach nicht allein darauf geachtet werden, ob das Material die Formgestalt steigert oder in der Wirkung zurücktreten lässt, sondern es ist auf den Eindruck abzustellen, wie er sich insgesamt aus der Formgestalt sowie der Licht- und Farbwirkung des Materials ergibt (*BGH* NJW 1989, 383, 384 – Tierfiguren).

116   Bei Werken der **bildenden Kunst** und bei **Bauwerken** (vgl *BGH* NJW 1957, 1108, 1109 – Ledigenheim) geltend diese Grundsätze uneingeschränkt. Geschützt ist jede Leistung, der nach Form oder Inhalt schöpferischer Gehalt zukommt.

117   Bei **Werken der angewandten Kunst**, die nach dem ausdrücklichen Wortlaut des § 2 Abs. 1 Nr. 4 ebenfalls Urheberrechtsschutz genießen können, sind die Anforderungen an die für einen Urheberrechtsschutz erforderliche Schöpfungshöhe wegen der erforderlichen Abgrenzung zum Geschmacksmusterrecht höher anzusetzen (*BGH* GRUR 1972, 38, 39 – Vasenleuchter; NJW-RR 1995, 1253 – Silberdistel; näher Rn 59). Zwar kann sich der Urheberrechtsschutz gerade auch aus solchen Elementen des Kunstwerks ergeben, die nicht schmückendes Beiwerk sind, sondern einem Gebrauchszweck dienen und damit grds einem Geschmacksmusterschutz zugänglich wären (*BGH* NJW 1957, 220 – Europapost; NJW 1958, 1585, 1586 – Candida-Schrift; vgl *BGH* GRUR 1972, 38, 39 – Vasenleuchter). Doch muss es sich auch hier um Schöpfungen von individueller Prägung handeln, deren ästhetischer Gehalt einen solchen Grad erreicht, dass nach Auffassung der für Kunst empfänglichen und mit Kunstanschauung einigermaßen vertrauten Kreise **nicht nur von einer geschmacklichen, sondern von einer künstlerischen Leistung gesprochen** werden kann (*BGH* NJW 1957, 220 – Europapost; NJW 1958, 1585, 1586 – Candida-Schrift; NJW 1967, 723 – skai-cubana; GRUR 1972, 38, 39 – Vasenleuchter; NJW 1973, 800 – Modeneuheit; NJW 1981, 2252 – Rollhocker; NJW 1987, 2678, 2679 – Le-Corbusier-Möbel; NJW-RR 1995, 1253 – Silberdistel).

118   Die Grenze zwischen Kunstwerken und bloß geschmacksmusterfähigen Erzeugnissen darf dabei nach Auffassung der Rspr nicht zu niedrig abgesteckt werden (*BGH* GRUR 1972, 38, 39 – Vasenleuchter; GRUR 1983, 477, 478 – Brombeer-Muster; NJW-RR 1995, 1253 – Silberdistel). Sie fordert deshalb hier einen im Verhältnis zu anderen Kunstwerken und zum Geschmacksmusterschutz **höheren Grad an ästhetischem Gehalt** (*BGH* NJW 1957, 220 – Europapost; NJW-RR 1995, 1253 – Silberdistel). Das Werk muss sich von dem rein Handwerksmäßigen und Alltäglichen abheben und dieses deutlich überragen (*BGH* NJW 1998, 3773, 3774 – Les-Paul-Gitarren).

119   Auch ein **Stoffmuster** kann als Werk der angewandten Kunst urheberrechtlich geschützt werden, wenn es diese Voraussetzungen erfüllt (*BGH* GRUR 1983, 377, 378 – Brombeer-Muster). Nicht jede Eigenart eines Stoffmusters vermag dessen Kunstschutz aber schon zu rechtfertigen (*BGH* NJW 1973, 800 – Modeneuheit). Dabei ist auch zu berücksichtigen, dass Textilmuster stärker als andere Gegenstände dem **Zeitgeschmack** unterworfen sind, sodass für sie im Allgemeinen ein über die Lebenszeit

des Urhebers hinausreichender Kunstwerkschutz nicht gerechtfertigt ist (*BGH* GRUR 1983, 377, 378 – Brombeer-Muster). Auch der Arbeits- und Kostenaufwand, der für die Entwicklung eines Gegenstandes erforderlich war, kann für sich genommen kein Argument für die Schöpfungshöhe sein, zumal wenn ein Gebrauchsmusterschutz erwirkt werden könnte (*BGH* NJW 1958, 1585, 1587 – Candida-Schrift). Erst wenn die Leistung ihrer Form oder ihrem Inhalt nach deutlich über das Bekannte, bloß Zweckmäßige oder das hinausgeht, was durch die Gegebenheiten vorbestimmt ist, kann ihr Werkcharakter zukommen (vgl *BGH* NJW 1987, 1404 – Oberammergauer Passionsspiele). Dabei müssen diejenigen Formungselemente außer Acht gelassen werden, die auf bekannte Vorbilder zurückgehen, soweit nicht gerade durch ihre Kombination untereinander oder mit einem neuen Element eine für die Gewährung urheberrechtlichen Schutzes ausreichende schöpferische Leistung erreicht wird (*BGH* GRUR 1972, 38, 39 – Vasenleuchter; GRUR 1974, 740, 742 – Sessel).

Nicht anders entscheidet der *BGH* (GRUR 1984, 453 – Hemdblusenkleid), wenn es **120** um **Konfektionsware** geht. Im Allgemeinen wird ein Urheberrechtsschutz hier ebenso wie für Stoffmuster ausscheiden, weil die einzelnen Gestaltungselemente wie der Schnitt, das Stoffmuster und die Farbwahl bekannt sind und die Kombination der bekannten und modisch bedingten Elemente, auch wenn sie im Ergebnis geschmackvoll, eigenartig und gelungen ist, noch nicht das für ein künstlerisches Schaffen erforderliche Maß an ästhetischem geistigen Tun erkennen lässt (vgl *BGH* GRUR 1984, 453 – Hemdblusenkleid).

Bei der Beurteilung ist, wenngleich es grds auf den für Kunst empfänglichen und mit **121** Kunstdingen einigermaßen vertrauten Menschen ankommt (*BGH* NJW 1957, 220, 222 – Europapost; NJW 1958, 1585, 1586 – Candida-Schrift; GRUR 1974, 669, 671 – Tierfiguren; GRUR 1983, 477, 478 – Brombeer-Muster), auch die Beachtung zu berücksichtigen, die das Werk in den Fachkreisen sowie in der übrigen Öffentlichkeit gefunden hat (*BGH* NJW 1987, 2678, 2679 – Le-Corbusier-Möbel; vgl *BGH* GRUR 1974, 740 ff. – Sessel).

Naturnachbildungen sind einem urheberrechtlichen Kunstwerkschutz grds zugänglich; die Nachbildung darf sich aber nicht als reine kunsthandwerkliche Leistung darstellen, sondern muss eine gewisse eigenschöpferische Originalität aufweisen (*BGH* NJW-RR 1995, 1253 – Silberdistel; vgl für die Maskenbildnerei *BGH* GRUR 1974, 672, 673 – Celestina).

Urheberrechtsschutz wurde folgenden Gestaltungen zuerkannt: Modeneuhei- **122** **ten** kann urheberrechtlicher Schutz zukommen, wenn es sich bei ihnen um Schöpfungen individueller Prägung mit künstlerischer Gestaltungsform handelt (*BGH* NJW 1973, 800 – Modeneuheit). Gleiches gilt für **architektonische Gebäude** selbst dann, wenn diese wie ein Wählamt und eine Bautruppenunterkunft (*BGH* NJW 1973, 1696 – Wählamt) oder ein Schulgebäude (*BGH* NJW 1974, 1381 – Schulerweiterung) einem Gebrauchszweck dienen. Ein länger vorbereitetes **Happening**, welches unter Verwendung neuer, eigenartiger Symbole und Ausdrucksmittel eine Übertragung des Gemäldes „Der Heuwagen" von Hieronymus Bosch in eine andere Darstellungsform vornimmt, genießt als Kunstwerk iSd § 2 Abs. 1 Nr. 4 Urheberrechtsschutz (*BGH* NJW 1985, 1633 – Happening). Schöpfungshöhe können auch **Bühnenbilder** aufzeigen, wenn sie in der Zuordnung der einzelnen Bildelemente zueinander und in der vom formerischen Gestaltungswillen geprägten einheitlichen Stilwirkung deutlich über die bloße zweckmäßige Anordnung von Versatzstücken und Requisiten hinausgehen (*BGH* NJW 1987, 1404 – Oberammergauer Passionsspiele). Der **Vorentwurf des Erdgeschossgrundrisses für ein Einfamilienhaus** kann, wenn in ihm die eigenschöpferische Prägung des Erdgeschosses Ausdruck findet, Urheberrechtsschutz genießen (*BGH* NJW-RR 1988, 1204 – Vorentwurf II). Dem **Entwurf eines Einfamilienhauses mit Arztpraxis** wurde Urheberrechtsschutz zuerkannt (*BGH* GRUR 1980, 853 f. – Architektenwechsel). Die Gestaltung des Kasseler Königsplatzes mit der im Jahre 2000 abgerissenen **Kasseler Treppe** war urheberrechtsschutzfähig (vgl *LG Kassel* Urt. v. 11.5.1994, Az: 8 O 809/94 und v. 22.8.2000, Az: 9 O 2612/99). Auch **Comic-Figuren** wie Asterix und Obelix oder die Schlümpfe (*BGH* NJW-RR 1993, 1002, 1003 – Asterix-Persiflagen; NJW 1993, 2620 – Alcolix; *OLG Hamburg* WRP 1989, 602 f.; vgl *OLG Frankfurt* WRP 1984, 483, 484 f.) und andere Zeichenfiguren (vgl *BGH* NJW-RR 1995, 307, 309 – Rosaroter Elefant; *KG* AfP 1997, 527, 528) sind als Kunstwerk geschützt. Der Schutzumfang kann bei ihnen sogar über die konkrete zeichnerische Darstellung in verschiedenen Körperhaltungen hinausgehen, wenn die Gestalt durch eine unverwechselbare Kombination äußerer Merkmale sowie von Eigenschaften, Fähigkeiten und typischen Verhaltensweisen zu einer bes. ausgeprägten Persönlichkeit geformt ist (*BGH* NJW-RR 1993, 1002, 1003 – Asterix-Persiflagen; NJW 1993, 2620 – Alcolix; NJW-RR 1995, 307, 309 – Rosaroter Elefant; vgl *Will* WRP 1996, 652, 658). Schutzfähig sind die an der Berliner Mauer aufgebrachten **Graffitis**, die nach dem Fall der Mauer zu Objekten einer groß angelegten Versteigerung wurden (*BGH* NJW 1995, 1556 – Mauer-Bilder). Einem **Vasenleuchter** in der Form eines Stilglases, welcher der Aufnahme einer Kerze und gleichzeitig der Anordnung von Blumen dient, wurde in den 60er-Jahren Urheberrechtsschutz zuerkannt (*BGH* GRUR 1972, 38 ff. – Vasenleuchter). Kunstgewerbliche **Tierfiguren** können Urheberrechtsschutz genießen, wenn sie schöpferisch sind, ohne dass es auf den kunsthistorischen Wert der Figuren ankommt (*BGH* GRUR 1974, 669, 671 – Tierfiguren; *OLG Karlsruhe* ZUM 2000, 327, 329). Als schöpferisch wurde die Gestalt eines **Sessels** angesehen, der sich in seiner Gestaltung vor allem durch eine nach außen abschirmende und nach innen aufnehmende Wirkung auszeichnete (*BGH* GRUR 1974, 740, 741 – Sessel). **Illustrationen** eines Buches können ebenfalls Urheberrechtsschutz genießen (*BGH* GRUR 1985, 378, 379 – Illustrationsvertrag).

123   **Verneint wurde die Schöpfungshöhe folgender Gestaltungen:** Nicht urheberrechtsgeschützt ist ein **lederartiges Oberflächendruckmuster**, das im Wesentlichen aus zwei unregelmäßigen Liniennetzen wiederum unterschiedlicher Musterung besteht (*BGH* NJW 1967, 723 – skai-cubana). Den Hintergrund hierfür bildete im Wesentlichen der Umstand, dass das Muster auf die Oberflächenzeichnung einer gegerbten Tierhaut zurückging, sodass die Fortentwicklung desselben zwar Geschick und Fertigkeit, nicht jedoch schöpferische Fähigkeiten erforderte (*BGH* NJW 1967, 723, 724 – skai-cubana). Keinen Urheberrechtsschutz genießt ein nur ästhetisch und handwerklich gelungener, aber sonst nicht eigentümlicher **Rollhocker** (*BGH* NJW 1981, 2252 f. – Rollhocker). Für eine als Rundbogen gestaltete **Bauaußenkante** eines Erdgeschossgrundrisses eines Hotelbaus kann kein Urheberrechtsschutz nach § 2 Abs. 1 Nr. 4 gewährt werden, wenn die Kante durch städtebauliche und verkehrstechnische Elemente vorgegeben ist (*BGH* NJW 1989, 618, 619 – Bauaußenkante). Hier kommt lediglich ein Schutz der (wissenschaftlichen oder technischen) architektonischen Darstellung im Plan nach § 2 Abs. 1 Nr. 7 in Betracht. Dieser schützt nicht vor Nachahmung der – städtebaulich und verkehrstechnisch vorgegebenen und daher nicht schöpferischen – Linienführung des Bauwerks (*BGH* NJW 1989, 618, 619 – Bauaußenkante; vgl *BGH* NJW 1991, 1231, 1234 – Betriebssystem; NJW 1995, 3252, 3254 – Pauschale Rechtseinräumung; NJW 1998, 3352, 3353 – Stadtplanwerk; näher Rn 274). Keinen Kunstwerkschutz genießt ein **Ohrclip** in der Form einer Silberdistel, der dem Vorbild der Natur mit der einzigen Abweichung der Größe der Blütenblätter nachgebildet ist (*BGH* NJW-RR 1995, 1253 – Silberdistel). **Schmuck** soll oft ohnehin meist nur den Eigentümlichkeitsgrad eines Geschmacksmusters erreichen, zumal wenn es sich um Naturnachbildungen handelt (*BGH* NJW-RR 1995, 1253 – Silberdistel). Das Glockenemblem einer **Gitarre** und die sog. auseinandergezogene Raute sind nicht urheberrechtsgeschützt (*BGH* NJW 1998, 3773 f. – Les-Paul-Gitarren). Die Tätigkeit eines **Maskenbildners**, für die ungeachtet eines notwendigen Einfühlungsvermögens und einer gewissen Erfahrung handwerkliches Können und erlernte Kenntnisse von ausschlaggebender Bedeutung waren, wurde nicht als schöpferisch iSd § 2 Abs. 1 Nr. 4, Abs. 2 angesehen (*BGH* GRUR 1974, 672, 673 – Celestina). Nicht urheberrechtlich geschützt sind sog. **Merkmalklötze** in verschiedenen Farben und Formen, die zusammen mit einem Rechenbuch Kinder im Grundschulalter mit dem mathematischen Denken vertraut machen sollen (*BGH* GRUR 1976, 434, 435 – Merkmalklötze). Dabei kam es auf einen etwaigen Urheberrechtsschutz des Rechenbuches nicht an. Da stets nur die Werkteile geschützt sind, die schöpferisch sind, hätten die Merkmalklötze nämlich selbst dann nicht am Urheberrechtsschutz des Rechenbuches teilhaben können, wenn Merkmalklötze und Rechenfibel ein einheitliches Werk bildeten (*BGH* GRUR 1976, 434, 435 – Merkmalklötze).

ff) Lichtbildwerke. Spätestens seit der Umsetzung des Art. 6 der Richtlinie 93/98/ EWG des Rates v. 29.10.1993 zur Harmonisierung der Schutzdauer des Urheberrechts und bestimmter verwandter Schutzrechte durch das Dritte Gesetze zur Änderung des UrhG v. 23.6.1995 bedarf es eines bes. Maßes an schöpferischer Gestaltung für den Schutz als Lichtbildwerk nicht mehr, sondern ist auch die sog. **kleine Münze** geschützt (*BGH* WRP 2000, 203, 204 – Werbefotos). Urheberrechtsschutz können danach auch **Werbefotografien** genießen (*BGH* WRP 2000, 203 ff. – Werbefotos). **124**

gg) Filmwerke. Bei einem Filmwerk kann das schöpferische Element sowohl in seinem Inhalt als auch in der Form der Darstellung liegen. **Dokumentarfilme** (*BGH* NJW 1984, 2582, 2583 – Filmregisseur) oder **Naturfilme** (*BGH* NJW 1953, 1258, 1260 – Lied der Wildbahn I) können danach Urheberrechtsschutz genießen, wenn die Form der Präsentation des Geschehnisses, also vor allem die Auswahl, Anordnung und Sammlung des Stoffes sowie die Art der Zusammenstellung der einzelnen Bildfolgen, eigentümlich ist. Der **Werbefilm** wird im Allgemeinen urheberrechtlichen Schutz genießen (*BGH* GRUR 1966, 390 – Werbefilm). Denn soll die Werbung ihren Zweck erfüllen, muss sie eigentümlich und individuell gestaltet sein, zB durch Wahl einer originellen Perspektive oder durch schöpferische Werbeinhalte. Je mehr Raum der Film für eigenschöpferische Gestaltung lässt, um so eher kommt auch kurzen Ausschnitten Schöpfungshöhe zu. Vor allem bei **Spielfilmen** können daher auch kur- **125**

ze Abschn. urheberrechtsgeschützt sein, soweit es sich um zusammenhängende Bildfolgen bzw Bild- und Toneinheiten handelt, bei denen eine schöpferische Prägung zB
durch die spezielle Art der Beleuchtung, durch die Kameraeinstellung oÄ gegeben
ist (*OLG Hamburg* AfP 1998, 80).

126 **hh) Darstellungen wissenschaftlicher oder technischer Art. aaa) Geringe Anforderungen an die Schöpfungshöhe.** Darstellungen wissenschaftlicher oder technischer Art sind nach § 2 Abs. 1 Nr. 7 unter den Schutz des UrhG gestellt, obwohl sie
idR einem bestimmten praktischen Zweck dienen, welcher den Spielraum für eine individuelle Darstellungsweise einengt (*BGH* NJW-RR 1987, 750 – Werbepläne;
NJW-RR 1991, 1189 – Explosionszeichnungen). Daraus folgt, dass der Urheberrechtsschutz nicht schon deshalb versagt werden darf, weil seine Individualität notwendig durch den verfolgten praktischen Zweck eingeschränkt ist (*BGH* NJW-RR
1987, 750 – Werbepläne; NJW 1987, 337, 338 – Topographische Landeskarten). Vor
diesem Hintergrund stellt der *BGH* (NJW 1955, 1918, 1919 – Bebauungsplan; NJW
1964, 2153, 2154 – Stadtplan; NJW-RR 1987, 750 – Werbepläne; NJW 1987, 337,
338 – Topographische Landeskarten; NJW 1992, 689, 690 – Bedienungsanweisung)
im Sinne eines Schutzes der **kleinen Münze** nur geringe Anforderungen an die
Schöpfungshöhe einer wissenschaftlichen oder technischen Darstellung. Die Voraussetzungen für einen Urheberrechtsschutz sollen schon dann gegeben sein, wenn
in der Abbildung überhaupt eine individuelle Geistestätigkeit zum Ausdruck kommt,
mag das Maß der geistigen Leistung auch gering sein (*BGH* NJW-RR 1987, 750 –
Werbepläne; NJW-RR 1991, 1189 – Explosionszeichnungen; NJW 1992, 689, 690 –
Bedienungsanweisung; vgl *BGH* NJW 1998, 3352, 3353 – Stadtplanwerk). Nur eine
rein schablonenmäßige, auch nach der Art der Darstellung keinerlei bes. Prägung
aufweisende Abbildung soll diesen Anforderungen nicht genügen (*BGH* NJW 1955,
1918, 1919 – Bebauungsplan).

127 Für die Schutzfähigkeit einer wissenschaftlichen oder technischen Darstellung
spricht es, wenn dem Grafiker bei der Gestaltung mehrere Darstellungsformen zur
Verfügung stehen, unter denen er auswählen muss, selbst wenn die Gestaltungsmittel
als solche vorbekannt sind (vgl *BGH* NJW 1992, 689, 690 f. – Bedienungsanwei-
sung). Denn auch mit herkömmlichen Gestaltungsmitteln, insb. durch **Auswahl und
Kombination** bekannter Methoden, kann insgesamt eine hinreichend eigentümliche
Formgestaltung erzielt werden (*BGH* NJW 1992, 689, 691 – Bedienungsanweisung).
Kommt in der Darstellung technisch-gestalterisches **Vorstellungsvermögen** zum
Ausdruck, kann dies ebenfalls für Gestaltungshöhe sprechen (vgl *BGH* NJW 1992,
689, 691 – Bedienungsanweisung). Ebenso ist es Ausdruck von Individualität der
Darstellung, wenn diese einen nicht einfachen Sachverhalt für den Laien **verständlich und anschaulich** aufbereitet (vgl *BGH* NJW 1992, 689, 691 – Bedienungsanweisung). Selbst eine Karte, die in ihrer Gesamtkonzeption keine schöpferischen Züge aufweist, weil sie nach einem bekannten Muster vorgeht, kann uU in Teilen
schöpferisch sein, soweit nämlich die **Form der Darstellung** in einzelnen Bereichen
trotz Verwendung bekannter Gestaltungsmittel hinreichend individuell ist (vgl *BGH*
NJW 1998, 3352, 3353 – Stadtplanwerk).

128 Bei **Kartenwerken** kann der Freiraum für eine individuelle Gestaltungsweise zur Erreichung eines Kartenbildes, das möglichst zweckentsprechend, verständlich und
übersichtlich, dazu klar und harmonisch ist, je nach Aufgabenstellung sehr unter-

schiedlich sein (*BGH* NJW 1998, 3352, 3353 – Stadtplanwerk). Bei **Katasterkarten** ist er eng begrenzt, bei **topographischen Karten**, bei einem lückenlos das Gebiet der beteiligten Gemeinden umfassenden Kartenwerk und bei **thematischen Karten** nimmt er regelmäßig in dieser Reihenfolge zu (*BGH* NJW 1998, 3352, 3353 – Stadtplanwerk).

bbb) Beispiele. Die Schöpfungshöhe wird in folgenden Fällen erreicht: Sie ist ge-   **129** geben bei einer Zeichnung, die den **Aufbau einer Elektrodenfabrik** in der Art eines Datenflussplanes schematisch darstellt und eine übersichtliche Auflistung technischer Daten enthält, welche rasche Informationen gewährleistet (*BGH* NJW 1986, 1045 – Elektrodenfabrik). Ein **Stadtplan** in der Form eines Faltplans kann selbst dann schutzfähig sein, wenn sich die kartographische Darstellung an Herkömmlichem orientiert, sofern nur durch individuelle Auswahl und Kombination der bekannten Methoden insgesamt eine ausreichend eigentümliche Formgestalt erzielt wird (*BGH* NJW-RR 1987, 750, 751 – Werbepläne). Sie kann auch darin liegen, dass der Kartograph aus der Fülle denkbarer Informationen bei gleichzeitiger Übersichtlichkeit und Lesbarkeit der Karte durch den Kartenbenutzer eine schöpferische Auswahl getroffen hat (*BGH* NJW 1987, 337, 338 – Topographische Landeskarten). Gleiches gilt, wenn die Karte nach ihrer Konzeption von einer individuellen kartographischen Darstellungsweise geprägt ist, die sie zu einer in sich geschlossenen eigentümlichen Darstellung des betr. Gebietes macht (*BGH* NJW 1998, 3352, 3352 – Stadtplanwerk). Als urheberrechtsgeschützt wurde auch ein einzelnes Kartenblatt angesehen, welches lückenlos das Gebiet der in einem Kommunalverband zusammengeschlossenen Gemeinden wiedergibt, eine ungewöhnliche Farbgebung aufweist und eine hervorragende Übersichtlichkeit mit einer erstaunlichen Detailfülle verbindet (*BGH* NJW 1998, 3352, 3353 – Stadtplanwerk). Schutzfähig nach § 2 Abs. 1 Nr. 7 kann eine **Baudarstellung** in einem Architektenplan sein, aus der sich die Anpassung des Bauwerks an den städtebaulich und verkehrstechnisch vorgegebenen Straßenverlauf ergibt (*BGH* NJW 1989, 618, 619 – Bauaußenkante). Der Schutz erstreckt sich dann jedoch nur auf die Form der Darstellung und nicht auch auf den – städtebaulich und verkehrstechnisch vorgegebenen und daher nicht schöpferischen – Inhalt (*BGH* NJW 1989, 618, 619 – Bauaußenkante). **DIN-Normen** können als Darstellungen wissenschaftlicher oder technischer Art oder als Schriftwerke iSd § 2 Abs. 1 Nr. 1 Urheberrechtsschutz genießen (*BGH* NJW-RR 1990, 1452 – DIN-Normen). Zur Frage, ob es sich um amtl. Werke nach § 5 handelt, s. dort Rn 38 ff. und 64. Bei **Sprengzeichnungen** sind dem Grafiker keine engen Grenzen durch allg. Bestimmungen oder DIN-Normen gezogen. Vor allem in der Wahl der Darstellungstechniken ist er weitgehend frei. Daraus ergeben sich vielfältige Möglichkeiten, selbst mit den bekannten Gestaltungsmitteln eine hinreichend eigentümliche Form der Darstellung zu erreichen, die Urheberrechtsschutz nach § 2 Abs. 1 Nr. 7 genießt (vgl *BGH* NJW-RR 1991, 1189 – Explosionszeichnungen). Die **Bedienungsanweisung** einer Motorsäge wurde als nach § 2 Abs. 1 Nr. 7, Abs. 2 schutzfähig angesehen (*BGH* NJW 1992, 689, 690 – Bedienungsanweisung). Maßgeblich hierfür war vor allem, dass dem Grafiker bei der Darstellung der Motorsäge hinreichender Gestaltungsspielraum zur Verfügung stand, weil keine DIN-Normen existierten, von denen in dem zu entscheidenden Fall mit einer übersichtlichen und anschaulichen Darstellung Gebrauch gemacht worden war (*BGH* NJW 1992, 689, 691 – Bedienungsanweisung). **Overlays** als Bestandteile computergestützter Planungs- und Verkaufshilfen im Bereich des Absatzes von Möbelprogrammen wurde Urheberrechtsschutz nach § 2 Abs. 1 Nr. 7 unter der Voraussetzung zugesprochen, dass die konkret verwendeten Ausdrucksmittel im Hinblick auf Farbgebung und Symbolik, Positionierung und ordnende Zusammenstellung der einzelnen Elemente, deren Aufbau uÄ eine eigenschöpferische Prägung aufweisen (*OLG Köln* NJW-CoR 2000, 107 (LS)). Zur Frage des Schutzes der **Website** su Rn 169 und 280. Das **Layout** einer Zeitschrift kann in seiner Struktur nach § 2 Abs. 1 Nr. 7 gegen Nachahmung geschützt sein, selbst wenn ein inhaltlicher Schutz nach § 2 Abs. 1 Nr. 4 ausscheidet (nicht angesprochen in *KG* AfP 1997, 924 ff.). Die im Pharmabereich entwickelte Struktur „**1860 Bausteine**", mit der die Bundesrepublik in eine gleiche Anzahl von Marktsegmenten für den Verkauf von Arzneimitteln unterteilt wird, wurde als urheberrechtsschutzfähig angesehen (*OLG Frankfurt* CR 2003, 50 ff.). Die Europäische Kommission hat das Unternehmen IMS Health, welches die alleinigen Nutzungsrechte innehat, jedoch im Wege einer einstweiligen Anordnung gestützt auf Art. 82 EGV zur Einräumung von Lizenzen verpflichtet.

130   **ccc) Enger Schutzumfang.** Der **innere Schutzumfang** von wissenschaftlichen oder technischen Darstellungen muss grds **enger als bei den Werken der Lit., der Musik oder der bildenden Kunst** gezogen werden (*BGH* NJW 1964, 2153, 2155 – Stadtplan; NJW 1991, 1231, 1233 – Betriebssystem). Hier kann sich die schöpferische Leistung nämlich **nur aus der Art der Darstellung** ergeben, weil die technische Idee als solche nicht schutzfähig ist (*BGH* NJW 1979, 1548 – Flughafenpläne; NJW-RR 1987, 750 – Werbepläne; NJW-RR 1991, 1189 – Explosionszeichnungen; NJW 1991, 1231, 1233 – Betriebssystem). Der Urheber, dessen Werk ein geringes Maß an Eigentümlichkeit aufweist, hat daher nach allg. Grundsätzen (hierzu oben Rn 94 f.) einen engeren Schutzumfang des Werkes hinzunehmen (*BGH* NJW 1987, 337, 338 – Topographische Landeskarten; NJW-RR 1991, 1189 – Explosionszeichnungen; NJW 1998, 3352 – Stadtplanwerk).

Das Gesetz gewährt demzufolge **keinen Nachahmungs- oder Benutzungsschutz** wie bei Schriftwerken oder Werken der bildenden Kunst (*BGH* NJW 1991, 1231, 1234 – Betriebssystem; NJW 1995, 3252, 3254 – Pauschale Rechtseinräumung; NJW 1998, 3352, 3353 – Stadtplanwerk). So muss es der Urheber eines Stadtplanwerks hinnehmen, dass andere die von ihm in die Karte eingearbeiteten Informationen, insb. die eingearbeiteten Vermessungsdaten (und auch die darin absichtlich gemachten Fehler), übernehmen (*BGH* NJW 1998, 3352, 3353 – Stadtplanwerk).

131   **f) Prozessuales. aa) Darlegungs- und Beweislast. aaa) Auf Klägerseite.** Im Prozess obliegt es dem Kläger, die **anspruchsbegründenden Tatsachen** konkret vorzutragen und zu beweisen, aus denen sich der Urheberrechtsschutz ergibt (*BGH* GRUR 1974, 740, 741 – Sessel; NJW 1991, 1231 – Betriebssystem; *OLG Köln* WRP 1992, 407 f.; *OLG Frankfurt* WRP 1994, 834, 836). Dies betrifft die persönliche Leistung, deren Form und den Inhalt sowie Umstände zu ihrer Schöpfungshöhe, die sich aus Form oder Inhalt ergeben kann (vgl *BGH* NJW 1991, 1231, 1232 – Betriebssystem).

132   **Welche Anforderungen** an den klägerischen Vortrag im Einzelnen zu stellen sind, **hängt wesentlich von der Werkart ab**, für die Urheberrechtsschutz begehrt wird (*BGH* NJW 1991, 1231 – Betriebssystem):

Bei Werken, deren Urheberrechtsfähigkeit ohne weiteres durch Anschauen ersicht-   **133**
lich wird, genügt der Kläger seiner Darlegungspflicht schon durch **Vorlage** des Werkes (*OLG Frankfurt* WRP 1994, 834, 836). Es ist dann Sache des Verletzten, Entgegenhaltungen vorzubringen, welche die Schutzfähigkeit wieder in Frage stellen.

Diese gestaffelte Darlegungslast **gilt aber nicht für Werke, welche für den Nicht-**   **134**
fachmann nicht per se die urheberrechtliche Leistung erkennen lassen (*OLG
Frankfurt* WRP 1994, 834, 836; *Haberstumpf* NJW 1991, 2105, 2110). In diesem
Fall ist es Sache desjenigen, der einen urheberrechtlichen Schutz für sich in An-
spruch nimmt, durch **Beschreibung** die konkreten Merkmale und Umstände darzu-
legen, welche einzeln oder in ihrer Kumulierung den Schutz ergeben (*OLG Frankfurt*
WRP 1994, 834, 836). Bei Kunstwerken hat der Kläger daher diejenigen konkreten
Formen aufzuzeigen und zu beschreiben, in denen die ästhetische Wertung ihre
Grundlage hat, auf denen daher der rechtliche Schutz beruht und in deren Nachbil-
dung allein deshalb eine Urheberrechtsverletzung erblickt werden kann (*BGH*
GRUR 1974, 740, 741 – Sessel). Ebenso verhält es sich, wenn Urheberrechtsschutz
für eine Telefondaten-CD-ROM begehrt wird (*OLG Frankfurt* WRP 1994, 834, 836;
zum Schutz der Telefonbücher vgl *BGH* NJW 1999, 2898 ff. – Tele-Info-CD). Häufig werden sich allerdings wesentliche Gestaltungsmerkmale eines schöpferischen
Werkes, bes. eines Kunstwerkes, der genauen Wiedergabe durch Worte entziehen
(*BGH* GRUR 1974, 740, 741 – Sessel). Bestehen bes. Schwierigkeiten dieser Art,
schöpferische Gestaltungen überhaupt mit Mitteln der Sprache auszudrücken, dürfen
keine überhöhten Anforderungen an die Darlegungslast gestellt werden (*BGH* NJW
1991, 1231 – Betriebssystem; vgl *BGH* GRUR 1974, 740, 741 – Sessel). Der Kläger
kann sich auch durch Bezugnahme auf zu den Akten gereichte **Abbildungen** behelfen (vgl *BGH* GRUR 1974, 740, 741 – Sessel).

Ist die Materie für einen Laien **schwer verständlich**, hat der Kläger die Umstände,
aus denen sich die persönliche geistige Schöpfung ergeben soll, bes. anschaulich zu
erläutern (*BGH* NJW 1991, 1231 f. – Betriebssystem). Auf theoretische Umschrei-
bungen und Abstraktionen kann allerdings meistens nicht verzichtet werden. Sind
diese ausreichend konkret, fehlt dem erkennenden Gericht aber das Sachverständnis,
hat es sich dieses mit Hilfe eines Sachverständigen zu verschaffen (*BGH* NJW 1991,
1231, 1232 – Betriebssystem).

bbb) Auf Beklagtenseite. Verteidigt sich der Beklagte mit dem Einwand, die   **135**
Schutzfähigkeit entfalle oder der Schutzumfang sei eingeschränkt, weil der Urheber
auf vorbekanntes Formengut zurückgegriffen habe, ist es grds seine Sache, die Gestaltung des **Vorbekannten** darzulegen und zu beweisen (*BGH* GRUR 1972, 38, 40
– Vasenleuchter; NJW 1991, 1231, 1232 – Betriebssystem).

Dazu muss er im Einzelnen darlegen, welche Gestaltungsformen er als vorbekannt
ansieht (*BGH* GRUR 1972, 38, 40 – Vasenleuchter) und warum. Nicht genügt wird
dieser Darlegungslast, wenn der Beklagte lediglich vorträgt, das Werk sei vorbekannt, und zur weiteren Substantiierung ein Buch mit mehr als 200 verschiedenen
Abbildungen überreicht, welche nicht sämtlich den fraglichen Fall betreffen (vgl
BGH GRUR 1972, 38, 40 – Vasenleuchter).

bb) Hinzuziehung von Sachverständigen. Die Frage der Schöpfungshöhe eines   **136**
Werkes ist aus der Sicht der mit der jeweiligen Gestaltungsart einigermaßen vertrau-

ten und aufgeschlossenen Verkehrskreise zu beurteilen (*BGH* GRUR 1977, 547, 550 – Kettenkerze; GRUR 1983, 477, 478 – Brombeer-Muster; vgl *BGH* GRUR 1980, 853, 854 – Architektenwechsel) und kann daher häufig vom Tatrichter aus **eigener Sachkunde** beurteilt werden. Dann bedarf es der Hinzuziehung eines Sachverständigen nur, wenn Besonderheiten vorliegen, die der Tatrichter selbst nicht ohne sachverständige Hilfe werten kann (*BGH* GRUR 1980, 853 – Architektenwechsel; GRUR 1983, 377, 378 – Brombeer-Muster).

137 Fehlen dem Tatrichter die Kenntnisse im Bereich der betr. Werkgattung, sodass er selbst nicht beurteilen kann, ob die Leistung aus Sicht der herrschenden Anschauungen gerade noch schöpferisch ist oder ob es ihr schon an der erforderlichen Schöpfungshöhe fehlt, ist zur Vorbereitung der Streitentscheidung ein **Sachverständigengutachten** einzuholen (vgl *BGH* NJW 1991, 1231, 1232 – Betriebssystem). **Vor allem bei Kunstwerken** kann im Allgemeinen insoweit nicht auf ein solches verzichtet werden, als es um die Frage geht, ob unabhängig vom Gebrauchszweck der den Formensinn ansprechende Gehalt der Leistung ausreicht, um nach den im Leben herrschenden Anschauungen von Kunst zu sprechen (vgl *BGH* NJW 1987, 2678, 2679 – Le-Corbusier-Möbel).

138 Hingegen kann bei Dingen des täglichen Lebens, wie zB einem **Stoffmuster**, im Allgemeinen auf ein Gutachten **verzichtet** werden (*BGH* GRUR 1983, 377, 378 – Brombeer-Muster).

139 **cc) Revisibilität.** Ob eine Leistung Schöpfungshöhe aufweist, ist weitgehend eine Frage **tatrichterlicher** Würdigung (*BGH* NJW 1958, 1585, 1586 – Candida-Schrift; NJW 1967, 723, 724 – skai-cubana; NJW 1973, 800 – Modeneuheit; GRUR 1980, 853, 854 – Architektenwechsel; NJW 1986, 1045 – Elektrodenfabrik). Das Revisionsgericht überprüft nur, ob der Tatrichter bei seiner Würdigung von rechtlich zutr. Maßstäben ausgegangen ist und ob seine Feststellungen die Bejahung bzw Verneinung des Rechtsbegriffs des Werks tragen (vgl *BGH* NJW 1986, 1045 – Elektrodenfabrik; NJW 1987, 2678 – Le-Corbusier-Möbel).

6. Sonderfälle

140 **a) Werkteile.** Selbst **kleinste Werkteile** genießen Urheberrechtsschutz, wenn sie eine schutzfähige individuelle Prägung aufweisen, die auch auf der reinen Formgestaltung beruhen kann (*BGH* NJW 1953, 1258, 1260 – Lied der Wildbahn I; NJW-RR 1989, 618, 619 – Bauaußenkante; *OLG München* WRP 1996, 1221, 1222). Der Schutz ist nicht davon abhängig, dass sich die bes. Eigenart des Werkes als Ganzem in dem fraglichen Teil offenbart (*BGH* NJW 1953, 1258, 1260 – Lied der Wildbahn I; NJW 1998, 3352, 3353 – Stadtplanwerk). Ausreichend ist, dass der Werkteil als solcher schöpferisch ist (*BGH* NJW-RR 1988, 1204 – Vorentwurf II). Kommt es darauf an, ist folglich zwischen den einzelnen Teilen einer Leistung zu differenzieren und gesondert zu untersuchen, ob sie urheberrechtsgeschützt sind (vgl zB *OLG München* WRP 1996, 1221, 1222).

141 Je größer der Schöpfungsgehalt eines Werkes ist, umso eher werden die Voraussetzungen des Urheberrechtsschutzes auch kleinster Werkteile gegeben sein.

142 Bei **Schriftwerken** sollen im Allgemeinen auch kleine Teile des Werkes Urheberrechtsschutz genießen. Begründet wird dies damit, dass die Möglichkeiten, einen Gedankeninhalt in eine sprachliche Form zu bringen, so mannigfaltig seien, dass die gewählte Formgebung zumeist eine dem geistigen Schaffen entspringende individuelle Prägung aufweisen werde (*BGH* NJW 1953, 1258, 1260 – Lied der Wildbahn I). Diese Rspr steht indes nicht in Einklang damit, dass die Anforderungen an die für ein schöpferisches Tun erforderliche Eigentümlichkeit einer Leistung um so höher zu setzen sein sollen, je vielfältiger die Möglichkeiten einer individuellen schöpferischen Gestaltung in der entspr. Werk(unter)gattung sind (*BGH* NJW 1991, 1231, 1233 – Betriebssystem).

Auch **Spielfilmteile** sind nach der Rspr im Allgemeinen schöpferisch, weil die Vielfalt der Ausdrucksmittel, der Darstellungen und der Darsteller großen Raum für schöpferische Eigenheiten auch kleiner Werkteile bieten (*BGH* NJW 1953, 1258, 1260 – Lied der Wildbahn I). **143**

Bei **Bauwerken** können die Pläne und Vorentwürfe Kunstschutz nach § 2 Abs. 1 Nr. 4 genießen, wenn sich die schöpferische Eigenart des Bauwerks in ihnen bereits offenbart (vgl *BGH* NJW-RR 1988, 1204 – Vorentwurf II). Das kann zB bei dem Vorentwurf eines Erdgeschossgrundrisses für ein Einfamilienhaus der Fall sein, wenn dieser bereits die eigentümliche Baukörperform und seine Anpassung an das vorhandene Grundstück, die Raumzuordnung, die Tür- und Fensteranordnung sowie die Lichtführung und die Blickrichtungen erkennen lässt (*BGH* NJW-RR 1988, 1204 – Vorentwurf II). **144**

Eine **wissenschaftliche Arbeit** befasst sich häufig nur mit Teilbereichen eines Themengebiets. Für die Frage des Urheberrechtsschutzes ist dies, da der wissenschaftliche Inhalt ohnehin nicht geschützt werden kann, unmaßgeblich. Urheberrechtsschutz kann für die Arbeit in diesem Fall schon beansprucht werden, wenn der Auswahl, Anordnung und Zusammenstellung der behandelten Themen als solcher schöpferischer Gehalt zukommt (vgl *BGH* NJW-RR 1990, 1513 – Themenkatalog). **145**

b) Entwürfe. Dem Urheberrechtsschutz unterliegen auch Entwürfe und Teilaufzeichnungen für ein erst zu schaffendes Werk, wenn sie eine eigentümliche Form aufweisen und die weiteren Voraussetzungen für einen Urheberrechtsschutz erfüllen (*BGH* NJW 1953, 1062, 1063 – Gaunerroman; GRUR 1980, 853, 854 – Architektenwechsel; NJW 1982, 2553, 2554 – Allwetterbad). Für Werke der bildenden Kunst, der angewandten Kunst und der Baukunst ist dies in § 2 Abs. 1 Nr. 4 ausdrücklich geregelt (vgl *BGH* NJW 1999, 790, 791 – Treppenhausgestaltung). **146**

Ein Vorentwurf für ein **Bauwerk** ist danach schutzfähig, wenn darin alle Eigenschaften, die für die praktische Verwertbarkeit des vorgesehenen Bauwerkes und für seinen künstlerischen Wert von Bedeutung sind, bereits zum Ausdruck kommen (*BGH* NJW 1957, 1108, 1109 – Ledigenheim). Aber auch Entwürfe aus dem Bereich aller **anderen Werkgattungen** sind nach allg. Grundsätzen schutzfähig, wenn sie persönliche Leistungen darstellen, einen geistigen Inhalt in einer bestimmten Form verkörpern und Schöpfungshöhe aufweisen. **147**

Oftmals wird die Reichweite des Urheberrechtsschutzes bei Entwürfen und Plänen falsch eingeschätzt. Schon in der **erstmaligen Ausführung** eines Entwurfes liegt eine **Vervielfältigung**, welche nach §§ 15 Abs. 1 Nr. 1, 16 der Zustimmung des Urhebers bedarf, wenn nicht ausnahmsweise eine der Schranken der §§ 44a ff. einschlä- **148** gig ist (näher unten § 16 Rn 8). Wer die als Entwurf geschützte Planung eines Architekten verwirklicht nimmt demnach eine Nutzungshandlung iSd § 16 vor (vgl *BGH* NJW 1999, 790, 791 – Treppenhausgestaltung). Zur Frage der ersten Festlegung einer Planbearbeitung s. § 23 Rn 11.

149   **Eine schutzfähige Gestaltung liegt in folgenden Fällen vor:** Der **Entwurf für ein Allwetterbad**, welches vor allem durch ein charakteristisches Zeltdach und seine Raumaufteilung neuartige Gestaltungsformen zeigt, ist schutzfähig (*BGH* NJW 1982, 2553, 2554 – Allwetterbad). Gleiches gilt für den **Entwurf eines Treppenhauses**, wenn das entworfene Werk hinreichend individuell ist (vgl *BGH* NJW 1999, 790 f. – Treppenhausgestaltung). Dem **Entwurf eines Einfamilienhauses mit Arztpraxis** wurde Urheberrechtsschutz zuerkannt (*BGH* GRUR 1980, 853 f. – Architektenwechsel). Ein eigentümliches **Bauwerk** genießt darüber hinaus Schutz, wenn es errichtet ist, selbst wenn für seine Fertigstellung noch einige Arbeiten, zB der Farbanstrich, fehlen (*BGH* NJW 1971, 556 – Farbanstrich). Ein in einer Bilddarstellung niedergelegtes **Bühnenbild** kann je nach den Umständen des Einzelfalls als Werk der bildenden Kunst, aber auch als Entwurf eines Werkes der angewandten Kunst anzusehen sein (*BGH* NJW 1987, 1404 – Oberammergauer Passionsspiele). Ein **Exposé** in der Länge einer Schreibmaschinenseite mit Gedanken zu einem Film kann genügend formbildende Elemente für die spätere Ausgestaltung des Films enthalten, um einen Urheberrechtsschutz auszulösen (*BGH* GRUR 1963, 40, 42 – Straßen – gestern und morgen).

150   **c) Ideen- und Werkgattungsschutz.** Ein Ideenschutz findet grds nicht statt. Für eine **Werbeidee** als solche kann daher kein Urheberrechtsschutz in Anspruch genommen werden (*BGH* NJW 1955, 1753 – Werbeidee (Nachschlagewerk); *OLG Düsseldorf* AfP 1997, 645 ff.). Die abstrakte Idee, das Buch eines Dritten mit einem Fragenkatalog zur Arbeitskontrolle zu versehen, ist weder dem Urheberrechtsschutz noch dem wettbewerblichen Leistungsschutz zugänglich (*BGH* GRUR 1981, 520, 521 – Fragensammlung). Urheberrechtsschutzfähig kann nur die konkrete Gestaltung, dh die Auswahl und Gliederung des Stoffs der Fragensammlung einerseits und die Formulierung der einzelnen Fragen andererseits sein (*BGH* GRUR 1981, 520, 522 – Fragensammlung). Die Idee, eine bestimmte Werbemethode auf bestimmte neue Produkte anzuwenden, ist nicht urheberrechtsgeschützt (*OLG Düsseldorf* AfP 1997, 645).

151   Nicht schutzfähig ist die **Werkgattung** als solche (*BGH* NJW 1955, 1753 – Werbeidee (Nachschlagewerk)). Ebenso wenig kann eine abstrakte Lehre, zB die Choreografie, geschützt werden (*LG München I* GRUR 1979, 852, 853).

152   **d) Namens- und Titelschutz.** Häufig sind die Versuche, den Titel eines Buches, eines Computerprogramms oder anderer Werke urheberrechtlich gegen Nachahmung schützen zu lassen. Eine ähnliche Interessenlage besteht, wenn eine für einen Verein oder eine Firma erfundene Bezeichnung unabhängig vom sonstigen Kennzeichenschutz nach dem UrhG geschützt werden soll.

153   Ein **eigenständiger** urheberrechtlicher **Titelschutz** ist grds möglich. Das gilt unabhängig davon, wer oder was gekennzeichnet wird und ob das gekennzeichnete Objekt ein Werk iSd § 2 darstellt (vgl *BGH* NJW 1977, 951 – Der 7. Sinn; *KG* WRP 1990, 37, 38). Der Titelschutz setzt voraus, dass der Titel im konkreten Fall eine persönliche geistige Schöpfung ist (*BGH* NJW 1977, 951 – Der 7. Sinn; NJW 1989, 391, 392 – Verschenktexte, beide zum Titelschutz; *KG* WRP 1990, 37, 38, zum Namensschutz). Diese Voraussetzungen für einen Titelschutz, vor allem die Schöpfungshöhe des Titels, sieht die Rspr (zB *BGH* NJW 1977, 951 – Der 7. Sinn), der sich die Lit. (*Fezer* WRP 1997, 887, 888) weitgehend angeschlossen hat, jedoch in der Praxis jeweils nach Einzelfallprüfung meist nicht als erfüllt an.

Der Titel eines urheberrechtsgeschützten Werkes nimmt jedoch **fremdbestimmt** 154 nach § 39 in beschränktem Maße auch dann am Urheberrechtsschutz teil, wenn er selbst nicht schöpferisch ist. Diese Bestimmung, die es dem Inhaber eines Nutzungsrechts untersagt, dessen Titel zu ändern, schützt den Urheber des Werkes vor äußeren Veränderungen des Titels, ordnet jedoch selbst keinen Urheberrechtsschutz für den Titel an (vgl *BGH* NJW 1989, 391, 392 – Verschenktexte). Die Vorschrift befreit daher nicht von dem nach allg. Grundsätzen auch für den Urheberrechtsschutz eines Titels geltenden Erfordernis der persönlichen geistigen Schöpfung.

Nicht anderes als für den Titelschutz gilt für den **Namensschutz**. Wer einer Vereinigung ihren Namen verliehen hat, ist im Allgemeinen nicht Urheber des Namens, weil 155 dieser zu kurz ist, um schöpferisch zu sein. Urheberrechtsschutz für einen Namen, welcher nur mit häufig gebrauchten Wörtern das Tätigkeitsfeld, die Zusammensetzung und den Sitz des Namensträgers, zB eines Vereins, kennzeichnet, scheidet mangels Individualität ohnehin aus (*KG* WRP 1990, 37, 38).

Es kommen aber **kennzeichenrechtliche Ansprüche** in Betracht, weil sich der 156 Werkbegriff der §§ 5, 15 MarkenG nicht mit dem des UrhG deckt (*BGH* WRP 2003, 644, 646 – Winnetous Rückkehr; *Fezer* WRP 1997, 887, 891). Die Lit. (*Junker* NJW 1999, 1294, 1296) und die Rspr lassen Ansprüche aus dem UrhG zum Schutz des Titels deshalb häufig sogar ungeprüft und gehen nur auf die Titelschutzbestimmung der §§ 5, 15 MarkenG ein. Diese Vorschriften werden nämlich durch das UrhG nicht ausgeschlossen (vgl *BGH* WRP 2003, 644, 646 – Winnetous Rückkehr; NJW 1989, 391, 392 – Verschenktexte – zu § 16 UWG aF) und finden selbst dann Anwendung, wenn sich der Titelschutz schon aus dem UrhG herleiten ließe (zum Verhältnis der Gesetzesbestimmungen zueinander Einl. Rn 30; s. auch *BGH* WRP 2003, 644 ff. – Winnetous Rückkehr; *Fezer* WRP 1997, 887, 888 f.). Auch eine sog. **Remonopolisierung** über die Verwendung und den Schutz des gemeinfreien Werkes als Kennzeichen ist möglich, weil UrhG und MarkenG in ihren Schutzvoraussetzungen voneinander unabhängig sind (s. hierzu *Seifert* WRP 2000, 1014 ff.; vgl auch *OLG Nürnberg* WRP 2000, 1168). Ist der Titel allerdings nur als Teil des Werkes geschützt (so Rn 154), darf er trotz eines etwaig daneben bestehenden Zeichenschutzes zusammen mit diesem bei Eintritt der urheberrechtlichen Gemeinfreiheit benutzt werden (*OLG Nürnberg* WRP 2000, 1068; vgl *Hertin* WRP 2000, 891 ff.; *Delp* WRP 2000, 1086, 1087 f.). Ein kennzeichenrechtlicher Werktitelschutz nach §§ 5, 15 MarkenG bleibt davon unberührt (*BGH* WRP 2003, 644, 646 – Winnetous Rückkehr).

Kein eigenständiger Urheberrechtsschutz kann für den Titel „Der 7. Sinn" bean- 157 sprucht werden (*BGH* NJW 1977, 951 f. – Der 7. Sinn). Auch der **Werkuntertitel** eines Gedichtbandes „Verschenktexte" wurde nicht als urheberrechtsschutzfähig angesehen (*BGH* NJW 1989, 391, 392 – Verschenktexte). Nicht urheberrechtsgeschützt sind **Überschriften** für verschiedene Paragraphen einer Gesetzessammlung, wenn sie nur aus wenigen Worten bestehen, die überwiegend dem Gesetzestext entnommen sind (*OLG München* WRP 1996, 1221 ff.). Das gilt umso mehr, wenn die Überschriften weitgehend vorbekannt sind. Die bloße Umstellung der vorbekannten Wortreihenfolge stellt insb. keine eigenschöpferische Leistung dar (*OLG München* WRP 1996, 1221, 1223).

158   **e) Werbesprüche.** Erfüllen sie die Voraussetzungen für die Annahme eines urheberrechtlich schutzfähigen Werkes iSd § 2, können auch Werbesprüche Urheberrechtsschutz genießen (vgl *BGH* GRUR 1966, 691, 692 – Schlafsäcke). Für ausreichende Schöpfungshöhe können dabei zB **Witz und Schlagfertigkeit** des Spruches sprechen, wenn sie Esprit verraten (vgl *BGH* GRUR 1966, 691, 692 – Schlafsäcke). Auch eine **einprägsame** und die Phantasie anregende Form oder ein entspr. Inhalt des Spruches kann für dessen urheberrechtlichen Schutz ins Feld geführt werden (vgl *BGH* GRUR 1966, 691, 692 – Schlafsäcke). Zumeist werden die Werbesprüche jedoch **zu kurz** sein, als dass sich darin hinreichende Originalität offenbaren könnte.

159   **Offen gelassen** wurde die Frage der Urheberrechtsfähigkeit bei dem Werbespruch für einen Schlafsack: „Ein Himmelbett als Handgepäck" (*BGH* GRUR 1966, 691 f. – Schlafsäcke).

160   **Zu bejahen** ist die Urheberrechtsschutzfähigkeit bei dem Zahlen-Bild-Werbespruch „01013", bei dem die genannte Telefonnummer eines sog. Billigtelefonunternehmens einprägsam vermittelt wird durch Abbildung zweier nebeneinander stehender Füße, bei denen bei dem ersten alle und bei dem zweiten zwei Zehen so weggekrümmt sind, dass nur null bzw drei Zehen sichtbar bleiben.

161   **f) Markenschutz.** Grds kann auch eine Marke zusätzlich zum Schutz nach dem MarkenG Schutz über das UrhG erfahren. Das setzt voraus, dass es sich bei dem als Marke verwandten Schriftzug oder Bildzeichen um ein schöpferisches Gebilde handelt. Allerdings werden als Marke verwandte Schriftzüge häufig zu kurz sein, um als schöpferisch anerkannt zu werden. Bei Bildzeichen wird in der Praxis im Allgemeinen auf vorbekannte Bilder oder Symbole (zum Schutz von Vereinssymbolen *Bayreuther* WRP 1997, 820, 823 f.) zurückgegriffen, die dann nach allg. Grundsätzen ebenfalls nicht schutzfähig sind. Auch die – grds denkbare – Bearbeitung eines fremden Werkes liegt dann nicht vor.

III. Werkarten

1. Allgemeines

162   **a) Begriff der Literatur, Wissenschaft und Kunst. aa) Positive Definition.** § 2 Abs. 1 stellt Werke aus dem Bereich der Lit. und Kunst unter Schutz. Anders als im LUG und KUG sind in den Schutzbereich des UrhG darüber hinaus auch Werke aus dem **wissenschaftlichen** Bereich einbezogen worden. Grund hierfür war das Bemühen des Gesetzgebers, die grds Schutzfähigkeit der Formgebung auch wissenschaftlicher Werke, zB Atlanten, deutlich zu machen. Eine Änderung der bisherigen Rechtslage war jedoch nicht bezweckt, insb. sollte ein Schutz wissenschaftlicher Ideen und Erkenntnisse dadurch nicht begründet werden (amtl. Begr. BT-Drucks. IV/270, 37). Nur die persönliche Formgebung, nicht aber den Inhalt eines solchen Werkes sieht die amtl. Begr. (BT-Drucks. IV/270, 37) als urheberrechtsschutzfähig an.

Da das UrhG insoweit von der bis dato geltenden Rechtslage nicht abweicht, können Rspr und Schrifttum aus der Zeit vor 1965 zur Auslegung herangezogen werden (*Schricker/Loewenheim* § 2 Rn 3).

Es ist von einer **weiten Auslegung** der Begriffe der „Literatur, Wissenschaft und Kunst" auszugehen (*Erdmann* FS v. Gamm, S. 395*; Schricker/Loewenheim* § 2 Rn 4; *Schricker* GRUR 1996, 815, 816; vgl *v. Gamm* § 2 Rn 7). Die Begriffe der Lit. und Kunst sind also nicht etwa mit den in § 2 Abs. 1 Nr. 1 und 4 genannten identisch, sondern umfassen im Sinne einer Klammer den gesamten Bereich der Kultur. Eine Orientierung gibt die Aufzählung in § 2 Abs. 1, die jedoch nicht abschließend ist. Auch **Werke in digitaler Form** und **Multimediawerke** sollen deshalb als eigenständige Werkgattung urheberrechtlich geschützt sein (vgl *Schricker* GRUR 1996, 815 und 817; *Schricker/Loewenheim* § 2 Rn 4; *Schack* MMR 2001, 9, 12; differenzierend *Haberstumpf* Hdb, Rn 147 ff.). Dagegen spricht indes, dass sie sich ohne weiteres in Bestandteile zerlegen lassen, die ihrerseits dem Katalog des § 2 Abs. 1 Ziff. 1-7 unterfallen. Dergestalt zusammengesetzte Werke wollte der Gesetzgeber aber, wie die §§ 4 und 9 zeigen, gerade nicht als einheitliches Werk anerkennen. Auch der Vergleich mit dem Filmwerk (so *Schack* MMR 2001, 9, 12), das ebenfalls aus mehreren Einzelwerken zusammengesetzt ist, überzeugt nicht. Denn der ausdrücklichen Regelung des § 2 Abs. 1 Nr. 6 bedurfte es nur, wenn der Gesetzgeber das aus mehreren Einzelwerken (Text, Musik etc) zusammengesetzte Filmwerk ohne eine solche gesetzliche Vorschrift gerade nicht als per se schutzfähige Werkgattung angesehen hat.

bb) Negative Abgrenzung gegen den technischen, organisatorischen und kaufmännischen Bereich. Der nach § 2 Abs. 1 geschützte Bereich ist **abzugrenzen gegen** den **wirtschaftlichen,** den **technischen,** den **organisatorischen** und den **kaufmännischen Bereich,** der nicht urheberrechtsgeschützt ist. Nicht dem kulturellen Sektor gehört eine Leistung an, die ihre Individualität aus der Umsetzung einer kaufmännischen Idee herleitet. Den Urheberrechtsschutz versagte der *BGH* (GRUR 1977, 547, 550 – Kettenkerze) daher einer Kettenkerze, die aus mehreren an einem Docht aneinandergereihten Einzelkerzen bestand. Das allein Schöpferische des Produkts liege, so der *BGH* (GRUR 1977, 547, 550 – Kettenkerze), in einem der Vertriebsweise zugehörigen Bereich und damit auf kaufmännischem und nicht auf geistig-ästhetischem Gebiet. Nicht schutzfähig ist die Werbeidee, ein beliebiges Sammelwerk in Tageszeitungen oder -zeitschriften dergestalt abzudrucken, dass jeweils auf der Vorder- und Rückseite eines Blattes abgedr. Fortsetzungen gleichbleibend in der gebräuchlichen Größe von Buchseiten gehalten und fortlaufend nummeriert sowie mit einem Heftrand versehen sind, sodass sie als Ganzes abgeheftet werden können.

Aus den genannten Gründen nicht urheberrechtlich schutzfähig sind ferner **Werbemethoden, Buchhaltungssysteme** oder Stenographiesysteme sowie Konzepte von **Raum- und Verkehrsplanung** und soziale **Ordnungssysteme** (*Schricker/Loewenheim* § 2 Rn 6; vgl *Ulmer* § 21 III). Auch **Spielideen oder -systeme** sind nicht urheberrechtsgeschützt (*BGH* GRUR 1962, 51, 52 – Zahlenlotto; *OLG München* GRUR 1992, 510; *OLG Frankfurt* GRUR 1983, 753, 756; *Ulmer* § 21 III; *Fromm/Nordemann/Vinck* § 2 Rn 25). Urheberrechtsschutz kann aber die konkrete Niederlegung des Spiels oder von dessen Beschreibung als Sprachwerk (Spielbeschreibung, Rätsel), wissenschaftliche und technische Darstellung (Kreuzworträtsel) oder Werk der

163

164

165

bildenden Kunst (gemaltes Spielfeld) genießen (vgl *BGH* GRUR 1962, 51, 52 – Zahlenlotto; *OLG München* GRUR 1992, 510; *OLG Frankfurt* GRUR 1983, 753, 756; *Ulmer* § 21 III).

166   Weist eine Leistung sowohl Merkmale aus dem einen als auch solche aus dem anderen Bereich auf, kommt es darauf an, ob sie sich in mehrere Werkteile zerlegen lässt, die einer **Einzelbetrachtung** zugänglich sind. Ist das der Fall, ist für jeden Werkteil gesondert zu untersuchen, inwieweit er urheberrechtsschutzfähig ist. Ist eine solche Einzelbetrachtung nicht möglich, weil die Merkmale zu eng verklammert sind, ist darauf abzustellen, ob die Leistung trotz der zusätzlichen Zielsetzungen noch als dem Bereich der Kultur zugehörig angesehen werden kann.

167   **b) Nicht abschließender Charakter des § 2 Abs. 1.** Die Aufzählung ist nicht abschließend. Urheberrechtsschutz genießt ein Werk deshalb auch dann, wenn es nicht in eine der in § 2 Abs. 1 aufgezählten Werkkategorien fällt, aber dem Bereich der Lit. oder Kunst, also dem kulturellen Sektor, zuzuordnen ist.

168   **c) Kein Schutz der Werkgattung als solcher.** Das Urheberrecht schützt nur bestimmte einzelne, durch ihren Gedankeninhalt gekennzeichnete Werke. Die Werkgattung als solche genießt keinen Urheberrechtsschutz (*BGH* NJW 1955, 1753 – Werbeidee (Nachschlagewerk)).

169   **d) „Zusammengesetzte" Werke.** Viele Werke lassen sich nicht einheitlich einer Werkgattung zuordnen, sondern enthalten Elemente aus mehreren Werkgattungen. Besonders im Bereich der neuen Medien ist ein solches Zusammenspiel häufig; man denke nur an die **Website**, an moderne **Werbelayouts** oder an ein **Computerspiel**. In solchen Fällen ist für jeden Werkteil jeweils gesondert zu untersuchen, ob die Schutzvoraussetzungen für ein Werk aus der betr. Werkgattung erfüllt sind (vgl *BGH* NJW 1992, 689, 690 – Bedienungsanweisung). Enthält eine Website zB Textteile, Fotografien und wissenschaftliche Darstellungen, sind diese jeweils einem gesonderten Schutz nach § 2 Abs. 1 Nr. 1, 5 und 7 zugänglich (näher *Plaß* WRP 2000, 599, 600 f.; vgl *BGH* NJW 1992, 689, 699 – Bedienungsanweisung). Die graphische Gestaltung der Website kann auch als Werk der angewandten Kunst Schutz genießen (*OGH* Urt. v. Juli 2001, Az: 4 Ob 94/01d). In Österreich sind Websites in der Klasse 19-08 als „andere Drucksachen" als Gebrauchsmuster eintragungsfähig. Text und Melodie eines Liedes sind gesondert auf Urheberrechtsschutz nach § 2 Abs. 1 Nr. 1 und § 2 Abs. 1 Nr. 2 hin zu untersuchen (vgl *BGH* GRUR 1978, 305, 306 – Schneewalzer).

170   **e) Notwendigkeit der Einordnung in eine Werkkategorie.** Der **Urheberrechtsschutz** ist **nicht von der Einordnung eines Werkes in eine Werkkategorie** des § 2 Abs. 1 **abhängig** (*BGH* NJW 1985, 1633, 1634 – Happening; NJW 1991, 1480 – Grabungsmaterialien). Das folgt schon aus dem Umstand, dass die Aufzählung in § 2 Abs. 1 nicht abschließend ist (*BGH* NJW 1985, 1633, 1634 – Happening). Ausreichend ist, dass es sich um ein kulturelles Werk handelt, welches die nach § 2 Abs. 2 erforderliche Schöpfungshöhe aufweist. UU kann daher sogar offen bleiben, in welche Werkkategorie das Werk einzuordnen ist, wenn es nur überhaupt als Werk der Lit., Wissenschaft oder Kunst anzusehen und in dieser Funktion geschützt ist (vgl *BGH* GRUR 1963, 40, 42 – Straßen – gestern und morgen; NJW 1991, 1480 f. – Grabungsmaterialien). So ist zB für das Benennungsrecht des Urhebers nach § 13 S. 2 belanglos, ob ein Exposé zu einem Film als Teil des Filmwerks oder als Schriftwerk, dessen Bearbeitung die spätere Verfilmung darstellt, anzusehen ist (*BGH* GRUR 1963, 40, 42 – Straßen – gestern und morgen).

Die **Notwendigkeit der Differenzierung** zwischen den Werkgattungen besteht aber **171** **in folgenden Fällen:** (1) Wenn die Anforderungen an die urheberrechtsbegründende Schöpfungshöhe in den in Betracht kommenden Werkgattungen unterschiedlich hoch sind und die Leistung dem höchsten Standard nicht genügt. So findet bei Werken der angewandten Kunst und bei Schriftwerken mit einem Gebrauchszweck anders als bei den anderen Werkgattungen ein Schutz der sog. kleinen Münze nicht statt (hierzu oben Rn 54 ff.). Weist die Leistung lediglich eine am unteren Rande des Schöpferischen liegende Gestaltungshöhe auf, lässt sich eine Einordnung daher nicht vermeiden. (2) Wenn der Schutzumfang unterschiedlich wäre, je nachdem, in welche Werkgattung das Werk einzustufen ist. Das ist vor allem bei Darstellungen wissenschaftlicher und technischer Art der Fall, weil die Rspr ihnen keinen Nachahmungsschutz gewährt (vgl *BGH* NJW 1991, 1231, 1234 – Betriebssystem; NJW 1991, 1480, 1481 – Grabungsmaterialien; NJW 1995, 3252, 3254 – Pauschale Rechtseinräumung; NJW 1998, 3352, 3353 – Stadtplanwerk; näher unten Rn 274). (3) Wenn es um die durch Auslegung nach der Zweckübertragungslehre (vgl § 31 Abs. 5) zu beantwortende Frage des Umfangs der Nutzungsrechtseinräumung geht und die Antwort wegen des unterschiedlichen Schutzumfangs je nach Werkgattung unterschiedlich ausfiele. So soll nach der Rspr (*BGH* NJW 1995, 3252, 3254 – Pauschale Rechtseinräumung) wegen des unterschiedlich weiten Schutzumfangs die Einräumung von Nutzungsrechten an Werken der Architektur (§ 2 Abs. 1 Nr. 4) für neue Bauvorhaben uU anders zu beurteilen sein als die Rechtseinräumung hinsichtlich der Verwertung technischer Zeichnungen iSd § 2 Abs. 1 Nr. 7.

2. Sprachwerke

a) Allgemeines. aa) Begriff. Zu den Sprachwerken zählen alle Werke iSd § 2 Abs. 2, **172** die sich der Sprache als Ausdrucksmittel bedienen. Welche Sprache der Urheber verwendet, ist unmaßgeblich. Selbst Texte in einer **erfundenen Sprache** zählen zu den Sprachwerken. Es kommt auch nicht darauf an, ob der gedankliche Inhalt gesprochen, schriftlich niedergelegt oder anders fixiert wird, solange nur die Voraussetzungen des Werkschutzes nach § 2 Abs. 2 iÜ erfüllt sind.

Zu den Sprachwerken gehören nach §§ 2 Abs. 1 Nr. 1, 69a Abs. 4 auch **Computer-** **173** **programme**, die eine persönliche geistige Schöpfung darstellen.

bb) Form und Inhalt. Die **Form** kann je nach Sprachwerk und sogar dort noch **174** **unterschiedlich** sein. Während zB Reden sowohl mündlich als auch schriftlich sein können, bedarf es bei Schriftwerken der Niederlegung durch Zeichen (näher unten Rn 177).

Der geistige **Inhalt** liegt bei allen Sprachwerken in den mit dem Mittel der Sprache **175** offenbarten Gedanken oder Gefühlen (vgl *BGH* NJW 1955, 1753 – Werbeidee (Nachschlagewerk)). Dieser kann mal mehr durch die Sprache als solche und mal mehr durch die Fabel Ausdruck gewinnen. Schöpfungen zu praktischen Zwecken können diese Voraussetzungen ebenso erfüllen wie Leistungen, die allein der Erbau-

ung dienen (*BGH* NJW 1963, 1877 – Rechenschieber). Wird der Inhalt nicht mitgeteilt, sondern **verwirklicht**, wie dies bei Kontenbüchern der Fall ist, ist die Leistung
nicht urheberrechtsschutzfähig (*Rehbinder* Rn 124). Eine Schachpartie stellt daher,
selbst wenn die einzelnen Schachzüge schriftlich niedergelegt wurden, mangels
geistigen Inhalts kein Sprachwerk dar. Hingegen kann für ein Schachlehrbuch uU
Urheberrechtsschutz beansprucht werden (*Rehbinder* Rn 124).

176   cc) Schöpfungshöhe. Die Anforderungen an die Schöpfungshöhe sind nach der Rspr
je nach Werkart **unterschiedlich.** Während bei Computerprogrammen auch die sog.
kleine Münze geschützt wird, sind an die Schöpfungshöhe von Sprachwerken, die
Gebrauchszwecken dienen, nach Auffassung des BGH uU erhöhte Anforderungen
zu stellen. Auf die Ausführungen zu den einzelnen Sprachwerken (unten Rn 177 ff.)
wird verwiesen.

177   b) Die einzelnen Sprachwerke. aa) Schriftwerke. aaa) Begriff. Unter einem
Schriftwerk versteht man **einen durch Zeichen äußerlich erkennbar gemachten
sprachlichen Gedankenausdruck** (*BGH* NJW 1963, 1877 – Rechenschieber;
GRUR 1981, 352, 353 – Staatsexamensarbeit), der Erzeugnis einer schöpferischen
geistigen Leistung ist (§ 2 Abs. 2; *BGH* GRUR 1981, 352, 353 – Staatsexamensarbeit; vgl *BGH* NJW 1963, 1877 – Rechenschieber).

178   Das kann **auch eine Schöpfung zu praktischen Zwecken** sein. So wurde einem
AOK-Merkblatt für Arbeitgeber Urheberrechtsschutz zuerkannt, welches die für den
Arbeitgeber wichtigsten Regelungen zur Abführung der Arbeitgebersozialversiche-
rungsbeiträge enthielt (*BGH* NJW-RR 1987, 185 – AOK-Merkblatt). Auch der Textteil der Bedienungsanweisung einer Motorsäge ist ein Schriftwerk (*BGH* NJW 1992,
689, 691 – Bedienungsanweisung).

179   Der Umstand, dass es sich um ein **amtl. verfasstes Werk** handelt, schließt die Anwendbarkeit des § 2 Abs. 1 Nr. 1 nicht aus. Der Urheberrechtsschutz scheitert dann
jedoch an § 5 (hierzu näher in der dortigen Kommentierung).

180   Ebenso wenig wird der Schutz nach UrhG dadurch gehindert, dass das Schriftstück
dem Erwirken eines Schutzes nach anderen Gesetzen dient. So stellt zB eine individuelle **Patentschrift** mit Ausnahme der darin enthaltenen technischen Lehre, die
nach allg. Grundsätzen nicht urheberrechtlich schutzfähig ist (hierzu Rn 49), ein
Schriftwerk iSd § 2 dar (*Schricker/Loewenheim* § 2 Rn 5). Zur Frage des Eingreifens
des § 5 s. dort. Da die Anwendbarkeit des UrhG im Allgemeinen den Schutz durch
andere Sondergesetze nicht ausschließt (hierzu näher Einl. Rn 9), bleibt der Urheberrechtsschutz idR auch dann bestehen, wenn das Werk noch durch andere sonderge-
setzliche Bestimmungen Schutz erfährt.

181   **Zeichnungen**, **Pläne**, **Karten** und **Skizzen**, **Tabellen** und **plastische Darstellungen**
sind keine Schriftwerke, sondern wissenschaftliche bzw technische Darstellungen
iSd § 2 Abs. 1 Nr. 7 (vgl *BGH* GRUR 1981, 352, 353 – Staatsexamensarbeit). Als
Schriftwerk urheberrechtsschutzfähig sind derartige Darstellungen aber und ist selbst
ein **Zahlenwerk**, wenn darin ein durch Zeichen niedergelegter sprachlicher Gedankeninhalt zum Ausdruck kommt (*BGH* NJW 1963, 1877 – Rechenschieber; vgl *BGH*
GRUR 1981, 352, 352 – Staatsexamensarbeit). Bedarf es zum Verständnis oder zur
Verwendung des Gebildes außerhalb seiner selbst liegender Anweisungen, so muss

dieser sich aus den zusätzlichen Lehren ergebende Gedankeninhalt, über den das Gebilde selbst nichts aussagt, bei der Beurteilung von dessen urheberrechtlicher Schutzfähigkeit außer Betracht bleiben (*BGH* NJW 1963, 1877 – Rechenschieber).

Unter den Begriff des Schriftwerks eingeordnet wurden folgende Gestaltungen: 　**182**
Ein **Warenzeichenlexikon**, in dem der Rechtsstand der deutschen Warenzeichenanmeldungen und -eintragungen alphabetisch aufgeführt ist, stellt ein Schriftwerk dar (*BGH* NJW-RR 1987, 1081 f. – Warenzeichenlexika). Die einzelnen **Bestandteile archäologischer Grabungsmaterialien** können entweder als Schriftwerke nach § 2 Abs. 1 Nr. 1, als Lichtbildwerke nach § 2 Abs. 1 Nr. 5 oder als Darstellungen wissenschaftlicher oder technischer Art iSd § 2 Abs. 1 Nr. 7 geschützt sein, wenn sie hinreichend Schöpfungshöhe aufweisen (*BGH* NJW 1991, 1480 f. – Grabungsmaterialien). **Gebrauchsanweisungen**, zB der Textteil der **Bedienungsanleitung einer Motorsäge**, können ein Schriftwerk sein (*BGH* NJW 1992, 689, 691 – Bedienungsanweisung), während für den zeichnerischen Teil nur Darstellungsschutz nach § 2 Abs. 1 Nr. 7 in Betracht kommt (*BGH* NJW 1992, 689, 690 f. – Bedienungsanweisung). **Zeitungsartikel** genießen Schriftwerkschutz, soweit es um den sprachlichen Teil geht. Den Text begleitende tabellarische Darstellungen können nach § 2 Abs. 1 Nr. 7 als Darstellung wissenschaftlicher oder technischer Art geschützt sein (*BGH* NJW 1997, 1363, 1365 – CB-infobank I). Das eine Schreibmaschinenseite lange **Exposé zu einem Film** ist ein Schriftwerk iSd § 2 Abs. 1 Nr. 1 (*BGH* GRUR 1963, 40, 42 – Straßen – gestern und morgen). Der **Leitsatz** zu einer gerichtlichen Entsch. kann, wenn er eine gewisse Individualität aufweist, ein Sprachwerk nach § 2 Abs. 1 Nr. 1, Abs. 2 sein (*OLG Köln* WRP 1990, 539, 541). Der Urheberrechtsschutz wird dann jedoch meistens an § 5 scheitern, der amtl. Werke vom Schutz durch das UrhG ausnimmt. Dem Text des **Musikstücks** „Schneewalzer" hat der *BGH* (GRUR 1978, 305, 306 – Schneewalzer) Urheberrechtsschutz zuerkannt. Eine **Staatsexamensarbeit** aus dem wissenschaftlichen Bereich stellt ein Schriftwerk dar (*BGH* GRUR 1981, 352, 353 – Staatsexamensarbeit), ebenso ein der Arbeitskontrolle dienender, umfangreicher **Fragenkatalog** zu einem medizinischen Buch (vgl *BGH* GRUR 1981, 520 – Fragensammlung). Ein 22-bändiges **Dokumentationswerk** zur Geschichte der deutschen Kriegsgefangenen im 2. Weltkrieg, in dem die Quellen, die für die Geschichte der deutschen Kriegsgefangenen gesammelt, ausgewertet und dargestellt werden, stellt ein Schriftwerk dar und ist darüber hinaus auch als Sammelwerk iSd § 4 urheberrechtlich geschützt. Dabei kommt es nicht darauf an, ob die Texte, welche die einzelnen Quellen verbinden, ihrerseits schöpferisch sind, solange der Autor für diese Werkteile keinen Schutz beansprucht, sondern sich nur gegen die Übernahme der sichtenden und ordnenden Gestaltung des Werkes durch Dritte wendet (*BGH* GRUR 1982, 37, 38 – WK-Dokumentation).

Kein Schriftwerk liegt in folgenden Fällen vor: Kein Schutz besteht für einen aus 　**183**
mehreren gegeneinander beweglichen körperlichen Teilen, nämlich einem Köper und einer darin verschiebbaren Zunge, bestehenden **Rechenschieber**, bei dem die einzelnen Zahlenwerte durch räumliche Strecken dargestellt werden, die durch aufgedruckte Zahlen und Buchstaben am Anfang und am Ende einer Skala sowie an bestimmten Stellen durch Zwischenwerte an den Teilstrichen gekennzeichnet sind (*BGH* NJW 1963, 1877, 1878 – Rechenschieber). Denn dem Rechenschieber fehlt ein in sich verständlicher Gedankeninhalt; die bloße räumliche Anordnung der Ska-

len in einer bestimmten Reihenfolge beruht weder auf Mitteln der Sprache noch drückt sie einen gedanklichen Inhalt sprachlich aus (*BGH* NJW 1963, 1877, 1878 – Rechenschieber).

184   **bbb) Form und Inhalt.** Die vom Autor mit dem Mittel der Sprache offenbarten Gedanken oder Gefühle werden beim Schriftwerk schriftlich, also mit Hilfe von **Zeichen**, niedergelegt (vgl *BGH* NJW 1955, 1753 – Werbeidee (Nachschlagewerk); NJW 1963, 1877 – Rechenschieber). Bzgl des geistigen Inhalts eines Schriftwerkes ergeben sich gegenüber anderen Werken keine Besonderheiten. Auf die allg. Ausführungen Rn 29 ff. wird verwiesen.

185   **ccc) Schöpfungshöhe.** Ein Schriftwerk genießt urheberrechtlichen Schutz, wenn es eine individuelle geistige Schöpfung darstellt. Dabei kann ein geringes Maß an Schöpfungshöhe genügen, das sich aus dem Inhalt, der Formgebung und auch aus der Sammlung, Einteilung und Anordnung der Arbeit ergeben kann (*BGH* GRUR 1981, 352, 353 – Staatsexamensarbeit).

186   Bei Schriftwerken **wissenschaftlicher oder technischer Art** wird die Schöpfungshöhe in erster Linie aus der Form und Art der Sammlung, Einteilung und Anordnung des dargebotenen Stoffes folgen (*BGH* NJW 1992, 689, 691 – Bedienungsanweisung; NJW 1997, 1363, 1365 – CB-infobank I). Geschützt wird auch die sog. kleine Münze, dh eine Leistung mit nur geringem Maße an Eigentümlichkeit. Angesichts des Grundsatzes, dass die wissenschaftliche Lehre frei und jedermann zugänglich ist, ist der wissenschaftliche Inhalt der Arbeit nicht geschützt (*BGH* GRUR 1981, 352, 353 – Staatsexamensarbeit; s. Rn 49).

187   Baut das Werk auf **Vorbekanntem** auf, kann sich die Urheberrechtsschutzfähigkeit ferner nur aus dem nicht vorbekannten Teil des Werkes ergeben. Soll allerdings die Möglichkeit einer nochmaligen wissenschaftlichen Beschreibung nicht unzumutbar erschwert werden, dann muss in diesen Fällen der Schutzumfang der ersten wissenschaftlichen Arbeit gegenüber einer zweiten Arbeit, die sich mit demselben wissenschaftlichen Forschungsgegenstand beschäftigt und sich daher zwangsläufig einer sehr ähnlichen Gliederung und Fachsprache bedienen und zu ähnlichen Beobachtungen und Feststellungen kommen muss, eng bemessen werden (*BGH* GRUR 1981, 352 – Staatsexamensarbeit). Gleiches gilt, vor allem bei Werkgestaltungen in Form abhängiger Bearbeitungen (§§ 3, 23), wenn sich die Leistung der Natur der Sache nach eng an das fremde Original anlehnen muss (*BGH* GRUR 1981, 520, 521 – Fragensammlung).

188   Dient das Schriftwerk einem **Gebrauchszweck**, wie dies zB bei Briefen, der Domain oder Bedienungsanweisungen der Fall ist, stellt die Rspr an die Schöpfungshöhe häufig erhöhte Anforderungen. Sie fordert dann ein deutliches Überragen des Alltäglichen, des Handwerksmäßigen, der mechanisch-technischen Aneinanderreihung des Materials (*BGH* NJW 1992, 689, 691 – Bedienungsanweisung; *OLG Hamburg* GRUR 2000, 146, 147; so Rn 53 ff.). Es gelten also nicht die für den Schutz von Darstellungen wissenschaftlicher oder technischer Art anerkannten geringen Anforderungen an die Schutzfähigkeit (*BGH* NJW 1992, 689, 691 – Bedienungsanweisung). Die Unterscheidung ließe sich damit rechtfertigen, dass für Darstellungen wissenschaftlicher und technischer Art kein inhaltlicher Schutz gewährt wird, während dies bei den Sprachwerken indes der Fall ist (hierzu unten Rn 274). Allerdings macht der

BGH von dem Erfordernis erhöhter Anforderungen an die Schöpfungshöhe bei Gebrauchszwecken dienenden Schriftwerken inzwischen offenbar auch Ausnahmen. So wurde die erforderliche Schöpfungshöhe für einen Zeitungsartikel trotz des bestehenden Gebrauchszwecks ohne weiteres bejaht (*BGH* NJW 1997, 1363, 1365 – CB-infobank I; zum Schutz von Nachrichten näher *Rehbinder* ZUM 2000, 1 ff.).

ddd) Schutzumfang. Der Schutzumfang eines Schriftwerkes bemisst sich wie bei anderen Werken danach, in welchem Maße und Umfang die Voraussetzungen der Urheberrechtsschutzfähigkeit erfüllt sind. Nur solche Werkteile sind geschützt, die für sich genommen eine persönliche geistige Schöpfung darstellen. Baut die Arbeit auf einem **vorbekannten Gegenstand** auf, kann sich die Urheberrechtsfähigkeit deshalb nur aus dem nicht vorbekannten Teil des Werkes ergeben. Wie bei anderen Werken auch kann der Schutzumfang des Werkes je nach den Umständen des Einzelfalls variieren. Müssen sich Werke Dritter der Sache nach eng an das geschützte Werk anlehnen, ist dessen Schutzumfang gegenüber den dritten Werken ggf eng zu bemessen (*BGH* GRUR 1981, 520, 521 – Fragensammlung). **189**

Auch die **Freiheit der wissenschaftlichen Tätigkeit** kann den Schutzumfang eines Werkes beeinflussen. Soll nämlich die Möglichkeit einer nochmaligen wissenschaftlichen Beschreibung nicht unzumutbar erschwert werden, muss der Schutzumfang einer wissenschaftlichen Arbeit gegenüber einer anderen Arbeit, die sich mit demselben wissenschaftlichen Forschungsgegenstand beschäftigt und sich daher zwangsläufig einer sehr ähnlichen Gliederung und Fachsprache bedienen und zu ähnlichen Beobachtungen und Feststellungen kommen muss, eng bemessen werden (*BGH* GRUR 1981, 352 – Staatsexamensarbeit). Bedeutsam wird dies vor allem, wenn es um die Frage geht, ob die zweite Arbeit eine Vervielfältigung (§ 16), eine Bearbeitung (§§ 3, 23) oder eine freie Benutzung (§ 24) darstellt. Je schöpferischer umgekehrt ein Schriftwerk ist, um so weiterreichend ist der Schutz (hierzu oben Rn 62). **190**

eee) Beispiele. Urheberrechtsschutz genießt ein 122 Seiten langer **Anwaltsschriftsatz** in einem Ermittlungsverfahren, wenn dieser sich durch eine individuelle Ordnung und Gestaltung der Gesamttatsachen und des Rechtsvortrages (Form) oder durch bes. sprachliche Gestaltungskunst (Inhalt) auszeichnet (*BGH* NJW 1987, 1332 – Anwaltsschriftsatz; vgl auch *OLG Hamburg* GRUR 2000, 146). Ein in Buchform herausgebrachtes, nach Monaten eingeteiltes **Jahreshoroskop** mit dem Titel „Die Bäume lügen nicht – Ihr Baumhoroskop für 1986" ist schöpferisch, was die Gedankenformung und -führung des Inhalts und die Form und Art der Sammlung, Einteilung und Anordnung des Materials, nicht jedoch was die bloße Zuordnung jeweils einer zeitlichen Periode und eines Begriffs zu einem Baum anbetrifft (*BGH* NJW 1992, 232, 234 – Keltisches Horoskop). Dem **Text des Musikstücks „Schneewalzer"** hat der *BGH* (GRUR 1978, 305, 306 – Schneewalzer) Urheberrechtsschutz zuerkannt. Schutzfähig kann ein **Merkblatt für Arbeitgeber** sein, wenn die Auswahl der für den Arbeitgeber wesentlichen sozialversicherungsrechtlichen Regelungen aus einem bes. umfangreichen und für den Nichtfachmann kaum zu überblickenden Material sowie die systematische, übersichtliche und vereinfachte Darstellung schöpferische Leistung erkennen lassen (*BGH* NJW-RR 1987, 185 – AOK-Merkblatt). Selbst kurze **Zeitungsartikel** eines Wirtschafts- und Finanzblatts erreichen im Allgemeinen die erforderlich Schöpfungshöhe (*BGH* NJW 1995, 1363, 1365 – CB-infobank I; NJW 1997, 1368, 1369 – CB-infobank II). Gleiches gilt für in Fachzeitschriften veröffent- **191**

lichte **Beiträge** und **bearbeitete Entscheidungen** (*OLG Köln* NJW 2000, 1726), allerdings nur soweit der Inhalt nicht übernommen wurde. Eine **Fragensammlung**, die als Arbeitskontrolle zu einem medizinischen Fachbuch eines Dritten dienen soll und sich dementsprechend sachlich und inhaltlich an dieses Fachbuch anlehnt, kann bei eigenschöpferischer Auswahl und Gestaltung der Fragen als abhängige Werkschöpfung iSd §§ 3, 23 urheberrechtsschutzfähig sein (*BGH* GRUR 1981, 520 – Fragensammlung). Für möglich gehalten wurde ein Urheberrechtsschutz auch bei **Formularen** (*BGH* NJW-RR 1987, 185 – AOK-Merkblatt), **Adressbüchern** (*RGZ* 116, 292 ff.) und **Kochbüchern** (*RGZ* 81, 120 ff.), **Krankenhauskarteien** (*BGH* NJW 1952, 661 f. – Krankenhauskartei) und **Rechentabellen** (*RGZ* 121, 357, 361 f.).

192 **Nicht urheberrechtsschutzfähig** sind **Telefonbücher** (*BGH* NJW 1999, 2898 ff. – Tele-Info-CD), die jedoch als Datenbank nach § 87a Schutz genießen können, Vorschläge für ein **Zahlenlotto** (*BGH* GRUR 1962, 52 – Zahlenlotto), ein **Einheitsfahrschein** (*BGH* GRUR 1959, 251) und ein **Rechenschieber** (*BGH* NJW 1963, 1877 – Rechenschieber). Ebenso wenig genießen **Theater- und Rundfunkprogramme** (*RGZ* 66, 227, 230 und *RGZ* 140, 137 ff.)), **Preislisten** (*RG* GRUR 1926, 117) und **kurze Werbeslogans** (*OLG Frankfurt* GRUR 1987, 44) Urheberrechtsschutz. IdR nicht urheberrechtsschutzfähig ist die **Domain**, da es ihr an Schöpfungshöhe fehlt.

193 **bb) Reden.** Der Begriff der „Rede" in § 2 Abs. 1 Nr. 1 ist weit zu fassen. Geschützt sind alle Arten von Reden wie zB **politische Reden**, **Begrüßungsansprachen**, **Tischreden**, **Versammlungsvorträge**, **Stehgreiferzählungen**, Beiträge eines **Fernsehmoderators** (*BGH* NJW 1963, 651 – Fernsehwiedergabe von Sprachwerken), **Reportagen**, **Vorträge**, **Predigten** und **Vorlesungen**, wenn und soweit sie eine persönliche geistige Schöpfung enthalten (*Rehbinder* § 12 Rn 126). Letzteres ist bei Sportreportagen und Rundfunkinterviews oft zweifelhaft (*Rehbinder* § 12 Rn 126). Es gelten die allg. Grundsätze (hierzu Rn 53 ff.).

194 **cc) Computerprogramme. aaa) Begriff und Abgrenzungen.** Mit der Aufnahme der Computerprogramme in das UrhG ist der Gesetzgeber den Vorgaben der Europäischen Richtlinie 91/250/EWG, der Richtlinie über den Rechtsschutz von Computerprogrammen (ABlEG Nr. L 122 v. 17.5.1991, 42 ff.), gefolgt. Schon 1985 war erfolglos ein Vorstoß zur expliziten Aufnahme von Programmen für die Datenverarbeitung in das UrhG gemacht worden (vgl die Beschlussempfehlung des Rechtsausschusses v. 17.5.1985, BT-Drucks. 10/3360, 1 ff.).

195 Eine Begriffsdefinition der Computerprogramme fehlt im UrhG. Die Gesetzesmaterialien zum UrhG (amtl. Begr. BT-Drucks. 12/4022, 9) beziehen ausdrücklich auch das Entwurfsmaterial sowie solche Formen, die in die Hardware integriert sind, in den Urheberrechtsschutz mit ein. Das Schrifttum (zB *Kolle* GRUR 1982, 443, 444; *Haberstumpf* GRUR 1982, 142, 144) versteht in Anlehnung an § 1 (i) der **Mustervorschriften der WIPO** unter einem Computerprogramm deshalb eine den Anforderungen des § 2 Abs. 2 genügende Folge von Befehlen, die nach Aufnahme in einen maschinenlesbaren Träger fähig sind zu bewirken, dass eine Maschine mit informationsverarbeitenden Fähigkeiten eine bestimmte Funktion oder Aufgabe oder ein bestimmtes Ergebnis anzeigt, ausführt oder erzielt. Computerprogramme zeichnen sich folglich dadurch aus, dass sie eine schrittweise Umsetzung „befehlen" und dem Rechner so einen **Ablauf** aufzwingen. Schutzgegenstand ist das Computerprogramm, nicht der einzelne Algorithmus oder der jeweils erreichte Stand ihrer Umsetzung. Erst recht ist unerheblich, welchem Zweck das Programm dient. Geschützt werden zB Computerprogramme, die den Betrieb von **Videospielen** sicherstellen (*OLG Frankfurt* WRP 1984, 79). Daneben kann Laufbildschutz für die **Benutzer- oberfläche** (*OLG Frankfurt* WRP 1984, 79) oder im Einzelfall sogar Schutz als **Filmwerk**, ferner **Lichtbildschutz** oder **Kunstwerkschutz** für das einzelne Bild, **Schriftwerkschutz** für während des Spiels auftauchenden Schriftzüge uvm in Betracht kommen.

Die **Hardware** selbst und die konkrete Anordnung der elektronischen Bauelemente auf der Platine sowie der Verlauf der Leiterbahnen sind kein Computerprogramm (*OLG Frankfurt* WRP 1984, 79). Ein Computerprogramm bleibt aber auch dann dem Urheberrechtsschutz zugänglich, wenn es in die Hardware integriert wurde. Alle der Elektronik immanenten Regeln, die mathematischen, physikalischen und chemischen Prinzipien als solche sowie der Algorithmus als bloßer Rechenvorgang sind nicht urheberrechtsgeschützt (*OLG Frankfurt* WRP 1984, 79; zum Schutz wissenschaftlicher Lehren näher Rn 49). Näher zum Problemkreis in der Kommentierung zu §§ 69a ff. **196**

Kein Computerprogramm sind **Datensammlungen**. Für sie kommt ein urheberrechtlicher Schutz nach § 2 Abs. 1 Nr. 1 als Sprachwerk bzw nach § 4 Abs. 1 als Sammelwerk in Betracht, wenn sie Schöpfungshöhe aufweisen. Andernfalls kann ein Leistungsschutzrecht nach § 87a bestehen, welches unabhängig davon ist, ob die Sammlung elektronisch niedergelegt wurde (*BGH* NJW 1999, 2898, 2900 – Tele-Info-CD; zum Schutz von Datenbanken vor der Entsch. des BGH s. *Heinrich* WRP 1997, 275 ff. und *Nordemann/Czychowski* NJW 1998, 1603 ff.). Das zur Zugänglichmachung einer Datensammlung benutzte Computerprogramm genießt unabhängig von der Datensammlung urheberrechtlichen Schutz nach § 2 Abs. 1 Nr. 1, wenn die Voraussetzungen für den Computerprogrammschutz gegeben sind. **197**

bbb) Form und Inhalt. Bzgl der Schutzfähigkeit eines Computerprogramms unterschied die **frühere Rspr** drei Entwicklungsphasen, in denen das Programm schutzfähig sein konnte, wenn es die erforderliche Schöpfungshöhe aufwies (*BGH* NJW 1986, 192, 195 f. – Inkasso-Programm). In der ersten Phase, die sich mit der Lösung eines Problems befasste, sollte nach dieser Dreistufentheorie Schriftwerkschutz (§ 2 Abs. 1 Nr. 1) in Betracht kommen. In der zweiten Phase, in der eine nähere Projektion der Problemlösung in Form einer graphischen Darstellung des Befehls- und Informationsablaufs vorgenommen wurde, kam ein Schutz als Darstellung wissenschaftlicher oder technischer Art (§ 2 Abs. 1 Nr. 7) in Frage. In der dritten Phase, in der die eigentliche Kodierung des Programms vorgenommen wurde, bei welcher der Programmablaufplan in eine dem Computer verständliche Befehlsfolge umgewandelt wurde, konnte das dadurch geschaffene fertige Programm – eine Folge von Befehlen, die nach Aufnahme in einem maschinenlesbaren Träger fähig sind zu bewirken, dass eine Maschine mit informationsverarbeitenden Fähigkeiten eine bestimmte Funktion oder Aufgabe oder ein bestimmtes Ergebnis anzeige, ausführe oder erziele – als Schriftwerk (§ 2 Abs. 1 Nr. 1) geschützt sein (*BGH* NJW 1986, 192, 195 f. – Inkasso-Programm). Daneben ließ die Rspr, eine Schöpfungshöhe vorausgesetzt, den Schutz der in den Vorstufen der Programmschaffung entstehenden Arbeitsergebnisse, wie Unterprogramme, Dokumentationen ua zu. **198**

199   **Inzwischen** können nach § 69a Abs. 2 S. 1 alle Ausdrucksformen eines Computerprogramms geschützt werden. Inhaltliche Veränderungen gegenüber der bisherigen Rspr sind – zur Frage der Form und des Inhaltes – damit nicht verbunden, weil die für die Schutzfähigkeit erforderlichen Formgestaltungen auch schon nach der älteren Rspr in vorausgehenden Entwicklungsstadien auftreten konnten. Keinen Schutz genießen nach § 69a Abs. 2 S. 2 Ideen und Grundsätze, die einem Element eines Computerprogramms zugrunde liegen, einschließlich der den Schnittstellen zugrundeliegenden Ideen und Grundsätze. Damit bringt das Gesetz nur den allg. Grundsatz zum Ausdruck, nach dem die wissenschaftliche Lehre als solche nicht urheberrechtsschutzfähig ist (hierzu oben Rn 49).

200   **ccc) Schöpfungshöhe.** An die Schöpfungshöhe, die ein Programm erreichen musste, um Urheberrechtsschutz zu genießen, hatte die Rspr (*BGH* NJW 1986, 192 ff. – Inkasso-Programm) **ursprünglich** strenge Anforderungen gestellt. Ließen sich nach Maßgabe des Gesamtvergleichs mit dem Vorbekannten schöpferische Eigenheiten feststellen, so seien diese dem Schaffen eines Durchschnittsprogrammierers gegenüberzustellen. Erst wenn sich dabei ein erheblicher Abstand des Programms oder der Anordnung zu dem Vorbekannten und damit rein Handwerksmäßigen, ein deutliches Überragen der Gestaltungstätigkeit in Auswahl, Sammlung, Anordnung und Einteilung der Informationen und Anweisungen gegenüber dem allg. Durchschnittskönnen ergebe, setze der Urheberrechtsschutz ein (*BGH* NJW 1986, 192, 196 – Inkasso-Programm; NJW 1991, 1231, 1232 – Betriebssystem).

201   **Inzwischen** hat sich die Rechtslage durch die Umsetzung der Europäischen Richtlinie 91/250/EWG, der Richtlinie über den Rechtsschutz von Computerprogrammen (ABlEG Nr. L 122 v. 17.5.1991, 42 ff.) gewandelt (*BGH* NJW 1993, 3136, 3137 – Buchhaltungsprogramm; *Haberstumpf* NJW 1991, 2105, 2106; *Lehmann* NJW 1991, 2112, 2113; *Broy/Lehmann* GRUR 1992, 419 ff.). Nach § 69a Abs. 3 dürfen qualitative oder ästhetische Gesichtspunkte bei der Feststellung der Schöpfungshöhe keine Rolle mehr spielen. Damit ist die sog. **„kleine Münze"** für Computerprogramme gesetzlich vorgeschrieben worden (*Lehmann* NJW 1991, 2112, 2113; *Broy/Lehmann* GRUR 1992, 419, 421; *Kilian/Heussen/Harte-Bavedamm/Wiebe* 51. Kap. Rn 3). Es reicht für einen Urheberrechtsschutz folglich aus, wenn das Programm nicht völlig banal, gewöhnlich oder durch äußere Umstände vorgegeben ist (amtl. Begr. BT-Drucks. 12/4022, 10; *Kilian/Heussen/Harte-Bavedamm/Wiebe* 51. Kap. Rn 25).

202   Geschützt wird allerdings nur die **individuelle Ausdrucksform** eines Programms. Vom urheberrechtlichen Schutz **nicht erfasst werden die Ideen und Grundsätze**, die einem Programm, einschließlich seiner Schnittstellen, zugrunde liegen. Nicht die Rechenregeln, die Programmierideen oder die mathematischen Formeln, sondern nur das „Gewebe" einer Software wird geschützt (*Haberstumpf* NJW 1991, 2105, 2107; *Lehmann* NJW 1991, 2112, 2113; vgl auch *BGH* NJW 1991, 1231, 1233 – Betriebssystem).

203   Seiner **Darlegungslast** hinsichtlich der Schöpfungshöhe genügt der Kläger, wenn er substantiiert darlegt, dass und aus welchen Gründen sein Programm das Niveau des völlig Alltäglichen gerade eben überschreitet (streitig, näher zum Streitstand *Kilian/Heussen/Harte-Bavedamm/Wiebe* 51. Kap. Rn 28 ff.). Näher zum Schutz von Computerprogrammen in der Kommentierung zu §§ 69a ff.

dd) Sonstige Sprachwerke. Geschützt sind ferner alle anderen Arten von Sprach-   204
werken, auch wenn sie nicht zu den Schriftwerken, Reden oder Computerprogrammen gehören. Voraussetzung ist, dass sie unter die Definition des Sprachwerks fallen
und den Anforderungen an die Urheberrechtsschutzfähigkeit (persönliche Leistung,
Form, Inhalt, Schöpfungshöhe) genügen. Auch der sprachliche Inhalt einer **Fernsehsendung** kann daher als Sprachwerk geschützt sein.

c) Beispiele. Urheberrechtsschutz wurde folgenden Leistungen zuerkannt: Eine   205
Sendung, welche die Schilderung der wesentlichen Ereignisse eines Jahres zum Gegenstand hatte und unter humoristisch-ironischem Blickwinkel einzelne Gegebenheiten zu einem Gesamtbild des jeweiligen Zeitabschnitts zusammenfasste, sollte
Urheberrechtsschutz genießen (*BGH* NJW 1981, 2055, 2057 – Quizmaster). **DIN-
Normen** können als Sprachwerk iSd § 2 Abs. 1 Nr. 1 oder als Darstellung wissenschaftlicher oder technischer Art nach § 2 Abs. 1 Nr. 7 geschützt sein (*BGH* NJW-
RR 1990, 1452 – DIN-Normen). Zur Frage der Einschränkung bzw des Ausschlusses
des Urheberrechtsschutzes nach § 5 s. dort.

3. Werke der Musik

a) Begriff. Zu den Musikwerken zählen alle Arten von musikalischen Kompositio-   206
nen, die den Werkbegriff des § 2 Abs. 2 ausfüllen. Maßgeblich ist, dass sich der
Komponist des **Klangs oder der Geräusche als Ausdrucksmittel** bedient hat. Eine
Unterscheidung zwischen **Unterhaltungsmusik** und **ernster Musik** nimmt das Gesetz dabei nicht vor, ebenso wenig kommt es darauf an, dass das Werk harmonisch
oder ästhetisch wirkt (*Rehbinder* Rn 131). Musikwerke sind danach zB Opern, Operetten, Symphonien, Messen, Kammermusik, Unterhaltungsmusik, Musicals, moderne Musik, Schlager und Lieder. Auf die **Qualität** des Stückes oder seiner Wiedergabe kommt es nicht an. Das vom Laien frei erfundene und gesungene Lied kann danach urheberrechtsschutzfähig sein, wenn es Schöpfungshöhe aufweist.

b) Persönliche Schöpfung. Bei Musikwerken stellt sich die Frage, ob es sich bei der   207
Leistung um eine solche persönlicher Natur handelt, bes. häufig. Denn die moderne
Technik schafft Randbereiche, innerhalb derer der Komponist Musik fast vollständig
maschinell erzeugt. In Anwendung der allg. Grundsätze (hierzu oben Rn 53 ff.) stellt
die reine **Computermusik**, bei welcher die Auswahl, Anordnung und Präsentation
der Töne und Klangfolgen dem Computer überlassen bleibt, kein urheberrechtsschutzfähiges Werk dar. Anders verhält es sich, wenn der Komponist die Auswahlmöglichkeiten des Zufallsgenerators so stark einschränkt, dass die Tonfolge praktisch vorgegeben ist. In der Lit. wird weitergehend Urheberrechtsschutz auch dann
gewährt, wenn der Urheber nur das wesentliche Grundmuster des Werkes schafft und
bei mehreren vom Computer erzeugten Versionen eine oder einige als definitiv Geltende bestimmt (*Schricker/Loewenheim* § 2 Rn 14 mwN). Das läuft jedoch letztlich
auf die inzwischen fast einhellig abgelehnte **Präsentationslehre** Kummer's (hierzu
näher oben Rn 18) hinaus. Deshalb ist das Klangerlebnis, welches das Stück 4'33 des
Komponisten Cage dem Zuhörer verschafft, kein persönliches Werk Cages; denn die
Klänge werden ausschließlich und durch den Komponisten unbeeinflusst vom Publikum erzeugt.

208   **c) Form.** Die Form eines Musikwerks ist der **durch Hören erfassbare Ton**. Nicht erforderlich ist dessen schriftliche Niederlegung in Noten oder auf andere Weise. Eine Improvisation genießt daher ebenso wie das ohne Hilfsmittel wie Stift und Papier erdachte und nun erstmals gespielte Stück Urheberrechtsschutz. Dabei kommt es nicht darauf an, ob das Werk, wenn es erstmalig zu hören ist, einem Zuhörerkreis präsentiert wird. Schon das „im stillen Kämmerlein" gesungene oder gespielte Lied kann urheberrechtlich geschützt sein.

209   **d) Inhalt.** Bei Musikwerken liegt der geistige Inhalt in der ästhetischen Ausdruckskraft des Stückes (*BGH* GRUR 1981, 267, 268 – Dirlada), also der durch Hören erfassbaren Klang- oder Geräuschfolge, welche **die Stimmung, die Gefühle oder die Gedanken des Komponisten zum Ausdruck bringt**. Nicht erforderlich ist, dass das Stück vom Hörer auch so empfunden wird, also etwa harmonisch klingt (vgl *Rehbinder* Rn 131). Fast jedes Musikstück wird einen geistigen Inhalt dieser Art aufweisen. Ausreichend ist, wenn der menschliche Geist in irgendeiner Weise in dem Musikstück zum Ausdruck kommt. Nicht erforderlich ist, dass der Komponist mit dem entspr. Stück eine bes. geistige Botschaft gerade verbindet oder seinen Zuhörer sogar zielgerichtet beeinflussen möchte. Der **schriftlichen** Niederlegung des Ausdrucks eigener Gedanken bedarf es nicht. Schutz erfährt ein Stück schon dann, wenn es erstmalig in einer bestimmten Form zum Ausdruck kommt. Auch eine **Improvisation** kann daher geschützt sein. Der Gedankeninhalt kann dem Musikstück ausnahmsweise dann fehlen, wenn es wie ein **Signal** (*Rehbinder* Rn 131) oder ein **Akkord** so kurz ist, dass damit keinerlei Gedankeninhalt mehr vermittelt werden kann.

210   **e) Schöpfungshöhe.** Bei Musikwerken besteht die schöpferische Eigentümlichkeit in ihrer individuellen ästhetischen Ausdruckskraft (*BGH* GRUR 1981, 267, 268 – Dirlada). Der Komponist besitzt einen im Verhältnis zu anderen Werkgattungen weiten Spielraum, innerhalb dessen er einer musikalischen Leistung auch unter Anwendung bereits bestehender Lehren und Gestaltungsmittel individuelle Eigenart verschaffen kann (*BGH* GRUR 1981, 267, 268 – Dirlada; NJW 1989, 337, 339 – Ein bisschen Frieden). Einer Unterscheidung zwischen dem musikalischen Inhalt und der musikalischen Form, wie sie bei Sprachwerken gemacht wird, steht entgegen, dass sich beide nicht trennen lassen. Erst in der musikalischen Tonfolge offenbart sich der geistige Inhalt des Werkes (vgl *Rehbinder* Rn 131). Ebenso wie bei Sprachwerken sind an die schöpferische Eigentümlichkeit eines Musikwerks keine zu hohen Anforderungen zu stellen (*BGH* GRUR 1981, 267, 268 – Dirlada; NJW 1989, 387, 388 – Ein bisschen Frieden). Es reicht aus, wenn die formgebende Tätigkeit des Komponisten – wie dies bei Schlagermusik idR der Fall ist – einen nur geringen Schöpfungsgrad aufweist (*BGH* GRUR 1981, 267, 268 – Dirlada). Geschützt wird auch die sog. **kleine Münze**, dh die einfache, aber gerade noch ausreichend eigentümliche geistige Schöpfung, ohne dass es auf deren künstlerischen Wert ankommt (*BGH* GRUR 1981, 267, 268 – Dirlada; NJW 1989, 387, 388 – Ein bisschen Frieden). Eine rein handwerkliche Tätigkeit sowie alle gemeinfreien Elemente des Stückes können aber nach allg. Grundsätzen keinen Schutz genießen (*BGH* GRUR 1981, 267, 268 – Dirlada).

211   Ob und in welchem Maße ein Musikwerk Schöpfungshöhe aufweist, ist nach allg. Grundsätzen nach dem Gesamteindruck zu ermitteln, der sich aus dem **Zusammenspiel der verschiedenen Elemente**, wie den verwandten Stilmitteln, dem Arrangement und dem Höreindruck, bestimmt (*BGH* NJW-RR 1991, 812, 814 – Brown Girl II). Es kommt auf die Auffassung der für mit musikalischen Fragen einigermaßen vertrauten und hierfür aufgeschlossenen Verkehrskreise an (*BGH* GRUR 1981, 267, 268 – Dirlada).

f) Beispiele. Als urheberrechtsgeschützt wurden folgende Gestaltungen aner-   212
kannt: Als schöpferische Bearbeitung des aus der Karibik stammenden Volksliedes „There's a Brown Girl in the Ring" wurde der 1975 geschaffene **Musiktitel „Brown Girl"** angesehen (*BGH* NJW-RR 1991, 812 ff. – Brown Girl II). Maßgeblich hierfür war das Zusammenspiel einer eigentümlichen Struktur des ersten Durchgangs, eines individuellen Tempos und eigentümlicher Besonderheiten beim Übergang vom Sologesang zum Instrumental-Background und bei der Intensivierung des Klangs trotz nur geringer Schöpfungshöhe des Melodienverlaufs (*BGH* NJW-RR 1991, 812, 813 f. – Brown Girl II). Schutzfähig sollte auch das Lied des Griechen Pantelis G. mit dem Titel **„Dirlada"** sein, soweit nicht gemeinfreie oder rein handwerkliche Elemente betroffen waren (*BGH* GRUR 1981, 267, 268 – Dirlada). Die Tätigkeit des **Mischtonmeisters** kann urheberrechtsgeschützt sein (*OLG Köln* ZUM 2000, 320 ff.).

4. Choreographische und pantomimische Werke

a) Begriff. Geschützt sind nach § 2 Abs. 1 Nr. 3 „pantomimische Werke einschließ-   213
lich der Werke der Tanzkunst". Entgegen dem missverständlichen Wortlaut sind damit choreographische Werke insgesamt und nicht nur als Unterfall der pantomimischen Werke geschützt. Erfasst sind alle Werke, bei denen ein geistiger Gehalt durch das Ausdrucksmittel der Körpersprache wiedergeben wird, wenn die erforderliche Schöpfungshöhe erreicht wird (*LG München I* GRUR 1979, 852, 853; *Schricker/ Loewenheim* § 2 Rn 128). Während der Schwerpunkt bei den pantomimischen Werken auf dem stummen Gebärdenspiel liegt, ist das Ausdrucksmittel der choreographischen Werke die tänzerische Bewegung.

Bei den **choreographischen Werken** wird der Inhalt von Musikstücken also durch   214
tänzerische Bewegungen dargestellt. Hierzu zählen vor allem der Ausdruckstanz, aber auch das Ballett und unter Umständen sogar Gesellschaftstänze, der Eis- und der freie Tanz in der Diskothek.

Beim pantomimischen Werk bedient sich der Urheber des stummen Gebärden- oder   215
Mienenspiels, um ein Geschehen, einen Gedanken oder einen Sinn zum Ausdruck zu bringen. Dies kann sowohl im stummen Gespräch mit einer natürlichen Person oder einer Marionette, als auch im Zwiegespräch mit sich selbst geschehen.

b) Form und Inhalt. Beim choreographischen und pantomimischen Werk bedient   216
sich der Urheber also der tänzerischen Bewegung oder der Mimik bzw der Gebärden menschlicher Darsteller, um einen bestimmten Sinn zum Ausdruck zu bringen. Einer schriftlichen Fixierung bedarf es, anders als noch in § 1 Abs. 2 LUG, nicht; geschützt können daher insb. auch **Improvisationen** sein. Ebenso kommt es nicht darauf an, ob das Werk vor Publikum, in kleinem Kreis oder ohne jegliche Zuschauer aufgeführt wird. Ein choreographisches oder pantomimisches Werk kann demnach auch bei einer Eigenimprovisation gegeben sein. Stets muss sich der Schutz auf ein konkretes Werk erstrecken; die Choreographie als Werkgattung ist daher ebenso wenig urheberrechtsschutzfähig wie eine allg. Idee oder Lehre.

217   Der notwendige geistige Inhalt des Werkes liegt bei choreographischen und pantomimischen Werken in den Gedanken, Gefühlen oder Empfindungen des Urhebers,
welche mit der Leistung zum Ausdruck gebracht werden. Er fehlt demzufolge idR
bei **sportlichen** oder **akrobatischen Leistungen** (*Schricker/Loewenheim* § 2
Rn 129). Anders kann dies vor allem beim Eis- und beim sportlichen Ausdruckstanz
sein (vgl *BGH* NJW 1960, 1900 – Eisrevue I; NJW 1960, 1902 – Eisrevue II).

218   **c) Schöpfungshöhe.** Die erforderliche Schöpfungshöhe weist das choreographische
bzw pantomimische Werk nur auf, wenn es sich als individuelle Leistung darstellt.
Geschützt ist auch die sog. **kleine Münze**. Ausreichend ist daher, wenn die Leistung
eine geringe, über bloße handwerkliche Geschicklichkeit hinausgehende Eigenart
aufweist. Die Verwendung allg. üblicher oder bekannter Tanzschritte oder Figuren
genügt dazu nicht (vgl *Schricker/Loewenheim* § 2 Rn 130).

5. Kunstwerke

219   **a) Begriff.** Unter einem Kunstwerk versteht man jede eigenpersönliche geistige
Schöpfung, die mit Darlegungsmitteln der Kunst durch **formgebende Tätigkeit** hervorgebracht ist und deren ästhetischer Gehalt einen solchen Grad erreicht hat, dass
es sich nach Auffassung der **für Kunst empfänglichen und mit Kunstanschauungen einigermaßen vertrauten Kreise** um eine künstlerische Leistung handelt (*BGH*
NJW 1957, 1108, 1109 – Ledigenheim; NJW 1989, 383 – Kristallfiguren). Das in ei-
ner früheren Entscheidung (*BGH* GRUR 1974, 669, 671 – Tierfiguren) angewandte
Kriterium, es müsse sich um eine vorzugsweise für die ästhetische Anregung durch
Betrachtung bestimmte Schöpfung handeln, verwendet der BGH heute nicht mehr.
Maßgeblich ist der **geistig-ästhetische Gesamteindruck** der konkreten Gestaltung,
der aus Sicht des obigen Personenkreises zu beurteilen ist (*BGH* NJW 1989, 383 –
Kristallfiguren).

220   Der Kunstbegriff deckt sich folglich nicht mit dem des Art. 5 Abs. 3 GG. Das folgt
schon daraus, dass das Grundgesetz auf eine Definition der Kunst bewusst verzichtet
hat, weil Kunst nicht definierbar sei. Maßgeblich ist vielmehr wie bei anderen Werken auch, ob aus Sicht der für Kunst empfänglichen und mit ihr einigermaßen vertrauten Kreise noch von einer künstlerischen Leistung gesprochen werden kann und
ob diese schöpferisch ist. Urheberrechtlich kommt es damit weder auf den subjektiven Willen des Künstlers an, ein Kunstwerk zu schaffen, noch ist die eigene künstlerische Auffassung eines Kunstsachverständigen ausschlaggebend. Wenn trotzdem
häufig ein Sachverständigengutachten erforderlich wird, so hat das seinen Grund darin, dass dem Richter die Kenntnis von der Auffassung der mit Kunst vertrauten Kreise fehlt. Mangels persönlicher Schöpfung keine Kunst sind allerdings solche künstlerischen Leistungen, welche von dem genannten Personenkreis zwar als künstlerisch angesehen werden, denen jedoch kein menschlich-gestalterisches Tätigwerden
zugrunde liegt, wie dies zB bei den sog. objets trouvés oder bei dem Werk „aus-
radierter Kooning" der Fall ist, bei welchem eine leeres Blatt Papier mit diesen Worten gekennzeichnet wurde (näher oben Rn 12 ff. und 42). Auch eine analoge Anwendung der urheberrechtlichen Vorschriften, vor allem des Folgerechts aus § 26,
kommt mangels Regelungslücke nicht in Betracht (so aber *Fromm/Nordemann/Vinck*
8. Aufl., § 2 Rn 7).

Kunstwerke kann man in Werke der bildenden Kunst, Werke der angewandten Kunst und Werke der Baukunst unterteilen. **221**

b) Werke der bildenden Kunst. Werke der bildenden Kunst sind **Kunstwerke 222 ohne konkreten Gebrauchszweck**. Ob ein Gebrauchszweck besteht, ist jeweils nach den Umständen des Einzelfalls zu ermitteln. Als Werke der bildenden Kunst können neben **Gemälden und Zeichnungen auch Graffiti, Happenings, Kupferstiche, Radierungen, Skulpturen und Buchillustrationen** (*BGH* GRUR 1985, 378, 379 – Illustrationsvertrag) **sowie Kalligrafie** genannt werden. Das Kunstwerk kann auch in der Kombination und Zusammenstellung mehrerer Gegenstände im Sinne einer Sachgesamtheit liegen, die für sich genommen nicht künstlerisch oder nicht mehr geschützt sind, wie zB bei einer **Collage**, bei einer **Handschriftensammlung** oder bei der **Reichstagsverhüllung** (*LG Berlin* NJW 1996, 2380, 2381). Möglich ist auch eine **Doppelzuordnung** eines Werkes, wenn dieses nur teilweise einen Gebrauchszweck erfüllt. So können Bühnenbilder, die in einer Bilddarstellung niedergelegt sind, sowohl als Werke der bildenden Künste (Bildmalerei) als auch als Entwürfe von Werken der angewandten Kunst anzusehen sein (*BGH* NJW 1987, 1404 – Oberammergauer Passionsspiele). Die Absicht, das Werk **gewerblich** zu vervielfältigen und zu veräußern, steht der Einstufung als Werk der bildenden Kunst nicht entgegen. **Tierfiguren** aus Bleikristall können daher uU Werke der bildenden Kunst sein. Gleiches gilt für **Tätowierungen** (vgl *BFH* NJW 1999, 1992).

Ob aber überhaupt ein Kunstwerk in diesem Sinne vorliegt, bemisst sich danach, ob **223** in Bezug auf die entspr. Leistung nach den im Leben herrschenden Anschauungen von Kunst gesprochen werden kann. Maßgeblich ist dabei das **durchschnittliche Urteil eines für Kunst empfänglichen und mit Kunstdingen einigermaßen vertrauten Menschen** (*BGH* NJW 1957, 220, 222 – Europapost; GRUR 1977, 547, 550 – Kettenkerze).

Werke der bildenden Kunst sind kunstschutzfähig, wenn und soweit sich in ihnen ein **224** künstlerisches Schaffen offenbart (*BGH* NJW 1957, 1108 – Ledigenheim). Geschützt ist also auch die sog. **kleine Münze** und damit jedes Schaffen, das nach Form oder Inhalt, wenn auch in Maßen, eigentümlich ist. Es gelten die allg. Grundsätze (hierzu oben Rn 53 ff.).

c) Werke der angewandten Kunst. Werke der angewandten Kunst sind Kunstwer- **225** ke, die **einem Gebrauchszweck dienen**. Das können zB **Schmuck** oder **Möbel** sein. Sie waren ursprünglich nach § 1 KUG 1876 nicht urheberrechtlich geschützt. Vielmehr kam ausschließlich ein Schutz nach dem GeschmMG in Betracht (s. hierzu auch *BGH* GRUR 1976, 649 f. – Hans Thoma-Stühle).

Das UrhG hat diese Unterscheidung zwischen (schutzfähigen) Werken der bildenden **226** und (nicht schutzfähigen) Werken der angewandten Kunst nicht übernommen. Werke der angewandten Kunst können nach § 2 Abs. 1 Nr. 4 urheberrechtlich geschützt sein, wenn sie die urhebergesetzlichen Voraussetzungen hierfür erfüllen, insb. also schöpferisch sind. Das gilt sogar dann, wenn alle Teile des Werkes dessen Gebrauch dienen. Denn der Kunstschutz wird nicht nur für schmückendes Beiwerk gewährt (*BGH* NJW 1957, 220 – Europapost).

Ob ein Werk der angewandten Kunst die für den Urheberrechtsschutz notwendige **227** Schöpfungshöhe erreicht, ist dem Grunde nach entspr. den Grundsätzen zu ermitteln, die auch für Werke der bildenden Kunst und Bauwerke gelten. Die Verwendung bekannter Stilmittel steht der Schöpfungshöhe eines Werkes der angewandten Kunst also nicht unbedingt entgegen (*BGH* NJW 1989, 383 – Kristallfiguren). Entscheidend ist vielmehr, ob – auch mit den üblichen Stilmitteln – ein Werk geschaffen wurde, welches ausreichend Gestaltungshöhe besitzt (*BGH* NJW 1989, 383 – Kristallfiguren). Während bei Werken der bildenden Kunst und der Baukunst auch die sog. kleine Münze geschützt ist, ist nach Auffassung der Rspr bei Werken der angewandten Kunst wegen der erforderlichen Abgrenzung zum Geschmacksmusterschutz (hierzu Rn 53) dafür aber ein **höheres Maß an Schöpfungshöhe** als sonst zu fordern (*BGH* NJW 1957, 220 – Europapost; GRUR 1974, 669, 671 – Tierfiguren; NJW 1998, 3773, 3774 – Les-Paul-Gitarren). Dieselben Maßstäbe legte der BGH bislang für Schriftwerke mit einem Gebrauchszweck an. Zur Kritik hieran Rn 59.

228 Maßgebend für die Beantwortung der Frage eines Urheberrechtsschutzes soll bei Werken der angewandten Kunst sein, ob der ästhetische Gehalt ausreicht, nicht nur von einer geschmacklichen, sondern von einer künstlerischen Leistung zu sprechen (*BGH* NJW 1957, 220 – Europapost; NJW 1987, 2678, 2679 – Le-Corbusier-Möbel). Der **„ästhetische Überschuss"** muss dabei nach Auffassung des BGH so erheblich sein, dass nach den im Leben herrschenden Anschauungen noch von Kunst gesprochen werden kann. Es ist ein strenger Maßstab anzulegen (*BGH* NJW 1957, 220 – Europapost). Das Werk muss sich erheblich von der Durchschnittsgestaltung, dem rein Handwerksmäßigen und Alltäglichen, abheben und diese deutlich überragen (*BGH* NJW 1998, 3773 – Les-Paul-Gitarren).

229 Diese Grundsätze sollen unabhängig davon gelten, welchem Gebrauchszweck das Werk dient. Sie sollen daher anzuwenden sein, wenn es um einen Urheberrechtsschutz von **Möbeln** (*BGH* GRUR 1974, 740, 742 – Sessel; NJW 1987, 2678 f. – Le-Corbusier-Möbel), **Musikinstrumenten** (*BGH* NJW 1998, 3773, 3774 – Les-Paul-Gitarren), **Textilien** (*BGH* GRUR 1983, 377 ff. – Brombeer-Muster), **Konfektionsware** (*BGH* GRUR 1984, 453 ff. – Hemdblusenkleid) oder **Schmuck** (*BGH* NJW-RR 1995, 1253 – Silberdistel) geht. Ebenso können Produkte der **Porzellanmanufaktur**, des **graphischen Gewerbes** und der **Schmiedekunst** betroffen sein (*Rehbinder* Rn 136). Auch der Urheberrechtsschutz von **Figuren** in Überraschungseiern wurde an diesen Maßstäben gemessen (*OLG Karlsruhe* ZUM 2000, 327, 329).

230 **d) Bauwerke.** Bauwerke sind Bauten jeglicher Art, sofern sie eine persönliche geistige Schöpfung darstellen (*Schricker/Loewenheim* § 2 Rn 149). Zu ihnen zählen sowohl die Bauten, die wie **Schulen**, **Kirchen**, **Brücken**, **Museen** oder **Wohnhäuser** einen Gebrauchszweck verfolgen (vgl *BGH* NJW 1982, 639, 640 – Kirchen-Innenraumgestaltung), als auch aus rein künstlerischen Gesichtspunkten errichtete Häuser, **Türme**, **Triumphbögen** oder **Denkmäler**. Selbst **Plätze** sind zu den Bauwerken zu zählen (*Haberstumpf* Hdb, Rn 137; *Schricker/Loewenheim* § 2 Rn 149). Auch die Raumgestaltung als solche kann Kunstschutz genießen, so zB die **Innenraumgestaltung** einer Kirche (*BGH* NJW 1982, 639, 640 – Kirchen-Innenraumgestaltung).

231 Bei Werken der Baukunst gelten, obwohl sie idR einen Gebrauchszweck verfolgen, **dieselben Grundsätze wie bei den Werken der bildenden Kunst** (vgl *BGH* NJW 1957, 1108 – Ledigenheim; NJW-RR 1988, 1204 – Vorentwurf II). Wohnhäuser, Gemeinschaftsheime und Brücken sind danach urheberrechtsschutzfähig, wenn und soweit sich in ihnen ein künstlerisches Schaffen offenbart (*BGH* NJW 1957, 1108 – Ledigenheim). Dieses kann sich nicht nur aus dem Bauwerk selbst, sondern auch in dessen Einpassung in die Umgebung, zB in der kompositorischen Zuordnung mehrerer Gebäude zueinander und ihrer harmonischen Einfügung in die Umwelt ergeben (*BGH* NJW 1957, 1108, 1109 – Ledigenheim; NJW 1989, 618, 619 – Bauaußenkante). Ist die Gestaltung aber lediglich unmittelbare Folge städtebaulicher oder verkehrstechnischer Bestimmungen, hat sie für die Beurteilung der Urheberrechtsschutzfähigkeit außer Betracht zu bleiben (*BGH* NJW 1989, 618, 619 – Bauaußenkante). Hier kommt nur ein Urheberrechtsschutz nach § 2 Abs. 1 Nr. 7 für die Form der Darstellung, nicht jedoch für die durch die städtebaulichen oder verkehrstechnischen Bestimmungen vorgegebene Linienführung in Betracht. Einen Schutz vor Nachbau genießen derartige Linienführungen eines Baus daher nicht (*BGH* NJW 1989, 618, 619 – Bauaußenkante).

e) Entwürfe. Wie für die Werke der angewandten, der bildenden und der Baukunst **232** ausdrücklich geregelt, sind auch Entwürfe dieser Werke urheberrechtlich geschützt, also vor allem der **Bauplan**. Voraussetzung ist selbstverständlich, dass diese den Anforderungen an einen Urheberrechtsschutz genügen, also persönliche Leistungen mit geistigem Inhalt, in bestimmter Form und mit Schöpfungshöhe darstellen. Der Vorentwurf eines Bauwerks oder nur eines Teiles desselben kann Urheberrechtsschutz genießen, wenn in ihm die eigenschöpferische Prägung des Bauwerks Niederschlag findet (*BGH* NJW-RR 1988, 1204 – Vorentwurf II).

f) Beispiele. Urheberrechtsschutz wurde folgenden Gestaltungen zuerkannt: 233 Den **Entwürfen für ein Allwetterbad**, welches durch ein charakteristisches Zeltdach, die vom persönlichen Stil des Schaffenden und die zweckdienliche Ausgestaltung der gesamten Anlage geprägt wurde, gestand der *BGH* (NJW 1982, 2553, 2554 – Allwetterbad) Urheberrechtsschutz zu. Als schutzfähig sah der *BGH* (NJW 2987, 2404 – Oberammergauer Passionsspiele) auch **Bühnenbilder** an, welche in der Gestaltung des jeweiligen Bühnengesamtraums, in der Zuordnung der einzelnen Bildelemente zueinander und in der vom formerischen Gestaltungswillen geprägten einheitlichen Stilwirkung deutlich über die bloße zweckmäßige Anordnung von Versatzstücken und Requisiten, wie sie durch den Handlungsablauf oder die regiemäßige Gestaltung der einzelnen Szenen mehr oder weniger vorgegeben waren, hinausreichten. **Comic-Figuren** wie Asterix und Obelix oder die Schlümpfe sind geschützt, und zwar sowohl in der Einzeldarstellung als auch, wenn sie durch eine unverwechselbare Kombination äußerer Merkmale sowie von Eigenschaften, Fähigkeiten und typischen Verhaltensweisen zu einer bes. ausgeprägten Comic-Persönlichkeit geformt werden, in der Gestalt als solcher (*BGH* NJW-RR 1993, 1002, 1003 – Asterix-Persiflagen; NJW 1993, 2620 – Alcolix; *OLG Hamburg* WRP 1989, 603 f.; vgl *OLG Frankfurt* WRP 1984, 483, 484 f.). Auch andere **Zeichentrickgestalten** können als solche Schutz genießen (vgl *BGH* NJW-RR 1995, 307, 309 – Rosaroter Elefant), ebenso wie kunstgewerbliche **Tierfiguren**, und ohne dass es auf ihren kunsthistorischen Gehalt ankommt (*BGH* GRUR 1974, 669, 671 – Tierfiguren; *OLG Karlsruhe* ZUM 2000, 327, 329). Ein **Sessel**, dessen Formgestaltung sich wesentlich von vorbekannten Formen abhebt und durch eine mit unaufdringlichen Mitteln erreichte isolierenden Wirkung der umhüllenden Wandflächen, durch heruntergezogene verbergende, abweisend glatte rechtwinklig aufeinander treffende und damit vom menschlichen Körper distanzierende Flächen auszeichnet, die nicht nur nach außen abschirmen, sondern auch nach innen aufnehmende Funktion haben, genießt Urheberrechtsschutz (*BGH* GRUR 1974, 740, 741 – Sessel). **Illustrationen** eines Buches sind im Allgemeinen als Werke der bildenden Kunst einem Urheberrechtsschutz zugänglich (*BGH* GRUR 1985, 378, 379 – Illustrationsvertrag). Der sog. **Gies-Adler**, der seit 1955 bis zum Neubau im Deutschen Bundestag hing, wurde als Werk der bildenden Kunst angesehen (*OLG Köln* NJW 2000, 2212; *BGH* Urt. v. 20.3.2003, I ZR 117/00). Auch **Postwertzeichen** können als Werke der bildenden Kunst geschützt sein (hierzu *Schricker* GRUR 1991, 645 ff.). Eine **Totenmaske** ist ein Werk der bildenden Kunst (*KG* GRUR 1981, 742). Das *LG Frankfurt/Main* (UFITA 94 (1982), 334), hat zu Unrecht sogar dem Zeichen „**Atomkraft? – Nein Danke**", einer „Lachenden Sonne", Urheberrechtsschutz zuerkannt. Urheberrechtsgeschützt sein soll nach Auffassung des *KG* (NJW 2002, 621 ff.) auch die naturgetreue zeichnerische Wiedergabe einer **Bachforelle**, wenn sich die zweidimensionale Darstellung zwar an den natürlichen Vorgaben orientiert, der Fisch aber „idealisiert" und in Bewegung versetzt wird.

234 **Keinen Urheberrechtsschutz genießen folgende Gestaltungen:** Als nicht schutzfähig sah der *BGH* (NJW 1958, 1185, 1187 – Candida-Schrift) eine **Gebrauchsschrift**, die für gewöhnliche Druckerzeugnisse Verwendung finden sollte und in ähnlicher Weise bereits existierte, an. Auch das **ARD-Signet** wurde nicht als urheberrechtsschutzfähig angesehen (*OLG Köln* ZUM 1987, 247). Eine **architektonische Planung**, deren Vorzüge im Wesentlichen unter verkehrstechnischen Gesichtspunkten zu würdigen ist, ist dem Kunstschutz im Allgemeinen nicht zugänglich; es kommt aber uU ein Urheberrechtsschutz unter dem Gesichtspunkt der schutzfähigen Darstellung wissenschaftlicher oder technischer Art (§ 2 Abs. 1 Nr. 7) in Betracht (*BGH* NJW 1979, 1548 f. – Flughafenpläne). Ebenso kann für eine als Rundbogen gestaltete **Bauaußenkante** eines Erdgeschossgrundrisses für einen Hotelbau kein Urheberrechtsschutz nach § 2 Abs. 1 Nr. 4 gewährt werden, wenn die Kante durch städtebauliche und verkehrstechnische Elemente vorgegeben ist (*BGH* NJW 1989, 618, 619 – Bauaußenkante). Hier kommt nur ein Schutz für die Art der Darstellung im Plan nach § 2 Abs. 1 Nr. 7 in Betracht, der jedoch vor Nachbau nicht schützt (*BGH* NJW 1989, 618, 619 – Bauaußenkante), weil urheberrechtsschutzfähig bei wissenschaftlichen oder technischen Darstellungen nach § 2 Abs. 1 Nr. 7 nur die Form der Darstellung, nicht jedoch deren Inhalt sein kann (näher Rn 274). Nicht urheberrechtlich geschützt wird ein **Ohrclip** in der Form einer Silberdistel, der dem Vorbild der Natur weitgehend nachgebildet ist (*BGH* NJW-RR 1995, 1253 – Silberdistel). Auch soll **Schmuck**, zumal wenn es sich um Naturnachbildungen handelt, idR nur die für den Geschmacksmuster-, nicht jedoch die für den Urheberrechtsschutz erforderliche Gestaltungshöhe erreichen (*BGH* NJW-RR 1995, 1253 – Silberdistel). Nicht urheberrechtsgeschützt ist die Gestaltung einer **Gitarre**, bestehend aus einem Glockenemblem und einer sog. auseinander gezogenen Raute (*BGH* NJW 1998, 3773, 3774 – Les-Paul-Gitarren). Die Tätigkeit eines **Maskenbildners**, für die ungeachtet seines notwendigen Einfühlungsvermögens und seiner Erfahrung das handwerkliche Können und die erlernten Kenntnisse von ausschlaggebender Bedeutung waren, wurde nicht als schöpferisch iSd § 2 Abs. 1 Nr. 4, Abs. 2 angesehen (*BGH* GRUR 1974, 672, 673 – Celestina). Kein Urheberrechtsschutz konnte für ein **Textilmuster** in Anspruch genommen werden, welches im Wesentlichen in der Aneinanderreihung von

Brombeeren und Brombeerblättern bestand (*BGH* GRUR 1981, 377, 378 – Brombeer-Muster). Nicht anders verhielt es sich mit dem **Konfektionsmodell** eines karierten Hemdblusenkleids mit farblich passender einfarbiger Strickweste, lieferbar in fünf Modefarben (*BGH* GRUR 1984, 453 – Hemdblusenkleid).

6. Lichtbildwerke und ähnlich geschaffene Werke

a) Begriff. Das KUG sah anders als bei Filmen für Lichtbilder einen zeitlich begrenz-   **235**
ten Urheberrechtsschutz auch dann vor, wenn sie keine künstlerische Eigenart aufwiesen. Das führte zu einer unterschiedlichen Behandlung von Lichtbildern und Filmen (*BGH* NJW 1953, 1258, 1259 – Lied der Wildbahn I), die nicht gerechtfertigt war. Das UrhG hält diese Differenzierung nicht aufrecht. Geschützt sind nach § 2 Abs. 1 Nr. 5 Lichtbildwerke und nach § 2 Abs. 1 Nr. 6 Filmwerke, jeweils einschließlich ähnlich geschaffener Werke.

Unter einem **Lichtbildwerk** versteht man jedes Bild, das den Anforderungen des § 2   **236**
Abs. 2 genügt und für dessen Herstellung strahlungsempfindliche Schichten chemisch oder physikalisch durch Strahlung in einer Weise verändert wurden, dass eine Abbildung entsteht (*Möhring/Nicolini/Ahlberg* § 2 Rn 29 f.; *Schricker/Loewenheim* § 2 Rn 175). Werkcharakter kommt derartigen Bildern nach allg. Grundsätzen nur zu, wenn sie eine persönliche geistige Schöpfung darstellen. Fehlt es ihnen an der Schöpfungshöhe, spricht man von bloßen Lichtbildern. Sie sind nicht urheberrechtsschutzfähig, können aber Leistungsschutz nach § 72 genießen.

Daneben sind nach § 2 Abs. 1 Nr. 5 auch Werke geschützt, die **ähnlich wie Licht-**   **237**
bildwerke geschaffen werden. Dies sind alle Werke, also persönliche geistige Schöpfungen, die in anderer als der geschilderten Weise **unter Benutzung strahlender Energie hergestellt** werden (*BGH* NJW 1962, 1295 – AKI). Dafür kommt es maßgeblich auf den Vorgang der Entstehung des Bildes und nicht auf das zu seiner Reproduktion benutzte Verfahren an (*BGH* NJW 1962, 1295 – AKI). Das einzelne **Fernsehbild** genießt daher Schutz als ein Erzeugnis, das nach einem der Fotografie ähnlichen Verfahren hergestellt ist (*BGH* NJW 1962, 1295 – AKI). Fehlt es dem Bild an der Schöpfungshöhe, kommt ein Leistungsschutz nach § 72 in Betracht.

b) Persönliche Leistung. An einer persönlichen Leistung fehlt es bei vollautomati-   **238**
schen Verfahren, bei denen der Fotograf jegliche Einflussnahme auf das Bildprodukt aufgegeben hat. Eine persönliche Schöpfung liegt bei einer **Automatenfotografie** daher nur vor, wenn der fotografierte Mensch gestalterischen Einfluss auf die Fotografie nimmt, zB indem er eine bes. ungewöhnliche und von dem Automaten an sich nicht vorgesehene Aufnahmeposition einnimmt. IdR wird es einem solchen Lichtbild aber an der Schöpfungshöhe fehlen; dann kommt nur Leistungsschutz nach § 72 in Betracht. Ein **Satellitenfoto** genießt daher nur Schutz, wenn ausnahmsweise nachgewiesen werden kann, dass es von einer natürlichen Person unter bloßer Zuhilfenahme der Technik aufgenommen wurde (*LG Berlin* GRUR 1992, 270). Weder ein Lichtbildwerk iSd § 2 Abs. 1 Nr. 5 noch ein Lichtbild iSd § 72 ist die **Fotokopie**. Sie ist als bloße Vervielfältigung eines fremden Werkes (§§ 15 Abs. 1 Nr. 1, 16) keine persönliche Leistung. Das schließt nicht aus, dass ausnahmsweise auch einmal durch erstmaliges Zusammenfügen einzelner Teile auf dem Fotokopiergerät nach Art einer Collage die Fotokopie das Werkoriginal darstellt.

239 **c) Form und Inhalt.** Der Schutz eines Bildes als Lichtbild- oder ihm ähnliches Werk ist **unabhängig von der stofflichen Festlegung** des Bildes. Auch Bilder im Rahmen von Life-Sendungen, die körperlich nicht festgelegt sind und für das menschliche Auge erstmalig durch Wiedergabe auf dem Bildschirm des Empfangsgerätes sichtbar werden, genießen daher Urheberrechtsschutz (*BGH* NJW 1962, 1295 – AKI). Ebenso kommt es nicht auf das eingesetzte Verfahren an, sodass auch **digital oder elektromagnetisch** hergestellte Bilder Urheberrechtsschutz beanspruchen können (*Schricker/Loewenheim* § 2 Rn 176).

240 **d) Schöpfungshöhe.** Die notwendige Schöpfungshöhe (§ 2 Abs. 2) erreicht ein Lichtbild oder ein in einem ähnlichen Verfahren geschaffenes Bild nur, wenn es eine gewisse Individualität aufweist. Geschützt ist auch die **kleine Münze**, zu der nach der bisherigen Auffassung des *BGH* (NJW 1967, 723, 724 – skai-cubana) im Allgemeinen aber nicht die sog. **Gegenstandsfotografie** zählen soll. Dem kann nicht gefolgt werden. Die amtl. Begr. zum Entwurf eines (Vierten) Gesetzes zur Änderung des UrhG (BT-Drucks. 13/781, 10) verweist wegen des geltenden Gebots **richtlinienkonformer Auslegung** zu Recht ausdrücklich darauf, die Schutzvoraussetzungen für Werke der Fotografie seien künftig auch im Lichte des Art. 6 der umzusetzenden Richtlinie (93/98/EWG des Rates v. 29.10.1993 zur Harmonisierung der Schutzdauer des Urheberrechts und bestimmter verwandter Schutzrechte) zu bestimmen, der nur das Vorliegen einer eigenen geistigen Schöpfung verlange und andere Kriterien für die Beurteilung der Schutzfähigkeit ausschließe. Eine eigene geistige Schöpfung stellt die sog. kleine Münze aber in jedem Fall dar. In seiner Entsch. v. 3.11.1999 (WRP 2000, 203 ff. – Werbefotos) hebt der *BGH* demgemäß auch hervor, seit In-Kraft-Treten bereits des Dritten Gesetzes zur Änderung des UrhG v. 23.6.1995, durch welches die Richtlinie umgesetzt wurde, bedürfe es eines bes. Maßes an schöpferischer Gestaltung für den Schutz als Lichtbildwerk jedenfalls nicht mehr.

241 Die Abgrenzung zwischen Lichtbild und Lichtbildwerk ist im Allgemeinen ohne praktische Relevanz, weil Lichtbilder, die das erforderliche Maß an Schöpfungshöhe nicht erreichen, nach **§ 72** in entspr. Anwendung der für Lichtbildwerke geltenden Vorschriften geschützt werden. Bedeutsam wird sie vor allem in drei Bereichen: (1) Bei der für Lichtbilder und Lichtbildwerke unterschiedlich langen **Schutzdauer** (vgl § 72 Abs. 3 und § 64). (2) Wenn ein **Auslandsbezug** gegeben ist (näher die Kommentierung zu § 124). (3) Wenn die Rechtsverletzung aus der Zeit vor 1995 stammt (vgl *BGH* WRP 2000, 203, 205 – Werbefotos).

242 Die Schöpfungshöhe kann sich vor allem aus der **Motivauswahl**, der **Perspektive**, der Wahl des **Bildausschnitts** (vgl *OLG Köln* GRUR 2000, 43, 44) und der **Belichtung**, aber auch aus Veränderungen des Bildes bei der **Entwicklung** oder später ergeben. Urheberrechtsfähig können demnach insb. **retuschierte oder** aus mehreren Bildteilen **zusammengesetzte Bilder** sein. UU kommt neben dem Schutz als Lichtbildwerk hier auch Kunstschutz nach § 2 Abs. 1 Nr. 4, Abs. 2 in Betracht.

243 **Technische** Momente wie die Verwendung einer hochwertigen Kamera oder eines entspr. Filmes vermögen die Schöpfungshöhe hingegen nicht zu begründen.

244 **e) Beispiele. Urheberrechtsschutz genießt** wegen der originellen Perspektive die im Museum of Modern Art in Louisiana ausgestellte Farbfotografie ohne Titel der **Künstlerin** Cindy Sherman, welche eine von oben in das Bild hineinschauende Frau in Vollstatue zeigt. Auch **Werbefotos** können urheberrechtsgeschützt sein (vgl *BGH* WRP 2000, 203 ff. – Werbefotos). Die Fotografie einer männlichen Rückenansicht, die von vorne in Form einer für das Ballett untypischen, individuell gestellten „Klammerpose" von einer Frau umarmt wird, wurde als urheberrechtsgeschützt angesehen (*OLG Köln* GRUR 2000, 43 f.). Selbst durchschnittlich gute **Amateurfotografien** können als kleine Münze Urheberrechtsschutz genießen.

Keinen Urheberrechtsschutz sollen im Allgemeinen durchschnittliche **Urlaubsbilder** erhalten (*Schricker/Loewenheim* § 2 Rn 179). Angesichts der Schutzfähigkeit der kleinen Münze kann diese Auffassung nicht uneingeschränkt geteilt werden, vielmehr kommt es immer darauf an, ob das Bild noch individuelle Züge aufweist. **Zeitungsbilder von Tagesereignissen** sind meist nicht urheberrechtsgeschützt (*Schricker/Loewenheim* § 2 Rn 179); in Betracht kommt jedoch ein Leistungsschutz nach § 72. Der Urheberrechtsschutz eines selbsttätig vom **Satelliten** aufgenommenen Lichtbildes scheitert am Erfordernis der persönlichen Schöpfung (vgl *LG Berlin* GRUR 1990, 270). **245**

7. Filmwerke und ähnlich geschaffene Werke

a) Begriff. Unter einem Filmwerk iSd § 2 Abs. 1 Nr. 6, Abs. 2 versteht man eine **bewegte Bild- oder Bild-Tonfolge**, die durch Aneinanderreihung fotografischer oder fotografieähnlicher Einzelbilder den Eindruck eines bewegten Bildes entstehen lässt (*Schricker/Loewenheim* § 2 Rn 181; *Fromm/Nordemann/Hertin* Vor § 88 ff. Rn 3). Auch **Stummfilme** sind Filmwerke iSd § 2 Abs. 1 Nr. 6, Abs. 2, wenn sie persönliche geistige Schöpfungen darstellen. Voraussetzung für die Annahme eines Filmes ist aber zwingend das bewegte Bild, sodass die **Filmmusik als solche noch kein Filmwerk** darstellt. Bei vertonten Filmen bilden **Bild- und Tonteil eine Werkeinheit**. Sie bilden damit als Ganzes das „Filmwerk" iSd § 2 Abs. 1 Nr. 6 und nicht etwa ein verbundenes Werk iSd § 9 (*Schricker/Loewenheim* § 2 Rn 185; *Rehbinder* Rn 144; **aA** *Fromm/Nordemann/Vinck* 8. Aufl., § 2 Rn 77, anders in der Folgeauflage § 2 Rn 76). Daher ist die Wiedergabe des Filmwerks rechtlich (nur) als Vorführung (§ 19 Abs. 4) und nicht zugleich auch als Aufführung zu werten (vgl *Rehbinder* Rn 144; entgegen der dort geäußerten Ansicht kann auch der Entsch. *BGHZ* 67, 56 ff. – Schmalfilmrechte nichts anderes entnommen werden). **246**

Videospiele und Computerspiele sind als Filmwerke geschützt, wenn sie den Anforderungen an eine persönliche geistige Schöpfung genügen (*OLG Köln* GRUR 1992, 312, 313; *BayObLG* GRUR 1992, 508; *Rehbinder* Rn 128, 144; *Schricker/Loewenheim* § 2 Rn 183). Davon ist, wie bei anderen Filmen auch, schon bei der sog. kleinen Münze auszugehen (*Rehbinder* Rn 128). Liegen die Voraussetzungen des § 2 Abs. 2 nicht vor oder lassen sie sich nicht konkret beurteilen, steht dem Hersteller des Spiels außerdem Laufbilderschutz nach § 95 für das bewegte Bild zu (*OLG Köln* GRUR 1992, 312, 313; *BayObLG* GRUR 1992, 508; *Nordemann* GRUR 1981, 891, 893 f.; *Rehbinder* § 12 Rn 128) und kommt ein Schutz als Sprachwerk und wissenschaftliche oder technische Darstellung für die Benutzeroberfläche in Betracht (§ 2 Abs. 1 Nr. 1, Abs. 2). **247**

248 Sonstige **Multimediaprodukte** können, wenn sie die Voraussetzungen des § 2 Abs. 1 Nr. 6, Abs. 2 erfüllen, ebenfalls als Filmwerk Schutz genießen (*Kilian/Heussen/Hoeren* Kap. 141 Rn 52; hierzu schon oben Rn 163).

249 Vom Filmwerk zu unterscheiden sind die zu seiner Herstellung **benutzten Werke**, also insb. das Drehbuch oder die Filmmusik. Sie sind nicht Bestandteil des Filmwerks und gewähren dem Drehbuchautor und Filmkomponisten daher keine Miturheberrechte am Film. Ebenso wenig ist das Filmwerk ein verbundenes Werk der zu seiner Herstellung benutzten Werke (*Rehbinder* Rn 144; *Schricker/Loewenheim* § 2 Rn 185). Die zur Herstellung des Filmwerkes benutzten Werke genießen jedoch eigenständigen Urheberrechtsschutz zB als Sprach- oder Musikwerk. Ihr Urheber wird über § 23 geschützt, weil in der Herstellung des Filmes unter Benutzung anderer Werke eine Bearbeitung liegt. Bereits die Verfilmung bedarf nach § 23 S. 2 der Zustimmung der Urheber der benutzten Werke, also insb. des Komponisten der Filmmusik und des Drehbuchautors. Das Filmwerk darf ferner nach § 23 S. 1 nur mit Zustimmung der Urheber der bearbeiteten Werke veröffentlicht und verwertet werden. Hat ein Urheber eines bearbeiteten Werkes die Verfilmung gestattet, hat er damit dem Filmhersteller aber im Zweifel schon verschiedene Verwertungsrechte am Film eingeräumt (§ 88).

250 **b) Persönliche Leistung.** An einer persönlichen Leistung fehlt es, wenn die Verfilmung **selbsttätig durch Maschinen** oder Tiere erfolgt und deshalb kein Raum für eine eigene Leistung des Produzenten bleibt. So fehlt es beispielsweise bei einem **Satellitenfilm** an einer persönlichen Leistung. Ebenso wenig sind die Voraussetzungen an eine persönliche Leistung gegeben, wenn Forscher eine **laufende Kamera an einem Wal befestigen**, um nähere Informationen über das Leben im Ozean zu gewinnen. Hingegen steht es der Urheberrechtsschutzfähigkeit eines Filmes nicht entgegen, wenn der Urheber sich für die Filmherstellung der neusten **technischen Apparate samt Zubehör bedient**, solange er den verbleibenden Raum für eigene Filmgestaltungen nutzt, zB indem er das Motiv, die Perspektive oder den Filmrahmen auswählt. Auch in dem anschließenden **Cutten** eines Filmes liegt die Erbringung einer persönlichen Leistung. Der früheren Auffassung des *OLG Frankfurt* (GRUR 1983, 753, 756), nach welcher **Computerspiele** im Allgemeinen nicht urheberrechtsgeschützt sein sollen, weil der Geschehensablauf durch den Spieler gesteuert wird, kann nicht gefolgt werden, da sämtliche in Betracht kommenden Spielvarianten durch den Urheber vorgegeben und gespeichert sind (*OLG Hamm* NJW 1991, 2161; *BayObLG* GRUR 1992, 508, 509; *OLG Köln* GRUR 1992, 312, 313; *Nordemann* GRUR 1981, 891, 893; *Loewenheim* FS Hubmann, S. 321; *Schricker/Loewenheim* § 2 Rn 183).

251 **c) Inhalt und Form.** Das Filmwerk erhält die nach § 2 Abs. 1 Nr. 6, Abs. 2 erforderliche Form erst durch die **Dreharbeiten** und die damit verbundene Gestaltung der Bild- und Tonfolge. Vorher liegt selbst dann noch kein Filmwerk vor, wenn der Regisseur die Bild- und Tonfolgen gedanklich durchgespielt und sich für eine Version entschieden hat. Nicht erforderlich ist die Fixierung der Dreharbeiten, sodass auch **Life-Sendungen** als Filmwerk geschützt werden können (vgl *BayObLG* GRUR 1992, 508 f.).

252 Der geistige Inhalt eines Filmwerkes liegt in den durch das bewegte Bild ausgedrückten Gedanken, Gefühlen oder Stimmungen des Filmurhebers. Durch die Aneinanderreihung der Bilder vermag der Film einen Inhalt auszudrücken, der im einzelnen Bild nicht enthalten ist. Dies erst macht den Film zu einer eigenen Werkart (*Rehbinder* Rn 144). Beim **Spielfilm** liegt der geistige Inhalt im dargestellten Handlungsablauf. Beim **Dokumentarfilm** ergibt er sich aus der Dokumentation von Theorien, Fakten und Abläufen (hinsichtlich derer es jedoch im Allgemeinen an der Schöpfungshöhe fehlt) sowie der Auswahl, Zusammenstellung und Anordnung der einzelnen Elemente. Der **Werbefilm** gewinnt seinen Inhalt aus der zur Überzeugung des Verbrauchers eingesetzten Werbebotschaft.

d) Schöpfungshöhe. Nicht jeder Film ist auch ein Filmwerk iSd § 2 Abs. 1 Nr. 6, Abs. 2. Voraussetzung für die Annahme eines Filmwerkes ist vielmehr, dass dieses eine persönliche geistige Schöpfung darstellt. Nur **Filmteile**, welche diesen Anforderungen genügen, sind urheberrechtlich geschützt. **253**

Die erforderliche Schöpfungshöhe ist bereits gegeben, wenn der Film eine gewisse Individualität aufweist, an die keine erhöhten Anforderungen gestellt werden dürfen. Geschützt ist damit auch die sog. **kleine Münze** (*Schricker* GRUR 1984, 733; *Schricker/Loewenheim* § 2 Rn 188). Filmwerke unterscheiden sich von bloßen Laufbildern, welche allerdings nach § 95 bzw für einzelne Bilder nach § 72 (hierzu *LG Berlin* GRUR 1962, 207 ff.) Leistungsschutz genießen, durch die in ihnen verkörperte Individualität. Diese kann sich sowohl aus dem **Inhalt** als auch aus der **Form** des Filmes und sogar aus der **Auswahl, Anordnung und Sammlung des Stoffes** ergeben (vgl *BGH* NJW 1953, 1258, 1260 – Lied der Wildbahn I; NJW 1984, 2582, 2583 – Filmregisseur). **254**

Spielfilme werden häufig den für die Annahme eines Werkes erforderlichen schöpferischen Gehalt von Inhalt und/oder Form aufweisen. Denn die Möglichkeiten des Urhebers bei der Auswahl der Darsteller, der Ausdrucksmittel und im gelenkten Zusammenspiel derselben eröffnen bei dieser Werkform vielfältige Variationsmöglichkeiten, die hinreichend Raum für schöpferisches Tätigwerden lassen (*BGH* NJW 1953, 1258, 1260 – Lied der Wildbahn I). Die für die Annahme eines Filmwerks erforderliche persönliche geistige Schöpfung kann auch ein Film sein, der darauf abzielt, ein wirkliches Geschehen im Bild festzuhalten. Voraussetzung ist aber, dass der Film sich nicht in der bloß schematischen Aneinanderreihung von Lichtbildern erschöpft, sondern sich durch die Auswahl, Anordnung und Sammlung des Stoffes sowie durch die Art der Zusammenstellung der einzelnen Bildfolgen als das Ergebnis individuellen Schaffens darstellt (*BGH* NJW 1984, 2582, 2583 – Filmregisseur). **255**

Bei **Dokumentarfilmen** wird sich die Schöpfungshöhe im Allgemeinen nicht aus dem Inhalt ergeben, sondern kann nur in der Auswahl, Anordnung und Gestaltung der einzelnen Bildelemente liegen. Trotz des im Vordergrund des Filmes stehenden Zieles der Vermittlung wissenschaftlicher Informationen kann der Film dann schöpferisch sein, wenn er nicht aus einer bloßen Aneinanderreihung von Filmausschnitten, sondern aus einer eigenständigen Konzeption besteht, bei der einzelne Aspekte herausgehoben, erläutert und mit Kommentaren und Interviews versehen werden (*BGH* NJW 1984, 2582, 2583 – Filmregisseur; NJW 1987, 1408, 1409 – Filmzitat). **256**

Naturfilme beschränken sich im Allgemeinen auf die Wiedergabe der in der Wirklichkeit vorgegebenen Gegenstände und Naturereignisse und sind daher in der Formgebung weitgehend durch den Geschehensablauf in der Natur festgelegt. Bei ihnen **257**

kann die schöpferische Leistung daher nur in der Auswahl, Anordnung und Sammlung des Stoffes sowie der Art der Zusammenstellung der einzelnen Bildfolgen liegen (*BGH* NJW 1953, 1258, 1260 – Lied der Wildbahn I). Auch eine bes. Perspektive bei der Aufnahme eines Naturschauspiels kann im Einzelfall den Urheberrechtsschutz begründen. Häufig wird einem Naturfilm aber die erforderliche Schöpfungshöhe fehlen. Die bei der Aufnahme zB eines Vulkanausbruchs eingegangenen Risiken und Gefahren vermögen sie nicht zu begründen.

258 Der **Werbefilm** wird im Allgemeinen urheberrechtlichen Schutz genießen (*BGH* GRUR 1966, 390 – Werbefilm). Denn soll die Werbung ihren Zweck erfüllen, muss sie eigentümlich und individuell gestaltet sein, zB durch Wahl einer originellen Perspektive oder durch schöpferische Werbeinhalte. Werbeslogans allerdings hält die Rspr idR für zu kurz, als dass sie schöpferisch sein könnten.

259 **Urheberrechtsschutz sollen folgende Filme genießen:** Einem Film, in dessen Inhalt zwar die dokumentarisch genaue, informative Darstellung einer **Herzoperation** steht, bei dem aber einzelne Aspekte herausgehoben und erläutert sowie die Darstellung mit eingeblendeten Interviews und Gesprächen über die wesentlichen Begleitumstände verbrämt und so in der Auswahl, Anordnung und Zusammenstellung der Elemente schöpferisch gestaltet wird, soll Urheberrechtsschutz gewährt werden (*BGH* NJW 1984, 2582, 2583 – Filmregisseur). Gleiches gilt für einen ähnlich **gestalteten Dokumentarfilm, der sich mit der Entwicklung des Tonfilms** in Deutschland beschäftigt (*BGH* NJW 1987, 1408 f. – Filmzitat). Für eine Filmdokumentation der politischen, sozialen, wirtschaftlichen und gesellschaftlichen Verhältnisse Griechenlands kann Urheberrechtsschutz für die Auswahl und Anordnung der einzelnen dokumentarischen, der informativen und der dramaturgischen Elemente in Anspruch genommen werden. Ein **Werbefernsehfilm** über verschiedene Strick- und Trikotwaren kann urheberrechtsschutzfähig sein, selbst wenn er **mangelhaft** ist (vgl *BGH* GRUR 1966, 390 – Werbefilm). Der Schutz der kleinen Münze erfordert ferner die Gewährung von Urheberrechtsschutz für **Computerspiele**, sofern diese überhaupt eine gewisse Individualität aufweisen. Dass der Geschehensablauf auch durch den Spieler gesteuert wird, steht nicht entgegen, da sämtliche in Betracht kommenden Spielvarianten durch den Urheber vorgegeben und gespeichert sind (*OLG Hamm* NJW 1991, 2161; *OLG Köln* GRUR 1992, 312, 213; *BayObLG* GRUR 1992, 508, 509; *Nordemann* GRUR 1981, 891, 893*; Loewenheim* FS Hubmann, S. 318 ff.; *Schricker/Loewenheim* § 2 Rn 183; **aA** *OLG Frankfurt* GRUR 1983, 757 f.).

260 **Nicht urheberrechtsschutzfähig** sind unkünstlerische **Pornofilme.** Keinen Urheberrechtsschutz genießen idR Filmaufnahmen von **Sport- oder Tagesereignissen** (vgl *Rehbinder* Rn 144). Ebenso verhält es sich zumeist mit der Verfilmung einer **Theater- oder Opernaufführung,** da hier nur wiedergegeben wird, was sich vor dem Filmenden abspielt. Lediglich Laufbildschutz (§ 95) kann im Allgemeinen für **Tages- oder Wochenschauen** beansprucht werden, die über politische, wirtschaftliche und kulturelle Ereignisse berichten (vgl *LG Berlin* GRUR 1962, 207, 208; *v. Gamm* § 2 Rn 23 c; *Schricker/Loewenheim* § 2 Rn 187 mwN).

261 **e) Urheber.** Urheber eines Filmes ist derjenige, welcher die schöpferische Leistung des Filmes erbringt. Das ist in erster Linie der **Filmregisseur**, der das dem Filmvorhaben zugrunde liegende geistige Konzept in die filmische Bildform umsetzt (*BGH*

NJW-RR 1991, 429, 430 – Videozweitauswertung). Hingegen wird der **Theaterregisseur** von der **hM** lediglich als ausübender Künstler angesehen (*OLG Frankfurt* GRUR 1976, 199; *Schricker/Loewenheim* § 2 Rn 32 mwN). Letzteres erscheint vor dem Hintergrund, dass seine Tätigkeit der Darbietung im Allgemeinen vorausgeht, bedenklich (vgl *BGH* NJW 1984, 1110 – Tonmeister). Unerheblich ist, ob die Idee von dem Filmregisseur selbst stammt und ob er bei Abfassung des Drehbuchs und bei der Auswahl der Hauptdarsteller mitgewirkt hat (*BGH* NJW-RR 1991, 429, 430 – Videozweitauswertung). Hinsichtlich solcher Leistungen, die kein Urheberrecht begründen, kann der **Filmregisseur** außerdem ausübender Künstler sein (*BGH* NJW 1984, 2582, 2583 – Filmregisseur).

Neben dem Filmregisseur können vor allem die folgenden Personen Miturheber (§ 8)   **262** des Filmwerks sein: Der **Cutter** ist Miturheber, wenn er in schöpferischer Art und Weise zwischen mehreren Verfilmungen derselben Szene auswählen und/oder auf die Anordnung des Filmablaufs Einfluss nehmen kann. Der **Kameramann** wird zum Miturheber, wenn er von einem ihm gelassenen Spielraum zur schöpferischen Gestaltung bei den Aufnahmen, zB durch die Wahl einer originellen Perspektive oder bei den Lichtverhältnissen, schöpferisch Gebrauch macht. **Kostüm- und Maskenbildner** können Miturheber sein, wenn in der Herstellung oder Auswahl der Kostüme bzw Masken eine eigene schöpferische Tätigkeit ihrerseits liegt. Schöpferisch am Film mitwirken können darüber hinaus zB die **Darsteller**, die **Filmarchitekten** und die **Szenenbildner**. Auch der **Mischtonmeister** kann Miturheber des Filmes sein, wenn er das Klangbild in einer Weise beeinflusst, welche es die erforderliche Gestaltungshöhe erreichen lässt (*OLG Köln* ZUM 2000, 320, 324).

Nicht Miturheber des Filmes sind die Urheber der zur Filmherstellung verwandten   **263** Werke, weil sie keine schöpferische Leistung am Filmwerk selbst erbringen. Das sind vor allem der **Drehbuchautor** und der **Komponist der Filmmusik**. Sie haben lediglich die Rechte aus § 23. Für die Einräumung der Filmverwertungsrechte an den Filmhersteller durch Urheber der bearbeiteten Werke und Miturheber des Filmes sind die Vorschriften der §§ 88, 89 zu beachten.

8. Darstellungen wissenschaftlicher oder technischer Art

a) Begriff und Schutzumfang. Unter einer Darstellung wissenschaftlicher oder   **264** technischer Art versteht man jede **Darstellung in Fläche oder Raum, die eine wissenschaftliche oder technische Materie zum Gegenstand hat**. Dabei ist eine weite Auslegung vorzunehmen: Ausreichend ist, wenn die Darstellung geeignet ist, über wissenschaftlich oder technische Gegenstände iwS zu belehren und zu unterrichten, ohne dass dann noch eine entspr. Absicht des Urhebers festgestellt werden muss (*Reimer* GRUR 1980, 572, 576; *Rehbinder* Rn 139). Eine solche Darstellung kann kaum einen anderen Zweck als den der Belehrung über die genannten Inhalte haben (s. hierzu *Schulze* Die kleine Münze, S. 14 f. mwN). § 2 Abs. 1 Nr. 7 setzt ein subjektives Element auch nicht voraus, sondern stellt auf die „Art" der Darstellung ab.

Wissenschaftliche bzw technische Darstellungen sind zB Zeichnungen, Pläne, Kar-   **265** ten, Skizzen, Tabellen und plastische Darstellungen.

Darstellungen wissenschaftlicher oder technischer Art sind nach § 2 Abs. 1 Nr. 7   **266** dem Urheberrechtsschutz zugänglich, wobei nach § 2 Abs. 2 vorausgesetzt wird, dass diese Werke persönliche geistige Schöpfungen sind. Dem Umfang nach ist der Schutz auf die Darstellung als solche beschränkt. Daher ist, wenn für den Gegenstand der Darstellung nicht zusätzlich Urheberrechtsschutz nach § 2 Abs. 1 Nr. 1-6 beansprucht werden kann, lediglich die Verwertung der Darstellung nach § 2 Abs. 1 Nr. 7, Abs. 2 iVm §§ 15 ff. urheberrechtlich untersagt, nicht jedoch der Nachbau des dargestellten Gegenstandes.

267   **b) Form und Inhalt der Darstellung.** In der Form der Darstellung ist der Urheber nicht beschränkt. Die Darstellung kann zeichnerisch, in Schrift- oder Bildform, in Form von Tabellen oder auf andere Weise erfolgen. Auch **dreidimensionale** Darstellungen im Raum, zB ein Atommodell oder im Biologieunterricht verwandte Nachbildungen menschlicher Schädel in verschiedenen Entwicklungsstufen können unter § 2 Abs. 1 Nr. 7 fallen.

268   Der geistige Inhalt einer wissenschaftlichen oder technischen Darstellung ergibt sich im Allgemeinen aus der **Formgebung bzw dem Sammeln, Einteilen oder Anordnen des Stoffes** (vgl *BGH* GRUR 1980, 227, 230 – Monumenta Germaniae Historica; NJW 1986, 192, 196 – Inkasso-Programm). Bei einem technischen Regelwerk kann die schöpferische Leistung darüber hinaus auch in der **sprachlichen Vermittlung eines komplexen technischen Sachverhalts** liegen (*BGH* WRP 2002, 1177 – Technische Lieferbedingungen).

269   Der Auffassung, nach welcher das Werk je nach dem Gegenstand der Darstellung uU auch **Ausdruck der wissenschaftlichen oder technischen Meinung** des Urhebers sein muss (so *Rehbinder* Rn 140 für wissenschaftliche, insb. medizinische Lichtbilder), kann nicht gefolgt werden. Nachdem über das Erfordernis der persönlichen geistigen Leistung an die Urheberrechtsschutzfähigkeit der Darstellungen wissenschaftlicher und technischer Art in § 2 Abs. 1 Nr. 7, Abs. 2 hinaus keine weiteren, insb. inhaltlichen, Anforderungen an den Schutz der Darstellung als solcher gemacht werden, muss ausreichen, dass überhaupt eine wissenschaftliche oder technische Materie Gegenstand der Darstellung ist, unabhängig von der persönlichen Einstellung des Urhebers zu ihr (so schon Rn 264). Die relativ strengen Anforderungen an die Schutzfähigkeit einzelner Werke, nämlich von Lichtbildern, werden dadurch nicht ausgehebelt. Da bei wissenschaftlichen und technischen Darstellungen nur die Form der Darstellung, insb. die Sammlung, die Einteilung und die Anordnung des Stoffes, nicht jedoch deren Inhalt geschützt werden, genießt das Lichtbild als solches über § 2 Abs. 1 Nr. 7, Abs. 2 nämlich außerhalb des Zusammenhangs, in den es gestellt wurde, keinen Schutz (näher unten Rn 271 und 274).

270   **c) Schöpfungshöhe.** Nachdem die Darstellungen wissenschaftlicher und technischer Art ausdrücklich nach § 2 Abs. 1 Nr. 7 als urheberrechtsschutzfähig anerkannt werden, obwohl sie regelmäßig einem praktischen Zweck dienen, kann der Urheberrechtsschutz nicht schon mit der Begr. verneint werden, der Inhalt derselben sei nicht schöpferisch. Es reicht vielmehr aus, wenn eine individuelle, sich vom alltäglichen Schaffen abhebende **Geistestätigkeit in dem darstellerischen Gedanken** zum Ausdruck kommt (*BGH* NJW 1987, 337, 338 – Topographische Landeskarten).

271   Tatsächlich liegt aber bei der wissenschaftlichen oder technischen Darstellung die persönliche geistige Schöpfung des Urhebers in der Darstellung selbst, also in ihrer Formgestaltung (*BGH* NJW 1979, 1548 – Flughafenpläne; NJW 1986, 1045 – Elektrodenfabrik). **Nur die Form der Darstellung kann daher geschützt werden**. Dagegen bleibt der wissenschaftliche oder technische **Inhalt der Darstellung außer Betracht** (*BGH* NJW 1979, 1548, 1549 – Flughafenpläne; NJW 1986, 1045 – Elektrodenfabrik). Denn die wissenschaftliche Lehre und die technische Idee als solche sind nicht schutzfähig (hierzu oben Rn 49), weshalb die Urheberrechtsschutzfähigkeit von wissenschaftlichen oder technischen Darstellungen ihre Grundlage daher allein in der schöpferischen Form der Darstellung finden kann (*BGH* NJW 1979, 1548, 1549 – Flughafenpläne).

Die Anforderungen an die Schöpfungshöhe der Darstellung sind dabei gering (*BGH* NJW 1955, 1918, 1919 – Bebauungsplan; NJW-RR 1987, 750 – Werbepläne; NJW 1998, 3352, 3353 – Stadtplanwerk). Urheberrechtsschutz gewährt die Rspr (*BGH* NJW 1955, 1918, 1919 – Bebauungsplan) schon dann, wenn in der Abbildung überhaupt eine individuelle Geistestätigkeit zum Ausdruck kommt, selbst wenn das Maß der geistigen Leistung niedrig ist (*BGH* NJW 1955, 1918, 1919 – Bebauungsplan; NJW-RR 1987, 750 – Werbepläne). Bloß handwerkliches Vorgehen ist nicht ausreichend. Die Schöpfungshöhe kann sich aber schon aus einer ungewöhnlichen Farbgebung iVm bes. Übersichtlichkeit und Detailfülle ergeben (*BGH* NJW 1998, 3352, 3353 – Stadtplanwerk). Geschützt wird damit die sog. **kleine Münze**. | 272

Bei **Kartenwerken** kann die Schöpfungshöhe je nach Aufgabenstellung **unterschiedlich** sein (*BGH* NJW 1998, 3352, 3353 – Stadtplanwerk). Eng begrenzt ist sie bei Katasterkarten, weil der Raum für eine individuelle Gestaltungsweise hier sehr klein ist (*BGH* NJW 1998, 3352, 3353 – Stadtplanwerk). Nicht anders verhält es sich bei **Mietspiegeln** (vgl zu ihrer Urheberrechtsschutzfähigkeit auch *Müglich/Börstinghaus* NZM 1998, 353 ff.), die aber als Datenbank (§§ 87a ff.) Leistungsschutz genießen können. Etwas größer sind die Möglichkeiten für eine individuelle Darstellung bei topographischen Karten und noch etwas größer bei Stadtplanwerken (*BGH* NJW 1998, 3352, 3353 – Stadtplanwerk). Den größten Freiraum für schöpferische Tätigkeit hat der Grafiker bei thematischen Karten (*BGH* NJW 1998, 3352, 3353 – Stadtplanwerk). | 273

d) Schutzumfang. Allerdings folgt aus einem geringen Maß an Eigentümlichkeit auch ein entspr. enger Schutzumfang bei dem entspr. Werk (*BGH* NJW 1987, 337, 338 – Topographische Landeskarten; NJW 1998, 3352 – Stadtplanwerk). Hier kann sich die schöpferische Leistung nur aus der Art der Darstellung ergeben, weil die technische Idee als solche nicht schutzfähig ist (*BGH* NJW 1979, 1548 – Flughafenpläne; NJW-RR 1987, 750 – Werbepläne; NJW-RR 1991, 1189 – Explosionszeichnungen; NJW 1991, 1231, 1233 – Betriebssystem; NJW 1998, 3352, 3353 – Stadtplanwerk). **Es gibt keinen inhaltlichen Nachahmungs- oder Benutzungsschutz**, wie er zB bei Schriftwerken oder Werken der bildenden Kunst besteht (*BGH* NJW 1991, 1231, 1234 – Betriebssystem; NJW 1995, 3252, 3254 – Pauschale Rechtseinräumung; NJW 1998, 3352, 3353 – Stadtplanwerk). **Geschützt gegen Nachahmung ist nur die Darstellung, nicht jedoch das dargestellte Objekt** (hierzu oben Rn 271). | 274

e) Beispiele. Urheberrechtsschutz wurde einem **Bebauungsplan** zuerkannt, der die Anschlüsse an das schon vorhandene Siedlungsgebiet, die genaue Straßenführung, die Größe der Grünanlagen, die räumliche Einordnung und Stellung der vorgesehenen Siedlungsbauten sowie die Ausgestaltung der von den Gemeinden zu überlassen- | 275 den Geländeteile darstellte und eine ins einzelne gehende Aufgliederung eines Anschlussgeländes enthielt (*BGH* NJW 1955, 1918, 1919 – Bebauungsplan). **Pläne für die Aufteilung und Bebauung eines Siedlungsgeländes** genießen als technische Zeichnungen Urheberrechtsschutz, wenn in der Abbildung überhaupt ein darstellerischer Gedanke bes. Prägung zum Ausdruck kommt (*BGH* NJW 1955, 1918 – Bebauungsplan). Einer **Landkarte** oder einem **Stadtplan** kann Urheberrechtsschutz zukommen, wenn sie oder er als Ganzes eine in sich geschlossene eigentümliche Darstellung des Stadtgebietes enthalten (*BGH* NJW 1964, 2153, 2154 – Stadtplan; NJW 1998, 3352, 3353 – Stadtplanwerk). Darüber hinaus können Karten aber auch dann, wenn sie in der Gesamtkonzeption ihrer Gestaltung keine schöpferischen Züge aufweisen, urheberrechtlich schutzfähig sein, wenn das einzelne Kartenblatt oder der einzelne Kartenteil hinreichend individuell ist (*BGH* NJW 1998, 3352, 3353 – Stadtplanwerk). Bei der Beurteilung der Frage, ob eine solche kartographische Darstellung die Mindestanforderungen an die schöpferische Eigentümlichkeit erfüllt, darf kein zu enger Maßstab angewendet werden (*BGH* NJW 1998, 3352, 3353 – Stadtplanwerk). Der Schöpfungshöhe steht die Wahl herkömmlicher Darstellungsmittel nicht entgegen, sofern nur durch individuelle Auswahl und Kombination der bekannten Methoden insgesamt eine ausreichend eigentümliche Formgestaltung erzielt wird (*BGH* NJW-RR 1987, 750, 751 – Werbepläne). Eine **topographische Landeskarte** ist schutzfähig, wenn dem Kartographen iRd bei der Erstellung der Karte auszuführenden Arbeitsschritte hinreichend Spielraum für individuelle formgebende Leistungen verbleibt, weil er aus der Fülle der denkbaren Informationen des Kartenbenutzers bei guter Übersichtlichkeit und Lesbarkeit eine schöpferische Auswahl treffen muss (*BGH* NJW 1987, 337, 338 – Topographische Landeskarten). **DIN-Normen** können Urheberrechtsschutz als Schriftwerk iSd § 2 Abs. 1 Nr. 1 oder als Darstellungen wissenschaftlicher oder technischer Art nach § 2 Abs. 1 Nr. 7 genießen (*BGH* NJW-RR 1990, 1452 – DIN-Normen). Zur Frage des Ausschlusses nach § 5 s. dort. Ein **wissenschaftlicher Themenkatalog** kann Urheberrechtsschutz genießen, wenn er den Ausbildungsgegenstand auf der Grundlage der wissenschaftlichen Erfassung des Stoffs in bes. Weise betrachtet, zusammenfasst und ordnet, selbst wenn er sich dabei auf die Darstellung von Einzelfallpunkten beschränkt (vgl *BGH* NJW-RR 1990, 1513 – Themenkatalog). Maßgeblich ist nur, ob in dieser Form die Darstellung der Lerninhalte des Lernplans und deren Auswahl, Eingrenzung, Zusammenstellung und zeitlicher Ablauf eine eigene geistige Schöpfung iSd § 2 Abs. 2 darstellen (*BGH* NJW-RR 1990, 1513, 1514 – Themenkatalog). Der Urheberrechtsschutz einer **technischen Explosionszeichnung** nach § 2 Abs. 1 Nr. 7 wurde maßgeblich damit begründet, dass das Gestaltungsvermögen des Grafikers dadurch bes. gefordert werde, dass die Explosionszeichnung den Gegenstand der technischen Konstruktion zeichnerisch so in seine Einzelteile zerlegen müsse, dass sich dem Betrachter die Zusammensetzung, Anordnung und Funktion dieses Gegenstandes verständlich und anschaulich erschließe. Dabei steht dem Grafiker, weil keine DIN-Normen für Explosionszeichnungen existierten, die Wahl der Darstellungstechniken frei. Diesen Freiraum habe der Grafiker im maßgeblichen Fall genutzt und durch individuelle Auswahl und Kombination bekannter Methoden eine hinreichend eigentümliche Formgestaltung erzielt (*BGH* NJW-RR 1991, 1189 f. – Explosionszeichnungen). **Strick- und Häkelmuster** fallen unter § 2 Abs. 1 Nr. 7 und dürfen daher im Falle ihrer Schöpfungshöhe nicht ohne Erlaubnis des Urhebers im Internet verbreitet werden. Der **Bedienungs-anweisung** für eine Motorsäge wurde Urheberrechtsschutz nach § 2 Abs. 1 Nr. 7 zuerkannt, weil sie – zwar unter Zuhilfenahme bekannter Gestaltungsmittel, unter diesen jedoch auswählend und sie individuell kombinierend – dem Leser die Textinformationen zur Handhabung und Wirkungsweise der Motorsäge in einer von technisch-gestalterischem Vorstellungsvermögen getragenen Weise anschaulich und verständlich erschloss (*BGH* NJW 1992, 689, 691 – Bedienungsanweisung). **Overlays** genießen als Bestandteile computergestützter Planungs- und Verkaufshilfen Urheberrechtsschutz, wenn die konkret verwendeten Ausdrucksmittel im Hinblick auf Farbgebung und Symbolik, Positionierung und ordnende Zusammenstellung der einzelnen Elemente, deren Aufbau uÄ eine eigenschöpferische Prägung aufweisen (*OLG Köln* NJW-CoR 2000, 107 (LS)). **Mietspiegel** können nicht kraft ihres Inhalts, sondern nur kraft ihrer originellen Darstellungsform schutzfähig sein (s. zu ihrer Urheberrechtsschutzfähigkeit auch *Müglich/Börstinghaus* NZM 1998, 353). **Technische Lieferbedingungen** können urheberrechtsgeschützt sein (*BGH* WRP 2002, 1177 – Technische Lieferbedingungen).

Nicht unter § 2 Abs. 1 Nr. 7 fallen **Verkaufs- und Warenprospekte**, weil es ihnen am belehrenden Charakter mangelt. Aus dem gleichen Grund werden etwa **Holzschnitte** und **Designs** nicht erfasst. Auch das Erstellen des **Literaturverzeichnisses** ist nicht urheberrechtsgeschützt.   276

9. Neue Medien

Die neuen Medien sind nicht auch gleichbedeutend mit neuen Grundsätzen im Urheberrecht. „Multimedia" ist also insb. keine neue Werkgattung (hierzu *Loewenheim* GRUR 1996, 830, 831 f.; **aA** *Schack* MMR 2001, 9, 12). Vielmehr gelten hier, also insb. im Bereich des Internet, die **alten Grundsätze** fort (hierzu näher oben Rn 163).   277

Rein maschinell oder ausschließlich durch den **Computer** erstellte Leistungen sind daher mangels persönlicher Leistung nicht urheberrechtsgeschützt.   278

Die erforderliche **Form** weist eine Leistung auf, wenn sie in irgendeiner Form in Erscheinung tritt. Das ist schon dann der Fall, wenn die Leistung auf der Festplatte oder einem Datenträger gespeichert wird, als **E-Mail** oder **E-Book** vorliegt oder im Internet einsehbar oder sogar als **Print on Demand-Nutzung** erhältlich ist. Die Digitalisierung eines Werkes verändert dessen Identität nicht (näher § 16 Rn 28). Auch die in **MP3-Dateien** komprimierte Musik ist im Allgemeinen urheberrechtsgeschützt (vgl auch *Malpricht* NJW-CoR 2000, 233). Bei elektronischen Printmedien ist jeweils für den einzelnen Wort- bzw Bildbestandteil zu prüfen, ob er die Voraussetzungen des § 2 erfüllt (*Katzenberger* AfP 1997, 434, 435).   279

Die **Website** als solche ist nicht urheberrechtsgeschützt, weil es ein Werk „Website" nicht gibt. Auch ein Schutz des Ganzen als Filmwerk scheidet meist aus, da die Website statisch ist. Die einzelnen Bestandteile der Website können jedoch nach den für die einzelnen Werkkategorien der § 2 Abs. 1 entwickelten Grundsätzen geschützt werden; auch kann die graphische Gestaltung der Website ein Werk der angewandten Kunst (*OGH* Urt. v. Juli 2001, Az: 4 Ob 94/01d) und die Struktur der **Benutzeroberfläche** als Darstellung nach § 2 Abs. 1 Nr. 7 geschützt sein (zum Ganzen näher *Plaß*   280

WRP 2000, 599, 600 f. mwN; vgl *OLG Düsseldorf* MMR 1999, 729 ff. mit Anm. *Gaster*; **aA** *Schack* MMR 2001, 9, 12). Vorsicht ist bei der Übernahme kleiner Elemente auch deshalb geboten, weil sie als **Marke** in das Markenregister eingetragen worden sein können.

281   Das **Computerprogramm** ist von der Website, die es aktiviert, zu unterscheiden und genießt im Allgemeinen nach §§ 2 Abs. 1 Nr. 1, 69a ff. Schutz. „Computerprogramm" sind aber nur solche Arbeitsanweisungen an den Computer, die einen Ablauf bewirken, sodass das Arbeitsergebnis selbst nicht über den Computerwerkschutz geschützt ist (näher oben Rn 194 ff. und die Kommentierung zu § 69a).

282   Die Auswahl und Anordnung sog. **Buttons**, **Banners** und sonstigen Gestaltungen mit Hilfe eines **Editor-Programms**, das entspr. Vorschläge unterbreitet, stellt sich meist nur als rein mechanische Tätigkeit dar; auch ein Schutz als Datenbankwerk kommt dann nicht in Betracht. Nichts anderes kann für **Werbekonzeptionen** gelten. Die Gegenauffassung, die Werbekonzeptionen schützen will (*Schricker* GRUR 1996, 815, 821, 823 f.), muss sich auch entgegen halten lassen, dass Werbekonzeptionen in sich so vielgestaltig sind, dass es die für die Annahme eines einzigen komplexen Werkes „Werbekonzeption" erforderlichen typischen Grundzüge nicht gibt.

283   **Overlays** als Bestandteile computergestützter Planungs- und Verkaufshilfen im Bereich des Absatzes von Möbelprogrammen können urheberrechtsschutzfähig nach § 2 Abs. 1 Nr. 7 sein (*OLG Köln* NJW-CoR 2000, 107 (LS)).

IV. Sondervorschriften

1. Allgemeines

284   § 2 erg. oder einschränkende Bestimmungen gelten für Bearbeitungen (§§ 3, 23, 69c Ziff. 2), Sammelwerke (§§ 4, 38, 55a) und amtl. Werke (§ 5).

2. Verhältnis zu den Vorschriften über Sammelwerke (§ 4)

285   Der Werkschutz nach § 2 und der Schutz als Sammelwerk iSd § 4 **schließen sich nicht aus** (vgl *BGH* GRUR 1982, 37, 39 – WK-Dokumentation). So kann zB ein **Dokumentationsband** Urheberrechtsschutz als Sprachwerk iSd § 2 Abs. 1 Nr. 1 genießen und darüber hinaus als Sammelwerk iSd § 4 geschützt sein (*BGH* GRUR 1982, 37, 39 – WK-Dokumentation). Der Schutz nach § 2 Abs. 1 Nr. 1 erstreckt sich dabei auf die Werkteile, welche, sei es in der Gedankenformung und -führung, sei es in der Form und Art der Sammlung, der Einteilung und Anordnung des dargebotenen Stoffs, eine persönliche geistige Schöpfung darstellen. Daneben und darüber hinaus genießt die in der Auslese und Anordnung von Tatsachenberichten liegende Tätigkeit Schutz nach § 4 (vgl *BGH* GRUR 1982, 37, 39 – WK-Dokumentation).

§3 Bearbeitungen

Übersetzungen und andere Bearbeitungen eines Werkes, die persönliche geistige Schöpfungen des Bearbeiters sind, werden unbeschadet des Urheberrechts am bearbeiteten Werk wie selbständige Werke geschützt. Die nur unwesentliche Bearbeitung eines nicht geschützten Werkes der Musik wird nicht als selbständiges Werk geschützt.

Literatur: *Bielenberg* Anmerkung zu BGH GRUR 1972, 143 – Biografie: Ein Spiel, GRUR 1972, 146; *Grossmann* Die Schutzfähigkeit von Bearbeitungen gemeinfreier Musikwerke: §3 Satz 2 UrhG, Schriftenreihe UFITA, Bd 129, 1993; *Nordemann, W.* Ist Martin Luther noch geschützt? Zum urheberrechtlichen Schutz revidierter Bibeltexte, FS Vieregge, 1995, S. 677; *Will* Merchandising mit fiktiven Figuren, WRP 1996, 652.Übersicht

Übersicht

I. Gesetzesgeschichte und Regelungsgehalt

§3 ist im Zusammenhang mit §§ 16, 23, 24 zu lesen. Die Vorschriften lösen in ihrer **1** Gesamtheit den Konflikt zwischen den Interessen des Urhebers am Schutz seines Werkes einerseits und den Interessen Dritter an einer auf dem Werk aufbauenden Leistung andererseits.

§16 stellt klar, dass der Urheber eine unveränderte oder nur geringfügig modifizierte **2** Nachschaffung seines Werkes durch Dritte nicht zu dulden braucht. Sie würde sein Interesse an der Verwertung des Werkes übermäßig einschränken.

Umgekehrt wird dieses Interesse des Urhebers durch die Verwendung seiner Leis- **3** tung als bloßen Anstoß für fremdes Werkschaffen kaum beeinträchtigt. Gegen sie kann er sich folglich auch nicht zur Wehr setzen (**§24**).

Zwischen diesen beiden Extrembereichen liegt die Masse des auf fremdem Werk- **4** schaffen aufbauenden Schaffens Dritter. Für sie stellt **§3** klar, dass der Umstand allein, dass eine schöpferische Tätigkeit an fremdes Werkschaffen anknüpft, ihren Urheberrechtsschutz nicht ausschließt. Vielmehr genießen nach §3 auch unfreie, abhängige Schöpfungen Urheberrechtsschutz gegenüber jedermann, wenn sie nur die Voraussetzungen des Werkbegriffs nach § 2 erfüllen (*BGH* NJW 1958, 1587 – Mecki-Igel I).

5   Zum Schutze des Urhebers des bearbeiteten Werkes greift jedoch **§ 23** ein. Danach bedürfen die Verwertung und unter bestimmten Umständen sogar die Herstellung der Bearbeitung seiner Zustimmung. Dadurch kann er verhindern, dass der wirtschaftliche Nutzen seines Werkes durch eine Bearbeitung desselben abnimmt, etwa weil die Attraktivität eines Erwerbs des Originals sinkt oder von der (schlechten) Bearbeitung sogar negative Auswirkungen auf das Originalwerk ausgehen.

6   Eine § 3 entspr. Vorschrift enthielten schon § 2 Abs. 1 S. 2 LUG und § 16 KUG (jeweils in der zuletzt gültigen Fassung; vgl auch *BGH* NJW 1952, 662, 663 – Parkstraße 13; NJW 1958, 1587, 1588 – Mecki-Igel I; NJW 1968, 594 – Haselnuss).

7   Der Schutz der Bearbeitung ist unabhängig davon, ob das bearbeitete Werk ein Erstwerk oder seinerseits die Bearbeitung eines anderen Werkes ist. Bei der stufenweisen Bearbeitung bleiben auch die **Bearbeitungen der weiteren Stufen** unter den Voraussetzungen des § 2 geschützt, so zB Max Brods Dramatisierung des nach dem Roman einer tschechischen Autorin geschriebenen Werkes „Das Schloss" von Franz Kafka (*Fromm/Nordemann/Vinck* § 3 Rn 1).

8   Zur Frage des Verhältnisses des § 3 zu anderen Vorschriften su Rn 46 ff.

II. Begriff der Bearbeitung

1. Allgemeines

9   Die Bearbeitung ist **eine Form der Umgestaltung** eines Werkes (*BGH* NJW-RR 1990, 1061, 1064 – Bibelreproduktion). Das folgt aus § 23 S. 1, der von „Bearbeitungen oder anderen Umgestaltungen" spricht und die Bearbeitung damit als Unterfall der Umgestaltung ansieht (vgl *BGH* NJW-RR 1990, 1061, 1064 – Bibelreproduktion). Damit setzt die Bearbeitung begrifflich eine Veränderung des Originalwerkes voraus (*BGH* NJW 1987, 1404 – Oberammergauer Passionsspiele I). Die unveränderte Übernahme eines Werkes ist weder Bearbeitung noch sonstige Umgestaltung, sondern Vervielfältigung iSd § 16 (zur Abgrenzung zwischen §§ 3, 23 und § 16 s. Rn 51 f.). Eine Bearbeitung kann aber ausnahmsweise auch dann gegeben sein, wenn ein Werk unverändert in ein anderes Werk derart **integriert** wird, dass es als dessen Teil erscheint (*BGH* NJW 2002, 552 – Unikatrahmen). Daher hat der *BGH* (NJW 2002, 552 – Unikatrahmen) einen Verstoß gegen §§ 14, 23 Abs. 1 darin gesehen, dass der zum Vertrieb von Kunstdrucken urheberrechtsgeschützter Gemälde befugte Vertragspartner des Urhebers die Drucke in von Dritten gestaltete Rahmen einfügte, die nach den aufgemalten Motiven jeweils in bes. Weise den Bildern angepasst waren. Wesentliches Argument hierfür war der Umstand, dass wegen der Ausgestaltung der Rahmen der Eindruck eines einheitlichen Ganzen entstand (*BGH* NJW 2002, 552, 555 f. – Unikatrahmen).

10   Weder die Digitalisierung von Werken (*Schricker/Loewenheim* § 23 Rn 6) noch die bloße Aneinanderreihung von Originalwerken (*BGH* NJW-RR 1990, 1061, 1064 – Bibelreproduktion) ist „Bearbeitung" iSd §§ 3, 23.

Das umgestaltete Werk muss **nicht notwendig von einer anderen Person** stammen. 11
Wer ein eigenes Werk umgestaltet, kann unter den Voraussetzungen des § 3 neben
dem Urheberrechtsschutz für das erstgenannte Werk Schutz auch für die Bearbeitung
erlangen. Hatte er einem Dritten vor der Bearbeitung eine entspr. Lizenz am Originalwerk eingeräumt, bedarf die Veröffentlichung und Verwertung und unter den
Voraussetzungen des § 23 S. 2 sogar die Herstellung der Bearbeitung dessen Zustimmung (näher § 23 Rn 8 ff.).

2. Urheberrechtsschutzfähigkeit des Originals

„Bearbeitung eines Werkes" iSd § 3 kann begrifflich nur das sein, was **einem** 12
„Werk" nachgebildet ist **oder auf diesem aufbaut.** Das setzt voraus, dass die vorangegangene Leistung urheberrechtsschutzfähig iSd § 2 ist, also persönlich erbracht
wurde und einen bestimmten Inhalt in einer gewissen Form mit Schöpfungshöhe aufweist (vgl *BGH* NJW 1989, 618, 619 – Bauaußenkante). Keine Bearbeitung, sondern
originäres Schaffen ist die Umgestaltung eines gemeinfreien Stoffes, zB eines historischen Ereignisses. Auch die Umsetzung einer Idee ist keine Bearbeitung, weil die
Idee keinen Werkschutz genießt (s. Rn 47). Hat die Idee hingegen hinreichend konkrete Umsetzung erfahren, zB indem die Idee zu einem neuen Film in einem Exposé
verkörpert wurde, kann je nachdem, ob ein gemeinsames oder vielmehr voneinander
unabhängiges, sukzessives Schaffen vorliegt, eine nach § 3 geschützte Bearbeitung
oder aber Miturheberschaft vorliegen (vgl *BGH* GRUR 1963, 40, 42 – Straßen – gestern und morgen; **aA** *Schricker/Loewenheim* § 3 Rn 9, der stets von einer Bearbeitung ausgehen will).

3. Abhängigkeit der Bearbeitung vom Originalwerk

Eine angebliche Nachschaffung eines Werkes kann begriffsnotwendig nur dann Be- 13
arbeitung (§§ 3, 23) sein, wenn sie in Benutzung des früheren Werkes geschaffen
wurde, in ihr also die schöpferischen Elemente des Ausgangswerkes wiederkehren
(*BGH* NJW 1960, 1055, 1056 – Kommentar; GRUR 1970, 250, 251 – Hummel III;
NJW-RR 1991, 812 – Brown Girl II; *OLG Frankfurt* WRP 1992, 385). Ob diese Voraussetzungen vorliegen, richtet sich im Wesentlichen danach, ob und in welchem
Grade das neue von dem früheren Werk **abhängig** ist und inwieweit deshalb das frühere Werk in dem neuen Werk wiedergegeben wird (*BGH* NJW 1960, 1055, 1056 –
Kommentar).

Die Betrachtung ist **vom Standpunkt eines Betrachters** aus zu beurteilen, der das 14
benutzte Werk kennt, aber auch das für das neue Werk erforderliche intellektuelle
Verständnis besitzt (*BGH* NJW 1993, 2620 – Alcolix).

Abzustellen ist auf die **schöpferischen Wesenszüge** und Eigenheiten der Werke, 15
weil die nicht urheberrechtlich geschützten Elemente eines Werkes ohnehin frei sind
und übernommen werden dürfen (*BGH* NJW 1960, 1900, 1901 – Eisrevue I; GRUR
1972, 143, 144 – Biografie: Ein Spiel; GRUR 1978, 305, 306 – Schneewalzer). Ur-
heberrechtsfreie Elemente wie der Stil, die Manier und, je nachdem, ob es schöpferisch ist, auch das Motiv, dürfen ohnehin benutzt werden (vgl *BGH* GRUR 1981,
520, 521 – Fragensammlungen; GRUR 1982, 37, 39 – WK-Dokumentation; s. auch
Rn 45 ff.). Gleiches gilt für Werkteile, die aus sonstigen Gründen nicht urheberrecht-

lich geschützt sind, zB weil ihnen die eigenpersönliche Prägung fehlt (*BGH* GRUR 1978, 305, 306 – Schneewalzer).

16   Für die Beurteilung, ob eine Bearbeitung vorliegt, sind die **schöpferischen Eigentümlichkeiten** des Originalwerks **in ihrer Gesamtheit** mit den Elementen des jüngeren Werks **zu vergleichen** (*BGH* GRUR 1970, 250 ff. – Hummel III; NJW 1987, 1081 – Warenzeichenlexika; NJW 1989, 386 – Fantasy; NJW-RR 1991, 812 – Brown Girl II; NJW 1998, 3352, 3353 – Stadtplanwerk). Maßgeblich ist eine **Gesamtschau**; eine zergliedernde Einzelbetrachtung ist unzulässig (*BGH* NJW 1960, 1055, 1056 – Kommentar; NJW-RR 1987, 1081 – Warenzeichenlexika; NJW-RR 1991, 810 f. – Brown Girl I; NJW-RR 1991, 812 – Brown Girl II). Der Gesamteindruck stellt dabei das Resultat und nicht die Summe der einzelnen Elemente dar, deren Analyse demnach die Aufhellung dessen ist, was zum Gesamteindruck beiträgt (*BGH* NJW-RR 1991, 812, 814 – Brown Girl II). Auch dann, wenn die einzelnen Elemente für sich genommen nur geringe Individualität erkennen lassen, kann folglich eine Bearbeitung vorliegen (*BGH* GRUR 1991, 812, 814 – Brown Girl II).

17   **Verblassen** die übernommenen schöpferischen Eigentümlichkeiten des Originalwerks durch die schöpferische Eigenart des nachgeschaffenen Werkes, liegt keine Bearbeitung, sondern eine freie Benutzung nach § 24 vor (*BGH* GRUR 1980, 853, 854 – Architektenwechsel; GRUR 1981, 267, 269 – Dirlada; zur Abgrenzung von der freien Benutzung näher Rn 28). Die **Bezeichnung** der Werke spielt dabei keine Rolle. Wird ein Gesetz oder int. Abkommen durch ein anderes ersetzt, so kann ein Erläuterungswerk zu dem neuen Gesetz oder Abkommen deshalb eine abhängige Bearbeitung eines früheren Erläuterungswerks zu dem aufgehobenen Gesetz oder Abkommen darstellen (*BGH* NJW 1960, 1055 – Kommentar). Keine Bearbeitung ist auch die Schaffung eines Werkes durch **Miturheber** (§ 8) oder die **Verbindung selbständiger Werke** (§ 9). Hier fehlt es am für die Bearbeitung erforderlichen Abhängigkeitsverhältnis.

4. Schöpfungshöhe der Bearbeitung kein zwingendes Erfordernis

18   Zumeist wird das Vorliegen einer Bearbeitung in Abgrenzung von der sonstigen Umgestaltung weitergehend davon abhängig gemacht, dass die entspr. **Änderungen am fremden Werk schöpferisch** sind (so *Fromm/Nordemann/Vinck* § 3 Rn 2 und § 23 Rn 1; *Rehbinder* Rn 151; unklar *BGH* NJW-RR 1990, 1061, 1064 – Bibelreproduktion, wo die Subsumtion unter den Begriff der Bearbeitung als „Umgestaltung eines als Vorlage benutzten Werkes" mit dem Ergebnis schließt, die zu prüfende Arbeit stelle eine „eigenschöpferische Bearbeitung" nicht dar). Dabei wird der **Unterschied zwischen dem Begriff der Bearbeitung und deren Schutz** nach § 3 **vermischt**. „Bearbeitung" iSd § 3 ist jede Leistung, welche die oben unter Ziff. 1-3 aufgeführten Voraussetzungen erfüllt; geschützt wird sie nach § 3 aber nur, wenn sie – wie jedes andere selbständige Werk – eine „persönliche geistige Schöpfung" des Bearbeiters ist. Der einschränkende Relativsatz erklärt sich also nur, wenn der Begriff der Bearbeitung grds auch Umgestaltungen erfasst, welche nicht schöpferisch sind.

19   Die Bearbeitung ist von der **„anderen Umgestaltung"** des § 23 S. 1 abzugrenzen, die in § 3 nicht eigens erwähnt wird. Nach der Gesetzesbegründung (amtl. Begr. BT-Drucks. IV/270, 51) sollen dies Plagiate und solche Werke sein, welche gegenüber der Vorlage keine freie, selbständige Schöpfung darstellen. Wie *Nordemann/Vinck*

(in: *Fromm/Nordemann* § 23 Rn 1) zutr. herausstellen, liegt dem ein Denkfehler zugrunde. Denn wie sich im Umkehrschluss aus § 24 ergibt, werden mit dem Begriff der „Bearbeitung" in § 23 S. 1 gerade solche Umgestaltungen erfasst, die gegenüber der Vorlage kein selbständiges Werk und damit keine freie Benutzung iSd § 24 darstellen. Wäre es richtig, dass derartige Werkänderungen immer „andere Umgestaltungen" iSd § 23 S. 1 wären, käme dem Begriff der „Bearbeitung" in § 23 S. 1 keine eigene Bedeutung mehr zu.

Nicht gefolgt werden kann aber auch der Auffassung, die den Unterschied zwischen Bearbeitungen und anderen Umgestaltungen darin sehen möchte, dass die Bearbeitung dem Werk dient und es einem veränderten Zweck anpassen will, während dies bei anderen Umgestaltungen nicht der Fall sei (so *Möhring/Nicolini/Ahlberg* § 3 Rn 4; *Schricker/Loewenheim* § 23 Rn 4). Sie führt dazu, dass trotz gleicher Interessenlage zweckorientierte Umgestaltungen bei Vorliegen von Schöpfungshöhe nach § 3 wie selbständige Werke geschützt werden, andere Umgestaltungen mit Schöpfungshöhe jedoch nicht. Die von *Loewenheim* (*Schricker/Loewenheim* § 3 Rn 4) vorgeschlagene entspr. Anwendung des § 3 auf die letztgenannten Werke steht nicht in Einklang mit dem Wortlaut dieser Bestimmung.   **20**

Der Unterschied zwischen einer „Bearbeitung" und einer „anderen Umgestaltung" ist vielmehr mit dem allg. Sprachgebrauch in dem **Maß** zu sehen, in welchem auf das fremde Werk unter Einsatz **individuellen Schaffens** eingewirkt wird. Während unter einer „Bearbeitung" eine solche Veränderung eines fremden Werkes zu verstehen ist, bei welcher das fremde Werk unter Einsatz individuellen, aber nach dem Gesagten (Rn 18) nicht notwendig auch schöpferischen Schaffens verändert wird (so aber *Fromm/Nordemann/Vinck* § 23 Rn 1; *Rehbinder* Rn 151; *v. Gamm* § 24 Rn 2), fallen unter den Begriff der „anderen Umgestaltung" alle sonstigen und daher **schwerpunktmäßig reproduzierenden Werkveränderungen**. Diese Dichotomie findet sich in § 23 S. 2 wieder, der sowohl Werkänderungen – wie die Verfilmung – aufzählt, bei denen der Bearbeiter unabhängig von der Schöpfungshöhe der Bearbeitung eine maßgebliche individuelle Leistung erbringt, als auch solche Veränderungen fremder Werke – wie den Nachbau eines Bauwerks – nennt, bei denen der Schwerpunkt auf der Reproduktion liegt. Indem die letztgenannten Werkänderungen trotz der inzwischen anerkannten weiten Fassung des Vervielfältigungsbegriffs des § 16 in § 23 genannt werden, **schließt der Gesetzgeber die Lücke zu § 16**: Ist eine schwerpunktmäßig reproduzierende Werkveränderung so umfangreich, dass sie nicht mehr vervielfältigt, steht dem Urheber trotzdem, nämlich über § 23, das Recht zu, sie zu verbieten. Ein Beispiel wäre die nach dem Zufallsprinzip vorgenommene Zerlegung eines Schriftwerkes in einzelne Sätze und deren computergestützter Neuzusammensetzung, die keine bloße Vervielfältigung ist, aber auch keine hinreichende Individualität aufweist, um als Bearbeitung angesehen zu werden, jedoch über den Begriff der „anderen Umgestaltung" vom Verwertungsverbot des § 23 erfasst wird.   **21**

Die hier zugrunde gelegten Begriffsdefinitionen **erklären auch, weshalb** der Terminus **„andere Umgestaltungen" in § 3 nicht genannt** ist. Da nämlich der Schwerpunkt der Werkänderung bei einer „anderen Umgestaltung" auf der Reproduktion liegt und demnach für individuelle Veränderungen, wie bei der Ausführung eines Bauwerkes, nur sehr geringer Spielraum besteht, gibt es keine „anderen Umgestal-   **22** tungen" mit Schöpfungshöhe. Folglich bedurfte es der Aufnahme dieser Werkänderungen in § 3 nicht.

III. Voraussetzungen für den Schutz der Bearbeitung als selbständiges Werk

1. Allgemeines

23   Nach § 3 S. 1 genießt eine Bearbeitung wie ein selbständiges Werk Schutz, wenn sie eine persönliche geistige Schöpfung darstellt. Unter einer Bearbeitung versteht man dabei die Umgestaltung eines fremden Werkes, die unter Einsatz individuellen, wenn auch nicht notwendig schöpferischen Schaffens erfolgt. Zur näheren Begr. so Rn 18 ff. Der Begriff der Bearbeitung ist unabhängig von der Frage der Schöpfungshöhe der Umgestaltung. Eigenständig geschützt ist eine Bearbeitung nach § 3 aber nur, wenn sie alle Voraussetzungen des Werkschutzes nach § 2 erfüllt. Das gilt auch für die Übersetzung, die in § 3 als bes. Beispiel einer Bearbeitung aufgeführt wird. Auch eine Übersetzung wird demnach nur dann geschützt, wenn sie Werkcharakter hat. Freilich wird dies im Allgemeinen der Fall sein, wenn es sich nicht um ganz einfache Übertragungen in eine fremde Sprache handelt (ebenso *Fromm/Nordemann/Vinck* § 3 Rn 5 mwN; *Schricker/Loewenheim* § 3 Rn 21).

2. Werkcharakter der Bearbeitung

24   Ob eine Bearbeitung den für ihren Schutz nach § 3 erforderlichen Werkcharakter aufweist, ist **nach den zu § 2 entwickelten Grundsätzen** zu beurteilen (vgl *BGH* GRUR 1972, 143, 144 – Biografie: Ein Spiel; NJW-RR 1991, 812 – Brown Girl II). Wegen der allg. Voraussetzungen wird auf die Kommentierung zu § 2 verwiesen. Abgrenzungsschwierigkeiten ergeben sich hier vor allem insoweit, als es um die Frage der gegenüber dem Ausgangswerk eigenen Schöpfungshöhe der Bearbeitung geht.

25   IRd Prüfung, ob eine Bearbeitung **schöpferisch** iSd §§ 2 Abs. 2, 3 ist, sind strenge Maßstäbe anzulegen. **Je schöpferischer das Ausgangswerk ist, um so schwerer** wird eine eigenschöpferische Qualität der Bearbeitung zu erzielen sein (*BGH* GRUR 1972, 143, 144 – Biografie: Ein Spiel; vgl GRUR 1978, 305, 306 – Schneewalzer). Bei **wissenschaftlichen Arbeiten** kann allerdings uU ein enger Schutzrahmen des Originals zugrunde zu legen sein, wenn sonst die wissenschaftliche Behandlung des Themas unzumutbar erschwert werden soll (*BGH* GRUR 1981, 352, 355 – Staatsexamensarbeit).

26   Bei der Beurteilung der Frage, welcher Eigentümlichkeitsgrad erforderlich und ausreichend ist, kommt es nicht auf die subjektive Meinung und Willensrichtung des Bearbeiters an, sondern auf **die mit der Werkgattung einigermaßen vertrauten und bewanderten Verkehrskreise** (*BGH* GRUR 1980, 853, 854 – Architektenwechsel). Anders hatte der BGH im Jahre 1960 für den Spezialfall der Bearbeitung bzw freien Benutzung eines literarischen Werkes durch den Verfasser des Originalwerks entschieden (*BGH* NJW 1960, 768 – Naher Osten; etwas anders dann *BGH* GRUR 1972, 143, 145 – Biografie: Ein Spiel: auf die subjektiven Ansichten des Verfassers komme es „nicht entscheidend" an. Diese Einschränkung übersehend *Bielenberg* GRUR 1972, 146).

27   Rein technisch bedingte oder jedermann **geläufige Änderungen** gegenüber dem Originalwerk sind nicht geeignet, den Werkcharakter der neuen Leistung zu begründen

(*BGH* GRUR 1972, 143, 145 – Biografie: Ein Spiel). Bloße Weglassungen oder Hinzufügungen ohne individuelle gedankliche Leistung, etwa einfache Streichungen unwesentlicher Teile oder einfache Beifügungen ohne eigenen geistigen Gehalt machen damit aus der Umgestaltung noch keine nach § 3 geschützte Bearbeitung (*BGH* GRUR 1972, 143, 145 – Biografie: Ein Spiel). Übt die **Streichung** bzw Hinzufügung hingegen schöpferischen Einfluss auf das Originalwerk aus, zB indem sie den Sinngehalt des Werkes schärfer herausstellt oder sogar verändert und damit den Stückcharakter wesentlich umfärbt, liegt der für den Schutz nach § 3 erforderliche Werkcharakter der neuen Leistung vor (*BGH* GRUR 1972, 143, 145 – Biografie: Ein Spiel). Eine „Werkvollendung" durch die Umsetzung von Entwurfzeichnungen begründet nur dann ein Bearbeiterurheberrecht, wenn sie sich durch eigene schöpferische Ausdruckskraft von dem Original abhebt und so ihrerseits Werkqualität aufweist (*OLG Frankfurt* GRUR 1998, 141).

3. Abgrenzung zur freien Benutzung

In Abgrenzung zu der nach § 3 geschützten Bearbeitung ist eine freie Benutzung   **28**
(§ 24) gegeben, wenn das fremde Werk nur als Anlehnung für eigenes geistiges
Schaffen benutzt wird (*BGH* NJW-RR 1993, 1002, 1004 – Asterix-Persiflagen).
Kennzeichen der freien Benutzung ist es also, dass die schöpferischen Teile eines
fremden Werkes zwar als Vorlage für ein anderes Werk benutzt werden, das neue
Werk anders als bei der Bearbeitung aber gegenüber dem vorbestehenden Werk einen solchen Grad von Selbständigkeit und Eigenart aufweist, dass dessen Züge in
dem neuen Werk **verblassen** und zurücktreten (*BGH* NJW 1958, 459, 460 – Sherlock
Holmes; NJW 1958, 1587, 1588 – Mecki-Igel I; GRUR 1978, 305, 306 – Schneewalzer; NJW-RR 1993, 1002, 1004 – Asterix-Persiflagen). Dazu sind die Übereinstimmungen, nicht die Verschiedenheiten, im schöpferischen Bereich einem Gesamtvergleich zu unterziehen (*BGH* NJW 1989, 387, 388 – Ein bisschen Frieden; NJW-RR
1993, 1002, 1004 – Asterix-Persiflagen). Näher zur Abgrenzung in der Kommentierung zu §§ 23 und 24.

4. Die Ausnahmeregelung für Musikwerke nach § 3 S. 2

Nach der 1985 eingefügten Bestimmung des § 3 S. 2 wird die „nur unwesentliche Be-   **29**
arbeitung eines nicht geschützten Werkes der Musik" nicht als selbständige Bearbeitung geschützt. Anlass für die Ergänzung des § 3 waren die Schwierigkeiten, die in
Bezug auf die **„echte Volksmusik"**, deren melodische, harmonische und rhythmische Grundmuster im Volksmusikschatz als Allgemeingut vorhanden sind, aufgetreten waren (amtl. Begr. BT-Drucks. 10/3360, 18). Der Gesetzgeber wollte durch die
Gesetzesänderung dafür sorgen, dass Bearbeitungen von Werken der Volksmusik nur
dann als persönliche geistige Schöpfungen und damit als urheberrechtlich geschützte
Werke angesehen werden, wenn sie über diesen Rahmen hinausgingen (amtl. Begr.
BT-Drucks. 10/3360, 18). § 3 S. 2 verschärft folglich die Anforderungen an die
Schöpfungshöhe von Bearbeitungen „echter Volksmusik"; sie werden nur geschützt,
wenn sie über die sog. kleine Münze hinaus Schöpfungshöhe aufweisen (*Grossmann*
UFITA 129 (1995), 25). Über die Schutzfähigkeit der „echten Volksmusik" selbst ist
damit nichts gesagt; sie darf ungehindert auch in veränderter Fassung zB in Heimatvereinen benutzt werden (*Schricker/Loewenheim* § 3 Rn 27). Außerdem ist § 3 S. 2
für die vor seinem In-Kraft-Treten geschaffenen Werke nicht anzuwenden.

30   Entgegen einer in der Lit. vertretenen Meinung (*Fromm/Nordemann/Vinck* § 3 Rn 26) wird man die Vorschrift trotz der mit ihr für die Urheber von Musikwerken verbundenen erheblichen Einschränkungen nicht als verfassungswidrig ansehen können (so auch *Grossmann* UFITA 129 (1995), 27 ff., 50; *Schricker/Loewenheim* § 3 Rn 27). Nach stRspr des BVerfG ist der Gesetzgeber nicht verpflichtet, dem Urheber jede denkbare Verwertungsmöglichkeit seines Werkes zu sichern. Ihm bleibt vielmehr ein Ausgestaltungsspielraum, in dessen Rahmen er auch die Gemeinwohlinteressen zu berücksichtigen hat (*BVerfGE* 31, 229, 241 f.; 49, 382, 392; 79, 29, 40 f.). Angesichts der im Bereich der Musik bes. großen Gefahren, fremdes Gedankengut unbewusst als eigenes zu übernehmen (Kryptomnesie), und der schutzwürdigen Interessen der Allgemeinheit, Volksmusik auch in leicht veränderter Form nutzen zu können, ohne mit Ansprüchen der Bearbeiterurheber überzogen zu werden, spricht viel dafür, dass die dem Gesetzgeber gezogenen Grenzen noch nicht überschritten wurden.

31   „Unwesentlich" iSd § 3 S. 2 ist eine Bearbeitung, wenn es **bei dem überlieferten melodischen, harmonischen und rhythmischen Grundmuster der Weise bleibt** (vgl amtl. Begr. BT-Drucks. 10/3360, 18; *Grossmann* UFITA 129 (1995), 51 ff., 72 f.; *Schricker/Loewenheim* § 3 Rn 28). Maßgeblich ist also, ob Melodie, Harmonik und Rhythmus der bekannten Volksmusik ohne erhebliche Abänderungen auch in der Bearbeitung zu finden sind. Schon die Änderung eines dieser Kriterien schließt die Anwendbarkeit des § 3 S. 2 aus, wenn sie zu einer nicht nur unerheblichen Veränderung des Gesamtmusikbildes führt. Die Verwendung „verzerrter" und mit Bässen unterlegter Volksmusik in einem modernen Musikstück wird man danach ebenso als wesentliche Bearbeitung ansehen müssen wie das Ergänzen und Fortschreiben einer nur bruchstückhaft überlieferten Melodie. „Unwesentlich" sind hingegen bloß formgebende Tätigkeiten, wie das **Uminstrumentieren** einer überlieferten Melodie (*Grossmann* UFITA 129 (1995), 90) oder das Hinzufügen einer weiteren Stimme.

IV. Andere schöpferische Umgestaltungen des Ausgangswerks

32   Der Bearbeitung stehen andere Umgestaltungen des Originalwerks iRd § 3 nicht gleich (**aA** *Ulmer* § 28 V 1; *Schricker/Loewenheim* § 3 Rn 4). Das ergibt sich neben dem ausdrücklichen Wortlaut auch aus der Gesetzessystematik (näher hierzu oben Rn 18 ff., 22). Ohnehin kommt es nach hiesiger Auffassung nicht zur Abgrenzung, weil die sonstigen Umgestaltungen, die nicht einmal das erforderliche Maß an individuellem geistigem Inhalt haben und damit erst recht nicht schöpferisch sein werden (näher oben Rn 18 ff.).

V. Die Bearbeitung von gemeinfreien Werken

33   Die **Nachbildung** eines Werkes **nach Ablauf der urheberrechtlichen Schutzfrist** von 70 Jahren (§ 64) **stellt keine nach § 3 geschützte Bearbeitung dar** (vgl *BGH* GRUR 1966, 542, 543 – Apfelmadonna). Andernfalls könnte nämlich über den Weg der Nachbildung gemeinfreier Werke gegen den in § 64 zum Ausdruck kommenden Willen des Gesetzgebers, den Werkschutz nach Ablauf der Schutzfrist enden zu lassen, die zeitliche Schutzgrenze verlängert werden. Ein eigener Urheberrechtsschutz kommt aber insoweit in Betracht, als über die bloße Nachschaffung hinaus **neue schöpferische Elemente** vorhanden sind. Wer ein Gemälde von Hieronymus Bosch im Wege eines Happenings nachstellt, genießt für das Happening deshalb Urheberrechtsschutz, obwohl für die ursprüngliche Darstellungsform die Schutzfrist bereits abgelaufen ist, nicht hingegen für die übernommenen Bildelemente (*BGH* NJW 1985, 1633 f. – Happening; *KG* GRUR 1984, 507).

VI. Beispiele

Es stellt eine nach § 3 geschützte Bearbeitung dar, wenn ein dramatisch-musikalisches Werk bzw wesentliche Teile desselben im Rahmen einer sog. **Eisrevue** unter Verwendung des Ausdrucksmittels des Kunsteistanzes aufgeführt werden (*BGH* NJW 1960, 1902 f. – Eisrevue II). Wer einen Roman **verfilmt**, bearbeitet denselben iSd § 3 (vgl *BGH* NJW 1958, 459, 460 – Sherlock Holmes; GRUR 1963, 40 – Straßen – gestern und morgen; GRUR 1963, 441, 443 – Mit Dir allein). Fast immer eine schöpferische Bearbeitung ist auch die **Übersetzung** eines Schriftwerks in eine andere Sprache oder einen (anderen) Dialekt (vgl *BGHZ* 137, 387, 392 – Comic-Übersetzungen; NJW 2000, 140, 141 – Comic-Übersetzungen II). Die **Dramatisierung** eines Werkes der Lit. ist im Allgemeinen Bearbeitung (vgl *BGH* NJW 1958, 459, 460 – Sherlock Holmes). IdR (geschützte) Bearbeitung und nicht etwa freie Benutzung ist es auch, wenn die in einem urheberrechtlich geschützten Roman erzählte **Geschichte unter Übernahme wesentlicher, charakteristischer Romangestaltungen fortgeschrieben** wird (*BGH* NJW 2000, 2202, 2203, 2206 – Laras Tochter; vgl auch die Entsch. der Vorinstanz: *OLG Karlsruhe* AfP 1997, 717 ff.). Gleiches gilt für das Ergänzen und Fortschreiben einer bloß bruchstückhaft überlieferten gemeinfreien Melodie der **Volksmusik**. Eine Bearbeitung ist auch gegeben, wenn urheberrechtsgeschützte Bilder in **Bilderrahmen** so eingefügt werden, dass wegen der eigens auf die Bilder ausgerichteten Motive der Rahmen der Eindruck eines einheitlichen Ganzen entsteht (*BGH* NJW 2002, 552, 556 – Unikatrahmen). **34**

Häufig liegt eine nach § 3 geschützte Bearbeitung vor, wenn aufbauend auf einem Fachbuch erg. **Fragesammlungen** oder **Lernhilfen** erstellt werden (vgl *BGH* GRUR 1981, 520 – Fragensammlung). Die **Inszenierung** eines Theaterstücks ist häufig schöpferische Bearbeitung (vgl *LG Leipzig* ZUM 2000, 331, 333). Das **Kolorieren** von Fotografien ist idR keine schöpferische Tätigkeit. **35**

Je nach den Umständen des Einzelfalls kann eine nach § 3 geschützte Bearbeitung vorliegen, wenn eine **Bauwerksplanung** unter Einbeziehung fremder Architektenpläne erfolgt (vgl *BGH* GRUR 1980, 853 ff. – Architektenwechsel). Die **Aufnahme** eines Happenings auf Videoband kann unabhängig von einer etwaigen Schutzfähigkeit des Happenings selbst je nach der dabei an den Tag gelegten schöpferischen Einflussnahme auf Form und Inhalt des Filmes bloße Vervielfältigung oder Bearbeitung sein (vgl *BGH* NJW 1985, 1633, 1634 – Happening). Gleiches gilt für Veränderungen an dem urheberrechtlich geschützten **Bühnenbild** eines Künstlers (*BGH* NJW 1987, 1404 – Oberammergauer Passionsspiele I). Nicht amtl. verfasste **Leitsätze** gerichtlicher Entsch. können als deren Bearbeitungen nach § 3 geschützt sein (*BGH* NJW 1992, 1316 – Leitsätze). Dabei kann bei der Formulierung von Leitsätzen, die sich sachnotwendiger Weise eng an die bearbeitete Entsch. anlehnen müssen, ein bescheideneres Maß geistig schöpferischer Tätigkeit genügen, um urheberrechtlichen Schutz zuzubilligen (*BGH* NJW 1992, 1316, 1318 – Leitsätze). Die Neufassung eines **Liedes** kann eine Bearbeitung sein (*BGH* NJW 1998, 1393 f. – Coverversion). **36**

Ob ein sog. **Abstract** eine schöpferische Bearbeitung ist, kann nicht davon abhängig gemacht werden, ob es geeignet ist, das Original zu ersetzen. Je ausführlicher die Darstellung und je enger sie an das Original angelehnt ist, um so mehr spricht dies gegen eine schöpferische Bearbeitung (vgl *OLG Frankfurt* AfP 1998, 415, 416).

37   **Keine nach § 3 geschützte Bearbeitung,** sondern freie Benutzung der von der verstorbenen Nonne Innozentia Hummel modellierten und gefertigten Keramikfigur „Radi-Sepp", die einen in bayerischer Tracht gekleideten, einen Bierkrug und einen Rettich tragenden aufgeweckten und munteren Jungen zeigt, ist die einen ebenso gekleideten und ausgestatteten, aber offensichtlich unbeholfenen, verträumten und durch seine Aufgabe überforderten Jungen, darstellende **Figur** (*BGH* GRUR 1970, 250, 251 – Hummel III). Wird eine urheberrechtsgeschützte Musik **Filmausschnitten** im Rahmen einer Programmankündigung unterlegt, bedarf es nach § 24 Abs. 2 der Zustimmung des Urhebers (vgl *OLG München* NJW 1998, 1413). Während bei der Übertragung eines Werkes in eine andere Werkgattung, zB der Verfilmung eines Romans, ohne weiteres eine Bearbeitung vorliegen kann, ist die Übertragung eines Werkes der Lit., der Tonkunst oder der bildenden Künste in die jeweils **andere Kunstform** im Allgemeinen freie Benutzung (*Schricker/Loewenheim* § 24 Rn 20 und § 23 Rn 6; *Rehbinder* Rn 229; *Ulmer* § 57 II; *Schack* Rn 244). Die bloße **Ausführung** von Entwurfszeichnungen ist keine Bearbeitung (vgl *OLG Frankfurt* GRUR 1998, 141, 143). Wer eine überlieferte gemeinfreie Melodie der **Volksmusik** mit einer weiteren Stimme versieht oder instrumentalisiert, genießt dafür keinen Urheberrechtsschutz.

VII. Beweislast und Revisibilität

38   Bestehen weitgehende Übereinstimmungen zwischen zwei Werken, spricht der **Anscheinsbeweis** dafür, dass bei der Gestaltung des späteren Werkes das oder die früheren Werke zumindest unbewusst Modell gestanden haben (*BGH* GRUR 1972, 38, 40 – Vasenleuchter; NJW 1989, 387, 388 – Ein bisschen Frieden; so offenbar auch *OLG Köln* NJW 1998, 1416). Das gilt selbst dort, wo die Möglichkeiten schöpferischen Tuns, wie im musikalischen Bereich, eingeschränkt sind (*BGH* NJW 1989, 387, 389 – Ein bisschen Frieden).

39   Die Feststellungen, inwieweit sich das frühere und das spätere Werk unterscheiden, obliegt dem **Tatrichter**. In der Revisionsinstanz sind sie nur beschränkt nachprüfbar (*BGH* GRUR 1980, 853, 854 – Architektenwechsel).

VIII. Rechtsfolgen

40   Der Bearbeiter erhält für die Bearbeitung einen **eigenen Urheberrechtsschutz,** der sich sowohl gegen Dritte als auch gegen den Urheber des Originalwerks richtet.

41   **Gegenüber Dritten,** welche die Bearbeitung unerlaubt nutzen, kann der Bearbeiter daher Schadenersatzansprüche wegen Verletzung des Bearbeiterurheberrechts geltend machen. Sie entfallen deshalb nicht dadurch, dass der Urheber des bearbeiteten Werkes der Verletzung zugestimmt hat (*BGH* NJW 1955, 382 – GEMA). Auch ein Urheberpersönlichkeitsrechtsschutz besteht nach allg. Grundsätzen (vgl zB *LG Leipzig* ZUM 2000, 331, 333 ff.).

Im Verhältnis zum Urheber des Originalwerks ist zwischen dem negativen Ver- 42
bietungs- und dem positiven Nutzungsrecht zu unterscheiden; dabei gehen die Abwehransprüche über das Nutzungsrecht hinaus (*BGH* NJW-RR 1987, 181, 182 – Videolizenzvertrag): Die **Abwehransprüche** stehen dem Urheber der Bearbeitung unumschränkt auch gegenüber dem Urheber des Originalwerks zu. Nutzt dieser die
Bearbeitung unerlaubt, kann der Urheber des bearbeiteten Werkes dem nach § 97
entgegentreten (*BGH* NJW 1955, 382, 383 – GEMA). Eingeschränkt nach Maßgabe
des § 23 sind hingegen die **Nutzungsansprüche**. In den in § 23 S. 2 genannten Fällen darf der Bearbeiter die Nutzung schon nicht ohne die Zustimmung des Urhebers
des bearbeiteten Werkes herstellen. Ein Verstoß gegen diese Vorschrift hindert das
Entstehen des Schutzes des § 3 jedoch nicht. In jedem Fall darf eine Bearbeitung nur
mit Zustimmung des Urhebers des bearbeiteten Werkes einer Nutzung zugeführt
werden (§ 23 S. 1).

Die Frage, in welcher Weise und unter welchen Voraussetzungen der Bearbeiter ei- 43
nes urheberrechtlich geschützten Werkes über sein Bearbeiterurheberrecht **verfügen**
darf, ist von der Möglichkeit der Nutzung des Werkes zu unterscheiden. Sie beantwortet sich nach §§ 8 Abs. 4, 28 ff., 31 ff. Danach darf das Bearbeiterurheberrecht in
den dort geregelten Grenzen auf Miturheber übertragen sowie vererbt werden; ferner
kann der Bearbeiter Dritten am bearbeiteten Werk Nutzungsrechte einräumen. Dabei
sind die Rechtseinräumungen freilich praktisch wertlos, wenn der Urheber des Originalwerks seine Zustimmung zur Verwertung des Werkes verweigert.

Ebenso wie auch das Bearbeiterurheberrecht nach § 3 kann über das Leistungs- 44
schutzrecht nach **§ 77** in den gesetzlich zugelassenen Grenzen ohne vorherige Zustimmung des Urhebers des aufgeführten Werkes verfügt werden. Der Leistungsschutzberechtigte kann danach iRd ihm nach § 77 zustehenden Rechte dritten Personen Nutzungsrechte an der Tonträgeraufnahme einräumen. Um diese tatsächlich
verwerten zu können, bedürfen sowohl er als auch der Lizenznehmer jedoch der Zustimmung des Urhebers (*BGH* NJW 1962, 1006 – Schallplatteneinblendung). Die
Nutzungsrechte des Dritten sind daher praktisch wertlos, wenn der Urheber der Aufnahme seine Zustimmung zur Verwertung des Tonträgers verweigert (*BGH* NJW
1962, 1006, 1007 – Schallplatteneinblendung).

Zur Urheberschaftsvermutung nach **§ 10** bei Bearbeitungen s. § 10 Rn 4. 45

IX. Verhältnis des § 3 zu anderen Vorschriften

1. Allgemeines

Häufig wirft das Verhältnis des § 3 zu anderen Vorschriften, zB zur Werknutzung 46
nach § 16 oder zur freien Benutzung nach § 24, Schwierigkeiten auf. Aus dem Begriff der „Bearbeitung" bzw „anderen Umgestaltung" (hierzu Rn 18 ff.) heraus lassen sich diese Abgrenzungsschwierigkeiten jedoch ohne weiteres lösen, wie die folgenden Ausführungen zeigen.

2. § 2

Mangels Umgestaltung einer fremden Schöpfung keine Bearbeitung ist ein Werk, 47
welches in Unkenntnis eines anderen und damit eigenschöpferisch geschaffen wurde
(*Schricker/Loewenheim* § 23 Rn 27 ff.). Vielmehr gelten die Grundsätze, die für die

Doppelschöpfung entwickelt wurden (hierzu Anh. §§ 23, 24 Rn 7 ff.). Das spätere Werk genießt also den gleichen Schutz wie das frühere. Bei weitgehenden Übereinstimmungen zwischen den Werken greift jedoch zugunsten des Urhebers des früheren Werkes die Vermutung ein, dass das spätere dem früheren Werk bewusst oder unbewusst nachgeschaffen wurde (näher Anh. §§ 23, 24 Rn 9).

3. §§ 14, 39

48   Nach § 39 Abs. 1 darf selbst der Nutzungsberechtigte keine Änderungen am fremden Werk vornehmen, wenn nichts anderes vereinbart wurde. Um so weniger sind Änderungen am fremden Werk zulässig, wenn es an einem Nutzungsverhältnis fehlt. Daraus folgt, dass auch eine nach § 3 geschützte Bearbeitung das bearbeitete Werk iSd § 14 **unzulässig beeinträchtigen** kann, wenn sie am Werk selbst vorgenommen wird oder sonst nachteiligen Einfluss auf das Werk ausübt, und daher zu verbieten ist (vgl *BGH* NJW 1989, 384, 385 – Oberammergauer Passionsspiele II). Keine nach §§ 14, 39 Abs. 2 unzulässige Veränderung ist im Allgemeinen die bloße Herstellung der Bearbeitung als solche, wie sich aus § 23 S. 2 ergibt. Ob die Werkveränderung nach § 14 in das Urheberpersönlichkeitsrecht eingreift, ist durch Interessenabwägung festzustellen. Hat der Urheber der Bearbeitung (auch stillschweigend) **zugestimmt**, werden iRd vereinbarten Bearbeitung gebotene Veränderungen regelmäßig keine Urheberinteressen verletzen können (*BGH* NJW 1989, 384, 385 – Oberammergauer Passionsspiele II). Hat der Urheber zwar die Bearbeitung erlaubt, gehen die Veränderungen jedoch **über den Rahmen des Gebotenen hinaus**, sind die Interessen des Urhebers auf der einen sowie die des nutzungsberechtigten Bearbeiters auf der anderen Seite gegenüberzustellen und gegeneinander abzuwägen (*BGH* NJW 1989, 384, 385 – Oberammergauer Passionsspiele II). Ein Verstoß gegen § 14 liegt dabei nur dann vor, wenn die Veränderungen geeignet sind, die berechtigten Interessen des Werkschöpfers zu gefährden (*BGH* NJW 1989, 384, 385 – Oberammergauer Passionsspiele II). Liegt keine (auch konkludente) Zustimmung des Originalurhebers zur Bearbeitung vor, gelten für die Frage einer Beeinträchtigung des Werkes iSd § 14 allg. Grundsätze (hierzu näher die Kommentierung zu § 14).

49   Liegt ein Verstoß gegen § 14 vor, **genießt der Bearbeiter zwar gegenüber Dritten Urheberrechtsschutz nach § 3**, wenn die Bearbeitung eine persönliche geistige Schöpfung iSd § 2 darstellt, **er kann jedoch vom Urheber des Originalwerks selbst in Anspruch genommen werden**, und zwar insb. auf Unterlassung der Beeinträchtigung und ihre Beseitigung sowie im Falle des Verschuldens auch auf Schadenersatz.

50   Zum Verhältnis zu § 14 s. ferner § 14 Rn 14 ff.

4. § 16

51   Soweit man den Vervielfältigungsbegriff des § 16 weit auslegt und auch solche Werkfestlegungen als erfasst ansieht, bei deren Herstellung ein geringes oder sogar hohes Maß an Individualität an den Tag gelegt wird (vgl *BGH* GRUR 1963, 441, 443 – Mit Dir allein; NJW-RR 1988, 1204 f. – Vorentwurf II; anders wohl *BGH* WRP 2003, 279, 283 f. – Staatsbibliothek; so hierzu schon Rn 21), bedarf es jedenfalls einer Einschränkung des umfassenden Vervielfältigungsverbots des § 16: Liegt keiner der in § 23 S. 2 genannten Fälle vor, ist die Herstellung der Umgestaltung und damit

die damit verbundene **erstmalige körperliche Festlegung** des Originalwerkes, wie sich im Umkehrschluss aus § 23 S. 2 ergibt, **zulässig** (*BGH* GRUR 1963, 441, 443 – Mit Dir allein). Das Gleiche gilt für ihren persönlichen Gebrauch und ihre Wiedergabe im privaten Kreis (*BGH* GRUR 1963, 441, 443 – Mit Dir allein). Sonstige Verwertungshandlungen bedürfen hingegen nach § 23 S. 1 der Zustimmung des Urhebers des Originalwerkes. Eine über die erstmalige Herstellung der Bearbeitung oder anderen Umgestaltung hinausgehende Festlegung des Originalwerkes kann nach §§ 16, 97 untersagt werden.

5. § 23

§ 3 und § 23 unterscheiden sich nach Sinn und Zweck. Während § 23 die Frage der **52** Zulässigkeit der Herstellung einer Bearbeitung oder anderen Umgestaltung sowie deren Veröffentlichung und Verwertung regelt, betrifft § 3 den Schutz des Urhebers einer erstellten Bearbeitung. Eine Ausdehnung des § 3 auf „andere Umgestaltungen" iSd § 23 S. 1 scheitert am ausdrücklichen Wortlaut der Vorschrift, ist aber auch nicht erforderlich (s. Rn 22). Der Schutz einer existenten Bearbeitung ist **unabhängig davon, ob die Bearbeitung rechtmäßig iSd § 23 S. 2 hergestellt wurde.** Gegen den Zugriff von Dritten geschützt sind unter den Voraussetzungen des § 3 daher auch Bearbeitungen, deren Herstellung nach § 23 S. 2 ohne Zustimmung des Urhebers nicht zulässig war. Der Urheber kann den Bearbeiter jedoch nach §§ 97, 23 S. 2 auf Schadenersatz wegen der unberechtigten Herstellung der Bearbeitung in Anspruch nehmen und die Verwertung der Bearbeitung nach § 23 S. 1 untersagen.

6. § 24

Mangels Abhängigkeit vom Ausgangswerk kein Fall des § 3 ist die sog. freie Benut- **53** zung (§ 24). Sie hält zu diesem einen so großen Abstand ein, dass von einer Bearbeitung nicht die Rede sein kann. Auf die nach § 24 Abs. 2 unzulässigen freien Benutzungen sind die Vorschriften über Bearbeitungen und sonstige Umgestaltungen hingegen anwendbar (hierzu näher § 24 Rn 51).

§ 4   Sammelwerke und Datenbankwerke

(1) Sammlungen von Werken, Daten oder anderen unabhängigen Elementen, die aufgrund der Auswahl oder Anordnung der Elemente eine persönliche geistige Schöpfung sind (Sammelwerke), werden, unbeschadet eines an den einzelnen Elementen gegebenenfalls bestehenden Urheberrechts oder verwandten Schutzrechts, wie selbständige Werke geschützt.

(2) Datenbankwerk im Sinne dieses Gesetzes ist ein Sammelwerk, dessen Elemente systematisch oder methodisch angeordnet und einzeln mit Hilfe elektronischer Mittel oder auf andere Weise zugänglich sind. Ein zur Schaffung des Datenbankwerkes oder zur Ermöglichung des Zugangs zu dessen Elementen verwendetes Computerprogramm (§ 69a) ist nicht Bestandteil des Datenbankwerkes.

Literatur: *Berger* Der Schutz elektronischer Datenbanken nach der EG-Richtlinie vom 11.3.1996, GRUR 1997, 169; *Dreier* Die Harmonisierung des Rechtsschutzes von Datenbanken in der EG, GRUR Int 1992, 739; *Flechsig* Der rechtliche Rahmen der europäischen Richtlinie zum Schutz von Datenbanken, ZUM 1997, 577; *v. Gamm* Rechtsfragen bei Datenbanken, GRUR 1993, 203; *Gaster* Urheberrechte und verwandte Schutzrechte in der Informationsgesellschaft, ZUM 1995, 740; *ders.* Zur anstehenden Umsetzung der EG-Datenbankrichtlinie, CR 1997, 669, 717, *ders.* Der Rechtsschutz von Datenbanken, 1998; *Heinrich* Der rechtliche Schutz von Datenbanken, WRP 1997, 275; *Kappes* Rechtsschutz computergestützter Informationssammlungen, 1996; *Katzenberger* Elektronische Printmedien und Urheberrecht, 1996; *ders.* Urheberrecht und Datenbanken, GRUR 1990, 94; *Kotthoff* Zum Schutz von Datenbanken beim Einsatz von CD-ROMs in Netzwerken, GRUR 1997, 597; *Lehmann/v. Tucher* Urheberrechtlicher Schutz von multimedialen Webseiten, CR 1999, 700; *Leistner/Bettinger* Creating Cyberspace – Immaterialgüterrechtlicher und wettbewerbsrechtlicher Schutz des Webdesigners, CR 1999, 1; *Loewenheim* Harmonisierung des Urheberrechts in Europa, GRUR Int 1997, 285; *ders.* Urheberrechtliche Grenzen der Verwendung geschützter Dokumente in Datenbanken, AfP 1993, 613; *ders.* Urheberrechtliche Probleme bei Mulimediaanwendungen, GRUR 1996, 830; *Melichar* Virtuelle Bibliothek und Urheberrecht, CR 1995, 756; *Nippe* Urheber und Datenbank – Schutz des Urhebers bei der Verwendung seiner Werke in elektronischen Datenbanken, 2000; *Schack* Urheberrechtliche Gestaltung von Webseiten unter Einsatz von Links und Frames, MMR 2001, 9; *Wiebe* Rechtsschutz von Datenbanken und europäische Harmonisierung, CR 1996, 198; *Wiebe/Leupold* Recht der Datenbanken, 2003.

I. Allgemeines

1 Die Vorschrift betrifft die urheberrechtliche Behandlung von Sammelwerken. **Sammelwerke** sind dadurch gekennzeichnet, dass sie den Rahmen und die Struktur für eine **Vielzahl von Elementen** vorgeben. Werkcharakter hat die Sammlung, wenn die Auswahl oder Anordnung dieser Elemente **Ausdruck einer persönlichen geistigen Schöpfung** ist. In Abs. 1 ist die vorstehende Definition des Sammelwerks enthalten. Dort findet sich auch der Hinweis, dass Sammelwerke wie selbständige Werke geschützt werden und ihr Schutz unabhängig von dem Schutz der in der Sammlung enthaltenen Elemente gewährt wird. Aus dieser Unabhängigkeit folgt, dass es sich bei Sammelwerken um eine eigenständige Werkkategorie handelt, die eben nicht durch die Werkkategorie der in der Sammlung enthaltenen Elemente bestimmt wird, zumal diese unterschiedlich sein können.

2 Die in Abs. 2 genannten **Datenbankwerke** sind ein Unterfall der Sammelwerke. Dass sie gesondert erwähnt werden, erklärt sich vor dem Hintergrund der Richtlinie 96/9/EG des Europäischen Parlaments und des Rates über den rechtlichen Schutz

von Datenbanken v. 11.3.1996 (ABlEG Nr. L 77, 20), die in Art. 3 bis 6 Vorschriften für den rechtlichen Schutz von Datenbankwerken enthält. Gleichzeitig mit der Klarstellung des urheberrechtlichen Schutzes von Datenbankwerken wurde durch die Richtlinie 96/9/EG ein Leistungsschutzrecht zugunsten des Herstellers einer Datenbank eingeführt. Die entspr. Bestimmungen der Richtlinie 96/9/EG wurden in §§ 87a ff. umgesetzt. Der **Schutz des Datenbankherstellers besteht unabhängig von jenem des Urhebers des Datenbankwerks**. Liegt ein Datenbankwerk vor, so ist dessen Urheber nicht zwangsläufig auch Datenbankhersteller iSd § 87a Abs. 2. Dies ergibt sich daraus, dass durch das Urheberrecht am Sammelwerk die in der Auswahl und Anordnung der Elemente liegende geistige Leistung geschützt werden soll, während Ziel der §§ 87a ff. der Schutz der Investition des Datenbankherstellers ist (Einzelheiten bei § 87a Rn 5).

Abs. 2 S. 2 bestimmt, dass ein für den Zugriff auf das Datenbankwerk verwendetes **Computerprogramm** nicht Bestandteil des Datenbankwerks ist. Die Bestimmung beruht auf Art. 1 Abs. 3 der Richtlinie 96/9/EG. Der Schutz des Computerprogramms richtet sich ausschließlich nach den §§ 69a ff.   **3**

Während der deutsche Gesetzgeber die den Schutz des Datenbankherstellers betr. Art. 7 bis 11 der Richtlinie 96/9/EG in §§ 87a ff. insgesamt übernommen hat, bestand für Datenbankwerke nur punktuell ein Umsetzungsbedarf. Insb. die Rechte des Urhebers des Datenbankwerks nach Art. 5 der Richtlinie 96/9/EG entsprechen den in Deutschland allg. für Urheber geltenden Rechten. Die Bestimmung des Art. 6 Abs. 1 Richtlinie 96/9/EG wurde in § 55a umgesetzt. Weiterer Umsetzungsbedarf bestand nicht.   **4**

II. Begriff des Sammelwerks

Nach der in § 4 Abs. 1 enthaltenen Legaldefinition werden Sammlungen von Werken, Daten oder anderen unabhängigen Elementen (dazu Rn 6 f.) geschützt, wenn in der Auswahl und Anordnung der Elemente eine persönliche geistige Schöpfung liegt (dazu Rn 8 ff.).   **5**

1. Sammlungen von Werken, Daten oder anderen unabhängigen Elementen

Gegenstand eines Sammelwerks kann alles sein, was **auf irgendeine Weise sinnvoll gesammelt** werden kann. Dass es sich bei den Elementen der Sammlung nicht selbst um urheberrechtlich geschützte Werke handeln muss, ergibt sich bereits aus dem Wortlaut von § 4 Abs. 1. Ebenso wenig ist erforderlich, dass die Elemente der Datenbank einen geistigen Gehalt aufweisen müssen. Auch Briefmarken, Blumen oder Schmetterlinge können Gegenstände eines Sammelwerks sein, wenn eben nur die Auswahl und Anordnung dieser Gegenstände eine geistige Schöpfung darstellt (**aA** *Schricker/Loewenheim* § 4 Rn 6). Nicht erforderlich ist, dass sämtliche Elemente einer Sammlung gleichartig sind oder der gleichen Werkgattung angehören (s. auch § 87a Rn 16).   **6**

Wenn § 4 Abs. 1 von anderen unabhängigen Elementen spricht, bringt die Vorschrift zum Ausdruck, dass das Erfordernis der Unabhängigkeit der Elemente für sämtliche Inhalte der Sammlung gilt. Das Erfordernis der Unabhängigkeit dient der Abgrenzung einer Sammlung von einem einheitlichen Werk (Einzelheiten bei § 87a Rn 16).   **7**

2. Auswahl und Anordnung der Elemente

8   Eine Sammlung wird nur dann als Sammelwerk geschützt, wenn die Auswahl oder Anordnung der in die Sammlung aufgenommenen Elemente eine **persönliche geistige Schöpfung** darstellt. Fehlt es hieran, so kommt immerhin noch ein Schutz des Datenbankherstellers nach den §§ 87a ff. in Betracht. Für den urheberrechtlichen Schutz ist es ausreichend, wenn entweder die Auswahl der Elemente oder ihre Anordnung Ausdruck einer persönlichen geistigen Schöpfung ist (*BGH* GRUR 1990, 669 – Bibelreproduktion; *OLG Hamburg* NJW 2000, 81, 82). Andere Kriterien als die Auswahl oder Anordnung der Elemente dürfen für die Beurteilung der Schutzfähigkeit nicht herangezogen werden. Dies ergibt sich aus Art. 3 Abs. 1 S. 2 der Richtlinie 96/9/EG, der wegen des Gebots der richtlinienkonformen Auslegung auch bei der Interpretation von § 4 Abs. 1 zu berücksichtigen ist. Die Anforderungen an das Vorliegen der persönlichen geistigen Schöpfung sind daher nicht bes. hoch. Es gilt der **Schutz der kleinen Münze**. Für die Frage der Schutzfähigkeit iÜ ausschließlich die Struktur der Sammlung maßgebend, nicht aber die Qualität der in die Sammlung aufzunehmenden Inhalte (*Gaster* Der Rechtsschutz von Datenbanken, Rn 141 ff.; *Schricker/Loewenheim* § 4 Rn 33). Eine Auswahl oder Anordnung, die aus der Natur der Sache folgt oder durch Logik bzw Zweckmäßigkeit vorgegeben ist, kann einen Schutz als Sammelwerk nicht begründen (*OLG Hamburg* GRUR 2000, 319, 320).

9   Die **Auswahl der Elemente** betrifft die Frage, welche Elemente in die Sammlung aufgenommen werden sollen. Dieser Frage vorgelagert ist regelmäßig die **Themenwahl für eine Sammlung**. Die Wahl des Themas bestimmt die Auswahl der Elemente der Sammlung. Diese Verbindung zwischen Themenwahl und Auswahl der Elemente bedeutet jedoch nicht, dass im Anschluss an die Themenwahl für eine persönliche geistige Schöpfung bei der Auswahl der Elemente kein Raum mehr ist. Zum einen kann in einer besonders originellen Themenwahl bereits eine schöpferische Auswahlentscheidung zu sehen sein; zum anderen kann bei einer weniger originellen Themenwahl eine schöpferische Auswahlentscheidung darin liegen, bestimmte zu dem Thema gehörende Elemente in die Sammlung aufzunehmen, während andere nicht berücksichtigt werden. Ob die Auswahl der in die Sammlung aufzunehmenden Elemente schöpferisch ist, kann letztlich nur anhand sämtlicher Umstände des Einzelfalls entschieden werden. Dabei kommt es auf die Originalität der Themenwahl an, den nach der Themenwahl noch vorhandenen Auswahlspielraum sowie darauf, inwieweit dieser Spielraum tatsächlich ausgenutzt wurde. Eine schöpferische Auswahl der Elemente der Sammlung kann überdies auch dann angenommen werden, wenn die bei der Wahl eines bestimmten Themas naheliegenden Daten mit zusätzlichen Informationen angereichert werden.

10   Der Auswahlentscheidung nachgelagert ist die **Anordnung der einzelnen Elemente einer Sammlung**. Erst durch eine sinnvolle Anordnung der einzelnen Elemente wird dem Nutzer der Sammlung deren Inhalt erschlossen. Eine Anordnung des Inhalts der Sammlung beginnt dort, wo die Beliebigkeit der Stellung des einzelnen Elements innerhalb der Sammlung aufhört. Jedoch reicht es für das Vorliegen einer persönlichen geistigen Schöpfung nicht aus, dass überhaupt eine Anordnung der Elemente stattfindet. Dort wo eine geradezu nahe liegende Anordnung gewählt wird, etwa alphabetisch oder chronologisch, vermag dies für sich genommen noch keinen Schutz als

Sammelwerk zu begründen. Bei elektronischen Datenbanken ergibt sich die Besonderheit, dass die Speicherung der Elemente in der Datenbank in ungeordneter Form erfolgt. Dies bedeutet freilich nicht, dass bei elektronischen Datenbanken eine schöpferische Anordnung ausscheidet. Der Zugang zu den in der Datenbank enthaltenen Elementen wird dem Nutzer der Datenbank insb. durch den Thesaurus oder die Indexverzeichnisse oder die Gestaltung von benutzerfreundlichen Eingabemasken erleichtert (*OLG Hamburg* CR 2000, 776, 777). In diesen Abfragesystemen kann eine schöpferische Anordnung der Elemente einer elektronischen Datenbank liegen. Insoweit gelten die gleichen Kriterien wie für nicht elektronische Sammlungen.

3. Besondere Merkmale von Datenbankwerken (Abs. 2 S. 1)

Nach Abs. 2 S. 1 ist eine Datenbankwerk ein Sammelwerk, dessen Elemente **systematisch oder methodisch angeordnet** und einzeln mit Hilfe elektronischer Mittel oder auf andere Weise **zugänglich** ist. Der Begriff des Datenbankwerks wird damit gesetzlich definiert. Die Aufnahme der Definition in § 4 Abs. 2 ist insb. vor dem Hintergrund der Richtlinie 96/9/EG zu sehen. Der Gesetzgeber hat es als opportun angesehen, das Datenbankwerk als **Unterfall des Sammelwerks** gesondert zu erwähnen. Praktisch relevant wird die Unterscheidung zwischen Sammelwerken und Datenbankwerken dort, wo andere Vorschriften nur auf diese, nicht aber auf Sammelwerke, insgesamt Bezug nehmen (s. § 55a). Die in § 4 enthaltene Definition einer Datenbank entspricht jener des § 87a. Der einzige Unterschied zwischen Datenbankwerk und Datenbank ist, dass hier in der Anordnung oder Auswahl der Elemente eine persönliche geistige Schöpfung liegen muss, während dort eine **wesentliche Investition in die Entwicklung der Datenbank** notwendig ist.

11

Datenbankwerke sind neben den allg. für Sammelwerke geltenden Kriterien zunächst dadurch gekennzeichnet, dass die einzelnen Elemente systematisch oder methodisch angeordnet sind. Bei elektronischen Datenbanken ist eine physische Speicherung der einzelnen Elemente in einer geordneten Form nicht Voraussetzung für das Vorliegen einer Datenbank (Erwgr 21 der Richtlinie 96/9/EG). Vielmehr kann sich bei elektronischen Datenbanken die systematische oder methodische Anordnung nur durch das Abfragesystem ergeben, insb. den Thesaurus oder den Index. Im Interesse eines weitgehenden Schutzes von Datenbankwerken sind an dieses Merkmal **keine allzu hohen Anforderungen** zu stellen (§ 87a Rn 18 f.). IÜ ist eine Anordnung systematisch oder methodisch, wenn sie bestimmten – originellen oder weniger originellen – Ordnungskriterien folgt.

12

Datenbankwerke zeichnen sich weiterhin dadurch aus, dass ihre Elemente einzeln mit Hilfe elektronischer Mittel oder auf andere Weise zugänglich sind. **Einzeln zugänglich** sind die Elemente einer Datenbank dann, wenn der Zugriff durch den Benutzer der Datenbank bestimmungsgemäß von Fall zu Fall auf ein einzelnes Element erfolgt. Die Bedeutung des Tatbestandsmerkmals der **„Zugänglichkeit"** überschneidet sich somit mit jenem der **„Unabhängigkeit der einzelnen Elemente"** (§ 87 Rn 22). Durch das Merkmal „mit elektronischen Mitteln oder auf andere Weise" wird klargestellt, dass nicht nur elektronische Datenbanken, sondern auch nicht elektronische Datenbanken dem Urheberrechtsschutz zugänglich sind. Nicht Bestandteil des Datenbankwerks ist ein Computerprogramm, das zur Schaffung des Datenbankwerks oder zur Ermöglichung des Zugangs zu dessen Elementen verwendet

13

wird. Dieser in Abs. 2 S. 2 enthaltene Hinweis dient der Abgrenzung zu den §§ 69a ff., die für den urheberrechtlichen Schutz von Computerprogrammen maßgebend sind.

4. Beispiele

14   Der Schutz von **CD-gestützten Kommunikationsverzeichnissen** in Form von Telefon- oder Telefaxbüchern als Sammelwerke iSd § 4 ist wegen des Fehlens eines eigenschöpferischen Ordnungssystems zu verneinen, wenn sich solche Verzeichnisse auf eine bloße Aneinanderreihung von Namen der Telefonteilnehmer beschränken (*BGH* GRUR 1999, 923, 924 – Tele-Info-CD; s. auch *LG Köln* ZUM 2002, 66, 67). Entscheidend kommt es bei Kommunikationsverzeichnissen und anderen Verzeichnissen (zB Hotelführer) darauf an, ob die bei der Erstellung eines solchen Verzeichnisses nahe liegenden Tatsachen durch weniger nahe liegende Zusatzinformationen angereichert werden oder – im Falle einer elektronischen Datenbank – durch ein originelles Abfragesystem bes. leicht zugänglich sind.

15   **Gesetzessammlungen** können sowohl in Printform als auch als elektronische Datenbank Schutz als Sammelwerk genießen. Voraussetzung ist allerdings, dass es sich um mehr als nur eine lose Aneinanderreihung von Gesetzestexten handelt (*OLG München* NJW 1997, 1931; *OLG Frankfurt* GRUR 1986, 242; s. auch *BGH* GRUR 1992, 382, 384 – Leitsätze). Hat eine Gesetzessammlung nicht die erforderliche eigenschöpferische Qualität, kommt allerdings zugunsten des Datenbankherstellers ohne weiteres der Schutz nach §§ 87a ff. in Betracht.

16   Im Bereich der Sprachwerke gibt es verschiedene Ausprägungen von Sammelwerken. So handelt es sich bei **Zeitungen oder Zeitschriften** um periodische Sammelwerke, bei **Festschriften, Enzyklopädien oder Lexika** um nicht periodische Sammelwerke (*Schricker/Loewenheim* § 4 Rn 16). Ein mit originellen Details angereicherter Weinführer kann als Sammelwerk Schutz genießen (*Gaster* Der Rechtsschutz von Datenbanken, Rn 192 ff. mwN).

17   Der **Internet-Auftritt eines Unternehmens** ist in aller Regel kein Sammelwerk oder Datenbankwerk. Die einzelnen Elemente eines Internet-Auftritts sind nicht unabhängig, sondern miteinander über ihren Bezug zu dem Betreiber des Auftritts verknüpft (s. *Schack* MMR 2001, 9, 11; **aA** *Leistner/Bettinger* Beil. CR 12/1999, 8 ff.; *Lehmann/v. Tucher* CR 1999, 700, 702; s. auch *OLG Düsseldorf* K&R 2000, 87). Davon unberührt ist aber der Schutz von Datenbanken oder Datenbankwerken, die in den Internet-Auftritt integriert sind.

III. Die Rechte am Sammelwerk

1. Rechtsinhaber

18   Wer Rechtsinhaber des Sammelwerks ist, bestimmt sich nach den gleichen Grundsätzen, die für andere Werkarten auch gelten. Maßgebend sind also die §§ 7 bis 10. Dem Urheber steht damit grds auch das Recht zu, das Sammelwerk umfassend zu verwerten. Für Datenbankwerke, die in Arbeitsverhältnissen geschaffen werden, gilt § 43. In einem früheren Vorschlag für eine Datenbank-Richtlinie der Europäischen Union war vorgesehen, dass der Arbeitgeber automatisch Inhaber sämtlicher vermögensrechtlichen Befugnisse an Datenbankwerken sein sollte, die ein Arbeitnehmer

iRd Arbeitsverhältnisses schafft (s. hierzu *Gaster* Der Rechtsschutz von Datenbanken, Rn 276 ff.). Diese Bestimmung wurde später fallen gelassen.

2. Abgrenzungsfragen

a) Der Urheber des Einzelwerks. Das Gesetz weist in § 4 Abs. 1 ausdrücklich darauf hin, dass das Urheberrecht am Sammelwerk unbeschadet eines an den einzelnen Elementen bestehenden Urheberrechts oder verwandten Schutzrechts gewährt wird. In der Praxis bedeutet dies zunächst, dass der Urheber des Sammelwerks bei der Verwertung desselben von den Inhabern der Rechte an urheberrechtlich geschützten Elementen des Sammelwerks abhängig ist. Da in der **Verwertung des Sammelwerks zugleich eine Verwertung der darin enthaltenen Einzelwerke** liegt, muss sich derjenige, der das Sammelwerk verwerten möchte, die entspr. Nutzungsrechte durch die Urheber der Einzelwerke einräumen lassen (*Fromm/Nordemann* § 4 Rn 5). Dritte, denen der zur Verwertung des Sammelwerks Berechtigte Nutzungsrechte einräumt, werden von diesem stets die Garantie erwarten, dass er die entspr. Rechte an den Einzelwerken hat. 19

b) Das Sammelwerk als Unternehmen. Das Sammelwerk kann neben dem urheberrechtlichen Schutz auch **als „Unternehmen" geschützt** sein. Das Recht am Sammelwerk als „Unternehmen" ist von dem Urheberrecht unabhängig. Honoriert wird nicht die schöpferische, sondern die **wirtschaftliche und organisatorische Leistung**, die in der Herstellung, Vervielfältigung und Verbreitung des Sammelwerks besteht (*BGH* GRUR 1968, 329, 331 – Der kleine Tierfreund). Das Recht am Sammelwerk als „Unternehmen" umfasst insb. Titel und Ausstattung des Sammelwerks. Im Falle von Datenbanken wird der Inhaber des Rechts am Sammelwerk als „Unternehmen" regelmäßig der Datenbankhersteller sein. In anderen Fällen ist zu ermitteln, wer „Herr des Unternehmens" ist, wer also für die wirtschaftliche und organisatorische Leistung, die in der Erstellung des Sammelwerks besteht, tatsächlich verantwortlich ist. Wurde darüber, wem das Recht am Unternehmen zustehen soll, eine vertragliche Vereinbarung geschlossen, so ist diese maßgebend (Einzelheiten zum Recht am Unternehmen bei *Schricker/Loewenheim* § 4 Rn 24 ff.). 20

3. Rechte des Urhebers am Sammelwerk

Die Verwertungsrechte des Urhebers eines Sammelwerks, der allg. als **Herausgeber** bezeichnet wird (*OLG Frankfurt* GRUR 1967, 151), entsprechen jenen der Urheber anderer Werkgattungen. Maßgebend sind also die §§ 15 ff. Zu beachten ist, dass in diese Verwertungsrechte nur dann widerrechtlich eingegriffen wird, wenn die Verletzung gerade die Struktur des Sammelwerks, also die Auswahl oder Anordnung der einzelnen Elemente, betrifft. Die Herstellung eines Sammelwerks mit den gleichen Elementen, aber einer grds verschiedenen Anordnung dieser Elemente, verletzt die Rechte an dem Sammelwerk nicht, wenn dessen Schutzfähigkeit gerade auf der Anordnung der Elemente beruht. Werden aus einem Datenbankwerk einzelne Elemente entfernt oder hinzugefügt, so liegt hierin keine Bearbeitung iSd § 23; die Struktur der Datenbank wird durch eine bloße Veränderung des Inhalts idR nicht berührt. 21

§ 5   Amtliche Werke

(1) Gesetze, Verordnungen, amtliche Erlasse und Bekanntmachungen sowie Entscheidungen und amtlich verfaßte Leitsätze zu Entscheidungen genießen keinen urheberrechtlichen Schutz.

(2) Das gleiche gilt für andere amtliche Werke, die im amtlichen Interesse zur allgemeinen Kenntnisnahme veröffentlicht worden sind, mit der Einschränkung, daß die Bestimmungen über Änderungsverbot und Quellenangabe in § 62 Abs. 1 bis 3 und § 63 Abs. 1 und 2 entsprechend anzuwenden sind.

(3) Das Urheberrecht an privaten Normwerken wird durch die Absätze 1 und 2 nicht berührt, wenn Gesetze, Verordnungen, Erlasse oder amtliche Bekanntmachungen auf sie verweisen, ohne ihren Wortlaut wiederzugeben. In diesem Fall ist der Urheber verpflichtet, jedem Verleger zu angemessenen Bedingungen ein Recht zur Vervielfältigung und Verbreitung einzuräumen. Ist ein Dritter Inhaber des ausschließlichen Rechts zur Vervielfältigung und Verbreitung, so ist dieser zur Einräumung des Nutzungsrechts nach Satz 2 verpflichtet.

Literatur: *Dambach* Gutachten des Königlich Preußischen litterarischen Sachverständigen-Vereins über Nachdruck und Nachbildung aus den Jahren 1864-1873, 1874; *Nordemann, A./Czychowski* Der Schutz von Gesetzessammlungen auf CD-ROM nach altem und neuem Recht, NJW 1998, 1603; *Schricker* Zum Urheberrechtsschutz und Geschmacksmusterschutz von Postwertzeichen – Teil II, GRUR 1991, 645.

Übersicht

I. Gesetzesgeschichte und Regelungsgehalt

1. Gesetzesgeschichte

§ 5 ist durch das Gesetz zur Regelung des Urheberrechts in der Informationsge- **1**
sellschaft v. 10.9.2003 um seinen Abs. 3 ergänzt worden. Die Vorschrift beruht nicht
auf europäischem Recht und ist demzufolge auch nicht europäisch auszulegen.
Durch § 5 Abs. 3 S. 1 wollte der Gesetzgeber vielmehr „dem berechtigten Interesse
privater Gremien zur Normung Rechnung tragen" (amtl. Begr. zu § 5, BT-Drucks.
15/38, 16). Hinter der Formulierung versteckt sich der Schutz des Deutschen Instituts
für Normung eV (DIN). Dessen DIN-Normen hatte der *BGH* (NJW-RR 1990, 1452
– DIN-Normen) den Urheberrechtsschutz mit der Begr. versagt, sie würden durch
den in den Bauordnungen der Länder enthaltenen Verweis auf ihre Geltung zum
amtl. Werk iSd § 5 Abs. 1. Das DIN hatte in Folge geltend gemacht, es bestünde die
Gefahr, in der CEN, der übergeordneten int. Vereinigung, nicht mehr länger Mitglied
sein zu können.

§ 5 Abs. 3 S. 1 war schon im Gesetzgebungsverfahren stark umstr. Die Opposition **2**
hatte vergeblich die Streichung gefordert. Statt dessen wurde § 5 Abs. 3 S. 1 entspr.
der Beschlussempfehlung des Rechtsausschusses um eine Zwangslizenz zugunsten
von Verlegern ergänzt (§ 5 Abs. 3 S. 2, 3), um sicherzustellen, dass die Verbreitung
privater Normwerke, an denen nach § 5 Abs. 3 Urheberrechte bestehen, ungehindert
möglich bleibt. Die Formulierung von § 5 Abs. 3 S. 2, 3 orientiert sich an § 61 aF
bzw § 42a nF. Zur Frage der Vereinbarkeit mit europäischem Recht s. § 42a Rn 4 f.

2. Regelungsgehalt

Amtl. Werke sind **Werke iSd § 2**. Sie genießen daher an sich wie andere Werke auch **3**
Urheberrechtsschutz (*Schricker/Katzenberger* § 5 Rn 2; missverständlich *v. Gamm*
§ 5 Rn 3 und 4). § 5 beseitigt diesen für bestimmte Arten amtl. Werke, wobei allerdings im Anwendungsbereich des § 5 Abs. 2 die Pflicht zur Quellenangabe und das
Änderungsverbot kraft Gesetzes anwendbar bleiben. § 5 stellt sich als **Ausnahmeregelung** vom grds umfassenden urheberrechtlichen Schutz dar (*BGH* NJW 1964,
2153, 2154 – Stadtplan; NJW 1984, 1621, 1622 – VOB/C).

Dem Urheber gehen im Falle des Eingreifens der Vorschrift nicht nur die Verfü- **4**
gungs- und Verwertungsrechte hinsichtlich einzelner Nutzungen verloren, sondern
das Werk genießt insgesamt **keinen Urheberrechtsschutz** mehr. Auch **Urheberpersönlichkeitsrechte** sind also ausgeschlossen (vgl *BVerfG* NJW 1999, 414, 415;
amtl. Begr. BT-Drucks. IV/270, 39). Jedermann kann es, solange er damit nicht gegen andere Gesetze und insb. § 1 UWG verstößt, ungehindert verbreiten, bearbeiten
und im Falle des § 5 Abs. 1 sogar als eigenes ausgeben und ändern.

Das galt bislang auch für **private Werke**, die durch In-Bezugnahme (hierzu Rn 23 ff. **5**
und Rn 49) zum amtl. Werk iSd § 5 werden. Seit dem 13.9.2003 tritt diese Folge nun
nur noch ein, wenn die privaten Werke in das amtl. Werk inkorporiert werden. Dahinter steht der Wunsch nach einer einheitlichen Behandlung von Werken, die sich
nach außen hin als Einheit präsentieren (vgl amtl. Begr. zu § 5, BT-Drucks. 15/38,
16). Macht sich das Amt ein privates Regelwerk zu eigen, ohne dessen **Wortlaut** im
amtl. Werk wiederzugeben, bleiben die Urheberrechte am privaten Regelwerk bestehen. Erst Recht gilt das, wenn das Amt bloß aus dem fremden Werk zitiert, ohne dass

dieses dadurch zu einem amtl. Werk wird: **Zitierte Passagen** verlieren nicht den urheberrechtlichen Schutz (*Schricker/Katzenberger* § 5 Rn 25). Ihre Verwertung ist daher nur unter den Voraussetzungen der §§ 44a ff. oder mit Zustimmung des Urhebers zulässig.

6   Auch in seiner weiten, bis 13.9.2003 geltenden Fassung stellt § 5 eine verfassungsmäßige Bestimmung von Inhalt und Schranken des Eigentums (Art. 14 Abs. 2 S. 2 GG), zu dem auch das Urheberrecht gehört, dar (*BVerfG* NJW 1999, 414). Der Eingriff in das Urheberrecht rechtfertigt sich daraus, dass das öffentliche Interesse eine möglichst umfassende Verbreitung der betr. Werke erfordert (*BGH* NJW 1964, 2153, 2154 – Stadtplan; GRUR 1982, 37, 40 – WK-Dokumentation; *BVerfG* NJW 1999, 414; amtl. Begr. BT-Drucks. IV/270, 39). Das zeigt sich auch daran, dass das Rechtsstaatsprinzip im Allgemeinen die Verkündung förmlich gesetzter Normen gebietet (*BVerfG* NJW 1999, 414 f.).

7   § 5 schränkt entgegen seinem Wortlaut und seiner systematischen Stellung auch die im UrhG geregelten **Leistungsschutzrechte** (§§ 70 ff.) und sogar den erg. **wettbewerbsrechtlichen Leistungsschutz** nach § 1 UWG ein (*BGH* NJW 1999, 2898, 2900 – Tele-Info-CD). Auch hier besteht unter den Voraussetzungen des § 5 ein Bedürfnis nach unbeschränkter Verbreitung des Werkes. Im Wege des „Erst-Recht-Schlusses" dürfen solche Rechte deshalb nicht besser gestellt sein als das Urheberrecht, welches dem Gesetzeszweck nach umfassenderen Schutz als die Leistungsschutzrechte genießen soll.

8   Etwas anderes ergibt sich nur dann, wenn es ausnahmsweise – ausdrücklich oder durch Auslegung – dem Gesetz entnommen werden kann. Dies hat der *BGH* (NJW 1999, 2898, 2900 – Tele-Info-CD) für den **Datenbankschutz nach §§ 87a ff.** offen gelassen. Auch hier ist indes die Anwendung des § 5 geboten, da nicht einzusehen ist, dass der Inhaber eines Datenbankwerks schlechter gestellt wird als der Inhaber einer bloßen Datenbank, bei welcher zudem das Interesse Dritter, auf die gesammelten Daten zuzugreifen, in gleichem Maße besteht. Die Entnahme der gemeinfreien oder nach § 5 Abs. 1 vom Urheberrechtsschutz ausgeschlossenen Informationen und Fakten selbst wird durch §§ 87a ff. ohnehin nicht gehindert, da sie nicht vom Strukturschutz des Datenbankinhabers umfasst sind. Soweit die Datenbank selbst ein amtl. Werk wäre, wenn sie nur die erforderliche Schöpfungshöhe besäße, reicht die Möglichkeit, nach § 87b unwesentliche Teile zu entnehmen, die nicht einer normalen Auswertung zuwiderlaufen oder die berechtigten Interessen des Datenbankinhabers unzumutbar beeinträchtigen, aber nicht aus, um die Leistung der Öffentlichkeit entspr. ihrem Zweck hinreichend zugänglich zu machen, sodass die Anwendung des § 5 Abs. 2 geboten ist. Auch die Datenbankrichtlinie (v. 11.3.1996, ABlEG Nr. L 77/20) steht nicht entgegen (so aber *Schricker/Vogel* § 87b Rn 25), weil sie nach Art. 6 Abs. 2 lit. d den Mitgliedstaaten ausdrücklich die Befugnis belässt, sonstige Ausnahmen vom Urheberrecht, die traditionell vom innerstaatlichen Recht geregelt werden, auch auf die Nutzung von Datenbanken anzuwenden. Zu diesen traditionellen Ausnahmen zählt der schon vor In-Kraft-Treten des LUG/KUG anerkannte (s. nur *Dambach* Einl. X und Gutachten Nr. 10, S. 79 ff.; Nr. 11, S. 87, 94) Grundsatz der Schutzunfähigkeit amtl. Werke.

II. § 5 Abs. 1

1. Auslegung und Analogiefähigkeit

§ 5 Abs. 1 schließt den Urheberrechtsschutz von Gesetzen, Verordnungen, amtl. Er- 9
lassen und Bekanntmachungen sowie Entsch. und amtl. verfassten Leitsätzen aus.
Nicht immer passt § 5 Abs. 1 unmittelbar auf den Sachverhalt. Besteht, wie zB bei
der VOB/C, ein Bedürfnis der möglichst ungehinderten Verbreitung eines Werkes,
ohne dass sich Letzteres § 5 Abs. 1 unterordnen lässt, stellt sich die Frage einer analogen Anwendung der Vorschrift.

Eine analoge Anwendung des § 5 Abs. 1 kommt jedoch angesichts des **Ausnahme-** 10
charakters der Bestimmung nicht in Betracht (*BGH* NJW 1984, 1621, 1622 – VOB/
C). Selbst wenn man bei einigen Werken zweifeln wollte, ob sich diese nicht doch
im Wege der erweiternden Auslegung unter die Vorschrift subsumieren lassen, wäre
die Vorschrift jedenfalls im Hinblick auf die mit ihr verbundenen Beschränkungen
des Eigentums des Urhebers, die nach Art. 14 Abs. 1 S. 2 GG nur durch Gesetz erfolgen dürfen, restriktiv auszulegen. Weder die VOB/C (*BGH* NJW 1984, 1621,
1622 – VOB/C; NJW-RR 1990, 1452 – DIN-Normen) noch – mit Ausnahme der
Entsch. und der amtl. verfassten Leitsätze – der Inhalt von Gerichts- und Behörden-
akten (*BGH* NJW 1987, 1332 – Anwaltsschriftsatz) sind daher selbst Werke iSd § 5
Abs. 1. Sie werden aber zum amtl. Werk, wenn und soweit sie in die amtl. Vorschrift
inkorporiert werden und dadurch rechtssatzähnliche Bedeutung erlangen (hierzu sogleich unter Rn 23 ff.).

2. Gesetze

§ 5 Abs. 1 nimmt ua die Gesetze und die (Rechts-)Verordnungen vom Urheber- 11
rechtsschutz aus. Rechtsverordnungen unterscheiden sich von den formellen Gesetzen dadurch, dass sie nicht im förmlichen Gesetzgebungsverfahren ergehen, sondern
von Organen der vollziehenden Gewalt erlassen werden. Sie sind aber materielle Gesetze. Daraus folgt, dass § 5 Abs. 1 mit dem Begriff des Gesetzes nur das formelle
Gesetz meint, weil andernfalls kein Anlass bestanden hätte, die Rechtsverordnungen
gesondert zu nennen.

Gesetze iSd Vorschrift sind folglich solche **hoheitlichen Anordnungen**, die für ei- 12
ne **unbestimmte Vielzahl von Personen allg. verbindliche Regelungen** enthalten
und von einem zur Gesetzgebung zuständigen Organ in dem **dafür vorgesehenen**
Verfahren erlassen wurden (vgl *BGH* NJW 1984, 1621 – VOB/C; NJW-RR 1990,
1452 – DIN-Normen). Gesetze iSd § 5 Abs. 1 sind neben der Verfassung und den
formellen Bestimmungen des deutschen Rechts mit Rechtssatzqualität auch die von
Organen der EG erlassenen Rechtssätze, wenn sie im dafür vorgesehenen Verfahren
erlassen wurden und für den Bürger unmittelbar Geltung entfalten.

Keine Gesetze sind **Rechtsverordnungen** und **Satzungen** sowie das **Gewohnheits-** 13
recht, weil sie nicht im förmlichen Gesetzgebungsverfahren ergangen sind. Keine
Gesetze sind ferner **Verwaltungsakte und -vorschriften**, denen es jeweils an der
Allgemeinverbindlichkeit fehlt, sowie der **Haushaltsplan**. **Tarifverträge** stellen,
solange sie nicht für allgemeinverbindlich erklärt wurden, keine Gesetze iSd § 5
Abs. 1 dar. Auch eine öffentliche Bekanntmachung iSd § 5 Abs. 1 liegt nicht vor,
weil nur der für allgemeinverbindlich erklärte Tarifvertrag Bindungswirkung entfal-

tet. Wird ein Tarifvertrag nach § 5 TVG für allgemeinverbindlich erklärt, unterfällt er als Rechtssetzungsakt eigener Art (vgl *BVerfG* BB 1979, 1510) dem Gesetzesbegriff (anders *BAG* NJW 1969, 861, 862: materielles Gesetz).

14 Ein **privates Normwerk** kann Teil des Gesetzes werden, wenn es sich der Gesetzgeber zu eigen macht, also insb. seinen Wortlaut im Gesetzestext wiedergibt. Eine Bezugnahme auf das private Normwerk, etwa der übliche Verweis der Landesbauordnungen auf die DIN, kann ausreichen. Das am privaten Normwerk bestehende Urheberrecht bleibt in diesem Fall aber vollumfänglich erhalten (§ 5 Abs. 3).

15 Während die Gesetze selbst nach § 5 Abs. 1 vom Urheberrechtsschutz ausgenommen sind, kann die in der **Auswahl von Gesetzen und deren Anordnung in einer Sammlung** liegende persönliche Schöpfung Urheberrechtsschutz genießen (*Nordmann/Czychowski* NJW 1998, 1603). Der Gesetzestext selbst nimmt an dem Urheberrechtsschutz der Sammlung wegen § 5 Abs. 1 nicht teil.

3. Rechtsverordnungen

16 Unter einer Rechtsverordnung versteht man eine **allg. verbindliche Anordnung** für eine **unbestimmte Vielzahl von Personen**, die nicht im förmlichen Gesetzgebungsverfahren ergangen ist, sondern **von Organen der vollziehenden Gewalt** gesetzt wurde. Die Rechtsverordnung ist also Gesetz im materiellen Sinne, unterscheidet sich aber vom formellen Gesetz durch die Art ihres Zustandekommens.

17 Ebenso wie bei den Gesetzen bedarf es für die Annahme einer Rechtsverordnung deren Allgemeinverbindlichkeit (*BGH* NJW 1984, 1621 – VOB/C; NJW-RR 1990, 1452 – DIN-Normen). Daran **fehlt** es bei der **VOB/C** bzw bei **DIN-Normen**; diese kann sich der Verordnungsgeber aber zu eigen machen, indem er sie in die Rechtsverordnung inkorporiert oder auf sie Bezug nimmt (*BGH* NJW-RR 1990, 1452 – DIN-Normen). Das an ihnen bestehende Urheberrecht wird seit der Gesetzesreform 2003 nur berührt, wenn die Rechtsverordnung den Wortlaut des privaten Normwerks wiedergibt (§ 5 Abs. 3). Vor ihrer Inkorporation fallen private Normwerke nicht unter § 5 Abs. 1; die VOB/C stellt insb. nicht selbständig eine Rechtsverordnung dar, weil sie nur kraft Parteivereinbarung Vertragsbestandteil wird (*BGH* NJW 1984, 1621 – VOB/C).

4. Amtliche Erlasse und Bekanntmachungen

18 **a) Erlass.** Unter einem Erlass versteht man eine **allg. Anordnung** für den **internen Dienstbetrieb** einer oder mehrerer nachgeordneter Behörden. Zu den Erlassen zählen demnach vor allem **Verwaltungsvorschriften und -anordnungen, Anstalts- oder Dienstordnungen** sowie **Richtlinien** (vgl *Schricker/Katzenberger* § 5 Rn 30). Daran fehlt es im Allgemeinen bei rein innerdienstlichen Verwaltungsvorschriften (vgl *BGH* NJW 1984, 1621, 1622 – VOB/C).

19 **b) Bekanntmachung.** Unter einer Bekanntmachung iSd § 5 Abs. 1 versteht man eine **zum Zwecke der Kenntnisnahme durch die Bevölkerung veröffentlichte Rechts- oder Verwaltungsvorschrift** (**aA** *Katzenberger* GRUR 1972, 686, 688, der auf die Bezeichnung abstellen will). Bekanntmachungen entfalten aus sich heraus keine Bindungswirkung, sie können nur durch ständige Anwendung zu einer Selbstbindung der Verwaltung führen. Wie sich im Umkehrschluss aus § 5 Abs. 2 ergibt sind bloße **informatorische Mitteilungen** keine Bekanntmachungen (so jetzt auch *Möhring/Nicolini/Ahlberg* § 5 Rn 14; anders *Möhring/Nicolini* 1. Aufl., § 5 Anm. 2b; **aA** *Katzenberger* GRUR 1972, 686, 688), diese können jedoch nach § 5 Abs. 2 unter den dortigen Voraussetzungen vom Urheberrechtsschutz ausgeschlossen sein. Das durch eine Bekanntmachung in Bezug genommene Werk der bildenden Kunst, zB die im Amtsblatt des Bundesministers für das Post- und Fernmeldewesen veröffentlichte Briefmarke, war nach der gebotenen engen Auslegung des § 5 Abs. 1, der nur Texte bzw wissenschaftliche und technische Darstellungen erfasst, schon nach altem Recht keine Bekanntmachung und fällt damit nicht unter § 5 Abs. 1 (ebenso *Schricker* GRUR 1991, 645, 647, 649; **aA** *LG München I* GRUR 1987, 436 ff.). Inzwischen gilt ohnehin § 5 Abs. 3.

c) Amtlichkeit. aa) Amt. Nur amtl. Erlasse und Bekanntmachungen sind nach § 5 **20** Abs. 1 vom Urheberrechtsschutz ausgenommen. Amtl. sind Erlasse und Bekanntmachungen, die von einem **Amt** stammen. Unter einem Amt versteht man jede mit Verwaltungskompetenzen und Hoheitsbefugnissen betraute Behörde oder beliehene Institution (*BGH* NJW 1984, 1621 – VOB/C; NJW-RR 1987, 185 – AOK-Merkblatt). Die Beleihung muss wirksam sein. Das setzt voraus, dass sie durch oder aufgrund Gesetzes erfolgt (*BGH* NJW 1984, 1621 – VOB/C).

Daran fehlt es bei dem Deutschen Verdingungsausschuss für Bauleistungen (**DAV**), **21** der als Rechtsvorgänger des Deutschen Instituts für Normung eV (DIN) für die Erstellung der VOB verantwortlich war (*BGH* NJW 1984, 1621 – VOB/C). Kein Amt sind auch das Deutsche Institut für Normung eV (**DIN**) selbst und der Verband Deutscher Elektrotechniker eV (**VDE**) (*Schricker/Katzenberger* § 5 Rn 38). Das von den Parteien außergerichtlich angerufene **Schiedsgericht** wird nicht amtl. tätig (*Möhring/Nicolini/Ahlberg* § 5 Rn 16). Zu beachten ist aber, dass auch durch Private erstellte Werke einem Amt zuzurechnen sein können und dann unter § 5 fallen (hierzu unten Rn 23 ff.). Die **Arbeitskreise einer Forschungseinrichtung**, zu deren Aufgaben es gehört, technische Regelwerke auf dem Gebiet des Straßen- und Verkehrswesens zu erstellen, zB die **TL-TmOB** und die **TL BSWF 96**, sind keine Ämter (*BGH* WRP 2002, 1177, 1180 – Technische Lieferbedingungen).

Zu den Ämtern zählen zB der **Bund**, die **Länder** und **Gemeinden** (vgl *BGH* NJW- **22** RR 1990,1452 – DIN-Normen), die **Gerichte** (vgl *BGH* NJW 1992, 1316, 1319 – Leitsätze), die **Kirchen** (*Fromm/Nordemann* § 5 Rn 1), die **allg. Ortskrankenkassen** (*BGH* NJW-RR 1987, 185 – AOK-Merkblatt), die **Universitäten**, **Vermessungsämter** (*Schricker/Katzenberger* § 5 Rn 20), der **TÜV** (*Fromm/Nordemann* § 5 Rn 1) und der **Gerichtsvollzieher**.

bb) Zurechnung zu einem Amt. Amtl. ist ein Erlass oder eine Bekanntmachung, **23** wenn er bzw sie von einem Amt erlassen wurde oder sonst erkennbar von einem Amt herrührt. Ein Werk kann folglich auch dann zu den amtl. Erlassen oder Bekanntmachungen zählen, wenn es in einem Erlass oder einer entspr. Bekanntmachung nicht enthalten ist, aber in einer Weise **in Bezug genommen** wird, die erkennen lässt, dass sich das Amt das Werk **inhaltlich zu eigen machen** will (*BGH* NJW 1984, 1621, 1622 – VOB/C; NJW-RR 1990, 1452 – DIN-Normen); ein Zitat iSd § 51 liegt dann nicht mehr vor, durch die Bezugnahme wird das fremde Werk vielmehr selbst zum (Bestandteil des) Amtlichen. Für ein amtl. Werk spricht es grds, wenn die Behörde

Normen benutzt oder in Bezug nimmt, die sie **andernfalls selbst aufstellen** könnte oder sogar müsste (*BGH* NJW-RR 1990, 1452 – DIN-Normen). § 5 Abs. 1 aF findet daher auf technische Bauvorschriften in Form von DIN-Normen dann Anwendung, wenn sie durch auf der Grundlage der ländergesetzlichen Bauordnung ergehenden Bekanntmachungen durch ein Amt in Bezug genommen wurden. Das ist verfassungsgemäß (*BVerfG* NJW 1999, 414, 416).

24   Seit dem 13.9.2003 ist allerdings § 5 Abs. 3 nF zu beachten. Der Urheberrechtsschutz am privaten Normwerk bleibt danach trotz der Zueigenmachung bestehen, außer wenn der Wortlaut des privaten in das amtl. Werk inkorporiert wird, also zB die Bauordnung den Wortlaut der DIN-Norm wiederholt. Überhaupt kein amtl. Werk liegt vor, wenn es schon an jedem Verweis fehlt und das Amt wie bei der VOB/C nur von der Nutzung des privaten Werks im Zusammenhang mit dem eigenen Werk ausgeht (vgl *BGH* NJW 1984, 1621 – VOB/C). Die bloße **Empfehlung** zB des Bundesministeriums für Verkehr in einem allg. Rundschreiben, die fraglichen Bedingungen zu verwenden, reicht vor diesem Hintergrund für § 5 Abs. 1 nicht aus (*BGH* WRP 2002, 1177 – Technische Lieferbedingungen).

25   **Ohne Bedeutung** für die Eigenschaft eines Werkes als amtl. Werk iSd § 5 Abs. 1 ist es, ob die Verweisung auf das fremde Werk **verfassungs- und verwaltungsrechtlich zulässig** ist (*BGH* NJW-RR 1990, 1452, 1453 – DIN-Normen). Denn die zur Beurteilung dieser Fragen erforderlichen Kenntnisse über das Gesetzgebungsverfahren könnten sich dritte Personen, die das Werk verwerten wollen, nur schwer und mit großem Aufwand verschaffen.

26   **Unerheblich** für das Eingreifen des § 5 Abs. 1 ist ferner, wie sich jetzt auch aus § 5 Abs. 3 S. 2 ergibt, der eine Notwendigkeit für einen gesetzlichen Zwang zur Lizenzierung bejaht, **ob der Urheber des Werkes** der Bezugnahme des Amtes auf sein Werk **zugestimmt hat** oder nicht (offen gelassen in *BGH* NJW-RR 1987, 185 186 – AOK-Merkblatt; NJW-RR 1990, 1452 – DIN-Normen; offen gelassen auch in *BVerfG* NJW 1999, 414, 415). Hat nämlich aus den in Rn 25 genannten Gründen eine Prüfung der verfassungs- und verwaltungsrechtlichen Rechtslage zu unterbleiben, muss dies erst Recht für die ungleich schwieriger zu ermittelnden vertraglichen Beziehungen zwischen Urheber und Amt gelten, die nicht anhand objektiver, allg. zugänglicher Umstände festgestellt werden und sich zudem durch Anfechtung, Widerruf uÄ noch verändern können. Das ist mit Art. 14 Abs. 1 GG vereinbar (offen gelassen in *BVerfG* NJW 1999, 414, 415), weil der Urheber **gegen das Amt Schadenersatz- und Bereicherungsansprüche** geltend machen kann, ohne dass für ihn ein nennenswertes Insolvenzrisiko besteht. Die Frage wird künftig wegen § 5 Abs. 3 S. 1 nur noch relevant werden, wenn ein privates Regelwerk dadurch zum amtl. Werk wird, dass sein Wortlaut in einem solchen wiedergegeben wird. Anspruchsgrundlage für den Anspruch ist allerdings nicht § 97, da das Urheberrecht durch den Akt der Einbeziehung erlischt, im Zeitpunkt der Verwertung, an die § 97 anknüpft, also schon kein urheberrechtsgeschütztes Werk mehr vorliegt. In Betracht kommt jedoch zum einen ein Bereicherungsanspruch aus **§ 812 Abs. 1 S. 1 Alt. 2 BGB**, zum anderen verletzt die Behörde die ihr obliegende Amtspflicht, das als Eigentum geschützte Urheberrecht unangetastet zu lassen, sodass Ansprüche aus **Art. 34 GG/§ 839 BGB** in Betracht kommen. Das Prozessrisiko hat der Urheber hinzunehmen, weil es nicht über die üblicherweise mit dem Eingriff in Urheberrechte verbundenen Beeinträchtigungen hinausgeht.

Die Bezugnahme muss erkennen lassen, dass das Amt sich die fremden Ausführun- **27** gen **inhaltlich zurechnen** lassen will. Der bloße Hinweis gegenüber nachgeordneten Behörden, dass es ein privates Regelwerk gibt, welches eine bestimmte Problematik zutr. regelt, ist dafür nicht ausreichend (*BGH* NJW-RR 1990, 1452 – DIN-Normen; vgl *BGH* NJW 1984, 1621, 1622 – VOB/C).

Für die urheberrechtliche Beurteilung unerheblich ist, ob das Werk infolge der In-Be- **28** zugnahme den Charakter einer **zwingenden Norm** annimmt (*BGH* NJW-RR 1990, 1452, 1453 – DIN-Normen; vgl *BVerfG* NJW 1999, 414, 416), weil § 5 Abs. 1 schon seinem Wortlaut nach auch solche Bestimmungen einbezieht, die, wie die eigens genannten Entsch., bei der Auslegung und Anwendung eines Gesetzes nur mittelbar eine Rolle spielen.

5. Entscheidungen und amtlich verfasste Leitsätze

a) Allgemeines. § 5 Abs. 1 nimmt mit den Entsch. und den amtl. verfassten Leitsät- **29** zen zu Entsch. den Teil der Gerichts- oder Behördenakte vom Urheberrechtsschutz aus, an dem für die Öffentlichkeit das größte Interesse besteht. Hingegen genießen die Gerichtsakte und einzelne Aktenteile iÜ Urheberrechtsschutz, wenn sie die Voraussetzungen eines Werkes iSd § 2 erfüllen (vgl *BGH* NJW 1987, 1332 – Anwaltsschriftsatz).

b) Entscheidungen. Entsch. sind die der Durchsetzung der Rechtsordnung dienen- **30** den Entschließungen von Gerichten oder Verwaltungsbehörden, die eine nicht mehr ohne weiteres umkehrbare Bindung für das Verfahren entfalten. Sie ergehen je nach Verfahrensart und Entscheidungsinhalt durch Urt., Beschl., Verfügung, Bescheid, Verwaltungsakt oder ihnen gleichstehende streitentscheidende, feststellende oder gestaltende verbindliche Regelung.

Eine Entsch. verliert den urheberrechtlichen Schutz, sobald sie **wirksam** wird, also **31** idR mit Zustellung oder Bekanntmachung. Auf die Rechtskraft der Entsch. kommt es nicht an (*Schricker/Katzenberger* § 5 Rn 32).

c) Amtlich verfasste Leitsätze zu Entscheidungen. Außer den Entsch. selbst sind **32** auch amtl. verfasste Leitsätze vom Urheberrechtsschutz ausgenommen. Diese Regelung beruht auf der Erwägung, dass der Leitsatz, abgesehen vom Fall des § 31 Abs. 2 BVerfGG, nicht Bestandteil der Entsch., sondern Zutat zu dieser sei, es aber im Interesse der Allgemeinheit liege, wenn er zugleich mit der Entsch. der Öffentlichkeit umfassend mitgeteilt werden könne (vgl amtl. Begr. BT-Drucks. IV/270, 39; *BGH* NJW 1992, 1316, 1319 – Leitsätze).

Als amtl. verfasst iSd § 5 Abs. 1 ist ein Leitsatz anzusehen, wenn er **dem Spruch-** **33** **körper** als von diesem stammende Zusammenfassung der Entsch. **zuzurechnen** ist (*BGH* NJW 1992, 1316, 1319 – Leitsätze). Das ist der Fall, wenn er von einem Bediensteten des Amtes in Abstimmung mit dem Spruchkörper geschaffen wurde, selbst wenn die Abfassung des Leitsatzes als **Nebentätigkeit** eingestuft und vom Publikationsorgan vergütet wird (*BGH* NJW 1992, 1316, 1319 – Leitsätze; **aA** *OLG Köln* WRP 1990, 539, 541). Ist ein Bediensteter des Amtes tätig geworden, dürfen Dritte im Allgemeinen davon ausgehen, dass die erforderliche Abstimmung erfolgt ist (vgl *BGH* NJW 1992, 1316, 1319 – Leitsätze). Stellt sich im Nachhinein heraus, dass die Veröffentlichung ohne Rücksprache mit dem Spruchkörper erfolgt ist, wird beim Dritten deshalb im Allgemeinen das für einen Schadenersatzanspruch erforderliche Verschulden fehlen.

34 Keine Rolle spielt es, ob eine dienstliche **Verpflichtung** zur Abfassung von Leitsätzen besteht (*BGH* NJW 1992, 1316 – Leitsätze). Unerheblich ist auch, ob der Leitsatz den Parteien des Rechtsstreites mit der Entsch. oder erst später **zugestellt** wird (*BGH* NJW 1992, 1316, 1319 – Leitsätze).

35 Wird der Leitsatz ohne Abstimmung mit dem Spruchkörper formuliert, kann er diesem nicht mehr iSd § 5 Abs. 1 zugerechnet werden. Das gilt selbst dann, wenn der **Berichterstatter** oder ein anderer Richter des Spruchkörpers tätig wurde, weil er in diesem Fall nicht mehr in der Funktion eines solchen agiert (*BGH* NJW 1992, 1316, 1319 – Leitsätze). Etwas anderes muss allerdings bei einem vermuteten Einverständnis des Spruchkörpers mit der Abfassung des Leitsatzes durch ein einziges Mitglied gelten, zB wenn Letzteres regelmäßig und in Kenntnis des Spruchköpers Leitsätze zu den Entsch. verfasst und veröffentlicht.

6. Rechtsfolgen

36 Liegen die Voraussetzungen des § 5 Abs. 1 vor und ist dessen Anwendung nicht nach § 5 Abs. 3 ausgeschlossen, ist die **Nutzung**, **Bearbeitung**, **Veränderung** und sonstige **Verwertung** des amtl. Werkes auch ohne Zustimmung des Urhebers **urheberrechtlich unbeschränkt zulässig**. Auch ein Urheberpersönlichkeitsrecht besteht nicht (amtl. Begr. BT-Drucks. IV/270, 39). Der Gesetzgeber sah dies als gerechtfertigt an, weil bei amtl. Werken eine schutzwürdige persönliche Beziehung zwischen Urheber und Werk im Allgemeinen ohnehin nicht existiere (amtl. Begr. BT-Drucks. IV/270, 39).

37 Der Schutz von **Bearbeitungen** des amtl. Werkes bleibt von § 5 unberührt. Bearbeitungen eines amtl. Werkes iSd § 5 Abs. 1, welche die Voraussetzungen des § 3 erfüllen, sind daher grds urheberrechtlich geschützt. Der Schutz entfällt nur dann, wenn die Bearbeitung ebenfalls ein amtl. Werk iSd § 5 darstellt.

7. Beispiele

38 **Amtl. Werke iSd § 5 Abs. 1 aF sind** die aufgrund der Landesbauordnungen durch amtl. Erlasse oder Bekanntmachungen als technische Baubestimmung bauaufsichtsrechtlich eingeführten **DIN-Normen**, weil sie durch die Einbeziehung **rechtssatzähnlichen** Charakter erlangen. Das gilt **nach § 5 aF** unabhängig davon, ob ihr Text in den Erlass wörtlich inkorporiert ist oder er nur im Anhang oder in einer allg. zugänglichen Quelle, auf die Bezug genommen wird, abgedr. ist (*BGH* NJW-RR 1990, 1452 – DIN-Normen). Ebenso fallen auch die von einem Mitglied des Spruchkörpers mit Billigung desselben verfassten **Leitsätze** unter § 5 Abs. 1 (*BGH* NJW 1992, 1316, 1319 – Leitsätze; s. aber auch Rn 33).

39 **Amtl. Werke iSd § 5 Abs. 1 nF sind** die von einem Mitglied des Spruchkörpers mit Billigung desselben verfassten **Leitsätze** (*BGH* NJW 1992, 1316, 1319 – Leitsätze; s. aber auch Rn 33).

40 **Keine amtl. Werke iSd § 5 Abs. 1 nF sind** die **DIN-Normen**, soweit die Bauordnungen der Länder, ohne sie wörtlich zu inkorporieren, bloß auf sie verweisen (§ 5 Abs. 3).

Nicht unter § 5 Abs. 1 aF und § 5 Abs. 1 nF lassen sich Bestimmungen der **VOB/**   41
C einordnen, auf die in verschiedenen Erlassen von Bundes- und Länderministerien
nur **hingewiesen** wurde. Bislang galt das deshalb, weil die fraglichen Erlasse lediglich den Zweck hatten, nachgeordnete Behörden auf die Neuausgabe der VOB/C aufmerksam zu machen und sie zu deren Gebrauch anzuweisen, während es an einem
erkennbaren Willen der Ministerien fehlte, sich den Inhalt der VOB/C zu eigen zu
machen (*BGH* NJW 1984, 1621, 1622 – VOB/C). Nach neuem Recht scheitert die
Anwendung des § 5 Abs. 1 schon daran, dass der Text der VOB/C vom Amt nicht
wiederholt, sondern nur auf ihn verwiesen wird (§ 5 Abs. 3 S. 1). Erst recht sind Allgemeine Geschäftsbedingungen (**AGB**) keine amtl. Werke iSd § 5 Abs. 1, selbst
wenn ihre Einbeziehung üblich ist (vgl *Schricker/Katzenberger* § 5 Rn 36). Kein
amtl. Werk ist ein zu den Akten gelangter **Anwaltsschriftsatz.** Nicht unter § 5 Abs. 1
fällt ein von einem Mitglied des Spruchkörpers ohne Abstimmung mit diesem ver-
fasster **Leitsatz** (*BGH* NJW 1992, 1316, 1319 – Leitsätze). Ebenso ist die durch Herausgabe im Amtsblatt des Bundesministers für das Post- und Fernmeldewesen bekannt gemachte **Briefmarke** kein amtl. Werk (**aA** *LG München I* GRUR 1987,
436 ff.; dagegen *Schricker* GRUR 1991, 645 ff.). Nicht unter § 5 Abs. 1 fallen die
durch das Deutsche Rechnungslegungs Standards Committee eV (DRSC) **nach
§ 342 HGB veröffentlichten Standards** (*OLG Köln* AfP 2001, 149, 151). Keine
amtl. Werke sind die von den Arbeitskreisen einer Forschungseinrichtung erstellten
technischen Regelwerke „Technische Lieferbedingungen für gebrauchsfertige poly-
mermodifizierte Bindemittel für Oberflächenbehandlungen" (**TL-PmOB**) und
„Technische Lieferbedingungen für Betonschutzwand-Fertigteile" (**TL BSWF 96**),
die das Bundesministerium für Verkehr mit Allg. Rundschreiben vom Juli 1992 und
April 1996 für den Bereich des Bundesfernstraßenbaus eingeführt und den obersten
Straßenbaubehörden empfohlen hat (*BGH* WRP 2002, 1177 ff. – Technische Lieferbedingungen).

III. § 5 Abs. 2

1. Auslegungsspielraum und Analogiefähigkeit

Nach § 5 Abs. 2 sind andere als die in § 5 Abs. 1 genannten amtl. Werke vom Urhe-   42
berrechtsschutz ausgeschlossen, wenn sie im amtl. Interesse zur allg. Kenntnisnahme
veröffentlicht worden sind. Der Ausschluss gilt nicht für das **Änderungsverbot**
(§ 62 Abs. 1-3) und die **Quellenangabepflicht** (§ 63 Abs. 1, 2).

§ 5 Abs. 2 beruht auf der Vorstellung, dass das öffentliche Interesse die möglichst   43
weite und ungehinderte Verbreitung der in § 5 Abs. 2 aufgezählten Werke erfordere
(amtl. Begr. BT-Drucks. IV/270, 39; s. auch *BGH* NJW 1988, 337, 339 – Topographische Landeskarten). Die Bestimmung ist als eine den eigentumsgleichen Rechtsschutz des Urhebers einschränkende Ausnahmevorschrift grds **eng auszulegen**
(*BGH* NJW-RR 1987, 185 – AOK-Merkblatt; NJW 1988, 337, 339 – Topographische Landeskarten). Ein Ausschluss des Urheberrechtsschutzes nach § 5 Abs. 2 lässt
sich mithin nur begründen, wenn festgestellt werden kann, dass die Voraussetzungen
des § 5 Abs. 2 tatsächlich vorliegen, insb. das Werk einem Amt zuzurechnen ist (zu
weit daher *BGH* NJW-RR 1987, 185 – AOK-Merkblatt: wenn eindeutige Anhaltspunkte hierfür vorliegen).

44 Ebenso wie bei § 5 Abs. 1 ist die Vorschrift als eine den eigentumsgleichen Rechts-schutz des Urhebers einschränkende Ausnahmebestimmung einer **Analogie nicht zugänglich** (*Schricker/Katzenberger* § 5 Rn 18; offen gelassen in *BGH* NJW 1984, 1621, 1622 – VOB/C). Der *BGH* (NJW 1984, 1621, 1622 – VOB/C) hebt hervor, dass eine Analogie ohnehin nur in den Fällen erwägenswert sei, in denen eine Abwä-gung der berechtigten Urheberinteressen gegen das Interesse der Allgemeinheit an einer urheberrechtsfreien Verbreitung ein vorrangiges Interesse an der Verbreitung in der Allgemeinheit ergebe. Es besteht bei der VOB/C nicht, weil ihre Herausgabe durch das Institut eine Verbreitung von genügender Reichweite ermöglicht (*BGH* NJW 1984, 1621, 1622 – VOB/C).

2. Amtliches Werk

45 Amtl. Werke sind die **aus einem Amt herrührenden Werke** (*BGH* NJW 1984, 1621, 1622 – VOB/C; NJW-RR 1987, 185 – AOK-Merkblatt; NJW 1988, 337, 339 – Topographische Landeskarten). Welcher Gattung das Werk zuzuordnen ist, ist un-erheblich (amtl. Begr. BT-Drucks. IV/270, 39). § 69a Abs. 4 lässt den Rückgriff auf § 5 auch für **Computerprogramme** zu, denn die für den Erlass von § 5 maßgebli-chen Erwägungen (so Rn 43) gelten auch für diesen Bereich. Danach kann zB eine im Zuge der unkontrollierten Verbreitung eines „Computerwurms" amtl. veröffent-lichte Diskette, die ein entspr. neues Anti-Virenprogramm enthält, § 5 Abs. 2 unter-fallen.

46 Der Begriff des **Amtes** entspricht dem des § 5 Abs. 1. Auf die dortigen Ausführun-gen (Rn 20 ff.) wird verwiesen.

47 Aus einem Amt rührt das Werk her, wenn ein Amt erkennbar für seinen Inhalt ver-antwortlich zeichnet bzw das Werk einem Amt zuzurechnen ist (*BGH* GRUR 1982, 37, 40 – WK-Dokumentation; NJW-RR 1987, 185 – AOK-Merkblatt). Diese Vor-aussetzungen können sowohl dann vorliegen, wenn **das Amt oder dessen Bediens-tete selbst** das Werk geschaffen haben, als auch wenn es von dem Amt nicht ange-hörenden Privatpersonen verfasst wurde (*BGH* NJW-RR 1987, 185 – AOK-Merk-blatt). Weder der Wortlaut noch der Zweck der Vorschrift, die freie Veröffentlichung solcher Werke zuzulassen, deren möglichst weite Verbreitung im allg. Interesse liegt, machen eine Beschränkung der amtl. Werke auf von Amtspersonen hergestellte Leis-tungen erforderlich (*BGH* GRUR 1982, 37, 40 – WK-Dokumentation).

48 Die Leistungen einer Privatperson können auf zweierlei Weise zu einem amtl. Werk werden: Zum einen kann das Amt die **Privatperson** mit der Abfassung des Werkes oder mit der Mitarbeit an derselben **beauftragt** haben.

49 Zum anderen kann sich das Amt ein von einer Privatperson ohne ihr Zutun geschaf-fenes Werk **nachträglich zu eigen machen** (vgl *BGH* NJW-RR 1987, 185, 186 – AOK-Merkblatt), und zwar unabhängig davon, ob der Urheber dem **zugestimmt hat** oder nicht (näher oben Rn 26; offen gelassen für § 5 Abs. 1 in *BGH* NJW-RR 1987, 185 186 – AOK-Merkblatt; NJW-RR 1990, 1452 – DIN-Normen; offen gelassen auch in *BVerfG* NJW 1999, 414, 415). Der Urheberrechtsschutz am privaten Regel-werk wird dadurch nicht ausgeschlossen, solange dessen **Wortlaut** nicht im amtl. Werk wiederholt wird (§ 5 Abs. 3 S. 1). Das Amt kann sich bei unberechtigter In-Be-zugnahme Ansprüchen des Urhebers ausgesetzt sehen.

Ob sich das Amt ein fremdgeschaffenes Werk nachträglich zu eigen gemacht hat, ist **50** aufgrund einer Gesamtwürdigung aller Umstände des Einzelfalls, zu denen auch die Entstehung des Werkes und die Art seiner Übernahme durch das Amt gehören, zu beurteilen (*BGH* NJW-RR 1987, 185, 186 – AOK-Merkblatt). **Zumeist wird es hierauf nur noch in Altfällen ankommen**, da der Urheberrechtsschutz am privaten Werk gem. § 5 Abs. 2, 3 nF nur noch erlischt, wenn dieses wörtlich im amtl. Werk wiedergegeben wird. Voraussetzung für das Zu-Eigen-Machen ist, dass das Amt nach außen hin als **für das Werk Verantwortlicher auftritt**. Das allein reicht jedoch häufig noch nicht aus, um das Werk zu einem amtl. zu machen. So wurde ein „Merkblatt für Arbeitgeber", welches Privatpersonen aufgrund eigener Initiative geschaffen hatten und welches über einen Verlag an die allg. Ortskrankenkassen gelangt war, die das Merkblatt wiederum an Arbeitgeber weitergegeben hatten, mangels vertraglicher Beziehungen zwischen Amt und Verfassern nicht als amtl. Werk angesehen (*BGH* NJW-RR 1987, 185 f. – AOK-Merkblatt). Auch durch die bloße Bezugnahme einiger amtl. Erlasse auf den Inhalt der VOB/C soll sich der Staat deren Inhalt nicht zu eigen machen; die Anwendung des § 5 Abs. 2 auf die VOB/C ist daher vom *BGH* (NJW 1984, 1621, 1622 – VOB/C) auch nach altem Recht abgelehnt worden, während durch amtl. Erlasse in Bezug genommene DIN-Normen zwar nicht nach § 5 Abs. 2, aber uU nach § 5 Abs. 1 vom Urheberrechtsschutz ausgeschlossen sein sollten (*BGH* NJW-RR 1990, 1452 – DIN-Normen). Ebenso wenig macht sich der Staat die von dem Deutschen Rechnungslegungs Standards Committee eV (DRSC) veröffentlichten Rechnungslegungsstandards zu eigen, welche das DRSC als nach § 342 HGB zuständige Standardisierungsorganisation für Deutschland aufgrund „Standardisierungsvertrags" v. 3.9.1998 mit dem Bundesministerium der Justiz herausgibt (*OLG Köln* AfP 2001, 149 ff.).

Die **Förderung** eines Werkes **mit amtl. Mitteln** kann Indiz für ein Zu-Eigen-Ma- **51** chen sein, spricht jedoch ebenfalls nicht zwingend für ein amtl. Werk. Sie besagt nur, dass ein amtl. Interesse an der entspr. Leistung besteht. Ein derartiges Interesse reicht aber für sich genommen noch nicht aus, um eine private Arbeit als amtl. zu charakterisieren und damit vom Urheberrechtsschutz auszuschließen (*BGH* GRUR 1982, 37, 40 – WK-Dokumentation).

Für den Begriff des amtl. Werkes kommt es nicht auf den **Gegenstand** der Leistung **52** an. Auch Werke, die keinen amtl. Gegenstand haben, können amtl. Werke iSd § 5 Abs. 2 sein (*BGH* GRUR 1982, 37, 40 – WK-Dokumentation).

Kein Argument für die Eigenschaft eines Werkes als amtl. ist es, wenn sich ein Amt **53** den Zeitpunkt und die Art und Weise der **Veröffentlichung vorbehält**. Denn dadurch macht das Amt seine amtl. Verantwortung für den Inhalt des Werkes nicht deutlich. Im Gegenteil spricht der Vorbehalt der Veröffentlichung eher gegen ein amtl. Werk, weil das Verhalten des Amtes zeigt, dass es das Werk nicht als ein solches ansieht, dessen möglichst weite Verbreitung im allg. Interesse liegt (*BGH* GRUR 1982, 37, 40 – WK-Dokumentation).

3. Veröffentlichung zur allgemeinen Kenntnisnahme

Amtl. Werke, die nicht unter § 5 Abs. 1 fallen, sind nach § 5 Abs. 2 vom Urheber- **54** rechtsschutz nur ausgeschlossen, wenn sie im amtl. Interesse zur allg. Kenntnisnahme veröffentlicht wurden. Damit bleibt der Urheberrechtsschutz für inneramtlich gebrauchte Werke, zB reine Verwaltungsanweisungen und Verwaltungsvorschriften, erhalten (amtl. Begr. BT-Drucks. IV/270, 39).

55   **Veröffentlicht** wird das Werk, wenn es mit Zustimmung des Berechtigten der Öffentlichkeit zugänglich gemacht wird (*BGH* NJW 1987, 1332 – Anwaltsschriftsatz). Der Begriff der Veröffentlichung in § 5 Abs. 2 deckt sich mit dem des **§ 6 Abs. 1** (vgl *BGH* NJW 1987, 1332 – Anwaltsschriftsatz). Auf die dortige Kommentierung wird verwiesen.

56   Die Veröffentlichung muss hinsichtlich des **Werkes selbst** erfolgt sein. An einer Veröffentlichung fehlt es daher bei der bloßen Bezugnahme auf ein Werk in einem amtl. Erlass, welcher der Öffentlichkeit nicht zugeleitet wird, selbst wenn das Werk selbst der Öffentlichkeit bekannt ist (vgl *BGH* NJW 1984, 1621, 1622 – VOB/C).

4. Amtliches Interesse

57   An der Veröffentlichung des Werkes muss ein **unmittelbares öffentliches Interesse** bestehen (*BGH* NJW 1964, 2153, 2154 – Stadtplan). Dieses muss zwar nicht bes. dringlich und unabweisbar sein (so noch *BGH* NJW 1964, 2153, 2154 – Stadtplan; daran anschließend *Möhring/Nicolini* 1. Aufl., § 5 Anm. 6b; **aA** auch *Katzenberger* GRUR 1972, 686, 689 ff. und *OLG Köln* NJW 2000, 2212, 2213), weil das Gesetz dafür nichts hergibt (*BGH* NJW 1988, 337, 339 – Topographische Landeskarten; vgl auch amtl. Begr. BT-Drucks. IV/270, 39); es muss aber nach Art und Bedeutung der Information gerade darauf gerichtet sein, dass der Nachdruck oder die sonstige Verwertung des die Information vermittelnden Werkes jedermann freigegeben wird (*BGH* NJW 1988, 337, 339 – Topographische Landeskarten; vgl auch *OLG Köln* NJW 2000, 2212, 2213). Denn die Stellung des § 5 als Ausnahmeregelung und der Zweck der Vorschrift, die möglichst umfassende Verbreitung amtl. Werke zu ermöglichen, rechtfertigen den in der Vervielfältigung solcher Werke liegenden Eingriff andernfalls nicht (vgl *BGH* NJW 1964, 2153, 2154 – Stadtplan).

58   Das **Informationsinteresse** liegt im Allgemeinen vor, wenn durch die Veröffentlichung zum Schutz der Allgemeinheit auf Gefahren oder Risiken hingewiesen werden soll (vgl amtl. Begr. BT-Drucks. VI/270, 39). Aber auch jedes sonstige anerkennenswerte Informationsbedürfnis der Allgemeinheit reicht aus, wenn es sich gerade gegen den Staat als veröffentlichende Person richtet. Daher kann die Information über den Stand der Gesetzgebung oder ein wichtiges Forschungsprojekt des Staates ein amtl. Interesse an der Veröffentlichung bedingen.

59   An dem amtl. Interesse an der Veröffentlichung fehlt es, wenn die **Information** der Bevölkerung auch ohne das Eingreifen des § 5 **gesichert** ist. Das Veröffentlichungsinteresse besteht daher jedenfalls nach der Privatisierung der Deutschen Bundespost Telekom nicht mehr in Bezug auf Telefonbücher, weil die Rechtsordnung durch § 12 TKG sicherstellt, dass die Anbieter von Telekommunikationsleistungen entspr. Verzeichnisse erstellen und der Öffentlichkeit zugänglich machen (*BGH* NJW 1999, 2898, 2900 – Tele-Info-CD). Dient das Werk als Zierrat oder erfolgt die Veröffentlichung zu ästhetischen Zwecken, fehlt es ebenfalls am amtl. Interesse (vgl *OLG Köln* NJW 2000, 2212, 2213).

5. Rechtsfolgen

Liegen die Voraussetzungen des § 5 Abs. 2 vor, ist die **Verwertung** und **Bearbei-** 60
tung des amtl. Werkes auch ohne Zustimmung des Urhebers unbeschränkt **zulässig**.
Hinsichtlich der Teile des amtl. Werkes, die aus in Bezug genommenen privaten Regelwerken bestehen, die nicht wörtlich in das amtl. Werk inkorporiert wurden, bleibt
der Urheberrechtsschutz bestehen (§ 5 Abs. 3 S. 1). Wer das amtl. Werk verwerten
will, benötigt insoweit also eine Lizenz des privaten Urhebers, wobei Verleger eine
Zwangslizenz erlangen können (§ 5 Abs. 3 S. 2, 3). Die einzige Einschränkung bei
der Verwertung eines amtl. Werkes, an dem der Urheberrechtsschutz gem. § 5 Abs. 2
ausgeschlossen ist, bildet die (nur) entspr. Geltung des **Änderungs- und des Quel-**
lenangabeverbotes nach §§ 62 f. Die Bezugnahme auf diese Vorschriften begründet
daher nicht etwa ein – auf den Rahmen der §§ 62 f. beschränktes – Urheberrecht
(*Möhring/Nicolini/Ahlberg* § 5 Rn 29). Die **Geltendmachung der Rechte** aus diesen Vorschriften **steht** daher nicht dem Urheber, sondern **dem Amt zu**. Nur dieses
ist anspruchsberechtigt, wenn es darum geht, bes. nachteiligen Änderungen des Werkes oder eine Verwertung ohne Angabe der Quelle zu verhindern (*Schricker/Katzen-*
berger § 5 Rn 59). Verwertungsverbote nichturheberrechtlicher Art, zB nach § 1
UWG, bleiben sowohl für den Urheber als auch für das Amt unberührt.

Der Schutz von **Bearbeitungen** des amtl. Werkes bleibt grds bestehen. Er entfällt nur 61
dann, wenn die Bearbeitung ebenfalls ein amtl. Werk iSd § 5 darstellt.

Die **Beweislast** für die Voraussetzungen des § 5 trifft nach allg. Grundsätzen den, der 62
sich auf ihr Vorliegen beruft. Die Verletzung der Bestimmungen der §§ 62, 63 muss
die Behörde beweisen (*Möhring/Nicolini/Ahlberg* § 5 Rn 31).

6. Beispiele

Amtl. Werke iSd § 5 Abs. 2 sind insb. die nachfolgend genannten Werke: **Referen-** 63
tenentwürfe, Parlamentsprotokolle, Bundestags- und -ratsdrucksachen, parla-
mentarische Anfragen, Berichte der Ausschüsse und andere veröffentlichte amtl.
Gesetzesmaterialien (*Schricker/Katzenberger* § 5 Rn 44). Veröffentlichte **amtl. Bro-**
schüren über Renten-, Sozialversicherungs- und Steuerfragen sowie **Pressemit-**
teilungen von Behörden und Gerichten können amtl. Werke iSd § 5 Abs. 2 sein,
wenn ein Interesse an einer möglichst ungehinderten Verbreitung der darin enthaltenen Informationen besteht (vgl *BGH* NJW-RR 1987, 185 f. – AOK-Merkblatt; zu
weit gehend *Fromm/Nordemann* § 5 Rn 4). Ferner unter § 5 Abs. 2 fallen die **Patent-**
offenlegungs-, Auslege- und Patentschriften (*Möhring/Nicolini/Ahlberg* § 5
Rn 25; *Schricker/Katzenberger* § 5 Rn 46 mwN). Ebenfalls nach § 5 Abs. 2 vom Urheberrechtsschutz ausgenommen ist eine behördlich mit dem Ziel der **Warnung vor**
Badeunfällen veröffentlichte Karte der Meeresküste, in der die für Badende gefähr-
lichen Stellen bes. gekennzeichnet sind (amtl. Begr. BT-Drucks. IV/270, 39).

Kein amtl. Werk, weder iSd § 5 Abs. 2 aF noch iSd § 5 Abs. 2 nF, sind ein von der 64
Stadt herausgegebener **Stadtplan**, der im Buchhandel und im Eigenvertrieb der Stadt
an Werbefirmen veräußert wird (*BGH* NJW 1964, 2153, 2154 – Stadtplan), und eine
topographische Landeskarte einer Vermessungsbehörde (*BGH* NJW 1988, 337,
339 – Topographische Landeskarten), weil ein Interesse an einem freien Nachdruck
für jedermann nicht besteht. Überhaupt werden amtl. Kartenwerke nur im Ausnah-

mefall im amtl. Interesse veröffentlicht werden können (amtl. Begr. BT-Drucks. IV/270, 39). Eine von der BReg veranlasste und mit Haushaltmitteln geförderte Dokumentation über die deutsche Kriegsgefangenengeschichte, deren Verfasser aufgrund eines privaten Werkvertrages tätig geworden sind, ist kein amtl. Werk iSd § 5 Abs. 2 (*BGH* GRUR 1982, 37, 40 – **WK-Dokumentation**). Kein amtl. Werk iSd § 5 Abs. 2 aF und nF ist die **VOB/C** (*BGH* NJW 1984, 1621, 1622 – VOB/C) bzw **DIN-Normen** (zur Rechtslage nach § 5 Abs. 1 so Rn 38 ff.). Ebenso wenig sind dies die vom Deutschen Rechnungslegungs Standards Committee eV (DRSC) **nach § 342 HGB veröffentlichten Standards** (*OLG Köln* AfP 2001, 149 ff.). Ein von Verwaltungsdirektoren des Bundesverbandes der allg. Ortskrankenkassen in ihrer Freizeit entworfenes und über einen Verlag vertriebenes „**Merkblatt für Arbeitgeber**" wird nicht dadurch zu einem amtl. Werk, dass die allg. Ortskrankenkassen es aufkaufen und den Arbeitgebern zur Verfügung stellen, selbst wenn sie und nicht die Verfasser sich durch einen Aufdruck auf dem Deckblatt als Herausgeber gerieren (*BGH* NJW-RR 1987, 185 f. – AOK-Merkblatt). Jedenfalls nach der Privatisierung der Deutschen Bundespost Telekom stellen Fernsprechbücher keine amtl. Werke mehr dar (*BGH* NJW 1999, 2898, 2900 – Tele-Info-CD). Keine amtl. Werke sind **politische Reden und Kommentare** (*Schricker/Katzenberger* § 5 Rn 47). **Verzeichnisse öffentlicher Museen und Bibliotheken, Theater- und Konzertprogramme** sowie **Fahrpläne** unterfallen § 5 Abs. 2 nicht (*Schricker/Katzenberger* § 5 Rn 48), weil ihre Verbreitung auch ohne diese Vorschrift sichergestellt ist. Gleiches gilt für **Briefmarken (aA** zu § 5 Abs. 1 *LG München I* GRUR 1987, 436 ff.), **Geldmünzen und -scheine**, die zudem nicht zur Kenntnisnahme, sondern zum Gebrauch herausgegeben werden (vgl *Fromm/Nordemann* § 5 Rn 4; *Schricker/Katzenberger* § 5 Rn 49), sowie **Wörterbücher, Veröffentlichungen statistischer Ämter und Gebetbücher** (*Möhring/Nicolini* 1. Aufl., § 5 Anm. 6 b bb). Der bis zum Neubau des BTags dort aufgehängte sog. **Gies-Adler** fällt nicht unter § 5 Abs. 2 (*OLG Köln* NJW 2000, 2212, 2213; vgl *BGH* Urt. v. 20.3.2003, Az: I ZR 117/00). Zum innerdienstlichen Gebrauch angefertigte und später veröffentlichte **Gutachten** sind keine amtl. Werke (*Katzenberger* GRUR 1972, 686, 689).

IV. Verweis auf private Normwerke (§ 5 Abs. 3)

1. Erhalt des Urheberrechtsschutzes an privaten Normwerken

65 § 5 Abs. 3 S. 1 erhält dem Urheber eines privaten Normwerkes, auf das ein amtl. Werk verweist, ohne seinen Wortlaut zu übernehmen, den Urheberrechtsschutz. Den Hintergrund der Regelung bildet die DIN-Normen-Entsch. des *BGH* (NJW-RR 1990, 1452 – DIN-Normen). Der BGH war in ihr davon ausgegangen, dass die DIN-Normen durch den in den Bauordnungen der Länder enthaltenen Verweis zum amtl. Werk iSd § 5 Abs. 1 würden mit der Folge, dass das DIN ihre Verwertung nicht verhindern und aus ihr auch keine Ansprüche herleiten könne. Zum Schutze der Urheber privater Normgeber war daher der bis zuletzt stark umstr. § 5 Abs. 3 S. 1 eingefügt worden.

66 Er schützt nur **private Normwerke**. Gegenstand der In-Bezugnahme muss also ein **Werk** iSd § 2 sein. Aus Sinn und Zweck des § 5 Abs. 3, private Urheber zu schützen, ergibt sich, dass dieses noch geschützt sein muss, die Schutzfrist also noch nicht abgelaufen sein darf. **Privat** ist das Normwerk immer dann, wenn das Amt (zum Begriff oben Rn 20 ff.) es nicht selbst erstellt hat. Eine Aufstellung der Normen durch Mitarbeiter iRd ihnen zugewiesenen Funktion ist eine Erstellung durch das Amt selbst. **Normwerk** ist nach Sinn und Zweck des § 5 Abs. 3, die privaten Urheber zu schützen, jedes Werk, das geeignet ist, an die Stelle einer amtl. Regelung iSd § 5 Abs. 1, 2 zu treten, das also durch die In-Bezugnahme zu einem amtl. Werk würde. Dass der private Urheber das Werk in anderem Zusammenhang aufgestellt hat und seinen rechtssatzähnlichen Charakter vielleicht sogar nicht einmal erkannt hat, schadet nicht.

Der Urheberrechtsschutz am privaten Normwerk bleibt nur bestehen, wenn das amtl. Werk auf dieses **verweist, ohne seinen Wortlaut wiederzugeben**. Der Gesetzgeber ging davon aus, dass eine Trennung zwischen dem amtl. und dem privaten Werk dem Rechtsunterworfenen nicht zumutbar sei, wenn das private Normwerk wörtlich in das amt. Werk inkorporiert werde. **67**

2. Anspruch auf Einräumung einer Lizenz

a) Verpflichtung zur Lizenzierung. Benachteiligt durch § 5 Abs. 3 S. 1 sind vor allem die Verleger, die amtl. Werke verlegen. Sie benötigen in Zukunft eine Lizenz des privaten Urhebers, wenn sie dessen Werk, auf das ein amtl. Werk Bezug nimmt, ohne seinen Text wörtlich wiederzugeben, im Zusammenhang mit dem amtl. Werk ebenfalls verlegen wollen. § 5 Abs. 3 S. 2, 3 verpflichtet die **Urheber** solcher privaten Normwerke und deren **ausschließliche Lizenznehmer**, jedem **Verleger** zu angemessenen Bedingungen ein Vervielfältigungs- und Verbreitungsrecht einzuräumen. Andere Personen, die das private Normwerk verwerten wollen, kommen nicht in den Genuss des § 5 Abs. 3 S. 2, 3. Auch verpflichtet die Vorschrift nur zur Einräumung einer **einfachen Vervielfältigungs- und Verbreitungslizenz**. Die Lizenzierung eines Rechts auf öffentliche Wiedergabe, etwa im Internet, ist nicht vorgesehen. Damit wird von § 5 Abs. 3 S. 2, 3 nur der übliche Buchhandel gedeckt. **68**

§ 5 Abs. 3 räumt dem Verleger das Verlagsrecht nicht selbst ein, sondern verpflichtet den Urheber bzw ausschließlichen Lizenznehmer nur entspr. Ggf muss die Lizenzeinräumung eingeklagt werden. Vervielfältigt und verbreitet der Verleger schon bevor ihm die Lizenz gewährt wurde, verletzt er das Urheberrecht. Ggf muss er rechtzeitig eine einstweilige Verfügung erwirken. Für den vergleichbaren Anspruch des Tonträgers aus § 61 aF hatte der BGH die Möglichkeit einstweiligen Rechtsschutzes bejaht (*BGH* NJW 1998, 1393 – Coverversion). **69**

b) Konditionen der Lizenzierung. Der Anspruch auf Einräumung einer Lizenz besteht nur zu angemessenen Konditionen, insb. gegen angemessene Vergütung (§ 5 Abs. 3 S. 2). Können die Parteien keine Einigung über die Höhe der Vergütung erzielen, ist sie vom Gericht festzusetzen, wobei es auf die üblichen Tarife ankommt. Bestehen Tarife der Verwertungsgesellschaften, sind sie heranzuziehen. Die **Beweislast** folgt den allg. Grundsätzen. Wer den Vertrag erst einmal abschließt, um sich dann später auf die Unangemessenheit der Konditionen zu berufen, hat diese daher zu beweisen. **70**

§ 6   Veröffentlichte und erschienene Werke

(1) Ein Werk ist veröffentlicht, wenn es mit Zustimmung des Berechtigten der Öffentlichkeit zugänglich gemacht worden ist.

(2) Ein Werk ist erschienen, wenn mit Zustimmung des Berechtigten Vervielfältigungsstücke des Werkes nach ihrer Herstellung in genügender Anzahl der Öffentlichkeit angeboten oder in Verkehr gebracht worden sind. Ein Werk der bildenden Künste gilt auch dann als erschienen, wenn das Original oder ein Vervielfältigungsstück des Werkes mit Zustimmung des Berechtigten bleibend der Öffentlichkeit zugänglich ist.

Literatur: *Becker/Dreier* Urheberrecht und digitale Technologie, Schriftenreihe UFITA, Bd 121, 1994; *Bueb* Der Veröffentlichungsbegriff im deutschen und internationalen Urheberrecht, Diss., 1974; *Katzenberger* Elektronische Printmedien und Urheberrecht – Urheberrechtliche und urhebervertragsrechtliche Fragen der elektronischen Nutzung von Zeitungen und Zeitschriften, AfP 1997, 434; *Leupold/Demisch* Bereithalten von Musikwerken zum Abruf in digitalen Netzen, ZUM 2000, 379; *Loewenheim* Urheberrechtliche Probleme bei Multimediaanwendungen, GRUR 1996, 830; *Schulze* Rechtsfragen von Printmedien im Internet, ZUM 2000, 432; *Schwarz* Urheberrecht und unkörperliche Verbreitung multimedialer Werke, GRUR 1996, 836; *Strömholm* Das Veröffentlichungsrecht im Regierungsentwurf zur Urheberrechtsreform, GRUR 1963, 350; *Süßenberger/Czychowski* Das „Erscheinen" von Werken ausschließlich über das Internet und ihr urheberrechtlicher Schutz in Deutschland – Einige Argumente Pro und Contra, GRUR 2003, 489.

Übersicht

I. Allgemeines

Der **urheberrechtliche Schutz** eines Werkes ist **unabhängig davon, ob** dieses bereits **veröffentlicht oder erschienen** ist. Anders als im Bereich des gewerblichen Rechtsschutzes greift der Urheberrechtsschutz eines Werkes auch dann ein, wenn das Werk der Öffentlichkeit wahrnehmbar gemacht wurde, ohne dass eine Registereintragung erfolgt ist. Sie ist nach § 138 ohnehin nur für die Fälle der anonymen oder pseudonymen Urheberschaft (§ 66 Abs. 2 S. 2) vorgesehen.

Die in § 6 definierten Begriffe der Veröffentlichung und des Erscheinens tauchen im UrhG jedoch an mehreren anderen Stellen wieder auf, zB in §§ 5 Abs. 2, 8 Abs. 2, 10 Abs. 1, 12, 23 S. 1, 51, 66 Abs. 1, 87 Abs. 1 Nr. 1, 87d, 114 Abs. 2, 129.

Der Begriff der Öffentlichkeit spielt vor allem bei der Frage der Verwertung eines Werkes eine Rolle. Die Tendenz, die **private Nutzung** urheberrechtlich geschützter Werke dem Einfluss des Urhebers zu entziehen, wird dabei durch den Schutz technischer Maßnahmen, die eine solche Nutzung verhindern, in weitem Umfang wieder rückgängig gemacht; näher hierzu in der Kommentierung der §§ 95a ff. Die unkörperliche Werkverwertung ist nur vom Willen des Urhebers abhängig, wenn sie öffentlich erfolgt. Bei der körperlichen Werkverwertung ist zwar auch die private Nutzung grds vom Willen des Urhebers abhängig, davon gibt es aber viele Ausnahmen (vgl §§ 17 Abs. 1, 18, 44a ff.). Ursache für die Anordnung dieses **Regel-Ausnahme-Prinzips** ist der Umstand, dass die mit der körperlichen Werkverwertung einhergehende **Fixierung** des Werkes einen stärkeren Eingriff in das eigentumsgleiche Schutzrecht des Urhebers mit sich bringt als die unkörperliche. Die Bearbeitung hingegen mag den Urheber zwar stark belasten, eine Möglichkeit der Bearbeitung fremder Werke zumindest im privaten Kreise muss jedoch gegeben sein, wenn die Schaffensfreiheit Dritter nicht unzumutbar eingeschränkt werden soll. Die unkörperliche Verwertung und im Regelfall auch die Bearbeitung sind daher nach §§ 19 ff., 23 erst gar nicht von der Zustimmung des Urhebers abhängig, solange sie nur im privaten Kreis erfolgen. Das ergibt sich im Umkehrschluss aus §§ 19 Abs. 1, 2, 19a, 20, 21, 22, 23 S. 1, die dem Urheber nur die öffentlichen Verwertungshandlungen vorbehalten (vgl *BGH* NJW 1956, 1553 – Tanzkurse zu § 11 Abs. 2 LUG).

Während grds jedes, auch das unkörperliche Werk, veröffentlicht werden kann, setzt das Erscheinen eines Werkes Vervielfältigungsstücke desselben und damit eine körperliche Festlegung voraus (näher unten). Das führt zu einer stärkeren Verselbständigung des Werkes, die es rechtfertigt, dass vom Zeitpunkt des Erscheinens an weitergehend in die Rechte des Urhebers eingegriffen werden darf (*BGH* NJW 1963, 651 – Fernsehwiedergabe von Sprachwerken), zB indem nun auch das Großzitat zulässig ist (vgl § 51 Ziff. 1). **Erscheinen und Veröffentlichung** eines Werkes können einander daher **nicht gleichgestellt** werden; eine analoge Anwendung der an die Veröffentlichung bzw das Erscheinen anknüpfenden Vorschriften auf den jeweils anderen Fall ist nicht zulässig (vgl *BGH* NJW 1963, 651 f. – Fernsehwiedergabe von

Sprachwerken). Aus diesem Grunde ist auch § 6 Abs. 2 S. 2, der für das Erscheinen eines Werkes eine gewisse **Dauerhaftigkeit** voraussetzt, auf das Veröffentlichen eines Werkes der bildenden Kunst nicht anwendbar (**aA** *Wandtke/Bullinger* Fallsammlung, Fall 22, S. 111). In ein Werk der bildenden Kunst kann daher ohne Einwilligung des Urhebers in dem in § 114 Abs. 1 genannten Umfang schon dann vollstreckt werden, wenn das Werk im Rahmen einer Ausstellung für kurze Zeit veröffentlicht worden ist.

5 Es besteht Einigkeit, dass der Begriff des Erscheinens im UrhG immer in der in § 6 Abs. 2 niedergelegten Art und Weise zu verstehen ist. Streitig ist hingegen in der Lit., ob im UrhG ein **einheitlicher Öffentlichkeitsbegriff** anzulegen ist, für den dann die Definition des § 15 Abs. 3 gelten würde. Dies ist zu bejahen; es kann richtigerweise hier nichts anderes als für das Erscheinen eines Werkes gelten, dessen Voraussetzungen auch stets dieselben sind. Näher hierzu sogleich Rn 6 ff.

II. Veröffentlichung (§ 6 Abs. 1)

1. Einheitlicher Öffentlichkeitsbegriff im Urhebergesetz

6 Nach Auffassung des *BGH* (NJW 1991, 1284 – Einzelangebot) gilt der auf die Werkswiedergabe in unkörperlicher Form zugeschnittene Öffentlichkeitsbegriff des § 15 Abs. 3 auch für die Werksverwertung in körperlicher Form und damit einheitlich im gesamten UrhG. Diese Rspr kann auch noch nach den Änderungen an § 15 Abs. 3 durch das Gesetz zur Regelung des Urheberrechts in der Informationsgesellschaft herangezogen werden, die nach der amtl. Begr. vorwiegend redaktioneller Art sein sollen (amtl. Begr. zu § 15, BT-Drucks. 15/38, 17). In der **Lit.** ist streitig, ob in § 6 Abs. 1 derselbe Begriff der Öffentlichkeit zugrunde zu legen ist, wie er in § 15 Abs. 3 für die öffentliche Wiedergabe geregelt ist. *Katzenberger* (*Schricker/Katzenberger* § 6 Rn 9 ff.) und inzwischen auch *Nordemann* (*Fromm/Nordemann* § 6 Rn 1; anders noch *Fromm/Nordemann* 8. Aufl., § 6 Rn 1) gehen zusammen mit einigen anderen Autoren (*Ulmer* § 32 I; *Bueb* S. 8 ff.; vgl auch *Haberstumpf* Hdb, Rn 207) von zwei verschiedenen Öffentlichkeitsbegriffen aus. Zur Begr. wurde auf die amtl. Begr. (BT-Drucks. IV/270, 47) verwiesen, welche § 15 Abs. 3 als allg. Definition des Begriffs der Öffentlichkeit der Wiedergabe eines Werkes begreift (so *Fromm/Nordemann* § 6 Rn 1), sowie auf das Bedürfnis, den Öffentlichkeitsbegriff in § 6 Abs. 1 enger als für § 15 Abs. 3 anerkannt auszulegen (so *Schricker/Nordemann* § 6 Rn 1).

7 Diese in der **Lit.** vertretene Meinung, die für das UrhG von zwei unterschiedlichen Öffentlichkeitsbegriffen ausgeht, **überzeugt nicht** (ebenso *Möhring/Nicolini/Ahlberg* § 6 Rn 10 f.), erst recht kann sie nach den Gesetzesänderungen an § 15 Abs. 3 im Zuge der Gesetzesreform 2003 keine Gültigkeit mehr haben. Die Gesetzesbegründung ist insoweit nicht ganz eindeutig. Die Passage im Referentenentwurf für ein Gesetz zur Regelung des Urheberrecht in der Informationsgesellschaft v. 18.3.2002 (zu Art. 1 Nr. 1, 4 und 5, §§ 15, 19a, 22), in der darauf hingewiesen wurde, dass „der Öffentlichkeitsbegriff schon bisher seinem Inhalt und nunmehr auch seinem Wortlaut nach nicht nur im Hinblick auf die Verwertungsart der öffentlichen Wiedergabe Geltung besitzt", findet sich allerdings in der amtl. Begr. zum Gesetz (BT-Drucks. 15/38, 16 f.) nicht mehr. Die amtl. Begr. zu § 15 aF (BT-Drucks. IV/270, 47), in welcher „der Öffentlichkeitsbegriff des Urheberrechts" dem des Strafrechts gegenüber ge-

stellt wird, spricht eher für ein einheitliches Verständnis der Öffentlichkeit im UrhG. Darauf, dass der Gesetzgeber von der Austauschbarkeit beider Begriffe ausgegangen ist, deuten auch bestimmte Überschneidungen im UrhG hin. So wird der Begriff der öffentlichen Wiedergabe zwar häufig verwendet, wenn es um die Veröffentlichung von unkörperlichen Werken bzw Werkstücken geht (zB in §§ 16 ff., 71, 72 Abs. 2), während das öffentliche Zugänglichmachen von körperlichen Werken bzw Werkstücken (zB in § 12) im Allgemeinen als Veröffentlichung bezeichnet wird. In einigen Vorschriften, zB in **§ 66 Abs. 1**, wird diese Unterscheidung jedoch durchbrochen. Schließlich muss sich die og Meinung entgegenhalten lassen, dass der Begriff **öffentlich** im UrhG noch **in anderen Zusammenhängen verwandt** wird, zB in § 18 (öffentliche Ausstellung), § 48 (öffentliche Reden) und § 59 (öffentliche Wege). Für die Befürworter zweier unterschiedlicher Öffentlichkeitsbegriffe stellt sich hier die Frage, welcher von beiden Öffentlichkeitsbegriffen dann gilt bzw ob etwa ein dritter (und ggf vierter) Öffentlichkeitsbegriff maßgeblich sein soll. Damit wäre die **Rechtsunsicherheit** vorprogrammiert. Die iRd Gesetzesauslegung verbleibenden Zweifel an der Begriffsdefinition der Öffentlichkeit bzw öffentlichen Wiedergabe sind daher nach dem Grundsatz der **Einheitlichkeit der Rechtsordnung** im Sinne eines einheitlichen Öffentlichkeitsbegriffs aufzulösen.

Veröffentlicht iSd § 6 Abs. 1 ist ein Werk folglich immer dann, wenn es mit Zustimmung des Urhebers dem in § 15 Abs. 3 beschriebenen Personenkreis zugänglich gemacht wurde. **8**

2. Öffentlichkeit

a) Begriff. Zwischen der körperlichen und der unkörperlichen Verwertung besteht ein Unterschied. Bei der körperlichen Verwertung ist Öffentlichkeit jeder, der nicht mit dem Verwerter persönlich verbunden ist (§ 15 Abs. 3 S. 2 Alt. 1). Die Weitergabe einer Ablichtung eines Manuskripts an eine einzige Person, zu der keine persönliche Beziehung besteht, reicht also aus (vgl *BGH* NJW 1986, 1045 – Elektrodenfabrik; NJW 1991, 1234, 1235 – Einzelangebot). Bei der unkörperlichen Verwertung schadet das Fehlen einer persönlichen Beziehung zum Verwerter hingegen nicht, wenn zwischen den Personen, denen das Werk zugänglich gemacht wird, eine persönliche Verbundenheit besteht. **9**

Unter der Öffentlichkeit ist nach der folglich auch iRd § 6 Abs. 1 geltenden Definition des § 15 Abs. 3 grds jede auch einzelne Person zu verstehen, die nicht mit demjenigen, der das Werk verwertet, oder – **nur bei der unkörperlichen Verwertung** – mit den anderen Personen, denen das Werk in unkörperlicher Form wahrnehmbar oder zugänglich gemacht wird, durch persönliche Beziehungen verbunden ist. Der Begriff deckt sich mit dem der Öffentlichkeit iSd § 11 Abs. 2 LUG, sodass auf die dazu entwickelte Rspr zurückgegriffen werden kann (*BGH* NJW 1972, 1273 – Landesversicherungsanstalt). Der Gesetzgeber ging im Zuge der jüngsten Urheberrechtsreform davon aus, dass die **Gleichzeitigkeit** der Übermittlung an bzw Wahrnehmung durch Dritte, soweit sie das Gesetz nicht anordnet, keine Voraussetzung für den Öffentlichkeitsbegriff ist (amtl. Begr. zu Nr. 2, 5 und 6 (§§ 15, 19a, 22), BT-Drucks. 15/38, 17). Die zu **Art. 3 Abs. 3 RBÜ** entwickelten Kriterien finden hingegen nur sehr eingeschränkt Anwendung, weil der dort zugrunde gelegte Veröffentlichungsbegriff **10** enger ist; er setzt voraus, dass dem interessierten Publikum hinreichend Werkexemplare zur Verfügung gestellt worden sind (vgl auch *BGH* NJW 1975, 1220, 1221 – August Vierzehn).

11   **b) Gemeinsame Anwesenheit nicht Voraussetzung.** Abzustellen ist auf den Kreis, dem das Werk zugänglich gemacht wird. Eine **gemeinsame Anwesenheit** dieser Personen in einem Raum oder auch nur ein **zeitliches Zusammentreffen** der Vorgänge, durch die das Werk zugänglich gemacht wird, ist **grds nicht erforderlich.** Deshalb werden Befugnisse des Urhebers schon dadurch verletzt, dass ein Dritter das Werk per E-Mail an eine einzige Person versendet, die mit ihm nicht durch persönliche Beziehung verbunden ist.

12   Von dem Grundsatz, dass die Anwesenheit mehrerer Personen nicht Voraussetzung für ihre Eigenschaft als Öffentlichkeit ist, macht das Gesetz allerdings gewisse **Ausnahmen.** Sie sind enthalten in **§§ 19, 21, 22.** Im Zusammenhang mit den genannten Nutzungshandlungen ging der Gesetzgeber, wie sich aus dem Verweis auf § 19 Abs. 3 ergibt, der Darbietungen außerhalb des Raumes erst einbezieht, nämlich davon aus, dass sich alle Personen während der Nutzung des Werkes gleichzeitig im selben Raum aufhalten. Daher ist für die Öffentlichkeit der in **diesen** Vorschriften genannten Nutzungshandlungen auch nach der jüngsten Gesetzesänderung die gleichzeitige Anwesenheit mehrerer Personen im selben Raum Voraussetzung. Vor diesem Hintergrund hat der *BGH* (NJW 1996, 3084, 3085 – Zweibettzimmer im Krankenhaus) einen Verstoß eines Krankenhauses, das Funksendungen in mehreren Zweibettzimmern wahrnehmbar machte, verneint. Wird das Werk von mehreren Sendeunternehmen oder -personen gleichzeitig an unterschiedliche Empfängerkreise ausgestrahlt, ist für jeden von ihnen gesondert zu prüfen, ob er eine Öffentlichkeit iSd § 15 Abs. 3 bildet.

13   **c) Bestimmungszweck der Verwertungshandlung.** Ebenso wie § 15 Abs. 3 aF stellt § 15 Abs. 3 nF darauf ab, dass das Werk für einen näher bezeichneten Personenkreis bestimmt sein soll. Schon nach früherem Recht war anerkannt, dass es für eine öffentliche Wiedergabe, also bei der **unkörperlichen** Verwertung, ausreichend war, dass das Werk nach der Art der Verwertungshandlung einer – näher definierten – Mehrzahl von Personen zugänglich gemacht wurde. Unerheblich war hingegen, ob sie das Werk auch tatsächlich nutzte. Deshalb wurde das Senderecht des Urhebers aus § 20 schon dann verletzt, wenn das Werk ohne entspr. Nutzungsrecht des Senders im Fernsehen gezeigt wurde, selbst wenn nicht ein einziger Zuschauer zur fraglichen Sendezeit einschaltete. Ebenso verhielt es sich bei der **körperlichen** Verwertung, soweit die Ausgestaltung des betr. Verwertungsrechts hierfür Raum ließ, also letztlich nur bei der öffentlichen Ausstellung eines Werkes (§ 18). Entspr. wurde schon dann von einer öffentlichen Ausstellung gesprochen, wenn das Werk der Öffentlichkeit nur zugänglich gemacht wurde, selbst wenn das Angebot zur Besichtigung von Dritten dann nicht wahrgenommen wurde. Das legt iÜ auch § 15 Abs. 2 S. 2 nF nahe, der zwischen der Zugänglichmachung und der (bloßen) Wahrnehmbarmachung differenziert.

14   Auch § 15 Abs. 3 nF spricht ausdrücklich vom Bestimmungszweck der Verwertungshandlung. Die amtl. Begr. (BT-Drucks. 15/38, 17) betont, die Definition der Öffentlichkeit entspreche „im wesentlichen" dem des bisher geltenden Rechts. Da die Wiedergabe weiterhin für eine Öffentlichkeit bestimmt sein müsse, würden „Unklarheiten bei zufälliger Öffentlichkeit vermieden". Daraus folgt, dass der Gesetzgeber von dem Grundsatz, dass es für eine öffentliche Verwertung ausreicht, wenn das Werk der Verwertungshandlung nach für eine Öffentlichkeit bestimmt ist, nicht abgehen wollen. Das zeigt sich auch daran, dass die Änderungen des § 15 Abs. 3 der Erfassung der sog. On-Demand-Dienste dienen sollten. Seine urheberrechtliche Relevanz gewinnt das Bereitstellen eines Werkes zum Abruf on demand aber gerade dadurch, dass das Werk für Dritte verfügbar gemacht und dadurch der Verfügungsgewalt des Urhebers entzogen wird, unabhängig davon, ob eine Verwertung durch Dritte dann auch tatsächlich stattfindet. Auch nach der Gesetzesreform muss man daher von einer öffentlichen Wiedergabe bzw öffentlichen Ausstellung schon dann sprechen, wenn das Werk nur für eine Öffentlichkeit iSd § 15 Abs. 3 bestimmt ist. Kommt das Werk **zufällig** einem Dritten zur Kenntnis, reicht das für eine Veröffentlichung nicht aus.

Fraglich bleibt allerdings, ob umgekehrt von einem veröffentlichten Werk schon dann gesprochen werden muss, wenn das Werk der Öffentlichkeit nur in einer Art und Weise zugänglich gemacht wurde, die seine Wahrnehmung erwarten ließ, selbst wenn es **zur Wahrnehmung nicht gekommen** ist. Dies ist vor dem Hintergrund der Notwendigkeit der Einheitlichkeit des Öffentlichkeitsbegriffs zu bejahen. Hierfür spricht auch, dass § 6 Abs. 1 die Zugänglichmachung an die Öffentlichkeit für eine Veröffentlichung ausreichen lässt, also nicht auf die tatsächliche Wahrnehmung abstellt. Letztlich würde die Forderung nach einem Nachweis der tatsächlichen Wahrnehmung des Werkes durch Dritte auch zu erheblichen Beweisschwierigkeiten führen, die dem Urheber aufzuerlegen angesichts des Umstandes, dass ein für eine Öffentlichkeit bestimmtes Werk im Allgemeinen von dieser auch wahrgenommen wird, nicht gerechtfertigt wäre. **15**

d) Mangelnde Abgrenzung nach außen. Die Verwertung gem. § 15 Abs. 2 ist öffentlich, wenn der Adressat nicht entweder mit dem Werkverwerter oder den anderen Personen, denen das Werk zugänglich gemacht wird, persönlich verbunden ist. Die frühere Rspr hatte dies im Hinblick auf den Wortlaut des § 15 Abs. 3 aF, der zusätzlich von der Abgrenzbarkeit des betr. Personenkreises sprach, dahingehend ausgelegt, dass ein nicht bestimmt abgegrenzter Personenkreis stets eine Öffentlichkeit darstelle (vgl *BGH* NJW 1956, 1553 – Tanzkurse). Nichts anderes kann auch nach neuem Recht gelten. Ist der Personenkreis, für den das Werk bestimmt ist, nicht hinreichend abgegrenzt, kann er sich also stets auch durch mit den bisherigen Teilnehmern nicht persönlich verbundene Personen **erweitern**, fehlt es an der nach § 15 Abs. 3 erforderlichen persönlichen Beziehung des Adressatenkreises (vgl *BGH* NJW 1984, 2884, 2885 – Vollzugsanstalten). Auch ständige **Fluktuationen** sprechen für einen Mangel an persönlichen Beziehungen und damit für eine Öffentlichkeit, selbst wenn den einzelnen Teilnehmern das Werk jeweils über längere Zeit hinweg zugänglich gemacht wird (zum alten Recht: *BGH* NJW 1972, 1273 – Landesversicherungsanstalt). Darbietungen geschützter Musik oder Musikberieselung in den Aufenthaltsräumen eines Sanatorium, in denen die Gäste jeweils zu unterschiedlichen Zeiten eintreffen und sich dann dort etwa sechs bis neun Monate aufhalten, sind danach öffentlich (vgl: *BGH* NJW 1972, 1273 – Landesversicherungsanstalt). **16**

Bei der körperlichen Werkverwertung kann es der Natur der Sache nach nicht zu einer kollektiven Verwertungshandlung kommen. Hier ist ausschließlich maßgeblich, **17** ob der Verwerter und der Adressat der Verwertungshandlung durch eine persönliche Beziehung miteinander verbunden sind.

18   **e) Mangelnde persönliche Beziehung.** Auch ein nach außen hin abgegrenzter Personenkreis ist Öffentlichkeit, wenn seine Teilnehmer nicht persönlich untereinander oder – bei der unkörperlichen Verwertung – durch persönliche Beziehung zu demjenigen, der das Werk verwertet, verbunden sind (vgl *BGH* NJW 1956, 1553 – Tanzkurse). Bei mehreren **sukzessiven** Wahrnehmbarmachungen bilden die Adressaten unterschiedliche Personenkreise, sodass geprüft werden muss, ob der jeweilige Kreis für sich genommen eine Öffentlichkeit darstellt bzw ob das Werk dadurch einer Öffentlichkeit zugänglich gemacht wird, dass es nacheinander mehreren Personenkreisen wahrnehmbar wird. Die Bereitstellung eines Werkes im Internet ist öffentlich, da durch sie das Werk für alle Inhaber eines Internetanschlusses wahrnehmbar gemacht wird, denen zwangsläufig die erforderliche persönliche Verbundenheit untereinander bzw zum Verwerter fehlt. Hingegen kann ein und dieselbe E-Mail einmal privat und einmal öffentlich versandt werden, wenn sie nämlich zunächst an einen Freund des Verwerters und sodann an einen flüchtig Bekannten oder an eine Mailingliste gesandt wird.

19   Die **persönliche Verbundenheit** muss **zum Verwerter oder** – bei der unkörperlichen Verwertung – **unter sämtlichen Personen des Kreises** bestehen, **für den die Wiedergabe bestimmt ist**, selbst wenn nicht alle Personen das Werk auch zur Kenntnis nehmen (*BGH* NJW 1974, 1872, 1873 – Alters-Wohnheim; NJW 1984, 2884, 2885 – Vollzugsanstalten).

20   Eine partielle Gruppenbildung genügt im zweiten Falle nicht, außer wenn das Gesetz, wie bei § 22 durch den Verweis auf § 19 Abs. 3, die Anwesenheit aller Teilnehmer in einem Raum voraussetzt (*BGH* NJW 1974, 1872, 1873 – Alters-Wohnheim; näher oben). Auch hier gehören zur Zielgruppe aber alle jene Personen, die mehr oder weniger regelmäßig die Ausstrahlung der Sendung in dem entspr. Raum verfolgen. Bei der Wiedergabe einer Fernsehausstrahlung im Seniorenzentrum ist daher nicht ausreichend, wenn nur diejenigen Bewohner persönlich miteinander verbunden sind, die gerade das Fernsehprogramm im Gemeinschaftsraum verfolgen, sondern die Verbundenheit muss zwischen allen Heimbewohnern bestehen, die diesen Raum gelegentlich mit dem genannten Ziel aufsuchen (vgl *BGH* NJW 1996, 3084 ff. – Zweibettzimmer im Krankenhaus).

21   Ausreichend ist, wie § 15 Abs. 3 nF nunmehr in seiner ersten Alt. auch für die unkörperliche Verwertung klarstellt, wenn die Verbundenheit der Gruppenangehörigen durch ihre **Beziehung zum Werkverwerter** begründet wird. In diesem Falle muss allerdings **jeder der Teilnehmer** die erforderliche persönliche Beziehung zum Werkverwerter aufweisen. Der frühere Begriff des **Veranstalters** ist im Zuge der Gesetzesreform 2003 durch den Begriff von „demjenigen, der das Werk verwertet", ersetzt worden (§ 15 Abs. 3 nF). Eine inhaltliche Änderung ist damit nicht verbunden, gemeint ist nach wie vor derjenige, der die Veranstaltung (Werkverwertung) angeordnet hat und durch dessen ausschlaggebende Tätigkeit sie ins Werk gesetzt wurde (vgl zum alten Recht: *BGH* NJW 1956, 1553, 516 f. – Tanzkurse; NJW 1960, 1902 f. – Eisrevue II; *Fromm/Nordemann* § 52 Rn 5). Das kann auch eine juristische Person sein. Eine persönliche Verbundenheit zum Veranstalter besteht zB bei einer privaten Einladung verschiedener sich zuvor nicht bekannter Gäste oder sogar bei Darbietungen in einem geschlossenen Schülerkreis, der sich erst neu bei einem Lehrer zusammenfindet (*BGH* NJW 1956, 1153, 1154 – Tanzkurse). An einer durch den Veranstalter begründeten persönlichen Verbundenheit fehlt es aber, wenn die Beziehung zum Veranstalter eine **zwangsweise** ist. Der durch Gesetz begründete Freiheitsentzug begründet daher keine für § 6 Abs. 1 ausreichende persönliche Beziehung der Haftinsassen zum die Haftanstalt unterhaltenden Land (*BGH* NJW 1984, 2284, 2285 – Vollzugsanstalten).

Die Beurteilung, ob die Mitglieder eines Personenkreises durch gegenseitige Beziehungen persönlich untereinander verbunden sind, hängt sowohl von der **Zahl der Personen** als auch von der **Art ihrer durch die jeweiligen Umstände geprägten Beziehungen** ab (*BGH* NJW 1996, 3984, 3085 – Zweibettzimmer im Krankenhaus). Auch eine **Zweipersonengruppe** kann danach zwar grds die Öffentlichkeit darstellen. Dass mit zwei Personen der denkbar kleinste Kreis angesprochen ist, ist iRd Abwägung aber als starkes Argument für eine Verwertung im privaten Kreis zu werten (*BGH* NJW 1996, 3084, 3085 – Zweibettzimmer im Krankenhaus). Umgekehrt kann, je intensiver das Gemeinschaftsgefühl der in der Gruppe vereinigten Menschen ist, die persönliche Verbundenheit auch bei einem relativ großen Personenkreis noch zu bejahen sein (vgl *BGH* NJW 1956, 1153, 1154 – Tanzkurse; NJW 1984, 2284, 2285 – Vollzugsanstalten). **22**

Gegen eine persönliche Verbundenheit spricht neben einer starken **Fluktuation** des Teilnehmerkreises und einer nur kurzen **Aufenthaltsdauer**, wenn die Teilnehmer der Gruppe zufällig oder sogar unfreiwillig und **aus unterschiedlichen Gründen zusammenkommen**, selbst wenn sich später Gruppen bilden (*BGH* NJW 1972, 1273 – Landesversicherungsanstalt; NJW 1984, 1108 – Zoll- und Finanzschulen; NJW 1984, 2884, 2885 – Vollzugsanstalten). Das bloße Bewusstsein, in einer Gruppe zu leben (leben zu müssen), reicht nicht (*BGH* NJW 1984, 2884, 2885 – Vollzugsanstalten), es sei denn, damit wäre – auch aus dem Zwang der Umstände heraus – eine Öffnung des privaten Lebensbereichs gegenüber den anderen verbunden (*BGH* NJW 1996, 3084, 3086 – Zweibettzimmer im Krankenhaus). Das wurde vom BGH für Patienten im Zweibettzimmer bejaht und bei Zellengenossenschaft von Gefangenen für möglich gehalten (*BGH* NJW 1996, 3084, 3086 – Zweibettzimmer im Krankenhaus). Darbietungen geschützter Musik in den Gemeinschaftsräumen von Sanatorien oder Kurheimen finden hingegen im Hinblick auf die verschiedene örtliche Herkunft, die unterschiedliche berufliche Betätigung und die verschiedenen Interessen der Gäste idR in der Öffentlichkeit statt (*BGH* NJW 1972, 1273 – Landesversicherungsanstalt). **23**

f) Erscheinen als qualifizierte Art der Veröffentlichung. Das **Erscheinen** ist eine qualifizierte Art der Veröffentlichung (amtl. Begr. BT-Drucks. IV/270, 40). Ist ein Werk iSd § 6 Abs. 2 **erschienen**, ist es daher stets auch veröffentlicht (*OLG München* GRUR 1990, 446, 448; *Schricker/Katzenberger* § 6 Rn 14; *v. Gamm* § 6 Rn 3; *Möhring/Nicolini/Ahlberg* § 6 Rn 4). Das gilt auch für die Verbreitung eines Privatdrucks an Subskribenten, die untereinander nur durch ein gemeinsames Interesse zB an erotischer Lit. verbunden sind (*OLG München* GRUR 1990, 446, 448; *Schricker/Katzenberger* § 6 Rn 14). **24**

25   **g) Bereich Internet und Multimedia.** Wer Informationen ins **Internet** stellt, macht diese damit auch dann der Öffentlichkeit zugänglich, wenn die Daten später von Dritten nicht zur Kenntnis genommen werden, also zB die betr. Homepage nicht aufgesucht wird (**aA** zu § 15 aF *Schricker/v. Ungern-Sternberg* § 15 Rn 59 f.; *Schwarz* GRUR 1996, 836, 838; s. auch *Leupold/Demisch* ZUM 2000, 379, 382). Daran dürfte spätestens nach Einführung des § 19a und Neufassung des § 15 Abs. 3, die ausdrücklich die Einbeziehung der On-Demand-Dienste bezweckte (amtl. Begr. zu Nr. 2, 5 und 6 (§§ 15, 19a, 22), BT-Drucks. 15/38, 16 f.), kein Zweifel mehr bestehen.

26   Es galt aber auch, was für **Altfälle** von Bedeutung ist, schon bislang. Das Abwehrrecht des Urhebers gegen unberechtigte Bereitstellung von Werken im Internet ergab sich dabei daraus, dass das Werk hierdurch in einer für die Öffentlichkeit bestimmten Art und Weise verwertet wurde. Auf die tatsächliche Wahrnehmung durch den Personenkreis, für den das Werk bereitgestellt wurde, sollte es nach zutr. Auffassung des *BGH* (NJW 1974, 1872, 1873 – Alters-Wohnheim; NJW 1984, 2884, 2885 – Vollzugsanstalten) bei herkömmlichen Verwertungsformen nicht ankommen, sodass zB die Ausstrahlung einer Fernsehsendung an alle Haushalte selbst dann öffentlich iSd §§ 6 Abs. 1, 15 Abs. 3 aF sein sollte, wenn zum fraglichen Zeitpunkt kein Fernseher eingeschaltet ist. Nichts anderes kann auch für die Bereitstellung von Werken im Internet gelten. Es macht auch keinen Unterschied, dass der Internetnutzer die Daten nur zur Kenntnis nehmen kann, wenn er die betr. Website aufsucht; denn auch der normale (öffentliche) Sendevorgang verlangt dem Endverbraucher gewisse Tätigkeiten ab, etwa das Einschalten des Fernsehers und die Wahl des Programms. Wer Informationen im Internet allg. zugänglich macht, veröffentlicht diese daher sowohl nach altem als auch nach neuem Recht iSd § 6 Abs. 1.

27   Das gilt idR selbst dann, wenn die Informationen nur auf **Abruf** an den Empfänger gelangen können, wie dies bei den sog. On-Demand-Diensten der Fall ist (vgl *Katzenberger* AfP 1997, 434, 437 f.; *Becker/Dreier* UFITA 121 (1993), 137 f.; **aA** zum alten Recht *Schricker/v. Ungern-Sternberg* § 15 Rn 24 und 59 sowie § 20 Rn 9; *Fromm/Nordemann/Nordemann* § 20 Rn 2; vgl auch *Rehbinder* Rn 200, 218). Zwar gehen die unkörperlichen Wiedergabeformen grds davon aus, dass die Wiedergabe gegenüber einer Mehrzahl nicht durch persönliche Beziehungen miteinander verbundener Personen gleichzeitig erfolgen muss. Wegen der enormen Größe des potentiellen Nutzerkreises des Internet entspricht es jedoch dem Regelfall, dass regelmäßig mehrere Personen gleichzeitig oder in sehr kurzen Abständen Informationen abrufen. Der Sachverhalt ist insofern mit § 22 nicht vergleichbar, der eine Wiedergabe von Funksendungen nur als öffentlich ansieht, wenn sie von mehreren Personen im selben Raum gleichzeitig wahrgenommen werden kann. Dass grds jeder einzelne Bürger Objekt einer Informationsflut werden könnte, wie sie durch das Internet bewirkt wird, war dem Gesetzgeber bei der Schaffung des § 22 nicht bekannt. Hätte der Gesetzgeber diesen Fall vorausgesehen, hätte er ihn jedoch nach der dem Gesetz zugrunde liegenden Zielsetzung, dem Urheber die Verwertung seines Werkes möglichst umfassend zu sichern (vgl amtl. Begr. BT-Drucks. IV/270, 45), als Fall des § 15 Abs. 3 angesehen. So sahen schon vor der Neufassung des § 15 Abs. 3 der Art. 3 der Richtlinie zur Harmonisierung bestimmter Aspekte des Urheberrechts und der verwandten Schutzrechte in der Informationsgesellschaft (ABlEG Nr. L 167/10 v. 22.6.2001) und der Diskussionsentwurf für das 5. UrhGÄndG für die Internet-Nutzung das Bereitstellungsrecht bzw das Übertragungsrecht als gesonderte Rechte vor (vgl *Schulze* ZUM 2000, 432).

Damit einher gehen muss auch für **Altfälle** die mit § 6 Abs. 1 verbundene Schutzreduzierung (vgl ausdrücklich zB §§ 12 Abs. 2, 51 Nr. 2), weil das Gesetz von einem einheitlichen Öffentlichkeitsbegriff ausgeht und der Urheber demnach nicht einerseits den Erlös aus der öffentlichen Wiedergabe verlangen, andererseits aber der darin liegenden Veröffentlichung widersprechen kann. Anders als bei § 22 ist alleiniger oder zumindest primärer Zweck des Einspeisens einer Information in das Internet stets deren Veröffentlichung. Aus §§ 6 Abs. 1, 15 ff., die es für eine Veröffentlichung sogar ausreichen lassen, wenn das Werk nur für die Öffentlichkeit bestimmt ist, und aus Sinn und Zweck des § 15 Abs. 3, dem Urheber einen finanziellen Ausgleich für die Nutzung seines Werkes zu sichern, lässt sich daher schließen, dass schon die bloße Möglichkeit des ungehinderten Zugriffs auf das Werk im Internet durch eine Mehrheit nicht abgegrenzter oder persönlich nicht miteinander verbundener Personen für § 6 Abs. 1 ausreicht. Ob diese Voraussetzungen auch erfüllt sind, wenn der Anbieter den Zugriff durch Sicherungsmaßnahmen auf bestimmte Personen beschränkt, bestimmt sich danach, ob dieser Personenkreis eine Öffentlichkeit iSd §§ 6 Abs. 1, 15 Abs. 3 darstellt. Zur Frage des betroffenen Verwertungsrechts s. näher § 15 Rn 58 ff. **28**

Im Bereich **Multimedia** ergeben sich keine hierüber hinausgehenden Besonderheiten. **29**

h) Beweislast und Prozessuales. Die **Beweislast** für die Umstände, aus denen sich die Öffentlichkeit einer Verwertungshandlung ergibt, trifft nach allg. Grundsätzen den, der daraus Rechte herleiten will (*BGH* NJW 1956, 1553 – Tanzkurse). Soweit es um die Verwertung eines Werkes ging, folgte schon aus der Fassung des § 15 Abs. 2, 3 aF („Die Wiedergabe … ist öffentlich, wenn sie für eine Mehrzahl von Personen bestimmt ist, es sei denn, dass …"), dass der Verwerter den Beweis für die mangelnde Öffentlichkeit zu führen hatte (*OLG Koblenz* NJW-RR 1987, 699, 700). Das galt jedenfalls dann, wenn er sich auf mangelnde Öffentlichkeit der Wiedergabe einer für mehrere Personen bestimmten Werkverwertung stützte. § 15 Abs. 3 nF spricht nun ausdrücklich davon, dass „zur Öffentlichkeit … jeder (gehört), der nicht …". Entspr. hat auch nach § 15 Abs. 3 nF der Nutzer den Beweis für alle Umstände zu erbringen, aus denen sich ergibt, dass seine Verwertung nichtöffentlich ist. **30**

Die Beurteilung, ob eine Verwertung öffentlich ist, ist im Wesentlichen Tatfrage. Das **Revisionsgericht** kann die Würdigung des Tatrichters nur daraufhin überprüfen, ob sie Rechtsfehler aufweist (*BGH* NJW 1956, 1153, 1154 – Tanzkurse; NJW 1972, 1273 – Landesversicherungsanstalt; NJW 1984, 1108 – Zoll- und Finanzschulen). **31**

i) Beispiele. Öffentlich ist die Wiedergabe geschützter Musik- und Sprachwerke mittels Rundfunk oder Ton- und Bildträger in den Gemeinschaftsräumen von **Justizvollzugsanstalten** (*BGH* NJW 1984, 2884, 2885 – Vollzugsanstalten). Gleiches gilt für die Wiedergabe des Fernsehprogramms im Gemeinschaftsraum eines **Alters-Wohnheims**, weil es an der persönlichen Verbundenheit der Heimbewohner fehlt (*BGH* NJW 1974, 1872, 1873 – Alters-Wohnheim). Darbietungen geschützter Musik in den Aufenthalts- und Gemeinschaftsräumen von **Sanatorien**, Kurheimen, Heilstätten und **32**

dergleichen sind iSd § 6 Abs. 1 öffentlich und daher vergütungspflichtig, weil die Patienten dort zufällig und aus unterschiedlichen Orten und gesellschaftlichen Schichten zusammentreffen, selbst wenn sie sich im Schnitt rund sechs bis neun Monate dort aufhalten und sich während dieser Zeit kleine Gruppen bilden (*BGH* NJW 1972, 1273 – Landesversicherungsanstalt). Öffentlich ist auch die Wiedergabe geschützter Musik- und Sprachwerke mittels Rundfunk oder Ton- und Bildträger in den Gemeinschaftsräumen der von Bund oder Ländern unterhaltenen **Zoll- und Finanzschulen** (*BGH* NJW 1984, 1108 – Zoll- und Finanzschulen). Gleiches gilt für das Abspielen von Musik oder das Aufstellen von Fernsehern in **Gaststätten** (*BGH* NJW 1963, 651 – Fernsehwiedergabe von Sprachwerken). Das **Tauschangebot bzgl eines Computerspiels** an eine einzelne Person kann schon öffentlich sein (*BGH* NJW 1991 – Einzelangebot). **Vorlesungen** sind in der heutigen Zeit üblicherweise öffentlich, weil es zumindest an der Abgeschlossenheit des Zuhörerkreises, wenn nicht auch an der persönlichen Verbundenheit der Teilnehmer fehlt (ebenso *Schricker/v. Ungern-Sternberg* § 15 Rn 71; **aA** für Vorlesungen, zu denen nur Hochschulangehörige Zugang haben, jedoch unter Zugrundelegung eines anderen Öffentlichkeitsbegriffs *Schricker/ Katzenberger* § 6 Rn 13; vgl *OLG Koblenz* NJW-RR 1987, 699, 700). Die Erfahrung lehrt nämlich, dass an den üblichen Massenvorlesungen ein wechselnder Kreis von Studenten und sogar Nichtstudenten teilnimmt. Ein anerkennenswertes Interesse des Professors, Forschungsergebnisse mit seinen Studenten diskutieren zu können, ohne dass darin schon eine Veröffentlichung liegt, besteht dann anders als zB in einem Seminar nicht mehr. Das zeigt jetzt auch § 52a, der die öffentliche Zugänglichmachung von Werken an Universitäten nur unter engen Voraussetzungen zulässt. Ausnahmsweise kann eine Vorlesung nichtöffentlich sein, wenn der teilnehmende Kreis von Studenten, zB weil ein nicht prüfungsrelevantes Spezialgebiet gelehrt wird, von vornherein begrenzt und abgeschlossen ist. Auch die universitären **Prüfungen** sind öffentlich, weil es an der persönlichen Verbundenheit zwischen den Prüfern und den Prüflingen fehlt und weil idR Zuschauer zugelassen sind. Öffentlich sind **Betriebsveranstaltungen** eines großen Unternehmens (*BGH* NJW 1955, 1356 – Betriebsfeiern), ebenso **Vereinsveranstaltungen** (*KG* Schulze KGZ 23, 5 f.). Werkswiedergaben in betrieblichen **Erholungsheimen** (*OLG Frankfurt* GRUR 1969, 53), in **Kliniken** (*OLG München* Schulze OLGZ 111, 3 f.), in Studentenwohnheimen (*LG Frankfurt/ Main* Schulze LGZ 116, 4 f.) oder **Arbeiterwohnheimen** (*LG Frankfurt/Main* Schulze LGZ 136, 6 f.) sind ebenfalls öffentlich. Gleiches gilt für die Wiedergabe von Musik in einer **Werkshalle** eines Unternehmens (*LG Hannover* Schulze LGZ 117, 7). Wer sein Werk ins **Internet** stellt, veröffentlicht es damit (näher hierzu Rn 25 ff.).

33   Als **nicht öffentlich** wurde das Abspielen von Musik im **Tanzkurs** angesehen, wenn an diesem nur ein beschränkter, individuell ausgewählter fester Schülerkreis teilnimmt. Das gelte auch für Abschlussbälle derartiger Tanzkurse, wenn zu ihnen allein die Schüler und deren Eltern oder sonstige Erziehungsberechtigte zugelassen werden (*BGH* NJW 1956, 1553 – Tanzkurse). Diese Rspr dürfte heute mangels innerer Verbundenheit der Teilnehmer nur noch ausnahmsweise Gültigkeit haben, zB wenn sich die Tänzer zu einem über das Erlernen der Grundtanzarten hinausgehenden, persönlich verbindenden Zweck zusammengefunden haben oder ein solcher schon vorhanden und, wie bei gemeinsamen Tanzkursen von Schulklassen, auch Beweggrund für die Teilnahme war. Nicht öffentlich soll die Wiedergabe geschützter Musik- und

Sprachwerke mittels eines Fernsehgeräts im **Zweibettzimmer eines Krankenhauses** sein (*BGH* NJW 1996, 3084 – Zweibettzimmer im Krankenhaus). Wer das Ergebnis seiner Forschung auf einem akademischen **Seminar** vorstellt, veröffentlicht es damit dann noch nicht, wenn zu der Veranstaltung nur Teilnehmer zugelassen werden, die selbst auch Referenten sind, weil dadurch die Abgeschlossenheit des Teilnehmerkreises und dessen persönliche Verbundenheit durch das Interesse für ein gemeinsames wissenschaftliches Gebiet sichergestellt ist. Dürfen Nichtreferenten als Zuhörer teilnehmen, kommt es darauf an, ob diese Anforderungen nach Zahl und Fluktuation des Zuhörerkreises noch erfüllt sind. Der **Schulunterricht** ist idR nicht öffentlich, während bei Schulveranstaltungen der **ganzen Schule** die Öffentlichkeit im Allgemeinen zu bejahen ist (*Schricker/v. Ungern-Sternberg* § 15 Rn 72).

3. Zugänglich machen

a) Möglichkeit der Wahrnehmung. Das Werk muss der Öffentlichkeit zugänglich   **34**
gemacht worden sein. Das ist der Fall, wenn die Öffentlichkeit die **Möglichkeit** erhalten hat, es mit Auge und Ohr wahrzunehmen (amtl. Begr. BT-Drucks. IV/270, 40; *Schricker/Katzenberger* § 6 Rn 15; vgl zu § 6 Abs. 2: *BGH* GRUR 1981, 360, 362 – Erscheinen von Tonträgern). Es ist nicht erforderlich, dass die Öffentlichkeit wirklich Kenntnis nimmt (hierzu schon oben Rn 13 ff.; zum alten Recht: *Möhring/Nicolini/Ahlberg* § 6 Rn 8).

Die Veröffentlichung muss **nicht mit einer Verwertungshandlung** iSd §§ 15 ff. **zu-**   **35**
sammenfallen. Veröffentlicht wird ein Werk vielmehr auch dann, wenn die Voraussetzungen der §§ 15 ff. nicht vorliegen, der Öffentlichkeit aber die Möglichkeit gegeben wurde, das Werk mit Auge und Ohr wahrzunehmen. Praktisch relevant wird das für die Inhaltsmitteilung und die sog. Innominatsfälle (hierzu § 15 Rn 53 ff.). Wer den Inhalt eines Werkes iSd § 12 öffentlich mitteilt, hat dieses damit auch veröffentlicht, wenn keine der Verwertungshandlungen der §§ 15 ff. vorliegt. Wer ein Werk ins Internet stellt, veröffentlicht es, selbst wenn man entgegen der hier vertretenen Auffassung hierin keine der Verwertungshandlungen nach §§ 15 ff. aF sehen will (hierzu näher Rn 25 ff.).

b) Art und Weise der Veröffentlichung. Auf welche Art und Weise das Werk der   **36**
Öffentlichkeit zugänglich gemacht wird, ist für die Frage der Veröffentlichung grds unerheblich. Anhaltspunkte können für körperliche Werke bzw Werkstücke die §§ 17 ff. und für unkörperliche Werke bzw Werkstücke die §§ 19 ff. geben. Bei **körperlichen Werkstücken** kann ein Zugänglichmachen danach schon bei der Weitergabe des Werks oder Werkexemplars an nur eine einzige Person, zu der keine persönliche Beziehung der genannten Art besteht, gegeben sein (*BGH* NJW 1991, 1284, 1285 – Einzelangebot). Das gilt auch für die Verbreitung von **digitalen** elektronischen Produkten in körperlichen Festlegungsexemplaren, zB auf CD-Rom oder Diskette (*Lehmann/Katzenberger* Cyberlaw, S. 223; *Schricker/Katzenberger* § 6 Rn 53). Es entspricht der patentrechtlichen Rspr zum Begriff des Feilhaltens in § 6 PatG aF (*BGH* NJW 1960, 1154 – Comics (Kreuzbodenventilsäcke I); NJW 1991, 1284, 1285 – Einzelangebot).

c) Angebote. Anders als iRd Art. 4 Abs. 4 RBÜ (hierzu *BGH* NJW 1975, 1220, 1221   **37**
– August Vierzehn) ist nicht Voraussetzung, dass hinreichende Werkexemplare für

die Allgemeinheit vorliegen. Es reicht daher das bloße Angebot aus, bereits herge-stellte Vervielfältigungsstücke seines Werkes einem solchen Personenkreis zur Kenntnis zu bringen, selbst wenn es dazu dann später nicht kommt (vgl *BGH* NJW 1991, 1284, 1285 – Einzelangebot). Wer den **Versuch** unternimmt, Kopien seiner Schriften an Passanten zu verteilen, hat sein Werk damit auch dann veröffentlicht, wenn sein Angebot von allen potentiellen Rezipienten abgelehnt wird. Wer einen allg. zugänglichen Vortrag hält, hat auch dann eine Veröffentlichung desselben vor-genommen, wenn nur ein Besucher erscheint. Hingegen liegt im bloßen Drucken der Buchexemplare ohne Angebot an die Öffentlichkeit und in der Ankündigung des Vortrags, ohne dass dieser tatsächlich gehalten wird, eine bloße **Vorbereitungs-handlung**, die nicht von § 6 Abs. 1 erfasst wird. Nicht ausreichend ist auch die Wer-bung für eine Werkaufführung, die dann mangels Publikumsinteresses abgesagt wird, oder das Verteilen von Bestellformularen für ein dann nicht lieferbares Buch (*Schricker/Katzenberger* § 6 Rn 15). Der Unterschied dieser Fälle zu dem eine Ver-wertungshandlung darstellenden Versuch des Verteilens der Schriftkopien liegt hier darin, dass in dem letztgenannten Fall letztlich noch keine urheberrechtlich relevante Nutzungshandlung, also etwa ein Anbieten nach § 17 Abs. 1 oder ein für die Öffent-lichkeit bestimmtes Vortragen nach § 19 Abs. 1 vorgenommen wurde, weil der Druck des Buches und das Bewerben einer Veranstaltung, aus welchem Grunde sie auch erfolgen, noch kein Anbieten oder Vortragen sind und damit aus dem Anwen-dungsbereich der §§ 17 Abs. 1, 19 Abs. 1 fallen.

38   **d) Besonderheiten bei unkörperlichen Werken.** Bei unkörperlichen Werken kommt es genauso wie bei körperlichen Werken grds nur auf die Möglichkeit der Öf-fentlichkeit an, das Werk wahrzunehmen (*BGH* NJW 1996, 3084, 3085 – Zweibett-zimmer im Krankenhaus). Da sich die Öffentlichkeitsbegriffe des § 15 Abs. 3 und des § 6 Abs. 1 decken, darf iRd § 6 Abs. 1 aber kein anderer Adressatenkreis zugrun-de gelegt werden als iRd §§ 19 ff. In der **Wiedergabe von Funksendungen iSd § 22** kann daher nur dann eine Veröffentlichung liegen, wenn der Kreis der in dem entspr. Raum versammelten Personen, denen das Werk durch Lautsprecher oder ähnliche technische Einrichtungen tatsächlich öffentlich wahrnehmbar gemacht wird, den an die Öffentlichkeit zu stellenden Anforderungen genügt (*BGH* NJW 1996, 3084, 3085 – Zweibettzimmer im Krankenhaus). Wer sein Sprachwerk über privaten Funk mehr-fach hintereinander verschiedenen, jeweils in einem Raum versammelten Gruppen persönlich verbundener Personen hörbar macht, die ihrerseits weder miteinander in Kontakt stehen noch dasselbe Ziel verfolgen, hat damit folglich noch keine Veröf-fentlichung vorgenommen.

39   **e) Werkteile.** Eine Veröffentlichung von Werkteilen ist **möglich**, wenn es sich um urheberrechtlich geschützte Passagen (hierzu § 2 Rn 33 ff.) handelt (*Schricker/Kat-zenberger* § 6 Rn 21; vgl *OLG Zweibrücken* GRUR 1997, 363, 364). Die **Wirkun-gen** der Veröffentlichung treten dann nur bzgl der entspr. Werkteile, nicht jedoch bzgl des Werkes als Ganzem ein. Die Veröffentlichung einer **Bearbeitung** eines Werkes hat nicht nur Rechtsfolgen für die Bearbeitung (vgl § 23 S. 1), sondern auch für das bearbeitete Werk. Dieses gilt nämlich insoweit als veröffentlicht, als urheber-rechtsgeschützte Teile des Originalwerkes in der Bearbeitung enthalten und mit die-ser daher veröffentlicht wurden (*Fromm/Nordemann* § 6 Rn 4; *Schricker/Katzenber-ger* § 6 Rn 22).

f) Ort, Dauer und Zeitpunkt der Veröffentlichung. Der **Ort** der Veröffentlichung **40** ist unmaßgeblich; § 6 Abs. 1 lässt jedes Zugänglichmachen an die Öffentlichkeit aus- reichen. Das Territorialitätsprinzip und daraus folgend das Schutzlandprinzip, nach dem für Urheberrechtsverletzungen das Recht des Landes gilt, in dem die Verletzung stattfindet, haben Folgen nur für die Frage des anzuwendenden Rechts, nicht jedoch die Auslegung des § 6. Kommt deutsches Recht zur Anwendung, ist danach von ei- ner Veröffentlichung auch dann auszugehen, wenn das Werk der Öffentlichkeit nur im **Ausland** zugänglich gemacht wurde. Denn §§ 6, 15 Abs. 3 enthalten keinerlei ter- ritoriale Beschränkung des Veröffentlichungsbegriffs (vgl *Schricker/Katzenberger* § 6 Rn 18). Eine andere Frage ist es, ob sich die Verwertungsrechte des Urhebers er- schöpfen (hierzu § 17 Rn 58 ff.).

Die **Dauer** der Veröffentlichungshandlung spielt ebenso wie der **Zeitpunkt** der Ver- **41** öffentlichung für die Frage, ob überhaupt eine Veröffentlichung vorliegt, keine Rol- le. Der Zeitpunkt der Veröffentlichung kann aber maßgeblich sein, um die Schutz- frist zu berechnen (vgl § 66). Wird ein Werk vom Urheber an einem öffentlichen Platz aufgestellt, liegt darin zwar eine Veröffentlichung nach § 6 Abs. 1, die Verwer- tung des Werkes nach § 59 ist jedoch davon abhängig, dass es sich dort dauerhaft be- findet (hierzu näher bei § 59). Ist das Werk der Öffentlichkeit einmal iSd § 6 zugäng- lich gemacht worden, stellen spätere Handlungen derselben Art keine Veröffentli- chung mehr dar (näher hierzu § 12 Rn 5).

4. Zustimmung des Berechtigten

a) Allgemeines. Nach dem ausdrücklichen Wortlaut des § 6 Abs. 1 setzt die Annah- **42** me einer Veröffentlichung die Zustimmung des Urhebers zu der Handlung voraus, durch welche das Werk der Öffentlichkeit zugänglich gemacht wurde. Damit folgt das Gesetz dem zB auch in §§ 12 Abs. 2, 17 Abs. 2 zum Ausdruck kommenden Grundsatz, dass der Urheber allein über sein Werk soll verfügen können.

b) Zustimmung. Den Begriff der Veröffentlichung füllt nur ein solches Zugänglich- **43** machen an die Öffentlichkeit aus, welches mit Zustimmung des Berechtigten erfolgt. Nach den mangels gesonderter Definition im UrhG geltenden Vorschriften der §§ 183 S. 1, 184 Abs. 1 BGB kann die Zustimmung als (anfängliche) Einwilligung und (nachträgliche) Genehmigung erteilt werden. Im letzteren Fall begründet sie den Veröffentlichungstag **rückwirkend** (*Schicker/Katzenberger* § 6 Rn 25).

Die Zustimmung kann ausdrücklich oder **konkludent** erteilt werden (*Möhring/Nico-* **44** *lini/Ahlberg* § 6 Rn 17), zB durch Übersendung des Werkes an den Verleger. Veräu- ßert der Urheber ein Werk, liegt darin im Allgemeinen die Zustimmung zur Veröf- fentlichung.

Die Zustimmung kann **zeitlich befristet bzw räumlich und inhaltlich beschränkt** **45** erteilt werden. Der Urheber kann also zB den Tag und den Ort der Veröffentlichung festlegen und sogar bestimmten, wem das Werk zugänglich gemacht werden soll. Ei- ne Einschränkung der Bedingungen auf die im Verkehr üblichen Nutzungsarten, wie dies beim Verbreitungsrecht der Fall ist (§ 17 Rn 50), ist nicht Voraussetzung. Wer einem anderen eine Lizenz zur Verbreitung einräumt, wird ihm jedoch im gleichen Umfang auch die Veröffentlichung gestatten.

46   In unter **Missachtung** dieser Bedingungen bzw Befristungen vorgenommenen Handlungen liegt keine Veröffentlichung. Erlangt die Presse Kenntnis vom Werk und macht dieses publik, ohne dass der Urheber dem zustimmt, liegt darin deshalb keine Veröffentlichung. Wurden von mehreren kumulativ geltenden Bedingungen oder Befristungen nur einige nicht beachtet und lässt sich nicht feststellen, dass diese für die Zustimmungserklärung bedeutungslos waren, folgt daraus, dass die erforderliche Zustimmung fehlt (*Fromm/Nordemann* § 6 Rn 5). Wird die Zustimmung zur Veröffentlichung auf Werkteile beschränkt oder sind die vom Urheber an die Veröffentlichung des Werkes insgesamt geknüpften Bedingungen nur hinsichtlich einzelner Werkteile eingehalten, erstreckt sich die Wirkung der Veröffentlichung nur auf diese und das Werk bleibt iÜ unveröffentlicht. Um die Rechtsfolgen des § 59 zu vermeiden, kann der Urheber der Veröffentlichung mit der Maßgabe zustimmen, dass eine bleibende Anbringung an öffentlichen Wegen, Straßen und Plätzen zu unterbleiben hat (vgl *Fromm/Nordemann/Hertin* § 12 Rn 3).

47   Die Zustimmung zur Veröffentlichung ist **nicht widerruflich** (*Schricker/Katzenberger* § 6 Rn 20).

48   **c) Berechtigter.** Beachtlich ist nur eine solche Zustimmung, die vom Berechtigten erklärt wurde. Berechtigter ist primär der **Urheber** bzw im Falle seines Todes sein **Erbe** (§§ 28 f.). Daneben ist aber auch jede dritte Person Berechtigter, wenn ihr der Urheber bzw nach seinem Tod seine Erben dieses Recht eingeräumt haben (*Schricker/Katzenberger* § 6 Rn 27). Die entspr. **Ermächtigung** durch den Urheber bzw dessen Erben kann in einem Nutzungsvertrag liegen, wenn in dessen Abschluss nicht ohnehin schon eine Veröffentlichung zu sehen ist, weil der Nutzungsberechtigte dem Kreis der Öffentlichkeit angehört. Unabhängig von der Vergabe von Nutzungsrechten kann der Urheber aber auch Dritte zur Erteilung der Zustimmung zur Veröffentlichung ermächtigen. Wegen des urheberpersönlichkeitsrechtlichen Charakters des Veröffentlichungsrechts (vgl § 12) ist die Ermächtigung, anders als die Zustimmung zur Veröffentlichung selbst, zu Lebzeiten **widerruflich**. Das gilt selbst dann, wenn der Widerruf vertraglich ausdrücklich ausgeschlossen wurde. Der Widerruf gilt aber nur für die Zukunft, beseitigt also eine bereits erfolgte Veröffentlichung durch die entspr. Person nicht.

49   Berechtigter ist auch der zur öffentlichen Ausstellung nach § 44 Abs. 2 berechtigte **Eigentümer** eines Werkes der bildenden Künste. Das ergibt sich aber nicht aus einer in § 44 Abs. 2 liegenden gesetzlichen Anordnung, sondern aus der Vertragsbeziehung zum Urheber bzw Lizenznehmer: Im Verkauf des Werkes liegt im Zweifel auch die Ermächtigung zu seiner Veröffentlichung.

50   Hingegen liegen die Voraussetzungen des § 6 Abs. 1 nicht vor, wenn ein **Schrankenbegünstigter** das Werk der Öffentlichkeit zugänglich macht. Praktisch relevant wird das vor allem bei der **Katalogbildfreiheit** (§ 58). In der Herausgabe des Ausstellungskatalogs liegt noch keine Veröffentlichung des Werkes. Wird die Ausstellung des unveröffentlichten Werkes dann doch nicht durchgeführt, gilt es weiter als unveröffentlicht; etwas anderes gilt nur dann, wenn schon in der Weitergabe des Werkes an den Ausstellungsveranstalter die Veröffentlichung gelegen hat.

Nach dem Tode des Urhebers sind die Erben **zum Widerruf** einer zu Lebzeiten   51
wirksam erklärten Ermächtigung eines Dritten zur Zustimmung zur Veröffentlichung **nicht befugt**.

Bestehen Zweifel, ob eine Erklärung des Urhebers oder die Einräumung von Nut-   52
zungsrechten als Ermächtigung eines Dritten zur Erteilung der Zustimmung anzusehen sind, ist wegen des urheberpersönlichkeitsrechtlichen Charakters eine restriktive Auslegung geboten.

d) Beweislast. Nach dem Gesetzeswortlaut trifft denjenigen die **Beweislast** für die   53
Zustimmung des Berechtigten, der sich auf sie beruft (*Fromm/Nordemann* § 6 Rn 5; vgl *Schricker/Katzenberger* § 6 Rn 27). Eine umgekehrte Vermutung stellt nur § 44 Abs. 2 zugunsten des Eigentümers eines **Werkes der bildenden Künste** auf. Hier ist kraft Gesetzesrechts davon auszugehen, dass der Urheber dem Eigentümer des Werkes zugleich mit dem Eigentum das Recht zur Veröffentlichung des Werkes durch Ausstellung desselben eingeräumt hat.

5. Rechtsfolgen

a) Erlöschen des Veröffentlichungsrechts. Ist das Werk mit Zustimmung des Be-   54
rechtigten veröffentlicht worden, führt dies zum **Erlöschen** des Veröffentlichungsrechts aus § 12. Das ist kein Fall der Erschöpfung eines an sich weiterbestehenden Rechts; vielmehr gibt es eine mehrfache Veröffentlichung desselben Werkes schon nicht (näher § 12 Rn 5). Ist das Werk einmal iSd § 6 Abs. 1 veröffentlicht worden, darf es der Öffentlichkeit fortan – allerdings unbeschadet der Rechte des Urhebers aus §§ 11 ff. – zugänglich gemacht werden. Erfüllt die Zweitveröffentlichung den Tatbestand einer Verwertungshandlung und hat der Urheber dieser nicht zugestimmt, liegt zwar keine Verletzung des Veröffentlichungsrechts, aber eine solche des betr. Verwertungsrechts vor.

Die Veröffentlichung wirkt – in den genannten Grenzen – **umfassend** und ist insb.   55
nicht auf die Verwertungshandlung(en) beschränkt, durch welche die Veröffentlichung vorgenommen wurde. Ist das Werk also beispielsweise durch eine öffentliche Wiedergabe (§ 22) veröffentlicht worden, darf aus ihm fortan auch in einem Schriftwerk nach § 51 Nr. 2 zitiert werden (*Schricker/Katzenberger* § 6 Rn 17; näher § 12 Rn 5, 16 ff.).

Fehlt hingegen die Zustimmung, kommt es nicht zum Erlöschen des Veröffentli-   56
chungsrechts. Daher lässt auch eine zulässigerweise aufgrund einer **Schrankenregelung** (zB § 58) vorgenommene Veröffentlichung das Veröffentlichungsrecht des Urhebers aus § 12 nicht erlöschen.

b) Beschränkte Zustimmung zur Veröffentlichung. Hat der Urheber die Zustim-   57
mung zur Veröffentlichung wirksam **beschränkt** (hierzu oben Rn 45), liegt in einer unter Missachtung dieser Beschränkungen vorgenommenen Veröffentlichungshandlungen keine Veröffentlichung iSd § 6. Im Zweifel ist vom Fehlen der Zustimmung insgesamt auszugehen (*Fromm/Nordemann* § 6 Rn 5).

c) Veränderte Umstände. Ist das Werk einmal veröffentlicht worden, **bleibt** die   58
Veröffentlichung **bestehen, selbst wenn sich später die Umstände ändern**. Ein Erlöschen oder die Möglichkeit zum Rücktritt von der Veröffentlichung sieht das Ge-

setz nicht vor. Wer also sein Werk an einen ihm unbekannten Dritten veräußert hat, hat es auch dann veröffentlicht, wenn der Dritte noch vor Übergabe des Werkes wirksam vom Kaufvertrag zurücktritt und sich der Urheber dann entscheidet, das Werk fortan geheim zu halten.

59 **d) An die Veröffentlichung anknüpfende Vorschriften.** Eine Vielzahl von Vorschriften knüpfen an die Veröffentlichung eines Werkes an. Sie können hier nur beispielhaft genannt werden. So genießen andere als die in § 5 Abs. 1 genannten **amtl. Werke** mit Ausnahme des Änderungsverbots und der Quellenangabepflicht keinen Urheberrechtsschutz, wenn sie im amtl. Interesse zur allg. Kenntnisnahme veröffentlicht wurden (§ 5 Abs. 2). Nach §§ 8 Abs. 2, 12, 23 S. 1 haben der Urheber bzw der Miturheber das Recht, über die Veröffentlichung ihres Werkes und dessen **Bearbeitungen** zu bestimmen, während freie Benutzungen nach § 24 auch ohne Zustimmung des Urhebers des benutzten Werkes veröffentlicht werden dürfen. § 10 Abs. 1 begründet für die auf einem erschienen Werk in der üblichen Weise bezeichneten Personen eine **Urheberrechtsvermutung**. **Kleinzitate** dürfen erst nach der Veröffentlichung des zitierten Werkes angeführt werden (§ 51 Nr. 2), **Musikzitate** erst nach dem Erscheinen desselben (§ 51 Nr. 3). Die **Schutzfrist** des Werkes richtet sich bei anonymen und pseudonymen Werken sowie Datenbankwerken und vor In-Kraft-Treten des UrhG geschaffenen Werken schließlich nach der (ersten) Veröffentlichung (§§ 66 Abs. 1, 87d, 129) und die **Zwangsvollstreckung** in Werke der bildenden Künste ist nach § 114 Abs. 2 Nr. 3 ohne weiteres zulässig, wenn das Werk veröffentlicht worden ist.

III. Erscheinen (§ 6 Abs. 2)

1. Begriff des Erscheinens, der Öffentlichkeit und der Zustimmung des Berechtigten

60 Der **Begriff des Erscheinens** ist **enger als jener der Veröffentlichung**. Er setzt nämlich voraus, dass das Werk mit Zustimmung des Berechtigten der Öffentlichkeit in verkörperter Form angeboten oder in den Verkehr gebracht wird (*BGH* NJW 1963, 651 – Fernsehwiedergabe von Sprachwerken). Das Erscheinen eines Werkes stellt sich damit als eine qualifizierte Art der Veröffentlichung dar (amtl. Begr. BT-Drucks. IV/270, 40). Bzgl der Begriffe der Öffentlichkeit und der Zustimmung des Berechtigten gilt das zur Veröffentlichung Gesagte (Rn 9 ff. und 42 ff.). Erschienen ist das Werk nicht schon dann, wenn es körperlich vorliegt, sondern es müssen auch hinreichend viele Vervielfältigungsstücke davon gefertigt worden sein, damit die Öffentlichkeit von dem Werk Kenntnis nehmen kann. Dadurch unterscheidet sich der Begriff des Erscheinens auch von dem der Verbreitung in § 17 Abs. 1, für den schon ein einziges Werkstück ausreicht, selbst wenn es sich dabei um das Original handelt (*Fromm/Nordemann* § 17 Rn 1).

61 Die Definition des Erscheinens eines Werkes in § 6 Abs. 2 gilt **einheitlich** für das gesamte UrhG und also auch für die verwandten Schutzrechte.

62 Erscheinen können **alle Werke iSd § 2**. Die Arten, auf welche ein Werk erscheinen kann, sind vielfältig. So können zB Sprach- und Musikwerke im Druck oder auf Sprachkassette erscheinen. Pantomimische Werke können durch Verkauf der von der Aufführung gefertigten Videokassetten an den Endkunden oder an Fernsehsender zwecks Aussendung im Fernsehen erscheinen. Werke der bildenden Künste erscheinen zB, indem sie in entspr. Ausstellungskatalogen abgedruckt und der Öffentlichkeit zugänglich gemacht werden. Bei Filmwerken greift § 6 Abs. 2 ein, wenn diese zwecks Vorführung im Kino als Video vertrieben werden. Darstellungen wissenschaftlicher oder technischer Art sind nicht nur erschienen, wenn sie für die Öffentlichkeit gedruckt, sondern auch wenn Folien an Leihbibliotheken oder Referenten verkauft werden, um sie ihr mittels Diaprojektor, Film oder plastischer Darstellung zur Kenntnis zu bringen.

2. Genügende Anzahl von Vervielfältigungsstücken

a) Vervielfältigungsstücke. Der Begriff des Vervielfältigungsstücks deckt sich mit **63** dem des § 16 Abs. 1. Auf die dortige Kommentierung (§ 16 Rn 6) wird verwiesen. Ob **Mehrfachoriginale** den Vervielfältigungsstücken gleichstehen, ist streitig (bejahend *Schricker/Katzenberger* § 6 Rn 33; *Möhring/Nicolini/Ahlberg* § 6 Rn 21; anders noch *Möhring/Nicolini* 1. Aufl., § 6 Anm. 3b iVm § 6 Anm. 4c), dürfte jedoch im Hinblick auf den dort ebenfalls erfüllten Gesetzeszweck und die ansonsten entstehenden Abgrenzungsschwierigkeiten und Umgehungsmöglichkeiten zu bejahen sein.

b) Vorliegen im Zeitpunkt des Erscheinens. Das Erscheinen eines Werkes setzt **64** voraus, dass **Vervielfältigungsstücke** desselben der Öffentlichkeit zugänglich gemacht wurden. Das bedingt, dass die Vervielfältigungsstücke im Zeitpunkt des Erscheinens schon vorliegen. Die bloße Aufforderung, Bestellungen auf noch nicht vorhandene Vervielfältigungsstücke zu machen, soll nach der Gesetzesbegründung (amtl. Begr. BT-Drucks. IV/270, 40) nicht ausreichen. Auch ein Angebot zur Subskription noch zu fertigender Buchexemplare ist demnach noch kein Erscheinen iSd § 6 Abs. 2 (*Schricker/Katzenberger* § 6 Rn 42). Nicht ausgeschlossen wird § 6 Abs. 2 aber dadurch, dass die Werkexemplare erst vom Sortimenter beschafft werden müssen, wo sie gelagert werden (*Möhring/Nicolini/Ahlberg* § 6 Rn 23).

c) Besonderheiten des Internetbereichs. Wird ein Werk ins **Internet** gestellt, liegt **65** darin auf den ersten Blick kein Erscheinen, weil der Urheber selbst keine Vervielfältigungsstücke fertigt, sondern den Nutzern nur die Möglichkeit dazu bietet. Auch das Gesetz zur Regelung des Urheberrechts in der Informationsgesellschaft hat keine Klarheit gebracht; es äußert sich zu diesem Punkte nicht. Aus denselben Gründen, aus denen im Internet verfügbare Werke als veröffentlicht anzusehen sind (hierzu Rn 25 ff.), müssen die ins Internet gestellten Werke jedoch auch als erschienen angesehen werden (ebenso iE *Fromm/Nordemann* § 6 Rn 2; **aA** *Lehmann/Katzenberger* Cyberlaw, S. 227; *Schricker/Katzenberger* § 6 Rn 54). Denn üblicherweise erlaubt der Urheber, der sein Werk dort Dritten zugänglich macht, zumindest das „Lesen" in seinem Dokument. Ähnlich einem papiernen Vervielfältigungsstück dient die digitale Kopie mithin gerade dazu, der Öffentlichkeit iE Kenntnis vom Werkinhalt zu verschaffen. Dabei reicht infolge der technischen Besonderheiten des Internet eine einzige Speicherung auf dem Host-Server aus, um allen Internetnutzern das Werk zugänglich zu machen. Da der Urheber, der sein Werk ins Internet stellt, mit einer solchen – massenhaften – Nutzung rechnen muss und sie im Allgemeinen sogar bezweckt, kann er nicht anders stehen, als wenn er sie über das Herstellen von papiernen Kopien bewirkt hätte (vgl *Schricker/Katzenberger* § 6 Rn 55).

66   **d) Genügende Anzahl.** Erschienen ist ein Werk nur dann, wenn eine **genügende Anzahl** von Vervielfältigungsstücken der Öffentlichkeit angeboten oder in den Verkehr gebracht worden ist (*BGH* GRUR 1981, 360, 361 – Erscheinen von Tonträgern). Das ist nach dem Sinn und Zweck des Gesetzes dann der Fall, wenn der Urheber sein Werk oder der ausübende Künstler seine Darbietung (auch bei § 78 Abs. 1 Ziff. 2) der Öffentlichkeit uneingeschränkt übergeben und damit zu erkennen gegeben hat, dass er als Urheber und Künstler keine Einwendungen mehr dagegen erhebt, dass sein Werk bzw seine Darbietung öffentlich zugänglich gemacht wird (*BGH* GRUR 1981, 360, 361 – Erscheinen von Tonträgern). Danach kommt es für die Festlegung der genügenden Anzahl von Werkexemplaren weitgehend auf die Verhältnisse auf dem entspr. Markt an (*BGH* GRUR 1981, 360, 361 – Erscheinen von Tonträgern). Reicht eine geringe Stückzahl aus, um den Bedarf des bestehenden Interessentenkreises zu decken, liegt bereits ein Erscheinen vor (*BGH* GRUR 1981, 360, 361 – Erscheinen von Tonträgern), selbst wenn die Auflage damit noch nicht erschöpft ist. Bei erwarteter größerer Nachfrage ist es ausreichend, wenn die gefertigten Exemplare in solcher Zahl hergestellt werden, dass sie den potentiellen Interessenten im Leihverkehr zugänglich gemacht werden können (*Fromm/Nordemann* § 6 Rn 2). Bei der Bereitstellung im Internet reicht sogar die bloße Speicherung auf dem Host-Server aus (so Rn 65).

3. Anbieten oder Inverkehrbringen

67   Nach § 6 Abs. 2 genügt zum Erscheinen eines Werkes, dass Vervielfältigungsstücke desselben der Öffentlichkeit angeboten werden; sie brauchen also nicht schon in den Verkehr gebracht worden sein. Die **Begriffe** des Anbietens oder Inverkehrbringens **decken sich mit den in § 17 Abs. 1** für das Verbreitungsrecht **geregelten**. Auf die dortige Kommentierung (§ 17 Rn 4 ff.) wird verwiesen. Das Erscheinen eines Werkes erfordert folglich nicht, dass das Werk oder die körperliche Festlegung der Darbietung des ausübenden Künstlers von der Öffentlichkeit auch unmittelbar erworben wird. Ausreichend ist vielmehr, dass hinreichende Vervielfältigungsstücke für diesen Zweck hergestellt worden sind und die Öffentlichkeit die Möglichkeit erhält, das **Werk mit Auge oder Ohr wahrzunehmen** (*BGH* GRUR 1981, 360, 362 – Erscheinen von Tonträgern), selbst wenn sie dann von diesem Angebot keinen Gebrauch macht (amtl. Begr. BT-Drucks. IV/270, 40; *BGH* GRUR 1981, 360, 362 – Erscheinen von Tonträgern). Insoweit unterscheidet sich § 6 Abs. 2 nicht von § 6 Abs. 1 und § 15 Abs. 3, bei denen ebenfalls Vorbereitungshandlungen zur Kenntnisnahme durch die Öffentlichkeit ausreichen, wenn Letztere damit hinreichend nahe bevorsteht.

68   Durch die Formulierung „nach ihrer Herstellung in den Verkehr gebracht", soll deutlich gemacht werden, dass die **Herstellung von Vervielfältigungsstücken** zwar Voraussetzung, nicht aber Bestandteil des Erscheinungsbegriffs ist (amtl. Begr. BT-Drucks. IV/270, 40). Ein Werk ist danach überall dort erschienen, wo Vervielfältigungsstücke in genügender Anzahl angeboten oder in den Verkehr gebracht worden sind, ohne dass es auf den Ort der Herstellung der Stücke ankommt (amtl. Begr. BT-Drucks. IV/270, 40).

69   Die Vervielfältigungsstücke müssen im Inland in den Verkehr gebracht werden. Ein Erscheinen im **Ausland** genügt wegen des Territorialitätsprinzips nicht. Anders als die Veröffentlichung, bei der räumliche Beschränkungen schon begrifflich ausgeschlossen sind, können sich die **Wirkungen** des Erscheinens auf den bestimmten **räumlichen Bereich** beschränken, in dem die Vervielfältigungsstücke in den Verkehr gebracht wurden. Wer ein Werk innerhalb der EU erscheinen lässt, bewirkt damit noch nicht, dass das Werk auch in den USA erschienen ist. Innerhalb der EU ist eine Beschränkung auf Teilgebiete allerdings nicht möglich. Für das Verbreitungsrecht ist dies in § 17 Abs. 2 ausdrücklich geregelt.

Auf die **Eigentumsverhältnisse** kommt es nicht an. Erschienen ist ein Werk daher,   **70** wenn es einem Vermittler, zB einem Filmtheater oder Sendeunternehmen zur Leihe oder Miete angeboten wird, durch die das Werk der weiteren Allgemeinheit zugänglich gemacht wird (amtl. Begr. BT-Drucks. IV/270, 40; *BGH* GRUR 1981, 360, 362 – Erscheinen von Tonträgern). Zur Frage des Erscheinens von Werkteilen gilt nichts anderes als bei der Veröffentlichung (hierzu oben Rn 39).

4. Sonderregelung für Werke der bildenden Künste

Art. 6 Abs. 2 S. 2 enthält eine Sonderregelung für Werke der bildenden Künste; diese   **71** gelten **zusätzlich** zu dem Erscheinungstatbestand nach § 6 Abs. 2 S. 1 auch dann als erschienen, wenn das Original oder ein Vervielfältigungsstück mit Zustimmung des Berechtigten bleibend der Öffentlichkeit zugänglich ist. Die Vermutung ist **unwiderleglich**.

Die Vorschrift trägt dem Umstand Rechnung, dass Werke der bildenden Künste idR   **72** anders als Werke der Lit. und der Musik nicht durch Angebot oder In-Verkehrbringen von Vervielfältigungsstücken der Öffentlichkeit zugänglich gemacht werden, sondern dadurch, dass sie an öffentlichen Plätzen, in Museen usw bleibend **ausgestellt** werden (amtl. Begr. BT-Drucks. IV/270, 40). Die Formulierung „bleibend der Öffentlichkeit zugänglich" macht dabei deutlich, dass auch andere Arten des Zugangs als jene der Ausstellung ausreichend sind, zB durch **Aufnahme in das Magazin** des Museums (amtl. Begr. zu BT-Drucks. IV/3401, 2). Der Begriff der **bleibenden** Existenz an einem Ort deckt sich mit dem des § 59. Auf die dortige Kommentierung (§ 59 Rn 7) wird verwiesen.

5. Beispiele

Als erschienen wurde ein für die Filmvorführung im Jahre 1925 in Kanada bestimm-   **73** ter **Film** angesehen, von dem acht Filmkopien für den Verleih an Filmtheater zur Verfügung standen (*BGH* GRUR Int 1973, 49, 51 – Goldrausch). Das Reichsgericht (*RGZ* 111, 14, 18 f. – Strindberg) hatte die **Notausgabe** eines Schriftwerkes mit sieben Exemplare genügen lassen. Bei **Schallplatten**, die primär durch institutionelle Vermittler vertrieben werden sollen, reichten in den 70er Jahren etwa 50 Stück für ein Erscheinen aus (*BGH* GRUR 1981, 360, 362 – Erscheinen von Tonträgern). Beim Verleih von **Aufführungsmaterial** können einige wenige Exemplare ausreichen (*Schricker/Katzenberger* § 6 Rn 40 unter Verweis auf *BGH* NJW 1975, 1219 f. – TE DEUM). Werke der **bildenden Kunst** sind erschienen, wenn sie in das Magazin eines Museums aufgenommen werden (amtl. Begr. zu BT-Drucks. IV/3401, 2). Der Vertrieb von mindestens 1.000 Exemplaren eines Werkes an **Subskribenten** ist ausreichend, selbst wenn er aufgrund eines **Privatdrucks** und nicht über den jedermann frei zugänglichen Buchhandel erfolgt (*OLG München* GRUR 1990, 446, 448).

74   **Nicht erschienen** ist ein literarisches Werk, welches den Nutzern ausschließlich beim Urheber **zur Einsichtnahme** zugänglich ist. Ein Gemälde, welches der Öffentlichkeit nur wenige Wochen in **einer einzigen Ausstellung** des Malers gezeigt wird, ist nicht erschienen (vgl *Möhring/Nicolini/Ahlberg* § 6 Rn 35).

Abschnitt 3
Der Urheber

§ 7   Urheber

Urheber ist der Schöpfer des Werkes.

Literatur: *Poll/Brauneck* Rechtliche Aspekte des Gaming-Markts, GRUR 2001, 389; *Schulze* Rechtsfragen von Printmedien im Internet, ZUM 2000, 432.

Übersicht

I. Schöpfungsakt

1   Urheber ist der Schöpfer des Werkes. Das ist derjenige, der die **schöpferische** Leistung iSd § 2 erbracht hat. Urheber kann daher stets nur eine **natürliche Person** sein (amtl. Begr. BT-Drucks. IV/270, 41); die juristische Person kann sich am Werk nur Nutzungsrechte einräumen lassen. Rechts- oder Geschäftsfähigkeit ist nicht erforderlich, weil der Schöpfungsakt **Realakt** ist. Deshalb kann ein Werk auch in Trance oder unter Hypnose geschaffen werden. Alleiniger Schöpfer ist im ersten Fall der in Trance befindliche Mensch, im zweiten Fall das Medium, weil sie die schöpferische Arbeit leisten. Werke können nur von natürlichen Personen und nicht etwa auch von juristischen Personen, von Tieren oder von Maschinen geschaffen werden. Eine bes. Sachkunde ist nicht erforderlich; auch **Amateure** können Urheber sein. Näher zur Frage der Werkschaffung mit Beispielen die Kommentierung des § 2. Für den Bereich des **Internets** ergeben sich keine Besonderheiten (*Schulze* ZUM 2000, 432, 437).

II. Ein- und dasselbe Werk

2   Haben mehrere an ein- und demselben Werk eine schöpferische Leistung erbracht, können sie **Miturheber** (§ 8) sein, bei mehreren Werken kann **Urheberschaft am verbundenen Werk** (§ 9) vorliegen. Wegen der Einzelheiten wird auf die Kommentierung zu §§ 8 f. verwiesen. Wurde ein Werk von mehreren Personen unabhängig voneinander mehrfach geschaffen, liegt eine Doppelschöpfung vor (hierzu näher Anh. zu §§ 23, 24 Rn 7 ff.). Derjenige, der ein fremdes Werk in schöpferischer Art und Weise bearbeitet, erwirbt an der Bearbeitung ein eigenes **Bearbeiterurheberrecht** (vgl § 3). Dieses besteht – in den Grenzen des § 23 – grds neben und unabhängig vom Urheberrecht am Originalwerk (*BGH* NJW 1958, 382, 383 – GEMA; näher § 3 Rn 42 f.). Durch die Bearbeitung wird also weder der Urheber des Originalwerks Urheber der Bearbeitung noch erhält umgekehrt der Urheber der Bearbeitung ein Urheberrecht am Originalwerk (vgl *BGH* NJW 1955, 382 – GEMA).

III. Abgrenzung zur Anregung und Gehilfenschaft

Die (auch **Mit-**)**Urheberschaft** setzt eine schöpferische Leistung der betr. Person voraus. Wer nur das wiedergibt, was vorher schon bekannt war, ist daher kein Urheber. Wirken mehrere Personen zusammen, ist zu fragen, wer von ihnen schöpferisch tätig geworden ist. Grds reicht jede schöpferische Leistung iSd § 2 Abs. 2 aus; nicht Voraussetzung ist etwa, dass sie gegenüber der schöpferischen Tätigkeit der anderen Werkschaffenden überwiegt. **3**

Eine bloß **nichtschöpferische Mitarbeit (Gehilfenschaft)** am Werk genügt nicht. Wer für den Urheber eine sichtende oder ordnende Tätigkeit entfaltet, wer mechanische oder untergeordnete Arbeiten nach Weisung ausführt, wird dadurch nicht Urheber. Wer in einer vom Künstler erdachten Pose für diesen Modell steht, erwirbt daher an dem Kunstwerk kein eigenes Urheberrecht (*BGH* NJW 1947, 1948 – Nacktaufnahmen). **Anders** verhält es sich, wenn ein Freiraum für schöpferisches Schaffen besteht, den die Hilfsperson ausschöpft, also etwa der Kunststudent nach bloßen Rahmenvorgaben des Kunstprofessors ein Gemälde schafft. Im Allgemeinen ist der **Herausgeber** eines Werkes anders als dessen Verleger (Mit-)Urheber bzw Urheber des Sammelwerks, weil er durch die Auswahl und Anordnung der Beiträge desselben eine schöpferische Leistung erbringt. **4**

Anregungen zur Werkschaffung, die noch keinen schöpferischen Beitrag zum Werk selbst bedeuten, sind für die Urheberschaft nicht ausreichend. Die Anregung, einen Roman über ein bestimmtes Thema zu schreiben, begründet noch keine (Mit)Urheberschaft am Sprachwerk. Das kann sich ändern, wenn die Fabel in Kurzform aus der Erfindung heraus geschildert und daraus das Werk schon ersichtlich wird (vgl *BGH* GRUR 1963, 40, 41 f. – Straßen – gestern und morgen). Eine Einschränkung ist aber auch hier zu machen, wenn die Geschichte selbst, wie eine historische Begebenheit, vorbekannt oder aus anderen Gründen nicht schöpferisch ist. **5**

IV. Wissenschaftliche Assistenten, Werkbesteller, Arbeitgeber und Filmurheber

Für die Tätigkeit **wissenschaftlicher Assistenten** an Hochschulen gelten keine Besonderheiten (vgl *Schricker/Loewenheim* § 7 Rn 9). Eine Sonderregelung, wie sie § 42 ArbnErfG enthält, kennt das UrhG nicht. § 24 HRG wiederholt für den urheberrechtlichen Bereich lediglich das schon in § 13 verankerte Recht des wissenschaftlichen Mitarbeiters, als Mitautor eines wesentlichen Beitrags genannt zu werden. **6**

Der **Werkbesteller** bzw der **Arbeitgeber** des Schaffenden gibt zwar den ersten Anstoß auf dem Wege zum Werk und sorgt auch für dessen Finanzierung. Gleichwohl sind solche Personen keine Urheber, weil sie nicht schöpferisch am Werk selbst ar- **7** beiten. Nach dem in Deutschland geltenden Urheberrechtsprinzip entsteht das Urheberrecht indes stets (nur) in der Person des Werkschöpfers, und zwar auch dann, wenn dieser zur Herstellung des Werkes durch Auftrag, Dienst- oder Werkvertrag verpflichtet ist (*BGH* NJW 1952, 661, 662 – Krankenhauskartei; NJW 1955, 382, 383 – GEMA). Das ändert nichts daran, dass sich die betr. Personen Nutzungsrechte am Werk einräumen lassen können (*BGH* NJW 1952, 661, 662 – Krankenhauskartei). Das geschieht meist schon – auch konkludent – im Bestell- oder Arbeitsvertrag (näher hierzu § 43).

8   **Filmurheber** ist nur derjenige, der **am Film selbst** eine schöpferische Leistung erbracht hat. Das sind nicht die Urheber vorbereitender Werke, wie der Drehbuchautor oder der Komponist der Filmmusik, deren Werke durch die Schaffung des Filmes vielmehr nur bearbeitet werden (offen gelassen in *BGH* GRUR 1963, 40, 42 – Straßen – gestern und morgen). Die Filmherstellung, -veröffentlichung und -verwertung bedarf aber nach § 23 S. 1 und 2 ihrer Zustimmung. Nicht-Filmurheber sind ferner all jene, die am Werk keine **schöpferische** Leistung iSd § 2 Abs. 2 erbringen. Das sind im Allgemeinen die Musiker und die ausübenden Künstler, deren Beiträge nämlich den nach § 2 Abs. 2 erforderlichen Grad an Individualität nicht erreichen. Die Voraussetzungen des § 7 liegen ferner idR nicht in der Person des Filmherstellers vor, weil dieser zwar die Finanzierung sicherstellt, auf Inhalt und Form des Filmes jedoch keinen oder jedenfalls nicht schöpferischen Einfluss nimmt, und dem nach § 94 nur ein verwandtes Schutzrecht zusteht. Urheber des Filmes ist vielmehr nur derjenige, der auf die Form bzw den Inhalt des Letzteren schöpferischen Einfluss genommen hat. Das können neben dem **Filmregisseur** (*BGH* NJW-RR 1991, 429, 430 – Videozweitauswertung I; WRP 2001, 940, 942 – Barfuß ins Bett) zB der **Kameramann** und der **Cutter**, unter Umständen auch noch der **Maskenbildner** und der **Tontechniker** sein. Da das UrhG auch nach der Änderung des Urhebervertragsrechts nur bestimmte Vermutungen hinsichtlich der Einräumung von Nutzungsrechten an den Filmhersteller vorsieht, die zudem nicht umfassend sind (vgl § 89 für die Filmurheber und § 88 für die Urheber vorbenutzter Werke), ist eine vertragliche Regelung empfehlenswert.

V. Amtliches Werk

9   Urheber eines amtl. Werkes ist diejenige natürliche Person, die es geschaffen hat. Ihre Rechte bis hin zum Urheberpersönlichkeitsrecht entzieht ihr jedoch § 5; näher hierzu in der dortigen Kommentierung.

VI. Entstehen, Verzicht und Geltungsbereich des Urheberrechts

10   Das Urheberrecht **entsteht** mit der Schaffung des Werkes, also sobald das Werk seine Form angenommen hat und die schöpferische Leistung erbracht worden ist. Wird das Werk in selbständigen Teilen geschaffen, kann die Urheberschaft bzgl der einzelnen Werkteile zu unterschiedlichen Zeitpunkten entstehen. Zur Frage, wann ein selbständiger Werkteil in diesem Sinne vorliegt, wird auf die Kommentierung zu § 2 Rn 85 verwiesen.

11   Ein **Verzicht** auf die Urheberschaft ist nicht möglich. Selbst der Miturheber kann nur auf seine Anteile an den Verwertungsrechten verzichten (§ 8 Abs. 4 S. 1). Der

Ghostwriter bleibt daher trotz der vertraglichen Abrede, die Urheberschaft nicht offen zu legen und die Veröffentlichung unter dem Namen des Auftraggebers zu dulden, Urheber des Werkes. Zur Frage der Einschränkung der ihm daraus erwachsenden Rechte s. iRd jeweiligen Urheberpersönlichkeitsrechte, vor allem § 13 Rn 41.

Wie im gesamten UrhG beantwortet sich auch die Frage der Geltung des § 7 nach dem **Territorialitätsprinzip**. Im Geltungsbereich des UrhG ist Urheber der Schöpfer des Werkes, selbst wenn die Rechtsordnungen der am Rechtsstreit beteiligten Personen eine andere Definition kennen (*Fromm/Nordemann* § 7 Rn 4). **12**

VII. Beweislast

Die Beweislast für die **Urheberschaft** trifft nach allg. Grundsätzen den, der sich auf sie beruft. Gegen das Vorliegen einer **Doppelschöpfung** spricht ein **Anscheinsbeweis**, wenn wesentliche Übereinstimmungen der Werke feststehen (*BGH* GRUR 1971, 266, 268 – Magdalenenarie; GRUR 1981, 267, 269 – Dirlada; NJW-RR 1991, 812, 814 – Brown Girl II; vgl GRUR 1972, 38, 40 – Vasenleuchter; NJW 1989, 386, 387 – Fantasy; NJW 1989, 387, 388 – Ein bisschen Frieden; *OLG Köln* GRUR 2000, 43; *KG* ZUM 2001, 503, 505). Er kann dadurch **widerlegt** werden, dass der Hersteller der späteren Leistung beweist, bei der Werkschaffung keine Kenntnis vom früheren Werk gehabt zu haben (*OLG Köln* GRUR 2000, 43, 44). Außerdem kann er ihn **erschüttern**, indem er Umstände vorträgt, die einen anderen Geschehensablauf aufzeigen (*BGH* GRUR 1971, 266, 269 – Magdalenenarie; NJW-RR 1991, 812, 814 – Brown Girl II; NJW 1989, 387, 388 – Ein bisschen Frieden), etwa weil die Übereinstimmungen in Melodienelementen bestehen, die schon in mehreren älteren Werken enthalten sind, und die in dem früheren Werk auch nicht zu einer Melodie von starker Eigenart verarbeitet wurden (*BGH* GRUR 1971, 266, 269 – Magdalenenarie). In diesem Fall obliegt es dem Urheber des früheren Werkes, Umstände darzutun und zu beweisen, aus denen sich gleichwohl eine Verletzung seiner Urheberrechte ergibt (*BGH* GRUR 1971, 266, 269 – Magdalenenarie; NJW-RR 1991, 812, 814 – Brown Girl II; NJW 1989, 387, 388 – Ein bisschen Frieden). **13**

§ 8   Miturheber

(1) Haben mehrere ein Werk gemeinsam geschaffen, ohne daß sich ihre Anteile gesondert verwerten lassen, so sind sie Miturheber des Werkes.

(2) Das Recht zur Veröffentlichung und zur Verwertung des Werkes steht den Miturhebern zur gesamten Hand zu; Änderungen des Werkes sind nur mit Einwilligung der Miturheber zulässig. Ein Miturheber darf jedoch seine Einwilligung zur Veröffentlichung, Verwertung oder Änderung nicht wider Treu und Glauben verweigern. Jeder Miturheber ist berechtigt, Ansprüche aus Verletzungen des gemeinsamen Urheberrechts geltend zu machen; er kann jedoch nur Leistung an alle Miturheber verlangen.

(3) Die Erträgnisse aus der Nutzung des Werkes gebühren den Miturhebern nach dem Umfang ihrer Mitwirkung an der Schöpfung des Werkes, wenn nichts anderes zwischen den Miturhebern vereinbart ist.

(4) Ein Miturheber kann auf seinen Anteil an den Verwertungsrechten (§ 15) verzichten. Der Verzicht ist den anderen Miturhebern gegenüber zu erklären. Mit der Erklärung wächst der Anteil den anderen Miturhebern zu.

Literatur: *Poll/Brauneck* Rechtliche Aspekte des Gaming-Markts, GRUR 2001, 389; *Steffen* Die Miturhebergemeinschaft, 1989.

I. Systematik und Regelungsgehalt, Unanwendbarkeit auf verwandte Schutzrechte

1 § 8 regelt die Miturheberschaft an einem gemeinsamen Werk. Die Vorschrift ist **gegen § 9 abzugrenzen**, der den Zusammenschluss mehrerer eigenständiger Werke zu einem Werkverbund regelt. § 8 und § 9 schließen sich folglich aus. Bzgl ein und derselben Werkleistung kann immer nur entweder Miturheberschaft oder Urheberschaft am verbundenen Werk vorliegen. Das Recht der Miturheber war bis zur Schaffung des UrhG in § 6 LUG geregelt.

2 Auf **verwandte Schutzrechte** ist § 8 nur anwendbar, **soweit auf ihn verwiesen wird**. Für gemeinsame Darbietungen mehrerer **ausübender Künstler**, die sich nicht gesondert verwerten lassen, trifft inzwischen **§ 80 nF** eine der Miturheberschaft angelehnte Regelung. Danach steht den ausübenden Künstlern das Recht zur Verwertung zur gesamten Hand zu. Keiner der ausübenden Künstler darf seine Einwilligung zur Verwertung wider Treu und Glauben verweigern. § 80 Abs. 1 S. 3 nF erklärt auf das Rechtsverhältnis ausübender Künstler, denen das Recht zur Verwertung zur gesamten Hand zusteht, § 8 Abs. 2 S. 3, Abs. 3, 4 für anwendbar.

3 Fehlt ein Verweis, kommt eine **analoge Anwendung** von § 8 nicht in Betracht (*BGH* NJW 1993, 2183 f. – The Doors). Das folgt aus dem Wortlaut der Vorschrift und entspricht auch deren Sinn und Zweck. Dem § 8 liegt nämlich der Gedanke zugrunde, dass mehrere Personen, die aufgrund gemeinschaftlichen Entschlusses tätig werden, damit – auch gegenüber Dritten – eine Rechtseinheit bilden. Dieser Regelungszusammenhang besteht bei den verwandten Schutzrechten jedoch nicht, weil deren Inhaber nicht aufgrund gemeinschaftlichen Entschlusses, sondern infolge gesonderter Aufträge (zB des Filmherstellers) tätig werden, ihre Leistungen unabhängig voneinander erbringen und oft vor der endgültigen Fertigstellung des Werkes nicht einmal von der Leistung des jeweils anderen Kenntnis erlangen. Wie sich aus §§ 70 ff. ergibt, erwerben die Inhaber verwandter Schutzrechte daher jeder für sich und unab-

hängig von den anderen ein (individuelles) gleichwertiges Leistungsschutzrecht (*BGH* NJW 1993, 2183, 2184 – The Doors). Soweit vertraglich oder gesetzlich nicht anders geregelt, sind sie insb. nicht nur allein prozessführungsbefugt, sondern können auch auf Leistung an die eigene Person klagen (vgl *BGH* NJW 1993, 2183, 2184 – The Doors).

II. Miturheberschaft (§ 8 Abs. 1)

1. Begriff

Miturheberschaft liegt vor, wenn mehrere das **Werk gemeinschaftlich geschaffen**   4
haben, wobei **jeder einen schöpferischen Beitrag** zum gemeinsamen Werk erbracht haben muss (*BGH* NJW 1993, 3136 – Buchhaltungsprogramm; NJW-RR 1995, 307 – Rosaroter Elefant).

2. Ein (gemeinsames) Werk

Die Miturheber müssen also an einem gemeinsamen Werk mitgewirkt haben. Entge-   5
gen der Auffassung des *BGH* (WRP 2002, 990, 911 – Stadtbahnfahrzeug) kann eine gemeinsame Tätigkeit auch vorliegen, wenn zwei Personen nacheinander an einem Gegenstand arbeiten (**sukzessives Werkschaffen**), sofern beide **absprachegemäß arbeitsteilig** tätig werden. So können Lehrer und Schüler Miturheber sein, wenn der Lehrer dem Schüler die schwierigeren Figuren eines Gemäldes vorzeichnet und der Schüler sie und das Bild iÜ vollendet. An den Voraussetzungen der Miturheberschaft fehlt es hingegen, wenn mehrere Werke unabhängig voneinander von mehreren Urhebern hervorgebracht wurden, selbst wenn diese später gemeinsam vermarktet werden. Hier kann aber eine **Werkverbindung** (§ 9) gegeben sein. Von dem **Sammelwerk** (§ 4) unterscheiden sich die in Miturheberschaft geschaffenen Werke dadurch, dass es sich dort um mehrere, hier um ein einziges Werk handelt. Auch ein Sammelwerk kann aber in Miturheberschaft geschaffen werden, so zB die zur Erhebung und Aufbereitung von Daten des pharmazeutischen Marktes entwickelte Struktur, die Deutschland in 1860 Teilbezirke zerlegt und an der die Mitglieder des Arbeitskreises und insb. die zu den sog. Workshops entsandten Außendienstmitarbeiter des Unternehmens gemeinsam gearbeitet haben (*OLG Frankfurt* CR 2003, 50, 51). Der Unterschied zur **Bearbeitung** liegt darin, dass dort ein schon bestehendes Werk umgestaltet wird, während bei der Miturheberschaft das Werk erst geschaffen wird. Auch eine Bearbeitung kann allerdings in Miturheberschaft entstehen. Die Rechtsfolgen des § 8 greifen dann nicht bzgl des Originalwerks, sondern nur bzgl der Bearbeitung ein.

Wann ein und wann mehrere Werke vorliegen, entscheidet sich danach, ob die An-   6
teile sich **gesondert verwerten lassen**. Der *BGH* (DB 1959, 513) ging schon im Anwendungsbereich des § 6 LUG davon aus, dass es nicht auf die äußere Unterscheidbarkeit der einzelnen Beiträge ankomme; vielmehr sei maßgeblich, ob die Einheitlichkeit des Werkes einer Trennbarkeit entgegen stehe. Dies wurde angenommen, wenn die einzelnen Beiträge „nur unselbständige Beiträge eines Ganzen" bildeten. Daran hat der Gesetzgeber (vgl amtl. Begr. BT-Drucks. IV/270, 41) für das UrhG ausdrücklich angeknüpft und als Beispiel für die Untrennbarkeit auf die einzelnen Szenen eines Bühnenwerkes verwiesen. Gesonderte Verwertbarkeit liegt danach nur vor, wenn sich die Anteile an dem Werk herauslösen und anders verwerten lassen, ohne dadurch unvollständig und ergänzungsbedürftig zu werden (*KG* Schulze KGZ

55, 12; *Schricker/Loewenheim* § 8 Rn 5). Da andernfalls eine unerträgliche Rechtsunsicherheit einträte, kommt es allerdings nur auf die theoretische Verwertbarkeit
und nicht darauf an, ob für den einzelnen Beitrag gerade ein Markt besteht.

7   Maßgeblich ist die **Verkehrsanschauung im Zeitpunkt der Werkschaffung**. Spätere Veränderungen des Sachverhalts, zB ein Zusammenschmelzen zweier Werke zu
einem einheitlichen in den Augen der Allgemeinheit, die sich daran gewöhnt hat, die
Werke gemeinsam wahrzunehmen, haben unbeachtet zu bleiben (*Fromm/Norde-
mann* § 8 Rn 12).

8   Gesonderte Verwertbarkeit ist idR dann anzunehmen, wenn die Beiträge **unterschiedlichen Werkarten** angehören (*Schricker/Loewenheim* § 9 Rn 5). Jeweils eigenständige Werke stellen daher Musik und Text bei Opern, Operetten, Musicals,
Liedern und Schlagern dar (amtl. Begr. BT-Drucks. IV/270, 42; *BGH* NJW 1982,
641 – Musikverleger III; *Schricker/Loewenheim* § 9 Rn 5). Auch die Inschrift zu einem Bild und das Bild selbst, Text und Bild oder Modelldarstellung in Romanen,
wissenschaftlichen Werken und Illustrierten sind mehrere verbundene Werke und
begründen daher keine Miturheberschaft. Gesonderte Verwertbarkeit kann aber auch
bei Werken **derselben Werkgattung** gegeben sein (amtl. Begr. BT-Drucks. IV/270,
42; *Schricker/Loewenheim* § 9 Rn 5). Theoretisch können daher sogar die als Gegen-
beispiel in der amtl. Begr. (BT-Drucks. IV/270, 41) genannten einzelnen Akte eines
Theaterstücks oder die verschiedenen Sätze eines Musikwerks mehrere verbundene
und nicht etwa ein einziges Werk darstellen, wenn sie jedenfalls im Zeitpunkt ihrer
Schaffung jeweils ohne einander aufgeführt bzw verbreitet werden können. In der
Praxis wird dies allerdings meistens an den inhaltlichen Bezugnahmen der einzelnen
Beiträge aufeinander scheitern (vgl auch *BGH* DB 1959, 513; amtl. Begr. BT-
Drucks. IV/270, 41).

9   **Nicht gesondert verwertbar** sind zB der **Roman und seine Einleitung**, ebenso die
einzelnen Teile einer **Collage** oder des **Beuys'schen Kunstwerks „Hirsch mit
Blitzschlag"**, selbst wenn sie von unterschiedlichen Personen in gemeinsamer Zusammenarbeit geschaffen worden wären. Keine gesonderte Verwertung ist idR bei
Einzelteilen einer Struktur möglich, deshalb ist zB die zur Erhebung und Aufbereitung von Daten des pharmazeutischen Marktes zwecks Dokumentation der Umsatz-
und Absatzentwicklung in der Bundesrepublik Deutschland vertriebenen Medika-
mente entwickelte Struktur, die das Gebiet in 1860 Teilbereiche zerlegt, ein einziges
Werk (*OLG Frankfurt* CR 2003, 50 ff.).

10   **Gesondert verwertbar sind** Erläuterungen der einzelnen Paragraphen in einem
Kommentar, die folglich verbundene Werke darstellen. Sie können angesichts der
heute geltenden Vielfalt an Kommentaren aus dem Verbund herausgenommen und
in einen anderen Kommentar eingefügt werden. Nichts anderes ergibt sich aus der
spezifischen Abstimmung auf den Gesamtkommentar, etwa durch Querverweise und
eine inhaltlich eingegrenzte Thematik, solange sich der betr. Teil noch ohne größeren
Aufwand in einen anderen Kommentar einfügen lässt (ebenso *Fromm/Nordemann*
§ 8 Rn 10; **aA** *Möhring/Nicolini/Ahlberg* § 8 Rn 15 ff.). Die strengen Regeln der
Miturheberschaft, insb. die Unmöglichkeit der Beendigung derselben vor Ablauf der
Schutzfrist, passen auf derartige Arbeiten nicht. Auch der Vergleich mit den einzelnen Szenen eines Bühnenwerkes überzeugt nicht, da Letztere ihre Verständlichkeit

im Allgemeinen aus dem Gesamtbühnenwerk beziehen (vgl amtl. Begr. BT-Drucks. IV/270, 41), was bei den Kommentarteilen nicht der Fall ist.

Sind die Werteile gesondert verwertbar, kann ein verbundenes Werk vorliegen (vgl **11** *BGH* GRUR 1976, 434, 435 – Merkmalklötze). Bei einem stufenweise entstehenden Werk kann die schöpferische Leistung eines oder mehrerer Urheber aber auch in einem **Vorstadium** erfolgen, wenn sie als unselbständiger Beitrag zum einheitlichen Schöpfungsprozess der Werkvollendung geleistet wird (*BGH* NJW 1993, 3136, 3137 – Buchhaltungsprogramm). Betroffen sind angesichts der dort vorherrschenden komplexen Werkschaffung in mehreren Arbeitsschritten vor allem Computerprogramme.

3. Schöpferische Zusammenarbeit

Die Miturheber müssen das Werk gemeinsam geschaffen haben. Das setzt voraus, **12** dass alle Schaffenden mehr oder weniger gleichberechtigt aufgrund gemeinschaftlichen Entschlusses tätig werden, und zwar jeder von ihnen im schöpferischen Bereich. Der natürliche Wille zur Zusammenarbeit reicht aus, sodass auch **Minderjährige** und sogar **Geschäftsunfähige** Miturheber sein können. Bei der Werkverwertung bedürfen sie der Vertretung.

Nach der Werkvollendung kommt eine Miturheberschaft nicht mehr in Betracht, es **13** kann aber eine Bearbeitung (§§ 3, 23) oder eine Werkverbindung (§ 9) gegeben sein.

Das Erfordernis der schöpferischen Zusammenarbeit darf nicht überinterpretiert wer- **14** den. Die Miturheber brauchen nicht jeden Beitrag zum gemeinsamen Werk auch gemeinsam zu leisten. Es reicht aus, dass jeder in Unterordnung unter die gemeinsame Gesamtidee **einzelne (schöpferische) Beiträge** selbst erbringt (*BGH* NJW 1993, 3136, 3137 – Buchhaltungsprogramm). Auch kommt es für die Feststellung der Miturheberschaft als solcher auf den Umfang und die **Größe der Beiträge** nicht an, sofern diese nur schöpferisch sind (*BGH* NJW 1993, 3136, 3138 – Buchhaltungsprogramm). Der Umfang der Mitwirkung kann nur für die Beteiligung an den Verwertungserlösen bestimmend sein.

Der Beitrag jedes einzelnen Miturhebers muss **schöpferisch** iSd § 2 sein. Da die Idee **15** als solche nicht urheberrechtsgeschützt ist (hierzu § 2 Rn 47), genügen bloße Anregungen oder Ideen, die noch nicht Gestalt angenommen haben, aber nicht (*BGH* NJW-RR 1995, 307, 309 – Rosaroter Elefant). Auch rein mechanische Tätigkeiten oder Arbeiten genau nach Anweisung reichen nicht aus. Auf die Kommentierung zu § 7 wird verwiesen.

Nicht nur für den (Einzel-)Urheber, sondern auch für den Miturheber gilt die **Ver-** **16** **mutung des § 10**, nach der derjenige, der auf den Vervielfältigungsstücken eines erschienenen Werkes als Urheber bezeichnet ist, bis zum Beweis des Gegenteils auch als Urheber angesehen wird (*BGH* NJW 1993, 3136, 3138 – Buchhaltungsprogramm; WRP 2003, 279 – Staatsbibliothek; näher hierzu in der Kommentierung zu § 10 Rn 21).

Liegt beim gemeinsamen Schaffen keine Miturheberschaft vor, kann es sich um ein **17** unter Mitarbeit eines anderen geschaffenes Werk (§ 2) handeln. Denkbar ist auch, dass ein Originalwerk und dessen Bearbeitung (§§ 3, 23) oder dass mehrere verbundene Werke (§ 9) gegeben sind.

4. Beispiele

18 **Miturheberschaft** liegt vor, wenn zwei **Verwaltungsdirektoren** beim Bundesverband der allg. Ortskrankenkassen gemeinsam in Privatarbeit ein „Merkblatt für Arbeitgeber" verfassen (*BGH* NJW-RR 1987, 185, 186 – AOK-Merkblatt). Miturheberschaft kommt auch im Musikgeschäft häufig vor, wenn zB zwei **Musiker bei einer gemeinsamen Improvisation** einen Song komponieren. Auch unter anderen Umständen kann ein unter Zusammenarbeit zweier **Komponisten** geschaffenes Musikwerk in Miturheberschaft entstanden sein (*BGH* NJW 1990, 1989 f. – Musikverleger IV). Miturheberschaft ist im Allgemeinen beim **Filmwerk** gegeben. Haben neben dem Regisseur auch der Kameramann und der Cutter schöpferisch auf den Film eingewirkt, sind sie zusammen mit dem Regisseur Miturheber. Keine Miturheber sondern nur Urheber der bearbeiteten Werke sind der Drehbuchregisseur und der Komponist der Filmmusik. Keine Miturheber sind auch die ausübenden Künstler und die Musiker. Ihnen stehen nur verwandte Schutzrechte zu. Neben dem Fall des Filmwerks ist heutzutage Miturheberschaft häufig bei **Enzyklopädien** und **Computerprogrammen** anzutreffen (*Fromm/Nordemann* § 8 Rn 1), ebenso bei **Computerspielen** (zu den insoweit aus §§ 69b, 89 resultierenden Schwierigkeiten *Poll/Brauneck* GRUR 2001, 389 ff.). Miturheber sind der **Kinderbuchautor und** der **Illustrator**, wenn Text und Illustration untrennbar aufeinander abgestimmt sind, und sind **zwei Dekorateure**, die gemeinsam eine Dekoration mit künstlerischem Wert schaffen. Miturheber sind mehrere **Architekten**, die ein Bauwerk gemeinsam planen, ohne eine räumliche Aufteilung der Bereiche vorzunehmen. Erfolgt hingegen eine solche Aufteilung, zB nach Außen- und Innenarchitektur, liegen häufig mehrere Werke vor.

19 **Keine Miturheberschaft** liegt vor, wenn eine Rechenfibel und dazugehörige Werkklötze, die von unterschiedlichen Urhebern stammen und zwischen deren Schaffung mehrere Jahre lagen, gemeinsam vertrieben werden (*BGH* GRUR 1976, 434, 435 – **Merkmalklötze**). Der Urheber des Originalwerks ist nicht Miturheber der **Bearbeitung**, weil er an dieser keine schöpferische Leistung erbracht hat. Ihm stehen jedoch die Rechte aus § 23 sowie aufgrund seines Urheberpersönlichkeitsrechts uU weitergehende Rechte wie das Namensnennungsrecht an der Bearbeitung zu (vgl *BGH* GRUR 1963, 40, 42 – Straßen – gestern und morgen).

III. Rechtsfolgen

1. Anwendbare Vorschriften

20 § 8 Abs. 2 regelt zunächst das Außenverhältnis der Miturheber. Auf ihr Verhältnis finden primär die Regelungen in § 8 Anwendung. Ob sich das Rechtsverhältnis der Miturheber für den Fall, dass es dort an Regelungen fehlt, nach den Vorschriften über die Bruchteilsgemeinschaft richtet (so *Steffen* S. 22 ff., 37) oder durch urheberrechtliche Grundsätze bestimmt wird, die durch Auslegung zu ermitteln sind (so *Ulmer* § 34 III; *Haberstumpf* Hdb, Rn 112; *Schricker/Loewenheim* § 8 Rn 1), ist streitig. Richtigerweise bilden die Miturheber anders als noch nach § 6 LUG, § 8 KUG, die von einer Bruchteilsgemeinschaft nach §§ 741 ff. BGB ausgingen (*BGH* GRUR 1962, 531, 533 – Bad auf der Tenne II), im Anwendungsbereich des UrhG eine **Gesamthandsgemeinschaft**. Dafür spricht eindeutig die Gesetzgebungsgeschichte:

Der Gesetzgeber des § 8 hat ausdrücklich betont, dass die auf die Verwaltung und Abwicklung von Vermögen gerichteten Vorschriften der §§ 741 ff. BGB auf sie als bes. enge Gemeinschaft nicht passen (s. amtl. Begr. BT-Drucks. IV/270, 41). Etwa anderes kann auch nicht aus der Rspr des *BGH* (GRUR 2001, 226 – Rollenantriebseinheit) zur Miterfinderschaft hergeleitet werden, da diese weniger stark als die Miturheberschaft durch persönlichkeitsrechtliche Elemente geprägt wird. Ergänzende Funktion kann den Vorschriften über die Bruchteilsgemeinschaft damit nur noch dort zukommen, wo auf sie verwiesen wird (vgl zB §§ 731 S. 2, 2038 Abs. 2, 2042 Abs. 2 BGB) oder die Rechtslage vergleichbar ist. **Regelungslücken** sind daher **durch Auslegung** nach den Maßstäben der urheberrechtlichen Grundsätze **zu füllen**.

2. Gesamthandsgemeinschaft

Zwischen den Miturhebern besteht nach dem Gesagten eine Gesamthandsgemein-   **21**
schaft, die mit der Entstehung des Werkes beginnt und erst mit dem Ablauf der Schutzfrist (beachte die Sonderregelung des § 65) endet. Eine vorherige Auflösung der Gemeinschaft ist, wie sich aus § 29 entnehmen lässt, der als einzigen Fall der Übertragung des Urheberrechts den Todesfall angibt, nicht möglich.

Die zwischen den Miturhebern bestehende Gesamthandsgemeinschaft umfasst die   **22**
Anteile der Miturheber an dem Urheberrecht. Ebenso wie über das Urheberrecht als Ganzes kann keiner der Miturheber über seinen Miturheberrechtsanteil verfügen oder auf ihn verzichten. Das ergibt sich neben § 29 auch im Umkehrschluss aus § 8 Abs. 4, der nur den Verzicht eines Miturhebers auf seine Anteile an den Verwertungsrechten zulässt. Anders war dies noch im Geltungsbereich des § 6 LUG und § 8 KUG (*BGH* GRUR 1962, 531 – Bad auf der Tenne II).

Den Miturhebern stehen jedenfalls die **Verwertungsrechte** nur gesamthänderisch zu   **23**
(§ 8 Abs. 2). Soweit § 8 keine Regelungen für einzelne Problempunkte enthält, kann erg. auf §§ 705 ff. BGB zurückgegriffen werden, soweit die urheberrechtliche Interessenlage nichts anderes ergibt (*Haberstumpf* Hdb, Rn 112; *Rehbinder* Rn 171; *Schricker/Loewenheim* § 8 Rn 10; **aA** vor allem für den Hauptfall der mangelnden Geschäftsfähigkeit eines Miturhebers *Fromm/Nordemann* § 8 Rn 24). Daneben haben es die Urheber auch in der Hand, zum Zwecke der Verwertung des Werkes eine GbR zu bilden. In diesem Fall gehen die Regelungen im Gesellschaftsvertrag den abdingbaren Vorschriften des § 8 Abs. 2-4 vor (hierzu sogleich Rn 26).

Verpflichtungsgeschäfte müssen die Miturheber, ist nichts anderes vereinbart wor-   **24**
den, einstimmig beschließen. Auch die **Beendigung von Verträgen** ist, soweit ihr eine Willenserklärung der Urheber vorausgehen muss, nur durch alle Miturheber gemeinsam oder aber durch einen Miturheber namens und in Vollmacht der anderen möglich (vgl *BGH* NJW 1990, 1989, 1990 – Musikverleger IV). Eine Vollmachtsurkunde ist vorzulegen, ihr Fehlen ist aber unbeachtlich, wenn es nicht unverzüglich gerügt wird (§ 174 S. 1 BGB).

Ob ein Grund zur Beendigung des Vertrages, zB zu dessen **Kündigung**, vorliegt, be-   **25**
misst sich nach dem vertraglich Vereinbarten und den allg. Grundsätzen. Die außerordentliche Kündigung kann neben den vertraglich festgelegten außerordentlichen Kündigungsgründen zunächst auf solche Umstände gestützt werden, die alle Miturheber betreffen. Darüber hinaus können auch solche Kündigungsgründe herangezogen werden, die in der Person nur eines der Miturheber vorliegen oder eintreten und die

Fortsetzung des Vertragsverhältnisses unzumutbar erscheinen lassen. Liegt nur in der Person eines Miturhebers ein wichtiger Grund zur fristlosen Kündigung eines Verlagsvertrages vor, weil jedenfalls aus Sicht dieses Miturhebers das Vertrauensverhältnis zum Verleger zerstört ist, können daher grds alle Miturheber als Gesamthandsgemeinschaft die Kündigung aussprechen (*BGH* NJW 1990, 1989 – Musikverleger IV).

26   Die einzelnen Miturheber können nach § 8 Abs. 2 S. 1 über das Werk nur gemeinsam **verfügen**, wenn im Innenverhältnis keine andere Absprache getroffen wurde (zu Letzterem *BGH* GRUR 1962, 531, 534 – Bad auf der Tenne II). Eine ohne Zustimmung der anderen Miturheber vorgenommene Verfügung ist schwebend unwirksam (*BGH* GRUR 1962, 531, 534 – Bad auf der Tenne II). Sie kann von den anderen Miturhebern in den Grenzen einer nach § 177 Abs. 2 BGB gesetzten Frist noch nachträglich genehmigt werden (*BGH* GRUR 1962, 531 – Bad auf der Tenne II). Scheidet eine Genehmigung endgültig aus, kommt anders als iRd LUG (hierzu *BGH* GRUR 1962, 531 – Bad auf der Tenne II) auch eine Umdeutung der Verfügung über das Urheberrecht in eine Verfügung über den Urheberrechtsanteil nicht mehr in Betracht, weil diese ebenfalls unzulässig ist (§ 29, arg. e § 8 Abs. 4).

27   Ob auch andere Rechte als die Verwertungsrechte der gesamthänderischen Bindung unterliegen, ist streitig (befürwortend *Steffen* S. 38 ff., 43; ablehnend *Schricker/Loewenheim* § 8 Rn 10; vgl *Ulmer* § 34 III; differenzierend *OLG Karlsruhe* GRUR 1984, 812, 813). Richtigerweise ist dies zu verneinen, weil die auf die Vermögensverwaltung zugeschnittenen Regelungen über die Gesamthandsgemeinschaft den Besonderheiten des Urheberpersönlichkeitsrechts nicht gerecht zu werden vermögen (*Schricker/Loewenheim* § Rn 10). Außerdem wäre anzunehmen, dass der Gesetzgeber dann diese Rechte, zB die Urheberpersönlichkeitsrechte, in § 8 Abs. 2 genannt hätte; das ist jedoch nicht geschehen.

28   **Urheberpersönlichkeitsrechte** stehen daher jedem Miturheber eigenständig zu, soweit sie ihn betreffen (*Rehbinder* Rn 171). Ein Verzicht der Miturheber auf ihren Anteil an den Verwertungsrechten ist nach § 8 Abs. 4 S. 1 zulässig. Er führt kraft Gesetzes dazu, dass der Anteil den anderen Miturhebern zuwächst (§ 8 Abs. 4 S. 2). Ein Verzicht zugunsten eines Dritten ist also nicht möglich (*Schricker/Loewenheim* § 8 Rn 10). Jeder Miturheber kann zB selbständig Anerkennung seiner Miturheberschaft oder Zugang zum Werkstück nach § 25 verlangen (*OLG Düsseldorf* GRUR 1969, 550, 551; *Ulmer* § 34 III 3; *Schricker/Loewenheim* § 8 Rn 10).

29   **Im Innenverhältnis** können die Miturheber nähere Abreden über ihr Verhältnis zueinander treffen, soweit § 8 keine zwingenden Regelungen enthält und Urheberpersönlichkeitsrechte nicht verletzt werden. So können sie einem der Miturheber Vollmacht zur Vertretung der anderen einräumen, Regelungen zur Verwertung des Werkes und Verteilung des Erlöses aufstellen und Abreden über die interne Beschlussfassung treffen (*BGH* GRUR 1998, 673, 677 – Popmusikproduzent; *Ulmer* § 34 III 4; *Schricker/Loewenheim* § 8 Rn 12). Diese sog. **Miturhebergesellschaft** (so *Schricker/Loewenheim* § 8 Rn 12) ist im Allgemeinen eine **GbR**. Sie unterliegt den Regeln der §§ 705 ff. BGB und ist damit nach § 723 BGB kündbar. Eine Beendigung der im Außenverhältnis bestehenden Gesamthandsgemeinschaft geht damit nicht einher, es sei denn, die Miturheber übertragen ihre Miteigentumsanteile sämtlich auf einen von ihnen (vgl *Rehbinder* Rn 171; *Ulmer* § 34 III 4; *Schricker/Loewenheim* § 8 Rn 12).

3. Veröffentlichung, Verwertung und Änderung des Werkes (§ 8 Abs. 2)

Für die Veröffentlichung, die Verwertung und die Änderung des Werkes bedarf es   **30**
nach § 8 Abs. 2 S. 1 HS 1 iVm §§ 709, 714 BGB sowohl im Innen- als auch im Außenverhältnis der **Einwilligung aller Miturheber**. Das gilt unabhängig davon, ob iE
nur einer oder mehrere der Miturheber betroffen sind. Auch Änderungen sind nach
§ 8 Abs. 2 S. 1 HS 2 nur mit Einwilligung aller Urheber möglich. Ob eine Notge-
schäftsführung entspr. § 744 Abs. 2 BGB in Frage kommt, erscheint zweifelhaft; die
Bestimmung kann jedenfalls nur in den seltensten Fällen Bedeutung gewinnen. Sie
ist insb. nicht auf die fristlose Kündigung von Verwertungsverträgen anwendbar,
weil dem Miturheber hier eine angemessene Frist zusteht, – auch durch einstweilige
Verfügung – die Zustimmung der anderen Miturheber einzuholen (*BGH* NJW 1982,
641 – Musikverleger III; NJW 1983, 1192 – Verbundene Werke). Der gegenteiligen
Ansicht von *Nordemann* (*Fromm/Nordemann* § 8 Rn 18) kann nicht gefolgt werden,
weil das Risiko, dass die Zustimmung nicht erlangt werden kann, die Miturhebergemeinschaft und nicht der Vertragspartner trägt.

Eine **mehrheitliche Beschlussfassung** reicht aus, wenn die Miturheber dies verein-   **31**
bart haben und **Urheberpersönlichkeitsrechte** nicht entgegenstehen (§ 709 Abs. 2
BGB; *BGH* NJW 1982, 641 – Musikverleger III; NJW 1983, 1192, 1193 – Verbun-
dene Werke; *Schricker/Loewenheim* § 8 Rn 13 und 16; **aA** *Fromm/Nordemann* § 8
Rn 17). Letzteres wird bei der Beschlussfassung über Werkänderungen häufig der
Fall sein (restriktiver *Schricker/Loewenheim* § 8 Rn 16).

Unter der Einwilligung der Miturheber ist nach § 183 S. 1 BGB die **vorherige Zu-**   **32**
stimmung zu verstehen. Ihr steht nach Wortlaut und Gesetzesbegründung (amtl. Begr. BT-Drucks. IV/270, 41) die nachträgliche Genehmigung nicht gleich; in dieser
kann aber der Verzicht auf Ansprüche aus der Rechtsverletzung liegen (amtl. Begr.
BT-Drucks. IV/270, 41; *Rehbinder* Rn 171; *Schricker/Loewenheim* § 8 Rn 14).

Verweigert einer oder verweigern einige der Miturheber ihre Zustimmung wider   **33**
Treu und Glauben, haben der oder die anderen Miturheber nach § 8 Abs. 2 S. 2 einen
einklagbaren Anspruch auf Erteilung der Zustimmung. Das stattgebende gerichtliche
Urt. ersetzt die fehlende Zustimmung (§ 894 Abs. 1 S. 1 ZPO). Ob **die Verweige-**
rung der Zustimmung treuwidrig ist, ist durch Interessenabwägung zu bestimmen,
in deren Rahmen auch die Urheberpersönlichkeitsrechte der betr. Miturheber eine
Rolle spielen (*Fromm/Nordemann* § 8 Rn 17).

4. Prozessuale Fragen

a) Aktivprozesse. aa) Prozesse gegen Dritte. Jeder Miturheber ist berechtigt, An-   **34**
sprüche aus Verletzungen des gemeinsamen Urheberrechts durch Dritte allein geltend zu machen (§ 8 Abs. 2 S. 3). Er bedarf hierzu wegen **§ 120 Abs. 1 S. 2** nicht der
deutschen Staatsangehörigkeit, wenn nur einer der anderen Miturheber Deutscher ist
(*Rehbinder* Rn 171). Ansprüche, die dem Miturheber alleine zustehen, wie das Zugangsrecht nach § 25, fallen nicht unter § 8 Abs. 2 S. 3 (*OLG Düsseldorf* GRUR
1969, 550 f.). Auf das Verhältnis zwischen Miturhebern und schuldrechtlich Nutzungsberechtigten ist § 8 Abs. 2 S. 3 nicht anwendbar (*OLG Frankfurt* CR 2003, 50,
53). Der Verleger bzw der Herausgeber eines miturheberschaftlich geschaffenen

Werkes, der selbst nicht Miturheber ist, muss daher zur Prozessführung ermächtigt werden, sofern ihm nicht aus §§ 87a ff. oder § 1 UWG eigene Ansprüche zustehen.

35 Streitig ist, ob § 8 Abs. 2 S. 3 auch gilt, wenn zwischen den Miturhebern zum Zwecke der Werkverwertung eine **GbR** besteht. Hier ist zu unterscheiden: § 8 Abs. 2 S. 3 ist abdingbar, sodass Regelungen im Gesellschaftsvertrag vorgehen. In der Gründung der GbR selbst wird man jedoch keine Vereinbarung einer § 8 Abs. 2 S. 3 verdrängenden Vereinbarung sehen können, sodass im Zweifel diese Vorschrift den Bestimmungen der §§ 705 ff. BGB als lex specialis gelten.

36 Der nach § 8 Abs. 2 S. 3 vorgehende Miturheber kann stets nur Leistung an alle Miturheber verlangen (§ 8 Abs. 2 S. 3). Eine Ausnahme gilt, wenn die anderen Miturheber nach § 8 Abs. 4 auf ihre Anteile wirksam verzichtet haben. § 8 Abs. 2 S. 3 regelt einen Fall der **gesetzlichen Prozessstandschaft**. Eine auf Leistung allein an den Miturheber gerichtete Klage ist daher nicht als unbegründet, sondern als unzulässig abzuweisen. Zuvor ist aber auf die Stellung sachdienlicher Anträge hinzuweisen (*BGH* NJW 1993, 3136, 3138 – Buchhaltungsprogramm).

37 Klagen mehrere Miturheber gemeinsam, bilden sie **keine notwendige Streitgenossenschaft** (*Schricker/Loewenheim* § 8 Rn 18). Das klageabweisende **Urt. wirkt nicht gegen die am Rechtsstreit nicht beteiligten Miturheber** (*Schricker/Loewenheim* § 8 Rn 18; *Haberstumpf* Hdb, Rn 115; **aA** *Fromm/Nordemann* § 8 Rn 20). Eine Rechtskrafterstreckung findet in Fällen der gesetzlichen Prozessstandschaft nämlich nach zutr. Auffassung nur statt, wenn dem Rechtsträger selbst die Prozessführungsbefugnis entzogen ist, etwa bei der Klage durch den Insolvenzverwalter, den Testamentsvollstrecker oder der Geltendmachung von Unterhaltsansprüchen des Kindes durch einen Elternteil, während etwa die Klage eines Gesamtleistungsgläubigers, eines Miteigentümers oder eines Gesellschafters im Wege der actio pro socio nicht gegen die anderen Mit- oder Gesamthandsberechtigten wirkt. Bei einem **Urt. zugunsten der Miturheber findet hingegen eine Rechtskrafterstreckung statt**. Denn der materielle Rechtsträger kann die Prozessführung stets und auch noch nachträglich genehmigen. Er steht sich dann so wie bei einer gewillkürten Prozessstandschaft, für welche die Rechtskrafterstreckung jedoch anerkannt ist (vgl zum Gesamtkomplex *Zöller/Vollkommer* Vor § 50 Rn 49 ff., 54).

38 § 8 Abs. 2 S. 3 findet nicht nur auf **Schadenersatz-**, sondern auch auf **Auskunfts-, Rechnungslegungs-** und sogar **Feststellungsansprüche** Anwendung (vgl *BGHZ* 128, 336, 339 f. – Videozweitauswertung III). Einer auf Feststellung, dass er „gleichwertig neben" anderen Miturheber sei, gerichteten Klage fehlt aber das Feststellungsinteresse, weil das Maß der schöpferischen Mitwirkung am Werk für das Außenverhältnis, insb. die Befugnis zur Geltendmachung von Ansprüchen, unter keinem Gesichtspunkt Bedeutung erlangen kann (*BGH* WRP 2003, 279, 282 – Staatsbibliothek). Ebenfalls erfasst sind Ansprüche auf **Vernichtung** und **Überlassung** nach §§ 98 f. (*Schricker/Loewenheim* § 8 Rn 19). **Ausgenommen ist nur der Unterlassungsanspruch** (*BGHZ* 128, 336, 339 – Videozweitauswertung III), weil die Unterlassung der Leistung nicht gleichgesetzt werden kann.

39 **bb) Prozesse gegen andere Miturheber.** Verletzt ein Miturheber das Miturheberrecht der anderen, finden die Vorschriften des § 8 Abs. 2 S. 3 für die Aktiv-Seite ebenfalls Anwendung. Die verletzten Miturheber können gegen den Verletzer Ansprüche nach §§ 97 ff. geltend machen (*Fromm/Nordemann* § 8 Rn 22; *Schricker/ Loewenheim* § 8 Rn 21). Daneben kommen vertragliche Ansprüche in Betracht, wenn das Innenverhältnis der Miturheber (hierzu oben Rn 20 ff.) verletzt worden ist (ebenso *Schricker/Loewenheim* § 8 Rn 21). Besteht zwischen den Miturhebern Streit über die Höhe der Anteile, kann jeder Miturheber gegen die anderen klagen; wobei auch hier keine notwendige Streitgenossenschaft besteht.

b) Passivprozesse. Bei Klagen gegen Miturheber, also auf Passivprozesse, findet § 8 **40** Abs. 2 S. 3 keine Anwendung. Hier kommt es für die Frage, ob eine notwendige Streitgenossenschaft auf der Passivseite besteht, auf das geltend gemachte Recht an. Begehrt der Kläger die Anerkennung der Miturheberschaft, kann er dies nur mit einer gegen alle Miturheber als notwendige Streitgenossen gerichteten Klage tun (*OLG Karlsruhe* GRUR 1984, 812 f.). Hingegen können die Miturheber unabhängig voneinander verklagt werden, wenn ein Verlag die Feststellung verlangt, dass jeder einzelne Miturheber kein Recht auf Anbringung der Urheberbezeichnung hat (vgl *OLG Karlsruhe* GRUR 1984, 812, 813).

5. Verteilung von Erträgen

Die Erträge aus der Verwertung des Werkes stehen nach § 8 Abs. 3 den Miturhebern **41** entspr. den zwischen ihnen **getroffenen Vereinbarungen** und, falls solche nicht existieren, nach dem Umfang ihrer Mitwirkung an der Schöpfung des Werkes zu. Wenn es darum geht, den Umfang der Mitwirkung der einzelnen Miturheber an der Schaffung des Werkes zu ermitteln, spielen vor allem **quantitative Gesichtspunkte** eine Rolle. Dabei ist nicht allein an den Umfang des Arbeitsergebnisses, also zB das Verhältnis der geschriebenen Seiten zur Gesamtseitenzahl gedacht, sondern an den Gesamtumfang der Mitarbeit; es sind vor allem auch die notwendigen **Vorarbeiten** und die abschließende **Gesamtredaktion** zu berücksichtigen (amtl. Begr. zu BT-Drucks. IV/3401, 3; *Schricker/Loewenheim* § 8 Rn 17). Zur Beweislast s. sogleich Rn 42.

Liegen – auch für eine Schätzung – **keine hinreichenden Anhaltspunkte** vor, wird **42** man trotz der Abweichung des § 8 Abs. 3 von § 6 LUG, § 8 KUG nach dem Rechtsgedanken des § 742 BGB im Zweifel von **gleichen Anteilen** auszugehen haben (*Fromm/Nordemann* § 8 Rn 26; ebenso *Rehbinder* Rn 171, der freilich § 742 BGB unmittelbar anwenden will). Denn die Abweichung in § 8 Abs. 3 von der bis dahin geltenden Regelung bezweckte gerade eine – mit zumutbarem Aufwand ermittelbare (vgl amtl. Begr. zu BT-Drucks. IV/3401, 3) – gerechtere Verteilung (vgl amtl. Begr. BT-Drucks. IV/270, 41); dem kommen bei unklaren Anteilen gleiche Verwertungserlöse am nächsten. Die Darlegungs- und **Beweislast** für die einen größeren Anteil begründenden Umstände liegt bei dem, der sich darauf beruft.

6. Verzicht auf den Anteil an den Verwertungsrechten

Der Anteil an den Verwertungsrechten ist, anders als das Miturheberrecht als sol- **43** ches, **verzichtbar** (§ 8 Abs. 4 S. 1). § 8 Abs. 4 macht damit eine Ausnahme von dem sonst geltenden Grundsatz, dass die Verwertungsrechte ebenso wie das Urheberrecht als Ganzes nicht übertragbar sind. Der Gesetzgeber hielt dies für geboten, um bes. in den Fällen, in denen eine große Zahl von teilweise nur unbedeutend an der Schöpfung des Werkes beteiligten Miturhebern vorhanden sei, eine Zusammenfassung der

Verwertungsrechte in der Hand einiger weniger Miturheber zur **Erleichterung der Auswertung** des Werkes zu ermöglichen (amtl. Begr. BT-Drucks. IV/270, 41).

44   Durch den Verzicht wachsen die Verwertungsrechte den anderen Miturhebern zu, wobei nach Sinn und Zweck des § 8 Abs. 4 von einem Zuwachs im Verhältnis der Anteile ausgegangen werden muss. Der Verzicht gilt nicht nur für die **Verwertungsrechte** aus §§ 15 ff., sondern auch für die Anteile an **Vergütungsansprüchen**, zB aus §§ 26, 27, 54, 54a (*Schricker/Loewenheim* § 8 Rn 15). **Ausgenommen sind die Urheberpersönlichkeitsrechte** (amtl. Begr. BT-Drucks. IV/270, 42; *Fromm/Nordemann* § 8 Rn 32). Mit dem Zugang der entspr. Willenserklärung des Miturhebers bei den (allen) anderen Miturhebern wächst diesen der Anteil – nach dem Rechtsgedanken des § 743 BGB entspr. dem Verhältnis ihrer Anteile – an (§ 8 Abs. 4 S. 3).

§ 9   Urheber verbundener Werke

Haben mehrere Urheber ihre Werke zu gemeinsamer Verwertung miteinander verbunden, so kann jeder vom anderen die Einwilligung zur Veröffentlichung, Verwertung und Änderung der verbundenen Werke verlangen, wenn die Einwilligung dem anderen nach Treu und Glauben zuzumuten ist.

Literatur: *Heymann* Anmerkung zu OLG Hamburg CR 1994, 616, CR 1994, 618; *Schricker* Der Urheberrechtsschutz von Werbeschöpfungen, Werbeideen, Werbekonzeptionen und Werbekampagnen, GRUR 1996, 815; *Seibt/Wiechmann* Probleme der urheberrechtlichen Verwertungsgemeinschaft bei der Werkverbindung, GRUR 1995, 562.

Übersicht

I. Regelungsbereich und anwendbare Rechtsvorschriften

1   Werkverbindungen waren vor In-Kraft-Treten des UrhG nur partiell geregelt, nämlich zB für die Verbindung eines Schriftwerks mit einem Werk der Tonkunst oder mit Abbildungen in § 5 LUG und für die Verbindung eines Werkes der bildenden Künste mit einem Werk der Fotografie oder einem von beiden mit Werken der Lit. oder Tonkunst oder mit geschützten Mustern. Die dazu ergangene Rspr kann zu § 9, der

allerdings alle denkbaren Arten von Werkverbindungen erfasst, weiter herangezogen werden.

Während § 8 das Rechtsverhältnis von Urhebern regelt, die an einem gemeinsamen **2** Werk mitgewirkt haben (**Miturheberschaft**), betrifft § 9 die Verbindung mehrerer eigenständiger Werke zu einem Werkverbund (verbundene Werke). § 8 und § 9 schließen sich folglich wechselseitig aus. Bzgl ein und derselben Werkleistung kann immer nur entweder Miturheberschaft oder Urheberschaft am verbundenen Werk vorliegen.

Anders als die Miturheberschaft begründet die Urheberschaft am verbundenen Werk **3** **keine Gesamthandsgemeinschaft**; eine der entspr. Regelung in § 8 Abs. 2 S. 1 („… zur gesamten Hand …") vergleichbare Bestimmung fehlt in § 9 gerade. Vielmehr hat die Werkverbindung für die Urheber der verbundenen Werke nur schuldrechtliche Konsequenzen (*Schricker/Loewenheim* § 9 Rn 6).

§ 9 setzt voraus, dass die Urheber ihre Werke **wirksam** zum Zwecke der gemeinsa- **4** men Veröffentlichung und/oder Verwertung verbunden haben. Die **Geschäftsunfähigkeit** eines der Urheber steht daher schon der Annahme einer Werkverbindung und damit der Anwendbarkeit des § 9 und nicht erst der Annahme der Existenz einer GbR entgegen (näher unten Rn 9 ff.). Bei der Beteiligung eines Minderjährigen bedarf es der Zustimmung seines gesetzlichen Vertreters. Andernfalls ist die Werkverbindung unwirksam und es besteht auch kein Anspruch auf Einwilligung in die gemeinsame Veröffentlichung, Verwertung oder Änderung der verbundenen Werke.

Aus der Notwendigkeit einer wirksamen Verbindung zum Zwecke der gemeinsamen **5** Verwertung folgt, dass die Urheber von wirksam iSd § 9 verbundenen Werken eine **GbR** bilden (vgl *BGH* GRUR 1973, 328, 329 – Musikverleger II; NJW 1982, 641 – Musikverleger). Einer ausdrücklichen Abrede bedarf es hierzu nicht, weil der Gesellschaftsvertrag auch konkludent geschlossen werden kann.

§ 9 enthält **dispositives Recht** und kann durch vertragliche Vereinbarungen abgeän- **6** dert oder ersetzt werden (*Ulmer* § 35 II 2; *Schricker/Loewenheim* § 9 Rn 2). Für das Rechtsverhältnis der Urheber verbundener Werke untereinander gelten folglich **primär** die **vertraglichen Vereinbarungen**, **sekundär** die in § 9 enthaltenen Regelungen und **erg.** finden die **§§ 705 ff. BGB** Anwendung. Stets sind die urheberrechtlichen Besonderheiten zu beachten.

II. Werkverbindung

1. Mehrere Werke

Eine Werkverbindung kann schon begrifflich nur vorliegen, wenn mehrere, also **7** **mindestens zwei**, Werke miteinander verbunden werden. Bilden die Beiträge der verschiedenen Urheber Teile eines einheitlichen Werkes, liegt **Miturheberschaft** (§ 8) vor. Wird ein schon bestehendes Werk umgestaltet, liegt eine **Bearbeitung** vor. Ob ein oder mehrere Werke gegeben sind, bemisst sich danach, ob die Beiträge **gesondert verwertbar** sind. Auf die Ausführungen § 8 Rn 6 ff. wird verwiesen. Der Gesetzgeber ist dabei davon ausgegangen, dass bei der Verbindung von Werken verschiedener Art, zB eines Werkes der Musik mit einem Werk der Lit., stets eine Werkverbindung vorliege; jedoch sei auch eine Werkverbindung zwischen Werken derselben Gattung möglich (amtl. Begr. BT-Drucks. IV/270, 42).

8   § 9 ist auch auf die Verbindung mehrerer **Werke desselben Urhebers** anwendbar (*Fromm/Nordemann* § 9 Rn 3; *Schricker/Loewenheim* § 9 Rn 4).

2. Verbindung

9   Von einer Verbindung mehrerer Werke kann nach dem Wortlaut des § 9 („Haben mehrere Urheber … verbunden …") nur dort die Rede sein, wo die Urheber der betr. Werke diese aufgrund eines entspr. Entschlusses zur gemeinsamen Verwertung vereinigt haben. Daraus lässt sich entnehmen, dass die Werkverbindung ein **rechtsgeschäftlicher** und kein bloß tatsächlicher Akt ist (vgl *Schricker/Loewenheim* § 9 Rn 7; *Heymann* CR 1994, 618; **aA** *Möhring/Nicolini/Ahlberg* § 9 Rn 14: gesetzliches Schuldverhältnis).

10 Sie setzt daher **Geschäftsfähigkeit** voraus. Geschäftsunfähige können ihr Werk nicht iSd § 9 mit den Werken anderer Urheber verbinden. Bei **Minderjährigen** ist die Zustimmung des gesetzlichen Vertreters erforderlich (§§ 107, 108 BGB), wenn die Werkverbindung nicht ausnahmsweise zum selbständigen Betrieb des Erwerbsgeschäfts des Minderjährigen gehört (§ 112 BGB). Die Gegenauffassung (*Möhring/Nicolini/Ahlberg* § 9 Rn 14 ff.), die von einem gesetzlichen Schuldverhältnis ausgehen will, schränkt den Schutz des nicht bzw beschränkt Geschäftsfähigen zu stark ein. Dies ist im Anwendungsbereich des § 9 schon deshalb nicht gerechtfertigt, weil die Urheber ihre Werke hier anders als bei § 8 auch ohne Mitwirkung des nicht bzw beschränkt Geschäftsfähigen, nämlich gesondert, verwerten können. Sie führt auch zu ungereimten Ergebnissen beim Abschluss von Verwertungsverträgen, an denen der nicht oder eingeschränkt Geschäftsfähige nämlich trotzdem rechtsgeschäftlich mitwirken müsste.

11 Die Werkverbindung erfolgt durch **Vertrag zwischen allen Urhebern**. Die Willenserklärungen können auch konkludent abgegeben werden, zB indem der Urheber sein Werk zur Werkverbindung zur Verfügung stellt. Auch **Stellvertretung** ist möglich. Stets müssen die entspr. Willenserklärungen auf die gemeinsame Verwertung der Werke gerichtet sein. Die Einräumung von Nutzungsrechten an einen der beteiligten Urheber reicht dafür nicht aus. Daher liegt keine Werkverbindung vor, wenn sich der Verfasser eines Schriftwerkes die Nutzungsrechte an den Illustrationen zu seinem Werk einräumen lässt (*Schricker/Loewenheim* § 9 Rn 8).

12 Keine Werkverbindung liegt im Allgemeinen bei sog. **Sammelwerken** (§ 4) vor, weil hier die vertraglichen Beziehungen nicht zwischen den Urhebern der einzelnen Beiträge, sondern nur zwischen dem jeweiligen Urheber und dem Herausgeber entstehen (*Schricker/Loewenheim* § 9 Rn 6; *v. Gamm* § 9 Rn 2; *Haberstumpf* Hdb, Rn 116; vgl *Fromm/Nordemann* § 8 Rn 11).

13 Ist die auf die Werkverbindung gerichtete **Willenserklärung auch nur eines Urhebers unwirksam**, zB weil der Urheber nicht geschäftsfähig ist, ist die Werkverbindung im Zweifel insgesamt unwirksam. Die Rechtsfolge des § 9 tritt dann nicht ein. Anders ist nur zu entscheiden, wenn sich feststellen lässt, dass die anderen Urheber ihre auf Werkverbindung gerichtete Willenserklärung auch dann abgegeben hätten, wenn sie gewusst hätten, dass das betr. Werk des anderen Urhebers von ihr nicht erfasst ist.

3. Beispiele

Zu bejahen ist eine Werkverbindung im Allgemeinen bei der Verbindung von Musik und Text in sog. **Schlagern** (*BGH* GRUR 1964, 326 – Subverleger) oder anderer Unterhaltungsmusik (*BGH* NJW 1982, 641 – Musikverleger III; NJW 1983, 1192 – Verbundene Werke). Das **Ballett** ist Werkverbindung zwischen Choreographie, Musik und Balletterzählung (*KG* Schulze KGZ 55, 11 f.; *Fromm/Nordemann* § 9 Rn 2). Die **Oper** ist verbundenes Werk iSd § 9. Mehrere Bände eines **Komm.**, die – wie das Bankrecht und das Handelsrecht – getrennt veröffentlicht werden können, sind ein verbundenes Werk. Gleiches muss auch für die Kommentierung einzelner Vorschriften gelten, nicht jedoch für die gemeinsame Kommentierung ein und derselben Vorschrift (streitig). Das **Musical** „Joseph and the amazing technicolor dreamcoat" ist von Webber als Komponisten und Rice als Textdichter im Sinne einer Werkverbindung geschaffen worden (*BGH* NJW 2000, 2207, 2209 – Musical-Gala). 14

III. Rechtsfolgen des Vorliegens verbundener Werke

1. Allgemeines

Durch die Werkverbindung ändert sich an der **Urheberschaft** der einzelnen Werkschaffenden in Bezug auf das jeweilige Einzelwerk nichts; diese bleiben alleinige Urheber ihrer jeweiligen Leistung (amtl. Begr. BT-Drucks. IV/270, 42). Bedeutsam wird dies bspw für die Schutzfristen, die für jedes Werk gesondert zu berechnen sind. 15

§ 9 trifft über das der Werkverbindung zugrunde liegende Innenverhältnis der Urheber und über das Außenverhältnis zu Dritten keine näheren Aussagen, sondern legt lediglich fest, unter welchen Voraussetzungen die Urheber voneinander die Zustimmung zur Veröffentlichung, Verwertung und Änderung des Werkverbundes verlangen können. Nach den folglich insoweit anwendbaren Vorschriften der §§ 705 ff. BGB entsteht zwischen den Urhebern ein **Gesellschaftsverhältnis** (hierzu oben Rn 5 und sogleich Rn 17 ff.). Es wird von § 9 ausdrücklich anerkannt (*BGH* GRUR 1973, 328, 329 – Musikverleger II). Soweit § 9 keine Regelungen enthält, gelten die Vorschriften der §§ 705 ff. BGB (*BGH* NJW 1983, 1192, 1193 – Verbundene Werke). 16

2. Gesellschaft bürgerlichen Rechts

a) Zustandekommen. Durch die Werkverbindung wird zwischen den Urhebern der verbundenen Werke zumindest stillschweigend eine GbR begründet (*BGH* GRUR 1964, 326, 330 – Subverleger; GRUR 1973, 328, 329 – Musikverleger III; NJW 1083, 1192, 1193 – Verbundene Werke). Auf diese finden die **§§ 705 ff. BGB** Anwendung, sodass Folgendes gilt: 17

b) Gesellschaftsvermögen. Die Urheber werden ein gemeinsames Gesellschaftsvermögen bilden (§ 718 BGB). In dieses werden sie entspr. dem von ihnen verfolgten Zweck die **Verwertungsrechte** an ihren Werken einbringen. Das kann auch konkludent geschehen (vgl *BGH* GRUR 1973, 328, 329 – Musikverleger II) und wird bei natürlicher Betrachtungsweise im Allgemeinen schon aus dem Bestehen der Werkverbindung zu folgern sein (**aA** *Schricker/Loewenheim* § 9 Rn 9; *Ulmer* § 35 II 2). Dabei ist jedoch die auch iRd § 9 geltende **Zweckübertragungstheorie** zu beachten. Nach dieser erfolgt die Rechtseinräumung im Zweifel nur in dem Umfang, der erfor- 18 derlich ist, um den mit ihr verfolgten Zweck zu erreichen. Daher werden die Urheber der GbR im Zweifel nur die Verwertungsrechte übertragen, die benötigt werden, um die verbundenen Werke insgesamt veröffentlichen, verwerten und ändern zu können. Von der Rechtsübertragung nicht erfasst sind alle anderen Rechte.

19   Der jeweilige Urheber bleibt daher im Zweifel befugt, sein **Einzelwerk** unabhängig von den verbundenen Werken auf jede erdenkliche Art zu nutzen, soweit und solange damit die gemeinschaftliche Verwertung der verbundenen Werke nicht beeinträchtigt wird (*Fromm/Nordemann* § 9 Rn 6). Letzteres ist der Fall wenn ein Konkurrenzverhältnis entstehen würde (*Fromm/Nordemann* § 9 Rn 6). Das Urheberrecht an dem Einzelwerk selbst fällt mangels entspr. Regelung in § 9 nicht in das Gesellschaftsvermögen und kann in dieses auch nicht eingebracht werden, weil es nicht übertragbar ist (§ 29). Die Urheber sind daher unabhängig voneinander **passivlegitimiert**, wenn ein Verlag die Feststellung verlangt, dass jeder einzelne Miturheber kein Recht auf Anbringung der Urheberbezeichnung hat, oder wenn es um Rechte aus einer Zeit vor der Werkverbindung geht.

20   **c) Geschäftsführung und Vertretung.** Soweit nach diesen Maßstäben die Gesellschaft bzw deren Vermögen betroffen ist, steht die Geschäftsführung und Vertretung den Urhebern der verbundenen Werke nach § 709 Abs. 1 BGB **gemeinschaftlich** zu (*BGH* GRUR 1973, 328, 329 – Musikverleger II; NJW 1982, 641 – Musikverleger III). Das ist auch bei der Frage der **Passivlegitimation** von Urhebern eines verbundenen Werkes zu beachten. Betroffen sind vor allem die Vergabe von **Nutzungsrechten** an Dritte und die zugrunde liegenden **Verwertungsverträge**. Ist nichts anderes vereinbart, ist von einem **Pro-Kopf-Stimmrecht** auszugehen. Das höhere Beteiligungsverhältnis eines der Urheber vermag für sich allein noch nicht zu einer höheren Gewichtung der Stimme zu führen (*BGH* GRUR 1973, 328, 329 – Musikverleger II; NJW 1982, 641 – Musikverleger III; NJW 1983, 1192, 1193 – Verbundene Werke). Für jedes Geschäft ist also die Zustimmung aller Gesellschafter erforderlich. Die Urheber können jedoch andersgeartete Absprachen treffen und zB vereinbaren, dass Beschlüsse in bestimmten oder allen Angelegenheiten mit einfacher Mehrheit getroffen werden können (§ 709 Abs. 2 BGB). Eine Grenze findet diese Regelungsbefugnis dort, wo sie die Urheberpersönlichkeitsrechte einzelner Urheber verletzen würde.

21   Ob dem einzelnen Gesellschafter ein **Notverwaltungsrecht** (§ 744 Abs. 2 BGB) zustehen kann, ist zweifelhaft. Es kommt jedenfalls nur im Ausnahmefall zum Tragen und erfasst nicht die fristlose Kündigung eines Nutzungsvertrages mit Dritten. Vielmehr steht dem Miturheber hier eine angemessene Frist zu, binnen derer er – auch durch einstweilige Verfügung – die Zustimmung der anderen Miturheber einholen kann (*BGH* NJW 1982, 641 – Musikverleger III; NJW 1983, 1192 – Verbundene Werke; s. hierzu auch unten Rn 35 und oben § 8 Rn 30).

3. Dauer

22   Die Dauer des Werkverbunds richtet sich primär nach den **vertraglichen Regelungen**. Existieren derartige Abreden nicht, endet das Gesellschaftsverhältnis und damit auch der Werkverbund spätestens zu dem Zeitpunkt, zu dem das erste dem Verbund zugehörige Werk **gemeinfrei** wird, weil damit der Gesellschaftszweck erfüllt ist (§ 726 BGB; vgl *Fromm/Nordemann* § 9 Rn 13).

Vor diesem Zeitpunkt tritt eine Beendigung der Gesellschaft nur ein, wenn diese ent-   **23**
weder auf kürzere Zeitdauer oder aber auf unbestimmte Zeit angelegt ist. Im ersteren
Fall endet das Gesellschaftsverhältnis und damit auch der Werkverbund mit Ablauf
der vereinbarten Zeit. Im zweiten Fall bedarf es einer Kündigung, die jedoch nicht
zur Unzeit erfolgen darf (§ 723 Abs. 2 BGB).

Im Zweifel ist davon auszugehen, dass die Urheber eine Verbindung für die Zeitdau-   **24**
er des Bestehens ihrer Schutzrechte gewollt haben (*Schricker/Loewenheim* § 9 Rn 12
mwN; *Fromm/Nordemann* § 9 Rn 13; *Ulmer* § 35 II 4). Die Gesellschaft wird daher
entgegen § 727 Abs. 1 BGB durch den Tod eines oder mehrerer der Gesellschafter
im Zweifel nicht aufgelöst, weil sich aus dem Zusammenschluss der Urheber zur
Werkverwertung bis zum Ablauf der Schutzfrist der übereinstimmende Wille der
Gesellschafter ergibt, die Gesellschaft beim Tode eines der Gesellschafter mit dessen
Erben fortzusetzen (*BGH* GRUR 1973, 328, 330 – Musikverleger II).

Das Gesellschaftsverhältnis ist vor Ablauf der vereinbarten Zeit (Ablauf der Schutz-   **25**
frist bei zumindest einem der verbundenen Werke) **nur aus wichtigem Grund
kündbar** (§ 723 BGB; vgl *BGH* GRUR 1964, 326, 330 – Subverleger; GRUR 1973,
328, 329 – Musikverleger II). Er liegt vor, wenn sich die gemeinsame **Werkverwertung** als **unmöglich** oder **unzumutbar** herausstellt. Persönliche Gründe wie die
wechselseitige Beleidigung der Urheber oder Quertreibereien rechtfertigen die fristlose Kündigung dabei im Allgemeinen ebenso wenig wie die Verweigerung der Mitwirkung bei einzelnen Verwertungshandlungen oder bei der Abrechnung. Auch kann
ein Gesellschafter die Kündigung nicht darauf stützen, dass er sein Werk inzwischen
ohne die Werkverbindung besser verwerten könnte (*Schricker/Loewenheim* § 9
Rn 13). Die Kündigung aus wichtigem Grund muss **ultima ratio** bleiben. Ist es den
anderen Gesellschaftern zumutbar, die erstrebten Handlungen oder Unterlassungen
des betr. Urhebers, zB seine Mitwirkung an der Verwertung, durch gerichtliche Maßnahmen zu erstreiten, geht dies der Kündigung der Gesellschaft vor (*Fromm/Norde-
mann* § 9 Rn 14).

Die **Kündigung der Gesellschaft durch einen Gläubiger** (§ 725 BGB) steht § 113   **26**
entgegen, der die Zwangsvollstreckung in das Werk nur unter engen Voraussetzungen zulässt. Sie dürfen nicht umlaufen werden, indem dem Gläubiger ersatzweise die
Kündigung der Gesellschaft als Druckmittel an die Hand gegeben wird.

Wurde das Gesellschaftsverhältnis wirksam gekündigt oder ist die Schutzfrist eines   **27**
der verbundenen Werke abgelaufen, sind die noch im Gesellschaftsvermögen befindlichen Verwertungsrechte bzgl der anderen Werke auf den jeweiligen Urheber **zu-
rückzuübertragen** (§ 732 BGB). Die auf Rückübertragung gerichtete Willenserklärung kann auch schon bei Abschluss des Gesellschaftsvertrages befristet auf den Tag
des Erlöschens der Schutzfrist eines der Werke abgegeben worden sein.

4. Schutzfristen

Mangels einer § 65 entspr. Regelung für verbundene Werke gelten für diese keine ei-   **28**
genen **Schutzfristen**. Vielmehr laufen für die **Einzelwerke** jeweils gesonderte
Schutzfristen, die nach §§ 64 ff. zu berechnen sind. Erlischt der Schutz eines der verbundenen Werke, ohne dass dadurch ausnahmsweise auch der Werkverbund sein Ende findet, tritt Gemeinfreiheit nur in Bezug auf das einzelne Werk, nicht jedoch betr.
die anderen urheberrechtsgeschützten Werke als Einzelwerke und im Verbund ein.

IV. Einwilligung in die Veröffentlichung, Verwertung und Änderung der verbundenen Werke

1. Rechtsnatur

29   Nach § 9 hat jeder Urheber eines verbundenen Werkes im Rahmen von **Treu und Glauben** gegen die anderen einen Anspruch auf Einwilligung in die Veröffentlichung, Verwertung und Änderung der verbundenen Werke. Damit trägt das Gesetz dem Umstand Rechnung, dass sich verbundene Werke im Allgemeinen gerade im Verbund am besten verwerten lassen (amtl. Begr. BT-Drucks. IV/270, 42). Auf die Kündigung eines Verwertungsvertrages ist die Vorschrift ebenfalls anwendbar, weil sie genauso wie der Vertragsschluss auf die „Verwertung" des verbundenen Werkes zielt (*BGH* GRUR 1973, 328, 329 – Musikverleger II; NJW 1983, 1192, 1193 – Verbundene Werke).

30   § 9 normiert einen Anspruch des Urhebers, der dem sich aus dem Prinzip der Förderlichkeit für den verfolgten Gesellschaftszweck ergebenden Anspruch aus § 705 BGB vorgeht und ihn ersetzt (*BGH* NJW 1983, 1192, 1193 – Verbundene Werke). Er ist gerichtlich **durchsetzbar**. Das stattgebende Urt. ersetzt die Einwilligung des betr. Urhebers (**§ 894 ZPO**).

2. Veröffentlichung, Verwertung und Änderung

31   Der Begriff der **Veröffentlichung** deckt sich mit dem des § 6.

32   Der Begriff der Verwertung ist weit zu verstehen. Zur **Verwertung** zählt zunächst die Geltendmachung der in §§ 15 ff. genannten Nutzungsrechte. Darüber hinaus sind auch die dort nicht genannten sog. Innominatfälle erfasst, soweit sie in den Werkverbund fallen (Rn 18), bei Schaffung des UrhG noch nicht bekannt waren und in §§ 15 ff. daher noch nicht geregelt werden konnten. Ebenfalls Verwertung ist die Einziehung der Vergütung nach §§ 32, 32a. Schließlich zählt zur Verwertung aber auch die Geltendmachung der **sonstigen Rechte** aus §§ 25, 26, 27 und der Vergütungsansprüche aus gesetzlichen Lizenzen, insb. aus §§ 54, 54a. Selbst die Anmeldung eines Werkes bei einer Verwertungsgesellschaft kann dazu gehören (*Schricker/Loewenheim* § 9 Rn 14).

3. Einwilligung

33   **Einwilligung** bedeutet nach Wortlaut und Gesetzesgeschichte (vgl amtl. Begr. BT-Drucks. IV/270, 41) vorherige Zustimmung iSd § 183 BGB. Ihr steht die nachträgliche Zustimmung (Genehmigung) dem ausdrücklichen Gesetzeswortlaut nach nicht gleich. Die Einwilligung muss also, notfalls mit gerichtlicher Hilfe (einstweilige Verfügung) eingeholt werden, bevor das verbundene Werk veröffentlicht, verwertet oder geändert wird. Ob für die Erteilung der Einwilligung ein einstimmiger Beschluss der Urheber vorliegen muss oder ein Mehrheitsbeschluss ausreicht, bemisst sich nach den Abreden der Urheber. Fehlt es an einer vertraglichen Regelung, ist Einstimmigkeit erforderlich (§§ 709, 714 BGB).

4. Treu und Glauben

34   Der Anspruch auf Erteilung der Einwilligung besteht nur, wenn die geplante Veröffentlichung, Verwertung oder Änderung dem anderen nach **Treu und Glauben** zu-

mutbar ist. Das ist durch Interessenabwägung festzustellen (*Schricker/Loewenheim* § 9 Rn 15; vgl *BGH* NJW 1983, 1192, 1193 – Verbundene Werke). Dabei ist von dem Grundsatz auszugehen, dass die Urheber, die sich zum Zwecke der gemeinsamen Werkverwertung zusammengeschlossen haben, die Verwertung des Werkverbunds grds auch fördern müssen. Zwar trifft dem Gesetzeswortlaut nach die **Darlegungs- und Beweislast** für die Umstände, welche die Zumutbarkeit begründen, denjenigen, der die Zustimmung zur Werkverwertung erlangen will. Diesen Anforderungen genügt er jedoch schon dadurch, dass er Tatsachen vorträgt, aus denen sich ergibt, dass die geplante Maßnahme üblich ist. Erst wenn der Gegner entgegenstehende Umstände, wie die Verletzung von Urheberpersönlichkeitsrechten, dartut, aus denen sich eine Interessenverletzung ergibt, muss der Anspruchsteller diese widerlegen. Auch erhebliche wirtschaftliche oder sogar moralische Gründe können unter Umständen eine Rolle spielen, zB die Nachteile, die aus der sonst vorzunehmenden Beendigung einer langjährigen Verlagsbeziehung eines der Urheber für diesen entstehen würden (*BGH* NJW 1983, 1192, 1193 – Verbundene Werke; *Schricker/ Loewenheim* § 9 Rn 15).

5. Folgen einer fehlenden Einwilligung

Ohne die Einwilligung einer der Urheber des verbundenen Werkes vorgenommene Veröffentlichungs- oder Verwertungshandlungen sowie Änderungen am Werk sind **unwirksam**. Das gilt selbst dann, wenn an sich ein Anspruch auf Einwilligung bestünde, dieser jedoch nicht gerichtlich durchgesetzt wurde. Gleiches gilt auch für die Kündigung eines Verwertungsvertrages über das verbundene Werk (vgl *BGH* GRUR 1973, 328, 329 – Musikverleger II; NJW 1982, 641 – Musikverleger III). Vom Notverwaltungsrecht des § 744 Abs. 2 BGB ist sie nicht erfasst. Vielmehr ist den einzelnen Urhebern eine angemessene Frist zur Beschaffung der erforderlichen Zustimmungen der übrigen Urheber einzuräumen; § 744 Abs. 2 BGB findet keine Anwendung (*BGH* NJW 1982, 641 – Musikverleger III; NJW 1983, 1192, 1193 – Verbundene Werke). **35**

V. Veröffentlichung, Verwertung und Änderung der Einzelwerke

Da die Urheber die Verwertungsrechte an ihren Einzelwerken nur insoweit in das Gesellschaftsvermögen einbringen müssen, als dies zur gemeinsamen Verwertung der Werke im Verbund erforderlich ist, bleibt ihnen die gesonderte Verwertung ihrer Werke möglich, soweit die Nutzungsrechte daran bei ihnen verblieben sind. Aus der Verbindung der Werke zur gemeinsamen Verwertung und der daraus resultierenden Treupflicht kann sich aber eine Verpflichtung der Urheber ergeben, eine solche Verwertung nicht vorzunehmen, zB wenn ein Konkurrenzverhältnis entstehen würde (*Schricker/Loewenheim* § 9 Rn 16; *Rehbinder* Rn 174; *Fromm/Nordemann* § 9 Rn 6). Nach Freiwerden der Werke bei Beendigung der Werkverbindung können die Einzelwerke ohne weiteres wieder neu mit anderen Einzelwerken verbunden werden. Eine neue Schutzfrist wird dadurch aber nicht in Lauf gesetzt (zur Schutzfristenerneuerung s. schon oben § 9 Rn 28). **36**

§ 10   Vermutung der Urheberschaft

(1) Wer auf den Vervielfältigungsstücken eines erschienenen Werkes oder auf dem Original eines Werkes der bildenden Künste in der üblichen Weise als Urheber bezeichnet ist, wird bis zum Beweis des Gegenteils als Urheber des Werkes angesehen; dies gilt auch für eine Bezeichnung, die als Deckname oder Künstlerzeichen des Urhebers bekannt ist.

(2) Ist der Urheber nicht nach Absatz 1 bezeichnet, so wird vermutet, daß derjenige ermächtigt ist, die Rechte des Urhebers geltend zu machen, der auf den Vervielfältigungsstücken des Werkes als Herausgeber bezeichnet ist. Ist kein Herausgeber angegeben, so wird vermutet, daß der Verleger ermächtigt ist.

Literatur: *Katzenberger* Die Frage des urheberrechtlichen Schutzes amtlicher Werke, GRUR 1972, 686; *Riesenhuber* Die Vermutungstatbestände des § 10 UrhG, GRUR 2003, 187; *Schulze* Rechtsfragen von Printmedien im Internet, ZUM 2000, 432.

I. Regelungsbereich der Norm

1   § 10 stellt im Anschluss an § 7 Abs. 1 LUG, § 9 Abs. 1 KUG für den Fall, dass eine oder mehrere Personen in der üblichen Weise als Urheber auf den Vervielfältigungsstücken eines Werkes bzw bei einem Werk der bildenden Künste auf dem Original genannt sind, eine Vermutung der Urheberschaft auf. Es handelt sich um eine **Rechtsvermutung** iSd § 292 ZPO (*OLG Koblenz* GRUR 1987, 435, 436; *OLG München* GRUR 1988, 819, 820; *Schicker/Loewenheim* § 10 Rn 1; **aA** *Möhring/Nicolini/Ahlberg* § 10 Rn 11). Der oder die auf dem Werk genannten Personen werden bis zum Beweis des Gegenteils als Urheber des Werkes angesehen. Der *BGH* (NJW 1991, 1484 – Goggolore; NJW 1993, 3136, 3138 – Buchhaltungsprogramm) spricht zwar ohne nähere Begr. von einer tatsächlichen Vermutung, dies ist jedoch nicht richtig, weil § 10 gerade keine sich aus einem Erfahrungssatz ergebende tatsächliche Vermutung zum Gegenstand hat. Die Vorschrift soll die Geltendmachung von Urheberrechtsansprüchen erleichtern. Den Urhebern soll nicht zugemutet werden, ihre Identität preiszugeben, nur um die ihnen zustehenden Ansprüche im Falle von Urheberrechtsverletzungen geltend machen zu können. Haben sie das Werk mit technischen Maßnahmen geschützt, verpflichtet sie freilich § 95d Abs. 2 dazu.

Die Voraussetzungen des § 10 sind von dem darzulegen und zu **beweisen**, der sich 2
auf sie beruft. Die Auffassung *Nordemanns* (*Fromm/Nordemann* § 10 Rn 1), im
Zweifel sei zugunsten einer Anwendung des § 10 zu entscheiden, findet weder im
Wortlaut noch in Sinn und Zweck der Vorschrift eine Stütze. Auch der Verweis auf
§ 1, aus dem Nordemann den Grundsatz „im Zweifel für den Urheber" herleiten will,
greift nicht, weil die durch § 10 privilegierte Person nicht unbedingt auch der wahre
Urheber sein muss.

§ 10 gilt für alle Werke iSd UrhG, auch für **Sammelwerke** und Bearbeitungen (amtl. 3
Begr. BT-Drucks. IV/270, 43; *BGH* NJW 1991, 1484 f. – Goggolore). Die Vorschrift
findet darüber hinaus im Verhältnis von Miturhebern oder Mitherausgebern Anwendung (*BGH* NJW 1993, 3136, 3138 – Buchhaltungsprogramm; ebenso zu Art. 15
RBÜ: *BGH* NJW 1991, 1484 – Goggolore).

§ 10 gilt nur für **Urheberrechte**. Eine entspr. Vorschrift oder ein Verweis auf § 10 4
fehlt für die Leistungsschutzrechte. Trotz eines nicht zu verkennenden Bedürfnisses
nach einer § 10 entspr. Vorschrift ist die Norm daher mangels Regelungslücke auf
Leistungsschutzrechte unanwendbar (ebenso *Fromm/Nordemann* § 10 Rn 6b; **aA**
OLG Köln GRUR 1992, 312, 313; *LG Hannover* GRUR 1987, 635; offen gelassen
bei *OLG Hamm* NJW 1991, 2161, 2162). Für Tonträgerhersteller gilt sie nicht (*BGH*
GRUR 2003, 228, 230 – P-Vermerk).

Auch für die **Ankündigung** öffentlicher Aufführungen oder Vorträge passt § 10 5
nicht. Eine analoge Anwendung verbietet sich, weil der Gesetzgeber die in § 7 Abs. 3
LUG hierfür geltenden Beweiserleichterungen gerade gestrichen hat (amtl. Begr.
BT-Drucks. IV/270, 42). Man kann sich uU aber mit tatsächlichen Beweiserleichterungen behelfen (vgl *Fromm/Nordemann* § 10 Rn 6).

Im **Verhältnis zwischen einer Wahrnehmungsgesellschaft und ihren angeschlos-** 6
senen Mitgliedern hat § 10 wegen des Vorrangs der vertraglichen Bestimmungen
nur eine beschränkte Bedeutung. Der Wahrnehmungsberechtigte ist insb. trotz § 10
aufgrund der bestehenden vertraglichen Beziehungen verpflichtet, der Verwertungsgesellschaft seine Urheberschaft an den von ihm angemeldeten Werken in dem Umfang beweiskräftig zu belegen, wie dies zur wirksamen Wahrnehmung seiner Beteiligung am Vergütungsaufkommen gegenüber anderen Wahrnehmungsberechtigten,
deren Anteil dadurch zwangsläufig geschmälert wird, erforderlich ist (*BGH* WRP
2002, 442, 446 – Klausurerfordernis).

II. Urhebervermutung (§ 10 Abs. 1)

1. Anbringung der Urheberbezeichnung auf dem Werk

a) Differenzierung zwischen Werken der bildenden Kunst und sonstigen Wer- 7
ken. § 10 differenziert zwischen Werken der bildenden Kunst und sonstigen Werken.
Immer ausreichend zur Begründung der Vermutung der Urheberschaft ist die Urheberbezeichnung auf den Vervielfältigungsstücken eines erschienenen (§ 6 Abs. 2)
Werkes. Bei Werken der bildenden Künste entsteht diese Vermutung **zusätzlich**
auch durch die Angabe des Urhebers auf dem Werkoriginal, welches nicht notwendig
erschienen sein muss. Nach Sinn und Zweck der Vorschrift sollen die Werke der bildenden Künste privilegiert werden, weil es hier häufig nicht zum Erscheinen des
Werkes kommt.

8   Die Differenzierung ist **wirksam**. Art. 15 RBÜ, der derartig strenge Anforderungen nicht aufstellt, steht nicht entgegen (so aber *Fromm/Nordemann* § 10 Rn 5; **aA** *Schricker/Loewenheim* § 10 Rn 6), weil sich auf ihn nur Ausländer berufen können.

9   Auch verstößt § 10 nicht gegen den Grundsatz der **Inländergleichbehandlung**, weil dieser Grundsatz nicht schrankenlos gilt.

10   **b) Anbringung der Urheberbezeichnung.** Erst die **Anbringung** der Urheberbezeichnung auf den Vervielfältigungsstücken bzw bei Werken der bildenden Künste auf dem Original löst die Vermutungswirkung aus. Der Vermerk kann auch noch vorgenommen werden, wenn das Werk schon veröffentlicht oder sogar erschienen ist. Denn § 10 verlangt nicht, dass der Urheber vor der ersten Veröffentlichung auf dem Werkstück vermerkt wird (so zu Art. 15 Abs. 1 RBÜ: *BGH* GRUR 1986, 887, 888 – BORA BORA). Die Vermutungswirkung greift aber erst ein, wenn alle weiteren Voraussetzungen des § 10 erfüllt sind, andere Werke als solche der bildenden Künste also **erschienen** (§ 6 Abs. 2) sind.

11   Die Bezeichnung einer oder mehrerer Personen auf den Vervielfältigungsstücken als Urheber kann in dreifacher Weise erfolgen, nämlich unter deren bürgerlichen Namen (§ 10 Abs. 1 HS 1), unter dem bekannten Decknamen (§ 10 Abs. 1 HS 2 Alt. 1) oder unter dem bekannten Künstlerzeichen (§ 10 Abs. 1 HS 2 Alt. 2). Der P-Vermerk reicht nicht (*BGH* GRUR 2003, 228, 230 – P-Vermerk).

12   Als **Deckname** (Pseudonym) versteht man dabei jeden Namen, der mit dem bürgerlichen Namen der betr. Person nicht übereinstimmt, unter dem diese aber im Verkehr auftritt (*Möhring/Nicolini/Ahlberg* 10 Rn 16; *Schricker/Loewenheim* § 10 Rn 4). Der Deckname muss **bekannt** sein. Durch die Bestimmung wollte der Gesetzgeber dafür Sorge tragen, dass Schriftsteller oder Künstler, welche die Öffentlichkeit häufig nur unter einem Decknamen kennt, in den Genuss der Vermutung kommen (amtl. Begr. BT-Drucks. IV/270, 42). Ausreichend für die Bekanntheit eines Decknamens muss es vor diesem Hintergrund schon sein, wenn der Urheber überwiegend oder nur im Rechtsverkehr unter diesem Decknamen auftritt, selbst wenn sein Werkschaffen und damit auch das Pseudonym der Öffentlichkeit faktisch noch weitgehend unbekannt ist. Der stets unter demselben Pseudonym auftretende Künstler darf sich insoweit nicht schlechter stehen als sein berühmter Kollege. Nicht erforderlich ist auch, dass der Verkehr die hinter dem Pseudonym stehende Person namentlich kennt. Stets muss es sich aber um das Pseudonym einer natürlichen Person handeln; das sog. Verlagspseudonym reicht nicht aus (*Ulmer* § 33 V 2; *Schricker/Loewenheim* § 10 Rn 4; vgl *OLG Hamm* GRUR 1967, 260, 261).

13   Mit dem **Künstlerzeichen** ist die Signatur gemeint, zB also der handschriftliche Namenszug oder die Initialen, die vor allem auf Werken der bildenden Künste als Urheberbezeichnung angebracht werden (*Schricker/Loewenheim* § 10 Rn 4). Auch sie muss bekannt im obigen (Rn 12) Sinne sein.

2. In der üblichen Weise

14   **a) Allgemeines.** Die Anbringung der Urheberbezeichnung muss in der üblichen Weise erfolgt sein. Das bedeutet zum einen, dass die Bezeichnung an der üblichen Stelle angebracht wird, zum anderen muss die Angabe inhaltlich erkennen lassen, dass es sich um eine Urheberbezeichnung handeln soll (*Schricker/Loewenheim* § 10 Rn 7 und 8). In der inzwischen vorgeschriebenen Kennzeichnung technisch geschützter Werke bzw Schutzgegenstände nach **§ 95d** liegt noch keine Urheberbezeichnung, weil derjenige, der das Werk technisch schützt, nicht notwendig der Urheber sein muss. Das schließt nicht aus, dass eine Produktetikettierung, die Urheberbezeichnung und Kennzeichnung nach § 95d Abs. 2 zusammenfasst, im Einzelfall den Anforderungen des § 10 genügt.

b) Räumliche Voraussetzungen. Die Urheberbezeichnung muss an der üblichen **15 Stelle** des Werkes bzw Vervielfältigungsstückes angebracht sein. Das können je nach Werkart und Gepflogenheit unterschiedliche Orte sein. UU kann sogar eine Angabe außerhalb des Werkes ausreichen, wenn auf dem Werk ein unmissverständlicher Hinweis auf sie vorgenommen wird. So kann zB bei **Computerprogrammen** die Urheberbezeichnung dadurch erfolgen, dass der Urheber in der Kopfleiste der Bildschirmmaskenausdrucke (dort jedenfalls auf den ersten Blättern) mit seinen Initialen und in der Fußzeile des Bedienungshandbuchs mit der Angabe „Copyright (mit Namensangabe)" als Urheber ausgewiesen ist (*BGH* NJW 1993, 3136, 3138 – Buchhaltungsprogramm).

c) Inhaltliche Voraussetzungen. Die Bezeichnung muss erkennen lassen, dass es **16** sich inhaltlich um eine Urheberbezeichnung handelt. Das kann zB durch die Angaben **„Autor"**, **„von"** bzw **„bearbeitet durch"** geschehen. Häufig wird sich die Urheberschaft einer Person schon unzweifelhaft aus dem **räumlichen Zusammenhang** der Namensnennung ergeben, zB bei Büchern aus der Namensnennung auf der Titelseite. Einer näheren inhaltlichen Konkretisierung bedarf es dann nicht mehr.

Bei Werken, die von **mehreren Urhebern** oder Miturhebern geschaffen wurden, **17** reicht eine gleichberechtigte Aufzählung aller Urheber aus. Ein zusätzlicher Hinweis darauf, welchen Beitrag jeder Urheber bei einem verbundenen Werk oder jeder Miturheber bei einem in Miturheberschaft geschaffenen Werk geleistet hat, ist nicht erforderlich und wäre bei vielen Werken auch kaum möglich (*BGH* GRUR 1986, 887, 888 – BORA BORA).

d) Mehrere widersprechende Urheberbezeichnungen. Bei unterschiedlichen Ur- **18** heberbezeichnungen auf Vervielfältigungsstücken ein- und desselben Werkes, zB bei **mehreren Aufl.**, hat die frühere Urheberbezeichnung den Vorrang (*v. Gamm* § 10 Rn 10 c; *Schricker/Loewenheim* § 10 Rn 9; *Fromm/Nordemann* § 10 Rn 2). Unterschiedliche Urheberbezeichnungen auf den Vervielfältigungsstücken **derselben Werkfassung** heben einander auf. Der Bezeichnung auf dem Original ist bei Werken der bildenden Kunst der Vorrang zu gewähren, weil das Original dem Urheber am nächsten steht. Wer hingegen bei anderen Werken als jenen der bildenden Künste auf dem Original als Urheber bezeichnet ist, ist nach dem ausdrücklichen Wortlaut des § 10 ohne Belang. Die Angabe kann aber zur Widerlegung der Vermutung nach § 10 mit herangezogen werden.

3. Beispiele

Bei einer **Komposition**, zB einem Lied, ist es allg. üblich, den bzw die Urheber da- **19** durch kenntlich zu machen, dass sein bzw ihr Name zwischen der Überschrift und dem Notenbild abgedruckt wird (*BGH* GRUR 1986, 887, 888 – BORA BORA). Bei **Büchern** wird die Urheberbezeichnung auf der Titelseite bzw dem Vorblatt oder dem Buchrücken (*OLG München* GRUR 1988, 819 f.), evtl auch auf der Titelrückseite (vgl *Schricker/Loewenheim* § 10 Rn 7) angebracht. Bei **Aufsätzen** wird die Urheberbezeichnung unter dem Titel oder am Ende der Abhandlung angebracht; auch die Angabe in einer einführenden Fußnote dürfte genügen. Bei **Schallplatten, Ton- und Videobändern** erfolgt sie auf dem Label oder der Hülle (*Schricker/Loewenheim* § 10 Rn 7; vgl *BGH* NJW 1998, 1393 f. – Coverversion). Bei **Filmen** pflegt man die Urheber im Vor- oder Nachspann zu nennen, bei **Gemälden** oder **Zeichnungen** in der Ecke des Bildes (*Schricker/Loewenheim* § 10 Rn 7). Die Urheber von **Illustrationen** zum Text können auch in einer gesonderten Aufstellung genannt werden (*Möhring/Nicolini/Ahlberg* § 10 Rn 8). Bei **Computerprogrammen** kann die Urheberbezeichnung dadurch erfolgen, dass der Urheber in der Kopfleiste der Bildschirmmaskenausdrucke (dort jedenfalls auf dem ersten Blättern) mit seinen Initialen und in der Fußzeile des Bedienungshandbuchs mit der Angabe „Copyright (mit Namensangabe)" als Urheber ausgewiesen ist (*BGH* NJW 1993, 3136, 3138 – Buchhaltungsprogramm). Auch eine **Datenbank** kann als Vervielfältigungsstück eines Werkes ausreichen (*Schulze* ZUM 2000, 432, 437), sodass auf ihr die Bezeichnung angebracht werden kann. Der **Architektenvermerk** genügt bei Bauplänen und Bauzeichnungen in aller Regel (*Möhring/Nicolini/Ahlberg* § 10 Rn 8).

4. Wirkung und Rechtsfolgen

20   **a) Gegenstand der Vermutung.** Ist eine oder sind mehrere Personen in der üblichen Weise auf den Vervielfältigungsstücken als Urheber des Werkes vermerkt, werden sie bis zum Beweis des Gegenteils als Urheber angesehen. Die Vermutung wird in mehrfacher Hinsicht wirksam:

21   Zum einen bezieht sie sich auf die **Person des Urhebers** und wirkt dabei auch zwischen den an der Werkschaffung Beteiligten. Sind also bei einem Werk mehrere Personen in der üblichen Weise als Urheber bezeichnet, muss derjenige, der seine Alleinurheberschaft behauptet, diese beweisen (*BGH* GRUR 1986, 887, 888 – BORA BORA; *Schricker/Loewenheim* § 10 Rn 2). Die Behauptung, an dem Werk mitgewirkt zu haben, reicht dazu nicht. Vielmehr muss dargetan und ggf bewiesen werden, welche Beiträge geleistet wurden (*OLG Köln* NJW-CoR 2000, 107).

22   Zum anderen bezieht sich die Vermutung auch darauf, dass der geistig-schöpferische **Werkgehalt auf einer eigenen Schaffenstätigkeit beruht** und dass es sich um eine **Formgestaltung aus eigener Vorstellungskraft** handelt (*BGH* NJW 1991, 1484, 1485 – Goggolore). Je nach dem Charakter des Werkes kann sich die Vermutung auch auf den **Werkinhalt** beziehen. So wird bspw bei einem Roman vermutet, dass die erkennbar fiktive Geschichte von der als Urheber benannten Person erdacht wurde (näher hierzu sogleich Rn 24).

23   **b) Nicht von der Vermutung umfasste Umstände.** Die Vermutung erstreckt sich **nicht darauf, dass** die gekennzeichnete Leistung tatsächlich ein **urheberrechtsschutzfähiges Werk** iSd § 2 oder § 3 darstellt (*BGH* NJW 1998, 1393, 1394 – Coverversion).

24   Ob der **Werkinhalt** dem Urheber als eigener zuzurechnen ist, **hängt vom Charakter des Werkes ab** (*BGH* NJW 1991, 1484 – Goggolore; vgl *BGH* GRUR 1986, 887, 888 – BORA BORA). Nur wenn der Werkinhalt nach der Art des Werkes üblicherweise vom Urheber stammt, wird dies auch nach § 10 vermutet. Deshalb besagt die Urheberbezeichnung bei einem **Sammelwerk** (§ 4) lediglich, dass der angegebene Urheber die Auslese und/oder Anordnung der einzelnen Beiträge vorgenommen hat, nicht aber, dass die einzelnen Beiträge auch von ihm stammen (*BGH* NJW 1991, 1484 – Goggolore). Ebenso erstreckt sich bei einer schöpferischen **Bearbeitung** (§ 3) einer gemeinfreien Fabel die Verfasserangabe nicht auf die ihrem Sinngehalt nach gemeinfreie Geschichte, sondern auf die eigenschöpferische Sprachgestaltung (*BGH* NJW 1991, 1484 – Goggolore). Eine in diesem Sinne eingeschränkte Urheberschaftsvermutung besteht mithin nicht nur bei Wörterbüchern, Entscheidungssammlungen, Zitatensammlungen, Märchen- und Sagensammlungen; hier besagt die Urheberschaftsvermutung nur, dass der angegebene Verfasser als Urheber der konkreten Sammlung oder Bearbeitung anzusehen ist, nicht jedoch auch, dass er Urheber der einzelnen Beiträge und Vorlagen ist (*BGH* NJW 1991, 1484, 1485 – Goggolore). Besteht ein Transkript zu einem Film über das Leben einer realexistenten Person aus **direkter Rede** dieser Person und wird dabei der Eindruck erweckt, diese stamme von der betr. Person selbst, greift § 10 hinsichtlich dieser Texte nicht ein (vgl *OLG Hamburg* ZUM 2000, 506 ff.).

Die Vermutung besteht zwar nicht nur gegenüber Dritten, sondern auch gegenüber **25** Miturhebern (s. schon Rn 17). Sie hat aber nur zum Ziel, die Geltendmachung von Rechtsansprüchen des Urhebers im Falle von Rechtsverletzungen zu erleichtern. Daher ermöglicht sie der als Urheber benannten Person nicht auch den **Abschluss von Verwertungsverträgen** oder die **Verfügung** über das Urheberrecht (*Schricker/ Loewenheim* § 10 Rn 14; *Rehbinder* Rn 188; missverständlich *v. Gamm* § 10 Rn 14).

Werden auf dem Vervielfältigungsstück mehrere Namen oder Gruppen gleichbe- **26** rechtigt aufgezählt, wird vermutet, dass es sich bei den genannten Personen oder Gruppen um gleichberechtigte Schöpfer aller Werkteile, bei einem Lied also von Text und Melodie, handelt (*BGH* GRUR 1983, 887, 888 – BORA BORA). Die Vermutung greift auch bei Werken der bildenden Künste und bei Bauwerken einschließlich der hierzu erstellten Entwürfe (*BGH* WRP 2003, 279, 283 – Staatsbibliothek). Sie erfasst aber nur das Werk, auf dem sie angebracht ist. Ein Architektenvermerk auf einem Architektenplan begründet deshalb nur die Vermutung für die Urheberschaft an der in diesem Entwurf verkörperten Gestaltung, nicht auch eine Vermutung der Urheberschaft an dem Werk der Baukunst, wie es in dem Gebäude verkörpert ist, das unter **Benutzung** des Planes errichtet wurde (*BGH* WRP 2003, 279 – Staatsbibliothek).

Vermutungen zum **Umfang der Mitwirkung** mehrerer als Urheber bezeichneter Per- **27** sonen können § 10 nicht entnommen werden (*OLG Hamburg* Schulze OLGZ 207, 6).

Die Vermutung wirkt nur zugunsten und nicht auch **zuungunsten** der als Urheber be- **28** zeichneten Person. § 10 ist deshalb nicht anwendbar, wenn sich der Urheber dagegen wehren will, dass ein nicht von ihm stammendes Werk mit seinem Namen versehen wurde (*Schricker/Loewenheim* § 10 Rn 3; *Fromm/Nordemann* § 10 Rn 38; **aA** *Möhring/Nicolini* 1. Aufl., § 10 Anm. 5). Eine **Unstreitigstellung** der Urheberschaftsvermutung ist möglich; die Parteien können also unstr. stellen, dass die Urhebervermutung unrichtig ist (so zu Art. 15 RBÜ *BGH* GRUR 1986, 887, 888 – BORA BORA).

29 **c) Beweislast.** § 10 stellt eine Rechtsvermutung iSd § 292 ZPO auf (s. hierzu schon oben Rn 1). Es reicht deshalb nicht aus, die Urhebervermutung zu erschüttern; sie gilt vielmehr so lange, bis zwischen den Parteien entweder unstr. ist, dass es sich bei der betr. Person nicht um den Urheber oder Miturheber handelt, oder hierfür der **Vollbeweis** erbracht wurde (vgl *BGH* NJW 1993, 3136, 3138 – Buchhaltungsprogramm; WRP 2003, 279, 283 – Staatsbibliothek; s. auch zu Art. 15 RBÜ *BGH* GRUR 1986, 887, 888 – BORA BORA).

30 Soweit unter Zugrundelegung dieser Kriterien die Urhebervermutung des § 10 nicht greift, verbleibt es bei den allg. Darlegungs- und Beweisregeln (*BGH* NJW 1991, 1484, 1485 – Goggolore).

III. Ermächtigung des Herausgebers oder Verlegers (§ 10 Abs. 2)

31 Fehlt es an einer Urheberangabe, gilt nach § 10 Abs. 2 derjenige als ermächtigt, die Rechte des Urhebers geltend zu machen, der auf den Vervielfältigungsstücken des Werkes als Herausgeber, bzw wenn ein solcher fehlt, als Verleger bezeichnet ist; gleichgültig ist, ob er diese Tätigkeit tatsächlich ausgeübt hat (amtl. Begr. BT-Drucks. IV/270, 43).

32 Voraussetzung für das Eingreifen der Ermächtigungsfiktion ist das Fehlen einer Urheberangabe nach **§ 10 Abs. 1**, der demgemäß **vorrangig** zu prüfen ist. Ist der Urheber auf dem Werkstück iSd § 10 Abs. 1 bezeichnet, scheidet die Anwendung des § 10 Abs. 2 auch dann aus, wenn die Öffentlichkeit nicht weiß, wer sich hinter der Urheberbezeichnung verbirgt (*Schricker/Loewenheim* § 10 Rn 12). Für die Ermächtigung des Verlegers ist zusätzlich Voraussetzung, dass kein Herausgeber angegeben ist, die Angabe des Verlegers wird dagegen nicht vorausgesetzt (*Schricker/Loewenheim* § 10 Rn 12; *Möhring/Nicolini/Ahlberg* § 10 Rn 27).

33 Der Herausgeber bzw Verleger kann sich seinerseits eines Decknamens oder Pseudonyms bedienen. Es wäre nämlich nicht einzusehen, weshalb iRd § 10 Abs. 2 strengere Voraussetzungen als iRd § 10 Abs. 1 gelten sollen. § 10 Abs. 2 erfasst anders als § 10 Abs. 1 daher auch den Fall des sog. **Verlagspseudonyms** (hierzu oben Rn 12), weil es sich bei diesem einerseits nicht um eine Urheberbezeichnung iSd § 10 Abs. 1 handelt, andererseits aber der Verlag erkennbar wird.

34 Die Vermutung des § 10 Abs. 2 erstreckt sich darauf, dass die auf den Vervielfältigungsstücken des Werkes als Herausgeber bzw Verleger bezeichnete Person ermächtigt ist, die Rechte des oder der Urheber geltend zu machen. Es braucht sich anders als iRd Urhebervermutung des § 10 Abs. 1 nicht um eine natürliche Person zu handeln; die Vermutung des § 10 Abs. 2 greift auch zugunsten **juristischer Personen** oder **Ämter** ein. Daher kann zB ein Vermessungsamt, das auf einem Stadtplanwerk als Herausgeber bezeichnet ist, Ansprüche aus der Verletzung des Urheberrechts an diesem Plan gerichtlich geltend machen (*BGH* NJW 1964, 2153 – Stadtplan).

35 Anders als iRd § 10 Abs. 1 wird **nicht zwischen Werken der bildenden Künste und sonstigen Werken differenziert**. Die Ermächtigungsfiktion greift vielmehr bei allen Werken gleichermaßen nur zugunsten der natürlichen oder juristischen Person ein, die auf den Vervielfältigungsstücken als Herausgeber bzw Verleger benannt ist. Eine Bezeichnung auf dem Werk selbst ist nicht ausreichend.

Das Eingreifen der Vermutung hat zur **Folge**, dass die als Herausgeber auf den Ver- **36**
vielfältigungsstücken benannte Person bzw der Verleger als ermächtigt gilt, die
Rechte der Urheber geltend zu machen. Die Vermutung wirkt nicht nur gegen Per-
sonen, die entgegen der Angabe auf den Vervielfältigungsstücken behaupten, selbst
Herausgeber bzw Verleger des Werkes zu sein, sondern **auch gegenüber dem
Urheber**. Wer gegenüber der als Herausgeber oder Verleger unter den Umständen
des § 10 Abs. 2 bezeichneten Person behauptet, Urheber zu sein, muss den Nachweis
dafür führen (*Fromm/Nordemann* § 10 Rn 30; *Schricker/Loewenheim* §10 Rn 13).
Prozessual wird eine **Prozessstandschaft** begründet (*Schricker/Loewenheim* § 10
Rn 11).

Die Vermutung ermöglicht dem Herausgeber bzw Verleger nur die **Geltendma-** **37**
chung von Ansprüchen des bzw der Urheber **bei Rechtsverletzungen**, sie ermächtigt ihn jedoch **nicht** zum **Abschluss von Verwertungsverträgen** oder zur **Verfü-**
gung über das Urheberrecht (*Schricker/Loewenheim* § 10 Rn 14; *Rehbinder* Rn 188;
missverständlich *v. Gamm* § 10 Rn 14). Soweit Ansprüche des Urhebers geltend gemacht werden, ist die Vermutung grds unbeschränkt. Der Herausgeber bzw Verleger
kann daher unter den Voraussetzungen des § 10 Abs. 2 auch die Verletzung von
Urheberpersönlichkeitsrechten in gesetzlicher Prozessstandschaft geltend machen
(*Möhring/Nicolini* § 10 Rn 21; *Schricker/Loewenheim* § 10 Rn 14).

Die Vermutung ist widerleglich. Es reicht allerdings nicht aus, sie lediglich zu er- **38**
schüttern, vielmehr muss der **Beweis des Gegenteils** geführt werden.

IV. Sonstige Vermutungsregelungen

Das nationale Recht kennt ähnliche Vermutungsregelungen. So wird für **Verwer-** **39**
tungsgesellschaften nach § 13b WahrnG vermutet, dass diese die Rechte der Beteiligten wahrnehmen dürfen. Die GEMA gilt außerhalb des Anwendungsbereichs dieser Vorschrift aufgrund der sog. GEMA-Vermutung in den Bereichen, in denen sie
über ein im Wesentlichen vollständiges Repertoire verfügt, als berechtigt, die Rechte
der Urheber geltend zu machen. S. zu diesem Komplex iE § 13b WahrnG. Soweit die
int. Verträge den Schutz von der Erfüllung von Förmlichkeiten abhängig machen, etwa der Anbringung des Zeichens © mit dem Namen des Urhebers und der Jahreszahl
der ersten Veröffentlichung nach Art. III WUA, handelt es sich nicht um Vermutungsregelungen (so aber *Möhring/Nicolini/Ahlberg* § 10 Rn 35); vielmehr geht es
um das Erfüllen von Schutzvoraussetzungen, die an die Stelle der nach dem Recht
des Schutzlandes an sich geltenden Förmlichkeiten treten.

Zur Anwendbarkeit des § 10 auf das Verhältnis zwischen der Wahrnehmungsgesell- **40**
schaft und ihren Mitgliedern so Rn 6.

Abschnitt 4
Inhalt des Urheberrechts

Unterabschnitt 1
Allgemeines

§ 11   Allgemeines

Das Urheberrecht schützt den Urheber in seinen geistigen und persönlichen Beziehungen zum Werk und in der Nutzung des Werkes. Es dient zugleich der Sicherung einer angemessenen Vergütung für die Nutzung des Werkes.

Literatur: *Delp* Das Recht des geistigen Schaffens – Entstehung, Bestand, Tendenzen der autonomen und antinomen Grundrechte, des Urheberrechts und des Urhebervertragsrechts, 1993; *Dietz* Das Droit Moral des Urhebers im neuen französischen und deutschen Urheberrecht, 1968; *Katzenberger* Elektronische Printmedien und Urheberrecht – Urheberrechtliche und urhebervertragsrechtliche Fragen der elektronischen Nutzung von Zeitungen und Zeitschriften, AfP 1997, 434.

I. Gesetzesgeschichte und Regelungsbereich der Norm

1   § 11 S. 1 wurde durch das Gesetz zur Stärkung der vertraglichen Stellung von Urhebern und ausübenden Künstlern ein weiterer Satz angefügt. Er macht deutlich, **dass künftig das Prinzip der angemessenen Vergütung Leitbildfunktion hat** (amtl. Begr. zu § 11, BT-Drucks. 14/6433, 4 idF der Beschlussempfehlung BT-Drucks. 14/7564, Anlage 1).

2   § 11 enthält eine **Generalklausel** für den Schutzinhalt des Urheberrechts (*BGH* NJW 1994, 2621, 2622 – Namensnennungsrecht des Architekten). Die Vorschrift bringt zum Ausdruck, dass das Urheberrecht sowohl dem Schutz der ideellen als auch dem der materiellen Interessen des Urhebers dient (amtl. Begr. BT-Drucks. IV/270, 43). Dem entspricht die Differenzierung zwischen den Urheberpersönlichkeitsrechten (§§ 12-14), die aus der geistigen und persönlichen Beziehung des Urhebers zu seinem Werk fließen, den Verwertungsrechten (§§ 15-24), die aus dem Recht des Urhebers zur Werknutzung folgen, und den sonstigen Rechten (§§ 25-27), die entweder der einen oder der anderen der beiden Kategorien zugehören (vgl *BGH* NJW 1994, 2621, 2622 – Namensnennungsrecht des Architekten).

3   Der Gesetzgeber ist dabei der sog. **monistischen Theorie** gefolgt (amtl. Begr. BT-Drucks. IV/270, 43), dh dem Gedanken von der untrennbaren Einheit und vielfälti-

gen Verflechtung der ideellen und der materiellen Interessen des Urhebers und damit vom Urheberrecht als der Gesamtheit aller Rechtsbeziehungen des Schöpfers zu seinem Werk (amtl. Begr. BT-Drucks. IV/270, 43). Aus dieser Verklammerung folgt auch, dass nicht nur die Urheberpersönlichkeitsrechte, sondern auch die Verwertungsrechte an die Person des Urhebers gebunden sind. Hieraus erklärt sich die weitgehende Unübertragbarkeit des Urheberrechts und der aus ihm fließenden Rechte (vgl näher die Kommentierung zu §§ 28 ff.). Das Urheberrecht kennt ferner als Folge des Schöpfergedankens auch keinen Registerzwang oder sonstigen Rechtsscheinstatbestand, an den ein guter Glaube anknüpfen könnte. Mangels einer entspr. Regelung ist weder das Urheberrecht selbst noch sind die aus ihm fließenden Rechte des Urhebers einem **gutgläubigen Erwerb** zugänglich (*BGH* NJW 1952, 662, 663 – Parkstraße 13; *Schricker* Vor §§ 28 ff. Rn 44 und 63).

Für die **Leistungsschutzrechte** fehlt es an einer dem § 11 entspr. Vorschrift. Soweit **4** die Vorschriften über die verwandten Schutzrechte nicht, wie zB in § 70 Abs. 1 geschehen (vgl hierzu *BGH* GRUR 1978, 360, 361 – Hegel-Archiv), auf § 11 verweisen oder wie § 75 einen zumindest teilweisen Schutz der Persönlichkeitssphäre anordnen, ist der Schutz ihres Inhabers auf materielle Interessen beschränkt. Einen Mindestschutz für Ausländer sichern die §§ 120 ff. (näher *BGH* GRUR 1987, 814, 815 – Die Zauberflöte).

II. Geistige und persönliche Beziehungen zum Werk

Indem § 11 auf die persönlichen und geistigen Beziehungen des Urhebers zu seinem **5** Werk verweist, erkennt er die Existenz von **Urheberpersönlichkeitsrechten** ausdrücklich an. Diese haben ihre Grundlage in den geistigen und persönlichen Beziehungen des Urhebers zu seinem Werk.

Die Urheberpersönlichkeitsrechte sind auch vom **EuGH** anerkannt worden (vgl **6** *EuGH* NJW 1981, 1143 – Freier Warenverkehr für Schallplatten). Allerdings ist bislang im Hinblick auf die unterschiedlichen Auffassungen der Mitgliedstaaten zu den dogmatischen Grundsätzen keine Harmonisierung der Urheberpersönlichkeitsrechte in Angriff genommen worden. Nur soweit der wirtschaftliche Aspekt des Urheberrechts betroffen ist, können Beschränkungen, die sich bei der grenzüberschreitenden Verwertung aus dem Urheberrecht ergeben, gegen **Art. 28, 29 EGV** verstoßen. S. hierzu näher § 15 Rn 34 ff.

Alle Urheberpersönlichkeitsrechte haben ihrer Natur nach die **Tendenz, soweit wie 7 möglich beim Urheber zu bleiben** und sollten nach dem umfassenden Verständnis des Urheberpersönlichkeitsrechts, wie es in § 11 niedergelegt ist, soweit sie außerhalb ihres **unverzichtbaren Kerns** vertraglichen Einschränkungen zugänglich sind, grds dem Bestimmungsrecht des Urhebers vorbehalten bleiben (*BGH* NJW 1994, 2621, 2622 – Namensnennungsrecht des Architekten).

Die wesentlichen urheberpersönlichkeitsrechtlichen Berechtigungen haben ihre Aus- **8** formung in den §§ 12 ff. gefunden. So wie die aus dem Allg. Persönlichkeitsrecht fließenden Rechte nur vereinzelt ausdrücklich geregelt worden sind, haben auch die Urheberpersönlichkeitsrechte in den **§§ 12 ff.** aber **keine abschließende Regelung** gefunden. Im Einzelfall kann – mit der Rechtsfolge des § 97 Abs. 2 – das Urheberpersönlichkeitsrecht (dann iwS) daher auch verletzt sein, wenn kein Fall der §§ 12 bis 14 vorliegt. Ob dies der Fall ist, ist durch Abwägung der Urheber- und der Verletzerinteressen ähnlich der Rechtslage beim Entstellungsschutz festzustellen (vgl *Schricker/Dietz* § 12 Rn 10; vgl *Katzenberger* AfP 1997, 434, 436).

9   Auch an anderer Stelle können Urheberpersönlichkeitsrechte iwS eine Rolle spielen. So genießt der Künstler grds im Rahmen eines Werk- oder Werklieferungsvertrages eine **Gestaltungsfreiheit**, die seiner künstlerischen Eigenart entspricht, und es ist ihm erlaubt, in seinem Werk seiner individuellen Schöpferkraft und seinem Schöpferwillen Ausdruck zu verleihen (*BGH* NJW 1956, 627 – Gedächtniskapelle). Wer einen Künstler mit der Herstellung eines Kunstwerkes beauftragt, muss sich deshalb vorher mit dessen künstlerischen Eigenarten und dessen Auffassung vertraut machen. Der Gestaltungsfreiheit des Künstlers entspricht das Risiko des Bestellers, ein den vereinbarten Zweckgedanken und die tragende Idee zum Ausdruck bringendes Kunstwerk auch dann abnehmen zu müssen, wenn es nicht seinem Geschmack entspricht (*BGH* NJW 1956, 627 – Gedächtniskapelle). Der Künstler kann seine Gestaltungsfreiheit allerdings **vertraglich beschränken** und sich verpflichten, ein Werk nach einem von ihm gefertigten, vom Besteller genehmigten Entwurf herzustellen. Inwieweit in diesem Fall noch Raum für Abweichungen verbleibt, richtet sich nach den vertraglichen Absprachen (*BGH* NJW 1956, 627 – Gedächtniskapelle: keine Verpflichtung zur maßstabsgetreuen Ausführung).

III. Nutzung des Werks

10   Dem Urheber steht – in den im UrhG festgelegten Grenzen – auch das Recht zur Nutzung des Werkes zu. Es ermöglicht ihm, materiellen Nutzen aus seiner Schöpfung zu ziehen. Näher konkretisiert wird dieses Recht in den **Verwertungsrechten** der §§ 15 ff. Aber auch die in den §§ 25-27 geregelten sog. **sonstigen Rechte** haben eine starke vermögensrechtliche Seite. Schließlich wird der Urheber selbst mit der Geltendmachung von urheberpersönlichkeitsrechtlichen Ansprüchen häufig vermögensrechtliche Interessen verfolgen, zB wenn er das Recht zur Veröffentlichung des Werkes von der Zahlung eines Entgeltes abhängig macht (vgl zur Verklammerung der materiellen und ideellen Interessen Vor §§ 12 ff. Rn 1 und 7; s. auch *Fromm/Nordemann/Hertin* Vor § 12 Rn 2).

IV. Angemessene Vergütung für die Werknutzung

11   Der durch das Gesetz zur Stärkung der vertraglichen Stellung von Urhebern und ausübenden Künstlern eingefügte § 11 S. 2 führt das Prinzip der angemessenen Vergütung als weitere Leitbildfunktion des Urheberrechts ein (amtl. Begr. zu § 11, BT-Drucks. 14/6433, 14 idF der Beschlussempfehlung BT-Drucks. 14/7564, Anlage 1). Schon bislang war anerkannt, dass dem Urheber im Grundsatz für jede Nutzung seines Werkes ein Entgelt gebührt, selbst wenn die Werknutzung durch den Dritten für letzteren keinen wirtschaftlichen Ertrag abwirft (*BGH* NJW 1955, 1276 – Grundig-Reporter; amtl. Begr. BT-Drucks. IV/270, 45). Die Gesetzesänderung verleiht diesem Prinzip Gesetzesrang. Es ist damit künftig auch iRd **AGB-Kontrolle** als wesentlicher Grundgedanke des Urheberrechts zu achten (amtl. Begr. zu § 11, BT-Drucks. 14/6433, 14 idF der Beschlussempfehlung BT-Drucks. 14/7564, Anlage 1). Über **§§ 32, 32a** greift es auch dort, wo eine solche Inhaltskontrolle nicht stattfindet (amtl. Begr. zu § 11, BT-Drucks. 14/6433, 14 idF der Beschlussempfehlung BT-Drucks.

14/7564, Anlage 1). Folge des Beteiligungsgrundsatzes ist, dass die Verwertungsrechte des Urhebers insoweit trotz der Eigentümerinteressen fortbestehen, als dies erforderlich ist, um dem Urheber eine finanzielle Beteiligung an dem Veräußerungserlös zu sichern (*BGH* NJW 1995, 1556 – Mauer-Bilder).

V. Folgen von Rechtsverletzungen

§ 11 ist selbst **keine Anspruchsgrundlage**, sondern hält nur die wesentlichen Prin-   **12**
zipien des Urheberrechts fest. Diese finden sich wieder in den in §§ 12 ff. geregelten
Befugnissen des Urhebers. Weiterhin sind sie bei der Vertragsauslegung zu beachten. Werden die in §§ 12 ff., 15 ff. geregelten Ausschließlichkeitsbefugnisse verletzt,
führt das zu Ansprüchen nach §§ 96 ff. Werden Rechtspositionen ohne Ausschließlichkeitscharakter verletzt, etwa §§ 25 ff. oder Urheberrechtsverträge, ergeben sich
die Folgen aus den einschlägigen Vorschriften selbst bzw aus einer erg. Anwendung
von Anspruchsgrundlagen des BGB (hierzu näher in der Kommentierung zu § 1 und
zu den einzelnen Vorschriften).

Unterabschnitt 2
Urheberpersönlichkeitsrecht

Vorbemerkung zu §§ 12-14

Literatur: *Clément* Urheberrecht und Erbrecht, Schriftenreihe UFITA, Bd 114, 1993; *Dietz*
Das Droit Moral des Urhebers im neuen französischen und deutschen Urheberrecht, 1968; *ders.*
Die Entwicklung des Urheberrechts in Deutschland von 1993 bis Mitte 1997, UFITA 136
(1998), 5; *Forkel* Gebundene Rechtsübertragungen, Bd 1: Patent, Musterrechte, Urheberrecht,
1977; *ders.* Lizenzen an Persönlichkeitsrechten durch gebundene Rechtsübertragung, GRUR
1988, 491; *Frohne* Die Stichworte „Plagiarisme“ resp. „Plagiat“ und „Plagiaire“ in den Enzyklopädien von P. Bayle und D. Diderot, in: Dittrich (Hrsg) Woher kommt das Urheberrecht
und wohin geht es?, 1988, S. 20; *Götting* Persönlichkeitsrechte als Vermögensrechte, 1995;
Hubmann Die Entwicklung des Urheberpersönlichkeitsrechts im Spiegel der Grünen Zeitschrift, FS zum hundertjährigen Bestehen der Deutschen Vereinigung für gewerblichen Rechtsschutz und Urheberrecht und ihrer Zeitschrift, Bd 2, 1991, S. 1175; *Hucko* Zum Sachstand in
Sachen Urhebervertragsgesetz, ZUM 2001, 273; *Koos* Geldentschädigung bei Verletzung des
postmortalen Würdeanspruchs: Anmerkung zu OLG München Urt. v. 9.8.2002, Az 21 U 2654/
02, WRP 2003, 202; *Müller* Vererblichkeit vermögenswerter Bestandteile des Persönlichkeitsrechts – Die neueste Rechtsprechung des BGH zum postmortalen Persönlichkeitsrecht, GRUR
2003, 31; *Nordemann, A./Nordemann, B./Czychowski* Die Entwicklung der Gesetzgebung und
Rechtsprechung zum Urheberrecht in den Jahren 1998-1999, NJW 2000, 620; *Nordemann, W.*
Kunstfälschungen und kein Rechtsschutz?, GRUR 1996, 737; *Peukert* Persönlichkeitsbezogene Immaterialgüterrechte?, ZUM 2000, 710; *Schricker* Die Einwilligung des Urhebers in entstellende Änderungen des Werks, FS Hubmann, 1985, S. 409; *Soehring/Seelmann-Eggebert*
Die Entwicklung des Presse- und Äußerungsrechts 1997 bis 1999, NJW 2000, 2466; *Ullmann*
Caroline v., Marlene D., Eheleute M. – ein fast geschlossener Kreis, WRP 2000, 1049.

I. Inhalt

1   Unter dem Begriff des Urheberpersönlichkeitsrechts versteht man all jene **Rechtsbeziehungen** des Urhebers zu seinem Werk, **die nicht materieller Natur sind** (vgl schon oben § 11 Rn 5 ff. und amtl. Begr. BT-Drucks. IV/270, 28). Ebenso wie aus dem Allg. Persönlichkeitsrecht verschiedene einzelne Rechte, zB das Recht am eigenen Bild und das Namensrecht, abgeleitet werden, fließen auch aus dem Urheberpersönlichkeitsrecht (iwS) verschiedene Urheberpersönlichkeitsrechte (ieS), die größtenteils in den §§ 12 ff. geregelt sind (hierzu § 11 Rn 8 f.). Zusammen mit den materiellen Rechtsbeziehungen des Urhebers zu seinem Werk, mit denen sie untrennbar verklammert sind, ergeben sie das Urheberrecht als solches.

2   **Urheberpersönlichkeitsrechtlichen Charakter** haben nicht nur die in den §§ 12-14 geregelten reinen Urheberpersönlichkeitsrechte, sondern auch die in den §§ 25-27 enthaltenen sog. sonstigen Rechte. Ferner finden sich in vielen Vorschriften des UrhG, zB in den Bestimmungen über die (Un-)Übertragbarkeit des Urheberrechts (§ 29), im Änderungsverbot (§§ 39, 62), den Rückrufsrechten (§§ 41 f.), der Quellenangabepflicht (§ 63), dem Anspruch auf Ersatz des immateriellen Schadens (§ 97 Abs. 2) und den Einschränkungen der Zwangsvollstreckung (§§ 112 ff.), urheberpersönlichkeitsrechtliche Elemente (vgl *Fromm/Nordemann* Vor § 12 Rn 2).

3   Den Urheberpersönlichkeitsrechten misst das Gesetz bes. Bedeutung bei. Anders als die materiellen Rechte sind sie selbst bei der Werknutzung im **privaten** Bereich zu beachten (*BGH* NJW 1960, 771, 773 – Werbung für Tonbandgeräte). Die **Schranken** der §§ 44a ff. gelten für sie nicht. Ein **Kernbereich** der Urheberpersönlichkeitsrechte bleibt stets geschützt (vgl *BGHZ* 15, 249, 260 – Cosima Wagner; *BGH* GRUR 1963, 40, 42 – Straßen – gestern und morgen).

II. Rechtsgeschäfte über Urheberpersönlichkeitsrechte

1. Übertragbarkeit

Das **Urheberrecht** als solches einschließlich der darin enthaltenen Urheberpersön-   **4**
lichkeitsrechte ist **nicht übertragbar** (§ 29 Abs. 1). Der Urheber kann aber dritten
Personen mit Wirkung für das Urheberrecht **Nutzungsrechte** am Werk einräumen.
Die vor Erlass des UrhG mögliche Übertragung von Rechten ist nach § 137 jetzt als
Einräumung derartiger Lizenzen zu deuten (*BGHZ* 15, 249, 260 – Cosima Wagner).
Möglich sind auch eine Ausübungsermächtigung und ein Verzicht auf die Geltend-
machung von Ansprüchen aus einer Rechtsverletzung.

2. Kernbereich des Urheberpersönlichkeitsrechts

Inwieweit die enge Bindung des Urheberrechts an den Urheber Raum für Rechtsge-   **5**
schäfte über Urheberpersönlichkeitsrechte lässt, ist streitig. Übereinstimmung besteht nur in wenigen Punkten:

Unstr. ist, dass jedenfalls ein Kernbereich der urheberrechtlichen Befugnisse nicht   **6**
angetastet werden kann, sondern zwingend beim Urheber verbleibt (vgl amtl. Begr.
BT-Drucks. IV/270, 43). Zu diesem **nicht antastbaren Kernbereich** gehören alle
urheberpersönlichkeitsrechtlichen Belange des Urhebers, die berührt würden, wenn
durch die Art der Ausübung der übertragenen Befugnisse die geistigen und persönlichen Beziehungen des Urhebers zu seinem Werk **schwerwiegend** gefährdet oder
verletzt würden (*BGHZ* 15, 249, 260 – Cosima Wagner). Diese Voraussetzungen
können etwa in Bezug auf das Recht des Urhebers auf Anerkennung der Urheberschaft aus § 13 S. 1 (vgl *BGHZ* 15, 249, 257 – Cosima Wagner; *BGH* GRUR 1963,
40, 42 – Straßen – gestern und morgen) oder, selbst bei Einräumung einer Änderungsbefugnis, bei Verstümmelungen oder sinnentstellender Wiedergabe des Werkes nach § 14 (*BGHZ* 15, 249, 257 – Cosima Wagner) gegeben sein. Grds ist bei jedem Urheberpersönlichkeitsrecht zwischen dem Kernbereich und dem Randbereich
zu differenzieren.

Eindeutig ist auch, dass die **materielle und die immaterielle Seite** des Urheber-   **7**
rechts vielfach miteinander **verwoben** sind und sich nicht immer voneinander trennen lassen (s. zur vergleichbaren Sachlage beim Persönlichkeitsrecht *BGHZ* 15, 249,
258 – Cosima Wagner; *BGH* NJW 2000, 2195 ff. – Marlene Dietrich; vgl auch *OLG
Hamburg* GRUR 2000, 146, 147, wo die §§ 12, 15 in einem Atemzug genannt werden). Deshalb werden iRd Werkverwertung häufig Urheberpersönlichkeitsrechte berührt, was nach **hM** unproblematisch sein soll. Am deutlichsten wird dies wohl bei
der Verbreitung (§ 17) eines bislang noch unveröffentlichten Werkes durch den berechtigten Lizenznehmer. Macht er Gebrauch von der ihm eingeräumten Lizenz,
greift er dadurch notwendig in das Veröffentlichungsrecht des Urhebers ein.

Problematisch wird es hingegen bei der Frage, wie sich das Recht des Lizenznehmers   **8**
zum Eingriff in Urheberpersönlichkeitsrechte rechtlich fassen lässt und ob Urheberpersönlichkeitsrechte sogar als solche, also isoliert und nicht nur als Bestandteil einer
Lizenz über ein Verwertungsrecht, Gegenstand von Rechtsgeschäften sein können.

3. Forschungsstand

9 Die wohl **hM** ist der Auffassung, dass Urheberpersönlichkeitsrechte nicht lizenzierbar sind, weder isoliert noch im Verbund mit Verwertungsrechten. Dem Urheber soll es aber möglich sein, Dritten einzelne urheberpersönlichkeitsrechtliche Befugnisse **zur Ausübung** zu überlassen. Dabei werden verschiedene rechtliche Konstruktionen entwickelt:

10 Eine Auffassung (*Fromm/Nordemann* Vor § 12 Rn 4; *Ulmer* § 89 II) hält nur die **schuldrechtliche Überlassung** einzelner urheberpersönlichkeitsrechtlicher Befugnisse für möglich, wobei das Urheberpersönlichkeitsrecht der Substanz nach beim Urheber verbleibe, sodass im Widerstreit der Interessen nach dem Willen des Urhebers zu entscheiden sei.

11 Eine andere Auffassung (*Schack* Rn 564 ff.) spricht sich für eine aus § 185 BGB abgeleitete Ermächtigung zur Ausübung der Rechte aus, die dem Lizenznehmer neben dem Urheber eine Aktivlegitimation verleihen soll.

12 Andere wiederum (*Rehbinder* Rn 319, der sich dann aber in Rn 320 iSd Möglichkeit einer darüber hinausgehenden Bindung äußert; vgl auch *Katzenberger* AfP 1997, 434, 436) wenden **§ 39** analog an. Danach seien insb. Veränderungen des Werkes im Rahmen von Treu und Glauben zulässig.

13 Grds gegen jede Einschränkung mit Ausnahme solcher aus „den Realitäten des Lebens" ist *Kroitzsch* (in: *Möhring/Nicolini* § 11 Rn 14).

14 Der BGH hat die Entsch. hierüber bislang dahinstehen lassen (s. zum Persönlichkeitsrecht *BGH* NJW 2000, 2195, 2198 – Marlene Dietrich). In der Entsch. „Cosima Wagner" (*BGHZ* 15, 249, 257 – Cosima Wagner) scheint er davon auszugehen, dass der Lizenz über das Verwertungsrecht die Veröffentlichungsbefugnis inne wohnt.

4. Gesetzesinitiative

15 Der Entwurf eines Gesetzes zur Stärkung der vertraglichen Stellung von Urhebern und ausübenden Künstlern v. 22.5.2000 (sog. Professorenentwurf, s. dazu etwa *Hucko* ZUM 2001, 273 ff.) sah erstmals detaillierte Regelungen vor, die von der jederzeitigen Widerruflichkeit von den Dritten eingeräumten urheberpersönlichkeitsrechtlichen Befugnissen für die Zukunft ausgingen. Sie sollten „im wesentlichen klarstellende Funktion" haben. Die bis dahin geltenden Grundsätze zu Rechtsgeschäften über Urheberpersönlichkeitsrechte wären deshalb auch nach der geplanten Gesetzesänderung weiter anwendbar gewesen. Nach ihnen kann der Urheber zB auf das negative Namensnennungsrecht verzichten, indem er eine zunächst gegebene Einwilligung in die Vermarktung des Werkes unter seinem Namen später widerruft.

16 Letztlich ist die Änderung dann aber unterblieben und **§ 39 in der geltenden Fassung beibehalten** worden.

5. Allgemeine Voraussetzungen eines jeden Rechtsgeschäfts über Urheberpersönlichkeitsrechte

17 Es ist davon auszugehen, dass Verfügungen über Urheberpersönlichkeitsrechte grds **möglich** sind, und zwar in all jenen Formen, in denen auch über Verwertungsrechte verfügt werden kann. Es besteht entgegen der **hM** insb. auch die Möglichkeit, eine

Lizenz an Urheberpersönlichkeitsrechten einzuräumen, da der Dritte andernfalls keine gesicherte Rechtsstellung erlangen würde (hierzu sogleich Rn 21). Alle Verfügungsgeschäfte über Urheberpersönlichkeitsrechte müssen aber bestimmte Voraussetzungen erfüllen:

(1) Es muss der **Kernbereich** der Urheberpersönlichkeitsrechte unangetastet bleiben. Schon vor Schaffung des UrhG war anerkannt, dass das Urheberpersönlichkeitsrecht einen unübertragbaren Kern besitzt (*Forkel* GRUR 1988, 491, 494 Fn 37). Über ihn kann nicht disponiert werden. Damit ist insb. ein unbefristeter bzw unwiderruflicher Verzicht auf Urheberpersönlichkeitsrechte ausgeschlossen.

(2) Der engen Bindung zwischen Urheber und Werk muss bei der **Vertragsauslegung** Rechnung getragen werden. Das setzt bes. Fingerspitzengefühl bei der Auslegung von Verträgen über persönlichkeitsrechtliche Bestandteile des Urheberrechts voraus.

Ob die Vertragsparteien überhaupt eine Einigung über persönlichkeitsrechtliche Bestandteile des Urheberrechts treffen wollten, muss für jeden Einzelfall geklärt werden. Soweit das Veröffentlichungsrecht betroffen ist, wird dabei häufig **in der Einräumung der Lizenz selbst schon die Veröffentlichung liegen**, so beispielsweise in der Übersendung des Werkes ohne jeden Vorbehalt an eine Zeitschrift. Eines Rückgriffs auf die Lizenzierung des Veröffentlichungsrechts aus § 12 bedarf es dann nicht. Nach einer Entsch. des *OLG München* (NJW 2001, 618 ff.) beschränkt aber die Bestimmung eines Regievertrages, nach welcher es der Produzentin frei stehen sollte, auf **Teile** der Leistung des Regisseurs zu verzichten, das Veröffentlichungsrecht auf die fertig gestellten Teile des Filmes. Die gegen die Entsch. gerichtete Verfassungsbeschwerde war damals nicht zur Entsch. angenommen worden (*BVerfG* NJW 2001, 600). **18**

Bei der Auslegung des **Vertragsinhalts** muss das aus der engen Bindung zwischen Urheber und Werk sich ergebende Interesse des ersteren berücksichtigt werden. Im Zweifel ist davon auszugehen, dass Urheberpersönlichkeitsrechte nicht mit übertragen wurden. Die „Lizenz" zur Nutzung eines unveröffentlichten Werkes wird bei näherem Blick oft nur als Gewährung einer **Chance** der Veröffentlichung ohne weitergehende Bindungswirkung zu verstehen sein. So will sich derjenige, der für eine Zeitschrift einen wissenschaftlichen Artikel schreibt, im Allgemeinen nicht des Rechts begeben, diesen vorher seinen Studenten vorzutragen. Selbst die Einräumung eines Uraufführungsrechts schließt im Allgemeinen die Veröffentlichung vor diesem Zeitpunkt durch Druck und Verbreitung des Theaterstücks nicht aus. **19**

Nicht gerechtfertigt ist hingegen die Forderung, dass mit jedem Rechtsgeschäft über ein Urheberpersönlichkeitsrecht zwingend auch ein solches über Verwertungsrechte verbunden sein muss. Sie findet im Gesetz keine Stütze, das Urheberpersönlichkeitsrechte und Verwertungsrechte gleichberechtigt nebeneinander stellt. Auch ist die Forderung nach einer zusätzlichen, über die kraft Natur des Urheberrechts ohnehin bestehende **Verklammerung** persönlichkeitsrechtlicher und vermögensrechtlicher Elemente hinausgehenden rechtsgeschäftliche Klammer nicht zum Schutze der engen persönlichen Beziehung zwischen Urheber und Werk erforderlich. Denn der Eingriff in diese Beziehung wird nicht dadurch geringer, dass das Rechtsgeschäft über das Urheberpersönlichkeitsrecht mit einem solchen über Verwertungsrechte einhergeht; hierzu näher sogleich. **20**

Dreyer

6. Lizenzierbarkeit

21   Die ganz **hM** lehnt die Möglichkeit einer Lizenz an Urheberpersönlichkeitsrechten ab. Diese Auffassung kann nicht geteilt werden. Das UrhG folgt der **monistischen Theorie**, was zur Folge hat, dass sich vermögensrechtliche und persönlichkeitsrechtliche Elemente des Urheberrechts nicht immer trennen lassen. Verfügt der Urheber über vermögensrechtliche Bestandteile seines Rechts, sind vielfach die **darin enthaltenen persönlichkeitsrechtlichen Elemente nicht herauszulösen**. So liegt in der Lizenz zur Verwertung eines unveröffentlichten Werks meist auch die Befugnis zu dessen Veröffentlichung (vgl *BGHZ* 15, 249, 258 – Cosima Wagner). Auch soll es keinen Unterschied machen, ob der Urheber eine Unterlassungsklage auf die drohende Verletzung von Verwertungsrechten oder auf die von Urheberpersönlichkeitsrechten stützt, solange die Verletzung beider gleichermaßen droht. Sind Vermögensrecht und Persönlichkeitsrecht so aber kraft Gesetzes untrennbar verklammert, ist es nicht möglich und macht auch **keinen Sinn**, Lizenzen über Verwertungsrechte zuzulassen, sie über Persönlichkeitsrechte hingegen auszuschließen. Rechtsgeschäfte über Urheberpersönlichkeitsrechte führen auch oftmals zu **keiner wesentlich stärkeren Lockerung der persönlichen Verbindung** zwischen Urheber und Werk als Rechtsgeschäfte über Vermögensrechte. Schließlich wäre der Dritte durch eine bloße Ermächtigung (§ 185 BGB) zur Ausübung von Urheberpersönlichkeitsrechten oder gar einen bloßen Verzicht auf die daraus erwachsenden Ansprüche **nicht wirksam geschützt**. Letzteres verleiht ihm schon keine im Verhältnis zu Dritten wirksame Rechtsposition. Aber auch die Ermächtigung (§ 185 BGB) schützt ihn **zu Lebzeiten des Urhebers** nicht ausreichend, weil er die aus einer Urheberpersönlichkeitsrechtsverletzung fließenden Ansprüche nicht geltend machen kann. Eine gewillkürte Prozessstandschaft ist bei Rechten mit höchstpersönlichem Charakter zu Lebzeiten des Rechtsinhabers nämlich nicht zulässig (*BGH* NJW 1990, 1986, 1987 – Emil Nolde). Nur die hier bejahte Möglichkeit der Einräumung von Lizenzen über Urheberpersönlichkeitsrechte führt zu eigenen Abwehrrechten des Dritten. Lizenzen an Urheberpersönlichkeitsrechten sind daher grds möglich, wenn der Kernbereich der Rechte gewahrt bleibt.

22   Daher kann der Architekt dem Bauherrn eine Lizenz zur Fertigstellung seines unvollendeten Bauwerks erteilen (§ 14) und ihm darin auch das Recht einräumen, über die Art und Weise der Anbringung der Urheberbezeichnung zu entscheiden (§ 13 S. 2). Auch in der brieflichen Bitte an nahe Angehörige, nach dem Tode des Absenders über die Veröffentlichung seiner Werke zu entscheiden, kann eine Lizenz über Urheberpersönlichkeitsrechte liegen (§ 12). Die Lizenz kann auch stillschweigend eingeräumt werden, etwa indem der Todkranke der Krankenschwester seine Werke mit der Bitte um Weitergabe an seine Angehörigen überreicht.

7. Ausübungsermächtigung für die Zeit nach dem Tode

23   Statt einer Lizenz kann der Urheber den Dritten auch zur Ausübung des Urheberpersönlichkeitsrechts ermächtigen (**§ 185 BGB**). Dafür ist keine bestimmte **Form** erforderlich. Die Ermächtigung kann sogar **stillschweigend** erteilt werden, etwa dadurch, dass ein Tagebuch einer vertrauten Person übergeben wird.

24   Beim Tode des Urhebers geht das Urheberrecht in dem Zustand, in dem es sich gerade befindet, auf den **Erben** über. An die vom Urheber einem Dritten erteilte Er-

mächtigung ist der Erbe gebunden, er kann sie insb. nicht widerrufen. Denn der Wille des Urhebers, der seine urheberpersönlichkeitsrechtlichen Interesse bei den Dritten für besser aufgehoben hält als bei den Erben, geht den Interessen der Erben vor. Gegen eine das Urheberpersönlichkeitsrecht berührende Handlung kann er nur vorgehen, wenn er den Nachweis erbringt, dass die Handlung in Wahrheit nicht im Einklang mit den Interessen des Urhebers steht, sondern dessen geschützte Persönlichkeitssphäre **schwerwiegend** beeinträchtigt (*BGHZ* 15, 249, 261 – Cosima Wagner). Letzteres wurde etwa angenommen, wenn der Ermächtigte eine Veröffentlichung in entstellter Form verfügte (*BGHZ* 15, 249, 261 – Cosima Wagner).

Für den Zeitraum vor dem Ableben des Urhebers macht die Möglichkeit der Ermäch-   **25** tigung eines Dritten zur Geltendmachung von Urheberpersönlichkeitsrechten wenig Sinn, weil der Dritte die daraus erwachsenden Ansprüche nicht gerichtlich durchsetzen kann. Eine Ermächtigung zur **Prozessführung zu Lebzeiten des Rechtsträgers** ist bei höchstpersönlichen Rechten nämlich **unzulässig** (*BGH* NJW 1990, 1986, 1987 – Emil Nolde). Würde man die gerichtliche Geltendmachung von Ansprüchen einer zur Rechtsausübung ermächtigten Person in eigenem Namen zulassen, würde dies auf die Umgehung des vorstehenden Grundsatzes hinauslaufen. Ohnehin hat der Ermächtigte keine gesicherte Rechtsposition, weil der Urheber die Ermächtigung jederzeit widerrufen kann (*Rehbinder* Rn 319).

Wer hingegen wirksam zur Geltendmachung von **postmortalen** urheberpersönlich-   **26** keitsrechtlichen Interessen ermächtigt wurde, kann diese nach dem Tode des Urhebers auch gerichtlich durchsetzen. Der höchstpersönliche Charakter soll dem nach der Rspr nicht mehr entgegenstehen, weil der ursprüngliche Rechtsträger weggefallen sei (*BGH* NJW 1990, 1986, 1987 – Emil Nolde).

8. Vererblichkeit

Die Urheberpersönlichkeitsrechte sind **vererblich** (§ 28 Abs. 1). Der Urheber kann   **27** durch letztwillige Verfügung ihre Ausübung auch einem **Testamentsvollstrecker** übertragen (§ 28 Abs. 2 S. 1). Nach dem Tode des Urhebers treten dessen Erben in die Rechtsstellung des Urhebers einschließlich der Urheberpersönlichkeitsrechte ein (*BGH* NJW 1989, 384, 385 – Oberammergauer Passionsspiele II). Die vom Urheber getroffenen **urheberpersönlichkeitsrechtlichen Entsch.** können sie jedenfalls insoweit nicht **umstoßen**, als sie durch **Auflagen** oder durch Einsetzung eines **Testamentsvollstreckers** wirksam gebunden sind (*BGHZ* 15, 249, 259 f. – Cosima Wagner; *Schricker/Dietz* Vor §§ 12 ff. Rn 30; *Fromm/Nordemann/Hertin* § 30 Rn 4). Ob sie auch darüber hinausgehend den Interessen des Urhebers verpflichtet sind, ist streitig (verneinend *Schricker/Dietz* Vor §§ 12 ff. Rn 31; *Fromm/Nordemann/Hertin* § 30 Rn 1; *Möhring/Nicolini* 1. Aufl., § 30 Anm. 1a und b; bejahend *v. Gamm* § 11 Rn 7; *Clément* S. 75; differenzierend *Schack* Rn 575 ff.).

IE kommt es darauf jedoch häufig nicht an. Denn **in den Nachlass fallen jedenfalls**   **28** **nur die Rechte, die der Urheber nicht wirksam zu Lebzeiten einem Dritten eingeräumt hat**. Das gilt unabhängig davon, ob der Urheber die Lizenzerteilung testamentarisch bestätigt oder nicht (vgl *BGHZ* 15, 249, 259 – Cosima Wagner). Umfasst die einem Dritten eingeräumte Lizenz auch urheberpersönlichkeitsrechtliche Bestandteile, können die Erben diese nur dann zum Urheberrecht ziehen, wenn die gesamte Lizenz zB durch Rückruf an sie zurückfällt.

29   An die vom Urheber dritten Personen zu Lebzeiten erteilten **Ermächtigungen** iSd § 185 BGB sowie an unwiderrufliche vertragliche Vereinbarungen sind die Erben unwiderruflich gebunden (*BGHZ* 15, 249 f. und 259 – Cosima Wagner). Das gilt auch, wenn die Ermächtigung nicht in einer letztwilligen Verfügung niedergelegt wurde (*BGHZ* 15, 249, 259 – Cosima Wagner). Die Erben können in diesem Fall aus dem Urheberpersönlichkeitsrecht gegen den Dritten nur Ansprüche herleiten, wenn durch die Art der Ausübung der übertragenen Befugnisse der **Kernbereich** der ideellen Interessen des verstorbenen Urhebers an seinem Werk verletzt wird, der nämlich beim Urheber verblieben und deshalb in den Nachlass gefallen ist (*BGHZ* 15, 249, 260 f. – Cosima Wagner).

30   In den **verbleibenden Fällen**, in denen der Wille des Urhebers nicht durch eine Lizenz, eine Ermächtigung oder vertraglich gesichert ist, wird man aus § 29 S. 1 den Grundsatz freier Verfügbarkeit der Erben über das Urheberrecht einschließlich der darin verbliebenen Urheberpersönlichkeitsrechte entnehmen müssen (so auch *Schricker/Dietz* Vor §§ 12 ff. Rn 31; *Fromm/Nordemann/Hertin* § 30 Rn 1; ebenso mit Hinweisen zur Gesetzesgeschichte *Möhring/Nicolini* 1. Aufl., § 30 Anm. 1a; anders für das Allg. Persönlichkeitsrecht *BGH* NJW 2000, 2195, 2199 – Marlene Dietrich). Die Erben können daher gegen eine Verletzung der Rechte aus §§ 12 ff. in eigenem Namen Klage – vor Erbauseinandersetzung auf Leistung in die Erbmasse – erheben. Bei der Prüfung, ob von den Erben geltend gemachte Urheberpersönlichkeitsrechte verletzt worden sind, soll nach Auffassung des BGH zu berücksichtigen sein, dass die **Urheberinteressen** Jahre oder **Jahrzehnte nach dem Tode des Urhebers nicht notwendig dasselbe Gewicht** haben wie zu seinen Lebzeiten (*BGH* NJW 1989, 384, 385 – Oberammergauer Passionsspiele II; vgl zum Allg. Persönlichkeitsrecht *BGH* NJW 1968, 1773, 1775 – Mephisto).

31   Unberührt von der Vererbung des Urheberrechts bleibt das aus Art. 1, 2 GG, § 823 BGB hergeleitete **Allg. Persönlichkeitsrecht** (*BGH* NJW 1989, 384, 385 – Oberammergauer Passionsspiele II). Wahrnehmungsberechtigt sind hier zwar ebenso wie beim Urheberpersönlichkeitsrecht in erster Linie die vom Urheber zu Lebzeiten Berufenen, anders als dort aber daneben auch seine nahen Angehörigen, selbst wenn diese nicht Erben sind (*BGH* NJW 1968, 1773, 1775 – Mephisto; GRUR 1984, 907, 908 f. – Frischzellenkosmetik; vgl *BGH* NJW 1990, 1986, 1987 – Emil Nolde). Hingegen gehen die vermögenswerten Bestandteile des Allg. Persönlichkeitsrechts auf die Erben über, sodass es zur Verwertung der Persönlichkeit des Verstorbenen neben der Zustimmung der Wahrnehmungsberechtigten deren Einverständnis bedarf (*BGH* NJW 2000, 2195, 2199 – Marlene Dietrich).

III. Dauer

1. Verzicht

32   Das **Urheberpersönlichkeitsrecht** selbst ist **unverzichtbar**. Das folgt im Umkehrschluss aus § 29 Abs. 1. Diese Vorschrift lässt eine Übertragung des Urheberrechts mit Ausnahme der in § 29 geregelten Fälle nicht zu. Erst recht kann der Urheber dann auf das Urheberrecht und damit auch auf das Urheberpersönlichkeitsrecht nicht verzichten.

Denkbar ist aber ein **Verzicht auf die Geltendmachung von Ansprüchen**, die aus einer Verletzung des Urheberpersönlichkeitsrechts resultieren. Nach § 397 BGB kann der Urheber auf Ansprüche verzichten, wenn diese im Zeitpunkt des Verzichts hinreichend bestimmt sind. Diese Voraussetzungen sind bei bereits entstandenen Ansprüchen erfüllt und bei Ansprüchen, die erst entstehen werden, deren Art und Umfang aber bereits feststehen. Daher kann der Architekt einen auch entstellenden Eingriff des Bauherrn in sein architektonisches Werk gegen Entgelt zulassen, wenn dessen Umfang und Grenzen festgelegt sind (hierzu *Schricker* FS Hubmann, S. 409 ff.).

Zur Möglichkeit vertraglicher **Nichtausübungsabreden** s. iRd Kommentierung der jeweiligen Urheberpersönlichkeitsrechte.   33

2. Ablauf der Schutzfrist

Das Urheberpersönlichkeitsrecht wirkt über den Tod des ursprünglichen Rechtsträgers hinaus fort (*BGH* NJW 1968, 1773, 1774 – Mephisto). Die sich aus dem Urheberpersönlichkeitsrecht ergebenden Befugnisse **enden** aber nach § 64 **mit dem Ablauf der Schutzfrist** von idR 70 Jahren nach dem Tode des Urhebers (ebenso *Fromm/Nordemann/Hertin* Vor § 12 Rn 8; *Schricker/Dietz* Vor §§ 12 ff. Rn 33). Für eine längere Schutzdauer oder sogar eine unbefristete Möglichkeit, sich auf Urheberpersönlichkeitsrechte zu berufen (ewiges droit moral), findet sich im Gesetz keine Stütze. Sie ergibt sich auch nicht aus Art 6bis Abs. 2 RBÜ (*Schricker/Dietz* Vor §§ 12 ff. Rn 33). Im Gegenteil geht das Gesetz in §§ 64 ff. davon aus, dass das Werk nach Ablauf der Schutzfrist frei benutzt werden kann. Dieses Ziel würde jedoch erheblich eingeschränkt, wenn der Werkverwertung noch Urheberpersönlichkeitsrechte entgegengesetzt werden könnten.   34

Unberührt bleibt das aus Art. 1, 2 GG hergeleitete **Allg. Persönlichkeitsrecht**, das als sog. sonstiges Recht iSd § 823 Abs. 1 BGB geschützt wird (*BGH* NJW 1989, 384, 385 – Oberammergauer Passionsspiele II; vgl NJW 1968, 1773, 1775 – Mephisto). Es gewährt dem Urheber auch noch nach seinem Tode einen allg. Wert- und Achtungsanspruch, der von den vom Urheber zu Lebzeiten Berufenen und seinen nahen Angehörigen sogar noch nach Ablauf der urheberrechtlichen Schutzfrist durchgesetzt werden kann (*BGH* NJW 1968, 1773, 1775 – Mephisto; GRUR 1984, 907, 908 – Frischzellenkosmetik; NJW 1990, 1986, 1987 – Emil Nolde).   35

IV. Verhältnis zum Allgemeinen Persönlichkeitsrecht

1. Abgrenzung

Das Urheberpersönlichkeitsrecht grenzt sich vom Allg. Persönlichkeitsrecht durch seine **Werkbezogenheit** ab. Kennzeichnend für das Urheberpersönlichkeitsrecht ist also die persönliche Beziehung zwischen Urheber und Werk (*BGH* NJW 1990, 1986, 1987 – Emil Nolde; *Schricker/Dietz* Vor §§ 12 ff. Rn 14; *Fromm/Nordemann/Hertin* Vor § 12 Rn 14; *v. Gamm* § 11 Rn 5; *Möhring/Nicolini/Kroitzsch* § 11 Rn 7). **Zum Urheberpersönlichkeitsrecht gehören** also die persönlichkeitsrechtlichen Interessen des Urhebers, die sich auf eines oder mehrere bestimmte Werke beziehen, mit denen den Urheber das geistige Band der Urheberschaft verbindet. Das Urheberpersönlichkeitsrecht bildet so als Teil des als Einheit zu begreifenden Urheberrechts eine   36

bes. Erscheinungsform des Persönlichkeitsrechts (*BGH* NJW 1973, 885, 886 – Petite Jaqueline mwN; vgl amtl. Begr. BT-Drucks. IV/279, 44).

37   Die Vorschriften über das Urheberpersönlichkeitsrecht im UrhG gehen denen über das Allg. Persönlichkeitsrecht vor und **verdrängen diese**, allerdings nur **in dem Bereich, in dem sie Regelungen treffen oder solche bewusst unterblieben sind** (vgl *BGH* NJW 1990, 1986, 1987 – Emil Nolde). Soweit das UrhG keine Regelungen für das Urheberpersönlichkeitsrecht getroffen hat oder sich ein schutzauslösender „Überschuss" ergibt, der nicht bereits durch den urheberrechtlichen Tatbestand abgedeckt wird, kommt dem Allg. Persönlichkeitsrecht eine **Auffangfunktion** zu (*Fromm/Nordemann/Hertin* Vor § 12 Rn 9; ebenso iE *Schricker/Dietz* Vor §§ 12 ff. Rn 15; vgl *BGH* NJW 1989, 384, 385 – Oberammergauer Passionsspiele II). Ansprüche aus dem Allg. Persönlichkeitsrecht können auch noch nach dem Tode des Urhebers (*BGH* GRUR 1984, 907, 908 – Frischzellenkosmetik) und sogar dann noch entstehen, wenn die Schutzfrist für das Urheberrecht schon abgelaufen ist.

38   Zu den das Allg. Persönlichkeitsrecht berührenden Handlungen zählen zumeist auch **Werkfälschungen**, weil sie idR mangels Bezug zu einem konkreten Werk keinen Anspruch wegen Verletzung des Urheberpersönlichkeitsrechts begründen. Sie können den geschützten Persönlichkeitsbereich des Künstlers, bezogen auf die Gesamtheit seines Werkschaffens, verletzen und damit zu allg. deliktsrechtlichen Ansprüchen führen (*BGH* NJW 1990, 1986, 1988 – Emil Nolde; näher zum Komplex der Fälschungen Rn 44 ff.).

39   Die sich daraus ergebenden **Schwierigkeiten für die Erben** des Künstlers, Fälschungen zu verhindern, lagen in der Vergangenheit offen. Da das Allg. Persönlichkeitsrecht bislang überwiegend als nicht vererblich angesehen wurde, hatten sie keine Handhabe, nach dem Tode des Urhebers Fälschungen entgegenzutreten. Sie waren vielmehr darauf angewiesen, dass die nahen Angehörigen des Künstlers oder die von ihm beauftragten Personen den Persönlichkeitsschutz des Verstorbenen durchsetzen. Unterblieb die Durchsetzung persönlichkeitsrechtlicher Ansprüche, konnten sich daraus erhebliche Beeinträchtigungen bei der Werkwertung des Werknachlasses ergeben. Diese Sach- und Rechtslage hat sich inzwischen insoweit geändert, als der *BGH* (NJW 2000, 2195 ff. – Marlene Dietrich) die Vererblichkeit der vermögenswerten Bestandteile des Allg. Persönlichkeitsrechts ausdrücklich anerkannt hat. Die vermögenswerten Bestandteile des Persönlichkeitsrechts bestünden, so der BGH, nach dem Tode des Trägers des Persönlichkeitsrechts jedenfalls fort, solange die ideellen Interessen noch geschützt seien. Die entspr. Befugnisse gingen auf die Erben des Trägers des Persönlichkeitsrechts über und könnten von diesem entspr. dem ausdrücklichen oder mutmaßlichen Willen des Verstorbenen ausgeübt werden. Daraus könne sich ein Auseinanderfallen der zur Wahrnehmung der ideellen Befugnisse berechtigten Angehörigen des Verstorbenen, und der zur Wahrnehmung der vermögenswerten Bestandteile berechtigten Erben ergeben (*BGH* NJW 2000, 2195, 2199 – Marlene Dietrich). Sich anschließende Fragen sind bislang noch ungelöst, etwa die nach den Voraussetzungen für das Entstehen vermögenswerter Bestandteile des Persönlichkeitsrechts (ist ein bes. Ruf des Verstorbenen erforderlich?), jene nach der Lösung von Konflikten zwischen den Interessen der Erben und der Angehörigen (der *BGH* (NJW 2000, 2195, 2199 – Marlene Dietrich) geht von dem Erfordernis der Zustimmung beider Personengruppen aus, wenn sowohl ideelle als auch vermögens-

rechtliche Interessen berührt sind; vgl für das Allg. Persönlichkeitsrecht *OLG München* Urt. v. 9.8.2002, Az: 21 U 2654/02; *Koos* WRP 2003, 202, 203) und die nach den Schutzfristen (vgl dazu *Ullmann* WRP 2000, 1049 ff.). Der in der Lit. (*Nordemann* GRUR 1996, 737 f.) seit längerem erhobenen Forderung nach erg. urheberrechtlichen Schutzvorschriften kommt die neuere BGH-Rspr jedenfalls entgegen.

2. Wesentliche Unterschiede in Inhalt, Umfang und Rechtsfolgen

Das Urheberpersönlichkeitsrecht unterscheidet sich seinem Inhalt, seinem Umfang und seinen Rechtsfolgen nach in vieler Hinsicht vom Allg. Persönlichkeitsrecht. Anders als das Allg. Persönlichkeitsrecht können urheberpersönlichkeitsrechtliche Befugnisse mit Ausnahme eines Kernbereichs Bestandteil von **Nutzungsrechten** sein (hierzu oben Rn 21). **40**

Anders als das Allg. Persönlichkeitsrecht (vgl zunächst *BGH* NJW 1968, 1773, 1774 – Mephisto und jetzt *BGH* NJW 2000, 2195 ff. – Marlene Dietrich; NJW 2000, 2201 f. – Der Blaue Engel) ist das Urheberrecht auch insgesamt, also nicht nur was seine vermögenswerten Bestandteile angeht, **vererblich.** **41**

Während für das Allg. Persönlichkeitsrecht keine starren **Schutzfristen** gelten, sondern nur das Schutzbedürfnis in dem Maße schwindet, in dem die Erinnerung an den Verstorbenen verblasst (*BGH* NJW 1990, 1986, 1988 – Emil Nolde; vgl *BGH* NJW 2000, 2195, 2199 – Marlene Dietrich), erlischt der urheberpersönlichkeitsrechtliche Schutz mit dem Ende der nach §§ 64 ff. zu berechnenden Schutzfrist. Ansprüche aus dem Allg. Persönlichkeitsrecht können auch noch geltend gemacht werden, wenn die Schutzfrist für das Urheberrecht schon abgelaufen ist, allerdings nur, soweit es nicht um den abschließend durch urheberpersönlichkeitsrechtliche Ansprüche geregelten Bereich geht.

Für die meisten **Leistungsschutzrechte** fehlt es an den §§ 12 ff. entspr. Vorschriften bzw einem Verweis auf diese. Ein leistungsbezogener Persönlichkeitsschutz findet dann nicht statt. Der Leistungsschutzberechtigte kann sich jedoch wie der Urheber außerhalb des werkbezogenen Bereichs auf sein Allg. Persönlichkeitsrecht berufen. **42**

3. Bedeutsame Fälle von Verletzungen des Allgemeinen Persönlichkeitsrechts im urheberrechtlichen Bereich

a) Allgemeines. Es versteht sich von selbst, dass bei Sachverhalten mit urheberrechtlichem Einschlag primär das Urheberpersönlichkeitsrecht von Bedeutung ist. Häufig gibt es jedoch auch Sachverhalte, bei denen die §§ 12 ff. nicht weiterhelfen und Ansprüche des Urhebers nur auf das Allg. Persönlichkeitsrecht gestützt werden können. Ferner kann auch der Urheber in Konflikt mit Persönlichkeitsrechten Dritter kommen, wenn er zB deren Abbildung schafft oder fremde Schicksale in Romanform schildert. **43**

b) Allgemeines Persönlichkeitsrecht des Urhebers. aa) Fälschungen. aaa) Begriff. Unter einer Fälschung versteht man die Herstellung einer Leistung mit dem Ziel, den Verkehr glaubend zu machen, nicht der Hersteller selbst, sondern ein Dritter sei der Urheber derselben. Dies geschieht zumeist durch Übernahme charakteristischer Bildmotive, des Stils und der Manier des Künstlers und/oder unter Nachahmung seiner Signatur. In der Geschichte des Urheberrechts hat es immer wieder be- **44**

deutende Fälle von Fälschungen gegeben, zB die zweier Aquarelle Emil Noldes (hierzu *BGH* NJW 1990, 1986 ff. – Emil Nolde).

45   **bbb) Fälschungen ohne konkreten Werkbezug.** Existiert das vom Fälscher hergestellte Werk im Original gar nicht, sondern ahmt der Fälscher nur die „Handschrift" eines Dritten in dem Bemühen nach, den Verkehr an ein neues Bild dieser Person glauben zu lassen, erstellt er also ein **Unikat**, liegt keine Urheberrechtsverletzung vor. Anders als beim **Plagiat** (hierzu näher Anh. §§ 23, 24 Rn 1 ff.), bei dem ein von einem anderen herrührendes konkretes Werk als eigenes ausgegeben wird, fehlt der Fälschung dann nämlich der konkrete Werkbezug, der Voraussetzung für das Eingreifen urheberrechtlicher Ansprüche ist. Die Anlehnung an Stilmerkmale und Motive eines anderen Malers und selbst die Verwendung seiner Signatur vermag diesen Werkbezug noch nicht zu begründen (*BGH* NJW 1990, 1986, 1987 – Emil Nolde).

46   Hat die Fälschung insgesamt oder in einzelnen Teilen Werkqualität, genießt sie **eigenen Urheberrechtsschutz** (§§ 1 ff.). Wer die Fälschung seinerseits nachahmt, kann sich also dem Fälscher gegenüber nicht darauf berufen, es handele sich „nur um eine Fälschung".

47   **Ansprüche des Urhebers** können sich **zu seinen Lebzeiten** bei Fälschungen ohne konkreten Werkbezug aus der Verletzung seines **Allg. Persönlichkeitsrechts** sowie uU auf **wettbewerbsrechtlicher Anspruchsgrundlage** ergeben. Die Ansprüche aus dem Allg. Persönlichkeitsrecht leiten sich dabei daraus her, dass jede Fälschung unabhängig von ihrer Qualität grds geeignet ist, durch Verzerrung des Gesamtwerks das als Ausstrahlung des Persönlichkeitsrechts bestehende künstlerische Ansehen und seine künstlerische Werkschätzung zu beeinträchtigen. **Ob** eine Persönlichkeitsrechtsverletzung vorliegt und **in welchem Umfang** dem Urheber Ansprüche aus §§ 823 Abs. 1, 1004 BGB gegen den Fälscher zustehen, ist im Rahmen einer **Interessenabwägung** zu ermitteln. Das kann dazu führen, dass Ansprüche auf Vernichtung oder auf Kennzeichnung als Fälschung nicht bestehen, solange gewährleistet ist, dass der Fälscher die Fälschungen ausschließlich in seinem Privatbereich hält (*BGH* NJW 1990, 1986, 1988 – Emil Nolde). Neben dem urheberpersönlichkeitsrechtlichen und dem wettbewerbsrechtlichen Schutz kommt eine **strafrechtliche Verfolgung** in Betracht; Fälschungen erfüllen den Tatbestand des Betruges und, wenn das Werk mit dem Zeichen des Künstlers versehen wird, der Urkundenfälschung.

48   Während der Schutz des urheberrechtlichen Werkes vor Fälschungen zu Lebzeiten ausreichend ist, erweist er sich **nach dem Tode des Urhebers** als lückenhaft. Zwar können Fälschungen je nach Intensität der Beeinträchtigung, Bekanntheit und Bedeutung des durch das künstlerische Schaffen geprägten Persönlichkeitsbildes und der Stärke der Erinnerung der Allgemeinheit an den Verstorbenen auch noch nach dem Tode des Urhebers dessen als Ausstrahlung des Persönlichkeitsrechts fortbestehendes künstlerisches Ansehen und seine künstlerische Wertschätzung beeinträchtigen. Schwierigkeiten ergeben sich aber bei der **Durchsetzung** der daraus folgenden Ansprüche. Das Allg. Persönlichkeitsrecht ist in seinen persönlichkeitsrechtlichen Bestandteilen (zu den vermögenswerten Bestandteilen s. *BGH* NJW 2000, 2195 ff. – Marlene Dietrich; NJW 2000, 2201 – Der blaue Engel) als höchstpersönliches Recht nicht vererblich und fällt daher anders als das Urheberpersönlichkeitsrecht insoweit nicht in den Nachlass (hierzu schon oben Rn 31). Nach dem Tode des Urhebers können etwaige Verletzungen der nicht-vermögenswerten Bestandteile des Allg. Persönlichkeitsrechts daher nur noch im Wege der **gewillkürten Prozessstandschaft** durch von dem Urheber ermächtigte Personen für diesen gerichtlich geltend gemacht werden. Dies sind neben den vom Urheber noch zu Lebzeiten **Berufenen** im Allgemeinen seine **nahen Angehörigen** (*BGH* NJW 1968, 1773, 1775 – Mephisto; GRUR 1984, 907, 908 f. – Frischzellenkosmetik; NJW 1990, 1986, 1987 – Emil Nolde). Dieser Personenkreis deckt sich aber nicht unbedingt mit demjenigen, der für die Werkverwertung verantwortlich ist. Sind durch die Fälschung, wie zumeist, gleichzeitig ideelle und vermögenswerte Interessen des Verstorbenen berührt, müssen alle Beteiligten zusammenwirken, um den Schutz des Urhebers zu bewirken (vgl *BGH* NJW 2000, 2195, 2199 – Marlene Dietrich). Hat der Urheber sein Werk also zB einer Stiftung vermacht oder vererbt und diese nicht zugleich auch mit der Wahrnehmung seiner persönlichkeitsrechtlichen Befugnisse betraut, kann die Stiftung gegen etwaige Fälscher nicht ohne Zustimmung der Angehörigen vorgehen (vgl *BGH* NJW 2000, 2195, 2199 – Marlene Dietrich; zu einem ähnlichen Fall *BGH* NJW 1990, 1986, 1987 – Emil Nolde). Ob die Stiftung dann, wenn keine Angehörigen und auch sonst keine Wahrnehmungsberechtigten mehr vorhanden sind, aus eigenem Recht vorgehen kann, ist zweifelhaft (vgl *BGH* NJW 1990, 1986, 1987 – Emil Nolde).

ccc) Fälschungen mit konkretem Werkbezug. Seltener sind die Fälle, in denen der **49** Fälscher ein ganz konkretes Werk eines Künstlers nachahmt, dieses also **dupliziert**. Weicht die **Fälschung** von dem Original ab, kann sie als **Bearbeitung oder sonstige Umgestaltung** (§§ 3, 23) bzw als **freie Benutzung** (§ 24) zu qualifizieren sein. Die freie Benutzung ist urheberrechtlich zulässig; sie kann allenfalls nach den für Fälschungen ohne konkreten Werkbezug (Rn 45 ff.) geltenden Grundsätzen in das Persönlichkeitsrecht des Urhebers, etwa sein Namensrecht, eingreifen. Hingegen darf eine Bearbeitung oder sonstige Umgestaltung, selbst wenn sie ihrerseits schöpferisch iSd § 3 ist, nur mit Zustimmung des Urhebers des Originals veröffentlicht und verwertet werden (§ 23 S. 1). Dies gilt insb. auch für die Ausstellung des Werkes (§ 18), sodass der Fälscher gegen § 18 verstößt, wenn er die Fälschung im Museum ausstellt. Daneben kann auch ein Eingriff in Urheberpersönlichkeitsrechte vorliegen, etwa wenn die Fälschung gegen den Willen des Urhebers mit dessen Namen versehen wird (vgl § 13 Rn 46) oder das Werk entstellt (§ 14).

Hat die Fälschung insgesamt oder in einzelnen Teilen Werkqualität, genießt sie un- **50** abhängig hiervon eigenen Urheberrechtsschutz (§ 3). Wer die Fälschung seinerseits nachahmt, kann sich also dem Fälscher gegenüber nicht darauf berufen, es handele sich „nur um eine Fälschung". Der Urheber oder von ihm mit der Wahrnehmung seiner Interessen betraute Personen können ihre Ansprüche trotz des Werkcharakters der Fälschung gegen den Fälscher durchsetzen. IRd Abwägung, ob und in welchem Umfang persönlichkeits- oder wettbewerbsrechtliche Ansprüche bestehen, ist der Werkcharakter der Fälschung aber mit zu berücksichtigen.

bb) Sonstige Fälle. Nicht durch das Urheberpersönlichkeitsrecht, ggf aber durch **51** das Allg. Persönlichkeitsrecht, werden die Individualinteressen des Urhebers geschützt, die nicht ein einzelnes Werk, sondern die Gesamtheit seines Werkschaffens betreffen (*BGH* NJW 1990, 1986, 1987 – Emil Nolde; *Schricker/Dietz* Vor §§ 12 ff. Rn 15). Die **Anlehnung an Stilmerkmale und Motive** eines anderen Malers begründet daher keine Ansprüche dieses Malers aus § 13 S. 1, sondern kann im Falle von Identitätsverwirrung nur zu namensrechtlichen, persönlichkeitsrechtlichen und wettbewerbsrechtlichen Ansprüchen führen (*BGH* NJW 1990, 1986, 1987 – Emil Nolde). Wer eine **fremde Signatur** verwendet, setzt sich dadurch keinen urheberpersönlichkeitsrechtlichen Ansprüchen aus. Der Urheber wird hier aber durch das sog. *droit de non-paternité* geschützt, das je nach Fallgestaltung im Allg. Persönlichkeitsrecht oder im Namensrecht wurzelt (*Rehbinder* Rn 240).

52   Auch – sogar harsche – **Kritik** am Werk des Urhebers vermag selbst dann, wenn sie sich auf ein konkretes Werkstück bezieht, nur Ansprüche wegen Verletzung des Allg. Persönlichkeitsrechts, nicht jedoch des Urheberpersönlichkeitsrechts auszulösen (*Schack* Rn 42), weil sie nicht die Beziehung des Urhebers zu seinem Werk betrifft, sondern sich entweder gegen den Urheber oder gegen dessen Werk richtet.

53   **c) Allgemeines Persönlichkeitsrecht Dritter. aa) Recht am eigenen Bild.** Häufig ist bei urheberpersönlichkeitsrechtlichen Sachverhalten auch das Recht am eigenen Bild, welches Ausfluss des Allg. Persönlichkeitsrechts und nicht etwa dem Urheberrecht zuzuordnen ist (*BGH* NJW 1971, 2169, 2172 – Disney-Parodie), berührt. Es wird zB dort relevant, wo der Urheber eine dritte Person zeichnet, malt oder fotografiert. Unter welchen Voraussetzungen das Recht am eigenen Bild Schutz genießt, ist in § 22 KUG geregelt. Auf die dortige Kommentierung (Anh. zu § 60) wird verwiesen.

54   **bb) Romanverarbeitung und Personenkritik.** Häufig besteht ein Interesse des Urhebers – und uU auch der Allgemeinheit – an einer Verarbeitung eines fremden Schicksals im Werk. Zu nennen sind neben Biografien, Schlüsselromanen, autobiografischen Erzählungen unter Einbindung der Familie des Autors die historischen Romane, etwa Thomas Manns „Lotte in Weimar" und Klaus Manns „Mephisto – Roman einer Karriere". Derartige Werke können die Interessen der dargestellten Personen stark berühren, vor allem, wenn zugleich eine Personenkritik geübt wird.

55   Ob und wie intensiv der Urheber das Leben und Wirken anderer schildern darf, ist durch **Interessenabwägung** unter Einbeziehung der Grundrechte einerseits des Werkschaffenden vor allem aus Art. 5 GG (*BGH* NJW 1968, 1773, 1776 – Mephisto; GRUR 1971, 529, 530 – Dreckschleuder) und andererseits der dargestellten Person vor allem aus Art. 1, 2 GG festzustellen (*BGH* NJW 1960, 476 – Alte Herren; NJW 1968, 1773, 1776 – Mephisto). Die Grenzen sind bei der Wort- und Schriftberichterstattung im Hinblick auf deren Besonderheiten anders und weniger eng als bei der in §§ 22 f. KUG geregelten Bildberichterstattung zu setzen (*BGH* NJW 1966, 2353, 2354 – Vor unserer eigenen Tür).

56   Bei **Personen der Zeitgeschichte** ist im Allgemeinen nicht nur die Namensnennung und die Schilderung ihres Wirkens, sondern auch eine sachliche Personenkritik zulässig (vgl *BGH* GRUR 1971, 529, 530 – Dreckschleuder). Eine gehässige Kritik stellt hingegen einen Eingriff in das Allg. Persönlichkeitsrecht dar (*Rehbinder* Rn 243; vgl *BGH* GRUR 1971, 529, 530 – Dreckschleuder). Der Privatbereich darf nur insoweit Gegenstand des Werkes sein, als die Person damit an die Öffentlichkeit getreten ist, keinesfalls darf sich der Werkschaffende die Informationen heimlich unter Eingriff in die Privatsphäre der betr. Person verschaffen (*BGH* NJW 1957, 1315, 1316 – Spätheimkehrer). Eingriffe in die Intimsphäre sind stets unzulässig. Verfälschungen, Verzerrungen und Entstellungen des Bildes oder von Äußerungen der

betr. Person sind zu unterlassen, wenn dadurch ein falscher Eindruck in der Öffentlichkeit entsteht (vgl *BGH* NJW 1960, 476, 477 – Alte Herren). Es kommt jedoch stets auf den Einzelfall an. UU kann auch eine unrichtige Darstellung zulässig sein, wenn sie zur Schaffung des Werkes erforderlich ist.

Bei **Personen, die nur vorübergehend aus einem bestimmten Anlass das Inter-   57
esse der Öffentlichkeit erwecken,** ist ein die Darstellung rechtfertigendes Informationsinteresse nur im Zusammenhang mit dem betr. Ereignis anzuerkennen (vgl *BGH* NJW 1965, 2148, 2149 – Spielgefährtin I). Dies können zB Personen sein, die durch eine Straftat (vgl *BGH* NJW 1965, 2149 – Spielgefährtin I) oder ein ähnlich negatives Ereignis (vgl *BGH* NJW 1966, 2353 ff. – Vor unserer eigenen Tür) an die Öffentlichkeit getreten sind.

Andere Personen darf der Urheber im Allgemeinen ohne deren Einverständnis we-   58
der in Wort noch in Bild in einer Weise darstellen, dass sie für die Öffentlichkeit erkennbar sind. Ausnahmsweise kann sich dies dann anders verhalten, wenn ein bes. Interesse der Öffentlichkeit an der Aufklärung über bestimmte Geschehnisse besteht (*BGH* NJW 1960, 476, 478 – Alte Herren; GRUR 1966, 157, 158 – Wo ist mein Kind?; *Fromm/Nordemann/Hertin* Vor § 12 Rn 12; vgl *BGH* GRUR 1969, 301, 302 – Spielgefährtin II).

Verletzt der Urheber das Allg. Persönlichkeitsrecht Dritter, können diese ihn nach   59
§§ 823, 1004 BGB auf **Unterlassung** und im Falle von Verschulden auf **Schadenersatz** in Anspruch nehmen. Zur Wahrnehmung des Persönlichkeitsschutzes kann uU auch ein **Widerrufsanspruch** gerechtfertigt sein (vgl *BGH* NJW 1974, 1371 – Fiete Schulze). Ein **Schmerzensgeldanspruch** ist nach allg. Grundsätzen nur begründet, wenn es sich um eine **schwerwiegende Verletzung** des Allg. Persönlichkeitsrechts handelt (*BGH* NJW 1965, 1374 – Wie uns die Anderen sehen; GRUR 1966, 157, 158 – Wo ist mein Kind?; GRUR 1969, 301, 302 – Spielgefährtin II; GRUR 1971, 529, 531 – Dreckschleuder; GRUR 1974, 794, 796 – Todesgift). Nur bei ernsten und nachteiligen Persönlichkeitsverletzungen besteht das unabweisbare Bedürfnis, dem Betroffenen wenigstens einen gewissen Ausgleich für schwere ideelle Beeinträchtigungen zu gewähren (*BGH* GRUR 1966, 157, 158 – Wo ist mein Kind?; GRUR 1969, 301, 302 – Spielgefährtin II; GRUR 1971, 529, 531 – Dreckschleuder). IRd Abwägung, die für jeden Einzelfall gesondert durchzuführen ist, sind auch die Motive, die Schwere der Schuld und die Art der Verletzungshandlung zu beachten (*BGH* NJW 1965, 1374, 1375 – Wie uns die Anderen sehen; GRUR 1966, 157, 158 – Wo ist mein Kind?; GRUR 1969, 301, 302 – Spielgefährtin II; GRUR 1974, 794, 796 – Todesgift). Selbst dann, wenn eine schwerwiegende Verletzung gegeben ist, kann der Verletzte Ersatz in Geld für seinen immateriellen Schaden nur verlangen, wenn sich die erlittene Beeinträchtigung nicht in anderer Weise befriedigend ausgleichen lässt (*BGH* NJW 1971, 698, 699 – Liebestropfen).

Nach dem Tode der betr. Person besteht der Wert- und Achtungsanspruch fort, so-   60
dass grobe Verletzungen des Allg. Persönlichkeitsrechts von den von dieser Person hierzu Berufenen und von ihren Angehörigen geltend gemacht werden können, soweit die ideelle Seite betroffen ist (*BGH* NJW 1974, 1371 – Fiete Schulze; NJW 2000, 2195, 2199 – Marlene Dietrich). Den Erben steht es zu, die aus der Verletzung kommerzieller Bestandteile des Allg. Persönlichkeitsrechts folgenden Ansprüche zu

erheben (*BGH* NJW 2000, 2195 – Marlene Dietrich; NJW 2000, 2201 – Der blaue Engel; näher zu beidem schon oben Rn 38 ff.). Dabei ist aber dem zunehmenden Verblassen der Persönlichkeit im Gedächtnis der noch Lebenden Rechnung zu tragen (*BGH* NJW 2000, 2195, 2199 – Marlene Dietrich).

§ 12   Veröffentlichungsrecht

(1) Der Urheber hat das Recht zu bestimmen, ob und wie sein Werk zu veröffentlichen ist.

(2) Dem Urheber ist es vorbehalten, den Inhalt seines Werkes öffentlich mitzuteilen oder zu beschreiben, solange weder das Werk noch der wesentliche Inhalt oder eine Beschreibung des Werkes mit seiner Zustimmung veröffentlicht ist.

Literatur: *Strömholm* Das Veröffentlichungsrecht im Regierungsentwurf zur Urheberrechtsreform, GRUR 1963, 350; *Ulmer* Das Veröffentlichungsrecht des Urhebers, FS Hubmann, 1985, S. 435; *Walchshöfer* Der persönlichkeitsrechtliche Schutz der Architektenleistung, FS Hubmann, 1985, S. 469.

Übersicht

I. Regelungsgehalt

1   § 12 Abs. 1 enthält mit dem Veröffentlichungsrecht eines der wichtigsten Urheberpersönlichkeitsrechte (amtl. Begr. BT-Drucks. IV/270, 44). Die Vorschrift gesteht dem Urheber nicht nur das Bestimmungsrecht über das „ob" einer Werkveröffentlichung zu, sondern auch über die Art und Weise, „wie" das Werk veröffentlicht wird. Als Veröffentlichung ist dabei nur die Erstveröffentlichung anzusehen (ebenso *Schricker/Dietz* § 12 Rn 7; *Ulmer* FS Hubmann, S. 435 ff.; *Strömholm* GRUR 1963, 350, 358; näher unten § 12 Rn 5).

2   Darüber hinaus steht dem Urheber nach § 12 Abs. 2 sogar das alleinige Recht zur bloßen Mitteilung des Werkinhaltes zu, allerdings nur, solange weder das Werk noch wesentliche Teile desselben oder eine Werkbeschreibung mit seiner Zustimmung veröffentlicht wurden. Die in § 12 enthaltenen Rechte des Urhebers sind dabei bes. eng mit den vermögensrechtliche Urheberrechten verklammert (amtl. Begr. BT-Drucks. IV/270, 44; *BGHZ* 15, 249 – Cosima Wagner).

II. Veröffentlichungsrecht (§ 12 Abs. 1)

1. Inhalt und Systematik

a) Bedeutung und Grenzen des Rechts. § 12 Abs. 1 räumt dem Urheber das Recht **3** ein zu bestimmen, **ob**, **wann** und **in welcher Weise** sein Werk veröffentlicht wird (*BGHZ* 15, 249 – Cosima Wagner). Die Vorschrift gewährt dem Urheber **keinen Anspruch auf Veröffentlichung** seiner Werke (*KG* GRUR 1981, 742, 743). Er kann die Erstveröffentlichung auch nicht über sein Zugangsrecht vom Eigentümer des Werkes erzwingen (*KG* GRUR 1981, 742; *Schricker/Dietz* § 12 Rn 17). Die Stellung des Veröffentlichungsrechts an der Spitze der Urheberpersönlichkeitsrechte entspricht seiner grundlegenden Bedeutung. Mit der Veröffentlichung seines Werkes stellt der Urheber dieses und sich selbst nicht nur der öffentlichen Diskussion, sondern muss auch verstärkt Einschränkungen des urheberrechtlichen Schutzes, zB durch die meist erst mit der Veröffentlichung einsetzenden Schrankenregelungen der §§ 44a ff., hinnehmen. Wegen der Bedeutung der Veröffentlichung wird iÜ auf die Kommentierung zu § 6 (§ 6 Rn 1 ff.) verwiesen.

b) Verhältnis zu §§ 6, 15 Abs. 3. Der **Begriff der Veröffentlichung deckt sich mit 4 dem des § 6 Abs. 1.** An dieser (streitigen, vgl näher § 6 Rn 6 ff.) Tatsache hat auch das Gesetz zur Regelung des Urheberrechts in der Informationsgesellschaft nichts geändert (näher § 6 Rn 7). Allerdings unterscheiden sich §§ 6 und 12 dadurch, dass ein Werk nur dann als veröffentlicht iSd § 6 Abs. 1 gilt, wenn es mit Zustimmung des Urhebers an die Öffentlichkeit gerät, während gegen § 12 Abs. 1 gerade dann verstoßen wird, wenn das Werk ohne Zustimmung des Urhebers der Öffentlichkeit zugänglich gemacht wird.

Gemeint ist die **Erstveröffentlichung** des Werkes im Sinne eines ersten Zugänglich- **5** machens für die Öffentlichkeit mit Zustimmung des Berechtigten. § 12 Abs. 1 behält dem Urheber zwar auch die Entsch. über die Art und Weise der Veröffentlichung vor; der von einem Teil der Lit. (*Fromm/Nordemann/Hertin* § 12 Rn 1; *v. Gamm* § 12 Anm. 7) daraus gezogene Schluss, es handele sich bei dem Veröffentlichungsrecht um ein sog. Mehrfach-Recht, über jede denkbare Art der Zugänglichmachung an die Öffentlichkeit (zB als Schriftwerk, per elektronischen Medien, durch Auf- und durch Vorführung) könne der Urheber also eigens entscheiden, überzeugt aber nicht. Im allg. Sprachgebrauch ist unter der Veröffentlichung nur die Handlung zu verstehen, durch die das Werk vom Urheber erstmals der Öffentlichkeit zugänglich gemacht wird. Alle nachfolgenden Maßnahmen, durch welche die Öffentlichkeit abermals Kenntnis vom Werk erlangt, sind danach keine Veröffentlichungen mehr, sondern nur noch Verwertung iSd §§ 15 ff. Dass auch der Gesetzgeber dies so gesehen hat, zeigt nicht nur § 12 Abs. 2, der die Inhaltsmitteilung als zulässig ansieht, sobald das Werk auf welche Weise auch immer veröffentlicht wurde, sondern folgt auch aus den §§ 15 ff. Diese detaillierten Verwertungsvorschriften wären weitestgehend überflüssig, wenn alle Verwertungshandlungen bereits kraft des Veröffentlichungsrechts untersagt werden könnten. Dasselbe folgt schließlich aus § 121 Abs. 6, der dem ausländischen Urheber (nur) einen Mindestschutz gewähren will. Wären über ein in einzelne Veröffentlichungshandlungen aufteilbares Veröffentlichungsrecht alle Verwertungshandlungen erfassbar, ließe sich diese Unterscheidung nicht aufrecht erhalten. Schließlich spricht auch der Sinn und Zweck des Veröffentlichungsrechts für

eine Begrenzung auf die Erstveröffentlichung. Die Vorschrift will dem Urheber nämlich die Entsch. vorbehalten, wann und in welcher Weise er sich mit seinem Werk der
öffentlichen Meinung und Kritik stellt (*BGH* NJW 1953, 1062 f. – Gaunerroman;
Möhring/Nicolini/Kroitzsch § 12 Rn 1). Diese Entsch. hat er jedoch getroffen, sobald
er das Werk auf irgendeine Art und Weise der Öffentlichkeit zugänglich macht. Ein
Recht, über die nach der ersten in der gewählten Art und Weise erfolgten Veröffentlichung hinaus weitere Veröffentlichungshandlungen zu untersagen, ohne dass die
Voraussetzungen der §§ 15 ff. vorliegen, ergibt sich aus § 12 Abs. 1 daher nicht
(ebenso *Schricker/Dietz* § 12 Rn 7; *Ulmer* FS Hubmann, S. 435 ff.; *Strömholm*
GRUR 1963, 350, 353, 358).

6   **c) Verhältnis zu § 18.** Für Werke der bildenden Künste und für Lichtbildwerke normiert **§ 18** ein sog. Ausstellungsrecht des Urhebers, welches ihm die Verwertung des
Werkes durch öffentliche Ausstellung vorbehält. Während § 12 seiner Stellung im
Gesetz nach ein Urheberpersönlichkeitsrecht verbrieft, handelt es sich bei § 18 systematisch um ein Verwertungsrecht, sodass es dort vornehmlich (vgl Vor §§ 12 ff.
Rn 7) um die materielle Nutzung des Werkes geht. Unterschiede können sich vor allem beim Umfang eines etwaigen Schadenersatzes ergeben. Eigene Bedeutung erlangt das Veröffentlichungsrecht des § 12 vor allem dann, wenn unveröffentlichte
Werke einer nicht von § 18 erfassten Werkgattung öffentlich zur Schau gestellt werden, ohne dass darin eine Verwertung nach §§ 15 ff. läge. Daneben stellt es ein bedeutendes Schutzrecht für ausländische Urheber dar, deren Werke im In- und Ausland noch nicht vorveröffentlicht wurden (§ 121 Abs. 4).

2. Veröffentlichung und Zustimmung des Urhebers

7   Der Begriff der Veröffentlichung deckt sich mit **§ 6**, auf dessen Kommentierung verwiesen wird. Anders als § 6 Abs. 1 gewährt § 12 Abs. 1 dem Urheber allerdings (positive und negative) Befugnisse. So verstößt gerade der gegen § 12 Abs. 1, der dessen
Werk ohne die Zustimmung des Urhebers der Öffentlichkeit zugänglich macht. Umgekehrt lässt nur eine mit Zustimmung des Urhebers erfolgte Veröffentlichung das
Recht aus § 12 Abs. 1 erlöschen. Stets ist deshalb zu prüfen, ob schon **in der Übermittlung des Werkes an den Dritten**, der das Werk (erneut) der Öffentlichkeit zugänglich macht, **eine Veröffentlichung** liegt. So kann die Weitergabe eines Skripts
an einen Studenten, die Übersendung eines Aufsatzes an einen Dritten oder die Probe
eines Musikstücks in einem öffentlich zugänglichen Übungsraum schon Veröffentlichung sein. Die Weiterverbreitung des Werkes durch Dritte, die das Werk bei dieser
Gelegenheit wahrgenommen haben, stellt dann keine Verletzung des § 12 Abs. 1
mehr dar.

8   Der Urheber kann seine **Zustimmung** unter bestimmten Bedingungen erteilen (vgl
§ 12 Abs. 1: „… ob und wie …"). Auch eine **räumliche Beschränkung** der Erstver-
breitungslizenz fällt hierunter. Die Nichteinhaltung von **Bedingungen** führt dazu,
dass die Zustimmung zur Veröffentlichung insgesamt als nicht erteilt anzusehen ist,
wenn sich nicht feststellen lässt, dass auch bei Einhaltung der Bedingung eine Veröffentlichung stattgefunden hätte. Ein Beispiel: Darf der Lizenznehmer eines bislang
unveröffentlichten Werkes dieses nur innerhalb Deutschlands verbreiten, vertreibt
der Dritte das Werk abredewidrig jedoch auch in den USA, liegt eine Veröffentlichung mit Zustimmung des Urhebers vor, weil bereits in der Verbreitung innerhalb

Deutschlands eine Veröffentlichung des Werkes liegt. Auf die unter Überschreitung der ihm gesetzten Grenzen erfolgte Verbreitung in den USA kommt es für die Wirkungen der Veröffentlichung nicht an. Anders verhält es sich, wenn der Urheber das Werk einem Freund mit der Bitte um Durchsicht zusammen mit zwei weiteren Bekannten übergibt, dieser damit aber an die Öffentlichkeit geht. Hier wäre es bei Einhaltung der Bedingungen nicht zu einer Veröffentlichung gekommen, sodass die Veröffentlichung ohne Zustimmung des Urhebers erfolgt ist.

Schwierigkeiten entstehen in der Praxis, wenn der Urheber seine Zustimmung zur **9** Veröffentlichung nicht ausdrücklich erteilt, sondern Handlungen vornimmt oder Erklärungen abgibt, die auf einen Veröffentlichungswillen lediglich schließen lassen. Dann ist durch Auslegung zu ermitteln, ob in der entspr. Handlung oder Äußerung schon eine Zustimmung zur Veröffentlichung liegt. Es kommt auf das Verständnis eines objektiven Dritten an.

Die **Zustimmung zur Veröffentlichung liegt vor**, wenn der zur Erstellung eines **10** Werkes vertraglich verpflichtete Autor das fertige und korrigierte Werk kommentarlos **an den Verlag übersendet**. Gleiches gilt, wenn der Filmregisseur die **Nullkopie vorbehaltlos entgegennimmt**. Räumt der Urheber einem anderen ein **Nutzungsrecht** am Werk ein, ist darin idR eine Verfügung über das Veröffentlichungsrecht mitenthalten (*BGHZ* 15, 249, 258 – Cosima Wagner; näher sogleich Rn 13 ff. und Vor §§ 12 ff. Rn 17 ff.). UU kann schon die Weitergabe des Werkes an den Nutzungsberechtigten Veröffentlichung iSd § 12 sein (vgl *Schricker/Dietz* § 12 Rn 18). Nach **§ 44 Abs. 2** liegt in der Übereignung des Originals eines Werkes der bildenden Künste oder eines Lichtbildwerkes die Zustimmung zur Veröffentlichung durch Ausstellung, wenn sich der Urheber diese bei der Veräußerung nicht ausdrücklich vorbehalten hat. Gibt der Arbeitnehmer-Urheber sein Werk in den **betrieblichen Arbeitsgang**, ist darin die Zustimmung zur Veröffentlichung zu sehen (*Fromm/Nordemann/Hertin* § 12 Rn 7), die zu erteilen sich der Urheber im Allgemeinen schuldrechtlich schon im Arbeitsvertrag verpflichtet hat. Zum umgekehrten Fall eines Veröffentlichungsvorbehalts desjenigen, dessen Biographie von einem Dritten angefertigt wird, s. *KG* AfP 1998, 70 f.

Keine Zustimmung zur Veröffentlichung liegt in dem Einverständnis des Urhe- **11** bers mit der Verwahrung seines Schriftwerks in einem **Archiv**, welches Dritten nur bei Nachweis eines bes. Interesses zugänglich ist (*OLG Zweibrücken* GRUR 1997, 363, 364). Während die Zustimmung des **Architekten** zur Veröffentlichung von Bauwerken bzgl Außenansicht in der Einwilligung zur Ausführung der Pläne liegt, gilt dies nicht ohne weiteres auch bei der Innenarchitektur (vgl *Walchshöfer* S. 472). Ob und durch welche Maßnahmen der Architekt hier sein Veröffentlichungsrecht ausübt, ist unter Abwägung aller Umstände des Einzelfalls zu entscheiden (*Fromm/Nordemann/Hertin* § 12 Rn 4). Beabsichtigt der Urheber, noch **Änderungen oder Kürzungen** am Werk vorzunehmen und ist dies dem Vertragspartner erkennbar, kann dieser auf eine Zustimmung des Urhebers mit der Veröffentlichung des Werkes im bisherigen Zustand im Allgemeinen auch dann nicht schließen, wenn ihm das Werk bis zur Vornahme der Änderungen schon überlassen wird (ebenso iE aber mit anderer Begr. *Fromm/Nordemann/Hertin* § 12 Rn 8). Da heute üblicherweise der Urheber die Fahnen zu korrigieren hat und den Text deshalb erst mit Rücksendung an den Verlag freigibt, wird man in der Übersendung eines Aufsatzes an eine Zeitschrift

noch keine Veröffentlichung sehen können. Aus dem stillschweigend zustande gekommenen Lizenzvertrag heraus kann der Urheber aber zur Korrektur verpflichtet
und der Verlag zur anschließenden Veröffentlichung berechtigt sein.

12   Wie sich aus **§ 40 Abs. 1 S. 1, Abs. 3** ergibt, kann die Zustimmung zur Veröffentlichung auch schon **vor Fertigstellung** des Werkes und sogar vor Beginn der Arbeiten
zum Werk erteilt werden. Im Hinblick auf § 40 Abs. 1 S. 1, der unter bestimmten
Umständen für den Vertrag über die Einräumung von Nutzungsrechten ein Former-
fordernis vorsieht, wird man die Wirksamkeit der Zustimmung aber von der Einhaltung der Schriftform abhängig machen müssen, wenn das künftige Werk im Zeitpunkt des Vertragsschlusses überhaupt nicht näher oder nur der Gattung nach bestimmt ist. Bei erst künftig zu erstellenden, aber iSd § 40 Abs. 1 S. 1 hinreichend
bestimmten Werken bedarf es der Schriftform zwar nicht, es ist jedoch bes. sorgfältig
zu prüfen, ob in der jeweils in Frage stehenden Handlung wirklich schon die Zustimmung zur Veröffentlichung gesehen werden kann. Letzteres scheidet zB aus, wenn
der Autor dem Verlag einen Manuskriptteil als Leseprobe oder der Komponist dem
Produzenten eine Demokassette mit Hörbeispielen überlässt (*Fromm/Nordemann/
Hertin* § 12 Rn 5).

3. Übertragbarkeit

13   Das Veröffentlichungsrecht kann als Bestandteil des Urheberrechts unter Lebenden
nicht übertragen werden. Es kann aber lizenziert werden (sehr streitig), der Urheber
kann einen Dritten zur Ausübung des Veröffentlichungsrechts ermächtigen (§ 185
BGB) und er kann zu seinen Gunsten auf etwaige aus einer Rechtsverletzung fließende Ansprüche verzichten (hierzu näher Vor §§ 12 ff. Rn 17 ff.; s. auch *BGHZ* 15,
249, 258 – Cosima Wagner). Beim Urheber verbleibt in einem solchen Fall ein unverzichtbarer **Kernbestandteil** des Urheberpersönlichkeitsrechts, der lediglich dann
angetastet wird, wenn durch die Art der Ausübung der übertragenen Befugnisse die
geistigen und persönlichen Beziehungen des Urhebers zu seinem Werk schwerwiegend gefährdet oder verletzt werden (*BGHZ* 15, 249, 260 – Cosima Wagner; vgl
BGH GRUR 1963, 40, 42 – Straßen – gestern und morgen).

14   Räumt der Urheber einem anderen ein **Nutzungsrecht** am Werk ein, ist darin idR ein
solches Rechtsgeschäft über das Veröffentlichungsrecht mitenthalten (*BGHZ* 15, 249,
258 – Cosima Wagner). Ausnahmen bestätigen aber die Regel. So disponiert der Urheber eines Theaterstücks nicht über das Veröffentlichungsrecht, wenn er Dritten Lizenzen einräumt, das Uraufführungsrecht aber einem bestimmten Theater vorbehält.

15   Die Übertragung kann auch aus einem **Abwehrinteresse** heraus erfolgen, zB um zu
verhindern, dass das Werk nach dem Tod des Urhebers an die Allgemeinheit gelangt.
Der Wille des Urhebers, wem die Befugnis zustehen soll, über die Veröffentlichung
des Werkes zu bestimmen, ist grds auch dann zu beachten, wenn er nicht in einer letztwilligen Verfügung niedergelegt worden ist (*BGHZ* 15, 249, 259 – Cosima Wagner).

Eine **Ermächtigung** hinsichtlich des Veröffentlichungsrechts ist nach dem Tod des
Urhebers durch die Erben nicht widerruflich (*BGHZ* 15, 249, 256 ff. – Cosima Wagner). Auf sie geht mit dem Tode des Urhebers lediglich der bei dem Urheber verbliebene Kernbestandteil des Urheberpersönlichkeitsrechts über. Hat der Urheber mit
der Ausübung des Veröffentlichungsrechts am Werk zu Lebzeiten eine von den Er-

ben verschiedene Person ermächtigt, können sie daher gegen eine Veröffentlichung des Werkes nach dem Tode des Urhebers nur vorgehen, wenn sie den Nachweis erbringen, dass die Veröffentlichung in Wahrheit nicht im Einklang mit den Interessen des Urhebers steht, sondern dessen geschützte Persönlichkeitssphäre schwerwiegend beeinträchtigt (*BGHZ* 15, 249, 261 – Cosima Wagner). Das ist denkbar, wenn eine Veröffentlichung in entstellter Form oder ohne Urheberbenennung verfügt wird (*BGHZ* 15, 249, 261 – Cosima Wagner; vgl *BGH* GRUR 1963, 40, 42 – Straßen – gestern und morgen).

4. Rechtsfolgen

a) Veröffentlichung mit Zustimmung des Urhebers. (Nur) eine mit Zustimmung **16** des Urhebers vorgenommene Veröffentlichung lässt das Veröffentlichungsrecht **erlöschen**. Daher führt eine aufgrund einer **Schrankenregelung** (zB § 58) vorgenommene Veröffentlichung nicht zum Erlöschen des Veröffentlichungsrechts. Hat der Urheber seine Zustimmung zur Veröffentlichung erteilt, dabei aber Vorgaben zur Art und Weise der Veröffentlichung gemacht, sind diese zu beachten. Nur eine innerhalb dieser **Grenzen** vorgenommene Veröffentlichung führt zum Erlöschen des Veröffentlichungsrechts, sofern sich nicht feststellen lässt, dass auch die noch von der Zustimmung des Urhebers gedeckten Handlungen das Werk der Öffentlichkeit zugänglich gemacht hätten.

Entgegen einer in der Lit. vertretenen Meinung (*Fromm/Nordemann/Hertin* § 12 **17** Rn 10; aA *Schricker/Dietz* § 12 Rn 10) ist ein **partielles Erlöschen des Veröffentlichungsrechts nicht denkbar**. Der Urheber kann zwar seine Zustimmung zur Veröffentlichung auf die Veröffentlichung als Buch beschränken mit der Folge, dass der Druck als Zeitschriftenbeitrag gar keine Veröffentlichung des Werkes darstellt; hat er seine Zustimmung zur Verbreitung als Zeitschriftenbeitrag erteilt, ist das Werk mit der Verbreitung dieses Artikels aber insgesamt und nicht nur was den Druck als Zeitungsartikel anbetrifft veröffentlicht.

Nach der Erstveröffentlichung kommen Ansprüche wegen Verletzung des § 12 **18** Abs. 1 demnach nicht mehr in Betracht. Dem Urheber können jedoch Ansprüche aus § 97 iVm §§ 15 ff. und wegen der Verletzung seines Urheberpersönlichkeitsrechts iwS (hierzu § 11 Rn 8) oder seines Allg. Persönlichkeitsrechts (hierzu Vor §§ 12 ff. Rn 36 ff.) zustehen.

Durch eine bloße **Inhaltsmitteilung** nach § 12 Abs. 2 erlischt das Veröffentli- **19** chungsrecht nicht, wie sich daraus ergibt, dass es andernfalls der gesonderten Regelung in § 12 Abs. 2 nicht bedurft hätte. Siehe zum Erlöschen des Veröffentlichungsrechts ferner die Kommentierung in § 6 Rn 54 ff.

b) Veröffentlichung ohne Zustimmung des Urhebers. Ohne **Zustimmung** des Ur- **20** hebers oder einer Person, der er dieses Recht eingeräumt hat, erfolgte Veröffentlichungen führen nicht zum Erlöschen des Veröffentlichungsrechts. Vielmehr kann der Urheber gegen denjenigen, der das Werk der Öffentlichkeit zugänglich gemacht hat, einen **Unterlassungsanspruch**, einen **Beseitigungsanspruch** und im Falle von Verschulden auch einen **Schadenersatzanspruch** gem. § 97 iVm § 12 geltend machen (*OLG Zweibrücken* GRUR 1997, 363 f.). Daneben kommen zivilrechtliche Ansprüche in Betracht, wenn der Urheber noch Eigentümer des Werkes ist. Während der auf Unterlassung der Weitergabe des Werkes an die Öffentlichkeit gerichtete Anspruch oftmals Erfolg haben wird, steht dem Urheber hinsichtlich des Werkexemplars ein **Rückgabeanspruch** gegen Dritte, die den **Besitz** am Werk rechtmäßig erlangt haben, nur zu, wenn die Rückgabe nach Abwägung der wechselseitigen Interessen zur Durchsetzung der Belange des Urhebers erforderlich scheint. Hat der Dritte sogar **Eigentum** am Werk erlangt, scheidet ein Beseitigungsanspruch idR dann aus, wenn der Dritte das Werk nur in seiner Privatsphäre nutzt und eine Weitergabe an die Öffentlichkeit nicht zu befürchten steht. Der nach § 97 mögliche Schadenersatzanspruch ist nur bei schuldhaftem Handeln gegeben.

III. Recht der Inhaltsmitteilung und -beschreibung (§ 12 Abs. 2)

21   Der Urheber soll selbst darüber bestimmen dürfen, wann er den Inhalt seines Werkes oder eine Werkbeschreibung an die Öffentlichkeit gibt und sich dadurch der öffentlichen Meinung stellt. § 12 Abs. 2 behält ihm deshalb das Recht vor, den Inhalt seines Werkes öffentlich mitzuteilen oder zu beschreiben. Das Recht zur Inhaltsmitteilung und Inhaltsbeschreibung bezieht sich nicht nur auf den wesentlichen Inhalt des Werkes, sondern auf jeglichen Werkinhalt. Es erlischt nach § 12 Abs. 2 nur, wenn das Werk oder dessen wesentlicher Inhalt oder eine Werkbeschreibung mit Zustimmung des Urhebers veröffentlicht worden sind.

22   Unter dem **wesentlichen Inhalt** des Werkes versteht man die das Werk inhaltlich bestimmenden Elemente in ihrer Gesamtheit. Wer einen Kurzüberblick über einen Roman gibt, teilt dessen wesentlichen Inhalt mit. Nicht ausreichend ist hingegen die Bekanntgabe einiger lückenhafter inhaltlicher Details oder des Werkthemas. Inhaltsmitteilungen iSd § 12 Abs. 2 sind nur bei Werken mit schöpferischem Inhalt denkbar, wie zB bei Romanen.

23   Bei Werken mit Schöpfungshöhe der Form, zB Werken der bildenden Künste, Werken der Musik oder bei wissenschaftlichen und technischen Darstellungen, kommt es hingegen auf die **Werkbeschreibung** an. Darunter versteht man die Mitteilung der bedeutenden formgebenden Züge des Werkes. Maßgeblich ist, dass sich die Öffentlichkeit ein Bild über das Werk machen kann.

24   Für die Begriffe der **Zustimmung** des Urhebers und der **Veröffentlichung** gelten die zu § 12 Abs. 1 gemachten Ausführungen (Rn 7 ff.) entspr.

25   Hat der Urheber oder eine andere Person mit dessen Zustimmung das Werk oder dessen wesentlichen Inhalt oder eine Werkbeschreibung veröffentlicht, erlischt dadurch das Recht des Urhebers auf Inhaltsmitteilung und -beschreibung. Fortan darf jedermann ohne Zustimmung und sogar gegen den Willen des Urhebers den Inhalt des Werkes öffentlich mitteilen oder beschreiben. Dadurch werden jedoch **nicht** solche Mitteilungen oder Beschreibungen des Werkes zulässig, welche die **unmittelbare Kenntnisnahme** vom Werk, zB durch Lektüre, Anhörung oder Betrachtung, **ersetzen** (*RGZ* 129, 252 ff. – Operettenführer). Diese Rspr ist in der Lit. auf Zustimmung gestoßen (*Schricker/Dietz* § 12 Rn 29; *Fromm/Nordemann/Hertin* § 12 Rn 14). Der weitergehende Streit, ob § 12 Abs. 2 der Charakter einer Schrankenbestimmung iSd §§ 44a ff. zukommt, weil sich aus dieser **Vorschrift** die Zulässigkeit bestimmter Verwertungshandlungen ergibt (bejahend *Schricker/Dietz* § 12 Rn 29; verneinend *Fromm/Nordemann/Hertin* § 12 Rn 14) ist weitgehend theoretischer Natur.

Eine ohne Zustimmung des Urhebers erfolgte Veröffentlichung des Werkes oder **26** dessen wesentlichen Inhalts oder einer Werkbeschreibung lässt das Inhaltsmitteilungsrecht und Inhaltsbeschreibungsrecht aus § 12 Abs. 2 nicht erlöschen.

Rechtsgeschäfte über das Recht zur Inhaltsmitteilung und -beschreibung sind in **27** dem für Urheberpersönlichkeitsrechte geltenden Rahmen möglich (näher Vor §§ 12 ff. Rn 17 ff. und Rn 13).

§ 13   Anerkennung der Urheberschaft

Der Urheber hat das Recht auf Anerkennung seiner Urheberschaft am Werk. Er kann bestimmen, ob das Werk mit einer Urheberbezeichnung zu versehen und welche Bezeichnung zu verwenden ist.

Literatur: *Schmidt* Urheberrechtsprobleme in der Werbung, Diss., 1981; *Stolz* Der Ghostwriter im deutschen Recht, 1971.

Übersicht

I. Regelungsbereich

§ 13 gewährt dem Urheber in Übereinstimmung mit Art. 6bis RBÜ das Recht auf Anerkennung der Urheberschaft am Werk. **1**

Eine § 13 entspr. Vorschrift gab es vor Erlass des UrhG nicht. Lediglich in vereinzelten **2** Bestimmungen fanden sich vergleichbare Rechte auf Anerkennung der Urheberschaft mit jeweils eingeschränkten Regelungsbereichen. Gleichwohl hatte sich ein Richterrecht gebildet, welches von einem allg. Recht des Urhebers auf Anerkennung der Urheberschaft ausging (vgl *RGZ* 110, 393, 397; *BGH* GRUR 1963, 40, 42 – Straßen – gestern und morgen). Durch den bei Erlass des UrhG mit aufgenommenen § 13 sollte im Wesentlichen nur das geschriebene Recht der von der Rspr bereits vorgezeichneten Rechtsentwicklung angepasst werden (amtl. Begr. BT-Drucks. IV/270, 29).

3   § 13 regelt das Recht des Urhebers auf Anerkennung der Urheberschaft. Dieses Recht folgt aus der engen Beziehung des Urhebers zu seinem Werk als seines geistigen Kindes und besteht auch noch nach Veröffentlichung und selbst dann noch fort, wenn der Urheber Dritten die Werkverwertung gestattet hat. Der Anspruch des Urhebers auf Anerkennung der Urheberschaft gehört zu den wesentlichen Urheberpersönlichkeitsrechten und ist in seinem **Kernbereich** wegen seiner unmittelbar persönlichkeitsrechtlichen Komponente unverzichtbar.

4   **Systematisch** enthält § 13 S. 1 im Verhältnis zu § 13 S. 2 den umfangreicheren Regelungsbereich. Er betrifft das Recht des Urhebers auf Anerkennung der Urheberschaft (§ 13 S. 1) und beinhaltet damit das in § 13 S. 2 nochmals gesondert, jedoch nicht abschließend ausgeformte Recht des Urhebers auf Namensnennung (vgl *BGH* GRUR 1963, 40, 43 – Straßen – gestern und morgen). Daher kann sich aus § 13 S. 1 ein Anspruch des Urhebers ergeben, auf den **Ankündigungen und Werbedrucksachen** betr. das Werk genannt zu werden (vgl *BGH* GRUR 1963, 40, 43 – Straßen – gestern und morgen), der sich aus § 13 S. 2 nicht herleiten lässt (*BGH* NJW 1994, 2621, 2622 – Namensnennungsrecht des Architekten; **aA** *Fromm/Nordemann/Hertin* § 13 Rn 2). Bedeutung kann § 13 S. 1 darüber hinaus bei Werkverwertungsarten erlangen, bei denen **kein körperliches Werkstück** vorliegt. Hier greift § 13 S. 2 schon begrifflich nicht (ebenso iE *Schricker/Dietz* § 13 Rn 6; *v. Gamm* § 13 Rn 6, 8; **aA** *Fromm/Nordemann/Hertin* § 13 Rn 6).

5   **Ausländische Staatsangehörige** können den Schutz aus § 13 über § 121 Abs. 6 voll beanspruchen, ohne dass es auf Art. 6bis Abs. 1 RBÜ ankommt (näher die Kommentierung zu § 121).

II. Recht auf Anerkennung der Urheberschaft (§ 13 S. 1)

1. Inhalt

6   § 13 S. 1 verbrieft einen **umfassenden Anspruch** des Urhebers, als solcher anerkannt zu werden. Mit der Vorschrift kann sich der Urheber sowohl gegen aktives als auch gegen passives Bestreiten seiner Urheberschaft und auch gegen die unberechtigte Anmaßung seiner Urheberschaft durch Dritte zur Wehr setzen (vgl amtl. Begr. BT-Drucks. IV/270, 44). **Streitet** ein Dritter die **Urheberschaft** des Urhebers **ab** oder **leugnet** er sie, kann der Urheber aus § 13 S. 1 gegen ihn vorgehen. Gleiches gilt bei einer unberechtigten **Anmaßung** der Urheberschaft.

7   Das Recht auf Anerkennung der Urheberschaft kann dem Urheber auf jede erdenkliche Art und Weise streitig gemacht werden. Anders als iRd § 13 S. 2 ist ein räumlicher Bezug zum körperlichen Werkstück nicht erforderlich. Der Urheber kann, gestützt auf § 13 S. 1, auch verlangen, auf den **Ankündigungen und Werbedrucksachen** seines Werks genannt zu werden (vgl *BGH* GRUR 1963, 40, 43 – Straßen – gestern und morgen).

8   Dem Urheber steht ferner ein Recht auf **Anonymität** zu, welches nach § 13 S. 1 als Negativum des Anspruchs auf Anerkennung der Urheberschaft gerichtlich durchgesetzt werden kann (*Fromm/Nordemann/Hertin* § 13 Rn 14; *Schricker/Dietz* § 13 Rn 10 und 14 f.). Das Namensnennungsverbot kann dabei uU im Verhältnis zum Anspruch aus § 14 das mildere Mittel sein (*Schricker/Dietz* § 10 Rn 10). Unterlassung der Namensnennung kann der Urheber grds sogar dann verlangen, wenn die Urheber-

bezeichnung ursprünglich mit seinem Willen angebracht worden war. Eine Schranke ergibt sich nur, soweit das Urheberpersönlichkeitsrecht wirksam Bestandteil einer Lizenz, Gegenstand einer Ermächtigung oder vertraglichen Einschränkung ist. Wegen der Einzelheiten wird auf die Kommentierung Vor §§ 12 ff. Rn 17 ff. verwiesen.

2. Zeitpunkt der Entstehung

Der Anspruch auf Anerkennung der Urheberschaft besteht **schon vor der Veröffent-** 9 **lichung** des Werkes. Der Urheber kann daher gegen Dritte aus § 13 S. 1 vorgehen, die auf andere Weise als durch Veröffentlichung vom Werk Kenntnis erlangt haben und sich die Urheberschaft anmaßen, sie leugnen oder bestreiten (*Schricker/Dietz* § 13 Rn 8).

3. Konkreter Werkbezug

Das Recht auf Anerkennung der Urheberschaft am Werk bezieht sich als urheberper- 10 sönlichkeitsrechtliche Befugnis nach § 11 allein auf die geistigen und persönlichen Beziehungen des Urhebers zu einem von ihm stammenden Werk. Voraussetzung für einen Anspruch aus § 13 S. 1 ist daher stets der **konkrete Bezug zu einem bestimmten Werk**. Der Bezug zum gesamten Werkschaffen des Urhebers oder zu einem nicht vom Urheber stammenden Werk reicht nicht. Einen Anspruch auf Beseitigung einer gefälschten Signatur auf einer **Bildfälschung** begründet § 13 S. 1 daher nicht (*BGH* NJW 1990, 1986, 1987 – Emil Nolde).

4. Beschränkungen

Das Recht des Urhebers auf Anerkennung der Urheberschaft wirkt umfassend. Es 11 kann jedoch durch Vertrag zwischen dem Urheber und dem Werkverwerter oder einem Dritten **eingeschränkt** werden (vgl *BGH* GRUR 1963, 40, 42 – Straßen – gestern und morgen; GRUR 1972, 713, 775 – Im Rhythmus der Jahrhunderte). Die Einschränkung vermag den Kernbereich des Urheberpersönlichkeitsrechts nicht zu erfassen, weil dieser wegen seiner persönlichkeitsrechtlichen Komponente unverzichtbar ist (vgl *BGH* NJW 1994, 2621, 2622 – Namensnennungsrecht des Architekten). Selbst dem **Ghostwriter** kann daher nur die Verpflichtung auferlegt werden, seine Urheberschaft geheim zu halten, nicht jedoch, diese auf gezielte Nachfrage bewusst wahrheitswidrig zu leugnen (ebenso *Schricker/Dietz* § 13 Rn 9). Näher zur Frage einer Lizenzierungsmöglichkeit oben Vor §§ 12 ff. Rn 21.

III. Recht auf Bestimmung der Urheberbezeichnung (§ 13 S. 2)

1. Anwendungsbereich

a) Inhaber. § 13 S. 2 gewährt dem Urheber das Recht auf Bestimmung der Urheber- 12 bezeichnung. Dieses Recht auf Namensnennung gilt **umfassend** und für jeden Urheber (*BGH* NJW 1994, 2621 f. – Namensnennungsrecht des Architekten). Da nur der Mensch Urheber sein kann, gibt es keinen Namensnennungsanspruch juristischer Personen (*Fromm/Nordemann/Hertin* § 13 Rn 3). Auch der Herausgeber hat, soweit er nicht (Mit-)Urheber ist, keinen Anspruch auf Namensnennung (*Fromm/Nordemann/Hertin* § 13 Rn 12). Die **Quellenangabepflicht (§ 63)** gestaltet das Urheberpersönlichkeitsrecht aus § 13 in einem Teilbereich aus, ohne jedoch insoweit abschließende Regelungen zu enthalten.

13 Die Vorschrift findet Anwendung auf **Urheber** und **Miturheber** (*BGH* GRUR 1972, 713, 714 – Im Rhythmus der Jahrhunderte; GRUR 1978, 360, 361 – Hegel-Archiv) und steht nicht nur dem Urheber des Originalwerks, sondern auch dem einer **nach § 3 geschützten Bearbeitung** zu (*BGH* GRUR 1963, 41, 42 – Straßen – gestern und morgen; GRUR 1972, 713, 714 – Im Rhythmus der Jahrhunderte; WRP 2002, 990, 992 – Stadtbahnfahrzeug). Der Urheber eines zur Verfilmung benutzten Werkes kann daher verlangen, **neben dem Bearbeiterurheber** im Vorspann des Filmwerks genannt zu werden (*BGH* GRUR 1963, 40, 42 – Straßen – gestern und morgen). Für Leistungsschutzberechtigte gilt § 13 nur, wenn auf ihn verwiesen wird. So ist die Nennung jedes einzelnen an einem Film mitwirkenden ausübenden Künstlers (vgl zu dessen Namensnennungsanspruch § 74) nicht erforderlich, wenn sie einen unverhältnismäßigen Aufwand erfordert (§ 93 Abs. 2).

14 Der Urheber ist nicht gehalten, im **Antrag einer auf Unterlassung** gerichteten Klage festzulegen, wie eine Urheberbenennung zu formulieren ist, die seine Rechte wahrt (*BGH* WRP 2002, 990, 992 – Stadtbahnfahrzeug). Geht der Klageantrag trotzdem auf Benennung „als Miturheber", während tatsächlich Alleinurheberschaft neben einem Bearbeiterurheber vorliegt, muss das Gericht dem Urheber Gelegenheit geben, einen sachdienlichen Antrag zu stellen (*BGH* WRP 2002, 990, 992 – Stadtbahnfahrzeug).

15 **b) Gegenstand.** Der Anspruch auf Namensnennung folgt aus dem Persönlichkeitsrecht auf Anerkennung der Urheberschaft und ist daher in allen Fällen gegeben, in denen das Werk, sei es in bearbeiteter oder in unbearbeiteter Form, **an die Öffentlichkeit herangeführt** wird (*BGH* GRUR 1963, 40, 42 – Straßen – gestern und morgen). Das geschieht nicht nur durch das Original, sondern auch durch Vervielfältigungsstücke (*BGH* NJW 1994, 2621, 2622 – Namensnennungsrecht des Architekten; amtl. Begr. BT-Drucks. IV/270, 44). Hingegen fehlt es bei einer bloßen **Werbung** für das Werk, bei der Ankündigung einer Aufführung oder einer Vorführung des Werkes bzw der Bearbeitung an der Unmittelbarkeit. Dementsprechend besagt § 13 S. 2 noch nichts über die Urheberbenennung bei der Werkverwertung, insb. einer hierauf bezogenen Werbung (*BGH* NJW 1994, 2621, 2622 – Namensnennungsrecht des Architekten; **aA** *Fromm/Nordemann/Hertin* § 13 Rn 2). Ein Anspruch des Urhebers, auch auf den Ankündigungen und Werbedrucksachen betr. das Werk genannt zu werden, kann sich aber aus § 13 S. 1 ergeben (vgl *BGH* GRUR 1963, 40, 43 – Straßen – gestern und morgen).

16 Der Namensnennungsanspruch bezieht sich, soweit es um Wiedergaben in körperlicher Form geht, auf Werkverkörperungen jeder Art, **Original und Vervielfältigungsstücke** (*BGH* NJW 1994, 2621, 2622 – Namensnennungsrecht des Architekten; amtl. Begr. BT-Drucks. IV/270, 44). Der Urheber ist also zB auf **Bildern**, **Schriftstücken** und **Noten** anzugeben. Bei der Wiedergabe eines Werkes in unkörperlicher Form besteht ein Anspruch auf Anbringung einer Urheberbezeichnung nach § 13 S. 2 auf den für die Wiedergabe verwandten körperlichen Vervielfältigungsstücken, zB dem **Manuskript** beim öffentlichen Vortrag oder der **Filmrolle** bei der Filmvorführung. Die Namensnennung im Zusammenhang mit der unkörperlichen Wiedergabe selbst, also zB während des **Vortrags**, richtet sich nach § 13 S. 1 (*Schricker/Dietz* § 13 Rn 12; **aA** *Fromm/Nordemann/Hertin* § 13 Rn 2 und 6; vgl *BGH* NJW 1994, 2621, 2622 – Namensnennungsrecht des Architekten).

Das Namensnennungsrecht ist unabhängig vom konkreten Werkinhalt und steht daher auch Urhebern reiner **Zweckbauten** zu, sofern diese Werkcharakter haben (*BGH* NJW 1994, 2621 – Namensnennungsrecht des Architekten); nichts anderes gilt grds für den Urheber eines kunstgewerblichen Produkts (**aA** *Ulmer* § 40 III). Zur Möglichkeit der Einschränkung durch die Verkehrsgewohnheit su Rn 18. **17**

c) Verkehrssitte und Branchenübung. Das Recht auf Namensnennung **entsteht** trotz etwaiger andersartiger Verkehrsgewohnheiten oder Branchenübungen (*BGH* NJW 1994, 2621, 2622 – Namensnennungsrecht des Architekten). Eine anfängliche und grds Einschränkung des Inhalts des Namensnennungsrechts durch Verkehrsgewohnheiten oder Branchenübungen wäre weder mit dem Wortlaut des § 13 S. 2 vereinbar, der von einer uneingeschränkten Geltung ausgeht, noch mit dem Wesen und der Natur des Rechts auf Anbringung einer Urheberbezeichnung, das als wesentliche urheberpersönlichkeitsrechtliche Berechtigung die Tendenz hat, so weit wie möglich beim Urheber zu verbleiben (*BGH* NJW 1994, 2621, 2622 – Namensnennungsrecht des Architekten). Aus der Verkehrsgewohnheit oder Branchenüblichkeit können sich aber Erleichterungen bei der vertraglichen Einschränkung des Rechts aus § 13 S. 2 bzw der Lizenzerteilung ergeben (hierzu unten Rn 27 ff.). **18**

Ein von vornherein eingeschränkter Schutzinhalt lässt sich auch nicht mit einer analogen Anwendung des § 63 Abs. 2 begründen, der die Pflicht zur **Quellenangabe** bei der öffentlichen Wiedergabe von Werken, neuerdings mit Ausnahme der Fälle der §§ 46, 48, 51, 52a (§ 63 Abs. 2 S. 2), nur vorsieht, wenn und soweit es die Verkehrssitte erfordert (zum alten Recht: *BGH* NJW 1994, 2621, 2622 – Namensnennungsrecht des Architekten). Denn diese zeitgleich mit § 13 geschaffene Bestimmung enthält eine Sonderregelung, die auf § 13 schon deshalb nicht übertragbar ist, weil es dort an einer Lücke fehlt. Diese lässt sich auch nicht mit dem Prinzip der **Sozialadäquanz** begründen, weil dies den Urheberpersönlichkeitsrechten ohnehin schon immanent ist und zudem in den §§ 44a ff. bereits berücksichtigt wurde (*BGH* NJW 1994, 2621, 2622 – Namensnennungsrecht des Architekten). **19**

d) Inhalt und Umfang. Inhaltlich richtet sich der Namensnennungsanspruch auf eine Zeichnung des Originals bzw der Vervielfältigungsstücke, die geeignet ist, den Urheber als Schöpfer des Werkes für die Allgemeinheit zu **kennzeichnen.** Es reicht also nicht aus, wenn der Name des Urhebers auf dem Werk irgendwie Erwähnung findet; vielmehr hat die Urheberbenennung so zu erfolgen, dass die Allgemeinheit sie als **Hinweis** auf den Urheber versteht und der Urhebervermerk jedenfalls für den Anwendungsbereich des **§ 10** die gesetzliche Vermutungswirkung zu entfalten vermag (*Fromm/Nordemann* § 13 Rn 5). Bei Sammelwerken muss daher eine Zuordnung der einzelnen Beiträge zu den jeweiligen Urhebern erfolgen (vgl *OLG München* GRUR 2001, 51). **20**

§ 13 S. 2 enthält als Negativum auch das Recht, Dritten die Nennung als Urheber zu verbieten und damit die **Anonymität** des Urhebers zu wahren (*Fromm/Nordemann/ Hertin* § 13 Rn 14; *Schricker/Dietz* § 13 Rn 10). Durch eine eigenmächtige Urheberbezeichnung auf dem Werk oder den Vervielfältigungsstücken wird dieses Recht beeinträchtigt. Wird der Name des Urhebers im Zusammenhang mit der Werbung oder Ankündigung des Werkes gegen dessen Willen genannt, kann § 13 S. 1 verletzt sein.

21 Anders als bei der Feststellung, welche Art und Weise der Namensnennung der Urheber erreichen kann, findet bei der Frage, **ob** der Urheber eine Namensnennung verlangen kann, grds **keine Interessenabwägung** statt (**aA** *Rehbinder* Rn 240). § 13 gewährt das Namensnennungsrecht jedem Urheber unabhängig von den entgegenstehenden Interessen Dritter. Als wesentliches Urheberpersönlichkeitsrecht gilt § 13 S. 2 vielmehr **umfassend** und für jeden Urheber (*BGH* NJW 1994, 2621 f. – Namensnennungsrecht des Architekten).

22 Kein Fall des Namensnennungsrechts ist es, wenn der Urheber erreichen möchte, dass ihm ein fremdes Werk nicht zugeschrieben wird (*Fromm/Nordemann/Hertin* § 13 Rn 15). Von einer fälschlich mit seinem Namen versehenen Fälschung kann sich der Urheber also nicht nach § 13 distanzieren. Ihm steht jedoch das aus dem Allg. Persönlichkeitsrecht fließende *droit de non-paternité* zu. Es gewährt dem Urheber das Recht, Dritten die wahrheitswidrige Zuschreibung von Werken zu untersagen (*BGH* NJW 1990, 1986, 1987 f. – Emil Nolde; *Rehbinder* § 13 Rn 240; *Fromm/ Nordemann/Hertin* § 13 Rn 15). Außerdem kann sich der Urheber wegen unzulässiger Veränderung oder Entstellung von seinem Werk in der konkreten Gestaltung öffentlich distanzieren (sog. **Austafelung**).

2. Art und Weise der Namensnennung

23 Der Urheber kann nicht nur bestimmen, ob das Werk mit einer Urheberbezeichnung zu versehen ist, sondern auch, durch welche Urheberbezeichnung seine Persönlichkeit als Urheber oder Miturheber gekennzeichnet werden soll (*BGH* GRUR 1978, 360, 361 – Hegel-Archiv). Der Urheber kann also zB veranlassen, dass auf dem Original oder den Vervielfältigungsstücken sein wahrer Name, ein Deckname (**Pseudonym**) oder ein **Künstlerzeichen** angebracht werden soll (amtl. Begr. BT-Drucks. IV/270, 44). Er kann sich auch für ein **Verlagspseudonym** entscheiden. Außerhalb der jeweiligen Veröffentlichung steht ihm das Verlagspseudonym jedoch nicht zu, insb. nicht nach der Beendigung seiner Tätigkeit für den Verlag (*Fromm/Nordemann/Hertin* § 13 Rn 17). Auch einen Anspruch auf Nennung von **Anschrift** und **Telefonnummer** besteht nicht (vgl *Möhring/Nicolini/Kroitzsch* § 13 Rn 10).

24 Das Recht des Urhebers, die Art und Weise der Namensnennung zu bestimmen, besteht **nicht schrankenlos**. Grenzen werden ihm, wenn keine Parteivereinbarung getroffen wurde und sich eine solche auch nicht unter Berücksichtigung der Branchengewohnheiten und Verkehrsübung feststellen lässt, durch die **schützenswerten Interessen Dritter** gesetzt. Diese sind durch Abwägung der betroffenen Interessenkreise, also zB der Belange des Architekten einerseits und jener des Bauherrn andererseits, zu ermitteln. Dabei ist davon auszugehen, dass der Dritte keine reklamehafte Ausgestaltung der Urheberbezeichnung zu dulden braucht. Das gilt ohne weiteres, wenn die Ausgestaltung angesichts ihres Werbecharakters einen Verstoß gegen wettbewerbsrechtliche Vorschriften darstellen würde. Aber auch dann, wenn kein Wettbewerbsverstoß festgestellt werden kann, kommt im Allgemeinen nur eine eher dezente und weniger auffällige Anbringung des Namens, zB am Bauwerk, in Betracht (*BGH* NJW 1994, 2621, 2623 – Namensnennungsrecht des Architekten).

25 Der Urheber kann von seinem Wahlrecht bereits beim Abschluss eines Verwertungsvertrages **bindend** Gebrauch machen (*Fromm/Nordemann/Hertin* § 13 Rn 7). IdR ist davon auszugehen, dass der Urheber, der einem Dritten die Nutzung eines mit seinem

Namen, Decknamen oder einer Signatur gekennzeichneten Werkes oder Vervielfältigungsstückes erlaubt, sein Bestimmungsrecht damit ausgeübt hat. In diesem Fall kann er gegen den Nutzungsberechtigten, der diese Kennzeichnungsweise beibehält, für die Dauer des Verwertungsvertrages nicht mehr aus § 13 S. 2 vorgehen. Nimmt der Nutzungsberechtigte Änderungen am Werk vor, zu denen er nach § 39 berechtigt ist, darf er auf diesen die genannte Urheberbezeichnung ebenfalls anbringen (*Fromm/Nordemann/Hertin* § 13 Rn 7). § 14 VerlG ist zu beachten.

3. Übertragbarkeit und Einschränkungen

a) Übertragbarkeit. Das Recht auf Bestimmung der Urheberbezeichnung kann in **26** den für alle Urheberpersönlichkeitsrechte geltenden Grenzen Gegenstand von Rechtsgeschäften sein (näher Vor §§ 12 ff. Rn 17 ff.). Zu beachten ist jedoch, dass der Kern des Urheberpersönlichkeitsrechts dadurch nicht berührt wird (vgl *BGH* GRUR 1963, 40, 42 – Straßen – gestern und morgen). Auch ist stets zu prüfen, ob im Einzelfall durch eine Lizenz überhaupt Urheberpersönlichkeitsrechte betroffen sind. Das hat der *BGH* (GRUR 1963, 40, 42 – Straßen – gestern und morgen) für die Abtretung der Verwertungsrechte eines zur Verfilmung verwandten Werkes an einen Filmproduzenten verneint.

b) Einschränkungen. aa) Allgemeines. Das Namensnennungsrecht des Urhebers **27** gilt grds unbeschränkt und wird auch nicht von vornherein durch Branchenübungen, die Verkehrssitte oder eine analoge Anwendung des § 63 Abs. 2 eingeschränkt (*BGH* NJW 1994, 2621 f. – Namensnennungsrecht des Architekten; näher schon oben Rn 18 f.). Der Urheber kann jedoch auf das Namensnennungsrecht in bestimmten Grenzen (hierzu unten Rn 29 ff.) **verzichten** (amtl. Begr. BT-Drucks. IV/270, 44). Der Verzicht erfolgt nach § 397 BGB im Allgemeinen aufgrund Vertrags zwischen dem Urheber und dem Werkverwerter oder einem Dritten (vgl *BGH* GRUR 1963, 40, 42 – Straßen – gestern und morgen; GRUR 1972, 713, 775 – Im Rhythmus der Jahrhunderte). Es ist zu unterscheiden:

bb) Nichtausübung des Namensnennungsrechts. Keinen Verzicht und keine ver- **28** tragliche Einschränkung, sondern bloße Nichtausübung des Namensnennungsrechts stellt die ohne vertragliche Bindungswirkung getroffene Entsch. des Urhebers dar, (vorerst) auf dem Werkoriginal oder den Vervielfältigungsstücken keine Urheberbezeichnung anzubringen. Diese Entsch. kann der Urheber dann mangels vertraglicher Bindungswirkung jederzeit revidieren und für die Zukunft auf Namensnennung bestehen (*Schricker/Dietz* § 13 Rn 23).

cc) Vertragliche Abrede. Bindungswirkung haben Einschränkungen des Namens- **29** nennungsrechts dann, wenn sie aufgrund vertraglicher Abrede erfolgen. In diesem Fall kann der Urheber, der einer entspr. vertraglichen Abrede zustimmt, nicht mehr aus § 13 S. 2 gegen den Vertragspartner vorgehen, der sich an die getroffene Abrede hält. Eine Grenze findet die Bindungswirkung der entspr. Vereinbarung aber auch in diesem Fall dort, wo der Kernbereich des Urheberpersönlichkeitsrechts berührt ist. Er ist – auch schuldrechlichen – Einschränkungen nicht zugänglich (näher unten Rn 40 ff.).

Eine derartige vertragliche Einschränkung des Namensnennungsrechts kann sich zu- **30** nächst aufgrund von **Verkehrsgewohnheiten** oder allg. Branchenübung ergeben.

Zwar gelten Einschränkungen bei der Namensnennung des Urhebers, die sich aus einer Verkehrsgewohnheit oder Branchenüblichkeit ergeben, nur, wenn sie ausdrücklich oder stillschweigend Vertragsinhalt geworden sind (*BGH* NJW 1994, 2621 – Namensnennungsrecht des Architekten; vgl *BGH* GRUR 1963, 40, 43 – Straßen – gestern und morgen). Davon ist aber auszugehen, wenn den Vertragspartnern die Übung bekannt war und sie keine abweichende Abrede getroffen haben (*BGH* NJW 1994, 2621, 2622 – Namensnennungsrecht des Architekten).

31   Entgegen einer zT vertretenen Auffassung (*Schricker/Dietz* § 13 Rn 24) wird man eine bestehende Verkehrsgewohnheit oder Branchenübung nicht daran messen dürfen, ob es sich bei ihr um eine **soziale Unsitte** handelt, die das soziale Ungleichgewicht zulasten des Urhebers perpetuiert (vgl *LG München I* Schulze LGZ 102, 3). Existiert nämlich eine derartige Verkehrsgewohnheit oder Branchenübung und ist diese dem Urheber bekannt, was stets Voraussetzung ist, damit von einer stillschweigenden Abdingung des Namensnennungsrechts ausgegangen werden kann, hat es der Urheber in der Hand, eine andersgeartete vertragliche Regelung dadurch herbeizuführen, dass er bei Vertragsschluss entgegen der Gewohnheit oder Branchenübung auf dem Recht zur Namensnennung besteht. Jede andere Sichtweise würde zu Rechtsunsicherheit führen, weil der Urheber bei Vertragsschluss eine bestehende Verkehrssitte erst auf ihre sittliche Berechtigung hin überprüfen müsste, um festzustellen, ob eine ausdrückliche vertragliche Vereinbarung über die Geltung des Namensnennungsrechts erforderlich ist oder nicht.

32   Eine Grenze finden derartige Verzichtsvereinbarung aber in der Sittenwidrigkeit (**§ 138 BGB**). Wurde der Verzicht durch unlauteren Druck bewirkt oder ist er aus anderen Gründen sittenwidrig, hat dies seine Nichtigkeit zur Folge. Die vertragliche Vereinbarung kann darüber hinaus nach allg. Grundsätzen angefochten werden.

33   **Üblich** ist der Verzicht auf die Urhebernennung im Bereich des **Kunstgewerbes** und bei der **Serienfertigung** von Gebrauchsgegenständen, bei denen die Anbringung der Urheberbezeichnung schon aus technischen Gründen erschwert oder unmöglich ist. Hier ist im Allgemeinen von einer stillschweigenden Abdingung des Namensnennungsrechts in den zulässigen Grenzen auszugehen (*Schricker/Dietz* § 13 Rn 24; vgl *Schmidt* S. 171). Häufig bestehen auch dort, wo eine Urheberbezeichnung aus anderen Gründen **kaum praktikabel** ist, zB weil wegen der **Vielzahl der Urheber** die Nennung aller Namen der Platz- oder Zeitrahmen gesprengt würde, ähnliche Gepflogenheiten. Verpflichtet sich der Urheber dann in Kenntnis dieses Umstandes zur Erbringung der schöpferischen Leistung, ist von einer Einschränkung des Namensnennungsrechts bis zu den Grenzen des Kernbereichs auszugehen. Im Softwarebereich ist es unüblich, die Urheber namentlich aufzuführen (*Kilian/Heussen/Harte-Bavendamm/Wiebe* Kap. 51 Rn 112).

Branchenübungen und Verkehrsgewohnheiten finden sich ferner häufig in **Arbeits- oder Dienstverhältnissen**, zB bei angestellten **Schriftstellern**, bei **Ghostwritern politischer Texte**, aber auch bei angestellten **Architekten** und **Rechtsanwälten**. Dann bedarf es keiner ausdrücklichen Abrede, um das Namensnennungsrecht des Dienstverpflichteten einzuschränken (vgl *BGH* GRUR 1972, 713, 714 f. – Im Rhythmus der Jahrhunderte). Vielmehr gilt es als vertraglich ausgeschlossen, sofern die Parteien nichts anderes vereinbaren (vgl *BGH* NJW 1994, 2621, 2622 – Namensnennungsrecht des Architekten). Unwirksam sind allerdings auch hier Einschränkungen, die den Kernbereich des Urheberpersönlichkeitsrechts betreffen (hierzu unten Rn 40).

Bei **wissenschaftlichen Assistenten** ist hingegen Vorsicht geboten. Da der eigentli- **34** che Zweck einer wissenschaftlichen Arbeit in ihrer Veröffentlichung zum Nutzen der Allgemeinheit besteht, wird eine Vereinbarung, durch welche der wissenschaftliche Assistent zum Vorteil des Miturheber-Professors auf die Ausübung des Namensnennungsrechts verzichtet, häufig sittenwidrig sein (vgl *Fromm/Nordemann/Hertin* § 13 Rn 11). Eine Vereinbarung, nach welcher ein Nichturheber als Urheber benannt wird, lässt § 13 ohnehin nicht zu (näher Rn 41). Darüber hinaus darf der Verzicht nicht täuschend sein (näher Rn 39).

Im Verhältnis zum Werknutzungsberechtigten sind § 13 S. 2 einschränkende oder **35** konkretisierende Vorschriften zu beachten. Hierzu zählt zB § 14 S. 2 VerlG, der dem **Verleger** die Entsch. über die konkrete äußere Form der Anbringung der Urheberbezeichnung überlässt.

Besteht keine entspr. Verkehrsgewohnheit oder Branchenübung, die das Namens- **36** nennungsrecht einschränkt, können sich gleichwohl Erleichterungen an eine Beschränkung des Namensnennungsrechts aus einer **ständigen Übung** der Parteien ergeben. Sind die Parteien mehrfach ohne ausdrückliche Abrede davon ausgegangen, dass das Namensnennungsrecht eingeschränkt sei, kann eine ausdrückliche Abrede für die Zukunft entbehrlich sein. Es gelten die allg. Auslegungsregeln der §§ 133, 157 BGB.

Soweit nicht, zB aufgrund Verkehrsgewohnheit oder Branchenübung, von einer still- **37** schweigenden Abdingung des Namensnennungsrechts ausgegangen werden kann, ist das Namensnennungsrecht des Urhebers aus § 13 S. 2 nur eingeschränkt, wenn die Parteien dies ausdrücklich vereinbaren.

dd) Grenzen der Einschränkung des Namensnennungsrechts. Grenzen der Ein- **38** schränkung des Namensnennungsrechts von Urhebern ergeben sich vor allem aus dem Täuschungsverbot und dem unverzichtbaren Kernbereich des Rechts (näher *Stolz* S. 63 ff.).

aaa) Täuschungsverbot. Auch dann, wenn eine Einschränkung des Namensnen- **39** nungsrechts vereinbart wurde, dürfen durch die Weglassung der Benennung nicht **irrige Vorstellungen in den beteiligten Verkehrskreisen** heraufbeschworen werden (*BGH* GRUR 1963, 40, 43 – Straßen – gestern und morgen). In diesem Fall bestehen zwar keine urheberrechtlichen, aber wettbewerbs- und uU sogar zivilrechtliche Ansprüche Dritter, vor allem von Konkurrenten (vgl *BGH* GRUR 1963, 40, 43 – Straßen – gestern und morgen). So liegt es, wenn durch lückenhafte Streichungen der falsche Anschein einer Alleinurheberschaft entsteht (*BGH* GRUR 1963, 40, 43 – Straßen – gestern und morgen). Wollen einige von mehreren Miturhebern nicht als solche genannt werden, ist ein Zusatz aufzunehmen, der Irrtümer über die Beteiligung der Urheberschaft ausschließt. Er kann zB lauten: „in Zusammenarbeit mit anderen" oder „Miturheber: ..." (es folgt der Name des Urhebers, der von einem Namensnennungsrecht Gebrauch macht).

bbb) Unverzichtbarer Kernbereich. Innerhalb eines bestimmten unverzichtbaren **40** Kernbereichs ist das Namensnennungsrecht Einschränkungen jedweder Art nicht zugänglich (*BGH* NJW 1994, 2621, 2622 – Namensnennungsrecht des Architekten).

Nach der amtl. Begr. (BT-Drucks. IV/270, 44) soll das Namensnennungsrecht aus § 13 S. 2 hingegen vollumfänglich verzichtbar sein; dem Urheber bleibe dann lediglich vorbehalten, aufgrund des Persönlichkeitsrechts nach § 13 S. 1 einem Bestreiten seiner Urheberschaft oder einer fremden Urheberschaftsanmaßung entgegenzutreten. Dem kann jedoch nicht unumschränkt zugestimmt werden. Der Urheber kann sich zwar vertraglich verpflichten, sich nicht ungefragt als solcher zu präsentieren. Eine **Verpflichtung zum Lügen kann ihm** jedoch **nicht auferlegt werden**.

41   Auf direkte Nachfrage nach seiner Urheberschaft darf folglich auch der **Ghostwriter** wahrheitsgemäß antworten (*Schricker/Dietz* § 13 Rn 9; **aA** *Stolz* S. 85). Die Möglichkeit vertraglicher Vereinbarungen schließt zudem nicht das Recht ein, wahrheitswidrig einen anderen als den wahren Urheber als solchen zu bezeichnen. Der Arbeitgeber, Dienstherr oder Vorgesetzte kann daher zwar mit dem Urheber vereinbaren, dass dieser als solcher nicht genannt werde, er darf sich jedoch **nicht wahrheitswidrig selbst als Urheber ausgeben** (*Schricker/Dietz* § 13 Rn 27; *Stolz* S. 68). Hingegen ist es, solange dadurch keine Täuschung bewirkt wird, möglich, nur einen von mehreren Urhebern auf dem Werkexemplar zu nennen (*Stolz* S. 68).

42   Stets sind die Grenzen des Verzichts durch Interessenabwägung im Einzelfall zu ermitteln. Daraus können sich auch **zeitliche** Beschränkungen ergeben. Eine generelle Orientierung an der Fünfjahresgrenze des § 41 Abs. 4 S. 2 (so *Schricker/Dietz* § 13 Rn 30; *Fromm/Nordemann/Hertin* § 13 Rn 16) dürfte jedoch an der mangelnden Vergleichbarkeit der Interessenlage scheitern. Während es in § 41 Abs. 4 S. 2 um einen Rückruf eines Nutzungsrechts wegen Nichtausübung desselben geht, bei dem die Interessen des Nutzungsberechtigten von vornherein eher gering zu veranschlagen sind, kann der Berechtigte einer das Namensnennungsrecht abdingenden Abrede nämlich ein erhebliches Interesse an der Fortgeltung dieser Abrede über den Fünfjahreszeitraum hinaus besitzen.

43   In der Praxis lässt sich häufig eine Vorgehensweise nach dem Grundsatz „Wo kein Kläger, da kein Richter" feststellen, weil der Anspruch aus § 13 S. 2 nur dem Urheber selbst zusteht. Dabei darf aber nicht verkannt werden, dass Dritte die Urheberrechtsangaben gestützt auf Wettbewerbsrecht sowie uU auch auf Strafvorschriften (§ 107) unterbinden lassen können, wenn sie irreführend sind oder im geschäftlichen Verkehr zu Zwecken des Wettbewerbs verwandt zu einer Wettbewerbsverzerrung führen.

4. Dauer

44   Das Namensnennungsrecht besteht so lange fort wie der Urheberrechtsschutz des Werkes. Soweit die einzelnen Auflagen noch erkennbar von seinem Wirken geprägt sind, hat der Urheber eines Komm. während der allg. Schutzdauer daher Anspruch auf Namensnennung nach § 13 S. 2 (*Fromm/Nordemann/Hertin* § 13 Rn 11).

5. Durchsetzung

45   **a) Klagearten.** Welche Klageart zu wählen ist, richtet sich nach dem Begehren des Klägers. Liegt dieses darin, dass ein Dritter, zB der Verleger oder der Eigentümer, eine Urheberbezeichnung an dem Werk oder den Vervielfältigungsstücken anbringt, muss der Urheber auf **Gestattung der Anbringung** eines im einzelnen bezeichneten Namens- oder Schriftzuges klagen (vgl *BGH* GRUR 1978, 360 f. – Hegel-Archiv; NJW 1994, 2621 – Namensnennungsrecht des Architekten). Ist der Dritte Nutzungsberechtigter und vertreibt er die Werkstücke ohne Hinweis auf den Urheber, kann der Urheber alternativ auch darauf klagen, es zu **unterlassen**, das Werk ohne den Namen oder das Zeichen des Urhebers zu verbreiten (vgl *BGH* GRUR 1963, 40 – Straßen – gestern und morgen). In diesem Fall ist er nicht gehalten, im Klageantrag festzulegen, wie eine Urheberbenennung zu formulieren ist, die seine Rechte wahrt (*BGH* WRP 2002, 990, 992 – Stadtbahnfahrzeug). Gleiches gilt, wenn der Dritte zwar eine Urheberbenennung angebracht hat, diese aber nicht den Anforderungen des § 13 S. 2 genügt (vgl *BGH* NJW 1990, 1986 – Emil Nolde). Das Gericht muss auf eine sachdienliche Fassung des Antrags hinwirken (*BGH* WRP 2002, 990, 992 – Stadtbahnfahrzeug).

Gegen gefälschte Signaturen auf gefälschten Bildern des Urhebers kann der Urheber **46** aus dem Allg. Persönlichkeitsrecht mit der auf **Entfernung der Signatur** gerichteten Klage vorgehen; Kennzeichnung der Bilder kann er nicht verlangen (vgl *BGH* NJW 1990, 1986 – Emil Nolde). Macht der Urheber von seinem sich aus § 13 ergebenden Recht auf Anonymität Gebrauch, muss er auf Entfernung des Namens- oder Schriftzuges bzw der Signatur auf dem Werk bzw den Vervielfältigungsstücken klagen.

Will der Urheber aus der Verletzung seines Rechts auf Anerkennung der Urheber- **47** schaft Schadenersatzansprüche herleiten und benötigt er zB zur Bezifferung seines Schadens noch weitere Auskünfte, kann er im Wege der **Stufenklage** vorgehen. Der **immaterielle Schaden** kann nach § 97 Abs. 2 im Wege der Leistungsklage geltend gemacht werden.

Das unzulässige Anbringen einer Urheberbezeichnung auf dem Original, auf Ver- **48** vielfältigungsstücken und auf Bearbeitungen oder Umgestaltungen eines Werkes der bildenden Künste ist unter den in § 107 geregelten Voraussetzungen **strafbar**. Auch der Urheber kommt als Täter in Betracht.

b) Miturheber. Geht ein Miturheber wegen der Durchsetzung des Namensnen- **49** nungsanspruchs gegen die anderen Miturheber vor, muss er alle anderen Miturheber verklagen (*Fromm/Nordemann/Hertin* § 13 Rn 11).

§ 14   Entstellung des Werkes

Der Urheber hat das Recht, eine Entstellung oder eine andere Beeinträchtigung seines Werkes zu verbieten, die geeignet ist, seine berechtigten geistigen oder persönlichen Interessen am Werk zu gefährden.

Literatur: *Bock* Urheberrechtliche Probleme beim Leserbrief, GRUR 2001, 397; *Grohmann* Das Recht des Urhebers, Entstellungen und Änderungen seines Werkes zu verhindern, Diss., 1971; *Jagenburg* Die Entwicklung des Architekten- und Ingenieurrechts seit 1991/92, NJW 1995, 1997; *Paschke* Strukturprinzipien eines Urhebersachenrechts, GRUR 1984, 858; *Plaß* Hyperlinks im Spannungsfeld von Urheber-, Wettbewerbs- und Haftungsrecht, WRP 2000, 599; *Schilcher* Der Schutz des Urhebers gegen Werkveränderungen, Diss., 1988; *Schmidt* Urheberrechtsprobleme in der Werbung, Diss., 1981; *Schricker* Die Einwilligung des Urhebers in entstellende Änderungen des Werks, FS Hubmann, 1985, S. 409; *van Waasen* Das Spannungsfeld zwischen Urheberrecht und Eigentum im deutschen und ausländischen Recht, 1994; *Walchshöfer* Der persönlichkeitsrechtliche Schutz der Architektenleistung, FS Hubmann, 1985, S. 469; *Wandtke/Bullinger* Fallsammlung zum Urheberrecht, 1999.

I. Regelungsbereich

1. Gesetzesgeschichte

1 Die bis 1965 geltenden Urheberrechtsgesetze gewährten dem Urheber nicht ausdrücklich das Recht, Entstellungen seines Werkes zu verbieten. Doch wurde dieses Recht in Anlehnung an Art. 6bis RBÜ von der **hM** bereits für das bis dahin geltende Recht als bestehend anerkannt. Durch die bei Erlass des UrhG 1965 mit aufgenommene Vorschrift des § 14 wurde daher im Wesentlichen nur das geschriebene Recht der von der Rspr bereits vorgezeichneten Rechtsentwicklung angepasst (so ausdrücklich die amtl. Begr. BT-Drucks. IV/270, 29, 43 und 45; vgl auch *RGZ* 79, 397 ff. – Felseneiland mit Sirenen; 151, 50 ff.; *BGH* NJW 1954, 1404, 1405 – Schacht-Briefe).

2 Die Fassung des § 14 folgt in der Formulierung im Wesentlichen Art. 6bis RBÜ, stellt jedoch nicht auf die Ehre oder den Ruf des Urhebers, sondern auf dessen berechtigte geistige und persönliche Interessen am Werk ab. Dadurch sollte klarer zum Ausdruck gebracht werden, dass es sich bei § 14 nicht um eine Vorschrift zum Allg. Persönlichkeitsschutz, sondern zum Urheberpersönlichkeitsschutz handelte, dass also (nur) der Schutz des geistigen und persönlichen Bandes zwischen Urheber und Werk bezweckt war (amtl. Begr. BT-Drucks. IV/270, 45).

2. Allgemeines

3 § 14 ist Ausdruck des das Urheberrecht beherrschenden Änderungsverbots (*BGH* NJW 1970, 2247 – Maske in Blau; NJW 1974, 1381 – Schulerweiterung). Den Schutz vor Werkänderungen bezwecken auch die §§ 39, 62, 75 und 93. Das Änderungsverbot dient dem Schutz der persönlichen und geistigen Interessen des Urhebers, selbst darüber zu bestimmen, in welcher Gestalt sein geistiges Kind an die Öffentlichkeit treten soll (*BGH* NJW 1970, 2247 – Maske in Blau; NJW 1974, 1381 – Schulerweiterung; vgl *Schricker/Dietz* § 14 Rn 3: Bestand und Unversehrtheit des

Werkes). Indirekt verfolgen dieses Ziel auch die für die Bearbeitung geltenden Vorschriften der §§ 23, 37 Abs. 1, 55a, 69c Ziff. 2, 75, 88, 93. *Dietz* (in: *Schricker* § 14 Rn 2) spricht deshalb vom „Gesamtkomplex der änderungsrelevanten Vorschriften".

Das in § 14 niedergelegte Entstellungs- und Beeinträchtigungsverbot steht dem Allg. **4** Persönlichkeitsrecht in seiner generalklauselartigen Weite und Unbestimmtheit wesensmäßig nahe. Im Gegensatz zu den klar umgrenzten Rechten aus §§ 12 f. ist es daher erforderlich, den Umfang des Rechts wie den des Allg. Persönlichkeitsrechts durch eine Interessenabwägung zu bestimmen. Dies bringt § 14 dadurch zum Ausdruck, dass nur eine Gefährdung der berechtigten geistigen und persönlichen Interessen des Urhebers am Werk beachtlich sein soll (amtl. Begr. BT-Drucks. IV/270, 45).

Zur Frage der Abdingbarkeit und Lizenzierbarkeit des Urheberpersönlichkeitsrechts **5** aus § 14 s. schon oben Vor §§ 12 ff. Rn 17 ff. Während der Urheber in Beeinträchtigungen seines Werkes je nach Lage des Falles einwilligen und über § 14 in gewisser Weise auch verfügen kann, gehört das Recht, Entstellungen zu verbieten, zum Kernbereich des Urheberrechts und ist daher nicht disponibel (*BGH* NJW 1987, 1404, 1405 – Oberammergauer Passionsspiele I; NJW 1999, 790, 792 – Treppenhausgestaltung). Der Urheber kann es weder abtreten noch einem Dritten lizenzieren, selbst wenn dieser Inhaber umfassender anderer Nutzungsrechte ist. Der Urheber kann allerdings davon absehen, ihm aus der Verletzung des § 14 erwachsende Ansprüche geltend zu machen. Voraussetzung für einen Verzicht ist aber die hinreichende Bestimmtheit der Ansprüche, sodass auf die Geltendmachung von Ansprüchen aus nach Art und Umfang noch ungewissen Urheberpersönlichkeitsrechtsverletzungen nicht verzichtet werden kann.

3. Verhältnis zu anderen Vorschriften

a) Änderungsverbot der §§ 39, 62. Das allg. Änderungsverbot gilt auch für den **6** Werknutzungsberechtigten und für den, der aufgrund der Schrankenregelungen der §§ 44a ff. zur Nutzung des Werkes berechtigt ist.

§ 39 Abs. 1 steht grds **selbständig** neben § 14 (*BGH* NJW 1982, 639, 640 – Kirchen- **7** Innenraumgestaltung; **aA** *Schricker/Dietz* § 14 Rn 2 ff. unter Verweis darauf, dass beide Vorschriften Teil eines Gesamtkomplexes der änderungsrelevanten Vorschriften sind). Da er jedoch die tiefgreifenderen und die Interessen des Urhebers stärker beeinträchtigenden Veränderungen am Werk erfasst, ist **§ 39 vorrangig zu prüfen** (*BGH* NJW 1982, 639, 640 – Kirchen-Innenraumgestaltung).

Nur wenn § 39 nicht einschlägig ist, ist in die Prüfung des § 14 einzusteigen. Daraus **8** folgt, dass bei Veränderungen am Werk, die durch einen Nutzungsberechtigten vorgenommen werden, zunächst zu prüfen ist, ob sie eine unzulässige Änderung gem. § 39 Abs. 1 darstellen (*BGH* NJW 1982, 639 – Kirchen-Innenraumgestaltung). Ist dies der Fall, kann die Änderung gleichwohl nach § 39 Abs. 2 zulässig sein. Diese Vorschrift stellt eine Ausnahme von dem das Urheberrecht beherrschenden Änderungsverbot für den Nutzungsberechtigten dar (*BGH* NJW 1970, 2247 – Maske in Blau). Fehlt es hingegen an einer Veränderung des Werkes iSd § 39 Abs. 1, kommt es auf eine Abwägung nach § 39 Abs. 2 nicht an. Vielmehr ist dann zu prüfen, ob die Werkbeeinträchtigung nach § 14 untersagt werden kann (vgl *BGH* NJW 1982, 639, 640 – Kirchen-Innenraumgestaltung).

9   Inhaltlich richtet sich das urheberrechtliche Änderungsverbot nach § 39 grds nur gegen Eingriffe in die **körperliche Substanz** des Werkes. Wird das Werk in anderer Weise beeinträchtigt, scheidet eine Verletzung des § 39 Abs. 1 zwingend aus, ohne dass es auf eine Interessenabwägung nach § 39 Abs. 2 ankommt (*BGH* NJW 1982, 639 – Kirchen-Innenraumgestaltung). Vielmehr ist dann zu prüfen, ob § 14 verletzt wurde (vgl *BGH* NJW 1982, 639, 640 – Kirchen-Innenraumgestaltung). Dieser setzt anders als § 39 einen Eingriff in die Substanz des Werkes nicht notwendig voraus. Der Schutz vor Entstellungen und anderen Beeinträchtigungen nach § 14 kann vielmehr sowohl bei Verletzungen der Werksubstanz als auch bei sonstigen Beeinträchtigungen gegeben sein, zB weil das Werk durch veränderte Gestaltung oder Arrangierung in einen nachteiligen Gesamtzusammenhang gebracht wird. So kann ein Anspruch aus § 14 iVm § 97 bestehen, wenn in einer Kirche mit geschützter Innenraumgestaltung Einrichtungsgegenstände aufgestellt und gestaltet werden und sich dadurch das geschützte Raumbild entscheidend verändert (vgl *BGH* NJW 1982, 639, 640 – Kirchen-Innenraumgestaltung). Auch der wesentliche Aussagegehalt, also der Sinn und die Tendenz des Werkes, dürfen nicht berührt werden (*BGH* NJW 1970, 2247 – Maske in Blau; *OLG Frankfurt* GRUR 1976, 199, 202; *Rehbinder* Rn 245).

10 § 39 und § 14 stehen also selbständig nebeneinander (*BGH* NJW 1982, 639, 640 – Kirchen-Innenraumgestaltung). Ihr Unterschied besteht darin, dass **§ 39** sich gegen eine **Verletzung des Bestandes und der Unversehrtheit des Werkes selbst** in seiner konkret geschaffenen Gestaltung, dagegen das urheberpersönlichkeitsrechtlich ausgestaltete Recht gegen Entstellung nach **§ 14** sich gegen eine **Beeinträchtigung der geistigen und persönlichen Urheberinteressen auch durch Form und Art der Werkwiedergabe und -nutzung** richtet (*BGH* NJW 1982, 639, 640 – Kirchen-Innenraumgestaltung).

11 Die iRd Prüfung des § 39 maßgeblichen Erwägungen finden entspr. auch auf das Änderungsverbot des § 62 Anwendung (*Schricker/Dietz* § 14 Rn 4; *Fromm/Nordemann/Hertin* § 14 Rn 7). Die Vorschrift greift ungeachtet der Panoramafreiheit nach § 59 ein (*LG Mannheim* GRUR 1997, 364, 365 f.). Das Nutzungsprivileg für Werke, die sich bleibend an öffentlichen Wegen, Straßen und Plätzen befinden, gilt also nur insoweit, als an diesen Werken keine vom Urheber nicht genehmigten Änderungen durch Dritte vorgenommen worden sind (*Fromm/Nordemann/Hertin* § 14 Rn 7 und 14).

12 **b) Entstellungsschutz nach §§ 75, 93.** Die Vorschriften der §§ 75 Abs. 2, 93 erklären für den ausübenden Künstler, den Urheber eines Filmwerkes und der dazu benutzten vorbestehenden Werke sowie für die an der Filmherstellung mitwirkenden Inhaber verwandter Schutzrechte einen reduzierten Schutzrahmen bei Änderungen am Werk für gültig. Mehrere Urheber bzw ausübende Künstler haben bei der Ausübung des Rechts auf Schutz vor Entstellungen und sonstigen Beeinträchtigungen **aufeinander angemessene** Rücksicht zu nehmen.

13 Filmurhebern, Urhebern der für die Filmherstellung verwandten Werke und an der Filmherstellung beteiligten Inhabern verwandter Leistungsschutzrechte steht ohnehin nur das Recht zu, gröbliche Entstellungen und andere **gröbliche Beeinträchtigungen** zu untersagen (§ 93 Abs. 1).

c) Bearbeitung nach §§ 3, 23. Wird durch eine Bearbeitung das Werk in seinen we- **14** sentlichen Zügen verändert, so bedarf es hierzu der Einwilligung des Urhebers, ohne dass es darauf ankommt, ob die Änderungen vom künstlerischen Standpunkt her vertretbar oder dem Erfolg des Werkes beim Publikum sogar förderlich sind (*BGH* NJW 1970, 2247 – Maske in Blau; NJW 1999, 790, 791 – Treppenhausgestaltung). Selbst Veränderungen, die nach objektiven Maßstäben keine abwertende Beurteilung verdienen, können als Werkbeeinträchtigung iSd § 14 anzusehen sein (*BGH* NJW 1989, 384, 385 – Oberammergauer Passionsspiele II). Verweigert der Urheberberechtigte, aus welchen Gründen auch immer, die gewünschte wesentliche Abänderung seines Werkes, hat der Bearbeitende diese Entsch. zu achten. IdR geht der **Wille des Urhebers in Konfliktfällen dem Willen des Bearbeiters vor**, auch weil das Publikum, welches ihm das unter seinem Namen erscheinende Werk zurechnet, unterscheiden können muss, was Zutat und was Umgestaltung ist (vgl *BGH* NJW 1970, 2247 – Maske in Blau).

Der Umstand, dass es sich bei einer Werkveränderung um eine Bearbeitung iSd §§ 3, **15** 23 handelt, macht die Prüfung, ob es sich um eine nach § 14 zu verbietende Werkbeeinträchtigung handelt, also nicht entbehrlich. Vielmehr wird auch eine Bearbeitung iSd § 23 im Allgemeinen als Werkbeeinträchtigung iSd § 14 anzusehen sein (vgl *BGH* NJW 1989, 384, 385 – Oberammergauer Passionsspiele II). Die Frage ist nur, ob sie die Interessen des Urhebers beeinträchtigt und die dann vorzunehmende **Interessenabwägung** zu seinem Nachteil ausgeht.

Das gilt auch, wenn der Dritte Nutzungsberechtigter ist (vgl *BGH* NJW 1970, **16** 2247 – Maske in Blau; NJW 1989, 384, 385 – Oberammergauer Passionsspiele II) und selbst dann, wenn die Änderungen am Werk ihrerseits selbst wieder ein schützenswertes Werk darstellen (*BGH* NJW 1999, 790, 701 – Treppenhausgestaltung). Auch hier kommt es aber darauf an, ob die Änderung geeignet ist, die Interessen des Urhebers zu beeinträchtigen, und bejahenden Falls, zu wessen Nachteil die dann anzuschließende Interessenabwägung ausfällt. Dabei sind allerdings die **Interessen des Eigentümers an der Erhaltung des neuen Werkes mit abzuwägen** (*BGH* NJW 1999, 790, 791 – Treppenhausgestaltung). Im Allgemeinen ergibt sich dabei folgende Wertung:

Eine Veränderung, die **im Rahmen einer vereinbarten Bearbeitung geboten** ist **17** oder in welche der Urheber eingewilligt hat, wird **idR schon keine Urheberinteressen verletzen** können (*BGH* NJW 1989, 384, 385 – Oberammergauer Passionsspiele II). Je nach der Art der Bearbeitung hat der Urheber nämlich mit der Einräumung des Nutzungsrechts auch einschneidenden, das künstlerische Konzept berührenden Veränderungen des Werkes zugestimmt (*BGH* NJW 1989, 384, 385 – Oberammergauer Passionsspiele II).

Die Befugnis zu Werkänderungen kann dabei auch **konkludent** erteilt worden sein. **18** Es kommt maßgeblich auf den erkennbar übereinstimmend verfolgten **Zweck** des Werkschaffens und die zwischen den Parteien bestehende Beziehung an. Ist zur Erreichung dieses Zwecks die Einräumung eines Bearbeitungsrechts erforderlich, wird man im Allgemeinen von einer stillschweigenden Abrede dieses Inhalts ausgehen können. Das gilt vor allem dann, wenn der Urheber das Bearbeitungsrecht bzgl des Werkes, welches er vorbehaltlos in den Dienst der Allgemeinheit gestellt hat, nach

seinem Tode nicht mehr selbst ausüben kann (*BGH* NJW 1987, 1404 f. – Oberammergauer Passionsspiele I; vgl *BGH* NJW 1989, 384, 385 – Oberammergauer Passionsspiele II).

19 Zu beachten ist allerdings, dass der Urheber **in die Vornahme einer Entstellung
nicht einwilligen kann**. Das Recht, Entstellungen zu verbieten, gehört zum Kernbereich des Urheberrechts und ist daher nicht disponibel (*BGH* NJW 1987, 1404, 1405
– Oberammergauer Passionsspiele I; NJW 1999, 790, 792 – Treppenhausgestaltung).

20 Bei **ungenehmigten Veränderungen**, die also entweder über die erteilte Zustimmung hinausgehen oder schon ohne vorherige Einräumung eines Bearbeitungsrechts
erfolgt sind, sind die **Interessen** des Urhebers auf der einen sowie die des Bearbeiters
auf der anderen Seite gegenüberzustellen und gegeneinander abzuwägen (*BGH* NJW
1989, 384, 385 – Oberammergauer Passionsspiele II). Ob eine durch den Urheber
nicht genehmigte Bearbeitung geeignet ist, seine berechtigten geistigen oder persönlichen Interessen am Werk zu gefährden, ist **im Lichte des § 23** festzustellen. Wie
sich im Umkehrschluss aus § 23 S. 2 ergibt, lässt das Gesetz die Vornahme von Bearbeitungen bis auf wenige Ausnahmefälle zu, ohne dass der Urheber einwilligen
muss. Daraus folgt, dass eine Interessengefährdung idR jedenfalls dann noch nicht
vorliegt, wenn die Bearbeitung sich in der **privaten Sphäre** des Bearbeiters abspielt
und eine Kenntnisnahme in der Öffentlichkeit nicht zu befürchten ist (vgl *Rehbinder*
Rn 244).

21 Ist durch die – genehmigte oder ungenehmigte – Änderung ein **neues, schützenswertes Werk** entstanden, kann sie gleichwohl nach § 14 einen Eingriff in das Urheberrecht am alten Werk beinhalten, zB wenn die Werke durch die Veränderung für
den unbefangenen Betrachter als untrennbare, von Anfang so geschaffene Einheit erscheinen, und sich dadurch der Urheber des neuen Werkes über das wesentliche Interesse des Urhebers des alten Werkes, sich und seinem Werk nicht fremde Gestaltungen zurechnen lassen zu müssen, hinwegsetzt (*BGH* NJW 1999, 790, 791 – Treppenhausgestaltung).

22 Änderungen und Erweiterungen eines urheberrechtlich geschützten Zweckbaus, die
der Eigentümer ohne Benutzung der früheren Pläne vornimmt, sind deshalb urheberrechtlich nur zulässig, wenn sie keine Entstellung des Bauwerks enthalten und wenn
sie dem Urheber nach Abwägung der Urheber- und Eigentümerinteressen zuzumuten
sind (*BGH* NJW 1974, 1381 – Schulerweiterung; vgl *BGH* NJW 1987, 1404 – Oberammergauer Passionsspiele I).

23 **d) Freie Benutzung nach § 24.** Die freie Benutzung eines Werkes ist nach § 24 zulässig. Sie wird idR keine Entstellung oder sonstige Beeinträchtigung des Werkes iSd
§ 14 darstellen. Der Wiederaufbau eines Gebäudes unter freier Benutzung der früheren Pläne ist folglich möglich (*Rehbinder* Rn 244). Auch einer Parodie oder Satire,
die sich als freie Benutzung des parodierten Werkes zeigt, kann nicht auf der Grundlage von § 14 entgegengetreten werden (vgl *Fromm/Nordemann/Hertin* § 14 Rn 19).
Dabei ist schon bei der Frage, ob eine **Parodie** bzw **Satire** eine freie Benutzung darstellt oder nur bearbeitet, die Meinungs- und Pressefreiheit zu beachten. Der *BGH*
(Urt. v. 20.3.2003, I ZR 117/00) ist deshalb davon ausgegangen, dass die Karikatur
des Gies-Adlers, die diesen als gierigen, bösartigen Raubvogel zeige, eine freie Benutzung sei.

Eine Grenze wird man jedoch dort ziehen müssen, wo zum Zwecke der Herstellung **24** des neuen Werkes **ohne Not in die Substanz des alten eingegriffen** wird. Hier liegt die entstellende bzw beeinträchtigende Handlung nicht in der Anlehnung des neuen Werkes an das alte, sondern darin, dass das „geistige Kind" des Urhebers als bloßes Material für neues Werkschaffen missbraucht wird und sich der neue Urheber dessen möglicherweise noch rühmt. Maßgeblich sind immer die Umstände des Einzelfalls, wobei es auch auf die Üblichkeit der Handlung ankommt. Während danach derjenige gegen § 14 verstößt, der ohne Not durch Aufbringen von Material an einer urheberrechtsgeschützten Skulptur ein neues Werk mit „fremdem Kern" formt, steht das Urheberrecht des Architekten der Verwendung der Steine des alten Gebäudes für neues Schaffen nicht entgegen. Auch Eigentumsrechte können verletzt sein.

e) Eigentumsschutz nach § 985 BGB. Das Änderungsverbot gilt grds auch für den **25** Eigentümer des Werkes. Es hat seine Grundlage im Wesen und Inhalt des Urheberrechts und besagt, dass selbst der Eigentümer des Werkoriginals dem Grunde nach keine in das fremde Urheberrecht eingreifenden Änderungen an dem ihm gehörenden Original vornehmen darf (*BGH* NJW 1982, 639, 640 – Kirchen-Innenraumgestaltung). Urheberrecht und Eigentum am Werkoriginal sind vom Gesetz als unabhängig voneinander und selbständig nebeneinander stehend ausgestaltet worden. Das Eigentumsrecht darf deshalb an Gegenständen, die ein urheberrechtlich geschütztes Werk verkörpern, nur unbeschadet des Urheberrechts ausgeübt werden (§ 903 BGB). Die Sachherrschaft des Eigentümers findet dort ihre Grenze, wo sie Urheberrechte verletzt. Umgekehrt kann aber auch der Urheber sein Urheberrecht nur unbeschadet des Eigentumsrechts ausüben. Ihm bleibt zwar das Urheberrecht mit allen daraus fließenden Berechtigungen grds erhalten. Er hat jedoch das Eigentum und die daraus fließenden Interessen des Werkeigentümers zu achten.

Ob und inwieweit der Urheber Änderungen am Werk durch den Eigentümer entgegentreten kann, ist daher durch eine **Interessenabwägung** zu bestimmen (*BGH* NJW **26** 1974, 1381, 1382 – Schulerweiterung; NJW 1999, 790, 791 – Treppenhausgestaltung). Das Ergebnis der Abwägung hängt von **Art und Umfang des konkreten Eingriffs** sowie von **Intensität und Ausmaß** der hiervon in erster Linie betroffenen urheberpersönlichkeitsrechtlichen Interessen ab, die ihrerseits weitgehend vom **individuellen Schöpfungsgrad**, vom Charakter und von der **Zweckbestimmung** des Werks beeinflusst werden. Dabei kann, soweit es um die Fragen einer Abänderung des Werkoriginals geht, auf die zur Interessenabwägung iRd **§ 39 Abs. 2** entwickelten Grundsätze zurückgegriffen werden (*BGH* NJW 1974, 1381, 1382 – Schulerweiterung).

Das Interesse des Urhebers an der Integrität seines Werkes ist im Allgemeinen nur **27** schutzwürdig, wenn die Gefahr besteht, dass das veränderte Werk einem größeren Personenkreis zur Kenntnis gelangt. Einer Veränderung im **privaten Kreis** kann er idR nicht entgegentreten, ebenso wie er auch eine private Bearbeitung nicht untersagen kann (*Rehbinder* Rn 244). Grds verdient das Bestands- und Integritätsinteresse des Urhebers stärkeren Schutz, wenn es sich um das **Werkoriginal**, als wenn es sich um Vervielfältigungsstücke handelt (*Schricker/Dietz* § 14 Rn 16).

Nicht näher konkretisierte, rein ästhetische Gründe spielen iRd Abwägung keine **28** Rolle (*BGH* NJW 1999, 790, 791 – Treppenhausgestaltung). Unmaßgeblich ist ferner, ob die Änderungen selbst wieder urheberrechtlich schützenswert sind (*BGH* NJW 1999, 790, 791 – Treppenhausgestaltung). Der Schutz des Urhebers durch das urheberrechtliche Änderungsverbot richtet sich nämlich nicht nur gegen künstlerische Verschlechterungen, sondern auch gegen andere Verfälschungen der Wesenszüge des Werkes in der Form, wie es anderen dargeboten wird (*BGH* NJW 1999, 790, 791 – Treppenhausgestaltung).

29   IRd gebotenen Interessenabwägung können je nach dem Rang des in Frage stehenden Werks und dem Verwendungszweck des Werkes zu einem engeren oder weiteren Freiheitsspielraum des Nutzungsberechtigten bei Werkänderungen führen (*BGH* NJW 1974, 1381 ff. – Schulerweiterung). Je **schöpferischer** die Elemente sind, die von der geplanten Veränderung betroffen sind, je **gravierender** die Veränderungen und je **intensiver** ihre Auswirkung auf die Substanz und den Gesamteindruck des Gebäudes sind, um so stärker bedarf der Urheber Schutz vor der Veränderung (*BGH* NJW 1974, 1381, 1383 – Schulerweiterung). Auf Seiten des Eigentümers sind vor allem die – objektiv zu ermittelnde – **Bedeutung** der geplanten Veränderung für die Verwendung des Gebäudes und die andernfalls eintretenden Nachteile für den Eigentümer und die Allgemeinheit zu berücksichtigen.

30   War dem Urheber der Zweck des Werkes und die Möglichkeit etwaiger Veränderungen **bekannt**, wird er die Veränderung eher als sonst hinnehmen müssen. **Kostengründe** können eine Rolle iRd Abwägung spielen, soweit es um das Interesse an einer möglichst kostensparenden Werkänderung oder -erweiterung geht. Auf den Zweck, für den die eingesparten Gelder später verwendet werden sollen, kommt es allerdings nicht an, da er außerhalb der Interessensphäre des betroffenen Urhebers liegt (*BGH* NJW 1974, 1381, 1383 – Schulerweiterung). Auch muss das Gericht nicht prüfen, ob andere, ebenfalls kostensparende Abänderungen des Werkes zu einer geringeren Beeinträchtigung der Urheberinteressen geführt hätten. Zwar muss der Eigentümer eines urheberrechtlich geschützten Bauwerks, der sich zu einer Änderung genötigt sieht, grds eine den betroffenen Urheber in seinen urheberpersönlichkeitsrechtlichen Interessen möglichst wenig berührende Lösung suchen. Hat er sich jedoch für eine bestimmte Planung entschlossen, so geht es iRd Interessenabwägung nur noch darum, ob dem betroffenen Urheber die geplanten konkreten Änderungen des von ihm geschaffenen Bauwerks zuzumuten sind. Ob daneben noch andere, den Urheber gegebenenfalls weniger beeinträchtigende Lösungen denkbar sind, soll dafür nicht von entscheidender Bedeutung sein (*BGH* NJW 1974, 1381, 1384 – Schulerweiterung).

31   Diese Interessenabwägung ist auch bei **Zweckbauten** durchzuführen. Es sind dort also nicht von vornherein solche Änderungen erlaubt, die der bestimmungsgemäße Gebrauchszweck erfordert. Eine rein auf den Gebrauchszweck und die zu seiner Verwirklichung notwendigen Änderungen abstellende Sichtweise würde nicht dem Schutz des Urhebers gerecht, der grds ein Recht darauf hat, dass das von ihm geschaffene Werk in seiner unveränderten individuellen Gestaltung erhalten bleibt (*BGH* NJW 1974, 1381, 1383 – Schulerweiterung). Der dem Urheber bekannte Gebrauchszweck ist jedoch iRd Interessenabwägung zu berücksichtigen, da sich häufig aus ihm ein erhebliches Interesse an Gebäudeerweiterungen oder sonstigen Veränderungen ergibt (*BGH* NJW 1974, 1381, 1383 – Schulerweiterung).

Eine Verpflichtung, ein zerstörtes Gebäude wieder aufzubauen, kann aus § 14 nicht **32** hergeleitet werden. Ob der Bauherr hingegen zum **Wiederaufbau** berechtigt ist, ist eine Frage der Vertragsauslegung; im Allgemeinen wird der Architekt dem Bauherrn das Vervielfältigungsrecht insoweit konkludent eingeräumt haben (weiter gehend *Rehbinder* Rn 244).

II. Entstellungen und andere Beeinträchtigungen

1. Prüfungsgang

Der Umfang des Rechts aus § 14 ist wie der des Allg. Persönlichkeitsrechts durch In- **33** teressenabwägung zu bestimmen (amtl. Begr. BT-Drucks. IV/270, 45). Sie setzt vor- aus, dass überhaupt eine Entstellung oder sonstige Beeinträchtigung vorliegt, und dass diese geeignet ist, die geistigen oder persönlichen Interessen des Urhebers am Werk zu gefährden. Entgegen *Hertin (Fromm/Nordemann/Hertin* § 14 Rn 5) bezieht sich der Relativsatz „die geeignet ist, seine berechtigten geistigen oder persönlichen Interessen am Werk zu gefährden", auch auf die Entstellung. Andernfalls hätte es nämlich heißen müssen: „ … oder eine andere Beeinträchtigung seines Werkes, die geeignet ist, seine berechtigten geistigen oder persönlichen Interessen am Werk zu gefährden, zu verbieten". Ferner machte es auch keinen Sinn, eine Werkentstellung zu untersagen, wenn diese nicht einmal abstrakt geeignet ist, die Interessen des Ur- hebers am Werk zu gefährden.

Danach ergibt sich ein **dreistufiger Prüfungsgang** (ebenso *Schricker/Dietz* § 14 **34** Rn 18; *Schilcher* S. 66 f.; iSd dreistufigen Prüfungsaufbaus auch *BGH* NJW 1989, 384, 385 – Oberammergauer Passionsspiele II; ebenso offenbar auch *BGH* NJW 1982, 639, 640 – Kirchen-Innenraumgestaltung; **aA** *Fromm/Nordemann/Hertin* § 14 Rn 6). Eine Interessenabwägung ist erst durchzuführen, wenn überhaupt eine Ent- stellung oder andere Beeinträchtigung vorliegt und diese zudem die Eignung zur In- teressengefährdung beinhaltet. Sind diese Voraussetzungen gegeben, kommt es dar- auf an, ob die Interessen des Urhebers angesichts der betroffenen Gegeninteressen derart „berechtigte Interessen" sind, dass ihnen als Ergebnis einer Interessenabwä- gung das größere Gewicht beizumessen ist. Die Intensität der Entstellung oder ande- ren Beeinträchtigung und der daraus folgenden Interessengefährdung spielt erst iRd Abwägung eine Rolle (*Schricker/Dietz* § 14 Rn 22).

Die tatrichterliche dabei vorzunehmende Beurteilung ist einer Nachprüfung in der **35** **Revisionsinstanz** nur beschränkt zugänglich (*BGH* NJW 1989, 384, 385 – Oberam- mergauer Passionsspiele II).

2. Vorliegen einer Entstellung oder anderen Beeinträchtigung

a) Abgrenzung der Entstellung von der anderen Beeinträchtigung. Die Unter- **36** scheidung zwischen Entstellung und sonstiger Beeinträchtigung ist deshalb von Re- levanz, weil dem Interesse des Urhebers an der Verhinderung einer Entstellung im Allgemeinen größere rechtliche Bedeutung als an der Verhinderung einer sonstigen Beeinträchtigung zukommt. Anders als zT vertreten (so *Schricker/Dietz* § 14 Rn 19; *Schack* Rn 342; *Schilcher* S. 60) ist die Entstellung allerdings nicht lediglich eine bes. schwere Beeinträchtigung. Entstellung und Beeinträchtigung haben vielmehr ei- gene Regelungskreise, die sich nur teilweise überschneiden. Nicht entscheidend ist, ob es sich bei dem in Frage stehenden Werkstück um das Original oder ein Vervielfältigungsstück handelt. Das Recht des Urhebers, Entstellungen und Werkbeeinträchtigungen zu verbieten, umfasst nämlich auch **Vervielfältigungsstücke** (näher hierzu unten Rn 38). Vielmehr grenzt sich die Entstellung durch die **Intensität** des Eingriffs einerseits und durch den stärkeren **Bezug zur wahrnehmbaren Form des Werkes** andererseits von der anderen Beeinträchtigung ab. So kann die vollständige Vernichtung eines Werkexemplars keine Entstellung sein, weil sie die wahrnehmbare Form des Werkes beseitigt; sie lässt sich aber als sonstige Beeinträchtigung erfassen.

37 Für die Frage, ob die für eine Entstellung im Gegensatz zur sonstigen Beeinträchtigung erforderliche Intensität sowie der Werkbezug vorliegen, kommt es auf den Eindruck an, den das Werk nach dem Durchschnittsurteil eines **für die entspr. Werkgattung empfänglichen und mit ihr einigermaßen vertrauten Menschen** vermittelt (vgl *BGH* NJW 1982, 639, 641 – Kirchen-Innenraumgestaltung; NJW 1982, 2553, 2555 –Allwetterbad). Die tatrichterliche Würdigung ist durch die Revisionsinstanz nur auf Rechtsfehler hin überprüfbar (*BGH* NJW 1982, 639, 641 – Kirchen-Innenraumgestaltung; NJW 1982, 2553, 2555 – Allwetterbad).

38 **b) Entstellung.** Entstellung iSd § 14 ist jede schwerwiegende Veränderung der wahrnehmbaren Wesenszüge des Werkes. Das kann grds jede Verfälschung, Verdrehung oder Verstümmelung des Werkes sein (*Grohmann* S. 84), und zwar unabhängig davon, ob sie an dem geschützten **Werkoriginal** oder einem vom Urheber oder sogar durch Dritte hergestellten und in den Verkehr gebrachten **Vervielfältigungsstück** vorgenommen wird. Nicht nur die Verletzung des Bestandes und der Unversehrtheit des Werkexemplars selbst in seiner konkret geschaffenen Gestaltung, sondern auch jede andere Beeinträchtigung der geistigen und persönlichen Urheberinteressen durch Form und Art der Werkwiedergabe und Werknutzung kann entstellend wirken (*BGH* NJW 1982, 639, 640 – Kirchen-Innenraumgestaltung).

39 Dementsprechend sind direkte und indirekte Eingriffe zu unterscheiden (*Schilcher* S. 67 ff.; *Schmidt* S. 125; vgl auch *Fromm/Nordemann/Hertin* § 14 Rn 9). Während erstere die Substanz des Werkes beeinträchtigen, bringen Letztere das Werk nur in einen bestimmten, Auswirkungen auf das Werk entfaltenden Sachzusammenhang mit anderen Werken, Sachen oder Umständen.

40 Vor allem Eingriffe in die Substanz, aber auch Verzerrungen oder Verfälschung der Wesenszüge des Werkexemplars zählen häufig zu den **direkten Eingriffen** (vgl *Fromm/Nordemann/Hertin* § 14 Rn 8). Das ist zB dann der Fall, wenn in einer Kirche mit geschützter Innenraumgestaltung Einrichtungsgegenstände aufgestellt und gestaltet werden und sich dadurch das geschützte Raumbild entscheidend verändert (vgl *BGH* NJW 1982, 639, 640 – Kirchen-Innenraumgestaltung). Auch eine **Teilvernichtung** des Werkexemplars kann Entstellung und nicht bloß – wie aber die Vernichtung als Ganzes – sonstige Beeinträchtigung sein. Sie liegt im Gegensatz zur Vernichtung als Ganzes dann vor, wenn der nach der Beseitigung der betr. Teile verbleibende Rest des Werkes noch auf das frühere Werk hinweist und an dieses erinnert, selbst wenn er für sich genommen nicht mehr urheberrechtsschutzfähig ist (*OLG München* ZUM 2001, 339 ff.). Die Abgrenzung ist wegen der an die Zulässigkeit einer Entstellung geknüpften höheren Anforderungen bedeutsam.

Aber auch der Sinn und die Tendenz des Werkes dürfen iSd Verbots **indirekter Ein-** **41** **griffe** nicht berührt werden (*BGH* NJW 1970, 2247 – Maske in Blau; *OLG Frankfurt* GRUR 1976, 199, 202; *Rehbinder* Rn 245). So verbot das RG (*RGZ* 79, 397 ff. – Felseneiland mit Sirenen) dem Eigentümer eines Freskobildes, die darauf abgebildeten unbekleideten Sirenen zu übermalen. Aus gleichem Grund kann die Kolorierung eines Schwarzweißfilmes entstellend wirken (*Schilcher* S. 115 f.; vgl *Schricker/Dietz* § 14 Rn 24). Ferner können die Kürzung wesentlicher Werkteile bei Sprach- und Musikwerken und die Änderung der Charaktere oder der Atmosphäre oder bedeutender Handlungsteile eines Schriftwerkes als Entstellung zu qualifizieren sein. Vgl auch *Hertin* (in: *Fromm/Nordemann* § 14 Rn 8) zur Änderung der Schlussszene des Bühnenstücks „Die Erpresser" von Peter-Paul Zahl.

Auch Veränderungen, die nach objektiven Maßstäben **keine abwertende Beurtei-** **42** **lung** verdienen, können als Entstellung iSd § 14 anzusehen sein (vgl *BGH* NJW 1989, 384, 385 – Oberammergauer Passionsspiele II; *OLG Frankfurt* GRUR 1976, 199, 202). Selbst Änderungen, die ihrerseits urheberrechtlich schützenswert sind, können entstellen („schöpferische Entstellungen", vgl *BGH* NJW 1999, 790, 791 – Treppenhausgestaltung). Die Besetzung der Hauptrolle eines Theaterstücks mit einem Farbigen, die dazu führt, dass aus dem Klassenstück ein Politstück wird, stellt daher selbst dann eine Entstellung dar, wenn sie eine bes. intensive künstlerische Wirkung entfaltet (vgl auch *Fromm/Nordemann/Hertin* § 14 Rn 8). Urheberrechtsschutz vorausgesetzt kann es ferner entstellend sein, die männlichen Rollen von Shakespeares Othello mit weiblichen Schauspielern und die weiblichen mit männlichen zu besetzen, wenn das Theaterstück dadurch eine gesellschaftspolitische Zielrichtung erhält, die zwar ihrerseits schöpferischem Tun entspringt, den Absichten des Urhebers des Original-Theaterstücks aber zuwiderläuft (vgl *Fromm/Nordemann/Hertin* § 14 Rn 8 zu einem ähnlichen Fall). Ein Teilabriss eines Kirchenbaus im Zuge seiner Renovierung und zugleich Anpassung an den veränderten Geschmack und gesunkene Kirchengängerzahlen, der zu einer grundlegenden Veränderung des Gesamtarrangements führt, ist Teilvernichtung und damit Entstellung (*OLG München* ZUM 2001, 339 ff.).

c) Andere Beeinträchtigung. Als sonstige Beeinträchtigung kommen alle anderen **43** Arten von Beeinträchtigungen in Betracht, die entweder nicht die Intensität einer Entstellung oder nicht den für diese erforderlichen Werkbezug erreichen. Wie bei der Entstellung ist zwischen direkten und indirekten Eingriffen zu unterscheiden. Einem indirekten Eingriff steht es gleich, wenn eine vom Verletzer nicht selbst bewirkte Entstellung des Werkes durch den Vertrieb von Fotografien einem weiteren Personenkreis zugänglich gemacht wird (*LG Mannheim* GRUR 1997, 364, 365). Keine Beeinträchtigung iSd § 14 stellen hingegen Maßnahmen dar, die den geistigen Gehalt des Werkes ganz unberührt lassen, wie idR die Wahl der Materialien und des Herstellungsverfahrens bei Werkstücken (*Schricker/Dietz* § 14 Rn 24).

Als andere Beeinträchtigungen des Werkes iSd § 14 kommen zunächst **Verstümme-** **44** **lungen**, **Kürzungen** und verschlechternde oder abwertende Änderungen des Werkes in Betracht. Entstellend kann es aber auch sein, das Werk in einen negativen Zusammenhang zu stellen. Ferner kann eine **Werkwiedergabe unter verletzenden Umständen** hierunter fallen. Die Abbildung eines Kunstwerkes auf einer Kondomverpackung stellt daher eine sonstige Beeinträchtigung dar (*Fromm/Nordemann/Hertin*

§ 14 Rn 9). Beeinträchtigend kann es wirken, wenn ein Kunstwerk inmitten von NS-Kunst abgebildet (*Fromm/Nordemann/Hertin* § 14 Rn 9) oder umgekehrt aus dem künstlerischen Gesamtzusammenhang genommen wird, für den es gedacht war. IRd hierbei vorzunehmenden Abwägung wird als ein zu berücksichtigender Belang auch die Kunstfreiheit des Verwerters berücksichtigt werden müssen, wenn dieser seinerseits mit der Präsentation künstlerische Ziele verfolgt. Eine Beeinträchtigung iSd § 14 kann auch darin liegen, dass der dem Künstler ursprünglich zugesagte repräsentative Standort durch einen anderen ersetzt wird, der diese Voraussetzungen nicht erfüllt (vgl *Fromm/Nordemann/Hertin* § 14 Rn 9). Ebenso kann ein Anspruch aus § 14 gegeben sein, wenn ein Text in einer gefälschten Zeitungsausgabe veröffentlicht und der Autor dadurch sogar in die Gefahr strafrechtlicher Verfolgung gebracht wird. Je nach den Umständen entstellend oder beeinträchtigend kann die Präsentation von Musiktiteln auf einem Sampler sein, auf dem sich auch Musik von Gruppen aus der rechtsradikalen Szene befindet (*OLG Frankfurt* GRUR 1995, 215, 216; zur Frage der zugunsten des Verwerters in die Interessenabwägung mit einzustellender Kunstfreiheit *BVerfG* ZUM 2001, 320 ff.). Eine Beeinträchtigung berechtigter geistiger und persönlicher Interessen des Urhebers kann schließlich zu bejahen sein, wenn urheberrechtsgeschützte Bilder so in eigens für diese gestaltete Bilderrahmen eingefügt werden, dass gegen den Willen des Urhebers der Eindruck eines Ganzen entsteht (*BGH* NJW 2002, 552, 556 – Unikatrahmen).

45 Selbst Veränderungen, die nach objektiven Maßstäben **keine abwertende Beurteilung** verdienen, können als Werkbeeinträchtigung iSd § 14 anzusehen sein (*BGH* NJW 1989, 384, 385 – Oberammergauer Passionsspiele II). Denn das Interesse des Urhebers, das Werk als sein geistiges Kind in der von ihm geschaffenen und nicht in einer veränderten Formgestaltung an die Öffentlichkeit treten zu lassen, kann auch hier berührt sein. Maßgebend für die Frage einer Werkbeeinträchtigung muss daher sein, ob der vom Urheber geschaffene geistig-ästhetische Gesamteindruck des Werkes objektiv nachweisbar verändert wird (vgl *BGH* NJW 1989, 384, 385 – Oberammergauer Passionsspiele II). Das kann im Ausnahmefall auch bei übermäßig vielen Werbeunterbrechungen bei der Filmdarstellung der Fall sein (vgl *Schilcher* S. 78 f.; *Schricker/Dietz* § 14 Rn 25).

46 **Keine sonstige Beeinträchtigung** ist eine sachliche **Kritik**, selbst wenn diese das Werk auf das Schärfste verurteilt (*Rehbinder* Rn 243; näher oben Vor §§ 12 ff. Rn 52). Auch die Fälschung der Signatur des Künstlers und ihre Anbringung auf einer Bildfälschung ist mangels Bezuges zu einem konkreten Werk des Künstlers keine sonstige Beeinträchtigung, sondern kann nur Ansprüche aus dem Allg. Persönlichkeitsrecht des Künstlers auslösen (näher oben Vor §§ 12 ff. Rn 44 ff.; **aA** *Fromm/Nordemann/Hertin* § 14 Rn 9 a). Ebenfalls nicht als Entstellung oder sonstige Beeinträchtigung angesehen wurde das Aufstellen einer elektronischen Orgel nebst Lautsprechern in einer **Kirche**, deren bauliche Innenraumgestaltung urheberrechtsgeschützt war (*BGH* NJW 1982, 639 ff. – Kirchen-Innenraumgestaltung).

47 Die **Teilvernichtung** eines Werkes ist zumeist eine Entstellung (näher oben Rn 40). Die vollständige **Vernichtung** des Werkes oder Vervielfältigungsstücks hingegen soll nach früherer Auffassung weder Entstellung noch andere Beeinträchtigung sein können, weil sie das Werk insgesamt beseitige (*RGZ* 97, 397, 401 – Felseneiland mit Sirenen; *KG* GRUR 1981, 742, 743; *v. Gamm* § 14 Rn 11; *Möhring/Nicolini/*

Kroitzsch § 14 Rn 24 f.; ähnlich *Rehbinder* Rn 244: im Allgemeinen liege kein Verstoß gegen § 14 vor). Dem kann nicht gefolgt werden (ebenso *Paschke* GRUR 1984,
858, 867; *Walchshöfer* S. 474). Zwar wird das Werkexemplar durch die Vernichtung
nicht entstellt, weil es anschließend den Augen der Allgemeinheit nicht mehr zugänglich ist, es liegt jedoch eine sonstige Beeinträchtigung der Beziehung des Urhebers zu seinem geistigen Werk vor. Das wird schon daran deutlich, dass mit dem Untergang des Werkexemplars bestimmte Rechte des Urhebers (zB § 25) erlöschen. Oft
ist die Vernichtung zudem Ausdruck einer Geringschätzung der geistigen Leistung,
die als der Konservierung nicht würdig angesehen wird. Ob die Beeinträchtigung geeignet ist, die Interessen des Urhebers zu beeinträchtigen, und zu wessen Gunsten die
Interessenabwägung ausfällt, ist nach allg. Grundsätzen festzustellen. Dabei ist einerseits das Interesse des Dritten an der Vernichtung, also zB das aus § 903 BGB folgende Interesse des Eigentümers daran, mit seinem Eigentum nach Belieben verfahren zu können, zu beachten. In die Abwägung einzubringen sind andererseits die Interessen des Urhebers. Vorrangig kann dieser erwarten, dass sein Werk nicht anders
als in der von ihm verliehenen individuellen Gestaltung an die Öffentlichkeit gelangt
(*RGZ* 79, 397, 399 – Felseneiland mit Sirenen; *Rehbinder* Rn 243) und dass sein Ruf
und Ansehen gewahrt bleiben. Da beides durch die Vernichtung unberührt bleibt,
wird im Allgemeinen aber schon entweder keine Interessengefährdung vorliegen
oder aber jedenfalls die Interessenabwägung zum Nachteil des Urhebers ausgehen
(iE ebenso *Schricker/Dietz* § 14 Rn 38). Anders kann es sich verhalten, wenn die
Werkvernichtung in Schädigungsabsicht oder unter Verstoß gegen das Schikaneve-
bot erfolgt. Bei hochwertigen Originalen der bildenden Künste kann es dem Eigentümer, der das Kunstwerk vernichten will, zumutbar sein, das Kunstwerk zum Materialwert an den Eigentümer zurückzugeben (*Schricker/Dietz* § 14 Rn 38). Kommt
das nicht in Betracht, muss er dem Urheber uU Gelegenheit geben, Skizzen oder Fotografien vom Werk zu fertigen (*Schricker/Dietz* § 14 Rn 40; s. auch § 25 Rn 9 ff.).

3. Eignung zur Interessengefährdung

a) Indizwirkung. Die Entstellung oder sonstige Beeinträchtigung kann nur nach § 14   **48**
untersagt werden, wenn sie geeignet ist, die geistigen oder persönlichen Interessen des
Urhebers am Werk zu gefährden. Dies wird durch das Vorliegen einer objektiven Beeinträchtigung bereits **indiziert** (*Schricker/Dietz* § 14 Rn 27 mwN; *Fromm/Norde-
mann/Hertin* § 14 Rn 15; vgl *BGH* NJW 1982, 1404, 1405 – Oberammergauer Passionsspiele I; ebenso offenbar auch *RGZ* 79, 397 ff. – Felseneiland mit Sirenen; *BGH*
NJW 1982, 639, 640 – Kirchen-Innenraumgestaltung). Denn schon das Interesse des
Urhebers, sein Werk nicht anders als in der von ihm verliehenen individuellen Gestaltung an die Öffentlichkeit gelangen zu lassen, ist schutzwürdig (*RGZ* 79, 397, 399;
Rehbinder Rn 243). Es entspricht der Schöpferwürde und ist zum Schutz des Rufes
und Ansehens des Urhebers erforderlich, dass der Urheber über die Form, in welcher
sein „geistiges Kind" der Öffentlichkeit dargeboten wird, selbst entscheiden kann.
Gleichwohl entbindet dies nicht von der Notwendigkeit, die schutzwürdigen Interessen des Urhebers und des potentiellen Verletzers festzustellen, da sie iRd sich dann
anschließenden Interessenabwägung gewichtet werden müssen. Ferner kann die Indizwirkung entfallen, wenn hinreichende Anhaltspunkte gegen ein schützenswertes Interesse des Urhebers sprechen oder dieser der Werkänderung sogar zugestimmt hatte.

49   **b) Objektive Betrachtung.** Festzustellen sind alle Interessen, die der Urheber aus **objektiver Sicht** betrachtet an seinem Werk haben kann. Übertriebene Empfindlichkeiten oder eine übersteigerte Eitelkeit des Urhebers bleiben dabei außer Betracht. Auf die Realitäten des Lebens und die Gewohnheiten des Verkehrs hat der Urheber gebührend Rücksicht zu nehmen (*Schricker/Dietz* § 14 Rn 29).

50   Objektiv berücksichtigungsfähig sind neben dem **Ansehen**, welches der Urheber aus dem Werk und dessen Verwertung gewinnen kann, vor allem die **Integrität** und die Unversehrtheit des Werkes und dessen Eigenarten als **„geistiges Kind"** des Urhebers und die Aufrechterhaltung der – auch nach außen ersichtlichen – **Bindung** zwischen Urheber und Werk. Je renommierter der Urheber, je eigentümlicher und **einzigartiger** das Werk, je intensiver die Bindung des Urhebers an das Werk und je stärker der Eingriff in dieses ist, um so eher wird daher grds eine Interessengefährdung anzunehmen sein. Umgekehrt kann eine Interessengefährdung dort ausscheiden, wo die Bindung des Urhebers an das Werk nicht existent oder gering ist und wo vor allem in **nicht schöpferische Bestandteile** des Werkes eingegriffen wurde.

51   Diese Kriterien sind auch noch nach dem **Tode des Urhebers** maßgeblich. Der Anregung, Bearbeitungen eines Werkes nach dem Tode des Urhebers nur zuzulassen, wenn der Urheber sie durch letztwillige Verfügung gestattet hat, ist der Gesetzgeber wegen der darin liegenden starken Beschränkungen der Erben nicht gefolgt (amtl. Begr. BT-Drucks. I/270, 45). Eigene, nicht durch die Rechtsnachfolge vermittelte Interessen der Erben des Urhebers haben iRd Interessenabwägung aber unberücksichtigt zu bleiben (*BGH* NJW 1989, 384, 385 – Oberammergauer Passionsspiele II). Auch ist nach **hM** zu beachten, dass die Interessen des Urhebers Jahre oder noch Jahrzehnte nach seinem Tode nicht notwendig dasselbe Gewicht haben wie zu seinen Lebzeiten (*BGH* NJW 1989, 384, 385 – Oberammergauer Passionsspiele II).

52   **c) Einzelfälle.** Eine Veränderung, in welche der Urheber **eingewilligt** hat, ist im Allgemeinen **nicht** geeignet **Urheberinteressen zu verletzen** (*BGH* NJW 1989, 384, 385 – Oberammergauer Passionsspiele II). Je nach Umfang der Zustimmung hat der Urheber mit ihr auch einschneidenden, das künstlerische Konzept berührenden Veränderungen des Werkes zugestimmt (*BGH* NJW 1989, 384, 385 – Oberammergauer Passionsspiele II). Eine Einwilligung zur Werkveränderung in diesem Sinne erteilt der Urheber regelmäßig dann, wenn er einem Dritten am Werk vertraglich ein **Nutzungsrecht** einräumt. Welche Veränderungen von der Zustimmung gedeckt sind, ist durch Auslegung zu ermitteln. Musste der Urheber bei Vertragsschluss mit den betr. Änderungen rechnen, zB weil er um eine entspr. Branchen- oder Verkehrsübung wusste, hat er sie idR stillschweigend durch den Abschluss des Vertrages genehmigt. In die Vornahme einer **Entstellung kann der Urheber** allerdings **nicht einwilligen**. Das Recht, Entstellungen zu verbieten, gehört zum Kernbereich des Urheberrechts und ist daher nicht disponibel (*BGH* NJW 1987, 1404, 1405 – Oberammergauer Passionsspiele I; NJW 1999, 790, 792 – Treppenhausgestaltung; **aA** *Schricker/Dietz* § 14 Rn 11).

53   Ebenso folgt aus der Einräumung eines **Bearbeitungsrechts** die Zustimmung zu den notwendigen Werkänderungen. Diese zT als sog. qualifizierte Änderungen bezeichneten (*Grohmann* S. 61; *Schricker/Dietz* § 14 Rn 11) Werkveränderungen sind zulässig. Deshalb sind bei der Verfilmung unabhängig von den Einschränkungen der

§§ 75, 93 starke Kürzungen zulässig, weil das Werk auf eine kurze Spieldauer zusammengedrängt werden muss (*Rehbinder* Rn 246). Gleiches gilt auch im Anwendungsbereich von Nutzungsverträgen, die eine Umsetzung des Werkes in eine andere Darbietungsform vorsehen, also zB bei Bühnenaufführungen (*Schricker/Dietz* § 14 Rn 13; vgl *BGH* NJW 1970, 2247 – Maske in Blau).

Ob eine **durch den Urheber nicht genehmigte Bearbeitung** geeignet ist, seine **54** geistigen oder persönlichen Interessen am Werk zu gefährden, ist im Lichte des § 23 festzustellen. Wie sich im Umkehrschluss aus § 23 S. 2 ergibt, lässt das Gesetz die Vornahme von Bearbeitungen bis auf wenige Ausnahmefälle zu, ohne dass der Urheber einwilligen muss. Daraus folgt, dass eine Interessengefährdung idR jedenfalls dann noch nicht vorliegt, wenn die Bearbeitung sich in der privaten Sphäre des Bearbeiters abspielt und eine Kenntnisnahme an die Öffentlichkeit nicht zu befürchten ist (vgl *Rehbinder* Rn 244). Etwas anderes gilt hier aber häufig dann, wenn der Bearbeiter die Veränderung direkt an dem vom Urheber in den Verkehr gebrachten Original oder Vervielfältigungsstück vornimmt und dieses dadurch entweder vernichtet oder doch zumindest irreparabel verändert. Wegen der weiteren Abwägungskriterien s. schon oben Rn 48 ff.

Eine Veränderung, die gesetzlich **nach §§ 44a ff. erlaubt** ist, wie zB die in dem Ko- **55** pieren nur einzelner Seiten eines Werkes liegende Verstümmelung desselben, kann schon begrifflich keine Interessen des Urhebers verletzen. § 62 verbietet nur darüber hinausgehende Entstellungen oder Beeinträchtigungen.

Zur Frage, wann eine Entstellung oder sonstige Beeinträchtigung des Werkes im **56** Verhältnis zu dessen **Eigentümer** geeignet ist, die geistigen oder persönlichen Interessen des Urhebers am Werk zu gefährden, s. schon oben Rn 48 ff. Das Interesse des Urhebers an der Integrität seines Werkes ist hier im Allgemeinen nur schutzwürdig, wenn die Gefahr besteht, dass das veränderte Werk einem größeren Personenkreis zur Kenntnis gelangt. Einer Veränderung im **privaten Kreis** kann er idR nicht entgegentreten, ebenso wie er auch eine private Bearbeitung nicht untersagen kann (*Rehbinder* Rn 244; *Schricker/Dietz* § 14 Rn 15). Regelmäßig verdient das Bestands- und Integritätsinteresse des Urhebers stärkeren Schutz, wenn es sich um das Werkoriginal, als wenn es sich um Vervielfältigungsstücke handelt (*Schricker/Dietz* § 14 Rn 16).

Für **ausübende Künstler, Urheber und ausübende Künstler eines Filmwerkes** **57** **sowie Urheber der bei der Filmherstellung benutzten Werke** gelten die §§ 75, 93. Auf die dortige Kommentierung wird verwiesen. Zur Frage der Interessengefährdung bei der Werkvernichtung so Rn 40.

Bei **Bauwerken** ist iÜ zwischen der Vollendung und der Änderung des Werkes zu **58** unterscheiden. Geht es um die Vollendung des Bauwerks, ist der Vertrag zwischen dem Bauherrn und dem Architekten daraufhin auszulegen, wem das Recht zur Vollendung des Bauwerks zustehen soll. Zur Frage der Lizenzierungsmöglichkeit von Urheberpersönlichkeitsrechten s. schon oben Vor §§ 12 ff. Rn 21 f.

Fehlt eine Vereinbarung, welche dieses Recht dem Architekten vorbehält, liegt das **59** **Recht zur Werkvollendung beim Bauherrn** (*BGH* NJW 1971, 556, 557 – Farbanstrich). Entscheidet dieser sich gegen eine Vollendung des Bauwerks, kann darin schon begrifflich keine Beeinträchtigung iSd § 14 oder des § 39 gesehen werden

(*BGH* NJW 1982, 639, 640 – Kirchen-Innenraumgestaltung). Vollendet der Bauherr das Bauwerk nach eigenem Gutdünken, muss sich die Werkvollendung an § 14 bzw § 39 messen lassen (vgl *BGH* NJW 1982, 2553, 2555 – Allwetterbad). Im Allgemeinen liegt in bloßen Werkergänzungen keine Verletzung des Urheberrechts. Hingegen muss der Urheber Werkveränderungen nicht hinnehmen, wenn es sich um wesentliche, ihm nicht zumutbare Änderungen handelt (vgl *BGH* NJW 1982, 2553, 2555 – Allwetterbad).

60 Liegt das **Recht zur Vollendung des Bauwerks beim Architekten** und nicht beim Bauherrn, kann dem Architekten ein Anspruch auf Werkvollendung zustehen, der nicht notwendig vertraglicher Art sein muss, sondern sich auch aus dem Urheberrecht ergeben kann (*BGH* NJW 1982, 639, 640 – Kirchen-Innenraumgestaltung). Hindert der Bauherr den Architekten an der Werkvollendung, kann dies einen Eingriff in das Urheberrecht nach § 14 oder § 39 darstellen. Ebenso sind eigenmächtige Veränderungen am Bau durch den Bauherrn vor oder nach Fertigstellung des Bauwerks daraufhin zu überprüfen, ob sie eine Werkbeeinträchtigung nach § 14 oder § 39 darstellen.

4. Interessenabwägung

61 § 14 macht das Recht des Urhebers, sich gegen Entstellungen oder sonstige Beeinträchtigungen zu wenden davon abhängig, dass die dadurch möglicherweise verletzten Interessen des Urhebers berechtigte Interessen sind. Ob ein Anspruch aus § 14 besteht, ist daher durch Interessenabwägung zu ermitteln. Dabei sind alle schützenswerten Interessen und Belange des Urhebers denen der die Änderung vornehmenden Person sowie der Allgemeinheit an der Vornahme der Änderung gegenüberzustellen und zu gewichten. Im Allgemeinen werden die Interessen des Urhebers an der Verhinderung einer Entstellung überwiegen, während es bei einer sonstigen Beeinträchtigung des Werkes stärker auf die Umstände des Einzelfalls ankommt. In jedem Fall bedarf es aber einer umfassenden Abwägung anhand der für bzw gegen die fragliche Maßnahme sprechenden Belange:

62 Dem **Interesse des Urhebers, sein Werk unverändert** und nicht anders als in der von ihm verliehenen individuellen Gestaltung **an die Öffentlichkeit gelangen zu lassen, kommt neben der Art und Intensität des Eingriffs bes. Gewicht** zu (vgl *RGZ* 79, 397, 399 – Felseneiland mit Sirenen; *Rehbinder* Rn 243; **aA** *Schricker/Dietz* § 14 Rn 29). Nur zugunsten überwiegender Belange muss dieses Interesse zurücktreten und nur insoweit, als es unbedingt erforderlich ist (*Rehbinder* Rn 243). Der Urheber kann folglich zumindest Werkveränderungen oder die Wiedergabe des Werkes in einem entstellenden Sachzusammenhang verbieten, die seinem Ansehen abträglich sind (*Rehbinder* Rn 243; vgl *OLG Frankfurt* GRUR 1995, 215, 216). Aber auch alle anderen persönlichen und geistigen Interessen des Urhebers sind zu berücksichtigen. Ihnen gegenüberzustellen sind die Interessen des potentiellen Verletzers und der Allgemeinheit. Auf Seiten des die Veränderung vornehmenden Dritten ist der **Rechtsgedanke des § 23** zu berücksichtigen, der eine Bearbeitung in den meisten Fällen zulässt, solange sie nicht aus der Privatsphäre des Bearbeitenden an die Öffentlichkeit gelangt.

Anhaltspunkte für die Interessenabwägung liefern ferner **die Wertungen des § 62**, 63
der zB die Übertragung in eine andere Tonlage oder eine andere Größe zulässt. Auch
der **Zweck der Bearbeitung** ist ebenso wie die **Gefahr eines Missbrauchs** und der
dauerhaften Schädigung des Urhebers zu berücksichtigen. So können veränderte
Nachbildungen von Kunstwerken zulässig sein, wenn sie zu Übungszwecken erfolgen und ausgeschlossen ist, dass sie dem Künstler als eigene zugeordnet werden oder
in falsche Hände gelangen. Ist die Bearbeitung dem **Ansehen** des Urhebers abträglich, wird er zB durch die Aufbringung seines Kunstwerkes lächerlich gemacht, oder
schmarotzt der Bearbeiter sogar am fremden Ruf, sind die Änderungen unzulässig.
Beim **Um- oder Ausbau** eines Werkes, vor allem eines Bauwerkes, ist zu prüfen, ob
es dem Eigentümer zumutbar ist, die neuerliche Planung demselben Architekten zu
übertragen, der bereits das Bauwerk in seiner ursprünglichen Fassung erstellt hat.
Kostengründe können dabei ebenso wie Ausschreibungspflichten und **wettbewerbsrechtliche** Pflichten zur Gleichbehandlung eine Rolle spielen (vgl zu Ersterem
BGH NJW 1974, 1381, 1383 – Schulerweiterung).

Die Pflichten des Eigentümers gegenüber dem Urheber gehen aber im Allgemeinen 64
nicht so weit, dass er Veränderungen in der von ihm gewünschten Um- oder Ausbau-
planung zustimmen muss, weil der Urheber diese favorisiert. Hat er sich für eine bestimmte **Planung entschlossen**, so geht es iRd Interessenabwägung nur noch darum,
ob dem betroffenen Urheber die geplanten konkreten Änderungen des von ihm
geschaffenen Bauwerks zuzumuten sind. Ob daneben noch andere, den Urheber ggf
weniger beeinträchtigende Lösungen denkbar sind, ist nicht von entscheidender
Bedeutung (*BGH* NJW 1974, 1381, 1384 – Schulerweiterung). Zur Interessenabwägung bei **Bearbeitungen** und **fremdem Eigentum** s. iÜ oben Rn 14 ff. und 25 ff.

Ist eine Änderung durch **gesetzliche oder behördliche Vorgaben** erforderlich ge- 65
worden, kann es der Billigkeit entsprechen, dem Urheber Gelegenheit zu geben, die
so geänderte Gestaltung entspr. festzulegen (vgl *Fromm/Nordemann/Hertin* § 14
Rn 16). Ein Verstoß gegen diese Pflicht macht die Änderung nach § 14 unzulässig.

Durch die Werkvernichtung werden die durch § 14 geschützten Interessen des Urhe- 66
bers im Allgemeinen weniger berührt. Die vollständige **Werkvernichtung** ist daher
anders als die teilweise Werkbeseitigung jedenfalls keine unzulässige Entstellung.
Anders kann es sich zB verhalten, wenn ein schützenswertes Interesse der Allgemeinheit an der Bewahrung eines künstlerisch bes. wertvollen Werkes vor der Vernichtung besteht. Zu den Einzelheiten der Interessenabwägung bei der Werkvernichtung s. näher oben Rn 47).

Grenzen werden den schützenswerten Belangen des Urhebers auch durch Praktika- 67
bilitäts- und Verhältnismäßigkeitsgesichtspunkte gesetzt. So sind zB im Bereich der
Werbung die Interessen des Nutzungsberechtigten, sich auf täglich veränderte Situationen einstellen zu müssen, zu berücksichtigen (*Schricker/Dietz* § 14 Rn 31).
Lässt sich eine geringfügige Beeinträchtigung des Werkes nur mit **unverhältnismäßigem Aufwand** beseitigen, kann das Verlangen des Urhebers danach unzulässig
sein. Der Urheber, der **massenhaft** Vervielfältigungsstücke seines Werkes verwertet,
kann uU zur Hinnahme stärkerer Beeinträchtigungen gezwungen sein als derjenige,
der nur das Werkoriginal in den Verkehr gebracht hat. Ohnehin sind die Interessen
des Urhebers bei **seltenen und künstlerisch wertvollen Kunstwerken** stärker zu

berücksichtigen als bei Gebrauchsgegenständen. Der Urheber ist zwar grds nicht verpflichtet, sein Werk gegen den Zugriff Dritter zu schützen, sodass ein **Deep-Link**
(vgl hierzu näher *Plaß* WRP 2000, 599) Urheberrechte verletzen kann, obgleich der
Urheber ihn durch Java-Skript verhindern könnte. Wer selbst nicht hinreichend Vor-
sorge gegen Beeinträchtigungen seines Werkes getroffen hat, kann aber uU weniger
schützenswert sein als derjenige, der alle erforderlichen **Vorkehrungen** gegen
Werkbeeinträchtigungen unternommen hat. Im **Internet-Bereich** ist dabei auch zu
beachten, dass die meisten Schutzmaßnahmen ausgeschaltet werden können, so etwa
der Java-Skipt-Schutz vor Deep-Links.

5. Beispiele

68 **Unzulässig** (allerdings nach § 39) können Änderungen sein, die der **Bauherr** nach
der Kündigung aus wichtigem Grund des mit dem Generalunternehmer geschlossenen Bauvertrages an den zu diesem Zeitpunkt noch nicht vollständig fertig gestellten
Plänen des von dem Generalunternehmer beauftragten Architekten vornimmt, wenn
diese wesentlich und dem Architekten nicht zumutbar sind (vgl *BGH* NJW 1982,
2553 ff. – Allwetterbad). Die verstümmelte Wiedergabe eines künstlerischen **Lichtbilds** auf einem Buchumschlag kann nach § 14 untersagt werden (vgl *BGH* NJW
1971, 885 f. – Petite Jaqueline). Werkentstellend ist die mittige Teilung eines **Gemäldes**, weil die Gesamtkomposition durch sie verzerrt und die Aussage des Bildes
verfälscht wird (*Wandtke/Bullinger* Fall 3, S. 16). Sogar der Vertrieb von Kunstdrucken eines Gemäldes in von dritter Hand bemaltem Rahmen soll eine Urheberrechtsverletzung darstellen können (*BGH* Urt. v. 7.2.2002 – I ZR 304/99). Wer einen Politiker karikiert hat, kann sich nach § 14 dagegen wenden, dass ein anderer der **Karikatur** ohne seine Zustimmung eine Sprechblase mit einem Kurztext in den Mund
legt und das Gesamtkonzept veröffentlicht (s. hierzu *Wandtke/Bullinger* Fall 10,
S. 55 ff.). Das *LG Leipzig* (ZUM 2000, 331 ff.) hat auf Antrag des Opernregisseurs
durch einstweilige Verfügung die Aufführung der von ihm inszenierten **Operette**
„Die Csádásfürstin" in gekürzter Form untersagt; die hiergegen gerichtete Berufung
wurde zurückgewiesen (*OLG Dresden* NJW 2001, 622 ff.). Der **Teilabriss** eines Kir-
chenbauwerks wurde als unzulässig angesehen (*OLG München* ZUM 2001, 339,
344). Zur Rechtslage bei Hyperlinks s. *Plaß* WRP 2000, 599. Wer einen Ausschnitt
eines Liedes ohne Akkorde als **Handyklingelton** verwendet, kann gegen § 14 verstoßen (vgl *LG Hamburg* ZUM 2001, 443).

69 **Zulässig** können Änderungen sein, die nach dem Tode des Urhebers an den von ihm
erstellten **Bühnenbildern** vorgenommen werden, wenn sie zur Anpassung an den
Zeitgeschmack erforderlich sind, der Urheber, der sein Werk vorbehaltlos in den
Dienst der Allgemeinheit gestellt hat, mit ihnen rechnen konnte und musste und die
Änderungen nicht entstellend wirken (vgl *BGH* NJW 1987, 1404, 1405 – Oberam-
mergauer Passionsspiele I; NJW 1989, 384, 385 – Oberammergauer Passionsspiele
II). In der Aufstellung einer elektronischen Orgel anstelle einer Pfeifenorgel in einem
Kirchenbau liegt kein Verstoß gegen § 39 oder § 14, wenn die Pfeifenorgel zwar in
die künstlerische Gesamtkonzeption miteinbezogen war, aber nicht Gegenstand des
Architektenvertrags und der danach vorzunehmenden Innenraumgestaltung geworden ist (*BGH* NJW 1982, 639 ff. – Kirchen-Innenraumgestaltung). Keine Ansprüche
aus § 14 löst die bloß technisch **unzureichende Aufzeichnung** eines Werkes aus.

Zwar ist sie grds geeignet, die Interessen des Urhebers zu gefährden. Die bloße Annahme einer Interessengefährdung genügt jedoch für die Annahme einer Entstellung oder sonstigen Beeinträchtigung noch nicht. Vielmehr kommt diese erst in Betracht, wenn die Darbietung tatsächlich in einer die Interessen des Urhebers beeinträchtigenden Weise verändert worden ist oder wenn die Gefahr besteht, dass der Hörer der Aufnahme die Mängel nicht einer unzureichenden Technik der Übertragung oder Aufzeichnung, sondern der mangelhaften künstlerischen Leistung des Urhebers zuschreibt (so zu § 83 aF *BGH* GRUR 1987, 814, 816 – Die Zauberflöte). Für zulässig hat das *OLG Hamburg* (AfP 1998, 80 ff.) die **Entfernung der Filmmusik** aus dem Filmwerk bei der Verwendung kurzer Filmausschnitte für eine Comedy-Serie angesehen, wobei es dahinstehen ließ, ob der Komponist Miturheber des Filmes sei. Eine Miturheberschaft des Komponisten unterstellt, dürfte diese Entsch. unrichtig sein, weil die Verwertung des Filmes ohne die Filmmusik gegen den Willen des Urhebers eine andere Beeinträchtigung des Filmes darstellt, welche die Interessen des Miturhebers, um dessen Beitrag es sich handelt, erheblich berührt. Anders kann es sich hingegen verhalten, wenn der Berechtigte der Bearbeitung zugestimmt hat. Daher hat das *OLG München* (NJW 2001, 618 ff.) in der Verwendung nur einzelner Teile der Regieleistung entspr. einer Vereinbarung im Regievertrag keinen Verstoß gegen § 93 gesehen. Für zulässig wurde der Abriss der **Kasseler Treppe** auf dem Königsplatz angesehen (anders noch die nach Durchführung der Berufung rechtskräftige einstweilige Verfügung des *LG Kassel* v. 11.5.1994, Az: 8 O 809/94).

III. Rechtsfolgen

Bei Entstellungen und sonstigen Beeinträchtigungen kommt zunächst neben einem **70** **Unterlassungsanspruch** ein **Beseitigungsanspruch** in Betracht. Eine bes. Form der Beseitigung ist die Vernichtung nach **§ 98**. Betroffen sind an sich nur rechtswidrig hergestellte Vervielfältigungsstücke, wobei ein vom Verletzer hergestelltes Werkoriginal, selbst wenn es sich dabei bloß um eine Bearbeitung (§ 3) des Ausgangswerkes handelt, kein Vervielfältigungsstück darstellt. Hier kommt aber in den Grenzen des für das neue Werk geltenden § 14 eine Vernichtung als Möglichkeit, einen Anspruch auf Beseitigung der Störung durchzusetzen, in Betracht (*RGZ* 79, 397 ff. – Felseneiland mit Sirenen; vgl zu einem entspr. Sachverhalt auch *Wandtke/Bullinger* Fall 3, S. 18). Schon der **Besitz eines entstellten Werkes** reicht angesichts der darin liegenden Gefahr, dass das Werk an die Öffentlichkeit gelangt, hierfür im Allgemeinen aus. Ob der Eigentümer, der die Entstellung selbst nicht zu vertreten hat, auf Unterlassung oder sogar Beseitigung in Anspruch genommen werden kann, ist durch Abwägung vor allem des Integritätsinteresses des Urhebers und des Eigentums des Besitzers festzustellen.

Ist die Rückgängigmachung von Entstellungen und anderen Beeinträchtigungen un- **71** möglich, etwa weil die Entstellung in einer irreparablen Beschädigung des Werkes liegt, ist der Urheber auf Sekundäransprüche angewiesen. Sie bestehen aber auch neben den Ansprüchen auf Unterlassung und Beseitigung, jedoch nur gegen den Schädiger selbst. Vor allem bei Entstellungen werden häufig auch die Voraussetzungen für den Ersatz des immateriellen Schadens gem. **§ 97 Abs. 2** gegeben sein. Je nach dem Ergebnis der Interessenabwägung kann unter entspr. Anwendung des § 38 KUG ein **Recht auf Übernahme** eines Kunstwerkes, welches der Eigentümer vernichten will, Zug um Zug gegen Erstattung der Materialkosten bestehen. Schließlich können sich **Auskunftsansprüche** nach § 101a oder allg. Grundsätzen ergeben.

Unterabschnitt 3
Verwertungsrechte

§ 15   Allgemeines

(1) Der Urheber hat das ausschließliche Recht, sein Werk in körperlicher Form zu verwerten; das Recht umfaßt insbesondere

1. das Vervielfältigungsrecht (§ 16),
2. das Verbreitungsrecht (§ 17),
3. das Ausstellungsrecht (§ 18).

(2) Der Urheber hat ferner das ausschließliche Recht, sein Werk in unkörperlicher Form öffentlich wiederzugeben (Recht der öffentlichen Wiedergabe). Das Recht der öffentlichen Wiedergabe umfasst insbesondere

1. das Vortrags-, Aufführungs- und Vorführungsrecht (§ 19),
2. das Recht der öffentlichen Zugänglichmachung (§ 19a),
3. das Senderecht (§ 20),
4. das Recht der Wiedergabe durch Bild- oder Tonträger (§ 21),
5. das Recht der Wiedergabe von Funksendungen und von öffentlicher Zugänglichmachung (§ 22).

(3) Die Wiedergabe ist öffentlich, wenn sie für eine Mehrzahl von Mitgliedern der Öffentlichkeit bestimmt ist. Zur Öffentlichkeit gehört jeder, der nicht mit demjenigen, der das Werk verwertet, oder mit den anderen Personen, denen das Werk in unkörperlicher Form wahrnehmbar oder zugänglich gemacht wird, durch persönliche Beziehungen verbunden ist.

§ 15 idF bis 12.9.2003

(1) ...

(2) Der Urheber hat ferner das ausschließliche Recht, sein Werk in unkörperlicher Form öffentlich wiederzugeben (Recht der öffentlichen Wiedergabe); das Recht umfaßt insbesondere

1. das Vortrags-, Aufführungs- und Vorführungsrecht (§ 19),
2. das Senderecht (§ 20),
3. das Recht der Wiedergabe durch Bild- oder Tonträger (§ 21),
4. das Recht der Wiedergabe von Funksendungen (§ 22).

(3) Die Wiedergabe eines Werkes ist öffentlich, wenn sie für eine Mehrzahl von Personen bestimmt ist, es sei denn, daß der Kreis dieser Personen bestimmt abgegrenzt ist und sie durch gegenseitige Beziehungen oder durch Beziehung zum Veranstalter persönlich untereinander verbunden sind.

Literatur: *Apel/Steden* Urheberrechtsverletzungen durch Werbeblocker im Internet, WRP 2001, 112; *Becker/Dreier* Urheberrecht und digitale Technologie, Schriftenreihe UFITA, Bd 121, 1994; *Bueb* Der Veröffentlichungsbegriff im deutschen und internationalen Urheberrecht, Diss., 1974; *Delp* Das Recht des geistigen Schaffens – Entstehung, Bestand, Tendenzen der autonomen und antinomen Grundrechte, des Urheberrechts und des Urhebervertragsrechts, 1993; *Dietz* Die Entwicklung des Urheberrechts in Deutschland von 1993 bis Mitte 1997, UFITA 136 (1998), 5; *ders.* Urheberrecht im Wandel – Paradigmenwechsel im Urheberrecht?, in: Dittrich (Hrsg), Woher kommt das Urheberrecht und wohin geht es?, 1988, S. 200; *Dreier* Kabelweiterleitung und Urheberrecht: Eine vergleichende Darstellung, 1991; *ders.* Verletzung urheberrechtlich geschützter Software nach der Umsetzung der EG-Richtlinie, GRUR 1993, 781; *Eberle* Medien und Medienrecht im Umbruch, GRUR 1995, 790; *Frey* Peer-To-Peer File-Sharing, das Urheberrecht und die Verantwortlichkeit von Diensteanbietern am Beispiel Napster; Inc. im Lichte des US-amerikanischen und des EG-Rechts, ZUM 2001, 466; *Haberstumpf* Handbuch des Urheberrechts, 1. Aufl. 1996; *Heckmann* E-Commerce: Flucht in den virtuellen Raum?, NJW 2000, 1370; *Hoeren* Internet und Recht – Neue Paradigmen des Informationsrechts, NJW 1998, 2849; *Joos* Die Erschöpfungslehre im Urheberrecht: Eine Untersuchung zu Rechtsinhalt und Aufspaltbarkeit des Urheberrechts mit vergleichenden Hinweisen auf Warenzeichenrecht, Patentrecht und Sortenschutz, 1991; *Junker* Die Entwicklung des Computerrechts im Jahre 1998, NJW 1999, 1294; *Katzenberger* Elektronische Printmedien und Urheberrecht – Urheberrechtliche und urhebervertragsrechtliche Fragen der elektronischen Nutzung von Zeitungen und Zeitschriften, AfP 1997, 434; *Koch* Grundlagen des Urheberrechtsschutzes im Internet und in Online-Diensten, GRUR 1997, 417; *Koehler* Der Erschöpfungsgrundatz des Urheberrechts im Online-Bereich, 2000; *Kreutzer* Napster, Gnutella & Co.: Rechtsfragen zu Filesharing-Netzen aus der Sicht des deutschen Urheberrechts de lege lata und de lege ferenda – Teil 1, GRUR 2001, 193; *Lehmann* Konvergenz der Medien und Urheberrecht, CR 2000, 50; *Leupold/Demisch* Bereithalten von Musikwerken zum Abruf in digitalen Netzen, ZUM 2000, 379; *Loewenheim* Urheberrechtliche Probleme bei Multimediaanwendungen, GRUR 1996, 830; *Malpricht* Über die rechtlichen Probleme beim Kopieren von Musik-CDs und beim Download von MP3-Dateien aus dem Internet, NJW-CoR 2000, 233; *Michel* Rechtsfragen von Rundfunk und Printmedien im Internet, ZUM 2000, 425; *Nordemann, A./Nordemann, B./ Czychowski* Die Entwicklung der Gesetzgebung und Rechtsprechung zum Urheberrecht in den Jahren 1998 und 1999, NJW 2000, 620; *Nordemann, A./Schierholz/Nordemann, B./Czychowski* Die Entwicklung der Gesetzgebung und Rechtsprechung zum Urheberrecht in den Jahren 1996 und 1997, NJW 1998, 422; *Nordemann, W.* Entwicklung und Bedeutung der Verwertungsgesellschaften, FS zum hundertjährigen Bestehen der Deutschen Vereinigung für gewerblichen Rechtsschutz und Urheberrecht und ihrer Zeitschrift, Bd 2, 1991, S. 1197; *v. Rauscher auf Weeg* Das Urheberrecht der Musik und seine Verwertung, FS zum hundertjährigen Bestehen der Deutschen Vereinigung für gewerblichen Rechtsschutz und Urheberrecht und ihrer Zeitschrift, Bd 2, 1991, S. 1265; *Sack* Zur Vereinbarkeit wettbewerbsbeschränkender Abreden in Lizenz- und Know-how-Verträgen nach europäischem und deutschem Kartellrecht, WRP 1999, 592; *Sasse/Waldhausen* Musikverwertung im Internet und deren vertragliche Gestaltung – MP3, Streaming, Webcast, On-demand-Service etc., ZUM 2000, 837; *Schulze* Das Urheberrecht und die bildende Kunst, FS zum hundertjährigen Bestehen der Deutschen Vereinigung für gewerblichen Rechtsschutz und Urheberrecht und ihrer Zeitschrift, Bd 2, 1991, S. 1303; *ders.* Rechtsfragen von Printmedien im Internet, ZUM 2000, 432; *Schwarz* Klassische Nutzungsrechte und Lizenzvergabe bzw. Rückbehalt von Internet-Rechten, ZUM 2000, 816; *ders.* Urheberrecht und unkörperliche Verbreitung multimedialer Werke, GRUR 1996, 836.

I. Gesetzesgeschichte und Regelungszweck

1. Gesetzesgeschichte

1 Schon vor In-Kraft-Treten des UrhG war die Herrschaft des Urhebers über sein Werk dergestalt anerkannt, dass sämtliche Nutzungsarten am Werk ihm zustehen und in sein Ausschließlichkeitsrecht einbezogen werden sollten (vgl nur *BGH* NJW 1955, 1276 – Grundig-Reporter). Dementsprechend sollte dem Urheber im Grundsatz für jede Nutzung seines Werkes ein Entgelt gebühren, selbst wenn die Werknutzung durch den Dritten für Letzteren keinen wirtschaftlichen Ertrag abwarf (*BGH* NJW 1955, 1276 – Grundig-Reporter). Dieser Gedanke hat Eingang in die §§ 15 ff. gefunden (vgl amtl. Begr. BT-Drucks. IV/270, 45) und ist inzwischen in § 11 S. 2 ausdrücklich verankert.

2 Auch die Definition des Öffentlichkeitsbegriffs folgte 1965 im Wesentlichen dem bis dahin geltenden Recht (amtl. Begr. BT-Drucks. IV/270, 45; *BGH* NJW 1972, 1273 – Landesversicherungsanstalt). Durch die nunmehr nach langjährigen Vorarbeiten erfolgte Einfügung eines „Rechts der öffentlichen Zugänglichmachung" und die im Zuge derselben Gesetzesänderung vorgenommen redaktionellen Veränderungen am

Öffentlichkeitsbegriff des § 15 Abs. 3 sollte klargestellt werden, dass auch das Vorhalten geschützter Werke zum Abruf in digitalen Netzen (**On-Demand-Dienste**) dem ausschließlichen Verwertungsrecht des Urhebers unterfällt. Damit wurde der Streit darüber ausgeräumt, ob der Begriff der öffentlichen Wiedergabe in der Weise zu verstehen ist, dass die Bereitstellung bzw die Übermittlung an Dritte nur dann als urheberrechtlich relevante Verwertungshandlung zu verstehen sei, wenn mehrere Adressaten gleichzeitig das Werk abriefen bzw übermittelt erhielten (amtl. Begr. zu §§ 15, 19a, 22, BT-Drucks. 15/38, 16).

2. Regelungszweck

a) Grundsatz der angemessenen Beteiligung. Während bei den meisten Immaterialgüterrechten wie beim Sacheigentum der Gedanke im Vordergrund steht, andere Personen als den Inhaber oder einige wenige Dritte an der Nutzung zu hindern, ist der Urheber meistens gerade an einer möglichst weiten Verbreitung seines Werkes interessiert. Grundgedanke des § 15 ist es daher nicht so sehr, andere von der Nutzung des Werkes auszuschließen, sondern dem Urheber die rechtliche Grundlage dafür zu geben, Art und Umfang der Nutzung seines Werkes zu überwachen und diese von der Zahlung einer Vergütung abhängig zu machen (amtl. Begr. BT-Drucks. IV/270, 28). Die Bedeutung der §§ 15 ff. liegt also in der Sicherung einer **angemessenen Beteiligung des Urhebers** an jedem wirtschaftlichen Nutzen seines Werkes (*BGH* GRUR 1982, 102, 103 – Masterbänder; vgl auch *BVerfGE* 31, 229, 240; 31, 270, 272; 49, 382, 392). Für die Auslegung urheberrechtlicher Gesetzesbestimmungen ist der das Urheberrecht beherrschende Rechtsgedanke bedeutsam, dass die Herrschaft des Urhebers über sein Werk die natürliche Folge seines geistigen Eigentums ist, das durch die Gesetzgebung nur seine Anerkennung und nähere Ausgestaltung gefunden hat (vgl *BVerfGE* 31, 229, 241; 31, 270, 273; 49, 382, 392). Dieser Rechtsgedanke hat in § 15 Abs. 1, 2 Ausdruck erhalten, nach dem neue Nutzungsmöglichkeiten für Urhebergut, welche die Entwicklung der Technik erschließt, idR in das Ausschließlichkeitsrecht des Urhebers einzubeziehen sind (amtl. Begr. BT-Drucks. IV/270, 45; vgl schon *BGH* NJW 1956, 1276 – Grundig-Reporter). Aus ihm ergibt sich ferner, dass grds jede Verwertungshandlung dem Ausschließlichkeitsrecht des Urhebers unterliegt, gleichviel ob sie privat, öffentlich oder gewerbsmäßig erfolgt (vgl *BGH* NJW 1955, 1276, 1277 – Grundig-Reporter; hierzu sogleich Rn 4 ff.). **3**

b) Mehrfache Verwertung. Bei **mehreren Nutzungshandlungen** (Mehrfachverwertung) unterliegt **jede einzelne** den Bestimmungen der §§ 15 ff., ist also grds dem Urheber vorbehalten und bedarf seiner Zustimmung. Daran kann im Hinblick auf die nach In-Kraft-Treten des Gesetzes zur Regelung des Urheberrechts in der Informationsgesellschaft gebotene **europäische Auslegung des Vervielfältigungsrechts und des Rechts der öffentlichen Wiedergabe**, die durch die Europäische Harmonisierungsrichtlinie abschließend geregelt werden, kein Zweifel mehr bestehen. Denn der 29. Erwgr der Richtlinie (ABlEG Nr. L 167/10) hält für Online-Dienste exemplarisch fest, dass „jede" Bereitstellung eines Dienstes im Grunde eine zustimmungsbedürftige Handlung ist. Hat der Urheber einem Dritten gestattet, sein Werk zu drucken und die Druckexemplare in den Handel zu bringen, darf der Verleger die Exemplare daher nicht ohne Zustimmung des Urhebers auch zu öffentlichen Vorträgen oder **4**

Aufführungen des Werkes oder zur Sendung im Rundfunk benutzen (so ausdrücklich die amtl. Begr. BT-Drucks. IV/270, 28). Das gilt selbst dann, wenn die Nutzungshandlung mittelbar bereits durch eine Vergütung aus einer vorangegangenen Werknutzung desselben Nutzers erfasst war. Einen Grundsatz, dass **Doppelvergütungen** vermieden werden sollen, gibt es nämlich de lege lata nicht (*Dreier* Kabelweiterleitung, S. 115 ff.; *Joos* S. 224; *Schricker/v. Ungern-Sternberg* § 15 Rn 9). Eine Ausnahme kann sich allerdings insoweit ergeben, als andernfalls der gesetzlich geregelte Erschöpfungsgrundsatz leer liefe oder eine künstliche **Marktabschottung** einträte. Daher darf der zur Weiterverbreitung (§ 17 Abs. 2) Berechtigte nicht mit Hilfe des Urheberrechts daran gehindert werden, die Ware anzubieten und iRd Üblichen werbend darzustellen, auch wenn damit eine Vervielfältigung verbunden ist (*BGH* GRUR 2001, 51 – Parfumflakon).

5   **c) Nutzung durch Privatpersonen.** Es gibt **keinen allg. Grundsatz**, dass Ansprüche der Urheber vor der privaten Sphäre des einzelnen Halt zu machen hätten (*BGH* NJW 1955, 1276 – Grundig-Reporter). Als umfassendes Recht ergreift das Urheberrecht vielmehr auch die Verwertung im privaten Bereich, wenn und soweit nicht das Gesetz Ausnahmen vorsieht.

6   Letzteres ist zunächst der Fall insoweit, als der bloß **rezeptive Genuss** des Werkes durch Lesen, Hören oder Anschauen betroffen ist. Er ist dem Recht des Urhebers nach der gesetzlichen Regelung der §§ 15 ff. nicht unterworfen, wie sich aus der Gesetzessystematik erschließen lässt, bedarf also auch nicht dessen Zustimmung (amtl. Begr. BT-Drucks. IV/270, 28). Ansonsten bedarf es bei der körperlichen Werkverwertung des Zustimmung des Urhebers; eine Ausnahme gilt nur für die **Weiterverbreitung eines Werkes iSd § 17 Abs. 2**, die de lege lata eine öffentliche Verwertung ist (vgl § 17). Anders als die körperliche Werkverwertung ist die **unkörperliche Werkwiedergabe** (§ 15 Abs. 2) im **privaten Bereich** kraft Gesetzes frei und unterliegt nicht dem ausschließlichen Recht des Urhebers (amtl. Begr. BT-Drucks. IV/270, 29 und 46). Daran wollte auch das Gesetz zur Regelung des Urheberrechts in der Informationsgesellschaft nichts ändern. § 15 Abs. 2 spricht insofern auch ausdrücklich von der öffentlichen Wiedergabe, während § 15 Abs. 1 diese Einschränkung für die körperliche Werkverwertung nicht enthält. Sowohl der rein rezeptive Werkgenuss als auch die Werkverwertung durch unkörperliche Wiedergabe im privaten Kreis sind daher ohne Zustimmung des Urhebers zulässig. Die Vorschriften der §§ 15 ff. sind auf sie bereits nicht anwendbar.

7   Weitere Einschränkungen des Verwertungsrechts finden sich in den Schrankenregelungen. Insoweit erhält der Urheber jedoch teilweise eine indirekte Vergütung etwa durch die **Kopierabgabe** (vgl §§ 54 f.). Häufig werden darüber hinaus die von den Veranstaltern zu zahlenden Urhebervergütungen auf die Endverbraucher umgelegt. Dies wird als **Stufensystem zur mittelbaren Erfassung des Endverbrauchers** bezeichnet (*BVerfG* NJW 1997, 247 – Kopierladen I; *Schulze* ZUM 2000, 432, 440; *Schricker/v. Ungern-Sternberg* § 15 Rn 8 mwN).

II. Verhältnis zu anderen Vorschriften

1. Verhältnis zu § 6 Abs. 1

§ 6 Abs. 1, der den Begriff der Veröffentlichung definiert, und der Vorschrift des **8** § 15 Abs. 3, welche die Definition der Öffentlichkeit enthält, liegt nach zutr. Auffassung der Rspr **derselbe Öffentlichkeitsbegriff** zugrunde (*BGH* NJW 1991, 1234 – Einzelangebot; **aA** zu § 15 aF *Schricker/Katzenberger* § 6 Rn 9 ff.; *Fromm/Nordemann* § 6 Rn 1; näher hierzu § 6 Rn 6). Daran haben auch die Änderungen am Öffentlichkeitsbegriff durch das Gesetz zur Regelung des Urheberrechts in der Informationsgesellschaft nichts geändert (vgl amtl. Begr. zu §§ 15, 19a, 22, BT-Drucks. 15/38, 17: „§ 15 Abs. 3 entspricht inhaltlich im Wesentlichen dem bisher geltenden Recht.“). Näher zum Öffentlichkeitsbegriff in der Kommentierung zu § 6.

2. Verhältnis zu § 12

Nach § 12 Abs. 1 hat der Urheber das Recht zu bestimmen, ob und wie sein Werk zu **9** veröffentlichen ist. Dieses Recht fließt aus dem Urheberpersönlichkeitsrecht iwS. Häufig wird mit einer Verwertungshandlung iSd §§ 15 ff. auch vom Veröffentlichungsrecht Gebrauch gemacht. Räumt zB der Urheber seinem Verleger die Befugnis zur Vervielfältigung und Verbreitung seines noch unveröffentlichten Werkes ein (§§ 15 Abs. 1 Nr. 1 und 2, 16, 17), umfasst diese **Lizenz** im Allgemeinen das Veröffentlichungsrecht mit Ausnahme eines Kernbereichs, der unangetastet bleiben muss (hierzu Vor §§ 12 ff. Rn 17 ff.).

Der Schluss, dass in jeder Verwertungshandlung zugleich eine Veröffentlichung des **10** Werkes iSd § 12 Abs. 1 liege, wäre gleichwohl verfehlt. Denn § 12 meint mit der Veröffentlichung des Werkes nur dessen **Erstveröffentlichung**. Ein Werk, das mit Zustimmung des Urhebers der Öffentlichkeit auf irgendeine Weise erstmals zugänglich gemacht wurde, darf ihr anschließend auf jede andere Weise zur Kenntnis gegeben, also auch iSd § 15 Abs. 2 öffentlich wiedergegeben, werden, ohne dass darin noch ein Verstoß gegen § 12 liegen kann (streitig; näher hierzu § 12 Rn 5). Nicht jede Verwertungshandlung beinhaltet daher auch eine Veröffentlichung iSd § 12.

Umgekehrt stellt auch nicht jede Veröffentlichung nach § 12 Abs. 1 eine Verwer- **11** tungshandlung iSd §§ 15 ff. dar. So ist zB das Recht, das Original oder Vervielfältigungsstücke eines unveröffentlichten Werkes öffentlich zur Schau zu stellen, dem Urheber nur bei Werken der bildenden Künste und Lichtbildwerken als Verwertungshandlung vorbehalten (§ 18). In allen anderen Fällen kann sich der Urheber gegen die Ausstellung eines unveröffentlichten Werkes nur über § 12 zur Wehr setzen. § 12 und §§ 15 ff. überschneiden sich daher zwar in Teilbereichen, haben jedoch auch **jeweils eigene Anwendungsbereiche**.

3. Verhältnis zu §§ 23 S. 1, 24

Wegen der Abgrenzung der Vervielfältigung von der Bearbeitung oder sonstigen **12** Umgestaltung s. iE § 3 Rn 51. Ob das Werk bearbeitet bzw sonst umgestaltet oder ob es vervielfältigt wird, ist bedeutsam, wenn der Urheber dem Dritten entweder nur das Recht zur Vervielfältigung oder nur das Recht zur Bearbeitung lizenziert hat (vgl *BGH* NJW 1993, 2939, 3941 – Videozweitauswertung II). Außerdem ist die Abgrenzung für die Frage der Zulässigkeit der ersten Fixierung entscheidend:

13   Die **Herstellung** einer **Bearbeitung oder sonstigen Umgestaltung** ist mit Ausnahme der in § 23 S. 2 genannten Fälle zulässig (arg. e § 23 S. 2; näher § 23 Rn 14). Soweit für sie eine körperliche Festlegung des Werkes erforderlich ist, ist die darin liegende Vervielfältigungshandlung nach dem Willen des Gesetzgebers frei und kann, selbst wenn man in der Bearbeitung oder sonstigen Umgestaltung eine Vervielfältigung des Ausgangswerks sehen wollte (vgl *BGH* GRUR 1963, 441, 443 – Mit Dir allein; NJW-RR 1988, 1204 f. – Vorentwurf II; anders wohl *BGH* WRP 2003, 279, 283 f. – Staatsbibliothek; s. hierzu schon oben § 3 Rn 51), trotz der damit verbundenen **erstmaligen körperlichen Festlegung** vom Urheber nicht untersagt werden (*BGH* GRUR 1963, 441, 443 – Mit Dir allein). Das Gleiche gilt für ihren persönlichen Gebrauch und ihre Wiedergabe im privaten Kreis (*BGH* GRUR 1963, 441, 443 – Mit Dir allein). Vorschriften mit anderer Zielrichtung bleiben unberührt, sodass die Bearbeitung unzulässig ist, wenn sie das Werk entstellt (vgl *BGH* NJW 1987, 1404 – Oberammergauer Passionsspiele I; NJW 1989, 384 – Oberammergauer Passionsspiele II).

14   Die **Veröffentlichung** (§ 12) und die **Verwertung** der Bearbeitung oder sonstigen Umgestaltung eines (Original-)Werkes bedürfen nach § 23 S. 1 stets der Zustimmung des Urhebers des Originals. Was Verwertung iSd § 23 S. 1 ist, bestimmt sich nach § 15 Abs. 1, 2. Der Verweis ist umfassend. Er bezieht sich auch auf neue Verwertungshandlungen, die dem Gesetzgeber bei Schaffung des UrhG noch nicht bekannt waren („insbesondere"). Die Bedeutung des § 23 S. 1 liegt darin, dass er die andernfalls für Bearbeitungen und sonstige Umgestaltungen bestehende Lücke zu den Verwertungsvorschriften der §§ 15 ff. schließt, indem er Letztere für anwendbar erklärt. Die Vorschrift begründet kein eigenes Verwertungsrecht, sondern bestimmt nur den **Schutzumfang** des Urheberrechts näher (vgl *BGH* NJW 1955, 1276, 1277 – Grundig-Reporter; *Schricker/Loewenheim* § 23 Rn 1).

15   Ein in **freier Benutzung** eines anderen (Original-)Werkes geschaffenes Werk darf nach § 24 auch ohne Zustimmung des Urhebers des letztgenannten Werkes veröffentlicht und verwertet werden. Seine Veröffentlichung und Verwertung kann folglich niemals eine Verwertung des früheren (Original-)Werkes nach §§ 15 ff. sein (vgl *BGH* GRUR 1980, 853, 854 – Architektenwechsel; GRUR 1981, 352, 353 – Staatsexamensarbeit).

4. Verhältnis zu den Vorschriften über die Verwertung von Computerprogrammen (§ 69a ff.)

16   Für Computerprogramme finden sich in den §§ 69a ff. **abschließende Regelungen für bestimmte Teilbereiche** der Werkverwertung. Der Gesetzgeber hatte sich seinerzeit gegen eine Einarbeitung in die allg. Bestimmungen entschieden, um die Rechtsanwendung zu erleichtern (amtl. Begr. BT-Drucks. 12/4022, 8). Für Computerprogramme **gelten die §§ 15 ff. daher nur, soweit die §§ 69a ff. Lücken enthalten** (*Dreier* GRUR 1993, 781, 783 ff.; *Kilian/Heussen/Harte-Bavendamm/Wiebe* Kap. 51 Rn 52; vgl auch *KG* NJW 1997, 330, 331). Möglich ist das vor allem im Bereich der öffentlichen Wiedergabe, also zB dann, wenn ein Computerprogramm iSd § 19 Abs. 1 vorgetragen wird. Hingegen stellt sich für das Vervielfältigungs- und Verbreitungsrecht § 69c als Sondervorschrift dar (vgl amtl. Begr. BT-Drucks. 12/ 4022, 11 f.; *KG* NJW 1997, 330, 331). In den meisten Punkten sind die Vorschriften

über allg. Werke und über Computerprogrammwerke inhaltlich deckungsgleich, sodass auf die Rspr zu dem jeweils anderen Bereich Rückgriff genommen werden kann
(vgl *BGH* NJW 2000, 3571, 3572 – OEM-Version; *KG* NJW 1997, 330, 331). Das
gilt insb. auch für die Frage der **Erschöpfung** (vgl *BGH* NJW 2000, 3571 ff. – OEM-
Version). Die Vorschriften über den Schutz technischer Maßnahmen usw der **§§ 95a
bis 95d** sind auf Computerprogramme nicht anwendbar (§ 69a Abs. 5).

5. Verhältnis zum Eigentum

Die Verwertungsrechte bestehen grds auch an solchen Werken, die unter Benutzung   **17**
fremden Eigentums hergestellt wurden, und zwar selbst dann, wenn der Urheber sich
dadurch einer mit zivil- und strafrechtlichen Sanktionen bewehrten **Eigentumsverletzung** schuldig gemacht hat (*BGH* NJW 1995, 1556 – Mauer-Bilder). Praktisch
wird dies vor allem in den Fällen der sog. **aufgedrängten Kunst**, also dann, wenn
der Urheber sein Kunstwerk dem Eigentümer ohne dessen Kenntnis oder sogar gegen
dessen Willen aufgezwungen hat. Als Beispiel sind das Graffiti auf Häuserwänden,
auf Zugwagons oder auf der Berliner Mauer zu nennen. In Betracht kommen ferner
all jene Fälle, in denen der Eigentümer eines rückabzuwickelnden Vertrages während
seiner Besitzzeit das Eigentum künstlerisch verändert hat.

Hat die aufgedrängte Kunst Werkcharakter, ist zwischen den Urheber- und den Ei-   **18**
gentümerinteressen ein **billiger Ausgleich** zu finden. Bei der Beurteilung, ob eine
Handlung einen Eingriff in Verwertungsrechte darstellt, sind alle Umstände des Einzelfalls abzuwägen, wobei die Grundrechte und der Rechtsgedanke des § 31 Abs. 5
zu beachten sind. Daraus folgt im Allgemeinen, dass ein Recht des Urhebers, die
Vernichtung des Werkes zu verhindern, nicht besteht, wenn ihm die Kunst rechtswidrig aufgedrängt wurde; in derartigen Fällen findet die Kunstfreiheit (Art. 5 Abs. 3
GG) ihre Grenze an der Eigentumsgarantie des Art. 14 GG. Ausnahmsweise kann bei
bes. wertvollen Unikaten ein Rückkaufsrecht des Urhebers bestehen (näher hierzu
schon § 14 Rn 71).

Will der Eigentümer das Eigentum verwerten, kommt es vor allem darauf an, inwie-   **19**
weit er dadurch auch von den Vorteilen des Werkes **wirtschaftlich profitiert**. Im
Allgemeinen kann der Urheber eine Werkverwertung im **privaten** Kreis oder iRd
Üblichen, zB durch den Verkauf des mit Graffiti versehenen Hauses, nicht hindern
(*BGH* NJW 1995, 1556, 1557 – Mauer-Bilder). Hier finden die Verwertungsrechte
des Urhebers aus §§ 15 ff. eine Grenze am Eigentumsrecht aus § 903 BGB. Ist jedoch durch das aufgedrängte Werk eine Wertsteigerung eingetreten und macht sich
der Eigentümer diese zunutze, indem er das Eigentum gerade aus diesem Grund pro-
fitbringend veräußert, kann es dem Urheber nicht ohne weiteres versagt werden, sich
auf den von der Rspr als tragenden Leitgedanken des Urheberrechts anerkannten und
inzwischen in § 11 S. 2 ausdrücklich festgeschriebenen Beteiligungsgrundsatz zu berufen. Dieser beruht auf der Lehre vom geistigen Eigentum und besagt, dass der Urheber tunlichst angemessen an dem wirtschaftlichen Nutzen seines Werkes zu beteiligen ist. Daraus ergibt sich idR, dass die Verwertungsrechte des Urhebers insoweit
trotz der Eigentümerinteressen fortbestehen, als dies erforderlich ist, um dem Urheber eine finanzielle Beteiligung an dem Veräußerungserlös zu sichern (*BGH* NJW
1995, 1556 – Mauer-Bilder).

20   Anders als das Eigentum sind weder die Nutzungsrechte des Urhebers noch das Urheberrecht selbst einem **gutgläubigen Erwerb** zugänglich (näher § 11 Rn 3).

III. Die Verwertungsrechte als ausschließliche Rechte

21   Die Verwertungsrechte sind als ausschließliche Rechte zur Nutzung des Werkes ausgestaltet. Sie haben **eine positive und eine negative Seite**, behalten dem Urheber also einerseits das alleinige Recht zur Werknutzung vor und ermöglichen es ihm andererseits, dritte Personen von der Nutzung auszuschließen. Dadurch kann der Urheber die Werknutzung von der Zahlung einer Vergütung abhängig machen und dieses Recht auch zwangsweise durch gerichtliche Geltendmachung seiner Verbotsansprüche durchsetzen. Wer das Werk ohne Zustimmung des Urhebers verwertet, macht sich, wenn er schuldhaft handelt, schadenersatzpflichtig und bei vorsätzlichem Handeln sogar strafbar (so auch ausdrücklich die amtl. Begr. BT-Drucks. IV/270, 28).

IV. Vererblichkeit und Übertragbarkeit von Verwertungsrechten

22   Das Urheberrecht ist nach § 29 S. 1 zwar **vererblich**, ansonsten aber auf Dritte **nicht übertragbar** und kann auch nicht gutgläubig erworben werden (näher hierzu § 11 Rn 3). Das gilt auch für die Verwertungsrechte, die Bestandteil des Urheberrechts sind. Der Urheber kann lediglich nach §§ 31 ff. einer anderen Person das Recht einräumen, das Werk auf einzelne oder alle Verwertungsarten zu **nutzen** (Lizenz). In der Praxis wird meistens dieser Weg der wirtschaftlichen Verwertung des Werkes gewählt, weil der Urheber selbst im Allgemeinen weder über die technischen noch über die wirtschaftlichen Ressourcen verfügt, um das Werk zu Geld zu machen. Die Einräumung von Nutzungsrechten ist **vergleichbar der dinglichen Belastung** des Eigentums, wobei streitig ist, ob auch die einfache Lizenz dingliche Wirkung hat. Das Urheberrecht als solches einschließlich eines Kernes der betroffenen Verwertungsrechte verbleibt stets – mit den Nutzungsrechten belastet – beim Urheber. Bei Erlöschen oder Rückübertragung der Nutzungsrechte erstarkt es zum Vollrecht.

V. Erschöpfung und Schranken der Verwertungsrechte

23   Zu Einschränkungen des Urheberrechts bei der Verwertung im Privatbereich so Rn 5 ff.

24   Das Verbreitungsrecht (§ 17 Abs. 1) des Urhebers unterliegt kraft Gesetzes (§ 17 Abs. 2) dem **Erschöpfungsgrundsatz**. Er besagt, dass sich mit dem erstmaligen In-Verkehr-Bringen des Werkes mit Zustimmung des Urhebers dessen Verbreitungsrecht innerhalb des Gebiets der EU/EWR erschöpft. Fortan kann das Werk auch ohne die urheberrechtliche Zustimmung dort weiterverbreitet werden, solange dadurch nicht andere Verwertungsrechte verletzt werden. Dadurch wird die Beeinträchtigung des Handels durch Urheberrechte gemindert und die freie Handelbarkeit urheberrechtsgeschützter Werke in einem bestimmten Rahmen gesichert. Zugleich trägt § 17 Abs. 2 Art. 28 ff. EGV Rechnung, die mengenmäßige Einfuhrbeschränkungen und ihnen gleichstehende Maßnahmen verbieten. Der Gesetzgeber hatte es bereits bei Erlass des UrhG als zum Wesen des Verbreitungsrechts gehörig angesehen, dass dieses grds nur die Erstverbreitung eines Werkexemplars umfasst, also nur das Recht, ein Werk(exemplar) erstmals in den Verkehr zu bringen; die Weiterverbreitung sollte anschließend frei zulässig sein (amtl. Begr. BT-Drucks. IV/270, 45).

Streitig ist, ob es über den in § 17 Abs. 2 für das Verbreitungsrecht geregelten Fall **25** der Erschöpfung hinaus einen allg. Erschöpfungsgrundsatz gibt. Entspr. Ansätze finden sich in mehreren BGH-Entsch. aus früherer Zeit für die öffentliche Wiedergabe (so *BGH* NJW 1981, 1042, 1043 f. – Kabelfernsehen in Abschattungsgebieten; anders noch *BGH* NJW 1952, 662, 663 – Parkstraße 13; NJW 1960, 2051, 2054 – Künstlerlizenz Schallplatten; vgl auch *BGH* NJW 1963, 651, 652 f. – Fernsehwiedergabe von Sprachwerken; NJW 1988, 1022, 1025 – Kabelfernsehen II). Die **Erstreckung des Erschöpfungsgrundsatzes auf andere Verwertungsrechte als das Verbreitungsrecht lässt sich** jedoch **nicht begründen** (ebenso die ganz **hM**, vgl nur anstelle vieler *Fromm/Nordmann/Nordemann* § 15 Rn 3; *Schricker/v. Ungern-Sternberg* § 15 Rn 32 ff. mwN; s. auch *BGH* ZUM 2000, 749, 751 – Kabelweiterübertragung). Das gilt erst recht bei der nach In-Kraft-Treten des Gesetzes zur Regelung des Urheberrechts in der Informationsgesellschaft **für das Vervielfältigungsrecht und das Recht der öffentlichen Wiedergabe gebotenen europäischen Auslegung**, denn die Europäische Harmonisierungsrichtlinie (ABlEG Nr. L 167/10) hält im 29. Erwgr fest: „Die Frage der Erschöpfung stellt sich weder bei Dienstleistungen allgemein noch bei Online-Diensten im Besonderen". Auch inhaltlich passt der Erschöpfungsgrundsatz nur für die Verbreitung körperlicher Werkstücke, deren Verkehrsfähigkeit er sichern soll. Eine Übertragung auf andere Verwertungsrechte, insb. auch auf solche der öffentlichen Wiedergabe, ist deshalb verfehlt. Entspr. hat der BGH den Erschöpfungsgrundsatz in jüngster Zeit auch nicht mehr auf die unkörperliche Werkverwertung erstreckt (*BGH* NJW-RR 1986, 1251 – Videofilmvorführung; NJW 1995, 1556, 1557 – Mauer-Bilder; ZUM 2000, 749, 750 f. – Kabelweiterübertragung). Für andere körperliche Werkverwertungsformen als jene des Verbreitungsrechts wurde er ohnehin nicht angewandt (vgl *BGH* NJW-RR 1986, 1251 – Videofilmvorführung; NJW 1992, 689, 691 – Bedienungsanweisung). Sowohl dem Wortlaut als auch dem Gesetzeszweck nach beschränkt sich der Erschöpfungsgrundsatz daher auf die Werkverbreitung, bei der ein bes. Bedürfnis nach der freien Verkehrsfähigkeit jedes mit Zustimmung des Urhebers in den Verkehr gebrachten Werkstücks besteht. IÜ muss es bei dem Grundsatz bleiben, nach welchem der Urheber an jeder Werkverwertung neu finanziell beteiligt werden soll.

Für die **übliche Produktbewerbung urheberrechtsgeschützter Ware** gilt aller- **26** dings eine Ausnahme. Bewirbt der Händler oder eine zum Weitervertrieb erschöpfter Ware berechtigte Person das urheberrechtsgeschützte Produkt bzw dessen geschützte Verpackung, liegt darin zwar eine Vervielfältigung iSd § 16. Hat sich das Verbreitungsrecht an der Ware bzw Verpackung aber erschöpft, ist die übliche werbende Darstellung trotzdem erlaubt, weil andernfalls der Erschöpfungsgrundsatz unterlaufen würde (*BGH* GRUR 2001, 51, 52 f. – Parfumflakon).

Auf die **verwandten Schutzrechte** ist § 17 Abs. 2 anwendbar, soweit diese in entspr. **27** Anwendung des § 17 geschützt werden (vgl §§ 70, 71, 72, 77 Abs. 2, 81, 85 Abs. 1 S. 1, 87 Abs. 1 Nr. 2, 87b, 88, 94, 95).

Soweit die §§ 15 ff. dem Urheber in allen anderen Fällen ausschließliche Verwer- **28** tungsrechte gewähren, werden diese durch die **Schranken der §§ 44a ff.** begrenzt. Bei ihnen handelt es sich um Inhalts- und Schrankenbestimmungen iSd Art. 14 Abs. 1 GG; sie grenzen das umfassende Urheberrecht vor allem im Interesse der Allgemeinheit, teilweise aber auch zum Vorteil nur Einzelner, ein.

VI. Die Bedeutung des europäischen Rechts

1. Die Europäische Auslegung

29   Auch im Urheberrecht gilt der **Vorrang der europäischen Auslegung**. Das bedeutet, dass Vorschriften des Urheberrechts, die auf europäischem Recht beruhen, europäisch auszulegen sind. Soweit das Gesetz für eine Auslegung Raum lässt, kommt es für die Frage, welchen Inhalt es hat, also nicht auf nationale Besonderheiten an. Maßgeblich ist der Wille der ihm zugrunde liegenden Europäischen Richtlinie. Bei Zweifeln über die Auslegung der Richtlinie sind die nationalen Gerichte unter den Voraussetzungen des Art. 234 EGV verpflichtet, dem EuGH entscheidungserhebliche Fragen vorzulegen. An den Spruch des EuGH sind sie gebunden.

30   Während die europäische Auslegung bislang nur für bestimmte Teilbereiche des Urheberrechts eine Rolle spielte, so für die Schutzdauer, das Senderecht und die Vorschriften über Computerprogramme, die auf entspr. Europäischen Richtlinien beruhen, ist der **Kreis der europäisch auszulegenden Normen durch das Gesetz zur Regelung des Urheberrechts in der Informationsgesellschaft erheblich erweitert worden.** Sein Inhalt dient größtenteils der Umsetzung der Vorgaben der **Europäischen Harmonisierungsrichtlinie** (Richtlinie 2001/29/EG des Europäischen Parlaments und des Rates v. 22.5.2001 zur Harmonisierung bestimmter Aspekte des Urheberrechts und der verwandten Schutzrechte in der Informationsgesellschaft (ABlEG Nr. L 167/10 v. 22.6.2001). Sie enthält neben verschiedenen nicht zwingenden Vorschriften eine abschließende Regelung des Vervielfältigungsrechts (§§ 15 Abs. 1 Nr. 1, 16), des Rechts der öffentlichen Wiedergabe (§§ 15 Abs. 2, 19 ff.) und der Schranken dieser Rechte (32./33. Erwgr der Richtlinie). Urheberpersönlichkeitsrechte bleiben hingegen ebenso unberührt (19. Erwgr der Richtlinie) wie die Verwaltung der Rechte durch die Verwertungsgesellschaften (18. Erwgr der Richtlinie). Für die Frage der europäischen Auslegung einer auf europäischem Recht beruhenden Vorschrift **spielt es keine Rolle, ob der Europäische Gesetzgeber den nationalen Staaten Spielraum für abweichende Regelungen gelassen hat** oder nicht. Beruht eine Regelung auf europäischem Recht, ist sie auch europäisch auszulegen.

31   Die (europäische) Auslegung setzt allerdings nach allg. Grundsätzen **mangelnde Eindeutigkeit** der deutschen Vorschrift voraus. Fehlt es daran, ist die deutsche Vorschrift in ihrer jeweiligen (eindeutigen) Bedeutung auch anzuwenden, wenn diese mit den Vorgaben des europäischen Rechts nicht vereinbar ist. Bedeutsam wird die **Europarechtswidrigkeit** dann nur für die Frage, ob für den Gesetzgeber eine im Vertragsverletzungsverfahren (Art. 228 EGV) durchsetzbare Verpflichtung besteht, eine vom europäischen Recht abweichende Regelung diesem anzugleichen, und ob die Regelung bzw die darauf gestützten Handlungen gegen **Art. 28 ff. EGV** verstoßen. Trotz ihrer Unvereinbarkeit mit den Vorgaben Europäischer Richtlinien sind Vorschriften, bei denen sich eine europarechtskonforme Auslegung im Hinblick auf ihre Eindeutigkeit verbietet, also prinzipiell weiterhin anwendbar (vgl *BAG* Beschl. v. 18.2.2003, Az: 1 ABR 2/02). In ihnen kann aber eine Maßnahme gleicher Wirkung iSd Art. 28 EGV liegen.

32   **Auf europäischem Recht beruhen** neben dem **Vervielfältigungsrecht** (§ 15 Abs. 1 Nr. 1) und dem **Recht der öffentlichen Wiedergabe** (§§ 15 Abs. 2 Nr. 1-5, Art. 2, 3 Harmonisierungsrichtlinie) **einschließlich des § 20a** (vgl Richtlinie 93/83/EWG zur

Koordinierung bestimmter urheber- und leistungsschutzrechtlicher Vorschriften betr. Satellitenrundfunk und Kabelweiterverbreitung v. 27.9.1993) das **Verbreitungsrecht** (§ 15 Abs. 1 Nr. 2; Art. 4 Harmonisierungsrichtlinie), das **Folgerecht** (Richtlinie 2001/84/EG ABlEG Nr. L 272/32 v. 13.10.2001), die **Ausnahmen und Schranken** (§§ 44a ff.; vgl amtl. Begr. zu den wesentlichen Anpassungen im Überblick (A.II.), BT-Drucks. 15/38, 15), die erg. Schutzbestimmungen der §§ 95a ff. (Art. 6 ff. Harmonisierungsrichtlinie), der Schutz von **Computerprogrammen** (§§ 69a ff.; RL 91/250/EWG über den Rechtsschutz von Computerprogrammen, ABlEG Nr. L 122/42 v. 17.5.1991) und **Datenbanken** (§§ 4, 87a ff.; RL 96/9/EG über den rechtlichen Schutz von Datenbanken v. 11.3.1996, ABlEG Nr. L 77/20 v. 27.3.1996), **verschiedene Vorschriften betr. ausübende Künstler und Leistungsschutzrechte** (s. vor allem die amtl. Begr. zum Gesetz zur Regelung des Urheberrechts in der Informationsgesellschaft, BT-Drucks. 15/38), das **Vermiet- und Verleihrecht** (§§ 17, 27; Vermiet- und Verleihrechtsrichtlinie 92/100/EWG, ABlEG Nr. L 346/61) und die Vorschriften über die **Schutzdauer** (§§ 64 ff.; RL 93/98/EWG zur Harmonisierung der Schutzdauer des Urheberrechts und bestimmter verwandter Schutzrechte v. 29.10.1993, ABlEG Nr. L 290/9).

Der Sache nach handelt es sich bei diesen Bestimmungen um europäisches Urheber-   **33**
recht innerhalb des deutschen UrhG. Sie sind folglich **richtlinienkonform** auszulegen, dh es sind die entspr. Art. und Erwgr der jeweiligen Richtlinie bei der Auslegung heranzuziehen. Bei Zweifeln über entscheidungserhebliche Fragen sind die deutschen Gerichte befugt bzw sogar verpflichtet (iE Art. 234 EGV), diese **dem EuGH zur Entsch. vorzulegen**.

2. Die Art. 28 ff., 81 f. EGV

a) Die Anwendbarkeit der Vorschriften auf das Urheberrecht. Zunehmend an   **34**
Bedeutung gewinnt auch im Urheberrecht der Grundsatz der Waren- und Dienstleistungsfreiheit im Europäischen Raum. Der EuGH wendet die Vorschriften der Art. 28, 29 EGV auf das Urheberrecht insoweit an, als dessen **wirtschaftlicher Aspekt** betroffen ist (*EuGH* NJW 1981, 1143 – Freier Warenverkehr für Schallplatten). Danach sind **mengenmäßige Ein- und Ausfuhrbeschränkungen** sowie alle Maßnahmen gleicher Wirkung zwischen den Mitgliedstaaten verboten. Nach Art. 30 EGV stehen die letztgenannten Bestimmungen zwar unter dem Vorbehalt, dass die Beschränkungen aus Gründen des Schutzes des gewerblichen und kommerziellen Eigentums, zu dem auch das Urheberrecht zählt, gerechtfertigt sind. Dabei ist jedoch die Einschränkung des Art. 30 S. 2 EGV zu beachten, nach der die Verbote bzw Beschränkungen weder ein Mittel zur willkürlichen Diskriminierung noch eine verschleierte Beschränkung des Handels zwischen den Mitgliedstaaten darstellen dürfen. Die Vorschriften sind auf den innergemeinschaftlichen Verkehr beschränkt, sie finden also auf den Handelsverkehr mit Drittstaaten keine Anwendung, solange dieser sich nicht auf den innergemeinschaftlichen Handel auswirkt.

Soweit Vorschriften des UrhG auf europäischem Recht beruhen, gilt der   **35**
Grundsatz des Vorrangs der europarechtskonformen Auslegung. Deutsche Vorschriften, die mit einer europarechtskonformen Richtlinie in Einklang stehen, sind keine verbotene Maßnahme gleicher Wirkung iSd Art. 28 EGV (vgl *EuGH* Urt. v. 11.7.1996, Rs C-427/93, C-429/93, C-436/93, Tz 27 – Bristol-Myers Squibb; WRP

1998, 150, 154 – Dior/Evora; Urt. v. 12.10.1999, Rs C-379/97, Tz 30 – Pharmacia & Upjohn SA). Bedeutsam wird das vor allem für die ganz überwiegend auf der Europäischen Harmonisierungsrichtlinie (ABlEG Nr. L 167/10) beruhenden Vorschriften des Gesetzes zur Regelung des Urheberrechts in der Informationsgesellschaft, insb. für das **Vervielfältigungsrecht**, das **Recht der öffentlichen Wiedergabe** und die **Schranken dieser Rechte**, aber auch für andere Bestimmungen des UrhG (vgl iE oben Rn 32). Ob nationale Vorschriften, die **über den Mindeststandard einer solchen Richtlinie hinausgehen**, gegen Art. 28 EGV verstoßen, ist im Urheberrecht bislang nicht praxisrelevant gewesen. Man wird in dem Umstand, dass nur ein Mindeststandard vorgegeben wurde, im Regelfall auch eine Wertung des Europäischen Gesetzgebers iSd Zulässigkeit darüber hinausgehender Standards sehen müssen.

36   **b) Das Verhältnis zu Art. 81, 82 EGV.** Unzulässig sind nach Art. 81, 82 EGV ferner **wettbewerbsbeschränkende Vereinbarungen und Verhaltensweisen** sowie der **Missbrauch einer marktbeherrschenden Stellung**, und zwar auch, soweit sie durch Inhaber eines Ausschließlichkeitsrechts vorgenommen werden. Das Ausschließlichkeitsrecht gibt seinem Inhaber also nicht das Recht zu wettbewerbsbeschränkenden Vereinbarungen bzw Verhaltensweisen; ferner ist der Missbrauch einer marktbeherrschenden Stellung unzulässig. Ein Verstoß gegen Art. 81, 82 EGV liegt dabei noch nicht in der bloßen Wirkung des geistigen Eigentums als Ausschließlichkeitsrecht und den dadurch bei der Verwertung begründeten Vorteilen des Schutzrechtsinhabers, sondern ist erst dann gegeben, wenn die Sperrwirkung des Schutzrechts in zweckwidriger (vgl hierzu grds *EuGH* WRP 1998, 156, 160 – Loendersloot/Ballantine mwN) Art und Weise wettbewerbsbeschränkend oder missbräuchlich eingesetzt wird. So kann es sich verhalten, wenn der **Lizenzvergabe** das Ziel einer Aufteilung der Märkte zugrunde liegt, oder wenn dem Vertragspartner **Beschränkungen auferlegt werden, die über den Inhalt des Schutzrechts hinausgehen**. So missbraucht das Pharmaunternehmen IMS Health nach Auffassung der Europäischen Kommission seine marktbeherrschende Stellung, wenn es Wettbewerbern eine einfache Lizenz zur Nutzung der nach der deutschen Rspr urheberrechtlich geschützten Struktur „1860 Bausteine" verweigert. Bei dieser Struktur handelt es sich um die strukturierte Zerlegung des Bundesgebiets in eine gleiche Anzahl unterschiedlicher Marktsegmente, die von Pharmaunternehmen verwandt wird, um den Einsatz ihrer Verkaufsmitarbeiter zu steuern und deren Vergütung festzulegen.

37   Während sich die Art. 28 ff. EGV auf staatliche Maßnahmen beziehen, also vor allem auf die Gesetzgebung, aber auch auf eine stRspr oder Verwaltungsmaßnahmen, geht es bei den Art. 81 ff. EGV um Maßnahmen Privater, also etwa um die Verweigerung einer Lizenz, um die Festlegung ihrer Höhe uÄ. In Verbindung mit Art. 10 EGV verbietet Art. 81 EGV es den Mitgliedstaaten allerdings auch, Maßnahmen, auch in Form von Gesetzen oder Verordnungen, zu treffen oder beizubehalten, welche die praktische Wirksamkeit der für die Unternehmen geltenden Wettbewerbsregeln aufheben könnten (*EuGH* WRP 2002, 417, 419 – Arduino mwN). Bei der Anwendung und Auslegung des UrhG sowie der Prüfung, ob ein Rechtsstreit auszusetzen und wegen europarechtlicher Fragen dem EuGH vorzulegen ist, sind aber im Allgemeinen nur die Pflicht zur europarechtskonformen Auslegung bzw Art. 28 ff. EGV von Relevanz.

c) Der Hauptanwendungsbereich der Art. 28 ff. EGV. aa) Das Verbot der 38 Marktabschottung. Das Urheberrecht dient nicht dazu, dem Urheber die Möglichkeit zu geben, die nationalen Märkte abzuschotten und dadurch etwa die Beibehaltung von Preisunterschieden zu begünstigen (vgl zum Markenrecht: *EuGH* WRP 1998, 156, 159 – Loendersloot/Ballantine). Über den Grundsatz europäischer Erschöpfung hinaus (§ 17 Abs. 2) sind daher solche Maßnahmen verboten, die zu einer **künstlichen Marktabschottung** oder zu **Verzerrungen und Behinderungen des staatenübergreifenden Handels** führen (vgl *EuGH* GRUR 2001, 235, 238 – Parfums Christian Dior SA/TUK Consultancy BV; WRP 1998, 156, 159 – Loendersloot/Ballantine). Eine Marktabschottung in diesem Sinne liegt vor, wenn der **tatsächliche Zugang** des Erzeugnisses zum Markt eines europäischen Staates behindert ist, zB weil nationale Vorschriften vorsehen, dass ein Erzeugnis eine bestimmte, zugunsten einer Person urheberrechtsgeschützte Form aufweisen muss (vgl *EuGH* WRP 2002, 666, 671 – Boehringer Ingelheim). Die Abneigung der Verbraucher eines europäischen Staates gegen Produkte in einer anderen als der urheberrechtsgeschützten Form stellt nicht notwendig ein Hindernis iSd Art. 28 EGV dar. Es kommt darauf an, ob – was vom nationalen Gericht zu beurteilen ist (*EuGH* WRP 1998, 156, 160 – Loendersloot/Ballantine; WRP 2002, 666, 671 – Boehringer Ingelheim) – aufgrund des starken Widerstandes eines nicht unerheblichen Teiles der Verbraucher von einem Hindernis für den tatsächlichen Zugang zum betr. Markt oder zu einem beträchtlichen Teil dieses Marktes auszugehen ist (vgl *EuGH* WRP 2002, 666 – Boehringer Ingelheim). Die **subjektiven Motive** des Urhebers bzw Berechtigten, etwa das Vorliegen einer Abschottungsabsicht, sind dabei ohne Bedeutung (vgl *EuGH* Urt. v. 11.7.1996, Rs C-427/93, C-429/93, C-436/93 – Bristol-Myers Squibb; Urt. v. 12.10.1999, Rs C-379/97, Tz 18, 24 und 33 ff. – Pharmacia & Upjohn SA).

Beruht die entspr. nationale Vorschrift, aus der sich die Beschränkung ergibt, auf einer **Europäischen Richtlinie**, gilt diese kraft Vorrangs des spezifischen Gemeinschaftsrechts. Sie ist dann aber im Lichte der Art. 28 ff. EGV auszulegen (vgl *EuGH* Urt. v. 11.7.1996, Rs C-427/93, C-429/93, C-436/93, Tz 27 – Bristol-Myers Squibb; WRP 1998, 150, 154 – Dior/Evora; Urt. v. 12.10.1999, Rs C-379/97, Tz 30 – Pharmacia & Upjohn SA; s. zum Markenrecht auch *EuGH* WRP 2002, 666, 668 f. – Boehringer Ingelheim; *BGH* WRP 2000, 1280 ff. – stüssy; *OLG Frankfurt* GRUR 2001, 246 f.). Eine entspr. Harmonisierung ist im Urheberrecht in den meisten Teilbereichen, nämlich vor allem für die Verwertungsrechte, die Schranken, das Vermiet- und Verleihrecht, die Schutzfristen, die Vorschriften über Computerwerke und Datenbanken erfolgt (s. iE oben Rn 32). Ist eine noch nicht harmonisierte Vorschrift betroffen, sind die Vorschriften der **Art. 28 ff. EGV direkt anzuwenden** (vgl *EuGH* Urt. v. 12.10.1999, Rs C-379/97, Tz 28 – Pharmacia & Upjohn SA; WRP 2002, 666, 668 f. – Boehringer Ingelheim). Sie können dann dem Anspruch des Urhebers unmittelbar entgegengehalten werden und sind von den angerufenen Gerichten bei der Entsch. der privatrechtlichen Streitigkeit zu berücksichtigen (vgl *EuGH* WRP 1998, 150, 156 – Dior/Evora; Urt. v. 12.10.1999, Rs C-379/97, Tz 28 – Pharmacia & Upjohn SA; s. auch *OLG Hamburg* AfP 1999, 486, 488). Der *EuGH* (WRP 1998, 150, 156 – Dior/Evora) betont insoweit ausdrücklich, dass der Schutz des Urheberrechts insoweit nicht weiter gehen kann als der des (für die eingetragene Marke) vollharmonisierten Markenrechts, der jedoch den iRd Auslegung zu beachtenden vorgenannten Einschränkungen unterliegt.

40 Maßgeblich für die Frage, ob eine Beschränkung des freien Warenverkehrs gem. Art. 30 EGV zulässig ist, ist der Schutzzweck des Schutzrechts. Denn die vorgenannte Bestimmung lässt Ausnahmen von dem elementaren Grundsatz des freien Warenverkehrs im Gemeinsamen Markt nur zu, soweit sie **zur Wahrung der Rechte gerechtfertigt** sind, **die den spezifischen Gegenstand des Schutzrechts** ausmachen (*EuGH* Urt. v. 12.10.1999, Rs C-379/97, Tz 14 – Pharmacia & Upjohn SA; WRP 2002, 666, 668 – Boehringer Ingelheim).

41 **bb) Die wesentlichen Anwendungsbereiche. aaa) Lizenzen und Urheberrechtsabgaben.** Relevant werden können die Bestimmungen der Art. 28 ff. EGV zunächst in Bezug auf nationale Vorschriften oder eine stRspr zu **Lizenzen und Urheberrechtsabgaben**, die zu einer Beeinträchtigung des grenzüberschreitenden Handels führen. So hat der *EuGH* (NJW 1981, 1143 – Freier Warenverkehr für Schallplatten) schon 1981 nationale Bestimmungen des Urheberrechts, die es erlauben, für eingeführte Tonträger, die in einem anderen Mitgliedstaat mit Zustimmung des Urhebers der Urheberrechte in den Verkehr gebracht wurden, die Zahlung der Differenz zwischen den im Inland üblichen Lizenzgebühren und den im Exportland gezahlten niedrigeren Lizenzgebühren zu verlangen, als mit Art. 28 f. EGV nicht vereinbar erklärt. Das gilt auch dann, wenn das Urheberrecht des Exportlandes die Erteilung von Zwangslizenzen zu bestimmten Lizenzgebühren vorsieht, durch welche die Lizenzgebühr praktisch auf diesen Gebührensatz begrenzt wird (*EuGH* NJW 1981, 1143 – Freier Warenverkehr).

42 **bbb) Absatz urheberrechtsgeschützter Waren.** Ein wesentlicher Anwendungsbereich der Art. 28, 29 EGV ist der Warenabsatz. Art. 30 EGV lässt Beschränkungen des grenzüberschreitenden Handels nur insoweit zu, als diese zur Wahrung des spezifischen Schutzrechtsgegenstands erforderlich sind. Tritt der Urheber einer Verwertung kraft seines Urheberrechts entgegen und stellt sich dies als mengenmäßige Beschränkung oder Maßnahme gleicher Wirkung iSd Art. 28, 29 EGV dar, haben die nationalen Gerichte daher zu untersuchen, ob der Eingriff objektiv notwendig ist, um die urheberrechtsgeschützte Ware, an der das Verbreitungsrecht nach § 17 Abs. 2 bereits erschöpft ist, in dem betr. Mitgliedstaat in den Verkehr zu bringen (vgl zum Markenrecht *EuGH* Urt. v. 12.10.1999, Rs C-379/97, Tz 43 – Pharmacia & Upjohn SA). Bedeutsam wird das, nachdem inzwischen die Vorschriften über die meisten Verwertungsrechte harmonisiert wurden, vor allem noch, wenn der Urheber ein Vertriebsverbot auf die Verletzung von **Urheberpersönlichkeitsrechten** stützt. Das wäre ihm sonst grds möglich, da sich nach der im deutschen UrhG geltenden monistischen Theorie die ideellen und die vermögensrechtlichen Befugnisse nicht trennen lassen.

43 Das Urheberrecht kann nicht dazu herangezogen werden, bei einem vertikalen Vertriebsbindungssystem den **Parallelhandel** zu unterbinden (vgl für das Markenrecht: *EuGH* WRP 1998, 156, 160 – Loendersloot/Ballantine), selbst wenn durch ihn ein kartellrechtlich unzulässiges Vertriebsbindungssystem unterlaufen wird. Denn Sinn und Zweck des Urheberrechts ist nicht die Aufrechterhaltung der Voraussetzungen freien Wettbewerbs (vgl *EuGH* WRP 1998, 156, 160 f. – Loendersloot/Ballantine), sondern der Schutz des Geistesschaffens des Urhebers.

Daher kann der Urheber den **Weitervertrieb** iSd § 17 Abs. 1 des mit seiner Zustim-　**44**
mung in den Verkehr gebrachten Werks innerhalb des europäischen Raumes unter
den Voraussetzungen des § 17 Abs. 2 auch dann nicht verbieten, wenn hierdurch ein
Vertriebsbindungssystem unterlaufen wird. Aus Art. 28 EGV folgt insb., dass in
dem Vertrieb des Werkes außerhalb der durch ihn vorgegebenen Wege noch keine
Urheberpersönlichkeitsverletzung zu sehen ist. Wird die urheberrechtsgeschützte
Ware hingegen nachteilig verändert oder in einen Zusammenhang gestellt, der dem
Werk abträglich ist, stehen die Art. 28, 29 EGV einem nationalen Verbot desselben
(vgl etwa § 14) nicht entgegen, weil dieses aus Gründen des Schutzes des gewerblichen und kommerziellen Eigentums gerechtfertigt ist und daher insoweit Art. 30
EGV eingreift. Sowohl derjenige Künstler, der seine urheberrechtsgeschützten Möbel über ein selektives Vertriebssystem absetzt, als auch derjenige, der dies nicht tut,
kann daher aus § 14 einschreiten, wenn seine Werke zwischen NS-Kunst, Kitsch und
billigem Schund im Parallelhandel einer breiten Öffentlichkeit zur Besichtigung und
zum Kauf dargeboten werden, selbst wenn das Verbreitungsrecht bereits erschöpft
ist. Ebenso darf der Urheber sich im Prinzip durch die Verwendung von **Kontroll-**
nummern vor Nachahmungen schützen (vgl *EuGH* WRP 1998, 156, 160 – Loen-
dersloot/Ballantine). Schließlich steht Art. 28 EGV nur nationalen Beschränkungen
der Weiterveräußerung des betr. urheberrechtsgeschützten Gegenstandes entgegen,
hindert also nicht etwa auch das Eingreifen nationaler Vorschriften, nach denen die
Erschöpfung sich nur auf das Verbreitungsrecht bezieht und die **anderen Verwer-**
tungsrechte des Urhebers nicht erfasst (*EuGH* v. 13.7.1989, Rs C-395/87, Tz 15 –
Tournier/SACEM; zu den Ausnahmen sogleich Rn 47). Das Recht zur **Vermietung**
ist aufgrund der Europäischen Vermiet- und Verleihrechtsrichtlinie 92/100/EWG
von dem Erschöpfungsgrundsatz ausgenommen (iE § 17 Abs. 2). Dies steht mit dem
Gemeinschaftsrecht in Einklang (*EuGH* Urt. v. 28.4.1998, Rs C-200/96 – Metro-
nome Musik).

Die Frage, inwieweit sog. Digital-Rights-Management (**DRM**), dh technische Maß-　**45**
nahmen zum Schutz vor Werknutzung, ihrerseits Schutz genießen und inwieweit
hierdurch die Schrankenregelungen des UrhG rechtlich und faktisch beschränkt werden können, ist in der Europäischen Richtlinie zur Harmonisierung des Urheberrechts geregelt worden. Die Umsetzung in nationales Recht findet sich nunmehr in
§§ 95a ff. S. zum Gesamtkomplex näher die Kommentierung zu §§ 95a ff.

ccc) Erbringung urheberrechtsgeschützter Dienstleistungen. Die Art. 28 ff.　**46**
EGV regeln, wie sich aus ihrer systematischen Stellung im Titel I des Dritten Teils
des EGV ergibt, nur den Warenverkehr. Für Dienstleistungen, etwa Rundfunksendungen, finden sie aber insoweit Anwendung, als es um den Handel mit körperlichen
Gegenständen geht, die etwa auf einer vor- oder nachgelagerten Produktionsstufe
hergestellt werden. Daher fällt der **Handel mit Tonträgern oder Filmen** unter
Art. 28 ff. EGV (vgl *EuGH* WRP 1998, 145, 149 – De Agostini). Auch auf urheberrechtsgeschützte Architekten- und Designerleistungen, also etwa einen Band mit
Haus- oder Möbelentwürfen, sind die Vorschriften unter diesen Voraussetzungen
anwendbar.

ddd) Anbieten und Bewerben urheberrechtsgeschützter Werke. Soweit dies　**47**
nicht schon die Auslegung der entspr. Vorschriften ergibt (vgl iE oben Rn 29 ff.), gewinnen die Art. 28 ff. EGV darüber hinaus Bedeutung beim Anbieten und bei der **Be-**

werbung urheberrechtsgeschützter Handelsware durch den Berechtigten. Könnte der Urheber, der Ware innerhalb eines **selektiven Vertriebssystems** vertreibt, dessen Verbreitungsrecht jedoch bereits erschöpft ist, die Werbung des Außenseiters unterbinden lassen, der sich die Waren zulässigerweise beschafft hat, würde dies die Märkte faktisch gegeneinander abschotten. Daher darf der zur Weiterverbreitung urheberrechtsgeschützter Waren Berechtigte nicht mit Hilfe des Urheberrechts daran gehindert werden, die Ware **anzubieten** und iRd Üblichen werbend darzustellen, selbst wenn damit, etwa beim Anfertigen der Prospekte, eine **andere an sich dem Urheber vorbehaltene Befugnis** verbunden ist (vgl *EuGH* WRP 1998, 150 – Dior/Evora). Meist wird das aber schon die (vorrangige) europarechtskonforme Auslegung ergeben. Der *BGH* (GRUR 2001, 51 – Parfumflakon) hat die Vervielfältigung von Werbeprospekten mit dem Abbild der Ware als zulässig angesehen, wenn sich das Verbreitungsrecht des Urhebers gem. § 17 Abs. 2 erschöpft habe. Nichts anderes kann für die **Sendung** des Werkes in Werbesendungen gelten. Die Wiedergabe eines Bildnisses einer Person der absoluten Zeitgeschichte, über die zulässigerweise in einem Presseerzeugnis berichtet wird, hat der *BGH* (GRUR 2002, 690 – Marlene Dietrich II) zum Zwecke der Bewerbung des Presseerzeugnisses für zulässig erachtet. Dem Urheber verbleibt jedoch im Allgemeinen die Möglichkeit, gegen Veränderungen seines Werkes einzuschreiten (hierzu sogleich Rn 48 ff.). Ferner kann er sich der Bewerbung der Ware widersetzen, wenn das Werk dadurch in einen abträglichen Zusammenhang gestellt wird, etwa weil durch die Art der Werbung oder die dadurch bewirkte Verbindung zum Werbenden der Ruf des Werkes geschädigt wird.

48   **eee) Veränderungen an der urheberrechtsgeschützten Ware.** Schwierigkeiten werfen Veränderungen an der urheberrechtsgeschützten Ware auf, die notwendig sind, um ihren Absatz zu ermöglichen. Dies betrifft etwa die Übersetzung eines Romans oder Films in die Sprache desjenigen Mitgliedslandes, in welchem er vertrieben werden soll, das **Aussondern einiger Texte einer CD** (Sammelwerk) wegen ihres in dem fraglichen Land verbotenen Inhalts sowie die **Anpassung** einer nach § 2 Abs. 1 Nr. 7 geschützten wissenschaftlichen Modellzeichnung an die in dem dortigen Land übliche Darstellungsweise. Schon die Vornahme der Änderung, jedenfalls aber der Vertrieb des veränderten Produktes ist nach deutschem Recht gem. §§ 14, 23 dem Urheber vorbehalten.

49   Für das **Markenrecht** hat der EuGH wiederholt entschieden, dass der Markenrechtsinhaber solchen Veränderungen des Produkts (vgl nur *EuGH* Urt. v. 11.7.1996, Rs C-427/93, C 429-93, C-436/93 – Bristol-Myers Squibb) und sogar dem Austausch der Marke des Markeninhabers gegen eine andere gleichfalls von ihm verwandte (vgl *EuGH* Urt. v. 12.10.1999, Rs C-379/97 – Pharmacia & Upjohn SA) nicht entgegentreten kann, die erforderlich sind, um den Vertrieb der vom Markenrechtsinhaber selbst in den Verkehr gebrachten Ware in dem betr. Mitgliedstaat erst zu ermöglichen.

50   Hiervon unterscheidet sich der Fall der Veränderung der urheberrechtsgeschützten Ware aber in mehreren Punkten: Die **persönliche und geistige Bindung** des Urhebers an sein Werk unterscheidet das Urheberrecht vom Markenrecht. Beide Schutzrechte haben also einen unterschiedlichen Schutzzweck, wobei zu dem des Urheberrechts gerade auch die Befugnis zählt, über Änderungen seines Geisteswerkes zu bestimmen, während das Markenrecht vor allem die Herkunftsfunktion sicherstellen

soll. Während Letztere jedoch durch geeignete Maßnahmen (vgl hierzu *EuGH* Urt. v. 11.7.1996, Rs C-427/93, C 429-93, C-436/93 – Bristol-Myers Squibb) auch bei Änderungen des Produkts gewahrt bleibt, wird die geistige Beziehung des Urhebers zu seinem Werk durch jede Änderung beeinträchtigt. Schließlich bleibt der Vertrieb des urheberrechtsgeschützten Werkes in den anderen Mitgliedstaaten in den meisten Fällen auch ohne die Vornahme der Veränderungen grds möglich; lediglich die Käuferakzeptanz sinkt gegenüber derjenigen im Ursprungsstaat – etwa beim Verkauf eines in englischer Sprache geschriebenen Buches in Deutschland.

Dies rechtfertigt den Schluss, dass der Verkäufer mit der Veränderung der Ware im **51** Allgemeinen **lediglich einen wirtschaftlichen Vorteil** erstrebt, nicht jedoch eine dem zwischenstaatlichen Handelsverkehr entgegenstehende Zwangslage beseitigt (vgl zu diesem Erfordernis *EuGH* Urt. v. 12.10.1999, Rs C-379/97, Tz 43 f. – Pharmacia & Upjohn SA). Derartige Veränderungen sind von Art. 30 EGV jedoch nicht erfasst (*EuGH* Urt. v. 12.10.1999, Rs C-379/97, Tz 43 f. – Pharmacia & Upjohn SA). Die **Übersetzung** des Werkes in eine andere Sprache ist dem Importeur einer urheberrechtsgeschützten Ware daher nicht unter Berufung auf diese Vorschriften erlaubt. Lässt sich ein Produkt ausnahmsweise ohne die Veränderung überhaupt nicht vermarkten, etwa wegen dem Inhalt von Teilen eines Sammelwerkes entgegenstehenden nationalen Vorschriften, ist iRd Verhältnismäßigkeitsprüfung zunächst zu prüfen, ob zumutbare einfachere Möglichkeiten zur Beseitigung der Handelshemmnisse bestehen.

d) Geltendmachung und Verfahren. Die Vorschriften der Art. 28 ff. EGV wirken **52** unmittelbar **zugunsten Privater**, die sich folglich auf sie im Gerichtsverfahren berufen können. Sind die Vorschriften entscheidungsrelevant, können die Gerichte den Rechtsstreit aussetzen und den EuGH im Vorabentscheidungsverfahren nach **Art. 234 EGV** anrufen; letztinstanzlich entscheidende Gerichte sind hierzu sogar verpflichtet, wenn die Frage nicht bereits entschieden ist oder eine gesicherte Rspr des EuGH vorliegt.

VII. Benannte und unbenannte Verwertungsrechte

1. Der Grundsatz umfassender wirtschaftlicher Beteiligung des Urhebers

Das UrhG geht davon aus, dass dem Urheber – vorbehaltlich gewisser Einschränkun- **53** gen (hierzu schon oben §15 Rn 6 f.) – grds alle Verwertungsmöglichkeiten an seinem Werk einzuräumen sind. Die **bekannten Verwertungsarten** fasst §15 Abs. 1, 2 zusammen. Es handelt sich um die körperlichen Verwertungsrechte des §15 Abs. 1, nämlich das Vervielfältigungsrecht (§§ 15 Abs. 1 Nr. 1, 16), das Verbreitungsrecht (§§ 15 Abs. 1 Nr. 2, 17) und das Ausstellungsrecht (§§ 15 Abs. 1 Nr. 3, 18) sowie um das Recht der öffentlichen Wiedergabe, nämlich das Vortrags-, Aufführungs- und Vorführungsrecht (§§ 15 Abs. 2 Nr. 1, 19), das Recht der öffentlichen Zugänglichmachung (§§ 15 Abs. 2 Nr. 2, 19a), das Senderecht (§§ 15 Abs. 2 Nr. 3, 20), das Recht der Wiedergabe durch Bild- oder Tonträger (§§ 15 Abs. 2 Nr. 4, 21) und das Recht der Wiedergabe von Funksendungen und von öffentlicher Zugänglichmachung (§§ 15 Abs. 2 Nr. 5, 22). Die inhaltliche Ausgestaltung dieser Rechte erfolgt in den jeweiligen Einzelvorschriften der §§ 16 ff.

54   Während die in § 15 Abs. 1, 2 im Einzelnen **aufgezählten Verwertungsarten inhaltlich grds abschließend** in den §§ 16 ff. ausgestaltet sind, ist der **Katalog der Verwertungsrechte nicht erschöpfend** in § 15 genannt. Um für die Zukunft Schwierigkeiten bei der Einbeziehung neuer Verwertungsmöglichkeiten zu vermeiden, hat der Gesetzgeber bei Erlass des UrhG von einer abschließenden Aufzählung der Verwertungsrechte abgesehen und dem Urheber statt dessen ganz allg. das Recht eingeräumt, sein Werk zu verwerten, wobei die damals bekannten Verwertungsarten nur als Beispiele angeführt wurden. Dadurch sollte klargestellt werden, dass auch etwaige **künftige Verwertungsformen dem Urheber vorbehalten** sein sollen (amtl. Begr. BT-Drucks. IV/270, 45).

55   Sie liegen im Verhältnis zu bekannten Nutzungsformen vor, wenn sich die neue Nutzungsart von den bisherigen so sehr unterscheidet, dass eine Werkverwertung in dieser Form nur aufgrund einer neuen Entsch. des Urhebers in Kenntnis der neuen Nutzungsmöglichkeiten zugelassen werden kann, wenn also dem Grundgedanken des Urheberrechts, dass der Urheber tunlichst angemessen an dem wirtschaftlichen Nutzen seines Werkes zu beteiligen ist, Rechnung getragen werden muss (*BHG* NJW 1997, 320, 322 – Klimbim). Dies ist nicht der Fall, wenn eine schon bisher übliche Nutzungsmöglichkeit durch den technischen Fortschritt erweitert und verstärkt wird, ohne sich aber dadurch aus Sicht der Endverbraucher, deren Werknutzung durch das System der Verwertungsrechte letztlich erfasst werden soll, in ihrem Wesen entscheidend zu verändern (*BGH* NJW 1997, 320, 322 – Klimbim).

2. Grundsätzliche Anerkennung von Innominatfällen

56   **a) Begriff.** Lassen sich derartige neue Nutzungsmöglichkeiten nicht in den Katalog der § 15 Abs. 1, 2 einreihen, nennt man sie **Innominatfälle**. Soweit sich aus § 15 Abs. 1, 2 nicht, wie zB für den rezeptiven Werkgenuss, die gesetzgeberische Entsch. entnehmen lässt, die Verwertungsart nicht zu schützen, steht dem Urheber das Recht zur Verwertung seines Werkes nach § 15 Abs. 1 HS 1, Abs. 2 HS 1 ausschließlich zu. Man muss sich jedoch dessen bewusst sein, dass die Anerkennung eines Innominatsrechtes stets dem Grundsatz nach einer Vorentscheidung für die Anwendbarkeit des § 31 Abs. 4 gleichkommt, sodass eine vor Bekanntwerden der neuen Verwertungsart erteilte Nutzungsbefugnis diese neue Nutzungsart nicht beinhaltet (*Schricker/v. Ungern-Sternberg* § 15 Rn 18). Vor Bekanntwerden der neuen Verwertungsart abgeschlossene Verwertungs- und Wahrnehmungsverträge müssen daher angepasst werden. Ferner können auf europäischer Ebene Schutzlücken bestehen, weil die int. Abkommen zum Schutz der Urheberrechte und Leistungsschutzrechte stets nur einzelne konkrete Schutzrechte gewähren (näher *Schricker/v. Ungern-Sternberg* § 15 Rn 18). Schließlich sind die Schranken der §§ 44a ff. nur auf die in §§ 15 ff. ausdrücklich geregelten Verwertungsarten zugeschnitten und können auf Innominatfälle allenfalls im Wege der Auslegung oder entspr. angewandt werden.

57   **b) Restriktive Anwendung.** Die Praxis zeigt sich daher restriktiv, wenn es um die Anerkennung von Innominatfällen geht, und neigt dazu, die betr. Sachverhalte durch erweiternde Auslegung einer der bereits bekannten Verwertungsarten zuzuordnen. Dabei dürfen jedoch die für jede Auslegung gelten Grenzen nicht überschritten werden. Eine Auslegung gegen die anerkannten Auslegungsgrundsätze nach Wortlaut,

Systematik und Sinn und Zweck der jeweiligen Vorschrift ist nicht zulässig. Angesichts der sprachlich und inhaltlich recht konkreten Fassung der §§ 15 ff. kann die Anerkennung von Innominatfällen vor diesem Hintergrund zwingend geboten sein.

3. Internet und Neue Medien

a) Praktische Bedeutung. Bedeutsam wurde die Frage nach dem weiteren Verwertungsrecht vor allem im Bereich der im Zuge der Schaffung der **neuen Medien** entstandenen Nutzungs- und Verwertungsarten von Werken (s. hierzu *Eberle* GRUR 1995, 790 ff.; *Lehmann* CR 2000, 50 f.; *Schulze* ZUM 2000, 432 ff.; *Sasse/Waldhausen* ZUM 2000, 837 ff.; *Schwarz* ZUM 2000, 816 ff.). Die Entwicklung neuer digitaler Techniken hat dazu geführt, dass Werke vereinfacht übertragen und genutzt werden können. So können sie ins **Internet** eingespeist und von dort abgerufen, auf dem Bildschirm sichtbar gemacht und auf der Festplatte vorübergehend oder dauerhaft gespeichert werden. Verschiedene sog. **Demand-Dienste** (zB Near-Video-on-Demand) sind im TV-, Audio- und Videobereich ebenso möglich geworden wie Nutzungsformen auf dem Gebiet der Digital Video Disc (**DVD**) und sog. **Push-Technologien**. Zu nennen sind beispielhaft weiter das **Streaming**, bei dem der Konsument digitalisierte Ton- und Bildaufnahmen entweder in Echtzeit (real time) oder zu einem anderen Zeitpunkt sehen und hören kann, das **Webcasting,** bei dem Programme zeitgleich über Internet übertragen werden, und die **Mail-order-Systeme,** bei denen der Kunde, ggf nach Probehören bzw -sehen, körperliche Werkexemplare bestellen kann. Die massenhafte Nutzung musikalischer Werke, die aus dem Internet im **MP3**-Format heruntergeladen und auf CD gebrannt werden, ist bekannt (hierzu näher *Leupold/Demisch* ZUM 2000, 379 ff.). Sie vollzieht sich vor allem in sog. **File-Sharing-Systemen**, die teils zentral, teils dezentral geführt werden (näher zu ihrer Funktionsweise und den sich hieraus ergebenden rechtlichen Problemen *Frey* ZUM 2001, 466 ff.; *Kreutzer* GRUR 2001, 193 ff.). **58**

b) Rechtliche Erfassung. Ob sich diese Verwertungsformen immer unter eine der in § 15 geregelten Verwertungsarten subsumieren lassen, war und ist teilweise immer noch fraglich. An der Schutzbedürftigkeit des Urhebers vor der Abrufbarmachung seines Werkes durch Dritte kann jedoch kein Zweifel bestehen. Ein ausreichender Schutz über die körperlichen Verwertungsrechte schlägt schon deshalb fehl, weil häufig zumindest dann, wenn kein Anbieter zwischengeschaltet wird, der Abrufbarkeit eines Werkes keine zusätzliche körperliche Festlegung vorausgeht. Wenngleich für **Neufälle** § 19a nunmehr ausdrücklich ein Recht der öffentlichen Zugänglichmachung des Werkes kennt, durch das vor allem die Bereitstellung im Internet erfasst werden soll, ist nach wie vor zweifelhaft, ob sich der spätere Übertragungsakt etwa bei Abruf eines Werkes noch gesondert erfassen lässt und auf welche Weise dies geschehen kann. **59**

Für **Altfälle** fehlt es jedenfalls an einem ausdrücklichen gesetzlichen Bereitstellungsrecht. Die Erfassung des Übertragungsakts wirft bei Altfällen dieselben Schwierigkeiten auf wie bei Neufällen. Hier ist die Anwendbarkeit des § 20 vor allem deshalb in Zweifel gezogen worden, weil das Werk den Nutzern sukzessive und nicht gleichzeitig zugänglich gemacht wird und es deshalb an der für jeden einzelnen Wiedergabeakt notwendigen (vgl hierzu *BGH* NJW 1996, 3084, 3085 – Zweibettzimmer im Krankenhaus) Wiedergabe an einer Mehrzahl von Personen fehle (*Eberle* GRUR **60**

1995, 790, 798; *Hoeren* NJW 1998, 2849, 2851; s. zum Öffentlichkeitsbegriff schon oben § 6 Rn 9 ff.).

61 Mit Zunahme der digitalen Nutzbarkeit von Werken wurde mehr und mehr dafür plädiert, einige oder alle digitalen Bereitstellungs- und Übermittlungsmöglichkeiten (*Eberle* GRUR 1995, 790, 797 f.; *Hoeren* NJW 1998, 2849, 2851; *Loewenheim* GRUR 1996, 830, 835; **aA** *Schwarz* GRUR 1996, 836, 839, 842) oder sogar die Digitalisierung eines Werkes selbst (so *Lehmann* Cyberlaw, S. 57 ff.) als neue Nutzungsarten zu begreifen. Die Befürworter derartiger Innominatrechte konnten sich darauf stützen, dass Art. 3 der Richtlinie zur Harmonisierung bestimmter Aspekte des Urheberrechts und der verwandten Schutzrechte in der Informationsgesellschaft (ABlEG Nr. L 167/10 v. 22.6.2001) und der Diskussionsentwurf für das 5. UrhGÄndG für die Internet-Nutzung Bereitstellungs- bzw Übertragungsrechte als gesonderte Rechte vorsahen (vgl *Schulze* ZUM 2000, 432). Parallel hierzu kamen die Bemühungen zur Stärkung der vertraglichen Stellung des Urhebers in Gange, die inzwischen ihren Abschluss in dem Gesetz zum Urhebervertragsrecht und den dadurch bewirkten Änderungen des UrhG gefunden haben. Auf int. Ebene bemühten sich die **Verwertungsgesellschaften** um den Abschluss von Abkommen untereinander, welche die int. Dokumentation und Abrechnung, vor allem der Online-Nutzung, erleichtern sollen, so zB die sog. **Fast-Track-Allianz** der BMI, GEMA, SACEM, SGAE und SIAE. Diese Entwicklung führte dazu, dass man die Möglichkeit einer Weiterentwicklung des UrhG nicht nur sah, sondern auch als notwendig anerkannte, was die Erfassung neuer Verwertungsformen durch sog. Innominatrechte anbetraf.

4. Häufig auftretende Verwertungsarten

62 **a) Right of making available.** Als **neue Nutzungsart** ist richtigerweise für **Altfälle** ein Recht auf Bereithaltung des Werkes für die Öffentlichkeit in elektronischen Datenbanken unabhängig vom tatsächlichen Abruf (**right of making available**) anzuerkennen (*LG München I* NJW 2000, 2214 f.; *Michel* ZUM 2000, 425, 427; vgl auch *LG Berlin* NJW-CoR 2000, 308 (LS der Redaktion)). Für **Neufälle** ist dies nunmehr ausdrücklich in § 19a geregelt (s. näher die dortige Kommentierung), sodass es eines Innominatrechts insoweit nicht mehr bedarf. Das Recht auf Bereithaltung des Werkes für die Öffentlichkeit ist neben § 20 nicht entbehrlich, weil sich der Urheber schon gegen die Bereithaltung des Werkes zum Abruf und nicht erst gegen die Übermittlung selbst wehren können muss; andernfalls käme nämlich häufig gerichtliche Hilfe zu spät, um dauerhaften Schaden verhindern zu können. Das Bereithaltungsrecht ist für Urheber ausdrücklich in Art. 3 Abs. 1 der Richtlinie zur Harmonisierung bestimmter Aspekte des Urheberrechts und der verwandten Schutzrechte in der Informationsgesellschaft v. 22.5.2001 (RL 2001/29/EG; ABlEG Nr. L 167/10 v. 22.6.2001) vorgesehen. Auch die amtl. Begr. (ABlEG Nr. L 167/10) der Richtlinie betont in ihrem 23. Erwgr die Notwendigkeit, dem Urheber die Entsch. zu überlassen, ob er sein Werk der Öffentlichkeit wiedergeben will, wobei der Begriff der öffentlichen Wiedergabe, wie sich aus Art. 3 Abs. 1 der Richtlinie ergibt, als Oberbegriff den der öffentlichen Zugänglichmachung iSd § 20 umfasst. Art. 3 Abs. 1 der Richtlinie beschränkt sich damit nicht auf ein Senderecht bzw ein ihm gleichstehendes Recht der drahtgebundenen oder drahtlosen Zugänglichmachung, sondern behält dem Urheber gleichzeitig auch die Bereithaltung des Werkes an die Öffentlichkeit vor. Nur die letztgenannte Verwertungsform wird von § 19a erfasst, der dem Urheber das Recht vorbehält, das Werk der Öffentlichkeit „in einer Weise zugänglich zu machen, dass es Mitgliedern der Öffentlichkeit von Orten und zu Zeiten ihrer Wahl zugänglich ist" (s. näher die Kommentierung zu § 19a). Der Abruf bzw die Übermittlung des Werkes selbst fällt nicht darunter, sondern ist vielmehr **sowohl für Neu- als auch für Altfälle** ein Fall des § 20 (s. näher Rn 64 ff. sowie § 20 Rn 15 und 25).

Das right of making available, jetzt geregelt in § 19a, für Altfälle als Innominatrecht **63** anzuerkennen, wird verletzt, wenn ohne eine entspr. Lizenz des Autors dem Internetnutzer dessen literarisches Werk auf einer Online-Volltextbank dargeboten wird. Wer Musikdateien auf seinem Server für den Abruf Dritter bereithält, nutzt diese ebenfalls iSd § 15 Abs. 2 (*LG München I* NJW 2000, 2214 f.), selbst wenn er damit keine kommerziellen Zwecke verfolgt, sondern zB im Rahmen eines sog. File-Sharing-Systems agiert. Schon heute nimmt die VG WORT das Recht zur Vervielfältigung und Wiedergabe von erstmals in Zeitungen erschienenen und nur für diese bestimmten Artikel sowie erstmals im Rundfunk gesendeten Werken entspr. Charakters wahr, soweit diese Werke im Rahmen elektronischer Datenverarbeitung oder in Archiven verwertet werden; dieses sog. Recht der EDV-Verwertung kann jederzeit zurückgerufen werden.

b) Elektronische Werkübermittlung. Keine neue Art der unkörperlichen Werk- 64 verwertung stellt die **elektronische Werkübertragung** durch Abrufdienste und den elektronischen Versand selbst dar. Sie ist vielmehr **sowohl für Alt- als auch für Neufälle** als Werksendung iSd **§ 20** anzusehen. Allerdings gewährt Art. 8 WCT den Urhebern ein Recht auf Communication to the Public, welches die int. bislang umstr. Einordnung von Online-Übertragungen regelt. Der bislang noch nicht in Kraft getretene WCT ergänzt als Sonderabkommen iSd Art. 20 RBÜ die RBÜ, ändert sie aber nicht unmittelbar. Auf Art. 8 WCT basiert Art. 3 Abs. 1 der Richtlinie für eine Harmonisierung bestimmter Aspekte des Urheberrechts und der verwandten Schutzrechte in der Informationsgesellschaft v. 22.5.2001 (ABlEG Nr. L 167/10 v. 22.6.2001), der die drahtlose oder drahtgebundene öffentliche Zugänglichmachung als Unterfall der öffentlichen Wiedergabe betrachtet. Bei der Umsetzung der Richtlinie hat der Gesetzgeber davon abgesehen, die digitale Werkübermittlung als gesonderten Fall der Sendung auszugestalten. Dass sie – auch in Altfällen – aber von § 20 erfasst wird, ergibt sich unmittelbar aus dieser Vorschrift selbst (näher § 20 Rn 15 und 25). Entspr. hat der Gesetzgeber im Zuge der Neuregelung auch nochmals klargestellt, dass eine zeitgleiche Zugänglichmachung des Werkes nicht Voraussetzung für die Öffentlichkeit der Wiedergabe ist (hierzu schon § 6 Rn 11). Daher decken sich das Recht der drahtgebundenen und drahtlosen öffentlichen Zugänglichmachung durch Werkübermittlung und das Senderecht der §§ 20 ff., zumal auch Art. 3 Abs. 1 der Richtlinie keine Hilfestellung für die Abgrenzung von Öffentlichkeit und Nicht-Öffentlichkeit bietet und das europäische Recht auch sonst in diesem Punkt keine Auslegungshilfe bietet (vgl *Hoeren* NJW 1998, 2849, 2851). Über die Subsumtion der vorgenannten Werknutzungen unter den Begriff der Sendung ist auch die interessengerechte Anwendbarkeit der Schrankenregelungen gewährleistet.

Die Voraussetzungen der Öffentlichkeit sind bei der elektronischen Werkübertra- **65** gung erfüllt, weil ins Internet als Medium der Veröffentlichung gestellte Informationen nach Sinn und Zweck der §§ 15 Abs. 3, 20 stets als an eine Mehrzahl von Personen zugleich zugänglich gemacht gelten (vgl zur Problematik *Becker/Dreier* S. 137 f.; *Schricker/v. Ungern-Sternberg* § 15 Rn 24 und 59; *Leupold/Demisch* ZUM 2000, 379, 382; *Koehler* S. 35; näher § 6 Rn 25 ff.). Wer dies verneint, dem hilft iÜ auch ein Innominatrecht nicht weiter, weil ein neues unkörperliches Verwertungsrecht nach § 15 Abs. 2 dem Urheber nur vorbehalten sein kann, wenn es sich um eine öffentliche Wiedergabe handelt. (Nur) das Senderecht, nicht schon das Bereithaltungsrecht, sichert dem Urheber die angemessene Beteiligung am Nutzen der tatsächlichen Verwertung seines Werkes entspr. der Häufigkeit der Datenbankabrufe, die ihm das Bereithaltungsrecht nicht gewähren kann (vgl *Schricker/v. Ungern-Sternberg* § 15 Rn 24). Die Erfassung der digitalen Werkübermittlung über § 20 trägt schließlich auch dem Umstand Rechnung, dass das Zugänglichmachen des Werkes an einen vom Endnutzer verschiedenen Dritten, zB den Host-Provider, in digitaler Form ihrem Sinn und Zweck nicht zur Erschöpfung des Übermittlungsrechts führen darf; dies betont auch Art. 3 Abs. 3 der Europäischen Richtlinie zum Urheberrecht in der Informationsgesellschaft (ABlEG Nr. L 167/10 v. 22.6.2001). Denn zum einen reicht die für den Abruf gezahlte Vergütung als Einmalvergütung idR nicht aus, um einen adäquaten Gegenwert für das Werk zu sichern, und zum anderen besteht ein bes. Bedürfnis nach Verkehrsfähigkeit der Informationen ohne Zustimmung des Urhebers hier nicht.

66 Diesen Aspekten misst die Auffassung derer, die statt § 20 auf die Übermittlung digitaler Daten § 17 analog anwenden wollen (so *Schwarz* GRUR 1996, 836, 839, 842; *Koch* GRUR 1997, 417, 426), keine ausreichende Bedeutung bei.

67 **c) Wahrnehmbarmachung auf dem Bildschirm.** Betrachtet man mit der hier vertretenen Auffassung das Übermitteln des Werkes als Sendung iSd § 20, lässt sich eine nachfolgende **öffentliche Wahrnehmbarmachung auf dem Bildschirm** in den meisten **Altfällen** zwanglos über § 22 erfassen. Sie ist durch das Senderecht schon nach allg. Grundsätzen nicht erschöpft, wie auch Art. 3 Abs. 3 der Richtlinie Urheberrecht in der Informationsgesellschaft (ABlEG Nr. 167/10 v. 22.6.2001) klarstellt. Die Gegenansicht, welche die Übermittlung von im Internet abrufbaren Werken nicht als Sendung iSd § 20 ansieht, war bislang und ist in Zukunft bei Altfällen gezwungen, die öffentliche Wahrnehmbarmachung so übermittelter Werke als Innominatrecht zu verstehen (*Schricker/v. Ungern-Sternberg* § 15 Rn 22) oder muss alternativ eine Schutzlücke hinnehmen. Das Vorführungsrecht vermag die Nutzungshandlung für sie nicht zu ersetzen, weil es rein auf die Filmvorführung zugeschnitten ist (vgl *Schricker/v. Ungern-Sternberg* § 15 Rn 22). Auch das Senderecht selbst (§ 20) ist kein Ersatz, weil die Übermittlung der Datenbank selbst dann, wenn die spätere Wahrnehmbarmachung in der Öffentlichkeit erfolgt, nicht notwendig öffentlich sein muss.

68 Für **Neufälle** ist seit der Urheberrechtsreform 2003 ausdrücklich geregelt, dass auch die „Wiedergabe … von öffentlicher Zugänglichmachung" dem Verwertungsrecht aus § 22 unterfällt. Damit muss auch die Gegenmeinung dem Urheber jedenfalls seit In-Kraft-Treten der Gesetzesänderungen ein ausschließliches Recht auf öffentliche Wahrnehmbarmachung von per Internet übermittelten Werken einräumen. Es greift

zB dann ein, wenn in Internetcafés Werke auf der Bildschirmoberfläche für die Ca-
fébesucher sichtbar gemacht werden.

Neben der öffentlichen Wahrnehmbarmachung von per Internet gesendeten Werken **69**
werden **in Zukunft** von § 22 nF **auch die Fälle der öffentlichen Zugänglichmachung erfasst, denen keine Werksendung vorausging**, etwa das öffentliche Wahr-
nehmbarmachen des Werkes eines auf CD-ROM gespeicherten Werkes auf dem
Bildschirm eines PC für die Besucher einer Kneipe. Sie ließen sich in den praktisch
relevanten Fällen auch schon bisher, nach wie vor also für **Altfälle**, entweder als
Filmvorführung über **§ 19 Abs. 4** oder als öffentliche Wahrnehmbarmachung von
Vorträgen oder Aufführungen über **§ 21** erfassen.

d) Direktsatellitensendung. Keine neue Verwertungsart im Verhältnis zur her- **70**
kömmlichen erdgebundenen Ausstrahlung wurde in der Ausstrahlung von Fernsehsendungen über **Direktsatellit** und Kabel gesehen (*BGH* NJW 1997, 320 – Klimbim).

e) Digitalisierung. Keine neue Nutzungsart kann auch in der bloßen **Digitalisierung** **71**
eines Werkes erblickt werden (so aber *Lehmann* Cyberlaw, S. 57 ff., 60; für eine lediglich neue Nutzungsmöglichkeit iRd § 16: *Schulze* ZUM 2000, 432, 439 f.; *Michel*
ZUM 2000, 425, 427; offenbar auch *LG München I* Urt. v. 10.3.1999, Az: 21 O
15039/98). Ebenso gibt es kein **Digitalisierungsrecht**, durch das die Nutzung geschützter Werke beim Netzwerkabruf und Online-Zugriff erfasst werden könnte. Das
in §§ 15 Abs. 1 Nr. 2, 16 gesetzlich geregelte Vervielfältigungsrecht führt für den Bereich der Vervielfältigung eine abschließende Regelung herbei. Nur wenn die digitalisierte Form gespeichert oder anderweitig festgelegt wird, liegt eine Vervielfältigung,
dann jedoch schon unmittelbar nach § 16, vor (*Wandtke/Bullinger* Fall 17, S. 93).

f) Körperliche Niederlegung eines digitalen Werks. Kein neues Verwertungsrecht **72**
ist auch das Recht, das abgerufene Werk **körperlich niederzulegen**, zB indem dieses
durch den Internetnutzer ausgedruckt oder auf CD gebrannt wird. Dieser Vorgang ist
vielmehr als Vervielfältigung iSd §§ 15 Abs. 1 Nr. 2, 16 anzusehen und von der dortigen gesetzlichen Regelung bereits hinreichend erfasst.

Erkennt man ein oder mehrere Nutzungsarten im Bereich der neuen Medien an, stellt **73**
sich die vor allem für den Abschluss von Verwertungsverträgen (vgl § 31 Abs. 4)
wichtige Frage des **Zeitpunkts** des erstmaligen Bekanntwerdens der jeweiligen Nutzungsart. Die Mehrzahl der Autoren, die sich für die Anerkennung neuer Nutzungsarten im Bereich der neuen Medien ausspricht, geht für das Internet und andere Online-Dienste vom Jahr 1995 aus (*Ernst* BB 1997, 1057, 1058; *Haberstumpf* Hdb,
1. Aufl., Rn 269: 1995/96; *Schulze* ZUM 2000, 432, 443 f.; vgl auch *Nordemann/
Schierholz/Nordemann/Czychowski* NJW 1998, 422, 428; **aA** *Katzenberger* AfP
1997, 434, 441: 1984). Richtigerweise wird man nach den einzelnen Nutzungsarten
unterscheiden müssen, weil das Internet kein statisches Medium ist, sondern sich
ständig fortentwickelt. Während etwa die Möglichkeit der Datenübertragung als solche bereits seit langem bekannt war, haben sich die technischen Voraussetzungen für
die zB für Internet-Videos erforderliche **schnelle Übertragung sehr große Daten-
pakete** erst später herausgebildet.

VIII. Erst- und Zweitverwertungsrechte

74   Die zT vorgenommene Unterteilung der Verwertungsrechte in Erst- und Zweitverwertungsrechte beruht auf der Überlegung, dass das Werk mehrfach nacheinander
auf unterschiedliche Arten verwertet werden kann. Bestimmte Verwertungsarten setzen schon begrifflich eine vorangegangene andere Werkverwertung voraus. ZB bedarf es für die öffentliche Wiedergabe eines Werkes vom Bild- oder Tonträger (§ 21)
zunächst einer Vervielfältigung desselben iSd § 16 Abs. 2. Nach diesen Grundsätzen
sind die Rechte des § 15 Abs. 2 Nr. 1 Erstverwertungs- und die Rechte des § 15
Abs. 2 Nr. 4 und 5 Zweitverwertungsrechte (vgl amtl. Begr. BT-Drucks. IV/270, 51).

75   Diese Einteilung in Erst- und Zweitverwertungsrechte **lässt sich** indes **nicht streng
durchhalten**, zB bei Funksendungen vom Tonträger (Zweitverwertung wegen der
vorangegangenen Vervielfältigung). Sie passt für die in § 15 Abs. 1 Nr. 1-3 geregelten Rechte ohnehin nicht, weil diese sowohl Erst- als auch Zweitverwertung sein
können. So wäre die erstmalige Herstellung einer Kopie des Werkes (§§ 15 Abs. 1
Nr. 1, 16) Erstverwertung, jedes weitere Kopieren aber Zweitverwertung, und so
können sowohl Originale (Erstverwertung) verbreitet werden (§§ 15 Abs. 1 Nr. 2,
17) als auch Kopien (§§ 15 Abs. 1 Nr. 1, 16: Zweitverwertung). Der Begriff der Erst-
oder Zweitverwertung sollte daher mit Vorsicht verwandt werden.

IX. Recht zur Verwertung des Werkes in körperlicher Form (§ 15 Abs. 1)

76   § 15 Abs. 1 gewährt dem Urheber allg. das Recht zur Verwertung seines Werkes in
körperlicher Form. Darunter sind alle Verwertungsformen zu verstehen, die ein **ge-
genständliches** Werkoriginal oder Vervielfältigungsstück zum Gegenstand haben
(ungenau die amtl. Begr. BT-Drucks. IV/270, 46: „… die unmittelbar das Original
oder Vervielfältigungsstücke des Werkes (Werkstücke) zum Gegenstand haben").
§ 15 Abs. 1 zählt dabei neben dem Vervielfältigungs- und dem Verbreitungsrecht
(§§ 16, 17) auch das Ausstellungsrecht (§ 18) als Fall der körperlichen Werkverwertung auf. Von der gesonderten Nennung des Verfilmungsrechts hat der Gesetzgeber
abgesehen, weil diese einen bes. Fall der Vervielfältigung (§§ 15 Abs. 1 Nr. 1, 16)
bzw der Bearbeitung des Werkes (§ 23) darstelle (amtl. Begr. BT-Drucks. IV/270,
46). Die Aufzählung ist nicht abschließend („… umfasst insbesondere …").

X. Recht zur öffentlichen Wiedergabe (§ 15 Abs. 2)

77   § 15 Abs. 2 gewährt dem Urheber das Recht der Verwertung seines Werkes in **unkörperlicher** Form („Wiedergabe"). Der Begriff wird in zahlreichen Gesetzesbestimmungen aufgegriffen, zB in §§ 37 Abs. 3, 52, 78. Nur die **öffentliche** Wiedergabe wird dem Urheber vorbehalten, die Wiedergabe im privaten Kreis ist ebenso frei
wie der rein rezeptive Genuss des Werkes durch Hören, Anschauen uÄ. Als Fälle der
unkörperlichen Wiedergabe zählt § 15 Abs. 2 das Vortragsrecht, das Aufführungsrecht und das Vorführungsrecht (§ 19), das Recht der öffentlichen Zugänglichmachung (§ 19a), das Senderecht (§ 20), das Recht der Wiedergabe durch Bild- oder
Tonträger (§ 21) und das Recht der Wiedergabe von Funksendungen und öffentlichen Zugänglichmachungen (§ 22) auf. Die Verwertungsarten sind in §§ 19 ff. inhaltlich näher ausgestaltet, für das Senderecht enthalten §§ 20a und 20b nähere

Angaben. Die **Ausgestaltung der jeweiligen Verwertungsart ist abschließend, nicht hingegen der Katalog der Verwertungsarten**.

XI. Der Öffentlichkeitsbegriff (§ 15 Abs. 3)

§ 15 Abs. 3 enthält eine allg. Definition des Begriffs der Öffentlichkeit der Wiedergabe eines Werkes, die für alle bes. Wiedergabearten in gleicher Weise maßgebend ist. Hintergrund für die Begriffsbestimmung war der Umstand, dass der Gesetzgeber angesichts der Bedeutung des Öffentlichkeitsbegriffs Rechtssicherheit schaffen wollte (vgl amtl. Begr. BT-Drucks. IV/270, 47). Die in § 15 Abs. 3 gegebene Definition des Begriffs der Öffentlichkeit deckt sich mit dem Öffentlichkeitsbegriff des **§ 6 Abs. 1** (näher § 6 Rn 9 ff.). § 15 Abs. 3 nF stellt klar, dass zwischen der körperlichen und der **unkörperlichen** Verwertung ein Unterschied besteht. Bei der körperlichen Verwertung ist Öffentlichkeit jeder, der nicht mit dem Verwerter persönlich verbunden ist (§ 15 Abs. 3 S. 2 Alt. 1). Die Weitergabe einer Ablichtung eines Manuskripts an eine einzige Person, zu der keine persönliche Beziehung besteht, reicht also aus (vgl *BGH* NJW 1986, 1045 – Elektrodenfabrik; NJW 1991, 1234, 1235 – Einzelangebot). Bei der unkörperlichen Verwertung schadet das Fehlen einer persönlichen Beziehung zum Verwerter hingegen nicht, wenn zwischen den Personen, denen das Werk zugänglich gemacht wird, eine persönliche Verbundenheit besteht. **78**

Schon bislang trug die **Beweislast** für die Nichtöffentlichkeit entspr. der Fassung des § 15 Abs. 2, 3 aF („Die Wiedergabe … ist öffentlich, wenn sie für eine Mehrzahl von Personen bestimmt ist, es sei denn, dass …") der Verwerter (*OLG Koblenz* NJW-RR 1987, 699, 700). Das galt jedenfalls dann, wenn er sich auf mangelnde Öffentlichkeit der Wiedergabe einer für mehrere Personen bestimmten Werkverwertung stützte. § 15 Abs. 3 nF spricht nun ausdrücklich davon, dass „zur Öffentlichkeit … jeder (gehört), der nicht …". Entspr. hat nach § 15 Abs. 3 nF der Nutzer den Beweis aller Umstände zu erbringen, aus denen sich ergibt, dass seine Verwertung nicht öffentlich ist. **79**

§ 16   Vervielfältigungsrecht

(1) Das Vervielfältigungsrecht ist das Recht, Vervielfältigungsstücke des Werkes herzustellen, gleichviel ob vorübergehend oder dauerhaft, in welchem Verfahren und in welcher Zahl.

(2) Eine Vervielfältigung ist auch die Übertragung des Werkes auf Vorrichtungen zur wiederholbaren Wiedergabe von Bild- oder Tonfolgen (Bild- oder Tonträger), gleichviel, ob es sich um die Aufnahme einer Wiedergabe des Werkes auf einen Bild- oder Tonträger oder um die Übertragung des Werkes von einem Bild- oder Tonträger auf einen anderen handelt.

Literatur: *Bosak* Urheberrechtliche Zulässigkeit privaten Downloadings von Musikdateien, CR 2001, 176; *Katzenberger* Elektronische Printmedien und Urheberrecht – Urheberrechtliche und urhebervertragsrechtliche Fragen der elektronischen Nutzung von Zeitungen und Zeitschriften, AfP 1997, 434; *Koch* Grundlagen des Urheberrechtsschutzes im Internet und in Online-Diensten, GRUR 1997, 417; *Leupold/Demisch* Bereithalten zum Abruf in digitalen

Netzen, ZUM 2000, 379; *Loewenheim* Benutzung von Computerprogrammen und Vervielfältigung im Sinne des § 16 UrhG, FS v. Gamm, 1990, S. 423; *ders.* Urheberrechtliche Probleme bei Multimediaanwendungen, GRUR 1996, 830; *Paschke* Rechtsfragen des novellierten Fotokopierrechts – unter besonderer Berücksichtigung der Auswirkungen im Hochschulbereich, GRUR 1985, 949; *Plaß* Hyperlinks im Spannungsfeld von Urheber-, Wettbewerbs- und Haftungsrecht, WRP 2000, 599; *Schulze* Rechtsfragen von Printmedien im Internet, ZUM 2000, 432; *Schwarz* Urheberrecht und unkörperliche Verbreitung multimedialer Werke, GRUR 1996, 836.

I. Geschichte und Regelungsgehalt

1   Die Begriffsbestimmung des Vervielfältigungsrechts in § 16 Abs. 1 entspricht der vormals in § 15 Abs. 1 LUG, § 17 KUG enthaltenen (amtl. Begr. BT-Drucks. IV/270, 47). Auf die dazu ergangene Rspr kann zurückgegriffen werden. Hingegen ist das bis zum In-Kraft-Treten des UrhG geltende Recht durch § 16 Abs. 2 geändert worden. Bis zum Erlass des § 16 Abs. 2 hatte § 2 Abs. 2 LUG die Übertragung eines Werkes auf „Vorrichtungen für Instrumente …, die der mechanischen Wiedergabe für das Gehör dienen," einer Bearbeitung gleichgestellt. § 16 Abs. 2 stellt nun klar, dass es sich nach neuem Recht nicht um eine Bearbeitung, sondern um eine Vervielfältigung handelt (amtl. Begr. BT-Drucks. IV/270, 47; s. schon *BGH* NJW 1953, 540 – Magnettonbänder). Schon die **erste Übertragung** unterfällt mithin dem ausschließlichen Verwertungsrecht des Urhebers. Durch die Änderung sollte bes. im Interesse der Schallplattenindustrie in einfacher Weise der für solche Vorrichtungen als notwendig erkannte Schutz gewährleistet werden. Er wird durch das Leistungsschutzrecht der §§ 85 f. ergänzt (amtl. Begr. BT-Drucks. IV/270, 47). Mit der Urheberrechtsreform 2003 wurde der Wortlaut des § 16 Abs. 1 um den Zusatz ergänzt, dass auch vorübergehende Vervielfältigungen dem Verwertungsrecht des Urhebers unterfielen. Dies war auch schon nach alter Gesetzeslage anerkannt.

2   Jede Vervielfältigung birgt in sich **potentiell nachteilige Auswirkungen**. Mit der ersten Verdoppelung geht die Eigenschaft des Wertes als Unikat verloren, jede nachfolgende Reproduktion kann den Wert des Werkes weiter mindern. Durch die Vervielfältigung wird zudem die Verbreitung des Werkes an die Öffentlichkeit vorbereitet; damit ist auch das Risiko verbunden, dass Werkexemplare ohne Zustimmung des Urhebers an die Allgemeinheit gelangen. Wird das Werk in veränderter Form oder mit verändertem Inhalt vervielfältigt, wie dies bei der Vervielfältigung von Bearbeitungen der Fall ist, können schließlich ideelle Interessen des Urhebers beeinträchtigt sein. § 16 gibt dem Urheber daher die Möglichkeit, Vervielfältigungen seines Werkes entgegenzutreten bzw diese von einer angemessenen Vergütung abhängig zu machen.

Das Vervielfältigungsrecht steht **selbständig neben den anderen Verwertungs-** 3
rechten. Ob der Urheber einem Nutzungsberechtigten neben einem Nutzungsrecht,
zB zum Werkvortrag (§ 19 Abs. 1), zugleich das Vervielfältigungsrecht eingeräumt
hat, bemisst sich mangels ausdrücklicher Vereinbarung nach dem **Zweckübertra-**
gungsgrundsatz (§ 31 Abs. 5; s. näher die dortige Kommentierung). Im Allgemeinen werden durch die Bewilligung von einfachen oder ausschließlichen Berechtigungen an dem urheberrechtlichen Vortragsrecht weder Nutzungs- noch Verbietungs-
rechte hinsichtlich des Vervielfältigungsrechts eingeräumt worden sein (*BGH* NJW
1963, 1742 f. – Vortragsveranstaltung).

Für die Anwendbarkeit des § 16 kommt es nicht darauf an, ob die Niederlegung des 4
Werkes zu privaten oder gewerblichen Zwecken erfolgt. Auch Vervielfältigungen
zum rein **privaten** Werkgenuss ohne jegliche Gewinnerzielungsabsicht werden grds
von § 16 erfasst (*BGH* NJW 1963, 1736 – Tonbänder-Werbung). Sie erfüllen jedoch
häufig die Voraussetzungen einer der Schrankenregelungen der §§ 44a ff., vor allem
des § 53. In diesem Fall ist die betr. Vervielfältigungshandlung zulässig.

Das Vervielfältigungsrecht steht dem Urheber unabhängig vom **Erscheinen** seines 5
Werkes ausschließlich zu (*BGH* NJW 1963, 1742 – Vortragsveranstaltung).

II. Recht zur Herstellung von Vervielfältigungsstücken eines Werkes
(§ 16 Abs. 1)

Vervielfältigung iSd § 16 ist **jede körperliche Festlegung** eines Werkes, **die geeig-** 6
net ist, das Werk den menschlichen Sinnen auf irgendeine Weise **unmittelbar**
oder mittelbar wahrnehmbar zu machen (amtl. Begr. BT-Drucks. IV/270, 47;
BGH NJW 1955, 1276 – Grundig-Reporter; GRUR 1982, 102, 103 – Masterbänder;
NJW 1983, 1199 – Presseberichterstattung und Kunstwerkwiedergabe II; NJW 1991,
1231, 1234 – Betriebssystem). Die Vorschrift geht damit von einem **weiten Verviel-**
fältigungsbegriff aus. Ohne dass es einer Hervorhebung im Gesetzestext bedurfte,
unterliegen dem Vervielfältigungsrecht auch das Nachbilden eines Kunstwerkes, das
Nachbauen eines Werkes der Baukunst und das Ausführen von Plänen und Entwürfen zu solchen Werken (amtl. Begr. BT-Drucks. IV/270, 47; *BGH* WRP 2003, 279,
283 – Staatsbibliothek). **Mehrfachoriginale** sind Vervielfältigungen, wenn sie in
Kenntnis des ersten Originals hergestellt werden.

In Abgrenzung zu den Fällen der öffentlichen Wiedergabe (§ 15 Abs. 2) ist bei der 7
Vervielfältigung stets eine körperliche Festlegung erforderlich. Daran fehlt es zB bei
der Projektion eines Werkes auf eine Leinwand oder der Wiedergabe auf dem Bildschirm eines PC (*BGH* NJW 1991, 1231, 1234 – Betriebssystem; *Schricker/*
Loewenheim § 16 Rn 6 mwN; vgl *BGH* NJW 1962, 1295 – AKI). Das schließt nicht
aus, dass für diesen Vorgang körperliche Werkexemplare eingesetzt werden, die
dann wie das Videoband, die Folie oder die Diskette ihrerseits Vervielfältigungsstücke sein können.

Vervielfältigung ist schon der **erste Festlegungsvorgang** eines in anderer Form vor- 8
liegenden Werkes. Schon die erste Errichtung eines Bauwerkes nach urheberrechtlich geschützten Plänen eines Architekten ist daher ebenso Vervielfältigung (vgl
BGH GRUR 1980, 853, 854 – Architektenwechsel; GRUR 1981, 196, 197 – Honorarvereinbarung; NJW 1984, 2818, 2819 – Vorentwurf I; NJW-RR 1988, 1204 –

Vorentwurf II) wie die Aufnahme eines Life-Konzerts, von Hausmusik oder eines Vortrags auf Tonträger (*BGH* NJW 1963, 1742, 1743 – Vortragsveranstaltung).

9   Von der Vervielfältigung ist die Festlegung des Werkes mit wesentlichen Veränderungen abzugrenzen. Sie ist Bearbeitung bzw sonstige Umgestaltung (§ 23) oder freie Benutzung (§ 24). **Bearbeitungen und sonstige Umgestaltungen** sind keine Vervielfältigungen des Werkes, wie die Existenz von § 23 zeigt (streitig). Stimmt man dem nicht zu, folgt jedenfalls im Umkehrschluss aus § 23 S. 2, dass die erste Festlegung der Bearbeitung oder sonstigen Umgestaltung, also ihre Herstellung, mit Ausnahme der in § 23 S. 2 genannten Fälle frei ist. Erst weitere Festlegungshandlungen, also Vervielfältigungen der Bearbeitung, können in das Vervielfältigungsrecht des Urhebers eingreifen (näher zur Abgrenzung § 15 Rn 13 und § 23 Rn 14).

10 Auf die **Zahl** der erstellten Festlegungen kommt es für die Anwendbarkeit des § 16 nicht an. Die Fertigung einer einzigen Kopie aus einem urheberrechtlich geschützten Buch stellt daher bereits einen Eingriff in das Urheberrecht dar, wenn sie nicht durch eine der Schranken der §§ 44a ff. gedeckt ist.

11 Ebenso ist die **Dauer** der Festlegung ohne Bedeutung. Für Sachverhalte aus dem Zeitraum **nach In-Kraft-Treten** des Gesetzes zur Regelung des Urheberrechts in der Informationsgesellschaft ist dies nunmehr ausdrücklich geregelt, es war aber auch schon bislang **hM** und gilt daher auch für **Altfälle**. Sogar schon ganz kurzfristige körperliche Festlegungen, wie die Speicherung eines Programms im Arbeitsspeicher der Festplatte, können folglich Vervielfältigung sein. Selbst Festlegungen, die nur der Herstellung des endgültigen Vervielfältigungsstückes dienen, wie die zur Fertigung der endgültigen Tonbänder hergestellten Masterbänder, sind Vervielfältigungen iSd § 16 (*BGH* GRUR 1982, 102, 103 – Masterbänder).

12 Vorübergehende Vervielfältigungen, die nach In-Kraft-Treten des Gesetzes zur Regelung des Urheberrechts in der Informationsgesellschaft stattgefunden haben, können durch die neu eingeführte Ausnahmeregelung des **§ 44a** vom Vervielfältigungsrecht freigestellt sein. Auf Altfälle findet die Vorschrift keine Anwendung, jedoch wird unter den Voraussetzungen des neuen § 44a oftmals von einem Einverständnis des Urhebers in die kurzfristige Speicherung auszugehen sein. Näher hierzu bei § 44a.

13 Der **Ort** der Vervielfältigung spielt ebenfalls keine Rolle. Daher kommt es nicht darauf an, ob die für die Programmausführung erforderlichen Zwischenspeicherungen auf dem lokalen Rechner erfolgen, oder ob, etwa bei einem **Remote-Zugriff**, auf einem fremden Rechner gespeichert wird.

14 Die **Art der Herstellung** und das verwandte **Material** sind für die Anwendbarkeit des § 16 ebenso wenig von Bedeutung wie etwaige **Größenveränderungen**. Die vormals in § 6 Nr. 2 KUG 1976 enthaltene Freistellung der **Dimensionsvertauschung** ist in das UrhG nicht übernommen worden (*BGH* NJW 1983, 1199 – Presseberichterstattung und Kunstwerkwiedergabe II). Von § 16 erfasst sind neben der ausschließlich mit menschlicher Kraft vorgenommenen Vervielfältigung, zB dem Abschreiben von Noten, insb. auch **mechanische** Festlegungen des Werkes, etwa das Fotokopieren oder Mikroverfilmen eines Schriftwerkes (so schon für den Anwendungsbereich der §§ 11, 15 LUG *BGH* NJW 1955, 1433 – Fotokopie; s. weiterhin *BGH* NJW 1999, 1964, 1965 – Elektronische Pressearchive). Schließlich gehört die

wiederholte Festlegung von körperlichen Werken durch **bildhafte Wiedergabe** zu den von § 16 Abs. 1 erfassten Vervielfältigungshandlungen (*BGH* NJW 1983, 1199 – Presseberichterstattung und Kunstwerkwiedergabe II). Zur Frage der Vervielfältigung bei den elektronischen Medien su § 16 Rn 25 ff.

Schon die Vervielfältigungen von **Werkteilen** wird von § 16 erfasst, soweit das betr. **15** Werkteil seinerseits Werkcharakter besitzt, also insb. über die erforderliche Schöpfungshöhe verfügt.

Vervielfältigung ist auch die **Wiederherstellung eines zerstörten Originals**. Hin- **16** gegen stellt die bloße Werkreparatur keine Vervielfältigungshandlung dar. Keine Reparatur, sondern Vervielfältigung und ggf Bearbeitung ist die veränderte Wiedererrichtung. Hier ist § 16, ggf über § 23, anwendbar, sofern kein Fall der freien Benutzung (§ 24) vorliegt. Schwierig wird die Abgrenzung dort, wo nur Teile des Werkes zerstört worden sind. Da sie, Schöpfungshöhe vorausgesetzt, ebenso wie das Werk in seiner Gesamtheit Urheberrechtsschutz genießen, greift grds schon die Wiederherstellung schöpferischer Werkteile in das ausschließliche Vervielfältigungsrecht des Urhebers ein. Um die Interessen des Werkeigentümers nicht unzumutbar zu beeinträchtigen, muss jedoch eine wirtschaftliche Betrachtungsweise ausschlaggebend sein. Zulässig ist danach bei einer nur teilweisen Werkzerstörung die Wiedererrichtung der zerstörten Teile, es sei denn, die Vernichtung des noch vorhandenen Werkrests und die Wiederherstellung des Gesamtwerkes wäre die wirtschaftlich sinnvollere Lösung. Stets einen Verstoß gegen § 16 stellt die Wiederherstellung einzelner schöpferischer Teile eines insgesamt zerstörten Werkes dar.

Keine Vervielfältigung ist der rein **rezeptive Genuss** eines Werkes, zB das Lesen ei- **17** nes Buches, das Anhören einer Schallplatte, das Betrachten eines Kunstwerks oder eines Videofilmes (*BGH* NJW 1991, 1231, 1234 – Betriebssystem; NJW 1994, 1216, 1217 – Holzhandelsprogramm). Hier liegt schon begrifflich keine Vervielfältigungshandlung vor. Hingegen kann eine werbende Darstellung eine Vervielfältigung sein. Hat sich jedoch das Verbreitungsrecht an der werbend dargestellten Ware gem. § 17 Abs. 2 erschöpft, darf der zur Weiterverbreitung Berechtigte nicht mit Hilfe des Urheberrechts daran gehindert werden, die Ware anzubieten und iRd Üblichen werbend darzustellen, auch wenn damit eine Vervielfältigung verbunden ist (*BGH* GRUR 2001, 51 – Parfumflakon). Die **übliche Produktbewerbung urheberrechtsgeschützter Ware** durch den Händler, die das urheberrechtsgeschützte Produkt bzw dessen geschützte Verpackung zeigt, ist also zwar Vervielfältigung iSd § 16. Hat sich das Verbreitungsrecht an der Ware bzw Verpackung aber erschöpft, ist die übliche werbende Darstellung trotzdem zulässig (*BGH* GRUR 2001, 51, 52 f. – Parfumflakon).

Ob ein Verstoß gegen das Vervielfältigungsrecht gegeben ist, ist bei Abweichungen **18** in der Gestaltung des Originalwerks und der Nachbildung durch **Vergleich beider Ausführungen** zu ermitteln (*BGH* NJW-RR 1988, 1204, 1295 – Vorentwurf II).

III. Recht zur Übertragung des Werkes auf Bild- oder Tonträger (§ 16 Abs. 2)

Eine bes. Vervielfältigungsart stellt die Vervielfältigung durch Übertragung eines **19** Werkes auf Bild- oder Tonträger nach § 16 Abs. 2 dar (*BGH* GRUR 1974, 786, 787 – Kassettenfilm). § 16 Abs. 2 stellt insoweit klar, dass die Herstellung von Schallplatten und Tonband- oder Filmaufnahmen eines Werkes ebenso wie das Überspielen eines Werkes von einem Tonband auf ein anderes Vervielfältigungen und nicht Bearbeitungen des Werkes sind (amtl. Begr. BT-Drucks. IV/270, 47; s. schon *BGH* NJW 1953, 540 – Magnettonbänder; NJW 1955, 1276 – Grundig-Reporter).

20   Erfasst wird von § 16 Abs. 2 **jede Übertragung des Werkes auf Vorrichtungen zur wiederholbaren Wiedergabe von Bild- oder Tonfolgen**, gleichviel ob es sich um die **Aufnahme** einer Wiedergabe des Werkes oder um die **Übertragung** von einem Bild- oder Tonträger auf einen anderen handelt (so für die Übertragung auf Tonträger *BGH* GRUR 1982, 102, 103 – Masterbänder). Vervielfältigung iSd § 16 Abs. 2 ist daher neben der Aufnahme von Life-Musikaufführungen (Konzerten, Hausmusik uÄ) auch das Übertragen eines Vortrags auf Tonträger (*BGH* NJW 1963, 1742, 1743 – Vortragsveranstaltung). Auch das Überspielen von Schallplattenaufnahmen und Rundfunksendungen auf Tonband ist Vervielfältigungshandlung (*BGH* NJW 1963, 1736 – Tonbänder-Werbung). Schließlich fallen selbst digitale Speicherungen auf Bild- oder Tonträger, zB auf Disketten, CD, CD-Rom uÄ unter § 16 Abs. 2 (*OLG Düsseldorf* GRUR 1990, 188 f.; wohl noch weitergehend *Schulze* ZUM 2000, 432, 433; *Schricker/Loewenheim* § 16 Rn 18 und 26). Keine Übertragung nach § 16 Abs. 2 (aber eine solche nach § 16 Abs. 1) ist im Allgemeinen das Fotografieren, da der Materialträger beim herkömmlichen Verfahren nicht zur wiederholbaren Wiedergabe von Bildfolgen dient (*LG München* GRUR 1979, 852 f.).

21   Zu **Zahl**, **Dauer**, **Ort** und **Art** der Festlegungen gilt grds nichts anderes als iRd § 16 Abs. 1, ebenso was die Neufestlegung eines zerstörten Werkstücks und die Vervielfältigung von Werkteilen anbetrifft. Reine **Benutzungshandlungen** scheiden als Vervielfältigung ebenso wie bei § 16 Abs. 1 aus. Auf den Gebrauchszweck des Bandes kommt es nicht an. Auch **private Tonaufnahmen** ohne Gewinnerzielungsabsicht fallen grds unter das Vervielfältigungsrecht des Urhebers (*BGH* NJW 1963, 1739 – Tonbandgeräte-Händler), können jedoch durch eine Schrankenregelung, vor allem durch § 53, erlaubt sein. Für die Anwendbarkeit des § 16 Abs. 2 ist nicht erforderlich, dass der Bild- oder Tonträger dazu bestimmt ist, dem **Endverbraucher** den Werkgenuss zu vermitteln. Masterbänder sind daher als Festlegung des Werkes auf Tonträger und deshalb als echte Werkverkörperungen anzusehen. Das entspricht dem den §§ 15 ff. zugrunde liegenden Grundgedanken, dass der Urheber tunlichst angemessen an dem wirtschaftlichen Nutzen seines Werkes zu beteiligen ist (*BGH* GRUR 1982, 102, 103 – Masterbänder).

22   Schon die **erste Festlegung** eines unkörperlichen Werkes auf Bild- oder Tonträger ist Vervielfältigung desselben, soweit es sich nicht um die, wie sich im Umkehrschluss aus § 23 S. 2 entnehmen lässt, zulässige erstmalige Herstellung einer Bearbeitung oder sonstigen Umgestaltung handelt. Die Erstaufnahme eines Vortrags oder der Aufführung eines Werkes ist folglich bereits Vervielfältigung iSd § 16 Abs. 2 (*BGH* NJW 1955, 1276 – Grundig-Reporter; NJW 1963, 1739 – Tonbandgeräte-Händler).

23   Auch die sog. **Videozweitauswertung**, dh die Auswertung von Kinospielfilmen durch Überspielen auf Videokassette zur privaten Heimvorführung und deren Verkauf an den Endverbraucher beinhaltet unmittelbar die Vervielfältigung des Filmes iSd § 16 Abs. 2 und stellt insb. auch keine Bearbeitung iSd §§ 3, 23 dar (*BGH* NJW

1993, 2939, 2940 f. – Videozweitauswertung II). Von dem Film werden dabei nämlich zusätzliche Exemplare auf Videokassette geschaffen, indem der Film zunächst
auf ein Video-Master-Band überspielt wird, von dem sich dann beliebig viele Videokassetten ziehen lassen (*BGH* NJW 993, 2939, 2940 – Videozweitauswertung II).

§ 16 Abs. 2 enthält zugleich eine **allg. Definition des Begriffs des Bild- und Ton-   24
trägers**, der im UrhG noch mehrfach an anderer Stelle (zB §§ 21, 54, 64, 85, 95 und
108) verwandt wird (amtl. Begr. BT-Drucks. IV/270, 47).

IV. Sonderbereich: Neue Medien

Die neuen Medien haben zur Schaffung verschiedener bislang nicht bekannter Arten   25
von Werkfestlegungen geführt, bei denen nicht immer klar ist, ob es sich tatsächlich
um Vervielfältigungen iSd § 16 handelt. So können zB bei der Benutzung von Computerprogrammen schon im Programmlauf auf kürzeste Zeit beschränkte Datenfest-
legungen entstehen. Ob sie vom Vervielfältigungsbegriff erfasst werden, war bislang
streitig. Zwar findet § 16 auf die Vervielfältigung von Computerprogrammen selbst
keine Anwendung, für die nämlich **§ 69c Nr. 1 Sonderregelung** ist. § 16 findet im
Bereich der elektronischen Datenverarbeitung nur Anwendung, wenn Daten oder Informationen vervielfältigt werden, die zwar ein Werk iSd § 2 sind, aber den Begriff
des Computerprogramms nicht erfüllen, oder wenn es um die Vervielfältigung der
Werkelemente derjenigen Teile eines aus Computerprogramm und anderen Teilen
zusammengesetzten „Gesamtwerkes" geht, die nicht mit dem Computerprogramm
identisch sind. § 69c Nr. 1 verwendet jedoch den gleichen Begriff der Vervielfältigung wie § 16.

Jedenfalls liegt in der **Abspeicherung** von Informationen auf einem Datenträger, zB   26
auf der Festplatte oder einer Diskette, und in ihrem Ausdruck in ihrer Konfiguration
mittels eines Druckers eine Vervielfältigung (*BGH* NJW 1991, 1231, 1234 – Betriebssystem). Es kommt nicht darauf an, ob das Werk dabei, technisch betrachtet, **in
seine Einzelteile zerlegt** wird. Selbst wenn es, wie bei der Sendung von Werken via
Internet meist der Fall, **über unterschiedliche Server** zum Nutzer gelangt, wird es
dort vervielfältigt, wenn der Nutzer die Einzelteile auf der Festplatte seines PC speichert. Anders verhält es sich, wenn der **Übertragungsvorgang fehlschlägt** und diejenigen Teile, die den Nutzer-PC erreichen und dort gespeichert werden, weder für
sich genommen noch in ihrer Gesamtheit schöpferisch sind. Dass die Informationen
bei bestimmten Speicherformaten, zB bei MP3, von der menschlichen Wahrnehmung praktisch unbemerkt **komprimiert** werden, tut dem Vervielfältigungsvorgang
in rechtlicher Hinsicht keinen Abbruch; zur Abgrenzung zu § 23 näher § 3 Rn 51.
Das Einlesen von Werken auf die Festplatte in Form des **Einscannens** ist Vervielfältigung (*OLG Frankfurt* NJW 1994, 834, 836). Ebenso fällt die körperliche Festlegung von Werken durch **Ausdruck** oder **Fernkopie** auf dem Drucker oder einem
anderen Gerät, etwa dem Telefax, unter den Vervielfältigungsbegriff (*Fromm/
Nordemann* § 16 Rn 2; *Schricker/Loewenheim* § 16 Rn 17).

Unerheblich ist, ob der Urheber es, etwa durch ein **Java-Script**, verhindern könnte,   27
dass die urheberrechtsgeschützten Teile seiner Website in ein fremdes Frame geladen und dort vervielfältigt werden können.

28   Ferner ist die **Digitalisierung** von Werken eine Vervielfältigung, **wenn** sie mit einer körperlichen Festlegung einhergeht (wohl noch weiter *Schulze* ZUM 2000, 432, 433; *Schricker/Loewenheim* § 16 Rn 18 mwN). Das gilt unabhängig davon, ob und auf welche Art und Weise die digitalisierte Fassung festgelegt wird, während die Digitalisierung als solche noch nicht ausreicht. Könnte man also eine analoge Fassung im Kopf in den entspr. **Binärcode** übersetzen, würde man damit noch nicht vervielfältigen.

29   Streitig ist, ob auch beim reinen **Programmlauf** im Computer Vervielfältigungsvorgänge anfallen. Anerkannt ist, dass die bloße **Sichtbarmachung** auf dem Bildschirm als Vervielfältigung jedenfalls ausscheidet, da insoweit nur eine körperliche Wiedergabe vorliegt (*BGH* NJW 1991, 1231, 1234 – Betriebssystem). Meistens wird das Werk aber zugleich auch körperlich, nämlich im Arbeitsspeicher, niedergelegt werden. Auch die iRd Werkübermittlung anfallenden, nach kürzester Zeit vernichteten selbsttätigen **Zwischenspeicherungen** des Computers im Arbeitslauf bringen grds eine körperliche Festlegung mit sich. Sie stellen aber anders als die Festlegungen im Arbeitsspeicher reine Benutzungshandlungen des Werkes dar und führen insb. nicht zu einer gesteigerten Nutzungsmöglichkeit. Daher wurden sie bislang zumeist noch nicht als Programmvervielfältigungen angesehen (*Loewenheim* FS v. Gamm, S. 434; *Schwarz* GRUR 1996, 836, 840; *Fromm/Nordemann* § 16 Rn 2; vgl zur Frage der Benutzungshandlung *BGH* NJW 1991, 1231, 1234 – Betriebssystem). Die Änderung des § 16 Abs. 1 („… vorübergehend oder dauerhaft …") macht nun aber klar, dass jedenfalls seit In-Kraft-Treten des Gesetzes jede Niederlegung, und sei sie auch noch so flüchtig, Vervielfältigung ist. IdR wird für Zwischenspeicherungen aber die Ausnahmeregelung des **§ 44a** greifen. Sie beruht auf Art. 5 Abs. 1 der Europäischen Richtlinie zur Harmonisierung des Urheberrechts (ABlEG Nr. L 167/10 v. 22.6.2001) und lässt flüchtige oder begleitende Vervielfältigungen zu, wenn sie integraler und wesentlicher Bestandteil eines technischen Verfahrens sind, dessen Zweck die Ermöglichung der Datenübertragung durch einen Vermittler oder der rechtmäßigen Nutzung ist, und die keine eigenständige wirtschaftliche Bedeutung haben. Betroffen sind vor allem die vorgenannten Speicherungen beim Übermitteln bzw Durchsuchen von Dokumenten. Sie werden zum einen dann von der Ausnahmeregelung erfasst, wenn der Vorgang, bei dem Daten kurzfristig fixiert werden, zB das Browsen in der Juris-Datenbank, selbst rechtens, nämlich von einer Lizenz oder dem Einverständnis des Berechtigten gedeckt, ist. Zum anderen stellt § 44a sicher, dass auch ohne diese Voraussetzungen der Access-Provider, der nur die Durchleitung der Werke vornimmt, für die dabei technisch notwendigen flüchtigen Speicherungen nicht als Urheberrechtsverletzer in Anspruch genommen werden kann.

30   Auch nach altem Recht waren Festlegungen des Werkes im **Arbeitsspeicher** des Nutzers Vervielfältigungen, selbst wenn sie wie beim Durchsuchen (sog. **Browsing**) von Datenbanken oÄ nach wenigen Sekunden wieder gelöscht wurden (*OLG Hamburg* ZUM 2001, 512; *Loewenheim* GRUR 1996, 830, 834; *Fromm/Nordemann* § 16 Rn 2; *Schricker/Loewenheim* § 16 Rn 19; *Leupold/Demisch* ZUM 2000, 379, 482; **aA** noch *Loewenheim* FS v. Gamm, S. 430 ff., 434). Das sog. **Downloading**, dh das Herunterladen von Dateien vom Serverrechner zumindest in den Arbeitsspeicher des eigenen Computers, ist daher eine Vervielfältigung (*Schricker/Loewenheim* § 16 Rn 22; *Bosak* CR 2001, 176 f.; *Leupold/Demisch* ZUM 2000, 379, 383; *Koch* GRUR 1997, 417, 423). Nichts anderes gilt für den Vorgang in umgekehrter Richtung, das sog. **Uploading** (*LG München I* NJW 2000, 2214, 2215; *Schricker/Loewenheim* § 16 Rn 22; *Leupold/Demisch* ZUM 2000, 379, 381 f.; *Koch* GRUR 1997, 417, 425). Vervielfältigung ist auch das **Streaming** (vgl *Leupold/Demisch* ZUM 2000, 379, 386). Darunter versteht man das Abspielen von Multimedia-Daten während des Herunterladens in Realtime. Die Sound- bzw Videodaten werden also beim „echten" Streaming vor ihrer Sicht- bzw Hörbarmachung nicht in einer Datei zwischengespeichert. Sie werden aber in einem Display-Speicher abgelegt und dadurch vervielfältigt. Erst recht liegt eine Vervielfältigung vor in den Fällen der Nutzungserweiterung durch Speicherung der gestreamten Daten in anderen Dateien als dem Display-Speicher.

Die Vervielfältigung wird nicht dadurch ausgeschlossen, dass das Arbeitsprogramm **31** über die Shell eines anderen Rechners (**remote**) gestartet wird und die Zwischenspeicherungen dort erfolgen.

Zum sog. **Reverse Engineering** (Rückübersetzung) von Computerprogrammen s. **32** *Kilian/Heussen/Harte-Bavendamm/Wiebe* Kap. 51 Rn 79 f. mwN. Wegen der Vervielfältigung von Computerprogrammen wird ferner auf die Kommentierung zu § 69c verwiesen. Zu sog. **Routing-Leistungen** s. *Schricker/Loewenheim* § 16 Rn 23 und *Koch* GRUR 1997, 417, 425.

Zum **Hyperlink** s. näher *OLG Köln* ZUM 2001, 414 ff.; *OLG Hamburg* ZUM 2001, **33** 512 ff.; *Plaß* WRP 2000, 599 ff.

Entgegen *Apel/Steden* WRP 2001, 112 ff., dürfte in dem Einsatz von **Werbeblo- 34 ckern** im Internet keine unzulässige Bearbeitung iSd § 23 zu sehen sein, da Texte bzw Bilder und Werbung kein einheitliches Werk bilden; anders nur, wenn man die Website als eigenes Werk ansieht (hierzu § 2 Rn 169).

V. Beispiele

Das **Herstellen von Tonträgern** ist eine Vervielfältigung des Musikwerks iSd § 16 **35** Abs. 2 (*OLG Hamm* WRP 1992, 48, 49). Das **Brennen** einer CD fällt unter § 16 Abs. 2, ohne dass es auf die Herkunft der Daten, zB von einem anderen Tonträger oder aus dem Internet, ankommt. Wer Daten in den PC einliest, indem er sie **einscannt**, vervielfältigt sie (*OLG Frankfurt* WRP 1994, 834, 836). Der automatisiert hergestellte **3-D-Scan** ist Vervielfältigung (zum Werkcharakter von 3-D-Scans, bei denen schöpferische Tätigkeit zum Einsatz kommt, s. § 2 Rn 22). Gleiches gilt für die iRd **Umwandlung der Daten in das MP3-Format** erfolgenden Speicherung und auch für den sich anschließenden Speichervorgang im Server, der dazu dient, das Musikstück Internetnutzern im digitalisierten Format zugänglich zu machen (*Leupold/Demisch* ZUM 2000, 379, 381 f.). Wer Musikdateien auf den **Server** des Anbieters eines Musik-Soundforums uplädt, vervielfältigt diese daher (*LG München I* NJW 2000, 2214). Die Ausführung urheberrechtlich geschützter **Pläne eines Architekten** ist ebenso deren Vervielfältigung (vgl *BGH* GRUR 1980, 853, 854 – Architektenwechsel; GRUR 1981, 196, 197 – Honorarvereinbarung; NJW 1984, 2818, 2819 – Vorentwurf I; NJW-RR 1988, 1204 – Vorentwurf II) wie der **Nachbau des Bauwerks**. Die Herstellung eines **Masterbands** (Aufnahme-Matrizen) zum Zwecke der Herstellung von Tonträgern fällt unter § 16 Abs. 2 (*BGH* GRUR 1982, 102, 103 – Masterbänder). Wer ein Life-Konzert, Hausmusik oder einen Vortrag auf Tonträger **aufnimmt**, vervielfältigt diese Werke (*BGH* NJW 1963, 1742, 1743 – Vortragsveranstaltung). Auch das **Überspielen** von Schallplattenaufnahmen und Rundfunk-sendungen auf Tonband ist Vervielfältigungshandlung (*BGH* NJW 1963, 1736 – Tonbänder-Werbung). Wer ein Bild einer auf einer Ausstellung gezeigten Plastik in seiner Zeitung **abdruckt**, verstößt gegen das Vervielfältigungsrecht des Künstlers, sofern der Abdruck nicht durch Schranken des Urheberrechts, vor allem §§ 50, 57, gedeckt ist (*BGH* NJW 1983, 1199 – Presseberichterstattung und Kunstwerkwieder-gabe II). Das **Kopieren** von Schriftwerken verstößt gegen § 16 Abs. 1, wenn die Schrankenregelungen der §§ 44a ff., vor allem des § 53, nicht eingreifen (*BGH* NJW 1984, 1106, 1107 – Kopierläden). Die Herstellung von **Folien** und von **Blinden-schriften** verwirklichen den Vervielfältigungstatbestand (*Fromm/Nordemann* § 16 Rn 1), ebenso (nach § 69c Ziff. 1) der **Abdruck eines Computerprogramms** oder von Auszügen desselben in einer Computerzeitschrift (*Kilian/Heussen/Harte-Baven-damm/Wiebe* Kap. 51 Rn 53). Wegen weiterer Beispiele aus dem Bereich der neuen Medien so Rn 25 ff. Die **Produktbewerbung** durch Abbildung eines urheberrechts-geschützten Parfumflakons ist Vervielfältigung iSd § 16; wer zur Weiterverbreitung nach § 17 Abs. 2 berechtigt ist, kann jedoch mit Hilfe des Urheberrechts nicht daran gehindert werden, die Ware iRd Üblichen werbend darzustellen (*BGH* GRUR 2001, 51, 52 f. – Parfumflakon).

36 **Keine Vervielfältigung** ist die **Projektion** eines Bildes auf eine Leinwand oder die **Holografie**; anders aber, wenn mit ihr eine Festlegung des Werkes einhergeht. Die Wahrnehmbarmachung des Werkes mittels **Power-Point** selbst ist keine Verviel-fältigung, wohl aber die ihm vorausgehende Niederlegung auf CD. Nicht unter § 16 fallen das **Lesen** eines Buches, das **Anhören** einer Schallplatte und das **Betrachten** eines Kunstwerkes oder eines Videofilmes (vgl *BGH* NJW 1991, 1231, 1234 – Be-triebssystem; NJW 1994, 1216, 1217 – Holzhandelsprogramm). Das Setzen eines **Hyperlinks** ist keine Vervielfältigung, wohl aber das anschließende Speichern im Zusammenhang mit dem Abruf durch den Nutzer (vgl *OLG Köln* AfP 2001, 81 ff.; näher *Plaß* WRP 2000, 599 ff.).

VI. Rechtsfolgen, insbesondere Aktivlegitimation sowie Hinweis- und Kontroll-pflichten Dritter

37 Wer ein urheberrechtlich geschütztes Werk ohne Zustimmung des Urhebers verviel-fältigt, verstößt gegen § 97. Er kann auf Auskunft, Unterlassung sowie Beseitigung und im Falle seines Verschuldens auf Schadenersatz in Anspruch genommen wer-den. Daneben kommt die Vernichtung oder Überlassung des Vervielfältigungsstücks sowie der zur Vervielfältigung verwandten Geräte in Betracht (§§ 98, 99). Insoweit wird auf die Kommentierung zu §§ 97 ff. verwiesen.

38 **Aktivlegitimiert** und demzufolge auch prozessführungsbefugt ist der **Urheber** bzw der **Lizenznehmer**. Während die Vervielfältigungsrechte im literarischen Bereich vom Urheber selbst oder dessen **Verlag** wahrgenommen werden und die **VG WORT** mit Ausnahme bestimmter Randbereiche (zB EDV-Rechte im Zeitungsbereich und Vervielfältigung für Unterrichts- und Bildungszwecke) nur die Vergütungsansprü-che geltend macht, verwaltet die **VG Bild-Kunst** teilweise auch Reproduktionsrech-te; dabei ist die endgültige Genehmigung teilweise, zB bei monographischen Nut-zungen oder Werbeverwendungen, dem Künstler vorbehalten. Die Befugnis der VG

Bild-Kunst umfasst auch die Digitalisierung in analoger Form vorhandener Werke. Die sich daraus ergebenden Abgrenzungsschwierigkeiten zu den Rechten des **ZDF** sind durch eine Vereinbarung v. 10./23.1.2001 im Wesentlichen gelöst. Auch die **GEMA** als die einzige Verwertungsgesellschaft für Urheber im musikalischen Bereich überhaupt wird in Bezug auf Vervielfältigungsrechte tätig. Sie nimmt das mechanische Vervielfältigungsrecht iSd § 16 Abs. 2 wahr und vergibt inzwischen sogar die Rechte an **Handy-Klingeltönen**, während das papierne Vervielfältigungsrecht von den Urhebern im Allgemeinen einem Verlag zur Nutzung übertragen wird. Die Verlage oder Verwertungsgesellschaften lassen sich inzwischen häufig auch die Vervielfältigungsrechte im **On- und Offlinebereich** einräumen, so wenn Werbung im Internet musikalisch unterlegt werden soll. Über die Nutzung des GEMA-Repertoires durch Vervielfältigung und Verbreitung auf Tonträgern besteht ein Gesamtvertrag mit der Deutschen Landesgruppe der IFPI (International Federation of Phonographic Industry), auf dessen Grundlage die GEMA Einzelverträge mit den der IFPI angeschlossenen Schallplattenunternehmen schließt.

Passivlegitimiert ist zunächst der unmittelbare **Verletzer**. Dazu gehört auch derjenige, der die Vervielfältigungsstücke im Auftrag und auf Rechnung eines Dritten herstellt (*BGH* NJW 1989, 389, 391 – Kopierwerk; NJW 1999, 1953, 1954 – Kopienversanddienst). Wer ein Kopierwerk betreibt und darin ua **im Auftrag Dritter** Videokassetten von Spielfilmen herstellt, kann deshalb nach § 97 in Anspruch genommen werden (*BGH* NJW 1989, 389, 391 – Kopierwerk). Gleiches gilt grds für öffentliche **Bibliotheken**, die auf Einzelbestellung Kopien verschiedener Schriftstücke fertigen und dem Besteller per Post übermitteln (*BGH* NJW 1999, 1953 – Kopienversanddienst). Die Vervielfältigung kann aber durch eine der Schranken der §§ 45 ff., vor allem durch § 53, gedeckt sein. Beschränkt sich der Vervielfältiger auf reine Hilfeleistungen für seine Auftraggeber, kommt es darauf an, ob die Voraussetzungen der Schrankenregelung in deren Person vorliegen (*BGH* NJW 1999, 1953 – Kopienversanddienst; NJW 1999, 1964, 1965 f. – Elektronische Pressearchive). Eine öffentliche Bibliothek verletzt daher das Vervielfältigungsrecht dann nicht, wenn sich der Besteller der Kopien auf einen durch § 53 privilegierten Zweck berufen kann (*BGH* NJW 1999, 1953 – Kopienversanddienst). Hingegen kann sich ein elektronisches **Pressearchiv**, welches Beiträge archiviert, um sie gegen Entgelt Dritten zur Verfügung zu stellen, selbst dann nicht auf § 53 Abs. 2 Nr. 2 berufen, wenn die Voraussetzungen für eine zulässige Archivierung in der Person ihrer Auftraggeber vorlägen, weil sie sich nicht mehr, weil erforderlich, auf rein technische Hilfeleistungen für diese beschränkt (*BGH* NJW 1999, 1964, 1966 – Elektronische Pressearchive). Liegt kein Fall der Schrankenregelung vor und will der Vervielfältigende die Rechtsfolge der §§ 16, 97 ff. vermeiden, muss er sich die für die Vervielfältigung erforderlichen Nutzungsrechte einräumen lassen. Ausreichend ist auch ein Erwerb dieser Nutzungsrechte durch seinen Auftraggeber (*BGH* NJW 1989, 389, 391 – Kopierwerk).

Der Anspruch richtet sich außerdem unter den Voraussetzungen des § 100 auch gegen den **Inhaber des Unternehmens**, in dem der die Rechtsverletzung Vornehmende beschäftigt ist oder von dem er beauftragt wurde. Ferner kann auch jeder Dritte aus §§ 16, 97 auf Unterlassung, auf Beseitigung und im Falle von Verschulden auf Schadenersatz in Anspruch genommen werden, der mittelbar in das Urheberrecht eingreift. Der Umstand, dass die unmittelbare Rechtsverletzung von einem selbständig handelnden anderen Verletzer vorgenommen und der Dritte nur **mittelbarer Störer** ist, schließt den Ursachenzusammenhang also nicht aus (*BGH* NJW 1984, 1106, 1107 – Kopierläden).

41   Der *BGH* (NJW 1984, 1106 ff. – Kopierläden) hat hieraus die Verpflichtung desjenigen, der einen **Kopierladen** betreibt, in welchem er Dritten seine Fotokopiergeräte zum Ablichten zur Verfügung stellt, zur Ergreifung geeignete Maßnahmen hergeleitet, durch welche die Gefahr eines unberechtigten Vervielfältigens urheberrechtlich geschützter Vorlagen ausgeschlossen oder doch ernsthaft vermindert werden kann. Die Gefahr einer Urheberrechtsverletzung sei hier nicht auszuschließen, wenn das eigene Kopieren durch Dritte ohne Aufsicht und ohne jede Kontrolle möglich sei, möge es auch in der Öffentlichkeit erfolgen. Indem die Kopierladeninhaber ihre Kopiergeräte Dritten zur Verfügung stellten, verschafften sie diesen die Möglichkeit zur mühelosen Vervielfältigung urheberrechtlich geschützter Werke in einer von §§ 53, 54 nicht mehr gedeckten Art und Weise und verursachten dadurch die ernsthafte Gefahr einer Verletzung des Vervielfältigungsrechts der Urheber in zurechenbarer Weise mit. Sie seien folglich verpflichtet, Maßnahmen zu treffen, durch welche eine Gefährdung der Urheberrechte ausgeschlossen oder jedenfalls ernsthaft gemindert werden könne. Art und Umfang der Maßnahmen seien danach zu bemessen, welche Vorkehrungen iRd Zumutbaren und Erforderlichen geeignet seien, die Rechtsverletzungen soweit wie möglich zu verhindern (*BGH* NJW 1984, 1106, 1107 – Kopierläden). Als zumutbar und im Einzelfall geeignet angesehen wurde ein **im Ladenlokal deutlich sichtbarer Hinweis** auf die Verpflichtung der Kunden zur Beachtung fremder Urheberrechte (*BGH* NJW 1984, 1106 – Kopierläden). Fehlt er, kann der Urheber seine Durchsetzung im Wege der vorbeugenden Unterlassungsklage betreiben (*BGH* NJW 1984, 1106 ff. – Kopierläden). Die Hinweispflicht ist durch die Änderungen der §§ 53 ff. zum 1.7.1985 (BGBl I, 1137 ff.) nicht entfallen (*Paschke* GRUR 1985, 949, 953). Bei denjenigen Kunden, die juristisches Ausbildungsmaterial fotokopieren, ist der Hinweis überflüssig, weil davon ausgegangen werden kann, dass diesen Kunden der Begriff des Copyrights bekannt ist (*BGH* NJW 1984, 1106, 1108 – Kopierläden). Das kann dazu führen, dass die vorbeugende Unterlassungsklage desjenigen, der Urheberrechtsschutz nur für juristisches Ausbildungsmaterial genießt, ins Leere geht.

42   Die vormals vom BGH für die **Hersteller von Magnettonbändern** und **Einzelhändler von Tonbandgeräten** aus der grds Eignung jedes Tonbandes und Tonbandgerätes zur Gefährdung der Urheberrechte durch unberechtigte Musikaufnahmen entwickelte Pflicht, in ihrer Werbung für ihre Tonbänder bzw Tonbandgeräte darauf hinzuweisen, dass bei einer Benutzung der Tonbänder die Einwilligung der GEMA einzuholen sei (*BGH* NJW 1963, 1736 ff. – Tonbänder-Werbung; NJW 1963, 1739 ff. – Tonbandgeräte-Händler), ist durch das In-Kraft-Treten des § 54 entfallen. Anders als beim Kopieren von Schriftwerken, bei dem Missbrauch gang und gäbe ist, sichert die Bild- und Tonträgerabgabe die finanziellen Interessen der Urheber ausreichend.

43   Werden auf einer **Website** urheberrechtsverletzende Inhalte zugänglich gemacht, ist nicht nur der **Inhaber der Website und Domain**, sondern auch der sog. **Admin-C** Störer (vgl *OLG Hamburg* Urt. v. 4.11.1999, Az: 3 U 274/98). Denn er ist diejenige vom Domaininhaber benannte natürliche Person, die als sein Bevollmächtigter be-

rechtigt und verpflichtet ist, sämtliche die Domain betr. Angelegenheiten verbindlich zu entscheiden, und die damit den Ansprechpartner der DENIC darstellt. Er wäre folglich in der Lage, die Domain freizugeben und so den Zugang zur Website, deren IP-Adresse idR kaum einer Person bekannt sein wird, erheblich zu erschweren.

§ 17 Verbreitungsrecht

(1) Das Verbreitungsrecht ist das Recht, das Original oder Vervielfältigungsstücke des Werkes der Öffentlichkeit anzubieten oder in Verkehr zu bringen.

(2) Sind das Original oder Vervielfältigungsstücke des Werkes mit Zustimmung des zur Verbreitung Berechtigten im Gebiet der Europäischen Union oder eines anderen Vertragsstaates des Abkommens über den Europäischen Wirtschaftsraum im Wege der Veräußerung in den Verkehr gebracht worden, so ist ihre Weiterverbreitung mit Ausnahme der Vermietung zulässig.

(3) Vermietung im Sinne der Vorschriften dieses Gesetzes ist die zeitlich begrenzte, unmittelbar oder mittelbar Erwerbszwecken dienende Gebrauchsüberlassung. Als Vermietung gilt jedoch nicht die Überlassung von Originalen oder Vervielfältigungsstücken

1. von Bauwerken und Werken der angewandten Kunst oder

2. im Rahmen eines Arbeits- oder Dienstverhältnisses zu dem ausschließlichen Zweck, bei der Erfüllung von Verpflichtungen aus dem Arbeits- oder Dienstverhältnis benutzt zu werden.

Literatur: *Ahlberg* Die Erschöpfung und das freie Recht der Vermietung und des Verleihs von Vervielfältigungsstücken nach § 27 UrhG, GRUR 1985, 362; *Beckmann* Endgültiges Ende der weltweiten Erschöpfung des nationalen Markenrechts, NJW 1999, 1688; *Block* Die Lizenzierung von Urheberrechten für die Herstellung und den Vertrieb von Tonträgern im Europäischen Binnenmarkt, Schriftenreihe UFITA, Bd 144, 1997; *Katzenberger* Elektronische Printmedien und Urheberrecht – Urheberrechtliche und urhebervertragsrechtliche Fragen der elektronischen Nutzung von Zeitungen und Zeitschriften, AfP 1997, 434; *Knaak/Joller* Die Beurteilung von Parallelimporten im schweizerischen Patent-, Urheber- und Markenrecht – drei aktuelle Grundsatzentscheidungen des Schweizerischen Bundesgerichtshofs, WRP 2000, 1089; *Kotthoff* Zum Schutz von Datenbanken beim Einsatz von CD-ROMs in Netzwerken, GRUR 1997, 597; *Loewenheim* Urheberrechtliche Probleme bei Multimediaanwendungen, GRUR 1996, 830; *Metzger* Erschöpfung des urheberrechtlichen Verbreitungsrechts bei vertikalen Vertriebsbindungen, GRUR 2001, 210; *Rohlfing/Kobusch* Das urheberrechtliche Rückrufsrecht an Dissertationen wegen gewandelter Überzeugung, ZUM 2000, 305; *Schwarz* Urheberrecht und unkörperliche Verbreitung multimedialer Werke, GRUR 1996, 836.

Übersicht

I. Geschichte und Regelungsgehalt der Vorschrift

1 § 17 regelt das Verbreitungsrecht (§ 15 Abs. 1 Ziff. 2) des Urhebers, also das Recht, die Verbreitung **körperlicher** Werkstücke vorzunehmen oder zu verbieten. Das Verbreitungsrecht gehört damit zu den Rechten der körperlichen Werkverwertung. Es enthält in § 17 Abs. 2, 3 einen für bestimmte Fälle durchbrochenen Erschöpfungsgrundsatz, der vor allem die Verkehrsfähigkeit körperlicher Werkexemplare sicherstellen will. Die Vorschrift ist durch das dritte UrhGÄndG (v. 23.6.1995, BGBl I, 842 ff.) in ihren Abs. 2 und 3 wesentlich geändert worden. Der bisherige § 17 Abs. 2 hatte weder Sondervorschriften für die Erschöpfung beim Inverkehrbringen in europäischen Mitgliedstaaten noch zum Vermietrecht enthalten.

II. Verbreitungsrecht (§ 17 Abs. 1)

1. Körperliche Werkstücke

2 § 17 Abs. 1 definiert das Verbreitungsrecht als Recht, das Werkoriginal oder Vervielfältigungsstücke des Werkes zu verbreiten. Dadurch wird der Anwendungsbereich des § 17 Abs. 1 auf körperliche Werkstücke beschränkt (amtl. Begr. BT-Drucks. IV/270, 47). Die unkörperliche Wiedergabe eines Werkes wird von § 17 Abs. 1 nicht erfasst (*BGH* NJW 1963, 651, 652 – Fernsehwiedergabe von Sprachwerken; amtl. Begr. BT-Drucks. IV/270, 47). Sie ist in §§ 15 Abs. 2, 19 ff. geregelt. Nicht unter § 17 Abs. 1 fällt deshalb auch die **Online-Benutzung** von Datenbanken (*Schricker/Loewenheim* § 17 Rn 5; *Loewenheim* GRUR 1996, 830, 835; **aA** *Kotthoff* GRUR 1997, 597, 600; *Schwarz* GRUR 1996, 836, 839, 842). Auch die Übermittlung des Inhalts einer Zeitungs- oder Zeitschriften-Online-Datenbank an einen oder mehrere Datenanbieter im Wege der Datenfernübertragung ist keine Verbreitung iSd § 17 Abs. 1 (*Katzenberger* AfP 1997, 434, 437).

3 Unmaßgeblich ist, ob die Vervielfältigungsstücke **rechtmäßig oder unrechtmäßig** hergestellt wurden. Letzteres ergibt sich schon aus der gesetzlichen Zielsetzung, dem Urheber überhaupt einen finanziellen Vorteil aus der Verwertung seines Werkes zukommen zu lassen. Da es darüber hinausgehend aber Sinn und Zweck der §§ 15 ff. ist, den Urheber an jeder, nicht nur der ersten entgeltlichen Nutzung seines Werkes finanziell zu beteiligen, unterliegen auch rechtmäßig hergestellte körperliche Werkstücke seinem Verbreitungsrecht (*Rehbinder* Rn 205; *Schricker/Loewenheim* § 17 Rn 14). Das ermöglicht es dem Urheber, iRd Werkverwertung auch von solchen Kreisen ein Entgelt zu verlangen, die vom Urheber selbst oder mit seiner Zustimmung oder aufgrund einer Schrankenregelung zulässig hergestellte Vervielfältigungsstücke verbreiten (*Rehbinder* Rn 195).

2. Anbieten oder Inverkehrbringen

a) Anbieten. § 17 Abs. 1 zählt zum Verbreiten eines Werkstücks schon das Anbieten   4
desselben an die Öffentlichkeit. Dadurch werden die Rechte der Urheber vorverlagert und auch auf **Vorbereitungshandlungen** erstreckt.

Angebot ist **jede Aufforderung zum Eigentums- oder Besitzerwerb** des Werk-   5
stücks an Dritte (*OLG Düsseldorf* GRUR 1983, 760, 761; *KG* GRUR 1983, 174); diese müssen nach § 17 Abs. 1 der Öffentlichkeit zugehören. Ein Angebot zum Kauf, zur Anmietung oder Anleihe, ein Schenkungsangebot oder ein auf Leasing oder Kauf auf Probe (vgl *BGH* WRP 2001, 1231 – Kauf auf Probe) gerichtetes Angebot reicht aus.

Der Begriff des Angebots ist dabei nicht privatrechtlich, sondern **wirtschaftlich** zu   6
verstehen, sodass die Voraussetzungen der §§ 145 ff. BGB an ein Angebot nicht erfüllt sein müssen (*KG* GRUR 1983, 174; *Schricker/Loewenheim* § 17 Rn 7). Ausreichend ist jede Art des Feilbietens, zB ein Verkaufsinserat, die Beschreibung in einem (Verkaufs-)Werbeprospekt und das Ausstellen als Verkaufsware im Geschäft (vgl *KG* GRUR 1983, 174; *Schricker/Loewenheim* § 17 Rn 7).

Abweichend vom bis dahin geltenden Recht ist das Verbreitungsrecht im UrhG **nicht**   7
auf die gewerbsmäßige Verbreitung beschränkt. Der Gesetzgeber sah für diese Beschränkung des durch Art. 14 GG geschützten geistigen Eigentums keinen Anlass (amtl. Begr. BT-Drucks. IV/270, 48).

Schon das **erste Angebot an einen einzigen Dritten**, zu dem keine persönlichen Be-   8
ziehungen bestehen, erfüllt den Tatbestand des Anbietens iSd § 17 Abs. 1. Anders als bei der öffentlichen Wiedergabe nach § 15 Abs. 2, 3 kann die Verbreitung körperlicher Werkstücke nämlich immer nur als Einzelverbreitung erfolgen. Das Erfordernis des (öffentlichen) Inverkehrbringens kann daher hier nicht das gleichzeitige Erreichen einer Mehrheit von Personen bedeuten, sondern nur als das Verbreiten in der Öffentlichkeit verstanden werden, also als das Heraustreten des Anbietenden aus der internen Sphäre in die Öffentlichkeit (*BGH* NJW 1991, 1284 – Einzelangebot). Derjenige, welcher einer einzigen Person, mit der ihn keine persönliche Beziehung verbindet, ein körperliches Werkstück anbietet, verstößt folglich gegen § 17 Abs. 1, wenn sich das Verbreitungsrecht des Urhebers noch nicht erschöpft hatte oder das Einzelangebot aufgrund einer Schrankenregelung zulässig ist (*BGH* NJW 1991, 1234, 1235 – Einzelangebot; *OLG Köln* GRUR 1992, 312, 313).

Ein Angebot, Vervielfältigungsstücke zu überreichen, die **im Zeitpunkt des Ange-**   9
bots noch nicht hergestellt sind, reicht anders als für ein Erscheinen des Werkes aus (*BGH* NJW 1999, 1953, 1956 – Kopienversanddienst; einschränkend *OLG Köln* GRUR 1992, 312, 313: es genüge angesichts des Umstandes, dass die Vervielfältigungsstücke schnell und unproblematisch herzustellen seien; **aA** *KG* GRUR 1983, 174; *OLG Köln* GRUR 1995, 265, 268: Vervielfältigungsstücke müssen schon her-

gestellt sein). Entspr. ist auch nicht Voraussetzung, dass die Werkstücke im Angebot hinreichend bestimmt oder zumindest konkretisierbar sind (*Schricker/Loewenheim* § 17 Rn 9; **aA** *KG* GRUR 1983, 174, 175). Verbreitet werden iSd § 17 Abs. 1 kann ein Werk also **schon vor seinem Erscheinen**, wenn nämlich noch zu fertigende Vervielfältigungsstücke der Öffentlichkeit angeboten werden. Ein weiterer Unterschied zwischen der für das Erscheinen erforderlichen Verbreitungshandlung des § 6 Abs. 2 und jener iSd § 17 Abs. 1 besteht darin, dass jedes Original iSd § 17 Abs. 1 verbreitet werden kann, während die Verbreitung des Originals für das Erscheinen des Werkes nur ausreichend ist, wenn es sich um ein Werk der bildenden Künste handelt (§ 6 Abs. 2 S. 2).

10   Es kommt auch nicht darauf an, ob das Anbieten **Erfolg** hat und es zu einem Vertragsschluss kommt (*OLG Köln* GRUR 1992, 312, 313; *KG* GRUR 2000, 49).

11   Bietet ein Dritter öffentlich an, **Vervielfältigungsstücke für andere herzustellen**, ist zu unterscheiden: Beschränkt sich die von ihm beworbene Tätigkeit auf eine reine **Hilfeleistung** für den potentiellen Auftraggeber, nimmt er keine Verbreitungshandlung durch öffentliches Angebot von Vervielfältigungsstücken vor, wenn die Voraussetzungen des § 53 in der Person seines potenziellen Auftraggebers vorliegen (*BGH* NJW 1999, 1953, 1956 – Kopienversanddienst; NJW 1999, 1964, 1965 f. – Elektronische Pressearchive). Eine öffentliche Bibliothek, die ihren Lesern anbietet, für sie einzelne Kopien zu fertigen und gegen Aufwendungsersatz an sie zu versenden, verletzt daher das Verbreitungsrecht des Urhebers nicht (*BGH* NJW 1999, 1953 – Kopienversanddienst). Stellt sich die Tätigkeit des die Verbreitung vornehmenden Unternehmens hingegen nach Art und Umfang nicht mehr als rein technische Hilfeleistung dar, wird das Unternehmen insb. **gewerblich** tätig, liegt in der Werbung für das Fertigen und Verschicken der Kopien schon ein iSd § 17 Abs. 1 unzulässiges Angebot (*BGH* NJW 1999, 1964, 1966 – Elektronische Pressearchive).

12   **b) Inverkehrbringen.** Das Werk wird ferner durch jeden auf Eigentums- oder Besitzerwerb gerichteten **schuldrechtlichen Vertrag** in den Verkehr gebracht, selbst wenn ein Angebot nicht vorausging. Eine **gewerbliche** Absicht muss dabei nicht verfolgt werden (amtl. Begr. BT-Drucks. IV/270, 48).

13   Anders als iRd unkörperlichen Werkwiedergabe ist auch iRd In-Verkehr-Bringens für § 17 Abs. 1 nicht Voraussetzung, dass das Werkexemplar mehreren Personen gleichzeitig zugänglich gemacht wird (näher unten Rn 19). Schon derjenige, der ein Werkexemplar an **eine einzige** mit ihm nicht durch persönliche Beziehungen verbundene Person weitergibt, bringt dieses daher iSd § 17 Abs. 1 in den Verkehr (*BGH* NJW 1986, 1045 – Elektrodenfabrik; NJW 1991, 1234, 1235 – Einzelangebot). Insofern gilt nichts anderes als beim Anbieten eines Werkexemplars an einen der Öffentlichkeit zugehörigen Dritten, zu dem keine persönliche Beziehung besteht.

14   Ein In-Verkehr-Bringen liegt daher zB in der **Veräußerung**, im **Vermieten**, im **Verleihen**, im **Verschenken**, im Abschluss eines **Leasingvertrages** oder im Verkauf des Originals oder von Vervielfältigungsstücken; auch der **Verkauf auf Probe** reicht aus (vgl amtl. Begr. BT-Drucks. IV/270, 48; *BGH* NJW-RR 1987, 181 – Videolizenzvertrag; WRP 2001, 1231 – Kauf auf Probe). Ebenso stellt der Verkauf von **Videokassetten**, auf die ein Kinofilm überspielt wurde, an den Endverbraucher ein Inverkehrbringen des Filmes iSd § 17 Abs. 1 dar. Ein eigenes, von der Vervielfältigung und

Verbreitung des Filmes zu unterscheidendes **Videozweitauswertungsrecht** gibt es nicht (*BGH* NJW 1993, 2939 – Videozweitauswertung). Es liegt auch keine Bearbeitung des Filmes vor, sodass ein zusätzliches Einwilligungserfordernis neben dem nach §§ 16, 17 vorgesehenen Vervielfältigungs- und Verbreitungsrecht ausscheidet (*BGH* NJW 1993, 2939, 2941 – Videozweitauswertung).

Nicht unter den Begriff des Inverkehrbringens fallen Handlungen, bei denen die **Verfügungsgewalt** über das Werkstück **beim Berechtigten verbleibt**. Ein unzulässiger Eingriff in das Verbreitungsrecht des Musikverlegers scheidet deshalb aus, wenn die im Eigentum des ausländischen Orchesters stehenden Noten auf einer Tournee von diesem mitgebracht und nach Durchführung der Tournee auch wieder mitgenommen werden (*BGH* NJW 1971, 2173, 2174 – Konzertveranstalter). Auf die Frage der Erschöpfung kommt es dann also nicht an. **15**

Von einem Inverkehrbringen iSd § 17 Abs. 1 kann aus demselben Grund auch nicht gesprochen werden, wenn die urheberrechtsgeschützten Waren nur im normalen Betrieb innerhalb des **Konzerns** verteilt werden, da es dann an der Herstellung von Außenbeziehungen fehlt (*BGH* NJW 1970, 2294 – Branchenverzeichnis). Die Weitergabe der Waren innerhalb des Konzerns kann der Urheber also nicht untersagen. Reicht das betr. Konzernunternehmen die Waren dann allerdings an Dritte weiter, kann darin ein Inverkehrbringen iSd § 17 Abs. 1 liegen. Das Urheberrecht hat sich in diesem Fall auch nicht durch die Weitergabe innerhalb des Konzerns erschöpft (näher unten Rn 34). Anders wiederum verhält es sich, wenn die Waren von dem ausländischen Unternehmen auf einem auch für Dritte zugänglichen allg. Markt angeboten und dort von dem inländischen Schwesterunternehmen erworben wurden (*BGH* NJW 1986, 3025 – Gebührendifferenz IV). Hier liegt bereits in dem Verkauf der Ware durch das ausländische Unternehmen ein Inverkehrbringen iSd § 17 Abs. 1, das vom Urheber untersagt werden kann, wenn das Unternehmen hierzu nicht berechtigt war. Ist das Unternehmen hingegen zur Weiterveräußerung berechtigt, erschöpft sich damit das Verbreitungsrecht iSd § 17 Abs. 2 (näher unten Rn 36). **16**

Wer in Erfüllung einer reinen **Hilfstätigkeit für einen Dritten** Vervielfältigungsstücke fertigt und an diesen versendet, bringt diese nicht iSd § 17 Abs. 1 in den Verkehr, wenn in der Person des Dritten dabei die Voraussetzungen der Schrankenregelung des § 53 vorliegen (*BGH* NJW 1999, 1953, 1956 – Kopienversanddienst). § 17 Abs. 1 findet aber Anwendung, wenn sich die Tätigkeit des Versendens nicht mehr als reine Hilfstätigkeit darstellt, sondern dabei ein Eigeninteresse vor allem auch gewerblicher Art verfolgt wird (vgl *BGH* NJW 1999, 1964, 1966 – Elektronische Pressearchive; *OLG Köln* WRP 1990, 539, 542). **17**

3. An die Öffentlichkeit

Sowohl das Anbieten als auch das Inverkehrbringen muss an die Öffentlichkeit erfolgen. Für das Anbieten stellt § 17 Abs. 1 dies ausdrücklich klar, für das Inverkehrbringen folgt dasselbe aus dem Begriff des Verkehrs (*Fromm/Nordemann* § 17 Rn 2). **18**

Für den Begriff der Öffentlichkeit in § 17 Abs. 1 gilt die **Legaldefinition des § 15 Abs. 3** (*BGH* NJW 18991, 1234 – Einzelangebot; näher § 6 Rn 9 ff.). Danach gehört zur Öffentlichkeit bei der körperlichen Verwertung jeder, der nicht mit demjenigen, der das Werk verwertet, durch persönliche Beziehung verbunden ist (näher hierzu **19**

§ 15 Rn 78 und § 6 Rn 9 ff.). Der Grund liegt darin, dass das Werk damit aus der internen Sphäre des Urhebers heraustritt (*BGH* NJW 1986, 1045 – Elektrodenfabrik; NJW 1991, 1234 – Einzelangebot). Deshalb ist schon in der ersten Weitergabe eines Werkexemplars an eine **Person, zu der keine persönliche Beziehung besteht**, ein Inverkehrbringen iSd § 17 Abs. 1 zu sehen (*BGH* NJW 1986, 1045 – Elektrodenfabrik; NJW 1991, 1234, 1235 – Einzelangebot). Nicht zum privaten Kreis zählen potentielle **Auftraggeber**, denen man **zur Ansicht** ein Werkexemplar überlässt (vgl *BGH* NJW 1986, 1045 – Elektrodenfabrik). Anders als bei der Übergabe zur **Einsicht**, zB dem Austeilen und Wiedereinsammeln von Noten im Rahmen einer Probe, liegt hier auch ein Angebot iSd § 17 Abs. 1 vor, weil die Überlassung von vornherein mit dem Ziel eines Verkaufs erfolgt. Hingegen fällt die Weitergabe des Werkexemplars innerhalb der privaten Sphäre, zB die Weitergabe von Aufzeichnungen einer Vorlesung an einen **Freund**, nicht unter § 17 Abs. 1.

4. Beispiele

20   **Ein Anbieten oder Inverkehrbringen iSd § 17 Abs. 1** liegt in folgenden Fällen vor: Es ist bei jedem **Vertrieb von Werkexemplaren** an Endverbraucher gegeben (vgl *BGH* NJW 1981, 1906 – Schallplattenimport). Das Anbieten eines Computerprogramms im **Tausch** gegen ein anderes erfüllt den Tatbestand des § 17 Abs. 1, wenn keine persönlichen Beziehungen zum Adressaten bestehen, zB weil das Tauschangebot **inseriert** wird (vgl *BGH* NJW 1991, 1234 f. – Einzelangebot). Der Vertrieb von Zeitungen mittels eines **stummen Verkäufers** ist Verbreitung iSd § 17 Abs. 1. Wer seinem **Arbeitgeber geheime Unterlagen** aus einem früheren Arbeitsverhältnis überlässt, bringt diese iSd § 17 Abs. 1 in den Verkehr (*BGH* NJW 1986, 1045 – Elektrodenfabrik). Ein gewerblicher **Kopienversanddienst**, der auf Anfrage von Verbrauchern aus seinem eigens dafür angelegten Archiv Kopien fertigt und verschickt, erfüllt den Tatbestand des § 17 Abs. 1 (*BGH* NJW 1999, 1964, 1966 – Elektronische Pressearchive). Das **Vermieten von Videokassetten** stellt ein Inverkehrbringen dar (*BGH* NJW-RR 1987, 181 – Videolizenzvertrag). Der Verkauf von Stücken der mit Graffiti versehenen **Berliner Mauer** stellt einen Eingriff in das Verbreitungsrecht der Künstler dar (*BGH* NJW-RR 1995, 1556 ff. – Mauer-Bilder). Der **Vertrieb von Postkarten** mit dem Motiv des verhüllten Reichstages verletzt die Urheberrechte Christos und Jeanne-Claudes aus § 17 (*LG Berlin* NJW 1996, 2380, 2381). Wer in Erfüllung einer Bestimmung der Promotionsordnung, die anstelle der Veröffentlichung des Werkes die Übergabe einer Anzahl an Exemplaren der Dissertation an den Fachbereich vorsieht, diesem 140 **Pflichtexemplare übergibt**, räumt keine Nutzungsrechte ein, sondern bringt die Exemplare bloß iSd § 17 Abs. 1 in den Verkehr (*OLG Celle* NJW 2000, 1579 f.). Das Urheberrecht gibt dem Doktoranden daher keine Handhabe, die Werkexemplare, an denen sich das Verbreitungsrecht durch die Übergabe nach § 17 Abs. 2 erschöpft hat, herauszuverlangen. Wer dem Kunden zur **Ansicht** Werkexemplare überreicht, bietet sie auch dann iSd § 17 Abs. 1 an, wenn der Kunde sich gegen einen Kauf entscheidet.

21   **Nicht erfüllt** wird der Tatbestand des § 17 Abs. 1 durch die Verteilung urheberrechtsgeschützter Waren innerhalb eines **Konzerns** (vgl *BGH* NJW 1970, 2294, 2295 – Branchenverzeichnis). Wer aus reiner Hilfsbereitschaft heraus Kopien für einen Freund fertigt und diesem überlässt, verstößt nicht gegen § 17 Abs. 1. Zur Frage

der Überlassung von Kopien durch Bibliotheken und Kopienversanddienste näher oben Rn 11. Werden die im Eigentum des ausländischen Orchesters stehenden Noten auf einer Tournee mitgebracht, zur Benutzung an das Ensemble **ausgeteilt** und nach Durchführung der Tournee wieder eingesammelt, liegt darin kein Verstoß gegen § 17 Abs. 1 (*BGH* NJW 1971, 2173, 2174 – Konzertveranstalter). Gleiches gilt, wenn der **Professor** in einer Vorlesung zulässigerweise nach § 53 angefertigte Kopien **zur Einsicht herumgibt** und nach Beendigung derselben wieder an sich nimmt. Anders hingegen, wenn die Übergabe zur **Ansicht** erfolgt, sich also jeder Student gegen Bezahlung eines bestimmten Betrags ein Exemplar mitnehmen kann; ob die Studenten davon Gebrauch machen, ist dann unerheblich.

III. Erschöpfung (§ 17 Abs. 2, 3)

1. Allgemeines

Nach § 17 Abs. 2 verbraucht sich das Verbreitungsrecht des Urhebers unter den dortigen Voraussetzungen durch das erstmalige Verbreiten des betr. Werkexemplars mit Zustimmung des Berechtigten. Dem liegt der Gedanke zugrunde, dass der Rechtsinhaber, der durch eigene Benutzungshandlungen das ihm vom Gesetz eingeräumte Verbreitungsrecht ausgenutzt hat, damit alle in seinem Recht liegenden Vorteile wahrgenommen hat. Was die Verbreitung anbetrifft ist sein **Schutzbedürfnis entfallen**, sodass die Weiterverbreitung nunmehr ohne seine Zustimmung erfolgen kann (vgl *BGH* NJW 1986, 1183 – Schallplattenvermietung; NJW 1988, 1022, 1025 – Kabelfernsehen II). **22**

Diesen Rechtsgedanken, dass es mit dem begrenzten Schutzzweck eines Schutzrechtes unvereinbar ist, den Weitervertrieb von Waren, die mit Zustimmung des Berechtigten in den Verkehr gebracht wurden, zu behindern, findet man in vielen Rechtsgebieten (vgl zB *BGH* NJW 1968, 1042 – Voran; NJW 1973, 1079, 1080 – Cinzano). Gleichwohl ist er dem Urheberrecht an sich fremd. Dort gilt der Grundsatz, dass der Urheber an jeder neuen Verwertungshandlung finanziell zu beteiligen ist. Der in § 17 Abs. 2 ausschließlich für das Verbreitungsrecht geregelte Erschöpfungsgrundsatz stellt daher in der Systematik des Urheberrechts eine **Ausnahme** dar. Er kann folglich **auf andere Verwertungsrechte des Urheber nicht übertragen** werden (hierzu näher § 15 Rn 25 ff.). **23**

Aus dem Ausnahmecharakter des Erschöpfungsgrundsatzes folgt auch, dass er nur an Werkexemplaren zur Anwendung kommen kann, die rechtmäßig durch Veräußerung seitens des Urhebers oder des Berechtigten in den Verkehr gebracht wurden (vgl amtl. Begr. BT-Drucks. IV/270, 48). Zu den weiteren Anforderungen an den Verbrauch des Verbreitungsrechts s. sogleich Rn 29 ff.). **24**

Die Erschöpfung erstreckt sich nur auf das **jeweilige,** unter den Voraussetzungen des § 17 Abs. 2 im Wege der Veräußerung in den Verkehr gebrachte Original oder Vervielfältigungsstück (*LG Frankfurt/Main* AfP 2001, 155, 157; zum Markenrecht: *EuGH* Urt. v. 1.7.1999, Az: C-173/98 – Sebago), folgt also dem **Grundsatz der Einzelerschöpfung**. Das führt uU zu einer **unterschiedlichen Behandlung von Vervielfältigungsstücken**, selbst wenn diese in derselben Werkstatt hergestellt wurden. Hat zB der Urheber selbst mehrere Abgüsse seiner Plastik gefertigt und wurden einige davon durch ihn und andere durch einen hierzu nicht befugten Werkstatthelfer ver- **25** äußert, bleibt das Verbreitungsrecht an Letzteren bestehen. Einen **gutgläubigen Erwerb** des Verbreitungsrechts oder der Erschöpfung gibt es nicht (näher § 11 Rn 3).

26   Problematisch ist das Verhältnis zu technischen Mitteln, durch welche die Nutzungsmöglichkeit eines Werkes trotz bestehender Erschöpfung eingeschränkt werden kann. Durch das sog. **Digital Rights Management (DRM)** ist es dem Urheber bzw den Nutzungsberechtigten möglich, die Nutzung des Werkes zu kontrollieren. Eine Möglichkeit ist dabei das sog. **Regional Encoding Enhancement**, durch das die Nutzung einer CD territorial begrenzt werden kann. Ebenso kann bei e-books die Nutzbarkeit an einen bestimmten PC gekoppelt und dadurch etwa ein Verleihen des Buches verhindert werden. Art. 6 Abs. 4 S. 1 der Richtlinie zur Harmonisierung des Urheberrechts in der Informationsgesellschaft (ABlEG Nr. L 167/10 v. 22.6.2001) verpflichtet die Mitgliedstaaten der EU, Schutzmaßnahmen gegen technische Sperren zu ergreifen, soweit diese den gesetzlich geregelten Urheberrechtsschranken zuwiderlaufen. Dem hat der Gesetzgeber durch § 95a Rechnung getragen. Zur Frage, inwieweit der Erschöpfungsgrundsatz durch DRM eingeschränkt werden kann.

27   Zu beachten ist, dass der **Erschöpfungsgrundsatz auf körperliche Werkstücke beschränkt** ist und die Online-Nutzung keine körperliche Werkverwertung darstellt, sodass es **keine Online-Erschöpfung** gibt. Eine analoge Anwendung des § 17 Abs. 2 scheidet mangels Regelungslücke und wegen der bei digitalisierten Werken erheblich höheren Gefahr der unberechtigten Nutzung aus. Solange der Urheber also etwa das betr. e-book-Werkexemplar nicht selbst in körperlicher Form in den Verkehr gebracht hat, kann er der weiteren Verwertung iSd § 17, auch mit Hilfe eines technischen Schutzes, jedenfalls entgegentreten.

28   Hiervon zu unterscheiden ist die Frage der Nutzung des e-books iRd **Schrankenregelungen** der §§ 44a ff. Sie greift auch bei Werkexemplaren, an denen sich das Vervielfältigungsrecht des Urhebers nicht erschöpft hat. Daher ist zu prüfen, ob Maßnahmen des DRM, welche die **Ausdruckfreiheit** nach § 53 einschränken, gegen das UrhG verstoßen (näher Vor §§ 44a ff. Rn 41 ff. und §§ 95a ff.). Muss der Erwerber eines technischen Geräts, einer CD oder eines e-books nach den Umständen des Erwerbs mit Beschränkungen seiner eigenen Nutzung (zB Kopierschutzmechanismus, Koppelung an einen einzigen Arbeitsplatz, Ausdrucksperre) nicht rechnen, kann die Auslegung ergeben, dass der Gegenstand hinter dem vertraglich Geschuldeten zurückbleibt. Dann können nach allg. Grundsätzen **Erfüllungs- bzw Mängelgewährleistungsansprüche** bestehen.

2. Körperliche Werkexemplare

29   Erschöpfen kann sich nur das in § 17 Abs. 1 geregelte Verbreitungsrecht. Die Erschöpfung erfasst daher schon begrifflich nur körperliche Werkexemplare, greift also nicht etwa auch für die online übermittelten Werke ein, sofern sich das Verbreitungsrecht daran nicht schon vorher erschöpft hat. Das kann das Original selbst und das können Vervielfältigungsstücke sein.

3. Im Wege der Veräußerung in den Verkehr bringen

30   Das Inverkehrbringen (zum Begriff so § 17 Rn 12 ff.) muss gerade im Wege der Veräußerung erfolgen, sonst erschöpft sich das Verbreitungsrecht des Urhebers an ihnen nicht. Nicht ausreichend ist, ob das Werk vorher bereits in den Verkehr gebracht wurde, ohne dass darin eine Veräußerung lag (*BGH* NJW 1986, 3025, 3026 – Gebühren-differenz IV). Daher hat der *BGH* (NJW 1995, 1556, 1557 – Mauer-Bilder) eine Er-schöpfung des Verbreitungsrechts der Künstler, welche die Berliner Mauer mit Graf-fiti besprüht hatten, durch die spätere Veräußerung von Mauerteilen verneint.

Der Begriff der Veräußerung ist **weit zu fassen** und deckt sich insb. nicht mit dem im BGB verwandten Begriff der Veräußerung (vgl zB §§ 135, 567a f., 577a, 753, 918, 926 BGB) bzw dem des Verkaufs nach §§ 433 ff. BGB (*BGH* NJW 1995, 1556, 1557 – Mauer-Bilder). Erfasst wird jede Übereignung bzw Entäußerung des Eigen-tums, ohne dass es auf den Charakter des zugrunde liegenden Kausalgeschäfts an-kommt (*BGH* NJW 1995, 1556, 1557 – Mauer-Bilder). Entscheidend ist, dass der Be-rechtigte die **Verfügungsgewalt über das Werkstück verliert** (vgl amtl. Begr. BT-Drucks. IV/270, 48). Ausreichend ist bereits der Abschluss des **schuldrechtlichen Vertrages**, der hierzu führen wird. **31**

Veräußerung ist daher insb. der Verkauf, die Schenkung und der Tausch. Auch ein Verkauf unter **Eigentumsvorbehalt** reicht aus, nicht jedoch der Sicherungsübereig-nungsvertrag, weil bei der Sicherungsübereignung der Sicherungsgeber die Kon-trolle über das Werkstück behält (*Schricker/Loewenheim* § 17 Rn 41; *Fromm/Norde-mann* § 17 Rn 9). Wer zum Zwecke der Veröffentlichung 140 Promotionsexemplare an den Fachbereich überreicht, entäußert sich der Verfügungsgewalt endgültig und bringt die Werkstücke damit im Wege der Veräußerung in den Verkehr (*OLG Celle* NJW 2000, 1579, 1580). **32**

Keine Veräußerung ist ein Eigentumsverlust kraft Gesetzes, zB gem. § 950 BGB, und damit auch das ohne vertragliche Beziehung erfolgende rechtswidrige **Aufbrin-gen von Graffiti** auf fremdem Eigentum (*BGH* NJW 1995, 1556, 1557 – Mauer-Bil-der). Kein Inverkehrbringen im Wege der Veräußerung sind das **Vermieten und Verleihen** des Werkstücks (amtl. Begr. BT-Drucks. IV/270, 48). Davon zu unter-scheiden ist die Frage, ob sich dadurch, dass ein Werkstück im Wege der Veräuße-rung in den Verkehr gebracht wird, auch das Recht, dieses weiterzuvermieten, er-schöpft. Sie hat in § 17 Abs. 3 eine von der früheren Rspr, die Erschöpfung annahm, abweichende Regelung gefunden. Das Vermietrecht steht dem Urheber jetzt also auch noch nach der Erstveräußerung zu. **33**

Kein Inverkehrbringen sind rein **konzerninterne** Warenbewegungen. Sie sind wirt-schaftlich wie ein innerbetrieblicher Vorgang zu werten, weil ein geschäftlicher Ver-kehr mit echten Außenbeziehungen nicht vorliegt und sich die Warenbewegung in-nerhalb des Konzerns – trotz der rechtlichen Selbständigkeit der Konzernunterneh-men – als eine interne Warenverteilung darstellt (*BGH* NJW 1982, 1221, 1222 – Schallplattenexport (Gebührendifferenz III); NJW 1986, 3025, 3026 – Gebührendif-ferenz IV; vgl NJW 1989, 2046 – Colle de Cologne; NJW 1970, 2294, 2295 – Bran-chenverzeichnis). Die Weitergabe innerhalb des Konzerns kann vom Urheber daher nicht nur nicht nach § 17 Abs. 1 untersagt werden (hierzu oben Rn 16), sondern durch sie tritt auch keine Erschöpfung iSd § 17 Abs. 2 ein; veräußert das Konzernun-ternehmen die Waren nach Erhalt weiter, liegt darin grds ein Inverkehrbringen iSd § 17 Abs. 1. Dann ist zu prüfen, ob das Konzernunternehmen Berechtigter iSd § 17 Abs. 2 ist, sodass sich das Verbreitungsrecht des Urhebers durch die Veräußerung er-schöpft. **34**

35 **Den konzerninternen Warenflüssen nicht gleichgestellt** werden kann der Warenabsatz innerhalb eines **vertikalen Vertriebsbindungssystems** (so aber *Metzger* GRUR 2001, 210, 212 f.). Denn die vertraglichen Bindungen innerhalb dieses Systems sind ungleich schwächer als jene innerhalb eines Konzerns. Wer statt eines Eigenvertriebs den Absatz über ein Vertriebsbindungssystem auf sich nimmt, muss daher auch das Risiko tragen, dass vertragliche Vorgaben nicht wirksam an Abnehmer weitergegeben werden. Zudem würde die Parallele jedenfalls auf die kartellrechtlich unbedenklichen Systeme beschränkt werden müssen, da nur insoweit eine dem konzerninternen Warenvertrieb entspr. Wertung überhaupt in Betracht kommt. Hierdurch wird jedoch Rechtsunsicherheit provoziert, da der jeweilige Kunde in die Struktur des Vertriebsbindungssystems keinen Einblick nehmen kann.

36 Konzerninterne Warenbewegungen bewirken auch dann keine Erschöpfung, wenn sie sich **innerhalb des europäischen Raumes** vollziehen. Denn auch dann geht es nicht um den durch Art. 28 ff. EGV bezweckten Schutz des freien Warenrechts, weil die Waren noch nicht aus der konzerninternen Betriebssphäre heraus und auf den freien Markt gelangt sind (*BGH* NJW 1982, 1221, 1222 – Schallplattenexport (Gebührendifferenz III)). Ein Inverkehrbringen im Wege der Veräußerung ist daher zu verneinen, wenn die Lieferung im Rahmen einer Aufgabenverteilung erfolgt, nach der das eine Unternehmen für den gesamten Konzern die zu vertreibende Ware herstellt (*BGH* NJW 1986, 3025, 3026 – Gebührendifferenz IV). Das hat zur Folge, dass der Urheber die Weiterverbreitung dieser Waren anschließend noch nach § 17 Abs. 1 untersagen kann. Anders verhält es sich dann, wenn die Waren von dem ausländischen Unternehmen auf einem auch für Dritte zugänglichen allg. Markt angeboten und dort von dem inländischen Schwesterunternehmen erworben wurden (*BGH* NJW 1986, 3025 – Gebührendifferenz IV).

37 Wird die **Veräußerung rückgängig gemacht**, nimmt der Veräußerer die unter Eigentumsvorbehalt verkauften Werkstücke zB wieder zurück, **lebt das Verbreitungsrecht wieder auf** (*OLG Karlsruhe* GRUR 1979, 771 und 773; *Schricker/Loewenheim* § 17 Rn 43 mwN). Denn der die Erschöpfung rechtfertigende Umstand, dass der Urheber schon aus der ersten Veräußerung hinreichend Nutzungen ziehen kann, ist in diesem Fall nicht gegeben (*OLG Karlsruhe* GRUR 1979, 771, 773).

4. Mit Zustimmung des Berechtigten

38 **a) Berechtigter. aa) Urheber und uneingeschränkter Lizenznehmer.** Berechtigter ist neben dem **Urheber** jeder, dem der Urheber im Wege der Einräumung von **Nutzungsrechten** die Berechtigung zur Verbreitung des Werkes bzw von Vervielfältigungsstücken erteilt (*OLG Frankfurt* WRP 1991, 174, 175). Das kann zB der Verleger, der Großhändler oder auch der Käufer eines Kunstwerkes sein. Auch eine mehrstufige Rechtseinräumung ist möglich (*OLG Frankfurt* WRP 1991, 174, 175).

39 **bb) Beschränkter Lizenznehmer. aaa) Allgemeines.** Der Urheber kann eine Lizenz zur Verbreitung des Werkes nach § 31 mit Wirkung für die Lizenz selbst zeitlich, räumlich und inhaltlich beschränken. Das entspricht der lediglich teilweisen Abspaltung eines Nutzungsrechts aus dem Urheberrecht. Die Umgrenzung des Lizenzrechts selbst ist von der bloß schuldrechtlichen Vereinbarung zu unterscheiden. Sie wirkt anders als diese gegenüber Dritten (*BGH* NJW-RR 1987, 181, 182 – Videolizenzvertrag). Verbreitet der Lizenznehmer das Werk unter Überschreitung der für die Lizenz gezogenen Grenzen, verletzt er nicht nur den Lizenzvertrag, sondern auch das beim Urheber verbliebene Urheberrecht. Ob eine Beschränkung mit Wirkung gegenüber Dritten auch bei der einfachen Lizenz möglich ist, ist umstr., aber zu bejahen.

Unabhängig von den iRd § 17 allein interessierenden Beschränkungen der Lizenz **40** selbst und über diese hinaus können die Parteien eines Lizenzvertrages **schuldrechtliche** Regelungen über den zeitlichen, räumlichen und inhaltlichen Rahmen treffen, in dem der Lizenznehmer das Werk verbreiten darf. Diese letztgenannten Vereinbarungen sind jedoch nicht geeignet, die Befugnis des Lizenznehmers zur Verbreitung des Werkes gegenüber Dritten einzuschränken. Verletzt der Lizenznehmer derartige Abreden, hindert dies den Eintritt der Erschöpfung der Rechte des Urhebers nicht. Dieser ist auf die Geltendmachung schuldrechtlicher Ansprüche gegen den Lizenznehmer angewiesen. Weder kann er gegen die Erwerber des betr. Werkstücks vorgehen, noch stehen ihm gegen den Lizenznehmer die Ansprüche aus § 97 zu. Wegen der Einzelheiten wird auf die Kommentierung zum Urhebervertragsrecht verwiesen.

Eine Beschränkung des Nutzungsrechts selbst führt dazu, dass bei dem Urheber der **41** nicht übertragene Rest des Verbreitungsrechts zurückbleibt. Daraus ergibt sich unmittelbar, dass eine **Erschöpfung** des Verbreitungsrechts durch Handlungen des Nutzungsberechtigten (zu Handlungen seiner Abnehmer sogleich Rn 62) **nur insoweit** eintreten kann, **als dem Nutzer Nutzungsrechte eingeräumt worden waren** (vgl *BGH* NJW 2000, 3571, 3572 – OEM-Version).

Möglich sind Beschränkungen in zeitlicher, räumlicher und inhaltlicher Hinsicht. **42**

bbb) Zeitliche Beschränkungen. Die Nutzungsberechtigung kann auf Zeit einge- **43** räumt werden. Nach Ablauf der festgesetzten **Zeitspanne** erlischt das Nutzungsrecht und der Lizenznehmer ist zur Verbreitung der noch bei ihm vorhandenen Werkexemplare nicht mehr berechtigt. Bringt er diese gleichwohl noch in den Verkehr, erschöpft dies das Verbreitungsrecht des Urhebers an den betr. Vervielfältigungsstücken nicht. Der Urheber kann vielmehr aus §§ 97 ff. gegen den Lizenznehmer und gegen die Erwerber der Vervielfältigungsstücke vorgehen.

ccc) Räumliche Beschränkungen. Das Verbreitungsrecht kann auch räumlich be- **44** schränkt werden, soweit dies nicht zur Aufspaltung eines **einheitlichen Staats- und Rechtsgebiets** führt. Letzterem steht das Territorialitätsprinzip entgegen (*OLG Hamm* WRP 1992, 48, 49), sodass Beschränkungen innerhalb einzelner Staats- und Rechtsgebiete nur mit schuldrechtlicher Wirkung ausgesprochen werden können. Wichtig werden räumliche Beschränkungen zB beim sog. geteilten Verlagsrecht (*Rehbinder* Rn 207). Keine räumliche Beschränkung in diesem Sinne ist eine **vor der Wiedervereinigung** vereinbarte territoriale Aufteilung des Verbreitungsgebiets in die alten bzw neuen Bundesländer (*OLG Hamm* WRP 1992, 48; vgl auch *BGH* NJW 1997, 320, 322 – Klimbim). Sie besteht deshalb fort; die geschlossenen Verträge sind ggf nach den Grundsätzen des Wegfalls der Geschäftsgrundlage anzupassen (vgl *BGH* NJW 1997, 320, 322 ff. – Klimbim). Nach der Wiedervereinigung ist eine solche Aufspaltung hingegen nicht mehr möglich (näher unten Rn 48 f.).

Der Urheber kann eine Lizenz zur Verbreitung von Werkexemplaren ausdrücklich **45** oder konkludent auf das Ausland oder einzelne ausländische Staaten **außerhalb der EU** beschränken (*BGH* GRUR 1985, 924, 925 – Schallplattenimport II). Die Vereinbarung eines kleineren Verbreitungsraumes als den der EU bzw des EWR ist nicht möglich (hierzu sogleich Rn 48). Hat der Urheber dem Lizenznehmer das Verbreitungsrecht beschränkt auf das Ausland eingeräumt, führt ein Inverkehrbringen des Werkstücks durch den Lizenznehmer im europäischen Raum nach § 17 Abs. 2 nach einhelliger Auffassung (*BGH* NJW 1981, 1906 – Schallplattenimport I; GRUR 1985, 924, 925 – Schallplattenimport II; NJW-RR 1988, 829 – Schallplattenimport III) nicht zur Erschöpfung des Verbreitungsrechts des Urhebers. Denn von einem Verbrauch des inländischen Verbreitungsrechts und damit einer Freigabe des inländischen Marktes kann erst dann gesprochen werden, wenn der Rechtsinhaber selbst im Inland verbreitet oder der Verbreitung im Inland zugestimmt hat. Daran fehlt es aber, wenn der Lizenzgeber die urheberrechtlichen Befugnisse lediglich unter räumlicher Beschränkung auf das – nicht europäische – Ausland vergeben hat (*BGH* GRUR 1985, 924, 925 – Schallplattenimport II).

46 Das gilt auch dann, wenn der inländische Rechtsinhaber und der ausländische Berechtigte **konzernmäßig** miteinander verbunden sind. Für die urheberrechtliche Betrachtungsweise iRd § 17 Abs. 2 kommt es außerhalb der genannten (Rn 34) Grenzen nicht darauf an, ob die konzernmäßig verbundenen Gesellschaften eine wirtschaftliche Einheit bilden (*BGH* GRUR 1985, 924, 925 – Schallplattenimport II). Maßgebend ist allein, ob das Werkexemplar mit Zustimmung des zur Verbreitung im Geltungsbereich des UrhG Berechtigten im Inland – dem steht nach § 17 Abs. 2 das europäische Ausland gleich – in den Verkehr gebracht wird.

47 Haben die Parteien des Lizenzvertrages die Lizenz wirksam auf eine Verbreitung im – nicht europäischen – Ausland beschränkt, kann der Lizenznehmer im Inland keine gegen den Urheber wirkenden Verbreitungshandlungen vornehmen, weil ihm die urheberrechtlichen Verwertungsbefugnisse unter räumlicher Beschränkung auf das Ausland übertragen wurden. Denn der urheberrechtliche Erschöpfungsgrundsatz ist Ausfluss des Gedankens, dass der Rechtsinhaber durch eigene Benutzungshandlungen das ihm vom Gesetz eingeräumte ausschließliche Verwertungsrecht ausnutzt und damit verbraucht hat; im Umfang der Nutzung werden weitere Verwertungshandlungen nicht mehr vom Urheberrechtsschutz erfasst. Von einem Verbrauch des inländischen Verbreitungsrechts kann aber erst dann gesprochen werden, wenn der Rechtsinhaber selbst im Inland verbreitet oder der Verbreitung im Inland durch einen Dritten zugestimmt hat (*BGH* NJW 1982, 1221 – Schallplattenexport (Gebührendifferenz III); NJW-RR 1988, 829 – Schallplattenimport III; NJW 1989, 453, 454 – Differenzlizenz). Dem steht die Verbreitung in einem Mitgliedsland der EU oder des EWR nach § 17 Abs. 2 gleich. Ein berechtigtes Inverkehrbringen außerhalb dieses Bereiches genügt folglich nicht, um die Erschöpfungswirkung herbeizuführen (*BGH* NJW-RR 1988, 829 – Schallplattenimport III). Wurde das Verbreitungsrecht zB territorial beschränkt auf das Gebiet der USA vergeben, kann der Urheber demnach die Einfuhr nach Deutschland aus §§ 97, 17 Abs. 1 untersagen (*BGH* NJW-RR 1988, 829 – Schallplattenimport III). Zur Frage der Erschöpfung durch Inverkehrbringen von Werkexemplaren durch einen inländischen Berechtigten im Ausland su Rn 59 ff.

48 **Nicht möglich** ist es hingegen, das **Verbreitungsrecht innerhalb der EU** auf die einzelnen Mitgliedstaaten oder sogar auf einzelne Gebietsteile innerhalb der Mitgliedstaaten **aufzuspalten** (*OLG Hamm* WRP 1992, 48). Das ergibt sich inzwischen bereits aus dem Wortlaut des § 17 Abs. 2, der für jeden Fall des Inverkehrbringens eines Werkexemplars mit Zustimmung des Berechtigten innerhalb der EU oder des EWR das Verbreitungsrecht insgesamt erlöschen lässt. Entgegen der **hM** (*Schricker/ Loewenheim* § 17 Rn 18; *Fromm/Nordemann* § 17 Rn 6) ist es also nicht nur nicht zweckmäßig, das Verbreitungsrecht für einen kleineren Raum als den der EU bzw des EWR zu erteilen, sondern (mit Wirkung für die Lizenz selbst) nicht möglich, weil die Berechtigung des Lizenznehmers qua Gesetzes erweitert wird. Das folgt für den deutschen Raum auch aus dem Territorialitätsprinzip (*OLG Hamm* WRP 1992, 48, 49).

Seit dem 3.10.1990 kann das Verbreitungsrecht daher auch nicht mehr getrennt für **49** das **Gebiet der alten und der neuen Bundesländer** vergeben werden (*OLG Hamm* WRP 1992, 48, 49). Da § 17 Abs. 2 vor diesem Zeitpunkt für die ehemalige DDR keine Geltung beanspruchte, gelten vor diesem Zeitpunkt wirksam vereinbarte territoriale Beschränkungen aber auch über diesen Zeitpunkt hinaus fort (*OLG Hamm* WRP 1992, 48, 49; näher oben Rn 44).

ddd) Inhaltliche Beschränkungen. Inhaltliche Beschränkungen sind im Interesse **50** der Rechtssicherheit mit Wirkung für die Lizenz selbst nur insoweit möglich, als nach der Verkehrsauffassung **klar abgrenzbare Verwertungsformen** abgespalten werden können, die eine **wirtschaftlich und technisch einheitliche und selbständige Nutzungsart** darstellen (*BGH* NJW-RR 1990, 1061, 1062 f. – Bibelreproduktion; NJW 1992, 1320 – Taschenbuch-Lizenz; NJW 2000, 3571, 3572 – OEM-Version). Die abgespaltenen Verbreitungsrechte können sich deshalb nur auf bestimmte Verbreitungsarten oder auf Absatz- und Vertriebswege, nicht aber auf Personenkreise beziehen (*BGH* NJW-RR 1986, 1183, 1184 – Schallplattenvermietung; *OLG Frankfurt* WRP 1991, 174, 175). Betrifft die inhaltliche Beschränkung den Vertriebsweg, muss dieser klar abgegrenzt sein. Daran fehlt es bei einer Vereinbarung, durch welche das Veräußerungsrecht auf Endabnehmer beschränkt werden soll. Hier fehlt es an der Bestimmtheit, weil es dem Lizenznehmer praktisch unmöglich ist, festzustellen, ob ein Käufer als Endverbraucher oder als gewerblicher Abnehmer tätig wird (*OLG Frankfurt* WRP 1991, 174, 176).

Zulässig ist es nach **hM**, die Verbreitungsrechte für den Vertrieb über **Buchgemein-** **51** **schaften** und über den **Sortimentsbuchhandel** getrennt zu vergeben. Werde nur das Verbreitungsrecht für den Vertrieb über Buchgemeinschaften eingeräumt, sei hinsichtlich des Verbreitungsrechts über den Sortimentsbuchhandel daher keine Erschöpfung eingetreten, sodass eine Urheberrechtsverletzung vorliege, wenn die Buchgemeinschaft für sie bestimmte Exemplare an Nichtmitglieder abgebe oder den Sortimentsbuchhandel beliefere (*BGH* NJW 1967, 2354, 2357 – Angélique). Nach der Änderung des Wortlauts des § 17 Abs. 2, nach der nun die Weiterverbreitung mit Ausnahme der Vermietung (insgesamt) zulässig ist, sind Zweifel daran geäußert worden, ob diese Rechtsauffassung noch fortgelten könne (*OLG München* NJW 1998, 1649, 1650). Diese Zweifel sind jedoch nicht berechtigt, da sich das Verbreitungsrecht nach § 17 Abs. 2 nur erschöpfen kann, wenn das Werkstück von einem Berechtigten in den Verkehr gebracht wurde. Berechtigt ist jedoch nur ein solcher Lizenznehmer, der sich bei der Erstverbreitung an die ihm mit Wirkung für die Lizenz selbst gezogenen Grenzen hält. Zulässig ist es weiterhin, zwischen **Taschenbuchund Hardcoverausgaben** zu unterscheiden (*BGH* NJW 1992, 1320 – Taschenbuch-Lizenz). Ebenso kann das Verbreitungsrecht auf **Einzelausgabe, Gesamtausgabe oder Ausgabe in einem Sammelwerk** eingegrenzt werden (*Schricker/Loewenheim*

§ 17 Rn 22). Eigenständige Nutzungsarten sind auch der Vertrieb eines Computerprogramms als **OEM-Version**, als **Update** und als **Schulversion** (vgl *Metzger*
GRUR 2001, 210 f.).

52   **Nicht möglich** ist es hingegen, das Verbreitungsrecht mit Wirkung für die Lizenz
selbst auf den Vertrieb über eine **Kaffeefilialkette** zu beschränken und andere Ne-
benmärkte, zB in Kaufhäusern, auszuschließen (*BGH* NJW 1990, 1061 – Bibelreproduktion). Ebenso können **Preisvorgaben** (*BGH* NJW 1992, 1320, 1321 – Taschenbuch-Lizenz) oder eine nicht-gewerbliche Nutzung (vgl *OLG Frankfurt* WRP 1991,
174, 176) nur mit schuldrechtlicher Wirkung vorgeschrieben werden. Eine Beschränkung auf die Verbreitung durch **Vermieten** sollte ebenfalls nicht möglich sein (so zu
§ 17 aF *BGH* NJW-RR 1986, 1183, 1184 – Schallplattenvermietung); inzwischen
lässt sich diese Auffassung im Hinblick auf das eigenständig bestehende Vermietrecht des Urhebers aber nicht mehr rechtfertigen.

53   **b) Zustimmung.** Erschöpfung tritt nur ein, wenn das Werk mit der Zustimmung des
Berechtigten in den Verkehr gebracht wird. Die Zustimmung des Rechtsinhabers
braucht sich nicht auf die weitere Nutzung, wie zB die Weiterveräußerung oder den
Verleih, zu erstrecken (*OLG Frankfurt* WRP 1991, 174, 175). Es genügt, dass sie die
gerade in Frage stehende Veräußerung umfasst. Daraus folgt auch, dass die Erschöpfung **jeweils nur das Exemplar** ergreift, welches mit Zustimmung des Berechtigten
in den Verkehr gebracht wurde (vgl *EuGH* Urt. v. 1.7.1999, Az: C-173/98 – Sebago;
LG Frankfurt/Main AfP 2001, 155, 157). Anders als das Verbreitungsrecht kann die
**Zustimmung des Berechtigten aber nicht zeitlich, räumlich oder inhaltlich be-
schränkt werden.** Dahinter steht der Gedanke, dass der Urheber durch die Möglichkeit, derartige Beschränkungen auf der ersten Absatzebene vornehmen zu können,
hinreichende Verwertungsmöglichkeiten hat.

54   Häufig wird der Berechtigte keine ausdrückliche Zustimmung zur Veräußerung ausgesprochen haben. Dann ist durch Auslegung anhand aller Umstände des Einzelfalls
zu ermitteln, ob er seine Zustimmung **stillschweigend** erteilt hat. Dabei kommt es
auch darauf an, ob er zur Einräumung eines entspr. Rechts, zB aus einem bestehenden
Dienstverhältnis, verpflichtet war (vgl *BGH* NJW 1986, 1045 – Elektrodenfabrik).
Keine konkludente Zustimmung liegt darin, dass der Rechtsinhaber nicht alle nachfolgenden Erwerber der außerhalb des EWR in den Verkehr gebrachten Waren über
seinen **Widerspruch** gegen einen Vertrieb im EWR unterrichtet hat (so zur vergleichbaren Rechtslage im Markenrecht *EuGH* Urt. v. 20.11.2001, Az: C-414/99, Tz
56 – Zino Davidoff SA ./. A & G Imports Ltd); ebenso wenig liegt sie in der **Übertragung des Eigentums** an der Ware ohne vertragliche Beschränkung einer nach nationalem Recht grds gegebenen Befugnis zur Weiterveräußerung des Eigentums (so
zur vergleichbaren Rechtslage im Markenrecht *EuGH* Urt. v. 20.11.2001, Az: C-414/
99, Tz 57 – Zino Davidoff SA ./. A & G Imports Ltd). Auch der Umstand, dass auf
den Waren nicht angegeben wird, dass ein Inverkehrbringen im EWR verboten ist,
enthält nicht die für die Erschöpfung erforderliche Zustimmung (so zur vergleichbaren Rechtslage im Markenrecht *EuGH* Urt. v. 20.11.2001, Az: C-414/99, Tz 61 – Zino Davidoff SA ./. A & G Imports Ltd). Erst recht kommt es nicht darauf an, welche
vertraglichen Vorgaben die Einzel- oder Großhändler ihren eigenen Abnehmern gemacht haben und ob Letzteren der Umstand **bekannt** war, dass der Rechtsinhaber mit
der Weiterveräußerung nicht einverstanden war (so zur vergleichbaren Rechtslage im

Markenrecht *EuGH* Urt. v. 20.11.2001, Az: C-414/99, Tz 62 – Zino Davidoff SA ./. A & G Imports Ltd); denn einen gutgläubigen Erwerb der Erschöpfung gibt es nicht.

Der **Beweis** für die Zustimmung obliegt demjenigen, der sich auf die Erschöpfung **55** beruft (so zur vergleichbaren Rechtslage im Markenrecht *EuGH* Urt. v. 20.11.2001, Az: C-414/99, Tz 54 – Zino Davidoff SA ./. A & G Imports Ltd).

Von der Frage der konkludenten Zustimmung zu unterscheiden ist die Frage, ob eine **56** Zustimmung auch **durch Schweigen** erteilt werden kann. Das ist angesichts der Bedeutung der Wirkung der Zustimmung, die das ausschließliche Recht des Urhebers erlöschen lässt, zu verneinen (so zur vergleichbaren Rechtslage im Markenrecht *EuGH* Urt. v. 20.11.2001, Az: C-414/99, Tz 45, 55).

Bei echten Zwangslizenzen tritt eine gemeinschaftsweite **Erschöpfung** nicht ein **57** (*Block* S. 131 ff.).

5. Im Bereich der EU oder des EWR

a) Europaweite Erschöpfung. Nach § 17 Abs. 2 tritt nur Erschöpfung ein, wenn das **58** Werk im Bereich der EU oder des EWR in den Verkehr gebracht wurde. Damit hat der Gesetzgeber den europaweiten Erschöpfungsgrundsatz ausdrücklich anerkannt. Vor der entspr. Gesetzesänderung sollte sich das Verbreitungsrecht des Urhebers nach § 17 nur durch ein Inverkehrbringen des Werkes im Inland erschöpfen. Das wurde vom *EuGH* (NJW 1981, 1143 – Freier Warenverkehr für Schallplatten; ihm folgend *BGH* NJW 1981, 1906, 1907 f. – Schallplattenimport I; GRUR 1985, 924, 925 – Schallplattenimport II; NJW 1989, 453, 454 – Differenzlizenz) zutr. als Verstoß gegen Art. 30, 36 EGV aF angesehen. Es wäre mit dem wesentlichen Ziel des EGV, dem Zusammenschluss der nationalen Märkte, nicht vereinbar, wenn Privatpersonen aufgrund der verschiedenen Rechtssysteme der Mitgliedstaaten die Möglichkeit hätten, den Markt aufzuteilen und verschleierte Beschränkungen im Handel zwischen den Mitgliedstaaten herbeizuführen. Die entspr. Vorschriften des EGV seien dahingehend auszulegen, dass sie der Anwendung nationaler Rechtsvorschriften entgegenstünden, nach denen der Urheber oder ein anderer Berechtigter sich auf das Verbreitungsrecht bzgl solcher Werke berufen könne, die sie in einem anderen europäischen Mitgliedstaat im Wege der Veräußerung in den Verkehr gebracht hätten oder die dort mit ihrer Zustimmung in den Verkehr gebracht worden seien (*EuGH* NJW 1981, 1143 – Freier Warenverkehr für Schallplatten).

b) Keine weltweite Erschöpfung. Nach dem Wortlaut des § 17 Abs. 2 tritt Erschöp- **59** fung nur ein, wenn das Werkexemplar vom Berechtigten im Bereich der EU oder des EWR in den Verkehr gebracht wurde, nicht jedoch auch dann, wenn das Inverkehrbringen in einem außereuropäischen Land stattgefunden hat. Das wirft die Frage auf, ob sich das Urheberrecht gleichwohl auch weltweit erschöpfen kann. Praktisch relevant wird dies zB dann, wenn der Urheber oder ein anderer Berechtigter Werkexemplare in den USA im Wege der Veräußerung in den Verkehr bringt. Kann er den Reimport nach Deutschland in diesem Fall kraft seines Verbreitungsrechts aus § 17 Abs. 1 noch hindern oder hat sich dieses durch das Inverkehrbringen in den USA erschöpft?

Für das Markenrecht hat der *EuGH* (WRP 1998, 3158 – Silhouette; vgl auch die Be- **60** sprechung der Entsch. durch *Beckmann* NJW 1999, 1688 f.) für die auf Art. 7 Abs. 1

der Markenrechtsrichtlinie (v. 21.12.1988, ABlEG Nr. L 40/1 v. 11.2.1989) beruhende Vorschrift des § 10a des österreichischen Markenschutzgesetzes entschieden, dass es einen weltweiten Erschöpfungsgrundsatz nicht gebe. Art. 7 Abs. 1 Markenrechtsrichtlinie schreibe vor, dass Erschöpfung lediglich durch Inverkehrbringen einer Markenware innerhalb des EWR eintrete, sodass eine nationale Regelung nicht die int. Erschöpfung vorschreiben dürfe. In dem fraglichen Fall konnte die Klägerin daher aufgrund ihres nationalen Markenrechts den Reimport von Waren, welche sie nach Bulgarien veräußert hatte, verbieten. Ebenso urteilten der *BGH* (NJW-RR 2000, 569, 570 f. – Karate) und das *Schweizerische Bundesgericht* (WRP 2000, 1172 ff.) für das Patentrecht.

61 Nichts anderes kann aber auch für den auf der Europäischen Richtlinie 92/100/EWG des Rates v. 19.11.1992 zum Vermietrecht und Verleihrecht (ABlEG Nr. L 346, 61) beruhenden und mithin richtlinienkonform auszulegenden § 17 Abs. 2 gelten. Nach § 17 Abs. 2 erschöpft sich das Urheberrecht nur durch ein Inverkehrbringen innerhalb der EU bzw des EWR. **Einen weltweiten Erschöpfungsgrundsatz gibt es mithin nicht.** Der Berechtigte, der Waren außerhalb dieses Raumes veräußert, führt dadurch keine Erschöpfung des Verbreitungsrechts innerhalb der EU oder des EWR herbei. Das versteht sich von selbst, wenn dem ausländischen Berechtigten die urheberrechtlichen Befugnisse lediglich unter räumlicher Beschränkung auf das Ausland übertragen worden sind (*BGH* NJW 1981, 1906 – Schallplattenimport I; GRUR 1985, 924, 925 – Schallplattenimport II; NJW-RR 1988, 829 – Schallplattenimport III), gilt aber ferner auch dann, wenn zwar eine weltweite Berechtigung vorliegt, die Werkexemplare durch den Berechtigten aber im außereuropäischen Raum in den Verkehr gebracht wurden. Dabei kommt es nicht darauf an, ob der gleichzeitig im In- und Ausland Berechtigte den Import untersagt, dh keine – auch keine stillschweigende – Ermächtigung zur Ausnutzung seines inländischen Verbreitungsrechts erteilt hat (ebenso *Schricker/Loewenheim* § 17 Rn 55; *Fromm/Nordemann* § 17 Rn 9; für das schweizerische Patentrecht: *BGH* NJW-RR 2000, 569, 570 ff. – Karate; *Schweizerisches Bundesgericht* WRP 2000, 1172 ff.; offen gelassen bei *BGH* GRUR 1985, 924, 925 – Schallimport II).

6. Wirkung der Erschöpfung

62 **a) Verbrauch des Verbreitungsrechts in EU und EWR.** Durch die Veräußerung mit Zustimmung des Berechtigten in dem oben abgesteckten Rahmen erschöpft sich das Verbreitungsrecht, sodass der **weitere Vertrieb** vom Berechtigten **urheberrechtlich nicht mehr kontrolliert** werden kann (*BGH* NJW 2000, 3571, 3572 – OEM-Version). Die Erschöpfung wirkt umfassend und **erfasst nach § 17 Abs. 2 das gesamte Verbreitungsrecht mit Ausnahme des Vermietrechts. Dies gilt selbst dann, wenn der „Erstverbreiter" an inhaltliche Beschränkungen** (hierzu oben Rn 50 ff.) **gebunden war**, sofern er sich nur selbst an diese gehalten hat. Daher kann der Softwarehersteller, der den Vertrieb einer Programmversion an den gleichzeitigen Verkauf eines PC gekoppelt hat, nicht nach § 17 Abs. 1 gegen den Zwischenhändler vorgehen, der die Software ungekoppelt vertreibt, wenn der in der Veräußerungskette vorgeschaltete Händler die Software unter Einhaltung der Auflage veräußert hat. Denn aufgrund dieses mit Zustimmung des Softwareherstellers erfolgten Inverkehrbringens des Programms hat sich das Verbreitungsrecht insgesamt erschöpft (*BGH* NJW 2000, 3571, 3573 – OEM-Version). Inhaltliche Beschränkungen nach § 31 haben also nur insoweit Einfluss auf die Erschöpfung, als diese nur eintritt, wenn der „Erstverbreiter" die ihm gesetzten Beschränkungen beachtet, während sie für eine Folgeverbreitung ohne Belang sind. § 17 Abs. 2 ist **nicht abdingbar**, sodass eine andere Wirkung auch nicht über vertragliche Vereinbarungen zwischen Urheber und „Erstverbreiter" erzielt werden kann.

Die Erschöpfung **erstreckt sich nur auf den Bereich der EU und des EWR** (so §17 Rn 58 ff.). Wegen des Territorialitätsgrundsatzes könnte der Urheber gegen eine Verbreitung in anderen Staaten aber ohnehin nicht nach deutschem Recht vorgehen. Die Erschöpfung erfasst stets nur die Weiterverbreitung des **konkreten Werkexemplars**, welches im Wege der Veräußerung im Bereich der EU oder des EWR in den Verkehr gebracht wurde (*BGH* NJW 1992, 689, 691 – Bedienungsanweisung). Hinsichtlich etwaig gefertigter weiterer Vervielfältigungsstücke oder des noch nicht in den Verkehr gebrachten Originals bleibt das Verbreitungsrecht des Urhebers aus § 17 Abs. 1 bestehen (*BGH* NJW 1992, 689, 691 – Bedienungsanweisung). Deren Verbreitung ist folglich nach wie vor von der Zustimmung des Berechtigten abhängig. **63**

Die Erschöpfung **bezieht sich nur auf die Weiterverbreitung** des betr. Werkexemplars, nicht aber auf seine Nutzung in anderer Art und Weise. Das Vervielfältigungsrecht des Urhebers bleibt vom Erschöpfungsgrundsatz des § 17 Abs. 2 daher ebenso unberührt (*BGH* NJW 1992, 689, 691 – Bedienungsanweisung) wie das Recht der Filmvorführung (*BGH* NJW-RR 1986, 1251 – Videofilmvorführung). Auch sonstige Arten der öffentlichen Wiedergabe sind nicht erfasst (*BGH* NJW-RR 1986, 1251 – Videofilmvorführung). Eine Ausnahme kann sich allerdings insoweit ergeben, als andernfalls der gesetzlich geregelte Erschöpfungsgrundsatz leer liefe. Daher darf der zur Weiterverbreitung (§ 17 Abs. 2) Berechtigte nicht mit Hilfe des Urheberrechts daran gehindert werden, die Ware anzubieten und iRd Üblichen werbend darzustellen, auch wenn damit eine Vervielfältigung verbunden ist (*BGH* GRUR 2001, 51 – Parfumflakon). **64**

Ist die Erschöpfung einmal eingetreten, ist ein **Rückruf** der betr. Werkexemplare nach zutr. Auffassung des *OLG Celle* (NJW 2000, 1579 f.; hierzu *Rohlfing/Kobusch* ZUM 2000, 305 ff.) nicht mehr möglich. Ein Doktorand, der Promotionsexemplare zum Zwecke der Veröffentlichung an den Fachbereich übergeben hat, kann deren Weiterverbreitung durch § 42 daher nicht mehr verhindern. Grund hierfür ist der Umstand, dass die Universität nicht Lizenznehmer des Doktoranden wird. Nur Nutzungsrechte, nicht das Werkexemplar per se, können jedoch zurückgerufen werden. Hiervon zu unterscheiden ist die Rückgängigmachung der Veräußerung selbst, durch welche die Erschöpfung eingetreten ist (hierzu oben Rn 37). **65**

b) Ausnahme vom Erschöpfungsgrundsatz (§ 17 Abs. 2 aE, 3). aa) Grundsätzlich keine Erschöpfung bei Vermietung. Sind die urheberrechtsgeschützten Waren mit Zustimmung des Berechtigten im Wege der Veräußerung in den Verkehr gebracht worden, war bis zur Gesetzesänderung 1995 anschließend auch ihre Vermietung zulässig. Nach Auffassung des *BGH* (NJW-RR 1986, 1183 – Schallplattenvermietung; vgl auch *BGH* NJW-RR 1987, 181 f. – Videolizenzvertrag) hatte der Berechtigte bereits mit der Veräußerung die Herrschaft über das Werkexemplar aufgegeben; es sei damit für die Weiterverbreitung frei geworden. Diese Freigabe **66**

diene dem Interesse der Verwerter und der Allgemeinheit, die in Verkehr gebrachten Werkstücke verkehrsfähig zu halten. Könne der Rechtsinhaber, wenn er das Werkstück verkauft oder seine Zustimmung zur Veräußerung gegeben hat, noch in den weiteren Vertrieb des Werkstücks eingreifen, würde dadurch der freie Warenverkehr behindert (*BGH* NJW-RR 1986, 1183 – Schallplattenverkauf).

67   Diese Rechtslage hat sich durch die aufgrund des Dritten UrhGÄndG (v. 23.6.1995, BGBl I, 842) erfolgte **Gesetzesänderung 1995** grundlegend gewandelt. Nach § 17 Abs. 2 wird nunmehr von dem Recht zur Weiterverbreitung die **Vermietung nicht erfasst**. Die Vorschrift beruht auf der Umsetzung der Europäischen Richtlinie 92/100/EWG und ist daher „europäisch" auszulegen (vgl *BGH* WRP 2001, 1231, 1233 – Kauf auf Probe). Die Vermietung ist nunmehr, sofern es sich nicht um die Überlassung von Originalen oder Vervielfältigungsstücken von **Bauwerken** oder **Werken der angewandten Kunst** oder im Rahmen eines **Arbeits- oder Dienstverhältnisses** zu dem ausschließlichen Zweck, bei der Erfüllung von Verpflichtungen aus dem Arbeits- oder Dienstverhältnis benutzt zu werden, handelt, auch nach dem erstmaligen Inverkehrbringen und anders als beim Verleih der Werkstücke nur mit Zustimmung des Urhebers zulässig. Daher dürfen seit 1995 **CDs** und **Videokassetten** nicht ohne gesonderte Zustimmung des Urhebers vermietet werden; für vor diesem Zeitpunkt veräußerte oder zum Zwecke der Vermietung überlassene Werke ist die **Übergangsvorschrift** des § 137e zu beachten. Gleiches gilt für das Vermieten, nicht aber für das Verleihen, von **Büchern**.

68   Der Vorschrift des § 27, der eine **Vermietabgabe** vorschreibt, kommt vor diesem Hintergrund Bedeutung vor allem für die Fälle des § 17 Abs. 3 Nr. 2 und dann zu, wenn die Parteien eines über die Verbreitung im Wege der Vermietung geschlossenen Lizenzvertrages keine Lizenzabrede getroffen haben oder die Höhe der Lizenz unangemessen ist. Die Vorschrift bewirkt darüber hinaus eine zusätzliche Sicherung des Beteiligungsanspruchs des Urhebers dadurch, dass sie dessen Geltendmachung verwertungsgesellschaftspflichtig macht. Ein Verzicht auf den Vergütungsanspruch ist daher unwirksam (*Fromm/Nordemann* § 17 Rn 11; *Schricker/Loewenheim* § 17 Rn 26).

69   Vermietung ist jede **unmittelbar oder mittelbar Erwerbszwecken dienende Gebrauchsüberlassung**. So wie beim Begriff des Inverkehrbringens kommt es auch hier auf eine wirtschaftliche und **nicht** auf **eine zivilrechtliche Betrachtungsweise** an. Ein Mietverhältnis iSd §§ 535 ff. BGB braucht nicht vorzuliegen, vielmehr fallen auch ähnliche rechtliche Gestaltungen und Umgehungsformen unter den Vermietungsbegriff, wenn mit ihnen zumindest mittelbar ein wirtschaftlicher Nutzen angestrebt wird (amtl. Begr. BT-Drucks. 13/115, 12; *BGH* WRP 2001, 1231, 1233 – Kauf auf Probe). Maßgeblich ist allein, ob die Gebrauchsüberlassung eine uneingeschränkte und wiederholbare Werknutzung durch Dritte ermöglicht und die Benutzer deshalb in aller Regel als potentielle Käufer von Vervielfältigungsstücken ausfallen, und ob sie den wirtschaftlichen Interessen des Vermieters dient (*BGH* GRUR 1989, 417, 418 – Kauf mit Rückgaberecht). Ein Verkauf mit der Abrede, die Vervielfältigungsstücke innerhalb weniger Tage gegen Erstattung des größten Teils des Kaufpreises zurückzunehmen, gilt deshalb als Vermietung (*BGH* NJW 1989, 417, 418 – Kauf mit Rückgaberecht). Gleiches gilt bei einer zeitlich begrenzten Gebrauchsüberlassung von Tonträgern im Rahmen eines Kaufs auf Probe, selbst wenn dem Käufer bei fristgemäßer Rückgabe des Tonträgers der volle Kaufpreis erstattet wird (*BGH* WRP 2001, 1231 – Kauf auf Probe). Anders verhält es sich aber mit dem unentgeltlichen Bereitstellen von Büchern in Werkbüchereien (vgl *BGH* NJW 1972, 1270 – Werkbücherei). Keine Vermietung soll auch die Zeitschriftenauslage beim Frisör darstellen (*BGH* NJW 1985, 435 – Zeitschriftenauslage beim Frisör; **aA** *Fromm/ Nordemann* § 17 Rn 10).

bb) Ausnahme für Bauwerke und Werke der angewandten Kunst (§ 17 Abs. 3   70
Nr. 1). Obwohl begrifflich Vermietung, fällt das unmittelbar oder mittelbar Erwerbszwecken dienende Überlassen von Bauwerken und Werken der angewandten Kunst nach § 17 Abs. 3 nicht unter die Ausnahmeregelung des § 17 Abs. 2 aE. Werden diese Werke durch den Berechtigten im Wege der Veräußerung erstmalig in den Verkehr gebracht, erschöpft sich damit das Verbreitungsrecht einschließlich des Rechts zur Vermietung der Objekte. Die Vorschrift trägt dem Umstand Rechnung, dass bei Bauwerken und Werken der angewandten Kunst der **Gebrauchswert im Vordergrund** steht (amtl. Begr. BT-Drucks. 13/115, 12). Plänen, Modellen und sonstigen Abbildungen von Bauwerken und Werken der angewandten Kunst fehlt dieser Gebrauchszweck, sodass die Vorschrift auf sie keine Anwendung findet (amtl. Begr. BT-Drucks. 13/115, 12). Nicht in ihren Anwendungsbereich einbezogen wurde ausdrücklich auch die bildende Kunst.

Nach § 17 Abs. 3 erschöpft sich das Vermietrecht ebenfalls an Vervielfältigungs-   71
stücken, die im Rahmen von Arbeits- oder Dienstverhältnissen zu dem ausschließlichen Zweck der Erfüllung von Vertragspflichten aus diesem Arbeits- oder Dienstverhältnis in den Verkehr gebracht wurden. Gemeint sind vor allem **Werkbüchereien**; sie dürfen einmal vom Berechtigten im Wege der Veräußerung in den Verkehr gebrachte Werke an Betriebsangehörige weitergeben, selbst wenn dabei gewerbliche Zwecke verfolgt werden (*Rehbinder* Rn 210). Der *BGH* (NJW 1972, 1270 – Werkbücherei) hatte dies schon nicht als Vermietung angesehen.

cc) Besonderheiten bei Computerprogrammen. Für Computerprogramme gilt   72
§ 17 nicht. Das Verbreitungsrecht sowie der Erschöpfungsgrundsatz sind hier vielmehr in **§ 69c** geregelt. Diese Vorschrift weicht im Wortlaut betr. den Erschöpfungsgrundsatz von § 17 Abs. 2 ab. Hieraus schlussfolgert das *OLG München* (NJW 1998, 1649 f.; **aA** *KG* NJW 1997, 330, 331) in Einklang mit der amtl. Begr. (BT-Drucks. 12/4022, 12), dass für den Fall der Veräußerung von Vervielfältigungsstücken eines Computerprogramms in § 69c Nr. 3 S. 2 eine **umfassende Erschöpfung** des Verbreitungsrechts angeordnet sei. Das Recht des Erwerbers einer Kopie eines Computerprogramms, die Kopie weiterzuverbreiten, könne daher nicht mit gegenständlicher Wirkung auf das Recht beschränkt werden, die Kopie nur an Erwerber einer früheren Version des gleichen Programms – als „Update" – zu veräußern. **Dieser Auffassung ist nicht zuzustimmen**, weil beiden Vorschriften derselbe Rechtsgedanke innewohnt (vgl *BGH* NJW 2000, 3571 ff. – OEM-Version). Zu den Einzelheiten des Verbreitungsrechts und dessen Erschöpfung bei Computerprogrammen s. die Kommentierung zu § 69c.

c) Ausnahmen für Dienst- und Arbeitsverhältnisse (§ 17 Abs. 3 Nr. 2). Eine   73
weitere Ausnahme vom Erschöpfungsgrundsatz sieht das Gesetz für Dienst- und Arbeitsverhältnisse vor. Die Überlassung von Werken innerhalb eines Dienst- oder

Arbeitsverhältnisses führt nicht zur Erschöpfung des Verbreitungsrechts. **Ausschließlicher Zweck der Gebrauchsüberlassung** muss allerdings die **Erfüllung dienstlicher Pflichten** sein. Das Aufhängen von Ölbildern in der Dienstwohnung und die Aufnahme eines Buches in die Werkbücherei ist hierfür nicht ausreichend.

7. Beweislast

74 Wie sich aus der Systematik des § 17 und der Rechtsnatur der Erschöpfung als Einwand ergibt, trifft grds denjenigen die Darlegungs- und Beweislast, der sich auf die Erschöpfung des Verbreitungsrechts beruft. Er hat auch darzulegen und im Bestreitensfalle zu beweisen, dass die Erstverbreitung mit Zustimmung des zur Verbreitung im Geltungsbereich des UrhG, der EU oder der EWG Berechtigten erfolgt ist (vgl *BGH* NJW-RR 1988, 829 – Schallplattenimport III; zum Patent: *BGH* NJW-RR 2000, 569 – Karate). Gelingt ihm dies, ist es an dem Urheber, die Voraussetzungen des § 17 Abs. 3 und etwaige Beschränkungen bei der Vergabe der Lizenz darzutun und zu beweisen, die der Erschöpfung entgegenstehen (*BGH* NJW-RR 1988, 829, 830 – Schallplattenimport III). Die Bestimmungen des EGV bewirken dem Grunde nach keine andere Verteilung der Darlegungs- und Beweislast (so zur Rechtslage beim Patent: *BGH* NJW-RR 2000, 569, 571 – Karate). Schwierigkeiten ergeben sich allerdings dann, wenn die vorgenannte Beweislastverteilung dazu führt, dass der als Verletzer in Anspruch Genommene seine Bezugsquellen offen legen und diese dadurch für die Zukunft verschließen würde. Denn dies kann eine unzulässige **Abschottung der Märkte der Gemeinschaft** mit sich bringen (*BGH* NJW-RR 2000, 569, 571 – Karate). Die Problematik stellt sich vor allem bei **vertikalen Vertriebsbindungen** und war im Markenrecht Gegenstand einer Vorlagefrage an den EuGH (*BGH* WRP 2000, 1280 ff. – stüssy). Dieser hat inzwischen entschieden, dass eine Beweisregel, nach der die Voraussetzungen der Erschöpfung des Rechts aus der Marke als Einwendung grds von dem vom Markeninhaber belangten Dritten, der sich auf die Erschöpfung beruft, zu beweisen sind, mit dem Gemeinschaftsrecht vereinbar ist, die Erfordernisse des freien Warenverkehrs (Art. 28, 30 EGV) jedoch eine Modifizierung der Beweislastregel gebieten könnten (*EuGH* WRP 2003, 623 – Van Doren + Q). So obliege dem Markeninhaber dann, wenn er seine Waren im EWR über ein ausschließliches Vertriebssystem in den Verkehr bringe, der Nachweis, dass die Waren ursprünglich von ihm selbst oder mit seiner Zustimmung außerhalb des EWR in den Verkehr gebracht wurden, wenn der Dritte nachweisen könne, dass eine tatsächliche Gefahr der Abschottung der nationalen Märkte bestehe, falls er den genannten Beweis zu erbringen habe (*EuGH* WRP 2003, 623 – Van Doren + Q). Gelinge dem Markeninhaber dieser Nachweis, obliege es wiederum dem Dritten, nachzuweisen, dass der Markeninhaber dem weiteren Vertrieb der Waren im EWR zugestimmt habe (*EuGH* WRP 2003, 623 – Van Doren + Q). Beweisschwierigkeiten des vermeintlichen Verletzers im Urheberrecht, die zu einer Marktabschottung führen, ist durch eine entspr. abgestufte Darlegungs- und Beweislast angemessen Rechnung zu tragen. Weist der Verletzte ein bestehendes Vertriebsbindungssystem in der EG/im EWR und eine daraus folgende Gefahr der Marktabschottung für den Fall der üblichen Beweislastverteilung nach, muss also der vermeintliche Verletzer beweisen, dass die Waren mit seiner Zustimmung außerhalb der EG/des EWR in den Verkehr gelangt sind. Erst wenn dieser Nachweis gelingt, hat der Verletzte darzulegen und zu beweisen, dass der Berechtigte dem Vertrieb der Waren innerhalb der EG/des EWR zugestimmt hat.

Bestehen **branchen- oder handelsübliche Verkehrssitten** dahin gehend, bestimmte   75
Nutzungsrechte territorial beschränkt zu vergeben, können sich gegenüber dem Vor-
gesagten **Beweiserleichterungen** bis hin zur Beweislastumkehr ergeben (*BGH*
NJW-RR 1988, 829, 830 – Schallplattenimport III; zum Patent: *BGH* NJW-RR 2000,
569, 571 – Karate). So entspricht für den Bereich der **Schallplattenherstellung** die
räumlich auf das Territorium eines Staates beschränkte Lizenzvergabe dem Regelfall. Wer sich demgegenüber auf die Freigabe für das Gebiet eines anderen Staates
beruft, muss die Vereinbarung einer entspr. Lizenzvergabe daher bes. darlegen und
beweisen (*BGH* NJW-RR 1988, 829 – Schallplattenimport III). Gleiches gilt nach
Art. 9 Abs. 2 der Vermiet- und Verleihrichtlinie für anderes **Trägermaterial**, an dem
Leistungsschutzrechte von ausübenden Künstlern, Tonträgerherstellern, Filmproduzenten und Sendeunternehmen bestehen.

IV. Aktiv- und Passivlegitimation

Hinsichtlich der Aktiv- und Passivlegitimation ergeben sich beim Verbreitungsrecht   76
keine Besonderheiten. Ganz überwiegend sind die Verwertungsgesellschaften mit
der Vergabe des Verbreitungsrechts nicht befasst. Vielmehr erfolgt der Vertrieb im
Allgemeinen durch den Urheber selbst oder durch hiermit beauftragte Dritte, zB einen Verlag, den Tonträgerhersteller oder den Filmhersteller, denen zu diesem Zwecke Nutzungsrechte eingeräumt werden. Sie sind zur Geltendmachung der sich aus
Rechtsverletzungen ergebenden Ansprüche dementsprechend auch aktivlegitimiert.

§ 18   Ausstellungsrecht

**Das Ausstellungsrecht ist das Recht, das Original oder Vervielfältigungs-
stücke eines unveröffentlichten Werkes der bildenden Künste oder eines unveröffentlichten Lichtbildwerkes öffentlich zur Schau zu stellen.**

Literatur: *Pfennig* Handbuch des Museumsrechts, Teil 6: Digitale Bildverarbeitung und Urheberrecht, 1998; *Schulze* Das Urheberrecht und die bildende Kunst, FS zum hundertjährigen
Bestehen der Deutschen Vereinigung für gewerblichen Rechtsschutz und Urheberrecht und ihrer Zeitschrift, Bd 2, 1991, S. 1303; *Strömholm* Das Veröffentlichungsrecht im Regierungsentwurf zur Urheberrechtsreform, GRUR 1963, 350; *Ulmer* Das Veröffentlichungsrecht des
Urhebers, FS Hubmann, 1985, S. 435.

I. Regelungsgehalt der Vorschrift

§ 18 räumt dem Urheber das Recht ein, sein **unveröffentlichtes** Werk der bildenden   1
Kunst bzw Lichtbildwerk durch öffentliche Ausstellung zu verwerten. Für alle Wer-

ke einschließlich der Werke der bildenden Künste und der Lichtbildwerke enthält außerdem **§ 12** ein Veröffentlichungsrecht des Urhebers als Teil des umfassenden Urheberpersönlichkeitsrechts. Inhaltlich gewähren beide Vorschriften dem Urheber auf den ersten Blick die gleichen Rechte, soweit Werke der bildenden Künste und Lichtbildwerke betroffen sind, systematisch handelt es sich jedoch bei dem einen um ein **Verwertungsrecht** und bei dem anderen um ein Urheberpersönlichkeitsrecht (**aA** *Ulmer* FS Hubmann, S. 440 f.). Das ändert freilich nichts daran, dass nach der dem UrhG zugrunde liegenden monistischen Theorie den Rechten zur Wahrung vermögensrechtlicher Interessen auch persönlichkeitsrechtliche Elemente innewohnen können und umgekehrt.

2   Auf § 12 muss vor allem in Fällen zurückgegriffen werden, in denen andere Werke als solche der bildenden Künste und als Lichtbildwerke öffentlich zur Schau gestellt werden, in denen das Veröffentlichungsrecht inhaltlich auf das Zur-Schau-Stellen beschränkt wird, für ausländische Urheber, deren Werke im In- und Ausland noch nicht vorveröffentlicht wurden (§ 121 Abs. 4), und für das Uraufführungsrecht bei Bühnen- und Filmwerken (*Fromm/Nordemann/Hertin* § 12 Rn 9). Zum **Verhältnis zu § 12** s. iÜ die Kommentierung zu § 12 Rn 6.

3   § 18 räumt dem Urheber nicht anders als das Veröffentlichungsrecht des § 12 nur das Recht ein zu bestimmen, ob sein Werk durch Ausstellung veröffentlicht wird. Einen **Anspruch auf Ausstellung** seiner Werke hat der Urheber hingegen nicht (*KG* GRUR 1981, 742, 743). Er kann die Ausstellung auch nicht über sein Zugangsrecht vom Eigentümer des Werkes erzwingen.

4   Der Regelungsgehalt des § 18 beschränkt sich auf die Ausstellung des Werkes und erfasst insb. **nicht auch das Verbreitungsrecht**, selbst wenn dieses im Einzelfall in engem Zusammenhang mit dem Ausstellungsrecht steht. Dem zur Ausstellung eines Werkes berechtigten Lizenznehmer ist es daher nur erlaubt, Fotografien vom Werk oder das Werk selbst durch oder iRd Ausstellung zu veräußern, wenn er sich gleichzeitig eine Lizenz auch am Verbreitungsrecht des Urhebers hat einräumen lassen.

II. Unveröffentlichtes Werk der bildenden Künste oder unveröffentlichtes Lichtbildwerk

5   Das Ausstellungsrecht besteht nur so lange, als das Werk der bildenden Künste bzw das Lichtbildwerk unveröffentlicht ist. Es **erlischt, wenn das Werk das erste Mal mit Zustimmung des Berechtigten der Öffentlichkeit zugänglich gemacht wurde** (*BGH* NJW 1995, 1556, 1557 – Mauer-Bilder). Es gilt der Veröffentlichungsbegriff des **§ 6 Abs. 1**, der wiederum die Begriffsdefinition des § 15 Abs. 3 übernommen hat. Dabei ist den Besonderheiten der körperlichen Werkverwertung Rechnung zu tragen (s. hierzu näher schon § 17 Rn 19). Das Werk ist deshalb veröffentlicht, wenn es mit Zustimmung des Berechtigten zumindest einer einzigen Person zugänglich gemacht wurde, die der Öffentlichkeit angehört, also einer Mehrzahl von Personen, die nicht bestimmt abgegrenzt und nicht durch persönliche Beziehungen oder durch Beziehungen zum Veranstalter persönlich untereinander verbunden sind. Eine ohne Zustimmung des Berechtigten erfolgende öffentliche Zugänglichmachung des Werkes reicht nicht. Wegen der Einzelheiten wird auf die Kommentierung zu § 6 verwiesen.

Danach ist der **Anwendungsbereich des § 18 äußerst eng**. Abgesehen davon, dass 6
der Urheber dem Erwerber eines Werkes oder Vervielfältigungsstückes das Ausstellungsrecht im Zweifel mit der Eigentumsübertragung einräumt (§ 44 Abs. 2), erlischt
das Recht auch mit jeder Veräußerung und jedem Zugänglichmachen an einen nicht
zum privaten Kreis des Urhebers zählenden Dritten, weil schon darin seine Veröffentlichung liegt. So stand ein Ausstellungsrecht den Urhebern des Graffitis auf der
Berliner Mauer nicht zu, weil die Bilder bereits veröffentlicht, nämlich für die Öffentlichkeit sichtbar auf dem Mauerwerk angebracht waren. Lediglich aus dem dadurch unberührten Verbreitungsrecht der Künstler folgerte der *BGH* (NJW 1995,
1556, 1557 – Mauer-Bilder) einen Anspruch auf finanzielle Beteiligung am Erlös der
veräußerten Mauerbruchstücke. Auch auf die „Ausstellung" in einem **Internet-Mu-
seum** findet die Vorschrift keine Anwendung, da sie sich nur auf körperliche Werkexemplare bezieht (vgl § 15 Abs. 1 HS 1). § 18 hat daher in der Praxis als Verwertungsrecht kaum Bedeutung.

Aus diesem Grund wurde vorgeschlagen, das Ausstellungsrecht de lege ferenda auf 7
veröffentlichte Werke zu erstrecken (*Schricker/Vogel* § 18 Rn 9). Davon hatte der
Gesetzgeber seinerzeit wegen der Befürchtung abgesehen, der Kunsthandel könne
behindert werden; außerdem sei nicht anzunehmen, dass dem Künstler aus der Ausstellung seiner Werke überhaupt nennenswerte Einnahmen erwachsen würden (amtl.
Begr. BT-Drucks. IV/270, 48). Im Zuge der Gesetzesreform zur Umsetzung der Europäischen Harmonisierungsrichtlinie wurden diese Bemühungen nicht wieder aufgenommen.

III. Original oder Vervielfältigungsstücke

Das Ausstellungsrecht besteht sowohl am Original als auch an Vervielfältigungs- 8
stücken des Werkes iSd § 16. Gemeint sind neben den Werkoriginalen, zB den **Bildern**, **Skulpturen** und **Fotografien**, auch deren **Ablichtungen**, **Nachbauten** und
Nachzeichnungen.

§ 18 ist nicht analogiefähig. Eine **analoge Anwendung** der Vorschrift auf andere 9
Werke als Werke der bildenden Künste und Lichtbildwerke scheitert am ausdrücklichen Wortlaut der Vorschrift (ebenso *v. Gamm* § 18 Rn 3; *Schricker/Vogel* § 18
Rn 12). Hier können jedoch Ansprüche aus dem Veröffentlichungsrecht des § 12 bestehen.

IV. Rechtsfolge

An einem unveröffentlichten Werkexemplar der bildenden Künste oder einem unver- 10
öffentlichten Lichtbildwerk besteht ein ausschließliches Verwertungsrecht des Urhebers dahin gehend, dass nur er oder ein Dritter, dem er die entspr. Nutzungsmöglichkeit eingeräumt hat, das Werk öffentlich zur Schau stellen darf. Unter dem Begriff
des Zur-Schau-Stellens versteht man dabei jedes **Zugänglichmachen zur unmittelbaren Wahrnehmung des Werkstücks**, also vor allem die (visuelle) **Besichtigung**
durch Dritte, aber auch das **Ertasten** zB durch blinde Besucher. Nicht erfasst sind
mittelbare Möglichkeiten der Wahrnehmung, zB der Empfang eines **Fernsehprogramms**, in dem Bilder vom Werk gezeigt werden. **Öffentlich** ist das Zur-Schau-
Stellen dann, wenn es von mindestens einer Person wahrgenommen werden kann, die

der Öffentlichkeit angehört, also einem Kreis von Personen, die nicht bestimmt abgegrenzt und nicht durch persönliche Beziehungen oder durch Beziehungen zum
Veranstalter persönlich untereinander verbunden sind.

11 Das Ausstellungsrecht findet über **Verweisungsvorschriften** auch für einige **Leistungsschutzrechte** Anwendung, zB für den Schutz der wissenschaftlichen Ausgaben und für nachgelassene Werke (§§ 70, 71). **Ausländische Staatsangehörige** genießen nach § 121 Abs. 6 auch dann, wenn die Voraussetzungen des § 121 Abs. 1-5
nicht vorliegen, zumindest den Veröffentlichungsschutz des § 12.

V. Einräumung eines Nutzungsrechts an Dritte

12 Für die Einräumung eines Nutzungsrechts am Ausstellungsrecht des Urhebers gelten
grds keine Besonderheiten. Häufiger als üblich wird allerdings – unter Anwendung
der **Zweckübertragungstheorie** des § 31 Abs. 5 – aus den Gesamtumständen auf eine Nutzungsrechtseinräumung geschlossen werden müssen, weil das Werk ohne eine
Lizenz am Ausstellungsrecht nicht für den vereinbarten Zweck nutzbar sein wird.
Wer sein Werk einem Museum leihweise überlässt, wer es einem Galeristen oder
Versteigerer in Kommission zum Verkauf gibt, räumt diesem im Zweifel das Ausstellungsrecht ein, weil der Vertragszweck ohne vorangehende Ausstellung sinnvoll
nicht erreicht werden kann (vgl *Fromm/Nordemann* § 18 Rn 2). Übereignet der Urheber das Original seines Werkes einem Dritten, so gilt nach **§ 44 Abs. 2** das Ausstellungsrecht ohnehin als im Zweifel mitübertragen. Um diese Rechtsfolge zu vermeiden, muss sich der Urheber das Ausstellungsrecht bei der Übereignung vorbehalten.

13 Das Ausstellungsrecht wird im Allgemeinen vom Künstler selbst **wahrgenommen**;
die für diesen Bereich maßgebliche Verwertungsgesellschaft VG Bild-Kunst übernimmt dieses Recht nicht.

§ 19   Vortrags-, Aufführungs- und Vorführungsrecht

**(1) Das Vortragsrecht ist das Recht, ein Sprachwerk durch persönliche Dar-
bietung öffentlich zu Gehör zu bringen.**

**(2) Das Aufführungsrecht ist das Recht, ein Werk der Musik durch persönli-
che Darbietung öffentlich zu Gehör zu bringen oder ein Werk öffentlich büh-
nenmäßig darzustellen.**

**(3) Das Vortrags- und das Aufführungsrecht umfassen das Recht, Vorträge
und Aufführungen außerhalb des Raumes, in dem die persönliche Darbietung
stattfindet, durch Bildschirm, Lautsprecher oder ähnliche technische Einrichtungen öffentlich wahrnehmbar zu machen.**

**(4) Das Vorführungsrecht ist das Recht, ein Werk der bildenden Künste, ein
Lichtbildwerk, ein Filmwerk oder Darstellungen wissenschaftlicher oder technischer Art durch technische Einrichtungen öffentlich wahrnehmbar zu machen. Das Vorführungsrecht umfaßt nicht das Recht, die Funksendung oder
öffentliche Zugänglichmachung solcher Werke öffentlich wahrnehmbar zu machen (§ 22).**

Literatur: *Matsukawa* Karaoke: Probleme des Selbstsingens und -musizierens im deutschen und japanischen Urheberrecht, UFITA 132 (1996), 51.

I. Geschichte und Regelungsgehalt

Vor In-Kraft-Treten des UrhG kannten schon § 11 LUG und § 15 KUG ein auf nicht **1** erschienene Werke beschränktes Vortragsrecht, ein den Urhebern von Bühnenwerken und Werken der Tonkunst vorbehaltenes Aufführungsrecht sowie ein Vorführungsrecht. Mangels eines Sende- und öffentlichen Wiedergaberechts wurde die gewerbsmäßige Wiedergabe von Fernsehbildern teilweise als gewerbsmäßige Vorführung iSd § 15 KUG behandelt (*BGH* NJW 1962, 1295 f. – AKI) und die jetzt in §§ 21 und 22 ausgestalteten Befugnisse zur Wiedergabe durch Tonträger und von Funksendungen unter § 11 LUG gefasst (*BGH* NJW 1954, 305 – Lautsprecherübertragung; vgl *BGH* NJW 1960, 2048 – Künstlerlizenz Rundfunk).

Übereinstimmend mit dem allg. Sprachgebrauch und der int. Terminologie der RBÜ **2** beschränkt § 19 die Begriffe des Vortragsrechts, des Aufführungsrechts und des Vorführungsrechts in Abweichung zur bis dahin gebräuchlichen deutschen Rechtssprache auf die **unmittelbare Werkwiedergabe**, während für die mittelbaren Wiedergaben, dh die Wiedergabe eines Vortrags oder einer Aufführung mittels Bild- oder Tonträger und die Wiedergabe von Funksendungen, in §§ 21 und 22 bes. Verwertungsrechte verankert wurden (amtl. Begr. BT-Drucks. IV/270, 48). Letztere werden auch als Zweitverwertungsrechte bezeichnet (amtl. Begr. BT-Drucks. IV/270, 48; zum Begriff des Zweitverwertungsrechts so § 15 Rn 74 f.). Konsequenterweise wurde durch die letzte Gesetzesänderung, die im Wesentlichen der Umsetzung der Europäischen Richtlinie v. 22.5.2001 zur Harmonisierung des Urheberrechts (ABlEG Nr. L 167/20) diente, der Katalog der nicht dem Vorführrecht unterfallenden Verwertungen um die öffentliche Wahrnehmbarmachung einer öffentlichen Zugänglichmachung eines Werkes erweitert. Ihr unterfällt zB die Wiedergabe eines per Internet abgerufenen Musikvideos auf einem im Schaufenster eines Warenhauses angeordneten Computerbildschirm. Anders als im Anwendungsbereich des § 13 Abs. 3 LUG steht dem Urheber ferner nach § 19 Abs. 1 das Vortragsrecht auch an nicht erschienenen Werken zu (amtl. Begr. BT-Drucks. IV/270, 48).

§ 19 regelt wie §§ 20-22 Verwertungsarten des Werkes in **unkörperlicher Form**. **3** Nicht erforderlich ist, dass das Werk überhaupt körperlich vorliegt; daher fällt auch der Vortrag eines Stegreifgedichts unter § 19 Abs. 1. Die Vorführung eines Werkes

(§ 19 Abs. 4) ist allerdings nicht ohne das Vorliegen zumindest eines körperlichen Werkstücks denkbar, sodass das Vorführungsrecht schon begrifflich immer Zweitverwertungsrecht ist (amtl. Begr. BT-Drucks. IV/270, 49).

4   Wie sich aus dem Gesetzeswortlaut der §§ 15 Abs. 2, 19 (zB § 19 Abs. 1: „… öffentlich zu Gehör zu bringen…") ergibt, unterfällt nur die **öffentliche** Werkverwertung dem Ausschließlichkeitsrecht des Urhebers, während Vorträge, Aufführungen und Vorführungen im privaten Kreis frei sind.

II. Vortragsrecht (§ 19 Abs. 1)

5   Unter dem Vortragsrecht des Urhebers versteht man nach § 19 Abs. 1 das Recht, ein Sprachwerk durch persönliche Darbietung öffentlich zu Gehör zu bringen.

6   Das Vortragsrecht des Urhebers besteht nur an **Sprachwerken**. Darunter versteht man alle Werke iSd § 2 Abs. 1 Nr. 1, also auch Reden. Mangels entspr. Sonderbestimmungen in § 69c bleibt § 19 Abs. 1 auch für **Computerprogramme** anwendbar (*Kilian/Heussen/Harte-Bavendamm/Wiebe* Kap. 51 Rn 68). Bei **Werkverbindungen** ist für jedes der verbundenen Werke gesondert zu untersuchen, von welcher Nutzungsart Gebrauch gemacht wird. So wird durch eine unautorisierte öffentliche Darbietung von Opern, Operetten und Schlagern, die aus Text und Musik bestehen, sowohl das Vortragsrecht (§ 19 Abs. 1) als auch das Aufführungsrecht (§ 19 Abs. 2) verletzt. Wegen der praktischen Abgrenzungsschwierigkeiten werden die Urheberrechte hier insgesamt von der GEMA wahrgenommen (näher unten Rn 45 ff.).

7   Liegt kein verbundenes, sondern ein einheitliches Werk, auch mehrerer **Miturheber,** vor, ist dieses einer der Nutzungsarten des § 19 zuzuordnen. **Filme** unterliegen daher selbst dann, wenn sie vertont sind, lediglich dem Vorführungsrecht, nicht auch dem Vortrags- oder Aufführungsrecht. Die zur Herstellung des Filmwerkes benutzten literarischen Vorlagen und die Filmmusik bleiben hier entspr. der vom Gesetzgeber vertretenen Auffassung, dass Filmwerke einheitliche Werke eigener Art sind, unberücksichtigt (amtl. Begr. BT-Drucks. IV/270, 49). Anders als nach früherem Recht besteht das Vortragsrecht auch an **erschienenen** Sprachwerken (amtl. Begr. BT-Drucks. IV/270, 48).

8   Das Werk muss öffentlich dargeboten werden. Das setzt voraus, dass der Vortrag **mit dem Ziel** erfolgt, **ihn der Öffentlichkeit** (§ 15 Abs. 3) **zugänglich zu machen.** Ist das Werk für einen abgegrenzten Zuhörerkreis bestimmt, dessen Mitglieder entweder untereinander oder durch Beziehung zum Werkverwerter persönlich verbunden sind, liegt kein Vortrag iSd § 19 Abs. 1 vor. Keine Darbietung sind deshalb das dem eigenen Werkgenuss dienende Rezitieren von Werken während einer Wanderung und nichtöffentliche Proben eines Vortrags, selbst wenn ihnen vom Vortragenden unbemerkt dritte Personen beiwohnen. Gleiches gilt für die Gebete der Gemeinde und des Liturgen während des Gottesdienstes, weil es sich dabei um eine Kulthandlung handelt, bei der es nur Beteiligte und kein Auditorium gibt (amtl. Begr. zu § 52, BT-Drucks. 10/837, 15 f.; *Schricker/v. Ungern-Sternberg* § 19 Rn 15). Ob der Personenkreis, für den er bestimmt ist, den Vortrag **tatsächlich wahrnimmt**, ist unmaßgeblich. Daher entfällt die Anwendbarkeit des § 19 Abs. 1 nicht dadurch, dass zu dem für breite Kreise vorgesehenen Ereignis kaum jemand erscheint, solange es nur trotzdem stattfindet. Wie sich im Umkehrschluss aus § 19 Abs. 3 ergibt, ist für die

Frage, ob der Vortrag für eine Öffentlichkeit bestimmt ist, auf den **Raum** bzw Platz abzustellen, in bzw auf dem die Darbietung stattfinden soll. Soll der Vortrag allerdings von dort mittels technischer Einrichtungen in einen benachbarten Raum oder auf einen anliegenden Platz übertragen werden, wie dies bei einer Ansprache für eine vor dem Rathaus versammelte Menschenmasse der Fall sein kann, ist **§ 19 Abs. 3** einschlägig; er ergänzt das Vortragsrecht selbst dann, wenn im Vortragsraum keine Zuhörerschaft vorgesehen ist, um ein Recht zur öffentlichen Wahrnehmbarmachung außerhalb des Raumes. Die Beweislast für die Nichtöffentlichkeit eines für mehrere Personen bestimmten Vortrags hat entspr. der Fassung des § 15 Abs. 3 („... es sei denn, dass ...") derjenige zu **beweisen,** der sich auf mangelnde Öffentlichkeit stützt (*OLG Koblenz* NJW-RR 1987, 699, 700).

Das Vortragsrecht ist auf die **akustische Wiedergabe** des Sprachwerkes beschränkt **9** (*BGH* NJW 1981, 2055, 2056 – Quizmaster). Wird das Werk dem Publikum auf andere Weise, zB durch bloß visuelle Darbietung, zugänglich gemacht, ist § 19 Abs. 1 nicht einschlägig.

Erfasst wird nur die persönliche Darbietung. Damit wollte der Gesetzgeber zum Ausdruck bringen, dass die **Wiedergabe** eines Sprachwerks **mittels Bild- oder Tonträger oder in einer Rundfunksendung kein Vortrag** im Rechtssinne ist (amtl. Begr. BT-Drucks. IV/270, 48). **10**

Unter § 19 Abs. 1 fällt die **Rede des Bürgermeisters** vor der versammelten Menge **11** und die **Ansprache des Bundeskanzlers** ebenso wie die **Lesung** im Theater und das **Aufsagen eines Gedichts** durch ein Kind bei einer öffentlichen Veranstaltung. Die **Vorlesung** des Professors wird, ob sie frei oder vom Blatt gehalten wird, von § 19 Abs. 1 erfasst, wenn der Kreis der Studenten als öffentlich zu qualifizieren ist. Selbst die **Stegreifrede** bei öffentlichem Anlass und die Antwort, die einem Reporter auf Fragen gegeben wird, kann im Falle ihres Werkcharakters Vortrag iSd § 19 Abs. 1 sein.

Nicht von § 19 Abs. 1 erfasst wird das **Gebet** in der Kirche, da es nicht für die Öf- **12** fentlichkeit, sondern für die stille Einkehr eines jeden selbst bestimmt ist (vgl § 15 Abs. 3). Kein Vortrag, sondern Aufführung ist das **Theaterstück,** selbst wenn es nicht isolierbare Sprachbestandteile enthält. Kein Vortrag ist auch der **Chat** im Internet, selbst wenn er in einen Monolog ausartet. Er ist keine persönliche Darbietung, weil er nicht unmittelbar vor den Zuhörern gehalten, sondern diesen mit Hilfe technischer Hilfsmittel über uU lange Distanzen zugänglich gemacht wird. Hingegen liegt der **im Internet live übertragenen Vorlesung (Streaming)** zwar einen Vortrag (vor den vor Ort Anwesenden) zugrunde; die Live-Übertragung stellt jedoch keinen Verstoß gegen das Vortragsrecht aus § 19 Abs. 1 dar, weil die Vorlesung nicht unmittelbar vor dem Kreis der Internetnutzer vorgetragen, sondern diesen nur in der beschriebenen Weise zugänglich gemacht wird. Hier können aber das Recht auf öffentliche Zugänglichmachung (§ 19a) sowie das Senderecht (§ 20) verletzt sein.

III. Aufführungsrecht (§ 19 Abs. 2)

1. Allgemeines

13 § 19 Abs. 2 unterscheidet die musikalische und die bühnenmäßige Aufführung. Die **Unterscheidung ist praktisch wichtig**, weil die Komponisten und Textdichter das konzertmäßige Aufführungsrecht (sog. kleines Aufführungsrecht) der GEMA zur Wahrnehmung einräumen, während sie das bühnenmäßige Aufführungsrecht (sog. großes Aufführungsrecht) einem Bühnenverlag oder Bühnenvertrieb zur Nutzung überlassen (hierzu näher unten Rn 45 ff.). Auch unterliegen beide Verwertungsarten unterschiedlichen Schranken.

2. Musikalische Aufführung

14 Nach § 19 Abs. 2 umfasst das dem Urheber vorbehaltene Aufführungsrecht das Recht, ein Werk der Musik durch persönliche Darbietung öffentlich zu Gehör zu bringen. Von diesem Recht der musikalischen Aufführung sind nur **Musikwerke** iSd § 2 Abs. 1 Nr. 2 erfasst. Konzertmäßige Aufführung von Werken iSd § 19 Abs. 2 ist **jede Wiedergabe des Werkes für das Gehör** (*BGH* NJW 1960, 1902 – Eisrevue II). Es kommt also nicht darauf an, ob dem Publikum das Werk unmittelbar durch den Mund des Künstlers oder mittelbar über Tonband zugänglich gemacht wird (vgl *BGH* NJW 1960, 1902 – Eisrevue II).

15 Das Musikwerk muss öffentlich dargeboten werden. Wie schon beim Vortragsrecht setzt das voraus, dass der Vortrag **mit dem Ziel** erfolgt, **ihn einer im Aufführungssaal anwesenden Öffentlichkeit** (§ 15 Abs. 3) **zugänglich zu machen**. Keine Aufführung iSd § 19 Abs. 2 ist der dem eigenen Werkgenuss dienende Gesang beim Wandern, an Versammlungsstätten oder in der Kirche, weil jeder für sich singt und nicht das Werk anderer darbietet (*Rehbinder* Rn 215). Auch die musikalische Begleitung des Gesangs bei Gottesdiensten ist keine Aufführung, sondern eine Kulthandlung, bei der es nur Beteiligte und kein Auditorium gibt (amtl. Begr. zu § 52, BT-Drucks. 10/837, 15 f.; *Schricker/v. Ungern-Sternberg* § 19 Rn 15). Nicht öffentlich ist die Kammermusik, die drei Freunde nur zur eigenen Erbauung spielen. Ergänzt wird § 19 Abs. 2 für Werkübertragungen in anliegende Örtlichkeiten durch **§ 19 Abs. 3**.

16 Die Aufführung muss persönlich sein. Dadurch wird zum Ausdruck gebracht, dass die Wiedergabe unmittelbar vor Publikum erfolgen muss und eine **mittels Bild- oder Tonträger erfolgende mittelbare Wahrnehmbarmachung keine Aufführung** iSd § 19 Abs. 2 ist (amtl. Begr. BT-Drucks. IV/270, 48).

17 **Unter § 19 Abs. 2 fällt** zB die Oper, die Ouvertüre und fallen sogar schon die zuvor gehaltenen Proben, wenn diese für eine Öffentlichkeit zugänglich waren. Das **Konzert** im Stadthaus und das **Ständchen** bei einer öffentlichen Feier oder Versammlung sind ebenso erfasst wie das **Spiel des Bettlers** in der Einkaufszone mit dem Ziel, Almosen dafür zu erhalten.

18 **Nicht von § 19 Abs. 2 erfasst** wird der Gesang in der **Kirche** oder beim **Wandern**, da er nicht für die Öffentlichkeit, sondern für die eigene Person bestimmt ist. Ebenso wenig ist § 19 Abs. 2 erfüllt, wenn die Opernsängerin zu Hause für die Aufführung **Probe hält**, selbst wenn ihr Gesang bei geöffnetem Fenster noch mehrere Häuserblocks entfernt zu hören ist.

3. Bühnenmäßige Darstellung

§ 19 Abs. 2 behält dem Urheber ferner das Recht vor, ein Werk öffentlich bühnen-   **19**
mäßig darzustellen. Im Gegensatz zum Vortragsrecht, zum musikalischen Aufführungsrecht und zum Vorführungsrecht umfasst das Recht der bühnenmäßigen Darstellung **Werke jeder Art**. Ob tatsächlich ein Werk aufgeführt wird oder es – insoweit nicht ausreichend – sich um eine bloß **sportliche** Leistung ohne die
erforderliche Individualität handelt, richtet sich nach § 2. Nicht erforderlich ist, dass
das Werk gerade für die Bühne geschaffen wurde. Eine bühnenmäßige Aufführung
ist jedoch rein begrifflich nur bei Sprachwerken, Musikwerken und pantomimischen
bzw choreographischen Werken denkbar (vgl *Schricker/v. Ungern-Sternberg* § 19
Rn 16).

Voraussetzung für eine bühnenmäßige Darstellung ist, dass die Darbietung ein   **20**
Handlungsgeschehen hat und sich das Publikum iRd Darbietung von diesem einen
Eindruck zu verschaffen vermag. Das setzt voraus, dass der Inhalt der Darstellung
durch ein für das Gehör oder für das Auge des Publikums bestimmtes bewegtes Spiel
als gegenwärtig sich vollziehende Handlung dargeboten wird (*BGH* NJW 1960, 1900
– Eisrevue I; NJW 2000, 2207 – Musical-Gala). Wenn der Handlungsablauf selbst in
Bruchstücken nicht erkennbar ist, ist § 19 Abs. 2 nicht einschlägig (*BGH* NJW 1960,
1900, 1901 – Eisrevue I). Wird in einer Eisrevue, bei der zur Begleitung der Eislauf-
darbietungen Musikstücke sowie Schlager aus Operetten zur Wiedergabe gelangen,
nicht gleichzeitig der gedankliche Inhalt der entspr. Operetten oder ihrer Bestandteile
durch **bewegtes Spiel** für Auge und Ohr des Publikums als eine gegenwärtig sich
vollziehende Handlung vermittelt, so liegt daher eine bühnenmäßige Aufführung der
Operetten nicht vor (*BGH* NJW 1960, 1900 – Eisrevue I). Das gilt auch, wenn Kostüme oder Bühnendekorationen, die dem Milieu der jeweiligen Operette angepasst
sind, verwandt werden (*BGH* NJW 1960, 1900 – Eisrevue I). Eine bühnenmäßige
Aufführung einer Operette in bearbeiteter Form kommt dann ebenfalls nicht in Betracht, weil es mangels Erkennbarkeit eines Handlungsablaufs schon an einer bühnenmäßigen Aufführung insgesamt fehlt (*BGH* NJW 1960, 1900, 1901 – Eisrevue I).
Die bloße **Lesung** eines Bühnenstücks ist daher, selbst wenn sie in vollendeter Form
durch Schauspieler mit verteilten Rollen geschieht, keine Aufführung, sondern Vortrag iSd § 19 Abs. 1 (*Möhring/Nicolini/Kroitzsch* § 19 Rn 21; *Fromm/Nordmann/
Nordemann* § 19 Rn 3). Auch die **konzertante** Wiedergabe einer Oper erfüllt den
Tatbestand des § 19 Abs. 2 Alt. 2 nicht.

Die Aufführung muss sich nicht auf visuell erfassbares bewegtes Spiel beschränken,   **21**
sondern kann auch musikalische, filmische oder **andere Werkelemente** beinhalten.
Die Abgrenzung zwischen Bühnenaufführung und anderer Darbietung, zB als Re-
vue- oder Konzertabend, erfolgt dann danach, ob ein Handlungsablauf durch bewegtes Spiel zumindest soweit erkennbar wird, dass das Publikum die Aufführung als
Bruchstück des Gesamtwerks erlebt. Nicht ausreichend ist es, wenn die Darbietung
isoliertes Einzelstück bleibt und eine Zuordnung zu einem bühnenmäßigen Gesamtwerk nur erfolgen kann, weil dem Publikum das Werk bekannt ist. Lassen sich isolierbare Teile aus der Darbietung heraustrennen, die nicht dem Aufführungs-, sondern einem anderen Verwertungsrecht unterfallen, sind diese gesondert zu betrachten; soweit das Sprachwerk allerdings durch bewegtes Spiel dargeboten wird, kommt
ein Rückgriff auf das Vortragsrecht nicht mehr in Betracht.

22   Weitere Kriterien müssen nicht erfüllt sein, damit von einer Aufführung iSd § 19 Abs. 2 gesprochen werden kann. Insb. sind **weder ein Bühnenbild noch eine Kostümierung** der Schauspieler **noch verschiedene Rollen** oder eine Identifizierung der Darsteller mit den dargestellten Personen erforderlich. Ob die Texte der Schauspieler von diesen persönlich gesprochen oder über Tonband wiedergegeben werden, ob die Aufführung mit Musik unterlegt ist oder ob es sich nur um stumme **Pantomimen** oder **Ausdruckstanz** handelt, ist gleichfalls ohne Bedeutung, solange nur ein visuell erfassbarer Werkinhalt durch bewegtes Spiel vermittelt wird (*Schricker/v. Ungern-Sternberg* § 19 Rn 23).

23   Die Darbietung muss **persönlich** sein. Damit ist nicht gemeint, dass der Urheber selbst oder überhaupt natürliche Personen sie vornehmen müssen. Vielmehr wollte der Gesetzgeber nur deutlich machen, dass sich die öffentliche Darbietung direkt vor Publikum vollziehen muss und eine **Wiedergabe erst durch Bild- oder Tonträger nicht unter das Aufführungsrecht fällt** (amtl. Begr. BT-Drucks. IV/270, 48 f.). Das schließt nicht aus, dass dem Publikum während der Aufführung gesprochene oder gesungene Worte über Tonband vermittelt werden oder dass Filmausschnitte auf der Bühne in das Bühnengeschehen eingeblendet werden. Maßgeblich ist nur, dass daneben überhaupt ein bewegtes Spiel erfolgt, welches – auch in Zusammenhang mit Musikdarbietungen vom Tonband – den Werkinhalt vermittelt (*BGH* NJW 1960, 1902 – Eisrevue II). Ausreichend sind daher durch **Marionettenspiel** oder durch Eistanz zur Musik vom Tonband vermittelte Inhalte. Bei **Multimediawerken** kann bzgl der Darbietungsteile vom **Tonband** oder durch **Filmeinblendungen** zusätzlich eines der Verwertungsrechte der §§ 20 ff. verletzt sein, wenn diese Einblendungen als Werke oder Werkteile urheberrechtlich geschützt sind. So verhält es sich zB dann, wenn ein Filmausschnitt mit Werkcharakter in die Bühnendarstellung eingefügt wird.

24   Das Werk muss öffentlich dargestellt werden. Wie schon beim Vortrags- und beim Musikaufführungsrecht setzt das voraus, dass die Darbietung **mit dem Ziel** erfolgt, **ihn einer an einem Ort anwesenden Öffentlichkeit** (§ 15 Abs. 3) **zugänglich zu machen**. Daran fehlt es bei der Predigt, weil der Geistliche nicht für die Gottesgemeinschaft, sondern mit dieser gemeinsam Gottesdienst hält. Wie sich im Umkehrschluss aus § 19 Abs. 3 ergibt, kommt es für die Frage der Öffentlichkeit auf den Personenkreis an, der sich innerhalb des Raumes bzw auf dem Platz versammelt hat, in bzw auf dem die Vorführung erfolgen soll. Ist dieser Personenkreis hinreichend abgegrenzt und durch persönliche Beziehungen untereinander oder zum Veranstalter verbunden (§ 15 Abs. 3), wird § 19 Abs. 2 nicht verletzt. Daher sind Darstellungen in einer Laienspielgruppe, die bloß dem eigenen Werkgenuss dienen und nicht vor Zuschauern gezeigt werden sollen, keine Aufführungen iSd § 19 Abs. 2. Hingegen ist der Begriff der öffentlichen Aufführung bei einer für die Öffentlichkeit bestimmten Darbietung auch dann erfüllt, wenn das Stück nicht die gewünschte Aufnahme beim Publikum findet und nur ein oder zwei Personen die Aufführung besuchen. Die Beweislast für die Nichtöffentlichkeit trifft denjenigen, der sich auf sie beruft (*OLG Koblenz* NJW-RR 1987, 699, 700).

25   Wie sich im Umkehrschluss aus § 19 Abs. 3 ergibt, muss auch noch eine solche Aufführung als persönliche öffentliche Darbietung angesehen werden, die zwar im selben Raum mit dem Publikum erfolgt, diesem jedoch aus künstlerischen Motiven heraus nur als **Schattenumriss** oder über eine Projektion sichtbar wird (*Schricker/ v. Ungern-Sternberg* § 19 Rn 23). Werkübertragungen mittels technischer Einrichtungen in benachbarte Örtlichkeiten werden unmittelbar von § 19 Abs. 3 erfasst. Wer hingegen seinem Publikum eine Oper durch Fernsehfunk zeigt, macht nicht von dem Aufführungsrecht des Urhebers, sondern vom Recht der Wiedergabe von Funksendungen nach § 22 Gebrauch (amtl. Begr. BT-Drucks. IV/270, 49).

Unter § 19 Abs. 2 fällt das öffentliche **Theater**, selbst wenn darin einige Gesang- 26 seinlagen enthalten sind. Ebenso erfasst ist das **Rollenspiel** der Theaterstudenten, welches sie zur Belustigung der Allgemeinheit in der Fußgängerzone veranstalten. Die **Pantomime** während einer öffentlichen Feier und das öffentliche **Kasperletheater** für Kinder fallen ebenso darunter.

Nicht von § 19 Abs. 2 erfasst wird das Rollenspiel, welches Teilnehmer eines **Fort-** 27 **bildungskurses** in der Gruppe veranstalten, um ihr öffentliches Auftreten zu professionalisieren, da es für die Teilnehmer selbst und nicht für eine Öffentlichkeit bestimmt ist. Keine Aufführung ist das Abspielen eines **Filmes**, welches nämlich unter § 19 Abs. 4 fällt, und die bloß **sportliche Darbietung** etwa beim Speerwurf oder Fußball, da ihr der Werkcharakter fehlt.

IV. Übertragung durch Bildschirm oder Lautsprecher (§ 19 Abs. 3)

Zusätzlich zum Vortrags- und Aufführungsrecht steht dem Urheber nach § 19 Abs. 3 28 auch das Recht zu, über die Wahrnehmbarmachung des Werkes durch eine zeitgleiche (*BGH* NJW 1993, 2871 – Verteileranlagen) Bildschirm- und Lautsprecherübertragung bzw eine Übertragung durch ähnliche technische Einrichtungen außerhalb des Raumes, in dem der Vortrag oder die Aufführung stattfindet, zu entscheiden. Die Vorschrift regelt nicht die Zulässigkeit des Übertragungsaktes, sondern wie § 21 die der Wiedergabe (*BGH* NJW 1993, 2871 – Verteileranlagen). Obwohl es sich hierbei folglich um eine Art Zweitverwertung des Werkes handelt, hat der Gesetzgeber davon abgesehen, dem Urheber neben dem Vortrags- und Aufführungsrecht ein gesondertes Verwertungsrecht zu geben. Das Recht der Bildschirm- und Lautsprecherübertragung **ergänzt** lediglich **das Vortrags- und Aufführungsrecht** in der Weise, dass der Urheber, wenn er die Erlaubnis zu einem öffentlichen Vortrag oder einer öffentlichen Aufführung seines Werkes erteilt, hierbei zugleich bestimmen kann, ob und inwieweit der Vortrag oder die Aufführung auch außerhalb der Veranstaltung durch Bildschirm oder Lautsprecher öffentlich übertragen werden darf, und dass er unerlaubte Übertragungen **nicht nur als Vertragsverletzungen** seinem Vertragspartner, sondern als Verletzungen seines Urheberrechts **jedem Dritten** verbieten kann (amtl. Begr. BT-Drucks. IV/270, 49).

Aus § 37 Abs. 3 ergibt sich dabei, dass das Recht zur Übertragung durch Bildschirm 29 oder Lautsprecher, obgleich dem Wortlaut des § 19 Abs. 3 nach vom Vortrags- und Aufführungsrecht umfasst, im Zweifel in einer Nutzungsrechtseinräumung zur öffentlichen Wiedergabe des Werkes nicht enthalten ist. Wer einen Vortrag oder eine Aufführung durch technische Einrichtungen an andere Orte übertragen will, muss daher auf die gesonderte Einräumung eines Nutzungsrechts achten.

Für die Frage, welche Geräte unter den Begriff des Bildschirms, des Lautsprechers 30 und der sog. ähnlichen technischen Einrichtung fallen, maßgeblich ist eine technische Betrachtung. Danach versteht man unter einem **Bildschirm** sowohl eine Bild- bzw Projektionswand als auch den Leichtschirm in Fernseh- und Datensichtgeräten, auf denen Informationen sichtbar gemacht werden. Bei einem **Lautsprecher** handelt es sich um ein elektroakustisches Gerät, welches niederfrequente Tonfrequenzströme in Schall umwandelt. Bildschirm und Lautsprecher stehen Einrichtungen gleich, die sich eines **vergleichbaren Verfahrens** bedienen, um die Funksendung eines Werkes für die Öffentlichkeit wahrnehmbar zu machen.

31 Der **Begriff des Raumes** iSd § 19 Abs. 3 ist **weit auszulegen**. Das ergibt sich aus § 37 Abs. 3, der statt des Begriffs der Wiedergabe außerhalb des Raumes, in dem die persönliche Darbietung stattfindet, von einer Wiedergabe außerhalb der Veranstaltung, für die sie bestimmt ist, spricht. Beide Vorschriften beziehen sich jedoch inhaltlich auf denselben Sachverhalt und sind daher identisch auszulegen. Der Begriff des Raumes umfasst daher auch Freilichtveranstaltungen. Deshalb darf ein open-air-Konzert nur mit gesonderter Erlaubnis des Urhebers an einen anderen Ort als den der Darbietung übertragen werden. Allerdings wird in jedem Fall nur eine Übertragung durch technische Vorrichtungen, nämlich konkret durch Bildschirm oder Lautsprecher, erfasst. Wer durch geeignete Akustik eine bes. weite Ausbreitung des Schalls auf dem Platz des open-air-Konzerts selbst ermöglicht, benötigt hierzu nur die Aufführungserlaubnis nach § 19 Abs. 2.

32 **Innerhalb des Raumes**, in dem die Darbietung erfolgt, darf diese unbedenklich durch technische Hilfsmittel, wie Mikrofone, Großleinwand oÄ, unterstützt und verstärkt werden (*Schricker/v. Ungern-Sternberg* § 19 Rn 31).

33 **§ 19 Abs. 3 ist von den §§ 19a ff. abzugrenzen**. Hierzu gilt Folgendes: § 19 Abs. 3 sichert dem Urheber die Entsch. darüber, ob eine öffentliche Aufführung oder ein öffentlicher Vortrag – etwa wegen starken Andrangs zu der Veranstaltung – zeitgleich auch an einem anderen Ort für ein dort versammeltes Publikum wahrnehmbar gemacht werden darf. Die Vorschrift betrifft damit die Frage der Wiedergabe des Werkes ieS, während **§ 20** sich auf den Übertragungsvorgang bezieht. Die Vorschriften des § 20 und des § 19 Abs. 3 betreffen daher jeweils verschiedene Nutzungshandlungen (*BGH* NJW 1993, 2871, 2872 – Verteileranlagen; vgl auch *Schricker/v. Ungern-Sternberg* § 19 Rn 35; **aA** *Möhring/Nicolini* 1. Aufl., § 20 Anm. 3c). Ebenso wie bei § 19a geht es bei § 19 Abs. 3 zwar auch um eine Wiedergabe des Werkes ieS. Sie beschränkt sich im Falle des § 19 Abs. 3 aber darauf, dem Nutzer den rezeptiven Genuss zu ermöglichen, während sie im Falle des § 19a weitergehend der Vorbereitung der Gewinnung einer eigenen Verfügungsgewalt des Nutzers am Werk dient. Zudem sind bei § 19a regelmäßig lange Distanzen zwischen Nutzer und Verwerter zu überbrücken, während dem Urheber durch § 19 Abs. 3 nur die Entsch. darüber vorbehalten wird, ob das Werk nach Überbrückung einer kurzen Distanz noch wahrnehmbar gemacht werden darf, ob also die mangelnde Größe des Aufführungs-, Vorführungs- oder Vortragsraumes mit Hilfe der Technik kompensiert werden darf.

34 In Abgrenzung zu **§ 21** erfasst § 19 Abs. 3 nur unmittelbare Werkwiedergaben, also Darbietungen, bei denen die Wahrnehmbarmachung nicht durch Bild- oder Tonträger erfolgt (amtl. Begr. BT-Drucks. IV/270, 48). Unautorisierte Wiedergaben der Darbietung vom Bild- oder Tonträger kann der Urheber als Fall der mittelbaren Werkverwertung nur nach § 21 unterbinden.

Abgrenzungsschwierigkeiten entstehen in Bezug auf **§ 22**. Wie auch in § 19 Abs. 3 **35** geht es dort teilweise um die zeitgleiche und unmittelbare Wiedergabe von Werkdarbietungen nach technischer Übertragung. Man wird im Hinblick darauf, dass § 19 Abs. 3 einen Fall der unmittelbaren (Life-)Vorvorführung bzw (Life-)Aufführung enthält, auf die **Distanz** abstellen müssen, die zwischen dem Vortrags- bzw Aufführungs- und dem Wiedergabeort liegt. Befindet sich der Wiedergabeort noch in unmittelbarer Nähe des Veranstaltungsortes, **kompensiert also die Technik nur eine unzureichende Größe des Vortrags- bzw Aufführungsorts**, ist § 19 Abs. 3 einschlägig, andernfalls bedarf es des Rückgriffs auf § 22 (**aA** *Schricker/v. Ungern-Sternberg* § 19 Rn 35: § 22 sei bei der Wiedergabe von Sendungen iSd § 20 einschlägig, in den übrigen Fällen sei § 19 Abs. 3 anzuwenden). Soll hingegen ein nach § 19 Abs. 3 wiedergegebenes Werk durch Funk gesendet und anschließend erneut wiedergegeben werden, sind die §§ 20 ff. ohnehin einschlägig. Wird schließlich ein iSd § 22 dem Publikum wiedergegebenes Werk mit Hilfe technischer Einrichtungen übertragen, findet nach § 22 S. 2 § 19 Abs. 3 entspr. Anwendung.

V. Vorführungsrecht (§ 19 Abs. 4 S. 1)

1. Gegenstand, Inhalt und Abgrenzung

a) Gegenstand. Vom Vorführungsrecht sind nur **Werke der bildenden Künste** **36** (§ 2 Abs. 1 Nr. 4), **Lichtbildwerke** (§ 2 Abs. 1 Nr. 5), **Filmwerke** (§ 2 Abs. 1 Nr. 6) und **Darstellungen wissenschaftlicher oder technischer Art** (§ 2 Abs. 1 Nr. 7) erfasst. Der Gesetzgeber hat bei der Schaffung des UrhG an der bis dahin verwandten Terminologie festgehalten, auch bei Filmwerken, gleichgültig ob es sich um Stummfilme oder Tonfilme handelt, von Vorführungen zu sprechen, weil das Filmwerk ein einheitliches Werk darstellt und der Schwerpunkt hier stets auf der Wiedergabe der Bildfolge liegt (amtl. Begr. BT-Drucks. IV/270, 49). Auch bei Tonfilmen besteht somit lediglich ein Vorführungsrecht, nicht auch ein Vortrags- oder Aufführungsrecht. Die zur Herstellung des Filmwerkes benutzten literarischen Vorlagen und die Filmmusik bleiben hier entspr. der vom Gesetzgeber vertretenen Auffassung, dass Filmwerke einheitliche Werke eigener Art sind, unberücksichtigt (amtl. Begr. BT-Drucks. IV/270, 49). Die Vorschrift erfasst auch den öffentlichen Lauf von CD-ROM-Videospielen, zB in Spielhallen oder Bars (*Kilian/Heussen/Harte-Bavendamm* Kap. 54 Rn 88).

Wegen § 19 Abs. 4 nF **nicht dem Vorführrecht zuordnen** lässt sich hingegen die **37** öffentliche Wahrnehmbarmachung von Werken, die für eine Öffentlichkeit **on demand** bereitstehen (§ 19a); hier ist § 22 nF einschlägig. Für Altfälle, die noch nach § 19 Abs. 4 aF zu beurteilen sind, ist § 19 Abs. 4 aF ebenfalls nicht anwendbar, weil ihrer Wahrnehmbarmachung ebenfalls ein Sendevorgang iSd § 19 Abs. 4 S. 2 vorangeht.

b) Inhalt. Als Vorführung ist nach § 19 Abs. 4 **jede öffentliche Wahrnehmbarma-** **38** **chung** der genannten Werke **durch technische Einrichtungen** zu verstehen. Darunter fallen neben der Filmvorführung auch Projektionen von Dias, Folien und Mikroverfilmungen auf einen Bildschirm oder eine andere Fläche, wenn dies mit Hilfe technischer Einrichtungen geschieht. Sogar die Projektion in den Raum ist dem Wortlaut des § 19 Abs. 4 nach ausreichend. Die Wiedergabe durch Holographie ist daher Vorführung iSd § 19 Abs. 4 (*Schricker/v. Ungern-Sternberg* § 19 Rn 40; **aA** *Rehbinder* Rn 216).

39   Anders als nach altem Recht zT angenommen (*BGH* NW 1962, 1295 – AKI) ist die **Fernsehsendung von Filmen keine Vorführung** (*BGH* GRUR 1982, 727, 730 – Altverträge). Erst recht ist vom Vorführrecht das Recht zur Verfügbarmachung des Werkes im Internet (§ 19a nF) und per Fernsehen zu unterscheiden. Das Vorführungsrecht (§ 19 Abs. 4) und das Recht auf Zugänglichmachung bzw Sendung (§§ 19a, 20) stellen vielmehr verschiedene urheberrechtliche Nutzungsarten dar (zu § 20 aF *BGH* GRUR 1976, 382, 384 – Kaviar), von denen noch das Recht zur Verfilmung zu unterscheiden ist (arg. e § 88 Abs. 1; *BGH* GRUR 1969, 364, 367 – Fernsehauswertung). Daran ändert auch der Umstand nichts, dass vor allem die Auswertung eines Films in Filmtheatern durch die Sendung eines nach dem gleichen Stoff hergestellten, nur zur Funksendung bestimmten Films beeinträchtigt werden kann, zumal wenn diese Stoffauswertungen in zeitlich nahem Abstand erfolgen (*BGH* GRUR 1976, 382, 384 – Kaviar). Allerdings kann sich aus der vertraglichen Pflicht des Urhebers, in den Grenzen von Treu und Glauben von allen das Auswertungsrecht des Filmherstellers störenden Handlungen abzusehen, eine Verpflichtung des Urhebers ergeben, sich der Auswertung im Fernsehen zu enthalten (*BGH* GRUR 1969, 364 – Fernsehauswertung). Abgesehen davon, dass diese Pflicht nur für den Filmhersteller und nur in den Grenzen von Treu und Glauben besteht, geht der Schutz des Lizenznehmers auch ins Leere, wenn der Urheber bereits einem Dritten eine Lizenz an dem Recht zur Auswertung des Werkes im Fernsehen erteilt hat. Wer sich entspr. Lizenzen einräumen lässt, sollte daher auf eine Abstimmung mit dem Inhaber der Senderechte achten.

40   Die Vorführung muss **öffentlich** sein. Da die Vorführung ein Unterfall der unkörperlichen Werkverwertung ist, ist § 15 Abs. 3 unmittelbar anwendbar. Von einer öffentlichen Vorführung kann nur dort gesprochen werden, wo die einzelne Wiedergabe für eine Mehrzahl von Personen bestimmt ist, die nicht bestimmt abgegrenzt und durch gegenseitige Beziehungen oder Beziehungen zum Veranstalter persönlich untereinander verbunden sind. Dem Wortlaut nach findet **§ 19 Abs. 3** auf das Vorführungsrecht keine Anwendung. Weder aus der Gesetzeshistorie noch aus Sinn und Zweck der Vorschrift lassen sich jedoch Gründe für diese ungerechtfertigte Benachteiligung der Inhaber des Vorführrechtes entnehmen. Die **hM** (statt vieler *Schricker/v. Ungern-Sternberg* § 19 Rn 42; so offenbar auch *BGH* NJW 1993, 2871 – Verteileranlagen) wendet § 19 Abs. 3 daher auf das Vorführrecht entspr. an. Daraus folgt jedoch zugleich, dass es für die Frage der Öffentlichkeit nach § 19 Abs. 4 auf den **gleichzeitig am Vorführungsort anwesenden Personenkreis** ankommt. Nicht ausreichend ist folglich, wenn mehrere Wiedergaben vorgesehen sind, die zwar alle zusammengenommen an einen den Begriff der Öffentlichkeit ausfüllenden Kreis von Personen gerichtet sind, die einzelnen Wiedergaben für sich genommen jedoch jeweils im privaten Kreis stattfinden (vgl *BGH* NJW 1993, 2871 – Verteileranlagen). Schon bislang hatte entspr. der alten Fassung des § 15 Abs. 3 („… es sei denn, dass …") derjenige, der sich auf mangelnde Öffentlichkeit der Wiedergabe nach § 15 Abs. 2 stützt, diese darzutun und zu **beweisen** (*OLG Koblenz* NJW-RR 1987, 699, 700); das hat sich nach neuem Recht („Zur Öffentlichkeit gehört jeder, der nicht …") nicht geändert.

c) Abgrenzung. Während § 21 die Wiedergabe von Vorträgen (§ 19 Abs. 1) und **41** Aufführungen (§ 19 Abs. 2) betrifft, geht es bei § 19 Abs. 4 um die öffentliche Wiedergabe der in § 2 Abs. 1 Nr. 4-7 genannten Werkgattungen. Über **§§ 72, 94, 95** findet die Vorschrift darüber hinaus auch auf Laufbilder und Lichtbilder Anwendung (**aA** *Schricker/v. Ungern-Sternberg* § 19 Rn 43). Die Gesetzesfassung des § 21 („Vorträge oder Aufführungen") stellt klar, dass **Werkvorführungen nach § 19 Abs. 4, also vor allem das Zeigen von Filmwerken, nicht** darunter fallen. In der Vorführung von Filmen liegt daher nicht zugleich auch eine Wiedergabe der zur Herstellung des Filmwerkes benutzten Werke, die über § 21 zu erfassen ist (**aA** *Schricker/v. Ungern-Sternberg* § 21 Rn 5; vgl noch zum alten Recht *BGH* NW 1962, 1295 – AKI). Hiergegen spricht, dass das Filmwerk ein einheitliches Werk ist (vgl *BGH* GRUR 1976, 382, 384 – Kaviar; GRUR 1982, 727, 730 – Altverträge), sodass das Recht zur öffentlichen Wahrnehmbarmachung des verfilmten Rechtes durch das Vorführrecht am Film (§ 23 S. 1 iVm § 19 Abs. 4 verdrängt wird. Bliebe neben dem Vorführrecht am Film (§ 23 S. 1 iVm § 19 Abs. 4) ein Recht des Urhebers des benutzten Werkes aus § 21 bestehen, hätte auch die Vermutungsregelung des § 88 Abs. 1 Nr. 3 aF keinen Sinn gemacht. Schließlich besteht auch kein Bedürfnis für die zusätzliche Anwendung des § 21, da die Urheber der verfilmten bzw abgelichteten Werke die Vorführung nach § 23 S. 1 untersagen können, solange sie dem Film- oder Laufbildhersteller eine entspr. Lizenz nicht eingeräumt haben (vgl aber § 88 Abs. 1). In ihrem Anwendungsbereich ist die Vorschrift daher abschließend, insb. scheidet eine erg. Anwendung des § 21 auf die Werke, die Gegenstand der Verfilmung oder des Lichtbildes sind, aus.

2. Ausnahme: Wahrnehmbarmachung der Funksendung oder öffentlichen Zugänglichmachung solcher Werke (§ 19 Abs. 4 S. 2 iVm § 22)

Nicht vom Vorführungsrecht ergriffen wird nach § 19 Abs. 4 S. 2 iVm § 22 das **42** Recht der Wahrnehmbarmachung einer Funksendung (§ 20) oder öffentlichen Zugänglichmachung (§ 19a) vom vorgeführten Werk. Der Begriff des Funks ist dabei in seiner physikalisch-technischen Bedeutung zu verstehen und umfasst jede Übertragung von Zeichen, Tönen oder Bildern durch elektro-magnetische Wellen, die von einer Sendestelle ausgesandt werden und an anderen Orten von einer beliebigen Zahl von Empfangsanlagen aufgefangen und wieder in Zeichen, Töne oder Bilder verwandelt werden können (*BGH* GRUR 1982, 727, 730 – Altverträge). Dieser Vorgang ist in § 22 als bes. Recht ausgestaltet. Die Definition der öffentlichen Zugänglichmachung erschließt sich aus § 19a.

3. Beispiele

Unter § 19 Abs. 4 fällt das Abspielen eines Filmes im Filmtheater oder im **Open-** **43** **Air-Kino**. Ebenso erfasst wird die **Diaprojektion**, mit welcher der Abenteurer die während einer Reise in ferne Lande gefertigten Lichtbilder zeigt (§§ 95, 94, 19 Abs. 4). Auch eine Power-Point-Darbietung, bei welcher der Wissenschaftler ein kompliziertes **Modell seiner wissenschaftlichen Forschungen** zeigt, kann unter § 19 Abs. 4 fallen, wenn das Modell als Darstellung wissenschaftlicher oder technischer Art (§ 2 Abs. 1 Nr. 7) zu qualifizieren ist. Werden auf einer öffentlichen **Kunstausstellung PC-Monitore** aufgestellt, auf denen ein Werk der bildenden Kunst oder ein künstlerischer Film sichtbar wird, der auf der Festplatte des PCs bzw auf einer angeschlossenen Videokassette gespeichert ist, ist § 19 Abs. 4 (ggf iVm § 23) und nicht § 21 einschlägig.

44   **Nicht von § 19 Abs. 4 erfasst** ist das Zeigen von **Texten** mittels Overheadprojektors oder **Power-Point**, welches vielmehr unter § 21 fällt. Wer **Musik** vom Tonträger wiedergibt, verstößt nicht gegen § 19 Abs. 4, aber gegen § 21; anders wenn es sich um in ein Filmwerk inkorporierte Musik handelt, auf die nämlich nach § 23 S. 1 die Vorschriften über das Filmwerk Anwendung finden. § 19 Abs. 4 ist nicht einschlägig, wenn ein aus dem **Internet** abgerufenes Werk auf dem PC-Bildschirm für die Öffentlichkeit wahrnehmbar gemacht wird; hier greift vielmehr § 22. Ebenso wenig findet die Vorschrift Anwendung, wenn der Gastwirt seinen Gästen mittels eines in der Gaststätte aufgestellten Fernsehers das laufende **Fernsehprogramm** präsentiert.

VI. Wahrnehmung der verschiedenen Rechte aus § 19 durch Dritte

45   Die sorgfältige Abgrenzung der in § 19 aufgeführten drei Verwertungsrechte ist deshalb wichtig, weil diese Rechte im Allgemeinen von unterschiedlichen Personen bzw Institutionen für die Urheber ausgeübt werden.

46   Das **Vortragsrecht** (§ 19 Abs. 1) wird in Deutschland von der **VG WORT** wahrgenommen. Gehört der Urheber der VG WORT an, ist wegen der üblichen Vorausabtretung eine Nutzungsrechtseinräumung durch den Urheber wirkungslos. Wer das Werk öffentlich vortragen will, muss vielmehr direkt die Einwilligung der VG WORT einholen (Adresse: Goethestr. 49, 80336 München; www.vgwort.de). Von der Wahrnehmung der Rechte durch die VG WORT ausgenommen sind teilweise die vertonten Sprachwerke. Soweit diese nämlich mit Einwilligung des Berechtigten vertont wurden und die Werke erschienen sind, hat die VG WORT, gewisse dramatisch-musikalische Werke ausgenommen, durch Vertrag der Verwertungsgesellschaften die Rechte der **GEMA** zur treuhänderischen Wahrnehmung übertragen, soweit die Verwertung des Sprachwerkes zusammen mit der Musik betroffen ist. Bei derartigen vertonten Sprachwerken ist also die GEMA zuständig; sie führt die sich nach ihrem Verteilungsplan ergebenden Textdichteranteile an die VG WORT ab, die ihrerseits mit den Urhebern abrechnet.

47   Bzgl des **Aufführungsrechts** (§ 19 Abs. 2) ist zwischen den sog. großen und den sog. kleinen Rechten zu unterscheiden, wobei diese Begriffe zT unterschiedlich verstanden werden. Mit dem Begriff des sog. **großen Rechtes** soll hier das Recht zur bühnenmäßigen Aufführung eines seiner Art nach dramatisch-musikalischen Werks in Teilen oder im Ganzen, und zwar einschließlich der Texte und der Musik, bezeichnet werden. Dieses Recht verbleibt im Gegensatz zum Recht auf Verwertung des Musikwerkes auf alle anderen Arten der öffentlichen Aufführung beim Urheber, und zwar selbst dann, wenn das Werk ursprünglich nicht als Bühnenwerk geschaffen wurde (*BGH* NJW 2000, 2207 – Musical-Gala). Dieser räumt es im Allgemeinen auf der Grundlage eines sog. Bühnenvertriebsvertrages einem Bühnenverleger ein (*BGH* NJW 2000, 2207, 2209 – Musical-Gala), und zwar meistens zusammen mit dem Senderecht und – anders als bei der Rechtseinräumung an Verwertungsgesellschaften – zur individuellen Wahrnehmung. Die Bühnenverleger erteilen dann an Stelle des Urhebers den Theatern die Aufführungsgenehmigungen, mit denen idR eine Aufführungspflicht korrespondiert, und ziehen die Tantiemen ein, die zwischen Unternehmer und Urheber nach einem vereinbarten Schlüssel geteilt werden (*Rehbinder* Rn 373). Meistens erhalten die Bühnenverleger vertraglich zudem noch eine sog. Materialleihgebühr für die Überlassung des Aufführungsmaterials. Hingegen wird das sog. **kleine Verwertungsrecht** der GEMA zur Wahrnehmung eingeräumt. Die **GEMA** schließt sodann mit den Musikveranstaltern Einzel- oder Pauschalverträge aufgrund von Vertragsmustern ab, durch die den Veranstaltern idR eine einfache Aufführungsberechtigung für das gesamte GEMA-Repertoire eingeräumt wird. Die Berechnung der Vergütung erfolgt im Allgemeinen nach Ortsklasse und Saalgröße. Der Veranstalter hat das Programm an die GEMA zu übersenden, damit diese feststellen kann, an wen die eingezogene Vergütung auszuschütten ist (*Rehbinder* Rn 376).

Das **Vorführungsrecht** wird vom Filmhersteller, der sich seinerseits alle Rechte am **48** Film vertraglich einräumen lässt (vgl auch §§ 88, 89, 92), im Allgemeinen aufgrund eines sog. Filmlizenzvertrages einer Verleihfirma lizenziert. Diese vergibt dann ihrerseits aufgrund sog. Filmbestellverträge gegen Entgelt einfache räumlich und zeitlich beschränkte Lizenzen an die Filmtheater und stellt ihnen zum Zwecke der Filmvorführung auch das notwendige Vorführmaterial, vor allem ein Negativ des Films, zur Verfügung. Das Recht der öffentlichen Wiedergabe der Filmmusik wird, obwohl Teil des Filmvorführrechts (so § 19 Rn 44) von der GEMA wahrgenommen, die es unmittelbar an die Filmtheaterbesitzer vergibt (vgl auch *Schricker/v. Ungern-Sternberg* § 19 Rn 45). Die Wahrnehmung des Rechts durch die **VG WORT** ruht zz.

§ 19a   Recht der öffentlichen Zugänglichmachung

Das Recht der öffentlichen Zugänglichmachung ist das Recht, das Werk drahtgebunden oder drahtlos der Öffentlichkeit in einer Weise zugänglich zu machen, dass es Mitgliedern der Öffentlichkeit von Orten und zu Zeiten ihrer Wahl zugänglich ist.

I. Geschichte und Regelungsgehalt

§ 19a wurde durch das Gesetz zur Regelung des Urheberrechts in der Informations- **1** gesellschaft neu ins UrhG eingefügt. Die Vorschrift setzt **Art. 3 Abs. 1 der Europäischen Harmonisierungsrichtlinie** (RL 2001/29/EG v. 21.5.2001 zur Harmonisierung des Urheberrechts) um, die den Urhebern ein ausschließliches Recht der öffentlichen Zugänglichmachung an ihren Werken zuerkennt. Gleichzeitig erkennt sie den Urhebern das Recht der öffentlichen Wiedergabe aus Art. 8 WIPO-Urheberrechtsvertrag (**WCT**) zu. Den Gesetzentwurf betr. die Zustimmung zu den WIPO-Verträgen (BT-Drucks. 15/15 v. 25.10.2002) hatte der deutsche BTag durch Gesetz v. 11.4.2003 angenommen und zugleich das Gesetz zur Regelung des Urheberrechts in der Informationsgesellschaft beschlossen.

2   § 19a will dem Urheber die Entsch. darüber vorbehalten, ob das Werk Dritten unkörperlich in einer Weise angedient wird, dass diese es inhaltlich zur Kenntnis nehmen und sich ggf sogar die Verfügungsgewalt darüber beschaffen können. § 19a schließt damit eine Schutzlücke, die durch die Möglichkeit entstanden ist, Werke digital für eine große Menge potenzieller Nutzer auf Abruf bereit zu stellen. Obgleich die Vorschrift dies nicht ausdrücklich klarstellt, handelt es sich um ein typisches Recht der Internetgemeinschaft. Mit ihr soll der **Gefahr einer unkontrollierten Weiterverbreitung** Rechnung getragen werden, den der unkörperliche Zustand von Werken mit sich bringt.

3   Schon vor In-Kraft-Treten der gesetzlichen Regelung war in der Lit. und Rspr die Auffassung im Vordringen, die dem Urheber ein **right of making available** (Bereitstellungsrecht) als Innominatrecht gewährte (*LG München I* NJW 2000, 2214 f.; *Michel* ZUM 2000, 425, 427; vgl auch *LG Berlin* NJW-CoR 2000, 308 (LS der Redaktion)).

II. Inhalt des Verwertungsrechts

1. Legaldefinition des Rechts der öffentlichen Zugänglichmachung

4   Der Begriff des Rechts der öffentlichen Zugänglichmachung hat in § 19a eine Legaldefinition erhalten. Danach ist das Recht der öffentlichen Zugänglichmachung das Recht, das Werk drahtgebunden oder drahtlos der Öffentlichkeit in einer Weise zugänglich zu machen, dass es Mitgliedern der Öffentlichkeit von Orten und zu Zeiten ihrer Wahl zugänglich ist.

2. Drahtgebundene oder drahtlose Zugänglichmachung

5   Mit dem Begriff der drahtgebundenen oder drahtlosen Zugänglichmachung knüpft das Gesetz an § 20 an. Die **drahtgebundene** Zugänglichmachung ist jede Übertragung, bei der ein Werk in Form von Signalen von einer Sendestelle aus über Drahtleitungen einer Person so zugeleitet wird, dass sie das Werk mittels ihrer Empfangsvorrichtung, zB eines Computers, mit ihren menschlichen Sinnen wahrnehmen kann. **Drahtlos** ist die Zugänglichmachung dann, wenn zur Überbrückung des Luftraumes zwischen der übermittelnden und der empfangenden Anlage eine solche Drahtleitung nicht erforderlich ist.

6   Aus der systematischen Stellung der Vorschrift ergibt sich, dass es sich um ein **unkörperliches** Verwertungsrecht handelt. Daher unterfällt das Andienen eines körperlichen Werkexemplars § 19a nicht. Aus der Gesetzgebungsgeschichte, nach der vor allem On-Demand-Dienste aus dem Bereich des Internets erfasst werden sollen, ergibt sich, dass in gleicher Weise wie bei der drahtgebundenen Übermittlung ein technischer Vorgang stattfinden muss, bei dem das Werk **zur Überbrückung einer Dis-**

tanz zwischen einer **Übermittlungs- und einer Empfangsanlage** zunächst **in Signale umgewandelt** und nach deren Empfang aus diesen wieder zusammengesetzt wird. Daher ist die sprachliche Wiedergabe eines Werkes, obschon sie einen Fall der unkörperlichen Verwertung darstellt, ebenfalls nicht erfasst.

Welche Technik zur drahtgebundenen bzw drahtlosen Zugänglichmachung eingesetzt wird, ist hingegen unerheblich. Neben **herkömmlichen Arten des Funks** können auch **ihm ähnliche technische Mittel** iSd § 20 eingesetzt werden (vgl hierzu § 20). Sogar Arten der Werkübermittlung, die **dem herkömmlichen Mittel des Funks nicht vergleichbar** sind, werden erfasst. Der Gesetzgeber wollte durch die über § 20 („Funk ... und ähnliche technische Mittel") hinausgehende begriffliche Fassung der Vorschrift eine Kontroverse um die Frage verhindern, ob der Bereich des Internet überhaupt mittels der Begrifflichkeiten des § 20 erfasst werden kann.

7

3. Öffentlichkeitsbegriff

Zugänglich gemacht werden muss das Werk einer Öffentlichkeit. Der Begriff der Öffentlichkeit ist für das Recht auf öffentliche Zugänglichmachung als Fall der unkörperlichen Werkverwertung in **§ 15 Abs. 3** legaldefiniert. Ebenso wie bei den anderen Verwertungsrechten des Urhebers setzt die Bereitstellung für eine Öffentlichkeit nicht voraus, dass das Werk für jedermann zugänglich ist. Es reicht vielmehr aus, wenn der Kreis der Personen, dem das Werk zugänglich ist, eine Öffentlichkeit iSd § 15 Abs. 3 bildet, also mit dem Verwerter bzw untereinander nicht persönlich verbunden ist.

8

4. Zugänglichkeit nach örtlichem und zeitlichem Belieben der Öffentlichkeit

a) Zugänglichkeit für eine Öffentlichkeit. Dem so abgegrenzten Personenkreis muss das Werk zugänglich sein, dh er muss die **Möglichkeit der Kenntnisnahme** haben. Ob er sich weitergehend sogar die Verfügungsgewalt über den Schutzgegenstand verschaffen kann, etwa indem die der Öffentlichkeit angehörenden Personen ein im Internet angebotenes Werk auf die Festplatte ihres PC herunterladen, ist ohne Belang. Es ist nicht einmal erforderlich, dass diese Personen vom Werk auch **tatsächlich Kenntnis** nehmen; die Möglichkeit der Kenntnisnahme, die in der Zugänglichmachung liegt, begründet für sich bereits die Gefahr einer unkontrollierten Weiterverbreitung des Werkes. Maßgebliche Verwertungshandlung ist daher nicht die Beihilfe zum Zugang, sondern die Zugänglichmachung des Werks für den interaktiven Abruf; hierdurch soll ein **frühzeitiger** Schutz zugunsten des Urhebers sichergestellt werden (amtl. Begr. zu §§ 15, 19a, 22, BT-Drucks. 15/38, 17).

9

§ 19a stellt damit das Pendant zu dem für körperliche Werkexemplare in § 17 Abs. 1 enthaltenen ausschließlichen Andienungsrecht des Urhebers dar, geht über dieses aber noch hinaus, indem er schon das abstrakte Zugänglichmachen an einen möglichen Gegenüber ausreichen lässt.

10

Zugänglich gemacht wird das Werk einer Öffentlichkeit folglich dann, wenn angesichts der Art der Bereitstellung und der dabei verwandten Technik **anzunehmen ist, dass eine Öffentlichkeit das Werk bemerkt und Gelegenheit gehabt hat, von ihm Kenntnis zu nehmen**. Die Entsch., ob diese Umstände vorliegen, kann die Gerichte im Einzelfall vor erhebliche Schwierigkeiten stellen. Eine **Befristung der öffentli-**

11

chen Zugänglichkeit des Werkes schadet nicht. Voraussetzung für § 19a ist nur, dass sich das Werk für eine gewisse **Zeitspanne** an einem bestimmten Ort befindet, wo die Öffentlichkeit es auffinden kann. Aus dem Begriff der Öffentlichkeit ergibt sich dabei, dass das Werk nicht für jedermann, sondern nur für **eine Öffentlichkeit** zugänglich sein muss. Ausreichend ist also, wenn derjenige Personenkreis, dem das Werk in der geschilderten Art und Weise zugänglich gemacht wurde, für sich genommen bereits eine Öffentlichkeit iSd § 15 Abs. 3 darstellt.

12 Welche Zeitspanne sich das Werk an dem vom Verwerter bestimmten Platz befinden muss, variiert je nach den Umständen des Einzelfalls. Die **Dauer** der Bereitstellung an einem einer Öffentlichkeit zugänglichen Ort ist dabei in Relation zur Art und Weise der Bereitstellung zu sehen. Je größer die **Zahl** derjenigen Personen ist, die sich des zur Bereitstellung verwandten Mediums bedienen, je leichter auffindbar der **Ort** der Bereitstellung für sie ist und je weniger Zeit man üblicherweise benötigt, um Zugang zum Werk zu erlangen, um so kürzer kann die Bereitstellung währen. Maßgeblich ist der **hypothetische Geschehensablauf**. Ob es tatsächlich zu Abrufen des Werkes kommt, spielt für das Recht des Urhebers aus § 19a keine Rolle.

13 Der Vorschrift liegt ein **normativer Verbraucherbegriff** zugrunde, also die Vorstellung eines durch die Gerichte festzustellenden Verbraucherverhaltens. Aus der Unmaßgeblichkeit des tatsächlichen Nutzerverhaltens im Einzelfall folgt, dass Beweiszwecken dienende **tatsächliche Erhebungen** über das tatsächliche Verbraucherverhalten nicht durchgeführt werden müssen. Liegen sie dennoch vor, kann ihnen aber **Indizwirkung** zukommen.

14 Von einem Eingriff in das Verwertungsrecht des Urhebers aus § 19a ist auszugehen, wenn das Werk auch nur kurzfristig in einen schon bestehenden, stark frequentierten **On-Demand-Dienst** eingestellt wird. Hier ist davon auszugehen, dass zumindest einer der den Dienst aufsuchenden potenziellen Kunden von dem Werk Kenntnis nehmen wird. Wird das Werk ins **world wide web** (www) eingestellt, wird das im Allgemeinen für sich genommen schon ausreichen, ohne dass der Schutzgegenstand dort länger verbleiben muss. Angesichts der großen Masse von Nutzern des www, die wahrscheinlich macht, dass sich zumindest ein Internetnutzer schon „in Startposition" befindet und im nächsten Moment auf die Website zugreifen wird, sowie im Hinblick auf die große Schnelligkeit der heutigen Rechner und die hohe Datenübertragungsrate vor allem von DSL ist davon auszugehen, dass zumindest ein mit dem Verwerter nicht persönlich verbundener Dritter während dieser kurzen Zeit die **Website** aufsucht und Kenntnis vom Werk nimmt. Dass an anderer Stelle **Hinweise** auf den Ort der Bereitstellung geschaltet werden oder auf der Website eigens zum Abruf aufgefordert wird, ist angesichts der kreativen Surfpraktiken der Internetnutzer, der Vielzahl der Suchdienste und des bestehenden Interesses der Internetnutzer an Musik, Lit., Kunst usw **nicht erforderlich**. Daher verletzt auch eine nur wenige Minuten währende Bereitstellung eines Werkes im www das Recht des Urhebers aus § 19a. Wird hingegen anstelle des Internet ein Dienst mit einem wesentlich kleineren Nutzerkreis verwandt, etwa ein **unternehmenseigenes Netzwerk** oder ein **Telefondienst**, sind strengere Voraussetzungen an den zeitlichen Rahmen der Bereitstellung anzulegen bzw alternativ eine ausreichende Zahl werbender Hinweise zu fordern (hierzu noch näher sogleich Rn 18 ff.).

Verlangt der Verwerter für die Nutzung ein **Entgelt**, schließt dies die Zugänglichma- 15
chung iSd § 19a nicht aus. Es ist aber umgekehrt auch nicht Voraussetzung. Neben
der Voraussetzung, dass Nutzer von der ihnen angebotenen Möglichkeit zum kostenpflichtigen Abruf Gebrauch machen, kommt es hier auch auf die Wahrscheinlichkeit
an, mit der sich Dritte das Werk, ggf mittels geeigneter Technik unter Umgehung bestehender **Schutzmaßnahmen**, kostenlos verschaffen.

b) Von Orten und zu Zeiten ihrer Wahl. Zugänglich sein muss das Werk der Öf- 16
fentlichkeit von Orten aus und zu Zeiten ihrer Wahl. Das bedeutet **nicht**, dass einer
im Vorfeld bestimmten Öffentlichkeit angehörende Personen zwischen **beliebigen
technischen Medien** wählen können müssen, um das Werk abzurufen. Ebenso wenig
ist erforderlich, dass jedermann das Werk **zu jedem ihm genehmen Zeitpunkt** abrufen können muss. Die Formulierung bezweckt vielmehr lediglich die Abgrenzung
der Abruf- von den Sendediensten, also der Beschränkung auf **interaktive** Dienste.
Es geht dabei darum, dass beliebige Dritte nach eigenem Belieben Zugriff auf das
Werk nehmen können, weil der Verwerter nicht selbst darüber entscheidet, wer das
Werk zur Kenntnis erhält, sondern es Interessierten überlässt, sich diese Kenntnis zu
verschaffen.

Die eigentliche Gefahr für den Urheber liegt dabei nicht erst darin, dass Dritte das 17
Werk downloaden; sie setzt schon früher ein, nämlich in dem Moment, in dem der
Verwerter nicht mehr kontrollieren kann, ob Personen sich Zugang zum Werk ver-
schaffen oder nicht. Deshalb ist § 19a sogar noch weiter als § 17 für körperliche
Werkexemplare: Nicht erst das konkrete Angebot an Dritte, sondern schon die Be-
reitstellung des Werkes in unkörperlicher Form so, dass eine Öffentlichkeit die Mög-
lichkeit hat, es sich zu verschaffen, reicht aus (vgl amtl. Begr. zu §§ 15, 19a, 22, BT-
Drucks. 15/38, 17).

Entspr. geringe Anforderungen sind an das Erfordernis des Abrufs durch die Öffent- 18
lichkeit von Orten und zu Zeiten ihrer Wahl zu stellen. Die Interaktivität ist schon
dann gegeben, wenn die **Entsch., Kenntnis zu nehmen, vom Nutzer und nicht vom
Verwerter kommt, und er sie an dem Ort und zu der Zeit umsetzen kann, an
dem bzw in der er sich gerade befindet**. Das Werk muss also zumindest so lange
bereitstehen, bis unter Zugrundelegung des üblichen Nutzerverhaltens anzunehmen
ist, dass sich zumindest eine mit dem Verwerter nicht persönlich verbundene Person
die Kenntnis vom Werk verschafft hat. Versendet der Verwerter das Werk neben der
Bereitstellung im Internet noch an Dritte, ohne deren Abruf abzuwarten, haben diese
Vorgänge dabei außer Betracht zu bleiben. Gibt es **Zugangshindernisse** oder Abruf-
schwierigkeiten, etwa durch einen **broken link**, kann das dazu führen, dass das Werk
der Öffentlichkeit nicht nach ihrer Wahl zugänglich ist. Erst recht liegt noch kein Zugänglichmachen vor, wenn der Verwerter das Werk mittels Digital Rights Managements (**DRM**) so gegen Kenntnisnahme schützt, dass nur ihm persönlich verbundene
Personen, denen der Code bekannt ist, es im Internet abrufen können; anders aber,
wenn die Codierung nur dazu dient, die Kenntnisnahme vom Werk an eine Zahlung
zu knüpfen. Ist anhand des von Zwang freien Nachfrageverhaltens, welches der maßgebliche Nutzerkreis bei den bestehenden Nachfragevoraussetzungen üblicherweise
an den Tag legt, zu erwarten, dass Personen, die in ihrer Gesamtheit eine Öffentlichkeit iSd § 15 Abs. 3 bilden, das verlangte Entgelt zahlen und das Werk zur Kenntnis

nehmen, reicht das für § 19a aus. Ein lediglich **mittelbarer Zwang**, das Werk zur Kenntnis zu nehmen, zB durch die arbeitsrechtliche Verpflichtung, über Inhalte des firmeninternen Netzwerks informiert zu sein, führt nicht zwingend zur Interaktivität. Ein **psychologischer Zwang**, der von einer den Anschein eines bes. günstigen Angebots erweckenden Werbung ausgeht, ist zu berücksichtigen, da er die Nachfrage beeinflussen kann.

19 Ist das Werk im Internet nur so kurzfristig abrufbar, dass die eine Öffentlichkeit bildende Gruppe von Personen sich während dieses Zeitraums nur Zugang zum Werk verschafft hätte, wenn ihr die **Knappheit** der Ressource bekannt gewesen wäre, was indes nicht der Fall war, verletzt die Bereitstellung § 19a nicht. Das kann sich ändern, wenn der Verwerter durch geeignete Werbemaßnahmen einen **run** auf das Produkt ausgelöst hat. Ebenso liegt ein Eingriff in § 19a vor, wenn es an Werbemaßnahmen fehlt, aber so viel Zeit verstrichen ist, dass nach dem üblichen Geschehensablauf ein weder mit diesem Kreis noch mit dem Verwerter persönlich verbundener **Hacker** den Code entschlüsselt und sich das Werk downgeladen haben wird.

5. Kenntnis des Verwerters

20 Ob der Verwerter Kenntnis von den einen Verstoß gegen § 19a begründenden Umständen hatte, ist für § 19a ohne Belang. Auch derjenige, der ein fremdes Werk in dem Glauben, hierzu berechtigt zu sein, für Dritte abrufbar macht, verstößt gegen § 19a. Erst recht ist der Irrtum unbeachtlich, ein auf der eigenen Website bereitstehendes Werk werde nicht abgerufen, nur weil dies durch einen in unmittelbarer Nähe angebrachten Hinweis „Downloaden verboten" untersagt sei. Bedeutsam können derartige Irrtümer nur bei der Frage des für die Zuerkennung eines Schadenersatzanspruchs bedeutsamen Verschuldens sein.

III. Beispiele

21 **§ 19a ist einschlägig** bei sog. **On-Demand-Diensten**, bei denen der Internetnutzer gegen Entgelt einen Inhalt (vor allem Texte und Musik) abrufen kann. Dabei kommt es nicht darauf an, wie der On-Demand-Dienst organisiert ist. So unterfallen zB **Mail-order-Systeme,** bei denen der Kunde, ggf nach Probehören bzw -sehen, körperliche Werkexemplare bestellen kann, § 19a. Ebenso erfasst werden das **Streaming**, bei dem der Verwerter für den Konsumenten digitalisierte Ton- und Bildaufnahmen entweder in Echtzeit (real time) oder zu einem anderen Zeitpunkt im Internet ablaufen lässt, und das **Webcasting,** bei dem Programme zeitgleich über Internet übertragen werden. Aber nicht nur Angebote im www, auch das Bereitstellen von Werken zum Abruf mittels jedes sonstigen **Computernetzwerks,** durch **Telefon**, **Video- oder Kabeltext, Funkanlage, WAP** oder **Satellitenempfänger** fallen unter § 19a, wenn die Inhalte einer Öffentlichkeit zum Abruf angeboten werden. Sowohl zentral als auch dezentral geführte **File-Sharing-Systeme** im Internet, die vor allem musikalische Werke jedem interessierten Internetnutzer zum Download im MP3-Format anbieten (hierzu näher *Leupold/Demisch* ZUM 2000, 379 ff.; näher zu ihrer Funktionsweise *Kreutzer* GRUR 2001, 193 ff.), verletzen § 19a. Selbst derjenige, der auf einer allg. zugänglichen **Website** unverschlüsselt für kurze Zeit abrufbar Werke anbietet, bedarf hierzu einer Lizenz der Urheber; denn im Hinblick auf die Vielzahl der Nutzer und deren oft extensives Surfverhalten ist davon auszugehen, dass zumindest ein mit dem Verwerter nicht persönlich verbundener Dritter von der Abrufmöglichkeit Gebrauch macht. Das gilt angesichts der Vielzahl der zur deutschen Nachtzeit surfenden Personen, bei denen die Kenntnis der deutschen Sprache oder ein Übersetzungsprogramm vorausgesetzt werden kann, selbst dann, wenn die Bereitstellung **nachts** erfolgt. Wird das Werk **verschlüsselt** zum Abruf gestellt, ist nach der Wahrscheinlichkeit zu fragen, mit der ein Dritter das verschlüsselte Werk downladen wird. Dabei wird einerseits entscheidend sein, ob Entschlüsselungstechniken bereits vorhanden sind. Zum anderen kommt es auch auf die weiteren Umstände, insb. den Ort der Platzierung des Werkes im Internet und die Bewerbung der Bereitstellung des Werkes dort an. Handelt es sich um eine regelmäßig von Hackern aufgesuchte Website oder ist anhand der Werbemaßnahmen zu erwarten, dass diese das Werk im Internet auffinden und zur Entschlüsselung abrufen, reicht bereits eine kurze Bereitstellung im Internet aus. Ist das Werk so gesichert, dass man sich von ihm nur mit Hilfe **geeigneter Technik** Kenntnis verschaffen kann, kommt es darauf an, ob solche Technik existiert und voraussichtlich eingesetzt werden wird. Welcher Zeitrahmen für die Durchbrechung der Sicherheitsmaßnahmen anzulegen ist, bemisst sich dabei vor allem nach der Zahl der interessierten Personen und deren technischer Ausstattung. Stellt eine **Universität** ihren Nutzern **PC-Einzelarbeitsplätze** zur Verfügung, von denen aus beliebige Nutzer vom Server des Uni-Rechners Werke abrufen können, liegt darin vorbehaltlich des Eingreifens einer Schrankenregelung (vgl § 52a) ein Eingriff in § 19a. Das gilt wegen des der Sichtbarmachung vorangehenden unkörperlichen Übertragungsvorgangs sogar dann, wenn die Werke nur von der **Festplatte** des Einzelarbeitsplatzes oder einem **CD-ROM-Wechsellaufwerk** abgerufen werden können, solange der Einzelarbeitsplatz nur einer Öffentlichkeit zugänglich ist.

Kein Eingriff in § 19a liegt vor, wenn der Verwerter das Werk nicht zum Abruf auf seiner Website bereitstellt, sondern im Rahmen eines **Sendedienstes** unaufgefordert per E-Mail an Dritte versendet. Nicht von § 19a erfasst wird die Bereitstellung eines Werkes für die Öffentlichkeit mittels sog. **stummer Verkäufer**. Es liegt schon kein drahtgebundener oder drahtloser Abruf vor, weil das Werk nicht mittels technischer Vorrichtungen zur Überbrückung einer Distanz in Signale umgewandelt und aus diesen rekonstruiert wird. Auch das **Angebot zum Kauf einer CD** stellt keinen Fall des § 19a dar, weil es ein körperliches und kein unkörperliches Werkstück zum Gegenstand hat.   **22**

IV. Abgrenzung von anderen Verwertungsrechten

Von den Verwertungsrechten der **§§ 16-18** unterscheidet sich § 19a dadurch, dass er eine Form der unkörperlichen Verwertung zum Gegenstand hat. Das Angebot körperlicher Werkexemplare stellt danach auch dann, wenn diese wie die CD-ROM ein digitalisiertes Werk zum Gegenstand haben, stets nur einen Verstoß gegen das Verbreitungsrecht (§ 17), niemals aber eine Bereitstellung iSd § 19a dar.   **23**

§ 19a setzt voraus, dass das Werk mittels einer Absende- und einer Empfangsanlage zur Überbrückung einer im Regelfall langen Distanz zwischen Verwerter und Nutzer in Signale umgewandelt und aus diesen wieder entschlüsselt wird. Hieraus erschließt sich die Abgrenzung zu **§ 19 Abs. 3**, bei dem es um die Frage geht, ob der Verwerter das Werk auch dann noch wahrnehmbar machen darf, wenn er die mangelnde Größe des Vortrags-, Aufführungs- oder Vorführungsraumes mit Hilfe der Technik kom-   **24** pensiert. Zudem erschöpft sich § 19 Abs. 3 darin, dem Urheber die Entsch. über einen rezeptiven Genuss vorzubehalten, während das Bereitstellungsrecht aus § 19a dem Urheber weitergehend die Entsch. über die der Gewinnung der Verfügungsgewalt über das Werk vorangehenden Andienungshandlungen vorbehält.

25   Das Senderecht der **§§ 20 ff.** sichert dem Urheber die Gewalt über den Übertragungsakt. **§ 19a** setzt früher an; er bezieht sich nur auf die Frage, ob der Verwerter Dritten das Werk in unkörperlicher Form zum Abruf andienen darf. Senderecht und Bereitstellungsrecht können danach nebeneinander eingreifen, etwa wenn der Verwerter ein Werk gegen den Willen des Urhebers über einen On-Demand-Dienst abrufbar macht (Verstoß gegen § 19a) und ein Dritter von der Abrufmöglichkeit Gebrauch macht (Verstoß gegen § 20).

26   Ebenso wie bei § 19a geht es bei **§§ 21 f.** um die Zugänglichmachung des Werkes für eine Öffentlichkeit. Auch lässt sich ein Unterschied nicht darin sehen, dass ihr bei §§ 21 f. ein Sendeakt vorangegangen ist, weil das Bereitstellungsrecht des Urhebers einen vorangegangenen Sendeakt zwar nicht voraussetzt, durch ihn aber auch nicht ausgeschlossen wird. Der entscheidende Unterschied zwischen § 19a einerseits und §§ 21 f. andererseits liegt darin, dass der potenzielle Nutzer im Falle des § 19a die Möglichkeit erhält, sich über das Werk eine eigene Verfügungsgewalt zu verschaffen, während er es im Falle der §§ 21 f. nur zu rezeptivem Genuss erhält.

V. Behandlung grenzüberschreitender Sachverhalte

27   Beim Recht des Urhebers auf öffentliche Zugänglichmachung wird sich häufiger als bei anderen Verwertungsrechten die Frage der **anwendbaren Rechtsordnung** stellen. Denn der Schwerpunkt des Bereitstellungsrechts wird eindeutig im Bereich der Internet-on-Demand-Dienste begründet sein, die **weltweit zugänglich** sind. Auf die Vorschriften der E-Commerce-Richtlinie und des sie umsetzenden EGG, das sich mit der Frage des anwendbaren Rechts bei Internetsachverhalten auseinander gesetzt hat, kann nicht zurückgegriffen werden. Denn der Bereich des Urheberrechts wurde dort ausdrücklich ausgeklammert. Auch § 20a ist nicht anwendbar. Sein Anwendungsbereich wurde ausdrücklich auf Europäische Satellitensendungen in der dortigen Definition beschränkt. Damit bleibt es iRd § 19a bei den allg. Grundsätzen. Denkbar sind mehrere Möglichkeiten:

28   Man könnte an die für terrestrische Rundfunksendungen entwickelte **Sendelandtheorie** als allg. Rechtsgrundsatz (*Ulmer* Immaterialgüterrechte, S. 15; vgl *BGH* NJW 1998, 1395 f. – Spielbankaffaire) anknüpfen. In diesem Fall wäre auf das Bereitstellungsrecht des Urhebers das Recht desjenigen Landes anzuwenden, in dem die Bereitstellung erfolgt, das Werk also ins Internet gestellt wird. Das würde indes zwangsläufig zu Schutzlücken führen, weil sich die Verwerter lediglich in eines der Länder zurückziehen müssten, in denen ein Bereitstellungsrecht nicht anerkannt ist, um das Recht des Urhebers aus § 19a zu umgehen.

29   Derartige Schutzlücken ließen sich vermeiden, wenn man in Anlehnung an die sog. **Bogsch-Theorie** (nach dem Generaldirektor der WIPO Arpad Bogsch benannt) zusätzlich auf den Empfangsort des on demand zugänglichen Werkes abstellen würde. Dabei bliebe indes unberücksichtigt, dass der Abruf des Werkes für die Verletzung des § 19a nicht Voraussetzung ist. Zudem würde diese Auffassung zu einer Rechts-

zersplitterung führen, weil der Verwerter, der ein fremdes Werk im Internet bereitstellt, dabei die Rechtsordnungen all derjenigen Länder zu berücksichtigen hätte, von denen aus das Werk abrufbar ist. Für europäische Satellitensendungen zeigt sich an § 20a Abs. 1 die Tendenz, einer solchen Rechtszersplitterung im Interesse der Rechtssicherheit vorzubeugen.

Zu bevorzugen ist daher diejenige Lösung, bei der in Anlehnung an die **lex sitae** neben der Rechtsordnung des Landes, in dem die Bereitstellung erfolgt, auch das Recht des Landes angewandt wird, in dem das Werk geschaffen wurde. Sie vermeidet die bei der erstgenannten Theorie zwangsläufig eintretenden Schutzlücken, hat aber im Vergleich zu einer zusätzlich auf das Recht der Staatsangehörigkeit des Urhebers abstellenden Auffassung den Vorteil der größeren Sachbezogenheit. Schließlich können sowohl der Urheber als auch der Verwerter schon im Vorfeld der Verletzung deren Rechtsfolgen abschätzen, was zu einer größeren Rechtssicherheit führt.   **30**

Siehe zum Gesamtkomplex näher § 120.   **31**

VI. Behandlung von Altfällen

Auf Altfälle aus dem Zeitraum vor seinem In-Kraft-Treten ist § 19a nicht anwendbar. Man wird aber insoweit über ein Innominatrecht aus § 15 Abs. 2 zum gleichen Ergebnis kommen müssen (s. hierzu näher § 15 Rn 62).   **32**

Vorbemerkung zu §§ 20 ff.

Literatur: *Bornkamm* Die Erschöpfung des Senderechts: Ein Irrweg?, FS v. Gamm, 1990, S. 329; *ders.* Vom Detektorempfänger zum Satellitenrundfunk, FS zum hundertjährigen Bestehen der Deutschen Vereinigung für gewerblichen Rechtsschutz und Urheberrecht und ihrer Zeitschrift, Bd 2, 1991, S. 1349; *Dreier* Kabelweiterleitung und Urheberrecht: Eine vergleichende Darstellung, 1991; *Fachausschuss für Urheber- und Verlagsrecht der Deutschen Vereinigung für gewerblichen Rechtsschutz und Urheberrecht* Eingabe zum Referentenentwurf eines Vierten Gesetzes zur Änderung des Urheberrechtsgesetzes betreffend Satellitenrundfunk und Kabelweitersendung, GRUR 1995, 570; *Gounalakis* Das Vierte Gesetz zur Änderung des Urheberrechtsgesetzes: Kritische Bemerkungen zur Hypertrophie des Urheberrechtsschutzes, NJW 1999, 545; *Gounalakis/Rhode* Haftung des Host-Providers: ein neues Fehlurteil aus München?, NJW 2000, 2168; *Katzenberger* Elektronische Printmedien und Urheberrecht – Urheberrechtliche und urhebervertragsrechtliche Fragen der elektronischen Nutzung von Zeitungen und Zeitschriften, AfP 1997, 434; *Kleine* Anmerkung zu BGH GRUR 1969, 364 – Fernsehauswertung, GRUR 1969, 367; *Koehler* Der Erschöpfungsgrundsatz des Urheberrechts im Online-Bereich, 2000; *Plaß* Hyperlinks im Spannungsfeld von Urheber-, Wettbewerbs- und Haftungsrecht, WRP 2000, 599; *Sack* Das internationale Wettbewerbs- und Immaterialgüterrecht nach der EGBGB-Novelle, WRP 2000, 269; *Schulze* Anmerkung zu BGH NJW 1988, 1022 – Kabelfernsehen II, NJW 1988, 1025; *Schwarz* Urheberrecht und unkörperliche Verbreitung multimedialer Werke, GRUR 1996, 836; *Sterner* Rechtsfragen der Fernsehberichterstattung, GRUR 1963, 303; *Thurow* Zur gemeinsamen Interessenlage von Musikurhebern, Künstlern und Tonträgerherstellern angesichts der Herausforderungen einer multimedialen Zukunft, FS Kreile, 1994, S. 763; *Ulmer* Die Immaterialgüterrechte im internationalen Privatrecht, 1975.

I. Regelungsgehalt

1 §§ 20, 20a, 20b befassen sich mit dem Senderecht des Urhebers, dh dem Recht, das Werk an die Öffentlichkeit durch Funk oder ähnliche technische Mittel weiterzuleiten. § 20 schreibt dabei das ausschließliche **Senderecht** des Urhebers als eine Form der unkörperlichen Werkverwertung fest, welches grds auch das Recht zur Satellitensendung beinhaltet. Für **europäische Satellitensendungen** gewährt § **20a** jedoch ein eigenes Verwertungsrecht, das den – vor dem 4. UrhGÄndG entspr. weiter ausgelegten – Anwendungsbereich des § 20 nach Maßgabe der Anwendbarkeit des § 20a einschränkt (vgl amtl. Begr. BT-Drucks. 13/4796, 9 und näher unten § 20 Rn 1). Daraus und aus Art. 2 der Richtlinie 93/83/EWG des Rates v. 27.9.1993 zur Koordinierung bestimmter urheber- und leistungsschutzrechtlicher Vorschriften betr. Satellitenrundfunk und Kabelweiterverbreitung (ABlEG Nr. L 248 v. 3.10.1993, 19), der von einem eigenständigen Senderecht spricht, folgt zugleich, dass das Satellitensenderecht ein eigenes Verwertungsrecht darstellt, das freilich in § 20 mit enthalten ist, soweit es nicht um die in § 20a abschließend geregelten europäischen Satellitensendungen geht. § **20b** hingegen gewährt dem Urheber **kein eigenes Verwertungsrecht**; das darin angesprochene Kabelweitersenderecht ist bereits in § 20 enthalten. § 20b schreibt demgegenüber nur seine Verwertungsgesellschaftspflichtigkeit fest.

II. Geschichtlicher Überblick

2 Die Existenz eines eigenen Senderechts des Urhebers, das nicht Bestandteil der herkömmlichen Verwertungsrechte ist, war vom *BGH* (NJW 1960, 2048, 2049 – Künstlerlizenz Rundfunk) schon vor In-Kraft-Treten des UrhG anerkannt worden. Es wurde mit Schaffung des UrhG in dessen § 20 aufgenommen. Durch das 4. UrhGÄndG v. 8.5.1998 (BGBl I, 902) wurde die Richtlinie des Rates 93/83/EWG v. 27.9.1993 zur Koordinierung bestimmter urheber- und leistungsschutzrechtlicher Vorschriften betr. Satellitenrundfunk und Kabelweiterverbreitung (ABlEG Nr. L 248 v. 3.10.1993, 15) in deutsches Recht umgesetzt und zu diesem Zwecke die §§ 20a, 20b eingefügt. Dabei wurde das bislang in § 20 enthaltene Recht der Werkverwertung durch Sendung über Satellit aus dieser Vorschrift insoweit herausgenommen, als europäische Satellitensendungen iSd § 20a Abs. 3 betroffen sind, und in § 20a Abs. 1 und 2 als neues Verwertungsrecht ausgestaltet. Seither gibt es im Anwendungsbereich des § 20 kein einheitliches Senderecht mehr, sondern unterschiedliche Rechte aus § 20 und § 20a für verschiedene Fallgestaltungen, in denen Satellitensendungen an eine Öffentlichkeit durchgeführt werden (amtl. Begr. BT-Drucks. 13/4796, 9; *Schricker/v. Ungern-Sternberg* Vor §§ 20 ff. Rn 30 und § 20 Rn 19 ff.; *Fromm/Nordemann* § 20 Rn 4).

3 Gleichzeitig wurde § 20 sprachlich neu gefasst und der veraltete Begriff des Drahtfunks durch den (inzwischen erneut veralteten, vgl § 19a Rn 4 ff.) des Kabelfunks ersetzt. Dies hat jedoch ebenso wenig zu tatbestandlichen Veränderungen geführt wie die Ersetzung des Begriffs der ähnlichen technischen Einrichtungen durch den der ähnlichen technischen Mittel (amtl. Begr. BT-Drucks. 13/4796, 11).

III. Abgrenzung von anderen Verwertungsrechten

Das Senderecht unterscheidet sich vom Vorführungsrecht (**§ 19 Abs. 4**) dadurch, **4** dass das Werk dem Zuschauer im zweiten Fall unmittelbar wahrnehmbar gemacht wird, während es im ersten Fall um einen Übertragungsvorgang durch Funk geht. Da es sich um unterschiedliche Nutzungsrechte handelt, beinhaltet die Befugnis, einen Film öffentlich vorzuführen, nicht auch die Befugnis, ihn durch Funk zu senden (*BGH* GRUR 1976, 382, 384 – Kaviar). Hat der Urheber nur das Vorführungsrecht übertragen, kann sich jedoch aus seiner vertraglichen Pflicht in den Grenzen von Treu und Glauben eine Verpflichtung ergeben, sich der Auswertung des Filmes im Fernsehen für eine gewisse Zeit zu enthalten, wenn dies erforderlich erscheint, um die Nutzungsbefugnis zu dem nach dem Vertrag vorausgesetzten Gebrauch zu schützen (*BGH* GRUR 1969, 364 – Fernsehauswertung mit Anm. *Kleine* GRUR 1969, 367).

Vom Vortrags- und Aufführungsrecht sowie dem Recht der Wiedergabe durch Bild- **5** oder Tonträger (**§§ 19 Abs. 1-3, 21**) unterscheidet sich das Senderecht dadurch, dass es bei den erstgenannten Rechten um die Befugnis geht, ein Werk einem Publikum wahrnehmbar zu machen, während beim Senderecht der Übertragungsvorgang in Frage steht (*BGH* NJW 1993, 2871, 2872 – Verteileranlagen). § 20 regelt dabei die Zulässigkeit des Übertragungsvorgangs unabhängig von einem tatsächlichen Empfang, während sich nach § 19 Abs. 3 die Frage der Zulässigkeit der Wahrnehmbarmachung beurteilt (*BGH* NJW 1993, 2871 f. – Verteileranlagen; **aA** *Schricker/v. Ungern-Sternberg* § 20 Rn 13, der § 20 auf die Übertragung der Werke in dem Darbietungsraum benachbarte Räume nicht anwenden will).

Vom Recht der **Wiedergabe von Funksendungen** (**§ 22**) unterscheidet sich das Sen- **6** derecht dadurch, dass es den Sendevorgang als solchen meint, während § 22 die Frage der Wiedergabe der Funksendung nach deren Empfang betrifft (vgl auch *BGH* NJW 1962, 532 – Rundfunkempfang im Hotelzimmer I). Abweichend von der früher vom *RG* (RGZ 136, 377, 386 ff.) vertretenen Auffassung stellt sich im Anwendungsbereich des UrhG die Wiedergabe einer Funksendung also als neuer, selbständiger Akt der Werkverwertung dar und ist insb. noch nicht in der Sendebefugnis enthalten (so schon zu § 11 Abs. 2 LUG *BGH* NJW 1962, 532 – Rundfunkempfang im Hotelzimmer I). Auch tritt durch das Senden einer Funksendung nicht etwa Erschöpfung hinsichtlich nachfolgender Nutzungshandlungen ein (*BGH* NJW 1962, 532 – Rundfunkempfang im Hotelzimmer I). Ohnehin gibt es einen allg. **Erschöpfungsgrundsatz** nicht (näher § 15 Rn 25).

IV. Anwendbares Recht

Beim Senderecht stellt sich häufiger als bei anderen Verwertungsrechten die Frage **7** der anwendbaren Rechtsordnung, weil Sendungen oft länderübergreifend ausgestrahlt werden. Für die nicht unter § 20a fallenden terrestrischen Rundfunksendungen ist die **Sendelandtheorie** als allg. Rechtsgrundsatz seit langem anerkannt (*BGH* GRUR 2003, 328, 329 – Sender Felsberg; *Ulmer* Immaterialgüterrecht, S. 15; vgl *BGH* NJW 1998, 1395 f. – Spielbankaffaire). In jüngerer Zeit mehren sich die Stimmen derer, die zusätzlich auf den Empfangsort der Sendung abstellen wollen, sog. **Bogsch-Theorie** (nach dem Generaldirektor der WIPO Arpad Bogsch benannt), eine angesichts des Zeitalters des Internet wohl zu befürwortende Lösung, da sonst Schutzlücken auftreten würden (s. die Nachweise bei *BGH* GRUR 2003, 328, 329 – Sender Felsberg).

8   Für **europäische Satellitensendungen** jedenfalls ist in § 20a Abs. 1 festgeschrieben, dass **einzig das Recht desjenigen Staates anzuwenden ist, in dem die Ausstrahlung** als urheberrechtlich relevante Nutzungshandlung **stattfindet**. Auf die Frage, ob es sich hierbei um eine Harmonisierung des Kollisionsrechts oder aber um eine sachenrechtliche Lösung handelt, Letztere nämlich über eine so enge Definition der Verwertungshandlung, dass auf sie nach dem Territorialitäts- und Schutzlandprinzip letztlich immer nur das Recht eines Staates anwendbar sein kann, kommt es daher in den in § 20a geregelten Fällen nicht an.

9   Für Satellitensendungen mit einem **außerhalb der EG bzw der EWG** liegenden Sendeland nimmt § 20a Abs. 2 Modifikationen vor, um die der Sendelandtheorie immanente Gefahr des **forumshoppings** (*Gounalakis* NJW 1999, 545, 546), dh der missbräuchlichen Verlagerung der Ausstrahlung in das Ausland, um die Anwendung der inländischen Rechtsordnung auszuschließen, zu vermeiden. Bei rechtsmissbräuchlichen Verlagerungen einer Sendung ins Ausland wird man aber ohnehin, also auch in den nicht in § 20a geregelten Fällen, von der Sendelandtheorie abweichen müssen.

10   Zweifelhaft ist, wie mit den **in § 20a nicht geregelten Fällen** zu verfahren ist. Keinesfalls kann ausschließlich an das Recht des Staates angeknüpft werden, auf dessen Gebiet die Programmsignale in eine ununterbrochene Übertragungskette eingegeben werden (*BGH* GRUR 2003, 328, 330 – Sender Felsberg). Nach der Sendelandtheorie wäre – bis auf die in § 20a Abs. 2 geregelten Fälle sowie jene des Rechtsmissbrauchs – das Recht des Landes anzuwenden, in dem die Nachrichtenimpulse ausgestrahlt bzw abgeschickt werden. Bei Kabelweitersendungen käme es auf den Staat an, in dem die Kabelweitersendung erfolgt. Das kann zu Schutzlücken führen. Daher ist hier die sog. **Bogsch-Theorie** zu befürworten und zusätzlich auch auf das Recht des bestimmungsgemäßen Empfangslandes abzustellen. Das Territorialitäts- und Schutzlandprinzip stehen nicht entgegen, da die entscheidende Verwertungshandlung (auch) in diesem Land stattfindet; es können also uU mehrere der dem Urheber als Bündel zustehenden nationalen Urheberrechte (vgl *BGH* NJW 1999, 1395, 1396 – Spielbankaffaire) verletzt sein. Ob dem zu folgen ist, hat der BGH offen gelassen. Für das Eingreifen des deutschen Senderechts genüge es aber, wenn durch eine im Inland durchgeführte drahtlose Sendung eine Öffentlichkeit im Ausland erreicht werde (*BGH* GRUR 2003, 328, 331 – Sender Felsberg). Bei der Bemessung der Vergütung seien aber Belastungen durch ausländische Vergütungsansprüche zu berücksichtigen (*BGH* GRUR 2003, 328 – Sender Felsberg).

§ 20   Senderecht

**Das Senderecht ist das Recht, das Werk durch Funk, wie Ton- und Fernseh-
rundfunk, Satellitenrundfunk, Kabelfunk oder ähnliche technische Mittel, der
Öffentlichkeit zugänglich zu machen.**

Literatur: S. die Literaturhinweise Vor §§ 20 ff.

Übersicht

I. Regelungsgehalt

Der Anwendungsbereich des § 20 ist durch die Änderungen des 4. UrhGÄndG zur   **1**
Umsetzung der Richtlinie 93/83/EWG des Rates v. 27.9.1993 zur Koordinierung bestimmter urheber- und leistungsschutzrechtlicher Vorschriften betr. Satellitenrundfunk und Kabelweiterverbreitung (ABlEG Nr. L 248 v. 3.10.1993, 15) eingeschränkt
worden. Während er bis dato das Senderecht umfassend und abschließend regelte,
**sind nunmehr die Rechte an europäischen Satellitensendungen abschließend in
§ 20a geregelt** (amtl. Begr. BT-Drucks. 13/4796, 9). Liegt eine solche vor, wobei die
Legaldefinition des § 20a Abs. 3 anzuwenden ist, findet ausschließlich § 20a Anwendung, der dem Urheber insoweit ein eigenes Verwertungsrecht sichert. Das gilt
seit dem 1.1.2000 uneingeschränkt auch für vor dem 1.6.1998 geschlossene Verträge
(§ 137h Abs. 1).

Liegt **keine europäische Satellitensendung** nach Maßgabe des § 20a Abs. 3 vor,   **2**
kann dem Urheber grds noch das Senderecht nach **§ 20** zustehen, vorausgesetzt, deutsches Recht ist anwendbar (hierzu Vor § 20 Rn 1). Zur Abgrenzung von § 19 Abs. 3
s. § 19 Rn 33.

II. Begriff des Senderechts

1. Allgemeines

Das Senderecht ist nach § 20 das Recht, das Werk durch Funk (Ton- und Fernseh-   **3**
rundfunk, Satellitenrundfunk, Kabelfunk oder ähnliche technische Mittel) der Öffentlichkeit zugänglich zu machen. Die Definition der (Satelliten-)Sendung in § 20a
Abs. 3 ist erst im Zuge der Umsetzung der Richtlinie 93/83/EWG des Rates v.
27.9.1993 zur Koordinierung bestimmter urheber- und leistungsschutzrechtlicher
Vorschriften betr. Satellitenrundfunk und Kabelweiterverbreitung (ABlEG Nr. L
248 v. 6.10.1993, 15) erfolgt und beschränkt sich auf die in den § 20a Abs. 1 und 2
geregelten Fälle der europäischen Satellitensendung und damit auf den Harmonisie-
rungsgehalt der Richtlinie (amtl. Begr. BT-Drucks. 13/4796, 9).

2. Abgrenzung einer von mehreren Verwertungshandlungen

4   Das Verwertungsrecht aus § 20 bezieht sich unter den Voraussetzungen des § 20 auf **jeden einzelnen Ausstrahlungsvorgang** eines Werkes. Wer ein und dasselbe Werk mehrfach ohne eine Nutzungsbefugnis ausstrahlt, begeht folglich mehrere Urheberrechtsverletzungen. Rein technisch bedingte, nur kurzzeitige Zwischenspeicherungen unterbrechen allerdings die einheitliche Nutzungshandlung nicht (*Schricker/ v. Ungern-Sternberg* § 29 Rn 23). Der Urheber kann das Nutzungsrecht auch territorial beschränkt vergeben und so ein und dieselbe Sendung über mehrere Sendeunternehmen ausstrahlen lassen (vgl *BGH* NJW 1997, 320, 322 f. – Klimbim). Eine Erschöpfung des unkörperlichen Nutzungsrechts gibt es nicht, sodass das Senderecht auch nach der erstmaligen Sendung durch den Urheber oder eine berechtigte Person fortbesteht.

5   Auch die **Weiterleitung** einer bereits einmal gesendeten Funksendung, zB in Abschattungsgebieten, erfüllt den Tatbestand des § 20 (*BGH* NJW 1981, 1042, 1043 – Kabelfernsehen in Abschattungsgebieten; NJW 1988, 1022, 1023 f. – Kabelfernsehen II; NJW-RR 1994, 1328 – Verteileranlage im Krankenhaus). Es handelt sich um einen neuen Nutzungsvorgang, der dem Senderecht ebenso unterliegt wie die Ausgangssendung. Das gilt auch für die **zeitgleiche unveränderte und vollständige** Weiterübertragung eines Werkes (*BGH* NJW 1993, 2871, 2872 – Verteileranlagen; ZUM 2000, 749, 750 – Kabelweiterübertragung; *Gounalakis* NJW 1999, 545), wie sich nun auch eindeutig aus § 20b ergibt. Dass sich die Rechte des Urhebers bei der Weiterübertragung insb. nicht erschöpfen, erkennt inzwischen auch der BGH an (vgl *BGH* NJW 1981, 1042, 1043 – Kabelfernsehen in Abschattungsgebieten; NJW 1988, 1022, 1025 – Kabelfernsehen II; ZUM 2000, 749, 750 – Kabelweiterübertragung). Soweit allerdings in früheren Entsch. die Auffassung vertreten wurde, eine Weitersendung sei zulässig, wenn erst durch diese der bestimmungsgemäße Hörerkreis erreicht werden könne (*BGH* NJW 1981, 1042, 1043 f. – Kabelfernsehen in Abschattungsgebieten; NJW 1988, 1022, 1025 – Kabelfernsehen II mit Anm. *Schulze* NJW 1988, 1022, 1025 f.), scheint der BGH hieran neuerdings nicht mehr festhalten zu wollen (*BGH* ZUM 2000, 749, 750 f. – Kabelweiterübertragung). Die frühere Rspr lief in Wahrheit auch auf eine Sondierung der Reichweite der erteilten Sendelizenz und nicht auf eine Erschöpfung hinaus. Entspr. hat der *BGH* (ZUM 2000, 749, 750 f. – Kabelweiterübertragung) nunmehr angesichts der gegenteiligen Auffassung der obersten Gerichte der anderen europäischen Staaten auch auf Bedenken an der in der Lit. vertretenen Meinung hingewiesen, die einen Eingriff in das Senderecht bei einer Kabelweiterleitung im Versorgungsgebiet der betr. Sendeanstalt verneint.

3. Funk

6   Der Begriff des **Funks** ist in seiner physikalisch-technischen Bedeutung zu verstehen und umfasst jede Übertragung von Zeichen, Tönen oder Bildern durch elektro-magnetische Wellen, die von einer Sendestelle ausgesandt werden und an anderen Orten von einer beliebigen Zahl von Empfangsanlagen aufgefangen und wieder in Zeichen, Töne oder Bilder verwandelt werden können (*BGH* NJW 1981, 1042 – Kabelfernsehen in Abschattungsgebieten; GRUR 1982, 727, 730 – Altverträge). Ob die Übertragung mittels analoger oder digitaler Sendetechnik erfolgt, ist ohne Bedeutung (*Schricker/v. Ungern-Sternberg* § 20 Rn 4; **aA** *Thurow* S. 770). Je nachdem, ob die

elektrischen Schwingungen ohne oder mittels eines Verbindungsleiters übertragen werden, spricht man von Rundfunk oder von Kabelfunk (*Fromm/Nordemann* § 20 Rn 1). Letzteren bezeichnet man auch als Drahtfunk. Konkret definiert sich dieser als Übertragung, bei der ein Werk in Form von Funksignalen von einer Sendestelle aus über Drahtleitungen einer Mehrzahl von Empfangsanlagen zugeleitet wird, durch die das Werk für die menschlichen Sinne wieder wahrnehmbar gemacht wird (*BGH* NJW 1981, 1042 – Kabelfernsehen in Abschattungsgebieten; NJW 1988, 1022, 1023 – Kabelfernsehen II).

Vom Senderecht erfasst wird zunächst der herkömmliche **terrestrische Rund- und Fernsehfunk.** Dabei werden Programmsignale ausgestrahlt, die von den Empfängerantennen empfangen werden können. Zur Verbesserung der Empfangsqualität und die Versorgung schlecht erreichbarer Empfangsgebiete sicherzustellen, erfolgt die Ausstrahlung meistens zeitgleich über mehrere Sender.   **7**

Unter das Senderecht fällt die Ausstrahlung von Fernsehsendungen über **Satellit** und Kabel (*BGH* NJW 1997, 320 – Klimbim). Allerdings ist das Verwertungsrecht der europäischen Satellitensendung nunmehr abschließend in § 20a geregelt. Unter einer Satellitensendung iSd § 20 ist die Ausstrahlung eines geschützten Werkes durch den Satelliten an eine Öffentlichkeit zu verstehen (ebenso *Schricker/v. Ungern-Sternberg* § 20 Rn 22; streitig). Das entspricht dem allg. Wortgebrauch, der unter einer Sendung den Übertragungsvorgang und nicht schon die Eingabe in die Übertragungskette begreift, und deckt sich iE mit der in § 20a Abs. 3 für die europäische Satellitensendung aufgestellten Legaldefinition der Satellitensendung, welche nur die Eingabe in eine **ununterbrochene** Übertragungskette, die zum Satelliten und zurück führt, ausreichen lässt (s. hierzu auch die amtl. Begr. BT-Drucks. 13/4796, 11). Zwar gilt diese Definition ausdrücklich nur für die in § 20a Abs. 1 und 2 geregelten Fälle der europäischen Satellitensendung und findet auf § 20 keine Anwendung (amtl. Begr. BT-Drucks. 13/4796, 9). Nur die Auffassung, die erst die Ausstrahlung der Informationen vom Satelliten ausreichen lässt, trägt aber dem Umstand Rechnung, dass das Verwertungsrecht des Urhebers faktisch nicht beeinträchtigt ist, wenn die Übertragungskette vom Sendeunternehmen zum Satelliten aus technischen Gründen unterbrochen wird oder der Satellit ausfällt und es deshalb nicht zur Ausstrahlung vom Satelliten an die Öffentlichkeit kommt.   **8**

Während **Direktsatelliten** die Sendeprogramme unmittelbar zum Empfang durch die Allgemeinheit abstrahlen, stellen **Fernmeldesatelliten** sog. Punkt-zu-Punkt-Verbindungen her, bei denen die Signale auf ein bestimmtes Empfangsgebiet gebündelt werden. Wie sich aus § 20a ergibt, der für die europäische Satellitensendung ein eigenes Verwertungsrecht schafft (vgl amtl. Begr. BT-Drucks. 13/4796, 9 und oben Vor §§ 20 ff. Rn 1), handelt es sich bei dem Senderecht mittels Satellit um eine eigenständige Nutzungsart (ebenso *Fromm/Nordemann* § 20 Rn 4; *Schricker/v. Ungern/Sternberg* Vor §§ 20 ff. Rn 30 und § 20 Rn 19 ff.). Zur Ausgestaltung des Satellitensenderechts als eigenes Verwertungsrecht war der deutsche Gesetzgeber aufgrund von Art. 2 der Richtlinie 93/83/EWG des Rates zur Koordinierung bestimmter urheber- und leistungsschutzrechtlicher Vorschriften betr. Satellitenrundfunk und Kabelweiterverbreitung verpflichtet.   **9**

10   Bei **Kabelsendungen** werden die Impulse durch ein Kabelsystem übertragen. Schon die Weiterleitung einer Sendung von einer Gemeinschaftsantenne an die einzelnen Haushalte erfordert ein derartiges Leitungssystem. Ebenso werden Rundfunkverteileranlagen zB in Hotels, Justizvollzugsanstalten oder Altenheimen sowie das Kabelfernsehen vom Senderecht erfasst.

11   Zum Senderecht zählen auch alle Formen des **pay-TV** und des **pay-Radios** (*Fromm/ Nordemann/Nordemann* § 20 Rn 2). Auch die **Telefonmusik** eines Telekommunikationsunternehmens, die während der Wartezeiten bei der Vermittlung eingespielt wird, wird iSd § 20 gesendet (*Schricker/v. Ungern-Sternberg* § 20 Rn 43).

12   Ausstrahlungen durch **Privatpersonen** unterfallen grds ebenso dem Senderecht wie gewerblich vorgenommene Sendungen. Häufig wird die Anwendbarkeit des § 20 aber daran scheitern, dass das gesendete Werk nicht für eine Öffentlichkeit bestimmt ist, zB beim privaten Funkkontakt zweier Amateurfunker.

13   Die – auch zeitgleiche (*BGH* NJW 1993, 2871, 2872 – Verteileranlagen; *Gounalakis* NJW 1999, 545) – **Weiterleitung** einer bereits einmal gesendeten Funksendung erfüllt den Tatbestand des § 20 (*BGH* NJW 1981, 1042, 1043 – Kabelfernsehen in Abschattungsgebieten; NJW 1988, 1022, 1023 f. – Kabelfernsehen II; NJW-RR 1994, 1328 – Verteileranlage im Krankenhaus; vgl schon die amtl. Begr. BT-Drucks. IV/ 270, 50). Das ergibt sich nun eindeutig aus § 20b. Eine Funksendung iSd § 20 ist daher bei der Sendung durch eine **Breitband-Kabelanlage** gegeben, die vom sendenden Ursprungsunternehmen ausgestrahlte Funksignale nach Aufbereitung (nämlich Aussonderung von Störsignalen und Umsetzen der Eingangssignale auf andere Frequenzbereiche) an die einzelnen Empfänger, die an das Kabelnetz angeschlossen sind, bloß weiterleitet (*BGH* NJW 1981, 1042 f. – Kabelfernsehen in Abschattungsgebieten; NJW 1988, 1022, 1023 – Kabelfernsehen II). Das gilt auch dann, wenn durch die Kabelweiterleitung kein neuer Empfängerkreis eröffnet wird, also lediglich solche Programme weitergegeben werden, in deren Verbreitung die Empfänger ohnehin einbezogen sind. Der Gesetzgeber hat bei § 20 bewusst an den technischen Sendevorgang angeknüpft und dem Urheber im Einklang mit Art. 11bis RBÜ ein ausschließliches Recht zur Sendung seines Werkes auch für den Fall gewähren wollen, dass der Drahtfunk lediglich das Programm des örtlichen Rundfunksenders übernimmt und nur Personen zugänglich macht, die zugleich Rundfunkteilnehmer sind. Die Kabelweiterleitung in einem Abschattungsgebiet mit dem Ziel, die technische Qualität der Rundfunksendung für die dort ansässigen Rundfunkteilnehmer zu verbessern, erfüllt deshalb den Begriff des § 20. Sie bedarf einer zusätzlichen Zustimmung des Urhebers, die dieser nicht etwa schon mit seiner Einwilligung in die Rundfunksendung als solche erteilt hat (*BGH* NJW 1988, 1022, 1023 f. – Kabelfernsehen II). Auch **Gemeinschaftsantennen** unterfallen § 20, weil sie die empfangene Sendung in die angeschlossenen Wohnungen weiterleiten (**aA** *Rehbinder* Rn 218). Zwar sollten nach der Stellungnahme des Bundesrates zum Gesetzentwurf (BT-Drucks. 13/4796, 25) Gemeinschaftsantennen vom Anwendungsbereich der Vorschrift ausgenommen werden, weil dies Wohnungsunternehmen davon abhalten könne, für ihre Wohnanlagen Gemeinschaftsantennen anstelle von Einzelantennen einzurichten. Über eine urheberrechtliche Freistellung von Gemeinschaftsantennenanlagen konnte jedoch keine Einigkeit erzielt werden (vgl die Gegenäußerung der BReg BT-Drucks. 13/4796, 26).

Der Werkübertragung mittels der herkömmlichen Funktechniken steht die Übertragung eines Werkes durch ähnliche technische Mittel gleich. Auch sie ist Funk iSd § 20. **14**

Unter die ähnlichen technischen Mittel fallen alle Techniken, die zur Verbreitung von Zeichen, Tönen oder Bildern mit oder ohne Draht dienen und der Werknutzung durch Sendung ähnlich sind (vgl amtl. Begr. BT-Drucks. IV/270, 49). Auch die Weiterverbreitung eines durch Funk gesendeten Werkes mit oder ohne Draht erfüllt die Voraussetzungen (vgl amtl. Begr. BT-Drucks. IV/270, 49 f.; *BGH* NJW 1993, 2871 – Verteileranlagen). Eine Werkübertragung durch ähnliche technische Mittel liegt vor allem in der Weiterübertragung von Rundfunksendungen durch Rundfunkverteileranlagen in Hotels, Heimen, Krankenhäusern oder Justizvollzugsanstalten (*BGH* NJW 1993, 2871, 2872 – Verteileranlagen; NJW-RR 1994, 1328 – Verteileranlage im Krankenhaus *Schricker/v. Ungern-Sternberg* § 20 Rn 41). Ebenso bedient sich der Verwerter eines ähnlichen technischen Mittels, wenn er Informationen **im Internet** an Dritte sendet. Die **elektronische Werkübertragung** im www durch Abrufdienste und den elektronischen Versand berührt deshalb das Senderecht. Die Voraussetzungen für die Öffentlichkeit sind erfüllt, weil ins Internet als Medium der Veröffentlichung gestellte Informationen nach Sinn und Zweck der §§ 15 Abs. 3, 20 stets als an eine Mehrzahl von Personen zugleich zugänglich gemacht gelten (hierzu näher § 15 Rn 65 und § 6 Rn 25 ff.). Das **Intranet** steht dem prinzipiell gleich, es kann hier aber an der Öffentlichkeit der Sendung fehlen. Ein Sendeakt wird schon erforderlich, damit der Nutzer das auf dem Server des Anbieters gespeicherte Dokument nur „ansehen" kann. Die **E-Mail** erfüllt zwar grds den Begriff der Sendung, es kann jedoch am Merkmal der Öffentlichkeit fehlen (hierzu näher sogleich Rn 16 ff.). Ob eine Werkübermittlung durch Funk oder durch ähnliche technische Mittel vorliegt, wenn – wie zB bei einem **Hotelvideo** – über ein Verteilernetz geschützte Werke nach eigener Auswahl des Betreibers öffentlich zugänglich gemacht werden, bemisst sich danach, ob die Übertragung mittels elektro-magnetischer Wellen erfolgt, die von einer Sendestelle ausgesandt und an einem anderen Ort wieder in Zeichen, Töne oder Bilder verwandelt werden; eine Übertragung in andere Zimmer reicht aus. **15**

4. Öffentlichkeitsbegriff

Für jede einzelne Sendung bzw Weitersendung ist zu prüfen, ob sie der Öffentlichkeit zugänglich gemacht wird. Es gilt der **Öffentlichkeitsbegriff des § 15 Abs. 3** (*BGH* NJW 1981, 1042, 1043 – Kabelfernsehen in Abschattungsgebieten; s. hierzu näher schon § 6 Rn 9 ff. und § 15 Rn 78). Die Sendung ist danach öffentlich, wenn sie für eine Mehrzahl von Personen bestimmt ist (**aA** zum alten Recht *Schricker/v. Ungern-Sternberg* § 20 Rn 10, der auf dieses Erfordernis verzichten will; vgl aber *BGH* NJW-RR 1994, 1328 – Verteileranlage im Krankenhaus), es sei denn, dass der Kreis dieser Personen nicht mit dem Verwerter oder untereinander persönlich verbunden ist. Inhaltliche Änderungen am Öffentlichkeitsbegriff hat auch das Gesetz zur Regelung des Urheberrechts in der Informationsgesellschaft nicht gebracht (näher § 15 Rn 78). **16**

Ausreichend ist, dass der Empfängerkreis insgesamt diesen Anforderungen genügt; anders als iRd anderen unkörperlichen Verwertungsarten ist also nicht erforderlich, dass die Empfänger während des Empfangs auch innerhalb desselben Raumes versammelt sind (*BGH* NJW-RR 1994, 1328 – Verteileranlage im Krankenhaus). Wer- **17** den Hörfunksendungen geschützter Werke mittels einer Verteileranlage in die Patientenzimmer eines Krankenhauses übertragen, ist daher für den **Übertragungsakt** auch dann die Einwilligung der Berechtigten erforderlich, wenn die Patienten in Einzelzimmern untergebracht sind, weil sie in ihrer Gesamtheit die Öffentlichkeit darstellen (vgl *BGH* NJW-RR 1994, 1328 – Verteileranlage im Krankenhaus). Gleiches gilt für die Weiterleitung von Rundfunksendungen innerhalb einer Justizvollzugsanstalt, weil die Gefangenen nicht untereinander oder durch ihre Beziehung zum Veranstalter persönlich verbunden sind (*BGH* NJW 1993, 2871 – Verteileranlagen). Anders als mit der Sendung des Werkes kann es sich mit der Zulässigkeit seiner Wiedergabe verhalten; denn § 22 setzt voraus, dass die Wahrnehmung für mehrere gleichzeitig im selben Raum Anwesende bestimmt ist.

18   Die **Beweislast** für mangelnde Öffentlichkeit trifft entspr. der Formulierung des Gesetzes den, der sich auf sie beruft (*OLG Koblenz* NJW-RR 1987, 699, 700; näher § 15 Rn 79).

19   Die Frage, ob die Sendung für die Öffentlichkeit bestimmt ist, ist **für jede Einzelsendung** gesondert zu untersuchen. Funkt der Amateurfunker mehrere Einzelnachrichten mit unterschiedlichen Inhalten an jeweils andere ihm persönlich verbundene, untereinander jedoch nicht bekannte Amateurfunker, ist das nicht erlaubnispflichtig, weil die jeweilige Einzelsendung jedenfalls nicht für die Öffentlichkeit bestimmt ist.

20   Wird eine Sendung zwar durch die Öffentlichkeit wahrgenommen, ist sie jedoch nicht iSd § 15 Abs. 3 für diese **bestimmt**, fehlt es nach dem eindeutigen Gesetzeswortlaut an einer Voraussetzung des § 20 (vgl amtl. Begr. BT-Drucks. IV/270, 50). Deshalb und nicht weil keine Letztverbraucher angesprochen werden (so aber *Schricker/v. Ungern-Sternberg* § 20 Rn 8; *Haberstumpf* Hdb, Rn 270) ist der Tatbestand des Senderechts nicht erfüllt, wenn ein Werk durch Richtfunk oder Kabel zu den Kopfstationen von Kabelnetzen oder Rundfunksendeanlagen übertragen wird, auch wenn das Werk dort einer Mehrzahl miteinander nicht persönlich verbundener Personen zugänglich gemacht wird, die mit der Weiterleitung der Sendung befasst sind. Eine andere Frage ist es, ob sich der betr. Kreis von Personen an einer Urheberrechtsverletzung beteiligt, wenn er die Sendung an die Öffentlichkeit ausstrahlt. Das zusätzliche Merkmal des Zugänglichmachens in § 20 wird dadurch nicht gegenstandslos, weil ein für die Öffentlichkeit bestimmtes Werk nicht unbedingt auch von ihr wahrgenommen werden muss. Für diesen Fall stellt § 20 klar, dass das Zugänglichmachen für den Gebrauch des Senderechts ausreicht.

5. Zugänglich machen

21   Nicht erforderlich ist, dass sich der Sendung eine weitere Verwertungshandlung anschließt. Der Empfänger muss das Werk nicht einmal inhaltlich zur Kenntnis nehmen. Es reicht nach § 20 aus, wenn die Sendung der Öffentlichkeit durch den Sendeakt zugänglich gemacht, dh die Wahrnehmung ihr **ermöglicht** wird, ohne dass eine Kenntnisnahme tatsächlich erfolgen muss (*BGH* NJW 1996, 3084, 3085 – Zweibettzimmer im Krankenhaus). Eine etwaige **Verschlüsselung** der Signale steht dem Zugänglichmachen nicht entgegen, sofern für die Öffentlichkeit Decoder angeboten werden, die der Entschlüsselung dienen (amtl. Begr. BT-Drucks. 13/4796, 7; vgl Art. 1 Abs. 2c) der Richtlinie 93/83/EWG des Rates v. 27.9.1993 zur Koordinierung

bestimmter urheber- und leistungsschutzrechtlicher Vorschriften betr. Satelliten-rundfunk und Kabelweiterverbreitung, ABlEG Nr. L 248 v. 3.10.1993, 19).

Der **Empfang** der Sendung selbst fällt nicht mehr unter das Senderecht; er ist **frei.**   22
Ob das Werk nach dem Empfang dritten Personen zugänglich gemacht werden darf,
regeln §§ 19 Abs. 3, 22.

6. Beispiele

Überträgt eine Justizvollzugsanstalt Musikwerke unter Benutzung von Ton- oder   23
Bildtonträgern über eine **anstaltseigene Verteileranlage** in die Hafträume, nimmt
sie eine Drahtfunksendung iSd § 20 vor (*BGH* NJW 1993, 2871 – Verteileranlage).
Die Übertragung von Hörfunksendungen geschützter Werke mittels einer Verteiler-anlage in die Patientenzimmer eines Krankenhauses erfüllt den Tatbestand des § 20
(vgl *BGH* NJW-RR 1994, 1328 – Verteileranlage im Krankenhaus). Auch die **Über-tragung von der Bühne ins Foyer** oder von der Hausverwaltung in die Wohnungen
eines Altersheims unterfällt dem Senderecht (*Fromm/Nordemann* § 20 Rn 5). Glei-ches gilt für das Einspielen von **Telefonmusik** durch ein Telekommunikationsunter-nehmen während der Wartezeiten der Telefonvermittlung (*Schricker/v. Ungern-Sternberg* § 20 Rn 43). Ein Eingriff in § 20 ist die Weiterleitung von Musik oder ei-ner Fernsehsendung von der Empfangsstation eines **Verkehrsunternehmens** zu den
einzelnen Sitzplätzen etwa in der Bahn oder im Bus, wo Bild und Ton durch den ein-zelnen Passagier verfolgt bzw unter Einsatz eines Kopfhörers wahrgenommen wer-den können.

Ebenfalls unter § 20 fällt die Weiterleitung von Sendungen durch eine **Gemein-**   24
schaftsantenne an die einzelnen angeschlossenen Wohnungen oder Häuser. Sie ist
für eine Öffentlichkeit bestimmt, weil es an der persönlichen Verbundenheit der Be-wohner der einzelnen Wohnungen oder Häuser, die eine bloße Zweckgemeinschaft
bilden, fehlt. Problematisch ist, wie derartige geringfügige Nutzungsvorgänge von
§ 20 freigestellt werden können (vgl *BGH* NJW 1993, 2871, 2872 – Verteileranla-gen; *Schricker/v. Ungern-Sternberg* § 20 Rn 27 ff.). Die Richtlinie 93/83/EWG des
Rates v. 27.9.1993 zur Koordinierung bestimmter urheber- und leistungsschutzrecht-licher Vorschriften betr. Satellitenrundfunk und Kabelweiterverbreitung (ABlEG
Nr. L 248, 15) hatte die Regelung dieser Frage den nationalen Gesetzgebern überlas-sen (vgl den 32. Erwgr der Richtlinie). Über eine urheberrechtliche Freistellung von
Gemeinschaftsantennenanlagen war im Gesetzgebungsverfahren jedoch keine Einig-keit erzielt worden (vgl die Stellungnahme des Bundesrates BT-Drucks. 13/4796, 25,
und die Gegenäußerung der BReg BT-Drucks. 13/4796, 26). Inzwischen sind nach
§ 44a flüchtige Vervielfältigungshandlungen, die im Zuge eines Übertragungsvor-gangs anfallen, unter bestimmten Voraussetzungen zulässig. Auf das Senderecht ist
die auf Art. 5 Abs. 1 Harmonisierungsrichtlinie beruhende Vorschrift aber nicht,
auch nicht entspr., anwendbar.

Die **elektronische Werkübertragung** durch Abrufdienste und den elektronischen   25
Versand ist öffentliche Sendung iSd § 20, weil die abrufbare Sendung für eine Öf-fentlichkeit bestimmt ist. Wer eine Information ins world wide web als Medium der
Veröffentlichung stellt, geht davon aus, dass sie von einer Mehrzahl persönlich nicht
miteinander verbundener Personen abgerufen wird. Auf eine etwaige geringfügige
Zeitdifferenz zwischen den einzelnen Abrufen kommt es schon deshalb nicht an, weil

der Sendende damit rechnen muss, dass mehrere Personen gleichzeitig das Werk ab-rufen. Darüber hinaus sprechen auch Sinn und Zweck der §§ 15 Abs. 3, 20 dafür, das gerade der Veröffentlichung dienende Medium des Abrufdienstes und des elektroni-schen Versands als öffentlich anzusehen (hierzu näher § 15 Rn 64 f. und § 6 Rn 25 ff.). Anerkanntermaßen erfüllen auch andere **Zugriffssysteme** wie der Video-text oder Kabeltext, bei dem fortlaufend Textsignale gesendet werden und vom Fern-sehteilnehmer auf dem Bildschirm sichtbar gemacht werden können, den Begriff der Sendung iSd § 20 (*Katzenberger* AfP 1997, 434, 437; *Schricker/v. Ungern-Sternberg* § 20 Rn 9). Das Verschicken von **E-Mails** wird von § 20 erfasst, wenn die Mails an eine Öffentlichkeit gerichtet sind, wie zB Werbe-E-Mails oder Standardrundschrei-ben. Aber auch die Interessenverbundenheit einer Mailingliste reicht für sich genom-men nicht aus, um auf einen bloß privaten Kreis von Empfängern zu schließen. Daher erfüllt das Verschicken von Mails in derartigen Listen im Allgemeinen den Begriff der Sendung.

III. Aktiv- und Passivlegitimation

1. Aktivlegitimation

26 Das Senderecht steht zunächst dem **Urheber** zu. Im Allgemeinen wird dieser es je-doch nicht selbst geltend machen, sondern Dritten zur Wahrnehmung einräumen. Das Recht, ein gesendetes Werk im Rahmen eines zeitgleich, unverändert und voll-ständig weiterübertragenen Programms durch Kabelsysteme oder Mikrowellensyste-me weiterzusenden (Kabelweitersendung), kann nach § 20a Abs. 1 ohnehin nur durch eine Verwertungsgesellschaft geltend gemacht werden, wenn es sich nicht um ein eigenes Recht des Sendeunternehmens in Bezug auf eine seiner Sendungen han-delt. Üblicherweise werden die Senderechte aber auch dann von den **Verwertungs-gesellschaften** wahrgenommen, wenn der Anwendungsbereich des § 20a Abs. 1 nicht eröffnet ist. So verwaltet die **VG WORT** die meisten Senderechte an Sprach-werken, wobei sie das Senderecht bei Erstsendungen nur insoweit wahrnimmt, als es sich um ein verlegtes Werk handeln muss und die Sendung nicht länger als 10 bzw 15 Minuten bei Fernseh- bzw Hörfunksendungen dauern darf, und soweit es sich nicht um szenische oder bildliche Darstellungen und/oder Dramatisierungen sowie Lesungen aus dramatischen Werken handelt. Sie wird weiter in bestimmten Grenzen im **Online-Bereich** und betr. verschiedener **Pay-Dienste** tätig. So nimmt sie das Recht wahr, auf Tonträgern oder Bildtonträgern aufgezeichnete Werke durch Pay-TV, Pay-Radio etc zu senden und durch TV-on-demand, Radio-on-demand, Pay-per-view oÄ öffentlich wiederzugeben, soweit das Recht nicht Gegenstand von Tarif- oder Individualverträgen ist. Darüber hinaus ist ihr von der Mitgliederversammlung das Recht eingeräumt worden, die Online-Nutzung von Beiträgen zu lizenzieren, so-weit ein Vertrag die entspr. Rechte nicht direkt vom Autor erworben hat. Die **GEMA** wird aufgrund ihrer Berechtigungsverträge mit den Komponisten, Textdichtern und Musikverlegern auf dem Gebiet des Musikwesens tätig, und zwar im Bereich der sog. kleinen Senderechte, dh der Senderechte im Wesentlichen mit Ausnahme der Rechte an der Sendung dramatisch-musikalischer Werke (sog. große Senderechte), und mit Ausnahme des Rechtes zur Benutzung des Werkes in Werbespots. Die Rechte zur zeitgleichen, unveränderten und vollständigen Weiterverbreitung dramatisch-musi-kalischer Werke in Fernseh- und Hörfunkprogrammen im Sinne und Umfang der Eu-

ropäischen Richtlinie 93/83 v. 27.9.1993 (Weitersenderecht) werden ihr von den Urhebern durch gesondertes Mandat übertragen. Auch die **Online-Rechte** sind der GEMA in weitem Umfang übertragen, wobei jedoch teilweise, etwa betr. die Synchronisation, eine Mitteilungspflicht an den Urheber besteht, der durch Erklärung binnen vier Wochen diese Rechte an sich ziehen kann. Für bildende Künstler und zunehmend auch Fotografen nimmt die **VG Bild-Kunst** die Senderechte wahr. Ihre Wahrnehmungsbefugnisse erstrecken sich auch auf die Digitalisierung der vorhandenen analogen Filmwerke sowie deren Online-Sendung, Wiedergabe oder anderweitige Online-Übermittlung. Die sich daraus ergebenden Abgrenzungsschwierigkeiten zu den Online-Rechten der Sendeanstalten, vor allem in Bezug auf die On-Demand-Nutzung, sind Gegenstand einer Abgrenzungsvereinbarung der Genannten v. 10./23.1.2001.

2. Passivlegitimation

Im Urheberrechtsstreit passivlegitimiert ist derjenige, der unbefugt in das Senderecht **27** eingreift. Das ist derjenige, der über die Ausstrahlung der Sendung entscheidet, also im Allgemeinen das **Sendeunternehmen**. Bedient er sich zur Ausstrahlung der Hilfe **Dritter**, strahlt also zB die Deutsche Telekom AG das Programm eines Sendeunternehmens unter dessen Verantwortung über ihre Sendeanlagen aus, kann sie sich dadurch nach allg. Grundsätzen (hierzu näher § 97) an der fremden Urheberrechtsverletzung beteiligt haben. Haftungsbeschränkungen können sich aus § 8 TDG ergeben, deren Anwendbarkeit auf das Urheberrecht (zur Vorgängervorschrift § 5 TDG vgl zB *LG München I* NJW 2000, 2214, 2215 mwN; hierzu *Gounalakis/Rhode* NJW 2000, 2168 ff.) und wechselseitige Abgrenzung (vgl *Plaß* WRP 2000, 599, 607 f.) allerdings auch noch nach der Änderung des TDG streitig sind; hierzu näher die Kommentierung zu § 97.

§ 20a Europäische Satellitensendung

(1) Wird eine Satellitensendung innerhalb des Gebietes eines Mitgliedstaates der Europäischen Union oder eines Vertragsstaates des Abkommens über den Europäischen Wirtschaftsraum ausgeführt, so gilt sie ausschließlich als in diesem Mitgliedstaat oder Vertragsstaat erfolgt.

(2) Wird eine Satellitensendung im Gebiet eines Staates ausgeführt, der weder Mitgliedstaat der Europäischen Union noch Vertragsstaat des Abkommens über den Europäischen Wirtschaftsraum ist und in dem für das Recht der Satellitensendung das in Kapitel II der Richtlinie 93/83/EWG des Rates vom 27. September 1993 zur Koordinierung bestimmter urheber- und leistungsschutzrechtlicher Vorschriften betreffend Satellitenrundfunk und Kabelweiterverbreitung (ABl. EG Nr. L 248 S. 15) vorgesehene Schutzniveau nicht gewährleistet ist, so gilt sie als in dem Mitgliedstaat oder Vertragsstaat erfolgt,

1. in dem die Erdfunkstation liegt, von der aus die programmtragenden Signale zum Satelliten geleitet werden, oder

2. in dem das Sendeunternehmen seine Niederlassung hat, wenn die Voraussetzung nach Nummer 1 nicht gegeben ist.

Das Senderecht ist im Fall der Nummer 1 gegenüber dem Betreiber der Erd-funkstation, im Fall der Nummer 2 gegenüber dem Sendeunternehmen geltend zu machen.

(3) Satellitensendung im Sinne von Absatz 1 und 2 ist die unter der Kontrolle und Verantwortung des Sendeunternehmens stattfindende Eingabe der für den öffentlichen Empfang bestimmten programmtragenden Signale in eine unun-terbrochene Übertragungskette, die zum Satelliten und zurück zur Erde führt.

Literatur: S. die Literaturhinweise Vor §§ 20 ff.

I. Regelungsgehalt

1   § 20a setzt die Bestimmungen der Richtlinie 93/83/EWG des Rates v. 27.9.1993 zur Koordinierung bestimmter urheber- und leistungsschutzrechtlicher Vorschriften betr. Satellitenrundfunk und Kabelweiterverbreitung (ABlEG Nr. L 248 v. 3.10.1993, 15) über die Satellitensendung als urheberrechtlich relevante Handlung und über den für die Anknüpfung des urheberrechtlichen Schutzes maßgeblichen Handlungsort weitgehend wortgleich in deutsches Recht um (hierzu *Gounalakis* NJW 1999, 545, 546). Er ist damit **europäisch auszulegen**.

Die Vorschrift gewährt unter der Voraussetzung des Vorliegens einer europäischen Satellitensendung iSd § 20a Abs. 3 ein **eigenes Verwertungsrecht**, mit einem Werk eine europäische Satellitensendung durchzuführen (anstelle der **hM** *Schricker/v. Un-gern-Sternberg* § 20a Rn 1; vgl auch die Begr. des Gesetzentwurfs der BReg BT-Drucks. 13/4796, 9 und näher unten § 20a Rn 7).

2   Eine darüber hinausgehende Harmonisierung ist unterblieben. Deshalb erstreckt sich die Definition der Satellitensendung in § 20a Abs. 3 ausdrücklich nur auf die in § 20 Abs. 1 und 2 geregelten Fälle der **europäischen Satellitensendung**. Die Neurege-lung beschränkt sich damit auf den Regelungsgehalt der Richtlinie 93/83/EWG des Rates v. 27.9.1993 zur Koordinierung bestimmter urheber- und leistungsschutzrecht-licher Vorschriften betr. Satellitenrundfunk und Kabelweiterverbreitung (ABlEG Nr. L 248 v. 3.10.1993, 15); in allen anderen Teilbereichen unberührt bleibt § 20 (Begr. des Gesetzentwurfs der BReg BT-Drucks. 13/4796, 9). Seit dem 1.1.2000 ist die Vorschrift auch auf vor dem 1.6.1998 abgeschlossene Verträge anzuwenden (§ 137h Abs. 1).

II. Begriff der europäischen Satellitensendung

3   Eine europäische Satellitensendung liegt nach der Legaldefinition des § 20a Abs. 3 vor, wenn unter der Kontrolle und Verantwortung des Sendeunternehmens für den

öffentlichen Empfang bestimmte programmtragende Signale in eine ununterbrochene Übertragungskette **eingegeben** werden, die zum Satelliten und zurück zur Erde
führt. Dadurch wird der Anwendungsbereich des § 20a schon durch Vorbereitungshandlungen zur eigentlichen Sendung, nämlich durch die Eingabe in die Übertragungskette, eröffnet.

Die Länge der Sendekette ist unerheblich. Der Beginn einer europäischen Satelliten-   **4**
sendung kann daher schon in der Eingabe der das Werk übermittelnden Programmsignale in eine Richtfunkverbindung zu einer Erdfunkstation liegen, von der aus die
Programmsignale zu einem Rundfunksatelliten gestrahlt werden (vgl *Schricker/
v. Ungern-Sternberg* § 20a Rn 6).

Die **Sendekette muss ununterbrochen sein**. Maßgeblich für die Feststellung, ob ei-   **5**
ne Unterbrechung vorliegt, ist eine **natürliche Betrachtungsweise**, nicht die Analyse technischer Besonderheiten im Verlauf der Übertragung der programmtragenden
Signale. Eine kurzfristige Speicherung im Satelliten aus technischen Gründen ist daher noch keine Unterbrechung im Gesetzessinne (*Schricker/v. Ungern-Sternberg*
§ 20a Rn 13). Eine Sendung iSd § 20a Abs. 3 liegt aber nur vor, wenn zur Eingabe in
die Sendekette auch die **Ausstrahlung** vom Satelliten an die Öffentlichkeit hinzu-
tritt, weil die Übertragungskette andernfalls unterbrochen worden sein muss (amtl.
Begr. BT-Drucks. 13/4796, 11). Das bisher kontrovers diskutierte Problem, ob bei
der Satellitensendung bereits die Ausstrahlung zum Satelliten dem Urheber vorzubehalten ist (so das französische droit d´injection für Fernmeldesatelliten) oder ob der
urheberrechtlich bedeutsame Sendeakt nur in der Abstrahlung des Satelliten liegt (so
Schricker/v. Ungern-Sternberg § 20 Rn 22) hat sich daher im Anwendungsbereich
des § 20a erledigt (so auch die amtl. Begr. BT-Drucks. 13/4796, 11). Bei **technischen Mängeln** in der Übertragungskette oder am Satelliten liegt eine Verwertungshandlung iSd § 20a nicht vor.

Die Signale müssen **für den öffentlichen Empfang bestimmt** sein, also zweckge-   **6**
richtet dazu dienen, das Werk einer Öffentlichkeit zugänglich zu machen. Ob der
Personenkreis, an welchen die Sendung gerichtet ist, diese dann **tatsächlich zur
Kenntnis** nimmt, ist ohne Bedeutung. Selbst in dem fiktiven Fall, dass niemand ein
ausgestrahltes Fernsehprogramm einschalten würde, läge eine Sendung an die Öffentlichkeit iSd § 20a vor. Da die europäische Richtlinie 93/83/EWG des Rates v.
27.9.1993 zur Koordinierung bestimmter urheber- und leistungsschutzrechtlicher
Vorschriften betr. Satellitenrundfunk und Kabelweiterverbreitung (ABlEG Nr. L
248 v. 3.10.1993, 15) die Definition des Begriffs der **Öffentlichkeit** dem nationalen
Gesetzgeber überlassen hat, gilt für den Begriff der Öffentlichkeit die Legaldefinition des **§ 15 Abs. 3** (amtl. Begr. BT-Drucks. 13/4796, 12). Danach ist die Sendung
öffentlich, wenn sie für eine Mehrzahl von Personen bestimmt ist, es sei denn, dass
der Kreis dieser Personen bestimmt abgegrenzt ist und sie durch gegenseitige Beziehungen oder durch Beziehungen zum Verwerter persönlich untereinander verbunden
sind. IÜ gelten für die Frage, ob die Sendung für eine Öffentlichkeit bestimmt ist, die
Ausführungen zum Senderecht in § 20 (§ 20 Rn 16 ff.) entspr. Die Annahme einer
europäischen Satellitensendung setzt nach der Legaldefinition in § 20a Abs. 3 voraus, dass die Sendung **unter der Kontrolle und Verantwortung eines Sendeunternehmens** erfolgt. Der Begriff des Sendeunternehmens deckt sich dabei mit dem des
§ 87. „Sendeunternehmen" ist folglich derjenige, der die Sendung mit einem gewis-

sen organisatorisch-technischen Aufwand veranstaltet. Das kann auch eine natürliche Person sein. Durch den ausdrücklichen Verweis auf die Kontrolle und Verantwortung des Sendeunternehmens sollte lediglich der für § 20 ohnehin selbst-
verständliche Gedanke zum Ausdruck gebracht werden, dass primär derjenige für
Urheberrechtsverletzungen haftet, der die Sendung vornimmt, und andere Personen
lediglich als Teilnehmer einer Urheberrechtsverletzung in Betracht kommen. Werden **mehrere** Sendeunternehmen unabhängig voneinander tätig, liegen auch mehrere
Sendevorgänge iSd § 20a vor.

III. Verwertungsrecht der Durchführung einer europäischen Satellitensendung

7   Unter den Voraussetzung des Vorliegens einer europäischen Satellitensendung iSd
§ 20a Abs. 3 gewährt § 20a dem Urheber ein **eigenes Verwertungsrecht**. Es berechtigt ihn, mit seinem Werk eine europäische Satellitensendung durchzuführen und
dritte Personen hiervon auszuschließen (anstelle der **hM** *Schricker/v. Ungern-Sternberg* § 20a Rn 1; vgl auch die amtl. Begr. BT-Drucks. 13/4796, 9). Damit ist der nationale Gesetzgeber den Vorgaben in Art. 2 der Richtlinie 93/83/EWG des Rates v.
27.9.1993 zur Koordinierung bestimmter urheber- und leistungsschutzrechtlicher
Vorschriften betr. Satellitenrundfunk und Kabelweiterverbreitung (ABlEG Nr. L
248 v. 3.10.1993, 15) gefolgt. Auf das Verwertungsrecht finden die allg. Grundsätze
Anwendung. Daher kann der Urheber **Nutzungsrechte** grds auch auf ein bestimmtes
Territorium beschränken (vgl auch *BGH* NJW 1997, 320, 322 f. – Klimbim).

IV. Anwendbares Recht

1.   Sendelandtheorie (§ 20a Abs. 1)

8   § 20a Abs. 1 und 2 gewähren dem Urheber nicht nur ein eigenes Verwertungsrecht,
sondern stellen auch eine Rechtsanknüpfungsregel auf. Sie stellen so sicher, dass auf
europäische Satellitensendungen nur eine **einzige Rechtsordnung** anwendbar ist,
nämlich jene des Sendelandes (§ 20a Abs. 1) bzw des ihm nach § 20a Abs. 2 gleichstehenden europäischen Mitgliedstaates.

9   Für Satellitensendungen, die **innerhalb des territorialen Gebietes der EU bzw des
EWR** ausgeführt werden, gilt nach § 20a Abs. 1 die Sendelandtheorie. Danach gilt
die Sendung als ausschließlich in dem Land vorgenommen, in dem sie **ausgeführt**
wird, mit der Folge, dass das Recht dieses Staates auf die Rechte und Pflichten des
Urhebers und Dritter betr. dieser Satellitensendung anwendbar ist.

10   Maßgeblich für die Rechtswahl ist also **weder der Sitz des Sendeunternehmens
noch der Ort der Erdfunkstation** (arg. e § 20a Abs. 2 S. 1 Nr. 1), sondern allein,
wo die ununterbrochene Übertragungskette, die zur Satellitenausstrahlung an die Öffentlichkeit führt, ihren Anfang nimmt (amtl. Begr. BT-Drucks. 13/4796, 12). Dem
liegt die Erwägung zugrunde, dass die urheberrechtlich bedeutsame Nutzungshandlung bei der öffentlichen Wiedergabe über Satellit ausschließlich in dem Mitgliedstaat stattfindet, in dem die programmtragenden Signale in die ununterbrochene
Kommunikationskette eingegeben werden, sodass auch nur dort die Sendung erlaubt
oder verboten werden kann.

11   Die Sendelandtheorie hat nicht zur Folge, dass die bei Satellitensendungen häufig erforderliche territoriale, sprachliche oder zeitliche **Exklusivität** nur mit schuldrecht-

licher Wirkung vereinbart werden kann (so aber die amtl. Begr. BT-Drucks. 13/4796, 7; dagegen der 15. und 16. Erwgr der RL 93/83/EWG; *Schricker/v. Ungern-Sternberg* § 20a Rn 9). Da die Vorschriften über die zeitlich, räumlich und inhaltlich beschränkte Einräumung von Nutzungsrechten in § 31 Abs. 1 S. 2 Anwendung findet, soweit nach der Sendelandtheorie für die Rechtsverhältnisse des Urhebers deutsches Recht gilt, sind Beschränkungen mit Wirkung für das Nutzungsrecht selbst jedenfalls bei einer Sendung möglich, die iSd § 20a Abs. 1 und 2 als in Deutschland ausgeführt gilt (vgl auch *BGH* NJW 1997, 320, 322 f. – Klimbim).

2. Fiktiver Ort einer europäischen Satellitensendung (§ 20a Abs. 2)

Wird eine Satellitensendung **im Gebiet eines Staates ausgeführt, der weder Mitgliedstaat der EU noch Vertragsstaat des EWR ist** und in dem das in Kapitel II der europäischen Richtlinie 93/83/EWG des Rates v. 27.9.1993 zur Koordinierung bestimmter urheber- und leistungsschutzrechtlicher Vorschriften betr. Satellitenrundfunk und Kabelweiterverbreitung (ABlEG Nr. L 248 v. 3.10.1993, 15) vorgesehene Schutzniveau nicht gewährleistet ist, so wird fingiert, dass die Sendung in dem Mitgliedstaat erfolgt ist, in dem die **Erdfunkstation** liegt, von der aus die Signale zum Satelliten geleitet wurden (§ 20a Abs. 2 S. 1 Nr. 1). Gibt es keine vom Ausführungsort der Satellitensendung verschiedene Erdfunkstation, gilt die Sendung als in dem Ort ausgeführt, in dem das Sendeunternehmen seine **Niederlassung** hat (§ 20a Abs. 2 S. 1 Nr. 2). Durch diese Vorschriften soll die der Sendelandtheorie immanente Gefahr des **forumshoppings**, dh der Verlagerung einer Sendung in einen Staat, dessen Urheberrechtsschutz hinter dem durch die Richtlinie normierten Schutzstandard bei Satellitensendungen zurückbleibt, aufgefangen werden (*Gounalakis* NJW 1999, 545, 546). **12**

Ob das **Schutzniveau** im Drittstaat dem des Kapitels II der Richtlinie entspricht, ist im Interesse der Rechtssicherheit **abstrakt** und nicht danach zu bestimmen, ob im Einzelfall der gleiche Schutz erreicht würde (*Schricker/v. Ungern-Sternberg* § 20a Rn 11). **13**

V. Sendeort bei Nichterfüllung der Voraussetzungen des § 20a Abs. 1 und 2

Die europäische Richtlinie 93/83/EWG des Rates v. 27.9.1993 zur Koordinierung bestimmter urheber- und leistungsschutzrechtlicher Vorschriften betr. Satellitenrundfunk und Kabelweiterverbreitung (ABlEG Nr. L 248 v. 3.10.1993, 15) lässt ebenso wie der darauf basierende § 20a offen, wo die Satellitensendung stattfindet, wenn weder die Voraussetzungen des § 20a Abs. 1 noch des § 20a Abs. 2 vorliegen. Die Beantwortung dieser Frage wollte der Gesetzgeber der Rspr überlassen (amtl. Begr. BT-Drucks. 13/4796, 12). Unzweifelhaft dürfte sein, dass durch missbräuchliche Umgehung des § 20a dessen Schutz nicht beseitigt werden kann. Für die darüber hinausgehenden Fälle erscheint vor allem problematisch, ob die Sendelandtheorie oder aber die Bogsch-Theorie (nach dem Generaldirektor der WIPO Arpad Bogsch) anwendbar sind (näher Vor §§ 20 Rn 10; vgl auch *Bornkamm* FS GRUR, S. 1394 ff.; *Sack* WRP 2000, 269, 282, 284). **14**

§ 20b   Kabelweitersendung

(1) Das Recht, ein gesendetes Werk im Rahmen eines zeitgleich, unverändert und vollständig weiterübertragenen Programms durch Kabelsysteme oder Mikrowellensysteme weiterzusenden (Kabelweitersendung), kann nur durch eine Verwertungsgesellschaft geltend gemacht werden. Dies gilt nicht für Rechte, die ein Sendeunternehmen in bezug auf seine Sendung geltend macht.

(2) Hat der Urheber das Recht der Kabelweitersendung einem Sendeunternehmen oder einem Tonträger- oder Filmhersteller eingeräumt, so hat das Kabelunternehmen gleichwohl dem Urheber eine angemessene Vergütung für die Kabelweitersendung zu zahlen. Auf den Vergütungsanspruch kann nicht verzichtet werden. Er kann im voraus nur an eine Verwertungsgesellschaft abgetreten und nur durch eine solche geltend gemacht werden. Diese Regelung steht Tarifverträgen und Betriebsvereinbarungen von Sendeunternehmen nicht entgegen, soweit dadurch dem Urheber eine angemessene Vergütung für jede Kabelweitersendung eingeräumt wird.

Literatur: S. die Literaturhinweise Vor §§ 20 ff.

Übersicht

I. Regelungsgehalt

1   § 20b gewährt dem Urheber **kein eigenes Verwertungsrecht**, sondern ergänzt lediglich die Vorschriften der §§ 20 und 20a. Die Vorschrift enthält eine **Legaldefinition** der Kabelweitersendung und unterwirft alle dieser Definition unterliegenden Weitersendungen einer **Verwertungsgesellschaftspflicht**. Dem liegt die Erwägung zugrunde, dass sich das Recht der Kabelweitersendung wegen der Notwendigkeit der zeitgleichen, unveränderten und vollständigen Übernahme der ursprünglichen Sendung praktisch einem einzelvertraglichen Rechtserwerb verschließt und wie in anderen Bereichen der massenhaften Werknutzung pauschale Rechtseinräumungen erfordert (so die amtl. Begr. BT-Drucks. 13/4796, 7). Darüber hinaus soll ausgeschlossen werden, dass keiner Verwertungsgesellschaft angehörige Außenseiter durch Ausübung ihres ihnen einzeln zustehenden Kabelweitersenderechts die Arbeit der Kabelsendeunternehmen behindern (*Rehbinder* Rn 219). Durch die Einfügung eines allg. **Vergütungsanspruchs** in § 20b Abs. 2 werden die Urheber und die Leistungsschutzberechtigten als die ursprünglichen Rechteinhaber dagegen geschützt, dem Sendeunternehmen oder Produzenten ihr Kabelweitersenderecht ohne angemessene zusätzliche Vergütung einräumen zu müssen (sog. buy-out-Verträge; s. auch *Rehbinder* Rn 219).

2   § 20b Abs. 1 wurde zwar durch das 4. UrhGÄndG im Zuge der Umsetzung der europäischen Richtlinie 93/83/EWG des Rates v. 27.9.1993 zur Koordinierung bestimmter urheber- und leistungsschutzrechtlicher Vorschriften betr. Satellitenfunk und Ka-

belweiterverbreitung (ABlEG Nr. L 248 v. 3.10.1993, 15) eingefügt. Der Anwendungsbereich der Norm beschränkt sich aber nicht auf grenzüberschreitende Kabelweitersendungen innerhalb der EU und des EWR, die allein Gegenstand der Richtlinie sind, sondern **gilt auch für Kabelweitersendungen** solcher Programme, die in der Bundesrepublik Deutschland oder in Drittstaaten **außerhalb der EU und des EWR** gesendet werden (vgl amtl. Begr. BT-Drucks. 13/4796, 9 und 13). Damit gilt § 20b sowohl für (Kabelweiter-)Sendungen iSd **§ 20a** als auch für solche iSd **§ 20**. Für ausübende Künstler findet sie über § 78 Abs. 4, für Filmhersteller über § 94 Abs. 4 Anwendung.

§ 20b Abs. 1 ist nicht anwendbar auf Ansprüche, die aus Rechtsverletzungen hergeleitet werden, die **vor seinem In-Kraft-Treten** begangen worden sind (§ 137h Abs. 3; ebenso *BGH* ZUM 2000, 749 – Kabelweiterübertragung).   **3**

II. Begriff der Kabelweitersendung

Der Begriff der Kabelweitersendung wird in § 20b Abs. 1 als Recht, ein (nach § 20   **4** oder § 20a) gesendetes Werk im Rahmen eines zeitgleich, unverändert und vollständig weiterübertragenen Programms durch Kabelsysteme oder Mikrowellensysteme weiterzusenden, verstanden. Dadurch wird klargestellt, dass die Vorschrift insgesamt auch auf **Mikrowellensysteme** anwendbar ist (vgl auch die Eingabe des *Fachausschusses für Urheber- und Verlagsrecht der Deutschen Vereinigung für gewerblichen Rechtsschutz und Urheberrecht* GRUR 1995, 570, 571).

Welchen Anforderungen eine Sendung genügen muss, damit sie als **Programm** iSd   **5** § 20b Abs. 1 anzusehen ist, sagt die Vorschrift nicht. Aus den Erwgr der Richtlinie 93/83/EWG des Rates v. 27.9.1993 zur Koordinierung bestimmter urheber- und leistungsschutzrechtlicher Vorschriften betr. Satellitenrundfunk und Kabelweiterverbreitung (ABlEG Nr. L 248 v. 3.10.1993, 15), die von der Förderung politischer, wirtschaftlicher, sozialer, kultureller und rechtlicher Ziele sprechen, wird zT (so *Schricker/v. Ungern-Sternberg* § 20b Rn 10) gefolgert, dass nur ein gestaltetes Mischprogramm ausreichend sei, wofür insb. die bloße Aneinanderreihung von Bild- und Tonträgern nicht genüge. Dabei wird jedoch vernachlässigt, dass ein Mindestmaß an kulturellem Wert einer Sendung schon dadurch gewährleistet ist, dass diese Werkcharakter iSd § 2 besitzen muss. Auch entstehen durch die Privilegierung von Mischsendungen mit qualitativ hochwertigem Standard unlösbare Abgrenzungsprobleme. Als Programm iSd § 20b ist daher **jede Mischsendung** unabhängig von ihrer Qualität anzusehen, wenn sie nur Werkcharakter besitzt.

Durch das Erfordernis der **zeitgleichen, unveränderten und vollständigen** Weiter-   **6** übertragung werden sog. „Rosinenprogramme", dh Sendungen, die nur einzelne Teile eines Programms oder gar einzelne Werke übernehmen, aus dem Anwendungsbereich des § 20b herausgenommen (vgl *Fachausschuss für Urheber- und Verlagsrecht der Deutschen Vereinigung für gewerblichen Rechtsschutz und Urheberrecht* GRUR 1995, 570, 571). § 20b gilt folglich **weder für Kabelerstsendungen**, denen kein Sendevorgang iSd § 20 vorausgeht, **noch für solche Kabelzweitsendungen, die auf zeitlich versetzten, inhaltlich veränderten oder verkürzten Erstsendungen beruhen**, sodass sie selbst wieder als Erstsendung zu behandeln sind (amtl. Begr. BT-Drucks. 13/4796, 13). Nach Sinn und Zweck der Vorschrift liegt eine unveränderte und vollständige Weitersendung auch vor, wenn die Sendung des Programms aus Gründen, die mit dem Programminhalt nichts zu tun haben, nicht vollständig stattfinden kann. Das kann zB dann vorkommen, wenn eine bereits begonnene Programmübertragung aus technischen Gründen unterbrochen werden muss (*Schricker/v. Ungern-Sternberg* § 20b Rn 11).

III. Verwertungsgesellschaftspflicht des Rechts der Kabelweitersendung (§ 20 Abs. 1)

7   Das Recht auf Kabelweitersendung kann nach § 20b Abs. 1 nur durch eine Verwertungsgesellschaft geltend gemacht werden. Das ist zB im Bereich der Musik die GEMA, der bildenden Kunst die VG Bild-Kunst und bei literarischen Werken die VG WORT. Von der gesetzlichen Regelung erfasst ist nur die **Ausübung** des Kabelweitersenderechts, sodass der Urheber grds weiterhin dritten Personen **Nutzungsrechte** an seinem Kabelweitersendungsrecht einräumen kann. Sie können das Nutzungsrecht dann jedoch nur durch ein Sendeunternehmen (§ 20b Abs. 1 S. 2) oder eine Verwertungsgesellschaft (§ 20b Abs. 1 S. 1) ausüben (vgl *Schricker/v. Ungern-Sternberg*).

8   Von der Verwertungsgesellschaftspflicht **ausgenommen** sind nur die Rechte, die dem **Sendeunternehmen an seinen eigenen Produktionen** zustehen. Der Begriff des Sendeunternehmens deckt sich mit dem des § 87. Sendeunternehmen ist daher jeder, der mit einem gewissen organisatorisch-technischen Aufwand die Sendung veranstaltet. Das kann auch eine natürliche Person sein. Eine eigene Produktion des Sendeunternehmens liegt nicht nur dann vor, wenn das Sendeunternehmen das Programm selbst hat erstellen lassen, sondern auch, wenn es sich an einer durch Dritte produzierten Sendung lediglich Nutzungsrechte hat einräumen lassen. Denn nach Sinn und Zweck des § 20b soll die Vorschrift den Sendeunternehmen die Möglichkeit geben, wegen der Überschaubarkeit ihrer originären und vertraglich erworbenen Rechte in Bezug auf ihre eigenen Sendungen weiterhin selbst zu verhandeln (amtl. Begr. BT-Drucks. 13/4796, 8). Diese Voraussetzungen liegen aber nicht nur bei eigenen Produktionen vor, sondern immer, wenn das Sendeunternehmen die **Senderechte an einem Werk** innehat, sei es aufgrund **gesetzlicher**, sei es aufgrund **vertraglicher** Regelung. Die Sendeunternehmen sind durch § 20b Abs. 1 S. 2 aber nicht gehindert, ihre Kabelweitersendungsrechte in Bezug auf ihre eigenen Sendungen ganz oder teilweise in eine Verwertungsgesellschaft einzubringen (amtl. Begr. BT-Drucks. 13/4796, 9).

9   Soweit eine Verwertungsgesellschaftspflichtigkeit besteht, **fingiert § 13b Abs. 3 S. 1 WahrnG** für Kabelweitersendungsrechte, die keiner Verwertungsgesellschaft übertragen wurden, **die Wahrnehmungsbefugnis** derjenigen Verwertungsgesellschaft, die Rechte gleicher Art wahrnimmt. Gibt es mehrere Verwertungsgesellschaften, die diese Rechte wahrnehmen können, kann der Urheber nach § 13b Abs. 3 S. 2 WahrnG wählen, welche von ihnen als bevollmächtigt gelten soll. Im Gegensatz zur Richtlinie 93/83/EWG des Rates zur Koordinierung bestimmter urheber- und leistungsschutzrechtlicher Vorschriften betr. Satellitenfunk und Kabelweiterverbreitung (ABlEG Nr. L 248 v. 3.10.1993, 15) erfasst die deutsche Regelung auch inländische Kabelweitersendungen, sodass Schutzlücken vermieden werden (*Gounalakis* NJW 1999, 545, 546).

IV. Angemessene Vergütung für die Kabelweitersendung (§ 20b Abs. 2)

Für die Kabelweitersendung steht dem Urheber ein Anspruch auf angemessene Ver-　**10**
gütung zu, wenn er das **Recht einem Sendeunternehmen oder einem Tonträger-
oder Filmhersteller eingeräumt** hat. Für die Rechtseinräumung an **andere Verwerter** sieht das Gesetz keinen Vergütungsanspruch vor. Ein solcher kann auch nicht
im Wege der Gesetzesauslegung oder der analogen Anwendung begründet werden
(**aA** *Schricker/v. Ungern-Sternberg* § 20b Rn 24). Die Vorschrift beruht nämlich
zwar einerseits auf der Erwartung, dass durch das Recht auf Vergütung kulturelles
Schaffen angespornt werden könne, und andererseits auf der Verpflichtung des Gesetzgebers, dem Urheber die aus seiner schöpferischen Leistung fließenden vermögenswerten Ergebnisse als geistiges Eigentum iSd Art. 14 GG umfassend und zur
ausschließlichen Verfügung zuzuordnen. Der Gesetzgeber hat durch § 20b aber auch
der Gefahr entgegenwirken wollen, dass dem Urheber durch immer neue Techniken
der Werkreproduktion und -wiedergabe die Kontrolle über die Nutzungen seines
Werkes als immateriellem Gut zunehmend entgleitet und sie den Sendeunternehmen
oder Produzenten ihr Kabelweitersenderecht im Wege sog. buy-out-Verträge einräumen (amtl. Begr. BT-Drucks. 13/4796, 10 und 13; *Rehbinder* Rn 219). Diese Gefahr
besteht bei der Rechtseinräumung an die in § 20b genannten Unternehmen aber wegen des dort bes. ausgeprägten Machtgefälles ungleich mehr als bei anderen Verwertern, sodass mangels Regelungslücke ein Vergütungsanspruch scheitert, wenn die
Rechtseinräumung nicht an ein Sendeunternehmen oder einen Tonträger- oder Filmhersteller erfolgt. Nach der Änderung des UrhG durch das Gesetz zur Stärkung der
vertraglichen Stellung von Urhebern und ausübenden Künstlern werden die Rechteinhaber auch durch den Anspruch auf angemessene Vergütung (§ 32 nF) geschützt.

Der Vergütungsanspruch besteht nur im durch die Definition der **Kabelweitersen-**　**11**
dung in § 20b Abs. 1 gezogenen Rahmen, also dann, wenn das Werk im Rahmen
eines zeitgleich, unverändert und vollständig weiterübertragenen Programms weitergesendet wird. Entgegen dem Vorschlag des *Fachausschusses für Urheber- und
Verlagsrecht der Deutschen Vereinigung für gewerblichen Rechtsschutz und Urheberrecht* (GRUR 1995, 570, 571) sichert § 20b Abs. 2 den Urhebern daher **bei sog.
Rosinenprogrammen**, dh bei Sendungen, die nur einzelne Teile eines Programms
oder sogar nur einzelne Werke übernehmen, **keine Vergütung** (aA *Schricker/v. Ungern-Sternberg* § 20b Rn 23).

Der Vergütungsanspruch richtet sich unabhängig davon, ob die Rechtseinräumung　**12**
an das Sendeunternehmen oder an den Tonträger bzw Filmhersteller erfolgte, **stets
gegen das Kabelunternehmen** (§ 20 Abs. 2 S. 1). Dieses legt die Kosten durch erhöhte Preise auf die Verbraucher um.

Der Vergütungsanspruch ist wie jener aus § 27 **unverzichtbar** (§ 20b Abs. 2 S. 2).　**13**
Er kann im Voraus nur an eine Verwertungsgesellschaft **abgetreten** und überdies nur
durch eine solche **geltend gemacht** werden (§ 20b Abs. 2 S. 3). Sinn und Zweck der
Vorschrift ist es, dem Urheber, der sich häufig der Notwendigkeit ausgesetzt sieht,
sein Recht auf Kabelweitersendung einem Tonträger- oder Filmhersteller einzuräumen, für diesen Fall eine angemessen Vergütung zu sichern. Das ist im Hinblick auf
die den **Endverbraucher treffende doppelte Vergütungspflicht** – einmal an den
Netzbetreiber, zum anderen an die Rundfunkgebühren – häufig kritisiert worden

(*Gounalakis* NJW 1999, 545, 546). **Tarifverträge** und **Betriebsvereinbarungen** von Sendeunternehmen können die Vergütungsfrage auch ohne Einbeziehung der Verwertungsgesellschaften regeln, soweit sie dem Urheber eine angemessene Vergütung für jede Kabelweitersendung einräumen (§ 20b Abs. 2 S. 4).

§ 21   Recht der Wiedergabe durch Bild- oder Tonträger

Das Recht der Wiedergabe durch Bild- oder Tonträger ist das Recht, Vorträge oder Aufführungen des Werkes mittels Bild- oder Tonträger öffentlich wahrnehmbar zu machen. § 19 Abs. 3 gilt entsprechend.

Übersicht

I. Regelungsgehalt

1. Allgemeines

1   § 21 bezieht sich auf die Wiedergabe eines Werkes, das bereits mindestens einmal verwertet wurde, nämlich durch Aufnahme auf Bild- oder Tonträger. Daher wird das Recht der Wiedergabe durch Bild- oder Tonträger auch als **Zweitverwertungsrecht** bezeichnet.

2. Geschichte

2   Das LUG kannte kein Recht der öffentlichen Wiedergabe eines Werkes mittels Bild- oder Tonträger. Die Rspr (*BGH* NJW 1954, 305 – Lautsprecherübertragung; vgl NJW 1960, 2048 – Künstlerlizenz Rundfunk; NJW 1960, 2051 – Künstlerlizenz Schallplatten; s. auch amtl. Begr. BT-Drucks. IV/270, 50) sah diese Recht aber vom Vortrags- bzw Aufführungsrecht des Urhebers aus § 11 LUG als mit umfasst an, dh die Wiedergabe eines Sprachwerkes, eines Bühnenwerkes oder eines Werkes der Musik mittels Film oder Schallplatte wurde als ein bes. Vortrag bzw eine bes. Aufführung begriffen. § 22a LUG 1910, der vorsah, dass die rechtmäßig hergestellten Vervielfältigungsexemplare ohne weitere Erlaubnis des Urhebers zur öffentlichen Aufführung benutzt werden dürfen, sollte nach der Rspr (*BGH* NJW 1954, 305 ff. – Lautsprecherübertragung; vgl NJW 1960, 2051, 2052 – Künstlerlizenz Schallplatten; NJW 1960, 2048 f. – Künstlerlizenz Rundfunk; s. auch amtl. Begr. BT-Drucks. IV/270, 50) auf die öffentliche Wiedergabe durch dem Gesetzgeber bei der Novelle des LUG 1910 unbekannte Nutzungsarten, wie die Wiedergabe auf Schallplatten festgelegter Tonwerke durch einen Plattenspieler mit Lautsprecher, nicht anwendbar sein.

Das 1965 in Kraft tretende UrhG gab die Regelung des § 22a auf und führte die Vor- **3** schrift des § 21 in der heute noch geltenden Fassung ein, die dem Urheber allg. das ausschließliche Recht gewährt, Vorträge oder Aufführungen seines Werkes mittels Bild- oder Tonträger öffentlich wahrnehmbar zu machen.

3. Abgrenzung zu anderen Verwertungsrechten

Es geht in § 21 um die Zulässigkeit der **Wahrnehmbarmachung** eines Werks an ein **4** an einem Ort versammeltes Publikum. Auf den **Übertragungsvorgang** bis zu diesem Ort oder zwischen einzelnen Orten, an denen das Werk dem Publikum mittels Bild- oder Tonträger wiedergegeben wird, bezieht sich § 21 S. 1 ebenso wenig wie § 21 S. 2 iVm § 19 Abs. 3. Diese Frage, ob die Übertragungsvorgänge – und die darin notwendig liegende Wahrnehmbarmachung des Werkes durch das Sendeunternehmen an eine Öffentlichkeit – urheberrechtlich relevant sind, beurteilt sich vielmehr nach **§§ 20, 20a**. § 21 und das Senderecht beziehen sich daher jeweils auf unterschiedliche Nutzungshandlungen (*BGH* NJW 1993, 2871, 2872 – Verteileranlagen). Da in § 21 vorausgesetzt wird, dass ein Vortrag oder eine Aufführung bereits stattgefunden hat und aufgenommen wurde, ergeben sich zu **§ 19 Abs. 3** keine Abgrenzungsschwierigkeiten. Problematisch kann die Unterscheidung zwischen § 21 S. 2 iVm § 19 Abs. 3 und **§ 22** sein, weil es in beiden Fällen um die Wahrnehmbarmachung eines mittels technischer Vorrichtungen übertragenen Werkes geht. Maßgeblich muss dabei sein, dass § 19 Abs. 3 dem Urheber nur die Entsch. darüber vorbehalten soll, ob sein Werk, etwa wegen starken Andrangs zu der Veranstaltung, zeitgleich auch an einem anderen Ort für ein dort versammeltes Publikum wahrnehmbar gemacht werden darf (vgl *BGH* NJW 1993, 2871 – Verteileranlagen). Die zeitgleiche Wiedergabe eines auf Bild- und Tonträger aufgezeichneten Werkes in unmittelbarer Nähe zum Wiedergabeort nach § 21 S. 1 fällt daher trotz des vorangegangenen Übertragungsvorgangs unter § 21 S. 2 iVm § 19 Abs. 3, während § 22 einschlägig ist, wenn das aufgezeichnete Werk (auch zeitgleich, vgl § 20 Rn 5) nach Übertragung über längere Strecken wahrnehmbar gemacht wird.

Im Verhältnis zu § 21 ist **§ 19 Abs. 4** für die öffentliche Wiedergabe der dort genann- **5** ten Werkgattungen (§ 2 Abs. 1 Nr. 4-7) lex specialis. Dies gilt auch, soweit Werke anderer Werkgattungen zu einem Filmwerk, einem Lichtbild oder Laufbildern verarbeitet wurden.

II. Öffentliche Wahrnehmbarmachung von Vorträgen oder Aufführungen des Werkes mittels Bild- oder Tonträger

1. Vorträge oder Aufführungen

Durch Bild- oder Tonträger öffentlich wahrnehmbar gemacht werden können alle **6** Werkvorträge und Werkaufführungen **iSd § 19 Abs. 1 und 2**, also vor allem Sprachwerke, Musikwerke und pantomimische bzw choreographische Werke iSd § 2 Abs. 1 Nr. 1-3.

§ 21 verlangt nur, dass überhaupt Vorträge oder Aufführungen mittels Bild- oder **7** Tonträger öffentlich wahrnehmbar gemacht werden, nicht jedoch, dass in dem Vortrag oder der Aufführung auch selbst schon eine Verwertungshandlung nach § 19 Abs. 1, 2 lag. Die aufgenommenen Vorträge oder Aufführungen **müssen** daher **selbst nicht öffentlich gewesen sein** (**hM** *Schricker/v. Ungern-Sternberg* § 21 Rn 6).

2. Wahrnehmbarmachung

8 Das Verwertungsrecht aus § 21 bezieht sich nur auf die Wahrnehmbarmachung der Bild- oder Tonbandaufnahme. Wahrnehmbar wird der aufgenommene Vortrag oder die Aufführung immer dann, wenn sie unmittelbar für die menschlichen Sinne wiedergegeben werden (*Schricker/v. Ungern-Sternberg* § 21 Rn 7; vgl *BGH* NJW 1993, 2871 – Verteileranlagen). § 21 erfordert keine unveränderte Wiedergabe durch Bild- oder Tonträger (ebenso *Schricker/v. Ungern-Sternberg* § 21 Rn 8; **aA** *v. Gamm* § 16 Rn 6 und § 21 Rn 6). Die Wiedergabe von Vorträgen oder Aufführungen des Werkes in umgestalteter oder bearbeiteter Form reicht nach allg. Grundsätzen aus, nicht jedoch eine Gestaltung, bei der die Züge des fremden Werkes verblassen, weil dann eine freie Benutzung des Werkes iSd § 24 vorliegt.

3. Mittels Bild- oder Tonträger

9 Die Wahrnehmbarmachung muss mittels Bild- oder Tonträger erfolgen. Es gilt die **Legaldefinition des § 16 Abs. 2** (hierzu § 16 Rn 20). Ob das **Original** oder **Vervielfältigungsstücke** verwandt werden und ob Letztere **rechtmäßig** oder **rechtswidrig**, nämlich unter Verstoß gegen das Verwertungsrecht des Urhebers aus § 16, hergestellt wurden, ist belanglos. § 21 bleibt neben **§ 96** anwendbar (*Schricker/v. Ungern-Sternberg* § 21 Rn 6).

10 Wegen des für das Recht auf Wahrnehmbarmachung des Filmwerkes **vorrangigen Rechts der Urheber des Filmes** und der zu seiner Herstellung benutzten Werke ist der Anwendungsbereich des § 21 bei Bildträgern auf solche beschränkt, die **Laufbilder** zeigen (vgl oben Rn 5).

4. Öffentlichkeit

11 § 21 S. 1 betrifft nur Wahrnehmbarmachungen für Personen, die **gemeinsam an einem Ort versammelt** sind (*BGH* NJW 1993, 2871 – Verteileranlagen). Das ergibt sich aus § 21 S. 2, der für Übertragungen an einen anderen Ort als den, an dem das Werk iSd § 21 wahrnehmbar gemacht wird, auf § 19 Abs. 3 verweist. Deshalb ist die Wahrnehmbarmachung des Werkes mittels Bild- oder Tonträger anders als beim Senderecht (§§ 20, 20a) nur öffentlich, wenn der Bild- oder Tonträger einem an einem bestimmten Ort versammelten Personenkreis wahrnehmbar gemacht werden soll, welcher für sich genommen schon den Anforderungen des § 15 Abs. 3 genügt. Nicht ausreichend ist insb. eine sukzessive Bild- oder Tonträgerdarbietung, zB indem eine CD nacheinander mehreren Personen vorgespielt wird (s. schon § 6 Rn 11 f.). Nach dem geltenden Öffentlichkeitsbegriff des § 15 Abs. 3 (hierzu § 6 Rn 6 ff. und § 15 Rn 78) reicht aber aus, dass die Darbietung für eine Öffentlichkeit **bestimmt** ist. Wer unautorisiert im Veranstaltungsraum Musik vom Tonträger spielt, verstößt daher auch dann gegen § 21, wenn sich seine Erwartungen hinsichtlich der Zusammensetzung des Kreises der Veranstaltungsteilnehmer nicht erfüllen und nur einige Freunde erscheinen. Entspr. der Fassung der Vorschrift („… jeder, der nicht …") hat auch nach neuem Recht derjenige, welcher sich auf mangelnde Öffentlichkeit der Wiedergabe stützt, dies darzutun und zu beweisen (so schon zu § 15 Abs. 3 aF *OLG Koblenz* NJW-RR 1987, 699, 700).

III. Entsprechende Anwendung von § 19 Abs. 3 (§ 21 S. 2)

Nach § 21 S. 2 iVm § 19 Abs. 3 umfasst das Recht der Wiedergabe durch Bild- oder **12** Tonträger auch das Recht, die Wiedergabe **außerhalb des Raumes**, in dem die Wiedergabe erfolgt, durch Bildschirm, Lautsprecher oder ähnliche technische Einrichtungen öffentlich wahrnehmbar zu machen. Dem Urheber wird so die Entsch. darüber gesichert, ob eine Wiedergabe durch Bild- oder Tonträger, etwa wegen starken Andrangs zu der Veranstaltung, zeitgleich auch an einem anderen Ort für ein dort versammeltes Publikum wahrnehmbar gemacht werden darf (*BGH* NJW 1993, 2871 – Verteileranlagen).

IV. Beispiele

Unter § 21 **fällt** das **Abspielen von Schallplatten in Gaststätten** (*BGH* NJW 1960, **13** 2051 – Künstlerlizenz Schallplatten). Wer in der **Diskothek** CDs mit geschützter Musik einlegt, verstößt gegen § 21. Gleiches gilt für die Wahrnehmbarmachung von Musik von der CD, von Kassette oder Schallplatte in **Spielhöllen** oder **Bars**. Eine öffentliche Musikwiedergabe liegt vor, wenn ein **Bahnunternehmen** seine Fahrgäste in der Aufenthaltshalle oder an den Sitzplätzen der Gemeinschaftswagons mit „Tonkonservenmusik" berieselt. Gleiches gilt für die Musikberieselung von CD oder Schallplatte im **Kaufhaus** oder im **Café**; über § 21 S. 2 iVm § 19 Abs. 3 wird auch die Wahrnehmbarmachung im Biergarten davon erfasst. Der Straßenkünstler, etwa ein **Streetdancer**, der seine Darbietung zu geschützter Musik vom Tonband aufführt, verstößt gegen § 21. Der Professor, der in einer öffentlichen Vorlesung **Texte mittels Dia- oder Overheadprojektor** an die Wand wirft, greift in das Verwertungsrecht des Urhebers der Sprachwerke aus § 21 ein. Ebenso ist auch die Wiedergabe der Texte mittels **Power Point** eine Verletzung des § 21, da die Festplatte zur wiederholbaren Wiedergabe von Sprachwerken dient und daher unter den Begriff des Bildträgers fällt.

Nicht von § 21 erfasst wird das gemeinsame Anhören von Musik durch zwei Freun- **14** de, die gemeinsam urheberrechtsgeschützte Musik aus dem **Internet** downloaden und auf CD brennen. Wer eine **Veranstaltung im Familien- oder engen Freundeskreis** mit Hintergrundmusik vom Tonträger versieht, verstößt nicht gegen § 21. Das Musikgeschäft, das potentiellen Interessenten über Einzelkopfhörer die Möglichkeit zum Probehören von Musik gibt, verstößt nicht gegen § 21. Die Einzelsitzplatzwiedergabe von Musik in Wagons der **Bahn** AG über Kopfhörer ist keine Wiedergabe iSd § 21, kann jedoch in das Senderecht nach §§ 20 ff. eingreifen. Ein Hotel, das seinen Gästen die Möglichkeit bietet, auf dem Hotelzimmer **Videos** anzuschauen, verstößt nicht gegen § 21 (*Schricker/v. Ungern-Sternberg* § 16 Rn 9); anders aber, wenn diese Möglichkeit im Gemeinschaftsraum geboten wird. Da die Musik nicht für Dritte bestimmt ist, verstoßen **Jugendliche**, die mit ihrem eingeschalteten Kassettenrecorder durch die Straßen ziehen, nicht gegen das Verwertungsrecht der Musikurheber aus § 21.

V. Aktiv- und Passivlegitimation

Das Recht der Wiedergabe durch Bild- oder Tonträger wird im Allgemeinen durch **15** Verwertungsgesellschaften wahrgenommen, und zwar vor allem durch die **GEMA**, die **VG WORT** und die **VG Bild-Kunst**. Hinsichtlich der Passivlegitimation ergeben sich keine Besonderheiten.

§ 22   Recht der Wiedergabe von Funksendungen und von öffentlicher Zugänglichmachung

Das Recht der Wiedergabe von Funksendungen und der Wiedergabe von öffentlicher Zugänglichmachung ist das Recht, Funksendungen und auf öffentlicher Zugänglichmachung beruhende Wiedergaben des Werkes durch Bildschirm, Lautsprecher oder ähnliche technische Einrichtungen öffentlich wahrnehmbar zu machen. § 19 Abs. 3 gilt entsprechend.

§ 22 idF bis 12.9.2003

Das Recht der Wiedergabe von Funksendungen ist das Recht, Funksendungen des Werkes durch Bildschirm, Lautsprecher oder ähnliche technische Einrichtungen öffentlich wahrnehmbar zu machen. § 19 Abs. 3 gilt entsprechend.

Literatur: *Sterner* Rechtsfragen der Fernsehberichterstattung, GRUR 1963, 303.

Übersicht

I. Regelungsgehalt

1. Geschichte

1   Nach dem bis zum In-Kraft-Treten des UrhG geltenden Recht war die Frage, ob dem Urheber auch die ausschließliche Befugnis zur öffentlichen Wahrnehmbarmachung von Funksendungen seines Werkes vorbehalten sein sollte, umstr. Das RG (*RGZ* 136, 377, 386 ff.) hatte entschieden, die Zustimmung des Urhebers sei nicht erforderlich, wenn die Sendung durch Lautsprecher öffentlich wiedergegeben werde. Davon war der *BGH* (NJW 1963, 651, 653 – Fernsehwiedergabe von Sprachwerken) jedoch schon früh abgewichen. Im Hinblick auf diese Rspr sowie auf Art. 11bis Abs. 1 Nr. 3 RBÜ, der dem Urheber das ausschließliche Recht zugesteht, die öffentliche Mitteilung des durch Rundfunk gesendeten Werkes durch Lautsprecher oder irgendeine an-

dere ähnliche Vorrichtung zur Übertragung von Zeichen, Tönen oder Bildern zu erlauben, wurde bei Schaffung des UrhG ein entspr. ausschließliches Recht des Urhebers in § 22 niedergelegt und in § 22 S. 2 eine § 21 S. 2 entspr. Regelung eingefügt (amtl. Begr. BT-Drucks. IV/270, 50 f.). Im Zuge der Gesetzesreform zur Umsetzung der Europäischen Richtlinie 2001/29/EG zur Harmonisierung des Urheberrechts (ABlEG Nr. L 167/10) wurde § 22 um das Recht des Urhebers zur Wiedergabe von öffentlichen Zugänglichmachungen iSd durch dieselbe Gesetzesreform neu eingefügten § 19a ergänzt.

2. Sinn und Zweck der Vorschrift

Die öffentliche Wiedergabe einer Funksendung oder öffentlichen Zugänglichmachung durch Bildschirm, Lautsprecher oder ähnliche technische Einrichtungen stellt einen von der Rundfunksendung zu unterscheidenden selbständigen Akt der Werkwiedergabe dar, der von der Sendeerlaubnis nicht umfasst wird. Diese behält eigenständigen Regelungsgehalt dadurch, dass die Hörbarmachung einer Sendung im privaten Bereich keiner Erlaubnis des Urhebers bedarf; für diese Werknutzung ist der Urheber durch die Sendelizenzgebühr hinreichend abgegolten (*BGH* NJW 1981, 1042, 1044 – Kabelfernsehen in Abschattungsgebieten). Wird dagegen das ausgestrahlte Sendegut öffentlich wahrnehmbar gemacht, liegt darin im Verhältnis zur Sendung eine **Zweitverwertung**, für die der Urheber angemessen zu vergüten ist. Hierfür bildet § 22 die Grundlage (*BGH* NJW 1963, 651, 653 – Fernsehwiedergabe von Sprachwerken). 2

3. Abgrenzung zu anderen Verwertungsrechten

§ 22 betrifft die öffentliche Wiedergabe eines Werkes, während **§§ 20, 20a** dem Urheber die Entsch. über den Sendeakt selbst einräumen. Abgrenzungsschwierigkeiten zu §§ 20, 20a ergeben sich deshalb nicht. Von **§ 21** unterscheidet sich § 22 dadurch, dass er einen vorausgegangenen Sendevorgang bzw eine öffentliche Zugänglichmachung voraussetzt, während es an einem solchen bei § 21 fehlt; hier wird direkt vom Bild- bzw Tonträger wiedergegeben. 3

Schwierig ist die Abgrenzung von **§ 19a**. Ebenso wie bei § 19a geht es bei **§ 22** um die Zugänglichmachung des Werkes für eine Öffentlichkeit. Auch lässt sich ein Unterschied nicht darin sehen, dass ihr bei § 22 ein Sendeakt vorangegangen ist, weil das Bereitstellungsrecht des Urhebers einen vorangegangenen Sendeakt zwar nicht voraussetzt, durch ihn aber auch nicht ausgeschlossen wird. Der entscheidende Unterschied zwischen § 19a einerseits und § 22 andererseits liegt darin, dass der potenzielle Nutzer im Falle des § 19a die Möglichkeit erhält, sich über das Werk eine eigene Verfügungsgewalt zu verschaffen, während er es im Falle des § 22 nur zu rezeptivem Genuss erhält. 4

Abgrenzungsschwierigkeiten entstehen auch im Verhältnis zu **§ 19 Abs. 3** (ggf iVm § 21 S. 2), weil es dort wie hier um die zeitgleiche und unmittelbare Wiedergabe von Werkdarbietungen nach technischer Übertragung gehen kann. Kennzeichnend für § 19 Abs. 3 ist die räumliche Nähe zum Veranstaltungsort bzw dem Ort der ersten Werknutzung. Die Vorschrift soll dem Urheber nur die Entsch. darüber vorbehalten, ob sein Werk, etwa wegen starken Andrangs zu der Veranstaltung, zeitgleich auch an einem anderen Ort für ein dort versammeltes Publikum wahrnehmbar gemacht wer- 5 den darf (vgl *BGH* NJW 1993, 2871 – Verteileranlagen). Befindet sich der zweite Wiedergabeort noch in unmittelbarer Nähe des Veranstaltungsortes bzw (bei § 22 S. 2) des Ortes der ersten öffentlichen Wiedergabe nach §§ 21, 22, ist daher § 19 Abs. 3 (ggf iVm §§ 21 S. 2, 22 S. 2) einschlägig, andernfalls bedarf es des Rückgriffs auf § 22 S. 1.

II. Recht der Wiedergabe von Funksendungen und von öffentlicher Zugänglichmachung (§ 22 S. 1)

1. Allgemeines

6   § 22 behält dem Urheber das Recht der Wiedergabe von Funksendungen bzw öffentlichen Zugänglichmachungen vor und definiert dieses als das Recht, Funksendungen und die öffentliche Zugänglichmachung des Werkes durch Bildschirm, Lautsprecher oder ähnliche technische Einrichtungen öffentlich wahrnehmbar zu machen. Da der Verwertung durch Wiedergabe der Funksendung bzw öffentlichen Zugänglichmachungen begrifflich eine Funksendung iSd §§ 20 oder 20a bzw eine öffentliche Zugänglichmachung nach § 19a vorausgegangen sein muss, wird das Verwertungsrecht aus § 22 auch als sog. **Zweitverwertungsrecht** bezeichnet.

2. Funksendung oder öffentliche Zugänglichmachung eines Werkes

7   **a) Funksendung.** Anders als § 21, der sich nur auf Werke bezieht, die vor- oder aufgeführt werden können, erfasst § 22 alle durch Funk gesendeten Werke. Ihnen stehen mit Hilfe ähnlicher technischer Mittel iSd § 20 gesendete Werke gleich. Das ergibt sich aus der Anlehnung des § 22 an Art. 11bis Abs. 1 Nr. 3 RBÜ, der dem Urheber ebenfalls das ausschließliche Recht zugesteht, die öffentliche Mitteilung des durch Rundfunk gesendeten Werkes durch Lautsprecher oder irgendeine andere ähnliche Vorrichtung zur Übertragung von Zeichen, Tönen oder Bildern zu erlauben (vgl amtl. Begr. BT-Drucks. IV/270, 50 f. und oben § 22 Rn 1 f.).

8   Es kommt nicht darauf an, ob es sich um eine **Life-Sendung** oder um eine **Sendung vom Bild- oder Tonträger** handelte.

9   Ebenso wie im Anwendungsbereich des § 21 muss es sich bei der Sendung des Werkes **nicht um eine öffentliche Sendung** gehandelt haben; Voraussetzung für die Anwendbarkeit des § 22 ist lediglich, dass die Sendung öffentlich wiedergegeben wird (ebenso *v. Gamm* § 22 Rn 3; **aA** *Schricker/v. Ungern-Sternberg* § 22 Rn 4). § 96 Abs. 2, nach dem nur rechtswidrig, dh unter Verstoß gegen §§ 20 oder 20a veranstaltete Funksendungen nicht öffentlich wiedergegeben werden dürfen, steht nicht entgegen, weil er lediglich einen Mindestschutz gewährt (**aA** *Schricker/v. Ungern-Sternberg* § 22 Rn 4).

10   **b) Öffentliche Zugänglichmachung.** Ausreichend ist sogar, wenn der Wiedergabe nur eine öffentliche Zugänglichmachung iSd § 19a vorangegangen ist. Wegen der Voraussetzungen, unter denen eine öffentliche Zugänglichmachung angenommen werden kann, wird auf die Kommentierung des § 19a verwiesen. Hat der Verwerter das Werk, welches er öffentlich wahrnehmbar macht, aus einer öffentlichen Zugänglichmachung iSd § 19a, insb. durch Abruf (**on demand**) aus dem Internet, erlangt, greift er also in das Verwertungsrecht des Urhebers aus § 22 S. 1 ein, wenn er es öf-

fentlich wahrnehmbar macht. Auf die Frage nach der rechtlichen Natur des vorangegangenen Übertragungsakts kommt es dann nicht an. Anders als bzgl der Funksendung ist bei der Zugänglichmachung aber erforderlich, dass sie **öffentlich** iSd § 19a
war. Daher wird die öffentliche Wahrnehmbarmachung einer dem Verwerter durch
eine Person aus dem Familienkreis per E-Mail übermittelten Information nur von
§ 22 erfasst, wenn man die Übermittlung der E-Mail als Sendeakt iSd § 20 ansieht
(hierzu oben § 20 Rn 15) und für § 22 eine nichtöffentliche Sendung ausreichen lässt
(hierzu oben § 22 Rn 9).

Die Ergänzung des § 22 S. 1 um die Wahrnehmbarmachung öffentlicher Zugänglich- **11**
machungen ermöglicht es, auch die Wahrnehmbarmachung eines mit Hilfe einer
neuen Technik, die dem herkömmlichen Mittel des Funks nicht vergleichbar ist,
übermitteltes Werk dem Verwertungsrecht des Urhebers zu unterstellen.

3. Wahrnehmbarmachung

Wahrnehmbar wird das Werk gemacht, wenn es unmittelbar für die menschlichen **12**
Sinne wiedergegeben wird (*Schricker/v. Ungern-Sternberg* § 22 Rn 5). Auch die
Wahrnehmbarmachung in **veränderter** Form erfüllt diese Voraussetzungen.

4. Öffentlichkeit

Die Wahrnehmbarmachung der Funksendung bzw öffentlichen Zugänglichmachung **13**
des Werkes selbst muss **öffentlich** sein. Das gilt auch dann, wenn man mit der hier
vertretenen Auffassung eine Öffentlichkeit des Sendeakts selbst nicht für erforderlich hält (hierzu oben § 22 Rn 9). Erfolgt die Wahrnehmbarmachung im privaten Bereich, ist sie urheberrechtlich irrelevant, da dem Urheber nur die öffentliche Werkwiedergabe in unkörperlicher Form vorbehalten ist (*BGH* NJW 1981, 1042, 1044 –
Kabelfernsehen in Abschattungsgebieten; NJW 1996, 3084, 3085 – Zweibettzimmer
im Krankenhaus).

Es gilt der Öffentlichkeitsbegriff des **§ 15 Abs. 3**, dh eine gleichzeitige Wahrnehm- **14**
barmachung wäre an sich nicht erforderlich. Wie sich im Umkehrschluss aus § 22
S. 2 ergibt, der die Entsch. über die Übertragung des Werkes an einen anderen Platz
als den der Wahrnehmbarmachung iSd § 22 S. 1 dem Urheber vorbehält, kommt es
für die Frage der Öffentlichkeit allerdings nicht auf den Kreis der Empfänger als solchen, sondern auf den **an einem Ort zeitgleich versammelten Personenkreis** an
(vgl *BGH* NJW 1996, 3084, 3085 – Zweibettzimmer im Krankenhaus). Eine sukzessive Wahrnehmbarmachung des Werkes an mehrere Personen oder aber die zeitgleiche Werkübertragung an mehrere räumlich an unterschiedlichen Orten aufenthältli-
che Personen reicht daher wegen der Besonderheiten der Vorschrift abweichend von
§ 15 Abs. 3 nicht aus. Wegen der Einzelheiten wird auf die Kommentierung zu § 6
Rn 6 ff. und § 15 Rn 78 f. verwiesen.

Die **Beweislast** für fehlende Öffentlichkeit trifft den, der sich auf sie beruft (*OLG* **15**
Koblenz NJW-RR 1987, 699, 700; näher § 15 Rn 79).

5. Bildschirm, Lautsprecher oder ähnliche technische Einrichtungen

Die Wahrnehmbarmachung muss durch Bildschirm, Lautsprecher oder ähnliche **16**
technische Einrichtungen erfolgen. Es gelten die Begriffsdefinitionen des **§ 19
Abs. 3** (hierzu § 19 Rn 30).

III. Entsprechende Anwendung von § 19 Abs. 3 (§ 22 S. 2)

17   Nach § 22 S. 2 iVm § 19 Abs. 3 umfasst das Recht der Wiedergabe einer Funksendung durch Bildschirm, Lautsprecher oder ähnliche technische Einrichtungen auch das Recht, die Wiedergabe **außerhalb des Raumes**, in dem die Wiedergabe erfolgt, durch Bildschirm, Lautsprecher oder ähnliche technische Einrichtungen öffentlich wahrnehmbar zu machen. Dem Urheber wird so die Entsch. darüber gesichert, ob eine Wiedergabe, etwa wegen starken Andrangs zu der Veranstaltung, zeitgleich auch an einem anderen Ort für ein dort versammeltes Publikum wahrnehmbar gemacht werden darf (vgl *BGH* NJW 1993, 2871 – Verteileranlagen). Daher kann der Urheber auch darüber bestimmen, ob eine **Internet-Live-Übertragung**, für deren öffentliche Wiedergabe in der Gaststätte der Gastwirt eine Lizenz erhalten hat, mittels eines Großbildschirms auch vor der Gaststätte wahrnehmbar gemacht werden darf. Letztlich läuft dies auf eine Prüfung der Reichweite der Lizenz hinaus.

IV. Beispiele

18   **§ 22 wird verletzt**, wenn unautorisiert in der Öffentlichkeit Fernseh- oder Radiogeräte aufgestellt und die Sendungen wahrnehmbar gemacht werden (*BGH* NJW 1993, 2871 – Verteileranlagen). Der **Gastwirt**, der in einer Gaststätte einen Fernseher oder ein Radio aufstellt, greift deshalb in das Verwertungsrecht des Urhebers aus § 22 ein (*BGH* NJW 1963, 651, 653 – Fernsehwiedergabe von Sprachwerken). Das gilt selbst dann, wenn es sich bei der Sendung um eine Live-Sendung handelt (*BGH* NJW 1963, 651, 653 – Fernsehwiedergabe von Sprachwerken). Wer in **Warteräumen** das **Radio** laufen lässt oder **Fernseher** bzw **PC** aufstellt, um den Gästen oder Kunden die Wartezeit zu verkürzen, muss hierfür eine Lizenz des Urhebers einholen. Die Wiedergabe von Fernseh- oder Musiksendungen mittels in der **Bahn** oder im **Flugzeug** über den einzelnen Sitzreihen angebrachten, für mehrere Passagiere gleichzeitig einsehbaren Fernsehern verletzt § 22, wenn urheberrechtsgeschützte Werke gezeigt werden. Nichts anderes kann gelten, wenn die Geräte zwar an den Sitzen der Passagiere angebracht, aber ohne weiteres auch von den Nachbarsitzen und vom Gang aus sichtbar sind; im Hinblick auf das mangels räumlicher Abgrenzung notwendig entstehende Gemeinschaftsgefühl und angesichts der begrenzten Umschaltmöglichkeiten kann hier von einer nur für einen privaten Kreis von Personen bestimmten Sendung nicht mehr die Rede sein. Die Wiedergabe von per Internet abgerufenen Werken auf dem **PC einer Gaststätte** verstößt gegen § 22. Das gilt auch dann, wenn das Werk **per privater E-Mail** übermittelt wurde (streitig, so Rn 9).

19   **Nicht berührt** wird das Recht der Wiedergabe von Funksendungen durch die Wiedergabe geschützter Musik- und Sprachwerke mittels eines Fernsehgerätes im **Zweibettzimmer eines Krankenhauses**, weil die Patienten im Zweibettzimmer durch persönliche Beziehungen miteinander verbunden sind und die Wiedergabe daher nicht öffentlich ist (*BGH* NJW 1996, 3084, 3084 – Zweibettzimmer im Krankenhaus).

V. Aktiv- und Passivlegitimation

20   Die Rechte des Urhebers aus § 22 werden im Allgemeinen durch die **GEMA** bzw die **VG Bild-Kunst** und der **VG WORT** ausgeübt. Bislang war allerdings das Recht zur

Wahrnehmbarmachung von **öffentlichen Zugänglichmachungen** nicht in den Verträgen enthalten. Es kommt dann darauf an, ob sich der Vorgang auch als Wahrnehmbarmachung einer Funksendung erfassen lässt. Die GEMA nimmt aufgrund vertraglicher Abreden bei Sprachwerken teilweise auch die Berechtigungen der VG WORT und der GVL wahr. Soweit diese nämlich mit Einwilligung des Berechtigten vertont wurden und die Werke erschienen sind, hat die VG WORT, gewisse dramatisch-musikalische Werke ausgenommen, durch Vertrag der Verwertungsgesellschaften die Rechte der GEMA zur treuhänderischen Wahrnehmung übertragen, soweit die Verwertung des Sprachwerkes zusammen mit der Musik betroffen ist. Bei derartigen vertonten Sprachwerken ist also die GEMA zuständig; sie führt die sich nach ihrem Verteilungsplan ergebenden Textdichteranteile an die VG WORT ab, die ihrerseits mit den Urhebern abrechnet. Hinsichtlich der Passivlegitimation ergeben sich keine Besonderheiten.

VI. Behandlung von Altfällen

Auf Altfälle findet § 22 nF insoweit keine Anwendung, als die Wahrnehmbarma-   **21** chung öffentlicher Zugänglichmachungen betroffen ist. Sie war nach altem Recht kein Vorgang der Wahrnehmbarmachung iSd § 22. Fasst man mit der hier vertretenen Auffassung (hierzu § 20 Rn 3 ff.) den Begriff des Funks in § 22 jedoch weit, ergeben sich für die praktisch relevanten Bereiche keine Schutzlücken. Die Wahrnehmbarmachung von aus dem Internet abgerufenen Werken unterfällt dann nämlich bereits § 22 S. 1 Alt. 1. Die Gegenmeinung ist darauf angewiesen, für Altfälle ein Innominatrecht anzuerkennen (näher hierzu § 15 Rn 67).

§ 23   Bearbeitungen und Umgestaltungen

Bearbeitungen oder andere Umgestaltungen des Werkes dürfen nur mit Einwilligung des Urhebers des bearbeiteten oder umgestalteten Werkes veröffentlicht oder verwertet werden. Handelt es sich um eine Verfilmung des Werkes, um die Ausführung von Plänen und Entwürfen eines Werkes der bildenden Künste, um den Nachbau eines Werkes der Baukunst oder um die Bearbeitung oder Umgestaltung eines Datenbankwerkes, so bedarf bereits das Herstellen der Bearbeitung oder Umgestaltung der Einwilligung des Urhebers.

Literatur: *Apel/Steden* Urheberrechtsverletzungen durch Werbeblocker im Internet, WRP 2001, 112; *Brauneck* Das allgemeine Persönlichkeitsrecht im Konflikt mit dem verfassungsrechtlichen Freiheitsanspruch der Satire, ZUM 2000, 137; *Strömholm* Zur Problematik der Fortsetzung eines urheberrechtlich geschützten Werkes, GRUR 1968, 187.

Übersicht

Dreyer

I. Allgemeines

1   Zur Rechtslage unter der Geltung des LUG vgl *BGH* GRUR 1963, 441, 443 – Mit Dir allein.

2   Während § 3 die Frage regelt, ob die Umgestaltung urheberrechtlichen Schutz genießt, trifft § 23 Aussagen über die Zulässigkeit der Herstellung einer Umgestaltung und deren Veröffentlichung und Verwertung. Die Befugnis zur Verwertung des Originalwerkes umfasst in den dort geregelten Grenzen nicht nur das Recht, Veränderungen am Werk zu verhindern, sondern auch die Befugnis, über die Veröffentlichung und Verwertung des Werkes in veränderter Gestalt zu entscheiden. Die Vorschrift sichert anders als das Urheberpersönlichkeitsrecht des § 14 schwerpunktmäßig die **materiellen Interessen** des Urhebers. Denn jede Umgestaltung, ob schöpferisch (und daher nach § 3 geschützt) oder nicht, enthält das Originalwerk in abgeänderter Form und kann damit dessen Verwertung beeinträchtigen.

3   Der Schutz des Urhebers des Originalwerkes erstreckt sich im Allgemeinen nur auf die Veröffentlichung und Verwertung der Umgestaltung, nicht jedoch auch auf deren Herstellung; sie ist, wenn kein Fall des § 23 S. 2 vorliegt, frei. § 23 schränkt damit zugleich die Verwertungsrechte am Originalwerk ein: Gegen die **erstmalige Herstellung einer Bearbeitung oder sonstigen Umgestaltung** kann sich dessen Urheber, wenn kein Fall des § 23 S. 2 vorliegt, auch dann nicht wenden, wenn man in ihr zugleich eine Vervielfältigung des Originalwerkes (§ 16) sehen wollte. **Urheberpersönlichkeitsrechte**, insb. das Entstellungsverbot des § 14, bleiben jedoch unberührt.

4   Zur Systematik s. iÜ auch § 3 Rn 1 ff. und § 14 Rn 14 ff.

II. Begriff der Bearbeitung oder sonstigen Umgestaltung

5   Der Begriff der Bearbeitung deckt sich mit dem des § 3. Von der sonstigen Umgestaltung, die ebenfalls von § 23 erfasst wird, unterscheidet sich die Bearbeitung durch ihre Individualität. Wegen des Begriffs der Bearbeitung und sonstigen Umgestaltung wird auf die Kommentierung zu § 3 Rn 9 ff. verwiesen. Die **Abgrenzung der Bearbeitung von der sonstigen Umgestaltung ist iRd § 23 entbehrlich**, da nicht nur Bearbeitungen, sondern jede Umgestaltung der Vorschrift unterfällt. § 23 erfasst jede veränderte Werkwiedergabe, und zwar unabhängig davon, ob sie ihrerseits schöpferisch ist oder auch nur Bearbeitungscharakter hat. Auf **Nachbildungen von Gemälden** oder Skulpturen ist § 23 anwendbar, wenn diese gewollt oder, wie zB bei einer bes. schlechten Kopie der Fall, ungewollt Abwandlungen vom Originalwerk zeigen. Die erforderliche Werkveränderung liegt idR auch vor, wenn das Werk nur **in eine andere Werkgattung übertragen** wird. § 23 ist danach einschlägig zB bei der Verfilmung, der Übersetzung, dem individuellen Abmalen oder Fotografieren eines Bildes sowie der Errichtung eines Bauwerkes frei nach den Plänen des Architekten (vgl *BGH* WRP 2003, 279, 283 – Staatsbibliothek). Entgegen *Apel/Steden* (WRP 2001, 112 ff.) ist in dem Einsatz von **Werbeblockern** im Internet keine unzulässige Bearbeitung iSd § 23 zu sehen, da Texte bzw Bilder und Werbung kein einheitliches Werk bilden. Ein **Abstract** ist idR eine Bearbeitung des Originals. Je ausführlicher die Darstellung und je enger sie an das Original angelehnt ist, um so mehr spricht dies gegen einen eigenständigen Schutz nach § 3 (vgl *OLG Frankfurt* AfP 1998, 415, 416).

III. Fälle mit Drittbezug

Bearbeitet bzw umgestaltet wird ein Werk auch dann, wenn der Schaffende nicht auf   6
ein fremdes Werk zurückgreift, sondern ein **eigenes Werk** als Vorlage verwendet.
Hatte er am Originalwerk **einem Dritten Nutzungsrechte eingeräumt**, die durch
die Herstellung der Umgestaltung, deren Veröffentlichung oder Verwertung berührt
werden, muss er daher nach § 23 S. 1 vor der Veröffentlichung und Verwertung, unter den Voraussetzungen des § 23 S. 2 sogar schon für die Umgestaltung dessen Zustimmung einholen (vgl *RGZ* 119, 408, 413 f.; *BGH* GRUR 1986, 613, 614 – Ligäa).
Werden durch die Bearbeitung Nutzungsrechte nicht verletzt, sind trotzdem vertragliche Ansprüche zu prüfen, zB ob der Urheber eine **Unikatsgarantie** erteilt hatte.

Wer in Unkenntnis eines früheren Werkes ein Werk schafft, ist originärer Urheber.   7
Für ihn gelten die Beschränkungen des § 23 deshalb nicht. Bei wesentlichen Übereinstimmungen der beiden Werke wird die Kenntnis des Urhebers des späteren Werkes jedoch vermutet.

IV. Rechtsfolge

1. Veröffentlichung und Verwertung (§ 23 S. 1)

Bearbeitungen und andere Umgestaltungen des Werkes dürfen nach § 23 S. 1 nur mit   8
Einwilligung des Urhebers des bearbeiteten oder umgestalteten Werkes veröffentlicht oder verwertet werden. Das Erfordernis gilt nur insoweit, als es um umgestaltete
Teile des Originalwerks geht, die Urheberrechtsschutz genießen, also insb. schöpferisch sind. Gemeinfreie Werkelemente dürfen ohne weiteres verwertet werden.

Unter der **Veröffentlichung** ist nach § 12 Abs. 1 nur die Erstveröffentlichung zu ver-   9
stehen, also das erstmalige Zugänglichmachen des Werkes an eine Mehrzahl von
Personen, deren Kreis nicht bestimmt abgegrenzt ist und die nicht durch gegenseitige
Beziehungen zum Veranstalter persönlich untereinander verbunden sind (näher § 12
Rn 5). Der Schutz des Urhebers des Originalwerks am umgestalteten Werk kann dabei nicht weiter gehen als derjenige am Originalwerk selbst. Ist das Originalwerk bereits erstveröffentlicht worden und das Veröffentlichungsrecht des Urhebers am Originalwerk (§ 12) daher nicht mehr gegeben, ist damit auch sein Veröffentlichungsrecht an der Umgestaltung erloschen. Die Veröffentlichung der Umgestaltung ist
dann ohne weiteres zulässig, solange in der Veröffentlichung nicht zugleich eine andersgeartete Verwertung der Umgestaltung iSd § 15 liegt (*Schricker/Loewenheim*
§ 23 Rn 14; *Ulmer* § 56 I 2; *Rehbinder* Rn 225). Vor nachteiligen Änderungen ist der
Urheber ohnehin durch § 14 geschützt.

Unter der **Verwertung** der Bearbeitung oder sonstigen Umgestaltung versteht man   10
die in § 15 Abs. 1, 2 geregelten Nutzungsarten des Werkes. Das kann unter den für
§ 15 entwickelten Grundsätzen auch eine neue Verwertungsart sein, sodass der Urheber des Ausgangswerks auch in Innominatfällen eingreifen kann.

2. Herstellung (§ 23 S. 2)

In den in § 23 S. 2 genannten Fällen bedarf nicht erst die Veröffentlichung oder Ver-   11
wertung, sondern schon die Herstellung der Bearbeitung oder sonstigen Umgestaltung der Einwilligung des Urhebers des Originalwerkes. Es handelt sich um die **Ver-**

filmung eines Werkes, um die **Ausführung von Plänen und Entwürfen eines Werkes der bildenden Künste**, um den **Nachbau eines Werkes der Baukunst** und um die **Bearbeitung oder Umgestaltung eines Datenbankwerkes**. Grund der Anordnung der Zustimmungspflichtigkeit sind bei diesen Arten der Bearbeitung bzw sonstigen Umgestaltung die hohen Herstellungskosten der Umgestaltung und der Umstand, dass die Herstellung in den in § 23 S. 2 genannten Fällen im Allgemeinen schon in der Absicht der späteren gewerblichen Verwertung der Umgestaltung vorgenommen wird (amtl. Begr. BT-Drucks. IV/270, 51). Der Gesetzgeber ging deshalb davon aus, dass in diesen Fällen bereits in der Herstellung der Bearbeitung ein wesentlicher Eingriff in das Urheberrecht vorliege (vgl amtl. Begr. zu BT-Drucks. IV/3401, 3).

12   Den in § 23 ausdrücklich genannten Fällen **gleichzustellen ist eine nach § 24 Abs. 2 unzulässige freie Benutzung** (hierzu § 24 Rn 25 und 51). Erst recht muss dies gelten, wenn sich die Entnahme nur als Fall der Bearbeitung entpuppt. § 24 Abs. 2 sollte demgemäß auch die Schwierigkeiten bei der Abgrenzung zwischen freier Benutzung und Bearbeitung bzw Vervielfältigung im musikalischen Bereich ausräumen (amtl. Begr. zu § 13 LUG-Entwurf v. 8.12.1900, abgedr. bei *Schulze* Bd 1, S. 138, auf welche die amtl. Begr. zu § 24, BT-Drucks. IV/3401, 3 sich bezieht). Da der Melodienschutz in § 23 S. 2 nicht genannt wird, ist die Herstellung der Bearbeitung oder freien Benutzung frei. Weder werden kostspielige Aufwendungen getätigt noch wird ein irreparabler Zustand geschaffen, sodass sich auch eine analoge Anwendung des § 23 S. 2 verbietet. Er würde zudem dazu führen, dass das veränderte Nachsingen oder die Variation fremder Lieder auch im privaten Bereich nicht mehr möglich wäre. Für die Frage, wann von der Entnahme einer Melodie die Rede sein kann, wird auf die Kommentierung zu § 24 verwiesen.

13   Wie schon bei der Veröffentlichung und Verwertung sind vom Zustimmungserfordernis nur solche umgestalteten Teile des Originalwerks betroffen, für die Urheberrechtsschutz besteht. Gemeinfreie Werkelemente dürfen auch ohne Zustimmung des Urhebers des Werkes verwertet werden.

14   Im Umkehrschluss aus § 23 S. 2 ist zu folgern, dass die **Herstellung** der Bearbeitung oder sonstigen Umgestaltung **in allen anderen Fällen frei,** dh auch ohne Einwilligung des Urhebers und sogar gegen dessen ausdrücklichen Willen zulässig ist (*Schricker/Loewenheim* § 23 Rn 15). Das gilt nur dann nicht, wenn in ihr eine weitere Verwertungshandlung liegt. Will man in der ersten körperlichen Niederlegung einer Bearbeitung eine Vervielfältigung des Originals sehen, ist sie aber keine „weitere Verwertungshandlung" in diesem Sinne. Gegen eine in der Bearbeitung liegende Beeinträchtigung seiner urheberpersönlichkeitsrechtlichen Interessen iSd **§ 14** kann sich der Urheber stets wenden (*BGH* NJW 1987, 1404, 1405 – Oberammergauer Passionsspiele I; NJW 1989, 384, 385 – Oberammergauer Passionsspiele II). Hat der Urheber des Originalwerks der **Herstellung der Umgestaltung zugestimmt**, ist aber zu prüfen, inwieweit angesichts dieser Zustimmung im Einzelfall noch von einer Beeinträchtigung, welche die berechtigten geistigen oder persönlichen Interessen des Originalurhebers gefährdet, gesprochen werden kann.

15   Sind Veränderungen im Rahmen einer **aufgrund einer gesetzlichen Lizenz oder Freistellung nach §§ 44a ff. ermöglichten Nutzung** vorgenommen worden, wurde zB für den privaten Gebrauch iSd § 53 Abs. 1 eine urheberrechtsgeschützte Skulptur

fotografiert und diese vor dem Ablichten mit einem Kleidungsstück und einer Augenbinde dergestalt versehen, dass sie auf der Fotografie als „Zorro" erscheint, ist nach **§ 62 Abs. 1 S. 2 iVm § 39 Abs. 2** abzuwägen. Die Interessenabwägung ist im Lichte des § 23 durchzuführen. Wie sich im Umkehrschluss aus § 23 S. 2 ergibt, lässt das Gesetz die Vornahme von Bearbeitungen und sonstigen Umgestaltungen bis auf wenige Ausnahmefälle zu, ohne dass der Urheber einwilligen muss. Daraus folgt, dass eine Interessengefährdung idR jedenfalls dann noch nicht vorliegt, wenn die Bearbeitung oder sonstige Umgestaltung sich in der privaten Sphäre des Bearbeiters abspielt und eine Kenntnisnahme an die Öffentlichkeit nicht zu befürchten ist. Daher ist zB die Vervielfältigung eines Bauwerkes im Wege der abstrakten Malerei nach § 59 zulässig. Anders kann sich dies verhalten, wenn das vom Urheber selbst in den Verkehr gebrachte Original oder Vervielfältigungsstück irreparabel verändert wird, wenn also zB vor der Ablichtung eines Bauwerkes daran Farbe aufgebracht wird.

Freigestellt ist stets nur die **erste körperliche Festlegung** der Bearbeitung oder sons- **16** tigen Umgestaltung. Denn jede weitere Festlegung der Umgestaltung ist begrifflich schon deren Verwertung. Als solche bedarf sie gem. §§ 23, 16 der Zustimmung des Urhebers des Originalwerks und unter der Voraussetzung, dass die Bearbeitung ihrerseits schöpferisch ist, auch jene des Urhebers der Bearbeitung (§ 3).

Eine **Umgestaltung der Umgestaltung** ist wiederum Bearbeitung oder sonstige Um- **17** gestaltung iSd § 23, und zwar des Originalwerks, wenn dessen Züge in der zweiten Umgestaltung nicht verblassen (§ 24), und außerdem der ersten Bearbeitung, wenn diese den Voraussetzungen des § 3 genügt und damit eigenen Werkschutz genießt. Zur Veröffentlichung und Verwertung der zweiten Bearbeitung ist im letztgenannten Fall neben der Zustimmung des Urhebers des Originalwerks jene des Urhebers der ersten Bearbeitung erforderlich.

Unter dem Begriff der **Verfilmung** versteht man die Herstellung eines Filmes durch **18** Umsetzung eines bestimmten geistigen Inhalts in das bewegte Bild. Verfilmt werden kann daher nicht nur ein Sprachwerk, sondern auch ein Musikwerk oder sogar eine technische Zeichnung iSd § 2 Abs. 1 Nr. 7, wenn sie in das bewegte Bild umgesetzt wird oder in den Film sonst Eingang findet. IdR stellt der Film aber nur die Bearbeitung eines Sprachwerks (Drehbuch) und eines Musikwerks (Filmmusik) dar. Die Verfilmung vorbereitende Tätigkeiten wie die Herstellung von Drehbuch oder Filmmusik sind frei (*Fromm/Nordemann/Vinck* § 23 Rn 4). Jede nachfolgende, iSd § 3 geschützte Bearbeitung des Filmes fällt ihrerseits unter § 23 S. 2. Deshalb kann es erforderlich sein, vor Beginn der digitalen Filmbearbeitung die Zustimmung der Filmurheber einzuholen (*Fromm/Nordemann/Vinck* § 23 Rn 4).

Bei **Plänen und Entwürfen eines Werkes der bildenden Künste** bedarf die das Ori- **19** ginalwerk umgestaltende **Ausführung** der Pläne bzw Entwürfe gem. § 23 S. 2, die unveränderte Reproduktion gem. § 16 der Zustimmung des Urhebers. Umgestaltung ist dabei zwar stets nur die veränderte Wiedergabe des Originalwerks (*BGH* NJW 1990, 1061, 1064 – Bibelreproduktion). Wie sich aus § 62 Abs. 3 ergibt, reichen dazu aber schon die bei der Ausführung notwendig eintretenden Veränderungen der Raumverhältnisse (drei- statt zweidimensional), der Größen- oder der Materialverhältnisse aus, soweit sie nicht von § 16 erfasst werden. Jede Ausführung derartiger Pläne ist daher Umgestaltung iSd § 23 S. 2. Die Ausführung ist, selbst beim Gebrauch für private Zwecke, nicht durch eine Schrankenregelung gedeckt. Es greift insb. nicht die Kopierfreiheit nach § 53 ein, denn nach § 53 Abs. 7 ist die Ausführung von Plänen und Entwürfen zu Werken der bildenden Kunst nur mit Zustimmung des Urhebers der Pläne zulässig. Die Benutzung des Werkes selbst zur **Herstellung von Plänen** oder Entwürfen und die Vornahme von Änderungen in bestehenden Plänen und Entwürfen fällt hingegen nicht unter § 23 S. 2 und ist damit auch ohne Einwilligung des Urhebers des Bauwerks zulässig. Genießt der Plan oder Entwurf als Werk nach § 2 oder als schöpferische Bearbeitung iSd § 3 eigenständigen Urheberrechtsschutz, kann er wegen der darin liegenden Veröffentlichung und Verwertung des Ausgangswerks gleichwohl nicht ohne Zustimmung des Urhebers des ersten Planes ausgeführt werden (§ 23 S. 1). Die Herstellung einer Umgestaltung von Originalplänen oder Entwürfen ist nach dem ausdrücklichen Wortlaut des § 23 S. 2 hingegen auch dann frei, wenn sie ihrerseits ein Werk iSd § 2 Abs. 1 Nr. 4 darstellt. Hingegen ist die – veränderte – Fertigstellung eines erst begonnenen Kunstwerks nach den Plänen des verstorbenen Originalurhebers durch dessen Schüler Ausführung iSd § 23 S. 2 und daher nicht ohne Zustimmung der Erben zulässig (*Fromm/Nordemann/Vinck* § 23 Rn 4). Liegen aber keine Pläne vor, können diese auch nicht ausgeführt werden, sodass § 23 S. 2 nicht einschlägig ist; hier steht gegenüber § 23 S. 2 die Leistung des Kunstschülers im Vordergrund. Die Fertigstellung am Werk können die Erben dann jedoch nach § 14, die spätere Veröffentlichung und Verwertung nach § 23 S. 1 hindern.

20   Unter dem **Nachbau eines Werkes der Baukunst** versteht man jede vollständige oder teilweise Verdoppelung eines Bauwerks unter Einsatz der ursprünglichen oder einer ihr ähnlichen Herstellungstechnik. Die reine Vervielfältigung, dh der **identische Nachbau**, ist von § 23 S. 2 allerdings nicht erfasst, wie sich daraus ergibt, dass sich der Anwendungsbereich des § 23 nur auf Umgestaltungen, dh auf veränderte Wiedergaben des Originalwerks erstreckt. Sie und auch die unveränderte Umsetzung eines Planes in einem Gebäude ist aber Vervielfältigung iSd **§ 16** (*BGH* WRP 2003, 279, 283 – Staatsbibliothek); eine Freistellung zu privaten Zwecken kommt nach **§ 53 Abs. 7** nicht in Betracht (ebenso *Schricker/Loewenheim* § 23 Rn 16). Nach Wortlaut sowie Sinn und Zweck des § 23 S. 2, solche Bearbeitungen zu erfassen, die typischerweise in der Absicht der gewerblichen Verwertung vorgenommen werden, ist Nachbau auch eine Nachbildung in **Miniaturformat** (**aA** *Fromm/Nordemann/Vinck* § 23 Rn 4). Die Herstellung kleiner Plastiken, etwa vom verhüllten Reichstag, wird man hingegen nicht mehr als Nachbau ansehen können, da sich die maschinelle Produktion solcher Erinnerungsstücke in wesentlichen Punkten von der baulichen Tätigkeit unterscheidet (vgl hierzu auch *Rehbinder* Rn 226). Sie ist je nach Gestaltung entweder Vervielfältigung (§ 16) oder Bearbeitung bzw sonstige Umgestaltung (§ 23 S. 1). Kein Nachbau eines Werkes der Baukunst ist die **freie Bearbeitung** iSd § 24, zB der Versuch einer Vertonung der Eindrücke, welche die Betrachtung des Bauwerks hervorruft.

21   Unter der **Bearbeitung oder Umgestaltung eines Datenbankwerkes** ist jede Veränderung eines Datenbankwerks iSd § 4 zu verstehen. Nicht von § 23 S. 2 erfasst, aber in § 69c Ziff. 2 einer ebenso gearteten Regelung unterworfen, ist die **Bearbeitung und Umgestaltung eines Computerprogramms**. Hierzu s. die Kommentierung zu § 69c Ziff. 2.

22   Ebenfalls nicht unter § 23 S. 2 fällt die **unveränderte Aufnahme öffentlicher Vorträge, Aufführungen oder Vorführungen** eines Werkes auf Bild- oder Tonträger,

weil sie begrifflich Vervielfältigung und nicht Umgestaltung ist. Sie ist aber nach § 53 Abs. 7 stets nur mit Einwilligung des Berechtigten zulässig.

3. Inhalt und Umfang der Einwilligung

Die Veröffentlichung und Verwertung und in den Fällen des § 23 S. 2 auch die Herstellung der Bearbeitung ist nach § 23 nur mit Einwilligung des Urhebers des bearbeiteten oder sonst umgestalteten Werkes zulässig. Gleiches ergibt sich für die Bearbeitungen oder Umgestaltungen von Computerprogrammen aus § 69c Ziff. 2 und gilt auch für die Fälle des § 53 Abs. 7. Hat der Urheber einem Dritten eine **Lizenz** am Originalwerk eingeräumt, ist durch Auslegung zu klären, ob sie auch die Einwilligungsrechte nach § 23 umfasst. Ist dies der Fall, muss der Dritte die Einwilligung – je nach dem Umfang der erteilten Lizenz – neben oder an der Stelle des Urhebers erteilen.

Erforderlich ist die **Einwilligung** des Urhebers. Darunter ist nach § 183 BGB die vorherige Zustimmung zu verstehen; eine nachträgliche Genehmigung steht ihr nicht gleich. Eine dingliche Rechtseinräumung ist dem Wortlaut nach zwar nicht erforderlich. Die Einwilligung ist aber letztlich nicht anders als **in Verbindung mit einem Nutzungsvertrag**, also der Einräumung gegenständlicher Nutzungsrechte an dem am Originalwerk bestehenden Urheberrecht, denkbar (*Fromm/Nordemann/Vinck* § 23 Rn 3). Denn willigt der Urheber des Originalwerks in die Umgestaltung desselben ein, erlaubt er dem Dritten begrifflich schon eine Art der Verwertung desselben. Stimmt er der Veröffentlichung oder Verwertung der Umgestaltung zu, gestattet er damit stets auch eine Verwertung der schöpferischen Elemente des Originalwerkes, die sich in der Bearbeitung wiederfinden. Die allg. Grundsätze (§§ 31 ff.) sind anwendbar. Eine **Weiterübertragung** des Bearbeitungsrechts ist möglich und richtet sich nach § 34 (*Fromm/Nordemann/Vinck* § 34 Rn 3; *Schricker/Loewenheim* § 23 Rn 19).

Die Zustimmung zur Bearbeitung und die damit verbundene Nutzungsrechtseinräumung kann nicht nur ausdrücklich, sondern auch **konkludent** erteilt werden. Das bloß allg. Einverständnis eines Autors mit der Verwendung seines Werkes als Libretto zu noch auszuhandelnden Konditionen beinhaltet jedoch idR noch kein Einverständnis iSd § 23 (*OLG Hamburg* ZUM 2001, 507 ff.).

Ob und mit welchem Inhalt Einwilligung und Rechtseinräumung vorliegen, ist nach der in § 31 Abs. 5 verankerten Zweckübertragungslehre zu bestimmen (*BGH* NJW 1987, 1404 – Oberammergauer Passionsspiele I; *Fromm/Nordemann* § 23 Rn 3; vgl *Schricker/Loewenheim* § 23 Rn 20). Dabei sind im Wege einer Interessenabwägung auch die urheberpersönlichkeitsrechtlichen Interessen des Urhebers zu berücksichtigen, vor allem soweit sie in § 14 Ausdruck gefunden haben (vgl *BGH* NJW 1989, 384, 385 – Oberammergauer Passionsspiele II). Im Zweifel ist nur von der Einräumung einer einfachen Nutzungsbefugnis auszugehen (*Fromm/Nordemann/Vinck* § 23 Rn 3). Der Urheber des Originalwerkes bleibt dann frei, auch Dritten die Veröffentlichung und Verwertung von Bearbeitungen seines Werkes zu erlauben (*Fromm/ Nordemann/Vinck* § 23 Rn 3).

Eingriffe in den Kernbereich von Urheberpersönlichkeitsrechten, insb. **Entstellungen** des Werkes, sind durch die Einwilligung nach § 23 nicht gedeckt. (*BGH* NJW 1987, 1404, 1405 – Oberammergauer Passionsspiele I; vgl NJW 1989, 384, 385 – Oberammergauer Passionsspiel II). Je nach Zweck und Art der Bearbeitung kann der

Urheber mit der Einräumung des Nutzungsrechts aber mehr oder weniger intensiven Veränderungen seines Werkes zugestimmt haben, sodass § 14 nicht berührt ist oder jedenfalls von einer Beeinträchtigung (nicht: Entstellung) der Urheberinteressen nicht gesprochen werden kann (NJW 1989, 384, 385 – Oberammergauer Passionsspiele II; *Schricker/Loewenheim* § 23 Rn 21).

28   Dem Urheber steht es schließlich frei, auf die ihm aus einer Überschreitung der Nutzungsrechte erwachsenen Ansprüche zu verzichten (§ 397 BGB).

§ 24   Freie Benutzung

(1) Ein selbständiges Werk, das in freier Benutzung des Werkes eines anderen geschaffen worden ist, darf ohne Zustimmung des Urhebers des benutzten Werkes veröffentlicht und verwertet werden.

(2) Absatz 1 gilt nicht für die Benutzung eines Werkes der Musik, durch welche eine Melodie erkennbar dem Werk entnommen und einem neuen Werk zugrunde gelegt wird.

Literatur: *Hertin* Das Musikzitat im deutschen Urheberrecht, GRUR 1989, 159; *Hess* Urheberrechtsprobleme der Parodie, Schriftenreihe UFITA, Bd 104, 1993; *Jörger* Das Plagiat in der Popularmusik, Schriftenreihe UFITA, Bd 99, 1992; *Schlingloff* Unfreie Benutzung und Zitierfreiheit bei urheberrechtlich geschützten Werken der Musik, 1990; *Schmieder* Freiheit der Kunst und freie Benutzung urheberrechtlich geschützter Werke, UFITA 93 (1982), 63; *Strömholm* Zur Problematik der Fortsetzung eines urheberrechtlich geschützten Werkes, GRUR 1968, 187; *Ullmann* Schutz der Elemente – elementarer Schutz der immaterialen Güter, GRUR 1993, 334.

I. Allgemeines und Abgrenzung

1   § 24 regelt den Schutz von in freier Benutzung geschaffenen, selbständigen Werken. Die Vorschrift stimmt inhaltlich mit § 13 Abs. 1, 2 LUG überein, der bis zum In-Kraft-Treten des UrhG galt, sodass auf die dazu ergangene Rspr zurückgegriffen werden kann (*BGH* GRUR 1971, 266, 267 – Magdalenenarie).

§ 24 stellt klar, dass durch § 23 die Zulässigkeit der Schaffung und Verwertung von **2** Werken, die **auf anderen aufbauen**, nicht ausgeschlossen wird, soweit die Werke einen so weitgehenden Abstand einhalten, dass die Interessen des Urhebers des früheren Werkes allenfalls noch minimal tangiert werden. **Nicht immer bedarf es aber der Heranziehung des § 24.**

So ergibt sich schon aus §§ 2, 96 ff., dass **nicht urheberrechtsgeschützte Leistun-** **3** **gen** in den Grenzen des § 1 UWG und eines etwaig geltenden Sonderrechtsschutzes frei genutzt werden dürfen. Insb. die Übernahme von **Ideen**, von **Motiven, wissenschaftlichen Theorien**, von in der **Natur** vorgefundenen Gegenständen und allen anderen Leistungen und Elemente, die nicht dem Werkbegriff des § 2 unterfallen, ist ohne weiteres zulässig. Für die Frage, ob ein Sprachwerk in freier Benutzung einer wissenschaftlichen Forschungsarbeit über das Schicksal der deutschen Kriegsgefangenen geschaffen wurde oder nur eine Bearbeitung derselben darstellt, kommt es daher in erster Linie darauf an, in welchem Umfang sich der Autor des neuen Werkes an der Auswahl und Anordnung des Materials in der wissenschaftlichen Arbeit angelehnt hat; hingegen kann eine freie Benutzung nicht unter Verweis auf die Verwendung derselben historischen Quellen verneint werden, da diese **gemeinfrei** sind (*BGH* GRUR 1982, 37, 39 f. – WK-Dokumentation).

Frei benutzbar sind auch Werke, deren **Urheberrechtsschutz durch Zeitablauf** (vgl **4** § 64) **geendet hat**. Das gilt auch insoweit, als diese Werke in einer ihrerseits urheberrechtlich geschützten Bearbeitung (§ 3) Ausdruck gefunden haben, jedoch nicht über diese Grenzen hinaus. Wer eine mittelalterliche Madonnenstatue nachgebildet hat, kann dritten Personen deshalb die Nachbildung des Originals nicht verwehren, selbst wenn diese zur Nachbildung des Originals eines seiner Werkstücke verwandt haben (*BGH* NJW 1966, 542 ff. – Apfelmadonna). Er kann sich aber gegen die Übernahme solcher Elemente seines Werkes wenden, die in der mittelalterlichen Vorlage nicht verwandt wurden und die erst er selbst schöpferisch hervorgebracht hatte (vgl *BGH* NJW 1967, 723 ff. – skai-cubana; *Schricker/Loewenheim* § 24 Rn 7).

Wer ein selbständiges Werk ohne Rückgriff auf irgendwelche Vorlagen schafft (sog. **5** **Doppelschöpfung**, vgl Anh. §§ 23, 24 Rn 7 ff.), genießt ebenfalls Urheberrechtsschutz, ohne dass es darauf ankommt, ob und in welchen Teilen sich das Werk mit anderen deckt. Allerdings wird bei wesentlichen Übereinstimmungen zum Nachteil des Urhebers des späteren Werkes dessen Kenntnis vom früheren Werk vermutet.

In § 24 sind diese Sachverhalte nicht geregelt. Die Vorschrift betrifft vielmehr allein **6** den Fall, dass bei der Werkschaffung auf ein vorbestehendes Werk zurückgegriffen wird. Hier ist die neue Leistung nur dann ohne jede Einschränkung geschützt, wenn sie gegenüber der Vorlage einen hinreichenden Abstand einhält; Schöpfungshöhe allein (vgl § 3) reicht dazu noch nicht aus. Zur Systematik s. weiterhin oben § 3 Rn 53.

II. Freie Benutzung (§ 24 Abs. 1)

1. Selbständiges Werk

Als freie Benutzung wird nur eine solche Leistung geschützt, die ihrerseits ein selb- **7** ständiges Werk darstellt. Das setzt zum einen voraus, dass die geschaffene Leistung allen Anforderungen an ein **Werk** iSd § 2 genügt. Haben nur Teile der Leistung Werkcharakter, kommt es auf sie an. **Selbständig** ist das Werk, wenn es nicht von der Vorlage abhängig ist. Das schließt zunächst eine unveränderte oder weitgehend unveränderte Übernahme des fremden Werkes, zB durch Aneinanderreihung fremder Werke oder Werkteile aus. Darüber hinaus werden aber auch solche Werke ausgeschieden, die keinen hinreichenden Abstand zur Vorlage einhalten (*BGH* NJW-RR 1993, 1002, 1004 – Asterix-Persiflagen). Damit kehren im Begriff des selbständigen Werkes die Kriterien wieder, die auch für die Frage der freien Benutzung maßgeblich sind. Insoweit gelten die Ausführungen in Rn 12 ff. entspr.

2. Freie Benutzung des Werkes eines anderen

8   **a) Werk eines anderen. aa) Allgemeines.** Die Schwierigkeit der Abgrenzung der freien Benutzung (§ 24) von der unfreien Bearbeitung (§ 23) stellt sich nur dort, wo als Vorlage ein fremdes Werk verwandt wird. Die Nachahmung einer nicht urheberrechtsgeschützten Leistung ist hingegen urheberrechtlich zulässig. Allenfalls kann sich die Frage eines erg. sondergesetzlichen oder allg. Leistungsschutzes stellen (zum Verhältnis des UrhG zu Sondergesetzen und zu § 1 UWG s. Einl. Rn 27 ff. und § 1 Rn 7 ff.).

9   **bb) Werkcharakter der entlehnten Leistung.** Der Werkcharakter der entlehnten Leistung bemisst sich nach **§ 2**. Es gelten die allg. Grundsätze. Nicht in Vergessenheit geraten darf bei § 24 allerdings der Umstand, dass auch **Teile eines Werkes** selbst wieder Werkcharakter haben können (näher § 2 Rn 85). Ist das der Fall und werden sie ganz oder wiederum in Teilen übernommen, kommt es für die Frage der freien Benutzung auf sie und nicht auf das Gesamtwerk an (vgl *BGH* NJW 1953, 1258, 1259 – Lied der Wildbahn I; NJW-RR 1993, 1002, 1004 – Asterix-Persiflagen). Abzustellen ist also auf die jeweils kleinste, noch den Werkbegriff ausfüllende Einheit des benutzten Werkes. Damit gewinnt auch der umstr. **Melodienschutz** (§ 24 Abs. 2) eine weit geringere Bedeutung, als dies auf den ersten Blick den Anschein hat. Denn von einer Melodie kann nach Auffassung des *BGH* (NJW 1989, 386 – Fantasy; ebenso *OLG München* ZUM 2000, 408, 409), die in Einklang mit der amtl. Begr. (zu § 13 LUG-Entwurf v. 8.12.1900, abgedr. bei *Schulze* Bd 1, S. 138) steht, nur gesprochen werden, wenn die Tonfolge schöpferisch ist. Dann genießt sie, wenn nicht inzwischen Gemeinfreiheit eingetreten ist, jedoch schon als solche Urheberrechtsschutz, sodass eine unveränderte Entnahme auch nach § 24 Abs. 1 nicht möglich wäre.

10   **cc) Anderer.** Die Frage der freien Benutzung stellt sich von vornherein nur bei Leistungen, die auf einer anderen aufbauen oder bei denen jedenfalls ein solcher Eindruck entsteht. Auch solche Leistungen können, wie § 24 ausdrücklich klarstellt, frei und ohne Zustimmung des Urhebers der als Vorlage verwandten Leistung verwertbar sein. Drittbezug in diesem Sinne hat die in Frage stehende Leistung zunächst dann, wenn das Werk eines **Dritten** bei der Schaffung des neuen Werkes herangezogen wurde. Er kann aber entgegen dem Wortlaut des § 24 auch vorliegen, wenn der Urheber des neuen Werkes auf ein eigenes früheres Werk zurückgegriffen hat, an dem Nutzungsrechte Dritter bestehen. Genügt sein neues Werk in diesem Fall nicht den Anforderungen einer freien Benutzung iSd § 24, stellt es vielmehr nur eine Bearbeitung iSd § 23 dar, hat der Urheber des neuen Werkes nach § 23 vor der Verwertung und unter den Voraussetzungen des § 23 S. 2 die Zustimmung derjenigen einzuholen, denen er am früheren Werk Nutzungsrechte eingeräumt hat, sofern dessen Nutzungsrechte tangiert werden (vgl *RGZ* 119, 408, 413 f.; s. auch *BGH* GRUR 1986,

613, 614 – Ligäa). Liegen hingegen die Voraussetzungen des § 24 vor, darf sich der Urheber, der auf einem eigenen Werk aufbaut, nicht schlechter als derjenige stehen, der ein fremdes Werk als Anregung verwendet; § 24 kommt daher unter den dort weiter geregelten Voraussetzungen zur Anwendung (ebenso *Fromm/Nordemann/ Vinck* § 24 Anh. Rn 7).

Wer in Unkenntnis eines früheren Werkes ein Werk schafft, ist originärer Urheber. Für ihn gelten die Beschränkungen des § 23 deshalb nicht. Bei wesentlichen Übereinstimmungen der beiden Werke wird die Kenntnis des Urhebers des späteren Werkes jedoch vermutet. **11**

b) Freie Benutzung. Frei ist die Benutzung dann, wenn sie **gegenüber dem vorbenutzten Werk völlig neue Wege geht und deshalb im Vergleich zu ihm als selbständiges neues Werk anzusehen ist** (*BGH* GRUR 1963, 40, 42 – Straßen – gestern und morgen; vgl amtl. Begr. BT-Drucks. IV/270, 51). Das fremde Werk darf also nur als Anregung für eigenes geistiges Schaffen verstanden worden sein. Mit der Rspr (*BGH* NJW 1958, 459, 460 – Sherlock Holmes; NJW 1958, 1587, 1588 – Mecki-Igel I; NJW 1971, 2169, 2171 – Disney-Parodie; GRUR 1978, 305, 306 – Schneewalzer; NJW-RR 1993, 1002, 1004 – Asterix-Persiflagen; NJW 2000, 2202, 2205 – Laras Tochter) kommt es darauf an, ob das neue Werk gegenüber dem vorbestehenden Werk einen solchen Grad von Selbständigkeit und Eigenart aufweist, dass dessen Züge in dem neuen Werk **verblassen** und zurücktreten. **12**

Ob dies der Fall ist, ist im Rahmen einer **Gesamtschau** festzustellen (*BGH* NJW 2000, 2202, 2206 – Laras Tochter). **13**

Nicht schon jede auf einem anderen Werk aufbauende neue und schutzwürdige Schöpfung stellt unter Anwendung dieser Kriterien eine freie Benutzung dar (*BGH* NJW 1960, 573, 574 – Mecki-Igel II). Es darf **kein zu milder Maßstab** angelegt werden (*BGH* NJW 1958, 1587, 1588 – Mecki-Igel I; NJW 2000, 2202, 2205 – Laras Tochter). Einerseits soll dem Urheber nicht die für ihn unentbehrliche Möglichkeit genommen werden, Anregungen aus vorbestehendem fremden Werkschaffen zu übernehmen, andererseits soll er sich auch nicht auf diese Weise ein eigenes persönliches Schaffen ersparen (*BGH* GRUR 1981, 267, 269 – Dirlada). **14**

Welche Anforderungen im Einzelfall zu stellen sind, hängt von der **Gestaltungshöhe des Originalwerkes** ab. Je auffallender die Eigenart des Vorbildes seinem Gegenstand nach ist, desto strengere Anforderungen sind an die Bewertung des nachgeschaffenen Werkes als einer selbständigen eigentümlichen Schöpfung zu stellen (*BGH* NJW 1958, 1587 – Mecki-Igel I; GRUR 1978, 305, 306 – Schneewalzer; GRUR 1981, 267, 269 – Dirlada; GRUR 1982, 37, 39 – WK-Dokumentation; NJW 1991, 810, 811 – Brown Girl I; s. auch § 2 Rn 61 f.). Umgekehrt können aber auch keine zu hohen Anforderungen an eine freie Benutzung gestellt werden, wenn das als Vorlage benutzte Werk nur einen geringen eigenschöpferischen Gehalt besitzt. Ein Werk von geringer Eigenart geht eher in dem nachgeschaffenen Werk auf als ein Werk bes. Eigenprägung (*BGH* NJW-RR 1991, 810, 811 – Brown Girl I; NJW-RR 1991, 812, 813 – Brown Girl II; NJW 1992, 1316, 1318 – Leitsätze). Würde andernfalls die Möglichkeit einer erneuten wissenschaftlichen Bearbeitung unzumutbar beeinträchtigt, ist der Schutzbereich des früheren Werkes eng zu bemessen (*BGH* GRUR 1981, 352, 355 – Staatsexamensarbeit). **15**

16   Grds ist bei der Frage, ob eine freie Benutzung vorliegt, auf den **Standpunkt eines Betrachters abzustellen, der das benutzte Werk kennt, aber auch das für das neue Werk erforderliche Verständnis aufbringt** (*BGH* NJW 1993, 2620 – Alcolix; NJW 2001, 603, 605 – Mattscheibe; vgl GRUR 1980, 853 – Architektenwechsel). Maßgeblich ist also nicht das Urteil der Allgemeinheit, sondern dasjenige eines für die entspr. Werkgattung empfänglichen und mit ihr einigermaßen vertrauten Menschen (*BGH* GRUR 1980, 853 – Architektenwechsel). Das kann auch das für die Entsch. des Rechtsstreits zuständige Gericht sein, wenn es auf dem entspr. Gebiet über die erforderliche Sachkunde verfügt (vgl *BGH* GRUR 1980, 853 – Architektenwechsel; GRUR 1981, 267, 268 – Dirlada).

17   Anders soll nach einer Entsch. des *BGH* aus dem Jahre 1960 (NJW 1960, 768 – Naher Osten; relativiert in *BGH* GRUR 1972, 143, 145 – Biografie: Ein Spiel, mit Anm. *Bielenberg* GRUR 1972, 146 f.) dann zu entscheiden sein, wenn Originalwerk und Nachschaffung vom selben Urheber stammen; hier soll es neben Inhalt und Gegenstand der Werke auch auf den Willen des Autors ankommen. Dem kann jedoch nicht gefolgt werden. Die Begriffe der Bearbeitung und der freien Benutzung sind sowohl dem Wortlaut der §§ 3, 23 f. als auch im Interesse der Rechtssicherheit objektiv zu bestimmen. Für einen Rückgriff auf die subjektive Wertung des Autors ist kein Raum. Jede andere Sichtweise würde dazu führen, dass der Urheber den Schutzumfang seines Werkes durch entspr. Gebrauch des ihm vom *BGH* (NJW 1960, 768 – Naher Osten) eingeräumten Ermessens selbst mitbestimmen könnte. Das widerspricht der gesetzlichen Wertung.

18   Abzustellen ist auf die **schöpferischen Wesenszüge** und Eigenarten der Werke, weil die nicht urheberrechtlich geschützten Elemente eines Werkes ohnehin frei benutzt werden dürfen (*BGH* NJW 1960, 1900, 1901 – Eisrevue I; GRUR 1972, 143, 144 – Biografie: Ein Spiel; GRUR 1978, 305, 306 – Schneewalzer). Sie sind für beide Werke festzustellen und sodann zu vergleichen (*BGH* GRUR 1970, 250 ff. – Hummel III; NJW 1987, 1081 – Warenzeichenlexika; NJW 1989, 386 – Fantasy; NJW-RR 1991, 812 – Brown Girl II; NJW 1998, 3352, 3353 – Stadtplanwerk). Maßgeblich sind die **Übereinstimmungen**, nicht die Unterschiede, weil auf sie im Allgemeinen stärker geachtet wird (*BGH* NJW-RR 1993, 1002, 1004 – Asterix-Persiflagen; NJW 1993, 2620, 2621 – Alcolix). Dabei kommt es auf den **Gesamteindruck** an; eine zergliedernde Einzelbetrachtung ist unzulässig (*BGH* NJW 1960, 1055, 1056 – Kommentar; NJW-RR 1987, 1081 – Warenzeichenlexika; NJW 1991, 810 f. – Brown Girl I; NJW-RR 1991, 812, 814 – Brown Girl II). Nur wenn die schöpferischen Eigentümlichkeiten des Originalwerks in ihrer Gesamtheit im neuen Werk verblassen, liegt eine freie Bearbeitung iSd § 24 vor.

19   Frei ist die Benutzung also nicht schon dann, wenn die Bearbeitung überhaupt weiterführende, über die Entlehnung hinausgehende Elemente enthält (*BGH* GRUR 1981, 267, 269 – Dirlada; GRUR 1982, 37, 39 – WK-Dokumentation). Das gilt insb., wenn die entlehnten Teile das Kernstück des nachgeschaffenen Werkes ausmachen (*BGH* NJW 1975, 2064, 2065 – Reichswehrprozess). Umgekehrt ist der Umfang der Entlehnung grds gleichgültig (*Fromm/Nordemann/Vinck* § 24 Rn 11); auch die Übernahme kleiner Werkteile kann das Folgewerk so prägen, dass eine freie Benutzung ausscheidet. Vielmehr kommt es darauf an, ob insgesamt ein hinreichender **Abstand zu den entlehnten eigenpersönlichen Zügen** des benutzten Werkes besteht.

Ausreichend ist auch in **innerer Abstand**, sodass selbst deutliche Übernahmen gerade in der Formgestaltung eine freie Benutzung nicht ausschließen, solange das neue Werk zu den entlehnten eigenpersönlichen Zügen des älteren Werkes aufgrund eigenschöpferischen Schaffens einen so großen inneren Abstand hält, dass das neue Werk seinem Wesen nach als selbständig anzusehen ist. IdR werden diese Voraussetzungen bei einer weitgehenden Übernahme seiner Formgestaltung nur dann gegeben sein, wenn sich das neue Werk mit dem älteren auseinandersetzt, wie dies etwa bei einer Parodie oder einer anderen antithematischen Behandlung des gleichen Stoffes der Fall ist (*BGH* NJW 1958, 459, 460 – Sherlock Holmes; NJW-RR 1993, 1002, 1004 – Asterix-Persiflagen; NJW 1993, 2620, 2621 – Alcolix; v. 20.3.2003, I ZR 117/00 – Gies Adler; vgl NJW 2000, 2202, 2205 – Laras Tochter; NJW 2001, 603, 605 f. – Mattscheibe). Ein zwischen den Werken bestehender Kontrast kann hierfür ein Anhalt sein.

Ob und inwieweit urheberrechtlich geschützte Teile des parodierten Werkes unver-   **20**
ändert oder mit unwesentlichen Änderungen in die **Parodie** übernommen werden dürfen, hängt hier dabei neben der Frage, ob das selbständig Geschaffene von solcher Eigenart ist, dass ihm die eigentliche Bedeutung zukommt und der entlehnte Teil nur als Anknüpfungspunkt dient, auch davon ab, inwieweit die Entlehnung **erforderlich ist, um die parodistische Wirkung zu erreichen** (*BGH* NJW 1971, 2169, 2172 – Disney-Parodie; krit. *Will* WRP 1996, 652, 657) und dadurch den erforderlichen **inneren Abstand** herzustellen (*BGH* NJW 2001, 603, 604 – Mattscheibe). Dabei ist nicht auf die Wirkung der Parodie für den Durchschnittsbetrachter abzustellen, sondern es reicht aus, wenn die Parodie für denjenigen erkennbar ist, dem das parodierte Werk bekannt ist und der das für die Wahrnehmung der Parodie erforderliche intellektuelle Verständnis besitzt (*BGH* NJW 1971, 2169, 2171 – Disney-Parodie; NJW 1993, 2620 – Alcolix; *OLG Hamburg* WRP 1989, 602, 603). Die Bezeichnung eines Werkes als Parodie hat keine Auswirkungen auf die Einstufung als Parodie oder bloße Nachschaffung (*OLG Hamburg* WRP 1989, 602, 603). Das Gericht hat auch nicht darüber zu befinden, ob eine satirisch gestaltete Kritik angebracht oder berechtigt ist. **Selbst eine misslungene, geschmacklose, bösartige, gehässige, ungerechtfertige und sogar rechts- oder sittenwidrige Parodie kann eine freie Benutzung iRd § 24 sein** (*BGH* NJW 2001, 603, 605 – Mattscheibe). Auch Symbole des Parlaments, wie der Gies-Adler, dürfen parodiert bzw karikiert werden (*BGH* v. 20.3.2003, I ZR 117/00 – Gies-Adler).

Die **Fortsetzung eines Romans oder eines Filmes** wird im Allgemeinen keine freie   **21**
Benutzung, sondern eine Bearbeitung darstellen (*BGH* NJW 2000, 2202, 2203 – Laras Tochter). Zwar ist die Bezugnahme auf Figuren aus fremden Werken nach dem Gesagten durch das UrhG nicht schlechthin unterbunden (*BGH* NJW 1958, 459, 460 – Sherlock Holmes). Die Anlehnung an die schöpferischen Eigenheiten des ersten Werkes ist jedoch im Allgemeinen zu eng, als dass von einem Verblassen der Züge des alten in dem neuen Werk gesprochen werden könnte (offen gelassen in *BGH* NJW 1958, 459, 460 – Sherlock Holmes). Das gilt vor allem dann, wenn das neue ohne Kenntnis vom alten Werk unverständlich wäre oder zumindest wesentliche Handlungsteile in Form von Rückblenden übernommen werden (*Möhring/Nicolini/Ahlberg* § 24 Rn 30; *Ulmer* § 58 II 1; *Schricker/Loewenheim* § 23 Rn 21). Hingegen steht die Bezugnahme auf Figuren aus dem früheren Werk einer freien Benutzung

nicht in jedem Fall entgegen (vgl *BGH* NJW 1958, 459, 460 – Sherlock Holmes; NJW 1971, 2169, 2171 – Disney-Parodie).

22   Bei **Comic- oder Zeichenfiguren** ist eine freie Benutzung zu verneinen, wenn der Nachschaffende die Figur nur in eine neue Situation stellt, in der sie zumindest naheliegende Charakterzüge oder Verhaltensweisen aufweist (vgl auch *BGH* NJW 1960, 573, 574 – Mecki-Igel II).

23   Die Übernahme des wesentlichen Handlungskerns einer **Fabel** ist keine freie Benutzung sondern Bearbeitung, wenn die Handlung erfunden und damit urheberrechtsgeschützt ist. Abwandlungen der Geschichte sind dabei unbeachtlich, wenn jeder, der sie gelesen hat, die Übereinstimmungen erkennt (*Fromm/Nordemann/Vinck* § 24 Rn 5).

24   Im Allgemeinen wird die **Übertragung** eines Werkes der Lit., der bildenden Künste oder der Tonkunst **in eine der jeweils anderen Kunstformen** eine freie Benutzung sein (*Schricker/Loewenheim* § 24 Rn 20; *Ulmer* § 57 II; *Schack* Rn 244; *Rehbinder* Rn 229). So stellt die Abbildung eines Jungen mit Zauberer-Umhang und Brille eine freie Bearbeitung der literarischen Vorlage „Harry Potter" dar (vgl *LG Köln* NJW 2002, 619 ff.).

25   Eine freie Benutzung kann zwar niemals Bearbeitung sein. Ist sie jedoch nach **§ 24 Abs. 2 unzulässig**, ist § 23 anwendbar (*Schricker/Loewenheim* § 24 Rn 26; **aA** *Fromm/Nordemann/Vinck* § 3 Rn 16; näher unten Rn 51).

26   **c) Beispiele. Eine freie Benutzung lag in folgenden Fällen vor:** Ein im Wohntrakt zweistöckiges, im Praxisteil teilweise einstöckiges **Einfamilienhaus** mit Arztpraxis mit geraden, senkrechten Wandflächen und horizontalen Dachflächen stellt gegenüber der ursprünglichen Planung eines anderen Architekten, bei der sich der Bau dem Betrachter auf den ersten Blick als eine verwirrende Vielfalt senkrechter, waagerechter und in den unterschiedlichsten Winkeln geneigter Flächen und vielfältig ineinander geschachtelter Raumkörper zeigt, eine freie Benutzung fremder Architektenplanung dar (*BGH* GRUR 1980, 853 ff. – Architektenwechsel). Je nach dem Maß der inhaltlichen und formellen Abweichungen kann die **Verfilmung** Benutzung oder freie Bearbeitung eines Filmexposés sein (*BGH* GRUR 1963, 40, 42 – Straßen – gestern und morgen). Häufig als freie Benutzungen einzustufen sind **Parodien und Karikaturen**, selbst wenn sie gehässig, misslungen, bösartig oder sogar gesetz- und sittenwidrig sind (vgl *BGH* WRP 2000, 1243, 1246 – Mattscheibe). Für zulässig angesehen wurde daher die Folge von „K's Mattscheibe" v. 8.5.1994, in der eine Sendung von „Der Preis ist heiß" parodiert wurde (s. iE *BGH* NJW 2001, 603 ff. – Mattscheibe). Eine freie Benutzung des sog. **Gies-Adlers**, der den BTag bis weit in die 80er Jahre schmückte, ist die Illustration des Beitrages „Der unseriöse Staat" mit der farbigen Darstellung eines Adlers (*BGH* v. 20.3.2003, I ZR 117/00 – Gies Adler; anders noch die Vorinstanz *OLG Köln* NJW 2000, 2212, 2213).

27   **Keine freie Benutzung**, sondern Bearbeitung der Brecht-Stücke sollte nach Auffassung des OLG München das Bühnenstück „Germania 3 Gespenster am Toten Mann" des 1995 verstorbenen Dramatikers Heiner Müller sein, in dem Textpassagen aus „Leben des Galilei" und „Coriolan" in einen **neuen Kontext (Umraum)** gestellt wurden (*OLG München* NJW 1999, 1974, 1977). Die Entsch. wurde jedoch vom *BVerfG* (NJW 2001, 598 ff.) aufgehoben, da sie sich nicht hinreichend mit der Zitatenfreiheit auseinandersetze (näher § 51 Rn 47). Ein geschütztes Werk der bildenden

Kunst ist nicht nur gegen identische Nachbildungen, sondern kann auch gegen solche unveränderter Gestalt unter Hervorbringung eines anderen Werkes geschützt sein (*BGH* NJW 1971, 2169, 2171 – Disney-Parodie). Im Allgemeinen keine freie Benutzung, sondern (nach § 3 geschützte) Bearbeitung sind **Romanfortsetzungen** unter Übernahme wesentlicher, charakteristischer Romangestalten (*BGH* NJW 2000, 2202, 2203 – Laras Tochter). Nur Bearbeitung ist auch die Darstellung des Inhalts einer Buchveröffentlichung in einem Acht-Seiten-Manuskript unter eingehender Inhaltsangabe durch **Mitteilung des wesentlichen Buchinhaltes** (*OLG Frankfurt* AfP 1998, 415). Keine freie Benutzung, auch nicht vor dem Hintergrund einer etwaigen Parodie, ist das Umformulieren der Aufschrift auf dem Symbol der „Lachenden Sonne" „Atomkraft? – Nein Danke" in „Demokratie? – Nein Danke" (*LG Frankfurt/ Main* UFITA 94 (1982), 334). Nicht unter § 24 fällt nach Auffassung des *OLG Hamburg* (ZUM 2001, 330 ff.) eine Postkarte der bekannten Badewannenszene der „Herren Müller-Lüdenscheidt und Dr. Klöbner" des Künstlers **Loriot**, bei welcher nur die Ente wegretuschiert und durch eine wesentlich größere „Donald-Duck-Ente" im Vordergrund ergänzt wurde, wobei sich auf der Karte die Worte befinden: „Die Ente bleibt draußen". Dem ist zuzustimmen, da die humoristische Wirkung der bloß aus einer Kombination existierender Komik bestehenden Veränderung gering und daher nicht geeignet ist, den erforderlichen geistigen Abstand zum Ursprungswerk zu bewirken.

3. Rechtsfolgen

Ein in freier Benutzung fremden Werkschaffens hergestelltes Werk unterscheidet sich in keinem Punkt von einem **Originalwerk** iSd § 2. Die Schranken, die § 23 für die Verwertung und unter bestimmten Umständen (§ 23 S. 2) auch für die Herstellung des Werkes aufstellt, gelten für freie Benutzungen nicht. Sie dürfen selbst dann ohne Zustimmung des Urhebers des benutzten Werkes geschaffen und verwertet werden, wenn dadurch dessen Interessen erheblich berührt werden. **28**

Eine freie Benutzung eines Werkes kann, weil sie gegenüber dem Ausgangswerk völlig neue Wege geht, keine Entstellung oder sonstige Beeinträchtigung des Werkes iSd § 14 darstellen. Der Wiederaufbau eines Gebäudes unter freier Benutzung der früheren Pläne ist folglich ohne weiteres möglich (*Rehbinder* Rn 244). Auch einer Parodie, die sich als freie Benutzung des parodierten Werkes zeigt, kann nicht auf der Grundlage von § 14 entgegengetreten werden (*Fromm/Nordemann/Hertin* § 14 Rn 19). Eine Ausnahme kann allerdings gelten, wenn zum Zwecke der Herstellung der freien Benutzung in die **Substanz des urheberrechtsgeschützten Werkes** eingegriffen wird. Unzulässig kann es daher sein, wenn eine Skulptur iRd Herstellung eines anderen Kunstwerkes als bloßes Material missbraucht wird und sich der Künstler dessen auch noch rühmt (näher § 14 Rn 47). **29**

III. Melodienschutz (§ 24 Abs. 2)

1. Allgemeines

Schon **§ 13 LUG** enthielt eine § 24 Abs. 2 entspr. Regelung. Der Gesetzgeber wollte dadurch verhindern, dass Dritte durch einfache Variationen, Phantasien, Potpourris und dergleichen über bekannte Melodien aus dem Werke anderer Einnahmen ziehen **30** (amtl. Begr. zu § 13 des LUG-Entwurfs v. 8.12.1900, abgedr. bei *Schulze* Bd 1, S. 138). Entgegen dem ursprünglichen Entwurf der BReg (BT-Drucks. IV/270, 51), die den starren Melodienschutz als ungerechtfertigte Beschränkung des musikalischen Werkschaffens ansah, wurde diese Regelung daher auf die Stellungnahme des Ausschusses hin ins UrhG übernommen. Man befürchtete, die Streichung könne zu einer für die Urheber nachteiligen Rechtsunsicherheit und damit zu einer Ausbeutung von Melodien unter dem Deckmantel der freien Benutzung führen (amtl. Begr. zu BT-Drucks. IV/3401, 3).

31   § 24 Abs. 2 soll die **Schwierigkeiten bei der Abgrenzung** zwischen freier Benutzung und Bearbeitung bzw Vervielfältigung im musikalischen Bereich **ausräumen** (amtl. Begr. zu § 13 LUG-Entwurf v. 8.12.1900, abgedr. bei *Schulze* Bd 1, S. 138). Die Vorschrift sieht von einer Unterscheidung überhaupt ab und gewährt dem Musikurheber Schutz gegen jede erkennbare Entnahme, durch welche die Melodie einer neuen Arbeit, sei es auch in der Weise zugrunde gelegt wird, dass sich eine wirklich künstlerische Leistung ergibt (amtl. Begr. zu § 13 LUG-Entwurf v. 8.12.1900, abgedr. bei *Schulze* Bd 1, S. 138).

32   Nicht von der Vorschrift erfasst werden nach der Gesetzesgeschichte (amtl. Begr. zu § 13 LUG-Entwurf v. 8.12.1900, abgedr. bei *Schulze* Bd 1, S. 138 f.) Entnahmen zum Zwecke der Satire oder Parodie. Ihre Zulässigkeit richten sich nach §§ 23, 24 Abs. 1.

33   § 24 Abs. 2 regelt nur die Frage der Zulässigkeit der Entnahme einer Melodie in ein anderes Werk. Ob dieses Werk hingegen, ggf einschließlich der übernommenen Melodie, Urheberrechtsschutz genießt, bemisst sich nach allg. Grundsätzen.

34   Der strenge Melodienschutz nach § 24 Abs. 2 wird in der Lit. **überwiegend krit. betrachtet** (anstelle vieler *Schricker/Loewenheim* § 24 Rn 27) und zT sogar wegen Verstoßes gegen Art. 14 GG als verfassungswidrig angesehen (so *Schmieder* UFITA 93 (1985), 63, 69). Dem kann jedoch nicht gefolgt werden. Zum einen sind im Bereich der Melodienentnahme die Gefahren einer Verletzung von Urheberrechten früherer Musiker bes. groß, sodass ein stärkerer als der übliche Schutz gerechtfertigt ist (ebenso *Möhring/Nicolini* 1. Aufl., § 24 Anm. 5a). Zum anderen unterfallen § 24 Abs. 2 nur schöpferische Tonfolgen, da nur sie „Melodie" sind (näher oben Rn 9); ihre Übernahme wäre jedoch auch nach § 24 Abs. 1 nicht zulässig.

2. Entnahme einer Melodie aus einem anderen Werk

35   **a) Musikwerkcharakter der Originalleistung.** § 24 Abs. 2 greift nur ein, wenn ein fremdes Musikwerk iSd § 2 Abs. 1 Nr. 2 benutzt wird. Die Leistung, aus der durch ein späteres Tun eine Melodie entlehnt wird, muss also als Werk **iSd § 2 urheberrechtlich geschützt** sein; andernfalls kommt sie nicht in den Genuss des Melodienschutzes nach § 24 Abs. 2 (vgl *BGH* GRUR 1971, 266, 267 – Magdalenenarie; GRUR 1981, 267, 268 – Dirlada; NJW-RR 1991, 810, 811 f. – Brown Girl I; NJW-RR 1991, 812 – Brown Girl II). Für die Frage, wann ein Musikwerk vorliegt, wird auf die Kommentierung zu § 2 (§ 2 Rn 1 ff. und Rn 206 ff.) verwiesen.

36   Der Werkcharakter des früheren Werkes ist von dem darzulegen und zu **beweisen**, der eine Verletzung des Urheberrechts am früheren Werk behauptet, also im Allgemeinen vom Kläger (*BGH* NJW-RR 1991, 810, 812 – Brown Girl I).

b) Melodie. Geschützt gegen eine Entnahme sind nach § 24 Abs. 2 nur Melodien.   **37**
Darunter versteht man jede **in sich geschlossene und geordnete Tonfolge**, welche
für sich genommen **schöpferische** Eigentümlichkeit iSd § 2 Abs. 2 aufweist (*BGH*
NJW 1989, 386 – Fantasy; *OLG München* ZUM 2000, 408, 409; s. auch die amtl.
Begr. zu § 13 LUG-Entwurf v. 8.12.1900, abgedr. bei *Schulze* Bd 1, S. 138). Die Folge muss also mit anderen Worten selbständig die Voraussetzungen für einen Werkschutz erfüllen (*BGH* NJW 1989, 386 – Fantasy; ebenso offenbar *OLG München*
ZUM 2000, 408, 409). Dazu muss sich in ihr ein individueller ästhetischer Gehalt
ausdrücken (*BGH* NJW 1989, 386 – Fantasy; NJW 1989, 387, 388 – Ein bisschen
Frieden) und sie muss zumindest den Erfordernissen der sog. kleinen Münze genügen (vgl *BGH* NJW 1989, 386 – Fantasy; NJW 1989, 387, 388 – Ein bisschen Frieden). Daher sind das Signal, der Sound und auch der Rhythmus nicht gegen Entnahme geschützt (*Schricker/Loewenheim* § 24 Rn 29; vgl ferner § 2 Rn 209), während
eine längere – auch nicht singbare – Tonfolge im Allgemeinen nicht übernommen
werden darf.

c) Erkennbare Entnahme und Zugrundlegung im neuen Werk. § 24 Abs. 2   **38**
schützt den Urheber eines musikalischen Werkes gegen die **Entnahme** von Melodi-
en. Davon kann nur die Rede sein, wenn dieselbe Melodie zum einen (objektiv) beiden Werken zugrunde liegt und zum anderen (subjektiv) der Komponist des neuen
Werkes das ältere Werk **gekannt** und bei seinem Schaffen darauf zurückgegriffen
hat (*BGH* GRUR 1971, 266, 268 – Magdalenenarie; NJW 1989, 386 – Fantasy; NJW
1989, 387, 388 – Ein bisschen Frieden). Während die amtl. Begr. (zu § 13 LUG-Entwurf v. 8.12.1900, abgedr. bei *Schulze* Bd 1, S. 138) ursprünglich davon ausging,
dass eine **unbewusste Entlehnung** nicht unter § 24 Abs. 2 falle, ordnet der *BGH*
(GRUR 1971, 266, 268 – Magdalenenarie; NJW 1989, 386 – Fantasy; NJW 1989,
387, 388 – Ein bisschen Frieden) auch sie dem § 24 Abs. 2 unter. Lediglich Übereinstimmungen, die auf Zufall beruhen, sollen eine Urheberrechtsverletzung nicht zu
begründen vermögen (*BGH* GRUR 1971, 266, 268 – Magdalenenarie). Die Übernahme kann also sowohl absichtlich auch unwillkürlich erfolgen, zB indem der Künstler
durch eine vergessene frühere Wahrnehmung des Werkes des anderen Urhebers un-
terschwellig bei der Werkschaffung beeinflusst wird (*BGH* GRUR 1971, 266, 268 –
Magdalenenarie).

Die Beantwortung der Frage der Entnahme einer Melodie vollzieht sich in **zwei**   **39**
Schritten:

In einem ersten Schritt ist festzustellen, durch welche objektiven Merkmale die   **40**
schöpferische Eigentümlichkeit des Melodienoriginals bestimmt wird, und es ist
ein Vergleich mit den Merkmalen der Melodie des nachgeschaffenen Werkes vorzunehmen (*BGH* NJW 1989, 386 – Fantasy). Auf Seiten des Originalwerks sind nur die
Merkmale maßgeblich, die dessen schöpferische Eigentümlichkeit bewirken, weil
nur sie urheberrechtlich geschützt sind (*BGH* NJW 1989, 387, 388 – Ein bisschen
Frieden). Es **gelten die für die Abgrenzung zwischen Bearbeitung und freier Benutzung entwickelten Grundsätze** (hierzu Rn 12 ff.), wobei aber nicht auf das die
Melodie enthaltende Musikwerk abzustellen ist, sondern auf die nämliche Melodie.
Der Vergleich der Übereinstimmungen im schöpferischen Bereich ermöglicht es, auf
die Melodie (nicht auf das Werk als Ganzes) bezogen die Grenze zwischen den urheberrechtlich relevanten Benutzungshandlungen in Form der Vervielfältigung oder

Bearbeitung und der zulässigen freien Benutzung der Melodie (nicht des Musikwerkes als Ganzes) im neuen Werk zu ziehen (*BGH* NJW 1989, 386 – Fantasy; NJW 1989, 387, 388 – Ein bisschen Frieden). Für die Melodie des Originalwerks ist dabei nach allg. Grundsätzen (hierzu § 2 Rn 63 f.) ein **um so größerer Schutzrahmen** zugrunde zu legen, **je schöpferischer sie ist** (*BGH* NJW 1989, 386, 387 – Fantasy). Abzustellen ist auf die Sicht der mit Werken der entspr. Werkgattung einigermaßen vertrauten und hierfür aufgeschlossenen **Verkehrskreise** (*BGH* GRUR 1981, 267, 268 – Dirlada). Das kann auch das zur Entsch. berufene Gericht sein, wenn es über den erforderlichen Sachverstand verfügt (*BGH* GRUR 1981, 267, 268 – Dirlada). Ergibt der notwendige Gesamtvergleich aller Übereinstimmungen der Melodie im Originalwerk mit dem späteren Werk, dass die schöpferischen Eigentümlichkeiten der Melodie des Originalwerks in ihrer Gesamtheit im neuen Werk **verblassen**, liegt kein Fall der Entnahme iSd § 24 Abs. 2 vor.

41   Erst wenn objektiv eine Entnahme vorliegt, weil sich die erforderlichen Übereinstimmungen bei den Melodien feststellen lassen, sind **in einem zweiten Schritt** diese daraufhin zu überprüfen, ob sie darauf beruhen, dass der Komponist des jüngeren Werkes die ältere Melodie **gekannt** und auf sie bewusst oder unbewusst bei seinem Schaffen zurückgegriffen hat (*BGH* NJW 1989, 386, 387 – Fantasy). Dabei kommt dem Urheber des älteren Werkes uU ein Anscheinsbeweis zugute (*BGH* NJW 1989, 386, 387 – Fantasy; NJW 1989, 387, 388 – Ein bisschen Frieden):

42   Bei der Beurteilung der Frage, ob die im Einzelfall vorhandenen Übereinstimmungen zwischen zwei Werken auf Zufall oder aber darauf beruhen, dass das ältere Werk dem Urheber des neuen Werkes als Vorbild gedient hat, ist nämlich davon auszugehen, dass angesichts der Vielfalt der individuellen Schaffensmöglichkeiten auf künstlerischem Gebiet eine weitgehende Übereinstimmung von Werken, die auf selbständigem Schaffen beruhen, nach menschlicher Erfahrung nahezu ausgeschlossen erscheint (*BGH* GRUR 1971, 266, 268 – Magdalenenarie). Bestehen **wesentliche Übereinstimmungen** im melodischen Bereich zwischen dem älteren und dem jüngeren Werk, was von demjenigen darzulegen und zu beweisen ist, der sich auf einen Urheberrechtsverstoß beruft (vgl *BGH* GRUR 1972, 38, 39 – Vasenleuchter), spricht deshalb der **Anscheinsbeweis** für eine unzulässige Entnahme iSd § 24 Abs. 2 (*BGH* GRUR 1971, 266, 268 – Magdalenenarie; GRUR 1981, 267, 269 – Dirlada; NJW-RR 1991, 812, 814 – Brown Girl II; vgl GRUR 1972, 38, 40 – Vasenleuchter; NJW 1989, 386, 387 – Fantasy; NJW 1989, 387, 388 – Ein bisschen Frieden).

43   Die Vermutung kann **dadurch entkräftet werden, dass ein anderer Geschehensablauf nahe gelegt wird,** der die Übereinstimmungen der Werke auf andere Weise als durch ein Zurückgreifen des Schöpfers des neuen Werkes auf das ältere Werk erklärt (*BGH* GRUR 1971, 266, 269 – Magdalenenarie; NJW-RR 1991, 812, 814 – Brown Girl II; NJW 1989, 387, 388 – Ein bisschen Frieden). Das ist zB dann der Fall, wenn die Übereinstimmungen in Melodienelementen bestehen, die schon in mehreren älteren Werken enthalten sind, und die in dem früheren Werk auch nicht zu einer Melodie von starker Eigenart verarbeitet wurden (*BGH* GRUR 1971, 266, 269 – Magdalenenarie). Häufig wird ein Anspruch aber schon daran scheitern, dass die angeblich übernommene Melodie ihrerseits nicht schöpferisch ist, weil sie lediglich Vorbekanntes wiedergibt. Nicht ausreichend, um die Übernahmevermutung zu entkräften, ist hingegen der Umstand, dass dem Komponisten angesichts der beschränkten Anzahl der Töne generell Grenzen gesetzt sind (*BGH* NJW 1989, 387, 389 – Ein bisschen Frieden). Denn auch im musikalischen Bereich ist bei Anwendung der bestehenden Lehren ein weiter Spielraum für individuelle Ausdruckskraft gegeben, der die Annahme einer Doppelschöpfung als Ausnahme erscheinen lässt (*BGH* NJW 1989, 387, 398 – Ein bisschen Frieden). Daher müssen schon **gewichtige Gründe für die Annahme einer zufälligen Doppelschöpfung** sprechen (*BGH* NJW 1989, 387, 389 – Ein bisschen Frieden).

Den nämlichen Geschehensablauf, der den Anscheinsbeweis erschüttern soll, hat **44** derjenige darzulegen und zu **beweisen**, der sich auf ihn beruft. Erst wenn sein dahingehender Vortrag unbestritten bleibt bzw ihm dessen Nachweis gelingt, ist es am Prozessgegner, der eine Verletzung von § 24 Abs. 2 behauptet, den vollen Beweis für diese zu erbringen (*BGH* GRUR 1971, 266, 269 – Magdalenenarie).

Besteht eine für die Annahme eines Anscheinsbeweises erforderliche weitgehende **45** Übereinstimmung zwischen zwei Tonfolgen, so ist der Schluss aus den verbleibenden Unterschieden auf eine zufällige Doppelschöpfung im Allgemeinen denkgesetzwidrig (*BGH* NJW 1989, 387, 389 – Ein bisschen Frieden).

Von einer **Zugrundelegung** in einem neuen Werk kann nur die Rede sein, wenn die **46** Melodie so in das Werk eingearbeitet wird, dass sie als Bestandteil desselben erscheint. Das ergibt sich auch daraus, dass der Gesetzgeber Abgrenzungsschwierigkeiten zur Bearbeitung vermeiden wollte. Bleibt die Melodie für den Hörerkreis, für den das Werk bestimmt ist, also ein musikalisch nicht verarbeiteter Fremdkörper im Werk, ist § 24 Abs. 2 nicht einschlägig; dann kann aber ein zulässiges **Musikzitat** (§ 51 Nr. 3) gegeben sein. Gedacht ist an Fälle, in denen bekannte Melodien an einer „passenden Stelle" gespielt werden, um beim Zuhörer eine Assoziation herzustellen; das kann zB der Fall sein, wenn ein Teil der Nationalhymne im Zusammenhang mit einem Duett einer Oper erklingt, in dem es um bes. Vaterlandstreue geht (näher § 51 Rn 50 ff.).

d) Verwendung in einem selbständigen Werk. § 24 regelt nur den Fall, dass die **47** fremde Melodie in einem Werk iSd § 2 verwandt wird. Dass dieses **selbständig iSd § 24 Abs. 1** sein muss, ergibt sich daraus, dass § 24 Abs. 2 nur § 24 Abs. 1, nicht aber § 23 einschränkt. Fehlt es dem neuen Werk an der Selbständigkeit oder am Werkcharakter iSd § 2, ist die Übernahme ohnehin im ersten Fall nur nach Maßgabe des § 23 und im zweiten Fall nur unter den Voraussetzungen des § 16 zulässig, sodass es des Rückgriffs auf § 24 Abs. 2 auch nicht bedarf (vgl *BGH* NJW-RR 1991, 812, 813 – Brown Girl II).

e) Ausnahme. Wie sich aus der Gesetzesgeschichte ergibt (vgl amtl. Begr. zu § 13 **48** LUG-Entwurf v. 8.12.1900, abgedr. bei *Schulze* Bd 1, S. 138 f.) fällt eine **parodistische oder satirische Melodienentnahme** nicht unter § 24 Abs. 2 (**aA** *Fromm/ Nordemann/Vinck* § 24 Rn 12). Folgt man dem entgegen der hier vertretenen Auffassung nicht, hilft dann meist auch die Zitatfreiheit (hierzu oben Rn 46) nicht weiter, weil die fremde Melodie bei der Parodie keinen Fremdkörper in einem anderen Werk bildet, sondern vielmehr selbst den Bearbeitungsgegenstand bildet.

3. Beispiele

49   § 24 Abs. 2 ist für die **meisten Musik-Variationen** einschlägig (vgl *Fromm/Norde-mann/Vinck* § 24 Rn 13). Wird eine urheberrechtsgeschützte Musik mit Filmaus-schnitten im Rahmen einer Programmankündigung unterlegt, handelt es sich um eine zustimmungspflichtige Nutzung gem. § 24 Abs. 2 in Form einer Teilwerknutzung (*OLG München* NJW 1998, 1413).

50   **Nicht unter § 24 Abs. 2 fällt** die Verwendung eines bestimmten **Rhythmus**. Im Be-reich der Techno-Musik bleibt daher für eine Annäherung an fremde Musikstücke Raum. Beim sog. **Sound-Sampling** kommt es darauf an, ob der jeweilige Sound Me-lodie iSd § 24 Abs. 2 ist und ob er so eingearbeitet wird, dass er seine Selbständigkeit verliert. Die Übernahme eines sehr **kurzen Motivs** kann gleichfalls uU aus dem An-wendungsbereich der Vorschrift fallen. **Melodieteile** können entnommen werden, sofern sie für sich genommen nicht schöpferisch sind. Der vom Hörer **als Fremdkör-per erkannte** fremde Werkteil ist kein Fall des § 24 Abs. 2, weil die Melodie dem eigenen Werk nicht zugrunde gelegt, sondern darin nur iSd § 51 Nr. 3 angeführt wird.

4. Rechtsfolge

51   Sind die Voraussetzungen für eine freie Benutzung nach § 24 Abs. 1 an sich gegeben, ist dem benutzten Werk aber iSd § 24 Abs. 2 erkennbar eine Melodie entnommen und dem neuen zugrunde gelegt worden, ist die an sich freie Benutzung unzulässig. Versteht man dies als abschließende Regelung über Herstellung, Verwertung und Schutz, würde weder § 23 noch § 3 eingreifen. Die dann für die vorgenannten Fragen bei unter Übernahme fremder Melodien geschaffenen Werken entstehende Lücke würde jedoch den gesetzgeberischen Willen, bei Musikwerken strengere Anforde-rungen gelten zu lassen, konterkarieren. Daher sind sowohl § 23 als auch § 3 auf die nach § 24 Abs. 2 unzulässigen freien Benutzungen anzuwenden (*Schricker/Loewen-heim* § 24 Rn 26; **aA** *Fromm/Nordemann/Vinck* § 3 Rn 16). Hierdurch wird dem Ur-heber des Ausgangswerks hinreichender Schutz gewährt, Dritten jedoch kein Frei-brief für den Zugriff auf dergestalt unter Melodienentnahme geschaffene Werke ge-geben. **Zulässig ist also die Herstellung des neuen Musikwerkes durch Entnahme und Zugrundlegung einer fremden Melodie, nicht jedoch dessen Veröffentlichung und Verwertung** (§ 23). Hingegen würde die – auch analoge – Anwendung des § 23 S. 2 zu weit gehen, da damit auch im privaten Bereich das Nachsingen fremder Melodien in veränderter Form vollständig unterbunden würde.

52   Die Schrankenregelungen des **§ 51 Nr. 3 findet keine Anwendung**, da § 24 Abs. 2 mit dem Begriff der Entnahme deutlich macht, dass es sich insoweit im Verhältnis zu den Zitiervorschriften um abschließende Regelungen handelt (vgl § 24 Rn 31; näher § 51 Rn 52 ff.). Liegt hingegen keine Entnahme iSd § 24 Abs. 2 vor, weil die Melo-die als Fremdkörper erkennbar ist oder sogar dem Werk nur vorangestellt wird, wie etwa bei einer Ouvertüre zu einem Musikabend, ist für § 51 Raum.

53   Fehlt es an der Kenntnis des Urhebers des späteren Werkes vom früheren Werk, liegt eine **Doppelschöpfung** zu, deren Herstellung, Veröffentlichung und Verwertung nach allg. Grundsätzen als die eines selbständigen Werkes zulässig ist.

Anhang zu §§ 23, 24

Plagiat, unbewusste Entlehnung und Doppelschöpfung

Literatur: *Frohne* Die Stichworte „Plagiarisme" resp. „Plagiat" und „Plagiaire" in den Enzyklopädien von P. Bayle und D. Diderot, in: Dittrich, Woher kommt das Urheberrecht und wohin geht es?, Wien 1988, S. 20; *Hertin* Das Musikzitat im deutschen Urheberrecht, GRUR 1989, 159; *Jörger* Das Plagiat in der Popularmusik, Schriftenreihe UFITA, Bd 99, 1992; *Nordemann, W.* Kunstfälschungen und kein Rechtsschutz?, GRUR 1996, 737.

Übersicht

I. Plagiat

Der Begriff des Plagiats soll von dem römischen Dichter Marcus Valerius Martialis **1** (42 bis 104 n. Chr.) herrühren, der seinen Kollegen Fidentinus einen Menschenräuber (*plagiarius*) genannt haben soll, nachdem dieser Gedichte des Martialis als eigene ausgegeben hatte, und damit das Geistesgut mit Sklaven verglich. Später hat man unter dem Plagiat Unterschiedliches verstanden und auch den Begriff des Selbstplagiats geprägt (näher *Ulmer* § 57 III; *Jörger* S. 23 ff.; *Schricker/Loewenheim* § 23 Rn 22).

Richtigerweise ist im Hinblick auf die Entstehungsgeschichte unter einem Plagiat jede **2** **bewusste Aneignung einer fremden Urheberrechtsstellung** zu verstehen. Der Plagiator gibt sich also als Urheber aus, wissend, dass das Urheberrecht einem anderen zusteht. Auch der **Nutzungsberechtigte**, der sich selbst Urheber nennt, muss sich deshalb den Vorwurf des Plagiats gefallen lassen. Hingegen liegt nicht in jedem Verstoß gegen die **Quellenangabepflicht** (§ 63) zugleich auch ein Plagiat (*Schricker/Schricker* § 51 Rn 15; **aA** *Schricker/Loewenheim* § 23 Rn 22 mwN). Denn § 63 stellt über die bloße Erkennbarkeit des entlehnten Teiles als fremdes Werk zusätzliche Anforderungen auf. So ist nach § 63 die fremde Leistung nicht nur als solche kenntlich zu machen, sondern es ist auch – zudem deutlich – anzugeben, von wem sie stammt. Genügt die Quellenangabe diesen Anforderungen nicht, liegt zwar ein Verstoß gegen § 63, aber kein Plagiat vor, wenn für den Betrachter gleichwohl erkennbar ist, dass es sich nicht um eine eigene Leistung der betr. Person handelt.

Nicht Voraussetzung ist, dass das fremde Werk **unverändert** übernommen wird, solange nur keine freie Benutzung iSd § 24 vorliegt. Auf den Umfang des Zitats kommt es ebenfalls nicht an, solange das Zitat nur eine Verletzung fremder Urheberschaft begründet (vgl *Fromm/Nordemann/Vinck* § 24 Anh. Rn 4).

Das Plagiat ist als solches nicht im UrhG geregelt. Legt man die hier vertretene Begriffsdefinition zugrunde, nach welcher das Plagiat die bewusste Aneignung einer **3** fremden Urheberrechtsstellung ist, liegt darin immer ein Verstoß gegen das in **§ 13** geregelte Recht auf Anerkennung der Urheberschaft (*Schricker/Loewenheim* § 23 Rn 23). Daneben sind im Allgemeinen auch die Verwertungsrechte des Urhebers aus **§§ 15 ff.** oder – bei veränderter Übernahme – **§ 23** verletzt. Veröffentlicht erstmals

der Plagiator das Werk, liegt darin ein Eingriff in das Veröffentlichungsrecht des Urhebers (**§ 12**), bei einem das Ursprungswerk verändernden Plagiat ist meist **§ 14** verletzt. Da der Plagiator schon begrifflich stets vorsätzlich handelt, ist dem Verletzten
auch der praktisch wichtige **Schadenersatzanspruch** an die Hand gegeben.

4   Kein Plagiat ist die freie Benutzung eines fremden Werkes, weil sich der Werkschaffende hier keine fremde Urheberrechtsstellung anmaßt, sondern zulässigerweise ein
eigenes Werk schafft. Kein Plagiat im eigentlichen Sinne ist auch das als **Selbstpla-
giat** bezeichnete Zurückgreifen auf eigene Werke, das unter Anwendung der zu
§§ 16, 23, 24 entwickelten Kriterien keine freie Benutzung, sondern allenfalls eine
Bearbeitung darstellen würde. Da das Urheberrecht zu Lebzeiten des Urhebers nicht
übertragbar ist (vgl §§ 28 ff.), maßt sich der sog. Selbstplagiator keine fremde Urheberrechtsstellung an, sondern verletzt allenfalls fremde Nutzungs- oder Vertrags-
rechte (näher § 24 Rn 10). Der Begriff des Selbstplagiats ist deshalb zumindest
missverständlich (vgl *Fromm/Nordemann/Vinck* § 24 Anh. Rn 7, der sogar von einer
contradictio in adjectu spricht).

II. Unbewusste Entlehnung

5   Maßt sich ein Dritter objektiv eine fremde Urheberrechtsstellung an, ohne dies subjektiv zu erkennen, liegt eine unbewusste Entlehnung vor. Sie kommt in der Praxis
häufiger vor als man denkt, weil es der menschlichen Natur entspricht, Wahr-
nehmungen, die man von fremden Werken gemacht hat, nach einiger Zeit als eigene
Geistesblitze wiederzuentdecken (sog. **Kryptomnesie**).

6   Für den Tatbestand der Urheberrechtsverletzung spielt der Vorsatz des Verletzers
keine Rolle, sodass die unbewusste Entlehnung genauso wie das Plagiat eine Verletzung des Rechts des wahren Urhebers auf Anerkennung der Urheberschaft (**§ 13**) sowie je nach den Umständen des Einzelfalls unzulässige Verwertungshandlung nach
§§ 15 ff., 23 oder sogar eine Verletzung des Urheberpersönlichkeitsrechts (**§§ 11 ff.**)
darstellt. Der Verletzer kann damit zumindest auf **Beseitigung bzw Unterlassung**
(§ 97 Abs. 1 S. 1 Alt. 1 und 2) in Anspruch genommen werden. Ob darüber hinausgehend ein Schadenersatzanspruch besteht (§ 97 Abs. 1 S. 1 Alt. 3, S. 2, Abs. 2), bemisst sich danach, ob der Verletzter **fahrlässig** handelt, weil er bei gehöriger An-
spannung seines Gedächtnisses hätte erkennen können, dass das entspr. Werk oder
der maßgebliche Werkteil keine eigene Geistesschöpfung war. Diese Vorausetzun-
gen werden im Allgemeinen zumindest hinsichtlich solcher Verwertungshandlungen
des fremden Werkes vorliegen, welche nach der ersten **Abmahnung** vorgenommen
werden (*Fromm/Nordemann/Vinck* § 23 Rn 10). Auch gibt es Bereiche, wie den der
Musik, in denen die Gefahr einer unbewussten Übernahme größer als in anderen ist;
hier muss der Schaffende bes. sorgfältig vorgehen und sich ggf in Lexika und beim
Deutschen Volksliedarchiv Gewissheit verschaffen, dass nicht in Wahrheit Kryptomnesie die Ursache für seine Produktivität ist (vgl *Fromm/Nordemann/Vinck* § 24
Anh. Rn 13).

III. Doppelschöpfung

7   Im Verletzungsprozess wird häufig der Einwand vorgebracht, die in Frage stehende
Leistung sei ohne Kenntnis vom fremden Werk und unabhängig von diesem überein-

stimmend geschaffen worden. Trifft der Einwand zu, haben also zwei Personen **unabhängig voneinander** ganz oder teilweise dasselbe Werk geschaffen, spricht man von einer Doppelschöpfung. Der Begriff wird nur relevant, wenn und soweit es um Übereinstimmungen im urheberrechtsgeschützten, vor allem schöpferischen Bereich geht. Denn alle anderen Werkteile dürfen unbedenklich übernommen werden.

Die Doppelschöpfung stellt **keine Urheberrechtsverletzung** dar, weil sie alle Vor-   8
aussetzungen für einen eigenen, unabhängigen Urheberrechtsschutz erfüllt, insb.
schöpferisch ist. Da der Urheber der Doppelschöpfung das fremde Werk nicht kannte
und somit Erleichterungen seines Schaffens nicht erfahren konnte, da weiter ein Mo-
nopolcharakter wie etwa im Patent- und Markenrecht dem Urheberrecht fremd ist,
steht sich der Doppelurheber mithin nicht anders als der Urheber dieses Werkes. Das
zB im Patent- und Markenrecht geltende **Prioritätsprinzip findet keine Anwendung**.

Bei der Beurteilung der Frage, ob die im Einzelfall vorhandenen Übereinstimmungen   9
zwischen zwei Werken auf Zufall oder aber darauf beruhen, dass das ältere Werk
dem Urheber des neuen Werkes als Vorbild gedient hat, ist davon auszugehen, dass
angesichts der Vielfalt der individuellen Schaffensmöglichkeiten auf künstlerischem
Gebiet eine weitgehende Übereinstimmung von Werken, die auf selbständigem
Schaffen beruhen, nach menschlicher Erfahrung nahezu ausgeschlossen erscheint
(*BGH* GRUR 1971, 266, 268 – Magdalenenarie). Bestehen **wesentliche Übereinstimmungen**, was von demjenigen darzulegen und zu beweisen ist, der sich auf einen
Urheberrechtsverstoß beruft (vgl *BGH* GRUR 1972, 38, 39 – Vasenleuchter), spricht
deshalb der **Anscheinsbeweis** gegen eine Doppelschöpfung (*BGH* GRUR 1971, 266,
268 – Magdalenenarie; GRUR 1981, 267, 269 – Dirlada; NJW-RR 1991, 812, 814 –
Brown Girl II; *KG* NJW 2002, 621, 622; vgl *BGH* GRUR 1972, 38, 40 – Vasenleuchter; NJW 1989, 386, 387 – Fantasy; NJW 1989, 387, 388 – Ein bisschen Frieden;
weitergehend *OLG Köln* GRUR 2000, 43, 44: volle Beweislast). Er kann dadurch **widerlegt** werden, dass der Urheber des späteren Werkes beweist, keine Kenntnis vom
früheren Werk gehabt zu haben (*OLG Köln* GRUR 2000, 43, 44; vgl auch *BGH*
NJW-RR 1991, 812, 184 – Brown Girl II). Die Vermutung kann weiterhin dadurch
entkräftet werden, dass ein anderer Geschehensablauf nahegelegt wird, der die
Übereinstimmungen der Werke auf andere Weise als durch ein Zurückgreifen des
Schöpfers des neuen Werkes auf das ältere Werk erklärt (*BGH* GRUR 1971, 266, 269
– Magdalenenarie; NJW-RR 1991, 812, 814 – Brown Girl II; NJW 1989, 387, 388 –
Ein bisschen Frieden; missverständlich *KG* ZUM 2001, 503, 505: widerlegt). Dafür
müssen angesichts der Unwahrscheinlichkeit einer Doppelschöpfung gewichtige
Gründe sprechen (*BGH* NJW 1989, 387, 389 – Ein bisschen Frieden; vgl auch *BGH*
NJW-RR 1991, 812, 814 – Brown Girl II). Sie liegen zB dann vor, wenn die Über-
einstimmungen in Elementen bestehen, die schon in mehreren älteren Werken enthalten sind, und die in dem früheren Werk auch nicht zu einer Leistung von starker
Eigenart verarbeitet wurden (*BGH* GRUR 1971, 266, 269 – Magdalenenarie; sehr
weitgehend: *KG* ZUM 2001, 503, 505). Wurde der Anscheinsbeweis erschüttert, ist
es Sache des Urhebers des früheren Werkes, die Rechtsverletzung zu beweisen.

Unterabschnitt 4
Sonstige Rechte des Urhebers

Vorbemerkung zu §§ 25-27

1 Systematisch handelt es sich bei den Vorschriften der §§ 25-27 weder um reine Verwertungsrechte noch um reine Urheberpersönlichkeitsrechte. Von den in §§ 12 ff. geregelten Persönlichkeitsrechten bzw in §§ 15 ff. geregelten Verwertungsrechten unterscheiden sie sich dadurch, dass sie dem Urheber keine absolute Rechtsstellung einräumen (hierzu sogleich Rn 2). Wie überhaupt im Urheberrecht ist der Gesetzgeber aber auch bei der Ausgestaltung der „sonstigen Rechte" der sog. **monistischen Theorie** gefolgt (amtl. Begr. BT-Drucks. IV/270, 43), dh dem Gedanken von der untrennbaren Einheit und vielfältigen Verflechtung der ideellen und der materiellen Interessen des Urhebers und damit vom Urheberrecht als der Gesamtheit aller Rechtsbeziehungen des Schöpfers zu seinem Werk (amtl. Begr. BT-Drucks. IV/270, 43; *Fromm/Nordemann* § 11 Rn 1 f.). Mit unterschiedlicher Schwerpunktsetzung tragen die sog. sonstigen Rechte daher urheberpersönlichkeitsrechtlichen und verwertungsrechtlichen Interessen Rechnung.

2 Allen in §§ 25-27 geregelten Rechten **fehlt der Ausschließlichkeitscharakter** (*Schricker/Vogel* § 25 Rn 6; *Schricker/Katzenberger* § 26 Rn 4; *Schricker/Loewenheim* § 27 Rn 7; *v. Gamm* § 25 Rn 1, § 26 Rn 2, § 27 Rn 2). Daraus folgt, dass auf Verletzungen der in den §§ 25-27 geregelten Rechte des Urheber die Vorschriften der §§ 96 ff. keine Anwendung finden, sofern nicht zugleich auch eine Verletzung von Urheberpersönlichkeits- oder Verwertungsrechten aus §§ 11 ff. vorliegt. Die **Folgen von Rechtsverletzungen** ergeben sich vielmehr primär aus der entspr. Vorschrift selbst – so kann der Urheber sein Zugangsrecht unmittelbar aus § 25 einklagen –, Sekundäransprüche können nach den Vorschriften des BGB, vor allem nach Leistungsstörungsrecht, begründet sein.

§ 25 Zugang zu Werkstücken

(1) Der Urheber kann vom Besitzer des Originals oder eines Vervielfältigungsstückes seines Werkes verlangen, daß er ihm das Original oder das Vervielfältigungsstück zugänglich macht, soweit dies zur Herstellung von Vervielfältigungsstücken oder Bearbeitungen des Werkes erforderlich ist und nicht berechtigte Interessen des Besitzers entgegenstehen.

(2) Der Besitzer ist nicht verpflichtet, das Original oder das Vervielfältigungsstück dem Urheber herauszugeben.

Literatur: *Paschke* Strukturprinzipien eines Urhebersachenrechts, GRUR 1984, 858.

Übersicht

I. Regelungsgehalt

1. Allgemeines

Das Zugangsrecht des § 25 ist als sog. sonstiges Recht weder reines Urheberpersönlichkeitsrecht noch reines Verwertungsrecht. Es trägt neben materiellen Belangen auch urheberpersönlichkeitsrechtlichen Belangen Rechnung und zählt daher seinem Wesen nach zu den urheberpersönlichkeitsrechtlichen Vorschriften im weiteren Sinne (*Möhring/Nicolini/Spautz* § 25 Rn 1; *Schricker/Vogel* § 25 Rn 7; *v. Gamm* § 25 Rn 1). Daraus folgt, dass es in seinem **Kerngehalt unübertragbar** und **unverzichtbar** ist (*Möhring/Nicolini/Spautz* § 25 Rn 2; *Schricker/Vogel* § 25 Rn 7). **1**

2. Geschichte

Im Anwendungsbereich des LUG und des KUG war das Zugangsrecht des Urhebers nicht ausdrücklich geregelt. Die Rspr leitete daher aus dem unveräußerlichen Persönlichkeitsrecht des Urhebers ein Zugangsrecht ab (*BGH* NJW 1952, 661, 662 – Krankenhauskartei). Ein Recht auf zeitlich unbegrenzte oder begrenzte Besitzüberlassung wurde nicht anerkannt (*BGH* NJW 1952, 661, 662 – Krankenhauskartei). Erst durch das UrhG von 1965 wurde das Recht des Urhebers auf Zugang zum Werkstück im Hinblick auf diese Rspr (vgl amtl. Begr. BT-Drucks. IV/270, 52) gesetzlich geregelt. **2**

3. Sinn und Zweck der Vorschrift

§ 25 trägt vor allem ideellen, aber auch materiellen Interessen des Urhebers Rechnung, wenn er dem Urheber ein Zugangsrecht gewährt, soweit der Zugang zur Herstellung von Vervielfältigungsstücken oder Bearbeitungen des Werkstücks erforderlich ist. Handelt es sich bei dem Werk um ein Unikat, ermöglicht die Vorschrift es dem Urheber zB, Fotografien oder Skizzen zu fertigen, anhand derer er das Werk für die Öffentlichkeit beschreiben oder sich als Urheber präsentieren kann. Ist die Mehrfachproduktion betroffen, wird dem Urheber die Verwertung des Werkes dadurch erleichtert, dass er bei Verlust oder Untergang der bei ihm verbliebenen Skizzen oder Modelle diese anhand des beim Besitzer vorhandenen Werkstücks nachbilden kann. **3**

II. Voraussetzungen des Zugangsrechts (§ 25 Abs. 1)

1. Aktiv- und Passivlegitimation

4   **a) Anspruchsberechtigter.** Das Zugangsrecht steht nach § 25 Abs. 1 nur dem **Urheber** zu. Wer ein fremdes Werk bloß umgestaltet, kann sich den Zugang zu diesem Werk daher anders als der Bearbeiterurheber (§ 3) nicht nach § 25 erstreiten. **Miturheber** können das Zugangsrecht jeweils in eigenem Namen geltend machen. Abweichend von den Fällen der Gesamthandsgemeinschaft ist wie bei allen Urheberpersönlichkeitsrechten nach Sinn und Zweck des § 25 eine Klage auf Leistung (allein) an den klagenden Miturheber zulässig (*OLG Düsseldorf* GRUR 1969, 550; *Schricker/Vogel* § 25 Rn 8; **aA** *v. Gamm* § 25 Anm. 6). Durch ein Mitwirkungserfordernis der anderen Miturheber darf das Urheberpersönlichkeitsrecht nicht eingeschränkt werden. Gleiches gilt erst recht bei **Urhebern verbundener Werke.** Bei Bearbeitungen (zum Begriff § 3 Rn 9 ff.) können das Zugangsrecht im Hinblick auf die Bearbeitung daher grds sowohl der Urheber des Ausgangswerks als auch der Urheber der **Bearbeitung** geltend machen, wenn Letztere eigenständige Schöpfungshöhe iSd § 3 aufweist (vgl auch *Schricker/Vogel* § 25 Rn 8), während ein Zugangsrecht zum Ausgangswerk nur der Urheber desselben besitzt. Das Zugangsrecht des Urhebers des Originalwerkes zur Bearbeitung scheitert jedoch dann, wenn es nicht zum Zwecke der Herstellung einer Bearbeitung oder Vervielfältigung ausgeübt werden kann, weil dem Urheber des Originalwerkes kein Bearbeitungs- oder Vervielfältigungsrecht an der Bearbeitung zukommt (hierzu sogleich § 25 Rn 10). Zur Frage der Übertragbarkeit und **Lizenzierbarkeit** su Rn 24.

5   **b) Anspruchsverpflichteter.** Anspruchsverpflichtet ist jedenfalls der Eigenbesitzer des Originals oder eines Vervielfältigungsstückes. Mittelbarer Besitz reicht im Interesse effektiven Rechtsschutzes des Urheber aus. Weigert sich der **unmittelbare Besitzer** unter Berufung auf vertragliche Absprachen mit dem mittelbaren Besitzer, dem Urheber den Zugang zu gewähren, kann dieser also auch den **mittelbaren Besitzer** in Anspruch nehmen. Die Klage richtet sich auf die Ermöglichung des Zugangs zum Werk. Da der Besitzdiener über kein eigenes Besitzrecht verfügt, ist er nicht anspruchsverpflichtet; der Anspruch richtet sich hier gegen den, für den er besitzt.

6   Der Besitzer kann den Urheber nicht auf weitere Personen verweisen, die ebenfalls ein Werkstück in Besitz haben, weil dies zu einem Zirkelschluss führen würde.

2. Gegenstand des Zugangsrechts

7   Gegenstand des Zugangsrechts sind das **Werkoriginal** und **Vervielfältigungsstücke** des Werkes. Zu **Bearbeitungen und sonstigen Umgestaltungen** kann der Urheber grds in den Schranken des zur Herstellung von Bearbeitungen oder Vervielfältigungen Erforderlichen (näher unten § 25 Rn 9 ff.) Zugang verlangen.

8   Das Zugangsrecht ist nicht auf Werke der bildenden Kunst beschränkt, sondern besteht für **Werke aller Gattungen.** Erfüllen nur isolierbare **Teile** eines Werkverbundes den Werkbegriff des § 2, setzt sich das Werk zB aus mehreren selbständigen Gegenständen zusammen und sind nur einige davon schöpferisch, beschränkt sich das Zugangsrecht auf diese Teile. Gleiches gilt, wenn sich der Zugang sinnvoll auf Teile

eines Werkes beschränken lässt, die schöpferisch sind, zB auf die Außenansicht eines Gebäudes oder einen Teil eines Manuskripts (*OLG Düsseldorf* GRUR 1969, 550, 551; *Schricker/Vogel* § 25 Rn 10; vgl *OLG Hamburg* Schulze OLGZ 174, 8). Die Gegenansicht (*Fromm/Nordemann* § 25 Rn 2) weist zwar zutr. darauf hin, dass hier Abgrenzungsschwierigkeiten entstehen können. Diese sind nach dem ausdrücklichen Gesetzeswortlaut, der das Zugangsrecht nur in den Grenzen des Erforderlichen gewährt, jedoch hinzunehmen.

3. Erforderlichkeit zur Herstellung von Vervielfältigungsstücken oder Bearbeitungen

Das Zugangsrecht des Urhebers besteht nur insoweit, als der Zugang zur Herstellung   **9** von Vervielfältigungsstücken oder Bearbeitungen erforderlich ist.

Der Zugang muss also der Vorbereitung der **Herstellung eines oder mehrerer Ver-** **10** **vielfältigungsstücke oder Bearbeitungen** dienen. Andere ideelle oder finanzielle Interessen des Urhebers spielen keine Rolle. Daran kann das Zugangsrecht des Urhebers eines Originals zu einer Bearbeitung scheitern. Zwar steht dem Urheber des Ausgangsrechts im Hinblick auf eine **Bearbeitung** oder sonstige Umgestaltung grds ein Zugangsrecht zu. Ist die Bearbeitung jedoch ihrerseits schöpferisch iSd § 3 und genießt der Bearbeiter für die Bearbeitung daher selbständigen Urheberrechtsschutz, und kann er mangels vertraglicher Abrede dem Urheber des Ausgangswerkes daher die Bearbeitung oder Vervielfältigung der Bearbeitung verbieten (hierzu näher § 3 Rn 42), kann der Zugang zur Bearbeitung diesem Zweck nicht dienen, weil der Urheber des Ausgangswerks ohnehin keine Bearbeitung oder Vervielfältigung der Bearbeitung durchführen darf.

Der Zugang muss **erforderlich** sein, um eine Bearbeitung oder Vervielfältigung   **11** vornehmen zu können. Die Begriffe der Bearbeitung und Vervielfältigung decken sich dabei mit denen der §§ 3, 16; auf die Kommentierung zu § 3 Rn 9 ff. und § 16 Rn 6 ff. wird verwiesen. Die Erforderlichkeit setzt voraus, dass der Urheber anderen Zugang zu seinem Werk nicht nehmen kann oder ihm dieser nicht zumutbar ist. Haben mehrere Personen ein Werkexemplar in Besitz, kann der Verweis der Besitzer auf den jeweils anderen allerdings iRd Erforderlichkeit keine Rolle spielen, weil das Zugangsrecht des Urhebers sonst leer liefe. Erst iRd Interessenabwägung ist zu untersuchen, ob dem Urheber die Inanspruchnahme eines anderen Besitzers, dem die Zugangsgewährung leichter möglich wäre, zumutbar ist (ebenso *Schricker/ Vogel* § 25 Rn 13). Die Beweislast für die Erforderlichkeit trägt im Hinblick auf den Wortlaut („… soweit … erforderlich") nach allg. Beweisgrundsätzen der Urheber (**aA** *Schricker/Vogel* § 25 Rn 15; *Fromm/Nordemann* § 25 Rn 4, der auf die für den Urheber damit verbundenen Beweisschwierigkeiten verweist). Dabei können ihm jedoch Beweiserleichterungen zur Hilfe kommen. Befindet sich der Urheber nicht im Besitz eines Werkexemplars, ist er im Allgemeinen auf das Werkexemplar des (eines) Besitzers angewiesen. In diesem Fall kann daher eine **tatsächliche Vermutung** eingreifen, dass der Zugang zur Herstellung der Vervielfältigungen oder Bearbeitungen erforderlich ist. Der Besitzer kann den Anscheinsbeweis erschüttern, indem er Umstände dartut und beweist, die einen anderen Geschehensablauf ergeben. Dann ist es am Urheber zu beweisen, dass der Zugang gleichwohl erforderlich ist.

4. Interessenabwägung

12   Der Besitzer kann den Zugang verweigern, wenn eigene berechtigte Interessen entgegenstehen. Nicht jedes Interesse des Besitzers daran, dass der Urheber keinen Zugang zum Werk oder Vervielfältigungsstück nimmt, ist also ausreichend, um das Zugangsrecht zu Fall zu bringen; vielmehr sind nur **berechtigte Interessen** des Besitzers beachtlich. Ob es sich um solche handelt, ist unter Einbeziehung der Interessen des Urhebers durch umfassende Interessenabwägung zu ermitteln. **Prominente** können ein bes. Interesse am Schutz ihrer Privatsphäre haben. Die amtl. Begr. (BT-Drucks. IV/270, 52) nennt als ein berücksichtigungsfähiges Interesse des Besitzers den Umstand, dass es sich um eine eigens für den jetzigen Besitzer angefertigte, **persönliche Arbeit** handelt, zB um ein Familienbildnis; anders kann sich dies verhalten, wenn die persönliche Natur teilweise aufgehoben ist, zB bei berühmten Gemälden von Personen des öffentlichen Lebens (vgl *Fromm/Nordemann* § 25 Rn 5), oder der Urheber eine Vervielfältigung nur für sein privates Archiv anfertigen möchte (*Schricker/Vogel* § 25 Rn 17). Ebenso darf der Besitzer den Zugang verweigern, wenn aufgrund konkreter Anhaltspunkte zu befürchten ist, dass der Urheber bei der Ausübung des Zugangsrechts nicht die erforderliche Rücksicht walten lassen wird (amtl. Begr. BT-Drucks. IV/270, 52). Steht eine **Beschädigung** des Werkes durch das vom Urheber zur Vervielfältigung oder Bearbeitung verwandte Verfahren zu befürchten, muss sich der Besitzer auf den Zugang nur ausnahmsweise einlassen. Veränderungen im Zuge der Bearbeitung des Werkes dürfen nicht am Werk selbst, sondern nur an einer hierfür vom Urheber hergestellten Nachbildung vorgenommen werden. Es sind aber nicht nur ideelle Interessen des Besitzers, sondern auch Belange materieller Art zu berücksichtigen. **Vertragliche Nachteile**, die ein Besitzmittler im Falle der Zugänglichmachung des Werkes an den Urheber erleiden wird, fließen daher in die Interessenabwägung ein. Der Urheber kann entgegenwirken, indem er einen Titel gegen den mittelbaren Besitzer auf Ermöglichung des Zugangs erstreitet. Befinden sich **mehrere Personen** im Besitz eines Werkstücks, darf der Urheber nicht die Person auswählen, die durch die Ausübung des Zugangsrechts die größten Nachteile in Kauf nehmen muss.

Umgekehrt sind auch die Interessen des Urhebers zu berücksichtigen. Sie werden bei einer **Massenware** regelmäßig weniger ausgeprägt sein als bei einem Unikat (*Schricker/Vogel* § 25 Rn 17). Auch der Vervielfältigungs- oder Bearbeitungszweck kann eine Rolle spielen; so ist dem Besitzer der Zugang eher zumutbar, wenn das Vervielfältigungsstück dem Urheber nur für private Zwecke dienen soll, als wenn eine gewerbliche Verwertung beabsichtigt ist.

13   Die **Beweislast** für das Vorliegen berechtigter Interessen, die das Zugangsrecht ausschließen, trägt nach allg. Grundsätzen der Besitzer des Werkstücks (*Möhring/Nicolini/Spautz* § 25 Rn 13; *Schricker/Vogel* § 25 Rn 19). Ihm können dabei Darlegungserleichterungen insoweit zukommen, als Informationen aus der Sphäre des Urhebers, zB zum Zweck der Vervielfältigung oder Bearbeitung, betroffen sind.

III. Rechtsfolge

1.   Kein Herausgabeanspruch (§ 25 Abs. 2)

14   Der Besitzer ist unter den Voraussetzungen des § 25 Abs. 1 verpflichtet, dem Urheber das Werk zugänglich zu machen. Nach der ausdrücklichen Vorschrift des § 25

Abs. 2 ist der Besitzer nicht verpflichtet, das Original oder Vervielfältigungsstück an den Urheber **herauszugeben**. Einen Anspruch auf Herausgabe von Krankenhauskarteiblättern an die Person, welche sie erstellt hatte, hatte der *BGH* (NJW 1952, 661, 662 – Krankenhauskartei) aus demselben Grund schon vor In-Kraft-Treten des Gesetzes abgelehnt, ohne dass es noch darauf ankam, ob die Kartei überhaupt Urheberrechtsschutz genoss und ob einem Herausgabeanspruch auch das Allg. Persönlichkeitsrecht der Patienten entgegenstehen könne. Der Besitzer kann aber verpflichtet sein, den Transport des Originals in ein Fotolabor, eine Kopieranstalt oder eine Gießerei, ggf unter seiner Aufsicht, zuzulassen, wenn die Vervielfältigung oder Bearbeitung am Standort des Werkes nicht möglich ist. Die dabei anfallenden **Kosten** hat der Urheber zu tragen (*Schricker/Vogel* § 25 Rn 11).

2. Modalitäten des Zugangs

In welcher Weise der Zugang zu gestatten ist, richtet sich nach dem vom Urheber mit   **15**
dem Zugang verfolgten Zweck sowie den schützenswerten Interessen des Besitzers. Eine Aufbewahrungspflicht besteht nicht, der Urheber kann also **nicht verlangen, dass der Besitzer** das Werk- oder Vervielfältigungsstück zu diesem Zweck eigens **aufbewahrt** oder es vor Beschädigung oder Vernichtung **schützt** (amtl. Begr. BT-Drucks. IV/270, 52). Seine Grenzen findet die Freiheit des Besitzers beim Umgang mit dem Werkstück im dem Grundsatz von Treu und Glauben entspringenden Schikaneverbot; er darf das Werk also im Allgemeinen nicht gerade dann vernichten, wenn der Urheber die Ausübung seines Zutrittsrechts angekündigt hat. Handelt er dem zuwider, kann das Leistungsstörungsrecht zu Schadenersatzpflichten führen. Zur Frage der Vernichtung von Werken s. auch § 14 Rn 47.

Die **zeitlichen** und **örtlichen** Umstände des Zugangs sind mit dem Besitzer abzu-   **16**
stimmen. Ist dieser arbeitstätig, wird sich der Urheber auf einen Zugang außerhalb der allg. Arbeitszeiten einlassen müssen, sofern dann die Zwecke des Zugangsrechts noch erfüllt werden können. In den Grenzen des Erforderlichen und Zumutbaren ist der Besitzer verpflichtet, den **Transport** des Originals in ein Fotolabor, eine Kopieranstalt oder eine Gießerei zuzulassen. Befindet sich das Werk nicht beim Urheber, sondern zB in einem Banksafe, muss der Besitzer dem Urheber dort Zutritt verschaffen bzw den Verwahrer anweisen, dem Urheber den Zutritt zu gestatten (*Fromm/Nordemann* § 25 Rn 2). Verzögert der Besitzer den nach diesen Grundsätzen zu gewährenden Zugang schuldhaft, können Schadenersatzansprüche wegen Verzugs entstehen.

3. Zurückbehaltungsrecht

Gegenüber dem Zugangsrecht des Urhebers kann der Besitzer unter den Vorausset-   **17**
zungen des § 273 BGB ein Zurückbehaltungsrecht wegen eines aus demselben rechtlichen Verhältnis stammenden Gegenanspruchs geltend machen. Das kann zB ein Honorarrückzahlungsanspruch sein (vgl *OLG Düsseldorf* GRUR 1969, 550, 551). Die Umstände, aus denen sich der Gegenanspruch ergibt, sind dabei aber bereits in der Interessenabwägung zu berücksichtigen und können dort uU dazu führen, dass das Zugangsrecht insgesamt entfällt (*OLG Düsseldorf* GRUR 1969, 550, 551).

4. Kosten und Schadenersatzansprüche

18   **a) Kosten des Zugangs.** Die bei der Ausübung des Zugangsrechts anfallenden Kosten hat der Urheber zu tragen (*Schricker/Vogel* § 25 Rn 11; *Fromm/Nordemann* § 25 Rn 2). Dazu zählen auch die Kosten, die beim Transport des Werkes in eine Kopieranstalt oÄ entstehen. Fordern es die Interessen des Besitzers, dass er dem Zugang beiwohnt, hat der Urheber auch die dabei entstehenden Kosten zu erstatten. Der Besitzer kann analog § 811 Abs. 2 S. 2 BGB die Gewährung des Zutritts verweigern, bis ihm der Urheber die Kosten vorschießt und wegen der Gefahr Sicherheit leistet.

19   **b) Schadenersatzansprüche des Besitzers bei Verlust oder Beschädigung.** Geht das Werk bzw das Vervielfältigungsstück bei der Ausübung des Zugangsrechts verloren oder wird es beschädigt, hat der Urheber in Analogie zu § 811 Abs. 2 BGB den Schaden zu ersetzen, ohne dass es auf ein Verschulden seinerseits ankommt (*Schricker/Vogel* § 25 Rn 11; *Fromm/Nordemann* § 25 Rn 2; *v. Gamm* § 25 Rn 7). Ist der Besitzer mit dem Eigentümer nicht identisch, kann der Schaden darin bestehen, dass er dem Eigentümer seinerseits zum Schadenersatz verpflichtet ist. Neben dem Anspruch analog § 811 BGB können deliktsrechtliche Schadenersatzansprüche vor allem nach § 823 Abs. 1 BGB in Betracht kommen. Durch den Zugang wird kein Vertragsverhältnis begründet, sodass im Allgemeinen vertragliche Schadenersatzansprüche ausscheiden.

20   **c) Schadenersatzansprüche des Urhebers bei Verzug oder Vernichtung. Vernichtet** der Besitzer das Werk, um den Urheber am Zugang zu hindern, löst dies einen Schadenersatzanspruch aus § 826 BGB aus; auch §§ 280, 283 BGB nF sind in diesem Fall einschlägig. Ob die Voraussetzungen einer Schadenersatzpflicht auch dann vorliegen, wenn sich diese Absicht nicht nachweisen lässt, ist durch Interessenabwägung festzustellen. Einen Schutz vor Vernichtung gewährt § 25 zwar nicht, dem Besitzer kann es aber zumutbar sein, mit der beabsichtigten Vernichtung noch kurze Zeit zuzuwarten, bis der Urheber das von ihm schon angekündigte oder den Umständen nach zu erwartende Zugangsrecht ausgeübt hat. Ggf muss er hierzu zumutbare Fristen setzen.

21   Verzögert der Besitzer den Zugang schuldhaft, wozu angesichts der iRd Ausübung des Zugangsrechts herrschenden wechselseitigen Rücknahmepflichten nicht schon jede Terminsverschiebung ausreicht, können Ansprüche des Urhebers aus § 286 BGB begründet sein.

IV. Beispiele

22   Ein **Zugangsrecht besteht** auch für den **Arbeitnehmer**, soweit der Zugang erforderlich ist, um dem Arbeitnehmer die Herstellung von Vervielfältigungsstücken oder Bearbeitungen ohne Verletzung berechtigter Arbeitgeberinteressen zu ermöglichen (*Rehbinder* Rn 328).

23   **Kein Zugangsrecht** steht dem Architekten zu, der durch Besichtigung des Bauwerks und Prüfung der planmäßigen Ausführung die Erfolgsaussicht eines **Prozesses** gegen den Bauherrn prüfen will (*OLG Düsseldorf* GRUR 1979, 318). Der Urheber einer **Totenmaske** kann nicht unter Berufung auf § 25 die Ausstellung derselben erzwingen (*KG* GRUR 1981, 742, 743).

V. Übertragbarkeit und Verzicht

1. Übertragbarkeit und Lizenzierbarkeit

Das Zugangsrecht ist nach allg. Grundsätzen **nicht übertragbar**. Es kann jedoch wie 24
die Urheberpersönlichkeitsrechte auch (streitig, s. hierzu näher oben Vor §§ 12 ff.
Rn 21 f.) **Gegenstand einer Lizenz** sein, soweit nicht der Kernbereich des Rechts
betroffen ist (**aA** die **hM**, vgl *Schricker/Vogel* § 25 Rn 7; *Fromm/Nordemann* § 25
Rn 1; s. hierzu ausführlich auch Vor §§ 12 ff. Rn 17 ff.). Dafür spricht schon, dass
das Zugangsrecht die Herstellung von Vervielfältigungsstücken vorbereiten soll,
dass es also oft gar nicht um urheberpersönlichkeitsrechtliche, sondern um verwer-
tungsrechtliche Interessen geht. Dass § 25 dem Gesetzeswortlaut nach nur den „Urheber" berechtigt, steht einer Nutzungsrechtseinräumung nicht entgegen; auch § 15
verwendet für die Verwertungsrechte, die nach § 31 unstr. Gegenstand von Lizenzen
sein können, diese Formulierung. Der Urheber kann daher einem Dritten zusammen
mit einer Lizenz am Vervielfältigungsrecht das Recht einräumen, Zugang zum
Werkstück zu verlangen, um dieses vervielfältigen zu können. Bei der iRd § 25 vorzunehmenden Interessenabwägung sind dann auch Umstände zu berücksichtigen, die
in der Person des Lizenznehmers liegen, zB dessen bekannte Unzuverlässigkeit.
Nach dem Grundsatz der Vertragsfreiheit kann der Urheber den Dritten aber auch zur
Ausübung des Urheberpersönlichkeitsrechts **ermächtigen** (§ 185 BGB) oder ihm
bloß **vertragliche Rechte einräumen**.

2. Verzicht

Das Zugangsrecht ist im Kernbereich nicht verzichtbar (*Schricker/Vogel* § 25 Rn 21; 25
weitergehend *Möhring/Nicolini/Spautz* § 25 Rn 2; *Fromm/Nordemann* § 25 Rn 1:
insgesamt unverzichtbar). Das folgt aus seiner persönlichkeitsrechtlichen Natur.

Denkbar ist aber ein **Verzicht auf die Geltendmachung von Ansprüchen**, die aus 26
einer Verletzung des Urheberpersönlichkeitsrechts resultieren. Nach § 397 BGB
kann der Urheber auf Ansprüche verzichten, wenn diese im Zeitpunkt des Verzichts
hinreichend bestimmt sind. Diese Voraussetzungen sind bei bereits entstandenen Ansprüchen erfüllt und bei Ansprüchen, die erst entstehen werden, deren Art und Umfang aber bereits feststehen.

VI. Durchsetzung

Das Zugangsrecht kann klageweise und auch mit Hilfe einer einstweiligen Verfü- 27
gung durchgesetzt werden (*OLG Düsseldorf* GRUR 1969, 550, 551).

§ 26 Folgerecht

**(1) Wird das Original eines Werkes der bildenden Künste weiterveräußert
und ist hieran ein Kunsthändler oder Versteigerer als Erwerber, Veräußerer
oder Vermittler beteiligt, so hat der Veräußerer dem Urheber einen Anteil in
Höhe von fünf vom Hundert des Veräußerungserlöses zu entrichten. Die Verpflichtung entfällt, wenn der Veräußerungserlös weniger als 50 Euro beträgt.**

(2) Der Urheber kann auf seinen Anteil im voraus nicht verzichten. Die Anwartschaft darauf unterliegt nicht der Zwangsvollstreckung; eine Verfügung über die Anwartschaft ist unwirksam.

(3) Der Urheber kann von einem Kunsthändler oder Versteigerer Auskunft darüber verlangen, welche Originale von Werken des Urhebers innerhalb des letzten vor dem Auskunftsersuchen abgelaufenen Kalenderjahres unter Beteiligung des Kunsthändlers oder Versteigerers weiterveräußert wurden.

(4) Der Urheber kann, soweit dies zur Durchsetzung seines Anspruchs gegen den Veräußerer erforderlich ist, von dem Kunsthändler oder Versteigerer Auskunft über den Namen und die Anschrift des Veräußerers sowie über die Höhe des Veräußerungserlöses verlangen. Der Kunsthändler oder Versteigerer darf die Auskunft über Namen und Anschrift des Veräußerers verweigern, wenn er dem Urheber den Anteil entrichtet.

(5) Die Ansprüche nach den Absätzen 3 und 4 können nur durch eine Verwertungsgesellschaft geltend gemacht werden.

(6) Bestehen begründete Zweifel an der Richtigkeit oder Vollständigkeit einer Auskunft nach Absatz 3 oder 4, so kann die Verwertungsgesellschaft verlangen, daß nach Wahl des Auskunftspflichtigen ihr oder einem von ihm zu bestimmenden Wirtschaftsprüfer oder vereidigten Buchprüfer Einsicht in die Geschäftsbücher oder sonstige Urkunden soweit gewährt wird, wie dies zur Feststellung der Richtigkeit oder Vollständigkeit der Auskunft erforderlich ist. Erweist sich die Auskunft als unrichtig oder unvollständig, so hat der Auskunftspflichtige die Kosten der Prüfung zu erstatten.

(7) *(aufgehoben)*

(8) Die vorstehenden Bestimmungen sind auf Werke der Baukunst und der angewandten Kunst nicht anzuwenden.

Literatur: *Katzenberger* Das Folgerecht im internationalen Urheberrecht, UFITA 85 (1979), 39; *Münzberg* Zwangsvollstreckung in Originale der bildenden Kunst (§ 26 UrhG), DGVZ 1998, 17; *Pfennig* Das Folgerecht in der Europäischen Union, FS Kreile, 1994, S. 491; *Schack* Anmerkung zu BGH, JZ 1995, 354 – Folgerecht bei Auslandsbezug, JZ 1995, 357; *Wandtke* Die Kommerzialisierung der Kunst und die Entwicklung des Urheberrechts im Lichte der Immaterialgüterrechtslehre von Josef Kohler, GRUR 1995, 385.

Übersicht

I. Regelungsgehalt

1. Begriff des Folgerechts

Unter dem Begriff des Folgerechts (droit de suite) versteht man das **Recht des Urhebers eines Werkes der bildenden Künste auf Beteiligung am Veräußerungserlös seines Werkes**. Das Folgerecht (sog. droit de suite) ist in §26 Abs. 1 gesetzlich geregelt. Die nachfolgenden Absätze des §26 enthalten weitere Ansprüche und Regelungen, die der Vorbereitung bzw Durchsetzung des Folgerechts und dem Schutz des Urhebers dienen. **1**

2. Geschichte

Das LUG und das KUG kannten eine dem §26 vergleichbare Vorschrift nicht. Diese wurde erst mit Schaffung des UrhG eingefügt. Schon vorher gab es in einigen europäischen Staaten, zB in Frankreich, Belgien und Italien, ein sog. Folgerecht (droit de suite). Auch Art. 14bis RBÜ sieht es vor. Zu den Bemühungen um die Einführung eines Folgerechts seit Beginn des 20. Jahrhunderts s. amtl. Begr. BT-Drucks. IV/270, 52 f. **2**

Der ursprünglich auf den Beteiligungsanspruch begrenzte Regelungsgehalt der Vorschrift wurde iRd Urheberrechtsnovelle 1972 (Gesetz zur Änderung des Urheberrechtsgesetzes v. 10.11.1972, BGBl I, 2081 ff.) um eine allg. Auskunftspflicht des Versteigerers bzw Kunsthändlers erweitert und der Anteil des Urhebers am Verkaufserlös von 1 % auf 5 % erhöht. Der *BGH* (NJW 1971, 2021, 2022 f. – Urheberfolgerecht) hatte es zuvor abgelehnt, über eine Auskunftspflicht nach allg. Grundsätzen, wenn nämlich dem Urheber nachweislich aus einem unter Mitwirkung des auf Auskunft in Anspruch genommenen Versteigerers oder Kunsthändlers ein materieller Beteiligungsanspruch nach §26 aF entstanden war, einen allg. Auskunftsanspruch des Urhebers gegen Versteigerer und Kunsthändler anzuerkennen. Ferner wurde die inzwischen durch das Gesetz zur Modernisierung des Schuldrechts v. 26.11.2001 (BGBl I, 3138 ff.) wieder aufgehobene Verjährungsregelung des §26 Abs. 7 in das Gesetz eingefügt. **3**

4   Nachdem lange um die Harmonisierung des Folgerechts auf Europäischer Ebene gestritten wurde, ist inzwischen die **Richtlinie 2001/84 EG** des Europäischen Parlaments und des Rates v. 27.9.2001 über das Folgerecht des Urhebers des Originals eines Kunstwerks (ABlEG Nr. L 272 v. 13.10.2001, 32) in Kraft getreten. Danach sollen sich die von den Auktionatoren oder Händlern künftig bei der Weiterveräußerung von „Kunstwerken … wie Bilder, Collagen, Gemälde, Zeichnungen, Stiche, Bilddrucke, Lithographien, Plastiken, Tapisserien, Keramiken, Glasobjekte und Lichtbildwerke" zu entrichtenden Gebühren an dem Verkaufspreis orientieren. Die Mitgliedstaaten setzen einen Mindestverkaufspreis von nicht mehr als 3.000 Euro fest, ab dem die Veräußerung dem Folgerecht unterliegt. Bei Preisen bis 50.000 Euro liegt der Folgerechtsanteil bei 4 % oder (auf Wunsch einzelner Mitgliedstaaten) bei 5 %; bei höheren Preisen sind gestaffelt niedrigere Sätze bis hin zu (bei Preisen von mehr als einer halben Million Euro) 0,25 % des Verkaufspreises. Die Kappungsgrenze für den Gesamtbetrag der Folgerechtsvergütung bilden 12.500 Euro. Die Richtlinie ist bis zum 1.1.2006 in nationales Recht umzusetzen.

3. Rechtsnatur des Folgerechts (§ 26 Abs. 1) und der vorbereitenden Ansprüche (§ 26 Abs. 3 und 4)

5   § 26 ist eine **schwerpunktmäßig vermögensrechtliche Befugnis** des Urhebers (noch weitergehend: *BGH* NJW 1994, 2888, 2889 – Folgerecht bei Auslandsbezug). Es handelt sich bei § 26 Abs. 1 und erst recht bei den Auskunftsansprüchen aus § 26 Abs. 3 und 4 oder den sonstigen Regelungen in § 26 nicht um Ausschließlichkeitsrechte. Überhaupt enthält § 26 keine absoluten Rechte, sondern stellt eine **bes. und eigengeartete Befugnis des Urhebers** und damit ein Recht sui generis dar (vgl *BGH* NJW 1994, 2888, 2890 – Folgerecht bei Auslandsbezug; *Möhring/Nicolini/Spautz* § 26 Rn 1; *Schricker/Katzenberger* § 26 Rn 4). Anders als sonst im Urheberrecht dienen die Unveräußerlichkeit und Unverzichtbarkeit des Rechts bzw der aus ihm entspringenden Ansprüche hier nur dem Schutz des Urhebers vor unbedachten oder erzwungenen Verfügungen (*Schricker/Katzenberger* § 26 Rn 4), sind also nicht Folge eines absoluten Charakters des Rechts. Der Gesetzgeber hat mit § 26 lediglich aus dem Kreis der nach § 17 Abs. 2 grds freien (Weiter-)Verbreitungshandlungen die in § 26 geregelten herausgenommen und mit einem abgeschwächten Vergütungsanspruch ausgestattet (*BGH* NJW 1994, 2888, 2890 – Folgerecht bei Auslandsbezug).

6   Verletzungen des Folgerechts oder der weiteren in § 26 genannten Rechte lösen daher **keine Ansprüche aus §§ 97 ff.** aus. Die Durchsetzung der Ansprüche erfolgt vielmehr durch eine unmittelbar auf § 26 gestützte Klage.

4. Sinn und Zweck der Vorschrift

7   Sinn und Zweck der Vorschrift ist es, eine Ungleichbehandlung der bildenden Künstler gegenüber den Schriftstellern und Komponisten auszugleichen. Während Schriftstellern und Komponisten eine **steigende Wertschätzung** ihrer Werke regelmäßig in Gestalt höherer Verlagshonorare und Aufführungstantiemen zugute kommt, hatte der bildende Künstler bis zur Schaffung des § 26 kaum eine Möglichkeit, an Wertsteigerungen seines Werkes teilzunehmen (amtl. Begr. BT-Drucks. IV/270, 52). § 26 geht über dieses Ziel sogar noch hinaus, weil er eine Urheberbeteiligung auch für den Fall der Weiterveräußerung eines Kunstwerks zu einem geringeren als dem Preis vorsieht, zu dem der Verkäufer das Werk einst erworben hatte (vgl amtl. Begr. BT-Drucks. IV/270, 53).

II. Voraussetzungen des Folgerechts (§ 26 Abs. 1)

1. Allgemeines

Der Beteiligungsanspruch des Urhebers am Weiterveräußerungserlös (Folgerecht)   **8**
setzt nach § 26 Abs. 1 voraus, dass ein Original eines Werkes der bildenden Künste
unter Beteiligung eines Kunsthändlers oder Versteigerers weiterveräußert wurde.
Liegen diese Voraussetzungen vor, sieht das Gesetz als Rechtsfolge einen Beteiligungsanspruch des Urhebers (§ 26 Abs. 1) sowie Auskunftsansprüche und Einsichtsrechte (§ 26 Abs. 3-5) sowie zu ihrem Schutz verschiedene weitere Vorschriften
(§ 26 Abs. 5 und 6) vor.

2. Weiterveräußerung des Originals eines Werkes der bildenden Künste

a) Weiterveräußerung. Der Urheberanteil fällt nur bei einer Weiterveräußerung des   **9**
Originals eines Werkes der bildenden Künste an. Unter ihr ist jede **dingliche Eigentumsübertragung** zu verstehen, **mit Ausnahme der ersten Übertragung** vom Urheber oder dessen Rechtsnachfolger auf einen anderen. Spätere **Rückveräußerun-
gen** an den Urheber lösen den Beteiligungsanspruch aus. Dem dinglichen Rechtsgeschäft vorgelagerte Akte, zB die Beauftragung und Bevollmächtigung, ein
Werkstück zu veräußern, sind noch keine Weiterveräußerung iSd § 26, sondern bloße **Vorbereitungshandlungen** (*BGH* NJW 1994, 2888, 2890 – Folgrecht bei Auslandsbezug).

Nach Sinn und Zweck des § 26, den Urheber an einer durch die Veräußerung sich   **10**
vollziehenden Wertsteigerung des Objektes zu beteiligen, fallen die Sicherungsübereignung und andere Formen **treuhänderischer Übereignung,** wie die Übereignung
an den Kommissionär, nicht unter den Begriff der Weiterveräußerung iSd Gesetzes
(*Schricker/Katzenberger* § 26 Rn 30; *Möhring/Nicolini/Spautz* § 26 Rn 8; *Fromm/
Nordemann* § 26 Rn 3). Der endgültige Eigentumserwerb, auf den es für § 26 ankommt und der den Folgeanspruch auslöst, erfolgt bei der Sicherungsübereignung
erst mit Eintritt des Sicherungszwecks (aA *Münzberg* DGVZ 1998, 17, 19: sogar erst
mit der Verwertungshandlung; dadurch geht jedoch die Übertragung an den Siche-
rungsnehmer als für § 26 relevanter Vorgang verloren), während es bei der Kommission auf die Aufkündigung des Kommissionsvertrages und die Einigung, dass der Eigentumserwerb durch den Kommissionär in eigenem Namen und für eigene Rechnung erfolgt sein soll, ankommt. Ob der Veräußerungserlös tatsächlich gezahlt wird,
ist ohne Belang. Auch eine Veräußerung im Wege der Zwangsvollstreckung ist ausreichend; zur Problematik des richtigen Anspruchsgegners in diesem Fall s. *Münzberg* DGVZ 1998, 17, 18 ff. Keine Weiterveräußerung ist die **Schenkung** (*Möhring/
Nicolini/Spautz* § 26 Rn 8), da sie nicht entspr. dem Sinn und Zweck des § 26 mit einer Wertsteigerung verbunden ist.

Die Weiterveräußerung muss **zumindest teilweise im Inland** stattgefunden haben.   **11**
Das folgt aus dem Territorialitätsprinzip und dem für Urheberrechtsverletzungen
maßgeblichen Handlungsort, der überall dort ist, wo jemand eine unerlaubte Handlung, für die er nach dem Recht dieses Ortes haftet, ganz oder teilweise ausführt. Blo-

ße Vorbereitungshandlungen genügen nicht (*BGH* NJW 1994, 2888, 2890 – Folge-recht bei Auslandsbezug; näher unten § 26 Rn 38 ff.). Inzwischen soll aber eine europäische Richtlinie für eine europaweite Harmonisierung sorgen (so Rn 4).

12   Das droit de suite besteht **ohne Rücksicht darauf, ob ein Mehrerlös erzielt worden ist** oder nicht (so ausdrücklich die amtl. Begr. BT-Drucks. IV/270, 53). Selbst wenn der Veräußerer das Werk zu einem geringeren Preis verkauft, als der, zu dem er es selbst einst erworben hatte, greift das droit de suite ein; den darin liegenden Widerspruch zu dem mit § 26 verfolgten Zweck einer Beteiligung des Urhebers an Wertsteigerungen seines Werkes hat der Gesetzgeber erkannt und hingenommen (vgl amtl. Begr. BT-Drucks. IV/270, 53).

13   **b) Original eines Werkes der bildenden Künste und kein Ausschluss nach § 26 Abs. 8.** Weiterveräußert worden sein muss das **Original** eines Werkes der bildenden Künste. Unter einem Original ist das Urstück eines Werkes zu verstehen, dh diejenige reproduktionsfähige Werkverkörperung, die das Werk erstmals in vollendeter Weise wiedergibt und nicht nur ihrerseits Reproduktion, Kopie oder Nachbildung ist (*Schricker/Katzenberger* § 26 Rn 25). Original ist auch die nach § 3 geschützte schöpferische Bearbeitung (*Möhring/Nicolini/Spautz* § 26 Rn 7). Hat der Künstler ein Werk mehrfach hergestellt, ist das erste vollständige Werkstück das Original. Auch **Skizzen** und **Entwürfe** können Originale sein, allerdings nur, wenn sich das später auf ihrer Grundlage erstellte Werk von ihnen nicht nur unwesentlich unterscheidet und die Skizze daher für sich genommen ein vollständiges Werk darstellt. Maßgeblich ist die Auffassung der für Kunst empfänglichen und mit Kunstanschauungen einigermaßen vertrauten Kreise. Liegen diese Voraussetzungen nicht vor, handelt es sich bei der Skizze nur um die Vorbereitung des späteren Werkoriginals. Das schließt nicht aus, dass die Skizze ihrerseits Werkcharakter iSd § 2 haben kann; sie stellt lediglich nicht das Werkoriginal dar. Wird das Werk durch Abguss hergestellt, ist die **Abgussform** selbst noch kein Werkoriginal (*Schricker/Katzenberger* § 26 Rn 28 mwN). Vielmehr ist der erste formvollendete Guss durch den Urheber oder unter seiner Aufsicht das Werkoriginal (*Möhring/Nicolini/Spautz* § 26 Rn 7). Posthum hergestellte **Abgüsse** können daher nur Werkoriginal sein, wenn sie sich als bloße Vollendung eines Werkes unter Aufsicht zumindest eines noch lebenden Miturhebers darstellen. Für die eigenhändige Herstellung der Abgüsse oder **Drucke** durch den Urheber spricht eine tatsächliche Vermutung, die **Beweislast** für die sie erschütternden Umstände trägt derjenige, der diese Umstände behauptet (für eine vollständige Beweislastumkehr *Fromm/Nordemann* § 26 Rn 2). Hat der Urheber Nummerierungen vergeben oder nur einen von mehreren Abgüssen signiert oder gekennzeichnet, kann dies ein Indiz dafür sein, dass dies das Werkoriginal darstellt (vgl *Schricker/Katzenberger* § 26 Rn 28).

14   Ob es sich gerade um ein Werk der **bildenden Künste** handelt, ist anhand der Definition des § 2 Abs. 1 Nr. 4 zu beurteilen (*BGH* GRUR 1982, 308, 310 – Kunsthändler). Andere Werke iSd § 2 sind ihnen nicht gleichgestellt, allerdings ist § 26 auf **Fotografien**, die sich erst in letzter Zeit zu Objekten der Kunst entwickelt haben und die der Gesetzgeber daher noch nicht einbinden konnte, entspr. anzuwenden (*Rehbinder* Rn 250; *Schricker/Katzenberger* § 26 Rn 20; *Fromm/Nordemann* § 26 Rn 2). Eine analoge Anwendung auf andere Werke scheidet mangels Regelungslücke aus (arg. e § 26 Abs. 8).

Bei **Werken der Baukunst und der angewandten Kunst** ist das droit de suite nach 15
§ 26 Abs. 8 ausgeschlossen. Das gilt erst recht für **Entwürfe** dieser Werke (*Schri-cker/Katzenberger* § 26 Rn 23). Dem liegt die Erwägung zugrunde, dass sich die Preise bei Gebrauchsgegenständen vielfach nach anderen als künstlerischen Gesichtspunkten richten, sodass Preissteigerungen bei ihnen nicht in einer Höherbewertung der schöpferischen Leistung des Urhebers liegen (amtl. Begr. BT-Drucks. IV/270, 53). Deshalb deckt sich der Begriff des Werkes der angewandten Kunst mit dem gleichen Begriff in § 2 Abs. 1 Nr. 4, es kommt also auf den Gebrauchszweck und nicht darauf an, ob das Werk zur Verwertung in Handwerk oder Industrie vorgesehen ist (so aber *Schricker/Katzenberger* § 26 Rn 24; wie hier: *Möhring/Nicolini/Spautz* § 26 Rn 6 iVm § 2 Rn 21; *Fromm/Nordemann/Vinck* § 2 Rn 52; *v. Gamm* § 26 Rn 5 und § 2 Rn 21).

3. Beteiligung eines Kunsthändlers oder Versteigerers als Erwerber, Veräußerer oder Vermittler

An der Weiterveräußerung muss ein Kunsthändler oder Versteigerer beteiligt gewe- 16
sen sein. Dies sah der Gesetzgeber als gleichbedeutend mit einer Veräußerung im geschäftlichen Verkehr an (vgl amtl. Begr. BT-Drucks. IV/270, 53 und zu Drucks. IV/3401, 4). **Kunsthändler** ist dabei derjenige, der zu Erwerbszwecken mit Kunstwerken handelt, selbst wenn dies nicht hauptberuflich geschieht (*Möhring/Nicolini/Spautz* § 26 Rn 10; *Schricker/Katzenberger* § 26 Rn 33). **Versteigerer** ist unabhängig von Ausbildung und Qualifikation jeder, der die Funktion eines Versteigerers erfüllt, also das Kunstwerk freiwillig oder zwangsweise, öffentlich oder in kleinem Kreis, auf Messen oder Ausstellungen und auch außerhalb Auktionen auf der Grundlage von Geboten der Bieter veräußert. Unerheblich ist, ob die Beteiligung des Kunsthändlers oder Versteigerers auf Seiten des Erwerbers oder des Veräußerers bestand. Auch eine Mitwirkung als bloßer Vermittler reicht aus. Erfolgt die Veräußerung im Wege der Zwangsvollstreckung, ist der Gerichtsvollzieher Versteigerer (*Münzberg* DGVZ 1998, 17, 18).

4. Versteigerungserlös von mindestens 50 Euro

Der Erlös der Weiterveräußerung muss mindestens 50 Euro betragen. Unter den Be- 17
griff des Erlöses fällt jeder in Geld messbare Gegenwert, den der Veräußerer erhält. **Kosten und Steuern werden nicht abgezogen.** Das bei Versteigerungen vom Erwerber zusätzlich an den Versteigerer zu zahlende **Aufgeld** ist kein Versteigerungserlös, weil es nicht dem Veräußerer zugute kommt (vgl *Schricker/Katzenberger* § 26 Rn 37).

Durch die Wertgrenze will das Gesetz verhindern, dass das Folgerecht zu einer un- 18
billig hohen Belastung des Kunsthandels führt (amtl. Begr. BT-Drucks. IV/270, 53).

III. Rechtsfolge: Beteiligungsanspruch des Urhebers am Veräußerungserlös

1. Beteiligungsanspruch

Liegen die Voraussetzungen des § 26 Abs. 1 vor, steht dem Urheber ein Anspruch 19
auf eine Beteiligung am Veräußerungserlös in Höhe von **5 %** desselben zu. Unter den Voraussetzungen der §§ 286, 288 BGB ist er **verzinslich**. Der Zahlungsanspruch kann unmittelbar auf § 26 gestützt eingeklagt werden; ein Rückgriff auf Vorschriften

des BGB ist insoweit nicht nötig und wäre auch nicht möglich. Eine Verletzung von Urheberrechten iSd §§ 97 ff. durch bloße Nichtzahlung ist ohnehin ausgeschlossen, weil § 26 keine Ausschließlichkeitsrechte verbrieft.

2. Aktiv- und Passivlegitimation

20   **a) Aktivlegitimation.** Der Folgeanspruch steht dem **Urheber** zu. Ein **Miturheber** kann den Anspruch auch allein geltend machen, ist also entspr. auch prozessführungsbefugt, er muss aber Leistung an alle Miturheber verlangen. Gleiches gilt bei **Miterben** eines Urhebers (*BGH* GRUR 1982, 308, 310 – Kunsthändler). Der Anspruch ist vor seinem Entstehen nicht verzichtbar (§ 26 Abs. 2 S. 1), unterliegt insoweit nicht der Zwangsvollstreckung (§ 26 Abs. 2 S. 2 HS 1) und ist insoweit, dh im Voraus, auch nicht abtretbar (§ 26 Abs. 2 S. 2 HS 2). Näher hierzu sogleich § 26 Rn 24 ff.

21   In der Praxis wird der Beteiligungsanspruch idR durch die VG Bild-Kunst für den Urheber durchgesetzt. Sie hat mit verschiedenen Verbänden deutscher Kunsthändler und Kunstversteigerer Gesamtverträge über eine pauschale Abgeltung der von ihr wahrgenommenen Folgerechtsansprüche geschlossen. Die Einnahmen werden nach einem bestimmten Schlüssel unter den Berechtigten verteilt.

22   **b) Passivlegitimation.** Der Anspruch auf Beteiligung am Veräußerungserlös **richtet sich nur gegen den Veräußerer**. Das ist derjenige, der die schuldrechtliche Verpflichtung übernimmt bzw die Verfügung vornimmt, also das Rechtsgeschäft in eigenem Namen tätigt. Entscheidend für die Stellung des Veräußerers iRd § 26 ist daher nicht das Eigentum an dem Werkoriginal, sondern ob die **Verfügung in eigenem** oder fremden **Namen** stattfindet. Grds scheidet daher als Veräußerer – ungeachtet seiner Mitwirkung an dem Rechtsgeschäft – aus, wer das Veräußerungsgeschäft in fremdem Namen abschließt (*BGH* NJW 1971, 2021 – Urheberfolgerecht).

23   Die an der Veräußerung mitwirkenden **Kunsthändler und Versteigerer** sind – anders als betr. der Auskunftsansprüche und Einsichtsrechte des § 26 Abs. 3-6 – **idR nicht passivlegitimiert**, es sei denn, dass sie an der Veräußerung nicht bloß mitgewirkt haben, sondern selbst als Veräußerer anzusehen sind (*BGH* NJW 1971, 2021 – Urheberfolgerecht). Das sind sie nur, wenn sie die Veräußerung bzw Versteigerung zwar auf fremde Rechnung, aber in eigenem Namen durchführen (*BGH* NJW 1971, 2021, 2022 – Urheberfolgerecht). Daher richtet sich der Beteiligungsanspruch bei einem Kommissionsgeschäft gegen den **Kommissionär**. Neben ihm haftet gesamtschuldnerisch auch der **Kommittent** (*OLG München* GRUR 1979, 641, 642; *v. Gamm* § 26 Rn 6; *Schricker/Katzenberger* § 26 Rn 45; *Rehbinder* Rn 250).

3. Verzicht, Abtretung, Lizenzen, Zwangsvollstreckung

24   In § 26 Abs. 2 geregelt ist nur die Verfügbarkeit des auf den Einzelfall bezogenen Zahlungsanspruchs. Ein Verzicht oder eine Übertragung des **Folgerechts als Anspruch sui generis** (hierzu oben § 26 Rn 5) ist, da es sich um einen Bestandteil des Urheberrechts handelt, **nicht möglich** (§ 29 Abs. 1), ein Rechtsübergang kann sich nur durch Erbe vollziehen (§ 28). Das Folgerecht als Ganzes kann deshalb auch weder verpfändet werden noch Gegenstand der Zwangsvollstreckung sein. Es ist nicht Teil der Insolvenzmasse (vgl *Schricker/Katzenberger* § 26 Rn 48). Da sogar eine Verfügung über die Anwartschaft auf einzelne Erlöse ausgeschlossen ist (§ 26 Abs. 2 S. 2 HS 2), besteht auch die Möglichkeit der Lizenzierung des Folgerechts nicht.

Vom Gesetz vorausgesetzt wird aber als **Ausnahme** die Möglichkeit, eine **Verwer-** 25
tungsgesellschaft mit der Wahrnehmung des Rechtes zu beauftragen (*Schricker/*
Katzenberger § 26 Rn 50 mwN). Gehört der Urheber der VG Bild-Kunst an, erteilt
der Urheber ihr nach den Bestimmungen des geltenden Berechtigungsvertrages nicht
nur die Ermächtigung zur Durchsetzung von Auskunftsansprüchen, sondern auch zur
Geltendmachung des Folgerechts und zum Abschluss von Verträgen über bestimmte
urheberrechtliche Nutzungen des Kunstwerkes. Eingezogene Entgelte werden entspr. der Satzung der VG Bild-Kunst nach einem Verteilungsplan unter allen Urhebern verteilt, dem im Wesentlichen ein Pauschalsystem zugrunde liegt.

Auch auf den **künftigen Zahlungsanspruch** aus einem bestimmten Veräußerungs- 26
geschäft, von dem das Gesetz als „Anwartschaft" spricht, kann der Urheber nach der
dem Schutz des Urhebers dienenden Vorschrift (amtl. Begr. BT-Drucks. IV/270, 53)
des § 26 Abs. 2 S. 1 nicht verzichten. Über die Anwartschaft kann nicht verfügt werden und sie unterliegt auch nicht der Zwangsvollstreckung (§ 26 Abs. 2 S. 2). Ist der
Zahlungsanspruch jedoch erst einmal **entstanden**, weil das Kunstwerk weiterveräußert wurde, ist er nach allg. Grundsätzen (§§ 398 ff. BGB) abtretbar, pfändbar
(§§ 1273 ff. BGB), verzichtbar (§ 397 BGB; arg. e § 26 Abs. 2) und unterliegt auch
der Zwangsvollstreckung sowie dem Insolvenzverfahren (*Schricker/Katzenberger*
§ 26 Rn 49). Auf die Fälligkeit des Anspruchs kommt es entgegen *Nordemann*
(*Fromm/Nordemann* § 26 Rn 5) nach dem Gesetzeszweck, dem Urheber eine Beteiligung an der Wertsteigerung als solcher zu verschaffen, nicht an. Wie sich im Umkehrschluss aus § 112 ergibt, der die Zwangsvollstreckung nach den allg. Vorschriften zulässt, wenn sie nicht ausdrücklich ausgeschlossen ist, kann der Beteiligungsanspruch nach seiner Entstehung auch Gegenstand der Zwangsvollstreckung sein (**aA**
Schricker/Katzenberger § 26 Rn 48). Schließlich kann der Urheber einem Dritten
den Anspruch auf Auszahlung der Beteiligung an einem bestimmten Veräußerungsgeschäft abtreten (arg. e § 26 Abs. 2).

IV. Auskunftsansprüche und Einsichtsrecht zur Vorbereitung des Folgerechts (§ 26 Abs. 3-6)

1. Allgemeines

§ 26 Abs. 3-6 gewähren dem Urheber **zur Vorbereitung** der Geltendmachung **des** 27
Folgerechts verschiedene Auskunftsansprüche und unter bestimmten Voraussetzungen ein Einsichtsrecht gegen den Kunsthändler und gegen den Versteigerer, unter
dessen Beteiligung die Veräußerung stattgefunden hat. Auskunftsansprüche und Einsichtsrechte gegen den Veräußerer sind in § 26 nicht geregelt, sondern können sich
nur nach allg. Grundsätzen ergeben.

2. Inhalt der Auskunftsansprüche und des Einsichtsrechts

a) Auskunft über weiterveräußerte Werke (§ 26 Abs. 3). Nach § 26 Abs. 3 kann 28
der Urheber von jedem Kunsthändler und Versteigerer Auskunft darüber verlangen,
welche Originale von Werken des Urhebers **innerhalb des letzten vor dem Aus-**
kunftsersuchen abgelaufenen Kalenderjahres unter Beteiligung des Kunsthändlers bzw Versteigerers weiterveräußert wurden. Der Anspruch kann nicht dadurch
abgewandt werden, dass der Kunsthändler bzw Versteigerer seinen Anteil am Ver-

steigerungserlös an den Urheber auskehrt; die Abwendungsbefugnis des § 26 Abs. 4 S. 2 gilt nur für den auf das jeweilige konkrete Geschäft bezogenen Auskunftsanspruch aus § 26 Abs. 4 S. 1.

29 **b) Auskunft über die Veräußerer (§ 26 Abs. 4).** Ferner kann der Urheber nach § 26 Abs. 4 S. 1 in den Grenzen des Erforderlichen die Bekanntgabe der Namen und der Anschriften des Veräußerers sowie der Höhe der Veräußerungserlöse verlangen. An die für § 26 Abs. 3 geltende **Jahresfrist ist dieser Anspruch nicht gebunden** (*Möhring/Nicolini/Spautz* § 26 Rn 21). Der Kunsthändler bzw Versteigerer kann den Anspruch auf Auskunft über Namen und Anschriften – nicht jedoch über die Höhe der Veräußerungserlöse – dadurch **abwenden**, dass er dem Urheber den Anteil an dem betr. Erlös entrichtet (§ 26 Abs. 4 S. 2).

30 **c) Einsichtsrecht in die Geschäftsbücher (§ 26 Abs. 6).** Bestehen begründete Zweifel an der Richtigkeit oder Vollständigkeit einer nach § 26 Abs. 3 und 4 erteilten Auskunft, ist der Kunsthändler bzw Versteigerer iRd Erforderlichen verpflichtet, nach seiner Wahl entweder der mit der Wahrnehmung der Interessen des Urhebers beauftragten Verwertungsgesellschaft oder aber einem von ihm selbst zu bestimmenden Wirtschaftsprüfer oder vereidigten Buchprüfer Einsicht in seine Geschäftsbücher oder sonstigen Unterlagen zu gewähren. Nicht schon jeder Zweifel reicht aus, vielmehr müssen objektiv Anhaltspunkte für die Unrichtigkeit bzw Unvollständigkeit der Auskunft vorliegen, zB weil die Angaben widersprüchlich sind oder ein bestimmtes Geschäft dort jedenfalls nicht angegeben wurde. Die Auswahl des Wirtschaftsprüfers oder vereidigten Buchprüfers erfolgt, anders als zB für das Recht des unlauteren Wettbewerbs anerkannt (vgl *BGH* GRUR 1980, 227, 233 – Monumenta Germaniae Historica), nicht durch den Auskunftsberechtigten, sondern durch den Auskunftsverpflichteten.

31 Die Kosten hat die Verwertungsgesellschaft zu tragen (arg. e § 26 Abs. 6 S. 2), die sie auf die Urheber umlegt, es sei denn, die nach § 26 Abs. 3 oder 4 erteilte Auskunft erweist sich tatsächlich als unrichtig oder unvollständig. In diesem Fall hat sie der Kunsthändler bzw Versteigerer zu erstatten (§ 26 Abs. 6 S. 2).

3. Aktiv- und Passivlegitimation

32 **a) Aktivlegitimation: Verwertungsgesellschaftspflicht (§ 26 Abs. 5 und 6).** Die Auskunftsansprüche nach § 26 Abs. 3 und 4 sowie das Einsichtsrecht nach § 26 Abs. 6 können **nur durch eine Verwertungsgesellschaft** geltend gemacht werden. Das schließt nicht aus, dass sich der Dritte gegenüber dem Urheber **zusätzlich auch vertraglich** zur Auskunft oder zur Gewährung von Einsicht in seine Geschäftsbücher verpflichtet (*AG München* GRUR 1991, 606, 607). Der dadurch begründete Auskunftsanspruch steht eigenständig neben dem gesetzlichen aus § 26 Abs. 3 und 4 und erlischt auch nicht dadurch, dass sich der Händler nachträglich dem Rahmenvertrag der VG Bild-Kunst anschließt (vgl *Schricker/Katzenberger* § 26 Rn 38). Eine Abdingung des – vor dem Hintergrund des Gesetzeswortlauts („… können nur …“) auch nicht abdingbaren – § 26 Abs. 5 liegt darin wegen der Selbständigkeit des vertraglichen von dem gesetzlichen Auskunftsanspruchs nicht (so aber *AG München* GRUR 1991, 606 f.).

Um die gesetzlich vorgeschriebene Auskunft zu erhalten bzw Einsicht in die Ge- **33** schäftsbücher nehmen zu können, muss der Urheber eine Verwertungsgesellschaft mit der Wahrnehmung seiner Interessen beauftragen. Der Wahrnehmungsvertrag soll auch von nur einem von mehreren Miterben eines Künstlers als notwendige Maßnahme iSd § 2038 Abs. 1 S. 2 HS 2 BGB – und demnach bei anderen Miturhebern nach § 744 Abs. 2 BGB – abgeschlossen werden können (*BGH* GRUR 1982, 308 – Kunsthändler). Dagegen spricht schon, dass es sich nicht um eine zur Erhaltung des Rechts, sondern um eine zu seiner Durchsetzung erforderliche Maßnahme handelt (vgl auch *BGH* NJW 1982, 641 – Musikverleger III; NJW 1983, 1192 – Verbundene Werke; s. ferner § 8 Rn 30).

Wahrgenommen werden die Rechte des Urhebers aus § 26 Abs. 3-6 von der **VG** **34** **Bild-Kunst**. Deren Befugnis zur Geltendmachung der Auskunftsansprüche bleibt für die während der Dauer des Wahrnehmungsvertrages entstandenen Rechte grds auch noch nach der Beendigung des Wahrnehmungsvertrages bestehen (*BGH* GRUR 1982, 309 – Kunsthändler). Nach § 13b Abs. 1 WahrnG gilt die VG Bild-Kunst kraft Gesetzes als ermächtigt, die Rechte der Urheber wahrzunehmen, wenn sie einen Anspruch geltend macht, der nur durch eine Verwertungsgesellschaft durchgesetzt werden kann (hierzu näher § 13 WahrnG). In der Praxis werden allerdings ohnehin meist Rahmenverträge geschlossen.

b) Passivlegitimation. Die Auskunftsansprüche sowie das Einsichtsrecht richten **35** sich nach § 26 Abs. 3 und 4 gegen den **Kunsthändler** bzw gegen den **Versteigerer** (zum Begriff so § 26 Rn 16).

Eine Auskunfts- bzw Vorlagepflicht des **Veräußerers** bzw des **Erwerbers** kann sich **36** nur nach allg. Grundsätzen als Hilfsanspruch zum Beteiligungsanspruch aus § 26 Abs. 1 ergeben. Sie setzt voraus, dass der Urheber in entschuldbarer Weise über Bestehen und Umfang seines Folgeanspruchs im Unklaren ist, während der Veräußerer bzw Erwerber unschwer Auskunft über seine eigenen Verhältnisse geben kann. Die Auskunftspflicht nach allg. Grundsätzen kann sich, anders als der allg. Auskunftsanspruch aus § 26, immer nur auf eine konkrete Rechtsverletzung beziehen und darf insb. nicht zur Ausforschung der Kundenbeziehungen eingesetzt werden.

V. Verjährung

Alle in § 26 enthaltenen Ansprüche des Urhebers verjährten nach dem bis zum **37** 1.1.2002 geltenden § 26 Abs. 7 in **zehn Jahren**. Die Vorschrift wurde durch das Gesetz zur Modernisierung des Schuldrechts v. 26.11.2001 (BGBl I, 3138) mit Wirkung zum 1.1.2002 gestrichen; über § 102 nF findet seitdem die dreijährige Regelverjährung der §§ 195, 199 BGB Anwendung. Sie ist wie schon bislang an das **Entstehen des Anspruchs** sowie an die **Kenntnis bzw grobfahrlässige Unkenntnis** des Gläubigers von der Person des Schuldners geknüpft. Dabei gilt eine Verjährungshöchstfrist von zehn, höchstens 30 Jahren (§ 199 Abs. 2-4 BGB). Die Übergangsvorschriften des § 137i iVm § 229, § 6 EGBGB sind für Altfälle zu beachten. Die relativ kurze Frist ist sinnvoll, weil den Anspruchsgegnern des § 26 eine längere Aufbewahrung von Geschäftsbüchern kaum zugemutet werden kann.

VI. Exkurs: Veräußerungen mit Auslandsbezug

1. Allgemeines

38   Beim Folgerecht besteht häufig ein Auslandsbezug, sei es, dass Ansprüche aus § 26 auf eine außerhalb des Geltungsbereichs des UrhG stattfindende Veräußerung gestützt werden, sei es, dass ausländische Staatsangehörige aus § 26 Rechte geltend machen wollen. Zwischen diesen beiden Fallgruppen ist wie nachfolgend zu differenzieren. Erg. wird auf die Kommentierung zu §§ 120 ff. verwiesen.

2. Ansprüche bei Veräußerungen außerhalb des Geltungsbereichs des UrhG

39   Wegen des **Territorialitätsprinzips** bestehen bei Veräußerungen außerhalb des Geltungsbereichs des UrhG keine Ansprüche auf Auskunft oder Beteiligung am Veräußerungserlös nach § 26 (*BGH* NJW 1994, 2888, 2889 – Folgerecht bei Auslandsbezug). Diese kommen vielmehr nur dann in Betracht, wenn die **Weiterveräußerung zumindest teilweise innerhalb Deutschlands** erfolgt ist. Inländische Vorbereitungshandlungen sind ebenso wenig ausreichend wie eine gemeinsame deutsche Staatsangehörigkeit von Veräußerer und Erwerber (*BGH* NJW 1994, 2888 – Folgerecht bei Auslandsbezug). Maßgeblich für die Abgrenzung zwischen Vorbereitungshandlung und (teilweiser) Weiterveräußerung im Gebiet der BRD ist der **Ort, an den sich der Verkäufer der unbeschränkten Verfügungsmacht über das betr. Werkstück begeben** hat. Diese Entäußerung muss iRd Veräußerung selbst, also unter unmittelbarer oder mittelbarer Beteiligung des Erwerbers erfolgen, wobei unter Veräußerung iRd § 26 die rechtsgeschäftliche Eigentumsübertragung zu verstehen ist, also das Verfügungsgeschäft. Eine vorgelagerte Beauftragung und Bevollmächtigung, ein Werkstück zu veräußern, reicht ebenso wenig wie die Besitzübergabe; dies sind bloße Vorbereitungshandlungen (*BGH* NJW 1994, 2888, 2890 – Folgerecht bei Auslandsbezug).

40   Bei der Versteigerung von Werken eines deutschen Künstlers in Großbritannien durch ein dort ansässiges Auktionshaus fehlt ein hinreichender Inlandsbezug daher auch dann, wenn der Veräußerer deutscher Staatsangehöriger ist und sich sowohl die Bevollmächtigung des Auktionshauses als auch die Übergabe der Kunstwerke an das mit dem Transport nach London beauftragten Unternehmen in der Bundesrepublik Deutschland ereignet haben (*BGH* NJW 1994, 2888 – Folgerecht bei Auslandsbezug). Findet die Weiterveräußerung zwar teilweise im Inland statt, ist an ihr jedenfalls **im Inland aber kein Kunsthändler oder Versteigerer beteiligt**, scheidet ein Anspruch aus § 26 ebenfalls aus (offen gelassen bei *BGH* NJW 1994, 2888 ff. – Folgerecht bei Auslandsbezug). Auch **Art. 28 ff. EGV** zwingen nicht zu einer anderen Gesetzesauslegung (*BGH* NJW 1994, 2888, 2890 – Folgerecht bei Auslandsbezug).

41   Das eröffnet in der Praxis vielfältige Umgehungsmöglichkeiten durch Verlagerung der Weiterveräußerung ins nichteuropäische Ausland oder in solche europäischen Staaten, die das Folgerecht wie Großbritannien, Irland, die Niederlande und Österreich nicht kennen und daher auch keinen Anspruch auf Gegenseitigkeit verbriefen. Über die Änderung der Voraussetzungen des Folgerechts ist nun inzwischen durch die **Richtlinie 2001/84 EG des Europäischen Parlaments und des Rates v. 27.9.2001 über das Folgerecht des Urhebers des Originals eines Kunstwerks** (ABlEG Nr. L 272 v. 13.10.2001, 32) auf europäischer Ebene eine Lösung gefunden

worden. Außerhalb Europas und bis zur Umsetzung in das nationale Recht der einzelnen Mitgliedstaaten – die Umsetzungsfrist läuft erst zum 1.1.2006 ab – auch innerhalb der Europäischen Union wird sich an dem bisherigen unbefriedigende Zustand freilich nichts ändern.

3. Ansprüche eines ausländischen Urhebers bei Veräußerung innerhalb des Geltungsbereichs des UrhG

Nach § 121 Abs. 5 steht das Folgerecht ausländischen Staatsangehörigen nur zu, **42**
wenn der Staat, dem sie angehören, nach einer Bekanntmachung des Bundesministers der Justiz im Bundesgesetzblatt deutschen Staatsangehörigen ein entspr. Recht
gewährt. Die Bekanntmachung hat – auf den Zeitpunkt des In-Kraft-Tretens der betr.
ausländischen Gesetzgebung über das Folgerecht beschränkte – rückwirkende Kraft
(*Schricker/Katzenberger* § 121 Rn 17; offen gelassen bei *BGH* NJW 1978, 2449 –
Jeannot). Entspr. Bekanntmachungen bestehen für Frankreich (Bek. v. 4.11.1975,
BGBl I, 2775) und Belgien (Bek. v. 21.9.1977, BGBl I, 1871). Die Staatsangehörigen
dieser europäischen Mitgliedstaaten kommen aber ohnehin schon nach § 120 Abs. 2
Nr. 2 in den Genuss des (deutschen) Folgerechts. Die bis spätestens 1.1.2006
umzusetzende Europäische Richtlinie über das Folgerecht wird eine weitergehende
Harmonisierung mit sich bringen.

§ 121 Abs. 5 schränkt § 121 Abs. 1 und 2 ein. Nach dem Gesetzeszweck soll das   **43**
Folgerecht für ausländische Staatsangehörige grds nur unter den Voraussetzungen
des § 121 Abs. 5 bestehen (amtl. Begr. BT-Drucks. IV/270, 112 zu § 131 aF). Das
schließt aber die Anwendung des **§ 120 Abs. 2 Nr. 2,** nach dem Staatsangehörige eines anderen Mitgliedstaates der **EU** oder eines anderen Vertragsstaates des Abkommens über den **EWR** den Deutschen gleichstehen, nicht aus. Ihnen steht das droit de
suite unter den gleichen Voraussetzungen zu wie einem deutschen Urheber (*Pfennig*
S. 507 f.; *Schack* JZ 1995, 357, 359; *Schricker/Katzenberger* § 121 Rn 14). Durch
§ 121 Abs. 5 ferner nicht verdrängt wird der Inländergleichbehandlungsgrundsatz
des Art. 5 Abs. 1 RBÜ, selbst wenn es um zeitlich vor einer entspr. Bekanntmachung
liegende Folgenansprüche geht. Angehörige eines Verbandsstaates der RBÜ, mit
dem insoweit materielle Gegenseitigkeit besteht, können sich daher auch dann auf
den Grundsatz der Inländerbehandlung nach Art. 5 Abs. 1 RBÜ berufen, wenn eine
Bekanntmachung iSd § 121 Abs. 5 noch nicht erfolgt ist (*BGH* NJW 1978, 2449 –
Jeannot). Nichts anderes gilt für den Schutz durch das TRIPS, das in seinem Art. 9
den Schutz der RBÜ übernommen hat. Schließlich können auch zweiseitige Abkommen ausländischen Staatsangehörigen über § 121 Abs. 5 hinausgehende Ansprüche
sichern.

§ 27   Vergütung für Vermietung und Verleihen

(1) Hat der Urheber das Vermietrecht (§ 17) an einem Bild- oder Tonträger dem Tonträger- oder Filmhersteller eingeräumt, so hat der Vermieter gleichwohl dem Urheber eine angemessene Vergütung für die Vermietung zu zahlen. Auf den Vergütungsanspruch kann nicht verzichtet werden. Er kann im voraus nur an eine Verwertungsgesellschaft abgetreten werden.

(2) Für das Verleihen von Originalen oder Vervielfältigungsstücken eines Werkes, deren Weiterverbreitung nach § 17 Abs. 2 zulässig ist, ist dem Urheber eine angemessene Vergütung zu zahlen, wenn die Originale oder Vervielfältigungsstücke durch eine der Öffentlichkeit zugängliche Einrichtung (Bücherei, Sammlung von Bild- oder Tonträgern oder anderer Originale oder Vervielfältigungsstücke) verliehen werden. Verleihen im Sinne von Satz 1 ist die zeitlich begrenzte, weder unmittelbar noch mittelbar Erwerbszwecken dienende Gebrauchsüberlassung; § 17 Abs. 3 Satz 2 findet entsprechend Anwendung.

(3) Die Vergütungsansprüche nach den Absätzen 1 und 2 können nur durch eine Verwertungsgesellschaft geltend gemacht werden.

Literatur: *Ahlberg* Die Erschöpfung und das freie Recht der Vermietung und des Verleihs von Vervielfältigungsstücken nach § 27 UrhG, GRUR 1985, 362; *Lewinski* Die urheberrechtliche Vergütung für das Verleihen und Vermieten von Werkstücken (§ 27 UrhG): Eine rechtsvergleichende Untersuchung, 1990; *Rossbach* Die Vergütungsansprüche im deutschen Urheberrecht: praktische Wahrnehmung, Rechtsverkehr und Dogmatik, 1990.

Übersicht

I. Regelungsgehalt

1. Allgemeines

1   § 27 gewährt dem Urheber das Recht auf eine angemessene Vergütung für das Vermieten oder Verleihen von Werkexemplaren, also für bestimmte **Verbreitungs-**

handlungen iSd § 17. Die Voraussetzungen, die für den gesetzlichen Vergütungsanspruch gegeben sein müssen, sind relativ eng. Der gesetzliche Vergütungsanspruch aus § 27 Abs. 1 besteht für das Vermieten von Werkexemplaren nämlich nur, wenn es sich um Bild- oder Tonträger handelt und zusätzlich das Vermietrecht daran einem Tonträger- oder Filmhersteller eingeräumt wurde. Das Verleihen eines Werkexemplars löst nach § 27 Abs. 2 nur Vergütungsansprüche aus, wenn es durch eine der Öffentlichkeit zugängliche Einrichtung erfolgt. Beide Vergütungsansprüche bestehen nur, wenn sich das Verbreitungsrecht des Urhebers bereits **erschöpft** hat, bei § 27 Abs. 1, weil der Urheber über das Vermietrecht verfügt hat, bei § 27 Abs. 2, weil das Werkstück mit der Folge des Erlöschens des Verleihrechts in den Verkehr gebracht wurde. Selbstverständlich steht es dem Urheber frei, über den gesetzlichen Vergütungsanspruch hinaus vertragliche Vergütungsansprüche zu vereinbaren. Die Grundlage hierfür bildet im Bereich der Vermietung die erst 1995 eingefügte Vorschrift des § 17 Abs. 2, der die Befugnis zum Vermieten von Werkexemplaren anders als die zum Verleihen des Werkes vom Erschöpfungsgrundsatz ausnimmt.

§ 27 ist verfassungsgemäß (vgl *BVerfG* GRUR 1972, 485, 486 – Bibliotheksgroschen; GRUR 1988, 687, 689 – Zeitschriftenauslage; *BGH* NJW 1972, 1270, 1272 – Werkbücherei). **2**

§ 27 Abs. 1 gilt für jede Art von Werken, insb. auch für schöpferische Bearbeitungen (§ 3) und für Computerprogramme. Auf **Leistungsschutzrechte** findet die Vorschrift nur Anwendung, wenn auf sie verwiesen wird (vgl *BGH* NJW-RR 1986, 1183, 1184 – Schallplattenvermietung). **3**

2. Geschichte

§ 27 sah in seiner ursprünglichen Fassung von 1965 (UrhG v. 9.9.1965, BGBl I, 1273 ff.) nur einen Vergütungsanspruch des Urhebers für den Fall der Vermietung vor. Diese musste gewerbsmäßig sein, wodurch vor allem öffentliche Bibliotheken von der Vergütungspflicht ausgenommen werden sollten (vgl amtl. Begr. BT-Drucks. IV/270, 54), und sich auf ein Vervielfältigungsstück des Werkes beziehen. Von einer Vergütungspflicht für die Vermietung von Werkoriginalen hatte der Gesetzgeber abgesehen, weil er diesen Fall für nicht praxisrelevant hielt (vgl amtl. Begr. BT-Drucks. IV/270, 54). Der Anspruch bestand – mit der einzigen Ausnahme von Werken, die ausschließlich zum Zwecke der Vermietung erschienen waren – umfassend für alle Werkarten und war insb. nicht auf die Vermietung durch Tonträger oder Filmhersteller beschränkt. **4**

Erst durch das Dritte Gesetz zur Änderung des Urheberrechtsgesetzes v. 23.6.1995 (BGBl I, 842), welches die Europäische Vermiet- und Verleihrichtlinie 92/100/EWG v. 27.11.1992 (AblEG Nr. L 346/61) umsetzte, wurde § 27 in die heute gültige Fassung gebracht. Es handelt sich danach um ein Stück **europäischen Urheberrechts** innerhalb des deutschen UrhG. Das hat die Verpflichtung zur **richtlinienkonformen Auslegung** zur Folge (näher § 15 Rn 29 ff.). Der Begriff der angemessenen Vergütung ist folglich in allen Mitgliedstaaten einheitlich auszulegen (*EuGH* GRUR 2003, 325 – SENA/NOS). In Ermangelung einer Gemeinschaftsdefinition des Begriffs gibt es aber keine objektive Rechtfertigung dafür, dass der EuGH die Kriterien, nach denen sich die Angemessenheit der Vergütung richtet, festlegen sollte; dies ist vielmehr Sache des nationalen Gerichts (*EuGH* GRUR 2003, 325, 327 – SENA/NOS). Einer **5**

Berechnungsmethode, die variable und feste Faktoren, zB Dauer der Auswertung eines Tonträgers, Zahl der Hörer bzw Zuschauer, übliche Tarife, enthält, hat der EuGH keine Einwände entgegengesetzt (*EuGH* GRUR 2003, 325 – SENA/NOS).

6 § 27 findet nach **§ 137e** auch auf **vor dem 30.6.1995 geschaffene Werke** Anwendung. Wurde ein Original oder Vervielfältigungsstück von einen Dritten vor diesem Zeitpunkt erworben oder ihm zum Zwecke der Vermietung überlassen, so gilt nach § 137e Abs. 2 jedoch die Zustimmung des Inhabers des Vermietrechts zur Vermietung als erteilt, wobei hierfür eine angemessene Vergütung zu zahlen ist. Diese Vorschrift ist vor allem für die **Vermietung von CDs** bedeutsam, da die Zustimmung hierzu seit dem In-Kraft-Treten der Gesetzesänderung in der Praxis kaum mehr erteilt wird.

3. Sinn und Zweck der Vorschrift

7 Als **§ 27 Abs. 1** geschaffen wurde, sah § 17 Abs. 2 aF noch eine umfassende Erschöpfung für mit Zustimmung des Urhebers im Wege der Veräußerung in den Verkehr gebrachte Werke vor (UrhG v. 9.9.1965, BGBl I, 1273 ff.). Der Gesetzgeber hielt es deshalb für erforderlich, dem Urheber eine angemessene Vergütung zu sichern, wenn Vervielfältigungsstücke seines Werkes nach Erlöschen des Verbreitungsrechts gewerbsmäßig vermietet wurden, um den Urheber an der darin liegenden zusätzlichen Nutzung seines Werkes finanziell zu beteiligen (vgl amtl. Begr. BT-Drucks. IV/270, 53 f.; *BGH* NJW 1972, 1270, 1271 – Werkbücherei; NJW-RR 1986, 1183, 1184 – Schallplattenvermietung). Ein entspr. Regelungszweck liegt der später eingeführten Vergütungspflicht beim Verleihen des Werkes zugrunde. Durch das Dritte UrhGÄndG (v. 23.6.1995, BGBl I, 842) wurde das **Vermietrecht vom Erschöpfungsgrundsatz des § 17 Abs. 2 ausgenommen**, sodass sich der Urheber nunmehr lizenzvertraglich eine Vergütung für das Vermieten einräumen lassen kann, selbst wenn er das entspr. Werkexemplar selbst durch Veräußerung in den Verkehr gebracht hat. § 27 Abs. 1 kommt nach der Gesetzesänderung Bedeutung vor allem noch für die Fälle zu, in denen dies unterblieben oder die vereinbarte Vergütung unangemessen ist. Die Vorschrift bewirkt eine zusätzliche Sicherung des Beteiligungsanspruchs des Urhebers dadurch, dass sie dessen Geltendmachung verwertungsgesellschaftpflichtig macht.

8 Für das Verleihen von Werkexemplaren hat **§ 27 Abs. 2** originäre Bedeutung, weil der Urheber dasselbe nach dem Inverkehrbringen des Werkexemplars als vom Erschöpfungsgrundsatz erfasster Verbreitungshandlung nicht mehr untersagen kann (§ 17 Abs. 2) und sich daher nur durch der Verbreitung vorangehende Vergütungsabreden eine angemessene Vergütung für das Verleihen des Werkexemplars sichern kann.

4. Rechtsnatur

9 Der Anspruch aus § 27 Abs. 1 und 2 ist **kein Ausschließlichkeitsrecht**. Es handelt sich vielmehr um eine aus dem Urheberrecht fließende Befugnis sui generis auf vorwiegend vermögensrechtlicher Grundlage (vgl *LG Oldenburg* GRUR 1996, 487, 488; s. auch *Möhring/Nicolini/Spautz* § 27 Rn 4; *Schricker/Loewenheim* § 26 Rn 7). Seine Verletzung löst daher keine Ansprüche aus Urheberrechtsverletzung nach §§ 97 ff. aus. Wird die Vergütung verweigert, muss die Verwertungsgesellschaft direkt aus § 27 auf Zahlung der Vergütung klagen (*LG Oldenburg* GRUR 1996, 487, 488).

II. Vergütung für das Vermieten von Bild- oder Tonträgern (§ 27 Abs. 1)

1. Voraussetzungen des Anspruchs

a) Einräumung des Vermietrechts. Der Urheber bedarf nur dann eines Vergütungs- **10**
anspruchs, wenn er die Vermietung nicht mehr untersagen kann, weil er **seines Verbotsrechts aus § 17 Abs. 1, 2 aE bereits verlustig** ist. Für **Computerprogramme**
ergibt sich der Rechtsschutz aus § 69c Nr. 3. § 27 Abs. 1 ist auf sie nicht anwendbar
(amtl. Begr. BT-Drucks. 12/4022, 11; *Kilian/Heussen/Harte-Bavendamm/Wiebe*
Kap. 51 Rn 62); das gilt um so mehr, als dort ein Verbotsrecht nicht wie von § 27
Abs. 1 gefordert nach § 17, sondern nur nach § 69c Nr. 3 bestehen kann.

Solange der Urheber das Verbotsrecht noch selbst ausüben kann oder es durch eine **11**
Verwertungsgesellschaft für ihn wahrgenommen wird, ist er nicht schutzbedürftig
(amtl. Begr. BT-Drucks. 13/115, 13). Der Vergütungsanspruch setzt deshalb voraus,
dass der Urheber das Vermietrecht iSd § 17 an einem Bild- oder Tonträger einem
Tonträger oder Filmhersteller **eingeräumt** hat. Das gilt auch, wenn die Rechtseinräumung, wie nach **§§ 89 Abs. 1, 88 Abs. 1** für Filmurheber und Urheber vorbestehender Werke, vermutet wird (amtl. Begr. BT-Drucks. 13/115, 14). Hat sich der Urheber
so seines Vermietrechts begeben, wird ihm zusätzlich zu dem ggf vertraglich vereinbarten Vergütungsanspruch ein gesetzlicher Vergütungsanspruch gegen den Vermieter gewährt. Fehlt es an der entspr. Rechtseinräumung, wurde also unter Verstoß gegen das Verwertungsrecht des Urhebers aus § 17 vermietet, stehen dem Urheber nur
Schadenersatzansprüche wegen Verletzung des Verwertungsrechts aus §§ 97 ff. zu;
§ 27 greift dann nicht.

Für den Begriff der Vermietung gilt die **Legaldefinition des § 17 Abs. 3**. Vermie- **12**
tung ist danach jede **auch mittelbar entgeltliche Gebrauchsüberlassung** (*BGH*
NJW 1972, 1270, 1271 – Werkbücherei; GRUR 1989, 417, 418 – Kauf mit Rückgabe-
berecht). So wie beim Begriff des In-Verkehr-Bringens kommt es auch hier auf eine
wirtschaftliche und nicht auf eine zivilrechtliche Betrachtungsweise an. Ein Mietverhältnis iSd §§ 535 ff. BGB braucht nicht vorzuliegen (*BGH* NJW 1972, 1270, 1272
– Werkbücherei; GRUR 1989, 417, 418 – Kauf mit Rückgaberecht), vielmehr fallen
auch ähnliche rechtliche Gestaltungen und Umgehungsformen unter den Vermietungsbegriff (amtl. Begr. BT-Drucks. 13/115, 12). Maßgeblich ist allein, ob die Gebrauchsüberlassung eine uneingeschränkte und wiederholbare Werknutzung durch
Dritte ermöglicht und die Benutzer deshalb in aller Regel als potenzielle Käufer von
Vervielfältigungsstücken ausfallen, und ob sie den wirtschaftlichen Interessen des
Vermieters dient (*BGH* GRUR 1989, 417, 418 – Kauf mit Rückgaberecht). Ein Verkauf mit der Abrede, die Vervielfältigungsstücke innerhalb weniger Tage gegen Erstattung des größten Teils des Kaufpreises zurückzunehmen, gilt deshalb als Vermietung (*BGH* NJW 1989, 417, 418 – Kauf mit Rückgaberecht). Auch die Vergabe der
Exemplare an „Club-Mitglieder" fällt darunter, wenn eine zeitweilige Nutzung aus
wirtschaftlichen Gründen bezweckt wird (amtl. Begr. BT-Drucks. 13/115, 12). Anders verhält es sich mit dem Bereitstellen von Büchern in Werkbüchereien, weil der
Gesetzgeber bei Erlass des § 27 Abs. 1 davon ausging, in der Bücherausgabe durch
Werksangehörige sei nicht allein schon deshalb eine Vermietung zu erblicken, weil
sie nur an Betriebsangehörige erfolgt (*BGH* NJW 1972, 1270 – Werkbücherei; amtl.
Begr. BT-Drucks. 13/115, 13). (Schon) keine Vermietung soll die Zeitschriftenaus-

lage beim Frisör darstellen (*BGH* NJW 1985, 435 – Zeitschriftenauslage beim Frisör; dagegen gerichtete Verfassungsbeschwerde erfolglos, vgl *BVerfG* GRUR 1988, 687 ff. – Zeitschriftenauslage; **aA** *Fromm/Nordemann* § 17 Rn 10); ohnehin liegen die weiteren Voraussetzungen des § 27 Abs. 1 nicht vor.

13   **Keine Vermietung ist die Überlassung** von Originalen oder Vervielfältigungs-stücken eines Bild- oder Tonträgers **im Rahmen eines Dienst- oder Arbeitsverhält-nisses** zu dem ausschließlichen Zweck, bei der Erfüllung von Verpflichtungen aus dem Dienst- oder Arbeitsverhältnis verwandt zu werden (§ 17 Abs. 3). Keine Ver-mietung ist die **Online-Übermittlung**, da sie nicht körperlich ist.

14   **b) An einem Bild- oder Tonträger.** Nur die Einräumung des Vermietrechts an Bild-oder Tonträgern löst den Vergütungsanspruch aus. Für den Begriff des **Bild- oder Tonträgers** gilt die Definition des § 16 Abs. 2. Praktisch relevant wird die Vorschrift vor allem für Videobänder. In Zukunft kann sie jedoch auch im multimedialen Be-reich Bedeutung erlangen, während sie auf Computerprogramme nicht anwendbar ist (vgl oben Rn 10).

15   **c) An einen Tonträger- oder Filmhersteller.** Der Vergütungsanspruch ist auf die Fälle beschränkt, in denen das Vermietrecht einem Tonträger- oder Filmhersteller eingeräumt wird. Hier steht sich der Urheber insofern schlechter als üblich, weil nach **§§ 88, 89** vermutet wird, dass eine entspr. Rechtseinräumung in der Gestattung zur Verfilmung eines Werkes bzw Verpflichtung zur Mitwirkung an der Herstellung ei-nes Filmes liegt. Auch konnte sich der Urheber oft nur schwer gegen die wirtschaft-liche Übermacht des Tonträger- oder Filmherstellers durchsetzen. Da die Rechts-einräumung in diesen Fällen nur vermutet und nicht ausdrücklich vereinbart wird, fehlt es häufig an einer Abrede über die Vergütung. Hingegen bleibt es bei der Rechtseinräumung an andere Personen bzw Unternehmen als die Tonträger- und Filmhersteller Sache des Urhebers, das Vermietrecht wirtschaftlich erfolgreich zu vermarkten, wobei §§ 32, 32a helfen (*Rehbinder* Rn 209).

16   **Tonträger- bzw Filmhersteller sind die in §§ 85, 94 genannten Personen bzw Unternehmen**. Auf die dortige Kommentierung wird verwiesen. Die Einräumung des Vermietrechts an andere als die dort genannten Personen löst keinen Vergütungs-anspruch aus § 27 aus.

2. Rechtsfolge

17   Liegen die Voraussetzungen des § 27 Abs. 1 vor, hat der Vermieter dem Urheber bzw dessen Rechtsnachfolger für die Vermietung eine **angemessene Vergütung** zu zahlen. Für bestimmte Leistungsschutzberechtigte gilt dies durch Verweis auf § 27 Abs. 1 entspr. (vgl §§ 70 Abs. 1, 71 Abs. 1 S. 3, 72 Abs. 1, 77 Abs. 2 S. 2). Der An-spruch entsteht unabhängig davon, ob bzw in welcher Höhe die Zahlung einer Ver-gütung vereinbart worden war. Der Anspruch ist nach §§ 286, 288 BGB verzinslich, sobald sich der Zahlungsverpflichtete in Verzug befindet. **Geltend gemacht** werden kann der Vergütungsanspruch nach § 27 Abs. 3 nur durch eine **Verwertungsgesell-schaft** (näher unten Rn 28). In der Praxis ist der Anspruch häufig Gegenstand pau-schaler Abgeltungsverträge zwischen potenziellen Nutzern und den Verwertungsge-sellschaften.

3. Verzicht, Abtretung, Lizenzierung und Pfändung

Über den Vergütungsanspruch als aus dem Urheberrecht fließende Befugnis **kann** **18**
als solche nicht verfügt werden (§ 29 Abs. 1). Ein Rechtsübergang kann sich nur
durch Erbe vollziehen (§ 28). Der Vergütungsanspruch als Ganzes kann deshalb
auch weder verpfändet werden noch Gegenstand der Zwangsvollstreckung sein. Er
ist nicht Teil der Insolvenzmasse. Wie sich aus § 27 Abs. 1 S. 3 ergibt, der sogar eine
Abtretung des künftigen Zahlungsanspruchs nur zulässt, wenn Abtretungsempfänger
eine Verwertungsgesellschaft ist, besteht auch die Möglichkeit der Lizenzierung
nicht.

Der **künftige Zahlungsanspruch**, der bezogen auf einen bestimmten Vermiet- oder **19**
Verleihvorgang entsteht, ist nach § 27 Abs. 1 S. 2 **unverzichtbar**. Die Vorschrift ist
auf den vergleichbaren Fall eines Vergütungsanspruchs für das Verleihen eines Werkes entspr. anwendbar. Ein wider § 27 Abs. 1 S. 2 ausgesprochener Verzicht auf den
Vergütungsanspruch ist unwirksam (*Fromm/Nordemann* § 17 Rn 11; *Schricker/*
Loewenheim § 17 Rn 26). Der Zahlungsanspruch aus einem Vermiet- oder Verleihvorgang kann **im Voraus nur an eine Verwertungsgesellschaft abgetreten** werden
(§ 27 Abs. 1 S. 3). Nach seinem Entstehen ist er keinen Einschränkungen bzgl der
Abtretung mehr unterworfen. Liegt nicht bereits eine Vorausabtretung an eine Verwertungsgesellschaft vor, kann der Anspruch nach allg. Vorschriften an Dritte abgetreten werden. Ebenso kann auf den Anspruch dann verzichtet werden, er kann verpfändet werden und ist der Zwangsvollstreckung zugänglich.

III. Vergütung für das nach § 17 Abs. 2 zulässige Verleihen eines Werkes durch eine der Öffentlichkeit zugängliche Einrichtung (§ 27 Abs. 2)

1. Voraussetzungen des Anspruchs

a) Originale oder Vervielfältigungsstücke eines Werkes, deren Weiterverbrei- **20**
tung nach § 17 Abs. 2 zulässig ist. Von dem Vergütungsanspruch, der **Bibliotheks-**
tantieme, erfasst sind alle Originale bzw Vervielfältigungsstücke, deren Weiterverbreitung nach § 17 Abs. 2 zulässig ist. Ob **Computerprogramme** auch darunter fallen, erscheint im Hinblick auf den Wortlaut des § 27 Abs. 2, der nur auf § 17
verweist, und wegen des generellen Vorrangs der §§ 69a ff. zweifelhaft. Die Richtlinie 91/250/EWG des Rates v. 14.5.1991 über den Rechtsschutz von Computerprogrammen (ABlEG Nr. L 122, 42) enthält hierzu keine Vorgaben, weshalb bei ihrer
Umsetzung die bisherige Rechtslage in diesem Punkt unverändert gelassen wurde
(amtl. Begr. BT-Drucks. 12/4022, 11). Auch anlässlich der späteren Umsetzung der
Richtlinie 92/100/EWG des Rates v. 19.11.1992 zum Vermiet- und Verleihrecht, die
einen solchen Vergütungsanspruch für Computerprogramme nicht vorschreibt, wurden keine ausdrücklichen Änderungen vorgenommen (vgl amtl. Begr. BT-Drucks.
13/115, 8 ff.). In richtlinienkonformer Auslegung des § 27 Abs. 2 ist jedoch anders
als für die Vermietung von Computerprogrammen für ihren Verleih von einem Vergütungsanspruch auszugehen. Denn die Vermiet- und Verleihrichtlinie schreibt in
Art. 5 Abs. 2 ein unverzichtbares Recht des Urhebers des Computerprogramms auf
angemessene Vergütung für das Verleihen vor, von dem auch Art. 3 der Richtlinie
nicht entbindet. Soweit es der Gesetzgeber im Hinblick auf bestehende Selbstbe-
schränkungsabkommen für angezeigt hielt, von einer Regelung des Verleihrechts des

Urhebers in der Computerbranche vorerst abzusehen (amtl. Begr. BT-Drucks. 13/ 115, 8 ff.), kann dies daher nur den Verbotsanspruch, nicht jedoch auch die Vergütung nach § 27 Abs. 2 betreffen (ebenso iE *Schricker/Loewenheim* § 27 Rn 14 und § 69c Rn 27).

21 **Nur das Verleihen von Originalen oder Vervielfältigungsstücken eines Werkes** löst den Vergütungsanspruch aus. Daher erfüllt die **Online-Übertragung** von Werken die Voraussetzungen des § 27 Abs. 2 nicht (*Schricker/Loewenheim* § 27 Rn 16). Fertigt der Nutzer einen **Ausdruck** von dem ihm Online oder Offline zur Verfügung stehenden Werk, wird dadurch das Vervielfältigungsstück, welches verliehen werden könnte, erst angefertigt. Daher entsteht durch den Ausdruckvorgang kein Vergütungsanspruch nach § 17 Abs. 2; wohl aber kann ein Schadenersatzanspruch wegen Verletzung des Vervielfältigungsrechts des Urhebers begründet sein, wenn der Ausdruck nicht autorisiert und auch nicht durch eine Schrankenregelung, insb. § 53, gedeckt ist.

22 Der Vergütungsanspruch setzt voraus, dass die **Weiterverbreitung** des Werkes bzw Vervielfältigungsstück **zulässig** ist, weil sich das Verbreitungsrecht des Urhebers bereits **erschöpft** hat. Ebenso wie der Anspruch auf Zahlung einer Vergütung für das Vermieten (§ 27 Abs. 1) ist der Vergütungsanspruch daher ausgeschlossen, wenn der Urheber dem Verleihen der Werkstücke noch aufgrund seines Verbotsanspruchs aus § 17 Abs. 1 entgegentreten kann. Das ist zB dann der Fall, wenn das Werk oder das Vervielfältigungsstück vor dem erstmaligen Inverkehrbringen **unberechtigt** durch Dritte verliehen wird.

23 **b) Verleihen.** Verleihen iSd § 27 Abs. 2 ist **jede zeitlich begrenzte, weder unmittelbar noch mittelbar Erwerbszwecken dienende Gebrauchsüberlassung** (§ 27 Abs. 2 S. 2; s. auch *BGH* GRUR 1989, 417, 418 – Kauf mit Rückgaberecht). Nach dem Gesetzeszweck, dem Urheber für eine über das übliche Maß hinausgehende Nutzung seines Werkes einen finanziellen Gegenwert zu verschaffen, maßgeblich ist eine wirtschaftliche Betrachtungsweise. Ob sich die Gebrauchsüberlassung rechtlich als Leihe darstellt, ist deshalb unerheblich (*BGH* GRUR 1989, 417, 418 – Kauf mit Rückgaberecht). In jedem Fall muss die Gebrauchsüberlassung aber eine uneingeschränkte und wiederholbare Werknutzung ermöglichen mit der Folge, dass der Kauf eines eigenen Vervielfältigungsstückes vielfach unterbleiben wird (*BGH* GRUR 1989, 417, 418 – Kauf mit Rückgaberecht).

24 **c) Durch eine der Öffentlichkeit zugängliche Einrichtung.** Unter dem Begriff einer der Öffentlichkeit zugänglichen Einrichtung versteht man jede Institution, die **Vervielfältigungsstücke systematisch sammelt und der Öffentlichkeit zur Verfügung stellt** (*Schricker/Loewenheim* § 27 Rn 17). Dabei gilt für den Begriff der Öffentlichkeit die Legaldefinition des § 15 Abs. 3. Nicht erforderlich ist allerdings, dass die Werkexemplare gleichzeitig an alle Teilnehmer eines nicht näher abgegrenzten oder durch persönliche Beziehungen miteinander verbundenen Personenkreises verliehen werden; schon die erste Überlassung an eine dieser Personen reicht aus. Gemeint sind vor allem Stadtbüchereien, Staatsbibliotheken und, wenn sie nicht nur einem eingeweihten Kreis zur Verfügung stehen, auch Gerichts- und Universitätsbibliotheken. Ferner gilt § 27 Abs. 2 auch für den Leihverkehr von Museen untereinander und erst recht für Wanderausstellungen. Auch Internet-Bibliotheken werden theoretisch erfasst, die Online-Übertragung ist aber kein Verleihen, da sie unkörperlich ist. Die Wahrnehmbarmachung von Werken in einer Präsenzbibliothek ist nach der amtl. Begr. (BT-Drucks. IV/270, 54) kein Verleih (dagegen *Fromm/Nordemann* § 27 Rn 3).

2. Rechtsfolge

Liegen die Voraussetzungen des § 27 Abs. 2 vor, ist dem Urheber für jedes Verleihen **25** des Werkoriginals und von Vervielfältigungsstücken desselben eine **angemessene Vergütung** zu zahlen. Für bestimmte Leistungsschutzrechte gilt dies ebenso (vgl §§ 70 Abs. 1, 71 Abs. 1 S. 3, 72 Abs. 1, 77 Abs. 2 S. 2, 85 Abs. 4, 87b Abs. 2, 94 Abs. 4, 95). Im Allgemeinen wird die Höhe dieser Vergütung in Rahmenverträgen zwischen den Verwertungsgesellschaften und den aus § 27 Abs. 2 verpflichteten Einrichtungen pauschal abgegolten.

3. Verzicht, Abtretung und Pfändung

Ebenso wie der Anspruch aus § 27 Abs. 1 ist derjenige aus § 27 Abs. 2 als aus dem **26** Urheberrecht fließende Befugnis als abstraktes Recht keiner Verfügung zugänglich. Der konkrete Zahlungsanspruch ist ebenfalls, solange er noch nicht entstanden ist, nicht übertragbar, verzichtbar oder pfändbar, während der entstandene konkrete Zahlungsanspruch Gegenstand dieser Rechtshandlungen sein kann. Die Ausführungen zu § 27 Abs. 1 (Rn 18 f.) gelten entspr.

IV. Aktiv- und Passivlegitimation

1. Aktivlegitimation

Aktivlegitimiert ist zunächst der **Urheber**. Beide Vergütungsansprüche stehen au- **27** ßerdem kraft Verweisung auch den **Herausgebern wissenschaftlicher Ausgaben und nachgelassener Werke** (§§ 70 Abs. 1 und 2, 71 Abs. 2 S. 3), den **Lichtbild-nern** (§ 72 Abs. 1 und 2) und den **ausübenden Künstlern** (§§ 77 Abs. 2 S. 2) zu. Der Vergütungsanspruch für das Verleihen von Werkexemplaren greift ferner nach § 85 Abs. 4 zugunsten von **Tonträgerherstellern**, gem. § 87b Abs. 2 von **Daten-bankherstellern** und nach §§ 94 Abs. 4, 95 von **Filmherstellern** und **Laufbildher-stellern** ein.

Beide in § 27 enthaltenen Ansprüche können nach § 27 Abs. 3 **nur durch eine Ver- 28 wertungsgesellschaft** geltend gemacht werden. Das können je nach der Werkgat-tung, der das vermietete oder verliehene Werk angehört, unterschiedliche Gesell-schaften sein, zB die GEMA bei musikalischen Werken, die VG WORT bei literari-schen Arbeiten und die VG Bild-Kunst im künstlerischen Bereich (vgl auch *BGH* GRUR 1989, 819 – Gesetzliche Vermutung). Die von dem Bund und den Ländern zu zahlende Vermiet- und Verleihvergütung ist durch Gesamtverträge mit den Verwer-tungsgesellschaften geregelt; diese decken insb. den Bereich der öffentlichen Biblio-theken, Kirchen und Werksbibliotheken ab. In einem vor der Schiedsstelle geschlos-senen Vergleich zwischen der Zentralstelle Bibliothekstantieme (ZTB) und dem Bund bzw den Ländern ist vereinbart worden, dass die Leistungsschutzberechtigten an diesen Tarifen nicht zu beteiligen sind, sondern ihnen eigene Ansprüche zustehen (*Schricker/Loewenheim* § 27 Rn 19); sie sind Gegenstand gesonderter Gesamtverträ-ge. Alljährlich werden in bestimmten vom Deutschen Bibliotheksverband benannten

Bibliotheken während einer bestimmten Zeit alle Ausleihen nach Autoren, Herausgeber, Bearbeiter, Übersetzer, Titel und Verlag festgehalten, um die Kriterien für die Ausschüttung zu ermitteln.

29 Macht eine Verwertungsgesellschaft einen gesetzlichen Vergütungsanspruch nach § 27 geltend, ist bzgl der Beweislast zu beachten, dass **§ 13b Abs. 2 S. 1 WahrnG vermutet**, dass sie die Rechte aller Beteiligten wahrnimmt. Das ist verfassungsgemäß (*BVerfG* NJW 2001, 1200 ff.). Die Vermutung greift unabhängig davon, ob der Anspruch vor oder nach In-Kraft-Treten des WahrnG entstanden ist und erstreckt sich auch auf die Geltendmachung von Vergütungsansprüchen nach § 27 Abs. 1 aus der Vermietung von Bildtonträgern **ausländischer Herkunft** (*BGH* GRUR 1989, 819 – Gesetzliche Vermutung; NJW 1991, 2025 – Gesetzliche Vermutung II). Denn der Zweck des § 13b WahrnG, der Verwertungsgesellschaft, die bei Ansprüchen nach § 27 üblicherweise den einzelnen Miet- bzw Leihvorgang nicht erfasst und daher kaum in der Lage ist, ihre Sachbefugnis zu beweisen, diesen Nachweis zu ersparen, ist auch hier erfüllt (*BGH* GRUR 1989, 819, 820 – Gesetzliche Vermutung). Darüber hinaus gilt § 13b WahrnG für die Geltendmachung von Ansprüchen aus Verträgen, welche die Vergütungsansprüche nach § 27 zum Gegenstand haben (*BGH* NJW 1991, 2025 – Gesetzliche Vermutung II). Sind **mehrere Verwertungsgesellschaften beteiligt**, gilt die Vermutung nur, wenn der Anspruch von allen berechtigten Verwertungsgesellschaften geltend gemacht wird (§ 13b Abs. 2 S. 2 WahrnG). Die durch § 13b Abs. 2 WahrnG begründete gesetzliche Vermutung ist eine **Rechts- und keine Tatsachenvermutung**, die vom Prozessgegner nur widerlegt werden kann, wenn er für jedes in Frage stehende Werkstück den **vollen Gegenbeweis** führt, also nachweist, dass die Rechte an diesem Werkstück nicht der Verwertungsgesellschaft übertragen wurden (verfassungsgemäß: *BVerfG* NJW 2001, 1200, 1202; vgl *BGH* GRUR 1989, 819 f. – Gesetzliche Vermutung; NJW 1991, 2025 – Gesetzliche Vermutung II). Unabhängig von § 13b WahrnG greift die sog. **GEMA-Vermutung** ein, wenn der Anspruch von der GEMA geltend gemacht wird und diese sich hinsichtlich der wahrgenommenen Rechte auf einen lückenlosen oder nahezu lückenlosen Bestand an in- und ausländischen Rechten berufen kann (*BGH* GRUR 1989, 819, 820 – Gesetzliche Vermutung).

2. Passivlegitimation

30 Der Vergütungsanspruch richtet sich im Falle des § 27 Abs. 1 gegen den **Vermieter** und im Falle des § 27 Abs. 2 gegen den **Verleiher**. Da es sich nicht um einen deliktischen Anspruch handelt, **haften** mehrere Vermieter oder Verleiher **nicht als Gesamtschuldner** (*Schricker/Loewenheim* § 27 Rn 9; s. auch *LG Oldenburg* GRUR 1996, 487, 488, das jedoch die analoge Anwendung des § 840 Abs. 1 BGB erwägt).

V. Verjährung

31 Die Rechte aus § 27 erlöschen zusammen mit dem Urheberrecht. Wird das Werk nach Ablauf der urheberrechtlichen Schutzfrist von 70 Jahren nach dem Tode des Urhebers gemeinfrei, bestehen in Bezug auf nachfolgende Nutzungshandlungen keine Ansprüche aus § 27 mehr. Der einzelne Zahlungsanspruch hingegen unterliegt gem. § 195 BGB der dreijährigen Verjährungsfrist.

Abschnitt 5
Rechtsverkehr im Urheberrecht

Unterabschnitt 1
Rechtsnachfolge in das Urheberrecht

§ 28 Vererbung des Urheberrechts

(1) Das Urheberrecht ist vererblich.

(2) Der Urheber kann durch letztwillige Verfügung die Ausübung des Urheberrechts einem Testamentsvollstrecker übertragen. § 2210 des Bürgerlichen Gesetzbuchs ist nicht anzuwenden.

Literatur: *Clément* Urheberrecht und Erbrecht, 1993; *Götting* Die Vererblichkeit der vermögenswerten Bestandteile des Persönlichkeitsrechts – ein Meilenstein in der Rechtsprechung des BGH, NJW 2001, 585; *Haupt* Die Übertragung des Urheberrechts, ZUM 1999, 898; *Klingelhöffer* Urheberrecht und Erbrecht, ZEV 1999, 421; *Rehbinder* Die Familie im Urheberrecht, ZUM 1986, 365; *Schack* Das Persönlichkeitsrecht der Urheber und ausübenden Künstler nach dem Tode, GRUR 1985, 352.

Übersicht

I. Allgemeines

1. Überblick über die §§ 28–30

Die §§ 28 bis 30 werden durch den Grundsatz beherrscht, dass das Urheberrecht **1** nicht übertragbar ist, § 29 Abs. 1. Diese Grundregel ist Ausdruck des persönlichkeitsrechtlichen Charakters des Urheberrechts, aus dem die **Untrennbarkeit der Beziehung des Werks zu seinem Schöpfer** folgt. Von der Übertragbarkeit des Urheberrechts als solchem ist die Einräumung von Nutzungsrechten zu unterscheiden, § 29 Abs. 2. Diese ist nach Maßgabe und in den Grenzen der §§ 31 ff. zulässig.

Der **Grundsatz der Nichtübertragbarkeit des Urheberrechts** wird durch eine **2** Ausnahme durchbrochen; nach § 28 Abs. 1 ist das Urheberrecht vererblich. Ohne diese Ausnahmeregelung wäre die 70-jährige Schutzfrist des Urheberrechts (§§ 64 ff.) praktisch bedeutungslos. Konsequenz wäre nämlich, dass das Urheberrecht mit dem Tode des Urhebers erlischt (zum Verhältnis zwischen postmortalem Persönlichkeitsschutz und Schutzdauer *Schack* GRUR 1985, 352, 359). Damit würde aber der Sinn und Zweck der 70-jährigen Schutzfrist des Urheberrechts verfehlt, der darin liegt, auch die Existenz der Nachkommen des Urhebers zu sichern (dazu § 64 Rn 7, 14). Die Ausübung des Urheberrechts kann nach § 28 Abs. 2 einem **Testamentsvollstrecker** übertragen werden. Um dem Prinzip der **Vererblichkeit des Ur-**

heberrechts volle Geltung zu verleihen, sieht § 29 Abs. 1 sogar Ausnahmen von der Unübertragbarkeit des Urheberrechts durch Rechtsgeschäft unter Lebenden vor. Nach dieser Bestimmung kann das Urheberrecht in Erfüllung einer Verfügung von Todes wegen oder im Wege der Erbauseinandersetzung an Miterben übertragen werden. Soweit das Urheberrecht nach den §§ 28, 29 übertragbar ist und übertragen wird, ist es konsequent, dem Rechtsnachfolger grds die dem Urheber zustehenden Rechte zuzubilligen, § 30 (*Rehbinder* ZUM 1986, 365; *Haupt* ZUM 1999, 898, 898).

3 Einer entspr. Anwendung der §§ 28 ff. auf **verwandte Schutzrechte** bedarf es nicht. Die verwandten Schutzrechte sind frei übertragbar. Insb. § 29 Abs. 1 findet auf die verwandten Schutzrechte also keine Anwendung. Dass die verwandten Schutzrechte grds vererblich sind, ergibt sich im Umkehrschluss aus § 76. Wenn dort angeordnet ist, dass der Schutz des in §§ 74, 75 geregelten Persönlichkeitsrechts frühestens mit dem Tode des ausübenden Künstlers erlischt, so bedeutet dies, dass die übrigen Rechte des ausübenden Künstlers dessen Tod überdauern. Damit gelten grds für die Vererbung der verwandten Schutzrechte die allg. erbrechtlichen Bestimmungen des BGB. Entspr. anzuwenden ist allerdings § 28 Abs. 2 S. 2. Denn die Erwägung, dass eine Testamentsvollstreckung für die gesamte Dauer der Schutzfrist, also auch über die 30-jährige Befristung des § 2210 BGB hinaus, möglich sein soll, hat ihre Berechtigung auch für verwandte Schutzrechte.

2. Bedeutung des § 28

4 Die Bestimmung enthält die Grundaussage, dass das Urheberrecht vererblich ist. Über diesen Grundsatz hinaus wird klargestellt, dass durch letztwillige Verfügung die Ausübung des Urheberrechts einem Testamentsvollstrecker übertragen werden kann, Abs. 2 S. 1. Um eine Synchronisierung der Testamentsvollstreckung in zeitlicher Hinsicht mit der nach dem Tod des Urhebers verbleibenden Schutzfrist des Urheberrechts zu ermöglichen, wurde die Anwendbarkeit des § 2210 BGB ausgeschlossen, Abs. 2 S. 2.

II. Vererblichkeit des Urheberrechts (Abs. 1)

5 Abs. 1 enthält die knappe Aussage, dass das Urheberrecht vererblich ist. Weil § 29 Abs. 1 bestimmt, dass das Urheberrecht nicht übertragbar ist, bedarf die Vererblichkeit der positiven Feststellung durch § 28 Abs. 1. Die Vererblichkeit des Urheberrechts gilt nicht nur für den Todesfall des Urhebers, sondern auch im Fall des Todes seines Erben, sodass bis zum Ablauf der Schutzfrist des Urheberrechts eine Weitervererbung möglich ist (*Schricker/Schricker* § 28 Rn 8). Dem Urheber steht es frei, iRd durch das Erbrecht gegebenen Möglichkeiten, das Urheberrecht insgesamt an einen oder mehrere Erben zu vererben. Ebenso ist es möglich, dass er bestimmte, sich aus dem Urheberrecht ergebende Rechte, an verschiedene Personen vererbt. Die **Vererblichkeit des Urheberrechts** kann zur Folge haben, dass das Urheberrecht **nach dem Erbfall einer juristischen Person** zusteht. Dies ist deshalb bemerkenswert, weil eine juristische Person nicht originär Urheber sein kann (§ 7 Rn 1).

6 Mit dem Erbfall geht das Urheberrecht insgesamt auf den Erben über. Nach der Regel des § 30 erlangt damit der Erbe grds die Rechtsposition, die dem Urheber im Zeitpunkt des Erbfalls zustand. Dem Erben stehen nicht nur die Verwertungsrechte und damit die vermögensrechtlichen Befugnisse zu, sondern insb. auch die sich aus dem

Urheberpersönlichkeitsrecht ergebenden Rechte (*BGH* GRUR 1955, 201 ff. – Cosima Wagner; *Klingelhöffer* ZEV 1999, 421; vgl zur Vererblichkeit von vermögenswerten Bestandteilen des Persönlichkeitsrechts *Götting* NJW 2000, 585 ff.). Ohne diese Konsequenz hätte es der Anordnung der Vererblichkeit des Urheberrechts nicht bedurft. Nicht berührt werden durch den Erbfall vertragliche Beziehungen, die der Urheber vor seinem Tode in Ansehung des Urheberrechts mit Dritten geknüpft hat. Aus dem in § 1922 Abs. 1 BGB enthaltenen Grundsatz der Gesamtrechtsnachfolge ergibt sich, dass der Erbe bzw die Miterben mit dem Tod des Erblassers in dessen sämtliche Rechte und Pflichten eintreten (s. auch § 1967 Abs. 1 BGB). Auch iÜ gelten für die Vererbung des Urheberrechts die allg. Bestimmungen der §§ 1922 ff. BGB.

III. Urheberrecht und Testamentsvollstrecker (Abs. 2)

Dass der Urheber die Ausübung des Urheberrechts einem Testamentsvollstrecker **7** übertragen kann, folgt bereits aus der allg. Aussage der Vererblichkeit des Urheberrechts in Abs. 1 und der infolgedessen gegebenen Anwendbarkeit der allg. erbrechtlichen Vorschriften, insb. der Bestimmungen der §§ 2197 ff. BGB über die Testamentsvollstreckung. Die Bedeutung des § 28 Abs. 2 liegt deshalb in dem in S. 2 **enthaltenen Ausschluss der Anwendbarkeit des § 2210 BGB**. Nach dieser Vorschrift wird die Anordnung der Verwaltung des Nachlasses durch den Testamentsvollstrecker (§ 2209 BGB) unwirksam, wenn seit dem Erbfall dreißig Jahre verstrichen sind. § 28 Abs. 2 S. 2 will dem Urheber ungeachtet dieser Frist die Möglichkeit eröffnen, die Ausübung des Urheberrechts für dessen **nach dem Erbfall verbleibende Dauer** der Verwaltung durch einen Testamentsvollstrecker zu unterwerfen. Die Bestimmung eines Testamentsvollstreckers durch den Urheber bedeutet, dass mit dem Erbfall das Urheberrecht zwar auf den Erben übergeht, dieser jedoch, soweit die Testamentsvollstreckung reicht, die sich aus dem Urheberrecht ergebenden Rechte nicht selbst ausüben kann. Für die Testamentsvollstreckung selbst gelten die allg. Vorschriften der §§ 2197 ff. BGB, eben mit Ausnahme des § 2210 BGB.

§ 29   Rechtsgeschäfte über das Urheberrecht

(1) **Das Urheberrecht ist nicht übertragbar, es sei denn, es wird in Erfüllung einer Verfügung von Todes wegen oder an Miterben im Wege der Erbauseinandersetzung übertragen.**

(2) **Zulässig sind die Einräumung von Nutzungsrechten (§ 31), schuldrechtliche Einwilligungen und Vereinbarungen zu Verwertungsrechten sowie die in § 39 geregelten Rechtsgeschäfte über Urheberpersönlichkeitsrechte.**

Literatur: *Boytha* Fragen der Unveräußerlichkeit des Urheberrechts, FS Kreile 1994, S. 109; *Eggersberger* Die Übertragbarkeit des Urheberrechts in historischer und rechtsvergleichender Sicht, 1991; *Metzger* Rechtsgeschäfte über das Urheberpersönlichkeitsrecht nach dem neuen Urhebervertragsrecht, GRUR Int 2003, 9; *Rehbinder* Die Familie im Urheberrecht, ZUM 1986, 365; *Windisch* Persönlichkeitsbezogene Komponenten in Immaterialrechten, GRUR 1993, 352.

I. Allgemeines

1   Die Bestimmung regelt, welche Rechtsgeschäfte über das Urheberrecht statthaft sind. Abs. 1 besagt, dass das Urheberrecht nicht übertragbar ist, und enthält damit den zentralen Grundsatz der §§ 28-30 (s. § 28 Rn 1). Gleichzeitig regelt Abs. 1 die einzigen Fälle der möglichen Übertragung des Urheberrechts durch Rechtsgeschäft unter Lebenden, nämlich in Erfüllung einer Verfügung von Todes wegen oder an Miterben im Wege der Erbauseinandersetzung. Angesichts der in § 28 Abs. 1 vorgesehenen Vererblichkeit des Urheberrechts sind diese Ausnahmen konsequent; gäbe es sie nicht, wäre die Vererblichkeit des Urheberrechts faktisch durchbrochen. Wäre das Urheberrecht zB Gegenstand eines Vermächtnisses, könnten die Erben dieses nicht erfüllen. Abs. 2 stellt klar, dass der Grundsatz des Abs. 1, also die Unübertragbarkeit des Urheberrechts, nicht für die Einräumung von Nutzungsrechten, schuldrechtliche Einwilligungen sowie bestimmte Geschäfte über das Urheberpersönlichkeitsrecht gilt.

2   Seine heutige Fassung hat § 29 durch das Gesetz zur Stärkung der vertraglichen Stellung von Urhebern und ausübenden Künstlern v. 22.3.2002 erhalten (s. hierzu § 31 Rn 8 f.). Die bisherigen Sätze 1 und 2 wurden dabei inhaltlich unverändert zu Abs. 1 zusammengefasst, während Abs. 2 im Wesentlichen eine klarstellende Funktion hat. Die nunmehr als § 63a enthaltene Regelung, dass auf gesetzliche Vergütungsansprüche nicht verzichtet werden kann, war ursprünglich als § 29 Abs. 3 vorgesehen (s. BT-Drucks. 14/6433, 3).

3   Die **Unübertragbarkeit des Urheberrechts** ist ein Grundsatz, der in das deutsche Urheberrecht erst mit In-Kraft-Treten des UrhG zum 1.1.1966 Eingang gefunden hat. Die bis dahin geltenden Vorschriften der §§ 10 Abs. 3 KUG, 8 Abs. 3 LUG gingen noch von der Übertragbarkeit des Urheberrechts aus.

II. Übertragbarkeit des Urheberrechts (Abs. 1)

1. Grundsatz der Unübertragbarkeit

4   Die in Abs. 1 enthaltene Aussage, dass das Urheberrecht, von den in Abs. 1 selbst genannten Fällen abgesehen, nicht übertragen werden kann, ist eindeutig. Verträge, mit denen das Urheberrecht übertragen werden soll, sind auf eine unmögliche Leistung gerichtet. Eine entspr. Klausel wird idR in dem Sinne umzudeuten sein (§ 140 BGB), dass statt der Übertragung des Urheberrechts eine Einräumung von Nutzungsrechten gewollt war. In welchem Umfang in einem solchen Fall tatsächlich Nutzungsrechte eingeräumt wurden, ist anhand der Zweckübertragungslehre zu ermitteln (s. § 31 Abs. 5 sowie dort Rn 131 ff.).

5   Der Grundsatz der Unübertragbarkeit gilt nicht nur für das Urheberrecht als Ganzes, sondern auch für jene Rechte, die untrennbar mit ihm verbunden sind. Dass das **Urheberpersönlichkeitsrecht nicht übertragbar** ist, liegt in der Natur der Sache.

Es ist lediglich möglich, in gewissem Umfang auf seine Ausübung zu verzichten (s. Abs. 2 und unten Rn 12). Auch die **Verwertungsrechte**, die dem Urheber nach den §§ 15 ff. zustehen, sind als solche nicht übertragbar. Sie sind zu unterscheiden von den Nutzungsrechten, die der Urheber Dritten nach Maßgabe der §§ 31 ff. einräumen kann (s. Abs. 2 und unten Rn 11 sowie § 31 Rn 98). Bei den **gesetzlichen Vergütungsansprüchen** ist der **geldwerte Zahlungsanspruch** übertragbar, in den in § 63a genanten Fällen jedoch im Voraus nur an eine Verwertungsgesellschaft. Unübertragbar ist hingegen das dem geldwerten Zahlungsanspruch zugrunde liegende Stammrecht (*Schricker/Schricker* § 29 Rn 10).

Die für die Übertragbarkeit des Urheberrechts geltenden Grundsätze finden im Wesentlichen auch auf den Verzicht Anwendung. Der **Verzicht auf das Urheberrecht im Ganzen** ist – wie die Übertragung – eine nicht wirksame Verfügung über das Urheberrecht (*Schricker* § 29 Rn 17 mwN).   **6**

Ebenso ist ein Verzicht auf Teilausschnitte des Urheberrechts nicht möglich. So ist zunächst das Urheberpersönlichkeitsrecht unverzichtbar (Vor §§ 12-14 Rn 32 f.). Allerdings möglich sind Vereinbarungen mit dem Urheber darüber, dass dieser aus dem Urheberpersönlichkeitsrecht folgende Befugnisse in gewissem Rahmen nicht ausübt (s. Rn 12). Umstr. ist, ob ein **Verzicht auf einzelne oder alle Verwertungsrechte** möglich ist (so *v. Gamm* § 29 Rn 6; **aA** *Schricker/Schricker* § 29 Rn 18; *Ulmer* § 84 V). Der Auffassung, dass ein Verzicht nicht möglich ist, gebührt der Vorzug. Dies gilt ungeachtet des Umstandes, dass nach § 29 Abs. 2 Vereinbarungen zu Verwertungsrechten grds zulässig sind (dazu Rn 11). Die gegenteilige Ansicht hätte zur Folge, dass § 31 Abs. 4 umgangen werden könnte. Ein dem Verzicht auf die Verwertungsrechte praktisch entspr. Ergebnis kann der Urheber dadurch erreichen, dass er unentgeltlich ein „Nutzungsrecht für jedermann" einräumt. Dies ist nach § 32 Abs. 3 S. 3 möglich, allerdings nur in den Grenzen des § 31 Abs. 4 und 5 (s. § 32 Rn 43).   **7**

2. Erbrechtliche Ausnahmen

Zwei Ausnahmen sieht § 29 Abs. 1 von dem Grundsatz der Unübertragbarkeit des Urheberrechts durch Rechtsgeschäfte unter Lebenden vor. Beide Ausnahmen sind im Zusammenhang mit § 28 zu sehen, der die Vererblichkeit des Urheberrechts bestimmt. Der Sinn und Zweck von § 29 Abs. 1 liegt darin, dass dem Willen des Erblassers Geltung verschafft wird, auch soweit dies Rechtsgeschäfte über Urheberrechte unter Lebenden erfordert.   **8**

Als ersten Anwendungsfall sieht § 29 Abs. 1 die **Erfüllung einer Verfügung von Todes wegen**. Praktische Relevanz erhält diese Ausnahme dort, wo der durch eine solche letztwillige Verfügung Begünstigte das Urheberrecht nicht als Erbe erwirbt, sondern vielmehr auf eine weitere Handlung der Erben angewiesen ist. In erster Linie ist dies bei dem Vermächtnis (§ 2174 BGB) der Fall. Ohne die Regelung des § 29 Abs. 1 hätten es die Erben in der Hand, die Erfüllung eines Vermächtnisses mit dem Hinweis auf die fehlende Übertragbarkeit des Urheberrechts zu verweigern.   **9**

Der zweite Anwendungsfall des § 29 Abs. 1 betrifft die **Übertragung an Miterben im Wege der Erbauseinandersetzung**. Diese Ausnahme leuchtet ohne weiteres ein, soweit es um die Erfüllung einer Teilungsanordnung des Erblassers (§ 2048 BGB)   **10** geht, der nur auf diesem Wege Geltung verschafft werden kann. Aber auch im Falle der allg. Erbauseinandersetzung nach den §§ 2042 ff. BGB findet die Bestimmung Anwendung. Zu beachten ist aber, dass nach dem klaren Wortlaut von § 29 Abs. 1 die Übertragung iRd Erbauseinandersetzung nur an Miterben erfolgen kann, sodass eine Teilung durch Verkauf (§§ 2042 Abs. 2, 753 BGB) nicht möglich ist.

III. Rechtsgeschäfte über die Verwertung des Werks und über Urheberpersönlichkeitsrechte (Abs. 2)

1.   Rechtsgeschäfte über die Verwertung des Werks

11   Um das Urheberrecht verwerten zu können, muss es dem Urheber möglich sein, Rechtsgeschäfte über dessen Verwertung abzuschließen. § 29 Abs. 2 stellt dies klar. Die Vorschrift unterscheidet zwischen der Einräumung von Nutzungsrechten (dazu § 31 Rn 98), der schuldrechtlichen Einwilligung in die Nutzung durch Dritte (dazu § 31 Rn 16, 33) sowie Vereinbarungen zu Verwertungsrechten. Dieser Unterscheidung kann allerdings keine Aussage in dem Sinne entnommen werden, dass eingeräumte Nutzungsrechte in jedem Fall dinglichen Charakter haben (s. BR-Drucks. 404/01 Nr. 1 sowie die Klarstellung in BT-Drucks. 14/7564, 11, Nr. 1; s. auch § 31 Rn 102). Unklar ist, welche Vereinbarungen über Verwertungsrechte der Gesetzgeber bei der Fassung des Abs. 2 im Blick hatte. Die bloße Erwähnung derartiger Vereinbarungen bedeutet jedenfalls nicht, dass ein Verzicht auf eines oder alle Verwertungsrechte möglich ist (so Rn 7).

2. Rechtsgeschäfte über das Urheberpersönlichkeitsrecht

12   Das Urheberpersönlichkeitsrecht ist grds als untrennbarer Bestandteil des Urheberrechts unverzichtbar (s. Rn 5). Nach Abs. 2 sind jedoch die in § 39 geregelten Rechtsgeschäfte über Urheberpersönlichkeitsrechte zulässig. Im Umkehrschluss müsste aus dieser Regelung gefolgert werden, dass andere Rechtsgeschäfte über das Veröffentlichungsrecht (§ 12) oder die Anerkennung der Urheberschaft (§ 13) insgesamt unzulässig wären, da diese in § 39 nicht behandelt werden. Hiervon ist jedoch nach dem Verlauf des Gesetzgebungsverfahrens zur Urhebervertragsrechtsreform nicht auszugehen (ebenso *Metzger* GRUR Int 2003, 9, 10). Denn ursprünglich sollte sich § 29 Abs. 2 auf eine Neuregelung des § 39 beziehen, die in gewissem Umfang Absprachen über die Rechte aus §§ 12, 13 gestattete. Im weiteren Gesetzgebungsverfahren wurde jedoch davon abgesehen, § 39 zu ändern (s. BT-Drucks. 14/8058, 9, 21, Ziff. 9). Dass dem nicht bei der Fassung von § 29 Abs. 3 Rechnung getragen wurde, dürfte weniger auf einer bewussten Entsch. des Gesetzgebers beruhen, sondern vielmehr durch die hektische Schlussphase des Gesetzgebungsverfahrens (dazu § 31 Rn 8 f.) zu erklären sein. Vor diesem Hintergrund kann § 29 Abs. 2 nur die generelle Aussage entnommen werden, dass Rechtsgeschäfte über das Urheberpersönlichkeitsrecht zulässig sind (ebenso *Schricker* GRUR Int 797, 799 f.). Für die Grenzen solcher Rechtsgeschäfte gilt wie bisher, dass das Urheberpersönlichkeitsrecht in seinem Kerngehalt unübertragbar und unverzichtbar ist (s. Vor §§ 12-14 Rn 4 ff., 32 f.; krit. dazu *Metzger* GRUR Int 2003, 9, 10).

§ 30 Rechtsnachfolger des Urhebers

Der Rechtsnachfolger des Urhebers hat die dem Urheber nach diesem Gesetz zustehenden Rechte, soweit nichts anderes bestimmt ist.

Literatur: S. die Literaturhinweise zu §§ 28, 29.

I. Allgemeines

Während die §§ 28, 29 regeln, unter welchen Umständen eine Rechtsnachfolge in **1** Betracht kommt, behandelt § 30 die **Rechtsstellung des Rechtsnachfolgers**. Hierzu ordnet die Vorschrift an, dass der Rechtsnachfolger des Urhebers die diesem nach dem UrhG zustehenden Rechte hat. Dies gilt, soweit nichts anderes bestimmt ist, wobei sich eine derartige anderweitige Bestimmung entweder aus dem UrhG selbst oder aus einer testamentarischen Anordnung des Erblassers ergeben kann.

II. Rechtsstellung des Rechtsnachfolgers

1. Begriff des Rechtsnachfolgers

Rechtsnachfolger iSd § 30 kann nur sein, wem das Urheberrecht nach § 28 Abs. 1 **2** vererbt oder gem. § 29 Abs. 1 in Erfüllung einer Verfügung von Todes wegen oder als Miterbe im Wege der Erbauseinandersetzung übertragen wurde. Die Rechtsnachfolge kann sich sowohl nach dem Urheber selbst als auch nach einem vorgängigen Rechtsnachfolger ergeben.

2. Rechtsstellung des Rechtsnachfolgers

a) Grundsatz. Der Rechtsnachfolger des Urhebers hat die Rechte, die das UrhG für **3** den Urheber selbst vorsieht. Dem eindeutigen Wortlaut des Gesetzes ist zu entnehmen, dass **der Rechtsnachfolger umfassend in die dem Urheber zustehenden Rechte einrückt**. Daher gilt die Rechtsnachfolge nicht nur in Ansehung der Verwertungsrechte, sondern insb. auch für die Urheberpersönlichkeitsrechte (*Fromm/Nordemann/Hertin* § 30 Rn 1; *Schricker/Schricker* § 30 Rn 3). Die Rechtsnachfolge in das Urheberpersönlichkeitsrecht ist schon deshalb erforderlich, weil sonst Verletzungen des Urheberpersönlichkeitsrechts durch Dritte, insb. Entstellungen des Werks, durch niemanden verfolgt werden könnten. Konsequenz ist, dass der Rechtsnachfolger selbst auch an einer Entstellung des Werks nicht gehindert werden kann. Nur in Extremfällen wäre denkbar, dass die nahen Angehörigen des verstorbenen Urhebers eine Entstellung des Werks durch den Rechtsnachfolger als Verletzung des postmortalen Persönlichkeitsrechts (hierzu s. *BVerfG* GRUR 1971, 461 ff.) beanstanden könnten.

b) Anderweitige Bestimmung. Der Grundsatz, dass der Rechtsnachfolger des Urhe- **4** bers die dem Urheber zustehenden Rechte erwirbt, gilt nur, soweit nichts anderes bestimmt ist. Eine solche andere Bestimmung kann sich zum einen aus einer gesetzli-

chen Regelung, zum anderen aus Maßnahmen und Handlungen des verstorbenen Urhebers ergeben.

5   Eine ausdrückliche **gesetzliche Einschränkung der Rechtsstellung des Rechtsnachfolgers** findet sich in § 42. Nach § 42 Abs. 1 S. 2 kann das Rückrufsrecht wegen
gewandelter Überzeugung durch den Rechtsnachfolger des Urhebers nur erklärt werden, wenn der Urheber vor seinem Tode zum Rückruf hierzu berechtigt gewesen wäre und an der Erklärung des Rückrufs gehindert war oder diesen letztwillig verfügt
hat. Das Recht des Urhebers, in **Änderungen von Sprachwerken** einzuwilligen, **die
in Sammlungen für Kirchen-, Schul- oder Unterrichtsgebrauch (§ 46) aufgenommen wurden,** geht nach § 62 Abs. 4 S. 2 nur dann auf den Rechtsnachfolger
über, wenn dieser Angehöriger iSd § 60 Abs. 2 ist oder das Urheberrecht aufgrund
letztwilliger Verfügung des Urhebers erworben hat. In den §§ 115 ff. sind Sonderregelungen für die Zwangsvollstreckung gegen den Rechtsnachfolger enthalten. Nicht
eingeschränkt ist das Recht des Rechtsnachfolgers, nach § 97 Abs. 2 eine Billigkeitsentschädigung zu verlangen, wenn das Urheberrecht schuldhaft verletzt wurde
(*Schricker/Schricker* § 30 Rn 3; **aA** *OLG Hamburg* ZUM 1995, 430, 433; *Fromm/
Nordemann/Hertin* § 30 Rn 6). Dem Rechtsnachfolger einen Anspruch nach § 97
Abs. 2 abzusprechen, widerspräche der eindeutigen Regelung des § 30; die Tatsache,
dass der Rechtsnachfolger weniger stark als der Urheber durch eine Verletzungshandlung betroffen sein mag, kann bei der Prüfung der Frage der Billigkeit berücksichtigt werden (*Schricker/Schricker* § 30 Rn 3).

6   Eine **anderweitige Bestimmung**, die eine Einschränkung der Rechtsstellung des
Rechtsnachfolgers zur Folge hat, kann insb. durch den Urheber oder einen zwischen-
zeitlichen weiteren Rechtsnachfolger getroffen worden sein. Der Rechtsnachfolger
muss sämtliche Handlungen gegen sich gelten lassen, die der Rechtsvorgänger wirksam getroffen hat. Hierzu zählen insb. urhebervertragsrechtliche Vereinbarungen.
Darüber hinaus kann der Rechtsvorgänger testamentarisch oder erbvertraglich bestimmte Beschränkungen des Rechtsnachfolgers bei der Ausübung des Urheberrechts verfügt haben. Zu nennen ist hier etwa die in § 28 Abs. 2 selbst erwähnte Ausübung des Urheberrechts durch einen Testamentsvollstrecker. Beispielhaft kann weiter die Anordnung genannt werden, ein bestimmtes Werk erst ab einem genau
festgelegten Zeitpunkt zu veröffentlichen (s. hierzu *Fromm/Nordemann/Hertin* § 30
Rn 4).

Unterabschnitt 2
Nutzungsrechte

§ 31   Einräumung von Nutzungsrechten

**(1) Der Urheber kann einem anderen das Recht einräumen, das Werk auf ein-
zelne oder alle Nutzungsarten zu nutzen (Nutzungsrecht). Das Nutzungsrecht
kann als einfaches oder ausschließliches Recht sowie räumlich, zeitlich oder inhaltlich beschränkt eingeräumt werden.**

(2) Das einfache Nutzungsrecht berechtigt den Inhaber, das Werk auf die erlaubte Art zu nutzen, ohne dass eine Nutzung durch andere ausgeschlossen ist.

(3) Das ausschließliche Nutzungsrecht berechtigt den Inhaber, das Werk unter Ausschluss aller anderen Personen auf die ihm erlaubte Art zu nutzen und Nutzungsrechte einzuräumen. Es kann bestimmt werden, dass die Nutzung durch den Urheber vorbehalten bleibt. § 35 bleibt unberührt.

(4) Die Einräumung von Nutzungsrechten für noch nicht bekannte Nutzungsarten sowie Verpflichtungen hierzu sind unwirksam.

(5) Sind bei der Einräumung eines Nutzungsrechts die Nutzungsarten nicht ausdrücklich einzeln bezeichnet, so bestimmt sich nach dem von beiden Partnern zugrunde gelegten Vertragszweck, auf welche Nutzungsarten es sich erstreckt. Entsprechendes gilt für die Frage, ob ein Nutzungsrecht eingeräumt wird, ob es sich um ein einfaches oder ausschließliches Nutzungsrecht handelt, wie weit Nutzungsrecht und Verbotsrecht reichen und welchen Einschränkungen das Nutzungsrecht unterliegt.

Literatur: *Ahlberg* Der Einfluss des § 31 IV UrhG auf die Auswertungsrechte von Tonträgerunternehmen, GRUR 2002, 313; *Beier/Götting/Lehmann/Moufang* Urhebervertragsrecht, Festgabe Schricker zum 60. Geburtstag, 1995; *Castendyk* Neue Ansätze zum Problem der unbekannten Nutzungsart in § 31 Abs. 4 UrhG, ZUM 2002, 332; *Castendyk/Kirchherr* Das Verbot der Übetragung von Rechten an nicht bekannten Nutzungsarten, ZUM 2003, 751; *Dietz* Das primäre Urhebervertragsrecht in der Bundesrepublik Deutschland und in den anderen Mitgliedstaaten der Europäischen Gemeinschaft, 1984; *ders.* Der Entwurf zur Neuregelung des Urhebervertragsrechts, AfP 2001, 261; *ders.* Die Pläne der Bundesregierung zu einer gesetzlichen Regelung des Urhebervertragsrechts, ZUM 2001, 276; *ders.* Amendment of German Copyright Law in Order to Strenghten the Contractual Position of Authors and Performers, IIC 2002, 828; *Erdmann* Urhebervertragsrecht im Meinungsstreit, GRUR 2002, 923; *Flechsig* Der Entwurf eines Gesetzes zur Stärkung der vertragsrechtlichen Stellung von Urhebern und ausübenden Künstlern, ZUM 2000, 484; *v. Frentz/Becker* Die nachträgliche Bestimmung der Leistungszeit bei Filmlizenzverträgen, ZUM 2001, 382; *Friccius* Aktuelle Probleme der Vertragsgestaltung bei der Produktion von Filmen und Fernsehfilmen, ZUM 1991, 392; *Gounalakis/Heinze/Dörr* Urhebervertragsrecht – Verfassungs- und europarechtliche Bewertung des Entwurfs der Bundesregierung vom 30. Mai 2001, 2001; *Haupt* „E-Mail-Versand" – eine neue Nutzungsart im urheberrechtlichen Sinn?, ZUM, 2002, 797; *Heinze* Arbeits- und verfassungsrechtliche Aspekte des Gesetzentwurfs zur Reform des Urhebervertragsrechts, K&R 2002, 1; *Herrschel* Tarifverträge mit Urheberrechtsbezug, UFITA 94 (1982), 35; *Hilty/Peukert* Das neue deutsche Urhebervertragsrecht im internationalen Kontext, GRUR Int 2002, 643; *Hucko* Zum Sachstand in Sachen Urhebervertragsgesetz, ZUM 2001, 273; *Jacobs* Das neue Urhebervertragsrecht, NJW 2002, 1905; *Katzenberger* Neuregelung des Urhebervertragsrechts aus rechtsvergleichender Sicht, AfP 2001, 265; *ders.* Filmverwertung auf DVD als unbekannte Nutzungsart im Sinne des § 31 Abs. 4 UrhG, GRUR Int 2003, 889; *Koch* Wirksame Vereinbarung von Kundenpflichten zur Software-„Aktivierung", ITRB 2002, 43; *Kreile* Die Pläne der Bundesregierung zu einer gesetzlichen Regelung des Urhebervertragsrechts – ein Beitrag aus der Sicht der Film- und Fernsehproduzenten, ZUM 2001, 300; *Kuck* Kontrolle von Musterverträgen im Urheberrecht, GRUR 2000, 285; *Manz/Ventroni/Schneider* Auswirkungen der Schuldrechtsreform auf das Urheber(vertrags)recht, ZUM 2002, 409; *Marly* Softwareüberlassungsverträge, 3. Aufl. 2000; *Michel* Rechtsfragen von Rundfunk und Printmedien im Internet, ZUM 2000, 425; *Moser/Scheuermann* Handbuch der Musikwirtschaft, 5. Aufl. 1999; *Movsessian/Seifert* Einführung in das Urheberrecht der Musik, 1982; *Nordemann* Vorschlag für ein Urhebervertragsgesetz,

GRUR 1991, 1; *Obergfell* Zur Auswertungspflicht des Filmverleihers, ZUM 2003, 292; *v. Olenhusen* Der Urheber- und Leistungsrechtsschutz der arbeitnehmerähnlichen Personen, GRUR 2002, 11; *Ory* Rechtspolitische Anmerkungen zum Urhebervertragsrecht, ZUM 2001, 195; *ders.* Das neue Urhebervertragsrecht, AfP 2002, 93; *Poll* Die Pläne der Bundesregierung zu einer gesetzlichen Regelung des Urhebervertragsrechts – ein Beitrag aus der Sicht der Spitzenorganisation der deutschen Filmwirtschaft (SPIO), ZUM 2001, 306; *Reber* Aktuelle Fragen zu Recht und Praxis der Verwertungsgesellschaften, GRUR 2000, 203; *ders.* Die Pläne der Bundesregierung zu einer gesetzlichen Regelung des Urhebervertragsrechts, ZUM 2001, 282; *ders.* Das neue Urhebervertragsrecht, ZUM 2000, 729; *ders.* Digitale Verwertungstechniken – neue Nutzungsarten: Hält das Urheberrecht der technischen Entwicklung noch stand?, GRUR 1998, 792; *ders.* Die Bekanntheit der Nutzungsart im Filmwesen – ein weiterer Mosaikstein in einem undeutlichen Bild, GRUR 1997, 162; *Rehmann/Bahr* Klingeltöne für Handys – eine neue Nutzungsart?, CR 2002, 229; *Reindl* Die Nebenrechte im Musikverlagsvertrag, 1993; *Schaefer* Einige Bemerkungen zum Professorenentwurf für ein Urhebervertragsrecht – ein Beitrag aus der Sicht der deutschen Landesgruppe der IFPI e.V., ZUM 2001, 315; *Schierenberg* § 31 Abs. 5 im Kontext des neuen Urhebervertragsrechts, AfP 2003, 391; *Schimmel* Die Pläne der Bundesregierung zu einer gesetzlichen Regelung des Urhebervertragsrechts, ZUM 2001, 290; *Schmechel-Gaumé* § 31 Abs. 4 UrhG und der Arbeitnehmerurheber – Ein Spannungsfeld, K&R 2001, 74; *Schneider* Das Recht des Kunstverlags, 1991; *Schricker* Verlagsrecht, 3. Aufl. 2001; *ders.* Zum neuen Urhebervertragsrecht, GRUR Int 2002, 797; *Schulze, E.* Urhebervertragsrecht, 3. Aufl. 1982; *Schulze, G.* Rechtsfragen von Printmedien im Internet, ZUM 2000, 432; *Schwarz* Das „Damoklesschwert" des § 31 Abs. 4 – Regelungsbedarf für neue Nutzungsarten, ZUM 2003, 733; *Spautz* Was sagt uns die „Zauberflöte" zum Urhebervertragsrecht?, ZUM 2001, 317; *Stickelbrock* Ausgleich gestörter Vertragsparität durch das neue Urhebervertragsrecht?, GRUR 2001, 1087; *Ullrich/Körner* Der internationale Softwarevertrag, 1995; *Wagner/Obergfell* Altfälle und neue Nutzungsarten, ZUM 2001, 973; *Wandtke* Zur Reform des Urhebervertragsrechts, K&R 2001, 602; *Wandtke/Schäfer* Music on Demand – Neue Nutzungsart im Internet?, GRUR Int 2000, 187; *Weber* Die Pläne der Bundesregierung zu einer gesetzlichen Regelung des Urhebervertragsrechts – ein Beitrag aus der Sicht des öffentlich-rechtlichen Fernsehens, ZUM 2001, 311; *Wente/Härle* Rechtsfolgen einer außerordentlichen Vertragsbeendigung auf die Verfügungen in einer „Rechtekette" im Filmlizenzgeschäft und ihre Konsequenzen für die Vertragsgestaltung – Zum Abstraktionsprinzip im Urheberrecht, GRUR 1997, 96.

Übersicht

I. Überblick

1. Überblick über das Urhebervertragsrecht

Das Urhebervertragsrecht befasst sich mit sämtlichen Vertragsbeziehungen, die die **1** Einräumung von Nutzungsrechten an urheberrechtlich geschützten Werken zum Gegenstand haben, mag die das Nutzungsrecht einräumende Partei der Urheber selbst oder nur der Inhaber eines Nutzungsrechts sein. Gleichwohl steht im Vordergrund der §§ 31 ff. der Bereich des **primären Urhebervertragsrechts**, also die vertragsrechtlichen Beziehungen zwischen dem Urheber und dem Erwerber eines (primären) Nutzungsrechts (Begriff im Anschluss an *Dietz* Das primäre Urhebervertragsrecht, S. 1 ff.; *ders.* FS Schricker, S. 1, 28 f. mwN). Zu unterscheiden ist weiter zwischen den Bereichen des **Allg. Urhebervertragsrechts** (dazu Rn 15 ff.), das grds für sämtliche Werkarten gilt, und des **Bes. Urhebervertragsrechts** (dazu Rn 50 ff.), das spezifische Fragen der Verwertung bestimmter Werkarten betrifft (Terminologie im Anschluss an *Dietz* FS Schricker, S. 1, 28).

2 Nicht nur das Urheberrecht, sondern auch die **verwandten Schutzrechte** können Gegenstand von Urheberrechtsverträgen sein. Kraft Verweisung auf den Ersten Teil des UrhG finden die §§ 31 ff. auch auf Verträge über wissenschaftliche Ausgaben (§ 70 Abs. 1) sowie Lichtbilder (§ 72 Abs. 1) Anwendung. Nach § 79 Abs. 2 sind die §§ 31-43 mit Ausnahme des § 31 Abs. 4 auch zugunsten ausübender Künstler anzuwenden. Die durch das Gesetz zur Regelung der Urheberrechte in der Informationsgesellschaft ausdrücklich in § 79 Abs. 2 zum Ausdruck gebrachte Nichtanwendbarkeit des § 31 Abs. 4 zugunsten ausübender Künstler bestätigt nur die bis dahin bestehende Rechtslage (*BGH* ZUM 2003, 229 – EROC III; **aA** *Ahlberg* GRUR 2002, 3134). Auch auf Verträge, deren Gegenstand andere Leistungsschutzrechte sind, können die §§ 31 ff. entspr. Anwendung finden (*Schricker/Schricker* vor 28 ff. Rn 33 ff.). Allerdings gilt das nicht für jene Vorschriften, die gerade den Schutz des Urhebers bezwecken, zB § 31 Abs. 4 sowie die §§ 32, 32a.

2. Überblick über die §§ 31-44

3 Die §§ 31-44 betreffen Nutzungsrechte, die anderen – natürlichen oder juristischen – Personen an dem durch den Urheber geschaffenen Werk eingeräumt werden können. In diesen Bestimmungen erschöpft sich die gesetzliche Regelung des allg. Urhebervertragsrechts (dazu Rn 15 ff.). § 31 regelt zunächst Fragen der Übertragung des Nutzungsrechts durch den Urheber selbst. Die Vergütung, die der Urheber für die Einräumung des Nutzungsrechts verlangen kann, ist Gegenstand der §§ 32, 32a, 32b, 36, 36a. Welche Auswirkungen die Einräumung eines Nutzungsrechts auf frühere Rechtseinräumungen hat, wird in § 33 behandelt. Sodann enthalten die §§ 34, 35 Bestimmungen dazu, inwieweit der Inhaber eines Nutzungsrechts dieses weiter übertragen kann. Die §§ 37-42 sehen auf unterschiedliche Weise einen Schutz des Urhebers gegenüber dem Inhaber des Nutzungsrechts vor, indem sie die Zweckübertragungsregel des § 31 Abs. 5 näher ausprägen (§§ 37, 38), Änderungen des Werks im Grundsatz untersagen (§ 39), Verträge über noch nicht erstellte Werke gewissen Beschränkungen unterwerfen (§ 41) und unter bestimmten Voraussetzungen Rückrufsrechte gewähren (§§ 41, 42). Schließlich betreffen § 43 Urheber in Arbeits- oder Dienstverhältnissen und § 44 Fragen des Nutzungsrechts des Erwerbers des Werkoriginals.

3. Überblick zu § 31

4 Die Grundregeln für die Einräumung von Nutzungsrechten sind in § 31 behandelt. Der Begriff des Nutzungsrechts wird in Abs. 1 S. 1 definiert. Abs. 1 S. 2 regelt sodann, dass das Nutzungsrecht als einfaches oder ausschließliches Recht eingeräumt werden und räumliche, zeitliche oder inhaltliche Beschränkungen enthalten kann. Eine Begriffsklärung des einfachen Nutzungsrechts und des ausschließlichen Nutzungsrechts findet sich sodann in Abs. 2 bzw 3. Im Interesse des Schutzes des Urhebers untersagt Abs. 4 die Einräumung von Nutzungsrechten für noch nicht bekannte Nutzungsarten. Die gleiche Zielrichtung hat die in Abs. 5 enthaltene gesetzliche Ausprägung der Zweckübertragungsregel, also des Grundsatzes, dass das Urheberrecht die Tendenz hat, bei dem Urheber zu verbleiben.

5 Die Vorschrift wurde durch die Reform des Urhebervertragsrechts (s. Rn 9) in weiten Teilen neu gefasst, ohne dass sich hierdurch ihr materieller Gehalt wesentlich geändert hätte. Zum einen wurde § 32 aF in § 31 Abs. 1 S. 2 übernommen. Zum anderen wurden nach Maßgabe der Rspr zu § 31 aF einige sprachliche und rechtliche Klarstellungen vorgenommen.

II. Grundlagen des Urhebervertragsrechts

1. Rechtspolitische Grundlagen

Weshalb die vertraglichen Beziehungen zwischen dem Urheber und dem Erwerber **6** eines primären Nutzungsrechts nicht, dem Grundsatz der Vertragsfreiheit folgend, dem freien Spiel der Kräfte überlassen werden können, wird offensichtlich, wenn man sich eben dieses **Kräfteverhältnis der Vertragspartner** vor Augen führt. Es mag Ausnahmen geben; doch sieht der Normalfall so aus, dass der Urheber auf die Einkünfte aus der Verwertung seines Werks angewiesen, zu dessen optimaler Vermarktung jedoch selbst nicht in der Lage ist. Ihm gegenüber tritt ein Vertragspartner mit in aller Regel deutlich überlegener Finanzkraft, der aufgrund dieser Ausgangssituation in der Lage ist, die Konditionen, zu denen das Nutzungsrecht einzuräumen ist, zu diktieren. Dies erklärt die Aufgabe eines Urhebervertragsrechts, durch Auslegungsregeln, aber auch durch zwingende Bestimmungen, für einen Interessenausgleich zugunsten des Urhebers als Schwächerem beider Vertragspartner zu sorgen. Die **rechtspolitische Rechtfertigung** erfährt der vertragsrechtliche Schutz des Urhebers aus dem Gedanken des Sozialstaats (*Dietz* FS Schricker, S. 1, 13). Ein ähnlicher Schutz findet sich in den urheberrechtlichen Gesetzen einer Reihe von kontinentaleuropäischen Staaten. Nicht zu übersehen ist allerdings der grundverschiedene Ansatz des anglo-amerikanischen Rechtskreises. Nach dem dort herrschenden **Copyright-Gedanken** steht nicht der Schutz des Urhebers, sondern jener des Inhabers des Copyrights im Vordergrund gesetzlicher Regelungen. Dem Copyright-Ansatz fehlt die persönlichkeitsrechtliche Prägung. Das Copyright ist, anders als das Urheberrecht, nicht an eine natürliche Person – jene, die das Werk geschaffen hat – gebunden. Inhaber des Copyrights kann ebenso eine juristische Person sein. So sehen sowohl das US- als auch das britische Recht vor, dass das Copyright an Werken, die ein Arbeitnehmer in Ausübung seiner Tätigkeit schafft, ohne weiteres dessen Arbeitgeber zusteht. Dass der Inhaber des Copyrights keinen urhebervertragsrechtlichen Schutz benötigt, bedarf keiner Erläuterung.

2. Gesetzliche Grundlagen

a) Regelungen im UrhG und Reform des Urhebervertragsrechts. Das Urheber- **7** vertragsrecht ist **gesetzlich nur punktuell** geregelt. In den §§ 31 ff. UrhG finden sich Bestimmungen, die dem Allg. Urhebervertragrecht (s. Rn 1) zuzuordnen sind; denn sie gelten überwiegend nicht nur für eine bestimmte, sondern für jede Werkkategorie. Im Vordergrund stehen dabei Vorschriften, die den Urheber vor ihn unangemessen benachteiligenden vertraglichen Regelungen schützen sollen. Dies erfolgt durch Auslegungsregeln, teilweise aber auch durch Vorgaben, die nicht zur Disposition der Parteien stehen. Ein **Ausbau der** rudimentären **gesetzlichen Regelungen** wurde immer wieder gefordert, um die Position des Urhebers besser zu schützen (*Nordemann* GRUR 1991, 1 ff.; *Dietz* FS Schricker, S. 1, 31 ff.). Die über Jahre anhaltende Diskussion mündete schließlich in dem zum 1.7.2002 in Kraft getretenen Gesetz zur Stärkung der vertraglichen Stellung von Urhebern und ausübenden Künstlern (dazu ausführlich Rn 9).

8   Durch das **Gesetz zur Stärkung der vertraglichen Stellung von Urhebern und
ausübenden Künstlern v. 22.3.2002** (BGBl I 2002, 1155), das zum 1.7.2002 in
Kraft getreten ist, haben die urhebervertragsrechtlichen Bestimmungen des UrhG
wesentliche Änderungen erfahren. Mit diesem Gesetz sollte der seit Einführung des
UrhG immer wieder vorgetragenen Kritik, das Gesetz biete den Urhebern gegenüber
den wirtschaftlich stärkeren Verwertern keinen ausreichenden Schutz, Rechnung getragen werden. Kernelemente der Reform sind die nunmehr in § 32 geregelte Sicherung der angemessenen Vergütung des Urhebers, die Vorgabe eines rechtlichen Rahmens zur Aufstellung gemeinsamer Vergütungsregeln durch Verbände und Unternehmen (§§ 36, 36a), ein aufgewerteter Bestseller-Paragraph (§ 32a) sowie die
ausdrückliche Einbeziehung der ausübenden Künstler in den für Urheber vorgesehenen vertragsrechtlichen Schutz (§ 79 Abs. 2). Neben der Einführung dieser neuen
Elemente haben einige weitere Vorschriften Änderungen erfahren, die überwiegend
klarstellenden Charakter haben. Das Gesetz wurde insoweit der Rspr und herrschenden Literaturauffassung zur Auslegung einzelner Bestimmungen der §§ 28 ff. angepasst.

9   Ausgangspunkt der **Reform des Urhebervertragsrechts** war ein auf Anregung des
BMJ durch Dietz, Loewenheim, Nordemann, Schricker und Vogel am 22.5.2000
vorgelegter Entwurf eines Gesetzes zur Stärkung der vertraglichen Stellung von Urhebern und ausübenden Künstlern (sog. Professorenentwurf, abgedr. in GRUR 2000,
764 ff.). Der im Professorenentwurf vorgesehene Anspruch auf angemessene Vergütung ging deutlich weiter als die nunmehr in § 32 getroffene Regelung. Der Urheber
sollte zu jeder Zeit von jedem Nutzer des Werkes (dh, auch bei fehlender vertraglicher Beziehung) eine angemessene Vergütung für die Nutzung verlangen können.
Vorgesehen war außerdem ein Recht des Urhebers, ein für mehr als 30 Jahre eingeräumtes Nutzungsrecht nach Ablauf von 30 Jahren zu kündigen. Bereits der Professorenentwurf hat scharfe Kritik erfahren (vgl nur *Flechsig* ZUM 2000, 484 ff.), insb.
durch die Verbände der Verwerter (s. nur *Kreile* ZUM 2001, 300 ff.; *Poll* ZUM 2001,
306 ff.; *Weber* ZUM 2001, 311 ff.; *Schaefer* ZUM 2001, 316 ff.). Dem gegenüber
wurde die Gesetzesinitiative durch die Verbände der Urheber und ausübenden
Künstler begrüßt (s. nur *Schimmel* ZUM 2001, 289; *Spautz* ZUM 2001, 317). Am
30.5.2001 legte die BReg sodann einen ersten Gesetzentwurf vor, der in gleichlau-
tender Form am 26.6.2001 durch die Fraktionen der SPD und von Bündnis 90/Die
Grünen in den BTag eingebracht wurde (BT-Drucks. 14/6433). Der RegE entsprach
im Wesentlichen dem Professorenentwurf, enthielt jedoch weitere Elemente zum
Schutz der Urheber und ausübenden Künstler. Zum einen wurde das bereits im Professorenentwurf grds vorgesehene Verfahren zur Aufstellung gemeinsamer Vergütungsregeln zwischen den beteiligten Verbänden sowie den Verwertern in dem Sinne
verschärft, dass die Verbände der Urheber und ausübenden Künstler einzelne Verwerterunternehmen zur Aufstellung gemeinsamer Vergütungsregeln zwingen könnten. Zum anderen sollte der absolute Anspruch auf angemessene Vergütung für die
Zukunft auch auf Vertragsverhältnisse Anwendung finden, die in den letzten 20 Jahren vor In-Kraft-Treten des Gesetzes geschlossen wurden. Im weiteren Verlauf des
Gesetzgebungsverfahrens stellte sich heraus, dass keines der Kernelemente des Pro-
fessorenentwurfs und des RegE politisch durchsetzbar war. Die Verwerter und ihre
Verbände legten eine Vielzahl von Gutachten und Stellungnahmen vor, in denen

schwere wirtschaftspolitische und verfassungsrechtliche Bedenken gegen den Gesetzentwurf geäußert wurden (s. nur *Gounalakis/Heinze/Dörr* S. 1 ff.). Auch der Bundesrat äußerte sich krit. zum RegE (s. BR-Drucks. 404/01 sowie die Gegenäußerung der BReg BT-Drucks. 14/7564 v. 23.11.2001, 11 ff.). Unter dem durch die Verwerter und ihre Verbände ausgeübten Druck legte das BMJ unter dem 19.11.2001 eine „Formulierungshilfe" vor. Nach dieser sollten das Sonderkündigungsrecht bei langfristigen Nutzungsverhältnissen und die rückwirkende Anwendung des Gesetzes auf Altverträge entfallen sowie der Anspruch auf angemessene Vergütung nur noch gegen den Vertragspartner gerichtet sein. Zum Ausgleich wurde ein gegenüber § 36 aF aufgewerteter Bestseller-Paragraph vorgesehen. Weitere Korrekturen des RegE akzeptierte das BMJ schließlich in einer „Formulierungshilfe" v. 14.1.2002 (abgedr. bei *Hucko* Urhebervertragsrecht, S. 149 ff.) sowie einer Änderung hierzu vom 21.1.2002. Bei der abschließenden Beratung des RegE im Rechtsausschuss des BTages wurde am 23.1.2002 schließlich auch noch der iRd gemeinsamen Vergütungsregeln vorgesehene Schlichtungszwang für einzelne Verwerter gestrichen (s. *Hucko* Urhebervertragsrecht, S. 169 ff.). Das am 25.1.2002 in zweiter und dritter Lesung durch den BTag in der nunmehr geltenden Fassung beschlossene Gesetz bleibt damit deutlich hinter den im ursprünglichen RegE zum Schutz der Urheber und ausübenden Künstler enthaltenen Regelungen zurück. Gleichwohl wurde der Schutz der Urheber und ausübenden Künstler insb. durch die Neuregelung der Vergütung in §§ 32, 32a gegenüber der bisherigen Rechtslage verbessert. Das Gesetz passierte am 1.3.2002 den BTag, wurde am 22.3.2002 im BGBl veröffentlicht (BGBl I 2002, 1155) und trat am 1.7.2002 in Kraft (allg. zur Reform des Urhebervertragsrechts: *Schricker* GRUR Int 2002, 797 ff.; *Stickelbrock* GRUR 2001, 1087 ff.; *Jacobs* NJW 2002, 1905 ff.; *Dietz* IIC 2002, 828 ff.; *Wandtke* K&R 2001, 601 ff.; *Erdmann* GRUR 2002, 923 ff.; *Schack* GRUR 2002, 853 ff.; *Ory* AfP 2002, 93 ff.).

b) Regelungen zum VerlG. Während das Urhebervertragsrecht im UrhG nur eine **10** allg. und punktuelle Regelung gefunden hat, finden sich im **VerlG aus dem Jahre 1901** umfassende gesetzliche Regelungen für einen bestimmten Typ eines Nutzungsvertrages, nämlich den Verlagsvertrag. Charakterisiert werden die vertragsrechtlichen Vorschriften des VerlG dadurch, dass sie durchgehend dispositiv sind. Als *lex specialis* hat das VerlG eigentlich den Vorrang vor den §§ 31 ff. Soweit die §§ 31 ff. jedoch zwingende Regelungen zum Schutze des Urhebers enthalten, sind diese auch im Bereich des Verlagsrechts zu beachten (näher zum Verhältnis von UrhG und VerlG s. *Schricker* Verlagsrecht, Einl Rn 19 ff. sowie *Straus* FS Schricker, S. 296 ff.)

3. Kollektivvertragliche Grundlagen

Im Bereich des Urhebervertragsrechts finden sich in großem Umfang **kollektiv- 11 vertragliche Regelungen**. Sie treten bei Urhebern, die in Arbeitsverhältnissen oder arbeitnehmerähnlich beschäftigt sind, als Tarifverträge und iÜ als Normverträge auf, die den Charakter einer bloßen Empfehlung haben. Als weiteres kollektivvertragliches Instrument ist mit der Reform des Urhebervertragsrechts (dazu Rn 8 f.) die Aufstellung gemeinsamer Vergütungsregeln durch einzelne Verwerter, die Verbände der Verwerter sowie die Verbände der Urheber hinzugekommen (s. § 36). Der Einsatz solcher kollektivvertraglichen Instrumente in der urhebervertragsrechtlichen

Praxis ist vor dem Hintergrund des Schutzbedürfnisses des Urhebers gegenüber seinem Vertragspartner zu sehen. Bei der Entwicklung und – soweit es sich nicht um einseitige Empfehlungen handelt – Verhandlung derartiger Kollektivverträge werden die Belange der Urheber durch Verbände wahrgenommen, die durch die Bündelung der Interessen, die sie vertreten, eine stärkere Verhandlungsposition haben.

12   **Tarifverträge** iSd TVG sind das wirkungsvollste Instrument kollektivvertraglicher Regelungen. Die Mitglieder der jeweils den Tarifvertrag schließenden Parteien sind durch ihn in dem Sinne gebunden, dass nur zugunsten des Arbeitnehmers von seinen Bestimmungen abgewichen werden kann (§ 4 Abs. 3 TVG). Es besteht überdies die Möglichkeit, einen Tarifvertrag für allgemeinverbindlich zu erklären (§ 5 TVG). Die bestehenden Tarifverträge sehen idR umfassende Rechte des Arbeitgebers zur Verwertung des Werks vor. Im Gegenzug finden sich Regeln, die eine angemessene Vergütung des Urhebers für die Rechtseinräumung sicherstellen. Praktische Relevanz hat im Bereich des Urhebervertragsrechts die durch § 12a TVG geschaffene Möglichkeit, Tarifverträge auch für **arbeitnehmerähnliche Personen** zu vereinbaren. Ein arbeitnehmerähnliches Beschäftigungsverhältnis liegt vor, wenn ein Urheber persönlich für künstlerische, schriftstellerische oder journalistische Leistungen von einem bestimmten Verwerter ein Entgelt erhält, das zumindest ein Drittel des Entgelts für seine Erwerbstätigkeit insgesamt ausmacht (§ 12a Abs. 1 Nr. 1 iVm Abs. 3 TVG). Für **freischaffende Urheber**, die diese Anforderungen nicht erfüllen, stellen die Vergütungsregeln nach § 36 ein kollektivvertragliches Instrument dar.

13   Es liegt an ihrem **bloßen Empfehlungscharakter**, dass **Normverträge** nicht in gleichem Maße den Schutz des Urhebers bewirken können, wie dies bei Tarifverträgen der Fall ist. Gleichwohl ist ihre Bedeutung in der Praxis nicht zu unterschätzen. Dies gilt insb. für Normverträge, an deren Entstehung sowohl die Urheberseite als auch die Verwerterseite beteiligt ist. Derartige Verträge spiegeln die Verkehrssitte und Gepflogenheiten in einer bestimmten Branche wieder. Sie können zur Auslegung vertraglicher Absprachen ohne Rückgriff auf einen solchen Normvertrag herangezogen werden. Im Rahmen von Vertragsverhandlungen wird außerdem jener Partei, die zu den eigenen Gunsten von den Regelungen des Normvertrages abweichen möchte, eine entspr. Begründungslast zufallen. Für eine nach § 36 aufgestellte Vergütungsregel wird durch § 32 Abs. 2 S. 1 sogar gesetzlich festgelegt, dass sie angemessen ist. **Einseitig von einem Verband entwickelte Vertragsmuster** werden in erster Linie den Urhebern, deren Belange der Verband wahrnimmt, als Orientierung und Checkliste dienen, wenn es darum geht, Verträge über die Einräumung von Nutzungsrechten abzuschließen.

14   Kollektivvertraglichen Charakter hat auch die **kollektive Wahrnehmung von Nutzungsrechten und Vergütungsansprüchen durch Verwertungsgesellschaften**. Ihrer Tätigkeit liegt allerdings weniger der Gedanke zugrunde, dass es dem Urheber als sozial schwächerer Vertragspartei nicht möglich ist, seine Belange in angemessener Form wahrzunehmen. Vielmehr ist die Tätigkeit einer Verwertungsgesellschaft vor dem Hintergrund zu sehen, dass bestimmte Werke auf eine Weise massenhaft genutzt werden, die es aus rein organisatorischen Gründen dem Urheber unmöglich macht, seine Rechte in angemessener Form wahrzunehmen. Als Beispiel dient etwa die Wiedergabe eines Musikstücks in einer Diskothek. Weder für die in diesem konkreten Fall beteiligten Urheber und Inhaber von Leistungsschutzrechten noch für den

Betreiber der Diskothek als Verwerter ist es praktikabel, für jedes gespielte Musikstück die Einräumung von Nutzungsrechten gesondert zu vereinbaren (zu Einzelheiten der Tätigkeit der Verwertungsgesellschaften s. Kommentierung zu § 1 WahrnG).

III. Allgemeines Urhebervertragsrecht

In dem Abschn. Allg. Urhebervertragsrecht soll eine Darstellung von Rechtsfragen **15** erfolgen, die sich bei jeder Art von Urheberrechtsverträgen stellen können, also unabhängig davon, welche Werkart Vertragsgegenstand ist.

1. Rechtsnatur der Einräumung von Nutzungsrechten

Nutzungsrechte kann der Urheber oder – mit Zustimmung des Urhebers – der Inhaber **16** eines ausschließlichen Nutzungsrechts (s. § 35) einräumen. Unter der **Einräumung ist die konstitutive Begründung des Nutzungsrechts** zu verstehen. Hiervon zu unterscheiden ist die **Übertragung des Nutzungsrechts** (s. § 34), bei der es um einen Wechsel der Person des Inhabers des Nutzungsrechts geht. Die Einräumung von Nutzungsrechten beschränkt den Urheber in der weiteren Ausübung seiner Rechte. Deshalb handelt es sich um eine Verfügung. Für die Einräumung eines ausschließlichen Nutzungsrechts entspricht dies allg. Ansicht. Allerdings liegt auch in der Einräumung einfacher Nutzungsrechte eine Verfügung; denn wegen des in § 33 geregelten Sukzessionsschutzes hindert das einfache Nutzungsrecht nicht nur den Urheber, sondern auch den späteren Inhaber eines ausschließlichen Nutzungsrechts an einem Vorgehen gegen den Inhaber des einfachen Nutzungsrechts (*Götting* FS Schricker, S. 53, 67; *Rehbinder* Rn 306; **aA** *Fromm/Nordemann* vor § 31 Rn 8). In der Praxis wird die **schuldrechtliche Einwilligung in die Benutzung des Werks** durch einen Dritten häufig ebenfalls als Einräumung von Nutzungsrechten bezeichnet. Der praktische Unterschied der schuldrechtlichen Einwilligung gegenüber der Einräumung des Nutzungsrechts liegt in dem fehlenden Sukzessionsschutz (§ 33), sofern im Umkehrschluss aus § 33 gefolgert wird, dass ein solcher Sukzessionschutz bei einer bloßen Einwilligung auch über §§ 413, 404 nicht besteht. Welche Variante gewollt ist, muss durch Auslegung der vertraglichen Absprachen ermittelt werden (s. Rn 33).

Nach dem **Trennungsprinzip** ist von dem in der Einräumung des Nutzungsrechts **17** liegenden **Verfügungsgeschäft** das **Verpflichtungsgeschäft** zu unterscheiden. Dies gilt auch im Bereich des Urheberrechts. Dass dies folgerichtig ist, zeigt sich etwa bei Werken, die der Urheber im Auftrag eines Dritten herstellt. Dort wird typischerweise das Verpflichtungsgeschäft zu einem Zeitpunkt abgeschlossen, in dem das Werk und damit das Urheberrecht noch gar nicht entstanden ist (*Götting* FS Schricker, S. 53, 69 f.). Allerdings findet im Verhältnis des Verpflichtungsgeschäfts zum Verfügungsgeschäft im Urhebervertragsrecht das **Abstraktionsprinzip keine Anwendung** (*OLG Hamburg* GRUR 2002, 335, 336; *Schricker/Schricker* vor § 28 Rn 24; *Möhring/Nicolini/Spautz* § 31 Rn 14; *Wandtke* EWiR § 34 1/01, 643, 644; vgl auch *Wente/Härle* GRUR 1997, 96 ff.; **aA** *Rehbinder* Rn 322). Entstehung und Fortbestand des Nutzungsrechts sind damit untrennbar an das Zustandekommen und den Fortbestand des zugrunde liegenden Kausalgeschäfts gebunden. Für den Bereich des Verlagsrechts ergibt sich dies zwingend aus § 9 Abs. 1 VerlG, der bestimmt, dass das Verlagsrecht mit „Beendigung des Vertragsverhältnisses" erlischt. Nach überwiegender Auffassung ist diese Bestimmung auch im sonstigen Urhebervertragsrecht entspr. heranzuziehen (*Schricker/Schricker* vor §§ 28 ff. Rn 61 mwN; s. auch *BGH* GRUR 1982, 308, 309 – Kunsthändler).

2. Anwendbares Recht

18   **a) Vertragsstatut und Recht des Schutzlandes.** Verträge über die Einräumung von urheberrechtlichen Nutzungsrechten folgen zunächst einmal den allg. Regeln des Int. Privatrechts. Dies gilt sowohl für das Verpflichtungs- als auch das Verfügungsgeschäft (*Schricker/Katzenberger* vor §§ 120 ff. Rn 148 f. mwN). Gleichwohl wird in Bezug auf bestimmte Fragen das **Vertragsstatut durch das Recht des Schutzlands überlagert**, also das Recht jenes Staates, in dem der Schutz des Urheberrechts begehrt wird (s. § 120 Rn 7). Nach dem Schutzlandprinzip (dazu § 120 Rn 9) bestimmt sich insb. die Frage nach der von dem Urheberrecht ausgehenden Schutzwirkung. Ebenso entscheidet das Recht des Schutzlandes darüber, wer Urheber eines Werks ist und ob und inwieweit die urheberrechtlichen Befugnisse einem Dritten übertragen werden können (*BGH* GRUR 1999, 152 – Spielbankaffaire; Einzelheiten bei § 120 Rn 12). Fallen Vertragsstatut und Schutzland auseinander, so kann es in der Praxis vorkommen, dass eine nach dem Vertragsstatut zulässige Einräumung urheberrechtlicher Befugnisse in einem bestimmten Schutzland nicht wirksam ist. Die vertraglichen Konsequenzen einer solchen fehlgeschlagenen Rechtseinräumung bestimmen sich sodann wieder nach dem Vertragsstatut (*Schricker/Katzenberger* vor §§ 120 ff. Rn 151).

19   **b) Bestimmung des Vertragsstatuts. Welches Recht auf Schuldverträge und damit auf Urheberrechtsverträge Anwendung findet**, richtet sich nach Art. 27 ff. EGBGB. Diese Regelungen finden jedenfalls auf alle nach dem **1.9.1986** abgeschlossenen Verträge Anwendung (Art. 220 Abs. 1 EGBGB). Für Verträge, die vor diesem Zeitpunkt abgeschlossen wurden, ist von Fall zu Fall zu untersuchen, ob altes oder neues Recht gilt. Durch den Abschluss zeitlich befristeter oder unbefristeter Lizenzverträge werden Dauerschuldverhältnisse begründet, auf die nach überwiegender Ansicht, sofern sie vor dem 1.9.1986 abgeschlossen wurden, altes Recht anzuwenden ist (*Schricker/Katzenberger* vor §§ 120 ff. Rn 152).

20   Die Frage nach dem anwendbaren Recht wird sich idR nur bei solchen Urheberrechtsverträgen stellen, an denen **Parteien aus verschiedenen Staaten** beteiligt sind. Freilich ist es nicht ausgeschlossen, dass inländische Parteien zur Regelung eines inländischen Sachverhalts eine ausländische Rechtsordnung durch **Rechtswahl** berufen (arg. ex Art. 27 Abs. 3 EGBGB). Eine Umgehung bestimmter inländischer Vorschriften ist hierdurch allerdings nur bedingt möglich; denn Art. 34 EGBGB schreibt ausdrücklich vor, dass zwingendes inländisches Recht in einem solchen Fall fortgilt, soweit der geregelte Sachverhalt Bezug zum Inland hat. Zwingende Vorschriften iSd Art. 34 EGBGB sind zB nach § 32b die §§ 32, 32a. Im Umkehrschluss aus § 32b folgt allerdings, dass die übrigen Bestimmungen der §§ 31 ff. nicht zwingend iSd Art. 34 EGBGB sind.

21   Haben die Parteien von der ihnen nach Art. 27 EGBGB zustehenden **Möglichkeit der Rechtswahl** keinen Gebrauch gemacht, ist das Vertragsstatut nach Art. 28 EGBGB zu ermitteln. Anwendbar ist danach das Recht des Staates, mit dem der Vertrag die engsten Verbindungen aufweist. Nach der in Art. 28 Abs. 2

S. 1 EGBGB enthaltenen Vermutung ist dies jener Staat, in dem die Vertragspartei ihren Sitz hat, die **die für den Vertrag charakteristische Leistung** zu erbringen hat. Dies ist für jeden Vertragstyp gesondert zu beurteilen. Für den Verlagsvertrag hat die Rspr bereits vor der Neuregelung des Int. Privatrechts entschieden, dass der Verleger die charakteristische Leistung zu erbringen hat (*BGH* GRUR 1980, 227 – Monumenta Germaniae Historica). Der Erwerber des Nutzungsrechts erbringt die für den Vertrag charakteristische Leistung, wenn ihn eine den Vertrag prägende Verwertungspflicht trifft, zB der Filmhersteller bei dem Verfilmungsvertrag und das Bühnenvertriebsunternehmen bei dem Bühnenvertriebsvertrag. Der Inhaber eines ausschließlichen Nutzungsrechts erbringt die charakteristische Leistung, wenn ihn zumindest eine gewisse Ausübungslast trifft (*Schricker/Katzenberger* vor §§ 120 ff. Rn 156). IÜ ist es **idR derjenige, der das Nutzungsrecht einräumt**, der die den Vertrag charakterisierende Leistung erbringt. Dies gilt insb., wenn sich der Erwerber des Nutzungsrechts darauf beschränkt, ein Entgelt zu leisten und das Werk zu konsumieren oder das Nutzungsrecht an einen Dritten weiterzugeben (*Schricker/Katzenberger* vor §§ 120 ff. Rn 156 mwN).

c) Sonderanknüpfungen bei ausländischem Vertragsstatut. Selbst wenn ein Urheberrechtsvertrag gem. Art. 27, 28 EGBGB nach ausländischem Recht zu beurteilen ist, können über Sonderanknüpfungen gleichwohl bestimmte Vorschriften des deutschen Rechts zur Anwendung gelangen. Zu nennen ist hier zunächst **Art. 29 EGBGB**. Die Vorschrift betrifft die Lieferung beweglicher Sachen und die Erbringung von Dienstleistungen gegenüber Verbrauchern. Sie sieht, unabhängig von dem iÜ anwendbaren Recht, die **Anwendbarkeit der Verbraucherschutzbestimmungen** vor, die am **Ort des gewöhnlichen Aufenthalts des an einem Vertragsschluss beteiligten Verbrauchers** gelten. Zu erwähnen ist an dieser Stelle auch Art. 29a EGBGB. Dieser betrifft Verträge, die kraft Rechtswahl dem Recht eines Staats unterliegen, der weder EU-Mitgliedstaat noch EWR-Vertragsstaat ist, und einen **engen Zusammenhang mit dem Gebiet der Bundesrepublik Deutschland** aufweisen. Auf solche Verträge sind gem. Art. 29a Abs. 1 und 4 EGBGB jene Bestimmungen des BGB zwingend anzuwenden, die auf den Europäischen Richtlinien über missbräuchliche Klauseln in Verbraucherverträgen (Richtlinie 93/13/EWG v. 5.4.1993, ABlEG Nr. L 95, 29; s. §§ 308 ff. BGB), über den Verbraucherschutz bei Vertragsabschlüssen im Fernabsatz (RL 97/7/EG v. 20.5.1997, ABlEG Nr. L 144, 19; s. §§ 312b ff. BGB) sowie über den Kauf von Verbrauchsgütern (RL 1999/44/EG v. 25.5.1999, ABlEG Nr. L 171, 12; s. §§ 474 ff. BGB) beruhen. Der geforderte enge Zusammenhang liegt gem. Art. 29a Abs. 2 Nr. 1 bereits dann vor, wenn der Vertrag aufgrund eines öffentlichen Angebots oder einer öffentlichen Werbung im Inland zustande kommt. Art. 29a EGBGB ist gegenüber Art. 29 EGBGB subsidiär (*Palandt/Heldrich* EGBGB Art. 29 Rn 1). Praktisch relevant werden Art. 29, 29a EGBGB etwa in den Fällen, in denen Verträge über die Nutzung urheberrechtlich geschützter Werke mit im Inland ansässigen Verbrauchern geschlossen werden, zB über die Überlassung von Software.

Während Art. 29, 29a EGBGB nur Verbraucherverträge und bestimmte verbraucherschützende Bestimmungen betreffen, enthält **Art. 34 EGBGB** einen **generellen Vorbehalt für zwingende Bestimmungen des deutschen Rechts,** die ohne Rücksicht auf das Vertragsstatut zu berücksichtigen sind (s. hierzu auch Rn 20 aE). Ungeschriebene, aber zwangsläufige Voraussetzung für die Anwendbarkeit einer zwingenden Bestimmung des inländischen Rechts ist, dass der zu entscheidende Fall einen hinreichenden Inlandsbezug hat. Hiervon wird man nicht nur in jenen Fällen ausgehen können, in denen Art. 28 EGBGB – bei fehlender Rechtswahl – zur Anwendbarkeit deutschen Rechts führen würde. Auch bei einer geringeren Inlandsberührung kann eine Schutzbedürftigkeit desjenigen, dessen Interessen durch das Gesetz geschützt werden sollen, die Anwendung zwingender inländischer Vorschriften zur Folge haben, etwa wenn maßgebliche Nutzungshandlungen im Inland stattfinden (s. § 32b Nr. 2).

24 Zwingend iSd Art. 34 EGBGB sind insb. jene Regelungen der §§ 31 ff., die einen **unabdingbaren Schutz des Urhebers** bezwecken. Zu nennen sind hier neben den §§ 32, 32a (s. § 32b) das Verbot der Einräumung von Nutzungsrechten für noch nicht bekannte Nutzungsarten (§ 31 Abs. 4), das Recht zur Kündigung von Verträgen über künftige Werke (§ 40 Abs. 1 S. 2) sowie die Rückrufsrechte wegen Nichtausübung eines ausschließlichen Nutzungsrechts (§ 41) oder wegen gewandelter Überzeugung (§ 42). Diese Sonderanknüpfungen kommen freilich nur dann zum Tragen, wenn bei einem Nutzungsvertrag, auf den ausländisches Recht anzuwenden ist, die erforderlichen engen Beziehungen des Sachverhalts zu dem Gebiet der Bundesrepublik Deutschland zumindest auch in der Person des Urhebers vorliegen. Zu den iSd Art. 34 EGBGB zwingenden Vorschriften des deutschen Rechts soll auch die Zweckübertragungslehre zählen, die in § 31 Abs. 5 in Form einer Auslegungsregel eine gesetzliche Ausprägung gefunden hat (*Schricker/Katzenberger* vor §§ 120 ff. Rn 166; *Fromm/Nordemann* vor § 120 Rn 8). Schließlich darf die Anwendung einer ausländischen Norm nicht im Widerspruch zu dem deutschen **ordre public** stehen (Art. 6 EGBGB).

3. Form

25 Der Abschluss von Verträgen über die Einräumung von Nutzungsrechten ist **grds formfrei**. Eine Ausnahme wird durch § 40 Abs. 1 bestimmt. Danach bedarf ein Vertrag, durch den sich der Urheber zur Einräumung von Nutzungsrechten an künftigen Werken verpflichtet, die überhaupt nicht näher oder nur der Gattung nach bestimmt sind, der **Schriftform**. Für Verträge, die vor der zum 1.1.1999 in Kraft getretenen 6. GWB-Novelle abgeschlossen wurden, mag sich ein Schriftformerfordernis häufig aus § 34 GWB aF ergeben haben.

4. Allgemeine Geschäftsbedingungen

26 Häufig werden Urheberrechtsverträge Allg. Geschäftsbedingungen (AGB) iSd § 305 Abs. 1 BGB sein und damit der Kontrolle nach den §§ 305 ff. BGB unterliegen. AGB sind für eine Vielzahl von Verträgen **vorformulierte Vertragsbedingungen**, die eine Vertragspartei der anderen Vertragspartei bei Abschluss eines Vertrages stellt (§ 305 Abs. 1 BGB). Gerade der Rechtsverkehr mit Urheberrechten ist in der Praxis durch die Verwendung von Standardverträgen geprägt. Derartige Standardverträge sind gerade auch im Bereich des primären Urhebervertragsrechts typisch, wo sie den Urhebern durch die Verwerterunternehmen für den Erwerb der Nutzungsrechte gestellt werden. Zu beachten ist in diesem Zusammenhang, dass die §§ 305 ff. BGB gem. § 310 Abs. 4 S. 1 BGB **keine Anwendung auf Tarifverträge sowie Betriebs-**

und Dienstvereinbarungen finden. Sinn ergibt diese Regelung insb. mit Blick auf Tarifverträge, vor allem wenn diese für allgemeinverbindlich erklärt wurden. Für Arbeitsverträge selbst sind die §§ 305 ff. BGB gem. § 310 Abs. 4 S. 2 BGB mit Ausnahme des § 305 Abs. 2 und 3 BGB anwendbar. Der BGH hatte zu der durch § 310 Abs. 4 BGB abgelösten Bestimmung des § 23 Abs. 1 AGBG offen gelassen, ob die Bereichsausnahme des § 310 Abs. 4 S. 1 BGB auch für **Verträge mit arbeitnehmerähnlichen Beschäftigten** gilt (*BGH* GRUR 1984, 45, 47 – Honorarbedingungen: Sendevertrag; GRUR 1984, 119, 120 – Synchronisationssprecher). Heute folgt bereits aus der ausdrücklichen Erwähnung von Tarifverträgen in § 310 Abs. 4 S. 1 BGB, dass diese Bestimmung auch gilt, soweit von der Möglichkeit des § 12a TVG, Tarifverträge für arbeitnehmerähnliche Personen zu vereinbaren, Gebrauch gemacht wurde.

Auf **Verträge zwischen den Inhabern des Urheberrechts und Verwertungsge-** **27** **sellschaften** sind die §§ 305 ff. BGB grds anzuwenden. Jedoch findet § 309 Nr. 9 BGB auf solche Verträge nach dem ausdrücklichen Wortlaut des Gesetzes keine Anwendung. Nach dieser Bestimmung sind in Allg. Geschäftsbedingungen Klauseln unwirksam, die bei Dauerschuldverhältnissen eine Bindung von mehr als zwei Jahren eine stillschweigende Verlängerung um mehr als ein Jahr oder eine längere Kündigungsfrist als drei Monate vorsehen.

Auch **Normverträge oder Vertragsmuster**, die auf Verbandsebene entwickelt wur- **28** den (s. Rn 13), sind Allg. Geschäftsbedingungen iSd § 305 Abs. 1 BGB. Die bloße Tatsache, dass sie auf Verbandsebene entwickelt werden, nimmt ihnen nicht den für die Einordnung als Allg. Geschäftsbedingungen typischen Charakter von „für eine Vielzahl von Fällen vorformulierten Vertragsbedingungen". Auch handelt es sich bei Normverträgen nicht um im Einzelnen ausgehandelte Vertragsbedingungen iSd § 305 Abs. 1 S. 3 BGB. Die Tatsache, dass auf Verbandsebene Verhandlungen geführt wurden, ersetzt eben nicht Verhandlungen im Einzelnen.

Allg. Geschäftsbedingungen werden erst dann **Vertragsbestandteil**, wenn sie wirk- **29** sam in den Vertrag einbezogen werden (§ 305 Abs. 2 BGB). Häufig wird eine solche Einbeziehung unproblematisch sein. Denn zumindest im Bereich der Beziehungen zwischen Urheber und Erstverwerter ist es üblich, die zu schließenden Verträge zu unterzeichnen. Dort, wo es um den massenhaften Vertrieb von urheberrechtlich geschützten Produkten geht, wird es hingegen häufig an einer Vertragsunterzeichnung fehlen. Erforderlich ist es dann, der anderen Vertragspartei einen Hinweis auf die Allg. Geschäftsbedingungen zu geben sowie ihr die Möglichkeit einzuräumen, von diesen Kenntnis zu nehmen (§ 305 Abs. 2 BGB). Schwierigkeiten bei der Einbeziehung von AGB stellen sich oft bei dem Vertrieb von Software, wenn es dem Inhaber der Rechte darum geht, Beschränkungen des Nutzungsrechts durch die Vertriebskette durchzureichen (s. dazu *Koch* ITRB 2002, 43 ff.).

Der Überprüfung von AGB durch die Rspr sind allerdings **Grenzen** gesetzt. Die Rspr **30** ist nicht befugt, sich bei der Überprüfung von AGB in Verträgen zwischen Urhebern und Erstverwertern von rechtspolitischen Erwägungen leiten zu lassen (*BGH* GRUR 1984, 45, 48 – Honorarbedingungen: Sendevertrag). Bei der Frage, ob eine unangemessene Benachteiligung iSd § 307 Abs. 1 S. 2, Abs. 2 vorliegt, kommt es auf die Vereinbarkeit einer Bestimmung mit dem Grundgedanken der tatsächlich bestehenden, nicht aber mit einer rechtspolitisch wünschenswerten gesetzlichen Regelung an (*Kuck* GRUR 2000, 285, 287).

5. Vertragsauslegung

31   Im Bereich des Urhebervertragsrechts gelten die **gleichen Auslegungsregeln wie im allg. Vertragsrecht**. Maßgebend sind also insb. die §§ 133, 157 BGB. Darüber hinaus sind allerdings im UrhG sowie im VerlG Auslegungsregeln enthalten, die den allg. Grundsätzen über die Auslegung von Verträgen vorgehen. Die praktisch wichtigste Auslegungsregel ist in § 31 Abs. 5 enthalten. Die dort zum Ausdruck kommende sog. **Zweckübertragungslehre** besagt, dass sich der Umfang des eingeräumten Nutzungsrechts nach dem mit seiner Einräumung verfolgten Zweck bestimmt, sofern die Nutzungsarten nicht einzeln bezeichnet sind. Weitere Auslegungsregeln finden sich bei den allg. Regelungen des Urhebervertragsrechts zB in den §§ 32 Abs. 1 S. 2, 37, 38 und 44. Für den Bereich der Filmwerke sind wichtige Auslegungsgrundsätze im Interesse des Filmherstellers in den §§ 88, 89 enthalten. Gekennzeichnet sind Auslegungsregeln dadurch, dass sie nur dann relevant werden, wenn die Parteien keine abweichende Regelung getroffen haben, die im Falle von § 31 Abs. 5 allerdings ausdrücklich sein muss (s. dazu Rn 134). Einen generellen Grundsatz, nach dem die Auslegung von Urheberrechtsverträgen stets im Interesse des Urhebers und im Zweifel zu dessen Gunsten erfolgen muss, gibt es nicht (*Schricker/Schricker* vor §§ 28 ff. Rn 65).

32   Soweit Verträge über die Einräumung von Nutzungsrechten **Regelungslücken** aufweisen kann eine Heranziehung von Bestimmungen des Bes. Teils des bürgerlich-rechtlichen Schuldrechts weiterhelfen (der Allg. Teil ist ohne weiteres anwendbar). Zu denken ist hier in erster Linie an Vorschriften aus dem Bereich des Kaufrechts, des Miet- und Pachtrechts, des Dienst- und Werkvertragsrechts, des Auftragsrechts sowie des Rechts über die BGB-Gesellschaft. Von Fall zu Fall ist jedoch zu prüfen, ob jene Vorschriften den im Bereich des Urheberrechts gegebenen Interessenlagen gerecht werden (Einzelheiten bei *Schricker/Schricker* vor §§ 28 ff. Rn 66 sowie §§ 31/32 Rn 13 ff.).

6. Nutzung durch Dritte

33   In der Vertragspraxis ist für den Erwerber eines Nutzungsrechts von wesentlicher Bedeutung, ob und in welchem Umfang er dieses auf Dritte weiterübertragen oder solchen Dritten zumindest die Nutzung des Werks ermöglichen darf. Zur **Übertragung des Nutzungsrechts**, also der Aufgabe des erworbenen Nutzungsrechts zugunsten eines Dritten (s. Rn 16) enthält § 34 eine klare Regel. Danach ist die Übertragung im Normalfall von der Zustimmung des Urhebers abhängig. Hiervon zu unterscheiden ist der Fall, dass dem Erwerber des Nutzungsrechts gestattet wird, unter Beibehaltung des eigenen Nutzungsrechts **Dritten Nutzungsrechte einzuräumen**. Aus § 35 Abs. 1 folgt, dass diese Möglichkeit nur der Inhaber eines ausschließlichen Nutzungsrechts hat, wobei auch dieser die Zustimmung des Urhebers benötigt. Von der Übertragung des eigenen oder der Einräumung eines weiteren Nutzungsrechts ist der Fall zu unterscheiden, dass der Erwerber des Nutzungsrechts einem Dritten die Nutzung des **Werks schuldrechtlich gestattet** (so Rn 16). Ob eine solche Gestattung ohne Verletzung der Rechte des Urhebers möglich ist, bedarf der Klärung im

Einzelfall durch Auslegung der vertraglich getroffenen Absprachen. Für eine Zustimmungsfreiheit der dem Dritten gestatteten Nutzung spricht es, wenn diese im Interesse des Erwerbers des Nutzungsrechts erfolgt und weder diesem noch dem Dritten eine intensivere Nutzung ermöglicht. Dies wird häufig der Fall sein, wenn die Nutzung des Werks durch ein mit dem Erwerber des Nutzungsrechts im Konzern verbundenes Unternehmen erfolgt (*OLG Hamburg* ZUM 2002, 833, 835). So wird es vorbehaltlich einer ausdrücklich anderen Regelung regelmäßig zulässig sein, wenn der Erwerber eines Nutzungsrechts an einem Computerprogramm dieses in einem Rechenzentrum durch einen Dritten betreiben lässt (s. § 69c Rn 32). Unabhängig davon empfiehlt es sich aus der Sicht des Erwerbers eines Nutzungsrechts, die von ihm geplante Nutzung durch Dritte vertraglich abzusichern.

Nutzungsrechte können ausschließlich von dem Berechtigten erworben werden. **Ein gutgläubiger Erwerb eines Nutzungsrechts ist nicht möglich.** Dies entspricht dem allg. Grundsatz, dass – anders als Sachen – Rechte nicht gutgläubig erworben werden können (*BGH* GRUR 1952, 530 – Parkstraße 13; GRUR 1959, 200, 203 – Der Heiligenhof). In der Vertragspraxis wird der Erwerber des Nutzungsrechts sich deshalb die Berechtigung seines Vertragspartners nachweisen oder garantieren lassen. Von dem gutgläubigen Erwerb des Nutzungsrechts zu unterscheiden ist der gutgläubige Erwerb eines Vervielfältigungsstücks oder des Originals. Hier gelten die Bestimmungen der §§ 932 ff. BGB. Falls in Ansehung eines solchen Vervielfältigungsstücks oder Originals das Verbreitungsrecht erschöpft ist (§ 17 Abs. 2), kann dem Erwerber auf der Grundlage des Urheberrechts die bestimmungsgemäße Nutzung nicht mehr untersagt werden.   34

7. Vergütungsansprüche

Verträge über die Einräumung von Nutzungsrechten enthalten regelmäßig Bestimmungen über die Vergütung des Urhebers oder sonstigen Berechtigten. Bis zur **Reform des Urhebervertragsrechts** (dazu Rn 9) enthielten die §§ 31 ff. keine Regelungen zu urhebervertragsrechtlichen Vergütungsansprüchen. Einzige Ausnahme war der in § 36 aF enthaltene Bestseller-Paragraph. Für den **Bereich des Verlagsrechts** sah der – nach wie vor geltende – § 22 VerlG eine Regelung zur Vergütung des Verfassers vor. Nunmehr gilt nach § 32 generell, dass der Urheber nicht nur die vertraglich vereinbarte Vergütung verlangen kann, sondern auch deren Anpassung, wenn sie nicht angemessen ist. Selbst im Falle der Vereinbarung einer angemessenen Vergütung kann der Urheber eine Anpassung des Vertrags verlangen, wenn die Erträge aus der Verwertung des Werks in einem auffälligen Missverhältnis zu der vereinbarten Vergütung stehen. Diese Bestimmungen sind gem. §§ 32 Abs. 3 S. 1 und 2, 32a Abs. 2 S. 1, 32b zwingend. Zu beachten ist, dass die §§ 32, 32a und 32b nur für Verträge zwischen dem Urheber und dem ersten Erwerber eines Nutzungsrechts gelten, nicht aber zwischen den Vertragsparteien nachfolgender Stufen der Verwertungskette (s. aber § 32 Abs. 2 S. 1).   35

Wie die Vergütung im Einzelnen ausgestaltet wird, ist – in den Grenzen des § 32 – Vereinbarungssache. Die von der Abwicklung her einfachste Lösung ist die **Vereinbarung einer Pauschalvergütung**. Bei dieser Form der Vergütung erhält der Urheber oder sonstige Rechteinhaber ein sicheres Einkommen. Er trägt nicht das wirtschaftliche Risiko der Verwertung, partizipiert jedoch, von § 32a abgesehen, auch   36 nicht an einem Erfolg der Verwertung durch den Erwerber des Nutzungsrechts. Wird vereinbart, dass dem Urheber oder sonstigen Berechtigten eine **periodisch zu leistende Pauschalvergütung** zusteht, nimmt dieser insoweit an dem Risiko der erfolgreichen Verwertung teil, als ein Dauerschuldverhältnis begründet wird, bei dessen Beendigung die weitere Leistung der Vergütung eingestellt wird. Aus der Sicht des Verwerters birgt die Vereinbarung eines Pauschalhonorars immer die Gefahr, dass bei einem großen Erfolg der Verwertung Nachforderungsrechte des Urhebers nach § 32a ausgelöst werden (s. dort Rn 8). Diese Gefahr besteht bei einer erfolgsabhängigen Beteiligung des Urhebers an den durch den Erwerber des Nutzungsrechts aus der Verwertung des Werks erzielten Erträgen regelmäßig nicht.

37   Soll nach dem Willen der Parteien **der Urheber oder Berechtigte an Erfolg und Risiko der Verwertung beteiligt** sein, so werden sie eine Vergütung wählen, die dies zum Ausdruck bringt. Zu vereinbaren sind dann bestimmte Parameter, die als Berechnungsgrundlage für die Vergütung dienen. Wenn der Erwerber des Nutzungsrechts das Werk weiterverwerten soll, sind typische Beispiele für solche Parameter die Vereinbarung einer Umsatzlizenz oder einer Stücklizenz. Danach ist als Lizenzgebühr ein bestimmter Prozentsatz des bei der Weiterverwertung erzielten Umsatzes bzw ein bestimmter Fixbetrag je verkaufter Einheit zu leisten. Natürlich sind auch andere Berechnungsgrundlagen denkbar und praxisüblich. Ebenfalls in Betracht kommt eine **Vergütung, die aus festen und erfolgsabhängigen Komponenten** gebildet ist, zB eine Umsatzlizenz mit einem Mindestlizenzbetrag. Hierdurch sichert sich der Urheber eine stete Einkommensquelle bei gleichzeitiger Teilhabe an einem etwaigen wirtschaftlichen Erfolg der Weiterverwertung.

38   Dort, wo der Urheber und der Erwerber des Nutzungsrechts vereinbart haben, dass der Urheber **erfolgsabhängig vergütet** wird, kann dieser seine Vergütung nur berechnen, wenn ihm die hierfür erforderlichen Berechnungsgrundlagen durch den Erwerber des Nutzungsrechts zur Verfügung gestellt werden. In einer derartigen Konstellation steht dem Urheber auch ohne ausdrückliche Vereinbarung ein **Anspruch auf Auskunft und Rechnungslegung** zu (*BGH* GRUR 1994, 53 – Nebelscheinwerfer; GRUR 1980, 227, 232 – Monumenta Germaniae Historica). Hergeleitet wird diese Verpflichtung aus §§ 242, 259, 260 BGB. Bei Zweifeln an der Richtigkeit der Auskunft oder der Rechnungslegung kann der Urheber die Abgabe einer eidesstattlichen Versicherung verlangen, §§ 260 Abs. 2, 261 BGB. Im Bereich des Verlagsrechts ist die Verpflichtung des Verlegers zur Rechnungslegung gesetzlich normiert, § 24 VerlG. Unabhängig von dieser Rechtslage empfiehlt es sich, Auskunft und Rechnungslegung vertraglich zu regeln. Dabei sollte möglichst detailliert festgehalten werden, welche Informationen und Nachweise zu welchem Zeitpunkt vorzulegen sind. Empfehlenswert ist auch eine Bestimmung, die es dem Urheber gestattet, die Bücher seines Vertragspartners prüfen zu lassen. Hierbei ist eine Regelung üblich, nach der der Vertragspartner die Kosten der Prüfung trägt, wenn diese ergibt, dass die Rechnungslegung zum Nachteil des Urhebers oder sonstigen Berechtigten unrichtig war.

8. Enthaltungspflicht des Urhebers

39   In welchem Umfang der Urheber nach Abschluss eines Vertrages über die Einräumung von Nutzungsrechten sein Werk selbst noch verwerten darf, hängt von den mit

seinem Vertragspartner getroffenen Absprachen ab. Eine **Enthaltungspflicht des Urhebers** kommt von vornherein nur **innerhalb der Beschränkungen** in Betracht, mit denen er das Nutzungsrecht gem. § 31 Abs. 1 S. 2 seinem Vertragspartner gegenüber eingeräumt hat. Außerhalb dieser Beschränkungen ist der Urheber an einer anderweitigen Verwertung des Werks nicht gehindert. Soweit der Urheber ausschließliche Nutzungsrechte einräumt, hat er sich der anderweitigen Verwertung zu enthalten, sofern er sich die Nutzung nicht vertraglich vorbehalten hat, § 31 Abs. 3. Eine ausdrückliche Enthaltungspflicht findet sich in § 2 Abs. 1 VerlG. Danach hat der Verfasser während der Dauer des Vertragsverhältnisses jede Vervielfältigung und Verbreitung des Werks zu unterlassen. Hat der Urheber nur einfache Nutzungsrechte eingeräumt, so kommt in aller Regel eine Enthaltungspflicht nicht in Betracht.

Häufig liegt es im Interesse des Erwerbers eines Nutzungsrechts, dass der Urheber **40** sich nicht nur der Verwertung des vertragsgegenständlichen Werks, sondern auch der **Verwertung freier Bearbeitungen** (§ 24 Abs. 1) desselben enthält. Diese Interessenlage besteht insb. dann, wenn der Erwerber eines Nutzungsrechts für den Erwerb sowie die Weiterverwertung des Werks erhebliche Aufwendungen getätigt hat, die wirtschaftliche Verwertbarkeit jedoch erschwert würde, wenn in freier Bearbeitung geschaffene, in der Sache jedoch vergleichbare Werke auf den Markt gelangen. Besteht diese Gefahr, wird der Erwerber des Nutzungsrechts eine entspr. vertragliche Enthaltungsverpflichtung des Urhebers fordern. Der Sache nach handelt es sich dabei um ein Wettbewerbsverbot (*Fromm/Nordemann/Hertin* vor § 31 Rn 15). Eine entspr. Enthaltungspflicht kann sich sogar aus dem **Grundsatz von Treu und Glauben** ergeben, wenn das in freier Bearbeitung des ersten Werks geschaffene zweite Werk dem ersten Werk absolut vergleichbar und außerdem geeignet ist, dieses zu substituieren (*BGH* GRUR 1973, 426, 427 – Medizin-Duden). Wird ein Wettbewerbsverbot vertraglich vereinbart, so ist darauf zu achten, dass es klar bestimmt, zeitlich beschränkt und im konkreten Einzelfall angemessen ist. Sofern diese Voraussetzungen nicht vorliegen, wird das Wettbewerbsverbot in aller Regel unwirksam sein (Einzelheiten bei *Palandt/Heinrichs* § 138 BGB Rn 104 ff.).

9. Auswertungspflicht des Erwerbers des Nutzungsrechts

Die Auswertung der eingeräumten Nutzungsrechte kann aus der Sicht ihres Erwer- **41** bers entweder **eine Obliegenheit oder eine Pflicht** gegenüber dem Berechtigten sein. Im Gegensatz zum Verlagsrecht (§§ 1, 14 VerlG) sieht das Urhebervertragsrecht insgesamt keine allg. Auswertungspflicht vor. Ein Interesse des Rechtsinhabers an einer möglichst optimalen Auswertung des Filmwerks durch den Erwerber des Nutzungsrechts besteht immer dann, wenn der Rechtsinhaber an dem Erfolg einer solchen Auswertung partizipiert. Für die Frage, ob eine Auswertungspflicht besteht, kommt es in erster Linie auf die vertraglichen Absprachen an. Fehlen diese oder sind sie unvollständig, bedarf der Vertrag der Auslegung. Zu beachten ist, dass sich im Falle der Einräumung eines ausschließlichen Nutzungsrechts bei unzureichender Ausübung zugunsten des Urhebers ein Rückrufsrecht nach § 41 ergeben kann.

Auch ohne ausdrückliche Vereinbarung ist in **Verträgen zwischen dem Filmprodu- 42 zenten und dem Filmverleih** (dazu auch Rn 89) von einer Auswertungspflicht des Filmverleihs auszugehen. Maßgebend ist insoweit, dass der Filmproduzent auf die Erlöse aus der Kinovorführung des Films angewiesen ist, um die Kosten der Produktion zu decken. Allerdings unterliegt die Auswertungspflicht dort Grenzen, wo sie mit anderen Interessen des Filmverleihs in Konkurrenz steht, nämlich deren Beziehung zu den Lichtspielhäusern sowie einer etwaigen Auswertungspflicht gegenüber anderen Filmproduzenten (*BGH* ZUM 2003, 135, 136 f. – Filmauswertungspflicht; dazu *Obergfell* ZUM 2003, 293 ff.).

10. Beendigung des Vertrages

43   **a) Überblick über die Möglichkeiten zur Beendigung des Nutzungsrechts.** Werden Nutzungsrechte im Rahmen eines **Dauerschuldverhältnisses** eingeräumt, stellt sich die Frage nach der Beendigung solcher Verträge. Ist das Nutzungsrecht von vornherein zeitlich beschränkt eingeräumt worden (§ 31 Abs. 1 S. 2), so endet das Vertragsverhältnis durch Ablauf der vereinbarten Zeit. Vor Ablauf dieser Zeit ist eine Beendigung des Vertragsverhältnisses nur möglich, wenn einer Seite im Zeitpunkt der Kündigung ein Kündigungsrecht zusteht. So ist es denkbar, dass die Parteien vorzeitige **ordentliche Kündigungsrechte** vereinbart haben. Üblicherweise geschieht dies aber nur bei gleichzeitiger Vereinbarung einer durch die kündigende Partei zu leistenden Abstandszahlung. **Außerordentliche Kündigungsrechte** können vertraglich vereinbart sein oder sich aus § 314 BGB ergeben. Nach § 314 Abs. 1 S. 2 BGB gilt der nicht abdingbare Grundsatz, dass sich eine Partei von dem Vertrag lösen kann, wenn ihr das Festhalten an diesem Vertrag unter Abwägung aller Umstände des Einzelfalls nicht mehr zuzumuten ist (s. hierzu Rn 45).

44   Werden **Nutzungsrechte im Rahmen eines Kauf- oder Werkvertrags erworben**, scheidet eine – ordentliche oder außerordentliche – Kündigung aus. Hier erhält der Verkäufer bzw der Unternehmer eine einmalige Zahlung dafür, dass er dem Käufer bzw Besteller das Werk und die mit ihm zeitlich unbegrenzten Nutzungsrechte verschafft. Mit der Erbringung von Leistung und Gegenleistung ist ein solcher Vertrag vollständig erfüllt, sodass eine Kündigung nicht mehr möglich ist. Die Nutzungsrechte erlöschen jedoch, wenn ein solcher Vertrag infolge von Leistungsstörungen gem. §§ 323 ff., 346 ff. BGB rückabgewickelt wird. Möglich ist auch, dass sich eine der Parteien ein Rücktrittsrecht für den Fall des Eintritts oder Nichteintritts eines bestimmten Ereignisses vorbehält (s. Rn 49). IÜ kann das Nutzungsverhältnis nur in den Grenzen der §§ 41, 42 beendet werden (s. dort).

45   **b) Außerordentliches Kündigungsrecht.** Wird ein Nutzungsrecht für einen bestimmten Zeitraum eingeräumt, so kommt eine Vertragsbeendigung vor Ablauf des vereinbarten Zeitpunkts regelmäßig nur in Betracht, wenn eine Partei das Recht hat, **aus wichtigem Grund eine außerordentliche Kündigung** auszusprechen (zur Störung der Geschäftsgrundlage s. Rn 47). Auch im Bereich des Urhebervertragsrechts gilt § 314 BGB. Entscheidend ist danach, ob bei Würdigung aller Umstände des Einzelfalls das Festhalten am Vertrag einer der Parteien nicht mehr zuzumuten ist (so bereits vor Einführung des § 314 BGB *BGH* GRUR 1959, 51, 53 – Subverlagsvertrag; GRUR 1977, 551, 553 – Textdichteranmeldung; GRUR 1982, 41, 45 – Musikverleger III). Schematische Regeln dazu, ob ein die **Kündigung rechtfertigender wichtiger Grund** vorliegt, existieren nicht. Bei der Abwägung aller Umstände des Einzelfalls sind nach § 314 Abs. 1 S. 2 BGB die Interessen sowohl der kündigenden Partei als auch des Vertragspartners zu berücksichtigen. Einzubeziehen ist auch die bisherige Entwicklung des Vertragsverhältnisses. Nur ausnahmsweise wird ein Er-

eignis so schwerwiegend sein, dass es zur Kündigung einer bislang ungetrübten Zusammenarbeit berechtigt. Ist Anlass für die Kündigung eine Vertragsverletzung des Vertragspartners, so ist dieser gem. § 314 Abs. 2 grds zunächst einmal aufzufordern, das vertragswidrige Verhalten einzustellen (s. bereits *BGH* GRUR 1984, 754, 756 – Gesamtdarstellung rheumatischer Krankheiten).

Wer glaubt, aus wichtigem Grund kündigen zu können, muss gem. § 314 Abs. 3   **46** BGB **innerhalb angemessener Frist** nach Erlangung der Kenntnis des relevanten Sachverhalts entspr. **handeln.** Ein längeres Zuwarten in Kenntnis aller relevanten Umstände und ohne sachlich gerechtfertigten Grund hat zur Folge, dass das **Kündigungsrecht verwirkt** wird; denn der Kündigende erweckt auf diese Weise den Eindruck, als werte er den zur Kündigung berechtigenden Vorfall als nicht so schwer (*BGH* GRUR 1971, 35, 40 – Maske in Blau). In jedem Fall darf sich der Kündigende die Zeit nehmen, den geplanten Schritt sorgfältig zu überlegen und mit anderen interessierten Personen abzustimmen. Ebenso tritt eine Verwirkung des Kündigungsrechts nicht ein, wenn der Kündigende nach Eintritt des zur Kündigung berechtigenden Ereignisses noch weitere Zeit zur Aufklärung des relevanten Sachverhalts benötigt. Zur Vermeidung eines Rechtsverlusts empfiehlt es sich in diesen Fällen, den Vertragspartner auf die Verzögerung hinzuweisen.

c) Störung der Geschäftsgrundlage. Die in § 313 geregelte **Störung der Ge-**   **47** **schäftsgrundlage** unterscheidet sich von der Kündigung aus wichtigem Grund dadurch, dass eine **Anpassung oder Beendigung des Vertragsverhältnisses** durch eine Partei aus Gründen begehrt wird, die nicht in der Verantwortung der anderen Vertragspartei liegen. Hat die andere Vertragspartei die Störung der Geschäftsgrundlage zu verantworten, gilt § 314 BGB. Eine spezialgesetzliche Ausprägung der Störung der Geschäftsgrundlage war in § 36 aF enthalten, der dem Urheber eine Beteiligung an einem außerordentlichen wirtschaftlichen Erfolg bei der Ausübung des Nutzungsrechts sichert (s. § 32a Rn 1). § 41 (Rückrufsrecht wegen Nichtausübung) und § 42 (Rückrufsrecht wegen gewandelter Überzeugung) stellen ebenfalls spezialgesetzliche Ausprägungen der Störung der Geschäftsgrundlage dar.

Sonderkündigungsrechte finden sich auch in den **§§ 18, 35 VerlG**. Im ersten Fall ist   **48** der Verleger unbeschadet des Vergütungsanspruchs des Urhebers berechtigt, das Vertragsverhältnis zu kündigen, wenn der mit dem Werk verfolgte Zweck entfallen ist; im zweiten Fall ist der Verfasser berechtigt, von dem Verlagsvertrag wegen veränderter, bei Abschluss des Vertrages nicht vorhersehbarer Umstände, zurückzutreten. Daneben kann auch die allg. **zivilrechtliche Bestimmung des § 313 BGB** Anwendung finden. Die Anwendbarkeit der Regeln über die Störung der Geschäftsgrundlage setzt voraus, dass nur auf diesem Wege untragbare Ergebnisse, die mit Recht und Gerechtigkeit schlechterdings nicht zu vereinbaren sind, vermieden werden können (*BGH* GRUR 1990, 1005, 1007 – Salomé; GRUR 1993, 595, 596 – Hemingway-Serie; GRUR 1996, 763, 764 – Salomé II). Ist die Geschäftsgrundlage entfallen, so kann die hiervon nachteilig betroffene Partei in erster Linie die Anpassung, **nur in Ausnahmefällen die Auflösung des Vertragsverhältnisses** verlangen (§ 313 Abs. 3 BGB; s. auch *BGH* GRUR 1990, 1005, 1007 – Salomé).

d) Rücktrittsrechte. Denkbar ist, dass sich eine der Parteien des Nutzungsvertrags   **49** für den Fall des **Eintritts oder Nichteintritts eines bestimmten Ereignisses ein**

Rücktrittsrecht vorbehält. Das Rücktrittsrecht unterscheidet sich von der Kündigung des Vertrags idR dadurch, dass die bisher wechselseitig erbrachten Leistungen rückabgewickelt werden (§§ 346 ff. BGB). Entsteht das Rücktrittsrecht und ist für seine Ausübung keine bes. Frist vereinbart, so kann die zum Rücktritt berechtigte Partei das Rücktrittsrecht unter Umständen auch nach längerer Zeit noch ausüben. Dies widerspricht nicht dem Grundsatz von Treu und Glauben; denn die Interessen der anderen Partei werden durch § 350 BGB hinreichend geschützt (*BGH* ZUM 2002, 289 ff. – Rücktrittsfrist; *OLG München* ZUM 2001, 1002, 1004). Allerdings handelt es sich hierbei nur um eine Grundregel; in Ausnahmefällen ist ungeachtet der Bestimmung des § 350 BGB ein Verstoß gegen Treu und Glauben durch die lange hinausgezögerte Ausübung eines Rücktrittsrechts denkbar. Konsequenz der Ausübung eines Rücktrittrechts durch den Rechtsinhaber ist, dass nicht nur das Nutzungsrecht des unmittelbaren Vertragspartners, sondern auch Nutzungsrechte, die dieser Dritten erteilt hat, entfallen (*OLG Hamburg* GRUR 2002, 335, 336; s. auch § 35 Rn 8).

IV. Besonderes Urhebervertragsrecht

50   Dem Grundsatz der Vertragsfreiheit folgend, gibt es im Urhebervertragsrecht eine große Vielfalt an Vertragstypen, die zwischen Rechteinhabern und Verwertern über die Nutzung von urheberrechtlich geschützten Werken geschlossen werden. Nachstehend sollen einige dieser Vertragstypen erläutert werden. Die Darstellung erfolgt nach der Werkart (§§ 2 Abs. 1, 4).

1. Sprachwerke

51   **a) Buchverlag.** Zwischen dem Verfasser eines Buchs und dem Verleger wird ein **Verlagsvertrag** geschlossen. Für diesen gelten die Vorschriften des VerlG. Der Verlagsvertrag sieht inhaltlich vor, dass der Verfasser dem Verleger das Werk zur Vervielfältigung und Verbreitung auf eigene Rechnung überlässt, während der Verleger verpflichtet ist, das Werk zu vervielfältigen und zu verbreiten (§ 1 VerlG). Der Urheber hat dem Verleger das **ausschließliche Recht zur Vervielfältigung und Verbreitung (Verlagsrecht)** zu verschaffen (§ 8 VerlG), sich selbst also dieser Verwertungshandlungen zu enthalten (§ 2 VerlG). Neben diesem positiven Recht, das Werk zu nutzen, steht dem Verleger ein **negatives Verbietungsrecht** zu, indem er gegen den Verfasser sowie gegen Dritte die nach §§ 97 ff. vorgesehenen Ansprüche geltend machen kann, soweit der Schutz des Verlagsrechts dies erfordert (§ 9 Abs. 2). Der Umfang des Verbotsrechts ist weiter als das positive Nutzungsrecht des Verlegers (*Schricker* Verlagsrecht, § 8 Rn 21).

52   Über das Verlagsrecht hinaus werden dem Verleger in der Praxis weitere Nutzungsrechte als sog. **Nebenrechte** eingeräumt. Dabei wird zwischen **buchnahen und buchfernen Nebenrechten** unterschieden (*Knaak* FS Schricker, S. 263, 272 ff.). Zu den **buchnahen Nebenrechten** zählen (Darstellung nach § 2 Abs. 2 des Normvertrags für den Abschluss von Verlagsverträgen, s. *Hillig* Urheber- und Verlagsrecht, Nr. 7):

– Vorabdruck oder Nachdruck, auch in Zeitungen und Zeitschriften;
– Übersetzungen in eine andere Sprach- oder Mundart;

- Vergabe von Lizenzen für deutschsprachige Ausgaben in anderen Ländern sowie für Taschenbuch-, Volks-, Sonder-, Reprint-, Schul- oder Buchgemeinschaftsausgaben oder andere Druck- und körperliche elektronische Ausgaben;
- Herausgabe von Mikrokopieausgaben;
- sonstige Vervielfältigung, insb. durch fotomechanische oder ähnliche Verfahren (zB Fotokopie);
- Aufnahme auf Vorrichtungen zur wiederholbaren Wiedergabe mittels Bild- oder Tonträger (zB Hörbuch) sowie Vervielfältigung, Verbreitung und Wiedergabe solcher Bild- oder Tonträger;
- Vortrag des Werks durch Dritte;
- am Werk oder seiner Bild- oder Tonträgerfixierung oder durch Lautsprecherübertragung entstehende Wiedergabe und Überspielungsrecht.

Demgegenüber zählen zu den **buchfernen Nebenrechten** folgende (Aufzählung nach § 2 Abs. 3 des Normvertrags für den Abschluss von Verlagsverträgen, s. *Hillig* Urheber- und Verlagsrecht, Nr. 7): **53**
- Bearbeitung als Bühnenstück sowie Aufführung des auf diese Weise bearbeiteten Werks;
- Verfilmung einschließlich Bearbeitung als Drehbuch und Vorführung des hergestellten Films;
- Bearbeitung und Verwertung des Werks im Fernsehfunk einschließlich Wiedergaberecht;
- Bearbeitung und Verwertung des Werks im Hörfunk, zB als Hörspiel einschließlich Wiedergaberecht;
- Vertonung des Werks.

In der Praxis ist es üblich, dass der Verleger die Nebenrechte nicht selbst ausübt, sondern zu diesem Zwecke **Verträge mit Dritten** abschließt (*Knaak* FS Schricker, S. 263, 275). Hierzu bedarf er nach der Gesetzeslage der Zustimmung des Urhebers (§ 34). In der Vertragspraxis wird eine solche Zustimmung jedoch regelmäßig in dem Verlagsvertrag bereits vorweggenommen. **54**

Eine Variante des Verlagsvertrags ist der **Bestellvertrag**. Dieser ist dadurch gekennzeichnet, dass der Verfasser im Rahmen eines Werkvertrags das Buch nach genauen Vorgaben des Verlegers erstellt (*Schricker* Verlagsrecht, § 1 Rn 63; § 47 Rn 1 ff.). Bei dieser Konstellation entfällt nach § 47 Abs. 1 VerlG im Zweifel die Auswertungspflicht des Verlegers. **55**

Soll ein Buch illustriert werden, kann entweder der Verfasser diese Illustrationen mit dem eigentlichen Sprachwerk zusammen abliefern oder der Verleger mit einem Dritten einen **Illustrationsvertrag** schließen. Streng genommen handelt es sich bei Illustrationen nicht um Werke der Lit. oder der Tonkunst gem. § 1 VerlG, sodass das VerlG eigentlich nicht anwendbar wäre. Gleichwohl besteht Einigkeit, dass es sinnwidrig wäre, auf Illustrationsverträge, die zum Zwecke der Illustration eines Buchs geschlossen werden, andere Regeln als jene anzuwenden, die für den Verlag des Sprachwerks gelten. Danach ist auf solche Illustrationsverträge das VerlG anwendbar (*Fromm/Nordemann/Hertin* vor § 31 Rn 46). **56**

57 **b) Zeitschriften und Zeitungen.** Bei **Zeitschriften und Zeitungen** handelt es sich um **periodische Sammelwerke** (*Schricker* Verlagsrecht, § 3 Rn 4). Urhebervertragsrechtliche Beziehungen bestehen in diesem Zusammenhang zunächst zwischen dem Verleger des Sammelwerks und den Autoren der einzelnen Beiträge. Zwischen ihnen kommt ein Verlagsvertrag zustande, für den die Bestimmungen des VerlG gelten. Zu beachten ist, dass in §§ 40-46 VerlG, § 38 UrhG Sondervorschriften für Beiträge zu periodischen Sammelwerken enthalten sind. Wesentlicher Unterschied zum Buchverlag ist dabei, dass eine Auswertungspflicht des Verlegers nur besteht, wenn dieser dem Autor den Zeitpunkt bezeichnet hat, zu dem der Beitrag erscheinen soll, § 45 Abs. 2 VerlG. Eine Vielzahl der Beiträge, die in Zeitungen oder Zeitschriften erscheinen, werden von Angestellten oder freien Mitarbeitern erstellt. In der Praxis sind die Vertragsverhältnisse zwischen solchen Autoren und den Verlegern durch **Tarifverträge** geregelt. Zu erwähnen sind hier der Manteltarifvertrag für Redakteure und Redakteurinnen an Zeitschriften v. 1.1.1990 idF v. 29./30.4.1998 (abgedr. bei *Hillig* Urheber- und Verlagsrecht, Nr. 10b), der Manteltarifvertrag für Redakteure und Redakteurinnen an Zeitungen v. 15.12.1997 (abgedr. bei *Hillig* Urheber- und Verlagsrecht, Nr. 10c) sowie der Tarifvertrag für arbeitnehmerähnliche freie Journalisten und Journalistinnen an Tageszeitungen v. 31.8.1999 (abgedr. bei *Hillig* Urheber- und Verlagsrecht, Nr. 10; aktuelle Fassung s. jeweils www.journalismus.com, zu Tarifverträgen allg. s. Rn 12). IÜ werden Beiträge zu periodischen Sammelwerken entweder durch formlose Vereinbarungen oder auf der Grundlage des Standard-Verlagsvertrags des Verlegers geschlossen. Im ersten Fall kommt es vornehmlich auf die Bestimmungen des VerlG sowie der §§ 31 ff. an, im zweiten Fall gelten die vereinbarten Bedingungen, die jedoch der Kontrolle der §§ 305 ff. BGB unterliegen.

58 Im Bereich des Verlags von Zeitungen und Zeitschriften tritt neben den Verleger häufig noch der **Herausgeber**. Dieser kann eine natürliche Person, eine Mehrzahl von Personen, ein Unternehmen oder eine andere juristische Person sein. Die Funktion des Herausgebers kann sich von Fall zu Fall deutlich unterscheiden (s. auch § 38 Rn 5). Oft wird sich sein Beitrag zu dem Sammelwerk darauf beschränken, bestimmte Leitlinien für den Inhalt vorzugeben. Der Herausgeber kann aber auch eine wesentlich stärkere Position haben. Dies ist insb. im Bereich des **Corporate Publishing** der Fall. Hier übernimmt das hinter der Zeitschrift stehende Unternehmen die Herausgeberrolle. Der Verlag erhält detaillierte Vorgaben zu Inhalt und Gestaltung des Magazins. Die Rolle des Verlags entspricht somit jener eines Auftragsproduzenten. In solchen Fällen ist es üblich, dass der Verlag dem Unternehmen die ausschließlichen Nutzungsrechte an dem Sammelwerk zu verschaffen hat, soweit das entspr. Urheberrecht bei Angestellten oder freien Mitarbeitern des Verlegers liegt. Gegenstand der Vereinbarungen zwischen Herausgeber und Verleger wird auch sein, wer von beiden der „Herr des Unternehmens" ist. In der Sache geht es dabei darum, wem das aus der wirtschaftlich-organisatorischen Leistung folgende Recht am Unternehmen zusteht (*Schricker* Verlagsrecht, § 41 Rn 15). Der Inhaber dieses Rechts ist insb. befugt, im Falle einer Beendigung des Vertrags das Sammelwerk fortzuführen und hierbei auch den bisherigen Titel weiter zu verwenden (Einzelheiten bei *Schricker* Verlagsrecht, § Rn 4 ff.; *Straus* FS Schricker, S. 291, 319 ff.).

59 **c) Bühnenverlag, Aufführungsvertrag.** **Aufführungsverträge** über für die Bühne bestimmte Sprachwerke werden zwischen dem Betreiber einer Bühne sowie dem Inhaber des Rechts zur bühnenmäßigen Aufführung des Werks geschlossen. Das ursprünglich dem Urheber zustehende Aufführungsrecht (§ 19 Abs. 2 Alt. 2) wird dieser regelmäßig als Nebenrecht dem Verleger des Werks eingeräumt haben. Üblich ist, dass dieser seinerseits das ausschließliche Nutzungsrecht der bühnenmäßigen Aufführung einem **Bühnenverlag** überträgt, der dann mit den einzelnen Betreibern von Bühnen den Aufführungsvertrag schließt. In aller Regel ist das Aufführungsrecht von einem Bühnenverlag einem Bühnenbetreiber nur für einen bestimmten Ort und eine bestimmte Dauer eingeräumt. Überdies räumt der Verlag dem Bühnenverleger und dieser dem einzelnen Bühnenbetreiber das Recht ein, die für die Aufführung und ihre Vorbereitung erforderlichen Materialien, insb. den Text des Werks zu vervielfältigen und zu verbreiten. Empfehlenswert ist auch eine Regelung dazu, ob und inwieweit der Bühnenregisseur das Werk für die Aufführung ändern darf. Wird eine Regelung zu diesem Punkt nicht getroffen, gilt § 39 Abs. 2. Danach sind solche Änderungen zulässig, zu denen der Urheber seine Einwilligung nach Treu und Glauben nicht versagen kann (weitere Einzelheiten bei *Fromm/Nordemann/Hertin* vor § 31 Rn 49; *Schricker* Verlagsrecht, § 1 Rn 84 f.).

d) Sonstige Nebenrechte. Die durch ihn erworbenen buchnahen und buchfernen **Nebenrechte verwertet der Verleger regelmäßig nicht selbst**. Vielmehr räumt er Dritten entspr. Rechte ein, wobei die Zustimmung des Urhebers bei Abschluss des Verlagsvertrags eingeholt wird (so Rn 51). Soweit der Verlag von dem ihm eingeräumten Recht zur Übersetzung des Werks Gebrauch macht, wird er dafür Sorge tragen, dass ihm wiederum die Rechte an der Übersetzung (§ 3) zustehen. Deshalb wird mit dem Übersetzer ein Verlagsvertrag abgeschlossen, in dem insb. dem Verleger die üblichen Nebenrechte an der Übersetzung eingeräumt werden (s. Rn 52 f.). Auf Verfilmungsverträge sowie Senderechtsverträge wird im Zusammenhang mit den Filmwerken eingegangen (s. Rn 82 ff.). **60**

Bestimmte Nebenrechte werden in der Praxis regelmäßig durch die **VG WORT** wahrgenommen. Hierzu zählen das Vortragsrecht, das Aufführungsrecht sowie das Senderecht. Die VG WORT ist außerdem ausschließlich berechtigt, die Vergütungsansprüche für nach § 53 Abs. 1-3 gestattete Ablichtungen eines Sprachwerks geltend zu machen, §§ 54a, 54h. **61**

e) Computerprogramme. Obwohl § 2 Abs. 1 Nr. 1 Computerprogramme als Sprachwerke einstuft (s. § 69a Rn 2, 4 ff.), unterscheidet sich die urheberrechtliche Vertragspraxis bei Computerprogrammen erheblich von jener bei herkömmlichen Sprachwerken. **Inhaber der vermögensrechtlichen Befugnisse an einem Computerprogramm** ist regelmäßig ein Software-Unternehmen, das diese Rechte von dem Programmierer erworben hat. Handelt es sich um einen angestellten Programmierer, so gilt für den Rechteerwerb § 69b. Danach wird vermutet, dass ausschließlich der Arbeitgeber zur Ausübung aller vermögensrechtlichen Befugnisse an dem Computerprogramm berechtigt ist, wenn dieses durch den Arbeitnehmer in Wahrnehmung seiner Aufgaben oder nach Anweisung seines Arbeitgebers geschaffen wurde. Zu beachten ist, dass diese Bestimmung nicht für freie Mitarbeiter gilt (s. § 69b Rn 4). Mit diesen sind daher einzelvertragliche Abreden zu treffen, auf die die allg. Bestimmungen des Urhebervertragsrechts Anwendung finden. **62**

63 Bei dem **Vertrieb von Software** ist zwischen Standard-Software und Individual-Software zu unterscheiden. Ein Direktvertrieb von **Standard-Software** an den Endnutzer findet praktisch nicht statt. An den Endnutzer wird die Software entweder über den Einzelhandel oder durch Dienstleister abgegeben. Die Tätigkeit der Systemintegratoren umfasst typischerweise neben der Softwareüberlassung weitere Dienstleistungen, zB die Anpassung des Computerprogramms an die individuellen Bedürfnisse des Anwenders (insoweit liegt dann Individualsoftware vor, dazu Rn 64) oder die Wartung oder den Betrieb des Computerprogramms. Mit den Endnutzern der Software werden Überlassungsverträge abgeschlossen, bei denen es sich in der Sache um Kauf- oder Mietverträge handelt. In den Überlassungsverträgen ist geregelt, in welchem Umfang die Nutzung des Computerprogramms dem Endnutzer gestattet ist. Nutzungsbeschränkungen sind allerdings dann nicht durchzusetzen, wenn sie entweder mit § 69d unvereinbar sind oder auf sonstige Weise gegen die für AGB geltenden Bestimmungen der §§ 305 ff. BGB verstoßen (Einzelheiten bei § 69d Rn 9 ff.).

64 Bei **Individual-Software**, die sich ein Unternehmen als Auftraggeber durch einen Dritten als Auftragnehmer entwickeln lässt, wird ein Software-Erstellungsvertrag abgeschlossen (dazu *Kotthoff* K&R 2002, 105). In diesem sichert sich der Auftraggeber die Nutzungsrechte, die er für die bestimmungsgemäße Verwendung der entwickelten Software benötigt. Die Einräumung ausschließlicher Nutzungsrechte an den Auftraggeber ist üblich, aber nicht zwingend. Hat der Auftragnehmer ein Interesse daran, das entwickelte Programm anderweitig zu vertreiben, wird er mit einer geringeren Vergütung einverstanden sein. Handelt es sich bei der erstellten Software um die Weiterentwicklung bestehender Programme oder Programmbausteine des Auftragnehmers, so muss die Einräumung ausschließlicher Nutzungsrechte nicht unbedingt im Interesse des Auftraggebers liegen. Vielmehr kann er ein Interesse daran haben, dass die für ihn vorgenommene Programmentwicklung oder -anpassung in den Standard aufgenommen und mit diesem gepflegt wird. Dies erspart dem Auftraggeber im Falle der Einführung späterer Versionen der Software eine Anpassung der für ihn entwickelten Programmteile.

2. Musikwerke

65 **a) Musikverlag.** Zwischen dem Komponisten eines Musikwerks sowie – sofern personenverschieden – dem Textdichter dieses Werks einerseits und dem Verleger andererseits wird ein Verlagsvertrag iSd VerlG geschlossen (vertiefend hierzu *Rossbach/Joos* FS Schricker, S. 340 ff.; *Lichte* Musikverlagsverträge, in: Hdb der Musikwirtschaft, S. 994 ff.). Das Verlagsrecht selbst umfasst in diesen Fällen die **Vervielfältigung und Verbreitung des Text- und Notenmaterials**. In der heutigen Musikwirtschaft spielt diese allerdings keine wesentliche Rolle mehr. Größere praktische Bedeutung hat die **Einräumung der Nebenrechte**, insb. das Recht der öffentlichen Wiedergabe oder Sendung sowie das Tonträgerrecht und das Recht zur Verwertung im Rahmen eines Films. Ähnlich wie bei der Verwertung von Sprachwerken und von Filmwerken werden auch durch die Musikverleger für die Verwertung des Musikwerks im Ausland Lizenzen eingeräumt. Die hierfür erforderliche Zustimmung des Urhebers wird in der Praxis im Verlagsvertrag antizipiert.

b) Aufführungsverträge, Sendeverträge. Bei der Verwertung von Werken der Musik durch Aufführung (§ 19 Abs. 2) ist zu unterscheiden zwischen der bühnenmäßigen Aufführung von musikalisch-dramatischen Werken (zB Opern, Musicals) und sonstigen Aufführungen. Die sonstigen Aufführungen schließen die konzertante Aufführung eines musikalisch-dramatischen Werks ein (*Fromm/Nordemann/Hertin* vor § 31 Rn 49). Im ersten Fall, also bei der **bühnenmäßigen Aufführung von musikalisch-dramatischen Werken**, spricht man von **Großem Recht**. In der Praxis müssen die Aufführungsrechte bei dem Musikverleger oder einem Bühnenverlag, dem sie durch den Musikverlag eingeräumt wurden, erworben werden. Neben der Einräumung des Aufführungsrechts erhält der Betreiber der Bühne auf diesem Wege gegen Entrichtung einer Mietgebühr auch das entsprechende Text- und Notenmaterial (s. Rn 65 für weitere Einzelheiten). **66**

Soweit es bei der Aufführung von Werken der Musik nicht um die bühnenmäßige Aufführung dramatisch-musikalischer Werke geht, spricht man von **Kleinem Recht**. In diesen Fällen wird das Aufführungsrecht regelmäßig von der **GEMA** erworben. Diese unterliegt einem Abschlusszwang zu angemessenen Bedingungen, § 11 WahrnG. Die Vergütung bestimmt sich nach den von der GEMA allg. festgesetzten Tarifen (ausführlich hierzu *Kröber* Tarife der GEMA, in: Hdb der Musikwirtschaft, S. 702 ff.). **67**

Die Unterscheidung zwischen Kleinem und Großem Recht und die sich hieraus ergebenden praktischen Konsequenzen (Vertragsabschluss mit der GEMA einerseits und mit den Verlegern andererseits) gelten auch für **Sendeverträge**. Unternehmen, die fortlaufend Musikwerke senden, zB aus dem Bereich des Hörfunks oder Fernsehens, schließen zum Erwerb des von ihnen ausschließlich benötigten Kleinen Rechts Pauschalverträge ab, die das gesamte von der GEMA wahrgenommene Repertoire umfassen (Einzelheiten zum Sendevertrag s. Rn 92 f.). **68**

c) Sonstige Nebenrechte. Wesentliche wirtschaftliche Bedeutung hat in der Musikbranche das Recht zur Vervielfältigung und Verbreitung des Werks auf Bild- und Tonträgern. Diese sog. **mechanischen Rechte** werden in aller Regel von der GEMA wahrgenommen, die auch die Vergütung einzieht. Ebenfalls über die GEMA werden die anderen Vergütungsansprüche der Musikurheber für die Vermietung und das Verleihen von Bild- oder Tonträgern geltend gemacht, § 27 Abs. 3. **69**

d) Ausübende Künstler, Tonträgerhersteller. Bei ausübenden Künstlern und Tonträgerherstellern handelt es sich nicht um Urheber, sondern um **Leistungsschutzberechtigte** (§§ 73 ff., 85 f.). Die §§ 31 ff. finden gem. § 79 Abs. 2 in weiten Teilen auch auf ausübende Künstler Anwendung (s. Rn 2). Die Darbietung des **ausübenden Künstlers** darf nur mit seiner Einwilligung außerhalb des Orts der Darbietung öffentlich wahrnehmbar gemacht (§ 78 Abs. 1 Nr. 3), auf Bild- oder Tonträger aufgenommen (§ 77 Abs. 1), öffentlich zugänglich gemacht (§ 78 Abs. 1 Nr. 1) oder durch Funk gesendet werden (§ 78 Abs. 1 Nr. 2). Diese **Einwilligungsrechte** sind zwar durch den für ausübende Künstler geltenden Wahrnehmungsvertrag der **Gesellschaft zur Verwertung von Leistungsschutzrechten (GVL)** übertragen worden. Gleichwohl schließen die ausübenden Künstler in der Praxis unmittelbar mit den Tonträgerherstellern Verträge über die Aufnahme ihrer Darbietung auf Bild- und Tonträgern zu frei ausgehandelten Bedingungen ab (*Schricker/Krüger* vor §§ 73 ff. Rn 28). We- **70**

sentlicher Bestandteil solcher Verträge ist die Einräumung des ausschließlichen Rechts, den Bild- oder Tonträger zu vervielfältigen oder zu verbreiten (§ 77 Abs. 2). Die **Vergütungsansprüche** der ausübenden Künstler für die Vermietung und das Verleihen der Bild- und Tonträger (§§ 79 Abs. 2, 27) sowie die Funksendung und öffentliche Wiedergabe von zulässigerweise auf Bild- und Tonträger aufgenommenen oder durch Funk gesendeten Darbietungen (§ 78 Abs. 2) werden durch die GVL geltend gemacht. Das Inkasso für die Geltendmachung der Ansprüche aus § 78 Abs. 2 hat die GVL der GEMA übertragen (*Schricker/Krüger* vor §§ 73 ff. Rn 29 mwN).

71   Die **Tonträgerhersteller** haben das ausschließliche Recht, die von ihnen hergestellten Tonträger zu vervielfältigen und zu verbreiten, § 85 Abs. 1. Um dieses Recht tatsächlich ausüben zu können, müssen sie sich die entspr. Rechte von den ausübenden Künstlern (§ 77 Abs. 2) und den Musikurhebern (§§ 16, 17) einräumen lassen. In der Praxis schließt der Tonträgerhersteller hierzu mit dem ausübenden Künstler einen Vertrag ab. Sofern der Tonträgerhersteller nicht selbst die Funktion des Musikverlegers wahrnimmt, schließt er mit diesem oder unmittelbar mit den Musikurhebern (Komponist, Textdichter) einen Vertrag über die Einräumung der erforderlichen Nutzungsrechte. Neben dem Vervielfältigungs- und Verbreitungsrecht stehen dem Tonträgerhersteller noch Ansprüche auf Vergütung für den Verleih und die Vermietung von Tonträgern zu, die durch die GVL geltend gemacht werden, §§ 85 Abs. 4, 27 Abs. 3. Schließlich hat der Hersteller des Tonträgers auch Anspruch auf Beteiligung an der Vergütung, die der ausübende Künstler für die öffentliche Wiedergabe einer auf Tonträger aufgenommenen Darbietung erhält, §§ 86, 78 Abs. 1, 2. Die Vergütung des ausübenden Künstlers für die öffentliche Wiedergabe einer auf Tonträger gespeicherten Darbietung wird durch die GVL geltend gemacht. In welchem Umfang die Tonträgerhersteller hieran beteiligt sind, ergibt sich aus § 2 der Satzung der GVL (abgedr. bei *Hillig* Urheber- und Verlagsrecht, Nr. 19).

3. Darstellende Kunst

72   Die urhebervertragsrechtlichen Beziehungen bei der Verwertung von Werken der darstellenden Kunst (§ 2 Abs. 1 Nr. 3: Pantomime, Tanzkunst) entsprechen jenen bei der Verwertung von für die Bühne bestimmten Sprach- oder Musikwerken. Die Verwertung des Werks erfolgt in erster Linie durch bühnenmäßige Aufführung. Die **Aufführungsverträge** werden von den Betreibern der Bühne mit dem Urheber selbst oder einem Bühnenverlag abgeschlossen, der sich von dem Urheber die Aufführungsrechte sowie die Nebenrechte (Aufnahme auf Bildträger und öffentliche Wiedergabe des Bildträgers) gesichert hat (weitere Einzelheiten bei Rn 59).

4. Werke der bildenden Künste

73   **a) Kunstverlag.** Verträge über die Vervielfältigung und Verbreitung von Werken der bildenden Kunst ieS (insb. Werke der Bildhauerei, Malerei und Grafik, s. *Schricker/Loewenheim* § 2 Rn 144) werden zwischen dem Urheber und einem Kunstverlag oder einer Galerie (dazu Rn 76) geschlossen. Da es sich bei Werken der bildenden Kunst nicht um Werke der Lit. oder Tonkunst gem. § 1 VerlG handelt, findet das **VerlG unmittelbar keine Anwendung**. Eine Ausnahme gilt für Illustrationen zu Sprachwerken (s. Rn 56). Sofern der Kunstverlag jedoch nicht nur das Verlagsrecht, sondern auch die den Verlagsvertrag prägende entspr. Auswertungspflicht

(s. § 1 VerlG) übernimmt, kommt eine entspr. Anwendung des VerlG in Betracht (*BGH* GRUR 1976, 706, 707 – Serigrafie; *Schricker/Schricker* vor §§ 28 ff. Rn 84; *Schricker* Verlagsrecht, § 1 Rn 89 ff.).

Wesentlich im Kunstverlagsvertrag ist eine genaue Regelung dazu, durch welche **Vorrichtungen oder Hilfsmittel** eine Vervielfältigung des Kunstwerks erfolgen darf. Sofern die Hilfsmittel oder Vorrichtungen für die Vervielfältigung des Kunstwerks durch den Künstler zur Verfügung gestellt werden sollen, ist auch dies vertraglich zu regeln. Gleichzeitig wird eine Vereinbarung dazu getroffen, was mit den Hilfsmitteln oder Vorrichtungen nach Vertragsende geschehen soll (Herausgabe bzw Rückgabe an den Künstler, Vernichtung etc). Wenn es sich bei der **Auflagenzahl** um einen den Wert des zu vervielfältigenden Stücks bestimmenden Faktor handelt (regelmäßig dann, wenn die Auflagenzahl auf dem Kunstwerk aufgebracht ist), sind auch Vereinbarungen über die Höchstzahl der Vervielfältigungsstücke zu treffen. Soweit es um die Vervielfältigung des Kunstwerks in Büchern, auf Postkarten oder Kalendern etc geht, wird die Auflagenzahl von untergeordneter Bedeutung sein. Verträge mit typischen Bestandteilen des Kunstverlagsvertrags werden häufig auch zwischen dem **Künstler und einer Galerie** geschlossen. Die Vervielfältigung des Kunstwerks in Büchern, Postkarten und Kalendern etc spielt dabei allerdings eine untergeordnete Rolle. Eine typische Vertragsgestaltung zwischen dem Künstler und einer Galerie ist auch der Kommissionsvertrag. Dieser stellt eine rein schuldrechtliche Vereinbarung über den Vertrieb des Werks dar, deren Durchführung die Einräumung von Nutzungsrechten nicht erfordert. **74**

Sofern der Urheber oder sein Gesamtrechtsnachfolger Mitglied der **VG Bild-Kunst** ist, können bei dieser Rechte zur Vervielfältigung oder Verbreitung des Kunstwerks erworben werden (s. Satzung der VG Bild-Kunst bei *Hillig* Urheber- und Verlagsrecht, Nr. 18). **75**

b) Ausstellungsvertrag. Der Ausstellungsvertrag wird zwischen dem Urheber eines Werks der bildenden Künste und einem Aussteller geschlossen, bei dem es sich häufig um einen **Galeristen** handelt. Um die Einräumung urheberrechtlicher Nutzungsrechte geht es bei einem solchen Ausstellungsvertrag nur, wenn **noch unveröffentlichte Werke ausgestellt** werden sollen (§ 18). Soweit Werke bereits veröffentlicht wurden, handelt es sich je nach Vertragsgestaltung um eine reine Leihe oder Verwahrung. Häufig wird in diesem Zusammenhang auch ein Kommissionsvertrag über einzelne oder alle Ausstellungsstücke abgeschlossen. Sofern der Galerist für die Ausstellung einen **Katalog** erstellen möchte, bedarf er hierfür sowie für dessen Vervielfältigung und Verbreitung keiner Zustimmung des Urhebers (§ 58). Im Ausstellungsvertrag werden insb. Ort und Dauer der Ausstellung geregelt. **76**

c) Baukunst. Vertragliche Absprachen über die Einräumung von Nutzungsrechten an Werken der Baukunst (§ 2 Abs. 1 Nr. 4) sind regelmäßig in **Architektenverträgen** zu finden. In erster Linie wird der Bauherr sich in diesem Vertrag das Recht zur Nutzung eines nach bestimmten Plänen gefertigten Bauwerks oder Teilen hiervon einräumen lassen. Legt der Bauherr Wert auf die Einzigartigkeit des Bauwerks, empfiehlt es sich, ein ausschließliches Nutzungsrecht ausdrücklich zu vereinbaren. Soweit der Bauherr beabsichtigt, Abbildungen des Bauwerks zu vermarkten (zB als Postkarten, Poster, Kalender etc), bedarf es für die äußere Ansicht des Bauwerks **77**

keiner Rechtseinräumung, § 59 Abs. 1 S. 2. IÜ ist die Zustimmung des Bauwerk-urhebers erforderlich, sodass es sich empfiehlt, diese Frage im Architektenvertrag zu regeln.

78   **d) Werke der angewandten Kunst.** Die **durch den Gebrauchszweck geprägten** Werke der angewandten Kunst (*BGH* GRUR 1995, 581, 582 – Silberdistel) werden in der Praxis auf unterschiedliche Art und Weise verwertet. In aller Regel wird aber der Urheber das ausschließliche Recht der Vervielfältigung und Verbreitung des Werks einem Hersteller oder Rechteverwerter überlassen, der die Herstellung der Vervielfältigungsstücke sowie deren Verbreitung übernimmt. Gleichzeitig trägt die-ser für die Verwertung des Werks im Ausland durch Vergabe von territorial be-schränkten Unterlizenzen Sorge. Im Verhältnis zwischen einem industriellen Her-steller oder Rechteverwerter und dem Urheber selbst wird häufig ein werkvertrags-ähnliches Verhältnis vorliegen. Der Schöpfer des Werks der angewandten Kunst wird also beauftragt, für den Besteller das Werk nach bestimmten Vorgaben zu schaffen und dem Besteller die ausschließlichen Rechte hieran zu verschaffen. Wer-den durch den Auftragnehmer Skizzen oder Modelle erstellt, so erwirbt der Auftrag-geber vorbehaltlich einer anderen vertraglichen Absprache die Rechte hieran regel-mäßig nur, soweit solche Vorarbeiten später umgesetzt werden und der Werkauftrag insoweit konkretisiert wird (*Fromm/Nordemann/Hertin* vor § 31 Rn 59).

79   Die durch eine **Werbe- oder Kommunikationsagentur** nach Maßgabe eines Agen-turvertrags geschuldeten Leistungen werden, soweit überhaupt schutzfähig, häufig Werke der angewandten Kunst sein (zB grafisches Design). Ebenso ist allerdings möglich, dass durch eine Agentur Sprachwerke, Lichtbildwerke, Filmwerke etc ge-schaffen werden. Urhebervertragsrechtlich sind mehrere Phasen zu unterscheiden. Im Agenturgeschäft ist es übliche Praxis, dass ein potenzieller Auftraggeber einen bestimmten Etat oder Auftrag ausschreibt und mehrere Agenturen zur **Präsentation** einlädt. Dabei kommt es häufig zu der Situation, dass sich in der Kommunikation des umworbenen Unternehmens später Elemente der Präsentation finden, obwohl die betr. Agentur den Auftrag nicht erhalten hat. Sofern es sich hierbei um urheberrecht-lich geschützte Elemente handelt, kann in der bloßen Tatsache einer Präsentation vor der eigentlichen Auftragsvergabe nicht die Einräumung eines Nutzungsrechts gese-hen werden. Anders mag der Fall liegen, wenn für die Präsentation eine Vergütung geleistet wurde. Eine diesbezügliche ausdrückliche Regelung ist jedenfalls empfeh-lenswert. Kommt es zur Auftragsvergabe, so wird der Auftraggeber ausschließliche Rechte an allen speziell für ihn geschaffenen Arbeitsergebnissen fordern. Auch hier ist es empfehlenswert, die Frage der Rechtseinräumung ausdrücklich im Agenturver-trag zu regeln, insb. soweit es um die weitere Nutzung der durch die Agentur geschaf-fenen Ergebnisse nach Beendigung der Zusammenarbeit geht. In diesem Zusammen-hang ist auch zu klären, ob die Agentur verpflichtet ist, das zur Herstellung bestimm-ter Kommunikationsmittel erforderliche Material (Lithos, Lichtbilder, Druckplatten etc) herauszugeben, und ob hierfür eine gesonderte Vergütung zu leisten ist.

80   **Merchandising-Verträge** betreffen die Vermarktung von fiktiven oder realen Per-sonen, Namen, Titeln oder Bildern zum Zwecke der Absatzförderung von Waren oder Dienstleistungen wie der Lizenzvergabe (*Fromm/Nordemann/Hertin* vor § 31 Rn 61). Bei dem Gegenstand des Vertrags wird es sich oft um ein Werk der ange-wandten Kunst handeln. Grundlage von Merchandising-Verträgen können aber auch

andere Werkarten oder sonstige Rechte sein, die ihrem Inhaber eine absolute oder quasi-absolute Rechtsposition verschaffen. Der Sache nach handelt es sich bei Merchandising um eine Sekundärverwertung (*Fromm/Nordemann/Hertin* vor § 31 Rn 61), bei der es darum geht, den Erfolg der Primärverwertung zur Förderung des Absatzes weiterer Waren oder Dienstleistungen einzusetzen. Zu diesem Zweck werden etwa die Abbildungen realer oder fiktiver Figuren auf allen denkbaren Gegenständen des täglichen Bedarfs abgebildet. Hierfür benötigte Rechte werden in aller Regel von einem zentralen Verwerter vergeben, der sich die entspr. Rechte bei dem Urheber gesichert hat und sie anschließend räumlich, zeitlich und inhaltlich beschränkt im Wege der Lizenzvergabe Dritten einräumt. Der Rechteverwerter erhält im Gegenzug entspr. Lizenzgebühren.

5. Lichtbildwerke

Bei der Verwertung von Lichtbildwerken (und Lichtbildern) sind mehrere Szenarien denkbar. Handelt es sich bei den Lichtbildern um Kunstwerke, die zB signiert sind und somit eine limitierte Auflage haben, erfolgt die **Verwertung wie bei Werken der bildenden Künste**. Das Recht zur Vervielfältigung und Verbreitung wird dann häufig einem Kunstverlag oder einer Galerie eingeräumt (zu Einzelheiten s. Rn 73 ff.). Ist der Lichtbildner selbständig, wird er häufig im Rahmen eines Agenturvertrages einer **Bildagentur** Nutzungsrechte an seinen Lichtbildern einräumen. Diese verwertet das Lichtbild sodann, indem sie es gegen Zahlung einer Gebühr Verlegern von Büchern, Zeitungen und Zeitschriften oder sonstigen Dritten überlässt. **Angestellte Fotografen**, die Lichtbilder in Ausübung ihrer Anstellungstätigkeit anfertigen, werden die Nutzungsrechte hieran regelmäßig ihrem Arbeitgeber einräumen. Aus der Sicht des Arbeitgebers empfiehlt es sich, den Umfang der Rechtseinräumung möglichst detailliert im Anstellungsvertrag zu beschreiben.

81

6. Filmwerke

a) Verfilmungsverträge. Verfilmungsverträge werden **zwischen dem Filmhersteller und den Urhebern vorbestehender Werke** geschlossen. Hierzu zählen zunächst die Autoren einer etwaigen Romanvorlage sowie eines Drehbuchs. Auch die Rechte der Urheber und Interpreten von Musikwerken, die in dem Film genutzt werden sollen, muss sich der Filmhersteller sichern. Stimmen die Urheber vorbestehender Werke dem Vorhaben, ihr Werk zu verfilmen, zu, so liegt hierin im Zweifel die Einräumung der in § 88 Abs. 1 bezeichneten ausschließlichen Nutzungsrechte. Dies sind insb. die **Rechte zur Verfilmung des Werks** (auch unter Bearbeitung oder Umgestaltung) sowie zur **Vervielfältigung, Verbreitung, öffentlichen Vorführung, Funksendung, filmischen Bearbeitung oder Umgestaltung des Filmwerks**, § 88 Abs. 1 Nr. 1-5. Neben diesen Rechten zur Verfilmung und Filmverwertung lässt sich der Filmhersteller in der Praxis weitere **Nebenrechte** einräumen. Hierzu zählen etwa die **Videoauswertung**, die **Vermarktung von Figuren und Szenen im Wege des Merchandising** (dazu Rn 80) sowie die **Verwertung der Filmmusik auf Tonträgern**. Das **Verfilmungsrecht** wird dem Filmhersteller im Zweifel ausschließlich eingeräumt (§ 88 Abs. 1), sodass die Urheber vorbestehender Werke eine Enthaltungspflicht trifft, sofern ein anderes nicht vereinbart wurde (§ 31 Abs. 3 S. 2). Nach Ablauf von 10 Jahren ab Vertragsabschluss sind die Urheber vorbestehender Werke

82

allerdings berechtigt, sofern keine abweichende Vereinbarung getroffen wurde, einem Dritten Verfilmungsrechte einzuräumen, § 88 Abs. 2 S. 2.

83 Die **Urheber der Filmmusik** werden auch dann nicht als Urheber des Filmwerks angesehen, wenn die Filmmusik eigens für das Filmwerk geschrieben wurde (*Schricker/Katzenberger* vor §§ 88 ff. Rn 59). In diesen Fällen wird zwischen den Komponisten der Filmmusik und dem Filmhersteller ein Vertrag mit Werkvertragscharakter geschlossen werden. In diesem Vertrag werden dem Filmhersteller umfassende Rechte an der Filmmusik iRd Verwertung des Films eingeräumt und Absprachen für eine gesonderte Verwertung der Filmmusik getroffen. Das Verfilmungsrecht an Musikwerken, die nicht eigens für den Film geschaffen wurden, kann der Filmhersteller bei der GEMA erwerben, sofern die GEMA es nicht im Einzelfall auf die jeweiligen Musikurheber zurückübertragen hat (s. *Schricker/Schricker* vor §§ 28 ff. Rn 101).

84 **b) Verträge über die Rechte am Filmwerk.** Eine zentrale Rolle bei der Herstellung und Verwertung eines Films spielt der **Filmhersteller** (s. dazu *Henning-Bodewig* FS Schricker, S. 389, 402 ff.). IdR ist der Filmhersteller jedoch nicht Urheber des Filmwerks. Häufig scheitert dies schon daran, dass es sich bei ihm um eine juristische Person handelt. Die wirtschaftlich-organisatorische Leistung des Filmherstellers wird dadurch honoriert, dass ihm in § 94 Abs. 1 das ausschließliche Recht eingeräumt wird, den Bildträger oder Bild- und Tonträger, auf dem das Filmwerk aufgenommen ist, zu vervielfältigen, zu verbreiten und zur öffentlichen Vorführung oder Funksendung zu benutzen. Sowohl die Eigenschaft des Filmherstellers als auch dessen Leistungsschutzrecht sind im Zuge der Produktion eines Films Gegenstand vertraglicher Absprachen. Teilen sich mehrere beteiligte Personen oder Unternehmen die im Zuge der Herstellung des Films entstehenden wirtschaftlichen und organisatorischen Aufgaben, liegt eine **Co-Produktion** vor. Im Innenverhältnis zwischen den Co-Produzenten wird eine GbR nach den §§ 705 ff. vorliegen. In dem Vertrag über die Co-Produktion ist insb. zu klären, zu welchen Teilen jedem der Beteiligten das Leistungsschutzrecht nach § 94 zustehen und wie die Verwertung dieses Rechts erfolgen soll.

85 Bei einer **Auftragsproduktion** hängt es von den Umständen des Einzelfalls ab, ob der Auftraggeber oder der Auftragnehmer Filmhersteller ist (Einzelheiten bei *Schricker/Katzenberger* vor §§ 88 ff. Rn 33 ff.). Selbst wenn der Auftragnehmer nach allg. Grundsätzen als Filmhersteller anzusehen sein sollte, kann vertraglich vereinbart werden, dass das Leistungsschutzrecht des Filmherstellers auf den Auftraggeber übertragen wird, § 94 Abs. 2.

86 Werden zur **Finanzierung der Produktion** des Filmwerks Drittmittel bereitgestellt, wird der Vertrag über die Finanzierung regelmäßig vorsehen, dass die Leistungsschutzrechte des Filmherstellers an den Finanzierer zur Sicherung der Rückzahlung der bereitgestellten Mittel übereignet oder verpfändet werden.

87 Grundlage einer bestimmungsgemäßen Verwertung des Filmwerks ist, dass sich der Filmhersteller die hierfür erforderlichen **Rechte der Filmurheber sowie der ausübenden Künstler** sichert (*Henning-Bodewig* FS Schricker, S. 389, 406 ff.). Als Filmurheber kommen in erster Linie Regisseur, Kameramann und Cutter, als ausübende Künstler die an dem Film mitwirkenden Schauspieler in Betracht (Einzelheiten bei *Schricker/Katzenberger* vor §§ 88 ff. Rn 57 ff.). Nach § 89 Abs. 1 räumen jene Personen, die sich zur Mitwirkung bei der Herstellung eines Films verpflichten und damit Miturheber des Filmwerks sind, dem Filmhersteller im Zweifel das ausschließliche Recht ein, das Filmwerk sowie Übersetzungen und andere filmische Bearbeitungen oder Umgestaltungen des Filmwerks auf alle bekannten Arten zu nutzen. Eine entspr. Regelung gilt auch für ausübende Künstler, die bei der Herstellung eines Filmwerks mitwirken, § 92 Abs. 1. In der Praxis findet gleichwohl eine umfassende vertragliche Regelung der Einräumung der Nutzungsrechte an den Filmhersteller statt. Soweit Personen, die an der Herstellung eines Filmwerks beteiligt sind, in einem Arbeitsverhältnis oder arbeitnehmerähnlichen Verhältnis zu der Produktionsgesellschaft stehen, können tarifvertragliche Absprachen bestehen, die auch die Frage der Rechtseinräumung regeln (s. *Hillig* Urheber- und Verlagsrecht, Nr. 10a, 10d und 10e).

c) Verträge über die Filmverwertung. Die Verträge über die Filmverwertung werden in aller Regel durch den Filmhersteller abgeschlossen. Urheberrechtliche Grundlage der Verwertung sind die Nutzungsrechte, die dem Filmhersteller von den Urhebern vorbestehender Werke (Rn 82 f.) und den Filmurhebern (Rn 87) eingeräumt wurden. Dass er über diese Rechte verfügt, wird der Filmhersteller üblicherweise in den Verwertungsverträgen mit einzelnen Verwertern garantieren müssen. **88**

Die bei Kinoproduktionen zunächst erfolgende Form der Verwertung ist die **Vorführung des Films in einem Lichtspieltheater** (Kino). Zu diesem Zwecke schließt der Filmhersteller mit einem Filmverleih einen Vertrag ab, in dem diesem ausschließlich, jedoch örtlich und zeitlich beschränkt, das Recht zur Vorführung des Films in Kinos eingeräumt wird. Gleichzeitig wird der Filmverleih ermächtigt, entspr. Vorführungsrechte einzelnen Lichtspieltheatern einzuräumen. In den Vorführverträgen zwischen dem Filmverleih und einem Lichtspieltheater sind häufig auch Regeln dazu zu finden, in welchem Mindestzeitraum und wie oft ein Film vorzuführen ist (vgl *Friccius* ZUM 1991, 392, 394). Dabei obliegt dem Filmverleih gegenüber dem Filmhersteller die Pflicht, den Film nach besten Kräften, jedoch unter Berücksichtigung der sonstigen Interessen des Filmverleihs, zu verwerten (*BGH* ZUM 2003, 135, 136 f. – Filmauswertungspflicht; dazu *Obergfell* ZUM 2003, 293). **89**

Die **Videoauswertung** erfolgt zeitlich später als die Kinoauswertung. Zu diesem Zwecke wird einem geeigneten Hersteller das Recht eingeräumt, das Filmwerk auf handelsüblichen Bild- und Tonträgern (zB Videokassetten, DVD) zu vervielfältigen und diese zu verbreiten. Über den Handel werden die Videos sodann an Endnutzer verkauft oder unter Einräumung des Vermietrechts an Videotheken abgegeben. **90**

Chronologisch nach dem Inverkehrbringen von Videos folgt die **Ausstrahlung von Filmen im Fernsehen**. Kinoproduktionen werden dabei regelmäßig zunächst im Bezahlfernsehen (Pay-TV) und zu einem späteren Zeitpunkt im frei empfangbaren Fernsehen (Free-TV) ausgestrahlt. Die hierfür erforderlichen Senderechte (dazu im Einzelnen Rn 92 f.) liegen bei dem Filmhersteller, der diese der Sendeanstalt direkt einräumen kann. Ausländische Filme werden regelmäßig jedoch über Filmhändler bezogen, die sich für ein bestimmtes Gebiet die Senderechte haben einräumen lassen. Auch wer Filmwerke durch **Bereitstellung im Internet** Dritten zugänglich machen möchte, bedarf hierzu eines entspr. Nutzungsrechts. **91**

92 **d) Sendeverträge.** Gegenstand von Sendeverträgen ist die **Einräumung des Sende-rechts** (§ 20). Das Senderecht muss der Filmhersteller sich bei den Filmurhebern, den ausübenden Künstlern sowie den Urhebern vorbestehender Werke sichern. So-weit es sich bei dem Filmwerk um eine **Fernsehproduktion** handelt, haben die Sen-deanstalten die erforderlichen Senderechte über mit der GEMA abgeschlossene Pau-schalverträge erworben (*Fromm/Nordemann/Hertin* vor § 31 Rn 51). Ist das Sende-unternehmen nicht selbst Filmhersteller, wird es sich durch den Filmhersteller oder den Filmhändler garantieren lassen, dass dieser in der Lage ist, sämtliche für die Sen-dung erforderlichen Senderechte einzuräumen. Für das Recht der Kabelweitersen-dung ist zu beachten, dass dieses gem. § 20b nur durch eine Verwertungsgesellschaft geltend gemacht werden kann, sofern es sich nicht um eine eigene Sendung des Sen-deunternehmens handelt. IÜ werden den Filmherstellern die Senderechte im Rahmen von Tarifverträgen oder Standardverträgen durch die an der Entstehung eines Film-werks beteiligten Personen eingeräumt (s. auch §§ 88 Abs. 1, 89 Abs. 1, 92 Abs. 1 sowie Rn 87).

93 Sendeverträge im eigentlichen Sinne werden in erster Linie zwischen dem Inhaber der Senderechte (Filmhersteller, Filmhändler) und einem Sendeunternehmen ge-schlossen. In diesen Verträgen ist zu regeln, in welchem Programm, in welchem Zeit-rahmen und wie häufig ein Film gesendet werden darf. Üblich sind auch Absprachen, die das Sendegebiet betreffen. Für Europäische Satellitensendungen iSd § 20a gilt dabei grds das **Sendelandprinzip**, dh die Sendung gilt als ausschließlich dort erfolgt, wo sie ausgeführt wird. Damit ist es entbehrlich, bei einer geplanten Satellitensen-dung die Senderechte für sämtliche Staaten zu erwerben, in denen die Sendung emp-fangen werden kann.

7. Darstellungen wissenschaftlicher und technischer Art

94 Die Verwertung von Darstellungen wissenschaftlicher und technischer Art (§ 2 Abs. 1 Nr. 7) wird häufig im Rahmen von Büchern erfolgen. Der Sache nach wird es sich dann regelmäßig um Illustrationen handeln. Anwendbar sind in diesen Fällen die Regeln über den Buchverlag und insb. die Bestimmungen des VerlG (zu Einzelheiten s. Rn 56). Bei Darstellungen wissenschaftlicher und technischer Art kann es sich aber auch um Werke der bildenden Künste oder der angewandten Kunst oder um Lichtbildwerke handeln (zur Verwertung dieser Werkarten s. Rn 81).

8. Sammelwerke, Datenbankwerke

95 **a) Sammelwerke.** Von Datenbanken abgesehen treten **Sammelwerke** in erster Linie **in Buchform oder als Zeitschrift oder Zeitung** in Erscheinung. Für die Ein-räumung des Verlagsrechts durch den Urheber eines solchen Sammelwerks gelten die gleichen Grundsätze wie für den Autor eines Sprachwerks (zu Einzelheiten s. Rn 51 ff.). Bei Zeitschriften und Zeitungen wird sich der Verlag regelmäßig die Rechte an dem (periodischen) Sammelwerk sichern. Im Bereich der periodisch er-scheinenden Sammelwerke ist es üblich, diese auch als **CD-ROM bzw DVD oder online** zu verwerten. Dies kann der Verleger selbst übernehmen oder Dritten dafür die entspr. Rechte einräumen. Die hierzu erforderlichen Nebenrechte der Urheber des Sammelwerks sowie der einzelnen Beiträge müssen ihm vorher eingeräumt wor-den sein.

b) Datenbanken. Wenn der Datenbankhersteller (§ 87a Abs. 2) nicht mit dem Urhe-   **96**
ber eines Datenbankwerks identisch ist, wird er sich von dem Datenbankurheber vertraglich umfassende Rechte zur Verwertung des Datenbankwerks einräumen lassen.
Gleichzeitig wird sich der Datenbankhersteller die für die geplante Verwertung etwa
erforderlichen Rechte an einzelnen Elementen der Datenbank sichern.

Die **Verwertung der Datenbank** nimmt der Datenbankhersteller häufig selbst vor.   **97**
Bei den in der Praxis besonders wichtigen elektronischen Datenbanken kommt eine
Verwertung offline (CD-ROM, DVD etc) oder online in Betracht. Sofern die Nutzung
der Datenbank direkt durch den Endnutzer erfolgt, wird die Rechtseinräumung über
Nutzungsbedingungen erfolgen. Insb. im Online-Bereich kommt es häufig vor, dass
Datenbanken anderen Betreibern von Internet-Seiten, insb. sog. Portalen, zur Verfü-
gung gestellt werden, die diese sodann in ihr eigenes Angebot integrieren. Dies erfor-
dert die Einräumung des Rechts des öffentlichen Zugänglichmachens nach § 19a.

V. Begriff des Nutzungsrechts (Abs. 1 S. 1)

Das Nutzungsrecht ist nach der in § 31 Abs. 1 S. 1 enthaltenen **Legaldefinition** das   **98**
von dem Urheber eines Werks abgeleitete Recht, das Werk auf einzelne oder alle
Nutzungsarten (Rn 105 ff.) zu nutzen. Es handelt sich also um die Rechtsposition
eines von dem Urheber verschiedenen Dritten. Nutzungsrechte sind zumindest
begrifflich zu trennen von den Verwertungsrechten des Urhebers gem. §§ 15 ff.
Der Urheber verwertet sein Werk, Dritte nutzen es. Die Verwertungsrechte sind Bestandteil des Urheberrechts, wobei die „Grundverwertungsrechte" in den §§ 15 ff. eine gesetzliche Regelung gefunden haben (*Schricker/Schricker* vor §§ 28 ff. Rn 20).
Sie beschreiben das natürliche und absolute Recht des Urhebers, über die Verwendung seines Werks zu bestimmen. Damit bilden sie die **Grundlage für die Einräumung von Nutzungsrechten** an Dritte. Durch Nutzungsrechte räumt der Urheber einem Dritten einen Ausschnitt der ursprünglich nur ihm zustehenden Verwertungsbefugnis ein. Weder die einem Dritten eingeräumten Nutzungsrechte noch die hiervon
betroffenen Nutzungsarten müssen jedoch deckungsgleich mit den Verwertungsrechten der §§ 15 ff. sein. Es ist also zB nicht zwangsläufig so, dass der Urheber einem Dritten das Recht zur Vervielfältigung oder zur Verbreitung seines Werks
schlechthin überträgt. Vielmehr ist für jeden Einzelfall zu ermitteln, welchen Inhalt
und Umfang das einem Dritten eingeräumte Nutzungsrecht hat. Dies geschieht unter
Anwendung der in § 31 Abs. 5 gesetzlich verankerten Zweckübertragungstheorie
(Rn 131 ff.).

Im Zusammenhang mit der Einräumung von Nutzungsrechten wird häufig der **Be-**   **99**
griff der „Lizenz" verwendet. An einem einheitlichen Verständnis dieses Begriffs
fehlt es weitgehend. Im Bereich des Verlagsrechts werden als Lizenzen die Nutzungsrechte bezeichnet, die der Inhaber des Verlagsrechts, also des primären Nutzungsrechts, Dritten einräumt (*Schricker/Schricker* vor §§ 28 ff. Rn 21). In der Praxis der Softwareüberlassung sowie in anderen Bereichen des Urheberrechtsverkehrs
wird der Begriff der Lizenz häufig als Synonym für den Begriff des Nutzungsrechts
eingesetzt. Verwendet wird der Begriff der Lizenz auch im Zusammenhang mit den
Beschränkungen des Urheberrechts gem. §§ 45 ff. Soweit dort Dritten kraft Gesetz
eine bestimmte Nutzung des Werks gestattet ist, wird von einer gesetzlichen Lizenz
gesprochen.

VI. Einfaches und ausschließliches Nutzungsrecht (Abs. 1 S. 2, Abs. 2 und 3)

100 Nach § 31 Abs. 1 S. 2 kann ein Nutzungsrecht als einfaches oder ausschließliches Recht eingeräumt werden. Das einfache Nutzungsrecht erfährt sodann in § 31 Abs. 2, das ausschließliche Nutzungsrecht in § 31 Abs. 3 eine nähere Beschreibung. Da zwischen dem einfachen und dem ausschließlichen Nutzungsrecht erhebliche Unterschiede bestehen, empfiehlt es sich, vertraglich stets eindeutig zu regeln, ob das Nutzungsrecht einfach oder ausschließlich eingeräumt wird. Fehlt es an einer ausdrücklichen Absprache, so kommt die Zweckübertragungsregel des § 31 Abs. 5 S. 2 zur Anwendung. Zu fragen ist dann, ob der mit der Einräumung des Nutzungsrechts verfolgte Zweck nur dann erreicht werden kann, wenn das Nutzungsrecht ausschließlich ist. Im Zweifelsfall ist davon auszugehen, dass nur die Einräumung eines einfachen Nutzungsrechts gewollt ist (dazu Rn 135).

1. Einfache Nutzungsrechte

101 Der Inhaber eines einfachen Nutzungsrechts ist berechtigt, das Werk auf die erlaubte Art zu nutzen, ohne dass hierdurch eine Nutzung durch den Urheber selbst oder Dritte ausgeschlossen wird (§ 31 Abs. 2). Charakteristisch für das einfache Nutzungsrecht ist also der **nicht ausschließliche Charakter**. Hieraus folgt auch, dass der Inhaber eines einfachen Nutzungsrechts nicht ohne weiteres Abwehransprüche wegen Urheberrechtsverletzungen geltend machen kann. Denn sonst müsste ein tatsächlicher oder vermeintlicher Verletzer mit einer Vielzahl von Auseinandersetzungen rechnen. Allerdings kann der Inhaber eines einfachen Nutzungsrechts Ansprüche wegen der Verletzung des Urheberrechts im Wege der gewillkürten Prozessstandschaft (dazu *Thomas/Putzo* § 51 Rn 31 ff.) geltend machen, wenn er hierzu durch den Urheber oder Inhaber eines ausschließlichen Nutzungsrecht ermächtigt wird (*BGH* GRUR 1959, 200, 201 – Der Heiligenhof). Der Inhaber des einfachen Nutzungsrechts hat, vorbehaltlich bes. vertraglicher Absprachen, keinen Anspruch darauf, dass Dritten nicht weitere einfache oder sogar ein ausschließliches Nutzungsrecht eingeräumt wird. Räumt der Urheber zu einem späteren Zeitpunkt einem Dritten ein Nutzungsrecht ein, so genießt der Inhaber eines einfachen Nutzungsrechts allerdings Bestandsschutz (s. § 33).

102 Umstr. ist, ob die Einräumung eines einfachen Nutzungsrechts schuldrechtlichen Charakter hat (so *Fromm/Nordemann/Hertin* §§ 31/32 Rn 2; *Möhring/Nicolini/Spautz* § 31 Rn 39) oder ihrem Inhaber eine dingliche Rechtsposition verschafft (so *Rehbinder* Rn 306; *Schricker/Schricker* vor §§ 28 ff. Rn 49). Der Streit hat allerdings keine wesentliche praktische Relevanz. Dies gilt selbst dann, wenn davon ausgegangen wird, dass ein einfaches Nutzungsrecht mit dinglichem Charakter nur in den Grenzen einer zulässigen Aufspaltbarkeit der Nutzungsrechte nach bestimmten Nutzungsarten (Rn 105 ff.) vergeben werden könne (so *Fromm/Nordemann/Hertin* §§ 31/32 Rn 2). Denn auch dann bliebe eine bloße schuldrechtliche Einwilligung möglich, die sich auf einen für sich genommen nicht abspaltbaren Ausschnitt einer Nutzungsart beschränkt (s. auch Rn 16, 33 sowie § 33 Rn 2).

2. Ausschließliche Nutzungsrechte

103 Der Inhaber eines ausschließlichen Nutzungsrechts ist berechtigt, das Werk unter Ausschluss aller anderen Personen auf die ihm erlaubte Nutzungsart zu nutzen

(§ 31 Abs. 3 S. 1). Auch der Urheber ist von der Nutzung ausgeschlossen, sofern ihm diese nicht durch Vereinbarung vorbehalten wird (§ 31 Abs. 3 S. 2). Dritten kann der Inhaber des ausschließlichen Nutzungsrechts einfache Nutzungsrechte einräumen, bedarf hierzu aber der Zustimmung des Urhebers (§§ 31 Abs. 3 S. 3, 35 Abs. 1), die vertraglich häufig vorab erteilt wird (§§ 35 Abs. 2, 34 Abs. 5 S. 2). Im Urheberrechtsverkehr kommt die Einräumung ausschließlicher Nutzungsrechte häufig vor. Der Urheber ist zur Verwertung seines Werks oft auf einen wirtschaftlich starken Partner angewiesen, der über die für Produktion, Vervielfältigung und Vertrieb des Werks erforderliche Infrastruktur verfügt. Hierzu können oft erhebliche Investitionen erforderlich sein, deren Erfolg in erheblichem Maße von der Exklusivität der Vermarktung des Werks abhängt. Auf diesen Erwägungen beruht das grundsätzliche ausschließliche Nutzungsrecht zugunsten des Verlegers gem. § 8 VerlG und das im Zweifel ausschließliche Nutzungsrecht des Filmherstellers gem. §§ 88, 89. Üblich ist die Einräumung von ausschließlichen Nutzungsrechten auch dort, wo urheberrechtlich geschützte Werke im Auftrag hergestellt werden, zB bei der Entwicklung von Individualsoftware, im Werbeagenturgeschäft oder im Bereich des Industrie-Designs.

Der **dingliche Charakter** eines ausschließlichen Nutzungsrechts ist unstr. Er ergibt **104** sich daraus, dass das ausschließliche Nutzungsrecht gegenüber jedermann, insb. gegenüber dem Urheber selbst (s. aber § 31 Abs. 3 S. 2) geltend gemacht werden kann (*Schricker/Schricker* vor §§ 28 ff. Rn 49; *Fromm/Nordemann/Hertin* §§ 31/32 Rn 3 mwN). Folglich ist der Inhaber des ausschließlichen Nutzungsrechts auch berechtigt, gegen jeden vorzugehen, der das ihm eingeräumte Recht verletzt. Sofern ihm das ausschließliche Nutzungsrecht inhaltlich, zeitlich oder räumlich beschränkt eingeräumt wurde (§ 31 Abs. 1 S. 2), kann er gegen Verletzungen des Urheberrechts grds nur dann vorgehen, wenn diese gerade den ihm zur Nutzung eingeräumten Ausschnitt der Verwertungsrechte betreffen. Allerdings **kann das negative Verbotsrecht auch über das positive Benutzungsrecht hinausgehen**, wenn dies zum Schutz des positiven Benutzungsrechts erforderlich ist (vgl § 9 Abs. 2 VerlG; *Schricker/Schricker* vor §§ 28 ff. Rn 48). Der Inhaber des ausschließlichen Nutzungsrechts muss aber Nutzungsrechte Dritter dulden, die vor Begründung des ausschließlichen Nutzungsrechts eingeräumt wurden (s. § 33). Überträgt der Inhaber des ausschließlichen Nutzungsrechts dieses ganz oder teilweise weiter, so bleibt ihm sein Verbotsrecht und damit die Klagebefugnis gleichwohl erhalten (*BGH* GRUR 1992, 697 ff. – ALF; GRUR 1999, 984 ff. – Laras Tochter). Nichts anderes kann für das Verbotsrecht und die Klagebefugnis des Urhebers neben dem Inhaber eines ausschließlichen Nutzungsrechts gelten.

VII. Nutzungsarten (Abs. 1 S. 1 und Abs. 4)

1.   Begriff und Bedeutung

Nach § 31 Abs. 1 S. 1 kann das Nutzungsrecht für einzelne oder für alle Nutzungsar- **105** ten eingeräumt werden. Der Einräumung für alle Nutzungsarten sind durch die Abs. 4 (noch nicht bekannte Nutzungsarten) und Abs. 5 (Zweckübertragungsregelung) Grenzen gesetzt. Ein Vertrag, mit dem pauschal die Rechte für alle Nutzungsarten eingeräumt werden, unterliegt damit der Gefahr, in einem wesentlichen Punkt ins Leere zu laufen (Einzelheiten bei Rn 134 f.).

106   Die Nutzungsarten korrespondieren nicht mit den in den §§ 15 ff. aufgeführten Verwertungsrechten des Urhebers. Nach stRspr ist eine Nutzungsart jede durch die Verkehrsauffassung als **hinreichend klar abgrenzbar angesehene, wirtschaftlich-technische Form der Verwertung eines Werks** (*BGH* GRUR 2002, 248, 251 – SPIEGEL-CD-ROM; GRUR 2001, 153, 154 – OEM-Version; GRUR 1992, 310, 311 – Taschenbuchlizenz; GRUR 1986, 736, 737 – Schallplattenvermietung). Die erforderliche Abgrenzbarkeit ist gegeben, wenn mit einer neuen Form der Verwertung eine qualitative Verbesserung oder quantitative Erweiterung der Nutzungsmöglichkeiten einhergeht (*Fromm/Nordemann/Hertin* §§ 31/32 Rn 6; zu Beispielen s. Rn 113 ff.).

107   Die Frage, ob eine bestimmte Form der Verwertung des Werks eine eigenständige Nutzungsart ist, gewinnt in unterschiedlichem Zusammenhang an Bedeutung. Liegt eine eigenständige Nutzungsart vor, so ist eine **dingliche Aufspaltung des Nutzungsrechts** möglich. Diese ermöglicht es, die Erschöpfung des Verbreitungsrechts (§ 17 Abs. 2) auf die der abgespaltenen Nutzungsart entspr. Vertriebsform zu beschränken (dazu Rn 129). Nach § 31 Abs. 4 ist es nicht möglich, Nutzungsrechte für zum Zeitpunkt des Vertragsschlusses **noch nicht bekannte Nutzungsarten** einzuräumen (dazu Rn 108 ff.). Dort kommt es also darauf an, ab welchem Zeitpunkt eine eigenständige Nutzungsart bekannt war. Schließlich ist die Frage nach dem Vorliegen einer eigenständigen Nutzungsart im Zusammenhang mit § 31 Abs. 5 von Bedeutung. Zunächst schränkt die einzelne Bezeichnung einer bestimmten Nutzungsart im Nutzungsvertrag die Anwendbarkeit der Zweckübertragungslehre ein. Ist die Zweckübertragungslehre jedoch anzuwenden, so wird sich die Rechtseinräumung regelmäßig nicht auf solche Formen der Werknutzung erstrecken, die gegenüber den ausdrücklich im Vertrag bezeichneten Nutzungsformen eine eigenständige Nutzungsart darstellen (s. *BGH* GRUR 2002, 248, 251 f. – SPIEGEL-CD-ROM; Einzelheiten bei Rn 134 ff.).

2. Noch nicht bekannte Nutzungsarten

108   Nach § 31 Abs. 4 können Nutzungsrechte für noch nicht bekannte Nutzungsarten nicht eingeräumt werden. Auch Verpflichtungen, die darauf gerichtet sind, Nutzungsrechte für neue Nutzungsarten einzuräumen, sobald diese bekannt werden, sind unwirksam. **Ziel der Regelung** ist, den Urheber an neuen Verwertungsmöglichkeiten, die sich nach Abschluss eines Vertrags über die Einräumung von Nutzungsrechten ergeben, teilhaben zu lassen. Ohne die Regelung des § 31 Abs. 4 würden die Verwerter von den Urhebern häufig sämtliche Nutzungsrechte auch für noch nicht bekannte Nutzungsarten fordern. Darüber, ob die Regelung des § 31 Abs. 4 in jedem Fall sachgerecht ist, mag gestritten werden (s. den Überblick zum Meinungsstand bei *Castendyk/Kirchherr* ZUM 2003, 751 ff.; *Schwarz* ZUM 2003, 733 ff.). Wer die Herstellung eines Werks finanziert und damit das Risiko seiner Verwertbarkeit übernimmt, dem sollten auch die Vorteile dafür gebühren, dass sich zu einem späteren Zeitpunkt neue Nutzungsarten ergeben. Beispielhaft kann hier auf den Fall der Auftragsproduktion, den Filmhersteller oder den Datenbankhersteller verwiesen werden. Die Regelung des § 31 Abs. 4 ist freilich eindeutig. Der Inhaber eines Nutzungsrechtes muss in jedem Fall von dem Urheber die Rechte für neue Nutzungsarten nacherwerben. Der Urheber kann grds frei entscheiden, ob und zu welchen Konditionen er für eine neue Nutzungsart die Nutzungsrechte vergibt. Er muss jedoch beachten, dass der Inhaber ausschließlicher Nutzungsrechte eventuell Verbotsrechte geltend machen kann, wenn später für die neue Nutzungsart Nutzungsrechte an einen Dritten vergeben werden oder eine Verwertung durch den Urheber selbst erfolgt (s. Rn 103). Außerdem kann sich aus dem Grundsatz von Treu und Glauben eine **Verpflichtung des Urhebers ergeben, seinem Vertragspartner die Nutzungsrechte auch für die neue Nutzungsart einzuräumen**. Einem etwaigen Unterlassungsanspruch des Urhebers könnte eine derartige Zustimmungspflicht jedoch nicht im Wege des Einwands der unzulässigen Rechtsausübung entgegengehalten werden (*BGH* GRUR 2002, 248, 252 – SPIEGEL-CD-ROM).

Nicht bekannt ist eine Nutzungsart dann, wenn sie als klar abgrenzbare, wirtschaftlich-technische Verwendungsform zum Zeitpunkt des Abschlusses eines Vertrages über die Einräumung von Nutzungsrechten von einem durchschnittlichen Teilnehmer der einschlägigen Fachkreise nicht erkannt werden musste (*BGH* GRUR 1997, 464, 465 – CB-infobank II; GRUR 1995, 212, 213 f. – Videozweitauswertung III; GRUR 1991, 133, 136 – Videozweitauswertung; *Fromm/Nordemann/Hertin* §§ 31/ 32 Rn 10). In einem ersten Schritt ist also festzustellen, ob es sich bei der in Rede stehenden bisher nicht bekannten Nutzungsart um eine **eigenständige Nutzungsart** (s. Rn 113 ff.) handelt. Für die sich anschließende Frage, ob eine Nutzungsart bereits bekannt war, kann es nicht auf die subjektiven Kenntnisse des konkret den Nutzungsvertrag abschließenden Urhebers ankommen. Vielmehr ist ein objektiver Maßstab anzulegen (*Schricker/Schricker* §§ 31/32 Rn 26, 27). Nicht bekannt iSd Abs. 4 sind Nutzungsarten, von denen zwar technische Experten bereits mit Wahrscheinlichkeit ausgehen, die jedoch weder dem durchschnittlichen Urheber noch der Allgemeinheit bekannt sind (vgl *Schricker/Schricker* §§ 31/32 Rn 27; *Fromm/Nordemann/Hertin* §§ 31/32 Rn 10; *Reber* GRUR 1997, 162, 164). Bekannt ist eine Nutzungsart in den einschlägigen Kreisen, wenn vorauszusehen ist, dass sie demnächst technisch praktizierbar und wirtschaftlich bedeutend sein wird (*BGH* GRUR 1997, 464, 465 – CB-infobank II; GRUR 1995, 212, 213 f. – Videozweitauswertung III; s. auch *BGH* GRUR 1986, 62, 65 – GEMA Vermutung I).

109

Bei sog. **Risikogeschäften** greift § 31 Abs. 4 nicht ein. Diese sind dadurch gekennzeichnet, dass die Vertragsparteien sich nicht im Klaren darüber sind, ob eine bestimmte Nutzungsart in Zukunft technisch möglich und wirtschaftlich verwertbar sein wird, jedoch genau für diesen Fall die Einräumung des Nutzungsrechts vereinbaren (*BGH* GRUR 1995, 214 – Videozweitauswertung III). Dem liegt der Gedanke zugrunde, dass der Urheber des Schutzes von § 31 Abs. 4 nicht bedarf, wenn er die konkrete Möglichkeit einer neuen Nutzungsart erkannt, mit dem Vertragspartner erörtert und sich mit der diesbezüglichen Übertragung eines Nutzungsrechts einverstanden erklärt hat. In der Praxis durchaus üblich ist es, in solchen Fällen Vereinbarungen dazu zu treffen, welche Berechnungsgrundlagen für die Ermittlung einer angemessenen Vergütung heranzuziehen sind (eingehend zu Risikogeschäften *Fromm/ Nordemann/Hertin* §§ 31/32 Rn 10 f.). Auch nach der zum 1.7.2002 in Kraft getretenen Reform des Urhebervertragsrechts bleiben Risikogeschäfte zulässig (*Schack* GRUR 2002, 853, 854).

110

111 Die Regelung des § 31 Abs. 4 gilt nach stRspr auch im **Verhältnis zwischen Urhebern und Verwertungsgesellschaften** (*BGH* GRUR 1991, 135 – Videozweitauswertung I; GRUR 1988, 296, 298 – GEMA-Vermutung IV; GRUR 1986, 62, 65 –
GEMA-Vermutung I). Die **hM** in der Lit. ist hingegen der Auffassung, dass Abs. 4
im Verhältnis zwischen Urhebern und Verwertungsgesellschaften dann nicht zur Anwendung gelangen sollte, wenn die Wahrnehmung durch die Verwertungsgesellschaft im Interesse des Urhebers liegt (*Schricker/Schricker* §§ 31, 32 Rn 29; *Fromm/
Nordemann/Hertin* §§ 31/32 Rn 17). Im Zuge der Reform des Urhebervertragsrechts
wurde eine in § 31 Abs. 4 aufzunehmende Ausnahme zugunsten der Verwertungsgesellschaften zwar durch den sog. Professorenentwurf vorgeschlagen (s. GRUR 2000,
764, 766), im RegE jedoch nicht aufgegriffen (s. BT-Drucks. 14/6433).

112 Für die **Beweislast** gilt, dass zunächst der vermeintliche Inhaber des Nutzungsrechts
darlegen und beweisen muss, dass ihm für die in Rede stehende Nutzungsart das Nutzungsrecht eingeräumt wurde (vgl *BGH* GRUR 1997, 215, 217 – Klimbim). Beruft
sich sodann der Urheber darauf, dass die Nutzungsart bei Vertragsabschluss noch
nicht bekannt gewesen sei, ist er insoweit beweispflichtig. In der Praxis wird sich der
Beweis durch Veröffentlichungen in der einschlägigen Fachpresse sowie in der
Publikumspresse, ggf unterstützt durch Sachverständigengutachten, ermitteln lassen.
Beruft sich der vermeintliche Inhaber des Nutzungsrechts auf ein sog. Risikogeschäft
(Rn 110), so hat er die entspr. Voraussetzungen darzulegen und zu beweisen.

3. Eigenständige und neue Nutzungsarten nach Werkkategorie

113 **a) Sprachwerke und andere Verlagserzeugnisse.** Im **Verlagsbereich** ist von Fol-
gendem auszugehen (*Schricker/Schricker* vor §§ 28 ff. Rn 55): Jeweils eigene Nutzungsarten sind bei der **Ausgabe eines Buchs** Einzelausgaben, Gesamtausgaben,
Ausgaben in Sammelwerken, Luxusausgaben, normale Hardcover-Ausgaben, Volks-
ausgaben und Taschenbuchausgaben (*BGH* GRUR 1992, 310, 311 f. – Taschenbuch-
lizenz). Hinsichtlich der **Vertriebsform** sind der Buchhandel sowie der Vertrieb über
Buch-Clubs als eigenständige Nutzungsarten anerkannt (*BGH* GRUR 1959, 200 –
Der Heiligenhof). Keine eigenständige Nutzungsart stellt der Vertrieb über den Fach-
buchhandel gegenüber jenem in Kaufhäusern, Drogeriemärkten oder Kaffeefilialge-
schäften dar (*BGH* GRUR 1990, 669, 671 – Bibelreproduktion; *Schricker/Schricker*
vor § 28 ff. Rn 55). Als eigene Nutzungsart wird der **Vertrieb von Büchern über
das Internet** anzusehen sein. Dieser ist hinreichend von dem stationären Buchhandel
abgrenzbar. Anders als dort besteht nicht die Möglichkeit, das Buch unmittelbar vor
Erwerb zu durchblättern. Stattdessen werden dem Kaufinteressenten Kritiken und
Zusammenfassungen zur Verfügung gestellt. Der Internet-Buchhandel ist außerdem
dadurch gekennzeichnet, dass der Anbieter die Kosten des Versands übernimmt.

114 Die Einführung von **Hörbüchern auf CD-ROM** ist nicht als neue Nutzungsart anzusehen. Bücher hat es bereits zuvor als Schallplatten oder Kassetten gegeben. Die
Art des Tonträgers spielt aus der Sicht des Zuhörers nur eine untergeordnete Rolle
(vgl *BGH* GRUR 1997, 215, 217 – Klimbim). Die Möglichkeit, Verlagserzeugnisse
digital zu speichern und zu bearbeiten, ermöglicht zwar neue Nutzungsarten, stellt
für sich genommen jedoch noch keine neue Nutzungsart dar. Die Ausgabe von Jahr-
gängen einer Zeitschrift auf CD-ROM ist selbst ohne wesentliche Recherchefunktio-
nen eine neue Nutzungsart, da das Sammelbedürfnis auf einfache und platzsparende

Weise befriedigt werden kann (*BGH* GRUR 2002, 248, 251 – SPIEGEL-CD-ROM; s. auch Rn 123). Jeweils neue Nutzungsarten sind auch das **eBook**, sowie das Angebot von Verlagserzeugnissen zum **Download im Internet**.

Für **Computerprogramme** ist umstr., ob der Vertrieb als OEM-Software (dh die **115** Software darf nur zusammen mit einer bestimmten Hardware abgegeben werden) eine eigenständige Nutzungsart darstellt (s. *KG* GRUR 1996, 974 ff.; *OLG Frankfurt* CR 1999, 7 ff.; *OLG München* NJW 1998, 1649 ff.). Der BGH hat die Frage offen gelassen (*BGH* GRUR 2001, 153, 154 – OEM-Version; s. § 69c Rn 28).

b) Musikwerke. Die Verbreitung von Musikwerken auf **Compact Disc (CD)** ist im **116** Verhältnis zur LP/MC-Verbreitung keine neue Nutzungsart (*OLG Hamburg* ZUM 2002, 297, 303 f.; *Möhring/Nicolini/Spautz* § 31 Rn 45; *Castendyk* ZUM 2002, 332, 344 f.); **aA** *Fromm/Nordemann/Hertin* §§ 31/32 Rn 18; *KG* AfP 2000, 181 ff.; *OLG Köln* ZUM 2001, 166 ff.). Die CD ist zwar leistungsfähiger als die zuvor üblichen Schallplatten und Kassetten, stellt aus der Sicht des Nutzers jedoch nur einen alternativen Tonträger dar, der über die gleichen Vertriebskanäle wie die bis dahin bekannten Tonträger erworben werden kann (vgl *BGH* GRUR 1997, 215, 217 – Klimbim; so iE auch *LG Hamburg* MMR 1998, 44; *LG Köln* ZUM-RD 1999, 387, 390 f.; *OLG Düsseldorf* NJW-RR 1996, 420; *Fromm/Nordemann/Hertin* §§ 31/32 Rn 18). Die Digitalisierung als solche mag zwar neue technische Möglichkeiten eröffnen, ist für sich genommen jedoch noch keine neue Nutzungsart (*Möhring/Nicolini/Spautz* § 31 Rn 45). Auch die Bearbeitung von Musikwerken im Rahmen eines **Samplings** ist keine neue Nutzungsart. Für die Vornahme eines Samplings benötigt derjenige, der über die entspr. Bearbeiterrechte verfügt und das Werk nicht entstellt (§ 14), selbst dann keine zusätzlichen Nutzungsrechte, wenn er seine Bearbeiterrechte vor Bekanntwerden der Möglichkeit des Samplings erworben hat (**aA** *Fromm/Nordemann/Hertin* §§ 31/32 Rn 18).

Der **Handel mit Tonträgern über das Internet** stellt eine neue Nutzungsart dar **117** (s. Rn 113). Gleiches gilt für das Angebot von **Musikdateien zum Download im Internet** und anschließenden Abspielen auf einem PC oder einem tragbaren Abspielgerät (MP3-Player etc). Das **Web-Casting** und das **Live-Streaming** von Werken der Musik stellen gegenüber dem herkömmlichen Ausstrahlen von Musikwerken im Hörfunk oder als Musikvideos im Fernsehen keine neue Nutzungsart dar (vgl dazu *LG München* ZUM 2001, 260, 262 ff.). Das zeitversetzte, auf Individualabruf erfolgende **Streaming** entspricht dem Music-on-demand (ausführlich dazu *Wandtke/Schäfer* GRUR Int 2000, 187 ff.). Eine neue Nutzungsart stellt die Verwendung eines Musiktitels als Handy-Klingelton dar (*OLG Hamburg* ZUM 2002, 480; s. auch *Rehmann/Bahr* CR 2002, 229)

c) Filmwerke. Neben der Kinoauswertung sind für **Filmwerke** als eigene Nutzungs- **118** art höchstrichterlich anerkannt die Fernsehauswertung (*BGH* GRUR 1976, 382, 384 – Kaviar), die Videoauswertung (*BGH* GRUR 1991, 133, 136 – Videozweitauswertung) sowie die Auswertung durch Vermietung von Filmen auf Bild- und Tonträgern (*BGH* GRUR 1987, 37, 38 – Videolizenzvertrag; s. auch *BGH* GRUR 1986, 736 ff. – Schallplattenvermietung). Die Rspr hat sich in der Vergangenheit insb. mit der Frage befasst, ab wann die **Fernsehauswertung** sowie die **Videoauswertung** bekannte Nutzungsarten waren. Die Nutzungsart des Fernsehens war jedenfalls im Jahre 1939 bekannt (*BGH* GRUR 1982, 727, 729 ff. – Altverträge; **aA** *LG Berlin* GRUR 1983, 438, 440). Umstr. ist, ab welchem Zeitpunkt die Videoauswertung von Spielfilmen eine bekannte Nutzungsart war. Nach dem BGH war dies jedenfalls noch 1968 nicht der Fall (*BGH* GRUR 1991, 133; 136 – Videozweitauswertung I). Das *OLG München* ist der Auffassung, dass 1975 (ZUM-RD 1997, 354, 357) und sogar noch 1977/1978 (ZUM 1989, 146, 148) die Videoauswertung eine unbekannte Nutzungsart war.

119   Keine eigenständige Nutzungsart stellt die **Sendung von Filmwerken über Kabel- und Satellitenfernsehen** dar. Entscheidend hierbei ist, dass es aus der Sicht des Fernsehzuschauers keinen Unterschied macht, ob er eine Sendung terrestrisch, per Kabel oder über Satellit empfängt (*BGH* GRUR 1997, 215, 217 – Klimbim; GRUR 2001 826, 828 – Barfuß ins Bett; *OLG München* AfP 2002, 332, 334; ablehnend *Schricker/Schricker* §§ 31/32 Rn 30 sowie Anm. *Loewenheim* GRUR 1997, 220, 221).

120   Um jeweils neue Nutzungsarten handelt es sich bei **Pay-TV**, **Pay-Per-View** und **Video-on-demand**. Technisch erfolgt die Übertragung des Filmwerks, von dem Einsatz eines Decoders einmal abgesehen, zwar wie im Free-TV; aus der maßgeblichen Perspektive des Benutzers (s. *BGH* GRUR 1997, 215, 217 – Klimbim) wird ihm durch diese Form der Nutzung jedoch jeweils eine Alternative zum Free-TV geboten, das seinerseits nicht ersetzt werden soll. Das wirtschaftliche Konzept des Bezahlfernsehens unterscheidet sich iÜ maßgeblich von jenem des frei empfangbaren Fernsehens (Finanzierung durch Gebühren statt durch Werbung; weitere Einzelheiten bei *Fromm/Nordemann/Hertin* §§ 31/32 Rn 18).

121   Keine neue Nutzungsart stellt die **DVD** gegenüber der Videokassette dar (*OLG München* GRUR 2003, 50, 53 f. – Der Zauberberg; *Castendyk* ZUM 2002, 332, 345 f.; **aA** *Katzenberger* GRUR Int 2003, 889, 895 ff.; *Stieper/Frank* MMR 2000, 643, 646; *Reber* GRUR 1998, 792, 797). Zwar ist die DVD leistungsfähiger und bietet zusätzliche Funktionen (Mehrsprachigkeit, Szenenwechsel); diese sind jedoch nicht selbständig ohne den Film zu vermarkten. Entscheidend ist, dass es sich um einen Bild- und Tonträger handelt, der die Videokassette substituieren soll und auch tatsächlich ersetzt (*OLG München* GRUR 2003, 50, 54 – Der Zauberberg). In jedem Fall war die DVD 1998 bereits den maßgebenden Verkehrskreisen bekannt (*Köln* ZUM 2003, 317, 318 f.).

122   Der **Download von Filmwerken im Internet** hatte im Jahre 1998 noch keine wesentliche praktische Bedeutung erreicht. Ursache hierfür ist, dass die jeweils übertragene Datenmenge die verfügbaren Leitungskapazitäten in aller Regel übersteigt. Gleichwohl stellte das Bereitstellen von Filmen zumindest im Jahr 1998 eine bekannte Nutzungsart dar, für die die Einräumung von Nutzungsrechten wenigstens im Rahmen eines sog. Risikogeschäfts (Rn 110) möglich gewesen ist. Bei einem **Streaming von Filmwerken** zu vorgegebenen oder frei wählbaren Zeitpunkten dürfte es sich hingegen gegenüber den bereits bekannten Praktiken des Pay-per-View und des Video-on-demand nicht um neue Nutzungsarten handeln. Angesichts der zukünftigen Konvergenz der Medien macht es aus der Sicht des Nutzers keinen Unterschied, ob ein Film terrestrisch, per Kabel oder Satellit, oder in Dateiform über das Internet übertragen wird und ob er den Film auf dem Bildschirm des PC's oder des Fernsehgeräts betrachtet.

d) Sammelweke, Datenbanken. Im Bereich der Sammelwerke und Datenbanken **123** stellt die **CD-ROM** eine neue Nutzungsart gegenüber den bis dahin existierenden Printversionen von Sammelwerken und Datenbanken dar (*BGH* GRUR 2002, 248, 251 – SPIEGEL-CD-ROM; *OLG Hamburg* ZUM 1999, 78, 79; *Castendyk* ZUM 2002, 332, 346 f.). Die CD-ROM verkörpert eine mobile und damit erstmals handelbare Form einer elektronischen Datenbank. Sie bietet umfangreiche, bei der entspr. Printversion nicht vorhandene Möglichkeiten der Recherche und erlaubt außerdem eine einfache und platzsparende Form des Sammelns (*BGH* GRUR 2002, 248, 251 f. – SPIEGEL-CD-ROM). Die **Online-Version** einer Datenbank stellt wiederum gegenüber der CD-ROM eine neue Nutzungsart dar (*Möhring/Nicolini/Spautz* § 31 Rn 45). Denn eine Online-Datenbank, auch wenn sie keine zusätzlichen Recherchemöglichkeiten bietet, ist jederzeit auf einem aktuellen Stand. Typischerweise ist dies bei einer in regelmäßigen Zeitabständen erscheinenden CD-ROM nicht der Fall.

VIII. Räumlich, zeitlich oder inhaltlich eingeschränkte Einräumung von Nutzungsrechten (Abs. 1 S. 2)

Die Bestimmung, dass das Nutzungsrecht räumlich, zeitlich oder inhaltlich be- **124** schränkt eingeräumt werden kann, war vor der Reform des Urhebervertragsrechts (dazu Rn 9) in § 32 enthalten. Wird das Nutzungsrecht beschränkt eingeräumt, so ist der Inhaber des Nutzungsrechts an diese Schranken gebunden. Nur innerhalb der Schranken ist es ihm gestattet, das Werk zu nutzen. Eine hierüber hinausgehende Nutzung verletzt gleichermaßen den Nutzungsvertrag und das Urheberrecht. Zu den ausdrücklich erwähnten räumlichen, zeitlichen oder inhaltlichen Beschränkungen kommen noch die quantitativen Beschränkungen des Nutzungsrechts hinzu (Rn 130).

1. Räumliche Beschränkung

Nutzungsrechte werden in der Praxis mit räumlichen Beschränkungen eingeräumt. **125** Im int. Urheberrechtsverkehr ist insb. eine **Einräumung von Nutzungsrechten für einzelne Staaten** üblich. Oft erwirbt auch ein erster Verwerter weltweite Nutzungsrechte, die er sodann im Wege der Unterlizenzvergabe Dritten für einen oder mehrere Staaten überträgt. Für die Nutzung von Werken im Bereich des Internets ist eine derartige territoriale Segmentierung jedoch nur schwer durchzuhalten. Denkbar wäre allenfalls eine Verpflichtung des Erwerbers des Nutzungsrechts, das Werk nur für Internet-Seiten zu benutzen, die eindeutig auf das Gebiet einer oder mehrerer Staaten zugeschnitten sind.

Werden **Senderechte** eingeräumt, besteht die Möglichkeit, das Nutzungsrecht auf **126** ein bestimmtes Sendegebiet zu beschränken, das nicht notwendig mit dem Gebiet eines Staates übereinstimmt. Bei der Einräumung von **Aufführungsrechten an Bühnenwerken** ist es sogar üblich, das Nutzungsrecht räumlich beschränkt auf einen bestimmten Ort oder sogar auf eine bestimmte Spielstätte einzuräumen.

2. Zeitliche Beschränkung

Zeitliche Beschränkungen des Nutzungsrechts werden idR dadurch vereinbart, dass **127** der **Nutzungsvertrag zu einem bestimmten Zeitpunkt endet**. Wenn eine bestimmte Vertragsdauer nicht vereinbart ist, endet das Nutzungsrecht regelmäßig mit der Kündigung des Vertrags über seine Einräumung.

128 Die zeitliche Beschränkung des Nutzungsrechts ist kein geeignetes Mittel, die Erschöpfung des Verbreitungsrechts zu umgehen. In der Praxis spielt dies im Bereich des **Vertriebs von Computerprogrammen** immer wieder eine Rolle. Die Überlassung eines Computerprogramms gegen Zahlung einer einmaligen Gebühr ist regelmäßig als Kauf anzusehen (*BGHZ* 102, 135 ff.). Ungeachtet dessen sehen die Vertragsbedingungen für die Überlassung von Computerprogrammen häufig vor, dass die Rechte zur Nutzung des Programms zeitlich beschränkt eingeräumt werden. Dies würde iE dazu führen, dass nach Ablauf des Nutzungszeitraums der Käufer den von ihm erworbenen und insb. vollständig bezahlten Gegenstand nicht weiter nutzen dürfte. Die zeitliche Beschränkung des Nutzungsrechts wäre damit bei dem Kauf von Software jedenfalls in AGB, die bei dem Vertrieb von Standardsoftware praktisch ausschließlich eingesetzt werden, nach § 305c Abs. 1 BGB unwirksam.

3. Inhaltliche Beschränkung

129 Inhaltliche Beschränkungen des Nutzungsrechts sind **mit dinglicher Wirkung** nur für selbständig abspaltbare Nutzungsarten zulässig. Wird einem Dritten das Recht eingeräumt, das Werk über einen bestimmten Vertriebskanal zu verbreiten, und handelt es sich hierbei um eine eigenständige Nutzungsart, tritt die **Erschöpfung des Verbreitungsrechts** (§ 17 Abs. 2) nicht ein, wenn das Werk außerhalb dieses Vertriebskanals veräußert wurde (s. *BGH* GRUR 2001, 153, 154 – OEM-Version). Die Konsequenz hieraus ist, dass der Rechtsinhaber den Vertriebsweg kontrollieren kann und die Verkehrsfähigkeit des Werks insoweit eingeschränkt ist. Erfolgt allerdings das **erstmalige Inverkehrbringen** innerhalb des als eigenständige Nutzungsart anerkannten Vertriebskanals, so kann sich der Rechtsinhaber nicht dagegen wenden, wenn sich im späteren Verlauf der Handelskette Händler nicht mehr an die Beschränkung halten. Entscheidend ist, dass bei dem erstmaligen Inverkehrbringen Erschöpfung eingetreten ist (*BGH* GRUR 2001, 153, 154 f. – OEM-Version). Enthält ein Nutzungsvertrag **weitergehende inhaltliche Beschränkungen**, so haben diese **lediglich schuldrechtlichen Charakter**. Werden sie durch den Inhaber des Nutzungsrechts nicht eingehalten, so liegt eine Vertragsverletzung vor, die den Vertragspartner zur Kündigung des Vertrages berechtigen kann. Der Rechtsinhaber ist jedoch nicht befugt, innerhalb der Nutzungsart liegende Beschränkungen gegenüber Dritten durchzusetzen.

4. Sonstige Beschränkungen

130 Neben den in § 31 Abs. 1 S. 2 ausdrücklich erwähnten räumlichen, zeitlichen und inhaltlichen Beschränkungen sind insb. **quantitative Beschränkungen** im Urheberrechtsverkehr üblich. Im Bereich des Verlagsrechts kann das Nutzungsrecht beschränkt auf eine bestimmte Auflagenzahl sowie für eine oder mehrere Auflagen erteilt werden. Senderechte für das Fernsehen können ausschließlich für die erstmalige Sendung oder zusätzlich für eine oder mehrere Wiederholungssendungen eingeräumt werden. Werden Aufführungsrechte eingeräumt, so kann die Zahl der Aufführungen vertraglich festgelegt werden.

IX. Umfang des Nutzungsrechts, Zweckübertragungstheorie (Abs. 5)

1. Grundlagen und Anwendungsbereich

Bei § 31 Abs. 5 handelt es sich um eine gesetzliche Ausprägung der allg. Zweckübertragungslehre. Nach dieser räumt der Urheber in Verträgen über sein Urheberrecht im Zweifel Nutzungsrechte nur in dem Umfang ein, den die **Verwirklichung des Vertragszwecks** unbedingt erfordert (*BGH* GRUR 2002, 248, 251 – SPIEGEL-CD-ROM; *Schricker/Schricker* §§ 31/32 Rn 31). Es handelt sich hierbei um eine Auslegungsregel, die zum Ausdruck bringt, dass die urheberrechtlichen Befugnisse die Tendenz haben, so weit wie möglich bei dem Urheber zu verbleiben, damit dieser in angemessener Weise an den Erträgnissen seines Werkes beteiligt wird (*BGH* GRUR 2002, 248, 251 – SPIEGEL-CD-ROM). Voraussetzung für die Anwendbarkeit der Zweckübertragungsregel ist gem. Abs. 5 S. 1, dass die Nutzungsarten, für die die Rechtseinräumung erfolgt, nicht ausdrücklich einzeln bezeichnet sind (dazu Rn 134). Dieser Vorrang der ausdrücklichen Bezeichnung behindert jedoch nicht die Anwendbarkeit des Zweckübertragungsgedankens bei der Ermittlung des Umfangs des sich innerhalb einer bestimmten Nutzungsart haltenden Nutzungsrechts (*BGH* GRUR 2002, 248, 251 – SPIEGEL-CD-ROM). Dies ergibt sich auch aus § 31 Abs. 5 S. 2. **Spezielle Ausprägungen** der Zweckübertragungslehre für einzelne Anwendungsfälle finden sich in den §§ 37, 38, 88, 89. Für ihren konkreten Anwendungsbereich gehen diese Bestimmungen dem § 31 Abs. 5 vor, der jedoch erg. anwendbar bleibt.

131

Nach § 31 Abs. 5 S. 2 kommt es auf den Vertragszweck auch dann an, wenn der Vertrag nicht ausdrücklich regelt, ob überhaupt ein Nutzungsrecht eingeräumt wurde. Entsprechendes gilt, wenn unklar ist, ob ein einfaches oder ausschließliches Nutzungsrecht eingeräumt wird. Schließlich stellt § 31 Abs. 5 S. 2 klar, dass der Vertragszweck maßgebend ist, wenn der Vertrag nicht eindeutig klärt, wie weit Nutzungsrecht und Verbotsrecht reichen und welchen Einschränkungen das Nutzungsrecht unterliegt. Abs. 5 S. 2 wurde durch die Reform des Urhebervertragsrechts (dazu Rn 9) eingeführt. Die entspr. Anwendbarkeit von § 31 Abs. 5 aF auf die Mehrzahl der nunmehr in Abs. 5 S. 2 genannten Fälle war bereits vor der Reform des Urhebervertragsrechts anerkannt (s. *Schricker/Schricker* §§ 31/32 Rn 32; *Fromm/Nordemann/Hertin* §§ 31/32 Rn 28). Insoweit hat die Neufassung von Abs. 5 nur klarstellende Wirkung (s. BT-Drucks. 14/6433, 14).

132

Abs. 5 ist nicht nur auf das Verhältnis zwischen Urheber und Ersterwerber eines Nutzungsrechts, sondern auch bei einer **Weiterübertragung** desselben oder eines Ausschnitts hiervon anwendbar (*BGH* GRUR 1976, 382, 383 – Kaviar; s. auch *BGH* GRUR 1960, 197, 199 – Keine Ferien für den lieben Gott; GRUR 1959, 197 – Verkehrskinderlied). Ebenso ist anerkannt, dass der Zweckübertragungsgedanke in Verträgen über die Übertragung oder Einräumung von Nutzungsrechten an verwandten Schutzrechten Anwendung findet (*BGH* GRUR 1984, 119, 121 – Synchronisationssprecher; GRUR 1979, 637 – White Christmas). Auf die Fälle einer schuldrechtlichen Einwilligung in die Nutzung des Werks (s. Rn 33) wird die Zweckübertragungslehre nicht angewendet (*Schricker/Schricker* §§ 31/32 Rn 37).

133

2. Vorrang der ausdrücklichen Bezeichnung

134 Es ist nur dann zu prüfen, auf welche Nutzungsarten sich das Nutzungsrecht nach dem Vertragszweck erstreckt, wenn die Nutzungsarten im Vertrag nicht ausdrücklich einzeln bezeichnet wurden. Sowohl für Abs. 5 S. 1 als auch für Abs. 5 S. 2 gilt, dass eine **über den Vertragszweck hinausgehende Rechtseinräumung möglich ist, wenn dies nur ausdrücklich vereinbart** wird. Die Auslegungsregel, nach der der Vertragszweck den Umfang der Rechtseinräumung bestimmt, findet somit nur subsidiär Anwendung. Unter Nutzungsarten iSd Abs. 5 S. 1 sind selbständig abspaltbare Nutzungsarten (s. Rn 105 ff.) zu verstehen (*Schricker/Schricker* §§ 31/32 Rn 38 mwN). Die **Nutzungsarten sind einzeln aufzuführen**. Diese Voraussetzung soll insb. verhindern, dass Nutzungsrechte pauschal für alle Nutzungsarten eingeräumt werden. Durch Einfügung des Worts „ausdrücklich" in Abs. 5 S. 1 im Zuge der Reform des Urhebervertragsrechts wurde außerdem klargestellt, dass eine stillschweigende Vereinbarung nicht ausreichend ist. Die ausdrückliche und einzelne Angabe einer Nutzungsart im Vertrag bedeutet nicht, dass die Rechtseinräumung insgesamt von der Zweckübertragungsregel ausgenommen ist. Nach dieser sind vielmehr auch die **Grenzen des sich ganz in einer Nutzungsart haltenden Nutzungsrechts** zu bestimmen. Dies war bereits zu § 31 Abs. 5 aF anerkannt (*BGH* GRUR 2002, 248, 251 – SPIEGEL-CD-ROM) und ergibt sich nunmehr aus der Erwähnung der Reichweite des Nutzungsrechts in Abs. 5 S. 2. Dies bedeutet zugleich, dass der Erwerber des Nutzungsrechts, der einen möglichst umfassenden Rechtserwerb sicherstellen möchten, seiner Spezifizierungslast durch die bloße Angabe der Nutzungsart dann nicht genügt, wenn innerhalb dieser Nutzungsart eine unterschiedliche Ausgestaltung des Umfangs des Nutzungsrechts möglich ist.

135 Hinsichtlich der Spezifizierungslast, die sich aus Abs. 5 S. 2 ergibt, ist nach den einzelnen dort genannten Fällen zu unterscheiden. Die Frage, **ob überhaupt ein Nutzungsrecht eingeräumt** wurde, stellt sich nur dann, wenn der Vertrag hierzu keine Regelung enthält. Insoweit schützt § 31 Abs. 5 S. 2 weniger die Interessen des Rechtsinhabers, sondern vielmehr jene des Erwerbers, der auch ohne ausdrückliche Vereinbarung die zur Durchführung des Vertragszwecks erforderlichen Nutzungsrechte erwirbt. Der Rechtsinhaber sollte für eine ausdrückliche Klarstellung sorgen, wenn überhaupt keine Nutzungsrechte eingeräumt werden sollen. Hingegen wird in erster Linie der Erwerber des Nutzungsrechts darauf zu achten haben, dass eine von ihm etwa gewünschte **ausschließliche Rechtseinräumung** ausdrücklich vereinbart wird. Denn nach dem Grundsatz, dass das Urheberrecht soweit wie möglich bei dem Inhaber zurückbleibt, wird im Zweifel nur von der Einräumung einfacher Nutzungsrechte auszugehen sein. Die **Reichweite des Nutzungsrechts** ist gem. Abs. 5 S. 2 nach der Zweckübertragungsregel zu ermitteln, wenn sie im Vertrag nicht ausdrücklich geklärt ist. Relevant wird dies, wenn der Vertrag zwar die Nutzungsarten, für die das Nutzungsrecht eingeräumt wird, ausdrücklich regelt, innerhalb der Nutzungsart jedoch eine weitere Unterteilung in Nutzungsrechte unterschiedlichen Umfangs möglich ist (s. Rn 134). Die Frage nach dem **Umfang des Verbotsrechts** kann sich nur bei der Einräumung ausschließlicher Nutzungsrechte stellen (s. Rn 104). Hier trägt der Erwerber des Nutzungsrechts die Spezifizierungslast, wenn er ein über den Umfang des Nutzungsrechts hinausgehendes Verbotsrechts sicherstellen möchte. Stellt sich die Frage, ob der Urheber zur Nutzung des Werks neben dem Inhaber eines ausschließlichen Nutzungsrechts berechtigt ist, findet Abs. 5 S. 2 keine Anwendung. Insoweit ist allein Abs. 3 S. 2 maßgebend. Das Verbotsrecht des Inhabers eines ausschließlichen Nutzungsrechts besteht also auch gegenüber dem Urheber, wenn ihm die Nutzung nicht vorbehalten wurde. Insoweit trifft also den Urheber die Spezifizierungslast. Soweit es um die Frage geht, ob das **Nutzungsrecht nur mit Einschränkungen** eingeräumt wurde, ergibt eine Spezifizierung aus der Sicht des Erwerbers nur dann Sinn, wenn der Vertrag Anhaltspunkte dafür enthält, dass eine solche Einschränkung gewollt sein könnte. Ist dies fraglich, muss erg. auf den Vertragszweck abgestellt werden. IÜ hat der Hinweis auf Einschränkungen des Nutzungsrechts, wie jener auf den Umfang des Nutzungsrechts, neben Abs. 5 S. 1 keine eigenständige Bedeutung.

3. Ermittlung des Vertragszwecks

Enthält der Nutzungsvertrag zu den in Abs. 5 S. 1 und 2 aufgeworfenen Fragen keine **136** ausdrückliche Regelung, sind diese unter Berücksichtigung des Vertragszwecks zu beantworten. Welchen Vertragszweck die Parteien verfolgt haben, ist eine **Tatsachenfrage**. Der Vertragszweck ist **entspr. §§ 133, 157 BGB nach Treu und Glauben mit Rücksicht auf die Verkehrssitte** zu ermitteln. Entscheidend ist der Vertragszweck, über den zwischen dem Urheber und dem Erwerber des Nutzungsrechts Konsens bestand. Maßgebend sind sämtliche Umstände des Einzelfalls. Anhaltspunkte für den Vertragszweck können nicht nur dem Vertragswortlaut selbst, sondern auch einem Verhalten vor Vertragsabschluss, insb. einer in diesem Zusammenhang erfolgten Korrespondenz entnommen werden (*BGH* GRUR 1996, 121, 122 – Pauschale Rechtseinräumung; *LG München* NJW-RR 2000, 1148 ff.). Auf den Vertragswortlaut kann es dann allerdings nicht ankommen, wenn dieser eine **pauschale Zweckbeschreibung** enthält, die offensichtlich nicht dem tatsächlich verfolgten Zweck entspricht. Wesentliche Bedeutung hat außerdem, welcher Vertragszweck bei vergleichbaren Verträgen üblich ist (*BGH* GRUR 1996, 121, 122 – Pauschale Rechtseinräumung; GRUR 1986, 885, 886 – Metaxa). Bei diesem Vergleich mit der übrigen Vertragspraxis kommt es auf den Zeitpunkt an, in dem der in Rede stehende Vertrag geschlossen wurde (*BGH* GRUR 1974, 786, 787 – Kassettenfilm).

4. Fallgruppen und Beispiele

a) Sprachwerke. Der Inhaber einer **Taschenbuch-Lizenz** ist nicht berechtigt, das **137** Werk in Form einer Hardcover-Ausgabe zu nutzen. Entspr. hat er nicht das Recht, einem Dritten diese Nutzung zu untersagen (*BGH* GRUR 1992, 310, 311 f. – Taschenbuchlizenz). Die Übertragung der Nutzungsrechte an der **Übersetzung eines Sprachwerks** umfasst nur dann das Recht, eine Buchgemeinschaftsausgabe herzustellen und zu vertreiben, wenn dies dem Zweck des Vertrags entspricht (*BGH* GRUR 1968, 152, 153 f. – Angelique; GRUR 1959, 200, 203 – Der Heiligenhof).

Enthält der zwischen dem Urheber und dem Verleger geschlossene Vertrag keine **138** eindeutige Regelung dazu, ob die Nutzungsrechte für **eine oder mehrere Auflagen** eingeräumt werden, so lässt sich aus der Tatsache, dass über eine Zusatzvergütung für weitere Auflagen erfolglos verhandelt wurde, nicht schließen, dass die Nutzungsrechte für die weiteren Auflagen eingeräumt wurden (*BGH* GRUR 1985, 378, 379 – Illustrationsvertrag; s. auch *BGH* GRUR 1984, 528 – Bestellvertrag; *KG* GRUR

1991, 596, 599). Besteht eine Verkehrssitte, nach der eine Übersetzung in mehreren Auflagen erscheint, so ist mangels abweichender Anhaltspunkte nicht davon auszugehen, dass Nutzungsrechte an der Übersetzung nur für eine Auflage eingeräumt wurden (*KG* ZUM 2002, 291 ff.).

139 Ein Journalist, der einem Zeitschriftenverlag Rechte zur Nutzung seines Werks für ein Druckerzeugnis einräumt, vergibt damit nicht gleichzeitig die Rechte für eine CD-ROM-Ausgabe derselben Zeitschrift (*BGH* GRUR 2002, 248, 251 f. – SPIEGEL-CD-ROM).

140 Die Einräumung des Rechts, ein **Computerprogramm** für „eigene Zwecke" zu nutzen, umfasst im Zweifel das Recht, das Programm durch einen Dritten in einem Rechenzentrum betreiben zu lassen (s. § 69c Rn 32). Wer die Entwicklung eines Computerprogramms vollständig bezahlt, ist idR berechtigt, auch ohne ausdrückliche Spezifizierung einzelner Nutzungsarten das von ihm in Auftrag gegebene Computerprogramm umfassend zu nutzen.

141 **b) Werke der Musik.** Einem Komponisten, der **pauschal sämtliche Rechte an einem Musikwerk** einem Dritten zur Nutzung einräumt, verbleibt das Verlagsrecht und das Bühnenaufführungsrecht, wenn der Zweck des Vertrags die Nutzung des Werks als Hintergrundmusik ist (*BGH* GRUR 1971, 480, 481 – Schwarzwaldfahrt). Die Einräumung des Rechts zur **bühnenmäßigen Aufführung** eines musikalischen Werks (Operette) schließt im Zweifel das Recht zur Verfilmung des Werks nicht ein. Dies gilt selbst dann, wenn der Film Bestandteil der Aufführung sein soll (*BGH* GRUR 1971, 35, 39 – Maske in Blau).

142 **c) Bildende Kunst, Bauwerke, angewandte Kunst.** Wird eine **Werbeagentur oder ein Grafik-Designer** damit beauftragt, bestimmte Kommunikationsmittel für einen Auftraggeber zu entwickeln, so geht der Vertragszweck regelmäßig dahin, dass dem Auftraggeber die sachlich und zeitlich umfassende Nutzung ermöglicht werden soll (s. *BGH* GRUR 1988, 300 – Fremdenverkehrsbroschüre; GRUR 1966, 691 – Schlafsäcke).

143 Ein **Architekt**, der sich im Rahmen eines Gesellschaftsvertrags verpflichtet, der Gesellschaft für den Fall seines Ausscheidens die ausschließlichen Nutzungsrechte an seinen Werken zu überlassen, ist an diese Verpflichtung nur gebunden, soweit dies iSd Vertragszwecks ist (*BGH* GRUR 1996, 121 – Pauschale Rechtseinräumung). Für die Frage, ob ein Architekt Nutzungsrechte an von ihm erstellten Plänen einräumt, kommt es wesentlich darauf an, ob und inwieweit ihm ein Auftrag erteilt wurde. Soweit es an einem gesicherten Auftrag fehlt, ist im Zweifel davon auszugehen, dass eine Einräumung von Nutzungsrechten nicht stattgefunden hat (*BGH* GRUR 1984, 656 – Vorentwurf; GRUR 1981, 196, 197 – Honorarvereinbarung). Ohne entspr. ausdrückliche Regelung ist nicht davon auszugehen, dass ein Architekt an der von ihm geleisteten Planung Nutzungsrechte für mehr als ein Bauwerk einräumt (*BGH* GRUR 1981, 196, 197 – Honorarvereinbarung).

144 **d) Lichtbildwerke, Lichtbilder.** Werden **Fotografien** für einen ganz bestimmten Zweck angefertigt, so können sie durch den Auftraggeber nicht für einen anderen Zweck eingesetzt werden. Ein für ein Schallplatten-Cover erstelltes Foto darf nicht in der Plakatwerbung für Konzerte verwendet werden (*OLG Hamburg* AfP 1987,

698). Der Umstand, dass dem Auftraggeber die Original-Lichtbilder zur Verfügung gestellt werden, besagt nicht, dass ihm über den Vertragszweck hinaus Nutzungsrechte eingeräumt werden sollten (*OLG Düsseldorf* GRUR 1988, 541). Wird zwischen dem Lichtbildner und dem Hersteller vereinbart, dass ein bestimmtes Foto zur Ankündigung eines Films genutzt werden darf, darf das Foto im Zusammenhang mit sämtlichen üblichen Verwertungsformen des Films (Kino, Fernsehen, Video etc) eingesetzt werden (*OLG München* ZUM 1995, 798, 800). Ein Fotograf, der einem Zeitschriftenverlag Rechte zur Nutzung seiner Leistung für ein Druckerzeugnis einräumt, vergibt damit nicht gleichzeitig die Rechte für eine CD-ROM-Ausgabe derselben Zeitschrift (*BGH* GRUR 2002, 248, 251 – SPIEGEL-CD-ROM). Die Überlassung eines Fotos zum Abdruck in einer Tageszeitung schließt nicht das Recht zur Nutzung des Fotos auf der Internet-Homepage oder in einem Internet-Archiv der Tageszeitung ein (*KG* GRUR 2002, 253 – Mantellieferung; **aA** *OLG Hamburg* ZUM 2002, 833, 835: Bilder für Programmzeitschrift dürfen auch für Ankündigung des Programms im Internet eingesetzt werden).

e) Filmwerke. Wird einem Filmhersteller das Recht eingeräumt, ein Werk der Lit. **145** als Kinofilm zu verfilmen und diesen Film auch der Fernsehauswertung zuzuführen, liegt hierin keine Einräumung des Rechts zur Herstellung eines Fernsehfilms, und zwar selbst dann nicht, wenn eine wiederholte Verfilmung (als Kinofilm) nach dem Vertragsinhalt möglich ist (*BGH* GRUR 1976, 382 – Kaviar). Erwirbt der Filmhersteller das Recht zur Kinovorführung des ihm hergestellten Films, so liegt hierin ohne ausdrückliche Vereinbarung nicht gleichzeitig das Recht zur Fernseh-Sendung dieses Films (*BGH* GRUR 1969, 143 – Curt Goetz-Filme II; vgl § 88 Abs. 1 Nr. 3 und 4).

§ 32   Angemessene Vergütung

(1) Der Urheber hat für die Einräumung von Nutzungsrechten und die Erlaubnis zur Werknutzung Anspruch auf die vertraglich vereinbarte Vergütung. Ist die Höhe der Vergütung nicht bestimmt, gilt die angemessene Vergütung als vereinbart. Soweit die vereinbarte Vergütung nicht angemessen ist, kann der Urheber von seinem Vertragspartner die Einwilligung in die Änderung des Vertrages verlangen, durch die dem Urheber die angemessene Vergütung gewährt wird.

(2) Eine nach einer gemeinsamen Vergütungsregel (§ 36) ermittelte Vergütung ist angemessen. Im Übrigen ist die Vergütung angemessen, wenn sie im Zeitpunkt des Vertragsschlusses dem entspricht, was im Geschäftsverkehr nach Art und Umfang der eingeräumten Nutzungsmöglichkeit, insbesondere nach Dauer und Zeitpunkt der Nutzung, unter Berücksichtigung aller Umstände üblicher- und redlicherweise zu leisten ist.

(3) Auf eine Vereinbarung, die zum Nachteil des Urhebers von den Absätzen 1 und 2 abweicht, kann der Vertragspartner sich nicht berufen. Die in Satz 1 bezeichneten Vorschriften finden auch Anwendung, wenn sie durch anderweitige

Gestaltungen umgangen werden. Der Urheber kann aber unentgeltlich ein einfaches Nutzungsrecht für jedermann einräumen.

(4) Der Urheber hat keinen Anspruch nach Absatz 1 Satz 3, soweit die Vergütung für die Nutzung seiner Werke tarifvertraglich bestimmt ist.

Literatur: *Bayreuther* Zum Verhältnis zwischen Arbeits-, Urheber- und Arbeitnehmererfindungsrecht, GRUR 2003, 570; *Berger, C.* Zum Anspruch auf angemessene Vergütung (§ 32 UrhG) und weitere Beteiligung (§ 32a UrhG) bei Arbeitnehmer-Urhebern, ZUM 2003, 173; *Berger, D.* Der Anspruch auf angemessene Vergütung gem. § 32 UrhG: Konsequenzen für die Vertragsgestaltung, ZUM 2003, 521; *Dietz* Die Pläne der Bundesregierung zu einer gesetzlichen Regelung des Urhebervertragsrechts, ZUM 2001, 276; *Erdmann* Urhebervertragsrecht im Meinungsstreit, GRUR Int 2002, 923; *Flechsig* Der Entwurf eines Gesetzes zur Stärkung der vertragsrechtlichen Stellung von Urhebern und ausübenden Künstlern, ZUM 2000, 484; *Grzeszick* Der Anspruch des Urhebers auf angemessene Vergütung: Zulässiger Schutz jenseits der Schutzpflicht, AfP 2002, 383; *Hertin* Urhebervertragsnovelle 2002: Up-Date von Urheberrechtsverträgen, MMR 2003, 16; *Hucko* Zum Sachstand in Sachen Urhebervertragsgesetz, ZUM 2001, 273; *Kreile* Die Pläne der Bundesregierung zu einer gesetzlichen Regelung des Urhebervertragsrechts – ein Beitrag aus der Sicht der Film- und Fernsehproduzenten, ZUM 2001, 300; *Ory* Das neue Urhebervertragsrecht, AfP 2002, 93; *ders.* Rechtspolitische Anmerkungen zum Urhebervertragsrecht, ZUM 2001, 195; *Poll* Die Pläne der Bundesregierung zu einer gesetzlichen Regelung des Urhebervertragsrechts – ein Beitrag aus der Sicht der Spitzenorganisation der deutschen Filmwirtschaft (SPIO), ZUM 2001, 306; *Reber* Aktuelle Fragen zu Recht und Praxis der Verwertungsgesellschaften, GRUR 2000, 203; *ders.* Die Pläne der Bundesregierung zu einer gesetzlichen Regelung des Urhebervertragsrechts, ZUM 2001, 282; *ders.* Das neue Urhebervertragsrecht ZUM 2000, 729; *ders.* Die Redlichkeit der Vergütung (§ 32) im Film- und Fernsehbereich, GRUR 2003, 393; *Schack* Urhebervertragsrecht im Meinungsstreit, GRUR 2002, 853; *Schaefer* Einige Bemerkungen zum Professorenentwurf für ein Urhebervertragsrecht – ein Beitrag aus der Sicht der deutschen Landesgruppe der IFPI e.V., ZUM 2001, 315; *Schimmel* Die Pläne der Bundesregierung zu einer gesetzlichen Regelung des Urhebervertragsrechts, ZUM 2001, 290; *Schmidt* Der Vergütungsanspruch des Urhebers nach der Reform des Urhebervertragsrechts, ZUM 2002, 781; *Schricker* Zum neuen deutschen Urhebervertragsrecht, GRUR Int 2002, 797; *ders.* Zum Begriff der angemessenen Vergütung im Urheberrecht – 10 % vom Umsatz als Maßstab?, GRUR 2002, 737; *Spautz* Was sagt uns die „Zauberflöte" zum Urhebervertragsrecht?, ZUM 2001, 317; *Stickelbrock* Ausgleich gestörter Vertragsparität durch das neue Urhebervertragsrecht?, GRUR 2001, 1087; *Thüsing* Tarifvertragliche Chimären – Verfassungsrechtliche und arbeitsrechtliche Überlegungen zu den gemeinsamen Vergütungsregeln nach § 36 UrhG nF, GRUR 2002, 203; *Wandtke* Zur Reform des Urhebervertragsrechts, K&R 2001, 601; *Weber* Die Pläne der Bundesregierung zu einer gesetzlichen Regelung des Urhebervertragsrechts – ein Beitrag aus der Sicht des öffentlich-rechtlichen Fernsehens, ZUM 2001, 311.

Übersicht

I. Allgemeines

Die Vorschrift regelt die **Vergütung des Urhebers** als Gegenleistung für die gem. **1** § 31 eingeräumten Nutzungsrechte. Sie wurde als eines der Kernelemente der Reform des Urhebervertragsrechts (dazu Rn 2 und § 31 Rn 8 f.) in das UrhG aufgenommen. Welche Vergütung der Urheber für die Nutzung des Werks erhält, folgt gem. Abs. 1 S. 1 in erster Linie aus den vertraglichen Absprachen. Fehlen diese, gilt eine angemessene Vergütung als vereinbart (Abs. 1 S. 2). Ist die vereinbarte Vergütung nicht angemessen, kann der Urheber einen Korrekturanspruch geltend machen und die Anpassung des Vertrags verlangen (Abs. 1 S. 3). Was angemessen ist, wird sodann in Abs. 2 geregelt. Eine Korrektur der vertraglich vereinbarten Vergütung scheidet aus, wenn diese nach einer gemeinsamen Vergütungsregel gem. § 36 ermittelt oder tarifvertraglich festgelegt wurde (Abs. 2 S. 1, Abs. 4). Den zwingenden Charakter von Abs. 1 und 2 schreibt Abs. 3 fest. Gleichzeitig wird aber bestimmt, dass der Urheber berechtigt ist, ein unentgeltliches Nutzungsrecht gegenüber jedermann einzuräumen (Abs. 3 S. 2). Mit dieser Regelung hat der Gesetzgeber in erster Linie Open Source Software im Blick.

Die Sicherung der angemessenen Vergütung des Urhebers war der **wesentliche Be-** **2** **weggrund für die Reform des Urhebervertragsrechts**. Die Regelung des Vergütungsanspruchs ist insoweit im Zusammenhang mit dem aufgewerteten Bestseller-Paragraph in § 32a und der Aufstellung gemeinsamer Vergütungsregeln gem. § 36 zu sehen. Auch wenn die Urheber (und ausübenden Künstler, § 79 Abs. 2) durch diese Bestimmungen im Vergleich mit der früheren Rechtslage besser gestellt werden, bleibt die geltende Fassung der Vorschriften deutlich hinter den ursprünglichen Zielen des Gesetzgebers zurück. Der RegE v. 30.5.2001 sah einen gesetzlichen Vergütungsanspruch vor, der dem Urheber nicht nur gegenüber seinem Vertragspartner, sondern gegenüber jedem Nutzer des Werks zustehen sollte (s. BT-Drucks. 14/6433, 3, 14). Dass dieses Konzept eines absoluten gesetzlichen Vergütungsanspruchs nicht durchzusetzen war, mussten die Verfasser des RegE schließlich einräumen (s. BT-Drucks. 14/8058, 18).

Sinn und Zweck der Vorschrift ist es, den Urheber vor einer unangemessenen Be- **3** nachteiligung durch den wirtschaftlich regelmäßig stärkeren Verwerter seines Werks zu schützen. Aus diesem Schutzzweck folgt, dass § 32 keine Anwendung findet, wenn es um die Einräumung von Nutzungsrechten auf nachfolgenden Stufen der Verwertungskette geht (dh, Verträge ohne Beteiligung des Urhebers). Aus dem gleichen Grund findet die Vorschrift, mit Ausnahme des Herausgebers wissenschaftlicher Aufgaben (§ 70 Abs. 1), des Lichtbildners (§ 72 Abs. 1) und des ausübenden Künstlers (§ 79 Abs. 2), zugunsten der Inhaber verwandter Schutzrechte keine Anwendung. Dogmatisch betrachtet handelt es sich bei § 32 um einen gesetzlich vorgeschriebenen Fall der objektiven Inhaltskontrolle (*Erdmann* GRUR 2002, 923, 925).

4   Der Schutz des § 32 wird durch § 32a ergänzt. Während § 32 die angemessene Vergütung zum Zeitpunkt des Vertragsabschlusses sichert, soll § 32a korrigierend eingreifen, wenn sich nach diesem Zeitpunkt die tatsächlichen Verhältnisse in eine Richtung entwickeln, die die Angemessenheit der Vergütung in einer Weise beseitigt, dass ein auffälliges Missverhältnis besteht. Das Zusammenspiel zwischen §§ 32, 32a stellt ein abschließendes gesetzliches Instrumentarium zur Korrektur der vertraglich zwischen dem Urheber und dem Nutzer eines Werks vereinbarten Vergütung dar. Auf eine Störung der Geschäftsgrundlage iSd § 313 Abs. 1 BGB kann sich der Urheber neben §§ 32, 32a nicht berufen (*Wandtke/Bullinger/Wandtke/Grunert* § 32 Rn 52).

II. Anwendungsbereich

1. Geltung für sämtliche Arten der Nutzungsberechtigung

5   Nach Abs. 1 S. 1 gilt § 32 für die Einräumung von Nutzungsrechten und die Erlaubnis zur Werknutzung. Damit ist jede vertraglich unmittelbar von dem Urheber abgeleitete Berechtigung zur Nutzung des Werks, soweit es um die Vergütung geht, am Maßstab des § 32 zu messen. Umfasst wird nicht nur die Einräumung eines Nutzungsrechts, sondern jede Form der Einwilligung in die Nutzung des Werks (dazu § 31 Rn 16, 33). Insgesamt gilt § 32 damit für sämtliche rechtsgeschäftlichen Nutzungsverhältnisse, an denen der Urheber unmittelbar beteiligt ist (eingehend *Schricker* GRUR Int 2002, 797, 801; s. auch *Berger* ZUM 2003, 521, 522). Auf Nutzungsverhältnisse nachgelagerter Stufen, an denen der Urheber selbst nicht beteiligt ist, findet § 32 keine Anwendung. Ebenso findet § 32 keine Anwendung zugunsten der Leistungsschutzberechtigten. Eine Ausnahme gilt hier für ausübende Künstler (§ 79 Abs. 2), Lichtbildner (§ 72 Abs. 1) sowie die Herausgeber wissenschaftlicher Ausgaben (§ 70 Abs. 1). Nicht einfach zu beantworten ist die Frage, ob sich neben deutschen Staatsangehörigen oder Staatsangehörigen eines Mitgliedstaates der EU oder eines Vertragsstaates des EWR-Abkommens auch ausländische Staatsangehörige auf §§ 32, 32a berufen können, insb. iRd maßgebenden Staatsverträge (dazu eingehend *Hilty/Peukert* GRUR Int 2002, 643, 651 ff.).

2. Arbeitsverhältnisse und § 32

6   Nach § 43 sind die „Vorschriften dieses Unterabschnitts", dh der §§ 31 ff., auch zugunsten der Urheber anzuwenden, die ihre Werke in Erfüllung ihrer Verpflichtungen aus einem Arbeits- oder Dienstverhältnis geschaffen haben. Nach dem Wortlaut des Gesetzes kann sich damit auch ein Urheber im Arbeitsverhältnis auf § 32 berufen. Eben dies ist allerdings streitig. Unter Hinweis auf die Entstehungsgeschichte der Reform des Urhebervertragsrechts wird die Anwendbarkeit von § 32 auf Urheber-Arbeitnehmer abgelehnt (*Ory* AfP 2002, 93, 95; *Berger* ZUM 2003, 173 ff.). In der Tat sah der ursprüngliche RegE einen neuen § 43 Abs. 3 vor, der § 32 für anwendbar erklärte, soweit die Nutzung der Werke nicht durch Lohn oder Gehalt tatsächlich ab-

gegolten ist (BT-Drucks. 14/6433, 5). Letztlich wurde § 43 im Zuge der Reform des Urhebervertragsrechts nicht geändert. Ob dies den Schluss zulässt, dass § 32 schlechthin auf Urheber in Arbeitsverhältnissen unanwendbar ist, erscheint fraglich. Gerade der Hinweis im weiteren Verlauf des Gesetzgebungsverfahrens, das geltende Recht werde beibehalten und die von Rspr und Lehre entwickelten Grundsätze zu den Vergütungsansprüchen der Urheber in Arbeitsverhältnissen blieben unberührt (BT-Drucks. 14/8058, 51 f.), spricht gegen einen gesetzgeberischen Willen, die Anwendbarkeit des § 32 zugunsten von Urheber-Arbeitnehmern auszuschließen. Vor allem aber gilt, dass die Grenze einer jeden Auslegung der Wortlaut des Gesetzes ist, der eindeutig für eine Anwendbarkeit des § 32 auf Urheber in Arbeitsverhältnissen spricht (s. § 43). Nach den gem. § 43 für Urheber in Arbeitsverhältnissen geltenden Grundsätzen kommt jedoch eine über das Gehalt hinausgehende Vergütung des Arbeitnehmers dort nicht in Betracht, wo er ein Werk, das zur Nutzung für die betrieblichen Zwecke des Arbeitgebers geeignet ist, in Erfüllung seiner arbeitsvertraglichen Verpflichtungen geschaffen hat (s. § 43 Rn 22 ff. sowie *Stickelbrock* GRUR 2001, 1087, 1091).

III. Vorrang der vertraglich vereinbarten Vergütung (Abs. 1 S. 1 und 2)

Welche Vergütung durch den Nutzer eines Werks geschuldet wird, ergibt sich aus   7
dem Inhalt des mit dem Urheber geschlossenen Vertrags (Abs. 1 S. 1). Fehlt es an einer vertraglichen Absprache, gilt eine angemessene Vergütung als vereinbart (Abs. 1 S. 2). Welche Vergütung angemessen ist, ergibt sich wiederum aus Abs. 2 (dazu Rn 24 ff.). Der **Vorrang der vertraglich vereinbarten Vergütung** kann auf zweifache Weise durchbrochen werden. Eine Anpassung der Vergütung durch Änderung des Vertrags kann der Urheber von dem Erwerber des Nutzungsrechts verlangen, entweder wenn die vereinbarte Vergütung nicht angemessen ist (§ 32 Abs. 1 S. 3; s. dazu Rn 14 ff.) oder wenn sie zunächst zwar angemessen ist, aber zu einem späteren Zeitpunkt in einem auffälligen Missverhältnis zu den Erträgen und Vorteilen des Erwerbers des Nutzungsrechts aus der Nutzung des Werkes steht (§ 32a Abs. 1).

Welche **Form der Vergütung** die Parteien des Nutzungsvertrags wählen, bleibt ih-   8
nen überlassen. Sie können ein erfolgsabhängiges Honorar vereinbaren, zB eine prozentuale Beteiligung des Urhebers an den Erträgen des Erwerbers des Nutzungsrechts aus der Verwertung des Werks. Ebenso ist eine Pauschalvergütung möglich, zB als Einmalzahlung oder als regelmäßig wiederkehrende Zahlung. Möglich ist auch eine Vergütung, die sich aus festen und erfolgsabhängigen Bestandteilen zusammensetzt. Die Vorschrift des § 32 enthält keine Vorgabe für die Form der Vergütung und soll insb. den Weg zu neuen Vergütungsmodellen nicht versperren, sofern die Vergütung nur angemessen und redlich ist (s. BT-Drucks. 14/8058, 18).

Sobald eine erfolgsabhängige Vergütung geschuldet wird, ist der Urheber zur Gel-   9
tendmachung des Vergütungsanspruchs auf die **Rechnungslegung** durch den Inhaber des Nutzungsrechts angewiesen. Auch ohne ausdrückliche vertragliche Regelung besteht ein Anspruch des Urhebers auf Auskunftserteilung und Rechnungslegung aus §§ 242, 259 BGB (§ 31 Rn 38). Unabhängig davon empfiehlt es sich, im Vertrag festzulegen, wie die Rechnungslegung zu erfolgen hat und welche Informationen zu welchem Zeitpunkt durch den Inhaber des Nutzungsrechts zur Verfügung zu stellen sind.

IV. Vertragsanpassung bei nicht angemessener Vergütung

1. Korrekturanspruch (Abs. 1 S. 3)

10   Ist die vereinbarte **Vergütung nicht angemessen**, kann der Urheber von seinem Vertragspartner gem. Abs. 1 S. 3 eine **Änderung des Vertrags** in dem Sinne verlangen, dass die vereinbarte Vergütung durch eine angemessene Vergütung ersetzt wird. Ob die vertraglich vereinbarte Vergütung angemessen ist, bestimmt sich nach Abs. 2 (dazu Rn 24 ff.). Es entspricht dem Prinzip des Vorrangs der vertraglichen Abrede, dass das Gesetz nicht einen unmittelbaren Anspruch auf die erg. Vergütung gewährt, sondern lediglich eine Korrektur des Vertrags vorsieht. Bei einer prozessualen Durchsetzung des Rechts aus Abs. 1 S. 3 kann der Urheber jedoch unmittelbar auf Zahlung des angemessenen Entgelts klagen (*BGH* GRUR 1991, 901 – Horoskop-Kalender; s. auch BT-Drucks. 14/8058, 18). Der Urheber kann die zusätzliche Vergütung nicht erst ab dem Zeitpunkt des Änderungsverlangens oder der Entsch. hierüber, sondern **für die gesamte Vertragsdauer** verlangen. Mit dem Sinn und Zweck von § 32 Abs. 1 wäre es unvereinbar, wenn der Erwerber des Nutzungsrechts durch einen langwierigen Rechtsstreit seine Verpflichtung zur Leistung einer angemessenen Vergütung verzögern könnte. Der Korrekturanspruch verjährt nach den allg. Regeln der §§ 194 ff. BGB, also gem. §§ 195, 199 Abs. 1 BGB drei Jahre nachdem der Urheber Kenntnis der anspruchsbegründenden Tatsachen erlangt hat. Das wird in aller Regel mit Vertragsschluss der Fall sein.

11   Verlangt der Urheber nach Abs. 1 S. 3 die Anpassung des Vertrags, so wird in vielen Fällen nicht eine bestimmte angemessene Vergütung, sondern nur eine **Bandbreite** ermittelt werden können, **innerhalb der die Vergütung noch als angemessen bezeichnet werden kann** (dazu Rn 14). In diesen Fällen muss sich der Urheber nicht auf das untere Ende dieser Bandbreite verweisen lassen. Denn dies würde zu einer nicht gerechtfertigten Privilegierung der Verwerter führen, die keine angemessene Vergütung leisten. Deren Risiko wäre auf diese Weise auf die Vergütung begrenzt, die gerade noch als angemessen anzusehen ist. Daher kann der Urheber, wenn die angemessene Vergütung innerhalb einer Bandbreite liegt, nach Abs. 1 S. 3 eine durchschnittliche Vergütung innerhalb der Bandbreite verlangen (vgl aber *BGH* GRUR 2002, 153, 155 – Kinderhörspiele, zu § 36 aF).

12   Es ist Sache des Urhebers, die Voraussetzungen des Korrekturanspruchs darzulegen und zu beweisen. Ihm obliegt es also, im Falle einer gerichtlichen Auseinandersetzung die Tatsachen vorzutragen, aus denen sich ergibt, dass die vertraglich vereinbarte Vergütung nicht branchenüblich oder ggf die branchenübliche Vergütung nicht redlich ist (dazu Rn 32 ff.). Nicht ausreichend ist es für den Anspruchsteller, lediglich pauschal darauf hinzuweisen, dass die begehrte Vergütung angemessen sei (*Ory* AfP 2002, 93, 96).

2. Korrekturanspruch und Tarifvertrag (Abs. 4)

13   Nach Abs. 4 findet Abs. 1 S. 3 **keine Anwendung**, wenn die **Vergütung** für die Nutzung des Werks **tarifvertraglich bestimmt** ist (zur Bedeutung von Tarifverträgen im Urhebervertragsrecht s. § 31 Rn 12). Hintergrund ist, dass bei tarifvertraglich ausgehandelten Vertragsbedingungen der Schutzzweck des § 32 nicht eingreift, weil die Tarifvertragsparteien auf gleicher Augenhöhe verhandeln (s. BT-Drucks. 14/8058,

19). Der Vorrang des Tarifvertrags schließt aus diesem Grunde nicht nur den Korrekturanspruch nach Abs. 1 S. 3, sondern bereits den bei Fehlen einer vertraglichen Absprache bestehenden Anspruch auf angemessene Vergütung nach Abs. 1 S. 2 aus. Insoweit fehlt es an der Voraussetzung, dass die Höhe der Vergütung nicht bestimmt ist (iE ebenso *Schricker* GRUR Int 2002, 797, 804). Abs. 4 gilt nicht nur dort, wo eine persönliche Tarifgebundenheit der Vertragsparteien besteht, sondern auch dann, wenn ohne eine solche Tarifgebundenheit die Anwendbarkeit der maßgebenden Bestimmungen des Tarifvertrags vertraglich vereinbart wurde (*Ory* AfP 2002, 93, 96). In zeitlicher Hinsicht wird die Anwendbarkeit des Korrekturanspruchs durch Abs. 4 nur dann ausgeschlossen, wenn der Zeitpunkt des Vertragsschlusses zwischen dem Urheber und dem Verwerter nicht in den zeitlichen Anwendungsbereich des Tarifvertrags fällt (*Schricker* GRUR Int 2002, 797, 804; zum Verhältnis zwischen Tarifvertrag und allg. Vergütungsregel s. § 36 Abs. 1 S. 3 sowie Rn 14 ff.)

3. Korrekturanspruch und gemeinsame Vergütungsregel (Abs. 2 S. 1)

a) Allgemeines. Nach Abs. 2 S. 1 ist eine Vergütung angemessen, die nach einer gemeinsamen Vergütungsregel (§ 36) ermittelt wurde. Damit ist im Rahmen eines Korrekturanspruchs nach Abs. 1 S. 3 die vertraglich vereinbarte Vergütung einer fiktiven Vergütung gegenüberzustellen, die auf der Grundlage der einschlägigen gemeinsamen Vergütungsregel zu ermitteln ist. Ist die vereinbarte Vergütung nicht niedriger als der so ermittelte Vergütungsrahmen, so ist sie nach Abs. 2 S. 1 angemessen. Regelungstechnisch handelt es sich bei Abs. 2 S. 1 um eine unwiderlegliche Vermutung (Formulierungshilfe v. 14.1.2002 zu § 32, abgedr. bei *Hucko* Urhebervertragsrecht, S. 159). In der Sache ist damit der Korrekturanspruch nach Abs. 1 S. 3 ausgeschlossen, wenn die vertraglich vereinbarte Vergütung einer anwendbaren Vergütungsregel nach § 36 entspricht. Sperrwirkung gegenüber dem Korrekturanspruch nach Abs. 1 S. 3 entfaltet Abs. 2 S. 1 auch dann, wenn die **gemeinsame Vergütungsregel einen Rahmen enthält**, innerhalb dessen sich die vertraglich zwischen dem Urheber und dem Werknutzer vereinbarte Vergütung bewegt. Nach dem Willen des Gesetzgebers (BT-Drucks. 14/8058, 18) soll der Urheber aus Gründen der Rechtssicherheit nicht die Möglichkeit haben, die Anpassung einer sich selbst am unteren Ende des durch die Vergütungsregel vorgesehenen Rahmens bewegenden Vergütung zu verlangen.

Die Anwendung von Abs. 2 S. 1 setzt die **Anwendbarkeit einer bestimmten Vergütungsregel auf einen konkreten Sachverhalt** voraus. Daher muss der sachliche (dazu Rn 18 f.), zeitliche (dazu Rn 20) und persönliche (dazu Rn 21) Anwendungsbereich der Vergütungsregel eröffnet sein. Ist dies nicht der Fall, so kann einer gemeinsamen Vergütungsregel nur ausnahmsweise eine Indizwirkung zukommen (dazu Rn 22 f.). Haben Urheber und Werknutzer die **Anwendbarkeit einer bestimmten Vergütungsregel vereinbart**, stellt sich die Frage der Anwendbarkeit einer Vergütungsregel nicht. Es gilt ausschließlich die vereinbarte Vergütungsregel (s. *Berger* ZUM 2003, 521, 528; *Erdmann* GRUR 2002, 923, 926). Die Vereinbarung einer bestimmten Vergütungsregel in Allg. Geschäftsbedingungen kann allerdings als überraschende Klausel iSd § 305c Abs. 1 BGB unwirksam sein, wenn eine solche Bezugnahme angesichts des konkreten Sachverhalts eher fern liegend erscheint.

Während eine einschlägige Vergütungsregel dem Urheber nach Abs. 2 S. 1 den Einwand abschneidet, die vertraglich vereinbarte Vergütung sei nicht angemessen, kann

14

15

16

der Werknutzer gegenüber dem Korrekturanspruch des Urhebers nach Abs. 1 S. 3 ungeachtet einer einschlägigen Vergütungsregel einwenden, dass die vertraglich vereinbarte Vergütung angemessen iSv Abs. 2 S. 2 sei. Der Umkehrschluss aus Abs. 2 S. 1, dass eine hinter einer gemeinsamen Vergütungsregel zurückbleibende Vergütung stets unangemessen sein muss, ist also nicht zulässig (so auch *Ory* AfP 2002, 93, 96; *Berger* ZUM 2003, 521, 529). Die Richtigkeit dieser Überlegung bestätigt bereits der Wortlaut von § 32 Abs. 2, der eine **gemeinsame Vergütungsregel sowie die Angemessenheit nach Abs. 2 S. 2 als gleichwertige Alternativen** regelt.

17   Sowohl eine Vergütungsregel als auch ein einschlägiger Tarifvertrag führen zum gleichen Ergebnis, nämlich dem Ausschluss des Korrekturanspruchs nach Abs. 1 S. 3 (s. Rn 13). Die im ursprünglichen RegE noch enthaltene einheitliche Regelungstechnik für beide Fälle (s. BT-Drucks. 14/6433, 3) wurde im weiteren Verlauf des Gesetzgebungsverfahrens aus rechtspolitischen Gründen aufgegeben (s. Formulierungshilfe v. 14.1.2002, abgedr. bei *Hucko* Urhebervertragsrecht, S. 161). Nach § 36 Abs. 1 S. 3 besteht ein **Vorrang der Tarifverträge gegenüber gemeinsamen Vergütungsregeln**. Diese Bestimmung ist vor dem Hintergrund von § 32 Abs. 4 und § 32a Abs. 4 konsequent. Gilt damit im Verhältnis zwischen dem Urheber und dem Werknutzer der Tarifvertrag, kommt es nicht mehr auf eine ebenfalls einschlägige gemeinsame Vergütungsregel an (s. auch § 36 Rn 12 f.).

18   **b) Sachliche Anwendbarkeit der Vergütungsregel.** Haben die Vertragsparteien nicht die Anwendbarkeit einer bestimmten Vergütungsregel vereinbart (Rn 15), so ist im Einzelfall festzustellen, ob eine bestimmte Vergütungsregel als Angemessenheitsmaßstab iSd Abs. 2 S. 1 sachlich einschlägig ist. Dies ist grds der Fall bei Vergütungsregeln, die der Werknutzer mit einer Vereinigung aufgestellt hat, der der Urheber angehört. Gleiches gilt für eine Konstellation, in der sowohl der Urheber als auch der Werknutzer Vereinigungen angehören, die gemeinsame Vergütungsregeln aufgestellt haben (s. jeweils § 36 Abs. 1). Festzustellen ist dann weiter, ob der konkrete Sachverhalt von der sachlichen Reichweite der in Rede stehenden Vergütungsregel erfasst wird. Insoweit ist zu prüfen, ob die Leistung, für die die Vergütungsregel aufgestellt wurde, und jene Leistung, für die die konkret zu überprüfende Vergütung geleistet werden soll, sich sachlich entsprechen. Ist dies nicht der Fall, kann der gemeinsamen Vergütungsregel bestenfalls eine Indizwirkung zukommen (s. Rn 22 f.). Zur Prüfung der sachlichen Anwendbarkeit einer Vergütungsregel gehört auch die Beachtung regionaler Besonderheiten (s. *Berger* ZUM 2003, 521, 528).

19   Nicht geregelt ist in Abs. 2 S. 1 der Fall, dass auf einen konkreten Sachverhalt **zwei verschiedene Vergütungsregeln anwendbar** sind. Haben in einer solchen Konkurrenzsituation die Vertragsparteien die Geltung einer bestimmten Vergütungsregel vereinbart, so kommt ausschließlich diese zur Anwendung. IÜ gelten die allg. Grundsätze für Normkonkurrenzen, sodass zB die speziellere Norm der generelleren Norm vorgeht. Hat etwa ein Werknutzer mit einer Vereinigung von Urhebern sowohl direkt als auch mittelbar über die Zugehörigkeit zu einer Vereinigung von Werknutzern eine Vergütungsregel aufgestellt, so ist die „Hausregel" spezieller (*Ory* AfP 2002, 93, 96). Lässt sich ein derartiger Vorrang nicht bestimmen, so tragen beide Vergütungsregeln die Vermutung der Angemessenheit (*Thüsing* GRUR 2002, 203, 210).

c) Zeitliche Anwendbarkeit der Vergütungsregel. Voraussetzung für die Heran- **20** ziehung einer Vergütungsregel im Rahmen von Abs. 2 S. 1 ist die **zeitliche Anwendbarkeit der Vergütungsregel** (dazu auch § 36 Rn 10 f.). Erforderlich ist, dass die maßgebende Vergütungsregel zum Zeitpunkt des Vertragsabschlusses bereits aufgestellt war. Einer nur in zeitlicher Hinsicht nicht anwendbaren Vergütungsregel kann allerdings im Einzelfall iRd Angemessenheitsprüfung nach Abs. 2 S. 2 eine Indizwirkung zukommen, wenn sie zB zeitlich kurz nach dem relevanten Vertragsabschluss aufgestellt wurde (s. auch Rn 22 f.).

d) Persönliche Anwendbarkeit der Vergütungsregel. Kontrovers diskutiert wird **21** die Frage, ob gemeinsame **Vergütungsregeln** auch **gegenüber Außenseitern**, dh Urhebern oder Werknutzern, die nicht direkt oder die Mitgliedschaft einer Vereinigung der Aufstellung der Vergütungsregeln beteiligt waren, als Angemessenheitsmaßstab iSd des Abs. 2 S. 1 herangezogen werden können (s. *Erdmann* GRUR 2002, 923, 925; *Berger* ZUM 2003, 521, 528; *Thüsing* GRUR 2002, 203, 210). Richtigerweise ist davon auszugehen, dass Werknutzer und Urheber, die an der Aufstellung einer gemeinsamen Vergütungsregel weder unmittelbar noch über eine Vereinigung beteiligt waren, durch diese nicht gebunden werden. Jede andere Sichtweise wäre mit dem Grundsatz der freiwilligen Beteiligung an der Aufstellung gemeinsamer Vergütungsregeln sowie dem Prinzip der negativen Koalitionsfreiheit unvereinbar (*Erdmann* GRUR 2002, 922, 925 f.; **aA** *Berger* ZUM 2003, 521, 528, s. aber Rn 22 f.).

e) Indizwirkung unanwendbarer und gescheiterter Vergütungsregeln. Ungeach- **22** tet der Tatsache, dass die Anwendbarkeit des Abs. 2 S. 1 ausscheidet, wenn zwischen den Vertragsparteien die Geltung einer bestimmten Vergütungsregel weder vereinbart wurde noch beide Parteien an der Aufstellung einer einschlägigen Vergütungsregel beteiligt waren, **werden gemeinsame Vergütungsregeln unweigerlich auch für Außenseiter Bedeutung erlangen**, und zwar iRd vorzunehmenden Angemessenheitsprüfung nach Abs. 2 S. 2. Ist zwischen den Parteien eines Vertrags die Angemessenheit der Vergütung streitig und existiert eine sachlich einschlägige Vergütungsregel, an deren Aufstellung wenigstens eine Partei nicht beteiligt war, so **liegt es nahe, von einer Indizwirkung einer solchen Vergütungsregel auszugehen**. Bei der Anwendung der Vergütungsregel auf Außenseiter im Rahmen von Abs. 2 S. 2 ist jedoch äußerste Vorsicht geboten. Die Vorschrift darf kein Einfallstor für die Allgemeinverbindlichkeit nicht repräsentativer oder sachlich nicht einschlägiger Vergütungsregeln sein (s. auch *Ory* AfP 2002, 93, 98 f.). Denn dies käme einer verfassungsrechtlich bedenklichen Zwangsschlichtung gleich (s. § 36 Rn 2, 4).

Nach der Vorstellung des Gesetzgebers soll eine Indizwirkung auch einer solchen **23** Vergütungsregel zukommen, die nach § 36 Abs. 4 von der Schlichtungsstelle vorgeschlagen, jedoch von den Parteien des Schlichtungsverfahrens nicht akzeptiert wurde (BT-Drucks. 14/8058, 20). Für die **Indizwirkung einer gescheiterten Vergütungsregel** gelten zunächst die gleichen Vorbehalte, die auch sonst für Indizwirkung nicht einschlägiger Vergütungsregeln gelten. Insgesamt gegen eine Indizwirkung gescheiterter Vergütungsregeln spricht außerdem, dass auf diese Weise faktisch ein Schlichtungszwang geschaffen werden könnte, der im Gesetzgebungsverfahren vorgesehen, letztlich aber verworfen wurde (s. *Ory* AfP 2002, 93, 99; **aA** wohl *Schmidt* ZUM 2002, 781, 790).

V. Angemessenheit der Vergütung (Abs. 2 S. 2)

1. Überblick

24 Die Angemessenheit der Vergütung ist der zentrale Begriff des § 32. Er ist in Abs. 2 S. 2 sowie in der Gesetzesbegründung näher umschrieben (dazu Rn 29). Auf die Feststellung der Angemessenheit nach Abs. 2 S. 2 kommt es dann an, wenn zum einen entweder eine Vergütung vertraglich nicht vereinbart ist (Abs. 1 S. 2) oder die Angemessenheit der vereinbarten Vergütung durch den Urheber in Frage gestellt wird (Abs. 1 S. 3, dazu Rn 10 ff.) und zum anderen eine auf den konkreten Fall passende Vergütung auch keiner einschlägigen Vergütungsregel entnommen werden kann (Abs. 2 S. 1, dazu Rn 14 ff.).

25 Die Vergütung ist nach Abs. 2 S. 2 angemessen, wenn sie im Zeitpunkt des Vertragsabschlusses (dazu Rn 27 f.) dem entspricht, was im Geschäftsverkehr unter Berücksichtigung aller Umstände üblicher- und redlicherweise zu leisten ist. Daraus ergibt sich folgende **Prüfungsreihenfolge**. Grundlage der Prüfung der Angemessenheit der Vergütung ist die **Feststellung der für die Bemessung der Vergütung maßgebenden Umstände des konkreten Einzelfalls** (dazu Rn 29 ff.). Sodann ist zu ermitteln, welche **Branchenübung für die Vergütung** bei einem derart gelagerten Sachverhalt besteht (dazu Rn 32 ff.). Wird eine Branchenübung festgestellt, so ist weiter zu prüfen, **ob diese redlich ist** (dazu Rn 35 ff.). Schließlich stellt sich die Frage, wie die angemessene Vergütung zu ermitteln ist, wenn eine **redliche Branchenübung nicht festgestellt werden kann** (dazu Rn 38 ff.).

2. Begriffsbestimmung

26 Die in Abs. 2 S. 2 enthaltene nähere Bestimmung der Angemessenheit der Vergütung wurde in das Gesetz aufgenommen, um Bedenken Rechnung zu tragen, dass der Begriff der Angemessenheit zur Rechtsunsicherheit führe (BT-Drucks. 14/8058, 18). Ob Abs. 2 S. 2 den geäußerten Bedenken abzuhelfen geeignet ist, wird mit Recht bezweifelt (s. nur *Ory* AfP 2002, 93, 97; *Schack* GRUR 2002, 853, 855). Ebenso zutr. ist allerdings der Hinweis, dass der Begriff der angemessenen Vergütung durch den Gesetzgeber auch an anderer Stelle verwendet wurde, etwa im Rahmen von § 22 Abs. 2 VerlG, und es der Rspr gelungen ist, diesen Begriff auszufüllen (*Erdmann* GRUR 2002, 923, 926 mwN).

3. Maßgebender Zeitpunkt

27 Für die Feststellung der Angemessenheit ist auf den **Zeitpunkt des Vertragsschlusses** abzustellen. Maßgebend ist also eine objektive Betrachtungsweise ex ante (s. BT-Drucks. 14/8058, 18). Ist eine Vergütung im Zeitpunkt des Vertragsabschlusses angemessen, kommt eine **spätere Korrektur nur noch nach Maßgabe des Fairness-Ausgleichs (§ 32a)** in Betracht. Der Zeitpunkt des Vertragsabschlusses ist für die Bestimmung der Angemessenheit auch dann der maßgebende Zeitpunkt, wenn Vertragsabschluss und Nutzungshandlung zeitlich – auch länger – auseinanderfallen. Diese Konstellation ist etwa bei einem Vertrag über die Lieferung künftiger Werke, bei einem Rahmenvertrag oder bei sonstigen Dauerschuldverhältnissen denkbar.

28 In einem gewissen Widerspruch zu dem klaren Wortlaut von § 32 Abs. 2 S. 2, der für die Angemessenheit auf den Zeitpunkt des Vertragsschlusses abstellt, steht ein Hinweis in der Gesetzesbegründung, nach dem der Korrekturanspruch bei Dauerschuldverhältnissen insb. darauf gerichtet sei, die **angemessene Vergütung über die gesamte Laufzeit des Vertrages** sicherzustellen (BT-Drucks. 14/8058, 18). Gegen eine Interpretation der Gesetzesbegründung in dem Sinne, dass über Abs. 1 S. 3 die Vergütung von Verträgen mit längerer Laufzeit fortlaufend überprüft werden kann, spricht allerdings, dass zeitlich später, nämlich erst aufgrund der Formulierungshilfe v. 23.1.2002 (abgedr. bei *Hucko* Urhebervertragsrecht, S. 169 ff.), in Abs. 2 S. 2 der Zeitpunkt des Vertragsabschlusses als maßgebender Zeitpunkt klargestellt wurde. Wenn im Zeitpunkt des Abschlusses eines Vertrags mit längerer Laufzeit die **Vergütung des Urhebers unter Berücksichtigung der Laufzeit angemessen war, scheidet ein späterer Korrekturanspruch nach Abs. 1 S. 3 aus.** Dem Urheber verbleibt in einem solchen Fall der Anspruch nach § 32a oder die Geltendmachung von Rechten nach §§ 313, 314 BGB, wenn die Voraussetzungen jener Normen erfüllt sein sollten (s. auch *Ory* AfP 2002, 93, 97; *Schricker* GRUR Int 2002, 797, 805).

4. Ermittlung der vergütungsrelevanten Faktoren

Die Prüfung, ob die Vergütung angemessen iSd Abs. 2 S. 2 ist, erfordert zunächst eine **Feststellung sämtlicher für die Vergütung iRd konkreten Nutzungsverhältnisses relevanten Faktoren**. Maßgebend sind, worauf das Gesetz ausdrücklich hinweist, die konkreten Umstände des Einzelfalls. Als solche werden in Abs. 2 S. 2 selbst **Art und Umfang der eingeräumten Nutzungsmöglichkeit** und insb. **Dauer und Zeitpunkt der Nutzung** genannt. Auf weitere relevante Faktoren weist die Gesetzesbegründung hin (BT-Drucks. 14/6433, 14 f.). Zu Recht wird dort die Bedeutung der Frage betont, welcher Anteil an dem Endprodukt jeweils der Leistung des Werknutzers, welcher dem Beitrag des Urhebers zuzurechnen ist. Als weitere relevante Umstände, die es zu berücksichtigen gilt, werden Art und Umfang der Nutzung, Marktverhältnisse, Investitionen, Risikotragung, Kosten, Zahl der hergestellten Werkstücke oder öffentlichen Wiedergaben sowie die zu erzielenden Einnahmen genannt (BT-Drucks. 14/6433, 14 f.). Insb. die zu erzielenden Einnahmen werden in der Tat eine wesentliche Rolle bei der Bestimmung der Angemessenheit der Vergütung spielen. Insoweit kann es jedoch nur auf die Einnahmen ankommen, die der Vertragspartner des Urhebers selbst erzielt, nicht aber auf Einnahmen, die an nachgelagerter Stelle innerhalb der Verwertungskette erzielt werden. Vor missbräuchlichen Gestaltungen schützt Abs. 3 S. 1. Weil für die Bestimmung der Angemessenheit der Zeitpunkt des Vertragsabschlusses maßgeblich ist (dazu Rn 27 f.), muss auch hinsichtlich der zu erzielenden Einnahmen eine Prognose ex ante vorgenommen werden. Da die Angemessenheit nach objektiven Kriterien zu bestimmen ist, kann es auch für diese Prognose nur auf eine objektive Sichtweise ankommen (**aA** *Berger* ZUM 2003, 521, 523).

Auswirkungen auf die Höhe der Vergütung haben auch der **gute Ruf und die Erfahrung eines Urhebers**. Wird ein **ausschließliches Nutzungsrecht** eingeräumt, spielt ebenfalls eine Rolle, ob dieses mit vorbestehenden Nutzungsrechten (§ 33) belastet ist. Außerdem können die Parteien eine verhältnismäßig geringe Vergütung bestimmt haben, weil die Nutzungsrechte für ein **Pilotprojekt** erworben werden oder dem Urheber andere als geldwerte Vorteile gewährt werden. Weiterhin ist die **Qualität des Werks** eines der wesentlichen Kriterien bei der Bestimmung der Angemessenheit der Vergütung (*Ory* AfP 2002, 93, 98).

31   Vor dem Hintergrund, dass es für die Angemessenheit der Vergütung auf den Zeitpunkt des Vertragsschlusses ankommt, sieht Abs. 2 S. 2 die eingeräumte **Nutzungsmöglichkeit**, nicht aber die tatsächliche Nutzung als vergütungsrelevantes Element
an. Vertragliche Absprachen in dem Sinne, dass die Vergütung erst fällig wird, wenn
das zur Nutzung überlassene Werk tatsächlich genutzt wird, sollen hierdurch freilich
nicht verhindert werden (s. *Schricker* GRUR Int 2002, 797, 808). Ein für die Bestimmung der angemessenen Vergütung relevanter Faktor ist schließlich auch eine etwaige räumliche Beschränkung des eingeräumten Nutzungsrechts, da die Vergütungspraxis regional unterschiedlich sein kann.

5. Ermittlung der Branchenübung

32   Wurden die vergütungsrelevanten Faktoren des konkreten Nutzungsverhältnisses
festgestellt, ist **in einem zweiten Schritt** zu ermitteln, ob insoweit eine **Branchenübung** besteht. Eine Branchenübung setzt voraus, dass in einer bestimmten Branche
ein hoher Grad eines im Wesentlichen gleichförmigen tatsächlichen Verhaltens besteht (*Schricker* GRUR Int 2002, 797, 806). Die Branchenübung ist also eine tatsächliche Frage. Der Rspr ist die Klärung dieser tatsächlichen Frage von der Ermittlung
der marktüblichen Vergütung als Grundlage der Berechnung eines Schadensersatz-
anspruchs im Wege der Lizenzanalogie bekannt (*Erdmann* GRUR 2002, 923, 926; s.
auch § 97 Rn 29 ff.). Von einer Branchenübung kann nur gesprochen werden, wenn
sich eine einheitliche und in sich gefestigte Praxis der Vergütung für eine bestimmte
Branche feststellen lässt. Dies ist nicht möglich, wenn nur Einzelfälle vergleichbarer
Nutzungsverhältnisse bekannt sind, die keine einheitliche Tendenz erkennen lassen.

33   Wenig Schwierigkeiten wird die Feststellung einer Brachenübung dort bereiten, wo
es um Massengeschäft geht, das nach bestimmten qualitativen Standards abgewickelt
wird. Gerade in diesen Fällen wird häufig eine gemeinsame Vergütungsregel (§ 36)
oder eine tarifvertragliche Absprache (§ 32 Abs. 4) vorliegen, sodass es auf die Feststellung einer Branchenüblichkeit ohnehin nicht mehr ankommt. IÜ wird die Feststellung der Branchenüblichkeit oft mit Schwierigkeiten verbunden sein; denn sie
wird gerade durch die Maßgeblichkeit der konkreten Umstände des Einzelfalls erschwert. In den seltensten Fällen ist es möglich, eine ganz bestimmte Höhe der Vergütung als branchenüblich festzustellen. Im Regelfall stellt sich die Branchenübung
vielmehr als eine Bandbreite dar, innerhalb der die konkret vereinbarte Vergütung
noch als branchenüblich bezeichnet werden kann. Jede Vergütung, die sich innerhalb
dieser Bandbreite bewegt, ist angemessen (s. auch *Ory* AfP 2002, 93, 98; *Hertin*
MMR 2003, 16).

34   Besteht für bestimmte Typen von Urheberrechtsverträgen eine gemeinsame Vergütungsregel, die für den Werknutzer nur deshalb nicht nach Abs. 2 S. 1 maßgebend ist,
weil er weder unmittelbar noch mittelbar an der Aufstellung einer solchen Vergütungsregel beteiligt war, so kann eine solche Vergütungsregel gleichwohl Ausdruck
einer Branchenübung sein (Einzelheiten bei Rn 22 f.).

6. Ermittlung der Redlichkeit der Branchenübung

35   Kann eine bestimmte Branchenübung festgestellt werden, so ist **in einem dritten
Schritt** zu prüfen, ob **diese Branchenübung der Redlichkeit entspricht**. Aus der
Formulierung von Abs. 2 S. 2 ergibt sich eindeutig, dass die Branchenübung nur

dann für die Bestimmung der Angemessenheit der Vergütung herangezogen werden kann, wenn sie gleichzeitig redlich ist. Dem Erfordernis der Redlichkeit liegt die Sorge des Gesetzgebers zugrunde, dass eine branchenübliche Vergütungspraxis in keinem angemessenen Verhältnis zu dem schöpferischen Beitrag des Urhebers stehen und sich daher als unredlich erweisen kann. Die Begr. der Beschlussempfehlung des Rechtsausschusses zu § 32 erwähnt ausdrücklich das Beispiel der literarischen Übersetzer (BT-Drucks. 14/8058, 18; vgl *BGH* GRUR 1998, 680 – Comic-Übersetzungen). In rechtspolitischer Hinsicht ist das Korrektiv der Redlichkeit nicht unbedenklich. Denn für die Angemessenheit einer branchenüblichen Vergütung spricht, dass diese nach marktwirtschaftlichen Grundsätzen entstanden ist (vgl auch *Hertin* MMR 2003, 16). Was unter einer redlichen Branchenübung zu verstehen ist, lässt der Gesetzgeber offen. Die Gesetzesbegründung weist darauf hin, dass der Begriff der Redlichkeit neben der Interessenlage der Verwerter gleichberechtigte Interessen der Urheber und ausübenden Künstler berücksichtige.

Unredlichkeit einer Branchenübung soll dann gegeben sein, wenn **die in einer Branche überwiegend praktizierte Honorierung in keinem angemessenen Verhältnis zu den Leistungen der Urheber oder ausübenden Künstler steht** (BT-Drucks. 14/ 8058, 18). Damit scheint der Begriff der Redlichkeit in Abs. 2 S. 2 wie jener der Angemessenheit zu interpretieren zu sein (so *Schricker* GRUR Int 2002, 797, 806). Eine derartige Gleichsetzung von Redlichkeit und Angemessenheit würde einen Zirkelschluss bedeuten und ist auch deshalb abzulehnen, weil sie mit marktwirtschaftlichen Grundsätzen nicht zu vereinbaren wäre. Wird eine bestimmte Branchenübung festgestellt, so kann ihr die Redlichkeit nur dann abgesprochen werden, wenn sie, der Zielsetzung der Reform des Urhebervertragsrechts folgend (dazu Rn 2), auf der **missbräuchlichen Ausnutzung eines strukturellen Ungleichgewichts durch die Werknutzer** beruht (zutr. *Ory* AfP 2002, 93, 98). Ob im konkreten Fall eine derartige gestörte Vertragsparität bestanden hat, bedarf wiederum tatsächlicher Feststellungen. Hingegen ist es nicht zulässig, zur Feststellung der Redlichkeit die tatsächliche Vergütung einer nach billigem Ermessen ermittelten Vergütung gegenüberzustellen. Nach der in der Gesetzesbegründung klar zum Ausdruck gebrachten Intention des Gesetzgebers soll die Vergütung nämlich **nur dann nach billigem Ermessen festgesetzt** werden, wenn „eine Branchenübung nicht festgestellt werden kann oder diese Übung nicht der Redlichkeit entspricht" (BT-Drucks. 14/8058, 19).

Weil die Unredlichkeit eines branchenüblichen Verhaltens die missbräuchliche Ausnutzung eines strukturellen Ungleichgewichts voraussetzt (dazu Rn 36), verbietet sich die Schlussfolgerung, sog. **Buy-Out-Verträge** (dh Verträge, bei denen der Werknutzer gegen Zahlung einer pauschalen Vergütung sämtliche Rechte an einem Werk erwirbt) seien mit dem Gebot der Redlichkeit schlechthin unvereinbar (so aber *Nordemann* Das neue Urhebervertragsrecht, S. 78; *Reber* GRUR 2003, 393, 394 f.). Gegen diese Interpretation des Redlichkeitsbegriffs spricht vor allem der ausdrückliche Hinweis in der Gesetzesbegründung, dass Abs. 2 S. 2 keine Form der Vergütung ausschließen will (BT-Drucks. 14/8058, 18; dazu auch *Schricker* GRUR Int 2002, 797, 807; *Erdmann* GRUR 2002, 923, 927; *Berger* ZUM 1992, 521, 524; *Hertin* MMR 2003, 16, 17). Letztlich besteht auch keinerlei Bedürfnis, die pauschale Abgeltung von Rechten als grds unredlich zu qualifizieren, denn gerade bei derartigen Vergütungsmodellen werden die Interessen des Urhebers durch § 32a geschützt.

Wer der Auffassung ist, eine redliche und angemessene Vergütung iSd § 32 Abs. 2 S. 2 könne nur über eine Beteiligung des Urhebers an den aus der Nutzung des Werks erzielten Einnahmen erreicht werden, der muss den Anspruch aus § 32a gegen den direkten Vertragspartner als überflüssig ansehen.

7. Angemessene Vergütung bei Fehlen einer redlichen Branchenübung

38   Das Gesetz lässt offen, wie die angemessene Vergütung zu ermitteln ist, wenn entweder eine **Branchenübung nicht festgestellt** werden kann oder eine **festgestellte Branchenübung unredlich** ist. Nach den Vorstellungen des Gesetzgebers ist die angemessene Vergütung in diesen Fällen nach billigem Ermessen festzusetzen, wobei der Urheber an den aus der Nutzung seines Werks resultierenden Erträgen und Vorteilen angemessen zu beteiligen ist. Dabei sollen alle relevanten Umstände berücksichtigt werden, zB Art und Umfang der Nutzung, Marktverhältnisse, Investitionen, Risikotragung, Kosten, Zahl der Werkstücke oder zu erzielende Einnahmen (so Rn 29 ff.). Gleichzeitig verweist die Begr. der Beschlussempfehlung v. 23.1.2002 darauf, dass auch die redliche Übung anderer Branchen bei der Vergütung als Vergleichsmaßstab herangezogen werden könne (BT-Drucks. 14/8058, 18). Voraussetzung ist aber, dass insoweit auch eine Vergleichbarkeit der relevanten Nutzungsverhältnisse gegeben ist.

39   Für die Fälle, in denen die angemessene Vergütung nach billigem Ermessen zu ermitteln ist, hat der Gesetzgeber eine klare Präferenz für eine Beteiligung des Urhebers aus den an der Nutzung des Werkes resultierenden Erträgen geäußert (BT-Drucks. 14/8058, 18 f.). Gleichwohl sollen auch solche Vergütungsmodelle, die nicht dem Beteiligungsgrundsatz folgen, möglich sein (so Rn 8). Eine Faustregel, nach der im Zweifel die Bruttoerträge aus der Nutzung des Werks zwischen dem Urheber und dem Werknutzer hälftig zu teilen sind, verbietet sich allerdings (so jedoch *Schricker* GRUR Int 2002, 797, 807; *Reber* GRUR 2003, 393, 398).

40   Anhaltspunkte für die Höhe einer nach billigem Ermessen festzusetzenden angemessenen Vergütung können zB die Tarife der Verwertungsgesellschaften geben (vgl *BGH* GRUR 2002, 602, 604 – Musikfragmente; dazu *Erdmann* GRUR 2002, 923, 926; *Berger* ZUM 2003, 521, 527). Denkbar ist ebenso, dass bei der Bestimmung einer angemessenen Vergütung nach billigem Ermessen auf die Grundsätze zurückgegriffen wird, die die Rspr für die Berechnung des Schadensersatzes im Wege der Lizenzanalogie aufgestellt hat (dazu § 97 Rn 29 ff.; s. auch *Schricker* GRUR 2002, 737, 738). Bei dieser Methode ist jedoch zu beachten, dass sich iRd § 32 Abs. 2 S. 2 ein Strafzuschlag, der die Verletzung sanktionieren soll, verbietet. In begrenztem Umfang können für die Bestimmung einer angemessenen Vergütung nach billigem Ermessen auch Vergütungsregeln herangezogen werden, die zur Regelung vergleichbarer Sachverhalte aufgestellt wurden (dazu Rn 22 f.).

VI. Abweichende Vereinbarungen, Umgehungsschutz, unentgeltliche Rechteeinräumung (Abs. 3)

1. Abweichende Vereinbarungen (Abs. 3 S. 1)

41   Die Bestimmungen der **Abs. 1 und 2 sind zwingend.** Dies gilt insb. für den Korrekturanspruch nach Abs. 1 S. 3 und die Begriffsbestimmung der Angemessenheit in

Abs. 2 S. 2. Vertragsklauseln, die hiervon abweichen, sind zwar nicht insgesamt unwirksam; der Erwerber des Nutzungsrechts kann sich gem. Abs. 3 S. 1 aber nicht auf sie berufen. Diese Form der Regelung soll rechtstechnisch vermeiden, dass die vertraglichen Absprachen iÜ gem. § 139 BGB unwirksam sind (s. *Schack* GRUR 2002, 853, 855). Der zwingende Charakter von Abs. 1 und 2 folgt bereits aus dem **Sinn und Zweck** dieser Vorschriften, der nicht erreicht werden könnte, wenn es möglich wäre, sie abzubedingen. Insoweit hat Abs. 3 S. 1 in erster Linie klarstellenden Charakter. IÜ wird der zwingende Charakter von § 32 Abs. 1 und 2 durch § 32b klargestellt.

2. Umgehungsschutz (Abs. 3 S. 2)

In Abs. 3 S. 2 regelt das Gesetz einen Umgehungsschutz. Verhindert werden soll, **42** dass die dem Urheber nach Abs. 1 und 2 zustehenden Rechte durch einen Gestaltungsmissbrauch ausgehöhlt werden. Ein solcher Umgehungsschutz kann etwa dann eingreifen, wenn sich der Werknutzer mit der Einräumung der Nutzungsrechte den grds abtretbaren Korrekturanspruch des Urhebers nach Abs. 1 S. 3 abtreten ließe oder eine Abtretung des Korrekturanspruchs an einen nahe stehenden Dritten veranlassen würde (*Schricker* GRUR Int 2002, 797, 803, 808 f.).

3. Unentgeltliche Einräumung von Nutzungsrechten

Nach Abs. 3 S. 3 soll es möglich sein, dass der Urheber **unentgeltlich ein einfaches** **43** **Nutzungsrecht für jedermann** einräumt. Diese Bestimmung ist insb. vor dem Hintergrund der Open Source-Bewegung zu sehen (s. BT-Drucks. 14/6433, 15; 14/8058, 19). Open Source-Computerprogramme sind dadurch gekennzeichnet, dass der Quellcode des Programms offen gelegt und durch jedermann unentgeltlich genutzt und bearbeitet werden darf. Eine **unentgeltliche Einräumung** von Nutzungsrechten muss jedoch auch dann möglich sein, wenn sie nicht gegenüber jedermann, sondern nur **gegenüber einem einzelnen Nutzer** oder bestimmten Nutzern erfolgt. Dies erkennt auch die Begr. der Beschlussempfehlung v. 23.1.2002 im Grundsatz an. Missverständlich ist es allerdings, wenn in diesem Zusammenhang von der Möglichkeit gesprochen wird, die „unentgeltliche Übertragung von Nutzungsrechten im Einzelfall in den gemeinsamen Vergütungsregeln vorzusehen" (BT-Drucks. 14/8058, 18). Es kann nicht die Intention des Gesetzgebers gewesen sein, dem Urheber die Möglichkeit zu nehmen, sein Werk und die Nutzung desselben zu verschenken. Praktische Bedeutung kann diese Frage in einer Konstellation erlangen, bei der der Urheber zunächst ein Nutzungsrecht unentgeltlich einräumt, später aber unter Berufung auf § 32 Abs. 1 und 2 eine angemessene Vergütung fordert. Ein solcher Anspruch muss ausgeschlossen sein, wo die unentgeltliche Rechteeinräumung auf einer freien und bewussten Entsch. des Urhebers beruht. Es kann nicht sein, dass zB ein Museum, dem ein Werk geschenkt worden ist, sich wegen der Ausstellung dieses Werks später Vergütungsansprüchen – womöglich der Erben des Urhebers – ausgesetzt sieht.

§ 32a   Weitere Beteiligung des Urhebers

**(1) Hat der Urheber einem anderen ein Nutzungsrecht zu Bedingungen einge-
räumt, die dazu führen, dass die vereinbarte Gegenleistung unter Berücksichtigung der gesamten Beziehungen des Urhebers zu dem anderen in einem
auffälligen Missverhältnis zu den Erträgen und Vorteilen aus der Nutzung des
Werkes steht, so ist der andere auf Verlangen des Urhebers verpflichtet, in eine
Änderung des Vertrages einzuwilligen, durch die dem Urheber eine den Umständen nach weitere angemessene Beteiligung gewährt wird. Ob die Vertragspartner die Höhe der erzielten Erträge oder Vorteile vorhergesehen haben oder
hätten vorhersehen können, ist unerheblich.**

**(2) Hat der andere das Nutzungsrecht übertragen oder weitere Nutzungs-
rechte eingeräumt und ergibt sich das auffällige Missverhältnis aus den Erträgnissen oder Vorteilen eines Dritten, so haftet dieser dem Urheber unmittelbar
nach Maßgabe des Absatzes 1 unter Berücksichtigung der vertraglichen Beziehungen in der Lizenzkette. Die Haftung des anderen entfällt.**

**(3) Auf die Ansprüche nach den Absätzen 1 und 2 kann im Voraus nicht ver-
zichtet werden. Die Anwartschaft hierauf unterliegt nicht der Zwangsvollstreckung; eine Verfügung über die Anwartschaft ist unwirksam.**

**(4) Der Urheber hat keinen Anspruch nach Absatz 1, soweit die Vergütung
nach einer gemeinsamen Vergütungsregel (§ 36) oder tarifvertraglich bestimmt
worden ist und ausdrücklich eine weitere angemessene Beteiligung für den Fall
des Absatzes 1 vorsieht.**

Literatur: *Bayreuther* Zum Verhältnis zwischen Arbeits-, Urheber- und Arbeitnehmererfindungsrecht, GRUR 2003, 570; *v. Becker* Veröffentlichung ad ultimo?, ZUM 2001, 378; *Berger*
Grundfragen der „weiteren Beteiligung" des Urhebers nach § 32a UrhG, GRUR 2003, 675;
ders. Zum Anspruch auf angemessene Vergütung (§ 32 UrhG) und weitere Beteiligung (§ 32a
UrhG) bei Arbeitnehmer-Urhebern, ZUM 2003, 173; *Brandner* Geschäftsgrundlage und Inhaltskontrolle bei der Regelung der Vergütung für Urheber und Erfinder, GRUR 1993, 173;
v. Gamm Der Bestseller-Paragraph (§ 36 UrhG) bei Bestellverträgen, WRP 1994, 677; *Hagen*
Der Bestsellerparagraph im Urheberrecht, 1990; *Hertin* Urhebervertragsnovelle 2002: Up-Date
von Urheberrechtsverträgen, MMR 2003, 16; *Katzenberger* Beteiligung des Urhebers an Ertrag
und Ausmaß der Werkverwertung. Altverträge, Drittwirkung und Reform des § 36 UrhG,
GRUR Int 1983, 410; *Lober* Nachschlag gefällig? – Urhebervertragsrecht und Websites, K&R
2002, 526; *Ory* Das neue Urhebervertragsrecht, AfP 2002, 93; *Reinhard/Distelkötter* Die Haftung des Dritten bei Bestsellerwerken nach § 32a Abs. 2 UrhG, ZUM 2003, 269; *Schack* Urhebervertragsrecht im Meinungsstreit, GRUR 2002, 853; *Schmidt* Der Vergütungsanspruch des
Urhebers nach der Reform des Urhebervertragsrechts, ZUM 2002, 781; *Schulze* Urheber- und
Leistungsschutzrechte des Kameramanns, GRUR 1994, 855.

I. Allgemeines

1. Rechtsnatur des Anspruchs

Bei der Vorschrift handelt es sich um den sog. Fairness-Ausgleich. Während § 32 die **1**
angemessene Vergütung des Urhebers sichern soll, gewährleistet § 32a eine „weitere" angemessene Beteiligung an dem wirtschaftlichen Erfolg des Werks. In der Sache
wird dem Urheber ein Anspruch auf Anpassung der vertraglich vereinbarten Vergütung gegeben, wenn zwischen dieser und dem durch den Erwerber des Nutzungsrechts erzielten Ertrag ein auffälliges Missverhältnis besteht. Zu § 36 aF bestand Einigkeit, dass es sich um einen bes. Anwendungsfall der nunmehr in § 313 BGB gesetzlich verankerten Lehre von der Störung der Geschäftsgrundlage handelte (s. *BGH*
GRUR 1998, 680, 683 – Comic-Übersetzungen). Maßgebend für diese Einordnung
war insb. das durch die Rspr entwickelte Kriterium der Unvorhersehbarkeit der außerordentlichen Erträge aus der Verwertung des Werks. Da dieses Kriterium durch
§ 32a Abs. 1 S. 2 ausdrücklich aufgegeben wurde, kann die Vorschrift nicht als Sonderfall der gestörten Geschäftsgrundlage angesehen werden (*Erdmann* GRUR 2002,
923, 927). Auch die Einordnung des Anspruchs nach § 32a Abs. 1 als objektive Inhaltskontrolle (so *Erdmann* GRUR 2002, 923, 927) passt nicht, weil durch § 32a gerade nicht der Inhalt des Vertrags kontrolliert wird, sondern vielmehr eine **Verlaufskontrolle der Vertragsbeziehung** stattfindet (*Ory* AfP 2002, 93, 99). IE handelt es
sich bei dem Fairness-Ausgleich daher um einen **Anspruch mit bereicherungsrechtlichem Charakter** (*Berger* GRUR 2003, 675, 677).

2. Abgrenzung zu § 32

Während für die Bestimmung der angemessenen Vergütung iSd § 32 die Verhältnis- **2**
se im Zeitpunkt des Vertragsabschlusses maßgebend sind, kommt es für § 32a auf die
Entwicklung nach diesem Zeitpunkt an. Auch eine im Zeitpunkt des Vertragsschlusses iSd § 32 angemessene Vergütung kann also Gegenstand des Beteiligungsanspruches gem. § 32a Abs. 1 sein. Typischerweise wird der Urheber, der die ihm geleistete
Vergütung als unangemessen empfindet, **Ansprüche zugleich auf § 32 und § 32a**
stützen, wobei die Gerichte wegen der unterschiedlichen Anspruchsgrundlagen
zunächst die Angemessenheit der Vergütung zum Zeitpunkt des Vertragsschlusses prüfen müssen. Besteht danach ein Korrekturanspruch nach § 32 Abs. 1,
kann der Beteiligungsanspruch des § 32a Abs. 1 nur geltend gemacht werden, wenn
nach einer solchen Anpassung auf den Zeitpunkt des Vertragsschlusses die Voraussetzungen des § 32a Abs. 1 noch vorliegen (s. zum Verhältnis von § 32 und § 32a

auch Rn 10 sowie *Ory* AfP 2002, 93, 100). Ein wichtiger konzeptioneller Unterschied zwischen § 32 und § 32a besteht darin, dass es für § 32 nicht darauf ankommt, ob der Werknutzer das Werk tatsächlich nutzt (s. § 32 Rn 31), während bei § 32a die tatsächlichen Erträge aus der Werknutzung maßgebend sind (*Berger* GRUR 2003, 675, 676).

3   Praktische Bedeutung kann die Abgrenzung von § 32 und § 32a insb. erlangen, wenn der **Anspruch nach § 32 Abs. 1 S. 3 bereits verjährt** ist (*Ory* AfP 2002, 93, 100). Gerade diese Konstellation gebietet es, für die Prüfung des § 32a eine vertraglich vereinbarte Vergütung zu unterstellen, die im Zeitpunkt des Vertragsabschlusses angemessen gewesen wäre (s. auch Rn 10); denn sonst würde über § 32a der verjährte Anspruch aus § 32 wieder aufleben (ebenso *Berger* GRUR 2003, 675, 679).

3. Vergleich mit § 36 aF

4   Mit In-Kraft-Treten der Reform des Urhebervertragsrechts (dazu § 31 Rn 8 f.) löste § 32a den früheren § 36 ab. Zuvor stellte § 36 aF das einzige gesetzliche Korrektiv der vertraglich vereinbarten Vergütung dar. Wegen seiner strengen Voraussetzungen hatte der **Beteiligungsanspruch nach § 36 aF in der Praxis jedoch kaum Bedeutung** (s. nur *BGH* GRUR 1998, 680, 683 – Comic-Übersetzungen). Die Reform des Urhebervertragsrechts sichert nicht nur die angemessene Vergütung des Urhebers durch § 32, sondern lockert gleichzeitig die Voraussetzungen für eine weitere Beteiligung des Urhebers nach dem Bestseller-Paragraph. Dabei war ursprünglich vorgesehen, dass § 36 aF im Zuge der Reform ersatzlos gestrichen wird. Denn der RegE v. 30.5.2001 sah einen gesetzlichen Anspruch des Urhebers auf eine angemessene Vergütung gegen jeden Nutzer des Werks vor (s. BT-Drucks. 14/6433, 3, 14). Ein derartiger absoluter Anspruch auf angemessene Vergütung ließe die Notwendigkeit eines Bestseller-Paragraphen entfallen (s. auch § 31 Rn 9). Mit der Abkehr vom Konzept des gesetzlichen Vergütungsanspruchs wurde sodann ein gegenüber § 36 aF aufgewerteter Bestseller-Paragraph eingeführt. Der Beteiligungsanspruch nach § 32a setzt gem. Abs. 1 S. 1 nur ein auffälliges Missverhältnis zwischen Vergütung und Ertrag aus der Verwertung voraus, während es bei **§ 36 aF noch ein grobes Missverhältnis** war. Ungeschriebenes Tatbestandsmerkmal des § 36 aF war außerdem, dass der **Verwertungserfolg für beide Parteien unerwartet** war (*BGH* GRUR 1998, 680, 683 – Comic-Übersetzungen; GRUR 2002, 602, 604 – Musikfragmente). Genau hierauf soll es nach § 32a Abs. 1 S. 2 heute nicht mehr ankommen.

4. Überblick über § 32a

5   Die Vorschrift enthält in Abs. 1 S. 1 den **Beteiligungsanspruch des Urhebers**. Stehen Leistung und Gegenleistung in einem auffälligen Missverhältnis, kann der Urheber von seinem Vertragspartner die Anpassung des Vertrags verlangen. Nach Abs. 1 S. 2 soll es nicht darauf ankommen, ob die Vertragspartner die aus der Nutzung des Werks erzielten Erträge oder Vorteile erwartet haben (s. Rn 4). Abs. 2 berücksichtigt die Möglichkeit, dass sich die Vorteile aus der Nutzung des Werks nicht bei dem Vertragspartner des Urhebers, sondern bei einem Dritten einstellen. Bei dieser Konstellation steht dem Urheber ein **gesetzlicher Anspruch gegen den Dritten** zu (Abs. 2 S. 1), während eine Haftung des primären Erwerbers des Nutzungsrechts für den Beteiligungsanspruch ausscheidet (Abs. 2 S. 2). Abs. 3 entspricht § 36 Abs. 3 aF

und regelt im Interesse des Urhebers, dass die Ansprüche gem. Abs. 1 und 2 unverzichtbar sind und die Anwartschaft auf diese Ansprüche nicht Gegenstand der Zwangsvollstreckung oder einer Verfügung sein kann. Sehen eine gemeinsame Vergütungsregel (§ 36) oder ein Tarifvertrag (§ 31 Rn 12) eine weitere angemessene Beteiligung des Urhebers vor, so ist gem. Abs. 4 der Korrekturanspruch ausgeschlossen.

5. Anwendungsbereich

In **persönlicher Hinsicht** ist § 32a zugunsten sämtlicher Urheber anzuwenden. Dies gilt auch für die Urheber des Filmwerks iSd § 89. Gem. § 90 S. 2 aF war § 36 aF zugunsten der **Urheber des Filmwerks** nicht anzuwenden (krit. dazu *Schulze* GRUR 1994, 855, 862). Diese Benachteiligung der Urheber des Filmwerks wurde mit der Reform des Urhebervertragsrechts (s. § 31 Rn 9) aufgegeben. Nach § 79 Abs. 2 ist § 32a zugunsten der **ausübenden Künstler** anzuwenden. Kraft der in §§ 70, 72 enthaltenen allg. Verweisung auf die Vorschriften für urheberrechtlich geschützte Werke gilt § 32a auch zugunsten des **Herausgebers wissenschaftlicher Ausgaben** und des **Lichtbildners**. **6**

In **zeitlicher Hinsicht** gilt § 32a gem. § 132 Abs. 3 S. 1 für sämtliche Verträge, die nach dem 1.7.2002 geschlossen worden sind. Darüber hinaus sieht § 132 Abs. 3 S. 2 vor, dass § 32a auch in Ansehung vor diesem Zeitpunkt geschlossener Verträge Anwendung findet, sofern der die Ansprüche gem. § 32a auslösende Sachverhalt nach dem 28.3.2002 entstanden ist. **7**

Zu einem Anwendungsfall des § 32a wird es typischerweise dann kommen, wenn der Urheber für die Rechtseinräumung eine **Pauschalvergütung** erhalten hat (s. zB in *BGH* GRUR 1991, 901 – Horoskop-Kalender; GRUR 1998, 680 – Comic-Übersetzungen; GRUR 2002, 153 – Kinderhörspiele; GRUR 2002, 602 – Musikfragmente). Anders als bei einer **prozentualen Beteiligung an den Erträgen aus der Verwertung** partizipiert der Urheber hier grds nicht an dem Erfolg des Werks. Natürlich ist eine Anwendung von § 32a nicht ausgeschlossen, wenn der Urheber prozentual an den Erträgen aus der Nutzung des Werks beteiligt ist (*Fromm/Nordemann/Hertin* § 36 Rn 4 mwN). In solchen Fällen wird es jedoch seltener zu einem auffälligen Missverhältnis von Leistung und Gegenleistung kommen. **8**

II. Anspruch auf weitere angemessene Beteiligung gegen den Vertragspartner (Abs. 1)

1. Grundlagen des Beteiligungsanspruchs

Der Beteiligungsanspruch nach Abs. 1 S. 1 setzt voraus, dass der Urheber dem Werknutzer ein Nutzungsrecht zu Bedingungen eingeräumt hat, die unter Berücksichtigung der gesamten Beziehungen zwischen Urheber und Werknutzer zu einem auffälligen Missverhältnis zwischen vereinbarter Gegenleistung und den Erträgen und Vorteilen aus der Nutzung des Werks führen. Nach den Vorstellungen des Gesetzgebers soll sich das auffällige Missverhältnis also aus einem Vergleich der vertraglichen Vergütung des Urhebers mit den Vorteilen und Erträgen des Werknutzers aus der Ausübung des Nutzungsrechts ergeben. Da ein aussagekräftiger Vergleich nur dann möglich ist, wenn die zu vergleichenden Werte nach den gleichen Kriterien ermittelt worden sind, gilt für den Beteiligungsanspruch nach § 32a Abs. 1 S. 1 folgen- **9** de **Prüfungsreihenfolge**: **Erster Schritt** ist die Feststellung der vertraglich vereinbarten Gegenleistung. Ist diese nicht angemessen iSd § 32 Abs. 1, so tritt an ihre Stelle für Zwecke der weiteren Prüfung die im Zeitpunkt des Vertragsschlusses angemessene Vergütung gem. § 32 Abs. 2 S. 2 (dazu Rn 10 f.). **Zweiter Schritt** ist die Feststellung der Erträge und Vorteile aus der Nutzung des Werks. Insoweit ist nach den für § 32 Abs. 2 S. 2 maßgebenden Grundsätzen eine im Zeitpunkt der Entsch. über den Beteiligungsanspruch angemessene Vergütung zu ermitteln (dazu Rn 12 ff.). **Dritter Schritt** ist schließlich ein Vergleich der durch die ersten beiden Schritte ermittelten Werte sowie die Feststellung, ob dieser Vergleich ein auffälliges Missverhältnis offenbart (dazu Rn 16 ff.).

2. Ermittlung der Gegenleistung

10   Nach Abs. 1 S. 1 kommt es für den Beteiligungsanspruch darauf an, ob die „vereinbarte Gegenleistung" in einem auffälligen Missverhältnis zu den Erträgen und Vorteilen aus der Nutzung des Werkes steht. **Auf die vertraglich vereinbarte Gegenleistung kann es jedoch nur dann ankommen, wenn diese angemessen iSd § 32 ist.** Fehlt es an dieser Angemessenheit, ist für Zwecke der Prüfung der Voraussetzungen eines Anspruchs nach § 32a statt der vertraglich vereinbarten Vergütung auf die iSd § 32 angemessene Vergütung abzustellen. Dies folgt bereits aus der notwendigen Abgrenzung des Anwendungsbereichs von § 32 und § 32a (dazu Rn 2 f.). Die vertraglich vereinbarte Vergütung ist iÜ spätestens dann nicht mehr als Grundlage der Feststellung eines auffälligen Missverhältnisses geeignet, wenn es darum geht, dieses gegenüber einem Dritten nach § 32a Abs. 2 zu ermitteln; denn diesem kann die unangemessene vertragliche Vergütung durch den Vertragspartner des Urhebers nicht angelastet werden (*Berger* GRUR 2003, 675, 679).

11   Zu § 36 aF wurde angenommen, dass der Beteiligungsanspruch nicht anwendbar ist, wenn das **Nutzungsrecht unentgeltlich eingeräumt** wurde (*Schricker/Schricker* § 36 Rn 9). Für § 32a muss dies in dem gleichen Umfang gelten, wie gegenüber der unentgeltlichen Rechteeinräumung kein Korrekturanspruch gem. § 32 Abs. 1 S. 3 geltend gemacht werden kann (dazu § 32 Rn 43). Dass ein Fairness-Ausgleich nach § 32a Abs. 1 nicht in Betracht kommt, wenn der Urheber nach § 32 Abs. 3 S. 3 unentgeltlich ein einfaches Nutzungsrecht für jedermann eingeräumt hat, leuchtet ohne weiteres ein. Nichts anderes darf im Interesse der Rechtssicherheit gelten, wenn die unentgeltliche Rechtseinräumung redlich war (zB im Rahmen einer Schenkung oder Stiftung). Dieser Grundsatz kann nur dort durchbrochen werden, wo die Einräumung der Rechte gerade deshalb unentgeltlich erfolgte, weil die Parteien nur mit geringen Erträgen rechneten. In solchen Fällen kann ein Fairness-Ausgleich nach § 32a Abs. 1 gerechtfertigt sein, wenn sich diese Erwartung als unrichtig herausstellt und somit die Grundlage für die unentgeltliche Rechteeinräumung entfällt.

3. Erträge und Vorteile aus der Nutzung des Werks

12   Der dem Urheber gewährten Gegenleistung sind nach dem Wortlaut des Gesetzes die Erträge und Vorteile aus der Nutzung des Werks gegenüberzustellen. Da es **Aufgabe von § 32a ist, eine Verlaufskontrolle der Angemessenheit der Vergütung nach Vertragsabschluß** sicherzustellen (*Ory* AfP 2002, 93, 98 sowie Rn 1), muss der gleiche Maßstab im Ausgangspunkt (Vertragsschluss) und im Zeitpunkt des Beteili-

gungsverlangens nach § 32a angewendet werden. Dies wäre nicht gewährleistet, wenn die Gegenleistung lediglich den Erträgen und Vorteilen aus der Nutzung des Werkes gegenübergestellt würde, andere vergütungsrelevante Faktoren (s. § 32 Rn 29 ff.) jedoch außer Acht blieben. Daher ist der **angemessenen Vergütung im Zeitpunkt des Vertragsabschlusses (Rn 10) eine nach den gleichen Grundsätzen (dh jenen des § 32 Abs. 2 S. 2) auf den Zeitpunkt der Entsch. über das Beteiligungsverlangen ermittelte Vergütung gegenüberzustellen.** Auf diese Weise kann ua berücksichtigt werden, wenn der Verwerter bei der Vermarktung früherer Werke des Urhebers Verluste erlitten hat (vgl *BGH* GRUR 2002, 153, 154 f. – Kinderhörspiele) oder erhebliche Kosten im Zusammenhang mit der Erstellung oder dem Vertrieb des auf dem Werk beruhenden Produktes hatte. Das Abstellen auf die im Beteiligungszeitpunkt angemessene Vergütung wird auch dem in Abs. 1 S. 1 festgehaltenen Willen des Gesetzgebers gerecht, ein etwaiges auffälliges Missverhältnis unter Berücksichtigung der gesamten Beziehungen zwischen Urheber und Werknutzer festzustellen. Dass auf die angemessene Vergütung im Entscheidungszeitpunkt, nicht aber nur auf die Erträge und Vorteile als Grundlage für die Feststellung des Missverhältnisses abgestellt wird, ermöglicht nach alledem erst eine sachgerechte Verlaufskontrolle.

Die angemessene Vergütung im Beteiligungszeitpunkt (s. Rn 12) ist im Grundsatz **13** unter **Berücksichtigung der gleichen vergütungsrelevanten Faktoren zu ermitteln, die für die Bestimmung der angemessenen Vergütung iSd § 32 Abs. 2 maßgebend** sind (dazu § 32 Rn 29 ff.). Eine Abweichung ergibt sich lediglich insoweit als einer der Faktoren für die Bemessung der angemessenen Vergütung nach § 32 Abs. 2 die aus der Werknutzung zu erwartenden Einkünfte sind. An ihrer Stelle müssen iRd § 32a die tatsächlich bis zum Beteiligungszeitpunkt erzielten Einkünfte berücksichtigt werden.

Der Beteiligungsanspruch setzt nicht voraus, dass die Erträge und Vorteile des Inha- **14** bers des Nutzungsrechts gerade auf der **Güte des Werks** beruhen. Der Verwerter kann also nicht mit dem Argument gehört werden, dass seine Erträge und Vorteile in erster Linie auf seiner erfolgreichen Vermarktung beruhen. Sollte allerdings das Werk selbst nur eine gänzlich untergeordnete Bedeutung für den Vermarktungserfolg haben, ist Zurückhaltung bei der Anwendung des § 32a geboten (s. BT-Drucks. 14/8058, 19; so auch *Erdmann* GRUR 2002, 723, 728). Die geringe Bedeutung eines Beitrags für die Vermarktung eines Produkts ist bei der Prüfung der Angemessenheit der Vergütung zu berücksichtigen, sowohl im Zeitpunkt des Vertragsabschlusses (Rn 9 f.) als auch im Zeitpunkt der Entsch. über das Beteiligungsverlangen (Rn 12). Das geringe Gewicht eines Beitrags zum Erfolg des Gesamtwerks konnte in vergleichbarer Weise bereits zu § 36 aF bei der Feststellung des groben Missverhältnisses berücksichtigt werden (*BGH* GRUR 2002, 153, 155 – Kinderhörspiele; GRUR 1998, 680, 683 – Comic-Übersetzungen). Dies galt auch für Werke, die auf der Grundlage eines Bestellvertrags speziell für den Verwerter geschaffen wurden (*BGH* GRUR 1998, 680, 683 – Comic-Übersetzungen). Musiksequenzen, die Eingang in eine Hörspielproduktion finden und den Eindruck des Gesamtwerks mitprägen, sind nicht von nur untergeordneter Bedeutung (*BGH* GRUR 2002, 602, 603 f. – Musikfragmente).

15 Hat die **Nutzung des Werks keine unmittelbaren Erträge zur Folge**, bedeutet dies
nicht zwangsläufig, dass der Beteiligungsanspruch ausgeschlossen ist. Abs. 1 S. 1
stellt ausdrücklich klar, dass ein auffälliges Missverhältnis zwischen Leistung und
Gegenleistung auch in Ansehung sonstiger Vorteile aus der Nutzung des Werks bestehen kann. Die Gesetzesbegründung des Rechtsausschusses nennt Werbung als
Beispiel einer Verwertungshandlung, die nicht unmittelbar auf Umsatzgeschäfte
selbst zielt, gleichwohl aber in einem Vorteil für den Empfänger des Nutzungsrechts
resultieren kann (s. BT-Drucks. 14/8058, 19). Zu den Vorteilen, die iRd Abs. 1 S. 1
zu berücksichtigen sind, gehören auch Kosten, die der Erwerber des Nutzungsrechts
durch die Nutzung des Werks zu eigenen Zwecken erspart.

4. Auffälliges Missverhältnis

16 Grundlage für die Feststellung eines auffälligen Missverhältnisses ist ein **Vergleich
der angemessenen Vergütung im Zeitpunkt des Vertragsabschlusses** (dh die vertraglich vereinbarte und ggf nach § 32 korrigierte Vergütung, s. Rn 10) **mit einer unter Anwendung der gleichen Grundsätze auf den Beteiligungszeitpunkt berechneten angemessenen Vergütung** (Rn 12).

17 Für den Fairness-Ausgleich ist es nicht ausreichend, dass die angemessene Vergütung im Zeitpunkt des Vertragsschlusses von jener im Zeitpunkt der weiteren Beteiligung überhaupt abweicht. Voraussetzung ist insoweit vielmehr ein **auffälliges
Missverhältnis**. Demgegenüber setzte § 36 aF noch ein grobes Missverhältnis zwischen tatsächlicher und marktüblicher Vergütung voraus. Dieses Merkmal wurde dahin interpretiert, dass tatsächliche und marktübliche Vergütung in unerträglicher
Weise voneinander abweichen müssen (*Schricker/Schricker* § 36 Rn 12; *Fromm/
Nordemann/Hertin* § 36 Rn 6). Erklärtes Ziel der Reform des Urhebervertragsrechts
war es, diese Schwelle herabzusetzen, sodass es nunmehr gem. § 32a Abs. 1 S. 1
eben auf ein auffälliges Missverhältnis ankommt. Dieses soll nach der Vorstellung
des Gesetzgebers jedenfalls dann gegeben sein, **wenn die im Beteiligungszeitpunkt
angemessene Vergütung** (s. Rn 12) **von der nach § 32 angemessenen Vergütung
um mehr als 100 % abweicht** (s. Begr. zu § 32a, BT-Drucks. 14/8058, 19; zustimmend *Berger* GRUR 2003, 675, 679). Ebenso vertreten wird, dass bereits eine Abweichung von 20 bis 30 % (*Wandtke/Bullinger/Wandtke/Grunert* § 32a Rn 21) oder
von zwei Dritteln (*Nordemann* Urhebervertragsrecht, § 32a Rn 7) ausreiche, um ein
auffälliges Missverhältnis zu begründen. Zwar ist zuzugeben, dass die Festlegung einer prozentualen Grenze, bei deren Überschreitung erst ein auffälliges Missverhältnis in Betracht kommt, in gewisser Weise willkürlich ist (s. die Kritik von *Erdmann*
GRUR 2002, 923, 928). Wird jedoch der angemessenen Vergütung im Zeitpunkt des
Vertragsabschlusses eine angemessene Vergütung im Beteiligungszeitpunkt gegenübergestellt (so Rn 12), so lässt sich die **Einzelfallgerechtigkeit jeweils bei der Bestimmung der Angemessenheit der Vergütung verwirklichen**. Vor diesem Hintergrund ist, entspr. den Hinweisen in der Gesetzesbegründung (BT-Drucks. 14/
8058, 46), von einem auffälligen Missverhältnis in der Tat dann auszugehen, wenn
die angemessene Vergütung im Beteiligungszeitpunkt jene zum Zeitpunkt des Vertragsschlusses um mehr als 100 % übersteigt.

18 Nach § 132 Abs. 3 S. 1 gilt für **Verträge, die vor dem 1.7.2002 abgeschlossen** worden sind, grds § 36 aF. Nach § 132 Abs. 3 S. 2 ist jedoch § 32a auf Sachverhalte an-

zuwenden, die nach dem 28.3.2002 entstanden sind (s. § 132 Rn 7). Damit wird in zeitlich eingeschränktem Umfang § 32a auch auf Altverträge angewendet. Entscheidend ist dabei, dass das auffällige Missverhältnis eben nach dem Stichtag des 28.3.2002 entstanden ist. Um dies zu ermitteln, ist eine iSd § 32 angemessene Vergütung fiktiv auf den 28.3.2002 festzustellen. Das auffällige Missverhältnis iSd § 32a Abs. 1 muss sich sodann aus dem Vergleich dieser fiktiven Vergütung mit einer angemessenen Vergütung im Beteiligungszeitpunkt ergeben (s. Rn 12).

5. Rechtsfolgen

Besteht ein auffälliges Missverhältnis zwischen der angemessenen Vergütung im Zeitpunkt des Vertragsschlusses und jener im Beteiligungszeitpunkt (s. Rn 12, 17), so kann der Urheber eine Änderung des Vertrags verlangen, durch die ihm eine den Umständen nach angemessene weitere Beteiligung gewährt wird. Das Gesetz gewährt also **nicht unmittelbar eine weitere Beteiligung**, sondern verweist den Urheber auf eine **Änderung des Vertrags**. Die Sicherung der weiteren angemessenen Beteiligung des Urhebers nach § 32a erfolgt somit entspr. jener der angemessenen Vergütung nach § 32. **19**

Durch die Vertragsänderung soll der Urheber eine weitere angemessene Beteiligung erhalten. Insoweit ist einerseits denkbar, dass der Urheber Anspruch auf genau jene Differenz zwischen der angemessenen Vergütung iSd § 32 und einer entsprechenden, auf den Zeitpunkt des Fairness-Ausgleichs berechneten angemessenen Vergütung hat. Andererseits könnte der Urheber auf eine weitere Beteiligung verwiesen werden, bei der das auffällige Missverhältnis gerade noch beseitigt wird. Geht man in diesem Fall von der 100 %-Grenze als Voraussetzung für das Bestehen eines auffälligen Missverhältnisses aus (dazu Rn 17), so ist die **Vergütung des Urhebers in einem Maße anzuheben, dass das Missverhältnis zwischen angemessener Vergütung im Zeitpunkt des Vertragsschlusses und angemessener Vergütung im Zeitpunkt des Korrekturverlangens weniger als 100 % beträgt**. **20**

Nach der Rspr des BGH zu § 36 aF konnte der Urheber bei Vorhandensein des danach erforderlichen groben Missverhältnisses nicht auf eine Anpassung der Vergütung verwiesen werden, bei der dieses grobe Missverhältnis gerade noch beseitigt wurde (*BGH* GRUR 2002, 153, 155 – Kinderhörspiele). Diese Lösung ist nach der Neukonzeption der Vergütung des Urhebers in §§ 32, 32a nicht mehr gerechtfertigt. Denn durch § 32 wird dem Urheber eine im Zeitpunkt des Vertragsabschlusses angemessene Vergütung gesichert; dass nicht jede Veränderung der Verhältnisse nach Vertragsabschluss zu einer Anpassung der Vergütung führt, ist Grundlage der Regelung des § 32a. Folgerichtig ist diese Lösung auch deshalb, weil der Verwerter das unternehmerische Risiko bei der Verwertung des Werks trägt, für das ihm – eben bis zur Grenze des auffälligen Missverhältnisses – auch die Früchte einer erfolgreichen Vermarktung zustehen (eingehend *Berger* GRUR 2003, 675, 680). Es mag bei § 36 aF angemessen gewesen sein, eine unangemessene Vertragsgestaltung dadurch zu sanktionieren, dass bei Vorliegen der Voraussetzungen des Bestseller-Paragraphen dem Urheber insgesamt eine angemessene Vergütung gewährt wurde; eben dieser Sanktionen bedarf es wegen der Sicherung der angemessenen Vergütung im Zeitpunkt des Vertragsschlusses durch § 32 nicht mehr. **Dem Werknutzer ist daher bis zur Grenze des auffälligen Missverhältnisses der Lohn für sein unternehmeri-** **21**

sches Risiko zu belassen (so iE auch *Berger* GRUR 2003, 675, 680; **aA** *Erdmann* GRUR 2002, 923, 927; *Schmidt* ZUM 2002, 781, 788; *Wandtke/Bullinger/Wandtke/ Grunert* § 32a Rn 25).

6. Durchsetzung des Beteiligungsanspruchs

22   Eine Klage des Urhebers zur Durchsetzung seiner Rechte nach § 32a Abs. 1 richtet sich zunächst auf **Einwilligung in die Vertragsänderung** (§ 894 ZPO) und sodann auf die Zahlung eines Betrags, der einer angemessenen Beteiligung entspricht. Beide Ansprüche können in einem einheitlichen Zivilverfahren geltend gemacht werden (krit. zur Vorschaltung der Vertragsänderung *Berger* GRUR 2003, 675, 677 f.).

23   Der **Anspruch auf Auskunft und Rechnungslegung** über die Erträge und Vorteile des Inhabers des Nutzungsrechts oder sonstige Informationen, die der Urheber zur Geltendmachung seines Anspruchs von dem Werknutzer benötigt, kann im Wege einer Stufenklage vorgeschaltet werden (s. *BGH* GRUR 2002, 602 – Musikfragmente). Voraussetzung eines Auskunftsanspruchs ist zum einen, dass dem Werknutzer die Erteilung der **Auskunft möglich und zumutbar** ist, sowie zum anderen das Vorliegen **greifbarer Anhaltspunkte für das Bestehen eines Beteiligungsanspruchs** (s. *BGH* GRUR 2002, 602, 603 – Musikfragmente). Der Auskunftsanspruch richtet sich in erster Linie auf die Umsätze, die der Anspruchsgegner durch die Nutzung des Werks erzielt hat. Hingegen kann der Urheber nicht ohne weiteres verlangen, dass der Werknutzer die erwirtschafteten Erträge, also insb. seine Gestehungskosten, offen legt. Angesichts des Geheimhaltungsinteresses des Anspruchsgegners an diesen Informationen hat der Urheber zunächst zu versuchen, das von ihm behauptete auffällige Missverhältnis anhand der Angaben zum Umsatz darzulegen. Gelingt ihm dies, mag der Werknutzer durch Offenlegung seiner Kalkulation darlegen, dass ein grobes Missverhältnis nicht besteht (*BGH* GRUR 2002, 602, 604 – Musikfragmente). Der Werknutzer kann den Urheber klaglos stellen, indem er ihm die für die Berechnung des Anspruchs nach § 32a erforderlichen Auskünfte erteilt und gleichzeitig eine Vertragsänderung in dem Sinne verbindlich anbietet, dass eine weitere angemessene Beteiligung gewährt wird.

24   Die weitere Beteiligung an den Erträgen und Vorteilen aus der Verwertung des Werks kann der Urheber nicht erst ab Geltendmachung des Beteiligungsanspruchs oder gar ab Änderung des Vertrags verlangen, sondern vielmehr **ab dem Zeitpunkt, in dem die Voraussetzungen des Beteiligungsanspruchs vorliegen und solange diese anhalten**. Sinn und Zweck des § 32a ist es gerade, ein bestehendes auffälliges Missverhältnis zwischen Leistung und Gegenleistung nachträglich zu korrigieren. Die Vorschrift liefe praktisch leer, wenn die angemessene weitere Beteiligung erst ab dem Zeitpunkt der Geltendmachung des Korrekturanspruchs oder der Änderung des Vertrags verlangt werden könnte.

25   Für die Verjährung des Beteiligungsanspruchs gelten die §§ 194 ff. BGB. Wegen der Neufassung der Verjährungsvorschriften des BGB erübrigte sich eine Nachfolgeregelung zu § 36 Abs. 2 aF (s. BT-Drucks. 14/8058, 20).

7. Unmaßgeblichkeit der Erwartung der Parteien (Abs. 1 S. 2)

26   Nach Abs. 1 S. 2 ist es für den Beteiligungsanspruch ohne Bedeutung, ob die Erträge oder Vorteile aus der Nutzung des Werks durch die Parteien des Nutzungsvertrags

erwartet wurden oder erwartet werden konnten. Diese Regelung ist vor dem Hintergrund der Rspr des BGH zu § 36 aF zu sehen. Danach war ungeschriebene Tatbestandsvoraussetzung des § 36 Abs. 1 aF, dass das grobe Missverhältnis zwischen Leistung und Gegenleistung unerwartet eingetreten ist (*BGH* GRUR 1998, 680, 682 – Comic-Übersetzungen; GRUR 1991, 901, 902 – Horoskop-Kalender; GRUR 2002, 602-604 – Musikfragmente). Genau hierauf kommt es gem. Abs. 1 S. 2 nicht mehr an. Ausreichend ist, dass sich das auffällige Missverhältnis zwischen Leistung und Gegenleistung objektiv feststellen lässt (s. BT-Drucks. 14/8058, 19). Die Vorschrift hat insoweit klarstellenden Charakter.

III. Beteiligungsanspruch gegen Dritte (Abs. 2)

1. Grundlagen der Haftung des Dritten

Der Beteiligungsanspruch nach Abs. 1 richtet sich **nur gegen den primären Erwerber des Nutzungsrechts**, also den unmittelbaren Vertragspartner des Urhebers. Häufig werden jedoch die Erträge und Vorteile, die zu einem auffälligen Missverhältnis von Leistung und Gegenleistung führen, sich nicht bei dem Vertragspartner des Urhebers, sondern auf einer späteren Stufe der Verwertungskette ergeben. Für solche Konstellationen war zu § 36 Abs. 1 aF umstr., ob zugunsten des Urhebers der Bestseller-Paragraph im Verhältnis zu solchen Dritten Anwendung findet (s. *Fromm/Nordemann/Hertin* § 36 Rn 8; *Schricker/Schricker* § 36 Rn 8; *Katzenberger* GRUR Int 1993, 410, 420 f.). Nunmehr sieht § 32a Abs. 2 ausdrücklich vor, dass der **Dritte unmittelbar in Anspruch genommen** werden kann, wenn sich das auffällige Missverhältnis aus seinen Erträgen oder Vorteilen aus der Nutzung des Werks ergibt. Dritter kann nach Abs. 2 jeder sein, dem von einem anderen als dem Urheber Nutzungsrechte übetragen oder eingeräumt wurden. **27**

Zahlreiche Bestimmungen, die im Zuge der Reform des Urhebervertragsrechts eingeführt wurden, sind „mit heißer Nadel gestrickt". Für keine Bestimmung gilt dies jedoch im gleichen Maße wie für § 32a Abs. 2. Der BTag hat das Reformvorhaben am 25.1.2002 beschlossen. Das Konzept, das der Beteiligungsanspruch nach § 32a nicht nur gegen den unmittelbaren Vertragspartner des Urhebers, sondern gegen Dritte geltend gemacht werden kann, wurde nur zwei Tage zuvor eingeführt, nämlich mit dem **Änderungsantrag v. 23.1.2002 zur Formulierungshilfe v. 14.1.2002** (s. zur Historie § 31 Rn 9). Bis zu diesem Zeitpunkt war vorgesehen, dass nur der Ersterwerber des Nutzungsrechts ein auffälliges Missverhältnis auszugleichen habe. Die berechtigten Bedenken, dass auf diese Weise dem Ersterwerber das Insolvenzrisiko der gesamten Lizenzkette aufgebürdet würde, waren sodann Anlass für die Einführung des Abs. 2 in seiner nunmehr geltenden Fassung (s. Änderungsantrag v. 23.1.2002, abgedr. bei *Hucko* Urhebervertragsrecht, S. 169, 170 f.). Die Eile des Gesetzgebers und das damit verbundene Risiko von Unzulänglichkeiten der geltenden Regelung müssen bei der Auslegung von § 32a Abs. 2 berücksichtigt werden. **28**

Während Abs. 1 dem Urheber gegen der Ersterwerber des Nutzungsrechts einen Anspruch auf Vertragsänderung gibt (s. Rn 19), ist der **Anspruch nach Abs. 2 mangels eines Vertragsverhältnisses zwischen Urheber und Zweiterwerber unmittelbar auf Zahlung gerichtet**. Zu unterscheiden ist der Anspruch nach Abs. 2 von einer möglichen gesamtschuldnerischen Haftung des Zweiterwerbers nach § 34 Abs. 4. **29**

Bei fehlender Zustimmung des Urhebers zur Übertragung eines Nutzungsrechtes kann der Erwerber desselben gem. § 34 Abs. 4 gesamtschuldnerisch neben dem Ersterwerber für einen gegen diesen gerichteten Anspruch nach § 32a Abs. 1 haften.

2. Auffälliges Missverhältnis aus den Erträgen und Vorteilen des Dritten

30   Voraussetzung für die Haftung des Dritten nach Abs. 2 ist, dass sich das auffällige Missverhältnis aus den Erträgen und Vorteilen des Dritten aus der Nutzung des Werks ergibt. Der Verweis auf „das auffällige Missverhältnis" ist eine Bezugnahme auf Abs. 1, sodass für die Ermittlung des auffälligen Missverhältnisses die Erträge und Vorteile aus der Nutzung des Werks der vereinbarten Gegenleistung gegenüberzustellen sind. Für die Haftung des Dritten kann es insoweit aber nicht auf die Gegenleistung ankommen, die der Urheber erhalten hat, sondern nur auf jene, die der Dritte an seinen Lizenzgeber geleistet hat. **Das auffällige Missverhältnis ist also im Verhältnis zwischen dem Dritten und seinem Lizenzgeber festzustellen.** Denn nur wenn an dieser Stelle der Lizenzkette ein auffälliges Missverhältnis besteht, ist eine Haftung des Dritten gerechtfertigt. Wenn der Dritte zwar erhebliche Erträge und Vorteile aus der Nutzung des Werks erzielt, jedoch eine noch verhältnismäßige Vergütung an seinen Lizenzgeber leistet, so liegt das Problem darin, dass der Urheber nicht in angemessener Form an dieser Vergütung beteiligt wurde. Dies ist jedoch nicht dem Dritten anzulasten, sondern auf einer früheren Stufe der Lizenzkette zu klären.

31   Für die Feststellung eines auffälligen Missverhältnisses nach Abs. 1 sind die Erträge und Vorteile des Ersterwerbers des Nutzungsrechts der Gegenleistung an den Urheber gegenüberzustellen. Wegen der notwendigen Abgrenzung der Ansprüche aus § 32 Abs. 1 und § 32a Abs. 1 ist für diese Gegenüberstellung von einer nach § 32 Abs. 2 S. 2 im Zeitpunkt des Vertragsschlusses angemessenen Vergütung auszugehen (s. Rn 2, 10). Da der Korreturanspruch nach § 32 Abs. 1. S. 3 nur das Verhältnis zwischen dem Urheber und seinem unmittelbaren Vertragspartner betrifft, kommt es für die Ermittlung eines auffälligen Missverhältnisses auf einer nachgelagerten Stufe der Lizenzkette **auf die durch den Dritten tatsächlich geleistete Vergütung an.** Dieser Vergütung des Dritten an seinen Lizenzgeber ist sodann **eine im Beteiligungszeitpunkt iSd § 32 Abs. 2 S. 2 angemessene Vergütung gegenüberzustellen** (s. Rn 12). Dabei sind die **vertraglichen Beziehungen in der Lizenzkette** anstelle jener zwischen dem Urheber und seinem Vertragspartner zu berücksichtigen (s. Rn 13 ff.; zur bes. Problematik von Freistellungsansprüchen in der Lizenzkette s. Rn 36 f.).

32   Wie im Falle von Abs. 1 gilt auch für Abs. 2, dass nicht jede Abweichung der tatsächlich durch den Dritten an seinen Lizenzgeber geleisteten Vergütung von einer in diesem Verhältnis im Beteiligungszeitpunkt angemessenen Vergütung (s. Rn 31) zu einem auffälligen Missverhältnis führt, das einen Fairness-Ausgleich auslöst (s. Rn 16 ff.).

3. Rechtsfolgen

33   Besteht ein auffälliges Missverhältnis zwischen den Erträgen und Vorteilen des Dritten und der durch ihn an seinen Lizenzgeber geleisteten Vergütung (s. Rn 30 ff.), so folgt nach Abs. 2 S. 1 eine **unmittelbare Haftung des Dritten nach Maßgabe des**

Abs. 1. Dies bedeutet, dass der Dritte an den Urheber eine iSd Abs. 1 S. 1 den Umständen nach **weitere angemessene Beteiligung** zu gewähren hat. IÜ gelten die gleichen Grundsätze wie bei Abs. 1 (s. Rn 19 ff.). Dies gilt auch für die Durchsetzung des Beteiligungsanspruchs (s. Rn 22 ff.), wobei die nach Abs. 1 erforderliche Einwilligung in die Vertragsänderung entfällt. Gegen den Dritten kann der Urheber **unmittelbar auf Zahlung** klagen.

Für den Urheber kann sich die unbefriedigende Situation ergeben, dass er mit Ansprüchen nach § 32a Abs. 1 und 2 sowohl gegenüber seinem Vertragspartner als auch gegenüber einem oder mehreren Dritten scheitert, weil er die für das Bestehen des auffälligen Missverhältnisses maßgebende Schwelle (s. Rn 33, 22 ff.) jeweils knapp verfehlt. Diese Konsequenz ist jedoch angesichts der Konstruktion des § 32a unvermeidlich. Dem Urheber würde insoweit nur eine Verantwortlichkeit seines Vertragspartners für die gesamten Einkünfte der Lizenzkette oder eine gesamtschuldnerische Haftung sämtlicher Stufen der Lizenzkette weiterhelfen. Demgegenüber hat sich der Gesetzgeber jedoch bewusst dafür entschieden, dass **jeder Verwerter in der Lizenzkette nur für die bei ihm selbst entstehenden Erträge einzustehen hat** (s. Änderungsantrag v. 23.1.2002, abgedr. bei *Hucko* Urhebervertragsrecht, S. 169, 171). Allerdings mag es auch **Fälle des Missbrauchs** geben, bei denen es dem Vertragspartner des Urhebers oder dem Dritten verwehrt sein muss, sich darauf zu berufen, dass bestimmte Erträge oder Vorteile anderweitig in der Lizenzkette entstanden sind. Dies ist dann der Fall, wenn die Verteilung der Erträge und Vorteile aus der Nutzung des Werks auf verschiedene Stufen der Verwertungskette willkürlich ist und zumindest auch dem Zweck einer Umgehung des Beteiligungsanspruchs dient. Hieran ist etwa zu denken, wenn der Erwerber des primären Nutzungsrechts konzernverbundenen Gesellschaften weitere Nutzungsrechte einräumt und auf diese Weise die Erträge und Vorteile aus der Nutzung des Werks so verteilt, dass bei keiner der das Werk nutzenden Gesellschaften für sich genommen die Voraussetzungen des Abs. 1 oder des 2 vorliegen.

4. Entfallen der Haftung des anderen (Abs. 2 S. 2)

Nach Abs. 2 S. 2 soll die Haftung „des anderen" entfallen, wenn die Voraussetzungen des Abs. 2 vorliegen. Diese Regelung darf nicht in dem Sinne fehlinterpretiert werden, dass die Haftung des Vertragspartners des Urhebers insgesamt entfällt, sobald gegen einen Dritten überhaupt ein Anspruch nach Abs. 2 besteht. Vielmehr soll Abs. 2 S. 2 lediglich klarstellen, dass der Vertragspartner des Urhebers nicht für Erträge und Vorteile einzustehen hat, die durch Dritte in der Lizenzkette erwirtschaftet wurden (ebenso *Berger* GRUR 2003, 675, 680 f.). Entspr. ist es ohne weiteres möglich, dass der Urheber Ansprüche gegen seinen Vertragspartner nach Abs. 1 und gleichzeitig gegen einen oder mehrere Dritte nach Abs. 2 hat, wenn sich im jeweiligen Verhältnis nur ein auffälliges Missverhältnis ergibt. Liegen jedoch die Voraussetzungen für die Haftung eines Dritten vor, so kann der Urheber wegen der Nutzung des Werks durch den Dritten und dessen Lizenznehmer den Ersterwerber des Nutzungsrechts und andere vorgelagerte Stellen in der Lizenzkette nicht mehr in Anspruch nehmen. Diese können sich vielmehr mit dem Argument verteidigen, dass der Dritte haftet.

34

35

5. Freistellung in der Lizenzkette

36 Eine Problematik, die der Gesetzgeber bei der Eile, in der § 32a Abs. 2 entstanden ist (Rn 28), übersehen hat, ist die Praxis der Freistellung innerhalb der Lizenzkette. Wer von einem Dritten Nutzungsrechte erwirbt, lässt sich in aller Regel garantieren, dass die Nutzung frei von Rechten Dritter erfolgt und er von jeglichen entgegen dieser Garantie geltend gemachten Ansprüchen und den hieraus resultierenden Kosten und Schäden freigestellt wird. Weisen die Verträge innerhalb der Lizenzkette lückenlos derartige Freistellungsklauseln auf, so wird iE der unmittelbare Vertragspartner des Urhebers für ein sich auf einer nachgelagerten Stufe der Lizenzkette ergebendes auffälliges Missverhältnis einstehen. Damit träte genau die Situation ein, die durch die Regelung in Abs. 2 gerade vermieden werden sollte (s. Rn 28).

37 Die Gefahr, dass der Vertragspartner des Urhebers nicht nur nach Abs. 1, sondern mittelbar über Freistellungsansprüche in der Lizenzkette auch für Ansprüche nach Abs. 2 haftet, **lässt sich nur beseitigen, wenn solche Ansprüche ausgeschlossen sind**. Dass sich ein Mitglied der Lizenzkette gegenüber dem Vertragspartner auf der vorgelagerten Stufe nicht auf eine Ansprüche nach § 32a Abs. 2 umfassende Freistellungsvereinbarung berufen kann, lässt sich auf mehrfache Weise begründen. Zunächst bestimmt § 32a Abs. 2 S. 2, dass im Falle von Ansprüchen des Urhebers nach Abs. 2 S. 1 die Haftung des anderen entfällt. Zwar hat der Gesetzgeber hier in erster Linie an eine Haftung des Ersterwerbers des Nutzungsrechts gegenüber dem Urheber nach Abs. 1 gedacht (s. Rn 35). Sowohl der Wortlaut der Bestimmung als auch der Sinn und Zweck von Abs. 2 (s. Rn 28) lässt es jedoch zu, diese Bestimmung ebenfalls im Verhältnis zwischen Ersterwerber und Zweiterwerber des Nutzungsrechts anzuwenden. Im Verhältnis zwischen nachgelagerten Stufen in der Lizenzkette müsste Abs. 2 S. 2 analog angewendet werden. Diese Lösung entspricht umgekehrt der Bestimmung des § 478 Abs. 4 BGB, die den Rückgriff des Unternehmers bei der Geltendmachung von Mängelansprüchen innerhalb der Lieferkette betrifft. Nach dieser Bestimmung kann sich der Lieferant des Unternehmers gegenüber Mängelansprüchen des Unternehmers nicht auf einen vertraglichen Ausschluss dieser Haftung berufen. Dadurch sollen Ungerechtigkeiten vermieden werden, die sich daraus ergeben können, dass es dem Unternehmer selbst nach § 475 Abs. 1 BGB verwehrt ist, sich gegenüber dem Verbraucher auf einen entspr. Gewährleistungsausschluss zu berufen. Die dort geltende Interessenlage ist jener im Falle der Freistellung von Ansprüchen nach § 32a Abs. 2 innerhalb der Lizenzkette durchaus vergleichbar.

IV. Unverzichtbarkeit des Beteiligungsanspruchs (Abs. 3)

38 Nach § 32a Abs. 3 S. 1 kann auf den Anspruch auf weitere Beteiligung gem. Abs. 1 und 2 nicht im Voraus verzichtet werden. Entsprechende vertragliche Vereinbarungen sind also unwirksam. Möglich ist hingegen, den Verzicht zu erklären, nachdem der Anspruch entstanden ist. In die Anwartschaft auf den Anspruch nach Abs. 1 oder 2 kann nicht vollstreckt werden; auch eine Übertragung der Anwartschaft ist nicht möglich, Abs. 3 S. 2. Durch diese Bestimmung soll das Verzichtsverbot aus Abs. 3 S. 1 gesichert werden. Das Verfügungsverbot über die Anwartschaft ist gleichbedeutend mit dem Verbot zu einer Verpflichtung, einen etwaigen zukünftigen Anspruch zu übertragen. Auch eine Zwangsvollstreckung in den Anspruch nach Abs. 1 ist erst möglich, nachdem der Anspruch entstanden ist.

V. Anwendbarkeit bei Vergütungsregeln und Tarifverträgen (Abs. 4)

Der Anspruch aus § 32a Abs. 1 ist gem. Abs. 4 ausgeschlossen, wenn die Vergütung **39** des Urhebers sich entweder aus einer gemeinsamen Vergütungsregel (§ 36) oder aus einem Tarifvertrag ergibt. Voraussetzung ist allerdings, dass die gemeinsame Vergütungsregel oder der Tarifvertrag ausdrücklich eine weitere angemessene Beteiligung des Urhebers für den Fall vorsieht, dass sich zu einem späteren Zeitpunkt ein auffälliges Missverhältnis zwischen Leistung und Gegenleistung iSd Abs. 1 ergibt. Nach dem Wortlaut von Abs. 4 ist insoweit eine ausdrückliche Regelung zu treffen. Ziel der Regelung ist es, für den Verwerter die sich im Falle einer außerordentlich erfolgreichen Vermarktung des Werkes aus § 32a Abs. 1 ergebenden Risiken kalkulierbar zu machen. Sinnvoll ist eine Regelung der weiteren angemessenen Beteiligung insb., wenn die gemeinsame Vergütungsregel oder der Tarifvertrag eine pauschale Vergütung des Urhebers bestimmt. Damit eine solche Regelung für die Verwerter im Verhältnis zu der gesetzlichen Regelung des § 32a Abs. 1 einen Vorteil darstellt, ist es allerdings erforderlich, dass die Vergütungsregel bzw der Tarifvertrag genaue Bestimmungen für die Bemessung der weiteren Beteiligung enthält. Ob auf praktisch sinnvolle Weise ein kollektivvertragliches Instrument den typischerweise anerkannten Fall einer nachträglichen Veränderung der Verhältnisse regeln kann, muss jedoch bezweifelt werden (*Schack* GRUR 2002, 853, 856; *Ory* AfP 2002, 93, 99).

Während gem. § 32 Abs. 2 S. 1 und Abs. 4 die in einer gemeinsamen Vergütungs- **40** regel oder einem Tarifvertrag bestimmte Vergütung der Angemessenheitsprüfung gem. § 32 Abs. 1 und Abs. 2 S. 2 ausdrücklich nicht unterliegt, lässt § 32a Abs. 4 die Frage offen, ob die in der gemeinsamen Vergütungsregel oder dem Tarifvertrag vorgesehene weitere Beteiligung im Streitfall auf ihre Angemessenheit überprüft werden kann. Nach dem Sinn und Zweck der Regelung muss dies ausgeschlossen sein. Wie § 32 soll § 32a die typischerweise im Rahmen von Vertragsverhandlungen gegebene strukturelle Unterlegenheit des Urhebers ausgleichen. Dieses Korrektivs bedarf es im Falle einer gemeinsamen Vergütungsregel (§ 36) oder eines Tarifvertrags nicht (s. § 32 Rn 13). Eine in diesem Rahmen vereinbarte weitere Beteiligung kann deshalb auf ihre Angemessenheit nicht mehr überprüft werden. Denkbar ist allerdings, dass die in einer Vergütungsregel oder einem Tarifvertrag vorgesehene weitere Beteiligung und die für ihre Ermittlung festgelegten Kriterien die Tatsachen, auf die der Korrekturanspruch gestützt wird, nicht erfassen, insb. weil diese Tatsachen nicht erwartet wurden. In diesen Fällen muss Abs. 1 zugunsten des Urhebers ungeachtet von Abs. 4 anwendbar bleiben.

Obwohl der Korrekturanspruch gegen Dritte nach Abs. 2 in Abs. 4 nicht erwähnt ist, **41** muss auch er ausgeschlossen sein, wenn die Voraussetzungen des Abs. 4 vorliegen. Dies folgt daraus, dass für die Haftung des Dritten die gleichen Grundsätze wie für Ansprüche gegen den unmittelbaren Vertragspartner gelten (s. Rn 30 ff.).

§ 32b Zwingende Anwendung

Die §§ 32 und 32a finden zwingend Anwendung,

1. wenn auf den Nutzungsvertrag mangels einer Rechtswahl deutsches Recht anzuwenden wäre oder

2. soweit Gegenstand des Vertrages maßgebliche Nutzungshandlungen im räumlichen Geltungsbereich dieses Gesetzes sind.

Literatur: *Hilty/Peukert* Das neue deutsche Urhebervertragsrecht im internationalen Kontext, GRUR Int 2002, 643; *Obergfell* Deutscher Urheberschutz auf internationalem Kollisionskurs, K&R 2003, 118.

I. Allgemeines

1 Die Bestimmung soll, in gewissem Umfang, die **Anwendbarkeit der §§ 32, 32a im int. Kontext sichern**. Gerade einmal elf Tage vor der endgültigen Beschlussfassung über die Reform des Urhebervertragsrechts hatte der Gesetzgeber die Befürchtung, das Int. Privatrecht könne durch die Verwerter zum Zwecke einer Unterwanderung der §§ 32, 32a missbraucht werden. Mit der Formulierungshilfe v. 14.1.2002 (abgedr. bei *Hucko* Urhebervertragsrecht, S. 149, 163 f.) wurde daher die Bestimmung des § 32b in das Gesetzgebungsverfahren eingeführt (zur Historie der Reform s. § 31 Rn 9). Unzulänglichkeiten der Vorschrift sind eine zwangsläufige Folge der gesetzgeberischen Eile.

2 Das Ziel, die Ansprüche des Urhebers nach §§ 32, 32a im int. Kontext zu sichern, soll mittels § 32b für zwei Fallgruppen erreicht werden. Bei der **ersten Fallgruppe** handelt es sich um **Sachverhalte, auf die ohne Rechtswahl deutsches Recht anzuwenden wäre** (Nr. 1). Die **zweite Fallgruppe** sind **Fälle mit Inlandsbezug, auf die aus anderen Gründen als durch Rechtswahl ausländisches Recht anzuwenden ist** (Nr. 2). Für beide Fallgruppen ordnet § 32b – mit unterschiedlichem Umfang (Rn 8) – die zwingende Anwendbarkeit der §§ 32, 32a an. Zu beachten ist in diesem Zusammenhang auch der wesentliche Einfluss, den der Gerichtsstand und die Vollstreckbarkeit in solchen Fällen auf die Durchsetzbarkeit der Ansprüche nach §§ 32, 32a haben können (dazu Rn 10 ff.).

3 Auf § 32b können sich die Personen berufen, die einen Anspruch nach §§ 32, 32a haben. Dies gilt nach der Ablösung des § 75 Abs. 4 durch § 79 Abs. 2 im Zuge des Gesetzes zur Regelung des Urheberrechts in der Informationsgesellschaft auch für die ausübenden Künstler (zur früheren Rechtslage s. *Hilty/Peukert* GRUR Int 2002, 643, 644).

4 Eine Besonderheit stellt im Rahmen von § 32b der **Haftungsanspruch des Urhebers gegen Dritte nach § 32a Abs. 2** dar; denn zwischen dem Urheber und dem Dritten besteht kein Vertragsverhältnis. Dies allerdings hat nicht zur Folge, dass An-

sprüche nach § 32a Abs. 2 etwa nach dem Schutzlandprinzip zu beurteilen wären (ebenso *Hilty/Peukert* GRUR Int 2002, 643, 647; **aA** *Obergfell* K&R 2003, 118, 124; zum Schutzlandprinzip s. § 120 Rn 7 ff.). Der Beteiligungsanspruch nach § 32a Abs. 2 gegen den Dritten entspricht in Tatbestandsvoraussetzungen und Rechtsfolgen jenem gegen den unmittelbaren Vertragspartner. International-privatrechtlich sind beide Ansprüche deshalb gleich zu behandeln (*Hilty/Peukert* GRUR Int 2002, 643, 647). Bei der Geltendmachung eines Anspruchs nach § 32a Abs. 2 ist zur Bestimmung des anwendbaren Rechts auf den Vertrag zwischen Urheber und Erstverwerter abzustellen.

II. Abweichende Rechtswahl (Nr. 1)

Der Gesetzgeber hatte die Befürchtung, dass dem Urheber die Ansprüche nach §§ 32, 32a durch die **vertragliche Vereinbarung eines ausländischen Rechts** genommen werden könnten. Wegen des unabdingbaren Charakters der Vorschriften (§§ 32 Abs. 3 S. 1, 32a Abs. 3 S. 1) bestand diese Gefahr gem. Art. 27 Abs. 3 EGBGB zwar nicht für rein inländische Urhebervertragsverhältnisse. IÜ ist eine freie Rechtswahl nach Art. 27 Abs. 1 EGBGB jedoch bei Urheberrechtsverträgen grds möglich (s. § 31 Rn 20). Vor diesem Hintergrund hat der Gesetzgeber in § 32b Nr. 1 bestimmt, dass §§ 32, 32a zwingend Anwendung finden, wenn in Ermangelung einer abweichenden Rechtswahl deutsches Recht anzuwenden wäre. **5**

Sofern der Urheber Ansprüche aus §§ 32, 32a geltend macht, nach der Rechtswahlklausel des maßgebenden Vertrages aber ausländisches Recht anzuwenden ist, muss **geprüft werden, ob ohne diese Rechtswahlklausel deutsches Recht zur Anwendung gelangt**. Hierfür kommt es auf die allg. zur Bestimmung des Vertragsstatuts heranzuziehenden Regelungen der Art. 28 ff. EGBGB an (dazu § 120 Rn 21). Seinen wesentlichen Anwendungsbereich findet § 32b Nr. 1 damit in jenen Fällen, in denen der inländische Urheber einem ausländischen Verwerter Nutzungsrechte einräumt und die für den Vertrag charakteristische Leistung erbringt. Dies ist idR der Fall. Ausnahmen gelten insoweit für den Verleger sowie den Werknutzer, den nach dem Inhalt des Vertrags eine Ausübungslast trifft (s. § 31 Rn 21). Solche Fälle werden, soweit inländische Nutzungshandlungen vorliegen, von § 32b Nr. 2 erfasst. **6**

III. Maßgebliche Nutzungshandlung im Inland (Nr. 2)

Sinn und Zweck von Nr. 2 ist, die Durchsetzbarkeit der Ansprüche nach §§ 32, 32a bei Vorliegen eines maßgeblichen Inlandsbezugs auch dann zu sichern, wenn Nr. 1 nicht anwendbar ist und kraft Rechtswahl oder dem sonst gültigen Kollisionsrecht ausländisches Recht anzuwenden ist. Für diese Fälle bestimmt § 32b Nr. 2, dass §§ 32, 32a zwingend sind, soweit Gegenstand des Vertrags maßgebliche Nutzungshandlungen im Inland sind. Nach der Vorstellung des Gesetzgebers setzen sich bei Vorliegen der Voraussetzungen des § 32b Nr. 2 die §§ 32, 32a als zwingende Normen iSd Art. 34 EGBGB gegenüber ausländischem Recht durch (BT-Drucks. 14/8058, 20; krit. dazu *Obergfell* K&R 2003, 118, 122 f.; *Hilty/Peukert* GRUR Int 2002, 643, 648 ff.). **7**

Nr. 2 soll nach der Vorstellung des Gesetzgebers die Mehrzahl der international-privatrechtlichen Sachverhalte erfassen (BT-Drucks. 14/8058, 20). Unabhängig vom Vorliegen einer Rechtswahl sollen sich §§ 32, 32a durchsetzen, wenn maßgebliche **8**

Nutzungshandlungen (dazu Rn 9) vorliegen. Entscheidend ist allerdings, dass sich nach dem eindeutigen Wortlaut von Nr. 2 **§§ 32, 32a kollisionsrechtlich nur durchsetzen, soweit inländische Nutzungshandlungen vorliegen** (*Wandtke/Bullinger/ v. Welser* § 32b Rn 4). Damit **unterscheidet sich Nr. 2 von Nr. 1**. Ist für die Ansprüche nach §§ 32, 32a nach allg. Kollisionsrecht oder gem. § 32b Nr. 1 deutsches Recht anzuwenden, so sind nicht nur die inländischen, sondern sämtliche Nutzungsmöglichkeiten (§ 32 Abs. 2) bzw Erträge und Vorteile (§ 32a Abs. 1) für die Ermittlung des Korrektur- bzw Beteiligungsanspruchs zu berücksichtigen (s. auch *Obergfell* K&R 2003, 118, 124 f.). Gelangen die §§ 32, 32a hingegen nur wegen § 32b Nr. 2 zur Anwendung, können Korrektur- bzw Beteiligungsanspruch **nur hinsichtlich der inländischen Nutzungsmöglichkeiten bzw Erträge und Vorteile aus inländischen Nutzungshandlungen** geltend gemacht werden. Bei der Anspruchsprüfung sind daher ausländische Nutzungshandlungen jeweils auszublenden.

9   Die Frage, ab wann eine Nutzungshandlung maßgeblich iSv § 32b Nr. 2 ist, dürfte keine praktische Relevanz haben. Ist eine Nutzungshandlung unmaßgeblich, so werden regelmäßig auch nicht die Voraussetzungen des Korrekturanspruchs nach § 32 Abs. 1 S. 3 und erst recht nicht eines Beteiligungsanspruchs nach § 32a Abs. 1 oder 2 vorliegen. Liegen hingegen die Voraussetzungen solcher Ansprüche allein in Ansehung inländischer Nutzungshandlungen vor, so spricht dies dafür, dass diese Nutzungshandlungen maßgeblich sind.

IV. Gericht und Vollstreckung im Ausland

10   Die Durchsetzbarkeit der Ansprüche nach §§ 32, 32a wird ganz maßgeblich davon abhängen, ob sie vor deutschen Gerichten geltend gemacht werden können. In Verträgen zwischen einem inländischen Urheber und einem ausländischen Verwerter wird jedoch regelmäßig ein **ausländischer Gerichtsstand vereinbart** sein. Um gleichwohl die Ansprüche nach §§ 32, 32a vor deutschen Gerichten geltend zu machen, müsste ein inländischer Gerichtsstand gegeben (zB nach § 23 ZPO) und gleichzeitig die im Vertrag getroffene Gerichtsstandsvereinbarung unwirksam sein. Insoweit gilt zunächst, dass nach § 38 Abs. 2 S. 1 ZPO eine Gerichtsstandsvereinbarung zulässig ist, wenn mindestens eine der Vertragsparteien keinen allg. Gerichtsstand im Inland hat. Eine Unwirksamkeit der Gerichtsstandsklausel kann sich daher nur aus einem allg. Derogationsverbot zur Wahrung zwingenden deutschen Sachrechts ergeben. Ein solches wurde in der Vergangenheit ausnahmsweise zum Schutz vor der Ausnutzung der Unterlegenheit einer sozial und finanziell schwächeren Partei angenommen, zB im Fall von Börsentermingeschäften oder zum Schutze von Arbeitnehmern. Ob auch der Schutz des Urhebers nach §§ 32, 32a eine Durchbrechung von § 40 Abs. 2 Nr. 1 ZPO rechtfertigt, ist zumindest zweifelhaft (eingehend *Hilty/ Peukert* GRUR Int 2002, 643, 662). Damit kann sich für den Urheber die unbefriedigende, weil mit Unwägbarkeiten verbundene (s. Rn 11), Situation ergeben, dass er Ansprüche nach §§ 32, 32a nicht vor inländischen Gerichten geltend machen kann.

11   Werden **Ansprüche aus §§ 32, 32a vor ausländischen Gerichten** geltend gemacht, so ist **nach der *lex fori* das am Gerichtsstand geltende Kollisionsrecht maßgebend**. Verweist dieses nicht auf das deutsche Kollisionsrecht, gelangt auch § 32b nicht zur Anwendung. IdR wird dann eine Rechtswahl zugunsten einer ausländischen Rechtsordnung ihre Wirkung entfalten. Damit hinge die Durchsetzbarkeit von

Ansprüchen nach §§ 32, 32a davon ab, dass sich nach der *lex fori* diese Ansprüche entgegen einer anders lautenden Rechtswahl durchsetzen (zB nach Art. 7 Abs. 1 EVÜ; zur Rechtslage in der Schweiz und den USA *Hilty/Peukert* GRUR Int 2002, 643, 657 f.).

Erwirkt der Urheber im Inland ein gerichtliches Urteil zur Durchsetzung seiner An- **12** sprüche nach §§ 32, 32a, so kann sich für ihn die **Notwendigkeit einer Vollstre-ckung dieser Entsch. im Ausland** ergeben. Diese sollte wegen der in Art. 33 Abs. 1 EuGVVO vorgesehenen automatischen Anerkennung innerhalb des Anwendungsbe-reichs der EuGVVO keine Schwierigkeit darstellen (eingehend *Hilty/Peukert* GRUR Int 2002, 643, 659). Gerade wegen des Ausnahmecharakters der §§ 32, 32a kann je-doch nicht ausgeschlossen werden, dass ausländische Staaten, die Deutschland nicht durch einen Staatsvertrag oder ein int. Abkommen über die Anerkennung und Voll-streckung von Zivilrechtsentscheidungen verbunden sind, die Vollstreckung eines solchen Titels ablehnen (zu den USA s. *Hilty/Peukert* GRUR Int 2002, 643, 659).

§ 33   Weiterwirkung von Nutzungsrechten

Ausschließliche und einfache Nutzungsrechte bleiben gegenüber später einge-räumten Nutzungsrechten wirksam. Gleiches gilt, wenn der Inhaber des Rechts, der das Nutzungsrecht eingeräumt hat, wechselt oder wenn er auf sein Recht verzichtet.

Literatur: *Forkel* Zur dinglichen Wirkung einfacher Lizenzen, NJW 1983, 1764; *Platho* Rückfall, Rück- und Weiterübertragung von Nutzungsrechten und erteilte Unterlizenzen im Urheberrecht, FuR 1984, 135; *Sieger* Sukzessionsschutz im Urheberrecht, FuR 1983, 580.

Übersicht

I. Allgemeines

Die Vorschrift regelt die Auswirkungen, die eine Verfügung des Urhebers oder eines **1** anderen Rechtsinhabers auf früher eingeräumte Nutzungsrechte hat. Der Erwerber eines Nutzungsrechts genießt nach § 33 einen Sukzessionsschutz gegenüber nachfol-genden Rechtseinräumungen. Seine Rechtsposition soll nicht dadurch beeinträchtigt werden, dass derjenige, von dem er das Nutzungsrecht erworben hat, später weitere Nutzungsrechte einräumt (S. 1), das Recht überträgt oder auf das Recht verzichtet (S. 2). Nicht durch § 33 behandelt oder präjudiziert wird die Frage, ob die Beendi-gung eines Nutzungsrechts zur Folge hat, dass auch durch den Erwerber dieses Nut-zungsrechts eingeräumte weitere Nutzungsrechte (sog. abhängige Nutzungsrechte) erlöschen (s. BT-Drucks. 14/6433, 16 sowie § 35 Rn 8).

Die Bestimmung des § 33 hat ihre heutige Gestalt durch die Reform des Urheberver- **2** tragsrechts (dazu § 31 Rn 8 f.) erhalten. Zuvor regelte die Vorschrift nur den Sukzessionsschutz des Inhabers eines einfachen Nutzungsrechts gegenüber der späteren Einräumung eines ausschließlichen Nutzungsrechts. Entlang der Bestimmung des § 33 aF wurde bisher der dogmatische Streit geführt, ob das einfache Nutzungsrecht einen rein schuldrechtlichen oder aber einen dinglichen Charakter hat (s. § 31 Rn 102). Während nach einer Auffassung § 33 gerade deshalb geschaffen werden musste, weil das einfache Nutzungsrecht nur schuldrechtlichen Charakter hat, also nicht gegenüber jedermann wirkt (so *Möhring/Nicolini/Spautz* § 33 Rn 5 f.), sieht die Gegenauffassung gerade in der Existenz des § 33 den Beleg für den dinglichen Rechtscharakter des einfachen Nutzungsrechts (*Schricker/Schricker* vor §§ 28 ff. Rn 49). Für die erste Auffassung gibt die geltende Fassung des § 33 nichts mehr her. In der Praxis ist die Streitfrage ohnehin ohne wesentliche Bedeutung (§ 31 Rn 102).

VI. Inhalt der Regelung

1.   Sukzessionsschutz (S. 1)

3   Nach S. 1 gilt der Grundsatz, dass der Bestand eines zunächst eingeräumten Nutzungsrechts durch die Einräumung weiterer Nutzungsrechte an Dritte nicht berührt wird. Dieser Grundsatz gilt unterschiedslos für einfache und ausschließliche Nutzungsrechte. Für einfache Nutzungsrechte versteht er sich allerdings von selbst. Es liegt im Wesen eines einfachen Nutzungsrechts, dass Dritten Nutzungsrechte gleichen Inhalts eingeräumt werden können. Die Bedeutung der Vorschrift liegt daher in erster Linie in der Klarstellung, dass auch die Einräumung eines ausschließlichen Nutzungsrechts den Bestand früher eingeräumter einfacher oder ausschließlicher Nutzungsrechte mit ganz oder teilweise gleichem Inhalt nicht berührt. Das später eingeräumte Nutzungsrecht ist dann mit dem früheren Nutzungsrecht belastet. Der Urheber tut in diesen Fällen gut daran, die Belastung gegenüber dem Erwerber des ausschließlichem Nutzungsrechts offen zu legen, während der Erwerber des ausschließlichen Nutzungsrechts sich die Freiheit des Nutzungsrechts von früher eingeräumten Nutzungsrechten garantieren lassen mag.

4   Der Sukzessionsschutz gem. S. 1 setzt voraus, dass das Nutzungsrecht tatsächlich eingeräumt wurde. Eine bloße Verpflichtung des Urhebers, ein Nutzungsrecht einzuräumen, begründet den Sukzessionsschutz noch nicht. Verpflichtet sich zB der Urheber zur Einräumung eines einfachen Nutzungsrechts, so ist er zur Erfüllung dieser Verpflichtung nicht mehr in der Lage, wenn er vor Erfüllung dieser Verpflichtung einem Dritten ein ausschließliches Nutzungsrecht einräumt. Zugunsten desjenigen, dem die Einräumung des einfachen Nutzungsrechts versprochen wurde, bestehen in einer solchen Situation jedoch regelmäßig Schadensersatzansprüche.

5   Der Sukzessionsschutz ist abdingbar, auch wenn – anders als § 33 aF – die Vorschrift dies nicht mehr gesondert zum Ausdruck bringt. Es versteht sich von selbst, dass der Urheber mit dem Erwerber des Nutzungsrechts eine auflösende Bedingung vereinbaren kann, nach der das einfache Nutzungsrecht bei späterer Einräumung eines ausschließlichen Nutzungsrechts entfällt.

2. Wechsel und Verzicht des Rechtsinhabers (S. 2)

6   Nach § 33 S. 2 bleiben Nutzungsrechte wirksam, wenn der Inhaber des Rechts, der das Nutzungsrecht eingeräumt hat, wechselt oder wenn er auf sein Recht verzichtet.

Davon zu unterscheiden ist die Frage, welche Auswirkungen es auf den Inhaber eines abhängigen Nutzungsrechts (dh einer „Unterlizenz") hat, wenn der Inhaber des Nutzungsrechts (dh der „Lizenznehmer") seine Berechtigung verliert. Nach dem ausdrücklichen Willen des Gesetzgebers wird das Schicksal abhängiger Nutzungsrechte für den Fall des Untergangs des primären Nutzungsrechts durch § 33 nicht geregelt (so Rn 1).

Ein Wechsel des Rechtsinhabers iSv S. 2 liegt vor, wenn das Urheberrecht gem. § 29 **7** Abs. 1 zulässigerweise übertragen wird. Ein weiterer Anwendungsfall ist, dass der Inhaber eines ausschließlichen Nutzungsrechts dieses auf einen Dritten überträgt (s. *BGH* GRUR 1986, 91, 93 – Preisabstandsklausel). In einem solchen Fall bleiben abhängige Nutzungsrechte bestehen, weil das ihre Grundlage bildende ausschließliche Nutzungsrecht fortbesteht, nur eben zugunsten einer anderen Person.

Schließlich soll auch der Verzicht des Rechtsinhabers die Wirksamkeit zuvor eingeräumter Nutzungsrechte nicht berühren. Da das Urheberrecht grds unverzichtbar ist **8** (s. § 29 Rn 6), kann in § 33 S. 2 nur der Verzicht auf die Geltendmachung bestimmter Verbotsrechte gemeint sein. Dass ein solcher Verzicht vorbestehende Nutzungsrechte nicht berührt, liegt auf der Hand. Eine solche Erklärung ist nämlich gleichbedeutend mit der Einräumung eines entspr. Nutzungsrechts. Wenn die Einräumung eines Nutzungsrechts vorbestehende Nutzungsrechte nicht berührt, kann für den praktisch zum gleichen Ergebnis führenden Verzicht nichts anderes gelten. Insoweit kommt § 33 S. 2 nur klarstellende Bedeutung zu.

§ 34 Übertragung von Nutzungsrechten

(1) Ein Nutzungsrecht kann nur mit Zustimmung des Urhebers übertragen werden. Der Urheber darf die Zustimmung nicht wider Treu und Glauben verweigern.

(2) Werden mit dem Nutzungsrecht an einem Sammelwerk (§ 4) Nutzungsrechte an den in das Sammelwerk aufgenommenen einzelnen Werken übertragen, so genügt die Zustimmung des Urhebers des Sammelwerkes.

(3) Ein Nutzungsrecht kann ohne Zustimmung des Urhebers übertragen werden, wenn die Übertragung im Rahmen der Gesamtveräußerung eines Unternehmens oder der Veräußerung von Teilen eines Unternehmens geschieht. Der Urheber kann das Nutzungsrecht zurückrufen, wenn ihm die Ausübung des Nutzungsrechts durch den Erwerber nach Treu und Glauben nicht zuzumuten ist. Satz 2 findet auch dann Anwendung, wenn sich die Beteiligungsverhältnisse am Unternehmen des Inhabers des Nutzungsrechts wesentlich ändern.

(4) Der Erwerber des Nutzungsrechts haftet gesamtschuldnerisch für die Erfüllung der sich aus dem Vertrag mit dem Urheber ergebenden Verpflichtungen des Veräußerers, wenn der Urheber der Übertragung des Nutzungsrechts nicht im Einzelfall ausdrücklich zugestimmt hat.

(5) Der Urheber kann auf das Rückrufsrecht und die Haftung des Erwerbers im Voraus nicht verzichten. Im Übrigen können der Inhaber des Nutzungsrechts und der Urheber Abweichendes vereinbaren.

Literatur: *Haberstumpf* Verfügungen über urheberrechtliche Nutzungsrechte im Verlagsrecht, FS Hubmann, 1985, S. 127; *Held* Weiterübertragung von Verlagsrechten – Zur Weitergeltung von § 28 VerlG, GRUR 1983, 161; *Hemler* Die Stellung des Autors beim Verlagsverkauf, GRUR 1994, 578; *Hertin* Urhebervertragsnovelle 2002: Up-Date von Urheberrechtsverträgen, MMR 2003, 16; *Partsch/Reich* Die Change-of-Control-Klausel im neuen Urhebervertragsrecht, AfP 2002, 298; *Platho* Rückfall, Rück- und Weiterübertragung von Nutzungsrechten und erteilte Unterlizenzen im Urheberrecht, FuR 1984, 135; *Schricker* Verlagsrecht, 3. Aufl. 2001; *Sieger* Sukzessionsschutz im Urheberrecht, FuR 1983, 580; *Wandtke* Anmerkung zu OLG Hamburg, EWiR § 34 UrhG 1/01, 644.

Übersicht

I. Allgemeines

1   Die Vorschrift regelt die Übertragung des Nutzungsrechts. Nach allg. Auffassung ist § 34 Ausdruck des persönlichkeitsrechtlichen Kerns des Urheberrechts: Dem Urheber soll es vorbehalten bleiben, durch Ausübung gewisser Kontrollrechte sicherzustellen, dass die Inhaber von Nutzungsrechten sein Vertrauen besitzen (*Möhring/Nicolini/Spautz* § 34 Rn 1; *Schricker/Schricker* § 34 Rn 1 f.).

2   In Abs. 1 ist der Grundsatz enthalten, dass ein Nutzungsrecht nicht ohne Zustimmung des Urhebers, die dieser nicht wider Treu und Glauben verweigern darf, übertragen werden kann. Der Praktikabilität dient, dass es bei Sammelwerken gem. Abs. 2 nur auf die Zustimmung des Urhebers des Sammelwerks ankommt. Auch soll es auf die Zustimmung des Urhebers nicht ankommen, wenn das Nutzungsrecht im Zusammenhang mit einem Unternehmenskauf übergehen soll, Abs. 3 S. 1 und 2. Soweit dem Urheber die Veränderung nicht zumutbar ist, steht ihm jedoch ein Rückrufsrecht zu, Abs. 3 S. 2. Gleiches gilt bei einer wesentlichen Änderung der Beteiligungsverhältnisse des Inhabers des Nutzungsrechts, Abs. 3 S. 3. Hat der Urheber der Übertragung des Nutzungsrechts im Einzelfall nicht zugestimmt, so haftet der Erwerber gesamtschuldnerisch für die Erfüllung der vertraglichen Verpflichtungen des Veräußerers gegenüber dem Urheber, Abs. 4. Die Regelungen des § 34 sind grds abdingbar, das Rückrufsrecht gem. Abs. 3 S. 2 und die Haftung des Erwerbers gem. Abs. 4 jedoch nicht im Voraus, Abs. 5.

3   Bereits vor In-Kraft-Treten des UrhG bestand mit § 28 VerlG eine gesetzliche Regelung zur Übertragung von Verlegerrechten. Die Vorschrift wurde im Zuge der Reform des Urhebervertragsrechts (dazu § 31 Rn 8 f.) ersatzlos gestrichen. Nach § 28 Abs. 1 VerlG war, anders als bei § 34 Abs. 1, die Verweigerung der Zustimmung nur ausnahmsweise zulässig, nämlich bei Vorliegen eines wichtigen Grundes. Das Verhältnis zwischen § 34 und § 28 VerlG war streitig (s. dazu *Fromm/Nordemann/Hertin* § 34 Rn 3; *Schricker/Schricker* § 34 Rn 3; *Schricker* Verlagsrecht, § 28 Rn 1 ff.; *Möhring/Nicolini/Spautz* § 34 Rn 2). Für den Bereich der Filmwerke sieht § 90 eine Einschränkung der Anwendbarkeit des § 34 vor.

II. Zustimmungserfordernis bei Nutzungsrechtsübertragung

1. Grundsätzliches Zustimmungsbedürfnis (Abs. 1 S. 1)

§ 34 Abs. 1 gilt gleichermaßen für die Übertragung des einfachen wie des ausschließ- **4** lichen Nutzungsrechts. Davon zu unterscheiden ist **die Einräumung weiterer Nutzungsrechte** durch den Inhaber eines ausschließlichen Nutzungsrechts. Dieser Fall ist in § 35 behandelt. Übertragung des Nutzungsrechts bedeutet, dass ein **Inhaberwechsel stattfindet**. Nach dem Übertragungsakt ist der Veräußerer also ganz oder teilweise nicht mehr Inhaber des Nutzungsrechts; soweit er das Nutzungsrecht übertragen hat, tritt an seine Stelle der Erwerber. Das Zustimmungsrecht des Urhebers besteht auch, wenn ein Nutzungsrecht späterer Stufe (das also nicht unmittelbar durch den Urheber eingeräumt wurde) übertragen wird. Dies folgt zum einem aus dem Wortlaut von Abs. 1 S. 1 und zum anderen aus dem Zweck der Vorschrift, dem Urheber die Möglichkeit zu geben, gewisse Kontrollrechte auszuüben (so Rn 1). Leitet hingegen der Inhaber eines Nutzungsrechts späterer Stufe sein Recht von dem Inhaber eines ausschließlichen Nutzungsrechts ab, so ist dessen Zustimmung zu der Übertragung nur erforderlich, wenn dies vertraglich entspr. vereinbart worden ist. Hat der Inhaber des ausschließlichen Nutzungsrechts bei einer solchen Konstellation der Übertragung zugestimmt, bleibt allerdings für eine Anwendung des § 34 Abs. 1 S. 1 kein Raum mehr, wenn der Urheber seinerseits der Einräumung weiterer Nutzungsrechte nach § 35 Abs. 1 S. 1 zugestimmt hat.

Nicht in den Anwendungsbereich von § 34 fällt die **bloße schuldrechtliche Gestat-** **5** **tung der Benutzung eines Werks** (s. § 31 Rn 16, 33). Dies besagt freilich nicht, dass eine solche Gestattung stets zulässig ist. Wäre dies so, bestünde die Gefahr einer Umgehung des § 34 durch den Abschluss bloßer Gestattungsverträge. Ob der Inhaber eines Nutzungsrechts befugt ist, einem Dritten die Nutzung des Werks zu gestatten, hängt vielmehr von dem Umfang des ihm eingeräumten Nutzungsrechts und den sonstigen vertraglichen Absprachen mit dem Urheber ab. Bereits aus dem Wortlaut von § 34 Abs. 1 folgt, dass das **Zustimmungserfordernis** nicht nur für die erstmalige, sondern ebenso für folgende Weiterübertragungen des Nutzungsrechts gilt. Neben der Übertragung des Nutzungsrechts gilt § 34 Abs. 1 auch für **dingliche Belastungen des Rechts**, sofern die Belastung nach den Vorschriften über die Übertragung erfolgt. Dies ist insb. bei der Verpfändung des Nutzungsrechts der Fall (s. §§ 1273 f. BGB). Auf den Übergang von Nutzungsrechten **von Todes wegen** findet § 34 keine Anwendung (*Schricker/Schricker* § 34 Rn 8). Die Veräußerung eines Werkstücks, zB eines Computerprogramms löst keine Zustimmungspflicht nach Abs. 1 aus (*OLG Frankfurt* NJW-RR 1997, 494).

6 Das Zustimmungserfordernis des § 34 Abs. 1 wirkt wie das Abtretungsverbot des § 399 BGB. Die Übertragung des Nutzungsrechts ohne die erforderliche Zustimmung des Urhebers ist zunächst schwebend unwirksam. Wirksamkeit kann die Übertragung dadurch erlangen, dass der Urheber sie genehmigt, § 185 Abs. 2 BGB. Die Genehmigung wirkt zurück auf den Zeitpunkt der Übertragung, § 184 Abs. 1 BGB. Wird die Genehmigung verweigert, ist die Übertragung des Nutzungsrechts endgültig unwirksam, §§ 184, 185 Abs. 2 BGB.

7 Wird die Zustimmung durch den Urheber erteilt, so erhält der Erwerber ein Nutzungsrecht, das von der vertragsrechtlichen Beziehung zwischen Urheber und Veräußerer unabhängig ist (**aA** *Schricker/Schricker* § 34 Rn 22; *Fromm/Nordemann/Hertin* § 34 Rn 15; *Wandtke* EWiR § 34, 1/01, 643, 644). Das Nutzungsrecht des Erwerbers an den Fortbestand der Rechtsbeziehungen zwischen Urheber und Veräußerer zu knüpfen, wäre für den Erwerber mit einer nicht hinnehmbaren Unsicherheit verbunden. Es besteht auch kein entspr. Schutzbedürfnis des Urhebers. Dieser kann nämlich seine Zustimmung davon abhängig machen, dass der Erwerber den vertraglichen Verpflichtungen des Veräußerers gegenüber dem Urheber beitritt sowie sich zur Erfüllung weiterer Bedingungen verpflichtet (s. Rn 8). Hiervon geht offenbar auch der Gesetzgeber aus, der nur für den Fall einer nicht im Einzelfall erteilten ausdrücklichen Zustimmung zur Übertragung die **gesamtschuldnerische Haftung des Erwerbers** für die Erfüllung der sich aus dem Vertrag des Veräußerers mit dem Urheber ergebenden Verpflichtungen anordnet, § 34 Abs. 4 und Abs. 5 S. 1 (Rn 16). Der Erwerber des Nutzungsrechts haftet danach für alle vertragliche Pflichten des Veräußerers gegenüber dem Urheber. Er wird damit behandelt, als ob er selbst Vertragspartner wäre. Dies rechtfertigt es, dass das ihm übertragene Nutzungsrecht in seinem Bestand unabhängig von dem Fortbestand der Vertragsbeziehungen zwischen dem Veräußerer und dem Urheber ist. Zur anders gelagerten Situation bei der Einräumung weiterer Nutzungsrechte (s. § 35 Rn 8).

2. Verweigerung der Zustimmung (Abs. 1 S. 2)

8 Der Urheber darf die Zustimmung zur Übertragung des Nutzungsrechts nach § 34 Abs. 1 S. 2 nicht wider Treu und Glauben verweigern. Eine grds Verpflichtung zur Zustimmung besteht indes nicht (*Held* GRUR 1983, 161, 164). Ob die Verweigerung der Zustimmung **Treu und Glauben** widerspricht, ist anhand aller **Umstände des Einzelfalls** unter Berücksichtigung der wechselseitigen Interessen des Urhebers sowie des Veräußerers zu ermitteln (*Schricker/Schricker* § 34 Rn 16). Unzulässig ist die Verweigerung der Zustimmung dort, wo sie auf **reiner Willkür** basiert und keine vernünftigen Gründe für die verweigernde Haltung des Urhebers sprechen. Hierzu zählt insb., dass der Erwerber sich weigert, den vertraglichen Verpflichtungen des Veräußerers gegenüber dem Urheber beizutreten oder diese zu übernehmen. Ebenso kann der Urheber die Zustimmung zur Übertragung ohne weiteres verweigern, wenn ihm auf eine entspr. Bitte zufriedenstellende und angemessene Informationen über die Person des Erwerbers nicht zur Verfügung gestellt werden. Generell gilt, dass es nicht Treu und Glauben widerspricht, wenn der Urheber seine Zustimmung an vernünftige Bedingungen knüpft. Auch die Forderung einer angemessenen Vergütung kann eine vernünftige Bedingung sein (vgl *LG Berlin* AfP 2000, 197, 200). Verweigert der Urheber seine Zustimmung, so kann der Veräußerer diese einklagen, § 894 ZPO. Ihm obliegt es dabei, darzulegen und zu beweisen, dass die Verweigerung wider Treu und Glauben erfolgte. Legt allerdings der Veräußerer schlüssig dar, dass der Urheber keinen Grund hatte, seine Zustimmung zu verweigern, so wird der Urheber seinerseits die Gründe vorzutragen haben, aus denen er seine Berechtigung herleitet, die Zustimmung zu verweigern.

3. Zustimmungserfordernis bei Sammelwerken (Abs. 2)

Soll das Nutzungsrecht an einem Sammelwerk übertragen werden, so reicht hierzu die Zustimmung des Urhebers des Sammelwerks aus, § 34 Abs. 2. Der Bestimmung liegen zunächst **Praktikabilitätserwägungen** zugrunde. Die Übertragung eines Nutzungsrechts wäre de facto unmöglich, wenn es hierzu der Zustimmung eines jeden Inhabers von Nutzungsrechten an den einzelnen Elementen des Sammelwerks bedürfte. Hat der Urheber des Sammelwerks mit den Urhebern einzelner Beiträge vereinbart, dass die Weiterübertragung stets auch die Zustimmung der Urheber der einzelnen Beiträge erfordert, so ist es mit Treu und Glauben (Abs. 1 S. 2) grds vereinbar, wenn der Urheber des Sammelwerks im Hinblick auf die fehlende Zustimmung der Urheber der einzelnen Beiträge die nach Abs. 2 erforderliche Zustimmung verweigert. 9

4. Unternehmenstransaktionen (Abs. 3)

a) Überblick (S. 1). Abs. 3 befasst sich mit den Besonderheiten von Unternehmenstransaktionen. Diese führen regelmäßig dazu, dass das **Unternehmen einen neuen Inhaber erhält.** Eine Unternehmensveräußerung kann entweder durch die Übertragung der wesentlichen Vermögenswerte des Unternehmens oder eines Betriebsteils auf einen Dritten (sog. *asset deal*) oder durch die Veräußerung der Anteile an dem Unternehmen (sog. *share deal*) realisiert werden. Im ersten Fall werden typischerweise auch bestehende Nutzungsrechte übertragen, sodass nach § 34 Abs. 1 S. 1 eigentlich die Zustimmung des Urhebers erforderlich wäre. Von diesem Zustimmungserfordernis sieht Abs. 3 S. 1 eine Ausnahme vor, deren praktischer Wert durch Abs. 3 S. 2 (dazu Rn 12) jedoch eingeschränkt wird. Die Unternehmensveräußerung durch Anteilsverkauf wird durch Abs. 1 S. 1 nicht erfasst, weil sich die Parteien des Nutzungsvertrags nicht ändern, eine Übertragung von Nutzungsrechten also nicht stattfindet. Gleichwohl hat der Gesetzgeber die Unternehmensveräußerung durch einen *share deal* gem. Abs. 3 S. 3 jener durch einen *asset deal* gleichgestellt (dazu Rn 12). 10

b) Veräußerung des Betriebsvermögens (S. 1 und 2). Die bis zur Reform des Urhebervertragsrechts (dazu § 31 Rn 8 f.) geltende Fassung des § 34 Abs. 3 sah eine unbedingte Ausnahme von dem Zustimmungserfordernis bei der Übertragung des Nutzungsrechts iRd Veräußerung des Betriebsvermögens vor. Gleichwohl war anerkannt, dass eine Kündigung des Urhebers möglich sein müsse, wenn es diesem schlechterdings nicht zuzumuten ist, an dem Nutzungsvertrag festgehalten zu werden (s. *Schricker/Schricker* § 34 Rn 20). Nunmehr sieht § 34 Abs. 3 S. 2 ausdrücklich einen Rückruf des Nutzungsrechts vor, wenn dem Urheber die Ausübung des Nutzungsrechts durch den Erwerber nach Treu und Glauben nicht zuzumuten ist. In der Sache wird damit die durch Abs. 3 S. 1 vorgesehene Ausnahme zu Abs. 1 S. 1 im Wesentlichen zurückgenommen. So wie der Urheber nach Abs. 1 S. 2 die Zustimmung zur Übertragung nur nach Treu und Glauben verweigern kann, kann das Nutzungsrecht nach Abs. 3 S. 2 zurückgerufen werden, wenn dessen Ausübung durch 11

den Erwerber nach Treu und Glauben dem Urheber nicht zuzumuten ist. Der Maßstab von Abs. 3 S. 1 entspricht somit jenem von Abs. 1 S. 2 (dazu Rn 8). Der praktische Unterschied zwischen beiden Fällen liegt darin, dass bei der Übertragung iRd
Veräußerung des Unternehmens der Urheber tätig werden muss, wenn er die Übertragung des Nutzungsrechts verhindern möchte, während in allen übrigen Fällen seine Zustimmung erforderlich ist, damit überhaupt eine Übertragung stattfinden kann.

12   **c) Änderung der Beteiligungsverhältnisse (S. 2 und 3).** Durch § 34 Abs. 3 S. 3
wird das in S. 2 vorgesehene Rückrufsrecht auch auf die Fälle ausgedehnt, in denen
sich die Beteiligungsverhältnisse am Unternehmen des Inhabers des Nutzungsrechts
wesentlich ändern. Die Bestimmung wurde mit der Reform des Urhebervertragsrechts (s. § 31 Rn 8 f.) eingeführt. Sie stellt innerhalb von § 34 einen Fremdkörper
dar. Die Vorschrift betrifft nämlich die Übertragung von Nutzungsrechten. Eine solche findet aber nicht statt, wenn sich lediglich die Beteiligungsverhältnisse des Inhabers des Nutzungsrechts ändern. Abs. 3 S. 3 erweitert deshalb den Anwendungsbereich von § 34 Abs. 1, während Abs. 3 S. 1 und 2 diesen Anwendungsbereich einschränkt. Rechtfertigen lässt sich die Bestimmung des Abs. 3 S. 3 nur vor dem
Hintergrund eines Umgehungsschutzes: Das Zustimmungserfordernis soll nicht dadurch unterwandert werden, dass anstelle der Übertragung des Nutzungsrechts der
Inhaber desselben übernommen wird. Diese praktisch wohl eher seltenen Fälle hätten
jedoch über den allg. Grundsatz von Treu und Glauben (§ 242 BGB) gelöst werden
können. Statt dessen hat es der Gesetzgeber vorgezogen, diesen Fall ausdrücklich zu
regeln. Die Vorschrift birgt erhebliche Unsicherheit für Unternehmenskäufe, bei denen der Wert des Zielunternehmens ganz wesentlich durch bestehende urheberrechtliche Lizenzen bestimmt wird. Auf deren Fortbestand kann der Erwerber angesichts
des Rückrufsrechts gem. Abs. 3 S. 2 und 3 nur bedingt vertrauen.

13   Voraussetzung für die Anwendbarkeit des Rückrufsrechts ist, dass sich Beteiligungsverhältnisse des Unternehmens wesentlich ändern. Von einer wesentlichen Änderung kann nur dann ausgegangen werden, wenn hierdurch die **Kontrolle über das
Unternehmen verändert** wird, also eine andere (natürliche oder juristische) Person
nach Durchführung der Transaktion über die Mehrheit der Anteile, der Stimmrechte
oder die Möglichkeit verfügt, in sonstiger Weise bestimmenden Einfluss auf die Leitung der Geschäfte zu nehmen. Unterhalb dieser Schwelle liegende Änderungen der
Beteiligungsverhältnisse können das Rückrufsrecht nicht auslösen, da sonst keine einer Übertragung des Nutzungsrechts vergleichbare Konstellation vorliegt (s. auch
Partsch/Reich AfP 2002, 298, 302).

14   Ausgeübt werden kann das Rückrufsrecht wegen einer Änderung der Beteiligungsverhältnisse nur, wenn der Verbleib des Nutzungsrechts bei dessen Inhaber dem Urheber nach Treu und Glauben nicht mehr zuzumuten ist. Insoweit gelten die gleichen
Anforderungen wie für die Verweigerung der Zustimmung gem. Abs. 1 S. 2 oder die
Ausübung des Rückrufsrechts gem. Abs. 3 S. 2 (s. Rn 8, 11). In der Praxis nicht unüblich ist es, in Lizenzverträgen durch eine sog. *change of control*-Klausel vorzusehen, dass bei einer wesentlichen Änderung der Beteiligungsverhältnisse in jedem
Fall eine Kündigung des Nutzungsrechts erfolgen kann.

15   **d) Rückrufsfrist.** Während die mit der Reform des Urhebervertragsrechts aufgehobene Bestimmung des § 28 VerlG vorsah, dass das danach bestehende Rückrufsrecht

binnen zwei Monaten nach Empfang einer entspr. Aufforderung durch den Verleger auszuüben war, finden sich in § 34 keine Regelungen zur Rückrufsfrist. Das nachhaltige Interesse der an einer Unternehmenstransaktion beteiligten Parteien an schnellstmöglicher Klarheit über die Ausübung des Rückrufsrechts ist offensichtlich (vgl Rn 12). Im Idealfall hat der Erwerber des Nutzungsrechts mit dem Urheber vertraglich vereinbart, dass ein etwaiges Rückrufsrecht nach Abs. 3 S. 2 binnen einer bestimmten Frist auszuüben ist (s. *Hertin* MMR 2003, 16, 21). In Ermangelung einer solchen vertraglichen Absprache wird vorgeschlagen, in Anlehnung an das Widerspruchsrecht des Arbeitnehmers im Falle des Betriebsübergangs die nach § 613a Abs. 6 BGB geltende Monatsfrist entspr. anzuwenden (*Partsch/Reich* AfP 2002, 298, 300 f.). Die Situation des Urhebers und des Arbeitnehmers im Falle des Betriebsübergangs sind jedoch nur bedingt vergleichbar. Weil der Urheber das Rückrufsrecht nur dann ausüben kann, wenn ihm die durch die Unternehmenstransaktion entstehende Situation nicht zuzumuten ist (Rn 8, 14), kann von ihm verlangt werden, das Rückrufsrecht unverzüglich auszuüben, nachdem ihm die durch die Unternehmenstransaktion entstehende neue Konstellation bekannt gegeben wird. Reagiert der Urheber nicht unverzüglich, spricht dies gegen eine Unzumutbarkeit. Eine Frist von einem Monat nach entspr. Bekanntgabe durch den bisherigen Inhaber des Nutzungsrechts oder den Erwerber (des Nutzungsrechts oder dessen Inhabers) wird in aller Regel die Obergrenze bilden.

III. Rechtsfolgen zustimmungsfreier Übertragung (Abs. 4)

Hat der Urheber der Übertragung des Nutzungsrechts nicht im Einzelfall zugestimmt, so haftet der Erwerber des Nutzungsrechts dem Urheber **gesamtschuldnerisch** neben dem Veräußerer für sämtliche Verpflichtungen, die dieser im Zusammenhang mit der Einräumung des Nutzungsrechts vertraglich gegenüber dem Urheber übernommen hat (§ 34 Abs. 4). Hintergrund dieser Bestimmung ist, dass der Erwerber des Nutzungsrechts auch für sämtliche Verpflichtungen einstehen soll, die der Veräußerer des Nutzungsrechts gegenüber dem Urheber übernommen hat. Insoweit ordnet Abs. 4 die gesamtschuldnerische Haftung des Erwerbers des Nutzungsrechts an. Die gesamtschuldnerische Haftung greift dagegen nicht ein, wenn der Urheber der Übertragung im Einzelfall zugestimmt hat. Dies ist konsequent; denn seine Zustimmung im Einzelfall kann der Urheber davon abhängig machen, dass der Erwerber des Nutzungsrechts sämtliche vertraglichen Verpflichtungen des Veräußerers gegenüber dem Urheber übernimmt. Der Anwendungsbereich von Abs. 4 ist daher beschränkt auf die Fälle einer gesetzlich zulässigen Übertragung des Nutzungsrechts (zB gem. § 34 Abs. 2 oder Abs. 3 S. 1) oder einer pauschal vorab erteilten vertraglichen Zustimmung (s. dazu Rn 18). Zur Absicherung der gesamtschuldnerischen Haftung bestimmt Abs. 5 S. 1, dass auf diese nicht im Voraus verzichtet werden kann.

16

IV. Abweichende vertragliche Regelungen (Abs. 5)

Die Bestimmungen des § 34 sind **dispositiv**. Nach Abs. 5 S. 2 können zwischen dem Inhaber des Nutzungsrechts und dem Urheber abweichende Regelungen getroffen werden. Hinsichtlich des Rückrufsrechts gem. Abs. 3 und der Haftung des Erwerbers ist dies jedoch nicht im Voraus möglich (Abs. 5 S. 1). Insoweit setzt eine zulässige Abweichung von den gesetzlichen Vorgaben voraus, dass das Rückrufsrecht entstan-

17

den ist bzw ohne ausdrückliche Zustimmung des Urhebers im Einzelfall eine zulässige Übertragung des Nutzungsrechts stattgefunden hat.

18   In der Vertragspraxis ist es durchaus üblich, von dem Zustimmungserfordernis gem.
Abs. 1 S. 1 abzuweichen. Insbes. werden Verwerter mit einer starken Verhandlungsposition regelmäßig vereinbaren, dass das Zustimmungserfordernis des Abs. 1 S. 1
entfällt. Soweit Abs. 1 S. 1 in AGB pauschal abgedungen werden soll, liegt ein Verstoß gegen § 307 Abs. 2 BGB vor (vgl *BGH* GRUR 1984, 45, 52 – Honorarbedingungen: Sendevertrag). Selbst in AGB ist es allerdings zulässig, das Zustimmungserfordernis für bestimmte einzelne Nutzungsrechte abzubedingen (*Fromm/Norde-
mann/Hertin* § 34 Rn 13). Denkbar ist auch, dass der Urheber und der Erwerber des
Nutzungsrechts die grds **Unübertragbarkeit des Nutzungsrechts vereinbaren**.
Dann hilft dem Erwerber des Nutzungsrechts auch Abs. 1 S. 2 nicht weiter. Er ist darauf angewiesen, in Nachverhandlungen mit dem Urheber zu treten, der dabei jedoch
keinerlei Billigkeitskontrolle unterliegt.

19   Bei der Annahme eines **konkludenten Verzichts** auf das Zustimmungserfordernis
(dazu *Fromm/Nordemann/Hertin* § 34 Rn 13) ist Zurückhaltung geboten. Dieser
lässt sich regelmäßig nicht damit begründen, dass der Urheber nach Lage der Dinge
mit einer Weiterübertragung rechnen musste. Zum einen ist das Schutzbedürfnis des
Erwerbers des Nutzungsrechts gering; denn er kann ja darauf bestehen, dass der Verzicht auf das Nutzungsrecht vertraglich vereinbart wird. Zum anderen sind die bes.
Interessen des Erwerbers sowie die Tatsache, dass diese dem Urheber bei Vertragsabschluss nicht verborgen bleiben konnten, bei der Frage zu berücksichtigen, ob die
Verweigerung der Zustimmung mit Treu und Glauben vereinbar ist (Abs. 1 S. 2).

§ 35   Einräumung weiterer Nutzungsrechte

**(1) Der Inhaber eines ausschließlichen Nutzungsrechts kann weitere Nut-
zungsrechte nur mit Zustimmung des Urhebers einräumen. Der Zustimmung
bedarf es nicht, wenn das ausschließliche Nutzungsrecht nur zur Wahrnehmung der Belange des Urhebers eingeräumt ist.**

**(2) Die Bestimmungen in § 34 Abs. 1 Satz 2, Abs. 2 und Absatz 5 Satz 2 sind
entsprechend anzuwenden.**

Literatur: *Brandi-Dohrn* Sukzessionsschutz bei der Veräußerung von Schutzrechten, GRUR
1983, 146; *Vogel* Wahrnehmungsrecht und Verwertungsgesellschaften in der Bundesrepublik
Deutschland, GRUR 1993, 513; *Wente/Härle* Rechtsfolgen einer außerordentlichen Vertragsbeendigung auf die Verfügungen in einer „Rechtekette" im Filmlizenzgeschäft und ihre Konsequenzen für die Vertragsgestaltung – Zum Abstraktionsprinzip im Urheberrecht, GRUR 1997, 96.

Übersicht

I. Allgemeines

In § 35 wird die Einräumung weiterer Nutzungsrechte durch den Inhaber eines ausschließlichen Nutzungsrechts behandelt. Dass der Inhaber eines ausschließlichen Nutzungsrechts berechtigt ist, einfache Nutzungsrechte einzuräumen, ergibt sich bereits aus § 31 Abs. 3 S. 1. In § 31 Abs. 3 S. 3 wird jedoch ausdrücklich klargestellt, dass § 35 unberührt bleibt. Aus dem Wortlaut von § 35 („weitere Nutzungsrechte") folgt, dass der Inhaber eines ausschließlichen Nutzungsrechts nicht nur einfache sondern grds auch ausschließliche Nutzungsrechte einräumen kann (s. BT-Drucks. 14/6433, 16). **1**

Die Vorschrift ist parallel zu § 34 gebildet, auf den sie in Abs. 2 teilweise verweist. Abs. 1 S. 1 enthält den Grundsatz, dass weitere Nutzungsrechte nur mit **Zustimmung des Urhebers** eingeräumt werden können. Diese Zustimmung darf nicht wider Treu und Glauben verweigert werden, Abs. 2 iVm § 34 Abs. 1 S. 2. Der Inhaber eines ausschließlichen Nutzungsrechts an einem Sammelwerk bedarf zur Einräumung eines einfachen Nutzungsrechts nur der Zustimmung des Urhebers des Sammelwerks, Abs. 2 iVm § 34 Abs. 2. Zustimmungsfrei ist die Einräumung einfacher Nutzungsrechte, wenn das ausschließliche Nutzungsrecht nur zur Wahrnehmung der Belange des Urhebers eingeräumt ist, Abs. 1 S. 2. Sämtliche Bestimmungen des § 35 können nach Abs. 2 iVm § 34 Abs. 5 S. 2 vertraglich abbedungen werden. **2**

Für den **Bereich der Filmwerke** wird die Anwendbarkeit des § 35 durch § 90 eingeschränkt. **3**

II. Zustimmungspflichtigkeit der Einräumung einfacher Nutzungsrechte

1. Grundsätzliche Zustimmungspflicht (Abs. 1 S. 1)

Nach Abs. 1 S. 1 bedarf der Inhaber eines ausschließlichen Nutzungsrechts grds der Zustimmung des Urhebers, wenn er ein weiteres Nutzungsrecht einräumt. Die Zustimmung des Urhebers ist, wie sich aus dem Wortlaut der Vorschrift ergibt, selbst dann erforderlich, wenn zwischen dem Inhaber des ausschließlichen Nutzungsrechts und dem Urheber keine unmittelbaren Vertragsbeziehungen bestehen. **4**

Räumt der Inhaber eines ausschließlichen Nutzungsrechts an einem Sammelwerk einem Dritten weitere Nutzungsrechte ein, so ist es ausreichend, wenn er hierzu die Zustimmung des Inhabers des Sammelwerks einholt, Abs. 2 iVm § 34 Abs. 2 (s. § 34 Rn 9). **5**

2. Zustimmungsfreie Einräumung von Nutzungsrechten (Abs. 1 S. 2)

Nach Abs. 1 S. 2 bedarf es der Zustimmung nicht, wenn das ausschließliche Nutzungsrecht nur zur Wahrnehmung der Belange des Urhebers eingeräumt ist. Es kommt also darauf an, ob der Inhaber das ausschließliche Nutzungsrecht ausschließlich im Interesse des Urhebers eingeräumt erhalten hat. Hingegen ist es unerheblich, ob die Einräumung des weiteren Nutzungsrechts durch den Inhaber des ausschließli- **6** chen Nutzungsrechts im Interesse des Urhebers liegt. Zwar dient praktisch jede Verwertung des Werks auch den Interessen des Urhebers; sofern der Inhaber des ausschließlichen Nutzungsrechts mit der Verwertung desselben zumindest auch eigene kommerzielle Interessen verfolgt, kommt aber eine Anwendung von Abs. 1 S. 2 nicht in Betracht. Der Anwendungsbereich der Norm beschränkt sich damit auf den **Tätigkeitsbereich von Verwertungsgesellschaften** (vgl *Möhring/Nicolini/Spautz* § 35 Rn 3).

7   Soweit dies Treu und Glauben gebieten, ist der Urheber verpflichtet, seine Zustimmung zu erteilen, Abs. 2 iVm § 34 Abs. 1 S. 2 (s. § 34 Rn 8).

3. Abhängigkeit des weiteren Nutzungsrechts

8   Wer durch den Inhaber eines ausschließlichen Nutzungsrechts ein weiteres Nutzungsrecht eingeräumt erhalten hat, ist hinsichtlich des **Fortbestands dieses weiteren Nutzungsrechts abhängig von dem Fortbestand des ausschließlichen Nutzungsrechts** (*OLG Hamburg* GRUR 2002, 335, 336; *Möhring/Nicolini/Spautz* § 35 Rn 6; *Wente/Härle* GRUR 1997, 96, 99 ff.; *Brandi-Dohrn* GRUR 1983, 146). Mit der Berechtigung des Inhabers des ausschließlichen Nutzungsrechts endet folglich auch jene des Inhabers des weiteren Nutzungsrechts (*Schricker/Schricker* § 35 Rn 11; *Fromm/Nordemann/Hertin* § 34 Rn 15 mwN). Dieses Ergebnis gilt unabhängig davon, ob die Zustimmung des Urhebers zur Einräumung des weiteren Nutzungsrechts erteilt wurde oder entbehrlich war. Wäre der Urheber verpflichtet, ein unabhängiges einfaches Nutzungsrecht zu dulden, so hätte dies für ihn die Konsequenz, dass er im Falle einer Beendigung des ausschließlichen Nutzungsverhältnisses das ausschließliche Nutzungsrecht an einen Dritten nur belastet mit dem durch den ersten Inhaber des ausschließlichen Nutzungsrechts erteilten weiteren Nutzungsrecht übertragen könnte (s. § 33 Rn 3). Dies würde die Möglichkeiten des Urhebers zur Verwertung seines Werks wesentlich einschränken. Anders ist die Situation bei der Übertragung eines Nutzungsrechts gem. § 34. Dort ist das übertragene Nutzungsrecht unabhängig von dem Fortbestand der rechtlichen Beziehungen zwischen dem Urheber und dem Veräußerer (s. § 34 Rn 4). Hiervon geht offensichtlich auch der Gesetzgeber aus. Während er bei § 34 Abs. 4 anordnet, dass im Falle einer Übertragung des Nutzungsrechts der Erwerber die vertraglichen Verpflichtungen des Veräußerers gegenüber dem Urheber zu übernehmen hat, fehlt bei § 35 eine solche Regelung. Die Erklärung hierfür ist, dass es eines solchen Schutzes des Urhebers wegen der Abhängigkeit des weiteren Nutzungsrechts von dem Fortbestand des ausschließlichen Nutzungsrechts nicht bedarf.

III. Abweichende vertragliche Vereinbarungen (Abs. 2 iVm § 34 Abs. 5 S. 2)

9   Sämtliche Bestimmungen des § 35 sind durch die Parteien abdingbar. Denkbar ist sowohl eine Verschärfung durch vollständigen Ausschluss der Einräumung weiterer Nutzungsrechte als auch ein gänzlicher Ausschluss der Zustimmungspflicht. Ob der vollständige Ausschluss der Zustimmungspflicht zulässig iSd § 138 BGB ist bzw in AGB vereinbart werden kann, hängt von den Umständen des Einzelfalls ab. Auch wenn der Ausschluss der Zustimmungspflicht nach den §§ 305 ff. BGB in AGB im Regelfall Bedenken begegnet, wird er jedenfalls dort angemessen sein, wo ein ausschließliches Nutzungsrecht regelmäßig durch Einräumung einer Vielzahl von wei-

teren Nutzungsrechten verwertet wird. Die Abbedingung des Zustimmungserfordernisses ist hier schon aus Praktikabilitätsgründen zweckmäßig. Weitere Einzelheiten bei § 34 Rn 17 ff.

§ 36   Gemeinsame Vergütungsregeln

(1) Zur Bestimmung der Angemessenheit von Vergütungen nach § 32 stellen Vereinigungen von Urhebern mit Vereinigungen von Werknutzern oder einzelnen Werknutzern gemeinsame Vergütungsregeln auf. Die gemeinsamen Vergütungsregeln sollen die Umstände des jeweiligen Regelungsbereichs berücksichtigen, insbesondere die Struktur und Größe der Verwerter. In Tarifverträgen enthaltene Regelungen gehen gemeinsamen Vergütungsregeln vor.

(2) Vereinigungen nach Absatz 1 müssen repräsentativ, unabhängig und zur Aufstellung gemeinsamer Vergütungsregeln ermächtigt sein.

(3) Ein Verfahren zur Aufstellung gemeinsamer Vergütungsregeln vor der Schlichtungsstelle (§ 36a) findet statt, wenn die Parteien dies vereinbaren. Das Verfahren findet auf schriftliches Verlangen einer Partei statt, wenn

1. die andere Partei nicht binnen drei Monaten, nachdem eine Partei schriftlich die Aufnahme von Verhandlungen verlangt hat, Verhandlungen über gemeinsame Vergütungsregeln beginnt,
2. Verhandlungen über gemeinsame Vergütungsregeln ein Jahr, nachdem schriftlich ihre Aufnahme verlangt worden ist, ohne Ergebnis bleiben oder
3. eine Partei die Verhandlungen endgültig für gescheitert erklärt hat.

(4) Die Schlichtungsstelle hat den Parteien einen begründeten Einigungsvorschlag zu machen, der den Inhalt der gemeinsamen Vergütungsregeln enthält. Er gilt als angenommen, wenn ihm nicht innerhalb von drei Monaten nach Empfang des Vorschlages schriftlich widersprochen wird.

Literatur: *Dörr/Schiedermaier/Haus* Urheberrechtsnovelle versus Europarecht, K&R 2001, 608; *Flechsig/Hendricks* Konsensorientierte Streitschlichtung im Urhebervertragsrecht, ZUM 2002, 423; *Heinze* Arbeitsrechtliche Aspekte des Urhebervertragsrechts, in: Urhebervertragsrecht – verfassungs- und europarechtliche Bewertung des Entwurfs der Bundesregierung vom 30. Mai 2001, 2001; *Ory* Das neue Urhebervertragsrecht, AfP 2002, 93; *Schack* Urhebervertragsrecht im Meinungsstreit, GRUR 2002, 853; *Schmidt* Der Vergütungsanspruch des Urhebers nach der Reform des Urhebervertragsrechts, ZUM 2002, 781; *Schmitt* § 36 UrhG – Gemeinsame Vergütungsregelungen europäisch gesehen, GRUR 2003, 294; *Thüsing* Tarifvertragliche Chimären – Verfassungsrechtliche und arbeitsrechtliche Überlegungen zu den gemeinsamen Vergütungsregeln nach § 36 UrhG nF, GRUR 2002, 203.

Übersicht

I. Allgemeines

1. Regelungszweck

1   Die Vorschrift wurde mit der Reform des Urhebervertragsrechts (dazu § 31 Rn 9) eingeführt. Sie betrifft die **Aufstellung gemeinsamer Vergütungsregeln** durch Vereinigungen von Urhebern mit Vereinigungen von Werknutzern oder einzelnen Werknutzern. Die einzige gesetzlich vorgesehene Wirkung der Vergütungsregeln besteht in einer **unwiderleglichen Vermutung der Angemessenheit** einer der Vergütungsregel entspr. vertraglich zwischen Urheber und Werknutzer vereinbarten Vergütung (§ 32 Abs. 2 S. 1). Mit § 36 wird erstmals für freischaffende Urheber und ausübende Künstler eine gesetzliche Grundlage für Kollektivverträge geschaffen (zu Kollektivverträgen s. § 31 Rn 11 ff.).

2   Die **Aufstellung gemeinsamer Vergütungsregeln** ist freiwillig. Die Vorschrift sieht zwar die Anrufung einer Schlichtungsstelle vor; ihrem Einigungsvorschlag kann nach Abs. 4 aber widersprochen werden. Der ursprüngliche Gesetzesentwurf sah noch vor, dass sich der einzelne Werknutzer der Aufstellung einer gemeinsamen Vergütungsregel überhaupt nicht entziehen konnte (BT-Drucks. 14/6433, 4). Eine derartige Zwangsschlichtung für Vereinigungen von Urhebern oder Werknutzern kam im Hinblick auf Art. 9 Abs. 3 GG nicht in Betracht (s. BT-Drucks. 14/6433, 17). Die Zwangsschlichtung für einzelne Werknutzer war einer der während der Reform des Urhebervertragsrechts (s. § 31 Rn 9) bes. kontrovers diskutierten Punkte. Das Konzept wurde durch den Gesetzgeber erst zwei Tage vor dem Gesetzesbeschluss des BTags v. 25.1.2002 aufgegeben (Änderungsantrag v. 23.1.2002, abgedr. bei *Hucko* Das neue Urhebervertragsrecht, S. 169, 171). Der Gesetzgeber hat allerdings klar zum Ausdruck gebracht, dass er dafür eine aktive und zielführende Beteiligung der Werknutzer und ihrer Verbände an der Aufstellung gemeinsamer Vergütungsregeln erwartet. Die Gesetzesbegründung enthält die ausdrückliche Drohung, dass der Gesetzgeber anderenfalls nochmals im ursprünglichen Sinne tätig werden würde (BT-Drucks. 14/8058, 20). Bis zu einem solchen Zeitpunkt sollten freilich Erkenntnisse dazu vorliegen, ob das Konzept der Vergütungsregeln überhaupt praktikabel ist. Ebenso hat der Gesetzgeber darauf hingewiesen, dass nach seinen Vorstellungen auch einem Vorschlag der Schlichtungsstelle, der von den Parteien nicht akzeptiert wurde (Abs. 4), iRd Bestimmung der Angemessenheit der Vergütung nach § 32 eine Indizwirkung zukommen kann (BT-Drucks. 14/8058, 20; dazu § 32 Rn 22 f.).

2. Überblick

Die Vorschrift enthält in Abs. 1 einige Aussagen zu Zweck und Inhalt gemeinsamer **3** Vergütungsregeln. Abs. 2 beschreibt sodann Anforderungen an eine Vereinigung, die an der Aufstellung von gemeinsamen Vergütungsregeln beteiligt ist. Können sich die bei der Aufstellung der Vergütungsregel beteiligten Parteien nicht einigen, besteht die Möglichkeit, eine Schlichtungsstelle anzurufen (Abs. 3). Das Verfahren vor der Schlichtungsstelle ist durch § 36a geregelt. Gegen den von der Schlichtungsstelle unterbreiteten Einigungsvorschlag haben die an der Schlichtung beteiligten Parteien die Möglichkeit des Widerspruchs (Abs. 4).

3. Verfassungsmäßigkeit der Regelung

Von den Verbänden der Werknutzer wurde im Zuge des Gesetzgebungsverfahrens **4** die Verfassungsmäßigkeit des Konzepts der gemeinsamen Vergütungsregeln in Frage gestellt (ebenso *Heinze* S. 197 ff.; *Ory* AfP 2000, 426 f.; *Stickelbrock* GRUR 2001, 1087; s. auch *Schack* ZUM 2001, 453, 458). Die Debatte über die Verfassungsmäßigkeit hat durch die Abkehr des Gesetzgebers vom Konzept der Zwangsschlichtung (Rn 2) an Brisanz verloren, hält aber gleichwohl hinsichtlich der nunmehr geltenden Fassung von § 36 noch an (*Thüsing* GRUR 2002, 203, 204 ff.; *Flechsig/Hendricks* ZUM 2002, 423, 426). Die Bedenken ergeben sich in erster Linie hinsichtlich der Vereinbarkeit von § 36 mit der nach Art. 9 Abs. 3 GG verbürgten Koalitionsfreiheit, aber auch der im Rahmen von Art. 2 Abs. 1 GG gewährleisteten Vertragsfreiheit (ausführlich dazu *Thüsing* GRUR 2002, 203, 204 ff.).

4. Vergütungsregeln und Kartellrecht

Nach dem Gesetzentwurf der BReg (BT-Drucks. 14/6433, 12) soll § 36 als Ausnah- **5** me von § 1 GWB kartellrechtliche Schranken überwinden, denen kollektive Absprachen von Vergütungsregeln unterliegen mögen (s. *Schmidt* ZUM 2002, 781, 788 f.). Allerdings kann sich der deutsche Gesetzgeber nicht über Art. 81 EGV hinwegsetzen, der wettbewerbsbeschränkende Absprachen innerhalb der EU verhindern soll. Die Vereinbarkeit von § 36 mit Art. 81 EGV wird vielfach bezweifelt (*Schmitt* GRUR 2003, 294; *Dörr/Schiedermaier/Haus* K&R 2001, 608; *Schack* GRUR 2002, 857).

II. Aufstellung gemeinsamer Vergütungsregeln (Abs. 1)

1. Gegenstand und Inhalt allgemeiner Vergütungsregeln (S. 1 und 2)

Sinn und Zweck der gemeinsamen Vergütungsregeln ist die Bestimmung der Ange- **6** messenheit der Vergütung nach § 32. Die Wirkung einer gemeinsamen Vergütungsregel besteht folgerichtig darin, dass die **Angemessenheit einer der Vergütungsregel entspr. Vergütung unwiderleglich vermutet** wird (§ 32 Abs. 2 S. 1). Die Bestimmungen des § 36 gelten nicht für die angemessene Weiterbeteiligung nach § 32a, wobei es den Parteien einer Vergütungsregel nach dem Willen des Gesetzgebers freisteht, auch Bestimmungen für eine weitere Beteiligung nach § 32a zu treffen (s. Änderungsantrag v. 23.1.2002, abgedr. bei *Hucko* Das neue Urhebervertragsrecht, S. 169, 171). Fraglich ist allerdings, ob eine solche Regelung auch von dem allg. Kartellverbot des § 1 GWB ausgenommen wäre (s. Rn 5).

7   Das Gesetz enthält **keine Vorgaben zur Ausgestaltung der angemessenen Vergütung**. Den Parteien der Vergütungsregeln steht es frei, eine Pauschalvergütung oder eine prozentuale Beteiligung (oder eine Kombination aus beidem) festzulegen (s. auch § 32 Rn 8). Die wesentliche Schwierigkeit bei der Aufstellung gemeinsamer Vergütungsregeln liegt darin, hinreichend vergleichbare Sachverhalte zu finden, für die zumindest ein flexibler Vergütungsrahmen aufgestellt werden kann. Denkbar ist dies in erster Linie dort, wo es um Massengeschäft geht, das nach bestimmten Standards abläuft. Handelt es sich hingegen um urheberrechtliche Schöpfungen, denen ein hohes Maß an Individualität zu eigen ist, so dürfte es kaum möglich sein, sinnvolle Vergütungsregeln aufzustellen. Auch die Vielzahl an Faktoren, die für die Bestimmung einer angemessenen Vergütung relevant sind (s. § 32 Rn 29), zeigt die Schwierigkeit, eine verallgemeinernde Regelung zu treffen, die hinreichend Raum für Einzelfallgerechtigkeit lässt. Die an der Aufstellung der Vergütungsregel beteiligten Parteien werden darauf zu achten haben, **den sachlichen, räumlichen und persönlichen Anwendungsbereich der Vergütungsregel genau festzulegen** (vgl § 32 Rn 18 ff.). Durchaus möglich ist es, in einer allg. Vergütungsregel auch andere Fragen als jene der Vergütung selbst zu regeln (*Wandtke/Bullinger/Wandtke/Grunert* § 36 Rn 6).

8   Die einzige inhaltliche Vorgabe des Gesetzgebers für Vergütungsregeln findet sich in Abs. 1 S. 2. Danach sollen gemeinsame Vergütungsregeln die Umstände des jeweiligen Regelungsbereichs berücksichtigen. Dies versteht sich allerdings von selbst. Nicht ohne weiteres erschließt sich hingegen der in Abs. 1 S. 2 enthaltene Hinweis, dass insb. die **Struktur und Größe der Verwerter** bei der Aufstellung der gemeinsamen Vergütungsregel zu berücksichtigen ist (s. auch BT-Drucks. 14/6433, 16 f.). Relevant ist der Hinweis auf Struktur und Größe der Verwerter nur für den Fall, dass diese unmittelbar mit einer Vereinigung von Urhebern gemeinsame Vergütungsregeln aufstellen. Die **Größe des Verwerters** ist insoweit zu berücksichtigen, als der mit der Durchführung der allg. Vergütungsregel verbundene Verwaltungsaufwand auf ein dieser Größe entspr. Maß beschränkt sein muss (*Ory* AfP 2002, 93, 103). Der Hinweis des Gesetzgebers auf die **Struktur des Verwerters** soll in dem Sinne zu verstehen sein, dass bei der Aufstellung der Vergütungsregel der Angebotsstruktur des Verwerters Rechnung zu tragen ist (*Ory* AfP 2002, 93, 103). Bedeutung hat Abs. 1 S. 2 insb. als Vorgabe für die Schlichtungsstelle. Da es sich um eine Soll-Bestimmung handelt, ergeben sich aus einer Nichtbeachtung von Abs. 1 S. 2 keine unmittelbaren Konsequenzen. Widerspricht jedoch ein Verwerter dem Einigungsvorschlag der Schlichtungsstelle nach Abs. 4, weil diese Struktur und Größe des Verwerters nicht beachtet hat, so muss dies im Zusammenhang mit der Frage berücksichtigt werden, ob dem gescheiterten Schlichtungsvorschlag eine Indizwirkung für die Angemessenheit der Vergütung nach § 32 zukommen kann (vgl *Thüsing* GRUR 2002, 203, 211 f.; s. auch § 32 Rn 22 ff.).

2. Form

9   Das Gesetz enthält **keine bes. Formvorschriften** für die Aufstellung von Vergütungsregeln. Praktisch ist es jedoch ausgeschlossen, dass Vergütungsregeln, die eingehende Verhandlungen erfordern, in anderer Form als schriftlich dokumentiert werden. Eine Bekanntmachung der Vergütungsregeln in einer geeigneten Form ist zwar gesetzlich nicht vorgeschrieben, in der Sache jedoch wünschenswert und zu erwarten (vgl *Thüsing* GRUR 2002, 203, 211).

3. Geltungsdauer

Das Gesetz enthält keine Angaben zur Geltungsdauer von allg. Vergütungsregeln. Welche Vergütung angemessen ist, hängt von einer Vielzahl von Faktoren ab, die sich im Laufe der Zeit verändern können. Daraus ergibt sich, dass eine **Vergütungsregel nur für einen begrenzten Zeitraum sinnvoll** ist. In der Praxis werden die an der Aufstellung gemeinsamer Vergütungsregeln beteiligten Parteien deren Geltung auf einen überschaubaren Zeitraum befristen. Während der Laufzeit der Vergütungsregel ist diese durch die daran beteiligten Parteien nur aus wichtigem Grund nach § 314 BGB kündbar (vgl auch *Thüsing* GRUR 2002, 203, 211). **10**

Geht es um die Bestimmung der angemessenen Vergütung nach § 32 für einen Zeitpunkt, zu dem eine auf den relevanten Sachverhalt passende **Vergütungsregel noch nicht in Kraft war**, so entfaltet diese Vergütungsregel die in § 32 Abs. 2 S. 1 vorgesehene Wirkung nicht (§ 32 Rn 20). Je näher jedoch der Zeitpunkt des In-Kraft-Tretens der allg. Vergütungsregel bei dem Zeitpunkt des relevanten Vertragsschlusses liegt, desto eher wird von der später aufgestellten Vergütungsregel eine Indizwirkung ausgehen (vgl § 32 Rn 22). Entsprechendes gilt für eine Vergütungsregel, die deshalb nicht mehr unmittelbar anwendbar ist, weil sie abgelaufen ist (vgl *Thüsing* GRUR 2002, 203, 211). **11**

4. Vergütungsregeln und Tarifverträge (Abs. 1 S. 3)

Nach Abs. 1 S. 3 **gehen in Tarifverträgen enthaltene Regelungen gemeinsamen Vergütungsregeln vor**. Hintergrund dieses Vorrangs des Tarifvertrags ist, dass die Tarifvertragsparteien auf gleicher Augenhöhe verhandeln, sodass bereits der Schutzzweck des § 36 nicht eingreift. IE führen sowohl eine Vergütungsregel iSd § 36 als auch die tarifvertragliche Bestimmung der Vergütung dazu, dass der Korrekturanspruch nach § 32 Abs. 1 S. 3 ausgeschlossen ist (s. § 32 Rn 17). Dies ist gerechtfertigt, weil die Interessen des Urhebers durch die gemeinsame Vergütungsregel bzw den Tarifvertrag gewahrt werden, sodass er des Schutzes nach § 32 nicht mehr bedarf. Tarifverträge iSd Abs. 1 S. 3 sind auch Tarifverträge nach § 12a TVG für arbeitnehmerähnliche Beschäftigte (s. BT-Drucks. 14/8058, 20). **12**

Obwohl Sinn und Zweck des § 36 die Sicherung einer angemessenen Vergütung des Urhebers ist, gilt die Konkurrenzregel des Abs. 1 S. 3 auch für solche Inhalte eines Tarifvertrags oder einer gemeinsamen Vergütungsregel, **die nicht die Vergütung im engeren Sinne betreffen**. Derartige Regelungen sind sowohl in gemeinsamen Vergütungsregeln (s. Rn 7) als auch in Tarifverträgen möglich und üblich. Die **Reichweite des Vorrangs des Tarifvertrags** hängt von dem Lebenssachverhalt ab, den der Tarifvertrag regelt. Wollten die Tarifvertragsparteien erkennbar eine abschließende Regelung des Verhältnisses zwischen Werknutzer und Urheber treffen, so kommen diesen Lebenssachverhalt erg. Regelungen in einer gemeinsamen Vergütungsregel nicht in Betracht (*Ory* AfP 2002, 93, 102). Die Existenz eines Tarifvertrags hindert freilich nicht die Aufnahme von Verhandlungen über gemeinsame Vergütungsregeln; dies muss schon deshalb so sein, weil Tarifverträge nur für einen befristeten Zeitraum geschlossen werden (*Thüsing* GRUR 2002, 203, 210; **aA** *Ory* AfP 2002, 93, 102). **13**

III. Parteien der Vergütungsregel

14 Das Gesetz sieht in erster Linie die Aufstellung gemeinsamer Vergütungsregeln zwischen Vereinigungen von Urhebern und Vereinigungen von Werknutzern vor (dazu Rn 15 ff.). Außerdem können Vereinigungen von Urhebern gemeinsame Vergütungsregeln auch mit einzelnen Werknutzern direkt aufstellen (dazu Rn 22 ff.).

1. Vereinigungen von Werknutzern und Urhebern

15 **a) Allgemeines.** Nach § 36 Abs. 2 muss eine Vereinigung, die an der Aufstellung gemeinsamer Vergütungsregeln beteiligt ist, **repräsentativ, unabhängig und zur Aufstellung gemeinsamer Vergütungsregeln ermächtigt** sein. Die Gesetzesbegründung enthält zu diesen Anforderungen keine näheren Erläuterungen, sondern beschränkt sich auf den Hinweis, dass diese Vorraussetzung für die Angemessenheitsvermutung des § 32 Abs. 2 S. 1 seien (BT-Drucks. 14/6433, 17). Damit wird eine mögliche Konsequenz der Nichterfüllung der Anforderungen des Abs. 2 angesprochen. Beruft sich in einer Auseinandersetzung über die Angemessenheit einer vertraglich vereinbarten Vergütung eine der Parteien auf eine bestehende allg. Vergütungsregel (also auf § 32 Abs. 2 S. 1), so könnte die andere Partei die Unbeachtlichkeit dieser Vergütungsregel mit dem Argument begründen, dass eine an der Aufstellung beteiligte Vereinigung nicht den Anforderungen des Abs. 2 genügt habe. In der Praxis wird sich diese Frage jedoch zu einem früheren Zeitpunkt stellen. **Bestreitet eine Vereinigung, dass ihr selbst die Passivlegitimation oder der anderen Vereinigung die Aktivlegitimation fehle**, so wird sie die Verhandlung ablehnen. Hält eine Partei die andere nicht für qualifiziert iSd § 36 Abs. 2, so wird sie auch die Bildung einer Schlichtungsstelle nach § 36a Abs. 1 ablehnen. Hierüber kann sich das OLG im Rahmen seiner Entsch. nach § 36a Abs. 3 nicht hinwegsetzen (s. § 36a Rn 11).

16 **Maßgeblicher Zeitpunkt für das Vorliegen der Voraussetzungen des Abs. 2** ist jener der Aufstellung der gemeinsamen Vergütungsregeln. Liegen die Vorraussetzungen nach Abs. 2 zu einem früheren Zeitpunkt noch nicht vor oder fallen sie anschließend weg, so ist dies ohne Bedeutung. Werden bestehende Vergütungsregeln durch Vereinbarung der an ihrer Aufstellung beteiligten Vereinigungen verlängert, müssen die Vorraussetzungen nach Abs. 2 im Zeitpunkt der Verlängerung gegeben sein.

17 **b) Repräsentativität.** Ob eine **Vereinigung repräsentativ** ist, hängt zunächst von der **Reichweite der jeweiligen Vergütungsregelung** ab. Soll die Vergütungsregel nur für einen bestimmten regionalen Bereich gelten, muss die Vereinigung auch nur für diesen Bereich repräsentativ sein. Entsprechendes gilt für die sachliche Reichweite der Vergütungsregel. Liegt **Repräsentativität nur für einen Ausschnitt des Regelungsbereichs der allg. Vergütungsregel** vor, so kommt eine geltungserhaltende Reduktion der Vergütungsregel nicht in Betracht. Von einer solchen allg. Vergütungsregel kann also insgesamt keine Wirkung ausgehen. Die gegenteilige Auffassung wäre mit zu vielen Unsicherheiten darüber behaftet, ob und in welchem Umfang eine allg. Vergütungsregel nun verbindlich ist.

18 Keine Hinweise lassen sich dem Gesetz und seiner Begründung dazu entnehmen, **welchen Organisationsgrad eine Vereinigung aufweisen** muss, damit sie repräsentativ ist. Hierbei geht es um die Frage, in welchem Umfang Teilnehmer des Urheberrechtsverkehrs in der maßgebenden Branche durch eine Vereinigung bei der Aufstellung gemeinsamer Vergütungsregeln vertreten sein müssen. Einigkeit besteht insoweit, dass eine mehrheitliche Zugehörigkeit der in der jeweiligen Branche tätigen Werknutzer oder Urheber nicht erforderlich ist (*Thüsing* GRUR 2002, 203, 209; *Ory* AfP 2002, 93, 102). Sinnvoll ist außerdem die Forderung, dass die Tätigkeit einer Vereinigung auf Dauer angelegt sein muss (vgl *Thüsing* GRUR 2002, 203, 209), sodass ad hoc zum Zwecke der Aufstellung einer Vergütungsregel gebildete Vereinigungen nicht repräsentativ wären. Außerdem können im Rahmen von § 36 Abs. 2 Parallelen zu § 13 Abs. 2 Nr. 2 UWG und den hierzu entwickelten Kriterien gezogen werden (*Wandtke/Bullinger/Wandtke/Grunert* § 36 Rn 11).

c) Unabhängigkeit. Die in Abs. 2 enthaltende Vorraussetzung der **Unabhängigkeit** **19** **einer Vereinigung** ist in dem Sinne zu interpretieren, dass die Vereinigung gegnerfrei ist (*Ory* AfP 2002, 93, 102; *Thüsing* GRUR 2002, 203, 204, 209; **aA** *Flechsig/ Hendricks* ZUM 2002, 423, 425). Zur Aufstellung gemeinsamer Vergütungsregeln sind danach nur solche Vereinigungen berechtigt, die entweder nur Urheber oder nur Werknutzer vertreten. Dies ist auch folgerichtig; denn innerhalb einer Vereinigung, die die Interessen beider Gruppen vertritt, wären Interessenkonflikte unvermeidlich.

d) Ermächtigung. Zur Aufstellung von gemeinsamen Vergütungsregeln er- **20** **mächtigt** ist eine Vereinigung, wenn die Aufstellung von Regeln nach § 36 satzungsgemäß zu den Aufgaben dieser Vereinigung gehört (*Ory* AfP 2002, 93, 101).

Gemeinsame Vergütungsregeln werden regelmäßig wesentlich spezieller sein als der **21** Wirkungsbereich der bei Einführung des § 36 bestehenden Vereinigungen von Urhebern oder Werknutzern. Dies legt es nahe, **Vereinigungen zu bilden, die eine entspr. Spezialisierung aufweisen.** Beispielhaft ist hier die Initiative des Börsenvereins des Deutschen Buchhandels zu nennen, die zur Gründung von Vereinigungen (in der Form einer GbR) jeweils für die Bereiche Belletristik, Sachbuch, Kinder- und Jugendbuch, Wissenschaft (Fachbuch) sowie Hörbuch geführt hat. Auf diese Weise wird nicht nur das erforderliche Maß an Spezialisierung sowie eine entspr. Ermächtigung der Vereinigung sichergestellt. Es wird außerdem die negative Koalitionsfreiheit der Mitglieder einer bereits bestehenden Vereinigung gewahrt (vgl Rn 4 sowie *Thüsing* GRUR 2002, 203, 205 f.).

2. Einzelne Werknutzer

Vereinigungen von Urhebern können allg. Vergütungsregeln nicht nur mit Vereini- **22** gungen von Werknutzern, sondern auch direkt mit einzelnen Werknutzern aufstellen. Der ursprüngliche Gesetzesentwurf sah sogar vor, dass einzelne Werknutzer einem Schlichtungszwang unterliegen sollten (dazu Rn 2). Von der Möglichkeit, einzelne Werknutzer in eine Zwangsschlichtung zu drängen, versprach sich der Gesetzgeber eine möglichst aktive Rolle der Werknutzervereinigungen bei der Aufstellung gemeinsamer Vergütungsregeln (BT-Drucks. 14/6433, 17). Aus dieser Zielsetzung folgt auch für die geltende Fassung des § 36 der Grundsatz, dass **Vergütungsregeln primär zwischen Vereinigungen aufgestellt werden** sollen (s. Rn 25). Folgerichtig ist deshalb, dass Vereinigungen von Urhebern von einzelnen Werknutzern nur dann die Aufstellung gemeinsamer Vergütungsregeln fordern können, wenn diese keiner Vereinigung von Werknutzern iSd Abs. 2 angehören oder diese Vereinigung Verhandlungen über die Aufstellung gemeinsamer Vergütungsregeln ohne vernünftigen Grund ablehnt. Wenn hingegen allg. Vergütungsregeln von einer Vereinigung von Werknutzern aufgestellt wurden, der der einzelne Werknutzer angehört, so kann von diesem nicht mehr die Aufstellung gemeinsamer Vergütungsregeln verlangt werden (s. auch *Ory* AfP 2002, 93 102).

IV. Aufstellung gemeinsamer Vergütungsregeln vor der Schlichtungsstelle (Abs. 3)

23 Der Gesetzgeber geht davon aus, dass allg. Vergütungsregeln einvernehmlich zwischen den beteiligten Parteien aufgestellt werden. Weil er aber die Möglichkeit des Scheiterns einer einvernehmlichen Regelung sah, wollte er den Parteien ein Instrument zur gütlichen Beilegung etwaiger Meinungsverschiedenheiten an die Hand geben. Hierbei handelt es sich um ein Verfahren vor einer Schlichtungsstelle, das in § 36a näher beschrieben ist.

24 Die Schlichtungsstelle kann zunächst einvernehmlich durch die Parteien angerufen werden (Abs. 3 S. 1). Darüber hinaus hat jede Partei die Möglichkeit, **einseitig ein Verfahren vor der Schlichtungsstelle einzuleiten** (Abs. 3 S. 2), wenn die andere Partei drei Monate nach Zugang eines schriftlichen Verlangens über die Aufnahme von Verhandlungen diese nicht begonnen hat (Nr. 1), die Verhandlungen zwar aufgenommen wurden, jedoch binnen eines Jahres nicht zum Abschluss gelangt sind (Nr. 2) oder eine Partei die Verhandlungen endgültig für gescheitert erklärt hat (Nr. 3). Eine **genaue Abgrenzung dieser drei Fälle ist in der Praxis nicht ohne weiteres möglich**. Häufig ergibt sich eine Interessenlage, bei der eine Partei möglichst zügig zum Abschluss der Verhandlungen gelangen, die andere hingegen Zeit gewinnen will. Eine Partei kann nur solange auf die Jahresfrist des Nr. 2 verwiesen werden, wie die andere Partei noch ernsthafte Verhandlungen führt. Solange andererseits solche ernsthaften Verhandlungen geführt werden und die Jahresfrist des Nr. 2 noch nicht abgelaufen ist, kann die Schlichtungsstelle nicht gem. Nr. 3 mit der Begr. angerufen werden, die Verhandlungen seien endgültig gescheitert. Ob hier ein Missbrauch in die eine oder andere Richtung vorliegt, kann letztlich nur im konkreten Einzelfall entschieden werden.

25 Wesentlich an dem durch § 36 Abs. 3 und 4, § 36a vorgesehenen Schlichtungsverfahren ist, dass sich keine Partei diesem Verfahren entziehen kann. Der **Spruch der Schlichtungsstelle muss zwar nicht akzeptiert werden** (Abs. 4 S. 2). **Das Verfahren als solches ist aber obligatorisch**. Damit hat der Gesetzgeber von seinem ursprünglichen Konzept einer Zwangsschlichtung (dazu Rn 2) Abstand genommen. Die obligatorische Schlichtung soll jedoch nach Vorstellung des Gesetzgebers eine ähnliche Wirkung haben, indem nämlich auch ein nach Abs. 4 S. 2 abgelehnter Einigungsvorschlag der Schlichtungsstelle Indizwirkung für die Angemessenheit der Vergütung nach § 32 haben soll (dazu § 32 Rn 22 ff.).

V. Einigungsvorschlag der Schlichtungsstelle (Abs. 4)

26 Das Verfahren vor der Schlichtungsstelle ist im Wesentlichen in § 36a geregelt. In § 36 Abs. 4 sind Bestimmungen über den Abschluss dieses Verfahrens enthalten. Diesen bildet ein Einigungsvorschlag der Schlichtungsstelle (S. 1, dazu Rn 27), dem

die Parteien innerhalb von drei Monaten nach Empfang des Vorschlags schriftlich widersprechen können (S. 2, dazu Rn 28).

1. Einigungsvorschlag der Schlichtungsstelle (Abs. 4 S. 1)

Nach Abs. 4 S. 1 hat die Schlichtungsstelle den Parteien einen begründeten Einigungsvorschlag zu machen, der den Inhalt der gemeinsamen Vergütungsregeln enthält. Die inhaltlichen **Vorgaben des Gesetzes für den Einigungsvorschlag der Schlichtungsstelle** sind damit denkbar gering. So wie die Parteien der Vergütungsregeln in diese andere Elemente als die bloße Vergütung aufnehmen können (dazu Rn 7), kann die Schlichtungsstelle entspr. Elemente in ihren Einigungsvorschlag nach Abs. 4 S. 1 aufnehmen (s. auch *Flechsig/Hendricks* ZUM 2002, 423, 427). Obwohl nach § 36a Abs. 4 die das Schlichtungsverfahren einleitende Partei einen konkreten Vorschlag unterbreiten muss, ist die Schlichtungsstelle bei ihrer Entsch. an diesen Vorschlag nicht gebunden. Sie kann darüber hinausgehen, aber auch dahinter zurückbleiben. Gerade weil die Parteien die Möglichkeit haben, den Einigungsvorschlag der Schlichtungsstelle nach Abs. 4 S. 2 ohne weiteres abzulehnen, besteht kein Bedürfnis, den Spielraum der Schlichtungsstelle einzuschränken. 27

2. Widerspruch gegen Einigungsvorschlag (Abs. 4 S. 2)

Nach Abs. 4 S. 2 **gilt der Einigungsvorschlag nach Abs. 4 S. 1 als angenommen**, sofern ihm **nicht innerhalb von 3 Monaten nach Empfang des Vorschlags schriftlich widersprochen** wird. Entscheidend für den Lauf der Frist ist der Zugang des Einigungsvorschlags bei den betr. Parteien. Widerspricht keine der Parteien innerhalb der in Abs. 4 S. 2 geregelten Frist, so wird der Einigungsvorschlag der Schlichtungsstelle zu einer verbindlichen Vergütungsregel. Insoweit sieht Abs. 4 S. 2 eine Annahmefiktion vor. Diese ist hinnehmbar, weil die Partei, die mit dem Einigungsvorschlag nicht einverstanden ist, eine mit drei Monaten weiträumig bemessene Frist hat, innerhalb der sie den Einigungsvorschlag ohne Angabe von Gründen und endgültig ablehnen kann. Problematisch ist in diesem Zusammenhang nur die Frage, welche Indizwirkung für die Bemessung der Angemessenheit der Vergütung nach § 32 Abs. 2 von einem abgelehnten Vorschlag der Schlichtungsstelle ausgehen kann (dazu Rn 2 sowie § 32 Rn 22 f.). 28

Widerspricht keine der Parteien dem Einigungsvorschlag, so wird dieser zu einer Vergütungsregel, von der die Wirkung nach § 32 Abs. 2 S. 1 ausgeht, und zwar für die in dem Einigungsvorschlag bestimmte Dauer. Entspr. sollte der Einigungsvorschlag zeitlich befristet sein. Ist er das nicht, so empfiehlt sich aus der Sicht der Parteien, Widerspruch gegen den Einigungsvorschlag einzulegen. 29

Materiell-rechtlich handelt es sich bei dem Einigungsvorschlag der Schlichtungsstelle, wenn diesem nicht nach Abs. 4 S. 2 widersprochen wird, um einen Vergleichsvertrag iSd § 779 BGB (*Flechsig/Hendricks* ZUM 2002, 423, 428). Dass es sich bei dem unwidersprochen gebliebenen Einigungsvorschlag nicht um einen Vollstreckungstitel nach § 794 ZPO handelt, versteht sich von selbst. 30

§ 36a   Schlichtungsstelle

(1) Zur Aufstellung gemeinsamer Vergütungsregeln bilden Vereinigungen von Urhebern mit Vereinigungen von Werknutzern oder einzelnen Werknutzern eine Schlichtungsstelle, wenn die Parteien dies vereinbaren oder eine Partei die Durchführung des Schlichtungsverfahrens verlangt.

(2) Die Schlichtungsstelle besteht aus einer gleichen Anzahl von Beisitzern, die jeweils von einer Partei bestellt werden, und einem unparteiischen Vorsitzenden, auf dessen Person sich beide Parteien einigen sollen.

(3) Kommt eine Einigung über die Person des Vorsitzenden nicht zustande, so bestellt ihn das nach § 1062 Zivilprozessordnung zuständige Oberlandesgericht. Das Oberlandesgericht entscheidet auch, wenn keine Einigung über die Zahl der Beisitzer erzielt wird. Für das Verfahren vor dem Oberlandesgericht gelten die §§ 1063, 1065 der Zivilprozessordnung entsprechend.

(4) Das Verlangen auf Durchführung des Schlichtungsverfahrens gemäß § 36 Abs. 3 Satz 2 muss einen Vorschlag über die Aufstellung gemeinsamer Vergütungsregeln enthalten.

(5) Die Schlichtungsstelle fasst ihren Beschluss nach mündlicher Beratung mit Stimmenmehrheit. Die Beschlussfassung erfolgt zunächst unter den Beisitzern; kommt eine Stimmenmehrheit nicht zustande, so nimmt der Vorsitzende nach weiterer Beratung an der erneuten Beschlussfassung teil. Benennt eine Partei keine Mitglieder oder bleiben die von einer Partei genannten Mitglieder trotz rechtzeitiger Einladung der Sitzung fern, so entscheiden der Vorsitzende und die erschienenen Mitglieder nach Maßgabe der Sätze 1 und 2 allein. Der Beschluss der Schlichtungsstelle ist schriftlich niederzulegen, vom Vorsitzenden zu unterschreiben und beiden Parteien zuzuleiten.

(6) Die Parteien tragen ihre eigenen Kosten sowie die Kosten der von ihnen bestellten Beisitzer. Die sonstigen Kosten tragen die Parteien jeweils zur Hälfte. Die Parteien haben als Gesamtschuldner auf Anforderung des Vorsitzenden zu dessen Händen einen für die Tätigkeit der Schlichtungsstelle erforderlichen Vorschuss zu leisten.

(7) Die Parteien können durch Vereinbarung die Einzelheiten des Verfahrens vor der Schlichtungsstelle regeln.

(8) Das Bundesministerium der Justiz wird ermächtigt, durch Rechtsverordnung ohne Zustimmung des Bundesrates die weiteren Einzelheiten des Verfahrens vor der Schlichtungsstelle zu regeln sowie weitere Vorschriften über die Kosten des Verfahrens und die Entschädigung der Mitglieder der Schlichtungsstelle zu erlassen.

§ 36a idF bis 12.9.2003

(1)-(5) ...

(6) Soweit zwischen den Parteien keine anderweitige Vereinbarung getroffen wird, trägt der Antragsteller die Kosten des Schlichtungsverfahrens.

(7)-(8) ...

Literatur: S. die Literaturhinweise zu § 36.

Übersicht

I. Allgemeines

Die Vorschrift skizziert Grundzüge eines Verfahrens vor einer Schlichtungsstelle, **1**
die den an der Aufstellung gemeinsamer Vergütungsregeln beteiligten Parteien einen
Einigungsvorschlag unterbreiten soll. Grundlage der Vorschrift ist die Erwartung,
dass die Parteien sich bei der Aufstellung einer gemeinsamen Vergütungsregel nicht
immer ohne weiteres einigen können. Ursprünglich hatte der Gesetzgeber an dieser
Stelle alternativ ein Schiedsverfahren nach den §§ 1025 ff. ZPO oder ein Verfahren
vor der Schlichtungsstelle nach dem Urheberrecht zum WahrnG vorgesehen (s.
BT-Drucks. 14/6433, 4). Das Konzept eines eigenständigen Verfahrens vor einer
Schlichtungsstelle, wie es nunmehr in § 36a enthalten ist, wurde erst spät in das Gesetzgebungsverfahren, nämlich mit der Formulierungshilfe v. 14.1.2002 (s. § 31
Rn 9) eingeführt. Dies erklärt, dass § 36a zwar einige Grundzüge für das Verfahren,
jedoch kein in sich geschlossenes oder vollständig durchdachtes Konzept bereit hält.
Eine erste Korrektur des § 36a hat der Gesetzgeber bereits mit dem Gesetz zur Rege-
lung des Urheberrechts in der Informationsgesellschaft (BGBl I 2003, 1773) vorgenommen, mit dem die zunächst geltende Bestimmung über die Kostentragung durch
Abs. 6 in seiner geltenden Fassung abgelöst wurde.

Die Vorschrift enthält Regeln dazu, wann die Schlichtungsstelle gebildet wird **2**
(Abs. 1), wie sie zu besetzen ist (Abs. 2) und wie Meinungsverschiedenheiten über
die Besetzung der Schlichtungsstelle zu lösen sind (Abs. 3). Abs. 4 bestimmt, dass
im Falle der einseitigen Einleitung eines Verfahrens ein Einigungsvorschlag einzureichen ist. Geregelt werden außerdem die Beschlussfassung der Schlichtungsstelle
(Abs. 5) sowie die Kostentragung (Abs. 6). Die Hoheit über weitere Verfahrensregeln weist das Gesetz den Parteien zu (Abs. 7), sieht jedoch gleichzeitig die Möglichkeit vor, dass das BMJ durch ihre Rechtsverordnung ebenfalls weitere Einzelheiten
regeln kann (Abs. 8).

II. Allgemeine Verfahrensregeln

Das UrhG enthält **rudimentäre Bestimmungen über die Ausgestaltung des Ver-** **3**
fahrens vor der Schlichtungsstelle. Neben § 36a werden Fragen der Einleitung und
des Abschlusses des Verfahrens in § 36 Abs. 3 und 4 geregelt. Dass sich im Rahmen
eines Verfahrens vor einer Schlichtungsstelle eine Vielzahl von verfahrenstechni-
schen Fragen stellen können, die durch das Gesetz nicht beantwortet werden, versteht
sich von selbst. Die Kompetenz zur Festlegung solcher Verfahrensbestimmungen
weist der Gesetzgeber in Abs. 7 den Parteien selbst zu. Ob dies ein sinnvolles Modell
ist, mag bezweifelt werden. Zu befürchten ist, dass Parteien, die sich in der Sache
nicht einig sind, auch über Verfahrensregeln keine Einigung finden werden. **Ausein-**

andersetzungen über verfahrenstechnische Fragen bergen die Gefahr, dass das Verfahren vor der Schlichtungsstelle scheitert. Die Kompetenz, über verfahrenstechnische Fragen zu entscheiden, weist das Gesetz weder der Schlichtungsstelle selbst noch – mit Ausnahme der Frage der Besetzung der Schlichtungsstelle (Abs. 3) – dem OLG zu. Streitigkeiten über Verfahrensfragen verringern die Chancen, dass der Einigungsvorschlag der Schlichtungsstelle von den Parteien akzeptiert wird. IE bleibt damit die Hoffnung, dass das Bundesministerium der Justiz möglichst frühzeitig von der hier in Abs. 8 eingeräumten Möglichkeit Gebrauch gemacht, durch **Rechtsverordnung weitere Einzelheiten des Verfahrens** zu regeln. Dies hätte den weiteren Vorteil, dass für alle Schlichtungsstellen einheitliche Verfahrensregeln gelten.

4 Außer Frage steht, dass auch das Verfahren vor der Schlichtungsstelle allg. rechtsstaatlichen Grundsätzen zu genügen hat (so auch *Wandtke/Bullinger/Wandtke/Grunert* § 36a Rn 11). So ist etwa der **Grundsatz des rechtlichen Gehörs** (Art. 103 Abs. 1 GG) zu beachten. Soweit die Parteien sich nicht nach Abs. 7 auf bestimmte Verfahrensregeln geeinigt haben oder das Bundesministerium der Justiz nach Abs. 8 diese durch Rechtsverordnung geregelt hat, liegt es aus der Sicht der Schlichtungsstelle nahe, die **allg. Vorschriften der ZPO** über den Gang des Verfahrens anzuwenden, soweit diese passen.

5 Die **Konsequenzen eines Verfahrensfehlers** ergeben sich zunächst in praktischer Hinsicht. Behauptet eine Partei einen Verfahrensfehler, so wird sie mit hoher Wahrscheinlichkeit nach Abs. 4 S. 2 dem Einigungsvorschlag der Schlichtungsstelle widersprechen. Die Gerichte werden sich sodann inzident mit dem gerügten Verfahrensfehler befassen müssen, wenn sie dem nicht angenommenen Einigungsvorschlag iRd Bestimmung einer angemessenen Vergütung nach § 32 Abs. 2 S. 2 eine Indizwirkung beimessen wollen (§ 32 Rn 23). Davon abgesehen, dass gegen die Indizwirkung eines abgelehnten Einigungsvorschlags grundsätzliche Bedenken bestehen, muss diese jedenfalls dort ausscheiden, wo der Einigungsvorschlag auf einem wesentlichen Verfahrensfehler beruht, zB der Missachtung des Grundsatzes des rechtlichen Gehörs.

III. Einleitung des Verfahrens (Abs. 4)

6 Wann ein **Verfahren vor der Schlichtungsstelle eingeleitet** werden kann, ergibt sich aus § 36 Abs. 3 (dazu § 36 Rn 24). Diese Vorschrift greift § 36a Abs. 1 auf und stellt fest, dass eine Schlichtungsstelle gebildet wird, wenn die Parteien dies vereinbaren oder eine Partei die Durchführung des Schlichtungsverfahrens verlangt. Wann ein solches Verlangen gerechtfertigt ist, ergibt sich aus § 36 Abs. 3 S. 2, der für das Verlangen die **Schriftform** vorsieht.

7 Erfolgt die Anrufung der Schlichtungsstelle einseitig nach § 36 Abs. 3 S. 2, so muss nach § 36a Abs. 4 der Antragsteller seinem Antrag einen Vorschlag über die **Aufstellung gemeinsamer Vergütungsregeln** beifügen. Dies wird in der Praxis keine Schwierigkeiten bereiten, da auch bilaterale Verhandlungen über gemeinsame Vergütungsregeln sinnvollerweise nur dadurch eingeleitet werden können, dass die eine Partei der anderen einen ausformulierten Vorschlag unterbreitet. Zweckmäßig ist es, wenn der Antragsteller bei der Einleitung des Schlichtungsverfahrens erläutert, wie der gegenwärtige Verhandlungsstand ist und über welche Punkte iRd Verhandlungen bisher keine Einigung erzielt werden konnte.

IV. Errichtung der Schlichtungsstelle (Abs. 2 und 3)

Nach Abs. 2 besteht die **Schlichtungsstelle aus einem Vorsitzenden und einer ge-**   **8**
raden Anzahl von Beisitzern. Die Beisitzer werden durch jede der Parteien jeweils
zur Hälfte bestellt. Über die Zahl der Beisitzer haben sich die Parteien zu einigen.
Ebenfalls eine Einigung sollen die Parteien nach Abs. 2 über die Person des Vorsitzenden erzielen.

Nach Abs. 2 muss der **Vorsitzende unparteiisch** sein. Bereits die Tatsache, dass   **9**
sich die Parteien auf einen bestimmten Vorsitzenden einigen, spricht in aller Regel
dafür, dass dieser unparteiisch ist. Wenn das Gesetz aber eine solche Anforderung an
den Vorsitzenden stellt, muss jede der Parteien die Möglichkeit haben, die **Abberu-**
fung des Vorsitzenden zu verlangen, wenn an seiner Unparteilichkeit später begründete Zweifel wachsen. Ein Streit hierüber ist entspr. Abs. 3 S. 1 durch das OLG zu
lösen. Im Umkehrschluss ergibt sich aus Abs. 2, dass die **Anforderung der Unpar-**
teilichkeit nicht für die Beisitzer gilt. Dies kann freilich nicht in dem Sinne interpretiert werden, dass Angehörige der Parteien des Schlichtungsverfahrens als Beisitzer ernannt werden dürfen. Denn Sinn und Zweck der Schlichtungsstelle ist es gerade, dass ein Dritter versucht, eine Einigung zwischen den Parteiein herbeizuführen.

IRd Errichtung der Schlichtungsstelle kann es sowohl bei der Entsch. über die Zahl   **10**
der Beisitzer als auch bei jener über die Person des Vorsitzenden zu **Meinungsver-**
schiedenheiten zwischen den Parteien kommen. Für beide Fälle sieht Abs. 3 die
Möglichkeit einer Entsch. durch das nach § 1062 ZPO zuständige OLG vor. Für das
Verfahren vor dem OLG gelten nach Abs. 3 S. 3 die §§ 1063, 1065 ZPO entspr. Danach ergeht die Entsch. des OLG über die Person des Vorsitzenden und/oder die Zahl
der Beisitzer gem. § 1063 Abs. 1 ZPO durch Beschl. nach Anhörung der Parteien.
Die Entsch. des OLG ist entspr. § 1065 Abs. 1 S. 2 ZPO unanfechtbar. Auch wenn
dies durch die Vorschriften, auf die Abs. 3 S. 3 verweist, nicht geregelt wird, sollen
die Kosten des Verfahrens vor dem OLG nach den für die Schiedsgerichtsbarkeit einschlägigen Kostenvorschriften, also § 1057 ZPO, entschieden werden (BT-Drucks.
14/8058, 20).

Denkbar ist, dass eine Partei die **Mitwirkung an der Besetzung der Schlichtungs-**   **11**
stelle deshalb verweigert, weil sie entweder die eigene Passivlegitimation oder
Aktivlegitimation der anderen Partei nach § 36 Abs. 2 (dazu § 36 Rn 15) bestreitet.
Es ist nicht Aufgabe des OLG, über diese Frage nach § 1063 ZPO zu entscheiden;
denn hier geht es nicht um die Überwindung eines Verfahrenshindernisses, sondern
um eine Frage des materiellen Rechts, die nur in einem ordentlichen Verfahren ge-
klärt werden kann. Wichtigstes Instrument ist insoweit die (negative oder positive)
Feststellungsklage. Ist ein solches Verfahren anhängig, so hat das OLG nach den
Grundsätzen des § 148 ZPO zu überprüfen, ob es das nach § 36a Abs. 3 eingeleitete
Verfahren aussetzt, bis die Frage der Aktiv- oder Passivlegitimation im ordentlichen
Rechtswege geklärt ist (s. auch § 36 Rn 15).

V. Beschlussfassung der Schlichtungsstelle (Abs. 5)

Nach Abs. 5 S.1 fasst die Schlichtungsstelle ihren **Beschl. nach mündlicher Bera-**   **12**
tung mit Stimmenmehrheit. Was Gegenstand des Beschl. ist, ergibt sich nicht aus
Abs. 5, sondern vielmehr aus § 36 Abs. 4 S. 1. Danach hat die Schlichtungsstelle den

Parteien einen begründeten Einigungsvorschlag zu machen, der den Inhalt der gemeinsamen Vergütungsregeln enthält (s. § 36 Rn 27). Dies wird in aller Regel nicht der Vorschlag sein, den die das Schlichtungsverfahren einleitende Partei nach Abs. 4 vorgelegt hat. Vielmehr wird der Vorsitzende einen Einigungsvorschlag entwickeln, den er für mehrheitsfähig, wenigstens aber angemessen hält.

13   Die Beschlussfassung hat gem. Abs. 5 S. 1 nach mündlicher Beratung zu erfolgen. Der Grundsatz des rechtlichen Gehörs (Art. 103 Abs. 1 GG) verlangt, dass die mündliche Beratung auch eine Anhörung der Parteien einschließt (so auch *Wandtke/Bullinger/Wandtke/Grunert* § 36a Rn 11). Zweckmäßigerweise werden sich die Parteien, iRd ihnen nach Abs. 7 zugewiesenen Kompetenz, darauf verständigen, dass der Vorsitzende für die Vorbereitung und Leitung der mündlichen Beratung verantwortlich ist.

14   Nach Abs. 5 S. 2 erfolgt die **Beschlussfassung zweistufig**. Zunächst sind nur die Beisitzer stimmberechtigt. Ergibt sich hierbei nicht die nach Abs. 5 S. 1 für die Beschlussfassung erforderliche Stimmenmehrheit, folgt eine erneute Beschlussfassung, an der nunmehr auch der Vorsitzende teilnimmt. Stimmen die von der einen Partei benannten Beisitzer für den Einigungsvorschlag, die anderen gegen den Einigungsvorschlag, so ergibt die Stimme des Vorsitzenden den Ausschlag. Dies zeigt die **zentrale Rolle des Vorsitzenden im Schlichtungsverfahren**. Ihm obliegt nicht nur die Erarbeitung des Einigungsvorschlags (dazu Rn 12), sondern er hat letztlich auch die Möglichkeit, einen positiven Beschl. der Schlichtungsstelle über den Einigungsvorschlag herbeizuführen, wenn er nur von den Beisitzern einer Partei akzeptiert wird.

15   Die Beschlussfassung der Schlichtungsstelle soll nicht daran scheitern, dass die von einer Partei benannten **Beisitzer an der Beschlussfassung nicht teilnehmen**. Daher bestimmt Abs. 5 S. 3, dass der Vorsitzende und die erschienenen Beisitzer beschlussfähig sind, wenn weitere Beisitzer trotz rechtzeitiger Einladung zur Beschlussfassung nicht erscheinen.

16   Nach Abs. 5 S. 4 ist der **Beschl. der Schlichtungsstelle schriftlich niederzulegen, vom Vorsitzenden zu unterschreiben und beiden Parteien zuzuleiten**. Die Bestimmung ist im Zusammenhang mit § 36 Abs. 4 zu lesen. Gegenstand des Beschl. muss ein begründeter Einigungsvorschlag sein. Aus dem Beschl. muss sich daher nicht nur der Einigungsvorschlag ergeben, sondern auch die maßgebenden Erwägungen, von denen sich die Schlichtungsstelle bei der Beschlussfassung leiten ließ. Durch die Zuleitung iSd Abs. 5 S. 4 wird sodann die dreimonatige Widerspruchsfrist nach § 36 Abs. 4 S. 2 ausgelöst.

VI. Kosten des Schlichtungsverfahrens (Abs. 6)

17   In der ursprünglichen Fassung des § 36a Abs. 6 hatte grds diejenige Partei die Kosten des Schlichtungsverfahrens zu tragen, die den Antrag auf Einleitung gestellt hat. Mit dem Gesetz zur Modernisierung des Urheberrechts in der Informationsgesellschaft wurde diese Bestimmung durch Abs. 6 in seiner nunmehr geltenden Fassung abgelöst. Die ursprüngliche Fassung des Abs. 6 wurde heftig kritisiert, weil sie die iRd Aufstellung gemeinsamer Vergütungsregeln aktivere Partei bestraft (s. *Wandtke/Bullinger/Wandtke/Grunert* § 36a Rn 19).

Nach der Neufassung des Abs. 6 tragen die Parteien ihre eigenen Kosten sowie die **18** Kosten der von ihnen bestellten Beisitzer ganz (S. 1) und die übrigen Kosten, insb. also jene des Vorsitzenden, jeweils zur Hälfte (S. 2). Außerdem sieht Abs. 6 S. 3 vor, dass auf Anforderung des Vorsitzenden zu dessen Händen ein für die Tätigkeit der Schlichtungsstelle erforderlicher Vorschuss geleistet wird.

Keine Regelung enthält Abs. 6 dazu, nach **welchen Grundsätzen die Mitglieder** **19** **der Schlichtungsstelle vergütet werden**. Nachdem jede Partei die Kosten der von ihr entsandten Beisitzern trägt, spielt dies für die Beisitzer jedenfalls keine Rolle. Die Vergütung des Vorsitzenden haben beide Parteien gemeinsam mit diesem zu vereinbaren. Erfolgt die Bestellung des Vorsitzenden einvernehmlich, wird dies in der Praxis keine Probleme aufwerfen. IÜ wird man den Vorsitzenden als berechtigt ansehen müssen, seine eigene Vergütung nach Billigkeitsgrundsätzen gem. § 317 BGB festzulegen. Für diese Lösung spricht insb., dass der Vorsitzende nach Abs. 6 S. 3 berechtigt ist, einen Vorschuss zu verlangen.

§ 37 Verträge über die Einräumung von Nutzungsrechten

(1) Räumt der Urheber einem anderen ein Nutzungsrecht am Werk ein, so verbleibt ihm im Zweifel das Recht der Einwilligung zur Veröffentlichung oder Verwertung einer Bearbeitung des Werkes.

(2) Räumt der Urheber einem anderen ein Nutzungsrecht zur Vervielfältigung des Werkes ein, so verbleibt ihm im Zweifel das Recht, das Werk auf Bild- oder Tonträger zu übertragen.

(3) Räumt der Urheber einem anderen ein Nutzungsrecht zu einer öffentlichen Wiedergabe des Werkes ein, so ist dieser im Zweifel nicht berechtigt, die Wiedergabe außerhalb der Veranstaltung, für die sie bestimmt ist, durch Bildschirm, Lautsprecher oder ähnliche technische Einrichtungen öffentlich wahrnehmbar zu machen.

Übersicht

I. Allgemeines

Die Vorschrift enthält **drei verschiedene Auslegungsregeln für Urheberrechts-** **1** **verträge**. Sie betrifft das Recht des Urhebers zur Einwilligung in die Veröffentlichung oder Verwertung einer Bearbeitung des Werks (Abs. 1), zur Übertragung eines Werks auf Bild- oder Tonträger (Abs. 2) sowie zur öffentlichen Wiedergabe des Werks auch außerhalb der Veranstaltung, für die das Recht zur Wiedergabe eingeräumt wurde (Abs. 3). In § 37 ist jeweils festgelegt, was „im Zweifel" gelten soll, wenn diese Rechte durch vertragliche Regelungen berührt werden. Die Vorschrift ist damit erst anwendbar, wenn eine Auslegung des Werks zu keiner eindeutigen Antwort führt. Ob die in § 37 geregelten Fragen ausdrücklich im Vertrag berücksichtigt worden sind, ist hingegen nicht entscheidend.

2   Bei § 37 handelt es sich um eine **Spezialnorm, die die allg. Zweckübertragungsregelung in § 31 Abs. 5 verdrängt** (*Fromm/Nordemann/Hertin* §§ 31/32 Rn 21). Dieses Verhältnis kann durchaus praktische Konsequenzen haben. Lässt sich eine der in § 37 geregelten Fragen nicht eindeutig klären, gelten die dort enthaltenen Auslegungsregeln selbst dann, wenn sie dem Vertragszweck, auf den es nach § 31 Abs. 5 ankäme, widersprechen. Sofern dies gar zu unbilligen Ergebnissen führt, müssen allg. Grundsätze als Korrektiv dienen, etwa jener der Enthaltungspflicht des Urhebers. Wegen der klaren Regelung des § 37 Abs. 1 wird dies aber nur ausnahmsweise der Fall sein.

II. Veröffentlichung und Verwertung von Bearbeitungen (Abs. 1)

3   Nach Abs. 1 verbleibt dem Urheber im Zweifel das Recht der Einwilligung zur Veröffentlichung oder Verwertung einer Bearbeitung des Werks. Dieses Recht wird dem Urheber nach § 23 S. 1 zugeordnet und soll ihm, wenn er an dem Werk Nutzungsrechte einräumt, im Zweifel auch erhalten bleiben. Bearbeitungen iSd Abs. 1 sind nur solche, die schutzfähige Werke gem. § 3 darstellen (*Schricker/Schricker* § 37 Rn 9; *Fromm/Nordemann/Hertin* § 37 Rn 2).

4   Die in Abs. 1 enthaltene Regelung hat eine zweifache Bedeutung. Sie besagt zunächst, dass dem Urheber im Zweifel die **Rechte zur Nutzung einer Bearbeitung des Werks** verbleiben, diese also nicht auf den Erwerber des Nutzungsrechts übergehen. Darüber hinaus schränkt Abs. 1 die **Enthaltungspflicht des Urhebers** (dazu § 31 Rn 39 f.) ein. Der Erwerber des Nutzungsrechts kann im Zweifel weder dem Urheber noch einem Dritten untersagen, Bearbeitungen des Werks zu veröffentlichen oder zu verwerten. Soweit sich die Verwertung einer Bearbeitung im Verhältnis zu dem Inhaber des Nutzungsrechts jedoch als grob unbillig darstellt, mag der allg. Grundsatz von Treu und Glauben (§ 242 BGB) als Korrektiv dienen.

5   Abs. 1 gilt auch **im Bereich des Verlagsrechts**. Dort enthält § 2 Abs. 1 VerlG den Grundsatz, dass sich der Verfasser während der Dauer des Vertragsverhältnisses jeder Vervielfältigung und Verbreitung des Werks zu enthalten hat. Von diesem Grundsatz regelt § 2 Abs. 2 einzelne Ausnahmen, wobei die §§ 2 Abs. 2 Nr. 1-3 VerlG Fälle der Bearbeitung betreffen. Zwar handelt es sich bei dem VerlG um eine Spezialregelung, die grds Vorrang gegenüber § 37 Abs. 1 genießt; da § 37 Abs. 1 der verlagsrechtlichen Regelung allerdings nicht widerspricht, sondern diese nur ergänzt, kommen beide Vorschriften nebeneinander zur Anwendung (vgl dazu *Schricker* Verlagsrecht, § 2 Rn 12).

III. Übertragung des Werks auf Bild- oder Tonträger (Abs. 2)

6   Nach Abs. 2 verbleibt dem Urheber im Zweifel das **Recht, das Werk auf Bild- oder Tonträger zu übertragen**. Wie in Abs. 1 (Rn 4) besagt die Vorschrift nicht nur, dass das Nutzungsrecht insoweit bei dem Urheber verbleibt; dem Inhaber des Nutzungsrechts steht darüber hinaus im Zweifel gegenüber dem Urheber oder einem Dritten

kein entspr. Verbotsrecht zu. Dies gilt nicht nur für die Übertragung des Werks auf Bild- oder Tonträger, sondern selbstverständlich auch für die Vervielfältigung und Verbreitung der Bild- oder Tonträger. Ohne diese Konsequenz gäbe Abs. 2 nur wenig Sinn.

IV. Öffentliche Wiedergabe des Werks (Abs. 3)

Während Abs. 1 und 2 sich damit befassen, ob durch den Urheber ein bestimmtes Recht überhaupt eingeräumt wurde, geht es bei Abs. 3 um die **Grenzen eines unzweifelhaft eingeräumten Rechts**. Die Regelung besagt, dass der Inhaber eines Rechts zur öffentlichen Wiedergabe des Werks im Zweifel nicht berechtigt ist, dieses außerhalb des bestimmungsgemäßen Veranstaltungsorts durch Bildschirm, Lautsprecher oder ähnliche technische Einrichtungen öffentlich wahrnehmbar zu machen. Ebenfalls abweichend von Abs. 1 und 2 wird dem Inhaber des Nutzungsrechts durch Abs. 3 nicht die Möglichkeit genommen, gegen den Urheber oder einen Dritten vorzugehen, der die öffentliche Wiedergabe außerhalb der Veranstaltung öffentlich wahrnehmbar macht (*Möhring/Nicolini/Spautz* § 37 Rn 9). Dies folgt aus dem Wortlaut von § 37 Abs. 3, der anders als Abs. 1 und 2 nicht positive Rechte des Urhebers beschreibt, sondern bestimmt, dass dem Inhaber des Nutzungsrechts bestimmte Rechte nicht zustehen (vgl *Schricker/Schricker* § 37 Rn 14; *Möhring/Nicolini/Spautz* § 37 Rn 9).

7

§ 38   Beiträge zu Sammlungen

(1) Gestattet der Urheber die Aufnahme des Werkes in eine periodisch erscheinende Sammlung, so erwirbt der Verleger oder Herausgeber im Zweifel ein ausschließliches Nutzungsrecht zur Vervielfältigung und Verbreitung. Jedoch darf der Urheber das Werk nach Ablauf eines Jahres seit Erscheinen anderweit vervielfältigen und verbreiten, wenn nichts anderes vereinbart ist.

(2) Absatz 1 Satz 2 gilt auch für einen Beitrag zu einer nicht periodisch erscheinenden Sammlung, für dessen Überlassung dem Urheber kein Anspruch auf Vergütung zusteht.

(3) Wird der Beitrag einer Zeitung überlassen, so erwirbt der Verleger oder Herausgeber ein einfaches Nutzungsrecht, wenn nichts anderes vereinbart ist. Räumt der Urheber ein ausschließliches Nutzungsrecht ein, so ist er sogleich nach Erscheinen des Beitrags berechtigt, ihn anderweit zu vervielfältigen und zu verbreiten, wenn nichts anderes vereinbart ist.

Literatur: *Junker* Die Rechte des Verfassers bei Verzug des Verlegers, GRUR 1988, 793; *Katzenberger* Urheberrechtliche und urhebervertragsrechtliche Fragen bei der Edition philosophischer Werke, GRUR 1984, 319; *Melichar* Die Begriffe „Zeitung" und „Zeitschrift" im Urheberrecht, ZUM 1988, 14; *Schricker* Zur Bedeutung des Urheberrechtsgesetzes von 1965 für das Verlagsrecht, GRUR Int 1983, 446.

I. Allgemeines

1 Die Vorschrift regelt das Verhältnis zwischen dem Inhaber einer Sammlung (insb. Verleger oder Herausgeber, s. Rn 5) und demjenigen, der einen urheberrechtlich geschützten Beitrag zu dieser Sammlung leistet. Abs. 1 betrifft periodische Sammlungen, wobei Zeitschriften und Zeitungen den praktisch wichtigsten Fall einer periodischen Sammlung darstellen. Abs. 2 befasst sich sodann mit nicht periodisch erscheinenden Sammlungen (zB Festschriften). In Abs. 3 sind schließlich, abweichend von Abs. 1, Sonderregelungen für die Einräumung von Nutzungsrechten an Beiträgen zu Zeitungen behandelt.

2 Weitere Regelungen, die das Verhältnis des Urhebers eines Beitrags zu einer Sammlung zu dem Verleger dieser Sammlung betreffen, sind in den §§ 41-46 VerlG enthalten. Durch § 141 Nr. 4 wurde § 42 VerlG aufgehoben. Diese Vorschrift hatte den gleichen Regelungsgegenstand wie § 38.

3 Keine der in § 38 enthaltenen Regelungen ist zwingend. Abweichende Vereinbarungen sind ohne weiteres möglich *(Möhring/Nicolini/Spautz* § 38 Rn 1). Für Abs. 1 S. 1 ergibt sich dies aus dem Umstand, dass es sich um eine Auslegungsregel handelt. Die übrigen Bestimmungen weisen ausdrücklich darauf hin, dass abweichende Vereinbarungen getroffen werden können. Solche finden sich insb. im Bereich des Zeitungs- und Zeitschriftenverlags, und zwar in Tarifverträgen für Angestellte und arbeitnehmerähnliche Redakteure (s. *Hillig* Urheber- und Verlagsrecht, Nr. 10, 10b und 10c sowie § 31 Rn 12). IÜ hat § 38 aber durchaus praktische Bedeutung; denn insb. Beiträge zu Zeitschriften oder Zeitungen werden häufig formlos dem Verlag übermittelt und ebenso formlos von diesem in Anspruch genommen.

4 Der Tatsache, dass in § 38 nur von Sammlungen, nicht aber von Sammelwerken (s. § 4) die Rede ist, kann entnommen werden, dass es für die Anwendbarkeit des § 38 keine Rolle spielt, ob die Sammlung als solche urheberrechtlichen Schutz genießt. Es versteht sich jedoch von selbst, dass die Beiträge, die zur Sammlung überlassen werden, urheberrechtlich geschützt sein müssen, denn nur dann kommt die urhebervertragsrechtliche Regelung des § 38 überhaupt zur Anwendung.

5 Die Vorschrift behandelt das **Rechtsverhältnis zwischen dem Urheber und dem „Verleger oder Herausgeber"**. Diese Wendung soll die Person bezeichnen, die dafür verantwortlich ist, die Rechte an den einzelnen Beiträgen zu einer Sammlung zu beschaffen (*Schricker* Verlagsrecht, § 41 Rn 13; *Katzenberger* GRUR 1984, 319, 322). Dies kann der Verleger oder der Herausgeber, aber auch ein Dritter sein. Im Normalfall werden Beiträge dem Verlag überlassen, dem auch nach Maßgabe von § 38 und den getroffenen Vereinbarungen Nutzungsrechte an dem Beitrag zustehen sollen. Denkbar ist aber auch, dass der Verlag die Beiträge nur für einen Dritten entgegennimmt, der als „Herr des Unternehmens" Inhaber der Sammlung ist (dazu § 31 Rn 58). Der Inhaber der Sammlung wird häufig nach außen als Herausgeber auftreten, notwendig ist dies jedoch nicht. Denkbar ist auch, dass die Beiträge zur Sammlung durch den Herausgeber entgegengenommen werden, jedoch nur für den Verleger, der auch die Nutzungsrechte erwerben soll. Entscheidend ist aber, dass § 38 eine Regelung zwischen dem Urheber des Beitrags und „dem, den es angeht" trifft. Insoweit kommt es darauf an, wem nach den Absprachen der Beteiligten die Nutzungsrechte an den Beiträgen zustehen sollen, mag es nun der Verleger, der Herausgeber oder ein sonstiger Beteiligter sein (s. auch *Schricker/Schricker* § 38 Rn 17).

II. Beiträge zu periodischen Sammelwerken (Abs. 1)

Die Vorschrift betrifft die Aufnahme eines urheberrechtlich geschützten Beitrages in eine periodisch erscheinende Sammlung. Eine **periodisch erscheinende Sammlung** ist dadurch gekennzeichnet, dass sie in regelmäßig wiederkehrenden Abständen erscheint und jeweils eine Mehrzahl von Beiträgen enthält. Periodisch erscheinende Sammlungen sind in erster Linie **Zeitungen und Zeitschriften**; für Zeitungen trifft Abs. 3 jedoch eine Sonderregelung, die Abs. 1 verdrängt. Neben Zeitschriften sind als Anwendungsfall des Abs. 1 aber auch andere Sammlungen denkbar (zB Jahrbücher). **6**

Sofern der Urheber die Aufnahme des Beitrags in die Sammlung gestattet, erwirbt der Verleger oder Herausgeber im Zweifel ein ausschließliches Nutzungsrecht zur Vervielfältigung und Verbreitung. Durch die Verwendung des Begriffs „gestattet" wird dem Umstand Rechnung getragen, dass insb. im Zeitschriften- und Zeitungsbereich oftmals eine förmliche Vereinbarung über die Veröffentlichung des Beitrags nicht getroffen wird. Die Aufnahme des Beitrags in die Sammlung erfolgt vielmehr häufig auf eine kommentarlose Einsendung desselben oder auf Zuruf. Für die Gestattung ausreichend, aber auch erforderlich, ist eine ausdrückliche oder stillschweigende Erklärung des Urhebers des Beitrags, dass er diesen zur Aufnahme in die Sammlung anbietet. Nach der Branchenübung im Bereich der Zeitungen und Zeitschriften wird eine solche konkludente Erklärung jedenfalls in der kommentarlosen Zusendung eines Beitrags an die Redaktion zu sehen sein. Wünscht der Urheber des Beitrags, dass die Veröffentlichung erst nach Rücksprache mit ihm erfolgt, so muss er dies im Zusammenhang mit der Überlassung des Beitrags deutlich zum Ausdruck bringen. **7**

Bei Abs. 1 S. 1 handelt es sich um eine Auslegungsregel („im Zweifel"). Lässt sich ein anderes nicht feststellen, so erwirbt nach Abs. 1 der Verleger oder Herausgeber ein ausschließliches Nutzungsrecht zur Vervielfältigung und Verbreitung. Das ausschließliche Nutzungsrecht kann erst dann entstehen, wenn der Urheber Gewissheit über die Aufnahme des Beitrags in die Sammlung erhält. Dies kann von vornherein fest vereinbart werden; denkbar ist auch eine bestätigende Mitteilung des Verlegers oder Herausgebers, die Übersendung von Korrekturabzügen oder das Erscheinen des Beitrags selbst. Für den Urheber besteht Handlungsbedarf, wenn er seinen Beitrag mehreren Verlagen angeboten hat und einer von ihnen den Abdruck bestätigt. In diesem Augenblick wäre die Aufnahme des Beitrags in eine weitere Sammlung rechtswidrig. Zur Vermeidung einer Schadensersatzverpflichtung muss der Urheber also entweder mit dem ersten Verleger oder Herausgeber ein lediglich einfaches Nutzungsrecht vereinbaren oder seinen Beitrag bei dem zweiten Verleger oder Herausgeber zurückziehen. **8**

Nach Ablauf eines Jahres seit Erscheinen des Werks (§ 6 Abs. 2) darf der Urheber dieses anderweit vervielfältigen und verbreiten. Entspr. entfällt das Vervielfälti- **9** gungs- und Verbreitungsrecht des Verlegers oder Herausgebers, einschließlich des Rechts, den Beitrag iRd Sammlung nachzudrucken (*Schricker/Schricker* § 38 Rn 18). Abweichende vertragliche Vereinbarungen sind möglich.

III. Nicht periodisch erscheinende Sammlungen (Abs. 2)

10 In Abs. 2 geht es um **nicht periodisch erscheinende Sammlungen** (s. Rn 6). Soweit der Urheber für seinen Beitrag zu einer nicht periodischen Sammlung keine Vergütung erhalten hat, gilt Abs. 1 S. 2 entspr. Der Urheber ist also nach Ablauf eines Jahres seit Erscheinen des Beitrages berechtigt, diesen anderweit zu vervielfältigen und zu verbreiten. Natürlich setzt Abs. 2 voraus, dass der Verleger oder Herausgeber des nicht periodisch erscheinenden Sammelwerks ein ausschließliches Nutzungsrecht erworben hat. Fehlt es an einer Vereinbarung hierzu, gilt § 31 Abs. 5, nicht aber Abs. 1 S. 1.

IV. Beiträge in Zeitungen (Abs. 3)

11 Abs. 3 ist ein Sonderfall zu Abs. 1. Bei den in Abs. 3 behandelten Zeitungen handelt es sich um periodisch erscheinende Sammlungen (Abs. 1), für die jedoch bes. Regelungen gelten. Zeitungen sind wie Zeitschriften und sonstige periodisch erscheinende Sammlungen durch ihren tagesaktuellen Inhalt geprägt (Einzelheiten bei *Schricker/ Schricker* § 38 Rn 13; *Melichar* ZUM 1988, 14). Der Verfasser des Beitrags ist darauf angewiesen, seinen Beitrag schnellstmöglich zum Abdruck zu bringen. Dieses Vorhaben wird wesentlich erschwert oder gar praktisch vereitelt, wenn auch für Beiträge zu Zeitungen die nach Abs. 1 allg. für periodische Sammlungen geltenden Grundsätze Anwendung fänden. Deshalb bestimmt Abs. 3 S. 1, dass der Verleger oder Herausgeber im Zweifel nur ein einfaches Nutzungsrecht erwirbt. Seine Rechte würden also nicht verletzt, wenn der Beitrag in einer weiteren Zeitung erschiene. Sollte der Verfasser des Beitrags ein ausschließliches Nutzungsrecht eingeräumt haben, so ist er gem. Abs. 3 S. 2 nach Erscheinen des Beitrages berechtigt, diesen anderweitig zu vervielfältigen und zu verbreiten. Die dem Verleger oder Herausgeber eingeräumte Exklusivität endet also mit dem Erscheinen (§ 6 Abs. 2) des Beitrags.

§ 39 Änderungen des Werkes

(1) Der Inhaber eines Nutzungsrechts darf das Werk, dessen Titel oder Urheberbezeichnung (§ 10 Abs. 1) nicht ändern, wenn nichts anderes vereinbart ist.

(2) Änderungen des Werkes und seines Titels, zu denen der Urheber seine Einwilligung nach Treu und Glauben nicht versagen kann, sind zulässig.

Literatur: *Bock* Urheberrechtliche Probleme beim Leserbrief, GRUR 2001, 397; *Jestaedt* Die Zulässigkeit der Änderung von Werken der Baukunst durch den Inhaber des Nutzungsrechts nach § 39 UrhG, 1997; *Loewenheim* Zur urheberrechtlichen Beurteilung von Änderungen und Bearbeitungen eines Bühnenbildes, GRUR 1989, 108; *Metzger* Rechtsgeschäfte über das Urheberpersönlichkeitsrecht nach dem neuen Urhebervertragsrecht, GRUR Int 2003, 9;

Osenberg Markenschutz für urheberrechtlich gemeinfreie Werkteile, GRUR 1996, 101; *Partsch/Reich* Die Change-of-Control-Klausel im neuen Urhebervertragsrecht, AfP 2002, 298; *Wandtke/Bullinger* Die Marke als urhebrrechlich schutzfähiges Werk, GRUR 1997, 573.

I. Allgemeines

Die Vorschrift regelt die Voraussetzungen, unter denen der Inhaber eines Nutzungs- **1** rechts das Werk, seinen Titel oder die Urheberbezeichnung ändern darf. Soweit Abs. 1 bestimmt, dass eine **Änderung grds nicht zulässig** ist, hat er angesichts der in den §§ 10, 12, 14 und 23 enthaltenen Regelungen nur klarstellenden Charakter. Ebenfalls ist in Abs. 1 klargestellt, dass der durch diese Vorschriften gewährte **Schutz dispositiv** ist, auch wenn hierbei gewisse Grenzen zu beachten sind, die sich in erster Linie aus dem Urheberpersönlichkeitsrecht ergeben. Die wesentliche Bedeutung der Vorschrift ergibt sich aus Abs. 2. Danach sind solche Änderungen des Werks und des Titels (nicht aber der Urheberbezeichnung) zulässig, zu denen der Urheber seine Einwilligung nach Treu und Glauben nicht versagen kann.

Durch die Reform des Urhebervertragsrechts (s. § 31 Rn 8 f.) sollte ursprünglich **2** § 39 neu gefasst werden und Rechtsgeschäfte über Urheberpersönlichkeitsrechte insgesamt regeln (s. BT-Drucks. 14/6433, 4). Im weiteren Verlauf des Gesetzgebungsverfahrens wurde hiervon jedoch Abstand genommen (s. BT-Drucks. 14/8058, 9 f.).

§ 39 regelt das Verhältnis zwischen dem Urheber und dem Inhaber eines rechtsge- **3** schäftlich eingeräumten Nutzungsrechts. Für die Fälle der gesetzlichen Lizenz verweist § 62 Abs. 1 S. 2 auf § 39. Eine spezialgesetzliche Regelung zu § 39 findet sich für den Filmhersteller in § 88 Abs. 1. Die verlagsrechtliche Spezialregelung des § 13 VerlG wurde mit Einführung des UrhG aufgehoben, § 141 Nr. 4.

II. Grundsätzliches Änderungsverbot

1. Verbot der Änderung von Werk, Titel oder Urheberbezeichnung

Das Verbot der Änderung von Werk, Titel oder Urheberbezeichnung ist im Zusam- **4** menhang mit anderen Bestimmungen des UrhG zu sehen. Zunächst gibt § 14 dem Urheber das Recht, Beeinträchtigungen zu verbieten, die seinen berechtigten Interessen am Werk zuwiderlaufen. Die Grenzen des § 39 Abs. 1 für Änderungen sind zunächst enger, denn Werk und Titel dürfen danach schlechthin nicht geändert werden. Erst § 39 Abs. 2 führt dazu, dass die Vorschrift mit § 14 synchronisiert wird (s. dazu Rn 8 ff.). Dass die Urheberbezeichnung nicht ohne weiteres geändert werden darf, folgt aus § 13. Grenzen für die Bearbeitung des Werks ergeben sich aus § 23. Im Hinblick auf diese allg. Bestimmungen enthält § 39 nur **eine klarstellende Regelung** (*BGH* GRUR 1999, 230, 231 – Treppenhausgestaltung).

§ 23 regelt, dass Bearbeitungen oder Umgestaltungen nur mit Einwilligung des Ur- **5** hebers veröffentlicht oder verwertet werden dürfen. **Zustimmungsfrei ist nach § 23**

die Bearbeitung als solche, sofern sie eben nicht veröffentlicht oder verwertet wird. Dies gilt auch im Verhältnis zwischen Urheber und Inhaber eines Nutzungsrechts, selbst wenn der Wortlaut des Abs. 1 zunächst dafür spricht, dass dem Inhaber des Nutzungsrechts jede Änderung (dh Bearbeitung) des Werks auch als solche untersagt ist. Weil aber § 39 auf den Inhaber des Nutzungsrechts abstellt, fallen nur Änderungen, die in Ausübung des Nutzungsrechts erfolgen, in den Anwendungsbereich des Abs. 1. Bei einer bloßen Bearbeitung, die nicht veröffentlicht oder nicht verwertet wird, wird das Nutzungsrecht nicht ausgeübt. Insoweit bleibt es also bei der Regelung des § 23.

2. Abweichende Vereinbarungen

6   Treffen die Parteien eine entspr. Vereinbarung, dürfen das Werk, der Titel und die Urheberbezeichnung geändert werden. Ob die Vereinbarung ausdrücklich oder stillschweigend zu erfolgen hat, ist unerheblich, sofern sie nur eindeutig ist (*BGH* GRUR 1986, 458, 459 – Oberammergauer Passionsspiele; *Schricker/Dietz* § 39 Rn 8 f.; **aA** *Fromm/Nordemann/Vinck* 39 Rn 2).

7   Gewisse Grenzen für die Freiheit der Parteien, eine abweichende Vereinbarung über Änderungen von Werk, Titel und Urheberbezeichnung zu treffen, ergeben sich aus dem **Urheberpersönlichkeitsrecht**. Zwar können vertraglich bestimmte Einschränkungen der Rechte vereinbart werden, die sich aus dem Urheberpersönlichkeitsrecht ergeben, dem Urheber verbleibt jedoch stets ein **unverzichtbarer Kern, der nicht zur Disposition der Parteien steht** (s. § 29 Rn 10). Unverzichtbarer Kern des sich aus § 13 ergebenden Rechts auf Anerkennung der Urheberschaft ist das Recht, sich als Urheber zu erkennen zu geben (*Fromm/Nordemann/Vinck* § 39 Rn 3; s. auch *Schricker/Dietz* § 13 Rn 29 f.). Entsprechendes gilt für Entstellungen des Werks iSd § 14. Auch hier kann der Urheber nicht auf das Recht verzichten, gegen bes. krasse Fälle der Entstellung vorzugehen (vgl *Schricker/Dietz* Vor §§ 12 ff. Rn 26 ff.).

III. Zustimmungsfreie Änderungen (Abs. 2)

1.   Grundsätzliches

8   Nach Abs. 2 darf der Inhaber des Nutzungsrechts solche Änderungen des Werks und seines Titels vornehmen, zu denen der Urheber seine Einwilligung nach Treu und Glauben nicht versagen kann. In Abs. 2 wird auf die in Abs. 1 ebenfalls erwähnte Urheberbezeichnung nicht Bezug genommen. Daraus folgt, dass Abs. 2 auf eine Änderung der Urheberbezeichnung keine Anwendung findet. Abs. 2 gestattet nicht nur die bloße Änderung, sondern auch die Ausübung des Nutzungsrechts in Bezug auf das geänderte Werk (s. Rn 5). Für den Bereich des Urhebervertragsrechts enthält § 39 Abs. 2 somit eine Spezialvorschrift zu § 23 S. 1. Ist eine Änderung nach § 39 Abs. 2 zulässig, kann das geänderte Werk iRd eingeräumten Nutzungsrechts verwertet werden, ohne dass es der in § 23 S. 1 genannten Einwilligung bedürfte. Wurden bestimmte Änderungsbefugnisse des Inhabers des Nutzungsrechts wirksam vereinbart (s. Abs. 1), kommt es nicht mehr darauf an, ob die Voraussetzungen des Abs. 2 vorliegen (*Fromm/Nordemann/Vinck* § 39 Rn 2).

9   Aus dem Wortlaut von Abs. 2 ergibt sich eindeutig, dass der Inhaber des Nutzungsrechts **nicht verpflichtet ist, die ausdrückliche Zustimmung des Urhebers zu der**

geplanten Änderung einzuholen. Die Frage, ob der Urheber seine Zustimmung nach Treu und Glauben verweigern darf, ist vielmehr rein hypothetisch. In der Praxis empfiehlt es sich allerdings für den Inhaber des Nutzungsrechts, in Zweifelsfällen die geplante Änderung mit dem Urheber zuvor abzustimmen. Entsteht zwischen dem Urheber und dem Inhaber des Nutzungsrechts Streit über die Frage, ob die Änderung nach Abs. 2 zulässig ist, wird regelmäßig der Urheber Ansprüche gegen die Verwertung des geänderten Werks geltend machen. Der Inhaber des Nutzungsrechts muss sodann die Tatsachen darlegen und beweisen, aus denen sich ergibt, dass der Urheber eine Zustimmung zur Änderung nach Treu und Glauben nicht hätte verweigern dürfen.

Ob der Urheber iSd Abs. 2 zu einer Änderung seine Einwilligung nach Treu und **10** Glauben nicht versagen kann, hängt von einer konkreten Prüfung des Einzelfalls ab, bei der die Interessen des Urhebers und des Inhabers des Nutzungsrechts umfassend gegeneinander abzuwägen sind (*BGH* GRUR 1971, 35, 37 – Maske in Blau; GRUR 1974, 675, 676 – Schulerweiterung). Dass dabei im Zweifel zugunsten des Urhebers zu entscheiden ist, kann Abs. 2 nicht entnommen werden (*Schricker/Dietz* § 39 Rn 14; **aA** *Möhring/Nicolini/Spautz* § 39 Rn 10; *Fromm/Nordemann/Vinck* § 39 Rn 4). Der in Abs. 2 enthaltene Begriff von Treu und Glauben ist ebenso auszulegen wie jener in § 34 Abs. 1 S. 2 (vgl § 34 Rn 8). Eine wesentliche Rolle spielt bei der Interessenabwägung, ob Art und Umfang der geplanten Änderung für die in Rede stehende Werk- und Nutzungsart der jeweils einschlägigen Branchenübung entsprechen. Damit zusammenhängend ist der der Rechtseinräumung zugrunde liegende Vertragszweck zu untersuchen. Kann dieser nur erreicht werden, wenn das Werk geändert wird, so muss die Änderung nach Abs. 2 schon deshalb zulässig sein, um einen Wertungswiderspruch mit § 31 Abs. 5 zu vermeiden. Jedenfalls dort, wo sich Änderungen **iRd Vertragszwecks** oder der **Branchenüblichkeit** bewegen, ist es mit **Treu und Glauben** nicht vereinbar, ohne Vorliegen eines bes. Grundes dem Änderungswunsch zu widersprechen. Neben dem Vertragszweck und der Branchenüblichkeit können jedoch auch andere Kriterien bei der Interessenabwägung berücksichtigt werden.

2. Einzelne Werkarten

Im **Bereich des Buchverlags** ist nach Abs. 2 die Korrektur offensichtlicher Recht- **11** schreib- und Zeichensetzungsfehler zulässig. Nicht zulässig ist hingegen die Änderung fehlerhafter Rechtschreibung und Zeichensetzung, wenn diese durch den Autor bewusst eingesetzt wurde. Nicht durch Abs. 2 gedeckt ist die Illustration eines Texts durch Abbildungen (*Schricker/Dietz* § 39 Rn 17). Für **periodische Sammlungen**, insb. Zeitungen und Zeitschriften ist in § 44 VerlG eine Spezialregelung für Beiträge enthalten, die ohne Nennung des Verfassers erscheinen sollen. An diesen dürfen Änderungen vorgenommen werden, wenn solche Änderungen bei vergleichbaren Sammelwerken üblich sind. Zu diesem Ergebnis gelangt man allerdings auch bei Anwendung des § 39 Abs. 2. Für **Computerprogramme** enthält § 69c Nr. 2 ein grds Änderungsverbot, zu dem in §§ 69d, 69e Ausnahmen enthalten sind. Hierneben besteht für eine Anwendung des § 39 Abs. 2 kein Raum mehr.

Im **Bereich der Musikwerke** werden die Urheber eines Musikstücks, wenn sie ei- **12** nem Dritten das Recht zur Aufnahme einer Cover-Version und deren Vervielfältigung sowie Verbreitung einräumen, gewisse Änderungen des ursprünglichen Werks nach Treu und Glauben hinnehmen müssen. Wem das Recht eingeräumt wurde, ein bestimmtes Musikstück in der Werbung einzusetzen, dem wird eine angemessene Kürzung des Werks nicht untersagt werden können (*Schricker/Dietz* § 39 Rn 19). In dem **Bereich der bühnenmäßigen Aufführung von Sprachwerken oder musikalisch-dramatischen Werken** besteht ein zwangsläufiger Konflikt zwischen dem Interesse des Bühnenautors, sein Werk unverändert zur Aufführung gelangen zu lassen, und jenem des Bühnenregisseurs, die Inszenierung mit einer persönlichen Note zu versehen (*Fromm/Nordemann/Vinck* § 39 Rn 4). Dem Bühnenregisseur ist es nach § 39 Abs. 2 gestattet, das Werk bei der Inszenierung auf die konkreten Bühnenverhältnisse auszurichten. Die Änderungen können zB das Bühnenbild, die Spieldauer, die Zahl der Schauspieler etc betreffen. Auch ist es dem Bühnenregisseur nicht schlechthin untersagt, sich selbst iRd Inszenierung künstlerisch zu verwirklichen. Jedoch dürfen hierdurch die Wesenszüge des Werks nicht verändert werden (s. *BGH* GRUR 1971, 35 – Maske in Blau; GRUR 1986, 458, 459 – Oberammergauer Passionsspiele I; *OLG Frankfurt* GRUR 1976, 199, 201). Werden Werke der **bildenden Künste oder Lichtbildwerke** im Kunstverlag vervielfältigt und verbreitet, so wird dies regelmäßig nicht ohne eine Anpassung der Werkgröße an das Seitenformat erfolgen.

13   Bei **Bauwerken** erlangt § 39 Abs. 2 regelmäßig in zwei Konstellationen Bedeutung. Zum einen kann es vorkommen, dass bei der Ausführung eines Bauvorhabens von dem Plan des Architekten auf Weisung des Bauherrn abgewichen wird; zum anderen kann Platzmangel dazu führen, dass die Erweiterung des ursprünglichen Bauwerks notwendig wird. Eine unmittelbare Anwendung von § 39 Abs. 2 scheidet in diesen Fällen häufig aus. In aller Regel werden nämlich zwischen dem Urheber und dem Eigentümer oder Besitzer des Bauwerks keine urhebervertragsrechtlichen Beziehungen bestehen. Die bloße Nutzung eines Gebäudes stellt keine urheberrechtlich relevante Nutzung dar. Gleichwohl ist anerkannt, dass dort, wo es an urhebervertragsrechtlichen Beziehungen fehlt, § 39 Abs. 2 im Verhältnis zwischen dem Urheber und dem Eigentümer des Werks entspr. Anwendung findet (*BGH* GRUR 1974, 675, 676 – Schulerweiterung; *Schricker/Dietz* § 39 Rn 25 ff.). Bauwerke erfüllen in aller Regel einen bestimmten Zweck. Dies ist nicht nur dem Bauherrn, Eigentümer oder Mieter des Bauwerks bekannt, sondern auch dem Urheber. Eben diese zweckgebundene Funktion eines Bauwerks spielt bei der nach § 39 Abs. 2 vorzunehmenden Interessenabwägung eine erhebliche Rolle. Sofern es sich bei den Änderungen des Bauwerks um eine Fortschreibung des ursprünglichen Zwecks des Bauwerks handelt, wird der Urheber seine Zustimmung nach Treu und Glauben nicht verweigern können. Eine Grenze ist dort erreicht, wo eine Entstellung des Werks iSd § 14 stattfindet (s. *BGH* GRUR 1974, 675, 676 – Schulerweiterung; *OLG Frankfurt* GRUR 1986, 244). Dem Eigentümer eines firmeneigenen Gebäudes wird in aller Regel daran gelegen sein, einen Erweiterungsbau räumlich unmittelbar an den Ursprungsbau anzuschließen. Auch diesem praktischen Bedürfnis kann sich der Urheber des Ursprungsbaus im Regelfall nicht verschließen.

14   Änderungen des Werks sind bes. häufig im **Bereich der Verfilmung** von Werken der Lit. anzutreffen. Dort allerdings ist ein Rückgriff auf § 39 Abs. 2 nicht erforderlich, weil § 88 Abs. 1 Änderungen bis zu den in § 93 festgelegten Grenzen als im Zweifel zulässig erklärt.

§ 40 Verträge über künftige Werke

(1) Ein Vertrag, durch den sich der Urheber zur Einräumung von Nutzungsrechten an künftigen Werken verpflichtet, die überhaupt nicht näher oder nur der Gattung nach bestimmt sind, bedarf der schriftlichen Form. Er kann von beiden Vertragsteilen nach Ablauf von fünf Jahren seit dem Abschluß des Vertrages gekündigt werden. Die Kündigungsfrist beträgt sechs Monate, wenn keine kürzere Frist vereinbart ist.

(2) Auf das Kündigungsrecht kann im voraus nicht verzichtet werden. Andere vertragliche oder gesetzliche Kündigungsrechte bleiben unberührt.

(3) Wenn in Erfüllung des Vertrages Nutzungsrechte an künftigen Werken eingeräumt worden sind, wird mit Beendigung des Vertrages die Verfügung hinsichtlich der Werke unwirksam, die zu diesem Zeitpunkt noch nicht abgeliefert sind.

Literatur: *Schmitt-Kammler* Die Schaffensfreiheit des Künstlers in Verträgen über künftige Geisteswerke, 1978.

Übersicht

I. Allgemeines

Die Vorschrift regelt die Voraussetzungen, unter denen sich der Urheber eines Werks **1** dazu verpflichten kann, Rechte an künftigen Werken einzuräumen. Die Vorschrift ist notwendig, um zu verhindern, dass sich der Urheber verpflichtet, insb. aus einer finanziellen Zwangslage heraus, die für ihn in einem nicht begrenzten zukünftigen Zeitraum geschaffenen Werke einem bestimmten Verwerter zu überlassen. Wäre eine solche Verpflichtung für einen unbegrenzten Zeitraum zulässig, so würde der Urheber die Möglichkeit vergeben, zu einem späteren Zeitpunkt, in dem er etwa aufgrund der gewachsenen Popularität seiner Werke eine stärkere Verhandlungsposition hat, bessere Konditionen auszuhandeln. Damit liegt der **Sinn der Vorschrift** in erster Linie darin, dem Urheber eine angemessene Beteiligung an seinen Werken zu sichern. Mit der Reform des Urhebervertragsrechts (s. § 31 Rn 8 f.), insb. der Festlegung eines unabdingbaren Anspruchs auf angemessene Vergütung (§ 32), hat die Vorschrift ihre Berechtigung zu einem wesentlichen Teil verloren. Unabhängig von dem Aspekt der angemessenen Beteiligung an den Erträgen aus der Verwertung des Werks ist § 40 jedoch wichtig, weil die Vorschrift dem Urheber die Option belässt, auch über andere vertragliche Aspekte als seine Beteiligung nach Ablauf eines bestimmten Zeitraums neu zu verhandeln.

2   Dem Interesse des Urhebers, nicht unangemessen lange an einen bestimmten Verwerter gebunden zu sein, steht dessen Interesse gegenüber, zumindest für eine bestimmte Zeit eine Bindung zu schaffen. Wer als Verwerter in die ersten Werke eines Urhebers investiert, hat ein unabweisbares Bedürfnis, an späteren Erfolgen beteiligt zu sein. Insoweit enthält § 40 einen fairen Ausgleich der Interessen.

3   Nach Abs. 1 S. 1 bedürfen Verträge, in denen sich der Urheber zur Einräumung von Nutzungsrechten an künftigen Werken verpflichtet, der Schriftform. In Abs. 1 S. 2 und 3 wird ein Kündigungsrecht für beide Parteien vorgesehen, das nach Abs. 2 S. 1 nicht im Voraus verzichtbar ist. Schließlich regelt Abs. 3 das Schicksal solcher Werke, die vom Vertrag umfasst sind, zum Zeitpunkt der Beendigung des Vertrages jedoch noch nicht abgeliefert sind.

II. Verpflichtung zur Einräumung von Nutzungsrechten an künftigen Werken (Abs. 1 S. 1)

1. Verpflichtung zur Einräumung von Nutzungsrechten

4   Abs. 1 S. 1 behandelt Verträge, mit denen sich der Urheber zur Einräumung von Nutzungsrechten an **künftigen Werken** verpflichtet. Anknüpfungspunkt ist also nicht das **Verfügungsgeschäft** iSd Einräumung von Nutzungsrechten an zukünftigen Werken, sondern die **schuldrechtliche Verpflichtung** hierzu (vgl § 31 Rn 17). Dass auch die Verfügung über Nutzungsrechte an künftigen Werken den Beschränkungen des § 40 unterliegt, ergibt sich jedoch aus § 40 Abs. 3, der das Schicksal derartiger Verfügungen betr. noch nicht abgelieferter Werke für den Fall der Vertragsbeendigung regelt (*Schricker* § 40 Rn 3 mwN). Ohne eine Erstreckung der Vorschrift auch auf Verfügungsgeschäfte wäre ihre Umgehung ohne weiteres möglich, selbst wenn berücksichtigt wird, dass derartige Verfügungen zu ihrer Wirksamkeit den allg. Bestimmtheitsanforderungen genügen müssen (vgl *Palandt/Heinrichs* §§ 315 ff., 241 Rn 3).

5   Verpflichtungen, die der Urheber in Bezug auf künftige Werke eingeht, kommen in der Praxis in verschiedenen Ausprägungen vor. Entscheidend für die Anwendbarkeit des § 40 ist stets, ob aus der Sicht des Urhebers durch einen bestimmten Vertrag eine **rechtliche oder faktische** Bindung des Inhalts besteht, dass er künftige Werke nur seinem Vertragspartner überlassen kann. Damit fallen nicht nur solche Verträge unter § 40, in denen eine Verpflichtung zur Einräumung von Nutzungsrechten an künftigen Werken enthalten ist, sondern auch weitere Vertragstypen. Neben der unmittelbaren Verpflichtung zur Einräumung von Nutzungsrechten an künftigen Werken (oben Rn 4) sind dies insb. **vorvertragliche Absprachen**, soweit dem Urheber hierdurch die Entsch. über das „ob" der späteren Einräumung von Nutzungsrechten genommen wird. Ob dies der Fall ist, ist im Einzelfall zu prüfen. Dies gilt für klassische Vorverträge, die die wesentlichen Parameter eines späteren Hauptvertrages bereits festlegen, aber auch für bloße Absichtserklärungen, etwa in Form eines „**Letter of Intent**" oder eines „**Memorandum of Understanding**".

6   Die für die Anwendung des § 40 maßgebende Bindung des Urhebers kann bereits dadurch eintreten, dass die vorvertragliche Absprache zwar nicht unmittelbar die Verpflichtung zur Einräumung von Nutzungsrechten enthält, diese jedoch aus faktischen Gründen unumgänglich macht. So können erhebliche finanzielle Zuwendungen, die der Urheber zurückleisten müsste, wenn er später die Verpflichtung zur Einräumung von Nutzungsrechten nicht eingeht, eine faktische Bindung bewirken, die mit § 40 nicht vereinbar ist. Ebenfalls nach § 40 sind **Optionsverträge** zu beurteilen, wenn durch sie die Entsch., ob Nutzungsrechte an einem künftigen Werk einem bestimmten Verwerter eingeräumt werden, ausschließlich diesem übertragen wird. Dies liegt für sog. qualifizierte Optionsverträge (Call Options) auf der Hand. Denn bei diesen sind typischerweise die Vertragsbedingungen, zu denen die Einräumung des Nutzungsrechts zu erfolgen hat, bereits festgelegt. Der Urheber erhält nur dann die Möglichkeit einer anderweitigen Verwertung, wenn sein Vertragspartner die ihm eingeräumte Option nicht ausübt.

Von der Ausgestaltung des Einzelfalls hängt es wiederum ab, ob Vertragsgestaltungen unter § 40 fallen, die dem Verwerter die **Option nur vorbehaltlich einer Einigung über die einzelnen Aspekte der Einräumung von Nutzungsrechten** zugestehen. IdR bedeuten solche Verträge nur eine Pflicht, Verhandlungen über die Einräumung von Nutzungsrechten an künftigen Werken zunächst mit einem bestimmten Vertragspartner zu führen (*Schricker* Verlagsrecht, § 1 Rn 40 ff.). Eine solche Verhandlungspflicht ist für sich genommen noch keine Verpflichtung zur Einräumung von Nutzungsrechten iSd Abs. 1 S. 1. Sie kann aber dazu werden, wenn es dem Urheber faktisch verwehrt ist, einem Dritten die Nutzungsrechte einzuräumen. Dies ist etwa dann denkbar, wenn dem Vertragspartner für die Verhandlungen eine längere Exklusivität zugesagt wird oder die Einräumung von Nutzungsrechten an Dritte an bestimmte Bedingungen geknüpft sind, zB solche finanzieller Art, wie etwa die Rückzahlung bestimmter Investitionen des Vertragspartners oder die Erzielung eines wesentlich höheren Nutzungsentgelts. Entscheidend sind – wie geschildert – die Umstände des Einzelfalls.

2. Künftige, nicht näher oder nur der Gattung nach bestimmte Werke

Die Verpflichtung zur Einräumung von Nutzungsrechten an künftigen Werken unterliegt nur dann § 40, wenn es sich um solche handelt, die im Vertrag **nicht näher oder nur der Gattung nach bestimmt** sind. Daraus folgt zunächst, dass solche Verpflichtungen von der Anwendung des § 40 ausgenommen sind, die sich auf ein bestimmtes Werk beziehen. Bestimmt sind solche Werke, deren Beschaffenheit bereits im Vertrag **hinreichend konkretisiert** ist (*Fromm/Nordemann/Hertin* § 40 Rn 5). Die Frage nach der hinreichenden Bestimmtheit eines künftigen Werks lässt sich nicht schematisch beantworten, sondern nur unter Berücksichtigung der Umstände des Einzelfalls sowie des Schutzzweckes des § 40. Wer zB mit dem Entwickler eines Computerprogramms vereinbart, dass Nutzungsrechte an zukünftigen Versionen des Programms eingeräumt werden sollen, hat eine hinreichend bestimmte Abrede getroffen, selbst wenn die zusätzlichen Funktionalitäten zukünftiger Programmversionen noch nicht bestimmbar sind. Hinreichend bestimmt ist auch die Vereinbarung eines Verlegers mit dem Herausgeber einer periodischen Sammlung, der zugleich Inhaber der Rechte nach § 4 ist, über die Rechte an künftigen Folgen der Sammlung (*Schricker* Verlagsrecht, § 1 Rn 16). Nicht hinreichend bestimmt ist hingegen die Abrede, dass Nutzungsrechte an künftigen Werken eingeräumt werden, in denen eine bestimmte Figur eine wesentliche Rolle spielt (*Fromm/Nordemann/Hertin* § 40 Rn 5).

7

8

9   Überhaupt nicht näher bestimmt ist ein zukünftiges Werk, wenn der Vertrag nur pauschal die Verpflichtung enthält, die Nutzungsrechte an sämtlichen oder einzelnen zukünftigen Werken einzuräumen. Ausdrücklich unter § 40 fallen nach Abs. 1 S. 1 auch Absprachen über zukünftige Werke, die nur der Gattung nach bestimmt sind. Solche Absprachen liegen etwa vor, wenn sich ein Schriftsteller verpflichtet, eine bestimmte Anzahl an Büchern einem bestimmten Verleger zur Verwertung zu überlassen. Auch ein Vertrag über nicht oder nur der Gattung nach bestimmte Werke muss allerdings dem allg. zivilrechtlichen Bestimmtheitsgrundsatz entsprechen, um überhaupt wirksam zu sein.

3. Schriftform

10   Künftige Verträge iSd Abs. 1 S. 1 bedürfen der Schriftform. Es handelt sich hierbei um ein gesetzliches Schriftformerfordernis gem. § 126 BGB.

III. Kündigung von Verträgen über künftige Werke

1. Kündigungszeitpunkt (Abs. 1 S. 2)

11   Jede Vertragspartei kann einen Vertrag, der Verpflichtungen zur Einräumung von Nutzungsrechten an künftigen Werken enthält, nach Ablauf von fünf Jahren seit dem Abschluss des Vertrages kündigen. Die Frist beginnt mit dem Abschluss des Vertrages. Streitig ist, ob es sich hierbei um den Tag der Unterzeichnung (*Fromm/Nordemann/Hertin* § 40 Rn 3) oder jenen des In-Kraft-Tretens handelt (*Schricker/Schricker* § 40 Rn 15). Pauschal lässt sich diese Frage nicht beantworten. Entscheidend ist der Zeitpunkt, ab dem die **Bindung des Urhebers** eintritt. Hat sich etwa der Urheber vertraglich ein Rücktrittsrecht vorbehalten, so sind die fünf Jahre ab dem Zeitpunkt zu berechnen, in dem das Rücktrittsrecht erloschen ist. Soll der Vertrag rückwirkend oder zu einem späteren Zeitpunkt in Kraft treten, ist der Tag der Unterzeichnung des Vertrages maßgebend; denn erst ab diesem Tag ist der Urheber gebunden. **Hängt die Wirksamkeit des Vertrages vom Eintritt bestimmter Bedingungen ab**, so ist zu unterscheiden. Wenn das Eintreten der Bedingung alleine von dem Urheber abhängt, so kommt es auf den Zeitpunkt des Eintritts der Bedingung an. Liegt der Eintritt der Bedingung für die Wirksamkeit des Vertrages hingegen im Einflussbereich des Vertragspartners oder eines Dritten, kommt es auf den Zeitpunkt des Vertragsabschlusses an.

12   Das Kündigungsrecht bezieht sich nicht nur auf die Verpflichtung zur Einräumung der Nutzungsrechte an künftigen Werken, sondern nach dem klaren Wortlaut von Abs. 1 S. 2 auf den Vertrag in seiner Gesamtheit. Obwohl § 40 den Schutz des Urhebers bezweckt, steht das Kündigungsrecht gem. Abs. 1 S. 2 ausdrücklich beiden Vertragsteilen zu. Auch der Verwerter kann dieses also ausüben. Interessant mag dies für ihn sein, wenn er nicht nur das Recht, sondern auch die Pflicht zur Verwertung künftiger Werke übernommen hat.

2. Kündigungsfrist (Abs. 1 S. 3)

13   Nach Abs. 1 S. 3 beträgt die Kündigungsfrist sechs Monate. Läuft also zB der fünfjährige Zeitraum nach Abs. 1 S. 2 zum Jahresende aus, so muss die Kündigungserklärung der anderen Vertragspartei bis zum 30. Juni desselben Jahres zugegangen sein. Den Parteien des Vertrages steht es nach dem Wortlaut des Gesetzes frei, eine

kürzere Kündigungsfrist zu vereinbaren. Hieraus folgt im Umkehrschluss, dass eine Verlängerung der Kündigungsfrist auf einen längeren Zeitraum als sechs Monate nicht möglich ist.

3. Unverzichtbarkeit des Kündigungsrechts (Abs. 2 S. 1)

Auf das Kündigungsrecht kann im Voraus nicht verzichtet werden, Abs. 2 S. 1. Die **14** Formulierung ist missverständlich. Dem Wortlaut nach besagt die Bestimmung, dass das Kündigungsrecht entstanden sein muss, bevor es ausgeübt werden kann. Das Kündigungsrecht entsteht jedoch bereits mit Abschluss des Vertrages. Es kann so lange ausgeübt werden, wie nicht die Kündigungsfrist des Abs. 1 S. 3 verstrichen ist. Der Bedeutungsgehalt von Abs. 2 S. 1 liegt deshalb allein in der Aussage, dass **Abs. 1 S. 2 nicht abdingbar** ist.

4. Anderweitige Kündigungsmöglichkeiten (Abs. 2 S. 2)

Nach Abs. 2 S. 2 bleiben andere vertragliche oder gesetzliche Kündigungsrechte un- **15** berührt. Vertragliche Kündigungsrechte sind solche, die im Vertrag geregelt sind oder auf die sich die Parteien nach Vertragsabschluss verständigen. An gesetzlichen Kündigungsrechten kommt insb. das Recht einer außerordentlichen Kündigung aus wichtigem Grund nach § 314 BGB in Betracht, welches vertraglich nicht ausgeschlossen werden kann (*Palandt/Heinrichs* § 314 Rn 3).

5. Rechtsfolgen der Beendigung (Abs. 3)

Endet der Vertrag durch Zeitablauf oder Kündigung, so entfällt die Verpflichtung des **16** Urhebers, weitere Nutzungsrechte einzuräumen. Soweit Nutzungsrechte bereits eingeräumt wurden, also der vertraglichen Verpflichtung eine entspr. Verfügung gefolgt ist, bliebe dies durch die Beendigung des Vertrages nach allg. Grundsätzen unberührt. Hier nimmt § 40 Abs. 3 eine Korrektur vor. Wurden vor Beendigung des Vertrages Nutzungsrechte an Werken eingeräumt, die im Zeitpunkt der Beendigung noch nicht abgeliefert worden sind, so ist die entspr. Verfügung unwirksam. Unter der Ablieferung ist die körperliche Übergabe eines Werkexemplars an den Werknutzer zu verstehen (*Schricker/Schricker* § 40 Rn 16). Allerdings kann Abs. 3 dort keine Anwendung finden, wo der Urheber die Ablieferung des Werks willkürlich verzögert hat.

§ 41 Rückrufsrecht wegen Nichtausübung

(1) **Übt der Inhaber eines ausschließlichen Nutzungsrechts das Recht nicht oder nur unzureichend aus und werden dadurch berechtigte Interessen des Urhebers erheblich verletzt, so kann dieser das Nutzungsrecht zurückrufen. Dies gilt nicht, wenn die Nichtausübung oder die unzureichende Ausübung des Nutzungsrechts überwiegend auf Umständen beruht, deren Behebung dem Urheber zuzumuten ist.**

(2) **Das Rückrufsrecht kann nicht vor Ablauf von zwei Jahren seit Einräumung oder Übertragung des Nutzungsrechts oder, wenn das Werk später abgeliefert wird, seit der Ablieferung geltend gemacht werden. Bei einem Beitrag zu**

einer Zeitung beträgt die Frist drei Monate, bei einem Beitrag zu einer Zeitschrift, die monatlich oder in kürzeren Abständen erscheint, sechs Monate und bei einem Beitrag zu anderen Zeitschriften ein Jahr.

(3) Der Rückruf kann erst erklärt werden, nachdem der Urheber dem Inhaber des Nutzungsrechts unter Ankündigung des Rückrufs eine angemessene Nachfrist zur zureichenden Ausübung des Nutzungsrechts bestimmt hat. Der Bestimmung der Nachfrist bedarf es nicht, wenn die Ausübung des Nutzungsrechts seinem Inhaber unmöglich ist oder von ihm verweigert wird oder wenn durch die Gewährung einer Nachfrist überwiegende Interessen des Urhebers gefährdet würden.

(4) Auf das Rückrufsrecht kann im voraus nicht verzichtet werden. Seine Ausübung kann im voraus für mehr als fünf Jahre nicht ausgeschlossen werden.

(5) Mit Wirksamwerden des Rückrufs erlischt das Nutzungsrecht.

(6) Der Urheber hat den Betroffenen zu entschädigen, wenn und soweit es der Billigkeit entspricht.

(7) Rechte und Ansprüche der Beteiligten nach anderen gesetzlichen Vorschriften bleiben unberührt.

Übersicht

I. Allgemeines

1 Die Vorschrift ermöglicht es dem Urheber, ein ausschließliches Nutzungsrecht zurückzurufen, wenn dieses durch seinen Inhaber nicht hinreichend ausgeübt wird. Geschützt wird hierdurch zum einen das Interesse des Urhebers daran, dass der Inhaber des Nutzungsrechts dieses umfassend ausübt und das Werk damit in dem ihm zur Verfügung gestellten Rahmen bestmöglich verwertet. Dies ist bes. in den häufigen Fällen wesentlich, in denen die Vergütung des Urhebers erfolgsabhängig ist. Zum anderen wird durch § 41 das Interesse des Urhebers geschützt, sein Werk der Öffentlichkeit näher zu bringen. Insoweit enthält § 41 eine **urheberpersönlichkeitsrechtliche Komponente** (vgl *Schricker/Schricker* § 41 Rn 4).

2 In Abs. 1 sind die Voraussetzungen festgelegt, unter denen das Rückrufsrecht ausgeübt werden kann. Abs. 2 enthält eine Schonfrist zugunsten des Inhabers des ausschließlichen Nutzungsrechts, Abs. 3 das Erfordernis einer Nachfristsetzung. Das **Rückrufsrecht** ist **grds nicht abdingbar**, in gewissen Grenzen kann jedoch die Ausübung des Rückrufsrechts ausgeschlossen werden, Abs. 4. Durch die Ausübung des Rückrufsrechts erlischt das Nutzungsrecht, Abs. 5. Wenn dies der Billigkeit entspricht, hat der Urheber den ehemaligen Inhaber des ausschließlichen Nutzungsrechts zu entschädigen, Abs. 6. Das Rückrufsrecht wegen Nichtausübung lässt Rechte und Ansprüche der Beteiligten nach anderen gesetzlichen Vorschriften unberührt, Abs. 7.

II. Voraussetzungen des Rückrufsrechts (Abs. 1)

1. Inhaber und Gegner des Rückrufsrechts

Zur Ausübung des Rückrufsrechts ist nach dem eindeutigen Wortlaut von Abs. 1 nur   **3** der Urheber befugt. Eine entspr. Anwendung der Vorschrift auf die Inhaber verwandter Schutzrechte kommt nicht in Betracht (*Schricker/Schricker* § 41 Rn 8). Wird das Urheberrecht nach § 29 übertragen, so steht gem. § 30 dem Rechtsnachfolger das Recht aus § 41 zu. Eine (isolierte) **Übertragung des Rückrufsrechts** ist wegen des persönlichkeitsrechtlichen Kerns der Vorschrift nicht möglich. Aus dem gleichen Grunde steht auch dem Inhaber eines Nutzungsrechts, der selbst ausschließliche Nutzungsrechte Dritten eingeräumt hat, ein solches Rückrufsrecht nicht zu.

Anwendbar ist das Rückrufsrecht im **Verhältnis des Urhebers zu dem Inhaber ei-**   **4** **nes ausschließlichen Nutzungsrechts**. Gegenüber dem Inhaber eines einfachen Nutzungsrechts besteht ein entspr. Recht nicht. Insoweit bedarf der Urheber keines Schutzes, denn die Einräumung eines einfachen Nutzungsrechts hindert ihn nicht an der anderweitigen Verwertung des Werks. Dass zwischen dem Urheber und dem Gegner des Rückrufsrechts vertragliche Beziehungen bestehen, ist nach dem Gesetzeswortlaut nicht erforderlich. Der Urheber kann das Rückrufsrecht also auch gegenüber solchen Inhabern ausschließlicher Nutzungsrechte geltend machen, die diese von ursprünglich einem Dritten unmittelbar durch den Urheber erteilten Nutzungsrechten ableiten (*Fromm/Nordemann/Nordemann* § 41 Rn 2). Praktisch relevant ist dies allerdings nicht; ist nämlich in solchen Fällen die Ausübung des Nutzungsrechts unzureichend, so liegt gleichzeitig eine unzureichende Ausübung durch den Vertragspartner des Urhebers vor. Das Rückrufsrecht kann der Urheber dann auch unmittelbar gegenüber dem Vertragspartner ausüben, wodurch dessen Nutzungsrecht (Abs. 5) sowie sämtliche von diesem abgeleitete Nutzungsrechte erlöschen (§ 35 Rn 8).

2. Materielle Voraussetzungen des Rückrufsrechts

Die materiell-rechtlichen Voraussetzungen für die Ausübung des Rückrufsrechts   **5** sind (a) die unzureichende Ausübung durch den Inhaber, (b) die sich hieraus ergebende erhebliche Verletzung berechtigter Interessen des Urhebers sowie (c) die fehlende Möglichkeit der Behebung der unzureichenden Verwertung durch den Urheber.

a) Unzureichende Ausübung des Nutzungsrechts. Das Rückrufsrecht des Urhe-   **6** bers besteht nur dann, wenn der Inhaber des ausschließlichen Nutzungsrechts dieses nicht oder nur unzureichend ausübt. Inwieweit dies zutrifft, ist nach **objektiven**

Maßstäben zu beurteilen. Zunächst bedarf es der Feststellung, welchen Umfang das eingeräumte Nutzungsrecht hat. Denn nur auf dieser Grundlage kann ermittelt werden, ob sich die Ausübung des Nutzungsrechts als unzureichend darstellt. Maßgebend ist insoweit eine **Auslegung des Vertrages unter Berücksichtigung der Branchenübung**. Die Ausübung des Nutzungsrechts ist bei objektiver Betrachtung dann unzureichend, wenn zur Verwertung des Werks weniger Mittel eingesetzt werden, als zur Erreichung des Vertragszwecks erforderlich sind (*BGH* GRUR 1970, 40, 43 – Musikverleger I; *Fromm/Nordemann/Nordemann* § 41 Rn 3). Maßgebend sind für die Feststellung einer unzureichenden Ausübung nicht nur die bloße Nutzung des Werks auf die verschiedenen Nutzungsarten, sondern auch die durch den Inhaber des Nutzungsrechts zur Förderung des Absatzes des Werks angebahnten oder veranstalteten Maßnahmen. So ist es Aufgabe des Musikverlegers, die Verwertung des Werks dadurch zu fördern, dass er Verbindungen mit Sendeanstalten und Tonträgerherstellern aktiviert (*BGH* GRUR 1970, 40, 43 – Musikverleger I; GRUR 1974, 789, 790 – Hofbräuhaus-Lied). Nicht ausreichend ist es, wenn der Musikverleger sich nicht aktiv um die Vermarktung des Werks bemüht, sondern dieses nur passiv für potenzielle Interessenten bereithält (*BGH* GRUR 1970, 40, 43 – Musikverleger I).

7   **b) Erhebliche Verletzung berechtigter Interessen des Urhebers.** Liegt objektiv eine unzureichende Ausübung des Nutzungsrechts vor, so muss hinzutreten, dass diese die Interessen des Urhebers verletzt. Entscheidend ist also die **Interessenlage des Urhebers**. Aus welchen Gründen die Ausübung des Nutzungsrechts unzureichend ist, spielt hingegen keine Rolle, sofern es sich nicht um Gründe handelt, die in der Person des Urhebers liegen. Von einer Verletzung der Interessen des Urhebers ist grds dann auszugehen, wenn er bei vertragsgemäßer Ausübung des Nutzungsrechts aller Wahrscheinlichkeit nach besser stünde. Reicht auch eine unzureichende Ausübung des Nutzungsrechts aus, um einem Werk zum Erfolg zu verhelfen, so soll die Ausübung des Nutzungsrechts nicht mehr in Betracht kommen (*BGH* GRUR 1974, 789 – Hofbräuhaus-Lied; krit. dazu *Fromm/Nordemann/Nordemann* § 41 Rn 3). Eine unzureichende Ausübung des Nutzungsrechts wird jedoch mit aller Regelmäßigkeit auch die Interessen des Urhebers verletzen.

8   **c) Verantwortlichkeit des Urhebers für unzureichende Ausübung (Abs. 1 S. 2).** Gegenüber der Ausübung des Rückrufsrechts kann der Inhaber des ausschließlichen Nutzungsrechts geltend machen, dass die unzureichende Ausübung im Wesentlichen auf Umständen beruht, die der Urheber ohne weiteres beheben kann, Abs. 1 S. 2. Es kann nicht zulasten des Inhabers des Nutzungsrechts gehen, wenn die unzureichende Ausübung des Nutzungsrechts in den Verantwortungsbereich des Urhebers fällt. Auf diesem Gedanken beruht Abs. 1 S. 2, der gewisse Mitwirkungspflichten des Urhebers voraussetzt. Solche Mitwirkungspflichten können sich zunächst in Bezug auf das Werk selbst ergeben. Solange das Werk nicht vollständig oder vertragsgemäß ist, wird seine Verwertung regelmäßig nur wenig Sinn haben. Eine Verantwortlichkeit des Urhebers kann sich auch infolge veränderter Umstände ergeben, zB wenn das Werk in seiner ursprünglichen Form nicht mehr dem Publikumsgeschmack entspricht und sich der Urheber weigert, mögliche und zumutbare Änderungen vorzunehmen oder zu gestatten. Von wesentlicher Bedeutung ist in diesem Zusammenhang, ob dem Inhaber des Nutzungsrechts ein vertraglicher Anspruch auf Anpassung des Werks an die veränderten Umstände zusteht. Ist dies der Fall, kann ein solcher

Leistungsanspruch nicht durch das Rückrufsrecht ausgehöhlt werden. Fehlt es hingegen an einem Anspruch des Inhabers des Nutzungsrechts auf Anpassung des Werks, so kann diese dem Urheber nicht mittelbar über § 41 Abs. 1 S. 2 aufgedrängt werden. Genau dies ist aber der Fall, wenn ihm das Rückrufsrecht genommen wird und er sodann faktisch gezwungen ist, die geforderten Änderungen des Werks vorzunehmen, um dessen Verwertung voranzutreiben. Mit großer Zurückhaltung ist deshalb **im Einzelfall zu prüfen**, ob dem Urheber infolge veränderter Umstände eine Änderung seines Werks zugemutet werden kann, um das Rückrufsrecht zu erhalten (s. hierzu auch *Fromm/Nordemann/Nordemann* § 41 Rn 5).

Die Verletzung von Mitwirkungspflichten des Urhebers kann der Inhaber des Nutzungsrechts auch hinsichtlich solcher Umstände geltend machen, die nicht unmittelbar mit dem Werk zusammenhängen. Verzögert sich die Verwertung des Werks etwa deshalb, weil der Urheber Informationen zu seiner Person nicht liefert oder durch den Inhaber des Nutzungsrechts mit weiteren Verwertern arrangierte Termine nicht wahrnimmt, geht dies zulasten des Urhebers. **9**

III. Formelle Voraussetzungen für die Ausübung des Rückrufsrechts

1. Einhaltung der Schonfrist (Abs. 2)

Das Rückrufsrecht kann erst ausgeübt werden, wenn seit der Einräumung oder Übertragung des Nutzungsrechts eine bestimmte Zeit verstrichen ist. Im Grundsatz beträgt die **Schonfrist** zwei Jahre. Bei Beiträgen zu periodischen Sammlungen gelten kürzere Fristen, nämlich drei Monate bei Zeitungen, sechs Monate bei wenigstens monatlich und ein Jahr bei in größeren Abständen erscheinenden Zeitschriften (Abs. 2 S. 2). Wird das Werk erst nach der Einräumung oder Übertragung des Nutzungsrechts abgeliefert, sind die Fristen ab diesem Zeitpunkt zu berechnen (Abs. 2 S. 1). Abgeliefert ist das Werk, wenn es dem Inhaber des Nutzungsrechts in einem Zustand überlassen wird, der die Ausübung des Nutzungsrechts grds ermöglicht. Die Regelung, dass die Schonfrist mit jeder Übertragung des Nutzungsrechts neu zu laufen beginnt, ist aus der Sicht des Urhebers deswegen akzeptabel, weil die Übertragung von Nutzungsrechten seiner Zustimmung bedarf (§ 34). Soweit aufgrund gesetzlicher oder vertraglicher Regelungen die Übertragung des Nutzungsrechts keiner Zustimmung des Urhebers bedarf, besteht ein gewisser Widerspruch zwischen § 41 Abs. 2 und § 34 Abs. 4. Denn diese Vorschrift bestimmt, dass der Erwerber des Nutzungsrechts gegenüber dem Urheber die gleichen Verpflichtungen wie der Veräußerer des Nutzungsrechts hat. Der in § 34 Abs. 4 verankerte Grundsatz, dass sich durch eine ohne seine ausdrückliche Zustimmung im Einzelfall vorgenommene Übertragung des Nutzungsrechts die Rechtsposition des Urhebers nicht verschlechtern soll, würde durch § 41 Abs. 2 S. 1 durchbrochen, wenn die Frist für die Ausübung des Rückrufsrechts bei einer solchen Übertragung erneut zu laufen begänne. Deshalb ist § 41 Abs. 2 S. 1 so auszulegen, dass die Frist im Falle der Übertragung eines Nutzungsrechts nur dann neu zu laufen beginnt, wenn der Urheber der Übertragung im Einzelfall ausdrücklich zugestimmt hat. **10**

Bei der Fristberechnung gem. Abs. 2 ist auch der Regelung des Abs. 1 S. 2 Rechnung zu tragen. Der Lauf der Frist muss so lange gehemmt sein, wie dem Inhaber des Nutzungsrechts die ausreichende Ausübung aus Gründen nicht möglich ist, die der Ur- **11** heber zu verantworten hat. Ein solches Verständnis dient nicht nur dem Interesse des Inhabers des Nutzungsrechts, sondern auch dem des Urhebers. Hat nämlich der Urheber eine Mitwirkungshandlung vorübergehend unterlassen, so führt die Berücksichtigung des entspr. Zeitraums bei der Berechnung der Frist nach Abs. 2 dazu, dass die Behinderung nicht mehr nach Abs. 1 S. 2 zu berücksichtigen ist.

12 Ein **vorzeitiger Rückruf** soll in Betracht kommen, sobald der Inhaber des Nutzungsrechts dessen Ausübung definitiv verweigert hat (*Schricker/Schricker* § 41 Rn 19; *Fromm/Nordemann/Nordemann* § 41 Rn 8). In diesen Fällen wird dem Urheber jedoch oft ein außerordentliches Recht zur Kündigung des Vertrages aus wichtigem Grund zustehen, sodass er auf das Rückrufsrecht nicht angewiesen ist.

2. Nachfristsetzung (Abs. 3)

13 Bevor das Rückrufsrecht geltend gemacht wird, hat der Urheber dem Inhaber des Nutzungsrechts eine **Nachfrist** zu setzen. Gleichzeitig bedarf es der Aufforderung zur Ausübung des Nutzungsrechts sowie der Ankündigung, dass der Rückruf erfolgt, wenn die Nachfrist fruchtlos verstreichen sollte (Abs. 3 S. 1). Die Dauer der Nachfrist bestimmt sich nach den Umständen des Einzelfalls und sie muss so bemessen sein, dass der Inhaber des Nutzungsrechts bei Vornahme zumutbarer Anstrengungen in der Lage ist, der Ausübungspflicht nachzukommen.

14 Die Nachfrist kann erst gesetzt werden, nachdem die Schonfrist des Abs. 2 abgelaufen ist. Dies ergibt sich sowohl aus dem Begriff als auch aus dem Sinn und Zweck der Nachfrist. Sofern der Urheber aber noch während des Laufs der Schonfrist nach Abs. 2 die unmittelbar danach erfolgende Nachfristsetzung ankündigt, wird im Verhältnis zu dem dann vorgewarnten Inhaber des Nutzungsrechts eine verhältnismäßig kurze Frist angemessen iSd Abs. 3 S. 1 sein.

15 Die Bestimmung der Nachfrist ist in gewissen Fällen entbehrlich, nämlich bei Unmöglichkeit oder definitiver Verweigerung der Ausübung des Nutzungsrechts sowie wenn hierdurch überwiegende Interessen des Urhebers gefährdet würden. Eine solche Gefährdung überwiegender Interessen des Urhebers ist zB denkbar, wenn sich dem Urheber unerwartet eine alternative Möglichkeit der Verwertung seines Werks bietet, die bei Einhaltung der Nachfrist vergeben sein würde.

IV. Unverzichtbarkeit (Abs. 4)

16 Das Rückrufsrecht als solches ist **unverzichtbar**, Abs. 4 S. 1. Allerdings steht **Abs. 2 zur Disposition der Vertragsparteien**. Die darin bestimmte Regelschonfrist von zwei Jahren kann dadurch verlängert werden, dass auf die Ausübung des Rückrufsrechts für einen Zeitraum von bis zu fünf Jahren verzichtet werden kann. Diese fünf Jahre sind jeweils ab dem Zeitpunkt der Vereinbarung zu rechnen. Einigen sich der Urheber und der Inhaber des ausschließlichen Nutzungsrechts also ein Jahr nach Einräumung des Nutzungsrechts darauf, dass für fünf Jahre das Rückrufsrecht nicht ausgeübt werden kann, müssen seit Einräumung des Nutzungsrechts sechs Jahre vergangen sein, bevor das Rückrufsrecht durch den Urheber geltend gemacht werden kann.

V. Rechtsfolgen des Rückrufs

1. Erlöschen des Nutzungsrechts (Abs. 5)

Wird das Rückrufsrecht ausgeübt, so erlischt das eingeräumte Nutzungsrecht. Erfolgt **17** der Rückruf nur für einen Teil der eingeräumten Nutzungsrechte, bestimmt sich nach § 139 BGB, ob der Vertrag auch hinsichtlich des nicht durch den Rückruf betroffenen Teils bestehen bleibt.

2. Entschädigungspflicht (Abs. 6)

Wenn und soweit es der Billigkeit entspricht, hat der Urheber den Betroffenen zu ent- **18** schädigen. Dass ein solcher Entschädigungsanspruch entsteht, ist freilich nur schwer vorstellbar. Dem Inhaber des Nutzungsrechts verbleibt ein relativ langer Zeitraum, um das Nutzungsrecht auszuüben. Ist dieser Zeitraum wegen der Art des Werks und der geplanten Nutzung nicht ausreichend, kann er vertraglich eine Aufschiebung der Ausübung des Rückrufsrechts um bis zu fünf Jahre vereinbaren. Eine Entschädigungspflicht ist nach alledem nur dann denkbar, wenn die unzureichende Ausübung des Nutzungsrechts auf Umständen beruht, die weder der Urheber noch der Inhaber des Nutzungsrechts zu verantworten haben und auf die der Urheber billigerweise bei der Entsch. über die Ausübung seines Nutzungsrechts Rücksicht zu nehmen hat. Die **Billigkeitsentschädigung** entspricht nicht dem Schadensersatz, mag sich aber gleichwohl an der Höhe des tatsächlich entstandenen Schadens orientieren.

VI. Anderweitige Rechte und Ansprüche (Abs. 7)

Das Rückrufsrecht lässt anderweitige Rechte und Ansprüche der Beteiligten unbe- **19** rührt. Selbst wenn die Vorschrift nur gesetzliche Rechte nennt, gilt dies selbstverständlich auch für vertragliche Absprachen über die Beendigung von Verträgen. Unberührt bleibt insb. auch das Recht zur außerordentlichen Kündigung aus wichtigem Grund (vgl *BGH* GRUR 1973, 328, 330 – Musikverleger II).

Im Bereich des Verlagsrechts finden sich spezialgesetzliche Regelungen. Nach **20** § 32 VerlG besteht ein Rücktrittsrecht des Verfassers, wenn sein Werk nicht vertragsgemäß vervielfältigt oder verbreitet wird. Für Beiträge zu periodischen Sammelwerken legt § 45 VerlG fest, dass der Verfasser das Vertragsverhältnis kündigen kann, wenn der Verleger den Beitrag nicht binnen eines Jahres nach Ablieferung veröffentlicht. Soweit die Regelungen des VerlG reichen, kommt eine Anwendung des § 41 nicht in Betracht (vgl *BGH* GRUR 1988, 303, 305 – Sonnengesang; s. auch *Fromm/Nordemann/Nordemann* § 41 Rn 13; **aA** *Schricker/Schricker* § 41 Rn 7). Jedenfalls können nicht Bestimmungen des VerlG durch § 41 faktisch aufgehoben werden. Wenn etwa der Verleger, dem das Recht zur Neuauflage eines Werks eingeräumt wurde, von diesem Recht im Einklang mit § 17 VerlG keinen Gebrauch macht, bleibt für eine Anwendung von § 41 kein Raum mehr. Allerdings ist die Anwendung des § 41 dort nicht ausgeschlossen, wo es an dem den Verlagsvertrag prägenden Merkmal der Verwertungspflicht des Verlegers fehlt (*BGH* GRUR 1986, 613 – Ligäa).

§ 42 Rückrufsrecht wegen gewandelter Überzeugung

(1) Der Urheber kann ein Nutzungsrecht gegenüber dem Inhaber zurückrufen, wenn das Werk seiner Überzeugung nicht mehr entspricht und ihm deshalb die Verwertung des Werkes nicht mehr zugemutet werden kann. Der Rechtsnachfolger des Urhebers (§ 30) kann den Rückruf nur erklären, wenn er nachweist, daß der Urheber vor seinem Tode zum Rückruf berechtigt gewesen wäre und an der Erklärung des Rückrufs gehindert war oder diese letztwillig verfügt hat.

(2) Auf das Rückrufsrecht kann im voraus nicht verzichtet werden. Seine Ausübung kann nicht ausgeschlossen werden.

(3) Der Urheber hat den Inhaber des Nutzungsrechts angemessen zu entschädigen. Die Entschädigung muß mindestens die Aufwendungen decken, die der Inhaber des Nutzungsrechts bis zur Erklärung des Rückrufs gemacht hat; jedoch bleiben hierbei Aufwendungen, die auf bereits gezogene Nutzungen entfallen, außer Betracht. Der Rückruf wird erst wirksam, wenn der Urheber die Aufwendungen ersetzt oder Sicherheit dafür geleistet hat. Der Inhaber des Nutzungsrechts hat dem Urheber binnen einer Frist von drei Monaten nach Erklärung des Rückrufs die Aufwendungen mitzuteilen; kommt er dieser Pflicht nicht nach, so wird der Rückruf bereits mit Ablauf dieser Frist wirksam.

(4) Will der Urheber nach Rückruf das Werk wieder verwerten, so ist er verpflichtet, dem früheren Inhaber des Nutzungsrechts ein entsprechendes Nutzungsrecht zu angemessenen Bedingungen anzubieten.

(5) Die Bestimmungen in § 41 Abs. 5 und 7 sind entsprechend anzuwenden.

Literatur: *Hirsch, E.* Zum Rückrufsrecht des Urhebers wegen gewandelter Überzeugung, FS Nipperdey, 1965, Bd 1, S. 351; *Rohlfing/Kobusch* Das urheberrechtliche Rückrufsrecht an Dissertationen wegen gewandelter Überzeugung, ZUM 2000, 305.

I. Allgemeines

1 Die Vorschrift gibt dem Urheber eines Werks die Möglichkeit, dieses – unter bestimmten Voraussetzungen und Inkaufnahme bestimmter Konsequenzen – zurückzurufen. Die Vorschrift ist **urheberpersönlichkeitsrechtlich geprägt** (vgl § 41 Rn 1). Ein Urheber, der sich mit seinem Werk nicht mehr zu identifizieren weiß, soll die Möglichkeit haben, sich von diesem loszusagen. Mit dem wirksamen Rückruf en-

det die Befugnis des Inhabers eines Nutzungsrechts, das Werk weiter zu nutzen. Der Rückruf wegen gewandelter Überzeugung stellt die Kehrseite des dem Urheber nach § 12 zustehenden Veröffentlichungsrechts dar; so wie der Urheber darüber entscheiden kann, zu welchem Zeitpunkt er sein Werk der Öffentlichkeit übergibt, wird ihm durch § 42 die Möglichkeit eingeräumt, es ihr wieder zu entziehen (*Schricker/Dietz* § 42 Rn 2).

Die Vorschrift enthält Regelungen, die weitgehend parallel zu jenen des § 41 sind,   **2** auf dessen Abs. 5 und 7 in § 42 Abs. 5 auch verwiesen wird. In Abs. 1 sind die Voraussetzungen geregelt, unter denen das Werk wegen gewandelter Überzeugung zurückgerufen werden kann. Dem persönlichkeitsrechtlichen Charakter der Vorschriften entspricht es, dass das Rückrufsrecht nicht abbedungen werden kann, Abs. 2. Da der Inhaber des Nutzungsrechts grds auf den Bestand desselben vertraut, trifft den einen Rückruf erklärenden Urheber eine Entschädigungspflicht, Abs. 3. Sollte der Urheber zu einem späteren Zeitpunkt von seinem Rückruf wieder Abstand nehmen, kann der ursprüngliche Inhaber des Nutzungsrechts verlangen, dass ihm dieses wieder zu angemessenen Bedingungen angeboten wird, Abs. 4.

II. Voraussetzungen der Ausübung des Rückrufsrechts (Abs. 1)

1. Erklärung des Rückrufs

Die Erklärung des Rückrufs wegen gewandelter Überzeugung kann gegenüber jedem   **3** Inhaber eines Nutzungsrechts erfolgen. Keine Bedeutung hat es, ob ein solches Nutzungsrecht unmittelbar von dem Urheber abgeleitet ist. Der Rückruf ist eine einseitige, empfangsbedürftige Willenserklärung. Es ist also nicht möglich, den Rückruf durch öffentliche Verlautbarung zu erklären. Vielmehr bedarf es hier eines Tätigwerdens des Urhebers gegenüber jedem einzelnen Inhaber des Nutzungsrechts. Entbehrlich ist dies dort, wo ein nicht unmittelbar durch den Urheber eingeräumtes Nutzungsrecht von einem solchen unmittelbar eingeräumten Nutzungsrecht abhängig ist (s. § 41 Rn 4).

2. Ausübungsberechtigter

Zur Ausübung des Rückrufsrechts ist grds nur der Urheber berechtigt. Es liegt an der   **4** bes. persönlichen Beziehung zwischen dem Werk und seinem Schöpfer, dass selbst der Rechtsnachfolger (§ 30) des Urhebers grds nicht berechtigt ist, das Werk zurückzurufen. Hiervon sieht Abs. 1 S. 2 lediglich zwei Ausnahmen vor. Der Rechtsnachfolger kann den Rückruf wegen gewandelter Überzeugung dann erklären, wenn er nachweist, dass ein entspr. Wille durch den Urheber vor seinem Tode geäußert wurde, oder wenn dies einer letztwilligen Verfügung des Urhebers entspricht.

3. Materielle Voraussetzungen des Rückrufs

Der Rückruf wegen gewandelter Überzeugung kann erklärt werden, wenn (a) das   **5** Werk der Überzeugung des Urhebers nicht mehr entspricht und (b) dem Urheber deshalb die Verwertung des Werks nicht mehr zugemutet werden kann. Die zweite Voraussetzung bezieht sich also auf die erste Voraussetzung; beide stehen zudem in einem kumulativen Verhältnis.

6 **a) Gewandelte Überzeugung.** Voraussetzung für die Ausübung des Rückrufs ist zunächst, dass das Werk nicht mehr der Überzeugung des Urhebers entspricht. Der Urheber hat also einen Überzeugungswandel nachzuweisen. Anzustellen ist ein **Vergleich zwischen der Überzeugung im Zeitpunkt der ersten Veröffentlichung des Werks und dem Zeitpunkt des Rückrufs**. Der Überzeugungswandel ist durch den Urheber nachzuweisen. Zu berücksichtigen ist aber, dass es sich bei der Überzeugung des Urhebers um eine innere Tatsache handelt. Behauptet ein Urheber eine bestimmte Überzeugung, so fällt es schwer, ihm das Gegenteil zu beweisen. Regelmäßig wird dies nur dadurch möglich sein, dass der Urheber öffentlich oder gegenüber Dritten Äußerungen getätigt hat, die mit der behaupteten gewandelten Überzeugung nicht im Einklang stehen und deshalb darauf hindeuten, dass der Überzeugungswandel nur ein vorgeschobenes Argument ist, um den Rückruf des Werks zu erreichen. Ob die Gründe nachvollziehbar sind, aus denen der Urheber seine Überzeugung gewandelt hat, spielt keine Rolle.

7 In den Anwendungsbereich des § 42 fallen nicht nur Überzeugungen, die in Worte gefasst werden können, sondern auch sonstige künstlerische oder ästhetische Überzeugungen (*Schricker/Dietz* § 42 Rn 23).

8 **b) Unzumutbarkeit der weiteren Verwertung des Werks.** Die bloße Tatsache des Überzeugungswandels ist nicht ausreichend für einen Rückruf nach § 42. Hinzutreten muss, dass hierdurch dem Urheber die weitere Verwertung des Werks nicht mehr zugemutet werden kann. Ob dies der Fall ist, hängt von den Umständen des Einzelfalls ab. Bedeutung erlangt in diesem Zusammenhang das Ausmaß des Überzeugungswandels. Weiterhin kann die Akzeptanz der früheren und der gegenwärtigen Überzeugung in der Öffentlichkeit sowie in den durch den Urheber mit seinen Werken angesprochenen Kreisen zu berücksichtigen sein. Ein Überzeugungswandel kann auch dadurch zum Ausdruck kommen, dass der Urheber neue Werke schafft, die seiner gewandelten Überzeugung entsprechen. Der Ausdruck des Überzeugungswandels in der Folge der Werke mag ein Festhalten des Urhebers an den früheren Werken als zumutbar erscheinen lassen. Wesentliche Bedeutung hat es für die Frage der Zumutbarkeit des Festhaltens an dem Werk, ob der Urheber in einem solchen Fall Gefahr läuft, in seinem gegenwärtigen Wirken beeinträchtigt zu werden. Ein Rückruf wird daher eher dort in Betracht kommen, wo das Werk Ausdruck einer politischen oder religiösen Überzeugung oder Weltanschauung ist, die sich in der Zwischenzeit gewandelt hat.

9 Ebenfalls bei der **Unzumutbarkeit des Festhaltens am Werk** ist zu prüfen, ob den Interessen des Urhebers nicht anstelle des Rückrufs bereits durch das mildere Mittel der Änderung des Werks geholfen werden kann (*Fromm/Nordemann/Nordemann* § 42 Rn 6).

III. Unverzichtbarkeit (Abs. 2)

10 Auf das Rückrufsrecht kann im Voraus nicht verzichtet werden (Abs. 2 S. 1). Das **Verbot des Verzichts** kann auch nicht dadurch umgangen werden, dass nur die Ausübung des Rückrufsrechts ausgeschlossen wird (Abs. 2 S. 2). Die Vorschrift unterscheidet sich an dieser Stelle von § 41, nach dessen Abs. 4 S. 2 die Ausübung des Rückrufsrechts wegen Nichtausübung für bis zu fünf Jahre ausgeschlossen werden kann. Anders als bei § 41 unterliegt die Ausübung des Rückrufsrechts keinerlei Fristen. Sie kann jederzeit und nicht erst nach Ablauf eines bestimmten Zeitraums geltend gemacht werden (vgl § 41 Abs. 2). Auf das Rückrufsrecht kann „im voraus" nicht verzichtet werden. Dies bedeutet, dass der Rückruf möglich ist, sobald ein entspr. Recht entstanden ist. Es kommt also auf den Zeitpunkt an, in dem die Voraussetzungen des Abs. 1 S. 1 vorliegen. Dabei muss dem Überzeugungswandel entscheidende Bedeutung zukommen. Sobald sich der Urheber zu einer gewandelten Überzeugung bekennt und gleichwohl in Ansehung eines früheren Werks auf das Rückrufsrecht verzichtet, kann er sich später nicht mehr darauf berufen, der Verzicht sei nicht wirksam gewesen, weil ihm bei Erklärung des Verzichts das Festhalten am Werk noch zumutbar gewesen wäre. Abweichend könnte allerdings der Fall beurteilt werden, in dem nach Verzichtserklärung neue Umstände auftreten, aus denen sich die Unzumutbarkeit des Festhaltens an einem früheren Werk begründen ließe.

IV. Folgen der Ausübung des Rückrufsrechts (Abs. 3)

Übt der Urheber das Rückrufsrecht berechtigterweise aus, so verliert der Inhaber des Nutzungsrechts seine Berechtigung, das Werk auf die ihm eingeräumte Art zu nutzen. Bestehen zwischen dem Urheber und dem Inhaber des Nutzungsrechts vertragliche Beziehungen, so kommt die Ausübung des Rückrufsrechts einer außerordentlichen Kündigung gleich, die den Vertrag vor Ende seiner Laufzeit beendet. Da der Rückruf wegen gewandelter Überzeugung auf einem Umstand beruht, den der Inhaber des Nutzungsrechts nicht zu vertreten hat und der von ihm auch nicht beherrschbar ist, entspricht es der Billigkeit, dass der den Rückruf ausübende Urheber den betroffenen Inhaber des Nutzungsrechts angemessen entschädigt. Dies regelt Abs. 3. Liegen die Voraussetzungen eines Rückrufs vor, so wird für den Urheber die **Entschädigungspflicht** bei der Überlegung, ob ein Rückruf erklärt werden soll, häufig eine wesentliche Rolle spielen. **11**

Der Anspruch des betroffenen Nutzungsrechtsinhabers zielt grds auf eine **angemessene Entschädigung** ab. Insoweit unterscheidet sich § 42 Abs. 3 S. 1 von § 41 Abs. 6, nach dem der Urheber im Falle des Rückrufs wegen Nichtausübung nur zu einer **billigen Entschädigung** verpflichtet ist (s. § 41 Rn 18). Wie aus Abs. 2 S. 2 folgt, umfasst die Entschädigung mindestens die Aufwendungen, die der Inhaber des Nutzungsrechts bis zur Erklärung des Rückrufs gemacht hat. Ausgenommen sind jedoch solche Aufwendungen, die auf bereits gezogene Nutzungen entfallen. Als Aufwendungen in diesem Sinne sind nicht lediglich Auslagen ieS zu verstehen *(Fromm/Nordemann/Nordemann* § 42 Rn 9); vielmehr handelt es sich um die gesamten Investitionen, die im Interesse der Verwertung des Werks vorgenommen wurden. Entscheidend ist, welche Kosten dem Inhaber des Nutzungsrechts entstanden sind, nicht aber, ob es sich dabei um eigene Kosten oder Fremdkosten handelte. Es versteht sich von selbst, dass den so zu berechnenden Aufwendungen ein etwaiger Nutzen, der aus der Verwertung des Werks durch den Inhaber des Nutzungsrechts gezogen wurde, gegenüberzustellen ist. Soweit diese Aufwendungen durch Einkünfte aus der Verwertung des Werks gedeckt sind, fallen sie nicht unter die Mindestentschädigung des Abs. 3 S. 2. Die Mindestentschädigung ist deshalb von Bedeutung, weil der Rückruf erst dann wirksam wird, wenn der Urheber diese oder eine entspr. Sicherheit geleistet hat. Dem liegt die Überlegung zugrunde, dass der betroffene Inhaber des Nutzungs- **12** rechts nicht das Risiko der Bonität des Urhebers übernehmen soll. Da gleichwohl aber der Urheber für die Ermittlung und Leistung der Mindestentschädigung auf die Mitwirkung des Nutzungsrechtsinhabers angewiesen ist, regelt Abs. 3 S. 4, dass der Rückruf drei Monate nach seiner Erklärung gegenüber dem Inhaber des Nutzungsrechts wirksam wird, wenn der Inhaber des Nutzungsrechts nicht innerhalb dieser Zeit eine Berechnung der die Mindestentschädigung bildenden Aufwendungen mitteilt. Die Mitteilung muss inhaltlich so beschaffen sein, dass der Urheber die Höhe der Aufwendungen ohne weiteres nachvollziehen kann.

13   Die angemessene Entschädigung iSd Abs. 3 S. 1 ist keineswegs auf die Mindestentschädigung iSd Abs. 3 S. 2 beschränkt. Vielmehr hat der von dem Rückruf betroffene Inhaber des Nutzungsrechts neben der Erstattung der Aufwendungen auch einen Anspruch auf Entschädigung wegen des ihm entgangenen Gewinns (s. *Schricker/ Dietz* § 42 Rn 29).

V. Wiederverwertung des zurückgerufenen Werks (Abs. 4)

14   Es mag vorkommen, dass der Urheber sich im Anschluss an den Rückruf seines Werks erneut eines anderen besinnt und das zurückgerufene Werk wieder der Verwertung zuführen möchte. Nach Abs. 4 trifft ihn dann die Pflicht, dem früheren Inhaber des Nutzungsrechts ein entspr. Nutzungsrecht zu angemessenen Bedingungen einzuräumen. Dem Urheber ist es wegen dieser Regelung nicht möglich, sich unter Vorschieben des Rückrufsrechts aus einer langfristigen vertraglichen Bindung vorzeitig zu lösen, um die betroffenen Nutzungsrechte anderweit einzuräumen. Indem das Gesetz auf angemessene Bedingungen abstellt, wird offensichtlich, dass es nicht auf die im Zeitpunkt der Ausübung des Rückrufs vereinbarten Bedingungen ankommt. Gleichwohl werden diese bei der Bestimmung aktueller angemessener Bedingungen eine wesentliche Rolle spielen. Zu fragen ist allerdings, ob in der Zwischenzeit Veränderungen des Markts dazu geführt haben, dass andere Bedingungen als angemessen anzusehen sind.

15   Das Gesetz verlangt von dem Urheber, der den Rückruf erklärt hat, ein aktives Tätigwerden. Er muss von sich aus auf den früheren Inhaber des Nutzungsrechts zugehen. Unterlässt er dies, kann eine Verpflichtung zum Schadenersatz ausgelöst werden.

VI. Wirkung des Rückrufs, anderweitige Vorschriften (Abs. 5)

16   Abs. 5 verweist auf § 41 Abs. 5 und 7. Nach § 41 Abs. 5 hat die berechtigte Ausübung des Rückrufsrechts zur Folge, dass das Nutzungsrecht erlischt. Dies gilt auch im Rahmen von § 42 (s. Rn 3).

17   Ebenso wie bei dem Rückrufsrecht nach § 41 lässt das Rückrufsrecht wegen gewandelter Überzeugung Rechte und Ansprüche der Beteiligten nach anderen gesetzlichen Vorschriften unberührt. Alternativ zur Ausübung des Rückrufs hat der Urheber die Möglichkeit, die weitere Verwendung des Werks mit seiner Bezeichnung als Urheber zu untersagen (§ 13). Im Bereich des Verlagsrechts hat der Urheber iRd § 12 bestimmte Möglichkeiten, seiner gewandelten Überzeugung durch die Vornahme von Änderungen des Werks, soweit dies nicht berechtigte Interessen des Verlegers verletzt, Rechnung zu tragen. Damit stellt sich das Änderungsrecht nach § 12 VerlG gewissermaßen als milderes Mittel im Verhältnis zu dem Rückruf dar; dies spricht

dafür, die Vorschrift auch außerhalb des Anwendungsbereichs des VerlG entspr. anzuwenden (*Schricker/Dietz* § 42 Rn 19).

Für den Fachbereich der Verwertung von Filmwerken ist in § 90 geregelt, dass in Bezug auf bestimmte Nutzungsrechte das Rückrufsrecht nach § 42 keine Anwendung findet (s. iÜ § 41 Rn 17 ff.). **18**

§ 42a   Zwangslizenz zur Herstellung von Tonträgern

(1) Ist einem Hersteller von Tonträgern ein Nutzungsrecht an einem Werk der Musik eingeräumt worden mit dem Inhalt, das Werk zu gewerblichen Zwecken auf Tonträger zu übertragen und diese zu vervielfältigen und zu verbreiten, so ist der Urheber verpflichtet, jedem anderen Hersteller von Tonträgern, der im Geltungsbereich dieses Gesetzes seine Hauptniederlassung oder seinen Wohnsitz hat, nach Erscheinen des Werkes gleichfalls ein Nutzungsrecht mit diesem Inhalt zu angemessenen Bedingungen einzuräumen; dies gilt nicht, wenn das bezeichnete Nutzungsrecht erlaubterweise von einer Verwertungsgesellschaft wahrgenommen wird oder wenn das Werk der Überzeugung des Urhebers nicht mehr entspricht, ihm deshalb die Verwertung des Werkes nicht mehr zugemutet werden kann und er ein etwa bestehendes Nutzungsrecht aus diesem Grunde zurückgerufen hat. Der Urheber ist nicht verpflichtet, die Benutzung des Werkes zur Herstellung eines Filmes zu gestatten.

(2) Gegenüber einem Hersteller von Tonträgern, der weder seine Hauptniederlassung noch seinen Wohnsitz im Geltungsbereich dieses Gesetzes hat, besteht die Verpflichtung nach Absatz 1, soweit in dem Staat, in dem er seine Hauptniederlassung oder seinen Wohnsitz hat, den Herstellern von Tonträgern, die ihre Hauptniederlassung oder ihren Wohnsitz im Geltungsbereich dieses Gesetzes haben, nach einer Bekanntmachung des Bundesministers der Justiz im Bundesgesetzblatt ein entsprechendes Recht gewährt wird.

(3) Das nach den vorstehenden Bestimmungen einzuräumende Nutzungsrecht wirkt nur im Geltungsbereich dieses Gesetzes und für die Ausfuhr nach Staaten, in denen das Werk keinen Schutz gegen die Übertragung auf Tonträger genießt.

(4) Hat der Urheber einem anderen das ausschließliche Nutzungsrecht eingeräumt mit dem Inhalt, das Werk zu gewerblichen Zwecken auf Tonträger zu übertragen und diese zu vervielfältigen und zu verbreiten, so gelten die vorstehenden Bestimmungen mit der Maßgabe, dass der Inhaber des ausschließlichen Nutzungsrechts zur Einräumung des in Absatz 1 bezeichneten Nutzungsrechts verpflichtet ist.

(5) Auf ein Sprachwerk, das als Text mit einem Werk der Musik verbunden ist, sind die vorstehenden Bestimmungen entsprechend anzuwenden, wenn einem Hersteller von Tonträgern ein Nutzungsrecht eingeräumt worden ist mit dem Inhalt, das Sprachwerk in Verbindung mit dem Werk der Musik auf Tonträger zu übertragen und diese zu vervielfältigen und zu verbreiten.

(6) Für Klagen, durch die ein Anspruch auf Einräumung des Nutzungsrechts geltend gemacht wird, sind, sofern der Urheber oder im Falle des Absatzes 4 der Inhaber des ausschließlichen Nutzungsrechts im Geltungsbereich dieses Gesetzes keinen allgemeinen Gerichtsstand hat, die Gerichte zuständig, in deren Bezirk das Patentamt seinen Sitz hat. Einstweilige Verfügungen können erlassen werden, auch wenn die in den §§ 935 und 940 der Zivilprozessordnung bezeichneten Voraussetzungen nicht zutreffen.

(7) Die vorstehenden Bestimmungen sind nicht anzuwenden, wenn das in Absatz 1 bezeichnete Nutzungsrecht lediglich zur Herstellung eines Filmes eingeräumt worden ist.

Literatur: *Allfeld* Kommentar zu den Gesetzen vom 19. Juni 1901 betreffend das Urheberrecht an Werken der Literatur und der Tonkunst und über das Verlagsrecht, 1902, Nachtrag 1911; *Block* Die Lizenzierung von Urheberrechten für die Herstellung und den Vertrieb von Tonträgern im Europäischen Binnenmarkt, Schriftenreihe UFITA, Bd 144, 1997; *Marwitz/Möhring* Das Urheberrecht an Werken der Literatur und der Tonkunst in Deutschland, Kommentar, 1929.

Übersicht

I. Geschichte und Regelungsbereich

1   § 42a verbrieft unter bestimmten Voraussetzungen einen Anspruch des Tonträgerherstellers auf Einräumung einer Lizenz zur Herstellung, Vervielfältigung und Verbreitung von Tonträgern. Der Bestimmung liegt die Erwägung zugrunde, dass im Bereich der Tonkunst einer **Monopolbildung** bestimmter Tonträgerhersteller vorgebeugt werden muss. Der Gesetzgeber vertrat die Auffassung, es liege ebenso im Interesse der Komponisten wie der Allgemeinheit, dass für die Aufnahme auf Tonträger der Wettbewerb mehrerer Hersteller offen gehalten und dadurch das Streben nach Vervollkommnung der Tonträger wach gehalten werde (amtl. Begr. BT-Drucks. IV/270, 77).

2   Bei § 42a handelt sich wie bei der Vorgängervorschrift (§ 61 aF) um eine **Zwangslizenz**; die ursprünglich vorgesehene gesetzliche Lizenz (vgl amtl. Begr. BT-Drucks. IV/270, 77; hierzu näher Vor §§ 45 ff. Rn 36 f.) wurde erneut nicht übernommen. § 42a gewährt damit selbst kein Nutzungsrecht, sondern nur einen Anspruch auf Einräumung eines solchen. Kommt der Urheber dem nicht nach, muss der Tonträgerher-

steller seinen Anspruch gerichtlich durchsetzen, um in den Genuss der Nutzungsbefugnis zu gelangen. Nutzt er das Werk vor Einräumung der Lizenz, handelt er selbst dann unrechtmäßig, wenn ein Anspruch auf eine Lizenz begründet ist. Wegen der Schwerfälligkeit dieses Verfahrens war schon für die Vorgängervorschrift des § 61 aF vorgeschlagen worden, dem Hersteller bei Vorliegen der vorgeschriebenen Voraussetzungen kraft Gesetzes das Recht einzuräumen, das Werk auf Tonträger zu übertragen und diese zu vervielfältigen und zu verbreiten, wenn er dem Urheber seine Absicht, dieses Recht auszuüben, durch eingeschriebenen Brief mitgeteilt habe und seit Absendung des Briefes zwei Wochen verstrichen seien (amtl. Begr. BT-Drucks. IV/270, 77). Dem ist der Gesetzgeber jedoch nicht gefolgt.

§ 42a kann auf eine interessante **Gesetzesgeschichte** zurücksehen. Er wurde durch **3** das Gesetz zur Regelung des Urheberrechts in der Informationsgesellschaft ins UrhG eingefügt. Inhaltlich stellt er jedoch keine Neuregelung dar. Vielmehr hat der Gesetzgeber den Weg der Herauslösung des durch dasselbe Gesetz aufgehobenen § 61 aus dem Abschn. über die Schranken des Urheberrechts und systematische Einfügung einer inhaltsgleichen Vorschrift als neuen § 42a in den Abschn. über den Rechtsverkehr im Urheberrecht beschritten. Dabei handelt es sich um einen juristischen Kunstgriff: Geplant gewesen war zunächst die ersatzlose Aufhebung des § 61, weil der Gesetzgeber davon ausging, dass die hinsichtlich der möglichen Schrankenregelungen abschließende Europäische Harmonisierungsrichtlinie in Art. 5 Abs. 2 und 3 für eine derartige Schranke keine ausreichende Grundlage biete (amtl. Begr. zu § 61, RefE v. 18.3.2002). Im Verlaufe des Gesetzgebungsverfahrens nahm man dann den Standpunkt ein, dass es sich bei der Verpflichtung zur Einräumung eines Nutzungsrechts zur Herstellung von Tonträgern um eine Ausübungsregelung handele, die in das Ausschließlichkeitsrecht selbst nicht eingreife und daher auch keine Schranke desselben sei (amtl. Begr. BT-Drucks. 15/38, 17). Entspr. wurde § 61 aus dem Katalog der Schranken herausgenommen und sein Regelungsbereich im neuen § 42a systematisch dem 2. Unterabschn. des 5. Abschn. (Nutzungsrechte) zugeordnet.

II. Vereinbarkeit mit Europäischem Recht

Die Annahme des Gesetzgebers, § 42a beschränke das Ausschließlichkeitsrecht des **4** Urhebers nicht, ist unrichtig. Nach dem von der Europäischen Harmonisierungsrichtlinie angelegten weiten Begriff der Ausnahme bzw Beschränkung ist jeder Rechts- und Interessenausgleich zwischen den Rechtsinhabern und den Nutzern, der in Bezug auf eine an sich zustimmungspflichtige Handlung erfolgt, Ausnahme bzw Schranke (31. Erwgr). Dazu gehören auch Beschränkungen durch gesetzliche Lizenzen, da sie sich nicht in der Eingrenzung der schuldrechtlichen Abschlussfreiheit erschöpfen, sondern das positive Nutzungsrecht des Urhebers, das Teil seines Ausschließlichkeitsrechts ist, einschränken. Art. 5 Abs. 3 Europäische Harmonisierungsrichtlinie sieht eine Zwangslizenz nach Art des § 42a nicht vor; da § 42a nicht auf analoge Nutzungen beschränkt ist, greift insb. Art. 5 Abs. 3 lit. o Harmonisierungsrichtlinie nicht. Der Katalog der Ausnahmen und Beschränkungen der Harmonisierungsrichtlinie ist in Bezug auf das Vervielfältigungsrecht und das Recht der öffentlichen Wiedergabe abschließend (32. Erwgr der RL). Den Mitgliedstaaten bleibt nur die Befugnis zum Erlass von Regelungen über die Verwaltung von Rechten (vgl 18. Erwgr der Harmonisierungsrichtlinie).

5 § 42a ist daher **europarechtswidrig**. Eine europarechtskonforme Auslegung ist nicht möglich. Trotz seiner Unvereinbarkeit mit den Vorgaben der Richtlinie ist § 42a aber weiter anzuwenden. Denn die Harmonisierungsrichtlinie begründet insoweit nur Umsetzungspflichten für die Mitgliedstaaten; auf das Verhältnis Privater zueinander ist sie nicht anwendbar (vgl *BAG* Urt. v. 18.2.2003, Az: 1 ABR 2/02). Die Konsequenzen des Verstoßes gegen die Richtlinie werden sich allerdings in Grenzen halten. Die praktische Bedeutung der Verpflichtung zur Einräumung einer Tonträgerlizenz ist gering, weil die Rechte zur Herstellung von Tonträgern sowie deren Vervielfältigung und Verbreitung von den Urhebern im Allgemeinen der GEMA eingeräumt werden. Für den Fall der Rechtseinräumung an eine Verwertungsgesellschaft besteht aber nach § 42a Abs. 1 S. 1 HS 2 die gesetzliche Lizenzverpflichtung nicht.

III. Anspruch von Inländern

1. Musikwerke

6 **a) Erschienenes Musikwerk.** Gem. § 42a Abs. 1 ist der Urheber verpflichtet, jedem anderen Hersteller von Tonträgern ein Recht zur Übertragung seines Musikwerkes auf Tonträger sowie zu dessen Vervielfältigung und Verbreitung einzuräumen, wenn er auch nur einem einzigen anderen Tonträgerhersteller lizenzvertraglich diese Nutzung gewährt.

7 Von § 42a erfasst werden nur **Werke der Musik** iSd § 2 Abs. 1 Nr. 2. Nach § 42a Abs. 5 stehen ihnen Sprachwerke gleich, wenn sie als Text mit einem solchen Musikwerk verbunden sind und das dem Tonträgerhersteller eingeräumte Nutzungsrecht das Sprachwerk umfasst. Danach unterfallen § 42a auch zB **Lieder**, **Schlager**, **Operetten** und **Opern**. Ob es sich um ein einziges oder mehrere verbundene Werke handelt ist unerheblich.

8 Stets muss das Werk iSd **§ 6 Abs. 2** erschienen sein. Wegen des Begriffes des Erscheinens wird auf die Kommentierung zu § 6 (§ 6 Rn 60 ff.) verwiesen. An nicht erschienenen Werken kann keine Zwangslizenz bestehen. Im Allgemeinen werden die Voraussetzungen des Erscheinens aber mit der von § 42a vorausgesetzten Einräumung eines Nutzungsrechts an zumindest einen Tonträgerhersteller erfüllt sein.

9 **b) Einräumung eines Nutzungsrechts an einen Tonträgerhersteller.** Der Urheber muss ein Nutzungsrecht an einem solchen Werk einem **Tonträgerhersteller** eingeräumt haben (§ 42a Abs. 1). Der Begriff des Tonträgerherstellers deckt sich dabei mit dem des § 85 (s. näher dort § 85 Rn 2). Dritte Personen, die nicht Tonträgerhersteller sind, stehen diesen nicht gleich. Daher ist der Urheber, der etwa seinem Verleger ein Recht zur Vervielfältigung und Verbreitung des Musikwerkes eingeräumt hat, noch nicht zur Einräumung einer entspr. Lizenz an andere verpflichtet (amtl. Begr. BT-Drucks. IV/270, 77). Ebenso löst die Eigenproduktion durch den Urheber keine Ansprüche nach § 42a aus (*Möhring/Nicolini/Gass* § 61 Rn 19). Hat der Urheber einem anderen das ausschließliche Recht zur gewerblichen Vervielfältigung und Verbreitung des Werkes eingeräumt, gilt § 42a Abs. 4 (näher unten Rn 13).

10 Eingeräumt worden sein muss einem Tonträgerhersteller die Lizenz zur **Übertragung des Werkes auf Tonträger sowie zu deren Vervielfältigung und Verbrei-**

tung. Nicht ausreichend ist die Vergabe einer Lizenz zur öffentlichen Wiedergabe zB im Internet. Dienen die Nutzungsrechte nur der Herstellung eines Filmes, ist § 42a Abs. 1 ebenfalls nicht anzuwenden (§ 42a Abs. 7). Die Lizenzgewährung muss wirksam sein. Dem Wortlaut nach müssen alle Rechte in einer Hand liegen. Nach Sinn und Zweck des § 42a, eine Monopolstellung des Tonträgerherstellers zu verhindern, muss es aber auch als ausreichend angesehen werden, wenn das Recht zur Übertragung auf Tonträger, zu deren Vervielfältigung und zu ihrer Verbreitung jeweils unterschiedlichen Personen eingeräumt wurde, die arbeitsteilig zusammenwirken.

c) Keine Lizenz bei Nutzungsrechten einer Verwertungsgesellschaft. Die gesetzliche Lizenz entsteht nicht, wenn der Urheber die entspr. Verwertungsrechte einer Verwertungsgesellschaft eingeräumt hat (§ 42a Abs. 1 S. 1 HS 2), weil diese nach § 11 Abs. 1 WahrnG einem Abschlusszwang unterliegt. Zu einer Monopolstellung eines Tonträgerherstellers kann es hier schon deshalb nicht kommen, weil die Verwertungsgesellschaft auf Verlangen auch jedem Dritten die entspr. Rechte einzuräumen hat (§ 11 Abs. 1 WahrnG; vgl amtl. Begr. BT-Drucks. IV/270, 77). **11**

d) Umfang des Anspruchs auf Einräumung einer Lizenz. Der Anspruch auf Einräumung einer Lizenz umfasst inhaltlich nur die Herstellung von Tonträgern sowie deren Vervielfältigung und Verbreitung. Alle drei Nutzungsrechte kann der durch § 42a Berechtigte nur gemeinsam erwerben (*Möhring/Nicolini/Gass* § 61 Rn 20; *Schricker/Melichar* § 60 Rn 10). Die Berechtigung zur öffentliche Wiedergabe des Werkes (§§ 15 Abs. 2, 19 ff.) fällt ebenso wenig unter § 42a wie die Befugnis zur Bereitstellung des Werkes im Internet. § 42a Abs. 1 S. 2 stellt ferner klar, dass der Urheber nicht verpflichtet ist, die Aufnahme des Werkes auf Tonträger zu gestatten, die mit Bildträgern zur gleichzeitigen Wiedergabe verbunden sind (Tonfilme; vgl amtl. Begr. BT-Drucks. IV/270, 77). Hingegen ist eine isolierte Aufnahme, Vervielfältigung und Verbreitung der Tonmusik der Zwangslizenz zugänglich. **12**

e) Anspruchsgegner. Der in § 42a verbriefte Anspruch richtet sich gegen den **Urheber** eines Musikwerkes bzw unter den Voraussetzungen des § 42a Abs. 5 den eines Sprachwerkes. Ihm stehen nach § 42a Abs. 4 bestimmte **Nutzungsberechtigte** gleich, nämlich Personen, denen der Urheber ein **ausschließliches** Nutzungsrecht mit dem Inhalt eingeräumt hat, das Recht zu gewerblichen Zwecken auf Tonträger zu übertragen und diese zu vervielfältigen und zu verbreiten. Das wird idR auch ein Tonträgerhersteller sein, der dann an der Stelle des Urhebers zur Vergabe einfacher Lizenzen verpflichtet ist. Damit er in Anspruch genommen werden kann, muss die Nutzungsrechtseinräumung wirksam sein (*Schricker/Melichar* § 61 Rn 9). § 42a enthält keine Befugnis zum Eingriff ins Eigentum oder andere Rechtspositionen Dritter sowie – vorbehaltlich einer Verweisungsvorschrift – in verwandte Schutzrechte. **13**

f) Rückruf des Nutzungsrechts des Tonträgerherstellers. Nach § 42a Abs. 1 S. 1 HS 2 kann der Urheber den Anspruch dadurch zu Fall bringen, dass er das dem Tonträgerhersteller eingeräumte Nutzungsrecht wegen gewandelter Überzeugung zurückruft. Der Rückruf wegen Nichtausübung der Lizenz (§ 41) steht dem nicht gleich. Der Rückruf muss wirksam sein. Wegen der Einzelheiten des Rückrufs wird auf die Kommentierung zu § 42 verwiesen. Die Rückrufserklärung muss zu dem Zeitpunkt, zu dem der Wunsch nach einer Zwangslizenz an den Urheber herangetragen wird, schon abgegeben worden sein. Eine spätere Rückrufserklärung bringt die **14**

Zwangslizenz nicht rückwirkend zu Fall (*Schricker/Melichar* § 61 Rn 17). Auch muss die Entschädigung bereits geleistet worden sein, da andernfalls von einem wirksamen Rückruf nicht die Rede sein kann.

15   **g) Angemessene Konditionen.** Der Anspruch auf Einräumung einer Lizenz besteht nur zu angemessenen Konditionen, insb. gegen angemessen Vergütung (§ 42a Abs. 1 S. 1 HS 1). Können die Parteien keine Einigung über die Höhe der Vergütung erzielen, ist sie vom Gericht festzusetzen, wobei es sowohl auf die dem ersten Tonträgerhersteller gewährten Bedingungen, als auch auf die üblichen Tarife ankommt. Bestehen Tarife der Verwertungsgesellschaften, sind sie heranzuziehen (*Schricker/Melichar* § 61 Rn 13). Die **Beweislast** folgt den allg. Grundsätzen. Wer den Vertrag erst einmal abschließt, um sich dann später auf die Unangemessenheit der Konditionen zu berufen, hat diese daher zu beweisen (*Möhring/Nicolini/Gass* § 61 Rn 29).

16   **h) Entstehen des Anspruchs.** Die Berechtigung des Tonträgerherstellers **entsteht** erst mit Einräumung der Lizenz. Ein Hersteller von Tonträgern wird daher gem. § 42a nur dann (ggf vorläufig) berechtigt, ein Werk zu nutzen, wenn eine Vereinbarung zwischen ihm und dem Urheber oder dem Inhaber ausschließlicher Nutzungsrechte (§ 42a Abs. 4) zustande gekommen ist oder wenn er eine gerichtliche Entsch. nach § 42a Abs. 6, die auch im Wege der einstweiligen Verfügung ergehen kann, erwirkt hat (*BGH* NJW 1998, 1393 – Coverversion; vgl auch amtl. Begr. BT-Drucks. IV/270, 77 und oben § 42a Rn 2).

2. Sprachwerke

17   Für vertonte Sprachwerke legt § 42a Abs. 5 wie schon zuvor § 22 Abs. 2 LUG fest, dass auch gegen den Verfasser des Textes ein Anspruch auf Einräumung einer gesetzlichen Lizenz besteht, sofern dieser einmal einem Hersteller von Tonträgern gestattet hat, den Text in Verbindung mit dem Werk der Musik auf Tonträger zu übertragen. Dadurch wird bei vertonten Sprachwerken ein Auseinanderfallen der Nutzungsrechte an Musik und Text weitgehend vermieden.

IV. Anspruch von Ausländern

18   Nach § 42a Abs. 2 besteht nur für solche Tonträgerhersteller ein Anspruch auf Einräumung der Lizenz, die ihre Hauptniederlassung oder ihren Wohnsitz im Geltungsbereich des UrhG oder im Hoheitsgebiet eines Staates haben, dem nach einer Bekanntmachung des Bundesministers der Justiz im BGBl ein entspr. Recht gewährt wird. Die Verkündung im BGBl hat konstitutive Wirkung (*Möhring/Nicolini/Gass* § 61 Rn 43; *Schricker/Melichar* § 61 Rn 12).

Diesen Tonträgerherstellern stehen solche gleich, die ihre Hauptniederlassung oder ihren Wohnsitz im Gebiet der EU oder des EWR haben (vgl § 120).

V. Räumlicher Schutzbereich der Lizenz

19   Die Lizenz wirkt gem. § 42a Abs. 3 nur im Geltungsbereich des UrhG und für die Ausfuhr in Staaten, in denen das Werk keinen Schutz gegen Übertragung auf Tonträger genießt. Die in § 22 Abs. 1 S. 3 LUG enthaltene Bestimmung, nach der im Falle der Gegenseitigkeit aufgrund einer entspr. Bekanntmachung die Ausfuhr von Tonträgern auch nach Staaten zugelassen werden konnte, in denen das Werk einen Schutz

gegen die Übertragung auf Tonträger genoss, wurde nicht übernommen, weil sie Art. 13 Abs. 1 RBÜ widerspricht, die nationale Einschränkungen des Urheberrechts auf das Hoheitsgebiet des jeweiligen Verbandslandes beschränkt.

Für die Zwangslizenz nach § 61 war anerkannt, dass eine gemeinschaftsweite **Er-** **20** **schöpfung** an auf der Grundlage dieser Vorschrift verbreiteten Werkexemplaren nicht eintritt, weil die Verbreitung auf der Grundlage einer echten Zwangslizenz erfolgt (*Block* UFITA 144 (1997), 131 ff.). Nichts anderes kann für § 42a gelten. Entgegen der amtl. Begr. zu § 42a, nach der § 42a keine Schranke, sondern eine Ausübungsregelung sein soll (BT-Drucks. 15/38, 18), handelt es sich bei der Vorschrift nämlich nach wie vor um eine gesetzliche Zwangslizenz, weil eine Kontrahierungspflicht geschaffen wird.

VI. Gerichtliche Geltendmachung und Gerichtsstand

Der Anspruch auf Einräumung einer Zwangslizenz ist vor den Zivilgerichten geltend **21** zu machen. Der Antrag geht auf Abschluss eines Vertrags, dessen Konditionen im Antrag genannt werden müssen. Das Gericht hat auf eine sachdienliche Antragstellung hinzuwirken.

Einstweiliger Rechtsschutz ist möglich. Der Anspruch kann im Wege der einstweili- **22** gen Verfügung durchgesetzt werden, wobei wie bei § 25 UWG eine Dringlichkeitsvermutung besteht (*Allfeld* LUG, Nachtrag § 22c). Wird dem Antrag auf Erlass einer einstweiligen Verfügung entsprochen, wird das Gericht gem. § 921 Abs. 2 S. 2 ZPO idR anordnen, dass wegen der dem Urheber drohenden Nachteile Sicherheit zu leisten ist (*Marwitz/Möhring* LUG, § 22c Anm. 2; *Schricker/Melichar* § 61 Rn 19).

Die örtliche Zuständigkeit richtet sich nach allg. Grundsätzen. Besteht keine wirksa- **23** me Gerichtsstandsvereinbarung, ist das Gericht am Ort des Wohnsitzes des Urhebers bzw, wenn sich die Klage gegen einen Dritten richtet (§ 42a Abs. 4), am Ort von dessen Sitz oder Wohnsitz zuständig. Nur wenn der Urheber bzw der Nutzungsberechtigte keinen allg. Gerichtsstand im Geltungsbereich des UrhG hat, sind die Gerichte anzurufen, in deren Bezirk das Patentamt seinen Sitz hat. Dies sind das AG bzw das LG München.

VII. Schranken-Schranken

Das Änderungsverbot (§ 62) und die Quellenangabepflicht (§ 63) sind nicht zu **24** **beachten,** weil sie nur für die Schranken des 6. Abschn. des UrhG gelten, denen § 42a anders als der bisherige § 61 nicht zugehört. Der Dritte hat nach § 42a aber nur Anspruch auf Einräumung einer Lizenz zu angemessenen Bedingungen, sodass **Änderungen** lizenzvertraglich nur insoweit gestattet werden müssen, als dies zur Nutzung des Werkes unbedingt erforderlich ist. Haben die Parteien nichts anderes vereinbart, gilt iRd lizenzvertraglichen Beziehung § 39. Der Anspruch des Urhebers auf **Urheberbenennung** ergibt sich unmittelbar aus § 13.

VIII. Altfälle

§ 42a findet auf Sachverhalte nach dem 12.9.2003 Anwendung; für Altfälle greift der **25** nach Wortlaut und Regelungsgehalt identische § 61 aF. Hinsichtlich der Lizenzdauer ist die Übergangsregelung des § 137j Abs. 4 zu beachten.

§ 43   Urheber in Arbeits- oder Dienstverhältnissen

Die Vorschriften dieses Unterabschnitts sind auch anzuwenden, wenn der Urheber das Werk in Erfüllung seiner Verpflichtungen aus einem Arbeits- oder Dienstverhältnis geschaffen hat, soweit sich aus dem Inhalt oder dem Wesen des Arbeits- oder Dienstverhältnisses nichts anderes ergibt.

Literatur: *Bayreuther* Zum Verhältnis zwischen Arbeits-, Urheber- und Arbeitnehmererfindungsrecht, GRUR 2003, 570; *Buchner* Die arbeitnehmerähnliche Person, das unbekannte Wesen, ZUM 2000, 624; *ders.* Die Vergütung für Sonderleistungen des Arbeitnehmers – Ein Problem der Äquivalenz der im Arbeitsverhältnis zu erbringenden Leistungen, GRUR 1985, 1; *Fahse* Art. 5 GG und das Urheberrecht der Architektur-Professoren, GRUR 1996, 331; *Frieling* Forschungstransfer: Wem gehören universitäre Forschungsergebnisse?, GRUR 1987, 407; *Hesse* Der Arbeitnehmerurheber, dargestellt am Beispiel der tarifvertraglichen Regelungen für Redakteure an Tageszeitungen und Zeitschriften, AfP 1987, 562; *Kraßer* Urheberrecht in Arbeits-, Dienst- und Auftragsverhältnissen, FS Schricker, 1995, S. 77; *Leuze* Urheberrecht im Beamtenverhältnis, ZBR 1997, 37; *v. Olenhusen* Der Urheber- und Leistungsrechtsschutz der arbeitnehmerähnlichen Personen, GRUR 2002, 11; *Pakuscher* Arbeitgeber und Arbeitnehmer im Spiegel des Urheberrechts – Zur Problematik des § 43 UrhG, FS Gaedertz, 1992, S. 441; *Partsch/Reich* Die Change-of-Control-Klausel im neuen Urhebervertragsrecht, AfP 2002, 298; *Rehbinder* Über die urheberrechtliche Nutzungsberechtigung der Zeitungsverlage am Arbeitsergebnis ihrer festangestellten Redakteure, AfP 1983, 305; *ders.* Der Urheber als Arbeitnehmer, WiB 1994, 461; *Rieg* Die Verwertungsrechte des im privaten Rundfunk angestellten Journalisten, GRUR 1994, 425; *Wandtke* Reform des Arbeitnehmerurheberrechts, GRUR 1999, 390; *ders.* Zum Vergütungsanspruch des Urhebers im Arbeitsverhältnis, GRUR 1992, 139; *ders.* Der Urheber im Arbeitsverhältnis, GRUR 1990, 843.

Übersicht

I. Allgemeines

1   Die Kernaussage des § 43 liegt darin, dass die **Vorschriften der §§ 31 bis 44 auch auf Urheber in Arbeits- oder Dienstverhältnissen anzuwenden** sind. Aus dem Umstand, dass § 43 nur auf die Bestimmungen der §§ 31-44 verweist, kann nicht der Schluss gezogen werden, die urheberpersönlichkeitsrechtlichen Regelungen der 12 ff. seien auf Urheber in Arbeits- oder Dienstverhältnissen nicht anwendbar. Neben der Klarstellung der Anwendbarkeit der §§ 31-44 auf Urheber in Arbeits- oder Dienstverhältnissen enthält die Vorschrift noch den Hinweis, dass dies nur gelte, so-

weit sich aus dem Inhalt oder dem Wesen des Arbeits- oder Dienstverhältnisses nichts anderes ergebe. Damit betont der Gesetzeswortlaut, dass den Besonderheiten des Arbeits- oder Dienstverhältnisses bei der rechtlichen Bewertung urhebervertragsrechtlicher Beziehungen zwischen Arbeitgeber und Arbeitnehmer Rechnung zu tragen ist.

Eine Sonderregelung für Urheber in Arbeits- oder Dienstverhältnissen gilt für Computerprogramme. Für diese bestimmt § 69b, dass der Arbeitgeber umfassende Befugnisse zur wirtschaftlichen Verwertung erwirbt. Für eine Anwendung von § 43 verbleibt insoweit kein Raum.   **2**

Vor dem Hintergrund der Unübertragbarkeit des Urheberrechts (§ 29 Abs. 1) sowie der allg. urhebervertragsrechtlichen Prinzipien der §§ 31 ff. erscheint der Regelungsgehalt des § 43 als Selbstverständlichkeit: Da das Urheberrecht dem Schöpfer zusteht (§ 7) und grds nicht übertragbar ist, muss es zwangsläufig auch einem Arbeitnehmer-Urheber verbleiben. Ebenso richtet sich nach den allg. Prinzipien des Urhebervertragsrechts, in welchem Umfang iRd zwischen Arbeitnehmer und Arbeitgeber bestehenden vertragsrechtlichen Beziehungen dem Arbeitgeber Nutzungsrechte eingeräumt werden. Die Rspr hat Grundsätze entwickelt, die dem bes. Interesse der Arbeitgeber Rechnung tragen, Werke zu nutzen, die ihre Arbeitnehmer in Erfüllung ihrer dienstlichen Verpflichtungen geschaffen haben. Dieses natürliche Interesse des Arbeitgebers ist Ursache dafür, dass in einer Vielzahl von Rechtsordnungen, insb. im anglo-amerikanischen Rechtskreis, der Arbeitgeber in Abkehr von dem Schöpferprinzip originärer Inhaber des Urheberrechts an Werken wird, die durch die von ihm angestellten Arbeitnehmer in Erfüllung ihrer arbeitsvertraglichen Pflichten geschaffen werden.   **3**

II. In Erfüllung eines Arbeits- oder Dienstverhältnisses geschaffene Werke

1. Arbeits- oder Dienstverhältnisse

Die Bestimmungen des § 43 gelten für Urheber in Arbeits- oder Dienstverhältnissen. Bereits der Gedanke der Einheit der Rechtsordnung gebietet es, den **Begriff des Arbeitsverhältnisses** in § 43 so zu interpretieren, wie dies im Bereich des Arbeitsrechts erfolgt (*Schricker/Rojahn* § 43 Rn 11). Zwar sind die Einzelheiten der Definition des Arbeitsverhältnisses auch dort umstr.; weitgehend Einigkeit besteht jedoch darüber, dass das Arbeitsverhältnis durch die abhängige und weisungsgebundene Tätigkeit des Arbeitnehmers gekennzeichnet ist (*Palandt/Putzo* vor § 611 Rn 5). Ob es sich bei der Beschäftigung eines freien Mitarbeiters um ein Arbeitsverhältnis handelt, ist anhand der allg. Kriterien für die Ermittlung eines abhängigen Beschäftigungsverhältnisses zu prüfen (s. *Palandt/Putzo* vor § 611 Rn 10). Weil nach § 43 ein Arbeitsverhältnis vorliegen muss, findet § 43 auf freie Mitarbeiter keine Anwendung. Dies gilt auch für arbeitnehmerähnliche Personen, die ohne Vorliegen eines Arbeitsverhältnisses von einem Auftraggeber wirtschaftlich abhängig sind. Das sich hieraus ergebende, einem Arbeitnehmer vergleichbare Schutzbedürfnis ist zwar Anlass dafür gewesen, dass bestimmte arbeitsrechtliche Vorschriften auch auf arbeitnehmerähnliche Personen Anwendung finden (zB § 12a TVG; s. hierzu § 31 Rn 12); dies ändert freilich nichts daran, dass es sich nicht um Arbeitsverhältnisse handelt, sodass die Anwendbarkeit von § 43 ausgeschlossen ist (s. nur *v. Olenhusen* GRUR 2002, 11, 14).   **4**

5 Beamte stehen nicht in einem Arbeitsverhältnis, sondern in einem **öffentlich-rechtlichen Dienstverhältnis** mit dem Staat als Dienstherr. Solche Dienstverhältnisse
sind durch die gleichen Merkmale wie Arbeitsverhältnisse gekennzeichnet, nämlich
durch abhängige Beschäftigung und insb. Weisungsgebundenheit (s. Rn 4). Die ausdrückliche Erwähnung der Dienstverhältnisse in Abs. 1 bringt den Willen des Gesetzgebers zum Ausdruck, beide Gruppen – Arbeitnehmer und öffentlich Bedienstete
– gleich zu behandeln. Obwohl der Wortlaut dies zulassen würde, besteht weitgehend
Einigkeit, dass Dienstverhältnisse iSd §§ 611 ff. BGB nicht Dienstverhältnisse iSd
§ 43 sind (**aA** *Fromm/Nordemann/Vinck* § 43 Rn 2). Für dieses Ergebnis spricht der
klare Wille des Gesetzgebers, der nur die Lücke zu den öffentlich-rechtlichen Dienstverhältnissen schließen, nicht aber die Anwendbarkeit des § 43 auf Beschäftigungs-
verhältnisse ausdehnen wollte, denen die charakteristischen Merkmale eines Arbeitsverhältnisses fehlen. Für die urhebervertragsrechtlichen Beziehungen zwischen den
Parteien eines Dienstvertrages iSd § 611 BGB kommt es also auf die Bestimmungen
des § 43 nicht an.

2. In Erfüllung der Verpflichtung aus einem Arbeits- oder Dienstverhältnis geschaffene Werke

6 Die Vorschrift findet nach ihrem Abs. 1 auf Urheber in Arbeitsverhältnissen nur Anwendung, soweit es um Werke geht, die durch den Arbeitnehmer in Erfüllung seiner
Verpflichtungen aus einem Arbeitsverhältnis geschaffen wurden. Wurden Werke
nicht in Erfüllung derartiger vertraglicher Verpflichtungen geschaffen, bleibt es bei
den allg. Bestimmungen der §§ 31 ff.

7 **a) Vertragliche Verpflichtung.** Entscheidend für die Anwendbarkeit des § 43 ist, ob
der Werkschöpfung durch den Arbeitnehmer eine **vertragliche Verpflichtung** zugrunde liegt. Eine solche Verpflichtung kann sich individualvertraglich oder kollek-
tivvertraglich ergeben. Sie kann ausdrücklich vereinbart sein. Fehlt es an einer ausdrücklichen Regelung, ist nach objektiven Kriterien zu ermitteln, ob gleichwohl eine
stillschweigend vereinbarte Verpflichtung besteht. Keine Bedeutung kommt dabei
der konkreten Stellung des Arbeitnehmers im Betrieb, seinem Berufsbild sowie der
Verwertbarkeit des Werks für seinen Arbeitgeber zu (*BGH* GRUR 1985, 129, 130 –
Elektrodenfabrik; GRUR 1978, 244 – Ratgeber für Tierheilkunde; GRUR 1974, 480,
482 – Hummelrechte; GRUR 1952, 257, 258 – Krankenhauskartei; *Schricker/Rojahn*
§ 43 Rn 22 mwN). Weil es für die Frage, ob eine vertragliche Verpflichtung zur
Werkschöpfung besteht, auf eine objektive Betrachtungsweise ankommt, spielt es
auch keine Rolle, ob der Arbeitnehmer ein bestimmtes Werk tatsächlich in Erfüllung
seiner arbeitsvertraglichen Verpflichtungen schaffen wollte (*BGH* GRUR 1952, 257
– Krankenhauskartei). Anderenfalls hätte der Arbeitnehmer die Möglichkeit, von
Fall zu Fall zu behaupten, dass ein bestimmtes Werk (noch) nicht jenes sei, zu dessen
Schöpfung er ursprünglich vertraglich verpflichtet sei. Der Arbeitgeber wäre somit
der Willkür preisgegeben. Aus den gleichen Gründen kann es auch nicht darauf ankommen, an welchem Ort und zu welcher Zeit der Arbeitnehmer das Werk geschaffen hat (*Schricker/Rojahn* § 43 Rn 23 mwN).

8 Nicht selten kommt es vor, dass ein Arbeitnehmer ohne Bestehen einer entspr. vertraglichen Verpflichtung ein urheberrechtlich geschütztes Werk schafft, das einen

sachlichen Zusammenhang mit dem Betrieb des Arbeitgebers aufweist. Denkbar ist, dass eine derartige Werkschöpfung bei Gelegenheit des Arbeitsverhältnisses sowohl auf eine Initiative des Arbeitgebers als auch auf eine solche des Arbeitnehmers zurückgeht. Typisches Beispiel für die Initiative eines Arbeitnehmers ist das ohne entspr. vertragliche Verpflichtung zur Erleichterung der Arbeitsabläufe entwickelte Computerprogramm (s. *BAG* GRUR 1984, 429 ff.). Für solche Werke, die während der Dauer des Arbeitsverhältnisses geschaffen wurden und mit dem Betrieb des Arbeitgebers im Zusammenhang stehen, wird allg. von einer **Anbietungspflicht des Arbeitnehmers** ausgegangen (*BGH* ZUM 1991, 580, 585 – Grabungsmaterialien; *Wandtke* GRUR 1999, 390, 392). Grundlage dieser Anbietungspflicht ist die Treuepflicht des Arbeitnehmers. Besteht eine Anbietungspflicht, so ist anhand der Umstände des Einzelfalls zu prüfen, in welchem Umfang Nutzungsrechte einzuräumen sind, insb. ob diese ausschließlich gewährt werden müssen und ob der Arbeitnehmer Anspruch auf eine zusätzliche Vergütung neben seinem eigentlichen Lohn hat (vgl dazu *BAG* GRUR 1984, 429).

Ein durch den Arbeitnehmer während der Dauer des Arbeitsverhältnisses geschaffenes Werk, das **mit dem Betrieb des Arbeitgebers in keinem Zusammenhang** steht, ist frei von etwaigen Rechten des Arbeitgebers. Insb. besteht keine Anbietungspflicht. Selbst wenn der Arbeitnehmer durch die Werkschöpfung gegen eine Verpflichtung verstoßen hat, seine gesamte Arbeitskraft dem Arbeitgeber zur Verfügung zu stellen, mag dies allenfalls zu Schadensersatzansprüchen oder einem Kündigungsrecht des Arbeitgebers führen, nicht aber zu einem Anspruch auf Einräumung von Nutzungsrechten. **9**

b) Werkschöpfung vor Beginn oder nach Ende des Arbeitsverhältnisses. Die für in Arbeitsverhältnissen geschaffenen Werke entwickelten Grundsätze gelten nicht für Werke, die der Arbeitnehmer **vor Beginn des Arbeitsverhältnisses** geschaffen hat. Dies gilt grds auch dann, wenn der Arbeitnehmer in seinem Arbeitsverhältnis die Aufgabe übernimmt, ein bereits zuvor geschaffenes Werk weiter zu entwickeln. Gerade im Bereich der Computerprogramme und Datenbanken wird dies häufig vorkommen. In diesen Fällen unterfällt nur die Weiterentwicklung des Werks §43 bzw §69b. Soweit die Werkschöpfung bereits vor Beginn des Arbeitsverhältnisses erfolgte, gelten die allg. Bestimmungen der §§ 31 ff. Der Arbeitgeber sollte im Interesse der Vermeidung späterer Auseinandersetzungen im Arbeitsvertrag eine klare Regelung dazu treffen, in welchem Umfang ihm Nutzungsrechte an vor Beginn des Arbeitsverhältnisses geschaffenen Werken eingeräumt werden. **10**

Endet das Arbeitsverhältnis, bevor der Arbeitnehmer ein Werk vollendet, das er in Erfüllung einer vertraglichen Verpflichtung begonnen hat oder das in einem Zusammenhang mit dem Betrieb des Arbeitgebers steht, so gelten die für Urheber in Arbeitsverhältnissen geltenden Grundsätze nur für den bis zur Beendigung des Arbeitsverhältnisses geschaffenen Teil des Werks. Will der Arbeitnehmer ein Werk, das erst nach Beendigung des Arbeitsverhältnisses vollendet wurde, anderweitig verwerten, bedarf er der Zustimmung des Arbeitgebers, soweit dieser ausschließliche Nutzungsrechte erworben hat. Handelt es sich um ein Werk, hinsichtlich dessen nur eine Anbietungspflicht besteht, so kommt eine Verwertung auch ohne Zustimmung des früheren Arbeitgebers in Betracht. Hat der Arbeitnehmer eine Anbietungspflicht nicht beachtet, kann er schadensersatzpflichtig werden. **11**

III. Einräumung von Nutzungsrechten im Arbeitsverhältnis

1. Vorrang der vertraglichen Abrede

12   Nach dem allg. Grundsatz des § 43 gelten für Urheber in Arbeits- und Dienstverhältnissen die gleichen Grundsätze wie für urhebervertragsrechtliche Beziehungen iÜ. Danach kommt es für die Beantwortung der Frage nach Nutzungsrechten, die dem Arbeitgeber durch den Arbeitnehmer eingeräumt werden, zunächst einmal auf die vertraglichen Absprachen an. Insb. Tarifverträge enthalten regelmäßig umfassende Regelungen zu dem Umfang der Rechtseinräumung. Wo eine eindeutige **tarif- oder individualvertragliche Regelung** fehlt, ist die **Zweckübertragungsregel** heranzuziehen (§ 31 Rn 131 ff.). Für den Bereich der Arbeits- und Dienstverhältnisse ist diese durch die Rspr in dem Sinne konkretisiert worden, dass dem Arbeitgeber stillschweigend die Nutzungsrechte in dem für seine betrieblichen Zwecke notwendigen Umfang eingeräumt werden (dazu Rn 13 ff.). Sonderregelungen gelten für in Arbeits- und Dienstverhältnissen geschaffene Computerprogramme. Die Zweckübertragungsregel des § 31 Abs. 5 findet insoweit keine Anwendung, denn § 69b ordnet sämtliche vermögensrechtlichen Befugnisse an einem Computerprogramm dem Arbeitgeber zu.

2. Betriebliche Zwecke des Arbeitgebers

13   Dem Arbeitgeber (oder dem Dienstherrn) stehen im Zweifel **Nutzungsrechte in dem Umfang zu, der für seine betrieblichen bzw dienstlichen Zwecke erforderlich ist** (*Schricker/Rojahn* § 43 Rn 51). Diese Auslegungsregel gilt freilich nur für Werke, die der Arbeitnehmer in Erfüllung seiner Verpflichtungen aus dem Arbeits- oder Dienstverhältnis geschaffen hat (s. Rn 10 f.), allerdings nur vorbehaltlich einer abweichenden vertraglichen Regelung.

14   Die **Zwecke des Betriebs** sind weit zu verstehen. Sie umfassen alles, was in irgendeiner Weise geeignet ist, das Unternehmen des Arbeitgebers zu fördern. Bei **konzernverbundenen Unternehmen** sind die Zwecke des Arbeitgebers nicht zwangsläufig auf die organisatorische Einheit beschränkt, mit der der Arbeitnehmer einen Arbeitsvertrag abgeschlossen hat (so aber *Schricker/Rojahn* § 43 Rn 52 f.). Ob die Zwecke des Betriebs bei einem Konzernunternehmen auf eine bestimmte Konzerngesellschaft beschränkt sind oder weitere oder sogar sämtliche Konzernunternehmen erfasst werden, muss von Fall zu Fall geprüft werden. Entscheidend kommt es darauf an, in welchem Verhältnis die Konzerneinheit, für die der Arbeitnehmer tätig ist, zu den anderen Konzerneinheiten steht. Steht die Tätigkeit verschiedener Konzerneinheiten miteinander in einem engen Zusammenhang, können die betrieblichen Zwecke nicht auf eine bestimmte Konzerneinheit beschränkt sein.

3. Umfang der Rechtseinräumung

15   Ob und in welchem Umfang Nutzungsrechte für Betriebszwecke des Betriebsinhabers erforderlich sind, bedarf differenzierter Betrachtung. Hat der Arbeitnehmer ein Werk in Erfüllung seiner arbeitsvertraglichen Verpflichtungen geschaffen (Rn 6 ff.), so hat der Arbeitgeber regelmäßig auch ein Interesse an der Nutzung dieses Werks. Angesichts der bestehenden Verpflichtung kann es insoweit nicht darauf ankommen, ob die Nutzung des Werks überhaupt für die Betriebszwecke des Betriebsinhabers erforderlich ist. Hingegen ist für die Frage, ob der Arbeitgeber ein **einfaches oder ein**

ausschließliches Nutzungsrecht erhält, von Fall zu Fall festzustellen, ob der Arbeitgeber ein ausschließliches Nutzungsrecht benötigt. Dies ist jedenfalls dann der Fall, wenn er nur hierdurch in die Lage versetzt wird, das durch den Arbeitnehmer geschaffene Werk zwecksentsprechend zu verwerten oder sich aufgrund eines ausschließlichen Rechts für den Arbeitgeber vorteilhaftere Möglichkeiten der Werkverwertung ergeben. Die Rechtseinräumung kann durchaus auch Nutzungsarten erfassen, auf die der Arbeitgeber das Werk zum Zeitpunkt der Rechtseinräumung (noch) nicht nutzen kann oder möchte, wenn eine spätere Aufnahme solcher Nutzungsarten iRd Betriebszwecks nicht ganz fern liegend ist oder ein Verbleib der Nutzungsrechte für solche Nutzungsarten bei dem Arbeitnehmer den Interessen des Arbeitgebers zuwiderlaufen würde. Für eine Einräumung von Nutzungsrechten für noch nicht bekannte Nutzungsarten gilt auch im Verhältnis von Arbeitgeber und Arbeitnehmer § 31 Abs. 4 (*BGH* GRUR 1991, 133, 135 – Videozweitauswertung).

4. Übertragung von Nutzungsrechten und Einräumung weiterer Nutzungsrechte

Der Arbeitgeber wird regelmäßig ein Interesse daran haben, ihm eingeräumte Nutzungsrechte zu übertragen oder weitere Nutzungsrechte einzuräumen. Hierzu bedarf er nach den §§ 34 Abs. 1, 35 Abs. 1 der Zustimmung des Urhebers. Wurde eine solche Zustimmung nicht bereits bei Abschluss des Arbeitsvertrages oder zu einem späteren Zeitpunkt ausdrücklich erteilt, stellt sich die Frage nach ihrer stillschweigenden Erteilung. Grds wird der Arbeitgeber mit dem ausschließlichen Nutzungsrecht das Recht erwerben, dieses ohne weitere Zustimmung des Urhebers weiter zu übertragen bzw einfache Nutzungsrechte einzuräumen, wenn und soweit dies für die Zwecke seines Betriebs erforderlich ist. Dies leuchtet ohne weiteres für solche Fälle ein, in denen die Verwertung des Werks typischerweise dadurch erfolgt, dass bestimmte Ausschnitte des Nutzungsrechts weiter übertragen bzw einfache Nutzungsrechte Dritten eingeräumt werden. Nicht sachgerecht wäre es, den Arbeitgeber darauf zu verweisen, dass der Urheber seine Zustimmung nicht wider Treu und Glauben versagen kann. Dann wäre nämlich die Frage der Verpflichtung des Urhebers zur Zustimmung von Fall zu Fall zu überprüfen, was bei der Planung und Verwertung des Werks, insb. wenn das Arbeitsverhältnis in der Zwischenzeit beendet wurde, zu beachtlichen Unsicherheiten führen kann.

IV. Einschränkung von Urheberpersönlichkeitsrechten

1. Veröffentlichungsrechte

Nach § 12 Abs. 1 hat der Urheber das Recht zu bestimmen, ob und wie sein Werk zu veröffentlichen ist. In dem Umfang, in dem der Arbeitgeber Nutzungsrechte an durch seinen Arbeitnehmer geschaffenen Werken erwirbt (s. Rn 15 f.), muss er auch die Möglichkeit haben, über die Veröffentlichung des Werks zu bestimmen. Anderenfalls hätte der Arbeitnehmer die Möglichkeit, die Ausübung der dem Arbeitgeber zustehenden Nutzungsrechte bei noch unveröffentlichten Werken zu blockieren. **Das Veröffentlichungsrecht des Urhebers kann aber auch im Arbeitsverhältnis nicht schlechthin ausgeschlossen sein.** Denkbar sind Fälle, in denen der Urheber ein bes. Interesse daran hat, dass eine Veröffentlichung (noch) unterbleibt (s. *Schricker/Rojahn* § 43 Rn 74). Entscheidend ist auch im Zusammenhang mit der

16

17

Einschränkung des Veröffentlichungsrechts des Urhebers, ob und inwieweit dies für Betriebszwecke des Arbeitgebers erforderlich ist. Die vorstehenden Grundsätze gelten entspr. für das Recht der Mitteilung des Inhalts des Werks vor dessen Veröffentlichung gem. § 12 Abs. 2. Hier wird insb. das Interesse des Arbeitgebers zu berücksichtigen sein, den Inhalt des Werks zu Vermarktungszwecken bereits vor dessen eigentlicher Veröffentlichung öffentlich mitzuteilen oder geheim zu halten. Eingeschränkt ist somit nicht nur **das negative Verbotsrecht des Urhebers**, sondern auch **das positive Mitteilungsrecht**.

2. Anerkennung der Urheberschaft

18   Bei den dem Urheber nach § 13 zustehenden Rechten auf **Anerkennung der Urheberschaft** sowie auf Versehung des Werks mit einer **Urheberbezeichnung** ist zu unterscheiden: Das Anerkennungsrecht ist grds auch im Rahmen eines Arbeits- und Dienstverhältnisses unverzichtbar (*Fromm/Nordemann/Vinck* § 43 Rn 3). Unabhängig davon, welche Einschränkungen des Benennungsrechts nach § 13 S. 2 möglich sind, kann sich der Urheber eines im Arbeitsverhältnis geschaffenen Werks dagegen zur Wehr setzen, dass ein Dritter sich als Urheber ausgibt. Eine Ausnahme ist hier nur bei einem Ghostwriter denkbar, der nach dem Inhalt seines Arbeitsvertrages gerade für einen durch seinen Arbeitgeber oder Dienstherrn bezeichneten Dritten ein Werk, zB eine Rede oder einen Zeitschriftenbeitrag, verfassen soll.

19   Weitergehende Einschränkungen der Rechte aus § 13 sind hinsichtlich des **Benennungsrechts nach § 13 S. 2** denkbar. Dies gilt insb. für das positive Benennungsrecht des Urhebers. Soweit dieses den betrieblichen Zwecken des Arbeitgebers zuwider läuft, kann es ausdrücklich oder stillschweigend ausgeschlossen werden (*Schricker/Rojahn* § 43 Rn 80 mwN). Dabei wird das Namensnennungsrecht insb. durch die Branchenübung begrenzt, dh der Urheber kann jedenfalls dort eine Nennung seines Namens nicht verlangen, wo sie nicht üblich ist (zu Einzelfällen der Branchenübung *Schricker/Rojahn* § 43 Rn 81 f.). Eine Einschränkung des Benennungsrechts, die über die Branchenübung hinausgeht, ist allerdings nur dann denkbar, wenn zwingende betriebliche Interessen des Arbeitgebers dies verlangen. Übt der Urheber sein Benennungsrecht im negativen Sinne aus, so ist dies grds auch in einem Arbeits- und Dienstverhältnis zu respektieren. Eine Ausnahme ist nur dort vorstellbar, wo der Arbeitgeber ein bes. Interesse gerade an der Nennung des Namens des Urhebers hat. In solchen Fällen wird in der Praxis regelmäßig eine ausdrückliche Absprache vorliegen, die dann auch für den Urheber verbindlich ist.

3. Änderungen des Werks

20   Bestandteil des Urheberpersönlichkeitsrechts ist auch das Recht des Urhebers, über Änderungen seines Werks zu bestimmen (§ 39) und eine Entstellung zu verbieten (§ 14). Aus § 39 Abs. 1 ergibt sich, dass Absprachen über Änderungen des Werks grds möglich sind. Soweit dies für betriebliche Zwecke des Arbeitgebers erforderlich ist, muss von einer stillschweigenden Änderungsbefugnis des Arbeitgebers ausgegangen werden. Hierbei wird insb. die **bestehende Branchenübung** eine wesentliche Rolle spielen (dazu *Schricker/Rojahn* § 43 Rn 87). Eine Einschränkung des Rechts, Entstellungen des Werks zu untersagen (§ 14), ist hingegen auch in einem Arbeitsverhältnis nur schwer denkbar.

4. Rückrufsrechte

Die Rückrufsrechte wegen Nichtausübung und wegen gewandelter Überzeugungen 21
sind nach den §§ 41 Abs. 4, 42 Abs. 2 unverzichtbar. Dies gilt auch im Rahmen eines
Arbeits- und Dienstverhältnisses. Die Besonderheiten des Arbeits- und Dienstverhältnisses gewinnen gleichwohl an Bedeutung bei der Frage, ob die Voraussetzungen
für die Ausübung des Rückrufsrechts vorliegen. Im Falle des § 41 Abs. 1 werden die
berechtigten Interessen des Urhebers regelmäßig nicht erheblich verletzt, wenn der
Arbeitgeber als Inhaber eines ausschließlichen Nutzungsrechts seinerseits ein
berechtigtes Interesse daran hat, das ausschließliche Nutzungsrecht (noch) nicht auszuüben. Auch bei § 42 Abs. 1 sind die bes. Belange des Arbeitgebers zu berücksichtigen, wenn es um die Frage geht, ob dem Urheber die Verwertung eines Werks,
das seiner Überzeugung nicht mehr entspricht, noch zugemutet werden kann
(s. *Schricker/Rojahn* § 43 Rn 88 ff.).

V. Vergütung des Arbeitnehmer-Urhebers

Aus der grds Verweisung von § 43 auf §§ 31 ff. folgt, dass auch §§ 32, 32a auf Ur- 22
heber in Arbeits- oder Dienstverhältnissen Anwendung finden (streitig, s. § 32 Rn 6).
Dies ergibt sich auch aus §§ 32 Abs. 4, 32a Abs. 4. Dort ist jeweils bestimmt, dass
der Anspruch auf angemessene Vergütung bzw auf angemessene weitere Beteiligung
nicht besteht, soweit die Vergütung für eine bestimmte Nutzung tarifvertraglich bestimmt ist. Dies legt den Schluss nahe, dass §§ 32, 32a außerhalb des tarifvertraglichen Bereichs grds anzuwenden sind. Allerdings gilt auch für die Anwendung der
§§ 32, 32a, dass gem. § 43 Inhalt und Wesen des Arbeits- oder Dienstverhältnisses
zu berücksichtigen sind.

Die **Anwendung des in § 32 Abs. 1 S. 3 enthaltenen Korrekturanspruchs** zuguns- 23
ten von Urhebern in Arbeitsverhältnissen ist weitgehend ausgeschlossen. Soweit die
Vergütung des Arbeitnehmers in einem Tarifvertrag geregelt ist, findet gem. Abs. 4
der Korrekturanspruch keine Anwendung. IÜ gelten die allg. zu § 43 entwickelten
Grundsätze. Dem Arbeitgeber werden in dem für seine betrieblichen Zwecke erforderlichen Umfang Nutzungsrechte an Werken zugeordnet, die der Urheber in Erfüllung seiner arbeitsvertraglichen Verpflichtungen geschaffen hat (s. Rn 6 ff. sowie
Rn 12 ff.). Diese Nutzungsrechte sind in jedem Fall durch das dem Arbeitnehmer gezahlte Gehalt abgegolten (s. nur *Schricker/Rojahn* § 43 Rn 64; *Möhring/Nicolini/
Spautz* § 43 Rn 11; *Bayreuther* GRUR 2003, 570, 572, 574 ff.; wohl auch *Wandtke/
Bullinger/Wandtke/Grunert* § 43 Rn 145 mwN). Für Werke, die der Arbeitnehmer
ohne Bestehen einer entspr. vertraglichen Verpflichtung, jedoch im sachlichen
Zusammenhang mit seinem Arbeitsverhältnis geschaffen hat, und für die eine An-
bietungspflicht gegenüber dem Arbeitgeber besteht (Rn 8), kann der Arbeitnehmer,
soweit der Arbeitgeber das Angebot annimmt, eine gesonderte Vergütung verlangen.
Insoweit kommt § 32 in vollem Umfang zur Anwendung (so auch *Wandtke/
Bullinger/Wandtke/Grunert* § 43 Rn 146).

Die Rspr geht davon aus, dass der Beteiligungsanspruch nach § 32a grds auch dem 24
Arbeitnehmer-Urheber zur Verfügung steht (so zu § 36 aF *BGH* GRUR 2002, 149,
152 – Wetterführungspläne II; *Bayreuther* GRUR 2003, 570, 573 f.; *Wandtke/
Bullinger/Wandtke/Grunert* § 43 Rn 146, s. auch § 69b Rn 12). Wegen § 32a Abs. 4

gilt dies nur dann nicht, wenn tarifvertraglich eine weitere Beteiligung vorgesehen ist. Eben § 32a Abs. 4 bringt auch den Willen des Gesetzgebers zum Ausdruck, § 32a zugunsten des Arbeitnehmer-Urhebers anzuwenden. Besonderheiten, die sich aus dem Arbeitsverhältnis ergeben, können freilich iRd Frage berücksichtigt werden, ob und in welchem Umfang ein Beteiligungsanspruch nach § 32a besteht (dazu § 32a Rn 9 ff.).

§ 44   Veräußerung des Originals des Werkes

(1) Veräußert der Urheber das Original des Werkes, so räumt er damit im Zweifel dem Erwerber ein Nutzungsrecht nicht ein.

(2) Der Eigentümer des Originals eines Werkes der bildenden Künste oder eines Lichtbildwerkes ist berechtigt, das Werk öffentlich auszustellen, auch wenn es noch nicht veröffentlicht ist, es sei denn, daß der Urheber dies bei der Veräußerung des Originals ausdrücklich ausgeschlossen hat.

Literatur: *Hamann* Der urheberrechtliche Originalbegriff der bildenden Kunst, 1980; *ders.* Grundfragen der Originalfotografie, UFITA 90 (1981), 45; *Karger* Rechtseinräumung bei Software-Erstellung, CR 2001, 357; *Schöfer* Die Rechtsverhältnisse zwischen dem Urheber eines Werks der bildenden Kunst und dem Eigentümer des Originalwerks, 1984.

I. Allgemeines

1   Das Urhebervertragsrecht regelt nur die Frage der Einräumung von Nutzungsrechten, nicht hingegen die Übertragung des Eigentums an einem Werk oder Vervielfältigungsstück. Wer Eigentümer eines solchen Werks oder Vervielfältigungsstücks ist, richtet sich nach den allg. zivilrechtlichen Bestimmungen. § 44 ist Ausdruck des Grundsatzes, dass zwischen den Eigentums- und Besitzverhältnissen an einem Werk und den hieran gewährten Nutzungsrechten grds zu unterscheiden ist. Wer Eigentümer eines Werkstücks ist und wer Nutzungsrechte an einem Werk hat, ist für jeden Sachverhalt grds getrennt zu untersuchen (*BGH* GRUR 1971, 481, 483 – Filmverleih; GRUR 1995, 673, 675 – Mauer-Bilder; *OLG Hamm* GRUR 1981, 743, 745). Dieser **Trennungsgrundsatz** wird durch Abs. 1 bestätigt. Die Vorschrift enthält eine Auslegungsregel („im Zweifel") in dem Sinne, dass der Urheber mit der Veräußerung des Originals eines Werks nicht zugleich Nutzungsrechte an diesem Werk einräumt. Die Bedeutung der Vorschrift liegt vor allem in ihrer **Klarstellung**. Unter **Anwendung der allg. Zweckübertragungsregel** gelangt man ebenfalls zu dem Ergebnis, dass mit der Eigentumsübertragung Nutzungsrechte nur soweit eingeräumt werden, wie dies zur Erreichung des Vertragszwecks erforderlich ist (*BGH* GRUR

1984, 656, 657 – Vorentwurf; GRUR 1984, 528, 529 – Bestellvertrag; GRUR 1986, 458, 459 – Oberammergauer Passionsspiele; s. § 31 Rn 131 ff.).

Was nach Abs. 1 für einen Vertrag zwischen Urheber und erstem Erwerber über die   2
Veräußerung eines Werkoriginals gilt, findet erst recht Anwendung bei Verträgen
über Vervielfältigungsstücke eines Werks sowie über die Weiterveräußerung des
Originals oder eines Vervielfältigungsstücks (*Fromm/Nordemann/Hertin* § 44
Rn 2). Aus dem allg. Grundsatz der Trennung zwischen den Fragen der Nutzungsrechtseinräumung und des Eigentumsübergangs folgt außerdem, dass der Gedanke
des Abs. 1 ebenfalls heranzuziehen ist, wenn es darum geht, ob neben der Einräumung von Nutzungsrechten auch eine Übertragung des Eigentums stattgefunden hat
(*BGH* GRUR 1996, 121, 122 – Pauschale Rechtseinräumung; *Karger* CR 2001, 357,
360, 361; *Schricker/Vogel* § 44 Rn 6 mwN). Auch diese Fragestellung ist unter Heranziehung der allg. Übertragungsregel zu beantworten.

Eine Durchbrechung erfährt der Grundsatz der Trennung zwischen Nutzungs-   3
rechtseinräumung und Eigentumserwerb durch Abs. 2. Dieser sieht vor, dass vorbehaltlich einer ausdrücklich abweichenden Vereinbarung der Eigentümer des Originals eines Werks der bildenden Künste oder eines Lichtbildwerks berechtigt ist, das
Werk durch öffentliche Ausstellung (§ 18) zu nutzen. Eine weitere Ausnahmeregelung findet sich in § 60. Danach ist der Besteller eines Bildnisses (der nach den allg.
werkvertraglichen Vorschriften dessen Eigentümer wird) berechtigt, dieses zu vervielfältigen und unentgeltlich zu verbreiten.

II. Einräumung von Nutzungsrechten bei Veräußerung des Werks (Abs. 1)

1. Original eines Werks

Der **Begriff des Originals** ist im Verhältnis zu jenem der Vervielfältigung so zu ver-   4
stehen, dass die Vervielfältigung von einem solchen Original abgeleitet ist. Das Original ist daher die reproduktionsfähige Erstfixierung eines Werks durch den Urheber
selbst oder unter seiner Kontrolle (*Fromm/Nordemann/Hertin* § 44 Rn 2). Was ein
Original ist, lässt sich nur von Fall zu Fall ermitteln. Offensichtlich liegt ein Original
vor, wenn ein bestimmtes Werk als **Unikat** geschaffen wurde, zB ein Gemälde. Originale eines Werks können zB das Manuskript eines Sprachwerks, der Quellcode eines Computerprogramms oder die Pläne und Zeichnungen eines Architekten für ein
Bauwerk sein. Ebenfalls Originalcharakter können Vorstufen der Erstfixierung eines
Werks haben. Gleiches gilt für Weiterentwicklungen durch den ursprünglichen oder
einen anderen Urheber. Denkbar ist auch die Existenz mehrerer Originale nebeneinander, wenn diese zB unter Einsatz einer bestimmten Druckvorrichtung hergestellt
werden. Dies gilt jedenfalls, wenn der Künstler die Druckform eigenhändig gestaltet
und der Druckvorgang wenigstens nach seinen Weisungen erfolgt (*Schricker/Vogel*
§ 44 Rn 23 mwN). Die Signatur des Künstlers mag ein Indiz dafür sein, dass das
Original eines Werks vorliegt (*Schricker/Vogel* § 44 Rn 23). Ob ein Original oder ein
Vervielfältigungsstück vorliegt, ist für Zwecke des Abs. 1 ohne praktische Bedeutung, da der Grundsatz, dass die Eigentumsfrage unabhängig von jener der Einräumung von Nutzungsrechten zu beantworten ist, auch für Vervielfältigungsstücke gilt
(so Rn 2).

2. Auslegungsregel

5   Wird das Original eines Werks (oder ein Vervielfältigungsstück, s. Rn 2) veräußert, so gibt Abs. 1 eine Auslegungsregel in dem Sinne vor, dass **im Zweifel damit eine Einräumung von Nutzungsrechten nicht verbunden** ist (*LG Berlin* NJW 1995, 881, 882; *OLG Düsseldorf* GRUR 1988, 541). Bevor die Auslegungsregel zur Anwendung gelangt, ist also zu ermitteln, ob mit der Veräußerung des Werkstücks gleichzeitig eine Einräumung von Nutzungsrechten verbunden ist. Fehlt es hierzu an einer ausdrücklichen Absprache zwischen den Vertragsparteien, so ist anhand des Vertragszwecks nach der allg. Zweckübertragungslehre zu prüfen, ob stillschweigend Nutzungsrechte eingeräumt wurden. Vielfach wird die Veräußerung des Werkstücks keinen Sinn ergeben, wenn nicht gleichzeitig Nutzungsrechte eingeräumt werden. Eine Absprache in dem Sinne, dass das Eigentum an einem Werk der bildenden Kunst „voll" oder „bedingungslos" eingeräumt wird, besagt für sich genommen noch nicht, dass gleichzeitig eine Vervielfältigung dieses Werks dem Erwerber gestattet ist (*BGH* GRUR 1968, 607, 611 f. – Kandinsky I). Werden hingegen einem Nachrichtenmagazin Lichtbilder zur Aufnahme in dessen Archiv überlassen, ist hiermit das Recht verbunden, solche Bilder in Beiträgen dieses Magazins abzudrucken; denn ohne ein solches Abdruckrecht ergäbe die Aufnahme der Lichtbilder in das Archiv des Nachrichtenmagazins keinen Sinn (*OLG Hamburg* GRUR 1989, 912, 914). Wer sich auf die Einräumung von Nutzungsrechten über den Erwerb des Werkstücks hinaus beruft, hat diese zu beweisen (*BGH* GRUR 1996, 121, 123 – Pauschale Rechtseinräumung).

III. Ausstellungsrecht des Eigentümers eines Werks der bildenden Künste oder eines Lichtbildwerks (Abs. 2)

6   Abs. 2 durchbricht den Grundsatz, dass mit der Übertragung des Eigentums an einem Original des Werks die Einräumung von Nutzungsrechten nicht verbunden ist. Wer ein **Werk der bildenden Künste (§ 2 Abs. 1 Nr. 4) oder ein Lichtbildwerk (§ 2 Abs. 1 Nr. 5)** erwirbt, dem steht nach § 44 Abs. 2 das Recht zu, dieses Werk auszustellen (§ 18). Das Ausstellungsrecht steht dem Eigentümer des Originals des Werks selbst dann zu, wenn dieses Werk durch den Urheber noch nicht veröffentlicht ist (*Schricker/Vogel* § 44 Rn 16 ff.; *Möhring/Nicolini/Kroitzsch* § 44 Rn 9). Bei Abs. 2 handelt es sich nicht nur – wie bei Abs. 1 – um eine Auslegungsregel. Will der Urheber die Ausstellung des Originals seines Werks dauerhaft oder für einen bestimmten Zeitraum verhindern, muss er dies ausdrücklich vereinbaren.

7   Während die Abgrenzung des Originals eines Werks von einem Vervielfältigungsstück für Abs. 1 keine praktische Bedeutung hat (s. Rn 4), kann sie bei Abs. 2 nicht offen bleiben. Weil es sich bei Abs. 2 um eine Ausnahme handelt, die den Grundsatz durchbricht, dass mit der Veräußerung eines Werks grds keine Nutzungsrechte eingeräumt werden, ist diese Bestimmung eng auszulegen. Abs. 2 findet daher nur auf Originale eines Werks, nicht aber auf Vervielfältigungsstücke Anwendung. Zur Frage, ob ein Original vorliegt s. Rn 4.

8   Handelt es sich bei dem Original um ein Werk der bildenden Künste oder bei einem Lichtbildwerk um ein **Personenbildnis**, können sich Einschränkungen des Abs. 2 aus dem Recht des Abgebildeten am eigenen Bild ergeben (*Schricker/Vogel* § 44

Rn 19). Der persönlichkeitsrechtliche Charakter der einschlägigen Bestimmung des § 22 KUG erfordert es, dieser Vorschrift den Vorrang vor dem Ausstellungsrecht nach § 44 Abs. 2 zu geben.

Wer Eigentümer des Originals eines Werks der bildenden Künste oder eines Licht-   **9**
bildwerks ist, bestimmt sich nach den allg. zivilrechtlichen Vorschriften. Unerheblich ist, ob der Eigentümer das Werk unmittelbar von dem Eigentümer oder von einem Dritten erworben hat. Selbst wer das Eigentum an dem Original des Werks nur
gutgläubig nach § 932 ff. BGB erworben hat, kann das Ausstellungsrecht nach
Abs. 2 für sich in Anspruch nehmen. Hat sich der Urheber gegenüber dem Ersterwerber des Originals das Ausstellungsrecht vorbehalten, so gilt dieser Vorbehalt auch
gegenüber späteren Erwerbern im Falle einer Weiterveräußerung des Originals. Der
Vorbehalt des Ausstellungsrechts hat also eine ähnliche Wirkung (*Möhring/Nicolini/
Spautz* § 44 Rn 10).

Abschnitt 6
Schranken des Urheberrechts

Vorbemerkung zu §§ 44a-63a

Literatur: *Dietz* Die Entwicklung des Urheberrechts in Deutschland von 1993 bis Mitte 1997, UFITA 136 (1998), 5; *Dreier* Verletzung urheberrechtlich geschützter Software nach der Umsetzung der EG-Richtlinie, GRUR 1993, 781; *Kirchhof* Der verfassungsrechtliche Gehalt des geistigen Eigentums, FS Zeidler, 1987, Bd 2, S. 1639; *Kröger* Die Urheberrechtsrichtlinie für die Informationsgesellschaft – Bestandsaufnahme und kritische Bewertung, CR 2001, 316; *Schulze* Rechtsfragen von Printmedien im Internet, ZUM 2000, 432; *Schippan* Harmonisierung oder Wahrung der Kulturhoheit? – Die wundersame Vermehrung der Schrankenbestimmungen in Art. 5 der „Multimedia-Richtlinie", ZUM 2001, 116; *Troller* Die internationalen Beziehungen in den Referentenentwürfen zur Urheberrechtsreform, 1955.

Übersicht

I. Das Urheberrecht als sozialgebundenes Recht und die einzelnen Schranken

1. Grundgesetzliche Verankerung

1 Das Urheberrecht ist als geistiges **Eigentum** des Urhebers durch Art. 14 GG geschützt (*BVerfGE* 31, 229 – Kirchen- und Schulgebrauch; 49, 382, 392 – Kirchenmusik). UU kann auch der **Gleichheitsgrundsatz** zu beachten sein (vgl *BVerfG* NJW 1996, 2022; 1997, 247 – Kopierladen I). Hingegen kommt die **Kunstfreiheit** (Art. 5 Abs. 3 GG) idR nicht zum Tragen, weil kaum denkbar ist, dass die wirtschaftliche Auswertung des Werkes durch ein Gesetz derart beschränkt wird, dass die freie künstlerische Betätigung praktisch nicht mehr möglich ist (*BVerfGE* 31, 229, 240 – Kirchen- und Schulgebrauch).

2 Das Urheberrecht ist einer Begrenzung im Allgemeininteresse zugänglich. Jedes das Urheberrecht einschränkende Gesetz muss sich aber seinerseits am Grundgesetz messen lassen. Das wurde in der Vergangenheit vor allem dort bedeutsam, wo Schrankenregelungen keine Vergütungspflicht aufwiesen, und hat teilweise auch zu Änderungen der §§ 45 ff. geführt. Inzwischen ist die Verfassungsmäßigkeit der ganz überwiegenden Zahl der heute geltenden Schranken des Urheberrechts festgestellt oder unproblematisch (s. zB *BVerfGE* 31, 229 ff. – Kirchen- und Schulgebrauch; 31, 270 ff. – Schulfunksendungen; *BGH* NJW 1986, 1254, 1255 – Schulfunksendung).

2. Veränderungen durch das Gesetz zur Umsetzung der Harmonisierungsrichtlinie

3 **a) Die Schrankenbestimmungen in der Harmonisierungsrichtlinie.** Auf europäischer Ebene war am 22.5.2001 die Richtlinie zur Harmonisierung des Urheberrechts und der verwandten Schutzrechte in der Informationsgesellschaft verabschiedet worden (ABlEG Nr. L 167/10 v. 22.6.2001). Sie soll für einen wirksamen Urheberrechtsschutz auch im digitalen Zeitalter sorgen und setzt zu diesem Zwecke einige der im WIPO-Urheberrechtsvertrag und dem WIPO-Vertrag über Darbietungen und Tonträger übernommenen Verpflichtungen um.

4 Neben einigen „neuen" Verwertungsrechten, deren Existenz in Deutschland indes bereits anerkannt war (hierzu § 15 Rn 62 ff.), enthält die Richtlinie teils zwingende, teils fakultative Schrankenregelungen. Diese gelten, wie schon bislang im deutschen Recht, nur für die Verwertungsrechte; **Urheberpersönlichkeitsrechte** bleiben unberührt (Erwrg 19 der RL zur Harmonisierung des Urheberrechts).

5 Im Verhältnis zu **Computerprogrammen** gelten ausschließlich die in der Europäischen Richtlinie 91/250/EWG über den Rechtsschutz von Computerprogrammen vorgesehenen Schrankenbestimmungen (Art. 1 Abs. 2a und Erwrg 50 der RL zur Harmonisierung des Urheberrechts).

6 Zur Umsetzung der in **Art. 5 Abs. 1** der Richtlinie zur Harmonisierung des Urheberrechts vorgesehenen Schrankenregelung sind die Mitgliedstaaten verpflichtet; die

Regelung ist **zwingend**. Sie sieht vor, dass flüchtige oder begleitende Vervielfälti-gungshandlungen, die einen integralen und wesentlichen Teil eines technischen Ver-fahrens darstellen und deren alleiniger Zweck es ist, eine Übertragung in einem Netz zwischen Dritten durch einen Vermittler oder eine rechtmäßige Nutzung zu ermög-lichen und die keine eigene wirtschaftliche Bedeutung haben, vom Vervielfälti-gungsverbot ausgenommen werden. Gemeint sind etwa rein technisch bedingte kurz-fristige Speicherungen, die mit der Weiterleitung im Internet von Server zu Server verbundenen sind oder die beim durch den Urheber gestatteten oder gesetzlich nicht verbotenen **Browsen** in dessen Dokument anfallen.

Außerdem erlauben Art. 5 Abs. 2-5 der Richtlinie zur Harmonisierung des Urheber-rechts den Mitgliedstaaten, von den ausschließlichen Verwertungsrechten des Urhe-bers bestimmte Ausnahmen vorzusehen, wenn die normale Verwertung des Werks nicht beeinträchtigt wird und die berechtigten Interessen des Rechtsinhabers nicht ungebührlich verletzt werden. Die dortigen Schrankenregelungen sind **fakultativ**.   7

b) Ihre Umsetzung in deutsches Recht. Mit dem Gesetz zur Umsetzung der Richt-linie hat der Gesetzgeber einige der in der Richtlinie enthaltenen Vorgaben umge-setzt, insb. die zwingende Vorschrift des Art. 5 Abs. 1. Dabei war Art. 5 Abs. 5 Har-monisierungsrichtlinie zu beachten, der die Mitgliedstaaten dazu verpflichtet, die in Art. 5 Abs. 1-4 Harmonisierungsrichtlinie genannten Ausnahmen und Beschränkun-gen nur in bestimmten Sonderfällen anzuwenden, in denen die normale Verwertung des Werkes oder des sonstigen Schutzgegenstands nicht beeinträchtigt wird und die berechtigten Interessen des Rechtsinhabers nicht ungebührlich verletzt werden. Art. 5 Abs. 5 Harmonisierungsrichtlinie entspricht Art. 10 Abs. 2 WIPO-Urheber-rechtsvertrag (**WCT**). Den Gesetzentwurf betr. die Zustimmung zu den WIPO-Ver-trägen (BT-Drucks. 15/15 v. 25.10.2002) hatte der deutsche BTag durch Gesetz v. 11.4.2003 angenommen und zugleich das Gesetz zur Regelung des Urheberrechts in der Informationsgesellschaft beschlossen.   8

Das Gesetz zur Regelung des Urheberrechts in der Informationsgesellschaft hat meh-rere neue Schranken gebracht, so §§ 44a, 45a sowie den bis zuletzt stark umstr. § 52a. Von der zunächst im Hinblick auf § 44a, der keine Schranke im eigentlichen Sinne darstellt, angedachten Änderung des Titels des 6. Abschn. in „Ausnahmen und Schranken" wurde dann doch abgesehen. Zahlreiche Schrankenregelungen wurden inhaltlich und/oder redaktionell verändert, so §§ 46, 48, 50, 52, 53, 56, 58, 60, 62, 63. Die Zwangslizenz zur Tonträgerherstellung wurde aus dem Abschn. betr. die Schran-ken des Urheberrechts herausgenommen und in den Unterabschnitt „Nutzungsrech-te" des 5. Abschn. des UrhG eingefügt. Die nur 18-monatige Umsetzungsfrist der Richtlinie, das Bemühen des Gesetzgebers, das Änderungsgesetz möglichst schnell (ursprünglich: noch vor den Bundestagswahlen 2002) unter Dach und Fach zu be-kommen sowie der heftige Wiederstand der Lobbyisten, haben dazu geführt, dass nur der unbedingt notwendige Umsetzungsbedarf befriedigt wurde. Weitere Änderun-gen, zB in Bezug auf die Behandlung elektronischer Pressespiegel, sind einem spä-teren Änderungsgesetz vorbehalten geblieben.   9

Trotz dieser Aussparung bestimmter Regelungsbereiche hat der deutsche Gesetzge-ber sein Wahlrecht, entspr. Schrankenregelungen zu erlassen, durch das Gesetz zur Regelung des Urheberrechts in der Informationsgesellschaft schon weitgehend aus-   10 geschöpft. Ein Großteil der Umsetzung erfolgt dabei dadurch, dass bestehende Schranken, ggf in modifizierter Form, aufrechterhalten blieben.

11 Dabei blieben auch Schranken bestehen, die in der Richtlinie nur sehr unvollkommen geregelt sind. Die Richtlinie regelt die möglichen Schranken für das Vervielfältigungsrecht und das Recht der öffentlichen Wiedergabe aber abschließend, sodass den Mitgliedstaaten die zusätzliche Aufnahme von Schrankenregelungen für das Vervielfältigungsrecht und das Recht der öffentlichen Wiedergabe verwehrt ist (32. Erwgr der RL Harmonisierung des Urheberrechts). Vor allem die Aufrechterhaltung der bislang in § 52 geregelten öffentlichen Wiedergabe und die Möglichkeit, nach § 53 nicht papierne Vervielfältigung zu einem über den privaten hinausgehenden Gebrauch zu machen, erscheinen vor diesem Hintergrund bedenklich.

12 **c) Gebot richtlinienkonformer Auslegung.** Folge der Veränderungen an den §§ 44a ff. durch die Umsetzung der Europäischen Harmonisierungsrichtlinie durch das Gesetz zur Regelung des Urheberrechts in der Informationsgesellschaft ist, dass die ausdrücklich oder durch Aufrechterhaltung bestehender Schrankenregelungen auf der Europäischen Harmonisierungsrichtlinie basierenden Schrankenbestimmungen fortan **europäisch auszulegen** sind. In Zweifelsfällen muss das Gericht den Rechtsstreit aussetzen und dem **EuGH** eine entspr. Frage zur Auslegung der Europäischen Harmonisierungsrichtlinie, auf die es im Verfahren ankommt, vorlegen. Ob über den Katalog der Schranken der Richtlinie hinaus wesentliche Schrankenregelungen unter Hinweis auf den als **Auffangvorschrift** fungierenden **Art. 5 Abs. 3o** des Richtlinienentwurfs aufrechterhalten bleiben können, der weitergehende Ausnahmen erlaubt, wenn es sich um Fälle von geringer Bedeutung handelt und die entspr. nationale Ausnahmevorschrift bei Erlass der Richtlinie bereits bestand, sofern nur die analoge Nutzung betroffen ist und der freie Waren- und Dienstleistungsverkehr unberührt bleibt, erscheint zweifelhaft. Denn im Allgemeinen haben gerade die Verwertungen aufgrund der insoweit betroffenen Schrankenregelungen große wirtschaftliche Bedeutung erlangt und können danach kaum als Fälle geringer Bedeutung angesehen werden. Stets zu beachten ist weiter die durch Art. 5 Abs. 5 der Richtlinie vorgegebene **Verhältnismäßigkeitsprüfung**.

13 **d) Neues und altes Recht.** Im Folgenden werden, soweit es zu wesentlichen Änderungen gekommen ist, jeweils auch die alten Gesetzestexte (kursiv) abgedr. In der Kommentierung wird das bis zu ihrem In-Kraft-Treten geltende Recht, welches für Altfälle nämlich fortgilt, jeweils kurz besprochen.

3. Das Urheberrecht als sozialgebundenes Recht

14 Wie jedes absolute Recht ist auch das Urheberrecht ein **sozialgebundenes** Recht, das gewissen Schranken im Interesse der Gemeinschaft unterliegt (amtl. Begr. BT-Drucks. IV/270, 30; *BVerfGE* 31, 229, 241 ff. – Kirchen- und Schulgebrauch). Schon das LUG und das KUG gewährten dem Urheber daher Befugnisse nur innerhalb bestimmter Schranken. Einige Schranken gingen dabei sehr weit und entsprachen bei Schaffung des UrhG nicht mehr den herrschenden Anschauungen. Darüber hinaus ergab sich aus den infolge des technischen Fortschritts neuen Wiedergabemöglichkeiten das Bedürfnis nach weiteren Einschränkungen des Urheberrechts zugunsten im Interesse der Allgemeinheit privilegierungswürdigen Zwecken. Dem Gedanken

hat der Gesetzgeber schon bei Schaffung des UrhG Rechnung getragen (amtl. Begr. BT-Drucks. IV/270, 30); er liegt auch den Änderungen durch das Gesetz zur Regelung des Urheberrechts in der Informationsgesellschaft noch zugrunde (vgl amtl. Begr. zu §§ 46, 48, 50, 52, 53, 56, 58, BT-Drucks. 15/38, 18 f.). Er hat in den §§ 44a ff., 69d, 69e, 87c im Einzelnen geregelt, unter welchen Voraussetzungen der Urheber im Interesse der Allgemeinheit Beschränkungen seines Urheberrechtes hinnehmen muss. Die streitige Frage, ob darüber hinaus auch die **zeitliche Beschränkung** des Urheberrechts (§§ 64 ff.) eine Schranke darstellt oder sich aus der Natur des Urheberrechts selbst ergibt, hat keine praktischen Auswirkungen.

4. Im UrhG nicht geregelte Schranken

Neben den in §§ 44a ff., 69d, 69e, 87c geregelten Schranken gibt es weitere, im UrhG **15** nicht geregelte und in dieser Einteilung nicht enthaltene Schranken. So muss der Urheber als Folge des Eigentumsrechts uU Einschränkungen seines Urheberrechts dulden, wenn **Eigentum und Urheberrecht** auseinander fallen. Ihre Reichweite ergibt sich erst aus einer Interessenabwägung (hierzu näher § 14 Rn 25 ff.). Eine Einschränkung des Urheberrechts kann im Wege verfassungskonformer Auslegung auch vor dem Hintergrund der Informationsfreiheit (Art. 5 GG) geboten sein.

Die allg. Rechtfertigungsgründe bleiben anwendbar. Daher kann der Eingriff in das **16** Urheberrecht nach den allg. Vorschriften, zB gem. **§§ 228 ff., 904 BGB**, gerechtfertigt sein (vgl zur Veröffentlichung einer Berufungsschrift in einem ostdeutschen Strafverfahren *OLG Hamburg* GRUR 2000, 146 f.).

5. Zwingender Charakter der Schranken

Die Ausnahmen- und Schrankenregelungen sind **zwingend**. Der Urheber kann daher **17** das Anfertigen von Kopien für den Privatgebrauch (§ 53) nicht durch ein entspr. Verbot auf dem Werk unterbinden. Eine gleichwohl auf dem Werk angebrachte Klausel, dass Kopien insgesamt untersagt seien, ist wirkungslos. Zur Frage, inwieweit durch Digital-Rights-Management (DRM) eine faktische Beschränkung des Gebrauchs erfolgen kann und welchen Schutz diese genießt, s. die Kommentierung zu §§ 95a ff.

II. Auslegung und Anwendung der Schranken

1. Restriktive Auslegung

Die Schranken des Vervielfältigungsrechts und des Rechts der öffentlichen Wiedergabe sind in der Europäischen Harmonisierungsrichtlinie abschließend geregelt **18** (32. Erwägungsgrund der Richtlinie). Die auf ihr beruhenden Schrankenregelungen der §§ 44a ff. sind fortan **europäisch auszulegen**. In Zweifelsfällen hat das Gericht den Rechtsstreit auszusetzen und die Frage zur Auslegung der entspr. Schrankenregelung, von der die Entsch. abhängig ist, dem **EuGH vorzulegen**.

Durch die einzelfallbezogene Aufzählung der einzelnen Ausnahmen bzw Schranken **19** hat der europäische Gesetzgeber deutlich gemacht, dass der Freiheit des Urhebers grds der Vorrang vor den Interessen der Allgemeinheit eingeräumt werden soll und letztere idR nur dort zum Tragen kommen können, wo dies ausdrücklich geregelt wurde (*Fromm/Nordemann* Vor § 45 Rn 3). Für alle auf der Sozialbindung des Urheberrechts als geistigen Eigentums beruhenden gesetzlichen Schranken der

§§ 44a ff., 69d, 69e, 87c gilt das **Gebot der engen Auslegung** (*BGH* NJW 1968, 1875, 1877 – Kandinsky I; NJW 1972, 1273 f. – Landesversicherungsanstalt; NJW 1986, 1254, 1255 – Schulfunksendung; NJW 1992, 1686, 1687 – Liedersammlung; NJW 1993, 2871, 2872 – Verteileranlagen; GRUR 2001, 51, 52 – Parfumflakon; GRUR 2002, 1050 – Zeitungsbericht als Tagesereignis).

20   Bei der Auslegung der Schrankenregelungen ist allerdings zu berücksichtigen, ob ausnahmsweise die Anwendung der Schranke den Urheber **günstiger stellt** als ihre Nichtanwendung (*BGH* WRP 2002, 1296, 1300 – Elektronischer Pressespiegel).

2. Analoge Anwendung

21   **Für eine analoge Anwendung der Vorschriften ist allenfalls in seltenen Ausnahmefällen Raum** (*BGH* NJW 1986, 1254, 1255 – Schulfunksendung; GRUR 2001, 51, 52 – Parfumflakon), weil dem Urheber sein Ausschließlichkeitsrecht möglichst uneingeschränkt zustehen soll (*BGH* GRUR 2001, 51, 52 – Parfumflakon).

3. Ergänzende Auslegung

22   **Einer erg. Auslegung** können die Schrankenregelungen je nach den Umständen des Einzelfalls zugänglich sein. Wo dies erforderlich war, hat der Gesetzgeber dem Interesse des Urhebers, an dem aus seinem Werk gezogenen Nutzen zumindest finanziell beteiligt zu werden, durch eine Vergütungsregelung Rechnung getragen (vgl zB §§ 46 Abs. 4, 47 Abs. 2 S. 2 aE, 49 Abs. 1 S. 2, 52 Abs. 1 S. 2). Dies ist iRd erg. Auslegung zu berücksichtigen, sodass die sich so ergebende zulässige Nutzung im Allgemeinen vergütungspflichtig sein wird.

4. Anwendbarkeit auf Computerprogramme

23   Auf **Computerprogramme** finden die in §§ 44a ff. geregelten Ausnahmen- und Schrankenregelungen kein Anwendung. Das versteht sich von selbst, soweit die Verwertungsrechte des Programmurhebers in den §§ 69a ff. geregelt sind (*Kilian/Heussen/Harte-Bavendamm/Wiebe* Kap. 51 Rn 52; vgl auch Art. 4-6 der RL des Rates v. 14.5.1991 über den Rechtsschutz von Computerprogrammen, ABlEG Nr. L 122, 42 ff. und die Erwgr hierzu; weitergehend *Dreier* GRUR 1993, 781, 784). Dass die §§ 44a ff. auf das Vervielfältigungsrecht bei Computerprogrammen keine Anwendung finden sollten, ergibt sich schon daraus, dass § 53 Abs. 4 S. 2 idF v. 24.6.1985, nach dem die Vervielfältigung eines Programms für die Datenverarbeitung nur mit Einwilligung des Berechtigten zulässig war, im Zuge der Einfügung der §§ 69a ff. durch das Zweite UrhGÄndG v. 9.6.1993 (BGBl I, 910) gestrichen wurde (vgl amtl. Begr. BT-Drucks. 12/4022, 8). Durch §§ 69d, 69e verdrängt werden die §§ 44a ff. zweifelsfrei auch insoweit, als sie das sich im Umkehrschluss aus § 23 S. 2 ergebende Bearbeitungsrecht sowie das Vervielfältigungsrecht (§ 17) des Urhebers einschränken (vgl amtl. Begr. BT-Drucks. 12/4022, 11).

24   Der Ausschluss gilt aber auch insoweit, als zugunsten des Urhebers der Schutz direkt aus §§ 15 ff. eingreift (**aA** *Kilian/Heussen/Harte-Bavendamm/Wiebe* Kap. 51 Rn 52; *Schricker/Loewenheim* § 69a Rn 24: nur soweit sich die Anwendungsbereiche überschneiden). Das hält jetzt auch die Europäische Richtlinie 2001/29/EG zur Harmonisierung des Urheberrechts in der Informationsgesellschaft (ABlEG Nr. L 167/10) in Art. 1 Abs. 2a und Erwgr 50 ausdrücklich fest. Entspr. richtlinienkonform ist das Än-

derungsgesetz, welches vor allem auch der Umsetzung der Schrankenregelungen aus der Richtlinie diente, auszulegen.

Die Gegenauffassung (*Kilian/Heussen/Harte-Bavendamm/Wiebe* Kap. 51 Rn 52; **25** *Schricker/Loewenheim* § 69a Rn 24), nach welcher der Rückgriff nur insoweit ausgeschlossen sein soll, als sich die Regelungsbereiche der §§ 44a ff. und 69d, 69e überschneiden, kommt kaum zu unterschiedlichen Ergebnissen. Denn die meisten Schrankenregelungen der §§ 44a ff. werden durch §§ 69d, 69e sinngemäß ersetzt oder passen auf Computerprogramme nicht (vgl *Schricker/Loewenheim* § 69a Rn 24).

5. Einschränkung von Urheberpersönlichkeitsrechten

Eine Einschränkung des **Urheberpersönlichkeitsrechts** aufgrund der §§ 44a ff., **26** 69d, 69e, 87c ist nur dann zulässig, wenn dies in der entspr. Schrankenregelung so vorgesehen ist. Diese Voraussetzungen liegen lediglich betr. des Veröffentlichungsrechts vor, und zwar in §§ 44a, 45 und 57, welche die Verwertung auch bei unveröffentlichten Werken zulassen (vgl *Schricker/Melichar* Vor §§ 45 ff. Rn 12).

6. Anwendbarkeit auf Innominatrechte

Problematisch ist die Anwendung der Ausnahmen- und Schrankenregelungen auf **27** **Innominatrechte**. Sie gewinnt Bedeutung vor allem für sog. Altfälle, also für Sachverhalte, die sich vor In-Kraft-Treten des Gesetzes zur Regelung des Urheberrechts in der Informationsgesellschaft am 13.9.2003 ereignet haben. Für das durch dieses Gesetz erst eingefügte Bereitstellungsrecht (§ 19a) etwa muss dann geprüft werden, inwieweit sich die Ausnahmen und Schranken anwenden lassen, obgleich das fragliche Recht zum Zeitpunkt ihres In-Kraft-Tretens noch nicht anerkannt war. Soweit die entspr. Schranke alle körperlichen bzw unkörperlichen Verwertungsrechte des Urhebers einschränkt (vgl zB §§ 44a, 45, 48, 49, 50, die jeweils neben einzelnen körperlichen Verwertungsrechten auch die öffentliche Wiedergabe erlauben), sind davon zwangsläufig auch unbenannte Rechte erfasst. Gleiches gilt, wenn sich das entspr. Innominatrecht zweifelsfrei einer Gruppe von Verwertungsrechten gleichstellen lässt, auf die sich eine Schranke bezieht. In den verbleibenden Fällen kommt die Anwendung der §§ 44a ff. auf Innominatrechte hingegen nicht in Betracht, weil dies letztlich auf eine insoweit unzulässige analoge Anwendung von Urheberrechtsschranken hinauslaufen würde.

7. Anwendbarkeit auf Altfälle

Anwendbar sind die Schrankenregelungen nur auf solche Sachverhalte, die sich nach **28** ihrem In-Kraft-Treten ereignet haben. Auf Altfälle vor dem 13.9.2003 können daher die neu geschaffenen Schranken der §§ 44a, 45a nicht angewandt werden. Das fordert der Schutz des geistigen Eigentums des Urhebers. Stets ist aber zu prüfen, ob eine entspr. Beschränkung schon Teil der Rechtsordnung war bzw ob der Urheber eine entspr. Einschränkung im Wege der verfassungskonformen Auslegung nach Art. 3 oder 5 GG hinzunehmen hatte.

III. Arten von im UrhG geregelten Schranken

1. Allgemeines

29 Ursprünglich war geplant, den sechsten Abschn. des UrhG mit „Ausnahmen und Schranken" zu überschreiben. Denn anders als §§ 45 ff. stelle § 44a, so noch der RefE v. 18.3.2002, keine Schranke, sondern eine Ausnahme vom ausschließlichen Vervielfältigungsrecht dar. Mit dieser terminologischen Einstufung wollte der Gesetzgeber an Art. 5 der Europäischen Richtlinie 2001/29/EG zur Harmonisierung des Urheberrechts anknüpfen.

30 Die endgültige Fassung des Gesetzes zur Regelung des Urheberrechts in der Informationsgesellschaft sieht von einer terminologischen Sonderbehandlung des § 44a zu recht ab. Das Ausschließlichkeitsrecht des Urhebers umfasst grds auch das Recht, flüchtige Vervielfältigungen zu verbieten. Entspr. wird es durch § 44a ebenso „beschränkt", wie durch die Vorschriften der §§ 45 ff.

2. Zweck

31 Die Schrankenregelungen der §§ 44a ff., 69d, 69e, 87c dienen der sachgemäßen Abgrenzung der Rechte des Urhebers gegenüber den berechtigten Interessen der Allgemeinheit (amtl. Begr. BT-Drucks. IV/270, 30). Bei näherem Hinsehen lassen sich jedoch sowohl nach dem betr. privilegierten Interesse der Allgemeinheit als auch nach der Intensität der Einschränkung des Urheberrechts unterschiedliche Arten von Schrankenregelungen ausmachen.

32 Was die Einteilung der Schrankenregelung nach dem durch sie jeweils privilegierten Zweck anbetrifft, werden unterschiedliche Einteilungen favorisiert (s. zB *Schricker/Melichar* Vor §§ 45 ff. Rn 4). Nach der hier vertretenen Auffassung dient § 61 aF bzw § 42a nF dem ungehinderten Zugang zu den Kulturgütern, § 51 der Freiheit des geistigen Schaffens und §§ 48-50 und 53 Abs. 1, 2 tragen der Informationsfreiheit Rechnung (vgl zu den verfolgten Zielen auch amtl. Begr. BT-Drucks. IV/270, 30). § 45 schützt das Interesse der Rechtspflege und der öffentlichen Sicherheit, §§ 46 f., 52a, 53 Abs. 3 das der Forschung und Lehre und § 52 dient bestimmten sozialen Zwecken. Die Schrankenregelungen der §§ 53 ff. erkennen außerdem das Interesse am privaten und eigenen Gebrauch an, §§ 57 und 59 erlauben die Abbildung von als Beiwerk anzusehenden Gegenständen und die §§ 44a, 55 f., 55a, 56, 58, 69d, 69e und 87c wurden aus technischen Gründen bzw um einen Arbeitsablauf zu vereinfachen eingefügt. § 45a entspricht dem bes. Anliegen des Gesetzgebers, behinderte Menschen zu fördern.

3. Intensität der Beeinträchtigung

33 Nach der Stärke der gesetzlichen Beschränkung unterscheidet man die zwingende kollektive Verwertung, die Zwangslizenz, die gesetzliche Lizenz und die Freistellung bestimmter Nutzungsarten (*Rehbinder* Rn 253). Schranken iSd §§ 44a ff. sind nur die gesetzliche Lizenz und die Freistellung sowie in gewissem Umfang auch die zwingende kollektive Verwertung, während die vormals in § 61 geregelte Zwangslizenz nunmehr dem Urhebervertragsrecht zugehört (§ 42a).

34 Die **zwingende kollektive Verwertung** ist zB in §§ 49 Abs. 1 S. 3 und 54h Abs. 1 für die Geltendmachung der Vergütung bei gesetzlichen Lizenzen (hierzu sogleich

Vor §§ 45 ff. Rn 36) angeordnet. Sie greift aber auch in anderen Fällen ein, zB bei manchen Verwertungsrechten und bei den sonstigen Rechten (zB §§ 20b Abs. 1, 26 Abs. 5, 27 Abs. 3).

Die bis zum 12.9.2003 in § 61 vorgesehene und inzwischen nur noch für Altfälle relevante **Schranke der Zwangslizenz** begründet die gerichtlich durchsetzbare Verpflichtung des Urhebers zur Einräumung einer Lizenz; Letztere folgt jetzt bei trotz anderer systematischer Einordnung gleicher inhaltlicher Regelung aus § 42a. § 61 aF bzw § 42a nF gewähren dem Dritten also nicht schon selbst eine Lizenz, sondern überlassen dies dem Urheber, der freilich zur Einräumung der Lizenz zu angemessenen Bedingungen verpflichtet ist. Wann von angemessenen Bedingungen gesprochen werden kann, richtet sich nach den Umständen des Einzelfalls, wobei es vor allem darauf ankommt, welche Bedingungen in der betr. Branche und für die betroffene Nutzungsart üblich sind. Verweigert der Urheber die Einräumung einer Lizenz und nutzt der Dritte das Werk daraufhin eigenmächtig, begeht er dem klaren Wortlaut des § 61 nach eine Urheberrechtsverletzung und kann selbst dann nach §§ 97 ff. in Anspruch genommen werden, wenn er Anspruch auf eine Lizenz hat (*Möhring/Nicolini/Gass* § 61 Rn 25; *Schricker/Melichar* Vor §§ 45 ff. Rn 29). **35**

Gesetzliche Lizenzen sind zB in §§ 27 Abs. 2, 45a Abs. 1, 2 S. 1, 46, 47 und 52a sowie teilweise in §§ 52 Abs. 1 S. 1, 2 und §§ 53, 54 enthalten. Im Gegensatz zur Freistellung bestimmter Nutzungsarten knüpfen sie die gesetzliche Erlaubnis zur Werknutzung auch ohne Zustimmung des Urhebers an die Zahlung einer Vergütung. Die **Vergütung** stellt kein Surrogat für das aufgehobene Verbotsrecht, sondern ein **Relikt des positiven Nutzungsrechts** dar (*Schricker/Melichar* Vor §§ 45 ff. Rn 18; vgl auch *Fromm/Nordemann* Vor § 45 Rn 7). Die Nichtzahlung der Vergütung begründet daher keine deliktischen Ansprüche nach §§ 97 ff., sondern berechtigt den Urheber nur zur **Erfüllungsklage**. Diese kann durch die Geltendmachung eines Auskunftsanspruchs vorbereitet werden, wobei auf den auf § 242 BGB basierenden allg. Auskunftsanspruch zurückzugreifen ist, wenn keine gesetzliche Regelung wie in § 54g existiert (vgl *Schricker/Melichar* Vor §§ 45 ff. Rn 24 ff.). Die Höhe der geschuldeten Vergütung richtet sich nach den Umständen des Einzelfalls, wobei eine Gruppenbildung zulässig (*BGH* GRUR 1974, 35, 37 – Musikautomat) und das Gericht ohnehin meistens auf Schätzungen angewiesen ist (*BGH* NJW-RR 1986, 1382 – Liedtextwiedergabe II). Haben sich bestimmte Vergütungen als üblich etabliert, sind sie zugrunde zu legen. Deshalb wird im Allgemeinen auf die Tarife der Verwertungsgesellschaften zurückgegriffen (*Schricker/Melichar* Vor §§ 45 ff. Rn 23). **36**

Der Gebrauch des Werkes aufgrund einer gesetzlichen Lizenz begründet zwischen dem Urheber und dem Nutzer ein **gesetzliches Schuldverhältnis**, auf welches die Vorschriften des BGB über Schuldverhältnisse (§§ 241 ff BGB) einschließlich der allg. aus Treu und Glauben herzuleitenden Anzeige-, Hinweis-, Benachrichtigungs- und Offenbarungspflichten Anwendung finden (*Schricker/Melichar* Vor §§ 45 ff. Rn 17 und 27 ff.). Der konkrete Vergütungsanspruch ist mangels vertraglicher Regelung gem. § 271 BGB sofort fällig, dh unmittelbar nach Vornahme der die gesetzliche Lizenz begründenden Verwertungshandlung (*Schricker/Melichar* Vor §§ 45 ff. Rn 21). Er verjährt in der regelmäßigen Verjährungsfrist (*BGH* Schulze BGHZ 275, 15 f. – Video-Recorder), und ist nach allg. Regeln (§§ 398 ff. BGB) abtretbar. Der konkrete, schon entstandene Vergütungsanspruch kann nicht Gegenstand von Lizen- **37** zen sein, weil nicht er, sondern nur die abstrakte Befugnis auf Vergütung im Falle einer Nutzung Teil des Urheberrechtes ist. Aber auch die Befugnis auf Zahlung der Vergütung als solche, zB aus § 46 Abs. 4, kann trotz ihres vorwiegend materiellen Charakters nicht lizenziert werden, weil ihr der hierfür erforderliche Ausschließlichkeitscharakter fehlt (**aA** *Schricker/Melichar* Vor §§ 45 ff. Rn 19, der sich für eine einzelfallbezogene Betrachtungsweise ausspricht). Der Urheber kann jedoch in den allg. Grenzen auch künftig erst entstehende Ansprüche auf Vergütung an Dritte abtreten oder diese zur Einziehung ermächtigen.

38 Die **Freistellung** bestimmter Nutzungsarten (zB in §§ 44a, 45, 45a Abs. 1, 2 S. 1 HS 2, 47, 48, 50 und 51 und zT auch in §§ 53 und 55-60) ist die schärfste Form der Begrenzung des Urheberrechts, weil sie dem Dritten die Nutzung des Werkes ohne Zustimmung des Urhebers erlaubt, ohne dass dieser hierfür angemessen vergütet wird.

IV. Schranken der Schranken

39 Die meisten **Schrankenregelungen der §§ 44a ff. unterliegen ihrerseits Schranken**, nämlich dem Änderungsverbot (§ 62) und der Quellenangabepflicht (§ 63). Systematisch handelt es sich um **Schranken-Schranken**, die bei fast allen Schrankennutzungen zu beachten sind. Ihre Verletzung macht eine Werknutzung, die sich ansonsten in den Schranken der §§ 45 ff. hält, nicht unzulässig; sie kann zu Schadenersatzansprüchen des Urhebers führen (näher § 62 Rn 23 und § 63 Rn 21).

V. Anwendbarkeit auf andere als urheberrechtliche Bestimmungen

40 Die Schrankenregelungen der §§ 44a ff., 69d, 69e, 87c sind nur auf Bestimmungen des UrhG anwendbar. Für die Urheberrechte ergibt sich dies unmittelbar aus der jeweiligen Schranke. Auf **verwandte Schutzrechte** finden die Vorschriften durch Verweisung Anwendung. Sie kann, wie in § 72, auch pauschal dergestalt erfolgen, dass das verwandte Schutzrecht „in entsprechender Anwendung der ... Vorschriften des Ersten Teils" geschützt werde (*BGH* GRUR 2002, 1050 – Zeitungsbericht als Tagesereignis). Auf andere Vorschriften, zB jene des **UWG**, finden die urheberrechtlichen Schrankenregelungen keine Anwendung (*BGH* NJW 1958, 1486, 1488 – Box-Programm). Für die Frage, ob der Vertrieb von Programmheften wettbewerbsrechtlich erlaubt ist, kann daher aus § 49 Abs. 2 nichts entnommen werden (so *BGH* NJW 1958, 1486, 1488 – Box-Programme zur Rechtslage nach § 18 LUG aF). Ebenso werden Ansprüche aus der Verletzung des **Allg. Persönlichkeitsrechts** nicht nach §§ 45 ff. eingeschränkt (*BGH* NJW 1985, 1617, 1619). Zum Verhältnis zwischen Urheberrecht und anderen Rechtsgebieten s. erg. die Kommentierung in § 1 Rn 6 ff.

VI. Umgehung der Schranken durch Kopierschutz

41 Die gesetzlichen Schrankenregelungen sind zwingend. Der Urheber kann daher über sie nicht disponieren. Probleme treten deshalb dort auf, wo durch Einsatz der Technik, etwa das sog. **Digital-Rights-Management** (DRM), eine Nutzung iRd Schrankenregelungen erschwert oder unmöglich gemacht wird. Art. 6 Abs. 4 S. 1 der Richtlinie zur Harmonisierung des Urheberrechts in der Informationsgesellschaft (ABlEG Nr. L 167/10 v. 22.6.2001) verpflichtet die Mitgliedstaaten der EU zwar, Schutzmaß-

nahmen gegen technische Sperren zu ergreifen, soweit diese bestimmten gesetzlich geregelten Urheberrechtsschranken, vor allem der **papiernen** Kopierfreiheit, zuwiderlaufen. Dem wurde durch §§ 95b, 111a Abs. 1 Ziff. 2 sowie verschiedene Änderungen im UKlaG Rechnung getragen. Im Bereich der meisten Schrankenregelungen, vor allem dem der **digitalen** Kopierfreiheit, sind Maßnahmen gegen technische Sperren nach den Vorgaben der Europäischen Richtlinie jedoch **fakultativ**. Der deutsche Gesetzgeber hat sein gesetzgeberisches Ermessen bislang dahingehend genutzt, dass der Rechtsinhaber nach § 95b Abs. 1 lediglich bzgl der dort iE aufgezählten Schranken verpflichtet wurde, dem durch eine Schranke Privilegierten die technischen Mittel zur Verfügung zu stellen, damit dieser die jeweilige Schranke überhaupt nutzen kann. Alle dort nicht genannten Schrankenregelungen kann der Urheber also faktisch **dadurch aushebeln, dass er das Werk mit einem technischen Schutz ausstattet, welcher seine Nutzbarkeit hindert.** Gegen technische Schutzmaßnahmen kann sich der Nutzer eines Werkes der nicht in § 95a Abs. 1 genannten Schranken derzeit nicht wehren. Grund hierfür ist auch der Umstand, dass das UrhG (nur) dem Schutz des Urhebers sowie der dort iE genannten Leistungsschutzberechtigten und Lizenznehmer dient, es aber nicht um den Schutz derjenigen geht, die solche Werke bzw Leistungen in Anspruch nehmen. Ein Verstoß gegen die Verpflichtung des Nutzers zur Wahrung technischer Schutzmechanismen (§ 95a) ist im Gegenteil sogar **strafbewehrt**, außer wenn die Tat ausschließlich zum eigenen privaten Gebrauch erfolgt (§ 108b Abs. 1). **Bes. hart treffen die neuen Vorschriften zu den technischen Schutzmechanismen die durch die Kopierfreiheit nach § 53 Abs. 1 Privilegierten im Bereich digitaler Vervielfältigungen.** Sie haben die Schutzmechanismen nach § 95a Abs. 1 zu wahren. Da § 53 Abs. 1 in § 95b Abs. 1 nur betr. im Wesentlichen analoger Vervielfältigung genannt ist, haben Private auch keine Handhabe, ihre Kopierfreiheit für den privaten Gebrauch iÜ gegen den Urheber durchzusetzen. Nur geringen Trost bietet ihnen der Umstand, dass die Entfernung wirksamer technischer Schutzmaßnahmen zur Durchsetzung der Kopierfreiheit nach § 53 Abs. 1 nicht strafbewehrt ist, da sie stets zum eigenen privaten Gebrauch erfolgt (vgl § 108b Abs. 1 aE). Wenngleich nicht mit Strafe bedroht, ist die Entfernung des technischen Schutzes nämlich immerhin unerlaubt (§ 95a Abs. 1), was etwa für die Frage der Schadenersatzansprüche bedeutsam wird.

Aber auch die in § 95b Abs. 1 genannten Schrankenbegünstigten stehen sich durch die §§ 95a ff. schlechter als zuvor. Ihnen gewährt das UrhG nämlich **kein Selbsthilferecht**. Den ihnen zustehenden Anspruch darauf, dass ihnen die für die Nutzung des Werkes notwendigen technischen Mittel zur Verfügung gestellt werden, müssen sie ggf einklagen. 42

Wegen der Einzelheiten wird auf die Kommentierung zu §§ 95a ff. verwiesen. 43

§ 44a   Vorübergehende Vervielfältigungshandlungen

Zulässig sind vorübergehende Vervielfältigungshandlungen, die flüchtig oder begleitend sind und einen integralen und wesentlichen Teil eines technischen Verfahrens darstellen und deren alleiniger Zweck es ist,

1. eine Übertragung in einem Netz zwischen Dritten durch einen Vermittler oder

2. eine rechtmäßige Nutzung

eines Werkes oder sonstigen Schutzgegenstands zu ermöglichen, und die keine eigenständige wirtschaftliche Bedeutung haben.

I. Gesetzgebungsgeschichte und Regelungsgehalt

1 Die zum 13.9.2003 in Kraft getretene Vorschrift beruht auf der zwingenden Vorgabe des **Art. 5 Abs. 1** der Richtlinie zur Harmonisierung des Urheberrechts. So erklärt sich auch, dass der Gesetzgeber ursprünglich nicht von einer „Schranke des", sondern von einer „Ausnahme vom" Vervielfältigungsverbot(s) sprechen und insoweit die Terminologie des Art. 5 Abs. 1 der Harmonisierungsrichtlinie übernehmen wollte, die ein Vervielfältigungsrecht für flüchtige oder begleitende Vervielfältigungshandlungen, die einen integralen und wesentlichen Teil eines technischen Verfahrens darstellen und deren alleiniger Zweck es ist, eine Übertragung in einem Netz zwischen Dritten durch einen Vermittler oder eine rechtmäßige Nutzung zu ermöglichen und die keine eigene wirtschaftliche Bedeutung haben, schon gar nicht anerkennt. Hiervon ist dann abgesehen und die Überschrift zu § 44a in „vorübergehende Vervielfältigungshandlungen" umformuliert worden.

2 In § 95b ist § 44a nicht genannt. Der Schrankenbegünstigte hat deshalb keinen Anspruch darauf, dass ihm die zur Nutzung iSd § 44a erforderlichen technischen Mittel überlassen werden. Das würde letztlich auch keinen Sinn machen, da der Nutzungsvorgang, den § 44a zum Gegenstand hat, immer im Zusammenhang mit der Nutzung zu sehen ist, die ihm folgt.

II. Voraussetzungen

1. Vorübergehende Vervielfältigungshandlung

Nur vorübergehende Vervielfältigungshandlungen unterfallen § 44a. Mit dem Be-   **3**
griff der Vervielfältigungshandlungen gemeint sind **Vervielfältigungen** iSd § 16.

Die Vervielfältigung muss vorübergehend sein. Damit greift das Gesetz einen Be-   **4**
griff der vorübergehenden Nutzung auf, der durch die Gesetzesänderung bereits in
§ 16 Abs. 1 eingefügt wurde. Vorübergehend ist, wie sich aus § 16 Abs. 1 ergibt, jede
Vervielfältigung, die **nicht dauerhaft** ist. Hingegen deckt sich der Begriff der vorübergehenden, also nicht dauerhaften, Vervielfältigung nicht mit dem der flüchtigen
Vervielfältigung. Dass nicht jede vorübergehende Vervielfältigung auch flüchtig
sein muss, ergibt sich nämlich aus § 44a HS 2, nach dem vorübergehende Vervielfältigungen sowohl flüchtiger als auch begleitender Art sein können. Danach stellt die
vorübergehende Vervielfältigung ein „Mehr" im Verhältnis zur flüchtigen und ein
„Weniger" im Verhältnis zur dauerhaften Vervielfältigung dar. Die vorübergehende
Vervielfältigungshandlung umfasst also **sowohl flüchtige als auch andere Vervielfältigungen, solange diese nur nicht auf Dauer angelegt sind**.

Der Gesetzgeber hatte bei der Schaffung von § 44a die Erfordernisse der Informati-   **5**
onsgesellschaft im Auge (vgl amtl. Begr. zu § 44a, BT-Drucks. 15/38, 18). Konkret
ging es um die Erfassung von Speichervorgängen, die stattfinden, bevor der eigentlich vom Nutzer angestrebte Nutzungsvorgang einsetzt, die also auf einer Vorstufe
der eigentlichen Nutzung angesiedelt sind. § 44a will vermeiden, dass für bestimmte
Fixierungen des Werkes im **Arbeitsspeicher** oder im **Zwischenspeicher** eine gesonderte Erlaubnis des Urhebers eingeholt werden muss, obwohl die daran anschließende eigentliche Nutzung erlaubnisfrei ist. Auf Dauer angelegte körperliche Festlegungen des Werkes, zB das Brennen eines Werkes auf einer CD-ROM oder die Anfertigung einer Sicherungskopie auf Festplatte, um das Werk auch zur Verfügung zu
haben, wenn dieses nicht mehr im Internet verfügbar ist, sind von § 44a zweifelsfrei
nicht erfasst.

Die Voraussetzungen des § 44a sind auf die digitale Werkverwertung zugeschnitten.   **6**
Das schließt die Anwendbarkeit der Vorschrift auf andere Nutzungsvorgänge nicht
aus. Es bedarf jedoch der sorgfältigen Prüfung, ob der entspr. Vorgang noch vom
Schutzzweck der Norm erfasst ist.

2. Flüchtig oder begleitend

Die vorübergehende Vervielfältigung muss entweder flüchtig oder begleitend sein.   **7**
Mit dem Begriff der **flüchtigen Vervielfältigungen** will das Gesetz vor allem die
Caches erfassen, dh zeitlich begrenzte Zwischenspeicherungen bereits aufgerufener
Netzinhalte auf dem Server des Anbieters, die einen schnelleren Zugriff des Nutzers
auf diese Netzinhalte bei erneutem Abruf gewährleisten und das Netz entlasten sollen
(amtl. Begr. zu § 44a, BT-Drucks. 15/38, 18). Flüchtig sind prinzipiell auch andere
ephemere Vervielfältigungen, wenn sie nur sehr kurze Zeit Bestand haben und sodann „vergehen", ohne dauerhafte Spuren zu hinterlassen. Auf Fixierungen im Arbeitsspeicher eines PC trifft das nicht zu, sie können aber begleitend iSd § 44a sein.
Flüchtige Vervielfältigungen gibt es auch dort, wo nicht mit dem PC gearbeitet wird.
Flüchtig sind zB die Vervielfältigung eines Happenings durch einen anderen als den

ursprünglichen Künstler und die Nachahmung eines künstlerischen Feuerwerks. Im Allgemeinen fehlt es aber an den weiteren Voraussetzungen des § 44a.

8 Ist eine Vervielfältigung zwar vorübergehend, aber nicht flüchtig, kann sie als **begleitende Vervielfältigung** vom Vervielfältigungsverbot ausgenommen sein. Begleitend ist jede Vervielfältigung, wenn sie einen Zwischenschritt auf dem Wege zur eigentlich bezweckten Nutzung des Werkes darstellt. Begleitend ist vor allem die Festlegung von Werken im **Arbeitsspeicher** eines PC. Letztlich greift das Gesetz hier den in § 44a Ziff. 1 und 2 enthaltenen Gedanken auf, nach dem Vervielfältigungen möglich sein sollen, wenn sie einen integralen und wesentlichen Teil eines technischen Verfahrens nach § 44a Ziff. 1 oder 2 bilden.

3. Integraler und wesentlicher Teil eines technischen Verfahrens mit bestimmtem Zweck

9 **a) Integraler und wesentlicher Teil.** Die Vervielfältigung darf nicht um ihrer selbst vorgenommen werden, sondern muss vielmehr Bestandteil einer weitergehenden Nutzungshandlung nach § 44a Ziff. 1 oder 2 sein. Speicherungen im Arbeitsspeicher des Computers sind danach dann nicht privilegiert, wenn sich das Ziel des Nutzers darin erschöpft, die Speicherung zu erlangen. Abzustellen ist auf den Eindruck eines Verkehrskreises, der mit der technischen Materie einigermaßen vertraut und für sie aufgeschlossen ist. Liegen die Voraussetzungen des § 44a Ziff. 1 oder 2 vor, wird man davon ausgehen können, dass dabei angefertigten Zwischenspeicherungen oder Speicherungen im Arbeitsspeicher keine eigenständige Bedeutung zukommt, sondern diese einen integralen und wesentlichen Teil des weitergehenden Surf- bzw Abrufvorgangs bilden.

10 **b) Technisches Verfahren und Zweck. aa) Ermöglichung einer Übertragung in einem Netz zwischen Dritten durch einen Vermittler.** Privilegiert sind flüchtige bzw begleitende Vervielfältigungen, wenn sie ausschließlich dazu dienen, die Übertragung des Werkes in einem Netz zwischen Dritten durch einen Vermittler zu ermöglichen. Dadurch werden der **Vermittler** und der **Netzbetreiber** von etwaigen Haftungsansprüchen freigestellt, die sich daraus ergeben könnten, dass das Werk während des Übertragungsvorgangs auf seinen Servern gespeichert wird. Während der Nutzung des Internets, also zB dem Browsen auf fremden Websites, wird das dort befindliche Werk kurzfristig auf mindestens einem, meist sogar mehreren zwischengeschalteten Servern zwischengespeichert (**Cachen**). Nach Durchlaufen dieser Zwischenstationen langt es auf dem Rechner des Nutzers an. Rechtlich stellt jede der Zwischenspeicherungen auf den zum Netz gehörenden Servern eine Vervielfältigung iSd § 16 dar. § 44a stellt nun klar, dass sie vom Vervielfältigungsrecht des Urhebers ausgenommen sind.

11 **bb) Ermöglichung einer rechtmäßigen Nutzung.** Ebenso vom Vervielfältigungsrecht ausgenommen sind solche vorübergehenden Vervielfältigungen, die ausschließlich bezwecken, eine rechtmäßige Nutzung zu ermöglichen. So wird der **Nutzer** vor einer Inanspruchnahme durch den Urheber wegen der beim rechtmäßigen **Browsen** auf fremden Websites notwendig anfallenden Zwischenspeicherungen oder gar Fixierungen der Website im Arbeitsspeicher des Nutzers geschützt. Rechtmäßig ist eine Nutzung nicht erst dann, wenn der Nutzer im Besitz einer **Lizenz** ist.

Vielmehr reicht die mit der Bereitstellung des Werkes im Internet regelmäßig konkludent erteilte **Einwilligung** zum Browsen ebenso aus, wie eine gesetzliche Freistellung bzw Lizenz durch eine der **Schranken** der §§ 45 ff.

Abzustellen ist darauf, ob die Vervielfältigung – wie die Zwischenspeicherung – einen unselbständigen Vorgang iRd Werkbenutzung darstellt, oder ob sie über diese hinaus einen eigenen Zweck verfolgt. Trifft Letzteres zu, kommt die Anwendung von § 44a nicht in Betracht. Eine andere Frage ist dann, inwieweit der Urheber hierzu mit der Programmlizenz konkludent seine Einwilligung erteilt hat (vgl hierzu *Schricker/ Loewenheim* § 16 Rn 19). **12**

4. Keine eigenständige wirtschaftliche Bedeutung

Nur Vervielfältigungen, die keine eigenständige wirtschaftliche Bedeutung haben, sind vom Vervielfältigungsrecht des Urhebers ausgenommen. Werden beim **Browsen** Werke im Arbeitsspeicher niedergelegt, um später ausgedruckt zu werden, ist das nicht mehr von § 44a gedeckt. Hingegen kommt der Niederlegung der Daten beim **Streaming** im Display-Speicher keine eigene wirtschaftliche Bedeutung zu. Werden die Daten, wie beim echten Streaming der Fall, während des Downloads wahrnehmbar gemacht, ist der Speichervorgang im Display-Speicher demgegenüber wirtschaftlich bedeutungslos. Gleiches gilt, wenn man darin überhaupt eine Vervielfältigung sehen will, für die im Bildspeicher eines digitalen Fernsehers für den Bruchteil einer Sekunde fixierten Daten. Anders verhält es sich hingegen, wenn die Daten nicht nur im **Display-Speicher**, sondern auch anderweit abgespeichert werden, zB um dem Nutzer dadurch eine zeitlich versetzte Wiedergabe auch für den Fall zu ermöglichen, dass er den Wahrnehmungsvorgang zwischenzeitlich unterbricht. **13**

III. Rechtsfolgen

§ 44a beschränkt das Vervielfältigungsrecht des Urhebers. Der Gesetzgeber ging ursprünglich davon aus, dass es sich nicht um eine Schranke, sondern um eine Ausnahme von § 16 handele; näher hierzu oben Rn 1. Selbst wenn man dem folgte, hätte das keinen Einfluss auf die **Beweislastverteilung**. Denn nach allg. Grundsätzen hat derjenige, der sich auf eine Ausnahme oder Schranke beruft, deren Vorliegen zu beweisen. **14**

IV. Schranken-Schranken

Das **Änderungsverbot** (§ 62) ist zu beachten. Die **Quellenangabepflicht** (§ 63) gilt hingegen für § 44a nicht. **15**

V. Behandlung von Altfällen

Für Sachverhalte vor dem In-Kraft-Treten der Vorschrift zum 13.9.2003 fehlt es an einer Regelung. Auf sie kann auch nicht im Wege der Analogiebildung zurückgegriffen werden (s. hierzu Vor §§ 44a ff. Rn 21). Wer sein Werk ohne Beschränkung ins Internet stellt, geht aber davon aus und wünscht dies sogar, dass es durch Dritte virtuell angesehen und je nach den Umständen des Einzelfalls auch abgerufen wird. Die notwendigen Zwischenspeicherungen und Speicherungen im Arbeitsspeicher, ohne die der Lese- bzw Abrufvorgang nicht sinnvoll verwirklicht werden kann, sind hiervon umfasst. Insofern kann für Altfälle mit einer **konkludent erteilten Zustimmung** des Urhebers gearbeitet werden. **16**

§ 45   Rechtspflege und öffentliche Sicherheit

(1) Zulässig ist, einzelne Vervielfältigungsstücke von Werken zur Verwendung in Verfahren vor einem Gericht, einem Schiedsgericht oder einer Behörde herzustellen oder herstellen zu lassen.

(2) Gerichte und Behörden dürfen für Zwecke der Rechtspflege und der öffentlichen Sicherheit Bildnisse vervielfältigen oder vervielfältigen lassen.

(3) Unter den gleichen Voraussetzungen wie die Vervielfältigung ist auch die Verbreitung, öffentliche Ausstellung und öffentliche Wiedergabe der Werke zulässig.

I. Regelungsgehalt

1   § 45 enthält in seinen Absätzen 1 und 2 zwei unterschiedliche Schrankenregelungen, die zum einen dem Interesse der Rechtspflege und zum anderen dem der öffentlichen Sicherheit dienen. Da die meisten Verfahren öffentlich sind, werden in § 45 gerade auch Verwertungshandlungen für zulässig erklärt, bei denen das Werk öffentlich wahrnehmbar oder zugänglich gemacht wird. Neben § 45 gilt § 24 KUG weiter, soweit Einschränkungen des unter das Allg. Persönlichkeitsrecht fallenden Rechts am eigenen Bild der abgebildeten Person betroffen sind (*Schricker/Melichar* § 45 Rn 2; vgl *OLG Frankfurt* NJW 1971, 47 ff.).

2   Ist das Werk mit **Digital Rights Manangements** versehen, hat der Schrankenbegünstigte nach § 95b Abs. 1 Ziff. 1 Anspruch darauf, dass ihm die zur Nutzung iSd § 45 erforderlichen technischen Mittel überlassen werden.

II. Werke und Vervielfältigungsstücke in einem Verfahren vor einem Gericht, einem Schiedsgericht oder einer Behörde (§ 45 Abs. 1 und 3)

1. Allgemeines

3   In Verfahren vor Gerichten oder Behörden werden häufig zu Beweiszwecken oder aus anderen Gründen Vervielfältigungsstücke von urheberrechtlich geschützten Werken benötigt, die dem Gericht, der Behörde und den beteiligten Parteien zugänglich gemacht, öffentlich vorgelesen, vorgeführt oder sonst öffentlich wiedergegeben oder ausgestellt werden müssen. Das Werk wird in diesen Fällen nicht um seiner

selbst willen, sondern als **Beweis- oder sonstiges Hilfsmittel für die zu treffende Entsch.** benutzt. § 45 Abs. 1 und 3 erlauben wegen dieses privilegierungswürdigen Zwecks unter bestimmten Umständen die Verwertung eines Werkes in einem Verfahren vor einem Gericht, einem Schiedsgericht oder einer Behörde (amtl. Begr. BT-Drucks. IV/270, 63).

2. Voraussetzungen der Schrankenregelung

Gegenstand der Schrankenregelung sind **alle urheberrechtsfähigen Werke** iSd § 2. **4**
Unveröffentlichte Werke sind bewusst nicht von der Schrankenregelung ausgenommen worden (amtl. Begr. BT-Drucks. IV/270, 63). Die Werke müssen in einem Verfahren vor einem **Gericht**, einem **Schiedsgericht** oder einer **Behörde** verwandt werden. Unter einem Gericht iSd Gesetzes versteht man dabei alle Spruchorgane der rechtsprechenden Gewalt gem. Art. 92 GG, unabhängig von der Verfahrensart. Schiedsgerichte sind zum einen alle durch privatrechtlichen Schiedsvertrag vereinbarten Organe einschließlich der Vereinsschiedsgerichte, zum anderen auch alle vom Gesetz vorgesehenen Schiedsinstitutionen, wie die Schlichtungsstellen im Arbeitsgerichtsverfahren, nach § 14 WahrnG oder beim Patentamt nach §§ 28 ff. ArbnErfG. Unter einer Behörde schließlich versteht man nach § 1 Abs. 4 VwVfG jede Stelle, die Aufgaben der öffentlichen Verwaltung wahrnimmt, also zB auch mit der Wahrnehmung von Verwaltungsaufgaben betraute, beliehene Unternehmen (*Schricker/ Melichar* § 45 Rn 3). Dazu zählen auch das Patentamt, der TÜV und der Gerichtsvollzieher, nicht aber Krankenhäuser oder Versorgungsbetriebe, selbst wenn sie sich in öffentlicher Hand befinden.

Unter einem **Verfahren** iSd § 45 versteht man den Vorgang vor dem Gericht, dem **5**
Schiedsgericht oder der Behörde, der einer Entscheidungsfindung für einen nicht rein gerichts- oder behördeninternen Vorgang zur Regelung eines Einzelfalls vorangeht. Für vor Beginn des Verfahrens liegende Handlungen, wie die Einrichtung von Geschäftsstellen, die Geschäftsverteilung uÄ gilt § 45 nicht.

3. Ohne Zustimmung des Urhebers zulässige Verwertungshandlungen

Unter den Voraussetzungen des § 45 Abs. 1 zulässig sind **alle Arten der in § 15 ge- 6
nannten Verwertung des Werkes**, nämlich die Herstellung einzelner Vervielfältigungsstücke eines Werkes sowie deren Verbreitung, öffentliche Ausstellung und öffentliche Wiedergabe. Erfasst sind auch Verwertungshandlungen nach der durch Gesetz zur Umsetzung der Richtlinie 2001/29/EG erst eingefügten Vorschrift des **§ 19a**, die als Fall der öffentlichen Wiedergabe unter § 15 Abs. 2 fällt.

Stets dürfen allerdings nur **einzelne Vervielfältigungsstücke** hergestellt und ver- 7
wertet werden. Darunter versteht der *BGH* (NJW 1978, 2596 – Vervielfältigungsstücke; vgl auch die amtl. Begr. zu § 53, BT-Drucks. 10/837, 16) üblicherweise bis zu sieben; in Verfahren mit mehreren Beteiligten bis hin zu Massenverfahren wird man jedoch auch darüber hinaus ein Vervielfältigungsrecht insoweit als gegeben ansehen müssen, als für jeden Verfahrensbeteiligten ein Vervielfältigungsstück angefertigt wird.

Unveröffentlichte Werke sind bewusst nicht von der Schrankenregelung ausgenom- 8
men worden (amtl. Begr. BT-Drucks. IV/270, 63). Soweit in der nach § 45 Abs. 1

und 3 zulässigen Verwertung zugleich eine Veröffentlichung iSd § 12 liegt, wird deshalb auch das Veröffentlichungsrecht des Urhebers eingeschränkt.

9   § 45 Abs. 1 lässt bis auf die Beschränkung der Zahl der herzustellenden Vervielfältigungsstücke eine umfassende Verwertung zu. Sog. **Innominatfälle**, dh in § 15 nicht genannte, bei Erlass des UrhG unbekannte Verwertungsarten stehen den ausdrücklich in § 45 Abs. 1 und 3 genannten Verwertungsarten daher gleich. Soweit es um eine unkörperliche Verwertung geht, ergibt sich dies schon aus dem Wortlaut des § 45 Abs. 3, der die öffentliche Wiedergabe ausdrücklich zulässt. Hinsichtlich der körperlichen Werkverwertung folgt es aus der lückenlosen Aufzählung aller bekannten körperlichen Verwertungsformen in § 45 Abs. 1, 3, die lediglich hinsichtlich der Zahl der Vervielfältigungsstücke eine Einschränkung erfahren (§ 45 Abs. 1: „... einzelne Vervielfältigungsstücke ...“). Bedeutsam wird die Frage der Anwendbarkeit der Vorschrift auf Innominatrechte inzwischen nur noch für Altfälle, die sich vor dem 13.9.2003 ereignet haben, also zB auf die vor In-Kraft-Treten des § 19a erfolgte Bereitstellung eines Streckbriefs zum Abruf im Internet.

10   Stets muss die Verwertung **der Verwendung im Verfahren dienen**. Ausreichend ist, dass sie mit dem Ziel erfolgt, das Verfahren zu betreiben. Nicht erforderlich ist, dass die Verwertungshandlung das Verfahren objektiv voranbringt. Zulässig ist danach vor allem die Herstellung von Vervielfältigungsstücken in der erforderlichen Anzahl zur Vorlage vor Gericht oder bei der Behörde zu Beweiszwecken, das öffentliche Verlesen aus diesen Werken bzw Vervielfältigungsstücken, das öffentliche Ausstellen von Werken im Gerichts- oder Behördensaal bzw die öffentliche Vorführung oder sonstige öffentliche Wiedergabe des Werkes zu Beweis- oder Hilfszwecken im Verfahren (vgl amtl. Begr. BT-Drucks. IV/270, 63). Die Verwertung des Werkes muss der Verwendung im Verfahren selbst dienen, es muss sich also um eine Verfahrenshandlung handeln. Nicht von § 45 gedeckt sind Handlungen, die sich nur mittelbar auf das Verfahren auswirken. **Publizistische** Maßnahmen, zB der Bericht über ein Verfahren im Fernsehen oder in der Zeitung, fallen daher nicht unter § 45, selbst wenn sie durch einen Verfahrensbeteiligten zum Zwecke der Verfahrensbeschleunigung lanciert werden.

11   Einer bes. Anordnung der Verwertung durch das Gericht oder die Behörde, zB durch eine Verfügung der Anfertigung von Vervielfältigungsstücken, bedarf es nicht. Sie würde das Verfahren unnötig verzögern (amtl. Begr. BT-Drucks. IV/270, 63).

12   Das **Änderungsverbot** (§ 62) und die **Quellenangabepflicht** (§ 63) sind zu beachten.

4. Berechtigter

13   Berechtigt zur Verwertung des Werkes in der in § 45 Abs. 1 und 3 genannten Art ist jeder, der das Werk zur Verwendung in einem Verfahren vor einem **Gericht**, einem Schiedsgericht oder einer Behörde benutzt. Das sind vor allem die **Parteien** des Verfahrens, aber auch deren Prozess- bzw **Verfahrensbevollmächtigte** und sonstige am Verfahren beteiligte Personen wie der **Gutachter** oder der **Zeuge**. Außerdem sind auch das Gericht, das Schiedsgericht und die Behörde selbst zur Vornahme von Verwertungshandlungen iSd § 45 befugt.

5. Keine Vergütungspflicht

Die Verwertung des Werkes in den Schranken des § 45 Abs. 1 ist vergütungsfrei. Der **14**
Gesetzgeber hat bewusst darauf verzichtet, dem Urheber für die Werknutzung nach
§ 45 eine Vergütung zuzubilligen, weil das Werk nicht um seiner selbst Willen, sondern als Beweis- oder Hilfsmittel für eine durch das Gericht, das Schiedsgericht oder
die Behörde zu treffende Entsch. verwandt werde.

III. Verwertung von Bildnissen zu Zwecken der Rechtspflege und öffentlichen
   Sicherheit (§ 45 Abs. 2)

1. Allgemeines

§ 45 Abs. 2 und 3 ergänzen **§ 24 KUG**. Während letzterer unter der Voraussetzung **15**
eines entspr. Interesses der Rechtspflege oder der öffentlichen Sicherheit Eingriffe in
das Recht des Abgebildeten am eigenen Bild ermöglicht, stellen §§ 45 Abs. 2 und 3,
72 die Behörden unter den gleichen Voraussetzungen von Rechten eines etwaigen
Urhebers oder Lichtbildners an dem Bildnis frei. Daher entsprechen sich beide Vorschriften auch, was den zulässigen Umfang der Nutzung anbetrifft (vgl amtl. Begr.
BT-Drucks. IV/270, 64).

2. Voraussetzungen der Schrankenregelung

Nach § 45 Abs. 2 und 3 ist es zulässig, für Zwecke der Rechtspflege und der öffent- **16**
lichen Sicherheit (Anh. § 60/§ 24 KUG Rn 3) Bildnisse zu vervielfältigen oder vervielfältigen zu lassen sowie diese auf körperliche und unkörperliche Art zu verwerten. Anders als iRd § 45 Abs. 1 ist dabei die **Zahl der Vervielfältigungsstücke**, die
zulässigerweise hergestellt und verwertet werden dürfen, **nicht beschränkt**. Dem in
§ 45 Abs. 2, 3 genannten Zweck dient beispielsweise das Anfertigen und Anschlagen
von Plakaten mit dem Steckbrief eines gesuchten Straftäters oder mit dem Bildnis einer unter Betreuung stehenden vermissten Person. Auch die Veröffentlichung von
Fahndungsfotos im Internet ist nach § 45 Abs. 2, 3 ohne Zustimmung des Fotografen
zulässig.

Der Begriff des **Bildnisses** deckt sich mit dem in § 60 verwandten (hierzu § 60 Rn 7 **17**
und Anh. § 60/§ 22 KUG Rn 2 ff.).

3. Ohne Zustimmung des Urhebers zulässige Verwertungshandlungen

Zulässig sind alle in § 15 aufgezählten Arten der körperlichen oder unkörperlichen **18**
Werkverwertung, also die Herstellung von Vervielfältigungsstücken eines Werkes
sowie deren Verbreitung, öffentliche Ausstellung und öffentliche Wiedergabe. **Unveröffentlichte** Werke sind bewusst nicht von der Schrankenregelung ausgenommen
worden (amtl. Begr. BT-Drucks. IV/270, 63). Soweit in der nach § 45 Abs. 2 und 3
zulässigen Verwertung zugleich eine Veröffentlichung iSd § 12 liegt, wird deshalb
auch das Veröffentlichungsrecht des Urhebers eingeschränkt. **Innominatsfälle** stehen den ausdrücklich in § 45 Abs. 2 und 3 genannten Verwertungsarten gleich (hierzu schon oben Rn 9). Unter § 45 Abs. 2 und 3 fällt vor allem die Herstellung und Verbreitung eines Steckbriefs mit dem urheberrechtlich geschützten Bild des gesuchten
Straftäters sowie dessen Ausstrahlung im Fernsehen oder Einspeisung ins Internet;
sie ist ohne Zustimmung des Malers bzw Fotografen zulässig (vgl amtl. Begr. BT-
Drucks. IV/270, 64).

19 Das **Änderungsverbot** (§ 62) **ist zu beachten**, während – anders als iRd § 45 Abs. 1 – die **Quellenangabepflicht** (§ 63) **nicht gilt**.

4. Berechtigter

20 Anders als iRd § 45 Abs. 1 und 3 dürfen die Bildnisse **nur durch Gerichte oder Behörden**, nicht jedoch durch Schiedsgerichte, hergestellt werden. Die Genannten dürfen **Hilfspersonen** hinzuziehen, solange die Entsch. über die Verwertungshandlung iSd § 45 Abs. 2 und 3 beim Gericht bzw bei der Behörde liegt.

5. Keine Vergütungspflicht

21 Wie auch die Verwertung iSd § 45 Abs. 1 und 3 ist die Schrankenregelung des § 45 Abs. 2 und 3 nicht von einem Vergütungsvorbehalt abhängig gemacht worden.

§ 45a   Behinderte Menschen

(1) Zulässig ist die nicht Erwerbszwecken dienende Vervielfältigung eines Werkes für und deren Verbreitung ausschließlich an Menschen, soweit diesen der Zugang zu dem Werk in einer bereits verfügbaren Art der sinnlichen Wahrnehmung auf Grund einer Behinderung nicht möglich oder erheblich erschwert ist, soweit es zur Ermöglichung des Zugangs erforderlich ist.

(2) Für die Vervielfältigung und Verbreitung ist dem Urheber eine angemessene Vergütung zu zahlen; ausgenommen ist die Herstellung lediglich einzelner Vervielfältigungsstücke. Der Anspruch kann nur durch eine Verwertungsgesellschaft geltend gemacht werden.

I. Gesetzesgeschichte und Regelungsgehalt

1 § 45a wurde eingefügt durch das Gesetz zur Regelung des Urheberrechts in der Informationsgesellschaft, das die Europäische Richtlinie 2001/29/EG v. 22.5.2001 (ABlEG Nr. L 167/10 v. 22.6.2001) umsetzt. Er beruht auf **Art. 5 Abs. 3b, 4 Harmonisierungsrichtlinie**, nach dem die Mitgliedstaaten das Vervielfältigungsrecht, das Verbreitungsrecht und das Recht der öffentlichen Wiedergabe zugunsten der

Nutzung behinderter Menschen beschränken können, wenn die Nutzung mit der Behinderung unmittelbar in Zusammenhang steht und nicht kommerzieller Art ist, soweit es die Behinderung erfordert. Behinderte haben nach § 95b Abs. 1 Nr. 2 Anspruch darauf, dass ihnen die zur Nutzung iSd § 45a erforderlichen technischen Mittel überlassen werden, wenn ihnen die Nutzung durch technische Schutzmaßnahmen abgeschnitten wird. Damit ist zugleich auch Ziff. II.2.b der Entschließung des Rates v. 6.2.2003 „eAccessability" (Verbesserung des Zugangs von Menschen mit Behinderungen zur Wissensgesellschaft – 2003/C 39/3) Rechnung getragen, welche die Mitgliedstaaten auffordert, sicherzustellen, dass „soweit möglich Ausnahmen vom Urheberrecht, die mit dem rechtlichen Rahmen der Richtlinie 2001/29/EG in Einklang stehen, die Verbreitung geschützter Unterlagen in zugänglichen Formaten zur Nutzung durch Menschen mit Behinderungen erlauben".

§ 45a gewährt Behinderten **in engen Grenzen eine Freistellung** (§ 45a Abs. 2 S. 1   **2** HS 2), nämlich soweit die Herstellung einzelner Vervielfältigungsstücke betroffen ist. **Im Übrigen handelt es sich um eine gesetzliche Lizenz** (§ 45a Abs. 2 S. 1 HS 1).

Relevanz kommt ihr überhaupt nur für solche Werke zu, die noch nicht in behinder-   **3** tengerechter Art und Weise im Verkehr erhältlich sind (§ 45a Abs. 1 aE).

II. Voraussetzungen der Schrankenregelung

1. Nicht erwerbsmäßige Nutzungsabsicht

Zulässig ist die Vervielfältigung und Verbreitung nur, wenn sie nicht Erwerbszwe-   **4** cken dient. Die richtlinienkonforme Auslegung ergibt dabei, dass nicht nur, wie der missverständliche Wortlaut des § 45a nahe legt, die **Vervielfältigung** keinem Erwerbszweck dienen darf, sondern dass diese Einschränkung auch für die **Verbreitung** gilt.

Der Begriff des Erwerbszwecks entspricht dem in § 52. Ein Erwerbszweck ist gege-   **5** ben, wenn **bezweckt wird, mit der Tätigkeit jedenfalls mittelbar Einnahmen zu erzielen** (*BGH* NJW 1972, 1273, 1274 – Landesversicherungsanstalt). § 45a ist insoweit enger als § 52, als jeder mit der Vervielfältigung verbundene Erwerbszweck, auch der eines **Dritten**, zur Nichtanwendbarkeit der Schranke führt. Damit ist die Anwendbarkeit des § 45a schon dann ausgeschlossen, wenn das Werk zur **unmittelbaren oder mittelbaren Förderung eines eigenen oder fremden Erwerbs** vervielfältigt oder verbreitet wird (vgl zu § 52 *BGH* NJW 1974, 1872, 1873 – Alters-Wohnheim). Auf eine gewerbliche Tätigkeit oder eine Gewinnerzielungsabsicht im konkreten Fall kommt es dabei nicht an. Auch nicht gewerblich oder ohne Gewinnerzielungsabsicht im konkreten Fall vorgenommene Vervielfältigungen können einem Erwerbszweck dienen, etwa wenn sich der Vervielfältigende durch eine auf eigene Kosten erfolgende Herstellung und Verbreitung von Blindendruckware einen Werbevorteil beim Absatz seiner sonstigen Waren verspricht, oder wenn er den beim Absatz der Blindenware erzielten Gewinn nicht selbst vereinnahmen, aber Vereinszwecken seines Sportvereins zukommen lassen will.

Regelmäßig wird davon auszugehen sein, dass die Herstellung und Verbreitung   **6** von Werken für Behinderte einem Erwerbszweck dient, wenn sie durch ein **Unternehmen** erfolgt, das zwar keinen auf Gewinnerzielung gerichteten Gewerbebetrieb, aber doch einen nach wirtschaftlichen Gesichtspunkten ausgerichteten Betrieb führt (vgl zu § 52 *BGH* NJW 1974, 1872, 1873 – Alters-Wohnheim).

7   **Kein Argument** für oder gegen den Erwerbszweck kann hingegen die steuerliche Verbuchung der Ausgaben und Einnahmen der Veranstaltung sein, weil Steuer- und Urheberrecht unterschiedliche Regelungsbereiche betreffen und unterschiedlichen Zwecken dienen (**aA** zu § 52 *BGH* NJW 1955, 1356, 1357 – Betriebsfeiern). Allenfalls kann je nach den Umständen des Einzelfalls der steuerlichen Verbuchung Indizwirkung dafür zukommen, dass auch im urheberrechtlichen Sinne ein Erwerbszweck verfolgt wurde. Keine Rolle für die Anwendbarkeit der Schrankenvorschrift – uU aber für die Vergütungspflicht, vgl § 52 Abs. 1 S. 3 – spielt auch, ob mit der Wiedergabe des Werkes **altruistische Zwecke** verfolgt werden (vgl zu § 52 *BGH* NJW 1974, 1872, 1873 – Alters-Wohnheim; NJW 1993, 2871, 2873 – Verteileranlage).

2. Unmöglicher oder erschwerter Zugang zum Werk

8   Vervielfältigt werden für und verbreitet werden an Dritte darf das Werk nur, wenn diesen der Zugang zu dem Werk in einer verfügbaren Art der sinnlichen Wahrnehmung aufgrund einer Behinderung erheblich erschwert oder sogar unmöglich ist und das Vervielfältigungsstück Abhilfe schafft (§ 45a Abs. 1). Mit dieser gewundenen Formulierung hat der Gesetzgeber lediglich zum Ausdruck bringen wollen, was sich bereits aus der Überschrift der Vorschrift ergibt: Dass nämlich nach § 45a nur zugunsten von Behinderten vervielfältigt und verbreitet werden darf. Von einer iSd § 45a relevanten Behinderung ist dabei schon dann auszugehen, wenn der betr. Person die Wahrnehmung des Werkes in *einer* verfügbaren Art erheblich erschwert ist. Auf die Frage, ob das **Werk noch in anderen Formen erhältlich ist**, kommt es erst iRd § 45a Abs. 1 aE („... soweit es zur Ermöglichung des Zugangs erforderlich ist ...") an.

3. Zur Ermöglichung des Zugangs erforderlich

9   Während noch im RefE v. 18.3.2002 die mangelnde Erforderlichkeit einen Ausschlussgrund darstellte, handelt es sich bei der Erforderlichkeit des Zugangs jetzt um eine Anspruchsvoraussetzung („... soweit es zur Ermöglichung des Zugangs erforderlich ist ..."). **Darzulegen und zu beweisen** hat sie ebenso wie die anderen Anspruchsvoraussetzungen der Vervielfältiger. Der stark Sehbehinderte kommt seiner Darlegungs- und Beweislast also nicht schon dann nach, wenn er nachweist, dass er das im Handel in Buchform erhältliche Werk nur schwer lesen kann. Es ist vielmehr auch seine Sache darzutun und zu beweisen, dass das Werk nicht bereits als Hörkassette oder in Blindenschrift zu einem angemessenen Preis erhältlich ist. Man wird im Wege der verfassungskonformen Auslegung aber von einer **gestaffelten Darlegungs- und Beweislastverteilung** ausgehen müssen: Behauptet der Behinderte die Unmöglichkeit des Zugangs zum Werk, hat zunächst der Rechtsinhaber andere Möglichkeiten des Bezugs darzutun. Es ist dann Sache des Behinderten, darzutun und zu beweisen, dass diese nicht bestehen oder nicht genutzt werden können.

10   § 45a Abs. 1 aE setzt den Nachweis voraus, dass das Werk nicht bereits in einer für den Behinderten sinnlich wahrnehmbaren Art und für den Zweck der Nutzung geeigneten Form **vorhanden** ist, die der Behinderte nutzen kann. Kommen für den Behinderten **mehrere Wahrnehmungsmöglichkeiten** in Betracht, wie etwa für den Blinden der Druck in Blindenschrift und die Hörkassette, reicht eine dieser Werkformen

aus. Sie muss aber für den **Zweck der Nutzung**, der vom Behinderten vorgegeben wird und nur auf offensichtlichen Missbrauch hin überprüfbar ist, geeignet sein. Der Urheber kann die Schrankenregelung des § 45a Abs. 1 daher nicht dadurch zu Fall bringen, dass er auf vorhandene Hörkassetten oder die mangelnde Notwendigkeit des Gebrauchs von Gesetzestexten verweist, wenn der blinde Richter das juristische Werk in Braille mit in die mündliche Verhandlung nehmen will.

Neben dem Nachweis einer für die Zwecke des Behinderten geeigneten Form des Werkes muss der Behinderte auf den entspr. Einwand hin auch nachweisen, dass die benötigten Werkexemplare nicht zu einem der Werkform entspr. Preis schon verfügbar sind. Verfügbarkeit setzt voraus, dass die Exemplare **im Handel** oder **bei dem Berechtigten erhältlich** sind. Im Verhältnis zu den notwendig geringen Produktionszahlen **angemessene Wartefristen** sind dabei in Kauf zu nehmen. Die **Kosten** der vorhandenen Exemplare müssen der Werkform entsprechen. Sie werden unter Berücksichtigung der geringen Produktionszahlen und der aufwendigen Herstellungsform regelmäßig erheblich über dem Preis der gängigen Werkexemplare liegen. Maßgeblich ist, dass die **Gewinnspanne** des Herstellers der behindertengerechten Ware nicht wesentlich höher als die eines Herstellers der im Handel gängigen Werkexemplare ist. **11**

III. Zulässige Verwertungshandlungen

1. Vervielfältigung

Unter den genannten Voraussetzungen zulässig ist zunächst die Vervielfältigung (§ 16) des Werkes. Nicht nur der **Behinderte** selbst, sondern auch **jeder Dritte** kann sie vornehmen. Letzteres wird der Regelfall sein. Der Dritte muss das Vervielfältigungsstück allerdings für einen Behinderten herstellen. Das bedeutet keine Beschränkung auf eine reine Auftragsproduktion. Vielmehr dürfen Vervielfältigungsstücke **auch auf Vorrat** hergestellt werden. Eine **zahlenmäßige Begrenzung** der herzustellenden Vervielfältigungsstücke sieht das Gesetz nicht vor. Lassen sich die Vervielfältigungen später nicht an Behinderte absetzen, dürfen sie aber nicht an Nichtbehinderte vertrieben werden (näher Rn 14). Die Vervielfältigung ist unzulässig, wenn das Werk bereits in geeigneter Weise für Behinderte verfügbar ist (näher oben Rn 11). **12**

In der **Art und Weise der Vervielfältigung** ist der von § 45a Begünstigte nicht beschränkt. Daher dürfen Werke nicht nur gedruckt, sondern auch auf Tonband oder CD-ROM und sogar Film aufgenommen werden. Das **Änderungsverbot** des § 62 ist zu beachten, es steht aber der Übertragung des Werkes in eine für den Gebrauch durch den Behinderten geeignete Form, zB die Blindenschrift, nicht entgegen (hierzu näher § 62 Rn 20). **13**

2. Verbreitung

Sowohl Behinderte als auch Nichtbehinderte dürfen die für die erstgenannte Personengruppe hergestellten Vervielfältigungsstücke **an Behinderte, denen durch die Vervielfältigung eine Wahrnehmung ermöglicht wird**, verbreiten. Eine Verbreitung an andere Personen, ob Behinderte oder Nichtbehinderte, wird durch § 45a nicht gedeckt. Wer daher ein in Blindenschrift gedrucktes Werk an einen Gehörlosen weitergibt, kann sich nicht auf die Vorschrift berufen. **Verbreitungsketten** sind zuläs- **14**

sig, sofern die in sie eingeschalteten Personen bei der Verbreitung an den Behinderten lediglich als **Gehilfen** fungieren und keine der eingeschalteten Personen einen
Erwerbszweck verfolgt. So darf Blindendruckware an **karitative Vereine** weitergegeben werden, die den Blindendruck an Blinde weiterreichen. In Händlerketten fehlt
das Moment der Gehilfenschaft, ohnehin können sich die darin eingeschalteten Personen nicht auf § 45a stützen, weil die Herstellung und Verbreitung der Ware Erwerbszwecken dient. Die Verbreitung behindertengerechter Exemplare wird nicht
dadurch ausgeschlossen, dass derartige Exemplare bereits im Handel existieren
(näher oben Rn 8).

IV. Vergütungspflicht (§ 45a Abs. 2)

1.   Grundsatz der Vergütungspflicht (§ 45a Abs. 2 S. 1 HS 1)

15   Für die **Vervielfältigung und Verbreitung** ist dem Urheber eine angemessene Vergütung zu zahlen. Sind behindertengerechte Exemplare im Handel vorhanden und
kann sich der Verwerter danach nur für die Verbreitung seiner Exemplare auf § 45a
Abs. 1 stützen (so Rn 8), fällt die Vergütung auch nur für diese Verwertungsart an.
Eine von § 45a nicht gedeckte Herstellung von Vervielfältigungsstücken kann aber
natürlich eine Schadenersatzpflicht auslösen (§ 97).

16   Anspruchsberechtigt ist der Urheber. Der Vergütungsanspruch steht ihm und nicht
dem Verleger zu (vgl zur vergleichbaren Situation bei § 46: *Schricker/Melichar* Vor
§§ 45 ff. Rn 20; **aA** *Möring/Nicolini* 1. Aufl., Nachtrag § 46 Anm. 21b). Für die Frage der Aktivlegitimation wird dies allerdings kaum eine Rolle spielen, weil der Vergütungsanspruch ohnehin von einer Verwertungsgesellschaft geltend gemacht werden muss (§ 45a Abs. 2 S. 2).

17   Welche Vergütung **angemessen** ist, bemisst sich nach den üblicherweise für die Vervielfältigung bzw Verbreitung verlangten und gezahlten Sätzen. Neben der Art und
dem Umfang des Werkes spielt vor allem die Zahl der vervielfältigten bzw verbreiteten Werkexemplare eine Rolle. Die Tarife der Verwertungsgesellschaften können
herangezogen werden.

2. Ausnahme des § 45a Abs. 2 S. 1 HS 2

18   Eine Ausnahme von der generellen Vergütungspflicht besteht nach § 45 Abs. 2 S. 1
HS 2, wenn lediglich einzelne Vervielfältigungsstücke hergestellt wurden. Das ist
von dem **darzutun und zu beweisen**, der sich darauf beruft, dh von dem durch § 45a
Privilegierten. Von **einzelnen** Vervielfältigungsstücken spricht man, wenn die Zahl
der Vervielfältigungsstücke sieben jedenfalls nicht übersteigt (*BGH* NJW 1978,
2596 – Vervielfältigungsstücke; so offenbar auch die amtl. Begr. zu § 53, BT-
Drucks. 10/837, 16). Obgleich § 45a Abs. 2 S. 1 HS 2 die Verbreitung nicht eigenes
nennt, ist davon auszugehen, dass mit der Herstellung einzelner Vervielfältigungsstücke auch deren Verbreitung an Behinderte gedeckt ist.

V. Verwertungsgesellschaftspflicht

19   Der Vergütungsanspruch ist verwertungsgesellschaftspflichtig. Das schließt nicht
aus, dass sich der Dritte gegenüber dem Urheber **zusätzlich auch vertraglich** zur
Vergütung verpflichtet. Der dadurch begründete Vergütungsanspruch steht eigen-

ständig neben dem gesetzlichen und erlischt auch nicht dadurch, dass sich der Händler nachträglich dem Rahmenvertrag einer Verwertungsgesellschaft anschließt. Die Berechtigungsverträge der Verwertungsgesellschaften müssen der neuen Vorschrift des § 45a erst angepasst werden. Es ist aber davon auszugehen, dass die Vergütungsansprüche jeweils von den Verwertungsgesellschaften wahrgenommen werden, in deren Aufgabenbereich das jeweilige Werk fällt.

VI. Schranken-Schranken

Die **Quellenangabepflicht** (§ 63 Abs. 1 S.1) ist ebenso wie das **Änderungsverbot**   20
(§ 62) zu beachten.

VII. Behandlung von Altfällen

Auf Sachverhalte, die vor In-Kraft-Treten des Gesetzes zur Regelung des Urheber-   21
rechts in der Informationsgesellschaft am 13.9.2003 stattfanden, findet § 45a keine
Anwendung. Lediglich ausnahmsweise, etwa bei kulturell bes. wertvollen Werken,
wird sich ein Anspruch der Behinderten auf Zugang zum Werk aus § 826 BGB herleiten lassen, wenn der Urheber die Einräumung einer entspr. Lizenz verweigert.

§ 46   Sammlungen für Kirchen-, Schul- oder Unterrichtsgebrauch

(1) Nach der Veröffentlichung zulässig ist die Vervielfältigung, Verbreitung und öffentliche Zugänglichmachung von Teilen eines Werkes, von Sprachwerken oder von Werken der Musik von geringem Umfang, von einzelnen Werken der bildenden Künste oder einzelnen Lichtbildwerken als Element einer Sammlung, die Werke einer größeren Anzahl von Urhebern vereinigt und die nach ihrer Beschaffenheit nur für den Unterrichtsgebrauch in Schulen, in nichtgewerblichen Einrichtungen der Aus- und Weiterbildung oder in Einrichtungen der Berufsbildung oder für den Kirchengebrauch bestimmt ist. In den Vervielfältigungsstücken oder bei der öffentlichen Zugänglichmachung ist deutlich anzugeben, wozu die Sammlung bestimmt ist.

(2) Absatz 1 gilt für Werke der Musik nur, wenn diese Elemente einer Sammlung sind, die für den Gebrauch im Musikunterricht in Schulen mit Ausnahme der Musikschulen bestimmt ist.

(3) Mit der Vervielfältigung oder der öffentlichen Zugänglichmachung darf erst begonnen werden, wenn die Absicht, von der Berechtigung nach Absatz 1 Gebrauch zu machen, dem Urheber oder, wenn sein Wohnort oder Aufenthaltsort unbekannt ist, dem Inhaber des ausschließlichen Nutzungsrechts durch eingeschriebenen Brief mitgeteilt worden ist und seit Absendung des Briefes zwei Wochen verstrichen sind. Ist auch der Wohnort oder Aufenthaltsort des Inhabers des ausschließlichen Nutzungsrechts unbekannt, so kann die Mitteilung durch Veröffentlichung im Bundesanzeiger bewirkt werden.

(4) Für die nach den Absätzen 1 und 2 zulässige Verwertung ist dem Urheber eine angemessene Vergütung zu zahlen.

(5) Der Urheber kann die nach den Absätzen 1 und 2 zulässige Verwertung verbieten, wenn das Werk seiner Überzeugung nicht mehr entspricht, ihm deshalb die Verwertung des Werkes nicht mehr zugemutet werden kann und er ein etwa bestehendes Nutzungsrecht aus diesem Grunde zurückgerufen hat (§ 42). Die Bestimmungen in § 136 Abs. 1 und 2 sind entsprechend anzuwenden.

§ 46 idF bis 12.9.2003

(1) Zulässig ist die Vervielfältigung oder Verbreitung, wenn Teile von Werken, Sprachwerke oder Werke der Musik von geringem Umfang, einzelne Werke der bildenden Künste oder einzelne Lichtbildwerke nach ihrem Erscheinen in eine Sammlung aufgenommen werden, die Werke einer größeren Anzahl von Urhebern vereinigt und nach ihrer Beschaffenheit nur für den Kirchen-, Schul- oder Unterrichtsgebrauch bestimmt ist. Auf der Titelseite oder an einer entsprechenden Stelle der Sammlung ist deutlich anzugeben, wozu sie bestimmt ist.

(2) Absatz 1 gilt für Werke der Musik, die in eine für den Musikunterricht bestimmte Sammlung aufgenommen werden, nur, wenn es sich um eine Sammlung für den Musikunterricht in Schulen mit Ausnahme der Musikschulen handelt.

(3) Mit der Vervielfältigung darf erst begonnen werden, wenn die Absicht, von der Berechtigung nach Absatz 1 Gebrauch zu machen, dem Urheber oder, wenn sein Wohnort oder Aufenthaltsort unbekannt ist, dem Inhaber des ausschließlichen Nutzungsrechts durch eingeschriebenen Brief mitgeteilt worden ist und seit Absendung des Briefes zwei Wochen verstrichen sind. Ist auch der Wohnort oder Aufenthaltsort des Inhabers des ausschließlichen Nutzungsrechts unbekannt, so kann die Mitteilung durch Veröffentlichung im Bundesanzeiger bewirkt werden.

(4) Für die Vervielfältigung und Verbreitung ist dem Urheber eine angemessene Vergütung zu zahlen.

(5) Der Urheber kann die Vervielfältigung und Verbreitung verbieten, wenn das Werk seiner Überzeugung nicht mehr entspricht, ihm deshalb die Verwertung des Werkes nicht mehr zugemutet werden kann und er ein etwa bestehendes Nutzungsrecht aus diesem Grunde zurückgerufen hat (§ 42). Die Bestimmungen in § 136 Abs. 1 und 2 sind entsprechend anzuwenden.

Literatur: *Melichar* Die Entlehnung aus literarischen Werken in Schulbüchern, UFITA 92 (1982), 43.

Dreyer

I. Regelungsgehalt und Gesetzgebungsgeschichte

Die Vorschrift des § 46 beruht auf der Erwägung, dass es den Urhebern zumutbar ist, **1** eine Nutzung von Werken geringen Umfangs und von Werkteilen, deren Abdruck als selbständiger Band kaum in Frage kommen dürfte, in Sammlungen zu pädagogischen und kirchlichen Zwecken zu dulden (vgl amtl. Begr. BT-Drucks. IV/270, 64). Schon das LUG und das KUG hatten die Aufnahme kleinerer Werke der Lit. oder Musik sowie einzelner Werke der bildenden Künste oder der Fotografie nach ihrem Erscheinen in eine Sammlung, die Werke einer größeren Zahl von Schriftstellern vereinigte und ihrer Beschaffenheit nach für den Kirchen-, Schul- oder Unterrichtsgebrauch bestimmt ist, ohne Zustimmung des Urhebers zugelassen (§§ 19 Nr. 4, 21 Nr. 3, 26 LUG, § 19 KUG). § 46 erhält diese Bestimmungen im Wesentlichen aufrecht, fasst sie jedoch straffer zusammen und schränkt sie im Bereich der Musikwerke stärker ein als das bis dato geltende Recht. Durch die Verwendung des Wortes „nur" wird ferner klargestellt, dass die Sammlung ausschließlich den in § 46 genannten Zwecken dienen muss, um privilegiert zu werden. Die mit Art. 10 Abs. 2 RBÜ harmonierende Vorschrift ist – nach Einfügung einer Vergütungspflicht im Jahre 1972 – verfassungsgemäß (*BVerfGE* 31, 229, 230 – Kirchen- und Schulgebrauch; *BGH* GRUR 1972, 432 f. – Schulbuch).

Durch das Gesetz zur Regelung des Urheberrechts in der Informationsgesellschaft **2** wurde in § 46 Abs. 1 der Begriff des Erscheinens durch den der Veröffentlichung ersetzt und im Katalog der Verwertungsrechte, auf den sich die Schranke bezieht, die öffentliche Zugänglichmachung (§ 19a) ergänzt. Bezweckt war, digitale **Online-Medien** in den Anwendungsbereich besser einzufügen. Die übrigen Änderungen sind redaktioneller Art.

II. Voraussetzungen der Schrankenregelung (§ 46 Abs. 1 und 2)

1. Allgemeines

Nach § 46 Abs. 1 und 2 ist es zulässig, bestimmte kleinere Werke bzw Werkteile in **3** Sammlungen aufzunehmen, welche die Werke einer größeren Anzahl von Urhebern vereinen und ausschließlich für den Kirchen-, Schul- oder Unterrichtsgebrauch bestimmt sind, wenn dieser Zweck auf der Sammlung angegeben wird. Auf **Computerprogramme** ist die Vorschrift allerdings wegen des Vorrangs der §§ 69a ff. unanwendbar.

2. Einzelne Werke bzw Werkteile

Von der Schrankenregelung des § 46 sind zunächst Werke aller Werkgattungen er- **4** fasst, soweit nur ein **Teil des Werkes** in die Sammlung aufgenommen wird. Das gilt auch für nach § 3 geschützte Bearbeitungen. Wie sich durch Vergleich mit § 53

Abs. 2 Ziff. 4a ergibt, muss es sich nicht um sog. kleine Teile des Werkes handeln (so aber *Möhring/Nicolini* § 46 Rn 11; *Schricker/Melichar* § 46 Rn 15, der eine Grenze von fünf Seiten befürwortet). Von einem Teil eines Werkes kann aber nur gesprochen werden, wenn der in die Sammlung aufgenommene Anteil am Werk, dem er entlehnt ist, noch in einer gewissen Relation steht. Ob dies der Fall ist, kann nicht an absoluten Größenverhältnissen festgemacht werden, sondern ist in jedem Einzelfall anhand der Aufteilung des Werkes, der Wertigkeit des betr. Werkteils im Gesamtwerk, dem Verwendungszweck, dem Größenverhältnis zu den anderen Werkteilen und den weiteren Umständen festzustellen. So kann die Entlehnung einer mehrseitigen Schilderung aus einem Geschichtsbuch in ein Schulbuch zulässig sein, wenn sie im Geschichtsbuch sowohl ihrer Bedeutung als auch ihrem Umfang nach eine nur untergeordnete Rolle einnimmt.

5   Ferner ist es unter den weiteren Voraussetzungen des § 46 zulässig, **ganze Sprach- oder Musikwerke** in die Sammlung aufzunehmen, wenn es sich um Werke von geringem Umfang handelt. Ein **geringer Werkumfang** liegt bei solchen Werken vor, die auf einer nach Größenverhältnissen aufgemachten Skala aller denkbaren Sprach- und Musikwerke eher im unteren Bereich rangieren. Dazu zählen zB kürzere Gedichte und Tonfolgen, kurze Artikel und Lieder einschließlich der Liedertexte und uU sogar Erzählungen und Novellen, wenn sie nicht zu umfangreich sind (*RGZ* 80, 78 f.).

6   Ebenfalls im Ganzen dürfen **Werke der bildenden Künste und Lichtbildwerke** aufgenommen werden. Das Erfordernis des geringen Umfangs solcher Werke macht bei ihnen allerdings wenig Sinn, weil sich das künstlerische Schaffen hier noch weniger als bei Sprach- und Musikwerken am Umfang des Werkes festmachen lässt.

7   Stets dürfen nur **einzelne** Werke bzw Werkteile in die Sammlung aufgenommen werden. Das gilt nicht nur für Werke der bildenden Künste oder Lichtbildwerke, sondern auch für alle anderen Werkgattungen (*Schricker/Melichar* § 46 Rn 18), wie sich auch daraus ergibt, dass die Sammlung Werke einer größeren Anzahl von Urhebern vereinen muss. Die Sammlung darf also nicht den Charakter einer vollständigen oder im Wesentlichen vollständige Aufführung aller Werke eines Urhebers erhalten. Da der weniger produktive Urheber nicht privilegiert werden darf, ist es unter den weiteren Voraussetzungen des § 46 aber zulässig, das einzige kurze Werk eines Urhebers in die Sammlung aufzunehmen.

3. Nach ihrer Veröffentlichung

8   Die Werke müssen im Zeitpunkt ihrer Aufnahme in die Sammlung bereits veröffentlicht sein. Es gilt die Legaldefinition des § 6 Abs. 1. Für **Altfälle** sieht § 46 Abs. 1 S. 1 aF noch das Erfordernis des **Erschienen**-Seins vor. Eine Entlehnung aus bloß veröffentlichten, aber noch nicht erschienen Werken verstößt daher nach altem Recht gegen das Urheberrecht. Bedeutsam wird das vor allem für Online bereitgestellte Werke, die mangels körperlichem Werkexemplar nicht erschienen sind (näher § 6 Rn 25 f.).

4. Aufnahme in eine nur für den Kirchen-, Schul- oder Unterrichtsgebrauch bestimmte Sammlung

9   **a) Sammlung, die Werke einer größeren Anzahl von Urhebern vereinigt.** Der Begriff der **Sammlung** deckt sich mit dem des § 4 (*Schricker/Melichar* § 46 Rn 5; *Möhring/Nicolini* § 46 Rn 14; *v. Gamm* § 46 Rn 5). Auf die dortige Kommentierung

wird verwiesen. Da § 46 nur von einer Sammlung und nicht von einem Sammelwerk spricht, ist allerdings nicht Voraussetzung, dass die Sammlung eine persönliche geistige Schöpfung darstellt (ebenso *Schricker/Melichar* § 46 Rn 5). Aus welchen Elementen sich die Sammlung zusammensetzt, ist unerheblich, sodass auch Videokassetten und CD-ROMs Sammlungen sein können (*Lehmann/Hoeren* Cyberlaw, S. 96). Stets müssen aber mehrere Elemente zugleich in der Sammlung zusammengefasst sein. Keine Sammlung sind deshalb Schulbuchreihen (amtl. Begr. BT-Drucks. IV/270, 64).

§ 46 Abs. 1 macht die Privilegierung zusätzlich davon abhängig, dass die Sammlung **10** Werke einer **größeren Anzahl von Urhebern** in sich vereinigt. Darunter werden mindestens sieben Urheber verstanden (*Melichar* UFITA 92 (1982), 43, 48; *Fromm/Nordemann/Nordemann* § 46 Rn 3; s. auch *Schricker/Melichar* § 46 Rn 7). Das entspricht den Vorgaben im Gemeinsamen Merkblatt der VG WORT und des Verbandes der Schulbuchverlage eV (UFITA 92 (1982), 83). Die genannten Voraussetzungen müssen dabei je Band vorliegen (*Fromm/Nordemann* § 46 Rn 3; vgl amtl. Begr. BT-Drucks. IV/270, 64). Die Vervielfältigung und Verbreitung eines Romans ist daher nicht schon deshalb zulässig, weil der Roman dabei in eine Schriftenreihe aufgenommen wird.

b) Ausschließliche Bestimmung für den Kirchen-, Schul- oder Unterrichtsge- **11** **brauch. aa) Kirchen-, Schul oder Unterrichtsgebrauch.** Die Sammlung muss nur (ausschließlich) für den Kirchen-, Schul- oder Unterrichtsgebrauch bestimmt sein. Damit soll einer missbräuchlichen Ausnutzung des Privilegierungstatbestandes durch das Ansprechen weiterer Käuferkreise außerhalb der Zweckbestimmung vorgebeugt werden (*BGH* NJW 1992, 1686, 1687 – Liedersammlung).

Schon bislang ergab sich im Umkehrschluss aus § 46 Abs. 2 und aus der Gesetzes- **12** geschichte (vgl amtl. Begr. BT-Drucks. IV/270, 64), dass unter den Begriff der **Schule** nicht nur allgemeinbildende Schulen, sondern auch sonstige Schulen wie Berufsschulen und Sonderschulen fielen, unabhängig ob sie staatlich betrieben oder nur staatlich anerkannt sind. Inzwischen ergibt sich das auch daraus, dass die berufsbildenden Schulen ausdrücklich genannt werden. Nicht erfasst werden Universitäten, Fachschulen und Volkshochschulen oder auch Fahrschulen (zu Letzterem *Fromm/Nordemann* § 46 Rn 5), weil sie nicht der **Jugendbildung**, sondern (zumindest vorwiegend) der Erwachsenenbildung dienen. Von der Erweiterung der Vorschrift auf den Bereich der Erwachsenenbildung wurde jedoch im Gesetzgebungsverfahren ausdrücklich Abstand genommen (amtl. Begr. BT-Drucks. IV/270, 64. Hiergegen *Rehbinder* Rn 277, weil dieser gesetzgeberische Wille in der Vorschrift nicht zum Ausdruck gekommen sei.).

Bei **Musikwerken** muss die Sammlung nach § 46 Abs. 2 weiter einschränkend für **13** den Gebrauch in **Kirchen** oder aber in Schulen mit Ausnahme der Musikschulen bestimmt sein. Diese Voraussetzung war schon bislang dahingehend auszulegen, dass die Sammlung für den **Musikunterricht an allgemeinbildenden Schulen** bestimmt sein musste (amtl. Begr. BT-Drucks. IV/270, 64). Daran hält die jetzige Gesetzesfassung fest. Damit bleibt das Verbotsrecht des Urhebers nicht nur wie bisher im LUG und KUG gegenüber den für Musikschulen bestimmten Sammlungen erhalten, sondern auch gegenüber Sammlungen, die für den Musikunterricht an sonstigen Schulen und für den privaten Musikunterricht bestimmt sind. Diese Regelung hielt der Gesetzgeber zum Schutz des Urhebers für geboten, um zu verhindern, dass bei hauptsächlich Unterrichtszwecken dienenden Werken die Herausgabe von Noten überhaupt unterbleibt (amtl. Begr. BT-Drucks. IV/270, 64).

14   **bb) Gebrauch in der Einrichtung.** Die Sammlung muss für den Gebrauch **in** der Schule oder Kirche bestimmt sein. **Vorbereitungsmaterialien** für Lehrer und Ausbilder sowie Studienmaterial der Schüler, welches ihnen zwar in der Schule ausgehändigt wird, jedoch zumindest auch für den Heimgebrauch bestimmt ist, werden daher nicht von § 46 erfasst (*Rehbinder* Rn 277; *Schricker/Melichar* § 46 Rn 9). Das schließt nicht aus, dass Schulbücher für die Fertigung von Hausaufgaben verwandt werden, weil die Erledigung von Hausaufgaben noch Teil des Unterrichtsprogramms ist. Letzteres gilt jedoch nicht für die private Nachhilfe, die daher von § 46 nicht privilegiert wird. Nach Sinn und Zweck des § 46, die „sittliche und geistige Heranbildung der Jugend" (amtl. Begr. BT-Drucks. IV/270, 64) zu fördern, wird man § 46 allerdings auf Unterrichtsmaterialien anwenden müssen, die für Jugendliche bestimmt sind, die ausschließlich zu Hause durch **Privatlehrer** unterrichtet werden (ebenso *Fromm/Nordemann* § 46 Rn 5). Hingegen fallen Bibeltextbearbeitungen zumeist nicht unter § 46, weil sie nicht für den Gebrauch in der Kirche, sondern für die eigene Lektüre bestimmt sind.

15   **cc) Ausschließliche Zweckbestimmung.** Die Bestimmung der Sammlung muss dahin gehen, **ausschließlich** („nur") dem Kirchengebrauch, Schulgebrauch oder Unterrichtsgebrauch zu dienen. Ob diese **Zweckbestimmung** gegeben ist, hängt davon ab, ob die Beschaffenheit der Sammlung erkennen lässt, dass sie nach der Absicht der Herausgeber nur für diesen Gebrauch bestimmt ist. Die subjektive Zweckbestimmung der Sammlung muss sich daher auch objektiv in ihrer Beschaffenheit niederschlagen, wobei sie **sowohl den inneren als auch den äußeren Merkmalen zu entnehmen** ist, die in ihr in Erscheinung treten (*BGH* NJW 1992, 1686, 1687 – Liedersammlung). Maßgeblich ist eine **Gesamtschau** (*BGH* NJW 1992, 1686, 1689 – Liedersammlung). Liegt die Zweckbestimmung vor, ist die Anwendung des § 46 nicht schon deshalb ausgeschlossen, weil die Sammlung wider der objektiven Erwartung auch privat genutzt wird. Wird ein Buch aber jedermann zum Kauf angeboten, folgt daraus schon die fehlende ausschließliche Zweckbestimmung iSd § 46, sodass das Schulbuchprivileg ohne weitere Prüfung entfällt (vgl *OLG Frankfurt* WRP 1992, 386).

16   **Bedeutsam ist vor allem die innere Zweckbestimmung.** Ist aus ihr die ausschließliche Zweckbestimmung nicht erkennbar, sind an die Erkennbarkeit der ausschließlichen Zweckbestimmung aus der äußeren Beschaffenheit der Sammlung bes. strenge Anforderungen zu stellen (*BGH* NJW GRUR 1972, 432, 433 – Schulbuch; NJW 1992, 1686, 1688 – Liedersammlung).

17   Die Zweckbeschaffenheit ergibt sich aus der **inneren Beschaffenheit** der Sammlung, wenn nach deren Inhalt äußerlich erkennbar ist, dass sie ausschließlich auf den Kirchen-, Schul- oder Unterrichtsgebrauch ausgerichtet ist. Die Zweckbestimmung muss sich also aus der Auswahl des Stoffes, seiner Anordnung oder dem sonstigen Inhalt der Sammlung ergeben, etwa aus auf den Schulgebrauch zugeschnittenen Anmerkungen, Erklärungen uÄ (*BGH* NJW 1992, 1686, 1688 – Liedersammlung). Für eine ausschließliche Zweckbestimmung für den Unterrichtsgebrauch spricht zB bei einem Liederbuch, wenn die Sammlung, passend zum Bildungsauftrag eines Unterrichtswerkes, einen umfassenden Überblick über das Lied in seinen unterschiedlichen Erscheinungsformen und Bezügen gewährt, wenn es daher für die Verwendung im Freizeitbereich unpassend ist, wenn es ein pädagogisch billigenswertes Konzept verwendet und wenn es, insoweit besteht nur eine Indizwirkung, in mehreren Bundesländern förmlich zugelassen wurde (*BGH* NJW 1992, 1686, 1689 – Liedersammlung).

Die **äußere Beschaffenheit** der Sammlung ergibt sich vor allem aus der Gestaltung **18** sowohl der Titelseite als auch des Einbandes. Der nach § 46 Abs. 1 S. 2 vorgeschriebenen Angabe auf der Sammlung kann dabei eine Indizwirkung zukommen (*BGH* NJW 1992, 1686, 1688 – Liedersammlung). Ferner kann ein für Sammlungen im Kirchen-, Schul- oder Unterrichtsgebrauch typisches Format für die Zweckbestimmung der Sammlung sprechen. Hingegen bietet die Qualität der Aufmachung meistens keinen Anhaltspunkt für die Zweckbestimmung der Sammlung, weil sich im Kirchen-, Schul- und Unterrichtsgebrauch sowohl ansprechende als auch weniger ansprechende Umschlagsgestaltungen finden (vgl *BGH* GRUR 1972, 432, 433 – Schulbuch).

5. Pädagogischer Zweck

Nach Sinn und Zweck des § 46 ungeschriebene Voraussetzung ist es, dass die Auf- **19** nahme der Werke bzw Werkteile in die Sammlung der Bildung und Information der Jugend bzw kirchlichen Zwecken dient. Die Aufnahme von Gedichten oder Fotografien in ein Schulbuch ist deshalb unzulässig, wenn sie rein dekorativen Charakter besitzt (ebenso *Schricker/Melichar* § 46 Rn 17; *v. Gamm* § 46 Rn 13).

6. Angabe der Bestimmung der Sammlung

In den Vervielfältigungsstücken oder bei der öffentlichen Zugänglichmachung ist **20** deutlich anzugeben, wozu die Sammlung bestimmt ist. Die Sammlung muss mit anderen Worten auf der **Titelseite** oder an einer entspr. Stelle der Sammlung deutlich als für den Kirchen-, Schul- bzw Unterrichtsgebrauch bestimmte Sammlung gekennzeichnet sein (§ 46 Abs. 1 S. 2). Auf die Kennzeichnung an einer anderen Stelle der Sammlung als der Titelseite kann nur bei Sammlungen zurückgegriffen werden, die keine Titelseite haben, wie zB CD-ROMs oder Kassetten. Bei Büchern ist die Formvorschrift des § 46 Abs. 1 S. 2 deshalb nur erfüllt, wenn sich der Vermerk auf der Titelseite befindet (*Schricker/Melichar* § 46 Rn 12). Bei Sammlungen ohne Titelseite muss eine **der Titelseite in Bedeutung und Zugänglichkeit entspr. Stelle** in der Sammlung bzw dem Vervielfältigungsstück gewählt werden. Das ist bei Schallplatten, Kassetten, CDs und CD-ROMs der **Cover**. Wird das Werk im **Internet** auf einer **Website** der Öffentlichkeit zugänglich gemacht (§ 19a), muss sich der Hinweis an einer geeigneten Stelle vor oder in der Sammlung befinden. Das wird regelmäßig die Homepage bzw die Website sein, auf der die Sammlung beginnt. Ein vor dem Herunterladen auf die Festplatte erscheinender gesonderter **Hinweis**, der mit der im **Internet** on demand erhältlichen Sammlung keine Einheit bildet, reicht nicht aus. Ebenso wenig ist ein **Hyperlink** geeignet, durch den der potenzielle Internetnutzer sich selbst Informationen über die Sammlung verschaffen kann.

Die wörtliche Verwendung der Formulierung in § 46 Abs. 1 S. 2 ist nicht notwendig. **21** Auch muss nicht auf die Ausschließlichkeit der Zweckbestimmung hingewiesen werden. Es reicht aus, wenn eine Angabe erfahrungsgemäß dahin verstanden wird, dass es sich um eine Sammlung für den Kirchen-, Schul- oder Unterrichtsgebrauch handelt (*BGH* NJW 1992, 1686, 1689 – Liedersammlung).

22   Wie sich daraus ergibt, dass diese Angabe zusätzlich zur Zweckbestimmung gefordert wird, für die sie Indizwirkung hat, ist die Angabe für die Privilegierung der Sammlung zwingend erforderlich. **Fehlt die Angabe** oder befindet sie sich an der falschen Stelle, **ist § 46 unanwendbar**; das gilt selbst dann, wenn das Werk tatsächlich einem iSd § 46 privilegierungswürdigen Zweck dient (ebenso *Fromm/Nordemann* § 46 Rn 8; *Schricker/Melichar* § 46 Rn 13).

III. Zulässige Verwertungshandlungen

23   Unter den genannten Voraussetzungen **zulässig ist** die **Vervielfältigung** der Werke bzw Werkteile, sei es zum Zwecke der Aufnahme in die Sammlung, sei es, um die Sammlung als solche zu vervielfältigen, und in diesem Umfang auch die **Verbreitung**. Seit In-Kraft-Treten des Gesetzes zur Umsetzung der Europäischen Richtlinie zur Harmonisierung des Urheberrechts zum 13.9.2003 unter den Voraussetzungen des § 46 zulässig ist darüber hinaus auch die **öffentliche Zugänglichmachung** (§ 15 Abs. 2 Nr. 2, § 19a) solcher Werke. Unerwähnt lässt die Vorschrift allerdings die **Sendung (§ 20)**, die stattfindet, wenn der Nutzungswillige vom Abrufangebot der öffentlichen Zugänglichmachung Gebrauch macht. Angesichts des Umstandes, dass durch § 19a gerade On-demand-Dienste erfasst werden sollten und der Gesetzgeber der Entsch., ob in der Übermittlung von Werken durch derartige Dienste eine Sendung iSd § 20 liegt, nicht vorgreifen wollte (hierzu § 15 Rn 59 ff.), dürfte es sich um ein Redaktionsversehen handeln. Ist der Verwerter nach § 46 zur öffentlichen Zugänglichmachung berechtigt, darf er mithin dem Nutzungswilligen das Werk auch auf dessen Anforderung hin übersenden.

24   **Nicht durch § 46 erlaubt werden** die öffentliche **Ausstellung** (§ 18) und mit der oben (Rn 23) genannten Ausnahme die **öffentliche Wiedergabe** (§ 15 Abs. 2 Nr. 1, (3), 4 und 5, §§ 19 ff.) sowie die **Bearbeitung** der Werke. Die **Sendung** des Werkes (§ 15 Abs. 2 Nr. 3, §§ 20, 20a) ist nur **eingeschränkt** möglich, nämlich nur als Folgeakt der öffentlichen Zugänglichmachung. Die Fernseh- oder Rundfunksendung wird durch § 46 mithin nicht erlaubt.

25   **Über § 46 ist es folglich möglich**, einzelne Lieder oder Gedichte eines Urhebers auf eine CD-ROM **aufzunehmen** (§ 16 Abs. 2), weitere Musik- oder Tonträger zu **brennen** (§ 16 Abs. 2) und diese zu **verkaufen** (§ 17). Der **Fernlehrer**, der Privatschüler über das Internet unterrichtet, darf die hierfür verwandten Abbildungen von Kunstwerken bzw kleinere Texte **im Internet zum Abruf bereitstellen und** auf Abruf hin **versenden**. Die **Verfilmung** des Werkes ist nicht erlaubt.

26   Die Lieder, Texte bzw Abbildungen dürfen **weder im Rundfunk gesendet** (§ 20) **noch die Sendung öffentlich wahrnehmbar gemacht** werden (§ 22). Auch ist es nicht zulässig, den **Ton- oder Bildträger in der Öffentlichkeit abzuspielen** (§ 21). Das gilt auch, soweit diese Verwertungshandlungen nicht durch den Herausgeber der Sammlung, sondern durch deren Käufer vorgenommen werden, da sich das Recht der öffentlichen Wiedergabe nicht erschöpft.

IV. Vergütungspflicht (§ 46 Abs. 4)

§ 46 Abs. 4 sieht für die nach § 46 Abs. 1 zulässige Nutzung eine Vergütungspflicht **27** vor. Der Vergütungsanspruch steht dem **Urheber** und nicht dem Verleger zu (ebenso *Schricker/Melichar* Vor §§ 45 ff. Rn 20; **aA** *Möring/Nicolini* 1. Aufl., Nachtrag § 46 Anm. 21b). Der darum geführte Streit hat jedoch in der Praxis kaum noch Bedeutung, weil der Vergütungsanspruch inzwischen von der **VG WORT** wahrgenommen wird. Sie nimmt auch die gem. 46 Abs. 3 vorgeschriebene Mitteilung für die an sie angeschlossenen Urheber entgegen, moniert offensichtliche Fehler (zB Sekundärquellenangabe) und leitet die Mitteilung an die jeweiligen Autoren weiter, die dann innerhalb der gesetzlich vorgeschriebenen Frist widersprechen können.

Die durch Gesetz v. 10.11.1972 (BGBl I, 2081) eingefügte Vergütungspflicht beruht **28** auf der Erwägung, dass nur die Herstellung von Sammlungen für den Kirchen-, Schul- und Unterrichtsgebrauch unabhängig von der Zustimmung der Urheber der betroffenen Werke ermöglicht werden sollte, es jedoch nicht bezweckt sei, dass derartige Sammlungen auf Kosten der Urheber möglichst billig hergestellt werden könnten (vgl schon amtl. Begr. BT-Drucks. IV/270, 65; s. auch *BGH* NJW 1992, 1686, 1687 – Liedersammlung). Der Vergütungsanspruch ist kein Surrogat für das aufgehobene Verbotsrecht, sondern ein Relikt des positiven Nutzungsrechts (*Schricker/Melichar* Vor §§ 45 ff. Rn 18). Deshalb ist der entstandene und auch der künftige (konkrete) Vergütungsanspruch anders als die Befugnis aus § 46 Abs. 4 als solche (vgl § 29 S. 2) nach allg. Grundsätzen durch Abtretung (§§ 398 ff. BGB) übertragbar (*Schricker/Melichar* Vor §§ 45 ff. Rn 19 mwN). Lizenzen können in Bezug auf das Recht des Urhebers aus § 46 Abs. 4 nicht eingeräumt werden (**aA** *Schricker/Melichar* Vor §§ 45 ff. Rn 19, der für eine fallbezogene Entsch. über die Anwendbarkeit der §§ 31 ff. plädiert), weil es sich bei ihm nicht um ein Ausschließlichkeitsrecht handelt.

V. Zusätzliche Pflichten des Herausgebers der Sammlung

1. Mitteilung an den Urheber bzw Nutzungsberechtigten (§ 46 Abs. 3)

Mit der Vervielfältigung des Werkes bzw Werkteiles zum Zwecke der Aufnahme in **29** die Sammlung und deren Weiterverbreitung sowie öffentlicher Zugänglichmachung bzw (eingeschränkt) Sendung darf nach § 46 Abs. 3 erst begonnen werden, wenn dem Urheber oder, wenn dessen Wohn- oder Aufenthaltsort unbekannt ist, dem Nutzungsberechtigten die beabsichtigte Verwertung seines Werkes nach § 46 mitgeteilt wurde und seit der Absendung dieser Mitteilung **zwei Wochen** verstrichen sind. Ist auch der Wohnort des Nutzungsberechtigten **unbekannt**, ist die Mitteilung im BAnz zu veröffentlichen. Für die Frage, ob ein Wohnort unbekannt ist, gelten die zu § 203 ZPO von der Rspr und Lit. entwickelten Grundsätze, sodass insb. Nachforschungen durch Einwohnermeldeanfrage, Anfrage beim letzten Vermieter und etwa bekannter Verwandter bzw Arbeitgeber geboten sind.

Die Mitteilung muss alle Informationen enthalten, die zur Nachprüfung der Voraus- **30** setzungen des § 46 erforderlich sind, also den Autor, den Verlag und den Titel der Sammlung nennen. Ferner sind die Zahl, die Bezeichnung und der herausgebende Verlag der entlehnten Werke bzw Werkteile des betr. Urhebers und auch der anderen Urheber, deren Werke entlehnt werden sollen, anzugeben, damit die Frage des Inhaltes der Sammlung beurteilt werden kann (*Schricker/Melichar* § 46 Rn 22; *v. Gamm* § 46 Anm. 15). Weitere Angaben, welche die Berechnung der Vergütung nach § 46 Abs. 4 ermöglichen, sind nach Sinn und **Zweck** des § 46 Abs. 3 nicht erforderlich; dieser liegt nämlich darin, dem Urheber rechtzeitig Gelegenheit zu geben, unberechtigten Werkverwertungen entgegenzutreten oder sein Werk nach § 46 Abs. 5 zurückzurufen. Eine Auskunftspflicht ergibt sich hier aber aus allg. Grundsätzen.

31   Die Mitteilung muss durch **eingeschriebenen Brief** erfolgt sein, Benachrichtigungen anderer Art, zB durch E-Mail oder Telefon, sind nicht ausreichend. Nach dem genannten Sinn und Zweck der Mitteilungspflicht führt ihre Verletzung nicht zum Entfallen des Privilegierungstatbestandes, sondern kann allenfalls Schadenersatzansprüche des Urhebers gegen den Nutzer zur Folge haben (ebenso *v. Gamm* § 46 Rn 17; **aA** *Schricker/Melichar* § 46 Rn 24). Daraus folgt auch, dass **Verletzungen der Form der Mitteilung** bedeutungslos sind, wenn die Benachrichtigung dem Urheber tatsächlich zugegangen ist.

2. Änderungsverbot und Quellenangabepflicht (§§ 62 f.)

32   Die nach § 46 zulässige Nutzung entbindet weder vom Änderungsverbot (§ 62) noch von der Quellenangabepflicht (§ 63). Wegen der Einzelheiten wird auf die Kommentierung zu §§ 62 und 63 verwiesen. Daher ist etwa die **Verfilmung** eines Werkes nicht durch § 46 gedeckt.

VI. Rückruf (§ 46 Abs. 5)

33   § 46 Abs. 5 gewährt dem Urheber ein Verbietungsrecht für den Fall, dass ihm wegen gewandelter Überzeugung die Werknutzung für den Kirchen-, Schul- oder Unterrichtsgebrauch nicht zugemutet werden kann. Trotz gewandelter Überzeugung kann der Urheber die nach § 46 Abs. 1 und 2 zulässige Nutzung aber nicht verbieten, solange er ein etwa bestehendes vertragliches Nutzungsrecht nicht **wirksam nach § 42 zurückgerufen** hat (amtl. Begr. BT-Drucks. IV/270, 64). Ein **gleichzeitig mit dem Rückruf einhergehendes Verbot** ist demnach nicht ausreichend (ebenso *Schricker/ Melichar* § 46 Rn 26; **aA** *v. Gamm* § 46 Rn 16).

34   Hat der Verleger der Sammlung schon vor Ausübung des Verbotsrechts mit der Vervielfältigung begonnen, darf er sie analog § 136 Abs. 1 und 2 noch vollenden und die Vervielfältigungsstücke verbreiten (§ 46 Abs. 5 S. 2), ihm steht also eine **Aufbrauchsfrist** zu.

VII. Behandlung von Altfällen

35   Auf Sachverhalte aus der Zeit vor dem In-Kraft-Treten des Gesetzes zur Umsetzung der Richtlinie 2001/29/EG ist § 46 **in der alten Fassung anwendbar**. Von der ab dem 13.9.2003 geltenden Fassung unterscheidet diese sich inhaltlich nur in zwei Punkten:

36   § 46 aF lässt die Nutzung von Werken nur zu, wenn diese im Zeitpunkt der Nutzungshandlung bereits **erschienen** sind. Wegen des Begriffs des Erscheinens wird auf die Kommentierung zu § 6 Abs. 2 verwiesen. Werke, die wie reine Online-Veröffentlichungen nicht als körperliches Werkexemplar in den Verkehr gebracht wurden, können daher nicht iSd § 46 aF genutzt werden.

Die **öffentliche Zugänglichmachung** (§ 19a) von Werken in Sammlungen ist von   37
§ 46 aF nicht gedeckt. Für Altfälle kann der Rechtsinhaber, dem ein right of making
available als Innominatrecht zusteht (näher § 15 Rn 62 f.), daher gegen jedes Bereitstellen des Werkes im Internet, das nicht lizenziert oder gestattet wurde, aus Urheberrecht vorgehen.

§ 47   Schulfunksendungen

**(1) Schulen sowie Einrichtungen der Lehrerbildung und der Lehrerfortbil-
dung dürfen einzelne Vervielfältigungsstücke von Werken, die innerhalb einer
Schulfunksendung gesendet werden, durch Übertragung der Werke auf Bild-
oder Tonträger herstellen. Das gleiche gilt für Heime der Jugendhilfe und die
staatlichen Landesbildstellen oder vergleichbare Einrichtungen in öffentlicher
Trägerschaft.**

**(2) Die Bild- oder Tonträger dürfen nur für den Unterricht verwendet wer-
den. Sie sind spätestens am Ende des auf die Übertragung der Schulfunksendung folgenden Schuljahres zu löschen, es sei denn, daß dem Urheber eine
angemessene Vergütung gezahlt wird.**

I. Regelungsgehalt

Die Vorschrift dient der Förderung des Schulunterrichts. Sie soll es den Schulen er-   1
möglichen, Schulfunksendungen unabhängig von der jeweiligen Sendezeit in den
Unterricht einzufügen (amtl. Begr. BT-Drucks. IV/270, 30 f.; *BGH* NJW 1986, 1254,
1255 – Schulfunksendung). Eine Vergütung ist für die Nutzung nicht vorgesehen, soweit sich diese in gewissen zeitlichen Grenzen hält (§ 47 Abs. 2). Dem liegt die Überlegung zugrunde, dass es sich bei der nach § 47 zulässigen Nutzung nicht um eine zusätzliche Verwertung des Werkes handelt, an welcher der Urheber zu beteiligen wäre,
sondern dass der Lehrer nur in die Lage versetzt werden soll, eine Schulfunksendung
zu dem ihm richtig erscheinenden Zeitpunkt in den Lehrplan einzufügen (amtl. Begr.
BT-Drucks. IV/270, 65; *BGH* NJW 1986, 1254, 1255 – Schulfunksendung). Die Vorschrift ist verfassungsgemäß (*BVerfGE* 31, 270 – Schulfunksendung).

Das **LUG** und **KUG** kannten keine vergleichbare Schrankenregelung. Erst durch das   2
UrhG von 1965 (BGBl I, 1273) wurde auf der Grundlage von Art. 10 Abs. 2 RBÜ

eine auf Schulen, Einrichtungen der Lehrerbildung und Lehrerfortbildung sowie Erziehungsheime der Jugendfürsorge beschränkte Privilegierung mit einer Löschungsfrist zum Ende des Schuljahres eingefügt. Diese Vorschrift wurde durch das UrhGÄndG v. 24.6.1985 (BGBl I, 1137) zugunsten der staatlichen Landesbildstellen und vergleichbaren Einrichtungen erweitert und die Löschungsfrist verlängert.

II. Voraussetzungen der Schrankenregelung (§ 47 Abs. 1)

1. Privilegierte Institutionen

3   In den Genuss der Schrankenregelung kommen zunächst die **Schulen**. Der Begriff deckt sich mit dem des § 46 (s. § 46 Rn 12). Der Anregung, die Aufnahme der Sendungen nicht nur für Schulen, sondern auch für Hochschulen zu gestatten, ist nicht entsprochen worden. Der Gesetzgeber ging davon aus, dass diesen Institutionen zugemutet werden könne, die Erlaubnis der Urheber zur Aufnahme der Sendungen einzuholen. Zudem seien sie weniger an kurzlebigen Aufnahmen als an Dauerbändern interessiert (amtl. Begr. BT-Drucks. IV/270, 65). Von der ursprünglich beabsichtigten Fassung, dass die **Aufnahme in den Schulen** zu erfolgen habe (vgl noch amtl. Begr. BT-Drucks. IV/270, 65: Es bestehe das Bedürfnis, Schulfunksendungen „in den Schulen" auf Tonträger aufzunehmen), ist der Gesetzgeber nicht abgerückt, wie die Stellungnahme des Rechtsausschusses (amtl. Begr. BT-Drucks. 10/3360, 18) im Zuge der Diskussion um die Ausdehnung des § 47 auf die staatlichen Landesbildstellen zeigt. Mitschnitte, die von den Lehrern zu Hause hergestellt wurden, dürfen daher nicht im Unterricht verwandt werden (*Fromm/Nordemann* § 47 Rn 2), es sei denn, die Wiedergabe wäre bereits nicht als öffentlich einzustufen (hierzu näher § 6 Rn 33).

4   Anstalten der **Lehrerbildung** und **Lehrerfortbildung** wurden hingegen trotz zunächst gegenteiliger Vorschläge (amtl. Begr. BT-Drucks. IV/270, 65) in den Kreis der Begünstigten aufgenommen, da sie mittelbar der Heranbildung der Jugend dienen. Dazu zählen vor allem Seminare und Fortbildungen für Lehrer mit Abschluss. Der Begriff der Lehrerbildung erfasst dabei im Gegensatz zur Lehrerfortbildung solche Kurse und Seminare, die nicht der Erlangung zusätzlicher Abschlüsse oder der Beförderung dienen. Die Ausbildung in Hochschulen, Universitäten uÄ, die erst der Erlangung des staatlichen Abschlusses dienen, wird von § 47 nicht erfasst, weil der Gesetzgeber davon ausging, dass diesen Institutionen die Einholung der Einwilligung des Urhebers zumutbar sei (vgl amtl. Begr. BT-Drucks. IV/270, 65; **aA** *Schricker/Melichar* § 47 Rn 12). Ebenso lässt § 47 nicht die Nutzung zu Bildungs- und Fortbildungszwecken durch Volkshochschullehrer zu, da sie nicht der von § 47 allein bezweckten Heranbildung gerade der Jugend dient.

5   Privilegiert sind ferner **Heime der Jugendhilfe** nach dem KJHG, vormals JWG (vgl amtl. Begr. BT-Drucks. 10/837, 27). Dazu zählen auch Einrichtungen, in denen „untergebrachte Kinder und Jugendliche betreut und erzogen werden" (amtl. Begr. BT-Drucks. 10/837, 27), mithin also auch die Jugendstrafanstalten (ebenso *Fromm/Nordemann* § 47 Rn 2) und Jugendarrestanstalten. Schließlich kommen auch die **staatlichen Landesbildstellen** oder **vergleichbare Einrichtungen in öffentlicher Trägerschaft** in den Genuss des § 47. Grund für die Erweiterung der Privilegierung auf die Landesbildstellen und ihnen vergleichbare Einrichtungen war die Erwägung, dass Schulen aus technischen und organisatorischen Gründen zur Aufnahme von

Schulfunksendungen in der Regel auf die Unterstützung der staatlichen Landesbild-stellen angewiesen seien, weil nur wenige Schulen über die bes. Anlagen verfügen, mit denen für Unterrichtszwecke geeignete Aufzeichnungen hergestellt werden kön-nen (amtl. Begr. BT-Drucks. 10/3360, 18).

2. Werke, die innerhalb einer Schulfunksendung gesendet werden

Von einer **Schulfunksendung** spricht man bei solchen Sendungen, die inhaltlich und   6
der Länge nach für den Unterricht an Schulen bestimmt und auf ihn zugeschnitten sind. Schulfunksendungen werden also speziell für Schulzwecke ausgestrahlt (amtl. Begr. BT-Drucks. 10/837, 14). Dafür ist die Bezeichnung einer Sendung als Schul-funksendung ein Indiz. Wie auch iRd § 46 reicht eine Zweckbestimmung für den Heimgebrauch nur aus, wenn dieser den Schulunterricht wie beim Heimunterricht vollständig ersetzt (hierzu näher § 46 Rn 14). Im Rahmen einer privaten Nachhilfe kann daher von § 47 kein Gebrauch gemacht werden. Von einer Ausdehnung der Vorschrift auf andere Sendungen hat der Gesetzgeber bewusst abgesehen (amtl. Be-gr. BT-Drucks. 10/837, 13 f.).

Für die Definition der **Sendung** und **Funk** gelten die Ausführungen zu § 20 (§ 20   7
Rn 3 ff.) entspr. Danach fallen für den Schulunterricht bestimmte und pädagogisch auf ihn ausgerichtete Programminhalte, die im Internet abgerufen werden können, eben-falls unter § 47 und dürfen ohne Zustimmung des Urhebers auf CD oder CD-ROM auf-gezeichnet und im Unterricht verwandt werden. Die Gegenansicht (*Schricher/Me-lichar* § 47 Rn 8) muss sich entgegenhalten lassen, dass sie entgegen Sinn und Zweck des § 47 den Bereich der neuen Medien vollständig vom Schulunterricht ausklammert.

Die Werke müssen **innerhalb** der Schulfunksendung gesendet worden sein. Aus der   8
Verwendung der Vergangenheitsform ergibt sich, dass die Sendung im Zeitpunkt der Vornahme der privilegierten Nutzungshandlung bereits erfolgt sein muss (vgl *BGH* NJW 1986, 1254, 1255 – Schulfunksendung). Die Vervielfältigung von Werken, die innerhalb einer Schulfunksendung gesendet werden, wird deshalb nur dann von der Privilegierung des § 47 erfasst, wenn die Vervielfältigung auf einem Mitschnitt der Sendung beruht. Die Herstellung von Vervielfältigungsstücken mit Hilfe von Arbeits-bändern der Rundfunkanstalten ist ohne Einwilligung des Berechtigten unzulässig (*BGH* NJW 1986, 1254 – Schulfunksendung). Eine analoge Anwendung der Vor-schrift kommt nicht in Betracht (hierzu näher Vor §§ 44a ff. Rn 21), zumal durch die Verwendung von Arbeitsbändern eine Werknutzung von solcher Intensität möglich würde, wie sie der Mitschnitt der Schulfunksendung niemals ermöglichen kann; denn es entfallen beim Überspielen auf Bild- und Tonträger vom Arbeitsband die Schwie-rigkeiten in zeitlicher, technischer und organisatorischer Hinsicht, die beim Mitschnitt der Sendung vorhanden sind (*BGH* NJW 1986, 1254, 1255 – Schulfunksendung).

III. Zulässige Verwertungshandlungen

1. Herstellung einzelner Vervielfältigungsstücke durch Übertragung auf Bild- oder Tonträger (§ 47 Abs. 1 S. 1)

Zulässig ist zunächst die **Herstellung** einzelner Vervielfältigungsstücke durch Über-   9
tragung der Sendung auf Bild- oder Tonträger. Die Vervielfältigung muss während der Sendung erfolgen, sodass ein Kopieren der Arbeitsbänder der Sendeunternehmen

nur mit Zustimmung der Urheber zulässig ist (*BGH* NJW 1986, 1254 – Schulfunksendung). Daraus folgt zugleich, dass die Sendung jeweils nur innerhalb des betr. Sendegebiets mitgeschnitten werden kann (*Schricker/Melichar* § 47 Rn 16; vgl *BGH* NJW 1986, 1254, 1255 – Schulfunksendung). Für den Begriff der Vervielfältigung der Sendung durch **Übertragung auf Bild- oder Tonträger** wird auf die Kommentierung zu § 16 Abs. 2 (§ 16 Rn 19 ff.) verwiesen. Erfasst ist insb. auch das Überspielen auf CDs und CD-ROMs (vgl *OLG Düsseldorf* GRUR 1990, 188; näher hierzu § 16 Rn 20).

10   Von **einzelnen** Vervielfältigungsstücken kann wie iRd § 45 grds nur gesprochen werden, wenn nicht mehr als sieben Vervielfältigungsstücke hergestellt werden. Je nach den Umständen des Einzelfalls wird die Zahl aber häufig auch darunter liegen, wenn nach Größe des Jahrgangs und Unterrichtsplan für weniger als sieben Klassen gleichzeitig ein Vervielfältigungsstück benötigt wird. Soweit die Vervielfältigung durch Landesbildstellen und ihnen gleichstehende staatliche Institutionen betroffen ist, wird man die zahlenmäßige Grenze von sieben Vervielfältigungsstücken allerdings nicht ansetzen können, weil der Gesetzgeber bei ihrer Aufnahme in den Kreis der privilegierten Institutionen davon ausging, dass diese staatlichen Organisationen die Vervielfältigung für die einzelnen Schulen durchführen würden (amtl. Begr. BT-Drucks. 10/3360, 18). Demnach kommt es für die Frage, ob noch einzelne Vervielfältigungsstücke gefertigt werden, auf den Gesamtbedarf der von der Landesbildstelle bzw der ihr gleichstehenden Institution belieferten Schule an (**aA** *Schricker/Melichar* § 47 Rn 15).

2. Verwendung der Bild- oder Tonträger für den Unterricht (§ 47 Abs. 2)

11   Die Bild- und Tonträger dürfen im Schulunterricht verwandt werden. Bei **Filmwerken** erfolgt die Verwendung durch Vorführung des Filmes iSd § 19 Abs. 4, bei **Laufbildern** nach § 21. Aus dem **Internet** auf Diskette geladene digitale Schulfunksendungen können den Schülern auf einem Schul-PC zugänglich gemacht werden. Eine gesetzliche Lizenz für weitere Nutzungshandlungen ist in § 47 nicht enthalten; insb. ist mit der Vorschrift auch kein Erwerb der Senderechte verbunden (*Fromm/Nordemann* § 47 Rn 2).

12   Erlaubt ist nur die Vorführung **rechtmäßig hergestellter Mitschnitte**. War die Herstellung des Mitschnitts nicht von § 47 gedeckt, zB weil die Zahl der zulässigen Vervielfältigungsstücke überschritten wurde, ist die Verwertung der Mitschnitte auch dann nicht zulässig, wenn inzwischen die Zahl der Bild- und Tonträger auf die höchstzulässige Zahl reduziert wurde.

13   Die Verwendung darf nur **für den Unterricht** erfolgen. Vorführungen zum Zwecke der Unterrichtsvorbereitung sind unzulässig (*Schricker/Melichar* § 47 Rn 18 mwN). Auch vom Unterrichtszweck nicht mehr gedeckte Verwertungshandlungen, zB das Überspielen vom Bild- und Tonträger auf einen anderen zum Zwecke der Dokumentation des Überspielvorgangs, die Sendung des Mitschnitts über Funk oÄ sind nicht von § 47 erfasst.

14   Aus Sinn und Zweck der Vorschrift und dem einschränkenden Wortlaut des § 47 Abs. 1, der die Übertragung von Schulfunksendungen auf Bild- und Tonträger nur erlaubt, wenn die Sendung mitgeschnitten wird, folgt ferner, dass der Mitschnitt **nur im Empfangsgebiet** der jeweiligen Schulfunksendung eingesetzt werden darf. Unzulässig ist es daher, wenn sich Schulen unterschiedlicher Sendegebiete wechselsei-

tig Mitschnitte von Schulfunksendungen überlassen. Verwenden die Schulen ihnen von der Landesbildanstalt überlassene Mitschnitte, müssen diese aus dem Sendegebiet der betr. Schule stammen. Denn nach Sinn und Zweck des § 47 Abs. 1 S. 2, der nur die technische und organisatorische Erleichterung verfolgt, fertigt die Landesbildanstalt den Mitschnitt stellvertretend für die jeweilige Schule.

IV. Befristung der Privilegierung (§ 47 Abs. 2 S. 2)

1. Löschung am Ende des der Übertragung folgenden Schuljahres

Die Bild- oder Tonträger sind am Ende des der Übertragung des Werkes durch Funk **15** oder Fernsehen folgenden Schuljahres zu löschen, also unbrauchbar zu machen. Die zunächst nur bis zum Ende des jeweiligen Schuljahres laufende Frist war durch Gesetz v. 24.6.1985 (BGBl I, 1137) entspr. verlängert worden, weil sie vor allem bei Schulfunksendungen, die am Ende eines Schuljahres gesendet worden waren, zu praktischen Schwierigkeiten geführt hatte (vgl hierzu amtl. Begr. zum Gesetzentwurf BT-Drucks. IV/270, 13; 10/837, 13). Wird die Schulfunksendung **wiederholt gesendet**, beginnt die Frist daher **mit jeder Sendung neu zu laufen**. Die Gegenansicht (*Schricker/Melichar* § 47 Rn 20) muss zu dem Ergebnis kommen, dass Schulfunksendungen spätestens zwei Jahre nach ihrer Erstsendung überhaupt nicht mehr für den Schulunterricht verwandt werden dürfen. Diese Verpflichtung zur Unbrauchbarmachung der Bild- oder Tonträger ist deshalb gerechtfertigt, weil diese nicht dauerndes Unterrichtsmaterial darstellen, sondern nur dazu dienen sollen, den Empfang der Schulfunksendungen für die Schüler auf einen späteren Zeitpunkt zu verschieben. Bei der vorgesehenen Frist ist auf die Notwendigkeit Rücksicht genommen worden, das Lehrmaterial jeweils für den Jahrgang der Schüler benutzen zu können, für den die Sendung bestimmt ist (amtl. Begr. BT-Drucks. IV/270, 65). Ist der Unterricht in **Semester** gegliedert, kommt es daher auf den Ablauf des dem betr. Semester folgenden Semesters an (*Schricker/Melichar* § 47 Rn 21).

2. Fortsetzung der Nutzung gegen Zahlung einer Vergütung

Die Zahlung einer Vergütung ist in § 47 Abs. 2 nur für den Fall vorgesehen, dass die **16** privilegierte Nutzung über das Ende des der Übertragung folgenden Schuljahres hinaus fortgesetzt wird. Denn hier wird das Werk in den dauerhaften Präsenzbestand der Schule eingefügt, sodass sich seine Nutzung als zusätzliche und mithin vergütungspflichtige Verwertung darstellt. Die **Höhe der Vergütung** richtet sich nach den Umständen des Einzelfalls, wobei vor allem die Intensität der geplanten Nutzung (Länge des Mitschnitts, Schülerzahl, Dauer der Aufbewahrung) eine Rolle spielt. Sind bestimmte **Tarife** üblich, sind sie zugrunde zu legen. Ein Orientierungsmaßstab können auch die **Kosten** sein, die die Schule durch den Mitschnitt erspart (vgl *Fromm/Nordemann* § 47 Rn 4).

Die Frage, ob eine Weiternutzung nach Ablauf der Löschungsfrist unrechtmäßig ist, **17** wenn sich die Parteien nicht über ihre Modalitäten geeinigt haben, wird von der **hM** (*Ulmer* § 68 II 3; *Schricker/Melichar* § 47 Rn 22; *Fromm/Nordemann* § 47 Rn 4) bejaht. Richtigerweise kann die Nichteinigung die Weiternutzung nicht zur Urheberrechtsverletzung machen, weil es der Urheber dann in der Hand hätte, den Nutzer durch überhöhte Forderungen rechtlos zu stellen. Erfolgt eine Weiternutzung nach

Ablauf der Löschungsfrist, und wird für sie die objektiv **angemessene Vergütung** gezahlt, ist die Nutzung mithin rechtens.

V. Schranken-Schranken

18   Das Änderungsverbot (§ 62) und die Quellenangabepflicht (§ 63) sind zu beachten.

§ 48   Öffentliche Reden

(1) Zulässig ist

1. die Vervielfältigung und Verbreitung von Reden über Tagesfragen in Zeitungen, Zeitschriften sowie in anderen Druckschriften oder sonstigen Datenträgern, die im Wesentlichen den Tagesinteressen Rechnung tragen, wenn die Reden bei öffentlichen Versammlungen gehalten oder durch die öffentliche Wiedergabe im Sinne von § 19a oder § 20 veröffentlicht worden sind, sowie die öffentliche Wiedergabe solcher Reden,

2. die Vervielfältigung, Verbreitung und öffentliche Wiedergabe von Reden, die bei öffentlichen Verhandlungen vor staatlichen, kommunalen oder kirchlichen Organen gehalten worden sind.

(2) Unzulässig ist jedoch die Vervielfältigung und Verbreitung der in Absatz 1 Nr. 2 bezeichneten Reden in Form einer Sammlung, die überwiegend Reden desselben Urhebers enthält.

§ 48 idF bis 12.9.2003

(1) ...

1. die Vervielfältigung und Verbreitung von Reden über Tagesfragen in Zeitungen sowie in Zeitschriften oder anderen Informationsblättern, die im wesentlichen den Tagesinteressen Rechnung tragen, wenn die Reden bei öffentlichen Versammlungen oder im Rundfunk gehalten worden sind, sowie die öffentliche Wiedergabe solcher Reden,

2. ...

(2) ...

Literatur: *Löffler* Presserecht, Kommentar zu den Landespressegesetzen der Bundesrepublik Deutschland, 4. Aufl. 2000.

Übersicht

I. Regelungsgehalt und Gesetzgebungsgeschichte

§ 48 enthält, gestützt auf Art. 2bis RBÜ, die Freistellung gewisser Reden vom Urhe- **1** berrechtsschutz. Während § 48 Abs. 1 Nr. 1 schon gegenüber dem bis dahin gelten- den § 17 LUG einige Veränderungen mit sich brachte und jüngst erneut geändert wurde, entsprechen § 48 Abs. 1 Nr. 2 und Abs. 2 bis auf geringe Änderungen dem bis zum Erlass des UrhG geltenden Recht (vgl § 17 LUG; s. auch amtl. Begr. BT- Drucks. IV/270, 65 f.). Durch das zum 13.9.2003 in Kraft getretene Gesetz zur Re- gelung des Urheberrechts in der Informationsgesellschaft wurden die zum Zwecke der Berichterstattung erfolgenden weiteren Verwertungshandlungen auch bzgl sol- cher Reden für erlaubnisfrei erklärt, die durch öffentliche Zugänglichmachung (§ 19a) veröffentlicht worden sind. Außerdem wurde der Kreis der zulässigen Ver- wertungshandlungen insofern erweitert, als nunmehr auch die Vervielfältigung und Verbreitung derartiger Reden in sonstigen Datenträgern, dh insb. in digitalen Off- line-Medien, erlaubnisfrei zulässig ist. Die Formulierung „im Rundfunk gehalten" wurde durch jene „durch öffentliche Wiedergabe iSv § 19a oder § 20 veröffentlicht" ersetzt, ohne dass damit inhaltliche Veränderungen verbunden sind (amtl. Begr. zu § 48, BT-Drucks. 15/38, 19).

Die Vorschrift bezweckt die schnelle Information der Allgemeinheit (amtl. Begr. **2** BT-Drucks. IV/270, 65) und dient so der Informationsfreiheit.

II. Bei öffentlicher Versammlung gehaltene oder iSd §§ 19a, 20 öffentlich wiedergegebene Rede über Tagesfragen (§ 48 Abs. 1 Nr. 1)

1. Allgemeines

Zulässig ist nach § 48 Abs. 1 Ziff. 1 die Vervielfältigung, Verbreitung und öffentli- **3** che Wiedergabe von Reden über Tagesfragen, die bei öffentlichen Versammlungen oder im Rundfunk gehalten wurden, in Informationsblättern, die im Wesentlichen Tagesinteressen Rechnung tragen. Seit dem 13.9.2003 werden diese Verwertungs- handlungen von § 48 darüber hinaus auch gedeckt, wenn die Reden anders als durch das Medium des Rundfunks zuvor durch öffentliche Wiedergabe iSd § 19a oder § 20 veröffentlicht wurden.

2. Voraussetzungen der Privilegierung

a) Rede. § 48 spricht im Gegensatz zu dem bis dahin geltenden § 17 LUG statt von **4** „Vorträgen und Reden" nur von **„Reden"** iSd § 2 Abs. 1 Nr. 1. Eine sachliche Ände- rung ist damit nicht verbunden, weil jeder Vortrag zugleich auch eine Rede darstellt (amtl. Begr. BT-Drucks. IV/270, 65).

b) Über Tagesfragen. Die Rede muss sich über **Tagesfragen** (Tagesereignisse) ver- **5** halten. Unter einem **Tagesereignis** versteht man jedes aktuelle Geschehen, das für die Öffentlichkeit von allg. Interesse ist (*BGH* GRUR 2002, 1050, 1051 – Zeitungsbericht als Tagesereignis). Berichtet werden muss also über politische, gesellschaftliche, wissenschaftliche, literarische oder ähnliche Gesprächsthemen, die durch ein Ereignis oder einen Umstand gerade zur Zeit der Rede bes. Bedeutung erlangt haben (**Gegenwartsberichterstattung**). Wird die Auseinandersetzung prominenter Eheleute von einem der beiden Beteiligten durch die Erhebung von Anschuldigungen in die Presse getragen, kann darin ebenfalls ein Tagesereignis liegen (*BGH* GRUR 2002, 1050 – Zeitungsbericht als Tagesereignis). Bei Reden über nicht tagesgebundene Themen, zB solche allg. literarischer oder wissenschaftlicher Art, besteht selbst dann, wenn sie anlässlich eines Tagesereignisses gehalten werden, nicht ein so großes Interesse der Öffentlichkeit an schneller Unterrichtung, dass es gerechtfertigt wäre, auch ihren Nachdruck ohne Zustimmung des Urhebers zu gestatten (amtl. Begr. BT-Drucks. IV/270, 65). Behandelt die Rede nur zT Tagesfragen, ist auch nur dieser Teil freigegeben (*Fromm/Nordemann* § 48 Rn 2).

6   **c) Bei einer öffentlichen Versammlung gehalten oder durch öffentliche Wiedergabe iSd §§ 19a, 20 veröffentlicht. Nach dem bis zum 12.9.2003 geltenden Recht** griff § 48 nur ein, wenn die Rede bei einer öffentlichen Versammlung oder im Rundfunk gehalten worden war. Der Begriff des Rundfunks war dabei aus § 20 übernommen worden; dieser sichert dem Urheber das Recht, sein Werk der Öffentlichkeit mittels herkömmlicher Funktechniken, wie der des Rundfunks und Kabelfunks, öffentlich zugänglich zu machen, und erweitert dieses Recht auch auf die öffentliche Zugänglichmachung mittels technischer Mittel, die diesen herkömmlichen Funktechniken nur ähnlich sind. Auf letztere verwies § 48 aF jedoch nicht. Nach der bis zum 12.9.2003 geltenden Rechtslage ermöglichte er folglich nicht die Verwertung solcher Reden, die ausschließlich mit Hilfe von dem Rundfunk nur ähnlichen technischen Mitteln des Funks gesendet worden waren. Insb. die im Internet nur abrufbaren oder gesendeten Reden fielen so aus dem Anwendungsbereich der Vorschrift.

7   **Mit Wirkung zum 13.9.2003** wurde dies geändert. Auch Reden, die anders als durch Rundfunk öffentlich gesendet oder die überhaupt nur öffentlich zugänglich gemacht und gar nicht übermittelt worden sind (§ 19a), dürfen jetzt nach § 48 Abs. 1 Ziff. 1 verwertet werden. Damit unterfallen neben den im Rundfunk oder Fernsehen gesendeten Reden vor allem auch Reden der Vorschrift, die **im Internet abrufbar** oder via **mainstream** erhältlich sind. Nicht jede öffentliche Zugänglichmachung oder Sendung ist allerdings ausreichend. Vielmehr muss durch sie die Rede iSd § 6 Abs. 1 **veröffentlicht** worden sein. Ein unveröffentlichter, gegen den Willen des Redners publik gemachter Redentext darf daher nicht genutzt werden. Anders als nach § 48 aF wird durch § 48 nF aber die Verwertung reiner Internetveröffentlichungen ermöglicht. War die Rede bereits veröffentlicht, bevor sie ins Internet gestellt wurde, liegen aber die sonstigen Voraussetzungen einer Veröffentlichung bei der öffentlichen Zugänglichmachung bzw Sendung vor (Zweitveröffentlichung), greift die Schrankenregelung ebenfalls ein. Bedeutung hat die bis zum 12.9.2003 geltende Rechtslage noch für **Altfälle**.

8   Neben den iSv §§ 19a, 20 veröffentlichten Reden dürfen auch Reden verwertet werden, die bei öffentlichen Versammlungen gehalten wurden. Unter einer **öffentlichen Versammlung** versteht man mehrere nicht persönlich miteinander verbundene Personen, die sich an einem Ort versammelt haben, wenn an der Ansammlung in den Grenzen der räumlichen Kapazitäten, verlangter Preise und anderer sachlich begrün-

deter Erwägungen (zB Minderjährigenschutz) ein Personenkreis iSd § 15 Abs. 3 teilnehmen kann. Zwischen den Personen muss ein innerer Zusammenhalt bestehen, der häufig durch ein gemeinsames Ziel hergestellt wird, zB die Absicht, bestimmte Fragen zu erörtern, Einigkeit zu demonstrieren oÄ. Im Gegensatz zu einer öffentlichen Verhandlung (§ 48 Abs. 1 Nr. 2) setzt der Begriff der Versammlung keine Aussprache im Anschluss an die Rede(n) voraus (vgl amtl. Begr. BT-Drucks. IV/270, 65 f.). Bei einer öffentlichen Versammlung **gehalten** wurde eine Rede, wenn der Redner den Redetext dort vorgetragen hat. Ist eine Rede erst einmal vor einer öffentlichen Versammlung gehalten worden, ist ihre Verwertung iSd § 48 selbst dann zulässig, wenn das Halten der Rede ohne die erforderliche Zustimmung des Urhebers erfolgte. Wurde die Rede nur teilweise gehalten, ist auch nur dieser Teil freigegeben.

3. Zulässige Verwertungshandlungen

a) Vervielfältigung und Verbreitung. § 48 Abs. 1 Nr. 1 lässt zunächst die Vervielfältigung (§ 16) zum Zwecke der Aufnahme in das Blatt und der Herstellung der notwendigen Anzahl von Kopien desselben sowie die Verbreitung (§ 17) der Reden an einzelne Personen oder an die Öffentlichkeit zu.   **9**

Voraussetzung ist allerdings, dass dies in Zeitungen, in Zeitschriften oder anderen Informationsblättern (Druckschriften) bzw seit dem 13.9.2003 auch in sonstigen Datenträgern geschieht, und dass diese Medien im Wesentlichen den **Tagesinteressen** Rechnung tragen. Unter einer **Zeitung** versteht man ebenso wie iRd § 49 ein periodisch in einem Teil des Bundesgebiets erscheinendes druckschriftliches Nachrichtenblatt zur Berichterstattung über Tagesneuigkeiten. Darunter fallen auch wöchentlich erscheinende Illustrierte oder Magazine, wenn sie diese Voraussetzungen erfüllen (*Löffler* BT UrhR, Rn 144; *Schricker/Melichar* § 49 Rn 5). **Zeitschriften** sind periodisch erscheinende, meist bundesweit abgesetzte druckschriftliche Informationsblätter, die der Berichterstattung über Neuigkeiten dienen, wobei der Schwerpunkt nicht auf dem Bericht über Tagesneuigkeiten liegt. Darunter fallen auch Fachzeitschriften, sofern sie aktuelle Themen behandeln (*Schricker/Melichar* § 49 Rn 7). Sonstige **Informationsblätter** sind solche Schriftwerke, die der – auch einmaligen – Information der Allgemeinheit durch die Presse dienen, also neben den in § 48 Abs. 1 Nr. 1 ausdrücklich genannten Zeitungen und Zeitschriften vor allem Nachrichtendienste und Korrespondenzen (vgl amtl. Begr. BT-Drucks. IV/270, 65). Das Schriftwerk muss grds jedem potenziellen Interessenten zugänglich sein, wobei faktische Zugangshindernisse, wie der Preis des Blattes, der räumliche Verbreitungskreis und eine etwaige politische Färbung nicht entgegenstehen. Wie sich aus der Verwendung des Begriffs des Blattes ergibt, muss es sich um Schriften von geringerem Umfang handeln. Bei dem seit dem 13.9.2003 geltenden Begriff der **Druckschriften** handelt es sich nur um die Zusammenfassung der Begriffe von Zeitschrift und Informationsblatt (amtl. Begr. zum RefE zu Nr. 10 (§ 48)). **Sonstige Datenträger** sind neben den in § 16 Abs. 2 legaldefinierten Bild- und Tonträgern alle anderen Medien, auf denen Werke in digitaler Form fixiert werden können. Das sind vor allem digitale Offline-Medien wie die CD, die CD-ROM und die Diskette (amtl. Begr. zu § 48, BT-Drucks. 15/38, 19). Aber auch Datenträger, die wie die Festplatte eines Servers eine digitale Speicherung zu Online-Zwecken ermöglichen, fallen darunter (vgl amtl. Begr. zu § 48, BT-Drucks. 15/38, 19).   **10**

11   Zulässig ist nur der Abdruck bzw die Speicherung in solchen Informationsblättern und Datenträgern, die **im Wesentlichen den Tagesinteressen Rechnung tragen**, also vornehmlich der Information über aktuelle Fragen dienen, an denen ein öffentliches Interesse besteht. Die Freigabe öffentlicher Reden für den Abdruck in sämtlichen Zeitschriften wäre über das von § 48 verfolgte Ziel der schnellen Unterrichtung der Allgemeinheit hinausgeschossen (vgl amtl. Begr. BT-Drucks. IV/270, 65). Betroffen sein können zB Themen wirtschaftlicher, politischer oder religiöser Art, aber auch anderen Inhalts (vgl § 49 Abs. 1 S. 1). Stets ist erforderlich, dass die von dem Informationsblatt behandelten Themen ganz überwiegend („im Wesentlichen") Aktualität aufweisen. Die **Aktualität** muss im Zeitpunkt der Veröffentlichung des Blattes gegeben sein. Die am Ende eines Jahres erfolgenden **Jahresrückschauen** genügen den Anforderungen des § 48 daher nicht. Neben der Aktualität der im Informationsblatt behandelten Themen ist erforderlich, dass an ihnen ein **öffentliches Interesse** besteht. Der aktuelle Bericht über die Geburt einer Person, die weder absolute noch relative Person der Zeitgeschichte ist, wird zB diesen Voraussetzungen im Wesentlichen nicht genügen.

12   Bei Zeitungen, Nachrichtendiensten und Korrespondenzen werden die Voraussetzungen des § 48 im Allgemeinen vorliegen (vgl amtl. Begr. BT-Drucks. IV/270, 65). Bei periodisch erscheinenden Zeitschriften sprechen lange zeitliche Abstände zwischen den einzelnen Erscheinungsdaten im Allgemeinen dafür, dass die Zeitschrift nicht Tagesinteressen, sondern Themen behandelt, die das Interesse der Allgemeinheit dauerhaft erwecken. Von § 48 erfasst werden auch nicht periodisch erscheinende Informationsblätter.

13   Der Abdruck muss **in** den betr. Informationsblättern bzw Datenträgern erfolgen. Die Vervielfältigung durch Sonderdrucke, Beilagen oÄ ist im Rahmen von § 48 nicht zugelassen (*Schricker/Melichar* § 48 Rn 8; *Möhring/Nicolini/Engels* § 48 Rn 14). Ebenso wenig reicht die Verwertung in der Werbung, etwa der Abdruck in einem der CD beiliegenden Werbeflyer, aus.

14   Die Freistellung greift selbst dann ein, wenn die Vervielfältigung und Verbreitung der Reden in Form einer Sammlung erfolgt, die überwiegend Reden desselben Urhebers enthält (arg. e § 48 Abs. 2). Der Gesetzgeber ging davon aus, dass der Abdruck von Sammlungen in Zeitungen oder zeitungsähnlichen Zeitschriften ohnehin nicht praxisrelevant sein würde (amtl. Begr. BT-Drucks. IV/270, 66).

15   **b) Öffentliche Wiedergabe.** Ferner ist auch die öffentliche Wiedergabe der Reden iSd **§§ 15 Abs. 2, 3** zulässig. Das ermöglicht jedenfalls die Übertragung der Reden mittels technischer Einrichtungen in einen anderen Raum (**§ 19 Abs. 1 und 3**), die Life-Übertragung der Reden in Rundfunk und Fernsehen und deren öffentliche Wiedergabe durch Bildschirm, Lautsprecher uÄ. Fraglich ist, ob auch Übertragungen vom Bild- und Tonträger (§ 21) und Sendungen bzw Weitersendungen vom Bild- oder Tonband (§§ 20 ff.) zulässig sind.

16   **Bis zum 12.9.2003** war dem ausdrücklichen Wortlaut des § 48 Abs. 1 Nr. 1 aF nach die **vorbereitende Vervielfältigung** der Reden nur zulässig, wenn **in Informationsblättern** vervielfältigt wurde; eine Vervielfältigung durch Übertragung auf Bild- oder Tonträger bzw Festplatte war damit ausgeschlossen. Gegen die Zulässigkeit einer Vervielfältigung der Reden nach § 16 Abs. 2 sprach bis zur Gesetzesreform auch, dass dadurch eine bes. intensive und dauerhafte Nutzung der Reden möglich wurde, welche die im Allgemeinen kurzlebigen Informationsblätter nicht gewährten. Soweit sich also in Altfällen Vorbereitungen zur öffentlichen Wiedergabe als körperliche Verwertung der Rede außerhalb eines Informationsblattes iSd § 48 Abs. 1 Nr. 1 aF darstellen, sind sie unzulässig, wenn sie nicht durch eine andere Schrankenregelung gedeckt sind (ebenso *Schricker/Melichar* § 48 Rn 9; **aA** offenbar *Fromm/Nordemann* § 48 Rn 2). Deshalb, und nicht weil sie kein Fall der Sendung ist, wird für Altfälle durch § 48 auch **nicht die digitale Online-Übermittlung** ermöglicht (ebenfalls für die Anwendbarkeit des § 48: *Lehmann/Hoeren* Cyberlaw, S. 97; s. auch *Schricker/ Melichar* § 48 Rn 9, der allerdings grds im selben Abs. ein Vervielfältigungsrecht für andere als Druckerzeugnisse nach § 48 verneint). Ohnehin nicht von § 48 Abs. 1 Nr. 1 gedeckt war bis zum 12.9.2003 die Verbreitung entspr. Bild- oder Tonträger.

Seit dem 13.9.2003 kann die Vervielfältigung auch in digitalen **Offline- und On-**   17
line-Medien erfolgen. Entspr. kann auch die der öffentlichen Wiedergabe vorangehende Fixierung des Werkes erfolgen. Der Verwerter darf daher insb. eine iSd § 48
gehaltene Rede auf dem Server speichern und im Internet öffentlich zugänglich machen (§ 19a) sowie on-demand übermitteln (§ 20).

III. Reden, die bei öffentlichen Verhandlungen vor staatlichen, kommunalen oder kirchlichen Organen gehalten worden sind (§ 48 Abs. 1 Nr. 2)

1. Allgemeines

Zulässig ist nach § 48 Abs. 1 Nr. 2 die Vervielfältigung, Verbreitung und öffentliche   18
Wiedergabe von Reden, die bei öffentlichen Verhandlungen vor staatlichen, kommunalen oder kirchlichen Organen gehalten wurden.

2. Voraussetzungen der Privilegierung

§ 48 spricht im Gegensatz zu dem bis dahin geltenden § 17 LUG statt von Vorträgen   19
und Reden nur von **Reden**. Eine sachliche Änderung ist damit nicht verbunden, weil
jeder Vortrag zugleich auch eine Rede darstellt (amtl. Begr. BT-Drucks. IV/270, 65).

Die Rede muss bei einer **öffentlichen Verhandlung** vor staatlichen, kommunalen   20
oder kirchlichen Organen gehalten werden. Zum Begriff der Öffentlichkeit s. § 6
Rn 9 ff. Ebenso wie die öffentliche Versammlung iSd § 48 Abs. 1 Nr. 1 setzt die öffentliche Verhandlung voraus, dass mehrere Personen zusammengekommen sind.
Von einer Verhandlung kann anders als von einer Versammlung aber nur dann gesprochen werden, wenn im Anschluss an die Rede(n) eine **Aussprache** vorgesehen
ist (amtl. Begr. BT-Drucks. IV/270, 65). Auch reicht ein bloß loser innerer Verbund
der versammelten Personen nicht aus. Eine öffentliche Verhandlung liegt vielmehr
nur vor, wenn die Zusammenkunft ein übergeordnetes Ziel verfolgt, das meistens in
der Lösung von Streitigkeiten der Prozessparteien oder der Feststellung von Schuld
oder Unschuld einer Person liegen wird.

Die Verhandlung muss **vor staatlichen, kommunalen oder kirchlichen Organen**   21
gehalten worden sein. Damit unterfallen zunächst alle Reden in öffentlichen **Ge-**
richtsverhandlungen, gleich welcher Gerichtsbarkeit und welcher Instanz, dem
§ 48 Abs. 1 Ziff. 2. Ferner werden die öffentlich zugänglichen Erörterungen in **Aus-**
schüssen staatlicher oder kommunaler Organe, zB im Bundestag oder Bundesrat, in

den Stadtparlamenten, in verschiedenen Ausschüssen, in der Enquetekommission uvm erfasst. Schließlich fallen auch Verhandlungen vor kirchlichen Organen, zB auf der **Synode** oder der **Kirchenkonferenz**, unter § 48 Abs. 1 Ziff. 2, soweit sie öffentlich sind. Nicht dazu zählen Reden auf dem Kirchentag, weil die Reden dort nicht vor einem kirchlichen Organ gehalten werden. Ohnehin nicht erfasst sind Reden vor Gewerkschaften, weil diesen der Organcharakter fehlt.

22   Ein innerer Bezug zu dem **Zweck der Zusammenkunft** ist anders als bei § 48 Abs. 1 Nr. 1 nicht erforderlich. Offenbart ein Politiker während einer Rede im BTag private Eheprobleme, erleidet der Angeklagte bei dem ihm gewährten letzten Wort einen Nervenzusammenbruch oder spricht ein Geistlicher während der Synode von weltlichen Schwierigkeiten, darf die Rede daher gleichwohl verwertet werden. Ausnahmsweise kann allerdings das Allg. Persönlichkeitsrecht der betr. Person eine Grenze setzen.

3. Zulässige Verwertungshandlungen

23   Zulässig ist die Vervielfältigung (§ 16), Verbreitung (§ 17) und öffentliche Wiedergabe (§§ 15 Abs. 2, 19 ff.). Anders als iRd § 48 Abs. 1 Nr. 1 dürfen die Reden nicht nur in Zeitungen usw, sondern **in Publikationen aller Art nachgedruckt** werden. Außerdem ist die Vervielfältigung und Verbreitung uneingeschränkt und damit auch zum Zwecke der öffentlichen Wiedergabe zulässig. Deshalb dürfen die **Reden auf Tonband aufgenommen** und diese **in der Öffentlichkeit abgespielt** werden. § 48 Abs. 1 Nr. 2 ermöglicht damit die umfassende Verwertung der Reden in jeder Form.

24   Eine Einschränkung ergibt sich allerdings aus **§ 48 Abs. 2**. Nach dieser nur für § 48 Abs. 1 Nr. 2 geltenden Vorschrift ist die Vervielfältigung und Verbreitung der Reden in Form einer Sammlung, die überwiegend Reden desselben Urhebers enthält, unzulässig. Dabei kommt es nicht nur auf den Umfang der Reden im Verhältnis zum Gesamtumfang der Sammlung, sondern auch auf die inhaltliche und systematische Schwerpunktsetzung an. Als Orientierung kann häufig die 50 %-Grenze dienen (**aA** *Fromm/Nordemann* § 48 Rn 4, der diese Prozentzahl als feste Grenze betrachten will; noch anders *Schricker/Melichar* § 48 Rn 15, der jeweils auf das Hauptgewicht der Sammlung abstellt). Der Anregung, die Vervielfältigung der in § 48 Abs. 1 Nr. 2 bezeichneten Werke in Sammlungen stets dem Urheber vorzubehalten, war der Gesetzgeber nicht gefolgt, da nur bei Sammlungen, die überwiegend Reden desselben Urhebers enthielten, das Interesse des Urhebers gegenüber dem berechtigten Informationsinteresse der Allgemeinheit überwiege (amtl. Begr. BT-Drucks. IV/270, 66). Neben § 48 Abs. 2 sind allg. Schranken zu beachten, zB das Verbot von Ton- und Filmaufnahmen in bestimmten Gerichtsverhandlungen nach § 169 S. 2 GVG (dazu *BVerfG* WRP 2001, 243 ff.; s. ferner *Rehbinder* Rn 280). § 48 Abs. 1 Nr. 2 erlaubt nur die Verwertung der Rede; ob Aufnahmen vom Redner zulässig sind, richtet sich nach KUG und dem Allg. Persönlichkeitsrecht. Auch das Hausrecht ist zu beachten (*BVerwG* NJW 1991, 118; *Rehbinder* Rn 280).

IV. Schranken-Schranken

25   Das **Änderungsverbot** (§ 62) und die **Quellenangabepflicht** (§ 63) sind zu beachten. Zur Frage weiterer Einschränkungen zB durch § 169 S. 2 GVG so Rn 24.

V. Behandlung von Altfällen

Für Sachverhalte aus der Zeit bis zum 12.9.2003 ist § 48 Abs. 1 Nr. 1 in der bis dahin   **26**
geltenden Fassung anwendbar. Das hat zur Folge, dass die nicht druckschriftliche
Verwertung, vor allem die Verwertung in **digitalen Offline- und Online-Medien**,
für derartige Sachverhalte nicht auf die Schrankenregelung des § 48 gestützt werden
kann. Die Verwertung von iSd **§ 19a** öffentlich zugänglich gemachten Werken, vor
allem von solchen aus dem Internet, ist durch § 48 aF nicht gerechtfertigt. Siehe ferner schon oben Rn 6.

§ 49   Zeitungsartikel und Rundfunkkommentare

**(1) Zulässig ist die Vervielfältigung und Verbreitung einzelner Rundfunk-
kommentare und einzelner Artikel aus Zeitungen und anderen lediglich Tagesinteressen dienenden Informationsblättern in anderen Zeitungen und Informationsblättern dieser Art sowie die öffentliche Wiedergabe solcher Kommentare und Artikel, wenn sie politische, wirtschaftliche oder religiöse Tagesfragen
betreffen und nicht mit einem Vorbehalt der Rechte versehen sind. Für die Vervielfältigung, Verbreitung und öffentliche Wiedergabe ist dem Urheber eine angemessene Vergütung zu zahlen, es sei denn, daß es sich um eine Vervielfältigung, Verbreitung oder öffentliche Wiedergabe kurzer Auszüge aus mehreren
Kommentaren oder Artikeln in Form einer Übersicht handelt. Der Anspruch
kann nur durch eine Verwertungsgesellschaft geltend gemacht werden.**

**(2) Unbeschränkt zulässig ist die Vervielfältigung, Verbreitung und öffentli-
che Wiedergabe von vermischten Nachrichten tatsächlichen Inhalts und von
Tagesneuigkeiten, die durch Presse oder Funk veröffentlicht worden sind; ein
durch andere gesetzliche Vorschriften gewährter Schutz bleibt unberührt.**

Literatur: *Ekrutt* Vergütungspflicht für Pressespiegel – Zur Auslegung und Konsequenz des
§ 49 UrhG, GRUR 1975, 358; *Katzenberger* Elektronische Printmedien und Urheberrecht: Urheberrechtliche und urhebervertragsrechtliche Fragen der elektronischen Nutzung von Zeitungen und Zeitschriften, 1996; *Loewenheim* Die urheber- und wettbewerbsrechtliche Beurteilung
der Herstellung und Verbreitung kommerzieller elektronischer Pressespiegel, GRUR 1996,
636; *ders.* Urheberrechtliche Grenzen der Verwendung geschützter Dokumente in Datenbanken, 1994; *Niemann* Pressespiegel de lege ferenda, CR 2003, 119; *Schulze* Rechtsfragen von
Printmedien im Internet, ZUM 2000, 432.

Übersicht

I. Regelungsgehalt

1   § 49 normiert unter bestimmten Voraussetzungen zugunsten derjenigen, die Werke aus dem nachrichtlichen Bereich verwerten wollen, eine gesetzliche Lizenz bzw für die beabsichtigte Nutzung in einer Presseübersicht und von vermischten Nachrichten sogar eine gesetzliche Freistellung.

2   Die Vorschrift weicht vor allem insofern von den bis zum In-Kraft-Treten des UrhG geltenden §§ 18, 26 LUG ab, als sie die Presse und den Rundfunk den schriftlichen Nachrichtenblättern gleichstellt. Nach altem Recht war es nur zulässig gewesen, Zeitungsartikel in Zeitungen abzudrucken und im Rundfunk zu senden, nicht jedoch, Rundfunkkommentare in Zeitungen zu vervielfältigen und zu verbreiten (vgl *RGZ* 128, 330, 335, 344). Die Vorschrift hatte sich ursprünglich an Art. 9 RBÜ Brüssel angelehnt und beruht inzwischen auf Art. 10 und 10bis Abs. 1 RBÜ bzw Art. 2 Abs. 8 RBÜ. Die Vorschrift soll die Berichterstattung erleichtern und trägt damit dem Informationsinteresse der Allgemeinheit Rechnung (amtl. Begr. BT-Drucks. IV/270, 30).

II. Verwertung von Rundfunkkommentaren und Artikeln aus Informationsblättern (§ 49 Abs. 1)

1. Allgemeines

3   Zulässig ist unter bestimmten Voraussetzungen die Vervielfältigung und Verbreitung einzelner Rundfunkkommentare und einzelner Artikel aus bestimmten Informationsblättern in anderen Informationsblättern, sowie die öffentliche Wiedergabe dieser Kommentare und Artikel. In den meisten Fällen kann der Urheber die Verwertung dadurch verhindern, dass er seinen Artikel bzw Kommentar mit einem Vorbehalt der Rechte versieht. In der Praxis wird hiervon vor allem deshalb wenig Gebrauch gemacht, weil dem Urheber, dem in den meisten Fällen der Verwertung eine Vergütung zu zahlen ist, selbst an der möglichst weiten Verbreitung seines Werkes gelegen ist.

2. Voraussetzungen der Schrankenregelung

4   **a) Einzelne Rundfunkkommentare und einzelne Artikel aus Zeitungen und Informationsblättern dieser Art. aa) Rundfunkkommentare und Artikel aus Zeitungen und Informationsblättern.** Zulässig ist nur die Verwertung von Rundfunkkommentaren und einzelnen Artikeln aus Zeitungen und anderen lediglich Tagesinteressen dienenden Informationsblättern.

5   Unter einem **Rundfunkkommentar** versteht man dabei die verlesene oder gesprochene Meinungsäußerung einer Person zu einem bestimmten Thema, die iSd § 20 gesendet wird. Diskussionsbeiträge, Interviews, Rundgespräche oder Talkshows fallen nicht darunter, weil ihnen der kommentierende Inhalt fehlt (ebenso *Fromm/Norde-*

mann § 49 Rn 3). Die Gegenansicht (*Schricker/Melichar* § 49 Rn 3; enger dann aber offenbar Rn 4), die jedes gesendete Sprachwerk unter den Begriff subsumieren will, steht nicht in Einklang mit dem üblichen Wortgebrauch und vermag nicht zu erklä-ren, weshalb der Gesetzgeber statt dem Begriff des Sprachwerkes oder der Sendung den des Rundfunkkommentars gewählt hat.

Artikel sind geschriebene Äußerungen der gleichen Art (*Fromm/Nordemann* § 49   **6** Rn 3; **aA** *Schricker/Melichar* § 49 Rn 4, der jede Darlegung in einer Zeitung oder ei-nem anderen Informationsblatt genügen lassen will). Gedichte fallen damit idR – an-ders etwa beim Einsatz nach Kabarettart – nicht unter den Begriff (*Fromm/Norde-mann* § 49 Rn 3; **aA** *Möhring/Nicolini/Engels* § 49 Rn 7). Begrifflich muss es sich stets um Sprachwerke handeln, sodass die Vervielfältigung und Verbreitung von Bil-dern oder Karikaturen nicht von § 49 Abs. 1 gedeckt ist; eine analoge Anwendung kommt ebenfalls nicht in Betracht (*Schricker/Melichar* § 49 Rn 4; *Fromm/Norde-mann* § 49 Rn 6).

Die Rundfunkkommentare müssen **bereits gesendet**, die Artikel in Zeitungen oder   **7** ihnen gleichstehenden Informationsblättern **erschienen** (§ 6 Abs. 2; *Schricker/Me-lichar* § 49 Rn 6; *Fromm/Nordemann* § 49 Rn 3; **aA** *v. Gamm* § 49 Rn 4, der die Ver-öffentlichung der Artikel ausreichen lässt) sein. Eine Verwertung von Kommentar- oder Artikelentwürfen lässt § 49 ebenso wenig zu wie § 48 Ziff. 1 (s. § 48 Rn 7). Un-ter einer Sendung iSd § 49 ist der in § 20 beschriebene Vorgang zu verstehen.

Der Artikel muss **in einer Zeitung oder einem anderen Informationsblatt dieser**   **8** **Art** erschienen sein. Unter einer **Zeitung** versteht man ein periodisch erscheinendes Nachrichtenblatt mit aktuellem Inhalt, das lediglich, also ausschließlich (*Fromm/ Nordemann* § 49 Rn 3), Tagesinteressen dient. Darunter fallen auch wöchentlich er-scheinende Illustrierte oder Magazine, wenn sie überwiegend tagesaktuelle Berichte enthalten (*Ekrutt* GRUR 1975, 358, 360; *Löffler* Presserecht, BT UrhR, Rn 144; *Schricker/Melichar* § 49 Rn 5), also zB der Stern und die Zeit, nicht aber die NJW und der BB (*Ekrutt* GRUR 1975, 358, 360). Ihnen stehen andere **Informationsblät-ter** derselben Art gleich, also vor allem Nachrichtendienste und aktuelle Korrespon-denzen (vgl amtl. Begr. BT-Drucks. IV/270, 65). Dem Vorschlag, entspr. Art. 9 RBÜ Brüssel und wie in § 48 neben den Zeitungen auch die Zeitschriften in die Ausnah-mebestimmung einzubeziehen, ist der Gesetzgeber nicht gefolgt, weil Zeitschriften auch zu politischen, wirtschaftlichen oder religiösen Tagesfragen oft Artikel enthiel-ten, die bleibende Bedeutung hätten und deshalb unabhängig von einem Vorbehalt gegen Nachdruck geschützt werden sollten (amtl. Begr. BT-Drucks. IV/270, 66). **Zeitschriften** können wegen der Einschränkung, es müsse sich um Informationsblät-ter „dieser Art" handeln, also von Art der Zeitungen, daher im Allgemeinen auch nicht den in § 49 Abs. 1 ebenfalls genannten Informationsblättern zugeordnet werden.

In papierner Form vorliegende Pressespiegel sind ebenfalls Informationsblätter   **9** (*BGH* WRP 2002, 1296, 1298 f. – Elektronischer Pressespiegel) in diesem Sinne. Zwar legt der Wortlaut nahe, dass das Privileg nur solchen Blättern zugute kommen soll, die zumindest auch eigene Artikel veröffentlichen, und daher nicht nur Nutznie-ßer, sondern auch Opfer des Privilegs werden können (*BGH* WRP 2002, 1296, 1298 f. – Elektronischer Pressespiegel). Ihrem Zweck nach, die Öffentlichkeit über aktuelle Geschehnisse zu informieren, stehen sie anderen Informationsblättern jedoch gleich. Die Einführung der Vergütungspflicht zeigt zudem, dass der Gesetzgeber auch sie im Sinne hatte, als 1965 das LUG abgelöst wurde (*BGH* WRP 2002, 1296, 1298 – Elektronischer Pressespiegel). Dabei kommt es nicht darauf an, auf welche Weise (Abschreiben, Ausschneiden und Aufkleben, Einscannen und Ausdrucken) sie erstellt werden (*BGH* WRP 2002, 1296, 1299 – Elektronischer Pressespiegel). Das Urheberrecht des Herausgebers wird daher nicht verletzt, wenn Artikel unter den weiteren Voraussetzungen des § 49 aus papiernen Pressespiegeln entnommen werden. Meist enthalten derartige Pressespiegel aber schon gar keine eigenen Artikel, sodass allenfalls die in der schöpferischen Auswahl und Anordnung fremder Beiträge liegende geistige Leistung berührt sein kann.

10 **Elektronische Pressespiegel zählen entgegen der Auffassung des *BGH*** (WRP 2002, 1296 ff. – Elektronischer Pressespiegel) **nicht zu den Informationsblättern** (wie hier: *OLG Köln* AfP 2000, 94; *OLG Hamburg* AfP 2000, 299, 300, 302; *LG Hamburg* AfP 1999, 389; *Fromm/Nordemann* § 49 Rn 3; *Loewenheim* GRUR 1996, 636, 642; *Katzenberger* S. 61; *Niemann* CR 2003, 119; *Schricker/Melichar* § 49 Rn 33). Die erweiterten Nutzungsmöglichkeiten durch Kommunikationsmedien elektronischer Form waren dem Gesetzgeber bei der Schaffung des § 49 nicht bekannt. Von der Gesetzesreform 2003 ist § 49 bewusst ausgeklammert worden. § 49 legitimiert daher weder die Entnahme von Artikeln aus elektronischen Pressespiegeln, noch das Einstellen fremder Beiträge in einen elektronischen Pressespiegel. Elektronische Pressespiegel stehen den Informationsblättern auch nicht aus anderen Gründen gleich. § 49 beschränkt die Entnahmemöglichkeiten entspr. den dem Gesetzgeber bei Schaffung des Gesetzes bekannten Vorgängen auf Schriftseiten. Eine Ausdehnung der Vorschrift im Wege der erg. Auslegung oder gar eine analoge Anwendung auf virtuelle Seiten würde den Anwendungsbereich der Vorschrift uferlos ausweiten. Daher dürfen ebenso wenig **aus** elektronischen Pressespiegeln Artikel entnommen werden, wie Rundfunkkommentare oder Artikel aus anderen Informationsblättern **in** einen elektronischen Pressespiegel aufgenommen werden dürfen. Der *BGH* (WRP 2002, 1296 ff. – Elektronischer Pressespiegel) geht hingegen davon aus, dass Werke in sog. **In-house-Pressespiegeln**, also betriebs- und behördenintern beschränkten Pressespiegeln, gem. § 49 verwertet werden dürfen, wenn sich der Einsatz der Datenverarbeitung darauf beschränkt, die fremden Presseartikel als Faksimile grafisch darzustellen. Nicht vom Privileg erfasst sei hingegen eine Volltexterfassung, die es ermöglicht, die einzelnen Presseartikel indizierbar zu machen und in eine Datenbank einzustellen. Das überzeugt im Hinblick auf Wortlaut und Gesetzesgeschichte der Vorschrift nicht. Es führt zudem zu Abgrenzungsschwierigkeiten und einer Benachteiligung kleinerer Unternehmen, die den logistischen Aufwand der Erstellung von In-house-Pressespiegeln anders als große Unternehmen nicht leisten können (vgl *Niemann* CR 2003, 119). Folgt man der Entsch. des BGH trotzdem, darf der Herausgeber eines In-house-Pressespiegels nicht nur fremde Artikel in den Pressespiegel übernehmen, sondern wird jedenfalls ein etwaiges Urheberrecht seiner Person auch nicht verletzt, wenn Dritte aus dem Pressespiegel Artikel entnehmen.

11 Die Zeitungen, Zeitschriften und Informationsblätter müssen **ausschließlich Tagesinteressen** gedient haben; anders als iRd § 48 reicht eine wesentliche Zweckbestimmung hierzu nicht aus. Dadurch werden Nachrichtenblätter ohne sachlichen Grund bevorzugt, die neben Tagesinteressen auch andere Themen behandeln.

bb) Beschränkung auf einzelne Werke. Entnommen werden dürfen nur einzelne 12
Artikel oder Kommentare, und zwar bezogen auf die Zeitung oder die Sendung, welcher der Artikel oder der Kommentar entnommen wurde (*Schricker/Melichar* § 49
Rn 9; *Loewenheim* Urheberrechtliche Grenzen der Verwendung geschützter Dokumente in Datenbanken, S. 75). Das Ziel der Einschränkung, nämlich es zu verhindern, dass andere sich mit der Entlehnung fremden Geistesguts eine Existenz aufbau-
en (*Schricker/Melichar* § 49 Rn 9), kann dadurch nicht immer erreicht werden.
Wann die Grenze zulässiger Entlehnung überschritten wird, ist nach den Umständen
des Einzelfalls zu beurteilen, wobei es sowohl auf die Größe des Artikels bzw Kommentars im Verhältnis zum Gesamtschriftwerk bzw zur Gesamtsendung, als auch auf
dessen Wichtigkeit ankommt. Die Grenzen dürfen nicht zu hoch angesetzt werden,
weil sich die Möglichkeit des Urhebers, die Entlehnung durch einen Vorbehalt der
Rechte zu verhindern, in der Praxis häufig als nicht durchsetzbar erweist.

b) Betreff von politischen, wirtschaftlichen oder religiösen Tagesfragen. Die ent- 13
nommenen Artikel bzw Rundfunkkommentare müssen politische, wirtschaftliche
oder religiöse Tagesfragen betreffen. Andere Tagesfragen zB rechtlicher oder me-
dizinischer Art rechtfertigen die Verwertung nicht (arg. e § 48 Abs. 1 Nr. 1, der diese
Einschränkung nicht enthält). Der Begriff der Tagesfrage deckt sich mit dem in § 48
Abs. 1 Nr. 1 Verwandten; auf die dortige Kommentierung (§ 48 Rn 5) wird verwiesen.

Schwierig wird die Abgrenzung dort, wo ein Artikel oder ein Rundfunkkommentar 14
neben Tagesfragen aus dem von § 49 Abs. 1 erfassten Bereich auch andere Themen
behandelt, wie zB bei Fragen der Genforschung. Hier stellt sich die Frage der **Teil-
verwertung bei Themenvielfalt**. Lässt sich der Artikel in mehrere Teile gliedern,
von denen einige ausschließlich politische, wirtschaftliche oder religiöse Tagesfragen behandeln und andere nicht, ist die Verwertung nur der Teile des Artikels bzw
Rundfunkkommentars zulässig, der sich mit Tagesfragen des in § 49 Abs. 1 genannten Bereiches beschäftigt. Ist eine Trennung nicht möglich, muss es entspr. dem Gesetzeszweck, die Information der Allgemeinheit sicherzustellen, für die Verwertung
nach § 49 Abs. 1 ausreichen, wenn der Artikel oder Kommentar neben anderen Themen auch die dort angesprochenen Tagesthemen behandelt (ebenso *Schricker/Me-
lichar* § 49 Rn 7; *Möhring/Nicolini/Engels* § 49 Rn 17; **aA** *Lehmann/Hoeren* Cyberlaw, S. 98, der auf den Schwerpunkt des Artikels bzw Rundfunkkommentars abstellt). Auch könnten sich sonst die Urheber des § 49 dadurch entziehen, dass sie ein
zusätzliches Thema in einen Artikel mit aufnähmen.

c) Fehlen eines Vorbehalts. Der Urheber kann die gesetzliche Lizenz (§ 49 Abs. 1 15
S. 1 und 2 HS 1) bzw Freistellung (§ 49 Abs. 1 S. 1 und 2 HS 2) dadurch ausschließen, dass er sich seine Rechte vorbehält. Welche Formulierung er dafür wählt, ist bedeutungslos, so lange sie den Willen des Urhebers eindeutig zum Ausdruck bringt.
Der Vorbehalt muss in oder unmittelbar im Anschluss an jeden einzelnen Artikel
oder Kommentar erklärt werden. Ein allg. Vorbehalt zB im Impressum ist wirkungslos (*Fromm/Nordemann* § 49 Rn 5). Der Vorbehalt muss nicht vom dem Urheber,
sondern kann auch vom Verleger oder Herausgeber stammen (*Möhring/Nicolini/En-
gels* § 49 Rn 18; **aA** *Schricker/Melichar* § 49 Rn 49). Er muss nicht einmal mit Billigung des Urhebers angebracht worden sein (*Möhring/Nicolini/Engels* § 49 Rn 17).

Der Sinn und Zweck der Vorbehaltsklausel, durch eine einfache und nachvollziehbare Kennzeichnung Rechtssicherheit zu schaffen, schließt die Verteidigung des Entlehners im Prozess mit dem Argument, der Urheber habe den Vorbehalt nicht gebilligt, aus. Aus demselben Grund finden die Vorschriften über Willenserklärungen auf den Vorbehalt keine Anwendung, sodass der Entlehner auch nicht einwenden kann, der Vorbehalt sei mangels Geschäftsfähigkeit des Urhebers unwirksam (**aA** *Schricker/Melichar* § 49 Rn 10). Durch die Pflicht zur Zahlung einer angemessenen Vergütung ist ein Mindestschutz des Urhebers gewährleistet.

3. Zulässige Verwertungshandlungen

16 **a) Vervielfältigung und Verbreitung.** Zulässig ist die **Vervielfältigung (§ 16) und Verbreitung (§ 17)** der einzelnen Artikel und Rundfunkkommentare dem ausdrücklichen Wortlaut des § 49 Abs. 1 nach **(nur) dann, wenn sie in anderen Zeitungen und Informationsblättern dieser Art erfolgt, die ausschließlich Tagesinteressen dienen**. Es gelten dieselben Begriffe wie schon iRd Voraussetzungen der Schrankenregelung (Rn 8). Die Gegenansicht (*Schricker/Melichar* § 49 Rn 12), die von einem weiteren Begriff des Informationsblattes, aus dem wiedergegeben wird, ausgeht, steht nicht in Einklang mit dem Gesetzeswortlaut und der Entstehungsgeschichte (vgl amtl. Begr. BT-Drucks. IV/270, 66). Eine Angleichung an den technischen Fortschritt wäre Sache des Gesetzgebers. Allerdings ist die Vervielfältigung und Verbreitung in einem Erst-Recht-Schluss auch in solchen Informationsblättern zulässig, welche, wie interne papierne Pressespiegel von Unternehmen oder Parteien, nicht iSd § 6 Abs. 2 erschienen sind (**hM**; *Schricker/Melichar* § 49 Rn 12).

17 Das Überspielen von Rundfunkkommentaren auf Bild- oder Tonträger ist von § 49 Abs. 1 nicht gedeckt. Auch stellt es eine unzulässige Vervielfältigungshandlung dar, wenn Artikel oder Rundfunkkommentare ohne Zustimmung des Urhebers in einen elektronischen Pressespiegel aufgenommen oder ins Internet gestellt werden, weil diese Medien weder den Zeitungen noch den Informationsblättern vergleichbarer Art zugeordnet werden können (*OLG Köln* AfP 2000, 94, 95; *OLG Hamburg* AfP 2000, 299, 300). Abgesehen vom Wortlaut („Informations**blätter**") steht dem der Umstand entgegen, dass für den Gesetzgeber die Möglichkeit virtueller Seiten bei Schaffung des Gesetzes nicht vorhersehbar war und die derart weitreichende Nutzungsmöglichkeit im Internet bzw über Abrufdienste oder E-Mail in unzulässiger Weise in die schützenswerten Interessen des Urhebers eingreift.

18 Aus § 49 Abs. 1 S. 1 lässt sich entnehmen, dass die Übernahme der Werke nur zum Zwecke der aktuellen Information und damit nicht zur **Werbung** zulässig ist. Die Verwertung der Werke zu Werbezwecken ist also ausgeschlossen (*OLG Hamm* UFITA 96 (1983), 265, 269 f.; *Fromm/Nordemann* § 49 Rn 3).

19 **b) Öffentliche Wiedergabe.** Zulässig ist auch die **öffentliche Wiedergabe** der Artikel bzw Rundfunkkommentare. Sie ist, anders als die Vervielfältigung und Verbreitung, **nicht auf bestimmte Kommunikationsmedien beschränkt**. Da nach § 49 Abs. 1 S. 1 die Vervielfältigung und Verbreitung der Kommentare und Artikel aber nur erlaubt ist, wenn sie in anderen Zeitungen und Informationsblättern erfolgt, ist sie in allen anderen Fällen selbst dann nicht mehr von § 49 Abs. 1 S. 1 gedeckt, wenn sie nur die öffentliche Wiedergabe vorbereiten soll (**vorbereitende Vervielfälti-**

gung). Rundfunk- oder Fernsehsendungen von Pressespiegeln sind danach nur zulässig, wenn es sich um Life-Sendungen handelt; die **vorherige Vervielfältigung durch Überspielen auf Bild- oder Tonträger ist daher unzulässig**.

Unter die öffentliche Wiedergabe fällt die (Rundfunk- oder Fernseh-)**Sendung nach §§ 20 ff.** (amtl. Begr. BT-Drucks. IV/270, 66). Dazu gehört grds auch die Versendung von **elektronischen Nachrichten** oder **E-Mails** an eine Öffentlichkeit. Der Umstand, dass die Versendung uU mit geringen zeitlichen Versetzungen erfolgt, steht nicht entgegen (hierzu näher § 6 Rn 27 und § 20 Rn 16 ff.). Die elektronische Verbreitung einzelner Rundfunkkommentare und einzelner Artikel aus Zeitungen oder ähnlichen Informationsblättern scheitert aber iE meist daran, dass sie ohne vorherige körperliche Festlegung der Werke nicht möglich ist und letztere von keiner Schrankenregelung gedeckt ist. Sowohl dem Wortlaut als auch der Entstehungsgeschichte nach kann die dem Abruf vorangehende Speicherung nämlich nicht mehr als Vervielfältigung in einem Informationsblatt angesehen werden (hierzu schon oben Rn 19 und *OLG Köln* AfP 2000, 94; *OLG Hamburg* AfP 2000, 299, 300, 302; *LG Hamburg* AfP 1999, 389). **20**

Die Verwertung durch öffentliche Wiedergabe zu **Werbezwecken** ist ausgeschlossen (*OLG Hamm* UFITA 96 (1983), 265, 269 f.; *Fromm/Nordemann* § 49 Rn 3). **21**

4. Vergütungspflicht

Für die Verwertung ist dem Urheber nach § 49 Abs. 1 S. 2 eine **angemessene** Vergütung zu zahlen. Die Höhe der Vergütung richtet sich nach den Umständen des Einzelfalls, wobei vor allem einerseits die **Intensität der geplanten Nutzung** (Länge des Artikels, Zahl der potenziellen Leser bzw Hörer) und andererseits der Wert des übernommenen Artikels (**Vergütungssätze** des Autors) eine Rolle spielen. Sind bestimmte Tarife **üblich**, sind sie zugrunde zu legen. Ein Orientierungsmaßstab können auch die **Kosten** sein, die durch die Verwendung des fremden Artikels erspart wurden. Zur Vorbereitung des Vergütungsanspruchs kann nach allg. Grundsätzen ein **Auskunftsanspruch** gegen den Herausgeber des entlehnenden Informationsblatts bzw das Sendeunternehmen auf Bekanntgabe der betroffenen Artikel bzw Rundfunkkommentare sowie der für die Berechnung der Vergütung weiter erforderlichen Angaben bestehen (*OLG Düsseldorf* GRUR 1991, 908, 909). Findet sich in den jeweiligen Erstveröffentlichungen schon keine Quelle, ist das **Presseunternehmen** zu ihrer Ermittlung aber nicht verpflichtet (*OLG Düsseldorf* GRUR 1991, 908, 909; vgl auch § 63 Abs. 3 S. 1). **22**

Keine Vergütungspflicht besteht für die Entlehnung eines kurzen Auszugs für eine sog. **Presseschau**, dh die Zusammenstellung einer Übersicht aus mehreren Kommentaren oder Artikeln. Darunter versteht man nur solche Zusammenstellungen von Artikeln oder Kommentaren, die aus kurzen, dh aus wenigen Sätzen (*Möhring/Nicolini/Engels* § 49 Rn 22; **aA** *Ekrutt* GRUR 1975, 358, 362; *Schricker/Melichar* § 49 Rn 21), bestehenden Auszügen (Teilen) aus mehreren Kommentaren oder Artikeln in Form einer Übersicht – auch zu mehreren Themen (*Schricker/Melichar* § 49 Rn 22) – zusammengestellt sind. Das kann auch eine Wochenschau sein. Die in den meisten Sendern übliche Presseschau erfüllt diese Voraussetzungen aber im Allgemeinen wegen der Länge der übernommenen Auszüge nicht (*Fromm/Nordemann* § 49 Rn 4). Die Vorschrift will bloß die krit. Auseinandersetzung zu aktuellen The- **23**

men ermöglichen und fördern; sie darf daher die eigene Lektüre nicht ersetzen. Presseschauen iSd § 49 Abs. 1 S. 2 dürfen sowohl vervielfältigt und verbreitet, also zB in einer Zeitung veröffentlicht, als auch öffentlich wiedergegeben, also zB im Rundfunk gesendet werden.

24 Wenn man **elektronisch erstellte Pressespiegel** entgegen der hier vertretenen Auffassung den Informationsblättern zuordnen und § 49 daher auf sie anwenden wollte, wäre die Nutzung von Artikeln und Rundfunkkommentaren für sie jedenfalls nicht vergütungsfrei. Eine vom Gesetzgeber nicht vorhergesehene erhöhte Nutzung kann im Einzelfall eine ausdehnende Auslegung von Vergütungsvorschriften erforderlich machen. So wurde die für den Gesetzgeber unvorhersehbare reprographische Vervielfältigung eines urheberrechtlich geschützten Werkes durch eine öffentliche Bibliothek oder eine andere für die Öffentlichkeit zugängliche Einrichtung zum Zwecke des Post- oder Faxversands an einen Besteller, der sich auf einen nach § 53 privilegierten Zweck berufen kann, in rechtsanaloger Anwendung des § 27 Abs. 2 und 3, des § 49 Abs. 1 sowie des § 54a Abs. 2 iVm § 54h Abs. 1 als Ausgleich für den Ausschluss des Verbotsrechts ein Anspruch des Urhebers auf angemessene Vergütung anerkannt (*BGH* NJW 1999, 1953 – Kopienversanddienst). Eine dergestalt ausdehnende Auslegung der Vergütungspflicht des § 49 Abs. 1 wäre bei Anwendung der Schrankenregelung des § 49 auf elektronische Pressespiegel jedenfalls geboten, weil die elektronische Versendung von Nachrichten auf Dauer dazu führen wird, dass weitere Kreise der Allgemeinheit Zugriff auf die entspr. Informationen nehmen können, als vom Gesetzgeber vorhergesehen. Die Möglichkeit eines Vorbehaltes nach § 49 Abs. 1 S. 1 aE vermag den Urheber nicht hinreichend zu schützen, weil derartige Vorbehalte in der Praxis unüblich sind und daher häufig vom Urheber nicht durchgesetzt werden können. Auch werden die Möglichkeiten der Nutzung der im Pressespiegel enthaltenen Artikel wesentlich erweitert. Nach § 23 ist nämlich die Umgestaltung dieser Artikel ohne Zustimmung der Artikelurheber zulässig; erst die Veröffentlichung und Verwertung der umgestalteten Artikel nach § 23 S. 1 würde der Zustimmung des Urhebers bedürfen. Dem muss durch eine finanzielle Beteiligung der Urheber an der Verwertung ihrer Werke Rechnung getragen werden.

5. Verwertungsgesellschaftspflicht

25 Der Vergütungsanspruch ist verwertungsgesellschaftspflichtig. Er wird zentral von der **VG WORT** verwaltet, die nach § 13 WahrnG nach Größe des Originals gestaffelte Tarife veröffentlicht hat. Mit der Bundesregierung, den Kommunen, den großen Parteien und zahlreichen Verbänden und Industrieunternehmen hat sie eine gesamtvertragliche Abgeltung vereinbart. Die **Vermutung** der Wahrnehmungsbefugnis der Verwertungsgesellschaften nach § 13b Abs. 1 WahrnG erstreckt sich nur auf den vorbereitenden Auskunftsanspruch, wie sich im Umkehrschluss aus § 13b Abs. 2 ergibt, in dem der Vergütungsanspruch aus § 49 nicht aufgezählt ist. Nach der zutr. Auffassung des *OLG München* (ZUM 2000, 243, 245 f.) greifen jedoch die für die sog. GEMA-Vermutung entwickelten Grundsätze ein, sodass die Sachbefugnis der Verwertungsgesellschaft zu vermuten ist, wenn sie in dem betr. Bereich faktisch eine Monopolstellung einnimmt.

III. Vermischte Nachrichten und Tagesneuigkeiten

1. Allgemeines

Im Allgemeinen werden Nachrichten tatsächlichen Inhalts und Tagesneuigkeiten, die **26**
durch Presse oder Funk veröffentlicht worden sind, allerdings schon keine Werke iSd
§ 2 darstellen, weil sie keine persönlichen geistigen Schöpfungen sind. Sie unterliegen dann auch nicht dem Urheberrecht. Der Gesetzgeber hat es aber für möglich
gehalten, dass die Wiedergabe einer Tagesneuigkeit in einer individuellen Form
geschieht und deshalb als Werk anzusehen ist, und wollte durch § 49 Abs. 2 dem in
diesem Fall bestehenden Informationsinteresse der Allgemeinheit Rechnung tragen
(amtl. Begr. BT-Drucks. IV/270, 66). § 49 Abs. 2 gewinnt daher nur für den äußerst
seltenen Fall Bedeutung, dass sich eine Nachricht durch ihre spezielle Art der
Formulierung als schöpferisch darstellt und Urheberrechtsschutz genießt. Entgegen
einer Meinung in der Lit. (*Fromm/Nordemann* § 49 Rn 6) wird die Vorschrift insoweit auch nicht durch Konventionsrecht verdrängt, da Art. 2 Abs. 8 RBÜ dem Gesetzgeber einen weitergehenden als den dort vorgesehenen Schutz nicht verwehrt
und eine Anpassung an diese Vorschrift trotz mehrfacher Änderungen des UrhG
nicht erfolgt ist.

Des ausdrücklichen Vorbehalts des Schutzes nach anderen Gesetzen (§ 49 Abs. 2 **27**
HS 2) hätte es nicht bedurft, weil die Anwendbarkeit jedenfalls erg. Schutzvorschrif-
ten im Anwendungsbereich des UrhG ohnehin anerkannt war und ist (hierzu oben § 1
Rn 6 ff.).

2. Voraussetzungen der Schrankenregelung

Die Entlehnung muss vermischte Nachrichten tatsächlichen Inhalts und Tagesneuig- **28**
keiten betreffen. Damit sind anders als iRd § 49 Abs. 1 alle Nachrichten gleich welchen Inhalts erfasst (*v. Gamm* § 49 Rn 7; *Schricker/Melichar* § 49 Rn 27). Da die Vorschrift andernfalls keinen Sinn machen würde, betrifft die Vorschrift auch den Fall,
dass die Nachrichten ausnahmsweise wegen der Originalität der Darstellungsform urheberrechtsgeschützt sind (*Schricker/Melichar* § 49 Rn 24; **aA** *v. Gamm* § 49 Rn 7).

3. Zulässige Verwertungshandlungen

Zulässig ist die **Vervielfältigung**, **Verbreitung** und **öffentliche Wiedergabe** der **29**
Nachricht, gleichviel in welchen Medien. Mangels entspr. Einschränkung ist anders
als iRd § 49 Abs. 1 (hierzu Rn 16) auch die **Vervielfältigung zum Zwecke der öffentlichen Wiedergabe**, zB durch Überspielen auf den gesendeten Bildträger, zulässig. Weil der tatsächliche Inhalt der Nachricht ohnehin nicht urheberrechtlich geschützt ist, weil er keine Schöpfung des Berichterstatters darstellt, und § 49 Abs. 2
andernfalls keinen selbständigen Regelungsgehalt hätte, muss die Verwertung des
Werkes – in den Grenzen des nach § 1 UWG Zulässigen – gerade auch in der originellen Form zulässig sein, in welche sie vom Berichterstatter gegossen wurde.

Liegen die Voraussetzungen des § 49 Abs. 2 vor, hilft dem Urheber der Nachrichten **30**
ein **Vorbehalt der Rechte** nicht weiter. Auch eine **Vergütung** steht ihm nicht zu.

IV. Schranken-Schranken

31 Das **Änderungsverbot** (§ 62) und im Falle des § 49 Abs. 1 S. 1 und 2 auch die **Quellenangabepflicht** (§ 63 Abs. 3) sind zu beachten. Dabei hat der Entlehner neben den iRd Quellenangabepflicht üblicherweise zu machenden Angaben hinaus auch die Zeitung oder das Informationsblatt bzw das Sendeunternehmen der Entnahme anzugeben. Weiterverweisungen sind kenntlich zu machen (§ 63 Abs. 3).

§ 50 Berichterstattung über Tagesereignisse

Zur Berichterstattung über Tagesereignisse durch Funk oder durch ähnliche technische Mittel, in Zeitungen, Zeitschriften und in anderen Druckschriften oder sonstigen Datenträgern, die im Wesentlichen Tagesinteressen Rechnung tragen, sowie im Film, ist die Vervielfältigung, Verbreitung und öffentliche Wiedergabe von Werken, die im Verlauf dieser Ereignisse wahrnehmbar werden, in einem durch den Zweck gebotenen Umfang zulässig.

§ 50 idF bis 12.9.2003

Zur Bild- und Tonberichterstattung über Tagesereignisse durch Funk und Film sowie in Zeitungen oder Zeitschriften, die im wesentlichen den Tagesinteressen Rechnung tragen, dürfen Werke, die im Verlauf der Vorgänge, über die berichtet wird, wahrnehmbar werden, in einem durch den Zweck gebotenen Umfang vervielfältigt, verbreitet und öffentlich wiedergegeben werden.

Literatur: *Sterner* Rechtsfragen der Fernsehberichterstattung, GRUR 1963, 303.

Übersicht

I. Gesetzgebungsgeschichte und Regelungsgehalt

1 § 50 erlaubt in Einklang mit Art. 10bis Abs. 2 RBÜ unter gewissen Voraussetzungen die Berichterstattung über Werke, die im Verlaufe des Tagesereignisses, über das berichtet wird, wahrnehmbar werden. Die Vorschrift geht ursprünglich auf das Gesetz zur Erleichterung der Filmberichterstattung v. 30.4.1936 (BGBl III, 440-7), das sog. Wochenschaugesetz, zurück (hierzu näher *Sterner* GRUR 1963, 303, 304 f.). Durch das zum 13.9.2003 in Kraft getretene Gesetz zur Umsetzung der Richtlinie 2001/29/EG zur Harmonisierung des Urheberrechts ist neben verschiedenen Änderungen rein redaktioneller Natur der Kreis der Verwertungshandlungen, die im Interesse der Berichterstattung erlaubnisfrei zulässig sind, erweitert worden. Zulässig ist jetzt neben der Bild- und Tonberichterstattung auch jede andere Berichterstattung, die nicht notwendig durch Funk und Film bzw in Zeitschriften und Zeitungen erfolgen muss, sondern auch in anderen Druckschriften und sonstigen Datenträgern, also in **digitalen Offline-Medien**, möglich ist. Das Gesetz hebt, was der Gesetzgeber als Erweiterung des Anwendungsbereichs ansah (amtl. Begr. zu § 50, BT-Drucks. 15/38, 19), zudem ausdrücklich hervor, dass die Berichterstattung durch dem Funk ähnliche technische Mittel jener durch den herkömmlichen Funk gleichsteht. Durch die Änderungen sollte insb. die Berichterstattung im Rahmen digitaler **Online-Medien** erfasst werden (amtl. Begr. zu § 50, BT-Drucks. 15/38, 19).

§ 50 trägt dem **Informationsbedürfnis** der Allgemeinheit Rechnung. Die Vorschrift   2
vermag nur Urheberrechte, nicht aber Ansprüche aus der Verletzung des Allg. Persönlichkeitsrechts (*BGH* NJW 1985, 1617, 1619 – Nacktfoto), von wettbewerbsrechtlichen Bestimmungen oder aus sonstigen Rechtsverletzungen einzuschränken. Daher muss bei der Nutzung von Bildnissen **§ 22 KUG** beachtet werden.

Für **nicht urheberrechtlich geschützte** Veranstaltungen und Ereignisse, die öffent-   3
lich zugänglich und von allg. Informationsinteresse sind, ist ein **Kurzberichterstattungsrecht** in § 5 Rundfunkstaatsvertrag idF v. 1.4.2003, vorgesehen. Dieses Recht ist verfassungsgemäß, soweit es nicht bei berufsmäßig durchgeführten Veranstaltungen unentgeltlich gewährt wird (*BVerfG* NJW 1998, 1627 – Kurzberichterstattung). Zur von der Bundesregierung in Aussicht gestellten Einführung eines erweiterten urheberrechtlichen Zitierrechts in § 50 hat sich das *BVerfG* (NJW 1998, 1627, 1629 – Kurzberichterstattung) ablehnend geäußert.

II. Berichterstattung über Tagesereignisse durch bestimmte Medien

Zulässig ist, wie sich jetzt auch aus der Überschrift zu § 50 ergibt, jede Berichterstat-   4
tung über Tagesereignisse. **Berichterstattung** ist die ausschnittsweise, möglichst wirklichkeitsgetreue Wiedergabe oder sachliche Schilderung einer tatsächlichen Gegebenheit in eigenen Worten oder unter Zuhilfenahme eigener Wiedergabemöglichkeiten, die je nach Art des Mediums, welches zur Wahrnehmbarmachung gewählt wird, unterschiedlich gestaltet sein kann. Kein Bericht ist die vollständige Übertragung des Ereignisses (*Schricker/Vogel* § 50 Rn 9).

Unter einem **Tagesereignis** versteht man jedes aktuelle Geschehen, das für die Öf-   5
fentlichkeit von allg. Interesse ist (*BGH* GRUR 2002, 1050, 1051 – Zeitungsbericht als Tagesereignis). Aktuell ist ein Ereignis, solange der Bericht darüber von der Öffentlichkeit noch als Gegenwartsberichterstattung empfunden wird (*BGH* GRUR 2002, 1050, 1051 – Zeitungsbericht als Tagesereignis). Zu den Tagesereignissen zählen zB Ausstellungseröffnungen (*BGH* NJW 1983, 1199 – Presseberichterstattung und Kunstwerkwiedergabe II) und das Erscheinen einer Kunstbuchreihe (*BGH* NJW 1983, 1199 – Presseberichterstattung). Wird die Auseinandersetzung prominenter Eheleute von einem der beiden Beteiligten durch die Erhebung von Anschuldigungen in die Presse getragen, kann darin ebenfalls ein Tagesereignis liegen (*BGH* GRUR 2002, 1050 – Zeitungsbericht als Tagesereignis).

Gegenstand der Berichterstattung muss das aktuelle Ereignis sein. Das Werk   6
selbst kann deshalb kein Vorgang sein, über den berichtet wird (*OLG Frankfurt*

GRUR 1985, 380; *Schricker/Vogel* § 50 Rn 15; *Fromm/Nordemann* § 50 Rn 2). Das schließt nicht aus, dass über einen das Werk betr. Vorgang, zB über die Schenkung einer Werksammlung an die Stadt oder eine Neuerscheinung des Werkes, berichtet wird, wenn das Werk im Rahmen dieses mit ihm nicht selbst identischen Vorgangs wahrnehmbar wurde (vgl *BGH* NJW 1983, 1196, 1198 – Presseberichterstattung und Kunstwerkwiedergabe I). Ist Tagesereignis die Auseinandersetzung Prominenter, kann Gegenstand der Privilegierung des § 50 auch ein als Beleg für den erhobenen Vorwurf abgedrucktes Lichtbild sein (*BGH* GRUR 2002, 1050 – Zeitungsbericht als Tagesereignis).

7 Die Berichterstattung kann durch Funk, durch ihm ähnliche technische Mittel und durch Film oder in bestimmten Informationsblättern und Datenträgern erfolgen. Der Begriff des **Funks** stimmt mit dem in § 20 verwandten überein, erfasst also den herkömmlichen Rundfunk und Kabelfunk sowie die diesen Funkarten ähnlichen technischen Mittel. Dem Funk stehen nach § 50 nF jetzt auch **technische Mittel** gleich, die dem herkömmlichen Funk nur **ähnlich** sind. Erfasst werden danach jedenfalls nach neuem Recht auch die **neuen Medien**, also vor allem die Übertragungstechnik des Internet. Sie waren aber nach zutr. Auffassung auch schon bislang über den Begriff des Funks erfasst (§ 20 Rn 6 ff.). Mit dem Begriff des **Filmes** ist nicht das Filmwerk iSd § 2 Abs. 1 Nr. 6 gemeint, sondern der Vorgang des Verfilmens, also der auch in § 19 Abs. 4 beschriebene Vorgang der öffentlichen Wahrnehmbarmachung eines Life-Erlebnisses durch technische Einrichtungen. Auf die Kommentierung in § 19 Rn 36 ff. wird verwiesen. Anders als bei der Berichterstattung in Druckschriften und sonstigen Datenträgern ist bei der Funk- und Filmberichterstattung nicht erforderlich, dass diese im Wesentlichen Tagesinteressen Rechnung trägt.

8 In anderen Medien als dem Funk, den ihm ähnlichen technischen Mitteln und dem Film war die Berichterstattung bislang nur zulässig, wenn es sich um Zeitungen oder Zeitschriften handelte. Diese Medien sind mit Wirkung zum 13.9.2003 um alle anderen Druckschriften und um sonstige Datenträger ergänzt worden. Unter **Zeitungen** versteht man ebenso wie iRd § 48 periodisch in einem Teil des Bundesgebiets erscheinende druckschriftliche Nachrichtenblätter zur Berichterstattung über Tagesneuigkeiten. Darunter fallen auch wöchentlich erscheinende Illustrierte oder Magazine, wenn sie diese Voraussetzungen erfüllen (vgl *Löffler* Presserecht, BT UrhR, Rn 144; *Schricker/Melichar* § 49 Rn 5). **Andere Druckschriften** sind wie iRd § 48 **Zeitschriften**, und zwar auch Fachzeitschriften, sofern sie aktuelle Themen behandeln (*Schricker/Melichar* § 49 Rn 7), und **sonstige Informationsblätter**. Dies sind solche Schriftwerke, die der – auch einmaligen – Information der Allgemeinheit durch die Presse dienen, also zB Nachrichtendienste und Korrespondenzen (vgl amtl. Begr. BT-Drucks. IV/270, 65). Unter einem **sonstigen Datenträger** versteht man neben den in § 16 Abs. 2 legaldefinierten Bild- und Tonträgern alle anderen Medien, auf denen Werke in digitaler Form fixiert werden können. Das sind insb. **digitale Offline-Medien** wie die CD, die CD-ROM und die Diskette. Aber auch Datenträger, die wie die Festplatte eines Servers eine digitale Speicherung zum Zwecke der **Online**-Berichterstattung ermöglichen, fallen darunter. Sowohl die Druckschriften als auch die Datenträger müssen **im Wesentlichen Tagesinteressen** Rechnung tragen; der entspr. einschränkende Zusatz in § 50 bezieht sich nach Sinn und Zweck der Vor-

schrift auf alle Arten von Informationsblättern und Datenträgern. Dabei gilt die Kommentierung der Begriffe in § 48 (dort Rn 10) entspr.

III. Werke, die im Verlaufe der Tagesereignisse, über die berichtet wird, wahrnehmbar werden

Die Werke müssen **anlässlich des Tagesereignisses**, welches Gegenstand der Berichterstattung ist, **hör- oder sichtbar gewesen** sein (*BGH* NJW 1983, 1196, 1198 – Presseberichterstattung und Kunstwerkwiedergabe I). Das setzt eine Wahrnehmbarkeit im Zusammenhang mit dem Ereignis selbst voraus. Eine **mittelbare Wahrnehmbarkeit** reicht nicht aus. Die Veröffentlichung eines im Zusammenhang mit einem anderen Ereignis angefertigten Lichtbildes oder Schriftwerkes ist daher von § 50 nur gedeckt, wenn die dortige Berichterstattung selbst zum Gegenstand der Auseinandersetzung geworden ist (*BGH* GRUR 2002, 1050 – Zeitungsbericht als Tagesereignis; *OLG Stuttgart* NJW-RR 1986, 220). Der Entsch. des *KG* (AfP 2000, 282 f.), nach der eine urheberrechtsgeschützte Fotografie schon deshalb von anderen Zeitungsunternehmen abgedruckt werden darf, weil sie sich neben einem Zeitungsbericht eines anderen Zeitungsunternehmens über ein Ereignis befindet, kann daher nicht uneingeschränkt zugestimmt werden. **9**

Es reicht aus, dass für den in das Tagesereignis involvierten Personenkreis die **Möglichkeit der Wahrnehmung** bestand, auch wenn hiervon dann kein Gebrauch gemacht wurde. Bei einer Ausstellungseröffnung dürfen daher in den in § 50 gezogenen Grenzen Werke der Ausstellung gezeigt werden, selbst wenn die Eröffnung kein Publikumsinteresse gefunden hat. Hier können aber Zweifel daran begründet sein, ob das Ereignis überhaupt ein Tagesereignis ist. Besteht das Tagesereignis im Erscheinen eines Kunstbandes, sind alle in dem Band abgebildeten Kunstwerke iSd § 50 wahrnehmbar geworden. Insoweit ist das Beschaffen, Aufschlagen und Betrachten des Kunstwerkes dem Besuch und der Besichtigung der Kunstausstellung vergleichbar (*BGH* NJW 1983, 1199 – Presseberichterstattung und Kunstwerkwiedergabe II). **10**

Die Voraussetzungen des § 50 liegen hingegen dann nicht mehr vor, wenn das Werk nur **besprochen** oder in Bezug genommen wurde, ohne dass es zu einer Hör- oder Sichtbarmachung kam. Der bloße Bezug der Werke zur Berichterstattung vermag das Eingreifen des § 50 also nicht zu begründen. Ist es zu einer Schenkung einer Werksammlung gekommen, ohne dass zumindest einzelne Werke der Sammlung dabei gezeigt wurden oder zu besichtigen waren, scheidet die Anwendung des § 50 deshalb aus (*BGH* NJW 1983, 1196, 1198 – Presseberichterstattung und Kunstwerkwiedergabe I). **11**

Die bloße **Ankündigung** der Veröffentlichung oder des Erscheinens eines Werkes, der Bericht über Streitigkeiten zwischen dem Urheber und seinem Verleger oder die Entscheidung einer Stadt, eine Gedenktafel für den Urheber aufzustellen (hierzu *BGH* NJW 1985, 2134, 2135 – Liedtextwiedergabe I), berechtigen das Nachrichtenunternehmen ebenfalls noch nicht zur Vervielfältigung, Verbreitung oder öffentlichen Wiedergabe des Werkes selbst. Auch ist es nicht nach § 50 zulässig, zum Geburtstag des Urhebers in Zusammenhang mit einem Zeitungsbericht über sein Leben und sein Schaffen Teile seiner Werke abzudrucken. **12**

IV. Vervielfältigung, Verbreitung und öffentliche Wiedergabe der Werke in einem durch den Zweck gebotenen Umfang

13   Liegen diese Voraussetzungen vor, darf das Werk in einem durch den Zweck der Berichterstattung gebotenen Umfang **vervielfältigt, verbreitet und öffentlich wiedergegeben** werden. Zulässig ist daher zB der Abdruck in der Zeitung und deren Vervielfältigung und Vertrieb. Auch darf, weil § 50 die Vervielfältigung nicht, wie zB § 48 Abs. 1 Nr. 1 aF (dazu näher § 48 Rn 16), auf bestimmte Informationsschriften beschränkt, die **öffentliche Wiedergabe durch die Fertigung von Vervielfältigungsstücken vorbereitet werden**. Es ist deshalb zulässig, Bild- und Tonträger vom Werk(-teil) zu fertigen, um die Berichterstattung iSd §§ 20 ff. zu senden (vgl auch *BGH* NJW 1983, 1196, 1198 – Presseberichterstattung und Kunstwerkwiedergabe I). Auch die Berichterstattung durch öffentliche Zugänglichmachung (§ 19a) im Internet ist als öffentliche Wiedergabe von § 50 gedeckt. Sie darf durch jede Art der Vervielfältigung, also auch die Speicherung auf beliebigen Datenträgern, vorbereitet werden (§ 16 Abs. 2). Die **Berichterstattung selbst darf aber erst seit dem 13.9.2003 auf Datenträgern erfolgen.**

14   Dem Sinn und Zweck des § 50 nach, die Information der Öffentlichkeit über aktuelle Themen zu ermöglichen, muss die Berichterstattung in allen Fällen stets in zeitlichem Zusammenhang mit dem Ereignis erfolgen (su Rn 21).

15   Durch § 50 erlaubt wird nur die Wiedergabe des Werkes, welches im Verlaufe des Tagesereignisses wahrnehmbar wurde. § 50 enthält keine Regelung der Frage, ob der **Bericht selbst** oder die darin verwandten Fotografien, die im Falle ihrer Schöpfungshöhe ihrerseits Urheberrechtsschutz genießen (§§ 2 und 3), ohne Zustimmung des Berichterstatters vervielfältigt und verbreitet werden dürfen (*Rehbinder* Rn 283; unzutreffend daher *KG* AfP 2000, 282; s. ferner auch oben Rn 8).

16   Die Werknutzung darf allerdings nur **in dem durch den Zweck der Berichterstattung gebotenen Umfang** erfolgen. Dabei sieht § 50 grds **keine Einschränkung dahingehend** vor, **dass** Werke nur **bruchstückhaft** oder nur im Zusammenhang mit einem das Tagesereignis darstellenden Vorgang, zB als Hintergrund beim Eröffnungsakt einer Ausstellung, wahrnehmbar gemacht werden dürfen. Zwar ist die Vorschrift als Ausnahmevorschrift grds eng auszulegen und ist mit § 50 vor allem an Werke geringen Umfangs, zB ein Gedicht oder ein kurzes Lied, gedacht (vgl amtl. Begr. BT-Drucks. IV/270, 67). Das schließt aber nicht aus, dass auch **Werke größeren Umfangs** vollständig wiedergegeben werden dürfen. So kommt zB bei Werken der bildenden Künste der Natur der Sache nach nur eine Wiedergabe im Ganzen in Betracht (*BGH* NJW 1983, 1196, 1197 – Presseberichterstattung und Kunstwerkwiedergabe I). Die Notwendigkeit, das Werk nur vor dem Hintergrund des Ereignisses selbst wahrnehmbar zu machen, also zB das ausgestellte Kunstwerk zusammen mit den an der Ausstellungseröffnung beteiligten Personen abzubilden, findet im Gesetz keine Stütze (*BGH* NJW 1983, 1196, 1197 – Presseberichterstattung und Kunstwerkwiedergabe I). Auch kommt es nicht darauf an, ob das zur Wahrnehmbarmachung verwandte Vervielfältigungsstück iRd Tagesereignisses gefertigt oder ob zB ein Archivfoto verwandt wurde (*BGH* NJW 1983, 1196, 1198 – Presseberichterstattung und Kunstwerkwiedergabe I). Als Korrektiv zur Verhinderung von Missständen dient vielmehr lediglich das Erfordernis, dass das Werk nur in einem durch den Zweck der Bericht-

erstattung gebotenen Umfang wahrnehmbar gemacht werden darf (amtl. Begr. BT-Drucks. IV/270, 67; *BGH* NJW 1983, 1196, 1198 – Presseberichterstattung).

Ob die Vervielfältigung und Verbreitung bzw die öffentliche Wiedergabe noch in dem durch den Zweck gebotenen Umfang erfolgt, ist durch eine Abwägung der Urheberinteressen mit den **Interessen der Allgemeinheit an einer sachgerechten Information** zu ermitteln. **17**

Daraus folgt zunächst, dass die Wiedergabe des Werkes iRd von § 50 erlaubten Nutzung möglichst **wirklichkeitsgetreu** sein muss (s. schon oben Rn 13; *Schricker/Vogel* § 50 Rn 14). Je weiter sich das iRd Berichterstattung vermittelte Gesamtbild von der Wirklichkeit entfernt, um so eher werden die Voraussetzungen des § 50 zu verneinen sein. **18**

Ferner spielen auch die zeitlichen **Umstände** eine Rolle. Je weiter der Vorgang, über den berichtet wird, zurückliegt, um so geringer wird das Interesse der Allgemeinheit an der Berichterstattung sein und um so eher scheidet die Anwendung des § 50 deshalb aus (hierzu schon oben § 50 Rn 16). **19**

Schließlich ist vor allem das **Maß und** die **Intensität der Nutzung** von Bedeutung. Dabei kommt es nicht nur auf die Zahl der übernommenen Werke im Verhältnis zu der Zahl der vom Tagesereignis betroffenen Werke des Urhebers an, sondern auch auf deren Größe und die Aufmachung der Berichterstattung. Zu berücksichtigen ist auch, dass die Interessen des Urhebers durch die Berichterstattung im Allgemeinen nicht nennenswert beeinträchtigt, sondern eher gefördert werden, weil die Vervielfältigung und Verbreitung des Werkes in den Medien nach allg. Lebenserfahrung das Interesse am Künstler und seinem Werk wecken und verstärken wird (*BGH* NJW 1983, 1196, 1998 – Presseberichterstattung und Kunstwerkwiedergabe I). **20**

Das Interesse der Allgemeinheit an einer anschaulichen und informativen Berichterstattung kann daher im Einzelfall auch den **Abdruck mehrerer Werke** zB einer Ausstellung rechtfertigen, wenn die Werkwiedergabe in kleinem Format und in einem Schwarzweißdruck erfolgt (*BGH* NJW 1983, 1199 – Presseberichterstattung und Kunstwerkwiedergabe II). **21**

V. Keine Vergütungspflicht

Die Vervielfältigung, Verbreitung und öffentliche Wiedergabe ist unter den Voraussetzungen des § 50 vergütungsfrei. Den Vorschlag, die Urheber an den Einnahmen aus den Funk-, Film- oder Bildberichten zu beteiligen, hat der Entwurf nicht übernommen. Das Werk bildet bei § 50 nicht den eigentlichen Gegenstand der Berichterstattung. Die Einnahmen beruhen daher in der Regel nicht auf der Wiedergabe des Werkes (amtl. Begr. BT-Drucks. IV/270, 67). **22**

VI. Schranken-Schranken

Das Änderungsverbot (§ 62) und die Quellenangabepflicht (§ 63) sind zu beachten. **23**

VII. Beispiele

Zulässig ist der Abdruck je eines Werkes von Picasso im Rahmen zweier **Ausstellungseröffnungen** in zwei Zeitungen, in denen über die Ausstellungen berichtet wird (*BGH* NJW 1983, 1199 – Presseberichterstattung und Kunstwerkwiedergabe II). **24**

Nicht beanstandet wurde außerdem der Abdruck zweier in einer Neuerscheinung der ersten vier Bände eines Kunstbuches enthaltenen Bilder bedeutender Vertreter der in den Bänden behandelten Kunstrichtungen im Zusammenhang mit einem Bericht über die **Neuerscheinung**, wenn die Bilder in kleinem Format und in Schwarzweißabdruck gezeigt werden und die Berichterstattung im Vordergrund steht (*BGH* NJW 1983, 1199 – Presseberichterstattung und Kunstwerkwiedergabe II). Begleitend zum Bericht einer Zeitung über die Eröffnung der 15. **Ausstellung** des Europarats in Berlin durften Schwarzweißreproduktionen von vier der ausgestellten Bilder gezeigt werden (*BGH* NJW 1983, 1196 f. – Presseberichterstattung und Kunstwerkwiedergabe I). Häufig nach § 50 zulässig sind die sog. **Wochenschauen**, bei denen über Tagesereignisse filmisch berichtet wird (vgl amtl. Begr. BT-Drucks. IV/270, 66). Erlaubt sind auch Einblendungen von Werkausschnitten im Rahmen von Berichten über Ur- oder **Erstaufführungen** von Bühnenwerken (vgl *Schricker/Vogel* § 50 Rn 18). Ebenso zulässig sind Berichte über **Feierstunden** oder **Preisverleihungen** mit Ausschnitten aus der musikalischen Umrahmung der **Laudatio** oder der Rede des **Preisträgers** (*Schricker/Vogel* § 50 Rn 18). Wird im Verlaufe einer verfilmten Berichterstattung zu einer **Plenardebatte** ein im Plenarsaal hängendes Gemälde sichtbar, stehen die Urheberrechte des Künstlers der Sendung des Berichts oder seiner Zugänglichmachung im Internet (§ 19a) nicht entgegen. Ebenso darf bei der verfilmten Berichterstattung über einen **Demonstrationszug** ein im Hintergrund sichtbares urheberrechtsgeschütztes Gebäude mitgefilmt werden (vgl *Fromm/Nordemann* § 50 Rn 1). Wird in der Öffentlichkeit eine bebilderte **politische Anzeige** so angegriffen, dass sie zum eigentlichen Gegenstand der Auseinandersetzung wird, und berichtet die Presse über eben diesen Streit, darf dabei auch die Anzeige abgedruckt werden (vgl *BGH* GRUR 2002, 1050 – Zeitungsbericht als Tagesereignis; *OLG Stuttgart* NJW-RR 1986, 220, 221). Jedenfalls seit dem 13.9.2003 ist auch eine **Online-Berichterstattung** zulässig. Eine Speicherung des Berichts auf dem **Server** oder sonstigen **Datenträgern** zur Vorbereitung dieser Verwertung ist unproblematisch möglich, es darf aber auch **Streaming** eingesetzt werden. **Erst seit dem 13.9.2003** dürfen die Datenträger selbst als Medium der Berichterstattung eingesetzt werden, so darf der Bericht zB auf **CD** oder auf **CD-ROM** vertrieben werden. Zulässig war der Abdruck eines Ausschnitts aus einem **Bericht** der „Bild“, der ein Foto Verona Feldbuschs mit blauem Auge und die Schlagzeile „Bohlens Frau – So hat er mich zugerichtet“ zeigte, in einem Fokus-Artikel, der sich mit dem Ehedrama und der Berichterstattung hierüber auseinander setzte (*BGH* GRUR 2002, 1050 – Zeitungsbericht als Tagesereignis).

25 **Nicht von § 50 gedeckt** ist der Abdruck des urheberrechtlich geschützten Textes des Liedes „Lili Marleen“ im Rahmen eines Berichts über das Projekt, einen Film nach einer autobiografischen Erzählung der bedeutendsten Sängerin dieses Liedes zu drehen oder eine **Gedenktafel** für diese Sängerin aufzustellen (*BGH* NJW 1985, 2134 f. – Liedtextwiedergabe I). Im Zuge eines Berichts über eine **Schenkung** einer Kunstsammlung an die Stadt dürfen nicht auch Bilder der Kunstsammlung abgedruckt werden, wenn die Sammlung anlässlich der Feierlichkeiten, die Gegenstand des Berichts sind, selbst nicht öffentlich wahrnehmbar gemacht wurde (*BGH* NJW 1983, 1196, 1198 – Presseberichterstattung und Kunstwerkwiedergabe I). Wird bei einer öffentlichen Feierlichkeit ein musikalisches Werke aufgeführt, darf in Verbindung mit einem Bericht über die Feier zwar auch das geschützte Werk vervielfältigt, verbreitet und öffentlich wiedergeben werden, es darf jedoch nicht der **gesamte Festakt** übertragen werden (*Rehbinder* Rn 283). Der Abdruck im Focus, der den sog. **Gies-Adler** als gierigen Raubvogel darstellt und als Aufmacher eines nachfolgenden Artikels über angeblich schlampige Gesetzgebung dient, ist nach Auffassung des *OLG Köln* (NJW 2000, 2212, 2213) nicht von § 50 gedeckt. Der mit der Revision gegen das Urt. angerufene BGH ging davon aus, dass es sich bei der Adlerdarstellung im Focus schon gar nicht um eine Bearbeitung, sondern um eine freie Benutzung des Gies-Adlers handele (*BGH* v. 20.3.2003, I ZR 117/00). Die **vollständige Wiedergabe der Ouvertüre** einer Oper und einer Sinfonie mit einer Gesamtspieldauer von etwa 40 Minuten ist nicht von § 50 gedeckt (*OLG Frankfurt* GRUR 1985, 380). Gleiches gilt für die Veröffentlichung eines Fotos in einer **Jahres-Dokumentation** in Buchform (*LG Hamburg* GRUR 1989, 591, 592). **Bis zum 12.9.2003** war die Berichterstattung auf **CD-ROM** nicht von § 50 gedeckt.

VIII. Behandlung von Altfällen

Die **Online-Nutzung** von Werken wurde über den Begriff des Funks schon im Zeitraum vor dem 13.9.2003 von der Vorschrift erfasst (ebenso *Schricker/Vogel* § 50 Rn 10 f.). Funk ist nämlich nach § 20 nicht nur der herkömmliche Rundfunk und Kabelfunk, sondern Funk sind auch Zugänglichmachungen mittels der ihm ähnlichen technischen Mittel. Darunter fällt die Online-Übermittlung, die sich idR noch drahtgebunden vollzieht. Auf die Kommentierung in § 20 Rn 6 ff., 14 f. wird Bezug genommen. Der Erweiterung der zulässigen Übertragungstechniken auf technische Mittel, die dem Funk nur ähnlich sind, durch das zum 13.9.2003 in Kraft getretene Gesetz zur Regelung des Urheberrechts in der Informationsgesellschaft hätte es also zur Erfassung von Online-Diensten nicht bedurft. Da § 50 aF jede öffentliche Wiedergabe zur Bild- und Tonberichterstattung durch Funk zulässt, beschränkte er insb. auch vor der Gesetzesänderung schon das dem Urheber als Innominatrecht nach § 15 Abs. 2 aF zustehende right of making available (näher § 15 Rn 62 ff.), das jetzt in § 19a geregelt ist. | 26

Bedeutsam ist die Änderung durch das Gesetz zur Regelung des Urheberrechts in der Informationsgesellschaft aber, weil sie den Kreis der Medien, in denen berichtet werden darf, um die **anderen Druckschriften** und **Datenträger** erweitert. Das eröffnet zB die Möglichkeit des Einsatzes von CDs und CD-ROMs. Auf Sachverhalte vor dem 13.9.2003 ist noch § 50 aF anwendbar, sodass die Berichterstattung auf **digitalen Offline-Medien** für Altfälle nicht auf § 50 gestützt werden darf. | 27

§ 51　Zitate

Zulässig ist die Vervielfältigung, Verbreitung und öffentliche Wiedergabe, wenn in einem durch den Zweck gebotenen Umfang

1. einzelne Werke nach dem Erscheinen in ein selbständiges wissenschaftliches Werk zur Erläuterung des Inhalts aufgenommen werden,
2. Stellen eines Werkes nach der Veröffentlichung in einem selbständigen Sprachwerk angeführt werden,
3. einzelne Stellen eines erschienenen Werkes der Musik in einem selbständigen Werk der Musik angeführt werden.

Literatur: *Deutsch* Die Dokumentationsfreiheit im Urheberrecht, NJW 1967, 1393; *Ekrutt* Urheberrechtliche Probleme beim Zitat von Filmen und Fernsehsendungen, Diss., 1973; *Hertin* Das Musikzitat im deutschen Urheberrecht, GRUR 1989, 159; *Jörger* Das Plagiat in der Popularmusik, Schriftenreihe UFITA, Bd 99, 1992; *Metzger* „Germania 3 Gespenster am toten Mann" oder Welchen Zweck darf ein Zitat gemäß § 51 Nr. 2 UrhG verfolgen?, ZUM 2000, 924; *Nordemann, A./Schierholz/Nordemann, J./Czychowski* Die Entwicklung der Gesetzgebung und Rechtsprechung zum Urheberrecht in den Jahren 1996 und 1997, NJW 1998, 422; *Plaß* Hyperlinks im Spannungsfeld von Urheber-, Wettbewerbs- und Haftungsrecht, WRP 2000, 599; *Schlingloff* Unfreie Benutzung und Zitierfreiheit bei urheberrechtlich geschützten Werken der Musik, 1990; *Schmidt* Urheberrechtsprobleme in der Werbung, Diss., 1981; *Ulmer* Zitate in Filmwerken, GRUR 1972, 323.

Übersicht

I. Regelungsgehalt

1. Geschichte

1   Bis zum In-Kraft-Treten des UrhG war in §§ 19, 21, 23 LUG und § 19 KUG geregelt, in welchen Fällen einzelne Werke oder einzelne Stellen eines Werkes ohne Zustimmung des Urhebers in einem selbständigen Werk eines anderen Urhebers zitiert werden dürfen. Nach § 51 Nr. 1 ist die Vervielfältigung und Verbreitung zulässig, wenn in einem durch den Zweck gebotenen Umfang einzelne Werke in ein selbständiges wissenschaftliche Werk zur Erläuterung ihres Inhalts aufgenommen werden. Inhaltlich hat sich durch den unterschiedlichen Wortlaut des § 51 Nr. 1 gegenüber dem bis dahin geltenden Rechtszustand nichts geändert (*BGH* NJW 1968, 1875, 1876 – Kandinsky I).

2. Systematik

2   § 51 Nr. 1 regelt das sog. **Großzitat** zu wissenschaftlichen Zwecken. Im Gegensatz zum bis zum In-Kraft-Treten des UrhG geltenden Recht dürfen nicht nur einzelne Aufsätze von geringem Umfang, einzelne Gedichte oder kleinere Kompositionen zitiert werden, sondern einzelne Werke schlechthin. Der Gesetzgeber wollte die Zitiermöglichkeiten dadurch elastischer gestalten (amtl. Begr. BT-Drucks. IV/270, 67). In

§ 51 Nr. 2 ist das sog. **Kleinzitat** geregelt; es dient literarischen Zwecken. Der im LUG bzw KUG verwandte Ausdruck der kleineren Teile wurde wegen seiner Unbestimmtheit durch den der Werkstellen ersetzt, ohne dass damit eine sachliche Änderung verbunden ist. § 51 Nr. 3 schließlich enthält Regelungen zum sog. **Musikzitat**, welches von der **hM** auch schon vor In-Kraft-Treten des UrhG als zulässig angesehen wurde (amtl. Begr. BT-Drucks. IV/270, 67).

3. Sinn und Zweck

§ 51 wurde zur Unterstützung des allg. kulturellen und wissenschaftlichen Fort-   **3** schritts in das Gesetz aufgenommen (*BGH* GRUR 1982, 37, 40 – WK-Dokumentation). Die Vorschrift erlaubt im Interesse der **geistigen Kommunikation** und **Auseinandersetzung** den Urhebern, fremde Werke in einem durch den Zweck gebotenen Umfang anzuführen (*BGH* NJW 1983, 1196, 1199 – Presseberichterstattung und Kunstwerkwiedergabe I; vgl *BGH* NJW 1972, 2304, 2305 – Handbuch moderner Zitate). Die Vorschrift dient mithin der Freiheit des geistigen Schaffens. Auch ohne den Rückgriff auf § 51 zulässig ist das Zitat aus gemeinfreien Werken oder die Entlehnung nicht schöpferischer Werkteile. Hier liegt schon kein urheberrechtsgeschütztes Werk bzw kein urheberrechtsgeschützter Werkteil vor, sodass kein Verbotsrecht an diesen Leistungen bzw Werkteilen besteht.

4. Anwendungsbereich

§ 51 wird immer dort relevant, wo fremde Werke in einer Weise verwertet werden   **4** sollen, die nach **§§ 15 ff., 23** grds nicht ohne Zustimmung ihres Urhebers zulässig ist, und die Verwertung der geistigen Auseinandersetzung mit diesen Werken dient. **§ 24 Abs. 1** wird durch § 51 nicht tangiert, weil die Veröffentlichung und Verwertung eines in freier Benutzung eines anderen Werkes geschaffenen Werkes ohnehin erlaubt ist. **§ 24 Abs. 2 schränkt § 51 Nr. 3 ein**, weil die dort geregelten Entnahmen von Melodien nicht, auch nicht als Zitat, zugelassen sind (näher unten Rn 52 ff.). Keine Entnahme liegt vor, wenn die fremde Melodie nicht in das fremde Werk eingearbeitet wird, sondern diesem etwa als Fremdkörper erkennbar vorangestellt wird. Ob die dann stets noch gegebene Verwertung der fremden Melodie zulässig ist, ergibt sich aus § 51. Für diese Auslegung spricht neben dem Wortlaut des § 24 Abs. 2 („... Absatz 1 gilt nicht ...") vor allem die Gesetzesgeschichte. So wurde der ursprünglich vorgesehene § 51 Nr. 4 (abgedr. bei *Schulze* Bd 1, S. 362), der als zulässiges Zitat auch das Anführen eines musikalischen Themas in einem selbständigen Variationenwerk ansah, gestrichen; zur Begründung verwies der Gesetzgeber (amtl. Begr. BT-Drucks. IV/3401, 7) darauf, die Bestimmung erübrige sich, da nach dem starren Melodienschutz des § 24 Abs. 2 Variationen stets nur mit Zustimmung des Urhebers zulässig seien. Die Vorschrift des § 51 Nr. 2 hielt der Gesetzgeber (amtl. Begr. BT-Drucks. IV/3401, 7) demgemäß auch nur im Hinblick auf die – von ihm nicht dem § 24 Abs. 2 zugeordneten (vgl § 24 Rn 48) – satirischen und kabarettistischen Darbietungen für notwendig. Auch die Entnahme einer Melodie und ihre Zugrundelegung in einer **Bearbeitung** (§ 23) kann in einem ad-maiore-minus-Schluss nicht von § 51 Nr. 3 gedeckt sein.

§ 51 erlaubt nur die Vervielfältigung, Verbreitung und öffentliche Wiedergabe der zi-   **5** tierten Werke bzw Werkstellen. **Urheberpersönlichkeitsrechte** (§§ 11-14) bleiben durch die Vorschrift unberührt. Auch ein Eingriff in das Veröffentlichungsrecht des Urhebers ist mit ihr nicht verbunden, weil § 51 nur das Zitieren bereits veröffentlichter Werke erlaubt.

6   Die **einzelnen Ziff.** des § 51 enthalten unterschiedliche Zitatarten. Sie schließen sich in ihrer Anwendung gegenseitig nicht aus, sondern überschneiden sich teilweise und sind dann teilweise auch **nebeneinander anwendbar**. So können zB Zitate in Sprachwerken sowohl nach § 51 Nr. 1 als auch nach § 51 Nr. 2 zulässig sein. Das Zitieren **in einem Musikwerk** ist allerdings abschließend in § 51 Nr. 3 geregelt (*Schricker* § 51 Rn 13 und 49; auch die amtl. Begr. BT-Drucks. IV/270, 67 geht davon offenbar aus). Soweit Musik in anderen Werken als einem Musikwerk zitiert wird, finden § 51 Nr. 1 und 2 Anwendung.

7   § 51 erlaubt die **Verwertung** von Werken oder Werkstellen **stets nur im Verhältnis zu deren Urheber**. Über die Zulässigkeit eines im Zitat uU liegenden Eingriffs in die **Rechte Dritter**, zB der durch das Werk dargestellten Personen, sagt die Vorschrift nichts aus. Die Ausstrahlung eines Nacktfotos aus einem Schulbuch ohne Einwilligung der abgebildeten Person kann daher zwar gegenüber dem Urheber durch die Schrankenregelung des § 51 Nr. 2 gedeckt sein, stellt jedoch einen schwerwiegenden Eingriff in das Persönlichkeitsrecht der fotografierten Person dar und führt daher zu Schadenersatz- und Schmerzensgeldansprüchen ihrerseits (*BGH* NJW 1985, 1617, 1619 – Nacktfoto).

8   Auf **int. Ebene** finden sich zB in Art. 10 Abs. 1 RBÜ, auf den Art. 2 Abs. 1 TRIPS verweist, Bestimmungen über das zulässige Zitieren aus Werken.

II. Gemeinsame Anforderungen an alle Zitate iSd § 51

1. Allgemeines

9   § 51 stellt für alle in den Nr. 1-3 der Vorschrift genannten Zitate einige gemeinsame Voraussetzungen auf. So ist das Zitieren stets nur in selbständigen Werken zulässig, § 51 geht in allen Ziffern von demselben Zitatbegriff aus, das Zitat muss in allen Fällen vom Zitatzweck gedeckt sein und selbst die Rechtsfolgen ähneln sich. Vorliegend werden daher zunächst die gemeinsamen Voraussetzungen der drei Zitatarten dargestellt, bevor im Anschluss auf Besonderheiten der einzelnen Zitatarten eingegangen wird.

2. Selbständiger Werkcharakter der Leistung, in der zitiert wird

10   Zitiert werden darf nur in einem selbständigen **Werk** iSd § 1, 2 (*BGH* NJW 1972, 2304, 2305 – Handbuch moderner Zitate; NJW 1986, 131 – Geistchristentum; *OLG Frankfurt* WRP 1992, 386, 388; *LG München* NJW 1999, 1978). Das kann auch die schöpferische Bearbeitung eines anderen als des zitierten Werkes sein (§ 3; zu einer schöpferischen Bearbeitung des zitierten Werkes sogleich Rn 12). Deshalb **darf in Leistungen, die nur verwandten Leistungsschutz genießen, nicht zitiert werden** (*Ulmer* GRUR 1972, 323, 325). Soweit die entspr. Vorschriften auf § 51 verweisen, **darf aber aus den durch ein verwandtes Schutzrecht geschützten Leistungen zitiert werden**, insb. also auch aus nicht schöpferischen Filmen (Laufbildern).

Das zitierende Werk ist gegenüber dem zitierten Werk **selbständig**, wenn es für sich   **11**
genommen eine schöpferische Leistung darstellt (*BGH* NJW 1972, 2304, 2304 –
Handbuch moderner Zitate; *OLG Frankfurt* WRP 1992, 386, 388). Diese Selbständigkeit fehlt einem Werk, wenn das Zitat dergestalt in seinem Mittelpunkt steht, dass
es, das oder die Zitat(e) hinweggedacht, kein für sich existenzfähiges Werk mehr darstellt (*BGH* NJW 1986, 131 – Geistchristentum; NJW 1994, 2891, 2892 – Museumskatalog; *OLG Frankfurt* WRP 1992, 386, 388; s. auch oben § 51 Rn 10 zum Werkcharakter des zitierenden Werkes). Das ist aber nicht dann schon der Fall, wenn das
zitierende Werk ohne das Zitat nicht mehr verständlich ist (*BGH* NJW 1994, 2891,
2892 – Museumskatalog). Das wird im Gegenteil beim sog. Großzitat des § 51 Nr. 1,
bei dem ganze Werke zur Erläuterung ihres Inhalts in ein selbständiges Werk aufgenommen werden, häufig der Fall sein. Hingegen fehlt es an einem selbständigen
Werk, wenn bloß fremde Werke oder Ausschnitte aus diesen ohne eigene schöpferische Tätigkeit aneinandergereiht wurden (*BGH* NJW 1992, 1316, 1318 – Leitsätze).
Man wird aber nicht sagen können, dass ein Zitat, ob Groß- oder Kleinzitat, nur dann
zulässig ist, wenn es im Verhältnis zur eigenen Schöpfung des Zitierenden eine völlig
untergeordnete Rolle spielt (so aber *Fromm/Nordemann* § 51 Rn 3; **aA** *Schricker*
§ 51 Rn 22). Vielmehr reicht es nach Sinn und Zweck des § 51, die geistige Auseinandersetzung zu ermöglichen, aus, wenn der Schwerpunkt auf der eigenen geistigen
Leistung liegt (*Schricker* § 51 Rn 22).

Die erforderliche Selbständigkeit des zitierenden Werkes fehlt nach einer vor allem   **12**
in der Lit. (*Schricker* § 51 Rn 21; *v. Gamm* § 51 Rn 8) vertretenen Auffassung, wenn
die Leistung eine **Bearbeitung oder sonstige Umgestaltung** des zitierten Werkes
darstellt. Dem ist für sonstige Umgestaltungen und nicht schöpferische Bearbeitungen uneingeschränkt zuzustimmen. Hingegen überzeugt die Auffassung nicht, soweit sie auch die Urheber schöpferischer Bearbeitungen von der Möglichkeit, aus
dem bearbeiteten Werk zu zitieren, ausschließen will. Schöpferische Bearbeitungen
genießen nach § 3 Urheberrechtsschutz gerade auch gegenüber dem bearbeiteten
Werk (hierzu § 3 Rn 42) und stellen sich deshalb als selbständiges Werk dar. Auch
besteht bei schöpferischen Bearbeitungen ein bes. Bedürfnis, aus dem bearbeiteten
Werk zu zitieren. Der Urheber des bearbeiteten Werkes ist hinreichend durch § 23
S. 1 geschützt, der ihm ohnehin die Entscheidung darüber, ob die Bearbeitung veröffentlicht oder verwertet werden darf, vorbehält.

Anders verhält sich dies mit **Sammelwerken**, die ganz oder teilweise aus Zitaten be-   **13**
stehen. Hier liegt die schöpferische Leistung ausschließlich in der Auswahl und der
Anordnung der einzelnen Zitate; denkt man sich diese hinweg, ist kein Werk mehr
vorhanden. Darüber hinaus wird es am Zitatzweck fehlen, weil keine geistige Auseinandersetzung stattfindet. Letztlich ist auch zu berücksichtigen, dass nach dem
Willen des Gesetzgebers die im früheren Urheberrecht gewährte Freiheit, kleinere
Teile aus fremden Schriftwerken eines verstorbenen Verfassers ohne Einwilligung
von dessen Rechtsnachfolgern in eine Sammlung aufzunehmen, die zu einem eigentümlichen literarischen Zweck bestimmt ist, im UrhG entfallen ist. Es widerspräche
dem Sinn dieser Streichung, derartige Sammlungen nunmehr unter dem Gesichtspunkt der Zitierfreiheit zuzulassen, was zur Folge hätte, dass auch die Zustimmung
noch lebender Verfasser zur Aufnahme einzelner Textstellen in eine derartige Sammlung sich erübrigen würde (*BGH* NJW 1972, 2304, 2305 – Handbuch moderner Zi-

tate). Der Urheber des Sammelwerkes kann sich für die Zulässigkeit der Übernahme von Werken oder Werkteilen in das Sammelwerk daher nicht auf § 51 berufen (*BGH* NJW 1972, 2304 – Handbuch moderner Zitate; *Schricker* § 51 Rn 22; **aA** *Deutsch* NJW 1967, 1393, 1395 f.).

14 Nicht erforderlich ist, dass das zitierende Werk auch **urheberrechtlich geschützt** ist. Zwar bleibt der Fall, dass nach Ablauf der Schutzdauer eines Werkes ein Zitat in dasselbe eingefügt wird, eher theoretisch. Ein solch nachträgliches Zitat wäre nur dann von dem für § 51 erforderlichen Zitatzweck gedeckt, wenn eine geistige Auseinandersetzung mit dem zitierten Werk erfolgen würde; da diese im Allgemeinen jedoch eine schöpferische Tätigkeit darstellt, würde insoweit ohnehin eine neue Urheberrechtsschutzfrist zum Laufen gebracht. Häufiger ist aber der Fall der Zitate in **amtl. Werken**. Amtl. Werke genießen zwar unter den Voraussetzungen des § 5 selbst nur einen sehr eingeschränkten Urheberrechtsschutz. Für die Frage, ob in ihnen zitiert werden darf, kommt es darauf aber nicht an. Auch in amtl. Werken kann also ohne Zustimmung des Urhebers unter den Voraussetzungen des § 51 zitiert werden. Davon zu unterscheiden ist der Fall, ob ein fremdes Werk so in das Amtliche einbezogen werden darf, dass es Bestandteil desselben wird (näher hierzu § 5 Rn 23 f., 49 f.). In diesem Fall ist § 5 unmittelbar anwendbar, sodass es des Rückgriffs auf § 51 nicht bedarf.

3. Begriff des Zitats

15 Unter einem Zitat versteht man die **Aufnahme eines fremden Werkes oder Werkteiles** in ein eigenes Werk **in unveränderter oder veränderter Form**. Daraus ergibt sich umgekehrt, dass der bloße **Hinweis auf eine fremde Fundstelle** kein Zitat ist. Durch die neuen technischen Möglichkeiten im **Multimediabereich** ergibt sich neben der Einfügung des fremden Werkes und dem bloßen Fundstellenverweis noch eine dritte Gruppe von Verweisen auf fremde Werke, nämlich jene der **Hyperlinks**. Zwar geht mit dem bloßen Verweis auf eine fremde Website noch keine Nutzung des fremden Werkes einher. Das kann sich aber schon ändern, wenn das Werk, auf das sich der Link bezieht, nur im Cache gespeichert wird, weil ein Dritter den Link „anklickt". Hat der Urheber der Vervielfältigung nicht zugestimmt und ist diese auch nicht durch eine Schranke gedeckt, kann für denjenigen, der einen Hyperlink setzt, deshalb eine Haftung des Linksetzers wegen Anstiftung bzw Beihilfe zur Urheberrechtsverletzung bestehen (hierzu näher *Plaß* WRP 2000, 599 ff.). Wer auf Werke mittels eines Links verweist, darf sich aber nicht schlechter stehen als derjenige, der außerhalb des Internet zitiert. Er muss deshalb unter den weiteren Voraussetzungen des § 51 auch in den Genuss dieser Vorschrift kommen. Dafür spricht, dass der Begriff des Zitats nicht auf Übernahmen fremder Werke in das eigene Werk beschränkt ist. Die Auseinandersetzung kann ebensogut dadurch erfolgen, dass sich der Werknutzer selbst Kenntnis vom fremden Werk verschafft. Das rechtfertigt es, in diesem Fall von einem Zitat zu sprechen, obwohl auf das fremde Werk nur verwiesen wurde (zweifelnd *Fromm/Nordemann/Vinck* § 51 Rn 11). Wird für den Internetnutzer erkennbar, dass der Link auf ein fremdes Werk verweist und nicht etwa eigene Inhalte des Verwerters betrifft, besteht kein Unterschied zu herkömmlichen Zitaten. Liegen die übrigen Voraussetzungen des § 51 vor, was bei der Anwendung des § 51 Nr. 2 voraussetzt, dass sich der Verweis auf Stellen eines fremden Werkes beschränkt, ist die Vorschrift daher anwendbar.

Von einem Zitat kann begrifflich nur dort die Rede sein, wo der entlehnte Werkteil **16**
oder das entlehnte Werk **als fremde Zutat erkennbar** gemacht wird (*LG Berlin*
Schulze LGZ 125, 4 f.; *v. Gamm* § 51 Rn 5; *Schricker* § 51 Rn 15). Ausreichend ist,
vor allem beim Musikzitat (hierzu *Schricker* § 51 Rn 15 mwN), dass der Werknutzer
den entlehnten Teil zB wegen dessen allg. Bekanntheit als fremde Schöpfung erkennt. Erst recht (nicht aber beim Musikzitat, vgl Rn 53) genügt eine Quellenangabe.
Maßt sich der Urheber des entlehnenden Werkes das fremde Schaffen als eigenes an,
liegt kein Zitat, sondern ein Plagiat vor (*Schricker* § 51 Rn 15). Nicht jeder Verstoß
gegen die **Quellenangabepflicht** erfüllt diese Voraussetzungen (*Schricker* § 51
Rn 15; **aA** *Fromm/Nordemann/Vinck* § 51 Rn 2), weil § 63 über die bloße Erkennbarkeit des entlehnten Teiles als fremdes Werk zusätzliche Anforderungen aufstellt.
So ist nach § 63 die fremde Leistung nicht nur als solche kenntlich zu machen, sondern es ist auch – zudem deutlich – anzugeben, von wem sie stammt. Vgl hierzu auch
Anh. zu §§ 23, 24 Rn 6.

4. Zitatzweck

Entspr. dem Sinn und Zweck des § 51, die geistige Auseinandersetzung im Interesse **17**
der Allgemeinheit zu fördern, ist das Zitat überhaupt nur zulässig, wenn es der geistigen Kommunikation dient (*BGH* NJW 1983, 1196, 1199 – Presseberichterstattung
und Kunstwerkwiedergabe I). Man nennt dies den Zitatzweck. Er bestimmt neben
der Frage, ob ein Zitat zulässig ist, dessen Umfang (hierzu unten Rn 58 f.).

Je nach der gewählten Zitatart (§ 51 Nr. 1-3) können unterschiedliche Voraussetzun- **18**
gen gelten (vgl *Schricker* § 51 Rn 17). In jedem Fall muss aber eine **innere Verbindung** zwischen dem zitierten Werk und dem zitierenden Werk dergestalt hergestellt
werden, dass eine geistige Auseinandersetzung stattfindet und die fremde Meinung
durch das Zitat als Beleg wiedergegeben wird (*BGH* NJW 1968, 1875, 1879 – Kandinsky I).

Der für alle Zitatarten zu wahrende Zusammenhang zwischen dem eigenen und dem **19**
fremden Werk muss sowohl äußerlicher als auch innerlicher Natur sein (*BGH* NJW
1968, 1875, 1878 – Kandinsky I). Der **äußerliche** Zusammenhang setzt voraus, dass
das fremde und das eigene Werk einander aus Sicht des Werkbetrachters zum Zwecke
der geistigen Auseinandersetzung gegenüber gestellt werden, zB indem dem fremden Zitat eine eigene Argumentation nachgestellt wird oder indem bei mehreren Zitaten in den eigenen Ausführungen jeweils durch Ziffern auf die entspr. fremden
Werkteile verwiesen wird. Der äußerliche Zusammenhang darf nicht mit dem Erfordernis, das Zitat als solches iSd § 63 kenntlich zu machen, verwechselt werden. Er
kann vielmehr auch dann fehlen, wenn eine Kenntlichmachung erfolgt ist, aber das
fremde Werk dem eigenen lediglich angehängt ist, ohne dass durch Verweisungen oÄ
eine Gegenüberstellung mit dem fremden Werk stattfindet.

Der **innere Bezug** liegt nur vor, wenn inhaltlich eine geistige Auseinandersetzung **20**
mit dem fremden Werk stattfindet, zB indem der Autor eines wissenschaftlichen
Werkes den zitierten Gegenmeinungen eigene Argumente entgegenhält. **Je nach Zitatart kann das Erfordernis einer solchen geistigen Auseinandersetzung mehr
oder weniger weitreichend sein.** So bedarf es bei § 51 Nr. 1 einer interpretierenden
oder sonst erläuternden Bezugnahme auf das fremde Werk, während es bei § 51 Nr. 2
schon ausreichend sein kann, wenn ein fremder Werkteil dem eigenen Werk nur als

Motto vorangestellt wird (*KG* GRUR-RR 2002, 313). In beiden Fällen unerheblich ist, ob es sich um eine krit. Auseinandersetzung mit dem fremden Werk handelt oder ob dieses zur Stützung des eigenen Standpunktes herangezogen wird. Der Zitatzweck fehlt jedoch stets, wenn das Zitat nur eigene Ausführungen ersetzen soll. Ein innerer Bezug ist auch dann nicht gegeben, wenn das Zitat ausschließlich eine **informieren- de** Berichterstattung bezweckt (*BGH* NJW 1983, 1196, 1199 – Presseberichterstat- tung und Kunstwerkwiedergabe I). Gleiches gilt, wenn die Übernahme von Werktei- len angesichts ihres ganz erheblichen Umfangs nicht als bloßes Hilfsmittel zur eige- nen Darstellung benutzt wird, sondern das zitierende Werk über weite Strecken selbständig trägt (*BGH* GRUR 1982, 37, 40 – WK-Dokumentation).

21   Wegen der Einzelheiten wird auf die Kommentierung zu den einzelnen Zitatarten verwiesen.

5. Keine unzumutbare Beeinträchtigung der Interessen des Urhebers

22   Art. 9 Abs. 2 RBÜ wird entnommen, dass als ungeschriebenes Korrektiv vor allem beim Ausfüllen von Wertungsspielräumen der Grundsatz eingreife, dass das Zitieren von Werken nicht zulässig sei, wenn dadurch die **Interessen des Urhebers,** vor al- lem an einer wirtschaftlichen Verwertung des Werkes, **unzumutbar beeinträchtigt** werden (*Schricker* § 51 Rn 23 unter Verweis auf *BGH* NJW 1986, 131, 132 – Geist- christentum; NJW 1987, 1408, 1409 – Filmzitat und mwN; so wohl auch *Fromm/ Nordemann/Vinck* § 51 Rn 9). Dabei wird zutr. darauf hingewiesen, dass die Interes- sen des Urhebers jedoch nur insoweit eine Rolle spielen können, als der Zitatzweck nicht mehr gewahrt ist oder sonst iRd gesetzlichen Vorschrift bestehende Wertungs- spielräume ausgefüllt werden müssen (*Schricker* § 51 Rn 24). Die mit jedem Zitat notwendig verbundenen, auch erheblichen Beeinträchtigungen des Urhebers vor al- lem bei der Werkverwertung hat der Gesetzgeber in § 51 gerade in Kauf genommen. Ideelle Interessen des Urhebers sind ohnehin durch die Vorschriften zum Entstel- lungs- und Veränderungsschutz der §§ 14, 39 gewahrt, die durch § 51 nicht einge- schränkt werden (hierzu näher oben Rn 5).

III. Zusätzliche Voraussetzungen der einzelnen Zitatarten

1. Das wissenschaftliche Großzitat (§ 51 Nr. 1)

23   **a) Voraussetzungen.** § 51 Nr. 1 lässt die Aufnahme einzelner Werke nach ihrem Erscheinen in ein selbständiges wissenschaftliches Werk zur Erläuterung ihres In- haltes zu.

24   **Zitierendes Werk** muss ein **wissenschaftliches** Werk gleich welcher Werkgattung sein. Lediglich das Zitieren in Musikwerken ist in § 51 Nr. 3 abschließend geregelt. Auch in **Videospielen,** auf **Websites** oder in einer **Power-Point-Darstellung** kann also zitiert werden. Der Begriff des wissenschaftlichen Werkes ist dabei nicht nach förmlichen Kriterien wie dem Autor und dessen Reputation zu bestimmen, sondern anhand des Werkinhalts. Dieser muss in der ernsthaften, methodisch geordneten Su- che nach Erkenntnis liegen (*Rehbinder* Rn 276; *Schricker* § 50 Rn 31; etwas anders *LG Berlin* Schulze LGZ 125, 5; GRUR 1978, 108; *v. Gamm* § 51 Rn 9; *Fromm/ Nordemann/Vinck* § 51 Rn 6). Die Form des Werkes kann dabei als Indiz für deren Inhalt herangezogen werden, zB wenn das Werk in einer wissenschaftlichen Reihe erschienen ist oder es sich um eine Dissertation handelt. Auch **populärwissenschaft-liche** Werke sind wissenschaftliche Werke iSd § 51 Nr. 1 (*Fromm/Nordemann/Vinck* § 51 Rn 6). Keine wissenschaftlichen Werke sind aber solche, die hauptsächlich der Unterhaltung, der Information ohne eigene Untersuchung, der Propaganda oder der geschäftlichen Werbung dienen (*Schricker* § 51 Rn 32).

Zitiertes Werk können Werke aller Werkgattungen sein, und zwar auch, soweit sie   **25** dem Bereich der neuen Medien entstammen, weil § 51 keine entspr. Einschränkung macht. Im Gegensatz zu § 51 Nr. 2 muss es sich nicht um bloße Teile eines Werkes handeln, sondern das Zitieren ganzer Werke ist zulässig, und zwar unabhängig von deren Umfang und Bedeutung. Begrenzungen ergeben sich nur daraus, dass der Zitatzweck gewahrt sein muss (hierzu Rn 17 ff.). § 51 Nr. 1 ist auch auf das sog. **Bildzitat** anwendbar (*BGH* NJW 1968, 1875, 1876 – Kandinsky I). Die Rspr hat dabei bislang offen gelassen, ob ein Bildzitat überhaupt nur dann zulässig ist, wenn es im Verhältnis zum Ganzen eine völlig untergeordnete Rolle spielt (vgl *OLG Frankfurt* WRP 1992, 386, 388).

Das zitierte Werk muss iSd § 6 Abs. 2 **erschienen** sein. Auf die dortigen Ausführun-   **26** gen wird verwiesen. Maßgeblich ist der Zeitpunkt, in dem die erste, grds nur mit Zustimmung des Urhebers des zitierten Werkes zulässige Nutzungshandlung vorgenommen wird.

Zitiert werden dürfen nur **einzelne Werke**. Von einzelnen Werken kann nicht schon   **27** dann gesprochen werden, wenn die Zahl der abgebildeten Werke **im Verhältnis zum Gesamtschaffen** des Urhebers nur einen geringen Bruchteil darstellt (*BGH* NJW 1965, 1875 – Kandinsky I). Zwar ist die Bezugsgrundlage, von der aus die Beurteilung zu erfolgen hat, das Schaffen des Künstlers, dessen Werke abgebildet worden sind. Es darf jedoch kein rein rechnerischer Maßstab angelegt werden. Keinesfalls ist deshalb der Begriff „einzelne Werke" im Gegensatz zu „alle Werke eines Urhebers" zu sehen mit der Folge, dass – weil nicht alle Werke abgebildet worden sind – es sich bei den aufgenommenen Werken nur um einzelne Werke dieses Urhebers handelt. Obgleich der Begriff der einzelnen Werke in Beziehung zum gesamten Schaffen eines Urhebers steht, enthält er nämlich insofern eine **absolute Beschränkung**, als auch im Falle eines Künstlers mit zahlenmäßig umfangreichem Schaffen nur einige wenige und nicht etwa zahlreiche Werke deshalb ohne dessen Erlaubnis in eine wissenschaftliches Werk aufgenommen werden dürfen, weil im Verhältnis zum Gesamtwerk dieses Künstlers die abgebildeten zahlreichen Werke immer noch einen kleinen Teil hiervon ausmachen würden (*BGH* NJW 1968, 1875, 1879 – Kandinsky I).

Abzustellen ist nicht nur auf diejenigen Werke, die ohne Erlaubnis des Inhabers der   **28** Urheberrechte zitiert wurden, sondern auf sämtliche zitierten Werke (*BGH* NJW 1965, 1875 – Kandinsky I). Je mehr Urheber zitiert werden, um so größer darf die Zahl der Zitate insgesamt sein (*Schricker* § 51 Rn 34). Werke, die mit Erlaubnis der Urheber zitiert werden, sind dabei nicht auszunehmen (*BGH* NJW 1968, 1875, 1878 f. – Kandinsky I; differenzierend *Schricker* § 51 Rn 36).

Unmaßgeblich für die Zahl der zulässigerweise zitierten Werke ist, an welchen Ab-   **29** nehmerkreis sich das zitierende Werk richtet, weil Zweck der Vorschrift nicht die Freistellung des Werkes für die Allgemeinheit, sondern die geistige Auseinandersetzung mit fremden Werken ist (*BGH* NJW 1968, 1875, 1879 – Kandinsky I).

30   Das Zitat muss der **Erläuterung** des Inhalts des Werkes, welches zitiert wird, dienen. § 51 Nr. 1 ist dabei insoweit enger als § 51 Nr. 2 und 3, als das Zitat hier nicht als bloßer Beleg für eine andere Auffassung dienen darf. Das schließt – wie auch iRd § 19 LUG – nicht aus, dass mit dem Zitat auch noch ein anderer nicht privilegierungswürdiger Zweck verknüpft ist (*BGH* NJW 1968, 1875, 1876 – Kandinsky I). Dient das Zitat der Erläuterung des Werkinhalts, schadet deshalb ein daneben auch noch bestehender schmückender Zweck, wie er oft bei Bildzitaten vorliegen wird, also nicht. Liegt der Schwerpunkt des Zitats aber in der Verfolgung eines solchen anderen Zwecks, wird das Zitat also zum Dekor, ist dies nicht mehr von § 51 Nr. 1 gedeckt. Nach dieser Vorschrift soll nämlich nur eine solche Erläuterung zulässig sein, die mit dem Ziel der Heranziehung fremden Gedankenguts als Beleg für eigene Ausführungen erläuternd an einen konkreten gedanklichen Inhalt anknüpft, wobei der Zusammenhang zwischen Erläuterung und gedanklichem Inhalt erkennbar sein muss. Daher muss das wissenschaftliche Werk im Vergleich mit den Zitaten stets den **Hauptgegenstand** bilden (*BGH* NJW 1968, 1875, 1877 f. – Kandinsky I).

31   Ob der **Zitatzweck** gewahrt wurde, bemisst sich danach, ob nach den Umständen des Einzelfalls ein Bezug zwischen dem zitierenden und dem zitierten Werk hergestellt wird. Dieser muss sowohl äußerer als auch innerer Art sein (*BGH* NJW 1968, 1875, 1878 – Kandinsky I). Der **äußere Bezug** kann sich bei einem Bildzitat daraus ergeben, dass die zitierten Bilder nummeriert sind und in der Kommentierung durch Querverweise deutlich gemacht wird, auf welches oder welche Bilder sich die Erläuterung jeweils bezieht. Umgekehrt fehlt der äußere Zusammenhang im Allgemeinen, wenn bei mehreren zitierten Werken nicht alle Werke angesprochen werden (*BGH* NJW 1968, 1875, 1878 – Kandinsky I).

32   Die für die Erläuterung erforderliche **innere Beziehung** zwischen dem gedanklichen Inhalt des wissenschaftlichen Werkes und dem zitierten Werk setzt voraus, dass sich das zitierende Werk mit dem Inhalt des zitierten Werkes gedanklich auseinandersetzt. Allg. Ausführungen zB zum Urheber des zitierten Werkes sind nicht ausreichend (*BGH* NJW 1968, 1875, 1879 – Kandinsky I).

33   Nicht auf das Zitatrecht des § 51 Nr. 1 kann sich berufen, wer aus einem unveröffentlichten oder nicht erschienenen Werk zitiert (*OLG Zweibrücken* GRUR 1997, 363, 364; vgl *Nordemann/Schierholz/Nordemann/Czychowski* NJW 1998, 422, 426).

34   **b) Beispiele. Zulässig** kann die Übernahme einzelner Texte in eine **Dissertation** sein, die der Analyse eben dieser Texte dient. Erlaubt ist auch der Abdruck eines ganzen **Gedichts** in einer Zeitung, wenn das Gedicht in einem beistehenden Text krit. untersucht wird. Eine wissenschaftliche Untersuchung verschiedener **Bilder** darf diese in Kleinformat abbilden, wenn jeweils deutlich ersichtlich ist, auf welches Bild sich die jeweiligen erläuternden und untersuchenden Anmerkungen beziehen.

35   **Nicht von § 51 Nr. 1 gedeckt** ist die Übernahme wesentlicher Werkteile einer Dokumentation der Wissenschaftlichen Kommission für deutsche **Kriegsgefangenengeschichte**, wenn diese nicht lediglich eine in dem zitierenden Werk vertretene Ansicht stützen, sondern das Werk über weite Strecken selbständig tragen (*BGH* GRUR 1982, 37, 40 – WK-Dokumentation). Die Voraussetzungen der Vorschrift liegen auch bei einem **Kunstbuch** „Der Blaue Reiter ..." nicht vor, welches in seinem Textteil eine Charakteristik der Zeitsituation uÄ dieser Künstlergruppe und daneben 314 teils farbige, teils schwarzweiße Reproduktionen der Bildwerke der behandelten Künstler enthält (*BGH* NJW 1968, 1876 ff. – Kandinsky I). Kein zulässiges Großzitat iSd Vorschrift ist die wörtliche Wiedergabe verschiedener urheberrechtlich geschützter Leitsätze in einer **Zeitschrift**, in welcher Leitsätze unkommentiert oder mit kurzer Darstellung des Sachverhalts aneinandergereiht werden (*BGH* NJW 1992, 1316, 1317 f. – Leitsätze). Die Anwendung des § 51 Nr. 1 auf eine polemisch-krit. **Fernsehsendung** „Der Spiegel als Forum der Baader-Meinhof-Bande" wurde ausgeschlossen, weil es sich bei dieser Sendung nicht um ein wissenschaftliches Werk handele (*LG Berlin* GRUR 1978, 108, 109). Unzulässig ist die Verwendung der Einbandzeichnung des Jugendbuches „Emil und die Detektive" als **Einband** und innerhalb eines Buches, welches sich krit. mit Jugendbüchern auseinandersetzt, weil keine krit. Auseinandersetzung mit der Zeichnung erfolgt, sondern diese lediglich zu Schmuckzwecken verwandt wird (*LG Berlin* Schulze LGZ 126). Ebenso entschieden wurde für die Aufnahme einer Zeichnung von Wilhelm Busch in eine posthume **Biographie** des Dichters, weil das Bild zu Zwecken der Vervollständigung des Inhalts aufgenommen worden sei (vgl *Fromm/Nordemann/Vinck* § 51 Rn 4). Der Abdruck im Focus, der den sog. **Gies-Adler** als gierigen Raubvogel darstellt und als Aufmacher eines nachfolgenden Artikels über angeblich schlampige Gesetzgebung dient, ist nach Auffassung des *OLG Köln* (NJW 2000, 2212, 2213) kein zulässiges Großzitat. Der mit der Revision gegen das Urt. angerufene BGH ging davon aus, dass es sich bei der Adlerdarstellung im Focus schon gar nicht um eine Bearbeitung, sondern um eine freie Benutzung des Gies-Adlers handele (*BGH* v. 20.3.2003, I ZR 117/00). Werden in ein kulturwissenschaftlich die **Bildergeschichten** eines berühmten Comiczeichners würdigendes Buch an passender Stelle 24 von dessen Zeichnungen eingefügt, ist dies wegen der großen Anzahl und des nur äußerlichen Textbezugs mit lediglich illustrierender Funktion kein erlaubtes Großzitat (*KG* AfP 1997, 527).

2. Das Kleinzitat (§ 51 Nr. 2)

a) Voraussetzungen. § 51 Nr. 2 lässt das Anführen von Stellen eines Werkes nach dessen Veröffentlichung in einem selbständigen Sprachwerk zu. Die Vorschrift soll der Freiheit der geistigen Auseinandersetzung mit fremden Gedanken dienen und auch in der Form stattfinden können, dass politische, wissenschaftliche oder geistige Strömungen durch die wörtliche Wiedergabe einzelner Stellen aus den geschützten Werken verschiedener Autoren deutlich gemacht werden (*OLG München* NJW 1999, 1975, 1976).   **36**

Zitierendes Werk kann nur ein selbständiges **Sprachwerk** sein. Ein bes. wissenschaftlicher Charakter ist anders als bei § 51 Nr. 1 nicht erforderlich, wohl aber Schöpfungshöhe des Werkes (missverständlich *BGH* NJW 1959, 336, 337 – Verkehrskinderlied). Auf **Filmzitate** ist § 51 Nr. 2 trotz des zu engen Wortlauts der Norm anwendbar (*BGH* NJW 1987, 1408 – Filmzitat). Allerdings stellt das Filmwerk kein aus einem Sprachwerk und anderen Werken zusammengesetztes, sondern ein selbständiges Werk dar, sodass eine unmittelbare Anwendung des § 51 Nr. 2 auf Filmwerke nicht in Betracht kommt. Trotz dem sich aus dem einschränkenden Charakter der Schrankenregelung ergebenden Gebot restriktiver Auslegung der Vorschrift ist jedoch eine analoge Anwendung des § 51 Nr. 2 auf Filmwerke anerkannt (*BGH* NJW 1987, 1408 – Filmzitat). Die Vorschrift enthält nämlich insoweit eine Re-   **37**

gelungslücke, als der Gesetzgeber durch die Fassung des § 51 Nr. 2 die bis zum In-Kraft-Treten des UrhG geltende Vorschrift des § 21 Nr. 1 LUG, die auch auf Film-werke erstreckt wurde, nicht einschränken wollte (*BGH* NJW 1987, 1408 – Filmzi-tat). Dem Bedürfnis nach einer Zitiervorschrift für Filmwerke, welches sich vor al-lem bei krit. Besprechungen von Filmen im Fernsehen offenbart, ist daher durch eine analoge Anwendung des § 51 Nr. 2 Rechnung zu tragen. Eine andere Behandlung von **Fernsehwerken** verbietet sich wegen deren Vergleichbarkeit zu den Filmwer-ken. In Fernsehwerken kann daher ebenfalls nach § 51 Nr. 2 zitiert werden (*LG Ber-lin* GRUR 1978, 108, 109 f.; Schulze LGZ 144, 8 f.; *Schricker* § 51 Rn 41). Insoweit ist auch das sog. **Bildzitat**, also das Zitieren ganzer Bilder, anerkannt (*BGH* NJW 1985, 1617, 1619 – Nacktfoto). Man spricht dann auch vom „kleinen Großzitat".

38 Es versteht sich von selbst, dass zu den Sprachwerken nicht auch ein Bauwerk (iE jedoch offen gelassen bei *LG München* NJW 1999, 1978) und im Hinblick auf § 51 Nr. 3 erst recht nicht das Musikwerk zählt. Ob § 51 Nr. 2 abgesehen von den obigen Ausnahmen auf andere Werkgattungen angewandt werden kann (so *Schricker* § 51 Rn 41; s. auch *Ulmer* Urheber- und Verlagsrecht, § 67 II 4 für pantomimische Werke; *ders.* GRUR 1972, 323, 327 für wissenschaftliche und technische Darstellungen), er-scheint zweifelhaft. „Das Multimediawerk" gibt es als solches nicht (hierzu näher § 2 Rn 277), sodass die Zusammenfügung verschiedener Werkgattungen iRd Verwer-tung in den neuen Medien unter § 51 Nr. 2 fällt, soweit der Sprachwerkteil betroffen ist. Das nützt dem Zitierwilligen aber wenig, weil die Auseinandersetzung mit ledig-lich dem Sprachteil eines Werkes oft keinen Sinn macht. Es wäre Sache des Gesetz-gebers, diesen Missstand zu beheben. Art. 5 Abs. 3 lit. d Europäische Harmonisie-rungsrichtlinie gibt dem Gesetzgeber die Möglichkeit, Verwertungshandlungen zu Zwecken wie Kritik oder Rezension zuzulassen, wenn das entspr. Werk bereits ver-öffentlicht ist und die Quelle angegeben wird.

39 **Zitiertes Werk** können Werke jeder Werkgattung sein, soweit sie des Anführens in einem Sprachwerk zugänglich sind. Zitiert werden dürfen aber stets nur einzelne Werkstellen. Auf ganze Werke ist die Vorschrift nur ausnahmsweise anwendbar, wenn diese sich, wie Lichtbildwerke, ihrem Inhalt nach nicht in die für das Zitieren von Werkstellen erforderlichen Teile zerlegen lassen (*BGH* NJW 1985, 1617, 1619 – Nacktfoto; näher unten Rn 43).

40 Das Werk, aus welchem zitiert wird, muss **veröffentlicht** sein. Über den Wortlaut der Vorschrift hinaus nicht auf das Zitatrecht des § 51 Nr. 2 soll sich berufen können, wer aus einem nicht erschienenen Werk zitiert (*OLG Zweibrücken* GRUR 1997, 363, 364; *Nordemann/Schierholz/Nordemann/Czychowski* NJW 1998, 422, 426). Dem kann nicht zugestimmt werden. Es besteht kein Grund, die ohnehin engen Zitiermög-lichkeiten weiter zu beschneiden.

41 Zitiert werden dürfen anders als in § 19 Nr. 1 LUG, der das Zitat „einzelner Stel-len oder kleinerer Teile" von Sprachwerken erlaubte, nur **Stellen** eines Werkes. Die noch im Regierungsentwurf enthaltene Beschränkung auf einzelne Stellen wurde im Gesetzgebungsverfahren gestrichen. Eine sachliche Änderung mit der bis zum In-Kraft-Treten des UrhG geltenden Rechtslage ist mit der Änderung nicht bezweckt (so Rn 1).

Zitiert werden dürfen deshalb grds nur kleine Ausschnitte aus geschützten Werken. **42**
Die Länge des zulässigen Zitates richtet sich nach dem Zitatzweck iRd zitierenden
Werkes unter Berücksichtigung von Art, Inhalt und Zweck des Werkes (*BGH* NJW
1986, 131 – Geistchristentum; NJW 1987, 1408, 1409 – Filmzitat). Bei der Ermittlung des sachlichen Umfangs des Zitats dürfen keine arithmetischen Maßstäbe angelegt werden (*BGH* NJW 1986, 131 – Geistchristentum; zT **aA** *Fromm/Nordemann/
Vinck* § 51 Rn 7, der für den Normalfall ein Zitat von mehr als einer Seite nicht zulassen will). Abzustellen ist sowohl auf die **absolute Länge** des Zitats bzw bei mehreren Zitaten auf deren Summe (*BGH* NJW 1986, 131 – Geistchristentum) als auch
auf das **Verhältnis zum benutzten Gesamtwerk** (*BGH* NJW 1986, 131 – Geistchristentum; NJW 1987, 1408, 1409 – Filmzitat). Eine Begrenzung auf ein oder zwei
Kernsätze kann § 51 Nr. 2 nicht entnommen werden, vielmehr können auch längere
Zitate erforderlich sein, um den **Zitatzweck** zu erfüllen (*BGH* NJW 1986, 131 –
Geistchristentum; NJW 1987, 1408, 1409 – Filmzitat; vgl auch *BVerfG* Beschl. v.
25.6.2000, Az: 1 BvR 825/98 zum Zitatzweck bei Kunstwerken). So wurde in der
Rspr die Wiedergabe der ganzen Strophe eines dreistrophigen Liedes noch als zulässig angesehen (*BGH* NJW 1959, 336 ff. – Verkehrskinderlied; vgl *BGH* NJW 1986,
131 – Geistchristentum), ebenso die Wiedergabe von vier Zeilen eines fünfzehn Zeilen umfassenden Liedertextes (*OLG Hamburg* GRUR 1970, 38, 39; vgl *BGH* NJW
1986, 131 – Geistchristentum).

Ausnahmsweise kann die Vorschrift sogar auf das **Zitat ganzer Werke** auszudehnen **43**
sein, und zwar auch über den ohnehin anerkannten Bereich des Zitierens aus Filmwerken und der Angabe ganzer Bilder hinaus (*BGH* NJW 1985, 1617, 1619 – Nacktfoto; **aA** *Fromm/Nordemann/Vinck* § 51 Rn 7; offen gelassen in *BGH* NJW 1983,
1196, 1198 – Presseberichterstattung und Kunstwerkwiedergabe I), wenn diese sich
ihrem Inhalt nach nicht in die für das Zitieren von Werkstellen erforderlichen Teile
zerlegen lassen.

Lässt sich beim Zitieren durch **Hyperlinks** die Begrenzung auf Stellen eines Werkes **44**
nicht sicherstellen, ist § 51 Nr. 2 nicht anwendbar (vgl auch oben Rn 41).

§ 51 Nr. 2 erlaubt das Zitieren von Stellen eines Werkes in einem selbständigen **45**
Sprachwerk nur, wenn dies dadurch geschieht, dass die betr. Stellen eines Werkes in
dem Sprachwerk **angeführt** werden. Dadurch wird auch die Wiedergabe des fremden Werkes oder Werkteiles in indirekter Rede bzw in zusammengefasster Form ermöglicht, ohne dass § 62 entgegen steht (*Möhring/Nicolini/Waldenberger* § 51
Rn 22). Voraussetzung für ein Anführen ist stets, dass die Entlehnung der Werkstellen noch vom **Zitatzweck** gedeckt ist. Hierbei ist zu berücksichtigen, dass nach dem
Willen des Gesetzgebers die im früheren Urheberrecht gewährte Freiheit, kleinere
Teile aus fremden Schriftwerken eines verstorbenen Verfassers ohne Einwilligung
von dessen Rechtsnachfolger in eine Sammlung aufzunehmen, die zu einem eigentümlichen literarischen Zweck bestimmt ist (§ 19 Nr. 4 LUG), entfallen ist. Es widerspräche dem Sinn dieser Streichung, derartige Sammlungen nunmehr unter dem Gesichtspunkt der Zitierfreiheit zuzulassen, was zur Folge hätte, dass auch die Zustimmung noch lebender Verfasser zur Aufnahme einzelner Textstellen in eine derartige
Sammlung sich erübrigen würde (*BGH* NJW 1972, 2304, 2305 – Handbuch moderner Zitate). Der Zitierende muss die Entlehnung also als **Hilfsmittel der eigenen
Darstellung** benutzen, sei es, dass er das fremde Werk **krit. beleuchtet**, sei es, dass

er es als Ausgangspunkt und insb. zur **Bekräftigung und Erläuterung des eigenen Gedankengangs** auswertet oder sei es, dass er es in Gestalt von Leseproben zur **Veranschaulichung** eines selbständigen Berichts verwenden will. Der Zitatzweck ist dabei weiter als der des § 51 Nr. 1 zu fassen. So kann bei Sprachwerken das Zitat auch als **Devise** oder **Motto** vorangestellt werden (*Schricker* § 51 Rn 17). Ein Bezug zwischen beiden Werken kann sich auch aus einem offenbaren **Kontrast** beider Werke ergeben (*Schricker* § 51 Rn 17). Die Anwendbarkeit des § 51 Nr. 2 ist schließlich nicht dadurch ausgeschlossen, dass das Zitat als Blickfang und Aufmacher verwandt wird, wenn tatsächlich eine geistige Auseinandersetzung stattfindet (*Fromm/Nordemann/Vinck* § 51 Rn 10).

46   Nicht ausreichend ist aber die bloße Aneinanderreihung fremder Werkinhalte in einem Werk (*BGH* NJW 1972, 2304, 2306 – Handbuch moderner Zitate). Es muss vielmehr eine **innere Verbindung** zwischen dem Werk und den eigenen Gedanken hergestellt werden, denn Sinn und Zweck des Zitates muss die Unterstützung der eigenen Ausführungen und nicht ein Ersatz für diese sein (*OLG München* NJW 1999, 1975, 1976). Ein bloß mittelbarer Zusammenhang reicht nicht aus (vgl *LG München* NJW 1999, 1978). Für die Frage, ob die Übernahme urheberrechtlich geschützter Gedichtzeilen iRd **Innenraumgestaltung** eines städtischen Touristik-Centers von der Zitatfreiheit gedeckt ist, kommt es deshalb darauf an, ob eine innere Verbindung zwischen dem zitierten Bauwerk und der verwendeten Gedichtszeile hergestellt werden kann (*LG München* NJW 1999, 1978). Am Zitatzweck fehlt es jedenfalls, wenn die Werkstellen nicht als Belegstelle oder Erörterungsgrundlage für selbständige Ausführungen in dem Sprachwerk dienen (*BGH* NJW 1985, 2134, 2135 – Liedtextwiedergabe I).

47   Das *OLG München* (NJW 1999, 1975, 1976) hatte vor diesem Hintergrund die Übernahme längerer Stellen eines Werkes von **Bertolt Brecht** in eine Buchausgabe des Dramatikers Heiner Müller, in der sie in einen anderen Gesamtzusammenhang gestellt wurden, als nicht als von § 51 Nr. 2 gedeckt angesehen, weil der Umstand, dass das Werk dadurch in einem anderen Licht erscheint, weder eine inhaltliche Auseinandersetzung noch eine eigene Stellungnahme darstelle. Die Entsch. ist vom *BVerfG* (NJW 2001, 598 ff.) aufgehoben worden, weil eine Auseinandersetzung mit dem künstlerischen Anliegen Heiner Müllers nicht stattgefunden habe. Die **Kunstfreiheit** mache es erforderlich, eine innere Verbindung der zitierten Stellen mit den Gedanken und Überlegungen des Zitierenden über die bloße Belegfunktion hinaus auch als **Mittel künstlerischen Ausdrucks** und künstlerischer Gestaltung anzuerkennen. Insoweit seien Kunstwerke anders zu beurteilen als nicht künstlerische Sprachwerke. Je stärker das zitierte Werk eine gesellschaftliche Rolle erfülle, um so eher sei ein von der Kunstfreiheit gedecktes Anliegen anzuerkennen, den fremden Autor selbst als Person der Zeit und Zeitgeschichte durch Zitate zu Wort kommen zu lassen, um seine politische und moralische Haltung sowie die Intention und Wirkungsgeschichte seines Werkes zu kennzeichnen. Ob das Zitat dieses Ziel verfolge und nicht bloß die Anreicherung eines Werkes durch fremdes geistiges Eigentum darstelle, sei auf Grund einer umfassenden Würdigung des gesamten Werkes zu ermitteln. Danach ist der Zitatzweck auch bei der **Übernahme längerer Werkstellen** noch gewahrt, sofern der Rückgriff auf das fremde Werk in diesem Umfang **erforderlich** ist, um eine **künstlerische Wirkung** zu erzeugen, die der **Auseinanderset-**

zung mit dem fremden Werk dient, und die Interessen des Urhebers nicht übermäßig eingeschränkt werden.

b) Beispiele. Ein zulässiges Kleinzitat liegt vor, wenn in einer dreiteiligen Fernseh-   **48**
serie über die Entwicklung des Tonfilms in Deutschland ua zwei insgesamt etwa
sechs Minuten dauernde Sequenzen aus zwei urheberrechtlich geschützten **Filmaus-**
schnitten gezeigt werden, wenn diese in die Dokumentation eingebettet wurden und
als Beleg für die eigenen Ausführungen des Urhebers der Dokumentation dienen
(*BGH* NJW 1987, 1408 f. – Filmzitat). Die Wiedergabe der ganzen **Strophe** eines
dreistrophigen Liedes wurde noch als zulässig angesehen (*BGH* NJW 1959, 336 ff.
– Verkehrskinderlied; vgl *BGH* NJW 1986, 131 – Geistchristentum), ebenso die
Wiedergabe von **vier Zeilen** eines fünfzehn Zeilen umfassenden Liedertextes (*OLG*
Hamburg GRUR 1970, 38, 39; vgl *BGH* NJW 1986, 131 – Geistchristentum). Zulässig kann es sein, in einer Kritik einer Theateraufführung **einzelne Textstellen** derselben wiederzugeben. Das LG Hamburg hat die Ausstrahlung einer Fünf-Sekunden-
Sequenz aus einem **Werbefilm** über Schuhe im Rahmen einer Sendung „ARD-Rat-
geber Mode", die sich krit. mit der Qualität des umworbenen Produkts beschäftigte,
als von § 51 Nr. 2 gedeckt angesehen. Als erlaubt wurde die **Ausstrahlung** einer Seite der Zeitschrift „Der Spiegel" mit einer darin abgedruckten urheberrechtsgeschützten Fotografie im Rahmen einer Fernsehsendung angesehen, in welcher der betr.
„Spiegel"-Artikel krit. gewürdigt wurde (*LG Berlin* GRUR 1978, 108, 109).

Nicht von § 51 Nr. 2 gedeckt ist der Abdruck einer **Strophe** des Liedtextes „Lili   **49**
Marleen" in einem Bericht über die Aufstellung einer Straßenlaterne mit Gedenktafel
für die bedeutendste Sängerin dieses Liedes (*BGH* NJW 1985, 2134, 2135 – Liedtextwiedergabe I). § 51 Nr. 2 erfasst nicht den Fall, dass im Rahmen einer Zeitungsberichterstattung über die **Schenkung einer Kunstsammlung** Kunstwerke ohne
Einwilligung des Urhebers vergütungsfrei in einer Tageszeitung abgedruckt werden
(*BGH* NJW 1983, 1196, 1199 – Presseberichterstattung und Kunstwerkwiedergabe I). Das Anbringen einer urheberrechtlich geschützten **Gedichtzeile** in den Räumen eines Touristenzentrums ist auch dann nicht mehr von § 51 Nr. 2 gedeckt, wenn
zwischen dem Gedicht und dem Nutzungszweck der Räume, aber nicht den Räumen
selbst, ein Zusammenhang hergestellt werden kann (*LG München* NJW 1999, 1978).
Die Aufnahme urheberrechtlich geschützter Textstellen in eine sog. **Zitatensamm-**
lung, bei der sich der eigenpersönliche Beitrag des Herausgebers einer solchen Zusammenstellung im Wesentlichen in der Auswahl und Gliederung des Entlehnten erschöpft, bedarf der Erlaubnis der Inhaber des Urheberrechts an den entlehnten Textstellen (*BGH* NJW 1972, 2304 – Handbuch moderner Zitate). Kein zulässiges
Kleinzitat iSd Vorschrift ist die wörtliche Wiedergabe verschiedener urheberrechtlich
geschützter **Leitsätze** in einer Zeitschrift, in welcher Leitsätze unkommentiert oder
mit kurzer Darstellung des Sachverhalts aneinandergereiht werden (*BGH* NJW 1992,
1316, 1317 f. – Leitsätze). Nicht zulässig ist es, ein Filmzitat „zur Einstimmung" in
einer **Talkshow** zu senden (*OLG Köln* NJW 1994, 1968 ff.).

3. Das Musikzitat (§ 51 Nr. 3)

50 **a) Voraussetzungen.** § 51 lässt die Vervielfältigung, Verbreitung und öffentliche Wiedergabe einzelner Stellen eines erschienenen Werkes der Musik in einem selbständigen Musikwerk zu. **Zitierendes Werk** kann nur ein Musikwerk iSd § 2 Abs. 1 Nr. 2 sein; dazu zählt auch eine nach § 3 geschützte Bearbeitung. Eine analoge Anwendung auf andere Werkgattungen ist nicht zulässig, Zitate in Werken einer anderen Werkgattung können aber vor allem nach § 51 Nr. 2 zulässig sein. **Zitiertes Werk** muss ein Musikwerk sein. Es muss im Zeitpunkt der Veröffentlichung oder Verwertung des zitierenden Werkes bereits **erschienen** sein. Auf den **sprachlichen Teil eines Musikwerkes** und auf das **Zitieren von Musikwerken in Sprachwerken** findet § 51 Nr. 2 unmittelbar Anwendung. Die Zulässigkeit musikalischer Zitate in einer **Filmmusik** richtet sich trotz der Einordnung des Filmwerkes in eine eigenständige Werkgattung (§ 2 Abs. 1 Nr. 6) nach Sinn und Zweck des § 51 Nr. 3 nach dieser Vorschrift, weil sich der Filmkomponist sonst besser als andere Komponisten stünde. Wird nur die Musik eines Filmwerkes ganz oder in Teilen zitiert, ist ebenfalls § 51 Nr. 3 einschlägig, während sich die Zulässigkeit des Filmzitats nach § 51 Nr. 1 und 2 richtet.

51 Zulässig ist es nur, einzelne Stellen eines Musikwerkes in einem anderen Musikwerk **anzuführen**. Ebenso wie bei den anderen beiden Arten von Zitaten ist auch das Musikzitat also nur zulässig, wenn es sich um ein Zitat handelt und der **Zitatzweck** gewahrt bleibt. Da das Musikzitat inhaltlich faktisch dem Kleinzitat entspricht, gelten die Ausführungen zu § 51 Nr. 2 entspr. Weitergehende Zitiermöglichkeiten hatte der Gesetzgeber mit Rücksicht auf die bei Musikwerken bestehenden bes. Gefahren der Ausbeutung von Musikurhebern durch Übernahme von Musik in andere Musikwerke nicht erlauben wollen (vgl auch §§ 3 S. 2 und 24 Abs. 2). § 51 Nr. 3 ist auch im Bereich **Internet und neue Medien** anwendbar. Es kann daher insb. durch Hyperlinks auf im Internet abrufbare Stellen eines Musikwerkes, nicht jedoch auf das gesamte Musikwerk, verwiesen werden (s. hierzu auch oben Rn 44).

52 **Die Frage, ob § 24 Abs. 2 durch § 51 Nr. 3 eingeschränkt wird, ist differenzierend zu beantworten** (gegen eine Einschränkung: *Jörger* S. 74; *Schricker/Loewenheim* § 24 Rn 26; für eine Einschränkung: *Fromm/Nordemann/Vinck* § 51 Rn 8; vgl auch *Schricker* § 51 Rn 49). Ein Fall des § 24 Abs. 2 liegt schon begrifflich dann nicht vor, wenn die fremde Melodie als Fremdkörper erkannt wird (hierzu § 24 Rn 46). Bei einer solchen offenen Verwendung liegt keine Entnahme iSd § 24 Abs. 2 vor; § 51 bleibt anwendbar. Wurde die Melodie hingegen entnommen und dem eigenen Werk zugrunde gelegt, regelt § 24 Abs. 2 die Zulässigkeit der Übernahme grds abschließend. Zitate, die der Zuhörer trotz Quellenangabe nicht als Fremdkörper erkennt, sind danach unzulässig, wenn sie in das fremde Werk eingearbeitet werden. Eine Ausnahme bilden nur die **satirischen** und **kabarettistischen Darbietungen**. Das Anführen einer Melodie hatte der Gesetzgeber hier nämlich schon nicht als Fall der unzulässigen freien Benutzung iSd § 24 Abs. 2 angesehen (amtl. Begr. zu § 13 LUG-Entwurf v. 8.12.1900, abgedr. bei *Schulze* Bd 1, S. 138 f., auf welche die amtl. Begr. BT-Drucks. IV/3401, 3 f. Bezug nimmt); das Musikzitat wurde dementsprechend „im Hinblick auf satirische und kabarettistische Darbietungen" für notwendig gehalten (amtl. Begr. BT-Drucks. IV/3401, 7).

Zusammenfassend findet § 51 Nr. 3 auf **Melodien, die in ein musikalisches Werk** **53**
als Bestandteil eingearbeitet wurden, daher nur Anwendung, wenn es sich bei dem
Werk um eine Satire oder Parodie auf das zitierte Werk oder ein Zitat handelt, wobei
natürlich – hier jedoch auch infolge einer Quellenangabe – das Ausgangswerk dem
Zuhörer erkennbar sein muss. Hingegen wird das Anführen einer Melodie in einem
selbständigen Variationenwerk in allen anderen Fällen nicht ermöglicht (vgl amtl.
Begr. BT-Drucks. IV/3401, 7, nach der der diesen Fall regelnde § 51 Nr. 4 gerade gestrichen wurde, da er sich im Hinblick auf § 24 Abs. 2 erübrigt habe).

Möglich bleibt nach § 51 Nr. 3 das Zitieren von **Musikwerken ohne Einarbeitung** **54**
in das eigene Werk, zB indem eine Melodie eines fremden Werkes zur Einstimmung
der Gäste eines musikalischen Abends gespielt oder im Rahmen einer Ehrung des
Komponisten angebracht wird. Ferner können fremde Melodien in einem eigenen
Musikwerk angeführt werden, wenn sie im Verkehr eine bes. Bedeutung haben, so
zB ein bekannter Hochzeitsmarsch oder die Nationalhymne, die zum Werk in einem
bestimmten Bezug steht; hier fehlt es schon an den Voraussetzungen des § 24 Abs. 2
(näher dort Rn 46).

b) Beispiele. Als **zulässig** angesehen wurde die Wiedergabe des Wagner'schen **Wal-** **55**
hall-Motivs in Richard Strauss' Feuersnot (*Ekrutt* S. 22; *Schricker* § 51 Rn 50). Erlaubt ist es, einem Musikabend als **Motto** einen kurzen Ausschnitt aus einem Lied
oder einer Oper voranzustellen, wenn damit nicht nur ein schmückender Zweck verfolgt wird, sondern eine thematische Einführung und Auseinandersetzung erfolgt.
Als **kabarettistisches** oder **parodistisches** Stilmittel kann das Musikzitat eingesetzt
werden. Als zulässiges Zitat werden ferner die **Figaro-Melodie** in „Don Juan" und
die **Marseillaise** in den „Grenadieren" genannt (*Möhring/Nicolini/Waldenberger*
§ 51 Rn 26). Auch die in Richard Strauss' „Metamorphosen" anklingenden ersten
vier Takte des Trauermarsches aus Beethovens „**Eroica**" sind ein Musikzitat (*Hertin*
GRUR 1989, 159, 162). Gleiches gilt für die in der Operette „Belle Lurette" J. Of-
fenbachs im Zusammenhang mit dem Thema „Donau" erklingenden Takte aus dem
Walzer J. Strauss' „**Die schöne blaue Donau**" (*Hertin* GRUR 1989, 159, 163). Wenn
in der Musical-Verfilmung „Rocky Horror Picture Show" im Zusammenhang mit der
Szene um das Hochzeitsbett der **Hochzeitsmarsch** von Felix Mendolssohn-Barthol-
dy erklingt, ist dies ein zulässiges Musikzitat (*Hertin* GRUR 1989, 159, 163).

IV. Rechtsfolgen des § 51

1. Zulässige Nutzungshandlungen

a) Vervielfältigung, Verbreitung und öffentliche Wiedergabe. Liegen die Vor- **56**
aussetzungen einer der Ziffern des § 51 vor, ist die Vervielfältigung (**§ 16**) und Verbreitung (**§ 17**) sowie die öffentliche Wiedergabe (**§§ 15 Abs. 2, 19 ff.**) in dem durch
den Zitatzweck gebotenen Umfang zulässig. Sie erstreckt sich auch auf die **öffentli-**
che Zugänglichmachung (§ 19a) des Werkes. Das gilt **sowohl für Neu- als auch**
für Altfälle, da die umfassende Nennung aller Verwertungsrechte in § 51 deutlich
macht, dass die Schranke auch für Innominatrechte, also etwa das vor Einfügung des
§ 19a als solches entwickelte right of making available (hierzu § 15 Rn 62 f.) gilt.
Die öffentliche Ausstellung des Werkes iSd § 18 ist allerdings ausgenommen, weil
mit ihr zwangsläufig die Veröffentlichung des Werkes verbunden gewesen wäre. Um

den Urheber nicht unzumutbar zu belasten, gewährt § 51 das Zitatrecht nur an bereits veröffentlichten (§ 51 Nr. 2) bzw sogar erschienen (§ 51 Nr. 1, 3) Werken.

57   Da eine entspr. Einschränkung wie zB in § 48 Nr. 1 aF (hierzu § 48 Rn 16) fehlt, kann die **Vervielfältigung auch zum Zwecke der öffentlichen Wiedergabe** erfolgen. Daher dürfen bspw Bildträger nach § 16 Abs. 2 hergestellt werden, um sie an Filmtheater zu verbreiten und dort iSd § 19 Abs. 4 öffentlich wiederzugeben.

58   **b) Zitieren nur in dem gebotenen Umfang.** Das Zitieren darf nur in dem gebotenen Umfang erfolgen. Dieser wird durch den **Zitatzweck** des § 51 bestimmt, der ausgehend von dem Gedanken, dass der Urheber bei seinem Schaffen auf den kulturellen Leistungen seiner Vorgänger aufbaut, dem Urheber des zitierten Werkes im Interesse der Allgemeinheit zumutet, einen verhältnismäßig geringen Eingriff in sein Urheberrecht hinzunehmen, wenn dies dem geistigen Schaffen anderer und damit zum Nutzen der Allgemeinheit der Förderung des kulturellen Lebens dient (*BGH* NJW 1986, 131 – Geistchristentum). Nur in dem durch diesen Zweck gebotenen Umfang ist das Zitieren von Werken oder Werkteilen zulässig.

59   Der gebotene Umfang des Zitats lässt sich nicht nach arithmetischen Maßstäben ermitteln, sondern es ist auf den sog. Zitatzweck abzustellen (*BGH* NJW 1983, 1196, 1199 – Presseberichterstattung und Kunstwerkwiedergabe I). Das Zitat ist stets nur **in dem Umfang zulässig, in dem es als Beleg für eigene Erörterungen des Zitierenden** (*BGH* NJW 1986, 131, 132 – Geistchristentum) **oder sonst als Hilfsmittel** zum Verständnis der eigenen Darstellung **dient** (*BGH* NJW 1994, 2891, 2893 – Museumskatalog). Daneben sind die spezifischen Beschränkungen der einzelnen Zitatarten des § 51 Nr. 1-3 zu beachten; so ist das Kleinzitat nach § 51 Nr. 2 zB nur zulässig, wenn bloße Stellen, also kleine Teile, eines Werkes zitiert werden.

60   **c) Keine Vergütungspflicht.** Die Werknutzung iRd § 51 ist **vergütungsfrei.** Das Werk bildet bei § 51 nicht den eigentlichen Gegenstand der Verwertung. Die Einnahmen beruhen daher in der Regel nicht auf der Verwertung des zitierten Werkes, sondern auf der eigenen geistigen Leistung des Zitierenden.

2. Schranken-Schranken

61   Das **Änderungsverbot** (§ 62) und die **Quellenangabepflicht** (§ 63) sind für alle drei Arten von Zitaten zu beachten. Das *OLG München* (NJW 1999, 1975, 1976) hat dabei offen gelassen, ob eine Quellenangabe, die erst am Ende des Werkes unter Textnachweise aufgeführt wird, ausreichend ist. Den sich beim **Musikzitat** ergebenden Schwierigkeiten, die Quelle des Zitates anzugeben, muss Rechnung getragen werden. Bei verkörperten Musikwerken reicht die Angabe der Quelle im Notentext, auf Programmzetteln oder auf dem Tonträger aus (*Hertin* GRUR 1989, 159, 164; *Fromm/Nordemann/Vinck* § 51 Rn 8). Bei nicht verkörperten Musikwerken, zB Stehgreifgesängen, genügt die Nennung der Quelle zu Beginn oder im Anschluss an die Darbietung. Schwierigkeiten ergeben sich bei der Quellenangabe im **Internet**. Die Nennung des Hyperlinks als Quellenangabe wird nicht als ausreichend angesehen, weil sich die Angaben in dem Werk, auf welches verwiesen wird, ständig ändern können (*Fromm/Nordemann/Vinck* § 51 Rn 11). Es ist daher eine Quellenangabe im Werk selbst zu fordern; s. hierzu iE § 63 Rn 19.

Stets müssen auch die **Urheberpersönlichkeitsrechte** des Urhebers im Auge behal-   **62**
ten werden. Ein Zitat, welches sie verletzt, zB indem es den Sinn des zitierten Werkes
entstellt, ist unzulässig (s. schon oben § 51 Rn 5).

§ 24 Abs. 2 schränkt die Möglichkeiten eines Musikzitats ein; auf die obigen Aus-   **63**
führungen (§ 51 Rn 52) wird verwiesen.

§ 52   Öffentliche Wiedergabe

**(1) Zulässig ist die öffentliche Wiedergabe eines veröffentlichten Werkes,
wenn die Wiedergabe keinem Erwerbszweck des Veranstalters dient, die Teilnehmer ohne Entgelt zugelassen werden und im Falle des Vortrages oder der
Aufführung des Werkes keiner der ausübenden Künstler (§ 73) eine besondere
Vergütung erhält. Für die Wiedergabe ist eine angemessene Vergütung zu zahlen. Die Vergütungspflicht entfällt für Veranstaltungen der Jugendhilfe, der Sozialhilfe, der Alten- und Wohlfahrtspflege, der Gefangenenbetreuung sowie für
Schulveranstaltungen, sofern sie nach ihrer sozialen oder erzieherischen
Zweckbestimmung nur einem bestimmt abgegrenzten Kreis von Personen zu-
gänglich sind. Dies gilt nicht, wenn die Veranstaltung dem Erwerbszweck eines
Dritten dient; in diesem Fall hat der Dritte die Vergütung zu zahlen.**

**(2) Zulässig ist die öffentliche Wiedergabe eines erschienenen Werkes auch
bei einem Gottesdienst oder einer kirchlichen Feier der Kirchen oder Religionsgemeinschaften. Jedoch hat der Veranstalter dem Urheber eine angemessene
Vergütung zu zahlen.**

**(3) Öffentliche bühnenmäßige Darstellungen, öffentliche Zugänglichmachun-
gen und Funksendungen eines Werkes sowie öffentliche Vorführungen eines
Filmwerkes sind stets nur mit Einwilligung des Berechtigten zulässig.**

Literatur: *Kreutzer* Napster, Gnutella & Co.: Rechtsfragen zu Filesharing-Netzen aus der
Sicht des deutschen Urheberrechts de lege lata und de lege ferenda – Teil 1, GRUR 2001, 193;
Matsukawa Karaoke: Probleme des Selbstsingens und -musizierens im deutschen und japani-
schen Urheberrecht, UFITA 132 (1996), 51; *Neumann* Urheberrecht und Schulgebrauch: Eine
rechtsvergleichende Untersuchung der Rechtsgrundlagen und der Wahrnehmungspraxis,
Schriftenreihe UFITA, Bd 115, 1994.

Übersicht

I. Regelungsgehalt

1. Geschichte

1   Schon nach § 27 LUG war es in einigen Fällen gestattet, ein erschienenes Werk der Tonkunst ohne Zustimmung des Urhebers öffentlich aufzuführen (vgl hierzu zB *BGH* NJW 1956, 377 ff. – Kirmes (Rosenmontagsfest); NJW 1956, 379 f. – Schützenfest). Bei den Überlegungen um die Aufnahme einer vergleichbaren Vorschrift in das UrhG wurde teilweise die Auffassung vertreten, dies stelle einen Verstoß gegen Art. 11 RBÜ – damals in der Brüsseler Fassung – dar, der den Grundsatz aufstellt, dass die Urheber musikalischer Werke das ausschließliche Recht genießen, die öffentliche Aufführung ihrer Werke zu verbieten. Der Gesetzgeber folgte dieser Auffassung nicht, weil bei der Brüsseler Revisionskonferenz zum Ausdruck gebracht worden war, dass die innere Gesetzgebung der Verbandsstaaten gewisse kleine Ausnahmen zulassen könne, insb. für kirchliche Feierlichkeiten, für Militärveranstaltungen und zu Unterrichtszwecken (amtl. Begr. BT-Drucks. IV/ 270, 68; *BGH* NJW 1974, 1872, 1873 – Alters-Wohnheim). Die Privilegierung von Volksfesten wurde jedoch nicht übernommen.

2   § 52 existiert seit In-Kraft-Treten des UrhG (am 9.6.1965, BGBl I, 1273) bis zur letzten Gesetzesreform im Wesentlichen in unveränderter Fassung. Jedoch war die öffentliche Wiedergabe unter den dortigen Voraussetzungen stets vergütungsfrei, sofern sie nicht einem Erwerbszweck eines Dritten diente. Das BVerfG gab in seiner Entsch. v. 25.10.1978 (*BVerfGE* 49, 382 ff. – Kirchenmusik) zu verstehen, dass dies mit Art. 14 Abs. 1 S. 1 GG unvereinbar sei und eine vergütungslose Freistellung von Gottesdiensten und kirchlichen Feiern, aber auch von bestimmten anderen Veranstaltungen, gegen das Grundgesetz verstoße. Daraufhin erhielt § 52 durch das Gesetz zur Änderung von Vorschriften auf dem Gebiet des Urheberrechts v. 14.6.1985 (BGBl I, 1137) die heutige Fassung. Kurze Zeit später hatte das BVerfG über die Rechtmäßigkeit dieser Gesetzesfassung insoweit zu entscheiden, als für Veranstaltungen der Gefangenenbetreuung keine Vergütungspflicht vorgesehen war. Dies wurde als für mit dem Grundgesetz vereinbar angesehen (*BVerfGE* 79, 29 ff. – Vollzugsanstalten). Heute ist nach wie vor umstr., ob § 52 mit Art. 11 und 11ter RBÜ – inzwischen in der Pariser

Fassung – vereinbar ist (zweifelnd zB *Schricker/Melichar* § 52 Rn 7; s. auch *Neumann* S. 100 ff.; vgl auch *BGH* NJW 1984, 1108, 1109 – Zoll- und Finanzschulen).

Im Zuge der letzten Gesetzesreform zur Umsetzung der Europäischen Harmonisie- **3** rungsrichtlinie war zunächst angedacht gewesen, die Schranke insoweit auf das Recht des Urhebers auf öffentliche Zugänglichmachung (§ 19a) auszudehnen, als die Zugänglichmachung an eine sog. kleine Öffentlichkeit betroffen war. Wohl im Hinblick auf die erheblichen Zweifel an der Vereinbarkeit einer solchen Ausdehnung des Schrankenbereichs mit der Europäischen Richtlinie zur Harmonisierung des Urheberrechts v. 22.5.2001 (ABlEG Nr. L 167/10 v. 22.6.2001) hat man letztlich davon abgesehen, die Privilegierung in § 52 auf das neu einzuführende Recht der öffentlichen Zugänglichmachung zu erweitern. Demzufolge ist Abs. 3 der Vorschrift dahingehend ergänzt worden, dass die öffentliche Zugänglichmachung eines Werks stets nur mit Einwilligung des Berechtigten zulässig ist. Die einzige Änderung, die das am 13.9.2003 in Kraft getretene Gesetz zur Regelung des Urheberrechts in der Informationsgesellschaft gebracht hat, ist daher die Erstreckung seines Anwendungsbereichs auf die nicht erschienenen, sondern nur veröffentlichten Werke (§ 52 Abs. 1). Für Unterricht und Forschung ermöglicht § 52a in engem Rahmen die öffentliche Zugänglichmachung.

2. Sinn und Zweck der Vorschrift

Schon die in § 27 LUG enthaltenen Einschränkungen des Aufführungsrechts wurden **4** damit gerechtfertigt, dass in diesen Fällen die Interessen der Allgemeinheit an der freien Aufführung der Werke die Interessen des Urhebers überwiegen würden. Dieser Zweck liegt auch § 52 zugrunde (amtl. Begr. BT-Drucks. IV/270, 68). Erfasst werden sollten ursprünglich vor allem Veranstaltungen kleinerer Vereine, Gesänge von Gruppen während gemeinsamen Wanderungen (sie erfüllen jedoch schon nicht den Verwertungstatbestand, vgl § 19 Rn 18) und Schulveranstaltungen (amtl. Begr. BT-Drucks. IV/270, 69 f.; *BGH* NJW 1974, 1872, 1873 – Alters-Wohnheim).

3. Enge Auslegung

Im Hinblick auf Art. 11 RBÜ, der den Urhebern die öffentliche Wiedergabe ihrer **5** Werke vorbehält und es den Mitgliedsländern lediglich erlaubt, die Voraussetzungen für die Ausübung dieses Rechts festzulegen, ist eine **bes. enge Auslegung** des § 52 geboten (*BGH* NJW 1974, 1872, 1873 – Alters-Wohnheim). Das gilt erst Recht, nachdem die hinsichtlich der Schrankenregelungen für die Mitgliedstaaten bindende und abschließende Europäische Richtlinie zur Harmonisierung des Urheberrechts eine ihrem Umfang nach § 52 entspr. Schranke schon gar nicht vorsieht, sodass Art. 5 Abs. 3 lit. o Harmonisierungsrichtlinie bemüht werden muss, der für Fälle geringer Bedeutung bei lediglich analoger Nutzung die Aufrechterhaltung bestehender Vorschriften erlaubt.

4. Systematik

§ 52 Abs. 1 S. 1 und Abs. 2 S. 1 schränken das ausschließliche Recht des Urhebers **6** ein, indem sie dritten Personen unter den dort genannten Voraussetzungen das Recht einräumen, das Werk ohne Zustimmung des Urhebers öffentlich wiederzugeben. Dafür ist dem Urheber entspr. dem das Urheberrecht bestimmenden Leitgedanken, dass der Urheber tunlichst angemessen an dem wirtschaftlichen Nutzen seines Werkes zu beteiligen ist, nach § 52 Abs. 1 S. 2 und Abs. 2 S. 2 eine angemessene Vergütung zu zahlen. Die Vergütungspflicht entfällt ausnahmsweise für die Nutzung im Rahmen bestimmter bes. förderungswürdiger Zwecke nach § 52 Abs. 1 S. 3, falls die Veranstaltung nicht dem Erwerbszweck eines Dritten dient. Im letzteren Fall hat der Dritte den Urheber zu vergüten (§ 52 Abs. 1 S. 4). § 52 ist daher je nach den Umständen des Einzelfalls Freistellung oder gesetzliche Lizenz.

7   § 52 steht in engem Zusammenhang mit **§ 52a**, der unter bestimmten Voraussetzungen die öffentliche Zugänglichmachung von Werken (§ 19a) ermöglicht und gleichzeitig den mit ihr verbundenen Eingriff in das Vervielfältigungs- und Senderecht des Urhebers rechtfertigt. Von der zunächst angedachten Erweiterung des § 52 auf die öffentliche Zugänglichmachung hat der Gesetzgeber hingegen abgesehen. Die mit einer öffentlichen Wiedergabe verbundene Vervielfältigung kann nach **§ 53** zulässig sein.

II. Voraussetzungen der Freistellung bzw gesetzlichen Lizenz

1. Veröffentlichtes Werk

8   Nach der Änderung des § 52 durch das Gesetz zur Regelung des Urheberrechts in der Informationsgesellschaft sind seit dem 13.9.2003 schon veröffentlichte Werke von der Schrankenvorschrift erfasst. Nur in **Altfällen** bedarf es noch des Erscheinens des Werkes. Es gelten die Legaldefinitionen des **§ 6 Abs. 1 bzw 2**. Ursprünglich wollte der Gesetzgeber den Eingriff in das Urheberrecht möglichst gering halten und hat deshalb das Erscheinen zur Voraussetzung des Eingreifens der Schranke gemacht. Die Gesetzesänderung zum 13.9.2003 trägt dem Umstand Rechnung, dass die reinen Internetveröffentlichungen, die mangels körperlicher Werkexemplare nach einer Meinung niemals erscheinen, sich ansonsten aber kaum von erschienenen Werken unterscheiden, immer mehr zugenommen haben.

2. Veranstaltung

9   Wie sich aus § 52 Abs. 1 S. 1, 3 ergibt, der die Begriffe des Veranstalters und der Veranstaltung verwendet, muss die in Frage stehende öffentliche Wiedergabe des Werkes im Rahmen einer Veranstaltung erfolgen. Die gebotene restriktive Auslegung der Vorschrift zwingt dabei an sich zu einem **engen Veranstaltungsbegriff**. Ob regelmäßige, zum alltäglichen Geschehen gehörende Werkwiedergaben, insb. täglich wiederholte Nutzungen oder **Dauernutzungen in den Anwendungsbereich der Vorschrift** fallen, erscheint vor diesem Hintergrund sehr zweifelhaft. Für die von der grds Anwendbarkeit der Schranke zu unterscheidende Vergütungspflicht hat der BGH entschieden, dass unter einer Veranstaltung iSd § 52 Abs. 1 S. 2 nur zeitlich begrenzte Einzelereignisse zu verstehen sind, die aus bes. Anlass stattfinden (vgl *BGH* NJW 1992, 1171 f. – Altenwohnheim II).

10   Hingegen soll nach ganz **hM** von § 52 Abs. 1 S. 1 auch die Dauerveranstaltung erfasst werden; sie soll lediglich von der Vergütungsfreiheit des § 52 Abs. 1 S. 3 ausgenommen sein (*BGH* NJW 1992, 1171 – Altenwohnheim II; *Schricker/Melichar* § 52 Rn 23). Dass zumindest in neuerer Zeit auch der **Gesetzgeber** diese Auffassung vertritt, zeigt der Umstand, dass bei der Umsetzung der Europäischen Harmonisierungsrichtlinie eine Privilegierung der internen Netzwerke von Vereinen, Behörden und Bildungseinrichtungen beabsichtigt war (amtl. Begr. zum Referentenentwurf zu Nr. 12 – § 52), die für Einzelveranstaltungen keine praktische Relevanz gehabt hätte. Von ihr ist dann aus Gründen, die mit der Frage der Dauerveranstaltung nichts zu tun hatten, abgewichen worden. Es ist sehr zweifelhaft, ob ein so weiter Anwendungsbereich von § 52 mit **Art. 11, 11ter RBÜ** und mit der Europäischen Richtlinie zur Harmonisierung des Urheberrechts, die iRd Auslegung wegen des **Grundsatzes der richtlinienkonformen Auslegung heranzuziehen ist**, vereinbar ist. Billigt man dem Urheber nur einen gesetzlichen Vergütungsanspruch iSd § 52 Abs. 1 S. 2 zu, nimmt man ihm neben der Freiheit zur Entsch. über die Vergabe von Lizenzen auch § 106. Diese Kritik, die schon während des Gesetzgebungsverfahrens zur Umsetzung der Harmonisierungsrichtlinie laut geworden war, hat immerhin dazu geführt, dass das Recht auf öffentliche Zugänglichmachung aus § 52 ausgenommen wurde. Danach kann die Bereitstellung von Werken im Internet nicht auf § 52 gestützt werden. Folgt man der **hM**, nach der **Dauerveranstaltungen** von § 52 gedeckt sind, ist der Anwendungsbereich des § 52 trotzdem zu weit: So soll zB die ständige Musikwiedergabe in den Aufenthaltsräumen eines **Altenwohnheims** der Vorschrift unterfallen (vgl *BGH* NJW 1992, 1171 – Altenwohnheim II).

3. Privilegierungswürdiger Zweck der Veranstaltung

a) Privilegierungswürdiger Zweck iSd § 52 Abs. 1 S. 1. aa) Wiedergabe dient keinem Erwerbszweck des Veranstalters. Voraussetzung für das Eingreifen der Schrankenregelung ist, dass die öffentliche Wiedergabe keinem Erwerbszweck des Veranstalters dient. **Im Gegensatz zu § 27 LUG kommt es auf die Verfolgung eines gewerblichen Zwecks nicht an** (*BGH* NJW 1972, 1273, 1274 – Landesversicherungsanstalt; 1974, 1872, 1873 – Alters-Wohnheim): 11

§ 52 ist gegenüber § 27 LUG sowohl enger als auch weiter. Der Urheber wird insoweit günstiger gestellt, als die Aufführungsfreiheit nach § 52 nicht Veranstaltern zukommt, die das Werk zwar nicht iRd Gewerbebetriebes, aber zur **unmittelbaren oder mittelbaren Förderung ihres eigenen Erwerbs** aufführen (*BGH* NJW 1974, 1872, 1873 – Alters-Wohnheim). Bislang waren nur solche Fälle nicht unter die Schrankenregelung subsumiert worden, bei denen der Veranstalter gewerblich tätig wurde. Eine Freistellung erfolgte deshalb schon dann, wenn der durch die Veranstaltung erwirtschaftete Überschuss den Vereinsaufgaben des Veranstalters nutzbar gemacht werden sollte (*BGH* NJW 1956, 377, 380 – Kirmes (Rosenmontagsfest). Hingegen sind nach § 52 auch solche Werknutzungen vergütungspflichtig, die zwar nicht im Rahmen eines Gewerbebetriebes durchgeführt werden, die aber gleichwohl zumindest mittelbar die Erwerbsinteressen desjenigen fördern, der die urheberrechtliche Nutzungshandlung vornimmt. Eine Gewinnerzielungsabsicht ist nicht erforderlich. 12

Andererseits kommt es nach der Fassung des § 52 darauf an, dass der **Veranstalter selbst** einen Erwerbszweck verfolgt (amtl. Begr. BT-Drucks. IV/270, 69 f.). Die Anwendung des § 27 LUG war hingegen schon in den Fällen ausgeschlossen worden, in denen die Veranstaltung – auch mittelbar – dem gewerblichen Zweck eines Dritten dient, zB weil sie den Absatz an Speisen und Getränken des Gastwirts steigere, in dessen Gaststätte die Veranstaltung stattfinde (*BGH* NJW 1955, 1356, 1357 – Betriebsfeiern; NJW 1956, 377, 379 – Kirmes (Rosenmontagsfest)). § 52 macht die Freistellung bzw die gesetzliche Lizenz hingegen nur davon abhängig, dass der Ver- 13 anstalter selbst keinen Erwerbszweck verfolgt. Der mit der Veranstaltung verbundene Erwerbszweck eines Dritten führt nach § 52 Abs. 2 S. 3 lediglich dazu, dass der Dritte eine Vergütung an den Urheber zu entrichten hat (s. näher unten § 52 Rn 54).

14 Einen **Erwerbszweck** verfolgt, wer mit der Tätigkeit zumindest auch **Einnahmen zu tätigen bezweckt.** Ausreichend ist, dass die Tätigkeit den eigenen Erwerb **jedenfalls mittelbar** fördert (*BGH* NJW 1972, 1273, 1274 – Landesversicherungsanstalt). Diese Voraussetzungen liegen zB bei Darbietungen geschützter Musik in Aufenthaltsräumen von Sanatorien, Kurheimen und Heilstätten vor, die der Träger der Anstalt zwar nicht unmittelbar vergütet erhält, mit der er aber die Pflege und Erhaltung seines Kundenstammes bezweckt (vgl *BGH* NJW 1972, 1273 f. – Landesversicherungsanstalt). Auch Kurkonzerte dienen einem Erwerbszweck, weil sie zumindest mittelbar, nämlich über die Kurtaxe, vergütet werden (vgl *RGSt* 43, 189 ff., 192; *Rehbinder* Rn 288). Ob sie auch bei der ständigen Musikwiedergabe in den Aufenthaltsräumen eines Altenwohnheims vorliegen, hat der *BGH* (NJW 1992, 1171 – Altenwohnheim II) dahinstehen lassen; richtigerweise ist diese Frage bei privat betriebenen Altenheimen zu bejahen, weil die Musikwiedergabe die Attraktivität des Altenwohnheims stärkt und dadurch dazu beiträgt, Altenheimbewohner zu akquirieren und Einnahmen zu schaffen. Eine unterschiedliche Auslegung des Begriffes des Erwerbszwecks in den unter § 52 Abs. 1 S. 3 genannten Fällen (so von *Schricker/Melichar* § 52 Rn 27 unter Hinweis auf einen entspr. gesetzgeberischen Willen befürwortet) ist weder dem Wortlaut noch dem Sinn und Zweck der Vorschrift nach gerechtfertigt. Verfolgt die Einrichtung mit der Veranstaltung das Ziel, Einnahmen zu tätigen, ist es ihr auch zumutbar, die Erlaubnis des Urhebers zur öffentlichen Wiedergabe einzuholen (s. schon oben Rn 12).

15 Nicht erforderlich ist, dass der Erwerbszweck ausschließliches Ziel der öffentlichen Wiedergabe ist. Die Anwendung des § 52 scheidet bereits aus, wenn der Erwerbszweck mitverfolgt wird und dieser **nicht als völlig nebensächlich zurücktritt** (*BGH* NJW 1955, 1356, 1357 – Betriebsfeier). Bei **staatlichen Einrichtungen**, also zB vom Bund oder den Ländern betriebenen Schulheimen, ist darauf abzustellen, ob ein Erwerbszweck bei einer vergleichbaren privaten Einrichtung zu bejahen gewesen wäre (*BGH* NJW 1984, 1108, 1109 – Zoll- und Finanzschulen; *Fromm/Nordemann* § 52 Rn 5). Dabei dürfen allerdings keine zu strengen Maßstäbe angelegt werden.

16 Wird berücksichtigt, welche Art von Wiedergabe der Gesetzgeber freigestellt wissen will (hierzu oben § 52 Rn 4), so wird **regelmäßig davon auszugehen** sein, dass eine Wiedergabe dann einem Erwerbszweck dient, wenn sie durch ein privates Unternehmen erfolgt, das zwar keinen auf Gewinnerzielung gerichteten Gewerbebetrieb, aber doch einen nach wirtschaftlichen Gesichtspunkten ausgerichteten Betrieb führt (*BGH* NJW 1974, 1872, 1873 – Alters-Wohnheim). Daher war der Gesetzgeber im Zuge der Umsetzung der Europäischen Richtlinie zur Harmonisierung des Urheberrechts auch davon ausgegangen, dass **interne Netzwerke von Unternehmen** auch dann nicht von § 52 gedeckt seien, wenn man, was zunächst angedacht war, über § 52 auch die öffentliche Wiedergabe an eine sog. kleine Öffentlichkeit ermöglichen würde (amtl. Begr. zum RefE zu Nr. 12 – § 52).

17 **Kein Argument** für oder gegen den Erwerbszweck kann hingegen die steuerliche Verbuchung der Ausgaben und Einnahmen der Veranstaltung sein, weil Steuer- und

Urheberrecht unterschiedliche Regelungsbereiche betreffen und unterschiedlichen Zwecken dienen. Der Auffassung des *BGH* (NJW 1955, 1356, 1357 – Betriebsfeiern), nach der bei Betriebsfeiern kein Erwerbszweck gegeben sei, weil die dafür gemachten Ausgaben als Gewerbeausgaben **steuerlich** zu berücksichtigen seien, kann daher nicht gefolgt werden. Allenfalls kann je nach den Umständen des Einzelfalls der steuerlichen Verbuchung Indizwirkung dafür zukommen, dass auch im urheberrechtlichen Sinne ein Erwerbszweck verfolgt wurde. Keine Rolle für die Anwendbarkeit der Schrankenvorschrift – uU aber für die Vergütungspflicht, vgl § 52 Abs. 1 S. 3 – spielt auch, ob mit der Wiedergabe des Werkes **altruistische Zwecke** verfolgt werden (*BGH* NJW 1974, 1872, 1873 – Alters-Wohnheim; vgl auch *BGH* NJW 1993, 2871, 2873 – Verteileranlage).

bb) Teilnehmer werden ohne Entgelt zugelassen. Nur wenn die Teilnehmer der   **18**
Veranstaltung kein Entgelt entrichten müssen, kommt der Veranstalter in den Genuss der gesetzlichen Lizenz bzw der Freistellung. Zieht der Veranstalter aus der Veranstaltung selbst Einnahmen, ist es ihm auch zumutbar, die Urheber zu vergüten. Unter einem Entgelt iSd Gesetzes versteht man den nicht notwendig in Geld bestehenden **Gegenwert für den Eintritt zur Veranstaltung.** Daher fallen unter den Begriff des Entgelts nicht nur Eintrittsgelder, sondern alle anderen Zahlungen, von denen der Zutritt bzw Zugang abhängig gemacht wird. Interne Netzwerke von Vereinen, Behörden und Bildungseinrichtungen können daher nur dann von § 52 gedeckt sein, wenn die Nutzer auch für private Nutzungen, etwa den Empfang privater E-Mails, keine Gegenleistung an die Institution zahlen müssen.

Kein Entgelt ist hingegen die für die während einer Veranstaltung verzehrten   **19**
Getränke und Speisen entrichtete Vergütung, es sei denn, dass entspr. höhere Preise verlangt werden, die an die Stelle eines Eintrittsgeldes treten. Da das Entgeltverlangen des Veranstalters für die von ihm während der Veranstaltung gereichten Speisen und Getränke schon zum Ausschluss des § 52 führt (hierzu § 52 Rn 14), wird dies ohnehin nur relevant, wenn die Speisen und Getränke von einem Dritten, zB vom Gaststätteninhaber, auf eigene Kosten und Rechnung gereicht werden.

Wie sich daraus ergibt, dass § 52 neben dem Fehlen eines Erwerbszwecks zusätzlich   **20**
noch die Unentgeltlichkeit der Teilnahme verlangt, schließt aber auch die Erhebung reiner **Unkostenbeiträge** die Anwendbarkeit des § 52 aus (*Fromm/Nordemann* § 52 Rn 5). Kein Entgelt sind allerdings **Spenden** (*Fromm/Nordemann* § 52 Rn 5; *v. Gamm* § 52 Anm. 8; **aA** *Schricker/Melichar* § 52 Rn 17; *Möhring/Nicolini/Waldenberger* § 52 Rn 13), es sei denn, es bestünde ein faktischer Spendenzwang und die Spende träte so an die Stelle eines Eintrittspreises. Andernfalls wären wohl in § 52 Abs. 1 auch kaum karitative Veranstaltungen wie die Jugend- und die Alten- und Wohlfahrtspflege aufgeführt worden, bei denen Spenden gang und gäbe sind.

**cc) Keine besondere Vergütung für ausübende Künstler im Falle des Vortrages   21
oder der Aufführung.** Selbst wenn die Veranstalter keinen gewerblichen Zweck verfolgen, werden sie die ausübenden Künstler häufig entlohnen. In diesem Fall erscheint eine Schlechterstellung des Urhebers gegenüber dem ausübenden Künstler nicht gerechtfertigt. Daher ist nach § 52 Abs. 1 S. 1 die Freistellung bzw die gesetzliche Lizenz davon abhängig, dass keiner der ausübenden Künstler eine bes. Vergütung enthält.

22 Wer **ausübender Künstler** ist, bestimmt sich nach Maßgabe des § 73. Unter diesen Begriff fällt daher jeder, der das Werk oder eine Ausdrucksform der Volkskunst aufführt, singt, spielt oder auf eine andere Weise darbietet oder an einer solchen Darbietung künstlerisch mitwirkt.

23 Die ausübenden Künstler dürfen keine bes. **Vergütung** erhalten. Unter den Begriff der Vergütung fällt dabei jede Gegenleistung für ihre Tätigkeit. Da im Allgemeinen kein Anspruch der Künstler auf freie Speisen und Getränke vereinbart wird, sondern diese freiwillig gereicht werden, geht es zu weit, die Hingabe dieser Naturalien schon als Vergütung in diesem Sinne anzusehen (**aA** *Schricker/Melichar* § 52 Rn 19). Gleiches gilt für die Erstattung der Reisekosten.

24 Indem § 52 Abs. 1 S. 1 die Freistellung bzw die gesetzliche Lizenz davon abhängig macht, dass keiner der ausübenden Künstler eine bes. Vergütung erhält, schließt er ohnehin Zahlungen oder geldwerte Leistungen an den ausübendenden Künstler nicht schlechthin aus. Es besteht deshalb weitgehend Einigkeit, dass etwa ein **ohnehin gezahltes Arbeitsentgelt** die Anwendbarkeit des § 52 Abs. 1 nicht hindert (*Fromm/Nordemann* § 52 Rn 5; *Schricker/Melichar* § 52 Rn 19). Zwar überzeugt die dafür teilweise (*Fromm/Nordemann* § 52 Rn 5) angebrachte Begr., andernfalls wäre der Gottesdienst schon nach § 52 Abs. 1 tantiempflichtig, aus zwei Gründen nicht. Zum einen stellt § 52 Abs. 2 im Verhältnis zu § 52 Abs. 1 die speziellere Vorschrift dar, sodass auf unter § 52 Abs. 2 einzuordnende Sachverhalte nicht zusätzlich noch § 52 Abs. 1 anzuwenden ist. Zum anderen greift die Begr. auch dann nicht, wenn der Orgelspieler, wie häufig der Fall, diese Tätigkeit als Nebentätigkeit zu seinem Studium oÄ ausübt und auf Stundenbasis eine zusätzliche Vergütung erhält. Aus der Formulierung, es müsse sich um eine **bes.** Vergütung handeln, folgt aber, dass das ohnehin gezahlte allg. Arbeitsentgelt nicht gemeint sein kann, sondern entspr. dem Begriff der Veranstaltung als Ereignis aus bes. Anlass auch eine zusätzliche Vergütung gezahlt wird.

25 **b) Privilegierungswürdiger Zweck iSd § 52 Abs. 2.** Außer den in § 52 Abs. 1 genannten Veranstaltungen wird nach § 52 Abs. 2 die öffentliche Wiedergabe eines Werkes auch erlaubt, wenn sie bei einem Gottesdienst oder einer kirchlichen Feier der Kirchen oder Religionsgemeinschaften erfolgt. § 52 Abs. 2 stellt gegenüber § 52 Abs. 1 **lex specialis** dar. Im Anwendungsbereich des § 52 Abs. 2 verbietet sich also der Rückgriff auf § 52 Abs. 1.

26 Ohne dass es demnach der zusätzlichen Voraussetzungen des § 52 Abs. 1, wie des fehlenden Erwerbszwecks und der Zulassung der Teilnehmer ohne Entgelt bedarf, sind öffentliche Werkwiedergaben bei den in § 52 Abs. 2 genannten Anlässen zulässig. Häufig wird der Rückgriff auf § 52 allerdings nicht notwendig sein, weil schon keine öffentliche Wiedergabe iSd § 15 Abs. 2 vorliegt. So stellt der dem eigenen Werkgenuss dienende Gesang oder das Orgelspiel in der Kirche keine Aufführung iSd § 19 Abs. 2 dar, weil jeder zum Zwecke einer Kulthandlung nur für sich singt oder musiziert und nicht das Werk anderen darbietet (amtl. Begr. BT-Drucks. 10/837, 15 f.; *Rehbinder* Rn 215; *Schricker/v. Ungern-Sternberg* § 19 Rn 15; **aA** *Fromm/Nordemann* § 52 Rn 8; s. näher § 19 Rn 15 ff.). § 52 Abs. 2 wird aber dort relevant, wo während einer Taufe, einer Messe, einem Weihnachtsspiel, einer Hochzeit oder Beerdigung begleitend Musik vom Tonband abgespielt wird.

Die öffentliche Wiedergabe des Werkes muss **bei** einem Gottesdienst oder einer 27
kirchlichen Feier erfolgen, die öffentliche Wiedergabe des Werkes muss also gerade
Teil des Gottesdienstes oder der kirchlichen Feier sein. Der damit erforderliche
Zweckzusammenhang zwischen dem kirchlichen Ereignis und der öffentlichen Wie-
dergabe fehlt, wenn die Veranstaltung, wie ein Konzert oder eine Messe, nur in den
Räumen der Kirche durchgeführt wird.

Da in den verbleibenden Fällen der öffentlichen Wiedergabe von Werken im Zusam- 28
menhang mit einem kirchlichen Ereignis im Allgemeinen eine Kulthandlung und
keine öffentliche Wiedergabe iSd § 52 Abs. 2 vorliegen wird, ist die Bedeutung des
§ 52 Abs. 2 in der Praxis gering. Die Gesetzesbegründung spricht von einer lediglich
deklaratorischen Wirkung (amtl. Begr. BT-Drucks. 10/837, 15).

4. Rechtmäßiger Erwerb des zur öffentlichen Wiedergabe verwandten Werkexemplars

Der rechtmäßige Erwerb des zur öffentlichen Wiedergabe benutzten Werkexemplars 29
ist für § 52 nicht Voraussetzung. Daher wird die Anwendbarkeit des § 52 nicht dadurch gehindert, dass die auf dem Schul-PC eingesetzte CD-ROM raubkopiert wurde. Gegen den Raubkopierer und dessen Anstifter bzw Gehilfen bestehende Ansprüche bleiben unberührt.

III. Rechtsfolge

1. Zulässigkeit der öffentlichen Wiedergabe mit Ausnahme bestimmter Verwertungshandlungen

a) Öffentliche Wiedergabe. Unter den genannten Voraussetzungen zulässig ist die 30
öffentliche Wiedergabe des Werkes iSd §§ 15 Abs. 2, 19 ff. mit Ausnahme der in
§ 52 Abs. 3 eigens genannten Verwertungshandlungen, nämlich der Funksendung,
der öffentlichen bühnenmäßigen Darstellung, der Vorführung eines Filmwerks sowie
(seit dem 13.9.2003) der öffentlichen Zugänglichmachung des Werkes. Die Schrankenregelung betrifft daher im Ergebnis nur einen Teil der zur öffentlichen Wiedergabe (§ 15 Abs. 2) zählenden Verwertungsrechte.

Wegen Inhalt und Umfang der jeweiligen Nutzungshandlungen wird auf die dortige 31
Kommentierung verwiesen.

Urheberpersönlichkeitsrechte werden durch die Schrankenregelung nicht einge- 32
schränkt. Die öffentliche Wiedergabe darf daher insb. nicht werkentstellend wirken.
Das Veröffentlichungsrecht des Urhebers (§ 12) wird durch § 52 nicht tangiert, weil
die Schrankenregelung nur die öffentliche Wiedergabe bereits erschienener Werke
zulässt.

Auf andere Nutzungshandlungen als die öffentliche Wiedergabe ist § 52 **nicht** 33
**anwendbar, selbst wenn diese der Vorbereitung der öffentlichen Wiedergabe
dienen** (*BGH* NJW 1993, 2871, 2872 – Verteileranlagen). Der Veranstalter kann sich
daher nicht auf § 52 berufen, wenn er eine Funksendung iSd § 16 Abs. 2 aufzeichnen
möchte, um ihre öffentliche Wiedergabe nach § 52 durchführen zu können. Einer erweiternden Auslegung oder analogen Anwendung der Vorschrift auf die Vervielfältigung des Werkes steht nicht nur ihr Wortlaut entgegen, sondern auch das aus Art. 14

GG und im vorliegenden Fall auch aus Art. 11 RBÜ zu folgernde Gebot restriktiver
Auslegung. Gegen eine entspr. Anwendung der Vorschrift auf Aufzeichnungen von
Funksendungen, die zu zeitversetzten öffentlichen Wiedergaben benutzt werden sol-
len, spricht iÜ die bes. Regelung des § 47 für die Übertragung von Schulfunksendun-
gen auf Bild- und Tonträger für Unterrichtszwecke (*BGH* NJW 1993, 2871, 2872 –
Verteileranlagen).

34 **b) Keine öffentliche Zugänglichmachung.** Von § 52 Abs. 1, 2 ausgenommen ist
seit In-Kraft-Treten des Gesetzes zur Regelung des Urheberrechts in der Informationsgesellschaft das durch dasselbe Gesetz eingefügte Recht der öffentlichen Zugänglichmachung iSd § 19a (§ 52 Abs. 3). Daher ist das Bereitstellen von Werken im Internet über **File-Sharing-Systeme** nicht nach § 52 zulässig, ohne dass es noch darauf
ankommt, ob man die sich anschließende Datenübertragung als Sendung nach § 52
Abs. 3 ansieht (**aA** zum früheren Gesetzesvorschlag *Kreutzer* GRUR 2001, 193,
201 f.).

35 **c) Keine öffentliche bühnenmäßige Darstellung oder Vorführung eines Filmwerkes sowie keine Funksendung.** Nach § 52 Abs. 1 S. 1 nF bzw § 52 Abs. 3 aF
sind öffentliche bühnenmäßige Aufführungen und Funksendungen eines Werkes sowie öffentliche Vorführungen eines Filmwerkes von der Freistellung bzw gesetzlichen Lizenz ausgenommen. Die Ausnahme beruht auf dem Gedanken, dass die bühnenmäßige Aufführung eines Werkes, die Funksendung sowie die öffentliche Vorführung eines Filmwerkes einen so großen **Aufwand** erfordert, dass es den
Veranstaltern zugemutet werden kann, auch die Vergütung für die Urheber zu zahlen
(amtl. Begr. BT-Drucks. IV/270, 70). Der Austausch des Begriffs der Aufführung
durch den der Darstellung hat keine inhaltliche Veränderung gebracht. Unter den Begriff der Sendung fallen auch zeitliche **Weiterübertragungen von Sendungen** nach
§§ 20 und 20b, zB die Weiterübertragung einer Hörfunksendung mittels einer **Verteileranlage** in die Patientenzimmer eines Krankenhauses (*BGH* NJW-RR 1994,
1328 – Verteileranlage im Krankenhaus) oder in die Haftträume einer Justizvollzugsanstalt (*BGH* NJW 1993, 2871, 2872 – Verteileranlagen).

36 **d) Vortragsrecht, Vorführungsrecht, Recht der Wiedergabe durch Bild- und
Tonträger und von Funksendungen.** Als nach **§ 52 zulässige Nutzungshandlungen verbleibt** demnach unter Berücksichtigung des § 52 Abs. 3 das Recht, ein
Sprachwerk vorzutragen einschließlich der Wahrnehmbarmachung in anderen Räumen durch Lautsprecher und anderes technisches Gerät (**§ 19 Abs. 2, 3**). Außerdem
wird **für Werke der bildenden Künste, Lichtbilder und Darstellungen wissenschaftlicher und technischer Art das Vorführungsrecht (§ 19 Abs. 4**) des Urhebers eingeschränkt. Schließlich erhält der Veranstalter durch § 52 das Recht, Sendungen öffentlich wiederzugeben (**§ 22**) und Vorträge oder Aufführungen eines Werkes
mittels Bild- oder Tonträger öffentlich wahrnehmbar zu machen (**§ 21**).

37 Die Vorschrift räumt dem Veranstalter zwar **nicht gleichzeitig auch das Recht ein,
zu diesem Zwecke Vervielfältigungsstücke herzustellen** (*BGH* NJW 1993, 2871,
2872 – Verteileranlagen; s. schon oben § 52 Rn 33). Gleichwohl würde es zu weit gehen, die Zulässigkeit der öffentlichen Wahrnehmbarmachung nach § 52 selbst davon
abhängig zu machen, dass die Vervielfältigungstücke, die dafür verwandt werden,
rechtmäßig hergestellt wurden (so aber *Fromm/Nordemann* § 52 Rn 4). Dies wider-

spräche dem Grundsatz, dass bei sukzessiven Verwertungshandlungen jede Verwertung ohne Ansehen der vorangehenden auf ihre Rechtmäßigkeit hin zu überprüfen ist. Darüber hinaus würde dem Veranstalter, der die Herkunft der Vervielfältigungsstücke häufig nicht oder nur lückenhaft nachprüfen könnte, ein kaum übersehbares Risiko eines Urheberrechtsverstoßes auferlegt. Auch aus § 53 Abs. 6 ergibt sich nichts anderes, da dieser nur den Umfang der dortigen Schrankenregelung klarstellt. Der Urheber, der zudem den unrechtmäßig Vervielfältigenden in Anspruch nehmen kann, ist hinreichend dadurch geschützt, dass § 52 nur die öffentliche Wiedergabe bereits erschienener Werke zulässt, sodass das Urheberpersönlichkeitsrecht nach § 12 stets gewahrt bleibt. Erst recht zu weit ginge es, wenn für die öffentliche Wiedergabe nach § 52 nur solche Vervielfältigungsstücke verwandt werden dürften, die **zum Zwecke der öffentlichen Wiedergabe hergestellt** wurden (so aber *Fromm/Nordemann* § 52 Rn 4; wie hier offenbar *OLG Frankfurt* GRUR 1991, 602, 606). Denn dadurch liefe der Anwendungsbereich des § 52 praktisch leer: Wer sich erst das Recht zur Herstellung von Vervielfältigungsstücken zum Zwecke der öffentlichen Wiedergabe einräumen lassen muss, kann sich auch gleich das Recht der öffentlichen Wiedergabe lizenzieren lassen.

2. Vergütungspflicht bzw Vergütungsfreiheit

a) Grundsatz der Vergütungspflicht. Liegt keine der in § 52 Abs. 1 S. 3 genannten Ausnahmen vor, hat der Veranstalter dem Urheber für die durch § 52 erlaubte öffentliche Wiedergabe eine angemessene Vergütung zu zahlen. **38**

Wie sich schon daraus ergibt, dass es sich bei § 52 um eine Schranke der öffentlichen Wiedergabe iSd § 15 Abs. 2 und 3 handelt, deckt sich der Begriff des **Veranstalters** mit dem des § 15 Abs. 3 aF. Veranstalter ist daher, wer die Veranstaltung angeordnet hat und durch dessen ausschlaggebende Tätigkeit sie ins Werk gesetzt wurde (vgl *BGH* NJW 1956, 1553, 516 f. – Tanzkurse; NJW 1960, 1902 f. – Eisrevue II; *Fromm/Nordemann* § 52 Rn 5). Das kann auch eine juristische Person sein, die als Konzertveranstalter tätig wird. IdR kein Veranstalter ist der Gastwirt im Falle des Karaoke-Musizierens (*Rehbinder* Rn 288; *Matsukawa* UFITA 132 (1996), 65 f.). **39**

Welche Vergütung **angemessen** ist, bemißt sich vor allem nach der Intensität der Nutzung, den ersparten Aufwendungen und der Stärke des Eingriffs in das Urheberrecht. In der Praxis bereitet die Höhe der Vergütung im Allgemeinen keine Schwierigkeiten, weil die Vergütungsansprüche der Urheber aus einer Nutzung nach § 52 den Verwertungsgesellschaften zur Wahrnehmung überlassen werden. Deren Tarife sind prima facie als angemessen anzusehen. Ihre Unangemessenheit kann faktisch nur vor der Schiedsstelle geltend gemacht werden (*Fromm/Nordemann* § 52 Rn 6). **40**

b) Ausnahme: Vergütungsfreiheit. aa) Soziale Veranstaltungen (§ 52 Abs. 1 S. 3). aaa) Allgemeines. Keine Vergütung ist für Veranstaltungen der Jugendhilfe, der Sozialhilfe, der Alten- und Wohlfahrtspflege und der Gefangenenbetreuung sowie für Schulveranstaltungen zu zahlen, sofern sie nach ihrer sozialen oder erzieherischen Zweckbestimmung nur einem bestimmten Kreis von Personen zugänglich sind. Die letztgenannte Einschränkung gilt für alle genannten Veranstaltungen, wie sich aus der Formulierung ergibt, die von einer sozialen oder erzieherischen Zweckbestimmung spricht. **41**

42   Diese Ausnahmen beruhen auf der Überlegung, dass es dem Urheber dort zumutbar ist, eine Einschränkung des grds unumschränkt gewährten Urheberrechts hinzunehmen, wo der Gesetzgeber nicht nur Individualbelange zu sichern hat, sondern ihm auch aufgetragen ist, den individuellen Berechtigungen und Befugnissen die im Interesse des Gemeinwohls erforderlichen Grenzen zu ziehen (amtl. Begr. BT-Drucks. 10/837, 14; vgl *BVerfGE* 31, 229, 241 f. – Kirchen- und Schulgebrauch).

43   **bbb) Jugendhilfe, Sozialhilfe, Alten- und Wohlfahrtspflege, Gefangenenbetreuung und Schulveranstaltungen.** Der Begriff der **Jugendhilfe** stimmt mit dem des § 47 überein; gemeint ist die in §§ 8, 27 SGB I vorgesehene Kinder- und Jugendhilfe nach dem KJHG (SGB VIII). Wie sich aus der amtl. Begr. (BT-Drucks. 10/837, 27 f.) ergibt, nach der die Begriffe der Jugend- und Sozialhilfe durch die Bezeichnungen Jugendhilfe, Sozialhilfe und Wohlfahrtspflege ersetzt wurden, verstand der Gesetzgeber darunter nur die durch die Träger der Jugendhilfe (§ 69 SGB VIII) und anerkannte Stellen iSd § 75 SGB VIII durchgeführte Veranstaltungen, während die freie Jugendhilfe in allen anderen Fällen unter die Wohlfahrtspflege gefasst wurden.

44   Unter der **Sozialhilfe** versteht man die Hilfe in allg. und bes. Lebenslagen nach §§ 9 und 28 SGB I iVm dem BSHG. Wie die Jugendhilfe muss sie durch staatliche oder anerkannte Stellen durchgeführt werden, während freie Hilfe nur als Wohlfahrtspflege erfasst wird.

45   Die **Altenpflege** ist als Altenhilfe bereits Teil der Sozialhilfe und umfasst dort Maßnahmen der Sozialhilfe für alte Menschen mit dem Ziel, neben der Sicherstellung des Lebensunterhalts und der sonstigen notwendigen Hilfe in bes. Lebenslagen die durch das Alter entstehenden Schwierigkeiten zu überwinden und Vereinsamung zu verhüten (§ 28 Abs. 1 Nr. 2g SGB I iVm § 75 BSHG). Im Hinblick hierauf muss der Begriff der Altenpflege über diese Maßnahmen noch hinausgehen (*Fromm/Nordemann* § 52 Rn 7; *Schricker/Melichar* § 52 Rn 24). Anknüpfungspunkte bieten mit Blick auf die gebotene Gleichbehandlung alter und junger Menschen die Vorschriften des KJHG (SGB VIII), die auch Angebote der Pflege und Förderung der Menschen umfassen. *Nordemann* (*Fromm/Nordemann* § 52 Rn 24) versteht darunter noch weitergehend alle unmittelbar und ausschließlich den Bedürfnissen alter Menschen zu dienen bestimmten Tätigkeiten. Das würde jedoch zu einer ungerechtfertigten Besserstellung alter gegenüber jungen Menschen führen.

46   Die durch private Träger wahrgenommene **Wohlfahrtspflege,** zB der Arbeiterwohlfahrt, des Deutschen Caritasverbandes, des Diakonischen Werkes und des Deutschen Roten Kreuzes dient der physischen und psychischen Sorge für notleidende oder gefährdete Menschen (vgl §§ 10, 93, 95 BSHG und § 2 Abs. 1 Nr. 9 SGB VII).

47   Zu ihr gehört auch die eigens erwähnte **Gefangenenbetreuung**, unter der man die Sorge für die Gefangenen versteht. Nicht unter § 52 Abs. 2 fällt hingegen die Betreuung iSd §§ 1896 ff. BGB, die rechtlicher und nicht tatsächlicher Natur ist.

48   Die Vergütungspflicht entfällt schließlich für **Schulveranstaltungen.** Unter Schulveranstaltungen sind dabei solche Veranstaltungen zu verstehen, die von der Schule oder von den Schülern selbst iRd schulischen Aufgaben durchgeführt werden und die im Ablauf eines Schuljahres üblich sind (amtl. Begr. BT-Drucks. 10/837, 15). Wie sich aus der Gesetzesbegründung (amtl. Begr. BT-Drucks. 10/837, 15) ergibt, liegt dem § 52 derselbe Begriff der **Schule** wie dem § 46 zugrunde. Danach fallen darun

ter nicht nur allgemeinbildende Schulen, sondern auch sonstige Schulen wie Berufsschulen und Sonderschulen, unabhängig ob sie staatlich betrieben oder nur staatlich
anerkannt sind (vgl amtl. Begr. zu § 46, BT-Drucks. IV/270, 64). Nicht erfasst werden Universitäten (*Rehbinder* Rn 288), Fachschulen und Volkshochschulen oder
auch Fahrschulen (zu Letzterem *Fromm/Nordemann* § 46 Rn 5), weil sie nicht der
Jugend-, sondern (zumindest vorwiegend) der Erwachsenenbildung dienen. Von der
Erweiterung auf den Bereich der Erwachsenenbildung wurde jedoch bei Erlass des
UrhG ausdrücklich Abstand genommen (amtl. Begr. zu § 46, BT-Drucks. IV/270,
64; hiergegen *Rehbinder* Rn 277, weil dieser gesetzgeberische Wille in der Vorschrift
nicht zum Ausdruck gekommen sei).

ccc) Nach der sozialen oder erzieherischen Zweckbestimmung der Veranstal-   **49**
tung bestimmt abgegrenzter Kreis von Personen. Jede der og Veranstaltungen ist
nur vergütungsfrei, wenn sie nach ihrer sozialen oder erzieherischen Zweckbestimmung nur einem **bestimmt abgegrenzten Kreis von Personen** zugänglich ist. Fehlt
es daran, ist nach § 52 Abs. 1 S. 2 eine Vergütung zu zahlen.

Ob der Kreis, dem die Veranstaltung zugänglich ist, bestimmt abgegrenzt ist, richtet   **50**
sich nach der sozialen oder erzieherischen Zweckbestimmung der Veranstaltung.
Stets muss der Kreis der Personen, an den sich die Veranstaltung wendet, noch überschaubar sein. Darüber hinaus darf er nicht weiter reichen, als es der Zweck der Veranstaltung, der in der Erfüllung der sozialen oder erzieherischen Aufgaben liegen
muss, rechtfertigt.

Aus diesem Erfordernis ergibt sich zugleich, dass es sich bei der privilegierten Ver-   **51**
anstaltung überhaupt um eine solche handeln muss, die einer **sozialen oder erziehe-**
rischen Zweckbestimmung dient. Diese Zweckbestimmung der Veranstaltung stellt
eine selbständig zu prüfende Voraussetzung dar (*BVerfGE* 79, 29, 37 – Strafvollzugs-
anstalt; *Schricker/Melichar* § 52 Rn 33).

Der soziale Zweck einer Veranstaltung der **Jugendhilfe**, der **Altenpflege**, der **Wohl-**   **52**
fahrtspflege und der **Gefangenenbetreuung** ergibt sich im Allgemeinen schon aus
der Natur der Sache. Veranstaltungen dieser Bereiche dienen im Allgemeinen der
Pflege und Förderung der sozialen und geistigen Beziehungen der Betreuten zueinander und zur Umwelt und fallen damit im weitesten Sinne unter die genannten Be-
treuungsaufgaben (ebenso iE *Schricker/Melichar* § 52 Rn 34). Das gilt auch für einen **bunten Abend** im Altenheim, den die Bewohner selbst gestalten und zu dem die
Angehörigen eingeladen werden (aA *Fromm/Nordemann* § 52 Rn 7). Anders hingegen verhält es sich mit einem **Tag der offenen Tür**, weil er nicht mehr vorwiegend
dem Kontakt der Bewohner zur Außenwelt dient, sondern der Information der Öffentlichkeit über die Lebensbedingungen im Altenheim. Auch eine **selbst organi-**
sierte Diskothek in einem Jugenddorf wird von § 52 Abs. 1 S. 3 nicht erfasst.

Schulveranstaltungen können den unterschiedlichsten Zwecken dienen. Die Ab-   **53**
grenzung zwischen vergütungsfreien und zu vergütenden Werkwiedergaben erfolgt
hier danach, ob die Veranstaltung noch vorwiegend pädagogischen Zwecken dient.
Danach fallen unter § 52 Abs. 1 S. 3 zB **Elternabende** im größeren Kreis, in deren
Rahmen die Jugendlichen Dias oder Fotografien zeigen können, von den Jugendlichen organisierte Theater- oder Filmvorführungen für Eltern oder Verwandte oder
Darbietungen im Anschluss an eine **Projektwoche** oder die musikalische Umrah-

mung der **Abiturfeier**. Hingegen dient ein Vortragsabend der semi-professionellen **Chor- oder Theatergruppe** der Schule schon überwiegend der Selbstdarstellung der Schule und nicht mehr der Erziehung zum selbständigen Auftreten vor Publikum, sodass eine Vergütungsfreiheit nicht in Betracht kommt (*Fromm/Nordemann* § 52 Rn 7). Werden Unkostenbeiträge erhoben, fehlt es schon an der Unentgeltlichkeit der Veranstaltung als Grundvoraussetzung für das Eingreifen der Schrankenregelung (vgl hierzu oben § 52 Rn 20), sodass § 52 insgesamt unanwendbar ist (amtl. Begr. BT-Drucks. 10/837, 15).

54   bb) Modifizierung beim Erwerbszweck eines Dritten (§ 52 Abs. 1 S. 3). Häufig kommt es vor, dass die Veranstaltung zwar nicht einem Erwerbszweck des Veranstalters selbst, aber dem eines Dritten dient, sei es unmittelbar oder mittelbar. Dafür ist ausreichend, dass die Veranstaltung den Absatz an Speisen und Getränken des Gastwirts steigert, in dessen **Gaststätte** die Veranstaltung stattfinde (*BGH* NJW 1955, 1356, 1357 – Betriebsfeiern; NJW 1956, 377, 379 – Kirmes (Rosenmontagszug), jeweils noch zu § 27 LUG). In diesem Fall ist die Veranstaltung für den Veranstalter vergütungsfrei, es hat aber der Dritte an den Urheber eine angemessen Vergütung zu zahlen (§ 52 Abs. 1 S. 4). *Nordemann* (*Fromm/Nordemann* § 52 Rn 5) weist zu Recht auf das dadurch entstehende Kuriosum hin, dass der Verein, der bei einer Vereinsveranstaltung im Vereinsheim zur Unkostendeckung Speisen und Getränke mit Gewinnspanne an die Mitglieder ausschenkt, ein formelles Nutzungsrecht benötigt, während er sich auf § 52 berufen kann, wenn die Veranstaltung in einer Gaststätte stattfindet.

55   cc) Keine Dauerveranstaltung. Die **hM**, die unter § 52 Abs. 1 S. 1, 2, Abs. 2 auch eine Dauerveranstaltung ausreichen lässt, vertritt iRd § 52 Abs. 1 S. 3 einen engeren Veranstaltungsbegriff. Vergütungsfrei seien nur Veranstaltungen eines aus bestimmtem Anlass stattfindenden Einzelereignisses und nicht die regelmäßige Dauernutzung etwa durch Musikberieselung im Altenheim (*BGH* NJW 1972, 1273 ff. – Landesversicherungsanstalt; NJW 1992, 1171 – Altenwohnheim II; *Schricker/Melichar* § 52 Rn 23 mwN). Nach der hier vertretenen Meinung unterfallen Dauerveranstaltungen ohnehin nicht dem Anwendungsbereich des § 52 (näher oben Rn 9 f.).

IV. Schranken-Schranken

56   Das Änderungsverbot (§ 62) ist zu beachten. Gem. § 63 Abs. 2 ist iRd öffentlichen Wiedergabe auch die Quelle deutlich anzugeben, wenn und soweit die Verkehrssitte es erfordert. Auf die Kommentierung zu § 63 (dort Rn 15 ff.) wird verwiesen.

V. Beispiele

57   **Ohne jede Vergütung zulässig** sind die Wiedergabe bereits erschienener Musik vom Tonband im Rahmen einer musikalischen Darbietung, welche die Musikklasse als **Abschluss einer Unterrichtseinheit** vor Mitschülern in der Aula vornimmt. Vergütungsfrei erlaubt ist das Abspielen von bereits erschienener Musik zur Untermalung der Überreichung der Abiturszeugnisse bei der **Abitursfeier**. Wer unter Verwendung eines schon erschienenen urheberrechtgeschützten Werkes den **Bewohnern des Altenheims ein Ständchen bringt,** bedarf dazu keiner Erlaubnis des Urhebers und muss auch keine Vergütung zahlen. Vergütungsfrei sind auch der **Ge-**

sang einer Wandergruppe während des Wanderns sowie der Gesang der Gemeinde in der Kirche, weil schon keine Aufführung iSd § 19 vorliegt. Das Orgelspiel geschützter Musik während des **Gottesdienstes** ist aus demselben Grunde zulässig, ohne dass es einer Erlaubnis des Urhebers oder der Zahlung einer Vergütung bedarf.

Gegen Zahlung einer Vergütung erlaubt ist die Wiedergabe erschienener Tonbandmusik zur Begleitung einer kirchlichen **Hochzeit**, einer Taufe oder **Beerdigung**. Die öffentliche Wiedergabe von Musik in einem nur für die Mitglieder des **Betreuten Wohnens** anläßlich einer Feier dieser Einrichtung angemieteten Gaststättenraum ist unter den Voraussetzungen des § 52 Abs. 1 zulässig, jedoch hat der Gastwirt an den Urheber eine angemessene Vergütung zu zahlen (§ 53 Abs. 1 S. 4). Wird von Jugendlichen anlässlich des **Maifeiertags** eine öffentliche Feier organisiert, zu der entgeltfrei Zutritt gewährt wird, ist das Abspielen von Musik vom Tonträger erlaubt, solange nicht gegen Entgelt noch Musiker, Zauberer oder andere ausübende Künstler engagiert werden. Zulässig ist schließlich die öffentliche Wiedergabe von Musik im Rahmen einer **Tanzveranstaltung einer Religionsgemeinschaft** zur Feier eines kirchlichen Ehrentags. Gegen Zahlung einer Vergütung erlaubt ist das Abspielen von Musik während einer Feier einer Jugendgruppe oder eines Vereins, wenn weder die ausübenden Künstler eine Vergütung erhalten noch Eintrittsgeld, Entgelt für Speisen und Getränke oder Spenden verlangt werden. Gegen Vergütung zulässig soll die öffentliche Wiedergabe eines Fernsehprogramms im **Gemeinschaftsraum eines Alters-Wohnheims** sein, das von einer Stiftung betrieben wird, die Mitglied des evangelischen Spitzenverbandes der freien Wohlfahrtspflege ist (*BGH* NJW 1974, 1872 ff. – Alters-Wohnheim). Für Darbietungen geschützter Musik in den Aufenthalts- und **Gemeinschaftsräumen von Sanatorien**, Kurheimen, Heilstätten oder dergleichen sind auch dann Aufführungsgebühren an die GEMA zu zahlen, wenn diese Häuser von einer Anstalt des öffentlichen Rechts betrieben werden (*BGH* NJW 1972, 1273 ff. – Landesversicherungsanstalt). Die ständige Musikwiedergabe in den **Aufenthaltsräumen eines ohne Erwerbszweck betriebenen Altenwohnheims** soll unter § 52 Abs. 1 S. 1 fallen, aber als ständige Dauereinrichtung vergütungspflichtig sein (vgl *BGH* NJW 1992, 1171 – Altenwohnheim II).

Nicht von § 52 (aber uU von § 52a) gedeckt ist die Übermittlung von Musikwerken in **File-Sharing-Systemen**. **Unternehmenseigene Netzwerke**, über welche die Mitarbeiter zB auf Iuris oder auf Literatursammlungen zurückgreifen können, sind schon wegen des vom Unternehmen mittelbar damit verfolgten Erwerbszwecks nicht von § 52 gedeckt. Das gilt auch für die öffentliche Wiedergabe (§ 22) auf einem für alle Mitarbeiter zugänglichen **Gruppenarbeitsplatz**. Es dürfen auch nicht im **Unterricht** Werke vergütungsfrei aus dem **Internet** abgerufen und auf dem **Bildschirm** für die gesamte Klasse wahrnehmbar gemacht werden. Nicht nach § 52 zulässig ist die **Weitersendung** dieser Werke innerhalb des **Schulnetzwerks**. Die öffentliche Wiedergabe von Werken auf einem **PC-Gruppenarbeitsplatz** in der **Schule**, einem **staatlich auf Unkostenbasis betriebenen Altersheim** oder in einer **Gefangenenanstalt** ist nicht, auch nicht seit der Gesetzesreform, zulässig, obwohl kein Erwerbszweck verfolgt wird und insoweit noch von einer kleinen Öffentlichkeit ausgegangen werden kann. Werden Hörfunksendungen geschützter Werke mittels einer Verteileranlage **in die Patientenzimmer eines Krankenhauses übertragen**, greift für den darin liegenden Sendeakt § 52 weder in der alten noch in der neuen Fassung (vgl

58

59

BGH NJW-RR 1994, 1328 – Verteileranlage im Krankenhaus). Gleiches gilt für öffentliche Wiedergaben in Justizvollzugsanstalten, die mit Hilfe von Verteileranlagen durchgeführt werden (vgl *BGH* NJW 1993, 2871 – Verteileranlagen). Wer seinen Geburtstag in sehr großem Kreis im **Gemeindehaus** feiert und für die Musik eine eigens bezahlte Kapelle bestellt hat, muss vorher die Erlaubnis der GEMA einholen. Auch die Wiedergabe von Musik in einer **Telefonwarteschleife** eines Arztes oder Rechtsanwalts fällt nicht unter § 52, weil sie mittelbar gewerblichen Zwecken dient (vgl *Schricker/Melichar* § 52 Rn 12). Nur mit Zustimmung des Urhebers dürfen Fernsehübertragungen in betrieblichen **Erholungsheimen** vorgenommen werden (*OLG Frankfurt* GRUR 1969, 52, 53 f.).

VI. Altfälle

60   Auf Sachverhalte vor dem 13.9.2003 findet § 52 in seiner alten Fassung Anwendung. Danach dürfen in Altfällen nur **erschienene** Werke auf die in § 52 beschriebenen Weise genutzt werden. Das hat zur Folge, dass vor allem reine Internet-Veröffentlichungen in Altfällen nicht nach § 52 nutzbar sind. Eine analoge Anwendung des § 52 nF auf Altfälle verbietet sich (s. schon oben Vor §§ 44a ff. Rn 21).

§ 52a   Öffentliche Zugänglichmachung für Unterricht und Forschung

(1) Zulässig ist,

1. veröffentlichte **kleine Teile** eines Werkes, Werke geringen Umfangs sowie einzelne Beiträge aus Zeitungen oder Zeitschriften zur Veranschaulichung im Unterricht an Schulen, Hochschulen, nichtgewerblichen Einrichtungen der Aus- und Weiterbildung sowie an Einrichtungen der Berufsbildung ausschließlich für den bestimmt abgegrenzten Kreis von Unterrichtsteilnehmern oder

2. veröffentlichte Teile eines Werkes, Werke geringen Umfangs sowie einzelne Beiträge aus Zeitungen oder Zeitschriften ausschließlich für einen bestimmt abgegrenzten Kreis von Personen für deren eigene wissenschaftliche Forschung

öffentlich zugänglich zu machen, soweit dies zu dem jeweiligen Zweck geboten und zur Verfolgung nicht kommerzieller Zwecke gerechtfertigt ist.

(2) Die öffentliche Zugänglichmachung eines für den Unterrichtsgebrauch an Schulen bestimmten Werkes ist stets nur mit Einwilligung des Berechtigten zulässig. Die öffentliche Zugänglichmachung eines Filmwerkes ist vor Ablauf von zwei Jahren nach Beginn der üblichen regulären Auswertung in Filmtheatern im Geltungsbereich dieses Gesetzes stets nur mit Einwilligung des Berechtigten zulässig.

(3) Zulässig sind in den Fällen des Absatzes 1 auch die zur öffentlichen Zugänglichmachung erforderlichen Vervielfältigungen.

(4) Für die öffentliche Zugänglichmachung nach Absatz 1 ist eine angemessene Vergütung zu zahlen. Der Anspruch kann nur durch eine Verwertungsgesellschaft geltend gemacht werden.

Übersicht

I. Gesetzesgeschichte und Regelungsgehalt

1. Gesetzesgeschichte

§ 52a wurde durch das Gesetz zur Regelung des Urheberrechts in der Informations- **1** gesellschaft eingefügt. Die Vorschrift stützt sich auf Art. 5 Abs. 3a der Europäischen Harmonisierungsrichtlinie (RL 2001/29/EG des Europäischen Parlaments und des Rates v. 22.5.2001 zur Harmonisierung bestimmter Aspekte des Urheberrechts und der verwandten Schutzrechte in der Informationsgesellschaft), der die Vervielfältigung und öffentliche Wiedergabe unter Angabe der Urheberbenennung „für die Nutzung ausschließlich zur Veranschaulichung im Unterricht oder für Zwecke der wissenschaftlichen Forschung ... soweit dies zur Verfolgung nicht kommerzieller Zwecke gerechtfertigt ist" zulässt. Die Vorschrift lehnte sich ursprünglich eng an § 53 Abs. 2 Nr. 1, Abs. 3 an, ist im Zuge des Gesetzgebungsverfahrens jedoch hinsichtlich der zulässigen Verwertungsobjekte nochmals enger als dieser gefasst worden. Die Verabschiedung der geplanten Änderungen des UrhG war wegen des heftigen Widerstandes insb. der Schulbuchverlage mehrfach verschoben worden. Sie hatten argumentiert, es handele sich bei der Vorschrift um eine Enteignung ihrer überkommenen Rechte. Die letztlich verabschiedete Fassung des § 52a bleibt hinter der ursprünglich geplanten im Interesse der Schulbuchverlage, der wissenschaftlichen Verlage und der Filmindustrie in mehrfacher Hinsicht zurück (vgl den ursprünglichen Entwurf der BReg, BT-Drucks. 15/38, 7). Den im Gesetzgebungsverfahren geäußerten Bedenken war man außerdem zuletzt durch eine **Befristung der Regelung bis zum 31.12.2006**

entgegen gekommen, wobei die Auswirkungen der Norm auf Wissenschaft und Wirtschaft beobachtet und ggf schon vor Ablauf der Frist die Fristdauer verkürzt oder die
Befristung aufgehoben werden soll.

2. Regelungsgehalt

2   Bei § 52a handelt es sich um eine typische Schranke der Informationsgesellschaft.
Sie trägt der gewandelten Arbeitsweise in Unterricht und Wissenschaft Rechnung,
bei der an die Stelle der früheren, stark papiergestützten Tätigkeit die Arbeit mit dem
Computer und Internet getreten ist. Nicht nur die wissenschaftliche Forschung von
Privatpersonen, sondern auch der Unterricht in Schulen und ähnlichen Einrichtungen
ist ohne sie nicht mehr denkbar. Das hat das Bedürfnis geweckt, Werke zu Unter-
richts- und Forschungszwecken nicht lediglich vervielfältigen und ggf verbreiten zu
dürfen, wie dies § 53 Abs. 2, 3 unter bestimmten Voraussetzungen ohne Zustimmung
der Urheber ermöglichen, sondern auch im Internet oder einem unternehmenseigenen Netzwerk bereitzustellen, damit sie von dort abgerufen und auf dem Bildschirm
sichtbar gemacht werden können. Vor diesem Hintergrund ermöglicht § 52a unter engen Voraussetzungen die öffentliche Zugänglichmachung sowie die hierzu erforderlichen Vervielfältigungen. Die Vorschrift ist bewusst eng gefasst, da die Gefahr einer
übermäßigen Verkürzung der Rechte der Urheber nahe liegt. Diese ergibt sich nicht
nur aus dem nicht unerheblichen Umfang, den Unterricht und Wissenschaft bzw Forschung in unserer Gesellschaft einnehmen, sondern auch aus dem Umstand, dass die
öffentliche Wiedergabe gegenüber der körperlichen Verwertung ein erheblich größe-
res Risiko birgt, dass die Werke in einen Bereich geraten, der wie Teile des nichteu-
ropäischen Auslandes (Internet) praktisch außerhalb des tatsächlichen Einflussbe-
reichs der Urheber bzw Verwertungsgesellschaften liegt, und dort zwar rechtswidrig,
aber vom Urheber nicht kontrollierbar, verwertet werden.

II. Verwertung für den Unterrichtsgebrauch (§ 52a Abs. 1 Ziff. 1, Abs. 2-4)

1. Überblick

3   § 52a Abs. 1 Ziff. 1, Abs. 2 ermöglicht es bestimmten Lehranstalten, zur Veranschaulichung im Unterricht kleine Teile eines Werkes, Werke von geringem Umfang
sowie einzelne Beiträge aus Zeitungen oder Zeitschriften **öffentlich zugänglich** zu
machen (§ 19a) und die hierfür erforderlichen **Vervielfältigungsstücke** herzustellen,
wenn die Werke veröffentlicht sind, die Verwertung auf einen bestimmt abgrenzten
Kreis von Unterrichtsteilnehmern beschränkt, sie zum Unterrichtszweck geboten und
sie zur Verfolgung nichtkommerzieller Zwecke gerechtfertigt ist. Von der Schranke
ausgenommen sind allerdings gerade diejenigen Werke, die im Unterricht am meisten benötigt werden, nämlich die Werke, die eigens für den Unterrichtsgebrauch an
Schulen bestimmt sind (§ 52a Abs. 2 S. 1). Filmwerke unterfallen der Schranke frühestens mit Ablauf von zwei Jahren nach Beginn der üblichen regulären Auswertung
(§ 52a Abs. 2 S. 2). Für die öffentliche Zugänglichmachung, nicht aber für die Vervielfältigung, ist eine angemessene Vergütung zu zahlen, die nur durch eine Verwertungsgesellschaft eingezogen werden kann (§ 52a Abs. 4).

2. Tatbestandsvoraussetzungen

a) Objekt der Schrankenregelung. aa) Werkarten. Grds können **Werke aller** 4
Werkarten Objekt der Schrankenregelung sein. Selbst **Datenbankwerke**, deren
Elemente einzeln mit Hilfe elektronischer Mittel zugänglich und die von § 53 teilweise ausgenommen sind (näher § 53 Rn 123), werden erfasst. Eine Ausnahme gilt
nur für **Computerprogramme**; sie fallen nicht unter § 52a, weil für sie die Sonderregelungen der §§ 69a ff. gelten (näher Vor §§ 44a Rn 23 ff.). Diese sehen eine § 52a
Abs. 1 Ziff. 1 entspr. Regelung nicht vor.

Allerdings sind bei bestimmten Werkarten Einschränkungen zu beachten: Bei **Film-** 5
werken schränkt § 52a Abs. 2 S. 2 die Verwertung auf solche Filme ein, bei denen
seit dem Beginn der regulären Auswertung mindestens zwei Jahre verstrichen sind.
Ob das der Fall ist, ist aus der Sicht der mit dieser Auswertung regelmäßig befassten
Verkehrskreise, also der Filmindustrie, der Filmurheber und der Filmtheater, zu beantworten. Dass die Auswertung beendet ist, verlangt § 52a Abs. 1 Ziff. 1 nicht. Daher können auch solche Filme im Unterricht gezeigt werden, die noch intensiv ausgewertet werden. Laufen sie gerade im Fernsehen, kann aber die Verhältnismäßigkeit
der Verwertung fraglich sein, näher Rn 22.

Die öffentliche Zugänglichmachung von Werken, die **für den Unterrichtsgebrauch** 6
an Schulen bestimmt sind, fällt nicht unter § 52a Abs. 1 Ziff. 1. Das können grds
Werke jeder Werkart sein, also zB Schriftwerke (Lesebuch der Grundschule), Musikwerke (Audio-CD für den Musikunterricht) und wissenschaftliche und technische
Darstellungen (Formelbuch für den Mathematikunterricht). Ob sich der Herausgeber
bzw Verleger der Werke für deren Erstellung auf eigene Urheberrechte, auf Lizenzen
oder auf die gesetzliche Schranke des **§ 46** stützen kann, ist für § 52a Abs. 1 Ziff. 1
ohne Belang und spielt nur insoweit eine Rolle, als es um die Klagebefugnis geht. Als
Unterricht gilt jede Lehrveranstaltung an den durch die Vorschrift privilegierten Instituten, also auch eine solche der Erwachsenenbildung an Hochschulen. Durch § 52a
Abs. 3 S. 1 wollte der Gesetzgeber den Schulverlagen entgegenkommen, die einen
Einbruch in ihren Primärmarkt befürchteten und von Enteignung ihrer Rechte sprachen. Nach Maßgabe dieser Entstehungsgeschichte ist die Frage, ob ein Werk iSd
§ 52a Abs. 1 Ziff. 1 für den Unterrichtsgebrauch an Schulen bestimmt ist, nach denselben Kriterien wie iRd § 46 Abs. 1 zu beantworten. Eine **ausschließliche** Zweckbestimmung ist freilich anders als dort in § 52a Abs. 2 S. 1 nicht normiert und daher
auch nicht Voraussetzung; man wird aber eine ganz überwiegende Zweckbestimmung für den Unterricht fordern müssen. Maßgeblich für sie ist nicht die willkürliche
Bestimmung durch den Urheber, sondern die Beschaffenheit, die das Werk für einen
objektiven Dritten an der Stelle der von § 52a Abs. 1 Ziff. 1 Privilegierten, also der
Schulen und Hochschulen bzw nichtgewerblichen Einrichtungen der Aus- und Weiterbildung oder Berufsbildung erkennen lässt. Sie kann sowohl in den inneren als
auch den äußeren Merkmalen in Erscheinung treten (vgl *BGH* NJW 1992, 1686,
1687 – Liedersammlung) und ist durch **Gesamtschau** (vgl *BGH* NJW 1992, 1686,
1689 – Liedersammlung) festzustellen. Entscheidendes Indiz kann sein, ob das Werk
schon bislang im Unterricht verwandt wurde. Liegt die Zweckbestimmung eines
Werkes als Unterrichtswerk vor, ist die Anwendung des § 52 Abs. 2 S. 1 nicht schon
deshalb ausgeschlossen, weil das Werk wider der objektiven Erwartung auch privat
genutzt wird.

7   Der Schwerpunkt des § 52a Abs. 1 Ziff. 1 liegt damit dort, wo über die schon bislang
    im Unterricht eingesetzten Schulmaterialien hinaus allg. Werke erg. zum Unterricht
    herangezogen werden.

8   **bb) Veröffentlichung.** Die zu verwertenden Werke bzw Werkteile müssen bereits
    veröffentlicht sein. Es gilt der Veröffentlichungsbegriff des § 6 Abs. 1, dh das Werk
    bzw der Werkteil muss der Öffentlichkeit (§ 15 Abs. 3) mit Zustimmung des Berech-
    tigten zugänglich gemacht worden sein. Das kann auch durch eine Internet-Veröf-
    fentlichung geschehen sein; dass körperliche Werkexemplare vorliegen, das Werk
    insb. erschienen ist, wird nicht verlangt.

9   **cc) Kleine Werkteile, Werke geringen Umfangs, einzelne Zeitungs- und Zeit-
    schriftenbeiträge.** Verwertet werden dürfen nur kleine Teile eines Werkes, Werke
    geringen Umfangs sowie einzelne Beiträge aus Zeitungen oder Zeitschriften. Die Be-
    griffe sind § 53 Abs. 3 entnommen; auf die dortige Kommentierung wird erg. verwie-
    sen. **Klein** ist ein Werkteil nur, wenn er im Verhältnis zum Gesamtwerk allenfalls **10
    bis 20 %** ausmacht (vgl *Schricker/Loewenheim* § 53 Rn 31: 10 %; *Fromm/Norde-
    mann* § 53 Rn 9: 20 %), wobei es immer auf den Einzelfall, also vor allem die Schöp-
    fungshöhe des betr. Teiles, ankommt. Bestehen Zweifel darüber, ob der entspr. Teil
    noch als klein bezeichnet werden kann, ist das gesamte Werk aber definitiv von ge-
    ringem Umfang, steht sich die Bildungsanstalt uU besser, wenn sie gleich das gesam-
    te Werk öffentlich zugänglich macht. Zwar ist die Bereitstellung des gesamten Wer-
    kes nur zulässig, wenn sie zu Unterrichtszwecken erforderlich ist. Da insoweit aller-
    dings die Lehrfreiheit der Unterrichtskörper zu beachten ist (näher Rn 22), werden
    sich die Gerichte schwer tun, dies zu verneinen. Anders als bei den Zeitungs- und
    Zeitschriftenbeiträgen ist eine Begrenzung auf „einzelne" Werkteile nicht erfolgt, so-
    dass grds auch **viele Werkteile desselben Urhebers** verwertet werden dürfen, solan-
    ge kein kommerzieller Zweck dahinter steht und die Verwertung verhältnismäßig ist
    (§ 52a Abs. 1 aE). Bei Sammelwerken und mehrbändigen Werken ist auf das Sam-
    melwerk bzw das mehrbändige Werk insgesamt abzustellen. Freilich können auch
    Werkteile bis hin zu sehr kleinen Bruchteilen von Werken jeweils Werk iSd § 2 sein,
    vgl § 2 Rn 33 ff. Diesen Fall meint § 52a, der ein sinnvolles Arbeiten im Unterricht
    ermöglichen will, aber nicht, wie sich schon daraus ergibt, dass nicht schöpferische
    Werkteile ohnehin frei verwertet werden können, sodass es einer Schrankenregelung
    insoweit gar nicht bedarf.

10 Von **einzelne(n) Beiträgen** spricht man, wenn nur ein oder wenige der Beiträge der
    Zeitung bzw Zeitschrift, die nicht gesondert erhältlich sind, verwertet werden; die
    Grenze liegt bei etwa **40 %**. Als Zeitung ist dabei wie bei § 49 ein periodisch erschei-
    nendes Nachrichtenblatt mit aktuellem Inhalt gemeint, also auch eine wöchentlich er-
    scheinende Illustrierte oder ein Magazin, wenn sie diese Voraussetzungen erfüllen
    (vgl *Löffler* Presserecht, BT UrhR, Rn 144; *Schricker/Melichar* § 49 Rn 5). Zeit-
    schriften sind Illustrierte und auch Fachzeitschriften, sofern sie aktuelle Themen be-
    handeln (*Schricker/Melichar* § 49 Rn 7).

11 **Werke geringen Umfangs** sind Werke, die auf einer nach Größenverhältnissen auf-
    gemachten Skala aller denkbaren Werke eher im unteren Bereich rangieren. Dazu zäh-
    len zB kürzere Gedichte und Tonfolgen, kurze Artikel und Lieder einschließlich der
    Liedertexte und uU sogar Erzählungen und Novellen, wenn sie nicht zu umfangreich

sind (*RGZ* 80, 78 f.). Nach der amtl. Begr. der Beschlussempfehlung des Rechtsausschusses (BT-Drucks. 15/837 v. 9.4.2003) sollen sogar **Monografien** Werke geringen
Umfangs sein. Mit dem Wortlaut des § 52a steht diese Annahme aber in den meisten
Fällen nicht in Einklang. Monografien sind meist dem äußeren und inneren Umfang
nach sehr umfangreich. Sieht man sie trotzdem als Werke geringen Umfangs an, bleiben praktisch kaum noch Werke übrig, die einen normalen oder großen Umfang haben. Auch wäre die Verhältnismäßigkeit, die § 52a Abs. 1 aE in Einklang mit Art. 5
Abs. 5 Harmonisierungsrichtlinie ausdrücklich fordert, nicht gegeben. Monografien,
zB Dissertationen, sind daher nur ausnahmsweise Werke von geringem Umfang.

Bei Kunstwerken und bei Lichtbildwerken macht eine Begrenzung, die auf den äu- **12**
ßeren Umfang der Werke abstellt, im Allgemeinen wenig Sinn, weil sich das schöpferische Schaffen der Person bei diesen Werken noch weniger als bei Sprach- und
Musikwerken am Umfang des Werkes festmachen lässt; ein seiner Größe nach kleiner Stich von Rembrandt überragt die riesige bemalte Leinwand eines Laien künstlerisch um ein Vielfaches. Hier kommt es vor allem auf den inneren Umfang an.

Anders als bei den Zeitungs- und Zeitschriftenbeiträgen dürfen in den Grenzen der **13**
Verhältnismäßigkeit auch **viele Werke desselben Urhebers** verwertet werden, solange dies nicht kommerziellen Zwecken dient (§ 52a Abs. 1 aE). Stets muss die Verhältnismäßigkeit aber noch gewahrt sein (§ 52a Abs. 1 aE).

b) Verwertungszweck. Die Verwertung muss der Veranschaulichung im Unterricht **14**
an Schulen, Hochschulen, nichtgewerblichen Einrichtungen der Aus- und Weiterbildung oder an Einrichtungen der Berufsbildung dienen. Der Begriff des **Unterrichts**
deckt sich dabei mit dem in § 53 Abs. 3 Ziff. 1 Verwandten, wird aber im Gegensatz
zu diesem um weitere Veranstaltungen ergänzt. Danach wird nicht nur die Lehrveranstaltung in allgemeinbildenden Schulen erfasst, sondern auch in sonstigen Schulen
wie Berufsschulen und Sonderschulen, unabhängig ob sie staatlich betrieben oder
nur staatlich anerkannt sind. § 52a Abs. 1 Ziff. 1 stellt ausdrücklich klar, dass außerdem, soweit damit noch nicht erfasst, auch der gesamte Bereich der Berufsbildung
iSd Berufsbildungsgesetzes in den Genuss der Privilegierung einbezogen ist, also
auch die betriebliche Unterrichtung von Auszubildenden in Betrieben und überbetrieblichen Ausbildungsstätten. § 52a Abs. 1 Ziff. 1 ordnet an, dass darüber hinaus
auch der von § 53 Abs. 3 Ziff. 1 nicht erfasste Bereich der **Hochschulen**, also vor allem von Universitäten, Fachschulen und Volkshochschulen, die der Erwachsenenbildung dienen, privilegiert wird. Dadurch wollte man die Wettbewerbsfähigkeit deutscher Hochschulen im int. Vergleich gewährleisten.

Von einer **Veranschaulichung** zum Zwecke des Unterrichts spricht man, wenn es bei **15**
der Verwertung darum geht, den Lehrstoff plastischer oder leichter verständlich zu
machen. Eine unterstützende Wahrnehmbarmachung reicht aus, wobei es den Lehr-
körpern iRd Freiheit der Lehre weitgehend selbst überlassen bleiben muss zu entscheiden, ob sie ihren Unterricht durch erg. Material unterstützen. Keine Veranschaulichung mehr ist die rein belustigende oder dekorative Darstellung, selbst wenn sie
dazu dient, die Aufmerksamkeit der Schüler zu gewinnen und diese so für den Unterricht empfänglicher zu machen.

Zweck der Verwertung muss der Unterricht **an** eben der Schule bzw den genannten
Einrichtungen sein. Das heißt nicht, dass die eigentliche Verwertungshandlung in der

Schule stattfinden muss, sondern nur, dass sie dem Unterricht dort dienen muss. Eine den Unterricht vorbereitende Verwertung iSd § 52a Abs. 1 Ziff. 1 ist zulässig, solange sie unmittelbar eine konkrete Unterrichtsstunde vorbereiten soll, nicht jedoch die allg. Fortbildung der Lehrer.

16 **c) Bestimmt abgegrenzter Kreis von Unterrichtsteilnehmern.** Verwertet werden darf nur, um das Werk einem bestimmt abgegrenzten Kreis von Unterrichtsteilnehmern zugänglich zu machen. Ob der Kreis, dem die Veranstaltung zugänglich ist, bestimmt abgegrenzt ist, richtet sich danach, ob er unter Berücksichtigung des **Zwecks** des § 52a Abs. 1 Ziff. 1, die Veranschaulichung zu Unterrichtszwecken zu ermöglichen, noch **überschaubar** ist. Bestimmt abgegrenzt ist der Kreis der Schüler einer Klasse. Zu ihm gehören alle Personen, die der Klasse, in welcher der Lehrstoff gelehrt wird, zugewiesen sind, die also „in diese Klasse gehen". Sitzen gebliebene Schüler gehören ebenso dazu wie Schüler, die eine Klasse überspringen sollen und probeweise am Unterricht teilnehmen. Personen, die im regelmäßigen Schulbetrieb die Klasse besuchen, wie etwa das Prüfungskomitee bei einer von einem Referendar geleiteten Klasse, stehen ihnen gleich. Maßgeblich ist auch hier die Zweckbestimmung, die freilich aus Sicht eines objektiven Dritten an der Stelle des Lehrkörpers festzustellen ist. **Erweitert sich unvorhergesehen und vorübergehend der Kreis** der Wahrnehmenden, weil während des Unterrichts ein früherer Schüler oder die Mutter eines Schülers hereinkommen, muss die Wahrnehmbarmachung des Werkes nicht abgebrochen werden. Kommen solche Erweiterungen aber häufiger vor, kann das dafür sprechen, dass der Kreis der Unterrichtsteilnehmer nicht bestimmt abgegrenzt ist.

17 **Nicht bestimmt abgegrenzt** sind Personenkreise, die sich im Laufe kurzer Zeit beliebig erweitern können, wie etwa jener der **Vorlesungsteilnehmer** an größeren Universitäten, wenn weder durch zahlenmäßige Begrenzung der Teilnehmer einer Vorlesung bei gleichzeitig bestehendem Einschreibezwang noch durch die an sehr kleinen Universitäten mögliche persönliche Verbundenheit zwischen Studenten und Professoren gewährleistet ist, dass immer dieselben Studenten kleinerer Zahl an der fraglichen Vorlesung teilnehmen.

18 **Hingegen fallen unter § 52a** solche **Tutorien**, bei denen eine solche Einschreibung regelmäßig Pflicht ist, selbst wenn regelmäßig einige der Eingeschriebenen fehlen; hier dürfen also unter den weiteren Voraussetzungen des § 52a Abs. 1 Ziff. 1 Werke durch Netzwerkeinsatz öffentlich zugänglich gemacht werden. **Schulklassen** werden ebenso erfasst wie zum Zwecke der Forschung gebildete **Arbeitsgruppen** an Universitäten.

3. Rechtsfolgen

19 **a) Verwertungshandlungen.** Zulässig ist es unter den genannten Voraussetzungen, die fraglichen Werke **öffentlich zugänglich** zu machen, soweit das für den jeweiligen Zweck geboten und zur Verfolgung nicht kommerzieller Zwecke gerechtfertigt ist (§ 52a Abs. 1). § 52a Abs. 1 Ziff. 1 schränkt das ausschließliche Recht des Urhebers auf öffentliche Zugänglichmachung (§ 19a) ein. Er setzt damit voraus, dass es sich um ein Zugänglichmachen **auf Abruf**, zB von der Festplatte oder dem A-Laufwerk des universitätseigenen **Servers**, handelt; s. näher die Kommentierung zu

§ 19a. Öffentlich zugänglich gemacht wird aber auch dadurch, dass Materialien mittels **Bild- oder Tonträgern** oder von der **Festplatte eines Einzelarbeitsplatzes** aus, der aber für eine Vielzahl von persönlich nicht miteinander oder mit dem Veranstalter verbundenen Nutzern zugänglich ist, abrufbar gemacht werden. Nur unter den Voraussetzungen des § 52a ist dies ohne Zustimmung des Urhebers zulässig.

Ohne dass dies ausdrücklich klargestellt worden wäre, wird dadurch auch das **Senderecht** (§ 20) des Urhebers begrenzt, soweit es um die iRd Abrufs des bereitgestellten Werkes erforderliche Werkübermittlung geht. Würde man davon ausgehen, dass die Sendung und Wahrnehmbarmachung nur im privaten Bereich, also dort zulässig ist, wo § 20 schon gar nicht greift, würde § 52a Abs. 1 Ziff. 1 keinen Sinn machen, weil es dort an eben der Öffentlichkeit der Zugänglichmachung fehlt, wie sie sie auch § 19a voraussetzt. Darüber hinaus dürfen **Vervielfältigungsstücke** angefertigt werden, soweit sie zur öffentlichen Zugänglichmachung erforderlich sind (§ 52a Abs. 3). Vervielfältigt werden die fraglichen Werke zB dadurch, dass sie eingescannt und/ oder auf dem Server abgespeichert werden, von dem aus die Werke den Forschungsgruppen zugänglich gemacht werden. Nicht zur öffentlichen Zugänglichmachung erforderlich sind alle Nutzungshandlungen, welche die forschend Tätigen nach der Wahrnehmung des Werkes selbst vornehmen, die sich also zeitlich an die öffentliche Zugänglichmachung anschließen (**Folgeverwertung**), sowie Handlungen, die unabhängig von der öffentlichen Zugänglichmachung sind. Ob sie zulässig sind, bestimmt sich nach den allg. Vorschriften, insb. nach § 53. So können die Mitglieder einer Forschungsgruppe der Universität, welche die vom Universitätsserver abgerufenen Werke iRd Bearbeitung ausdrucken oder auf CD-ROM brennen wollen, sich hierfür nicht auf § 52a Abs. 1 Ziff. 2, wohl aber uU auf § 53 Abs. 1, 2 Nr. 1 stützen. Zwischenspeicherungen werden idR nach § 44a zulässig sein.   **20**

b) Nicht kommerziell. Zulässig ist nur die nicht-kommerzielle Verwertung. Verfolgt werden darf also weder unmittelbar noch mittelbar ein Erwerbszweck (vgl § 53 Rn 14 ff.). Für die Frage, ob ein Erwerbszweck verfolgt wird, kommt es nicht darauf an, ob die betr. Person gewerblich tätig werden möchte (vgl *BGH* NJW 1972, 1273, 1274 – Landesversicherungsanstalt; 1974, 1872, 1873 – Alters-Wohnheim). Auch wer überhaupt einen Erwerb bezweckt, handelt kommerziell. Das kann auch der Erwerb eines Dritten sein (vgl auch *BGH* NJW 1974, 1872, 1873 – Alters-Wohnheim). Eine Gewinnerzielungsabsicht ist nicht erforderlich. Wird ein Erwerbszweck verfolgt, sind die Voraussetzungen von § 52a nicht erfüllt, die Nutzung ist also unzulässig, soweit sie nicht lizenzvertraglich oder anderweit gesetzlich erlaubt ist.   **21**

c) Verhältnismäßigkeit. Die Verwertung ist nur insoweit zulässig, als dies zu dem jeweiligen Zweck geboten und zur Verfolgung der nicht-kommerziellen Zwecke gerechtfertigt ist. **Jeweiliger Zweck** ist der Unterrichtszweck, wobei als „Unterricht" jede Lehrveranstaltung an den unter § 52a Abs. 1 Ziff. 1 fallenden Einrichtungen gilt. Die Wahrnehmbarmachung einer Rechentabelle im Tutorium einer Mathematikvorlesung muss also zur Veranschaulichung des mathematischen Rechenwerks erforderlich sein, das gerade den Vorlesungsstoff bildet. Um diesen Zweck zu erreichen muss die Verwertung **geboten**, dh erforderlich sein. Daran fehlt es, wenn andere Möglichkeiten zur Verfügung stehen, um das Werk zugänglich zu machen. Die Erlangung einer **Lizenz** vom Urheber ist eine solche Möglichkeit, wenn die Lizenz mit zumutba-   **22**

rem Aufwand und zu angemessenen Bedingungen erhältlich ist. Da es grds Sache des Urhebers ist, die Konditionen zu bestimmen, zu denen er eine Lizenz vergeben möchte, können das auch Bedingungen sein, die sich von den üblichen unterscheiden, solange nicht von Missbrauch ausgegangen werden kann. Bei vielen im Internet auffindbaren Werken wird sie aber kaum realistisch sein. Darüber hinaus muss die Verwertung auch zur Verfolgung der nicht-kommerziellen Zwecke **gerechtfertigt** sein. Ob dies der Fall ist, ist durch Abwägung einerseits der Interessen des Urhebers, der sich auf den eigentumsrechtlichen Schutz seines Werkes berufen kann, und andererseits der Belange der Nutzungswilligen, der die Freiheit der Forschung anführen kann, zu ermitteln. Dabei ist auch zu berücksichtigen, dass es in § 52a Abs. 1 gerade darum geht, der Forschung und Lehre auch vor dem Hintergrund, die Wettbewerbsfähigkeit deutscher Schulen und Hochschulen zu gewährleisten, Erleichterungen zu verschaffen. Ist die beabsichtigte Nutzung unverhältnismäßig, fehlt für sie eine der Voraussetzungen der Schrankenregelung. Ist die Nutzung nicht lizenzvertraglich oder aufgrund anderer gesetzlicher Vorschrift erlaubt, kann der Urheber die Ansprüche aus § 97 geltend machen.

23   **d) Schranken-Schranken.** Das Änderungsverbot (§ 62) und die Quellenangabepflicht (§ 63) sind zu beachten. Siehe näher iE die Kommentierung zu §§ 62 und 63.

24   **e) Vergütung.** Für die Nutzung ist gem. § 52a Abs. 4 eine angemessene Vergütung zu zahlen. Der Anspruch kann nur durch eine **Verwertungsgesellschaft** geltend gemacht werden. Die Vergütung ist nicht Voraussetzung, sondern Folge des Eingreifens der Schrankenregelung. Wird sie nicht gezahlt, kann folglich der Nutzer nur auf Zahlung, nicht jedoch auf Unterlassung der Nutzung in Anspruch genommen werden.

III. Verwertung für die eigene wissenschaftliche Forschung (§ 52a Abs. 1 Ziff. 2, Abs. 2-4)

1. Überblick

25   § 52a Abs. 1 Ziff. 2 ermöglicht die öffentliche Zugänglichmachung von Werkteilen, Werken geringen Umfangs und einzelnen Zeitungs- und Zeitschriftenbeiträgen für einen bestimmt abgegrenzten Personenkreis für deren eigene wissenschaftliche Forschung, wenn die Werke veröffentlicht sind und die öffentliche Zugänglichmachung zu dem jeweiligen Zweck geboten und zur Verfolgung nicht kommerzieller Zwecke gerechtfertigt ist.

2. Tatbestandsmerkmale

26   **a) Objekt der Schranke.** Objekt der Schrankenregelung des § 52a Abs. 1 Ziff. 2 können, wie bei § 52a Abs. 1 Ziff. 1, Werke aller Werkarten sein. Selbst **Datenbankwerke**, deren Elemente einzeln mit Hilfe elektronischer Mittel zugänglich und die von § 53 teilweise ausgenommen sind (näher § 53 Rn 123 ff.), werden erfasst. Eine Ausnahme gilt für **Computerprogramme**; sie fallen nicht unter § 52a, weil für sie die Sonderregelungen der §§ 69a ff. gelten (näher Vor §§ 44a Rn 23 ff.). Diese sehen eine § 52a Abs. 1 Ziff. 1 entspr. Regelung nicht vor.

Für **Filmwerke** und für Werke, die für den **Unterrichtsgebrauch** an Schulen be- 27
stimmt sind, gelten die Einschränkungen des § 52a Abs. 2; näher oben Rn 5 f.

Die Anforderungen an die Werke bzw Werkteile, die nach § 52a Abs. 1 Ziff. 2 ver- 28
wertet werden sollen, unterscheiden sich nur in einem Punkte von dem des § 52a
Abs. 1 Ziff. 1, nämlich dadurch, dass die Werkteile, die neben Werken geringen Umfangs und einzelnen Zeitungs- und Zeitschriftenbeiträgen verwertet werden dürfen,
nicht notwendig klein sein müssen. Das eröffnet die Möglichkeit, auch Werke von
großem Umfang bis hin zu Sammelwerken, zB Lexika, den anderen Mitforschern
fast vollständig öffentlich zugänglich zu machen. Freilich muss immer noch ein
„Werkteil" vorliegen; davon kann dort nicht mehr gesprochen werden, wo praktisch
das gesamte Werk mit Ausnahme der ihm dienenden Teile wie dem Inhaltsverzeich-
nis, der Gliederung usw übernommen werden. Da dem aber leicht dadurch Genüge
getan werden kann, dass ein oder zwei Kapitel bzw bei Sammelwerken einige Bände
(vgl oben Rn 9) ausgenommen werden, ermöglicht § 52a eine sehr umfassende Verwertung praktisch aller Werkarten.

b) Verwertungszweck und Personenkreis. Die Verwertung muss ausschließlich 29
der eigenen wissenschaftlichen Forschung eines bestimmt abgegrenzten Personenkreises dienen. Im Gegensatz zu § 53 Abs. 2 Ziff. 1 verwendet das Gesetz nicht den
Begriff des eigenen wissenschaftlichen Gebrauchs, sondern den der eigenen wissenschaftlichen Forschung. Dadurch wird deutlich, dass eine auch vom Streben nach eigener Fortbildung getragene Information oder auch Fortbildung nicht ausreicht. Privilegiert sind vielmehr nur solche Personen, die mit dem Ziel tätig werden, selbst die
Wissenschaft voranzubringen, die also mit dem Anspruch forschen, Wissenschaft in
erster Linie zu **produzieren** und nicht zu konsumieren.

Voraussetzung ist, dass sie einen **abgegrenzten Kreis** bilden, der also nicht beliebig 30
erweiterbar ist. Ob der Kreis, dem das Werk zugänglich ist, bestimmt abgegrenzt ist,
richtet sich nach der Zweckbestimmung des § 52a Abs. 1 Ziff. 2, die eigene wissenschaftliche Forschung zu erleichtern. Stets muss der Kreis der Personen, an den sich
die öffentliche Zugänglichmachung wendet, noch überschaubar sein. Darüber hinaus
darf er nicht weiter reichen, als es zur eigenen wissenschaftlichen Forschung dieser
Personen erforderlich ist. Dass sich die betr. Personen gerade mit dem **Ziel der gemeinsamen Forschung** zusammen geschlossen haben, ist nicht erforderlich, wird
aber oft so sein. Der Gesetzgeber dachte, so die amtl. Begr. des Rechtsausschusses
(BT-Drucks. 15/837, 78), an kleine Forschungsteams.

§ 52a deckt zB die Bereitstellung von Materialien im **Intranet des Lehrstuhls** einer 31
Universität. Ebenso verhält es sich mit Arbeitsgruppen oder Kolloquien, in denen
Personen an verschiedenen **Diplom- oder Doktorarbeiten** unter einem gemeinsamen Forschungsthema zusammenarbeiten. Arbeitsgruppen von **Hochschullehrern**,
die in dessen Auftrag an verschiedenen Projekten forschen, fallen ebenfalls unter
§ 52a. Meist werden sie aber schon keine Öffentlichkeit darstellen, sodass es bereits
an einer öffentlichen Zugänglichmachung fehlt, wenn sie ein internes Netz aufbauen,
in dem sie sich Werke iSd § 19a wahrnehmbar machen.

Nicht unter § 52a fallen Arbeitsgruppen, die nur der Aufarbeitung bereits anerkann- 32
ten Wissens dienen, wie etwa eine **Gruppe von Studenten**, die sich auf das Examen
vorbereiten. Ihnen darf die Universität daher nur mit Zustimmung der Urheber Werke

on demand zur Verfügung stellen. Das gilt auch dann, wenn die Studenten, wie bei der Anfertigung einer Hausarbeit, produktiv tätig werden, weil es bei Hausarbeiten nur um die Anwendung des Gelernten, nicht um das Erarbeiten von Neuem geht; allerdings wird hier § 19a oft schon nicht eingreifen, weil es an der Öffentlichkeit fehlt. Auch den Teilnehmern von **Seminaren** und **Tagungen**, die bloß zum Zwecke des Erfahrungsaustausches zusammengekommen sind, dürfen seitens des Tagungsveranstalters erg. Materialien nicht nach § 52a zugänglich gemacht werden. Denn insoweit fehlt es an der forschenden Tätigkeit der Konsumenten. Ebenso deckt die Vorschrift nicht die Bereitstellung von Werken für Teilnehmer von **Veranstaltungen**, bei denen nicht, auch nicht als Zwischenschritt zu einer späteren Tätigkeit, das forschende Weiterkommen, sondern die **eigene Information** über Vorhandenes im Vordergrund steht.

33 Keinen abgegrenzten Kreis von Personen für deren eigene wissenschaftliche Forschung bildet eine Personengruppe, die beliebig **erweiterbar** ist. Die gemeinsame Eigenschaft als Student oder Bibliotheksbenutzer reicht also, weil der Kreis der Betroffenen beliebig erweiterbar ist, nicht aus, um bei der wechselseitigen Zugänglichmachung die Anwendung des § 52a Abs. 1 Ziff. 2 zu begründen. Vor allem **Universitäten** und **Bibliotheken**, die ihren Nutzern die Werke zugänglich machen wollen, können sich daher nicht pauschal auf § 52a berufen. Nicht nach dieser Vorschrift zulässig ist es insb., wie auch die amtl. Begr. zum Beschlussentwurf des Rechtsausschusses hervorhebt, Werke in das Intranet einer Universität einzustellen. Das bedeutet allerdings nicht zwangsläufig, dass jede Bereitstellung von Werken on demand in Universitäten und Büchereien verboten ist. So ist zB das Intranet des Lehrstuhls einer Universität, auf das nur die Lehrstuhlangehörigen zugreifen können, von § 52a Abs. 1 Ziff. 2 gedeckt.

34 Neben der Abgrenzung der Gruppe von Dritten ist für § 52a erforderlich, dass ihre Mitglieder die zugänglich gemachten Werke für ihre **eigene** wissenschaftliche Forschung verwenden. Daran fehlt es, wenn sie für einen Dritten tätig werden. Hier ist freilich genau zu prüfen, ob die Zugänglichmachung öffentlich und § 19a daher überhaupt einschlägig ist. Die einem Unternehmen angehörenden bezahlten Mitarbeiter forschen, wenn sie arbeitsvertraglich alle Rechte an künftigen Arbeitsergebnissen dem Unternehmen übertragen haben, für letzteres und betreiben keine eigene wissenschaftliche Forschung. Das gilt auch dann, wenn die Übertragung wegen Verstoßes gegen Formerfordernisse oder Abtretungsverbote unwirksam ist oder vereinbart wurde, dass die höchstpersönlichen und daher nicht übertragbaren Persönlichkeitsrechte am Geistesgut beim Forschenden verbleiben. Hingegen wird § 52a bei Personen, die zumindest auch im eigenen wissenschaftlichen Interesse tätig werden, nicht dadurch ausgeschlossen, dass sie **Unterstützung durch Dritte** erhalten, die insoweit für sie als Hilfspersonen tätig werden. Deshalb verliert das lehrstuhleigene Intranet die Privilegierung des § 52a Abs. 1 Ziff. 2 nicht dadurch, dass es auch für die am Lehrstuhl tätigen Hilfskräfte zugänglich ist. Ebenso wenig wird eine eigene wissenschaftliche Forschung dadurch ausgeschlossen, dass eine Person neben eigenen **auch fremde Interessen** verfolgt. Deshalb darf das Unternehmen Diplomanden, die ihre Diplomarbeit bei ihm anfertigen, die hierfür erforderlichen Werke im Intranet gem. § 52a Abs. 1 Ziff. 2 zugänglich machen.

3. Rechtsfolgen

a) Verwertungshandlungen. Die Rechtsfolge des § 52a Abs. 1 Ziff. 2 deckt sich   **35**
mit jener des § 52a Abs. 1 Ziff. 1, wobei die unterschiedliche Zielsetzung zu berücksichtigen ist. Neben der **öffentlichen Zugänglichmachung** (§ 52a Abs. 1) können
auch die **Vervielfältigung** (§ 52a Abs. 3) und die **öffentliche Sendung**, soweit sie
für die öffentliche Zugänglichmachung erforderlich sind, auf § 52a Abs. 1 Ziff. 2 gestützt werden. IRd Prüfung, ob die Zugänglichmachung erforderlich und zur Verfolgung nicht kommerzieller Zwecke gerechtfertigt ist, ist zum einen das Interesse des
Forschenden, der sich auf die Freiheit der Wissenschaft berufen kann, und sind zum
anderen die Belange des Urhebers, dessen Werk eigentumsrechtlichen Schutz genießt, gegeneinander abzuwägen.

b) Schranken-Schranken. Das Änderungsverbot (**§ 62**) und die Quellenangabe-   **36**
pflicht (**§ 63**) sind zu beachten.

c) Vergütung. Für die Nutzung ist gem. § 52a Abs. 4 eine angemessene **Vergütung**   **37**
zu zahlen. Der Anspruch kann nur durch eine Verwertungsgesellschaft geltend
gemacht werden. Die Vergütung ist nicht Voraussetzung, sondern Folge des Eingreifens der Schrankenregelung. Wird sie nicht gezahlt, kann folglich der Nutzer nur
auf Zahlung, nicht jedoch auf Unterlassung der Nutzung in Anspruch genommen
werden.

IV. Ausnahmen im Überblick

1. Computerprogramme

Auf Computerprogramme findet § 52a keine Anwendung. Hier gelten die Sonderbe-   **38**
stimmungen der §§ 69a ff., die eine entspr. Beschränkung des ausschließlichen
Rechts des Urhebers nicht vorsehen. Ist es nur mit Hilfe eines Computerprogramms
möglich, Teile eines Datenbankwerks im Intranet eines universitären Lehrstuhls zu
installieren, benötigt die Universität daher für die Programmnutzung eine Lizenz des
Urhebers. Das Suchprogramm einer Datenbank, die nach § 52a Abs. 1 Ziff. 2 verwertet werden soll, darf ohne Zustimmung des Urhebers nicht mit auf die Festplatte
des Servers gespielt werden. Erst recht deckt § 52a nicht die Vervielfältigung der für
den Betrieb der Software des Netzwerks einer Universität erforderlichen Computerprogramme.

2. Für den Unterrichtsgebrauch an Schulen bestimmte Werke

Bei Abs. 3 handelt es sich um ein Zugeständnis an die Schulverlage, die im Gesetz-   **39**
gebungsverfahren die Auffassung vertreten hatten, sie würden durch die Gesetzesreform enteignet. Die Vorschrift nimmt Werke vom Anwendungsbereich des § 52a aus,
die für den Unterrichtsgebrauch an Schulen bestimmt sind. Maßgeblich ist nicht die
vom Urheber, ggf sogar noch nachträglich, gewählte Zweckbestimmung, sondern der
Eindruck des Werkes auf eine objektive dritte Person an der Stelle der von § 52a
Abs. 1 Ziff. 1 Privilegierten. Wie iRd § 46 Abs. 1 auch kann sie sich aus **inneren und
äußeren Merkmalen** ergeben (vgl *BGH* NJW 1992, 1686, 1687 – Liedersammlung)
und ist durch **Gesamtschau** (vgl *BGH* NJW 1992, 1686, 1689 – Liedersammlung)
festzustellen. Indiz kann sein, ob das Werk schon im Unterricht verwandt wurde.

Liegt die Zweckbestimmung eines Werkes als Unterrichtswerk vor, ist die Anwendung des § 52 Abs. 2 S. 1 nicht schon deshalb ausgeschlossen, weil das Werk wider der objektiven Erwartung auch privat genutzt wird. Ohnehin ist anders als iRd § 46 nicht erforderlich, dass das Werk **ausschließlich** Unterrichtszwecken dient; es reicht aus, wenn dies ganz überwiegend der Fall ist.

40 Unter § 52a Abs. 2 S. 1 fallen **Werke jeder Werkart**, also zB Schriftwerke (Lesebuch der Grundschule), Musikwerke (Audio-CD für den Musikunterricht) und wissenschaftliche und technische Darstellungen (Formelbuch für den Mathematikunterricht). Auf Computerprogramme findet § 52a allerdings insgesamt keine Anwendung. Ob sich der Herausgeber bzw Verleger der Werke für deren Erstellung auf eigene Urheberrechte, auf Lizenzen oder auf die gesetzliche Schranke des **§ 46** stützen kann, ist für § 52a Abs. 1 Ziff. 1 ohne Belang und spielt nur insoweit eine Rolle, als es um die Klagebefugnis geht. Unterricht iSd § 52a Abs. 2 ist jede Lehrveranstaltung an den durch die Vorschrift privilegierten Instituten, also auch eine solche der Erwachsenenbildung an Hochschulen und in der Berufsbildung.

3. Filmwerke

41 Filmwerke sind von § 52a nicht ausgeschlossen, es gilt aber die Einschränkung des § 52a Abs. 2 S. 2. § 52a deckt danach nicht die öffentliche Zugänglichmachung solcher Filme, bei denen seit dem Beginn der regulären Auswertung noch nicht mindestens zwei Jahre verstrichen sind. Die **Fristberechnung** erfolgt nach §§ 187 Abs. 2, 188 Abs. 2 BGB. Die Frist beginnt also mit dem Tag, der dem Beginn der regulären Auswertung folgt, und endet mit Ablauf des Tages nach zwei Jahren, der diesem Tag nach seinem Datum vorangeht. Maßgeblich ist der Beginn der Auswertung in **deutschen Filmtheatern** (amtl. Begr. des Rechtsausschusses v. 9.4.2003 zu § 52 Abs. 2). Ob eine Maßnahme eine solche der regulären Auswertung ist, ist aus der Sicht der mit dieser Auswertung regelmäßig befassten Verkehrskreise, also der Filmindustrie, der Filmurheber und der Filmtheater, zu beantworten.

42 Der Gesetzgeber ging davon aus, dass eine zweijährige Ausnahme von Filmwerken wegen der für den Film typischen Staffelung der Auswerkung (Verwertungskaskade) notwendig, aber auch ausreichend sei. Keine Rolle spielt für § 52a Abs. 2 S. 2, ob die **Auswertung** des betr. Filmes im Einzelfall schon **abgeschlossen** ist. Daher können auch solche Filme im Unterricht gezeigt werden, die noch intensiv ausgewertet werden. Laufen sie gerade im Fernsehen, kann aber die Verhältnismäßigkeit der Verwertung fraglich sein, näher Rn 22. Ohnehin empfiehlt sich für die verwertende Partei die Prüfung, ob nicht § 47 einschlägig ist, der nämlich keine Vergütungspflicht vorschreibt.

4. Datenbankwerke

43 **Für Datenbankwerke gilt keine Ausnahme.** Das bedeutet, dass selbst Datenbankwerke, deren Elemente einzeln mit Hilfe elektronischer Mittel zugänglich sind und auf die § 53 nur eingeschränkt anwendbar ist, gem. § 52a genutzt werden dürfen.

V. Vergütungspflicht im Überblick

1. Anspruch auf angemessene Vergütung

Die Nutzung von Werken bzw Werkteilen nach § 52a Abs. 1 ist gem. § 52a Abs. 4 **44** vergütungspflichtig. Zu zahlen ist eine angemessene Vergütung. Welche Vergütung angemessen ist, bemisst sich nach den **üblicherweise** für die öffentliche Zugänglichmachung verlangten und gezahlten Sätzen. Neben der Art und dem Umfang des Werkes selbst spielt vor allem eine Rolle, wie umfangreich das Werk genutzt wird, also vor allem wie vielen Nutzern es öffentlich zugänglich gemacht werden soll. Soweit entspr. Tarife der Verwertungsgesellschaften existieren, können sie herangezogen werden. Auch Parallelen zu anderen, aber vergleichbare Sachverhalte regelnden Tarifen sind denkbar, so zB zu den für die Nutzung musikalischer Werke des GEMA-Repertoires zu Zwecken des Music-on-demand ohne Download beim Endnutzer bestehenden Tarifen.

Zu beachten ist, dass § 52a Abs. 4 die Vergütungspflicht auf die öffentliche Zugäng- **45** lichmachung nach § 52a Abs. 1 beschränkt. Der Gesetzgeber ging davon aus, dass die Vervielfältigungen, die für die öffentliche Zugänglichmachung erforderlich sind, von § 52a Abs. 4 „mit erfasst" sei (so die amtl. Begr. des Rechtsausschusses zu § 52a Abs. 4). Das kann im Hinblick auf den ausdrücklichen Wortlaut der Vorschrift allerdings nicht bedeuten, dass derartige Vervielfältigungshandlungen die Höhe der Vergütung iSd § 52a Abs. 4 irgendwie beeinflussen. Darf das Werk zugleich auch iSd § 52a Abs. 3 **vervielfältigt** werden, spielt das für die Höhe der Vergütung also keine Rolle. Ebenso wenig ist von Bedeutung, wie intensiv das **Senderecht** durch die mit der Werkübermittlung erforderliche Sendung der öffentlichen Zugänglichmachung berührt wird.

2. Verwertungsgesellschaftspflicht

Der Anspruch auf angemessene Vergütung steht zwar dem Urheber zu, kann aber nur **46** durch eine Verwertungsgesellschaft geltend gemacht werden. Das schließt nicht aus, dass sich der Nutzungswillige nachträglich gegenüber dem Urheber zusätzlich auch **vertraglich** zur Vergütung verpflichtet; eine von vornherein bestehende Möglichkeit zur Erlangung einer Lizenz führt hingegen dazu, dass § 52a Abs. 1 unanwendbar ist, weil es an der Verhältnismäßigkeit fehlt (näher Rn 22).

Welche Verwertungsgesellschaft die Ansprüche aus § 52a Abs. 3 geltend macht, **47** hängt bislang noch von der Art des Werkes ab, das verwertet wurde. Geht es zB um Schriftwerke, ist die VG WORT zuständig, sind Musikwerke betroffen, wird die GEMA tätig. Es ist aber davon auszugehen, dass es künftig zur Schaffung einer gemeinsamen Einzugsstelle der Verwertungsgesellschaften und ggf auch zum Abschluss von Rahmenverträgen mit den Verwertern kommen wird.

Die **Vermutung** der Wahrnehmungsbefugnis der Verwertungsgesellschaften nach **48** § 13b Abs. 1 WahrnG erstreckt sich nur auf den vorbereitenden Auskunftsanspruch, wie sich im Umkehrschluss aus § 13b Abs. 2 ergibt, in dem zB der Vergütungsanspruch aus § 49 nicht aufgezählt ist. Nach der zutr. Auffassung des *OLG München* (ZUM 2000, 243, 245 f.) greifen jedoch die für die sog. GEMA-Vermutung entwickelten Grundsätze ein, sodass die Sachbefugnis der Verwertungsgesellschaft zu vermuten ist, wenn sie in dem betr. Bereich faktisch eine Monopolstellung einnimmt.

VI. Schranken-Schranken im Überblick

1. Änderungsverbot

49 Änderungen am Werk bzw Werkteil dürfen nur in dem in § 62 beschriebenen Rahmen vorgenommen werden. § 62 Abs. 4 greift dabei nicht, weil er seinem ausdrücklichen Wortlaut nach nur für die Schrankenregelung des § 46 gilt. Änderungen am Werk können aber vor allem nach § 62 Abs. 1 S. 2 iVm § 39 Abs. 2 zulässig sein, wenn der Urheber sie nach Treu und Glauben nicht versagen kann.

2. Quellenangabepflicht

50 Wer das Werk nutzt, hat gem. § 63 Abs. 2 S. 2 stets die Quelle einschließlich des Namens des Urhebers anzugeben, außer wenn dies nicht möglich ist. Wegen der Einzelheiten wird auf die Kommentierung zu § 63 verwiesen.

VII. Befristung

51 § 52a ist im Interesse der Schulbuchverlage, der wissenschaftlichen Verlage und der Filmindustrie bis zum 31.12.2006 befristet worden (§ 137k). Der Rechtsausschuss hat die Bundesministerin der Justiz zudem aufgefordert, im Hinblick auf die Befürchtungen der wissenschaftlichen Verleger vor unzumutbaren Beeinträchtigungen durch die neue Regelung des § 52a sorgfältig zu beobachten, wie sich das Gesetz in der Praxis auswirkt. Sollte es wider Erwarten zu wesentlichen Missbräuchen und Beeinträchtigungen der Verwertungsrechte der Verlage kommen, erwartet der Rechtsausschuss einen unverzüglichen Vorschlag der Bundesregierung zum korrigierenden Eingreifen des Gesetzgebers.

VIII. Beispiele

52 Nach **§ 52a Abs. 1** zulässig ist es, wenn im Intranet des Fachbereichs Rechtswissenschaften einer Universität, auf das nur die einzelnen Professuren, nicht aber Studenten oder Universitätsbenutzer zugreifen können, verschiedene Beiträge aus Fachzeitschriften sowie Fachaufsätze oder juristische Gutachten abrufbar sind (§ 52a Abs. 1 Ziff. 2). Dazu darf die Universität die Werke auch einscannen, auf CD-ROM brennen oder auf dem Server speichern (§ 52a Abs. 3). An das Intranet angeschlossen werden dürfen auch die juristischen Tutorien (§ 52a Abs. 1 Ziff. 1). Der Fachbereich Elektrotechnik einer kleinen Fachhochschule darf kurze Diplomarbeiten sowie Arbeitstabellen im Intranet bereitstellen, wenn die Werke nur von den Einzelarbeitsplätzen im Vorlesungsraum abgerufen werden können, wenn die Zahl der jeweiligen Vorlesungsteilnehmer klein ist und wenn sich die Studenten außerdem vor Semesterbeginn zu den Vorlesungen anmelden müssen (§ 52a Abs. 1 Ziff. 1). Die Schulen dürfen an den Einzel- bzw Gruppenarbeitsplätzen in den Unterrichtsräumen per Intranet die im Unterricht benötigten Materialien wie Gedichte, Rechenwerke, kurze Texte und Zeitungsausschnitte bereitstellen (§ 52a Abs. 1 Ziff. 1). Zu diesem Zwecke dürfen sie die Materialien auch einscannen (§ 52a Abs. 3).

53 **Nicht von § 52a Abs. 1 gedeckt** ist das Intranet einer Bücherei, auf das alle Nutzer zugreifen können. Ebenso wenig dürfen nach § 52a Abs. 1 **Mailing-Listen** errichtet werden, in die sich alle Interessierten einschreiben und in die sie fremde Artikel zu einem bestimmten Gebiet einstellen bzw aus der Liste abrufen können. Eine Universität darf die bei ihr eingereichten Dissertationen nicht auf dem **Bibliotheksserver** speichern und für alle Studenten öffentlich zugänglich machen. § 52a sagt nichts darüber aus, ob die Nutzer der Einzelarbeitsplätze einer Bibliothek **selbst mitgebrachte Bild- und Tonträger** einsetzen dürfen. Unzulässig ist es, wenn im Intranet einer Schule **neue Filme** bereitgestellt werden, selbst wenn diese im Unterricht besprochen werden. Der Fachbereich Datenverarbeitung einer Fachhochschule darf die von den Studenten benötigten **Computerprogramme** nicht ohne Erlaubnis der Urheber im Intranet zum Abruf bereitstellen.

§ 53 Vervielfältigungen zum privaten und sonstigen eigenen Gebrauch

(1) Zulässig sind einzelne Vervielfältigungen eines Werkes durch eine natürliche Person zum privaten Gebrauch auf beliebigen Trägern, sofern sie weder unmittelbar noch mittelbar Erwerbszwecken dienen, soweit nicht zur Vervielfältigung eine offensichtlich rechtswidrig hergestellte Vorlage verwendet wird. Der zur Vervielfältigung Befugte darf die Vervielfältigungsstücke auch durch einen anderen herstellen lassen, sofern dies unentgeltlich geschieht oder es sich um Vervielfältigungen auf Papier oder einem ähnlichen Träger mittels beliebiger photomechanischer Verfahren oder anderer Verfahren mit ähnlicher Wirkung handelt.

(2) Zulässig ist, einzelne Vervielfältigungsstücke eines Werkes herzustellen oder herstellen zu lassen

1. **zum eigenen wissenschaftlichen Gebrauch, wenn und soweit die Vervielfältigung zu diesem Zweck geboten ist,**
2. **zur Aufnahme in ein eigenes Archiv, wenn und soweit die Vervielfältigung zu diesem Zweck geboten ist und als Vorlage für die Vervielfältigung ein eigenes Werkstück benutzt wird,**
3. **zur eigenen Unterrichtung über Tagesfragen, wenn es sich um ein durch Funk gesendetes Werk handelt,**
4. **zum sonstigen eigenen Gebrauch,**
   a) **wenn es sich um kleine Teile eines erschienenen Werks oder um einzelne Beiträge handelt, die in Zeitungen oder Zeitschriften erschienen sind,**
   b) **wenn es sich um ein seit mindestens zwei Jahren vergriffenes Werk handelt.**

Dies gilt im Fall des Satzes 1 Nr. 2 nur, wenn zusätzlich

1. **die Vervielfältigung auf Papier oder einem ähnlichen Träger mittels beliebiger photomechanischer Verfahren oder anderer Verfahren mit ähnlicher Wirkung vorgenommen wird oder**
2. **eine ausschließlich analoge Nutzung stattfindet oder**
3. **das Archiv keinen unmittelbar oder mittelbar wirtschaftlichen oder Erwerbszweck verfolgt.**

Dies gilt in den Fällen des Satzes 1 Nr. 3 und 4 nur, wenn zusätzlich eine der Voraussetzungen des Satzes 2 Nr. 1 oder 2 vorliegt.

(3) Zulässig ist, Vervielfältigungsstücke von kleinen Teilen eines Werkes, von Werken von geringem Umfang oder von einzelnen Beiträgen, die in Zeitungen

oder Zeitschriften erschienen oder öffentlich zugänglich gemacht worden sind, zum eigenen Gebrauch

1. im Schulunterricht, in nichtgewerblichen Einrichtungen der Aus- und Weiterbildung sowie in Einrichtungen der Berufsbildung in der für eine Schulklasse erforderlichen Anzahl oder

2. für staatliche Prüfungen und Prüfungen in Schulen, Hochschulen, in nichtgewerblichen Einrichtungen der Aus- und Weiterbildung sowie in der Berufsbildung in der erforderlichen Anzahl

herzustellen oder herstellen zu lassen, wenn und soweit die Vervielfältigung zu diesem Zweck geboten ist.

(4) Die Vervielfältigung

a) grafischer Aufzeichnungen von Werken der Musik,

b) eines Buches oder einer Zeitschrift, wenn es sich um eine im wesentlichen vollständige Vervielfältigung handelt,

ist, soweit sie nicht durch Abschreiben vorgenommen wird, stets nur mit Einwilligung des Berechtigten zulässig oder unter den Voraussetzungen des Absatzes 2 Nr. 2 oder zum eigenen Gebrauch, wenn es sich um ein seit mindestens zwei Jahren vergriffenes Werk handelt.

(5) Absatz 1, Absatz 2 Nr. 2 bis 4 sowie Absatz 3 Nr. 2 finden keine Anwendung auf Datenbankwerke, deren Elemente einzeln mit Hilfe elektronischer Mittel zugänglich sind. Absatz 2 Nr. 1 sowie Absatz 3 Nr. 1 finden auf solche Datenbankwerke mit der Maßgabe Anwendung, dass der wissenschaftliche Gebrauch sowie der Gebrauch im Unterricht nicht zu gewerblichen Zwecken erfolgen.

(6) Die Vervielfältigungsstücke dürfen weder verbreitet noch zu öffentlichen Wiedergaben benutzt werden. Zulässig ist es jedoch, rechtmäßig hergestellte Vervielfältigungsstücke von Zeitungen und vergriffenen Werken sowie solche Werkstücke zu verleihen, bei denen kleine beschädigte oder abhanden gekommene Teile durch Vervielfältigungsstücke ersetzt worden sind.

(7) Die Aufnahme öffentlicher Vorträge, Aufführungen oder Vorführungen eines Werkes auf Bild- oder Tonträger, die Ausführung von Plänen und Entwürfen zu Werken der bildenden Künste und der Nachbau eines Werkes der Baukunst sind stets nur mit Einwilligung des Berechtigten zulässig.

§ 53 idF bis 12.9.2003

(1) Zulässig ist, einzelne Vervielfältigungsstücke eines Werkes zum privaten Gebrauch herzustellen. Der zur Vervielfältigung Befugte darf die Vervielfältigungsstücke auch durch einen anderen herstellen lassen; doch gilt dies für die Übertragung von Werken auf Bild- oder Tonträger und die Vervielfältigung von Werken der bildenden Künste nur, wenn es unentgeltlich geschieht.

(2) Zulässig ist, einzelne Vervielfältigungsstücke eines Werkes herzustellen oder herstellen zu lassen

1. zum eigenen wissenschaftlichen Gebrauch, wenn und soweit die Vervielfältigung zu diesem Zweck geboten ist,

2. *zur Aufnahme in ein eigenes Archiv, wenn und soweit die Vervielfältigung zu diesem Zweck geboten ist und als Vorlage für die Vervielfältigung ein eigenes Werkstück benutzt wird,*

3. *zur eigenen Unterrichtung über Tagesfragen, wenn es sich um ein durch Funk gesendetes Werk handelt,*

4. *zum sonstigen eigenen Gebrauch,*
   a) *wenn es sich um kleine Teile eines erschienenen Werks oder um einzelne Beiträge handelt, die in Zeitungen oder Zeitschriften erschienen sind,*
   b) *wenn es sich um ein seit mindestens zwei Jahren vergriffenes Werk handelt.*

(3) Zulässig ist, Vervielfältigungsstücke von kleinen Teilen eines Druckwerkes oder von einzelnen Beiträgen, die in Zeitungen oder Zeitschriften erschienen sind, zum eigenen Gebrauch

1. *im Schulunterricht, in nichtgewerblichen Einrichtungen der Aus- und Weiterbildung sowie in Einrichtungen der Berufsbildung in der für eine Schulklasse erforderlichen Anzahl oder*

2. *für staatliche Prüfungen und Prüfungen in Schulen, Hochschulen, in nichtgewerblichen Einrichtungen der Aus- und Weiterbildung sowie in der Berufsbildung in der erforderlichen Anzahl*

herzustellen oder herstellen zu lassen, wenn und soweit die Vervielfältigung zu diesem Zweck geboten ist.

(4) ...

(5) Absatz 1 sowie Absatz 2 Nr. 2 bis 4 finden keine Anwendung auf Datenbankwerke, deren Elemente einzeln mit Hilfe elektronischer Mittel zugänglich sind. Absatz 2 Nr. 1 findet auf solche Datenbankwerke mit der Maßgabe Anwendung, daß der wissenschaftliche Gebrauch nicht zu gewerblichen Zwecken erfolgt.

(6)-(7) ...

Literatur: *Bosak* Urheberrechtliche Zulässigkeit privaten Downloadings von Musikdateien, CR 2001, 176; *Freys* Das Recht der Nutzung und des Unterhalts von Archiven, Schriftenreihe UFITA, Bd 85, 1989; *Kreutzer* Napster, Gnutella & Co.: Rechtsfragen zu Filesharing-Netzen aus der Sicht des deutschen Urheberrechts de lege lata und de lege ferenda, GRUR 2001, 193; *Leupold/Demisch* Bereithalten von Musikwerken zum Abruf in digitalen Netzen, ZUM 2000, 379; *Loewenheim* Die urheber- und wettbewerbsrechtliche Beurteilung der Herstellung und Verbreitung kommerzieller elektronischer Pressespiegel, GRUR 1996, 636; *ders.* Urheberrechtliche Grenzen der Verwendung geschützter Dokumente in Datenbanken, 1994; *Malpricht* Über die rechtlichen Probleme beim Kopieren von Musik-CDs und beim Download von MP3-Dateien aus dem Internet, NJW-CoR 2000, 233; *Müller-Katzenburg* Offener Rechtsstreit um verhüllten Reichstag – Urheberrechtliche Aspekte von Christos Verpackungskunst –, NJW 1996, 2341; *Nordemann, W.* Die Vervielfältigung zur Aufnahme in ein eigenes Archiv (§ 54 Abs. 1 Nr. 2 UrhG), FS Hubmann, 1985, S. 325; *Nordemann, A./Schierholz/Nordemann, J./ Czychowski* Die Entwicklung der Gesetzgebung und Rechtsprechung zum Urheberrecht in den Jahren 1996 und 1997, NJW 1999, 422; *Paschke* Rechtsfragen des novellierten Fotokopierrechts – unter besonderer Berücksichtigung der Auswirkungen im Hochschulbereich, GRUR 1985, 949; *Poll/Brauneck* Rechtliche Aspekte des Gaming-Markts, GRUR 2001, 389; *Schack* Anmerkung zu BGH JZ 1999, 1000 = NJW 1999, 1953 – Kopienversanddienst, JZ 1999, 1007.

Dreyer

Übersicht

I. Entstehungsgeschichte und Regelungsgehalt

1. Geschichte

Schon § 15 Abs. 2 LUG und § 18 Abs. 1 KUG ließen die Vervielfältigung von Werken ohne Erlaubnis des Urhebers zu privaten Zwecken zu, wobei teilweise vorausgesetzt wurde, dass die Vervielfältigung nicht zu dem Zweck erfolgte, aus dem Werk Einnahmen zu erzielen. Die Vervielfältigung durch Übertragung auf Bild- und Tonträger wurde hingegen in enger Auslegung dieser Vorschriften als unzulässig angesehen, weil dadurch der Absatz von Schallplatten zum Nachteil der Urheber unangemessen benachteiligt werden könnte. Auch die fotomechanische Vervielfältigung wurde nicht ohne weiteres erlaubt (*BGH* NJW 1955, 1433 – Fotokopie; s. auch amtl. Begr. BT-Drucks. IV/270, 71). **1**

Das UrhG aus dem Jahre 1965 (BGBl I, 1273) sah ursprünglich eine Befugnis zur Vervielfältigung von Werken nur zum persönlichen Gebrauch vor. Erst durch das Gesetz zur Änderung von Vorschriften auf dem Gebiet des Urheberrechts v. 24.6.1985 (BGBl I, 1137) erhielt die Vorschrift im Wesentlichen die bis zum 12.9.2003 geltende Fassung. Die verbleibenden Änderungen beruhten auf Gesetz v. 9.6.1993 (BGBl I, 910) und Gesetz mit Wirkung zum 1.1.1998 (BGBl 1997 I, 1870). **2**

Durch das **zum 13.9.2003** in Kraft getretene Änderungsgesetz wurde die Vorschrift den Vorgaben der **Europäischen Richtlinie zur Harmonisierung des Urheberrechts** v. 22.5.2001 (ABlEG Nr. L 167/10 v. 22.6.2001) angepasst. Die dabei vorgenommene Umformulierung des § 53 dient nach den Vorstellungen des Gesetzgebers „vor allem der Klarstellung" (amtl. Begr. zu § 53, BT-Drucks. 15/38, 20; vgl auch amtl. Begr. der Beschlussempfehlung des Rechtsausschusses zu § 53 Abs. 5, BT-Drucks. 15/837, 80); hierzu näher unten Rn 29. Als Grundlage für **§ 53 Abs. 1** hat der Gesetzgeber Art. 5 Abs. 2a der Europäischen Richtlinie angesehen (amtl. Begr. zu § 53, BT-Drucks. 15/38, 20). Dieser ermöglicht zwar die Vervielfältigung durch natürliche Personen zum privaten Gebrauch, setzt aber einen gerechten Ausgleich der Rechtsinhaber voraus. Ob er trotz der seit Jahren unverändert niedrigen Kopierabgaben gewährleistet ist, muss sich angesichts der neuen §§ 95a ff. zum Schutz technischer Maßnahmen erst erweisen. **3**

Die in der alten Gesetzesfassung vorhandenen Möglichkeiten einer Vervielfältigung für den sonstigen eigenen Gebrauch nach **§ 53 Abs. 2** wurden im Hinblick auf den abschließenden Katalog des Art. 5 Abs. 2, 3 der Richtlinie eingeschränkt. Dabei stützt sich die Aufrechterhaltung aller Formen reprografischer Vervielfältigungen (vgl § 53 Abs. 2 S. 2 Nr. 1 nF) auf Art. 5 Abs. 2a der Richtlinie. Soweit lediglich eine analoge Nutzung stattfindet (§ 53 Abs. 2 S. 2 Nr. 2), soll Art. 5 Abs. 3o der Richtlinie **4** eine Beibehaltung der bestehenden Schrankenregelung rechtfertigen. Grundlage für § 53 Abs. 2 S. 1 Nr. 1 nF schließlich soll nach Auffassung des Gesetzgebers Art. 5 Abs. 2c der Europäischen Richtlinie sein (amtl. Begr. BT-Drucks. 15/38, 21).

5   **§ 53 Abs. 3** wurde dahingehend geändert, dass statt den kleinen Teilen eines erschienen Druckwerks kleine Teile aller erschienenen oder öffentlich zugänglichen Werke und entspr. Werke von geringem Umfang verwertet werden dürfen. Die Änderungen in § 53 Abs. 5, nach denen die Vervielfältigung elektronischer Datenbankwerke für den Gebrauch in staatlichen Prüfungen nicht und ihr Gebrauch im Unterricht nur zu nichtgewerblichen Zwecken zulässig ist, beruht auf der Erweiterung des § 53 Abs. 3.

6   Ein Änderungsantrag der Opposition im Gesetzgebungsverfahren, nach dem nur Werke „aus legalen Quellen" gem. § 53 Abs. 1 vervielfältigt werden dürfen, war abgelehnt worden (s. hierzu die Beschlussempfehlung und den Bericht des Rechtsausschusses, BT-Drucks. 15/837 v. 9.4.2003). Unter anderem aus diesem Grund hatte der Bundesrat den Vermittlungsausschuss angerufen (BT-Drucks. 15/1066 v. 27.5.2003). Im Vermittlungsverfahren hatte man sich auf die Beschlussempfehlung des Vermittlungsausschusses geeinigt, nach der **§ 53 Abs. 1 S. 1** um einen Ausschluss der Privatkopierfreiheit für den Fall der Verwendung einer offensichtlich rechtswidrig hergestellten Vorlage ergänzt wird.

2. Sinn und Zweck der Vorschrift

7   § 53 beruht auf der Erwägung, dass mit der Vervielfältigung urheberrechtsgeschützter Werke für den Privatgebrauch und in den in § 53 Abs. 1-3 weiter geregelten Fällen keine fühlbaren finanziellen Einbußen verbunden seien, dass ein Verbot vor allem der privaten Vervielfältigung nicht wirksam durchgesetzt werden könnte und dass es deshalb zweckmäßig sei, die Vervielfältigung in den dortigen Fällen zuzulassen und etwaige Beeinträchtigungen des Urheberrechts lediglich durch eine – in §§ 54 ff. geregelte – Pauschalvergütung auszugleichen (vgl amtl. Begr. BT-Drucks. IV/270, 70 f. und 15/38, 20). Damit handelt es sich bei §§ 53 ff. um eine **gesetzliche Lizenz**, welche dem Interesse der Allgemeinheit an einer begrenzten Informationsfreiheit Rechnung trägt. Der Urheber erhält für den damit verbundenen Eingriff in das Urheberrecht zwar nach Maßgabe der **§§ 54 ff.** keine Einzel-, aber eine gesetzlich angeordnete **Pauschalvergütung**. Durch sie soll er für die Werknutzung entschädigt werden.

8   Der hinter der Vorschrift stehende Gedanke der kaum fühlbaren Beeinträchtigung des Urheberrechts durch Vervielfältigungen im privaten Bereich und zum sonstigen Gebrauch nach § 53 Abs. 2 und 3 kann durch die veränderten technischen Möglichkeiten jedoch heute kaum mehr herangezogen werden. Die vor allem durch das Medium des Internet umfassend gewährleisteten Zugangsmöglichkeiten zu allen kulturellen Bereichen, die qualitativ erheblich verbesserten technischen Möglichkeiten zur Vervielfältigung von Werken und die rasant gesunkenen Preise für Bild- und Tonträger sowie Vervielfältigungsgeräte aller Art lassen Zweifel aufkommen, ob das vom Gesetzgeber gewählte System der gesetzlichen Lizenz dem Grunde nach noch angebracht ist. Bedenken müssen aber jedenfalls im Hinblick auf die Höhe der seither nicht mehr angeglichenen Pauschalvergütung begründet sein, die eine angemessene Kompensation für den mit der Nutzung verbundenen Eingriff in das Urheberrecht wohl nicht mehr darzustellen vermag (s. hierzu schon den 2. Bericht über die Entwicklung der urheberrechtlichen Vergütung gem. §§ 54 ff. Stand 5.7.2000, abrufbar

im Internet unter http://www.bmj.bund.de). Die „Korrektur" über den Schutz technischer Maßnahmen, gegen die sich der durch § 53 Begünstigte eine Nutzung nur teilweise mit einem Anspruch auf Bereitstellung der zur Nutzung erforderlichen technischen Mittel erzwingen kann, ist demgegenüber jedenfalls der falsche Weg.

3. Systematik

In den § 53 Abs. 1-3 zählt der Gesetzgeber diejenigen Fälle auf, in denen die **Vervielfältigung (§ 16) auch ohne Zustimmung des Urhebers zulässig** ist. Wie § 53 Abs. 6 klarstellt, **entbindet die Vorschrift nicht von sonstigen Verwertungsverboten** und, abgesehen von den in § 53 Abs. 6 eigens aufgezählten Ausnahmen, insb. auch nicht vom Verbreitungsrecht des Urhebers aus § 17. Die Rspr weicht hiervon in Bezug auf das Verbreitungsrecht unter sehr engen Umständen ab, die im Zusammenhang mit der jeweiligen gesetzlichen Lizenz dargestellt werden. **9**

Die in den einzelnen Abs. bzw Ziff. des § 53 Abs. 1-3 aufgezählten Fälle einer gesetzlichen Lizenz schließen sich wechselseitig nicht aus und sind auch **nebeneinander anwendbar. Eingeschränkt werden sie durch § 53 Abs. 4, 5 und 7**; in den dortigen Fällen liegt schon keine gesetzliche Lizenz vor. **10**

Eine nach § 53 zulässige Nutzung ist **gem. §§ 54, 54a angemessen zu vergüten**. Die Vergütung erfolgt im Wege einer Hersteller-, Importeur-, Händler und Großnutzerabgabe, die mittelbar durch erhöhte Preise für Vervielfältigungen bzw Vervielfältigungsgeräte und -zubehör auf die Verbraucher umgelegt wird. Die Einzelheiten ergeben sich aus den Vorschriften der §§ 54a ff. sowie der Anlage zu § 54d Abs. 1. **11**

4. Konflikte mit dem Kopierschutz

Konflikte mit Kopierschutzmechanismen treten auf, wenn diese ein nach § 53 zulässiges Kopieren von Werken unmöglich machen. Das kann zB der Fall sein, wenn ein **SCMS** (Serial Copy Management System) das erlaubte Kopieren von Text-CDs faktisch unterläuft. Art. 6 Abs. 4 der Richtlinie zur Harmonisierung des Urheberrechts in der Informationsgesellschaft (ABlEG Nr. L 167/10 v. 22.6.2001) erlaubt den Mitgliedstaaten der Europäischen Union im Hinblick auf verschiedene Schrankenvorschriften den Erlass von Rechtsvorschriften, welche Umgehungen der Schrankenregelungen durch Einsatz solcher technischen Geräte und Programme verbieten. Eine Verpflichtung zum Erlass solcher Vorschriften besteht, was die Kopierfreiheit anbetrifft, jedoch nur insoweit, als die Sicherstellung der Anfertigung **papierner** Kopien gewährleistet werden soll (Art. 6 Abs. 4 S. 1 derselben RL). Hingegen sind die Mitgliedstaaten zum Erlass von Schutzvorschriften zur Durchsetzung der **digitalen** Kopierfreiheit lediglich berechtigt, aber nicht verpflichtet (Art. 6 Abs. 4 S. 2 der RL). Der deutsche Gesetzgeber hat von dieser Möglichkeit der nur eingeschränkten Durchsetzung der digitalen Kopierfreiheit Gebrauch gemacht. Nach § 95b Abs. 1 nF sind die Rechteinhaber zur Bereitstellung der für die Nutzung nach § 53 Abs. 1 erforderlichen technischen Mittel nur insoweit verpflichtet, als die analoge Vervielfältigung betroffen ist. Das wird spürbare Auswirkungen auf die private Kopierfreiheit haben. Denn die zur digitalen Vervielfältigung nach § 53 Abs. 1 Berechtigten sind, auch wenn sie nicht die Strafandrohung des § 108b trifft (vgl § 108b Abs. 1 aE nF), zur Wahrung technischer Maßnahmen, welche die Vervielfältigung des Werkes hindern sollen, verpflichtet; ein Selbsthilferecht steht ihnen nicht zu. Dabei hat der Ge- **12** setzgeber ausdrücklich nicht nach der Qualität der jeweiligen technischen Maßnahmen differenziert, sodass auch ein solcher Kopierschutz zu beachten ist, der bislang vom Nutzer einfach außer Kraft gesetzt werden konnte. Schließlich hat der Nutzer auch keine Möglichkeit, die Wiederherstellung einer nach § 53 Abs. 1 an sich bestehenden digitalen Kopierfreiheit anderweit durchzusetzen. Denn § 53 Abs. 1 stellt selbst keine Anspruchsgrundlage dar, sondern regelt lediglich den umgekehrten Fall der Beschränkung der Ansprüche des Urhebers im Falle der Verletzung seines Urheberrechts. Der Nutzer ist daher auf vertragliche oder gesetzliche Anspruchsgrundlagen gegen den Rechteinhaber bzw seinen Vertragspartner, von dem er die mit einem Kopierschutz ausgestatteten Informationsträger oder Geräte bezogen hat, angewiesen. Näher hierzu in den Kommentierungen von § 95a und § 95b.

II. Privater Gebrauch (§ 53 Abs. 1)

1. Allgemeines

13   Nach § 53 Abs. 1 ist es unter bestimmten Umständen zulässig, einzelne Vervielfältigungsstücke zum privaten Gebrauch herzustellen oder durch einen anderen herstellen zu lassen. Die bis zum 12.9.2003 geltende Textpassage, nach welcher die Übertragung von Werken auf Bild- oder Tonträger und die Vervielfältigung von Werken der bildenden Künste nur durch Dritte vorgenommen werden durfte, wenn letztere unentgeltlich tätig werden, ist zwar entfallen; da sich der nach § 53 Abs. 1 zur Vervielfältigung Berechtigte aber nur eines Dritten bedienen darf, wenn dies entweder unentgeltlich geschieht oder reprografisch vervielfältigt wird, sind inhaltliche Änderungen damit nicht verbunden. Schon bislang war anerkannt, dass Abbildungen von Werken der bildenden Künste, die allein einer reprografischen Vervielfältigung zugänglich wären, auch entgeltlich kopiert werden dürfen. Die Herstellungsbefugnis des Begünstigten wird durch die Regelungen in § 53 Abs. 4, 5 und 7 wieder eingeschränkt. Die Verbreitung und die öffentliche Wiedergabe der hergestellten Vervielfältigungsstükke ist nur in sehr engen Grenzen zulässig (§ 53 Abs. 6). Für die Vervielfältigung wird der Urheber unter den Voraussetzungen der §§ 54 ff. vergütet.

2. Private, keinem Erwerbszweck dienende Nutzung

14   Der Begriff des privaten Gebrauchs deckt sich mit dem des im UrhG von 1965 enthaltenen Begriff des persönlichen Gebrauchs. Lediglich aus Gründen der besseren Verständlichkeit wurde der Ausdruck „persönlicher Gebrauch" durch „privater Gebrauch" ersetzt (amtl. Begr. BT-Drucks. 10/837, 16). Die Vervielfältigung erfolgt dann zum **privaten Gebrauch**, wenn das Vervielfältigungsstück von der Person, welche es herstellt oder herstellen lässt, oder von den mit ihr durch ein persönliches Band verknüpften Personen in ihrer privaten Sphäre zur Befriedigung rein persönlicher Bedürfnisse und Interessen, dh **zu außerberuflichen und außererwerbswirtschaftlichen Zwecken**, gebraucht werden soll (*BGH* GRUR 1981, 355, 358 – Video-Recorder; vgl amtl. Begr. BT-Drucks. IV/270, 70). Die Neufassung des § 53 Abs. 1 stellt diesen auch schon bislang geltenden Grundsatz durch die Formulierung „sofern sie weder direkt noch indirekt Erwerbszwecken dienen" nochmals ausdrücklich klar.

15   Stets muss es sich um den Gebrauch einer **Privatperson** handeln. Vervielfältigungen durch eine juristische Person werden (amtl. Begr. zum RefE v. 18.3.2002 zu Nr. 13 – § 53) und wurden auch schon bislang (amtl. Begr. BT-Drucks. IV/270, 72) von § 53

Abs. 1 nicht erfasst. Der Gebrauch muss zumindest überwiegend rein persönlichen Bedürfnissen des Gebrauchenden dienen, sodass anders als bei § 53 Abs. 2 ein Gebrauch zu beruflichen oder erwerbswirtschaftlichen Zwecken ausscheidet (*BGH* NJW 1955, 1433, 1435 – Fotokopie; GRUR 1981, 355, 358 – Video-Recorder).

§ 53 Abs. 1 ist daher **nicht einschlägig**, wenn Angestellte eines **Erwerbsunternehmens** im gewerblichen Interesse dieses Unternehmens tätig werden. Das gilt unabhängig davon, ob die Vervielfältigungsstücke auf Anweisung leitender Stellen oder aufgrund Eigeninitiative der Angestellten hergestellt werden (*BGH* NJW 1955, 1433, 1435 – Fotokopie). Auch das Vervielfältigen zu **Ausbildungszwecken** fällt nicht unter § 53 Abs. 1, sondern kann nur als wissenschaftlicher Gebrauch nach § 53 Abs. 2 S. 1 Nr. 1 freigestellt sein (vgl *BGH* NJW 1955, 1433, 1435 – Fotokopie; **aA** *Rehbinder* Rn 256). Ebenso ist die Vervielfältigung nicht von § 53 Abs. 1 gedeckt, wenn der Nutzer sie zum Zwecke des **Tausches** oder Gebrauchs im Rahmen eines **File-Sharing-Systems** anfertigt (so zutr. *Kreutzer* GRUR 2001, 193, 200). **16**

3. Zu vervielfältigendes Werk

a) Werkgattung. Vervielfältigt werden dürfen grds Werke **aller Werkgattungen**. Davon ausgenommen sind nach § 53 Abs. 5 **Datenbankwerke** (§ 4 Abs. 2), deren Elemente einzeln mit Hilfe **elektronischer Mittel** zugänglich sind; hier gelten ausschließlich die Sonderregelungen des § 55a. Auf Datenbankwerke, deren Elemente auf andere Weise als elektronisch zugänglich sind, wie zB ein sehr übersichtlich geordneter Karteikartenkasten mit Informationen zu verschiedenen Themen, findet § 53 Abs. 1 hingegen uneingeschränkt Anwendung. Auf **Computerprogramme** ist § 53 stets unanwendbar; hier gelten die Sonderbestimmungen der §§ 69a ff. **17**

b) Eigentumsverhältnisse. Nicht erforderlich ist, dass zur Vervielfältigung ein **eigenes** Werk benutzt wird, wie sich im Umkehrschluss aus § 53 Abs. 2 S. 1 Nr. 2 ergibt (*BGH* NJW 1999, 1953, 1954 – Kopienversanddienst). Das Werk muss auch weder **veröffentlicht** noch **erschienen** sein, wie die §§ 53 Abs. 2 S. 1 Nr. 4a und Abs. 3 zeigen. Zum privaten Gebrauch darf man daher auch einen bislang noch nicht veröffentlichten Aufsatz des Urhebers kopieren. **18**

c) Rechtmäßigkeit des Erwerbs. Als Vervielfältigungsvorlage muss stets ein **rechtmäßig erworbenes Werkstück** dienen. Es versteht sich von selbst, dass ein rechtswidriger Erwerb eines Werkes nicht dadurch legitimiert werden kann, dass unter den Voraussetzungen des § 53 Vervielfältigungsstücke gefertigt werden (*KG* GRUR 1992, 168, 169; *Fromm/Nordemann* § 53 Rn 4). Wie sich im Umkehrschluss aus § 53 Abs. 2 S. 1 Nr. 2 ergibt, erstreckt sich das Erfordernis des rechtmäßigen Erwerbs nicht notwendig auf das Eigentum. Auch ein Werkstück, an dem der Vervielfältiger rechtmäßig iSd §§ 854 ff. BGB „nur" den Besitz erworben hat, reicht aus. Bedeutsam wird die Problematik, wenn urheberrechtsgeschützte und gegen den Willen des Urhebers im **Internet** abrufbare Musik von Privatpersonen unter rechtmäßiger Ausnutzung ihres Internet-Zugangs abgerufen und auf der Festplatte oder einem Medium gespeichert wird. **19**

d) Rechtmäßigkeit der Vorlagenerstellung. Bislang stellte sich darüber hinaus die Frage, ob ungeschriebenes Tatbestandsmerkmal des § 53 Abs. 1 zusätzlich zur rechtmäßigen Erlangung auch die **rechtmäßige Herstellung der Kopiervorlage** ist (be- **20**

jahend *Leupold/Demisch* ZUM 2000, 379, 384 f.; verneinend *Malpricht* NJW-CoR 2000, 233, 234). **Nach neuem Recht** setzt die Privatkopierfreiheit als negatives Element ausdrücklich voraus, dass keine **offensichtlich rechtswidrig hergestellte Vorlage** zur Vervielfältigung verwendet wird (§ 53 Abs. 1 S. 1 aE). Daraus ergibt sich, dass die Rechtswidrigkeit der Herstellung der Vorlage für sich genommen unschädlich ist, außer wenn sie offensichtlich ist. Auch in **Altfällen** ist die Rechtswidrigkeit der Vorlagenerstellung unschädlich, wenn sie nicht offensichtlich ist. Denn es besteht ein Bedürfnis nach Rechtssicherheit, das nur befriedigt werden kann, wenn sich der Vervielfältiger darauf verlassen darf, ein rechtmäßig erlangtes Werkstück in der in § 53 genannten Art nutzen zu dürfen und nicht mit Abmahnkosten belastet zu werden, wenn sich erst durch eine Abmahnung herausstellt, dass das Werkstück von einem Vorbesitzer rechtswidrig hergestellt wurde. Umgekehrt kann sich der Urheber im Allgemeinen dadurch schützen, dass er gegen den Hersteller der unrechtmäßigen Vorlage vorgeht. Wie sich aus § 53 Abs. 6 ergibt, pflegt der Gesetzgeber aus diesem Grund das Erfordernis der rechtmäßigen Herstellung eigens zu nennen, wenn es denn bestehen soll. Da ein entspr. Hinweis in § 53 Abs. 1 aF fehlte, kam es für die Privatkopierfreiheit folglich bislang nur auf den rechtmäßigen Erwerb der Vorlage, nicht jedoch auf deren rechtmäßige Herstellung an. Ist die Rechtswidrigkeit der Vorlagenherstellung offensichtlich, wird man allerdings auch nach altem Recht nicht von der Rechtmäßigkeit der Herstellung von Privatkopien ausgehen können. Jedes Recht findet seine Grenze am Rechtsmissbrauch. Erst recht unterliegen dieser Beschränkung Rechtspositionen, die wie die Privatkopierfreiheit nicht als Recht, sondern nur als Beschränkung des Rechts eines anderen ausgestaltet sind. Wer offensichtlich urheberrechtsverletzend angefertigte Vorlagen vervielfältigt und dadurch den Rechtsverstoß perpetuiert, handelt rechtsmissbräuchlich.

21 **Rechtswidrig** hergestellt ist die Vorlage, wenn sie unter Verletzung von Urheberrechten angefertigt wurde. Nur die urheberrechtliche Sachlage ist entscheidend; dass andere Gesetze, etwa Wettbewerbsrecht, bei der Herstellung verletzt wurde, ist ohne Belang. Rechtswidrig muss die **Herstellung** der Vorlage gewesen sein, also die Vervielfältigung des Originals. Es reicht nicht aus, wenn das Original oder ein vom Berechtigten stammendes Vervielfältigungsstück nur unter Verletzung von Urheberrechten verfügbar gemacht wird. Da mit jedem Aufspielen des Werkes auf den Server ein Vervielfältigungsvorgang, also ein „Herstellen" verbunden ist, wird der Bereich des Internet aber abgedeckt. „**Offensichtlich**" rechtswidrig ist die Herstellung der Vorlage nur, wenn sie sich geradezu aufdrängt, also für jedermann auf der Hand liegt. Dass eine eingehendere Prüfung der Umstände des Einzelfalls zu dieser Erkenntnis führen würde, reicht hierfür nicht aus. Heranzuziehen sind alle Umstände, die dem Vervielfältiger bekannt sind; Umstände, vor denen er treuwidrig die Augen verschließt, stehen ihnen gleich. Anhaltspunkte für die Rechtswidrigkeit der Vorlagenanfertigung können sich aus allen Umständen des Einzelfalls ergeben, wobei meist mehrere der nachfolgend genannten Merkmale zusammentreffen müssen, um von einer „offensichtlich" rechtswidrig hergestellten Vorlage zu sprechen. Der Ort des Bezugs stellt ein starkes Indiz dar. Wer Werke von einer Website down lädt, die bekanntermaßen unter Verstoß gegen Urheberrechte arbeitet, kann redlicherweise nicht die Augen davor verschließen, dass dieser Makel auch dem downgeladenen Werk anhaftet. Ein weiteres entscheidendes Merkmal sind die für die Vorlage zu zahlenden Kos-

ten. Wer keine oder ungewöhnlich niedrige Preise zu entrichten hat, ohne dass sich dies zB durch eine private Beziehung zu der verschenkenden bzw veräußernden Person erklärt, weiß oder muss wissen, dass das Fehlen der Urheberrechtsvergütung hierfür ausschlaggebend sein kann. Die Qualität und das äußere Bild der Vorlage können ebenfalls Indiz für die Rechtswidrigkeit des Bezugs sein, zB bei einer schlecht gebrannten, beschädigten CD ohne Label. Für sich genommen reichen sie hingegen meist nicht für die Annahme einer „offensichtlich rechtswidrigen Vorlage" aus, da auch zulässige Privatkopien eben diese Merkmale aufweisen können. Nur die erkennbar rechtsmissbräuchlichen Fälle lassen sich über das Tatbestandsmerkmal der „offensichtlich rechtswidrigen Vorlage" aussondern. Eine weite Auslegung von § 53 Abs. 1 S. 1 aE, etwa dergestalt, dass auf die Sicht des verständigen, informierten und aufmerksamen Durchschnittsvervielfältigers abzustellen wäre, ist unzulässig. Dem über den Vorschlag des Vermittlungsausschusses hinausgehenden Antrag der Opposition im Gesetzgebungsverfahren, nur die Vervielfältigung aus legalen Quellen zuzulassen (s. die Beschlussempfehlung und den Bericht des Rechtsausschusses, BT-Drucks. 15/837 v. 9.4.2003, 61), folgt § 53 nicht.

4. Herstellung einzelner Vervielfältigungsstücke eines Werkes

a) Herstellung eines Vervielfältigungsstücks. Nach § 53 Abs. 1 zulässig ist die **22** Herstellung einzelner Vervielfältigungsstücke des Werkes zum persönlichen Gebrauch. Der Begriff der **Vervielfältigung** deckt sich dabei mit dem des § 16, von dem § 53 entbinden soll. Auf welche **Weise** die Herstellung der Vervielfältigungsstücke erfolgt, ob durch technische Mittel, durch Abschreiben mit der Hand oder mit der Schreibmaschine, ist und war schon bislang ohne Belang. Vervielfältigt werden darf auch durch Übertragung des Werkes auf **Bild- und Tonträger** (vgl amtl. Begr. BT-Drucks. IV/270, 70). Das kann auch eine **CD-ROM**, ein **Memory-Stick** oder eine **Diskette** sein. Diese schon vor In-Kraft-Treten des Gesetzes zur Umsetzung der Richtlinie zur Harmonisierung des Urheberrechts geltende Rspr hat der Gesetzgeber in § 53 Abs. 1 nF ausdrücklich durch die Formulierung „auf beliebigen Trägern" aufgegriffen.

b) Einzelne Exemplare. Hergestellt werden dürfen nur **einzelne**, also einige wenige, **23** Vervielfältigungsstücke. Von einzelnen Vervielfältigungsstücken spricht man, wenn die Zahl der Vervielfältigungsstücke sieben jedenfalls nicht übersteigt (*BGH* NJW 1978, 2596 – Vervielfältigungsstücke; so offenbar auch die amtl. Begr. zu § 53, BT-Drucks. 10/837, 16). Die Anzahl von drei (so *Fromm/Nordemann* § 53 Rn 3) dürfte zu wenig sein, weil dann Kopien von Zeitungsartikeln, Cartoons oder Kochrezepten fast nie in für eine Besprechung ausreichender Zahl für den Familien- oder engsten Freundeskreis hergestellt werden könnten.

5. Zulässige Nutzungshandlungen im Einzelnen

a) Vervielfältigung. aa) Begriff. § 53 Abs. 1 erlaubt als Schranke des Vervielfälti- **24** gungsrechts an sich nur die Vervielfältigung und nicht etwa auch die Verbreitung des Werkes oder der hergestellten Vervielfältigungsstücke. Der Begriff der Vervielfältigung ist dabei iSd § 16 zu verstehen und umfasst deshalb auch die digitale Vervielfältigung. Das ergibt sich jetzt schon aus dem Begriff der beliebigen Träger, gilt aber auch für Altfälle. Für Letzteres spricht, dass § 53 Abs. 5 S. 2 schon in der alten Fassung Teile der Vorschrift als auf elektronische Datenbankwerke anwendbar erklärt, obgleich deren Vervielfältigung typischerweise digital erfolgt.

25   **bb) Ausnahmen für bestimmte Vervielfältigungen. aaa) Noten, Bücher und Zeitschriften.** Nicht erlaubt ist in jedem Fall die Vervielfältigung grafischer Aufzeichnungen von Musikwerken (**Noten**). Der Gesetzgeber ging davon aus, dass angesichts der bes. Kosten des Drucks von Musikwerken und des in diesem Bereich aufgetretenen „Missstands, dass für Chöre und Orchester das Notenmaterial nahezu vollständig kopiert" werde, stets die Einwilligung des Berechtigten einzuholen sei (amtl. Begr. BT-Drucks. 10/837, 39 f. und 10/3360, 19). Nicht vervielfältigt werden dürfen ferner **Bücher** oder **Zeitschriften** (nicht Zeitungen), wenn es sich um eine **im Wesentlichen vollständige** Vervielfältigung handelt (§ 53 Abs. 4).

26   Beides **gilt nicht, wenn** die Vervielfältigung **durch Abschreiben** vorgenommen wird oder wenn das **Werk seit mindestens zwei Jahren vergriffen ist** (zu Letzterem näher Rn 87). Die zusätzliche Voraussetzung des § 53 Abs. 4 aE, das Werk dürfe nur zum eigenen Gebrauch vervielfältigt werden, ist stets gegeben, weil der Begriff des privaten Gebrauchs in dem des eigenen Gebrauchs enthalten und mithin sogar enger als dieser ist (s. Rn 15 und 37). Wie sich daraus ergibt, dass § 53 Abs. 4b die Zeitungen anders als zB § 53 Abs. 2 S. 1 Nr. 4a nicht nennt, ist die vollständige oder im Wesentlichen vollständige Vervielfältigung von **Zeitungen** nach § 53 Abs. 1 erlaubt.

27   Eine **im Wesentlichen vollständige Vervielfältigung** eines Buches oder einer Zeitschrift ist gegeben, wenn der größte Teil des Werkes vervielfältigt wird. Die Grenze wird von der Lit. zwischen 75 % (so *Fromm/Nordemann* § 53 Rn 11) und 90 % (so *Schricker/Loewenheim* § 53 Rn 49) gezogen, wobei es aber auch auf die Bedeutung der kopierten Teile im Verhältnis zum Gesamtwerk ankommt. Da § 53 Abs. 4b vermeiden möchte, dass der Kauf eines Buches oder einer Zeitschrift durch das billigere Kopierverfahren umgangen wird, eine solche Umgehung jedenfalls aber schon bei **75 %** nahe liegt, ist der die Dreiviertelgrenze vertretenden Auffassung zuzustimmen. Dem Sinn und Zweck der Vorschrift nach kommt es für das **Größenverhältnis** nicht auf die Schöpfungshöhe der übernommenen und der verbleibenden Teile an. Zu berücksichtigten sind aber nur Werkteile, die zum Inhalt des Buches oder der Zeitschrift gehören, also nicht das Register, Anzeigen uÄ (*Fromm/Nordemann* § 53 Rn 11).

28   **bbb) Vorträge, Aufführungen, Vorführungen, Werke der bildenden Kunst und der Baukunst.** Die Aufnahme öffentlicher Vorträge (vgl § 19 Abs. 1), von Aufführungen (vgl § 19 Abs. 2) oder Vorführungen (vgl § 19 Abs. 4) eines Werkes auf Bild- oder Tonträger ist nach § 53 Abs. 7 nicht erlaubt. Ebenso ermöglicht § 53 Abs. 1 nicht die Ausführung von Plänen oder Entwürfen zu Werken der bildenden Künste und den Nachbau eines Werkes der Baukunst. Hier würden durch die Vervielfältigung Tatsachen geschaffen, die nach Wert und Dauer erheblich über die von § 53 vorausgesetzte geringfügige Nutzung hinausgingen.

29   **cc) Eigene oder fremde Herstellung.** Die Vervielfältigungsstücke dürfen auch **durch einen Dritten hergestellt** werden, zB durch den Inhaber eines Copy-Shops. Die **zum 13.9.2003 in Kraft getretene** Umformulierung hinsichtlich des Kopierens durch Dritte nach § 53 Abs. 1 verändert die Rechtslage nicht (näher oben Rn 3). Der private Nutzer darf danach sowohl bei Sachverhalten aus dem Zeitraum vor dem 13.9.2003, als auch bei solchen nach diesem Zeitpunkt eine Vervielfältigung in anderer Weise als durch Reprografie nur dann durch Dritte vornehmen lassen, wenn der Dritte kein Entgelt erhält. Betroffen sind vor allem digitale Vervielfältigungen und Malerei von Bauwerken. Als **Entgelt** gilt jede Gegenleistung für das Vervielfältigen selbst (*Schricker/Loewenheim* § 53 Rn 16). Die Vervielfältigung ist deshalb dann noch unentgeltlich, wenn nur das **Material** ersetzt wird, sofern nur der Vervielfältigungsvorgang selbst nicht entgolten wird (ebenso *Schricker/Loewenheim* § 53 Rn 15; **aA** *Fromm/Nordemann* § 53 Rn 2; *Malpricht* NJW-CoR 2000, 233, 234). Anderenfalls liefe die Möglichkeit, durch Dritte Vervielfältigungsstücke herstellen zu lassen, indem ein Werk auf Bild- oder Tonträger übertragen wird, nämlich praktisch leer. Als zulässig muss es deshalb auch angesehen werden, wenn Jugendliche auf Bitte eines Freundes **MP3-Musik** unter Benutzung ihres eigenen Computers und eines Brenners auf CD-ROM brennen und sich hierbei die reinen Materialkosten erstatten lassen. Letztlich steht sich der Dritte hier nicht anders, als wenn er selbst den Materialträger beschafft hätte. Es darf jedoch kein Aufschlag als Ausgleich für die eigene Arbeitstätigkeit verlangt werden.

Sowohl nach neuem als auch nach altem Recht muss sich die Tätigkeit des Dritten dem Sinn und Zweck des § 53 nach, eine Benachteiligung derjenigen Firmen und Personen zu vermeiden, die sich die Anschaffung eines Vervielfältigungsgerätes nicht leisten können (amtl. Begr. BT-Drucks. IV/270, 74), auf eine rein **technische Hilfstätigkeit** beschränken (*BGH* NJW 1999, 1953, 1954 – Kopienversanddienst). Wer Vervielfältigungsstücke für einen Dritten herstellt, kann sich deshalb nur auf die Schrankenregelung berufen, wenn er als Werkzeug für eine Person fungiert, die ihrerseits die Voraussetzungen des § 53 erfüllt, oder wenn sich seine Nutzung, wie beim Kopieren zum Zwecke der Weitergabe im privaten Kreis, selbst in den Schranken des § 53 bewegt (vgl *BGH* NJW 1999, 1953, 1954 ff. – Kopienversanddienst; NJW 1999, 1964, 1966 – Elektronische Pressearchive). An Letzterem fehlt es, wenn Jugendliche Musik-CDs auf Vorrat brennen und gegen Entgelt Dritten anbieten. Die Einzelanfertigung auf Anforderung von Personen, die selbst nicht über einen Brenner verfügen, ist hingegen zulässig, weil der Jugendliche insoweit als Hilfsperson für einen iSd § 53 Abs. 1 berechtigten Dritten fungiert. **30**

§ 53 Abs. 1 ist danach anwendbar, wenn eine **Bibliothek** auf entspr. Kopieraufträge hin Kopien für iSd § 53 Abs. 1 berechtigte Nutzer fertigt und an diese versendet (vgl *BGH* NJW 1999, 1953, 1954 – Kopienversanddienst). Ob dabei ein Entgelt verlangt wird, ist bedeutungslos (*BGH* NJW 1999, 1953, 1954 – Kopienversanddienst). Maßgeblich ist, dass die Auswahl des zu kopierenden Beitrags und die Erteilung des Kopierauftrags in jedem Fall allein in der Hand des Bestellers liegt (*BGH* NJW 1999, 1953, 1955 – Kopienversanddienst). Hingegen fehlt es an den Voraussetzungen des § 53, wenn der Besteller einen **Recherchedienst** beauftragt, weil dieser nicht nur die technische Vervielfältigungshandlung, sondern zusätzlich auch die Rechercheleistung übernimmt, und damit nicht mehr als bloßes Werkzeug des Bestellers tätig wird, sondern eigenständig agiert (vgl *BGH* NJW 1997, 1363 – CB-infobank I; NJW 1997, 1368, 1370 – CB-infobank II). Auf § 53 kann sich auch ein Medienbeobachtungsunternehmen nicht berufen, welches von sich aus Fernsehsendungen mitschneidet, die seine Kunden interessieren könnten (*KG* GRUR 2000, 49). Der Britische High-Court in London hatte Anfang Januar 2003 in einem Rechtsstreit der British Phonographic Industrie (BPI) gegen den Betreiber des **Internet-Cafés** easyInternetcafé entschie- **31** den, Letzterer verletze Urheberrechte, indem er seinen Kunden gegen Entgelt das Brennen von CDs mit aus dem Internet heruntergeladenen Inhalten ermögliche. Brennt das Internetcafé die CDs für den Kunden, ist § 53 Abs. 1 unanwendbar und ein Urheberrechtsverstoß auch nach deutschem Recht gegeben. Stellt es die Brenner bloß bereit, kann darin eine Beihilfe zur Urheberrechtsverletzung liegen, wenn die Kunden, womit der Cafébetreiber rechnet, über § 53 hinaus urheberrechtswidrig Vervielfältigungen vornehmen.

32   **b) Eingeschränkte Verbreitung.** § 53 Abs. 1 schränkt nur das Vervielfältigungs-recht des Urhebers ein. Damit ist die Verbreitung des angefertigten Werkstücks aus-geschlossen; idR schließt eine von vornherein vorhandene Verbreitungsabsicht § 53 Abs. 1 ohnehin aus. Unter den Voraussetzungen des § 53 rechtmäßig von einem **Dritten** für den Nutzer hergestellte Vervielfältigungsstücke dürfen dem Nutzer je-doch übermittelt werden, ohne dass das **Verbreitungsrecht** des Urhebers dadurch berührt wird (*BGH* NJW 1999, 1953 – Kopienversanddienst). Ebenso wenig verletzt die **Werbung** für die Herstellung von Vervielfältigungsstücken und deren Post- oder Faxversand an Besteller, die sich auf einen nach § 53 privilegierten Zweck berufen können, das Verbreitungsrecht des Urhebers (*BGH* NJW 1999, 1953 – Kopienver-sanddienst). Die Weiterverbreitung der Vervielfältigungsstücke in der **privaten Sphäre** des Nutzers ist ohnehin möglich, weil darin noch keine Verbreitung an eine Öffentlichkeit liegt (vgl § 17).

33   Zulässig ist es nach § 53 Abs. 6 S. 2 ferner, rechtmäßig hergestellte Vervielfäl-tigungsstücke von Zeitungen und vergriffenen Werken zu **verleihen**. Die Begriffe der Zeitung und des vergriffenen Werkes decken sich dabei mit den in § 53 Abs. 2 S. 1 Nr. 4a verwandten (hierzu Rn 83). Verliehen werden dürfen ferner solche Werk-stücke, bei denen kleine beschädigte oder abhanden gekommene Teile durch Verviel-fältigungsstücke ersetzt worden sind. Wer einzelne beschädigte Seiten eines privat benutzten Buches durch Kopien ersetzt hat, darf das Buch also gleichwohl verleihen. Hingegen dürfte er es dem Wortlaut des § 53 Abs. 6 nach nicht mehr verkaufen.

34   **c) Keine sonstige Nutzung. Andere Nutzungshandlungen** als die Vervielfältigung sind durch § 53 Abs. 1 nicht gedeckt. Das ergibt sich schon aus dem Zweck, dem die Vervielfältigung nach § 53 Abs. 1 zwingend dienen muss. Die Vorschrift des § 53 Abs. 4 S. 1, nach der die Vervielfältigungsstücke, obwohl sie rechtmäßig her-gestellt wurden, weder verbreitet noch zu öffentlichen Wiedergaben benutzt werden dürfen, betrifft daher nur nachträgliche Zweckänderungen; wer eine Kopie ursprüng-lich zu einem von § 53 Abs. 1 gedeckten Zweck gemacht hat, sich dann jedoch zB zur öffentlichen Wiedergabe entschließt, handelt nach § 53 Abs. 4 S. 1 unerlaubt (*Fromm/Nordemann* § 53 Rn 13; vgl auch *BGH* NJW 1971, 2173 – Konzertver-anstalter).

6. Beispiele

35   **Das Vervielfältigungsrecht wird nicht verletzt,** wenn eine öffentliche **Bibliothek** auf Einzelbestellung Vervielfältigungen einzelner Zeitschriftenbeiträge fertigt, um sie an den Besteller im Wege des Post- oder Faxversands zu übermitteln, wenn sich der Besteller auf einen durch § 53 privilegierten Zweck berufen kann (*BGH* NJW 1999, 1953 – Kopienversanddienst). Das gilt auch dann, wenn die Bibliothek ihre

Bestände durch einen Online zugänglichen Katalog erschließt und für ihren **Kopienversanddienst** weltweit wirbt (*BGH* NJW 1999, 1953 – Kopienversanddienst). In diesem Fall unterliegt auch die Übermittlung der Vervielfältigungsstücke an die Auftraggeber nicht dem Verbreitungsrecht (*BGH* NJW 1999, 1953 – Kopienversanddienst). Ein **Laienspielverein** darf für private Zwecke Kopien des geschriebenen Theaterstücks (nicht aber der Aufführung, vgl § 53 Abs. 7) fertigen. Für private Zwecke darf man (in den Grenzen des § 53 Abs. 7) fotografieren. Ein **Klavierspieler** darf sein Spiel zur eigenen Kontrolle auf Tonband aufnehmen (*Rehbinder* Rn 256). Zulässig ist auch die Aufnahme von **Videos** (nicht aber vorgeführten Filmen, § 53 Abs. 7) oder **Rundfunksendungen** auf Bild- oder Tonträger durch Privatpersonen zum Gebrauch in der Privatsphäre. Die im **MP3-Format** aus dem **Internet** downgeladenen Musikstücke dürfen zum privaten Gebrauch auf Diskette oder CD-ROM gebrannt und auch Freunden für den Gebrauch in der Privatsphäre überlassen werden, außer wenn das Aufspielen auf den Server offensichtlich rechtswidrig erfolgt ist. Der die CD-ROM Herstellende darf sich auch die Materialkosten erstatten lassen (streitig), wenn der andere die CD-ROM für seinen privaten Gebrauch benötigt und die Arbeitsleistung nicht entgolten wird. Gleichfalls zulässig ist das Downloaden von nicht offensichtlich unter Verletzung von Urheberrechten auf den Server aufgespielter Musik im Rahmen eines **File-Sharing-Systems**, solange die Speicherung für private Zwecke bestimmt ist und insgesamt nicht mehr als sieben Speicherungen angefertigt werden. Musikstudenten dürfen Noten abschreiben (nicht aber kopieren, § 53 Abs. 4a) und in ihrer Privatsphäre verwenden. Einzelne Aufsätze oder Stellen aus **Sachbüchern** dürfen zur Diskussion im Familien- oder Freundeskreis kopiert werden (*Schricker/Loewenheim* § 53 Rn 12). Ein **Hobbykoch** darf einzelne Rezepte aus Zeitungen oder Kochbüchern kopieren und sammeln. **Alte Platten** darf man sich – auch nach einer mit Hilfe eines entspr. Computerprogramms vorgenommenen Verbesserung der Tonqualität – für seine private Musiksammlung auf CD überspielen.

Nicht von § 53 Abs. 1 gedeckt ist die Herstellung von Vervielfältigungsstücken auf   **36**
Anweisung leitender Stellen oder aufgrund Eigeninitiative der **Angestellten** in einem Unternehmen zu beruflichen Zwecken (*BGH* NJW 1955, 1433, 1435 – Fotokopie). Die Vervielfältigung von **Dias**, die jedenfalls auch der beruflichen Tätigkeit eines **Theaterregisseurs** dient, unterfällt nicht dem Privilegierungstatbestand des § 53 Abs. 1 (*BGH* NJW-RR 1993, 1321 – Dia-Duplikate). Musikliebhaber dürfen **Noten** nicht kopieren, sondern nur abschreiben. Die abgeschriebenen Noten dürfen sie nicht zur öffentlichen Wiedergabe im Rahmen von **Lehrveranstaltungen** verwenden (vgl *Rehbinder* Rn 261). Unzulässig ist es auch, Kolleghefte an beliebige Dritte zu verkaufen (*Rehbinder* Rn 261). Öffentliche **Vorlesungen** dürfen wegen § 53 Abs. 7 nicht auf Bild- oder Tonträger aufgenommen werden; bei nichtöffentlichen Vorlesungen steht nicht § 53 Abs. 7, aber das Allg. Persönlichkeitsrecht des Dozenten entgegen (*Rehbinder* Rn 256 und 262). Kein privater Gebrauch liegt in der Benutzung von Kopien zur Unterrichts- oder **Vorlesungsvorbereitung**, zu **Studienzwecken** oder zum Zwecke der **Fortbildung**. Ein **DJ**, der sich für seinen nächsten Auftritt CDs kopiert und zusammenstellt, kann sich nicht auf § 53 Abs. 1 berufen (*Malpricht* NJW-CoR 2000, 233). Keine zulässige Nutzung nach § 53 ist die Zusammenstellung eines unternehmensinternen **elektronischen Pressespiegels** (*Loewenheim* GRUR 1996, 636, 638). **Computerprogramme** und **Computerspiele** unterfallen der Schranken-

regelung nicht; für sie gelten die Sondervorschriften der §§ 69a ff. (vgl *OLG Hamm* NJW 1991, 2161). Die Übernahme eines **elektronischen Lexikons** ist, seine Datenbankwerkqualität vorausgesetzt, nicht von § 53 Abs. 1 gedeckt (*OLG Hamburg* ZUM 2001, 512 ff.). Das **Downloaden** eines ganzen Buches aus dem Internet auf die Festplatte ist nur mit Erlaubnis des Urhebers zulässig (§ 53 Abs. 4b).

III. Eigener Gebrauch (§ 53 Abs. 2)

1. Allgemeine Voraussetzungen

37 **a) Eigener Gebrauch.** § 53 Abs. 2 enthält einen **Katalog** zulässiger Nutzungshandlungen, die sämtlich dem eigenen Gebrauch dienen müssen. Der Begriff des **eigenen** Gebrauchs deckt sich nicht mit dem in § 53 Abs. 1 verwandten Begriff des privaten Gebrauchs. Er soll vielmehr weitergehend alle Fälle erfassen, in denen jemand Vervielfältigungsstücke **zur eigenen Verwendung** und nicht zur Weitergabe an Dritte herstellt oder herstellen lässt. Der persönliche Gebrauch ist danach ein Sonderfall des eigenen Gebrauchs. Im Gegensatz zur Vervielfältigung zum persönlichen Gebrauch erfasst er auch die Herstellung von Vervielfältigungsstücken zur Verwendung durch eine juristische Person (amtl. Begr. BT-Drucks. IV/270, 72). Ferner kann der eigene Gebrauch anders als der persönliche Gebrauch auch **beruflichen oder erwerbswirtschaftlichen Zwecken** dienen, solange die Vervielfältigungsstücke nicht zur Benutzung durch Dritte oder zur Herstellung weiterer für Dritte bestimmter Vervielfältigungsstücke gedacht sind (*Schricker/Loewenheim* § 53 Rn 17).

38 Mit der Zulassung der Vervielfältigung zum eigenen Gebrauch ist das UrhG über die bis dahin geltenden Schrankenregelungen hinausgegangen, nach denen Vervielfältigungen außerhalb der privaten Sphäre nur in sehr engen Grenzen zulässig waren. Dadurch sollte die Rechtslage an die geänderte wirtschaftliche und technische Situation angepasst werden, aus der sich ein entspr. Bedürfnis ergeben hatte (amtl. Begr. BT-Drucks. IV/270, 72). Einen Ausgleich sollten die §§ 54 ff. schaffen, durch welche der Urheber an der zustimmungsfreien Nutzung seines Werkes angemessen beteiligt werden sollte (amtl. Begr. BT-Drucks. IV/270, 74). Einschränkend ist **seit dem 13.9.2003** für die in Abs. 2 Ziff. 2-4 genannten Fälle weiter Voraussetzung, dass es sich um eine reprografische Vervielfältigung oder eine ausschließlich analoge Nutzung handelt bzw dass alternativ bei der Vervielfältigung durch Archive kein Erwerbszweck verfolgt wird (§ 53 Abs. 2 S. 2, 3 nF).

39 **b) Einzelne Vervielfältigungsstücke.** In allen Fällen des eigenen Gebrauchs dürfen stets nur einzelne Vervielfältigungsstücke angefertigt werden. Mit **einzelnen** Exemplaren meint der Gesetzgeber wie iRd § 53 Abs. 1 (oben Rn 23) bis zu sieben. Auch die Anforderungen an ein Vervielfältigungsstück entsprechen den zu § 53 Abs. 1 aufgestellten Grundsätzen (oben Rn 17 ff.).

40 **c) Herstellung durch Dritte.** Wer nach § 53 Abs. 2 berechtigt ist, ohne Zustimmung des Urhebers eine Vervielfältigung vorzunehmen, darf sich die Vervielfältigungsstücke auch durch Dritte herstellen lassen. Der Dritte darf dafür entgolten werden, und zwar anders als iRd § 53 Abs. 1 S. 2 HS 2 auch, wenn die Vervielfältigung etwa **digital** erfolgt. Dadurch sollte eine Benachteiligung derjenigen Firmen und Personen vermieden werden, die sich die Anschaffung eines Vervielfältigungsgerätes nicht

leisten können (amtl. Begr. BT-Drucks. IV/270, 74). **Ab dem 13.9.2003** ist die Vervielfältigung nach § 53 Abs. 2 Nr. 2, Nr. 3 und Nr. 4 aber auch hier nur unter den Voraussetzungen des § 53 Abs. 2 S. 2 zulässig.

Wie iRd § 53 Abs. 1 auch muss sich die Vervielfältigung durch Dritte auf eine **Hilfs-**   **41**
tätigkeit beschränken; der Nutzer darf sich nicht vorteilhafter stehen, als wenn er die Vervielfältigung am eigenen Vervielfältigungsgerät selbst vornähme. Wegen der Einzelheiten wird auf die Kommentierung zu § 53 Abs. 1 (oben Rn 29 ff.) verwiesen.

d) Zulässige Nutzungshandlungen im Einzelnen. Die Voraussetzungen der nach   **42**
§ 53 Abs. 2 zulässigen Nutzungshandlungen decken sich in einigen Punkten mit denen des § 53 Abs. 1. Auf Unterschiede wird iRd Einzelkommentierung im Folgenden ausdrücklich hingewiesen.

2. Eigener wissenschaftlicher Gebrauch (§ 53 Abs. 2 S. 1 Nr. 1)

a) Allgemeines. § 53 Abs. 2 S. 1 Nr. 1 lässt die Herstellung einzelner Vervielfälti-   **43**
gungsstücke – auch durch Dritte – zum eigenen wissenschaftlichen Gebrauch zu, wenn die Vervielfältigung zu diesem Zweck geboten ist. Der Gesetzgeber wollte Wissenschaftler und wissenschaftliche Institute nicht dadurch behindern, dass sie vor der Herstellung von Abschriften aus geschützten Werken die Erlaubnis der Urheber einzuholen hätten (amtl. Begr. BT-Drucks. IV/270, 73).

b) Wissenschaftlicher Gebrauch. Die Vervielfältigung muss dem eigenen wissen-   **44**
schaftlichen Gebrauch dienen und zu diesem Zweck geboten sein. **Wissenschaftlich** ist der Gebrauch dann, wenn er dem **methodisch-systematischen Streben nach Erkenntnis** entspringt. Diese Voraussetzungen sind nicht nur bei Forschungs- und Doktorarbeiten, sondern auch bei der eigenen Studien- und Weiterbildung, bei Recherchen für eine Lehrtätigkeit und bei der eigenen literarischen oder historischen Fortbildung oder schriftstellerischen Tätigkeit gegeben. Zur Wissenschaft gehört auch die **Popularwissenschaft**. Erfasst wird also nicht nur das, was an Universitäten und Hochschulen gelehrt wird (so aber *Fromm/Nordemann* § 53 Rn 6), sondern jegliches methodisch-systematische Streben nach Erkenntnis. Die **Qualität** der wissenschaftlichen Tätigkeit zu beurteilen ist hingegen nicht Sache des Richters.

Ob die Vervielfältigung noch zu diesem **Zweck** geboten ist, bemisst sich nach dem   **45**
Sinn und Zweck der Vorschrift, Wissenschaftler und wissenschaftliche Institute nicht dadurch zu behindern, dass sie vor der Herstellung von Abschriften aus geschützten Werken die Erlaubnis der Urheber einzuholen haben (amtl. Begr. BT-Drucks. IV/270, 73). Dem Umfang nach dürfen danach nur so viele Vervielfältigungsstücke gefertigt werden, wie es der wissenschaftliche Zweck erfordert. Bei eigenen Forschungen reicht ein Vervielfältigungsstück aus, bei gemeinsamen Forschungen dürfen mehrere Vervielfältigungsstücke gefertigt werden, jedoch niemals mehr als sieben. Stets muss der vervielfältigte Werkteil bzw das vervielfältigte Werk unmittelbar dem Forschungszweck dienen. Ist der käufliche Erwerb des Werkes möglich und zumutbar, scheidet eine Vervielfältigungsbefugnis nach § 53 Abs. 2 S. 1 Nr. 1 aus (*Ulmer* § 65 III 1; *Schricker/Loewenheim* § 53 Rn 23). Dabei dürfen jedoch keine allzu strengen Anforderungen gestellt werden, weil § 53 Abs. 2 S. 1 Nr. 1 sonst angesichts der Möglichkeiten der heutigen Zeit, Werke binnen kürzester Zeit zu akzeptablen Preisen zu erhalten, stets ausschiede. Die Vervielfältigung großer Teile von Büchern und

Zeitschriften (s. ohnehin § 53 Abs. 4b) wird nur in Ausnahmefällen zulässig sein, zB wenn die Werke nur nach langer und umständlicher Bestellprozedur erhältlich wären. Hingegen ist es dem Schaffenden im Allgemeinen nicht zumutbar, das gesamte Werk zu erwerben oder die Zustimmung des Urhebers einzuholen, nur um einen kleinen Teil des Werkes vervielfältigen zu dürfen.

46 **c) Zu vervielfältigendes Werk. Vervielfältigt** werden dürfen grds Werke aller Werkgattungen. Anders als in den Fällen der § 53 Abs. 2 S. 1 Nr. 2-4, Abs. 3 Nr. 2 dürfen nach § 53 Abs. 5 S. 2 zum **nichtgewerblichen** eigenen wissenschaftlichen Gebrauch auch **elektronische Datenbankwerke** vervielfältigt werden, wenn die Vervielfältigung zum Zwecke des wissenschaftlichen Gebrauchs geboten ist und der wissenschaftliche Gebrauch nicht zu gewerblichen Zwecken erfolgt. Gewerblich ist der Gebrauch, wenn er einem Gewerbebetrieb zu Nutzen kommen soll, also zB ein Forschungsunternehmen für seinen Betrieb vervielfältigt. Hingegen liegt kein gewerblicher Gebrauch vor, wenn der Inhaber eines solchen Betriebs, der sich in Abendstudien eine historische Materie aneignet, die Kopie für seine privaten Studien benötigt (vgl *BGH* NJW 1956, 377, 380 – Kirmes (Rosenmontagsfest)). Sonstige Datenbankwerke dürfen darüber hinaus auch zu gewerblichen Zwecken vervielfältigt werden. Die Vervielfältigung von Datenbankwerken wird dann jedoch meistens daran scheitern, dass sie nur zusammen mit einer Vervielfältigung des für den elektronischen Zugang zu ihr benutzten **Computerprogramms** möglich wäre; dessen Vervielfältigung durch Dritte ist nach §§ 69a ff. jedoch praktisch nicht erlaubt. Hieran scheitert auch das digitale Kopieren eines **Computerspiels.** Zur Vervielfältigung muss, wie sich im Umkehrschluss aus § 53 Abs. 2 S. 1 Nr. 2 ergibt, **kein eigenes Werk** benutzt werden (*BGH* NJW 1999, 1953, 1954 – Kopienversanddienst). Das Werk muss auch weder **veröffentlicht** noch **erschienen** sein, wie sich im Umkehrschluss aus § 53 Abs. 2 S. 1 Nr. 4a und Abs. 3 ergibt.

47 Das Vervielfältigungsstück muss von einem **rechtmäßig erworbenen Werkstück** gefertigt werden. Es versteht sich von selbst, dass ein rechtswidriger Erwerb eines Werkes nicht dadurch legitimiert werden kann, dass unter den Voraussetzungen des § 53 Vervielfältigungsstücke gefertigt werden (*KG* GRUR 1992, 168, 169; *Fromm/ Nordemann* § 53 Rn 4). Wie bei § 53 Abs. 1 aF nicht Voraussetzung ist hingegen, dass die Kopiervorlage durch den Vorbesitzer rechtmäßig angefertigt wurde, s. schon Rn 20.

48 **d) Zulässige Nutzungshandlungen.** Der Katalog der im Falle des § 53 Abs. 2 S. 1 Nr. 1 zulässigen bzw unzulässigen Nutzungshandlungen deckt sich grds mit dem für § 53 Abs. 1 nF geltenden (s. Rn 24 ff.). **§ 53 Abs. 2 S. 2 gilt nicht**, die Nutzung zu wissenschaftlichen Zwecken ist also **nicht auf die reprografische oder analoge Nutzung beschränkt**. Wird im Vervielfältigungsgang ein **Dritter** tätig, darf dieser für seine Arbeit auch **entgolten** werden, wenn die Vervielfältigung **digital** erfolgt. Bei der Weitergabe der Vervielfältigungsstücke an Dritte ist genau zu prüfen, ob das **Verbreitungsrecht** des Urhebers verletzt wird, da nicht jeder wissenschaftliche Kontakt des Begünstigten auch ein durch § 17 Abs. 1 noch erlaubter Privater sein muss. Fungiert der Dritte als Hilfsperson, werden die Kopien also zB durch eine wissenschaftliche **Hilfskraft** angefertigt, stellt die Weitergabe an den eigentlichen Begünstigten aber schon kein Verbreiten dar.

e) Beispiele. Zulässig ist die Anlage eines Ordners mit Kopien der Aufsätze, die iRd 49
Erstellung einer **Doktorarbeit** bearbeitet werden sollen. Professoren, wissenschaft-
liche Hilfskräfte und Studenten dürfen sich zum Zwecke der wissenschaftlichen
Fortbildung **Ordner mit Entsch. und Aufsätzen** über die Entwicklung des entspr.
Wissenschaftsgebietes anlegen. Das **Mitschreiben einer Vorlesung** zu Studienzwecken ist durch § 53 Abs. 2 S. 1 Nr. 1 erlaubt. Von der Mitschrift darf der Student
im **Copy-Shop** gegen Entgelt eine Kopie anfertigen lassen, um die Vorlesung zu
Hause und an der Universität präsent zu haben. Der Aufnahme der Vorlesung auf
Tonband stehen hingegen, auch wenn dies für wissenschaftliche Zwecke geschieht,
§ 53 Abs. 7 und das Persönlichkeitsrecht des Dozenten entgegen (*Rehbinder* Rn 256
mwN). Das **Downloaden** wissenschaftlicher Texte aus dem Internet für Studien-
zwecke sowie ihr **Ausdruck** ist in den Grenzen des § 53 Abs. 4 von § 53 Abs. 2
gedeckt. Ebenso darf ein Musikstudent für den vorgenannten Zweck Musik mittels
eines **File-Sharing-Systems** aus dem Internet auf die Festplatte speichern und
abhören.

Nicht erlaubt ist das „**Durchkopieren**" eines ganzen Buches oder wesentlicher Tei- 50
le desselben durch Studenten zu eigenen Studienzwecken, es sei denn, dieses ist seit
zwei Jahren **vergriffen** (§ 53 Abs. 4b). Dies gilt auch für das vollständige **Downloaden** solcher Lit. aus dem Internet auf die Festplatte ohne (auch konkludente) Zustimmung des Urhebers. **Noten** dürfen auch zu eigenen wissenschaftlichen Zwecken
nicht kopiert, sondern nur abgeschrieben werden, wenn sie nicht seit zwei Jahren vergriffen sind (§ 53 Abs. 4b). Der **Copy-Shop** darf seinem Kunden zwar auf dessen
Verlangen einen mitgebrachten wissenschaftlichen Aufsatz kopieren, er darf den
Aufsatz bei größerer Nachfrage aber nicht etwa **auf Vorrat herstellen** (*Fromm/
Nordemann* § 53 Rn 2). Das Mitfilmen der **Kinowerbung** ist auch dann unzulässig,
wenn die Aufnahme für eine wissenschaftliche **Marktanalyse** benötigt wird (§ 53
Abs. 7). Ein Theaterregisseur darf zur Vorbereitung seiner Kritik die **Theaterdarbie-
tung** nicht ganz oder in Teilen auf Videoband aufnehmen (§ 53 Abs. 7). Auf **Computerprogramme** und **Computerspiele** findet § 53 Abs. 2 wegen des Vorrangs der
§§ 69a ff. keine Anwendung. Für **elektronische Datenbankwerke** ist sie nach Maßgabe des § 53 Abs. 5 anwendbar, wobei zu beachten ist, dass in der letztgenannten
Vorschrift keine Ausnahmeregelung für das Kopieren von Computerprogrammen
liegt, welches vielmehr nur unter den in §§ 69a ff. geregelten Ausnahmefällen erlaubt ist.

3. Gebrauch für Archivzwecke (§ 53 Abs. 2 S. 1 Nr. 2)

a) Allgemeines. Gem. § 53 Abs. 2 S. 1 Nr. 2 dürfen Personen einzelne Vervielfälti- 51
gungsstücke eines Werkes zum Zwecke der Aufnahme in ein eigenes Archiv herstellen oder herstellen lassen, wenn die Vervielfältigung zu diesem Zweck geboten ist.
Gedacht war vor allem an Bibliotheken, die ihre Bestände zum Zwecke der Raum-
sparung oder der Sicherung auf Mikrofilm aufnahmen. Der Gesetzgeber ging davon
aus, dass in diesen Fällen keine zusätzliche Verwertung des Werkes vorliege, sodass
der Urheber hierdurch nicht betroffen werde (amtl. Begr. BT-Drucks. IV/270, 73).
Seit dem 13.9.2003 darf die Vervielfältigung allerdings nur noch reprografisch (§ 53
Abs. 2 S. 2 Nr. 1), analog (§ 53 Abs. 2 S. 2 Nr. 2) oder ohne jeden Erwerbszweck
(§ 53 Abs. 2 S. 2 Nr. 3) durchgeführt werden.

52 **b) Zweck der Archivierung.** Die Vervielfältigung muss der Aufnahme des Werkes in ein eigenes Archiv dienen und zu diesem Zweck geboten sein. Der Zweck der Archivierung besteht in einer **unter sachlichen Gesichtspunkten geordneten Sammlung vorhandener Werke zum internen Gebrauch** (*BGH* NJW 1997, 1363, 1365 f. – CB-infobank I). Der Gesetzgeber hat vor allem an solche Fälle gedacht, bei denen eine Bibliothek ihre Bestände auf **Mikrofilm** aufnimmt, um Raum zu sparen oder den Bestand sicher zu lagern und der Urheber durch die Archivierung nicht betroffen werde, weil keine zusätzliche Verwertung des Werkes vorliege (amtl. Begr. BT-Drucks. IV/270, 73; *BGH* NJW 1997, 1363, 1366 – CB-infobank). Daran hat sich die Auslegung der Vorschrift zu orientieren. Eine Archivierung zum Zwecke der **Erweiterung** des eigenen Bestandes wird danach nicht erfasst. Auch die Erstellung eines Archivs zur **Überlassung an andere** fällt nicht unter § 53 Abs. 2 S. 1 Nr. 2 (*Schricker/Loewenheim* § 53 Rn 25; **aA** *Nordemann* S. 331 ff.), ebenso nicht ein elektronischer Pressespiegel, welcher dazu dient, einer Vielzahl von Nutzern den schnellen Zugriff auf Informationen zu ermöglichen (*LG Hamburg* AfP 1999, 389, 391). Dass allerdings ein Archiv gelegentlich auch für Wissenschaftler oder Journalisten geöffnet wird, steht der Anwendbarkeit des § 53 Abs. 2 S. 1 Nr. 2 nicht entgegen (*Fromm/Nordemann* § 53 Rn 7). Welcher **Werkgattung** die archivierten Werke angehören, ist unerheblich. IdR wird es sich um Bücher handeln, aber die fortgeschrittenen technischen Möglichkeiten lassen auch Fotoarchive oder Filmarchive denkbar erscheinen. Die **Größe** ist nicht maßgeblich. **Mikrofiches** bspw ermöglichen Archive schon auf engstem Raum.

53 **Bislang** musste der Zweck der Archivierung stets in einem **vorwiegend Sicherungszwecken dienenden internen Gebrauch** liegen. Der *BGH* (NJW 1999, 1964, 1966 – Elektronische Pressearchive) hatte es deshalb nicht als gerechtfertigt angesehen, den Anwendungsbereich der Vorschrift auf die Vervielfältigung geschützter Werke zum Zwecke ihrer Aufnahme in unternehmenseigene **elektronische Pressearchive** auszudehnen. Selbst wenn die Nutzung derartiger Archive auf Betriebsangehörige beschränkt sei, gehe der Umfang der Nutzungsmöglichkeiten weit über diejenigen hinaus, die durch § 53 Abs. 2 S. 1 Nr. 2 freigestellt werden sollten. Anders als ein herkömmliches, auf Papier oder Mikrofilm gesammeltes und nur am Ort benutzbares Archiv könne ein in einer Datenverarbeitungsanlage gespeichertes Archiv nämlich schnell, kostengünstig und vom Urheberberechtigten kaum kontrollierbar weiter auf Datenträger vervielfältigt und verbreitet werden. Dadurch werde die Gefahr einer wesentlichen Beeinträchtigung der eigenen Auswertung der Werke durch die Urheber begründet. Nur wenn die Sammlung und Erschließung des Materials ausschließlich der Bestandssicherung und der betriebsinternen Nutzung diene, werde eine hierzu vorgenommene Vervielfältigung daher von der gesetzlichen Schrankenbestimmung erfasst. Erst recht liege eine nach § 53 Abs. 2 S. 1 Nr. 2 zulässige Vervielfältigung eines Werkstücks nicht vor, wenn das Vervielfältigungsstück (auch) zur Verwendung durch außenstehende Dritte bestimmt sei (*BGH* NJW 1997, 1363, 1365 f. – CB-infobank I). Hingegen können eigene elektronische Archive unter § 53 Abs. 2 S. 1 Nr. 2 fallen, wenn ihre Nutzung nicht über die eines herkömmlichen Archivs hinausgeht (vgl *Schricker/Loewenheim* § 53 Rn 26).

54 Dies **gilt grds auch nach dem 13.9.2003**, wie § 53 Abs. 2 S. 2 klarstellt; hierzu näher unten Rn 63. Der enge Anwendungsbereich des Art. 5 Abs. 2a und 2o der Richtlinie, auf welche die Schrankenregelung gestützt wird, soweit es um die reprografische bzw analoge Nutzung geht, eröffnet die Kopierfreiheit nur unter der Voraussetzung eines angemessenen Ausgleichs der Rechteinhaber bzw in Fällen mit geringer Bedeutung. An beidem fehlt es jedoch bei gewerblich betriebenen Archiven mit externem Betätigungsfeld, die unter Verfolgung kommerzieller Ziele an die Stelle von Bibliotheken oder Pressearchiven treten. Auch bei **Archiven ohne unmittelbar oder mittelbar wirtschaftliche Zielsetzung bzw entspr. Erwerbszweck** muss der Sinn der Archivierung in der Sicherung des internen Werkbestandes liegen. Zwar ermöglicht es Art. 5 Abs. 2c der Europäischen Richtlinie zur Harmonisierung des Urheberrechts den Mitgliedstaaten, für die genannten Archive ein weitergehendes Betätigungsfeld vorzusehen. Der deutsche Gesetzgeber hat hiervon jedoch keinen Gebrauch gemacht, wie sich daraus ergibt, dass die Ziff. 1 bis 3 des § 53 Abs. 2 S. 2 gleichberechtigt nebeneinander stehen.

c) Zu vervielfältigendes Werk. Zum Zwecke der Aufnahme in ein eigenes Archiv   **55**
vervielfältigt werden können grds **alle Werkgattungen mit Ausnahme von Computerprogrammen**, deren Vervielfältigung nämlich in §§ 69a ff. abschließend geregelt ist, und gem. § 53 Abs. 5 S. 1 mit Ausnahme von **elektronischen Datenbankwerken**. Sonstige Datenbankwerke unterfallen der Vorschrift. Das Werk muss weder **veröffentlicht** noch **erschienen** sein, wie sich im Umkehrschluss aus § 53 Abs. 2 S. 1 Nr. 4a und Abs. 3 ergibt.

Zur Vervielfältigung muss ein **eigenes Werkexemplar** benutzt werden, also ein   **56**
Werkstück, an dem Eigentum des Vervielfältigenden besteht. Das gilt auch bei der Archivierung von Funksendungen (*KG* GRUR 2000, 49). Das kann das Werkoriginal oder ein Vervielfältigungsstück sein, welches mit Zustimmung des Berechtigten verbreitet wurde (§ 17), zB eine Videokassette. Durch die Einschränkung soll verhindert werden, dass die Vorschrift von Bibliotheken dazu benutzt wird, ihre Bestände durch Vervielfältigung entliehener Exemplare zu erweitern (*BGH* NJW 1999, 1964, 1966 – Elektronische Pressearchive). Wird ein geschütztes Werk **mehrfach archiviert**, muss für jeden Vervielfältigungsvorgang ein neues Werkstück benutzt werden (*BGH* NJW 1997, 1363, 1365 f. – CB-infobank I).

Das Vervielfältigungsstück muss von einem **rechtmäßig erworbenen Werkstück**   **57**
gefertigt werden. Es versteht sich von selbst, dass ein rechtswidriger Erwerb eines Werkes nicht dadurch legitimiert werden kann, dass unter den Voraussetzungen des § 53 Vervielfältigungsstücke gefertigt werden (*KG* GRUR 1992, 168, 169; *Fromm/Nordemann* § 53 Rn 4). Wie bei § 53 Abs. 1 aF nicht Voraussetzung ist hingegen, dass die Kopiervorlage durch den Vorbesitzer rechtmäßig angefertigt wurde, s. schon Rn 19 ff.

d) Zulässige Nutzungshandlungen. aa) Eingeschränkte Vervielfältigung. aaa)   **58**
Einmalige Vervielfältigung eines eigenen Werkes. Die zulässigen Nutzungshandlungen unterscheiden sich in einigen Punkten von denen des § 53 Abs. 1. Zulässig ist die **Vervielfältigung** des Werkes (§ 16), wobei jedes eigene Werkstück **nur einmal** vervielfältigt werden darf.

bbb) Vervielfältigung durch Dritte. Wie iRd § 53 Abs. 1 dürfen die Vervielfälti-   **59**
gungsstücke auch durch **Dritte** gefertigt werden. Der Dritte darf dafür entgolten werden, und zwar anders als iRd § 53 Abs. 1 S. 2 HS 2 auch dann, wenn die Vervielfäl-

tigung keine reprografische ist; § 53 Abs. 1 S. 2 gilt für § 53 Abs. 2 nicht. Werden dritte Personen im Vervielfältigungsgang tätig, können diese sich nach allg. Grundsätzen (vgl oben Rn 30) nur dann auf § 53 Abs. 2 S. 1 Nr. 2 berufen, wenn sie für ihre Auftraggeber eine rein technische Hilfstätigkeit ausführen und in der Person der Auftraggeber die Voraussetzungen der Schrankenregelung vorliegen, also insb. zur Vervielfältigung jeweils ein eigenes Werkstück des betr. Auftraggebers verwandt wird (*BGH* NJW 1999, 1964, 1966 – Elektronische Pressearchive). Geht die Nutzung durch den Dritten über eine rein technische Hilfstätigkeit hinaus, ist sie nur erlaubt, wenn die Voraussetzungen des § 53 in der Person des Dritten selbst gegeben sind.

60   **ccc) Analoge, reprografische oder ohne Erwerbszweck vorgenommene Vervielfältigung.** Die Vervielfältigung ist **nur zulässig, wenn sie nach Maßgabe einer der in § 53 Abs. 2 S. 2 genannten Alternativen vorgenommen wird**:

61   Das ist zum einen die **reprografische Vervielfältigung** durch den Archivbetreiber. Hierunter versteht man die Vervielfältigung **auf** Papier oder einem ähnlichen Träger mittels beliebiger photomechanischer oder ähnlicher Verfahren. Ob **digitale Techniken** zum Einsatz kommen, das Werk also während des Vervielfältigungsvorgangs digitalisiert wird, wie dies etwa bei der Verwendung eines **Digitalkopierers oder Digitaldruckers** der Fall ist, ist unerheblich, solange nur das durch den Vorgang hergestellte Vervielfältigungsstück selbst ein papiernes oder ein diesem ähnliches und der Vervielfältigungsvorgang ein photomechanischer bzw ein dem ähnlicher ist. Das Werk darf also in Farbe **fotokopiert** und auf **Folie** sowie **Mikrofiche** fixiert werden. Kein reprografisches bzw diesem ähnliches Verfahren stellt hingegen die Film- oder Diaentwicklung dar. Ebenso wenig erfasst wird das Speichern von Werken auf Festplatte bzw Bild- oder Tonträger. Auch das Abzeichnen oder Abmalen per Hand fällt nicht unter § 53 Abs. 2 S. 2 Nr. 1.

62   Zulässig ist weiterhin die Vervielfältigung, wenn eine **ausschließlich analoge Nutzung** stattfindet. Mit „Nutzung" meint das Gesetz nicht etwa die der Vervielfältigung folgende Nutzung, sondern die **Vervielfältigung** selbst. Die Schranke stützt sich auf Art. 5 Abs. 3o Harmonisierungsrichtlinie, welche die Aufrechterhaltung von anderen als den in der Richtlinie vorgesehenen Schranken nur zulässt, wenn sie analoge Nutzungen betreffen, wenn also die Schrankenregelung selbst sich über eine analoge Nutzung verhält. Die analoge Vervielfältigung ist in Abgrenzung zur digitalen Vervielfältigung zu sehen, bei der das Werk während des Vervielfältigungsvorgangs digitalisiert wird. Analoge Vervielfältigungsformen sind das Abschreiben, Abmalen und Abzeichnen, das Fotografieren und Filmen mit herkömmlichen Apparaten (beachte aber § 53 Abs. 7), die Wiedergabe in natürlichen Materialien wie Stein und Ton bzw als Bauwerk (beachte aber 53 Abs. 7) und das Überspielen auf die analoge Tonkassette. Hingegen wird digital vervielfältigt beim Überspielen von Werken auf Festplatte, auf Diskette, auf CD oder CD-ROM sowie in den Mikrospeicher moderner Fotoapparate und Videokameras. Im Verhältnis zur reprografischen Vervielfältigung nach § 53 Abs. 2 S. 2 Ziff. 1 bringt die ausschließlich analoge Nutzung des § 53 Abs. 2 S. 2 Ziff. 2 zB insofern eine Erweiterung, als sie die Herstellung **dreidimensionaler** Vervielfältigungsstücke ermöglicht.

63   Ohne jede Beschränkung auf die reprografische bzw analoge Vervielfältigung kann der Betreiber eines Archivs vervielfältigen, das **weder unmittelbar noch mittelbar**

wirtschaftliche oder Erwerbszwecke verfolgt. Die Begriffe des unmittelbaren oder mittelbaren wirtschaftlichen Zweckes und des Erwerbszwecks decken sich dabei. Die begriffliche Kumulation erklärt sich daraus, dass der Gesetzgeber von den Vorgaben des Art. 5 Abs. 2c der Europäischen Richtlinie 2001/29/EG („Archive, die keinen unmittelbaren oder mittelbaren wirtschaftlichen oder kommerziellen Zweck verfolgen") teilweise abgewichen ist, ohne dass damit inhaltliche Änderungen bezweckt waren. Für die Frage, ob ein Erwerbszweck verfolgt wird, **kommt es auf die Verfolgung eines gewerblichen Zwecks nicht an** (*BGH* NJW 1972, 1273, 1274 – Landesversicherungsanstalt; NJW 1974, 1872, 1873 – Alters-Wohnheim). Ausreichend ist, dass das Archiv zur **unmittelbaren oder mittelbaren Förderung des eigenen oder fremden Erwerbs** betrieben wird (vgl auch *BGH* NJW 1974, 1872, 1873 – Alters-Wohnheim). Eine Gewinnerzielungsabsicht ist nicht erforderlich.

ddd) Vervielfältigung von Noten und ganzen Büchern bzw Zeitschriften. Nach §53 Abs. 4 ist im Anwendungsbereich des §53 Abs. 2 S. 1 Nr. 2 die Vervielfältigung **grafischer Aufzeichnungen von Werken der Musik** sowie die vollständige oder im Wesentlichen **vollständige Vervielfältigung eines Buches oder einer Zeitschrift** zulässig; die für §53 Abs. 1 aF insoweit vorgesehene Ausnahme galt schon bislang und gilt auch ab dem 13.9.2003 nicht. Eine Unterscheidung danach, ob es sich um vergriffene Werke oder um eine Vervielfältigung zum eigenen Gebrauch handelt, macht §53 Abs. 2 S. 1 Nr. 2 nicht. **64**

bb) Verbreitung. Die Vervielfältigungsstücke dürfen nicht **verbreitet** werden (§§ 17, 53 Abs. 6). Zulässig ist allerdings ihre Übergabe an den Archivar. Sonstige Nutzungshandlungen, etwa die Vorführung des Mikrofilmes vor einer Öffentlichkeit, werden durch § 53 Abs. 2 S. 1 Nr. 2 nicht ermöglicht. **65**

e) Beispiele. Zulässig ist es, wenn eine **Bibliothek** ihren Bestand mikroverfilmt. Um **Akten** vor der Witterung zu schützten, dürfen sie auf Mikrofiche aufgenommen werden. Eine **staatliche Universität** darf ihre Bücher **digital** kopieren und lagern, um sie für den Fall eines Brandes in Reserve zu halten (§ 53 Abs. 2 S. 1 Nr. 1, S. 2 Nr. 3). Ein Forscher darf sein eigenes Archiv per **Computer** erfassen und dauerhaft speichern (§ 53 Abs. 2 S. 1 Nr. 1, S. 2 Nr. 3). Presseunternehmen dürfen ihre Archive **auf Mikrofiche** führen. **66**

Kein Fall von § 53 Abs. 2 S. 1 Nr. 2 ist die Archivierung von Vervielfältigungsstücken mit dem Ziel, auf der Grundlage des angelegten Archivs einen **Recherchedienst** zu betreiben, welcher Dritten auf Nachfrage das entspr. Vervielfältigungsstück heraussucht und nach abermaliger Vervielfältigung überlässt (*BGH* NJW 1997, 1363 ff. – CB-infobank I). Ein **elektronisches Pressearchiv**, das ein Unternehmen zur Benutzung durch eine Mehrzahl von Mitarbeitern einrichtet, ist kein Archiv iSd § 53 Abs. 2 S. 1 Nr. 2 (*BGH* NJW 1999, 1964 – Elektronische Pressearchive). Ebenfalls nicht von § 53 Abs. 2 S. 1 Nr. 2 gedeckt ist die elektronische Archivierung im Rahmen einer **Kunden-Datenbank**, weil ein Archivierungssystem mit der Nutzungsmöglichkeit durch eine Vielzahl angeschlossener Rechner kein Archiv iSd Vorschrift darstellt (*LG Hamburg* NJW-RR 1997, 878, 879; *Nordemann/Schierholz/Nordemann/Czychowski* NJW 1998, 422, 426). Wegen § 53 Abs. 7 darf sich kein **Theater** ohne Erlaubnis des Urhebers ein Archiv der eigenen Inszenierungen anlegen (*Fromm/Nordemann* § 53 Rn 2). Gleichfalls ist es gewerblichen Unternehmen **67**

nicht erlaubt, digitale Kopien von eigenen elektronischen Datenbankwerken, zB von **Entscheidungssammlungen auf CD-ROM**, anzufertigen (§ 53 Abs. 5 S. 2). Das Kopieren von **Computerprogrammen** fällt nicht unter § 53, sondern ist nur nach Maßgabe der §§ 69a ff. ausnahmsweise erlaubt.

4. Eigene Unterrichtung über Tagesfragen (§ 53 Abs. 2 S. 1 Nr. 3)

68 **a) Allgemeines.** § 53 Abs. 2 S. 1 Nr. 3 gestattet die Vervielfältigung eines durch Funk gesendeten Werkes zur eigenen Unterrichtung über Tagesfragen. Die Bestimmung ist ein Gegenstück zu § 48 Abs. 1 Nr. 1, der die Vervielfältigung von Rundfunkreden in Zeitschriften oder zeitungsähnlichen Blättern erlaubt. Sie geht aber insofern weiter, als nicht nur Rundfunkreden, sondern sämtliche durch Funk gesendeten Werke aufgenommen werden dürfen, soweit dies zur eigenen Unterrichtung über Tagesfragen erforderlich ist. **Seit dem 13.9.2003** ist § 53 Abs. 2 S. 3 zu beachten, der die Nutzung auf eine analoge bzw die Vervielfältigungsmöglichkeiten auf analoge und reprografische beschränkt.

69 **b) Unterrichtung über Tagesfragen.** Die Vervielfältigung muss der eigenen Unterrichtung über Tagesfragen dienen. Zum Begriff der **Tagesfragen** s. § 48 Rn 5. Der **eigenen Unterrichtung** dient die Vervielfältigung nur, wenn der Nutzer das Vervielfältigungsstück selbst zu seiner Information verwenden möchte. Dazu gehört, anders als iRd § 53 Abs. 1, auch die betriebsinterne Unterrichtung sowie die Unterrichtung zu beruflichen oder erwerbswirtschaftlichen Zwecken.

70 **c) Zu vervielfältigendes Werk.** Vervielfältigt werden dürfen grds **Werke aller Werkgattungen, wenn sie durch Funk gesendet wurden.** Unter den Begriff des Funks fielen und fallen nach der Legaldefinition in § 20 („Funk, wie Ton- und Fernsehrundfunk, Satellitenrundfunk, Kabelfunk oder ähnliche technische Mittel, …") auch die ähnlichen technischen Mittel, durch welche ein Werk der Öffentlichkeit zugänglich gemacht werden kann, vor allem das Internet (näher § 20 Rn 14 f.). Nicht erforderlich ist, dass die Funksendung – wie bei § 20 – an eine Öffentlichkeit gerichtet ist. Vielmehr lässt § 53 Abs. 2 S. 1 Nr. 3 – in den Grenzen etwaig eingreifender sonstiger Vorschriften – auch die Aufzeichnung einer Amateurfunksendung an eine einzelne Person zu. Weder die **Veröffentlichung** noch das **Erscheinen** des Werkes ist dem Wortlaut der Vorschrift nach Voraussetzung für § 53 Abs. 2 S. 1 Nr. 3. Man wird aber annehmen müssen, dass der Gesetzgeber den seltenen Fall, dass in der Funksendung nicht zugleich die Veröffentlichung liegt, nicht bedacht hat, und ihn vom Anwendungsbereich der Vorschrift ausnehmen müssen. Stets ausgenommen vom Anwendungsbereich sind wegen des Vorrangs der §§ 69a ff. **Computerprogramme** sowie nach § 53 Abs. 5 S. 1 **elektronische Datenbanken.** Sonstige Datenbanken dürfen nach § 53 Abs. 2 S. 1 Nr. 3 vervielfältigt werden.

71 Der Vervielfältiger muss **rechtmäßig zum Werk gelangt** sein. Es versteht sich von selbst, dass ein rechtswidriger Erwerb eines Werkes nicht dadurch legitimiert werden kann, dass unter den Voraussetzungen des § 53 Vervielfältigungsstücke gefertigt werden (*KG* GRUR 1992, 168, 169; *Fromm/Nordemann* § 53 Rn 4). Wer eine fremde Funkanlage anzapft oder über ein gestohlenes Polizeifunkgerät die Gespräch abhört und die dort etwa gesendeten Werke mitschneidet, kommt nicht in den Genuss des § 53 Abs. 2 S. 1 Nr. 3. Wie bei § 53 Abs. 1 aF nicht Voraussetzung ist hingegen, dass

die Kopiervorlage durch den Vorbesitzer rechtmäßig angefertigt wurde, s. schon Rn 20.

d) Zulässige Nutzungshandlungen. Die zulässigen Nutzungshandlungen decken sich mit folgenden Ausnahmen mit denen des § 53 Abs. 1 (näher dort): **72**

1. Der das Vervielfältigungsstück herstellende **Dritte** darf unabhängig von der Art der Vervielfältigung stets entgolten werden.
2. Zulässig ist **seit dem 13.9.2003** nur mehr die Herstellung **grafischer Vervielfältigungsstücke bzw eine analoge Vervielfältigung** (§ 53 Abs. 2 S. 2 Nr. 1 und 2, S. 3 nF). Es gelten die zu § 53 Abs. 2 S. 2 Nr. 1 und 2 entwickelten Grundsätze (näher oben Rn 60 ff.). Darin liegt eine entscheidende Veränderung zur Rechtslage vor In-Kraft-Treten des Änderungsgesetzes. Der weite Sendebegriff erfasste seit jeher auch die digitale Werkübermittlung, zB jene in Netzwerken (näher § 20 Rn 14 f.). Vor diesem Hintergrund war § 53 Abs. 2 Nr. 3 bislang nicht auf analoge Vervielfältigungsvorgänge bzw grafische Vervielfältigungsstücke beschränkt. Dass § 53 Abs. 2 Nr. 3 in der nahen Zukunft, für die zu erwarten ist, dass Radio und Fernsehen mehr und mehr auf rein digitale Verfahren umgestellt werden, überhaupt noch praktische Relevanz haben wird, ist zu bezweifeln.

e) Beispiele. Nach § 53 Abs. 2 S. 1 Nr. 3 dürfen Unternehmen und **Behörden** aktuelle Sendungen in einigen Exemplaren **analog** aufzeichnen und diese ihren Angestellten zur Unterrichtung weiterleiten (amtl. Begr. BT-Drucks. IV/270, 73). Für Sachverhalte aus der Zeit **bis zum 12.9.2003** war nach § 53 Abs. 2 S. 1 Nr. 3 aF auch eine **digitale Aufzeichnung** erlaubt. Ein **Musikkritiker** darf die Übertragung einer Opernpremiere im Fernsehen **analog** auf Tonband aufnehmen, um sich über die Qualität und die Eigenheiten der Inszenierung, die im Mittelpunkt des aktuellen Interesses steht, zu informieren (*Fromm/Nordemann* § 53 Rn 8); die Aufführung selbst darf wegen § 53 Abs. 7 nicht mitgeschnitten werden. Die Anfertigung **digitaler Bild- und Tonträger** mit solchen Aufzeichnungen ist seit dem 13.9.2003 nicht mehr zulässig. Das **Abspeichern von Inhalten aus dem Internet** zur eigenen Unterrichtung über Tagesfragen war **bis zum 12.9.2003** von § 53 Abs. 2 Nr. 3 aF gedeckt. **Seit dem 13.9.2003** ist es nicht mehr zulässig, weil dabei digitale Techniken zum Einsatz kommen und das Vervielfältigungsstück selbst digital ist. Der Nutzer kann aber das Werk mit Hilfe seines Druckers **ausdrucken.** Eine Freistellung kann darüber hinaus nach § 53 Abs. 1 gegeben sein. **73**

Nicht zulässig ist es, Funksendungen mitzuschneiden, um diese zum Zwecke der **Unterrichtung der Allgemeinheit** zu verwenden. Die Aufnahme einer Unterhaltungszwecken dienenden **Hörfunksendung** ist nicht von § 53 Abs. 2 S. 1 Nr. 3 gedeckt. Schon wegen der Überschreitung der zahlenmäßigen Grenze („... einzelne ...") keine zulässige Nutzung ist die Erstellung eines unternehmenseigenen elektronischen **Pressespiegels** (*Loewenheim* GRUR 1996, 636, 638). **Computerprogramme** und **elektronische Datenbankwerke** fallen nicht unter die Schrankenregelung (§§ 53 Abs. 5, 55a, 69a ff.). **Seit dem 13.9.2003** ist es nicht mehr zulässig, **Inhalte aus dem Internet** auf **Festplatte oder DC-ROM** zu speichern, weil es sich bei Letzteren um ein digitales Vervielfältigungsstück handelt und im Vervielfältigungsvorgang digitale Techniken zum Einsatz kommen. Der Nutzer kann sich aber uU auf § 53 Abs. 1 stützen. **74**

5. Kleine Werkteile und Beiträge (§ 53 Abs. 2 S. 1 Nr. 4a)

75 **a) Allgemeines.** Nach § 53 Abs. 2 S. 1 Nr. 4a ist die Herstellung einzelner Vervielfältigungsstücke kleinerer Teile eines erschienenen Werkes oder von einzelnen Beiträgen, die in Zeitungen oder Zeitschriften erschienen sind, zulässig. Der Gesetzgeber hatte zum einen solche Fälle im Auge, bei denen es **wirtschaftlich untunlich** sei,
den Nutzer zu zwingen, das ganze Werk zu kaufen oder die Vervielfältigung nur nach
Einholung einer entspr. Zustimmung des Urhebers zu gestatten (amtl. Begr. BT-
Drucks. IV/270, 73). Zum anderen sollte die Rechtslage dem Bedürfnis nach zustim-
mungsfreier Vervielfältigung von **Zeitungsartikeln** Rechnung tragen. Schon vor In-
Kraft-Treten des UrhG war die Praxis dazu übergegangen, zB zur Unterrichtung von
Betriebsangehörigen oder im Austausch von Bibliotheken untereinander, aktuelle
Aufsätze aus Zeitungen oder Zeitschriften zu vervielfältigen und zu verbreiten. Der
Nachteil, den der Urheber dadurch erleidet, sollte durch die Regelungen der §§ 54 ff.
finanziell ausgeglichen werden.

76 **b) Beiträge oder kleine Werkteile.** Vervielfältigt werden dürfen **kleine Teile** eines
erschienenen Werkes oder einzelne Beiträge, die in Zeitungen oder Zeitschriften erschienen sind.

77 Von kleinen Teilen eines Werkes kann nur dort die Rede sein, wo die vervielfältigten
Werkteile im Verhältnis zum Gesamtwerk nur einen geringen Umfang besitzen. Die
Grenze wird bei **10-20 % des Gesamtwerkes** angesetzt (vgl *Schricker/Loewenheim*
§ 53 Rn 31: 10 %; *Fromm/Nordemann* § 53 Rn 9: 20 %), wobei es nach der hier vertretenen Auffassung immer auf die Umstände des Einzelfalls ankommen muss. So
können die Schöpfungshöhe des betr. Teiles oder der Umstand, dass der Kern eines
Werkes entnommen werden soll, zu einer anderen (niedrigeren) Grenzziehung zwingen. In welcher Form das Werk vorliegt, ist für § 53 Abs. 2 S. 1 Nr. 4a unerheblich.

78 Den Begriff **einzelner Beitrag** hatte der Gesetzgeber gewählt, um deutlich zu machen, dass sich die Berechtigung zur Vervielfältigung ohne Zustimmung des Urhebers
nicht nur auf einzelne **Aufsätze** erstrecken sollte, sondern darunter auch **Gedichte,
Lichtbildwerke** uÄ zu fassen sein sollten (amtl. Begr. BT-Drucks. 10/3360, 19). Von
einem einzelnen Beitrag kann nur gesprochen werden, wenn der Beitrag in einer **Zeitung oder Zeitschrift** abgedruckt und nicht gesondert erhältlich ist. Unter einer **Zeitung** versteht man ebenso wie iRd § 49 ein periodisch erscheinendes Nachrichtenblatt
mit aktuellem Inhalt. Darunter fallen auch wöchentlich erscheinende Illustrierte oder
Magazine, wenn sie diese Voraussetzungen erfüllen (*Löffler* Presserecht, BT UrhR,
Rn 144; *Schricker/Melichar* § 49 Rn 5). Unter den Begriff der **Zeitschrift** fallen auch
Fachzeitschriften, sofern sie aktuelle Themen behandeln (*Schricker/Melichar* § 49
Rn 7). Stets dürfen nur einige der Beiträge der betr. Zeitung oder Zeitschrift übernommen werden. Die Grenze liegt hier aber höher als die für die Annahme eines kleinen
Werkteils angenommenen 10-20 % des Gesamten, weil unterschiedliche Urheber betroffen sind. Man wird sie bei etwa **40 %** ansetzen können, weil es hier noch un-
wirtschaftlich wäre, die Zeitung oder Zeitschrift insgesamt zu erwerben. Maßgeblich
sind aber immer die Umstände des Einzelfalls, nämlich vor allem die Schöpfungshöhe der einzelnen Beiträge, deren Länge und ihre Zahl im Verhältnis zum Gesamtumfang der Zeitung bzw Zeitschrift. Je nach den Umständen des Einzelfalls muss es auch
zulässig sein, einen sehr langen Beitrag aus einer Zeitung zu kopieren.

Weitere Voraussetzungen, insb. an eine **Zweckbestimmung**, stellt § 53 Abs. 2 S. 1   **79**
Nr. 4a nicht auf. Die Vervielfältigung kann daher auch zu **gewerblichen** Zwecken erfolgen, wobei die Nutzung der Vervielfältigungsstücke dann allerdings meist an § 17
scheitern wird und ohnehin die auf bis zu sieben („einzelne") beschränkte Zahl der
von dem Werkteil oder Beitrag anzufertigenden Vervielfältigungsstücke verhindert,
dass § 53 Abs. 2 S. 1 Nr. 4a gegenüber den sonstigen Fällen des § 53 große eigene
Bedeutung erlangt.

c) Zu vervielfältigendes Werk. Von § 53 Abs. 2 S. 1 Nr. 4a erfasst sind grds jedes   **80**
Werk und alle Werkgattungen mit Ausnahme der Computerprogramme und elektronischen Datenbankwerke (§§ 69a ff.; § 53 Abs. 5 S. 1). Das Bedürfnis zur Vervielfältigung von kleinen Teilen eines Werkes soll jedoch nach der Gesetzesbegründung
in der Regel nur bei **Schriftwerken** gegeben sein (amtl. Begr. BT-Drucks. IV/270,
73). Sollen einzelne Beiträge vervielfältigt werden, müssen diese darüber hinaus aus
einer Zeitung oder Zeitschrift stammen. Die Vorschrift verlangt, wie sich im Umkehrschluss aus § 53 Abs. 2 S. 1 Nr. 2 ergibt, **kein eigenes Werk** des Nutzers als
Grundlage der Vervielfältigung (*BGH* NJW 1997, 1363, 1366 – CB-infobank I; NJW
1997, 1368, 1369 – CB-infobank II; NJW 1999, 1953 – Kopienversanddienst).

Das Vervielfältigungsstück muss von einem **rechtmäßig erworbenen Werkstück**   **81**
gefertigt werden. Es versteht sich von selbst, dass ein rechtswidriger Erwerb eines
Werkes nicht dadurch legitimiert werden kann, dass unter den Voraussetzungen des
§ 53 Vervielfältigungsstücke gefertigt werden (*KG* GRUR 1992, 168, 169; *Fromm/
Nordemann* § 53 Rn 4). Wie bei § 53 Abs. 1 aF nicht Voraussetzung ist hingegen,
dass die Kopiervorlage durch den Vorbesitzer rechtmäßig angefertigt wurde, s. schon
Rn 20.

Stets müssen die Werke, die vervielfältigt werden, **erschienen** sein. Es gilt die Defi-   **82**
nition des § 6 Abs. 2.

d) Zulässige Nutzungshandlungen. Die zulässigen Nutzungshandlungen decken   **83**
sich mit folgenden Ausnahmen mit jenen zu § 53 Abs. 1 (näher dort Rn 24 ff.):

1. Auch schon bei Sachverhalten **vor dem 13.9.2003** durfte nach § 53 Abs. 2 Nr. 4a
   aF der ein Vervielfältigungsstück als Hilfsperson anfertigende **Dritte** dafür entgolten werden, und zwar anders als iRd § 53 Abs. 1 S. 2 HS 2 aF auch dann, wenn
   die Vervielfältigung ein Werk der bildenden Künste betrifft oder durch Übertragung von Werken auf Bild- oder Tonträger erfolgt. § 53 Abs. 1 S. 2 HS 2 aF galt
   für § 53 Abs. 2 nicht.
2. Eine bestimmte **Zweckbestimmung** muss, anders als in den Fällen der § 53
   Abs. 2 S. 1 Nr. 1-3, mit der Vervielfältigung nicht einhergehen (amtl. Begr. BT-
   Drucks. IV/270, 73).
3. **Seit dem 13.9.2003** ist die Vervielfältigung nur zulässig, wenn sie entweder eine
   reprografische ist oder es sich um eine ausschließlich **analoge** Nutzung handelt
   (§ 53 Abs. 2 S. 2 Nr. 1 und 2, S. 3 nF. Auf die Kommentierung zu § 53 Abs. 2 S. 1
   Nr. 2 (§ 53 Rn 60 ff.) wird Bezug genommen. Daher dürfen kleine Teile von im
   Internet abrufbaren Werken nicht mehr auf Festplatte oder digitalen Datenträgern
   gespeichert werden. Zulässig ist aber der Ausdruck, selbst wenn er mit Hilfe digitaler Technik erfolgt (§ 53 Abs. 2 S. 2 Nr. 1, S. 3 nF.

84 **e) Beispiele. Zulässig** ist die fünffache Vervielfältigung eines in einer Zeitung erschienenen **Artikels** per (auch **Digital-)Kopierer** (vgl *BGH* NJW 1978, 2597 – Vervielfältigungsstücke). Der Inhaber eines **Gewerbebetriebes** darf einen Aufsatz über betriebswirtschaftliche Fragen mit dem Ziel kopieren, sich über eine bessere betriebswirtschaftliche Auslastung seines Unternehmens zu informieren. Ein für die Unternehmenspolitik wichtiger Zeitungsartikel darf für die eigenen vier **Betriebsangehörigen** kopiert und an sie ausgeteilt werden, um den weiteren Unternehmenskurs vorzugeben. Zur Vorbereitung auf einen **Literaturkurs** darf man sich aus einem Buch mehrere Seiten über das zu besprechende Werk kopieren.

85 Nicht nach § 53 Abs. 2 S. 1 Nr. 4a zulässig, ggf aber gem. § 53 Abs. 3 erlaubt, ist die Herstellung von mehr als sieben Vervielfältigungsstücken zu Ausbildungszwecken in Schul- oder Studienklassen (*BGH* NJW 1978, 2596 ff. – Vervielfältigungsstücke). Nicht gem. § 53 Abs. 2 S. 1 Nr. 4a erlaubt ist die Fertigung von Kopien von Zeitungsartikeln im Rahmen einer **Recherchedienstleistung**, bei welcher ein Rechercheunternehmen aus archivierten Zeitungsartikeln die vom Kunden gewünschten heraussucht und für diesen kopiert (*BGH* NJW 1997, 1363 ff. – CB-infobank I; NJW 1997, 1368 ff. – CB-infobank II). Ebenso einen Verstoß gegen §§ 16, 17 stellt die Vervielfältigung und Verbreitung von Beiträgen und bearbeiten Entsch. aus einer juristischen Fachzeitschrift durch einen **Dienstleister** gegen Bezahlung dar, die im Rahmen eines Recherche-Service für Juristen entweder mechanisch mittels eines Kopiergeräts oder elektronisch durch Nutzung eines Speichermediums hergestellt werden (*OLG Köln* NJW 2000, 1726). **Computerprogramme** und **elektronische Datenbankwerke** sind nicht von § 53 Abs. 2 S. 1 Nr. 4a erfasst (§§ 53 Abs. 5, 69a ff.). **Seit dem 13.9.2003** nicht mehr von § 53 Abs. 2 Nr. 4a gedeckt ist das **Speichern** von Teilen eines Werkes auf der Festplatte oder **digitalen Informationsträgern** (§ 53 Abs. 2 S. 2 Nr. 1 und 2, S. 3).

6. Vergriffene Werke (§ 53 Abs. 2 S. 1 Nr. 4b)

86 **a) Allgemeines.** Ebenfalls ohne Rücksicht auf eine Zweckbestimmung zugelassen wird nach § 53 Abs. 2 S. 1 Nr. 4b) die Vervielfältigung ganzer Werke oder von Werkteilen, wenn es sich um ein seit mindestens zwei Jahren vergriffenes Werk handelt. Der Gesetzgeber hielt es für zumutbar, dass ein Urheber, der mit einer Neuauflage länger als die in § 53 Abs. 2 S. 1 Nr. 4b genannte Frist zugewartet hatte, die Vervielfältigung seines Werkes dulden müsse (amtl. Begr. BT-Drucks. IV/270, 74). Es sollte insb. dem Bedürfnis von Bibliotheken und wissenschaftlichen Instituten zur Vervollständigung ihrer Bestände an wissenschaftlichen Werken und zur Herstellung von weiteren Leseexemplaren Rechnung getragen werden (amtl. Begr. BT-Drucks. IV/270, 74). **Seit dem 13.9.2003** ist die Vervielfältigung nur noch in grafischer Form zulässig oder wenn ausschließlich eine analoge Nutzung stattfindet (§ 53 Abs. 2 S. 2 Nr. 1 und 2, S. 3 nF).

87 **b) Zu vervielfältigendes Werk seit zwei Jahren vergriffen.** Das Werk, welches vervielfältigt wird, muss seit mindestens zwei Jahren **vergriffen** sein. Vergriffen ist es nach den zu **§ 29 Abs. 1 VerlG** entwickelten Kriterien, wenn es vom Verlag nicht mehr geliefert werden kann, dh wenn dem Verleger zum Absatz bestimmte Exemplare nicht mehr zur Verfügung stehen, weil die Auflage erschöpft ist und Lagerbestände nicht mehr vorhanden sind (*Paschke* GRUR 1985, 949, 952; *Schricker/*

Loewenheim § 53 Rn 34). Um Rechtsunsicherheit zu vermeiden, kann nicht verlangt werden, dass das Werk nicht mehr, auch nicht mehr antiquarisch, auffindbar ist (so aber *Fromm/Nordemann* § 53 Rn 9; wie hier *Schricker/Loewenheim* § 53 Rn 34). Die schwierigen Nachforschungen, die erforderlich wären, um dies festzustellen, wollte der Gesetzgeber gerade vermeiden (amtl. Begr. BT-Drucks. 10/837, 16). Dafür, dass das Werk vergriffen ist, spricht, dass es während dieser Zeit nicht mehr neu aufgelegt wurde und in den üblichen Buchhandlungen nicht, auch nicht durch Bestellung, erhältlich ist. Der in den entspr. Bücherlisten angebrachte Vermerk „vergriffen" begründet hierfür eine tatsächliche Vermutung.

Vervielfältigt werden dürfen zum eigenen Gebrauch unter dieser Voraussetzung **88** grds Werke aller **Werkgattungen**. Ausgenommen sind **Computerprogramme** (§§ 69a ff.) und **elektronische Datenbankwerke** (§ 53 Abs. 5 S. 1). **Nicht erforderlich** ist, dass zur Vervielfältigung ein **eigenes Werk** benutzt wird, wie sich im Umkehrschluss aus § 53 Abs. 2 S. 1 Nr. 2 ergibt (*BGH* NJW 1999, 1953, 1954 – Kopienversanddienst). Das Werk muss auch weder veröffentlicht noch erschienen sein, wie sich im Umkehrschluss aus § 53 Abs. 2 S. 1 Nr. 4a und Abs. 3 ergibt.

Das Vervielfältigungsstück muss von einem **rechtmäßig erworbenen Werkstück** **89** gefertigt werden. Wer von dem aus der Bibliothek geschmuggelten einzigen noch vorhandenen Werkstück eines Kommentars Ablichtungen herstellt, kommt daher nicht in den Genuss des § 53 Abs. 2 S. 1 Nr. 4b (vgl *KG* GRUR 1992, 168, 169; *Fromm/Nordemann* § 53 Rn 4). Wie bei § 53 Abs. 1 aF nicht Voraussetzung ist hingegen, dass die Kopiervorlage durch den Vorbesitzer rechtmäßig angefertigt wurde, s. schon Rn 20. Daher kann sich der Nutzungswillige, der das vergriffene Werk für den eigenen Gebrauch ausdrucken will, dieses von dem Server eines ihm empfohlenen Literaturspezialisten verschaffen, ohne zunächst klären zu müssen, ob sich die Verbreitungsbefugnis der besagten Person auch auf das Recht zur Online-Nutzung erstreckte.

c) Zulässige Nutzungshandlungen. Der Katalog der unter den Voraussetzungen des **90** § 53 Abs. 2 S. 1 Nr. 4b zulässigen bzw unzulässigen Nutzungshandlungen deckt sich mit den folgenden Ausnahmen mit dem des § 53 Abs. 1:

1. Wie iRd § 53 Abs. 1 dürfen die Vervielfältigungsstücke auch durch **Dritte** gefertigt werden. Der Dritte darf dafür entgolten werden, und zwar anders als iRd § 53 Abs. 1 S. 2 HS 2 aF auch dann, wenn die Vervielfältigung ein Werk der bildenden Künste betrifft oder durch Übertragung von Werken auf Bild- oder Tonträger erfolgt. § 53 Abs. 1 S. 2 HS 2 gilt für § 53 Abs. 2 nicht.

2. Die **vollständige** oder im Wesentlichen vollständige **Vervielfältigung ganzer Bücher oder Zeitschriften** (§ 53 Abs. 4b) ist unter den Voraussetzungen des § 53 Abs. 2 S. 1 Nr. 4b gerade zulässig. Die Vervielfältigung von **Noten** ist gerade auch dann zulässig, wenn sie nicht durch Abschreiben vorgenommen wird, weil § 53 Abs. 2 S. 1 Nr. 4b eben voraussetzt, dass das Werk vergriffen ist.

3. **Seit dem 13.9.2003** darf nur noch nach § 53 Abs. 2 S. 1 Nr. 4b vervielfältigt werden, wenn die Vervielfältigung eine **grafische** ist oder eine ausschließlich **analoge** Nutzung stattfindet (§ 53 Abs. 2 S. 2; näher oben Rn 60 ff.). Das Kopieren eines ganzen Buches auf Festplatte ist danach von dieser Schranke nicht mehr gedeckt.

91 **d) Beispiele. Zulässig** ist die grafische Vervielfältigung eines seit 10 Jahren nicht mehr aufgelegten und im Buchhandel nicht mehr erhältlichen **wissenschaftlichen Werkes** sowie seine Benutzung zu den in § 53 genannten Zwecken. Erlaubt ist es, einen **Kommentar** grafisch zu vervielfältigen. Die **bis zum 12.9.2003** bestehende Möglichkeit, ihn in den Computer zu scannen und auf Festplatte zu speichern, besteht seit dem 13.9.2003 allerdings nicht mehr. Digital im **Internet** verfügbare Werke dürfen aber (auch digital) ausgedruckt werden, wenn sie zB nach dem Tod des Herausgebers vor mehreren Jahren nicht mehr aufgelegt wurden.

92 **Unzulässig** ist das Kopieren von Werken, die im **Buchhandel** noch erhältlich sind. Ein vergriffenes Werk darf vor Ablauf von zwei Jahren seit diesem Zeitpunkt nicht ohne Zustimmung des Urhebers vervielfältigt werden. Ein zulässigerweise kopiertes, vergriffenes Musikwerk darf zwar auf Hörkassette aufgenommen, aber nicht **öffentlich wiedergegeben** werden. Durch § 53 wird das **Verlesen** eines vergriffenen Werkes in einer öffentlichen Vorlesung nicht gedeckt. **Computerprogramme** und **elektronische Datenbankwerke** sind nicht erfasst (§ 53 Abs. 5, 69a ff.). **Seit dem 13.9.2003** dürfen vergriffene Werke nicht mehr **eingescannt und auf Festplatte gespeichert** werden.

IV. Vervielfältigung zum Unterrichts- und Prüfungsgebrauch (§ 53 Abs. 3)

1. Allgemeine Voraussetzungen

93 **a) Sinn und Zweck der Vorschrift.** § 53 Abs. 3 lässt unter bestimmten Voraussetzungen die Herstellung von Vervielfältigungsstücken zu pädagogischen Zwecken zu. Die Vorschrift dient der Bildung vor allem der Jugend.

94 **b) Zu vervielfältigendes Werk.** Vervielfältigt werden dürfen nach § 53 Abs. 3 **einzelne Beiträge**, die in Zeitungen oder Zeitschriften erschienen (§ 6 Abs. 2) oder öffentlich zugänglich gemacht worden (§ 19a) sind. Wegen des Begriffs des einzelnen Beitrags aus Zeitungen bzw Zeitschriften gelten die Erläuterungen zu § 53 Abs. 2 S. 1 Nr. 4a entspr. Weiter dürfen auch **kleine Teile eines Werkes** und **Werke von geringem Umfang** vervielfältigt werden, ohne dass diese notwendig erschienen oder öffentlich zugänglich gemacht sein müssen. Einer (Erst-)Veröffentlichung durch das Austeilen an die Schüler oder Prüflinge steht aber § 12 entgegen. Der Begriff der kleinen Teile eines Werkes und Werke von geringem Umfang ersetzt seit dem 13.9.2003 den bis dahin geltenden Begriff der **kleinen Teile eines Druckwerkes**. Während bislang nur die in einem drucktechnischen Verfahren hergestellten Werke und Vervielfältigungen erfasst waren, also auch die in Büchern gedruckten **Fotografien**, **Bilder** und **Pläne**, fällt jetzt auch Material unter § 53 Abs. 3, das ausschließlich in der Form **öffentlicher Zugänglichmachung** verbreitet wird. Der Begriff der kleinen Teile eines Werkes und Werke von geringem Umfang entspricht dem des § 52a; auf die dortige Kommentierung (§ 52a Rn 9 ff.) wird verwiesen. Immer erforderlich ist, dass die Vervielfältigung zum jeweiligen Zweck geboten sein muss (vgl amtl. Begr. BT-Drucks. 15/38, 21).

95 Für **Computerprogramme** gilt § 53 Abs. 3 nicht. Hier stellen die §§ 69a ff. abschließende Voraussetzungen auf. Gem. § 53 Abs. 5 S. 1 findet § 53 Abs. 3 Ziff. 2 auch auf **elektronische Datenbankwerke** keine Anwendung, sodass diese nicht zu Prüfungszwecken vervielfältigt werden dürfen. Werden elektronische Datenbankwerke zum Zwecke des Unterrichtsgebrauchs vervielfältigt (§ 53 Abs. 3 Ziff. 1), ist erforderlich, dass dies nichtgewerblichen Zwecken dient (§ 53 Abs. 5 S. 2). Auf andere Datenbankwerke als solche, deren Elemente einzeln mit Hilfe elektronischer Mittel zugänglich sind, ist § 53 Abs. 3 hingegen anwendbar. Eine § 53 Abs. 5 entspr. Bestimmung für elektronische Datenbankwerke fehlt in § 53 aF, sodass nach altem Recht Datenbankwerke gem. § 53 Abs. 3 vervielfältigt werden durften. Der Auffassung *Loewenheims* (in *Schricker* § 53 Rn 51), Datenbankwerke könnten schon begrifflich keine Druckwerke sein, kann nicht gefolgt werden. Zu erinnern ist zB an nach bes. Kriterien schöpferisch ausgewählte und angeordnete Zeitungsberichte oder Prüfungsfälle in **Zettelkästen**, die mit Hilfe eines Registers (einfaches Datenbankwerk) oder Computerprogramms (elektronisches Datenbankwerk) zugänglich sind. Hier durfte und darf der Lehrer oder Prüfer einen oder einige wenige der Fälle entnehmen und kopieren, ohne dass das Urheberrecht des Erstellers des Sammelwerkes entgegen steht.

Von einem **kleinen Teil** eines Werkes spricht man dann, wenn der vervielfältigte Teil im Verhältnis zum Gesamtwerk nur geringen Umfang hat. Wie iRd § 53 Abs. 2 S. 1 Nr. 4a kann eine Grenze von **10-20 %** des Werkes gezogen werden. **96**

Nicht erforderlich ist, dass zur Vervielfältigung ein **eigenes Werk** benutzt wird, wie sich im Umkehrschluss aus § 53 Abs. 2 S. 1 Nr. 2 ergibt (*BGH* NJW 1999, 1953, 1954 – Kopienversanddienst). Das Vervielfältigungsstück muss aber von einem **rechtmäßig erworbenen Werkstück** gefertigt werden. Es versteht sich von selbst, dass ein rechtswidriger Erwerb eines Werkes nicht dadurch legitimiert werden kann, dass unter den Voraussetzungen des § 53 Vervielfältigungsstücke gefertigt werden (*KG* GRUR 1992, 168, 169; *Fromm/Nordemann* § 53 Rn 4). Wie bei § 53 Abs. 1 aF nicht Voraussetzung ist hingegen, dass die Kopiervorlage durch den Vorbesitzer rechtmäßig angefertigt wurde, s. schon Rn 20. **97**

c) Zum eigenen Gebrauch. Die Vervielfältigung muss dem eigenen Gebrauch dienen. Gemeint ist der eigene Gebrauch der Schüler bzw der Unterrichtsteilnehmer. Dieser schließt die Arbeit mit dem Vervielfältigungsstück im Schulunterricht bzw im Unterricht in den anderen in § 53 Abs. 3 Nr. 1 genannten Einrichtungen ein. Nicht nur die Schüler, sondern auch die Lehrpersonen dürfen Vervielfältigungsstücke anfertigen und **im Unterricht** für die dortigen Zwecke einsetzen. **98**

d) Soweit die Vervielfältigung zu dem Zweck geboten ist. Anders als iRd § 53 Abs. 1 und 2 ist die Anzahl der Vervielfältigungsstücke nicht auf einzelne beschränkt und dürfen daher insb. auch **mehr als sieben** Vervielfältigungsstücke hergestellt werden. Beschränkungen ergeben sich jedoch durch den **Gebrauchszweck**; mehr als die für die Schüler bzw Prüflinge zzgl. des Lehrers bzw Prüfers benötigte Anzahl an Exemplaren dürfen nicht hergestellt werden (§ 53 Abs. 3 Ziff. 1 aE und Ziff. 2 aE). **99**

e) Art der Vervielfältigung. Eine Beschränkung der Art der Vervielfältigung sieht § 53 Abs. 3 nicht vor. § 53 Abs. 2 S. 2, 3 nF gilt für § 53 Abs. 3 nicht. Daher darf insb. auch **digital** vervielfältigt werden, zB indem Werkteile eingescannt und auf Festplatte oder CD-ROM gespeichert werden. Bedeutung gewinnt dies, wenn in Schulklassen, die für sich genommen ja keine Öffentlichkeit bilden (hierzu § 6 Rn 33), am **Computer** mit solchen Werken gearbeitet werden soll. Durch die Erwei- **100**

terung des Kreises der zu vervielfältigenden Werke über die Druckwerke hinaus wird es darüber hinaus möglich, kleinere **Werke bzw Werkteile von Websites** downzuladen oder auszudrucken. Dabei ist zu beachten, dass auf ein und derselben Website meist mehrere, oft verbundene Werke zu finden sind. „Das Multimediawerk" gibt es nicht (näher § 2 Rn 277).

2. Schulunterricht, Aus- und Weiterbildung und Berufsbildung (§ 53 Abs. 3 Nr. 1)

101   **a) Eigener Gebrauch in bestimmten Einrichtungen.** Der Zweck der Vervielfältigung muss bei § 53 Abs. 3 Nr. 1 in der Benutzung des Werkes im Schulunterricht, in nichtgewerblichen Einrichtungen der Aus- und Weiterbildung sowie in Einrichtungen der Berufsbildung liegen. Der Begriff des **Schulunterrichts** deckt sich dabei mit dem in § 46 Abs. 1 verwandten. Danach fallen unter den Begriff der **Schule** nicht nur allgemeinbildende Schulen, sondern auch sonstige Schulen wie Berufsschulen und Sonderschulen unabhängig davon, ob sie staatlich betrieben oder nur staatlich anerkannt sind. Soweit damit noch nicht erfasst, werden auch alle anderen nichtgewerblichen **Einrichtungen der Aus- und Weiterbildung** sowie der **Berufsbildung**, also der gesamte Bereich der Berufsbildung iSd Berufsbildungsgesetzes (amtl. Begr. BT-Drucks. 10/3360, 19), in den Genuss der Privilegierung einbezogen. Dazu gehört auch die betriebliche Unterrichtung von Auszubildenden in Betrieben und überbetrieblichen Ausbildungsstätten (amtl. Begr. BT-Drucks. 10/3360, 19).

102   **Nicht erfasst werden Universitäten, Fachschulen, Volkshochschulen und Fahrschulen** (zu Letzterem *Fromm/Nordemann* § 46 Rn 5), weil sie nicht der Jugend, sondern (zumindest vorwiegend) der **Erwachsenenbildung** dienen und von einer Erweiterung der Schrankenregelung auf den Bereich der Erwachsenenbildung im Gesetzgebungsverfahren ausdrücklich Abstand genommen wurde (amtl. Begr. BT-Drucks. 10/837, 16 und 10/3360, 19; vgl amtl. Begr. zu § 46, BT-Drucks. IV/270, 64; hierzu krit. *Rehbinder* Rn 259). Man hatte befürchtet, dass die Werknutzung insb. im Bereich der Hochschulen angesichts der großen Zahl der an der Lehrveranstaltung teilnehmenden Studenten zu stark ausufern würde. Dort, wo Erwachsene unterrichtet würden, sei diesen zudem zumutbar, das erforderliche Lehrmaterial selbst zu besorgen, während den Schülern idR die Möglichkeit fehle, die für den Unterricht notwendigen Kopien selbst herzustellen (amtl. Begr. BT-Drucks. 10/837, 16 und 10/3360, 19).

103   Die Vervielfältigungsstücke müssen zum **eigenen schulischen Gebrauch** bzw zum eigenen Gebrauch in der betr. Einrichtung durch die Schüler oder Auszubildenden bestimmt und geboten sein. Maßgeblich ist nur, dass der Zweck der Vervielfältigungsstücke in der Benutzung zu Unterrichtszwecken im weitesten Sinne liegt. Ob die Werkteile oder die Beiträge ein geeignetes pädagogisches Unterrichtsmittel darstellen und ob sie tatsächlich benötigt werden, der **Unterrichtserfolg** also nicht auch auf andere Weise herbeizuführen wäre, ist nicht zu prüfen (*Schricker/Loewenheim* § 53 Rn 40.

104   Stets darf die **Anzahl** der Vervielfältigungsstücke nicht höher sein als die Zahl der Schüler zzgl. des Lehrers (amtl. Begr. BT-Drucks. 10/837, 16). Parallelklassen gelten als Unterrichtseinheit (amtl. Begr. BT-Drucks. 10/3360, 19). Dabei ist es auch zulässig, wenn die Vervielfältigungsstücke, die nach Abschluss der Unterrichtseinheit wieder eingesammelt wurden, an eine andere Klasse ausgegeben werden.

b) Zulässige Nutzungshandlungen im Einzelnen. Der Katalog der unter den Voraussetzungen des § 53 Abs. 3 Nr. 1 zulässigen bzw unzulässigen Verwertungshandlungen deckt sich mit den folgenden Ausnahmen mit dem des § 53 Abs. 1 (vgl Rn 24 ff.): 105

1. Wie iRd § 53 Abs. 1 dürfen die Vervielfältigungsstücke auch durch **Dritte** gefertigt werden. Der Dritte darf dafür entgolten werden, und zwar anders als im Anwendungsbereich des § 53 Abs. 1 in allen Fällen der Vervielfältigung.
2. Der Kreis der zulässigen Verbreitungshandlungen ist entspr. dem Vervielfältigungszweck des § 53 Abs. 3 Nr. 1 gegenüber dem des § 53 Abs. 1 weiter: Für die Weitergabe angefertigter Kopien von einer Hilfsperson an den Lehrer gelten die allg. Grundsätze. Da die Schrankenregelung andernfalls sinnlos wäre, dürfen die Vervielfältigungsstücke aber auch vom Lehrer **an die Schüler verteilt** werden, selbst wenn diese eine Öffentlichkeit iSd § 15 Abs. 3 bilden, ohne dass darin ein Eingriff in das Verbreitungsrecht des Urhebers läge.

c) Beispiele. Zu Unterrichtszwecken **darf** die in einer **Zeitung** veröffentlichte Stellungnahme eines Reporters zu einem gesellschaftspolitischen Thema für jeden Schüler kopiert und in der Klasse verteilt werden. Der Lehrer darf zu Unterrichtszwecken aus einem **Lehrbuch** einige Seiten kopieren und den Schülern übergeben. Das Urheberrecht des Herausgebers einer in Buchform vorliegenden **Festschrift** steht dem Kopieren einiger Festschriftenbeiträge zu Unterrichtszwecken nicht entgegen. Im Rahmen einer Unterrichtseinheit Gedichte darf der Lehrer einen Schüler aus einem **Gedichtband** Kopien in der für die Klasse erforderlichen Anzahl anfertigen und austeilen lassen. Das gilt inzwischen auch dann, wenn es sich bei dem Gedichtband um eine **Online-Veröffentlichung** handelt. Zu Unterrichtszwecken dürfen aus einer **Karteikartensammlung**, welche die Allgemeinbildung von Kindern und Jugendlichen anhand der auf den einzelnen Karteikarten gegebenen Kurzüberblicke zu bestimmten Themen fördern will, einzelne Karteikarten vervielfältigt und im Unterricht ausgeteilt werden. Ist die Sammlung auf **CD-ROM** gespeichert, dürfen einzelne Karteikarten auch durch Ausdruck entspr. vervielfältigt und ausgegeben werden, soweit damit keine gewerblichen Zwecke verfolgt werden. Ist die elektronische Kartei von geringem Umfang, darf für jeden Schüler eine **Diskette** davon hergestellt werden, damit er sie am PC bearbeiten kann. 106

Nicht von § 53 Abs. 3 Nr. 1 erlaubt wird das Kopieren von **Noten** für Klassenarbeiten oder für ein Probesingen von Schülern, außer wenn die Noten seit mehr als zwei Jahren vergriffen sind (§ 53 Abs. 4a). § 53 Abs. 3 Nr. 1 lässt weder das Kopieren eines **ganzen Buches** (§ 53 Abs. 4b) noch einer **ganzen Zeitung** (§ 53 Abs. 3 Nr. 1: „einzelne Beiträge") zu. Auf **Computerprogramme** findet die Vorschrift keine Anwendung, es gelten die §§ 69a ff. Unzulässig ist es, wenn der Rechtsanwalt, der zu gewerblichen Zwecken einige Stunden in einer Berufsbildungsschule unterrichtet, iRd Unterrichts Ausdrucke aus einer **elektronischen Kartei** eines **Repetitoriums**, in der verschiedene prüfungsrelevante Fällen zusammengestellt sind, an die Schüler verteilt. 107

3. Staatliche Prüfungen (§ 53 Abs. 3 Nr. 2)

a) Allgemeines. Nach § 53 Abs. 3 Nr. 2 dürfen für staatliche Prüfungen und Prüfungen in Schulen, Hochschulen und in nichtgewerblichen Einrichtungen der Aus- und 108

Weiterbildung sowie in der Berufsbildung in der erforderlichen Anzahl Vervielfältigungsstücke von den og (Rn 94 ff.) Werkteilen bzw Werken angefertigt werden.

109   **b) Eigener Gebrauch für bestimmte Prüfungszwecke.** Privilegiert sind Vervielfältigungen für Prüfungen in den **in § 53 Abs. 3 Nr. 1 genannten Schulen und Einrichtungen** und darüber hinaus auch für **Prüfungen in Hochschulen** und für alle anderen **staatlichen Prüfungen**. Unter einer Prüfung versteht man dabei die Lernkontrolle, die im Anschluss an einen bestimmten Unterrichts- oder Lernabschnitt stattfindet und dem Nachweis der erworbenen Kenntnisse und Fähigkeiten der Prüflinge dient. Lernkontrollen iRd Unterrichts, also zB Klassenarbeiten oder Hausarbeiten, zählen nicht dazu.

110   Die Vervielfältigungsstücke müssen zur Verwendung **in** der Prüfung bestimmt und geboten sein. Wie schon iRd § 53 Abs. 3 Nr. 2 erfolgt dabei aber keine Untersuchung, ob die Prüfung auch ohne Einsatz der Vervielfältigungsstücke ebenso wirksam durchgeführt werden könnte. Die Anzahl der Vervielfältigungsstücke muss sich iRd Prüfungszwecks halten. Daher lässt § 53 Abs. 3 Nr. 2 nicht das Kopieren eines Cartoons zu, um die Prüflinge vor oder nach der eigentlichen Prüfung zu erheitern.

111   **c) Zulässige Nutzungshandlungen im Einzelnen.** Der Katalog der unter den Voraussetzungen des § 53 Abs. 3 Nr. 2 zulässigen bzw unzulässigen Verwertungshandlungen deckt sich – auch bzgl der Herstellung der Vervielfältigungsstücke durch Dritte – mit dem des § 53 Abs. 1, wobei sich die zulässigen Nutzungshandlungen natürlich iRd von § 53 Abs. 3 Nr. 2 vorgegebenen Zwecks bewegen müssen. Zu beachten ist außerdem Folgendes:

1. Einer Hilfsperson darf anders als noch iRd § 53 Abs. 1 S. 2 HS 2 aF auch dann ein **Entgelt** gezahlt werden, wenn die Vervielfältigung ein Werk der bildenden Künste betrifft oder durch Übertragung von Werken auf Bild- oder Tonträger erfolgt.
2. Da die Schrankenregelung andernfalls sinnlos wäre, dürfen die Kopien auch **an die Prüflinge ausgeteilt** werden, ohne dass darin ein Verbreiten iSd § 17 liegt, selbst wenn sie in ihrer Gesamtheit eine Öffentlichkeit darstellen.

112   **d) Beispiele. Zulässig** ist es, Fachhochschülern aus dem Bereich **Kunst** während der Prüfung Kopien aus einem Buch auszuhändigen, die ein bestimmtes urheberrechtsgeschütztes Design zeigen, welches besprochen werden soll. Auch eine Farbkopie eines **Fotos** aus einem Kunstbuch darf überreicht werden. Werden Berufsschüler iRd Abschlussprüfung zu einem aktuellen Thema befragt, darf hierzu eine kurze Stellungnahme eines Autors oder **Reporters** kopiert und ausgeteilt werden. Die Prüfer im mündlichen Teil des ersten und zweiten juristischen Staatsexamen dürfen den **Prüfungsfall** auch dann kopieren und an die Prüflinge überreichen, wenn der Fall urheberrechtlich geschützt ist. Für die Prüflinge darf eine der Karteikartensammlung eines **Repetitoriums** mit prüfungsrelevanten Fällen entnommene **Karteikarte** vervielfältigt werden; anders, wenn die Sammlung in elektronischer Form vorliegt.

113   **Nicht von § 53 Abs. 3 Nr. 2 gedeckt** ist das Vervielfältigen von Ausbildungsmaterial, welches nur zur Vorbereitung auf die Prüfung dienen soll. Ebenfalls nicht erlaubt ist es, **Noten** zu kopieren, welche zu Prüfungszwecken an die Probanden ausgeteilt werden sollen, außer wenn die Noten seit mehr als zwei Jahren vergriffen sind (§ 53 Abs. 4a). Auf **Computerprogramme** findet die Vorschrift keine Anwendung

(§§ 69a ff.). Unzulässig ist es, einen in der auf einer **CD-ROM** gespeicherten Kartei mit prüfungsrelevanten Fällen eines **Repetitoriums** enthaltenen Fall für die Prüflinge auszudrucken; anders, wenn die Sammlung nichtelektronischer Art ist oder der Ausdruck zu nichtgewerblichen Zwecken, etwa durch die Studenten selbst, erfolgt.

V. Sonderbereiche im Überblick

1. Allgemeines

Die im folgenden erörterten Sonderbereiche wurden bei der Erörterung der einzelnen **114** Schrankenregelungen des § 53 berücksichtigt und eingearbeitet. Der Übersichtlichkeit und schnellen Auffindbarkeit halber werden sie im Folgenden aber nochmals einer gesonderten Betrachtung unterzogen.

2. Grafische Aufzeichnungen von Musikwerken (§ 53 Abs. 4a)

Die Vervielfältigung grafischer Aufzeichnungen von Musikwerken, dh von Noten- **115** werken, Partituren uÄ, ist nach § 53 Abs. 4a **nur in drei Fällen ohne Einwilligung des Urhebers zulässig**:

(1) Die Vervielfältigung erfolgt durch **Abschreiben**. Zulässig ist also die Vervielfäl- **116** tigung durch Abschreiben mit der Hand, mit der Schreibmaschine, mit dem PC uÄ (§ 53 Abs. 4a).

(2) Die Vervielfältigung erfolgt zum Zwecke der Aufnahme in ein eigenes Archiv, **117** sie ist zu diesem Zweck geboten und es wird als Vorlage für die Vervielfältigung ein eigenes Werkstück des Nutzers verwandt (§ 53 Abs. 4a iVm § 53 Abs. 2 S. 1 Nr. 2). Die Ausführungen zu § 53 Abs. 2 S. 1 Nr. 2 (Rn 63) gelten entspr.

(3) Das Musikwerk ist seit zwei Jahren **vergriffen** und seine Vervielfältigung erfolgt **118** zum eigenen Gebrauch (§ 53 Abs. 4a iVm Abs. 2 Nr. 4b). Die Ausführungen zu § 53 Abs. 2 S. 1 Nr. 4b (Rn 86 ff.) gelten entspr.

In den übrigen Fällen hatte der Gesetzgeber ein Verbot der Vervielfältigung von No- **119** ten als notwendig angesehen, weil sich gerade auf diesem Gebiet die Entwicklung der Reprografietechnik in einem Umfang zum Nachteil der Urheber und der anderen Nutzungsberechtigten ausgewirkt habe, der nicht hingenommen werden könne. So sei es (im Zeitpunkt der entspr. Gesetzesänderung) zB weitgehende Praxis, dass Chöre, Gesangvereine und andere Musizierende das Notenmaterial nicht in ausreichender Zahl für die Musizierenden kauften, sondern von einem gekauften oder sogar nur entliehenen Exemplar die benötigten Vervielfältigungen selbst herstellten. Da die Herstellung von Notensätzen sehr teuer sei, wirke sich dieser Eingriff in das Vervielfältigungs- und Verbreitungsrecht für die Urheber bes. nachteilig aus (amtl. Begr. BT-Drucks. 10/837, 17).

Zu beachten ist, dass in der **Vervielfältigung rechtmäßig hergestellter Vervielfäl-** **120** **tigungsstücke** immer auch zugleich eine Vervielfältigung des Werkes selbst liegt. Zulässigerweise für ein Archiv kopierte oder mit der Hand abgeschriebene Noten dürfen daher wiederum nur kopiert werden, wenn dies durch Abschreiben bzw für ein Archiv erfolgt oder das Musikwerk inzwischen vergriffen ist.

3. Im Wesentlichen vollständige Vervielfältigungen von Büchern oder Zeitschriften (§ 53 Abs. 4b)

121   Die vollständige oder im Wesentlichen vollständige Vervielfältigung eines Buches oder einer Zeitschrift ist nach § 53 Abs. 4b ebenfalls nur zulässig, wenn sie

(1) durch Abschreiben mit der Hand oder
(2) zum Zwecke der Aufnahme in ein eigenes Archiv erfolgt oder
(3) wenn das Werk seit zwei Jahren vergriffen ist und die Vervielfältigung zum eigenen Gebrauch erfolgt.

122   Die vorstehenden Ausführungen zur Zulässigkeit des Vervielfältigens grafischer Aufzeichnungen von Musikwerken (Rn 116 ff.) gelten entspr. Der Gesetzgeber hat bewusst darauf verzichtet, das Verbot der im Wesentlichen vollständigen Vervielfältigung auch auf **Zeitungen** auszudehnen. Zum einen erschien ihm eine Gefährdung des Zeitungsabsatzes durch das Kopieren ganzer Zeitungen ausgeschlossen. Zum anderen sah er ein schützenswertes Interesse daran, zB mikroverfilmte Zeitungen zum wissenschaftlichen Gebrauch vollständig zu kopieren (amtl. Begr. BT-Drucks. 10/837, 17).

4. Datenbankwerke (§ 53 Abs. 5)

123   Der **Begriff** des Datenbankwerkes entspricht dem des § 4 Abs. 2. Es handelt sich um Sammelwerke, deren Elemente systematisch oder methodisch angeordnet und einzeln mit Hilfe elektronischer Mittel oder auf andere Weise zugänglich sind. Von Datenbank**werken** kann stets nur die Rede sein, wenn die Sammlung schöpferisch ist, wobei die schöpferische Tätigkeit sich im Allgemeinen auf die Auswahl und Anordnung der Elemente beschränkt. Zu den Einzelheiten der Sammelwerke s. die Kommentierung zu § 4.

124   § 53 **unterscheidet** zwischen elektronischen und sonstigen Datenbankwerken. Beides sind Datenbankwerke iSd § 4. Elektronische Datenbankwerke unterscheiden sich aber von allen anderen Datenbankwerken dadurch, dass ihre einzelnen Elemente mit Hilfe elektronischer Mittel zugänglich sind; s. näher die Kommentierung zu § 4.

125   Auf **nichtelektronische Datenbankwerke**, deren Elemente also auf andere Weise als mit Hilfe elektronischer Mittel zugänglich sind, findet § 53 uneingeschränkt Anwendung. Zu diesen nichtelektronischen Datenbanken gehören der durch alphabetische oder numerische Sortierung zugängliche Karteikasten zu bestimmten wissenschaftlichen Themen, der sich durch eine umfassende Sammlung und Gewichtung der vorhandenen Themen auszeichnet, die umfangreiche papierne Sammlung mit allen prüfungsrelevanten Fällen der letzten zehn Jahre, die ein Repetitoriumsbetreiber zusammengestellt hat, und die in Buchform vorliegende Festschrift. Besonderheiten ergeben sich für solche nichtelektronischen Sammelwerke nicht.

126   Auf **elektronische Datenbankwerke**, auf deren Elemente also einzeln mit Hilfe elektronischer Mittel zugegriffen werden kann, sind die Bestimmungen der **§ 53 Abs. 1 und Abs. 2 Nr. 2-4, Abs. 3 Nr. 2 unanwendbar**. Das bedeutet, dass sie nicht zum privaten Gebrauch, zum Zwecke der Archivierung, zur Unterrichtung über Tagesfragen, zum sonstigen eigenen Gebrauch und zu Prüfungszwecken vervielfältigt werden dürfen.

§ 53 Abs. 2 S. 1 Nr. 1, Abs. 3 Nr. 1 finden auf sie mit der Maßgabe Anwendung,   **127**
dass der **Gebrauch nicht zu gewerblichen Zwecken** erfolgen muss. Sie dürfen also
zu wissenschaftlichen und schulischen Zielen vervielfältigt werden, wenn der Vervielfältiger damit nicht ein im Rahmen seines Gewerbebetriebs liegendes Ziel verfolgt. Zu beachten ist außerdem, dass über § 53 nicht auch das **Computerprogramm**
vervielfältigt werden darf, welches den Zugang zum Datenbankwerk sichert.

5. Öffentliche Vorträge, Aufführungen und Vorführungen, Pläne und Entwürfe der bildenden Künste und Werke der Baukunst (§ 53 Abs. 7)

Die Aufnahme öffentlicher Vorträge, Aufführungen oder Vorführungen eines Werkes   **128**
auf Bild- oder Tonträger, die Ausführung von Plänen und Entwürfen zu Werken der
bildenden Künste und der Nachbau eines Werkes der Baukunst sind stets nur mit Einwilligung des Berechtigten zulässig. Eine ähnliche Vorschrift findet sich für die Herstellung von Bearbeitungen in § 23 S. 2. Die Ausnahme von der Schrankenbestimmung beruht auf der Erwägung, dass in den dort aufgeführten Fällen der Eingriff in
das Urheberrecht kraft gesetzlicher Lizenz oder Freistellung bes. intensiv und dem
Urheber daher nicht mehr zumutbar wäre.

Öffentliche Vorlesungen, Theater- und Opernvorstellungen dürfen daher nicht ge-   **129**
filmt oder auf Tonträger aufgenommen werden. Der Aufnahme **privater Vorlesungen** und Vorstellungen kann das Persönlichkeitsrecht des Dozenten bzw der weiteren
Beteiligten entgegen stehen. Unzulässig ist es, ohne Zustimmung des Urhebers Pläne
zu Skulpturen zu verwirklichen oder Bauwerke nachzubilden, selbst wenn der Nutzer
sie nur im privaten oder wissenschaftlichen Bereich verwenden will. Keine Nachbildung ist die bloß zweidimensionale Vervielfältigung durch Fotografie, Abzeichnen
oder Abmalen.

6. Computerprogramme (§§ 69a ff.)

Auf Vervielfältigungen von Computerprogrammen findet die Schrankenregelung des   **130**
§ 53 keine Anwendung. Vielmehr gelten die Sondervorschriften der §§ 69a ff., die
eine Vervielfältigung ohne Zustimmung des Urhebers nur in Ausnahmefällen zulassen. Das gilt auch, soweit das Computerprogramm zur Unterstützung der Nutzung eines anderen Werkes dient, etwa indem es ein Computerspiel steuert oder eine elektronische Datenbank dem Nutzer zugänglich macht. IÜ wird auf die Kommentierung
zu §§ 69a ff. verwiesen.

7. Digitale Vervielfältigung

Die Herstellung digitaler Vervielfältigungsstücke wird **seit dem 13.9.2003 nur noch**   **131**
in folgenden Fällen von § 53 gedeckt:

(1) bei Vervielfältigungen durch eine natürliche Person zum privaten Gebrauch, wobei unentgeltlich auch eine Hilfsperson tätig werden darf (§ 53 Abs. 1 S. 2);
(2) zum eigenen wissenschaftlichen Gebrauch (§ 53 Abs. 2 S. 1 Nr. 1);
(3) wenn durch ein Archiv vervielfältigt wird, welches dabei keinen Erwerbszweck
verfolgt (§ 53 Abs. 2 S. 2, 3);
(4) zum Schul- und Unterrichtsgebrauch bzw zu Prüfungszwecken (§ 53 Abs. 3).

Davon zu unterscheiden ist die Frage, ob ein **digitales Vervielfältigungsverfahren**   **132**
eingesetzt werden darf (vgl §§ 53 Abs. 1 S. 2 aE, Abs. 2 S. 2 Ziff. 1).

VI. Schranken-Schranken

133 Das **Änderungsverbot** (§ 62) ist zu beachten. Bei der **Quellenangabepflicht** (§ 63) ist zu **differenzieren**: In den Fällen des § 53 Abs. 2 S. 1 Nr. 1 und Abs. 3 Nr. 1 ist die Quelle der Vervielfältigung deutlich anzugeben, sofern ein Datenbankwerk vervielfältigt wird (§ 63 Abs. 1 S. 2). In den seltenen Fällen zulässiger Vervielfältigung ganzer Sprachwerke oder ganzer Werke der Musik (vgl § 53 Abs. 4) wird man aus § 63 Abs. 1 S. 3 eine Quellenangabepflicht folgern müssen. Hier ist dann neben dem Urheber auch der Verlag anzugeben, in dem das Werk erschienen ist, und außerdem kenntlich zu machen, ob an dem Werk Kürzungen oder Änderungen vorgenommen worden sind (§ 63 Abs. 1 S. 3). Die Verpflichtung zur Quellenangabe entfällt in beiden Fällen, wenn die Quelle weder auf dem benutzten Werkstück oder bei der benutzten Werkwiedergabe genannt noch dem zur Vervielfältigung Befugten anderweit bekannt ist (§ 63 Abs. 1 S. 4).

134 In allen übrigen Fällen, also wenn kein Datenbankwerk bzw kein ganzes Sprach- oder Musikwerk betroffen ist, besteht keine Quellenangabepflicht.

VII. Behandlung von Altfällen

135 Für Sachverhalte aus dem Zeitraum vor dem 13.9.2003 gilt das bis dahin geltende Recht fort. Das hat folgende Konsequenzen:

1. Vervielfältigung durch Dritte

136 Der private Nutzer kann sich in Altfällen bei der Vervielfältigung zum privaten Gebrauch, die er durch einen Dritten durchführen lässt, nur auf § 53 Abs. 1 berufen, wenn entweder kein Entgelt geschuldet ist bzw bezahlt wird, oder die Vervielfältigung nicht durch Übertragung der Werke auf Bild- oder Tonträger erfolgt und auch keine Werke der bildenden Künste betroffen sind. Seit dem 13.9.2003 ist eine Vervielfältigung durch Dritte nur von § 53 Abs. 1 gedeckt, wenn der Dritte für die Vervielfältigung kein Entgelt erhalten hat oder es um eine reprografische Vervielfältigung geht. **Praktische Relevanz hat die damit verbundene Gesetzesänderung nicht**, weil eine entgeltliche digitale Vervielfältigung schon bislang dadurch von § 53 Abs. 1 ausgenommen war, dass man auf Bild- oder Tonträger nicht entgeltlich übertragen lassen durfte, und weil schon bislang anerkannt war, dass zweidimensionale Abbildungen von Bauwerken reprografisch vervielfältigt werden dürfen.

2. Vervielfältigung durch Archive

137 Die Beschränkung des **§ 53 Abs. 2 S. 2 nF**, nach der Archive ihren Bestand nur vervielfältigen dürfen, wenn dies mit Hilfe eines reprografischen Verfahrens geschieht (§ 53 Abs. 2 S. 2 Nr. 1), eine ausschließlich analoge Nutzung stattfindet (§ 53 Abs. 2 S. 2 Nr. 2) oder das Archiv keinen unmittelbar bzw mittelbar wirtschaftlichen und auch keinen Erwerbszweck verfolgt (§ 53 Abs. 2 S. 2 Nr. 3), gilt für Altfälle nicht. Damit ist auch eine inhaltliche Veränderung verbunden. Zwar musste die Archivierung auch bislang schon vorwiegend Sicherungszwecken dienen. War dies der Fall, durften sich aber auch gewerblich tätige Unternehmen für ihre **digitalen** Archivierungen auf § 53 Abs. 2 Nr. 1 aF berufen. Seit dem 13.9.2003 steht dem § 53 Abs. 2 S. 2 entgegen. Der Umstand, dass die Archivierung einem internen Sicherungszweck dient, schließt nicht aus, dass mit dem Archiv zumindest mittelbar ein Erwerbszweck verfolgt wird, nämlich der, beim Untergang der Originale den Geschäftsbetrieb mit Hilfe des Archivs fortführen zu können.

3. Vervielfältigung zur eigenen Unterrichtung über Tagesfragen

Zulässig zur eigenen Unterrichtung über Tagesfragen ist seit dem 13.9.2003 nur **138** mehr eine reprografische oder analoge Vervielfältigung (§ 53 Abs. 2 S. 1 Nr. 3, S. 2 Nr. 1 und 2, S. 3 nF). Es gelten die zu § 53 Abs. 2 S. 2 Nr. 1 und 2 entwickelten Grundsätze (näher oben § 53 Rn 60 ff., 72). Auf Sachverhalte aus dem Zeitraum davor findet § 53 Abs. 2 Nr. 4 keine Anwendung. Daher ist dort auch die **digitale** Vervielfältigung zulässig.

4. Vervielfältigung zum sonstigen eigenen Gebrauch

Seit dem 13.9.2003 dürfen die in § 53 Abs. 2 Nr. 4 genannten Nutzungshandlungen **139** nur noch stattfinden, wenn eine ausschließlich analoge Nutzung stattfindet oder die Vervielfältigung eine reprografische ist. Auf Sachverhalte aus dem Zeitraum davor findet § 53 Abs. 2 Nr. 4 keine Anwendung. Daher ist dort auch die **digitale** Vervielfältigung zulässig.

5. Vervielfältigung zum Schul- und Prüfungsgebrauch

In Altfällen ist die Anfertigung von Vervielfältigungsstücken für den Schul- und Prü- **140** fungsgebrauch (§ 53 Abs. 3) nur zulässig, wenn kleinere Teile eines **Druckwerks** oder einzelne Beiträge, die in Zeitungen oder Zeitschriften erschienen sind, betroffen sind. Nicht erforderlich war, dass es sich bei dem gedruckten Werk um ein Schriftwerk handelt; auch Fotografien, Malerei und Zeichnungen dürfen auf die beschriebene Art und Weise vervielfältigt werden.

Vorbemerkung zu §§ 54-54h

Literatur: *Däubler-Gmelin* Private Vervielfältigung unter dem Vorzeichen digitaler Technik, Recht 1999, 55; *Hubmann* Anmerkung zu BGH GRUR 1985, 284 – Herstellerbegriff III, GRUR 1985, 286; *Kreile* Die rechtliche Situation der privaten Vervielfältigung in der Europäischen Union, FS Vieregge, 1995, S. 459; *Malpricht* Über die rechtlichen Probleme beim Kopieren von Musik-CDs und beim Download von MP3-Dateien aus dem Internet, NJW-CoR 2000, 233; *Nordemann, A./Nordemann, B./Czychowski* Die Entwicklung der Gesetzgebung und Rechtsprechung zum Urheberrecht in den Jahren 1998 und 1999, NJW 2000, 620; *Ory* Internet-Radio: Lizenz für Private, Gebühr für Anstalten?, AfP 1997, 845; *Paschke* Rechtsfragen des novellierten Fotokopierrechts – unter besonderer Berücksichtigung der Auswirkungen im Hochschulbereich, GRUR 1985, 949; *Reimer* Die Rechte der Autoren und Verleger bei Vervielfältigung von Zeitschriften im Wege der Mikrophotographie, GRUR 1948, 98; *Rossbach* Die Vergütungsansprüche im deutschen Urheberrecht: praktische Wahrnehmung, Rechtsverkehr und Dogmatik, Schriftenreihe UFITA, Bd 23, 1990; *Schorn* Zur Frage der Änderung von § 87 Absatz 3 des Urheberrechtsgesetzes, GRUR 1983, 718.

I. Geschichte der Geräte- und Tonträger- sowie der Großnutzerabgabe

1   Als Ausgleich für die nach § 53 zum persönlichen Gebrauch ohne Zustimmung des Urhebers gestattete Werkvervielfältigung sah schon das **UrhG aus dem Jahre 1965** (BGBl I, 1273) in § 53 Abs. 5 aF einen Vergütungsanspruch des Urhebers gegen die Hersteller und die Importeure von Geräten zur Übertragung eines gesendeten Werkes auf Bild- oder Tonträger vor. Die Höhe der Vergütung bestimmte sich nach dem vom Hersteller aus der Veräußerung der Geräte erzielten Betrag, von welchem dem Urheber ein angemessener Anteil, höchstens aber 5 %, auszuzahlen war. Vergütungsschuldner waren der Hersteller und der Importeur, die gesamtschuldnerisch hafteten. Außerdem hatte, wer Vervielfältigungsstücke zum sonstigen Gebrauch herstellte, nach § 54 Abs. 2 aF selbst an den Urheber eine angemessene Vergütung zu zahlen, wenn die Vervielfältigung gewerblichen Zwecken diente. Die Festschreibung weitergehender Vergütungsansprüche hatte der Gesetzgeber zu diesem Zeitpunkt für verfrüht gehalten, weil kaum ein Privathaushalt über derartige Geräte verfügte (amtl. Begr. zu BT-Drucks. IV/3401, 10).

2   Durch das Gesetz zur Änderung von Vorschriften auf dem Gebiet des Urheberrechts v. **24.6.1985** (BGBl I, 1137) erhielt die Regelung, auch betr. der Bild- und Tonträgerabgabe, inhaltlich schon weitgehend die Fassung der heutigen § 54 und 54a, insb. wurde nun auch eine Kopierabgabe eingeführt, wobei jedoch immer noch keine Händlerhaftung vorgesehen war. Die für die Höhe der Vergütungssätze maßgebliche Anlage zu § 54 Abs. 1 entsprach bereits der heutigen Fassung. Eine Angleichung der Vergütungssätze an die Preissteigerung ist bis heute nicht erfolgt. Die Vergütungssätze wurden vor In-Kraft-Treten der §§ 95a ff. deshalb teilweise als verfassungs-

widrig angesehen (vgl zB *Fromm/Nordemann* §§ 54, 54a Rn 3). Nach kleineren Änderungen des § 54 durch Gesetz aus 1990 (BGBl I, 422) wurden die §§ 54 ff. 1994 (BGBl I, 1739) in die heute gültige Fassung gebracht. Die durch das Gesetz zur Regelung des Urheberrechts in der Informationsgesellschaft v. 10.9.2003 eingefügten **§§ 95a ff. zum Schutz von Digital Rights Management** haben den Gesetzgeber bislang nicht zu einer Änderung der §§ 54 ff. bewogen. Bei der Gestaltung ihrer **Tarife** haben die **Verwertungsgesellschaften** jetzt aber gem. dem neuen, der Umsetzung von Art. 5 Abs. 2b Harmonisierungsrichtlinie dienenden § 13 Abs. 4 WahrnG zu berücksichtigen, inwieweit technische Schutzmaßnahmen nach § 95a auf die betr. Werke oder Schutzgegenstände angewendet werden. Gleiches gilt für Gesamtverträge. **Auf die Kommentierung zu § 13 WahrnG wird verwiesen.**

In den **Europäischen Mitgliedstaaten** sind die Urhebervergütungsregelungen unterschiedlich ausgestaltet. So existieren in Großbritannien, Irland, Luxemburg und Schweden im audiovisuellen Bereich keine Vergütungsvorschriften, während in den übrigen elf Staaten Vergütungen für unbespielte Bild- und Tonträger erhoben werden. In Dänemark ist digitales Kopieren ohne Zustimmung des Urhebers verboten (Quelle: 2. Vergütungsbericht des BMJ v. 5.7.2000, abrufbar im Internet unter www.bmj.bund.de). 3

Der Zweite Bericht über die Entwicklung der urheberrechtlichen Vergütung gem. §§ 54 ff. (**2. Vergütungsbericht**) des BMJ v. 5.7.2000 kommt zu dem Ergebnis, dass sich das Vergütungssystem der §§ 54 ff. grds bewährt habe, und zwar auch betr. der digitalen Vervielfältigungen. Allerdings sei in verschiedenen Bereichen eine Anhebung der Vergütungssätze geboten, wobei die Festsetzung der Höhe der Vergütung durch Verordnung geregelt werden solle. Der Bericht fordert die Einbeziehung der gewerblichen Wirtschaft und der Behörden in die Betreiberabgabe. 4

II. Systematik der §§ 54 ff.

Die §§ 54 und 54a begründen im Falle von nach § 53 zulässigerweise angefertigten Vervielfältigungen unter bestimmten Voraussetzungen einen **Vergütungsanspruch** des Urhebers. Wegen der unterschiedlichen tatsächlichen Voraussetzungen der Vervielfältigung im Wege der Bild- und Tonaufzeichnungen oder durch Reprografie ist die Vergütungspflicht für beide Arten getrennt geregelt worden (amtl. Begr. BT-Drucks. 10/837, 17). Der Vergütungsanspruch richtet sich gegen den Hersteller, den Importeur und den Händler von Vervielfältigungsgeräten oder Bild- und Tonträgern (**Bild- und Tonträgerabgabe sowie Geräteabgabe**) sowie nach § 54a Abs. 2 gegen bestimmte Großnutzer (**Großnutzer- oder Betreiberabgabe**). Soweit für bestimmte Geräte sowohl die Geräteabgabe als auch die Großnutzerabgabe zu zahlen ist, stellt dies **keine Doppelvergütung**, sondern die Folge einer Doppelnutzung aufgrund unterschiedlicher Tatbestände dar (*BGH* GRUR 1981, 355, 359 – Video-Recorder). Die **Höhe** des Vergütungsanspruchs richtet sich nach der Anlage zu § 54d. 5

Die Vergütungspflicht nach §§ 54 Abs. 1, 54a Abs. 1 **entfällt** für den Händler unter den Voraussetzungen des § 54b und für alle Haftenden nach § 54c, wenn nach den Umständen mit Wahrscheinlichkeit erwartet werden kann, dass die Geräte oder die Bild- oder Tonträger nicht zu Vervielfältigungen im Geltungsbereich des UrhG benutzt werden. 6

7   § 54e begründet unter bestimmten Umständen eine **Hinweispflicht** auf den urheber-rechtlichen Vergütungsanspruch. Um die Durchsetzung des Vergütungsanspruchs zu erleichtern, normieren §§ 54f und 54g bestimmte **Melde- und Auskunftspflichten** der Hersteller, Importeure und Händler.

8   Die Durchsetzung der (Vergütungs- und Auskunfts-)Ansprüche ist nach § 54h **ver-wertungsgesellschaftspflichtig**, um eine Pauschalabrechnung und -verteilung unter den Urhebern zu ermöglichen.

III. Sinn und Zweck der §§ 54 ff.

9   Die Vorschriften der §§ 54 ff. beruhen auf dem Grundsatz, dass der Urheber tunlichst an jeder Verwertung seines Werkes angemessen zu beteiligen ist. Zusätzlich zur Ge-räteabgabe hat der Gesetzgeber dabei eine Bild- und Tonträgerabgabe eingeführt, weil er davon ausging, dass durch die für die abgesetzten Leerkassetten zu zahlende Vergütung eine gerechtere Belastung der Nutzer erreicht würde (amtl. Begr. BT-Drucks. 10/837, 18). Da Entschädigungsansprüche gegen die eigentlichen Werknut-zer praktisch nur mit einem unrentablen Organisations- und Verwaltungsaufwand durchsetzbar gewesen wären, hatte sich der Gesetzgeber für eine mittelbare Vergü-tung in der in §§ 54 ff. geregelten Art und Weise entschieden. Sie beruht auf dem Grundsatz, dass der Vergütungsanspruch auf **einer der Endnutzung vorgelagerten Stufe** geltend zu machen ist, sich also gegen die Geräteehersteller, -einführer und -händler sowie gegen bestimmte Großkopierer richtet, welche die Vervielfältigung ermöglichen oder sie, wie im Falle der Großkopierabgabe, sogar selbst vorgenom-men haben. Durch die Reduzierung des Kreises der als Vergütungsschuldner in Be-tracht kommenden Personen wird dieser **überschaubarer** und die Abrechnungs-möglichkeit sowie die **Durchsetzung des Vergütungsanspruchs einfacher**.

10   Der Gesetzgeber ist davon ausgegangen, dass die Hersteller, Importeure und Händler der Geräte bzw Bild- und Tonträger und die sog. Großkopierer die Vergütung über den Preis der Geräte, der Bild- und Tonträger oder der Benutzung der Vervielfälti-gungsgeräte durch Privatpersonen **auf den Endverbraucher abwälzen** (amtl. Begr. BT-Drucks. 10/837, 18). Sowohl bzgl der Geräte- als auch bzgl der Bild- und Ton-trägerabgabe stellt das Gesetz nicht auf die tatsächliche Nutzung zur Vervielfälti-gung nach § 53 ab, sondern auf die **Zweckbestimmung** der Geräte bzw Bild- und Tonträger. Dabei wurde in Kauf genommen, dass ausnahmsweise auch solche Geräte bzw Bild- und Tonträger erfasst werden, die tatsächlich nicht zur Vervielfältigung iSd § 53 benutzt werden (amtl. Begr. BT-Drucks. 10/837, 18).

IV. Anwendbarkeit auf verwandte Schutzrechte

11   Die Inhaber verwandter Schutzrechte kommen ebenfalls in den Genuss eines Vergü-tungsanspruchs nach Maßgabe der §§ 54 ff., soweit in den §§ 70 ff. auf diese Bestim-mungen verwiesen wird. Dies trifft zB für die Verfasser **wissenschaftlicher Ausga-ben** (§ 70) und **nachgelassener Werke** (§ 71), den **Lichtbildner** (§ 72) und den **aus-übenden Künstler** (§§ 73 ff., 83) und **Veranstalter** (§§ 81, 83) sowie den **Film- und den Laufbilderhersteller** (§§ 94 Abs. 4, 95) zu. Begünstigt ist ferner der **Tonträ-gerhersteller** (vgl § 85 Abs. 4), nicht aber das Sendeunternehmen (vgl § 87 Abs. 4), welches aber als Tonträgerhersteller in den Genuss des Vergütungsanspruchs kom-

men kann, soweit es Eigenproduktionen in eigener Regie oder durch Lizenznehmer vervielfältigt und der Öffentlichkeit anbietet (*BGH* NJW 1999, 1961 – Sendeunternehmen als Tonträgerhersteller). Hingegen reicht allein die Herstellung des Tonträgers durch das Sendeunternehmen noch nicht aus, um diesem einen Vergütungsanspruch zu eröffnen, weil die bloße Aufzeichnung für sich genommen, zB zu Archivzwecken, die Voraussetzungen des allein in Betracht kommenden § 54 Abs. 1 nicht erfüllt; es ist nicht erkennbar, dass die Aufzeichnung zum Zwecke der Vervielfältigung zu privaten oder sonstigen eigenen Zwecken solcher Personen dient, die mit dem Tonträgerhersteller nicht identisch sind (vgl *BGH* NJW 1999, 1961, 1963 – Sendeunternehmen als Tonträgerhersteller). Hierfür ist vielmehr erforderlich, dass die Tonträger auch aus der Sphäre des Sendeunternehmens herausgelangen sollen.

Liegen die Voraussetzungen der §§ 54 ff. vor und verweisen die Vorschriften über das entspr. verwandte Schutzrecht auf diese Bestimmungen, steht dem Inhaber des betr. verwandten Schutzrechts ein angemessener Anteil an der nach §§ 54 und 54a gezahlten Vergütungen zu (vgl *BGH* NJW 1999, 1961 – Tonträgerhersteller). Die Verteilung richtet sich nach § 54h. **12**

V. Abgrenzung zu anderen Vergütungen und Gebühren

Die nach §§ 54 ff. zu zahlenden Urhebervergütungen dürfen nicht verwechselt werden mit den **Rundfunk- und Fernsehgebühren** staatlicher und privater Sender. Diese sichern dem Sendeunternehmen bzw Veranstalter ebenso wie die Einnahmen aus Werbung eine Vergütung; sie ist unabhängig von der Frage eines etwaigen Urheberrechtsschutzes für die Sendung zu zahlen und kommt nicht oder nur partiell dem Urheber zugute. Hingegen handelt es sich bei den §§ 54 ff. um Ansprüche des Urhebers aus einer gesetzlichen Lizenz wegen der Nutzung seines urheberrechtsgeschützten Werkes. **13**

VI. Datenschutz

Die pauschale Erhebung und Umlegung der Urhebervergütung in §§ 54 ff. kommt datenschutzrechtlichen Forderungen entgegen. Soweit es trotzdem der Bekanntgabe von Daten bedarf, muss der Datenschutz sichergestellt sein. Deshalb enthält § 54h Abs. 5 das Gebot der bestimmungsgemäßen Verwendung der Mitteilungen nach § 54h. **14**

Dreyer

§ 54 Vergütungspflicht für Vervielfältigung im Wege der Bild- und Tonaufzeichnung

(1) Ist nach der Art eines Werkes zu erwarten, daß es durch Aufnahme von Funksendungen auf Bild- oder Tonträger oder durch Übertragungen von einem Bild- oder Tonträger auf einen anderen nach § 53 Abs. 1 oder 2 vervielfältigt wird, so hat der Urheber des Werkes gegen den Hersteller

1. von Geräten und

2. von Bild- oder Tonträgern,

die erkennbar zur Vornahme solcher Vervielfältigungen bestimmt sind, Anspruch auf Zahlung einer angemessenen Vergütung für die durch die Veräußerung der Geräte sowie der Bild- oder Tonträger geschaffene Möglichkeit, solche Vervielfältigungen vorzunehmen. Neben dem Hersteller haftet als Gesamtschuldner, wer die Geräte oder die Bild- oder Tonträger in den Geltungsbereich dieses Gesetzes gewerblich einführt oder wiedereinführt oder wer mit ihnen handelt. Der Händler haftet nicht, wenn er im Kalenderhalbjahr Bild- oder Tonträger von weniger als 6000 Stunden Spieldauer und weniger als 100 Geräte bezieht.

(2) Einführer ist, wer die Geräte oder Bild- oder Tonträger in den Geltungsbereich dieses Gesetzes verbringt oder verbringen läßt. Liegt der Einfuhr ein Vertrag mit einem Gebietsfremden zugrunde, so ist Einführer nur der im Geltungsbereich dieses Gesetzes ansässige Vertragspartner, soweit er gewerblich tätig wird. Wer lediglich als Spediteur oder Frachtführer oder in einer ähnlichen Stellung bei dem Verbringen der Waren tätig wird, ist nicht Einführer. Wer die Gegenstände aus Drittländern in eine Freizone oder in ein Freilager nach Artikel 166 der Verordnung (EWG) Nr. 2913/92 des Rates vom 12. Oktober 1992 zur Festlegung des Zollkodex der Gemeinschaften (Abl. EG Nr. L 302 S. 1) verbringt oder verbringen läßt, ist als Einführer nur anzusehen, wenn die Gegenstände in diesem Bereich gebraucht oder wenn sie in den zollrechtlich freien Verkehr übergeführt werden.

Literatur: S. die Literaturhinweise Vor §§ 54 ff.

Dreyer

I. Geräteabgabe (§ 54 Abs. 1 Nr. 1)

1. Allgemeines

Während § 54a die reprografische Vervielfältigung betrifft, enthält § 54 einen Ver- **1**
gütungsanspruch der Urheber für die nach § 53 Abs. 1, 2 erlaubte **Vervielfältigung
im Wege der Bild- und Tonaufzeichnung** urheberrechtlich geschützter Werke. Er
betrifft zum einen die **Geräte**, die zur Vervielfältigung von Werken durch Aufnahme
von Funksendungen auf Bild- oder Tonträger oder durch Übertragung von einem
Bild- oder Tonträger auf einen anderen nach § 53 Abs. 1 oder 2 dienen, wenn nach
der Art der betr. Werke zu erwarten ist, dass eine solche Vervielfältigung stattfindet
(§ 54 Abs. 1 Nr. 1, Abs. 2). Das jeweilige Gerät muss erkennbar zur Vornahme von
Vervielfältigungen iSd § 53 Abs. 1 oder 2 bestimmt sein. Der Begriff „bestimmt" ist
dabei enger als der Begriff „geeignet" iSd § 54 Abs. 5 S. 1 aF (zur **Gesetzesgeschichte** s. Vor §§ 54 ff. Rn 1 ff.). Zu der nach dem früheren Recht ausreichenden
technischen Eignung zur Vornahme von Vervielfältigungen zum persönlichen oder
eigenen Gebrauch muss nunmehr nämlich noch eine entspr. Zweckbestimmung hinzutreten (*BGH* NJW 1993, 2118 – Readerprinter; NJW 1999, 3561, 3562 – Telefaxgeräte), wobei die Vervielfältigung allerdings nicht der ausschließliche Zweck zu
sein braucht. Zum anderen sieht die Vorschrift eine **Leerkassettenabgabe** für Bild-
und Tonträger (Bild- und Tonträgerabgabe) vor (§ 54 Abs. 1 Nr. 2, Abs. 2), auf die
noch gesondert eingegangen wird (unten Rn 21 ff.). Der Gesetzgeber ist dabei davon
ausgegangen, dass durch die für die abgesetzten Leerkassetten zu zahlende Vergütung eine gerechtere Belastung der Nutzer nach dem jeweiligen Ausmaß ihrer Nutzung erreicht wird (amtl. Begr. BT-Drucks. 10/837, 18).

Der Anspruch auf die Geräteabgabe **entsteht** mit dem erstmaligen Inverkehrbringen **2**
des Gerätes zB durch Veräußerung, Vermieten oder Verleihen (*BGH* GRUR 1985,
280, 282 – Herstellerbegriff II). Eine Veräußerung an den Händler genügt (*Rehbinder* Rn 263).

2. Eignung des Gerätes zur Vornahme von Vervielfältigungen iSd § 53 Abs. 1 oder 2

a) Eignung als Voraussetzung der Zweckbestimmung. Eine Vergütung ist nur für **3**
solche Geräte zu zahlen, die zur Vornahme von Vervielfältigungen iSd § 53 Abs. 1
oder 2 bestimmt sind. An einer solchen Zweckbestimmung fehlt es jedenfalls dann,
wenn die Geräte zur Durchführung von Vervielfältigungen iSd § 53 schon nicht geeignet sind.

b) Technische Eignung. Eine Geräteabgabe fällt daher nur auf Geräte an, die **zur** **4**
**Aufnahme von Funksendungen auf Bild- oder Tonträger oder zur Übertragung
von einem Bild- oder Tonträger auf einen anderen technisch geeignet sind** (*BGH*
GRUR 1981, 355, 357 – Video-Recorder; NJW 1982, 642, 643 – Tonfilmgeräte). Es
liegt im Ermessen des **Tatrichters**, ob er zu den sich dabei ergebenden technischen
Fragen ein Gutachten einholt oder nicht (*BGH* GRUR 1981, 355, 357 – Video-
Recorder).

Der Anwendbarkeit des § 54 steht es nicht entgegen, wenn das Gerät nicht sofort, **5**
sondern nur nach gewissen **Vorarbeiten** technisch einsatzfähig ist. Videogeräte sind

daher auch dann als geeignet zur Aufnahme von Fernsehsendungen auf Videoband iSd § 53 anzusehen, wenn dazu bestimmte Umbauarbeiten erforderlich sind (*BGH* GRUR 1981, 355 – Video-Recorder). Auch bedeutet die Eignung des Gerätes zur Vervielfältigung nicht, dass das Gerät für sich alleine den Vervielfältigungsvorgang durchführen können muss. Die Eignung zur Vervielfältigung ist vielmehr auch gegeben, wenn bestimmte Zusatzeinrichtungen erforderlich sind, zB beim Magnettongerät die elektrische Energie des Tonbandes und die Anschlusskabel für das Empfangsgerät, welches die Sendung empfängt (*BGH* GRUR 1981, 355, 358 – Video-Recorder).

6   Ob die Eignung besteht, ist nach dem Sinn und Zweck des § 54 Abs. 1 zu bestimmen. So ergibt sich die Eignung von Bild- und Tonträgern zur Vervielfältigung zum einen daraus, dass eine auf dem fraglichen Tonträger enthaltene Darbietung ausgestrahlt und dann für private Zwecke aufgezeichnet werden kann, zum anderen ist es auch möglich, dass Darbietungen unmittelbar von einem Bild- oder Tonträger auf einen anderen überspielt werden (*BGH* NJW 1999, 1961, 1963 – Sendeunternehmen als Tonträgerhersteller).

7   **c) Eignung zum eigenen Gebrauch.** Neben der objektiven Eignung zu einer Vervielfältigung überhaupt ist erforderlich, dass das Gerät erkennbar **gerade auch zum privaten oder sonstigen eigenen Gebrauch geeignet** ist. Wegen der Voraussetzungen zur Annahme eines privaten oder eigenen Gebrauchs wird auf die Kommentierung zu § 53 verwiesen. Im Allgemeinen werden Geräte, die zur Vervielfältigung als solche geeignet sind, auch die Eignung zur Vervielfältigung im persönlichen oder sonstigen eigenen Bereich aufweisen, zumal ein sonstiger eigener Gebrauch nicht dadurch ausgeschlossen wird, dass er gewerblichen Zwecken dient (s. § 53 Rn 37). An der Eignung gerade zum privaten oder sonstigen eigenen Gebrauch kann es **ausnahmsweise** dann **fehlen**, wenn es sich um eine Spezialanfertigung handelt oder aufgrund der Größe oder des Gewichtes der Geräte weder ein privater noch ein sonstiger eigener Gebrauch in Betracht kommt (vgl *BGH* GRUR 1981, 355, 358 – Video-Recorder). Auch der Preis kann ein Indiz gegen die Eignung des Gerätes zum privaten oder eigenen Gebrauch sein, weil für den eigenen Gebrauch, selbst wenn er innerhalb eines Unternehmens erfolgt, im Allgemeinen geringere finanzielle Mittel zur Verfügung stehen als bei einem Gebrauch zu Zwecken der Benutzung durch Dritte oder zur Herstellung weiterer für Dritte bestimmter Vervielfältigungsstücke.

3. Zweckbestimmung

8   Zu der bloßen Eignung der Geräte zur Herstellung von Vervielfältigungsstücken zum privaten oder sonstigen eigenen Gebrauch muss noch eine entspr. **Zweckbestimmung hinzutreten** (*BGH* NJW 1993, 2118 – Readerprinter). Die Eignung der Geräte zu einem privaten oder sonstigen eigenen Gebrauch begründet für sich genommen, anders als nach der Gesetzesfassung aus dem Jahre 1965 (BGBl I, 1273), noch nicht den Vergütungsanspruch. Diese Gesetzesfassung ist zwar enger als die frühere Bestimmung (*BGH* NJW 1993, 2118 – Readerprinter), die Änderungen führen jedoch im Ergebnis kaum zu Unterschieden bei der Vergütungspflicht. Da die Geräte **im Allgemeinen entspr. ihrer Eignung verwandt** werden, reicht für die Annahme der entspr. Zweckbestimmung aus, wenn urheberrechtliches Schriftgut iSd § 53 Abs. 1

oder 2 in geringem Umfang mit Geräten der betroffenen Art vervielfältigt wurde (*BGH* NJW 1993, 2118, 2119 – Readerprinter). Auf eine entspr. Zweckbestimmung ist auch dort zu schließen, wo Geräte der betr. Bauart in Institutionen eingesetzt wurden, in denen sie nach allg. Lebenserfahrung dazu verwandt werden, Vervielfältigungen der Art des § 53 Abs. 1 und 2 herzustellen (vgl *BGH* NJW 1999, 3561, 3562 – Telefaxgeräte). Der *BGH* (vgl zB NJW 1993, 2118, 2119 – Readerprinter; NJW 1999, 3561, 3562 – Telefaxgeräte) stellt insgesamt nur geringe Anforderungen.

Bei einem **Kombinationsgerät** ist im Allgemeinen davon auszugehen, dass der Er-   9
werber **alle** technischen Möglichkeiten des Multifunktionsgerätes nutzt, weil er sich andernfalls für ein einfacheres und daher meistens kostengünstigeres Gerät entschieden hätte (*BGH* NJW 1993, 2118, 2119 – Readerprinter). Auf den **Umfang** der Nutzung kommt es für die Frage, ob die Geräte vergütungspflichtig sind, ebenfalls nicht an, schon weil der Gesetzgeber die Vergütungspflicht an die durch die Veräußerung oder ein sonstiges In-Verkehr-Bringen der Geräte geschaffene bloße Möglichkeit, die Vervielfältigungen vorzunehmen, geknüpft hat (*BGH* NJW 1993, 2118 f. – Readerprinter; NJW 1999, 3561, 3563 – Telefaxgeräte). Die Zweckbestimmung für den eigenen Gebrauch muss auch **nicht die einzige Zweckbestimmung** des Gerätes sein. Nur auf diese Weise kann den Urhebern insgesamt eine angemessene finanzielle Beteiligung an der Nutzung ihrer Werke gesichert werden (vgl *BGH* NJW 1999, 3561, 3563 – Telefaxgeräte).

Die Zweckbestimmung wurde daher bei herkömmlichen **Fotokopiergeräten**, auf die   10
die Vorschrift zugeschnitten ist, durchweg bejaht, aber auch bei sog. **Readerprintern** und bei **Telefaxgeräten** angenommen (*BGH* NJW 1999, 3561, 3562 ff. – Telefaxgeräte). Einer unangemessenen **Ausweitung der Vergütungspflicht wird durch § 54c vorgebeugt**, nach dem der Vergütungsanspruch entfällt, wenn mit Wahrscheinlichkeit erwartet werden kann, dass die Geräte gleichwohl nicht zur Vornahme von Vervielfältigungen im Geltungsbereich des Urheberrechtsgesetzes benutzt werden (*BGH* NJW 1993, 2118, 2119 – Readerprinter).

4. Vermutung

Weist ein Gerät die erforderliche Eignung und objektive Zweckbestimmung auf, löst   11
das die Vermutung aus, dass es entspr. benutzt wird (*BGH* NJW 1982, 642, 643 – Tonfilmgeräte). Der *BGH* (NJW 1993, 2118, 2119 – Readerprinter; vgl *BGH* NJW 1982, 642, 643 – Tonfilmgeräte) spricht von einer widerlegbaren gesetzlichen Vermutung, die den **Gegenbeweis** zulasse. Die Vermutung erstreckt sich nicht nur auf die Vornahme von Vervielfältigungen überhaupt, sondern gerade auch auf die **Herstellung von Vervielfältigungen zum persönlichen oder sonstigen eigenen Gebrauch** (*BGH* NJW 1993, 2118, 2119 – Readerprinter).

Die Vermutung ist **widerleglich, und zwar auch über den in der Überschrift des**   12
§ 54c ausdrücklich genannten Fall hinaus, dass mit Wahrscheinlichkeit erwartet werden kann, dass die Geräte infolge eines **Exports** nicht zu Vervielfältigungen im Geltungsbereich des UrhG eingesetzt werden. Zwar hat der Gesetzgeber bei der Fassung der §§ 54 ff. primär an solche Geräte gedacht, die für den Export bestimmt sind. Dieser Fall ist jedoch nur beispielhaft genannt (*BGH* NJW 1993, 2118, 2119 – Readerprinter). Die Vorschrift des § 54c kann daher entgegen der amtl. Überschrift nicht

von vornherein auf Geräte beschränkt werden, die für die Ausfuhr bestimmt sind. Vielmehr entfällt der Vergütungsanspruch auch dann, wenn der Vergütungspflichtige darlegt und beweist, dass die Geräte **aus welchem Grund auch immer** im Anwendungsbereich des UrhG nicht entspr. ihrer Eignung zur Vervielfältigung iSd § 53 Abs. 1 und 2 benutzt werden (*BGH* GRUR 1981, 355, 358 – Video-Recorder). Auf die Kommentierung zu § 54c wird verwiesen.

13   Verbleibt eine wenn auch **geringe Nutzungsmöglichkeit**, bleibt die Vergütungspflicht bestehen, weil das Gesetz die Vergütung in § 54 gerade an der bloßen Erwartung, dass das Gerät zur Vornahme von Vervielfältigungen eingesetzt wird, festmacht (*BGH* NJW 1993, 2118, 2119 – Readerprinter). Ein Wegfall der Vergütungspflicht kommt allerdings dann in Betracht, wenn im konkreten Fall überhaupt keine nennenswerte urheberrechtsrelevante Nutzung anzunehmen ist (*BGH* NJW 1993, 2118, 2119 – Readerprinter). Dafür trägt der Vergütungspflichtige die **Darlegungs- und Beweislast**. An diese sind strenge Anforderungen zu stellen (*OLG München* WRP 1991, 334, 336).

14   Darüber hinaus **entfällt** die Vergütungspflicht für den Händler unter den Voraussetzungen des **§ 54b**. Auf die dortige Kommentierung wird verwiesen.

5. Digitale Vervielfältigungstechniken

15   Zur Vervielfältigung nach § 53 Abs. 1 und 2 geeignet sind auch solche Geräte, welche dem digitalen Vervielfältigungsverfahren dienen. Dies ist für den Anwendungsbereich des § 54a bereits entschieden worden; so hat der BGH zB **Readerprinter** (Lesekopierer), bei denen auf Mikrofilm verkleinertes Schriftgut einerseits auf dem Bildschirm vergrößert lesbar gemacht und andererseits rückvergrößert auf Normalpapier in DIN-Formaten kopiert werden kann, einer Vergütungspflicht unterworfen (*BGH* NJW 1993, 2118 – Readerprinter). Auch Telefaxgeräte sind nach höchstrichterlicher Rspr vom Anwendungsbereich des § 54a Abs. 1 erfasst (*BGH* NJW 1999, 3561 – Telefaxgeräte).

16   Die Einbeziehung von Geräten zur digitalen Vervielfältigung, wie zB **CD-Brenner** und **MP3-Aufnahmegeräte**, ist im Anwendungsbereich des § 54 durch Teilurteil des *LG Stuttgart* (v. 19.6.2001, Az: 17 O 519/00) bejaht worden. Ein zunächst in diesem Prozess der ZPÜ gegen einen Brennerhersteller geschlossener Vergleich war zuvor widerrufen worden. In der Entsch. wird ausgeführt, eine Unterscheidung zwischen digitalen und analogen Techniken sei iRd § 54 ebenso irrelevant wie der Umstand, dass die Geräte hauptsächlich für Computerdaten gedacht seien, da sie zumindest auch zum Speichern von Ton-, Bild- und Videodateien bestimmt seien. Die Vervielfältigung urheberrechtsgeschützter Werke nach § 53 durch CD-Brenner sei nach dem heutigen Stand der Technik ebenso wenig kontrollierbar und lizenzierbar wie die private Magnetton- oder Videoaufnahme. Eine Klarstellung oder ausdrückliche Aufnahme dieser Geräte in die Vergütungspflicht ist von Seiten des Gesetzgebers nicht beabsichtigt (*Däubler-Gmelin* Recht 1999, 55, 57) und auch nicht erforderlich, weil spätestens nach der Gesetzesreform 2003 feststeht, dass digitale Medien den analogen iRd §§ 53 ff. gleichstehen, soweit das Gesetz zwischen ihnen nicht differenziert (vgl § 53 Abs. 1 S. 2, Abs. 2 S. 2 Ziff. 1, 2). Da diese digitalen Vervielfältigungsgeräte in der Tat, wenn man den Meldungen der Umsatzzahlen

glauben kann, bereits in großem Umfang an die Stelle der CDs treten (vgl *Däubler-Gmelin* Recht 1999, 55, 56) und wie diese geeignet und bestimmt zu Vervielfältigungen iSd § 54 sind, fallen sie unter § 54 und sind entspr. abgabepflichtig. Die ZPÜ hat demgemäß auch Vergütungssätze für jeden ab 1.7.2001 veräußerten oder sonst wie in den Verkehr gebrachten CD-Brenner zum Einbau oder Anschluss an PCs aufgestellt, und erhebt die entspr. Abgaben seither auch.

Auch die **technischen Schutzmechanismen** stehen derzeit der Vergütungspflicht **17** nicht entgegen, da diese nach dem derzeitigen Stand der Technik keinen wirksamen Kopierschutz bieten können (amtl. Begr. (Gegenäußerung der BReg) zum Gesetz zur Regelung des Urheberrechts in der Informationsgesellschaft, BT-Drucks. 15/38, 39). Aus § 13 Abs. 4 WahrnG, nach dem die Verwertungsgesellschaften bei der Tarifgestaltung berücksichtigen müssen, inwieweit technische Schutzmaßnahmen auf die Werke angewendet werden, lässt sich aber der Rechtsgedanke entnehmen, dass sich ein technischer Schutz auf die Höhe der Geräteabgabe auswirken kann. Die Formulierung des § 54d, nach dem der Urheber Anspruch auf eine angemessene Vergütung hat, lässt hinreichend Raum für die Berücksichtigung des Umfangs des technischen Schutzes (vgl auch amtl. Begr. zum Gesetz zur Regelung des Urheberrechts in der Informationsgesellschaft, BT-Drucks. 15/38, 39).

Fraglich ist, ob auch **PCs** der Vergütungspflicht nach § 54 unterstellt werden können. **18** Zwar nimmt, wer ein **Computerprogramm** auf der Festplatte speichert, eine Vervielfältigung vor. Sie unterfällt jedoch nicht dem Anwendungsbereich des § 53 Abs. 1 oder 2, weil die entspr. Schrankenregelung auf **Computerprogramme nicht anwendbar** ist. Eine vergleichbare Regelung wie die des § 53 ist in den Sondervorschriften für Computerprogramme (§§ 69a ff.) nicht enthalten, sodass auch eine entspr. Anwendung des § 54 nicht in Betracht kommt. Dadurch steht sich der Urheber nicht schlechter, weil er nach §§ 69a ff. schon den Speichervorgang als solchen untersagen kann und dadurch die Möglichkeit hat, sich ein Entgelt einräumen zu lassen. Der Umstand, dass letztlich im Bereich der Computerprogramme häufig ohne eine solche Zustimmung vervielfältigt wird, kann nicht zur Anwendung des § 54 führen, weil dieser eine rechtmäßige Vervielfältigung voraussetzt. Auf den Speicherplätzen der Computer werden aber auch andere urheberrechtsgeschützte Werke vervielfältigt, so etwa **Musikwerke, Sprachwerke und Bildwerke**, die bereits beim **Online-Betrieb** des Gerätes im Arbeitsspeicher niedergelegt oder sogar auf der Festplatte gespeichert und von dort beliebig auf dem Bildschirm oder durch die Lautsprecher wiedergegeben werden können. Daher **sind PCs ebenfalls der Vergütungspflicht zu unterstellen**. Der durch die Herausnahme der Speicherung von Computerprogrammen geringere Umfang der Vervielfältigungen nach § 53 Abs. 1 und 2 kann nur iRd **Höhe** der Vergütung eine Rolle spielen. Die GEMA tritt daher bereits seit Mitte 2000 an die Hersteller und Importeure von PCs mit der Forderung nach einer Urhebervergütung heran. Inzwischen verlangen auch die VG WORT sowie die VG Bild-Kunst entspr. Abgaben, während die Computerindustrie den technischen Kopierschutz für ausreichend hält. In einem Musterprozess, der von Fujitsu Siemens vor die Schiedsstelle des DPMA gebracht worden war, war Anfang 2003 eine Geräteabgabe für PC von 12 Euro pro PC vorgeschlagen worden.

6. Beispiele

19   **Eine Vergütung fällt im Allgemeinen an** für **Tonbandgeräte** mit Überspielfunktion. Ebenso zu bezahlen ist sie für **Kassetten- und Videorecorder** mit Aufnahme-
oder Überspielfunktion sowie nach der hier vertretenen Auffassung für **CD-Brenner**
und für **MP3-Aufnahmegeräte**. **Amateurvideokameras** sind ebenfalls vergütungspflichtig, weil sich mit ihnen geschützte Werke ohne weiteres aufnehmen lassen
(*BGH* NJW 1982, 642, 643 f. – Tonfilmgeräte; *Fromm/Nordemann* §§ 54, 54a Rn 2).
Ebenfalls eine Vergütung ist für Speichergeräte von **Computern** geschuldet. Ebenso
vergütungspflichtig sind die digitalen **Aufzeichnungsgeräte für** Digital Audio Tapes (**DAT**), Digital Compact Cassettes (**DCC**), Minidisks (**MD**) und für bespielbare
digitale Compact Discs (**Audio-CD-R/-CD-RW**); der Kopierschutz **SCMS** (Serial
Copy Management System) verhindert nämlich nur das Weiterkopieren einer bereits
gefertigten Kopie, nicht jedoch das Überspielen eines kommerziell bespielten Tonträgers.

20   **Im Allgemeinen nicht vergütungspflichtig** sind **Diktiergeräte**. Sie unterfallen der
Vergütungspflicht nur, wenn sie ausnahmsweise für den privaten oder sonstigen eigenen Gebrauch bestimmt sind. Im Allgemeinen werden sie jedoch nur gewerblich
eingesetzt (vgl *Fromm/Nordemann* §§ 54, 54a Rn 2; *Schricker/Loewenheim* § 54
Rn 10).

II. Bild- und Tonträgerabgabe (§ 54 Abs. 1 Nr. 2)

21   Ebenso wie für die Herstellung von Geräten, die erkennbar zur Vornahme von Vervielfältigungen bestimmt sind, besteht eine Vergütungspflicht für **Bild- und Tonträger**, die erkennbar zur Vornahme solcher Vervielfältigungen bestimmt sind. Der Begriff des Bild- oder Tonträgers deckt sich dabei mit dem in § 16 Abs. 2 verwandten;
gemeint sind also zB CDs, Kassetten, Videobänder, Memory-Sticks, Festplatten etc.
Die **Anforderungen** an die Abgabe sind die gleichen wie die der Geräteabgabe. Auf
die dortige Kommentierung (Rn 1 ff.) wird verwiesen.

22   **Vergütungspflichtig** sind **Leervideos** und **Leerkassetten**, ebenso **Memory-Sticks**,
da sie für die private Aufnahme von Musik verwandt werden. Ebenso unterfallen bespielbare **CD-ROMs** und **Disketten** der Bild- und Tonträgerabgabe. Digital Audio
Tapes (**DAT**), Digital Compact Cassettes (**DCC**), Minidisks (**MD**) und bespielbare
digitale Compact Discs (**Audio-CD-R/-CD-RW**) sind gleichfalls vergütungspflichtig. Schließlich sind auch **Festplatten** Bild- und Tonträger in diesem Sinne; da sie
auch zur Vervielfältigung von Werken verwandt werden, die nicht zu den Computerprogrammen zählen, nämlich zB zum Speichern von Lit. oder Musik aus dem Internet, unterfallen sie § 54 Abs. 1 Nr. 2.

23   **Ob eine Urhebervergütung** für bespielte Bild- oder Tonträger zu bezahlen ist, die
mit einem **Überspielschutz** versehen sind, ist differenziert zu beantworten. Ist der
Schutz so **wirksam**, dass die Bild- und Tonträger überhaupt nicht zur Vervielfältigung von Werken benutzt werden können, entfällt die Abgabepflicht. Kommt, wie
meist, ein Kopieren trotz des technischen Schutzes in Betracht, ergibt sich aus § 13
WahrnG, dass die Verwertungsgesellschaften bei der Tarifgestaltung berücksichtigen müssen, inwieweit technische Schutzmaßnahmen auf die Werke angewendet
werden. Dieser Rechtsgedanke lässt sich auf § 54 Abs. 1 übertragen. Die Formulie-

rung des § 54d, nach dem der Urheber Anspruch auf eine angemessene Vergütung hat, lässt hinreichend Raum für die Berücksichtigung des Umfangs des technischen Schutzes (vgl auch amtl. Begr. zum Gesetz zur Regelung des Urheberrechts in der Informationsgesellschaft, BT-Drucks. 15/38, 39). Nicht vergütungspflichtig sind **Rohbänder**, die noch nicht konfektioniert und damit für den Endverbraucher bestimmt sind (*Schricker/Loewenheim* § 54 Rn 10). **DVDs** unterfallen erst der Bild- und Tonträgerabgabe, wenn sie auch in überspielbarer Form erhältlich sind.

III. Anspruchsgläubiger und Anspruchsschuldner

1. Anspruchsgläubiger

Der Vergütungsanspruch steht nach § 54 Abs. 1 sowohl bei der Geräte- als auch bei der Bild- oder Tonträgerabgabe dem **Urheber eines jeden Werkes** zu, **bei dem zu erwarten ist, dass es in nicht reprografischer Weise nach § 53 Abs. 1 oder 2 vervielfältigt wird**, nämlich durch Aufnahme von Funksendungen (zum Begriff § 20 Rn 6 ff.) auf Bild- oder Tonträger oder durch Übertragung von einem Bild- oder Tonträger auf einen anderen. Das können **grds Werke aller Werkgattungen** iSd § 2 Abs. 1 sein, weil alle Werkgattungen abstrakt der Nutzung nach § 53 Abs. 1 und 2 zugänglich sind. Das Werk muss es seiner Form und seinem Inhalt nach im konkreten Fall erwarten lassen, dass eine Überspielung stattfindet. Herkömmlich waren dies vor allem **Musikstücke**, **Filme** und **pantomimische** oder **choreografische Werke**, zunehmend aber auch angesichts der gestiegenen Nachfrage nach Hörspielkassetten **Romane** und **Erzählungen**. Hingegen fehlte es an der Erwartung einer Vervielfältigung iSd §§ 53, 54 bislang zB bei wissenschaftlichen Aufsätzen ebenso wie bei Landkarten oder Kochbüchern. Inzwischen **hat die Weiterentwicklung der Technik zu Änderungen** geführt. Bei praktisch allen Werken, die **Online** zur Verfügung stehen, ist nach den tatsächlichen Gegebenheiten auch eine Überspielung auf Bild- oder Tonträger zu erwarten. Die Urheber dieser Werke können daher neben dem reprografischen Vervielfältigungsanspruch auch einen solchen aus § 54 geltend machen. Zu beachten ist allerdings, dass die dies ermöglichenden **Computerprogramme** selbst nicht unter § 54 fallen, weil ihre Vervielfältigung zum eigenen Gebrauch durch §§ 69a ff. untersagt ist.   **24**

Der konkrete Vergütungsanspruch ist anders als das Stammrecht, aus dem er fließt, **abtretbar** (ebenso *Schricker/Loewenheim* § 54 Rn 18). Auch künftige Ansprüche können abgetreten werden, wenn sie hinreichend bestimmt sind. Die Abtretung erfolgt nach §§ 398 ff. BGB.   **25**

Der Vergütungsanspruch kann für die genannten Urheber bzw den Zessionar des Vergütungsanspruchs nur durch eine **Verwertungsgesellschaft** geltend gemacht werden (§ 54h Abs. 1). Diese ziehen die Vergütungen ein und schütten an die Berechtigten einen angemessenen Anteil aus (§ 54h Abs. 2; s. näher die Kommentierung zu § 54h). Zum Zwecke der Abgeltung der Vergütungsansprüche werden oftmals **Gesamtverträge** geschlossen. So haben die in der ZPÜ zusammengeschlossenen Verwertungsgesellschaften mit dem Informationskreis AufnahmeMedien (IM) eine einvernehmliche Regelung über die Zahlung von Urhebervergütungen für DVDs der Systeme DVD-R/RW, DVD+R/RW und DVD-RAM Disk mit einer nominellen Speicherkapazität von 4,7 GB, das entspricht einer Videoaufnahmekapazi-   **26** tät von 120 Minuten, getroffen. Oftmals werden die Tarife aus Gesamtverträgen aus Gründen der Gleichbehandlung auch auf die nicht dem Vertrag angehörenden Unternehmen angewandt.

2. Anspruchsschuldner

27 **a) Allgemeines.** Das Gesetz zieht sowohl die Hersteller von Bild- und Tonträgern sowie Geräten, die zur Vervielfältigung nach § 53 bestimmt sind, als auch die Importeure und Händler zur Aufbringung der Vergütung heran. Sie haften gesamtschuldnerisch für den Vergütungsanspruch, es gelten die §§ 421 ff. BGB. Der Gesetzgeber ist davon ausgegangen, dass die Belastung von den Herstellern und Importeuren iRd Möglichen über den Einzelhandel an die Endverbraucher weitergegeben wird. Letztlich soll also derjenige, der das Urhebergut tatsächlich durch die Aufzeichnung nutzt, belastet werden (amtl. Begr. BT-Drucks. 10/837, 18).

28 **b) Gerätehersteller.** Gerätehersteller iSd § 54 Abs. 1 Nr. 1 ist derjenige, der das **Gerät tatsächlich produziert** hat (*BGH* GRUR 1984, 518 – Herstellerbegriff; NJW 1985, 1634, 1636 – Herstellervergütung; GRUR 1985, 280, 282 – Herstellerbegriff II; GRUR 1985, 284, 285 – Herstellerbegriff III; GRUR 1985, 287, 288 – Herstellerbegriff IV). Besteht ein **Arbeitnehmerverhältnis** oder wird das Gerät in **Heimarbeit** gefertigt, ist dies der Unternehmer, der die Arbeitnehmer bzw Heimarbeiter beschäftigt (*Hubmann* GRUR 1985, 286). Dieses Verständnis des Herstellerbegriffs entspricht dem Wortsinn der Bestimmung und wird deren Zweck gerecht, der darin liegt, einen auf einfache und praktikable Weise durchsetzbaren Anspruch gegen einen Schuldner zu schaffen, der leichter als der Nutzer des geschützten Werkes zu ermitteln ist und der auf diesen die Geräteabgabe abwälzen kann (*BGH* GRUR 1984, 518, 519 – Herstellerbegriff; GRUR 1985, 280, 282 – Herstellerbegriff II; GRUR 1985, 284, 285 – Herstellerbegriff III).

29 **Schwierigkeiten bei der Anspruchsdurchsetzung** gegen den Hersteller haben bei der Feststellung, ob eine Person oder ein Unternehmen als Hersteller im og Sinne anzusehen ist, unberücksichtigt zu bleiben. Der Gesetzgeber hat sie gesehen und deshalb in § 54 Abs. 1 S. 2 ausdrücklich bestimmt, dass neben dem Hersteller für die von diesem geschuldete Geräteabgabe der Importeur als Gesamtschuldner haftet (*BGH* GRUR 1984, 518, 519 – Herstellerbegriff; GRUR 1985, 280, 282 – Herstellerbegriff II).

30 Ein inländisches Vertriebsunternehmen wird nach dem Gesagten nicht dadurch zum Hersteller, dass es im Ausland produzierte Geräte unter seinem Waren- oder Firmenzeichen **erstmals im Inland in Verkehr bringt** (*BGH* GRUR 1984, 518 – Herstellerbegriff; NJW 1985, 1634, 1636 – Herstellervergütung; GRUR 1985, 287, 288 – Herstellerbegriff IV). Ausgehend von diesen Erwägungen ist auch dann das Fertigungsunternehmen und nicht der Importeur Hersteller, wenn das **Fertigungsunternehmen seinen Sitz im Ausland** hat (*BGH* GRUR 1985, 280 – Herstellerbegriff II; GRUR 1985, 284, 285 – Herstellerbegriff III). Denn der in §§ 54 ff. verwandte Herstellerbegriff ist ein einheitlicher Begriff, der nicht je nachdem, ob das Fertigungsunternehmen seinen Sitz im Inland oder im Ausland hat, eine andere Bedeutung besitzen kann.

Handelt es sich bei dem Fertigungsunternehmen um ein rechtlich selbständiges Un-   31
ternehmen, so ist dieses grds auch dann als Hersteller anzusehen, wenn der Vertrieb
über ein **Konzernunternehmen** erfolgt (*BGH* GRUR 1985, 284, 285 – Herstellerbegriff III; GRUR 1985, 287, 288 – Herstellerbegriff IV; NJW 1985, 1634, 1636 – Herstellervergütung). Bei rechtlicher Selbständigkeit beider Unternehmen reicht die persönliche und wirtschaftliche Verflechtung in aller Regel nicht aus, den Fertigungsbe-
trieb dem die Geräte vertreibenden Unternehmen zuzurechnen (*BGH* GRUR 1985,
284, 285 – Herstellerbegriff III). Es widerspräche iÜ auch dem Zweck des Gesetzes,
dem Urheber einen auf einfache und praktikable Weise durchsetzbaren Anspruch gegen einen Schuldner zu verschaffen, der leicht zu ermitteln ist, wenn für die Frage
nach dem maßgeblichen Veräußerungserlös neben dem tatsächlichen Produktions-
vorgang noch als zusätzliches Kriterium auf die – oft nur schwer erkennbaren – kon-
zernmäßigen Verbindungen von Produktions- und Vertriebsunternehmen abgestellt
und deren rechtliche Selbständigkeit außer Betracht gelassen würde (*BGH* GRUR
1985, 287, 288 – Herstellerbegriff IV; NJW 1985, 1634, 1636 – Herstellervergütung). Sollte die **Differenz zwischen dem Herstellerabgabepreis und dem Wie-
derverkaufspreis** aber **ungewöhnlich hoch** sein und sich wirtschaftlich nicht erklären lassen, ist zu prüfen, ob ein Umgehungstatbestand gegeben ist, der es rechtfertigt,
den bei konzerninternen Lieferungen mitgeteilten niedrigeren Abgabepreis den tatsächlichen Marktgegebenheiten anzupassen (*BGH* GRUR 1985, 284, 285 – Herstellerbegriff III; GRUR 1985, 287, 288 – Herstellerbegriff IV). Dazu bedarf es allerdings des Vortrags konkreter Umstände, die es ausnahmsweise rechtfertigen könnten, den bei konzerninternen Lieferungen mitgeteilten niedrigeren Abgabepreis den
tatsächlichen Marktgegebenheiten anzupassen (*BGH* NJW 1985, 1634, 1636 – Herstellervergütung). Seit der Einführung fester Vergütungssätze in der Anlage zu § 54d
spielen solche Umgehungen faktisch kaum noch eine Rolle.

c) Bild- oder Tonträgerhersteller. Der Begriff des Bild- oder Tonträgerherstellers   32
beurteilt sich nach den gleichen Maßstäben wie der des Geräteherstellers. Bild- bzw
Tonträgerhersteller ist danach derjenige, der die Bild- oder Tonträger **tatsächlich
herstellt**. Während der Arbeitnehmer und der Heimarbeiter keine Hersteller sind,
trifft dies nicht auf den für einen anderen tätigen Beauftragten zu; dieser und nicht
der Besteller ist Hersteller iSd § 54 Abs. 1. Da der tatsächliche Herstellungsvorgang
und die organisatorische Verantwortung nicht unbedingt in derselben Person zusam-
menlaufen müssen, **deckt sich der in § 54 Abs. 1 verwandte Begriff** des Herstellers
von Bild- oder Tonträgern **nicht mit dem in § 85 verwandten** Begriff des Tonträgerherstellers.

d) Importeur. Neben dem Hersteller der Geräte bzw der Bild- oder Tonträger haftet   33
nach § 54 Abs. 1 S. 2 als Gesamtschuldner, wer die Geräte oder die Bild- oder Tonträger in den Geltungsbereich des UrhG **gewerblich einführt oder wiedereinführt**.
Wer iRd Einfuhr nicht gewerblich tätig wird, scheidet als Importeur aus, wie sich aus
der Verwendung des Begriffs gewerblich in § 54 Abs. 1 S. 2 und Abs. 2 S. 2 ergibt.
Der Gesetzgeber hatte dies ursprünglich so verstanden, dass lediglich die privat eingeführten **und** für den Privatgebrauch bestimmten Geräte sowie Bild- und Tonträger
von der Vergütungspflicht ausgenommen seien (amtl. Begr. BT-Drucks. 10/837,
18). Bei der Neufassung 1994 war darüber hinaus geäußert worden, gewerblich wer-

de (auch) der tätig, der die importierten Geräte oder Bild- oder Tonträger zu **eigenen gewerblichen Zwecken** verwenden wolle (amtl. Begr. (zum UrhGÄndG-Entwurf v. 18.3.1994), in *Schulze* Bd 2, S. 873). Unzweifelhaft unterliegen damit jedenfalls Gewerbeunternehmen, die ihren Bedarf an Kopiergeräten durch einen Direktimport aus einem asiatischen Land decken, der Vergütungspflicht (amtl. Begr. zum UrhGÄndG-Entwurf v. 18.3.1994, *Schulze* Bd 2, S. 874). Der Import dient hier einem zwar eigenen, aber doch letztlich gewerblichen Zweck. IÜ ist aus der genannten Gesetzesbegründung und dem dort verwandten Fettdruck des Wortes „gewerblich" hingegen mit *Nordemann* (in *Fromm/Nordemann* §§ 54, 54a Rn 2) der Schluss zu ziehen, dass der Gesetzgeber damit von seiner ursprünglich vertretenen, angesichts des eindeutigen Wortlauts ohnehin zweifelhaften, Auffassung abrücken wollte, unter den Begriff des „Gewerblichen" seien auch Rechtshandlungen im privaten Kreis zu fassen, die einer unternehmerischen Tätigkeit nur ähneln. Importiert eine Privatperson aus dem Osten Geräte für den eigenen Gebrauch, haftet sie deshalb noch nicht nach § 54.

34   Der **Vertragspartner** des im Geltungsbereich des UrhG ansässigen Importeurs ist selbst kein Importeur iSd Gesetzes (§ 54 Abs. 2 S. 2). Ebenso wenig sind dies der **Spediteur** oder **Frachtführer** sowie die in ähnlicher Stellung bei dem Verbringen der Werke behilflichen Personen (§ 54 Abs. 2 S. 3). Wer Gegenstände aus Drittländern in eine Freizone oder ein Freilager nach Art. 166 der VO (EWG) Nr. 2913/92 des Rates v. 12.10.1992 zur Festlegung des Zollkodex der Gemeinschaften (ABlEG Nr. L 302/1) verbringt oder verbringen lässt, ist selbst nur Importeur, wenn die Gegenstände in diesem Bereich gebraucht oder wenn sie in den zollrechtlich freien Verkehr übergeführt werden (§ 54 Abs. 2 S. 4). Stets haftet nur der Importeur; **für den Exporteur besteht keine gesonderte Vergütungspflicht**.

35   § 54 Abs. 1 S. 2 will die Durchsetzung des Vergütungsanspruchs erleichtern (*BGH* NJW 1970, 200, 201 – Tonbandgeräte-Importeur). Soweit es nach der Einführung fester Vergütungssätze in der Anlage zu § 54d überhaupt noch darauf ankommt (s. hierzu § 54d Rn 15 ff.), ist deshalb auch dann, wenn der Vergütungsanspruch gegen einen Importeur gerichtet wird, der vom Hersteller erzielte Veräußerungserlös maßgeblich. Das hat auch Ausdruck in der Anlage zu § 54d gefunden, der insoweit von einheitlichen Vergütungssätzen ausgeht.

36   **e) Händler.** Der Händler haftet für den Vergütungsanspruch gesamtschuldnerisch neben dem Hersteller und dem Importeur. Händler ist nach § 54 Abs. 1 HS 2 derjenige, der mit den Geräten oder den Bild- oder Tonträgern im Anwendungsbereich des UrhG handelt, also die Geräte bzw die Bild- oder Tonträger **an- und verkauft**. Eine **gewerbliche Tätigkeit ist anders als beim Importeur nicht erforderlich (aA** *Schricker/Loewenheim* § 54 Rn 16 und offenbar auch *Fromm/Nordemann* §§ 54, 54a Rn 2, der die Kaufmannseigenschaft des Händlers voraussetzt), weil sich das Wort „gewerblich" nach Syntax und Bedeutung nur auf das Einführen bzw Wiedereinführen bezieht. Daher fallen unter den Begriff des Händlers grds auch Privatpersonen, die diese Gegenstände einführen, sofern sie sie anschließend weiterveräußern. Eine **größenmäßige Beschränkung** wird jedoch durch § 54 Abs. 1 S. 2 erreicht, wonach der Händler dann nicht haftet, wenn er im Kalenderhalbjahr Bild- oder Tonträger von weniger als 6.000 Stunden Spieldauer und weniger als 100 Geräte bezieht. Beide

Voraussetzungen müssen kumulativ zusammentreffen, sodass der Händler für beide Gruppen haftet, wenn die Grenze entweder bei Trägermaterial oder Geräten überschritten wird (amtl. Begr. zum UrhGÄndG-Entwurf v. 18.3.1994, in *Schulze* Bd 2, S. 873). Den Händler trifft die **Beweislast** dafür, dass sein Geschäftsumfang unterhalb dieser Grenzen geblieben ist (amtl. Begr. zum UrhGÄndG-Entwurf v. 18.3.1994, in *Schulze* Bd 2, S. 873). Kein Händler ist derjenige, der die Geräte zwar ankauft, dann jedoch **umarbeitet** und erst im umgearbeiteten Zustand wieder verkauft, wenn der Schwerpunkt der Tätigkeit auf der um- bzw verarbeitenden Arbeit liegt. Er haftet dann jedoch als Hersteller des Gerätes.

§ 54a   Vergütungspflicht für Vervielfältigung im Wege der Ablichtung

(1) Ist nach der Art eines Werkes zu erwarten, daß es nach § 53 Abs. 1 bis 3 durch Ablichtung eines Werkstücks oder in einem Verfahren vergleichbarer Wirkung vervielfältigt wird, so hat der Urheber des Werkes gegen den Hersteller von Geräten, die zur Vornahme solcher Vervielfältigungen bestimmt sind, Anspruch auf Zahlung einer angemessenen Vergütung für die durch die Veräußerung oder sonstiges Inverkehrbringen der Geräte geschaffene Möglichkeit, solche Vervielfältigungen vorzunehmen. Neben dem Hersteller haftet als Gesamtschuldner, wer die Geräte in den Geltungsbereich dieses Gesetzes gewerblich einführt oder wiedereinführt oder wer mit ihnen handelt. Der Händler haftet nicht, wenn er im Kalenderhalbjahr weniger als 20 Geräte bezieht.

(2) Werden Geräte dieser Art in Schulen, Hochschulen sowie Einrichtungen der Berufsbildung oder der sonstigen Aus- und Weiterbildung (Bildungseinrichtungen), Forschungseinrichtungen, öffentlichen Bibliotheken oder in Einrichtungen betrieben, die Geräte für die Herstellung von Ablichtungen entgeltlich bereithalten, so hat der Urheber auch gegen den Betreiber des Gerätes einen Anspruch auf Zahlung einer angemessenen Vergütung.

(3) § 54 Abs. 2 gilt entsprechend.

Literatur: S. die Literaturhinweise Vor §§ 54 ff.

Übersicht

I. Allgemeines

1 Zur **Gesetzesgeschichte** s. die Kommentierung vor §§ 54 ff.

2 Im Gegensatz zu § 54 normiert § 54a keinen Vergütungsanspruch für die Vervielfältigung im Wege der Bild- und Tonaufzeichnung, sondern einen solchen für die **reprografische** Vervielfältigung urheberrechtlich geschützter Werke. Ist nach der Art eines Werkes zu erwarten, dass es nach § 53 Abs. 1 bis 3 vervielfältigt wird, steht dem Urheber gegen den Hersteller, den Importeur und den Händler als sog. **Geräteabgabe** ein Vergütungsanspruch zu (§ 54a Abs. 1). Darüber hinaus fällt als Betreiberabgabe eine **Großkopiererangabe** bestimmter Institutionen an, die üblicherweise viel kopieren.

3 Der Vergütungsanspruch nach § 54 Abs. 1 **entsteht** mit dem erstmaligen Inverkehrbringen des Gerätes zB durch Veräußerung, Vermieten oder Verleihen (*BGH* GRUR 1985, 280, 282 – Herstellerbegriff II). Die Veräußerung an den Händler genügt (*Rehbinder* Rn 263). Der Anspruch gegen den Großkopierer nach § 54 Abs. 2 entsteht mit dem erstmaligen Aufstellen des Gerätes in dem Betrieb der betr. Institution.

II. Geräteabgabe (§ 54a Abs. 1)

1. Voraussetzungen der Geräteabgabe

4 § 54a Abs. 1 entspricht in seinen Grundzügen dem § 54 Abs. 1. Wie iRd § 54 Abs. 1 sind nur solche Geräte vergütungspflichtig, die zur Vornahme von Vervielfältigungen **bestimmt** sind. Das setzt neben der technischen Eignung der Geräte eine entspr. Zweckbestimmung voraus. Auf die Kommentierung zu § 54 (Rn 3 ff.) wird verwiesen. Eignung und Zweckbestimmung müssen iRd § 54a Abs. 1 auf die Vervielfältigung nach § 53 Abs. 1 bis 3 durch Ablichtung eines Werkstücks oder in einem vergleichbaren Verfahren gerichtet sein. Wegen der Voraussetzungen einer solchen Vervielfältigung nach § 53 Abs. 1 bis 3 wird auf die dortige Kommentierung verwiesen.

5 Durch **Ablichtung oder in einem vergleichbaren Verfahren** wird vervielfältigt, wenn ein Werkoriginal, ggf auch in veränderten Größenverhältnissen, unter Verwendung anderen Materials und statt gesprochen geschrieben, körperlich niedergelegt wird und kein Fall der Aufnahme von Funksendungen auf Bild- oder Tonträger oder der Übertragung von einem Bild- und Tonträger auf einen anderen iSd § 54 vorliegt. Gemeint sind in Abgrenzung zu § 16 Abs. 2 die Fälle des **§ 16 Abs. 1**. In erster Linie fallen fotografische und elektrostatische Kopierverfahren in den Anwendungsbereich der Vorschrift, aber auch Vervielfältigungen nach Matrizen und im Kleinoffset sowie durch Mikroverfilmung sind erfasst (*Schricker/Loewenheim* § 54a Rn 6). Dabei sind nicht nur herkömmliche Kopierverfahren betroffen, wie sich aus der Einbeziehung der vergleichbaren Verfahren ergibt. Auch die Vervielfältigung zB durch ein Telefaxgerät, welches sich von den üblichen Kopiergeräten dadurch unterscheidet, dass nur einzelne Blätter und damit im Allgemeinen nur Kopien eingezogen werden können, kann daher dem Anwendungsbereich des § 54a Abs. 1 unterfallen (*BGH* NJW 1999, 3561, 3562 – Telefaxgeräte).

Auch die Speicherplätze der Computer dienen zur Vervielfältigung nicht etwa nur　6
der nicht unter § 53 Abs. 1 bis 3 fallenden Computerprogramme. Der Speichervorgang ist richtiger Weise aber nicht als reprografische Vervielfältigung, sondern als
Aufnahmemedium für Online gesendete oder vom Tonträger (CD-ROM, Diskette)
entnommene Werke anzusehen, sodass § 54 einschlägig ist. Lediglich der Drucker
und ein etwa eingesetzter Scanner dienen der reprografischen Vervielfältigung.

Der Anwendbarkeit des § 54a steht nicht entgegen, dass ein Gerät seine **Vervielfäl-**　7
tigungsfunktion nur im Zusammenwirken mit anderen Geräten erfüllen kann
(*BGH* NJW 2002, 964, 965 – Scanner). In derartigen Fällen ist vielmehr zu prüfen,
für welches der in Rede stehenden Geräte die Vergütungspflicht besteht (*BGH* NJW
2002, 964, 965 – Scanner). Das ist hinsichtlich der aus Scanner, PC und Drucker gebildeten Funktionseinheit der Scanner (*BGH* NJW 2002, 964, 965 – Scanner). Während fast jeder Scanner im Rahmen einer solchen Funktionseinheit eingesetzt wird,
kommen PC und Drucker häufig auch ohne den Scanner zum Einsatz (*BGH* NJW
2002, 964, 965 – Scanner), weshalb sie neben dem Scanner gesondert vergütungspflichtig sind.

Der **technische Schutz** von Werken steht der Abgabepflicht nicht entgegen, da er　8
noch nicht technisch ausgereift ist, kann sich aber auf die Höhe der Vergütung auswirken (s. § 54 Rn 17).

2. Beispiele

Zu den nach § 54a Abs. 1 vergütungspflichtigen Geräten gehören die **Fotoko-**　9
piergeräte. Kann der Fotokopierer mehrfarbige Ablichtungen herstellen, ist der doppelte Vergütungssatz zu bezahlen. Ferner unterfallen der Vorschrift die sog. **Reader-**
printer (Lesekopierer), bei denen auf Mikrofilm verkleinertes Schriftgut einerseits
auf dem Bildschirm vergrößert lesbar gemacht und andererseits rückvergrößert auf
Normalpapier in DIN-Formaten kopiert werden kann (*BGH* NJW 1993, 2118 – Readerprinter). Auch **Telefaxgeräte** sind vom Anwendungsbereich des § 54a Abs. 1 erfasst, und zwar unabhängig davon, ob sie über ein festes Vorlageglas verfügen oder
zunächst eine Arbeitskopie hergestellt werden muss (*BGH* NJW 1999, 3561 – Telefaxgeräte). Ebenso vergütungspflichtig sind **Drucker**, die an den PC angeschlossen
werden können, sowie **Scannerdrucker** und **Scanner** (*BGH* NJW 2002, 964 ff. –
Scanner). Auch **Handscanner** werden erfasst (*BGH* NJW 2002, 964 ff. – Scanner).
Mit *Nordemann* (in *Fromm/Nordemann* §§ 54, 54a Rn 2) unterfallen auch **Fotoap-**
parate dem Anwendungsbereich des § 54a, weil sie der Aufnahme von Werken zum
Privatgebrauch dienen.

3. Vergütungsgläubiger und -schuldner

a) Vergütungsgläubiger. Vergütungsgläubiger sind die **Urheber der Werke, die**　10
nach ihrer Art **erwarten lassen, dass sie durch Ablichtung** eines Werkstücks **oder**
in einem Verfahren vergleichbarer Art nach § 53 Abs. 1 bis 3 vervielfältigt wer-
den. Das können grds Urheber von Werken aller Werkgattungen iSd § 2 Abs. 1 sein,
weil alle Werkgattungen abstrakt der Nutzung nach § 53 Abs. 1 bis 3 zugänglich
sind. Das Werk muss es seiner Form und seinem Inhalt nach im konkreten Fall erwarten lassen, dass eine reprografische Vervielfältigung stattfindet. Diese **Erwar-**
tung besteht vor allem bei Schriftwerken und schriftlich fixierten Reden sowie Dar-

stellungen wissenschaftlicher und technischer Art (*Schricker/Loewenheim* § 54a Rn 4). **Computerprogramme** fallen nicht unter § 54a, weil ihre Vervielfältigung zum eigenen Gebrauch durch § 69a ff. untersagt ist. Die Erwartung einer reprografischen Vervielfältigung ist darüber hinaus im Allgemeinen bei **Musikstücken** nicht gegeben, weil Noten nach § 53 Abs. 4a nur vervielfältigt werden dürfen, wenn sie seit mehr als zwei Jahren vergriffen sind. Bei Filmen und bei pantomimischen oder choreografischen Werken kann eine reprografische Vervielfältigung vor allem durch Kopieren der Skizzen und Entwürfe oder durch grafische Aufzeichnung der Darstellung in Betracht kommen (vgl *Schricker/Loewenheim* § 54a Rn 4).

11   Der Vergütungsanspruch ist **abtretbar** (ebenso *Schricker/Loewenheim* § 54 Rn 18), und zwar auch der erst künftig entstehende Anspruch, wenn er hinreichend bestimmt ist. Die Abtretung erfolgt nach §§ 398 ff. BGB.

12   Der Vergütungsanspruch kann nach § 54h nur durch eine Verwertungsgesellschaft geltend gemacht werden. Welche Verwertungsgesellschaft tätig wird, ergibt sich aus den Berechtigungsverträgen sowie den Abkommen der Verwertungsgesellschaften untereinander. Die Verwertungsgesellschaften haben vor allem im Bereich der Fotokopiervergütung eine Vielzahl von **Gesamtverträgen** mit den Herstellern und Importeuren abgeschlossen. Auch die Vergütung des in der Anlage zu § 54d nicht geregelten Kopienversandes durch der Öffentlichkeit zugängliche Einrichtungen wird von der VG WORT eingezogen.

13   **b) Vergütungsschuldner.** Es haften gesamtschuldnerisch der **Hersteller** der Geräte, deren **Importeur** und deren **Händler**. Die Begriffe decken sich dabei mit den in § 54 verwandten. Auf die dortige Kommentierung (§ 54 Rn 28 ff., 33 ff. und 36 ff.) wird verwiesen.

III. Betreibervergütung (§ 54a Abs. 2)

1. Voraussetzungen der Betreibervergütung

14   Nach § 54a Abs. 2 hat der Urheber, wenn Geräte der in § 54a Abs. 1 genannten Art in bestimmten Institutionen betrieben werden, auch gegen den Betreiber der Geräte einen Vergütungsanspruch (sog. **Großkopierabgabe**). Die Voraussetzungen des § 54a Abs. 2 decken sich mit denen des § 54a Abs. 1. Erfasst werden also nur Geräte, die zur Vervielfältigung von Werken iSd § 53 Abs. 1 bis 3 bestimmt sind.

2. Vergütungsgläubiger und -schuldner

15   **a) Vergütungsgläubiger.** Vergütungsgläubiger ist der Urheber. Der Anspruch kann jedoch nur durch eine Verwertungsgesellschaft geltend gemacht werden. Die zuständige Verwertungsgesellschaft, die VG WORT, hat die Vergütungspflicht für Hochschulen und Bibliotheken durch einen Gesamtvertrag mit den Ländern geregelt und auch mit verschiedenen anderen Einrichtungen, ua Schulen, eine gesamtvertragliche Regelung getroffen.

16   **b) Vergütungsschuldner.** Die Betreibervergütung ist von Schulen, Hochschulen sowie Einrichtungen der Berufsbildung oder der sonstigen Aus- und Weiterbildung (Bildungseinrichtungen), öffentlichen Bibliotheken und von sonstigen Einrichtungen zu zahlen, die Geräte für die Herstellung von Ablichtungen entgeltlich bereithalten.

Von einer **Einrichtung** im Sinne dieser Vorschrift kann nur gesprochen werden, **17** wenn eine gewisse organisatorische Selbständigkeit und Abgrenzbarkeit gegenüber dem Produktionsbereich gegeben ist. Das wird nicht nur durch das Wortverständnis nahe gelegt, sondern auch durch das in der gesetzlichen Regelung zum Ausdruck kommende Ziel, den Anwendungsbereich der zur Gerätevergütung hinzutretenden Betreibervergütung aus praktischen Erwägungen auf bestimmte, einfach festzustellende Schwerpunktbereiche zu begrenzen, in denen erfahrungsgemäß verstärkt urheberrechtlich relevante Kopiervorgänge stattfinden (*BGH* NJW 1997, 3440, 3442 – Betreibervergütung). Eine Einrichtung iSd § 54a Abs. 2 liegt deshalb nur vor, wenn ein in einer bes. Organisationsform unter verantwortlicher Leistung zur Erfüllung bestimmter Aufgaben zusammengefasster Bestand an persönlichen und sachlichen Mitteln vorhanden ist, der auf eine gewisse Dauer angelegt ist (*BGH* NJW 1997, 3440, 3442 – Betreibervergütung). Die Einrichtung muss weiter als **Schwerpunktbereich der urheberrechtlich relevanten Kopiertätigkeit** anzusehen sein, in dem die Wahrscheinlichkeit der Vervielfältigung von urheberrechtlich geschütztem Fremdmaterial deutlich höher ist als in den sonstigen Unternehmensteilen (*BGH* NJW 1997, 3440, 3442 – Betreibervergütung).

Der Begriff der **Schulen,** der **Einrichtungen der Berufsbildung** und der **Einrich-** **18** **tungen der Aus- und Weiterbildung** deckt sich mit dem des § 53 Abs. 3 Nr. 1. Auf die dortige Kommentierung (§ 53 Rn 101 ff.) wird verwiesen, wobei auch gewerbliche Einrichtungen der Aus- und Weiterbildung erfasst werden. Der Begriff der **Hochschule** entspricht dem des § 53 Abs. 3 Nr. 2 (s. dort § 53 Rn 109).

Bei **Forschungseinrichtungen** sind ebenfalls solche aus dem Bereich der gewerbli- **19** chen Wirtschaft mit erfasst. Von einer solchen Forschungseinrichtung iSd Vorschrift ist auszugehen, wenn die Forschungsaufgabe der Einrichtung in ähnlicher Weise das Gepräge gibt, wie dies etwa im Allgemeinen bei Bildungs- und Forschungseinrichtungen der öffentlichen Hand der Fall ist. Dagegen spielt keine Rolle, inwieweit die betriebene Forschung unmittelbar anwendungsbezogen ist. Unerheblich ist auch, ob das benutzte Kopiergerät im engeren Forschungsbereich oder etwa in einem der Einrichtung eingegliederten, ihr dienenden Verwaltungsbereich betrieben wird (*BGH* NJW 1997, 3440, 3442 – Betreibervergütung). Zu den Forschungseinrichtungen gehören zB die Max-Planck-Institute, aber auch Forschungsstellen privater Unternehmen und selbst einer Universität.

Schließlich unterfallen auch **öffentliche Bibliotheken** der Großkopierabgabe, wobei **20** sich der Begriff öffentlich auf den Zugang und nicht auf den Betreiber bezieht. Von einer Bibliothek kann nur dort gesprochen werden, wo ein Bibliotheksbestand in einem Umfang, welcher eine bes. Verwaltung und Katalogisierung notwendig macht, systematisch gesammelt und Benutzern zur Verfügung gestellt wird (*BGH* NJW 1997, 3440, 3443 – Betreibervergütung). Es muss sich um Werke handeln, die nach § 53 Abs. 1 bis 3 vervielfältigt werden können. Sie müssen dem Bibliotheksbenutzer aber nicht unbedingt in Form gebundener Bücher zur Verfügung gestellt werden; auch Sammlungen von CD-ROMs, Mikrofiches oder Disketten mit verschiedenen Texten, Bildern, wissenschaftlichen oder technischen Darstellungen, die abgelichtet oder ausgedruckt werden können, begründen unter den genannten Voraussetzungen einen Bibliotheksbestand. Nicht erforderlich ist, dass die Sammlung der Öffentlichkeit zugänglich ist; auch Bibliotheken von Schulen oder Unternehmen sind erfasst.

Nicht unter § 54a Abs. 1 fällt jedoch eine anderen Personen als Freunden und Bekannten nicht zugängliche Privatbücherei eines Gelehrten.

21   Im Wege einer **Auffangbestimmung** bezieht § 54a Abs. 2 schließlich auch alle **anderen Einrichtungen** (zum Begriff so Rn 17) mit ein, die Geräte für die Herstellung
von Ablichtungen entgeltlich bereithalten, also zB **Copy-Shops** und entspr. **Kopier-
stellen an Bahnhöfen, in Supermärkten, Kaufhäusern** oder an anderen öffentlich
zugänglichen Orten. Soweit die Vervielfältigung von § 53 gedeckt ist, unterfallen
auch **Internetcafés,** die das Ausdrucken von aus dem Internet heruntergeladenen Inhalten ermöglichen, § 54a Abs. 2.

22   Andere als die in § 54a Abs. 2 aufgezählten Betreiber unterliegen der Kopierabgabe
nicht. Dies sind vor allem wirtschaftliche Unternehmen und die Verwaltung (Behörden), soweit sie nicht Träger einer der genannten Einrichtungen sind (vgl *BGH* NJW
1997, 3440, 3441 ff. – Betreibervergütung), weil der Gesetzgeber hier von einem geringeren Kopiervolumen als bei anderen Institutionen ausging (s. amtl. Begr. BT-
Drucks. 10/3360, 20; 10/837, 20). Das ist verfassungsgemäß (*BVerfG* NJW 1997,
247 – Kopierladen I). Der Zweite Bericht über die Entwicklung der urheberrechtlichen Vergütung gem. §§ 54 ff. (2. Vergütungsbericht) des BMJ v. 5.7.2000 (im Internet abrufbar unter www.bmj.bund.de) schlägt ihre Einbeziehung zu ermäßigten
Sätzen vor, ohne dass es bislang zu einer entspr. Gesetzesänderung gekommen wäre.

23   Vergütungspflichtig ist der **Betreiber**. Das ist derjenige, der den Apparat hat aufstellen lassen, der ihn kontrolliert und bei Betriebsstörungen Ansprechpartner ist, der
den alleinigen oder überwiegenden Nutzen daraus zieht und den Preis der Kopien
festlegt (vgl *Paschke* GRUR 1985, 949, 953); je nach den Umständen des Einzelfalls
kann es auch ausreichen, wenn nur einige dieser Kriterien erfüllt werden. IdR ist Betreiber der Träger bzw Inhaber der genannten Einrichtung, also zB der Träger der
Schule, bzw im Falle der sonstigen Einrichtung deren Inhaber. Die Vergütungspflicht entfällt auch dann nicht, wenn er die Kopiergeräte selbst nur **geleast, gemietet**
oder sogar nur **geliehen** hat (amtl. Begr. BT-Drucks. 10/837, 21).

§ 54b   Wegfall der Vergütungspflicht des Händlers

Die Vergütungspflicht des Händlers (§ 54 Abs. 1 und § 54a Abs. 1) entfällt,

1. **soweit ein zur Zahlung der Vergütung Verpflichteter, von dem der Händler
die Geräte oder die Bild- oder Tonträger bezieht, an einen Gesamtvertrag
über die Vergütung gebunden ist oder**
2. **wenn der Händler Art und Stückzahl der bezogenen Geräte und Bild- oder
Tonträger und seine Bezugsquelle der nach § 54h Abs. 3 bezeichneten Empfangsstelle jeweils zum 10. Januar und 10. Juli für das vorangegangene Kalenderhalbjahr schriftlich mitteilt.**

Literatur: S. die Literaturhinweise Vor §§ 54 ff.

I. Regelungsgehalt

Zur **Gesetzesgeschichte** s. die Kommentierung Vor §§ 54 ff.   **1**

Nach der Gesetzesbegründung soll die Vergütungspflicht, obwohl als gesamtschuld- **2** nerische Haftung der Hersteller, Importeure und Händler ausgestaltet, im Interesse des freien Handels primär bei den Herstellern und Importeuren und nicht beim Händler anfallen. § 54b regelt deshalb den Wegfall der Vergütungspflicht des **Händlers** nach §§ 54 Abs. 1 und 54a Abs. 1, wenn dessen Inanspruchnahme nicht mehr notwendig erscheint. Die sog. **Großkopierabgabe** des § 54a Abs. 2 wird von dem Anwendungsbereich der Vorschrift ebenso wenig erfasst wie die Vergütungspflicht von **Hersteller und Importeur** der Vervielfältigungsgeräte bzw Bild- und Tonträger.

II. Bindung des Herstellers an einen Gesamtvertrag (§ 54b Nr. 1)

Die Vergütungspflicht der Händlers aus § 54 Abs. 1 und 54a Abs. 1 entfällt, wenn **3** derjenige Unternehmer, von dem der Händler die **Geräte** oder **Bild- und Tonträger** bezogen hat, an einen Gesamtvertrag einer Vereinigung von Vergütungspflichtigen mit einer Verwertungsgesellschaft gebunden ist. Dadurch wird ein Anreiz für die am Beginn der Vermarktungskette stehenden Unternehmen geschaffen, in Gesamtverträge einbezogen zu werden (amtl. Begr. zum UrhGÄndG-Entwurf v. 18.3.1994, *Schulze* Bd 2, S. 872). In diesem Fall besteht kein bes. Bedürfnis für eine gesamtschuldnerische Haftung des Händlers, weil die Vergütung des Urhebers durch die Bindung des Herstellers bzw wenn er die Geräte oder Bild- und Tonträger von einem anderen Händler bezogen hat, an den Gesamtvertrag hinreichend gesichert ist. Ursache hierfür ist vor allem die Mitwirkung, welche die Verbände den Verwertungsgesellschaften bei der Einziehung der Vergütung leisten. Sie übernehmen dabei nicht nur informierende Aufgaben, sondern halten ihre Mitglieder häufig auch aktiv zur Zahlung der Vergütung an (*Schricker/Loewenheim* § 54b Rn 2).

III. Schriftliche Mitteilung der Bezugsquelle (§ 54b Nr. 2)

Auch wenn keine Bindung an einen Gesamtvertrag besteht, entfällt die Haftung des **4** Händlers, wenn er **Art und Stückzahl** der bezogenen Geräte und Bild- oder Tonträger und seine Bezugsquelle der hierfür zuständigen Empfangsstelle der Verwertungsgesellschaften jeweils **halbjährlich** bis zum 10. Januar bzw 10. Juli eines Jahres unaufgefordert schriftlich mitteilt. Die Mitteilung hat für den Bereich der privaten Überspielung (§ 54 Abs. 1) an die ZPÜ, für den Bereich der Reprografie an die VG WORT zu erfolgen (*Schricker/Loewenheim* § 54b Rn 4). Zur Form der Mitteilung s. die Kommentierung zu § 54h. Sie ermöglicht den Verwertungsgesellschaften, den trotz Ausgestaltung der Haftung von Händler und Hersteller als gesamtschuldnerische Verbindlichkeit nach Sinn und Zweck der §§ 54 und 54a primär verantwortlichen Hersteller ohne großen Verwaltungsaufwand in Anspruch zu nehmen. Ein Bedürfnis zur Inanspruchnahme des Händlers besteht dann nur noch eingeschränkt. Um dem Händler einen **Anreiz** zu geben, die Mitteilungen rechtzeitig und umfassend zu machen, hat der Gesetzgeber deshalb für diesen Fall auf die Anordnung einer gesamtschuldnerischen Haftung verzichtet. Daraus folgt auch, dass die Haftung des Herstellers nicht entfällt, wenn die **Mitteilung unrichtig oder unvollständig** ist oder nicht rechtzeitig erfolgt (ebenso *Schricker/Loewenheim* § 54b Rn 4).

§ 54c   Wegfall der Vergütungspflicht bei Ausfuhr

Der Anspruch nach § 54 Abs. 1 und § 54a Abs. 1 entfällt, soweit nach den Umständen mit Wahrscheinlichkeit erwartet werden kann, daß die Geräte oder die Bild- oder Tonträger nicht zu Vervielfältigungen im Geltungsbereich dieses Gesetzes benutzt werden.

Literatur: S. die Literaturhinweise Vor §§ 54 ff.

Übersicht

I. Regelungsgehalt

1   Zur **Gesetzesgeschichte** s. die Kommentierung vor §§ 54 ff.

2   § 54c lässt den Vergütungsanspruch des Urhebers entfallen, wenn nach den Umständen mit Wahrscheinlichkeit erwartet werden kann, dass die Geräte oder die Bild- oder Tonträger nicht zu Vervielfältigungen im Anwendungsbereich des UrhG benutzt werden. Entgegen dem Gesetzeswortlaut beschränkt sich der Anwendungsbereich der Vorschrift nicht auf die Fälle, in denen die Geräte für den Export bestimmt sind und aus diesem Grund eine Nutzung im Geltungsbereich des UrhG nicht zu erwarten ist. Vielmehr sind auch alle anderen Fälle erfasst, in denen eine Benutzung im Anwendungsbereich des UrhG aus welchen Gründen auch immer ausscheidet (*BGH* NJW 1999, 3561, 3563 – Telefaxgeräte).

II. Voraussetzungen und Folgen des Wegfalls der Vergütungspflicht nach § 54c

3   Die **Vermutung**, dass ein zur Vervielfältigung iSd §§ 54 oder 54a bestimmtes Gerät bzw ein entspr. Bild- oder Tonträger zur Vervielfältigung iSd § 53 Abs. 1 bis 3 verwandt wird, ist **widerleglich**, und zwar auch über den in der Überschrift des § 54c ausdrücklich genannten Fall hinaus, dass mit Wahrscheinlichkeit erwartet werden kann, dass die Geräte infolge eines Exports nicht zu Vervielfältigungen im Geltungsbereich des UrhG eingesetzt werden. Zwar hat der Gesetzgeber bei der Fassung der

§§ 54 ff. primär an solche Geräte gedacht, die für den Export bestimmt sind. Dieser Fall ist jedoch nur beispielhaft genannt (*BGH* NJW 1993, 2118, 2119 – Readerprinter), zumal sich der **Wegfall der Vergütungspflicht beim Export** ohnehin aus dem Territorialprinzip ergibt. Die Vorschrift des § 54c kann daher entgegen der amtl. Überschrift nicht von vornherein auf Geräte beschränkt werden, die für die Ausfuhr bestimmt sind (so aber *Fromm/Nordemann* § 54c Rn 2). Vielmehr entfällt der Vergütungsanspruch auch dann, wenn der Vergütungspflichtige darlegt und beweist, dass die Geräte, obwohl sie die nach §§ 54 und 54a erforderliche Zweckbestimmung aufweisen, aus welchem Grund auch immer **im Anwendungsbereich des UrhG nicht entspr. ihrer Eignung zur Vervielfältigung iSd § 53 Abs. 1 und 2 benutzt** werden (*BGH* GRUR 1981, 355, 358 – Video-Recorder).

Verbleibt eine wenn auch geringe Nutzungsmöglichkeit, bleibt die Vergütungspflicht bestehen, weil das Gesetz die Vergütung in § 54 gerade an der bloßen Erwartung, dass das Gerät zur Vornahme von Vervielfältigungen eingesetzt wird, festmacht (*BGH* NJW 1993, 2118, 2119 – Readerprinter). Ein Wegfall der Vergütungspflicht kommt allerdings dann in Betracht, wenn im konkreten Fall überhaupt keine nennenswerte urheberrechtsrelevante Nutzung anzunehmen ist (*BGH* NJW 1993, 2118, 2119 – Readerprinter). Dafür trägt der Vergütungspflichtige die **Darlegungs- und Beweislast** (*BGH* NJW 1993, 2118, 2119 – Readerprinter). An diese sind strenge Anforderungen zu stellen (*OLG München* WRP 1991, 334, 336). **Ob eine Vergütung** für bespielte Bild- oder Tonträger zu bezahlen ist, die mit einem **Überspielschutz** versehen sind, ist differenziert zu beantworten. Ist der Schutz so **wirksam**, dass die Bild- und Tonträger überhaupt nicht zur Vervielfältigung von Werken benutzt werden können, entfällt die Abgabepflicht. Im Allgemeinen kann hiervon jedoch angesichts der bekannten Mängel der technischen Schutzmaßnahmen nicht ausgegangen werden. Können die auf Bild- und Tonträger oder in anderer Form erhältlichen Werke aber trotz des technischen Schutzes kopiert werden, ist die Bild- und Tonträgerabgabe, die Geräteabgabe und die Großkopiererabgabe aber grds berechtigt. Allerdings ergibt sich aus § 13 WahrnG, dass die Verwertungsgesellschaften bei der Tarifgestaltung berücksichtigen müssen, inwieweit technische Schutzmaßnahmen auf die Werke angewendet werden. Dieser Rechtsgedanke lässt sich auf §§ 54 ff. übertragen. Die Formulierung des § 54d, nach dem der Urheber Anspruch auf eine angemessene Vergütung hat, lässt hinreichend Raum für die Berücksichtigung des Umfangs des technischen Schutzes (vgl auch amtl. Begr. zum Gesetz zur Regelung des Urheberrechts in der Informationsgesellschaft, BT-Drucks. 15/38, 39).

III. Beispiele

Die Vergütungspflicht entfällt, wenn feststeht, dass die Geräte bzw die Bild- und Tonbänder für den **Export** bestimmt sind. Werden die Geräte bzw Bild- oder Tonträger reimportiert, entsteht die Vergütungspflicht erneut (vgl § 54 Rn 33). Nimmt man entgegen der hier vertretenen Auffassung (s. § 54 Rn 20) an, dass bei **Diktiergeräten** und bei **Anrufbeantwortern** die Zweckbestimmung zur Vervielfältigung nach § 53 gegeben ist, liegt jedenfalls im Allgemeinen ein Fall des § 54c vor.

§ 54d   Vergütungshöhe

(1) Als angemessene Vergütung nach § 54 Abs. 1 und § 54a Abs. 1 und 2 gelten die in der Anlage bestimmten Sätze, soweit nicht etwas anderes vereinbart wird.

(2) Die Höhe der von dem Betreiber nach § 54a Abs. 2 insgesamt geschuldeten Vergütung bemißt sich nach der Art und dem Umfang der Nutzung des Gerätes, die nach den Umständen, insbesondere nach dem Standort und der üblichen Verwendung, wahrscheinlich ist.

Anlage zu § 54d Abs. 1

Vergütungssätze

I. Vergütung nach § 54 Abs. 1

Die Vergütung aller Berechtigten beträgt

1. für jedes Tonaufzeichnungsgerät .... 1,28 EUR
2. für jedes Tonaufzeichnungsgerät, für dessen Betrieb nach seiner Bauart gesonderte Träger (Nummer 5) nicht erforderlich sind .... 2,56 EUR
3. für jedes Bildaufzeichnungsgerät mit oder ohne Tonteil ...... 9,21 EUR
4. für jedes Bildaufzeichnungsgerät, für dessen Betrieb nach seiner Bauart gesonderte Träger (Nummer 6) nicht erforderlich sind .... 18,42 EUR
5. bei Tonträgern für jede Stunde Spieldauer bei üblicher Nutzung. .... 0,0614 EUR
6. bei Bildträgern für jede Stunde Spieldauer bei üblicher Nutzung. .... 0,0870 EUR

II. Vergütung nach § 54a Abs. 1 und 2

1. Die Vergütung aller Berechtigten nach § 54a Abs. 1 beträgt für jedes Vervielfältigungsgerät mit einer Leistung
   a) bis 12 Vervielfältigungen je Minute .... 38,35 EUR
      wenn mehrfarbige Vervielfältigungen hergestellt werden können .... 76,70 EUR
   b) von 13 bis 35 Vervielfältigungen je Minute .... 51,13 EUR
      wenn mehrfarbige Vervielfältigungen hergestellt werden können .... 102,26 EUR
   c) von 36 bis 70 Vervielfältigungen je Minute .... 76,70 EUR
      wenn mehrfarbige Vervielfältigungen hergestellt werden können .... 153,40 EUR
   d) über 70 Vervielfältigungen je Minute .... 306,78 EUR
      wenn mehrfarbige Vervielfältigungen hergestellt werden können. .... 613,56 EUR
2. Die Vergütung aller Berechtigten nach § 54a Abs. 2 beträgt für jede DIN-A4-Seite der Ablichtung

a) **bei Ablichtungen, die aus ausschließlich für den Schulgebrauch bestimmten, von einer Landesbehörde als Schulbuch zugelassenen Büchern hergestellt werden**
 einfarbig .... **0,0256 EUR**
 mehrfarbig .... **0,0512 EUR**
b) **bei allen übrigen Ablichtungen**
 einfarbig .... **0,0103 EUR**
 mehrfarbig .... **0,0206 EUR**
3. **Bei Vervielfältigungsverfahren vergleichbarer Wirkung sind
diese Vergütungssätze entsprechend anzuwenden.**

Literatur: S. die Literaturnachweise Vor §§ 54 ff.

Übersicht

I. Regelungsgehalt

Zur **Gesetzesgeschichte** s. die Kommentierung vor §§ 54 ff.

§ 54d regelt die Höhe der nach §§ 54 und 54a zu zahlenden Vergütung für den Fall, **1**
dass Vergütungsschuldner und -gläubiger keine anderweitige Vereinbarung getroffen haben. **Abweichende**, zumeist niedrigere, vertragliche Vergütungssätze finden sich vor allem in den **Gesamtverträgen**, welche von Vereinigungen der Urheber mit den Verwertungsgesellschaften geschlossen werden. Weite Bereiche der Leerkassettenabgabe, der Geräteabgabe und der Betreiberabgabe sind durch derartige Gesamtverträge geregelt. Auch für die urheberrechtlichen Ansprüche aus dem Direktversand von Kopien für durch der Öffentlichkeit zugänglichen Einrichtungen wurde mit Wirkung ab dem 1.9.2000 erstmals ein Gesamtvertrag zwischen der VG WORT und der Bundesrepublik Deutschland sowie den Bundesländern abgeschlossen. Die gültigen Gesamtverträge sind bei den einzelnen Verwertungsgesellschaften erhältlich (zB: VG Wort, Goethestr. 49, 80336 München, www.vgwort.de; GEMA, Rosenheimer Str. 37, 81667 München, www.gema.de).

Vor der Einführung allg. Vergütungssätze gem. der Anlage zu § 54d hatten die Ver- **2**
gütungspflichtigen dem Urheber einen Anteil von 5 % des Veräußerungserlöses des Gerätes bzw des Bild- oder Tonträgers zu zahlen (§ 53 Abs. 5 aF). Diese Regelung hatte sich im Laufe der Zeit jedoch als nicht praktikabel erwiesen. So waren neben Fragen, was als Veräußerungserlös zu verstehen und ob der Erlös für Zubehörteile dabei einzubeziehen sei (*BGH* GRUR 1985, 280, 283 – Herstellerbegriff II) Umgehungsmöglichkeiten bei konzerninternen Lieferungen aufgetaucht (vgl *BGH* GRUR 1985, 284 ff. – Herstellerbegriff III, mit Anm. *Hubmann* GRUR 1985, 286) und Schwierigkeiten bei der konkreten Feststellung des jeweiligen Veräußerungserlöses eines Gerätes (vgl zB *BGH* GRUR 1985, 287, 289 – Herstellerbegriff IV) und bei der

Feststellung des für die Vergütung gültigen Prozentsatzes desselben aufgetreten (vgl *BGH* NJW 1982, 642 – Tonfilmgeräte). Schließlich hatte sich die Berechnung der Urhebervergütung, die sich nach Auffassung des *BGH* (NJW 1985, 1634 – Herstellervergütung) am Umfang der voraussichtlichen Werknutzung zu orientieren hatte und für jede Geräteart und jeden Gerätetyp gesondert zu ermitteln war, als sehr aufwendig erwiesen.

3   Der Gesetzgeber hatte sich deshalb im Zuge verschiedener Änderungen des UrhG durch das Gesetz zur Änderung von Vorschriften auf dem Gebiet des Urheberrechts vom 24.6.1985 (BGBl I, 1137) für die Geräteabgabe für die einfachere Variante eines **Pauschalsatzes in der Anlage zu § 54d** entschieden. Dabei war **für alle Haftenden** von gleichen Vergütungen ausgegangen worden, weil durch die zusätzliche gesamtschuldnerische Haftung des Importeurs und des Händlers nur die Durchsetzung des Vergütungsanspruchs gegen den Hersteller der Vervielfältigungsgeräte bzw der Bild- oder Tonträger erleichtert werden sollte (vgl *BGH* NJW 1970, 200, 201 – Tonbandgeräte-Importeur). Bereits zur Geltung des § 53 Abs. 5 aF hatte der *BGH* (NJW 1970, 200 – Tonbandgeräte-Importeur) einen Verstoß der Verwertungsgesellschaften gegen §§ 22, 26 GWB aF darin gesehen, dass diese von einem Tonbandgeräte-Importeur eine Vergütung in Höhe von 5 % verlangten, während sie von den deutschen Tonbandgeräteherstellern nur knapp 3 % des Veräußerungserlöses erhielten. Die Pauschalierung war erst 1994 (BGBl I, 1739) auch auf die 1985 eingeführte Betreibervergütung erstreckt worden, die bis dato nach dem Umfang der Nutzung im Einzelfall berechnet worden war.

4   Die jetzige Pauschalierung der Vergütungssätze ist **verfassungsgemäß** (*BVerfG* NJW 1997, 247 f. – Kopierladen I; NJW 1997, 248 f. – Kopierladen II; *BGH* NJW 1993, 2118 – Readerprinter; NJW 1997, 3440, 3442 – Betreibervergütung). Sie stellt insb. keine mit dem Grundrecht aus Art. 3 Abs. 1 GG unvereinbare Ungleichbehandlung dar. Der allg. Gleichheitssatz ist nur dann verletzt, wenn sich eine vom Gesetz vorgenommene unterschiedliche Behandlung nicht sachbezogen auf einen vernünftigen oder sonst einleuchtenden Grund zurückführen lässt (*BGH* NJW 1997, 3440, 3442 – Betreibervergütung). Die Festlegung der Vergütungssätze ist ein Akt wertender Entsch. des Gesetzgebers. Ihm kommt bei der Ausgestaltung in den Grenzen der Praktikabilität sowie unter Beachtung des Gleichheitssatzes und des Grundsatzes der Verhältnismäßigkeit ein weiter Entscheidungsspielraum zu, der zwangsläufig alle Unsicherheiten enthält, die **Prognoseentscheidungen** anhaftet (*BGH* NJW 1993, 2118, 2120 – Readerprinter). Es ist nicht sachwidrig, wenn er diesen Spielraum dahingehend ausgenutzt hat, die Belastung pauschal zu verteilen und auf bestimmte Schwerpunktbereiche der urheberrechtsrelevanten Kopiertätigkeit zu beschränken. Dabei ist auch zu beachten, dass der Gesetzgeber sich, wenn es sich wie hier um komplexe Sachverhalte handelt, auch im Hinblick auf Art. 3 Abs. 1 GG mit **gröberen Typisierungen** und Generalisierungen begnügen darf (*BGH* NJW 1993, 2118, 2120 – Readerprinter; NJW 1997, 3440, 3442 – Betreibervergütung).

5   Die seit langem geforderte **Angleichung** der Vergütungssätze an die Preissteigerung ist bislang nicht erfolgt. Teilweise wurde deshalb sogar die Verfassungswidrigkeit von § 54d vertreten (vgl *Fromm/Nordemann* §§ 54, 54a Rn 3). Seinen ursprünglichen Plan, die **Vergütungssätze zu überarbeiten** (vgl *Däubler-Gmelin* Recht 1999,

55, 57), hat das Bundesjustizministerium bis zur nächsten Novelle, dem sog. zweiten Korb, zurückgestellt. Ob eine Anhebung im Hinblick auf den Schutz technischer Schutzmaßnahmen (§§ 95a ff.) überhaupt noch erforderlich ist, muss sich erst erweisen.

Letztmals ist die Anlage zu § 54d durch Gesetz v. 1.9.2000 (BGBl I, 1374) geändert **6** worden; die Änderung beschränkte sich jedoch auf die Streichung der bis dahin für die Vervielfältigungskapazität der in § 54a genannten Geräte geltende Untergrenze von 2 Vervielfältigungen je Minute. Die Umstellung auf den Euro erfolgte durch Art. 16 des Gesetzes v. 13.12.2001 (BGBl I, 3656 ff.).

II. Einzelheiten der Vorschrift

1. Allgemeines

Nach § 54d gelten für die Höhe der dem Urheber nach §§ 54 und 54a zustehenden **7** Vergütung die in der Anlage zu § 54d bestimmten Sätze, soweit nichts anderes vereinbart wurde. Die Vorschrift enthält darüber hinaus Bestimmungen zur Bemessung der von dem Betreiber nach § 54a Abs. 2 insgesamt geschuldeten Vergütung. Mit der Festsetzung der Vergütungsbeträge sollen praktische Schwierigkeiten bei der Durchsetzung des Vergütungsanspruchs und eine unangemessene Inanspruchnahme der Hersteller vermieden werden (amtl. Begr. BT-Drucks. 10/837, 19).

Die Vorschrift lässt dieser Zielsetzung sowie ihrem Wortlaut nach für eine von den **8** fixen Sätzen **abweichende Vergütung** nur dort Raum, wo Vergütungsgläubiger und Vergütungsschuldner eine entspr. **Vereinbarung** getroffen haben (vgl amtl. Begr. BT-Drucks. 10/837, 19). Nach Auffassung des *BGH* (NJW 1999, 3561, 3563 – Telefaxgeräte) kann den Urhebern gleichwohl abweichend von den Sätzen des § 54d eine vom Tatrichter festzulegende angemessene Vergütung zustehen, wenn die Vorschrift hinsichtlich neuer, bei Schaffung des Gesetzes noch nicht vorhersehbarer Vervielfältigungstechniken für eine angemessene Vergütung der Urheber keine Gewähr bietet und sich das Gesetz insoweit als **lückenhaft** darstellt (*BGH* NJW 1999, 3561, 3563 – Telefaxgeräte). Darüber hinaus ist der Rechtsgedanke des § 13 Abs. 4 WahrnG heranzuziehen, der bei der Bemessung der Höhe der Vergütung die Berücksichtigung **technischer Schutzmaßnahmen** an den betroffenen Werken fordert. Näher hierzu unten Rn 24.

Die in der Anlage zu § 54d festgelegte Vergütung stellt den Betrag dar, den der Ver- **9** gütungspflichtige **für das Gerät bzw den Bild- oder Tonträger insgesamt**, dh für alle Berechtigten, seien sie nun Urheber oder Inhaber von Leistungsschutzrechten, denen eine Vergütung nach §§ 54 und 54a zusteht, zu zahlen hat. Danach erhält der Urheber im Allgemeinen nur einen sehr geringen Bruchteil der Vergütung. Der in § 54d festgelegte bzw abweichend vereinbarte Satz ist vom Verpflichteten an die Verwertungsgesellschaften zu zahlen (§ 54h Abs. 1), welche die eingezogenen Gesamtbeträge **unter allen Berechtigten nach einem bestimmten Schlüssel verteilen** (§ 54h Abs. 2).

2. Einzelheiten der Berechnung der Vergütung

Zu den Erwägungsgründen, die für die Höhe der Vergütungssätze maßgeblich waren **10** s. amtl. Begr. BT-Drucks. 10/837, 19 f. Für die **Geräte-** und die **Bild- und Tonband-**

abgabe gelten feste Sätze, die zT nach der Effektivität des Gerätes gestaffelt sind. Der Vergütungssatz für Kopien aus Schulbüchern ist höher, um die Schulbuchkopien, die zu einem erheblichen Rückgang des Verkaufs von Schulbüchern geführt haben, einzuschränken (*Rehbinder* Rn 264).

11 Beträgt die **Spieldauer** von Bändern weniger als die von der Anlage zu § 54d als Maßstab genannte Stunde, ist die Vergütung nur anteilig zu zahlen, für eine Million Tonbänder mit einer Laufzeit von je einer halben Stunde also 500.000 mal der in der Anlage je Band angegebene Betrag (*Schricker/Loewenheim* § 54d Rn 4; **aA** *Fromm/Nordemann* § 54d Rn 3: Vergütung je angefangene Stunde Spieldauer). Bei der Geräteabgabe für Reprografiegeräte ist auf die schnellstmögliche **Vervielfältigungsleistung** abzustellen (vgl *Schricker/Loewenheim* § 54d Rn 4).

12 Bei der **Großkopierabgabe** des § 54a Abs. 2 sind drei Faktoren maßgeblich, nämlich zum einen die Zahl der insgesamt hergestellten Kopien, zum zweiten der Anteil urheberrechtlich geschützter Vorlagen und zum dritten der für jede Kopie einer geschützten Vorlage zu zahlende Preis. Um die Schwierigkeiten bei der Ermittlung der Zahl der gefertigten Kopien zu vermeiden, hat das Gesetz in § 54d Abs. 2 gewisse **Darlegungs- und Beweiserleichterungen** vorgesehen. Danach bemisst sich die Höhe der vom Betreiber nach § 54a Abs. 2 insgesamt geschuldeten Vergütung nach der Art und dem Umfang des Gerätes, die nach den Umständen, insb. nach dem Standort und der üblichen Verwendung, wahrscheinlich ist (amtl. Begr. BT-Drucks. 10/837, 21 und 22). Die Tarife der Verwertungsgesellschaften differenzieren daher nach Standort und typischer Verwendung des Gerätes (s. nur die Tarife der GEMA, abrufbar im Internet unter www.gema.de und der VG Bild-Kunst, abrufbar unter www.bildkunst.de/tarife). Der Berechtigte braucht nur die Umstände vorzutragen und zu beweisen, aus denen sich diese typisierte Vergütung berechnen lässt. Es ist dann Sache des Vergütungsschuldners, den mühsamen **Gegenbeweis** zu führen, indem er die genaue Zahl der gefertigten Kopien nachweist. Dazu hat er über eine gewisse Zeit hinweg umfassende Kontrollen vorzunehmen, bei denen er von jeder hergestellten Kopie Überstücke herstellt und diese der Verwertungsgesellschaft vorlegt (*BVerfG* NJW 1997, 247, 248 – Kopierladen I; NJW 1996, 248, 249 – Kopierladen II). Nicht ausreichend ist die nicht belegbare Behauptung, das Gerät werde kaum oder nur zur Vervielfältigung nicht urheberrechtsgeschützter Vorlagen genutzt oder sei jedenfalls mit einem entspr. Hinweis versehen, sei häufig abgeschaltet oder zur Reparatur bzw sei infolge eines gekrümmten Vorlagenglases oder aus anderen Gründen zu Ablichtungen aus Büchern und Zeitschriften nicht geeignet (*Schricker/Loewenheim* § 54d Rn 8 mwN).

13 Mit der neuen Technik haben auch die **Kombinationsgeräte** zugenommen. So gibt es inzwischen ein Multifunktionsgerät in der Größe einer Zigarettenschachtel, mit dem man filmen, fotografieren und MP3-Dateien abspielen kann. Auch die modernen Handys vereinen mehrere Funktionen in einem Gerät, so die Möglichkeit zum Abruf von WAP-Dateien und zum Abhören von Musik. Bei Kombinationsgeräten ist der in der Anlage zu § 54d genannte Satz für jede nach §§ 54 f. vergütungspflichtige Funktion gesondert zu entrichten, wobei sich allerdings aus der Mehrfachnutzung eine geringere Auslastung des Gerätes ergeben kann, was wiederum zu einer geringeren Betreibervergütung oder zu niedrigeren Sätzen in den Gesamtverträgen führen kann. Mangels abweichender Vereinbarung ist also der zweifache Satz für ein Gerät zu zahlen, welches in sich zwei gleichzeitig bedienbare Kopiergeräte vereint und fällt eine Mehrfachvergütung auch für ein Gerät an, welches sowohl das Kopieren von Schriftwerken als auch das Überspielen von Musik auf Tonträger ermöglicht, selbst wenn beide Funktionen nur nacheinander ausführbar sind. Die Staffelung der Anlage zu § 54d nach der Zahl der Vervielfältigungen je Minute führt für sich alleine bei solchen Kombinationsgeräten nicht zu einer angemessenen Vergütung der Urheber.

Zur nach der Anlage zu § 54d zu zahlenden Vergütung ist die **Mehrwertsteuer** zu   **14** entrichten, denn die Vergütung soll den Berechtigten unverkürzt zufließen (*Fromm/ Nordemann* § 54d Rn 4; *Schricker/Loewenheim* § 54d Rn 3).

3. Regelungslücken

a) Vollständiges Fehlen eines Vergütungssatzes. In einigen Fällen fehlt es für Ver-   **15** vielfältigungsgeräte in der Anlage zu § 54d an einem Vergütungssatz. Das galt bis zur Gesetzesänderung im Jahre 2000 (BGBl I, 1374) für Geräte, welche iSd § 54a Abs. 1 und 2 Ablichtungen herstellen, dabei jedoch **langsamer** als die in der Anlage aufgeführten Geräte arbeiteten, weil weniger als zwei Ablichtungen je Minute hergestellt wurden. Ungeachtet der pauschalierenden Regelung über die Vergütungshöhe in § 54d waren nach der Rspr des *BGH* (NJW 1999, 3561, 3564 – Telefaxgeräte) auch diese Geräte Gegenstand des Anspruchs auf Zahlung einer angemessenen Vergütung. Der Vergütungsanspruch soll sich hier nach der Auffassung des *BGH* (NJW 1999, 3561, 3564 – Telefaxgeräte) unmittelbar aus §§ 54, 54a ergeben, ohne dass es des Rückgriffs auf die Anlage bedurfte, und sich auf Zahlung einer angemessenen Vergütung richten. Inzwischen ist der Mindestsatz von 38,35 Euro je Gerät maßgeblich.

Für einen **Scanner**, der zwei bis zwölf Seiten pro Minute bei einer Auflösung von   **16** 200 bis 600 pi scannen kann, hat der *BGH* (NJW 2002, 964, 965 – Scanner) einen Vergütungssatz von 46,80 DM, für einen entspr. Farbscanner von 93,60 DM für jedenfalls angemessen gehalten.

Wird ein Gerät **bewusst so programmiert, dass es in eine geringere Vergütungs-   17 klasse fällt**, werden dann aber über Tochterunternehmen oÄ die entspr. Zusatzteile auf den Markt geworfen, welche die Aufstockung des Gerätes ermöglichen, liegt eine Gesetzesumgehung vor, die es rechtfertigt, das Gerät unmittelbar mit seiner wahren künftigen Leistung einzustufen (*Fromm/Nordemann* § 54d Rn 3). Das kommt in der Praxis vor allem bei Scannern häufig vor.

Eine angemessene Vergütung ist auch für solche **digitalen** Vervielfältigungsgeräte   **18** zu zahlen, die in der Anlage zu § 54d nicht genannt sind und bzgl. derer noch keine höchstrichterlichen Entsch. vorliegen. Gemeint sind vor allem die CD-Brenner sowie die MP3 Aufnahmegeräte. Bei der Bemessung der Höhe der Vergütung ist auch die Attraktivität dieser Aufnahmeart, die sich aus den äußerst günstigen Preisen der Geräte und der Rohlinge im Verhältnis zu den Preisen von CDs ergibt und die für eine bes. intensive Nutzung der Geräte spricht, zu berücksichtigen.

Zu beachten ist, dass dann, wenn die Anlage zu § 54d für die entspr. Geräte keine   **19** oder keine passenden Sätze enthält, die **Meldung** nach § 54f Abs. 1, 2 so gestaltet sein muss, dass sich die angemessene Vergütung nach §§ 54 und 54a bestimmen lässt.

20 **b) Unangemessenheit der Vergütungssätze der Anlage.** In anderen Fällen enthält die Anlage zwar Vergütungssätze, diese sind der Höhe nach jedoch unangemessen.

21 Anerkannt ist, dass **Telefaxgeräte** zwar zu den nach § 54a Abs. 1 vergütungspflichtigen Geräten zählen, die Vergütungssätze der Anlage zu § 54d für sie aber ungeeignet sind, weil die dort vorgesehenen Vergütungen zwischen 38,35 Euro und 613,56 Euro je Gerät bei dem geringen Umfang, den die urheberrechtsrelevante Verwendung von Telefaxgeräten ausmacht, in hohem Maße unangemessen wären (*BGH* NJW 1999, 3561, 3563 – Telefaxgeräte). Denn Telefaxgeräte werden anders als Kopierer im Allgemeinen als Mittel zur Übersendung eigener Nachrichten und Mitteilungen und nur eher selten – zB in Büchereien – auch zur Übersendung und damit Vervielfältigung urheberrechtsrelevanten Materials verwandt. Der *BGH* (NJW 1999, 3561, 3563 – Telefaxgeräte) ist daher von einer Gesetzeslücke insofern ausgegangen, als die Anlage zu § 54d für Telefaxgeräte keine angemessene Vergütung enthalte. Die Lücke führe dazu, dass dem Urheber hinsichtlich dieser Telefaxgeräte eine angemessene Vergütung zustehe, ohne dass insofern ein bestimmter Vergütungssatz festgelegt sei (*BGH* NJW 1999, 3561, 3563 – Telefaxgeräte).

22 Entspr. sind die in der Anlage zu § 54d festgelegten Vergütungssätze für **neue Nutzungsarten** einer Überprüfung dahingehend zu unterziehen, ob sie im Hinblick auf den Umfang der üblichen Nutzung eines solchen Gerätes unangemessen wären. Dabei spielt auch der Preis eine Rolle, der für ein solches Gerät üblicherweise gezahlt wird (vgl *BGH* NJW 1999, 3561, 3563 – Telefaxgeräte). Nicht schon jede Unangemessenheit vermag allerdings Grund für ein Abweichen von den Sätzen des § 54d zu geben, weil andernfalls das Ziel der Regelung, die Vergütung der Urheber voraussehbar zu machen, unterlaufen würde. Nur wenn über die mit jeder Pauschalierung notwendig verbundene Ungleichbehandlung hinaus eine Unangemessenheit der Sätze vorliegt, kann sich der Anspruch des Urhebers auf eine angemessene Vergütung richten.

23 Keine Rolle kann dabei spielen, dass die Sätze teilweise sehr **niedrig** sind, weil eine Anpassung seit In-Kraft-Treten des Gesetzes unterblieben ist. Diese Belastung trifft nämlich alle Urheber gleichermaßen und wirkt sich gleichmäßig zugunsten aller Gerätehersteller aus. Es wäre demnach Sache des Gesetzgebers, insoweit für Abhilfe zu sorgen. War das betr. technische Gerät bei In-Kraft-Treten des Gesetzes bereits bekannt, besteht ebenfalls keine durch den Richter im Wege der erg. Gesetzesauslegung zu füllende Gesetzeslücke, sodass die Vergütungssätze jedenfalls insoweit uneingeschränkt Anwendung finden.

24 **c) Technische Schutzmaßnahmen.** Bes. Bedeutung gewinnt die Möglichkeit der Überprüfung der in der Anlage zu § 54d enthaltenen Sätze in jüngster Zeit dadurch, dass Werke mehr und mehr mit einem **technischen Schutz** gegen Vervielfältigung ausgestattet werden. Da er bislang noch erhebliche technische Mängel aufweist, lässt er die Kopiervergütungspflicht im Allgemeinen nicht entfallen (näher oben § 54 Rn 17 und § 54a Rn 8). Die neue Bestimmung des § 13 Abs. 4 WahrnG, der freilich unmittelbar nur für die Tarife der Verwertungsgesellschaften gilt, zeigt aber, dass Einschränkungen der Kopierfähigkeit von Werken die Höhe der Kopiervergütung durchaus beeinflussen können. Das gilt im Interesse einer **Gleichbehandlung** der

Urheber und Verwerter aller Werke auch dann, wenn man davon ausgeht, dass die Vergütungssätze in der Anlage zu § 54d insgesamt **zu niedrig** sind. Nur **geringfügige Rückgänge** der iRd §§ 54 ff. relevanten Vervielfältigungen haben ebenfalls außer Betracht zu bleiben. Eine individuelle Einzelfallgerechtigkeit kann die danach gebotene Herabsetzung der Vergütungssätze bei deutlichen Rückgängen der Privatkopien ohnehin nicht leisten. Sie ist auf eine Pauschalierung angewiesen, wenn sie ihren Zweck erreichen soll (näher oben Rn 4). Die Gerichte werden die anzusetzende Quote daher **schätzen** müssen. Dabei kommt den Tarifen der Verwertungsgesellschaften eine **Leitbildfunktion** zu. Die Einholung eines Gutachtens zum Umfang der Kopienrückgänge wird sich jedenfalls dann nicht vermeiden lassen, wenn es an entspr. Tarifen der Verwertungsgesellschaften fehlt.

Zu beachten ist, dass dann, wenn die Anlage zu § 54d für die entspr. Geräte **25** keine oder keine passenden Sätze enthält, die **Meldung** nach § 54f Abs. 1, 2 so gestaltet sein muss, dass sich die angemessene Vergütung nach §§ 54 und 54a bestimmen lässt.

§ 54e Hinweispflicht in Rechnungen auf urheberrechtliche Vergütungen

(1) In Rechnungen für die Veräußerung oder ein sonstiges Inverkehrbringen der Geräte nach § 54a Abs. 1 ist auf die auf das Gerät entfallende Urhebervergütung hinzuweisen.

(2) In Rechnungen für die Veräußerung oder ein sonstiges Inverkehrbringen der in § 54 Abs. 1 genannten Geräte oder Bild- oder Tonträger, in denen die Umsatzsteuer nach § 14 Abs. 1 Satz 1 des Umsatzsteuergesetzes gesondert auszuweisen ist, ist zu vermerken, ob die auf das Gerät oder die Bild- oder Tonträger entfallende Urhebervergütung entrichtet wurde.

Literatur: S. die Literaturhinweise Vor §§ 54 ff.

I. Regelungsgehalt

1 Zur **Gesetzesgeschichte** s. die Kommentierung Vor §§ 54 ff.

2 § 54e verfolgt **in beiden Absätzen unterschiedliche Zielsetzungen**. § 54e Abs. 1 verpflichtet die Veräußerer reprografischer Vervielfältigungsgeräte, in den Geräterechnungen auf die Urhebervergütung hinzuweisen. Dadurch soll die Überwälzung der Gerätevergütung auf den Endverbraucher erleichtert werden. Grund für die Einfügung der Bestimmung war, dass sich Nutzer wiederholt geweigert hatten, die Vergütung zu übernehmen; durch den Hinweis sollte ihnen deutlich gemacht werden, dass der Gesetzgeber grds von der Weitergabe der Vergütung ausgegangen sei (amtl. Begr. BT-Drucks. 11/5744, 35).

3 Für Bild- und Tonträger sowie Geräte zum Überspielen von Werken auf Bild- und Tonträger stellt § 54e Abs. 2 die Verpflichtung auf, auf Rechnungen an gewerbliche Abnehmer, in denen nämlich die Umsatzsteuer gesondert auszuweisen ist, die (Nicht-)Zahlung der Urhebervergütung zu vermerken. Diese Angaben sollen dem Erwerber eines Gerätes bzw Bild- oder Tonträgers die Feststellung ermöglichen, ob die Urhebervergütung bereits gezahlt wurde und die eigene Einstandspflicht als Händler demnach erloschen ist.

II. Ausweisung der Urhebervergütung im Falle des § 54a Abs. 1 (§ 54e Abs. 1)

4 Wer ein Gerät zur reprografischen Vervielfältigung von Werken iSd § 53 Abs. 1 und 2 veräußert oder sonst in den Verkehr bringt, hat nach § 54e Abs. 1 auf die auf das Gerät entfallende Urhebervergütung hinzuweisen. Die Verpflichtung besteht unabhängig davon, ob die Rechnung für einen **gewerblichen Abnehmer** oder für den **Endverbraucher** bestimmt ist (amtl. Begr. zum UrhGÄndG-Entwurf v. 18.3.1994, *Schulze* Bd 2, S. 876). Die Hinweispflicht betrifft nur die nach **§ 54a Abs. 1** anfallende Urhebervergütung. Eine Verpflichtung zum Hinweis auf die Betreiberabgabe besteht, wie sich aus dem Verweis des § 54e Abs. 1 auf (lediglich) § 54a Abs. 1 ergibt, nicht. Der letztgenannte Hinweis wäre dem Veräußerer auch nicht möglich, da ihm weder der künftige Aufstellort des Gerätes noch dessen beabsichtigte Nutzung bekannt sind.

5 **Veräußerung** ist wie iRd § 17 Abs. 1 jede Handlung, welche zu einem endgültigen Wechsel der Verfügungsgewalt über das betr. körperliche Werkstück führt (vgl zu § 17: *Ulmer* § 47 I 2; *Fromm/Nordemann* § 17 Rn 9). Ausreichend ist bereits der Abschluss des schuldrechtlichen Vertrages, der hierzu führen wird. Da § 54e voraussetzt, dass über den Vorgang eine Rechnung erstellt wird, kommt jedoch einschränkend nur ein Verkauf, der freilich auch unter Eigentumsvorbehalt stattfinden kann, in Betracht. Über die Veräußerung hinaus wird aber nach § 54e Abs. 1 auch jedes andere **Inverkehrbringen** erfasst, dh jedes Zugänglichmachen des Werkes an einen Dritten, der mit dem in Verkehrbringenden nicht durch persönliche Beziehungen verbunden ist, egal über welche Zeit und unabhängig davon, ob mit der Überlassung eine gewerbliche Absicht verfolgt wird (arg. e § 53 Abs. 6). In Betracht kommen zB ein Vermieten, Verleihen oder Leasen sowie ein Verkauf des Werkes auf Probe.

6 § 54e Abs. 1 greift nur ein, wenn über den Vorgang eine **Rechnung** erstellt wird. Der Begriff der Rechnung ist dabei weit zu fassen und umfasst auch den Lieferschein, wenn dieser die zu zahlende Vergütung nennt. Eine Verpflichtung zur Rechnungserstellung besteht nicht. **Wird keine Rechnung ausgestellt, kommt § 54e Abs. 1 nicht zum Zuge**. Der Händler muss dann im Zweifel davon ausgehen, dass die Urhebervergütung noch nicht entrichtet wurde.

Auf der Rechnung ist auf die auf das Gerät entfallende Urhebervergütung hinzuweisen. Ein **allg. Hinweis** des Inhaltes, dass diese (noch) anfällt, reicht aus. Ein Hinweis – dann positiver Art – ist auch dann aufzunehmen, wenn die Vergütung bereits entrichtet wurde. Die **Höhe** der Vergütung muss nicht angegeben werden. **7**

III. Ausweisung der Urhebervergütung im Falle des § 54 Abs. 1 (§ 54e Abs. 2)

In Rechnungen über die Veräußerung von Geräten oder Materialien nach § 54 Abs. 1 an gewerbliche Abnehmer, in denen nämlich die Vorsteuer gesondert ausgewiesen werden muss, ist nach § 54e Abs. 2 anzugeben, ob die Urhebervergütung schon entrichtet wurde. Die Bestimmung dient der Information des Handels darüber, ob eine Inanspruchnahme nach § 54 Abs. 1 noch zu befürchten ist. Wegen der Begriffe der **Veräußerung** und des **Inverkehrbringens** s. Rn 5. Die Verpflichtung bezieht sich nur auf **Bild- und Tonträger** sowie auf **Geräte**, die **iSd § 54 Abs. 1** zur Vervielfältigung von Werken zum eigenen Gebrauch durch Überspielen auf Bild- oder Tonträger bestimmt sind. Reprografiegeräte sind von § 54e Abs. 2 nicht erfasst. Hier ging der Gesetzgeber davon aus, dass der nach § 54e Abs. 1 aufzunehmende Hinweis wegen der geringeren Zahl an Abnehmern ausreichend sei (amtl. Begr. zum UrhGÄndG-Entwurf v. 18.3.1994, *Schulze* Bd 2, S. 875 f.). **8**

§ 54e Abs. 2 hilft dort nicht weiter, wo keine **Rechnung** erstellt wurde. Der erwerbende Händler muss dann davon ausgehen, dass er zahlungspflichtig bleibt, oder auf Ausstellung einer Rechnung bestehen (vgl amtl. Begr. zum UrhGÄndG-Entwurf v. 18.3.1994, *Schulze* Bd 2, S. 876). Der Begriff der Rechnung ist wie iRd § 54e Abs. 1 weit zu fassen und bezieht auch solche Schriftstücke ein, die wie der Lieferschein an die Stelle der Rechnung treten. **9**

IV. Folgen der Verletzung der Angabenpflicht des § 54e

Die Verletzung der Angabenpflicht nach § 54e führt, wie schon der Wortlaut der Vorschrift erkennen lässt, **nicht zur Unrechtmäßigkeit der Vervielfältigung** nach §§ 54 und 54a. Die Vorschrift begründet vielmehr eine gesetzliche **Nebenpflicht**, deren Verletzung zu Schadenersatzansprüchen führen kann (**aA** wohl *Fromm/Nordemann* § 54g Rn 2, der von einer bloßen Obliegenheit spricht). Der Schaden kann dabei die zu zahlende Urhebervergütung auch übersteigen, vor allem nämlich dann, wenn der Erwerber eines Gerätes bzw eines Bild- oder Tonträgers die Ware bei ordnungsgemäßer Information gar nicht erst erworben hätte. **10**

§ 54f   Meldepflicht

(1) Wer Geräte oder Bild- oder Tonträger, die erkennbar zur Vornahme von Vervielfältigungen im Wege der Bild- oder Tonaufzeichnung bestimmt sind, in den Geltungsbereich dieses Gesetzes gewerblich einführt oder wiedereinführt, ist dem Urheber gegenüber verpflichtet, Art und Stückzahl der eingeführten Gegenstände der nach § 54h Abs. 3 bezeichneten Empfangsstelle monatlich bis zum 10. Tag nach Ablauf jedes Kalendermonats schriftlich mitzuteilen.

(2) Absatz 1 gilt entsprechend für Geräte, die zur Vornahme von Vervielfältigungen durch Ablichtung eines Werkstücks oder in einem Verfahren vergleichbarer Wirkung bestimmt sind.

(3) Kommt der Meldepflichtige seiner Meldepflicht nicht, nur unvollständig oder sonst unrichtig nach, so kann der doppelte Vergütungssatz verlangt werden.

Literatur: S. die Literaturhinweise Vor §§ 54 ff.

Übersicht

I. Regelungsgehalt

1   Zur **Gesetzesgeschichte** s. die Kommentierung vor §§ 54 ff.

2   Vor allem bei Importgeräten und importierten Bild- und Tonträgern hatte es in der Vergangenheit immer wieder Schwierigkeiten bei der Einziehung der geschuldeten Vergütung gegeben. § 54f normiert deshalb eine Meldepflicht für die Importeure von Geräten und Bild- und Tonträgern. Sie soll die Möglichkeit der Erfassung vergütungspflichtiger Importe verbessern und den Urhebern dadurch die Überprüfung ermöglichen, ob und in welcher Höhe eine Vergütung nach §§ 54 und 54a erhoben werden kann (amtl. Begr. BT-Drucks. 10/837, 18). Um der Meldepflicht größeren Nachdruck zu verleihen, hat der Gesetzgeber als Sanktion in § 54f Abs. 3 für den Fall der Verletzung der Pflicht eine Verdoppelung des nach §§ 54, 54a und 54d zu zahlenden Vergütungssatzes vorgesehen.

II. Anzeigepflicht (§ 54f Abs. 1)

3   Wer **gewerblich** Geräte oder Bild- und Tonträger, die erkennbar zur Vornahme von Vervielfältigungen im Wege der Bild- oder Tonaufzeichnung oder durch Ablichtung oder in einem Verfahren vergleichbarer Wirkung bestimmt sind, in den Geltungsbereich des UrhG einführt, hat dies bei der dafür zuständigen Stelle zu melden. Lediglich die Geräte und Bild- und Tonträger, die privat eingeführt sind, sind von der Meldepflicht ausgenommen (amtl. Begr. BT-Drucks. 10/837, 18). Auf die Kommentierung zu § 54 Rn 33 wird verwiesen.

Meldepflichtig sind alle **zur Vervielfältigung bestimmten Geräte und Bild- und** **4** **Tonträger**, unabhängig davon, ob die Vervielfältigungen für den Gebrauch iSd § 53 Abs. 1 bis 3 bestimmt sind oder nicht. Der Importeur soll sich nicht darauf berufen können, er habe angenommen, es fehle an der für die Vergütungspflicht erforderlichen Zweckbestimmung gerade zum Gebrauch nach § 53 Abs. 1 bis 3. **Vervielfältigung** iSd § 54f Abs. 1 und 2 ist daher jede reprografische Vervielfältigung und jede Vervielfältigung durch Übertragung des Werkes auf Bild- oder Tonträger.

Die Meldepflicht **entsteht mit dem Import** der Geräte bzw Bild- oder Tonträger. Zu **5** den meldepflichtigen Angaben gehören **Art** und **Stückzahl** der importierten Geräte bzw Bild- und Tonträger. Die Angaben müssen so umfassend sein, dass sie die Berechnung der Vergütung nach der Anlage zu § 54d zulassen und zudem eine angemessene **Kontrolle** der für die Berechnung erforderlichen Angaben ermöglichen (*Schricker/Loewenheim* § 54f Rn 3). Enthält die Anlage zu § 54d für die entspr. Geräte keine oder keine passenden Sätze (vgl hierzu § 54d Rn 15 ff.), muss die Meldung so gestaltet sein, dass sich die angemessene Vergütung nach §§ 54 und 54a bestimmen lässt.

Meldepflichtig ist der **Importeur**, auch ein **Reimport** ist zu melden. Soweit die Her- **6** steller nicht zugleich importieren, unterliegen sie der Meldepflicht nicht, ebenso unterfallen ihr nicht die Händler.

Die Meldung ist an die nach § 54h Abs. 3 bezeichnete gemeinsame **Empfangsstelle** **7** der Verwertungsgesellschaften zu richten. Diese wird vom Patent- und Markenamt im BAnz bekannt gemacht. Im Bereich der Überspielungen auf Bild- oder Tonträger handelt es sich um die ZPÜ (Rosenheimer Str. 11, 81667 München), im Bereich der Reprografie ist die VG WORT (Goethestr. 49, 80336 München) zuständig. Die Meldung hat auf dem dafür vorgesehenen **Formblatt** zu erfolgen, welches im BAnz Nr. 157a v. 22.8.1996 veröffentlicht wurde. S. zu diesem Komplex auch die Kommentierung zu § 54h.

Die Meldepflicht hat **dispositiven** Charakter und kann durch Vereinbarung zwischen **8** Meldepflichtigem und Berechtigtem abbedungen werden (amtl. Begr. zum UrhG-ÄndG-Entwurf v. 18.3.1994, S. 876).

III. Sanktionen bei Nichterfüllung

Kommt der Importeur der Meldepflicht schuldhaft nicht, verspätet, nur unvollstän- **9** dig, oder sonst unrichtig nach, kann der Urheber bzw die Verwertungsgesellschaft das **Doppelte** des nach §§ 54, 54a und 54d geschuldeten Vergütungssatzes verlangen (§ 54f Abs. 3). Ein konkreter Schaden muss nicht nachgewiesen werden. Die Begriffe der **Unvollständigkeit** und sonstigen **Unrichtigkeit** sind weit auszulegen. Erfasst wird jede Abweichung von den tatsächlich erfolgten Importen oder von den für die Berechnung der Vergütung nach §§ 54, 54a Abs. 1 und 54d erforderlichen Angaben (vgl *Schricker/Loewenheim* § 54f Rn 4). Da es sich um einen pauschalierten Schadenersatzanspruch handelt, löst nur eine **schuldhafte** Verletzung der Meldepflicht den doppelten Vergütungsanspruch aus (ebenso *Schricker/Loewenheim* § 54f Rn 4).

§ 54f Abs. 3 schließt **weitergehende Schadenersatzansprüche** des Urhebers bzw **10** der Verwertungsgesellschaft wegen Verletzung der gesetzlichen Nebenpflicht nicht aus. Hierzu muss allerdings der Nachweis geführt werden, dass durch die Verletzung der Meldepflicht ein Schaden entstanden ist. Dazu müssen die tatsächliche Vermögenssituation des Berechtigten und die Vermögenssituation, die sich im Falle der Erfüllung der Meldepflicht ergeben hätte, dargelegt und miteinander verglichen werden.

§ 54g   Auskunftspflicht

(1) Der Urheber kann von dem nach § 54 Abs. 1 oder § 54a Abs. 1 zur Zahlung der Vergütung Verpflichteten Auskunft über Art und Stückzahl der im Geltungsbereich dieses Gesetzes veräußerten oder in Verkehr gebrachten Geräte und Bild- oder Tonträger verlangen. Die Auskunftspflicht des Händlers erstreckt sich auch auf die Benennung der Bezugsquellen; sie besteht auch in den Fällen des § 54 Abs. 1 Satz 3, des § 54a Abs. 1 Satz 3 und des § 54b Nr. 1. § 26 Abs. 6 gilt entsprechend.

(2) Der Urheber kann von dem Betreiber eines Gerätes in einer Einrichtung im Sinne des § 54a Abs. 2 Satz 1 die für die Bemessung der Vergütung erforderliche Auskunft verlangen.

(3) Kommt der zur Zahlung der Vergütung Verpflichtete seiner Auskunftspflicht nicht, nur unvollständig oder sonst unrichtig nach, so kann der doppelte Vergütungssatz verlangt werden.

Literatur: S. die Literaturhinweise Vor §§ 54 ff.

Übersicht

I. Regelungsgehalt

1   Zur **Gesetzesgeschichte** s. die Kommentierung Vor §§ 54 ff.

2   § 54g gibt dem Urheber zur Durchsetzung seines Vergütungsanspruchs einen Auskunftsanspruch gegen die Vergütungsschuldner an die Hand, welcher der Vorbereitung des Zahlungsanspruchs dient. Die Auskunft ist, anders als die Meldung nach § 54f, **nur auf Verlangen** des Berechtigten zu geben.

3   Die Auskunft wird auch in den Fällen geschuldet, in denen die pauschalen Vergütungssätze der Anlage zu § 54d Abs. 1 für die entspr. Geräte oder Bild- und Tonträger nicht passen. Denn ungeachtet der pauschalierenden Regelung über die Vergütungshöhe sind auch diese Geräte Gegenstand des Anspruchs auf Zahlung einer angemessenen Vergütung nach §§ 54 und 54a, deren Höhe dann vom Gericht festzusetzen ist (*BGH* NJW 1999, 3561, 3564 – Telefaxgeräte). Das galt bis zur Änderung des UrhG im Jahre 2000 vor allem für Geräte, für welche sich der Vergü-

tungsanspruch aus § 54a Abs. 1 oder 2 ergab, die jedoch langsamer als die dort auf-geführten Geräte waren (*BGH* NJW 1999, 3461, 3464 – Telefaxgeräte).

Der Auskunftsanspruch unterliegt der Verwertungsgesellschaftspflicht (§ 54h **4** Abs. 1).

II. Auskunftspflicht des Herstellers, Importeurs und Händlers (§ 54g Abs. 1)

Der **Hersteller**, der **Importeur** und der **Händler** eines nach §§ 54 Abs. 1 oder 54a **5** Abs. 1 zur Zahlung einer Vergütung verpflichtenden Vervielfältigungsgerätes oder Bild- oder Tonträgers sind dem Urheber zur Auskunft über Art und Stückzahl der im Geltungsbereich des UrhG veräußerten oder in Verkehr gebrachten Geräte bzw Bild- oder Tonträger verpflichtet. Der Händler ist darüber hinaus zur Angabe der Bezugs-quelle verpflichtet. Die Angaben müssen so vollständig sein, dass die Berechnung der Vergütung nach §§ 54, 54a, 54d sowie eine angemessene Kontrolle der gemach-ten Angaben möglich ist. Anzugeben sind deshalb die **Art**, der **Typ** und die **Stück-zahl** der Geräte bzw der Bild- und Tonträger. Bei Letzteren ist auch die **Spieldauer** zu nennen (*Schricker/Loewenheim* § 54g Rn 2). Die Pflicht des Händlers zur Angabe der **Bezugsquelle** umfasst die Angabe der **Lieferanten** und ihrer **Adressen**; das Postfach reicht nicht (*Fromm/Nordemann* § 54g Rn 4). Art, Typ und Stückzahl der Geräte und Bild- und Tonträger sind nach der jeweiligen Bezugsquelle **aufzuglie-dern**, ferner ist der **Zeitpunkt des Bezugs** anzugeben. Durch Vorlage von Liefer-scheinen, Rechnungen uÄ ist der Nachweis der Richtigkeit der Angaben zu erbringen (*Schricker/Loewenheim* § 54g Rn 4).

Bestehen begründet **Zweifel an der Richtigkeit und Vollständigkeit** der Angaben, **6** kann die Verwertungsgesellschaft verlangen, dass nach Wahl des Auskunftspflichti-gen ihr oder einem von ihm zu bestimmenden Wirtschaftsprüfer oder vereidigten Buchprüfer auf ihre Kosten Einsicht in die Geschäftsbücher oder sonstigen Urkun-den soweit gewährt wird, wie dies zur Feststellung der Richtigkeit und Vollständig-keit der Auskunft erforderlich ist. Erweist sich die Auskunft als unrichtig oder un-vollständig, hat der Auskunftspflichtige die Kosten der Prüfung zu erstatten (§ 54g Abs. 1 S. 3 iVm § 26 Abs. 6)

Die Vergütungspflicht entfällt nicht dadurch, dass die Geräte **nicht von der Anlage** **7** **zu § 54d erfasst** werden oder der Händler wegen seines geringen Geschäftsvolu-mens nicht haftet, weil in diesem Fall eine angemessene Vergütung unmittelbar nach §§ 54, 54a in Betracht kommt bzw dem Berechtigten die Überprüfung ermöglicht werden soll, ob tatsächlich keine Vergütung geschuldet ist. Auskunft ist daher über alle Geräte und Bild- und Tonträger zu erteilen, die dem Grunde nach der Vergü-tungspflicht unterliegen (*Schricker/Loewenheim* § 54g Rn 2). Auskunftspflichtig ist nach dem Gesagten auch der Händler, soweit seine Zahlungspflicht grds gegeben sein kann (amtl. Begr. zum UrhGÄndG-Entwurf v. 18.3.1994, *Schulze* Bd 2, S. 877; vgl *Schricker/Loewenheim* § 54g Rn 3). Durch die Mitteilung an die gemeinsame Empfangsstelle der Verwertungsgesellschaften nach § 54b Nr. 2 entfällt sie dem Grunde nach; **der Auskunftsanspruch erlischt** deshalb, **sobald die Mitteilung nach § 54b Nr. 2 erfolgt ist** (*Schricker/Loewenheim* § 54g Rn 3; *Fromm/Norde-mann* § 54g Rn 4).

8   Eine Pflicht zur **künftigen Auskunftserteilung** lässt sich aus § 54g Abs. 1 nicht ableiten. Im Ausnahmefall kann sie sich aus § 242 BGB ergeben, wenn feststeht, dass die zur Auskunft verpflichteten Personen die zur Vergütungsberechnung erforderlichen Auskünfte nicht erteilen. In jedem Fall müssen zur gerichtlichen Durchsetzung die Voraussetzungen der §§ 258 und 259 ZPO vorliegen (*BGH* GRUR 1985, 280, 282 – Herstellerbegriff II).

III. Auskunftspflicht des Betreibers (§ 54g Abs. 2)

9   Auch der nach § 54a Abs. 2 zur Zahlung einer Vergütung verpflichtete Betreiber ist auskunftspflichtig. Er hat dem Berechtigten Auskunft über all jene Umstände zu erteilen, von denen dieser Kenntnis haben muss, um die Vergütung nach § 54a Abs. 2 S. 1 zu berechnen. Das sind der **Gerätetyp**, die **Geräteart und Geräteanzahl** sowie der Standort der Geräte und deren typische Nutzung. Ferner sind die Angaben zu machen, anhand derer nach den für den betr. Bereich typischen Verhältnissen der wahrscheinliche Umfang der Vervielfältigung urheberrechtlich geschützten Fremdmaterials beurteilt werden kann (amtl. Begr. BT-Drucks. 10/837, 22; *Schricker/Loewenheim* § 54g Rn 6).

IV. Sanktionen bei Nichterfüllung (§ 54g Abs. 3)

10   Kommt der zur Zahlung der Vergütung Verpflichtete seiner Auskunftspflicht nach § 54g Abs. 1 oder 2 trotz Aufforderung (s. Rn 2) nicht, nur unvollständig oder sonst unrichtig nach, kann die Verwertungsgesellschaft für den Berechtigten den doppelten Vergütungssatz verlangen. Ein konkreter Schaden muss nicht nachgewiesen werden. Die Begriffe der **Unvollständigkeit** und sonstigen **Unrichtigkeit** sind weit auszulegen. Erfasst wird jede Abweichung von den tatsächlich erfolgten Importen oder von den für die Berechnung der Vergütung nach §§ 54, 54a, 54d erforderlichen Angaben (vgl *Schricker/Loewenheim* § 54g Rn 8). Da es sich um einen pauschalierten Schadenersatzanspruch handelt, löst nur eine **schuldhafte** Verletzung der Meldepflicht den doppelten Vergütungsanspruch aus. Nach zutr. Auffassung (*Schricker/Loewenheim* § 54g Rn 8; **aA** *OLG Köln* Schulze OLGZ 320, 5 ff.) ist der doppelte Vergütungssatz nicht davon abhängig, dass die Verwertungsgesellschaft bereits eigene Nachforschungen angestellt hat.

11   § 54g Abs. 3 schließt weitergehende Schadenersatzansprüche wegen Verstoßes gegen die gesetzliche Nebenpflicht nicht aus. Hierzu muss allerdings der Nachweis geführt werden, dass durch die Verletzung der Meldepflicht ein Schaden entstanden ist.

§ 54h   Verwertungsgesellschaften; Handhabung der Mitteilungen

(1) Die Ansprüche nach den §§ 54, 54a, 54f Abs. 3 und 54g können nur durch eine Verwertungsgesellschaft gelten gemacht werden.

(2) Jedem Berechtigten steht ein angemessener Anteil an den nach § 54 und § 54a gezahlten Vergütungen zu.

(3) Für Mitteilungen nach den §§ 54b und 54f haben die Verwertungsgesellschaften dem Patentamt, je gesondert für die Vergütungsansprüche nach § 54 Abs. 1 und § 54a Abs. 1, eine gemeinsame Empfangsstelle zu bezeichnen. Das Patentamt gibt diese im Bundesanzeiger bekannt.

(4) Das Patentamt kann Muster für die Mitteilungen nach § 54b Nr. 2 und § 54f im Bundesanzeiger bekanntmachen. Diese Muster sind zu verwenden.

(5) Die Verwertungsgesellschaften und die Empfangsstelle dürfen die gemäß § 54b Nr. 2, §§ 54f und 54g erhaltenen Angaben nur zur Geltendmachung der Ansprüche nach Absatz 1 verwenden.

Literatur: S. die Literaturhinweise Vor §§ 54 ff.

I. Regelungsgehalt

Zur **Gesetzesgeschichte** s. die Kommentierung Vor §§ 54 ff.   1

§ 54h ordnet für die Vergütungsansprüche, den Auskunftsanspruch und die Ansprü-   2
che auf Zahlung des doppelten Tarifes an, dass diese Ansprüche nur durch eine Verwertungsgesellschaft geltend gemacht werden können. Ferner wird die Frage der Verteilung der eingezogenen Vergütungen und werden bestimmte Formalien für die Mitteilungen nach §§ 54b und 54f bestimmt.

II. Verwertungsgesellschaftpflicht verschiedener Ansprüche nach §§ 54 ff. (§ 54h Abs. 1)

Die **Vergütungsansprüche** aus §§ 54 und 54a sind ebenso verwertungsgesell-   3
schaftpflichtig wie die sie **vorbereitenden Ansprüche** und die (Schadenersatz-) **Folgeansprüche** hieraus. Dadurch wird dem Umstand Rechnung getragen, dass eine sinnvolle Durchsetzung der Ansprüche und Verteilung der Erlöse wegen der Vielzahl der Berechtigten im Alleingang der jeweiligen Berechtigten praktisch nicht möglich wäre.

4   Die Verwertungsgesellschaftspflicht schließt – anders als in § 27 Abs. 1 S. 2 und 3 geregelt – die **Abtretbarkeit** der Vergütungs- und Auskunftsansprüche nicht aus. Der Zessionar kann die Ansprüche dann jedoch ebenfalls nur durch eine Verwertungsgesellschaft geltend machen. Die Verwertungsgesellschaften können den Anspruch auch durch eine **Inkassostelle** durchsetzen (*Schricker/Loewenheim* § 54h Rn 2). So haben die GEMA, die GVL, die VG WORT, die GÜFA, der GWFF, die VG Bild-Kunst, der VFF und der VGF der **ZPÜ** das Inkasso der Vergütungsansprüche für Bild- und Tonaufzeichnungsgeräte sowie für Bild- und Tonträger nach § 54 übertragen. Die Verteilung der Vergütung richtet sich nach dem Inkassovertrag v. 10.5.1989 (zusammen mit dem Gesellschaftsvertrag der ZPÜ abgedr. zB in der Beck'schen Textausgabe „Urheber- und Verlagsrecht", 8. Aufl. 2001, Nr. 24c). Die Vergütungsansprüche für Reprografiegeräte und die Betreiberabgabe nach § 54a Abs. 1 und 2 sowie die zur Vorbereitung dienenden Auskunftsansprüche werden von der VG WORT eingezogen. Wesentliche Bereiche der Vergütungsansprüche nach §§ 54 und 54a sind durch **Gesamtverträge** abgedeckt. So hat die ZPÜ mit dem Informationskreis AufnahmeMedien (IM) eine einvernehmliche Regelung über die Zahlung von Urhebervergütungen für DVDs der Systeme DVD-R/RW, DVD+R/RW und DVD-RAM Disk mit einer nominellen Speicherkapazität von 4,7 GB, das entspricht einer Videoaufnahmekapazität von 120 Minuten, getroffen.

5   Die Berechtigung der Verwertungsgesellschaften zur Geltendmachung der Vergütungsansprüche nach §§ 54 Abs. 1, 54a Abs. 1, 2 wird **vermutet** (§ 13b Abs. 2 S. 1 WahrnG; vgl *BGH* GRUR 1985, 280, 281 – Herstellerbegriff II). Das ist verfassungsgemäß (*BVerfG* NJW 2000, 1200 ff.). Die durch § 13b Abs. 2 WahrnG begründete gesetzliche Vermutung ist eine **Rechts- und keine Tatsachenvermutung**, die vom Prozessgegner nur widerlegt werden kann, wenn er für jedes in Frage stehende Werkstück den **vollen Gegenbeweis** führt, also nachweist, dass die Rechte an diesem Werkstück nicht der Verwertungsgesellschaft übertragen wurden (verfassungsgemäß: *BVerfG* NJW 2001, 1200, 1202; vgl *BGH* GRUR 1989, 819 f. – Gesetzliche Vermutung; NJW 1991, 2025 – Gesetzliche Vermutung II). Unabhängig von § 13b WahrnG greift die sog. **GEMA-Vermutung** ein, wenn der Anspruch von der GEMA geltend gemacht wird und diese sich hinsichtlich der wahrgenommenen Rechte auf einen lückenlosen oder nahezu lückenlosen Bestand an in- und ausländischen Rechten berufen kann (*BGH* GRUR 1989, 819, 820 – Gesetzliche Vermutung). § 54h Abs. 1 schließt eine **Überschneidung der Tätigkeitsbereiche verschiedener Verwertungsgesellschaften** nicht aus, die Vermutung gilt dann jedoch nur, wenn der Anspruch von allen berechtigten Verwertungsgesellschaften geltend gemacht wird (§ 13a Abs. 2 S. 2 WahrnG). In der Praxis wird die Vergütung in derartigen Fällen im Allgemeinen aufgrund vertraglicher Absprachen der Verwertungsgesellschaften von nur einer Verwertungsgesellschaft für alle eingezogen. Möglich ist aber auch, dass jede Verwertungsgesellschaft den ihr gebührenden Anteil unabhängig von den anderen Verwertungsgesellschaften geltend macht und darüber mit den Verpflichteten Gesamtverträge schließt. Die Mitteilungen nach §§ 54b und 54f sind auch in diesem Fall gem. § 54h Abs. 3 an die gemeinsame Empfangsstelle der Verwertungsgesellschaften zu richten (*Fromm/Nordemann* § 54h Rn 2).

III. Verteilung unter den Berechtigten im Falle der Verwertungsgesellschaftspflicht (§ 54h Abs. 2)

Das Gesamtaufkommen ist unter den Berechtigten zu verteilen. Dabei sind nicht nur **6** die Urheber von iSd § 53 Abs. 1 bis 3 vervielfältigungsfähiger Werke zu berücksichtigen, zu denen auch die Filmurheber gehören, sondern auch die **Inhaber verwandter Schutzrechte**, denen durch Verweis auf §§ 54 ff. ein Anspruch auf angemessene Vergütung zusteht, weil zu erwarten ist, dass ihre Leistung in der in §§ 54 und 54a genannten Art und Weise vervielfältigt wird. Wegen der Einzelheiten wird auf die Kommentierung Vor §§ 54 ff. Rn 11 ff. verwiesen. Der Umfang der Beteiligung **ausländischer** Urheber und Leistungsschutzberechtigter ergibt sich aus §§ 120 ff. Auf die dortige Kommentierung wird Bezug genommen.

Die **Verteilung** der Einnahmen hat wie iRd § 7 WahrnG nach objektiven und sach **7** lichen Kriterien zu erfolgen. Maßgeblich kommt es dabei vor allem auf die Intensität der Nutzung an, wobei eine gewisse Pauschalierung unabdingbar ist. Im Allgemeinen werden die Werke nach bestimmten Kriterien in **Gruppen** zusammengefasst und die Häufigkeiten der Nutzung dieser Werkgruppen anhand statistischer Erhebungen ermittelt. Die Verteilungsschlüssel werden von den Verwertungsgesellschaften in regelmäßigen Abständen angeglichen und veröffentlicht.

IV. Gemeinsame Empfangsstelle der Verwertungsgesellschaften (§ 54h Abs. 3)

Die Mitteilungen nach §§ 54b und 54f haben an eine von den Verwertungsgesell **8** schaften bezeichnete gemeinsame Empfangsstelle zu erfolgen. Dies ist im Bereich der privaten Überspielung gem. § 54 Abs. 1 nach der Bekanntmachung des BMJ v. 18.11.1994 (BAnz. Nr. 63 v. 30.3.1995, 3717) die ZPÜ (Rosenheimer Str. 11, 81667 München), für den Bereich der Reprografiegeräte nach § 54a Abs. 1 die VG WORT (Goethestr. 49, 80336 München).

V. Muster für die Mitteilung nach § 54b Nr. 2 und § 54f (§ 54h Abs. 4)

Das Patent- und Markenamt als Aufsichtsbehörde der Verwertungsgesellschaften hat **9** im BAnz. v. 22.8.1996, Nr. 157a, Formblätter veröffentlicht, die für die Mitteilung nach § 54b Nr. 2 und § 54f) zu verwenden sind. Die Formblätter der ZPÜ können auf der Website der ZPÜ (www.gema.de) abgerufen werden. Werden die Formblätter nicht verwandt oder ist die Mitteilung sonst unvollständig oder unrichtig, tritt keine Befreiung von der Vergütungspflicht nach § 54b ein (ebenso *Schricker/Loewenheim* § 54b Rn 4 und § 54h Rn 8).

VI. Datenschutz (§ 54h Abs. 5)

Die den Verwertungsgesellschaften nach §§ 54b Nr. 2, 54f und 54g gemachten An **10** gaben dürfen von den Verwertungsgesellschaften nur zur Geltendmachung der Ansprüche auf Vergütung und Schadenersatz nach §§ 54, 54a, 54f Abs. 3 und 54g verwandt werden. Insb. dürfen die Daten – außerhalb eines etwaigen Prozesses – nicht an Dritte weitergegeben oder zur Durchsetzung anderer Ansprüche, zB solcher aus §§ 96 ff. iVm §§ 15 ff., verwandt werden. Die Verletzung der Geheimhaltungsverpflichtung führt zu Schadenersatzansprüchen wegen Verstoßes gegen eine gesetzli che Nebenpflicht und ist unter bestimmten Voraussetzungen nach § 17 UWG mit Strafe bedroht (vgl amtl. Begr. zum UrhGÄndG-Entwurf v. 18.3.1994, *Schulze* Bd 2, S. 879). IÜ lässt sich die in §§ 54 ff. gewählte pauschale Erhebung und Umlegung der Kopiervergütung mit datenschutzrechtlichen Anforderungen gut in Einklang bringen, s. Vor §§ 54 ff. Rn 14.

§ 55   Vervielfältigung durch Sendeunternehmen

(1) Ein Sendeunternehmen, das zur Funksendung eines Werkes berechtigt ist, darf das Werk mit eigenen Mitteln auf Bild- oder Tonträger übertragen, um diese zur Funksendung über jeden seiner Sender oder Richtstrahler je einmal zu benutzen. Die Bild- oder Tonträger sind spätestens einen Monat nach der ersten Funksendung des Werkes zu löschen.

(2) Bild- oder Tonträger, die außergewöhnlichen dokumentarischen Wert haben, brauchen nicht gelöscht zu werden, wenn sie in ein amtliches Archiv aufgenommen werden. Von der Aufnahme in das Archiv ist der Urheber unverzüglich zu benachrichtigen.

I. Regelungsgehalt

1   Zur **Gesetzesgeschichte** s. die Kommentierung Vor §§ 54 ff.

2   § 55 enthält Bestimmungen über die Anfertigung sog. **ephemerer**, also bes. kurzlebiger, **Bild- und Tonbandaufnahmen**. Die Vorschrift zählt zu den Schrankenregelungen, die eine gesetzliche Freistellung anordnen. Sie trägt den Erfordernissen eines Sendebetriebs „rund um die Uhr" und über mehrere Sender Rechnung, der oft an der Stelle einer Life-Sendung die Ausstrahlung vom Bild- oder Tonträger erforderlich macht (vgl schon amtl. Begr. BT-Drucks. IV/270, 74). Auch durch eine vorausplanende Programmgestaltung ließe sich dies mit zumutbarem Aufwand meist nicht vermeiden, da die Mitwirkenden zu den im Programm festgesetzten Sendezeiten nicht immer zur Verfügung stehen. Der Gesetzgeber hielt es unter diesen Umständen nicht gerechtfertigt, die nur als **Hilfsmittel der Sendung** und nicht zu einer gesonderten Verwertung des Werkes bestimmten Bild- und Tonträgeraufnahmen einem Verbotsrecht des Urhebers zu unterwerfen (amtl. Begr. BT-Drucks. IV/270, 75).

§ 55 entspricht Art. 11bis Abs. 3 S. 2 und 3 RBÜ, der es dem Gesetzgeber der Verbandsländer vorbehält, Bestimmungen über die von einem Sendeunternehmen mit seinen eigenen Mitteln und für seine eigenen Sendungen vorgenommenen ephemeren Aufnahmen auf Bild- oder Tonträger zu erlassen und zu erlauben, dass die Bild- und Tonträger aufgrund ihres außergewöhnlichen Dokumentationscharakters in amtl. Archiven aufbewahrt werden.

II. Voraussetzungen der Freistellung (§ 55 Abs. 1 S. 1)

1. Zur Funksendung eines Werkes berechtigtes Sendeunternehmen

Ephemere Bild- und Tonbandaufnahmen dürfen nur durch solche Sendeunternehmen 3 gefertigt werden, die zur Funksendung des betr. Werkes berechtigt sind. Der Begriff des **Sendeunternehmens** deckt sich dabei mit dem des § 87. Auf die dortige Kommentierung wird verwiesen. Zur Funksendung **berechtigt** ist das Sendeunternehmen nicht nur dann, wenn es sich von dem Urheber die Senderechte nach §§ 20 ff. hat einräumen lassen, sondern auch, wenn ihm diese aufgrund einer gesetzlichen Schrankenregelung zustehen. Daher dürfen ephemere Aufnahmen insb. auch von Reden, die bei öffentlichen Verhandlungen vor staatlichen, kommunalen oder kirchlichen Organen gehalten wurden (§ 48 Abs. 1 Nr. 2) und von Rundfunkkommentaren und Zeitungsartikeln, wenn diese politische, wirtschaftliche oder religiöse Fragen betreffen und nicht mit einem Vorbehalt der Rechte versehen sind (§ 49 Abs. 1 S. 1), vor der Sendung für diese aufgezeichnet werden. Unter den Begriff des Funks fällt nach der auch für § 55 anwendbaren Definition des § 20 auch die Übertragung durch dem Ton- und Fernsehrundfunk ähnliche technische Mittel (näher § 20 Rn 14). Daher können sich auch Unternehmen, die per Lizenz oder Schrankenregelung zur Werkübertragung **in einem Netzwerk** berechtigt sind, auf § 55 berufen.

2. Übertragung des Werkes mit eigenen Mitteln auf Bild- oder Tonträger

Die Übertragung der Sendung auf Bild- oder Tonträger muss mit **eigenen personel-** 4 **len, finanziellen und sachlichen Mitteln des Sendeunternehmens** erfolgen, das Unternehmen muss also sein Programm selbst zusammen stellen. Zu den eigenen Mitteln des Sendeunternehmens zählen auch die Mittel einer Person, die im Namen oder unter der Verantwortung des Sendeunternehmens handelt (41. Erwgr der Europäischen RL zur Harmonisierung des Urheberrechts v. 22.5.2001, ABlEG Nr. L 167/ 10). Das ermöglicht dem Sendeunternehmen die **Auftragsproduktion** ebenso wie die Fertigung mit Hilfe einer **Arbeitnehmerüberlassung**.

3. Zweckbestimmung

Die ephemeren Aufnahmen müssen zur Funksendung durch das Sendeunternehmen 5 bestimmt sein, und zwar **über jeden der Sender oder Richtstrahler des Unternehmens höchstens einmal**. Unter einem Sender sind dabei auch drahtgebundene Übertragungswege zu verstehen, sodass ein Unternehmen, welches zB nach § 50 zur Sendung eines Werkes in seinem **Netzwerk** berechtigt ist, die Sendung durch entspr. **Speicherung auf dem Server** vorbereiten darf. Unter einem Richtstrahler versteht man einen Sender, der auf ein bestimmtes Gebiet ausgerichtet ist (*Schricker/Loewenheim* § 55 Rn 7 mwN). Die Sendung darf insgesamt nur einmal über jeden Sender, also zB nur einmal über das NDR-UKW-Programm, einmal über NDR Hannover etc ausgestrahlt werden (*Fromm/Nordemann* § 55 Rn 3). Bei der Ausstrahlung in **Netzwerken** darf die Sendung insgesamt nur einmal gesendet werden. Nicht von § 55 gedeckt sind Aufnahmen zur nochmaligen Ausstrahlung einer schon life gesendeten Funksendung. Lässt sich das Sendeunternehmen allerdings nach einiger Zeit die **Senderechte nochmals einräumen** oder hat es dies bereits bei der ersten Ausstrahlung getan, um die Sendung wiederholen zu dürfen, ist die Anfertigung erneuter ephemerer Aufnahmen zu diesem Zweck nach § 55 zulässig.

III. Rechtsfolge

6   Liegen die Voraussetzungen des § 55 vor, darf das Sendeunternehmen die Sendung iSd § 16 Abs. 2 vervielfältigen, also **auf Bild- oder Tonträger übertragen**, ohne dass darin ein Eingriff in das Urheberrecht zu sehen ist. Auch **digitale Vervielfältigungen**, zB die Speicherung auf dem Server, sind zulässig. Ferner darf die Vervielfältigung zur je **einmaligen Ausstrahlung** der Sendung über jeden der Sender oder Richtstrahler des Sendeunternehmens bzw zur einmaligen Sendung in dem betr. Netzwerk benutzt werden. Ein eigenes Senderecht liegt darin aber nicht, dies ist im Gegenteil Voraussetzung für das Eingreifen des § 55. Waren die Senderechte räumlich beschränkt vergeben worden, gilt diese Beschränkung daher auch für die Ausstrahlung vom Bild- und Tonträger (*Schricker/Melichar* § 55 Rn 9).

7   Andere Vervielfältigungen als die Aufnahme der Sendung auf Bild- und Tonträger, zB durch Nachdruck oÄ, sind durch § 55 nicht zugelassen. Auch hat das Sendeunternehmen zwar unter den Voraussetzungen des § 55 Abs. 2 S. 2 die Möglichkeit, die Löschung durch Überstellung in ein amtl. **Archiv** zu vermeiden. Es ist jedoch nicht berechtigt, die im amtl. Archiv aufbewahrten Bild- und Tonträger ohne Zustimmung des Urhebers zu benutzen (amtl. Begr. BT-Drucks. IV/270, 75).

IV. Löschungspflicht (§ 55 Abs. 1 S. 2 und Abs. 2)

1.   Grundsatz der Löschungspflicht binnen Monatsfrist

8   Die nach § 55 Abs. 1 zulässigerweise gefertigten Aufnahmen sind binnen eines Monats nach der Aufnahme zu löschen, dh unbrauchbar zu machen. Dabei gelten die gleichen Grundsätze wie für die Löschungspflicht von Schulfunkaufnahmen (§ 47 Abs. 2 S. 2), jedoch kann das Sendeunternehmen die Löschung nicht durch Zahlung einer angemessen Vergütung abwenden. Will es die Aufnahmen weiterhin verwenden, muss es vielmehr hierzu die Zustimmung des Urhebers einholen, andernfalls liegt ein Eingriff in das Urheberrecht vor, und zwar nicht nur in das Senderecht iSd §§ 20 ff., sondern auch in das Vervielfältigungsrecht nach § 16 Abs. 2, weil durch die mangelnde Löschung die Freistellung der Vervielfältigung nachträglich entfällt.

2. Ausnahme von der Löschungspflicht

9   Das Sendeunternehmen kann bei Bild- oder Tonaufnahmen mit außergewöhnlichem dokumentarischem Werk die Löschung dadurch vermeiden, dass es die Aufnahme der Bild- oder Tonträger in ein amtl. Archiv veranlasst. Ob der **außergewöhnliche dokumentarische Wert** gegeben ist, bemisst sich nach dem Inhalt der Bild- oder Tonaufnahme. Die Aufnahme muss, wie zB ein Film über den Fall der Mauer oder des letzten öffentlichen Auftritts Thomas Manns, ein bes. zeitgeschichtliches Doku-

ment darstellen. Nur die Übergabe an ein **amtl.** Archiv, also zB das Archiv eines Museums, dessen Träger die öffentliche Hand ist, befreit von der Löschungspflicht. Die Gesetzesbegründung geht davon aus, dass auch die Archive der öffentlich-rechtlichen Rundfunkanstalten zu den amtl. Archiven gehören (amtl. Begr. BT-Drucks. IV7270, 75).

Vor der Aufnahme in das Archiv ist der Urheber unverzüglich zu **benachrichtigen** 10 (§ 55 Abs. 2 S. 2). Das soll ihm die Prüfung ermöglichen, ob die gesetzlichen Voraussetzungen für die Aufnahme in das Archiv gegeben sind (amtl. Begr. BT-Drucks. IV/270, 75). Die Benachrichtigung muss in keiner bes. Form erfolgen, ist im Bestreitensfalle aber vom Sendeunternehmen zu beweisen. **Unverzüglich** ist die Mitteilung, wenn sie ohne schuldhaftes Zögern erfolgt (§ 121 Abs. 1 S. 1 BGB), dh sobald sich das Unternehmen entschlossen hat, die Aufnahme nicht zu löschen (*Schricker/Melichar* § 55 Rn 14), spätestens aber mit Ablauf der Löschungsfrist.

Eine **Verletzung der Mitteilungspflicht** führt nach dem genannten Sinn und Zweck 11 der Mitteilungspflicht, wenn die Voraussetzungen für die Aufnahme in das Archiv gegeben sind, nicht zur Annahme einer Urheberrechtsverletzung, sondern kann lediglich Schadenersatzansprüche wegen Verletzung eines gesetzlichen Schuldverhältnisses auslösen (so offenbar auch *Möhring/Nicolini/Gass* § 55 Rn 24; **aA** *Schricker/Melichar* § 55 Rn 14).

Die Löschungspflicht ist **abdingbar**. Die üblicherweise von den Sendeunternehmen 12 verwandten Verträge enthalten einen entspr. Ausschluss (*Fromm/Nordemann* § 55 Rn 5).

V. Schranken-Schranken und Konkurrenzen

1. Schranken-Schranken

Das Änderungsverbot (§ 62) ist zu beachten. Die Quellenangabepflicht (§ 63) gilt 13 nicht, weil das Werk lediglich im Sendeunternehmen bzw im Archiv aufbewahrt wird und daher kein zusätzlicher Eingriff in die Urheberrechte erfolgt. Hat der Urheber sich die Quellenangabe nicht bei der Einräumung der Sendeerlaubnis ausbedungen, wird er durch die bloße Aufbewahrung ohne Angabe der Quelle nicht mehr belastet.

2. Konkurrenzen

§ 55 lässt bestehende Verpflichtungen der Sendeunternehmen unberührt, alle Wort- 14 sendungen zur **Beweissicherung** wortgetreu aufzuzeichnen und eine bestimmte Zeit aufzubewahren (amtl. Begr. BT-Drucks. IV/270, 75). Derartige Verpflichtungen können sich etwa aus den Mediengesetzen ergeben.

§ 55a   Benutzung eines Datenbankwerkes

Zulässig ist die Bearbeitung sowie die Vervielfältigung eines Datenbankwerkes durch den Eigentümer eines mit Zustimmung des Urhebers durch Veräußerung in Verkehr gebrachten Vervielfältigungsstücks des Datenbankwerkes, den in sonstiger Weise zu dessen Gebrauch Berechtigten oder denjenigen, dem ein Datenbankwerk aufgrund eines mit dem Urheber oder eines mit dessen Zustimmung mit einem Dritten geschlossenen Vertrags zugänglich gemacht wird, wenn und soweit die Bearbeitung oder Vervielfältigung für den Zugang zu den Elementen des Datenbankwerkes und für dessen übliche Benutzung erforderlich ist. Wird aufgrund eines Vertrags nach Satz 1 nur ein Teil des Datenbankwerkes zugänglich gemacht, so ist nur die Bearbeitung sowie die Vervielfältigung dieses Teils zulässig. Entgegenstehende vertragliche Vereinbarungen sind nichtig.

Literatur: S. die Literaturhinweise zu §§ 4 und 87a ff.

Übersicht

I. Bedeutung der Vorschrift

1   Die Vorschrift dient der Umsetzung von Art. 6 Abs. 1 der Richtlinie 96/9/EG über den rechtlichen Schutz von Datenbanken (s. § 87a Rn 2 ff.) des Europäischen Parlaments und des Rates v. 11.3.1996. Ziel der Bestimmung ist es, dem rechtmäßigen Nutzer eines Datenbankwerks bestimmte Handlungen, die mit der zweckentsprechenden Nutzung zwangsläufig verbunden sind, jedoch bei formaler Betrachtung in die Verwertungsrechte des Urhebers eingreifen, zu gestatten. Die Vorschrift entspricht von ihrer Zielsetzung her § 87e (s. auch § 69d zu Computerprogrammen).

II. Zulässige Nutzung von Datenbankwerken

2   Nach § 55a S. 1 ist die **Bearbeitung sowie die Vervielfältigung eines Datenbankwerks** zulässig, wenn dies für den Zugang zu den Elementen des Datenbankwerks und für dessen übliche Benutzung erforderlich ist (Rn 3) und durch den rechtmäßigen Nutzer vorgenommen wird (Rn 4).

1. Zulässige Nutzungshandlungen

3   Die Vorschrift enthält eine Einschränkung des dem Urheber eines Datenbankwerks im Grundsatz uneingeschränkt zustehenden Rechts der Vervielfältigung (§ 17) sowie der Bearbeitung (§ 23). Voraussetzung ist, dass die Bearbeitung oder Vervielfältigung **für den Zugang zu den Elementen des Datenbankwerks und für dessen übliche Benutzung erforderlich** ist. Dem Merkmal des Zugangs zu den Elementen des Datenbankwerks kommt neben jenem der üblichen Benutzung keine eigenständige

Bedeutung zu, denn die übliche Benutzung eines Datenbankwerks schließt an erster Stelle selbstverständlich den Zugang zu dem Inhalt der jeweiligen Datenbank ein. Was eine übliche Benutzung des Datenbankwerks ist, lässt sich nicht pauschal bestimmen. Vielmehr kann sich für unterschiedliche Arten von Datenbankwerken jeweils eine verschiedene Praxis ergeben. Vor diesem Hintergrund kommen auch den vertraglichen Absprachen, insb. den Nutzungsbedingungen, die für das Datenbankwerk gelten, Bedeutung zu. Diese müssen dem Nutzer des Datenbankwerks jedoch die Möglichkeit belassen, **wirtschaftlich sinnvoll** mit dem Datenbankwerk zu arbeiten (*Schricker/Loewenheim* § 55a Rn 8).

2. Begünstigter Personenkreis

Die durch § 55a geregelte Zustimmungsfreiheit gilt **nicht für jedermann**, sondern **nur für den in S. 1 aufgeführten Personenkreis**. Dieser entspricht dem in § 87e genannten Personenkreis. Den in Art. 6 Abs. 1 der Richtlinie 96/9/EG genannten rechtmäßigen Benutzer präzisiert § 55a S. 1 als (i) den Eigentümer eines mit Zustimmung des Urhebers durch Veräußerung in Verkehr gebrachten Vervielfältigungsstück des Datenbankwerks, oder (ii) den in sonstiger Weise zu dem Gebrauch des Vervielfältigungsstücks Berechtigten, oder (iii) denjenigen, dem ein Datenbankwerk aufgrund eines mit dem Urheber oder eines mit dessen Zustimmung mit einem Dritten geschlossenen Vertrags zugänglich gemacht wird. Somit muss der Nutzer des Datenbankwerks entweder seine Berechtigung mittelbar oder unmittelbar von dem Urheber ableiten oder sich im Besitz eines Vervielfältigungsstücks befinden, das in Bezug auf das Verbreitungsrecht des Urhebers erschöpft ist (s. auch § 87e).

III. Rechtmäßige Nutzung von Teilen des Datenbankwerks (S. 2)

S. 2 regelt eine Selbstverständlichkeit. Werden durch den Urheber oder mit dessen Zustimmung durch einen Dritten Rechte zur Nutzung bestimmter Teile eines Datenbankwerks eingeräumt, so gilt die nach § 55a S. 1 zustimmungsfreie Bearbeitung oder Vervielfältigung nur für diesen Teil, und zwar selbst dann, wenn der Nutzer physisch auch in Besitz der anderen Teile des Datenbankwerks ist.

IV. Nichtigkeit entgegenstehender vertraglicher Vereinbarungen (S. 3)

Die dem rechtmäßigen Nutzer eines Datenbankwerks nach § 55a S. 1 zustehenden Vervielfältigungs- und Bearbeitungsrechte sind zwingend. Nach S. 3 sind entgegenstehende vertragliche Vereinbarungen nichtig. Gleichwohl wird eine vertragliche Regelung, welche die Bearbeitung oder Vervielfältigung eines Datenbankwerks einschränkt, jeweils für sich dahin zu untersuchen sein, ob es sich um die Ausprägung einer üblichen Benutzung handelt oder eine solche übliche Benutzung einschränkt. Nur in diesem letzten Fall findet die Nichtigkeitsfolge des § 55a S. 3 Anwendung.

Kotthoff

§ 56   Vervielfältigung und öffentliche Wiedergabe
in Geschäftsbetrieben

(1) In Geschäftsbetrieben, in denen Geräte zur Herstellung oder zur Wiedergabe von Bild- oder Tonträgern, zum Empfang von Funksendungen oder zur elektronischen Datenverarbeitung vertrieben oder instand gesetzt werden, ist die Übertragung von Werken auf Bild-, Ton- oder Datenträger, die öffentliche Wahrnehmbarmachung von Werken mittels Bild-, Ton- oder Datenträger sowie die öffentliche Wahrnehmbarmachung von Funksendungen und öffentliche Zugänglichmachungen von Werken zulässig, soweit dies notwendig ist, um diese Geräte Kunden vorzuführen oder instand zu setzen.

(2) Nach Absatz 1 hergestellte Bild-, Ton- oder Datenträger sind unverzüglich zu löschen.

§ 56 idF bis 12.9.2003

(1) In Geschäftsbetrieben, die Bild- oder Tonträger, Geräte zu deren Herstellung oder Wiedergabe oder zum Empfang von Funksendungen vertreiben oder instandsetzen, dürfen Werke auf Bild- oder Tonträger übertragen und mittels Bild- oder Tonträger öffentlich wiedergegeben sowie Funksendungen von Werken öffentlich wahrnehmbar gemacht werden, soweit dies notwendig ist, um Kunden diese Geräte und Vorrichtungen vorzuführen oder um die Geräte instandzusetzen.

(2) Nach Absatz 1 hergestellte Bild- oder Tonträger sind unverzüglich zu löschen.

Literatur: *Loewenheim* Die Benutzung urheberrechtlich geschützter Werke auf Messen und Ausstellungen – Überlegungen zum Anwendungsbereich von § 56 UrhG, GRUR 1987, 659.

Übersicht

I. Regelungsgehalt

1   Für Geschäftsbetriebe, die Geräte zur Herstellung oder zur Wiedergabe von Bild- und Tonträgern, zum Empfang von Funksendungen oder zur elektronischen Datenverarbeitung vertreiben oder instand setzen, besteht die Notwendigkeit, den Kunden die Wirkungsweise dieser Bild- oder Tonträger bzw Geräte zu zeigen. Die Vorführung wird im Allgemeinen durch Überspielen eines Werkes auf Bild- oder Tonträger und dessen öffentliche Wahrnehmbarmachung bzw Wahrnehmbarmachung einer Sendung erfolgen. Dem Bedürfnis, das Werk aus einer solchen Zweckbestimmung heraus ohne Zustimmung des Urhebers nutzen zu dürfen, trägt § 56 Rechnung. Da

die Werke in diesen Fällen nicht um ihrer selbst benutzt werden, sondern um dem Kaufinteressenten die technische Wirkungsweise von Bild- oder Tonträgern bzw von Geräten zu demonstrieren, hat der Gesetzgeber es auch nicht als gerechtfertigt angesehen, dem Urheber einen Vergütungsanspruch zuzubilligen (amtl. Begr. BT-Drucks. IV/270, 75). § 56 enthält deshalb für die Begünstigten eine gesetzliche **Freistellung** von dem Verbot der Vornahme der genannten Verwertungshandlungen.

Die Vorschrift existierte in unveränderter Fassung seit In-Kraft-Treten des UrhG (v. **2** 9.9.1965, BGBl I, 1273) bis zur Gesetzesreform aus dem Jahre 2003. Anschließend wurde sie durch das Gesetz zur Umsetzung der Europäischen Richtlinie zur Harmonisierung des Urheberrechts (ABlEG Nr. L 167/10 v. 22.6.2001) mit Wirkung zum 13.9.2003 **inhaltlich und redaktionell umgestaltet**. Die Änderungen hatten dabei das Ziel, die Vorschrift den Herausforderungen der modernen Informationsgesellschaft anzupassen. Der Gesetzgeber wollte die erlaubnisfreie Zulässigkeit bestimmter Werkverwertungen auf Geräte zur elektronischen Datenverarbeitung, also zB auf Computerbildschirme, auf Drucker und auf Modems, erstrecken, und die öffentliche Wahrnehmbarmachung iSd § 19a zulassen (vgl amtl. Begr. BT-Drucks. 15/38, 21). Die Streichung des Begriffs der Vorrichtungen und die damit im Zusammenhang stehenden Änderungen sind nach der amtl. Begr. (zu § 56, BT-Drucks. 15/38, 21) lediglich redaktioneller Natur, da dieser Begriff bislang ein Synonym für den der Geräte gewesen sei.

§ 56 wird auch als sog. **Ladenklausel** bezeichnet. Sie beruht inzwischen auf Art. 5 **3** Abs. 3 lit. l Harmonisierungsrichtlinie, sodass das Gebot der **richtlinienkonformen Auslegung** zu beachten ist. Konventionsrechtlich ist die Bestimmung durch Art. 9 Abs. 2 RBÜ gedeckt.

II. Gesetzliche Freistellung

1. Geschäftsbetrieb

In den Genuss der Freistellung gelangen nach § 56 nur Geschäftsbetriebe, dh selb- **4** ständig ausgeübte, auf die Erzielung von Gewinn gerichtete und auf Dauer angelegte sachliche und organisatorische Einheiten ohne Rücksicht auf die dahinter stehenden Personen. Ein bestimmtes Geschäftsvolumen wird nicht vorausgesetzt. Privilegiert sind aber nur solche Betriebe, welche Bild- und Tonträger oder Geräte zu deren Herstellung oder Wiedergabe oder zum Empfang von Funksendungen vertreiben oder instand setzen. Das können Unternehmen auf allen Vertriebsstufen sein (*Schricker/ Melichar* § 56 Rn 4), also reine Verkaufsläden, Reparaturbetriebe oder Unternehmer, die sowohl reparieren als auch verkaufen.

Privilegiert waren bislang nur solche Geschäftsbetriebe, die **Geräte** zur Herstellung **5** oder zur Wiedergabe von Bild- oder Tonträgern oder zum Empfang von Funksendungen vertreiben oder instand setzen. Der Begriff des **Bild- oder Tonträgers** deckt sich mit dem in § 16 Abs. 2 verwandten; auf die dortige Kommentierung (§ 16 Rn 20) wird verwiesen.

Die Gesetzesänderung zum 13.9.2003 hat den Kreis dieser Unternehmen ergänzt um **6** Geschäftsbetriebe zum Vertrieb bzw der Instandsetzung von Geräten zur **elektronischen Datenverarbeitung**. Es werden jetzt also auch Geräte zur Vermittlung digitalisierter Werke, also zB **Computerbildschirme**, **Drucker** und **Modems**, privilegiert (amtl. Begr. zu § 56, BT-Drucks. 15/38, 21). Darin liegt eine inhaltliche Erweiterung des Gesetzes, soweit diese Geräte weder dem Empfang von Funksendungen noch zur Herstellung oder Wiedergabe von Vorrichtungen zur wiederholbaren Wiedergabe von Bild- bzw Tonfolgen (vgl § 16 Abs. 2) dienen.

7   Mit dem Begriff der Unternehmen, die **Geräte zur Herstellung** dieser Bild- und Tonträger vertreiben oder reparieren, sind nicht Unternehmen gemeint, die mit der Anfertigung bzw Reparatur von Maschinen zur Herstellung von Rohlingen beschäftigt sind, sondern Betriebe, die Geräte veräußern oder reparieren, welche der Aufnahme eines Werkes auf Bild- oder Tonträger dienen. Dies sind alle Unternehmen, die mit Geräten handeln oder sie instand setzen, die in der Lage sind, ein Werk iSd § 16 Abs. 2 auf Bild- oder Tonträger zu übertragen. Darunter fallen vor allem Betriebe, zu deren Verkaufsmaterial Videokameras, Kassettenrecorder, Scanner, CD-Brenner und MP3-Überspielgeräte zählen oder die deren Reparatur anbieten.

8   Die von § 56 weiter genannten Betriebe zum Verkauf bzw der Reparatur von **Geräten zur Wiedergabe** von Werken von Bild- oder Tonträgern sind vor allem Unternehmen, die CD-Player, Kassettenrecorder, Schallplattenspieler, Videorecorder, Kameras mit Abspielfunktion aber auch Festplatten und Laufwerke veräußern oder reparieren.

9   Ferner sind auch Geschäftsbetriebe erfasst, die Geräte vertreiben oder instand setzen, die zum **Empfang von Funksendungen** dienen. Darunter fallen vor allem Radio- und Fernsehhändler, aber auch Computerläden, weil der Online betriebene Computer neben der Speicherfunktion auch eine Empfangsfunktion für Funksendungen besitzt. Indes lässt § 56 **nicht die Wiedergabe von Computerprogrammen** zu, da die Schranken für Computerprogramme in §§ 69a ff. abschließend geregelt sind.

10   Über den Begriff der Geräte zur Elektronischen Datenverarbeitung werden schließlich **seit dem 13.9.2003** auch **PC-Bildschirme, Modems und Drucker** erfasst.

11   Nicht unter § 56 fallen Betriebe, die sich lediglich mit dem Verkauf und der Reparatur von Reprografiegeräten befassen. *Melichar* (in *Schricker* § 56 Rn 6) weist zutr. darauf hin, dass diese Geräte nämlich nicht zur Wiedergabe von Bild- oder Tonträgern oder zum Empfang von Funksendungen dienen, und dass zudem die Demonstration eines Reprographiegerätes auch ohne Verwendung einer urheberrechtsgeschützten Vorlage möglich ist. Ebenso dienen diese Geräte nicht zur elektronischen Datenverarbeitung. Auch das Fotografieren dient meist nicht der Erzeugung einer wiederholbaren Bildfolge, sodass § 56 für Geschäfte, in denen ausschließlich Fotoapparate und Zubehör vertrieben oder repariert werden, ausscheidet (*Schricker/Melichar* § 56 Rn 6; aA *Fromm/Nordemann* § 56 Rn 1). Hinzu kommt, dass es bei der Dokumentation bzw Reparatur eines Fotoapparats nicht erforderlich ist, gerade ein urheberrechtsgeschütztes Werk abzubilden.

2. Umfang der zulässigen Nutzung

12   **a) Übertragung von Werken auf Bild-, Ton oder Datenträger und deren öffentliche Wahrnehmbarmachung mittels dieser Medien.** Den genannten Geschäftsbetrieben ist es erlaubt, Werke auf Bild- oder Tonträger (§ 16 Abs. 2) sowie Datenträger zu übertragen und mittels derselben öffentlich wahrnehmbar zu machen (§§ 15

Abs. 2, 19 Abs. 4, 21), sofern dies notwendig ist, um Kunden diese Geräte und Vorrichtungen vorzuführen oder um die Geräte instand zu setzen.

Notwendig ist die Vervielfältigung bzw die öffentliche Wiedergabe, wenn die Vorführung bzw Instandsetzung nicht ohne zumutbaren Aufwand auch ohne Vervielfältigung gerade eines urheberrechtsgeschützten Werkes erfolgen kann. Gegenstand der Demonstration bzw Instandsetzung kann nach dem seit dem 13.9.2003 eindeutigen Wortlaut der Vorschrift („... um diese Geräte dem Kunden vorzuführen ...") nur ein **Gerät** und nicht auch ein **Bild- oder Tonträger** sein. Daher darf ein Musikwerk nicht nach § 56 aufgenommen werden, um die Funktionsweise einer isolierten Festplatte oder eines Memory-Sticks zu verdeutlichen. Das war bislang umstr., weil die Gesetzesgeschichte, auf die sich die **hM** (anstelle vieler: *Schricker/Melichar* § 56 Rn 7) zur Begründung ihrer Rechtsauffassung berief, nicht eindeutig war (so wohl *LG Berlin* Schulze LGZ 98, 6 f.), folgt nunmehr aber aus dem Gesetzeswortlaut. Stets muss sich die Dauer der Vervielfältigung bzw öffentlichen Wiedergabe aber im Rahmen dessen halten, was zur Verdeutlichung der Wirkungsweise, der erfolgreichen Reparatur oÄ **erforderlich** ist. Die Demonstration der erfolgten Reparatur eines Kombinationsgerätes bzw Multifunktionsgerätes muss sich daher auf den defekten oder vermeintlich defekten Teil des Gerätes beschränken, wenn eine Trennung der Funktionsweisen des Gerätes ohne weiteres möglich ist. Die Werknutzung darf stets **nur dem genannten Zweck** und nicht daneben noch zB einer eigenen Archivierung dienen (vgl *Schricker/Melichar* § 56 Rn 9). Auch eine öffentliche Wiedergabe zu Werbezwecken ist daher von § 56 nicht gedeckt (*AG Berlin-Charlottenburg* Schulze AGZ 16, 5 f.; *Schricker/Melichar* § 56 Rn 9). Dasselbe gilt für die Musikberieselung und Fernsehberieselung, also das Abspielen von Musiksendungen und das Zeigen von Fernsehsendungen in den Läden ohne konkreten Demonstrationszweck. **13**

b) Wahrnehmbarmachung von Funksendungen und öffentliche Zugänglichmachung. Nach § 56 zulässig sind auch die **Wahrnehmbarmachung** von Funksendungen (§ 22) und die **öffentliche Zugänglichmachung** (§ 19a). Auch in Altfällen war das als Innominatrecht anerkannte right of making available sowie eine sich anschließende Wiedergabe nach § 22 aber bereits vom Anwendungsbereich der Vorschrift erfasst. Daher konnte schon bislang die Dokumentation einer gelungenen Reparatur der **Hardware** für den Internetzugang auf § 56 gestützt werden; denn die Online-Verbindung war als Funkverbindung anzusehen (näher § 20 Rn 15), der Computer also ein Gerät zum Empfang von Funksendungen iSd § 56 (**aA** *Schricker/Melichar* § 56 Rn 7a). **14**

Voraussetzung ist stets, dass die öffentliche Wiedergabe für die genannten Demonstrations- oder Reparaturzwecke **erforderlich** ist. Bedeutsam wird dies vor allem bei der Vorführung oder Reparatur von Fernseh- und Radiogeräten, die im Allgemeinen nicht ohne öffentliche Ausstrahlung der gerade gesendeten Werke möglich ist; denn auch der Kunde gehört meistens schon einer Öffentlichkeit an. Stets ist aber zu prüfen, ob der genannte Zweck zumutbar auch ohne die Nutzung urheberrechtsgeschützter Werke erreicht werden könnte. § 56 erlaubt außerdem nur die Nutzung zu Vorführ- und Reparaturzwecken. Ist ein anderer als der technische, Grund für die Wahrnehmbarmachung, dient diese zB der Werbung, greift § 56 nicht ein. **15**

III. Löschungspflicht

16 Die erlaubtermaßen hergestellten Bild-, Ton- oder Datenträger sind unverzüglich, dh ohne schuldhaftes Zögern (§ 121 BGB), zu löschen. Die Löschung hat spätestens unmittelbar nach Beendigung der Demonstration des Gerätes zu erfolgen. Die Vervielfältigung darf insb. nicht für spätere Demonstrationszwecke aufbewahrt werden (*Schricker/Melichar* § 56 Rn 10). Soweit eine Löschung nicht möglich ist, ist der Bild-, Ton- oder Datenträger unbrauchbar zu machen. Soweit die Löschung nicht erfolgt, zieht die GEMA, zugleich für die VG WORT, eine Vergütung ein, die zusammen mit dem Aufkommen aus dem Bereich Rundfunk und Fernsehen verteilt wird.

IV. Beispiele

17 **Zulässig** ist es, die erfolgreiche **Reparatur** des Laufwerks eines Videorecorders dadurch zu demonstrieren, dass ein kurzes Stück einer Videokassette abgespielt wird. Dem Verkäufer von Bild- und Tonträgern ist es erlaubt, einem Kunden, der die **Nutzungsweise** eines CD-ROM-Laufwerks nicht kennt, diese durch Einlegen der CD-ROM in das Laufwerk und das wenige Minuten dauernde Abspielen eines Teiles des darauf enthaltenen urheberrechtlich geschützten Werkes zu zeigen. Die **Wirkungsweise** einer Videokamera darf durch einen kurzen Aufnahmevorgang gezeigt werden, selbst wenn dabei urheberrechtlich geschützte Werke ins Bild geraten. Beim **Verkaufsgespräch** über ein Radio darf dieses für einige Zeit in Betrieb gesetzt werden, selbst wenn dabei gerade gesendete und urheberrechtlich geschützte Werke hörbar werden. Gleiches gilt für den Verkauf eines Fernsehers oder eines **Bildschirms** auf einer **Messe**, wenn gewährleistet ist, dass nur die technischen Fragen Grund für die öffentliche Wiedergabe sind (sehr weitgehend aber *Loewenheim* GRUR 1987, 659 ff.). Die Musikwiedergabefunktion eines **PC** darf nach § 56 ebenso demonstriert werden wie die gelungene Reparatur eines **Modems**.

18 **Nicht von § 56 gedeckt** ist die **Musikberieselung** in Kaufhäusern, selbst wenn diese über eine Verkaufs- und Reparaturabteilung für technische Geräte verfügen. Das Aufstellen eines Fernsehers im **Schaufenster**, über den das tägliche TV-Programm gezeigt wird, ist ohne Zustimmung der Urheber nicht erlaubt. Gleichermaßen dürfen Werke auch nicht mittels eines **Bildschirms** im Schaufenster wahrnehmbar gemacht werden. Nicht nach § 56 zulässig ist es, dem Kunden zu Demonstrationszwecken mittels des Computers Einsicht in den **Quellcode** eines Programms zu gewähren, da §§ 69a ff. insoweit abschließend sind.

V. Schranken-Schranken

19 Das **Änderungsverbot** (§ 62) ist zu beachten. Die **Quellenangabepflicht** gilt nur, wenn und soweit es die Verkehrssitte bei der öffentlichen Wiedergabe erfordert (§ 63 Abs. 2).

VI. Behandlung von Altfällen

20 Auf Altfälle aus der Zeit vor dem 13.9.2003 findet § 56 in der damals geltenden Fassung Anwendung. Ob die Vorführung von **Geräten zur elektronischen Datenverarbeitung** wie PC-Bildschirmen, von Modems oder Druckern auf § 56 aF gestützt werden kann, hängt davon ab, ob man sie als Geräte zum Empfang von Funksendungen ansieht. Der Begriff des Funks umfasst auch die Online-Werkübermittlung (§ 20 Rn 15), sodass der Computer selbst ein Gerät iSd § 56 ist. Hingegen liegt die Funktion des Bildschirms nicht im Empfang der Online-Information, sondern in deren Wahrnehmbarmachung. Auf dem Bildschirm durften daher bislang Werke nur wahrnehmbar gemacht werden, um die Funktion des Computers zu demonstrieren oder das Gerät zu reparieren.

§ 57   Unwesentliches Beiwerk

Zulässig ist die Vervielfältigung, Verbreitung und öffentliche Wiedergabe von Werken, wenn sie als unwesentliches Beiwerk neben dem eigentlichen Gegenstand der Vervielfältigung, Verbreitung oder öffentlichen Wiedergabe anzusehen sind.

Übersicht

I. Regelungsgehalt

Mit § 57 sollte dem Umstand Rechnung getragen werden, dass Werke mehr oder weniger zufällig als unwesentliches Beiwerk bei der Vervielfältigung und Wiedergabe anderer Werke erscheinen. Der Gesetzgeber hatte es in diesem Fall nicht als gerechtfertigt angesehen, die Zulässigkeit der Verwertung des Werkes von der Zustimmung des Urhebers abhängig zu machen (amtl. Begr. zu § 58, BT-Drucks. IV/270, 75). § 57 beruht auf Art. 5 Abs. 3i der Europäischen Harmonisierungsrichtlinie (ABlEG Nr. L 167/10 v. 22.6.2001). Konventionsrechtlich ist er durch **Art. 9 Abs. 2 RBÜ** gedeckt. **1**

Eine vergleichbare Bestimmung findet sich in **§ 23 Abs. 1 Nr. 2 KUG**, der das Zur-Schau-Stellen von Bildern erlaubt, auf denen die Personen nur als Beiwerk neben einer Landschaft oder bestimmten Örtlichkeiten erscheinen. Häufig ist neben § 57 oder lückenfüllend **§ 50** einschlägig. UU kommt es auch zu Überschneidungen mit **§ 59**. **2**

§ 57 **stellt** bestimmte Verwertungshandlungen vom urheberrechtlichen Verbotstatbestand **frei** (vgl Vor §§ 44a ff. Rn 38). Eine Vergütung ist für die Nutzung also nicht zu zahlen. **3**

II. Voraussetzungen der Freistellung

§ 57 erlaubt die Verwertung von Werken, die **unwesentliches Beiwerk** zum eigentlichen Gegenstand der Verwertung sind. Im Verhältnis zu diesem muss das Werk ohne Bedeutung und jederzeit austauschbar sein. Es muss sich **quasi zufällig in der Umgebung** befinden, die den eigentlichen Gegenstand der Verwertung bildet (vgl zu § 23 Abs. 1 Nr. 2 KUG *BGH* NJW 1961, 558 – Familie Schölermann). Für die Anwendbarkeit des § 57 nicht ausreichend ist es, wenn das Werk gegenüber dem eigent- **4** lichen Gegenstand der Abbildung lediglich von geringerer Wichtigkeit oder nur untergeordneter Bedeutung ist. Vielmehr darf das Werk für den Gegenstand der Abbildung keinerlei, insb. auch keine die Wirkung des eigentlichen Verwertungsgegenstandes erhöhende Bedeutung haben.

5   Die Voraussetzungen des § 57 sind daher nicht gegeben, wenn eine **inhaltliche Beziehung** zwischen dem Werk und dem eigentlichen Gegenstand der Verwertung besteht, wie zB zwischen der Eingangstreppe eines urheberrechtsgeschützten Gebäudes und den Innenräumen, welche den eigentlichen Schwerpunkt der Aufnahme bilden, oder zwischen der gefilmten Ansprache eines Museumsdirektors zur Neueröffnung eines Museums und den im Hintergrund sichtbaren Ausstellungsstücken. Hier kann lediglich § 50 helfen. Stets kommt es auf die Umstände des Einzelfalls an, wobei objektive Kriterien und nicht die Auffassung des Nutzers gelten (*Schricker/Vogel* § 57 Rn 10). So kann es nach § 57 zulässig sein, wenn beim Bericht über eine Plenardebatte im Hintergrund ein im Plenarsaal hängendes Bild sichtbar wird, weil dieses für den eigentlichen Gegenstand der Berichterstattung ohne Bedeutung ist, während bei Werbe- oder bei Spielfilmen dem Ambiente im Allgemeinen Bedeutung auch für das Werk zukommt, mit der Folge, dass § 57 mangels Beiwerkcharakters der werbenden Darstellung nicht einschlägig ist. Die amtl. Begr. (zu § 58, BT-Drucks. IV/270, 75) führt als zulässiges Beispiel allerdings gerade den Fall an, dass bei der Herstellung von Spielfilmen Szenen von Innenräumen aufgenommen werden, die mit urheberrechtlich geschützten Gemälden ausgestattet sind. Dies dürfte heute aber nur noch im Ausnahmefall Geltung haben; angesichts der veränderten technischen Möglichkeiten (Computersimulation, Ein- und Ausblenden beliebiger Gegenstände) darf man davon ausgehen, dass auch bei Filmherstellern mit geringeren finanziellen Mitteln im Allgemeinen die im Film sichtbaren Gegenstände an ihrem Platz auch gewollt sind (vgl auch *Schricker/Vogel* § 57 Rn 9).

III. Umfang der zulässigen Nutzung

6   Unter den Voraussetzungen des § 57 zulässig ist die Vervielfältigung (§ 16), die Verbreitung (§ 17) und die öffentliche Wiedergabe (§§ 15 Abs. 2, 19 ff.) des Werkes. Selbst **Innominatrechte** sind erfasst, wie sich aus der umfassenden Aufzählung des § 57 ergibt, soweit sie nicht mit der (Erst-)Veröffentlichung des Werkes verbunden sind. Daher ergeben sich keine Schwierigkeiten, die öffentliche Zugänglichmachung (§ 19a) für Altfälle aus der Zeit vor dem 13.9.2003 über § 57 zu erfassen. Lediglich das Ausstellungsrecht (§ 18) verbleibt beim Urheber. Ferner berechtigt § 57 wie alle Schranken nicht zum Eingriff in Urheberpersönlichkeitsrechte.

IV. Beispiele

7   **Zulässig** ist es nach § 57, wenn ein Werk der Musik zufällig bei der Aufnahme eines **Reiseberichts** für das Fernsehen ertönt und daher mit dem Bericht zugleich gesendet wird (amtl. Begr. zu § 58, BT-Drucks. IV/270, 76). Bei einem **Dokumentarfilm** über das Alltagsleben in Schwabing darf die Kamera nach § 57 das Kunstwerk des auf dem Bürgersteig sitzenden und arbeitenden Künstlers – und nach § 23 Abs. 1 Nr. 2 auch diesen selbst – zeigen (*Fromm/Nordemann* § 57 Rn 2). Der Film darf ins **Internet** gestellt und dort abrufbar gemacht werden. Wer den **Seiltänzer** fotografie-

ren und die Fotografie ggf auch verbreiten will, muss das noch urheberrechtsgeschützte Rathaus, an dem das Seil befestigt ist, schon nach § 57 (und ferner auch nach § 59) nicht ausnehmen. Wer erlaubter Maßen (zB § 48, § 23 Abs. 1 Nr. 1 KUG) eine **Rednerin** filmt oder fotografiert, braucht sich nicht darum zu kümmern, ob der von ihr während des Vortrags getragene extravagante Schmuck urheberrechtsgeschützt und die Rednerin berechtigt ist, über seine Vervielfältigung und Verbreitung durch Film und Fotografie zu entscheiden.

Nicht von § 57 gedeckt ist das Fotografieren einer Person vor einem urheberrechts-   **8**
geschützten Werk zu **Werbezwecken** (vgl zu § 23 Abs. 1 Nr. 2 *BGH* NJW 1961, 558 f. – Familie Schölermann). Nicht erlaubt ist es auch, wenn eine im Rahmen eines Werbefilmes zufällig aus einem anliegenden Fenster dringende Musik **nachträglich aufgefrischt** und in das Werbegeschehen einbezogen wird (*Schricker/Vogel* § 57 Rn 8). Nicht nach § 57 – aber ggf nach § 50 – erlaubt ist es, wenn bei der Berichterstattung über eine Museumseröffnung im Hintergrund **Exponate** sichtbar werden. Die in **Spielfilmen** sichtbaren Werke sind im Allgemeinen nicht nur bloßes Beiwerk (näher oben Rn 5).

V. Schranken-Schranken

Das **Änderungsverbot** (§ 62) ist zu beachten. Die **Quellenangabepflicht** gilt nur,   **9**
wenn und soweit es die Verkehrssitte bei der öffentlichen Wiedergabe erfordert (§ 63 Abs. 2).

§ 58 Werke in Ausstellungen, öffentlichem Verkauf und öffentlich zugänglichen Einrichtungen

(1) Zulässig ist die Vervielfältigung, Verbreitung und öffentliche Zugänglichmachung von öffentlich ausgestellten oder zur öffentlichen Ausstellung oder zum öffentlichen Verkauf bestimmten Werken der bildenden Künste und Lichtbildwerken durch den Veranstalter zur Werbung, soweit dies zur Förderung der Veranstaltung erforderlich ist.

(2) Zulässig ist ferner die Vervielfältigung und Verbreitung der in Absatz 1 genannten Werke in Verzeichnissen, die von öffentlich zugänglichen Bibliotheken, Bildungseinrichtungen oder Museen in inhaltlichem und zeitlichem Zusammenhang mit einer Ausstellung oder zur Dokumentation von Beständen herausgegeben werden und mit denen kein eigenständiger Erwerbszweck verfolgt wird.

§ 58 idF bis 12.9.2003

Zulässig ist, öffentlich ausgestellte sowie zur öffentlichen Ausstellung oder zur Versteigerung bestimmte Werke der bildenden Künste in Verzeichnissen, die zur Durchführung der Ausstellung oder Versteigerung vom Veranstalter herausgegeben werden, zu vervielfältigen und zu verbreiten.

Literatur: *Jacobs* Die Katalogbildfreiheit, FS Vieregge, 1995, S. 381.

I. Gesetzgebungsgeschichte und Regelungsgehalt

1   **§ 58 Abs. 1** enthält eine dem bis zum In-Kraft-Treten des UrhG geltenden Recht in dieser Form noch nicht bekannte Regelung, durch welche zunächst die Herausgabe illustrierter Ausstellungs- und Versteigerungskataloge erleichtert werden sollte. Der Gesetzgeber des UrhG aus dem Jahr 1965 ging davon aus, dass ein Bedürfnis nach solchen Verzeichnissen bei allen Beteiligten, namentlich aber bei dem Veranstalter und dem Publikum, offensichtlich gegeben sei. Auch für den Urheber seien solche Kataloge von Nutzen, da sie die Bekanntheit und den Absatz seiner Werke förderten (amtl. Begr. BT-Drucks. IV/270, 76). Wegen des begrenzten Anwendungsbereichs der Vorschrift und der damit verbundenen Schlechterstellung der bildenden Künstler ist in der Folgezeit vielfach ihre ersatzlose Streichung gefordert worden (statt vieler *Fromm/Nordemann* § 58 Rn 1). Trotzdem hat sich der Gesetzgeber iRd zum 13.9.2003 in Kraft getretenen Urheberrechtsreform entschlossen, den Anwendungsbereich der Vorschrift auf Fotografien zu erstrecken; insoweit wurde bislang in der Lit. bereits eine entspr. Anwendung der Schranke angenommen. Gleichzeitig wurde die Beschränkung, nach der die Verwertung nur im Rahmen von Verzeichnissen zulässig war, gestrichen. Infolgedessen ist die Verwertung nach § 58 Abs. 1 nunmehr auch im Rahmen digitaler Offline-Medien zulässig (so ausdrücklich die amtl. Begr. zu § 58, BT-Drucks. 15/38, 21). § 58 Abs. 1 beruht seit der Gesetzesänderung zum 13.9.2003 auf Art. 5 Abs. 3j der Europäischen Richtlinie zur Harmonisierung des Urheberrechts (ABlEG Nr. L 167/10 v. 22.6.2001) und ist daher **richtlinienkonform auszulegen**.

2   **§ 58 Abs. 2** beruht auf Art. 5 Abs. 2 lit. c Harmonisierungsrichtlinie, sodass auch für ihn das Gebot der **richtlinienkonformen Auslegung** gilt. Die Vorschrift privilegiert aus kulturpolitischen Gründen ausschließlich öffentlich zugängliche Bibliotheken, Bildungseinrichtungen und Museen (amtl. Begr. BT-Drucks. 15/38, 22). Der Gesetzgeber ging dabei davon aus, dass der ursprünglich im Zusammenhang mit § 58 Abs. 1 eng, nämlich im Sinne von Druckwerken, verstandene Begriff des Verzeichnisses nach der Gesetzesänderung infolge eines gewandelten Verständnisses auch Offline-Medien erfasse.

II. Freistellung nach § 58 Abs. 1

1. Voraussetzungen

a) Werkkatalog. Gegenstand der Schranke sind **Werke der bildenden Künste** und   3
Lichtbildwerke; wegen der Begriffe wird auf § 2 Rn 222 ff. und 235 ff. Bezug ge-
nommen. **Kalligrafie** und **Handschriftensammlungen** gehören dazu (§ 2 Rn 222).
Die Gesetzesänderung zum 13.9.2003 hat die bislang schon von der Lit. im Wege der
Auslegung vorgenommene Einbeziehung von **Lichtbildwerken** in den Anwen-
dungsbereich der Vorschrift bestätigt.

b) Veröffentlichte und unveröffentlichte Werke. Gegenstand der Schrankenrege-   4
lung sind **öffentlich ausgestellte** und zur öffentlichen Ausstellung bzw zum öffentlichen Verkauf **bestimmte** Werke. Die Zweckbestimmung muss vom Berechtigten
stammen. Das kann der Urheber oder ein Lizenznehmer, aber auch der **nach § 44
Abs. 2 berechtigte Eigentümer** sein.

Durch die Aufnahme des Werkes in den Ausstellungskatalog wird eine **Veröffentli-**   5
chung unveröffentlichter Werke nicht bewirkt. An einer Zustimmung des Berechtigten dazu, das Werk der Öffentlichkeit in der in § 58 Abs. 1 beschriebenen Weise zugänglich zu machen, fehlt es in den Fällen der Katalogbildfreiheit ja gerade. Wurden
bereits Ausstellungskataloge vertrieben, wird die Ausstellung dann aber aus welchem Grund auch immer nicht durchgeführt, gilt das Werk also weiter als unveröffentlicht (näher § 6 Rn 50).

c) Öffentlich ausgestelltes, hierfür oder zum öffentlichen Verkauf bestimmtes   6
Werk. Erfasst sind nur **ausgestellte** (§ 18) oder **für die Ausstellung bzw zum öf-**
fentlichen Verkauf bestimmte Werke. In der **bis zum 13.9.2003** geltenden Fassung
sprach das Gesetz noch statt vom „zum öffentlichen Verkauf bestimmt" von „zur öffentlichen Versteigerung bestimmt". Die Änderung in der Formulierung beruht auf
den Vorgaben der Richtlinie. Der Begriff des **öffentlichen Verkaufs** ist weiter als jener der öffentlichen Versteigerung. Er umfasst alle Arten des Verkaufs, die öffentlich
angekündigt wurden und an der sich die Öffentlichkeit ohne personenbezogene Beschränkung des Teilnehmerkreises beteiligen kann. Danach können nunmehr auch
Verkaufsveranstaltungen durch die in § 58 beschriebenen Nutzungshandlungen vorbereitet werden, bei denen der **kommerzielle Zweck** im Vordergrund steht. Der
BGH (GRUR 2001, 51, 52 – Parfumflakon) hatte dies bislang abgelehnt, da es der
kommerzielle Charakter einer Verkaufsveranstaltung gebiete, den Urheber an den
Erlösen zu beteiligen. Daher war § 58 aF auf Verkaufskataloge, die dem Handel mit
urheberrechtlich geschützten Waren dienen, wie dies etwa Parfüm-Kataloge tun,
nicht angewandt worden (*BGH* GRUR 2001, 51, 52 – Parfumflakon). Seit dem
13.9.2003 kann sich eine entspr. Einschränkung nur noch im Einzelfall daraus ergeben, dass die Vervielfältigung, Verbreitung und öffentliche Zugänglichmachung des
Werkes in derartigen Fällen nicht für zur Förderung der Veranstaltung erforderlich
angesehen wird (hierzu näher § 58 Rn 10 ff.). Für **andere als die in § 58 genannten
Werke** ergibt sich aus dem Erschöpfungsgrundsatz, der andernfalls unterlaufen würde, die Zulässigkeit der üblichen werbenden Darstellung (*BGH* GRUR 2001, 51,
52 f. – Parfumflakon; näher § 15 Rn 26). Sowohl die Ausstellung als auch der Verkauf müssen öffentlich sein, wie das Gesetz nunmehr ausdrücklich klarstellt.

7   Diente die Werkverwertung im Zeitpunkt der Vervielfältigung oder Verbreitung der Förderung der Veranstaltung, wird die Katalogabbildung bzw die Verbreitung der Kataloge nicht rückwirkend dadurch unzulässig, dass die Ausstellung oder Versteigerung nachträglich abgesagt wird (*Schricker/Vogel* § 58 Rn 10). Eine **Veröffentlichung** unveröffentlichter Werke tritt durch die Verbreitung der Kataloge aber nicht ein (s. schon oben Rn 5). Bei **Wanderausstellungen** dürfen im Katalog auch Werke abgebildet werden, die nicht an jeder Station der Ausstellung gezeigt werden (*Jacobs* S. 389). Die Vervielfältigung der Werke und die Verbreitung der Kataloge muss eingestellt werden, sobald feststeht, dass die Ausstellung bzw Versteigerung nicht mehr stattfinden wird bzw dass bestimmte Werke, die im Katalog enthalten sind, überhaupt nicht gezeigt werden. Auch dürfen die Kataloge **nach Schluss der Veranstaltung** nicht noch zu anderen Zwecken verbreitet werden (**aA** *Jacobs* S. 394: Abverkauf überzähliger Exemplare soll zulässig sein).

8   Erfasst sind nach dem Sinn und Zweck der Vorschrift, dem bei allen Beteiligten bestehenden Bedürfnis nach einer erleichterten Herausgabe illustrierter Ausstellungs- und Versteigerungskataloge Rechnung zu tragen, nicht nur Nutzungen zur Vorbereitung von **Einzelausstellungen**, sondern auch zur Durchführung **ständiger öffentlicher Ausstellungen**, insb. in öffentlich zugänglichen Museen und Kunstsammlungen (*BGH* NJW 1994, 2891, 2892 – Museumskatalog).

9   **d) Werbemaßnahme.** Nutzungshandlungen erlaubt § 58 Abs. 1 nur, wenn sie sich als Werbemaßnahme darstellen. Im Wege der **richtlinienkonformen Auslegung** kann die Definition als Anhalt genommen werden, die Art. 2 Ziff. 1 der Europäischen Irreführungsrichtlinie (RL 84/450 EWG des Rates zur Angleichung der Rechts- und Verwaltungsvorschriften der Mitgliedstaaten über irreführende Werbung v. 10.9.1984, ABlEG Nr. L 250/17) enthält. Danach ist Werbung jede Äußerung bei der Ausübung eines Handels, Gewerbes, Handwerks oder freien Berufs mit dem Ziel, den Absatz von Waren oder die Erbringung von Dienstleistungen, einschließlich unbeweglicher Sachen, Rechte und Verpflichtungen zu fördern. Berücksichtigt man die Besonderheiten des § 58 Abs. 1, reicht für den Werbezweck aus, dass das Verzeichnis bzw der Offline-Katalog dazu dient, Besucher für die Veranstaltung zu gewinnen.

10   **e) Erforderlichkeit.** Stets ist Voraussetzung, dass die Aufnahme der Werke in die Werbung zur Förderung der Veranstaltung erforderlich ist. Das gilt nicht nur für Neu-, sondern trotz des nicht eindeutigen Wortlauts als Ausfluss des Verhältnismäßigkeitsgrundsatzes auch für Altfälle. Angesichts der im Hinblick auf die Zweckbestimmung des § 58 aF und bei der gebotenen engen Auslegung der Vorschrift können die Vervielfältigung und Verbreitung von Werken der bildenden Kunst in Katalogen ohne Zustimmung des Urhebers daher nur als zulässig angesehen werden, wenn sie **räumlich, zeitlich und inhaltlich der unmittelbaren Förderung des Ausstellungs- oder Versteigerungszwecks dienen**, wenn also die illustrierte Information über die Versteigerung im Vordergrund steht (*BGH* NJW 1993, 1468, 1469 – Katalogbild; NJW 1994, 2891, 2892 – Museumskatalog). Das setzt voraus, dass der Katalog in der Lage ist, dem Interessenten ausstellungsrelevante Informationen zu vermitteln, dass er also ein taugliches Mittel zur Durchführung der Ausstellung ist (*OLG Frankfurt* WRP 1992, 386, 387). Daran fehlt es, wenn das Werk in einen Prospekt

aufgenommen wird, in dem für die Ausstellung oder sogar nur für die gewerbliche Tätigkeit des Ausstellenden geworben wird (*BGH* NJW 1993, 1468, 1469 – Katalogbild). Ferner dürfen die Kataloge nach Beendigung der Ausstellung bzw Versteigerung nicht mehr abgegeben werden (näher oben § 58 Rn 7).

Stets muss die Abbildung des Werkes **dem Ausstellungs- bzw Verkaufszweck untergeordnet** sein (*BGH* NJW 1993, 1468, 1470 – Katalogbild; NJW 1994, 2891 – Museumskatalog; s. GRUR 2001, 51, 52 – Parfumflakon). Erlaubt ist die unmittelbar an diesem Zweck orientierte Abbildung des Werkes, wenn sie noch dem Informationsbedürfnis des Publikums betr. die Veranstaltung und damit auch den vom Gesetz berücksichtigten Interessen des Veranstalters und des Urhebers dient. Daraus ergibt sich auch, dass das Werk nicht nur zum Zwecke der Aufnahme **in** das Verzeichnis vervielfältigt, sondern auch als Titelbild des Kataloges abgebildet werden darf, der ja in seiner Gesamtheit das Interesse an der Ausstellung bzw Versteigerung wecken soll (*BGH* NJW 1993, 1468, 1470 – Katalogbild). **11**

Ein **kommerzieller Zweck** der Ausstellung steht nach dem Gedanken des § 58 der Erforderlichkeit nicht entgegen, weil er den Profit des Urhebers nicht mindert; will der Veranstalter aber nicht aus der Ausstellung, sondern nur aus dem Katalogverkauf Gewinn erzielen, ist § 58 nicht einschlägig, weil nicht die Veranstaltung, sondern ein anderer Zweck gefördert wird. Dafür reicht aber anders als nach altem Recht (vgl *Schricker/Vogel* § 58 Rn 6; s. auch *Jacobs* S. 390) nicht mehr aus, wenn neben der Förderung der Veranstaltung auch bezweckt wird, wirtschaftlichen Nutzen aus dem Katalogverkauf zu ziehen. Aus dem gleichen Grund ist zwar ohne Bedeutung, dass die Lektüre des Katalogs auch dem Kunstgenuss dient; steht aber dieser und nicht mehr der Ausstellungszweck im Vordergrund, ist § 58 unanwendbar (vgl *BGH* NJW 1994, 2891, 2892 – Museumskatalog). **12**

f) Initiierung der Werbung durch den Veranstalter. Zulässig ist nur die Aufnahme in solche Kataloge, welche vom **Veranstalter** herausgegeben werden. Veranstalter ist derjenige, der die Durchführung der Veranstaltung organisiert und das finanzielle Risiko trägt. Das kann eine Privatperson, wird aber im Allgemeinen eine juristische Person des privaten oder öffentlichen Rechts sein. Der Veranstalter muss also zugleich der **Herausgeber** des Kataloges sein; er kann sich dabei und bei der Erstellung des Kataloges aber auch der Hilfe eines Verlages bedienen (*Jacobs* S. 395). **13**

2. Zulässige Verwertungshandlungen

a) Inhaltlich. Zulässig ist in den og Grenzen **sowohl in Alt- als auch in Neufällen** die **Vervielfältigung** (§ 16) und die **Verbreitung** (§ 17) des Werkes in papierner Form. **Seit dem 13.9.2003** sind darüber hinaus auch alle anderen Arten der Vervielfältigung und Verbreitung erlaubt, zB das Herstellen und der Verkauf einer CD-ROM mit Ausstellungsdaten und Ausstellungsobjekten. Darüber hinaus erlaubt § 58 nF auch die **öffentliche Zugänglichmachung** (§ 19a) durch Bereitstellung der Werbung im **Internet** oder in internen **Netzwerken**. Auch die werbende Darstellung im Rahmen einer **Internet-Versteigerung**, zB bei **ebay**, wird dadurch ermöglicht. Damit verbundene etwaige Sendungen des Werkes, wie sie beim Abruf der Daten durch den Internetnutzer zwangsläufig stattfinden, sind von § 58 nF ebenfalls gedeckt, nicht jedoch eine davon unabhängige Sendung des Werkes zB im Fernsehen. **14**

15   **b) Zeitlich.** Die Befugnis reicht stets nicht weiter als es dem Versteigerungs- bzw Ausstellungszweck noch dienlich ist. Begonnene Vervielfältigungs- und Verbreitungshandlungen sind daher abzubrechen, wenn feststeht, dass die Versteigerung bzw Ausstellung nicht mehr stattfinden wird (s. näher oben § 58 Rn 7).

3. Beispiele

16   **Von § 58 Abs. 1 nF gedeckt** ist der Abdruck eines Kunstwerks als **Titelbild** eines Versteigerungskataloges und dessen Verbreitung in Vorbereitung der Veranstaltung (*BGH* NJW 1993, 1468 – Katalogbild). Museen dürfen zum Zwecke der Information über ihre – auch ständigen – **Bilderausstellungen** papierne Kataloge herausgeben und verbreiten, in denen die Bilder in Kleinformat gezeigt und zudem beschrieben sind. Der Veranstalter einer **Ausstellung** zum Bereich der **angewandten Kunst** um die Jahrhundertwende kann sich auf § 58 berufen; gleiches gilt für den Veranstalter einer **architektonischen** oder **fotografischen** Ausstellung. Zulässig sind inzwischen auch der Abdruck eines Kunstwerks auf dem **Werbeprospekt** eines Auktionshauses (vgl noch *BGH* NJW 1993, 1468 – Katalogbild) und auf dem **Ausstellungsplakat** (vgl *Schricker/Vogel* § 59 Rn 15). § 58 deckt die öffentliche Zugänglichmachung der für die Versteigerung vorgesehenen Ware bei **ebay** und den Vertrieb eines Ausstellungskatalogs auf **CD-ROM**.

17   **Nicht von § 58 Abs. 1 nF gedeckt** ist die Abbildung des Werkes zu kommerziellen Zwecken auf **Postkarten, Postern** oder **T-Shirts** (*Rehbinder* Rn 273; *Jacobs* S. 392). Die Aufnahme eines Großteils der im **Museum** „Städel" in Frankfurt ausgestellten Gemälde in einen Bildband „Städel Frankfurt Gemälde" und die Herausgabe eines Schulbegleitbuchs hierzu, in denen die Werke vorrangig unter ästhetischen und kulturellen Gesichtspunkten in einer dem Kunstgenuss dienenden Art und Weise und nicht mehr primär als Bestandteil der Ausstellung im „Städel" gezeigt werden, ist nicht mehr von § 58 Abs. 1 gedeckt (*BGH* NJW 1994, 2891 f. – Museumskatalog). Nicht durch § 58 gedeckt ist der Vertrieb von Verkaufskatalogen, die dem **Handel** mit urheberrechtlich geschützten Waren wie Parfümflakons dienen (*BGH* GRUR 2001, 51, 52 – Parfumflakon). Insoweit kann aber der Erschöpfungsgrundsatz greifen (näher § 15 Rn 26).

4. Schranken-Schranken

18   Das **Änderungsverbot** (§ 62) und die **Quellenangabepflicht** (§ 63) sind zu beachten. § 58 rechtfertigt nicht den Eingriff in **Urheberpersönlichkeitsrechte.** Insb. darf die Abbildung im Katalog daher nicht entstellend sein (*Rehbinder* Rn 273). Ein Eingriff in das Veröffentlichungsrecht des Urhebers liegt in § 58 nicht, weil die Verbreitung eines Kataloges, der **unveröffentlichte** Werke enthält, nicht zum Erlöschen des Veröffentlichungsrechts der betr. Urheber führt (vgl oben Rn 5). Die **Rechte Dritter** sind zu beachten; § 12 sagt über sie nichts aus. Für die Verwendung von Fotografien der Werke im Katalog ist daher nach § 16, wenn es sich bei der Fotografie um ein Lichtbildwerk handelt, ansonsten nach § 72 Abs. 1 iVm § 16 das Einverständnis des Fotografen erforderlich (*Rehbinder* Rn 273).

III. Freistellung nach § 58 Abs. 2

1. Voraussetzungen

§ 58 Abs. 2 ermöglicht es öffentlichen Bibliotheken, Bildungseinrichtungen und Museen, in inhaltlichem und zeitlichem Zusammenhang mit einer Ausstellung oder zur Dokumentation von Beständen Werke in Verzeichnisse aufzunehmen und diese zu verbreiten. Öffentlich zugänglich muss nicht nur die Bibliothek, sondern auch die Bildungseinrichtung und das Museum sein, damit § 58 Abs. 2 anwendbar ist. Durch den Verweis auf § 58 Abs. 1 ist auch der Anwendungsbereich von § 58 Abs. 2 **auf Werke der bildenden Künste und Fotografien** beschränkt.
19

Unter einer **öffentlichen Bibliothek** ist eine öffentlich zugängliche, planmäßig angelegte Büchersammlung zu verstehen, zu der auch Handschriften und audiovisuelles Material gehören kann. Ein räumlicher Bezug ist nicht erforderlich; auch eine reine **Internet-Bibliothek** ist Bibliothek iSd § 58 Abs. 2. Öffentlich zugänglich ist die Bibliothek, wenn sie einem erweiterbaren Kreis von Nutzern offen steht, der keine bes. Gruppenzugehörigkeit aufweisen muss. Öffentlich sind danach auch Universitätsbibliotheken, wenn sie von Nichtstudenten besucht werden können. Auf die Möglichkeit, Werke dort ausleihen zu können, kommt es nicht an. Auch der Umstand, dass für den Zugang zur Bibliothek ein Entgelt erhoben wird, steht ihrer Öffentlichkeit nicht entgegen, solange das Entgelt so gering ist, dass es den Zugang nicht nennenswert behindert, und allen Besuchern nach gleichen Kriterien abverlangt wird. **Öffentliche Bildungseinrichtungen** sind finanziell, sachlich und personell ausgestattete Stätten, die der Information über das überlieferte Kulturgut und der geistigen Formung des Menschen auf seiner Grundlage dienen und die jedermann nach Maßgabe der obigen Anforderungen zugänglich sind. Der Begriff ist Art. 5 Abs. 2c Harmonisierungsrichtlinie entnommen; darunter fallen nicht nur die Bundesbildungsanstalten etwa für Kindergarten- und Sozialpädagogik, die es in einigen Europäischen Mitgliedsländern gibt, sondern auch Universitäten und Schulen jeder Art. Auch Fernschulen fallen darunter. **Öffentliche Museen** schließlich sind öffentlich zugängliche, geordnete Sammlungen künstlerischer, wissenschaftlicher oder ähnlicher Gegenstände.
20

Die Werke müssen in **Verzeichnisse** aufgenommen werden, die in inhaltlichem und zeitlichem Zusammenhang mit der Ausstellung oder zur Dokumentation des Bestandes herausgegeben werden. Den Begriff des Verzeichnisses will der Gesetzgeber nicht wie iRd § 58 aF restriktiv iSv Druckwerk verstanden wissen; vielmehr sollen auch **digitale Offline-Medien** darunter fallen (amtl. Begr. BT-Drucks. 15/38, 21). Online-Medien sind schon deshalb nicht erfasst, weil § 58 nicht zum Eingriff in das Senderecht des Urhebers berechtigt. Ein **inhaltlicher und zeitlicher Zusammenhang mit einer Ausstellung** setzt voraus, dass die Verzeichnisse zur Durchführung der Veranstaltung erforderlich sind. Erfasst werden also **Ausstellungsführer und andere Ausstellungsverzeichnisse**, mit denen die Ausstellung als Veranstaltung mit eigener Zielsetzung für Besucher und andere Interessenten erschlossen werden soll (vgl *BGH* NJW 1993, 2891 – Museumskatalog). Nach Beendigung der Ausstellung muss der Vertrieb der Verzeichnisse eingestellt werden, da ihm der zeitliche Zusammenhang fehlt.
21

Unabhängig von einer Ausstellung können die genannten Einrichtungen Werke dann verwerten, wenn dies der **Dokumentation** des Bestandes dient. Dokumentiert wer-
22

den darf jeweils nur der **eigene aktuelle Bestand**, wie sich daraus ergibt, dass der Anwendungsbereich des § 58 Abs. 2 ansonsten uferlos wäre. Unter einer **Dokumentation** ist die **lückenlose Auflistung** der zur Sammlung gehörenden Gegenstände zum Zwecke seines Nachweises zu verstehen. Die Verwertung muss **zur** Dokumentation des Bestandes dienen, sodass nicht nur die Herstellung, sondern auch der Vertrieb der Druckwerke oder Datenträger durch den Dokumentationszweck gerechtfertigt sein muss. Daran fehlt es, wenn die Verzeichnisse an Dritte vertrieben werden, die das Verzeichnis an der Stelle eines Kunstbuchs erwerben.

23   Mit der Herstellung und dem Vertrieb der Verzeichnisse bzw mit der Dokumentation des Bestandes darf **kein eigenständiger Erwerbszweck** verfolgt werden. Der Begriff des Erwerbszwecks entspricht dem in § 52. Ein Erwerbszweck ist danach gegeben, wenn **bezweckt wird, mit der Tätigkeit jedenfalls mittelbar Einnahmen zu erzielen** (*BGH* NJW 1972, 1273, 1274 – Landesversicherungsanstalt). § 58 ist insoweit enger als § 52, als jeder mit der Vervielfältigung verbundene Erwerbszweck, auch der eines **Dritten**, zur Nichtanwendbarkeit der Schranke führt. Damit ist die Anwendbarkeit des § 58 schon dann ausgeschlossen, wenn das Werk zur **unmittelbaren oder mittelbaren Förderung eines eigenen oder fremden Erwerbs** vervielfältigt oder verbreitet wird (vgl zu § 52 *BGH* NJW 1974, 1872, 1873 – Alters-Wohnheim). Auf eine gewerbliche Tätigkeit oder eine Gewinnerzielungsabsicht im konkreten Fall kommt es dabei nicht an. Auch nicht gewerblich oder ohne Gewinnerzielungsabsicht im konkreten Fall vorgenommene Vervielfältigungen und Verbreitungen können einem Erwerbszweck dienen.

2. Rechtsfolgen

24   § 58 Abs. 2 ermöglicht unter den genannten Voraussetzungen die **Vervielfältigung und Verbreitung** der Werke. Zulässig ist also die **Fixierung** der Werke im Druckwerk oder auf analogen oder digitalen **Offline-Medien** und deren **Vertrieb**. Die öffentliche Wiedergabe (§ 15 Abs. 2), insb. in Form der öffentlichen Zugänglichmachung, erlaubt § 58 Abs. 2 nicht. Daher dürfen die Verzeichnisse **nicht im Internet** für Dritte zugänglich gemacht werden.

3. Beispiele

25   **Zulässig** sind **papierne Kunst-Bestandskataloge öffentlicher Bibliotheken**, aus denen der Nutzer unentgeltlich entnehmen kann, welche Werke er entleihen darf. Gleiches gilt für entspr. Bestandskataloge von **Museen und Bildungseinrichtungen,** auch wenn sie auf Mikrofiche oder CD-ROM erhältlich sind. Ein Museum **darf** einen **Museumskatalog** über den eigenen Bestand an Kunst- und Lichtbildwerken erstellen und zum Selbstkostenpreis an Interessenten abgeben. Eine Schule, die iRd Projektwoche die von den Kindern angefertigten Malereien ausstellt, darf hierüber einen **Projektwochenkatalog** erstellen und während der Ausstellung gegen Erstattung der Druckkosten vertreiben. Museen dürfen ihren **Bestand an Kunstwerken auf Microfiche oder CD-ROM** verfilmen und die Datenträger zum Nachweis des Bestandes in einem potentiellen Schadensfall der **Versicherung** überlassen. Sie dürfen ihren Bestand an Kunstwerken, Bibliotheken ihre **Handschriftensammlungen** auch videoverfilmen und sich wechselseitig mit dem Ziel überlassen, das gegenseitige **Verleihen von Exponaten** reibungsloser zu gestalten.

Nicht von § 58 Abs. 2 gedeckt ist es, wenn eine Bibliothek ihren Bestand **archiviert**   26
und die entspr. Microfiches an beliebige Dritte vertreibt; ein Zusammenhang zum
Dokumentationszweck fehlt. Die Aufnahme eines Bestandes an **Lit.** ist von § 58
Abs. 2 nicht gedeckt. Der Aufbau eines **Museumsnetzwerks** kann nicht auf § 58
Abs. 2 gestützt werden. **Online-Kataloge von Bibliotheken, Museen und Bildungseinrichtungen** können nicht auf § 58 gestützt werden. Ein in Gewinnerzielungsabsicht aufgemachter **Handel** mit musealen Ausstellungskatalogen ist nicht
von § 58 Abs. 2 gedeckt.

4. Schranken-Schranken

Es gelten dieselben Schranken-Schranken wie iRv § 58 Abs. 1; auf die dortigen Aus-   27
führungen wird verwiesen.

VI. Behandlung von Altfällen

1. Unterschiede zu § 58 nF

Auf Sachverhalte aus der Zeit vor dem 13.9.2003 findet § 58 in seiner damaligen Fas-   28
sung Anwendung. § 58 aF bleibt in mehrfacher Hinsicht hinter § 58 nF zurück:

(1) Er betrifft seinem Wortlaut nach lediglich Werke der bildenden Künste iSd § 2   29
Abs. 1 Nr. 4. **Lichtbildwerke** (§ 2 Abs. 1 Nr. 5) und Werke der **angewandten
Kunst** wird man bei einer vergleichbaren Interessenlage, nämlich wenn es um die
Abbildung ausgestellter Stücke in einem Katalog geht, nach der hier vertretenen Auf-
fassung allerdings auch unter § 58 aF fassen müssen (*Jacobs* S. 387 f.; s. auch *BGH*
GRUR 2000, 51, 52 – Parfumflakon; **aA** *Schricker/Vogel* § 58 Rn 10). Multimedia-
werke kann man § 58 aF schon deshalb nicht unterordnen, weil es „das Multimedia-
werk" nicht gibt; vielmehr ist für jedes Multimediawerk zu untersuchen, welchen
Werkgattungen sich seine Teile zurechnen lassen (näher § 2 Rn 277).

(2) Nach § 58 aF verwertet werden dürfen Werke nur, soweit dies zu ihrer Aufnahme   30
in Verzeichnisse, die zur Durchführung der Ausstellung oder Versteigerung vom
Veranstalter herausgegeben wurden, erforderlich ist. Einbezogen sind damit zunächst **Ausstellungsführer** im engeren Sinn, aber auch **Ausstellungsverzeichnisse**,
mit denen die Ausstellung als Veranstaltung mit eigener Zielsetzung für Besucher
und andere Interessenten erschlossen werden soll (*BGH* NJW 1993, 2891 – Museumskatalog). Nicht hingegen waren die bei Gesetzeserlass noch nicht bekannten
Online- und Offline-Kataloge, also zB auch Kataloge auf CD-ROMs und Disketten,
erfasst. Dem steht neben der gebotenen restriktiven Auslegung (ebenso *Schricker/
Vogel* § 58 Rn 4; **aA** *Fromm/Nordemann* § 58 Rn 4; *Jacobs* S. 392) jedenfalls für
Online-Kataloge auch der Umstand entgegen, dass § 58 aF nur das Vervielfältigen
und Verbreiten, aber nicht die öffentliche Wiedergabe zulässt.

(3) Beschränkt werden durch § 58 aF nur das Vervielfältigungsrecht und das Ver-   31
breitungsrecht des Urhebers. Eine **öffentliche Zugänglichmachung** erlaubt § 58 aF
nicht. Anders hingegen § 58 Abs. 1 für die dortigen Ausstellungs- bzw Verkaufs-
werke.

(4) Eine **§ 58 Abs. 2 nF** entspr. Vorschrift kennt § 58 aF nicht. Bibliotheken, Bil-   32
dungseinrichtungen und Museen können sich auf diese Vorschrift nur unter den allg.

Voraussetzungen stützen. Eine Werkverwertung zum Zwecke der Dokumentation von Beständen ist nach § 58 aF nicht zulässig.

2. Beispiele

33 **Von § 58 aF gedeckt** ist der Abdruck eines Kunstwerks als **Titelbild** eines Versteigerungskataloges und dessen Verbreitung in Vorbereitung der Veranstaltung (*BGH* NJW 1993, 1468 – Katalogbild). Museen dürfen zum Zwecke der Information über ihre – auch ständigen – **Bilderausstellungen** papierne Kataloge herausgeben und verbreiten, in denen die Bilder in Kleinformat gezeigt und zudem beschrieben sind. Der Veranstalter einer **Ausstellung** zum Bereich der **angewandten Kunst** um die Jahrhundertwende kann sich auf § 58 berufen; gleiches gilt für den Veranstalter einer **architektonischen** oder **fotografischen** Ausstellung.

34 **Nicht von der Katalogbildfreiheit des § 58 aF** (aber von jener des § 58 nF) gedeckt sind der Abdruck eines Kunstwerks auf dem **Werbeprospekt** eines Auktionshauses (*BGH* NJW 1993, 1468 – Katalogbild) und auf dem **Ausstellungsplakat** (vgl *Schricker/Vogel* § 59 Rn 15) sowie der Vertrieb eines Ausstellungskatalogs auf **CD-ROM** und seine Bereitstellung vor und während der Ausstellung im Internet. Nicht von § 58 aF gedeckt ist die Abbildung des Werkes zu kommerziellen Zwecken auf **Postkarten**, **Postern** oder **T-Shirts** (*Rehbinder* Rn 273; *Jacobs* S. 392). Die Aufnahme eines Großteils der im **Museum** „Städel" in Frankfurt ausgestellten Gemälde in einen Bildband „Städel Frankfurt Gemälde" und die Herausgabe eines Schulbegleitbuchs hierzu, in denen die Werke vorrangig unter ästhetischen und kulturellen Gesichtspunkten in einer dem Kunstgenuss dienenden Art und Weise und nicht mehr primär als Bestandteil der Ausstellung im „Städel" gezeigt werden, ist nicht mehr von § 58 aF erfasst (*BGH* NJW 1994, 2891 f. – Museumskatalog). Nicht durch § 58 gedeckt ist der Vertrieb von Verkaufskatalogen, die dem **Handel** mit urheberrechtlich geschützten Waren wie Parfümflakons dienen (*BGH* GRUR 2001, 51, 52 – Parfumflakon).

§ 59   Werke an öffentlichen Plätzen

(1) Zulässig ist, Werke, die sich bleibend an öffentlichen Wegen, Straßen oder Plätzen befinden, mit Mitteln der Malerei oder Graphik, durch Lichtbild oder durch Film zu vervielfältigen, zu verbreiten und öffentlich wiederzugeben. Bei Bauwerken erstrecken sich diese Befugnisse nur auf die äußere Ansicht.

(2) Die Vervielfältigungen dürfen nicht an einem Bauwerk vorgenommen werden.

Literatur: *Ernst* Nochmals: Zur Panoramafreiheit (§ 59 UrhG) bei kurzlebigen und bei verfälschten Kunstwerken, AfP 1997, 458; *Gerstenberg* Photograph und Urheberrecht, 1956; *Müller-Katzenburg* Offener Rechtsstreit um verhüllten Reichstag – Urheberrechtliche Aspekte von Christos Verpackungskunst, NJW 1996, 2341.

I. Regelungsgehalt

Der schon seit 1965 in der heutigen Fassung bestehende § 59 gibt den Inhalt des bis **1** zum In-Kraft-Treten des UrhG geltenden § 20 KUG wieder, nach dem bleibend an öffentlichen Wegen, Straßen oder Plätzen befindliche Werke für die Vervielfältigung, Verbreitung und Vorführung freigegeben sind. § 59 erweitert diese Befugnisse auch auf andere Arten der öffentlichen Wiedergabe.

Die Regelung beruht auf der Erwägung, dass die Aufstellung eines Werkes an öffent- **2** lichen Orten das geistige Band zwischen Urheber und Werk insoweit lockern kann, als dass es ersterem zumutbar wird, gewisse Einschränkungen zugunsten der Allgemeinheit hinzunehmen. Im Hinblick auf diese Zweckbestimmung hat es der Gesetzgeber als gerechtfertigt angesehen, die Nutzung des Werkes in der in § 59 genannten Art und Weise ohne Vergütungspflicht für den Nutzer zuzulassen (vgl amtl. Begr. BT-Drucks. IV/270, 76). Von einer Erweiterung der Bestimmung auf die in öffentlichen Museen dauernd ausgestellten Kunstwerke hat der Gesetzgeber bewusst abgesehen (amtl. Begr. BT-Drucks. IV/270, 76).

II. Voraussetzungen der Freistellung

Das Werk muss sich an einem **öffentlichen** Weg, einer öffentlichen Straße oder einem öffentlichen Platz befinden. Öffentlich sind solche Gebiete, die dem **Gemeingebrauch gewidmet** wurden, selbst wenn sie nicht im Eigentum der öffentlichen Hand stehen. Umgekehrt liegt kein öffentliches Gelände vor, wenn das Gebiet im Eigentum der Gemeinde oder des Landes liegt, aber nicht dem Gemeingebrauch gewidmet wurde. Das gilt auch, wenn das Gelände täglich von einer Vielzahl von Kunden frequentiert wird, wie zB der Parkplatz eines Einkaufscenters. Auch eine private **Website** ist, weil sie nur virtuell räumlich ist, kein öffentlicher Platz iSd Vorschrift. Eine analoge Anwendung der Vorschrift scheitert am Analogieverbot. Darauf, ob ein Gelände zugänglich oder unzugänglich ist, ob es eingezäunt und verschlossen ist oder nicht, kommt es urheberrechtlich gesehen nicht an, sondern nur auf die entspr. Widmung. Aus dem Umstand, dass ein Platz zeitweilig nicht zugänglich ist, können sich aber Einschränkungen bzgl. seiner Widmung ergeben. Wer eine Mauer überwindet, um die in einem dem Gemeingebrauch gewidmeten, abgeschlossenen Park befindlichen Werke zu vervielfältigen, kann unabhängig von der Frage der urheberrechtlichen Zulässigkeit eine Eigentumsverletzung begehen.

An einem öffentlichen Weg, einer öffentlichen Straße oder einem öffentlichem Platz **4** befindet sich ein Werk, wenn dieses entweder auf dem Weg, der Straße oder dem Platz gelegen oder jedenfalls von dort aus ohne weiteren Aufwand – also ohne das Besteigen von Leitern, Pkw (*Gerstenberg* S. 13) oder Bäumen, von Balkonen oder

Türmen, das Auseinanderschieben von Hecken oder Zaunpfählen oder die Hinzuziehung aufwendiger technischer Geräte, zu denen auch das Teleobjektiv oder Fernglas zählt (*Fromm/Nordemann* § 59 Rn 2; vgl *Schricker/Vogel* § 59 Rn 7) – **sichtbar ist und sein soll** (vgl *BGH* GRUR 1990, 390 f. – Friesenhaus). Dazu zählen die an der Fassade der Bauwerke befestigten Werke wie Skulpturen oder Wandbilder, die Eingangsgestaltung und die Tore, nicht aber Skulpturen oder eine Ansichtstafel im Innenhof, künstlerische Gartengestaltungen hinter einer Hecke auf Privatgelände oder Exponate in den Räumen eines Museums, die nur durch das Fenster zu sehen sind. Bei Bauwerken ist nach § 59 Abs. 1 S. 2 ohnehin nur die Vervielfältigung der Außenansicht zugelassen. Liegt ein Gebäude auf einem nicht dem Gemeingebrauch gewidmeten Privatgrundstück, welches von einer undurchsichtigen Hecke eingerahmt ist, ist § 59 nicht einschlägig (vgl *BGH* NJW 1975, 778 – Schloss Tegel).

5   Die Aufzählung „an öffentlichen **Wegen, Straßen oder Plätzen**" ist nicht abschließend. Auch alle anderen öffentlichen Orte im Freien sind erfasst, nicht jedoch umbaute Räume, selbst wenn sie nicht überdacht sind, wie zB Innenhöfe.

6   Gegenstand der Nutzungshandlung nach § 59 können **alle Arten von Werken** sein, also zB Bauwerke, wie Wohn- und Geschäftshäuser, Werke der bildenden Künste, wie Bauwerksmalerei, und der angewandten Kunst, wie ästhetisch geformte Türklinken oder bes. originelle Straßenschilder sowie Dachschmuck. Auch Darstellungen wissenschaftlicher oder technischer Art, wie Stadtpläne, und sogar Schriftwerke, wie Inschriften an Bauwerken, dürfen unter den Voraussetzungen des § 59 vervielfältigt, verbreitet und öffentlich wiedergegeben werden. Bei **Bauwerken** erstrecken sich die Befugnisse nach § 59 allerdings auf die äußere Ansicht. Selbst wenn die Innenarchitektur von dem öffentlichen Platz aus sichtbar wird, darf sie daher nicht vervielfältigt werden.

7   Das Werk muss **dauerhaft** an dem entspr. öffentlichen Ort angebracht sein. Ob die erforderliche Dauerhaftigkeit gegeben ist, bestimmt sich weder danach, ob das Werk nach seinem Abbau noch bestehen kann, noch ausschließlich nach der Widmung durch den Urheber (*BGH* WRP 2002, 712, 714 – Verhüllter Reichstag). Maßgeblich ist vielmehr, ob die mit Zustimmung des Berechtigten erfolgte Aufstellung oder Errichtung des Werkes der **Werkpräsentation im Sinne einer nicht nur zeitlich befristeten Ausstellung dient** (*BGH* WRP 2002, 712, 715 – Verhüllter Reichstag). Die Auffassung (*LG Hamburg* GRUR 1989, 591, 592; *KG* GRUR 1997, 129, 130; *Fromm/Nordemann* § 59 Rn 2), nach der von der Dauerhaftigkeit nur gesprochen werden könne, wenn der Verfügungsberechtigte den Willen habe, es überhaupt nicht mehr fortzuschaffen, kann nicht gefolgt werden. § 59 geht davon aus, dass solche Werke vervielfältigt werden dürfen, die ein wenig zum Bestandteil der Örtlichkeiten geworden sind, an denen sie sich befinden, weil die Beziehung zwischen dem Urheber und dem Werk nicht unerheblich gelockert wurde. Eine derartige Lockerung der Beziehung des Urhebers zu seinem Werk tritt aber schon dann ein, wenn dieses sich dort nach dem Willen des Urhebers nicht nur vorübergehend dort befindet, uU sogar noch unter der Aufsicht des Urhebers, sondern zumindest für einen nicht nur unerheblichen Zeitraum oder sogar bis zum Vergehen des Werkes einen Bestandteil der Umgebung bildet. Bleibend an dem öffentlichen Weg, der öffentlichen Straße oder dem öffentlichen Platz angebracht ist danach ein Werk dann, wenn es dort nach der

Bestimmung, die ihm der Urheber verliehen hat, eine so lange Zeitspanne verbleiben soll, dass es zum Bestandteil des Ortes zu werden scheint. Das wäre, die Urheberrechtsschutzfähigkeit vorausgesetzt, zB bei einem dem **Gartenhaus** von Goethe nachgebauten Bauwerk der Fall, welches nach dem Willen des Berechtigten im halbjährlichen bzw jährlichen Wechsel an unterschiedlichen Orten aufgebaut wird. Erst recht ist das Merkmal der Dauerhaftigkeit bei Pflastermalereien und Graffiti erfüllt, die an dem betr. Ort verbleiben, bis sie von der Witterung ausgelöscht oder von Menschenhand übermalt werden. Hat der Urheber die Lebensdauer des Werkes allerdings ausnahmsweise bewusst kurz gestaltet, damit das Werk vergeht, bevor die Beziehung zum Urheber gelockert wird, ist § 59 nicht einschlägig. Als Beispiel kann ein bes. kunstvolles Feuerwerk dienen.

III. Zulässige Verwertungshandlungen

1. Vervielfältigung

Zulässig ist die Vervielfältigung nur, wenn sie mit Mitteln der Malerei, der Grafik, durch Lichtbild oder durch Film erfolgt. Unter der Vervielfältigung durch **Malerei** versteht man jede Art der Malkunst, also zB die Ölmalerei und das Aquarell. Zur **Grafik** gehören alle Arten der zeichnerischen Darstellung des Werkes, sei es durch Bleistiftzeichnung, durch Kohlezeichnung oder andere Zeichenarten. Vervielfältigung durch **Lichtbild** ist jedes Fotografieren des Werkes, unabhängig davon, ob das Lichtbild seinerseits schöpferisch ist oder nicht. Die Vervielfältigung durch **Film** ist jede Abbildung des Werkes im bewegten Bild.   **8**

Andere Vervielfältigungshandlungen als die genannten sind von § 59 ausgeschlossen, wenn ihre Herstellung nicht, wie sich im Umkehrschluss aus § 23 S. 2 ergibt, als Bearbeitung oder sonstige Umgestaltung erlaubt ist (näher hierzu § 62 Rn 6 ff. und § 23 Rn 14). Daher darf ein Bauwerk auch **nicht plastisch nachgebildet** werden (ebenso *Fromm/Nordemann* § 59 Rn 3; *Schricker/Dietz* § 59 Rn 16). Die Vervielfältigung mit den Mitteln, die Multimedia bietet, ist nur zulässig, soweit sie den Bereichen Lichtbild oder Film zugeordnet werden kann. Das Werk darf daher zwar auf Videoband oder Film überspielt werden, selbst wenn dabei eine Digitalisierung erfolgt, **nicht aber auf Festplatte oder CD-ROM**. Das gilt auch dann, wenn die Vervielfältigung eine **Vorbereitungshandlung** für die öffentliche Wiedergabe ist. Deshalb dürfen Werke nicht auf Festplatte gespeichert werden, um sie im Internet abrufbar zu machen. Ebenso ist es nicht zulässig, sie zu diesem Zwecke auf Diskette zu speichern.   **9**

Die Vervielfältigung darf **niemals an einem Bauwerk** erfolgen. Der Begriff des Bauwerks ist nicht urheberrechtlich zu verstehen. Daher stellt es nicht nur eine Eigentumsverletzung, sondern auch eine Urheberrechtsverletzung des vervielfältigten Werkes dar, wenn ein Graffitisprayer eine öffentlich zugängliche Skulptur auf einem historischen Gebäude abbildet.   **10**

2. Verbreitung und öffentliche Wiedergabe

Nicht nur die Vervielfältigung, sondern auch die **Verbreitung** und die **öffentliche Wiedergabe** der Vervielfältigung – nicht aber des Originals – werden durch § 59 erlaubt. Voraussetzung ist stets, dass ein **rechtmäßig hergestelltes Vervielfältigungsstück** verbreitet bzw öffentlich wiedergegeben wird. Die öffentliche Ausstellung   **11**

(§ 18) des Vervielfältigungsstücks ist ausgeschlossen. § 59 grenzt den Zweck der öffentlichen Wiedergabe nicht näher ein. Die Verwertung in der in § 59 genannten Art und Weise darf daher auch zu **gewerblichen** Zwecken erfolgen (*BGH* GRUR 1990, 390, 391 – Friesenhaus).

12   Von § 59 gedeckt ist vor allem der **Verkauf** von Bildern, Zeichnungen, Videos und Postkarten von Bauwerken und Straßenkunst sowie die Vorführung bzw das **Senden** von Filmen. Das Speichern der Werke auf dem **Server** ist unzulässig, weil § 59 auch die der öffentlichen Wiedergabe vorangehende Vervielfältigung nur zulässt, wenn sie durch Malerei, Grafik, Lichtbild oder Film erfolgt; das hat der *VG Karlsruhe* (NJW 2000, 2222 und 2223), der die digitale Aufzeichnung des öffentlichen Straßenverlaufs auf einem Server als von § 59 gedeckt ansah, offenbar übersehen. § 44a bringt insoweit keine Neuerung, da die Speicherung hier eine eigenständige wirtschaftliche Bedeutung hat.

3. Kein Eingriff in Urheberpersönlichkeitsrechte

13   Der Eingriff in Urheberpersönlichkeitsrechte wird von § 59 nicht erlaubt. Daher ist insb. darauf zu achten, dass die Vervielfältigung nicht **entstellend** ist. Auch das Zugänglichmachen von Kopien, die das Werk in veränderter Form zeigen, kann gegen § 14 verstoßen, selbst wenn der Nutzer die Modifikationen am Werk selbst nicht vorgenommen hat (*LG Mannheim* GRUR 1997, 364, 365; vgl *Ernst* AfP 1997, 458, 459 und § 14 Rn 70).

IV. Beispiele

14   **Zulässig** ist das Fotografieren des dem ersten **Goethe-Gartenhaus** nachgebildeten zweiten Gartenhauses, weil dieses bis zum jeweiligen Abbau und Neuaufbau an einem anderen Ort jeweils mehrere Monate an ein und demselben öffentlichen Ort verbleiben soll. Die Anwendbarkeit deutschen Urheberrechts unterstellt, wäre das Fotografieren des spanischen „**Osborne-Stieres**" von § 59 gedeckt. Zulässig ist das Abmalen von Stadtteilen mit urheberrechtsgeschützten **Bauwerken** durch einen Straßenkünstler. Die auf einem öffentlichen Friedhof sichtbaren **Grabsteine** dürfen auch dann, wenn sie urheberrechtsgeschützt sind, fotografiert, gefilmt, abgemalt und abgezeichnet werden. **Graffiti** an Bauwerken und Pflastermalereien darf fotografiert werden. Zulässig ist es, von öffentlichen Plätzen aus Fotografien vom **Stadtbild** zu machen und diese als Ansichtspostkarten zu verkaufen oder in einen Stadtführer aufzunehmen. Unter den gleichen Voraussetzungen dürfen Filme über die Stadt gedreht werden. **Pflastermalereien** dürfen fotografiert oder abgemalt werden, weil sie dem Willen des Urhebers nach während ihrer Lebenszeit am Platz verbleiben sollen (*LG Berlin* NJW 1996, 2380, 2381).

15   **§ 59 erfasst nicht** das Fotografieren des auf privaten Grund und Boden liegenden **Schloss Tegel** (*BGH* NJW 1975, 778 – Schloss Tegel). Mangels Dauerhaftigkeit des Kunstwerkes war das Fotografieren des **verhüllten Reichstags** nicht von § 59 erfasst (*LG Berlin* NJW 1996, 2380 f.; *KG* GRUR 1997, 129, 130). Aus demselben Grund ist die Fotografie des Bildes, welches ein Straßenmaler gerade auf einer **Staffelei** anfertigt und nach Fertigstellung mitnehmen will, nicht von § 59 – ggf aber von § 57 – gedeckt. Das **plastische Nachbilden** eines Bauwerkes in mehr oder weniger veränderter Form ist nicht durch § 59 zulässig, die Herstellung der ersten Vervielfältigung kann ohne Zustimmung des Urhebers auch nicht als Bearbeitung oder sonstige Umgestaltung des Bauwerkes erlaubt sein, wie sich aus § 23 S. 2 ergibt (*Schricker/Vogel* § 59 Rn 16; näher hierzu § 23 Rn 20). Das Ablichten von **Werbung**, von **Spruchbändern** und von den in den **Schaufenstern** ausgestellten Werken ist nicht nach § 59 zulässig, weil sie sich nach der ihnen vom Urheber gegebenen Widmung nicht dauerhaft dort befinden. Erst recht lässt sich aus § 59 **kein allg. Grundsatz** herleiten, nach dem an allg. zugänglichen Gestaltungen wie im Handel erhältlichen **Parfumflakons** durchweg ein den Belangen des Urhebers vorzugswürdiges Freihalteinteresse der Allgemeinheit anzuerkennen sei (*BGH* GRUR 2001, 51, 53 – Parfumflakon). Unzulässig ist es, das Werk auf eine **CD-ROM** oder auf **Festplatte** zu überspielen, um es so ins **Internet** stellen zu können. Die Abbildung des bis zum Neubau des Bundestages dort angebrachten sog. **Gies-Adlers** in der antithematischen Form eines Raubvogels neben einem Artikel politischen Inhalts hatte das *OLG Köln* (NJW 2000, 2212, 2213) als nicht von § 59 gedeckt angesehen. Der *BGH* (Urt. v. 20.3.2003, I ZR 117/00) war aber davon ausgegangen, dass schon gar keine Bearbeitung, sondern eine freie Benutzung vorliege.

V. Schranken-Schranken

Das **Änderungsverbot** (§ 62) ist zu beachten (näher zur Frage der Zulässigkeit von 16 Veränderungen im Rahmen einer Bearbeitung § 62 Rn 6 ff.). Nach § 63 soll ferner die **Quellenangabepflicht** gelten. Dabei ist zu beachten, dass die Verpflichtung zur Angabe der Quelle bei der **körperlichen** Verwertung nach § 63 Abs. 1 S. 4 entfällt, wenn die Quelle weder auf dem Werkstück genannt noch dem Benutzer anderweitig bekannt ist. Das wird in den Fällen der Vervielfältigung der an öffentlichen Orten sichtbaren Werke häufig der Fall sein, weil hier der Name des Urhebers, also der des Architekten des Bauwerks, oft nicht am Bauwerk angebracht ist. Nur wenn die Quelle des Werkes erkennbar wird, zB weil der Urheber das Bauwerk oder die Skulptur mit seinem Namen versehen hat, oder mit zumutbarem Aufwand anderweitig in Erfahrung gebracht werden kann, ist die Quelle daher anzugeben. Der dabei vom Nutzer zu entfaltende Aufwand bemisst sich nach den Umständen des Einzelfalls, insb. der Intensität der Nutzung. Wer ein Bauwerk aufnimmt, um dieses als Postkarte vielfach zu vervielfältigen und zu verbreiten, muss danach größere Anstrengungen unternehmen, um den Namen des Urhebers in Erfahrung zu bringen, als der Tourist, der die Fotografie an zehn Bekannte und Verwandte verschenken möchte. Weitergehende Angaben als die Nennung des Urhebers sind bei Werken der Architektur im Allgemeinen nicht zu fordern (*OLG Hamburg* GRUR 1974, 165, 167; *Schricker/Dietz* § 63 Rn 15). Bei der **unkörperlichen** Wiedergabe kommt es auf die Verkehrssitte an (§ 63 Abs. 2); näher § 63 Rn 17.

§ 59 sagt nichts über die Befugnisse des Eigentümers aus, das Vervielfältigen seines 17 **Eigentums** zu verbieten. Hält sich die Nutzung jedoch in dem durch § 59 vorgegebenen Rahmen, kann die bloße Vervielfältigung, Verbreitung und öffentliche Wiedergabe erst recht keine Eigentumsverletzung darstellen (näher *BGH* GRUR 1990, 390, 391 – Friesenhaus). Nicht durch § 59 gedeckt sind Eingriffe in **Urheberpersönlichkeitsrechte**. Die Vervielfältigungen dürfen daher insb. nicht entstellend wirken, wie dies jedoch bei einer Zerrfotografie der Fall sein kann (hierzu schon oben Rn 13).

§ 60 Bildnisse

(1) **Zulässig ist die Vervielfältigung sowie die unentgeltliche und nicht zu gewerblichen Zwecken vorgenommene Verbreitung eines Bildnisses durch den Besteller des Bildnisses oder seinen Rechtsnachfolger oder bei einem auf Bestellung geschaffenen Bildnis durch den Abgebildeten oder nach dessen Tod durch seine Angehörigen oder durch einen im Auftrag einer dieser Personen handelnden Dritten. Handelt es sich bei dem Bildnis um ein Werk der bildenden Künste, so ist die Verwertung nur durch Lichtbild zulässig.**

(2) **Angehörige im Sinne von Absatz 1 Satz 1 sind der Ehegatte oder der Lebenspartner und die Kinder oder, wenn weder ein Ehegatte oder Lebenspartner noch Kinder vorhanden sind, die Eltern.**

§ 60 idF bis 12.9.2003

(1) Der Besteller eines Bildnisses oder sein Rechtsnachfolger darf es durch Lichtbild vervielfältigen oder vervielfältigen lassen. Handelt es sich bei dem Bildnis um ein Lichtbildwerk, so ist die Vervielfältigung auch auf andere Weise als durch Lichtbild zulässig. Die Vervielfältigungsstücke dürfen unentgeltlich verbreitet werden.

(2) Die gleichen Rechte stehen bei einem auf Bestellung geschaffenen Bildnis dem Abgebildeten, nach seinem Tode seinen nahen Angehörigen zu.

(3) Angehöriger im Sinne des Absatzes 2 sind der Ehegatte und die Kinder oder, wenn weder ein Ehegatte noch Kinder vorhanden sind, die Eltern.

Literatur: *Seifert* Postmortaler Schutz des Persönlichkeitsrechts und Schadenersatz – Zugleich ein Streifzug durch die Geschichte des allgemeinen Persönlichkeitsrechts, NJW 1999, 1889; *Ullmann* Caroline v., Marlene D., Eheleute M. – ein fast geschlossener Kreis, WRP 2000, 1049.

Übersicht

I. Regelungsgehalt

1. Geschichte und verwandte Vorschriften

§ 60 existierte seit In-Kraft-Treten des UrhG (am 9.9.1965, BGBl I, 1273) bis zur Ur- **1**
heberrechtsreform im Jahre 2003 in unveränderter Fassung. **Zum 13.9.2003** wurde
die Vorschrift redaktionell umgearbeitet. Inhaltlich erfolgte eine Beschränkung der
bislang nach § 60 zulässigen unentgeltlichen Verbreitung auf solche, mit denen kein
gewerblicher Zweck verfolgt wird. Während bislang die Vervielfältigung außer bei
Lichtbildwerken nur durch Lichtbild zulässig war, dürfen nach § 60 nF nunmehr alle
Werke mit Ausnahme solcher der bildenden Künste auch auf andere Art vervielfältigt werden. Die Gesetzesmaterialien lassen offen, ob diese inhaltliche Änderung gewollt war oder ein **Redaktionsversehen** darstellt. Für Letzteres spricht der Umstand,
dass Art. 5 Abs. 3o der Europäischen Richtlinie zur Harmonisierung des Urheberrechts (ABlEG Nr. L 167/10 v. 22.6.2001), der vom Gesetzgeber ausdrücklich als
Rechtsgrundlage herangezogen wird, keine Erweiterung der im geltenden Recht existierenden Beschränkungen deckt. Gleichwohl ist im Hinblick auf die Eindeutigkeit
des Wortlauts von einer solchen, allerdings gegen die Vorgaben der Europäischen
Richtlinie verstoßenden Erweiterung der Nutzungsmöglichkeit auszugehen. Letztlich wird die Änderung aber kaum praktische Auswirkungen haben, da viele Bildnisse wie Gemälde, Skulpturen, Totenmasken, Zeichnungen usw unter den Begriff des
Werkes der bildenden Kunst fallen.

Mit der Gesetzesänderung verbunden ist formell eine Abkehr vom Rechtsgedanken **2**
des bis zum In-Kraft-Treten des UrhG geltenden **§ 18 Abs. 2 KUG**, der die Vervielfältigung zu Lebzeiten des Urhebers ebenfalls nur durch Lichtbild zuließ, während
nach dem Tode des Urhebers die Vervielfältigung auch auf andere Weise erfolgen
durfte.

Der § 60 Abs. 3 aF entspr. § 60 Abs. 2 nF findet eine Parallele in der Regelung in **3**
§ 22 S. 4 KUG.

2. Inhalt sowie Sinn und Zweck der Vorschrift

§ 60 **schränkt** das Ausschließlichkeitsrecht des Urhebers eines Bildnisses **zuguns- 4
ten des Bestellers** desselben sowie **zugunsten der abgebildeten Person ein**. Die
Regelung trägt damit zum einen dem bestehenden Interesse des Werkbestellers an
unfassenden Verwendungsmöglichkeiten des bestellten Werkes, zum anderen dem
grundgesetzlich (Art. 1 und 2 Abs. 1 GG) geschützten Recht des Abgebildeten am eigenen Bild Rechnung. Der Inhalt der Vorschrift beschränkt sich auf die Eingrenzung
des Ausschließlichkeitsrechts des Urhebers. Weitergehende Ansprüche sind damit
nicht verbunden, insb. besteht auch **kein Anspruch auf Herausgabe** des Bildnisses
an den aus § 60 Berechtigten (*Schricker/Vogel* § 60 Rn 5; *v. Gamm* § 60 Rn 2).

3. Anwendbarkeit auf verwandte Schutzrechte

§ 60 ist infolge entspr. Verweise der Vorschriften über **verwandte Schutzrechte** zT **5**
auch auf die Leistungsschutzrechte anwendbar. Bedeutung gewinnt der Gesetzesver-
weis vor allem bei den Lichtbildern (§ 72). Sie dürfen unter den Voraussetzungen des
§ 60 vervielfältigt und verbreitet werden, selbst wenn sie nicht den für den Urheberrechtsschutz erforderlichen Werkcharakter aufweisen.

4. § 60 als Auslegungsregelung

6   Teilweise (*Fromm/Nordemann* § 60 Rn 5; *Schricker/Vogel* § 60 Rn 4) wird vertreten, bei § 60 handele es sich nicht um eine reine Schrankenregelung, sondern vielmehr um eine speziell auf die Nutzung bestellter Bildnisse zugeschnittene urhebervertragsrechtliche Auslegungsregelung. Dem kann nicht gefolgt werden. Zwar weist *Vogel* (in *Schricker* 60 Rn 4) zutr. darauf hin, dass die fehlende inhaltliche Beschränkung der Vorschrift auf Verwertungsrechte ohne Urheberpersönlichkeitsrechte zur Begründung dieser Auffassung herangezogen werden könnte. § 60 wiederholt jedoch bei näherem Hinsehen lediglich, was § 44 Abs. 2 für Werke der bildenden Künste ohnehin schon festschreibt. Wie bei jeder Schrankenregelung steht es im Belieben der Parteien, eine dem Urheber günstigere Absprache zu treffen oder die Schrankenbestimmung vollständig abzudingen. Hierzu bedarf es des Rückgriffs auf eine bloße Auslegungsregelung nicht. Diese stünde auch nicht in Einklang mit der systematischen Stellung des § 60 nach wie vor im Abschn. „Schranken des Urheberrechts". § 60 stellt daher keine bloße Auslegungs-, sondern eine allerdings – aufgrund ausdrücklicher oder konkludenter Vereinbarung abdingbare – Schrankenregelung dar.

II. Inhalt der Freistellung

1. Auf Bestellung geschaffenes Bildnis

7   Gegenstand der Schrankenregelung muss ein **Bildnis** sein. Der Begriff des Bildnisses deckt sich dabei mit dem des § 22 KUG. Auf die dortige Kommentierung (Anh. § 60/ § 22 KUG Rn 2 ff.) wird verwiesen. Nur die Rechte an solchen Werken, die ein Bildnis iSd § 60 darstellen, werden durch die Vorschrift eingeschränkt.

8   Das Bildnis muss auf **Bestellung** geschaffen worden sein. Das setzt das Zustandekommen eines schuldrechtlichen Vertrages zwischen dem Urheber und dem Besteller über die Anfertigung des Bildnisses voraus. Eine Beschränkung auf einen bestimmten Vertragstyp enthält § 60 nicht; im Allgemeinen wird es sich jedoch um einen Werkvertrag handeln. Der Vertrag muss wirksam sein. Denn ist der Vertrag zB mangels Geschäftsfähigkeit des Bestellers (§§ 104 ff. BGB) oder wegen Sittenwidrigkeit (§ 138 BGB) nichtig, besteht kein anerkennenswertes Interesse des Bestellers an einer Vervielfältigung und Verbreitung des Bildnisses, sodass § 60 nach seinem Sinn und Zweck nicht zum Zuge kommt. Das gilt erst recht, wenn der Urheber das Bildnis nicht auf Bestellung, sondern aus eigenem Antrieb geschaffen hat. Hier stehen dem Abgebildeten aber uU Ansprüche aus §§ 22 f. KUG, §§ 823, 1004 BGB gegen den Urheber zu.

2. Vervielfältigung

9   Der Schrankenbegünstigte darf das Bildnis auf alle denkbaren Arten vervielfältigen. Lediglich Werke der **bildenden Kunst** dürfen nur abfotografiert werden. Für alle anderen Werkarten ist die bislang geltende Beschränkung auf bestimmte Vervielfältigungsformen zum 13.9.2003 entfallen. Daher darf ein **im Film oder Theater dargestelltes Bildnis abgefilmt**, eine einen Politiker karikierende **Puppe nachgebildet,** ein **Foto** oder ein **Steckbrief abgescannt** und anschließend **gespeichert** werden. Bei der weiteren Verwertung der so angefertigten Vervielfältigungsstücke ist allerdings zu beachten, dass § 60 nur die körperliche Verbreitung der Vervielfältigungsstücke ermöglicht, die zudem unentgeltlich sein muss und seit dem 13.9.2003 auch nur zu nichtgewerblichen Zwecken erfolgen darf. Die öffentliche Wiedergabe, etwa durch Zugänglichmachung an eine Öffentlichkeit (§ 19a), ist damit ausgeschlossen, nicht jedoch die Wiedergabe im privaten Kreis.

Die Vervielfältigung muss nicht zum eigenen Gebrauch, sondern kann auch zB zu **10** Geschenkzwecken (amtl. Begr. BT-Drucks. IV/270, 76) oder mittelbar für den **gewerblichen Gebrauch**, etwa als Werbung für die eigene Person (*OLG Hamm* UFITA 91 (1981), 242 ff.), erfolgen. Die durch das Gesetz zur Umsetzung der Europäischen Richtlinie zur Harmonisierung des Urheberrechts vorgenommene und seit dem 13.9.2003 anwendbare Beschränkung auf nichtgewerbliche Zwecke betrifft dem eindeutigen Wortlaut nach nur die Verbreitung. Sie greift damit dann ins Leere, wenn die durch Vervielfältigung des Bildnisses angefertigten Werbeplakate nicht verbreitet, sondern vom Besteller oder dessen Rechtsnachfolger bzw ihren Verwandten an öffentlichen Plätzen aufgehängt werden. Eine Verbreitung zu gewerblichen Zwecken liegt hierin nicht, weil die Verfügungsgewalt nicht auf einen der Öffentlichkeit angehörenden Dritten übertragen wird. Auch eine öffentliche Wiedergabe (§§ 19 ff.) scheidet begrifflich aus, weil das Werk nicht unkörperlich, sondern körperlich für Dritte wahrnehmbar gemacht wird.

Unabhängig von der Werkgattung darf der Berechtigte das Bildnis stets auch durch **11** einen **Dritten** vervielfältigen lassen, und zwar selbst gegen Zahlung eines **Entgeltes**.

3. Unentgeltliche und nichtgewerbliche Verbreitung

Die angefertigten **Vervielfältigungsstücke** dürfen verbreitet (§ 17) werden, sofern **12** dies unentgeltlich und in Sachverhalten aus der Zeit nach dem 13.9.2003, auf die nämlich § 60 nF Anwendung findet, zudem nichtgewerblich geschieht. **Unentgeltlich** ist die Verbreitung, wenn für das Vervielfältigungsstück kein Entgelt verlangt wird. Geschieht dies doch, verstößt die Verbreitungshandlung, nicht die Entgeltforderung, gegen das ausschließliche Verwertungsrecht des Urhebers aus § 17. Unter einem Entgelt versteht man jede Gegenleistung für das Vervielfältigungsstück, sei es in Geld, sei es in Naturalien. Selbst eine Erstattung der **Unkosten** wird man nach Sinn und Zweck der Bestimmung, die nur das Verschenken aus persönlichen Gründen ermöglichen wollte, nicht als zulässig ansehen können (*Möhring/Nicolini/Gass* § 60 Rn 26; *Schricker/Vogel* § 60 Rn 24). Mittelbare Vorteile, wie sie bei der Verwendung des Bildes für Werbezwecke entstehen, sollen nach alter Gesetzeslage nicht schaden (*OLG Hamm* UFITA 91 (1981), 242, 244), sind jedoch nach neuem Recht ausgeschlossen. **Gewerblich** ist die Verbreitung, wenn der nach § 60 Privilegierte mit ihr mittelbar oder unmittelbar einen Vorteil für seine auf Dauer angelegte Erwerbsquelle zu erzielen bezweckt. Nicht erforderlich ist eine Gewinnerzielungsabsicht. Das bislang zulässige unentgeltliche Verteilen von Handzetteln mit dem Bildnis des Werbenden fällt danach seit dem 13.9.2003 nicht mehr unter die Privilegierung des § 60 (amtl. Begr. zu § 60, BT-Drucks. 15/38, 22).

Unentgeltlich und zu nichtgewerblichen Zwecken verbreitet werden darf seit dem **13** 13.9.2003 nicht nur das Vervielfältigungsstück, sondern auch das **Werkoriginal**. IdR wird sich diese Befugnis aber schon aus dem Vertragsverhältnis zwischen Urheber und Besteller ergeben. Je nach dessen Inhalt ist auch eine entgeltliche und gewerbliche Verbreitung zulässig.

4. Keine weitergehenden Nutzungshandlungen

14   Weitergehende Nutzungen als die Vervielfältigung und Verbreitung des Bildnisses gewährt § 60 nicht. Daher kann weder die **öffentliche Zugänglichmachung** eines Bildnisses im Internet (§ 19a) noch seine **Wiedergabe auf dem Bildschirm** für eine Öffentlichkeit (§ 22) auf diese Vorschrift gestützt werden. Hingegen ist die **Wiedergabe für einen privaten Kreis** möglich, weil sie schon nicht unter den Katalog der Verwertungsrechte des Urhebers fällt. Daher darf der Besteller das in den Computer eingescannte Foto für die ihm persönlich verbundenen Personen auf dem Bildschirm seines Computers wahrnehmbar machen.

15   § 60 stellt systematisch eine Schrankenregelung und keine Anspruchsgrundlage dar. Es besteht daher insb. kein Anspruch des iSd § 60 Berechtigten auf **Herausgabe** des Bildnisses oder auch nur auf **Zugang** zu diesem, wenn er das Bildnis selbst nicht mehr besitzt (*LG Hannover* NJW-RR 1989, 53, 54; *Schricker/Vogel* § 60 Rn 5; *v. Gamm* § 60 Rn 2). Der Berechtigte ist insoweit auf vertragliche Ansprüche bzw auf den im Wege der Rechtsfortbildung aus § 242 BGB entwickelten allg. Herausgabeanspruch verwiesen (hierzu *LG Wuppertal* GRUR 1989, 54, 55; *LG Hannover* NJW-RR 1989, 53 f.).

III. Berechtigte

1. Besteller

16   Aus § 60 berechtigt ist zunächst der Besteller. Das ist derjenige, **in dessen Namen und für dessen Rechnung** der Vertrag, der die Rechtsgrundlage für die Schaffung des Bildnisses bildet, mit dem Urheber abgeschlossen wurde. Ihm stehen die Rechte aus § 60 gleichrangig neben jenen der abgebildeten Person zu. Der Vervielfältigung und Verbreitung des Bildnisses kann jedoch das Recht des Abgebildeten am eigenen Bild entgegenstehen.

2. Abgebildeter

17   Das Recht auf Vervielfältigung und Verbreitung des Bildnisses hat darüber hinaus auch der Abgebildete. Das ist die Person, deren Bildnis abgebildet wurde (hierzu oben § 60 Rn 7). Liegt nach § 60 ein Bildnis vor, gibt es auch immer eine abgebildete Person, der bzw deren Nachfolger Rechte aus § 60 zustehen können.

3. Rechtsnachfolger

18   **a) Rechtsnachfolger des Bestellers.** Trotzdem § 60 der persönlichen Bindung des Bestellers bzw des Abgebildeten zum Bildnis Rechnung tragen will, ist der Gesetzgeber schon zu § 18 Abs. 2 KUG von der Möglichkeit eines Übergangs des Anspruchs auf Rechtsnachfolger ausgegangen (amtl. Begr. zu §§ 22, 23, KUG-Entwurf v. 28.11.1905, *Schulze* Bd 1, S. 220). Wie sich auch im Umkehrschluss aus § 60 Abs. 1 S. 1 aE nF (§ 60 Abs. 2 und 3 aF) ergibt, der für den Abgebildeten die Geltendmachung der Rechte durch Dritte erst nach dem Tode des Abgebildeten und nur durch bestimmte Angehörige zulässt, ist der Anspruch des Bestellers aus § 60 daher **schon zu dessen Lebzeiten übertragbar** (ebenso *Fromm/Nordemann* § 60 Rn 4). Die Übertragung vollzieht sich durch Abtretung nach §§ 398 ff. BGB und bedarf insb. nicht der Einhaltung einer bestimmten Form. Sie kann aber ihrerseits eine Ver-

breitung darstellen. Trotzdem ermöglicht die Abtretung es dem Besteller letztlich, den Kreis der nach § 60 zulässigen Nutzungen zu erweitern. Denn da in der körperlichen Verbreitung und in der nichtkörperlichen Wiedergabe des Werkes jedenfalls nur dann eine nach § 17 relevante Nutzungshandlung liegt, wenn das Werk dabei an eine Öffentlichkeit gelangt, führt die Ausweitung des Kreises der Berechtigten durch Abtretung zwangsläufig auch zur Erweiterung des Personenkreises, dem das Werk zugänglich gemacht werden kann, ohne dass dies gegen Verwertungsrechte des Urhebers verstößt. Die **Missbrauchsgefahr** ist nicht zu verkennen.

Nach dem Tode des Bestellers rücken gem. § 1922 BGB dessen **Erben** in seine   **19**
Rechtsstellung ein, und zwar unabhängig von einer etwaigen verwandtschaftlichen Beziehung zum Besteller. Hat der Besteller über den Anspruch vor seinem Tode nicht verfügt, fällt demgemäß das Recht aus § 60 in die Erbmasse und kann dann von seinen Erben durchgesetzt oder aber an Dritte abgetreten werden.

Eine gerichtliche Geltendmachung im Wege der **Prozessstandschaft** nach bloßer Er-   **20**
mächtigung durch den oder die Rechtsinhaber ist möglich, wird aber häufig am mangelnden rechtlichen Interesse des Ermächtigten an der Durchsetzung des Rechts scheitern.

Ist der Besteller zugleich der Abgebildete, kann er den Anspruch zu Lebzeiten ab-   **21**
treten oder selber geltend machen. Nach seinem Tode sind nur seine Angehörigen berechtigt, das Bildnis zu vervielfältigen. Da der Besteller bzw dessen Erben und der Abgebildete bzw dessen Angehörigen jeweils aus demselben Grund als Begünstigte genannt werden, nämlich wegen ihrer möglichen persönlichen Bindung zum Bildnis (vgl amtl. Begr. BT-Drucks. IV/270, 76), erscheint dieser Personenkreis besser als die Erben geeignet, die persönlichkeitsrechtlichen Interessen des Verstorbenen beim Zusammenfallen von Abgebildetem und Besteller in einer Person geltend zu machen.

b) Rechtsnachfolger des Abgebildeten. Wie § 60 Abs. 1 S. 1 aE nF (§ 60 Abs. 2   **22**
aF) ausdrücklich festhält, ist der Anspruch des Abgebildeten aus § 60 anders als der des Bestellers **nicht übertragbar. Zu Lebzeiten** des Abgebildeten steht er nur dem Abgebildeten selbst zu. Eine gerichtliche Geltendmachung im Wege der **Prozessstandschaft** nach bloßer Ermächtigung durch den Abgebildeten ist zwar denkbar, wird im Allgemeinen aber am mangelnden rechtlichen Interesse des Ermächtigten an der Durchsetzung des Rechts scheitern.

Nach dem Tode des Abgebildeten können kraft ausdrücklicher Regelung in § 60   **23**
Abs. 1 (nur) dessen Angehörigen die Rechte aus § 60 geltend machen, wobei der Begriff der **Angehörigen** in § 60 Abs. 2 nF (§ 60 Abs. 3 aF) legaldefiniert wird. War die abgebildete Person im Zeitpunkt der Anfertigung des Bildnisses bereits verstorben, wie dies bei einer Totenmaske der Fall ist, entsteht der Anspruch aus § 60 originär in der Person der Angehörigen. Der Grund für die Unterschiede zur Geltendmachung der Rechte des Bestellers liegt in den persönlichkeitsrechtlichen Belangen des Abgebildeten begründet, während es beim Besteller nur um vertragliche Interessen geht. Zur Geltendmachung des Anspruchs nach dem Tode des Abgebildeten berechtigte Angehörige iSd § 60 sind gleichrangig der **Ehegatte** bzw der **Lebenspartner** und die **Kinder** des Abgebildeten; Lebenspartner ist die Person gleichen Geschlechts, mit der den Abgebildeten vor seinem Tode eine Lebenspartnerschaft iSd § 1 LPartG verband. Sind weder Ehegatte bzw Lebenspartner noch Kinder vorhan-

den, sind es die Eltern. Wegen der Einzelheiten des Begriffs der Angehörigen wird iÜ auf die Kommentierung zu § 22 KUG (Anh. § 60/§ 22 KUG Rn 17 f.) verwiesen, mit dem der in § 60 benutzte Begriff übereinstimmt.

24   Sind **alle nahen Angehörigen** iSd § 60 Abs. 2 nF (§ 60 Abs. 3 aF) **vorverstorben**, ist eine Geltendmachung der Rechte des Abgebildeten aus § 60 nicht mehr möglich, auch nicht über eine vom Abgebildeten vor seinem Tode bezeichnete Person. § 60 hat die Frage der Geltendmachung der Befugnisse des Abgebildeten aus urheberrechtlicher Sicht abschließend geregelt. Nur noch der vom Abgebildeten verschiedene (vgl § 60 Rn 21) Besteller des Bildnisses kann dann eine Berechtigung aus § 60 herleiten.

IV. Beispiele

25   **Nach § 60 ohne Zustimmung des Urhebers zulässig** ist es, das Bildnis einer Person **von einer Fotografie abzumalen oder abzuzeichnen**. Der auf einem Gemälde Abgebildete darf **Fotografien des Gemäldes** in unbeschränkter Zahl verschenken, solange er dabei keine gewerblichen Absichten verfolgt.

26   **Nur noch in Altfällen, nicht jedoch nach § 60 nF zulässig** ist es, beim Fotografen angefertigte **Passfotografien** für Bewerbungsunterlagen zusammen mit den Unterlagen farbkopieren zu lassen und unentgeltlich aber in gewerblicher Absicht zu Bewerbungszwecken zu verschicken. Nur bei Sachverhalten aus der Zeit vor dem 13.9.2003 zulässig ist es, Kopien des Passfotos unentgeltlich an eine **Agentur** weiterzugeben, welche diese in Absprache mit dem Modell zu Werbezwecken vertreibt. Nur in Altfällen darf der Sporttrainer Kopien seines Fotos auf Handzetteln verteilen und als Großabzug zur **Werbung** für seine Sportschule verwenden (*OLG Hamm* UFITA 91 (1981), 242). Bis zum 12.9.2003 zulässig war die Weitergabe des **Originalbildes** gegen Entgelt. Nur noch in Altfällen darf der Kandidat für ein politisches Amt sein Foto ohne Zustimmung des Fotografen auf Wahlzetteln an Passanten verteilen.

27   **Erst seit dem 13.9.2003 zulässig** ist es, ein **Medaillon**, welches das Abbild der eigenen Person zeigt, **einzuscannen** und auf Festplatte zu **speichern**; beim Nachkolorieren ist § 23 S. 1 zu beachten (hierzu sogleich Rn 28). Eheleute dürfen ihren **Hochzeitsfilm** auch ohne Zustimmung des mit der Anfertigung des Films Beauftragten auf Festplatte speichern und CD-ROMs davon im Verwandtenkreis verteilen.

28   **Nicht von § 60 gedeckt** ist es, wenn **als Vorlage eines Gemäldes ein anderes Gemälde** benutzt wird, ohne dass dessen Urheber zustimmt. Unter urheberrechtlichen Gesichtspunkten zu beanstanden ist es, wenn ein Fotomodell Abzüge der von ihm gefertigten Fotos ohne Zustimmung des Fotografen gegen Geld **veräußert**. Die Vervielfältigung und Verbreitung eines privat eingeschickten **Passfotos eines Jubilars in der Tageszeitung** ist nicht von § 60 gedeckt, weil das Zeitungsunternehmen nicht Besteller iSd Vorschrift ist (*Schricker/Vogel* § 60 Rn 24). Das **Nachkolorieren** von Fotos ist keine bloße Vervielfältigungshandlung, sondern Bearbeitung und fällt daher nicht unter § 60 (*Fromm/Nordemann* § 60 Rn 1). Passfotos dürfen ohne die (auch konkludent erteilte) Erlaubnis des Fotografen nicht öffentlich wiedergegeben, also vor allem nicht ins **Internet** gestellt werden.

V. Schranken-Schranken

Das **Änderungsverbot** (§ 62) ist zu beachten. Eine **Quellenangabepflicht** besteht   **29**
nach § 63 Abs. 1 nicht, es sei denn, die Verkehrssitte erfordere es (§ 63 Abs. 2).
Urheberpersönlichkeitsrechte werden durch § 60 nicht eingeschränkt. Insb. darf
das Bildnis iRd Vervielfältigung und Verbreitung daher nicht in einen entstellenden
Sachzusammenhang gebracht werden. Auch die **Rechte Dritter** bleiben durch § 60
unberührt. So berechtigt § 60 insb. nicht zum Eingriff in das Recht des Abgebildeten
am eigenen Bild (§§ 1 und 2 Abs. 1, §§ 823 und 1004 BGB). Über die Rechte des
Urhebers einer schöpferischen **Bearbeitung des Bildnisses** sagt § 60 nichts aus, solange die Bearbeitung nicht ihrerseits ein auf Bestellung geschaffenes Bildnis ist. Der
Schutz durch andere Gesetze ist zu beachten. So darf durch die Vervielfältigung zB
nicht der Ruf der abgebildeten Person oder der des Urhebers zu Werbezwecken ausgenutzt werden (§ 1 UWG). Zur **Zulässigkeit der Herstellung des Bildnisses selbst**
enthält § 60 keine Regelungen.

VI. Behandlung von Altfällen

Auf Sachverhalte bis zum 12.9.2003 findet § 60 aF Anwendung. Eine rückwirkende   **30**
oder analoge Anwendbarkeit der Gesetzesneufassung ist nicht zulässig. Das führt zu
folgenden Unterschieden:

1. Die Freistellung greift bei Sachverhalten aus der Zeit bis zum 12.9.2003 nicht,   **31**
   wenn Werke mit Ausnahme von Lichtbildwerken **in anderer Weise als durch
   Lichtbild vervielfältigt** werden. Den Lichtbildwerken sind Lichtbilder gleichgestellt, für deren Schutz § 72 auf § 60 verweist und die sich deshalb nicht besser als
   die urheberrechtlich geschützten Lichtbildwerke stehen dürfen. Grund für die
   nach altem Recht im Verhältnis zu sonstigen Werken erweiterte Nutzungsmöglichkeit bei Lichtbildern und Lichtbildwerken war die Erwägung des Gesetzgebers, dort sei die persönliche Beziehung des Urhebers zu seinem Werk in aller Regel nicht so eng wie bei Werken der bildenden Künste (amtl. Begr. BT-Drucks. IV/
   270, 76). Lichtbildwerke und Lichtbilder dürfen hingegen auch nach § 60 aF umfassend vervielfältigt, also zB fotokopiert, abgezeichnet oder abgemalt sowie in
   Gips oder Ton nachgebildet, werden.

2. Ebenso wie nach neuem Recht ist die Verbreitung der Vervielfältigungsstücke nur   **32**
   zulässig, wenn sie unentgeltlich erfolgt. Die **Nichtgewerblichkeit** der Verbreitung ist bei § 60 aF aber **nicht erforderlich**. Daher fällt unter § 60 aF noch das unentgeltliche Verteilen von Handzetteln mit dem Bildnis des Werbenden, das nach
   § 60 nF nicht mehr von der Schrankenregelung gedeckt ist.

3. Über die Verbreitung des **Werkoriginals** sagt für Sachverhalte aus der Zeit **bis**   **33**
   zum 12.9.2003 § 60 aF nichts aus. Sie wird mithin anders als nach neuem Recht
   von § 60 nicht erfasst. Ihre Zulässigkeit richtet sich vielmehr nach der Reichweite
   der Lizenz, welche sich der Besteller ausdrücklich oder konkludent am Werk hat
   einräumen lassen. Im Zweifel steht ihm nur das Ausstellungsrecht zu (§ 44 Abs. 1
   und 2).

4. Der vormalige **Lebenspartner** des verstorbenen Abgebildeten ist nach § 60 aF   **34**
   nicht befugt, dessen Rechte geltend zu machen. Die neue Rechtslage aufgrund des
   LPartG ist aber bei Altfällen bei der Entsch. mit zu berücksichtigen, ob eine Voll-

macht über den Tod hinaus nach dem Tod des Vollmachtgebers dem Entscheidungsrecht der nach § 60 Abs. 2 Berechtigten vorgeht (vgl *OLG München* NJW 2002, 305).

Anhang zu § 60
Das Recht am eigenen Bild

Vorbemerkung

Literatur: *Engels/Schulz, W.* Das Bildnis aus dem Bereich der Zeitgeschichte, AfP 1998, 574; *Götting* Die Vererblichkeit der vermögenswerten Bestandteile des Persönlichkeitsrechts – ein Meilenstein in der Rechtsprechung des BGH, NJW 2001, 585; *ders.* Persönlichkeitsrechte als Vermögensrechte, 1995; *Leinveber* Grundfragen des Rechts am eigenen Bild, GRUR 1967, 236; *Meyer-Bohl* Aufbrauchsfrist bei Untersagung von Äußerungen in Büchern, NJW 2000, 2135; *Neumann-Duesberg* Bildberichterstattung über absolute und relative Personen der Zeitgeschichte, JZ 1960, 114; *ders.* Anmerkung zu LG Kleve MDR 1953, 107 f., MDR 1953, 108; *Nordemann, A./Nordemann, B./Czychowski* Die Entwicklung der Gesetzgebung und Rechtsprechung zum Urheberrecht in den Jahren 1998 und 1999, NJW 2000, 620; *Peukert* Persönlichkeitsbezogene Immaterialgüterrechte?, ZUM 2000, 710; *Seifert* Postmortaler Schutz des Persönlichkeitsrechts und Schadenersatz – Zugleich ein Streifzug durch die Geschichte des allgemeinen Persönlichkeitsrechts, NJW 1999, 1889; *Soehring/Seelmann-Eggebert* Die Entwicklung des Presse- und Äußerungsrechts 1997 bis 1999, NJW 2000, 2466; *Ullmann* Caroline v., Marlene D., Eheleute M. – ein fast geschlossener Kreis, WRP 2000, 1049; *Voigtländer/Elster/Kleine* Die Gesetze, betreffend das Urheberrecht an Werken der Literatur und der Tonkunst sowie an Werken der bildenden Kunst und der Photographie, 4. Aufl. 1952.

I. Bezug zu § 60

1 In enger Verbindung zu § 60 steht das Recht jeder Person am eigenen Bild. § 60 gibt der natürlichen Person unter bestimmten Umständen ein **Recht zur Vervielfältigung** des eigenen niedergelegten Bildnisses. Daneben bedarf es aber noch einer Regelung zur Frage, ob und inwieweit ein **Rechtsschutz gegen die unbefugte Verwertung von Bildnissen gegen den Willen der abgebildeten Person** notwendig ist. Sie wird durch §§ 22 ff. gelöst (amtl. Begr. zum KUG-Entwurf v. 28.11.1905, *Schulze* Bd 1, S. 221). § 22 KUG verbürgt mit dem Recht am eigenen Bild dem Einzelnen die Selbstbestimmung über sein eigenes Bildnis. Damit versetzt es ihn gleichzeitig in die Lage, einer Verwertung seines Bildnisses durch andere entgegenzutreten. Anders als iRd § 60 kommt es nicht darauf an, ob das Bildnis auf Bestellung angefertigt wurde oder Urheberrechtsschutz genießt (amtl. Begr. zum KUG-Entwurf v. 28.11.1905, *Schulze* Bd 1, S. 221). Anders als dort bleibt nach dem KUG aber **die Herstellung und die Nachbildung des Bildnisses frei**; erst die Verbreitung und öffentliche

Schaustellung ist an die Einwilligung des Abgebildeten geknüpft (amtl. Begr. zum KUG-Entwurf v. 28.11.1905, *Schulze* Bd 1, S. 221). Schon in der Herstellung eines Bildnisses kann aber eine Verletzung des Allg. Persönlichkeitsrechts des Abgebildeten liegen (*BGH* NJW 1966, 353, 2354 – Vor unserer eigenen Tür).

II. Doppelnatur

Das Recht am eigenen Bild ist Ausfluss der Würde des Menschen und wurde von der **2** Rspr schon früh als **bes. Erscheinungsform des Allg. Persönlichkeitsrechts** angesehen und aus Art. 1 und 2 GG hergeleitet. Inzwischen verleihen die Vorschriften der §§ 22 ff. KUG dem verfassungsrechtlichen Persönlichkeitsrecht zivilrechtlichen Ausdruck (*BVerfG* NJW 1999, 2358, 2359 – Greenpeace-Plakataktion gegen FCKW-produzierende Unternehmen). Das Recht am eigenen Bild hat eine Doppelnatur als Persönlichkeits- und Vermögensrecht (*BGH* NJW 2000, 2195 – Marlene Dietrich; NJW 2000, 2201, 2202 – Der blaue Engel). Der einzelne kann der Verwendung seiner Abbildung daher nicht nur aus ideellen, sondern auch aus kommerziellen Gründen entgegentreten und das Bildnis sogar selbst kommerziell nutzen (*BGH* NJW 2000, 2195, 2199 – Marlene Dietrich I), zB indem er es gegen Entgelt in der Werbung einsetzt.

Während die ideellen Belange des Bildnisträgers nach dessen Tod gem. § 22 S. 3 **3** KUG noch zehn Jahre lang von nahen Angehörigen in seinem Sinne wahrgenommen werden können, wurde über die nicht ausdrücklich geregelte **Dauer des Schutzes** der vermögensrechtlichen Interessen am eigenen Bild noch nicht entschieden. Der *BGH* (NJW 2000, 2195, 2199 – Marlene Dietrich I) wies jedoch auf die nahe liegende Annahme hin, dass auch hier die zehnjährige Schutzfrist des KUG gelte. Anders als die Ansprüche aus Verletzung ideeller Belange des Verstorbenen seien die dem Abgebildeten aus der Verletzung der vermögenswerten Bestandteile des Rechts am eigenen Bild zustehenden Forderungen aber vererblich und müssten mithin nach dem Tode des Abgebildeten von dessen **Erben** geltend gemacht werden (*BGH* NJW 2000, 2195, 2199 – Marlene Dietrich I). Wegen der Doppelnatur des Rechts am eigenen Bild, das als bes. Erscheinungsform des Allg. Persönlichkeitsrechts sowohl vermögensrechtlicher als auch ideeller Natur sei, könnten Letztere aber nur mit Einwilligung der nahen **Angehörigen** des Verstorbenen tätig werden, wenn die Nutzung auch ideelle Belange verletze (*BGH* NJW 2000, 2201 – Der blaue Engel; näher Vor §§ 12 ff. Rn 39).

III. Systematik und Konkurrenzen

Geregelt ist das Recht am eigenen Bild in den §§ 22-24 KUG, erg. Vorschriften fin- **4** den sich in den §§ 33, 37 f., 42-44 und 48 KUG. Sondervorschriften wie etwa § 169 GVG, der Ton- und Fernsehaufnahmen während der Gerichtsverhandlung verbietet (verfassungsgemäß: *BVerfG* WRP 2001, 243 ff.), sind zu beachten. Während das KUG iÜ aufgehoben wurde, blieben nach § 141 Nr. 5 diese Vorschriften über den Bildnisschutz bestehen und gelten fort. Bieten sie keinen Schutz, greifen erg. die §§ 823, 1004 BGB, weil das Recht am eigenen Bild als sonstiges Recht über den Anwendungsbereich des KUG hinaus geschützt ist. Dieser Rückgriff wird auch praktisch relevant. Denn obwohl der Gesetzgeber mit den §§ 22 ff. KUG offenbar eine abschließende Regelung des Rechts am eigenen Bild bezweckte (vgl amtl. Begr. zu §§ 22, 23 KUG-Entwurf v. 28.11.1905, *Schulze* Bd 1, S. 224), ist heute anerkannt, dass das KUG das Recht am eigenen Bild in mehreren Punkten nur **lückenhaft** regelt:

5   Offenbar ist dies zunächst für die **Rechtsfolgen** einer Verletzung des Rechts am eigenen Bild. Da die §§ 33 ff. KUG vor allem Unterlassungs- und Schadenersatzansprüche vollständig vermissen lassen, muss erg. auf §§ 823, 1004 BGB zurückgegriffen werden.

6   Anerkannt ist weiterhin, dass in Ausnahmefällen auch **nach Ablauf der Zehnjahresfrist** nach dem Tode des Abgebildeten (vgl § 22 S. 3 KUG) eine Verwertung fremder Bildnisse eine Verletzung des Allg. Persönlichkeitsrechts bedeuten kann (*BGH* NJW 2000, 2195, 2199 – Marlene Dietrich I mwN). Das gilt auch, soweit vermögensrechtliche Interessen des Abgebildeten verletzt werden (*BGH* NJW 2000, 2195, 2199 – Marlene Dietrich I; näher Vor §§ 12 ff. Rn 35 ff.).

7   Schließlich besteht Einigkeit darüber, dass unabhängig hiervon die im KUG nicht geregelte **Herstellung** von Bildnissen das Allg. Persönlichkeitsrecht des Abgebildeten verletzen kann (*BVerfG* NJW 2000, 1021, 1026 – Privatleben Prominenter; *BGHZ* 27, 384, 385 ff. – Heimliche Tonbandaufnahme; *BGH* NJW 1966, 353, 2354 – Vor unserer eigenen Tür; *OLG Düsseldorf* NJW 1994, 1971). Die darin liegende Loslösung des Bildes von der flüchtigen Wahrnehmung Dritter durch seine Fixierung kann einen gegebenen Eingriff in das Allg. Persönlichkeitsrecht auch noch verstärken (*BVerfG* WRP 2001, 243, 251).

8   Schließlich bleibt der Rückgriff auf vertragliche Ansprüche möglich, zB wenn der Bildnisträger ein **Recht auf Abbildung** geltend macht, welches ihm das KUG nämlich nicht gewährt.

9   Die Handelsfreiheit wird durch §§ 22 ff. KUG nicht unzulässig eingeschränkt; die Vorschriften verstoßen nicht gegen **Art. 28 ff. EGV** (*OLG Hamburg* AfP 1999, 486, 488).

IV. Verfassungskonforme Auslegung

10   Die Auslegung und Anwendung der das Recht am eigenen Bild regelnden Vorschriften ist Sache der Zivilgerichte. Sie haben dabei den Grundrechten Rechnung zu tragen. Das erfordert regelmäßig eine **Abwägung** zwischen den beiderseitigen Grundrechtspositionen, die iRd Tatbestandsmerkmale der einschlägigen zivilrechtlichen Normen vorzunehmen ist und Einzelfallbezug besitzen muss (*BVerfG* NJW 1999, 2358, 2359 – Greenpeace-Plakataktion gegen FCKW-produzierende Unternehmen; NJW 2000, 2021, 2024 – Privatleben Prominenter). Eine Satire oder ähnliche Übersteigerung darf als Stilmittel der Kommunikation grds nicht schon selbst als Kundgabe der Missachtung gewürdigt werden (*BVerfG* v. 10.7.2002, Az: 1 BvR 354/98). Ist eine Äußerung, die dem Kläger auf dem Bild mittels Sprechblase in den Mund gelegt wird, **mehrdeutig**, kommt eine belastende Sanktion nur in Betracht, wenn das Gericht eine alternative, nicht zur Verurteilung führende Deutung in nachvollziehbarer Weise ausschließen kann (*BVerfG* v. 10.7.2002, Az: 1 BvR 354/98).

V. Schrankenregelungen

Für Eingriffe in das Recht am eigenen Bild gelten die Schranken der §§ 44a ff. **11**
nicht. Diese erlauben nur Eingriffe in Urheberrechte, nicht jedoch in die Persönlichkeitsrechte abgebildeter Personen. Die Veröffentlichung eines Fotos kann daher insb. nicht durch die Zitierfreiheit (§ 51 Nr. 2) oder die für die Bild- und Tonberichterstattung geltenden Schranken des § 50 gerechtfertigt sein (*BGH* NJW 1985, 1617, 1619 – Nacktfoto).

Umgekehrt gelten die §§ 23 und 24 KUG auch nicht für andere Ansprüche als **12**
solche aus der Verletzung des in § 22 KUG geregelten Rechts am eigenen Bild (*BGH* NJW 1971, 2169, 2172 – Disney-Parodie; *VG Karlsruhe* NJW 2000, 2222, 2224). Daher kann die Zulässigkeit der Verwertung einer urheberrechtlich geschützten Comic-Figur nicht aus § 23 Abs. 1 Nr. 1 KUG hergeleitet werden (*BGH* NJW 1971, 2169, 2172 – Disney-Parodie).

§ 22 KUG   Recht am eigenen Bild

Bildnisse dürfen nur mit Einwilligung des Abgebildeten verbreitet oder öffentlich zur Schau gestellt werden. Die Einwilligung gilt im Zweifel als erteilt, wenn der Abgebildete dafür, daß er sich abbilden ließ, eine Entlohnung erhielt. Nach dem Tode des Abgebildeten bedarf es bis zum Ablaufe von 10 Jahren der Einwilligung der Angehörigen des Abgebildeten. Angehörige im Sinne dieses Gesetzes sind der überlebende Ehegatte oder Lebenspartner und die Kinder des Abgebildeten, und wenn weder ein Ehegatte oder Lebenspartner noch Kinder vorhanden sind, die Eltern des Abgebildeten.

Literatur: S. die Literaturhinweise zur Vorbemerkung.

Übersicht

I. Regelungsgehalt

§ 22 KUG macht die Verbreitung und das öffentliche Zur-Schau-Stellen eines Bild- **1**
nisses einer Person von deren Einwilligung abhängig. Es handelt sich um eine umfassende Verbotsvorschrift, die jedoch durch §§ 23 und 24 KUG verschiedene Ausnahmen erfährt. Der Verbotstatbestand des § 22 KUG enthält keine Aussage über Rechtsfolgen einer Verletzung. Diese ergeben sich vielmehr teils aus den §§ 33 ff. KUG, teils aus §§ 823, 1004 BGB. Auf die Kommentierung zu Anh. § 60/§§ 33-50 KUG wird verwiesen.

II. Unzulässigkeit der Herstellung, der Verbreitung und des öffentlichen Zur-Schau-Stellens von Bildnissen

1. Bildnis

2   Unzulässig ist es nach § 22 KUG, ein Bildnis ohne Einwilligung des Abgebildeten zu verbreiten oder öffentlich zur Schau zu stellen.

3   Ein **Bildnis** ist jede Abbildung einer **natürlichen Person**, welche bestimmt und geeignet ist, sie dem Betrachter in ihrer dem Leben nachgebildeten äußeren Erscheinung vor Augen zu führen und das Aussehen, wie es gerade dieser Person zu eigen ist, im Bilde wiederzugeben (*BGH* NJW 1965, 2148 – Spielgefährtin I). Abbildungen juristischer Personen, von Tieren oder von Zeichentrickfiguren sind keine Bildnisse (vgl *BGH* NJW 1971, 2169, 2172 – Disney-Parodie). Auf welche Art die Abbildung hergestellt wurde, ist ohne Belang (*BGH* NJW 2000, 2195, 2200 – Marlene Dietrich I). Das Bildnis kann daher zwei- oder mehrdimensional, gezeichnet oder geformt, vollendet oder unvollendet und unter Verwendung eines einzigen oder verschiedener Materialarten hergestellt worden sein. Auch die Kopfbüste oder sogar nur ein Torso, eine Totenmaske oder eine gezeichnete Skizze können ein Bildnis sein. Selbst eine Karikatur kann als Bildnis iSd § 22 KUG gelten (*KG* GRUR 1981, 742; *Leinveber* GRUR 1963, 236, 238; *Schricker/Gerstenberg/Götting* § 60/§ 22 KUG Rn 7). Die amtl. Begr. (zu §§ 22, 23 KUG-Entwurf v. 28.11.1905, *Schulze* Bd 1, S. 223) sah eine Notwendigkeit zur Erfassung der Karikatur über das KUG auch nur deshalb nicht gegeben, weil „der Schutz der Person gegen den Missbrauch der Karikatur ... dem allgemeinen Recht an(gehöre)". Häufig wird hier aber ein Ausnahmefall nach § 23 Abs. 1 Nr. 1 KUG vorliegen.

4   Die Abbildung muss die natürliche Person **erkennbar** machen, wobei ausreichend ist, dass der Abgebildete begründeten Anlass hat anzunehmen, er könne als abgebildet identifiziert werden (*BGH* NJW 1971, 698, 700 – Liebestropfen; NJW 1979, 2205 – Fußballtor). Abzustellen ist auf die Erkennbarkeit für Dritte (stRspr, vgl *BGH* NJW 2000, 2195, 2200 – Marlene Dietrich I). Sie entscheidet auch darüber, als **wessen** Bildnis eine Personendarstellung anzusehen ist (*BGH* NJW 2000, 2201, 2202 – Der blaue Engel). Die Rspr (*BGH* NJW 1979, 2205 – Fußballtor) stellt im Hinblick auf den Schutzzweck des § 22 KUG, die Persönlichkeit davor zu schützen, gegen ihren Willen in Gestalt der Abbildung für andere verfügbar zu werden, keine hohen Anforderungen. Es genügt schon die Erkennbarkeit durch einen mehr oder minder großen Bekanntenkreis (*BGH* NJW 1979, 2205 – Fußballtor).

5   IdR sind es die **Gesichtszüge**, welche die Erkennbarkeit einer Person herbeiführen (*BGH* NJW 1965, 2148, 2149 – Spielgefährtin I). Die Erkennbarkeit der Person kann aber auch gegeben sein, ohne dass ihre Gesichtszüge sichtbar oder überhaupt abgebildet werden (*BGH* NJW 1971, 698, 700 – Liebestropfen; NJW 1979, 2205 – Fußballtor). Es genügt, wenn der Abgebildete, mag auch sein Gesicht durch Retuschen (*BGH* NJW 1971, 698, 700 – Liebestropfen) oder eine Augenbinde (*BGH* GRUR 1974, 794, 795 – Todesgift) kaum oder gar nicht erkennbar sein oder sogar ganz fehlen, durch **andere Merkmale**, die sich aus dem Bild ergeben und die gerade ihm eigen sind, erkennbar ist oder seine Person durch den beigegebenen Text oder durch den Zusammenhang mit früheren Veröffentlichungen erkannt werden kann (*BGH* NJW 1971, 698, 700 – Liebestropfen; NJW 1979, 2205 – Fußballtor; NJW 2000, 2201, 2202 –

Der blaue Engel). So kann eine Person schon anhand ihrer typischen **Gangart**, ihrer **Kleidung** oder **aufgrund sonstiger Einzelheiten**, zB anhand des mit ihr abgebildeten Pferdes, identifizierbar sein (vgl *OLG Düsseldorf* GRUR 1970, 618). Wird die abgebildete Person durch eine unter der Abbildung befindliche **Namensangabe** benannt, ist die Erkennbarkeit ohnehin gewährleistet. Es kommt dann für die Frage, ob ein Bildnis iSd § 22 KUG vorliegt, nicht mehr darauf an, ob die abgebildete Person auch unabhängig von der Namensunterschrift allein aufgrund des Bildeindrucks wiedererkannt werden könnte (*BGH* NJW 1965, 2148, 2149 – Spielgefährtin I).

Unmaßgeblich für die Bildniseigenschaft einer Abbildung ist, ob es dem Verletzer **6** des Rechts am eigenen Bild gerade auf die Verwendung eines Bildnisses der abgebildeten Person ankommt, oder ob an Stelle des Abbilds dieser Person auch eine andere Abbildung treten könnte, der Abgebildete also **austauschbar** ist (*BGH* NJW 1979, 2205 – Fußballtor). Denn die Absichten des Verletzers spielen weder dem Wortlaut des § 22 KUG noch dessen Sinn und Zweck nach für die Einstufung einer Abbildung als Bildnis eine Rolle. Der Tatbestand des § 22 KUG ist folglich erfüllt, wenn ein bestimmter Fußballspieler lebenswirklich abgebildet wird, selbst wenn dem Beschauer lediglich die Person eines Fußballers vor Augen geführt werden soll, ohne dass es darauf ankommt, welcher von mehreren Fußballspielern gezeigt wird (*BGH* NJW 1979, 2205, 2206 – Fußballtor). Lediglich für den Fall, dass ein Schauspieler hinter der Maske seiner Rolle in der betr. Rolle in der betr. Abbildung nicht mehr eigenpersönlich in Erscheinung tritt, hat der *BGH* (NJW 1961, 558 – Familie Schölermann; NJW 1979, 2205, 2206 – Fußballtor) eine Ausnahme für möglich gehalten.

Stammt das Bildnis tatsächlich von einer anderen Person als der, die vom Betrach- **7** terkreis als die Abgebildete angesehen wird, steht dies dem Bildnisschutz nicht entgegen. Es kann auch keinen Unterschied machen, ob eine Person nur aus dem Gedächtnis nachgezeichnet oder ob sie durch eine andere, ihr **täuschend ähnlich** sehende Person für den Betrachterkreis erkennbar gemacht wird. Das gilt selbst bei einer nur zufälligen Ähnlichkeit, da es auf die Ansichten des Verletzers nicht ankommt (**aA** *Schricker/Gerstenberg/Götting* § 60/§ 22 KUG Rn 5); uU kann es dann aber an dem für den Schadenersatzanspruch erforderlichen Verschulden fehlen. Die Abbildung eines **Doppelgängers** einer berühmten Person ist daher als Bildnis der Person anzusehen, wenn in ihr die prominente Person erkennbar wird. Dies gilt unabhängig davon, ob der Eindruck erweckt wird, bei dem Doppelgänger handele es sich um die berühmte Person selbst, oder ob die Doppelgängerstellung vom Verkehr erkannt wird (*LG Köln* ZUM 2001, 180, 181; vgl *BGH* NJW 2000, 2201, 2202 – Der blaue Engel; *LG Düsseldorf* Urt. v. 29.8.2001, Az: 12 O 566/00).

Ein Bildnis wurde bejaht bei einer Farbfotografie, welche einen bekannten Fußbal- **8** ler als Torwart durch das Netz eines Fußballtors hindurch von hinten zeigt und anhand dessen der Fußballer für einen Kenner der Fußballmannschaft, welcher der Abgebildete angehörte, insb. anhand **Statur, Haltung und Haarschnitt** unschwer erkennbar war (*BGH* NJW 1979, 2205 – Fußballtor). In einer Zeitungsanzeige für ein Fotokopiergerät mit einer **nachgestellten Szene** aus dem 1930 gedrehten Film „Der blaue Engel" mit Marlene Dietrich war die Schauspielerin zu erkennen, weil der Eindruck erweckt wurde, es handele sich um eine Abbildung ihrer selbst in dieser Rolle (*BGH* NJW 2000, 2201, 2202 – Der blaue Engel). **Zeichnungen** von Marlene Dietrich wurden als ihr Bildnis angesehen (*BGH* NJW 2000, 2195, 2200 – Marlene

Dietrich I). Auch eine **Karikatur** ist Bildnis iSd § 22 KUG. In einer zeichnerischen Darstellung der Person des „Meister Eder", in der man die Person des diesen in der Verfilmung darstellenden Schauspielers erkennen kann, liegt ein Bildnis (*LG München I* AfP 1997, 559, 560). Wer als dem Verkehr erkennbarer Doppelgänger eines bekannten Rennfahrers in dem für diesen bekannten Rennanzug auf öffentlichen Feiern und Werbeveranstaltungen auftritt, verletzt das Allg. Persönlichkeitsrecht des Prominenten (*LG Köln* ZUM 2001, 180).

2. Unzulässige Verwertungshandlungen

9   § 22 KUG verbietet die Verbreitung und das öffentliche Zur-Schau-Stellen von Bildnissen. Die **Herstellung** der Bildnisse selbst fällt nicht unter § 22 KUG. Sie kann aber in Ausnahmefällen, so bei erschlichenen Aufnahmen (*BGHZ* 27, 384, 385 ff. – Heimliche Tonbandaufnahme; *BGH* NJW 1966, 353, 2354 – Vor unserer eigenen Tür), bei Bildaufnahmen in Gerichtsverhandlungen entgegen § 169 GVG (*BVerfG* WRP 2001, 243, 251) und auch unter anderen Umständen (*BVerfG* NJW 2000, 1021, 1026 – Privatsphäre Prominenter; vgl auch *OLG Düsseldorf* NJW 1994, 1971) eine Verletzung des Rechts am eigenen Bild als bes. Erscheinungsform des Allg. Persönlichkeitsrechts darstellen oder das Hausrecht der betr. Person oder eines Dritten verletzen (zur Aufnahme in Zügen der Deutschen Bahn AG: *KG* NJW 2000, 2210).

10   Unter dem **Verbreiten** eines Bildnisses versteht man jede Art, das Bildnis an Dritte weiterzugeben oder auch nur zu ihrer Kenntnis gelangen zu lassen. Verbreitet werden kann danach sowohl durch die Weitergabe des Originals oder von Vervielfältigungen als auch durch jede Art der Wiedergabe des Bildnisses. Eine Unterscheidung zwischen **körperlichen und unkörperlichen Verwertungsarten** und zwischen der **Verwertung in der Öffentlichkeit und im privaten Kreis** nimmt § 22 KUG anders als die §§ 15 ff. nicht vor. Verbreitet wird ein Bildnis daher, wenn Abzüge einer Fotografie an andere verteilt werden, selbst wenn dies nur im privaten Kreis geschieht, wenn das Bild im Fernsehen gesendet oder auf Video überspielt und Dritten vorgeführt wird. Auch das Verschenken, Verleihen oder Verkaufen von Postkarten mit dem Bildnis oder eine entspr. Verwertung einer Zeitung mit dem betr. Bild erfüllen den Begriff des Verbreitens des Bildnisses.

11   **Öffentlich zur Schau gestellt** wird ein Bildnis, wenn es für die Öffentlichkeit wahrnehmbar gemacht wird. Die bes. Wahrnehmungsformen bestimmter Personengruppen, zB von Behinderten, sind zu beachten. Ein öffentliches Zur-Schau-Stellen liegt zB in der Bereitstellung für Betrachter, aber auch im Zugänglichmachen zum Ertasten durch Blinde. Im Unterschied zum Verbreiten wird das Bildnis nicht an den Dritten weitergegeben. Maßgeblich ist der Öffentlichkeitsbegriff des § 15 Abs. 3. Ein öffentliches Zur-Schau-Stellen liegt danach vor, wenn eine Büste oder auch nur ein Monitor mit dem Bildnis im Museum für die Öffentlichkeit zugänglich aufgestellt wird. Öffentlich zur Schau gestellt werden ferner die Fotografien in den Ausstellungsfenstern von Fotografen und die Bilder mit – auch abstrakten – Gemälden realexistenter Personen in Galerien. Auch die öffentliche Funksendung fällt unter § 22 KUG (vgl amtl. Begr. BT-Drucks. IV/270, 64). Wer ein Bildnis ins Internet stellt, stellt es öffentlich zur Schau.

III. Erteilung der Einwilligung

Zulässig sind die Verbreitung, das Zur-Schau-Stellen und natürlich auch das Herstel- **12**
len des Bildnisses, wenn der Abgebildete in diese Handlungen eingewilligt hat. Fehlt
es an der Einwilligung, liegt in der Nutzung des Bildnisses gleichwohl keine Verletzung des Allg. Persönlichkeitsrechts, wenn einer der Fälle der §§ 23 und 24 KUG gegeben ist. Daneben kann die Herstellung und Verwertung des Bildnisses ausnahmsweise, zB durch Notstand, gerechtfertigt sein. Schließlich kann der Berechtigte den
Eingriff auch noch nachträglich genehmigen.

Problematisch ist, welche Rechtsnatur die Einwilligung hat. Die **hM** (*OLG München* **13**
NJW 2002, 305 ff.; *Schricker/Gerstenberg/Götting* § 60/§ 22 KUG Rn 14; *Möhring/
Nicolini/Gass* § 60 Anh. § 22 KUG Rn 20) ist sich darüber einig, dass sie zumindest
rechtsgeschäftsähnlicher Natur ist. Dem wird im Ergebnis zu folgen sein, weil sie jedenfalls die Funktion einer Willenserklärung erfüllt. Die Einwilligung kann daher
auch durch einen Dritten in Stellvertretung erteilt werden (*OLG München* NJW
2002, 305). Bedeutsam wird die weitergehende Frage, ob die Einwilligung nicht nur
rechtsgeschäftsähnliche, sondern rechtsgeschäftliche Erklärung ist, wenn das Bildnis
eines **Minderjährigen** oder **Geschäftsunfähigen** verwertet werden soll. Entschei-
dungs- und Mitspracherechte des Minderjährigen bzw Geschäftsunfähigen bestünden nicht, wenn man von einer rein rechtsgeschäftlichen Erklärung ausginge. Dies
ließe jedoch den Umstand unberücksichtigt, dass auch in anderen Rechtsgebieten an
ein unterschiedliches Alter des Kindes geknüpft derartige Rechte anerkannt werden.
So ist das Kind nach § 2 Abs. 3 S. 5 des Gesetzes über die religiöse Kindererziehung
(RelKErzG v. 15.7.1921, RGBl, 939; BGBl III, 404-9; zuletzt geändert am
12.9.1990, BGBl I, 2002) unter bestimmten Voraussetzungen ab zehn Jahren zu hören, dem 12-jährigen Kind steht nach § 5 S. 2 RelKErzG in bestimmten Grenzen ein
Mitspracherecht zu und der 14-jährige Minderjährige kann nach § 5 Abs. 3 S. 2
RelKErzG eigenständig über seine Religionszugehörigkeit entscheiden. Angesichts
der mit dem Anfertigen eines Bildnisses und dessen Verwertung verbundenen erheblichen ideellen und vermögensrechtlichen Folgen, die für Minderjährige (vgl
§§ 106 ff. BGB) regelmäßig nicht in vollem Umfang überschaubar sein werden, wird
man ab dem 14. Lebensjahr zwar eine eigenständige Entscheidungsbefugnis des Kindes annehmen, daneben aber zusätzlich bis zum 18. Lebensjahr die Einwilligung seiner Eltern verlangen müssen (ebenso *Schricker/Gerstenberg/Götting* § 60/§ 22 KUG
Rn 14). Damit sind aber auch die Weichen zugunsten einer nur rechtsgeschäftsähnlichen Erklärung gestellt; inkonsequent erscheint es, im Sinne einer Rosinentheorie
die Einwilligung zwar als Willenserklärung anzusehen, die Vorschriften für Willenserklärungen auf sie aber nur eingeschränkt, etwa im Sinne eines Mitbestimmungs-
rechts des Minderjährigen, anzuwenden (so aber *Möhring/Nicolini/Gass*, § 60 Anh.
§ 22 KUG Rn 20 ff.). Vielmehr ist von einer bloß rechtsgeschäftsähnlichen Erklärung auszugehen, sodass die auf Willenserklärungen zugeschnittenen Vorschriften
nur insoweit Anwendung finden, als dies mit dem Sinn und Zweck des § 22 KUG
vereinbar ist. Das bedeutet:

Die Einwilligung kann **formlos** erteilt und auf bestimmte Verwertungshandlungen **14**
beschränkt werden. Haben die Parteien keine ausdrückliche Absprache über den
Umfang der Einwilligung getroffen, ist dieser durch Auslegung zu ermitteln. Wie
iRd Zweckübertragungstheorie, die zT sogar analog herangezogen wird (so *Schri-*

cker/Gerstenberg/Götting § 60/§ 22 KUG Rn 16), wird der Abgebildete dem Dritten im Zweifel nur die Befugnisse und diese nur in dem Umfang eingeräumt haben, wie sie zur Verfolgung des gemeinsamen Zwecks erforderlich sind. Der Bereich der Werbung mit dem Bildnis ist unter Anwendung dieser Grundsätze häufig ausgeschlossen (*Schricker/Gerstenberg/Götting* § 69/§ 22 KUG Rn 15), zumal mit der Verwendung eines Bildnisses zu Werbezwecken eine Abwertung des Rufes des Abgebildeten einhergehen kann, der seinen Namen zur Förderung der auf den bloßen Produktabsatz gerichteten, kommerziellen Interessen eines anderen einsetzt. Die Einwilligung wird sich üblicherweise nur auf ein bestimmtes Bildnis beziehen.

15   Eine einmal erteilte Einwilligung ist jedenfalls nach Beginn der Verwertung **unwiderruflich** (§ 183 S. 1 BGB). Aber auch schon vorher wird im Allgemeinen von der Unwiderruflichkeit auszugehen sein. Da üblicherweise im Vertrauen auf die Einwilligung erhebliche Dispositionen vorgenommen werden und der Einwilligende dies weiß bzw damit rechnen muss, liegt im Abschluss des Verwertungsvertrags nämlich im Allgemeinen ein konkludenter Ausschluss der Widerruflichkeit (§ 183 S. 1 aE). Bei einer nachträglichen wesentlichen Veränderung der Umstände sollte man allerdings entspr. dem in den §§ 41, 42 (vgl ferner § 323, 767 Abs. 2 ZPO) zum Ausdruck kommenden Rechtsgedanken den Widerruf der Einwilligung zulassen. Analog § 122 BGB ist der Vertrauensschaden zu ersetzen (*Schricker/Gerstenberg/Götting* § 22 KUG/§ 60 Rn 14). Daneben kann die Einwilligung nichtig sein und angefochten werden. Es gelten die allg. Grundsätze (§§ 119 ff., 123, 138 BGB).

16   Die **Beweislast** für das Vorliegen der Einwilligung obliegt dem, der sich auf sie beruft, und damit dem als Verletzer in Anspruch genommenen (*OLG Hamm* AfP 1998, 304). Hat sich der Abgebildete **gegen Entgelt abbilden** lassen, gilt seine Einwilligung zur Verwertung der Abbildung im Zweifel als erteilt (§ 22 S. 2 KUG). Dadurch wird **keine generelle Beweislastumkehr** bewirkt. Vielmehr hat das über die Rechtsverletzung befindende Gericht die – ggf bewiesenen – Umstände für und gegen die Einwilligung zur konkreten Verwertungshandlung zu werten, wobei auch die Verkehrssitte eine Rolle spielt. Nur wenn die Umstände des Einzelfalls nicht eindeutig sind, bleibt Raum für die Auslegungsregelung des § 22 S. 2 KUG. So hilft § 22 S. 2 KUG dem Werbeunternehmen nicht weiter, welches das Foto eines Prominenten, der sich gegen Entgelt im Kreise seiner Familie für eine Illustrierte abbilden ließ, für Werbezwecke verwertet. Wer gegen Entgelt in einem bestimmten Werbespot auftritt, hat damit idR noch keine Zustimmung zur Verwertung auch für andere Werbezwecke erteilt. Bei einer Abbildung in unbekleidetem Zustand oder bei der Verwendung eines Bildnisses, die geeignet ist, den Abgebildeten in Misskredit zu bringen, ist bes. Eindeutigkeit der Erklärung zu fordern. Die Voraussetzungen, welche die Vermutung nach § 22 S. 2 KUG begründen, sind von dem zu **beweisen**, der sich auf die Einwilligung des Verletzten beruft.

IV. Geltendmachung des Rechts nach dem Tode des Abgebildeten

17   § 22 S. 2 KUG ordnet an, dass die ideellen Rechte des Abgebildeten aus § 22 KUG auch noch nach dessen Tod für einen Zeitraum von 10 Jahren seit dem Todestag fortbestehen und von den Angehörigen geltend gemacht werden können. Einer über den Tod hinaus erteilten **Vollmacht** ist der Vorrang vor § 22 S. 2 KUG einzuräu-

men. § 31 des zum **1.8.2001** in Kraft getretenen Gesetzes zur Beendigung der Diskriminierung gleichgeschlechtlicher Gemeinschaften (LPartG v. 16.2.2001) stellt Lebenspartner iSd § 1 LPartG den Ehegatten gleich. Die neue Rechtslage aufgrund des **LPartG** ist bei Altfällen bei der Entsch. mit zu berücksichtigen, ob eine Vollmacht über den Tod hinaus nach dem Tod des Vollmachtgebers dem Entscheidungsrecht der Eltern gem. § 22 S. 4 KUG vorgeht (*OLG München* NJW 2002, 305).

Anders als die ideellen Rechte sind die vermögensrechtlichen Bestandteile des   **18** Rechts am eigenen Bild vererblich. Bei der Durchsetzung von Ansprüchen aus der Verletzung des Rechts am eigenen Bild müssen nach dem Tode des Abgebildeten dessen Erben und nahe Angehörige bzw Bevollmächtigte daher zusammenwirken, wenn die Verletzung, wie zumeist bei der Abbildung von Prominenten in Zeitschriften oder zu Werbezwecken der Fall, sowohl ideelle als auch vermögensrechtliche Interessen des Verstorbenen berührt. S. hierzu näher Anh. § 60/§§ 33-50 KUG Rn 27 ff. und Vor §§ 12 ff. Rn 31, 39.

§ 23 KUG   Ausnahmen zu § 22

(1) Ohne die nach § 22 erforderliche Einwilligung dürfen verbreitet und zur Schau gestellt werden:

1. Bildnisse aus dem Bereiche der Zeitgeschichte;

2. Bilder, auf denen die Personen nur als Beiwerk neben einer Landschaft oder sonstigen Örtlichkeit erscheinen;

3. Bilder von Versammlungen, Aufzügen und ähnlichen Vorgängen, an denen die dargestellten Personen teilgenommen haben;

4. Bildnisse, die nicht auf Bestellung angefertigt sind, sofern die Verbreitung oder Schaustellung einem höheren Interesse der Kunst dient.

(2) Die Befugnis erstreckt sich jedoch nicht auf eine Verbreitung und Schaustellung, durch die ein berechtigtes Interesse des Abgebildeten oder, falls dieser verstorben ist, seiner Angehörigen verletzt wird.

Literatur: S. die Literaturhinweise zur Vorbemerkung.

Übersicht

I. Regelungsgehalt

1 § 23 KUG normiert verschiedene **Ausnahmen zu dem Verwertungsverbot** für Bildnisse des § 22 KUG. Sie sind zT dem Informationsinteresse der Allgemeinheit, zT Praktikabilitätsgründen entsprungen. Eine § 23 KUG in Teilbereichen entspr. Vorschrift enthält § 32 StUG.

2 Die Prüfung, ob die Veröffentlichung durch § 23 (oder § 24) KUG gedeckt ist, stellt sich immer dann, wenn die Veröffentlichung des Bildnisses einer **Person nicht (mehr) von der Einwilligung des Abgebildeten** gedeckt ist. Dies ist für jeden Einzelfall gesondert zu prüfen. Auch eine Person, die einer Veröffentlichung ihres Bildes zu anderen Zwecken zugestimmt hat, kann sich dabei gegen eine von dieser Einwilligung nicht mehr gedeckte Veröffentlichung ihres Bildnisses in anderem Zusammenhang wenden, wenn kein Fall des § 23 (oder § 24) KUG vorliegt (vgl hierzu zB *BGH* NJW 1985, 1617 ff. – Nacktfoto). § 23 Abs. 1 KUG ist **verfassungsgemäß** (*BVerfG* AfP 2000, 163). Bei seiner Auslegung sind die berührten Grundrechte zu berücksichtigen (*BVerfG* v. 10.7.2002, 1 BvR 354/98). Von Beachtung ist auch, dass das Persönlichkeitsrecht, auch in der Ausformung des Rechts am eigenen Bild, dem Einzelnen kein allg. und umfassendes Verfügungsrecht über die Darstellung der eigenen Person einräumt. Es gibt ihm nicht den Anspruch, nur so von anderen dargestellt zu werden, wie er sich selber sieht oder gesehen werden möchte (*BVerfG* v. 10.7.2002, Az: 1 BvR 354/98).

3 Eine Verwertungshandlung des Bildnisses, die an sich durch § 23 Abs. 1 KUG gedeckt wäre, hat zu unterbleiben, wenn durch sie ein **berechtigtes Interesse des Abgebildeten** bzw nach dessen Tod seiner Angehörigen verletzt wird (§ 23 Abs. 2 KUG). Dadurch wird die erforderliche (vgl *BVerfG* NJW 1999, 2358, 2359 – Greenpeace-Plakataktion gegen FCKW-produzierende Unternehmen) Abwägung der durch die Bildnisverwertung tangierten Grundrechtspositionen ermöglicht. Da sich § 23 Abs. 2 KUG von vornherein nur auf Personen von zeitgeschichtlicher Bedeutung bezieht, sind die Belange der Pressefreiheit bereits iRd § 23 Abs. 1 Nr. 1 KUG angemessen in die Abwägung einzubringen, da § 23 KUG sie sonst nicht ausreichend berücksichtigen würde (*BVerfG* NJW 2000, 1021, 1025 – Privatleben Prominenter).

4 Der *EGMR* (Urt. v. 26.2.2002, Az: 34315/96) ist davon ausgegangen, dass die iRd Abwägung, ob die Verwertung eines Bildnisses untersagt werden könne, vorzunehmende Abwägung im Falle der Veröffentlichung eines Bildnisses eines Politikers regelmäßig zugunsten der Meinungsäußerungsfreiheit ausfalle.

II. Ausnahmen von § 22 KUG gemäß § 23 Abs. 1 KUG

1. Bildnisse aus dem Bereich der Zeitgeschichte (§ 23 Abs. 1 Nr. 1 KUG)

a) Personen der Zeitgeschichte. aa) Allgemeines. Nach § 23 Abs. 1 Nr. 1 KUG   **5** dürfen Bildnisse aus dem Bereich der Zeitgeschichte ohne die nach § 22 KUG erforderliche Einwilligung verbreitet und zur Schau gestellt werden. Auch ihre Herstellung ist zulässig (*BGH* NJW 1966, 2353, 2354 – Vor unserer eigenen Tür). Ein **Bildnis der Zeitgeschichte** ist dabei jede Abbildung oder Darstellung einer Person, die im Blickfeld der Öffentlichkeit steht, sei es aus politischen, sozialen, wirtschaftlichen, kulturellen oder anderen Gründen (amtl. Begr. zum KUG-Entwurf v. 28.11.1905, *Schulze* Bd 1, S. 221). Fokussiert die Öffentlichkeit die betr. Person ständig, spricht man von einer absoluten Person der Zeitgeschichte. Steht die Person nur zeitweilig im Blickpunkt der Öffentlichkeit, handelt es sich um eine relative Person der Zeitgeschichte. Diese Unterscheidung wurde von *Neumann-Duesberg* (JZ 1960, 114 ff.) entwickelt und vom BGH übernommen (vgl zB *BGH* NJW 1996, 985, 986 – Kumulationsgedanke (Wiederholungsveröffentlichung)). Die Rechtsfigur der relativen Person der Zeitgeschichte ist verfassungsrechtlich nicht zu beanstanden (*BVerfG* NJW 2001, 1921 – Prinz Ernst August von Hannover).

Stets muss der zeitgeschichtliche Hintergrund die Veröffentlichung rechtfertigen, so-   **6** dass die Verwertung von Bildnissen von Personen der Zeitgeschichte nicht schrankenlos zulässig ist, sondern nur, wenn sie durch ein **Informationsinteresse** der Allgemeinheit gedeckt ist. Während bei absoluten Personen der Zeitgeschichte im Allgemeinen ein umfassendes Informationsinteresse der Allgemeinheit auch an deren täglichem Leben besteht, beschränkt es sich bei relativen Personen der Zeitgeschichte auf die Umstände, wegen derer die Person in das Blickfeld der Öffentlichkeit getreten ist, und damit auf einen zumindest zeitlich, uU auch räumlich und inhaltlich, begrenzten Ausschnitt aus dem Leben der betr. Person.

bb) Absolute Personen der Zeitgeschichte. Absolute Person der Zeitgeschichte   **7** sind alle Personen, die derart in das Blickfeld der Öffentlichkeit getreten sind, dass der Allgemeinheit ein durch ein **echtes Informationsbedürfnis** gerechtfertigtes Interesse an einer bildlichen Darstellung zuzubilligen ist (*BGH* NJW 1996, 985, 986 – Kumulationsgedanke (Wiederholungsveröffentlichung)). Das ist vor allem dann der Fall, wenn die betr. Person entweder zum öffentlichen Leben gehört oder in einer dem gleichkommenden Art und Weise derart in das Blickfeld der Öffentlichkeit getreten ist, dass diese ein anerkennenswertes allg. Informationsbedürfnis besitzt. Ihre Einbeziehung in § 23 Abs. 1 Nr. 1 KUG ist verfassungsgemäß (*BVerfG* NJW 2000, 1021, 1025 – Privatleben Prominenter).

Bildnisse von **absoluten Personen der Zeitgeschichte** dürfen veröffentlicht werden,   **8** ohne dass ein irgendwie gearteter Bezug zu einer öffentlichen Funktion der Person erforderlich wäre. Ein iRd § 23 Abs. 1 KUG schützenswertes Informationsinteresse der Allgemeinheit ist schon dann anzuerkennen, wenn es lediglich darum geht, wie sich der Betreffende als einfacher Mensch, also auch außerhalb seiner öffentlichen Funktionen, in der Öffentlichkeit bewegt (näher unten Rn 19).

Bei **Familienangehörigen, vor allem bei Kindern einer absoluten Person der**   **9** **Zeitgeschichte** gebietet es der Rechtsverlust, der für die Betroffen mit der Anwendung des § 23 Abs. 1 Nr. 1 KUG verbunden ist, diese nur dann in den Kreis der absoluten Personen der Zeitgeschichte einzubeziehen, wenn sie gleichfalls als Angehörige in der Öffentlichkeit auftreten oder im Pflichtkreis ihrer Eltern öffentliche Funktionen wahrnehmen (*BGH* NJW 1999, 985, 986 – Kumulationsgedanke (Wiederholungsveröffentlichung)). Daher ist zB die Ehefrau Boris Beckers absolute Person der Zeitgeschichte, weil sie selbst in der Öffentlichkeit auftritt und repräsentative Aufgaben erfüllt, während das Neugeborene der berühmten Geigerin Anne Sophie Mutter nicht zum Kreis der absoluten Personen der Zeitgeschichte gehörte, weil es ein von der Öffentlichkeit abgeschirmtes Leben lebte. Selbst dann, wenn ein Familienangehöriger oder ein Lebensgefährte einer absoluten Person der Zeitgeschichte selbst absolute Person der Zeitgeschichte ist, endet diese Zugehörigkeit zum Kreis der absoluten Personen der Zeitgeschichte dann, wenn er über längere Zeit nicht mehr in der Öffentlichkeit aufgetreten ist und, zB wegen einer Trennung von der absoluten Person der Zeitgeschichte, kein Informationsinteresse der Allgemeinheit mehr besteht. In diesem Fall kann die betr. Person jedoch zur relativen Person der Zeitgeschichte werden, wenn betr. seines früheren Auftretens noch Informationsbedarf der Öffentlichkeit besteht.

10   **Absolute Person der Zeitgeschichte** ist, wer **Bundestagsabgeordneter** und **Fraktionsvorsitzender** einer deutschen Partei ist (so zu §§ 6, 32 StUG *OLG Hamburg* NJW 1999, 3343, 3344). Bekannte **Staatsmänner** und **Politiker** sind im Allgemeinen absolute Personen der Zeitgeschichte (vgl *BGH* NJW 1996, 593 – Willi Brandt (Abschiedsmedaille)). Eine mehrfache **Olympiasiegerin**, **Weltmeisterin** und **Europameisterin** im Eiskunstlauf ist eine absolute Person der Zeitgeschichte (*OLG Frankfurt* NJW 2000, 594). **Bekannte Fußballspieler** sind absolute Personen der Zeitgeschichte, weil sich ein großer Kreis der Freunde des Fußballsports ständig für die Personen der Spieler und die Zusammensetzung der Mannschaften interessiert (*BGH* NJW 1968, 1091 – Ligaspieler; vgl *BVerfG* NJW 1998, 1627, 1632 – Kurzberichterstattung im Fernsehen) ebenso wie **bekannte Tennisspieler und Sänger** (*BGH* NJW 1997, 1152 – CD-Einlegeblatt). Die **Prinzessin** Caroline von Monaco wurde als absolute Person der Zeitgeschichte angesehen (*BGH* NJW 1996, 985, 986 – Kumulationsgedanke (Wiederholungsveröffentlichung)). **Berühmte Wissenschaftler und Erfinder, Künstler oder Schriftsteller**, wie Graf Zeppelin (vgl *RGZ* 74, 308, 312 f.), Picasso und Thomas Mann sind absolute Personen der Zeitgeschichte, ebenso bekannte **Schauspieler** wie Paul Dahlke (*BGH* NJW 1956, 1554 f. – Paul Dahlke), Marlene Dietrich (*BGH* NJW 2000, 2195, 2200 – Marlene Dietrich I; GRUR 2002, 690, 691 – Marlene Dietrich II; NJW 2000, 2201, 2202 – Der blaue Engel) oder der den „Meister Eder" darstellende Gustl Bayrhammer (*LG München I* AfP 1997, 559, 561). Auch die angeklagten Politiker im **Honecker-Prozess** wurden als absolute und nicht nur als relative Personen der Zeitgeschichte angesehen (*BVerfG* NJW 1992, 3288, 3289).

11   **Nicht als absolute Person der Zeitgeschichte angesehen** wurde der **Sohn** der Prinzessin Caroline von Monaco, der selbst nicht in der Öffentlichkeit aufgetreten war (*BGH* NJW 1996, 985, 986 – Kumulationsgedanke (Wiederholungsgefahr)). Keine absolute Person der Zeitgeschichte ist eine Person, deren Verhalten während der nationalsozialistischen Herrschaft zu Kritik Anlass gab, wenn das gegen sie geführte **Strafverfahren eingestellt** wurde und die Person der Öffentlichkeit erstmals durch

die Veröffentlichung ihres Bildnisses bekannt wurde, welches nach § 22 KUG angegriffen wird (*BGH* NJW 1966, 2353, 2355 – Vor unserer eigenen Tür). Keine absoluten – und auch keine relativen – Personen der Zeitgeschichte sind Menschen, die
sich durch **Behinderungen oder Missbildungen** von anderen unterscheiden (*OLG
München* NJW 1975, 1129 f.; *LG Kleve* MDR 1953, 107 f. mit Anm. *Neumann-
Duesberg*). Auch sie können aber zu Personen der Zeitgeschichte werden, wenn sie
anders als durch die bloße Existenz ihrer Behinderung das Interesse der Allgemeinheit auf sich gezogen haben, zB weil sie Texte oder Gedichte über ihr Leben mit der
Behinderung veröffentlicht haben.

cc) Relative Personen der Zeitgeschichte. Relative Person der Zeitgeschichte ist je-   **12**
de Person, die durch eine Handlung oder ein Ereignis so in die Öffentlichkeit getreten
ist, dass diese an der bildlichen Darstellung der betr. Person zumindest für einen
gewissen Zeitraum ein berechtigtes Interesse besitzt (*BGH* NJW 1965, 2148, 2149
– Spielgefährtin I). Auch die Begleitung einer absoluten Person der Zeitgeschichte
kann einen Dritten zur relativen Person der Zeitgeschichte machen, wobei sein eigener Bekanntheitsgrad das Informationsinteresse der Allgemeinheit erhöhen kann.
Das Informationsinteresse der Allgemeinheit kann auch allg. Art sein, sodass etwa
auch ein Interesse am Leben von Personen bestehen kann, die als Begleiter einer absoluten Person der Zeitgeschichte auftreten (*BVerfG* NJW 2001, 1921, 1923 – Prinz
Ernst August von Hannover). Dabei dürfen die berechtigten Interessen der betr. Person jedoch nicht unberücksichtigt gelassen werden (*BVerfG* NJW 2001, 1921, 1922
– Prinz Ernst August von Hannover). Bei relativen Personen der Zeitgeschichte ist
die Abbildungsfreiheit auf den zeitgeschichtlichen Vorgang beschränkt, wegen dem
die Personen in den Blickpunkt der Öffentlichkeit getreten sind (*BGH* NJW 1965,
2148, 2149 – Spielgefährtin I). Näher hierzu unten Rn 20 ff.

Bei **Angehörigen, vor allem bei Kindern einer absoluten Person der Zeitge-   **13**
schichte** gebietet es der Rechtsverlust, der für die Betroffenen mit der Anwendung
des § 23 Abs. 1 Nr. 1 KUG verbunden ist, diese nur dann in den Kreis der relativen
Personen der Zeitgeschichte einzubeziehen, wenn sie aufgrund eines bestimmten Ereignisses oder eines Auftritts in der Öffentlichkeit ebenfalls das Interesse der Allgemeinheit auf sich gezogen haben (vgl *BGH* NJW 1999, 985, 986 – Kumulationsgedanke (Wiederholungsveröffentlichung); vgl auch *BVerfG* NJW 2001, 1921, 1922 –
Prinz Ernst August von Hannover).

Relative Person der Zeitgeschichte sind der Held einer **Rettungshandlung** und der   **14**
Pilot, der ein Flugzeug trotz verschiedener Materialbrüche sicher zum Landen gebracht hat. Wer in ein bedeutendes öffentliches Amt gewählt wurde, ist wegen des
Wahlvorganges als solchen zumindest relative Person der Zeitgeschichte, selbst
wenn die Öffentlichkeit der Ausübung des Amtes keine Beachtung mehr schenkt.
Straftäter sind ebenso wie ihre Opfer relative Personen der Zeitgeschichte (*KG*
Schulze KGZ 14, 4). Auch **Zeugen** im Prozess gehören zum Kreis der relativen Personen der Zeitgeschichte (*BGH* NJW 1966, 2148 f. – Spielgefährtin I), ebenso wie
die **Richter, Schöffen, Staatsanwälte und Verteidiger** in Prozessen von bes. zeitgeschichtlichen Interesse (vgl *BVerfG* NStZ 2000, 543, 544). Es ist aber, wie auch in
allen anderen Fällen, stets zu prüfen, wie weit das Informationsinteresse der Öffentlichkeit reicht (*BVerfG* NStZ 2000, 543, 544; s. hierzu auch Rn 18 ff.) und ob der
Bildnisverwertung berechtigte Interessen des Abgebildeten entgegenstehen. Straf-

richter und Schöffen werden danach die Aufnahme ihres Einzugs in den Gerichtssaal und das Filmen ihrer Person während der Pausen regelmäßig nicht verhindern können (vgl *BVerfG* NStZ 2000, 543, 544). Wer eine ungewöhnliche **Erfindung gemacht** hat, wem ein hochdotierter **Preis verliehen** wurde und wer im **Lotto** eine hohe Summe gewonnen hat, ist relative Person der Zeitgeschichte. Das als erstes im neuen Jahrtausend geborene „**Millenniumsbaby**" ist ebenso relative Person der Zeitgeschichte wie dessen Eltern. Relative Person der Zeitgeschichte sind auch das Mädchen, das **einem Staatsoberhaupt Blumen überreicht** und der **Streikposten** vor dem Fabriktor (*Schricker/Gerstenberg/Götting* § 60/§ 23 KUG Rn 12). **Prinz Ernst August von Hannover** ist wegen seiner Verbindung zu Prinzessin Caroline von Monaco relative Person der Zeitgeschichte (vgl *BVerfG* NJW 2001, 1921 ff. – Prinz Ernst August von Hannover).

15   **Keine relativen Personen der Zeitgeschichte** sind Personen, die zusammen mit einer Vielzahl anderer Personen von einer **Naturkatastrophe** betroffen sind, weil sie nicht als Person in das Blickfeld der Öffentlichkeit getreten sind. **Kinder** von Personen der Zeitgeschichte sind ihrerseits nur relative Personen der Zeitgeschichte, wenn sie durch eine Handlung oder einen Umstand, die über die bloße verwandtschaftliche Beziehung zur Person der Zeitgeschichte hinausgehen, für eine gewisse Zeit das Interesse der Öffentlichkeit auf sich gezogen haben.

16   **b) Informationszweck der Allgemeinheit.** Damit die Bildberichterstattung über zeitgeschichtliche Ereignisse sachgemäß und umfassend erfolgen kann, müssen Personen der Zeitgeschichte weitgehende Beschränkungen ihres Bildnisschutzes in Kauf nehmen. Auch bei der Veröffentlichung oder Präsentation von Bildnissen von Personen der Zeitgeschichte kann auf deren Einwilligung aber nur dann verzichtet werden, wenn mit der Veröffentlichung ein Informationszweck verfolgt wird (stRspr, vgl nur *BGH* NJW 1985, 1617, 1618 – Nacktfoto; *OLG Frankfurt* NJW 2000, 594), also durch die Veröffentlichung einem Informationsbedürfnis der Allgemeinheit Rechnung getragen werden soll.

17   Stets muss also ein **schutzwürdiges Interesse der Allgemeinheit** die Veröffentlichung rechtfertigen. Nicht nur relative Personen der Zeitgeschichte, sondern auch absolute Personen der Zeitgeschichte müssen eine Veröffentlichung ihres Bildnisses nicht dulden, an denen ein solches Interesse nicht besteht (*BGH* NJW 1997, 1152 – CD-Einlegeblatt). Fehlt es an einem solchen anerkennenswerten Informationsinteresse der Allgemeinheit, scheitert die Veröffentlichung also nicht erst iRd Interessenabwägung des § 23 Abs. 2 KUG, sondern es ist schon der Tatbestand des § 23 Abs. 1 KUG nicht erfüllt (*BGH* NJW 1979, 2203, 2205 – Fußballspieler; NJW 1997, 1152 – CD-Einlegeblatt; GRUR 2002, 690, 691 – Marlene Dietrich II; offen gelassen bei *BGH* NJW 1985, 1617, 1618 – Nacktfoto). Während es bei dem nach § 23 Abs. 1 KUG erforderlichen berechtigten Informationsinteresse der Allgemeinheit nämlich nur darauf ankommt, ob die **Allgemeinheit** an der Veröffentlichung und Verbreitung des Bildnisses zu Informationszwecken interessiert ist, sind bei § 23 Abs. 2 KUG die berechtigten Belange des **Abgebildeten** maßgeblich. Überschneidungen bei der Abwägung, ob iSd § 23 Abs. 1 KUG ein Informationsinteresse vorliegt und ob der Bildnisverwertung iSd § 23 Abs. 2 KUG berechtigte Belange des Abgebildeten entgegenstehen gibt es aber durchaus. So kann die Veröffentlichung des Abbilds eines Gerichtszeugen in der Zeitung einem berechtigten Informationsinteresse der Allgemeinheit (§ 23 Abs. 1 Nr. 1 KUG) entsprechen, es können ihm jedoch die berechtigten privaten Belange des Zeugen, der dadurch eine Gefährdung seiner persönlichen Sicherheit befürchten muss, entgegenstehen (§ 23 Abs. 2 KUG).

Ob das erforderliche Informationsinteresse bejaht werden kann, ist nach den Umständen des Einzelfalls zu ermitteln. Das Informationsinteresse liegt vor, wenn die Öffentlichkeit ein berechtigtes Interesse daran hat, die Person, auf welche sich die Aufmerksamkeit richtet, im Bild vorgestellt zu bekommen, und zwar in der Art, wie sie gewählt wurde (vgl *BGH* NJW 1979, 2203, 2204 – Fußballspieler). **18**

Bei **absoluten Personen der Zeitgeschichte** ist dem Erfordernis eines schutzwürdigen Informationsinteresses der genannten Art idR bereits dann genügt, wenn das Bild der absoluten Person der Zeitgeschichte in einen für den Betrachter deutlichen Zusammenhang mit den **Leistungen** gestellt wird, wegen derer diese Person bekannt ist. Dabei wird der Öffentlichkeitswert des Bildnisses noch erhöht, wenn es den Abgebildeten iRd Tätigkeit zeigt, durch welche er das Publikum auf sich bes. aufmerksam gemacht hat (*BGH* NJW 1997, 1152, 1153 – CD-Einlegeblatt). Ein irgendwie gearteter Bezug dieser Art zu einer öffentlichen Funktion der absoluten Person der Zeitgeschichte ist aber nicht zwingend erforderlich. Vielmehr besteht im Allgemeinen ein berechtigtes Interesse der Allgemeinheit auch daran zu wissen, wie die betr. Person **lebt** und sich **in bestimmten Situationen verhält** (*BVerfG* NJW 2000, 1021, 2025 – Privatleben Prominenter). Deshalb ist häufig ein schützenswertes Informationsinteresse der Allgemeinheit bei absoluten Personen der Zeitgeschichte schon dann anzuerkennen, wenn es lediglich darum geht, wie sich der Betreffende als einfacher Mensch, also auch außerhalb seiner öffentlichen Funktionen, in der Öffentlichkeit bewegt (*BVerfG* NJW 2000, 2021, 2025 – Privatleben Prominenter). Das soll nach Auffassung des *BGH* (NJW 1997, 2203, 2204 – Fußballspieler) auch dann gelten, wenn die Veröffentlichung, wie zB bei der Abbildung bekannter Fußballbilder in einem Fußballkalender, aus gewerblichen Interessen der Person heraus vorgenommen wird, welche die Bildnisse veröffentlicht. Deshalb ist die Abbildung mehrerer die Schauspielerin Marlene Dietrich zeigender Fotografien in einem ihr Leben dokumentierenden Zeitschriftenbericht zulässig (*LG München I* ZUM 2001, 351 ff.). Noch von § 23 Abs. 1 Ziff. 1 KUG gedeckt ist in diesem Fall auch die Abbildung der Schauspielerin in einer Werbeanzeige für das entspr. Zeitschriftenheft (*LG München I* ZUM 2001, 351, 352). Der *BGH* (NJW 1968, 1091 – Ligaspieler, allerdings zu Unrecht auf § 23 Abs. 2 KUG gestützt; vgl für einen „Starkalender" *OLG Hamburg* AfP 1999, 486 ff.) hat ein Informationsinteresse aber zutr. dann verneint, wenn die Verbreitung des Bildnisses nicht der Information der Allgemeinheit über die Lebensart der abgebildeten Person diene, sondern es in Wahrheit nur darum gehe, ihr Bildnis in Besitz zu haben oder zu Tausch- bzw Sammelzwecken zu verwenden, wie dies bei Sammelbildern von Fußballspielern der Fall sei. **19**

Bei **relativen Personen der Zeitgeschichte** besteht ein Informationsbedürfnis der Allgemeinheit **nur im Zusammenhang mit dem Ereignis, durch welches die Person an die Öffentlichkeit getreten ist** (*BGH* NJW 1965, 2148, 2149 – Spielgefährtin I). Daher ist es nicht zulässig, Fotografien des jetzigen Partners einer absoluten Person der Zeitgeschichte aus einer Zeit zu veröffentlichen, da die Partnerschaft noch nicht bestand. Ebenso wie auch bei absoluten Personen der Zeitgeschichte **20** rechtfertigt die bloße Sensationslust der Öffentlichkeit die Veröffentlichung des Bildnisses nicht (*BGH* NJW 1965, 2148, 2149 – Spielgefährtin I). Wird die relative Person der Zeitgeschichte nicht in ihrer Eigenschaft als solche abgebildet, sondern dient die Veröffentlichung zB nur einem Geschäftsinteresse des Veröffentlichenden, ist sie unzulässig (*BGH* NJW 1971, 698, 670 – Liebestropfen). Daher darf die im Zuge der Mitwirkung an einem Aufklärungsfilm von einer Person gemachte Aufnahme nicht zur Werbung für ein Mittel zur sexuellen Stimulation verwandt werden (*BGH* NJW 1971, 698 ff. – Liebestropfen).

21 Das beschränkte Informationsinteresse der Allgemeinheit bei relativen Personen der Zeitgeschichte bedeutet jedoch **nicht notwendig**, dass eine wegen ihrer Beziehung zu einer absoluten Person der Zeitgeschichte im Blickpunkt der Öffentlichkeit stehende Person **stets nur zusammen mit ihr abgebildet werden darf** (*BVerfG* NJW 2001, 1921, 1924 – Prinz Ernst August von Hannover). Wie weit das Informationsinteresse reicht und ob es auch eine isolierte Abbildung umfasst, ist vielmehr stets durch Interessenabwägung zu ermitteln (*BVerfG* NJW 2001, 1921, 1924 – Prinz Ernst August von Hannover). Vor allem bei kontextneutralen Bildnissen werden regelmäßig keine stärkeren Beeinträchtigungen von einer isolierten als von einer Abbildung im Zusammenhang mit der absoluten Person der Zeitgeschichte ausgehen (*BVerfG* NJW 2001, 1921, 1924 – Prinz Ernst August von Hannover).

22 Sowohl bei absoluten als auch bei relativen Personen der Zeitgeschichte liegt unzweifelhaft ein Informationsinteresse vor, wenn die Veröffentlichung im Rahmen einer durch Gesetz, zB von § 5 Rundfunkstaatsvertrag idF v. 1.1.2001, gedeckten **Kurzberichterstattung** erfolgt. Das Recht der Kurzberichterstattung ist verfassungsgemäß (*BVerfG* NJW 1998, 1627, 1632 – Kurzberichterstattung im Fernsehen). Nach § 5 Abs. 1 Rundfunkstaatsvertrag dürfen Kurzberichterstattungsberechtigte das Bild der Mitwirkenden an Veranstaltungen der in der Vorschrift bezeichneten Art ohne deren Einwilligung verbreiten. Hiervon unberührt bleiben zwar nach § 5 Abs. 2 Rundfunkstaatsvertrag anderweitige gesetzliche Bestimmungen, insb. solche des Persönlichkeitsschutzes. Die vom Kurzberichterstattungsberechtigten angefertigten bzw verwerteten Aufnahmen fallen jedoch idR unter § 23 Abs. 1 Nr. 1 KUG, sodass es iE einer Zustimmung der Mitwirkenden der Veranstaltung nicht bedarf (vgl *BVerfG* NJW 1998, 1627, 1632 – Kurzberichterstattung im Fernsehen). Die darin liegende Einschränkung des Rechts am eigenen Bild ist verhältnismäßig, weil die Akteure an Veranstaltungen mitwirken, die der Veranstalter einem Fernsehsender zur Übertragung geöffnet hatte (*BVerfG* NJW 1998, 1627, 1632 – Kurzberichterstattung im Fernsehen).

23 Sollen **unrichtige Behauptungen** zusammen mit der Abbildung verbreitet oder die **Sensationslust** und bloße Neugier der Öffentlichkeit zufriedengestellt werden, fehlt es an einem schützenswerten Informationsinteresse der Allgemeinheit, das den Eingriff in das Persönlichkeitsrecht der Person der Zeitgeschichte rechtfertigen könnte (*OLG Frankfurt* NJW 2000, 594, 595). Hingegen ist eine zusammen mit dem Bild verbreitete scharfe, aber wahrheitsgemäße Kritik uU noch hinzunehmen, wenn sie angesichts der heutigen Überflutung mit Reizen oder einer vorangegangenen provozierenden Äußerung des Abgebildeten noch angemessen erscheint.

Nicht von § 23 Abs. 1 Nr. 1 KUG gedeckt ist eine Verwertung des Bildnisses eines   **24**
anderen zu **Werbezwecken** (*BGH* NJW 1979, 2203, 2204 – Fußballspieler; NJW-
RR 1987, 231 – Nena; NJW 1992, 2084 – Fotoveröffentlichung; NJW 1979, 2205,
2206 – Fußballtor; NJW 1997, 1152 – CD-Einlegeblatt; NJW 2000, 2201, 2202 – Der
blaue Engel; NJW 2000, 2195, 2200 – Marlene Dietrich I). Auf die Vorschrift kann
sich daher der nicht berufen, der nicht einem schützenswerten Informationsinteresse
der Allgemeinheit nachkommt, sondern durch Verwertung des Bildnisses eines anderen in der Werbung allein sein Geschäftsinteresse befriedigen will (*BGH* NJW
1981, 2402, 2403 – Rennsportgemeinschaft; NJW-RR 1987, 231 – Nena; NJW 1992,
2084 – Fotoveröffentlichung; NJW 1997, 1152 – CD-Einlegeblatt). Auf die Frage,
ob die Veröffentlichung dem persönlichen Ansehen des Abgebildeten abträglich ist,
kommt es nicht an (*BGH* NJW-RR 1987, 231 – Nena). Diese Rspr ist verfassungsgemäß (*BVerfG* NJW 2000, 1026 – Relative Person der Zeitgeschichte). Ohne Einwilligung eines bekannten Pop-Sängers dürfen daher nicht CDs mit Musikaufnahmen
vertrieben werden, die mit einem Einlegeblatt versehen sind, auf und in dem sich Abbildungen des Sängers befinden (*BGH* NJW 1997, 1152 – CD-Einlegeblatt). Ebenso
unberechtigt ist die Veröffentlichung des Fotos eines bekannten Schauspielers, der
sich aus anderem Grund mit einer bestimmten Brille hat ablichten lassen, zu Werbezwecken und ohne Rücksprache mit dem Abgelichteten (*BGH* NJW 1992, 2084 –
Fotoveröffentlichung). Anders kann es sich verhalten, wenn eine Bildnisveröffentli-
chung neben einem Informationsinteresse der Allgemeinheit daran, die betr. Person
im Bild vorgestellt zu bekommen, lediglich auch Werbe- oder sonst gewerblichen
Zwecken dient.

Ausnahmsweise von § 23 Abs. 1 Nr. 1 KUG gedeckt sein kann die **Eigenwerbung**   **25**
der Presse, weil sie den Absatz des betr. Presseerzeugnisses fördert und auf diese
Weise zur Verbreitung der Information beiträgt, also selbst den in Art. 5 Abs. 1 S. 2
GG verankerten Schutz der Pressefreiheit gewährleistet (*BGH* GRUR 2002, 690, 691
– Marlene Dietrich II). Für ein Presseerzeugnis, das über eine absolute Person der
Zeitgeschichte berichtet, darf deshalb unter Verwendung eines Bildnisses dieser Per-
son geworben werden (*BGH* GRUR 2002, 690, 691 – Marlene Dietrich II). Verwen-
det werden darf auch ein anderes Bildnis der betr. Person als dasjenige, welches iRd
Berichterstattung verwendet wird, außer wenn hierdurch eine zusätzliche Beein-
trächtigung des Persönlichkeitsrechts eintritt (*BGH* GRUR 2002, 690, 691 – Marlene
Dietrich II).

Keinesfalls ist die Veröffentlichung schließlich gerechtfertigt, wenn es lediglich um   **26**
die Zurschaustellung der abgebildeten Person **in unbekleidetem Zustand** geht, ohne
dass sich aus der Nacktheit des Abgebildeten über deren Körperbau hinaus Informationen für die Allgemeinheit ergeben können (*OLG Frankfurt* NJW 2000, 594, 595).
Das gilt auch dann, wenn die betr. Person ein eingeschränktes Einverständnis mit der
Veröffentlichung der Fotos erteilt hatte, die von ihr gesetzten Grenzen jedoch überschritten werden (*BGH* NJW 1985, 1617, 1618 f. – Nacktfoto; vgl *OLG Frankfurt*
NJW 2000, 594, 595). Die Abbildung kann jedoch erlaubt sein, wenn die Aufnahmen
mit Einwilligung der betr. Person, zB für eine Abbildung im „Playboy", hergestellt
wurden, und mit der von der Einwilligung nicht mehr gedeckten Abbildung in einem
anderen Magazin ein über die bloße Darstellung des nackten Körpers hinausgehender Informationszweck verfolgt wird, zB weil dort der Versuch unternommen wird,

die Persönlichkeit der betr. absoluten Person der Zeitgeschichte vor dem Hintergrund der erteilten Einwilligung zu Nacktaufnahmen neu zu bewerten (vgl *OLG Frankfurt* NJW 2000, 594, 595).

27   Bei Bildnisveröffentlichungen im Zusammenhang mit **Straftaten** ist in bes. Maße zu prüfen, ob ein Informationsinteresse der Öffentlichkeit besteht. Mit zunehmendem Zeitablauf kann das berechtigte Interesse der Allgemeinheit an einer Unterrichtung über den Straftäter und die weiteren Beteiligten des Prozesses schwinden. Selbst bei langwierigen Prozessen wird das während der Dauer des Prozesses selbst allerdings nicht angenommen werden können. Die Berichterstattung über den Prozess der Monika Böttcher (Weimar) ist daher trotz der bes. langen Prozessdauer und der mehrfachen Wiederaufnahmen zulässig. Hingegen wird häufig nach Abschluss des Prozesses kein schutzwürdiges Informationsinteresse der Allgemeinheit mehr bestehen. Jedenfalls kommt im Zuge der Abwägung, ob der bebilderten Berichterstattung berechtigte Interessen des Abgebildeten entgegenstehen, der **Resozialisierungsgedanke** zum Zuge (näher Rn 54).

28   Dieses Informationsinteresse hat lediglich dann zurückzutreten, wenn das berechtigte Interesse des Abgebildeten iSd § 23 Abs. 2 KUG im Einzelfall der Veröffentlichung entgegensteht (*BGH* NJW 1996, 1128, 1131 – Caroline von Monaco II; anders *BGH* NJW 1996, 593 – Willy Brandt (Abschiedsmedaille), der die Interessenabwägung bereits in den Anwendungsbereich des § 23 Abs. 1 KUG vorverlagert). Wegen der Einzelheiten wird auf die Kommentierung zu § 23 Abs. 2 KUG (unten Rn 45 ff.) verwiesen.

29   **Zulässig** kann die Ausgabe einer **Abschiedsmedaille** als Sammlermünze anlässlich des Todes eines bekannten Staatsmannes, dessen Bildnis auf der Münze erscheint, im Hinblick auf die Eigenschaft des Abgebildeten als absolute Person der Zeitgeschichte iSd § 23 Abs. 1 Nr. 1 KUG auch ohne die nach § 22 S. 3 KUG geforderte Einwilligung seiner Angehörigen sein (*BGH* NJW 1996, 593 – Willy Brandt (Abschiedsmedaille); die Verfassungsbeschwerde gegen das Urt. wurde nicht zur Entsch. angenommen, *BVerfG* NJW 2001, 594 ff.). Für zulässig erachtet hat der *BGH* (GRUR 2002, 690, 691 – Marlene Dietrich II) die Ausstrahlung eines 18 Sekunden langen Fernsehspots zur Bewerbung einer **Sonderbeilage der Bild-Zeitung** „50 Jahre Deutschland", der etwa eine Sekunde lang eine Filmaufnahme der Deutschen Wochenschau von 1959 zeigt, in der ua Marlene Dietrich zu sehen war.

30   **Unzulässig** ist die Veröffentlichung der Fotografie eines bekannten Schauspielers, der sich zu anderen Zwecken mit einer Brille hat ablichten lassen, ohne dessen Einverständnis oder Rücksprache mit ihm zu **Werbezwecken** (*BGH* NJW 1992, 2084 – Fotoveröffentlichung). Nicht durch § 23 Abs. 1 Nr. 1 KUG gedeckt ist die Veröffentlichung des Bildes einer Sängerin auf verschiedenen „**Fan-Artikeln**" ohne Einwilligung des Berechtigten (*BGH* NJW-RR 1987, 231 – Nena). Als unzulässiger Eingriff in das Recht am eigenen Bild wurde die ohne das Einverständnis des Abgebildeten erfolgte Abbildung eines bekannten Fußballspielers in einer **Werbeanzeige** für Fernsehgeräte angesehen (*BGH* NJW 1979, 2205 ff. – Fußballtor). Wer gewerbsmäßig Einzelbildnisse von Fußballligaspielern zur Zusammenstellung in **Sammelalben** vertreibt, bedarf der Einwilligung des Abgebildeten (*BGH* NJW 1968, 1091 – Ligaspieler). Im Zuge der Mitwirkung an einem Aufklärungsfilm von einer Person gemachte Aufnahmen dürfen nicht als Werbebild für ein Mittel zur **sexuellen** Stimulation verwandt werden (*BGH* NJW 1971, 698 ff. – Liebestropfen). Mangels eines anerkennenswerten Informationsinteresses der Allgemeinheit nicht durch § 23 Abs. 1 KUG gedeckt ist die Veröffentlichung einer Fotografie einer Zeugin in einem Strafprozess wegen Kuppelei ein halbes Jahr **nach Abschluss des Prozesses** (vgl *BGH* NJW 1965, 2148, 2150 – Spielgefährtin I). Nicht durch § 23 Abs. 1 Nr. 1 KUG gedeckt ist die Veröffentlichung der Fotografie, welche einen **durch Rauschgift ums Leben gekommenen** jungen Mann zusammen mit seiner Familie zeigt (*BGH* GRUR 1974, 794 – Todesgift). Das Bildnis der Marlene Dietrich darf ohne Einwilligung ihrer einzigen Tochter und Erbin nicht zu **Werbezwecken** eingesetzt werden (*BGH* NJW 2000, 2195 ff. – Marlene Dietrich I). Nicht erlaubt ist die Ausstrahlung einer Serie sog. Pumuckl-Verkehrsspots, bei denen in der **Comic-Figur** des „Meister Eder" der diesen lange Zeit darstellende Schauspieler Gustl Bayrhammer wiederzuerkennen ist (*LG München I* AfP 1997, 559 ff.). Unter Heranziehung der zum KUG entwickelten Grundsätze als unzulässiger Eingriff in das Persönlichkeitsrecht (**Namensrecht**) eines bekannten Tennisspielers angesehen wurde der an eine Werbung eines Konkurrenten angelehnte Fernsehspot des größten deutschen Online-Dienstes: „Hallo Babs! Nicht böse sein, dass ich jetzt mit T-Online im Internet bin ... Dein Tekki" (*OLG München* ZUM 2001, 434 ff.).

2. Bilder, auf denen Personen nur als Beiwerk neben einer Landschaft oder sonstigen Örtlichkeit erscheinen (§ 23 Abs. 1 Nr. 2 KUG)

Nach § 23 Abs. 1 Nr. 2 KUG bedarf es keiner Erlaubnis des Abgebildeten zur Verbreitung von Bildern, auf denen die Person nur als Beiwerk neben einer Landschaft oder sonstigen Örtlichkeiten erscheint; denn in diesen Fällen tritt die Person nach Auffassung des Gesetzgebers (vgl amtl. Begr. zum KUG-Entwurf v. 28.11.1905, *Schulze* Bd 1, S. 221) hinter dem bes. Zwecke des Bildes zurück. Die Vorschrift ähnelt damit § 57. **31**

Der Begriff des **Bildes** deckt sich nicht mit dem des Bildnisses, weil nur solche Abbildungen von Personen erfasst sind, auf denen zumindest auch eine Landschaft oder eine sonstige Örtlichkeit sichtbar wird, sodass ua Portraitfotos ausscheiden. **32**

Das Bildnis der Person muss auf dem Bild neben einer Landschaft oder sonstigen Örtlichkeit als Beiwerk erscheinen. Die dargestellte Person muss sich also **quasi zufällig in einer Umgebung** befindet, die den eigentlichen Gegenstand der Abbildung bildet (*BGH* NJW 1961, 558 – Familie Schölermann). Nicht ausreichend ist es, wenn sie gegenüber dem eigentlichen Gegenstand der Abbildung lediglich von geringerer Wichtigkeit oder untergeordneter Bedeutung ist. Vielmehr darf das Bildnis der Person für den Gegenstand der Abbildung keinerlei, insb. keine die Wirkung des eigentlichen Verwertungsgegenstandes erhöhende Bedeutung haben. Die Voraussetzungen des § 23 Abs. 1 Nr. 2 KUG sind daher nicht gegeben, wenn eine inhaltliche Beziehung zwischen dem Bildnis der Person und dem eigentlichen Gegenstand der Abbildung besteht, wie dies zB bei zu Werbezwecken hergestellten Fotografien der Fall ist (*BGH* NJW 1961, 558 f. – Familie Schölermann). Auch die Abbildung des Architekten eines Bauwerks neben dem Bauwerk genügt den Anforderungen des § 23 Abs. 1 Nr. 2 KUG wegen der bestehenden Beziehung zwischen dem Urheber und seinem Werk nicht. Wegen des Bauwerks kann lediglich das UrhG helfen. Stets kommt es **33** auf die Umstände des Einzelfalls an, wobei objektive Kriterien und nicht die Auffassung des Nutzers gelten. So ist nach § 23 Abs. 1 Nr. 2 KUG ein Landschaftsfoto erlaubt, auf dem im Hintergrund eine Person sichtbar wird, die dort zufällig einen Spaziergang vornimmt, nicht jedoch ein Jagdbild mit einem im Vordergrund befindlichen Reiter (vgl *OLG Düsseldorf* GRUR 1970, 618).

34   § 23 Abs. 1 Nr. 2 KUG lässt nur die Abbildung einer Person neben einer Landschaft oder sonstigen Örtlichkeit, nicht jedoch neben einer anderen Person zu, die den eigentlichen Gegenstand der Abbildung bildet. Personen, die **zufällig neben Personen der Zeitgeschichte abgebildet** wurden, sollen nach einer in der Lit. vertretenen Auffassung kein Beiwerk iSd § 23 Abs. 1 Nr. 2 KUG sein (*Schricker/Gerstenberg/Götting* § 60/§ 23 KUG). Das *BVerfG* (v. 10.7.2002, Az: 1 BvR 354/98) ist hingegen jüngst davon ausgegangen, dass nichtprominente Dritte, die zusammen mit Politikern abgelichtet worden seien und denen in der ständigen Rubrik des Stern „Bonnbons – Politikern in den Mund geschoben" mittels Sprechblase eine Aussage in den Mund gelegt werde, die sie nicht getätigt hätten, regelmäßig nur als Beiwerk dienten, ohne dass ihr Persönlichkeitsrecht durch die Abbildung als solche verletzt werde. IdR wird sich schon aus § 23 Abs. 1 Nr. 3 KUG die Zulässigkeit der Abbildung von Personen ergeben, die sich zufällig auf dem Bild befinden, wie zB bei Aufnahmen von Politikern in der Menge.

35   Unter den Voraussetzungen des § 23 Abs. 1 Nr. 2 KUG zulässig ist das Herstellen, das Verbreiten und das Zur-Schau-Stellen des Bildes. Jede Verwertungshandlung muss für sich genommen den Anforderungen des § 23 Abs. 1 Nr. 2 KUG genügen. Es ist daher unzulässig, wenn erlaubtermaßen nach § 23 Abs. 1 Nr. 2 KUG gefertigte Fotografien oder Filme nachträglich dergestalt präpariert werden, dass die auf ihnen sichtbaren Personen vergrößert und ausgeschnitten werden, sodass sie zum eigentlichen Gegenstand der Abbildung werden (*Schricker/Gerstenberg/Götting* § 60/§ 22 KUG Rn 18).

36   Zulässig sind Fotografien oder Filme von Stadtteilen, auf denen die dort flanierenden Passanten sichtbar sind, es sei denn, eine bestimmte Person wurde gezielt abgelichtet. Das *BVerfG* (Urt. v. 10.7.2002, 1 BvR 354/98) ist davon ausgegangen, dass sich ein Dritter, der zusammen mit einem Politiker abgelichtet wurde, eine Veröffentlichung in der Rubrik „Bonnbons – Politikern in den Mund gelegt" uU auch dann gefallen lassen müsse, wenn ihm dabei mittels einer Sprechblase Worte in den Mund gelegt werden.

37   **Nicht durch § 23 Abs. 1 Nr. 2 KUG gedeckt** ist die Verbreitung von Szenenfotos aus Fernsehspielfilmen in Werbeprospekten für Fernsehgeräte (*BGH* NJW 1961, 558 f. – Familie Schölermann).

3. Bilder von Versammlungen, Aufzügen und ähnlichen Vorgängen, an denen die dargestellten Personen teilgenommen haben (§ 23 Abs. 1 Nr. 3 KUG)

38   Zulässig sind Bilder von Versammlungen, Aufzügen und ähnlichen Vorgängen, an denen die dargestellten Personen teilgenommen haben (§ 23 Abs. 1 Nr. 3 KUG). Unter einer **Versammlung**, einem **Aufzug** oder einem **ähnlichen Vorgang** versteht man jede Ansammlung von Personen, die sich zu einem gemeinsamen Zweck zusammengefunden haben. Die Öffentlichkeit der Veranstaltung ist nicht Voraussetzung für § 23 Abs. 1 Nr. 3 KUG (*Schricker/Gerstenberg/Götting* § 60/§ 23 KUG Rn 21), da auch die Teilnehmer privater Veranstaltungen der genannten Art mit Bildaufnahmen rechnen müssen. Zu den genannten Veranstaltungen gehören zB Demonstrationen, Faschingszüge, Vereinsveranstaltungen, Empfänge, die Begrüßung eines erfolgreichen Sportlers durch die Menge nach Abschluss der Olympiade und der Gang einer Hochzeitsgesellschaft zur Kirche.

Gegenstand des Bildes muss die Darstellung der Versammlung, des Aufzuges oder **39** des ähnlichen Vorganges sein. Die Personen, die an den Ereignissen teilgenommen haben und abgebildet werden, müssen demnach gegen andere, falls die Teilnahme eine bestimmte Qualifikation voraussetzt, ebenso qualifizierte, Teilnehmer austauschbar sein. Die Abbildung einer bestimmten Person, die an einer Versammlung teilgenommen hat, um ihrer selbst willen, ist nicht von § 23 Abs. 1 Nr. 3 KUG gedeckt. Das gilt auch dann, wenn die betr. Person in dem Moment, in dem sie abgebildet wird, die Aufmerksamkeit der Anwesenden auf sich zieht. Nicht erlaubt ist ferner das in der Praxis jedoch beliebte „**Herausschießen**" der Gesichter einzelner Teilnehmer einer Veranstaltung (*Schricker/Gerstenberg/Götting* § 60/§ 23 Rn 22). Daher darf etwa bei einem Faschingszug nicht über mehrere Sekunden hinweg in Großformat das Gesicht eines zusehenden Kindes oder bei einem Torschuss die Mimik eines einzelnen Zuschauers gezeigt werden, außer wenn es sich bei den betr. Personen um solche der Zeitgeschichte handelt. Ebenso ist es unzulässig, bei einem Demonstrationszug einen oder mehrere Demonstranten herauszunehmen und isoliert vom Zug zu fotografieren (vgl *Schricker/Gerstenberg/Götting* § 60/§ 23 Rn 22 und 25). Bildaufnahmen bei **Trauerzügen** oder Beerdigungen kann ein berechtigtes Interesse der Abgebildeten entgegenstehen. Bloße Sensationslust kann die Veröffentlichung des Bildnisses nicht rechtfertigen.

Nicht nur die **Veröffentlichung** und das **Zur-Schau-Stellen** des Bildes wird durch **40** § 23 Abs. 1 Nr. 3 KUG für zulässig erklärt, sondern auch die **Herstellung** des Bildes stellt unter den dortigen Voraussetzungen keinen unzulässigen Eingriff mehr in das Allg. Persönlichkeitsrecht des Abgebildeten dar. Dabei muss nicht die gesamte Veranstaltung aufgenommen werden, sondern es dürfen auch **Teilausschnitte** fotografiert oder gefilmt werden, solange es dabei um eine repräsentative Darstellung der Veranstaltung und nicht einzelner Personen geht (*OLG Hamburg* GRUR 1990, 35 f.).

4. Bildnisse, die nicht auf Bestellung angefertigt sind, sofern die Verbreitung oder Schaustellung einem höheren Interesse der Kunst dient (§ 23 Abs. 1 Nr. 4 KUG)

Nach § 23 Abs. 1 Nr. 4 KUG dürfen Bildnisse, die **nicht auf Bestellung** angefertigt **41** wurden, veröffentlicht, zur Schau gestellt und natürlich auch hergestellt werden. Zum Begriff der Herstellung auf Bestellung s. § 60 Rn 8. Bei auf Bestellung angefertigten Bildnissen hat der Künstler die Möglichkeit, sich die entspr. Rechte vertraglich einräumen zu lassen.

Durch § 23 Abs. 1 Nr. 4 KUG sollte vor allem die Veröffentlichung künstlerischer **42** **Bildnisstudien** ermöglicht werden (amtl. Begr. zu §§ 22, 23 KUG-Entwurf v. 28.11.1905, *Schulze* Bd 1, S. 222). Ein **höheres Interesse der Kunst** ist vor diesem Hintergrund nur gegeben, wenn das Bild der Kunst iSd Art. 5 GG dient und eine Interessenabwägung ergibt, dass die Herstellung bzw Verwertung des Bildes für den künstlerischen Zweck notwendig, geboten und verhältnismäßig ist. Nicht erforderlich ist, dass die betr. Kunst auch urheberrechtlich geschützt wird (*v. Gamm* Einf. § Rn 123; vgl *Schricker/Gerstenberg/Götting* § 60/§ 23 KUG Rn 31). Das wird gleichwohl meistens der Fall sein. Der Begriff des höheren Interesses der Kunst ist zwar abstrakt und unabhängig von den mit der Kunst verfolgten Absichten und Zielen zu bestimmen. Angesichts des bewusst restriktiven Anwendungsbereichs der Vorschrift ist diese aber auf eine Verwertung zu anderen als künstlerischen Zwecken, namentlich zu gewerblichen Zwecken, nicht anwendbar (amtl. Begr. zu §§ 22, 23 KUG-Entwurf v. 28.11.1905, *Schulze* Bd 1, S. 221). Daher steht auch eine gleichzeitige Verfolgung wirtschaftlicher Ziele der Anwendbarkeit des § 23 Abs. 1 Nr. 4 KUG nicht entgegen (**aA** *Schricker/Gerstenberg/Götting* § 60/§ 23 KUG Rn 31).

43   Auf die Verwertung von Bildnissen für überragende **wissenschaftliche Zwecke** sollte die Bestimmung mit *Voigtländer/Elster/Kleine* (Urheberrecht §§ 22-24 KUG Anm. 5d; ebenso *Schricker/Gerstenberg/Götting* § 60/§ 23 KUG Rn 32) analog angewandt werden. Es kann uU ein überragendes Bedürfnis bestehen, **Röntgenbilder** und Lichtbilder erkrankter Personen auch ohne oder gegen deren Willen zu verbreiten oder zur Schau zu stellen. Das Problem stellt sich schon, wenn derartige Bildnisse eines an einer neuartigen oder noch unerforschten Krankheit (man denke an SARS, BSE oder bestimmte Tropenkrankheiten) Leidenden oder Verstorbenen zu wissenschaftlichen Zwecken publiziert oder verwertet werden sollen. Dem Interesse der Erkrankten ist durch weitmöglichste Veränderungen der sie identifizierenden Merkmale und durch die Verwendung ausschließlich iRd wissenschaftlich Notwendigen Rechnung zu tragen.

44   Ob die Voraussetzungen des § 23 Abs. 1 Nr. 4 KUG bei Straßenaufnahmen vorliegen, die von einem Bildjournalisten gefertigt werden, um zu **sozialkritischen Zwecken** das Menschenbild in der Öffentlichkeit festzuhalten, hat der *BGH* (NJW 1965, 1374 – Wie uns die Anderen sehen) dahinstehen lassen.

III. Entgegenstehendes berechtigtes Interesse des Abgebildeten oder seiner Angehörigen (§ 23 Abs. 2 KUG)

1. Allgemeines

45   Die Verwertung des Bildnisses ist nicht gestattet, wenn durch sie ein berechtigtes Interesse des **Abgebildeten** oder, falls dieser verstorben ist, seiner **Angehörigen**, verletzt wird. Dabei sind nur solche Interessen der Angehörigen beachtlich, die auch in der Person des Abgebildeten selbst zu berücksichtigen wären, also zB Eingriffe in die private (familiäre) Sphäre. Für eine Weigerung des Abgebildeten, in die Verwertung seines Bildnisses einzuwilligen, können viele Gründe ursächlich sein. Es kann ein bes. Bedürfnis bestehen, die eigene Privatsphäre gegen den Zugriff der Öffentlichkeit zu schützen, der Betreffende kann befürchten, sich lächerlich zu machen oder durch die Abbildung in seinem Ruf oder seiner Ehre beschädigt zu werden und er kann Angriffe durch Dritte befürchten. UU kann ein Geheimhaltungsinteresse des Abgebildeten gegen die Veröffentlichung des Bildnisses sprechen, und nicht zuletzt mag auch von Belang sein, dass der Abgebildete für die ohne seine Zustimmung zulässige Veröffentlichung keine Vergütung erhält, während er sich eine solche ausbedingen könnte, wenn es zur Bildnisverwertung seiner Zustimmung bedürfte. Nicht jedes Interesse des Abgebildeten, welches der Veröffentlichung oder Verbreitung seines Bildnisses entgegensteht, führt aber nach § 23 Abs. 2 KUG zur Unzulässigkeit der Bildnisverwertung. Der Gesetzgeber sah namentlich die Notwendigkeit zu verhindern, dass Vorgänge des persönlichen, häuslichen und des Familienlebens an die Öffentlichkeit gezogen werden und dass das Bildnis für Zwecke verwendet wird, mit denen eine Verletzung der dem Abgebildeten schuldigen Achtung oder eine Kränkung oder die Gefahr einer sonstigen Benachteiligung verbunden ist (amtl. Begr. zum KUG-Entwurf v. 28.11.1905, *Schulze* Bd 1, S. 221).

2. Umfassende Interessenabwägung

Ob die der Verbreitung oder Zurschaustellung des Bildnisses entgegenstehenden Belange des Abgebildeten oder von dessen Angehörigen **berechtigte** Interessen iSd § 23 Abs. 2 KUG sind, kann nur aufgrund einer für den Einzelfall durchzuführenden **Güter- und Interessenabwägung** entschieden werden, bei der auch Randumstände, wie zB ein Begleittext zum Bild, nicht unberücksichtigt bleiben dürfen (*BGH* NJW 1965, 1374 – Wie uns die Anderen sehen). IRd Abwägung sind vor allem grundgesetzlich geschützte Interessen, wie die durch Art. 5 GG gewährleistete **Pressefreiheit** und das durch Art. 2 GG geschützte **Allg. Persönlichkeitsrecht** der Person der Zeitgeschichte, einander gegenüberzustellen (*BVerfG* NJW 1999, 2358, 2359 – Greenpeace-Plakataktion gegen FCKW-produzierende Unternehmen; *BGH* NJW 1996, 1128, 1129 – Caroline von Monaco II; *OLG Frankfurt/Main* NJW 2000, 594). **46**

Bei Abbildungen im Zusammenhang mit der **Erörterung von Fragen, welche die Öffentlichkeit wesentlich berühren**, spricht eine **Vermutung** für die Zulässigkeit der Darstellung (vgl *BVerfG* NJW 1999, 2358, 2359 – Greenpeace-Plakataktion gegen FCKW-produzierende Unternehmen). Ein genereller Vorrang der Interessen der Öffentlichkeit ist jedoch nicht anzuerkennen (vgl *BVerfG* NJW 1999, 2358, 2359 – Greenpeace-Plakataktion gegen FCKW-produzierende Unternehmen). Es kommt vielmehr im Einzelnen auf die Einbußen an, die wechselseitig für die grundgesetzlich geschützten Positionen, zB die Meinungsfreiheit einerseits und das Persönlichkeitsrecht andererseits, entstehen. Dabei kann auf Seiten des Persönlichkeitsschutzes auch ins Gewicht fallen, ob von Form oder Inhalt der Darstellung eine Prangerwirkung ausgeht (vgl *BVerfG* NJW 1999, 2358, 2359 – Greenpeace-Plakataktion gegen FCKW-produzierende Unternehmen). Ferner bedarf es einer Abwägung, ob die Privatsphäre des Betroffenen oder sein öffentliches Wirken mit weitreichenden gesellschaftlichen Folgen Gegenstand der Darstellung ist und welche Rückwirkungen auf die persönliche Integrität des Betroffenen von der Äußerung ausgehen können (vgl *BVerfG* NJW 1999, 2358, 2359 – Greenpeace-Plakataktion gegen FCKW-produzierende Unternehmen). **47**

Absolute Personen der Zeitgeschichte müssen die Veröffentlichung von Bildaufnahmen von sich im Allgemeinen eher hinnehmen, selbst wenn diese sie nicht bei der Wahrnehmung einer öffentlichen Funktion zeigen, sondern ihr Privatleben im weiteren Sinne betreffen (*BGH* NJW 1996, 1128, 1129 – Caroline von Monaco II). Zur Frage, inwieweit sie sich dabei die nur unbemerkte Anfertigung von Fotografien gefallen lassen müssen, wenn diese nicht heimlich oder durch Überrumpelung erlangt wird, gibt es noch keine gesicherte Rspr (vgl einerseits *BGH* NJW 1996, 1128, **48**

1130 f. – Caroline von Monaco II und andererseits *BVerfG* NJW 2000, 1021, 2025 f.
– Privatleben Prominenter). **Relative Personen der Zeitgeschichte** dürfen in jedem
Fall nur im Zusammenhang mit dem Ereignis gezeigt werden, in dessen Zusammenhang sie in das Interesse der Öffentlichkeit getreten sind. Die Einzelheiten ergeben
sich aus der einzelfallbezogenen Abwägung gegen das Informationsinteresse der Allgemeinheit. Dabei können – nicht abschließend – die folgenden Sonderfälle hervorgehoben werden:

3. Schutz der Privatsphäre

49   Dem Schutz der Privatsphäre kommt im Rahmen dieser Abwägung ein bes. Stellenwert zu. Jedermann hat ein Recht, für sich allein zu sein, sich selbst zu gehören, sog.
right to be alone, ob er nur Privatperson, ob er relative oder ob er absolute Person
der Zeitgeschichte ist (*BVerfG* NJW 2000, 1021, 1022 – Privatleben Prominenter;
BGH NJW 1996, 1128, 1129 – Caroline von Monaco II). Selbst absolute Personen
der Zeitgeschichte brauchen es daher vor dem Hintergrund ihres Allg. Persönlichkeitsrechts grds nicht zu dulden, dass von ihnen im **Kernbereich** der Privatsphäre,
etwa im häuslichen Bereich, ohne ihre Einwilligung Bildaufnahmen zum Zwecke der
Veröffentlichung angefertigt werden (*BVerfG* NJW 2000, 2021, 1023 – Privatleben
Prominenter; *BGH* NJW 1996, 1128, 1129 – Caroline von Monaco II). Nur ausnahmsweise kann bei ihnen die Verbreitung von Bildnissen aus diesem Bereich statthaft sein, wenn ein überragendes öffentliches Informationsinteresse einen solchen
Eingriff rechtfertigt (*BVerfG* NJW 2000, 1021, 1025 – Privatleben Prominenter;
BGH NJW 1996, 1128, 1129 – Caroline von Monaco II).

50   Auch eine Person der Zeitgeschichte hat danach wie jedermann das Recht, sich an
Orten inner- oder **außerhalb des eigenen Hauses zurückzuziehen**, an denen sie für
sich allein oder jedenfalls von einer breiten Öffentlichkeit abgeschieden sein will. Sie
kann dies auch an Orten tun, die für jedermann frei zugänglich sind, wenn es sich im
konkreten Zeitpunkt um eine von der breiten Öffentlichkeit **abgeschiedene Örtlichkeit** handelt und diese **Abgrenzung für Dritte objektiv erkennbar** ist (*BVerfG*
NJW 2000, 1021, 1022 – Privatleben Prominenter; *BGH* NJW 1996, 1128, 1129 –
Caroline von Monaco II). Wer Bilder in dieser Situation heimlich oder unter Ausnutzung einer Überrumpelung aufnimmt, verstößt gegen § 22 KUG (*BGH* NJW 1957,
1315 – Spätheimkehrer; NJW 1996, 1128, 1129 – Caroline von Monaco II). Aber
auch darüber hinausgehend kann die Aufnahme bei Abwägung aller Umstände unzulässig sein (*BVerfG* NJW 2000, 1021, 1025 f. – Privatleben Prominenter).

4. Kinder

51   Kinder bedürfen hinsichtlich der Gefahren, die von dem Interesse der Medien ausgehen, eines **bes. Schutzes** (*BVerfG* NJW NJW 2000, 2021, 2023 – Privatleben Prominenter; NJW 2000, 2191 – Kinder Prominenter). Er verwirklicht sich nicht nur über
das elterliche **Erziehungsrecht** des Art. 6 Abs. 1 GG, sondern folgt auch aus dem
eigenen Recht des Kindes auf ungehinderte Entfaltung seiner Persönlichkeit iSv
Art. 2 Abs. 1 iVm Art. 1 Abs. 1 GG. IRd Abwägung nach § 23 Abs. 2 KUG ist daher
das bes. Schutzbedürfnis von Kindern zu berücksichtigen, die erst lernen müssen,
sich auch in der Öffentlichkeit angemessen zu bewegen (*BVerfG* NJW 2000, 2191 –
Kinder Prominenter). Abbildungen, die Kinder Prominenter alleine oder zusammen

mit ihren Eltern zeigen, dürfen daher idR nur dann verbreitet und öffentlich wiedergegeben werden, wenn sie das Kind in einer Situation zeigen, bei der es sich **bewusst der Öffentlichkeit zuwenden** wollte, wie zB bei einem Staatsempfang in Begleitung der Eltern (vgl *BVerfG* NJW 2000, 2191 – Kinder Prominenter).

5. Gefahren für Leib und Leben

Bedeutsam können auch Gefahren sein, die sich aus der Abbildung für Leib und Leben der abgebildeten Person ergeben können. So hat das *BVerfG* (NJW 2000, 2194 – Flick-Tochter) die Verfassungsbeschwerde eines Publikationsorgans gegen ein Urt. zurückgewiesen, durch welches die Beschwerdeführerin zur Unterlassung der Verbreitung einer Fotografie verpflichtet worden war, welches die von den Gefahren einer **Entführung** betroffene Tochter Flicks zeigte.   **52**

6. Objekt wirtschaftlicher Interessen

Ein berechtigtes Interesse der abgebildeten Person, nicht zum Objekt der wirtschaftlichen Interessen eines anderen gemacht zu werden, ist auch bei absoluten Personen der Zeitgeschichte anzuerkennen (*BGH* NJW 1997, 1152, 1153 – CD-Einlegeblatt). Das gilt, wenn es um die **Werbung** für eine branchenfremde gewerbliche Leistung geht, zumindest dann, wenn dabei für den Durchschnittsbetrachter der fälschliche Eindruck entsteht, der Abgebildete habe auf das Produkt bes. Einfluss gehabt oder befürworte dessen Verkauf sogar (*BGH* NJW 1997, 1152, 1153 – CD-Einlegeblatt). Aber auch darüber hinaus überwiegt im Allgemeinen das Interesse des Abgebildeten, nicht ohne seine Zustimmung als Werbeträger eingesetzt zu werden (vgl nur *BGH* NJW 1979, 2203, 2204 – Fußballspieler; NJW-RR 1987, 231 – Nena; NJW 1992, 2084 – Fotoveröffentlichung; NJW 1979, 2205, 2206 – Fußballtor; NJW 1997, 1152 – CD-Einlegeblatt; NJW 2000, 2201, 2202 – Der blaue Engel; NJW 2000, 2195, 2200 – Marlene Dietrich I). Der BGH hat es allerdings für zulässig erachtet, dass das Bildnis des verstorbenen Willy Brandt auf einer „Abschiedsmedaille" abgebildet wurde, weil das berechtigte Interesse der Witwe des Verstorbenen, selbst als überlebender Ehegatte über die Veröffentlichung seines Bildnisses und insb. über dessen wirtschaftliche Nutzung entscheiden zu können, unbeachtlich sei. Bei Bildpublikationen dieser Art bestehe keine rechtlich geschützte Position, die dem Abgebildeten oder seinen Angehörigen eine finanzielle Beteiligung am Vertrieb der Bilder sichere (*BGH* NJW 1995, 593, 595 – Willy Brandt (Abschiedsmedaille)). Die hiergegen gerichtete Verfassungsbeschwerde wurde nicht zur Entsch. angenommen (*BVerfG* NJW 2001, 594 ff.).   **53**

7. Resozialisierung

Nach Abschluss eines Strafprozesses steht der bebilderten Berichterstattung über den Straftäter im Allgemeinen der Resozialisierungsgedanke entgegen, und zwar **um so stärker, je weniger schwer die begangene Straftat war**. Nur bei bes. schweren Straftaten oder bei äußerst ungewöhnlichen Prozessen kann er hinter das berechtigte Informationsinteresse der Allgemeinheit zurücktreten. Mit zunehmendem Zeitablauf wird dabei iRd Interessenabwägung unter Berücksichtigung des Resozialisierungsgedankens das Interesse des Straftäters an Anonymität an Gewicht zunehmen, während das Informationsinteresse der Allgemeinheit schwindet (s. hierzu *BVerfG* GRUR 1973, 541 ff. – Lebach).   **54**

8. Beispiele

55   **Als zulässig angesehen** wurde eine Plakataktion der **Umweltschutzaktion** Greenpeace, bei welcher unter namentlicher Bezeichnung und Abbildung eines Portraits des Vorstandsvorsitzenden eines deutschen FCKW-produzierenden Unternehmens die FCKW-Produktion des Unternehmens kritisiert wurde (*BGH* NJW 1994, 124, 125 ff. – Plakataktion (Greenpeace); bestätigt durch *BVerfG* NJW 1999, 2358 ff. – Greenpeace-Plakataktion gegen FCKW-produzierende Unternehmen). Zulässig ist auch die Abbildung des verstorbenen Willy Brandt auf einer „**Abschiedsmedaille**" (*BGH* NJW 1996, 593, 595 – Willy Brandt (Abschiedsmedaille); vgl *BVerfG* NJW 2001, 594 ff.).

56   **Nicht nach § 23 KUG zulässig** ist das Aufbringen des Bildnisses eines berühmten Pop-Sängers auf dem **Einlegeblatt einer CD**, dem dieser nicht zugestimmt hat, und zwar selbst dann, wenn die CD Musik dieses Sängers enthält und der Sänger den Vertrieb der CD als solcher wegen einer im int. Rechtsschutz für ausübende Künstler bestehenden Lücke nicht entgegentreten kann (*BGH* NJW 1997, 1152, 1153 – CD-Einlegeblatt). Unzulässig ist die heimliche Anfertigung von Bildaufnahmen der Prinzessin **Caroline von Monaco** mit dem Schauspieler Vincent Lindon in einem nur unvollkommen beleuchteten Gartenlokal an einem Tisch sitzend (*BGH* NJW 1996, 1128, 1130 – Caroline von Monaco II; Verfassungsbeschwerde zurückgewiesen durch *BVerfG* NJW 2000, 1021 ff. – Privatleben Prominenter).

IV. Zulässige Verwertungshandlungen

57   Liegt einer der Tatbestände des § 23 Abs. 1 KUG vor und steht nach § 23 Abs. 2 KUG kein berechtigtes Interesse des Abgebildeten entgegen, darf dessen Bildnis **verbreitet** und **zur Schau gestellt** werden. Zu den Begriffen so Anh. § 60/§ 22 KUG Rn 10 f. Zulässig ist darüber hinaus, obgleich nicht ausdrücklich genannt, auch die **Herstellung** des betr. Bildnisses (*BGH* NJW 1966, 2353, 2354 – Vor unserer eigenen Tür).

§ 24 KUG   Ausnahmen im öffentlichen Interesse

Für Zwecke der Rechtspflege und der öffentlichen Sicherheit dürfen von den Behörden Bildnisse ohne Einwilligung des Berechtigten sowie des Abgebildeten oder seiner Angehörigen vervielfältigt, verbreitet und öffentlich zur Schau gestellt werden.

Literatur: S. die Literaturhinweise zur Vorbemerkung.

Übersicht

I. Allgemeines

§ 24 KUG ist im Zusammenhang mit **§§ 45 Abs. 2 und 3, 72** zu lesen. Während   **1**
Letztere das Urheberrecht des Malers oder Fotografen hinter ein etwaiges Interesse
der Rechtspflege oder der öffentlichen Sicherheit zurücktreten lassen, ordnet § 24
KUG dies auch für das Recht des Abgebildeten am eigenen Bild an. Dadurch wird
die Verwertung zB eines Steckbriefs mit der Fotografie des Gesuchten erst ermöglicht. Auch hinsichtlich des zulässigen Umfangs der Nutzung entsprechen sich beide
Vorschriften (vgl amtl. Begr. BT-Drucks. IV/270, 64).

§ 24 KUG schränkt das Recht am eigenen Bild ein und bezieht sich dementsprechend   **2**
nur auf die Herstellung und Verwertung von **Bildnissen** iSd § 22 KUG. Die Prüfung,
ob die Veröffentlichung durch § 24 – oder § 23 – KUG gedeckt ist, stellt sich immer
dann, wenn die Veröffentlichung des Bildnisses einer Person nicht mehr von der **Einwilligung** des Abgebildeten gedeckt ist. Dies ist für jeden Einzelfall gesondert zu
prüfen. Auch eine Person, die einer Veröffentlichung ihres Bildes zu anderen Zwecken zugestimmt hat, kann sich dabei gegen eine von dieser Einwilligung nicht mehr
gedeckte Veröffentlichung ihres Bildnisses in anderem Zusammenhang wenden,
wenn kein Fall des § 24 (oder § 23) KUG vorliegt (vgl hierzu zB *BGH* NJW 1985,
1617 ff. – Nacktfoto).

II. Inhalt und Rechtsfolgen der Vorschrift

Zur **Rechtspflege** gehört jede Verwertung eines **Bildnisses**, welche der Rechtsfin-   **3**
dung dient. Sie muss im Rahmen eines anhängigen Verfahrens vorgenommen wer-
den, wobei schon das Ermittlungsverfahren genügt. § 24 KUG ist auch im Zivilpro-
zess anwendbar, sodass Bildnisse vor Gericht zB dann vorgelegt werden dürfen,
wenn dies zu Beweiszwecken erforderlich ist. Zu Zwecken der **öffentlichen Sicherheit** wird ein Bildnis dann verwertet, wenn es benötigt wird, um die Unversehrtheit
von Leben, Gesundheit, Ehre, Freiheit oder Vermögen der Bürger oder aber die Unversehrtheit der Rechtsordnung oder der staatlichen Einrichtungen zu sichern, zu
wahren oder herbeizuführen. Stets ist zu prüfen, ob die Schwere der befürchteten
oder verfolgten Tat die Herstellung, Veröffentlichung bzw das Zur-Schau-Stellen
noch rechtfertigt.

Anders als iRd § 45 Abs. 2 sind nur **Behörden** durch § 24 KUG privilegiert. Aus der   **4**
Gesetzesgeschichte (amtl. Begr. zu §§ 22, 23 KUG-Entwurf v. 28.11.1905, *Schulze*
Bd 1, S. 223; vgl auch amtl. Begr. BT-Drucks. IV/270, 64) ergibt sich jedoch, dass
der Gesetzgeber darunter auch **Gerichte**, vor allem nämlich die Strafrechtspflege,
verstand. Der Begriff der Behörde nach § 24 KUG deckt sich daher mit den Begriffen
der Behörde und des Gerichts in § 45; auf die dortige Kommentierung (§ 45 Rn 4)
wird verwiesen. Keine Behörde sind ein Supermarkt oder eine privat geführte Bank,
sodass das Installieren von **Überwachungskameras** dort nicht unter § 24 KUG fällt.
Anders wird dies dann gesehen, wenn die Videokamera auf Anraten der Polizei installiert wird (*Schricker/Gerstenberg/Götting* § 60/§ 24 KUG Rn 5). Da das Bildnis
dann jedoch nicht von der Behörde, also zB auf einen entspr. Bescheid hin, sondern
nur auf bloße Anregung derselben installiert wird, ist dem nicht zu folgen. Das Hausrecht oder eine Einwilligung des Abgebildeten können hier die Rechtsgrundlage sein.
Nicht von § 24 KUG, auch nicht aufgrund analoger Anwendung, gerechtfertigt ist

die Anbringung derartiger Kameras in Umkleidekabinen oÄ, weil es hier an einer § 24 KUG vergleichbaren Rechtslage fehlt.

5   Nach § 24 KUG dürfen für Zwecke der Rechtspflege und der öffentlichen Sicherheit von den Behörden Bildnisse ohne Einwilligung des Berechtigten sowie des Abgebildeten oder seiner Angehörigen **vervielfältigt, verbreitet und öffentlich zur Schau gestellt** werden. § 24 KUG gibt im Interesse der Rechtspflege und der öffentlichen Sicherheit die Bildnisse für den Gebrauch der Behörden und Gerichte in gleichem Umfange frei, wie dies im Anwendungsbereich des § 45 Abs. 2 vorgesehen ist, mit der Maßgabe, dass auch die Funksendung zugelassen ist (amtl. Begr. BT-Drucks. IV/270, 64). Dem Sinn der Vorschrift nach ist ferner die **Herstellung** der Bilder zu den genannten Zwecken als erlaubt anzusehen (*BGH* NJW 1975, 2075, 2076 – Fotografieren eines Demonstrationszuges). Keine Aussage trifft § 24 KUG über die Aufbewahrung der Bilder nach Erreichen des Zwecks. Gegen sie ist der Verwaltungsrechtsweg gegeben (vgl *BVerwG* NJW 1961, 571, 572; NJW 1967, 1192; *Schricker/ Gerstenberg/Götting* § 60/§ 24 Rn 12).

III. Beispiele

6   **§ 24 KUG ist erfüllt** und der öffentlichen Sicherheit dient das Fotografieren von **Demonstranten**, wenn mit Hilfe der Lichtbilder bislang unbekannte Täter von Straftaten identifiziert werden sollen, die als Teilnehmer an der Demonstration vermutet werden, und die Verwendung der Fotografien daher iRd von der Polizei auszuübenden Aufgabe, Straftaten zu erforschen, liegt (*BGH* NJW 1975, 2075, 2076 – Fotografieren eines Demonstrationszuges). Zulässig ist die Ausstrahlung der Sendereihe „**Aktenzeichen XY – ungelöst**" (*OLG Frankfurt* NJW 1971, 47 ff.). Der Steckbrief eines gesuchten Täters kann an öffentlichen Orten angeschlagen sowie gesendet werden.

§§ 33-50 KUG Rechtsfolgen der Verletzung des Rechts am eigenen Bild

§ 33 KUG   Strafvorschrift

(1) Mit Freiheitsstrafe bis zu einem Jahr oder mit Geldstrafe wird bestraft, wer entgegen den §§ 22, 23 ein Bildnis verbreitet oder öffentlich zur Schau stellt.

(2) Die Tat wird nur auf Antrag verfolgt.

§ 37 KUG   Vernichtung

(1) Die widerrechtlich hergestellten, verbreiteten oder vorgeführten Exemplare und die zur widerrechtlichen Vervielfältigung oder Vorführung ausschließlich bestimmten Vorrichtungen, wie Formen, Platten, Steine, unterliegen der Vernichtung. Das gleiche gilt von den widerrechtlich verbreiteten oder öffentlich zur Schau gestellten Bildnissen und den zu deren Vervielfältigung ausschließlich bestimmten Vorrichtungen. Ist nur ein Teil des Werkes widerrechtlich hergestellt, verbreitet oder vorgeführt, so ist auf Vernichtung dieses Teiles und der entsprechenden Vorrichtungen zu erkennen.

(2) Gegenstand der Vernichtung sind alle Exemplare und Vorrichtungen, welche sich im Eigentume der an der Herstellung, der Verbreitung, der Vorführung oder der Schaustellung Beteiligten sowie der Erben dieser Personen befinden.

(3) Auf die Vernichtung ist auch dann zu erkennen, wenn die Herstellung, die Verbreitung, die Vorführung oder die Schaustellung weder vorsätzlich noch fahrlässig erfolgt. Das gleiche gilt, wenn die Herstellung noch nicht vollendet ist.

(4) Die Vernichtung hat zu erfolgen, nachdem dem Eigentümer gegenüber rechtskräftig darauf erkannt ist. Soweit die Exemplare oder die Vorrichtungen in anderer Weise als durch Vernichtung unschädlich gemacht werden können, hat dies zu geschehen, falls der Eigentümer die Kosten übernimmt.

§ 38 KUG   Recht der Übernahme

Der Verletzte kann statt der Vernichtung verlangen, dass ihm das Recht zuerkannt wird, die Exemplare und Vorrichtungen ganz oder teilweise gegen eine angemessene, höchstens dem Betrage der Herstellungskosten gleichkommende Vergütung zu übernehmen.

§ 42 KUG   Zivil- oder Strafverfahren

Die Vernichtung der Exemplare und der Vorrichtungen kann im Wege des bürgerlichen Rechtsstreits oder im Strafverfahren verfolgt werden.

§ 43 KUG   Vernichtung nur auf Antrag

(1) Auf die Vernichtung von Exemplaren oder Vorrichtungen kann auch im Strafverfahren nur auf besonderen Antrag des Verletzten erkannt werden. Die Zurücknahme des Antrags ist bis zur erfolgten Vernichtung zulässig.

(2) Der Verletzte kann die Vernichtung von Exemplaren oder Vorrichtungen selbständig verfolgen. In diesem Falle finden die §§ 477 bis 479 der Strafprozeßordnung mit der Maßgabe Anwendung, dass der Verletzte als Privatkläger auftreten kann.

§ 44 KUG   Recht auf Übernahme

Die §§ 42, 43 finden auf die Verfolgung des im § 38 bezeichneten Rechtes entsprechende Anwendung.

§ 48 KUG   Verjährung

(1) Der Anspruch auf Schadensersatz und die Strafverfolgung wegen widerrechtlicher Verbreitung oder Vorführung eines Werkes sowie die Strafverfolgung wegen widerrechtlicher Verbreitung oder Schaustellung eines Bildnisses verjähren in drei Jahren.

(2) Die Verjährung beginnt mit dem Tage, an welchem die widerrechtliche Handlung zuletzt stattgefunden hat.

§ 50 KUG   Antrag auf Vernichtung

Der Antrag auf Vernichtung der Exemplare und der Vorrichtungen ist so lange zulässig, als solche Exemplare oder Vorrichtungen vorhanden sind.

Literatur: S. die Literaturhinweise zur Vorbemerkung.

Übersicht

I. Lückenhafte Regelung der Rechtsfolgen der Verletzung des Rechts am eigenen Bild

1   Die Rechtsfolgen der Verletzung des Rechts am eigenen Bild sind im KUG nur lückenhaft geregelt. Insb. fehlt es an einer Anspruchsgrundlage, aus der sich Unterlassungs- und Schadenersatzansprüche herleiten lassen. Insoweit muss daher auf den allg. Unterlassungs- und Schadenersatzanspruch aus §§ 823, 1004 BGB zurückgegriffen werden. Dessen Voraussetzungen sind bei einer Verletzung des Rechts am eigenen Bild erfüllt, weil das Recht am eigenen Bild ein sonstiges Recht iSd § 823 BGB darstellt und ohne einen solchen Anspruch Verletzungen der Würde und Ehre eines Menschen häufig ohne Sanktionen bleiben müssten und damit ein effektiver Schutz der Persönlichkeit nicht gewährleistet wäre (statt vieler: *BGH* NJW 1971, 885, 996 – Petite Jacqueline; NJW-RR 1987, 231 – Nena; NJW 1992, 2084 – Fotoveröffentlichung; *OLG Frankfurt* NJW 2000, 594).

2   Hingegen fehlt es entgegen einer in der Lit. vertretenen Meinung (*v. Gamm* Einf. Rn 129; *Schricker/Gerstenberg/Götting* § 60/§§ 33-50 KUG Rn 1) für eine entspr. Heranziehung der §§ 97 ff. an einer rechtlichen Grundlage. Diese Vorschriften regeln die Rechtsfolgen aus Verletzungen des Urheberpersönlichkeitsrechts als bes. Erscheinungsform des Persönlichkeitsrechts (*BGH* NJW 1973, 885, 886 – Petite Jaqueline mwN; vgl amtl. Begr. BT-Drucks. IV/279, 44). Dagegen geht es bei §§ 823, 1004 BGB um die Folgen einer Verletzung des Allg. Persönlichkeitsrechts. Beide Bestimmungen schließen sich aus (näher zum Verhältnis des Urheberpersönlichkeitsrechts zum Allg. Persönlichkeitsrecht Vor §§ 12 ff. Rn 36 ff.). Die für die Verletzung des Rechts am eigenen Bild in §§ 823, 1004 BGB, §§ 33-50 KUG geregelten Rechtsfolgen sind daher abschließend. Ein gleichzeitiger oder erg. Rückgriff auf §§ 97 ff. ist nicht möglich.

Ist ein Fall der **§§ 23 oder 24 KUG** gegeben, kann der Eingriff in das Recht am eigenen Bild nur zu Ansprüchen nach §§ 823, 1004 BGB führen, wenn zusätzliche Umstände hinzukommen, aus denen sich die Rechtswidrigkeit der Handlung ergibt. Eine Verbreitung oder ein Zur-Schau-Stellen eines Bildnisses, welches die §§ 22 ff. KUG billigen, kann ohne Hinzutreten weiterer Umstände nicht rechtswidrig sein (vgl zu §§ 6, 32 StUG *OLG Hamburg* NJW 1999, 3343, 3344).   **3**

Geltend gemacht werden können die aus einer Verletzung des Rechts am eigenen Bild entstehenden Ansprüche durch den Verletzten. Das ist die natürliche Person, die auf dem Bildnis abgebildet ist. Hat sie die wirtschaftliche Verwertung ihres Bildnisses einer Verwertungsgesellschaft übertragen, wird diese dadurch nicht zur Verletzten. Sie kann die Ansprüche aus der Verletzung des Rechts am eigenen Bild vielmehr nur im Wege der Prozessstandschaft geltend machen (*Schricker/Gerstenberg/ Götting* § 60/§§ 33-50 KUG Rn 6). Näher hierzu und zur Vererblichkeit der Ansprüche unten Rn 26 ff.   **4**

II. Die einzelnen Ansprüche im Falle der Verletzung des Rechts am eigenen Bild

1. Unterlassungsanspruch

Wer das Recht am eigenen Bild verletzt, ist passivlegitimiert und kann vom Verletzten auf Unterlassung der Beeinträchtigung in Anspruch genommen werden. Voraussetzung ist, dass die Beeinträchtigung im Zeitpunkt der Geltendmachung des Anspruchs, bei gerichtlichen Verfahren im Zeitpunkt der letzten mündlichen Verhandlung, noch fortwirkt. Es gelten die allg. Grundsätze. Auf die Kommentierung zu § 97 wird verwiesen.   **5**

2. Beseitigungsanspruch

Aus § 1004 BGB ergibt sich ein verschuldensunabhängiger Anspruch des Abgebildeten auf Beseitigung der Beeinträchtigung. Voraussetzung ist, dass die Beeinträchtigung noch fortwirkt. Auf welche Weise die Rechtsverletzung zu beseitigen ist, richtet sich nach den Umständen des Einzelfalls. Danach kommt zB ein Rückruf von an den Lieferanten übergegebenen Zeitungsexemplaren, die Entfernung von Plakaten, die Entnahme eines Videos aus dem Sortiment und, wenn die Veröffentlichung eines Bildes zusammen mit einer ehrverletzenden Tatsachenbehauptung erfolgt, ein Widerruf derselben in Betracht. Zur Beseitigung kann uU die Herausgabe des Bildnisses an den Verletzten erforderlich sein. Ist mit hoher Wahrscheinlichkeit zu erwarten, dass der Abgebildete binnen Kurzem zur Person der Zeitgeschichte werden wird und wäre die Veröffentlichung des Bildnisses dann nach § 23 Abs. 1 Nr. 1 KUG zulässig, kann dies dem Beseitigungsanspruch entgegengesetzt werden.   **6**

3. Vernichtungsanspruch

Eine **bes. Art des Beseitigungsanspruchs** ist der verschuldensunabhängige Vernichtungsanspruch. Er ergibt sich aus §§ 21, 22, 37, 42 KUG. Eines Rückgriffs auf §§ 823, 1004 BGB bedarf es insoweit nicht. Zu vernichten sind alle widerrechtlich hergestellten oder verbreiteten oder vorgeführten/zur Schau gestellten Originalbildnisse und Vervielfältigungsexemplare sowie die zur widerrechtlichen Vervielfältigung oder Vorführung ausschließlich bestimmten Vorrichtungen wie Formen, Plat-   **7** ten oder Steine. Dazu gehören bei Fotografien nicht nur die Abzüge, sondern auch die Negative. Es reicht aus, wenn entweder die Herstellung oder die Verbreitung oder das Zur-Schau-Stellen des Bildnisses gegen § 22 KUG verstößt. Ist diese Voraussetzung nur bei einem Teil der Bildnisse bzw Exemplare oder Vorrichtungen erfüllt, sind nur sie zu vernichten (**Teilvernichtung**, § 37 Abs. 1 S. 3 KUG). Unter bestimmten Umständen kann statt der Vernichtung auch die Herausgabe der noch beim Verletzten vorhandenen Vervielfältigungsstücke verlangt werden, wobei das *OLG München* (NJW-RR 1996, 93, 95) im Hinblick auf die gleichen Folgen beider Vorschriftenkomplexe hat dahinstehen lassen, ob sich der Anspruch aus einer analogen Anwendung des § 37 KUG oder aus §§ 823, 1004 BGB ergibt.

8   Der Vernichtungsanspruch besteht nach § 37 Abs. 2 KUG nur bzgl derjenigen Originale, Vervielfältigungsstücke und Vorrichtungen, welche sich im Zeitpunkt des Verlangens bzw bei der gerichtlichen Geltendmachung im Zeitpunkt der letzten mündlichen Verhandlung noch im Eigentum des Verletzers oder dessen Erben befinden.

4. Schadenersatz- und Schmerzensgeldanspruch

9   **a) Allgemeines.** Der Beseitigungs- bzw der Vernichtungsanspruch schützt den Verletzten nicht vor materiellen oder immateriellen Einbußen, die er vor der Durchsetzung dieser Ansprüche bereits dauerhaft erlitten hat. Hier hilft nur ein Schadenersatz bzw ein Schmerzensgeldanspruch. Während der Schadenersatzanspruch dabei Nachteile ausgleichen soll, die durch Eingriffe in die **vermögensrechtlichen** Bestandteile des Rechts am eigenen Bild entstanden sind, gewährt der Schmerzensgeldanspruch einen Ausgleich für die durch den Eingriff in die **ideellen** Bestandteile dieses Rechtes entstandenen Schäden, also vor allem für eine Ehrverletzung. Während der *BGH* (grundlegend: NJW 1958, 827, 829 – Herrenreiter) bislang davon ausging, dass Schadenersatz- und Schmerzensgeldanspruch sich wechselseitig ausschlössen, wird man nach der neuesten Rspr des *BGH* (NJW 2000, 2195 ff. – Marlene Dietrich I; NJW 2000, 2201 f. – Der blaue Engel; GRUR 2002, 690, 691 – Marlene Dietrich II), nach der dieser die Doppelnatur des Rechts am eigenen Bild ausdrücklich anerkennt, uU auch beide Ansprüche nebeneinander geltend machen können.

10   **b) Schadenersatzanspruch.** Die **Verletzung** des Rechts am eigenen Bild kann einen Anspruch auf Geldentschädigung nach § 823 Abs. 1 BGB iVm Art. 1 und 2 GG begründen, weil ohne einen solchen Anspruch Verletzungen der Würde und Ehre eines Menschen häufig ohne Sanktionen bleiben müssten und damit ein effektiver rechtlicher Schutz der Persönlichkeit nicht gewährleistet wäre (*OLG Frankfurt* NJW 2000, 594). Die erforderliche Abwägung gegen andere Interessen findet bereits iRd Prüfung der §§ 22 ff. KUG statt.

11   **Schuldhaft** handelt, wer iSd § 276 BGB die Rechtsverletzung vorsätzlich oder fahrlässig herbeiführt. Mehrere haften nach § 830 Abs. 1 BGB als Gesamtschuldner, Anstifter und Gehilfen stehen den Mittätern nach § 830 Abs. 2 BGB gleich. Für Verrichtungsgehilfen haben sowohl natürliche als auch juristische Personen nach § 831 BGB einzustehen, eine juristische Person haftet nach § 31 BGB für ihre Organe, der Staat bzw Körperschaften haben nach Art. 34 GG, § 839 BGB für ihre Beamten einzustehen.

Je nach den Umständen des Einzelfalls kann eine Pflicht des die Verwertung des **12**
Bildnisses Vornehmenden bestehen, sich über die rechtlichen Voraussetzungen der
Veröffentlichung oder Verbreitung des Bildnisses, insb. über das Vorliegen der Zustimmung des Abgebildeten, zu vergewissern (*BGH* NJW 1971, 698, 670 – Liebestropfen). Wer zB die Herausgabe einer Wahlkampfillustrierten veranlasst, diese finanziert und Einwirkungsmöglichkeiten auf ihr Erscheinen besitzt, ist verpflichtet,
dafür zu sorgen, dass Eingriffe in das Recht am eigenen Bild ausgeschlossen sind
(*BGH* NJW 1980, 994, 995 – Wahlkampfillustrierte). Für politische Parteien gelten
dabei keine anderen Grundsätze als für andere Personen (*BGH* NJW 1980, 994, 995
– Wahlkampfillustrierte). Diese **Sorgfaltspflicht** kann auf Dritte übertragen werden,
jedoch ist dabei durch geeignete Auswahl und Anweisung dieser Personen und durch
eine sorgfältige Organisation sowie durch regelmäßige Prüfungen sicherzustellen,
dass der Prüfungspflicht ordnungsgemäß nachgekommen wird (vgl *BGH* NJW 1980,
994, 995 – Wahlkampfillustrierte).

Dabei ist davon auszugehen, dass die in der Veröffentlichung eines Fotos zu **Werbe-** **13**
zwecken ohne Einwilligung des Abgebildeten und vorherige Rückfrage liegende
Verletzung des Persönlichkeitsrechts nur unter ganz bes. Umständen unverschuldet
sein kann (*BGH* NJW 1992, 2084 – Fotoveröffentlichung). **Erhält der Betreffende**
das Foto von einer anderen Person und will er dasselbe zu eigennützigen Zwecken
veröffentlichen, muss er bes. gründlich prüfen, ob und inwieweit er zu dieser Veröffentlichung befugt ist (*BGH* NJW 1992, 2084 – Fotoveröffentlichung). Dieser Prüfungspflicht genügt er im Regelfall nicht schon dadurch, dass er das Foto von einem
Berufsfotografen oder einer Presse- oder Werbeagentur erwirbt; gerade in solchen
Fällen kann vielmehr Anlass zu bes. Nachfrage bestehen (*BGH* NJW 1992, 2084 –
Fotoveröffentlichung). Auch die weiteren Umstände, zB Widersprüche bei der An-
preisung des Bildes, die Unmöglichkeit der Vorlage weiterer Bilder und die Geheim-
haltung des Namens der abgebildeten Person können bei einem Bezug des Bildes von
Dritten weitere Nachforschungen erforderlich machen (*OLG Hamm* AfP 1998,
304 f.). Die Prüfungspflicht kann delegiert werden, jedoch hat der Delegierende dann
durch eine geeignete Organisation und Überwachung sicherzustellen, dass die Prüfung ordnungsgemäß erfolgt. Auch bei **Nacktaufnahmen** ist bes. Sorgfalt geboten
(*OLG Hamm* AfP 1998, 304 f.).

Die **Höhe des Schadenersatzes** ist nach §§ 249 ff. BGB zu berechnen, wobei dem **14**
Verletzten wie bei Urheberrechtsverletzungen eine **dreifache Schadensberechnung**
möglich ist. Er kann seinen Schaden alternativ konkret berechnen, eine angemessene
Lizenzgebühr verlangen oder aber den durch den Eingriff beim Verletzer entstandenen Gewinn abschöpfen (stRspr, s. nur *BGH* NJW 2000, 2201, 2202 – Der blaue Engel). Der Schadenersatzanspruch setzt dabei anders als der Schmerzensgeldanspruch
keine bes. Eingriffsintensität der Rechtsverletzung voraus (*BGH* NJW 2000, 2201,
2202 – Der blaue Engel).

Wählt der Geschädigte die **konkrete Schadensberechnung**, muss er nachweisen, in- **15**
wieweit er sich durch den Eingriff in das Recht am eigenen Bild finanziell schlechter
steht als ohne den Eingriff. Der konkrete Schaden kann zB in dem Verlust des Ar-
beitsplatzes aufgrund der Veröffentlichung eines Nacktbildes (Entgangenes Arbeitsentgelt), in einer entgangenen Vermarktungsmöglichkeit des Bildes oder auch in einem Marktverwirrungsschaden bestehen, weil das abgebildete Fotomodell seine

Kunden zunächst darüber aufklären muss, dass die entspr. Veröffentlichung nicht auf seinem Tun beruht.

16 Weniger aufwendig ist im Allgemeinen die Berechnung des Schadens nach der üblichen **Lizenzgebühr**. Sie hatte die Rspr (*BGH* NJW 1979, 2205, 2205 f. – Fußballtor) allerdings bislang nur Personen gewährt, die – wie Schauspieler, Fotomodells und bekannte Sportler – die Benutzung ihres Bildes zB in der Werbung regelmäßig nur gegen Entgelt erlauben; hingegen sollte gleiches denjenigen Personen verwehrt sein, bei denen sich, wie bei Privatpersonen oder bei ehrwidrigen Abbildungen, nicht feststellen ließ, dass ein Lizenzvertrag überhaupt zustande gekommen wäre (*BGH* NJW 1958, 827, 929 – Herrenreiter; **aA** *OLG Düsseldorf* GRUR 1991, 908, 910). Daran wird nach den neusten Entsch. des *BGH* (NJW 2000, 2195 ff. – Marlene Dietrich I; NJW 2000, 2201 f. – Der blaue Engel) in dieser Rigidität nicht mehr festzuhalten sein. Wer das Bild eines anderen kommerziell verwertet und dadurch in den Vermögenswert des Rechts am eigenen Bild eingreift, erspart damit bei abstrakter Betrachtung eine – wenn auch bei Privatpersonen möglicherweise geringe – Lizenzgebühr. Sie ist unabhängig davon, ob sich der Betreffende überhaupt mit einer Verwertung einverstanden erklärt hätte, als Schadenersatz für die Verletzung des vermögenswerten Bestandteils des Rechts am eigenen Bild zu zahlen. Die Höhe der Lizenzgebühr richtet sich nach dem Marktwert des Bildnisses und den Gepflogenheiten des Geschäfts, ggf ist ein Sachverständigengutachten dazu einzuholen, welche Lizenzgebühr der Verletzte für eine Einwilligung in die Rechtsverletzung hätte verlangen können. Dem Gericht steht gem. § 287 ZPO ein Schätzungsermessen zu (*LG München* v. 13.3.2002, Az: 21 O 12437/99).

17 Schließlich kann der Verletzte auch den vom Verletzer erwirtschafteten **Gewinn** herausverlangen. Damit ist der Reingewinn nach Abzug der Kosten gemeint.

18 **c) Schmerzensgeldanspruch.** Die Verletzung des Rechts am eigenen Bild kann nach §§ 823, 847 BGB, die Voraussetzungen eines Schadenersatzanspruchs vorausgesetzt (hierzu Rn 10 ff.), einen Schmerzensgeldanspruch des Verletzten auslösen (statt vieler: *BGH* NJW 1996, 985, 986 – Kumulationsgedanke (Wiederholungsveröffentlichung); *OLG Frankfurt* NJW 2000, 594). Nicht jede Verletzung des Rechtes am Bilde ist allerdings ausreichend, um einen Schmerzensgeldanspruch zu begründen. Ein solcher Anspruch kommt vielmehr nur in Betracht, wenn es sich um einen **schwerwiegenden Eingriff** handelt **und** die Beeinträchtigung **nicht in anderer Weise befriedigend aufgefangen** werden kann (stRspr, s. nur *BGH* NJW 1965, 1374 – Wie uns die Anderen sehen; GRUR 1969, 301, 302 – Spielgefährtin II; NJW 1971, 698, 699 – Liebestropfen; NJW 1980, 994, 995 – Wahlkampfillustrierte; NJW 1985, 1617, 1619; NJW 2000, 2201, 2202 – Der blaue Engel). Beide Anforderungen müssen kumulativ gegeben sein. Ob eine schwerwiegende Verletzung des Persönlichkeitsrechts vorliegt, welche die Zahlung einer Geldentschädigung rechtfertigt, kann jeweils nur aufgrund der gesamten Umstände des Einzelfalls beurteilt werden. Hierbei sind insb. die **Art und Schwere der zugefügten Beeinträchtigung**, der **Grad des Verschuldens** sowie **Anlass und Beweggrund des Handelnden** zu berücksichtigen (stRspr, vgl nur *BGH* NJW 1971, 698, 700 – Liebestropfen; NJW 1980, 994, 995 – Wahlkampfillustrierte; NJW 1985, 1617, 1619; NJW 1996, 985, 986 – Kumulationsgedanke (Wiederholungsveröffentlichung)). Zwar wird man nach der neuen Rspr des *BGH* (NJW 20000, 2195 ff. – Marlene Dietrich I; NJW 2000,

2201 f. – Der blaue Engel; s. auch oben Anh. § 60/Vor §§ 22 ff. KUG Rn 2 f.), nach der dieser die Doppelnatur des Rechts am eigenen Bild ausdrücklich anerkennt, einen Schmerzensgeldanspruch nicht mehr generell schon deshalb ausschließen können, weil der Verletzte mit einer Verwertung gegen Entgelt einverstanden gewesen wäre. IRd Abwägung der für den Schmerzensgeldanspruch erforderlichen Intensität der Verletzung spielt dieser Umstand aber durchaus eine Rolle. Danach wird ein Schmerzensgeldanspruch mangels Erreichens der notwendigen Schwere der Verletzung iE zu verneinen sein, wenn der Verletzte, der sein Bildnis üblicherweise kommerziell verwertet, auch der in Frage stehenden Verwendung **gegen Entgelt zugestimmt hätte**. Auch die **Begleitumstände** spielen eine Rolle. Bei Bildveröffentlichungen ist der Begleittext zu berücksichtigen. Eine wiederholte und hartnäckige Verletzung des Rechts am eigenen Bild, die um des wirtschaftlichen Vorteils willen erfolgt, kann sich dabei als schwere, einen Anspruch auf Geldentschädigung rechtfertigende Verletzung des Allg. Persönlichkeitsrechts des Betroffenen darstellen, auch wenn die einzelne Bildveröffentlichung – jeweils für sich betrachtet – nicht als schwerwiegend anzusehen ist (*BGH* NJW 1996, 985 – Kumulationsgedanke (Wiederholungsveröffentlichung)).

Die **Höhe des Schmerzensgeldes** richtet sich nach allg. Grundsätzen danach, welcher   **19**
Betrag dem Verletzten auf der einen Seite einen angemessenen Ausgleich für die Minderung seines Persönlichkeitsrechts und andererseits eine berechtigte Genugtuung verschafft. Dabei sind die persönlichen und wirtschaftlichen Verhältnisse der Parteien zu berücksichtigen (*BGH* NJW 1965, 1374, 1375 – Wie uns die Anderen sehen).

5. Bereicherungsanspruch

Bei Verletzungen des Rechts am eigenen Bild kommt – selbst bei fehlendem Ver-   **20**
schulden – bei unbefugter kommerzieller Nutzung des Bildnisses eines Prominenten ein Bereicherungsanspruch in Betracht (*BGH* NJW 1979, 2205, 2206 – Fußballtor; NJW 1992, 2084, 2085 – Fotoveröffentlichung; *OLG Frankfurt* NJW 2000, 594). Der Bereicherungsanspruch stützt sich auch dann, wenn dem Bereicherungsschuldner das Bildnis von einer dritten (nichtberechtigten) Person überlassen worden war, auf die **Eingriffskondiktion** des § 812 Abs. 1 S. 1 Alt. 2 BGB (*BGH* NJW 1992, 2084, 2085 – Fotoveröffentlichung).

Herauszugeben ist der Vermögensvorteil, den der Anspruchsschuldner durch den   **21**
Eingriff in das Recht am eigenen Bild auf Kosten des Bereicherungsgläubigers erlangt hat. Voraussetzung ist daher, dass überhaupt in den vermögenswerten Bestandteil des Rechts am eigenen Bild und nicht nur in den nichtvermögenswerten, ideellen Teil eingegriffen wurde. Herauszugeben ist das Erlangte; das ist die Vergütung, die der Bereicherungsgläubiger für die Erteilung der Erlaubnis zur Verwendung des Bildes von dem Bereicherungsschuldner angemessener Weise hätte verlangen können. Der Anspruch richtet sich daher auf Zahlung der **ersparten Vergütung** in Höhe des für einen derartigen Eingriff üblichen Entgelts (*BGH* NJW 1979, 2205, 2206 – Fußballtor; NJW-RR 1987, 231 – Nena; NJW 1992, 2084, 2085 – Fotoveröffentlichung; *OLG Frankfurt* NJW 2000, 594). Unerheblich ist, ob es zu einer entgeltlichen Gestattung gekommen wäre, wenn der Bereicherungsschuldner zuvor darum nachgesucht hätte. Insb. kommt es auch nicht darauf an, ob der Bereicherungsschuldner überhaupt zur Zahlung einer Vergütung bereit gewesen wäre und in welcher Höhe eine Vergü-

tung vereinbart worden wäre. Das schon zum Schadenersatzanspruch Gesagte (Rn 16) gilt entspr. Denn der Bereicherungsanspruch soll nicht eine Vermögensminderung auf Seiten des Verletzten, sondern den rechtsgrundlosen Vermögenszuwachs auf Seiten des Bereicherungsschuldners ausgleichen (stRspr, vgl zB *BGH* NJW 1979, 2205, 2206 – Fußballtor; NJW 1981, 2402, 2403 – Rennsportgemeinschaft). Der Bereicherungsschuldner darf folglich nicht besser stehen, als er bei Einholung der Erlaubnis gestanden hätte. Er hat sich an dem unrechtmäßigen Eingriff in das Recht am eigenen Bild festhalten zu lassen (*BGH* NJW 1992, 2084, 2085 – Fotoveröffentlichung).

22   Der Bereicherungsanspruch besteht auch nach dem Tode des Abgebildeten und kann dann von den Erben geltend gemacht werden; sie müssen ggf mit den nahen Angehörigen des Verletzten zusammen wirken, wenn nämlich auch ideelle Bestandteile des Rechts am eigenen Bild verletzt sind (näher unten Rn 27 ff.).

23   **Mehrere Bereicherungsschuldner** haften nicht als Gesamtschuldner, sondern haben jeweils nur das herauszugeben, was sie selbst auf Kosten des Entreicherten erlangt haben (*BGH* NJW 1979, 2205, 2206 f. – Fußballtor).

6. Anspruch auf Auskunft und eidesstattliche Versicherung

24   Zur Vorbereitung der Zahlungsansprüche kann ein Auskunftsanspruch geltend gemacht werden (*BGH* NJW 2000, 2201, 2201 – Der blaue Engel). Der Auskunftsanspruch kann mangels vertraglicher Grundlage auf §§ 242, 249 BGB gestützt werden. Er setzt voraus, dass ein Zahlungsanspruch dem Grunde nach besteht und dass der Verletzte in entschuldbarer Weise über Bestehen und Umfang seines Ersatzanspruchs im Unklaren ist, während der Verletzer unschwer Auskunft über seine eigenen Verhältnisse geben kann. Prozessual kann die Stufenklage gewählt werden (vgl *BGH* NJW 1996, 999 – Schauspielerehe; *OLG München* NJW-RR 1996, 93, 93). In welchem Umfang Auskunft zu erteilen ist, richtet sich danach, welche Angaben der Berechtigte zur Schadensbezifferung benötigt.

III. Verjährung

25   Der **Unterlassungs- und** der **Beseitigungsanspruch** bestehen nur, solange der Rechtsverstoß noch fortdauert, sodass sich eine Verjährungsregelung insoweit erübrigte. Der Anspruch auf **Schadensersatz** – und demnach auch der **Schmerzensgeldanspruch** – verjährt in drei Jahren beginnend mit dem Tag, an welchem die betr. Handlung stattgefunden hat. Mit dem Schadenersatzanspruch verjährt als unselbständiger Anspruch auch der zu seiner Vorbereitung gegebene **Auskunftsanspruch**. Der **Bereicherungsausgleichsanspruch** verjährt in der allg. Verjährungsfrist von inzwischen ebenfalls drei Jahren (§ 195 BGB nF; bislang 30 Jahre).

IV. Geltendmachung der Ansprüche

1. Zu Lebzeiten des Abgebildeten

26   Aus § 22 KUG ergibt sich nicht, dass das Recht am eigenen Bild oder die seinem Schutz dienenden Ansprüche des Abgebildeten aus § 22 KUG zu dessen Lebzeiten nicht übertragbar sind. Das Recht am eigenen Bild enthält wie das Allg. Persönlich-

keitsrecht sowohl ideelle als auch vermögenswerte Bestandteile. Der Abgebildete kann Dritten danach zumindest insoweit Nutzungsrechte am Recht am eigenen Bild einräumen, als dies zur kommerziellen Verwertung des Bildnisses erforderlich ist (offen gelassen bei *BGH* NJW 2000, 2195, 2197 – Marlene Dietrich I). Eine Abtretung der aus der Verletzung der vermögenswerten Befugnisse nach § 22 KUG entstandenen Ansprüche sowie eine gerichtliche Geltendmachung von Ansprüchen aus § 22 KUG im Wege der **Prozessstandschaft** ist möglich. Sie setzt voraus, dass der Dritte – zB als mit dem Merchandising beauftragte Person – ein rechtliches Interesse an der Durchsetzung des Rechts am eigenen Bild hat.

2. Nach dem Tode des Abgebildeten

a) Schutzfrist. Nach dem Tode des Abgebildeten besteht nach § 22 S. 3 KUG der   **27** Schutz der nichtvermögenswerten Rechte des Abgebildeten zumindest für die Dauer von **zehn Jahren nach dem Tode der abgebildeten Person** fort. Dies gilt auch für erst nach dem Tode der Person hergestellte Bildnisse (amtl. Begr. zum KUG-Entwurf v. 28.11.1905, *Schulze* Bd 1, S. 221). Für die vermögenswerten Bestandteile des Rechts am eigenen Bild trifft das Gesetz hingegen keine ausdrückliche Regelung. Es liegt aber nahe, sich hier an der Regelung des § 22 S. 3 KUG zu orientieren (vgl *BGH* NJW 2000, 2195 ff. – Marlene Dietrich I; s. auch *Seifert* NJW 1999, 1889 ff.).

Nach Ablauf der Zehnjahresfrist scheidet ein Schutz nach dem KUG aus. Die Ver-   **28** öffentlichung eines Bildnisses kann dann jedoch als Eingriff in das Allg. Persönlichkeitsrecht Ansprüche aus §§ 823, 1004 BGB auslösen, weil die Schutzfrist des KUG für sie nicht gilt (*BGH* NJW 1990, 1986, 1988 – Emil Nolde). Voraussetzung ist, dass nach den Umständen des Einzelfalls die Erinnerung an den Verstorbenen noch lebendig ist (*BGH* NJW 1990, 1986, 1988 – Emil Nolde).

b) Zur Geltendmachung befugter Personenkreis. Zu Geltendmachung befugt sind   **29** hinsichtlich der Ansprüche wegen Verletzung der **nichtvermögenswerten Bestandteile** des Rechts am eigenen Bild die Angehörigen (vgl *BGH* NJW 2000, 2201 – Der blaue Engel). Der Begriff der **Angehörigen** des § 22 S. 3 KUG deckt sich mit dem des § 60 Abs. 2 und 3. Angehörige iSd § 22 S. 3 KUG sind gleichrangig der Ehegatte bzw Lebenspartner und die Kinder des Abgebildeten. Lebenspartner ist dabei die gleichgeschlechtliche Person, die dem Abgebildeten durch eine formgültige Lebenspartnerschaft iSd § 1 LPartG verbunden war. Adoptierte Kinder stehen den leiblichen gleich. Sind weder Ehegatte bzw Lebenspartner noch Kinder vorhanden, sind die Eltern des Verstorbenen berechtigt. Sind **alle nahen Angehörigen iSd § 22 S. 3 KUG vorverstorben**, ist eine Geltendmachung der Rechte des Abgebildeten aus § 22 KUG binnen der ersten zehn Jahre nach dem Tode des Abgebildeten nicht mehr möglich, auch nicht über eine vom Abgebildeten vor seinem Tode bezeichnete Person. § 22 KUG hat die Frage der Geltendmachung der Befugnisse des Abgebildeten aus urheberrechtlicher Sicht abschließend geregelt. Soweit ausnahmsweise auch nach Ablauf der Zehnjahresfrist post mortem noch Ansprüche bestehen, können diese ebenfalls nur durch die nahen Angehörigen des Verstorbenen geltend gemacht werden (*BGH* NJW 1968, 1773, 1775 – Mephisto), wobei der Begriff der nahen Angehörigen – anders als bei anderen Persönlichkeitsrechtsverletzungen – nicht weiter gezogen werden darf als iRd § 22 S. 3 KUG (ebenso *Schricker/Gerstenberg/Götting* § 60/§ 22 KUG Rn 25).

30   Auch die **vermögenswerten Bestandteile** des Rechts am eigenen Bild bestehen nach dem Tode des Trägers des Persönlichkeitsrechts jedenfalls so lange fort, wie die ideellen Interessen noch geschützt sind (*BGH* GRUR 2002, 690, 691 – Marlene Dietrich II). Sie sind jedoch anders als die dem Schutz der ideellen Interessen des Verstorbenen dienenden Abwehransprüche vererblich (*BGH* NJW 2000, 2195, 2199 – Marlene Dietrich I; NJW 2000, 2201 – Der blaue Engel; GRUR 2002, 690, 691 – Marlene Dietrich II). Als ihre Träger kommen nach dem Tode des Urhebers folglich nur die Erben in Betracht (*BGH* NJW 2000, 2195, 2199 – Marlene Dietrich I; NJW 2000, 2201 – Der blaue Engel; GRUR 2002, 690, 691 – Marlene Dietrich II).

31   Diese Regelung führt zu Problemen bei der Geltendmachung von Ansprüchen wegen Verletzung des Rechts am eigenen Bild vor allem bekannter Personen. Hier werden idR sowohl die ideellen als auch die kommerziellen Belange des Verstorbenen betroffen sein, sodass Ansprüche aus der Rechtsverletzung von den Erben und den nahen Angehörigen gemeinsam geltend gemacht werden müssen (*BGH* NJW 2000, 2195, 2199 – Marlene Dietrich I; vgl *BGH* NJW 2000, 2201 – Der blaue Engel). Auch die Vermarktung des Bildnisses bekannter Personen nach deren Tod (**Merchandising**) kann mit Schwierigkeiten behaftet sein; insoweit kann es nämlich zu einer **Diskrepanz zwischen den vermögensrechtlichen Belangen der Erben** kommen, die auf bestmögliche Verwertung des Rechts am Bild einer verstorbenen bekannten Person gerichtet sind, **und den Interessen der Angehörigen**, die einer Verwertung des Bildnisses uU entgegentreten wollen (vgl schon *Seifert* NJW 1999, 1889, 1896). Sie geht nach der Regelung des § 22 S. 3 KUG zugunsten der Angehörigen des Verstorbenen aus, sobald die geplante Verwertung auch ideelle Interessen des Verstorbenen berührt, weil insoweit die Zustimmung der Angehörigen zur Verwertung des Bildes des Verstorbenen erforderlich ist (*BGH* NJW 2000, 2195, 2199 – Marlene Dietrich I). Der *BGH* (GRUR 2002, 690, 691 – Marlene Dietrich II) geht darüber hinaus inzwischen davon aus, dass auch die vermögenswerten Befugnisse entsprechend dem ausdrücklichen oder mutmaßlichen Willen des Verstorbenen geltend zu machen sind. Probleme ergeben sich darüber hinaus aber auch dann, wenn keine iSd § 22 S. 3 KUG zur Geltendmachung der Ansprüche aus Verletzungen des Rechts am eigenen Bild befugten Angehörigen (mehr) existieren. Sind **alle nahen Angehörigen iSd § 22 S. 3 KUG vorverstorben**, ist eine Geltendmachung der ideellen Belange des Abgebildeten aus §§ 22 ff. KUG, §§ 823, 1004 BGB nicht mehr möglich, auch nicht durch die Erben.

32   **c) Beispiele.** Die **Witwe** Willy Brandts war **befugt**, dessen auf das Recht am eigenen Bild gestützten Ansprüche (hier: Unterlassung des Vertriebs einer Medaille mit dem Bildnis des Verstorbenen) nach dem Tode Willy Brandts geltend zu machen (*BGH* NJW 1996, 593 ff. – Willy Brandt (Abschiedsmedaille); vgl *BVerfG* NJW 2001, 594 ff.). Die einzige Tochter und **Erbin** Marlene Dietrichs konnte der Verwertung des Bildnisses der Schauspielerin zu Werbezwecken entgegentreten (*BGH* NJW 2000, 2195 ff. – Marlene Dietrich I).

§ 61   Zwangslizenz zur Herstellung von Tonträgern

(aufgehoben durch Gesetz zur Regelung des Urheberrechts in der Informationsgesellschaft; vgl aber § 42a nF)

(1) Ist einem Hersteller von Tonträgern ein Nutzungsrecht an einem Werk der Musik eingeräumt worden mit dem Inhalt, das Werk zu gewerblichen Zwecken auf Tonträger zu übertragen und diese zu vervielfältigen und zu verbreiten, so ist der Urheber verpflichtet, jedem anderen Hersteller von Tonträgern, der im Geltungsbereich dieses Gesetzes seine Hauptniederlassung oder seinen Wohnsitz hat, nach Erscheinen des Werkes gleichfalls ein Nutzungsrecht mit diesem Inhalt zu angemessenen Bedingungen einzuräumen; dies gilt nicht, wenn das bezeichnete Nutzungsrecht erlaubterweise von einer Verwertungsgesellschaft wahrgenommen wird oder wenn das Werk der Überzeugung des Urhebers nicht mehr entspricht, ihm deshalb die Verwertung des Werkes nicht mehr zugemutet werden kann und er ein etwa bestehendes Nutzungsrecht aus diesem Grunde zurückgerufen hat. Der Urheber ist nicht verpflichtet, die Benutzung des Werkes zur Herstellung eines Filmes zu gestatten.

(2) Gegenüber einem Hersteller von Tonträgern, der weder seine Hauptniederlassung noch seinen Wohnsitz im Geltungsbereich dieses Gesetzes hat, besteht die Verpflichtung nach Absatz 1, soweit in dem Staat, in dem er seine Hauptniederlassung oder seinen Wohnsitz hat, den Herstellern von Tonträgern, die ihre Hauptniederlassung oder ihren Wohnsitz im Geltungsbereich dieses Gesetzes haben, nach einer Bekanntmachung des Bundesministers der Justiz im Bundesgesetzblatt ein entsprechendes Recht gewährt wird.

(3) Das nach den vorstehenden Bestimmungen einzuräumende Nutzungsrecht wirkt nur im Geltungsbereich dieses Gesetzes und für die Ausfuhr nach Staaten, in denen das Werk keinen Schutz gegen die Übertragung auf Tonträger genießt.

(4) Hat der Urheber einem anderen das ausschließliche Nutzungsrecht eingeräumt mit dem Inhalt, das Werk zu gewerblichen Zwecken auf Tonträger zu übertragen und diese zu vervielfältigen und zu verbreiten, so gelten die vorstehenden Bestimmungen mit der Maßgabe, daß der Inhaber des ausschließlichen Nutzungsrechts zur Einräumung des in Absatz 1 bezeichneten Nutzungsrechts verpflichtet ist.

(5) Auf ein Sprachwerk, das als Text mit einem Werk der Musik verbunden ist, sind die vorstehenden Bestimmungen entsprechend anzuwenden, wenn einem Hersteller von Tonträgern ein Nutzungsrecht eingeräumt worden ist mit dem Inhalt, das Sprachwerk in Verbindung mit dem Werk der Musik auf Tonträger zu übertragen und diese zu vervielfältigen und zu verbreiten.

(6) Für Klagen, durch die ein Anspruch auf Einräumung des Nutzungsrechts geltend gemacht wird, sind, sofern der Urheber oder im Falle des Absatzes 4 der Inhaber des ausschließlichen Nutzungsrechts im Geltungsbereich dieses Gesetzes keinen allgemeinen Gerichtsstand hat, die Gerichte zuständig, in deren Bezirk das Patentamt seinen Sitz hat. Einstweilige Verfügungen können erlassen werden, auch wenn die in den §§ 935 und 940 der Zivilprozeßordnung bezeichneten Voraussetzungen nicht zutreffen.

(7) Die vorstehenden Bestimmungen sind nicht anzuwenden, wenn das in Absatz 1 bezeichnete Nutzungsrecht lediglich zur Herstellung eines Filmes eingeräumt worden ist.

Literatur: S. die Literaturhinweise zu § 42a.

§ 61 bestand seit In-Kraft-Treten des UrhG v. 9.9.1965 (BGBl I, 1273) bis zu seiner Aufhebung durch das Gesetz zur Regelung des Urheberrechts in der Informationsgesellschaft, das die Europäische Richtlinie zur Harmonisierung des Urheberrechts v. 22.5.2001 (ABlEG Nr. L 167/10 v. 22.6.2001) umsetzt, in unveränderter Fassung. Die Bestimmung beruhte schon auf einer vergleichbaren Regelung in § 22 LUG. Sie wurde durch das Gesetz zur Regelung des Urheberrechts in der Informationsgesellschaft aufgehoben, weil die hinsichtlich der möglichen Schrankenregelungen abschließende Europäische Harmonisierungsrichtlinie in Art. 5 Abs. 2, 3 für eine derartige Schranke keine ausreichende Grundlage bietet (amtl. Begr. zum RefE v. 18.3.2002 zu Nr. 17 – § 61). Da man im Verlauf des Gesetzgebungsverfahrens zur Überzeugung gelangte, dass es sich bei der Verpflichtung zur Einräumung eines Nutzungsrechts zur Herstellung von Tonträgern tatsächlich gar nicht um eine Schranke, sondern um eine Ausübungsregelung handele (amtl. Begr. BT-Drucks. 15/38, 17), wurde jedoch eine Vorschrift gleichen Inhalts (§ 42a nF) geschaffen und dem Abschn. über die Nutzungsrechte zugeordnet. **§ 61 aF kann daher nur noch für Altfälle aus der Zeit vor dem 13.9.2003 herangezogen werden.** Er ist nach Wortlaut und Inhalt **identisch mit § 42a. Auf die dortige Kommentierung wird verwiesen.** Anders als iRd § 42a finden die Schranken-Schranken der §§ 62, 63 auf § 61 aF Anwendung.

§ 62   Änderungsverbot

(1) Soweit nach den Bestimmungen dieses Abschnitts die Benutzung eines Werkes zulässig ist, dürfen Änderungen an dem Werk nicht vorgenommen werden. § 39 gilt entsprechend.

(2) Soweit der Benutzungszweck es erfordert, sind Übersetzungen und solche Änderungen des Werkes zulässig, die nur Auszüge oder Übertragungen in eine andere Tonart oder Stimmlage darstellen.

(3) Bei Werken der bildenden Künste und Lichtbildwerken sind Übertragungen des Werkes in eine andere Größe und solche Änderungen zulässig, die das für die Vervielfältigung angewandte Verfahren mit sich bringt.

(4) Bei Sammlungen für Kirchen-, Schul- oder Unterrichtsgebrauch (§ 46) sind außer den nach den Absätzen 1 bis 3 erlaubten Änderungen solche Änderungen von Sprachwerken zulässig, die für den Kirchen-, Schul- oder Unterrichtsgebrauch erforderlich sind. Diese Änderungen bedürfen jedoch der Einwilligung des Urhebers, nach seinem Tode der Einwilligung seines Rechtsnachfolgers (§ 30), wenn dieser Angehöriger (§ 60 Abs. 2) des Urhebers ist oder

das Urheberrecht auf Grund letztwilliger Verfügung des Urhebers erworben hat. Die Einwilligung gilt als erteilt, wenn der Urheber oder der Rechtsnachfolger nicht innerhalb eines Monats, nachdem ihm die beabsichtigte Änderung mitgeteilt worden ist, widerspricht und er bei der Mitteilung der Änderung auf diese Rechtsfolge hingewiesen worden ist.

Literatur: *Jagenburg* Die Entwicklung des Architekten- und Ingenieurrechts seit 1991/92, NJW 1995, 1997; *Melichar* Die Entlehnung aus literarischen Werken in Schulbüchern, UFITA 92 (1982), 43.

I. Regelungsgehalt

§ 62 schreibt fest, dass der aufgrund einer Ausnahmen- oder Schrankenregelung der §§ 44a ff. zur Werknutzung Berechtigte keine über die dort zugelassene Nutzung hinausgehenden Befugnisse besitzt, dass also aus denselben Gründen wie bei der freien Werknutzung Änderungen am Werk nicht vorgenommen werden dürfen (amtl. Begr. BT-Drucks. IV/270, 78). Die Vorschrift stellt damit einen Teil im Gesamtkomplex der änderungsrechtlichen Vorschriften dar, zu denen insb. auch § 14 und § 39 gehören. Ähnliche Regelungen waren bereits in § 21 KUG und § 24 LUG enthalten. § 62 gilt im Wesentlichen unverändert seit In-Kraft-Treten des UrhG am 9.9.1965 (BGBl I, 1273). Im Zuge der **zum 13.9.2003** in Kraft getretenen Urheberrechtsreform werden nunmehr von § 62 auch die neu geschaffenen Schrankenregelungen der **§§ 44a, 45a, 52a** erfasst. Nicht unter § 62 fällt § 42a nF (§ 61 aF), der nämlich nicht dem 6. Abschn. zugehört.

1

II. Verhältnis zu anderen Vorschriften

1. Entstellungsschutz (§ 14)

Für das Verhältnis zwischen dem Entstellungsschutz des § 14 und dem Veränderungsschutz nach § 62 gilt nichts anderes als für dasjenige zwischen § 14 und § 39 Abs. 1 (s. hierzu schon § 14 Rn 6 ff.). § 62 steht grds **selbständig** neben § 14 (vgl *BGH* NJW 1982, 639, 640 – Kirchen-Innenraumgestaltung). **§ 62 ist als Sondervorschrift jedoch vorrangig zu prüfen** (vgl zu § 39 *BGH* NJW 1982, 639, 640 – Kir-

2

chen-Innenraumgestaltung). Daraus folgt, dass bei Veränderungen am Werk, die aufgrund einer Schrankenregelung vorgenommen wurden, zunächst untersucht werden muss, ob sie eine Änderung gem. § 62 Abs. 1 darstellen (vgl für § 39 *BGH* NJW 1982, 639 – Kirchen-Innenraumgestaltung). Ist dies der Fall, kann die Änderung nach § 62 Abs. 2-4 zulässig sein. Die dortigen Vorschriften stellen eine Ausnahme von dem das Urheberrecht beherrschenden Änderungsverbot für den kraft Gesetzes Nutzungsberechtigten dar (vgl für § 39 *BGH* NJW 1970, 2247 – Maske in Blau).

3   Inhaltlich richtet sich das urheberrechtliche Änderungsverbot des § 62 wie dasjenige des § 39 grds nur gegen Eingriffe in die **körperliche Substanz** des Werkes. Liegt ein solcher Eingriff nicht vor, scheidet eine Verletzung des § 62 Abs. 1 zwingend aus (vgl zu § 39 *BGH* NJW 1982, 639 – Kirchen-Innenraumgestaltung). Dann ist jedoch noch zu prüfen, ob ein Eingriff in § 14 vorliegt (vgl *BGH* NJW 1982, 639, 640 – Kirchen-Innenraumgestaltung). Er setzt einen Eingriff in die Substanz des Werkes nicht notwendig voraus. Der Schutz vor Entstellungen und anderen Beeinträchtigungen nach § 14 kann vielmehr sowohl bei Eingriffen in die Substanz als auch ausnahmsweise dann eingreifen, wenn die Werksubstanz unberührt bleibt, zB weil das Werk durch veränderte Gestaltung oder Arrangierung in einen nachteiligen Gesamtzusammenhang gebracht wird. Auch der Sinn und die Tendenz des Werkes dürfen nicht berührt werden (*BGH* NJW 1970, 2247 – Maske in Blau; *Rehbinder* Rn 245).

4   § 62 und § 14 stehen also selbständig nebeneinander (vgl zu § 39 *BGH* NJW 1982, 639, 640 – Kirchen-Innenraumgestaltung). Ihr Unterschied besteht darin, dass das Recht gegen Änderungen nach **§ 62** sich gegen eine **Verletzung des Bestandes und der Unversehrtheit des Werkes selbst** in seiner konkret geschaffenen Gestaltung, dagegen das urheberpersönlichkeitsrechtlich ausgestaltete Recht gegen Entstellung nach **§ 14** sich gegen eine **Beeinträchtigung der geistigen und persönlichen Urheberinteressen auch durch Form und Art der Werkwiedergabe und -nutzung** richtet (vgl zu § 39 *BGH* NJW 1982, 639, 640 – Kirchen-Innenraumgestaltung).

2. Änderungsschutz des § 39

5   Während § 39 den Fall von Änderungen am Werk durch einen vertraglich Berechtigten regelt, findet § 62 nur dann Anwendung, wenn es an einer vertraglichen Rechtseinräumung fehlt und die Nutzung des Werkes nur aufgrund Gesetzes zulässig ist. § 39 und § 62 schließen sich daher zwingend aus. Wurde eine Änderung durch einen Nutzungsberechtigten vorgenommen, greift § 39 ein, wird die Werkverwertung auf eine der Schrankenregelungen der §§ 44a ff. gestützt, ist § 62 einschlägig.

3. Bearbeitungsrecht (§§ 3, 23)

6   Der Gesetzgeber wollte lediglich sicherstellen, dass bei der aufgrund einer Schrankenregelung zulässigen Werknutzung keine gegenüber der freien Werknutzung weitergehenden Änderungen am Werk vorgenommen werden (amtl. Begr. BT-Drucks. IV/270, 78). Danach gilt nichts anderes als für das Verhältnis des § 14 zu den Vorschriften der §§ 3, 23 (s. hierzu schon § 14 Rn 14 ff.). Wird durch eine Bearbeitung das Werk in seinen wesentlichen Zügen verändert, so bedarf es der Einwilligung des Urhebers, ohne dass es darauf ankommt, ob die Änderungen vom künstlerischen Standpunkt her vertretbar oder dem Erfolg des Werkes beim Publikum sogar förderlich sind (*BGH* NJW 1970, 2247 – Maske in Blau; NJW 1999, 790, 791 – Treppen-

hausgestaltung). Selbst **Veränderungen,** die nach objektiven Maßstäben **keine abwertende Beurteilung verdienen, können zu verbieten sein** (vgl *BGH* NJW 1989, 384, 385 – Oberammergauer Passionsspiele II). Verweigert der Urheberberechtigte, aus welchen Gründen auch immer, die gewünschte wesentliche Abänderung seines Werkes, hat der Bearbeitende diese Entsch. zu achten. Der Wille des Urhebers geht also in derartigen Konfliktfällen dem Willen des Bearbeiters vor, auch weil das Publikum, welches ihm das unter seinem Namen erscheinende Werk zurechnet, unterscheiden können muss, was Zutat und was Umgestaltung ist (vgl *BGH* NJW 1970, 2247 – Maske in Blau).

Der Umstand, dass es sich bei einer Werkveränderung um eine **Bearbeitung** iSd §§ 3, 23 handelt, **macht die Prüfung, ob eine nach § 62 zu verbietende Werkänderung vorliegt,** also **nicht entbehrlich.** Dem steht auch nicht der Umstand entgegen, dass die Herstellung der Bearbeitung in den nicht in § 23 S. 2 genannten Fällen zulässig ist. Denn § 23 S. 2 besagt – auch im Wege des Umkehrschlusses – nichts über die Zulässigkeit von Veränderungen am Werk selbst, sondern regelt nur den Fall der zulässigen Vervielfältigung des Werkes im Rahmen einer Bearbeitung. Das gilt auch, wenn die Änderungen am Werk ihrerseits selbst wieder ein **schützenswertes Werk** darstellen (vgl zu § 14 *BGH* NJW 1999, 790, 701 – Treppenhausgestaltung). 7

Der Umstand, dass es sich um eine Werkbearbeitung handelt, kann jedoch iRd nach § 62 Abs. 1 S. 2 iVm § 39 Abs. 2 vorzunehmenden Interessenabwägung eine Rolle spielen, vor allem wenn die Bearbeitung in der privaten Sphäre des Bearbeiters verbleiben soll. 8

4. Freie Benutzung (§ 24)

Die Herstellung und Verwertung einer freien Benutzung ist nicht vom Urheber des als Anregung für die freie Benutzung verwandten Werkes abhängig. Da derjenige, der ein Werk nach § 24 schafft, für dessen Herstellung folglich nicht der Erlaubnis des Urhebers bedarf, sind die Schrankenregelungen der §§ 44a ff. auf ihn nicht anwendbar. Folglich findet auch § 62 keine Anwendung. Wird die freie Benutzung aber am geschützten Werk hergestellt und dieses dadurch beschädigt bzw vernichtet oder liegt darin eine Missachtung des früheren Werkes, kann eine nach § 14 verbotene sonstige Beeinträchtigung des Werkes vorliegen. Auf die Kommentierung zu § 14 wird verwiesen. 9

III. Grundsätzliches Änderungsverbot (§ 62 Abs. 1)

Nach § 62 Abs. 1 ist derjenige, der ein Werk aufgrund einer gesetzlichen Ausnahme- bzw Schrankenregelung nutzen darf, zu Änderungen am Werk nicht berechtigt. § 62 gilt auch für den zum 13.9.2003 neu eingefügten Ausnahmetatbestand des **§ 44a.** Auf **§ 42a,** der anders als der bisherige § 61 systematisch nicht den Schrankenregelungen zugehört, ist er unanwendbar. Der Dritte hat nach dieser Vorschrift aber nur Anspruch auf Einräumung einer Lizenz zu angemessenen Bedingungen, sodass Änderungen lizenzvertraglich idR ohnehin nicht gestattet werden müssen. Haben die Parteien nichts anderes vereinbart, gilt iRd lizenzvertraglichen Beziehung § 39. 10

Erfasst ist **jede Änderung,** also sowohl Änderungen an dem Originalwerkstück bzw dem vom Urheber in den Verkehr gebrachten Originalvervielfältigungsstück als auch 11

Änderungen im Zuge eines Vervielfältigungs- oder sonstigen Verwertungsvorgangs. Wer zB die Fotografie eines gesuchten Straftäters im Original im Polizeipräsidium aushängt (§ 45 Abs. 2 und 3), darf den Gesichtszügen nicht mit einem Stift den **Bart hinzufügen**, den sich der Abgebildete seither vermutlich hat wachsen lassen (Änderung des Originalwerkes). Wer nach § 56 ein über Funk gesendetes Musikwerk zu Testzwecken über ein repariertes Radio abspielt, darf sich nicht selbst als Künstler verstehen und das Musikwerk durch Einflussnahme auf die Sendefrequenz und unter Hinzufügung eigener Musiksequenzen **verzerren oder verfremden** (Änderung des vom Urheber in den Verkehr gebrachten Originalvervielfältigungsstückes). Wer schließlich für den privaten Gebrauch iSd § 53 Abs. 1 eine Skulptur fotografiert, darf diese nicht vor der Aufnahme mit einem Kleidungsstück und einer **Augenbinde** dergestalt versehen, dass die Skulptur auf der Fotografie als „Zorro" erscheint (Änderung am Vervielfältigungsstück). Das gilt in den unten (Rn 12 ff.) dargestellten Grenzen auch dann, wenn die Änderung ihrerseits das Entstehen eines nach § 3 schützenswertes oder sogar ganz neuen, aber mit entstellender Wirkung für das alte Werk behafteten Werkes bewirkt. Nur wenn eine der nachfolgenden Ausnahmen eingreift, dürfen entspr. Veränderungen am Werk vorgenommen werden.

IV. Ausnahmen vom Änderungsverbot

1. Übersetzungen und Auszüge bzw Übertragungen in eine andere Tonart oder Stimmlage (§ 62 Abs. 2)

12   Nach § 62 Abs. 2 dürfen iRd Benutzungszwecks **Übersetzungen** des Werkes, also Übertragungen in eine andere Sprache, vorgenommen werden. Ferner sind solche Änderungen zulässig, die nur **Auszüge** oder Übertragungen des Werkes in eine andere **Tonart oder Stimmlage** darstellen. Bedeutsam wird dies vor allem bei dem Zitat, welches auch in indirekter Rede oder (beim Musikzitat) in einer anderen Tonart gehalten sein darf. Bei der durch § 52 ermöglichten öffentlichen Wiedergabe eines Musikwerks darf dieses auch in die für die Sängerin passende Tonlage umgeschrieben werden. Stets muss sich die Veränderung **iRd Nutzungszwecks** halten. Dieser bestimmt sich nach der durch die jeweilige Schranke der §§ 44a ff. zulässigen Nutzungsweise. Bei belletristischen – nicht aber bei anderen – Werken wird daher eine Einschränkung dahingehend vorgenommen, dass nicht bereits eine autorisierte deutsche Übersetzung zugänglich ist (*Fromm/Nordemann* § 62 Rn 3; *Schricker/Dietz* § 62 Rn 18). Die Übersetzung einer Kurzgeschichte von Hemingway, die in ein deutsches Lesebuch aufgenommen werden soll, wird daher von *Vinck* (in *Fromm/Nordemann* § 62 Rn 3) zutr. nur als zulässig angesehen, wenn eine autorisierte deutsche Übersetzung nicht vorliegt. Dem Werk oder dessen Urheber abträgliche Veränderungen liegen im Allgemeinen nicht mehr iRd Benutzungszwecks. Die Zulässigkeit von Kürzungen ergibt sich teilweise auch aus den Schrankenregelungen selbst, wenn dort nämlich zB von Werkteilen die Rede ist (*Schricker/Dietz* § 62 Rn 20).

13   Änderungen sind uU nach § 63 Abs. 1 S. 3 kenntlich zu machen.

2. Änderungen an Werken der bildenden Künste und Lichtbildwerken (§ 62 Abs. 3)

Nach § 62 Abs. 3 darf der nach §§ 44a ff. zu einer bestimmten Nutzung eines Werkes **14** der bildenden Künste oder eines Lichtbildwerkes Berechtigte das Werk in eine andere Größe übertragen. Darüber hinaus ist er zu solchen Änderungen befugt, die das für die Vervielfältigung angewendete Verfahren mit sich bringt.

Zum Begriff des **Werkes der bildenden Künste** und des **Lichtbildwerkes** s. § 2 **15** Rn 222 ff. und 235 ff. Die Vorschrift ist nach **hM** (anstelle vieler: *Möhring/Nicolini/ Gass* § 62 Rn 21; *Schricker/Dietz* § 62 Rn 22) auch auf wissenschaftliche und technische Darstellungen (§ 2 Abs. 1 Nr. 7) und uU auch bei Sprach- und Musikwerken anwendbar. Übertragung in eine andere **Größe** ist jede Verkleinerung oder Vergrößerung des Werkes. Änderungen der Dimension, also die Übertragung eines zweidimensionalen Werkes in die Dreidimensionalität, stehen ihr nicht gleich. Sie können aber als Änderungen, die das Vervielfältigungsverfahren mit sich bringt, erlaubt sein. Daher ist zB die Ablichtung einer Skulptur von § 62 Abs. 3 gedeckt, obwohl dies mit einer Dimensionsänderung verbunden ist. Weitere Änderungen, die das Vervielfältigungsverfahren mit sich bringt, sind zB Materialänderungen (Übertragung eines Lichtbildes auf Folie) und geringfügige Qualitätseinbußen, die sich im Vervielfältigungsverfahren nicht vermeiden lassen, zB beim durch § 58 erlaubten Abdruck einer Skulptur in einem Ausstellungskatalog, der im Schwarz-Weiß-Druck gestaltet ist.

Änderungen sind uU nach § 63 Abs. 1 S. 3 kenntlich zu machen. **16**

3. Sammlungen für Kirchen-, Schul- oder Unterrichtsgebrauch (§ 62 Abs. 4)

Wird das Werk nach § 46 in eine für den Kirchen-, Schul- oder Unterrichtsgebrauch **17** bestimmte Sammlung aufgenommen, sind außer den nach § 62 Abs. 1-3 erlaubten Änderungen iRd Erforderlichen Änderungen an Sprachwerken zulässig. Die Regelung hat kaum praktische Bedeutung. Dies zum einen, weil zu diesen Änderungen **nach § 62 Abs. 4 S. 3 und 4 die Zustimmung des Urhebers eingeholt** werden muss. Wird sie ausdrücklich oder konkludent erteilt, liegt aber bereits ein Fall des § 62 Abs. 1 S. 2 iVm § 39 Abs. 1 vor, sodass auf § 62 Abs. 4 nicht zurückgegriffen werden kann. Raum bleibt für § 62 Abs. 4 daher ohnehin nur bei Änderungen, die aufgrund der Einwilligungsfiktion zulässig sind. Änderungen an Werken, die in die genannten Sammlungen aufgenommen werden, sind darüber hinaus im Allgemeinen schon nach § 62 Abs. 1 S. 2 iVm § 39 Abs. 2 nach Treu und Glauben zulässig. Auch in diesem Fall kann nicht auf § 62 Abs. 4 zurückgegriffen werden.

Änderungen sind uU nach § 63 Abs. 1 S. 3 kenntlich zu machen. **18**

4. Aufgrund des Verweises auf § 39 zulässige Änderungen (§ 62 Abs. 1 S. 2)

a) Aufgrund einer Vereinbarung zulässige Änderungen (§ 62 Abs. 1 S. 2 iVm **19** **§ 39 Abs. 1).** Aufgrund des umfassenden Verweises auf § 39 zulässig sind zunächst Änderungen, welche der Urheber dem Werknutzer **gestattet** hat. Der Verweis besitzt jedoch wenig praktische Bedeutung, da der Urheber dem das Werk aufgrund einer gesetzlichen Schranke und demnach ohne die Zustimmung des Urhebers Nutzenden im Allgemeinen keine Änderungsbefugnis einräumen wird. Über den Kernbereich seiner Urheberpersönlichkeitsrechte kann der Urheber nicht, auch nicht iRv § 62, verfügen (näher Vor §§ 12 ff. Rn 5 ff.).

20 **b) Aufgrund einer Interessenabwägung zulässige Änderungen (§ 62 Abs. 1 S. 2 iVm § 39 Abs. 2).** Änderungen am Werk können darüber hinaus nach § 62 Abs. 1 S. 2 iVm § 39 Abs. 2 zulässig sein, wenn der Urheber sie nach Treu und Glauben nicht versagen kann. Ob diese Voraussetzungen gegeben sind, ist aufgrund einer **umfassenden Interessenabwägung** zu ermitteln. Dabei gelten die gleichen Grundsätze wie iRd **§ 39**, auf dessen Kommentierung verwiesen wird. Jedoch ist zu berücksichtigen, dass der Urheber die Werknutzung aufgrund einer gesetzlichen Schrankenregelung anders als iRd § 39 nicht veranlasst hat und mit Änderungen nicht zu rechnen braucht. Das führt zu einer deutlich **restriktiveren Beurteilung der Interessen des Nutzers als iRd § 39** (*Schricker/Dietz* § 62 Rn 14). Zulässig sind nach § 62 Abs. 1 S. 2 iVm § 39 Abs. 2 zB **Verkleinerungen** und **Vergrößerungen** eines Schriftwerkes bei der Anfertigung von Kopien zum eigenen Gebrauch, **Materialänderungen** bei der Übertragung eines auf Kassette befindlichen Musikstücks auf CD zum privaten Gebrauch, **Dimensionsänderungen** beim nach § 59 erlaubten Filmen von Stadtteilen, die Anpassung an die Bedürfnisse **Behinderter** (vgl § 45a) sowie **Qualitätseinbußen** geringeren Umfangs bei der öffentlichen Wiedergabe von Musikwerken iRd Vorführung eines technischen Gerätes iSd § 56 oder bei der Mehrfachkopie eines Fotos iSd § 60.

21 Sind die Veränderungen im Rahmen einer nicht genehmigten **Umgestaltung oder Bearbeitung** des Werkes erfolgt, wird zB für den privaten Gebrauch iSd § 53 Abs. 1 eine urheberrechtsgeschützte Skulptur fotografiert und wird diese vor dem Ablichten mit einem Kleidungsstück und einer Augenbinde dergestalt versehen, dass sie auf der Fotografie als „Zorro" erscheint, ist die Interessenabwägung im Lichte des § 23 durchzuführen. Wie sich im Umkehrschluss aus § 23 S. 2 ergibt, lässt das Gesetz die Vornahme von Bearbeitungen und sonstigen Umgestaltungen bis auf wenige Ausnahmefälle zu, ohne dass der Urheber einwilligen muss. Daraus folgt, dass eine Interessengefährdung idR jedenfalls dann noch nicht vorliegt, wenn die Bearbeitung oder sonstige Umgestaltung sich in der privaten Sphäre des Bearbeiters abspielt und eine Kenntnisnahme an die Öffentlichkeit nicht zu befürchten ist. Gegen eine in der Bearbeitung liegende Entstellung oder andere Werkbeeinträchtigung iSd § 14 kann sich der Urheber aber stets wenden (*BGH* NJW 1989, 384, 385 – Oberammergauer Passionsspiele II). S. hierzu auch die Kommentierung zu § 23. Vgl zu einem weiteren Beispiel zu § 62 *OLG Hamburg* GRUR 1970, 38 ff.

22 Änderungen sind uU nach § 63 Abs. 1 S. 3 kenntlich zu machen.

V. Rechtsfolge der Verletzung des Änderungsverbots

23 Die Verletzung des Änderungsverbots macht eine **Verwertung** des Werkes, die sich ansonsten iRd §§ 44a ff. hält, **nicht unzulässig** (*OLG Hamburg* GRUR 1970, 38, 39; *v. Gamm* § 62 Rn 10; *Schricker/Dietz* § 62 Rn 27; **aA** offenbar *LG Mannheim* GRUR 1997, 364, 366). Der Urheber kann jedoch nach § 97 Abs. 1 eine selbständige Verletzung seiner Rechte geltend machen (*Schricker/Dietz* § 62 Rn 27). Das kann zum Verbot der Werknutzung insgesamt führen, wenn eine Trennung zwischen Werk und Änderung nicht möglich ist. Lassen sich Werkverwertung und Änderung am Werk auseinander halten, beschränken sich die Änderungen zB nur auf einen Teil des Werkes oder ist die Werknutzung iRd Schrankenregelung auch ohne eine Werkänderung möglich, so kann der Urheber nur **Unterlassungs- und Schadenersatzansprüche in Bezug auf die Änderung**, nicht jedoch in Bezug auf die sonstige Werknutzung geltend machen. Eine Herausnahme des Werkes aus dem Handel wird danach bei einzelnen Druckfehlern durch § 62 nicht ermöglicht.

§ 63 Quellenangabe

(1) Wenn ein Werk oder ein Teil eines Werkes in den Fällen des § 45 Abs. 1, der §§ 45a bis 48, 50, 51, 58 und 59 vervielfältigt wird, ist stets die Quelle deutlich anzugeben. Das gleiche gilt in den Fällen des § 53 Abs. 2 Nr. 1 und Abs. 3 Nr. 1 für die Vervielfältigung eines Datenbankwerkes. Bei der Vervielfältigung ganzer Sprachwerke oder ganzer Werke der Musik ist neben dem Urheber auch der Verlag anzugeben, in dem das Werk erschienen ist, und außerdem kenntlich zu machen, ob an dem Werk Kürzungen oder andere Änderungen vorgenommen worden sind. Die Verpflichtung zur Quellenangabe entfällt, wenn die Quelle weder auf dem benutzten Werkstück oder bei der benutzten Werkwiedergabe genannt noch dem zur Vervielfältigung Befugten anderweit bekannt ist.

(2) Soweit nach den Bestimmungen dieses Abschnitts die öffentliche Wiedergabe eines Werkes zulässig ist, ist die Quelle deutlich anzugeben, wenn und soweit die Verkehrssitte es erfordert. In den Fällen der öffentlichen Wiedergabe nach den §§ 46, 48, 51 und 52a ist die Quelle einschließlich des Namens des Urhebers stets anzugeben, es sei denn, dass dies nicht möglich ist.

(3) Wird ein Artikel aus einer Zeitung oder einem anderen Informationsblatt nach § 49 Abs. 1 in einer anderen Zeitung oder in einem anderen Informationsblatt abgedruckt oder durch Funk gesendet, so ist stets außer dem Urheber, der in der benutzten Quelle bezeichnet ist, auch die Zeitung oder das Informationsblatt anzugeben, woraus der Artikel entnommen ist; ist dort eine andere Zeitung oder ein anderes Informationsblatt als Quelle angeführt, so ist diese Zeitung oder dieses Informationsblatt anzugeben. Wird ein Rundfunkkommentar nach § 49 Abs. 1 in einer Zeitung oder einem anderen Informationsblatt abgedruckt oder durch Funk gesendet, so ist stets außer dem Urheber auch das Sendeunternehmen anzugeben, das den Kommentar gesendet hat.

§ 63 idF 12.9.2003

(1) Wenn ein Werk oder ein Teil eines Werkes in den Fällen des § 45 Abs. 1, der §§ 46 bis 48, 50, 51, 58, 59 und 61 vervielfältigt wird, ist stets die Quelle deutlich anzugeben. Das gleiche gilt in den Fällen des § 53 Abs. 2 Nr. 1 und Abs. 3 Nr. 1 für die Vervielfältigung eines Datenbankwerkes. Bei der Vervielfältigung ganzer Sprachwerke oder ganzer Werke der Musik ist neben dem Urheber auch der Verlag anzugeben, in dem das Werk erschienen ist, und außerdem kenntlich zu ma-

chen, ob an dem Werk Kürzungen oder andere Änderungen vorgenommen worden sind. Die Verpflichtung zur Quellenangabe entfällt, wenn die Quelle weder auf dem benutzten Werkstück oder bei der benutzten Werkwiedergabe genannt noch dem zur Vervielfältigung Befugten anderweit bekannt ist.

(2) Soweit nach den Bestimmungen dieses Abschnitts die öffentliche Wiedergabe eines Werkes zulässig ist, ist die Quelle deutlich anzugeben, wenn und soweit die Verkehrssitte es erfordert.

(3) ...

I. Gesetzesgeschichte und Regelungsgehalt

1   § 63 ist im Verlaufe seiner Existenz zahlreichen Änderungen unterworfen worden, die teilweise auch indirekt dadurch stattgefunden haben, dass die von ihm in Bezug genommenen Schrankenregelungen geändert wurden. Zuletzt wurde § 63 durch das Gesetz zur Regelung des Urheberrechts in der Informationsgesellschaft geändert. Die Ergänzung von § 63 Abs. 2 um einen S. 2 trägt den Vorgaben der Richtlinie in Art. 5 Abs. 3a, d und f Rechnung (amtl. Begr. zu § 63, BT-Drucks. 15/38, 22).

2   § 63 regelt in Anlehnung an § 25 LUG und § 19 Abs. 2 KUG, inwieweit in Fällen der durch eine Schrankenregelung gedeckten Werknutzung ohne Zustimmung des Urhebers die Quelle der Verwertung anzugeben ist. Die RBÜ enthält keine allg. Regelung der Quellenangabepflicht. Es bestehen jedoch zT Einzelvorschriften, zB in Art. 10 Abs. 3 und 10bis Abs. 1 S. 2 RBÜ.

3   § 63 gestaltet das Urheberpersönlichkeitsrecht aus § 13 S. 2 aus. Daneben trägt die Vorschrift aber auch materiellen Interessen des Urhebers Rechnung. Während § 63 Abs. 1 der **Systematik** nach die Fälle der körperlichen Verwertung regelt und dort im Grundsatz eine Pflicht zur Quellenangabe vorsieht, enthält § 63 Abs. 2 die Fälle der Quellenangabe bei einer unkörperlichen Werkverwertung. Die Vorschrift schreibt dort eine Verpflichtung zur Quellenangabe nur fest, wenn und soweit es die Verkehrssitte erfordert. In den Fällen der öffentlichen Wiedergabe nach den §§ 46, 48, 51 und 52a ist neuerdings abweichend hiervon die Quelle einschließlich des Namens des Urhebers stets anzugeben, außer wenn dies nicht möglich ist. Die Ergänzung beruht auf Art. 5 Abs. 3 lit. a, d und f der Europäischen Harmonisierungsrichtlinie (amtl. Begr. zu § 63, BT-Drucks. 15/38, 22). § 63 Abs. 3 trägt dem selbständigen Interesse der Zeitungsunternehmen an der Quellenangabe Rechnung (amtl. Begr. BT-Drucks. IV/270, 76 f.).

Durch die jüngste Gesetzesänderung wurde der nunmehr gestrichene § 61 aus dem **4** Katalog der in § 63 Abs. 1 S. 1 genannten Rechte herausgenommen und gleichzeitig die neu geschaffene Schrankenregelung des § 45a in ihn aufgenommen. Außerdem wurde § 63 Abs. 2 um S. 2 ergänzt. Für den durch dasselbe Gesetz geschaffenen Ausnahmetatbestand des **§ 44a** gilt die Quellenangabepflicht nicht. Die Angabe der Quelle wäre in den von ihm erfassten Fällen auch nicht möglich.

Soweit in § 63 **die Quellenangabepflicht nicht ausdrücklich vorgeschrieben** ist, **5** ist sie **entbehrlich**.

Die Vorschrift ist Ausdruck des in § 13 S. 1 enthaltenen Urheberpersönlichkeits- **6** rechts des Urhebers auf Anerkennung seiner Urheberschaft am Werk.

II. Quellenangabepflicht bei der körperlichen Werknutzung

1. Inhalt und Umfang der Quellenangabepflicht

a) Regelungsbereich. § 63 Abs. 1 regelt die Verpflichtung zur Quellenangabe bei **7** der Vervielfältigung eines Werkes. Die Vorschrift trägt damit dem aus § 13 S. 1 fließenden Urheberpersönlichkeitsrecht bei der **körperlichen Werkverwertung** Rechnung. In den in § 63 Abs. 1 genannten Fällen besteht eine umfassende Verpflichtung zur Quellenangabe im Falle der Werkvervielfältigung, die nur durch § 63 Abs. 1 S. 4, nicht aber etwa auch durch § 63 Abs. 2 eingeschränkt wird (vgl amtl. Begr. BT-Drucks. IV/270, 76 f.). In § 63 Abs. 1 sind dabei vor allem Tatbestände aufgeführt, in denen **Werke** oder **Teile von Werken** in einem fremden Werk oder in Verbindung mit diesem oder für die Zwecke eines anderen Werkes vervielfältigt werden dürfen. Der Gesetzgeber ging dabei davon aus, dass hier für den Urheber die Kennzeichnung seiner geistigen Schöpfung zur Abhebung von dem fremden Werk bes. wichtig sei (amtl. Begr. BT-Drucks. IV/270, 76 f.).

Die Quellenangabepflicht nach § 63 Abs. 1 besteht nur bei der **Werkvervielfälti-** **8** **gung** iSd § 16, nicht jedoch bei der Werkverbreitung. Wird ein Werk körperlich verbreitet, welches der Urheber selbst geschaffen oder vervielfältigt hat, besteht kein Schutzbedürfnis, weil es der Urheber hier selbst in der Hand hat, einen Hinweis auf seine Person am Werkstück anzubringen. Gleiches gilt auch, soweit er Nutzungsrechte zur Vervielfältigung vergeben hatte. Betrifft die Verbreitung hingegen nach §§ 45 ff. zulässiger Weise hergestellte Vervielfältigungsstücke, sind die Interessen des Urhebers durch die Pflicht zur Quellenangabe bei Herstellung der Vervielfältigungsstücke umfassend gewahrt.

Eine Verpflichtung zur Quellenangabe besteht bei der körperlichen Werkverwertung **9** überhaupt nur bei Werknutzungen iSd **§§ 45 Abs. 1, 45a-48, 50, 51, 58 und 59** sowie iRd **§ 53 Abs. 2 Nr. 1 und Abs. 3 Nr. 1** für die Vervielfältigung eines Datenbankwerkes. Für Sachverhalte aus der Zeit **vor dem 13.9.2003** gilt § 63 aF, sodass auch im Falle des **§ 61 aF** die Quellenangabe bei der Vervielfältigung des Werkes vorzunehmen ist. Hinzu kommt nach der Sondervorschrift des § 63 Abs. 3 die Vervielfältigung durch Abdruck in einem Informationsblatt nach **§ 49 Abs. 1.** Eine erg. Vorschrift über die Notwendigkeit der Quellenangabe bei der körperlichen Werkverwertung findet sich schließlich für amtl. Werke in **§ 5 Abs. 2.**

10   **b) Umfang der Quellenangabe.** Anzugeben ist die **Quelle** des Werkes, also der Name des Urhebers, der Titel des Werkes bzw eine andere ihn identifizierende Bezeichnung und die Fundstelle, zB der Verlag oder die Zeitung, der das Werk entnommen wurde. Bei Datenbankwerken ist je nach den Angaben auf dem Datenbankwerk der Urheber oder auch der Hersteller zu nennen (*Schricker/Dietz* § 63 Rn 14). Welche Angaben zu fordern sind, bemisst sich danach, was zur Identifizierung von Werk und Urheber notwendig ist.

11   Sofern nicht ausdrücklich geregelt (§ 63 Abs. 1 S. 3, Abs. 3), sind **andere Personen** oder Unternehmen, die mit dem Werk in Verbindung stehen, nicht zu nennen. Die Vorschrift des § 63 Abs. 1 S. 3, nach welcher bei der Vervielfältigung **ganzer Sprach- oder Musikwerke** zur Quelle auch der Verlag gehört, in dem das Werk erschienen ist, hat demnach nicht nur klarstellende Bedeutung, sondern ordnet ein „Mehr" gegenüber dem Normalzustand an. Außerdem ist für diese Werke kenntlich zu machen, ob **Kürzungen oder Änderungen am Werk** vorgenommen wurden (§ 63 Abs. 1 S. 3). Bekannt ist insoweit die Angabe „Hervorhebungen durch den Verfasser".

12   Beim durch **§ 49 Abs. 1** gedeckten Abdruck eines Artikels aus einer Zeitung oder einem anderen Informationsblatt in einer anderen Zeitung oder einem anderen Informationsblatt ist außerdem die Zeitung oder das Informationsblatt anzugeben, aus welcher der Artikel entnommen wurde (§ 63 Abs. 3 S. 1 HS 1). Ist dort eine andere Zeitung oder ein anderes Informationsblatt als Quelle angeführt, ist diese Zeitung oder dieses Informationsblatt zu nennen (§ 63 Abs. 3 S. 1 HS 2). Wird ein Rundfunkkommentar nach § 49 Abs. 1 in einer Zeitung oder einem Informationsblatt abgedruckt, ist außerdem das Sendeunternehmen zu nennen, das den Kommentar gesendet hat (§ 63 Abs. 3 S. 2).

13   Die Quelle ist **deutlich** anzugeben. Sie muss es demjenigen, der das Werk oder den Werkteil zur Kenntnis nimmt ermöglichen, ohne bes. Mühe Kenntnis über den Urheber zu erlangen und die Richtigkeit der Quelle zu überprüfen. Wann eine Quellenangabe diesen Anforderungen genügt, ist von der Art der Werknutzung abhängig. Das *OLG Oldenburg* (NJW 1999, 1974, 1976) hat – bei zusätzlich bestehenden Besonderheiten des Falles – dahinstehen lassen, ob eine am Ende eines Sprachwerkes unter „Textnachweise" aufgeführte Quellenangabe ausreichend sei. Im Allgemeinen genügt bei einem Wortzitat die Anbringung eines Zitatzeichens und die Aufführung der Quelle im Anschluss an den Text. Erst Recht ist der Quellenangabepflicht genügt, wenn die Quelle in Klammern hinter den Auszug oder das Zitat aus dem fremden Werk gesetzt oder durch auf derselben Seite befindliche Fußnoten kenntlich gemacht wird. Ein ungeordnetes Verzeichnis der Quellen genügt den Anforderungen des § 63 idR nicht, weil der Betrachter die Angaben den Werken nicht zuordnen kann. Aufschluss über den **Ort** der Quellenangabe kann auch die Rspr zur Urheberbezeichnung geben.

2. Wegfall der Quellenangabepflicht (§ 63 Abs. 1 S. 3)

14   Die Quellenangabepflicht **entfällt** nach § 63 Abs. 1 S. 3 bei der körperlichen Werkverwertung, wenn die Quelle weder auf dem benutzten Werkstück oder bei der benutzten Werkwiedergabe genannt noch dem zur Vervielfältigung Befugten ander-

weitig bekannt ist. Das ist nicht schon dann der Fall, wenn Angaben auf dem Werk-stück fehlen. Aus § 49 Abs. 1 ergibt sich allerdings, dass das Presseunternehmen den Urheber eines Artikels oder Kommentars nur nennen muss, wenn dieser in der be-nutzten Quelle bezeichnet ist (ebenso *OLG Düsseldorf* GRUR 1991, 908, 910); re-gelmäßig würden hier Nachforschungen auch zu aufwendig und schwierig sein. Den zur Vervielfältigung Berechtigten trifft in allen anderen Fällen in den Grenzen des Zumutbaren eine Nachforschungspflicht (*v. Gamm* § 63 Rn 5; *Schricker/Dietz* § 63 Rn 17; *Möhring/Nicolini/Gass* § 63 Rn 22). Dafür, dass er dieser Nachforschungs-pflicht nachgekommen ist, trifft ihn nach allg. Beweisgrundsätzen die **Beweislast** (ebenso *Möhring/Nicolini/Gass* § 63 Rn 22; einschränkend *Fromm/Nordemann/ Vinck* § 63 Rn 3; vgl auch *OLG Hamburg* GRUR 1974, 165, 167). Sind die Angaben zur Person des Urhebers und dessen Werk nur **lückenhaft** bekannt und erforschbar, besteht eine eingeschränkte Quellenangabepflicht; zu nennen sind die bekannten bzw nachforschbaren Angaben, es sei denn, dass die Quellenangabe gerade wegen der Lückenhaftigkeit überhaupt keinen Sinn mehr macht. Letzteres trifft zB zu, wenn nur der Titel und auch dieser nur bruchstückhaft bekannt ist.

III. Quellenangabepflicht bei der öffentlichen Wiedergabe eines Werkes

1. Inhalt und Umfang der Quellenangabepflicht

Die zum 13.9.2003 in Kraft getretene Neuregelung des § 63 Abs. 2 hat eine uneinge-schränkte Verpflichtung zur Quellenangabe für die öffentliche Wiedergabe nach **§§ 46, 48, 51 und 52a** gebracht, die nur entfällt, wenn die Quellenangabe nicht mög-lich ist (§ 63 Abs. 2 S. 2). Wer das Werk auf der Grundlage einer **anderen Schran-kenregelung** öffentlich wiedergibt, muss die Quelle nur angeben, wenn dies die Ver-kehrssitte verlangt. Damit will das Gesetz den Schwierigkeiten Rechnung tragen, welche die Quellenangabe bereitet, wenn das Werk nicht in körperlicher Form vor-liegt.

15

Die **Verpflichtung zur Quellenangabe** besteht in den Fällen der öffentlichen Zu-gänglichmachung (§ 19a) von Sammlungen für den Kirchen-, Schul- oder Unter-richtsgebrauch (**§ 46**) und für den Unterricht und die Forschung (**§ 52a**) sowie bei der öffentlichen Wiedergabe (§ 15 Abs. 2) von öffentlichen Reden (**§ 48**) und Zitaten (**§ 51**). Die Quellenangabepflicht **entfällt** nur, wenn die Quellenangabe **nicht mög-lich** ist. Das Gesetz hat hier die im Verhältnis zu § 63 Abs. 1 S. 3 strengere („nicht möglich" statt „weder genannt ... noch bekannt") Formulierung der Europäischen Harmonisierungsrichtlinie übernommen. Vor diesem Hintergrund stellt sich die Fra-ge, ob auf die für § 63 Abs. 1 geltenden Zumutbarkeitskriterien zurückgegriffen wer-den kann, oder ob strengere Anforderungen gelten. Gemeint sein kann jedenfalls nicht, dass die Ermittlung der Quelle objektiv unmöglich ist. Denn dies wird prak-tisch niemals der Fall sein. Kommt es folglich darauf an, ob der zur Quellenangabe Verpflichtete subjektiv annehmen durfte, die Quellenermittlung sei nicht möglich, müssen aber Zumutbarkeitskriterien eine Rolle spielen. Denn nur über eine Interes-senabwägung lässt sich feststellen, welche Nachforschungen er unternehmen musste, bevor er davon ausgehen durfte, dass die Quelle nicht ermittelbar sei. Letztlich kommt es daher wie iRd § 63 Abs. 1 darauf an, ob der zur Quellenangabe Verpflich-tete die Quelle kennt oder durch zumutbare Nachforschungen hätte ermitteln können.

16

Auf die obigen Ausführungen (Rn 14) wird verwiesen. Dafür, dass er dieser Nachforschungspflicht nachgekommen ist, trifft den zur Quellenangabe Verpflichteten nach allg. Beweisgrundsätzen die **Beweislast** (ebenso *Möhring/Nicolini/Gass* § 63 Rn 22; einschränkend *Fromm/Nordemann/Vinck* § 63 Rn 3; vgl auch *OLG Hamburg* GRUR 1974, 165, 167). Sind die Angaben zur Person des Urhebers und dessen Werk nur **lückenhaft** bekannt und erforschbar, besteht eine eingeschränkte Quellenangabepflicht; zu nennen sind die bekannten bzw nachforschbaren Angaben, es sei denn, dass die Quellenangabe gerade wegen der Lückenhaftigkeit überhaupt keinen Sinn mehr macht.

17   In den übrigen Fällen der öffentlichen Wiedergabe aufgrund einer Schrankenregelung besteht eine Pflicht zur Quellenangabe nur, wenn eine entspr. Verkehrssitte besteht (§ 63 Abs. 3). Darunter versteht man eine den Anschauungen und der tatsächlichen Handhabung der billig und gerecht denkenden Beteiligten eines Verkehrskreises entspr. Übung. Die **Beweislast** für das Bestehen einer Verkehrssitte trägt der Urheber (*Fromm/Nordemann/Vinck* § 63 Rn 2). Im Allgemeinen ist eine Verkehrssitte zur Quellenangabe bei der unkörperlichen Werkwiedergabe die Ausnahme; so besteht keine Verkehrssitte betr. des Einblendens einer Fotografie in eine Fernsehsendung (*Schricker/Dietz* § 63 Rn 12).

18   Soweit eine Quellenangabepflicht nach § 63 besteht, ist die **Quelle** zu nennen. Das sind der **Name des Urhebers und die Fundstelle**. Bei einer durch **§ 49 Abs. 1** erlaubten Funksendung eines Artikels aus einer Zeitung oder einem anderen Informationsblatt ist außerdem die Zeitung oder das Informationsblatt anzugeben, aus welcher der Artikel entnommen wurde (§ 63 Abs. 3 S. 1 HS 1). Ist dort eine andere Zeitung oder ein anderes Informationsblatt als Quelle angeführt, so ist diese Zeitung oder dieses Informationsblatt anzugeben (§ 63 Abs. 3 S. 1 HS 2). Wird ein Rundfunkkommentar nach § 49 Abs. 1 gesendet, ist außerdem das Sendeunternehmen zu nennen, das den Kommentar gesendet hat (§ 63 Abs. 3 S. 2).

19   Die Quelle ist **deutlich** anzugeben. Es gelten prinzipiell die gleichen Grundsätze wie iRd § 63 Abs. 1 für die körperliche Werkverwertung (s. dort Rn 13), wobei dem Umstand Rechnung zu tragen ist, dass das bewegliche Bild und mehr noch das gesprochene Wort weniger einprägsam als ein dem Nutzer vorliegender Text sind. Die ab dem 13.9.2003 für Nutzungen nach §§ 46, 48, 51, 52a geltende Quellenangabe **stellt die Praxis daher vor erhebliche Probleme**. Lässt sich die Quellenangabe bei einigen öffentlichen Zugänglichmachungen eines Werkes (§ 19a) per Internet oftmals noch genauso gestalten wie bei der körperlichen Verbreitung, etwa indem der Autor eines abrufbaren Aufsatzes zu Beginn desselben genannt wird, wird dies schon schwieriger bei der öffentlichen Zugänglichmachung anderer Werkarten und erst recht bei der Sendung von Werken (§ 20). Werden Musikwerke auf Abruf im Internet bereitgestellt, wird man fordern müssen, dass die Quelle jeweils in unmittelbarem räumlichen und zeitlichen Zusammenhang mit dem Abruf des Werkes angegeben wird, also beim **real audio** entweder im Zusammenhang mit dem Link oder langsam und prononciert gesprochen zu Beginn der Musik. Wird in einer Radio- oder Fernsehsendung eine öffentliche Rede abgespielt, muss **zu Beginn** derselben in langsamen und deutlichen Worten gesprochen bzw in einer Texteinblendung, die das bequeme Lesen ermöglicht, die Quelle des folgenden angegeben werden. Eine Zusammenfassung mehrerer Quellen zu Beginn oder zum Ende der Sendung ist unzulässig.

Gerade bei Zitaten in Radio- oder Fernsehsendungen kann die Quellenangabe daher zu einem mühsamen Unterfangen werden. Auch iRd gebotenen europäischen Auslegung ist aber die durch Art. 10 EMRK, Art. 5 GG abgesicherte **Freiheit der Meinungsäußerung** zu beachten. Bei politischen Sendungen, aber auch bei Nachrichtensendungen oder Talkshows kann daher eine **restriktive** Auslegung des § 63 Abs. 2 S. 2 geboten sein. Ist das fremde Werk Gegenstand einer Karikatur, liegt meist schon gar kein Zitat, sondern eine freie Bearbeitung vor (§ 14 Rn 23).

2. Wegfall der Quellenangabepflicht

Obschon nicht ausdrücklich geregelt, war auch für die Rechtslage nach § 63 Abs. 2 **20** aF anerkannt, dass die Quellenangabepflicht für den Fall, dass die Quelle nicht bekannt und auch nicht ermittelbar ist, entfällt. Für die Fälle der §§ 46, 48, 51 und 52a ist dies nun in § 63 Abs. 2 S. 2 aE nF ausdrücklich geregelt. Ist die Quelle dem aufgrund einer Schrankenregelung zur Nutzung Berechtigten nicht bekannt und kann er sie durch Nachforschungen iRd Zumutbaren auch nicht ermitteln, entfällt die Quellenangabepflicht, und zwar sowohl nach altem Recht (ebenso *Schricker/Dietz* § 63 Rn 19) als auch nach neuem.

IV. Folgen der Verletzung der Quellenangabepflicht

Wie ein Verstoß gegen das Änderungsverbot (hierzu § 62 Rn 23) macht auch ein **21** Verstoß gegen die Quellenangabepflicht eine ansonsten erlaubte Werknutzung nicht unzulässig, sondern führt nur zu Unterlassungs- und Schadenersatzansprüchen des Urhebers in Bezug auf die unterlassene Quellenangabe (*OLG Hamburg* GRUR 1970, 38, 40; *Schricker/Dietz* § 63 Rn 20; *Fromm/Nordemann/Vinck* § 63 Rn 6). Der dem Urheber hierdurch entstandene Schaden wird idR niedriger als der durch eine insgesamt unbefugte Werknutzung liegen, weil nicht die materiellen, sondern die immateriellen Interessen des Urhebers bei § 63 im Vordergrund stehen. Für die Zukunft kann der Urheber mit der Unterlassungsklage bzw einem auf Hinzufügung der Angabe im Wege der Naturalrestitution gerichteten Schadenersatzanspruch eine Anbringung der Quelle durchsetzen.

§ 63a   Gesetzliche Vergütungsansprüche

Auf gesetzliche Vergütungsansprüche nach diesem Abschnitt kann der Urheber im Voraus nicht verzichten. Sie können im Voraus nur an eine Verwertungsgesellschaft abgetreten werden.

Übersicht

I. Gesetzesgeschichte, Regelungsgehalt und Behandlung von Altfällen

§ 63a komplettiert die bereits existierenden Abtretungs- bzw Verzichtsverbote etwa **1** in §§ 20b Abs. 2 S. 2, 3, 27 Abs. 1 S. 2, 3. Die durch das Gesetz zur Stärkung der vertraglichen Stellung von Urhebern und ausübenden Künstlern eingefügte Vorschrift schränkt die **Dispositivität** der gesetzlichen Vergütungsansprüche des Urhebers ein und beugt so **buy-out-Verträgen** vor. Nicht beabsichtigt war hingegen, Einfluss auf den Verteilungsschlüssel der Einnahmen der VG WORT zu nehmen.

2   Die Vorschrift findet auf **Sachverhalte aus der Zeit vor dem 1.7.2002** keine Anwendung (§ 132 Abs. 3 S. 1). Sie erfasst nur die dem Urheber aus den Schrankenregelungen des 6. Abschn. zustehenden Vergütungsansprüche. Für die Ansprüche auf angemessene Vergütung aus §§ 32, 32a enthalten die dortigen Vorschriften eigene Regelungen (vgl § 32 Abs. 3, 32a Abs. 3, 32b).

II. Unverzichtbarkeit (§ 63a Abs. 1)

3   Gem. § 63a Abs. 1 kann der Urheber auf die ihm aus den Schrankenregelungen des 6. Abschn. des UrhG zustehenden gesetzlichen Vergütungsansprüche (zB §§ 54, 54a) **im Voraus nicht verzichten**. Ein gleichwohl erklärter Vorausverzicht ist unwirksam. Entgegen dem missverständlichen Wortlaut, der nur vom Verzicht spricht, erfasst die Unwirksamkeit nicht nur das Verfügungs-, sondern auch das **Verpflichtungsgeschäft**. Die Übernahme der Verpflichtung zum Verzicht auf künftig nach §§ 44a ff. entstehende Ansprüche ist also ebenfalls unwirksam.

4   **Ist der Anspruch erst einmal entstanden**, ist er auch verzichtbar. Dazu müssen aber alle Voraussetzungen, von denen das Gesetz den Vergütungsanspruch abhängig macht (s. hierzu die Kommentierung bei den jeweiligen Schrankenregelungen), auch tatsächlich erfüllt sein. Der Gesetzgeber ging davon aus, dass dem Anliegen des § 63a, den **buy-out** aller etwaigen künftigen Ansprüche noch vor Erkennbarwerden ihres reellen Wertes zu verhindern, durch ein Vorausverzichtsverbot hinreichend Rechnung getragen werde.

III. Abtretbarkeit (§ 63a Abs. 2)

5   Über die ihm aus den Schrankenregelungen des 6. Abschn. des UrhG zustehenden gesetzlichen Vergütungsansprüche kann der Urheber **im Voraus nur durch Abtretung an eine Verwertungsgesellschaft verfügen**. Man wollte verhindern, dass die Urheber von den Verwertern in sog. buy-out-Verträgen über den Tisch gezogen werden. Da diese Gefahr den Verwertungsgesellschaften nicht droht, ist deren Verfügungsmacht durch § 63a nicht eingeschränkt. Die **Abtretung an eine Verwertungsgesellschaft** bleibt möglich, da man davon ausging, dass nur so der effektive Einzug der Vergütungen gesichert ist.

6   Eine entgegen § 63a Abs. 2 erklärte Abtretung (§ 398 BGB) ist **wirkungslos** und sichert dem Vertragspartner insb. auch keine vorrangige Rechtsstellung, wenn der Vergütungsanspruch später doch noch zum Entstehen gelangt). Entspr. kann der künftige Anspruch auch nicht verpfändet werden (§ 1274 Abs. 2 BGB). Er ist weder tauglicher Gegenstand der Einzelzwangsvollstreckung noch Teil des verwertbaren Vermögens eines insolventen Urhebers. Entgegen dem missverständlichen Wortlaut erfasst die Unwirksamkeit nicht nur das Verfügungs-, sondern auch das **Verpflichtungsgeschäft**. Die Übernahme der Verpflichtung zur Abtretung von künftig nach §§ 44a ff. entstehenden Ansprüchen ist also ebenfalls unwirksam.

Von der Vorschrift erfasst werden nur **vertragliche Verfügungen**. Geht das Urheberrecht kraft Gesetzes wirksam im **Erbgang** auf Dritte über (§ 29), wird der Vergütungsanspruch hiervon mit erfasst. Fraglich ist, ob auch der Lizenznehmer in den Genuss von Vergütungsansprüchen kommen kann. So sahen bislang viele Verlagsverträge vor, dass die Verlage die Kopierabgabe an der Stelle der Urheber erhielten. § 63a Abs. 2 schließt die Abtretung der Vergütungsansprüche jetzt aber auch aus, wenn sie **im Lizenzvertrag vereinbart** wird. Der Vergütungsanspruch aus einer ein Verwertungsrecht einschränkenden Vorschrift der §§ 44a ff. geht auch **nicht als Bestandteil der Lizenz auf den Lizenznehmer über** (so schon bislang die hM, vgl *Schricker/Melichar* Vor §§ 44a ff. Rn 20). Er ist zwar ein Relikt des Teils des positiven Nutzungsrechts, das durch die jeweilige Schranke aufgehoben wird (*Schricker/Melichar* Vor §§ 44a ff. Rn 18), von dem verbleibenden Teil des Nutzungsrechts aber zu trennen und diesem insb. nicht akzessorisch. Wäre er akzessorisch, würde § 63a S. 2 auch keinen Sinn machen, weil dann eine isolierte Abtretung des Vergütungsanspruchs ohnehin nicht in Betracht käme. **7**

Ist der Vergütungsanspruch erst einmal entstanden, kann er abgetreten und verpfändet werden und ist in ihn die Einzel- und Gesamtzwangsvollstreckung möglich (arg. e § 63a S. 2). **8**

Abschnitt 7
Dauer des Urheberrechts

§ 64 Allgemeines

Das Urheberrecht erlischt siebzig Jahre nach dem Tode des Urhebers.

Literatur: *Flechsig* Diskriminierungsverbot und Europäisches Urheberrecht: Unmöglichkeit absoluter Gerechtigkeit – Zur Sanktion des EuGH betreffend die Nichtanwendbarkeit internationaler Urheberschutzregeln innerhalb der europäischen Union trotz unterschiedlicher Schutzlücken, ZUM 2002, 732; *ders.* Der rechtliche Rahmen der Europäischen Richtlinie zum Schutz von Datenbanken, ZUM 1997, 577; *Schack* Das Persönlichkeitsrecht der Urheber und ausübenden Künstler nach dem Tode, GRUR 1985, 352; *Schulze/Bettinger* Wiederaufleben des Urheberrechtsschutzes bei gemeinfreien Fotografien, GRUR 2000, 12; *Seifert* Markenschutz und urheberrechtliche Gemeinfreiheit, WRP 2000, 1014; *Vogel* Die Umsetzung der EG-Richtlinie 96/9/EG über den rechtlichen Schutz von Datenbanken in Art. 7 des Regierungsentwurfs eines Informations- und Kommunikationsdienstegesetzes, ZUM 1997, 592; *Zimmermann* Neue Initiative zur Einführung des Goethegroschens gestartet!, ZUM 1996, 862.

I. Kein ewiges Urheberrecht

1   Das Gesetz gewährt urheberrechtlichen Schutz nur auf Zeit. Die allg. Schutzfrist beträgt nach heutiger Gesetzeslage **70 Jahre** und beginnt mit dem Tode des Urhebers, also **post mortem auctoris (p.m.a.).** Mit dem Ablauf der Schutzfrist endet das Urheberrecht, das Werk wird **gemeinfrei.** Jeder darf es ohne Zustimmung des Rechtsnachfolgers des Urhebers verwerten.

2   In der zeitlichen Begrenzung des Schutzes liegt ein wesentlicher Unterschied zum Eigentumsrecht an einer Sache. Sie verdeutlicht, dass das Urheberrecht nicht nur vermögens- sondern auch persönlichkeitsrechtliche Elemente einschließt (s. Einl. Rn 6). Der Gesetzgeber begründete die Befristung des Schutzes damit, dass die urheberrechtlich geschützten Werke anders als körperliche Gegenstände ihrer Natur nach **Mitteilungsgut** seien und nach einer die geistigen und wirtschaftlichen Interessen des Urhebers und seiner Erben angemessen berücksichtigenden Frist der Allgemeinheit frei zugänglich sein müssten (amtl. Begr. BT-Drucks. IV/270, 33, 79).

3   **Verfassungsrechtliche Bedenken**, insb. im Hinblick auf Art. 3 und 14 GG, stehen dem nicht entgegen. Das BVerfG hat entschieden, dass die Verfassung den Gesetzgeber nicht verpflichte, „ewige" Urheber- oder Leistungsschutzrechte einzuräumen (*BVerfGE* 31, 275, 287; 79, 29, 42). Die Ausgestaltung und Funktion des Sacheigentums zeigten gegenüber den vermögenswerten Leistungen aus künstlerischer Wiedergabe gewichtige Unterschiede, weswegen weder die Eigentumsgarantie noch der Gleichheitssatz einer zeitlichen Begrenzung des Schutzes entgegenstünde. Mit 70 Jahren p.m.a. entspricht diese etwa der Dauer eines Menschenlebens. Das bedeutet, dass nach Ablauf der Schutzfrist kaum noch jemand lebt, der den Urheber zu dessen Lebzeiten gekannt hat. Nach dieser Zeit hat sich das Band zwischen dem Urheber und seinem Werk gelöst. Das Werk ist entweder in Vergessenheit geraten oder als Meisterwerk in das Kulturgut der Allgemeinheit übergegangen. Dennoch ist häufig die Forderung nach einem **ewigen „droit moral"**, also einem ewigen Urheberpersönlichkeitsrecht, diskutiert worden (Nachweise bei *Ulmer* § 77 I; *Schricker/Diez* Vor §§ 12 ff. Rn 33 f.). In einigen EU-Staaten, nämlich in Dänemark, Frankreich, Italien, Griechenland, Spanien und Portugal, existiert ein solches droit moral nach Ablauf der Schutzfrist, um das Werk auf Dauer bspw vor Entstellungen zu schützen. Ein ewiges droit moral ist jedoch abzulehnen, weil es aus den soeben dargelegten Gründen gerade das persönlichkeitsrechtliche Element des Urheberrechts ist, welches die zeitliche Begrenzung des Schutzes rechtfertigt.

Aus der dem UrhG zugrunde liegenden **monistischen Theorie**, nach der das Urheberrecht ein einheitliches Recht ist, in welchem die ideellen und die materiellen Interessen des Urhebers verbunden sind, folgt, dass die Endlichkeit der persönlichkeitsrechtlichen Komponente die der vermögensrechtlichen Komponente nach sich ziehen muss. **4**

II. Kein anderer Beendigungstatbestand

Die zeitliche Begrenzung ist die einzige Schranke des Urheberrechts, die zu seiner völligen Beendigung führt. Insb. ist ein **Verzicht** auf das Urheberrecht als solches nicht möglich; nur auf einzelne Ansprüche, die aus dem Urheberrecht folgen, kann verzichtet werden (*Schricker* § 29 Rn 15 ff.). Auch dies ist, ebenso wie andererseits die zeitliche Begrenzung des Urheberrechts, Folge seiner persönlichkeitsrechtlichen Komponente. **5**

Ebensowenig führen der **Untergang des Werkoriginals** oder der **Verlust der deutschen Staatsangehörigkeit** zum Erlöschen des Urheberrechts (*Möhring/Nicolini/ Gass* § 64 Rn 51 f.).

III. Entstehungsgeschichte des § 64

1. Die Rechtslage bis zur Urheberrechtsreform von 1965

Das preußische Gesetz gegen Nachdruck von 1837 sah eine **30-jährige Schutzdauer p.m.a.** vor. Diese Regelung wurde in Deutschland in § 29 Abs. 1 des LUG von 1870 und in § 25 Abs. 1 des KUG von 1876 übernommen. Mit dem Gesetz zur Verlängerung der Schutzfristen im Urheberrecht v. 13.12.1934 (RGBl II 1934, 1395) wurde die Schutzfrist auf 50 Jahre p.m.a. verlängert, nachdem das RBÜ diese Schutzdauer bereits einige Jahre zuvor festgelegt hatte, allerdings zunächst als für die Verbandsländer nicht zwingende Regelung. **6**

2. Die Urheberrechtsreform von 1965

Die Gesetzesentwürfe zur Urheberrechtsreform von 1965 sahen zunächst keine Verlängerung der Schutzdauer vor. Erst der Rechtsausschuss setzte eine Diskussion um die erneute Schutzverlängerung in Gang, um der gestiegenen allg. Lebenserwartung Rechnung zu tragen. Denn diese hatte zur Folge, dass sich die Fälle mehrten, in denen 50 Jahre nach dem Tode des Urhebers noch nahe Angehörige lebten, denen die Einkünfte aus der Werknutzung nicht entzogen werden sollten. Daher wurde die **70-jährige Schutzfrist** eingeführt. Ein weiterer Grund dürfte darin liegen, dass der Gesetzgeber von 1965 der Forderung nach einer **Urhebernachfolgevergütung** („domaine public payant", auch **„Goethegroschen"** genannt) nicht nachkam. Hierbei **7** handelt es sich um eine Abgabe an einen Urheberfonds, die für die Nutzung eines gemeinfrei gewordenen Werkes zu zahlen ist und die bspw verarmten Künstlern zugute kommen könnte.

Außerdem wurde mit der Urheberrechtsnovelle von 1965 **§ 64 Abs. 2** in das Gesetz eingefügt, wonach ein nachgelassenes Werk, welches nach Ablauf von 60, aber vor Ablauf von 70 Jahren nach dem Tode des Urhebers veröffentlicht wurde, noch 10 Jahre lang Urheberrechtsschutz genoss. Zuvor hatte das LUG in § 29 S. 1 die 50-jährige Schutzfrist durch die Regelung ergänzt, dass der Schutz nicht früher als 10 Jahre nach der Veröffentlichung erlischt. Hiermit wurde der Zweck verfolgt, den Rechtsnachfolgern des Urhebers wenigstens für die Dauer von 10 Jahren einen Schutz zu gewähren. Erreicht wurde mit der Vorschrift jedoch auch ein nicht gewollter, zeitlich unbegrenzter Schutz unveröffentlichter Werke. Daher knüpfte § 64 Abs. 2 aF den Urheberrechtsschutz nachgelassener Werke an ihre Veröffentlichung vor Ablauf der 70-jährigen Schutzfrist. Um aber auch denjenigen zu belohnen, der ein nicht erschienenes Werk nach Erlöschen des Urheberrechts erstmals erscheinen lässt, wurde mit § 71 ein selbständiges Leistungsschutzrecht zugunsten des Herausgebers geschaffen, aufgrund dessen ihm für eine Frist von 10 Jahren das ausschließliche Recht zusteht, das Werk zu nutzen.

3. Die Urheberrechtsreform 1995

8   Die Richtlinie 93/98/EWG des Rates v. 29.10.1993 zur Harmonisierung der Schutzdauer des Urheberrechts und bestimmter verwandter Schutzrechte (kurz: **Schutzdauerrichtlinie**) veranlasste die Urheberrechtsreform von 1995. Mit dieser wurde § 64 Abs. 2 wieder aufgehoben, denn die Regelung war nicht vereinbar mit Art. 1 Abs. 1 der Schutzdauerrichtlinie, der das Erlöschen des Urheberrechts 70 Jahre p.m.a. vorsieht, und zwar unabhängig von dem Zeitpunkt, zu dem das Werk erlaubterweise der Öffentlichkeit zugänglich gemacht worden ist. Zugleich wurde Art. 4 der Schutzdauerrichtlinie umgesetzt, indem das Leistungsschutzrecht des Herausgebers (§ 71) erweitert wurde.

4. Übergangsrecht

9   **a) Anwendbarkeit von § 64.** In den Genuss der auf 70 Jahre verlängerten Schutzfrist kommen gem. § 129 nicht nur solche Werke, die nach In-Kraft-Treten der Urheberrechtsreform von 1965 am 17.9.1965 (§ 143) geschaffen wurden. Vielmehr gilt § 64 für alle Werke, die an diesem Tag noch urheberrechtlich geschützt waren. Dies wiederum bestimmt sich nach dem LUG von 1870 und dem KUG von 1876. Diese sahen, wie oben unter Rn 6 ausgeführt, eine Schutzfrist von 50 Jahren p.m.a. vor. Das bedeutet, dass § 64 auf die Werke aller Urheber Anwendung findet, die 1915 noch gelebt haben.

10   **b) Zur Übergangsproblematik infolge der Aufhebung des § 64 Abs. 2.** § 64 Abs. 2 konnte zu einer maximalen Schutzdauer posthum erstmals veröffentlichter Werke von 80 Jahren führen: Wurde ein solches Werk im 70. Jahr p.m.a. veröffentlicht, genoss es noch 10 Jahre Schutz, insgesamt also 80 Jahre. Mit Wirkung vom 1.7.1995 wurde diese Vorschrift aufgehoben. Das führte jedoch nicht dazu, dass ein Werk, welches im Jahr 1985 oder später erstmals veröffentlicht wurde, und zwar

mehr als 60 Jahre p.m.a., mit dieser Gesetzesänderung gemeinfrei wurde. Art. 10 der Schutzdauerrichlinie untersagt die Verkürzung bereits laufender Schutzfristen. Diese Regelung wurde mit § 137f umgesetzt, sodass § 64 Abs. 2 noch bis zum Ende des Jahres 2005 Anwendung finden kann.

IV. Die Systematik der §§ 64 ff.

Der 7. Abschn. des ersten Teils des UrhG regelt ausschließlich die **Schutzdauer des** **11** **Urheberrechts.** Für die im zweiten Teil geregelten verwandten Schutzrechte (Leistungsschutzrechte) gelten eigene Schutzfristen.

§ 64 regelt die **allg. Schutzfrist** von 70 Jahren p.m.a. Die **§§ 65 bis 67** enthalten Regeln für den Ablauf der 70-jährigen Schutzfrist in einzelnen Sonderfällen. So bestimmt § 65 Abs. 1, wann ein Werk gemeinfrei wird, das mehrere Miturheber hat. § 65 Abs. 2 betrifft Filmwerke und ähnliche Werke. § 66 regelt den Beginn der Schutzfrist bei anonymen und pseudonymen Werken und § 67 bei Werken, die inhaltlich nicht abgeschlossenen Teilen (Lieferungen) veröffentlicht werden. **§ 69** schließlich legt allg. die Berechnung der Fristen des 7. Abschn. fest.

Für die im zweiten Teil des UrhG normierten **Leistungsschutzrechte** beträgt die Frist meist 50 Jahre, so für Lichtbilder (§ 72 Abs. 3), für den Schutz des ausübenden Künstlers (§ 76), des Herstellers eines Tonträgers (§ 85 Abs. 2), des Sendeunternehmens (§ 87 Abs. 3) und des Filmherstellers (§ 94 Abs. 3).

Andere Leistungsschutzrechte genießen nur einen 25-jährigen Schutz, so das Recht an wissenschaftlichen Ausgaben (§ 70 Abs. 3) und das Recht des Herausgebers eines nachgelassenen Werkes (§ 71 Abs. 3).

Nur 15 Jahre währt das Leistungsschutzrecht des Datenbankherstellers gem. § 87d.

Alle Vorschriften, mit Ausnahme der § 94 Abs. 4, erklären § 69 als maßgebliche Vorschrift für die Berechnung der Frist.

V. Harmonisierung der Schutzdauer nach dem Beitritt der DDR

Das UrhG der DDR sah für alle Werke eine Schutzfrist von 50 Jahren p.m.a. vor (§ 2 **12** Abs. 2h UrhG DDR) und für verwandte Schutzrechte eine solche von 10 Jahren p.m.a. (§§ 33, 82 UrhG DDR). Diese Regelungen wurden gem. Art. 8 des Einigungsvertrages mit Wirkung ab dem 3.10.1990 durch die Schutzdauerbestimmungen des damals geltenden westdeutschen UrhG ersetzt. Die Schutzdauer für Werke wurde also um 20 Jahre verlängert, die für die verwandten Schutzrechte meist um 40, teilweise um 15 Jahre (s. zur Schutzdauer der einzelnen Leistungsschutzrechte heute oben Rn 11). In den Genuss dieser Verlängerung kamen nicht nur die Werke, deren Schutzfrist am 3.10.1990 noch lief (so § 1 Abs. 1 S. 1 der Bes. Bestimmungen zur Einf. des UrhG), sondern auch solche Werke, deren Schutz nach dem UrhG der DDR schon abgelaufen war (§ 1 Abs. 1 S. 2 der Bes. Bestimmungen). Für verwandte Schutzrechte gilt gem. § 1 Abs. 2 der Bes. Bestimmungen Entsprechendes.

Diese Regelungen verbessern die Rechtslage für alle in den neuen Bundesländern ge- **13** schaffenen Werke, die nach dem Recht der DDR einer kürzeren Schutzfrist unterlagen. Sie werfen jedoch verfassungsrechtliche Probleme in der Konstellation auf, in der das westdeutsche Recht zu einer kürzeren Schutzfrist führt.

Betroffen hiervon sind **Lichtbildwerke**. Für sie galt nach den §§ 26, 29 des KUG von 1907 für beide Teile Deutschlands eine Schutzfrist von 25 Jahren ab dem Zeitpunkt des Erscheinens eines Werkes, bei nicht erschienenen Werken eine Frist von 25 Jahren ab dem Tode des Urhebers. Diese Regelung wurde auf dem Gebiet der ehemaligen DDR bereits mit Wirkung ab dem 1.1.1966 durch die allg. Schutzdauer von 50 Jahren p.m.a. ersetzt. Demgegenüber galt in der Bundesrepublik noch bis zur Novelle 1985 gem. § 68 aF eine Schutzfrist von 25 Jahren ab Erscheinen, sonst ab Herstellung.

Das bedeutet, dass zum Zeitpunkt des Beitritts der DDR dort noch alle Lichtbildwerke Schutz genossen, die seit dem 1.1.1941 erschienen waren und deren Urheber an diesem Tag noch lebte (auf dieses Datum ebenfalls abstellend: *Schricker/Katzenberger* § 64 Rn 71; *Möhring/Nicolini/Gass* § 64 Rn 17; **aA** *Fromm/Nordemann* § 64 Rn 6, die den 1.1.1940 für maßgeblich erachten). Denn deren Schutz endete frühestens am 31.12.1966 (25 Jahre später, gerechnet ab dem Ende des Kalenderjahres 1941), sodass sie zum Zeitpunkt des In-Kraft-Tretens der Schutzfristverlängerung noch Schutz genossen und damit von der Gesetzesänderung profitieren konnten. In der Bundesrepublik hingegen verlängerte sich die 25-jährige Schutzdauer nur für solche Lichtbildwerke, die frühestens am 1.1.1960 erschienen waren, also 1985 noch nicht gemeinfrei geworden waren. Denn ein Wiederaufleben eines bereits abgelaufenen Schutzes sah die Urheberrechtsnovelle von 1985, anders als die Bes. Bestimmungen zur Einf. des UrhG, nicht vor.

Hieraus folgt eine Diskrepanz zwischen den alten und den neuen Bundesländern hinsichtlich des Schutzes von Lichtbildwerken, die zwischen dem 1.1.1941 und dem 31.12.1959 erschienen waren. Der Einigungsvertrag und die hierzu ergangenen Bes. Bestimmungen enthalten keine ausdrückliche Regelung zur Fortdauer des Schutzes dieser Lichtbildwerke. Es wäre jedoch verfassungsrechtlich bedenklich, den Urhebern der neuen Bundesländer den Schutz von heute auf morgen zu entziehen. Da kein Anhaltspunkt dafür ersichtlich ist, dass der Gesetzgeber mit dem Einigungsvertrag den Schutz der zwischen dem 1.1.1941 und dem 31.12.1959 erschienen Lichtbildwerke verkürzen wollte, ist eine analoge **Anwendung des § 137a Abs. 1** auf die Fälle angebracht, in denen auf dem Gebiet der ehemaligen DDR die Schutzfrist für Lichtbildwerke bei In-Kraft-Treten des UrhG noch nicht abgelaufen war (*Fromm/ Nordemann* § 64 Rn 6; *Schricker/Katzenberger* § 64 Rn 72).

Erforderlich ist diese Analogie jedoch nur für die Zeit vom 3.10.1990 bis 30.6.1995. Denn seit In-Kraft-Treten der Urheberrechtsnovelle 1995, mit der die europäische Schutzdauerrichtlinie in deutsches Recht umgesetzt wurde, ab 1.7.1995 gilt § 137 Abs. 2, wonach der Schutz von Werken in Deutschland wieder auflebt, wenn diese in einem anderen EU- oder EWR-Staat noch geschützt waren. Der Schutz von Lichtbildwerken beträgt in Frankreich, Italien und insb. Spanien jedoch schon seit geraumer Zeit vor der Verlängerung der Schutzdauer in Deutschland 1985 50 Jahre p.m.a. und länger (im Einzelnen *Schulze/Bettinger* GRUR 2000, 12, 14 f.). Somit genießen die Urheber von Lichtbildwerken, die zwischen 1941 und 1959 in der ehemaligen DDR erschienen sind, seit dem 1.7.1995 jedenfalls über § 137f Abs. 2 unverminderten Schutz.

VI. Harmonisierung der Schutzdauer in Europa

1. Die Richtlinie 93/98/EWG des Rates zur Harmonisierung der Schutzdauer des Urheberrechts und bestimmter verwandter Schutzrechte

a) Allgemeines. Am 29.10.1993 wurde die Richtlinie 93/98/EWG des Rates zur Har- **14** monisierung der Schutzdauer des Urheberrechts und bestimmter verwandter Schutzrechte (kurz: Schutzdauerrichtlinie) erlassen. Bis dahin galt aufgrund der int. Konventionen, insb. der Revidierten Berner Übereinkunft (RBÜ) nur eine Mindestschutzdauer von 50 Jahren p.m.a. Den Mitgliedsstaaten der EU stand es frei, in ihren nationalen Urheberrechtsgesetzen längere Schutzfrist vorzusehen. Dementsprechend gilt in Deutschland seit der Urheberrechtsnovelle 1965 eine Schutzfrist von 70 Jahren p.m.a. Auch die nationalen Urheberrechtsgesetze einiger anderer Länder sehen längere Schutzfristen vor. Der europäische Gesetzgeber sah die Gefahr, dass diese Unterschiede den freien Warenverkehr sowie den freien Dienstleistungsverkehr behindern und die Wettbewerbsbedingungen im Gemeinsamen Markt verfälschen (Erwgr 2 der Richtlinie).

Vorausgegangen war eine Entsch. des EuGH v. 24.1.1989, wonach es mit Art. 30, 36 EG-Vertrag vereinbar ist, wenn in einem Mitgliedsstaat der Vertrieb von Tonträgern untersagt wird, die in diesem Mitgliedsstaat noch geschützt sind, obwohl sie in einem anderen Mitgliedsstaat wegen Ablaufs der Schutzdauer rechtmäßig hergestellt wurden (GRUR Int 1989, 319 – Schutzfristenunterschiede). In dieser Entsch. äußerte der EuGH sich krit. zu den Wettbewerbsverzerrungen, die die unterschiedlichen Schutzfristen mit sich brächten.

Der europäische Gesetzgeber verfolgte mit der Schutzdauerrichtlinie das Ziel, in der gesamten Gemeinschaft dieselbe Schutzdauer gelten zu lassen. Deshalb wurde nicht nur die Schutzdauer als solche vereinheitlicht, sondern auch ein Teil ihrer Modalitäten, wie zB ihr Beginn (Erwgr 2 und 3, Art. 8 der RL).

Insgesamt entschied der Gesetzgeber sich für ein **hohes Schutzniveau**, um die Kreativität der geistig Schaffenden und letztlich auch der Gesellschaft sicherzustellen (Erwgr 10 der RL). Er verlängerte die Mindestschutzdauer für Werke, die nach der RBÜ 50 Jahre p.m.a. betrug, um 20 auf 70 Jahre p.m.a., um zu erreichen, dass trotz der gestiegenen durchschnittlichen Lebenserwartung in der Gemeinschaft die **ersten beiden Generationen der Nachkommen des Urhebers** geschützt werden (Erwgr 5, 11 der RL). Um zu verhindern, dass die Harmonisierung der Schutzdauer nicht doch im Einzelfall zu einer Beeinträchtigung bestehenden Schutzes führt, bestimmt die Schutzdauerrichtlinie ausdrücklich die Geltung des Rechtsgrundsatzes der **Wahrung erworbener Rechte** (Erwgr 9 der RL). Hierzu ist es den Mitgliedsstaaten insb. auch erlaubt, Urheberrechte und verwandte Schutzrechte **wieder aufleben** zu lassen (Erwgr 27 der RL).

Keine Harmonisierung wurde bzgl der Schutzdauer des **Urheberpersönlichkeits-** **15** **rechts** erreicht; dieses ist nicht Gegenstand der Schutzdauerrichtlinie, was in Art. 9 ausdrücklich klargestellt wird (s. auch Erwgr 21). Hier bleibt es bei den unterschiedlichen Ansätzen zur Rechtsnatur des Urheberrechts in den Mitgliedsstaaten, so bei der Theorie der Einheitlichkeit des Urheberrechts beispielsweise in Deutschland und dem dualistischen Ansatz, der zu einer Abkopplung des Urheberpersönlichkeitsrechts von den Verwertungsrechten führt und, etwa in Frankreich, ein ewiges droit moral erlaubt.

16 **b) Der Inhalt der Schutzdauerrichtlinie. aa) Vorschriften zur Schutzdauer. Art. 1 Abs. 1** bestimmt eine **allg. Schutzdauer für das Urheberrecht** von 70 Jahren p.m.a. Mit dieser Frist wurde die bis dahin in den Mitgliedsstaaten geltende längste Frist maßgeblich für alle. Sie bringt die Bestrebung des Gesetzgebers zum Ausdruck, ein hohes Schutzniveau zu garantieren. Die Schutzdauer gilt gem. Art. 1 Abs. 1 letzter HS unabhängig von dem Zeitpunkt, zu dem das Werk erlaubterweise der Öffentlichkeit zugänglich gemacht worden ist, um den Urhebern einen Anreiz für eine rasche Veröffentlichung zu geben (*Schricker/Katzenberger* § 64 Rn 28; *Möhring/Nicolini/Gass* § 64 Rn 29). Diese Regelung führte zum Wegfall von § 64 Abs. 2 aF (so Rn 8).

Art. 3 bestimmt für die **verwandten Schutzrechte** eine Schutzdauer von 50 Jahren p.m.a. Die Richtlinie versteht hierunter die Rechte der ausübenden Künstler, der Hersteller von Tonträgern, der Hersteller der erstmaligen Aufzeichnung eines Films und der Sendeunternehmen.

Art. 4 räumt dem Herausgeber eines zuvor unveröffentlichten Werkes, dessen urheberrechtlicher Schutz abgelaufen ist (**nachgelassenes Werk**), einen Schutz von 25 Jahren ab der Veröffentlichung ein.

Art. 5 schließlich erlaubt es den Mitgliedsstaaten, den **Verfassern krit. und wissenschaftlicher Ausgaben** von gemeinfrei gewordenen Werken einen Schutz von maximal 30 Jahren ab der ersten erlaubten Veröffentlichung einzuräumen. Deutschland hat in § 70 Gebrauch von dieser Befugnis gemacht, wo allerdings allg. von „Ausgaben urheberrechtlich nicht geschützter Werke oder Texte" die Rede ist. Es besteht allerdings Einigkeit darüber, dass es sich um Werke handeln muss, die die Schutzvoraussetzungen des UrhG an sich erfüllen würden (s. dazu im Einzelnen § 70 Rn 5).

17 **bb) Vorschriften zum Fristbeginn bei einzelnen Werkarten.** Die Schutzdauerrichtlinie enthält neben der Bestimmung der Schutzfristen für eine Reihe von Werkarten bes. Bestimmungen für den Beginn der Frist.

Bei Werken, an denen das Urheberrecht den **Miturhebern** gemeinsam zusteht, beginnt die Frist von 70 Jahren gem. Art. 1 Abs. 2 mit dem Tode des längstlebenden Miturhebers zu laufen. Die Voraussetzungen einer Miturheberschaft an einem Werk regelt die Schutzdauerrichlinie nicht, sodass unterschiedliche Gesetzgebungen in den Mitgliedsstaaten insoweit auch zu unterschiedlichen Schutzfristen führen können (vgl dazu *Schricker/Katzenberger* § 64 Rn 20).

Eine Sonderregelung für die **Miturheberschaft bei Filmwerken** oder audiovisuellen Werken in Bezug auf den Fristbeginn enthält Art. 2. Dort ist in Abs. 2 festgelegt, wessen Tod der an der Herstellung eines Films beteiligten Personen den Beginn der 70-jährigen Schutzfrist auslösen kann. Es sind dies der Hauptregisseur, der Urheber des Drehbuchs, der Urheber der Dialoge und der Komponist. Maßgeblich ist auch hier der Längstlebende. Die Auswahl zeigt, dass der Gesetzgeber sich bei der Regelung offenbar am Spielfilm orientiert hat, was zu Problemen bei der Anwendung auf andere Filmgattungen, etwa Dokumentarfilm oder Zeichentrickfilm, führen kann (*Schricker/Katzenberger* § 64 Rn 26). Da die Regelungen in den einzelnen Mitgliedsstaaten dazu, wer Miturheber eines Filmwerks ist, weit auseinander gehen, stellt Art. 2 Abs. 1 klar, dass der Hauptregisseur als Urheber gelten muss und stellt es den Mitgliedsstaaten iÜ frei, weitere Personen als Miturheber zu benennen. Die in Abs. 2 neben dem Hauptregisseur genannten Personen können also für den Fristbeginn maßgeblich sein, obwohl sie nach dem Recht des betr. Mitgliedsstaates nicht als Urheber angesehen werden.

Für Werke, bei denen die Identität des Urhebers nicht bekannt ist (**anonyme oder pseudonyme Werke**) und demzufolge für den Fristbeginn nicht auf dessen Tod abgestellt werden kann, bestimmt Art. 1 Abs. 3 S. 1 den Zeitpunkt, zu dem das Werk erlaubterweise der Öffentlichkeit zugänglich gemacht worden ist, als maßgeblich. Dies gilt jedoch nur, solange das Werk anonym bleibt oder das Pseudonym nicht zweifelsfrei dem Urheber zugeordnet werden kann. Ändert sich dies innerhalb von 70 Jahren, nachdem das Werk erlaubterweise der Öffentlichkeit zugänglich gemacht worden ist, bestimmt sich die Schutzdauer gem. Art. 1 Abs. 3 S. 2 nach Abs. 1. Zu beachten ist im Zusammenhang mit Abs. 3 auch Abs. 6, wonach der Schutz für ein Werk, dessen Schutzdauer nicht p.m.a. berechnet wird, auch dann erlischt, wenn es nicht binnen 70 Jahren nach seiner Schaffung erlaubterweise der Öffentlichkeit zugänglich gemacht worden ist.

Auch **Art. 1 Abs. 4** enthält eine Sonderregelung für Werke, deren Urheber nicht identifiziert sind, nämlich für **Kollektivwerke und solche Werke, deren Urheberrecht einer juristischen Person zugeordnet werden**, sofern das Urheberrecht eines Mitgliedsstaates Regelungen in Bezug auf derartige Werke enthält. Hier richtet sich die Schutzfrist ebenfalls nach Art. 1 Abs. 3 und Abs. 6, wird also ebenso berechnet, wie die von anonymen oder pseudonymen Werken. Voraussetzung ist auch hier, dass die Urheber unbekannt sind. Für identifizierte Urheber, die einen identifizierbaren Beitrag zu diesen Werken geleistet haben, gilt Art. 1 Abs. 1 und Abs. 2.

Die Regelung des Art. 1 Abs. 4 hat für Deutschland keine Bedeutung, soweit es um Kollektivwerke geht, da diese dem deutschen Recht fremd sind und waren.

Ebenso wenig sieht das geltende Recht die Möglichkeit vor, das Urheberrecht einer juristischen Person zuzuordnen. Dies folgt aus § 7. Danach ist Urheber der Schöpfer eines Werkes und damit zwangsläufig eine natürliche Person. Anders war die Rechtslage zur Zeit der Geltung des LUG und KUG. Nach § 3 LUG von 1901 und § 5 KUG von 1907 galten juristische Personen des öffentlichen Rechts, die ein Werk veröffentlichten, dessen Verfasser nicht genannt wurde, sowie die Herausgeber von Sammelwerken, gleich ob natürliche oder juristische Person, als Urheber der betr. Werke. Nach § 134 änderte sich dies durch die Urheberrechtsnovelle von 1965 nicht. Als Beginn der 50-jährigen Schutzdauer bestimmte § 32 LUG die Veröffentlichung und § 25 KUG das Erscheinen des Werkes. Bis zum Ende des Jahres 2015 kann es also noch juristische Personen geben, die als Urheber eines Werkes gelten. Dennoch hat der deutsche Gesetzgeber Art. 1 Abs. 4 nicht in nationales Recht umgesetzt.

Für **Werke, die in mehreren Bänden, Teilen, Lieferungen, Nummern oder Episoden veröffentlicht werden** und deren Urheber nicht bekannt sind, sodass für die Fristberechnung nicht an deren Tod angeknüpft werden kann, beginnt die Schutzfrist nach Art. 1 Abs. 5 für jeden Bestandteil einzeln zu laufen, und zwar entweder gem. Abs. 3 ab dem Zeitpunkt, in dem das Werk erlaubterweise der Öffentlichkeit zugänglich gemacht worden ist, oder mit dessen Schaffung, wenn die Voraussetzungen des Abs. 6 vorliegen.

18   **cc) Schutz von Fotografien, Art. 6 der Schutzdauerrichtlinie. Art. 6 S. 1** geht bei der Harmonisierung der Schutzdauer von **Fotografien, die Lichtbildwerke darstellen**, über die Bestimmung und Berechnung der Frist hinaus. Denn es wird auch festgelegt, welche Voraussetzungen erfüllt sein müssen, damit eine Fotografie Werkqualität besitzt, mit der Folge, dass sich die Schutzdauer nach Art. 1 Abs. 1 richtet. Die Fotografie muss ein individuelles Werk in dem Sinne darstellen, dass sie das Ergebnis der **eigenen geistigen Schöpfung** ihres Urhebers ist. Diese Formulierung ist identisch mit Art. 1 Abs. 3 der EG-Computerrichtlinie v. 14.5.1991. Sie soll die Schutzvoraussetzungen europaweit einheitlich auf einem niedrigen Niveau festlegen, indem sie andere Kriterien als das Vorliegen einer eigenen geistigen Schöpfung, insb. das Vorliegen einer bestimmten Gestaltungshöhe, für die Beurteilung der Schutzfähigkeit ausschließt. Anders als bei Computerprogrammen hat der deutsche Gesetzgeber davon abgesehen, Art. 6 der Schutzdauerrichtlinie mit der Urheberrechtsnovelle 1995 ausdrücklich umzusetzen. Er hat jedoch in den Gesetzesmaterialien darauf hingewiesen, dass die Schutzvoraussetzungen für Werke der Fotografie zukünftig auch im Lichte von Art. 6 zu bestimmen sind (BT-Drucks. 13/781, 10). Dementsprechend hat der BGH (Urt. v. 3.11.1999, Az I ZR 55/97) entschieden, dass Fotografien zumindest nach der Umsetzung der Schutzdauerrichtlinie unabhängig von einer schöpferischen Gestaltung urheberrechtsfähig sind (für geringe Anforderungen an die Urheberrechtsfähigkeit von Lichtbildwerken auch *Schulze/Bettinger* GRUR 2000, 12).

Art. 6 S. 2 erlaubt es den Mitgliedsstaaten, den Schutz anderer Fotografien, also solcher, die keine individuellen Werke darstellen, vorzusehen. Hinsichtlich der Schutzdauer solcher **einfachen Lichtbilder** enthält die Richtlinie keine Regelung. Das UrhG statuiert in § 72 ein Leistungsschutzrecht für derartige Lichtbilder und sieht eine Schutzdauer von 50 Jahren vor.

19   **dd) Berechnung der Frist.** Die in der Schutzdauerrichtlinie genannten Fristen werden gem. Art. 8 vom 1. Januar des Jahres an berechnet, das auf das für den Beginn der Frist maßgebende Ereignis folgt. So beginnt bspw die Frist für ein Werk, dessen Urheber am 1.1.1999 verstorben ist, am 1.1.2000 und endet, vorbehaltlich einer Gesetzesänderung, am 31.12.2069.

20   **c) Schutz im Verhältnis zu Drittländern.** Art. 7 der Schutzdauerrichtlinie bestimmt die Schutzfrist für solche Werke und verwandte Schutzrechte iSv Art. 3, deren Ursprungsland ein Drittland ist und deren Urheber nicht Staatsangehöriger eines Mitgliedsstaates ist. In diesem Verhältnis ordnet Art. 7 einen **Schutzfristenvergleich** an. Das bedeutet, es gilt die Schutzfrist des Drittstaates, es sei denn, der Schutz nach der Schutzdauerrichtlinie endet früher, dann ist diese Frist maßgeblich. Es gilt also immer die kürzere der beiden jeweils einschlägigen Fristen. Diese Regelung soll für die Drittländer einen Anreiz schaffen, ihre Schutzfristen dem hohen Niveau der EU anzugleichen (*Schricker/Katzenberger* § 64 Rn 32).

Einigen Mitgliedsstaaten ist es aufgrund int. Verpflichtungen nicht erlaubt, einen Schutzfristenvergleich durchzuführen. Um hier Konflikte zu vermeiden, sieht **Art. 7 Abs. 3** insoweit eine Ausnahme von der Pflicht zum Vergleich der Schutzfristen vor.

Relevant ist dies für Deutschland im Verhältnis zu den USA, denn hier verbietet das zweiseitige Übereinkommen v. 15.1.1892 über den gegenseitigen Schutz der Urheberrechte den Schutzfristenvergleich (vgl dazu im Einzelnen *Schricker/Katzenberger* Vor §§ 120 ff. Rn 72).

d) Zeitliche Anwendbarkeit der Schutzdauerrichtlinie. Während Art. 13 Abs. 1   **21** die Mitgliedsstaaten verpflichtete, die Schutzdauerrichtlinie bis zum 1.7.1995 umzusetzen, regelt Art. 10 die zeitliche Anwendbarkeit der Schutzdauerrichtlinie und nimmt damit wesentlichen Einfluss darauf, wie rasch das gesetzgeberische Anliegen der Harmonisierung erreicht wird.

Dabei nimmt **Art. 10 Abs. 1** im Interesse des **Schutzes wohlerworbener Rechte** (vgl dazu Erwgr 9 der RL) ein Harmonisierungsdefizit in Kauf. Denn danach wird eine in einem Mitgliedsstaat im Umsetzungszeitpunkt laufende Schutzfrist, die länger als die entspr. Frist nach dieser Richtlinie ist, in dem betr. Mitgliedsstaat nicht verkürzt.

Soweit die in einem Mitgliedsstaat laufende Schutzfrist jedoch kürzer ist als die ent- **22** spr. Frist nach dieser Richtlinie, stehen die Ziele der Harmonisierung und des Schutzes wohlerworbener Rechte nicht miteinander im Widerspruch. **Art. 10 Abs. 2** bestimmt deshalb, dass die in dieser Richtlinie vorgesehene Schutzfrist auf alle Werke oder Gegenstände Anwendung findet, die im Umsetzungszeitpunkt zumindest in einem der Mitgliedsstaaten noch geschützt sind. Dies bedeutet nicht nur eine **Verlängerung bereits laufender Schutzfristen**, sondern auch die Möglichkeit, dass ein **bereits erloschener Schutz wieder auflebt.**

Eine **Harmonisierung** bedeutet diese Vorschrift allein jedoch nur für die Schutzdauer von Werken, deren Ursprungsland ein Mitgliedsstaat mit längerer Schutzfrist ist, die im Umsetzungszeitpunkt noch nicht abgelaufen war, jedoch in einem anderen Mitgliedsstaat mit kürzerer Schutzfrist zu diesem Zeitpunkt bereits gemeinfrei geworden waren. So lebte der Schutz eines von einem deutschen Urheber geschaffenen Werkes, der 1935 verstorben ist, mit der Umsetzung der Richtlinie in den Mitgliedsstaaten wieder auf, die bis zur Umsetzung der Richtlinie nur eine 50-jährige Schutzfrist p.m.a. kannten.

Umgekehrt funktioniert dieser Harmonisierungseffekt jedoch nicht ohne weiteres. Denn Deutschland und die anderen Staaten mit längerer Schutzdauer führten in Anwendung des Art. 7 Abs. 8 RBÜ einen **Schutzfristenvergleich** durch und billigten Werken, deren Ursprungsland eine kürzere Schutzfrist vorsah, nur diese Frist zu. Das bedeutet, ein Werk, das in seinem Ursprungsland gemeinfrei geworden war, genoss auch in keinem anderen Mitgliedsstaat mehr Schutz, sodass Art. 10 Abs. 2 insoweit eine Harmonisierung nicht herbeiführen kann. Eine solche folgt jedoch aus dem **Diskriminierungsverbot**, aus dem die Unzulässigkeit eines Schutzfristenvergleichs folgt und damit auch das Wiederaufleben des Schutzes von in ihrem Ursprungsland gemeinfrei gewordenen Werken (*Schricker/Katzenberger* § 64 Rn 42).

Das Wiederaufleben bereits erloschener Schutzrechte wirft die Frage auf, welche   **23** Konsequenzen dies für Dritte hat, die das Werk oder den Gegenstand eines verwandten Schutzrechts in der Zeit der Gemeinfreiheit berechtigterweise genutzt haben.

Hierzu enthält **Art. 10 Abs. 3** eine Regelung: **Nutzungshandlungen, die vor dem Umsetzungszeitpunkt erfolgt sind**, bleiben von dieser Richtlinie unberührt. Es obliegt den Mitgliedsstaaten, die notwendigen Bestimmungen zu treffen, um insb. die erworbenen Rechte Dritter zu schützen. Welche Bestimmungen hierfür notwendig sind, entscheidet jeder Mitgliedsstaat selbst. Der europäische Gesetzgeber wollte den Mitgliedsstaaten insb. die Möglichkeit einräumen zu bestimmen, dass unter bestimmten Umständen diejenigen Personen nicht zu Zahlungen verpflichtet sind, die die Werke zu einer Zeit gutgläubig verwertet haben, als diese gemeinfrei waren (so Erwgr 27 der RL).

24 Art. 10 Abs. 4 und 5 schließlich enthalten Regelungen über die zeitliche Anwendbarkeit von Art. 2 Abs. 1 der Richtlinie, der die Urheberschaft an Filmwerken und audiovisuellen Werken betrifft.

2. Die Richtlinie 96/9/EG des Europäischen Parlaments und des Rates über den rechtlichen Schutz von Datenbanken

25 **a) Schutzdauer und Berechnung der Schutzfrist.** Die Datenbankrichtlinie unterscheidet hinsichtlich der Schutzdauer und der Berechnung der Schutzfrist zwischen Datenbanken, an denen ein Urheberrecht besteht und solchen, an denen ein Schutzrecht sui generis besteht.

Art. 3 der Datenbankrichtlinie bestimmt, ebenso wie Art. 6 der Schutzdauerrichtlinie für Lichtbildwerke, als einziges Kriterium für die Beurteilung der **urheberrechtlichen Schutzfähigkeit** das Vorliegen einer eigenen geistigen Schöpfung. Damit sollen auch für Datenbanken die Schutzvoraussetzungen unter Anlegung eines großzügigen Maßstabes vereinheitlicht werden. Anders als bei Lichtbildwerken hat der deutsche Gesetzgeber diese Richtlinienbestimmung in § 69a Abs. 3 ausdrücklich umgesetzt.

Datenbanken, die zwar keine eigene geistige Schöpfung darstellen, aber die Voraussetzungen des Art. 7 erfüllen, genießen gem. **Art. 10** ein **Schutzrecht sui generis** für die Dauer von 15 Jahren, und zwar entweder ab dem 1. Januar des auf den Tag des Abschlusses der Herstellung der Datenbank folgenden Jahres, oder, falls die Datenbank vor Ablauf dieses Zeitraumes der Öffentlichkeit zur Verfügung gestellt wurde, ab dem 1. Januar des Jahres, das der Veröffentlichung folgt.

26 **b) Zeitliche Anwendbarkeit der Datenbankrichtlinie.** Art. 16 Abs. 1 verpflichtete die Mitgliedsstaaten, die Datenbankrichtlinie bis zum 1.1.1998 umzusetzen; Art. 14 regelt die zeitliche Anwendbarkeit der Richtlinie.

Art. 14 Abs. 1 bestimmt, dass **vor dem Umsetzungszeitpunkt hergestellte Datenbankwerke** urheberrechtlichen Schutz nach dieser Richtlinie genießen, wenn sie im Umsetzungszeitpunkt die Schutzanforderungen der Richtlinie erfüllen, also wenn es sich um eigene geistige Schöpfungen handelt. Für das deutsche Urheberrecht bedeutet dies, dass vor dem 1.1.1998 geschaffene Datenbankwerke, die den von der früheren Rspr aufgestellten hohen Schutzanforderungen (s. dazu *BGH* GRUR 1985, 1041 – Inkasso-Programm und GRUR 1991, 449 – Betriebssystem) nicht genügten, seit dem Umsetzungszeitpunkt urheberrechtlich geschützt sind, wenn es sich nur um eigene geistige Schöpfungen handelt.

Die **Schutzdauer** bemisst sich nach den allg. Vorschriften der Schutzdauerrichtlinie (so Erwgr 25 der Datenbankrichtlinie), die gem. Art. 2 lit. c der Datenbankrichtlinie uneingeschränkt anwendbar bleiben. Anders als Art. 14 Abs. 3 bestimmt Abs. 1 nicht, innerhalb welchen Zeitraumes vor der Umsetzung der Richtlinie das Datenbankwerk geschaffen worden sein muss. Daher gelten auch insoweit die allg. Regeln der Schutzdauerrichtlinie, also Art. 10.

Art. 14 Abs. 2 enthält eine **Ausnahmevorschrift zu Abs. 1** und nimmt, ebenso wie Art. 10 Abs. 1 der Schutzdauerrichtlinie (s. dazu oben Rn 21), ein Harmonisierungsdefizit im Interesse des Schutzes wohlerworbener Rechte in Kauf. Denn danach verkürzt sich die laufende Schutzfrist für eine Datenbank, die zwar nicht nach der Datenbankrichtlinie, wohl aber nach dem Recht des Ursprungslandes urheberrechtlichen Schutz genießt, nicht. Die Vorschrift hat für Deutschland, wo die Schutzanforderungen nach altem Recht höher waren als nach der Datenbankrichtlinie, keine Bedeutung, sondern nur für solche Mitgliedsstaaten, die eine Datenbank auch dann urheberrechtlich schützten, wenn sie keine eigene geistige Schöpfung darstellen. Art. 14 Abs. 2 verhindert, dass sich deren Schutzdauer nach Maßgabe des Art. 10 der Datenbankrichtlinie auf 15 Jahre verkürzt. Die längere Schutzdauer bleibt jedoch nur im Ursprungsland, bspw Großbritannien, bestehen (*Schricker/Katzenberger* § 64 Rn 47).

Art. 14 Abs. 3 bestimmt, unter welchen Voraussetzungen im Umsetzungszeitpunkt bereits hergestellte **Datenbanken, die Art. 7 unterfallen**, von der Richtlinie geschützt werden. Diese müssen binnen 15 Jahren vor dem 1.1.1998, also nicht vor dem 1.1.1983, hergestellt worden sein.

Art. 14 Abs. 4 enthält eine Art. 10 Abs. 3 der Schutzdauerrichtlinie entspr. Regelung (s. dazu oben Rn 23) betr. vor dem Umsetzungszeitpunkt **abgeschlossene Nutzungshandlungen und erworbene Rechte**. Diese bleiben von dem Schutz gem. Abs. 1 und 3 unberührt. Die Regelung hat also, ebenso wie Abs. 2, den Sinn, bestehende Rechtspositionen zu schützen. Anders als Art. 10 Abs. 3 S. 2 der Schutzdauerrichtlinie bestimmt Art. 14 Abs. 4 nicht, dass die Mitgliedsstaaten die notwendigen Bestimmungen treffen, um insb. die erworbenen Rechte Dritter zu schützen.

Art. 14 Abs. 5 befasst sich mit der **Berechnung der Schutzdauer von Datenbanken iSv Art. 14 Abs. 3**. Er sieht vor, dass sie im Fall einer Datenbank, deren Herstellung während der letzten 15 Jahre vor dem Umsetzungszeitpunkt abgeschlossen wurde, 15 Jahre ab dem 1. Januar beträgt, der „diesem Zeitpunkt" folgt. Die Regelung ist mehrdeutig, da mit „diesem Zeitpunkt" der des Abschlusses der Herstellung gemeint sein kann, aber auch der Umsetzungszeitpunkt. Der deutsche Gesetzgeber hat sich für die zweite Variante entschieden, § 137g Abs. 2. Das bedeutet, dass sämtliche zwischen dem 1.1.1983 und dem 31.12.1997 fertig gestellten Datenbanken bis zum 31.12.2012 geschützt werden, also bis zu 30 Jahre nach ihrer Fertigstellung (zustimmend *Fromm/Nordemann* § 137g Rn 2; krit. *Flechsig* ZUM 1997, 577, 589; *Vogel* ZUM 1997, 592, 598, die auch hier den Zeitpunkt des Abschlusses der Herstellung als für den Fristbeginn maßgeblich erachten).

VII. Rechtsfolge: Gemeinfreiheit

27   Nach Ablauf der in § 64 vorgesehenen Schutzfrist erlischt das Urheberrecht. Das Werk wird **gemeinfrei**. Die Verwertungsrechte nach §§ 15 ff. enden ebenso wie Nutzungsrechte nach §§ 31 ff. und die Ansprüche aus Rechtsverletzungen gem. §§ 97 ff., es sei denn, sie haben Verletzungshandlungen vor Ablauf der Schutzfrist zum Gegenstand. Auch das Urheberpersönlichkeitsrecht besteht nicht fort (kein ewiges droit moral, s. dazu oben Rn 3). Das bedeutet, die Nachfahren des Urhebers können weder das Urheberbenennungsrecht (§ 13) noch das Beeinträchtigungsverbot (§ 14) durchsetzen. Das gemeinfreie Werk wird jedoch **nicht vogelfrei** (Begriff in diesem Zusammenhang von *Fromm/Nordemann* § 64 Rn 4). Einschränkungen ergeben sich insb. aus dem **Bürgerlichen Recht** (Eigentum) und dem **Wettbewerbsrecht**, jedoch ist die Einf. einer **Urhebernachfolgevergütung** („domaine public payant") abzulehnen.

1. Keine Urhebernachfolgevergütung („domaine public payant")

28   Nach Ablauf der Schutzdauer des Urheberrechts sind an die Nachkommen des Urhebers Nutzungsentgelte nicht mehr zu entrichten. Dies brachte erstmals in Frankreich zur Zeit der **Französischen Revolution** den Gedanken auf, die Nutzungsentgelte in einen Fonds fließen zu lassen, um lebende Urheber oder bedürftige Hinterbliebene zu unterstützen.

Auch der RegE zum UrhG aus dem Jahre 1962 (§§ 73-79) sah eine solche Kulturabgabe (auch **„Goethegroschen"** genannt) vor. Hiergegen wurden Bedenken unter anderem wegen der Gefahr geltend gemacht, dass die Verteilung der Einnahmen zu einem **Kulturdirigismus** führen könnte (*Ulmer* S. 352). Aber auch dogmatisch lässt sich die Verpflichtung zur Zahlung einer Urhebernachfolgevergütung nicht begründen. Das Band zwischen dem Urheber und seinem Werk, welches die persönlichkeitsrechtliche Komponente des Urheberrechts ausmacht, verflüchtigt sich irgendwann nach dem Tod des Urhebers. Damit erlischt das Urheberpersönlichkeitsrecht und mit ihm aufgrund der Einheitlichkeit des Urheberrechts auch die Verwertungsrechte. Daraus folgt, dass nach Ablauf dieser Zeit nichts mehr existiert, was Verpflichtungsgrund für eine Vergütung sein könnte (ähnlich *Rehbinder* § 41 II.).

Der Gesetzgeber hat den Vorschlag nach Einführung einer Urhebernachfolgevergütung nicht übernommen und entschied sich stattdessen auf Empfehlung des Rechtsausschusses dazu, die Schutzdauer von 50 auf 70 Jahre p.m.a. zu verlängern, was in der Sache keinen Ersatz für das aus sozialpolitischen Gründen geforderte „domaine public payant" ist (*Ulmer* S. 352). So wird denn auch die Forderung nach der Einführung eines „Goethegroschens" gelegentlich erneut erhoben (s. dazu *Zimmermann* ZUM 1996, 8629).

2. Schutz des Sacheigentums an der Verkörperung des Werkes

29   Das Werk ist zu unterscheiden von seiner Verkörperung, also dem Werkoriginal und den Vervielfältigungsstücken (s. § 44). An Letzteren besteht zeitlich unbegrenztes Sacheigentum gem. §§ 903 ff. BGB, welches von dem Erlöschen des Urheberrechts an dem Werk selbst unberührt bleibt. Die Gemeinfreiheit des Werkes, etwa eines Gemäldes, erlaubt es also nicht, ohne Zustimmung des Eigentümers Veränderungen an

diesem vorzunehmen. Dazu, inwieweit es umgekehrt dem Eigentümer selbst im Allgemeininteresse verwehrt ist, Veränderungen am Werkoriginal vorzunehmen, s. *Fromm/Nordemann* § 64 Rn 4.

Der Eigentümer muss es nicht hinnehmen, dass das gemeinfreie Werk in einer Weise genutzt wird, die zugleich eine Nutzung des Eigentums beinhaltet. An Letzterem fehlt es bspw, wenn ein aus dem Jahre 1740 stammendes Bauwerk von einer öffentlichen Straße aus fotografiert wird (*BGH* NJW 1989, 2251 – Friesenhaus). Ebenso wenig wird das Eigentumsrecht am Originalwerkstück verletzt, wenn eine Nachbildung geschaffen wird, ohne mit dem Werkstück in unmittelbaren Kontakt zu kommen. Denn das Eigentumsrecht schützt nur den körperlichen Gegenstand, in dem sich das Werk manifestiert (*BGHZ* 44, 288, 293 – Apfelmadonna).

3. Wettbewerbsrechtlicher Schutz

Wettbewerbsrechtlich bleibt das Werk im geschäftlichen Verkehr in zweierlei Weise **30** geschützt: Zum einen gem. § 1 UWG gegen unlautere Nachahmung, zum anderen durch das Irreführungsverbot des § 3 UWG.

a) Ergänzender Leistungsschutz, § 1 UWG. Der Tatbestand der Gemeinfreiheit führt nicht dazu, dass das Werk, etwa ein solches der angewandten Kunst, von Dritten beliebig geschäftlich verwertet werden darf. Zwar entspricht es allg. Ansicht, dass die Nachbildung von Gegenständen, an denen ein Sonderrechtsschutz nicht oder nicht mehr besteht, grds gestattet ist (*BGHZ* 44, 288, 295 – Apfelmadonna; *Kotthoff* in: HK-WettbR § 1 Rn 544). Das schließt es jedoch nicht aus, ein solches Leistungsergebnis dann gegen Nachahmung zu schützen, wenn bes. – außerhalb des kunstschutzrechtlichen Tatbestandes liegende – Umstände hinzutreten, welche die Nachahmung und die darin liegende Ausnutzung des fremden Leistungsergebnisses wettbewerbsrechtlich als unlauter erscheinen lassen (*BGHZ* 44, 288, 296 – Apfelmadonna; *BGHZ* 5, 1, 10 – Hummel I).

Voraussetzung dafür, dass ein gemeinfrei gewordenes Werk erg. wettbewerbsrechtlichen Leistungsschutz genießen kann, ist zunächst dessen **wettbewerbliche EigenArt.** Das heißt, das Leistungsergebnis muss Merkmale aufweisen, die geeignet sind, für die angesprochenen Verkehrskreise auf die betriebliche Herkunft und auf die Besonderheit des nachgeahmten Ergebnisses hinzuweisen (*BGH* NJW-RR 1996, 613 – Vakuumpumpen; NJW-RR 1986, 1041 – Beschlagprogramm; WRP 1976, 370, 372 – Ovalpuderdose). Da die urheberrechtliche Schutzfähigkeit eines Werkes gem. § 2 Abs. 2 das Vorliegen einer persönlichen geistigen Schöpfung voraussetzt, wird erg. wettbewerbsrechtlicher Leistungsschutz nur selten an der erforderlichen wettbewerblichen Eigenart des Leistungsergebnisses scheitern, denn die Merkmale, die die persönliche geistige Schöpfung zum Ausdruck bringen, werden regelmäßig geeignet sein, für den Verkehr auf die Besonderheit des Originals hinzuweisen.

Der Tatbestand des § 1 UWG ist erfüllt, wenn **bes. Umstände** vorliegen, die die Nachbildung oder die Nachahmung des gemeinfreien, wettbewerblich eigenartigen Werkes als unlauter qualifizieren. Die Frage, wann solche bes. Umstände vorliegen, kann letztlich nur anhand aller Umstände des Einzelfalles beantwortet werden. Häufig führt das Vorliegen einer vermeidbaren Herkunftstäuschung zur Unlauterkeit. Eine **vermeidbare Herkunftstäuschung** liegt nicht nur dann vor, wenn der Verkehr glaubt, die Nachahmung stamme aus demselben Betrieb wie das Original, sondern auch dann, wenn der Eindruck entsteht, die Nachahmung komme aus einem Betrieb, der mit dem Original-Hersteller eng zusammenarbeite und insb. gleichen Qualitätsanforderungen genüge (*BGH* NJW-RR 1988, 1122, 1124 – Vespa-Roller; *Kotthoff* in: HK-WettbR § 1 Rn 559).

Wie groß der Abstand ist, der zum Original eingehalten werden muss, ist eine Frage der **Interessenabwägung**. Hier ist insb. zu fragen, welche Abweichungen zumutbar sind. Während im technischen Bereich die Funktion eines Merkmals oftmals keine oder nur geringe Abweichungen zulässt, ist es bei den hier interessierenden ästhetisch wirkenden Erzeugnissen regelmäßig möglich, auf andere Gestaltungsformen auszuweichen (*Baumbach/Hefermehl* § 1 UWG Rn 469).

31 **b) Irreführungsverbot, § 3 UWG.** § 3 UWG verbietet es, im geschäftlichen Verkehr irreführende Angaben über geschäftliche Verhältnisse zu machen. Irreführend sind auf jeden Fall falsche Angaben. Wer sich also beispielsweise fälschlich der Urheberschaft eines gemeinfreien Werkes berühmt, handelt wettbewerbswidrig, wenn dies den Kaufentschluss von Kunden beeinflussen kann.

4. Schutz des Werktitels

32 Vom Werk selbst zu unterscheiden ist der Werktitel, der nicht nur urheberrechtlichen, sondern vor allem auch markenrechtlichen Schutz nach §§ 5, 15 MarkenG genießt. Der markenrechtliche Schutz ist zeitlich unbegrenzt möglich. Er erlischt nicht automatisch mit dem Urheberrecht. Aus der Gemeinfreiheit des Werkes folgt jedoch, zusammen mit dem Werk auch den Titel benutzen zu dürfen (*RGZ* 112, 2 – Brehms Tierleben; *Schricker/Katzenberger* § 64 Rn 74; *v. Gamm* § 64 Anm. 7. c).

§ 65 Miturheber, Filmwerke

(1) Steht das Urheberrecht mehreren Miturhebern (§ 8) zu, so erlischt es siebzig Jahre nach dem Tode des längstlebenden Miturhebers.

(2) Bei Filmwerken und Werken, die ähnlich wie Filmwerke hergestellt werden, erlischt das Urheberrecht siebzig Jahre nach dem Tod des Längstlebenden der folgenden Personen: Hauptregisseur, Urheber des Drehbuchs, Urheber der Dialoge, Komponist der für das betreffende Filmwerk komponierten Musik.

Literatur: *Dietz* Die Schutzdauerrichtlinie der EU, GRUR Int 1995, 670; *Henning-Bodewig* Urhebervertragsrecht auf dem Gebiet der Filmherstellung und -verwertung, FS Schricker, 1995, S. 389; *Poll* Urheberschaft und Verwertungsrechte am Filmwerk, ZUM 1999, 29; *Schricker* Musik und Wort, GRUR Int 2001, 1015.

I. Abs. 1 – Berechnung der Schutzfrist bei mehreren Miturhebern

1. Mehrere Miturheber iSv § 8

§ 65 Abs. 1 regelt die Schutzdauer von Werken, die mehrere als Miturheber iSv § 8 **1** geschaffen haben. Das bedeutet, mehrere müssen ein Werk dergestalt gemeinsam geschaffen haben, dass ihre Anteile sich nicht gesondert verwerten lassen (zu den Voraussetzungen der Miturheberschaft s. § 8 Rn 4 ff.).

Auf andere Werke, an denen mehrere Urheber mitgewirkt haben, ist § 65 Abs. 1 nicht anwendbar. Abzugrenzen ist das in Miturheberschaft entstandene Werk zunächst von **Sammelwerken** iSv § 4, welche aus mehreren unabhängigen Elementen bestehen. Urheberrechtlich geschützt ist hier die Auswahl und Anordnung der Elemente. Daneben sind die einzelnen Elemente möglicherweise urheberrechtsschutzfähig, aber jedes für sich. Miturheber sind also weder die Schöpfer der einzelnen Elemente untereinander noch gemeinsam mit dem Urheber der Sammlung. § 65 Abs. 1 findet auch keine Anwendung auf **verbundene Werke** iSv § 9. Auch hier handelt es sich um selbständige Werke, die nur zum Zwecke gemeinsamer Verwertung miteinander verbunden wurden, bspw Musik und Text einer Oper. Die Schutzdauer läuft für jedes Werk gesondert. Nichts anderes gilt für die **Bearbeitung** eines Werkes gem. § 3. Derjenige, der ein Werk bearbeitet, wird nicht zum Miturheber des Werkes. Vielmehr hat die Bearbeitung eine eigene Schutzdauer.

2. Fristbeginn nach dem Tode des längstlebenden Miturhebers

Die Schutzfrist von 70 Jahren p.m.a. beginnt nach dem Tode des längstlebenden Mit- **2** urhebers. Das setzt allerdings voraus, dass der Miturheber **bekannt** ist. Auf ein von mehreren gemeinsam geschaffenes Werk findet § 65 Abs. 1 auch dann Anwendung, wenn nicht alle Miturheber bekannt sind. Ein anonymes oder pseudonymes Werk, dessen Schutzfrist nach § 66 Abs. 1 berechnet wird, liegt im Falle der Miturheberschaft nur dann vor, wenn kein einziger der Miturheber bekannt ist. Als Längstlebender iSv § 65 Abs. 1 kann jedoch nur der längstlebende bekannte Urheber gelten (*Schricker/Katzenberger* § 65 Rn 14).

II. Abs. 2 – Berechnung der Schutzfrist bei Filmwerken

1. Allgemeines

§ 65 Abs. 2 wurde mit der Urheberrechtsnovelle von 1995, mit der die **Schutzdau- 3 errichtlinie 93/98/EWG** in nationales Recht umgesetzt wurde, in das Gesetz eingefügt. Denn Art. 2 Abs. 2 der Richtlinie legt fest, dass nur bestimmte, an der Herstel-

lung eines Film beteiligte Personen für den Beginn der 70-jährigen Schutzfrist maßgeblich sind. Die Vorschrift besagt nicht, dass nur diese Personen als Urheber eines
Films anzusehen sind. Insoweit enthält Art. 2 Abs. 1, wonach der Hauptregisseur als
Urheber gelten muss, lediglich eine Teilharmonisierung; den Mitgliedsstaaten steht
es iÜ frei, weitere Personen als Miturheber zu benennen. Mithin stellt sich § 65
Abs. 2 als **Einschränkung von Abs. 1** dar, da nicht alle Miturheber eines Films für
die Berechnung der Schutzdauer von Relevanz sind.

2. Filmwerke und Werke, die ähnlich wie Filmwerke hergestellt werden

4 Während in Art. 2 der Schutzdauerrichtlinie die Rede ist von „Filmwerken oder audiovisuellen Werken", entspricht die Formulierung in § 65 Abs. 2 „Filmwerke und
Werke, die ähnlich wie Filmwerke hergestellt werden" der in **§ 2 Abs. 1 Nr. 6.** Eine
Abgrenzung der Filmwerke von ähnlich hergestellten Werken ist nicht erforderlich,
da die Rechtsfolgen nicht divergieren. Auf eine bestimmte Art der Herstellung
kommt es für das Vorliegen eines Filmwerkes ohnehin nicht an. Ein Film ist jede auf
einem Filmträger festgehaltene Bildfolge oder Bild-Tonfolge, die den Eindruck eines
bewegten Bildes entstehen lässt (*Fromm/Nordemann/Hertin* Vor § 88 Rn 3; *Schri-
cker/Loewenheim* § 2 Rn 181). Die Erwähnung von Werken, die ähnlich wie Filmwerke hergestellt werden, bedeutet lediglich, dass **der Begriff des Filmwerkes weit
zu fassen** ist (s. dazu oben § 2 Rn 246 ff.; *Schricker/Loewenheim* § 2 Rn 182).

3. Fristbeginn nach dem Tode des Längstlebenden der in Abs. 2 aufgezählten Personen

5 Bedeutsam für die Schutzdauer eines Filmwerkes sind nach der abschließenden Aufzählung des § 65 Abs. 2 nur der Hauptregisseur, der Urheber des Drehbuches, der Urheber der Dialoge und der Komponist der für das betr. Filmwerk komponierten Musik. Diese Regelung nach dem Vorbild des zwingenden Art. 2 Abs. 2 der Schutzdauerrichtlinie **bezweckt allein die Harmonisierung der Schutzdauer** und besagt
nichts über das Vorliegen einer Miturheberschaft, die sich allein nach § 8 richtet und
nicht generalisierend, sondern nur für den Einzelfall beantwortet werden kann. Weder sind die vier in Abs. 2 genannten Personen unbedingt Miturheber eines Filmwerkes noch ist es ausgeschlossen, weitere Mitwirkende als Miturheber anzusehen.

Im deutschen Recht wird unterschieden zwischen dem **Filmwerk und den zu seiner
Herstellung benutzten Werken.** Das sind nicht nur vorbestehende Werke, wie zB
ein Roman, sondern auch solche Werke, die speziell für ein bestimmtes Filmwerk ge-
schaffen wurden, wie zB das Drehbuch und die Filmmusik (s. § 89 Abs. 3). Deren
Urheber sind nach **hM** nicht Miturheber des Films, da die von ihnen geschaffenen
Werke neben dem Filmwerk selbständig sind (*Rehbinder* § 22 Rn 177; *Schricker/
Katzenberger* Vor §§ 88 ff. Rn 60; **aA** *Henning-Bodewig* S. 406 ff., die eine Doppelzuordnung zu benutztem Werk und Filmwerk vornimmt). Das heißt, der **Urheber
des Drehbuchs und der Komponist der Filmmusik** sind für die Schutzdauer des
Filmwerkes mit maßgeblich, ohne Miturheber *dieses* Werkes zu sein. Die Regelung
des § 65 Abs. 2 ändert aber nichts daran, dass für das Drehbuch und die Filmmusik
eigenständige Schutzfristen laufen, die sich allein nach deren Urheber richten.

Andererseits können nach deutschem Recht auch der **Kameramann**, der **Schnitt-
meister** (Cutter) und der **Tonmeister** Miturheber sein (BT-Drucks. 13/781, 9). Den-

noch bleiben sie auf die Berechnung der Schutzfrist ohne Einfluss. Das gilt allerdings nur für Filmwerke, die nach dem 30.6.1995 geschaffen wurden, da mit der Schutzdauerrichtlinie laufende Schutzfristen nicht verkürzt werden sollten (Art. 10 Abs. 1 der Richtlinie; zum Übergangsrecht su Rn 6). Dennoch stellt sich die Frage, ob die Regelung wegen **Verstoßes gegen den Gleichheitsgrundsatz** (Art. 3 GG) verfassungsrechtlich bedenklich sein könnte (so *Möhring/Nicolini/Gass* § 65 Rn 2; *Schricker/ Katzenberger* § 65 Rn 7), oder ob nicht das Ziel des europäischen Gesetzgebers, die Schutzfristen zu harmonisieren, ein sachlicher Grund für die Ungleichbehandlung ist.

4. Übergangsrecht

§ 65 Abs. 2 gilt erst seit dem 1.7.1995. Zuvor galt die Regelung des Abs. 1 auch für   **6** Filmwerke. Da die **Schutzdauerrichtlinie nicht in wohlerworbene Rechte eingreifen** wollte, sieht Art. 10 Abs. 1 und in dessen Umsetzung § 137 Abs. 1 S. 1 vor, dass das alte Recht für solche Schutzfristen fortgilt, die durch die Anwendung des neuen Rechts verkürzt würden. Dies bedeutet, dass bei allen vor dem 1.7.1995 geschaffenen Filmen zu prüfen ist, wem im Einzelfall Miturheberschaft zukommt. Sind darunter Personen, die § 65 Abs. 2 nicht berücksichtigt, bestimmt sich die Schutzfrist für den betr. Film allein nach § 65 Abs. 1.

§ 66   Anonyme und pseudonyme Werke

(1) Bei anonymen und pseudonymen Werken erlischt das Urheberrecht siebzig Jahre nach der Veröffentlichung. Es erlischt jedoch bereits siebzig Jahre nach der Schaffung des Werkes, wenn das Werk innerhalb dieser Frist nicht veröffentlicht worden ist.

(2) Offenbart der Urheber seine Identität innerhalb der in Absatz 1 Satz 1 bezeichneten Frist oder läßt das vom Urheber angenommene Pseudonym keinen Zweifel an seiner Identität zu, so berechnet sich die Dauer des Urheberrechts nach den §§ 64 und 65. Dasselbe gilt, wenn innerhalb der in Absatz 1 Satz 1 bezeichneten Frist der wahre Name des Urhebers zur Eintragung in das Register anonymer und pseudonymer Werke (§ 138) angemeldet wird.

(3) Zu den Handlungen nach Absatz 2 sind der Urheber, nach seinem Tode sein Rechtsnachfolger (§ 30) oder der Testamentsvollstrecker (§ 28 Abs. 2) berechtigt.

Literatur: *Vogel* Die Umsetzung der Richtlinie zur Harmonisierung der Schutzdauer des Urheberrechts und bestimmter verwandter Schutzrechte, ZUM 1995, 451.

Übersicht

I. Allgemeines

1. Grund für die Regelung

1 Die allg. Schutzdauerbestimmung des § 64 knüpft an den Tod des Urhebers an und setzt damit voraus, dass die Identität des Urhebers bekannt ist. Dieser Umstand ist jedoch nicht Voraussetzung für den urheberrechtlichen Schutz selbst. Anders als gewerbliche Schutzrechte, deren Schutzfähigkeit idR eine Registrierung (etwa das Patentrecht oder der Schutz der eingetragenen Marke), zumindest aber die Zuordnung zu einem bestimmten Unternehmen voraussetzen (Schutz der durchgesetzten Marke, § 4 Nr. 2 MarkenG, oder der geschäftlichen Bezeichnung, § 5 MarkenG), entsteht das Urheberrecht mit der Schaffung des Werkes, ohne dass weitere Voraussetzungen erfüllt sein müssten. Somit werden auch Werke geschützt, ohne dass der Inhaber der Rechte bekannt wäre. Für die Bestimmung der Schutzdauer zieht dies die Notwendigkeit einer Sonderregelung nach sich. Da nicht auf den Tod des Urhebers abgestellt werden kann, knüpft § 66 an die Veröffentlichung an. Wird das Werk jedoch nicht binnen 70 Jahren nach seiner Schaffung veröffentlicht, beginnt die 70-jährige Schutzfrist bereits mit der Schaffung des Werkes.

2. Änderung des § 66 durch die Urheberrechsreform 1995, Übergangsrecht

2 § 66 wurde inhaltlich zuletzt mit der Urheberrechtsreform von 1995 geändert, da § 66 aF nicht der Schutzdauerrichlinie 93/98/EWG entsprach. Dies betrifft im Wesentlichen drei Punkte.

a) Kein ewiges Urheberrecht für unveröffentlichte anonyme oder pseudonyme Werke mehr. § 66 aF knüpfte den Beginn der Schutzfrist allein an die Veröffentlichung des Werkes. Dies hatte nach altem Recht zur Folge, dass ein anonymes oder pseudonymes Werk, welches nicht veröffentlicht wurde, ewigen Urheberrechtsschutz genoss, was Art. 1 Abs. 6 der Schutzdauerrichtlinie widersprach. § 66 Abs. 1 S. 2 sieht daher vor, dass das Urheberrecht bereits 70 Jahre nach der Schaffung des Werkes erlischt, wenn das Werk innerhalb dieser Frist nicht veröffentlicht worden ist.

Dies kann zu einer erheblichen Verkürzung der Schutzfrist gegenüber der Regelschutzdauer führen, wenn der Urheber das Werk in jungen Jahren geschaffen hat. Eine **übergangsrechtliche Problematik** resultiert hieraus jedoch nicht. Ein anony-

mes oder pseudonymes Werk, das am 1.7.1995, dem In-Kraft-Treten des neu gefassten § 66, oder später veröffentlicht wurde und mehr als 70 Jahre zuvor geschaffen
wurde, genießt keinen urheberrechtlichen Schutz mehr. § 66 Abs. 1 aF ist nicht anwendbar.

Zwar bestimmt § 137f Abs. 1 S. 1, dass dann, wenn durch die Anwendung des UrhG
in der ab dem 1.7.1995 geltenden Fassung die Dauer eines vorher entstandenen
Rechts verkürzt würde, der Schutz erst mit dem Ablauf der Schutzdauer nach altem
Recht erlischt. Das Urheberrecht entsteht mit der Schaffung des Werkes. Dies spricht
dafür, es bei allen vor dem 1.7.1995 geschaffenen anonymen oder pseudonymen
Werken dabei zu belassen, dass deren 70-jährige Schutzfrist erst ab einer wann auch
immer erfolgenden Veröffentlichung des Werkes zu laufen beginnt. Denn das Urheberrecht entsteht mit der Schaffung des Werkes. Mit § 137f wurde jedoch nicht mehr
als die Umsetzung von Art. 10 Abs. 1 der Schutzdauerrichtlinie bezweckt (*Fromm/
Nordemann* § 137f Rn 1; *Schricker/Katzenberger* § 137f Rn 2). Dort heißt es, dass
bereits laufende Schutzfristen durch die Schutzdauerrichtlinie **nicht verkürzt
werden** sollen. Zu laufen beginnt die 70-jährige Schutzfrist des § 66 Abs. 1 jedoch
erst ab Veröffentlichung des Werkes. Das bedeutet, für ein nach dem 30.6.1995 erstmals veröffentlichtes anonymes oder pseudonymes Werk lief noch keine Schutzfrist
nach altem Recht, die durch § 66 Abs. 1 S. 2 verkürzt werden könnte. Mithin ist für
eine Anwendung von § 66 Abs. 1 aF kein Raum.

b) Keine Sonderregelung mehr für nachgelassene Werke. § 66 aF galt nicht, **3**
wenn das Werk erst nach dem Tode des Urhebers veröffentlicht wurde. Auf diese
nachgelassenen Werke blieben §§ 64, 65 anwendbar (§ 66 Abs. 2 Nr. 3 aF). Mit dieser Regelung sollte verhindert werden, dass die Schutzdauer eines anonymen oder
pseudonymen Werkes die Regelschutzdauer übersteigt. § 64 aF enthielt in Abs. 2 eine Einschränkung dieses Gedankens, indem er für nachgelassene Werke, die nach
Ablauf von 60, aber vor Ablauf von 70 Jahren nach dem Tode des Urhebers veröffentlicht wurden, bestimmte, dass das Urheberrecht erst 10 Jahre nach der Veröffentlichung erlischt. Diese Regelung konnte zu einer maximalen Schutzdauer von 80
Jahren p.m.a. führen und widersprach damit Art. 1 Abs. 1 der Schutzdauerrichtlinie.

Zu der sich daraus ergebenden Übergangsproblematik s. § 64 Rn 17.

c) Werke der bildenden Künste. Gem. § 66 Abs. 4 aF galten die Sonderregelungen **4**
für anonyme oder pseudonyme Werke, nicht für solche der bildenden Künste. Für sie
blieb es bei der **Regelschutzdauer** der §§ 64, 65. Diese Sonderstellung haben die
Werke der bildenden Künste mit Einf. des neugefassten § 66 verloren. **Übergangs-
rechtlich** folgt hieraus, dass § 66 auf Werke der bildenden Kunst, deren Urheber vor
dem 1.7.1995 verstarb und damit die 70-jährige Schutzfrist p.m.a. auslöste, nur dann
angewendet werden kann, wenn dies ausnahmsweise nicht zu einer Verkürzung der
Schutzfrist führt, § 137f Abs. 1 S. 1. Das ist der Fall, wenn der Urheber binnen 70
Jahren nach Schaffung des Werkes starb und das **Werk erst nach seinem Tode**, aber
innerhalb der Frist des § 66 Abs. 1 S. 2 **veröffentlicht wurde**. Denn dann beginnt die
70-jährige Frist gem. § 66 Abs. 1 S. 1 erst mit der Veröffentlichung.

II. § 66 Abs. 1 – Schutzdauer anonymer und pseudonymer Werke

1. Anonyme und pseudonyme Werke

5 **a)** Ein Werk ist **anonym**, wenn die Identität des Urhebers nicht bekannt ist. Dies folgt im Umkehrschluss aus § 66 Abs. 2 S. 1 Var. 1. § 66 Abs. 1 aF konkretisierte, was unter der Anonymität eines Werkes zu verstehen war, nämlich die Bezeichnung des Urhebers weder nach § 10, also auf den Vervielfältigungsstücken des erschienenen Werkes oder auf dem Original, noch bei einer öffentlichen Wiedergabe des Werkes. Die neue Fassung des § 66 Abs. 1 enthält diese Konkretisierung nicht mehr, woraus folgt, dass die Anonymität auch aufgrund anderer Umstände entfallen kann. Die uU erhebliche Verkürzung der Schutzdauer des Urheberrechts an einem anonymen Werk spricht dafür, an die Anonymität nicht zu geringe Anforderungen zu stellen. Demjenigen, der sich auf die verkürzte Schutzdauer berufen will, ist ein gewisser Ermittlungsaufwand zuzumuten (*Schricker/Katzenberger* § 66 Rn 10).

6 **b)** Um ein **pseudonymes Werk** handelt es sich, wenn der Urheber das Werk unter einem Decknamen (vgl § 10 Abs. 1 letzter HS) geschaffen hat. § 66 Abs. 1 unterscheidet begrifflich nicht zwischen Pseudonymen, die die Identität des Urhebers verschleiern, und solchen, die auf einen bestimmten Urheber hinweisen. Erst Abs. 2 bestimmt, dass für pseudonyme Werke, bei denen kein Zweifel an der Identität des Urhebers besteht, die §§ 64 und 65 Anwendung finden.

2. Fristberechnung bei veröffentlichten Werken

7 Gem. § 66 Abs. 1 S. 1 erlischt das Urheberrecht an einem anonymen oder pseudonymen Werk, welches veröffentlicht wurde, 70 Jahre nach der Veröffentlichung. Ein Werk ist veröffentlicht, wenn es mit Zustimmung des Berechtigten der Öffentlichkeit zugänglich gemacht worden ist, § 6 Abs. 1. Zur Auslegung des Begriffs Öffentlichkeit so § 6 Rn 6.

Mit der Zugänglichmachung beginnt die 70-jährige Schutzfrist zu laufen. Die Berechnung erfolgt nach § 69.

3. Fristberechnung bei nicht veröffentlichten Werken

8 Bei anonymen oder pseudonymen Werken, die nicht innerhalb von 70 Jahren nach ihrer Schaffung veröffentlicht werden, erlischt der Schutz. Die 70-jährige Schutzdauer beginnt in diesen Fällen gem. § 66 Abs. 1 S. 2 bereits mit der Schaffung des Werkes. Diese Regelung wurde in Umsetzung von Art. 1 Abs. 6 der Schutzdauerrichtlinie (s. § 64 Rn 17) in das deutsche Recht eingeführt. Sie verhindert den ewigen Schutz unveröffentlicht gebliebener anonymer oder pseudonymer Werke, der nach § 66 Abs. 1 aF möglich war (so Rn 2). Nunmehr ist für anonyme und pseudonyme Werke eine maximale Schutzdauer von 140 Jahren ab Schaffung des Werkes möglich, die erreicht wird, wenn ein Werk im 70. Jahr nach der Schaffung veröffentlicht wird mit der Folge, dass gem. Abs. 1 S. 1 eine weitere 70-jährige Schutzfrist zu laufen beginnt.

III. § 66 Abs. 2 – Bekanntwerden der Identität des Urhebers

§ 66 Abs. 2 enthält zum Ausnahmetatbestand des Abs. 1 drei Rückausnahmen, die **9** zur Anwendung der **Regelschutzdauer** der §§ 64, 65 führen.

1. Offenbarung der Identität durch den Urheber selbst

a) Alleinurheberschaft. § 66 Abs. 2 S. 1 Var. 1 bestimmt die Anwendung der Regelschutzdauer, wenn der Urheber seine Identität innerhalb von 70 Jahren nach der Veröffentlichung des Werkes offenbArt. Diese Rückausnahme entspricht wörtlich Art. 1 Abs. 3 S. 2 Var. 2 der Schutzdauerrichtlinie. Der Urheber selbst muss sich zu erkennen geben (BT-Drucks. 13/781, 14).

Ebenso wenig wie § 66 Abs. 1 konkretisiert, was unter der Anonymität eines Werkes zu verstehen ist, bestimmt § 66 Abs. 2, in welcher Weise, vor allem wem gegenüber, der Urheber sich identifizieren muss. Da das Gesetz insoweit keine Anforderungen stellt, ist davon auszugehen, dass **jede Maßnahme des Urhebers, die zur Feststellung seiner Identität führt, genügt**. Es kann insb. nicht verlangt werden, dass der Urheber seinen Namen nachträglich auf dem Werkstück oder einem Vervielfältigungsstück anbringt iSv § 10. Die Mitteilung an Dritte genügt (*Fromm/Nordemann* § 66 Rn 4). Auf deren Anzahl oder die Person des Dritten kommt es nicht an. Für diese weite Auslegung der Offenbarung spricht auch der Umstand, dass Abs. 2 zur Anwendung der Regelschutzdauer führt.

Von der materiellen Frage, unter welchen Voraussetzungen der Urheber seine Identität offenbart hat, ist die prozessuale Frage zu trennen, welche Anforderungen an die **Darlegungslast desjenigen** zu stellen sind, **der sich auf die kürzere Schutzdauer des § 66 Abs. 1 beruft**. Hier kann man nicht verlangen, dass die negative Tatsache der fehlenden Offenbarung bis zum Ausschluss jeglicher Möglichkeit, dass eine Offenbarung in irgendeiner Form erfolgt ist, dargelegt wird. Ein gewisser Ermittlungsaufwand ist demjenigen, der sich auf die kürzere Schutzdauer beruft, aber zuzumuten.

b) Miturheberschaft. Im Falle der Miturheberschaft ist jeder Miturheber berechtigt, **10** sich als solcher zu offenbaren. Ist nur ein Miturheber bekannt, gibt es für die Anwendung des § 66 Abs. 1 keinen Anlass mehr. Es gilt für das Werk die Regelschutzdauer des § 65 UrhG, beginnend mit dem Tode des Längstlebenden der bekannten Miturheber (so § 65 Rn 5).

2. Pseudonym des Urhebers lässt keinen Zweifel an seiner Identität zu

§ 66 Abs. 2 S. 1 Var. 2 sieht die Anwendung der Regelschutzdauer vor, wenn das **11** vom Urheber angenommene Pseudonym keinen Zweifel an seiner Identität zulässt. Auch diese Rückausnahme von Abs. 1 entspricht wörtlich der Schutzdauerrichtlinie, nämlich Art. 1 Abs. 3 S. 2 Var. 1. Für den **Zeitraum**, innerhalb dessen etwa bestehende Zweifel über die Identität des Urhebers aufgehoben werden müssen, gilt ebenfalls § 66 Abs. 1 S. 1 (*Schricker/Katzenberger* § 66 Rn 21, 20).

3. Der wahre Name des Urhebers wird zur Eintragung in das Register anonymer und pseudonymer Werke angemeldet

12 § 66 Abs. 2 S. 2 führt schließlich zur Anwendung der Regelschutzdauer, wenn innerhalb von 70 Jahren nach der Veröffentlichung des Werkes der wahre Name des Urhebers zur Eintragung in das Register anonymer und pseudonymer Werke angemeldet wird. Diese Regelung entspricht dem ausdrücklichen Wortlaut der Schutzdauerrichtlinie, unterfällt inhaltlich aber Art. 1 Abs. 3 S. 2 Var. 2 bzw § 66 Abs. 2 S. 1 Var. 1 (Offenbarung des Urhebers). Das Register anonymer und pseudonymer Werke wurde eigens für Eintragungen nach Abs. 2 S. 2 beim DPMA in München eingerichtet und ist in § 138 geregelt.

Angemeldet werden muss der wahre, dh der **bürgerliche Name** des Urhebers. Die Anmeldung unter einem Pseudonym genügt für die Anwendung des S. 2 auch dann nicht, wenn dieses keinen Zweifel an der Identität des Urhebers lässt *(Schricker/Katzenberger* § 66 Rn 22, 47). Jedoch hat der Urheber, der sein Werk unter seinem allseits bekannten Pseudonym zum Register anonymer und pseudonymer Werke anmeldet, sich ausreichend offenbart iSv S. 1 Var. 1 (dazu, dass an die Offenbarung keine strengen Anforderungen zu stellen sind, so Rn 9).

Maßgebend für das Ingangsetzen der Regelschutzdauer ist, dass innerhalb der Frist des Abs. 1 S. 1 die **Anmeldung** erfolgt; die Eintragung nach Fristablauf ist unschädlich.

Für die **Miturheberschaft** gilt das oben (Rn 10) zu § 66 Abs. 2 S. 1 Var. 1 Ausgeführte entspr.

IV. § 66 Abs. 3 – Befugnis zur Offenbarung der Identität

1. Zu Lebzeiten des Urhebers

13 Gem. § 66 Abs. 3 ist zu seinen Lebzeiten allein der Urheber berechtigt, Handlungen nach Abs. 2 vorzunehmen. Dh, nur er darf seine Identität offenbaren und sein Werk zur Eintragung in das Register anonymer und pseudonymer Werke anmelden (**aA** *Möhring/Nicolini/Gass* § 66 Rn 15, der Abs. 3 nur in Bezug setzt zu Abs. 2 S. 2). Erfolgt dies nur durch Dritte, gilt das Werk weiterhin als anonym iSv § 66 Abs. 1, und zwar auch dann, wenn die Anmeldung durch einen Nichtberechtigten zur Eintragung in das Register anonymer und pseudonymer Werke geführt hat *(Schricker/Katzenberger* § 66 Rn 50; **aA** *Möhring/Nicolini/Gass* § 66 Rn 15).

Abs. 3 gilt hingegen nicht für Abs. 2 S. 1 Var. 2 (Verwendung eines bekannten Pseudonyms), weil der Gesetzestext insoweit keine Handlung umschreibt. Er beschreibt nur einen Zustand, in welchem die Verwendung eines Pseudonyms zu §§ 64, 65 führt. Das bedeutet, in diesem Fall kommt es nicht darauf an, ob der Urheber oder Dritte etwa bestehende Zweifel über die Identität des Urhebers ausräumen.

2. Nach dem Tode des Urhebers

14 Ist der Urheber verstorben, geht die Befugnis zur Offenbarung der Identität auf seinen Rechtsnachfolger oder den Testamentsvollstrecker über. **Rechtsnachfolger** des Urhebers ist derjenige, auf den das Urheberrecht als Ganzes übergeht, also der Erbe bzw die Erbengemeinschaft (§ 28 Abs. 1) oder der Vermächtnisnehmer (§ 29 S. 1).

Rechtsnachfolger ist nicht, wem lediglich Nutzungsrechte an dem Werk eingeräumt wurden. Diese Personen sind zur Offenbarung der Identität des Urhebers nicht befugt, weil dieses Recht der persönlichkeitsrechtlichen Komponente des Urheberrechts entspringt, der von der Übertragung vermögensrechtlicher Befugnisse unberührt bleibt. Gem. § 28 Abs. 2 kann der Urheber die Ausübung des Urheberrechts auch einem **Testamentsvollstrecker** (§§ 2197 ff. BGB) übertragen.

§ 67   Lieferungswerke

Bei Werken, die in inhaltlich nicht abgeschlossenen Teilen (Lieferungen) veröffentlicht werden, berechnet sich im Falle des § 66 Abs. 1 Satz 1 die Schutzfrist einer jeden Lieferung gesondert ab dem Zeitpunkt ihrer Veröffentlichung.

Literatur: *Vogel* Die Umsetzung der Richtlinie zur Harmonisierung der Schutzdauer des Urheberrechts und bestimmter verwandter Schutzrechte, ZUM 1995, 451.

Übersicht

I. Allgemeines

Die Besonderheit der Lieferungswerke, in mehreren Etappen zu erscheinen, wirft keine Besonderheiten in den Fällen auf, in denen die Schutzdauer gem. §§ 64, 65 p.m.a. berechnet wird. Ist jedoch der Zeitpunkt der Veröffentlichung maßgebend, weil die Voraussetzungen des § 66 Abs. 1 S. 1 vorliegen, stellt sich die Frage, auf welchen Veröffentlichungszeitpunkt abzustellen ist. Denkbar ist, dass die Frist für jedes Werk gesondert läuft oder erst mit Veröffentlichung der letzten Lieferung beginnt. Während § 67 aF sich für die zweite Möglichkeit entschied, gilt nunmehr die Berechnung nach der ersten Variante.   **1**

§ 67 wurde mit der Urheberrechtsreform 1995 geändert, mit der die Schutzdauerrichtlinie 93/98/EWG in nationales Recht umgesetzt wurde. Er entspricht Art. 1 Abs. 5 der Richtlinie. Die Neuregelung bringt eine Verkürzung des Urheberrechts in all den Fällen mit sich, in denen ein Lieferungswerk nicht innerhalb eines Kalenderjahres erscheint. Für solche Lieferungswerke, die zur Zeit des In-Kraft-Tretens des neu gefassten § 67 bereits komplett veröffentlicht waren, mit der Folge, dass eine Schutzfrist nach § 67 aF zu laufen begonnen hatte, bleibt es für alle Lieferungen bei dieser einheitlichen Schutzfrist. Denn § 137f Abs. 1 S. 1 bestimmt in Umsetzung von Art. 10 Abs. 1 der Schutzdauerrichtlinie, dass laufende Schutzfristen durch die Richtlinie nicht verkürzt werden.

II. Werke, die in inhaltlich nicht abgeschlossenen Teilen (Lieferungen) veröffentlicht werden

2 § 67 ist anwendbar auf Werke, die in **inhaltlich nicht abgeschlossenen Teilen** veröffentlicht werden. Für die Frage, wann ein inhaltlich nicht abgeschlossener Werkteil vorliegt, ist nicht die **Vorstellung** des Urhebers maßgebend, sondern die Sichtweise **eines objektiven Betrachters** (*Möhring/Nicolini/Gass* § 67 Rn 5). Der muss den Eindruck haben, dass es sich um den unselbständigen Teil eines Ganzen handelt (*Möhring/Nicolini/Gass* § 67 Rn 5: „Fortsetzung des Werkes als notwendig empfinden"). Das ist bspw der Fall bei einem Aufsatz in einer Zeitschrift, der über mehrere Ausgaben verteilt erscheint, oder bei einem Roman, der in einer Tageszeitung in Fortsetzungen abgedruckt wird (*Ulmer* § 78 I 2, 345).

Inhaltlich abgeschlossen ist hingegen ein Werkteil, der auch gesondert verwertbar ist, weil er einen inhaltlich abgeschlossenen, aus sich heraus verständlichen Teil einer Thematik enthält, die Gegenstand des Gesamtwerkes ist. Das gilt etwa für ein mehrbändiges Geschichtswerk, bei dem jeder Band eine bestimmte Epoche abhandelt (*Ulmer* § 78 I 2).

Die Grenze zwischen selbständigen und unselbständigen Werkteilen ist nicht immer eindeutig. So kann es sich bei einem Großkommentar zum BGB, der in mehreren Bänden erscheint, um inhaltlich nicht abgeschlossene Werkteile handeln, wenn die einzelnen Bände Gesetzesabschnitte zum Gegenstand haben, die für sich genommen keinen eigenständigen Regelungskomplex umfassen, oder auch um selbständige Werkteile, wenn bspw in jedem Band ein Buch des BGB abgehandelt wird.

Darüber, unter welchen Voraussetzungen im Einzelnen ein selbständiger Teilkomplex einer Thematik behandelt wird, kann man trefflich streiten. Nach § 67 nF ist eine **Abgrenzung** nicht mehr erforderlich. Denn für selbständige Werkteile gilt erst recht, dass ihre Veröffentlichung unter den Voraussetzungen des § 66 Abs. 1 S. 1 eine eigene Schutzfrist in Gang setzt. Relevant bleibt die Abgrenzung hingegen für die Lieferungswerke, für deren Schutzdauer gem. § 67 aF der Zeitpunkt der Veröffentlichung der letzten Lieferung maßgebend ist. Denn diese Regelung galt nach altem Recht nur für Werke, die aus inhaltlich nicht abgeschlossenen Teilen bestehen, während für selbständige Werkteile auch nach früherem Recht eine eigene Schutzdauer galt.

III. Schutzfristberechnung

3 § 67 bestimmt, dass für jede Lieferung eine eigene Schutzfrist zu berechnen ist. Die Schutzdauer ergibt sich aus § 66 Abs. 1 S. 1; sie beträgt 70 Jahre. Wann der den Lauf der Frist in Gang setzende Tatbestand der Veröffentlichung vorliegt, bestimmt sich nach § 6 Abs. 1.

§ 68

(aufgehoben)

§ 69 Berechnung der Fristen

Die Fristen dieses Abschnitts beginnen mit dem Ablauf des Kalenderjahres, in dem das für den Beginn der Frist maßgebende Ereignis eingetreten ist.

I. Anwendungsbereich

§ 69 gilt zunächst für alle Fristen „dieses Abschnitts", also für die Berechnung der **1** Fristen nach §§ 64-67. Die Vorschrift ist aber auch auf die Berechnung der Schutzfrist der meisten der im zweiten Teil des UrhG normierten Leistungsschutzrechte anwendbar, denn dort wird auf § 69 verwiesen (§§ 70 Abs. 3, 72 Abs. 3, 82, 83 Abs. 3, 85 Abs. 2).

II. Das für den Beginn der Frist maßgebende Ereignis

Die Berechnung der Schutzfristen für urheberrechtlich geschützte Werke und für die **2** verwandten Schutzrechte knüpft an ein bestimmtes Ereignis an, sei es an den Tod des Urhebers (§§ 64, 65) oder die Veröffentlichung oder Schaffung des Werkes (§§ 66, 67).

III. Fristbeginn mit Ablauf des Kalenderjahres

Die Frist beginnt mit dem Ablauf des Kalenderjahres, in dem das für den Beginn der **3** Frist maßgebende Ereignis (so Rn 2) eingetreten ist. Das bedeutet, die 70-jährige Schutzdauer p.m.a. (§ 64) eines am 1.1.2000 verstorbenen Urhebers beginnt mit Ablauf des 31.12.2000, also am 1.1.2001. Sie endet am 31.12.2070. § 69 regelt damit nichts anderes als Art. 8 der Schutzdauerrichtlinie 93/98/EWG, wonach die Fristen vom 1.1. des Jahres an berechnet werden, das auf das für den Beginn der Frist maßgebliche Ereignis folgt.

Abschnitt 8
Besondere Bestimmungen für Computerprogramme

§ 69a Gegenstand des Schutzes

(1) Computerprogramme im Sinne dieses Gesetzes sind Programme in jeder Gestalt, einschließlich des Entwurfsmaterials.

(2) Der gewährte Schutz gilt für alle Ausdrucksformen eines Computerprogramms. Ideen und Grundsätze, die einem Element eines Computerprogramms zugrunde liegen, einschließlich der den Schnittstellen zugrundeliegenden Ideen und Grundsätze, sind nicht geschützt.

(3) Computerprogramme werden geschützt, wenn sie individuelle Werke in dem Sinne darstellen, daß sie das Ergebnis der eigenen geistigen Schöpfung ih-

res Urhebers sind. **Zur Bestimmung ihrer Schutzfähigkeit sind keine anderen Kriterien, insbesondere nicht qualitative oder ästhetische, anzuwenden.**

(4) Auf Computerprogramme finden die für Sprachwerke geltenden Bestimmungen Anwendung, soweit in diesem Abschnitt nichts anderes bestimmt ist.

(5) Die Vorschriften der §§ 95a bis 95d finden auf Computerprogramme keine Anwendung.

Literatur: *Alpert* Kommerzielle Online-Nutzung von Computerprogrammen, CR 2000, 345; *Broy/Lehmann* Die Schutzfähigkeit von Computerprogrammen nach dem neuen europäischen und deutschen Urheberrecht, GRUR 1992, 419; *Dreier* Verletzung urheberrechtlich geschützter Software nach der Umsetzung der EG-Richtlinie, GRUR 1993, 781; *Ensthaler* Urheberrechtsschutz von Computerprogrammen – Zur Kritik an der Rechtsprechung des BGH, GRUR 1991, 881; *Ensthaler/Möllenkamp* Reichweite des urheberrechtlichen Softwareschutzes nach der Umsetzung der EG-Richtlinie zum Rechtsschutz der Computerprogramme, GRUR 1994, 151; *Erdmann/Bornkamm* Schutz von Computerprogrammen – Rechtslage nach der EG-Richtlinie, GRUR 1991, 877; *Haberstumpf* Grundsätzliches zum Urheberrechtsschutz von Computerprogrammen nach dem Urteil des Bundesgerichtshof vom 9. Mai 1985, GRUR 1986, 222; *Horns* Anmerkungen zu begrifflichen Fragen des Softwareschutzes, GRUR 2001, 1; *Jaeger/ Koglin* Der rechtliche Schutz von Fonts, CR 2002, 169; *Junker* Die Entwicklung des Computerrechts im Jahre 1999, NJW 2000, 1304; *Karger* Rechtseinräumung bei Software-Erstellung, CR 2001, 357; *Koch* Grundlagen des Urheberrechtsschutzes im Internet und in Online-Diensten, GRUR 1997, 417; *Lehmann* Der neue europäische Rechtsschutz von Computerprogrammen, NJW 1991, 2112; *Lesshaft/Ulmer* Urheberrechtliche Schutzwürdigkeit und tatsächliche Schutzfähigkeit von Software, CR 1993, 607; *dies.* Urheberrechtsschutz von Computerprogrammen nach der Europäischen Richtlinie, CR 1991, 519; *Marly* Softwareüberlassungsverträge, 3. Aufl. 2000; *Michalski* Der Urheberrechtsschutz von Software, DZWIR 1995, 265; *Poll/ Brauneck* Rechtliche Aspekte des Gaming-Markts, GRUR 2001, 389; *Schack* Urheberrechtliche Gestaltung von Webseiten unter Einsatz von Links und Frames, MMR 2001, 9; *Schulze, G.* Urheberrechtsschutz von Computerprogrammen – Geklärte Rechtsfragen oder bloße Illusion?, GRUR 1985, 997; *Ulbricht* Unterhaltungssoftware: Urheberrechtliche Bindungen bei Projekt- und Publishing-Verträgen, CR 2002, 317; *Wuermeling* Neue U.S.-Entscheidungen zum Softwareschutz – Vorbild für Deutschland?, CR 1993, 665; *Zahrnt* Computervertragsrecht, Loseblatt, Stand: Juli 1998.

I. Allgemeines

1. Historische Entwicklung

Die §§ 69a ff. wurden in Umsetzung der **Richtlinie des Rates v. 14.5.1991 über den** **1**
Rechtsschutz von Computerprogrammen (RL 91/250/EWG, ABlEG Nr. L 122 v.
17.5.1991, abgedr. in GRUR Int 1991, 545 ff.) durch Gesetz v. 9.6.1993 (BGBl I,
910, 911) eingeführt und sind am 24.6.1993 in Kraft getreten. Bereits im Jahr 1985
erkannte der deutsche Gesetzgeber an, dass Computerprogramme grds urheberrechtlich schutzfähig seien. Seit der Urheberrechtsnovelle v. 24.6.1985 (BGBl I, 1137)
werden „Programme für die Datenverarbeitung" als ein Beispiel für Sprachwerke in
§ 2 Abs. 1 Nr. 1 ausdrücklich genannt. Etwa zeitgleich stellte der BGH durch Urt. v.
9.5.1985 erstmals höchstrichterlich fest, dass Computerprogramme grds einem Urheberrechtsschutz als Schriftwerke nach § 2 Abs. 1 Nr. 1 oder als Darstellung wissenschaftlicher und technischer Art nach § 2 Abs. 1 Nr. 7 zugänglich seien (*BGH* GRUR
1985, 1041 – Inkasso-Programm). Bereits zuvor war ein solcher Schutz im Schrifttum gefordert und von den Instanzgerichten auch gewährt worden (s. die Nachweise
bei *Schulze* GRUR 1985, 997, dort Fn 1 und 2). Der BGH führte in seiner Entsch. „Inkasso-Programm" aus, dass Computerprogramme die allg. Schutzvoraussetzungen
erfüllen müssten, also gem. § 2 Abs. 2 persönliche geistige Schöpfungen zu sein hätten. Ob dies so sei, müsse nach dem geistig-schöpferischen Gesamteindruck der konkreten Gestaltung in ihrem Gesamtvergleich mit vorbestehenden Gestaltungen beurteilt werden. Nicht schutzfähig sei damit die mechanisch-technische Fortführung und
Entwicklung des Vorbekannten, wie sie auch ein Durchschnittsprogrammierer leisten
könne (*BGH* GRUR 1985, 1041, 1047 f. – Inkasso-Programm). Diese Anforderungen
wurden allg. als sehr restriktiv empfunden, und es wurde darauf hingewiesen, dass
damit der überwiegende Teil neu entwickelter Computerprogramme schutzlos bliebe
(s. nur *Schulze* GRUR 1985, 997, 1008). Mit der Einf. der §§ 69a ff. ist die Diskussion über zu strenge Anforderungen für den urheberrechtlichen Schutz von Computerprogrammen überholt (dazu Rn 20 ff.).

Die §§ 69a ff. setzen die Richtlinie 91/250/EWG weitgehend wortgetreu um. Be- **2**
güstigt wurde dies dadurch, dass der Richtliniengeber bei der Formulierung des
Schutzes des Urhebers eines Computerprogramms auf die traditionellen Begriffe der
Vervielfältigung und der Verbreitung zurückgegriffen hat. Hierin liegt ein Unterschied zu dem Rechtsschutz für Datenbanken, bei dem sich der deutsche Gesetzgeber
zwischen diesen traditionellen Begriffen und den durch die Richtlinie 96/9/EG eingeführten Begriffen der Entnahme und der Weiterverwendung zu entscheiden hatte
(s. § 87b Rn 2). Der Umstand, dass die §§ 69a ff. auf eine europäische Richtlinie zurückgehen und es sich bei den §§ 69a ff. insofern um „europäisches Urheberrecht innerhalb des UrhG" handelt (amtl. Begr. BT-Drucks. 12/4022, 8), bedeutet gleichzeitig, dass die **Auslegungskompetenz für diese Vorschriften in letzter Instanz dem**
EuGH obliegt (Art. 234 EG). Die Richtlinie 91/250/EWG lässt in ihren Erwägungsgründen keinen Zweifel daran, dass es dem Richtliniengeber weniger um den Schutz
der in einem Computerprogramm verkörperten geistigen Leistung geht, als vielmehr
um den Schutz der damit verbundenen Investition. Es handelt sich also genau um jene Erwägung, die auch der späteren Einf. des Sui-generis-Rechts für Datenbanken
zugrunde liegt. Daher passt der Schutz von Computerprogrammen, wie er durch die

§§ 69a ff. nunmehr geregelt ist, vom Grundsatz her, nicht so recht in das Konzept des Urheberrechts (*Fromm/Nordemann/Vinck* Vor § 69a Rn 2; *Lehmann* NJW 1991, 2112 ff. mwN). Rückblickend betrachtet hätte es Sinn gemacht, ähnlich der Unterscheidung zwischen Datenbankwerken und Datenbanken zwischen Computerprogrammwerken und einfachen Computerprogrammen zu unterscheiden, wobei erste urheberrechtlich und zweite durch ein Sui-generis-Recht geschützt würden. Tatsache ist allerdings, dass die Richtlinie 91/250/EWG klar angeordnet hat, **Computerprogramme als „literarische Werke im Sinne der Berner Übereinkunft zum Schutze von Werken der Literatur und Kunst"** zu schützen.

2. Überblick über die §§ 69a ff.

3   In § 69a wird der Schutzgegenstand geregelt (Abs. 1-3) sowie das Verhältnis zu den übrigen Vorschriften des Ersten Teils geklärt (Abs. 4). Für Urheber in Arbeits- und Dienstverhältnissen ist sodann in § 69b eine von § 43 abweichende Regelung getroffen. Die dem Urheber des Computerprogramms zustehenden Verwertungsrechte sind in § 69c formuliert. Diese Verwertungsrechte unterliegen den Schranken gem. §§ 69d und 69e. In § 69f findet sich eine die §§ 97 ff. erg. Bestimmung zu Rechtsverletzungen. Schließlich verweist § 69g darauf, dass der urheberrechtliche Schutz von Computerprogrammen die Anwendung sonstiger Rechtsvorschriften oder Vereinbarungen auf Computerprogramme unberührt lässt (Abs. 1), wobei gleichzeitig klargestellt wird, dass die in den §§ 69d und 69e enthaltenen Schranken des urheberrechtlichen Schutzes von Computerprogrammen zwingend sind (Abs. 2).

II. Begriff des Computerprogramms (Abs. 1)

1. Definition des Computerprogramms

4   Die in § 69a Abs. 1 enthaltene Definition eines Computerprogramms ist kaum aussagekräftig. Danach handelt es sich bei Computerprogrammen um **„Programme in jeder Gestalt, einschließlich des Entwurfsmaterials"**. Von einer näheren Definition des Begriffs „Computerprogramm" hat der Gesetzgeber bewusst abgesehen. Auch die Richtlinie 91/250/EWG selbst hat keine Definition vorgegeben. Dem liegt jeweils die Erwägung zugrunde, dass jeder Versuch einer Definition durch die technische Entwicklung auf diesem Gebiet in naher Zukunft überholt sein könnte (amtl. Begr. BT-Drucks. 12/4022, 9). Durch den Hinweis auf den Schutz von „Programmen in jeder Gestalt" wird daher zum Ausdruck gebracht, dass es sich hierbei um eine **offene Definition** handelt.

5   **Definitionen des Begriffs „Computerprogramm"** sind an anderer Stelle vorgenommen worden. Nach der DIN 44 300, Abschn. 4.1.9, handelt es sich bei einem Programm um eine „nach den Regeln der verwendeten Sprache festgelegte syntaktische Einheit aus Anweisungen und Vereinbarungen, welche die zur Lösung einer Aufgabe notwendigen Elemente umfaßt". Der BGH hat in seiner Entsch. „Inkasso-Programm" ein Computerprogramm definiert als „… eine Folge von Befehlen, die nach Aufnahme in einen maschinenlesbaren Träger fähig sind, zu bewirken, dass eine Maschine mit informationsverarbeitenden Fähigkeiten eine bestimmte Funktion oder Aufgabe oder ein bestimmtes Ergebnis anzeigt, ausführt oder erzielt" (*BGH* GRUR 1985, 1041, 1047 – Inkasso-Programm). Diese Definition findet sich in ähn-

licher Form in den „Mustervorschriften für den Schutz von Computersoftware", welche die WIPO 1976 entwickelt hat (abgedr. in GRUR Int 1976, 286).

Als Synonym für ein Computerprogramm wird häufig der **Begriff „Software"** ver- 6
wendet. Software umfasst jedoch mehr als nur ein Computerprogramm. Nach der
DIN 44 300, Abschn. 1.13, handelt es sich bei Software um die Gesamtheit von Programmen für eine Datenverarbeitungs-Anlage. Die DIN 44 300 stellt überdies klar,
dass die zu den Computerprogrammen gehörende Dokumentation ebenfalls als Bestandteil der Software angesehen werden kann. Ähnlich wird in der DIN 66 285,
Abschn. 3.21, ein „Software-Produkt" als „die Gesamtheit von Programmen, Prozeduren, zugehöriger Dokumentation und zugehöriger Daten, die zur Auslieferung an
Anwender vorgesehen ist" bezeichnet.

2. Arten von Computerprogrammen

Einen auch nur annähernd vollständigen Überblick über Arten von Computerpro- 7
grammen zu geben, ist unmöglich. Grund hierfür sind ständig neue Erscheinungsformen. Zudem ist eine verwirrende und wenig einheitliche Begriffsvielfalt festzustellen (sehr instruktiv *Zahrnt* Abschn. 1.2). Einige wesentliche Typen von Computerprogrammen sollen anschließend gleichwohl vorgestellt werden. Nach ihrer
Funktion wird bei Computerprogrammen zunächst zwischen **Systemprogrammen
und Anwendungsprogrammen** unterschieden. Zu den Systemprogrammen zählen
das Betriebssystem, die Kommunikationsprogramme sowie systemnahe Programme.
Das Betriebssystem stellt die Schnittstelle zwischen den Anwendungsprogrammen
und der Hardware dar, indem es Befehle eines Anwendungsprogramms in Maschinenbefehle umsetzt. Die Kommunikationsprogramme ermöglichen das Zusammenwirken von mehreren Zentraleinheiten. Unter systemnahen Programmen versteht
man solche Programme, die für die Nutzung der Hardware nicht zwingend notwendig sind, ihren Einsatz jedoch erleichtern. Beispiele für systemnahe Programme sind
Datenbank-Verwaltungssysteme oder Programmiersysteme, die zur Programmentwicklung eingesetzt werden. Im Unterschied zu den Systemprogrammen sind Anwendungsprogramme solche, die dem Benutzer ermöglichen, mit Hilfe eines Computers bestimmte Aufgabenstellungen zu lösen (Darstellung in Anlehnung an *Zahrnt*
Abschn. 1.2).

3. Abgrenzungsfragen

Computerprogramme kommen bei der Nutzung von **elektronischen Datenbanken** 8
zum Einsatz. Diese Programme, die die Nutzung der Datenbank erst ermöglichen,
sind streng zu unterscheiden von dem Datenbestand sowie der Struktur der Datenbank. Deren Schutz richtet sich nach den §§ 87a ff., während das zur Nutzung der
Datenbank eingesetzte Computerprogramm ausschließlich nach den §§ 69a ff. geschützt wird (s. § 87a Rn 9).

Gegenstand zahlreicher und kontroverser Diskussionen ist die Frage, ob die **Benut-** 9
zeroberfläche, also das, was der Benutzer eines Computerprogramms auf dem Bildschirm sieht, die Ausdrucksform eines Computerprogramms gem. § 69a Abs. 2 ist.
Dies ist zu verneinen (ebenso *Fromm/Nordemann/Vinck* § 69a Rn 3; *Schack* MMR
2001, 9, 12; *OLG Düsseldorf* K&R 2000, 87; **aA** *OLG Karlsruhe* GRUR 1994, 726,
728 f.; *Koch* GRUR 1995, 459, 465 ff.; *Möhring/Nicolini/Hoeren* § 69a Rn 6). Bei

der Gestaltung der Benutzeroberfläche steht die grafische Leistung im Vordergrund. Sie wird etwa als Werk der angewandten Kunst geschützt, wenn die Voraussetzungen des § 2 Abs. 2 vorliegen. Eine Notwendigkeit dafür, die gestalterische Leistung bei der Entwicklung einer Benutzeroberfläche als Computerprogramm zu schützen, besteht danach nicht. Der Hinweis des Gesetzgebers und des Richtliniengebers darauf, dass jede Ausdrucksform eines Computerprogramms geschützt wird, soll nur besagen, dass es für den Schutz des Programms belanglos ist, ob es als solches im Quellcode oder im Objektcode, in elektronischer oder ausgedruckter Form oder auf sonstige Weise dargestellt wird. Die Gestaltung der Benutzeroberfläche ist aber nicht mehr das Computerprogramm als solches. Zwar wird die Benutzeroberfläche, technisch betrachtet, durch das Computerprogramm gesteuert. Entscheidend dafür, dass es sich bei der Benutzeroberfläche nicht um die Ausdrucksform eines Computerprogramms handelt, ist aber, dass sie theoretisch (als Standbild) ohne jegliche Programmiertätigkeit geschaffen werden kann. Ebenso ist ohne weiteres denkbar, dass eine bestimmte Benutzeroberfläche durch einen Dritten nachgeahmt wird, dieser Nachahmung aber eine eigenständige Programmierleistung zugrunde liegt (vgl *OLG Düsseldorf* MMR 1999, 729, 730). Dass der Schutz als Computerprogramm weiterhelfen soll, wenn die Gestaltung der Benutzeroberfläche nicht den Anforderungen des § 2 genügt, ist schwer einzusehen. Zu unterscheiden ist nach alledem zwischen der Benutzeroberfläche in ihrer konkreten grafischen Gestaltung und der hinter dieser Benutzeroberfläche liegenden programmtechnischen Leistung. Nur diese ist nach den §§ 69a ff. geschützt. Die Benutzeroberfläche selbst ist auch nicht die Ausdrucksform dieser programmtechnischen Leistung, sondern nur ihr Ergebnis.

10   Für den Urheberrechtsschutz von **digitalisierten Schriftzeichen** (sog. Fonts), die unter Einsatz eines Computerprogramms geschaffen wurden, gelten die gleichen Grundsätze wie für Benutzeroberflächen. Ihr Schutz ergibt sich in aller Regel nur aus § 2 Abs. 1, nicht aber aus §§ 69a ff. (**aA** *LG Köln* CR 2000, 431). Soweit allerdings in den Font Steuerungsbefehle einprogrammiert sind, kommt für diese ein Schutz nach §§ 69a ff. in Betracht (*Jaeger/Koglin* CR 2002, 169, 172 f.).

11   Bei **Computerspielen** ist das Programm, welches das Spielgeschehen steuert, einem Schutz nach §§ 69a ff. zugänglich. Hiervon zu unterscheiden ist der Schutz der durch ein solches Programm erzeugten Bilder. Dieser richtet sich ausschließlich nach den für Filmwerke und Laufbilder geltenden Bestimmungen (§§ 2 Abs. 1 Nr. 6, 95). Der abgespeicherte Spielstand eines Computerspiels ist kein Computerprogramm, weil die gespeicherten Daten für sich genommen nicht lauffähig sind (*OLG Hamburg* NJW-RR 1999, 483, 484; *OLG Düsseldorf* NJWE-WettbR 2000, 61; s. zum Schutz von Computerspielen *Poll/Brauneck* GRUR 2001, 389 ff.).

12   Auch bei **Internet-Seiten** ist zwischen den Computerprogrammen, die den Inhalt solcher Seiten steuern oder unterstützen, sowie den Inhalten selbst zu unterscheiden (s. *OLG Düsseldorf* K&R 2000, 87). Der Schutz der Inhalte, zB Filme, Musikstücke, Grafiken oder Datenbanken, richtet sich ausschließlich nach den für die jeweilige Werkkategorie geltenden Bestimmungen.

13   Die Codierung von Internet-Seiten in HTML lässt kein Computerprogramm entstehen (so auch *Ernst* MMR 2001, 208, 211). Die Gegenansicht (*Horns* GRUR 2001, 1, 15; *Leistner/Bettinger* CR 1999, Beil. Nr. 12, 17 ff.) verkennt, dass es sich bei HTML lediglich um eine Form der Benutzeroberfläche (s. auch Rn 8) handelt, wohingegen

die Programmfunktionalität (meist) im Hintergrund verborgen ist (zB in PHP-Code, welcher HTML als Ausgabe erzeugt).

4. Entwurfsmaterial

Nach § 69a Abs. 1 erstreckt sich der Schutz des Computerprogramms auch auf das Entwurfsmaterial. Damit wird dem Umstand Rechnung getragen, dass die Problemlösung, die das Computerprogramm verwirklichen soll, durch das Entwurfsmaterial vorgezeichnet ist. Geschützt wird das Entwurfsmaterial, wenn es die spätere Entstehung des Computerprogramms zulässt (Erwgr zur RL v. 14.5.1991). Ein besseres Verständnis des Begriffs des „Entwurfsmaterials" iSv § 69a Abs. 1 erfordert es, einen Blick auf die verschiedenen Phasen der Entwicklung eines Computerprogramms zu werfen. Diese hat der BGH in der Entsch. „Inkasso-Programm" in ihren wesentlichen Zügen skizziert (*BGH* GRUR 1985, 1041, 1046 – Inkasso-Programm). Zu unterscheiden sind damit grds **drei Phasen**. Auf die **Problemanalyse** folgt die **Problemlösung**, dieser schließlich die **Realisierung des Programms**. In der Phase der Problemanalyse (auch Spezifikation genannt) sollen die Anforderungen an das zu entwickelnde Programm festgelegt werden. Letztlich geht es hier um eine Beschreibung dessen, was das Programm nach seiner Fertigstellung leisten soll (häufig auch in Form eines Pflichtenhefts). Eine Beschreibung des Lösungswegs ist nur dann Entwurfsmaterial gem. § 69a Abs. 1, wenn sie für sich genommen bereits eine spätere Entstehung eines Computerprogramms zulässt. Dies wird idR bei einer bloßen Beschreibung der Anforderungen nicht der Fall sein. In der zweiten Phase der Programmentwicklung geht es um den Entwurf des Programms. Hier erfolgt die Entwicklung des Programmablaufplans, der darstellt, durch welche konkreten Maßnahmen die in der ersten Phase definierten Anforderungen auf einer bestimmten Datenverarbeitungsanlage umgesetzt werden sollen. Dieses Entwurfsmaterial bildet sodann die Grundlage für die dritte Phase, in der das Programm, insb. durch die eigentliche Kodierung desselben, realisiert wird. Die vorstehende Darstellung verschiedener Phasen der Entwicklung eines Computerprogramms dient lediglich dem groben Überblick. Die Entwicklung eines Computerprogramms folgt keinem allg. gültigen Schema, sondern wird wesentlich durch die Komplexität des zu entwickelnden Programms bestimmt. In der Praxis können insb. die Phasen zwei und drei zusammenfallen. Nur die zweite Phase enthält jedoch eine geistige Leistung.

Bei der **Dokumentation**, und zwar sowohl bei der Entwicklungs- als auch bei der Anwenderdokumentation, handelt es sich nicht um Entwurfsmaterial. Die Dokumentation kann aber als Sprachwerk nach § 2 Abs. 1 Nr. 1 oder als wissenschaftliche oder technische Darstellung gem. § 2 Abs. 1 Nr. 7 geschützt werden.

III. Geschützte Elemente eines Computerprogramms (Abs. 2)

Nach § 69a Abs. 2 gilt der **Schutz eines Computerprogramms für alle Ausdrucksformen** (S. 1). Hingegen sollen Ideen und Grundsätze, die einem Element des Computerprogramms, auch einer Schnittstelle, zugrunde liegen, nicht geschützt werden. Damit enthält Abs. 2 Vorgaben dazu, welche Elemente eines Computerprogramms von dem durch die §§ 69a ff. gewährten Schutz erfasst werden.

1. Schutz der Ausdrucksform (Abs. 2 S. 1)

17 Eine Ausdrucksform des Computerprogramms ist zunächst ihr **Quellcode**. Er entsteht dadurch, dass unter Anwendung einer Programmiersprache der Programmablauf in eine für die Maschine verständliche Befehlsfolge gebracht wird (s. *BGH* GRUR 1985, 1041, 1046 f. – Inkasso-Programm). Eine weitere Ausdrucksform ist der **Objektcode**, der dadurch erzeugt wird, dass unter Zuhilfenahme eines Compilers der in einer Programmiersprache abgefasste Quellcode in eine maschinenlesbare Form übertragen wird. Die Benutzeroberfläche eines Computerprogramms ist hingegen keine Ausdrucksform des Computerprogramms (s. Rn 9).

2. Kein Schutz von Ideen und Grundsätzen (Abs. 2 S. 2)

18 Dass **bloße Ideen nicht schutzfähig** sind, ist ein Grundsatz, der das gesamte Urheberrecht beherrscht. Insoweit stellt § 69a Abs. 2 S. 2 nur eine Selbstverständlichkeit klar. Gleichwohl ist im Einzelfall nicht ohne weiteres zu bestimmen, was zum Computerprogramm gehört und was bloße Ideen und Grundsätze sind, die einem Computerprogramm zugrunde liegen (vgl zur Abgrenzungsproblematik *Wuermeling* CR 1993, 665, 668 mwN zur U.S.-Entsch. im Softwareschutz). Insb. im Verletzungsstreit wird diese Frage praxisrelevant. Wer nämlich nur die einem Programm zugrunde liegenden Ideen und Grundsätze übernimmt, verletzt nicht die Rechte an dem Computerprogramm selbst.

19 Die einem Computerprogramm oder einer Schnittstelle (s. hierzu auch § 69e Rn 4 ff.) zugrunde liegenden Ideen und Grundsätze umfassen zunächst den Gedanken, eine bestimmte Aufgabenstellung durch ein Computerprogramm zu lösen. Geschützt wird nur die konkrete **programmtechnische Lösung dieser Aufgabenstellung**. Der ebenfalls unter die Ideen und Grundsätze nach Abs. 2 fallende Algorithmus sowie andere iRd Programmerstellung herangezogene mathematische oder technische Lehren bzw Regeln müssen als Bestandteile der wissenschaftlichen Lehre frei und für jedermann zugänglich sein (*BGH* GRUR 1985, 1041, 1047 – Inkasso-Programm). Auch wenn der **Algorithmus** als solcher nicht schutzfähig ist, kann die Art und Weise der Implementierung und Zuordnung von Algorithmen zueinander im Rahmen eines Programms dem Urheberrechtsschutz zugänglich sein (*BGH* GRUR 1991, 449, 453 – Betriebssystem).

IV. Erforderliche Schutzhöhe (Abs. 3)

20 Vor der Einführung der §§ 69a ff. waren Computerprogramme schutzfähig, wenn sie die allg. Voraussetzungen des § 2 Abs. 2 erfüllten, also persönliche geistige Schöpfungen waren. Insoweit verlangte der BGH, dass die Gestaltungstätigkeit in Auswahl, Sammlung, Anordnung und Einteilung der Informationen und Anweisungen das Durchschnittskönnen deutlich überragen müsse (*BGH* GRUR 1985, 1041 – Inkasso-Programm; *BGH* GRUR 1991, 449 – Betriebssystem). Nach § 69a Abs. 3 S. 1 hängt die Schutzfähigkeit eines Computerprogramms nunmehr vom Vorliegen eines individuellen Werks in dem Sinne ab, dass es sich um eine **eigene geistige Schöpfung des Urhebers** handeln muss. Vom Wortlaut her besteht zwischen § 2 Abs. 2 und § 69a Abs. 3 S. 1 kaum ein Unterschied. Dort wird von der persönlichen geistigen Schöpfung, hier von der eigenen geistigen Schöpfung gesprochen. Die Wendung der „eigenen geistigen Schöpfung" geht auf Art. 1 Abs. 3 der Richtlinie 91/250/

EWG zurück. Dass von den traditionellen Anforderungen an die Schutzhöhe gem. § 2 Abs. 2 abgewichen werden soll, kommt allerdings durch § 69a Abs. 3 S. 2 zum Ausdruck. Danach sind nämlich an die **Schutzfähigkeit eines Computerprogramms**, von dem Vorliegen einer eigenen geistigen Schöpfung abgesehen, **keine weiteren Anforderungen** zu stellen, insb. sind **nicht qualitative oder ästhetische Kriterien** anzuwenden. Damit sind die durch den BGH erstmals in der Entsch. „Inkasso-Programm" festgelegten Anforderungen an die Schutzfähigkeit (*BGH* GRUR 1985, 1041 – Inkasso-Programm) nicht mehr aufrecht zu erhalten, was der BGH unmittelbar nach Einführung der §§ 69a ff. auch ausdrücklich bestätigt hat (*BGH* GRUR 1994, 39 – Buchhaltungsprogramm).

Eine **eigene geistige Schöpfung** gem. § 69a Abs. 3 S. 1 liegt vor, wenn das Compu-   **21** terprogramm ein Mindestmaß an Individualität aufweist, sich also in der Auswahl, Sammlung, Anordnung und Einteilung der Informationen und Anweisungen von anderen Computerprogrammen unterscheidet. Die durch das Gesetz geforderte geistige Leistung liegt in der Art und Weise der Implementierung von Algorithmen in ein Programm zur Lösung einer bestimmten Aufgabe. Diese erfolgt regelmäßig iRd Programmentwicklung durch den Entwurf des Programms auf der Grundlage des „Pflichtenhefts" oder der in sonstiger Weise vorliegenden Spezifikation. Demgegenüber hat die Kodierung des Programms, also die Umsetzung des Entwurfs in maschinenverständliche Befehle, idR eher handwerklichen Charakter. In der ersten Phase der Softwareentwicklung, in der es um die Spezifikation geht (s. dazu auch oben Rn 14), liegt regelmäßig noch keine eigene geistige Schöpfung iSd § 69a Abs. 3 S. 1 vor. Dies kann im Einzelfall anders sein, wenn etwa das „Pflichtenheft" so detailliert ist, dass es nicht nur bestimmte Anforderungen aufstellt, sondern bereits einen konkreten Lösungsweg vorgibt (s. dazu *Lesshaft/Ulmer* CR 1993, 607, 609). Für die Schutzfähigkeit eines Computerprogramms ist ausreichend, dass überhaupt eine eigene geistige Schöpfung vorliegt. In welcher Phase der Entwicklung eines Computerprogramms diese stattfindet, spielt keine Rolle.

In der Entsch. „Inkasso-Programm" stellte der BGH erhebliche **Anforderungen an**   **22** **die Darlegung der Schutzfähigkeit** eines Computerprogramms (*BGH* GRUR 1985, 1041 – Inkasso-Programm). Da die geringen Schutzanforderungen des § 69a Abs. 3 in Rspr und Lit. heute aber allg. anerkannt sind (*BGH* GRUR 1994, 39 – Buchhaltungsprogramm; *OLG Hamburg* GRUR-RR 2001, 289, 290; *OLG München* NJW-RR 2000, 1211, 1213; K&R 1999, 519; *OLG Düsseldorf* CR 1997, 337, 338; *OLG Karlsruhe* NJW 1996, 2583, 2584; GRUR 1994, 726, 729; *Fromm/Nordemann/ Vinck* § 69a Rn 7; *Schricker/Loewenheim* § 69a Rn 17, 20; *Dreier* GRUR 1993, 781, 782), werden in der aktuellen Rechtspraxis an die Darlegung der notwendigen Schutzhöhe nur noch geringe Anforderungen gestellt. Die Schutzfähigkeit eines nicht völlig trivialen Computerprogramms kann durch den Prozessgegner kaum ernsthaft bestritten werden. Sollte es darauf ankommen, wird regelmäßig durch Vorlage der Entwicklungsdokumentation der Darlegungslast genügt werden können. Notfalls muss ein Sachverständigengutachten dazu eingeholt werden, ob es sich bei dem in Rede stehenden Programm um eine eigene geistige Schöpfung handelt. Nicht ausreichend ist es für die Darlegung einer eigenen geistigen Schöpfung, wenn pauschal auf die Komplexität des Computerprogramms verwiesen wird (*OLG Hamburg* CR 2002, 485 f.).

23   Für eine eigene geistige Schöpfung kann auch der **mit der Entwicklung des Programms verbundene Aufwand** sprechen (*Marly* Rn 123). Zwar ist es richtig, dass derartige quantitative Kriterien dem Urheberrecht grds fremd sind (so *Fromm/Nordemann/Vinck* § 69a Rn 6), jedoch ist zu berücksichtigen, dass es dem europäischen Richtliniengeber gerade darum ging, einen Schutz für die Investition zu gewähren, die mit der Herstellung eines Computerprogramms verbunden ist. Die Frage ist aber eher theoretischer Natur. Angesichts der geringen Anforderungen an die Schutzhöhe wird ein mit erheblichem Aufwand entwickeltes Computerprogramm regelmäßig schutzfähig sein. Dem Entwicklungsaufwand kommt insoweit jedenfalls indizielle Bedeutung zu. Wurden nur **Teile eines Computerprogramms durch einen Dritten unbefugt genutzt**, so muss der Rechteinhaber darlegen, dass gerade dieser Teil für sich genommen schutzfähig ist (*OLG Hamburg* GRUR-RR 2001, 289, 291; CR 2002, 485, 486).

24   Erfolgt die Entwicklung eines Computerprogramms selbst – was heute üblich ist – computergestützt, so spricht dies nicht unbedingt gegen die Schutzfähigkeit des zu entwickelnden Computerprogramms. Dies gilt insb. dann, wenn ein solches Werkzeug für den Programmierer in erster Linie die handwerkliche Seite des Programmiervorhabens unterstützt. Soweit es ein solches Werkzeug aber ermöglicht, mit einer verhältnismäßig geringen Zahl von Entsch. ein fertiges Computerprogramm zu entwickeln, bestehen gegen dessen Schutzfähigkeit in der Tat Bedenken.

V. Anwendung der für Sprachwerke geltenden Bestimmungen (Abs. 4)

25   Nach § 69a Abs. 4 finden auf Computerprogramme die für Sprachwerke geltenden Bestimmungen Anwendung, soweit die §§ 69a ff. keine abweichende Regelung treffen. Diese Verweisung ist durch Art. 1 Abs. 1 der Richtlinie 91/250/EWG vorgegeben. Wendet man sich in diesem Zusammenhang den Bestimmungen zu, die spezifisch für Sprachwerke gelten, wird man feststellen, dass diese vielfach für den Schutz von Computerprogrammen praktisch nicht relevant sind (*Zahrnt* Abschn. 5.3 (2) und Fn 18). IÜ gelten freilich jene Bestimmungen, die auf alle Werkkategorien Anwendung finden. Dies ergibt sich bereits aus der Stellung der §§ 69a ff. im Ersten Teil des Gesetzes.

VI. Ausschluss der Anwendbarkeit der §§ 95a bis 95d (Abs. 5)

26   Nach § 69a Abs. 5 finden die §§ 95a bis 95d auf Computerprogramme keine Anwendung. Die §§ 95a ff. sehen einen bes. Rechtsschutz für technische Maßnahmen zum Schutz des Urheberrechts sowie zum Schutz von Informationen für die Rechtewahrnehmung vor. Der deutsche Gesetzgeber hat sich entschieden, Computerprogramme von der Anwendung der §§ 95a ff. auszunehmen. Begründet hat er dies in erster Linie damit, dass sich erhebliche Konflikte zwischen dem durch die §§ 95a ff. gewährten Schutz einerseits und den Rechten des zur Benutzung eines Computerprogramms Berechtigten aus §§ 69d Abs. 2 und § 69e andererseits (BT-Drucks. 15/38, 22) ergeben. Zwar ist richtig, dass nach Art. 1 Abs. 2 lit. a) die Richtlinie 2001/29/EG die frühere Richtlinie 91/250/EWG unberührt lässt. Ob dies den Schluss rechtfertigt, Computerprogramme von der Anwendung der §§ 95a ff. auszunehmen, darf bezweifelt werden. Gerade zum Schutz von Computerprogrammen sind seit jeher technische

Schutzmaßnahmen eingesetzt worden. Diese nunmehr von dem Schutz der §§ 95a ff. auszunehmen, erscheint nicht sachgerecht. Die in der Begr. des RegE erwähnten Widersprüche zu §§ 69d Abs. 2, 69e hätten durch eine Klarstellung in dem Sinne gelöst werden können, dass die danach gewährten Rechte durch §§ 95a ff. nicht beschränkt werden.

§ 69b   Urheber in Arbeits- und Dienstverhältnissen

(1) Wird ein Computerprogramm von einem Arbeitnehmer in Wahrnehmung seiner Aufgaben oder nach den Anweisungen seines Arbeitgebers geschaffen, so ist ausschließlich der Arbeitgeber zur Ausübung aller vermögensrechtlichen Befugnisse an dem Computerprogramm berechtigt, sofern nichts anderes vereinbart ist.

(2) Absatz 1 ist auf Dienstverhältnisse entsprechend anzuwenden.

Literatur: *Brandi-Dohrn* Arbeitnehmererfindungsschutz bei Softwareherstellung, CR 2001, 285; *Brandner* Zur Rechtsstellung eines angestellten Programmierers, GRUR 2001, 883; *Buchner* Die Vergütung für Sonderleistungen des Arbeitnehmers ein Problem der Äquivalenz der im Arbeitsverhältnis zu erbringenden Leistungen, GRUR 1985, 1; *Dressel* Der angestellte Urheber – Kein Handlungsbedarf für den Gesetzgeber, GRUR 1989, 319; *Ernst* Die Verfügbarkeit des Source Codes, MMR 2001, 208; *Frieling* Forschungstransfer: Wem gehören universitäre Forschungsergebnisse?, GRUR 1987, 407; *Hauptmann* Abhängige Beschäftigung und der urheberrechtliche Schutz des Arbeitsergebnisses, 1994; *Himmelmann* Vergütungsrechtliche Ungleichbehandlung von Arbeitnehmer-Erfinder und Arbeitnehmer-Urheber, GRUR 1999, 897; *Hirschberg* Wirtschaftliche Beteiligung der Arbeitnehmer bei der Entwicklung von Hard- und Software, CR 1988, 742; *Kolle* Der angestellte Programmierer – Zur rechtlichen Zuordnung von in Arbeitsverhältnissen geschaffenen, insbesondere urheberrechtlich geschützten Softwareprodukten, GRUR 1985, 1016; *Sack* Computerprogramme und Arbeitnehmerurheberrecht, BB 1991, 2165; *Sundermann* Nutzungs- und Vergütungsansprüche bei Softwareentwicklung im Arbeitsverhältnis, GRUR 1988, 350; *Ullmann* Das urheberrechtlich geschützte Arbeitsergebnis – Verwertungsrecht und Vergütungspflicht, GRUR 1987, 6; *Wandtke* Reform des Arbeitnehmerurheberrechts?, GRUR 1999, 390; *ders.* Zum Vergütungsanspruch des Urhebers im Arbeitsverhältnis, GRUR 1992, 139; *ders.* Die Rechte der Urheber und ausübenden Künstler im Arbeits- und Dienstverhältnis, 1993; *Wimmers/Rode* Der angestellte Softwareprogrammierer und die neuen urheberrechtlichen Vergütungsansprüche, CR 2003, 399.

I. Allgemeines

1. Systematische Einordnung

1 Die Verwertungsrechte an einem Werk stehen zunächst einmal dem Urheber zu. Er entscheidet darüber, ob und in welchem Umfang er Dritten Nutzungsrechte einräumt. Das Urheberrecht selbst ist nicht übertragbar (§ 29 Abs. 1). Werden Nutzungsrechte eingeräumt, so bestimmt sich der Umfang der Rechteeinräumung nach dem mit der Einräumung verfolgten Zweck (§ 31 Abs. 5). Im Zweifel verbleiben die Verwertungsbefugnisse bei dem Urheber (s. § 31 Rn 131 ff.). Diese Grundsätze gelten zunächst einmal auch für Werke, die der Urheber in Erfüllung von Verpflichtungen aus **Arbeits- oder Dienstverhältnissen** schafft, sofern sich nicht aus Inhalt oder Wesen des Arbeits- oder Dienstverhältnisses etwas anderes ergibt (§ 43). Die Rspr hat zu § 43 Grundsätze entwickelt, die dem Arbeitgeber auch ohne ausdrückliche Vereinbarung Rechte an Werken sichern sollen, die durch den Arbeitnehmer in Erfüllung seiner arbeitsvertraglichen Verpflichtungen geschaffen werden (§ 43 Rn 12 ff.).

2 Für Computerprogramme, die ein Arbeitnehmer im Rahmen seines Arbeitsverhältnisses entwickelt, hat der Gesetzgeber eine klare Regelung getroffen. Nach § 69b stehen dem Arbeitgeber die ausschließlichen Nutzungsrechte an einem Computerprogramm zu, das durch den Arbeitnehmer im Rahmen seiner Aufgaben geschaffen wurde.

2. Arbeits- und Dienstverhältnisse

3 § 69b gilt für **Arbeitnehmer**. Der Begriff korrespondiert mit jenem des Urhebers in Arbeitsverhältnissen gem. § 43. Ein Arbeitsverhältnis ist dadurch gekennzeichnet, dass der Arbeitnehmer für den Arbeitgeber eine **abhängige, weisungsgebundene Tätigkeit** verrichtet (Einzelheiten bei § 43 Rn 4). Nach Abs. 2 gilt Abs. 1 auch für öffentlich-rechtliche Dienstverhältnisse. Öffentlich Bedienstete gegenüber Arbeitnehmern zu privilegieren, wäre nicht sachgerecht (so die amtl. Begr., BT-Drucks. 12/4022, 11). Unter Abs. 2 fallen sämtliche **öffentlich-rechtliche Dienstverhältnisse** (Einzelheiten bei § 43 Rn 5).

4 Nicht unter § 69b fallen **Auftragsverhältnisse**. Somit ist die Vorschrift insb. nicht auf Computerprogramme anwendbar, die durch frei schaffende Programmierer entwickelt werden. Insoweit verbleibt es bei den allg. Regelungen der §§ 31 ff. Dass Auftragswerke nicht von § 69b erfasst sein sollen, kann auch der Entstehungsgeschichte der Richtlinie 91/250/EWG entnommen werden. Denn der ursprüngliche Entwurf der Europäischen Kommission sah eine § 69b entspr. Behandlung von Auftragnehmern vor (s. „Vorschlag für eine Richtlinie des Rates über den Rechtsschutz von Computerprogrammen", abgedr. in CR 1989, 450), die sich in der Schlussfassung der Richtlinie allerdings nicht mehr findet. In welchem Umfang dem Auftraggeber Rechte an Computerprogrammen zustehen, die durch einen von ihm beauftragten Auftragnehmer entwickelt werden, richtet sich deshalb nach den konkret getroffenen Vereinbarungen sowie insb. der Zweckübertragungslehre (s. § 31 Rn 131 ff.).

II. Bezug der Programmentwicklung zum Arbeitsverhältnis

1. Aufgaben des Arbeitnehmers oder Anweisungen des Arbeitgebers

Nach seinem Wortlaut erfasst § 69b solche Computerprogramme, die von einem 5
Arbeitnehmer in Wahrnehmung seiner Aufgaben oder nach den Anweisungen des
Arbeitgebers geschaffen wurden. Problemlos ist die Beurteilung solcher Fälle, in denen der Arbeitnehmer nach seiner **Stellenbeschreibung** oder **aufgrund eines konkreten Auftrages** eine bestimmte Programmiertätigkeit vorzunehmen hat. Hier steht
die Anwendbarkeit von § 69b außer Frage. Umgekehrt ist die Vorschrift eindeutig
nicht anwendbar, wenn der Arbeitnehmer in seiner **Freizeit** ein Computerprogramm
schafft, das in keinerlei Beziehung zu seinem Arbeitsverhältnis steht. Zwischen diesen eindeutigen Sachverhalten ist allerdings eine ganze Bandbreite an Konstellationen denkbar, bei denen die Programmiertätigkeit des Arbeitnehmers einen mehr
oder weniger starken Bezug zu seinem Arbeitsverhältnis aufweist. Hier entscheiden
die Umstände des konkreten Einzelfalls über die Anwendbarkeit von § 69b.

Schafft der Arbeitnehmer während seiner Arbeitszeit ein Computerprogramm, das 6
als solches **keinen Bezug zum Arbeitsverhältnis** aufweist, so mag ein Verstoß des
Arbeitnehmers gegen seine arbeitsvertraglichen Pflichten vorliegen. Dem Arbeitgeber stehen an einem solchen Programm jedenfalls keine Rechte zu (s. *OLG München*
NJW-RR 2000, 1211, 1212). Schwierig zu beurteilen sind hingegen jene Fälle, in denen der Arbeitnehmer ein Computerprogramm mit einem gewissen Bezug zu dem
Geschäft des Arbeitgebers (vgl §§ 4 Abs. 2, 19 Abs. 1 ArbnErfG) schafft, ohne konkret einen Auftrag hierzu zu haben. Allein der Umstand, dass es an einem **konkreten
Entwicklungsauftrag fehlt**, kann nicht zum Ausschluss der Anwendbarkeit von
§ 69b führen. Hat ein durch den Arbeitnehmer geschaffenes Computerprogramm etwa die Aufgabe, Geschäftsprozesse des Arbeitgebers zu erleichtern, ist § 69b auch
dann anzuwenden, wenn es an einem konkreten Entwicklungsauftrag des Arbeitgebers fehlt. Dieses Ergebnis rechtfertigt sich aus dem Gedanken, dass die bestehenden
Geschäftsabläufe des Arbeitgebers den Anstoß für die Programmiertätigkeit des Arbeitnehmers gegeben haben. IÜ obliegt es dem Arbeitnehmer im Rahmen seiner ar-
beitsrechtlichen Treuepflicht, den Betrieb des Arbeitgebers bestmöglich zu fördern
bzw die Interessen des Arbeitgebers zu wahren (*Palandt/Putzo* § 611 Rn 40). Dem
lässt sich nicht entgegenhalten, dass hierdurch überobligationsmäßiger Einsatz und
Eigeninitiative des Arbeitnehmers bestraft würden. Vielmehr steht es dem Arbeitnehmer frei, gegenüber dem Arbeitgeber den Gedanken der Entwicklung eines Computerprogramms zur Verbesserung betrieblicher Abläufe vorzutragen und um die Bereitstellung der notwendigen finanziellen und personellen Ressourcen bzw zeitlichen
Freiräume zu bitten. In vielen Unternehmen bestehen eigens für die Behandlung solcher Verbesserungsvorschläge implementierte Geschäftsprozesse. Vor diesem Hintergrund kann es auch nicht darauf ankommen, ob ein betriebsbezogenes Computerprogramm durch den Arbeitnehmer während oder außerhalb seiner formalen Arbeitszeiten geschaffen wurde (*Schricker/Loewenheim* § 69b Rn 10). Umgekehrt ist es für
das Bestehen von Rechten des Arbeitnehmers ebenfalls unerheblich, wenn Arbeits-
mittel oder Erfahrungen aus dem Betrieb des Arbeitgebers in die Entwicklung eines
Programms eingeflossen sind, das selbst nicht der Lösung betrieblicher Aufgaben
des Arbeitgebers dient.

7   Problematisch sind weiter solche Fälle, in denen das durch den Arbeitnehmer geschaffene Computerprogramm nur teilweise einen Bezug zu dem Geschäftsbetrieb des Arbeitgebers aufweist. Lassen sich die unter § 69b fallenden Teile eines Computerprogramms nicht von den übrigen trennen, so wird dies regelmäßig zur Konsequenz haben, dass Arbeitgeber und Arbeitnehmer das Computerprogramm nur gemeinsam verwerten können.

2. Wechsel des Arbeitgebers

8   Computerprogramme, die der Arbeitnehmer **vor Beginn des Arbeitsverhältnisses** geschaffen hat, fallen nicht unter § 69b. Werden sie jedoch während der Dauer des Arbeitsverhältnisses weiter entwickelt, ist für diese Weiterentwicklung gesondert zu prüfen, ob die Voraussetzungen des § 69b vorliegen. Zwar könnten damit dem Arbeitgeber die ausschließlichen vermögensrechtlichen Befugnisse an der Weiterentwicklung zustehen, die tatsächliche Ausübung dieser Befugnisse kann jedoch beschränkt sein durch die Rechte des Arbeitnehmers oder Dritter, etwa des früheren Arbeitgebers, an den der Weiterentwicklung zugrunde liegenden programmtechnischen Leistungen (*Celle* CR 1994, 681).

9   Wird das Arbeitsverhältnis beendet, so verbleiben dem Arbeitgeber die vermögensrechtlichen Befugnisse an den bis zum **Ausscheiden des Arbeitsnehmers** geschaffenen Computerprogrammen. Dies gilt auch für die Ergebnisse einer noch nicht vollendeten Programmiertätigkeit, denn als Computerprogramm werden auch die Vorstufen und das Entwurfsmaterial genutzt (*Schricker/Loewenheim* § 69b Rn 8 unter zutr. Hinweis auf § 69a Abs. 1). Konsequenz hieraus ist, dass ein durch den Arbeitnehmer nach Beendigung des Arbeitsverhältnisses fertiggestelltes Computerprogramm nur mit Zustimmung des (ehemaligen) Arbeitgebers verwertet werden darf.

III. Rechte des Arbeitgebers

10 Liegen die Voraussetzungen des § 69b vor, so ist **ausschließlich der Arbeitgeber** zur Ausübung aller vermögensrechtlichen Befugnisse an dem Computerprogramm berechtigt. In der Sache geht es hierbei um die Verwertungsrechte des § 69c und der §§ 15 ff., soweit sie auf Computerprogramme anwendbar sind. Zu nennen sind insb. das Vervielfältigungsrecht sowie das Verbreitungsrecht. Praktisch bedeutsam ist außerdem, dass dem Arbeitgeber das Umarbeitungsrecht (§ 69c Nr. 2) zuzuordnen ist. Während der Arbeitnehmer nach Beendigung des Arbeitsverhältnisses das Computerprogramm nur mit Zustimmung des ehemaligen Arbeitgebers umarbeiten darf (Rn 9), benötigt der Arbeitgeber hierzu keine Zustimmung des (früheren) Arbeitnehmers.

11 Bei der Zuordnung der vermögensrechtlichen Befugnisse zu dem Arbeitgeber handelt es sich um eine Auslegungsregel. Dieser Charakter ergibt sich daraus, dass nach Abs. 1 eine abweichende Regelung zwischen Arbeitgeber und Arbeitnehmer getroffen werden kann. Dass eine abweichende Vereinbarung besteht, muss der Arbeitnehmer darlegen und beweisen. Insb. die Zweckübertragungslehre (§ 31 Abs. 5) findet im Rahmen von § 69b keine Anwendung (*BGH* GRUR 2001, 155, 157 – Wetterführungspläne). Vielmehr stehen dem Arbeitgeber die Nutzungsrechte an dem Computerprogramm räumlich, zeitlich und inhaltlich grds unbeschränkt zu.

IV. Rechte des Arbeitnehmers

1. Vergütung

Eine gesonderte Vergütung des Arbeitnehmers zum Ausgleich dafür, dass die vermö-   **12**
gensrechtlichen Befugnisse an dem durch ihn geschaffenen Computerprogramm
dem Arbeitgeber zugeordnet werden, sieht § 69b nicht vor. Ein entspr. Verständnis
bestand bereits vor Einf. des § 69b (*BGH* GRUR 2002 149, 152 – Wetterführungspläne II). Dies entspricht dem Gedanken, dass die Leistung des Arbeitnehmers bei
der Schaffung des Werks durch seinen Arbeitslohn abgegolten ist (*BGH* GRUR
2001, 155, 157 – Wetterführungspläne). Ohne weiteres leuchtet dies ein, wenn die
Schaffung des Computerprogramms zu dem konkret dem Arbeitnehmer zugewiesenen Aufgabenbereich gehört. Es besteht jedoch auch kein Anlass, von diesem Grundsatz in Fällen abzuweichen, in denen der Arbeitnehmer das Computerprogramm in
Eigeninitiative oder durch überobligationsmäßigen Einsatz geschaffen hat. Es verbleibt dem Arbeitnehmer die Möglichkeit, für diese Leistung eine gesonderte Vergütung zu vereinbaren oder von der Programmentwicklung abzusehen, wenn hierüber
keine Einigung erzielt wird. Für eine entspr. Anwendung der Bestimmungen des
ArbnErfG besteht kein Raum. Dessen Regelungen können nur herangezogen werden, wenn es sich um ein dem Patentschutz zugängliches Computerprogramm handelt oder ein technischer Verbesserungsvorschlag iSd §§ 3, 20 ArbnErfG vorliegt
(*BGH* GRUR 2001, 155, 157 – Wetterführungspläne; GRUR 2002, 149, 151 – Wetterführungspläne II; ausführlich *Brandi-Dohrn* CR 2001, 285 ff.; *Brandner* GRUR
2001, 883, 884). In Betracht kann jedoch ein Vergütungsanspruch nach § 32a kommen, wenn ein auffälliges Missverhältnis zwischen den Vorteilen des Programms für
den Arbeitgeber und der dem Arbeitnehmer geleisteten Vergütung besteht (noch zu
§ 36 aF: *BGH* GRUR 2002 149, 152 – Wetterführungspläne II; krit. dazu *Wimmers/
Rode* CR 2003, 399 ff.).

2. Urheberpersönlichkeitsrecht

Nicht von § 69b erfasst werden die **urheberpersönlichkeitsrechtlichen Befugnisse.**   **13**
Diese verbleiben bei dem Arbeitnehmer. Allerdings ergeben sich Einschränkungen
des Urheberpersönlichkeitsrechts, soweit dieses mit den dem Arbeitgeber zugeordneten vermögensrechtlichen Befugnissen kollidiert (*Schricker/Loewenheim* § 69b
Rn 13; *Fromm/Nordemann/Vinck* § 69b Rn 3). Dies gilt insb. für das **Veröffentlichungsrecht (§ 12)**; würde der Arbeitnehmer den Quellcode des von ihm geschaffenen Computerprogramms veröffentlichen, so könnte dies eine erhebliche Beeinträchtigung der Ausübung der vermögensrechtlichen Befugnisse des Arbeitgebers an diesem Computerprogramm darstellen. Grds verbleibt dem Arbeitnehmer das **Recht
auf Namensnennung (§ 13)**. Bei der Art und Weise, in der die Namensnennung erfolgt, sind jedoch wiederum die Interessen des Arbeitgebers zu berücksichtigen. Im
Interesse der Vermarktung des Computerprogramms können diese es gebieten, dass
die Nennung des Urhebers zB nicht jedes Mal bei einem Start des Programms erfolgt,
sondern nur über das Menü auffindbar ist. Der **Schutz des Urhebers vor Entstellung (§ 14)** wird regelmäßig nicht zum Tragen kommen. Zum einen ist schwer zu erkennen, wie eine Veränderung des Computerprogramms die geistigen oder persönlichen Interessen des Urhebers beeinträchtigen könnte, zum anderen würde eine Einschränkung der Möglichkeiten des Arbeitgebers zur Weiterentwicklung und damit

Änderung des Werks mit der umfassenden Zuordnung der vermögensrechtlichen Befugnisse kollidieren. Das **Recht des Urhebers auf Zugang zu Werkstücken (§ 25)** ist ebenfalls durch die Interessen des Arbeitgebers eingeschränkt. Insb. nach dem Ausscheiden des Arbeitnehmers wird dem Anspruch auf Zugang zum Werkstück regelmäßig das Vertraulichkeitsinteresse des Arbeitgebers entgegenstehen (*Schricker/Loewenheim* § 69b Rn 14 mwN).

§ 69c Zustimmungsbedürftige Handlungen

Der Rechtsinhaber hat das ausschließliche Recht, folgende Handlungen vorzunehmen oder zu gestatten:

1. **die dauerhafte oder vorübergehende Vervielfältigung, ganz oder teilweise, eines Computerprogramms mit jedem Mittel und in jeder Form. Soweit das Laden, Anzeigen, Ablaufen, Übertragen oder Speichern des Computerprogramms eine Vervielfältigung erfordert, bedürfen diese Handlungen der Zustimmung des Rechtsinhabers;**
2. **die Übersetzung, die Bearbeitung, das Arrangement und andere Umarbeitungen eines Computerprogramms sowie die Vervielfältigung der erzielten Ergebnisse. Die Rechte derjenigen, die das Programm bearbeiten, bleiben unberührt;**
3. **jede Form der Verbreitung des Originals eines Computerprogramms oder von Vervielfältigungsstücken, einschließlich der Vermietung. Wird ein Vervielfältigungsstück eines Computerprogramms mit Zustimmung des Rechtsinhabers im Gebiet der Europäischen Union oder eines anderen Vertragsstaates des Abkommens über den Europäischen Wirtschaftsraum im Wege der Veräußerung in Verkehr gebracht, so erschöpft sich das Verbreitungsrecht in bezug auf dieses Vervielfältigungsstück mit Ausnahme des Vermietrechts;**
4. **die drahtgebundene oder drahtlose öffentliche Wiedergabe eines Computerprogramms einschließlich der öffentlichen Zugänglichmachung in der Weise, dass es Mitgliedern der Öffentlichkeit von Orten und zu Zeiten ihrer Wahl zugänglich ist.**

Literatur: *Alpert* Kommerzielle Online-Nutzung von Computerprogrammen, CR 2000, 345; *Baus* Umgehung der Erschöpfungswirkung durch Zurückhaltung von Nutzungsrechten, MMR 2002, 14; *Bechtold* Der Schutz des Anbieters von Information – Urheberrecht und gewerblicher Rechtsschutz im Internet, ZUM 1997, 427; *Berger* Urheberrechtliche Erschöpfungslehre und digitale Informationstechnologie, GRUR 2002, 198; *Czychowski/Bröcker* ASP – Ein Auslaufmodell für das Urheberrecht, MMR 2002, 81; *Ernst* Urheberrechtliche Probleme bei der Veranstaltung von On-Demand-Diensten, GRUR 1997, 592; *Flechsig/Fischer* Speicherung von Printmedien in betriebseigene Datenbankarchive und die Grenzen ihrer betrieblichen Nutzung, ZUM 1996, 833; *Grützmacher* Application Service Providing – Urhebervertragsrechtliche Aspekte, ITRB 2001, 59; *ders.* Das Recht des Softwarevertriebs, ITRB 2003, 199; *Hoeren* Überlegungen zur urheberrechtlichen Qualifizierung des elektronischen Abrufs, CR 1996, 517; *Jaeger* Die Erschöpfung des Verbreitungsrechts bei OEM-Software, ZUM 2000, 1070; *Koch*

Grundlagen des Urheberrechtsschutzes im Internet und in Online-Diensten, GRUR 1997, 417; *ders.* Urheberrechtliche Beschränkungen und Kontrolle der Software-Nutzung, CR 2002, 629; *Mäger* Der urheberrechtliche Erschöpfungsgrundsatz bei der Veräußerung von Software, CR 1996, 522; *Marly* Softwareüberlassungsverträge, 3. Aufl. 2000; *Metzger* Erschöpfung des urheberrechtlichen Verbreitungsrechts bei vertikalen Vertriebsbindungen, GRUR 2001, 210; *Plaß* Open Contents im deutschen Urheberrecht, GRUR 2002, 670; *Rehbinder* Die urheberrechtlichen Verwertungsrechte nach der Einführung des Vermietrechts, ZUM 1996, 349; *Schwarz* Urheberrecht und unkörperliche Verbreitung multimedialer Werke, GRUR 1996, 836; *Waldenberger* Zur zivilrechtlichen Verantwortlichkeit für Urheberrechtsverletzungen im Internet, ZUM 1997, 176; *Zahrnt* Überlassung von Softwareprodukten nach neuem Urheberrecht, CR 1994, 455.

Übersicht

I. Allgemeines

§ 69c enthält Regelungen zu solchen Formen der Verwertung von Computerprogrammen, die der Zustimmung des Berechtigten bedürfen. Im Einzelnen handelt es sich um die Rechte der Vervielfältigung (Nr. 1), Umarbeitung (Nr. 2), Verbreitung (Nr. 3) und öffentlichen Zugänglichmachung (Nr. 4). Die Vorschrift entspricht praktisch wörtlich Art. 4 Richtlinie 91/250/EWG (s. § 69a Rn 1). In weiten Teilen, aber nicht vollständig, überschneidet sich § 69c mit den in §§ 15 ff. enthaltenen allg. Regelungen über die Rechte der Vervielfältigung, der Verbreitung und der Bearbeitung. Soweit die konkrete Nutzung eines Computerprogramms durch § 69c nicht erfasst wird, ist erg. auf die allg. Regelungen der Verwertungsrechte in den §§ 15 ff. zurückzugreifen; § 69c enthält nämlich keine abschließende Regelung der an einem Computerprogramm bestehenden Verwertungsrechte (§ 69a Abs. 4). **1**

Dem Rechtsinhaber ordnet § 69c zunächst einmal umfassende Verwertungsrechte an dem Computerprogramm zu. Das Verbreitungsrecht (Nr. 3) erfährt durch die in S. 2 angeordnete Erschöpfung eine Einschränkung. Weitere Einschränkungen ergeben sich aus §§ 69d und 69e. Dort werden bestimmte Ausnahmen von zustimmungsbedürftigen Handlungen gem. § 69c festgelegt. **2**

Anders als die §§ 15 ff. verwendet § 69c nicht den Begriff des Rechts zur ausschließlichen Verwertung, sondern jenen des ausschließlichen Rechts, bestimmte Handlungen vorzunehmen und zu gestatten. Diese Unterscheidung ist jedoch rein terminologisch und erklärt sich vor dem Hintergrund des Wortlauts von Art. 4 der Richtlinie 91/250/EWG. **3**

4   **Rechtsinhaber** ist originär der Urheber eines Computerprogramms oder dessen Rechtsnachfolger. Erwirbt ein Dritter ausschließliche Nutzungsrechte an einem Computerprogramm, etwa der Arbeitgeber über § 69b, oder eine vertragliche Regelung, so ist er als Rechtsinhaber iSd § 69c anzusehen.

II. Vervielfältigung (Nr. 1)

1. Begriff der Vervielfältigung

5   Die Vorschrift selbst liefert keine Definition des Begriffs der Vervielfältigung. Zurückzugreifen ist deshalb auf § 16. Nach der hierzu ergangenen Rspr ist eine Vervielfältigung jede körperliche Festlegung eines Werks, die geeignet ist, das Werk den menschlichen Sinnen auf irgendeine Art mittelbar oder unmittelbar wahrnehmbar zu machen (*BGH* GRUR 1983, 28, 29 – Presseberichterstattung und Kunstwerkwiedergabe II; s. auch § 16 Rn 6 ff.). Dabei ordnet § 69c Nr. 1 einen weiten Umfang des Vervielfältigungsrechts an. Erfasst wird **nicht nur die dauerhafte, sondern auch die vorübergehende** (dazu Rn 6), **nicht nur die vollständige, sondern auch eine teilweise Vervielfältigung** (dazu Rn 7) des Computerprogramms (s. dazu *OLG Hamburg* NJW-RR 1999, 483, 484). Das Gesetz betont weiter, dass jedes Mittel und jede Form der Vervielfältigung unter die Norm fällt. Dazu stellt Nr. 1 S. 2 klar, dass auch das Laden, Anzeigen, Ablaufen, Übertragen oder Speichern eines Computerprogramms dem Rechtsinhaber vorbehalten bleibt, sofern dies nur eine Vervielfältigung erfordert.

6   Der Charakter einer Vervielfältigung geht nicht dadurch verloren, dass sie nur vorübergehend ist. Dies betont § 69c Nr. 1 ausdrücklich, obgleich es sich eigentlich von selbst versteht. Ein aus vergänglichen oder verderblichen Materialien hergestelltes Werk verliert diesen Werkcharakter nicht wegen der Wahl eines solchen Materials. Dass § 69c Nr. 1 diesen Aspekt gleichwohl ausdrücklich betont, liegt daran, dass bestimmte Vervielfältigungshandlungen, etwa das Laden in den Arbeitsspeicher (dazu Rn 9), typischerweise nur vorübergehend sind. Grds stellen, wie § 16 Abs. 1 klarstellt, auch flüchtige (ephemere) Speicherungen eine vorübergehende Vervielfältigung dar. Nur unter den engen Voraussetzungen des § 44a sind derartige ephemere Speicherungen von dem Vervielfältigungsrecht des Rechtsinhabers auszunehmen. Dies gilt insb. für solche vorübergehenden Festlegungen, die keine eigenständige wirtschaftliche Bedeutung haben.

7   Computerprogramme werden häufig nicht vollständig, sondern nur teilweise vervielfältigt. Benutzer eines Programms sowie der Arbeitsspeicher eines Computers beschränken sich oft darauf, diejenigen Programmteile zu nutzen bzw zu laden, die sie für eine bestimmte Aufgabe von Fall zu Fall benötigen. Dass auch eine derartige teilweise Vervielfältigung unter § 69c Nr. 1 fällt, stellt die Vorschrift ausdrücklich klar. Voraussetzung ist allerdings, dass der vervielfältigte Teil für sich genommen schutzfähig ist (*OLG Hamburg* GRUR-RR 2001, 289, 291; *Schricker/Loewenheim* § 69c Rn 7 mwN).

2. Einzelfälle der Vervielfältigung

8   Eine Vervielfältigung liegt offensichtlich vor, wenn ein Computerprogramm von einem dauerhaften **Speichermedium** auf ein anderes dauerhaftes Speichermedium übertragen wird. Erscheinungsformen solcher dauerhaften Speichermedien sind Disketten, CD-ROMs, Bänder, die Festplatte eines PC, Netzwerk-Server sowie vergleichbare Datenträger. Der **Ausdruck eines Programmcodes auf einem Drucker** stellt ebenfalls eine Vervielfältigung dar. Der hierbei stattfindende Dimensionswechsel von einer elektronisch gespeicherten, ausführbaren Form in eine gedruckte Form ist für das Vorliegen einer Vervielfältigung unerheblich (*Marly* Rn 131; zur Unbeachtlichkeit des Dimensionswechsels s. auch *BGH* GRUR 2001, 51, 52 – Parfumflakon).

Nach der wohl **hM** stellt das **Laden eines Computerprogramms in den Arbeits-** **9** **speicher** des Computers eine Vervielfältigung dar (eingehend hierzu *Marly* Rn 135 ff.; *Schricker/Loewenheim* § 16 Rn 19, § 69c Rn 9; *Fromm/Nordemann/Vinck* § 69c Rn 3; auch § 16 Rn 29). Stark vereinfacht beschrieben, wird ein Computerprogramm, etwa von einer Festplatte oder einem Netzwerk-Server, in den Arbeitsspeicher des Rechners geladen, wenn der Nutzer das Programm aufruft. Die hierdurch im Arbeitsspeicher entstehende Kopie des Computerprogramms ist Grundlage der Programmausführung. Der Arbeitsspeicher unterscheidet sich von den unter Rn 8 genannten Speichermedien dadurch, dass hierin grds keine dauerhafte Speicherung des Computerprogramms erfolgt. Herkömmliche Arbeitsspeicher sind stromabhängig, sodass die dort bei Aufruf des Computerprogramms gespeicherte Kopie mit Unterbrechung der Stromzufuhr (idR durch Abschalten des Computers) verloren geht (hierzu näher *Marly* Rn 141 ff.). Da durch den Programmaufruf nun einmal die Programmdaten in den Arbeitsspeicher geladen werden und auf diesem Speichermedium bis auf weiteres in körperlicher Form vorhanden sind, kann die fehlende Dauerhaftigkeit der Speicherung den Charakter der Vervielfältigung nicht wieder beseitigen, zumal § 69c Nr. 1 ausdrücklich die vorübergehende Vervielfältigung eines Computerprogramms erfasst. Bei **Client/Server-Systemen** ist zu unterscheiden. Wenn das auf einem zentralen Rechner (Server) gespeicherte Programm bei Abruf teilweise in den Arbeitsspeicher des PC's des Nutzers (Client) geladen wird, findet durch diesen Ladevorgang eine Vervielfältigung von Programmteilen statt (s. dazu *Alpert* CR 2000, 345, 346). Hingegen erfolgt der Programmablauf bei Einsatz von sog. Thin Clients oder Browser-Technologie nur auf dem Server. Lediglich die Bildschirminformationen werden hierbei mittels einer Thin-Client oder Browser-Software an dem Terminal des Nutzers angezeigt. Eine Vervielfältigung des Programms durch Laden in den Arbeitsspeicher findet insoweit nicht statt (s. *Grützmacher* ITRB 2001, 59, 60; s. auch unten Rn 10). Ob in solchen Fällen der Nutzer eine Vervielfältigungshandlung auf dem Server veranlasst, hängt von der insoweit eingesetzten Technik ab (*Grützmacher* ITRB 2001, 59, 60).

Obwohl § 69c Nr. 1 S. 2 sowohl das **Anzeigen als auch das Ablaufen eines Com-** **10** **puterprogramms** als mögliche Formen einer Vervielfältigung erwähnt, wird einhellig davon ausgegangen, dass eine Vervielfältigung hierin nicht zu sehen ist (*BGH* GRUR 1991, 449, 453 – Betriebssystem; *Schricker/Loewenheim* § 16 Rn 20, § 69c Rn 10; *Marly* Rn 160 ff.). Begründet wird dies damit, dass es sowohl bei dem Ablauf des Programms als auch bei der Anzeige auf dem Bildschirm an einer körperlichen Festlegung fehle, die aber Voraussetzung einer Vervielfältigung sei (oben Rn 9). Diese Frage kann nicht mit dem Hinweis offen gelassen werden, dass das jedenfalls eine Vervielfältigung darstellende Laden des Programms in den Arbeitsspeicher eine notwendige Zwischenstation darstelle (so aber *Schricker/Loewenheim* § 69c Rn 10). Denn die **Netzwerktechnologie** ermöglicht es, dass ein Computerprogramm bei Aufruf durch einen an das Netzwerk angeschlossenen Nutzer auf dem Netzwerk-Server abläuft und ohne Laden des Programms in den Arbeitsspeicher die Ergebnisse des Programmablaufs auf dem Bildschirm des Nutzers angezeigt werden (so Rn 9). Eine solche Form der Nutzung kommt einer Vervielfältigung des Computerprogramms gleich. Will man eine solche wegen der fehlenden Körperlichkeit nicht annehmen, so muss in einer derartigen Nutzungsart eine öffentliche Zugänglichmachung iSd § 15 Abs. 2 Nr. 5 oder ein unbenanntes, den in § 15 ausdrücklich aufgeführten Rechten gleichstehendes Recht gesehen werden (vgl *Marly* Rn 163).

III. Umarbeitungsrecht (Nr. 2)

1. Begriff der Umarbeitung

11 Nach § 23 dürfen **Bearbeitungen oder andere Umgestaltungen** des Werks nur mit Einwilligung des Urhebers des bearbeiteten oder umgestalteten Werks veröffentlicht oder verwertet werden. Zu dieser Vorschrift stellt § 69c Nr. 2 eine spezielle Regelung dar, die § 23 verdrängt, soweit ihr Anwendungsbereich reicht. Statt von Bearbeitung und anderen Umgestaltungen spricht § 69c Nr. 2 von der Übersetzung, der Bearbeitung, dem Arrangement und anderen Umarbeitungen eines Computerprogramms. Diese Terminologie geht auf Art. 4 lit. b der Richtlinie 91/250/EWG zurück und findet sich entspr. in Art. 12 RBÜ. Die Übernahme der Terminologie des Art. 12 RBÜ erklärt auch, dass die gewählten Begriffe nicht durchgehend auf Computerprogramme passen. Dies gilt insb. für das Arrangement. Übersetzungen eines Computerprogramms sind in der Form denkbar, dass es von einer Programmiersprache in eine andere Programmiersprache übersetzt wird. Der typische Fall der Umarbeitung eines Computerprogramms wird aber darin liegen, dass der Programmcode geändert wird. Dies kann etwa im Interesse einer Weiterentwicklung oder zur Programmierung einer Schnittstelle der Fall sein.

12 Die Bearbeitung gem. § 23 steht in einem Spannungsverhältnis zu der freien Benutzung eines vorbestehenden Werks gem. § 24. Die Verwertung der Bearbeitung ist nur mit Zustimmung des Urhebers des Ursprungswerks möglich; liegt eine freie Benutzung vor, bedarf es einer solchen Zustimmung nicht. Der **Übergang zwischen Bearbeitung und freier Benutzung ist fließend**; entscheidend ist, ob die Nachbildung die charakteristischen Elemente des Ursprungswerks noch erkennen lässt oder ob diese verblassen. Im ersten Fall liegt eine Bearbeitung, im zweiten eine freie Benutzung vor (Einzelheiten bei §§ 23, 24). Für das Umarbeitungsrecht nach § 69c Nr. 2 hilft diese Abgrenzung nicht wesentlich weiter (**aA** wohl *Schricker/Loewenheim* § 69c Rn 14 f.). Je weiter sich eine Nachbildung von dem Ursprungswerk entfernt, desto eher liegt eine freie Benutzung vor. Auf Computerprogramme übertragen würde dies bedeuten, dass eine Umarbeitung ausscheidet, wenn nur der Umfang der vorgenommenen Änderungen hinreichend groß ist. Dies kann iE nicht sein. Während § 23 den Schutzumfang der Verwertungsrechte des Urhebers ausdehnt (*Schricker/ Loewenheim* § 23 Rn 1), sichert § 69c Nr. 2 dem Rechtsinhaber in erster Linie die Integrität des Computerprogramms. Dies ergibt sich nicht nur aus dem Umstand, dass bereits die Herstellung der Umarbeitung zustimmungsbedürftig ist. Hierfür sprechen

auch die Erwägungen, die der Richtliniengeber zur Begr. anführt, nämlich die Vermeidung von durch Eingriff in das Computerprogramm verursachten Schwierigkeiten bei der Gewährleistung sowie eine Erhöhung der Aussichten auf den Abschluss eines Pflegevertrags (ABlEG Nr. C 91 v. 12.4.1989, 12; krit. dazu *Marly* Rn 1067 ff.). Schutzwürdig ist das **Integritätsinteresse des Rechtsinhabers** auch deshalb, weil die Existenz fehlerhafter Umarbeitungen geeignet ist, den Ruf des Rechtsinhabers zu beeinträchtigen. Geht es bei dem Umarbeitungsrecht nach § 69c Nr. 2 demnach weniger um den Schutzumfang der Verwertungsrechte, sondern vielmehr um das Interesse des Rechtsinhabers an der Integrität seines Programms, so ist dieses um so stärker betroffen, je ausgeprägter die Umarbeitung des Computerprogramms ist (s. dazu *BGH* CR 2000, 656, 657 – Programmfehlerbeseitigung). Sofern also ein Computerprogramm durch Änderungen des Programmcodes umgearbeitet wird, ist eine freie Benutzung gedanklich ausgeschlossen. Diese kommt nur in Betracht, wenn sich der Entwickler eines neuen Programms bei dessen Darstellung und Struktur von einem vorbestehenden Computerprogramm leiten lässt, ohne unmittelbar dessen Programmcode zu verwenden.

Während selbst umfangreiche Änderungen eines Computerprogramms idR nicht zur Folge haben, dass eine zustimmungspflichtige Umarbeitung zu einer freien Benutzung wird (Rn 12), reichen auch geringfügigste Programmänderungen für das Vorliegen einer Umarbeitung aus. Eine Umarbeitung nach § 69c Nr. 2 liegt zB vor, wenn eine Dongle-Abfrage in einem Computerprogramm deaktiviert oder entfernt wird (*OLG Düsseldorf* CR 1997, 337; *LG Düsseldorf* CR 1996, 737; *OLG Karlsruhe* CR 1996, 342). **13**

2. Rechte des Rechtsinhabers

Durch § 69c Nr. 2 wird dem Rechtsinhaber nicht nur die Möglichkeit gegeben, die Verwertung der Umarbeitung zu untersagen. Vielmehr **bedarf bereits die Umarbeitung selbst seiner Zustimmung**. Hierin liegt ein maßgeblicher Unterschied zu § 23, der dem Urheber keine Möglichkeit gibt, die Bearbeitung als solche zu untersagen. Der Rechtsinhaber, der die Umarbeitung seines Computerprogramms durch einen Dritten vermutet, hat den Nachweis zu erbringen, dass der eigene Programmcode ganz oder teilweise der Schaffung des anderen Programms zugrunde gelegen hat. IdR bedarf es hier des Vergleichs der jeweiligen Quellcodes (*Möhring/Nicolini/Hoeren* § 69c Rn 9). **14**

Nicht jede Umarbeitung bedarf der Zustimmung des Rechtsinhabers. Ist die Umarbeitung für die Fehlerberichtigung oder für den Erhalt der Informationen zur Herstellung der Interoperabilität mit anderen Computerprogrammen erforderlich, bedarf es keiner Zustimmung des Rechtsinhabers (§ 69d Abs. 1, § 69e Abs. 1). **15**

3. Rechte des Umarbeiters

Erfüllt die Umarbeitung eines Computerprogramms die Schutzvoraussetzungen des § 69a, so genießt der Bearbeiter hierfür den allg. für Computerprogramme geltenden Schutz. Dies wird in § 69c Nr. 2 S. 2 ausdrücklich festgestellt. Freilich kann der Bearbeiter diese Rechte nicht ohne Zustimmung des Rechtsinhabers des originären Computerprogramms ausüben. Dieser wiederum hat aber auch keine Möglichkeit, das umgearbeitete Computerprogramm ohne Zustimmung des Bearbeiters zu ver- **16** werten. Denn § 69c Nr. 2 S. 1 gibt dem Rechtsinhaber in Bezug auf die Verwertung der Umarbeitung nur ein (negatives) Verbietungsrecht, nicht aber ein (positives) Benutzungsrecht.

IV. Verbreitungsrecht (Nr. 3)

1. Begriff der Verbreitung

17 Nach § 69c Nr. 3 S. 1 ist es dem Rechtsinhaber vorbehalten, das Original sowie Vervielfältigungsstücke eines Computerprogramms in jeder Form zu verbreiten. Das Recht zur Verbreitung schließt ausdrücklich auch die Vermietung ein.

18 **a) Inhalt des Verbreitungsrechts.** Welchen Inhalt das Verbreitungsrecht hat, kann § 69c Nr. 3 nicht entnommen werden. Deshalb bedarf es des Rückgriffs auf § 17 Abs. 1. Dort wird das Verbreitungsrecht als das Recht beschrieben, das Original oder Vervielfältigungsstücke des Werks der Öffentlichkeit anzubieten oder in Verkehr zu bringen. Nach traditionellem Verständnis handelt es sich bei der Verbreitung um eine **Verwertung des Werks in körperlicher Form**; es geht also darum, dass ein physisch vorhandenes Werkstück angeboten oder in den Verkehr gebracht wird (dazu näher unten Rn 21 f.).

19 Das Verbreitungsrecht umfasst zunächst das **Recht des öffentlichen Angebots eines Werkstücks.** Im Interesse eines möglichst weitgehenden Schutzes wird auf diesem Weg das Verbreitungsrecht auf solche Handlungen ausgedehnt, die der Vorbereitung des Inverkehrbringens als eigentlicher Verbreitungshandlung dient. Das Angebot iSd § 17 Abs. 1 ist nicht im rechtlichen, sondern im tatsächlichen Sinne zu verstehen. Was zivilrechtlich nur eine *invitatio ad offerendum* darstellt, ist urheberrechtlich regelmäßig ein Angebot. Entscheidend für die Qualifizierung als Angebot ist, ob es aus der Sicht eines objektiven Betrachters in dem Sinne zu verstehen ist, dass der Anbietende in der Lage ist, Dritten das Werkstück zu verschaffen. Dabei kommt es nicht darauf an, ob sich der Anbietende im Zeitpunkt des Angebots bereits im Besitz des Werkstücks befindet. Denn insb. bei Computerprogrammen ist es problemlos möglich, für einen auf das Angebot reagierenden Interessenten eine Programmkopie selbst herzustellen oder herstellen zu lassen (*BGH* GRUR 1991, 316, 317 – Einzelangebot). Zur Beantwortung der Frage, wann ein Angebot öffentlich ist, kann zunächst auf die in § 15 Abs. 3 für das Recht der öffentlichen Wiedergabe enthaltene Begriffsbestimmung verwiesen werden (*BGH* GRUR 1982, 102, 103 – Masterbänder). Während jedoch § 15 Abs. 3 eine Wiedergabe als öffentlich ansieht, wenn sie für eine Mehrzahl von Personen bestimmt ist, kann es hierauf für ein öffentliches Angebot iSd § 17 Abs. 1 nicht ankommen. Grund hierfür ist die Überlegung, dass es für eine Verletzung des Verbreitungsrechts ausreicht, wenn ein einziges Werkstück unbefugt in den Verkehr gebracht wird. Da es sich bei dem öffentlichen Angebot aber um eine Vorbereitungshandlung des Inverkehrbringens handelt, muss es auch ein Angebot an eine einzelne Person erfassen. Die Übersendung einer Programmliste an eine bestimmte Person ist deshalb ein öffentliches Angebot gem. § 17 Abs. 1 (*BGH* GRUR 1991, 316 – Einzelangebot). Die Bedeutung des § 15 Abs. 3 für die Interpretation des öffentlichen Angebots beschränkt sich damit auf die Erkenntnis, dass ein Angebot nicht öffentlich ist, wenn es sich an Personen richtet, die mit dem Anbietenden durch eine persönliche Beziehung verbunden sind. Hingegen entfällt, anders als

bei § 15 Abs. 3, die Öffentlichkeit des Angebots nicht im Hinblick auf eine durch bestimmte Merkmale verbundene Gruppe an Angebotsempfängern. Wenn schon ein Einzelangebot öffentlich sein kann, muss dies erst recht für das Angebot an eine bestimmte Gruppe gelten.

Ein **Inverkehrbringen** liegt vor, wenn der bisherige Inhaber des Werkstücks dieses **20** einem außerhalb seiner internen Sphäre stehenden Dritten überlässt (*BGH* GRUR 1991, 316 – Einzelangebot). Ohne Bedeutung ist der Rechtsgrund des Überlassens; entscheidend ist vielmehr der Besitzwechsel. Es kommt nicht darauf an, ob diesem Kauf, Miete, Schenkung oder andere vertragliche Absprachen zugrunde liegen.

b) Überlassung des Werks in körperlicher Form. Im Bereich des Urheberrechts **21** wird traditionell unterschieden zwischen der Verwertung eines Werks in körperlicher und in unkörperlicher Form. Diese Unterscheidung findet sich auch in der grundlegenden Bestimmung des § 15 wieder, der die Verwertung in körperlicher Form in Abs. 1 und jene in unkörperlicher Form in Abs. 2 behandelt. Das Verbreitungsrecht (§ 17) wird ausdrücklich der **Verwertung in körperlicher Form** zugeordnet (§ 15 Abs. 1 Nr. 2). Entspr. hat der BGH bereits 1954 ausgeführt, „daß der Verbreitungsbegriff sich nur auf die Verbreitung körperlicher Werkexemplare beschränkt und auf die unkörperliche Wiedergabe des Werks nicht zu erstrecken ist" (*BGH* GRUR 1954, 216, 219 – Schallplatten-Lautsprecherübertragung). Die Beschränkung des Verbreitungsrechts auf körperliche Gegenstände entspricht auch dem int. Verständnis dieses Rechts. So heißt es in den „Vereinbarten Erklärungen" zu Art. 6 des WIPO-Urheberrechtsvertrages (*Hillig* Urheber- und Verlagsrecht, Nr. 25a) und Art. 8 des WIPO-Vertrages über Darbietungen und Tonträger (*Hillig* Urheber- und Verlagsrecht, Nr. 25b), dass das Verbreitungsrecht nur festgelegte Vervielfältigungsstücke betrifft, die „als greifbare Gegenstände in Verkehr gebracht werden können".

Angesichts der heutigen Praxis der Softwareüberlassung fragt sich für den Bereich der **22** Computerprogramme, ob es sachgerecht ist, das Verbreitungsrecht auf körperliche Gegenstände zu beschränken. Computerprogramme werden heute auf verschiedene Weise in den Verkehr gebracht. Die Überlassung des Programms kann zunächst auf einem mobilen Datenträger (Diskette, CD-ROM etc) erfolgen. Insoweit liegt zweifelsohne eine Verwertung in körperlicher Form vor. Hierneben hat sich aber mehr und mehr die Übermittlung der zu einem Programm gehörenden Dateien über das Internet eingebürgert, wobei dies entweder über die Bereitstellung zum Herunterladen oder durch Versand mit E-Mail erfolgt. In diesem Fall liegt eindeutig keine Verwertung in körperlicher Form vor. Sieht man einmal von dem unterschiedlichen Übermittlungsweg ab, bestehen zwischen der Überlassung auf Datenträger und der Bereitstellung über das Internet für die Beteiligten keine wesentlichen Unterschiede. Der Nutzer ist, indem er das Programm auf seinem Rechner installiert, iE in beiden Fällen im Besitz des Programms. Wenn der Nutzer, dem die Software über das Internet übermittelt wurde, eine Sicherungskopie des Programms auf eine CD-ROM speichert und außerdem die ihm ebenfalls in Dateiform überlassene Dokumentation ausdruckt, so befindet er sich in der gleichen Situation wie ein Nutzer, der Dokumentation und Computerprogramm unmittelbar in körperlicher Form bezogen hat. Der Unterschied besteht allein darin, dass die körperliche Festlegung erst im Herrschaftsbereich des Nutzers erfolgt. Diese Erwägungen gelten iÜ nicht nur für Computerprogramme, sondern für jegliche Form von Werken, die in Dateiform übertragen werden. Ein Werk der Lit. kann sowohl in der Buchhandlung erworben als auch über das Internet in Dateiform bezogen und sodann ausgedruckt werden. Werke der Musik oder Filmwerke können im Handel auf entspr. Bild- und Tonträgern gekauft werden; es ist aber auch möglich, unbespielte Bild- und Tonträger zu erwerben, auf denen über das Internet bezogene Musik- und Filmdateien gespeichert werden.

23 Angesichts der Tatsache, dass bei wirtschaftlicher Betrachtung zwischen der Überlassung von Software einerseits über das Internet und andererseits auf einem Datenträger kein Unterschied besteht, wird gefordert, die Bestimmungen über das Verbreitungsrecht unmittelbar oder analog auch auf Computerprogramme (und andere Werke), die in elektronischer Form an den Nutzer gelangen, anzuwenden (*Möhring/Nicolini/Hoeren* § 69c Rn 12; *ders.* CR 1996, 517; *Marly* Urheberrechtsschutz für Computersoftware in der EU, S. 242; *Mäger* CR 1996, 522; *Schwarz* GRUR 1996, 836, 842; *Fromm/Nordemann/Vinck* § 69c Rn 5; *Berger* GRUR 2002, 198, 199). Die **hM** lehnt dies in erster Linie mit dem Hinweis ab, dass die Systematik des § 15 durchbrochen würde, wenn eine unkörperliche Verwertungsform unter das Verbreitungsrecht fiele (*Schricker/Loewenheim* § 17 Rn 5, § 69c Rn 25; *Bechtold* ZUM 1997, 427, 431; *Waldenberger* ZUM 1997, 176, 178; *Ernst* GRUR 1997, 592, 593 f.; *Flechsig/Fischer* ZUM 1996, 833; *Koch* CR 2002, 629, 631). Die Entsch. der Streitfrage ist praktisch durchaus von Bedeutung, allerdings nicht deshalb, weil der Urheber sonst keine Möglichkeit hätte, gegen die Online-Übermittlung seines Werks vorzugehen. Denn diejenigen, die hierin weder eine Verbreitung noch eine Sendung sehen, nehmen ein unter § 15 Abs. 2 fallendes unbenanntes Recht der öffentlichen Wiedergabe an (*Schricker/Loewenheim* § 17 Rn 5, § 69c Rn 25, mwN). Die praktische Relevanz liegt vielmehr darin, dass auf online übermittelte Werkstücke der **Erschöpfungsgrundsatz** (§§ 17 Abs. 2, 69c Nr. 3 S. 3) keine Anwendung findet, da er nur für das Verbreitungsrecht gilt. Konsequenz wäre, dass der Erwerber eines online übermittelten Werks (Computerprogramm, Lit., Musik etc.) dieses ohne Zustimmung des Rechtsinhabers nicht weiter veräußern darf. Die Verkehrsfähigkeit eines online übermittelten Werks wäre damit erheblich eingeschränkt. Dies legt den Gedanken nahe, bei der Veräußerung eines Computerprogramms oder eines sonstigen Werks über das Internet den Erschöpfungsgrundsatz (§§ 17 Abs. 2, 69c Nr. 3 S. 2) entspr. anzuwenden (*Mäger* CR 1996, 522, 526; *Fromm/Nordemann/Vinck* § 69c Rn 489; *Berger* GRUR 2002, 198, 200 ff.). In einem solchen Fall träte die Erschöpfungswirkung nicht in Ansehung des Datenbestandes ein (so *Mäger* CR 1996, 522, 526; *Fromm/Nordemann/Vinck* § 69c Rn 489), sondern nur in Ansehung eines durch den Erwerber im Anschluss an die Online-Übermittlung des Werks mit Zustimmung des Rechtsinhabers hergestellten körperlichen Vervielfältigungsstückes. Zuzugeben ist allerdings, dass Erwgr Nr. 29 der Richtlinie 2001/29/EG gegen eine solche Erschöpfungswirkung bei Online-Diensten zu sprechen scheint, und zwar ausdrücklich selbst dann, wenn der Nutzer eines solchen Dienstes das Vervielfältigungsstück eines Werks mit Zustimmung des Rechtsinhabers herstelle. Dem liegt der Gedanke zugrunde, dass die Weiterverbreitung eines elektronisch übermittelten Werks ohne jegliche Schwierigkeiten möglich ist. Dieser Schutzgedanke wird jedoch nicht unterwandert, wenn sich die Erschöpfungswirkung eben auf die mit Zustimmung des Rechtsinhabers erstellte körperliche Festlegung beschränkt.

c) Vermietung. Die Vermietung ist nach der in § 17 Abs. 3 enthaltenen, auf der 24 Richtlinie 92/100/EWG (Vermiet- und Verleihrechtsrichtlinie, abgedr. in GRUR Int 1993, 144) beruhenden Legaldefinition die zeitlich begrenzte, unmittelbar oder mittelbar Erwerbszwecken dienende Gebrauchsüberlassung. Es handelt sich um einen Unterfall der Verbreitung. Ausdrückliche Erwähnung findet die Vermietung in § 69c Nr. 3 S. 1 deshalb, weil das **Vermietrecht** von der für das Verbreitungsrecht iÜ angeordneten Erschöpfungswirkung ausgenommen wird, § 69c Nr. 3 S. 2. Diese Regelung entspricht jener in § 17 Abs. 2. Von dem Vermietrecht zu unterscheiden ist das **Verleihrecht**. Auch bei dem Verleih handelt es sich um einen Unterfall des Verbreitungsrechts. Der Unterschied zur Vermietung liegt in der Unentgeltlichkeit des Verleihs. Anders als das Vermietrecht wird das Verleihrecht aber von der Erschöpfungsregelung des § 69c Nr. 3 S. 2 erfasst. Nach §§ 69a Abs. 4, 27 Abs. 2 steht dem Rechtsinhaber jedoch für den Fall des Verleihs durch eine der Öffentlichkeit zugängliche Einrichtung ein Vergütungsanspruch zu.

2. Erschöpfung des Verbreitungsrechts (Nr. 3 S. 2)

a) Inhalt der Regelung. Nach § 69c Nr. 3 S. 2 erschöpft sich das Verbreitungsrecht, 25 wenn ein Vervielfältigungsstück eines Computerprogramms mit Zustimmung des Rechtsinhabers im Gebiet der Europäischen Union oder eines EWR-Vertragsstaates im Wege der Veräußerung in den Verkehr gebracht wurde. Ausgenommen von der Erschöpfungswirkung wird lediglich das Vermietrecht (s. Rn 24). Praktisch bedeutet die Erschöpfung, dass der Rechtsinhaber die (Weiter-)Verbreitung eines mit seiner Zustimmung in Verkehr gebrachten Werkstücks nicht untersagen kann. Anders ausgedrückt: Ohne den **Erschöpfungsgrundsatz** könnte der Erwerber eines Computerprogramms durch den Rechtsinhaber gehindert werden, dieses weiter zu veräußern (was in der Praxis ungeachtet dessen versucht wird, Rn 26 ff.). Die Erschöpfung tritt nur ein, wenn das **erstmalige Inverkehrbringen mit Zustimmung des Rechtsinhabers** innerhalb der EU oder des EWR erfolgt. Wird durch den Rechtsinhaber selbst oder mit seiner Zustimmung außerhalb dieses Gebiets ein Computerprogramm in den Verkehr gebracht und anschließend in dieses Gebiet (re)importiert, so kann der Rechtsinhaber das Angebot und die (Weiter-)Verbreitung eines solchen Computerprogramms untersagen. Der Erschöpfungsgrundsatz gilt nur für das Verbreitungsrecht (mit Ausnahme des Vermietrechts). Andere Verwertungsrechte unterliegen demnach nicht der Erschöpfung. Geht man davon aus, dass es sich bei der Veräußerung von Software über das Internet wegen der unkörperlichen Form der Überlassung nicht um eine Verbreitung handelt, findet hierbei keine Erschöpfung des Verbreitungsrechts statt. Der Rechtsinhaber kann also den weiteren Vertrieb des Computerprogramms kontrollieren. Weil es iE keinen Unterschied macht, ob die Software dem Erwerber auf einem Datenträger oder mittels einer Online-Übertragung überlassen wird, ist die entspr. Anwendung des § 69c Nr. 3 S. 2 geboten (Einzelheiten oben Rn 23).

b) Vertragliche Beschränkungen der Weiterveräußerung. In der Praxis haben 26 viele Software-Hersteller ein Interesse daran, den Vertrieb ihrer Produkte über den Zeitpunkt des erstmaligen Inverkehrbringens hinaus zu kontrollieren. Die durch die Anordnung der Erschöpfung bezweckte Fungibilität des einzelnen Werkstücks soll also wieder eingeschränkt werden.

27 Möglich ist zunächst die vertragliche Vereinbarung von **Weiterveräußerungsver-**
boten. Allerdings wirken sie nur **schuldrechtlich.** Veräußert der Rechtsinhaber ein
Computerprogramm an einen Abnehmer, mit dem ein Weiterveräußerungsverbot
vereinbart wurde und der das Programm sodann an einen Dritten weiter veräußert,
kann der Rechtsinhaber sich nur an den Ersterwerber als seinen unmittelbaren Vertragspartner wenden. Davon abgesehen sind mit Weiterveräußerungsverboten eine
Reihe von praktischen Problemen verbunden. Gerade Massensoftware durchläuft
häufig eine Vielzahl von Handelsstufen, bevor sie an den Endnutzer gelangt. Will der
Rechtsinhaber im Verhältnis zu dem Endanwender ein Weiterveräußerungsverbot
vereinbart wissen, so muss er dafür sorgen, dass die Verpflichtung zur Vereinbarung
eines solchen Verbots durch die Handelskette durchgereicht wird. Zu berücksichtigen ist dabei, dass Softwareüberlassungsverträge häufig Formularcharakter haben.
Damit unterliegen Softwareüberlassungsverträge aber regelmäßig den für **Allg. Ge-**
schäftsbedingungen (AGB) geltenden Bestimmungen der §§ 305 ff. BGB, insb. jenen zur wirksamen Einbeziehung (§ 305 BGB) und jenen zur Inhaltskontrolle
(§§ 307 bis 309 BGB). Unbedingte Weiterveräußerungsverbote verstoßen, weil sie
mit dem Grundgedanken der gesetzlichen Regelung gem. § 69c Nr. 3 S. 2 unvereinbar sind, regelmäßig gegen § 307 BGB; selbst ein Zustimmungsvorbehalt für Weiterveräußerungen wird oft nicht AGB-fest sein (Einzelheiten bei *Marly* Rn 925 ff.).

28 Ein Mittel zur Kontrolle des Vertriebswegs kann auch darin bestehen, ein nur auf einen bestimmten Vertriebsweg beschränktes Nutzungsrecht einzuräumen und damit
das **Verbreitungsrecht mit dinglicher Wirkung aufzuspalten.** Dies ermöglicht
dem Rechtsinhaber, auch gegen Dritte (auf der Grundlage des Urheberrechts) vorzugehen, mit denen er keine vertraglichen Beziehungen hat. Voraussetzung hierfür ist,
dass die von dem Verbreitungsrecht abgespaltene Nutzungsart üblich, technisch und
wirtschaftlich eigenständig und somit klar abgrenzbar ist (*BGH* GRUR 1959, 200,
202 – Der Heiligenhof; GRUR 1986, 736, 737 – Schallplattenvermietung; GRUR
2001, 153, 154 – OEM-Version). Um eine solche selbständige Nutzungsart handelt
es sich bei der Abgabe von sog. **OEM-Software** (*OLG Frankfurt* CR 2000, 581; *KG*
CR 1998, 137; *OLG München* CR 1998, 265; **aA** *OLG Frankfurt* CR 1999, 7; offen
gelassen in *BGH* GRUR 2001, 153, 154 – OEM-Version). Diese wird Herstellern von
Hardware (insb. PCs) mit der Maßgabe zur Verfügung gestellt, dass sie nur gemeinsam mit der Hardware abgegeben werden darf. Von der Handelsversion unterscheidet
sich die OEM-Version idR dadurch, dass sie nicht nur zu einem günstigeren Preis abgegeben, sondern auch mit weniger Funktionalitäten ausgestattet wird. Selbst wenn
aber die dingliche Aufspaltung des Verbreitungsrechts zulässig ist, so tritt gleichwohl
die Erschöpfung des Verbreitungsrechts insgesamt in dem Zeitpunkt ein, in dem das
Werkstück erstmalig mit Zustimmung des Rechtsinhabers in den Verkehr gebracht
wird. Ist der Vertrieb von OEM-Versionen so strukturiert, dass ein Dritter das Programm mit Zustimmung des Rechtsinhabers vervielfältigt und an den sog. Original
Equipment Manufacturer (OEM) abgibt, so tritt mit dieser Abgabe Erschöpfung ein.
Veräußert der OEM oder ein Händler auf einer weiteren Vertriebsstufe die OEM-
Software ohne die dazugehörige Hardware, liegt hierin kein Eingriff in das Verbrei-
tungsrecht des Rechtsinhabers (*BGH* GRUR 2001, 153, 154 f – OEM-Version; krit.
dazu *Chrociel* CR 2000, 738; s. auch *Metzger* GRUR 2001, 210). Bis zu der BGH-
Entsch. „OEM-Version" waren die Instanzgerichte davon ausgegangen, dass Er-

schöpfung nur in dem Umfang des abgespaltenen Nutzungsrechts eintreten könne, während das Verbreitungsrecht iÜ bei dem Urheber verbleibe (*OLG Frankfurt* CR 2000, 581, 582; *OLG München* CR 1998, 265, 266). Damit hat die Möglichkeit zur Aufspaltung des Verbreitungsrechts nur auf der Stufe der Erstverbreitung Auswirkungen, während die anschließende Weiterverbreitung nicht mehr kontrolliert werden kann (*Schricker/Loewenheim* § 69c Rn 30).

Aus dem anglo-amerikanischen Rechtskreis kommt der Versuch, die Verkehrsfähig- **29** keit von Computerprogrammen dadurch einzuschränken, dass zeitlich begrenzte oder wenigstens kündbare Lizenzverträge abgeschlossen werden. Hierbei soll **nach Ende der Lizenz das Nutzungsrecht wieder an den Rechtsinhaber zurückfallen.** IE ist eine solche Vereinbarung nur bei der Vermietung von Software möglich. Denn in dem Abschluss eines zeitlich befristeten Überlassungsvertrages liegt keine Veräußerung gem. § 69c Nr. 3 S. 2, sodass auch keine Erschöpfung eintritt (*Marly* Rn 922). Wird Software jedoch im Rahmen von Kaufverträgen überlassen, liegt eine Veräußerung vor, die zur Erschöpfung des Verbreitungsrechts führt. An diesem Umstand ändert auch ein späterer Wegfall des „Lizenzverhältnisses" nichts.

V. Öffentliche Zugänglichmachung (Nr. 4)

Durch das Gesetz zur Regelung des Urheberrechts in der Informationsgesellschaft **30** wurde § 69c Nr. 4 eingeführt. Es handelt sich, so die Begr. des RegE (BT-Drucks. 15/ 38, 22), um eine klarstellende Regelung, die angesichts des generellen Verweises in § 69a Abs. 4 nicht notwendig gewesen wäre. Der Wortlaut von § 69c Nr. 4 entspricht § 19a, sodass auf die dortige Kommentierung verwiesen werden kann.

VI. Gestattung durch den Rechtsinhaber

Nach dem Obersatz von § 69c sind die in Nr. 1-3 beschriebenen Rechte dem Rechts- **31** inhaber nur insoweit vorbehalten, wie er nicht Dritten derartige Handlungen gestattet hat. Zwar ist regelmäßig leicht festzustellen, ob der Nutzer eines Computerprogramms überhaupt eine „Lizenz" (dh ein Nutzungsrecht) von dem Rechtsinhaber erworben hat. Wesentlich schwieriger gestaltet sich jedoch in aller Regel die Frage, welchen Umfang die eingeräumte Lizenz hat und zu welchen Handlungen sie folglich im Einzelnen berechtigt. Zwar schreibt § 69d bestimmte Mindestrechte fest, die der Rechtsinhaber dem Inhaber des Nutzungsrechts auch durch vertragliche Vereinbarung nicht nehmen kann. Jedoch ist auch innerhalb der Grenzen von § 69d häufig unklar, welchen Umfang eine gewährte Lizenz hat. Hintergrund der Unwägbarkeiten sind die mannigfaltigen Lizenzmodelle, die durch die Anbieter von Software für den Vertrieb ihrer Produkte eingesetzt werden. Schwierigkeiten sind insb. dort zu beobachten, wo auf dem inländischen Markt Lizenzmodelle aus dem anglo-amerikanischen Rechtskreis implementiert werden sollen.

Lagert der Inhaber eines Nutzungsrechts den Betrieb oder die Weiterentwicklung ei- **32** ner ihm für entspr. Zwecke überlassenen Software auf einen Dritten aus (sog. **Outsourcing**), so stellt sich die Frage, ob dies nach den geltenden Nutzungsbestimmungen zulässig ist. Häufig enthalten diese allerdings keine sog. Outsourcing-Klausel, die diesen Fall ausdrücklich vorsieht. Da der Anbieter der Outsourcing-Dienstleistung, wenn er die Software für die Inhaber des Nutzungsrechts betreibt oder weiterentwickelt, zweifelsohne eine dem Rechtsinhaber nach § 69c vorbehaltene Handlung vornimmt, muss durch Auslegung der Vertragsbedingungen geklärt werden, ob diese Handlung durch das eingeräumte Nutzungsrecht gestattet ist. Davon ist grds auszugehen, wenn der Rechtsinhaber ohne bes. Einschränkungen das Recht einräumt, die Software für eigene Zwecke zu nutzen. Denn der Outsourcing-Dienstleister beschränkt sich in einer für die moderne arbeitsteilige Wirtschaft typischen Weise darauf, die Software für Zwecke eben des Inhabers des Nutzungsrechts zu nutzen. In diesem Sinne kann der Rechtsinhaber einem Unternehmen, dem er im Rahmen einer Generallizenz auch Schulungslizenzen eingeräumt hat, nicht untersagen, die Schulung auf einen Dritten auszulagern und diesem Dritten in diesem Zusammenhang auch die Nutzung der überlassenen Software zu ermöglichen (*OLG Düsseldorf* CR 2002, 95). Eine abweichende Beurteilung ergibt sich dort, wo der Rechtsinhaber – soweit mit § 69d vereinbar – weitergehende Nutzungsbeschränkungen vereinbart hat, zB den Einsatz der Software auf bestimmten Rechnern oder in bestimmten Räumlichkeiten.

§ 69d   Ausnahmen von den zustimmungsbedürftigen Handlungen

(1) Soweit keine besonderen vertraglichen Bestimmungen vorliegen, bedürfen die in § 69c Nr. 1 und 2 genannten Handlungen nicht der Zustimmung des Rechtsinhabers, wenn sie für eine bestimmungsgemäße Benutzung des Computerprogramms einschließlich der Fehlerberichtigung durch jeden zur Verwendung eines Vervielfältigungsstücks des Programms Berechtigten notwendig sind.

(2) Die Erstellung einer Sicherungskopie durch eine Person, die zur Benutzung des Programms berechtigt ist, darf nicht vertraglich untersagt werden, wenn sie für die Sicherung künftiger Benutzung erforderlich ist.

(3) Der zur Verwendung eines Vervielfältigungsstücks eines Programms Berechtigte kann ohne Zustimmung des Rechtsinhabers das Funktionieren dieses Programms beobachten, untersuchen oder testen, um die einem Programmelement zugrundeliegenden Ideen und Grundsätze zu ermitteln, wenn dies durch Handlungen zum Laden, Anzeigen, Ablaufen, Übertragen oder Speichern des Programms geschieht, zu denen er berechtigt ist.

Literatur: *Baus* Umgehung der Erschöpfungswirkung durch Zurückhaltung von Nutzungsrechten, MMR 2002, 14; *Günther* Änderungsrechte des Softwarenutzers, CR 1994, 321; *Hoeren/Schuhmacher* Verwendungsbeschränkungen im Softwarevertrag, CR 2000, 137; *Koch* Wirksame Vereinbarung von Kundenpflichten zur Software-„Aktivierung", ITRB 2002, 43; *ders.* Urheberrechtliche Zulässigkeit technischer Beschränkungen und Kontrolle der Software-Nutzung, CR 2002, 629; *Marly* Softwareüberlassungsverträge, 3. Aufl. 2000; *Moritz* Vervielfältigungsstück eines Programms und seine berechtigte Verwendung, MMR 2001, 94; *Raubenheimer* Beseitigung eines technischen Programmschutzes nach UrhG und UWG, CR 1996, 69; *ders.* Die jüngste Rechtsprechung zur Umgehung/Beseitigung eines Dongles, NJW-CoR 1996, 174; *Runtke* Produktaktivierung – Zivilrechtliche Fragen der „Aktivierung" von Software, CR 2001, 657; *Scholz/Haines* Hardwarebezogene Verwendungsbeschränkungen in Standardverträgen zur Überlassung von Software, CR 2003, 393; *Schuhmacher* Wirksamkeit von typischen Klauseln in Software-Überlassungsverträgen, CR 2000, 641; *Vinje* Die EG-Richtlinie zum Schutz von Computerprogrammen und die Frage der Interoperabilität, GRUR Int 1992, 250; *ders.* Softwarelizenzen im Lichte von Art. 85 des EWG-Vertrages, CR 1993, 401.

Übersicht

I. Allgemeines

In § 69c werden dem Rechtsinhaber umfassende Verwertungsrechte zugeordnet. **1** Hierzu enthält § 69d, ebenso wie § 69e, gewisse Einschränkungen. Zunächst sollen das Vervielfältigungs- und das Umarbeitungsrecht (§ 69c Nr. 1 und 2) nicht dazu missbraucht werden, die **bestimmungsgemäße Benutzung des geschützten Computerprogramms** zu unterbinden (Abs. 1). Keine Verletzung des Vervielfältigungsrechts nach § 69c Nr. 1 stellt außerdem die **Erstellung einer Sicherungskopie dar (Abs. 2)**. Schließlich trägt Abs. 3 dem Grundsatz Rechnung, dass die einem urheberrechtlich geschützten Werk zugrunde liegenden Ideen und Grundsätze frei sind, und gestattet deshalb bestimmte **Maßnahmen zur Ermittlung dieser Ideen und Grundsätze**.

II. Zulässige Vervielfältigung und Umarbeitung (Abs. 1)

1. Regelungszweck

Wer ein Computerprogramm benutzt, nimmt zwangsläufig Vervielfältigungen vor, **2** die dem Rechtsinhaber nach § 69c Nr. 1 vorbehalten sind (§ 69c Rn 8 ff.). Ebenso erfolgt in aller Regel ein Eingriff in das Umarbeitungsrecht des Rechtsinhabers nach § 69c Nr. 2, wenn Programmfehler beseitigt werden. Denn hierfür sind gewisse Änderungen der ursprünglichen Programmierung erforderlich (s. § 69c Rn 11 ff.). Damit müsste sich der Erwerber eines Computerprogramms, nur um dieses bestimmungsgemäß benutzen zu können, zunächst der **Zustimmung des Rechtsinhabers** vergewissern, mit dem er häufig keine direkten vertraglichen Beziehungen hat. Um dies zu vermeiden oder wenigstens zu erleichtern (Einzelheiten bei Rn 4 ff.), sieht § 69d Abs. 1 vor, dass im Zuge der bestimmungsgemäßen Benutzung eines Computerprogramms erfolgende Handlungen, die eigentlich zustimmungsbedürftig gem. § 69c Nr. 1 und 2 wären, von dieser Zustimmungspflicht ausgenommen sind.

2. Ausgenommene zustimmungsbedürftige Handlungen

Von der Zustimmungspflicht durch den Rechtsinhaber sind nach Abs. 1 das Recht **3** zur Vervielfältigung und zur Umarbeitung (§ 69c Nr. 1 und 2) unter bestimmten Voraussetzungen ausgenommen. Damit bezieht sich § 69d Abs. 1 auf einen Ausschnitt

der dem Rechtsinhaber durch § 69c zugeordneten Rechte. Sofern die bestimmungsgemäße Benutzung eines Computerprogramms andere als diese Verwertungsrechte
berührt, hilft dem Nutzer § 69d Abs. 1 nicht weiter. Auch für eine bestimmungsgemäße Benutzung bedarf es dann der Einräumung eines Nutzungsrechts durch den
Rechtsinhaber.

3. Notwendigkeit zur bestimmungsgemäßen Nutzung

4 Eine Vervielfältigung oder Umarbeitung ist nur dann gem. § 69d Abs. 1 zustimmungsfrei, wenn sie zur bestimmungsgemäßen Benutzung eines Computerprogramms notwendig ist.

5 Welche Handlungen eine **bestimmungsgemäße Benutzung** des Computerprogramms darstellen, bedarf der Untersuchung im Einzelfall. Diese ist unproblematisch, wenn es zB um die Nutzung einer Standard-Software auf einem gängigen PC
geht. Die Installation des Programms auf der Festplatte des Rechners sowie das Laden des Programms in den Arbeitsspeicher bei Aufruf durch den Nutzer sind Vervielfältigungshandlungen, die in bestimmungsgemäßer Benutzung des Computerprogramms erfolgen. Jedoch ist die Lage keineswegs immer so eindeutig. Wird ein
Computerprogramm etwa zur alternativen Nutzung gleichzeitig auf einem PC und einem Notebook installiert oder in einem Netzwerk bereitgestellt, bedarf die Frage der
bestimmungsgemäßen Nutzung genauerer Betrachtung (Rn 13). Was zur bestimmungsgemäßen Benutzung eines Computerprogramms gehört, kann zunächst anhand der Art des Computerprogramms ermittelt werden. Wesentliche Bedeutung haben auch die vertraglichen Absprachen. Häufig gibt es einen schriftlichen Vertrag, einen Leistungsschein, ein Lizenzzertifikat oder ein ähnliches Dokument, dem nähere
Angaben zum Verwendungszweck der Software entnommen werden können. Auf-
schlussreich für die Ermittlung der Reichweite der bestimmungsgemäßen Verwendung eines Computerprogramms können außerdem die Nutzungsbedingungen sein.
Typischerweise regeln solche Bedingungen punktuell die Zulässigkeit oder Unzulässigkeit bestimmter Handlungen.

6 **Maßnahmen der Fehlerberichtigung** gehören zur bestimmungsgemäßen Benutzung eines Computerprogramms. Dies stellt § 69d Abs. 1 ausdrücklich klar. Unter
Fehlerberichtigung sind sämtliche Maßnahmen zu verstehen, die dazu erforderlich
sind, den Sollzustand eines Computerprogramms herbeizuführen oder aufrecht zu erhalten. Unerheblich ist es, ob Fehler vor oder nach der Überlassung des Computerprogramms aufgetreten sind. Ohne Bedeutung ist auch, ob der Fehler aus der Sphäre
des Rechtsinhabers oder Veräußerers oder – bis zur Grenze des Missbrauchs – des
Erwerbers bzw Nutzers resultiert. Mit der Fehlerbeseitigung kann der zur Nutzung
des Computerprogramms Berechtigte auch einen Dritten beauftragen (*BGH* GRUR
2000, 866, 868 – Programmfehlerbeseitigung). Ist zur Fehlerbeseitigung die **Entfernung eines Kopierschutzes**, etwa einer Dongle-Abfrage unerlässlich, so ist eine solche Handlung durch § 69d Abs. 1 gedeckt (*LG Mannheim* CR 1995, 542; **aA** *OLG
Karlsruhe* CR 1996, 341, 342; *Schricker/Loewenheim* § 69d Rn 10 mwN). Eine zur
Fehlerberichtigung erforderliche **Dekompilierung** ist nach § 69d Abs. 1 gestattet
(**aA** *Schricker/Loewenheim* § 69d Rn 3; *Raubenheimer* NJW-CoR 1996, 174, 177).
Die Dekompilierung stellt eine Form der Umarbeitung gem. § 69c Nr. 2 dar, die nach
§ 69d Abs. 1 zustimmungsfrei sein soll, wenn sie zur Fehlerberichtigung notwendig

ist. Hierneben enthält § 69e keine abschließende Regelung der Zulässigkeit der Dekompilierung, sondern vielmehr eine Erweiterung gegenüber § 69d Abs. 1.

Die Zustimmungsfreiheit bestimmter Maßnahmen zur bestimmungsgemäßen Benutzung eines Computerprogramms nach § 69d Abs. 1 hängt davon ab, ob diese Maßnahmen notwendig sind. Nicht ausreichend ist, dass es sich lediglich um zweckmäßige Maßnahmen handelt. Der **Begriff der Notwendigkeit** impliziert auch, dass Alternativen nicht vorhanden sind. Für den Fall der Fehlerberichtigung bedeutet dies, dass der Nutzungsberechtigte zunächst gehalten ist, bei dem Rechtsinhaber oder einem durch diesen autorisierten Dritten um Fehlerberichtigung nachzusuchen, bevor er selbst durch Umarbeitung des Computerprogramms den Fehler behebt. **7**

4. Berechtigung zur Nutzung des Programms

Die Regelung des § 69d Abs. 1 begünstigt nur den „zur Verwendung eines Vervielfältigungsstücks des Programms Berechtigten". Dabei ist nicht entscheidend, ob der Nutzer des Programms Inhaber eines eigenständigen Nutzungsrechts ist. Dass es auf die Einräumung eines Nutzungsrechts nicht ankommt, ergibt sich auch aus Art. 5 Abs. 1 der Richtlinie 91/250/EWG, der alleine auf den **„rechtmäßigen Erwerb"** abstellt. Entscheidend ist danach, dass die Überlassung des Computerprogramms an den Nutzer, gleich auf welcher vertragsrechtlichen Grundlage, rechtmäßig ist (s. *Baus* MMR 2002, 14, 16; wohl auch *Fromm/Nordemann/Vinck* § 69d Rn 2; **aA** *Moritz* MMR 2001, 94, 95; eingehend *Wandtke/Bullinger/Grützmacher* § 69d Rn 24 ff. mwN). **8**

5. Abweichende vertragliche Vereinbarungen

Nach seinem Wortlaut gilt § 69d Abs. 1 nur, „soweit keine besonderen vertraglichen Bestimmungen vorliegen". Dies spricht zunächst dafür, dass der Rechtsinhaber die ihm in § 69d Abs. 1 auferlegten Schranken abbedingen kann. Angesichts des Zwecks der Regelung (s. Rn 2) verwundert dies. In der Tat ist auch die Richtlinie 91/250/ EWG nicht frei von Widersprüchen. Während Art. 5 Abs. 1 Richtlinie 91/250/EWG, dem § 69d Abs. 1 weitgehend entspricht, von einer dispositiven Regelung auszugehen scheint, heißt es in den Erwgr, dass in den hier maßgebenden Fällen die Vervielfältigung rechtmäßig sei und nicht der Zustimmung des Rechtsinhabers bedürfe. In welchem Umfang der Rechtsinhaber § 69d Abs. 1 abbedingen kann, ist vor diesem Hintergrund im Einzelnen streitig. Vorherrschend ist die Auffassung, dass es einen **zwingenden Kern der Rechte des Benutzers** gebe, der nicht berührt werden dürfe (*Schricker/Loewenheim* § 69d Rn 12; *Marly* Rn 1380 f.; *Günther* CR 1994, 321, 326 f.; *Wandtke/Bullinger/Grützmacher* § 69d Rn 33 ff. mwN). Dieser Auffassung hat sich ausdrücklich auch der BGH angeschlossen, dabei allerdings die Frage offen gelassen, ob ein Ausschluss der durch § 69d Abs. 1 vermittelten Rechte überhaupt vertraglich möglich wäre (*BGH* GRUR 2000, 866, 868 – Programmfehlerbeseitigung). **9**

Ziel des § 69d Abs. 1 ist es, dem Erwerber die Nutzung eines ihm überlassenen Computerprogramms zu ermöglichen. Er soll insb. berechtigt sein, die Vervielfältigungshandlungen vorzunehmen, die für eine zweckentsprechende Nutzung des Computerprogramms notwendig sind, sowie etwaige Fehler durch Umarbeitung zu beseitigen. Die dem Nutzer in § 69d Abs. 1 eingeräumten Rechte dürfen nur vertraglich modifi- **10**

Kotthoff

ziert oder gar abbedungen werden, soweit sichergestellt ist, dass dieser Regelungszweck nicht berührt wird. Sofern also die bestimmungsgemäße Benutzung eines Computerprogramms auch ohne die in § 69c Nr. 1 und 2 genannten Handlungen möglich ist, kann die Zulässigkeit solcher Handlungen vertraglich ausgeschlossen werden (*Möhring/Nicolini/Hoeren* § 69d Rn 16 f.). Voraussetzung ist aber, dass es sich um eine in praktischer und wirtschaftlicher Hinsicht ebenbürtige Alternative handelt. Eine zulässige **vertragliche Einschränkung** wird zB darin liegen, eine Umarbeitung des Programms zum Zwecke der Fehlerbeseitigung unter den Vorbehalt zu stellen, dass zuvor dem Rechtsinhaber Gelegenheit zur Fehlerbeseitigung binnen angemessener Frist gegeben wird. Entscheidend ist dabei der Gesichtspunkt, dass es sich um eine zumutbare Beschränkung der dem rechtmäßigen Erwerber in § 69d Abs. 1 eingeräumten Rechte handelt.

11 Bei formularmäßig **in Allg. Geschäftsbedingungen vereinbarten Verwendungsbeschränkungen** ist zusätzlich zu untersuchen, ob diese mit §§ 305 ff. BGB vereinbar sind. Ist dies nicht der Fall, fehlt es bereits an einer wirksamen vertraglichen Einschränkung. Hingegen wird eine in AGB zulässige Vereinbarung regelmäßig auch eine zulässige bes. vertragliche Bestimmung iSd § 69d Abs. 1 sein (s. nur *BGH* GRUR 2003, 416, 419 – CPU-Klausel). Im Falle einer wirksamen Verwendungsbeschränkung bedeutet eine Zuwiderhandlung des Nutzers, dem diese auferlegt wurde, nicht zwangsläufig eine Verletzung der Rechte des Rechtsinhabers; eine solche setzt nämlich voraus, dass das eingeräumte Nutzungsrecht dinglich überhaupt entspr. beschränkt eingeräumt werden kann (*BGH* GRUR 2003, 416, 420 – CPU-Klausel).

12 Durch sog. **CPU-Klauseln** wird der Nutzer eines Computerprogramms dazu verpflichtet, das Programm nur auf einem bestimmten Rechner einzusetzen. Dem Nutzer wird durch eine solche Klausel nicht nur untersagt, das Programm zeitgleich auf mehreren Rechnern einzusetzen, sondern auch einen Rechner durch den anderen Rechner zu ersetzen. Eine Abwandlung der CPU-Klauseln stellen die sog. **Upgrade-Klauseln** dar. Nach diesen ist der Einsatz eines Programms zwar nicht an einen bestimmten Rechner gebunden, jedoch bei Einsatz eines Rechners mit einer höheren Leistungsfähigkeit die Zustimmung des Rechtsinhabers erforderlich. In beiden Fällen solcher hardwarebezogenen Verwendungsbeschränkungen stellt sich die Frage, ob diese zulässig vereinbart werden können (in AGB oder als zulässige Einschränkung gem. § 69d Abs. 1). Zulässig ist die – auch formularmäßige – Vereinbarung einer Upgrade-Klausel. Maßgebend ist insoweit die Überlegung, dass der Rechtsinhaber sich auf diese Weise eine angemessene Beteiligung an der Möglichkeit der erweiterten Nutzung des überlassenen Programms sichert (*BGH* GRUR 2003, 416, 418 – CPU-Klausel; s. dazu *Scholz/Haines* CR 2003, 393 ff.; *Wiebe/Neugebauer* CR 2003, 327 f.). Dass dem Nutzer des Programms durch eine solche Klausel die Möglichkeit genommen wird, die tatsächliche Leistung des leistungsfähigeren Rechners zu drosseln, spielt für die Bewertung der Zulässigkeit der Klausel keine Rolle (*BGH* GRUR 2003, 416, 418 – CPU-Klausel, **aA** noch die Vorinstanz *OLG Frankfurt* CR 2000, 146, 150). Umstr. ist die in *BGH* GRUR 2003, 416 – CPU-Klausel offen gelassene Frage, ob eine Upgrade-Klausel nur in zeitlich befristeten Lizenzverträgen mit laufender Vergütung oder auch im Falle des Lizenzkaufs mit einmaliger Vergütung zulässig ist (so *Scholz/Haines* CR 2003, 393, 396; **aA** wohl *Wiebe/Neugebauer* CR 2003, 327). Da es für die Zulässigkeit der Verwendungsbeschränkung nach § 69d

Abs. 1 keinen Unterschied machen kann, wie die Vergütung des Nutzungsrechts ausgestaltet ist, sollte dies auch für die AGB-rechtliche Beurteilung gelten. Die Erwägungen, aus denen heraus eine Upgrade-Klausel in als Dauerschuldverhältnissen ausgestalteten Lizenzverträgen zulässig ist, finden auch im Falle des Lizenzkaufs Anwendung. **CPU-Klauseln** sind jedenfalls dann regelmäßig unzulässig, wenn sie dem Inhaber des Nutzungsrechts die Möglichkeit nehmen, den Rechner, auf dem das Computerprogramm zum Einsatz gelangt, durch einen gleichwertigen Rechner – etwa im Falle eines Defekts – auszutauschen (*OLG Frankfurt* CR 1991, 345; CR 1994, 398, 399; *Marly* Rn 1007; *Scholz/Haines* CR 2003, 393, 398; ausdrücklich offen gelassen in *BGH* GRUR 2003, 416, 418 – CPU-Klausel).

Zulässig ist es, die Nutzung des Programms davon abhängig zu machen, dass innerhalb eines bestimmten Zeitraums nach der Installation auf einem (ersten oder weiteren) Rechner eine **Produktaktivierung erfolgt**, solange diese Aktivierung ohne weiteres erwirkt werden kann und faktisch nicht die gleiche Wirkung wie eine unzulässige CPU-Klausel hat (s. hierzu *Baus* MMR 2002, 14, 17; *Runtke* CR 2001, 657, 664). Insb. wenn der Erwerb des Programms nicht unmittelbar von dem Hersteller, sondern über Händler erfolgt, ist bei der üblichen Verwendung von AGB die wirksame Einbeziehung solcher Bestimmungen nach § 305 Abs. 2 BGB zu prüfen (s. dazu *Koch* ITRB 2002, 23 ff.). **13**

Nicht zu beanstanden ist grds eine Klausel, nach der dem Erwerber eines Programms untersagt wird, dieses **Programm in einem Netzwerk dergestalt bereitzustellen, dass eine Mehrfachnutzung möglich** ist. Bereits das Laden des Programms auf den Netzwerk-Server ist nicht durch § 69d Abs. 1 gedeckt. Denn nur bei Vorliegen einer Netzwerklizenz gehört das Laden auf einen Netzwerk-Server zur zweckentsprechenden Nutzung eines Computerprogramms (*Hoeren/Schuhmacher* CR 2000, 137, 142). Dies mag ausnahmsweise anders gesehen werden, wenn sichergestellt wird, dass nicht mehr als ein Nutzer gleichzeitig das Programm im Netzwerk benutzt (vgl *Kotthoff* GRUR 1997, 597, 600). **14**

III. Erstellen einer Sicherungskopie (Abs. 2)

Die Erstellung einer Sicherungskopie stellt eine Vervielfältigung des Computerprogramms gem. § 69c Nr. 1 dar. Nach § 69d Abs. 2 darf sie nicht vertraglich untersagt werden, wenn sie für die **Sicherung künftiger Benutzung** erforderlich ist. Entscheidend ist danach das Sicherungsbedürfnis des Benutzers des Computerprogramms. Im Privatbereich wird es in aller Regel ausreichen, wenn der Nutzer eine Sicherungskopie des ihm überlassenen Programms anfertigt. Unternehmen und andere größere Organisationen verfügen demgegenüber regelmäßig über komplexe Sicherungssysteme, die zB auch täglich die Vervielfältigung eines Programms oder wenigstens von Teilen hiervon erfordern können. In diesen Fällen ist die Erstellung mehrfacher Sicherungskopien für die Sicherung künftiger Benutzung erforderlich. Somit bestimmt das Sicherungskonzept des Benutzers die Erforderlichkeit der Sicherungskopie. Selbst wenn der Wortlaut des Abs. 2 von „einer" Sicherungskopie spricht, können daher im Einzelfall auch mehrere Sicherungskopien angefertigt werden (*Fromm/Nordemann/Vinck* § 69d Rn 4; *Hoeren/Schuhmacher* CR 2000 137, 140). **15**

16 Die Aussage des Abs. 2, dass die Erstellung notwendiger Sicherungskopien vertraglich nicht untersagt werden darf, wird durch § 69g Abs. 2 nochmals bekräftigt.

IV. Ermittlung der Ideen und Grundsätze des Programms (Abs. 3)

17 Die Vorschrift ist von geringer praktischer Relevanz. Nach § 69a Abs. 2 sind die einem Computerprogramm zugrunde liegenden Ideen und Grundsätze nicht geschützt. Es ist also nur konsequent, wenn § 69d Abs. 3 dem rechtmäßigen Benutzer (Rn 8) erlaubt, ohne Zustimmung des Rechtsinhabers und vertraglich unabdingbar (§ 69g Abs. 2), zum Zwecke der Ermittlung der einem Programmelement zugrunde liegenden Ideen und Grundsätze, das Funktionieren des Programms zu beobachten, zu untersuchen oder zu testen. Hierzu darf der Nutzer jedoch nur solche Handlungen zum Laden, Anzeigen, Ablaufen, Übertragen oder Speichern des Programms vornehmen, zu denen er grds berechtigt ist. Eine Erweiterung der dem Nutzer durch den Rechtsinhaber eingeräumten Rechte findet durch § 69d Abs. 3 nicht statt.

18 Nicht zulässig ist, ohne Zustimmung des Rechtsinhabers, die **Dekompilierung des Programms zum Zwecke der Analyse**. Dies ergibt sich zum einen aus der Gegenüberstellung von § 69d und § 69e, zum anderen daraus, dass das Dekompilieren nicht ausdrücklich in Abs. 3 als zulässige Handlung aufgeführt wurde (s. auch *Vinje* GRUR Int 1992, 250, 253; *ders.* CR 1993, 401).

19 Die dem Nutzer nach § 69d Abs. 3 gewährten Rechte können vertraglich nicht eingeschränkt werden (§ 69g Abs. 2).

§ 69e   Dekompilierung

(1) **Die Zustimmung des Rechtsinhabers ist nicht erforderlich, wenn die Vervielfältigung des Codes oder die Übersetzung der Codeform im Sinne des § 69c Nr. 1 und 2 unerläßlich ist, um die erforderlichen Informationen zur Herstellung der Interoperabilität eines unabhängig geschaffenen Computerprogramms mit anderen Programmen zu erhalten, sofern folgende Bedingungen erfüllt sind:**

1. **Die Handlungen werden von dem Lizenznehmer oder von einer anderen zur Verwendung eines Vervielfältigungsstücks des Programms berechtigten Person oder in deren Namen von einer hierzu ermächtigten Person vorgenommen;**
2. **die für die Herstellung der Interoperabilität notwendigen Informationen sind für die in Nummer 1 genannten Personen noch nicht ohne weiteres zugänglich gemacht;**
3. **die Handlungen beschränken sich auf die Teile des ursprünglichen Programms, die zur Herstellung der Interoperabilität notwendig sind.**

(2) **Bei Handlungen nach Absatz 1 gewonnene Informationen dürfen nicht**

1. **zu anderen Zwecken als zur Herstellung der Interoperabilität des unabhängig geschaffenen Programms verwendet werden,**

2. an Dritte weitergegeben werden, es sei denn, daß dies für die Interoperabilität des unabhängig geschaffenen Programms notwendig ist,

3. für die Entwicklung, Herstellung oder Vermarktung eines Programms mit im wesentlichen ähnlicher Ausdrucksform oder für irgendwelche anderen das Urheberrecht verletzenden Handlungen verwendet werden.

(3) Die Absätze 1 und 2 sind so auszulegen, daß ihre Anwendung weder die normale Auswertung des Werkes beeinträchtigt noch die berechtigten Interessen des Rechtsinhabers unzumutbar verletzt.

Literatur: *Dreier* Verletzung urheberrechtlich geschützter Software nach der Umsetzung der EG-Richtlinie, GRUR 1993, 781; *Günther* Änderungsrechte des Softwarenutzers, CR 1994, 321; *Koch* Das neue Softwarerecht und die praktischen Konsequenzen, NJW-CoR 1994, 293; *Lehmann* Der neue Europäische Rechtsschutz von Computerprogrammen, NJW 1991, 2112; *Lietz* Technische Aspekte des Reverse Engineering, CR 1991, 564, 565; *Marly* Urheberrechtsschutz für Computersoftware in der Europäischen Union – Abschied vom überkommenen Urheberrechtsverständnis, 1995; *Pilny* Mißbräuchliche Marktbeherrschung gemäß Art. 86 EWGV durch Immaterialgüterrechte, GRUR Int 1995, 954; *Schulte* Der Referentenentwurf eines Zweiten Gesetzes zur Änderung des Urheberrechtsgesetzes – Ausgewählte Auslegungsfragen der EG-Richtlinie über den Rechtsschutz von Computerprogrammen, CR 1992, 648; *Vinje* Die EG-Richtlinie zum Schutz von Computerprogrammen und die Frage der Interoperabilität, GRUR Int 1992, 250; *ders.* Softwarelizenzen im Lichte von Art. 85 des EWG-Vertrages, CR 1993, 401.

I. Allgemeines

Einen einheitlichen Standard für die Entwicklung und das Funktionieren von Computerprogrammen gibt es nicht. Deshalb wirken verschiedene Computerprogramme nicht ohne weiteres zusammen. Dies gilt insb. für Programme verschiedener Hersteller. Um die Interoperabilität zwischen verschiedenen Komponenten eines Systems herzustellen – mag es sich dabei um Computerprogramme oder Hardware handeln – müssen Schnittstellen entwickelt werden. Die Entwicklung einer Schnittstelle zu einem Computerprogramm als Voraussetzung der Kompatibilität verschiedener Systeme erfordert regelmäßig den Zugriff auf den Quellcode. Um diesen zu ermitteln, bedarf es der anhand von Decompilern oder anderen Tools durchgeführten Rückübersetzung (Dekompilierung) des dem Nutzer regelmäßig alleine zur Verfügung stehenden binären Objektcodes (s. zu den technischen Aspekten *Lietz* CR 1991, 564, 565). Dabei aber handelt es sich um eine dem Rechtsinhaber nach § 69c Nr. 2 vorbehaltene Umarbeitung. Wer also eine Schnittstelle entwickeln möchte, wäre grds auf die Mitwirkung des Inhabers der Rechte an den Programmen und sonstigen Systemkomponenten angewiesen, für die eine Schnittstelle entwickelt werden soll. Hieraus resultiert die Gefahr, dass der Rechtsinhaber in der Lage ist, die Entwicklung und Vermarktung von Produkten zu beeinträchtigen, die mit seinem Computerprogramm zusammenwirken.

2   Vor diesem Hintergrund ist die Bestimmung des § 69e zu sehen, die Art. 6 der Richtlinie 92/250/EWG praktisch wortgleich umsetzt (abgedr. GRUR Int 1991, 545, 547). Bei dieser Regelung der Richtlinie handelt es sich um einen mühsam errungenen Kompromiss zwischen den soeben dargestellten widerstreitenden Interessen (so selbst die amtl. Begr. BT-Drucks. 12/4022, 13; zur Entstehungsgeschichte s. *Lehmann* NJW 1991, 2112). Danach ist die Dekompilierung eines Programms unter gewissen engen Voraussetzungen zulässig, soweit dies zur **Herstellung der Interoperabilität** mit anderen Programmen unerlässlich ist (Abs. 1). Die Verwendung der durch die Dekompilierung gewonnenen Informationen unterliegt engen Grenzen (Abs. 2). Als Schrankenbestimmung ist § 69e insgesamt eng auszulegen, was in der Bestimmung selbst nochmals ausdrücklich betont wird (Abs. 3).

II. Zulässige Dekompilierung (Abs. 1)

1. Zustimmungsfreie Handlungen

3   Von der Zustimmungspflicht iSd § 69c Nr. 1 und 2 ausgenommen ist, sofern die weiteren Voraussetzungen des Abs. 1 erfüllt sind, die **Vervielfältigung des Codes** oder die **Übersetzung der Codeform**. Diese Handlungen werden durch die Überschrift des § 69e als Dekompilierung bezeichnet. Unter der **Dekompilierung** versteht man die Rückübersetzung des maschinenlesbaren Binärcodes (Objektcode) in die in einer höheren Programmiersprache abgefasste Codeform (Quellcode). Dies ist in aller Regel, selbst bei Einsatz sog. Recompiler-Programme, nicht ohne weiteres technisch möglich. Soweit dies zu dem in Abs. 1 genannten Zweck und unter Beachtung der dort genannten Voraussetzungen erfolgt, ist nicht nur die Rückübersetzung der Codeform in den Quellcode zulässig, sondern auch eine weitere Vervielfältigung und Übersetzung des Codes. Dies ergibt sich aus dem ausdrücklichen Wortlaut von Abs. 1 (Einzelheiten bei *Marly* S. 273 ff.; *Koch* NJW-CoR 1994, 293; *König* GRUR 1989, 559).

2. Zweck der Dekompilierung

4   Nach § 69e Abs. 1 ist die Dekompilierung nur **zu dem dort beschriebenen Zweck** zulässig. Sie muss unerlässlich sein, um die erforderlichen Informationen zur Herstellung der Interoperabilität eines unabhängig geschaffenen Computerprogramms mit anderen Programmen zu erhalten. Soll die Dekompilierung **zu anderen Zwecken** erfolgen, bietet jedenfalls § 69e hierfür keine Grundlage. Dies gilt etwa für eine **Dekompilierung zum Zwecke der Programmwartung, Fehlerberichtigung, wissenschaftlichen Forschung oder zur Beweisführung im Verletzungsprozess** (*Schricker/Loewenheim* § 69e Rn 10). Jedoch kann sich die Befugnis zur Dekompi-

lierung zu anderen Zwecken als zur Herstellung der Interoperabilität aus anderen Normen ergeben, insb. zur Fehlerberichtigung iSd § 69d Abs. 1 (s. *Günther* CR 1994, 321, 327, **aA** *Schricker/Loewenheim* § 69e Rn 10). Wenn dort die Umarbeitung eines Computerprogramms als zustimmungsfrei angesehen wird, sofern sie zur Fehlerbeseitigung erforderlich ist, spricht nichts dafür, die Rückübersetzung des Programms, also einen Unterfall der Umarbeitung nach § 69c Nr. 2, hiervon auszunehmen (so auch *Fromm/Nordemann/Vinck* § 69d Rn 3; *Lehmann* FS Schricker, 1995, S. 558; **aA** *Schricker/Loewenheim* § 69d Rn 3).

In der Sache geht es bei einer nach § 69e Abs. 1 zulässigen Dekompilierung stets um **5** die Interoperabilität eines unabhängig geschaffenen Programms mit anderen Programmen. Der Begriff „unabhängig" unterstreicht lediglich begrifflich die Notwendigkeit der Herstellung der Interoperabilität. Denn abhängige Programme wirken regelmäßig zusammen, sodass es bes. Schnittstellen nicht bedarf. Hervorzuheben ist, dass die Dekompilierung nicht etwa nur zu dem Zwecke der Herstellung der Interoperabilität mit dem dekompilierten Programm erfolgen darf, sondern auch um Schnittstellen zu dritten Programmen zu entwickeln. Dies ergibt sich aus dem Wortlaut der Vorschrift („… mit anderen Programmen …"). Ob zu diesem Zwecke freilich die Dekompilierung iSd § 69e Abs. 1 erforderlich ist, bedarf in solchen Fällen bes. krit. Überprüfung.

Die Dekompilierung darf nur zu dem Zwecke der Gewinnung der für die Herstellung **6** der Interoperabilität erforderlichen Informationen erfolgen. Es wird also nicht die Übernahme bestimmter Teile des Programmcodes freigestellt, sondern nur die Analyse ermöglicht, soweit diese eben zur Erreichung der Interoperabilität notwendig ist. Sofern allerdings die Übernahme von Teilen des Programmcodes unausweichliche Voraussetzung für die Entwicklung der Schnittstelle ist, muss auch sie durch § 69e Abs. 1 gedeckt sein. Zulässig muss es ebenfalls sein, so übernommene Programmteile mit der Schnittstellenlösung zu verwerten, insb. zu vervielfältigen und zu verbreiten.

3. Unerlässlichkeit der Dekompilierung

Ist die Dekompilierung grds durch den in Abs. 1 vorgegebenen Dekompilierungs- **7** zweck gedeckt, so ist sie gleichwohl nur unter weiteren engeren Voraussetzungen zulässig. Sie muss nämlich zum einen zur Erreichung des Dekompilierungszwecks unerlässlich sein, zum anderen die in Abs. 1 Nr. 1 bis 3 genannten Bedingungen erfüllen.

a) Der Begriff der Unerlässlichkeit. Die Dekompilierung muss, wie sich bereits aus **8** dem Obersatz von Abs. 1 ergibt, unerlässlich sein, um die für die Herstellung der Interoperabilität notwendigen Informationen zu gewinnen. Dieser Grundsatz wird durch Abs. 1 Nr. 1 bis 3 nochmals präzisiert und ergibt sich iÜ auch aus Abs. 3. Die mehrfache Betonung der engen Grenzen, innerhalb derer eine Dekompilierung zulässig ist, ist Ausdruck des schwierigen Kompromisses, den die der Vorschrift zugrunde liegende Richtlinienbestimmung darstellt. Unerlässlich ist die Dekompilierung dann, wenn die für die Herstellung der Interoperabilität notwendigen Informationen **auf keine andere Weise** erlangt werden können. Hierzu zählen nicht nur die Fälle, in denen die Informationsgewinnung auf andere Weise technisch unmöglich ist, sondern auch solche Fälle, in denen dies zwar technisch möglich wäre, jedoch nur mit wirtschaftlich nicht vernünftigem Aufwand. IE kommt es auf eine Betrachtung des Einzelfalls an.

9 **b) Zur Durchführung der Dekompilierung berechtigte Personen (Abs. 1 Nr. 1).** Die Dekompilierung darf nur durch bestimmte Personen vorgenommen werden. Nr. 1 nennt hier zunächst den **Lizenznehmer**. Der Begriff, der sich in dieser Form in Art. 6 der Richtlinie 92/250/EWG wiederfindet, verwirrt; denn er wird iÜ in den §§ 69a ff. nicht verwendet. IE ist dies allerdings ohne Bedeutung, denn die Dekompilierung darf auch durch **andere zur Verwendung eines Vervielfältigungsstücks berechtigte Personen** erfolgen. Hierzu zählt jeder, dem das Computerprogramm rechtmäßig überlassen wurde (s. § 69d Rn 8). Dieser Kreis der Berechtigten darf nach Nr. 1 auch Dritte beauftragen, die Dekompilierung vorzunehmen.

10 **c) Fehlende Zugänglichkeit der Informationen (Abs. 1 Nr. 2).** Die Dekompilierung darf nur durchgeführt werden, wenn die für die Herstellung der Interoperabilität notwendigen Informationen dem nach Nr. 1 berechtigten Personenkreis noch nicht ohne weiteres zugänglich gemacht wurden. Im Grunde ist diese Bestimmung überflüssig. Es ergibt sich bereits aus dem Erfordernis der Unerlässlichkeit (Rn 8), dass nicht dekompiliert werden darf, wenn die benötigten Informationen auf andere Weise gewonnen werden können. Insoweit hat Nr. 2 **nur klarstellende Bedeutung**. Ohne weiteres zugänglich sind die erforderlichen Informationen, wenn sie ohne wesentliche praktische Schwierigkeiten erlangt werden können. Dies ist sicher der Fall, wenn sie in einer allg. zugänglichen Dokumentation beschrieben sind. Ausreichend ist aber auch ein Angebot des Rechtsinhabers, die erforderlichen Informationen auf jederzeitige Anforderung unverzüglich zur Verfügung zu stellen. Dass dies kostenlos erfolgen muss (so *Schricker/Loewenheim* § 69e Rn 15 mwN), erscheint nicht zwingend, insb. dann nicht, wenn unter Kostengesichtspunkten das verlangte Entgelt in jedem Fall günstiger als der mit der Dekompilierung verbundene Aufwand ist. Dem Rechtsinhaber muss zumindest gestattet werden, die mit der Herausgabe der Informationen zwingend entstehenden Kosten erstattet zu verlangen.

11 **d) Dekompilierung nur der relevanten Programmteile (Abs. 1 Nr. 3).** Gegenstand der Dekompilierung dürfen nur die Teile eines Computerprogramms sein, welche die für die Herstellung der Interoperabilität erforderlichen Informationen enthalten. Diese **Selbstverständlichkeit** ist in Nr. 3 nochmals ausdrücklich betont. Vermieden werden soll insb. eine über den Zweck der Sicherung der Interoperabilität hinausgehende und mithin iSd § 69e nicht unerlässliche Dekompilierung weiterer Computerprogrammteile.

III. Verwendung der durch die Dekompilierung gewonnenen Informationen (Abs. 2)

12 In Abs. 1 ist eine **positive Beschreibung** des Dekompilierungszwecks enthalten, nämlich die Gewinnung der zur Herstellung der Interoperabilität erforderlichen Informationen. Es bedarf keiner bes. Betonung, dass solche Informationen nicht nur gewonnen, sondern auch tatsächlich bei der Entwicklung der Schnittstelle verwendet werden dürfen. Neben dieser konkludenten positiven Beschreibung der zulässigen

Verwendung der gewonnenen Informationen, enthält Abs. 2 ein **ausdrückliches Verbot** der Verwendung der auf zulässige Weise gewonnenen Daten für andere Zwecke als zur Herstellung der Interoperabilität.

Die Regelung des Abs. 2 ist deshalb von praktischer Bedeutung, weil ohne sie der **13** Rechtsinhaber keine Handhabe hat, gegen eine zweckentfremdete Verwendung der gewonnenen Informationen vorzugehen. Denn aus dem Recht des Rechtsinhabers an seinem Computerprogramm ergibt sich keine Möglichkeit, die Verwertung bloßer Informationen über den Code zu untersagen. Auch die §§ 17 ff. UWG werden dem Rechtsinhaber nur selten weiterhelfen, sodass der Rechtsinhaber auf die Bestimmung des § 69e Abs. 2 angewiesen ist.

a) Generalklausel (Abs. 2 Nr. 1). Nach Abs. 2 Nr. 1 ist es nicht zulässig, die gewon- **14** nenen Informationen zu anderen Zwecken als zur Herstellung der Interoperabilität des unabhängig geschaffenen Programms zu verwenden. Damit ist klargestellt, dass die gewonnenen Informationen **schließlich zur Sicherung** der **Interoperabilität** verwendet werden dürfen.

b) Weitergabe der Informationen (Abs. 2 Nr. 2). Um zu verhindern, dass die enge **15** Zweckbeschränkung in Bezug auf die Verwendung der gewonnenen Informationen durch eine Weitergabe an Dritte ausgehöhlt wird, stellt Abs. 2 Nr. 2 klar, dass auch eine Weitergabe der Informationen durch den Verwendungszweck gedeckt sein muss. IdR wird eine Weitergabe an Auftragnehmer zulässig sein, welche die Entwicklung der Schnittstelle für den eigentlich zur Dekompilierung Berechtigten durchführen. Derartige Auftragnehmer unterliegen dann ihrerseits wieder den Beschränkungen nach Abs. 1 und 2.

c) Verwendung für andere das Urheberrecht verletzende Handlungen (Abs. 2 **16** **Nr. 3).** Nach Abs. 2 Nr. 3 ist die Verwendung der gewonnenen Informationen für irgendwelche **das Urheberrecht verletzende Handlungen** untersagt, insb. für die Entwicklung, Herstellung oder Vermarktung eines Programms mit im Wesentlichen ähnlicher Ausdrucksform. Davon ausgenommen sein müssen freilich solche Verwendungsformen, die zwar Urheberrechte verletzen, jedoch zur Herstellung der Interoperabilität unerlässlich sind (*Schricker/Loewenheim* § 69e Rn 8). Wäre dies nicht so, so wäre die gesamte Bestimmung des § 69e praktisch wertlos.

IV. Auslegung im Interesse des Rechtsinhabers (Abs. 3)

In Abs. 3 ist eine **Vorgabe zur Auslegung von Abs. 1 und 2** enthalten. Danach darf **17** die Anwendung von § 69e weder die normale Auswertung des Werkes beeinträchtigen noch die berechtigten Interessen des Rechtsinhabers unzumutbar verletzen. Es versteht sich von selbst, dass durch diese Auslegungsregel die grds Anwendbarkeit des Dekompilierungsrechts nicht in Frage gestellt werden darf. Vielmehr kann es nur um die Verletzung solcher berechtigten Interessen des Rechtsinhabers gehen, die sein eigentliches Interesse an der Vermeidung einer Dekompilierung noch überragen. Eine zulässige Dekompilierung wird dann als unzumutbar für den Rechtsinhaber erachtet, wenn sie zB den Kopierschutz des Ursprungsprogramms beseitigt (*LG Düsseldorf* CR 1996, 737, 739; s. auch *OLG Karlsruhe* NJW 1996, 2583, 2584 – Dongle-Abfrage). Dass Beschränkungen des Urheberrechts eng und unter Wahrung der Interessen des Urhebers auszulegen sind, entspricht einem allg. Grundsatz. Entspr. wiederholt § 69e Abs. 3 auch nur den in Art. 9 Abs. 2 RBÜ enthaltenen Grundsatz der Interessenabwägung und übernimmt insofern nicht den spezielleren Wortlaut des Art. 6 Abs. 3 Richtlinie 91/250/EWG (amtl. Begr. BT-Drucks. IV/270, 13).

§ 69f   Rechtsverletzungen

(1) Der Rechtsinhaber kann von dem Eigentümer oder Besitzer verlangen, daß alle rechtswidrig hergestellten, verbreiteten oder zur rechtswidrigen Verbreitung bestimmten Vervielfältigungsstücke vernichtet werden. § 98 Abs. 2 und 3 ist entsprechend anzuwenden.

(2) Absatz 1 ist entsprechend auf Mittel anzuwenden, die allein dazu bestimmt sind, die unerlaubte Beseitigung oder Umgehung technischer Programmschutzmechanismen zu erleichtern.

Literatur: *Dreier* Verletzung urheberrechtlich geschützter Software nach der Umsetzung der EG-Richtlinie, GRUR 1993, 781; *König* Zur Zulässigkeit der Umgehung von Softwareschutzmechanismen, NJW 1995, 3293; *Raubenheimer* Die jüngste Rechtsprechung zur Beseitigung/Umgehung eines Dongles, NJW-CoR 1996, 174; *ders.* Vernichtungsanspruch gemäß § 69f UrhG, CR 1994, 129; *ders.* Beseitigung eines technischen Programmschutzes nach UrhG und UWG, CR 1996, 69.

Übersicht

Allgemeines

1   Die Vorschrift regelt einen Ausschnitt der Ansprüche, die dem Rechtsinhaber zustehen, wenn in die ihm durch § 69c zugeordneten Rechte eingegriffen wird, soweit dieser Eingriff nicht nach §§ 69d, 69e zulässig ist. Als Grundsatz gilt, dass der verletzte Rechtsinhaber sämtliche Ansprüche hat, die Urheber im Falle einer Verletzung ihrer Rechte geltend machen können (§ 69a Abs. 4 iVm §§ 96 ff.). Entspr. enthält § 69f nur Regelungen zu Ansprüchen, die dem Urheber üblicherweise nach den §§ 96 ff. nicht zustehen. Konkret handelt es sich um die **Ausdehnung des Vernichtungsanspruchs auf Besitzer und Eigentümer von Vervielfältigungsstücken**, die selbst keine Urheberrechtsverletzung begangen haben (Abs. 1) sowie um **Mittel zur Umgehung eines Kopierschutzmechanismus** (Abs. 2).

II. Vernichtung von Vervielfältigungsstücken (Abs. 1)

2   Abs. 1 enthält zugunsten des Rechtsinhabers eine nicht unerhebliche **Ausweitung** des in § 98 geregelten Vernichtungsanspruchs. Während § 98 Abs. 1 vorsieht, dass der Urheber von dem Verletzer die Vernichtung von rechtswidrig hergestellten oder verbreiteten Vervielfältigungsstücken verlangen kann, weitet § 69f Abs. 1 den Ver-

nichtungsanspruch auf **jeden** Eigentümer oder Besitzer eines rechtswidrig hergestellten oder verbreiteten Vervielfältigungsstückes aus. In Anspruch genommen werden kann also auch derjenige Eigentümer oder Besitzer, der selbst keine dem Rechtsinhaber nach § 69c zugeordneten Rechte verletzt hat. Diese Ausdehnung des
Vernichtungsanspruchs ist umso bemerkenswerter, als § 69f Abs. 1 iE über die Vorgaben von Art. 7 der Richtlinie 91/250/EWG (abgedr. GRUR Int 1991, 545, 547)
hinausgeht (dazu ausführlich *Raubenheimer* CR 1994, 129). Hiernach müssen zu
dem Besitz oder Eigentum des Vervielfältigungsstücks noch bestimmte subjektive
Elemente treten, nämlich die positive Kenntnis oder schuldhafte Unkenntnis des Umstandes, dass es sich um rechtswidrig hergestellte, verbreitete oder zur rechtswidrigen Verbreitung bestimmte Vervielfältigungsstücke handelt. Von der Umsetzung dieses subjektiven Erfordernisses hat der deutsche Gesetzgeber jedoch abgesehen, was
vor dem Hintergrund verständlich ist, dass nach deutschem Rechtsverständnis Abwehransprüche, zu denen der Vernichtungsanspruch zählt, **generell verschuldensunabhängig** sind. Da die Richtlinie 91/250/EWG nicht nur Mindestanforderun-
gen aufstellt, sondern insgesamt verbindlich ist, stellt sich die Frage, ob die im Verhältnis zu Art. 7 Abs. 1 der Richtlinie durch den Verzicht auf die subjektiven
Erfordernisse gegebene Haftungserweiterung richtlinienkonform ist. Der klare Wortlaut der Richtlinie spricht hiergegen. Praktisch relevant dürfte die Frage allerdings
nicht werden. Denn die erforderlichen subjektiven Tatbestandsmerkmale können in
der Praxis ohne weiteres dadurch herbeigeführt werden, dass der Eigentümer oder
Besitzer der betr. Vervielfältigungsstücke auf die Sach- und Rechtslage aufmerksam
gemacht wird.

Gegenstand des Vernichtungsanspruchs sind alle rechtswidrig hergestellten, ver- **3**
breiteten oder zur rechtswidrigen Verbreitung bestimmten Vervielfältigungsstücke.
Mit der zuletzt genannten Handlung wird der Vernichtungsanspruch auch auf Vorbereitungshandlungen erstreckt.

Ausdrücklich erklärt Abs. 1 S. 2 die §§ 98 Abs. 2 und 3 für anwendbar. Nach § 98 **4**
Abs. 2 kann der Anspruchsinhaber anstelle der Vernichtung die **Herausgabe des
Vervielfältigungsstücks gegen Leistung einer angemessenen Vergütung** verlangen. Dies wird idR die Erstattung der Kosten für den Datenträger sein, auf dem das
Vervielfältigungsstück des Computerprogramms gespeichert ist. Gem. § 98 Abs. 3
darf die Vernichtung nicht unverhältnismäßig sein. Im Falle der Vernichtung des Vervielfältigungsstücks eines Computerprogramms ist insoweit zu beachten, dass sich
die Vernichtung nur auf eben dieses Vervielfältigungsstück beschränkt. Unverhältnismäßig wäre es, Datenträger bzw Speichermedien zu vernichten, die selbst nicht
Gegenstand des Vernichtungsanspruchs sind (*Schricker/Loewenheim* § 69f Rn 7;
Dreier GRUR 1993, 781, 787; **aA** *Fromm/Nordemann/Vinck* § 69f Rn 2; zur Beurteilung der Verhältnismäßigkeit eines Vernichtungsanspruchs im Falle der Markenpiraterie *LG München* CR 1993, 698, 701 ff.). Anders verhält sich die Beurteilung
der Verhältnismäßigkeit sicherlich dann, wenn das Programm vom Datenträger bzw
Speichermedium tatsächlich nicht entfernt werden kann (vgl hierzu *Schricker/
Loewenheim* § 69f Rn 16).

III. Vernichtung von Mitteln zur Umgehung eines Programmschutz-mechanismus (Abs. 2)

5   In Abs. 2 wird der in Abs. 1 geregelte Vernichtungsanspruch auf Mittel erstreckt, die allein dazu bestimmt sind, die **unerlaubte Beseitigung oder Umgehung techni-scher Programmschutzmechanismen** zu erleichtern. Der Sache nach wird der Ver-nichtungsanspruch hier auf Produkte ausgedehnt, für die selbst ein urheberrechtli-cher Schutz des Rechtsinhabers nicht besteht.

6   Bei **technischen Programmschutzmechanismen** kann es sich dabei sowohl um **Hardware** als auch um **Software** handeln. Beispiele sind ein Dongle und die diesbe-zügliche Dongleabfrage, Passwörter, Identifikationsnummern, Zeitsperren etc. Jegli-che Mittel, die die Beseitigung oder Umgehung derartiger Programmschutzmecha-nismen erleichtern, unterliegen dem Vernichtungsanspruch. Hierfür reicht es aus, wenn das zur Umgehung des Programmschutzmechanismus eingesetzte Mittel erst durch eine Tätigkeit des Programmnutzers die Umgehung der Schutzmaßnahme bewirkt (so auch *Schricker/Loewenheim* § 69f Rn 12).

7   Nach dem Wortlaut von Abs. 2 sind nur solche Mittel vom Vernichtungsanspruch er-fasst, die alleine dafür bestimmt sind, den Programmschutzmechanismus zu unter-wandern. Nimmt man dies wörtlich, so würde dies bedeuten, dass der Vernichtungs-anspruch ausscheidet, wenn ein entspr. Computerprogramm mit einigen Zusatzfunk-tionen ausgestattet wird. Dass dies nicht sein kann, bedarf keiner näheren Erläuterung. Entscheidend ist, ob der **wesentliche Zweck des Mittels** darin liegt, den Programm-schutzmechanismus zu unterwandern (vgl *Raubenheimer* CR 1994, 29, 130).

8   Keine Anwendung finden im Falle von Computerprogrammen gem. § 69a Abs. 5 die §§ 95a bis 95d.

§ 69g   Anwendung sonstiger Rechtsvorschriften; Vertragsrecht

(1) Die Bestimmungen dieses Abschnitts lassen die Anwendung sonstiger Rechtsvorschriften auf Computerprogramme, insbesondere über den Schutz von Erfindungen, Topographien von Halbleitererzeugnissen, Marken und den Schutz gegen unlauteren Wettbewerb einschließlich des Schutzes von Ge-schäfts- und Betriebsgeheimnissen, sowie schuldrechtliche Vereinbarungen un-berührt.

(2) Vertragliche Bestimmungen, die in Widerspruch zu § 69d Abs. 2 und 3 und § 69e stehen, sind nichtig.

Literatur: *Hoffmann/Gabel* US-Patente verengen die Datenautobahn, K&R 1999, 453; *Horns* Anmerkungen zu begrifflichen Fragen des Softwareschutzes, GRUR 2001, 1; *Hübner* Zum Schutz für software-bezogene Erfindungen in Deutschland, GRUR 1994, 883; *Jacobs* Werktitelschutz für Computerspiele und Computerprogramme, GRUR 1996, 601; *König* Pa-tentfähige Datenverarbeitungsprogramme – ein Widerspruch in sich, GRUR 2001, 577; *Mil-bradt* Schutzfähigkeit von Software, K&R 2002, 522; *Nack* Sind jetzt computerimplementierte Geschäftsmethoden patentfähig?, GRUR Int 2000, 853; *Ohly* Software und Geschäftsmethoden im Patentrecht, CR 2001, 809; *Pfeifer* Zur Diskussion der Softwareregelungen im Patentrecht, GRUR 2003, 581; *van Raden* Die informatische Taube – Überlegungen zur Patentfähigkeit informationsbezogener Erfindungen, GRUR 1995, 451; *Raubenheimer* Die jüngere BGH-Rechtsprechung zum Softwareschutz nach Patentrecht, CR 1994, 328; *Schiuma* TRIPS und das Patentierungsverbot von Software „als solcher", GRUR Int 1998, 852; *Schölch* Softwarepatente ohne Grenzen, GRUR 2001, 16; *Tauchert* Patentschutz für Computerprogramme – Sachstand und neue Entwicklungen, GRUR 1999, 829.

I. Bedeutung der Vorschrift

Mit § 69g Abs. 1 werden Art. 1 und Art. 9 der Richtlinie 91/250/EWG umgesetzt. **1** Zum einen wird darin klargestellt, dass der Schutz von Computerprogrammen nach anderen Vorschriften als durch die in den §§ 69a ff. unberührt bleibt; zum anderen ist geregelt, dass vertragliche Absprachen, die in Widerspruch zu § 69d Abs. 2 und 3 sowie § 69e stehen, nichtig sind.

II. Anwendung sonstiger Rechtsvorschriften (Abs. 1)

Die §§ 69a ff. betreffen den urheberrechtlichen Schutz von Software. Zu beachten ist **2** hierbei, dass es sich bei Computerprogrammen um Sprachwerke handelt, die in einer bestimmten, wenn auch nur dem Fachmann (Quellcode) oder dem Rechner (Objektcode) verständlichen Sprache abgefasst sind. Der Schutz von Computerprogrammen muss jedoch nicht auf das Urheberrecht beschränkt sein. Er kann sich vielmehr auch aus anderen Vorschriften ergeben. Als bes. relevante Beispiele nennt hier § 69g Abs. 1 den **Schutz von Erfindungen, Topographien von Halbleitererzeugnissen, Marken und den Schutz gegen unlauteren Wettbewerb, einschließlich des Schutzes von Geschäfts- und Betriebsgeheimnissen.** Schließlich weist das Gesetz darauf hin, dass auch schuldrechtliche Vereinbarungen zu einem Schutz von Computerprogrammen führen können, der über den in den §§ 69a ff. gewährten Schutz hinausgeht.

1. Schutz von Erfindungen (Patent- und Gebrauchsmusterschutz)

Nach § 1 Abs. 2 PatG sowie Art. 52 Abs. 2 EPÜ sind **„Computerprogramme als 3 solche" nicht patentfähig**. Dies heißt freilich nicht, dass Computerprogramme nicht auch Gegenstand von Patenten sein können. Vielmehr ist es üblich, das grds Patentierungsverbot dadurch zu vermeiden, dass Patentgegenstand eine mit einem bestimmten Computerprogramm ausgerüstete Datenverarbeitungsanlage (also ein Computer) ist. Entspr. scheiterte die Patentfähigkeit von software-bezogenen Patenten regelmäßig nicht an der fehlenden Patentfähigkeit von Software „als solcher". Entscheidend ist vielmehr, ob die software-bezogene Erfindung als technisch iSd § 1 Abs. 1 PatG angesehen werden kann. Technisch ist eine Erfindung, wenn sie die Erreichung eines kausal übersehbaren Erfolges bezweckt, der unter Einsatz beherrschbarer Naturkräfte unmittelbar ohne Zwischenschaltung menschlicher Verstandestätigkeit herbeigeführt wird. Das **Erfordernis des technischen Charakters** wird traditionell als ein Element des Begriffs der Erfindung verstanden (*Tauchert* GRUR 1999, 829 ff.; *BGHZ* 115, 23, 30 – Chinesische Schriftzeichen, mwN). Die Rspr unterlag zu der Frage, ob eine Erfindung technisch ist, in den vergangenen Jahrzehnten einem kontinuierlichen Wandel. Zunächst forderte der BGH in der sog. **„Kerntheorie"**, dass gerade **der erfinderische Kern** des Gegenstands der Patentanmeldung **technischen Charakter** haben müsse (*BGH* GRUR 1977, 96 – Dispositionsprogramm; GRUR 1978, 102 – Prüfverfahren; GRUR 1981, 39, 40 – Walzstabteilung). In den 80er Jahren ging die Rspr zu einer **Gesamtbetrachtung** über. Für die Technizität kommt es danach darauf an, ob der Gegenstand einer Patentanmeldung **insgesamt technischen Charakter** hat. Hingegen sollte es nicht mehr darauf ankommen, ob der erfinderische Kern selbst technisch ist (*BGH* GRUR 1986, 531 – Flugkostenminimierung; GRUR 1992, 36 – Chinesische Schriftzeichen). In jüngster Zeit wurde durch den BGH das **Erfordernis der Technizität noch weiter gelockert**; Konsequenz ist ein leichterer Zugang von softwarebezogenen Erfindungen zum Patentschutz (vgl *König* GRUR 2001, 577, 580, der für die Anwendung des richterrechtlichen Technizitätsgebots aufgrund des Wortlauts des § 1 PatG keinen Raum sieht). So wurde von dem Erfordernis abgerückt, dass eine Lehre nur dann technisch sei, wenn sie die Erreichung eines kausal übersehbaren Erfolgs bezwecke, der unter Einsatz beherrschbarer Naturkräfte unmittelbar und ohne Zwischenschaltung menschlicher Verstandestätigkeit herbeigeführt werde. Einem Verfahren zur hierarchischen Logik-Verifikation hochintegrierter Schaltungen wurde die erforderliche Technizität unter ausdrücklicher Abkehr von dem herkömmlichen Technik-Begriff deshalb zugestanden, weil dieses Verfahren auf technischen Überlegungen beruht (*BGH* GRUR 2000, 498 – Logik-Verifikation; s. auch *BGH* GRUR 2002, 143, 144 – Suche fehlerhafter Zeichenketten). In jedem Fall technischen Charakter hat eine softwarebezogene Erfindung, wenn der Anmeldungsgegenstand ein beliebiger Computer ist, der in bestimmter Weise programmtechnisch eingerichtet ist. Ob bei dieser Sachlage die weiteren Elemente des Anmeldungsgegenstands technischen Charakter haben, ist für die Patentfähigkeit ohne Bedeutung (*BGH* GRUR 2000, 1007 – Sprachanalyseeinrichtung). Gleichwohl verbietet sich der Umkehrschluss, dass eine Lehre schon deshalb patentfähig ist, weil sie bestimmungsgemäß den Einsatz eines Computers erfordert. Vielmehr müssen die prägenden Anweisungen der beanspruchten Lehre der Lösung eines konkreten technischen Problems dienen (*BGH* GRUR 2002, 143, 144 – Suche fehlerhafter Zeichenketten).

4   Auf der Ebene der EU existieren Bestrebungen, den Patentschutz von computerimplementierten Erfindungen durch eine Richtlinie zu harmonisieren (s. GRUR 2001, 38 ff.).

2. Topographien von Halbleitererzeugnissen

5   Der Schutz eines auf einem Halbleitererzeugnis (Chip) gespeicherten Computerprogramms nach §§ 69a ff. ist von jenem des Halbleitererzeugnisses nach dem HalbleiterschutzG zu unterscheiden.

3. Markenzeichen

Die §§ 69a ff. betreffen offensichtlich nicht den Markenschutz von Computerpro-   6
gramms, der sich vielmehr ausschließlich nach dem MarkenG richtet. Möglich ist
es, die zur Kennzeichnung eines Computerprogramms verwendeten Begriffe als
Marke bei dem Deutschen Patent- und Markenamt oder einer anderen Markenbehör-
de registrieren zu lassen. In Deutschland kann die Bezeichnung eines Computerprogramms jedoch auch ohne eine förmliche Markeneintragung Schutz genießen, nämlich als Werktitel iSd § 5 Abs. 3 MarkenG (*BGH* GRUR 1998, 155, 156 – Power-
Point; GRUR 1998, 902 – FTOS; vgl *Jacobs* GRUR 1996, 601). Konsequenz der
Schutzfähigkeit der Bezeichnung eines Computerprogramms als Titel ist, dass bereits die tatsächliche Ingebrauchnahme den Schutz bewirkt. Der Beginn des Schutzes
kann sogar vorverlagert werden, indem etwa im „Titelschutzanzeiger" die demnächst
erfolgende Inbenutzungnahme des Titels angezeigt wird.

4. Vorschriften über den Schutz gegen unlauteren Wettbewerb

a) Ergänzender Leistungsschutz. Vor Einführung der §§ 69a ff. hatte der erg. Leis-   7
tungsschutz nach **§ 1 UWG** wesentliche Bedeutung für den Schutz von Computerprogrammen. Voraussetzung für das Eingreifen des erg. Leistungsschutzes ist die
Nachahmung eines wettbewerblich eigenartigen Erzeugnisses bei Hinzutreten bes.
Umstände, die diese Nachahmung als unlauter qualifizieren (Einzelheiten bei HK-
WettbR/*Kotthoff* § 1 UWG Rn 549). Die **wettbewerbliche Eigenart eines Computerprogramms** wird in aller Regel gegeben sein. Da beim Kopiervorgang des Programms dieses unmittelbar übernommen wird, sind nur noch geringe Anforderungen
an die unlauteren Begleitumstände zu stellen. Nach Einführung der §§ 69a ff. spielt
der erg. Leistungsschutz in der Praxis jedoch keine wesentliche Rolle mehr. Ein Verstoß gegen § 1 UWG kommt nur in Betracht, wenn Umstände vorliegen, die bei der
Prüfung der Verletzung des Urheberrechts nicht bereits berücksichtigt wurden (so
zum Markenrecht *BGH* GRUR 1999, 161 – MAC Dog).

b) Schutz von Geschäfts- und Betriebsgeheimnissen. Der in § 69g Abs. 1 aus-   8
drücklich erwähnte **Schutz von Geschäfts- und Betriebsgeheimnissen** ist in §§ 17
bis 20 UWG geregelt (Einzelheiten bei HK-WettbR/*Kotthoff* § 17 Rn 1 ff.). Das unbefugte Sichverschaffen von Geschäfts- oder Betriebsgeheimnissen iSd § 17 UWG
kann etwa darin liegen, dass im Wege der Dekompilierung der Quellcode eines Programms ermittelt wird. Jedoch kann eine unbefugte Handlung iSd § 17 Abs. 2 UWG
nicht vorliegen, wenn das Dekompilieren nach den § 69d Abs. 1 oder § 69e gestattet
ist (*Möhring/Nicolini/Hoeren* § 69g Rn 3).

5. Schuldrechtliche Vereinbarungen

Der nach dem UrhG oder anderen Gesetzen gewährte Schutz eines Computerpro-   9
gramms kann durch vertragliche Absprachen erweitert werden. Die Grenzen bestehen dort, wo von nicht abdingbaren gesetzlichen Vorschriften abgewichen werden
soll (s. etwa § 69g Abs. 2).

III. Unabdingbarkeit von §§ 69d Abs. 2 und 3, 69e (Abs. 2)

10   Nach § 69g Abs. 2 sind vertragliche Bestimmungen, die in Widerspruch zu § 69d Abs. 2 und 3 sowie § 69e stehen, **nichtig**. Aus der Formulierung folgt, dass die Nichtigkeitsfolge nicht den Vertrag in seiner Gesamtheit, sondern nur die konkret in Rede stehende Bestimmung eines Vertrages betrifft. Die Nichtigkeit von urhebervertragsrechtlichen Bestimmungen kann sich bei der Softwareüberlassung jedoch nicht nur aus § 69g Abs. 2, sondern insb. aus §§ 305 ff. BGB ergeben, wenn durch den Verwender von AGB zum Nachteil des Vertragspartners in nicht zumutbarer Weise von den Regelungen der §§ 69a ff. abgewichen wird.

Teil 2
Verwandte Schutzrechte

Abschnitt 1
Schutz bestimmter Ausgaben

§ 70   Wissenschaftliche Ausgaben

(1) Ausgaben urheberrechtlich nicht geschützter Werke oder Texte werden in entsprechender Anwendung der Vorschriften des Teils 1 geschützt, wenn sie das Ergebnis wissenschaftlich sichtender Tätigkeit darstellen und sich wesentlich von den bisher bekannten Ausgaben der Werke oder Texte unterscheiden.

(2) Das Recht steht dem Verfasser der Ausgabe zu.

(3) Das Recht erlischt fünfundzwanzig Jahre nach dem Erscheinen der Ausgabe, jedoch bereits fünfundzwanzig Jahre nach der Herstellung, wenn die Ausgabe innerhalb dieser Frist nicht erschienen ist. Die Frist ist nach § 69 zu berechnen.

Literatur: *Katzenberger* Urheberrechtliche und urhebervertragliche Fragen bei der Edition philosophischer Werke, GRUR 1984, 319; *Klingenberg* Urheber- und verlagsrechtliche Aspekte des Schutzes Wissenschaftlicher Ausgaben nachgelassener Werke, GRUR 1985, 419; *Rehbinder* Zum Rechtsschutz der Herausgabe historischer Texte, UFITA 106 (1987), 255.

Übersicht

I. Allgemeines

1. Zweck der Vorschrift

Wer eine **originalgetreue Ausgabe** eines vorbestehenden Werkes oder Textes er-   **1**
stellt, schafft damit kein neues, urheberrechtlich geschütztes Werk, weil es an einer
persönlichen geistigen Schöpfung iSv § 2 Abs. 2 fehlt. Dennoch erfordert die unver-
fälschte Wiedergabe fremder Werke oder Texte uU **wissenschaftliches Arbeiten**,
das sich bspw in dem Übersetzen aus einer alten Sprache niederschlagen kann oder
schon in dem Auffinden *und* der chronologischen Darstellung der Quellen (*BGH*
NJW 1975, 2064, 2065 – Reichswehrprozeß). Für das Ergebnis dieser Arbeit gewährt
§ 70 ein Leistungsschutzrecht, dessen Dauer gegenüber dem Urheberrecht deutlich
verkürzt ist, dessen Inhalt dem Urheberrecht aber entspricht.

2. Verhältnis von § 70 zu anderen Schutzrechten

a) Urheberrechtsschutz, § 2. Soweit sich die wissenschaftliche Ausgabe in der ori-   **2**
ginalgetreuen Wiedergabe erschöpft, entsteht mangels persönlicher geistiger Schöpfung kein urheberrechtlicher Schutz gem. § 2. Dennoch können die Rechte aus § 70
und aus § 2 zusammentreffen. Der Verfasser der Ausgabe kann zugleich urheberrechtlichen Schutz in Anspruch nehmen, wenn er eigene Ergänzungen, Anmerkungen
und Kommentare hinzugefügt hat (*BGH* GRUR 1980, 227 – Monumenta Germaniae
Historica; *KG* GRUR 1991, 596 – Schopenhauer-Ausgabe). Das Urheberrecht beschränkt sich dann aber auf die **eigenschöpferischen Werkteile**; für die übrigen Teile der Ausgabe verbleibt es bei § 70. Relevant ist dieser Unterschied allein für die
Schutzdauer (§ 70 Abs. 3); iÜ sind beide Rechte inhaltsgleich (§ 70 Abs. 1).

b) Sammelwerk, § 4. Eine wissenschaftliche Ausgabe kann auch aus einer Zusam-   **3**
menstellung mehrerer Werke oder Texte bestehen. Erfolgt diese unter **individuellen
Ordnungsgesichtspunkten** (*BGH* GRUR 1982, 37, 39 – WK-Dokumentation), liegt
hierin eine persönliche geistige Schöpfung, die dazu führt, dass das Ergebnis als
Sammelwerk (§ 4) urheberrechtlichen Schutz genießt.

c) Nachgelassenes Werk, § 71. Ist Gegenstand einer veröffentlichten wissenschaft-   **4**
lichen Ausgabe ein bislang nicht erschienenes Werk, dessen urheberrechtlicher
Schutz erloschen ist, können die Leistungsschutzrechte der §§ 70 und 71 zusammentreffen. Inhaber des Rechts nach § 71 ist der Herausgeber, während § 70 den Verfasser der Ausgabe schützt. Sind **Verfasser und Herausgeber der wissenschaftlichen**

Ausgabe des nachgelassenen Werkes personenverschieden, benötigt der Herausgeber zur Vervielfältigung und Verbreitung des Werkes die Zustimmung des Verfassers (*Schricker/Loewenheim* § 70 Rn 4; *Fromm/Nordemann* § 70 Rn 9). Umgekehrt benötigt der Verfasser grds die Zustimmung des Herausgebers, wenn dieser das nachgelassene Werk veröffentlicht hat, bevor jener eine wissenschaftliche Ausgabe des Werkes verfasst hat (*Möhring/Nicolini/Kroitzsch* § 70 Rn 2). Denn § 71 gewährt dem Herausgeber das ausschließliche Recht, das urheberrechtlich nicht mehr geschützte Werk zu verwerten.

II. Voraussetzungen und Inhalt des Schutzrechts, Abs. 1

1. Ausgabe urheberrechtlich nicht geschützter Werke oder Texte

5   Gegenstand der wissenschaftlichen Ausgabe muss ein urbeberrechtlich nicht geschütztes Werk oder ein Text sein.

a) Der Begriff des **urheberrechtlich nicht geschützten Werkes** besagt, dass es sich um eine Schöpfung handeln muss, die die Voraussetzungen des § 2 erfüllt (*Fromm/Nordemann/Hertin* § 70 Rn 2), gleichwohl urheberrechtlich nicht (mehr) geschützt ist. Der Grund hierfür kann bspw im Ablauf der Schutzfrist liegen oder darin, dass es sich um ein amtl. Werk iSv § 5 handelt.

b) Ein **Text** ist eine sprachliche Darstellung, die nicht die Voraussetzungen des § 2 Abs. 1 Nr. 1, Abs. 2 erfüllt, die also keine eigenschöpferische Leistung darstellt, zB die einfache Schilderung eines Geschehnisses (*BGH* NJW 1975, 2064 – Reichswehrprozeß).

c) Unter einer **Ausgabe** ist jede verkehrsfähige Festlegungsform der wissenschaftlichen Tätigkeit zu verstehen (*Fromm/Nordemann/Hertin* § 70 Rn 2; *Schricker/Loewenheim* § 70 Rn 5), sei es in Wort- oder Bildform oder auf Tonträger, auf Papier, CD-ROM oder digital.

2. Ergebnis wissenschaftlich sichtender Tätigkeit

6   Der Schutz nach § 70 setzt voraus, dass es sich bei der Ausgabe um das Ergebnis wissenschaftlich sichtender Tätigkeit handelt. Das Werk oder der Text muss also unter **Anwendung wissenschaftlicher Methoden** (*BGH* NJW 1975, 2064 – Reichswehrprozeß) aufbereitet worden sein. Diese können angewandt worden sein beim **Vergleich des einschlägigen Textmaterials**, seiner **Auswahl und Ordnung**. Ein Beispiel für das Ergebnis dieser Tätigkeit ist die Dokumentation eines Gerichtsprozesses, für die Berichte in Tageszeitungen und andere Unterlagen verarbeitet wurden (*BGH* NJW 1975, 2064 – Reichswehrprozeß).

Das bloße **Auffinden eines alten Textes** stellt noch keine wissenschaftlich sichtende Tätigkeit dar (BT-Drucks. IV/270, 87). Andererseits handelt es sich nicht bloß um wissenschaftlich sichtende, sondern auch um schöpferische Tätigkeit, wenn die Ausgabe nicht nur fremde Werke und Texte authentisch wiedergibt, sondern **selbst verfasste Passagen** enthält, bspw Einl. und Anm. zu mittelalterlichen Texten (*BGH* GRUR 1980, 227 – Monumenta Germaniae Historica; s. auch *KG* GRUR 1991, 596 – Schopenhauer-Ausgabe). Unter den Voraussetzungen des § 2 entsteht an diesen Werkteilen Urheberrechtsschutz (s. Rn 2).

3. Wesentlicher Unterschied zu den bisher bekannten Ausgaben der Werke oder Texte

Für den Fall, dass zu dem betr. Werk oder Text bereits wissenschaftliche Ausgaben **7** existieren, ist die neue Edition nur unter der Voraussetzung schutzfähig, dass sie sich wesentlich von den bisher bekannten Ausgaben unterscheidet. Dieses Erfordernis soll der **Rechtssicherheit** dienen (BT-Drucks. IV/270, 87). Würden mehrere Ausgaben eines Werkes, die sich kaum voneinander unterscheiden, geschützt, ließe sich im Falle von Verwertungshandlungen nicht oder kaum feststellen, welche Ausgabe betroffen wäre, welcher Verfasser also Rechte aus der Verwertung herleiten könnte.

Der **Unterschied** muss sich auf das **Arbeitsergebnis**, also den Inhalt der Ausgabe beziehen. Unterschiede in der wissenschaftlichen Methode sind nicht relevant. Derjenige also, der unter Einsatz großen wissenschaftlichen Aufwandes belegt, dass eine bisher bekannte, weniger fundierte Ausgabe dem Original recht nahe kommt und deshalb eine neue Ausgabe verfasst, die sich kaum von der älteren unterscheidet, erwirbt kein Leistungsschutzrecht (BT-Drucks. IV/270, 87).

Der Unterschied zu bisher bekannten Ausgaben muss **wesentlich** sein. Dieses quantitative Element unterstreicht den Gesetzeszweck der Rechtssicherheit. Die Ausgaben müssen sich so voneinander unterscheiden, dass im Streitfalle leicht feststellbar ist, welche Ausgabe Gegenstand der Verwertungshandlung ist. Streitig ist, ob das Tatbestandsmerkmal der Wesentlichkeit am Maßstab des § 24 zu messen ist, ob also die neue Ausgabe nur dann schutzfähig ist, wenn sie zu den älteren einen Abstand einhält wie er für eine freie Benutzung eines Werkes erforderlich ist (so *v. Gamm* § 70 Rn 7; **aA** *Schricker/Loewenheim* § 70 Rn 7; *Fromm/Nordemann/Hertin* § 70 Rn 4; *Möhring/Nicolini/Kroitzsch* § 70 Rn 9). Dagegen wird eingewandt, dass § 70 die werkgetreue Wiedergabe und nicht die persönliche geistige Schöpfung zum Gegenstand habe (*Möhring/Nicolini/Kroitzsch* § 70 Rn 9). Zu bedenken ist aber, dass § 70 einen Schutz gewährt, dessen Inhalt dem des Urheberrechts, abgesehen von der Schutzdauer, entspricht. Das heißt, der Verfasser einer wissenschaftlichen Ausgabe kann jede Bearbeitung seiner Edition iSv § 23, also jede unfreie Benutzung, untersagen lassen. Das spricht dafür, an die Wesentlichkeit des Unterschieds iSv § 70 Abs. 1 keine geringeren Anforderungen zu stellen, als an das Vorliegen einer freien Bearbeitung. Da § 70 Abs. 1 nur auf das Leistungsergebnis abstellt, spielt es für die Versagung des Schutzes keine Rolle, ob der Verfasser der neueren Ausgabe sich bewusst oder unbewusst an die ältere Ausgabe angelehnt hat; das Problem der Doppelschöpfung stellt sich deshalb hier nicht. Diese Verschärfung gegenüber dem Urheberrecht ist durch den Zweck des § 70, die Verfügbarmachung authentischer Texte zu belohnen, gerechtfertigt (*Fromm/Nordemann/Hertin* § 70 Rn 6).

4. Gewährung des Schutzes in entsprechender Anwendung der Vorschriften des Ersten Teils

§ 70 Abs. 1 gewährt Schutz in entspr. Anwendung der Vorschriften des Ersten Teils, **8** also einen dem Urheberrecht entspr. Schutz. Eine Einschränkung enthält nur § 70 Abs. 3, der die Schutzdauer abweichend vom Urheberrecht regelt. **Gegenstand des Schutzes** nach § 70 ist nur die Ausgabe, nicht das Werk selbst. Der Verfasser kann insb. nicht verhindern, dass weitere Ausgaben entstehen. Allerdings steht ihm gem.

§ 23 das Recht zu, gegen unfreie Bearbeitungen vorzugehen. Daneben stehen ihm die übrigen **Verwertungsrechte** der §§ 15 ff. zu und er kann **Nutzungsrechte** gem. §§ 31 ff. einräumen. Ebenso wie das Urheberrecht beinhaltet das Leistungsschutzrecht des § 70 eine **persönlichkeitsrechtliche Komponente**. So hat auch der Verfasser einer wissenschaftlichen Ausgabe das Recht, gem. § 13 als solcher benannt zu werden (*BGH* GRUR 1978, 360 – Hegel-Archiv).

III. Inhaber des Schutzrechts, Abs. 2

9 Gem. § 70 Abs. 2 steht das Recht dem Verfasser der wissenschaftlichen Ausgabe zu, also demjenigen, der die wissenschaftlich sichtende Tätigkeit entfaltet hat. Das gilt auch dann, wenn diese Tätigkeit im Rahmen eines Arbeits- oder Dienstverhältnisses erfolgte (zur Einräumung von Nutzungsrechten in diesen Fällen *Katzenberger* GRUR 1984, 319 ff.).

IV. Schutzdauer, Abs. 3

1. Beginn der Schutzfrist

10 § 70 Abs. 3 normiert die einzige Einschränkung des in Abs. 1 vorgesehenen Schutzumfanges entspr. einem Urheberrecht, indem es die Schutzdauer von 70 Jahren p.m.a. auf 25 Jahre verkürzt. Die Schutzfrist beginnt grds erst mit dem Erscheinen des Werkes zu laufen, was nichts über das **Entstehen des Schutzes** aussagt. Der Schutz selbst beginnt, wenn die Voraussetzungen des Abs. 1 erfüllt sind, also mit der Herstellung der Ausgabe.

Wann ein Werk erschienen ist, bestimmt § 6 Abs. 2. Falls die Ausgabe nicht binnen 25 Jahren nach ihrer Herstellung veröffentlicht wurde, erlischt der Schutz, § 70 Abs. 3 S. 1 Var. 2, weil die Schutzfrist in diesem Fall bereits mit der **Herstellung** zu laufen beginnt. Daraus folgt, dass eine wissenschaftliche Ausgabe maximal 50 Jahre, gerechnet ab Herstellung, geschützt sein kann, nämlich dann, wenn sie im 25. Jahr nach der Herstellung erscheint.

2. Berechnung der Schutzfrist

11 Gem. § 70 Abs. 3 S. 2 ist die Schutzfrist nach § 69 zu berechnen, dh sie beginnt am 1.1. des dem Erscheinen bzw Herstellen der Ausgabe nachfolgenden Jahres.

3. Übergangsrecht

12 Die Schutzdauer wissenschaftlicher Ausgaben wurde durch das Produktpirateriegesetz v. 7.3.1990, welches am 1.7.1990 in Kraft getreten ist, von 10 auf 25 Jahre **verlängert**. In den Genuss dieser Schutzdauerverlängerung kommen gem. § 137b Abs. 1 alle Editionen, die zu diesem Zeitpunkt noch geschützt waren, die also nach dem 1.1.1980 erschienen sind bzw hergestellt wurden.

§ 71 Nachgelassene Werke

(1) **Wer ein nicht erschienenes Werk nach Erlöschen des Urheberrechts erlaubterweise erstmals erscheinen läßt oder erstmals öffentlich wiedergibt, hat das ausschließliche Recht, das Werk zu verwerten. Das gleiche gilt für nicht erschienene Werke, die im Geltungsbereich dieses Gesetzes niemals geschützt waren, deren Urheber aber schon länger als siebzig Jahre tot ist. Die §§ 5, 15 bis 24, 26, 27, 45 bis 63 und 88 sind sinngemäß anzuwenden.**

(2) **Das Recht ist übertragbar.**

(3) **Das Recht erlischt fünfundzwanzig Jahre nach dem Erscheinen des Werkes oder, wenn seine erste öffentliche Wiedergabe früher erfolgt ist, nach dieser.**

Literatur: *Klingenberg* Urheber- und verlagsrechtliche Aspekte des Schutzes Wissenschaftlicher Ausgaben nachgelassener Werke, GRUR 1985, 419; *Rehbinder* Zum Rechtsschutz der Herausgabe historischer Texte, UFITA 106 (1987), 255; *Vogel* Die Umsetzung der Richtlinie zur Harmonisierung der Schutzdauer des Urheberrechts und bestimmter verwandter Schutzrechte, ZUM 1995, 451.

Übersicht

I. Allgemeines

1. Grund für die Regelung

§ 71 beruht auf dem Gedanken, dass demjenigen, der ein bislang unveröffentlichtes **1** Werk, dessen Urheber bereits seit mehr als 70 Jahren verstorben ist, oder an dem aus anderen Gründen kein Urheberrecht (mehr) besteht, der Allgemeinheit zugänglich macht und es so vor dem Vergessen bewahrt, ein Schutz an diesem Werk gebührt.

2. Verhältnis von § 71 zu § 70

Im Gegensatz zu § 70, der den Verfasser **einer wissenschaftlichen Ausgabe** schützt, **2** ist Gegenstand des Schutzrechts nach § 71 das Werk selbst. Der Schutz geht allerdings weniger weit als der des Verfassers einer wissenschaftlichen Ausgabe (su Rn 11 und § 70 Rn 8). Die Rechte aus § 70 und § 71 können zusammentreffen (s. dazu § 70 Rn 4).

3. Entstehungsgeschichte

3   **a) Rechtslage bis zur Urheberrechtsreform 1995.** Bis zur Urheberrechtsreform
von 1965 bestand für denjenigen, der ein nachgelassenes Werk erstmals der Öffentlichkeit zugänglich machte, kein bes. Schutz. Das **LUG** ergänzte die 50-jährige
Schutzfrist p.m.a. lediglich in § 29 S. 1 durch die Regelung, dass der Schutz nicht
früher als 10 Jahre nach der Veröffentlichung erlischt. Schutzinhaber waren in jedem
Falle die Erben, auch wenn sie mit der posthumen Veröffentlichung nichts zu tun hatten. Außerdem wurde mit der Vorschrift ein nicht gewollter, zeitlich unbegrenzter
Schutz unveröffentlichter Werke erreicht.

Daher sah die **Urheberrechtsreform 1965** in § 64 Abs. 2 aF vor, dass die 10-jährige
Schutzfrist nach Veröffentlichung nur dann gewährt wird, wenn das nachgelassene
Werk nach Ablauf von 60, aber vor Ablauf von 70 Jahren veröffentlicht wird. Erschien das Werk nach Ablauf dieser Schutzfrist, kam dies den Erben des Urhebers
nicht mehr zugute. Statt dessen erwarb der Herausgeber gem. § 71 aF ein eigenes
Schutzrecht für die Dauer von 10 Jahren. Voraussetzung war, dass er das Werk erscheinen ließ iSv § 6 Abs. 2. Inhaltlich erstreckte sich das Recht auf die Verbreitung
und Vervielfältigung sowie die öffentliche Wiedergabe von Vervielfältigungsstücken.

Durch die **Urheberrechtsreform von 1990** wurde die Schutzfrist von 10 auf 25 Jahre verlängert.

4   **b) Erweiterung des Anwendungsbereiches durch die Urheberrechtsreform
1995.** Die **Urheberrechtsreform von 1995**, mit der die Schutzdauerrichtlinie 93/98/
EWG in deutsches Recht umgesetzt wurde, brachte eine erhebliche Erweiterung der
Bedeutung des § 71 mit sich. Denn Art. 4 der Richtlinie sieht vor, dass derjenige, der
ein zuvor unveröffentlichtes Werk, dessen urheberrechtlicher Schutz abgelaufen ist,
erstmals erlaubterweise veröffentlicht bzw öffentlich wiedergibt, einen den vermögensrechtlichen Befugnissen des Urhebers entspr. Schutz genießt.

aa) Erweiterung des Anwendungsbereichs. Gegenüber dem bisherigen Recht liegt
hierin zunächst eine Erweiterung des Anwendungsbereichs, denn nicht nur derjenige
erwirbt einen Schutz, der das Werk erstmals erscheinen lässt, sondern jeder, der es
öffentlich wiedergibt. Die Regelung ist problematisch, weil sie der Rechtssicherheit
abträglich ist. Die **öffentliche Wiedergabe** eines Werkes, etwa die Aufführung eines
Theaterstücks auf irgendeiner Bühne, wird nicht ohne weiteres dokumentiert, schon
gar nicht in der Weise, dass sich die Wiedergabe noch nach Jahren nachvollziehen
lässt. Aus diesem Grund hatte der Gesetzgeber 1965 bewusst auf die öffentliche Wiedergabe als Tatbestand für den Schutz verzichtet (amtl. Begr. BT-Drucks. IV/270,
88). Aber auch inhaltlich erscheint es nicht gerechtfertigt, den Schutz bereits an eine
öffentliche Wiedergabe zu knüpfen. Denn derjenige, der das Werk nur einmal irgend-
wo zwar öffentlich, aber uU nur vor einem kleinen Kreis wiedergibt, leistet gegenüber dem, der das Werk erscheinen lässt, nur einen geringen Beitrag zu Erhaltung des
Werkes. Dennoch genügt die öffentliche Wiedergabe, um einen Schutz auszulösen,
der Dritte daran hindert, das Werk erscheinen zu lassen.

5   **bb) Erweiterung des Schutzinhalts.** Art. 4 der Schutzdauerrichtlinie erweitert auch
den Umfang des dem Herausgeber gewährten Schutzes, indem es ihm alle vermögensrechtlichen Befugnisse eines Urhebers einräumt, also das **alleinige Recht, das**

Werk zu verwerten. Demgegenüber räumte § 71 aF nur das Recht ein, „das Werk zu vervielfältigen und zu verbreiten sowie die Vervielfältigungsstücke des Werkes zur öffentlichen Wiedergabe zu benutzen". Nach altem Recht beschränkte sich die ausschließliche Verwertungsbefugnis also auf das Werk in der herausgebrachten Form. Die Nutzung des Werkoriginals, die nicht Herstellung von Vervielfältigungs- stücke beeinhaltete, blieb frei, also bspw eine Lesung unter **Verwendung des Wer- koriginals.** Erlaubt blieb auch die Verwendung von **Vervielfältigungsstücken, die vor der Entstehung des Schutzrechts nach § 71 hergestellt wurden,** denn die For- mulierung in § 71 aF „die Vervielfältigungsstücke ... zu benutzen" bezog sich nur auf diejenigen Vervielfältigungsstücke, die der Inhaber des ausschließlichen Rechts hergestellt hatte (*BGHZ* 64, 164, 168 f. – TE DEUM). Diese Einschränkungen des Schutzes bestehen nach neuem Recht nicht mehr. Der Herausgeber kann die Nutzung des Werkoriginals auch dann untersagen, wenn Vervielfältigungsstücke nicht herge- stellt werden. Ebenso führt die Entstehung des Schutzrechtes dazu, dass alle bereits existierenden Vervielfältigungsstücke nicht mehr verwendet werden dürfen.

II. Voraussetzungen des Schutzrechts, Abs. 1

1. Objekt des Schutzes

a) Nicht erschienenes Werk. Das Leistungsschutzrecht des § 71 kann nur an einem   6
zuvor nicht erschienenen Werk entstehen. Die **Werkqualität** ist im Unterschied zu § 70 Voraussetzung für den Schutz nach § 71, da dieser an dem Werk selbst entsteht und nicht an der wissenschaftlichen Aufarbeitung.

§ 71 Abs. 1 setzt voraus, dass das Werk **nicht erschienen** ist, also noch nicht in einer § 6 Abs. 2 entspr. Weise der Öffentlichkeit angeboten worden ist. Diese Tatbestands- voraussetzung wurde bei der Umsetzung der Schutzdauerrichtlinie 1995 unverändert von § 71 aF übernommen. Nach früherem Recht war es konsequent, allein an dem Nichterschienensein eines Werkes anzuknüpfen, weil nur der ein Recht erwerben konnte, der das Werk erscheinen ließ. Nach der jetzigen Fassung des § 71, die inso- weit Art. 4 der Schutzdauerrichtlinie entspricht, ist jedoch auch die öffentliche Wie- dergabe schutzbegründend (zum Begriff so § 15 Rn 77). Das bedeutet, dass nur sol- che nachgelassenen Werke nicht Gegenstand eines bereits existierenden Schutzrechts iSv § 71 sind, die weder erschienen noch bereits einmal öffentlich wiedergegeben worden sind. Dementsprechend formuliert Art. 4 der Richtlinie, dass Schutzgegen- stand ein **„zuvor unveröffentlichtes Werk"** sein kann. Auch § 71 muss in diesem Sinne restriktiv ausgelegt werden, um die Kollision mehrerer Schutzrechte zu ver- meiden.

b) Nichtbestehen urheberrechtlichen Schutzes, Abs. 1 S. 1 und 2. Ein neues   7
Schutzrecht kann nur dann entstehen, wenn an dem Werk Urheberrechte nicht (mehr) bestehen. Das ist der Fall, wenn das **Urheberrecht erloschen** ist (Abs. 1 S. 1). Die Ursache hierfür kann nur der Ablauf der Schutzfrist sein, weil dies der einzige Tat- bestand ist, der zur völligen Beendigung des Urheberrechts führt. Die Schutzdauer des Urheberrechts ist in §§ 64-69 geregelt.

Daneben können auch Werke, die im Geltungsbereich des UrhG **niemals geschützt** waren, Gegenstand eines Rechts nach § 71 sein, Abs. 1 S. 2. Hierunter fallen Werke, die so **alt** sind, dass der Urheberrechtsschutz sie nicht mehr erreichte, wie Märchen und Volkslieder. Daneben sind **Werke ausländischer Künstler** betroffen, die in Deutschland mangels entspr. zwischenstaatlicher Abkommen niemals geschützt waren (§ 121 Abs. 4). Weitere Voraussetzung ist jedoch, dass der **Urheber schon länger als 70 Jahre tot ist**, also auch im Falle einer zukünftigen Anwendbarkeit des UrhG auf die Werke dieser Künstler Urheberrechtsschutz und der Schutz nach § 71 nicht kollidieren können.

Obwohl auch **amtl. Werke** gem. § 5 keinen urheberrechtlichen Schutz genießen, können sie nicht Schutzobjekt des § 71 sein; das stellt Abs. 1 S. 3 ausdrücklich fest.

2. Schutzbegründende Handlungen

8   **a) Erstmaliges Erscheinenlassen.** Die den Schutz des § 71 begründende Handlung kann zum einen das erstmalige Erscheinenlassen sein. Ein Werk ist erschienen, wenn Vervielfältigungsstücke des Werkes in genügender Anzahl der Öffentlichkeit angeboten oder in Verkehr gebracht worden sind, § 6 Abs. 2. Allein die Anerkennung dieses Verdienstes des Herausgebers war ursprünglich Anlass für die Einführung des § 71 (so Rn 1). Unerheblich ist es nach der jetzigen Fassung des § 71, wo das Werk erscheint. § 71 aF verlangte das Erscheinenlassen im Geltungsbereich des UrhG. Diese Einschränkung hat der Gesetzgeber bei Umsetzung der Schutzdauerrichlinie fallen lassen.

9   **b) Erstmalige öffentliche Wiedergabe.** Seit der Urheberrechtsnovelle 1995 ist auch die erstmalige öffentliche Wiedergabe schutzbegründend (so Rn 4). Das Recht der öffentlichen Wiedergabe meint die Befugnis, das Werk in unkörperlicher Form öffentlich wiederzugeben, etwa in Form einer Aufführung (§ 15 Abs. 2, 3). Unerheblich ist, wo die öffentliche Wiedergabe erfolgt (so Rn 4).

10   **c) Erlaubtes Erscheinenlassen bzw öffentliches Wiedergeben.** Das Tatbestandsmerkmal „erlaubterweise" wurde ebenfalls erst mit der Urheberrechtsnovelle 1995 in das Gesetz eingefügt. Es wurde aus Art. 4 der Schutzdauerrichlinie übernommen, ohne dass sich der amtl. Begr. entnehmen ließe, was hierunter zu verstehen ist. Da Schutzobjekte des § 71 Werke sind, an denen kein Urheberrecht (mehr) besteht, kann keine Erlaubnis im urheberrechtlichen Sinne gemeint sein. Daher wird die Auffassung vertreten, es sei gemeint, dass das Schutzrecht nicht unter Verletzung von **Eigentums- oder Besitzrechten an den benutzten Werkexemplaren** oder gegen den ausdrücklichen Willen deren Eigentümer oder Besitzer erworben werden kann (*Haberstumpf* Hdb, Rn 331; ihm folgend *Schricker/Loewenheim* § 71 Rn 10; *Rehbinder* Rn 399; ähnlich *Möhring/Nicolini/Kroitzsch* § 71 Rn 11; **aA** wohl *Fromm/Nordemann/Hertin* § 71 Rn 4: „leere Floskel").

III. Inhalt des Schutzrechts, § 71 Abs. 1 S. 3, Abs. 2

11   Wer ein nachgelassenes Werk erstmals veröffentlicht, genießt nach der Vorgabe des Art. 4 der Schutzdauerrichlinie einen den vermögensrechtlichen Befugnissen des Urhebers entspr. Schutz. Er hat also das alleinige Recht, das Werk zu verwerten. Dementsprechend verweist § 71 Abs. 1 S. 3 auf die urheberrechtlichen Verwertungs- und Nutzungsrechte und auf das Folgerecht des § 26.

Die Verwertungsbefugnis beinhaltet auch das Recht, die Verwendung von Vervielfältigungsstücken des Werkoriginals zu untersagen, die vor dem Entstehen des Rechts nach § 71 hergestellt wurden; insofern hat sich die Rechtslage gegenüber der, die der Entsch. „TE DEUM" des BGH (*BGHZ* 64, 164) zugrunde lag, geändert (so Rn 5).

Da der Herausgeber eines nachgelassenen Werkes, anders als der Verfasser einer wissenschaftlichen Ausgabe gem. § 70, keine dem Urheberpersönlichkeitsrecht entspr. Befugnisse erwirbt, steht **der Übertragbarkeit des Rechts** nichts entgegen, § 71 Abs. 2.

IV. Inhaber des Schutzrechts

Das Leistungsschutzrecht des § 71 steht nach dem Schutzzweck der Norm demjenigen zu, der den Arbeits- und Kostenaufwand hatte, das Werk nicht in Vergessenheit geraten zu lassen, der es also gefunden bzw gesammelt hat (*Haberstumpf* Hdb, Rn 332; *Fromm/Nordemann/Hertin* § 71 Rn 6). Für den Fall, dass das nachgelassene Werk erscheint, ist Rechtsinhaber der Herausgeber (*Haberstumpf* Hdb, Rn 332; *Fromm/Nordemann/Hertin* § 71 Rn 6; *Schricker/Loewenheim* § 71 Rn 13; **aA** *Schack* Rn 660: der Verleger). Die öffentliche Wiedergabe begründet ein Schutzrecht desjenigen, der die Wiedergabe veranlasst, insb. das nachgelassene Werk hierfür zur Verfügung stellt, nicht etwa der Veranstalter (*Fromm/Nordemann/Hertin* § 71 Rn 6). **12**

V. Schutzdauer, § 71 Abs. 3

Das Recht nach § 71 währt 25 Jahre. Die Frist wird ab dem Entstehen des Rechts berechnet, also ab dem Erscheinen des Werkes oder ab der ersten öffentlichen Wiedergabe, falls diese früher erfolgt ist. § 71 Abs. 3 S. 2 aF verwies für die **Berechnung der Schutzfrist** auf § 69; die Frist begann also am 1.1. des auf die Veröffentlichung des Werkes folgenden Jahres zu laufen. Mit der jetzigen Fassung ist diese Verweisung weggefallen, was überrascht, da die Schutzdauerrichtlinie in Art. 8 eine dem § 69 entspr. Berechnung der Schutzfristen für „die in dieser Richtlinie genannten Fristen", also auch für die des Art. 4, vorsieht. Die amtl. Begr. nennt keinen Grund für den Wegfall des Verweisung auf § 69, was dafür spricht, dass es sich um ein Redaktionsversehen handeln könnte (*Fromm/Nordemann/Hertin* § 71 Rn 14). Dies ließe auf die Planwidrigkeit der Lücke und mithin die analoge Anwendbarkeit des § 69 schließen (**aA** *Schricker/Loewenheim* § 71 Rn 14). **13**

Eine **öffentliche Wiedergabe** löst den Beginn der 25-jährigen Schutzdauer nur dann aus, wenn sie nach dem 30.6.1995 erfolgte, da § 71 diesen Tatbestand erst in der seit dem 1.7.1995 geltenden Fassung unter Schutz stellt.

Die Schutzdauer wurde mit der Urheberrechtsreform von 1990 von 10 auf 25 Jahre **verlängert**. In den Genuss der 25-jährigen Schutzfrist kommen gem. § 137b Abs. 1 alle Herausgeber, die ein nachgelassenes Werk nach dem 1.1.1980 erscheinen ließen.

Abschnitt 2
Schutz der Lichtbilder

§ 72   Lichtbilder

(1) Lichtbilder und Erzeugnisse, die ähnlich wie Lichtbilder hergestellt werden, werden in entsprechender Anwendung der für Lichtbildwerke geltenden Vorschriften des Teils 1 geschützt.

(2) Das Recht nach Absatz 1 steht dem Lichtbildner zu.

(3) Das Recht nach Absatz 1 erlischt fünfzig Jahre nach dem Erscheinen des Lichtbildes oder, wenn seine erste erlaubte öffentliche Wiedergabe früher erfolgt ist, nach dieser, jedoch bereits fünfzig Jahre nach der Herstellung, wenn das Lichtbild innerhalb dieser Frist nicht erschienen oder erlaubterweise öffentlich wiedergegeben worden ist. Die Frist ist nach § 69 zu berechnen.

Literatur: *Flechsig* Das Lichtbild als Dokument der Zeitgeschichte, UFITA 116 (1991), 5; *Habel/Meindl* Das Urheberrecht an Fotografien bei Störungen ihrer professionellen Auswertung, ZUM 1993, 270; *Schricker* Unbefugte Nutzung von Werbefotos nach Vertragsbeendigung, EWiR 2000, 45; *Schulze* Urheber- und leistungsschutzrechtliche Fragen virtueller Figuren, ZUM 1997, 77; *ders.* Urheber- und Leistungsschutzrechte des Kameramanns, GRUR 1994, 855; *Schulze/Bettinger* Wiederaufleben des Urheberrechtsschutzes bei gemeinfreien Fotografien, GRUR 2000, 12.

I. Allgemeines

1. Rechtliche Einordnung

1   An Lichtbildern, die persönliche geistige Schöpfungen darstellen, die also **Lichtbildwerke** sind, entsteht gem. § 2 Abs. 1 Nr. 5 ein Urheberrecht. **Lichtbilder**, die diese Schöpfungshöhe nicht erreichen, sind unter den Voraussetzungen des § 71 ebenfalls geschützt. Ein Minimum eigener Leistung muss jedoch auch hierfür gegeben sein; ei-

ne bloße Fotokopie etwa ist auch nicht nach § 71 geschützt (zur Abgrenzung im Einzelnen su Rn 9). **Inhaltlich** entspricht das dem Lichtbildner (Abs. 2) zustehende Schutzrecht im Wesentlichen dem des Urheberrechts (su Rn 10), ein deutlicher Unterschied liegt nur in der Schutzdauer. Die Frist beträgt lediglich 50 Jahre und beginnt bereits mit dem Erscheinen bzw der ersten öffentlichen Wiedergabe oder der Herstellung des Lichtbildes, § 71 Abs. 3. Für die Praxis hat dies zur Folge, dass sich die Frage, ob einem Lichtbild Werkqualität iSv § 2 zukommt, innerhalb der Schutzdauer des § 71 Abs. 3 nur dann stellt, wenn der zur Diskussion stehende Schutzinhalt ausnahmsweise nur dem Lichtbildwerk zusteht.

2. Lichtbildschutz nach früherem Recht

a) Urheberrechtsreform von 1965. Bereits das UrhG idF von 1965 sah vor, dass auf **2** Lichtbilder die für Lichtbildwerke geltenden Vorschriften sinngemäß anzuwenden sind (§ 72 aF). Das galt damals auch hinsichtlich der Schutzdauer. Lichtbildwerke waren gem. § 68 aF abweichend von der Regelschutzdauer eines Urheberrechts nur 25 Jahre, gerechnet ab dem Erscheinen oder der Herstellung, geschützt. Diese Schutzdauer galt auch für einfache Lichtbilder.

b) Urheberrechtsreform von 1985. Mit der Urheberrechtsreform vom 24.6.1985 **3** wurde § 68 aufgehoben; für Lichtbildwerke gelten seitdem die allg. Regeln zur Schutzdauer (§§ 64-69). Auch für Lichtbilder änderte sich die Schutzdauer. § 72 wurde um einen Abs. 3 erweitert, der Lichtbilder danach unterschied, ob sie **Dokumente der Zeitgeschichte** waren. Für solche Lichtbilder wurde die Schutzdauer von 25 auf 50 Jahre verlängert. Betroffen davon waren alle Lichtbilder, die zum Zeitpunkt des In-Kraft-Tretens des Gesetzes am 1.7.1985 noch geschützt waren (§ 137a Abs. 1), die also nicht vor dem 1.1.1960 erschienen sind bzw hergestellt wurden. Für Lichtbilder, die keine Dokumente der Zeitgeschichte sind, änderte sich an der 25-jährigen Schutzfrist nichts.

c) Urheberrechtsreform von 1995. Die Differenzierung danach, ob ein Lichtbild **4** ein Dokument der Zeitgeschichte ist (s. dazu *OLG Frankfurt* GRUR Int 1993, 872 – Beatles), wurde als schwer durchführbar kritisiert (*Fromm/Nordemann* § 72 Rn 8; *Wenzel/Burkhardt* Urheberrecht für die Praxis, Rn 8.10). Sie entfiel mit der Urheberrechtsnovelle von 1995, mit der die Schutzdauerrichtlinie 93/98/EWG in deutsches Recht umgesetzt wurde. Obwohl die Richtlinie insoweit keine Vorgaben macht, nutzte der Gesetzgeber die Gelegenheit, im Zuge der Novellierung auch § 72 Abs. 3 zu ändern und die Schutzdauer in der jetzt geltenden Fassung des § 72 **für alle Lichtbilder auf 50 Jahre** festzusetzen.

In den Genuss der verlängerten Schutzdauer kommen auf jeden Fall alle nicht die Zeitgeschichte dokumentierenden Lichtbilder, die mit In-Kraft-Treten des Gesetzes am 1.7.1995 noch geschützt waren, deren Schutzfrist also nicht vor dem 1.1.1970 zu laufen begann. Fraglich ist, ob der erloschene Schutz früherer Lichtbilder wieder aufleben kann. Die Schutzdauerrichtlinie sieht in Art. 10 Abs. 2 im Interesse einer möglichst raschen und weitreichenden Harmonisierung der Schutzdauer vor, dass die in der Richtlinie vorgesehene Schutzfrist auf *alle* Werke oder Gegenstände Anwendung findet, die im Umsetzungszeitpunkt zumindest in einem der Mitgliedsstaaten noch geschützt wurden. Diese Regelung könnte auch in Deutschland für einfache Lichtbilder, die nicht Dokumente der Zeitgeschichte sind, relevant sein. Denn in England bspw werden Fotogafien ungeachtet ihres schöpferischen Niveaus 50 Jahre geschützt; seit der Urheberrechtsreform von 1988 beginnt diese Frist sogar erst p.m.a. (Einzelheiten zum Fotografieschutz im Ausland bei *Schulze/Bettinger* GRUR 2000, 12, 14 f.). In § 137f Abs. 2 wurde die Vorgabe des Art. 10 Abs. 2 umgesetzt. Satz 2 nennt die verwandten Schutzrechte, für die diese Regelung gilt. Das Recht des Lichtbildners ist dort jedoch nicht erwähnt, sodass ein Wiederaufleben des Schutzes bei Lichtbildern nicht möglich ist (*Schricker/Katzenberger* § 137f Rn 3; *Fromm/Nordemann* § 137f Rn 3; **aA** *Schulze/Bettinger* GRUR 2000, 12, 189).

Die Schutzdauerrichtlinie enthält in Bezug auf den Schutz von Fotografien eine Regelung in Art. 6, der besagt, dass einziges Kriterium für den Schutz als Lichtbildwerk das Vorliegen einer eigenen geistigen Schöpfung ist. Dies hat für den Anwendungsbereich des § 72 zur Folge, dass hierunter nur solche Lichtbilder fallen, die unterhalb dieses Niveaus anzusiedeln sind.

II. Voraussetzungen des Schutzrechts

1. Lichtbilder

5 Durch § 72 werden zunächst Lichtbilder geschützt. Die Beurteilung, ob ein Lichtbild iSv § 72 vorliegt, vollzieht sich in zwei Schritten. Als erstes ist zu klären, ob es sich nach der Art der Herstellung überhaupt um ein Lichtbild handelt; sodann ist es abzugrenzen von Lichtbildwerken (§ 2 Abs. 1 Nr. 5) einerseits und, mangels eigener Leistung eines Herstellenden, schutzunfähigen Erzeugnissen andererseits.

6 **a) Herstellung eines Lichtbildes.** Der Begriff des Lichtbildes ist gleichbedeutend mit dem der Fotografie. Ein Lichtbild entsteht durch chemische oder physikalische Veränderungen, die eine Strahlungsquelle (Licht, Röntgenstrahlen, Wärme) auf strahlungsempfindlichen Schichten hervorruft *(BGHZ* 37, 1, 6 – AKI; *BGH* NJW-RR 1990, 1061, 1064 – Bibelreproduktion; *Möhring/Nicolini/Kroitzsch* § 72 Rn 3; *Fromm/Nordemann/Hertin* § 72 Rn 3; *Schricker/Vogel* § 72 Rn 16). Es ist gleichgültig, mit welcher **Kamera** das Lichtbild hergestellt wurde, ob mit einem manuell einzustellenden oder vollautomatischen Fotoapparat, ob mit einer herkömmlichen oder digitalen Kamera. Lichtbilder sind auch solche, die von einem Lichtbildautomaten, von einem Satelliten (vgl *LG Berlin* GRUR 1990, 270 – Satellitenfoto), von einem Radargerät oder von einem Fotokopiergerät (*BGH* NJW-RR 1990, 1061, 1064 – Bibelreproduktion) hergestellt wurden. Damit ist noch nichts darüber gesagt, ob ein Lichtbild, das zB mit einem Fotokopiergerät hergestellt wurde, schutzfähig ist (su Rn 8).

Auch **Filmwerke** und Laufbilder setzen sich aus Lichtbildern zusammen. Das Recht zur filmischen Auswertung erwirbt jedoch abweichend von § 72 Abs. 2 der Filmhersteller, §§ 91, 95.

Aus § 72 Abs. 2 ergibt sich, dass ein Lichtbild nur dann schutzbegründend sein kann, wenn ein Lichtbildner existiert, wenn also die Herstellung des Lichtbildes einer **natürlichen Person** zugeordnet werden kann (*Möhring/Nicolini/Kroitzsch* § 72 Rn 3). Dies grenzt jedoch den Kreis der potenziell schutzfähigen Bilder nicht ein. So ist das Foto eines Radargerätes demjenigen zuzuordnen, der das Gerät aufgestellt und die

Aufnahmeparameter bestimmt hat (*Schricker/Vogel* § 72 Rn 19; *Fromm/Nordemann* § 72 Rn 6; **aA** *Möhring/Nicolini/Kroitzsch* § 72 Rn 3, 12). Eine andere Frage ist es, ob das mit Hilfe eines solchen Gerätes gefertigte Bild gem. § 72 schutzfähig ist. Das beurteilt sich danach, ob der Betreffende bei der Herstellung des Lichtbildes ein Mindestmaß an persönlicher geistiger Leistung erbracht hat (*BGH* NJW-RR 1990, 1061, 1064 – Bibelreproduktion).

Gegenstand des Lichtbildschutzes ist nicht die Fotografie in ihrer körperlichen Festlegung, sondern seine wiederholbare Erscheinung (*Ulmer* § 119 II 1 aE). Dies folgt aus dem Wesen des Urheberrechts und der ihm verwandten Schutzrechte, deren Bezugspunkt nicht der jeweilige Sachgegenstand, sondern das geistige, immaterielle Gut ist (*BGHZ* 37, 1, 7 – AKI). So bejahte der BGH (*BGHZ* 37, 1, 7), jedoch vor Einführung des UrhG 1965, also zur Zeit der Geltung des KUG, den Lichtbildschutz von einzelnen Fernsehbildern einer Live-Sendung, die nicht auf Magnetband oder Film festgelegt wurden, sondern nur für den Bruchteil einer Sekunde elektrisch gespeichert und sodann mittels Hertz'scher Wellen ausgestrahlt wurden. Nach heutiger Rechtslage kommt dieser Schutz allerdings nicht mehr dem Lichtbildner, sondern gem. §§ 91, 95 dem Filmhersteller zugute.

b) Abgrenzung des Lichtbildes iSv § 72. Lichtbilder, die dem Schutz des § 72 unterfallen, sind zum einen, sozusagen nach oben, abzugrenzen von Lichtbildwerken iSv § 2 Abs. 1 Nr. 5, an denen ein Urheberrecht besteht. Sie sind aber auch „nach unten" abzugrenzen von solchen Lichtbildern, deren Herstellung nicht ein Mindestmaß an persönlicher geistiger Leistung erfordert (*BGH* NJW-RR 1990, 1061, 1064 – Bibelreproduktion; NJW 1992, 689, 690 – Bedienungsanweisung; *Schricker/Vogel* § 72 Rn 22; *Ulmer* § 119 I 1; *Schack* Rn 645; **aA** *Möhring/Nicolini/Kroitzsch* § 72 Rn 4).   **7**

aa) Abgrenzung vom Lichtbildwerk. Lichtbildwerke iSv § 2 Abs. 1 Nr. 5 zeichnen sich dadurch aus, dass sie persönliche geistige Schöpfungen (§ 2 Abs. 2) darstellen. Ein Lichtbildwerk ist – im Unterschied zum einfachen Lichtbild – nicht die schlichte Abbildung der Wirklichkeit, sondern teilt etwas mit, das über das abgebildete Objekt hinausgeht. Erreicht werden kann dies beispielsweise durch die Art der Belichtung, eine bestimmte Perspektive oder die Auswahl, welches von mehreren Objekten fokussiert wird. Hingegen kann eine Fotografie durch nachträgliches Verfremden den Charakter als Lichtbild verlieren und beispielsweise ein Werk der bildenden Kunst werden (*OLG Koblenz* GRUR 1987, 435 – Verfremdete Fotos).

Art. 6 der Schutzdauerrichtlinie 93/98/EWG bestimmt, dass zur Bestimmung eines Lichtbildes als urheberrechtlich geschütztes Werk andere Kriterien als das Vorliegen einer eigenen geistigen Schöpfung nicht herangezogen werden dürfen. Der deutsche Gesetzgeber sah bei Umsetzung der Schutzdauerrichtlinie keinen Anlass, die Vorgaben des Art. 6 ausdrücklich in das Urheberrecht aufzunehmen. Er stellte fest, dass es schon nach bisherigem Recht nicht erforderlich ist, dass das Lichtbildwerk eine bestimmte Gestaltungshöhe erreicht. Auch solche Lichtbilder, die am unteren Rand schöpferischer Tätigkeit anzusiedeln sind und sich als **„kleine Münze"** lediglich als Ergebnis individuellen Schaffens darstellen, sind dem Urheberrechtsschutz zugänglich (BT-Drucks. 13/781, 10).

Anders als im Bereich der angewandten Kunst, wo aus der Existenz des Geschmacksmusterrechts als Unterbau des Schutzes geschlossen wird, dass die Schutzuntergrenze für den urheberrechtlichen Schutz höher anzusetzen ist (vgl zB *BGH* GRUR 1983, 377 – Brombeer-Muster), lässt § 72 also nicht den Schluss zu, dass an den Schutz als Lichtbildwerk verschärfte Anforderungen zu stellen sind.

Erst unterhalb dieses Niveaus beginnt der Lichtbildschutz nach § 72. Er umfasst vor allem einfache Schnappschüsse eines Amateurs und gewerbliche Fotografien, deren Zweck es allein ist, über den abgebildeten Gegenstand zu informieren, etwa Fotos in einer Bedienungsanleitung (*BGH* NJW 1992, 689 – Bedienungsanweisung).

8   bb) Abgrenzung vom schutzunfähigen Lichtbild. Nicht jede chemische oder physikalische Veränderung, die eine Strahlungsquelle auf strahlungsempfindlichen Schichten hervorruft (so die Definition des Lichtbildes) verdient den Schutz des § 72, der dem des Urheberrechts mit Ausnahme der Schutzdauer immerhin recht nahe kommt. Denn Lichtbilder in diesem Sinne sind auch bloße Fotokopien oder automatisch ausgelöste Aufnahmen, wie solche eines Radars. Erforderlich ist ein Mindestmaß an zwar nicht schöpferischer, aber **persönlicher geistiger Leistung** (*BGH* NJW-RR 1990, 1061, 1064 – Bibelreproduktion).

Insb. erzeugt das bloße **Vervielfältigen** anderer Lichtbilder keinen neuen Lichtbildschutz, und zwar auch dann nicht, wenn das Format geändert wird (*BGH* NJW-RR 1990, 1061, 1064 – Bibelreproduktion). Das erschließt sich auch daraus, dass Gegenstand des Lichtbildschutzes nicht seine konkrete Verkörperung ist, sondern das dahinterstehende Urbild, also das abgelichtete Motiv.

Ob es bei Fotos, die von einem **Automaten** hergestellt werden, an einer persönlichen geistigen Leistung fehlt, hängt vom Einzelfall ab. Es lässt sich nicht ohne weiteres sagen, dass es hier an jedem Gestaltungsspielraum fehlt. So verbleibt demjenigen, der sich von einem **Passbildautomaten** fotografieren lässt, durchaus ein Spielraum für die Gestaltung des Bildes (*Fromm/Nordemann/Hertin* § 72 Rn 2; *Schricker/Vogel* § 72 Rn 19). Dasselbe mag für ein Satellitenfoto gelten, wenn die jeweilige Aufnahme durch die Steuerung des **Satelliten** beeinflusst wurde (vgl *LG Berlin* GRUR 1990, 270 – Satellitenfoto; *Schack* Rn 646). Nicht das Ergebnis einer persönlichen geistigen Leistung ist hingegen das Foto einer **„Radarfalle"**, die von jedem Objekt eine Aufnahme fertigt, welches eine bestimmte Geschwindigkeit überschreitet, ohne dass die konkrete Aufnahme steuerbar wäre (*Schack* Rn 646).

2. Erzeugnisse, die ähnlich wie Lichtbilder hergestellt werden

9 § 72 stellt den Lichtbildern solche Erzeugnisse gleich, die ähnlich wie Lichtbilder hergestellt werden. Das Erfordernis der Ähnlichkeit bezieht sich also auf die Herstellung. Das Erzeugnis muss **unter Benutzung strahlender Energie hergestellt** worden sein (*Ulmer* § 119 I 2; *Schricker/Vogel* § 72 Rn 18). Wann das Ergebnis ein Lichtbild ist und wann ein Erzeugnis, das ähnlich wie ein Lichtbild hergestellt wurde, kann nicht in jedem Einzelfall überzeugend abgegrenzt werden. In der Entsch. „AKI" ordnete der BGH das einzelne Fernsehbild einer Live-Sendung als ein Erzeugnis ein, das ähnlich wie ein Lichtbild hergestellt wird (*BGHZ* 37, 1 – AKI), obwohl eigentlich kein Grund besteht, diese mit einer Kamera aufgenommenen und auf einem Bildschirm wiedergegebenen Bilder nicht als Lichtbilder einzuordnen (ebenso *Fromm/ Nordemann/Vinck* § 2 Rn 75). Einer scharfen Abgrenzung bedarf es jedoch auch nicht, da sich die Rechtsfolgen nicht unterscheiden. Dem Tatbestandsmerkmal kommt in erster Linie die Bedeutung zu, klarzustellen, dass der Gegenstand des Lichtbildschutzes weit zu fassen ist.

Nicht unter den Lichtbildschutz nach § 72 fallen solche **im Computer erzeugten Bilder**, die allein das Ergebnis einer Softwareanwendung sind, insb. sog. CAD-Bilder („Computer-Aided Design"). Denn zum einen werden diese Bilder nicht unter Benutzung strahlender Energie erzeugt, sondern unter Anwendung elektronischer Impulse (vgl *Reuter* GRUR 1997, 23, 27). Zum anderen wird kein Abbild von etwas Bestehendem erzeugt, sondern mit Hilfe des Softwareprogramms ein neues Bild „gezeichnet". Auch durch die **digitale Bildbearbeitung** kann neuer Lichtbildschutz nicht entstehen. Gemeint ist die Bearbeitung eines Bildes am Computer, nachdem es durch Scannen digitalisiert, also in elektronische Signale umgewandelt wurde. Auch hier entsteht kein neues Lichtbild, sondern ein bestehendes wird bearbeitet. Unter den Voraussetzungen des § 2 Abs. 2 ist das Ergebnis ein urheberrechtlich schutzfähiges Werk, jedoch kein Lichtbildwerk, sondern ein Werk der bildenden Kunst, evtl ein **Werk sui generis** (*Fromm/Nordemann/Hertin* § 72 Rn 5).

III. Inhalt des Schutzrechts

Gem. § 72 Abs. 1 werden Lichtbilder in entspr. Anwendung der für Lichtbildwerke **10** geltenden Vorschriften des ersten Teils geschützt. Ebenso wie dem Urheber stehen dem Lichtbildner also vermögens- und persönlichkeitsrechtliche Befugnisse zu. Aus dem Umstand, dass dem Lichtbild keine eigenschöpferische Leistung zugrunde liegt, ergeben sich allerdings Abweichungen hinsichtlich des Umfangs der einzelnen Rechte.

1. Vermögensrechtliche Befugnisse

Ebenso wie ein Urheber hat der Lichtbildner das ausschließliche Recht, das Lichtbild zu verwerten (§§ 15 ff.), also insb. zu vervielfältigen und zu verbreiten.

Bei der Frage, wie weit das **Vervielfältigungsrecht** des Lichtbildners reicht, ist zu berücksichtigen, dass dem Lichtbild zwar ein Mindestmaß an persönlicher geistiger Leistung zugrunde liegt, es aber nicht Ausdruck eigenschöpferischen Tätigwerdens ist. Dementsprechend wird das ausschließliche Vervielfältigungsrecht des Lichtbildners nur bei originalgetreuer Übernahme oder Übernahme mit nur geringfügigen Abweichungen verletzt. Dies ist Ausdruck eines allg. geltenden urheberrechtlichen Grundsatzes: Je stärker die Eigenart eines Werkes ist, desto größer ist der Schutzumfang, den es für sich in Anspruch nehmen kann, desto mehr Abstand muss also eine freie Bearbeitung (§ 24) einhalten, damit das bearbeitete Werk nicht auch in ihr seine Eigenart durchscheinen lässt (*Ulmer* § 119 II 2). Sehr restriktiv entschied der BGH daher, der Schutz von Lichtbildern beschränke sich auf die konkrete Aufnahme (*BGH* GRUR 1967, 315, 316 – skai cubana). Das erscheint etwas zu streng, zumal auch bei Lichtbildern, denen keine Werkqualität zukommt, Abstufungen im Hinblick auf die zugrunde liegende persönliche geistige Leistung denkbar sind, denen eine Abstufung im Schutzumfang korrespondieren sollte. Das unbefugte Vervielfältigen eines Lichtbildes mit nur geringfügigen Abweichungen ist daher grds schutzverletzend (*Fromm/Nordemann/Hertin* § 72 Rn 8).

11   Der Schutz des Lichtbildes gegen unerlaubte Vervielfältigungen hängt nicht davon ab, **auf welche Weise** diese erfolgt. Rechtsverletzend ist nicht nur die Fotokopie eines Lichtbildes oder das Fertigen eines Bildabzuges von einem Negativ. Auch das originalgetreue Abmalen eines Lichtbildes verstößt gegen § 72 (*Schricker/Vogel* § 72 Rn 22).

Unzulässig ist auch das **Digitalisieren** eines in analoger Form vorliegenden Lichtbildes, ebenso das Übertragen eines in digitaler Form vorhandenen Lichtbildes auf einen anderen Datenträger. Wird das Lichtbild im Wege der digitalen Bildbearbeitung verändert, hängt es von der Eigenart des Lichtbildes und dem Umfang der vorgenommenen Änderungen ab, ob das Ergebnis eine rechtsverletzende Bearbeitung iSv § 23 oder eine freie Benutzung iSv § 24 ist.

Unerheblich für das Vorliegen einer Rechtsverletzung ist es, ob das Vervielfältigungsstück durch Mikrokopie oder Makrokopie in ein **anderes Format** gebracht wird (*OLG Köln* GRUR 1987, 42). Auch die Vervielfältigung eines **Teils eines Lichtbildes** verstößt gegen § 72, wenn in dem vervielfältigten Teil noch ein Mindestmaß an persönlicher geistiger Leistung zum Ausdruck kommt, wenn dieser Teil also für sich dem Lichtbildschutz zugänglich ist (vgl *Schricker/Loewenheim* § 16 Rn 19).

12   Dagegen bietet § 72 keinen **Motivschutz**. Der Lichtbildner kann sich nicht dagegen wehren, dass ein anderer sich seine Idee von einer bestimmten Aufnahme zu eigen macht und ein eigenes Lichtbild nach denselben Vorgaben (Perspektive, Licht, Aufnahmemethode usw) fertigt. Denn es entsteht ein neues Original, welches ebenfalls Schutz gem. § 72 genießt (*BGH* GRUR 1967, 315, 316 – skai cubana; *Schricker/Vogel* § 72 Rn 24). Das schließt es aber nicht aus, dass der Nachahmer deliktischen Ansprüchen ausgesetzt ist. Besteht zwischen ihm und dem Fotografen des „Vorbildes" ein Wettbewerbsverhältnis, können Unterlassungs- und Schadensersatzansprüche aus **§ 1 UWG** folgen (vgl *BGH* GRUR 1967, 315, 317 – skai cubana). Voraussetzung ist eine **wettbewerbliche Eigenart** des nachgeahmten Lichtbildes. Das bedeutet, es muss Gestaltungsmerkmale aufweisen, die geeignet sind, dem Verkehr die Unterscheidung von gleichartigen Erzeugnissen anderer Herkunft zu ermöglichen, und der Verkehr muss gewöhnt sein, aus diesen Merkmalen auf die betriebliche Herkunft oder auf Besonderheiten des Erzeugnisses zu schließen (*BGH* GRUR 1967, 315, 317 – skai cubana; HK-WettbR/*Kotthoff* § 1 UWG Rn 550 mwN). Das ist bei Lichtbildern iSv § 72, in denen immerhin ein Mindestmaß an persönlicher geistiger Leistung zum Ausdruck kommen muss, grds der Fall. Unlauter iSv § 1 UWG ist die Nachahmung eines wettbewerblich eigenartigen Erzeugnisses jedoch nur dann, wenn **bes. Umstände** hinzutreten. Am häufigsten sind die Fälle einer vermeidbaren Herkunftstäuschung (vgl dazu HK-WettbR/*Kotthoff* § 1 UWG Rn 559 mwN), in denen also die Gefahr besteht, dass die Nachahmung dem Hersteller zugeordnet wird, der das Lichtbild gefertigt hat, welches nachgeahmt wurde. Ein bes., die Unlauterkeit begründender Umstand kann auch darin liegen, dass ein Hochzeits-Fotograf ein von seinem Konkurrenten aufgestelltes aufwändiges Gerüst zum Aufstellen der Hochzeitsgäste zum Fertigen nahezu gleichartiger Fotoaufnahmen nutzt (*OLG München* ZUM 1991, 431, 432).

2. Persönlichkeitsrechtliche Befugnisse

§ 72 Abs. 1 verweist wegen des Inhalts des Schutzrechts generell auf die Vorschriften   13
des Ersten Teils und schließt damit auch die urheberpersönlichkeitsrechtlichen Befugnisse in die entspr. Anwendung ein. Es sind dies das **Veröffentlichungsrecht** (§ 12), das Urheberbenennungsrecht (§ 13), das Beeinträchtigungsverbot (§ 14) und das **Zugangsrecht** (§ 25). Hinsichtlich des Bestehens und des Umfangs dieser Rechte im Einzelfall ist jedoch auch hier zu berücksichtigen, dass ein Lichtbild im Unterschied zum Lichtbildwerk keine eigenschöpferische Leistung darstellt.

Daher ist insb. das **Beeinträchtigungsverbot** des § 14 unter Umständen nicht anwendbar, wenn ein Lichtbild betroffen ist, welches sich an der Schutzuntergrenze des § 72 bewegt, welches also nur ein geringes Maß an persönlicher geistiger Leistung zum Ausdruck bringt. Denn § 14 setzt voraus, dass die Beeinträchtigung geeignet ist, die berechtigten geistigen oder persönlichen Interessen des Urhebers – hier des Lichtbildners – zu gefährden. Erforderlich ist eine Abwägung im Einzelfall; § 14 ist nicht generell von der entspr. Anwendbarkeit ausgenommen (*Fromm/Nordemann/ Hertin* § 72 Rn 7 unter Hinweis auf *LG Mannheim* ZUM-RD 1997, 405, 407 – Freiburger Holbein-Pferd; *Schack* Rn 647; **aA** *Schricker/Vogel* § 72 Rn 27).

Der Lichtbildner hat grds auch ein **Benennungsrecht** (§ 13). Das bedeutet, sein Name muss auf eine Weise angegeben werden, die die zweifelsfreie Zuordnung zu seinen Lichtbildern erlaubt (*LG München* AfP 1994, 239, 240; *LG Düsseldorf* GRUR 1993, 664). Die allg. Einschränkungen des § 13 gelten auch hier. So kann der Lichtbildner, zB ein angestellter Fotograf, wie der Urheber rechtsgeschäftlich auf sein Benennungsrecht verzichten; in engen Grenzen ist auch eine Einschränkung dieses Rechts aufgrund Branchenübung denkbar (§ 13 Rn 27).

Werden die persönlichkeitsrechtlichen Befugnisse des Lichtbildners schuldhaft verletzt, kann dieser gem. § 97 Abs. 2 Ersatz seines hierdurch erlittenen **immateriellen Schadens** verlangen (§ 97 Rn 33).

3. Schranken des Schutzes

Auch die im Sechsten Abschnitt des Ersten Teils geregelten Schranken des Urheber-   14
rechts (§§ 45-63) gelten für den Lichtbildner entspr. So kann die Verwendung eines Lichtbildes in entspr. Anwendung des § 51 Nr. 2 dem **Zitatrecht** unterfallen, und zwar auch dann, wenn das ganze Bild verwendet wird (*OLG Hamburg* GRUR 1990, 36; *LG Berlin* NJW 1978, 109). Voraussetzung ist jedoch das Vorliegen eines Zitatzwecks. Dieser fehlt, wenn das Foto eine Zeitungsberichterstattung nur in vorteilhafter Weise abrundet und vervollständigt (*OLG Hamburg* GRUR 1993, 666 – Altersfoto).

Aus § 53 folgt, dass der Lichtbildner es hinnehmen muss, wenn jemand Vervielfältigungsstücke zum privaten oder sonstigen **eigenen Gebrauch** fertigt; nicht erlaubt ist die Vervielfältigung jedoch, wenn sie auch beruflichen Zwecken dient (*BGH* NJW-RR 1993, 1321 – Dia-Duplikate).

§ 72 hindert denjenigen, der bei einem Fotografen die Herstellung von Lichtbildern bestellt hat, auf denen Menschen abgebildet sind („**Bildnisse**"), nicht daran, diese ohne Zustimmung des Lichtbildners zu vervielfältigen; die Verbreitung ist dem Besteller jedoch nur unentgeltlich gestattet. Dies ergibt sich aus § 60.

IV. Inhaber des Schutzrechts, Abs. 2

15 § 72 Abs. 2 weist das Schutzrecht dem Lichtbildner zu. Das ist diejenige **natürliche Person**, auf deren geistige Leistung das Lichtbild zurückgeht, die also die Kamera bedient hat oder einen sonstigen Automaten, mit dem das Lichtbild gefertigt wurde (zur Frage der Schutzfähigkeit automatisch gefertigter Lichtbilder so Rn 8).

Bes. gilt für Lichtbilder, die bei der **Herstellung eines Filmwerkes** entstanden sind. Die Rechte hieran sind im Zweifel ausschließlich dem Filmhersteller eingeräumt (§ 89 Abs. 4).

V. Dauer des Schutzrechts, Abs. 3

1. Beginn der Schutzfrist

16 Den gravierendsten Unterschied zum Schutz der Lichtbildwerke regelt § 72 Abs. 3, der die Dauer des Lichtbildschutzes auf 50 Jahre begrenzt. Diese Schutzdauer gilt seit der Urheberrechtsreform von 1995 für alle Lichtbilder; die Differenzierung danach, ob es sich um ein Dokument der Zeitgeschichte handelt, wurde aufgegeben. Wegen der sich daraus ergebenden **übergangsrechtlichen Fragen** so Rn 4.

Die 50-jährige Schutzfrist beginnt grds mit dem **Erscheinen** des Lichtbildes zu laufen. Der Begriff des Erscheinens ist in § 6 Abs. 2 legaldefiniert. Ist das Lichtbild bereits vor seinem Erscheinen erlaubterweise öffentlich wiedergegeben worden, ohne dass die Voraussetzungen des § 6 Abs. 2 erfüllt worden wären, beginnt die Schutzfrist mit der **ersten erlaubten öffentlichen Wiedergabe** zu laufen.

Ist ein Lichtbild nicht innerhalb von 50 Jahren nach seiner Herstellung erschienen und wurde es während dieser Zeit auch nicht erlaubterweise öffentlich wiedergegeben, beginnt die Schutzfrist bereits mit seiner **Herstellung** zu laufen. Hergestellt ist ein Lichtbild mit seiner Fixierung. Bei Verwendung einer digitalen Kamera ist dies bereits der Zeitpunkt der Aufnahme, weil das Bild in diesem Moment digitalisiert und abgespeichert wird; es kann ohne weiteren Entwicklungsschritt abgerufen werden. Bei Verwendung einer Kamera, die einen Film belichtet, ist die Herstellung des Bild-Negativs maßgeblich für den Beginn der Schutzfrist nach § 72 Abs. 3 S. 1 Var. 3.

Zu unterscheiden ist der Beginn der Schutzfrist von dem **Entstehen des Schutzes**. Hierfür ist eine körperliche Festlegung nicht entscheidend. Da der Gegenstand des Lichtbildschutzes nicht die Fotografie in ihrer körperlichen Festlegung ist, sondern ihre wiederholbare Erscheinung (so Rn 6), beginnt der Schutz in dem Zeitpunkt, in dem das Lichtbild soweit konkretisiert wurde, dass es ohne weiteres Zutun des Lichtbildners, sei es auch unter Einschaltung technischer Mittel, wahrnehmbar gemacht werden kann (*BGHZ* 37, 1, 7 – AKI).

Nach Ablauf der Schutzfrist enden nach dem eindeutigen Wortlaut des § 72 Abs. 3 S. 1 alle Rechte des § 72 Abs. 1, also auch die urheberpersönlichkeitsrechtlichen Befugnisse des Lichtbildners. Es bleibt ihm jedoch die Möglichkeit, sich auf die Verletzung seines Allg. Persönlichkeitsrechts zu berufen (*BGHZ* 50, 133, 136 ff. – Mephisto). Auch § 1 UWG (erg. Leistungsschutz) bleibt nach Ablauf der Schutzfrist anwendbar. Zu beachten ist jedoch, dass § 1 UWG nicht die Funktion zukommen darf, die zeitliche Begrenztheit des Lichtbildschutzes aufzuheben. Die Vorschrift greift – während und nach Ablauf der Schutzfrist – nur, wenn demjenigen, der ein

Lichtbild verwendet, der Vorwurf unlauteren Verhaltens im Wettbewerb gemacht werden kann.

2. Berechnung der Schutzfrist

Gem. § 72 Abs. 3 S. 2 ist die Schutzfrist nach § 69 zu berechnen. Sie beginnt also am **17** 1.1. des Jahres, das dem nach § 72 Abs. 3 S. 1 jeweils maßgeblichen Ereignis nachfolgt.

Abschnitt 3

Schutz des ausübenden Künstlers

§ 73   Ausübender Künstler

Ausübender Künstler im Sinne dieses Gesetzes ist, wer ein Werk oder eine Ausdrucksform der Volkskunst aufführt, singt, spielt oder auf eine andere Weise darbietet oder an einer solchen Darbietung künstlerisch mitwirkt.

Literatur: *Dietz* Die EU-Richtlinie zum Urheberrecht und zu den Leistungsschutzrechten in der Informationsgesellschaft, ZUM 1998, 438; *Flechsig* EU-Harmonisierung des Urheberrechts und der verwandten Schutzrechte in der Informationsgesellschaft, ZUM 1998, 139; *Hoeren* Sounds von der Datenbank – Zur urheber- und wettbewerbsrechtlichen Beurteilung des samplings in der Popmusik, GRUR 1989, 11; *Jaeger* Der ausübende Künstler und der Schutz seiner Persönlichkeitsrechte im Urheberrecht Deutschlands, Frankreichs und der Europäischen Union, 2002; *Kloth* Der Schutz des ausübenden Künstlers nach TRIPS und WPPT, 2000; *Lewinski/Gaster* Die diplomatische Konferenz der WIPO 1996 zum Urheberrecht und zu verwandten Schutzrechten, ZUM 1997, 607; *Reinbothe* Der EU-Richtlinienentwurf zum Urheberrecht und zu den Leistungsschutzrechten in der Informationsgesellschaft, ZUM 1998, 429.

Übersicht

I. Einordnung der Rechte der ausübenden Künstler

1. Verhältnis zum Urheberrecht

1   Nach der geltenden Gesetzeslage handelt es sich bei dem Schutz des ausübenden Künstlers um ein **Leistungsschutzrecht**, dh ein dem Urheberrecht verwandtes Schutzrecht. Vom Urheber unterscheidet der ausübende Künstler sich dadurch, dass er kein neues Werk schafft, sondern ein bestehendes Werk oder eine Ausdrucksform der Volkskunst darbietet und dadurch interpretiert. Die darin liegende künstlerische Leistung ist schutzwürdig, der des Urhebers jedoch nicht ebenbürtig. Daher bleiben die Rechte des ausübenden Künstlers hinter denen des Urhebers zurück, wenngleich das Gesetz zur Regelung des Urheberrechts in der Informationsgesellschaft v. 10.9.2003 (s. dazu unten Rn 12) eine Annäherung der Rechtsposition des ausübenden Künstlers an die des Urhebers mit sich gebracht hat. Der Umstand, dass die Rechte des ausübenden Künstlers, wenn er nicht eine Ausdrucksform der Volkskunst aufführt, von der Darbietung eines urheberrechtlich schutzfähigen Werkes abhängen, machen sie jedoch nicht zu vom Urheberrecht abgeleiteten Rechten. Denn der Schutzgegenstand der §§ 73 ff. ist allein die **Darbietung** des ausübenden Künstlers. Über deren Verwertung kann er nach Maßgabe der §§ 73 ff. bestimmen, ohne sich insoweit mit dem Urheber des dargebotenen Werkes abstimmen zu müssen. Auch ist der Rechtsschutz des ausübenden Künstlers nicht akzessorisch zum Urheberrecht. Wird das dargebotene Werk gemeinfrei, kann er dessen ungeachtet seine Rechte an der Darbietung geltend machen. Die Rechte der ausübenden Künstler und der Urheber sind daher angrenzende Rechte, „droits voisins".

2. Verhältnis zum Allgemeinen Persönlichkeitsrecht

2   Der ausübende Künstler hat persönlichkeitsrechtliche Befugnisse nach Maßgabe des § 75 nF, der dem bisherigen § 83 Abs. 1 und 2 entspricht und einen Schutz gegen Entstellung gewährt. Diese Spezialregelung schließt den Rückgriff auf das Allg. Persönlichkeitsrecht nicht aus, allerdings nur in den Bereichen, die nicht abschließend durch die §§ 73 ff. geregelt sind. § 75 nF regelt nur den persönlichkeitsrechtlichen Schutz des ausübenden Künstlers in Bezug auf seine Darbietung; diese darf nicht entstellt werden. Auf andere Formen der Verletzung des Persönlichkeitsrechts des ausübenden Künstlers ist § 823 Abs. 1 BGB hingegen anwendbar, etwa wenn seine Darbietung in der Werbung eingesetzt wird (vgl *BGH* GRUR 1979, 637 – White Christmas) oder er auch nur in der Werbung imitiert wird (*OLG Hamburg* GRUR 1989, 666 – Heinz Erhardt). Das Allg. Persönlichkeitsrecht des ausübenden Künstlers ist auch dann verletzt, wenn seine Darbietung im Wahlkampf eingesetzt wird (*LG München I* UFITA 87 (1980), 342, 346 – Wahlkampf).

3. Verhältnis zum Wettbewerbsrecht

3   Wettbewerbsrechtliche Ansprüche können neben die §§ 73 ff. treten, wenn Handlungen im geschäftlichen Verkehr zu Zwecken des Wettbewerbs betroffen sind, für die die §§ 73 ff. keine abschließende Regelung enthalten. Hier ist insb. an § 1 UWG unter dem Gesichtspunkt des erg. Leistungsschutzes zu denken. Voraussetzung ist, dass die Leistung eines Künstlers nachgeahmt wird und dabei entweder der Eindruck entsteht, die Leistung stamme von dem Künstler selbst oder zumindest der gute Ruf des Künstlers ausgebeutet wird. Relativ unproblematisch ist die Anwendung von § 1

UWG im Falle von künstlerischen Leistungen, die von vornherein nicht unter § 73 fallen, etwa weil kein urheberrechtlich geschütztes Werk aufgeführt wird (zB bei Zirkusvorführungen). Ist hingegen eine Darbietung oder Aufführung iSv § 73 betroffen, ohne dass eine der Vorschriften der §§ 73 ff. verletzt wird, kommt § 1 UWG nur zum Zuge, wenn bes. Umstände vorliegen, aus denen die wettbewerbsrechtliche Unlauterkeit folgt.

II. Entstehungsgeschichte des Schutzes der ausübenden Künstler

1. Die Rechtslage bis zur Urheberrechtsreform von 1965 – fiktives Bearbeiterurheberrecht

Vor In-Kraft-Treten des Urheberrechtsgesetzes von 1965 regelte **§ 2 Abs. 2 LitUrhG** 4 den Schutz des ausübenden Künstlers. Die dogmatische Einordnung war damals eine gänzlich andere als heute. Während nach heutiger Rechtslage der Schutz der ausübenden Künster durch Leistungsschutzrechte sichergestellt wird, wurden sie durch § 2 Abs. 2 LitUrhG dem Bearbeiter eines Werkes gleichgestellt; ihnen wurde ein Bearbeiterurheberrecht zuerkannt. Voraussetzung war, dass ein Werk der Lit. oder der Tonkunst durch einen persönlichen Vortrag auf Vorrichtungen für Instrumente übertragen wurde, die der mechanischen Wiedergabe für das Gehör dienten, also insb. die Aufnahme der Darbietung des ausübenden Künstlers auf Tonträger. Man behandelte diesen Vorgang also gleich der Bearbeitung eines Werkes, die ein eigenes, dem Urheberrechtsschutz zugängliches Werk hervorbringt. Die Konsequenz war, dass der ausübende Künstler eine Rechtsstellung als Urheber genoss. Der **BGH** hat diese Rechtsstellung in **vier Grundsatzentscheidungen** v. 31.5.1960 definiert (*BGHZ* 33, 1 – Künstlerlizenz Schallplatten; *BGHZ* 33, 20 – Figaros Hochzeit; *BGHZ* 33, 38 – Künstlerlizenz Rundfunk; *BGHZ* 33, 48 – Orchester Graunke). Danach bedarf zunächst die Aufnahme einer Darbietung der Einwilligung der ausübenden Künstler, und zwar jedes einzelnen, der an der Darbietung mitwirkt (*BGHZ* 33, 20 – Figaros Hochzeit; *BGHZ* 33, 38; 33, 48 – Orchester Graunke). Darüber hinaus müssen die ausübenden Künstler auch der Wiedergabe ihrer Darbietungen, sei es von einem Tonträger oder per Direktübertragung zustimmen (*BGHZ* 33, 1 – Künstlerlizenz Schallplatten; *BGHZ* 33, 38 – Künstlerlizenz Rundfunk). Dem ausübenden Künstler wurde also ein umfassendes ausschließliches Recht an allen Arten der Nutzung seiner Leistung gewährt; ihm standen die **Erst- und Zweitverwertungsrechte** wie einem Urheber zu. Dabei bestand von Anfang an kein Zweifel, dass die Gleichsetzung der Herstellung eines Tonträgers mit einer Werkbearbeitung eine **Fiktion** ist, „weil die Wiedergabeleistung des ausübenden Künstlers in der Regel keine eigentümliche Schöpfung darstellt" (*BGHZ* 33, 48, 53 – Orchester Graunke; ähnlich *BGHZ* 33, 1, 3 – Künstlerlizenz Schallplatten).

2. Die Urheberrechtsreform von 1965

a) Eigenständiges Leistungsschutzrecht. Bei Schaffung des Urheberrechtsgesetzes 5 von 1965 wurde dem Umstand Rechnung getragen, dass die Darbietung des ausübenden Künstlers regelmäßig keine eigenschöpferische Leistung ist. Die Aufnahme seiner Darbietung auf Tonträger wurde als Vervielfältigung des Werkes, nicht als dessen Bearbeitung erkannt (amtl. Begr. BT-Drucks. IV/270, 89). Daher wurde das fiktive Bearbeiterurheberrecht abgelöst durch ein eigenständiges Leistungsschutzrecht des ausübenden Künstlers. Dies geschah auch mit Blick auf das Rom-Abkommen, welches am 26.10.1961 auch von der Bundesrepublik Deutschland unterzeichnet wurde und für die ausübenden Künstler ein vom Urheberrecht verschiedenes Schutzrecht vorsieht. Das Rom-Abkommen trat am 21.10.1966 in der Bundesrepublik in Kraft.

Das Leistungsschutzrecht des ausübenden Künstlers hat, ebenso wie das Urheberrecht, vermögensrechtliche und persönlichkeitsrechtliche Elemente, blieb aber in seiner Reichweite hinter dem Urheberrecht zurück. Die Befugnisse des ausübenden Künstlers wurden in §§ 74 ff. aF abschließend aufgezählt.

6   **b) Vermögensrechtliche Befugnisse.** In vermögensrechtlicher Hinsicht standen dem ausübenden Künstler Einwilligungsrechte und Vergütungsansprüche zu. Von der Einwilligung des ausübenden Künstlers abhängig waren nur die **Erstverwertungshandlungen**. Es sind dies die Übertragung der Darbietung in einen anderen Raum, etwa durch Bildschirm oder Lautsprecher (§ 74 aF), die Aufnahme auf Bild- oder Tonträger (§ 75 S. 1 idF von 1965), die Vervielfältigung der Bild- oder Tonträger (§ 75 S. 2 idF von 1965) sowie die Funksendung der Darbietung (§ 76 Abs. 1 aF). Dagegen waren die **Zweitverwertungshandlungen**, nämlich die Funksendung eines bereits erschienenen Bild- oder Tonträgers (§ 76 Abs. 2 aF) und die öffentliche Wiedergabe der Darbietung mittels Funksendung oder Bild- oder Tonträger (§ 77 aF) nicht von der Einwilligung des ausübenden Künstlers abhängig, sondern begründen lediglich einen Vergütungsanspruch. Hier liegt ein maßgeblicher Unterschied zu der Rechtsstellung des Urhebers, dem auch die Zweitverwertungsrechte uneingeschränkt zustehen (§§ 21, 22).

7   **c) Persönlichkeitsrechtliche Befugnisse.** In persönlichkeitsrechtlicher Hinsicht bestand ein Schutz des ausübenden Künstlers nur gegen Entstellung (§ 83 aF).

8   **d) Schutzdauer.** Ein weiterer gravierender Unterschied zum Urheberrecht und damit zu der vor 1965 geltenden Rechtslage bestand in der Schutzdauer. Vor In-Kraft-Treten des UrhG von 1965 währten die Rechte des ausübenden Künstlers, ebenso wie die des Urhebers, 50 Jahre p.m.a. Dagegen sah § 82 idF von 1965 eine Schutzdauer von nur 25 Jahren vor, beginnend bereits ab Erscheinen des Bild- oder Tonträgers, uU sogar schon ab der Darbietung. Betroffen von dieser Verkürzung der Schutzdauer waren gem. § 135 nicht nur Darbietungen nach In-Kraft-Treten des UrhG, sondern auch alle früheren. Dies veranlasste einige ausübende Künstler und Schallplattenhersteller, Verfassungsbeschwerde zu erheben. Das BVerfG (*BVerfGE* 31, 275 – Schallplatten) wertete die Verkürzung der Rechte der ausübenden Künstler zwar als Eingriff in deren Eigentumsrechte gem. Art. 14 GG. Es sah die gesetzgeberische Entsch., § 82 auch auf bereits laufende Sachverhalte anzuwenden aber als zulässig an, allerdings mit der Einschränkung, dass die verkürzte Schutzfrist nicht vor In-Kraft-Treten des neuen Gesetzes zu laufen beginnen darf. Das bedeutet, der Schutz für Darbietungen vor dem 1.1.1966, für die zunächst nach § 2 Abs. 2 LitUrhG ein fiktives Bearbeiterurheberrecht entstanden war, durfte zwar durch § 82 aF verkürzt werden, jedoch durfte die verkürzte Schutzfrist erst ab dem 1.1.1966 zu laufen beginnen. Der Gesetzgeber hat diese Vorgabe des BVerfG in § 135a umgesetzt.

3. Die Urheberrechtsreform von 1995

Mit dem 3. UrhGÄndG v. 23.6.1995 wurde die Richtlinie 92/100/EWG des Rates v. **9**
19.11.1992 zum Vermietrecht und Verleihrecht sowie zu bestimmten dem Urheberrecht verwandten Schutzrechten im Bereich des geistigen Eigentums und die Richtlinie 93/98/EWG des Rates v. 29.10.1993 zur Harmonisierung der Schutzdauer des
Urheberrechts und bestimmter verwandter Schutzrechte umgesetzt.

Art. 2 Abs. 1 der Richtlinie 92/100/EWG führte zu einer Erweiterung des Vervielfäl-
tigungsrechts des ausübenden Künstlers, der seither gem. § 75 Abs. 2 aF (§ 77 Abs. 2
S. 1 nF) auch das ausschließliche Recht hat, den Bild- oder Tonträger zu **verbreiten**.
Außerdem wurde § 75 in Umsetzung von Art. 4 der Richtlinie 92/100/EWG um ei-
nen Abs. 3 (jetzt: § 77 Abs. 2 S. 2) erweitert, der mit seinem **Verweis auf § 27** den
ausübenden Künstler hinsichtlich des unverzichtbaren und im Voraus nur an eine
Verwertungsgesellschaft abtretbaren Anspruchs auf angemessene Vergütung dem
Urheber gleichstellt.

Die in § 82 geregelte Dauer der dem ausübenden Künstler zustehenden Verwertungsrechte war bereits mit dem Produktpirateriegesetz v. 7.3.1990 von 25 auf 50 Jahre
verlängert worden. In Umsetzung von Art. 3 Abs. 1 der Richtlinie 93/98/EWG bestimmt § 82, dass die erste erlaubte Benutzung der öffentlichen Wiedergabe den Lauf
der Frist in Gang setzt, wenn diese vor dem Erscheinen (§ 6 Abs. 2) des Bild- oder
Tonträgers erfolgte. Außerdem wurde die Dauer des Schutzes gegen Entstellung
(§ 83 Abs. 3 aF) von 25 auf 50 Jahre verlängert und damit die Schutzdauer für die
vermögens- und persönlichkeitsrechtlichen Bestandteile des Leistungsschutzrechts
des ausübenden Künstlers harmonisiert.

4. Die Urheberrechtsreform von 1998

Mit dem 4. UrhGÄndG v. 8.5.1998 wurde ua § 20b in das Gesetz eingefügt, der das **10**
Recht der Kabelweitersendung als eigenständiges Verwertungsrecht statuiert und deren Geltendmachung den Verwertungsgesellschaften überträgt. Die Vorschrift gilt
gem. § 76 Abs. 3 aF (entspricht § 78 Abs. 4 nF) entspr. für den ausübenden Künstler.

5. Das Gesetz zur Stärkung der vertraglichen Stellung von Urhebern und ausübenden Künstlern aus dem Jahr 2002

Anliegen dieser Gesetzesänderung war es, durch eine Novellierung des Urhebersver- **11**
tragsrechts die Rechtsstellung der Urheber und ausübenden Künstler als der regelmäßig schwächeren Partei gegenüber den Unternehmen, denen sie die Erstverwertung
ihrer Werke und Leistungen anvertrauen, zu stärken. Die beiden zentralen Regelungen, die dieses Ziel erreichen sollen, sind die neuen §§ 32 und 36.

Die Neuregelung in § 32 führt einen gesetzlichen Anspruch des Urhebers auf eine
nach Art und Umfang der Werknutzung angemessene Vergütung ein und sichert dessen Durchsetzung durch einen Auskunftsanspruch. Gem. § 32 Abs. 4 kann auf den
Anspruch auf angemessene Vergütung im Voraus nicht verzichtet werden, soweit der
Urheber nicht jedermann unentgeltlich ein einfaches Nutzungsrecht einräumt. Er
kann im Voraus nur an eine Verwertungsgesellschaft abgetreten werden.

Eine interessante Neuregelung enthält § 36. Danach obliegt es den Verbänden der betroffenen Kreativen, also den Vereinigungen von Urhebern einerseits und Werknutzern andererseits, gemeinsame Vergütungsregeln zur Bestimmung der Angemessenheit von Vergütungen nach § 32 in der geplanten Fassung aufzustellen. § 36 regelt das Verfahren der Entstehung dieser gemeinsamen Vergütungsregeln einschließlich eines Verfahrens vor der Schlichtungsstelle (§ 36a).

6. Das Gesetz zur Regelung des Urheberrechts in der Informationsgesellschaft vom 10.9.2003

12   Am 20.12.1996 wurde in Genf ua von der Bundesrepublik Deutschland der WIPO-Vertrag über Darbietungen und Tonträger (WPPT) unterzeichnet. Anlass waren ua die tiefgreifenden Auswirkungen der Entwicklung der Informationstechnologien auf die Produktion und Nutzung von Darbietungen und Tonträgern. Die Richtlinie 2001/29/EG des Europäischen Parlaments und des Rates v. 22.5.2001 zur Harmonisierung bestimmter Aspekte des Urheberrechts und der verwandten Schutzrechte in der Informationsgesellschaft dient ua dazu, den sich aus dem WPPT, den die EU – nicht nur einzelne Mitgliedsstaaten – unterzeichnet hat, ergebenden Verpflichtungen nachzukommen (Erwgr 15). Dabei geht der Ansatz der EU-Richtlinie insofern über den des WPPT hinaus, als nicht nur die Tonträgerverwertung, sondern die gesamte audiovisuelle Festlegung und Verwertung Regelungsgegenstand ist. Andererseits bleibt die EU-Richtlinie hinter dem WPPT zurück, soweit es um die Ausgestaltung und Harmonisierung des Künstlerpersönlichkeitsrechts geht (Erwgr 19). Das Gesetz zur Regelung des Urheberrechts in der Informationsgesellschaft v. 10.9.2003 dient dazu, die Ratifikation des WIPO-Vertrages über Darbietungen und Tonträger (WPPT) und des WIPO-Urheberrechtsvertrages (WCT) zu ermöglichen.

Eine bedeutsame Änderung für ausübende Künstler liegt in der **Stärkung ihrer persönlichkeitsrechtlichen Befugnisse**, die durch Art. 5 WPPT veranlasst wurde. Die Regelung statuiert Künstlerpersönlichkeitsrechte, nämlich das Recht auf Namensnennung (sofern die Unterlassung der Namensnennung nicht durch die Art der Nutzung der Darbietung geboten ist) sowie das Recht, gegen jede Entstellung, Verstümmelung oder sonstige Änderung ihrer Darbietungen, die ihrem Ruf abträglich wäre, Einspruch zu erheben. Diese Änderung ist insb. im Hinblick auf die vielfältigen Möglichkeiten der digitalen Bearbeitung von Tonaufnahmen bedeutsam (*Lewinski/ Gaster* ZUM 1997, 607, 622). Die Persönlichkeitsrechte der ausübenden Künstler sind nunmehr in §§ 74 bis 76 geregelt.

Geändert hat sich auch die Dogmatik der **vermögensrechtlichen Befugnisse** des ausübenden Künstlers. An die Stelle der Einwilligungsrechte sind ausschließliche Verwertungsechte getreten, woraus sich eine sachliche Änderung weniger für die Befugnisse des ausübenden Künstlers ergibt, als vielmehr für die Möglichkeit, Dritten vertraglich auch die Befugnis zur Verwertung der Darbietung einzuräumen (BT-Drucks. 15/38, 23).Während der bislang geltende Einwilligungsvorbehalt dem ausübenden Künstler lediglich eine schuldrechtliche Position dahingehend gewährte, die ansonsten bestehende Rechtswidrigkeit der Verwertungshandlung des Dritten zu beseitigen, steht dem ausübenden Künstler mit der Zubilligung von Verwertungsrechten eine dingliche Rechtsposition zu. Er kann, gleich einem Urheber, ausschließliche und einfache Lizenzen erteilen.

III. Definition des ausübenden Künstlers

1. Gegenstand der Darbietung

Während § 73 aF verlangte, dass Gegenstand der Darbietung ein **Werk** ist, umfasst § 73 nF daneben die **Ausdrucksformen der Volkskunst** und erweitert damit den Schutz des ausübenden Künstlers (BT-Drucks. 15/38, 23 zu § 73). Die Änderung wurde durch Art. 2a WPPT veranlasst, wonach ausübende Künstler im Sinne dieses Vertrages Schauspieler, Sänger, Musiker, Tänzer und andere Personen sind, die Werke der Lit. und Kunst oder Ausdrucksformen der Volkskunst aufführen oder auf andere Weise darbieten. **13**

Führt der ausübende Künstler keine Ausdrucksform der Volkskunst auf, muss ein urheberrechtlich schutzfähiges Werk Gegenstand der Darbietung sein. Es kommt nicht darauf an, ob ein Werk tatsächlich noch **Urheberrechtsschutz** genießt oder jemals genossen hat. Es kann gemeinfrei geworden sein, Gegenstand der Darbietung kann ein amtliches Werk (§ 5) sein oder das Werk eines ausländischen Urhebers, das im Inland nicht geschützt ist.

Ob ein Werk urheberrechtsschutzfähig ist, bestimmt sich nach § 2. Jedoch können nicht alle dort genannten **Werkarten** Gegenstand einer Darbietung sein. In Betracht kommen nur Werke iSv § 2 Abs. 1 Nr. 1-3, also Sprachwerke, Musikwerke und pantomimische Werke sowie Werke der Tanzkunst. Sie können dargeboten, dh interpretiert werden. Demgegenüber sind Werke der bildenden Kunst, Lichtbildwerke und Filmwerke (§ 2 Abs. 1 Nr. 4-6) als solche, nicht vermittelt durch sie darbietende Personen, Gegenstand der Interpretation. Auch Darstellungen wissenschaftlicher oder technischer Art (Nr. 7) können nicht iSv § 73 dargeboten werden. **14**

Führen **mehrere Künstler** ein Werk auf, hängt der Rechtsschutz des einzelnen nicht davon ab, dass der von ihm dargebotene Teil des Werkes (mit) den Urheberrechtsschutz begründet (*Möhring/Nicolini/Kroitzsch* § 73 Rn 3). Ist Gegenstand der Darbietung hingegen nur ein Teil eines Werkes, so muss dieser Teil Werkqualität aufweisen (*Schricker/Krüger* § 73 Rn 12). Dies führt im Bereich des Samplings (computergestütztes Kopieren kleinster Musiksequenzen, einzelner Töne oder Geräusche) dazu, dass urheberrechtliche Ansprüche idR versagen (krit. dazu *Hoeren* GRUR 1989, 11, 13). **15**

2. Form der Darbietung

Als Formen der Darbietung nannte §73 aF den Vortrag und die Aufführung. Demgegenüber erfasst § 73 nF neben dem Aufführen das Singen, Spielen oder die Darbietung auf eine andere Weise. Auch dies bedeutet eine Angleichung an Art. 2a WPPT, ohne dass hiermit eine inhaltliche Änderung gegenüber der alten Rechtslage verbunden wäre (BT-Drucks. 15/38, 23 zu § 73). **16**

Der Begriff der **Aufführung** ist prinzipiell iSv § 19 Abs. 2 zu verstehen und meint das öffentliche Zu-Gehör-Bringen durch persönliche Darbietung. Anerkannt ist jedoch, dass die Öffentlichkeit der Darbietung nicht unmittelbar bestehen muss. Daher führt auch der Studiokünstler auf iSv § 73 (*Schricker/Krüger* § 73 Rn 16). Erforderlich ist allerdings, dass das Werk für Dritte überhaupt wahrnehmbar gemacht wird. Die so genannte Selbstdarbietung, die nur von den Aktiven selbst wahrgenommen wird, wie zB im Falle des Wander- oder Kirchengesanges, ist keine Aufführung iSv § 73.

17 Die Darbietung muss einen gewissen **künstlerischen Gehalt** aufweisen. Das gilt nach allg. Meinung für alle Formen der Darbietung, obwohl das Gesetz das Tatbestandsmerkmal „künstlerisch" nur im Zusammenhang mit der Mitwirkung erwähnt (*Schricker/Krüger* § 73 Rn 21; *Wandke/Bullinger/Büscher* § 73 Rn 6). Dies ergibt sich schon aus dem Begriff des „ausübenden Künstlers" (*BGH* GRUR 1981, 419, 420 – Quizmaster), mit dem der Gesetzgeber Musiker, Sänger, Schauspieler, Tänzer und jeden anderen Werkinterpreten meinte (amtl. Begr. BT-Drucks. IV/270 zu § 83). Wer lediglich einen – urheberrechtlich möglicherweise schutzfähigen – Text vorliest, also keine Interpretationsleistung erbringt, leistet demzufolge keine Darbietung. Mit dem Begriff des Künstlerischen ist jedoch keine Beurteilung des Wertes der Darbietung verbunden, dies gebietet bereits die grundgesetzlich garantierte Kunstfreiheit gem. Art. 5 Abs. 3 S. 1 GG. Zu prüfen ist lediglich, ob ein Minimum an eigenpersönlicher Ausprägung die Darbietung kennzeichnet (*BGH* GRUR 1981, 419, 420 – Quizmaster). Geschützt wird, ähnlich wie beim Urheberrecht, auch die sog. **kleine Münze** (*Schricker/Krüger* § 73 Rn 25).

Zum ausübenden Künstler wird nicht, wer bei einer Darbietung lediglich **technisch mitwirkt**, wie zB der Tonmeister (*BGH* GRUR 1983, 22, 25 – Tonmeister). Ebenso wenig genügt eine Leistung, die die eigentliche Darbietung lediglich begleitet, ohne sie mitzugestalten, wie etwa die des Intendanten oder Produzenten.

3. Künstlerische Mitwirkung

18 An einer Darbietung wirkt künstlerisch mit, wer Einfluss auf die Interpretation des Werkes nimmt. Eine geringe Einflussnahme genügt, solange sie mitbestimmend bleibt (*BGH* GRUR 1981, 419, 420 – Quizmaster). Die Mitwirkung muss künstlerischer Natur sein. Die amtl. Begr. nennt beispielhaft den Dirigenten und den Regisseur, aber auch die Orchester- oder Chormitglieder; ausgeschlossen werden sollte insb. das technische Personal (BT-Drucks. IV/270, 90), wie beispielsweise der Tonmeister.

Während § 73 aF von einer Mitwirkung „bei" der Darbietung sprach, ist in § 73 nF von der Mitwirkung „an" einer Darbietung die Rede. Der Gesetzgeber wollte hiermit klarstellen, dass die künstlerische Einflussnahme auf die Werkdarbietung oder die Darbietung einer Ausdrucksform der Volkskunst nicht zeitgleich erfolgen muss, sondern der Darbietung vorausgehen kann, wie zB diejenige des Bühnenregisseurs (BT-Drucks. 15/38, 23 zu § 73). Entscheidend ist also der **sachliche Zusammenhang** mit der künstlerischen Darbietung. Dieser besteht nicht bei der Tätigkeit des Kameramanns und des Cutters, weil diese nicht an der Darbietung, sondern an der Herstellung eines Films mitwirken. Ebenso wenig an der Darbietung beteiligt sind der Aufnahmeleiter und der Bildregisseur bei Liveübertragung im Fernsehen (*Schricker/Krüger* § 73 Rn 32).

§ 74 Anerkennung als ausübender Künstler

(1) Der ausübende Künstler hat das Recht, in Bezug auf seine Darbietung als solcher anerkannt zu werden. Er kann dabei bestimmen, ob und mit welchem Namen er genannt wird.

(2) Haben mehrere ausübende Künstler gemeinsam eine Darbietung erbracht und erfordert die Nennung jedes einzelnen von ihnen einen unverhältnismäßigen Aufwand, so können sie nur verlangen, als Künstlergruppe genannt zu werden. Hat die Künstlergruppe einen gewählten Vertreter (Vorstand), so ist dieser gegenüber Dritten allein zur Vertretung befugt. Hat eine Gruppe keinen Vorstand, so kann das Recht nur durch den Leiter der Gruppe, mangels eines solchen nur durch einen von der Gruppe zu wählenden Vertreter geltend gemacht werden. Das Recht eines beteiligten ausübenden Künstlers auf persönliche Nennung bleibt bei einem besonderen Interesse unberührt.

Literatur: *Jaeger* Der ausübende Künstler und der Schutz seiner Persönlichkeitsrechte im Urheberrecht Deutschlands, Frankreichs und der Europäischen Union, 2002; *Kloth* Der Schutz des ausübenden Künstlers nach TRIPS und WPPT; *Lewinski/Gaster* Die diplomatische Konferenz der WIPO 1996 zum Urheberrecht und zu verwandten Schutzrechten, ZUM 1997, 607; *v. Rom* Die Leistungsschutzrechte im Regierungsentwurf für ein Gesetz zur Regelung des Urheberrechts in der Informationsgesellschaft, ZUM 2003, 128.

I. Allgemeines

§ 74 nF regelt zusammen mit §§ 75 und 76 das neue Künstlerpersönlichkeitsrecht. Die Stärkung der persönlichkeitsrechtlichen Befugnisse der ausübenden Künstler erfolgte in Umsetzung von Art. 5 WPPT mit dem Gesetz zur Regelung des Urheberrechts in der Informationsgesellschaft v. 10.9.2003. Während der ausübende Künstler nach altem Recht gem. § 83 nur gegen Entstellungen geschützt war, die sein Ansehen oder Ruf als ausübender Künstler gefährden konnten, hat er neuerdings, ähnlich dem Urheber (§ 13) ein Recht auf Anerkennung als ausübender Künstler. **1**

II. Recht auf Anerkennung, Abs. 1

Gem. Abs. 1 S. 1 hat der ausübende Künstler das Recht, in Bezug auf seine Darbietung als solcher anerkannt zu werden. Es handelt sich um eine Parallelvorschrift zu § 13 S. 1, die deutlich macht, dass das Gesetz hinsichtlich der persönlichkeitsrechtlichen Befugnisse geistige und künstlerische Leistungen grds gleich behandelt. **2**

Zum Inhalt des Rechts auf Anerkennung der Urheberschaft so § 13 Rn 6 ff.

Der ausübenden Künstler kann gem. Abs. 1 S. 2 bestimmen, ob und mit welchem Namen er genannt wird. Es handelt sich um eine Ausprägung des Anerkennungsrechts. Der Gesetzgeber hat abweichend von § 13 S. 2 bewusst auf die Namensnennung abgestellt, da sich das Bezeichnungsrecht des Urhebers auf das Original und Werkstücke bezieht, es beim ausübenden Künstler jedoch auch auf die noch nicht verkörperte Darbietung ankommt (BT-Drucks. 15/38, 23 zu § 74).

III. Recht auf Namensnennung im Falle mehrerer Urheber, Abs. 2

3 Art. 5 Abs. 1 WPPT schränkt das Recht des ausübenden Künstlers auf Namensnennung ein, sofern die Unterlassung der Namensnennung durch die Art der Nutzung der Darbietung geboten ist. Diese Regelung wird durch § 74 Abs. 2 umgesetzt, der für den Fall, dass mehrere ausübende Künstler gemeinsam eine Darbietung erbracht haben und die Nennung jedes einzelnen von ihnen einen unverhältnismäßigen Aufwand erfordert, das Namensnennungsrecht auf die Künstlergruppe beschränkt. Relevant wird dies insb. bei Ensembleleistungen, beispielsweise von einem Chor oder Orchester. Eingeschränkt wird mit Abs. 2 allein das Namensnennungsrecht, nicht das Anerkennungsrecht nach Abs. 1 S. 1 (BT-Drucks. 15/38, 23 zu § 74).

Zur Ausübung des Rechts nach Abs. 2 S. 2 ist der gewählte Vertreter, also der Vorstand der Künstlergruppe befugt, sofern die Gruppe einen solchen hat. Hat die Gruppe niemanden gewählt, Willenserklärungen für sie abzugeben, greift Abs. 2 S. 3. Hat die Gruppe einen Leiter, ist dieser zur Geltendmachung des Namensnennungsrechts befugt. Fehlt auch ein Leiter, muss die Gruppe einen Vertreter wählen, um ihr kollektives Namensnennungsrecht ausüben zu können. Die Regelungen in Abs. 2 S. 2 und 3 dienen dem Interesse der Praktikabilität und bedeuten für den Rechtsverkehr eine erhebliche Erleichterung.

4 Abs. 2 S. 4 stellt klar, dass die Beschränkung des Namensnennungsrechts für einzelne Beteiligte nicht gilt, sofern diese ein bes. Interesse an der persönlichen Nennung haben, wie etwa Solisten (BT-Drucks. 15/38, 23). Das bes. Interesse ist von dem beteiligten ausübenden Künstler darzulegen.

§ 75 Beeinträchtigungen der Darbietung

Der ausübende Künstler hat das Recht, eine Entstellung oder eine andere Beeinträchtigung seiner Darbietung zu verbieten, die geeignet ist, sein Ansehen oder seinen Ruf als ausübender Künstler zu gefährden. Haben mehrere ausübende Künstler gemeinsam eine Darbietung erbracht, so haben sie bei der Ausübung des Rechts aufeinander angemessene Rücksicht zu nehmen.

Literatur: *Flechsig* Der Leistungsintegritätsanspruch des ausübenden Künstlers, 1977; *Freitag* Kommerzialisierung von Darbietung und Persönlichkeit des ausübenden Künstlers, 1993; *Schack* Das Persönlichkeitsrecht der Urheber und ausübenden Künstler nach dem Tode, GRUR 1985, 352.

Übersicht

I. Allgemeines

§ 75 ist mit dem Gesetz zur Regelung des Urheberrechts in der Informationsgesell- **1** schaft v. 10.9.2003 neu gefasst worden und entspricht dem bisherigen § 83 Abs. 1 und 2.

II. Entstellung oder andere Beeinträchtigung der Darbietung, S. 1

Die Begriffe Entstellung und andere Beeinträchtigung entsprechen dem in § 14 (s. **2** dort Rn 33 ff.). Es ist also dieselbe **dreistufige Prüfung** wie bei Anwendung des § 14 durchzuführen (*Schricker/Vogel* § 83 aF Rn 22). Dh, es ist zunächst zu prüfen, ob überhaupt eine Entstellung oder eine sonstige Beeinträchtigung gegeben ist. Sodann ist zu untersuchen, ob die Beeinträchtigung geeignet ist, das Ansehen oder den Ruf des ausübenden Künstlers zu gefährden. Schließlich ist auf einer dritten Stufe eine Abwägung der beteiligten Interessen vorzunehmen (s. im Einzelnen § 14 Rn 33 ff.).

Das Gesetz hebt als bes. Form der Beeinträchtigung die **Entstellung** hervor. Damit **3** ist jede schwerwiegende Veränderung der Darbietung gemeint. Erfasst sind insb. direkte Beeinträchtigungen, wie sie zB die unautorisierte Veränderung der Inszenierung eines Bühnenstückes mit sich bringt (*OLG München* NJW 1996, 1157 – Iphigenie in Aulis). Andere Beeinträchtigungen sind solche vor allem mittelbaren Eingriffe, die den Gesamteindruck der Darbietung verändern, ohne sie zu entstellen. Die Abgrenzung zwischen Entstellung und anderen Beeinträchtigungen kann Einfluss auf die vorzunehmende Interessenabwägung haben, weil die Entstellung der Darbietung im Allgemeinen den gravierenderen Eingriff darstellt.

Die **technisch mangelhafte Aufzeichnung** einer Darbietung erfüllt für sich genom- **4** men noch nicht den Tatbestand des § 75 (*BGH* GRUR 1987, 814, 816 – Die Zauberflöte; *OLG Köln* GRUR 1992, 388, 389 – Prince; *OLG Hamburg* ZUM 1991, 545, 547 – The Rolling Stones). Zu prüfen ist zusätzlich, ob die Gefahr besteht, der Hörer werde die schlechte Aufnahmequalität für eine mindere künstlerische Leistung halten (*BGH* GRUR 1987, 814, 816 – Die Zauberflöte; *OLG Köln* GRUR 1992, 388, 389 – Prince). Insb. bei Live-Mitschnitten, die noch dazu mit dem ausdrücklichen Hinweis auf die nicht optimale Aufnahmequalität vertrieben werden, ist eine Rechtsverletzung zu verneinen (*OLG Köln* GRUR 1992, 388, 389 – Prince; *OLG Hamburg* ZUM 1991, 545, 547 – The Rolling Stones).

Zu einer **indirekten Beeinträchtigung** der Darbietung kann es insb. kommen, wenn **5** diese in einen Zusammenhang gestellt wird, der das Ansehen des ausübenden Künstlers gefährdet, wie zB im Fall einer anstößig gestalteten Schallplattenhülle (*BGH* GRUR 1987, 814, 816 – Die Zauberflöte). Auch die unautorisierte Verwendung zu Werbezwecken kann eine Beeinträchtigung der Darbietung bedeuten (*LG München* UFITA 87 (1980), 342, 345 – Wahlkampfwerbung).

III. Gefährdung von Ansehen und Ruf des ausübenden Künstlers, S. 1

Der ausübende Künstler hat nur dann das Recht, eine Beeinträchtigung seiner Dar- **6** bietung zu verbieten, wenn diese geeignet ist, sein Ansehen oder seinen Ruf als ausübender Künstler zu gefährden. Maßgebend ist die Vorstellung eines **unvoreingenommenen Durchschnittsbetrachters**. Es kommt darauf an, ob auch in dessen Augen die Wertschätzung des ausübenden Künstlers und das Zutrauen in seine künstlerischen Fähigkeiten leidet.

Grds **indiziert** die festgestellte Beeinträchtigung der Darbietung die Gefährdung von Ansehen und Ruf des ausübenden Künstlers (*OLG München* NJW 1996, 1157, 1158 – Iphigenie in Aulis). Etwas anderes gilt nur bei dem Vorliegen technisch mangelhafter Aufzeichnungen, bei der die Gefährdung positiv festgestellt werden muss (so Rn 4).

Der ausübenden Künstler kann nicht gegen jede Gefährdung seines Ansehens oder seines Rufes vorgehen; wie bei der Prüfung der Verletzung allg. Persönlichkeitsrechte ist eine **Interessenabwägung** vorzunehmen. Dabei ist auf Seiten des ausübenden Künstlers die Intensität des Eingriffs und auch die Verletzung seiner ideellen und wirtschaftlichen Interessen zu berücksichtigen, während der mögliche Verletzer sich auf arbeitsvertragliche Bindungen und eine durch gegebene Zusage geschaffene Vertrauenslage berufen kann (*Schricker/Vogel* § 83 aF Rn 32).

IV. Gemeinsame Darbietung mehrerer ausübender Künstler, S. 2

7   Wird eine gemeinsame Darbietung mehrerer Künstler beeinträchtigt, müssen die beteiligten Künstler bei der Ausübung ihrer Rechte aus § 75 S. 1 aufeinander angemessene **Rücksicht** nehmen. Dieser Aspekt ist bei der vorzunehmenden Interessenabwägung zu berücksichtigen. Dh, es ist die Frage einzubeziehen, ob das Interesse des einzelnen Künstlers an dem Verbot der Verwertung der beeinträchtigten Darbietung überwiegt oder das Interesse der anderen an der Zulassung. IdR wird diese Frage im erstgenannten Sinne zu beantworten sein (*Fromm/Nordemann/Hertin* § 83 aF Rn 6; *Schricker/Vogel* § 83 aF Rn 34).

§ 76   Dauer der Persönlichkeitsrechte

Die in den §§ 74 und 75 bezeichneten Rechte erlöschen mit dem Tode des ausübenden Künstlers, jedoch erst 50 Jahre nach der Darbietung, wenn der ausübende Künstler vor Ablauf dieser Frist verstorben ist, sowie nicht vor Ablauf der für die Verwertungsrechte nach § 82 geltenden Frist. Die Frist ist nach § 69 zu berechnen. Haben mehrere ausübende Künstler gemeinsam eine Darbietung erbracht, so ist der Tod des letzten der beteiligten ausübenden Künstler maßgeblich. Nach dem Tod des ausübenden Künstlers stehen die Rechte seinen Angehörigen (§ 60 Abs. 2) zu.

Literatur: *Schack* Das Persönlichkeitsrecht der Urheber und ausübenden Künstler nach dem Tode, GRUR 1985, 352.

Meckel

I. Allgemeines

§ 76 wurde neu gefasst durch das Gesetz zur Regelung des Urheberrechts in der In-   1
formationsgesellschaft v. 10.9.2003. Er entspricht im Wesentlichen dem bisherigen
§ 83 Abs. 3. Verbessert wird die Rechtstellung des ausübenden Künstlers durch die
Regelung im letzten HS des S. 1, wonach die Persönlichkeitsrechte nicht vor Ablauf
der für die Verwertungsrechte nach § 82 geltenden Frist erlöschen. Damit wird die
Bestimmung des Art. 5 Abs. 2 S. 1 WPPT berücksichtigt, wonach die Persönlichkeitsrechte des ausübenden Künstlers wenigstens bis zum Erlöschen der Vermögensrechte in Kraft bleiben müssen. Da § 82 auf den Zeitpunkt des Erscheinens der Darbietung auf Bild- oder Tonträger bzw die erste erlaubte Benutzung zur öffentlichen
Wiedergabe abstellt, kann dies zu einem erheblich späteren Fristbeginn führen.

II. Schutzdauer, S. 1

Im Unterschied zu den Verwertungsrechten erlöschen die Persönlichkeitsrechte des   2
ausübenden Künstlers niemals vor seinem Tode. Stirbt der ausübende Künstler innerhalb von 50 Jahren nach der Darbietung, überdauern seine persönlichkeitsrechtlichen
Befugnisse seinen Tod bis zum Ablauf dieser 50 Jahre. Diese beiden ersten Var. des
§ 76 S. 1 gelten nur dann, wenn zu dem jeweils maßgebenden Zeitpunkt die Verwertungsrechte nach § 82 bereits erloschen sind. Nach § 82 erlöschen die in den §§ 77
und 78 bezeichneten Verwertungsrechte des ausübenden Künstlers ebenfalls binnen
50 Jahren, jedoch erst ab dem Erscheinen auf Bild- oder Tonträger bzw der ersten erlaubten Benutzung zur öffentlichen Wiedergabe. Daher kann die dritte Var. des S. 1
durchaus zu einer erheblichen Verlängerung der für die Persönlichkeitsrechte geltenden Schutzdauer führen.

III. Berechnung der Frist, S. 2 und 3

Die Frist ist nach § 69 zu berechnen, dh, es handelt sich um eine Jahresfrist, die am   3
ersten Januar des Jahres zu laufen beginnt, das auf das für den Fristbeginn maßgebliche Ereignis folgt. Haben mehrere ausübende Künstler gemeinsam eine Darbietung
erbracht, ist gem. S. 3 der Tod des letzten der beteiligten ausübenden Künstler maßgeblich.

IV. Übergang der Rechte auf die Angehörigen, S. 4

Für den Fall, dass die Persönlichkeitsrechte des ausübenden Künstlers über seinen   4
Tod hinaus fortdauern, stehen sie seinen Angehörigen iSv § 60 Abs. 2 zu. Das bedeutet nicht, dass die Persönlichkeitsrechte vererblich wären. Die Angehörigen erlangen
lediglich eine Wahrnehmungsbefugnis (*BGH* GRUR 1995, 668, 670 – Emil Nolde;
Schricker/Vogel § 83 aF Rn 38; **aA** *Fromm/Nordemann/Hertin* § 83 Rn 7).

§ 77   Aufnahme, Vervielfältigung und Verbreitung

**(1) Der ausübende Künstler hat das ausschließliche Recht, seine Darbietung
auf Bild- oder Tonträger aufzunehmen.**

(2) Der ausübende Künstler hat das ausschließliche Recht, den Bild- oder Tonträger, auf den seine Darbietung aufgenommen worden ist, zu vervielfältigen und zu verbreiten. § 27 ist entsprechend anzuwenden.

Literatur: *Bortloff* Tonträgersampling als Vervielfältigung, ZUM 1993, 476.

I. Allgemeines

1   § 77 regelt einen Teil der vermögensrechtlichen Befugnisse des ausübenden Künstlers. Er wurde durch das Gesetz zur Regelung des Urheberrechts in der Informationsgesellschaft v. 10.9.2003 neu gefasst und entspricht inhaltlich dem bisherigen § 75, wobei er allerdings an die Stelle des bisher geltenden Einwilligungsrechts ausschließliche Verwertungsrechte stellt (zu den Rechtsfolgen s. § 73 Rn 12).

II. Recht zur Aufnahme, Abs. 1

2   Das Recht zur Aufnahme iSv Abs. 1 meint hier jede erstmalige Festlegung der Darbietung auf einen Bild- oder Tonträger, ohne dass es darauf ankäme, mit welchen technischen Mitteln diese erfolgt. Entscheidend ist das Ergebnis, nämlich die Festlegung der Darbietung zur wiederholbaren Wiedergabe (§ 16 Abs. 2). Gegenstand der Aufnahme ist die künstlerische Darbietung. In Betracht kommt insb. die Aufnahme als Live-Mitschnitt oder die Aufnahme einer empfangenen Funksendung. Das ausschließliche Recht zur Aufnahme steht allein dem ausübenden Künstler zu; es kommt nicht darauf an, ob die Aufnahme der Vervielfältigung oder Verbreitung dienen soll.

III. Recht zur Vervielfältigung und Verbreitung, Abs. 2 S. 1

3   Der ausübende Künstler hat, wie schon gem. § 75 Abs. 2 aF, das ausschließliche Recht, den Bild- oder Tonträger zu vervielfältigen und zu verbreiten.

Unter einer Vervielfältigung versteht das Gesetz insb. die Übertragung der Darbietung von einem Bild- oder Tonträger auf einen anderen, wie sich aus § 16 Abs. 2 ergibt. Das Vervielfältigungsrecht des ausübenden Künstlers wird, ebenso wie das des Urhebers, nicht nur bei einer gänzlich unveränderten Vervielfältigung der Darbietung verletzt. Digitale Bearbeitungen, bspw in Gestalt des Samplings oder des Remix, welche die Darbietung nur unmaßgeblich verändern, unterfallen dem Vervielfältigungsbegriff und können daher von dem ausübenden Künstler unterbunden werden. Aber jedenfalls dann, wenn sich die Veränderung urheberrechtlich als freie Bearbeitung iSv § 24 darstellen würde, ist auch der Schutzbereich des dem ausübenden Künstler zustehenden Vervielfältigungsrechts verlassen (*Schricker/Krüger* § 75 aF Rn 11).

Seit In-Kraft-Treten des dritten UrhGÄndG v. 23.6.1995, mit welchem die Richtlinie 92/100/EWG des Rates v. 19.11.1992 zum Vermietrecht und Verleihrecht umgesetzt wurde, hat der ausübende Künstler auch das ausschließliche Recht, den Bild- oder Tonträger zu verbreiten, womit seine Rechtsstellung insb. im Hinblick auf den Vertrieb sog. Bootlegs (unbefugte Konzertmitschnitte) erheblich gestärkt wurde (vgl *BGHZ* 121, 319 – The Doors).

IV. Entsprechende Anwendung der Vergütungsregel des § 27, Abs. 2 S. 2

§ 77 Abs. 2 S. 2 erklärt, wie schon § 75 Abs. 3 aF, die Vergütungsansprüche des § 27 **4** für entspr. anwendbar. Die insofern geänderte Gesetzesformulierung ist lediglich klarstellender Natur und bezweckte keine inhaltliche Änderung (BT-Drucks. 15/38, 23 f. zu § 77).

§ 78 Öffentliche Wiedergabe

(1) Der ausübende Künstler hat das ausschließliche Recht, seine Darbietung
1. öffentlich zugänglich zu machen (§ 19a),
2. zu senden, es sei denn, dass die Darbietung erlaubterweise auf Bild- oder Tonträger aufgenommen worden ist, die erschienen oder erlaubterweise öffentlich zugänglich gemacht worden sind,
3. außerhalb des Raumes, in dem sie stattfindet, durch Bildschirm, Lautsprecher oder ähnliche technische Einrichtungen öffentlich wahrnehmbar zu machen.

(2) Dem ausübenden Künstler ist eine angemessene Vergütung zu zahlen, wenn
1. die Darbietung nach Absatz 1 Nr. 2 erlaubterweise gesendet,
2. die Darbietung mittels Bild- oder Tonträger öffentlich wahrnehmbar gemacht oder
3. die Sendung oder die auf öffentlicher Zugänglichmachung beruhende Wiedergabe der Darbietung öffentlich wahrnehmbar gemacht wird.

(3) Auf Vergütungsansprüche nach Absatz 2 kann der ausübende Künstler im Voraus nicht verzichten. Sie können im Voraus nur an eine Verwertungsgesellschaft abgetreten werden.

(4) § 20b gilt entsprechend.

Literatur: *Brack* Die Rechte der ausübenden Künstler und der Hersteller von Tonträgern bei der Verwertung von Schallplatten im Rundfunk, UFITA 50 (1960), 544; *Rossbach* Die Vergütungsansprüche im deutschen Urheberrecht, 1990; *Ruzicka* Wiederholungsvergütung für ausübende Künstler, FuR 1978, 512.

I. Allgemeines

1   Der mit dem Gesetz zur Regelung des Urheberrechts in der Informationsgesellschaft v. 10.9.2003 neu gefasste § 78 fasst die bisher in den §§ 74, 76 und 77 aF geregelten Rechte und Vergütungsansprüche des ausübenden Künstlers in Bezug auf die öffentliche Wiedergabe seiner Darbietung zusammen und ersetzt dabei die Einwilligungsrechte der §§ 74 und 76 aF durch ausschließliche Rechte.

II. Ausschließliche Rechte, Abs. 1

1. Recht der öffentlichen Zugänglichmachung, Nr. 1

2   Der neu in das Gesetz eingefügte § 19a statuiert das Recht der öffentlichen Zugänglichmachung (s. zum Inhalt dieses Rechts § 19a Rn 4 ff.) und setzt damit Art. 3 Abs. 1 der Europäischen Harmonisierungsrichtlinie 2001/29/EG v. 21.5.2001 um. § 78 Abs. 1 Nr. 1 räumt dem ausübenden Künstler dieses ausschließliche Recht ebenfalls ein und erfüllt damit die Vorgaben aus Art. 3 Abs. 2 der Richtlinie und auch die des Art. 6 (i) WPPT.

2. Senderecht, Nr. 2

3   Abs. 1 Nr. 2 regelt das bislang in § 76 Abs. 1, 2 aF enthaltene Senderecht als ausschließliches Recht. Der Begriff des Sendens entspricht dem in § 20 (s. § 20 Rn 3 ff.). Das ausschließliche Senderecht des ausübenden Künstlers erstreckt sich nicht auf solche Darbietungen, die erlaubterweise auf Bild- oder Tonträger aufgenommen worden sind, die erschienen oder erlaubterweise öffentlich zugänglich gemacht worden sind. Der Begriff des Erscheinens bestimmt sich nach § 6 Abs. 2 (*BGH* GRUR 1981, 360, 362 – Erscheinen von Tonträgern). Ein Bild- oder Tonträger mit der Aufnahme der Darbietung ist daher erschienen, wenn mit Zustimmung des Berechtigten Vervielfältigungsstücke des Bild- oder Tonträgers nach ihrer Herstellung in genügender Anzahl der Öffentlichkeit angeboten oder in Verkehr gebracht worden sind. Der Erlaubnisvorbehalt des Abs. 1 Nr. 2 bezieht sich auch auf das Erscheinen (*Schricker/Krüger* § 76 aF Rn 12; *Fromm/Nordemann/Hertin* § 76 aF Rn 4). Der Begriff der öffentlichen Zugänglichmachung bestimmt sich wiederum nach § 19a.

3. Bildschirm- und Lautsprecherübertragung, Nr. 3

4   Abs. 1 Nr. 3 entspricht unverändert dem § 74 aF. Die Vorschrift entspricht inhaltlich der Regelung des für Urheber maßgebenden § 19 Abs. 3. Dem ausübenden Künstler steht, ebenso wie einem Urheber, das ausschließliche Recht zu, zu bestimmen, ob der

Kreis der Hörer bzw Zuschauer über den Raum der Darbietung hinaus erweitert werden darf. Als Raum der Darbietung kommen nicht nur abgeschlossene Räume wie Konzertsäle in Betracht, sondern auch die Freilichtbühne (*Möhring/Nicolini/Kroitzsch* § 74 Rn 2). Dieser Raum wird verlassen, wenn die Darbietung über den üblicherweise zu dem Veranstaltungsbereich zählenden Areal hinaus wahrnehmbar gemacht wird. Wie dieser Bereich abzustecken ist, beurteilt sich insb. danach, was von der Vergütung des ausübenden Künstlers als abgegolten angesehen werden kann (*Möhring/Nicolini/Kroitzsch* § 74 Rn 2). Innerhalb dieses Bereiches dürfen Bildschirm, Lautsprecher oder ähnliche technische Einrichtungen eingesetzt werden, um die öffentliche Wahrnehmbarkeit zu verbessern.

III. Vergütungsansprüche, Abs. 2

1. Funksendung, Nr. 1

Wird die Darbietung des ausübenden Künstlers erlaubterweise gesendet, muss er diese zwar dulden, hat aber einen Anspruch auf angemessene Vergütung. Eine entspr. Regelung sah bereits § 76 Abs. 2 letzter HS aF vor. Hat der ausübende Künstler seine Vergütungsansprüche gem. Abs. 3 S. 2 an eine Verwertungsgesellschaft übertragen, ist die Angemessenheit der Vergütung im Streitfall gem. § 14 WahrnG von der Schiedsstelle zu prüfen. Wahrnehmungsbefugt ist die Gesellschaft zur Verwertung von Leistungsschutzrechten mbH (GVL). Kriterien für die angemessene Höhe der Vergütung sind die Sendeform, die Reichweite der Sendung, der konkrete Sendezweck und die Intensität der Nutzung (*Schricker/Krüger* § 76 aF Rn 17). **5**

2. Wahrnehmbarmachung mittels Bild- oder Tonträger, Nr. 2

Abs. 2 Nr. 2 sieht einen Anspruch auf angemessene Vergütung für ausübende Künstler für den Fall vor, dass seine Darbietung öffentlich wahrnehmbar gemacht wird. Er entspricht inhaltlich § 77 Var. 1 aF. Die Regelung entspricht dem in § 21 normierten Zweitwiedergaberecht des Urhebers. Während diesem jedoch und auch diesbezüglich Verbotsrechte zustehen, reduziert sich die Rechtsposition des ausübenden Künstlers auf die Zubilligung von Vergütungsansprüchen. Der Gesetzgeber wollte damit verhindern, dass die ausübenden Künstler auf persönlichen Darbietungen bestehen und damit die Verbindung von Bild- oder Tonträgeraufnahmen bzw Funksendungen (s. Nr. 3) zum Nachteil der Urheber einschränken können (*Möhring/Nicolini/Kroitzsch* § 77 aF Rn 1). **6**

Für die Angemessenheit gelten die oben zu Abs. 2 Nr. 1 dargelegten Kriterien (s. Rn 5) entspr.

3. Wahrnehmbarmachung der Wiedergabe der Darbietung, Nr. 3

Abs. 2 Nr. 3 entspricht inhaltlich der Regelung in § 77 Var. 2 aF und ist vergleichbar mit dem Ausschließlichkeitsrecht des Urhebers gem. § 22. **7**

IV. Kein Vorausverzicht auf die Vergütungsansprüche, Abs. 3

Abs. 3 ordnet erstmals in Anlehnung an das für Urheber bereits geltende Recht (§§ 20b, 27, 63a) an, dass auf die Vergütungsansprüche nach Abs. 2 im Voraus nicht verzichtet werden kann und diese nur an eine Verwertungsgesellschaft abgetreten **8** werden können. Damit will der Gesetzgeber sicherstellen, dass der gesetzliche Vergütungsanspruch auch wirtschaftlich tatsächlich dem ausübenden Künstler zugute kommt (BT-Drucks. 15/38, 24).

„Im Voraus" meint die Zeit bis zur Entstehung des Vergütungsanspruchs. Die gesetzlichen Vergütungsansprüche des Abs. 2 entstehen mangels vertraglicher Absprachen mit der tatsächlichen Nutzungshandlung. Ist diese erfolgt, kann auf den damit entstandenen Vergütungsanspruch verzichtet werden. Unwirksam ist nur die Erklärung des ausübenden Künstlers, auf Vergütungsansprüche aufgrund zukünftiger Verwertungshandlungen Dritter zu verzichten.

Ebenso wie dem Urheber bleibt es dem ausübenden Künstler unbenommen, seine Vergütungsansprüche im Voraus, also vor ihrer Entstehung, an eine Verwertungsgesellschaft abzutreten. Damit wird der vom Gesetzgeber verfolgte Zweck, dem ausübenden Künstler seine gesetzlichen Vergütungsansprüche zu sichern, nicht in Frage gestellt.

V. Entsprechende Geltung des § 20b, Abs. 4

9 Die Regelung in Abs. 4 entspricht § 76 Abs. 3 aF. Danach findet § 20b, welcher das Recht des Urhebers auf Kabelweitersendung regelt, auf ausübende Künstler entspr. Anwendung. Mit dieser Regelung wurde die Richtlinie 93/83/EWG v. 27.9.93 umgesetzt, die eine Gleichstellung von Urhebern und Interpreten hinsichtlich des Rechts der Satellitensendung und Kabelweitersendung vorsieht.

§ 79   Nutzungsrechte

(1) Der ausübende Künstler kann seine Rechte und Ansprüche aus den §§ 77 und 78 übertragen. § 78 Abs. 3 und 4 bleibt unberührt.

(2) Der ausübende Künstler kann einem anderen das Recht einräumen, die Darbietung auf einzelne oder alle der ihm vorbehaltenen Nutzungsarten zu nutzen. § 31 Abs. 1 bis 3 und 5 sowie die §§ 32 bis 43 sind entsprechend anzuwenden.

Literatur: *v. Rom* Die Leistungsschutzrechte im Regierungsentwurf für ein Gesetz zur Regelung des Urheberrechts in der Informationsgesellschaft, ZUM 2003, 128.

Übersicht

I. Allgemeines

1 § 79 nF ist an die Stelle der früher in § 78 aF geregelten Abtretungsrechte des ausübenden Künstlers getreten und löst als Konsequenz aus der dogmatischen Umorientierung von dem System der „Einwilligungsrechte" zu demjenigen der ausschließlichen Verwertungsrechte des ausübenden Künstlers dessen Abtretungsbefugnis durch Übertragungsrechte und die Befugnis zur Einräumung von Nutzungsrechten ab.

II. Recht zur vollständigen Übertragung, Abs. 1

Die dem ausübenden Künstler in §§ 77 und 78 eingeräumten ausschließlichen Verwertungsrechte sind gem. Abs. 1, anders als das Urheberrecht, vollständig übertragbar und verkehrsfähig. § 29 ist nicht entspr. anwendbar. Unberührt bleiben gem. Abs. 1 S. 2 die Einschränkungen der Übertragungsbefugnisse, die sich aus § 78 Abs. 3 und 4 iVm § 20b ergeben.   **2**

III. Einräumung einfacher und ausschließlicher Nutzungsrechte, Abs. 2

Neben der translativen Rechtsübertragung nach Abs. 1 hat der ausübende Künstler gem. Abs. 2 gleich dem Urheber die Möglichkeit, an den ihm eingeräumten ausschließlichen Rechten ausschließliche oder einfache Nutzungsrechte einzuräumen. Er kann also eine dingliche Rechtsposition vermitteln. Zwar konnte auch nach bisherigem Recht durch die nach § 78 mögliche Abtretung des Einwilligungsrechts ein derartiges dingliches Recht begründet werden, allerdings nur in Gestalt eines ausschließlichen Rechts. Demgegenüber wird auch durch die Einräumung eines einfachen Nutzungsrechts ein dingliches Recht begründet (BT-Drucks. 15/38, 22 f.).   **3**

Abs. 2 S. 2 verweist auf die entspr. Anwendbarkeit des § 31 Abs. 1 bis 3 und 5 sowie der §§ 32 bis 43.   **4**

Es gilt also, wie bereits für die Abtretungsbefugnis des ausübenden Künstlers gem. § 78 aF, die Zweckübertragungstheorie. Auch das Leistungsschutzrecht des ausübenden Künstlers hat demnach die Tendenz, im Zweifel bei seinem Inhaber zurück zu bleiben, soweit nicht die Erreichung des Vertragszwecks eine Übertragung von Nutzungsrechten erfordert.

Die fehlende Verweisung auf § 31 Abs. 4 ist auf Kritik gestoßen (s. *v. Rom* ZUM 2003, 128, 130). Sie steht jedoch im Einklang mit der bisherigen Rspr des BGH, wonach § 31 Abs. 4 keine Anwendung auf Vereinbarungen findet, mit denen der ausübende Künstler in die Nutzung der geschützten Leistung einwilligt (*BGH* WRP 2003, 393, 394 – EROC III; BGH-Report 2003, 446).

Die Verweisung bezieht sich auch auf § 32b, der in § 75 Abs. 4 in der nach dem Gesetz zur Stärkung der vertraglichen Stellung von Urhebern und ausübenden Künstlern geltenden Fassung nur durch ein Redaktionsversehen nicht ausdrücklich erwähnt ist (BT-Drucks. 15/38, 24).

Durch die Verweisung auf § 43 wird die mit dieser Vorschrift im Wesentlichen inhaltsgleiche Regelung des § 79 aF überflüssig.

§ 80   Gemeinsame Darbietung mehrerer ausübender Künstler

(1) Erbringen mehrere ausübende Künstler gemeinsam eine Darbietung, ohne dass sich ihre Anteile gesondert verwerten lassen, so steht ihnen das Recht zur Verwertung zur gesamten Hand zu. Keiner der beteiligten ausübenden Künstler darf seine Einwilligung zur Verwertung wider Treu und Glauben verweigern. § 8 Abs. 2 Satz 3, Abs. 3 und 4 ist entsprechend anzuwenden.

(2) Für die Geltendmachung der sich aus den §§ 77 und 78 ergebenden Rechte und Ansprüche gilt § 74 Abs. 2 Satz 2 und 3 entsprechend.

Literatur: *Schlatter* Die BGH-Entscheidung „The Doors": Zur Prozessführungsbefugnis bei Gruppenleistungen nach § 80 UrhG – Zum Leistungsschutz ausübender Künstler bei Sachverhalten mit Auslandsberührung, ZUM 1993, 522.

Übersicht

	Rn		Rn
I. Allgemeines	1	III. Befugnis zur Geltendmachung	
II. Gesamthänderische Befugnis zur Verwer-		der Verwertungsrechte, Abs. 2	3
tung der gemeinsam erbrachten Darbie-			
tung nach dem Vorbild des § 8, Abs. 1	2		

I. Allgemeines

1   Während § 80 aF die Rechte von ausübenden Künstlern, die gemeinsam eine Chor-, Orchester- oder Bühnenaufführung darbieten, insofern einschränkte, als das Einwilligungsrecht nur von dem Solisten, dem Dirigenten, dem Regisseur und dem gewählten Vertreter (Vorstand) der mitwirkenden Künstlergruppe erforderlich war und die Einwilligung der übrigen ausübenden Künstler ersetzte, trägt § 80 nF dem Umstand, dass die Rechtstellung des ausübenden Künstlers mit dem Gesetz zur Regelung des Urheberrechts in der Informationsgesellschaft dem des Urhebers deutlich angenähert wurde, dadurch Rechnung, dass er eine dem § 8 nachgebildete Regelung enthält. Gleichzeitig wird klargestellt, dass der Anwendungsbereich des § 80 sich auf sämtliche Darbietungen erstreckt, die von mehreren ausübenden Künstlern gemeinsam erbracht werden, nicht nur auf Chor-, Orchester- und Bühnenaufführungen.

II. Gesamthänderische Befugnis zur Verwertung der gemeinsam erbrachten Darbietung nach dem Vorbild des § 8, Abs. 1

2   Ebenso wie die Miturheber, die ein Werk gemeinsam geschaffen haben, bei dem das Recht zur Veröffentlichung und zur Verwertung der gesamten Hand zusteht, sind ausübende Künstler, die gemeinsam eine Darbietung erbracht haben, **gesamthänderisch verbunden**. Das bedeutet, sie können die sich aus §§ 77 und 78 ergebenden Verwertungsbefugnisse nur gemeinsam ausüben. Jeder Einzelne ist an der Willensbildung zu beteiligen, unabhängig davon, welche Bedeutung sein Beitrag zu der Darbietung hat. Erforderlich, aber auch ausreichend ist es, dass die Darbietung auch auf seiner künstlerischen Mitwirkung gem. § 73 S. 2 beruht. § 80 gilt für alle für die Verwertung bedeutsamen Rechte und Ansprüche der ausübenden Künstler, wie die Einräumung und Übertragung von Nutzungsrechten, die Verfolgung von Rechtsverlet-

zungen sowie die Geltendmachung obligatorischer Ansprüche aus Verträgen über Nutzungsrechte (BT-Drucks. 15/38, 24 zu § 80).

Voraussetzung ist jedoch, dass die **Darbietung gemeinsam erbracht** worden ist, ohne dass sich ihre Anteile gesondert verwerten lassen. Auch dieses Tatbestandsmerkmal des § 80 Abs. 1 ist § 8 nachgebildet (s. dazu § 8 Rn 5 ff.). Erfüllt ist diese Voraussetzung insb. bei den in § 80 aF genannten Chor-, Orchester- und Bühnenaufführungen. Es war jedoch schon nach altem Recht anerkannt, dass sich der Anwendungsbereich des § 80 hierauf nicht beschränkt, sondern die Aufzählung beispielhaft zu verstehen ist (*Schricker/Krüger* § 80 aF Rn 2). Dementsprechend hat der BGH § 80 aF auch auf die aus drei Mitgliedern bestehende Popgruppe „The Doors" angewendet (*BGHZ* 121, 319 ff.).

Gem. Abs. 1 S. 2 darf keine der beteiligten ausübenden Künstler seine Einwilligung zur Verwertung wider Treu und Glauben verweigern. Entspr. gilt für Miturheber gem. § 8 Abs. 2 S. 2. Der Anspruch auf Einwilligung ist einklagbar und kann nach § 894 ZPO vollstreckt werden. Hier wie dort ist eine Interessenabwägung vorzunehmen.

Nach Abs. 1 S. 3 ist § 8 Abs. 2 S. 3, Abs. 3 und 4 entspr. anzuwenden. Insofern wird auf die Kommentierung zu § 8 (Rn 20 ff.) verwiesen.

III. Befugnis zur Geltendmachung der Verwertungsrechte, Abs. 2

Abs. 2 verweist für die Geltendmachung der sich aus §§ 77 und 78 ergebenden Ansprüche auf § 74 Abs. 2 S. 2 und 3. Die Vorschrift gilt für alle im Zusammenhang mit der Verwertung bestehenden Rechte und Ansprüche der ausübenden Künstler, einschließlich der aus §§ 32 und 32a. Die Regelung des § 75 Abs. 5 in der ab dem 1.7.2002 geltenden Fassung entfällt damit. Vertretungsbefugt ist in erster Linie der gewählte Vertreter, also der **Vorstand** der Gruppe, oder der **Leiter der Gruppe**. Inhaltlich entspricht die Vertretungsbefugnis dem bisher geltenden § 80 Abs. 1 und 2 (BT-Drucks. 15/38, 24 zu § 80). Als Gruppenleiter kommen insb. der Chordirektor, der Dirigent oder der Ballettmeister in Betracht, nicht jedoch eine Person, die auf der Arbeitgeberseite steht, wie zB der Intendant oder der Chefdramaturg (*BGH* GRUR 1999, 49, 50 – Bruce Springsteen and his Band; *Schricker/Krüger* § 80 aF Rn 14; *Fromm/Nordemann/Hertin* § 80 Rn 7 aE).

3

§ 81 Schutz des Veranstalters

Wird die Darbietung des ausübenden Künstlers von einem Unternehmen veranstaltet, so stehen die Rechte nach § 77 Abs. 1 und 2 Satz 1 sowie § 78 Abs. 1 neben dem ausübenden Künstler auch dem Inhaber des Unternehmens zu. § 31 Abs. 1 bis 3 und 5 sowie die §§ 33 und 38 gelten entsprechend.

Literatur: *Hodik* Der Schutz des Theater- und Konzertveranstalters in Deutschland, Österreich und der Schweiz, GRUR Int 1984, 421; *Schmieder* Der Rechtsschutz des Veranstalters, GRUR 1964, 121.

I. Allgemeines

1   Der neu gefasste § 81 entspricht inhaltlich der bisherigen Fassung, trägt jedoch dem Umstand Rechnung, dass an die Stelle der Einwilligungsrechte des ausübenden Künstlers und des Veranstalters Nutzungsrechte getreten sind.

II. Tatbestand: Veranstaltung der Darbietung des ausübenden Künstlers von einem Unternehmen

2   **Schutzgegenstand** des § 81 ist die veranstaltete Darbietung eines ausübenden Künstlers. Gemeint sind damit öffentliche Live-Darbietungen. Nicht öffentliche Studioaufnahmen können nicht § 81 unterfallen, ebenso wenig private Veranstaltungen (vgl dazu im Einzelnen *Schricker/Vogel* § 81 Rn 18). Bei der veranstalteten Darbietung muss es sich um eine solche iSv § 73 handeln, dh es muss ein urheberrechtsschutzfähiges Werk oder eine Ausdrucksform der Volkskunst aufgeführt werden. Die **hM** nimmt an, dass die Veranstaltung primär der Vermittlung des dargebotenen Werkes dienen muss, weil es nur dann gerechtfertigt ist, dem Veranstalter neben dem ausübenden Künstler ein eigenes Leistungsschutzrecht zuzubilligen (*Schricker/Vogel* § 81 Rn 19; *Wandtke/Bullinger/Büscher* § 81 Rn 8; **aA** *Fromm/Nordemann/Hertin* § 81 Rn 5).

3   **Schutzinhaber** ist das veranstaltende Unternehmen. Dessen organisatorische Leistung und wirtschaftliche Verantwortung sollen geschützt werden; dabei dachte der Gesetzgeber vor allem an Bühnenunternehmen und Konzertunternehmen (*Schricker/Vogel* § 81 Rn 5). Gemeint sind **gewerbliche**, also auf Gewinnerzielung ausgerichtete **Unternehmen**. Inhaber des Unternehmens ist jede natürliche oder juristische Person, die das Unternehmen in ihrem Namen betreibt. Aus dem Gesetzeszweck folgt, dass nur derjenige als Veranstalter berechtigt ist, der in finanzieller und organisatorischer Hinsicht für die Veranstaltung verantwortlich ist (*BGH* GRUR 1960, 253, 255 – Autoscooter). Die künstlerische Gestaltung des Programms liegt idR nicht im Verantwortungsbereich des Veranstalters (*BGH* aaO).

III. Rechtsfolge: Gemeinsame Inhaberschaft der Rechte nach § 77 Abs. 1 und 2 S. 1 sowie § 78 Abs. 1

4   Wie schon nach altem Recht erwirbt der Veranstalter ausschließliche Rechte an der veranstalteten Darbietung; die Rechte an der Darbietung selbst stehen ausschließlich dem ausübenden Künstler zu. Der Veranstalter erwirbt aufgrund § 81 ein eigenes ausschließliches Recht, die veranstaltete Darbietung auf Bild- oder Tonträger aufzunehmen und diese zu vervielfältigen und zu verbreiten (§ 81 S. 1 iVm § 77 Abs. 1 und Abs. 2 S. 1). Daneben hat er die in § 78 Abs. 1 geregelten ausschließlichen Rechte zur öffentlichen Wiedergabe der veranstalteten Darbietung. Dh, der ausübende

Künstler kann seine Rechte an der Darbietung in der veranstalteten Form nur zusammen mit dem Veranstalter verwerten. Dabei war schon nach altem Recht anerkannt, dass Veranstalter und ausübender Künstler dem Gebot von Treu und Glauben gem. § 242 BGB unterliegen (*Schricker/Vogel* § 81 Rn 34). Sie sind einander verpflichtet, ihre Rechte an der veranstalteten Darbietung nicht in rechtsmissbräuchlicher Weise auszuüben.

IV. Entsprechende Geltung der §§ 31 Abs. 1 bis 3 und 5, 33 und 38

Der neu gefasste § 81 erklärt für das Leistungsschutzrecht des Veranstalters die §§ 31 Abs. 1 bis 3 und 5, 33 und 38 für entspr. anwendbar und setzt damit das Konzept der Nutzungsrechte weiter um. 5

§ 82 Dauer der Verwertungsrechte

Ist die Darbietung des ausübenden Künstlers auf einen Bild- oder Tonträger aufgenommen worden, so erlöschen die in den §§ 77 und 78 bezeichneten Rechte des ausübenden Künstlers 50 Jahre, die in § 81 bezeichneten Rechte des Veranstalters 25 Jahre nach dem Erscheinen des Bild- oder Tonträgers oder, wenn dessen erste erlaubte Benutzung zur öffentlichen Wiedergabe früher erfolgt ist, nach dieser. Die Rechte des ausübenden Künstlers erlöschen jedoch bereits 50 Jahre, diejenigen des Veranstalters 25 Jahre nach der Darbietung, wenn der Bild- oder Tonträger innerhalb dieser Frist nicht erschienen oder erlaubterweise zur öffentlichen Wiedergabe benutzt worden ist. Die Frist nach Satz 1 oder 2 ist nach § 69 zu berechnen.

Literatur: *Dietz* Die Schutzdauer-Richtlinie der EU, GRUR Int 1995, 670; *Vogel* Die Umsetzung der Richtlinie zur Harmonisierung der Schutzdauer des Urheberrechts und bestimmter verwandter Schutzrechte, ZUM 1995, 451.

Übersicht

I. Allgemeines

§ 82 wurde mit dem Gesetz zur Regelung des Urheberrechts in der Informationsgesellschaft v. 10.9.2003 nur redaktionell geändert. Sein Regelungsgegenstand ist allein die Schutzdauer der Vermögensrechte des ausübenden Künstlers und die der Rechte des Veranstalters. Die Dauer der Persönlichkeitsrechte des ausübenden Künstlers ist in § 76 nF geregelt. 1

Zur Schutzdauer der Rechte des ausübenden Künstlers vor der Urheberrechtsreform von 1995 und vor 1965 s. § 73 Rn 4 ff.

II. Schutzdauer, S. 1 und 2

2   Die Dauer der dem ausübenden Künstler zustehenden Verwertungsrechte beträgt 50 Jahre, die des Veranstalters 25 Jahre. § 82 S. 1 knüpft den Beginn der Schutzfrist in erster Linie an das Erscheinen des Bild- oder Tonträgers, auf welchem die Darbietung aufgenommen ist. Der Begriff des Erscheinens entspricht dem des § 6 Abs. 2 (*BGH* GRUR 1981, 360, 361 – Erscheinen von Tonträgern). Wurde die Aufnahme bereits vor dem Erscheinen des Bild- oder Tonträgers zur öffentlichen Wiedergabe erlaubtermaßen benutzt, setzt dies nach S. 1 Var. 2 die Frist in Lauf.

Die öffentliche Wiedergabe ist in § 15 Abs. 2 und 3 legaldefiniert.

III. Berechnung der Frist, S. 3

3   Für die Berechnung der Frist gilt gem. S. 3 § 69, dh die Frist beginnt mit dem Ablauf des Kalenderjahres, in dem die Aufnahme erschienen ist, erstmals erlaubtermaßen zur öffentlichen Wiedergabe benutzt wurde oder die Darbietung erfolgt ist, je nachdem welches Ereignis nach S. 1 und 2 für den Fristbeginn maßgeblich ist.

§ 83   Schranken der Verwertungsrechte

Auf die dem ausübenden Künstler nach den §§ 77 und 78 sowie die dem Veranstalter nach § 81 zustehenden Rechte sind die Vorschriften des Abschnitts 6 des Teils 1 entsprechend anzuwenden.

I. Allgemeines

1   § 83 entspricht inhaltlich § 84 aF. Die dort noch geregelte Ausklammerung des § 61 aus den sinngemäß anzuwendenden Schrankenbestimmungen ist entbehrlich geworden, nachdem § 61 infolge der Regelung des § 42a nF aufgehoben worden ist.

II. Entsprechende Anwendung der Vorschriften des Abschnitts 6 des Teils 1

2   Die für das Urheberrecht geltenden Schrankenbestimmungen der §§ 44a bis 63a gelten entspr. für die Rechte des ausübenden Künstlers und des Veranstalters. Dasselbe gilt für die Rechte des Tonträgerherstellers (§ 85), des Sendeunternehmens (§ 87) und des Filmherstellers (§ 94). Die Rechte des an der Herstellung eines Filmwerks beteiligten ausübenden Künstlers werden darüber hinaus durch §§ 92 und 93 eingeschränkt.

§ 84   Beschränkung der Rechte

(aufgehoben)

Abschnitt 4
Schutz des Herstellers von Tonträgern

§ 85　Verwertungsrechte

(1) Der Hersteller eines Tonträgers hat das ausschließliche Recht, den Tonträger zu vervielfältigen, zu verbreiten und öffentlich zugänglich zu machen. Ist der Tonträger in einem Unternehmen hergestellt worden, so gilt der Inhaber des Unternehmens als Hersteller. Das Recht entsteht nicht durch die Vervielfältigung eines Tonträgers.

(2) Das Recht ist übertragbar. Der Tonträgerhersteller kann einem anderen das Recht einräumen, den Tonträger auf einzelne oder alle der ihm vorbehaltenen Nutzungsarten zu nutzen. § 31 Abs. 1 bis 3 und 5 und die §§ 33 und 38 gelten entsprechend.

(3) Das Recht erlischt 50 Jahre nach dem Erscheinen des Tonträgers. Ist der Tonträger innerhalb von 50 Jahren nach der Herstellung nicht erschienen, aber erlaubterweise zur öffentlichen Wiedergabe benutzt worden, so erlischt das Recht 50 Jahre nach dieser. Ist der Tonträger innerhalb dieser Frist nicht erschienen oder erlaubterweise zur öffentlichen Wiedergabe benutzt worden, so erlischt das Recht 50 Jahre nach der Herstellung des Tonträgers. Die Frist ist nach § 69 zu berechnen.

(4) § 27 Abs. 2 und 3 sowie die Vorschriften des Abschnitts 6 des Teils 1 sind entsprechend anzuwenden.

Literatur:　*v. Rom* Die Leistungsschutzrechte im Regierungsentwurf für ein Gesetz zur Regelung des Urheberrechts in der Informationsgesellschaft, ZUM 2003, 128; *Wandke* Copyright und virtueller Markt in der Informationsgesellschaft, GRUR 2002, 1.

I. Allgemeines

Der Hersteller von Tonträgern war bereits vor In-Kraft-Treten des UrhG von 1965 **1** geschützt durch § 2 Abs. 2 LUG, welcher ein fiktives Bearbeiterurheberrecht vorsah. Der Grund für den Schutz des Tonträgerherstellers liegt, ebenso wie der des Filmherstellers, nicht in der Erbringung einer künstlerischen Leistung, sondern in der einer **organisatorischen und wirtschaftlichen Leistung**.

§ 85 wurde durch das Gesetz zur Regelung des Urheberrechts in der Informationsgesellschaft v. 10.9.2003 teilweise neu gefasst. In Abs. 1 wurde das neue Recht der öffentlichen Zugänglichmachung (§ 19a) aufgenommen. Gänzlich neu sind die Regelungen, die dem Tonträgerhersteller, ebenso wie dem ausübenden Künstler, dem Veranstalter und dem Filmhersteller, die Befugnis einräumen, sein Recht zu übertragen oder Nutzungsrechte hieran einzuräumen.

II. Ausschließliche Rechte des Tonträgerherstellers, Abs. 1

1. Tonträgerhersteller

2   Aktivlegitimiert ist der Hersteller eines Tonträgers. Der **Begriff des Tonträgers** ist in § 16 Abs. 2 definiert; es handelt sich um eine Vorrichtung zur wiederholbaren Wiedergabe von Tonfolgen. Entscheidend ist die Wiederholbarkeit, also die abstrakte Eignung, nicht eine bestimmte Zweckbestimmung (*Möhring/Nicolini/Kroitzsch* § 85 Rn 2). **Hersteller** ist, wer die schutzbegründende wirtschaftliche und organisatorische Leistung erbringt; das kann auch eine juristische Person sein. Ist der Tonträger in einem Unternehmen hergestellt worden, gilt der Inhaber des Unternehmens gem. Abs. 1 S. 2 als Hersteller. Nur die Herstellung, nicht die bloße Vervielfältigung eines Tonträgers ist schutzbegründend, Abs. 1 S. 3.

2. Eingeräumte Rechte

3   § 85 Abs. 1 räumt dem Hersteller eines Tonträgers ein ausschließliches Recht ein. Gegenstand des Rechts ist der hergestellte Tonträger, in welchem die Herstellungsleistung verkörpert ist. Der Tonträgerhersteller hat das ausschließliche Recht zur Vervielfältigung des Tonträgers iSv § 16 Abs. 1. Das Recht zur Verbreitung und zur öffentlichen Zugänglichmachung bestimmt sich nach §§ 17, 19a. § 85 Abs. 1 gewährt dem Tonträger nicht das Recht zur öffentlichen Wiedergabe; diese löst gem. § 86 nur einen Anspruch auf angemessene Beteiligung an der Vergütung aus.

III. Übertragbarkeit des Rechts, Abs. 2

4   Der neu gefasste Abs. 2 räumt dem Tonträgerhersteller die Befugnis ein, sein Leistungsschutzrecht als Ganzes zu übertragen, oder Nutzungsrechte hieran einzuräumen. Hinsichtlich seiner Verkehrsfähigkeit ist das Leistungsschutzrecht damit dem des ausübenden Künstlers, Veranstalters, Sendeunternehmens und Filmherstellers gleichgestellt. Lizenziert der Tonträgerhersteller seine Rechte, gelten die urheberrechtlichen Bestimmungen der §§ 31 Abs. 1 bis 3 und 5, 33 und 38 entspr.

IV. Schutzdauer, Abs. 3

5   Die Regelung der Schutzdauer in Abs. 3 entspricht der in §§ 82, 87 Abs. 3, 94 Abs. 3. Durch die Änderung des Urheberrechtsgesetzes von 1995 wurde die für den Tonträgerhersteller geltende Schutzfrist ebenso wie die für den ausübenden Künstler und Filmhersteller geltende, auf 50 Jahre verlängert. Maßgeblich ist in erster Linie das Erscheinen des Tonträgers. Der Begriff des Erscheinens entspricht dem in § 6 Abs. 2. Wurde der Tonträger bereits vorher erlaubterweise zur öffentlichen Wiedergabe benutzt, ist diese Handlung für den Fristbeginn maßgebend. Auf den Herstellungszeitpunkt kommt es an, wenn der Tonträger binnen 50 Jahren weder erschienen noch erlaubterweise zur öffentlichen Wiedergabe benutzt worden ist. Für die Fristberech-

nung gilt § 69, die Frist beginnt also mit dem Ablauf des Kalenderjahres, in welches das für den Fristbeginn maßgebliche Ereignis fällt.

V. Entsprechende Anwendbarkeit des § 27 Abs. 2 und 3 sowie der Bestimmungen über die Schranken des Urheberrechts, Abs. 4

Gem. Abs. 4 steht dem Tonträgerhersteller der Vergütungsanspruch des § 27 Abs. 2 **6** zu. Zugleich gelten für ihn die urheberrechtlichen Schrankenbestimmungen der §§ 44a bis 63a. Die in § 85 aF geregelte Ausnahme bzgl § 61 ist entbehrlich geworden, nachdem § 61 infolge der Regelung des § 42a aufgehoben worden ist.

§ 86   Anspruch auf Beteiligung

Wird ein erschienener oder erlaubterweise öffentlich zugänglich gemachter Tonträger, auf den die Darbietung eines ausübenden Künstlers aufgenommen ist, zur öffentlichen Wiedergabe der Darbietung benutzt, so hat der Hersteller des Tonträgers gegen den ausübenden Künstler einen Anspruch auf angemessene Beteiligung an der Vergütung, die dieser nach § 78 Abs. 2 erhält.

Literatur: *Hubmann* Zum Rechtsbegriff des Erscheinens, GRUR 1980, 537.

I. Allgemeines

§ 86 dient nach dem von dem Gesetzgeber verfolgten Zweck dazu, eine Rangfolge **1** der Wertigkeit der künstlerischen Leistung des ausübenden Künstlers einerseits und der technisch-organisatorischen Leistung des Tonträgerherstellers andererseits zum Ausdruck zu bringen; außerdem soll der Werknutzer nur einem Anspruchsberechtigten ausgesetzt sein (amtl. Begr. BT-Drucks. IV/270 zu § 96).

II. Tatbestand: Benutzung des Tonträgers zur öffentlichen Wiedergabe

§ 86 setzt voraus, dass ein iSv § 6 Abs. 2 erschienener Tonträger zur öffentlichen **2** Wiedergabe iSv § 78 Abs. 1 nF benutzt wurde. Auf diesem muss die Darbietung eines ausübenden Künstlers enthalten sein, was sich nach § 73 bestimmt.

III. Rechtsfolge: Anspruch auf angemessene Beteiligung

Der in § 86 geregelte Tatbestand löst Vergütungsansprüche des ausübenden Künst- **3** lers gem. § 78 Abs. 2 nF (§§ 76 Abs. 2, 77 aF) aus. An diesen ist der Tonträgerhersteller angemessen zu beteiligen. Passivlegitimiert ist also der ausübende Künstler, nicht etwa der Werknutzer.

Abschnitt 5
Schutz des Sendeunternehmens

§ 87 Sendeunternehmen

(1) Das Sendeunternehmen hat das ausschließliche Recht,
1. **seine Funksendung weiterzusenden und öffentlich zugänglich zu machen,**
2. **seine Funksendung auf Bild- oder Tonträger aufzunehmen, Lichtbilder von seiner Funksendung herzustellen sowie die Bild- oder Tonträger oder Lichtbilder zu vervielfältigen und zu verbreiten, ausgenommen das Vermietrecht,**
3. **an Stellen, die der Öffentlichkeit nur gegen Zahlung eines Eintrittsgeldes zugänglich sind, seine Funksendung öffentlich wahrnehmbar zu machen.**

(2) Das Recht ist übertragbar. Das Sendeunternehmen kann einem anderen das Recht einräumen, die Funksendung auf einzelne oder alle der ihm vorbehaltenen Nutzungsarten zu nutzen. § 31 Abs. 1 bis 3 und 5 und die §§ 33 und 38 gelten entsprechend.

(3) Das Recht erlischt 50 Jahre nach der ersten Funksendung. Die Frist ist nach § 69 zu berechnen.

(4) Die Vorschriften des Abschnitts 6 des Teils 1 mit Ausnahme des § 47 Abs. 2 Satz 2 und des § 54 Abs. 1 sind entsprechend anzuwenden.

(5) Sendeunternehmen und Kabelunternehmen sind gegenseitig verpflichtet, einen Vertrag über die Kabelweitersendung im Sinne des § 20b Abs. 1 Satz 1 zu angemessenen Bedingungen abzuschließen, sofern nicht ein die Ablehnung des Vertragsabschlusses sachlich rechtfertigender Grund besteht; die Verpflichtung des Sendeunternehmens gilt auch für die ihm in bezug auf die eigene Sendung eingeräumten oder übertragenen Senderechte.

Literatur: *Höppinger/Weisser* Kabelweitersendung und urheberrechtlicher Kontrahierungszwang, ZUM 2003, 597; *Wandke* Copyright und virtueller Markt in der Informationsgesellschaft, GRUR 2002, 1.

I. Allgemeines

1 Dem Sendeunternehmer gebührt ein Leistungsschutzrecht wegen des erheblichen technischen und wirtschaftlichen Aufwandes, der mit einer Funksendung verbunden ist (amtl. Begr. BT-Drucks. IV/270 zu § 107). Allerdings ist das Leistungsschutz-

recht des Sendeunternehmens vergleichsweise schwach ausgestaltet, was sich sowohl an den eingeräumten ausschließlichen Rechten zeigt als auch in der Regelung des Abs. 4, der § 47 Abs. 2 S. 2 und § 54 Abs. 1 aus der entspr. Anwendbarkeit der urheberrechtlichen Schrankenbestimmungen ausnimmt. Persönlichkeitsrechtliche Elemente besitzt es nicht.

II. Ausschließliche Rechte des Sendeunternehmens, Abs. 1

1. Sendeunternehmen

Das Gesetz definiert den Begriff des Sendeunternehmens nicht. Aus § 87 ergibt sich **2** lediglich, dass er Funksendungen veranstalten muss. Sendeunternehmen iSd § 87 ist daher jedes Unternehmen, das mit Hilfe von Funk iSd § 20 oder durch Satellitensendung iSd § 20a Funksendungen veranstaltet, die zum unmittelbaren gleichzeitigen Empfang durch die Öffentlichkeit bestimmt sind (so *Schricker/v. Ungern-Sternberg* § 87 Rn 12). Die notwendige Veranstaltereigenschaft des Sendeunternehmens ergibt sich aus dem Schutzzweck des § 87, den technischen und wirtschaftlichen Aufwand zu honorieren, den die Veranstaltung von Funksendungen mit sich bringt. Daher zählen zu den Sendeunternehmen insb. nicht die Kabelunternehmen, die lediglich die technische Sendeanlage bereitstellen (*Schack* Rn 630). Auch derjenige, der eine Funksendung lediglich erneut ausstrahlt, erwirbt kein eigenes Schutzrecht; die Situation ist vergleichbar mit der in § 85 Abs. 1 S. 3 geregelten (*Schack* Rn 630; *Schricker/v. Ungern-Sternberg* § 87 Rn 24).

Die ARD ist als Arbeitsgemeinschaft der öffentlich-rechtlichen Rundfunkanstalten in Deutschland kein Sendeunternehmen; Veranstalter sind allein die einzelnen Landesrundfunkanstalten.

Das Schutzrecht steht dem Inhaber des Sendeunternehmens zu. Hierbei kann es sich, ebenso wie im Falle des Tonträgerherstellers oder des Filmherstellers, um eine natürliche oder eine juristische Person handeln.

2. Funksendung

Schutzgegenstand des § 87 ist die Funksendung des Sendeunternehmens. Damit ist **3** die erstmalige Ausstrahlung bestimmten Materials an die Öffentlichkeit gemeint. Der Schutzgegenstand des § 87 ist sowohl abzugrenzen von dem gesendeten Material (Film, Bühnenaufführung) als auch von dem Datenträger, auf dem die Funksendung zum Zwecke der erneuten Ausstrahlung gespeichert ist (*Schricker/v. Ungern-Sternberg* § 87 Rn 22). Schutzgegenstand ist, ähnlich wie im Falle des Veranstalters gem. § 81, das Arbeitsergebnis, welches in dem Veranstalten der Funksendung liegt. Während die erneute Ausstrahlung einer Funksendung nicht schutzbegründend wirken kann, kann die Sendung desselben Materials durch zwei verschiedene Sendeunternehmer durchaus mehrere Rechte nach § 87 zum Entstehen bringen, da schutzbegründend nicht das gesendete Material wirkt, sondern die Veranstaltungsleistung. Daher besteht das Schutzrecht auch unabhängig vom Inhalt der Funksendung.

3. Eingeräumte Rechte

Gem. Abs. 1 **Nr. 1** hat das Sendeunternehmen das ausschließliche Recht, seine Funk- **4** sendung **weiterzusenden und öffentlich zugänglich zu machen**. Unter „Weitersendung" ist eine gleichzeitige Weitersendung zu verstehen; § 87 wird wegen der entspr. Regelung im Rom-Abkommen (Art. 13 lit. A iVm Art. 3 lit. G), das Schutz nur gegen die gleichzeitige Weitersendung vorsieht, in diesem Sinne einschränkend ausgelegt (*Schricker/v. Ungern-Sternberg* § 87 Rn 31). Daneben sieht Abs. 1 Nr. 1 nF das ausschließliche Recht der öffentlichen Zugänglichmachung (§ 19a) vor. Dieses Recht kann neben dem Weitersenderecht eigene Bedeutung erlangen, denn es ist denkbar, dass Funksendungen mitgeschnitten und anschließend in digitalen Netzen zum Abruf vorgehalten werden (BT-Drucks. 15/38, 25 zu Nr. 29).

Nr. 2 räumt dem Sendeunternehmen das ausschließliche Recht ein, seine Funksendung auf Bild- oder Tonträger aufzunehmen (vgl § 16 Abs. 1), Lichtbilder (§ 72) von seiner Funksendung herzustellen sowie die Bild- oder Tonträger oder Lichtbilder zu vervielfältigen (§ 16 Abs. 2) und zu verbreiten (§ 17 Abs. 1). Ausdrücklich ausgenommen ist das Vermietrecht (§ 17 Abs. 3 S. 1).

Das Recht an der öffentlichen Wahrnehmbarmachung steht dem Sendeunternehmen gem. **Nr. 3** zu, soweit diese an Stellen erfolgt, die der Öffentlichkeit nur gegen Zahlung eines Eintrittsgeldes zugänglich sind. Gemeint sind hier zB die Fernsehstuben aus den Anfangsjahren des Fernsehens (*Schricker/v. Ungern-Sternberg* § 87 Rn 41).

III. Übertragbarkeit des Rechts, Abs. 2

5   Abs. 2 ist inhaltsgleich zu § 85 Abs. 2 und wurde ebenso wie diese Vorschrift durch das Gesetz zur Regelung des Urheberrechts in der Informationsgesellschaft v. 10.9.2003 aufgenommen. Er räumt dem Sendeunternehmen die Befugnis ein, sein Leistungsschutzrecht als Ganzes zu übertragen oder Nutzungsrechte hieran einzuräumen. Hinsichtlich seiner Verkehrsfähigkeit ist das Leistungsschutzrecht damit dem des ausübenden Künstlers, Veranstalters, Tonträgerherstellers und Filmherstellers gleichgestellt. Lizenziert das Sendeunternehmen seine Rechte, gelten die urheberrechtlichen Bestimmungen der §§ 31 Abs. 1 bis 3 und 5, 33 und 38 entspr.

IV. Schutzdauer, Abs. 3

6   Die Schutzdauer des Rechts des Sendeunternehmens beträgt 50 Jahre und entspricht damit der für ausübende Künstler, Tonträgerhersteller und Filmhersteller geltenden Regelung. In Lauf gesetzt wird die Frist stets durch die erste Funksendung; sie beginnt gem. Abs. 3 S. 2 iVm § 69 mit dem Ende des Kalenderjahres.

V. Entsprechende Anwendbarkeit urheberrechtlicher Schrankenbestimmungen, Abs. 4

7   Für das Sendeunternehmen gelten die urheberrechtlichen Schrankenbestimmungen der §§ 44a bis 63a. Im Vergleich zu den ausübenden Künstlern, Veranstaltern, Herstellern von Tonträgern und Filmherstellern ist das Sendeunternehmen jedoch insoweit schlechter gestellt, als ihm der Löschungs- und der Vergütungsanspruch bei Aufnahmen von Schulfunksendungen (§ 47 Abs. 2 S. 2) und der Vergütungsanspruch nach § 54 Abs. 1 nicht zusteht.

VI. Verpflichtung zum Vertragsschluss über die Kabelweitersendung, Abs. 5

Abs. 5 verpflichtet Sendeunternehmen und Kabelunternehmen gegenseitig, einen **8** Vertrag über die Kabelweitersendung iSd § 20b Abs. 1 S. 1 abzuschließen. Er statuiert also einen Kontrahierungszwang, gibt dem Sendeunternehmen jedoch keinen Anspruch auf Kabelweitersendung. Die Verpflichtung bezieht sich auf den Abschluss eines Vertrages zu angemessenen Bedingungen, es sei denn, es besteht ein sachlich rechtfertigender Grund, den Vertragsschluss abzulehnen. Dieser Grund kann im tatsächlichen, aber auch im rechtlichen Bereich liegen, bspw in den medienrechtlichen Vorschriften der Länder (*Schricker/v. Ungern-Sternberg* § 87 Rn 52).

Abschnitt 6
Schutz des Datenbankherstellers

§ 87a Begriffsbestimmungen

(1) Datenbank im Sinne dieses Gesetzes ist eine Sammlung von Werken, Daten oder anderen unabhängigen Elementen, die systematisch oder methodisch angeordnet und einzeln mit Hilfe elektronischer Mittel oder auf andere Weise zugänglich sind und deren Beschaffung, Überprüfung oder Darstellung eine nach Art oder Umfang wesentliche Investition erfordert. Eine in ihrem Inhalt nach Art oder Umfang wesentlich geänderte Datenbank gilt als neue Datenbank, sofern die Änderung eine nach Art oder Umfang wesentliche Investition erfordert.

(2) Datenbankhersteller im Sinne dieses Gesetzes ist derjenige, der die Investition im Sinne des Absatzes 1 vorgenommen hat.

Literatur: *Beiner* Der urheberrechtliche Schutz digitalisierter Presseartikel in unternehmenseigenen Datenbanken, MMR 1999, 691; *Bensinger* Sui-generis-Schutz für Datenbanken: die EG-Datenbankrichtlinie vor dem Hintergrund des nordischen Rechts, 1999; *Berger* Der Schutz elektronischer Datenbanken nach der EG-Richtlinie vom 11.3.1996, GRUR 1997, 169; *Dannecker* Rechtsschutz nach der Datenbank-Richtlinie: Einführung „geeigneter Sanktionen", K&R 1999, 529; *v. Gamm* Rechtsfragen bei Datenbanken – Zum Richtlinienvorschlag der EG-Kommission, GRUR 1993, 203; *Gaster* Der Rechtsschutz von Datenbanken, 1999; *ders.* Zwei Jahre Sui-generis-Recht: Europäischer Datenbankschutz in der Praxis der EG-Mitgliedstaaten, CR Int 2000, 38; *Grützmacher* Urheber-, Leistungs- und Sui-generis-Schutz von Datenbanken: eine Untersuchung des europäischen, deutschen und britischen Rechts, 1999; *Haberstumpf* Der Schutz elektronischer Datenbanken nach dem Urheberrechtsgesetz, GRUR 2003, 14; *Hartmann/Koch* Datenbankschutz gegen Deep-Linking, CR 2002, 441; *Heinrich* Der rechtliche Schutz von Datenbanken, WRP 1997, 275; *Heinz* Die europäische Richtlinie über den rechtlichen Schutz von Datenbanken in verfassungsrechtlicher und rechtstheoretischer Sicht, GRUR 1996, 455; *Hoeren* Rechtliche Zulässigkeit von Meta-Suchmaschinen, MMR 2001, Beil. Nr. 8, 2; *Hübenett* Zur Zulässigkeit der Vervielfältigung und Verbreitung von Datenbankausdrucken, GRUR 1992, 664; *Kappes* Die EG-Datenbank-richtlinie und ihre Umsetzung in das deutsche Urheberrechtsgesetz, ZEuP 1997, 654; *Kindler* Leistungsschutz für Datenbanken ohne Werkcharakter – Eine Zwischenbilanz, K&R 2000, 265; *Koch* Zur Regelung der Online-Übermittlung von Datenbanken und Datenbankwerken im Diskussionsentwurf zum Fünften Urheberrechtsänderungsgesetz, ZUM 2001, 839; *Kotthoff* Zum Schutz von Datenbanken beim Einsatz von CD-ROMs in Netzwerken, GRUR 1997, 597; *Krähn* Der Rechtsschutz von elektronischen Datenbanken unter besonderer Berücksichtigung des sui-generis-Rechts, 2000; *Lehmann/v. Tucher* Urheberrechtlicher Schutz von multimedialen Webseiten, CR 1999, 700; *Leistner* Der Rechtsschutz von Datenbanken im deutschen und europäischen Recht, 2000; *ders.* Der neue Rechtsschutz des Datenbankherstellers, GRUR Int 1999, 819; *ders.* Der Schutz von Telefonverzeichnissen und das neue Datenbankherstellerrecht, MMR 1999, 636; *ders.* Legal Protection for the Database Maker – Initial Experience from a German Point of View, IIC 2002, 439; *Milbradt* Urheberrechtsschutz von Datenbanken, CR 2002, 710; *Nippe* Urheber und Datenbank – Schutz des Urhebers bei der Verwendung seiner Werke in elektronischen Datenbanken, 2000; *Nolte* Paperboy oder die Kunst den Informationsfluss zu regulieren, ZUM 2003, 540; *Nordemann/Czychowski* Der Schutz von Gesetzessammlungen auf CD-ROM nach altem und neuem Recht, NJW 1998, 1603; *Schaefer* Vertragstypologische Einordnung der elektronischen Datenbankabfrage, 1999; *Schulze* Rechtsfragen von Printmedien im Internet, ZUM 2000, 432; *Vogel* Die Umsetzung der Richtlinie 96/9/EG über den rechtlichen Schutz von Datenbanken in Art. 7 des Regierungsentwurfs eines Informations- und Kommunikationsdienstegesetzes, ZUM 1997, 592; *Weber* Daten und Datenbanken: Rechtsfragen zu Schutz und Nutzung, 1999; *Wiebe/Leupold* Recht der elektronischen Datenbanken, 2003.

I. Vorbemerkungen zum Schutz des Datenbankherstellers

1. Überblick zu §§ 87a ff.

1   Die §§ 87a bis 87e schützen die Interessen des Herstellers einer Datenbank. Gegenstand des Schutzes ist jede Datenbank, die die Voraussetzungen der in § 87a Abs. 1 enthaltenen Legaldefinition erfüllt (dazu Rn 14 ff.). Das Erreichen einer bestimmten **Schöpfungshöhe** ist nicht Voraussetzung für die Entstehung des Datenbankrechts. Wird sie aber erreicht, so kommt urheberrechtlicher Schutz als **Datenbankwerk gem. § 4 Abs. 2** in Betracht. Neben der Begriffsbestimmung der „Datenbank" enthält § 87a Abs. 2 auch eine Legaldefinition des Begriffs des „Datenbankherstellers". Es folgt die Beschreibung des Datenbankrechts (§ 87b), die Festlegung gewisser Schranken dieses Rechts (§ 87c) sowie seiner Dauer (§ 87d). Schließlich sieht § 87e Grenzen für eine vertragliche Ausweitung des Datenbankrechts vor.

2. Umsetzung der europäischen Datenbankrichtlinie (RL 96/9/EG)

2   Die Einführung des Datenbankrechts in den §§ 87a ff. erfolgte in Umsetzung der Richtlinie 96/9/EG des Europäischen Parlaments und des Rates über den rechtlichen

Schutz von Datenbanken v. 11.3.1996 (ABlEG Nr. L 77, 20). Die Umsetzung der Richtlinie 96/9/EG erfolgte fristgerecht zum 1.1.1998 durch Art. 7 des Informations- und Kommunikationsdienstegesetz (IuKDG) v. 13.6.1997 (BGBl I, 1870).

Das nunmehr in den §§ 87a ff. geregelte Datenbankrecht entspricht dem in Art. 7 der **3** Richtlinie 96/9/EG vorgegebenen **„Recht sui generis"**. Der deutsche Gesetzgeber hat das Datenbankrecht in den Zweiten Teil des UrhG und damit als verwandtes Schutzrecht eingeordnet. Dies mag damit gerechtfertigt werden, dass der Datenbank- hersteller, ähnlich wie Veranstalter (§ 81), Tonträgerhersteller (§ 85), Sendeunter- nehmen (§ 87) und Filmhersteller (§§ 94, 95), bestimmte Investitionen vornimmt, welche die Verwertung von urheberrechtlich geschützten Werken fördern (*Schri- cker/Vogel* vor §§ 87a ff. Rn 16; *Fromm/Nordemann/Hertin* vor §§ 87a ff. Rn 4). Gegen die Einordnung des Datenbankrechts als Leistungsschutzrecht lässt sich we- niger einwenden, dass der europäische Richtliniengeber bewusst ein Schutzrecht „sui generis", also ein nicht in die bisherigen Kategorien passendes Recht, schaffen wollte (so aber *Gaster* Rn 470); vielmehr spricht hiergegen, dass durch die §§ 87a ff. auch solche Datenbanken geschützt werden, die weder als solche Werkcharakter besitzen noch urheberrechtlich geschützte Werke zum Inhalt haben (zB Telefonbücher). Dies unterscheidet den Datenbankhersteller von Veranstaltern, Tonträgerherstellern, Sen- deunternehmen oder Filmherstellern. IÜ bestehen gegen die Einordnung des Daten- bankrechts als Leistungsschutzrecht jedoch weder rechtsdogmatische noch systema- tische Bedenken. Denn auch dem Lichtbildner wird nach § 72 ein Leistungsschutz- recht zugestanden, obwohl er weder ein Werk schafft noch eine Leistung erbringt, welche die Verwertung eines Werks fördert. Darüber hinaus ist es wegen des sachli- chen Zusammenhanges und fließenden Überganges zwischen Datenbankwerken und Datenbanken zweckmäßig, den Schutz beider in einem einzigen Gesetz zu regeln (wie auch bei Lichtbildwerken und Lichtbildern).

Die in Umsetzung zwingender Vorgaben der Richtlinie 96/9/EG erlassenen nationa- **4** len Bestimmungen sind im Lichte der ihr zugrunde liegenden Richtlinie zu betrach- ten. (s. *Schricker/Vogel* vor §§ 87a ff. Rn 12). Der **Grundsatz der richtlinienkon- formen Auslegung** ist insb. dort praktisch bedeutsam, wo der Wortlaut der nationa- len Vorschrift von jenem der konkret umzusetzenden Richtlinienbestimmung abweicht, wie zB in § 87b Abs. 1, der dem Datenbankhersteller das Recht zur Ver- vielfältigung, Verbreitung und öffentlichen Wiedergabe eines wesentlichen Teils der Datenbank vorbehält, während Art. 7 der Richtlinie 96/9/EG hier ein Recht der „Ent- nahme" und „Weiterverwendung" vorsieht (Einzelheiten bei § 87b). Die Art. 7 ff. der Richtlinie 96/9/EG, einschließlich hierzu ergehender Rspr des EuGH, sind durch die nationale Rspr bei der Auslegung der §§ 87a ff. zu berücksichtigen. Zweifelt ein nationales Gericht daran, ob eine von ihm beabsichtigte Auslegung mit den Zielen der Richtlinie vereinbar ist, so besteht die Möglichkeit bzw letztlich die Pflicht der Vorlage an den EuGH gem. Art. 234 EG.

3. Sinn und Zweck des Datenbankrechts

Welche Ziele mit der Verbesserung der Rechtsposition von Datenbankherstellern **5** verfolgt werden, wird im Wesentlichen in den Erwgr der RL 96/9/EG beschrieben. Ausgangspunkt ist die **Funktion von Datenbanken als Mittel des Informations- managements**, das angesichts der ständig steigenden Informationsflut unverzichtbar ist (Erwgr 10). Der Aufbau geeigneter Datenbanken erfordert die **Investition erheblicher personeller, technischer und finanzieller Ressourcen** (Erwgr 7). Gleichzeitig setzt die Digitaltechnik den Hersteller einer Datenbank der Gefahr aus, dass ohne seine Zustimmung die Inhalte der von ihm entwickelten Datenbank zum Zwecke des Aufbaus und Betriebs einer identischen und im Wesentlichen übereinstimmenden Datenbank verwendet werden, ohne dass hierfür ein wesentlicher Mitteleinsatz erforderlich wäre (Erwgr 38). Um dieser Gefahr zu begegnen und im **Interesse eines wirksamen Schutzes der Investition** des Datenbankherstellers in den Aufbau der Datenbank, bedarf es eines rechtlichen Schutzes von Datenbanken, und zwar unabhängig davon, ob diese die Voraussetzungen für einen urheberrechtlichen Schutz erfüllen (Erwgr 39, 40). Da die Voraussetzungen, unter denen Datenbanken rechtlich geschützt sind, in den einzelnen Mitgliedstaaten der EU unterschiedlich ausgestaltet sind, bedarf es einer gemeinschaftsweit einheitlichen Regelung des Schutzes von Datenbanken, um das Angebot datenbankgestützter Dienstleistungen, insb. im Rahmen von Online-Diensten, innerhalb des Binnenmarktes grenzüberschreitend zu gewährleisten (Erwgr 2, 3).

4. Abgrenzungsfragen

6   **a) Datenbank und Datenbankwerke.** Nicht jede Datenbank iSd § 87a Abs. 1 S. 1 ist gleichzeitig ein Datenbankwerk gem. § 4 Abs. 2. Im Gegensatz zu einer Datenbank setzt ein Datenbankwerk voraus, dass die systematische oder methodische Anordnung der Elemente der Datenbank das **Ergebnis einer persönlichen geistigen Schöpfung ist** (§ 4 Abs. 1). Umgekehrt muss aber nicht jedes Datenbankwerk gleichzeitig auch eine Datenbank sein. Denn anders als die Datenbank (s. § 87a Abs. 1) setzt ein Datenbankwerk eine **wesentliche Investition zum Aufbau der Datenbank** nicht zwingend voraus.

7   Ist eine Datenbank gleichzeitig ein Datenbankwerk, so können Datenbankhersteller und Urheber des Datenbankwerks gleichwohl verschieden sein. Dies ergibt sich ohne weiteres daraus, dass Urheber des Datenbankwerks dessen Schöpfer ist (§ 7), während Datenbankhersteller derjenige ist, der die Investition in den Aufbau der Datenbank vorgenommen hat (§ 87a Abs. 2). Während der Urheber des Datenbankwerks eine natürliche Person sein muss, kann es sich bei dem Datenbankhersteller auch um eine juristische Person handeln. In der Praxis wird sich allerdings der Hersteller der Datenbank von einem personenverschiedenen Urheber eines gleichzeitig vorliegenden Datenbankwerks sämtliche Nutzungsrechte einräumen lassen, die für eine zweckentsprechende Verwertung der Datenbank benötigt werden.

8   **b) Datenbank und Inhalt der Datenbank.** Von den Rechten des Datenbankherstellers und der Datenbank streng zu trennen sind etwaige **Rechte an Werken, Daten oder anderen Elementen, die in die Datenbank aufgenommen** wurden. Die Bestimmungen über das Datenbankrecht lassen die Rechte unberührt, die an solchen Werken, Daten oder Elementen bestehen. Insb. die Frage der Berechtigung des Datenbankherstellers zur Aufnahme urheberrechtlich oder auf sonstige Weise geschützter Werke oder Elemente in seine Datenbank wird durch die §§ 87a ff. nicht berührt. Sie beantwortet sich nach allg. urhebervertragsrechtlichen und sonstigen lizenzvertragsrechtlichen Grundsätzen. Die Berechtigung des Datenbankherstellers zur Aufnahme eines Werks in die Datenbank kann sich auch aus bestehenden Schrankenre-

gelungen ergeben. Ebenfalls nach allg. Grundsätzen und völlig unabhängig von der Frage der Verletzung des Datenbankrechts ist die Frage zu beantworten, ob die Entnahme oder Weiterverwendung eines bestimmten Inhalts einer Datenbank Ansprüche Dritter auslöst, denen in Bezug auf diesen Inhalt bestimmte Rechte zustehen.

c) Datenbank und Computerprogramm. Nach Art. 1 Abs. 3 der Richtlinie 96/9/ **9** EG erstreckt sich der durch die Richtlinie gewährte Schutz nicht auf **Computerprogramme**, die für die Herstellung oder den Betrieb elektronisch zugänglicher Datenbanken verwendet werden (s. auch § 4 Abs. 2 S. 2). Erg. findet sich in Erwgr 23 zur Richtlinie der Hinweis, dass solche Computerprogramme durch die Richtlinie 91/ 250/EWG des Rates v. 15.5.1991 über den Rechtsschutz von Computerprogrammen, die bekanntlich durch die §§ 69a ff. in nationales Recht umgesetzt wurde, geschützt sind. Ohne weiteres ist allerdings denkbar, dass derjenige, der unbefugt wesentliche Teile einer Datenbank vervielfältigt, gleichzeitig ein zum Betrieb der Datenbank eingesetztes Computerprogramm vervielfältigt (vgl *OLG Hamburg* GRUR 2001, 831).

d) Datenbank und Abfragesystem. Der Schutz der Richtlinie kann sich auch auf die **10** **Elemente erstrecken, die für den Betrieb oder die Abfrage von Datenbanken erforderlich sind**, zB auf den Thesaurus oder die Indexierungssysteme (s. Erwgr 20 zur RL 96/9/EG). Art. 1 eines früheren Richtlinienvorschlags aus dem Jahre 1992 (abgedr. in GRUR Int 1992, 759, 761) sah sogar vor, dass solche Elemente schlechthin von dem Datenbankschutz erfasst sein sollten. Das Abrücken von diesem Konzept beruht auf der Erwägung, dass ein Abfragesystem, insb. Index und Thesaurus, nicht zwangsläufig, sondern nur dann von dem Schutz eines Datenbankwerks oder einer Datenbank erfasst werden soll, wenn es für sich genommen die einschlägigen Schutzvoraussetzungen erfüllt (*Gaster* Rn 68-73). Dieser Ansatzpunkt ist grds richtig (s. nachstehend Rn 11).

Das Datenbankrecht (sowie das Urheberrecht an einem Datenbankwerk) kann sich **11** auch auf das **Abfragesystem** (insb. Index und Thesaurus) erstrecken (so Rn 10). Dies erschließt sich ohne weiteres, wenn man bedenkt, dass bei einer elektronischen Datenbank eine systematische oder methodische Anordnung, die den Schutz als Datenbankwerk gem. § 4 Abs. 2 erst begründet, auf andere Weise nicht möglich ist. Denn die Speicherung der in ein Datenbankwerk aufgenommenen Daten erfolgt ungeordnet. Erst das Abfragesystem, etwa in der Form eines nach Registermodus funktionierenden Indexes oder eines den Inhalt der Datenbank sinnvoll strukturierenden Thesaurus, ermöglicht dem Benutzer eine zielführende Benutzung der Datenbank. Entsprechendes kann für eine aufwendig oder originell gestaltete Eingabemaske als Kernelement des Abfragesystems gelten. Bei Datenbankwerken wird die schöpferische Leistung neben der Auswahl des Stoffes insb. in der Entwicklung eines geeigneten Abfragesystems liegen. Oft ist gerade das Abfragesystem iRd Aufbaus einer Datenbank Kerngegenstand wesentlicher Investitionen. Ob das Abfragesystem am Schutz der Datenbank oder des Datenbankwerks partizipiert, hängt nach alledem davon ab, ob es **für sich genommen die jeweiligen Schutzvoraussetzungen** erfüllt, nämlich eine persönliche geistige Schöpfung darstellt (Datenbankwerk) oder eine wesentliche Investition erfordert (Datenbank). Die hiernach vorgegebene getrennte Betrachtung von Stoffsammlung einerseits und Abfragesystem andererseits, die jeweils für sich die Schutzvoraussetzungen erfüllen müssen, hat zwangsläufig Auswirkungen auf die Frage der Verletzung etwa bestehender Schutzrechte. Übernimmt ein Dritter das Abfragesystem einer Datenbank, so muss gerade dieses die Schutz-voraussetzungen erfüllen. Werden hingegen wesentliche Teile des in der Datenbank gesammelten Stoffes übernommen, kann sich der Datenbankersteller hiergegen nicht zur Wehr setzen, wenn lediglich das Abfragesystem die für das Datenbankrecht bestehenden Anforderungen erfüllt.

12   Der Hinweis in Erwgr 20 der Richtlinie 96/9/EG, dass auch das Abfragesystem Bestandteil des Datenbankrechts sein kann, widerspricht nicht dem in Art. 1 Abs. 3 der Richtlinie 96/9/EG geregelten Ausschluss des Datenbankschutzes für Computerprogramme, die für die Herstellung oder den Betrieb der Datenbank verwendet werden (so Rn 9). Denn auch wenn die Abfragesysteme elektronisch gesteuert werden, handelt es sich bei den hier eingesetzten Computerprogrammen lediglich um das **Mittel zur Umsetzung der Abfragesysteme**, deren Entwicklung eine zunächst von dem Computerprogramm unabhängige geistige und/oder wirtschaftliche Leistung erfordert. Ausdrücklich nicht von dem Begriff der Datenbank umfasst sind ferner Computerprogramme, die für den Aufbau der Datenbank verwendet werden. Hierzu zählen etwa die Spider-Programme, die Suchmaschinen verwenden, um sich ihren Bestand an Links zu beschaffen.

5. Wettbewerbsrechtlicher Schutz

13   Neben dem durch die §§ 87a ff. gewährten Schutz kommt für Datenbanken **erg. Leistungsschutz nach § 1 UWG** in Betracht. Vor der Umsetzung der Richtlinie 96/9/EG bedeutete § 1 UWG die einzige Möglichkeit des Schutzes solcher Datenbanken, die die Anforderungen an ein Sammelwerk iSd § 4 aF nicht erfüllten, bei denen also in der Auslese und/oder Anordnung der in die Sammlung aufgenommenen Beiträge keine persönliche geistige Schöpfung lag. Die Rspr hat sich schwer damit getan, die insb. in den letzten Jahren vor Umsetzung der Richtlinie 96/9/EG offensichtlich werdende Schutzlücke über § 1 UWG zu schließen (s. *BGH* NJW 1999, 2898 – Tele-Info-CD; Anm. *Wuermeling* CR 1999, 502). Nach Umsetzung der Richtlinie 96/9/EG, die für Datenbankwerke und Datenbanken einen umfassenden Schutz eingeführt hat, wird kaum mehr Bedarf für einen ergänzenden Leistungsschutz nach § 1 UWG bestehen. Denkbar ist er zum einen dort, wo die Wettbewerbswidrigkeit auf Umstände gestützt werden kann, die außerhalb der im UrhG für Datenbankwerke und Datenbanken geregelten Schutztatbestände liegen. Insoweit gilt der Grundsatz, dass erg. Leistungsschutz nur dort in Betracht kommt, wo es an einem Sonderrechtsschutz fehlt (so zum Markenrecht *BGH* GRUR 1999, 161 – MAC Dog; vgl auch *BGH* GRUR 2003, 958, 962 – Paperboy). Zum anderen kommt erg. Leistungsschutz in Betracht, wenn Daten aus einer Zusammenstellung übernommen werden, die die Voraussetzungen des § 4 Abs. 2 oder des § 87a Abs. 1 nicht erfüllt (zB *OLG München* ZUM 2001, 255, 256 und *KG* GRUR-RR 2001, 102 für Stellenmärkte in Printform oder *Düsseldorf* GRUR 2000, 319, 320 für Börsendaten). In jedem Fall setzt erg. Leistungsschutz voraus, dass die einschlägigen Voraussetzungen erfüllt sind, also ein wettbewerblich eigenartiges Leistungsergebnis unter als sittenwidrig einzustufenden Begleitumständen nachgeahmt oder übernommen wird (zu Einzelheiten s. HK-WettbR/*Kotthoff* § 1 UWG Rn 544 ff.).

II. Datenbankbegriff (§ 87a Abs. 1 S.1)

In § 87a Abs. 1 S. 1 ist die Legaldefinition einer Datenbank enthalten, die durch das 14 Datenbankrecht geschützt wird. Bei den Merkmalen einer Datenbank iSd Legaldefinition ist zu unterscheiden zwischen solchen, die eine Datenbank im allg. Sinne charakterisieren und solchen, die zusätzlich für den Schutz nach den §§ 87a ff. erforderlich sind. Eine **Datenbank im allg. Sinne** ist eine Sammlung von Werken, Daten und anderen unabhängigen Elementen, die systematisch oder methodisch angeordnet und einzeln mit Hilfe elektronischer Mittel oder auf andere Weise zugänglich ist. Schutz für eine solche Datenbank kann ihr Hersteller jedoch nur dann beanspruchen, wenn er für die Beschaffung, Überprüfung oder Darstellung der Sammlung eine nach Art und Umfang **wesentliche Investition** vorgenommen hat. Diese Aufspaltung der Tatbestandsmerkmale folgt den Vorgaben der Richtlinie 96/9/EG, deren Art. 1 Abs. 2 die allg. Definition einer Datenbank enthält, während Art. 3 Abs. 1 und Art. 7 Abs. 1 zusätzliche Voraussetzungen normieren, die für den urheberrechtlichen Schutz oder den Schutz sui generis erfüllt sein müssen. Einen sehr instruktiven Überblick über den technischen Aufbau von Datenbanken gibt *Gerhardt* in: Wiebe/Leupold, I.A.

1. Sammlungen (Datenbanken im weiteren Sinne)

Datenbanken sind gem. der in § 87a Abs. 1 S. 1 enthaltenen Definition Sammlungen 15 von Werken, Daten oder anderen unabhängigen Elementen (Rn 16), die systematisch oder methodisch angeordnet (Rn 18) und einzeln mit Hilfe elektronischer Mittel oder auf andere Weise zugänglich sind (Rn 20 ff.). Erfordert der Aufbau einer solchen Sammlung eine wesentliche Investition (Rn 23 ff.), genießt ihr Hersteller den Schutz nach §§ 87a ff.

a) Sammlung von Werken, Daten oder anderen unabhängigen Elementen. Das 16 Tatbestandsmerkmal einer „Sammlung von Werken, Daten oder anderen unabhängigen Elementen" beschreibt den möglichen Inhalt einer Datenbank. Diesem sind praktisch keine Grenzen gesetzt. Alles, was auf irgendeine Weise sinnvoll gesammelt werden kann, mag auch Gegenstand einer Datenbank sein. Qualitative Anforderungen an die einzelnen Elemente der Datenbank bestehen nicht. Der Sache nach liegt eine Sammlung allerdings nur vor, wenn die ihren Inhalt bildenden **Elemente voneinander unabhängig** sind. Dies bringt auch die Legaldefinition zum Ausdruck, wenn sie von „anderen unabhängigen Elementen" spricht. Das Erfordernis der Unabhängigkeit der einzelnen Elemente einer Datenbank dient der **Abgrenzung einer Sammlung von einem einheitlichen Werk** (*Leistner* GRUR Int 1999, 819, 821). Das Merkmal der Unabhängigkeit ist vor eben diesem Hintergrund zu interpretieren. Ein Element ist unabhängig von anderen Elementen, wenn es einen bestimmten Aussagegehalt hat, der bei isolierter Betrachtung dieses Elements vollständig erfasst werden kann. Weitere Voraussetzung ist, dass ein Element nicht in seiner konkreten Verbindung mit anderen Elementen einen zusätzlichen Aussagegehalt gewinnt, den es ohne diese konkrete Verbindung nicht hätte. Durch einen solchen, mehrere Elemente verbindenden Aussagegehalt verlieren die einzelnen Elemente ihre Unabhängigkeit. Die Unabhängigkeit eines Elements wird jedoch nicht bereits dadurch berührt, dass durch die bloße Auswahl nach bestimmten Kriterien eine konkrete Verbindung mit anderen Elementen geschaffen wird. Denn eine solche Verbindung einzelner Elemente ist für eine Datenbank wesenstypisch (s. hierzu auch *Leistner* GRUR Int 1999,

819, 821 f.; *Milbradt* CR 2002, 710, 712). Dies illustriert ein Beispiel für die **Maß-geblichkeit der konkreten Verbindung der Elemente**: Ein Filmmusiktitel ist ein unabhängiges Element einer Datenbank, die in Dateiform gespeicherte Filmmusik enthält. Diese Unabhängigkeit geht allerdings iRd Filmwerks, in dem dieser Titel ge-spielt wird, verloren. Zwar besteht auch der Film selbst aus einer Vielzahl von Ele-menten, die theoretisch unabhängig sein könnten; im konkreten Zusammenhang des Films geht genau diese Unabhängigkeit aber verloren. In der Praxis wird die Frage nach der Unabhängigkeit der Elemente jedoch nicht immer so eindeutig zu beantwor-ten sein können.

17   Eine **Internet-Homepage** ist als solche idR keine Datenbank. Die einzelnen Elemen-te des Web-Auftritts können zwar jeweils für sich geschützt sein, zB als Werke der Musik oder Filmwerke, als technische Darstellung oder als Werke der bildenden Kunst, aber auch als Datenbankwerk oder Datenbank. Auch das Design der Home-page kann bei Vorliegen der erforderlichen Gestaltungshöhe ein Werk der bildenden Kunst sein. Die Tatsache, dass eine Homepage aus einer Vielzahl von Elementen zu-sammengesetzt ist, rechtfertigt jedoch keinen Schutz als Datenbank oder Datenbank-werk. Denn die einzelnen Elemente der Homepage sind voneinander nicht unabhän-gig. Sie stellen vielmehr ein einheitliches Ganzes dar. Jedes Element des Web-Auf-tritts gewinnt in seiner konkreten Verbindung mit den anderen Elementen einen zusätzlichen Aussagegehalt, der die Unabhängigkeit entfallen lässt (s. Rn 16). Aus diesem Grunde kommt einem Internet-Auftritt in seiner Gesamtheit kein Datenbank-schutz zu (s. hierzu *Schack* MMR 2001, 9, 11; **aA** *Leistner/Bettinger* CR 1999, Beil. Nr. 12, 8 ff.; *Lehmann/v. Tucher* CR 1999, 700, 702). Als Datenbank geschützt kann jedoch bei Vorliegen der weiteren Voraussetzungen eine **Linksammlung** als einzel-nes Element der Homepage sein. Die Beiträge, zu denen die Links führen, sind ohne weiteres einzeln zugänglich (*LG München* ZUM 2001, 1008, 1010).

18   **b) Systematische oder methodische Anordnung.** Eine Datenbank setzt voraus, dass die in ihr enthaltenen Elemente **systematisch oder methodisch angeordnet** sind. Eine solche Anordnung kann nach **alphabetischen, numerischen, chronolo-gischen oder thematischen Kriterien** erfolgen, wobei diese Aufzählung nicht ab-schließend ist. Bei den in der Praxis am häufigsten vorkommenden elektronischen Datenbanken ist zu berücksichtigen, dass die einzelnen Elemente der Sammlung in ungeordneter Form auf einem geeigneten Trägermedium gespeichert sind. Die me-thodische oder systematische Anordnung kann sich daher nur durch das Abfrage-system ergeben, insb. den Thesaurus oder den Index (s. *KG* NJW-RR 2000, 1495). Ob das Abfragesystem selbst am Schutz der Datenbank teilhat, ist eine andere Frage (so Rn 11). Dass eine physische Speicherung der einzelnen Elemente einer Samm-lung in geordneter Form nicht Voraussetzung für das Vorliegen einer Datenbank ist, stellt Erwgr 21 der Richtlinie 96/9/EG ausdrücklich klar.

19   Im Interesse eines möglichst weitgehenden Schutzes von Datenbanken wird man nur **sehr geringe Anforderungen** an die systematische oder methodische Anordnung der Elemente elektronischer Datenbanken stellen dürfen. Bei wortgetreuer Ausle-gung des Erfordernisses einer systematischen oder methodischen Anordnung, würde eine elektronische Datensammlung, die nicht über ein bes. Abfragesystem, sondern nur über eine Volltextrecherche durchsucht werden kann, selbst dann keine Daten-bank sein, wenn die Auswahl der Daten das Ergebnis einer schöpferischen Leistung

oder einer wesentlichen Investition ist. Dieses Ergebnis verwundert, wenn man berücksichtigt, dass es dem Richtliniengeber der Richtlinie 96/9/EG darum ging, im Interesse eines umfassenden Investitionsschutzes einen möglichst weiten Datenbankbegriff zu schaffen (hierzu *Gaster* Rn 56, 34 ff.). In der Praxis dürfte allerdings der
Schutz einer elektronischen Datenbank regelmäßig nicht an einem unzureichenden
Abfragesystem scheitern; denn wer in die Auswahl von Daten investiert, wird in aller
Regel ein Abfragesystem mit benutzerfreundlichen Recherchemöglichkeiten, die eine systematische oder methodische Erschließung des Datenbankinhalts ermöglichen,
zur Verfügung stellen.

c) Zugang zu den einzelnen Elementen. Die dritte und letzte Voraussetzung für das   **20**
Vorliegen einer Datenbank iwS ist, dass die in ihr enthaltenen Elemente „einzeln mit
Hilfe elektronischer Mittel oder auf andere Weise zugänglich sind".

Durch das Merkmal „**mit elektronischen oder anderen Mitteln**" wird klargestellt,   **21**
dass nicht nur an **elektronischen Datenbanken** ein Datenbankrecht entstehen kann,
sondern diese Möglichkeit auch für **nicht-elektronische Datenbanken** gegeben ist,
sofern diese nur die bestehenden Schutzvoraussetzungen erfüllen. Dass „Datenbanken in jeglicher Form" geschützt werden, wird in Art. 1 Abs. 1 der Richtlinie 96/9/
EG nochmals ausdrücklich festgehalten (s. dazu auch Erwgr 13, 14 der RL 96/9/EG).
Diese Entsch. des Richtliniengebers hält den Begriff der Datenbank zum einen für
weitere Entwicklungen offen; zum anderen wird der Schutz auch auf herkömmliche
Datenbanken in Druckform erstreckt (*BGH* GRUR 1999, 923, 925 – Tele-Info-
CD; *OLG Köln* GRUR-RR 2001, 92; *Gaster* Rn 36). Dies ist allerdings streitig. Es
wird vertreten, dass Printmedien nicht unter den Datenbankbegriff fielen, weil dies
bereits dem Sprachgebrauch widerspräche (*Fromm/Nordemann/Hertin* § 87a Rn 5).
Konsequenz hieraus wäre, dass zB Gesetzessammlungen, die online oder auf CD-
ROM zur Verfügung gestellt werden, Datenbanken sind, nicht aber die entspr. Print-
ausgabe in Form einer Loseblattsammlung (so das Beispiel von *Hertin* aaO). Datenbanken in Druckform schlechthin aus dem Datenbankbegriff auszuklammern, wäre
mit der Vorgabe des Richtliniengebers, Datenbanken in jeder Form zu schützen,
nicht vereinbar. Der Richtliniengeber und der nationale Gesetzgeber haben für die
Zwecke des Datenbankrechts den Begriff der Datenbank klar definiert. Für ein Korrektiv des Sprachgebrauchs besteht kein Raum. Freilich ist im Einzelfall zu prüfen,
ob eine Datensammlung in Druckform unter die Definition des § 87a Abs. 1 S. 1 subsumiert werden kann. Stellenangebote, die lediglich nach Anzeigengröße und Branche sortiert wurden, lassen keine systematische oder methodische Anordnung erkennen (*KG* GRUR-RR 2001, 102; *OLG München* ZUM 2001, 255 ff.).

„**Einzeln zugänglich**" sind die Elemente einer Datenbank dann, wenn der Zugriff   **22**
durch den Benutzer der Datenbank **bestimmungsgemäß von Fall zu Fall auf ein
einzelnes Element** erfolgt. Bei einer nicht elektronischen Datenbank liegt diese Voraussetzung bereits vor, wenn zB eine alphabetische Anordnung einen gezielten Zugriff auf einzelne Daten erlaubt (*BGH* GRUR 1999, 923, 925 – Tele-Info-CD). Die
Bedeutung des Tatbestandsmerkmals entspricht damit jenem der Unabhängigkeit der
einzelnen Elemente voneinander (so Rn 16).

2. Wesentliche Investition

23   Voraussetzung für das Entstehen des Datenbankrechts ist das Vorliegen einer qualifizierten Datenbank. Eine solche liegt dann vor, wenn die Beschaffung, Überprüfung oder Darstellung der in der Sammlung (Datenbank iwS) enthaltenen Elemente **eine nach Art oder Umfang wesentliche Investition** erfordert.

24   **a) Der Gegenstand der Investition.** Die wesentliche Investition muss sich auf die **Beschaffung, Überprüfung oder Darstellung der Sammlung** beziehen. Dabei sind die Beschaffung, Überprüfung und Darstellung exemplarisch zu verstehen. Entscheidend ist, ob aus **objektiver Sicht** der Aufbau und/oder Betrieb der konkret in Rede stehenden Datenbank eine wesentliche Investition erfordert. Hierzu zählen zunächst die **Kosten für die Entwicklung des Datenbankkonzepts.** Eine wesentliche Investition wird idR für die **Beschaffung der Datenbankinhalte** notwendig sein. Sind diese selbst urheberrechtlich oder auf andere Weise geschützt, müssen die Rechteinhaber vergütet werden. Hiervon abgesehen kann die Beschaffung der Datenbankinhalte Zeit, Arbeitskraft oder etwa die Kosten für ein die Inhalte automatisch ermittelndes Suchprogramm erfordern. Eine iSd § 87a Abs. 1 S. 1 wesentliche Investition in die Beschaffung einer Sammlung kann auch in dem Kaufpreis gesehen werden, der für ein Unternehmen gezahlt wird, das einen für den Aufbau der geplanten Datenbank benötigten Datenbestand besitzt. Besitzt das erworbene Unternehmen neben dem Datenbestand noch weitere Vermögenswerte, so ist der gezahlte Kaufpreis freilich nur anteilig zu berücksichtigen. Ebenfalls zu berücksichtigen sind Investitionen, die sich nicht auf die Beschaffung, Überprüfung oder Darstellung bestehender Daten, sondern auf die **Gewinnung neuer Daten** beziehen. Maßgebend ist insoweit die Überlegung, dass eine Privilegierung desjenigen, der bestehende Daten sammelt, gegenüber demjenigen, der solche Daten erst selbst generiert, nicht einzusehen ist, zumal die Übergänge in der Praxis fließend sind (*Wandtke/Bullinger/Thum* § 87a Rn 25 f.; *Leistner* in: Wiebe/Leupold II.B. Rn 18 f.). Gegen eine wesentliche Investition spricht es, wenn der Datenbestand ohne wesentlichen Einsatz von Zeit und Arbeitskraft aus öffentlichen Quellen übernommen werden kann (*LG Köln* ZUM 2002, 66, 67).

25   Die **Entwicklung eines geeigneten Abfragesystems** wird ebenfalls häufig Gegenstand wesentlicher Investitionen sein. Zu berücksichtigen sind auch Investitionen in eine Software, die zum Betrieb der Datenbank benutzt wird, selbst wenn diese nicht durch § 87a Abs. 1 geschützt wird (*KG* NJW-RR 2000, 1495). Investitionen können außerdem für den Betrieb der Datenbank notwendig sein. Insb. Datenbanken, die große Datenmengen enthalten und/oder für eine Vielzahl von Nutzern bestimmt sind, erfordern erhebliche Rechnerkapazitäten. Gerade online angebotene Datenbanken sind häufig dadurch gekennzeichnet, dass sie fortlaufend gepflegt, insb. aktualisiert werden. Es versteht sich deshalb von selbst, dass auch die **Planung und Bereitstellung von finanziellen, sachlichen und personellen Ressourcen** für die Pflege der Datenbank Gegenstand einer wesentlichen Investition sein kann. Hiervon zu unterscheiden ist die Frage, ob durch die fortlaufende Aktualisierung eine neue Datenbank iSd § 87a Abs. 1 S. 2 entsteht (dazu Rn 31 ff.).

26   **b) Die Beschaffenheit der Investition.** Eine Investition iSd § 87a Abs. 1 S. 1 setzt nicht notwendig die **Bereitstellung finanzieller Mittel** voraus. Nach Erwgr 40 zur

Richtlinie 96/9/EG kann die Investition ausdrücklich auch im **Einsatz von Zeit, Arbeit und Energie** bestehen. Fraglich ist, ob die Investition auch in einer **immateriellen Leistung** bestehen kann. Bejaht wird dies unter Hinweis auf den Gesetzeswortlaut, nach dem eine Datenbank auch geschützt wird, wenn sie eine Investition erfordert, die nach Art oder Umfang wesentlich ist, wobei das Begriffspaar „Art oder Umfang" auf die Tatbestandsmerkmale „qualitativ oder quantitativ" des Art. 7 Abs. 1 der Richtlinie 96/9/EG zurückgeht (*Leistner* GRUR Int 1999, 819, 825 ff.). Anwendungsfälle rein qualitativ wesentlicher Investitionen sollen etwa innovative Kombinationen oder Darstellungsformen bekannter Datenbankinhalte oder der den Erhalt der relevanten Daten erst ermöglichende gute Ruf des Datenbankherstellers sein (*Leistner* GRUR Int 1999, 827 ff.). Ob bei dem Einbringen einer für sich genommen nicht schutzfähigen Idee oder der eigenen unternehmerischen Stellung begrifflich überhaupt noch von einer Investition gesprochen werden kann, erscheint zweifelhaft. Wenn diese immateriellen Werte durch gewerbliche Schutzrechte, Urheberrecht oder erg. wettbewerbsrechtlichen Leistungsschutz nicht geschützt werden, ist nicht einzusehen, weshalb dies über das Leistungsschutzrecht des Datenbankherstellers erfolgen soll. Die Frage mag aber iE auf sich beruhen; denn im Zweifel wird eine schutzwürdige Datenbank neben einer Idee oder dem Einbringen der unternehmerischen Stellung in der Praxis auch noch einen mehr als nur unwesentlichen materiellen Aufwand erfordern.

c) Wesentlichkeit der Investition. Die Wesentlichkeit der Investition nach Art und Umfang ist das in aller Regel entscheidende Kriterium für das Eingreifen des Datenbankschutzes. Die Anforderungen an den Begriff der Wesentlichkeit bestimmen darüber, ob der Datenbankschutz großzügig oder eher restriktiv gewährt wird. Weder der Richtlinie selbst noch ihren Erwgr lässt sich entnehmen, ab wann eine Investition wesentlich ist. Der in Erwgr 19 der Richtlinie 96/9/EG enthaltene Hinweis, dass die Zusammenstellung mehrerer Aufzeichnungen musikalischer Darbietungen auf einer CD keine wesentliche Investition darstellt, hilft nicht weiter; denn einerseits ist offensichtlich, dass einfache CDs mit zehn bis zwanzig Musiktiteln keine Datenbanken darstellen, während andererseits komplexere Zusammenstellungen ohne weiteres Datenbankqualität haben können.

Im Interesse eines effektiven Datenbankschutzes sind an die Wesentlichkeit der Investition **keine allzu hohen Anforderungen** zu stellen (ebenso *Leistner* GRUR Int 1999, 189, 830; ausführlich *Leistner* in: Wiebe/Leupold, II.B. Rn 21 ff.). Für die Beantwortung der Frage, ob die Beschaffung, Überprüfung oder Darstellung der Datenbank eine nach Art oder Umfang wesentliche Investition erfordert, ist ein **objektiver Maßstab** anzulegen. Entscheidend ist also, ob die Datenbank, für die der Datenbankschutz begehrt wird, bei objektiver Betrachtungsweise eine wesentliche Investition voraussetzt. Ob eine wesentliche Investition im konkreten Fall tatsächlich vorliegt, ist unerheblich. Auch kommt es nicht darauf an, mit welchen finanziellen oder personellen Ressourcen der Datenbankhersteller ausgestattet ist. Erfordert die Herstellung einer Datenbank zB eine Investition in Höhe von 25.000 €, so ist diese aus der Sicht eines Unternehmensgründers wesentlich, aus jener eines Großkonzerns hingegen nicht der Rede wert. Käme es aber für die Frage der Datenbankqualität darauf an, ob aus der Sicht des jeweiligen Datenbankherstellers die Investition wesentlich war, so könnte dies zu widersprüchlichen Ergebnissen führen. In dem soeben genannten

27

28

Beispiel könnte der Großkonzern nicht originär Inhaber von Datenbankrechten werden, wohl aber der Unternehmensgründer. Es kann aber nicht sein, dass für zwei identische Datenbanken unterschiedliche Schutzanforderungen gelten. Folglich kann die Frage nach der Wesentlichkeit der Investition nur nach objektiven Maßstäben beantwortet werden. Durch das Kriterium der Wesentlichkeit werden deshalb nur solche Sammlungen aus dem Datenbankbegriff ausgeschlossen, die jedermann ohne weiteres ebenfalls aufbauen könnte. Dass durch eine großzügige Handhabung des Wesentlichkeitsbegriffs einer Monopolisierung gemeinfreier Informationen Vorschub geleistet werden könnte, ist nicht ernsthaft zu befürchten (so aber *Kappes* ZEuP 1997, 654, 668; *Fromm/Nordemann/Hertin* § 87a Rn 9). Als Korrektiv für einen iRd § 87a Abs. 1 S. 1 großzügig zu gewährenden Datenbankschutz ist dort, wo die Gefahr einer Monopolisierung gemeinfreier Informationen besteht, der Schutzumfang des Datenbankrechts eng zu bemessen (s. § 87b Rn 9).

29   Die Wesentlichkeit der Investition entfällt nicht zwingend dadurch, dass der Datenbankhersteller diese **Investition auch unabhängig von der Herstellung der Datenbank** vorgenommen hätte. So kann im Falle einer Online-Nachrichtendatenbank die wesentliche Investition nicht mit der Begr. verneint werden, dass der Anbieter die Investition ohnehin für seine Printmedien vorgenommen hätte (*LG München* ZUM 2001, 1008, 1010). Das Recht zur Online-Verwertung der Nachrichten hat einen eigenständigen wirtschaftlichen Wert. Weil Dritte für die Online-Nutzung der Nachrichten bezahlen könnten, kann wegen des anzulegenden objektiven Maßstabs kein anderes Ergebnis bei der Verwertung der Nachrichten in Print- und Online-Medien in einer Hand gelten.

30   Eine wesentliche Investition liegt in jedem Fall bei solchen Datenbanken vor, die darauf ausgerichtet sind, **fortlaufend gepflegt**, insb. aktualisiert zu werden. Denn früher oder später wird, über die Zeit betrachtet, der in diesem Zusammenhang entstehende Aufwand wesentlich sein. Es wäre sinnwidrig, dem Hersteller einer solchen Datenbank nicht von Anfang an den Datenbankschutz zuzubilligen.

III. Erneuerung des Datenbankschutzes (§ 87a Abs. 1 S. 2)

1. Schutz fortlaufender Investitionen

31   Nach § 87 d erlöschen die Rechte des Datenbankherstellers fünfzehn Jahre nach der erstmaligen Veröffentlichung der Datenbank. Da das wesentliche Ziel der §§ 87a ff. darin besteht, die Investition des Datenbankherstellers zu schützen, ist es folgerichtig, dass die Begrenzung der Schutzdauer nicht für den gilt, der **fortlaufend in nennenswertem Umfang** in eine Datenbank investiert. Deshalb ist in Art. 10 Abs. 3 der Richtlinie 96/9/EG geregelt, dass eine wesentliche Neuinvestition in die Datenbank eine neue fünfzehnjährige Schutzdauer nach sich zieht. Der deutsche Gesetzgeber hat diese Richtlinienbestimmung jedoch nicht in dem die Schutzdauer des Datenbankrechts regelnden § 87d umgesetzt, sondern im Zusammenhang mit der Entstehung der Datenbankrechte. Nach § 87a Abs. 1 S. 2 entsteht durch bestimmte Änderungen an einer bestehenden Datenbank eine neue Datenbank, für die dann ohne weiteres die fünfzehnjährige Schutzfrist gem. § 87d gilt.

32   Die Regelung des § 87a Abs. 1 S. 2 hat insb. eine klarstellende Funktion. Denn in aller Regel lässt sich eine wesentliche Änderung der Datenbank, die gleichzeitig eine

wesentliche Investition erfordert, für sich genommen ohne weiteres unter § 87a Abs. 1 S. 1 subsumieren.

2. Wesentliche Neuinvestition

Voraussetzung für die Entstehung einer neuen Datenbank und damit die Verlängerung des Schutzes der ursprünglichen Datenbank ist eine wesentliche Neuinvestition in die Datenbank. Ähnlich wie im Falle der den erstmaligen Schutz einer Datenbank begründenden wesentlichen Investition (so Rn 23 ff.) lassen sich der Richtlinie 96/9/EG keine Anhaltspunkte dafür entnehmen, wie eine **wesentliche Neuinvestition** beschaffen sein muss. Erwgr 55 zur Richtlinie zeigt jedenfalls den Willen des Richtliniengebers, dass eine wesentliche Neuinvestition auch in einer eingehenden Überprüfung des Inhalts der Datenbank gesehen werden kann. Der **Begriff der Wesentlichkeit ist bei der Neuinvestition** (Abs. 1 S. 2) **anders als bei der erstmaligen Investition** (Abs. 1 S. 1) **zu interpretieren**. Bei der Investition in die erstmalige Herstellung einer Datenbank ist von einem absoluten Wesentlichkeitsbegriff auszugehen (so Rn 28). Demgegenüber kommt es für die Frage der Wesentlichkeit einer Neuinvestition auf deren **Relation zu der erstmaligen Investition** an. Denn wenn die Neuinvestition in eine bestehende Datenbank im Verhältnis zu der ursprünglichen Investition überhaupt nicht nennenswert ins Gewicht fällt, ist nicht einzusehen, weshalb der Neuinvestor in den Genuss einer Verlängerung der Schutzfrist gelangen soll.   33

Es wird Aufgabe der Rspr sein, **Schwellenwerte für die Wesentlichkeit einer Neuinvestition** festzulegen. Lassen sich die ursprüngliche Investition und die Neuinvestition – was idR der Fall sein wird – beziffern, so ist die Neuinvestition jedenfalls dann als wesentlich anzusehen, wenn sie mindestens 25 % der ursprünglichen Investition beträgt.   34

Eine Vielzahl von Datenbanken wird ständig gepflegt und insb. aktualisiert. Denn in solche Datenbanken wird nicht von Zeit zu Zeit, sondern fortlaufend investiert. Dass auch eine solche **fortlaufende Investition in eine Datenbank als wesentliche Neuinvestition** iSd § 87 Abs. 1 S. 2 angesehen werden kann, steht außer Frage. Eine wesentliche Neuinvestition liegt in solchen Fällen immer dann vor, wenn die Gesamtheit der nach der Veröffentlichung der ursprünglichen oder letzten neuen Datenbank vorgenommenen Investitionen wesentlich ist.   35

3. Wesentliche Änderungen des Inhalts

Weitere Voraussetzung des § 87a Abs. 1 S. 2 ist, dass durch die wesentliche Neuinvestition die Datenbank in ihrem Inhalt wesentlich geändert wurde. Diese Voraussetzung **der Inhaltsänderung der Datenbank** ist mit den Vorgaben von Art. 10 Abs. 3 der Richtlinie 96/9/EG nicht zu vereinbaren. Nach dem Willen des Richtliniengebers soll es für die Verlängerung der Schutzfrist ausschließlich darauf ankommen, ob eine wesentliche Neuinvestition in eine bestehende Datenbank vorliegt. Keine Rolle spielt es hingegen, ob die Neuinvestition zu einer nach Art und Umfang wesentlichen Änderung des Inhalts der Datenbank geführt hat. Dies ergibt sich zwar nicht ausdrücklich aus Art. 10 Abs. 3 der Richtlinie 96/9/EG. Dieser Regelung ist jedoch zu entnehmen, dass eine wesentliche Änderung des Inhalts der Datenbank ein Indiz für eine wesentliche Neuinvestition liefert. Dass es nach dem Willen des Richtlinienge-   36 bers entscheidend nur auf die wesentliche Neuinvestition, nicht aber auf die wesentliche Änderung des Inhalts der Datenbank ankommt, ergibt sich auch aus Erwgr 55 der Richtlinie 96/9/EG; denn eine eingehende Überprüfung des Datenbankinhalts, die danach eine wesentliche Neuinvestition darstellen kann, muss nicht zwingend mit einer wesentlichen Änderung des Inhalts der Datenbank einhergehen. Vor diesem Hintergrund ist für das in § 87a Abs. 1 S. 2 vorgesehene Erfordernis einer wesentlichen Inhaltsänderung im Wege der richtlinienkonformen Auslegung davon auszugehen, dass an eine solche Inhaltsänderung **keine nennenswerten Anforderungen** gestellt werden dürfen, wenn unabhängig davon eine wesentliche Neuinvestition gegeben ist.

IV. Begriff des Datenbankherstellers (§ 87a Abs. 2)

37   Nach § 87a Abs. 2 ist Datenbankhersteller derjenige, der die Investition gem. Abs. 1 vornimmt. Dies ist jene **Person, die das mit der Investition verbundene unternehmerische Risiko trägt** (Erwgr 41 zur Richtlinie 96/9/EG; *Gaster* Rn 483 f.). Wenn ein Unternehmen mit eigenen Ressourcen eine Datenbank aufbaut, steht es außer Frage, dass dieses Unternehmen die Investition in die Datenbank vorgenommen hat und damit Datenbankhersteller ist. Häufig sind jedoch mehrere Parteien an der Herstellung einer Datenbank beteiligt, deren Beiträge zum Aufbau der Datenbank unterschiedlich sein mögen (Geld, Arbeitskraft, Know-how etc). Trifft dies zu, so muss für den Einzelfall ermittelt werden, wer von mehreren Beteiligten Datenbankhersteller ist. In gewissem Umfang kann dabei auf jene Grundsätze zurückgegriffen werden, die für den Begriff des Filmherstellers iSd §§ 88 ff. entwickelt wurden. Dem Filmhersteller wird in § 94, ähnlich wie dem Datenbankhersteller in § 87b, ein Leistungsschutzrecht eingeräumt. Gerechtfertigt wird dies durch die Übernahme des wirtschaftlichen Risikos und der Organisation, die notwendig sind, um einen Film als fertiges Leistungsergebnis und damit zur Auswertung geeignetes Werk herzustellen (*BGH* GRUR 1993, 472 – Filmhersteller). Entspr. ist als Datenbankhersteller anzusehen, wer von mehreren an der Schaffung der Datenbank Beteiligten das Risiko trägt, dass die Datenbank die Zwecke erfüllt, für die sie geschaffen werden soll. Entscheidend ist damit, wer letztlich das Risiko des nutzlosen Einsatzes der für die Herstellung der Datenbank erforderlichen finanziellen, zeitlichen und personellen Ressourcen übernimmt. Dieses Risiko können auch mehrere (natürliche oder juristische) Personen gemeinsam tragen. Ihnen steht das Datenbankrecht sodann gesamthänderisch zu.

38   Als verwandtes Schutzrecht ist das **Datenbankrecht frei übertragbar**. Eine Personenmehrheit, denen das Datenbankrecht eigentlich zur gesamten Hand zustünde, kann deshalb vereinbaren, dass das Datenbankrecht nur einer dieser Personen zustehen soll.

39   Ist Datenbankhersteller iSd § 87a Abs. 2 eine Personenmehrheit, so wird es sich hierbei idR um eine **GbR** handeln, wobei der Gesellschaftszweck in der bestimmungsgemäßen Verwertung der Datenbank liegt. Die Rechte der Gesellschafter untereinander bestimmen sich damit nach den §§ 705 ff. BGB. Fehlt es im Einzelfall an einem Gesellschaftszweck, so liegt im Verhältnis mehrerer Datenbankhersteller eine **Bruchteilsgemeinschaft** vor, für die §§ 741 ff. BGB gelten.

§ 87b   Rechte des Datenbankherstellers

(1) Der Datenbankhersteller hat das ausschließliche Recht, die Datenbank insgesamt oder einen nach Art oder Umfang wesentlichen Teil der Datenbank zu vervielfältigen, zu verbreiten und öffentlich wiederzugeben. Der Vervielfältigung, Verbreitung oder öffentlichen Wiedergabe eines nach Art oder Umfang wesentlichen Teils der Datenbank steht die wiederholte und systematische Vervielfältigung, Verbreitung oder öffentliche Wiedergabe von nach Art und Umfang unwesentlichen Teilen der Datenbank gleich, sofern diese Handlungen einer normalen Auswertung der Datenbank zuwiderlaufen oder die berechtigten Interessen des Datenbankherstellers unzumutbar beeinträchtigen.

(2) § 17 Abs. 2 und § 27 Abs. 2 und 3 sind entsprechend anzuwenden.

Literatur: S. die Literaturhinweise zu § 87a.

I. Überblick

Während § 87a bestimmt, unter welchen Voraussetzungen das Datenbankrecht entsteht und wem es zusteht, regelt § 87b den **Schutzumfang**. Im Grundsatz ist der Datenbankhersteller nur gegen die **unbefugte Nutzung wesentlicher Teile** seiner Datenbank geschützt. Dies legt S. 1 fest, der auf Art. 7 Abs. 1 der Richtlinie 96/9/EG beruht. Nach S. 2, durch den Art. 7 Abs. 5 der Richtlinie 96/9/EG umgesetzt wurde, kommt unter bestimmten Voraussetzungen auch ein Schutz gegen die **unbefugte Nutzung unwesentlicher Teile** in Betracht. Durch Abs. 2 soll Art. 7 Abs. 2 lit. b S. 2 der Richtlinie 96/9/EG umgesetzt werden, der bestimmt, dass das Weiterverwendungsrecht mit dem Erstverkauf einer Datenbank in dem Gebiet der EU erschöpft ist.

1

II. Verwertungsrechte des Datenbankherstellers

Der deutsche Gesetzgeber hat sich erst im Laufe des Gesetzgebungsverfahrens, anlässlich der Umsetzung der Richtlinie 96/9/EG durch Art. 7 IuKDG, dafür entschieden, die dem Datenbankhersteller zustehenden Ausschließlichkeitsrechte unter Verwendung der traditionellen Begriffe der Vervielfältigung, der Verbreitung und der öffentlichen Wiedergabe zu beschreiben. Der RegE hatte noch die in Art. 7 Abs. 1 und 2 der Richtlinie 96/9/EG vorgegebenen Begriffe der „Entnahme" und der „Weiterverwendung" von Datenbankteilen enthalten (s. BR-Drucks. 966/96, 15). Bei der Schaffung des neuen § 87b hatte der Gesetzgeber die Wahl zwischen der terminologischen Übereinstimmung der Verwertungsrechte des Datenbankherstellers entwe-

2

der mit den Verwertungsrechten der §§ 15 ff. oder mit den Verbotsrechten gem. Art. 7 Abs. 1 und 2 der Richtlinie 96/9/EG. Dass er sich für die erste Alternative entschieden hat, ist nicht zu beanstanden (näher hierzu *Schricker/Vogel* § 87b Rn 5; ablehnend hingegen *Gaster* Rn 530 ff.). Zu beachten ist freilich, dass die in § 87b enthaltenen Begriffe der Vervielfältigung, der Verbreitung und der öffentlichen Wiedergabe einer **richtlinienkonformen Auslegung** bedürfen (vgl *OLG München* GRUR-RR 2003, 329). Dies bedeutet, dass diese Ausschließlichkeitsrechte nicht hinter den nach der Richtlinie 96/9/EG vorgesehenen Untersagungsrechten zurückstehen dürfen. Deshalb soll im Folgenden auch auf diese Begriffe eingegangen werden.

1. Vervielfältigung (Entnahme)

3   Nach allg. Ansicht sind der Vervielfältigungbegriff des UrhG sowie der Begriff der Entnahme gem. Art. 7 Abs. 2 lit. a) der Richtlinie 96/9/EG weitgehend inhaltsgleich. Dem ist im Grundsatz zuzustimmen. Konsequenz ist aber, dass der Begriff einer Vervielfältigung iSd § 87b nicht zwingend mit dem herkömmlichen Vervielfältigungsbegriff des § 16 übereinstimmt (und umgekehrt; *Schricker/Vogel* § 87b Rn 10; *Gaster* Rn 512; *Fromm/Nordemann/Hertin* § 87b Rn 2). Der **Vervielfältigungsbegriff des § 16** erfasst jede körperliche Festlegung eines Werks, die geeignet ist, das Werk den menschlichen Sinnen auf irgendeine Weise unmittelbar oder mittelbar wahrnehmbar zu machen (s. *BGH* GRUR 1991, 449, 453 – Betriebssystem, mwN sowie § 16 Rn 6 ff.). Die **Entnahme** wird hingegen in Art. 7 Abs. 2 lit. a der Richtlinie 96/9 EG definiert als die ständige oder vorübergehende Übertragung des Datenbankinhalts auf einen anderen Datenträger, wobei es weder auf die dafür verwendeten Mittel noch auf die Form der Entnahme ankommt. Diese Formulierung entspricht weitgehend jener aus der Richtlinie des Rates v. 14.5.1991 über den Rechtsschutz von Computerprogrammen, in der allerdings selbst noch der Begriff der Vervielfältigung verwendet wurde.

4   Der Begriff der **Entnahme** und damit auch jener der **Vervielfältigung** gem. § 87b sind **weiter** als der Begriff der Vervielfältigung des § 16. Zu § 16 wurde entschieden, dass die Ausgabe eines Programms auf dem Bildschirm eines Computers von vornherein als Vervielfältigungtatbestand ausscheide, da nur eine unkörperliche Wiedergabe vorliege (*BGH* GRUR 1990, 449, 455 – Betriebssystem). Demgegenüber liegt in der Bildschirmausgabe des Datenbankinhalts eine **Vervielfältigung iSd § 87b** (so auch *Gaster* Rn 513; *Möhring/Nicolini/Decker* § 87b Rn 3; *OLG Hamburg* ZUM 2001, 512, 513; **aA** *Schricker/Vogel* § 87b Rn 10; *Fromm/Nordemann/Hertin* § 87b Rn 6). Denn die Entnahme setzt schon begrifflich keine körperliche Festlegung des entnommenen Datenbankteils voraus. IÜ lautet der im deutschen Richtlinientext enthaltene Begriff „Datenträger" in der maßgebenden englischen Fassung „medium". Ein solches „medium" ist aber auch der Bildschirm. Ob die am Bildschirm angezeigten Datenbankinhalte zuvor noch in den Arbeitsspeicher des Clients geladen werden, ist für das Vorliegen einer Vervielfältigung iSd § 87b ohne Bedeutung. Denn dies hängt im Wesentlichen von der eingesetzten Client-Technologie ab (s. § 69c Rn 9). Diese ist dem Nutzer häufig noch nicht einmal bekannt. Auch aus diesem Grund überzeugt es, in der Bildschirmanzeige von Datenbankinhalten in jedem Fall eine Entnahme und damit eine Vervielfältigung iSd § 87b zu sehen.

Es ist eine Selbstverständlichkeit, dass eine Vervielfältigung nach § 16 auch dann ge-   **5**
geben ist, wenn die Vervielfältigung nicht mit elektronischen oder mechanischen
Mitteln, sondern durch manuelle Nachbildung erfolgt. Bestimmte Werkkategorien,
etwa Werke der angewandten Kunst, können überhaupt nur auf diese Art und Weise
vervielfältigt werden. Hingegen stellt selbst die **identische Reproduktion einer
fremden Datenbank** keine Vervielfältigung derselben dar. Bereits der in Art. 7 der
Richtlinie 96/9/EG verwendete Begriff der „Entnahme" zeigt dies. Danach müssen
die entnommenen Elemente der Datenbank aus dieser selbst oder einem rechtmäßigen Vervielfältigungsstück stammen. Entspr. spricht die Definition der Entnahme in
Art. 7 Abs. 2 lit. a der Richtlinie 96/9/EG von der vollständigen oder teilweisen
„Übertragung" der Datenbank. Auch Sinn und Zweck des Datenbankrechts verbieten
es, in der Nachschaffung einer Datenbank einen Eingriff in das Datenbankrecht zu
sehen. Geschützt wird die Investition, nicht die Kreativität. Ist ein Dritter bereit, die
gleichen Investitionen für den Aufbau einer identischen Datenbank vorzunehmen, so
ist dies aus Sicht des Datenbankrechts nicht zu beanstanden. Gegen ihn können Ansprüche nur geltend gemacht werden, wenn die Voraussetzungen für einen urheberrechtlichen Schutz (insb. gem. § 4) oder erg. Leistungsschutz bestehen.

2. Verbreitung und öffentliche Wiedergabe (Weiterverwendung)

Neben der Entnahme behält Art. 7 Abs. 1 der Richtlinie 96/9/EG dem Datenbankher-   **6**
steller die Weiterverwendung der Datenbank vor. Diese wird in Art. 7 Abs. 2 lit. b
der Richtlinie als jede Form öffentlicher Verfügbarmachung durch die Verbreitung
von Vervielfältigungsstücken, durch Vermietung, durch Online-Übermittlung oder
durch andere Formen der Übermittlung umschrieben. Der deutsche Gesetzgeber hat
anstelle des **Begriffs der Weiterverwendung** jenen der **Verbreitung (§ 17)** sowie
der **öffentlichen Wiedergabe (§ 15 Abs. 2)** verwendet. Bei der Inhaltsbestimmung
dieser Begriffe ist freilich wegen des Gebots der richtlinienkonformen Auslegung zu
berücksichtigen, wie der Richtliniengeber den Begriff der Weiterverwendung definiert hat.

Die **Verbreitung von Vervielfältigungsstücken der Datenbank** wird in Art. 7   **7**
Abs. 2 lit. b der Richtlinie 96/9/EG als ein Unterfall der Weiterverwendung angesehen. Für die Auslegung dieses Begriffs kann auf jene Grundsätze zurückgegriffen
werden, die zu § 17 Abs. 1 und § 69c Ziff. 3 entwickelt wurden. Eine Einschränkung
erfährt das Verbreitungsrecht in der Richtlinie dadurch, dass nach Art. 7 Abs. 2, letzter Satz, der öffentliche Verleih einer Datenbank keine Entnahme oder Weiterverwendung darstellt. Unabhängig davon, ob das Verbreitungsrecht des Datenbankherstellers erschöpft ist, greift somit der Verleih einer Datenbank oder eines wesentlichen Teiles hiervon nicht in das Datenbankrecht ein. Da dies aus § 87b Abs. 1 S. 1
so nicht hervorgeht, bedarf die Vorschrift insoweit einer einschränkenden Auslegung
(*Schricker/Vogel* § 87b Rn 17). Hingegen verbleibt dem Datenbankhersteller grds
das Recht der Vermietung, das als eine Form der Verbreitung in Art. 7 Abs. 2 lit. b
der Richtlinie 96/9/EG ausdrücklich Erwähnung findet.

Dem Datenbankhersteller wird in § 87b Abs. 1 das **Recht der öffentlichen Wieder-**   **8**
gabe vorbehalten. Das Recht der öffentlichen Wiedergabe wird in § 15 Abs. 2 näher
beschrieben und umfasst insb. das in der Praxis der elektronischen Datenbanken
wichtige Recht der öffentlichen Zugänglichmachung (§§ 15 Abs. 2 Nr. 5, 19a), zB

über das Internet. Eine öffentliche Zugänglichmachung kann etwa dadurch erfolgen, dass ein Anbieter auf seiner Homepage eine Eingabemaske bereitstellt, über die der Nutzer einen gesonderten Zugang zu einer fremden Datenbank erhält. Dass der Betreiber einer solchen Homepage und einer entspr. Suchmaske bei einer derartigen Konstellation nicht den Datenbank-Server beherrscht, ist unerheblich. Denn das Recht des Datenbankherstellers, über die öffentliche Zugänglichmachung zu entscheiden, muss auch das Recht umfassen, über die Art und Weise zu entscheiden, wie diese Zugänglichmachung erfolgt.

III. Schutzumfang

1. Allgemeine Regeln für die Bestimmung des Schutzumfangs

9 Die Frage des Schutzumfangs ist zu klären, bevor geprüft wird, ob ein wesentlicher Teil der Datenbank vervielfältigt, verbreitet oder öffentlich wiedergegeben wird oder eine unbefugte Nutzung eines unwesentlichen Teils einer Datenbank vorliegt. Entbehrlich ist die **Bestimmung des Schutzumfangs** nur, wenn eine nach § 87a geschützte Datenbank insgesamt vervielfältigt, verbreitet oder öffentlich wiedergegeben wird. In einem solchen Fall liegt eine Verletzung offensichtlich vor. Wird jedoch nur ein Teil übernommen, ist es unabdingbar, zunächst den Schutzumfang des Datenbankrechts zu ermitteln. Ein Schutz des Datenbankherstellers gegen die Nutzung von Teilen seiner Datenbank kommt nur für solche Teile in Betracht, auf denen die Schutzfähigkeit der Datenbank zumindest mit beruht. Nutzt ein Dritter nur solche Teile der Datenbank, die keinen Beitrag zur Schutzfähigkeit leisten, kann er hierfür nicht belangt werden. Beruht etwa die Schutzfähigkeit einer Datenbank ausschließlich auf einem bes. originellen und aufwendigen Abfragesystem, während der Datenbestand ohne nennenswerten Aufwand beschafft werden kann, kann alleine die Übernahme dieses Datenbestands nicht die Rechte des Datenbankherstellers verletzen. Der so ermittelte Schutzumfang der Datenbank ist zu berücksichtigen, wenn es um die Frage geht, ob ein wesentlicher Teil der Datenbank unbefugt genutzt wird (unten Rn 10) oder ob die wiederholte und systematische Nutzung eines unwesentlichen Teils den berechtigten Interessen des Datenbankherstellers zuwider läuft (unten Rn 11).

2. Unbefugte Nutzung eines nach Art und Umfang wesentlichen Teils (Abs. 1 S. 1)

10 Ein unzulässiger Eingriff in die Verwertungsrechte des Datenbankherstellers liegt nicht nur dann vor, wenn die Datenbank insgesamt vervielfältigt, verbreitet oder öffentlich wiedergegeben wird. Vielmehr ist gem. Abs. 1 S. 2 ausreichend, wenn dies hinsichtlich eines nach Art oder Umfang wesentlichen Teils der Datenbank geschieht. Ob die unbefugte Nutzung einen nach Art oder Umfang wesentlichen Teil der Datenbank betrifft, ist eine Frage des Einzelfalls. Je mehr der Datenbankhersteller in den Teil, der Gegenstand des Eingriffs ist, **investiert** hat, desto eher wird es sich um einen wesentlichen Teil handeln. Neben diesem **qualitativen Merkmal** können auch quantitative Aspekte eine Rolle spielen, nämlich das Wertverhältnis des übernommenen Teils zu dem nicht übernommenen Teil. Verbindliche Regeln lassen sich hier jedoch – wie gesagt – nicht aufstellen. Selbst wenn nur ein verhältnismäßig geringer Anteil des Gesamtdatenbestandes von dem Eingriff betroffen ist, kann dies ein wesentlicher Teil sein, weil es sich zB um einen in sich geschlossenen Teildatenbestand handelt oder Daten von bes. Qualität tangiert werden (s. hierzu das Beispiel bei *Leistner* GRUR Int 1999, 819, 832). Ob bei einer Online-Datenbank alleine die Möglichkeit, von einem bestimmten Suchergebnis auf weitere, verknüpfte Datenbankinhalte zuzugreifen, die Nutzung eines wesentlichen Teils darstellt, erscheint zweifelhaft (so aber *OLG Hamburg* GRUR 2001, 831). In der Praxis mag die Frage, ob ein Dritter einen wesentlichen Teil der Datenbank unbefugt nutzt, häufig offen bleiben (s. zB *LG München* ZUM 2001, 1008, 1010). Denn oftmals wird eine Konstellation vorliegen, bei der jedenfalls die Voraussetzungen der unbefugten Nutzung eines unwesentlichen Teils gem. Abs. 1 S. 2 gegeben sind (*Möhring/Nicolini/Decker* § 87b Rn 8).

3. Unbefugte Nutzung unwesentlicher Teile (Abs. 1 S. 2)

In die Rechte des Datenbankherstellers greift auch ein, wer unwesentliche Teile der **11** Datenbank benutzt, sofern diese Nutzung entweder einer normalen Auswertung der Datenbank zuwiderläuft (unten Rn 12) oder die berechtigten Interessen des Datenbankherstellers unzumutbar beeinträchtigt (dazu unten Rn 13 ff.) werden. In erster Linie dient Abs. 1 S. 2 dem **Umgehungsschutz** (*Fromm/Nordemann/Hertin* § 87b Rn 14). Das Verbot der Nutzung eines wesentlichen Teils der Datenbank soll nicht unter Anwendung einer „Salamitaktik" unterwandert werden. Unter keinen Umständen bietet Abs. 1 S. 2 jedoch eine Grundlage dafür, die Nutzung unwesentlicher Teile der Datenbank als solche zu untersagen. Dies könnte iE zu einer Ausdehnung des Datenbankschutzes auf bloße Daten und Fakten führen, der ausdrücklich verhindert werden soll (Erwgr 45 der RL 96/9/EG). Das in Abs. 1 S. 2 enthaltene Untersagungsrecht bezieht sich vielmehr auf die konkrete Art und Weise der Nutzung letztlich beliebiger unwesentlicher Teile.

a) Wiederholte und systematische Nutzung. Erste Voraussetzung für eine unzuläs- **12** sige Nutzung unwesentlicher Teile der Datenbank ist, dass diese **wiederholt und systematisch** erfolgt. Durch dieses Erfordernis wird zum Ausdruck gebracht, dass **zu verschiedenen Zeitpunkten** unwesentliche Teile benutzt werden („wiederholt") und diese verschiedenen Nutzungshandlungen **in einem Zusammenhang** stehen („systematisch"). Ob dieser Zusammenhang besteht, ist aus der Sicht eines objektiven Betrachters in jedem Einzelfall zu beurteilen. Unter dem Gesichtspunkt der Begehungsgefahr kann das Untersagungsrecht bereits dann entstehen, wenn eine wiederholte und systematische Nutzung der Datenbank zwar (noch) nicht vorliegt, bei der konkreten Sachlage aber zu erwarten ist (eher restriktiv allerdings *KG* NJW-RR 2000, 1495).

b) Interessewidrigkeit. Liegt eine wiederholte oder systematische Nutzung von un- **13** wesentlichen Teilen einer Datenbank vor, so besteht zusätzlich das **Erfordernis der Interessewidrigkeit**. Die Interessewidrigkeit kann sich aus der Unvereinbarkeit der Nutzung mit einer normalen Auswertung der Datenbank oder aus der Beeinträchtigung der berechtigten Interessen des Datenbankherstellers ergeben. Es ist ausreichend, wenn eine der beiden Alternativen vorliegt. In der Praxis werden häufig auch beide Varianten gleichzeitig erfüllt sein.

14 Was eine **normale Auswertung der Datenbank** ist, legt der Datenbankhersteller (oder ein in seinem Auftrag handelnder Betreiber) fest. Knüpft er die Nutzung der Datenbank an bestimmte Bedingungen, so läuft es einer normalen Auswertung derselben zuwider, wenn sich ein Dritter nicht an diese Nutzungsbedingungen hält. Beispielhaft wäre dies dann der Fall, wenn die kostenlose Nutzung der Datenbank nichtkommerziellen Anwendern gestattet wird und sich ein gewerblicher Anwender kostenlosen Zugang verschafft, indem er seine gewerblichen Interessen nicht offenbart. Der normalen Auswertung einer allg. zugänglichen **Online-Datenbank** läuft der Zugriff auf die Datenbank unter Umgehung des durch den Datenbankhersteller vorgesehenen Zugangs idR nur dann zuwider, wenn ein technischer Schutz gegen einen solchen Eingriff unterwandert wird. Die Interessen des Berechtigten werden nicht schon deshalb beeinträchtigt, weil Nutzer, die die Datenbank über die Homepage des Dritten nutzen, an Werbung auf der Homepage des Datenbankbetreibers vorbeigeleitet werden (sog. Deep Links). Dem liegt die Erwägung zugrunde, dass die Datenbank in diesen Fällen ohnehin öffentlich zugänglich ist, ihre Nutzung per Deep Link also nur quantitativ, nicht aber qualitativ verändert wird. Daher wird die Nutzung der Datenbank auch nicht ersetzt, sondern nur angeregt (*BGH* GRUR 2003, 958 967 f.; iE ebenso *OLG Köln* NJW-RR 2001, 904, 907; **aA** *LG München* CR 2002, 452; *LG München* ZUM 2001, 1008, 1011; *LG Köln* CR 1999 593, 594; *LG Berlin* CR 1999, 388; eingehend zur Problematik *Hoeren* MMR 2001, Beil. Nr. 8, 2 ff.; *Hartmann/Koch* CR 2002, 441 ff.). Zur Beurteilung von Hyperlinks und Suchmaschinen s. die eingehende Darstellung bei *Leistner* in: Wiebe/Leupold, B.II. Rn 74 ff.

15 Eine der normalen Auswertung zuwider laufende Auswertung der Datenbank wird regelmäßig auch die **berechtigten Interessen** des Datenbankherstellers unzumutbar beeinträchtigen. Dieser Alternative kommt vor diesem Hintergrund in erster Linie Auffangcharakter zu.

IV. Erschöpfung des Verbreitungsrechts (Abs. 2)

16 Abs. 1 behält dem Datenbankhersteller das Recht vor, die Datenbank insgesamt oder einen nach Art oder Umfang wesentlichen Teil derselben zu verbreiten. Da der in § 17 Abs. 2 verankerte Erschöpfungsgrundsatz auf die verwandten Schutzrechte keine unmittelbare Anwendung findet, bedurfte es einer gesetzlichen Regelung, die zu seiner entspr. Anwendung führt. Wird also das Original oder ein Vervielfältigungsstück der Datenbank mit Zustimmung des Datenbankherstellers oder des zur Verbreitung sonst Berechtigten im Gebiet der EU oder eines anderen EWR-Vertragsstaates in den Verkehr gebracht, kann die Weiterverbreitung, mit Ausnahme der Vermietung, nicht untersagt werden (s. Art. 7 Abs. 2 lit. b S. 2 der RL 96/9/EG).

17 Bedenklich ist allerdings, wenn der deutsche Gesetzgeber in Abs. 2 über § 17 Abs. 2 hinaus auch § 27 Abs. 2 und 3 für **entspr. anwendbar** erklärt. Nach § 27 Abs. 2 kann der Verleih von Originalen oder Vervielfältigungsstücken, deren Weiterverbreitung nach § 17 Abs. 2 zulässig ist, zwar nicht untersagt werden; jedoch ist dem Urheber eine angemessene Vergütung zu zahlen. Nach den Vorgaben von Art. 7 Abs. 2 letzter Satz der Richtlinie 96/9/EG stellt der öffentliche Verleih keine Entnahme oder Weiterverwendung dar. Der Verleih einer Datenbank greift mithin als solcher nicht in die Rechte des Datenbankherstellers ein (*Gaster* Rn 518). Ist somit der Verleih grds von den Verbotsrechten des Datenbankherstellers ausgenommen, so liegt in dem Verweis auf § 27 Abs. 2 und 3 ein klarer Verstoß gegen die Vorgaben der Richtlinie 96/9/EG. Da jedoch der Vergütungsanspruch nach § 27 Abs. 2 gem. § 27 Abs. 3 nur durch eine Verwertungsgesellschaft geltend gemacht werden kann, wird dieser Widerspruch erst dann praxisrelevant, wenn eine Verwertungsgesellschaft errichtet wird, die Vergütungsansprüche des Datenbankherstellers nach § 27 Abs. 2 und § 27 Abs. 3 geltend macht.

§ 87c Schranken des Rechts des Datenbankherstellers

(1) Die Vervielfältigung eines nach Art oder Umfang wesentlichen Teils einer Datenbank ist zulässig

1. zum privaten Gebrauch; dies gilt nicht für eine Datenbank, deren Elemente einzeln mit Hilfe elektronischer Mittel zugänglich sind,

2. zum eigenen wissenschaftlichen Gebrauch, wenn und soweit die Vervielfältigung zu diesem Zweck geboten ist und der wissenschaftliche Gebrauch nicht zu gewerblichen Zwecken erfolgt,

3. für die Benutzung zur Veranschaulichung des Unterrichts, sofern sie nicht zu gewerblichen Zwecken erfolgt.

In den Fällen der Nummern 2 und 3 ist die Quelle deutlich anzugeben.

(2) Die Vervielfältigung, Verbreitung und öffentliche Wiedergabe eines nach Art oder Umfang wesentlichen Teils einer Datenbank ist zulässig zur Verwendung in Verfahren vor einem Gericht, einem Schiedsgericht oder einer Behörde sowie für Zwecke der öffentlichen Sicherheit.

Literatur: S. die Literaturhinweise zu § 87a.

Übersicht

I. Überblick

Aus der Sozialbindung des Urheberrechts ergeben sich bestimmte Schranken, die in den §§ 45 ff. niedergelegt sind. Diese Schranken betreffen allerdings nicht das Recht des Datenbankherstellers, weil es sich hierbei um ein verwandtes Schutzrecht handelt. Die Schranken, denen das Datenbankrecht unterliegt, sind in § 87c gesetzlich geregelt. **1**

Die Vorschrift weist Parallelen zu § 53 auf. Sie stellt in gewissem Umfang und unter bestimmten Voraussetzungen die Vervielfältigung eines nach Art oder Umfang wesentlichen Teils einer Datenbank von dem Recht des Datenbankherstellers frei, wenn **2** diese zum **privaten oder eigenen wissenschaftlichen Gebrauch oder für Unterrichtszwecke erfolgt** (Abs. 1). Nicht nur die Vervielfältigung, sondern auch die Verbreitung und öffentliche Wiedergabe eines wesentlichen Datenbankteils ist zulässig **zur Verwendung in Verfahren vor Gerichten, Schiedsgerichten oder Behörden sowie für Zwecke der öffentlichen Sicherheit** (Abs. 2).

II. Allgemeines zur Schrankenregelung

3   Da durch § 87c ein Recht beschränkt werden soll, das durch die Richtlinie 96/9/EG gewährt wird, bedarf es einer entspr. Ermächtigung in der Richtlinie. Diese findet sich in Art. 9. Von der darin enthaltenen Freistellungsmöglichkeit hat der deutsche Gesetzgeber in vollem Umfang Gebrauch gemacht. Tatsächlich bewegt sich die Schrankenregelung des § 87c in einem Punkt sogar außerhalb des durch die Richtlinie 96/9/EG vorgegebenen Rahmens. Denn Art. 9 der Richtlinie 96/9/EG bestimmt, dass nur der **rechtmäßige Benutzer einer der Öffentlichkeit zur Verfügung gestellten Datenbank** sich auf die Schranke berufen kann. Dies bedeutet zum einen, dass sich auf die Schranke nicht berufen kann, wer sich unter Missachtung der durch den Datenbankbetreiber zulässigerweise gestellten Benutzungsbedingungen Zugang zur Datenbank verschafft hat. Zum anderen sollen die Schrankenregelungen dort keine Anwendung finden, wo es um die Vervielfältigung, Verbreitung oder öffentliche Wiedergabe einer nicht der Öffentlichkeit zur Verfügung gestellten Datenbank geht. Dabei ist durchaus fraglich, wann eine Datenbank der Öffentlichkeit zur Verfügung gestellt wurde. Möglich ist insoweit ein Rückgriff auf die – allerdings umstr. – Auslegung des Öffentlichkeitsbegriffs in § 6. Danach ist ein Werk bei unterstellter Zustimmung des Berechtigten der Öffentlichkeit zugänglich, wenn theoretisch jedermann von ihm Kenntnis nehmen kann (*Fromm/Nordemann* § 6 Rn 1 mwN; s. auch § 15 Abs. 3). Die durch Art. 9 die Richtlinie 96/9/EG gesetzten Voraussetzungen einer rechtmäßigen Benutzung und einer der Öffentlichkeit zur Verfügung gestellten Datenbank sind iRd Prüfung der Voraussetzungen des § 87c, auch wenn sie dort nicht ausdrücklich erwähnt sind, im Wege der **richtlinienkonformen Auslegung** zu berücksichtigen (*Schricker/Vogel* § 87c Rn 4).

4   Die Schranken des § 87c gelten nur für bestimmte Arten der Nutzung eines nach Art oder Umfang wesentlichen Teils einer Datenbank. Dabei wird offensichtlich unterstellt, dass die Zwecke, für die die Schranken bestehen, kaum je eine Vervielfältigung bzw Verbreitung und öffentliche Wiedergabe der Datenbank insgesamt rechtfertigen dürften. Einer Schrankenregelung für eine nach § 87b Abs. 1 S. 2 untersagte Nutzung eines unwesentlichen Teils einer Datenbank bedurfte es nicht. Denn insoweit besteht ein Untersagungsrecht nur, wenn die Nutzung des unwesentlichen Teils den Interessen des Datenbankherstellers zuwider läuft (§ 87b Rn 13 ff.). In diesen Fällen wäre es nicht sachgerecht, den Rechten des Datenbankherstellers eine Schranke zu setzen.

5   Ein durchaus erwähnenswerter Unterschied der Schranken des Datenbankrechts gem. § 87c Abs. 1 zu den entspr. Schranken des Urheberrechts in § 53 Abs. 2 Nr. 1, 2 und 5 besteht darin, dass nach § 53 Abs. 2 nur die Herstellung **einzelner Vervielfältigungsstücke** zulässig ist, wobei dies jedenfalls nicht mehr als sieben Exemplare sein dürfen (*BGH* GRUR 1978, 474, 476 – Vervielfältigungsstücke). Eine vergleichbare Einschränkung auf einzelne Vervielfältigungsstücke ist durch § 87c Abs. 1

nicht vorgegeben. Wer also zum privaten oder eigenen wissenschaftlichen Gebrauch oder für Unterrichtszwecke mehr als sieben Vervielfältigungsstücke eines wesentlichen Teils einer Datenbank benötigt und herstellt, bewegt sich nicht zwangsläufig außerhalb der Schranke. Gleichwohl wird bei steigender Zahl der Vervielfältigungsstücke das Vorliegen der Voraussetzungen der Schranken des § 87c iÜ fraglich werden.

III. Die Schrankenregelungen im Einzelnen

1. Vervielfältigung zum privaten Gebrauch (Abs. 1 Nr. 1)

Zulässig ist gem. § 87 Abs. 1 Nr. 1 die Vervielfältigung zum privaten Gebrauch. In der Praxis wird diese Schranke jedoch wiederum erheblich eingeschränkt, indem ihre Anwendbarkeit auf **elektronische Datenbanken** ausgeschlossen wird. Diese Differenzierung zwischen elektronischen und nicht elektronischen Datenbanken ist durch die höhere Schutzbedürftigkeit des Herstellers einer elektronischen Datenbank gerechtfertigt, dessen Datenbank ohne wesentliche Mühen und Kosten in gleichbleibender Qualität kopiert werden kann (*Möhring/Nicolini/Decker* § 87b Rn 2).   **6**

Wegen der Auslegung des Begriffs des privaten Gebrauchs wird auf § 53 Abs. 1 verwiesen (s. dort Rn 13 ff.). Zu berücksichtigen ist freilich, dass für die Auslegung dieses Begriffs in § 87c Abs. 1 Nr. 1 in letzter Instanz der EuGH zuständig ist; denn der Begriff geht auf Art. 9 lit. a der Richtlinie 96/9/EG zurück („private Zwecke").   **7**

2. Vervielfältigung zum eigenen wissenschaftlichen Gebrauch (Abs. 1 Nr. 2)

Die Vervielfältigung eines nach Art oder Umfang wesentlichen Teils einer Datenbank zum eigenen wissenschaftlichen Gebrauch setzt zunächst voraus, dass die Vervielfältigung **zu diesem Zweck geboten** ist. Insoweit stimmt § 87c Abs. 1 Nr. 2 mit § 53 Abs. 2 S. 1 Nr. 1 überein, sodass auf die dortige Kommentierung verwiesen wird (s. § 53 Rn 43 ff.). Weitere Voraussetzung ist jedoch, dass zum einen der wissenschaftliche Gebrauch **nicht zu gewerblichen Zwecken** erfolgt und zum anderen die **Quelldatenbank deutlich angegeben** wird (Abs. 1 S. 2, s. auch § 63). Gewerblichen Zwecken dient die Vervielfältigung eines wesentlichen Teils einer Datenbank nicht bereits dann, wenn ein solcher Teil einer Datenbank benötigt wird, um die Grundlage einer Veröffentlichung zu sein. Denn Veröffentlichungen, seien es Bücher oder Beiträge in Fachzeitschriften, sind eine dem wissenschaftlichen Schaffen wesenstypische Ausdrucksform. Die Tatsache, dass derartige Werke, für deren Erstellung die Datenbank benutzt wurde, vergütet werden, bedeutet noch keinen Gebrauch zu gewerblichen Zwecken. Anders kann der Fall liegen, wenn die Datenbank benutzt wird, um Gutachten oder Vorträge außerhalb der eigentlichen wissenschaftlichen Tätigkeit vorzubereiten.   **8**

3. Vervielfältigung zu Unterrichtszwecken (Abs. 1 Nr. 3)

Zulässig ist die Vervielfältigung von wesentlichen Teilen der Datenbank für die **Benutzung zur Veranschaulichung des Unterrichts**, sofern dies nicht zu gewerblichen Zwecken erfolgt. Die Regelung entspricht § 53 Abs. 3 Nr. 1; insofern wird auf die dortige Kommentierung verwiesen (s. § 53 Rn 101 ff.). Ein Unterschied zwischen § 87c Abs. 1 Nr. 3 und § 53 Abs. 3 Nr. 1 besteht darin, dass die urheberrechtliche Regelung bestimmte Unterrichtsträger privilegiert, während sich die daten-   **9** bankrechtliche Bestimmung allg. auf die Veranschaulichung des Unterrichts bezieht. Die Eingrenzung der privilegierten Einrichtungen erfolgt über den Ausschluss einer Benutzung zu gewerblichen Zwecken. Diese liegt vor, wenn aus dem Unterricht, zu dessen Veranschaulichung die fremde Datenbank dient, gewerbliche Einkünfte erzielt werden sollen.

10   Auch bei einer nach Abs. 1 Nr. 3 privilegierten Benutzung von wesentlichen Teilen einer Datenbank bedarf es gem. Abs. 1 S. 2 einer deutlichen Quellenangabe.

4. Nutzung im Interesse der Rechtspflege und der öffentlichen Sicherheit (Abs. 2)

11   Ist jemand darauf angewiesen, einen nach Art oder Umfang wesentlichen Teil einer Datenbank in einem **gerichtlichen oder schiedsgerichtlichen Verfahren** oder **in einem Verfahren vor einer Behörde** zu verwenden, so ist er hierzu gem. § 87c Abs. 2 befugt. Entsprechendes gilt, wenn die Benutzung der fremden Datenbank **für Zwecke der öffentlichen Sicherheit erforderlich** ist. Die Regelung entspricht im Wesentlichen § 45. Auf die dortige Kommentierung wird verwiesen.

§ 87d   Dauer der Rechte

Die Rechte des Datenbankherstellers erlöschen fünfzehn Jahre nach der Veröffentlichung der Datenbank, jedoch bereits fünfzehn Jahre nach der Herstellung, wenn die Datenbank innerhalb dieser Frist nicht veröffentlicht worden ist. Die Frist ist nach § 69 zu berechnen.

Literatur: S. die Literaturhinweise zu § 87a.

Übersicht

I. Überblick

1   § 87d dient der Umsetzung von Art. 10 Abs. 1 und 2 der Richtlinie 96/9/EG. Abs. 3 dieser Bestimmung, der den **Beginn der Schutzdauer bei wesentlichen Änderungen des Inhalts einer Datenbank** vorsieht, wurde durch § 87a Abs. 1 S. 2 umgesetzt (s. § 87a Rn 31 f.). Gem. § 87d beträgt die Schutzdauer des Datenbankrechts fünfzehn Jahre ab dem Zeitpunkt der Veröffentlichung der Datenbank. Erfolgt die Veröffentlichung nicht binnen fünfzehn Jahren nach der Herstellung der Datenbank, so endet die Schutzfrist ebenfalls. Für die Berechnung der Fristen wird generell auf § 69 verwiesen.

II. Fristbeginn

1. Veröffentlichte Datenbanken

Wird eine Datenbank veröffentlicht, so beträgt die Schutzfrist **fünfzehn Jahre ab** 2
dem Zeitpunkt der Veröffentlichung. Der Zeitpunkt der Veröffentlichung ist entspr. § 6 zu ermitteln. Der Begriff der Öffentlichkeit, wie auch jener der Veröffentlichung, ist durchaus umstr. (s. *Fromm/Nordemann* § 6 Rn 1; *Schricker/Katzenberger*
§ 6 Rn 8; *v. Gamm* § 6 Rn 7; *Möhring/Nicolini* § 6 Rn 2b; *OLG Frankfurt* ZUM
1996, 697, 701). Gerade bei Datenbanken kann von entscheidender Bedeutung sein,
welche Anforderungen an eine Veröffentlichung zu stellen sind. Denn häufig werden
Datenbanken in geschlossenen Netzwerken bereitgestellt. Teilt man die Auffassung,
nach der eine Veröffentlichung nur vorliegt, wenn jedermann ohne weiteres Zugang
zu einem Werk hat (*Schricker/Katzenberger* § 6 Rn 8), so läge in der Bereitstellung
einer Datenbank in einem geschlossenen Netzwerk noch keine Veröffentlichung.

2. Nicht veröffentlichte Datenbanken

Wird eine Datenbank nicht veröffentlicht, so läuft ebenfalls eine **Schutzfrist von** 3
fünfzehn Jahren, und zwar **ab dem Zeitpunkt der Herstellung der Datenbank**.
Dies ist der Zeitpunkt, in dem erstmals die Schutzvoraussetzungen (dazu § 87a
Rn 14 ff.) vorliegen. Zu welchem Zeitpunkt dies der Fall ist, muss der Datenbankhersteller beweisen (Erwgr 53 der RL 96/9/EG). Wird eine nicht veröffentlichte Datenbank während des Laufs der Schutzfrist veröffentlicht, so beginnt nach dem eindeutigen Wortlaut von § 87d S. 1 erneut eine volle fünfzehnjährige Frist zu laufen.

3. Wesentlich geänderte Datenbanken

Die Schutzfrist für veröffentlichte oder nicht veröffentlichte Datenbanken beginnt 4
jeweils **neu zu laufen**, wenn eine iSd § 87a Abs. 1 S. 2 wesentlich geänderte Datenbank veröffentlicht oder hergestellt wird. Viele elektronische Datenbanken sind
darauf ausgelegt, laufend aktualisiert zu werden. Für solche Datenbanken dürfte die
fünfzehnjährige Schutzfrist kaum ein Problem darstellen, da sie wegen notwendiger
wesentlicher Änderungen der Datenbank regelmäßig vor ihrem Ablauf erneuert
würde.

III. Berechnung der Frist

Wegen der Berechnung der Frist verweist § 87d S. 2 auf § 69. Danach beginnen die 5
Fristen mit Ablauf des Kalenderjahres, in dem die Datenbank veröffentlicht bzw hergestellt wurde.

§ 87e   Verträge über die Benutzung einer Datenbank

**Eine vertragliche Vereinbarung, durch die sich der Eigentümer eines mit Zu-
stimmung des Datenbankherstellers durch Veräußerung in Verkehr gebrachten Vervielfältigungsstücks der Datenbank, der in sonstiger Weise zu dessen
Gebrauch Berechtigte oder derjenige, dem eine Datenbank aufgrund eines mit**

dem Datenbankhersteller oder eines mit dessen Zustimmung mit einem Dritten geschlossenen Vertrags zugänglich gemacht wird, gegenüber dem Datenbankhersteller verpflichtet, die Vervielfältigung, Verbreitung oder öffentliche Wiedergabe von nach Art und Umfang unwesentlichen Teilen der Datenbank zu unterlassen, ist insoweit unwirksam, als diese Handlungen weder einer normalen Auswertung der Datenbank zuwiderlaufen noch die berechtigten Interessen des Dankbankherstellers unzumutbar beeinträchtigen.

Literatur: S. die Literaturhinweise zu § 87a.

I. Überblick

1   Sinn und Zweck der Vorschrift ist es, den rechtmäßigen Benutzer der Datenbank davor zu schützen, dass der Datenbankhersteller die ihm nach § 87b zustehenden Rechte vertraglich auf unwesentliche Teile einer Datenbank ausdehnt, deren Nutzung nicht zu einer Beeinträchtigung der Interessen des Datenbankherstellers führt (§ 87b Abs. 1 S. 2). Nach § 87e sind solche vertraglichen Beschränkungen unwirksam.

2   § 87e beruht auf Art. 8 Abs. 1 und 2 der Richtlinie 96/9/EG. Danach gilt der **Schutz vor einer vertraglichen Ausweitung der Rechte des Datenbankherstellers** nur für veröffentlichte Datenbanken. Im Wege der richtlinienkonformen Auslegung ist dies im Rahmen von § 87e zu berücksichtigen (s. zur parallelen Problematik bei § 87c dort Rn 3). Praktisch bedeutend ist in diesem Zusammenhang ebenfalls, wie der Begriff der Öffentlichkeit zu interpretieren ist (s. dazu § 87c Rn 3 sowie § 87d Rn 2).

3   Für Datenbankwerke besteht in § 55a eine Parallelvorschrift (s. dort).

II. Rechtmäßige Benutzer

4   Den Schutz vor einer vertraglichen Ausweitung des Datenbankrechts soll nach Art. 8 Abs. 1 Richtlinie 96/9/EG nur der **rechtmäßige Benutzer** erhalten. Den einheitlichen Begriff des „rechtmäßigen Benutzers" hat der deutsche Gesetzgeber in § 87e aufgespalten. Zu unterscheiden ist dabei zwischen Offline- (Rn 5) und Online-Datenbanken (Rn 6). Der Begriff des „rechtmäßigen Benutzers" bringt allerdings zum Ausdruck, dass die vertragsrechtliche Privilegierung des § 87e nur zugunsten desjenigen gilt, der überhaupt erst einmal ein Recht zur Nutzung der Datenbank erworben hat (**aA** *Fromm/Nordemann/Hertin* § 87e Rn 2). Diesem sollen durch § 87e gewisse Mindestrechte gesichert werden.

1. Offline-Datenbanken

5   Nach dem Wortlaut des § 87e gilt der dort genannte vertragliche Schutz zunächst **zugunsten des Eigentümers** oder des auf sonstige Weise **zum Gebrauch berechtigten Besitzers** des mit Zustimmung des Datenbankherstellers in den Verkehr gebrachten Vervielfältigungsstücks einer Datenbank. Bei diesen Vervielfältigungs-

stücken wird es sich um Datenbanken auf CD-ROM oder anderen Datenträgern, die eine Offline-Nutzung ermöglichen, handeln.

2. Online-Nutzung der Datenbank

Die Bestimmung des § 87e gilt außerdem zugunsten desjenigen, der aufgrund **unmittelbarer oder mittelbarer vertraglicher Beziehungen zu dem Datenbankhersteller** einen **Zugang zu der Datenbank** hat. Hierunter fällt insb. die Online-Nutzung von Datenbanken.

III. Schutz des rechtmäßigen Benutzers

Wer zu dem durch § 87e privilegierten Personenkreis gehört, dem kann vertraglich nicht untersagt werden, nach Art und Umfang unwesentliche Teile der Datenbank zu **vervielfältigen, zu verbreiten oder öffentlich wiederzugeben**. Diese Regelung steht allerdings unter dem Vorbehalt, dass eine solche Handlung weder einer normalen Auswertung der Datenbank zuwiderläuft noch die berechtigten Interessen des Datenbankherstellers unzumutbar beeinträchtigt. Durch diese Formulierung ist sichergestellt, dass die nicht in den Schutzumfang des § 87b fallenden Nutzungshandlungen durch § 87e erfasst werden. Eine vertragliche Vereinbarung, nach der eine bestimmte Form der Nutzung von Teilen der Datenbank unabhängig davon ausgeschlossen ist, ob es sich um wesentliche oder unwesentliche Teile handelt, führt in AGB zur Unwirksamkeit der Klausel insgesamt (*OLG München* ZUM 2002, 562).

Fraglich ist, wie Klauseln einzuordnen sind, die eine Vervielfältigung, Verbreitung oder öffentliche Wiedergabe unwesentlicher Teile der Datenbank zwar erlauben, dies jedoch an belastende Bedingungen knüpfen, zB die Zahlung eines zusätzlichen Entgelts. Der Schutzzweck des § 87e gebietet es, jedenfalls solche Bestimmungen in Nutzungsbedingungen zu erfassen, die einem ausdrücklichen Verbot der Nutzung unwesentlicher Teile praktisch gleichkommen.

IV. Rechtsfolge

Sofern die in den Datenbank-Nutzungsbedingungen enthaltene Bestimmung mit § 87e nicht vereinbar ist, ist diese **unwirksam**. Bei der durch § 87e angeordneten Rechtsfolge handelt es sich ausdrücklich nur um die Teilunwirksamkeit (s. § 139 BGB).

Teil 3
Besondere Bestimmungen für Filme

Abschnitt 1
Filmwerke

§ 88   Recht zur Verfilmung

(1) Gestattet der Urheber einem anderen, sein Werk zu verfilmen, so liegt darin im Zweifel die Einräumung des ausschließlichen Rechts, das Werk unverändert oder unter Bearbeitung oder Umgestaltung zur Herstellung eines Filmwerkes zu benutzen und das Filmwerk sowie Übersetzungen und andere filmische Bearbeitungen auf alle bekannten Nutzungsarten zu nutzen.

(2) Die in Absatz 1 bezeichneten Befugnisse berechtigen im Zweifel nicht zu einer Wiederverfilmung des Werkes. Der Urheber ist im Zweifel berechtigt, sein Werk nach Ablauf von zehn Jahren nach Vertragsabschluß anderweit filmisch zu verwerten.

Literatur: *Beucher/v. Frentz* Kreditsicherung bei Filmproduktionen, ZUM 2002, 511; *Dreier* Urheberrecht auf dem Weg zur Informationsgesellschaft, GRUR 1997, 859; *Erdmann* Urhebervertragsrecht im Meinungsstreit, GRUR 2002, 923; *Flechsig* Urheberrecht und verwandte Schutzrechte in der Informationsgesellschaft, CR 1998, 225; *Geulen/Klinger* Verfassungsrechtliche Aspekte des Filmurheberrechts, ZUM 2000, 891; *Kreile/Westphal* Multimedia und das Filmbearbeitungsrecht, GRUR 1996, 254; *Wandke* Zur Reform des Urhebervertragsrechts, K&R 2001, 601.

Übersicht

I. Allgemeines

1. Zweck der Regelung

Ein Filmwerk zeichnet sich im Allgemeinen dadurch aus, dass an seiner Herstellung **1** ein großer Kreis von Personen beteiligt ist, die Rechte an dem Filmwerk geltend machen könnten. Zu denken ist neben dem Filmhersteller zB an den Kameramann und den Cutter. Gleichzeitig werden Filmwerke idR unter großem Kostenaufwand zur gewerblichen Verwertung hergestellt. Der Filmhersteller, der dieses Kostenrisiko trägt, hat daher ein erhebliches Interesse daran, die ungestörte Verwertung des Filmwerkes sicherzustellen. Dies veranlasste den Gesetzgeber, mit den §§ 88 ff. Regelungen zu schaffen, die die Rechtsposition des Filmherstellers absichern sollen (amtl. Begr. BT-Drucks. IV/270, 98). Dabei verfolgt § 88 den Zweck, gesetzliche Auslegungsregeln für den Vertrag mit dem Urheber des zu verfilmenden Werkes bereitzustellen. Die bis zum 1.7.2002 geltende Fassung des § 88 sah in Abs. 1 eine Aufzählung derjenigen ausschließlichen Nutzungsrechte vor, die im Zweifel als eingeräumt gelten sollten. Entspr. dem Stand der Technik bei Einführung des § 88 im Jahre 1965 sah die alte Fassung insb. nicht das Recht zur Zweitverwertung von Filmen, vor allem zur Vorführung im privaten Bereich (Videofilme) vor. Im Zuge der Änderung des Urheberrechts durch das Gesetz zur Stärkung der vertraglichen Stellung von Urhebern und ausübenden Künstlern v. 22.3.2002 wurde § 88 deshalb dahingehend geändert, dass die Aufzählung in § 88 Abs. 1 durch die Formulierung „… auf alle bekannten Nutzungsarten" ersetzt wurde. Damit folgte der Gesetzgeber ausdrücklich Überlegungen aus dem Bereich der Filmwirtschaft (BT-Drucks. 14/8058, 53) und glich den Wortlaut des § 88 dem des § 89 an.

2. Verhältnis zu anderen Vorschriften

Die gesetzlichen Auslegungsregeln des § 88 stellen eine Konkretisierung des sich **2** aus § 31 Abs. 5 ergebenden Zweckübertragungsprinzips dar und sind ihrerseits unter Berücksichtigung des Zweckübertragungsprinzips auszulegen (*Schricker/Katzenberger* § 88 Rn 10). Die gesetzlichen Auslegungsregeln sind gegenüber dem, was die Parteien vertraglich vereinbart haben, subsidiär. Zuerst ist also nach allg. Regeln (§§ 133, 157 BGB) zu prüfen, was die Parteien vereinbart haben, sei es ausdrücklich oder konkludent. Bei dieser Auslegung ist auch die Vorschrift des § 31 Abs. 5 zu berücksichtigen (*BGH* NJW 1985, 1633 – Happening; GRUR 1984, 45 – Honorarbedingungen: Sendevertrag; GRUR 1974, 786, 787 – Kassettenfilm; *BGHZ* 67, 56, 66 – Schmalfilmrechte). Ergibt sich dabei, dass eine bestimmte Nutzungsart angesichts des mit der Einräumung des Nutzungsrechts verfolgten Zwecks vom Vertrag erfasst ist oder gerade nicht, bedarf es eines Rückgriffs auf § 88 nicht (*Schricker/Katzenberger* § 88 Rn 5).

Ebenso wenig von § 88 verdrängt wird die Regelung des **§ 31 Abs. 4**, wonach die Einräumung von Nutzungsrechten für noch nicht bekannte Nutzungsarten sowie Verpflichtungen hierzu unwirksam ist. Bedeutsam ist dies insb. für die Videozweitauswertung, bei der es sich um eine Nutzungsart handelt, die jedenfalls vor 1972 noch nicht bekannt war (*BGH* GRUR 1988, 296, 297 – GEMA-Vermutung IV). Der Wortlaut des neu gefassten § 88 Abs. 1 trägt dem ausdrücklich Rechnung, indem er nur die bekannten Nutzungsarten als im Zweifel eingeräumt ansieht.

Die Bestimmungen über die Übertragung von Nutzungsrechten (§ 34) und über die Einräumung weiterer Nutzungsrechte (§ 35) sowie über das Rückrufrecht wegen Nichtausübung (§ 41) und wegen gewandelter Überzeugung (§ 42) gelten gem. § 90 ab dem Beginn der Dreharbeiten für die in § 88 Abs. 1 bezeichneten Rechte nicht. Durch § 88 Abs. 1 verdrängt werden auch die Regelungen des § 37 Abs. 1 und 2, wenngleich sie in § 90 nicht ausdrücklich genannt werden (*Schricker/Katzenberger* § 88 Rn 8).

II. Gestattung des Urhebers, sein Werk zu verfilmen, Abs. 1

1. Gegenstand des Vertrages

3 § 88 bezieht sich auf Verträge, welche ein Werk zum Gegenstand haben, dessen Verfilmung gestattet werden soll.

a) Werk. Es muss sich um ein Werk handeln, das verfilmt werden soll. Dh, die Vorlage muss eine **persönliche geistige Schöpfung** iSd § 2 sein. Grds kommen alle in § 2 Abs. 1 genannten Werkarten als Vertragsgegenstand in Betracht. Ebenso wenig unterscheidet das Gesetz zwischen solchen Werken, deren Zweckbestimmung von Anfang an darin bestand, für einen Film verwertet zu werden, wie zB das Drehbuch, und solchen, die filmunabhängig geschaffen wurden, wie zB Romane, Novellen, oder Bühnenwerke wie Opern oder Operetten. Auch ein Filmwerk kann seinerseits als Vorlage für eine erneute Verfilmung dienen (*Schricker/Katzenberger* § 88 Rn 14). Des weiteren kommen **Werkteile**, wie zB Szenen aus einer Oper oder einzelne Charaktere, als Vertragsgegenstand in Betracht, wenn sie ihrerseits Werksqualität aufweisen.

Nach allg. Grundsätzen bestimmt sich auch, ob eine **Filmidee** bereits urheberrechtlichen Schutz genießt und damit Vertragsgegenstand sein kann. Voraussetzung ist, dass sie ein Mindestmaß an Originalität und konkreter Ausformung aufweist (*Schricker/Katzenberger* § 88 Rn 16; *BGH* GRUR 1963, 40, 41 – Straßen – gestern und morgen; GRUR 1962, 531, 533 – Bad auf der Tenne II; GRUR 1959, 379, 381 – Gasparone; UFITA 24 (1957), 399, 401 – Lied der Wildbahn III). Ähnlich gelagert ist die Problematik der Schutzfähigkeit von sog. **Formaten**. Hierbei handelt es sich um die Charakteristika von Fernsehshows und Fernsehserien, sozusagen das Gerüst, das den gemeinsamen Nenner aller Folgen einer Show oder Serie bildet. Die Rspr lehnt die Urheberrechtsschutzfähigkeit von Formaten grds ab (*BGH* WRP 2003, 1135 – Sendeformat; *OLG Hamburg* ZUM 1996, 245 – Goldmillionen; *OLG München* GRUR 1990, 674 – Forsthaus Falkenau). Es erscheint jedoch denkbar, dass ein hinreichend konkretisiertes und schöpferische Eigenart aufweisendes Format Werkqualität erreichen kann (*Möhring/Nicolini/Lütje* § 88 Rn 6).

4 Werke, die in **Vorbereitung eines Filmwerkes** verfasst werden, wie das Filmexposé (stichwortartige Schilderung der Filmhandlung), Filmtreatment (ausführlichere Darstellung des Filminhalts) und schließlich das Drehbuch in seinen Konkretisierungsstufen, sind idR als Sprachwerke (§ 2 Abs. 1 Nr. 1) selbständig schutzfähig und können daher Gegenstand eines Vertrages nach § 88 sein. Umstr. ist, ob die Urheber dieser den Film vorbereitenden Werke zugleich Miturheber des Filmwerkes selbst sind (einen entspr. „Doppelcharakter" annehmend *Schricker/Katzenberger* § 88 Rn 18; **aA** *Wandke/Bullinger/Manegold* § 88 Rn 41). Dieselbe Frage stellt sich für zahlreiche andere Schöpfungen, deren Bestimmung es ist, einem Filmwerk zu dienen, wie Filmbauten, Bühnenbilder, Kostüme, Masken, Filmmusik und Filmchoreographien. **Filmbauten** können, ebenso wie Bühnenbilder, als Werke der Baukunst gem. § 2 Abs. 1 Nr. 4 schutzfähig sein, wobei sich die Schutzfähigkeit gerade aus der filmspezifischen Abstimmung von Raum, Farbe und Licht ergeben kann (*BGH* GRUR 1989, 416 – Bauaußenkante; GRUR 1986, 458 – Oberammergauer Passionsspiele I; GRUR 1989, 106 – Oberammergauer Passionsspiele II). **Filmkostüme** und **Masken** werden häufig nach den Vorgaben von Drehbuch und Regisseur gefertigt, weshalb es hier an der für die Werkqualität erforderlichen künstlerischen Gestaltungsfreiheit idR fehlt (*BGH* GRUR 1974, 672, 673 – Celestina).

Die Schutzfähigkeit von **Filmmusik** richtet sich zunächst nach den allg., zu § 2 Abs. 1 Nr. 2 entwickelten Grundsätzen. Dh, an die Gestaltungshöhe werden keine hohen Anforderungen gestellt (so § 2 Rn 107). Zusätzlich schutzbegründend kann bei der Filmmusik die Abstimmung auf das Filmgeschehen sein und die damit erzielte künstlerische Einheit zwischen Musik und Bilderfolge (*BGH* GRUR 1957, 611, 613 – Bel Ami).

Als vorbestehendes Sprachwerk schutzfähig ist grds auch die deutsche **Dialog- und Synchronfassung** eines fremdsprachigen Films, denn es handelt sich um ein zwar filmbestimmt geschaffenes, aber auch selbständig verwertbares Werk (*Schricker/Katzenberger* § 88 Rn 19; *Fromm/Nordemann/Hertin* § 88 Rn 5; **aA** *LG München I* FuR 1984, 534, 535 – All about Eve, eine Übersetzungsarbeit Erich Kästners betr.).

b) Verfilmung. Das Recht zur Verfilmung ist kein eigenständiges Verwertungsrecht   **5** iSd §§ 15 ff. (*BGHZ* 123, 142, 146 – Videozweitauswertung II). Es unterfällt entweder dem Vervielfältigungsrecht des § 16 oder dem Bearbeitungsrecht nach § 23 (*Möhring/Nicolini/Lütje* § 88 Rn 2).

Ob die Einräumung eines Verfilmungsrechts Gegenstand eines Lizenzvertrages ist, ist nach allg. Grundsätzen der Vertragsauslegung zu ermitteln, wobei hier insb. die Zweckübertragungstheorie des § 31 Abs. 4 zu beachten ist. So umfasst die Einräumung des Rechts, eine Operette aufzuführen, nur bei eindeutiger Vereinbarung auch die Befugnis, Teile des Bühnenwerks zu verfilmen, um sie iRd Aufführung einzublenden (*BGH* GRUR 1971, 35, 39 – Maske in Blau). Dieselben Grundsätze gelten für die Frage, welche **Art der Verfilmung** gestattet ist. So gewährt ein im Jahr 1959 geschlossener Vertrag über die Gestattung, einen Roman als Kinospielfilm zu verfilmen, nicht das Recht zu einer Fernsehverfilmung, ohne dass es darauf ankäme, ob und in welcher Weise sich Filme, die zur Vorführung in Filmtheatern bestimmt sind, von Filmen unterscheiden, die speziell für Fernsehsendungen hergestellt werden (*BGH* GRUR 1976, 382, 383 – Kaviar, den Roman „Es muss nicht immer Kaviar sein" von Simmel betr.).

c) Gestattung. Das Tatbestandsmerkmal der Gestattung ist iSd vertraglichen Einräu-   **6** mung eines Nutzungsrechts gem. §§ 31 ff. zu verstehen, nicht etwa nur im Sinne einer Einwilligung gem. § 23 (*Schricker/Katzenberger* § 88 Rn 24; *Möhring/Nicolini/Lütje* § 88 Rn 2).

2. Parteien des Vertrages

7   Die Auslegungsregeln des § 88 beziehen sich nach seinem Wortlaut auf einen Vertrag, mit dem der Urheber es einem anderen gestattet, sein Werk zu verfilmen. „Der
andere" ist idR der Filmhersteller, dessen Schutz der Gesetzgeber im Auge hatte
(amtl. Begr. BT-Drucks. IV/270, 98). Zwingend ist dies nach dem Gesetzeswortlaut
allerdings nicht. Lizenznehmer kann insb. auch ein Verlag sein, der seinerseits einen
Vertrag mit einem Filmhersteller abzuschließen beabsichtigt (*Fromm/Nordemann/
Hertin* § 88 Rn 9). Um den Filmhersteller in diesen Fällen mehrstufiger Nutzungs-
rechteinräumung gem. dem gesetzgeberischen Willen zu schützen, ist eine extensive Auslegung des § 88 dahingehend angezeigt, dass die dort geregelten Auslegungsregeln nicht nur für den Vertrag mit dem Urheber selbst, sondern auch für die Verträge mit denjenigen gelten, die ihre Rechte vom Urheber ableiten, wie zB der og
Verlag (*Schricker/Katzenberger* § 88 Rn 32).

III. Umfang der vermuteten Rechteeinräumung, Abs. 1

1.   Im Zweifel Einräumung des ausschließlichen Rechts

8   Mit der Einräumung eines ausschließlichen Rechts erwirbt der Filmhersteller eine
Rechtsposition, die es ihm ermöglicht, Rechtsverletzungen – auch des Urhebers –
selbst zu verfolgen und Unterlizenzen zu erteilen, § 31 Abs. 3.

Mit der Formulierung „im Zweifel" bringt das Gesetz zum Ausdruck, dass es sich um
eine Auslegungsregel handelt, die erst dann Bedeutung gewinnt, wenn der Vertrags-
text nicht eindeutig ist. Vorrang hat auch das Zweckübertragungsprinzip. Soweit sich
aus diesem heraus der Umfang der Rechteeinräumung beantworten lässt, kommt
§ 88 Abs. 1 nicht zum Zug (so Rn 2).

2. Nutzung des Werkes zur Herstellung eines Filmwerkes

9   Das Werk darf zur Herstellung eines **Filmwerkes** iSv § 2 Abs. 1 Nr. 6 genutzt werden. Ein Film ist eine bewegte Bild- oder Bild-Ton-Folge, die durch Aneinanderreihung und fotografische oder fotografieähnliche Einzelbilder den Eindruck des bewegten Bildes entstehen lässt (*Fromm/Nordemann/Hertin* Vor §§ 88 ff. Rn 3). Auf
den Inhalt kommt es ebenso wenig an wie auf das Aufnahmeverfahren oder das Trägermaterial (Filmstreifen, CD, Mikrochip usw).

§ 88 Abs. 1 gestattet es, das Werk **unverändert** oder unter **Bearbeitung** oder **Umgestaltung** zu benutzen. Häufig ist ein Werk nicht ohne weiteres geeignet, in unveränderter Form der Herstellung eines Filmwerkes zu dienen. So muss ein Roman idR
zu einem Drehbuch umgeschrieben werden, um als Vorlage für ein Filmwerk geeignet zu sein. Das Recht, die hierfür erforderlichen Umgestaltungen vorzunehmen, gilt
gem. § 88 Abs. 1 im Zweifel als eingeräumt. Die Begriffe Bearbeitung und Umgestaltung sind § 23 entnommen (s. dazu oben § 23 Rn 5). Im Unterschied zu der freien
Benutzung iSv § 24 bedürfen Bearbeitungen und Umgestaltungen gem. § 23 der Einwilligung des Urhebers und unterliegen gem. § 37 grds auch im Falle der Einräumung von Nutzungsrechten seinem Einwilligungsvorbehalt; hiervon macht § 88
Abs. 1 eine Ausnahme.

In welcher Weise der Filmhersteller das Werk bearbeiten oder umgestalten darf, ist
wiederum durch Vertragsauslegung unter Berücksichtigung des Zweckübertra-

gungsprinzips zu ermitteln. Hier sind insb. auch Fragen des **Urheberpersönlichkeitsrechts** ($ 14) zu beachten.

3. Nutzung des Filmwerkes sowie von Übersetzungen und anderen filmischen Bearbeitungen auf allen bekannten Nutzungsarten

a) Übersetzungen und andere filmische Bearbeitungen. Das Nutzungsrecht des **10** Filmherstellers erstreckt sich neben dem von ihm geschaffenen Filmwerk auf Übersetzungen und andere filmische Bearbeitungen. Insoweit entspricht $ 88 Abs. 1 nF der Regelung in $ 88 Abs. 1 Nr. 5 aF. Der Sinn der Regelung liegt darin, dem Filmhersteller die weltweite Auswertung des Filmwerkes zu ermöglichen, als Ausgleich für die oftmals erheblichen Herstellungskosten (sog. „**Weltverfilmungsrecht**", *Schricker/Katzenberger* $ 88 Rn 50). Die Übersetzung in eine andere Sprache ist gem. $ 3 ein Unterfall der Bearbeitung. Filmische Bearbeitungen sind etwa Szenen- und Schnittänderungen (*Möhring/Nicolini/Lütje* $ 88 Rn 60). Überschritten ist die Grenze der filmischen Bearbeitung im Falle der in Abs. 2 geregelten **Neuverfilmung**. Außerdem stellt das Gesetz mit dem Erfordernis der filmischen Bearbeitung klar, dass der Filmhersteller die Bearbeitung nur iRd **Werkgattung Film** vornehmen darf; $ 88 gestattet es ihm nicht, das Filmwerk bspw in einer Bühnenfassung zu verwerten (amtl. Begr. BT-Drucks. IV/270, 98).

b) Alle bekannten Nutzungsarten. $ 88 Abs. 1 aF zählte die ausschließlichen Nut **11** zungsrechte, die im Zweifel als eingeräumt gelten sollen, ausdrücklich auf. Dies hatte eine Diskrepanz zu $ 89 Abs. 1 zur Folge, wonach der an der Herstellung eines Films Mitwirkende dem Filmhersteller im Zweifel das ausschließliche Recht einräumte, das Filmwerk auf allen bekannten Nutzungsarten zu nutzen. Auf Betreiben der Filmwirtschaft hat $ 88 nF hier eine Angleichung erfahren (BT-Drucks. 14/8058, 53). Die Nutzungsart muss zum Zeitpunkt des Vertragsschlusses gem. $ 31 Abs. 4 bekannt sein, dh wirtschaftlich bedeutsam und verwertbar (*BGHZ* 128, 336, 341 – Videozweitauswertung III). Wegen der Einzelheiten wird auf die Kommentierung zu $ 89 verwiesen.

IV. Im Zweifel nicht eingeräumte Befugnis zur Wiederverfilmung, Abs. 2 S. 1

Der Filmhersteller erlangt gem. $ 88 Abs. 2 S. 1 im Zweifel nur das Recht zur **ein 12 maligen Verfilmung**. Die ihm nicht gestattete Wiederverfilmung des Werkes ist abzugrenzen von der erlaubten filmischen Bearbeitung iSv $ 88 Abs. 1. Während das Weglassen einzelner Szenen oder die Zusammenfassung mehrerer Teile in einer Fassung grds eine zulässige Bearbeitung darstellen, handelt es sich bei dem Nachdrehen oder der Neuaufnahme einzelner Szenen nach Fertigstellung des Filmwerkes idR um eine verbotene Wiederverfilmung (*Möhring/Nicolini/Lütje* $ 88 Rn 63).

Von diesem Umfang des positiveren Nutzungsrechts zu unterscheiden ist das **Verbietungsrecht des Filmherstellers**. Letzteres umfasst die Befugnis, Dritten und auch dem Urheber selbst die Wiederverfilmung zu untersagen (*Möhring/Nicolini/ Lütje* $ 88 Rn 63). Das Verbietungsrecht geht also weiter als das positive Benutzungsrecht. Es schließt diejenigen Befugnisse ein, die erforderlich sind, um einen wirksamen Schutz des Rechts zu gewährleisten (*BGH* GRUR 1999, 984, 985 – Laras Tochter; *BGHZ* 118, 394, 398 – ALF).

V. Zeitliche Befristung des Ausschlusses des Urhebers von der anderweitigen filmischen Verwertung, Abs. 2 S. 2

13 Der Gesetzgeber ging davon aus, dass ein zeitlich unbeschränkter Schutz vor einer Zweitverfilmung nicht erforderlich ist, da die Auswertung eines Films idR innerhalb verhältnismäßig kurzer Zeit abgeschlossen ist. In der Praxis sei es daher mehr und mehr üblich, das ausschließliche Verfilmungsrecht des Filmherstellers zeitlich zu begrenzen (amtl. Begr. BT-Drucks. IV/270, 99). Daher normiert Abs. 2 S. 2, dass der Urheber im Zweifel berechtigt ist, sein Werk nach Ablauf von 10 Jahren nach Vertragsabschluss anderweit filmisch zu verwerten. Diese Regelung trägt dem Umstand Rechnung, dass dem Filmhersteller selbst zwar eine Wiederverfilmung nicht gestattet ist (Abs. 2 S. 1), sein Verbietungsrecht ihm jedoch die Möglichkeit gibt, andere von der Wiederverfilmung auszuschließen (so Rn 10). Das positive Benutzungsrecht des Filmherstellers wird durch diese Regelung nicht beschränkt (amtl. Begr. BT-Drucks. IV/270, 99). Die Regelung des Abs. 2 S. 1 ist, ebenso wie die übrigen Bestimmungen des § 88, abdingbar, und zwar auch in Allg. Geschäftsbedingungen (*BGH* GRUR 1984, 45, 48 – Honorarbedingungen: Sendevertrag).

VI. Auswirkungen des § 88 auf die Verteilung der Darlegungs- und Beweislast

14 Für die Frage, ob die Parteien einen Vertrag über das Recht zur Verfilmung abgeschlossen haben, gelten die allg. Regeln; darlegungspflichtig ist also die Partei, die Rechte aus dem Vertrag herleiten will. Kommen die Auslegungsregeln des § 88 zum Zuge, so trägt der Urheber die Darlegungs- und Beweislast, wenn er sich auf ein Weniger an Rechtseinräumung beruft und der Filmhersteller, soweit er geltend macht, ihm seien über § 88 hinausgehend Rechte übertragen worden (*Schricker/Katzenberger* § 88 Rn 59).

§ 89   Rechte am Filmwerk

(1) Wer sich zur Mitwirkung bei der Herstellung eines Filmes verpflichtet, räumt damit für den Fall, daß er ein Urheberrecht am Filmwerk erwirbt, dem Filmhersteller im Zweifel das ausschließliche Recht ein, das Filmwerk sowie Übersetzungen und andere filmische Bearbeitungen oder Umgestaltungen des Filmwerkes auf alle bekannten Nutzungsarten zu nutzen.

(2) Hat der Urheber des Filmwerkes das in Absatz 1 bezeichnete Nutzungsrecht im voraus einem Dritten eingeräumt, so behält er gleichwohl stets die Befugnis, dieses Recht beschränkt oder unbeschränkt dem Filmhersteller einzuräumen.

(3) Die Urheberrechte an den zur Herstellung des Filmwerkes benutzten Werken, wie Roman, Drehbuch und Filmmusik, bleiben unberührt.

(4) Für die Rechte zur filmischen Verwertung der bei der Herstellung eines Filmwerkes entstehenden Lichtbilder und Lichtbildwerke gelten die Absätze 1 und 2 entsprechend.

Literatur: S. die Literaturhinweise zu § 88.

I. Allgemeines

1. Zweck der Regelung

§ 89 dient zum einen, ebenso wie § 88, dem **Interesse des Filmherstellers an einer**   **1**
möglichst ungehinderten Auswertung seines Films (amtl. Begr. BT-Drucks. IV/
270, 100). Zum anderen ist es Zweck der Vorschrift, die von den Grundsätzen des § 8
ausgehenden Rechtsunsicherheiten hinsichtlich der Urheberschaft an dem Filmwerk
abzumildern, indem er eine gesetzliche Auslegungsregel im Sinne einer umfassenden Rechteeinräumung zugunsten des Filmherstellers vorsieht (amtl. Begr. BT-
Drucks. IV/270, 100). Als Mitwirkende, deren Beitrag eine persönliche geistige
Schöpfung darstellen kann, hebt die Gesetzesbegründung neben den Personen, die
bei der Herstellung des eigentlichen Filmwerkes, also bei den Dreharbeiten, tätig geworden sind, den Regisseur, den Kameramann und den Cutter hervor.

2. Verhältnis zu anderen Vorschriften

a) Verhältnis zu § 88. Werke iSv **§ 88** sind solche, die unabhängig neben dem Film-   **2**
werk existieren, weil sie entweder filmunabhängig geschaffen wurden, wie zB ein
Roman, oder zwar von Anfang an der Verwertung in einem Film dienen sollten, aber
dennoch ein eigenständiges, nicht im Filmwerk aufgehendes Werk darstellen, wie zB
das Drehbuch. Demgegenüber regelt **§ 89** die Rechte an denjenigen schöpferischen
Beiträgen, die selbst unmittelbarer Bestandteil des Filmwerkes werden, wie die des
Regisseurs. Der Umfang der im Zweifel eingeräumten Nutzungsrechte ist seit der
Neufassung des § 88 mit dem Gesetz zur Stärkung der vertraglichen Stellung von Urhebern und ausübenden Künstlern mit Wirkung v. 1.7.2002 in beiden Fällen gleich;
sowohl § 89 als auch § 88 erstrecken sich auf **alle bekannten Nutzungsarten**. Im
Unterschied zu dem Urheber eines Werkes iSv § 88 behält der (Mit-)Urheber eines
Filmwerkes die Befugnis, seine Rechte dem Filmhersteller beschränkt oder unbeschränkt einzuräumen auch dann, wenn er diese schon **im Voraus** einem Dritten eingeräumt hat, § 89 Abs. 2.

b) Verhältnis zu § 31. Die gesetzliche Auslegungsregel des § 89 ist, ebenso wie die   **3**
des § 88, gegenüber vertraglichen Vereinbarungen der Urheber mit dem Filmherstel-

ler **subsidiär**. Fehlt eine vertragliche Vereinbarung, kommt neben der Anwendung des § 89 die des § 31 in Betracht. Mit seiner Beschränkung auf alle bekannten Nutzungsarten entspricht § 89 Abs. 1 der Regelung des § 31 Abs. 4, sodass insoweit ein Konkurrenzproblem nicht auftritt.

Fraglich ist, wie das Verhältnis des § 89 Abs. 1 zu der **Zweckübertragungsregel** des § 31 Abs. 5 zu bestimmen ist. Nach einer in der Lit. verbreiteten Auffassung ist § 89 Abs. 1 lex specialis, weil unter Anwendung der Zweckübertragungsregel nicht sichergestellt sei, dass die vom Gesetzgeber gewollte umfassende Rechtseinräumung zugunsten des Filmherstellers Geltung erlange (*Schricker/Katzenberger* § 89 Rn 3; *Möhring/Nicolini/Lütje* § 89 Rn 15). Vorzug verdient die Auffassung, nach der sich § 89 Abs. 1 und § 31 Abs. 5 ergänzen (so *Fromm/Nordemann/Hertin* §§ 31, 32 Rn 21; *Wandke/Bullinger/Manegold* § 89 Rn 21). Ebenso wie § 88 (s. dazu § 88 Rn 2) ist § 89 Abs. 1 keine Ausnahme von, sondern eine Konkretisierung der Zweckübertragungsregel mit Rücksicht auf den typischerweise mit Abschluss eines Vertrages mit dem Filmhersteller von den Parteien übereinstimmend verfolgten Zweck.

II. Verpflichtung zur Mitwirkung bei der Herstellung eines Films, Abs. 1

1. Vertragspartner

4   **a) Filmhersteller.** Für den Begriff des Filmherstellers existiert keine Legaldefinition. Die Rspr definiert ihn unter Berufung auf die Gesetzesbegründung als diejenige natürliche oder juristische Person, die durch ihre organisatorische Tätigkeit den Film als fertiges Ergebnis der schöpferischen Leistung der an seiner Schaffung Mitwirkenden hervorbringt. Zu dieser Tätigkeit gehören insb. die Beschaffung des erforderlichen Kapitals, die Auswahl des Stoffes, des Drehbuchautors, der Darsteller und des Regisseurs sowie die Überwachung der Produktion (*BGH* UFITA 55 (1970), 313, 320 – Triumph des Willens; *BGHZ* 120, 67, 70 – Filmhersteller).

5   **b) Filmurheber.** Filmurheber sind diejenigen natürlichen Personen, die bei der Herstellung des Films einen schöpferischen Beitrag leisten, der in dem Endprodukt Film aufgeht. Die Gesetzesbegründung, nennt als Beispiele den Regisseur, den Kameramann und den Cutter (amtl. Begr. BT-Drucks. IV/270, 100), hat also in erster Linie diejenigen Personen im Blick, die während und nach Abschluss der Dreharbeiten tätig geworden sind. Aus dem Gesetzeszweck und dem Zusammenspiel mit § 88 folgt jedoch, dass Filmurheber unabhängig von dieser zeitlichen Komponente jeder ist, der an der Schaffung des Filmwerkes schöpferisch beteiligt ist, wenn sein schöpferischer Beitrag kein selbständig dem Urheberschutz zugängliches Werk hervorbringt.

Durchaus denkbar ist es, dass derjenige, der ein selbständig verwertbares Werk iSv § 88 geschaffen hat, sich zugleich schöpferisch an der Herstellung des Films iSv § 89 beteiligt. Das gilt insb. für den Drehbuchautor, der gleichzeitig als Regisseur tätig wird. In diesen Fällen ist es wegen § 89 Abs. 3, der eine doppelte Verfügungsbefugnis der Filmurheber vorsieht, nötig zu differenzieren, dh es ist für die einzelnen Beiträge zu untersuchen, ob sie in dem Filmwerk aufgehen, mit der Folge der Anwendbarkeit des § 89, oder ob sie zwar filmbestimmt geschaffen, aber dennoch selbständig verwertbar sind, mit der Folge, dass die Regelungen des § 88 maßgeblich sind (*Schricker/Katzenberger* § 89 Rn 8; *Wandke/Bullinger/Manegold* § 89 Rn 15).

Nicht unter § 89, sondern unter § 88 fällt die Leistung des Synchronautors (so § 88 Rn 4). Auch die Leistungen der ausübenden Künstler sind grds nicht nach § 89, sondern ausschließlich nach § 92 zu bewerten.

2. Vertragsgegenstand

§ 89 gilt für Verträge, welche die Verpflichtung zur Mitwirkung bei der Herstellung   6
eines Films zum Gegenstand haben. Hierbei kann es sich um einen Werk-, Dienst-, Arbeits- oder auch Gesellschaftsvertrag handeln (zu Letzterem s. *BGH* GRUR 1960, 199, 200 – Tofifa). Erforderlich für die Anwendbarkeit der Auslegungsregel ist aber, dass sich der Vertrag auf die Herstellung eines im Vertrag konkret bezeichneten Filmes bezieht. Auf Filme, die lediglich Laufbildschutz gem. § 95 genießen, ist § 89 auch nicht entspr. anwendbar, da (Mit-)Urheberrechte an einem solchen Arbeitsergebnis nicht erworben werden können.

III. Rechteeinräumung an den Filmhersteller, Abs. 1

Der Filmhersteller erwirbt im Zweifel das ausschließliche Recht, das Filmwerk auf   7
alle bekannten Nutzungsarten zu nutzen.

Die Rechteeinräumung bezieht sich auf das konkrete Filmwerk nebst seinen Übersetzungen und andere filmische Bearbeitungen und Umgestaltungen. Die schöpferischen Beiträge dürfen nicht für eine neue Verfilmung verwendet werden (so die amtl. Begr. BT-Drucks. IV/270, 100). Der Urheber behält auch das Recht, das Ergebnis seiner Mitwirkung im nicht filmischen Bereich, also insb. auf dem Gebiet des Merchandising zu verwerten, soweit die Beschränkungen des § 8 dies zulassen (*Wandke/Bullinger/Manegold* § 89 Rn 24).

Die Rechtseinräumung bezieht sich auf alle bekannten Nutzungsarten; zum Zeitpunkt des Vertragsschlusses noch unbekannte Nutzungsarten sind von der gesetzlichen Auslegungsregel in Übereinstimmung mit § 31 Abs. 4 nicht erfasst. Für die Frage der Bekanntheit iSd § 89 Abs. 1 kommt es nicht nur auf die technische Nutzungsmöglichkeit an, sondern darauf, dass die Nutzungsart auch als wirtschaftlich bedeutsam und verwertbar erkannt worden ist (*BGH* GRUR 1995, 212, 215 – Videozweitauswertung III).

Handelt es sich bei dem hergestellten Filmwerk um einen **Kinofilm**, umfasst die   8
Rechtseinräumung gem. § 89 im Zweifel auch die Fernsehausstrahlung und die Auswertung als Videofilm (*BGH* GRUR 1995, 212, 215 – Videozweitauswertung III; *Schricker/Katzenberger* § 89 Rn 13). Im Falle der Mitwirkung an der Herstellung eines **Fernsehfilms** erstreckt sich die Rechtseinräumung auf das Senderecht, nicht jedoch ohne weiteres auf die öffentliche Vorführung in Filmtheatern und auf die audiovisuelle Verwertung (so für den Fall einer öffentlich-rechtlichen Rundfunkanstalt *BGH* GRUR 1974, 786, 787 – Kassetten-Film).

In **räumlicher Hinsicht** erfolgt die Rechtseinräumung im Zweifel weltweit und auch in **zeitlicher Hinsicht** unbeschränkt (*Fromm/Nordemann/Hertin* § 89 Rn 10).

IV. Befugnis zur Rechteeinräumung gegenüber dem Filmhersteller im Falle bereits Dritten gegenüber eingeräumter Rechte, Abs. 2

9   Um sicherzustellen, dass der Filmhersteller die in Abs. 1 bezeichneten Nutzungsrechte uneingeschränkt erwerben kann, aber auch, um die persönliche Handlungsfreiheit des Filmschaffenden zu wahren (so amtl. Begr. BT-Drucks. IV/270, 100), eröffnet § 89 Abs. 2 dem Filmurheber insofern eine doppelte Verfügungsbefugnis, als er die in Abs. 1 bezeichneten Rechte dem Filmhersteller auch dann noch übertragen kann, wenn er diese im Voraus bereits einem Dritten eingeräumt hat. Im Unterschied zu Abs. 1 ist diese Regelung nicht vertraglich abdingbar (*Möhring/Nicolini/Lütje* § 89 Rn 29).

Die Vorschrift des § 89 Abs. 2 führt dazu, dass der Dritte nachträglich die ihm eingeräumten Rechte verliert, wenn der Filmurheber einen Vertrag iSv Abs. 1 mit dem Filmhersteller abschließt. Das bedeutet, ihm bleiben nur Schadensersatzansprüche gegen den Urheber (*Schricker/Katzenberger* § 89 Rn 22).

V. Urheberrechte an zur Herstellung des Filmwerkes benutzten Werken, Abs. 3

10   § 89 Abs. 3 stellt klar, dass die Urheberrechte an den zur Herstellung des Filmwerkes benutzten Werken von der Regelung des § 89 nicht berührt werden, selbst wenn, wie es zB beim Drehbuchautor oder Filmkomponisten der Fall sein kann, der Urheber des benutzten Werkes zugleich auch unmittelbar bei den Dreharbeiten mitwirkt (so die amtl. Begr. BT-Drucks. IV/270, 100).

VI. Entsprechende Anwendbarkeit der Abs. 1 und 2 auf Lichtbilder und Lichtbildwerke, die bei der Herstellung des Filmwerkes entstehen

11   Mit dem Gesetz zur Stärkung der vertraglichen Stellung von Urhebern und ausübenden Künstlern v. 22.3.2002, gültig ab dem 1.7.2002, wurde § 91 aF aufgehoben und sein Regelungsgegenstand als Abs. 4 in § 89 eingefügt. Die Regelung ist notwendig, weil ein Film sich aus einer Folge von Lichtbildern zusammensetzt, an denen nach § 72 **selbständige Leistungsschutzrechte** in der Person des Lichtbildners, also in der Person des Kameramannes, entstehen. Während § 91 aF einen gesetzlichen Rechtserwerb des Filmherstellers vorsah, gilt nunmehr auch für diese Leistungsschutzrechte lediglich die gesetzliche Auslegungsregel des § 89 Abs. 1 und die doppelte Verfügungsbefugnis des Abs. 2. Während § 91 aF nur Lichtbilder erfasste, erstreckt sich die neue Regelung des § 89 Abs. 4 auch auf Lichtbildwerke iSd § 2 Abs. 1 Nr. 5; insoweit hat sich die Rechtslage nicht geändert, da bereits zur Zeit der Geltung des § 91 angenommen wurde, dass für Lichtbildwerke dem Filmhersteller Rechte nach Maßgabe des § 89 eingeräumt werden (*Fromm/Nordemann/Hertin* § 91 Rn 2; *Schricker/Katzenberger* § 91 Rn 12).

§ 90　Einschränkung der Rechte

Die Bestimmungen über die Übertragung von Nutzungsrechten (§ 34) und über die Einräumung weiterer Nutzungsrechte (§ 35) sowie über das Rückrufrecht wegen Nichtausübung (§ 41) und wegen gewandelter Überzeugung (§ 42) gelten nicht für die in § 88 Abs. 1 und § 89 Abs. 1 bezeichneten Rechte. Satz 1 findet bis zum Beginn der Dreharbeiten für das Recht zur Verfilmung keine Anwendung.

Literatur: *Erdmann* Urhebervertragsrecht im Meinungsstreit, GRUR 2002, 923; *Flechsig* Entwurf eines Gesetzes zur Stärkung der vertraglichen Stellung von Urhebern und ausübenden Künstlern, ZUM 2000, 484; *Geulen/Klinger* Verfassungsrechtliche Aspekte des Filmurheberrechts, ZUM 2000, 891.

Übersicht

	Rn		Rn
I. Allgemeines	1	III. Zeitliche Einschränkung der Geltung	
II. Nicht geltende Rechte, S. 1	2	des § 90, S. 2	3

I. Allgemeines

§ 90 dient, ebenso wie §§ 88 und 89, den Interessen **des Filmherstellers**. Die Be-　**1** stimmung soll ihm im Hinblick auf die hohen Herstellungskosten die Verfügung über die Rechte am Filmwerk erleichtern (amtl. Begr. BT-Drucks. IV/270, 100). Die Regelung ist allerdings nicht zwingend, sondern unterliegt der **Disposition der Parteien**. Urheber und Filmhersteller können also durch ausdrückliche vertragliche Regelung die Rechtslage herstellen, die nach den in § 90 S. 1 genannten Vorschriften an sich von Gesetzes wegen bestehen würde.

Die Vorschrift ist durch das Gesetz zur Stärkung der vertraglichen Stellung von Urhebern und ausübenden Künstlern v. 22.3.2002 teilweise geändert worden. Die Regelung des § 90 S. 2, wonach den Urhebern des Filmwerkes gem. § 89 Ansprüche aus § 36 nicht zustehen, die auf verbreitete Kritik gestoßen ist (*Schricker/Katzenberger* § 90 Rn 2; *Fromm/Nordemann/Hertin* § 90 Rn 1), wurde abgeschafft.

II. Nicht geltende Rechte, S. 1

§ 90 S. 1 schließt das Erfordernis der Zustimmung des Urhebers zur Weiterüber-　**2** tragung von Nutzungsrechten und zur Einräumung einfacher Nutzungsrechte aus, gleichgültig, ob diese von den Urhebern des Filmwerks (§ 89) oder von den Urhebern der zur Herstellung des Filmwerks benutzten Werke (§ 88) eingeräumt worden sind. Nach seinem Wortlaut umfasst die Regelung des § 90 S. 1 auch die gem. § 34 Abs. 4 geltende gesamtschuldnerische Haftung des Veräußerers und des Erwerbers von Nutzungsrechten. Da diese Regelung jedoch den Zweck des § 90 S. 1, dem Filmhersteller die Verfügung über die Rechte am Filmwerk zu erleichtern, nicht tangiert, entspricht es allg. Auffassung, dass § 34 Abs. 4 im Wege der teleologischen Reduktion des § 90 S. 1 seine Gültigkeit behält (*Fromm/Nordemann/Hertin* § 90 Rn 5; *Schricker/Katzenberger* § 90 Rn 5; *Wandke/Bullinger/Manegold* § 90 Rn 10).

Daneben sieht § 90 S. 1 vor, dass der Urheber nicht das Recht hat, die Einräumung der Nutzungsrechte wegen Nichtausübung (§ 41) und wegen gewandelter Überzeugung (§ 42) zurückzurufen.

III. Zeitliche Einschränkung der Geltung des § 90, S. 2

3 Satz 2 stellt klar, dass die Urheber vorbestehender Werke – wie nach bisher geltendem Recht – sich erst dann nicht mehr auf die urheberschützenden Vorschriften der §§ 34, 35, 41 und 42 berufen können, wenn der Filmhersteller mit den Dreharbeiten begonnen hat (amtl. Begr. BT-Drucks. 14/6433, 19).

§ 91

(aufgehoben)

§ 92 Ausübende Künstler

(1) Schließt ein ausübender Künstler mit dem Filmhersteller einen Vertrag über seine Mitwirkung bei der Herstellung eines Filmwerks, so liegt darin im Zweifel hinsichtlich der Verwertung des Filmwerks die Einräumung des Rechts, die Darbietung auf eine der dem ausübenden Künstler nach § 77 Abs. 1 und 2 Satz 1 und § 78 Abs. 1 Nr. 1 und 2 vorbehaltenen Nutzungsarten zu nutzen.

(2) Hat der ausübende Künstler im Voraus ein in Absatz 1 genanntes Recht übertragen oder einem Dritten hieran ein Nutzungsrecht eingeräumt, so behält er gleichwohl die Befugnis, dem Filmhersteller dieses Recht hinsichtlich der Verwertung des Filmwerkes zu übertragen oder einzuräumen.

(3) § 90 gilt entsprechend.

Literatur: *Flechsig* Entwurf eines Gesetzes zur Stärkung der vertraglichen Stellung von Urhebern und ausübenden Künstlern, ZUM 2000, 484; *Jaeger* Der ausübende Künstler und der Schutz seiner Persönlichkeitsrechte im Urheberrecht Deutschlands, Frankreichs und der Europäischen Union, 2002; *v. Lewinsky* Die Umsetzung der Richtlinie zum Vermiet- und Verleihrecht, ZUM 1995, 442.

I. Allgemeines

1 § 92 hat, ebenso wie §§ 88 bis 90, den Zweck, dem Interesse des Filmherstellers an einer möglichst ungehinderten Auswertung seines Films zu dienen. Er ergänzt die gesetzlichen Auslegungsregeln der §§ 88 und 89 in Bezug auf Verträge des Filmherstellers mit den an der Herstellung eines Filmwerks beteiligten ausübenden Künstlern. § 92 wurde durch das Gesetz zur Regelung des Urheberrechts in der Informationsgesellschaft v. 10.9.2003 im Wesentlichen redaktionell geändert. Die Ersetzung der dem ausübenden Künstler nach altem Recht zustehenden „Einwilligungsrechte" durch ausschließliche Verwertungsrechte hatte zur Folge, dass an die Stelle der Abtretung von Rechten nach § 92 aF die Einräumung von Nutzungsrechten getreten ist. Die Annäherung der Rechtsstellung ausübender Künstler an die von Urhebern hatte die Einfügung des Abs. 3 zur Folge, der die ausübenden Künstler im Interesse des Filmherstellers den Filmurhebern und Urhebern vorbestehender Werke gem. §§ 88, 89 gleichstellt.

II. Rechteeinräumung des ausübenden Künstlers an den Filmhersteller, Abs. 1

§ 92 gilt für **ausübende Künstler**. Die Regelung ist neben §§ 88 und 89 erforderlich, **2** bei der der ausübende Künstler bei der Herstellung eines Films im Allgemeinen keine Leistung erbringt, die dem Urheberrechtsschutz zugänglich wäre. Nicht ausgeschlossen ist es jedoch, dass der ausübende Künstler sich im Einzelfall zugleich als Filmurheber betätigt, was zur Folge hat, dass für diese schöpferische Leistung, bspw als Regisseur, nicht § 92, sondern § 89 gilt (*Schricker/Katzenberger* § 92 Rn 5). **Vertragspartner** des ausübenden Künstlers ist der Filmhersteller; s. zum Begriff § 89 Rn 4. **Gegenstand des Vertrages** nach § 92 ist, ebenso wie im Falle des § 89, ein Vertrag über die Mitwirkung bei der Herstellung eines Filmwerks. § 92 ist auf Laufbilder nicht anwendbar, da eine Einschränkung der Rechte der ausübenden Künstler nicht gerechtfertigt ist, wenn ihre Darbietung lediglich gefilmt wird, ohne dass dabei ein neues urheberrechtsschutzfähiges Werk entsteht. Das gilt insb. für Live-Sendungen und die bloße Aufzeichnung von Bühnenaufführungen.

Das Filmwerk muss in dem Vertrag **konkret bezeichnet** sein; die Rechteeinräumung bezieht sich nur auf die Auswertung dieses Filmwerkes und erlaubt es dem Filmhersteller, vorbehaltlich einer ausdrücklichen vertraglichen Regelung, nicht, Ausschnitte des Filmwerks, welche die Darbietung eines ausübenden Künstlers enthalten, in einem anderen Film zu verwenden (*Fromm/Nordemann/Hertin* § 92 Rn 3; *Schricker/Katzenberger* § 92 Rn 15).

Der ausübende Künstler räumt dem Filmhersteller im Zweifel Nutzungsrechte an sei **3** nen Verwertungsrechten aus §§ 77 Abs. 1 und 2 S. 1 und 78 Abs. 1 Nr. 1 und 2 ein. Der Filmhersteller darf die Darbietung also aufnehmen, vervielfältigen und verbreiten, öffentlich zugänglich machen und senden. Die Aufzählung ist abschließend. Unberührt bleiben die Vergütungsansprüche des ausübenden Künstlers sowie seine persönlichkeitsrechtlichen Befugnisse gem. §§ 74 und 75 nF. Als gesetzliche Auslegungsregel ist § 92 allerdings abdingbar. Eine abweichende vertragliche Vereinbarung hat stets Vorrang.

III. Befugnis zur Rechteeinräumung im Falle bereits Dritten gegenüber eingeräumter Rechte, Abs. 2

Die Vorschrift des § 92 Abs. 2 ist § 89 Abs. 2 nachgebildet. Sie stellt sicher, dass der **4** Filmhersteller sich von allen bei der Herstellung eines Filmwerkes Mitwirkenden

Nutzungsrechte ungeachtet bereits erfolgter Nutzungsrechtseinräumung an Dritte übertragen lassen kann. Abs. 2 gilt nur für die in Abs. 1 genannten Nutzungsrechte, also insb. nicht für die **Vergütungsansprüche** des ausübenden Künstlers, sodass es zu einer Kollision mit einer Vorausabtretung an Verwertungsgesellschaften nicht kommen kann.

IV. Entsprechende Geltung des § 90, Abs. 3

5 Die in Abs. 3 geregelte entspr. Geltung des § 90 wurde mit der Änderung des Urheberrechts 2003 erforderlich, da die in § 90 genannten Rechte andernfalls für den ausübenden Künstler über § 79 Abs. 2 nF gelten würden.

§ 93 Schutz gegen Entstellung; Namensnennung

(1) Die Urheber des Filmwerkes und der zu seiner Herstellung benutzten Werke sowie die Inhaber verwandter Schutzrechte, die bei der Herstellung des Filmwerkes mitwirken oder deren Leistungen zur Herstellung des Filmwerkes benutzt werden, können nach den §§ 14 und 75 hinsichtlich der Herstellung und Verwertung des Filmwerkes nur gröbliche Entstellungen oder andere gröbliche Beeinträchtigungen ihrer Werke oder Leistungen verbieten. Sie haben hierbei aufeinander und auf den Filmhersteller angemessene Rücksicht zu nehmen.

(2) Die Nennung jedes einzelnen an einem Film mitwirkenden ausübenden Künstlers ist nicht erforderlich, wenn sie einen unverhältnismäßigen Aufwand bedeutet.

Literatur: *Dreier/Lewinski* Kolorierung von Filmen, Laufzeitänderung und Formatanpassung – Urheberrecht als Bollwerk?, GRUR Int 1989, 635; *Peifer* Werbeunterbrechungen in Spielfilmen nach deutschem und italienischem Urheberrecht, GRUR Int 1995, 25.

I. Allgemeines

1 Nicht anders als die vorangegangenen Vorschriften der §§ 88 ff. dient auch § 93 dem Zweck, den Filmhersteller zu schützen. Der Gesetzgeber befürchtete, dass es angesichts der großen Zahl der Personen, die an einem Filmwerk urheberrechtlich oder leistungsschutzrechtlich beteiligt sind, schwierig werden könnte, die möglichst weite Verbreitung zu sichern, wenn alle Beteiligten ihre persönlichkeitsrechtlichen Befugnisse uneingeschränkt behielten. Er wollte vermeiden, dass damit die Einspielung der aufgewandten Herstellungskosten unmöglich werden könnte (amtl. Begr. BT-Drucks. IV/270 zu § 103). Er schränkte daher den Schutz gegen Entstellungen in zweifacher Hinsicht ein. Zum einen gewährte er dem Berechtigten Schutz nur gegen gröbliche Entstellungen oder andere Beeinträchtigungen, zum anderen verpflichtete er die Rechtsinhaber, aufeinander und auf den Filmhersteller angemessene Rücksicht zu nehmen (§ 93 Abs. 1 S. 2).

Mit dem Gesetz zur Regelung des Urheberrechts in der Informationsgesellschaft v. 10.9.2003 wurde § 93 ein zweiter Abs. angefügt, der das neue Namensnennungsrecht des ausübenden Künstlers (§ 74 Abs. 1 nF) berücksichtigt.

II. Einschränkung der Persönlichkeitsrechte aus §§ 14 und 75 auf gröbliche Entstellungen oder andere gröbliche Beeinträchtigungen, Abs. 1 S. 1

§ 93 gilt für Filmurheber iSv § 89, Urheber vorbestehender Werke iSv § 88 und aus- **2** übende Künstler iSv § 92. Diese sind nach §§ 14, 75 (entspricht § 83 aF) befugt, Entstellungen oder andere Beeinträchtigungen ihres Werkes bzw ihre Darbietung zu verbieten. Mit dem Erfordernis der **Gröblichkeit** wird der Rechtsschutz auf bes. gravierende Entstellungen oder andere Beeinträchtigungen eingeschränkt. Das Tatbestandsmerkmal führt dazu, iRd vorzunehmenden Interessenabwägung das Interesse des Filmherstellers an der Verwertung des Filmwerkes höher einzustufen als das anderer Nutzer, für die §§ 14, 75 gelten (vgl *OLG München* GRUR 1986, 460, 461 – Die unendliche Geschichte). Die Rechtsinhaber müssen nachträgliche Änderungen hinnehmen, die sich beispielsweise aus der Notwendigkeit der Anpassung des Filmwerks an ausländische Verhältnisse oder den Vorgaben der Freiwilligen Selbstkontrolle der deutschen Filmwirtschaft ergeben (amtl. Begr. BT-Drucks. IV/270 zu § 103).

Bei der Frage der **Zulässigkeit von Werbeunterbrechungen** ist zu unterscheiden. Die medienrechtlichen Vorgaben des Rundfunkstaatsvertrages 1991, der die Anzahl der zulässigen Unterbrechungen von der Länge des Films abhängig macht, haben jedenfalls keine unmittelbare Auswirkung auf die urheberrechtliche Beurteilung. Maßgeblich ist die Intensität des mit den Werbeunterbrechungen verbundenen Eingriffs, die sich aus der Länge der Werbeunterbrechungen, ihrer Häufigkeit, aber auch ihrer Platzierung ergibt. Bei ambitionierten künstlerischen Filmen sollen Werbeunterbrechungen grds gegen § 93 verstoßen (*Schricker/Dietz* § 93 Rn 21).

In sachlicher Hinsicht erstreckt sich der Anwendungsbereich des § 93 auf die Erst- **3** und Zweitverwertung des Filmwerks, jedoch nicht auf außerfilmische Verwertungsmaßnahmen wie Computerspiele und Merchandising-Produkte (*Möhring/Nicolini/ Lütje* § 93 Rn 14).

§ 93 ist zugunsten der Urheber und Leistungsschutzberechtigten **abdingbar**; fraglich ist, ob er auch zu deren Ungunsten durch vertragliche Vereinbarung abgeändert werden kann (dafür *Schricker/Dietz* § 93 Rn 18; **aA** *Fromm/Nordemann/Hertin* § 93 Rn 7).

III. Angemessene Rücksichtnahme, Abs. 1 S. 2

Eine weitere Einschränkung (so die amtl. Begr. BT-Drucks. IV/270 zu § 103) der **4** Persönlichkeitsrechte folgt aus Abs. 1 S. 2, wonach die Rechteinhaber nicht nur aufeinander, sondern auch auf den Filmhersteller angemessene Rücksicht zu nehmen haben. Selbst wenn also eine gröbliche Entstellung oder andere gröbliche Beeinträchtigung der Werke oder Leistungen der Rechteinhaber vorliegt, ist weiter zu prüfen, ob die Rechtsausübung dem Gebot angemessener Rücksichtnahme gerecht wird (**aA** *Schricker/Dietz* § 93 Rn 10, der Abs. 1 S. 2 nur klarstellende Bedeutung beimisst).

IV. Einschränkung des Namensnennungsrechts des ausübenden Künstlers, Abs. 2

5   Gem. § 74 Abs. 1 nF hat der ausübende Künstler erstmals das Recht auf Namensnennung. Abs. 2 schränkt dieses Recht in gleicher Weise ein wie § 74 Abs. 2. Die Regelung ist neben § 74 Abs. 2 erforderlich, da Künstler im Filmbereich ihre Leistungen oftmals unabhängig voneinander erbringen.

§ 94   Schutz des Filmherstellers

(1) Der Filmhersteller hat das ausschließliche Recht, den Bildträger oder Bild- und Tonträger, auf den das Filmwerk aufgenommen ist, zu vervielfältigen, zu verbreiten und zur öffentlichen Vorführung, Funksendung oder öffentlichen Zugänglichmachung zu benutzen. Der Filmhersteller hat ferner das Recht, jede Entstellung oder Kürzung des Bildträgers oder Bild- und Tonträgers zu verbieten, die geeignet ist, seine berechtigten Interessen an diesem zu gefährden.

(2) Das Recht ist übertragbar. Der Filmhersteller kann einem anderen das Recht einräumen, den Bildträger oder Bild- und Tonträger auf einzelne oder alle der ihm vorbehaltenen Nutzungsarten zu nutzen. § 31 Abs. 1 bis 3 und 5 und die §§ 33 und 38 gelten entsprechend.

(3) Das Recht erlischt fünfzig Jahre nach dem Erscheinen des Bildträgers oder Bild- und Tonträgers oder, wenn seine erste erlaubte Benutzung zur öffentlichen Wiedergabe früher erfolgt ist, nach dieser, jedoch bereits fünfzig Jahre nach der Herstellung, wenn der Bildträger oder Bild- und Tonträger innerhalb dieser Frist nicht erschienen oder erlaubterweise zur öffentlichen Wiedergabe benutzt worden ist.

(4) §§ 20b, 27 Abs. 2 und 3 sowie die Vorschriften des Abschnitts 6 des Teils 1 sind entsprechend anzuwenden.

Literatur: *Pense* Der urheberrechtliche Filmherstellerbegriff des § 94 UrhG, ZUM 1999, 121; *Poll* Die Harmonisierung des europäischen Filmurheberrechts aus deutscher Sicht, GRUR Int 2003, 290.

Übersicht

I. Allgemeines

§ 94 gewährt dem Filmhersteller ein Leistungsschutzrecht, mit dem seine organisa-   **1** torische und wirtschaftliche Leistung honoriert werden soll, die der Gesetzgeber nicht geringer bewertet als etwa die Leistung eines Tonträgerherstellers oder eines Sendeunternehmens (amtl. Begr. BT-Drucks. IV/270 zu § 104). Das Schutzrecht bezieht sich lediglich auf den Filmstreifen, in welchem die Gesamtleistung des Filmherstellers verkörpert ist.

§ 94 wurde durch das Gesetz zur Regelung des Urheberrechts in der Informationsgesellschaft v. 10.9.2003 teilweise neu gefasst. In Abs. 1 wurde das neue Recht der öffentlichen Zugänglichmachung (§ 19a) aufgenommen. Neu geregelt wurde Abs. 2. Der Filmhersteller kann nunmehr, ebenso wie der ausübende Künstler, der Veranstalter oder der Tonträgerhersteller, entweder das Recht übertragen oder Nutzungsrechte einräumen.

II. Ausschließliche Rechte des Filmherstellers, Abs. 1

1. Filmhersteller

Filmhersteller ist diejenige natürliche oder juristische Person, die durch ihre organi-   **2** satorische Tätigkeit den Film als fertiges Ergebnis der schöpferischen Leistung der an seiner Schaffung Mitwirkenden hervorbringt (*BGHZ* 120, 67, 70 – Filmhersteller; *BGH* UFITA 55 (1970), 313, 320 – Triumph des Willens). Im Falle einer Auftragsproduktion ist der Produzent und Auftragnehmer jedenfalls dann der Filmhersteller, wenn er die organisatorische Gesamtleitung der Produktion innehat (*Schricker/ Katzenberger* Vor §§ 88 ff. Rn 33). Wird der Film von einem Unternehmen hergestellt, ist Filmhersteller der Inhaber des Unternehmens. Bei dem Filmhersteller muss es sich nicht um eine einzelne natürliche oder juristische Person handeln. Im Falle einer Koproduktion, bei der mehrere gemeinsam partnerschaftlich einen Film herstellen, sind sie als Gesamthänder Filmhersteller (*Möhring/Nicolini/Lütje* § 94 Rn 16).

2. Eingeräumte Rechte

Die Leistungsschutzrechte des Filmherstellers waren schon nach § 94 aF als aus-   **3** schließliche Rechte ausgestaltet. Sie beziehen sich auf den Bildträger oder Bild- und Tonträger, auf den das Filmwerk aufgenommen ist, also auf die erste Festlegung des Filmwerkes. Der Filmhersteller hat das ausschließliche Recht zur Vervielfältigung dieses Exemplars, wobei der Begriff der Vervielfältigung iSv § 16 Abs. 1 zu verstehen ist. Das Recht zur Verbreitung bestimmt sich nach § 17, das Recht zur öffentlichen Vorführung und zur Funksendung nach §§ 19 Abs. 4, 20, 20a. Nach § 94 nF hat der Filmhersteller auch das neu in das Gesetz aufgenommene Recht zur öffentlichen Zugänglichmachung (§ 19a). Die genannten Rechte beziehen sich nicht nur auf den Film als Ganzes, sondern auch auf einzelne Ausschnitte und einzelne Elemente, wie zB die Tonspur (*Schricker/Katzenberger* § 94 Rn 25).

Darüber hinaus hat der Filmhersteller das Recht, jede Entstellung oder Kürzung des Bildträgers oder Bild- und Tonträgers zu verbieten, die geeignet ist, seine berechtigten Interessen an diesem zu gefährden. Damit erlangt der Filmhersteller keinen persönlichkeitsrechtlichen Schutz, wohl aber einen dem Urheberpersönlichkeitsrecht nachgebildeten Schutz gegen Entstellungen und Kürzungen, der es dem Filmhersteller ermöglichen soll, hiergegen selbständig vorzugehen (amtl. Begr. BT-Drucks. IV/270 zu § 103). Auch dieses Recht dient dazu, die wirtschaftlichen Interessen des Filmherstellers zu wahren, nicht etwa ideelle. Es genügt eine abstrakte Eignung zur Gefährdung dieser Interessen (*Möhring/Nicolini/Lütje* § 94 Rn 28).

III. Übertragbarkeit des Rechts, Abs. 2

4   Der neu gefasste Abs. 2 räumt dem Filmhersteller im Unterschied zu § 94 Abs. 2 aF nicht nur die Befugnis ein, sein Leistungsschutzrecht zu übertragen, sondern auch, Nutzungsrechte hieran einzuräumen. Für den Fall, dass er einen Lizenzvertrag abschließt, gelten gem. Abs. 2 S. 2 die urheberrechtlichen Bestimmungen der §§ 31 Abs. 1 bis 3 und 5, 33 und 38 entspr.

IV. Schutzdauer, Abs. 3

5   Die Regelung der Schutzdauer in Abs. 3 entspricht der für ausübende Künstler und Veranstalter geltenden Vorschrift des § 82 und der für Tonträgerhersteller geltenden Vorschrift des § 85 Abs. 3. Durch die Änderung des UrhG von 1995 wurde die für den Filmhersteller geltende Schutzfrist ebenso wie die für den ausübenden Künstler und für den Tonträgerhersteller auf 50 Jahre verlängert.

Abs. 3 knüpft in erster Linie an das Erscheinen des Filmstreifens an. Der Begriff des Erscheinens entspricht dem in § 6 Abs. 2. Wurde der Bildträger oder Bild- und Tonträger bereits vorher erlaubtermaßen zur öffentlichen Wiedergabe benutzt, ist diese Handlung für den Fristbeginn maßgeblich. Auf den Herstellungszeitpunkt kommt es an, wenn der Filmstreifen binnen 50 Jahren weder erschienen noch erlaubterweise zur öffentlichen Wiedergabe benutzt worden ist.

Wenngleich in Abs. 3 nicht ausdrücklich geregelt, entspricht es allg. Meinung, dass für die Berechnung der Frist § 69 maßgebend ist (*Möhring/Nicolini/Lütje* § 94 Rn 33).

V. Entsprechende Anwendbarkeit der §§ 20b, 27 Abs. 2 und 3 sowie der Bestimmungen über die Schranken des Urheberrechts

6   Gem. Abs. 4 stehen dem Filmhersteller die Vergütungsansprüche der §§ 20b, 27 Abs. 2 und 3 zu. Zugleich gelten für ihn die urheberrechtlichen Schrankenbestimmungen der §§ 44a bis 63a. Die in § 94 Abs. 4 aF geregelte Ausnahme bzgl § 61 ist entbehrlich geworden, nachdem § 61 infolge der Regelung des § 42a aufgehoben worden ist.

Abschnitt 2
Laufbilder

§ 95   Laufbilder

Die §§ 88, 89 Abs. 4, 90, 93 und 94 sind auf Bildfolgen und Bild- und Tonfolgen, die nicht als Filmwerke geschützt sind, entsprechend anzuwenden.

Literatur: *Feyock/Straßer* Die Abgrenzung der Filmwerke von Laufbildern am Beispiel der Kriegswochenschauen, ZUM 1992, 11; *Hoeren* Urheberrechtliche Probleme des Dokumentarfilms, GRUR 1992, 145; *Straßer* Die Abgrenzung der Laufbilder vom Filmwerk, 1995.

I. Allgemeines

§ 95 rundet den **Schutz des Filmherstellers** ab, indem er einen Teil der bes. Bestim- **1**
mungen für Filmwerke auf Laufbilder für entspr. anwendbar erklärt. Das entehbt ihn
von der Verpflichtung, im Streitfall darzulegen und ggf zu beweisen, dass es sich bei
seinem Film um ein Filmwerk iSv § 2 Abs. 1 Nr. 6 handelt. Denn das zugunsten des
Filmherstellers statuierte Leistungsschutzrecht des § 94 gilt gem. § 95 unabhängig
davon, ob er ein Filmwerk hervorbringt oder bloße Laufbilder. Geschützt wird mit
§ 94 nicht die schöpferische Tätigkeit des Filmherstellers, sondern seine organisatorische und wirtschaftliche Leistung (*Schricker/Katzenberger* § 95 Rn 3).

II. Abgrenzung der Laufbilder von Filmwerken

Laufbilder sind nach dem Gesetzeswortlaut Bildfolgen und Bild- und Tonfolgen, die **2**
nicht als Filmwerke geschützt sind. Die Abgrenzung ist also negativ vom Begriff des
Filmwerkes her vorzunehmen. Filmwerke sind solche bewegten Bild- oder Bild-
Tonfolgen, die durch die Aneinanderreihung fotografischer oder fotografieähnlicher
Einzelbilder den Eindruck eines bewegten Bildes entstehen lassen (so § 2 Rn 246)
und die für die Zubilligung eines Werkcharakters erforderliche Schöpfungshöhe auf-
weisen. Die Anforderungen an die Schöpfungshöhe sind nicht streng; Schutz als
Filmwerk genießt auch die sog. kleine Münze (*Fromm/Nordemann/Vinck* § 2 Rn 77).
Zu der Frage, wann ein urheberrechtlich geschütztes Filmwerk vorliegt so § 2
Rn 253 ff. Um bloße Laufbilder handelt es sich bspw bei der Darstellung von Natur-
ereignissen, bei denen die Wirklichkeit ohne den Einsatz gestalterischer Mittel einfach abgefilmt wird (zu einer Szene mit fliegenden Schwänen *BGHZ* 9, 262, 268 –
Lied der Wildbahn I). Entspr. gilt für Filmberichte über aktuelle Ereignisse, wie sie
in Nachrichtensendungen gezeigt werden, es sei denn, es handelt sich um eine Re-
portage oder Wochenschau, die unter Einsatz bes. gestalterischer Mittel kreiert wurde (vgl *LG Berlin* GRUR 1962, 207, 208 – Maifeiern; *LG München I* ZUM-RD 1998,

89, 92 – Deutsche Wochenschauen). Auch das einfache Aufzeichnen von Darbietungen ausübender Künstler, bspw eine Opernaufführung, erzeugt lediglich Laufbildschutz. Nicht zu verwechseln hiermit ist das Verfilmen von Bühnenstücken unter Einsatz filmgestalterischer Mittel wie einer bestimmten Kameraführung und dem Einsatz von Lichteffekten (*Möhring/Nicolini/Lütje* § 95 Rn 5). An der notwendigen schöpferischen Gestaltungshöhe fehlt es idR Pornofilmen (*OLG Hamburg* GRUR 1984, 663 – Video intim).

3 Da es für die Klassifikation als Film nicht auf die Länge der Bildfolge ankommt, können beispielsweise **Computer-Bildschirmschoner** unter § 95 fallen. Auch **Video- und Computerspiele** werden wegen der in ihnen enthaltenen Filmsequenzen idR unter § 95 subsumiert (*OLG Hamburg* GRUR 1990, 127, 128 – Super Mario III; *OLG Hamm* ZUM 1992, 99, 100 – Computerspiele). Nicht zuletzt mit Rücksicht darauf, dass diese Sequenzen angesichts wachsender technischer Möglichkeiten immer aufwändiger gestaltet werden können, kommt im Einzelfall jedoch durchaus Urheberrechtsschutz in Betracht. Dies ist zwar iE ohne Belang für zivilrechtlichen Schutz nach deutschem Recht, wird aber in Fällen mit Auslandsberührung bedeutsam (s. dazu *Schricker/Katzenberger* § 95 Rn 12).

III. Entsprechende Anwendbarkeit der §§ 88, 89 Abs. 4, 90, 93, 94

4 Ein Film, der selbst dem Urheberrechtsschutz nicht unterfällt, kann ohne weiteres unter Verwendung von Werken entstanden sein, an denen ein Urheberrecht besteht. Dies kann beispielsweise für die eingesetzte Filmmusik gelten. Deshalb gilt § 88 entspr. für Laufbilder. Der in § 88 vorgesehene Umfang der Rechtseinräumung in sachlicher und zeitlicher (§ 88 Abs. 2 S. 2) Hinsicht wird in der Lit. teilweise als unangemessen empfunden (*Schricker/Katzenberger* § 95 Rn 13; *Möhring/Nicolini/ Lütje* § 95 Rn 6). Da es sich bei § 88 jedoch lediglich um eine gesetzliche Auslegungsregel handelt, die hinter vertraglichen Abreden zurücksteht, erscheint die entspr. Anwendbarkeit vertretbar.

§ 95 verweist auch auf § 89 Abs. 4, der inhaltlich § 91 aF entspricht. Es ist kein Widerspruch, dass nicht nur Lichtbilder, sondern auch Lichtbildwerke als Bestandteile eines Films lediglich Laufbilder, kein Filmwerk hervorbringen, da die den urheberrechtlichen Schutz des einzelnen Lichtbildes begründenden Umstände nicht ohne weiteres dazu führen, dass eine Folge solcher Lichtbilder sich zu einem Filmwerk addiert. Denn hierfür ist nicht die schöpferische Gestaltung der einzelnen gefertigten Lichtbilder maßgeblich, sondern Inhalt und Form der sich ergebenden Bildfolge. Hingegen kommt eine Verweisung auf die übrigen Abs. des § 89 nicht in Betracht, da die Mitwirkung bei der Herstellung eines Films, der seinerseits nicht über die erforderliche Gestaltungshöhe verfügt, ihrerseits keine eine Miturheberschaft begründende schöpferische Tätigkeit darstellen kann.

5 Die entspr. Anwendung des **§ 90** gilt nur für die in § 88 bezeichneten Rechte, da Rechte iSv § 89 an Laufbildern nicht entstehen können.

§ 92 ist auf Laufbilder nicht anwendbar, da eine Einschränkung der Rechte der ausübenden Künstler nicht gerechtfertigt ist, wenn ihre Darbietung lediglich gefilmt wird, ohne dass dabei ein neues urheberrechtsschutzfähiges Werk entsteht. Das gilt insb. für Live-Sendungen und die bloße Aufzeichnung von Bühnenaufführungen.

Die in § 93 vorgesehene Einschränkung persönlichkeitsrechtlicher Befugnisse soll nach § 95 auch für Laufbilder gelten, was in der Lit. auf verbreitete Kritik gestoßen ist. Da die Anwendung des § 93 jedoch eine Interessenabwägung erfordert und das Verwertungsinteresse des Herstellers eines § 95 unterfallenden Films gegenüber den persönlichkeitsrechtlichen Interessen der Rechteinhaber iSv § 93 anders bewertet werden kann als das des Herstellers eines Filmwerkes, ist die entspr. Anwendbarkeit des § 93 nicht zu missbilligen.

Schließlich sieht § 95 die entspr. Anwendbarkeit des **§ 94** vor. Der Schutz des Film-   **6** herstellers hängt also nicht davon ab, ob sein Film Werkqualität aufweist oder nicht, was konsequent ist, weil nicht die schöpferische Leistung des Filmherstellers unter Schutz gestellt wird, sondern seine wirtschaftliche und organisatorische.

Teil 4
Gemeinsame Bestimmungen für Urheberrecht und verwandte Schutzrechte

Abschnitt 1
Ergänzende Schutzbestimmungen

Vorbemerkung zu §§ 95a-96

Literatur: *Ekey* ua, Heidelberger Kommentar zum Wettbewerbsrecht, 2000; *Köhler/Piper* UWG: Gesetz gegen den unlauteren Wettbewerb, 3. Aufl. 2001.

I. Gesetzesgeschichte

Die §§ 95a ff. sind durch das Gesetz zur Regelung des Urheberrechts in der Informa-   **1** tionsgesellschaft in das UrhG eingefügt worden. Sie beruhen auf der **Europäischen Richtlinie zur Harmonisierung des Urheberrechts**. Es handelt sich also der Sache nach um ein Stück europäischen Urheberrechts innerhalb des deutschen UrhG. Das hat ua die Verpflichtung zur **richtlinienkonformen Auslegung** zur Folge (näher § 15 Rn 29 ff.). Die Vorschriften setzen außerdem die Vorgaben von Art. 11 und 12 des WIPO-Urheberrechtsvertrags (**WCT**) um, welche die Vertragsparteien zum Schutz von Informationen für die Rechtewahrnehmung und von technischen Vorkehrungen verpflichten, von denen Urheber im Zusammenhang mit der Ausübung ihrer

Rechte nach dem WCT Gebrauch machen. Dem Gesetzentwurf betr. die Zustimmung zu den WIPO-Verträgen (BT-Drucks. 15/15 v. 25.10.2002) hatte der deutsche BTag durch Gesetz v. 11.4.2003 zugestimmt und zugleich das Gesetz zur Regelung des Urheberrechts in der Informationsgesellschaft beschlossen.

2   Anzuwenden sind §§ 95b Abs. 2, 95d Abs. 2, 111a Abs. 1 Nr. 2 und 3 und die Änderungen des UKlaG ab dem 1.9.2004 (Art. 6 des Gesetzes zur Regelung des Urheberrechts in der Informationsgesellschaft), § 95d Abs. 1 auf alle ab dem 1.12.2003 neu in den Verkehr gebrachten Werke und anderen Schutzgegenstände (§ 137j Abs. 1). IÜ gelten die Bestimmungen ab In-Kraft-Treten des Gesetzes zur Regelung des Urheberrechts in der Informationsgesellschaft. Übergangsfristen oder ein gestaffeltes In-Kraft-Treten, wie sie für die Bereitstellung der für bestimmte Schrankennutzungen erforderlichen technischen Mittel (§ 95b Abs. 2), für die Kennzeichnungspflicht (§ 95d) und für die diesbezügliche Bußgeldbestimmung vorgesehen sind, gibt es für den Schutz wirksamer technischer Maßnahmen (§§ 95a, 111a Abs. 1 Nr. 1) nicht. Für **Altfälle** gelten die neuen Vorschriften nicht.

3   Die §§ 95a ff. bezwecken den Schutz der Urheber und Inhaber verwandter Schutzrechte vor einer Nutzung ihrer Werke und Schutzgegenstände ohne oder sogar gegen ihren Willen. Schon am 23.3.2002 war das Gesetz über den Schutz von zugangskontrollierten Diensten und von Zugangskontrolldiensten (Zugangskontrolldiensteschutz-Gesetz – **ZKDSG**) in Kraft getreten (BGBl I 2002, 1090 f.). Es enthält zum Schutz von Rundfunk-, Tele- und Mediendiensten ein den §§ 95a ff. in großen Teilen ähnliches Verbot von gewerbsmäßigen Eingriffen zur Umgehung von Zugangskontrolldiensten.

4   Mit der Neuregelung verstärkt sich ein **Trend**, der ua mit dem **DCMA** in den USA begonnen hat. Erst jüngst ist dort auf der Grundlage des DCMA der Betreiber von iSoNews.com **David Rocci** zu einer Gefängnisstrafe verurteilt worden, weil er auf seiner Website mit der illegalen Xbox-Modchips Enigmah gehandelt hatte, die zum Umgehen des Kopierschutzes der Spielekonsole genutzt werden kann. Dieser Trend geht in Richtung auf eine **stärkere gesetzliche Absicherung der Urheber und Inhaber verwandter Schutzrechte**. Damit trägt das Gesetz auch der Zunahme der Zahl von Crackern und deren Trittbrettfahrern Rechnung. Ob solche Maßnahmen zum Schutz der Urheber gerechtfertigt sind, ist – gerade auch im Hinblick auf die Erfahrungen mit dem DCMA – vor allem rechtspolitisch stark umstr. Spielraum bei der Umsetzung der Vorgaben der Europäischen Richtlinie bestand für den deutschen Gesetzgeber praktisch nicht. Bei der Fassung der Vorschrift wurde deshalb auch bewusst darauf verzichtet, die Regelung sprachlich zu verdichten oder zusätzliche Elemente aufzunehmen. Dadurch sollte zu einer einheitlichen Auslegung in allen Mitgliedstaaten beigetragen werden (amtl. Begr. zu Nr. 34 und 42, BT-Drucks. 15/38, 26 ff.).

II. Systematik

5   **§ 95a Abs. 1** schützt bestimmte technische Maßnahmen, die dem Schutz der Rechteinhaber vor einer Nutzung ihrer Werke bzw sonstigen nach UrhG geschützten Schutzgegenstände dienen, vor **Umgehung**. Er verbietet zB den Einsatz von Computerprogrammen zur Entschlüsselung verschlüsselter Fernsehsender, die Beseitigung eines Kopierschutzes von CD-ROMs oder CDs sowie die Beseitigung der an Emp-

fangsgeräten angebrachten technischen Vorrichtungen, durch die der Empfang bestimmter digitaler Sender verhindert werden soll. Den wirksamen technischen Maßnahmen nach § 95a Abs. 1 sind gem. **§ 95b Abs. 4** diejenigen technischen Maßnahmen gleichgestellt, die der Rechteinhaber – ob freiwillig oder in Erfüllung seiner Verpflichtung aus § 95b Abs. 1 – den durch eine Schrankenregelung Privilegierten zur Verfügung stellt, um ihnen die Nutzung eines durch wirksame technische Maßnahmen geschützten Werkes oder sonstigen Schutzgegenstandes zu ermöglichen (näher unten § 95a Rn 27). Das Verbot ist **zivilrechtlich** durch § 823 Abs. 2 BGB abgesichert (näher § 95a Rn 45), **strafrechtlich** sind Verstöße nach § 108b Abs. 1 **sanktioniert.**

§ 95a Abs. 3 erweitert den Schutz auf bestimmte Maßnahmen **im Vorfeld der Umgehung.** Verboten ist danach zB die Herstellung von Computerprogrammen, die zur Beseitigung eines Kopierschutzes dienen und im Zeitpunkt der Herstellung als solche beworben wurden. Die **zivilrechtliche** Absicherung erfolgt über § 823 Abs. 2 BGB, die **straf- und bußgeldrechtliche** durch §§ 108b Abs. 2, 111a Abs. 1 Ziff. 1, Abs. 2.   **6**

Wirksame technische Maßnahmen hindern auch die **Personen, die aufgrund einer Schrankenregelung hierzu berechtigt sind**, an der Nutzung des Werkes. Um ihnen den Gebrauch des Werkes zu ermöglichen und so zu verhindern, dass technische Schutzmaßnahmen im Sinne eines **code as law** an die Stelle des Gesetzes treten (vgl *Möhring/Schulze/Ulmer/Zweigert/Lehmann* Quellen, Europ. GemeinschaftsR/II/6, S. 8 f. mwN), verpflichtet **§ 95b Abs. 1** die Rechteinhaber, diesen Personen die technischen Mittel zur Verfügung zu stellen, die erforderlich sind, um die wirksame technische Maßnahme soweit zu beseitigen oder außer Kraft zu setzen, dass das Werk entspr. den Vorgaben der Schrankenregelung in Benutzung genommen werden kann. Nicht alle durch Schrankenregelungen begünstigten Personen kommen allerdings in den Genuss der Bestimmung, sondern nur die durch die in § 95b Abs. 1 iE aufgezählten Schrankenregelungen Begünstigten. Bes. bemerkbar werden sich die Einschränkungen des § 95b Abs. 1 bei der **Privatkopierfreiheit (§ 53 Abs. 1)** machen. Sie wird von § 95b Abs. 1 nur unvollständig erfasst: Den privaten Gebrauch müssen die Rechteinhaber nur insoweit sicherstellen, als es um die papierne Vervielfältigung geht (§ 95b Abs. 1 Nr. 6a). Hingegen haben Personen, die das Werk zum privaten (und vor allem nicht wissenschaftlichen, vgl § 95b Abs. 1 Nr. 6b) Gebrauch digital vervielfältigen wollen, idR keinen Anspruch auf Bereitstellung der hierzu erforderlichen technischen Mittel.   **7**

Ohnehin erweist sich § 95b Abs. 1 noch in anderer Hinsicht als stumpfes Schwert: Die Verpflichtung aus § 95b Abs. 1 ist lediglich durch eine **Bußgeldvorschrift** (§ 111a Abs. 1 Ziff. 2, Abs. 2) abgesichert. Zwar kann sie nach **§ 95b Abs. 2 und 3** zivilrechtlich durch eine auf Herausgabe der zur in der betr. Schranke geregelten Nutzung erforderlichen technischen Mittel (zB Entschlüsselungsprogramme) gerichtete Klage des durch die Schranke Privilegierten oder durch eine nach dem UKlaG erhobene **Unterlassungsklage** durchgesetzt werden. Auch ist § 95b Abs. 1 nach hiesiger Auffassung Schutzgesetz iSd § 823 Abs. 2 BGB. Da aber der Aufwand einer Klage für die durch eine Schrankenregelung Begünstigten meist in keinem Verhältnis zum Nutzen steht und sich ein Schaden kaum wird nachweisen lassen, wird sich die Rechtsverfolgung voraussichtlich auf die Verfolgung massenhafter oder bes. hartnäckiger Verstöße durch Interessenverbände beschränken.   **8**

9   § 95c regelt den Schutz der Informationen, die am körperlichen Werkstück ange-bracht sind oder im Zusammenhang mit seiner öffentlichen Wiedergabe erscheinen und dem Berechtigten zur Wahrnehmung seiner Rechte dienen. Das sind zB die elek-tronische Kennung des Werkes und der Produktcode, aus dem sich der Urheber und/oder der Vertriebsweg ergibt. Auch § 95c ist Schutzgesetz iSd § 823 Abs. 2 BGB. Strafrechtlich ist das Verbot durch § 108b Abs. 1 Ziff. 2, Abs. 3 abgesichert.

10   § 95d Abs. 1 verpflichtet, mit technischen Maßnahmen geschützte Werke und andere Schutzgegenstände so zu kennzeichnen, dass die Eigenschaften der technischen Maß-nahmen deutlich werden. Die Vorschrift dient dem Schutz des Verbrauchers und der Lauterkeit des Wettbewerbs (amtl. Begr. zu § 95d, BT-Drucks. 15/38, 28). Der poten-zielle Käufer technisch geschützter Ware soll seine Erwerbsentscheidung in Kenntnis aller für diese wesentlichen Faktoren treffen können. Eine eigene zivil- und strafrecht-liche Absicherung des Gebots gibt es nicht, ein Verstoß kann aber Mängelgewährleis-tungsansprüche auslösen und als Betrug oder nach § 4 UWG strafbewehrt sein.

11   Bei § 95d Abs. 2 handelt es sich um eine flankierende Maßnahme zu § 95b. Sie will sicherstellen, dass der durch eine Schrankenregelung Begünstigte die ihm zustehen-den Ansprüche auch durchsetzen kann (amtl. Begr. zu § 95d, BT-Drucks. 15/38, 28). § 95d Abs. 2 ist Schutzgesetz iSd § 823 Abs. 2 BGB und nach § 111a Ziff. 3 strafbe-wehrt.

III. Abgrenzung zum ZKDSG

12   Bereits am **23.3.2002** in Kraft getreten ist das ZKDSG, das Gesetz über den Schutz von zugangskontrollierten Diensten und von Zugangskontrolldiensten (BGBl I 2002, 1090 f.). Es schützt technische Verfahren und Vorrichtungen, welche die erlaubte Nutzung einer nur gegen Entgelt erbrachten Rundfunkdarbietung (§ 2 Rundfunk-staatsvertrag), eines eben solchen Tele- (§ 2 TDG) oder Mediendienstes (§ 2 Medi-endienste-Staatsvertrag) regeln. Letztlich war es das Ziel, den gewerbsmäßigen Han-del, die Werbung für und die Wartung von Geräten und Programmen zum Cracken der d-box, mit deren Hilfe das Premiere-Programm empfangen werden konnte, unter Strafe zu stellen; nicht umsonst nennt man das ZKDSG landläufig auch „**Lex Pre-miere**", also: Gesetz zum Schutze des Fernsehsenders Premiere. Nach seinen §§ 3, 4 sind neben der gewerbsmäßigen Herstellung und Einfuhr auch der gewerbsmäßige Besitz und die Absatzförderung von Umgehungsvorrichtungen bei Freiheitsstrafe verboten. Das führt zwangsläufig zu Abgrenzungsschwierigkeiten zu den §§ 95a ff., die „wirksame technische Maßnahmen" des Rechteinhabers, die dessen Schutz vor einer Nutzung von Werken und sonstigen Schutzgegenständen bezwecken, unter Schutz stellen.

13   Das ZKDSG und §§ 95a ff. verfolgen einen **unterschiedlichen Schutzzweck**. Wäh-rend das ZKDSG die um gecrackte Smartcards entstandenen Strafbarkeitslücken schließt, geht es bei den §§ 95a ff., auch soweit diese strafrechtlich abgesichert sind (§§ 108b, 111a) um den Schutz der Geistesleistung.

14   Von §§ 95a ff. unterscheidet sich das ZKDSG vor diesem Hintergrund zum einen durch den **Kreis der geschützten natürlichen bzw juristischen Personen**. Dies sind beim ZKDSG die Unternehmen, die Rundfunkdarbietungen, Teledienste oder Mediendienste erbringen, nach dem UrhG hingegen die Urheber, Inhaber verwandter

Leistungsschutzrechte bzw Lizenznehmer. Der Schutz des ZKDSG setzt unabhängig vom Werkcharakter der Darbietungen ein, die im konkreten Fall oder üblicherweise Gegenstand der Rundfunkdarbietung, des Tele- oder des Mediendienstes sind. Dem ZKDSG geht es darum, Strafbarkeitslücken zu schließen, die im Bereich derartiger Dienste durch den Vertrieb von Vorrichtungen zur Umgehung von Verschlüsselungen, vor allem der d-box, entstanden sind. Indem man die Risiken für die gewerblichen Anbieter von **Smartcards, Programme und Codes, die das „Schwarzsehen" (bzw „Schwarzhören") ermöglichen**, erhöhte, hoffte man, das Angebot zu verknappen und so letztlich auch den Endkunden zu erreichen. Teile der Rspr und Lit. (*OLG Frankfurt* NJW 1996, 264; HK-WettbR/*Plaß* § 1 Rn 278) hatten den Vertrieb von Piratenkarten bislang als Verstoß gegen § 1 UWG angesehen; zur Rechtslage nach In-Kraft-Treten des ZKDSG s. *OLG Frankfurt* GRUR-RR 2003, 287.

Zum anderen unterscheiden sich die §§ 95a ff. vom ZKDSG durch die **Sanktionen**. **15** Jene des ZKDSG richten sich nur gegen gewerbsmäßige Eingriffe.

Innerhalb ihrer jeweiligen Anwendungsbereiche sind das UrhG und das ZKDSG **16** **selbständig.** Der Hersteller einer Vorrichtung zur Umgehung einer Verschlüsselungsmaßnahme kann sich danach sowohl nach § 4 ZKDSG als auch nach § 108b Abs. 2 strafbar machen. Die Umgehung derartiger Schutzmaßnahmen selbst wird von § 3 ZKDSG schon gar nicht erfasst. Insoweit kann allein das UrhG Schutz gewähren.

Die **erg. Heranziehung des ZKDSG zur Begr. eines urheberrechtlichen Verbots-** **17** **tatbestands ist ausgeschlossen.** Insb. sind Maßnahmen, die sich wie die Herstellung einer Umgehungsvorrichtung im Vorfeld der Umgehung wirksamer technischer Maßnahmen bewegen, nur unter den in § 95a Abs. 2 geregelten Voraussetzungen urheberrechtlich verboten. Die erg. Heranziehung des § 3 ZKDSG zur Herleitung von Rechten der Urheber, Inhaber verwandter Schutzrechte und Lizenznehmer ist nicht möglich, was freilich nichts daran ändert, dass sich die Hersteller derartiger Vorrichtungen auch dann nach § 4 ZKDSG strafbar machen können, wenn urheberrechtlich gesehen kein verbotswidriges Verhalten vorliegt. Auch kann iRd Auslegung der teilweise wörtlich gleichlautenden Begriffe im ZKDSG bzw UrhG nicht ohne weiteres wechselseitig Rückgriff genommen werden.

IV. Keine Anwendbarkeit auf Computerprogramme

Auf Computerprogramme finden die Vorschriften der §§ 95a bis 95c keine Anwen- **18** dung (§ 69a Abs. 5). Der Europäische Gesetzgeber ging bei der Schaffung der Europäischen Richtlinie zur Harmonisierung des Urheberrechts, auf der die Vorschriften beruhen, von der abschließenden Natur der Richtlinie 91/250/EWG über Computerprogramme aus. Diese enthält jedoch keine den §§ 95a bis 95c entspr. Regelungen. Darüber hinaus wäre die Abgrenzung zur zulässigen Dekompilierung (§ 69e) bzw Erstellung einer Sicherungskopie (§ 69d Abs. 2) schwierig geworden.

Wer daher den **Kopierschutz** eines Computerprogramms beseitigt, verstößt nicht ge- **19** gen § 95a Abs. 1 und kann demzufolge auch weder auf Unterlassung in Anspruch genommen werden, noch läuft er Gefahr einer straf- oder bußgeldrechtlichen Verfolgung nach §§ 108b, 111a. Die Herstellung oder der Vertrieb von Entschlüsselungsprogrammen ist nicht nach § 95a Abs. 3 verboten, solange es ausschließlich um die Entschlüsselung des Programmcodes und nicht um den Zugang zu anderen Schutzgegenständen als Computerprogrammen geht. **Allg. zivilrechtliche Ansprüche und Strafvorschriften bleiben unberührt.**

§ 95a   Schutz technischer Maßnahmen

(1) Wirksame technische Maßnahmen zum Schutz eines nach diesem Gesetz geschützten Werkes oder eines anderen nach diesem Gesetz geschützten Schutzgegenstandes dürfen ohne Zustimmung des Rechtsinhabers nicht umgangen werden, soweit dem Handelnden bekannt ist oder den Umständen nach bekannt sein muss, dass die Umgehung erfolgt, um den Zugang zu einem solchen Werk oder Schutzgegenstand oder deren Nutzung zu ermöglichen.

(2) Technische Maßnahmen im Sinne dieses Gesetzes sind Technologien, Vorrichtungen und Bestandteile, die im normalen Betrieb dazu bestimmt sind, geschützte Werke oder andere nach diesem Gesetz geschützte Schutzgegenstände betreffende Handlungen, die vom Rechtsinhaber nicht genehmigt sind, zu verhindern oder einzuschränken. Technische Maßnahmen sind wirksam, soweit durch sie die Nutzung eines geschützten Werkes oder eines anderen nach diesem Gesetz geschützten Schutzgegenstandes von dem Rechtsinhaber durch eine Zugangskontrolle, einen Schutzmechanismus wie Verschlüsselung, Verzerrung oder sonstige Umwandlung oder einen Mechanismus zur Kontrolle der Vervielfältigung, die die Erreichung des Schutzziels sicherstellen, unter Kontrolle gehalten wird.

(3) Verboten sind die Herstellung, die Einfuhr, die Verbreitung, der Verkauf, die Vermietung, die Werbung im Hinblick auf Verkauf oder Vermietung und der gewerblichen Zwecken dienende Besitz von Vorrichtungen, Erzeugnissen oder Bestandteilen sowie die Erbringung von Dienstleistungen, die

1. Gegenstand einer Verkaufsförderung, Werbung oder Vermarktung mit dem Ziel der Umgehung wirksamer technischer Maßnahmen sind oder

2. abgesehen von der Umgehung wirksamer technischer Maßnahmen nur einen begrenzten wirtschaftlichen Zweck oder Nutzen haben oder

3. hauptsächlich entworfen, hergestellt, angepasst oder erbracht werden, um die Umgehung wirksamer technischer Maßnahmen zu ermöglichen oder zu erleichtern.

(4) Von den Verboten der Absätze 1 und 3 unberührt bleiben Aufgaben und Befugnisse öffentlicher Stellen zum Zwecke des Schutzes der öffentlichen Sicherheit oder der Strafrechtspflege.

I. Gesetzgebungsgeschichte und Regelungsgehalt

§ 95a wurde eingefügt durch das **zum 13.9.2003 in Kraft getretene Gesetz zur Re-** **1** **gelung des Urheberrechts in der Informationsgesellschaft**, das vor allem der Umsetzung der Europäischen Richtlinie zur Harmonisierung des Urheberrechts dient. Bei der Fassung der Vorschrift wurde bewusst darauf verzichtet, die Regelung sprachlich zu verdichten oder zusätzliche Elemente aufzunehmen. Dadurch sollte zu einer einheitlichen Auslegung in allen Mitgliedstaaten beigetragen werden (amtl. Begr. zu § 95a, BT-Drucks. 15/38, 26). Das im RefE v. 18.3.2002 ursprünglich vorgesehene Umgehungsverbot für alle wirksamen technischen Maßnahmen ist nur insoweit Gesetz geworden, als dem Handelnden **Vorsatz oder ein arglistiges sich den wahren Tatsachen Verschließen** („bekannt ist oder bekannt sein muss") nachgewiesen werden kann.

Die Vorschrift bezweckt den Schutz der Rechteinhaber vor der Umgehung eines Di- **2** gital Rights Management (**DRM**), dh von Maßnahmen, welche die Nutzung des Werkes durch Dritte einschränken. Eine solche technische Möglichkeit ist zB das sog. **Regional Encoding Enhancement**, durch das die Nutzung einer CD territorial begrenzt werden kann. Ebenso kann bei e-books die **Nutzbarkeit an einen bestimmten PC gekoppelt** und dadurch etwa ein Verleihen des Buches verhindert werden. Beim neuen Kopierschutzverfahren **key2audio** für CDs bleiben die Audiodaten selbst unverändert, eine versteckte Signatur verhindert aber das Abspielen in Rechner-Laufwerken. Wird ein bestimmter Schlüssel eingegeben, können Kopien der Stücke aus dem Internet geladen werden. Diese können allerdings nur auf dem PC abgespielt werden, von dem sie geladen wurden, sodass der sonst übliche Gebrauch Privater stark eingeschränkt wird.

II. Umgehungsverbot (§ 95a Abs. 1)

1. Objektive Tatbestandsvoraussetzungen

3   **a) Einführung.** Der Begriff der wirksamen technischen Maßnahme ist in § 95a Abs. 2 definiert. Zu unterscheiden ist zwischen der technischen Maßnahme (§ 95a Abs. 2 S. 1) und deren Wirksamkeit (§ 95a Abs. 2 S. 2); nur wenn beides zusammen kommt, genießt die Maßnahme den Schutz des § 95a. Die **Unterscheidung zwischen einer technischen Maßnahme und deren Wirksamkeit** wird bedeutsam zB bei §§ 95b und 95d, die bestimmte Pflichten des Rechtsinhabers jeweils an das Vorliegen einer technischen Maßnahme unabhängig von deren Wirksamkeit knüpfen. § 95a ist unglücklich formuliert, weil die Begriffe der Vorrichtung bzw des Bestandteils sowohl zur Umschreibung dessen, was eine technischen Maßnahme ist (§ 95a Abs. 2), als auch im Beispielskatalog möglicher Umgehungen (§ 95a Abs. 3) verwandt werden. Dabei liegen den Begriffen der technischen Maßnahme in § 95a und 95b Abs. 4 dann auch noch jeweils unterschiedliche Bedeutungen zugrunde (s. sogleich Rn 5 und 27 und § 95b Rn 77).

4   **b) Technische Maßnahme. aa) Maßnahme.** § 95a schützt unter bestimmten weiteren Voraussetzungen technische Maßnahmen. Als solche kommen grds alle **Mechanismen** in Betracht, durch welche die nach dem UrhG geschützten Werke bzw Leistungen vor dem Zugriff Dritter geschützt werden können. Zu ihnen zählen insb. auch **software-implementierte** Maßnahmen (amtl. Begr. zu § 95a, BT-Drucks. 15/38, 26). § 69a Abs. 5 schließt nur die Anwendung der §§ 95a ff. auf technische Maßnahmen, die den Schutz des Computerprogramms selbst bezwecken, aus.

5   Nicht mit den technischen Maßnahmen iSd § 95a zu verwechseln sind die zugangsgewährenden **Mittel** des § 95b. Während die technischen Maßnahmen das Werk vor dem Zugriff Dritter schützen, ermöglichen die Mittel diesen gerade. Während sich die rechtlichen Begriffe wechselseitig ausschließen, kann es in technischer Hinsicht durchaus Überschneidungen und Abgrenzungsschwierigkeiten geben. So verhindert beispielsweise der Dongle, dass die (ihn nicht besitzenden) Nichtberechtigten Zugriff auf Werke erhalten, ermöglicht diesen aber gleichzeitig auch den (einen Dongle besitzenden) Berechtigten. Systematisch unrichtig verwendet das Gesetz in § 95b Abs. 4 an der Stelle des Begriffs der Mittel den der Maßnahme.

6   **bb) Zweckbestimmung. aaa) Schutzfunktion im normalen Betrieb.** Allen Schutzmaßnahmen ist gemein, dass sie im normalen Betrieb dazu bestimmt sein müssen, geschützte Werke oder andere nach dem UrhG geschützte Schutzgegenstände betr. Handlungen, die der Rechtsinhaber nicht genehmigt hat, zu verhindern oder einzuschränken. Das setzt neben der Eignung der Maßnahme zum Schutz von Werken oder Leistungsschutzrechten ihren Gebrauch in eben dieser Funktion voraus.

7   **Geeignet** idS ist die technische Maßnahme, wenn ihr Schutzobjekt ein **Werk** oder ein **sonstiger Schutzgegenstand des UrhG** ist. Computerprogramme fallen auch

dann nicht darunter, wenn sie schöpferisch sind (§ 69a Abs. 5, näher oben Vor §§ 95a ff. Rn 18 f.). Ob ein Werk bzw sonstiger Schutzgegenstand vorliegt, bemisst sich **nach §§ 2 ff., 70 ff.** Geeignet zum Schutz von Werken oder anderen Schutzgegenständen sind technische Maßnahmen nicht nur dann, wenn sie das Kopieren von Büchern oder Noten, sondern auch, wenn sie zB den Empfang eines Fernsehprogramms oder die Auswertung einer Datenbank verhindern.

In eben dieser **Funktion** muss die Maßnahme auch im normalen Betrieb eingesetzt werden. Das ist der Fall, wenn ihre übliche Aufgabe aus Sicht eines objektiven Dritten im Schutz von Werken bzw von den Leistungen, die Gegenstand von Leistungsschutzrechten des UrhG sind, liegt. Schutzmechanismen, die ausschließlich zum Zwecke einer **Marktzugangsbeschränkung** eingesetzt werden, genießen daher nicht den Schutz des § 95a (amtl. Begr. zu § 95a, BT-Drucks. 15/38, 26). Ebenso wenig sind **Einbruchsicherungen** am Haus oder **kryptografische** Maßnahmen geschützt. Auch wenn die Schutzmaßnahme ausschließlich darauf gerichtet ist, den **wissenschaftlichen** (und daher urheberrechtlich nicht schutzfähigen) Inhalt einer wissenschaftlichen und technischen Darstellung (§ 2 Abs. 1 Nr. 7) zu schützen, greift der Schutz nicht ein. Ob die erforderliche Zweckbestimmung gegeben ist, ist anhand der sich aus den objektiven Umständen erschließenden üblichen Interessenlage festzustellen. Fehlt bloß eine an anderen Geräten oder Werken vorhandene **technische Funktion**, ist das im Allgemeinen eine Maßnahme der Produktgestaltung, dient dann also auch nicht dem Schutz von nach UrhG geschützten Objekten. Wer ein Kassettendeck, welches lediglich über die Abspielfunktion verfügt, nachträglich mit Zubehör zum Aufnehmen von Werken ausstattet, verstößt daher nicht gegen den Verbotstatbestand. Ausnahmen bestätigen allerdings auch hier die Regel, so zB beim Verkauf von Geräten, bei denen bestimmte Funktionen den Einsatz eines gesondert zu erwerbenden Dongles erfordern.

bbb) Weitere Zwecke und Motive. Ausreichend ist, wenn die zum Schutz von Schutzgegenständen des UrhG geeignete technische Maßnahme ihre Funktion im normalen Betrieb entfaltet. Ob sie im Einzelfall zum Schutz von Produkten eingesetzt wird, die keinen Schutz nach UrhG genießen, weil sie nie oder jedenfalls nicht mehr geschützt sind, ist für die Frage, ob eine technische Maßnahme vorliegt, ohne Belang. Dient die Maßnahme, wie das in vielen Bibliotheken geltende Verbot des Kopierens von Werken aus der Zeit vor dem 20. Jahrhundert, nahezu ausschließlich dem Schutz von vornherein nicht geschützter oder gemeinfrei gewordener Werke, scheidet die Anwendung der §§ 95a ff. deshalb aus. Hingegen schadet es nicht, wenn eine üblicherweise zum Schutz von Werken bestimmte technische Maßnahme gelegentlich auch zum Schutz solcher Güter eingesetzt wird, die nicht (mehr) nach UrhG geschützt sind.

Welchem weiteren Zweck die technische Maßnahme dient, ob insb. Dritte generell von der Nutzung des Werkes ausgeschlossen oder nur zum Erwerb von Zubehör veranlasst werden sollen, mit dem sich das Werk „entsichern" lässt, ist unerheblich. Selbst wenn der Rechtsinhaber mit der technischen Maßnahme, die üblicherweise Schutzgegenstände des UrhG schützt, im konkreten Fall andere Ziele als solche urheberrechtlicher Art verfolgt, schließt das die Eigenschaft als technische Maßnahme nicht aus. Auch schadet es prinzipiell nicht, wenn mit technischen Maßnahmen neben dem Schutz von Gegenständen des UrhG **erg.** das Ziel verfolgt wird, **Inhalte zu**

monopolisieren oder den Zugang zu Märkten zu kontrollieren. Gerade bei wissenschaftlichen Fach- und Lehrbüchern liegt dieses Ziel nahe.

11 Bedeutsam wird das aber bei der Wirksamkeit der technischen Maßnahme (vgl Rn 17 ff.). Relevant wird die Unterscheidung zwischen der technischen Maßnahme und deren Wirksamkeit zB iRv §§ 95b und 95d; sie knüpfen bestimmte Pflichten des Rechtsinhabers an die Existenz einer technischen Maßnahme, ohne noch auf deren Wirksamkeit abzustellen.

12 **cc) Technologie, Vorrichtung oder Bestandteil.** Geschützt sind Technologien, Vorrichtungen und Bestandteile, also am Werk aufgebrachte oder im Zusammenhang mit seiner Nutzung verwandte Schutzmechanismen. Die Begriffe lassen sich kaum sinnvoll trennen.

13 Geschützt sind nutzungseinschränkende Verfahren und Methoden wie etwa **Verschlüsselungs- und Verzerrungstechniken**, **Störsignale**, **Techniken zur überschnellen Abnutzung** von CDs bei wiederholtem Überspielen pp., die dem Zugriff auf das Werk entgegen stehen. Auch Verfahren, die es erforderlich machen, dass zur Nutzung des Schutzgegenstandes ein vom Hersteller autorisiertes **Gerät**, zB die **d-box**, eingesetzt werden muss, werden geschützt. Nicht geregelt ist die Frage, ob auch **unrechtmäßig hergestellte technische Maßnahmen**, zB unter Verletzung fremder Patente entwickelte Computerprogramme, den Schutz als technische Maßnahme genießen. Das ist zu bejahen, weil der Zweck des § 95a im Schutze der Geistesleistung liegt; diese ist aber auch dann schutzbedürftig, wenn sie durch eine unrechtmäßig eingesetzte Technologie gesichert wird. Nicht unerhebliche Verzögerungen der Rechtsstreite durch die Notwendigkeit zur Aufklärung der Rechtmäßigkeit der verwandten Technologie und die rechtliche Problematik eines Irrtums über die Rechtmäßigkeit wären andernfalls auch vorprogrammiert.

14 Daneben genießen alle sonstigen Mechanismen Schutz, die üblicherweise unmittelbar oder mittelbar dem Schutz von Werken oder anderen Schutzgegenständen des UrhG vor dem Nutzerzugriff dienen. Sie müssen nicht notwendig **technisch** sein. Das folgt daraus, dass jede der dort iE beschriebenen Zweckbestimmung genügende Vorrichtung von § 95a Abs. 1 als technische Maßnahme bezeichnet wird. **Mechanische Schutzvorrichtungen** wie die Verplombung des Werkes, der daran angebrachte Sicherheitsstreifen, aufzusteckende bzw abzunehmende Dongles, an- und abzuschließende Zusatzgeräte und sogar das Schloss an der Truhe, in der das Buch verwahrt wird, fallen bei der erforderlichen **weiten Auslegung** also auch unter § 95a Abs. 1. Ebenso geschützt sind zB **Wasserzeichen** zum Schutze des Werkes. Schließlich sind sogar solche Geräte oder Programme geschützt, die überwachen, ob der Nutzer nicht lizenzierte Werke bzw Schutzgegenstände nutzt, wenn gegen lizenzrechtliche Verstöße dann auch tatsächlich vorgegangen wird. Microsoft plant derzeit, das Programm „**Palladium**" in die Windows-Version zu integrieren, das dann zentral gesteuert Raubkopien lahm legen und die Wiedergabe illegaler Multimedia-Dateien sperren soll. Beim **TCPA-Modell** geht es darum, direkt in die CPU, also in die PC-Hardware, einen Krypto-Coprozessor zu integrieren, der verhindert, dass ein Debugger auf dem Rechner das Verhalten der laufenden Software beobachtet und es dem Nutzer so ermöglicht, Kopierschutzprogramme zu erkennen und zu „knacken".

Unter § 95a fallen auch die **am, auf oder um den Schutzgegenstand angebrachten** 15
Gegenstände, die dazu dienen, ihn vor dem Nutzerzugriff zu schützen und körperlich
von ihm **isolierbar** sind. Das kann zB eine Plombe oder ein fest fixiertes Plastikteil
an der Kassette sein, das dazu dient, das mehrfache Abspielen des Videos zu verhindern. Ihnen stehen Vorrichtungen gleich, die erst am Schutzgegenstand oder am Gerät, welches ihn wahrnehmbar macht, angebracht werden müssen, um dessen Nutzbarkeit herbeizuführen, zB der Dongle. Unerheblich ist, ob sie **rechtmäßig** hergestellt bzw eingesetzt wurde (näher oben Rn 13). Voraussetzung ist aber stets, dass es
sich um einen Mechanismus handelt, der üblicherweise dazu bestimmt ist, die **Nutzung** des Werkes einzuschränken. Sicherheitssysteme gegen **Diebstahl** oder **Einbruch** fallen deshalb nicht darunter. Ebenso wenig sind Verschlüsselungssysteme erfasst, die der Verschlüsselung zum Zwecke des **Signierens** von Texten usw dienen.

Auch **Bestandteile des Schutzgegenstands**, die **nicht notwendig körperlich** sein 16
müssen, können geschützt sein. So zB die Diskettensicherung (vgl aber § 69a
Abs. 5), der Sicherheitsstreifen oder eine bes. Schicht auf der CD-ROM, die zu einer
schnelleren Abnutzung derselben führt. Auch Zusätze bei der Programmierung einer
CD-ROM, die zu einer räumlichen oder zeitlichen Begrenzung des Einsatzbereichs
führen, fallen darunter. Unerheblich ist, ob der Bestandteil ein **rechtmäßig** oder ein
unrechtmäßig, etwa unter Verletzung fremder Schutzrechte, angebrachter ist (näher
oben Rn 13).

c) Wirksamkeit. Technische Maßnahmen sind nur wirksam, soweit durch sie die 17
Nutzung eines geschützten Werks oder eines anderen nach dem UrhG geschützten
Schutzgegenstandes vom Rechtsinhaber durch eine Zugangskontrolle, einen Schutzmechanismus oder einen Mechanismus zur Kontrolle der Vervielfältigung, welche
die Erreichung des Schutzziels sicherstellen, unter Kontrolle gehalten wird. Die Um-
ständlichkeit der Formulierung beruht auf der Anlehnung an Art. 6 der Europäischen
Harmonisierungsrichtlinie.

Die Zweckbestimmung einer Maßnahme reicht für sich genommen also nicht aus, 18
um ihren Schutz nach § 95a zu begründen, sondern die Technologie, die Vorrichtung
bzw der Bestandteil müssen auch **im konkreten Einzelfall** tatsächlich zum Schutz
urheberrechtlich geschützter Werke oder sonstiger nach dem UrhG geschützter
Schutzgegenstände dienen.

Das setzt voraus, dass die im konkreten Fall durch die technische Maßnahme ge- 19
schützten Werke bzw sonstigen Schutzgegenstände **Schutz nach dem UrhG genießen**; Computerprogramme sind von der Anwendung der §§ 95a ff. allerdings ausgeschlossen (§ 69a Abs. 5). Ist das Werk bereits gemeinfrei oder aus anderen Gründen
nicht nach UrhG geschützt, ist die zu seinem Schutz eingesetzte technische Sicherung nicht wirksam. Das hat zur Folge, dass sie umgangen werden darf (arg. e § 95a).
Die **mangelnde Wirksamkeit einer Maßnahme entbindet nicht von den Pflichten aus §§ 95b und 95d**. Daher ist die Ausstattung von Werken und sonstigen
Schutzgegenständen mit technischen Maßnahmen auch dann noch deutlich zu machen, wenn Gemeinfreiheit bereits eingetreten ist (näher hierzu in der Kommentierung der §§ 95b und 95d). Fehlt der mit einem technischen Schutz ausgestatteten
Leistung hingegen schon der Werkcharakter und ist sie auch nicht Leistung iSd
§§ 70 ff., greifen die §§ 95a ff. nicht ein.

Dreyer

20 Nur Schutzmaßnahmen, die im konkreten Fall den **Zugang zum Werk oder dessen Vervielfältigung kontrollieren bzw die Wahrnehmung des Werkes bzw des Schutzgegenstandes verhindern bzw beschränken**, sind geschützt. Die Begriffe der Zugangskontrolle, der Wahrnehmungsverhinderung und der Vervielfältigungskontrolle sind freilich so weit gefasst, dass sie gegenüber den Voraussetzungen einer technischen Maßnahme keine zusätzliche Einschränkung mehr bringen. Eine Zugangskontrolle des Werks erfolgt zB bei dessen Verplombung, die Wahrnehmbarkeit wird durch die Verschlüsselung eingeschränkt bzw verhindert und Maßnahmen, wie der auf der CD-ROM aufgebrachte Kopierschutz hindern bzw beschränken nur das Vervielfältigen, nicht aber die sonstige Nutzung.

21 Nach einer der Umsetzung der Harmonisierungsrichtlinie vorangegangenen Diskussion, wie eine technische Maßnahme, die wirksam sei, überhaupt noch umgangen werden könne, hält die amtl. Begr. zu § 95a (BT-Drucks. 15/38, 26) fest: „Der Regelung ist immanent, dass technische Maßnahmen grundsätzlich auch dann wirksam sein können, wenn ihre Umgehung möglich ist. Andernfalls würde das Umgehungsverbot jeweils mit der Umgehung technischer Maßnahmen infolge der dadurch erwiesenen Unwirksamkeit obsolet". Sichergestellt wird die Erreichung des Schutzziels also schon dann, wenn die Maßnahme den Zugang zur Nutzung nur überhaupt beschränkt oder ausschließt. Ihre **Umgehungssicherheit** ist hingegen, wie sich daraus ergibt, dass § 95a andernfalls überflüssig wäre, nicht Voraussetzung. Der Begriff der Wirksamkeit ist danach ein rechtlicher und kein technischer. Insb. bedarf es keiner bes. technischen **Qualität** der technischen Maßnahme. Wirksam iSv § 95a Abs. 1 sind technische Maßnahmen vielmehr schon dann, wenn sie die Nutzung von nach dem UrhG geschützten Schutzgegenständen für einen, wenn auch kleinen, Nutzerkreis verhindern oder einschränken. Diesen Anforderungen genügt schon ein Kopierschutz, der nur überhaupt ein gewisses Hindernis darstellt, selbst wenn er mit Hilfe von im Internet zugänglichen Entschlüsselungs- und Verzerrungstechniken zu umgehen ist.

22 Es kommt auch nicht darauf an, ob mittels der Umgehung ein für das jeweilige Medium **anerkannter technischer Standard wiederhergestellt** wird. Zwar ist der grds Aufbau einer Audio-CD im sog. Red Book, jener der CD-ROM im Yellow Book, der einer Video-CD im White Book und jener einer CD Extra im Blue Book standardisiert, wobei sich die Farbangaben auf die Umschlagfarben der Bücher beziehen, in denen die Spezifikationen vom ursprünglichen Entwickler beschrieben sind. Auch wenn ein Kopierschutz den dortigen Standard unterlaufen will, ist er aber wirksam und seine Umgehung dementsprechend verboten, sofern er nur ein gewisses Hindernis für Dritte darstellt, die das Werkexemplar über den technischen Schutz hinaus nutzen wollen. Wer also mittels eines Tools den im Red Book beschriebenen Standard einer kopiergeschützten Audio-CD wiederherstellt, umgeht eine wirksame technische Maßnahme und verstößt damit gegen § 95a Abs. 1. Ob er beim Kauf der CD annehmen durfte, diese entspreche dem Red Book-Standard, ist für § 95a unbeachtlich und nur für die Frage von Mängelgewährleistungsansprüchen gegen den Verkäufer bedeutsam (näher Rn 108 ff.).

23 Nach § 95a Abs. 2 S. 1 sind technische Maßnahmen nur wirksam, **soweit** sie den Zugriff auf das Werk bzw dessen Vervielfältigung verhindern oder kontrollieren. Es bedarf daher stets der **Prüfung, in welchem Umfang eine technische Maßnahme**

wirksam und demgemäß auch geschützt ist (partieller Schutz technischer Maß-nahmen). Nur in dem Umfang, in dem sie den Zugang zum Werk bzw dessen Ver-vielfältigung verhindert, genießt eine technische Maßnahme nämlich auch den Schutz des § 95a. Das bedeutet, dass eine Umgehung einer technischen Maßnahme, die nur bestimmte Nutzungen verhindert, begrifflich nur vorliegen kann, soweit es um diese Nutzungen geht. Technische Maßnahmen bspw, die nur die Vervielfälti-gung und nicht auch den Zugang zum Werk verhindern, sind auch nur in dieser Funk-tion geschützt. Eine kopiergeschützte CD darf deshalb zwar nicht kopiert, aber doch zweifelsfrei abgespielt werden. Und verhindert der technische Schutz einer CD nur die digitale Kopie, dürfen in den Grenzen der Schrankenregelungen analoge Kopien erstellt werden.

Da die Umgehungssicherheit nicht Voraussetzung für die Wirksamkeit der techni-schen Maßnahme ist, ergeben sich **schwierige Abgrenzungsfragen**. So will der Tonträgerhersteller, der seine CDs in Abstimmung mit den Geräteherstellern so kon-struiert, dass diese auf den neuen Geräten nicht mehr überspielbar sind, damit Ver-vielfältigungen unterbinden. Liegt deshalb aber schon in dem Einsatz eines **Altge-rätes**, welches noch nicht mit einem solchen Vervielfältigungsschutz ausgestattet ist, die Umgehung einer wirksamen technischen Maßnahme? Und wie verhält es sich, wenn der Nutzer ein den „alten" Geräten nachgebildetes Gerät selbst herstellt, um die neuen CDs ohne die entspr. Beschränkungen der neuen Geräte vervielfälti-gen zu können? Man wird davon ausgehen müssen, dass im Einsatz vorhandener Altgeräte, die ohne jede Veränderung am Gerät bzw am Bild- oder Tonträger das Abspielen bzw die Wahrnehmung des Werkes ermöglichen, auch dann keine Umge-hung einer wirksamen technischen Maßnahme liegt, wenn ein Abspielen bzw Ko-pieren auf anderen Geräten nicht möglich und dies von den Werkverwertern auch so gewollt ist. Dem Abspiel- bzw Kopierschutz fehlt insoweit die Wirksamkeit, weil er überhaupt kein Hindernis für das Abspielen bzw Kopieren darstellt: Schon durch den bloßen Erwerb eines Altgeräts kann der Schutz nämlich umgangen werden. Fehlt der technischen Maßnahme aus diesem Grund aber die Wirksamkeit, ist ihre Umgehung nicht verboten, und zwar auch dann nicht, wenn der Nutzungswillige kein Altgerät erwirbt, sondern selbst eines konstruiert. Anders verhält es sich hinge-gen, wenn Altgeräte für den Durchschnittsnutzer auf dem Markt nicht mehr vorhan-den sind, sodass sich der Nutzungswillige ein solches Gerät selbst bauen müsste, um die CD zu vervielfältigen. Der damit verbundene erhebliche Aufwand rechtfertigt den Schluss, dass der Kopierschutz wirksam ist; dass er keine 100%ige Sicherheit bietet, steht der Annahme einer wirksamen technischen Maßnahme nicht entgegen. Gleichfalls keine Umgehung einer wirksamen technischen Maßnahme kann es sein, wenn der Nutzer bei bestehendem digitalem Kopierschutz eine **analoge Kopie** zieht, weil der technische Kopierschutz insoweit, also was die Anfertigung analoger Ko-pien angeht, nicht wirksam ist. Anders aber, wenn die analoge Kopie nur der Zwi-schenschritt auf dem Weg zur Herstellung einer (schlechteren) digitalen Kopie ist. Dummy Files, also übergroße Dateien auf der CD-ROM, verhindern nur das Erstel-len eines Images auf der Festplatte; gegen eine 1:1-Kopie bieten Dummy Files hin-gegen auch im Ansatz keinen Schutz, weshalb sie „soweit" (§ 95a Abs. 2 S. 2) auch nicht wirksam sind. Wer **De-CSS** einsetzt, welche die Verschlüsselung einer DVD knacken und so das Abspielen der geschützten CDs auf anderen als lizenzierten

24

Playern ermöglichen, verstößt jedoch gegen § 95a Abs. 1. Dem steht auch nicht entgegen, dass der „Schlüssel" bei CSS-geschützten DVDs auf der DVD selbst abgelegt wird. Denn der durchschnittliche Nutzer ist trotz dieses Umstandes nicht in der Lage, den Schlüssel zu finden. Die Verschlüsselung bietet deshalb zumindest einen gewissen Schutz gegen das Abspielen der CD, sodass das CSS eine wirksame technische Maßnahme ist.

25 Zweifelsfrei unwirksam iSd § 95a sind technische Maßnahmen, die ausschließlich an Werken angebracht werden, an denen von vornherein **kein Werk- bzw verwandter Leistungsschutz nach UrhG** besteht, selbst wenn sie geeignet und eigentlich dazu gedacht sind, Werke zu schützen. Ebenso unwirksam sind Maßnahmen, die nur dem Schutz von Geistesprodukten dienen, für die nach **Ablauf der Schutzfrist** kein Urheberrechts- bzw Leistungsschutz mehr besteht. Das Konzept verschiedener Internetanbieter, mit Digital Rights Management versehene **Noten klassischer Musik** bzw klassischer Lit. gegen Bezahlung pro Seite freizugeben und zum Download anzubieten, genießt daher nicht den Schutz der §§ 95a ff. Für den Verbraucher ist das aber oft nicht ersichtlich. Hingegen kann sich das gleiche Konzept bei der Vermarktung aktueller Dissertationen auf §§ 95a ff. stützen, und zwar auch dann, wenn es sich um **Online-Dissertationen** handelt, die entspr. den Vorgaben der meisten Promotionsordnungen für Online-Dissertationen auch noch auf dem Server der entspr. Universität abgelegt und dort frei zugänglich sind.

26 **Bes. Bedeutung und Brisanz** entwickelt § 95a dort, wo technische Maßnahmen eine **urheberrechtlich erlaubte Nutzung verhindern** sollen. Dabei sind drei Nutzungsarten zu unterscheiden: Die Nutzung aufgrund einer Schrankenregelung (§§ 45 ff.), die Nutzung aufgrund der Ausnahmeregelung nach § 44a und die Nutzung nach Erschöpfung des Verbreitungsrechts des Urhebers (§ 17 Abs. 2); hierzu sogleich Rn 46 ff.

27 **d) Maßnahmen zur Durchsetzung von Schrankenbestimmungen.** Den wirksamen technischen Maßnahmen sind nach § 95b Abs. 4 technische Maßnahmen (zum Begriff oben Rn 3 und 5) gleichgestellt, die zur Erfüllung einer Verpflichtung aus § 95b Abs. 1 angewandt werden; zu ihnen gehören auch die zur Umsetzung freiwilliger Vereinbarungen angewandten Maßnahmen. Während die unmittelbar von § 95a erfassten wirksamen technischen Maßnahmen sich dadurch auszeichnen, dass sie den Rechteinhaber vor der Nutzung des Werkes durch Dritte schützen, verhält es sich bei den in **§ 95b Abs. 4** genannten technischen Maßnahmen umgekehrt. Sie dienen der Erfüllung der Verpflichtung des Rechteinhabers, den durch bestimmte, in § 95b Abs. 1 genannte Schrankenregelungen Privilegierten die Nutzung des Werkes zu ermöglichen, sind also **zugangsgewährende Technik**. Eigentlich handelt es sich also um Mittel iSd § 95b Abs. 1. Technische Maßnahmen nach § 95a Abs. 5 sind daher neben **Dongles** ua **Entschlüsselungsprogramme** und **Entcodierungsprogramme**, mit denen der Nutzer den Zugang zu einem vor dem allg. Zugriff geschützten Werk bzw sonstigen Schutzgegenstand gewinnen kann. Derartige Maßnahmen genießen unabhängig davon, ob der Rechteinhaber sie in Erfüllung seiner Verpflichtung aus § 95b Abs. 1 oder freiwillig den durch eine Schrankenregelung Privilegierten zur Verfügung gestellt hat, ebenfalls Rechtsschutz nach § 95a Abs. 1 und 2. **Von den zur Umgehung einer wirksamen technischen Maßnahme eingesetzten Mitteln grenzen sie sich durch ihre Zielrichtung und durch die sie verwendende Person ab:**

Anders als die zur Umgehung technischer Maßnahmen verwandten Mittel dienen die Mittel nach § 95b Abs. 4 zur Erfüllung der Verpflichtungen aus Abs. 1 des § 95b und stammen von der aus § 95b Abs. 1 verpflichteten Person. Während ein **Copybit Killer**, der trotz SCMS Audioaufnahmen ab der zweiten Generation ermöglicht, Umgehungsmittel ist, wenn ihn ein Unberechtigter einsetzt, wird er zum geschützten technischen Mittel nach § 95b Abs. 4, wenn ihn der Verwender des technischen Kopierschutzes an Schrankenbegünstigte ausgibt, um seiner Verpflichtung auf Zugangsgewährung nach § 95b Abs. 1 nachzukommen.

2. Umgehung und Umgehungsabsicht

a) Umgehung. Eine Umgehung wirksamer technischer Maßnahmen liegt in jeder **28** Handlung, welche die **Wirkung einer wirksamen technischen Maßnahme außer Kraft setzt oder abschwächt**. Das kann die Beseitigung eines Dongles, die Verwendung eines Entschlüsselungsprogramms und der Einsatz eines Gerätes sein, welches das verschlüsselte digitale Signal auffängt und entschlüsselt. Nur Handlungen, welche die wirksame technische Maßnahme **unmittelbar** beeinträchtigen oder beseitigen, sind erfasst, wie sich im Umkehrschluss aus § 95a Abs. 3 ergibt. Daher liegt keine Umgehung vor, wenn das unverschlüsselte analoge Signal aufgefangen und vervielfältigt wird; „insoweit" ist die technische Maßnahme auch nicht wirksam (Rn 23). Die **Förderung fremder Umgehungsmaßnahmen**, ob gewerblich oder nichtgewerblich, fällt ebenfalls nicht unter § 95a Abs. 1. Die Herstellung, die Einfuhr, die Verbreitung, der Verkauf, die Vermietung, der Besitz und die Bewerbung von Erzeugnissen und Geistesprodukten sowie die Erbringung von Dienstleistungen, die der Umgehung wirksamer technischer Maßnahmen dienen, sind nur unter den Voraussetzungen des § 95a Abs. 3 verboten. Auf welche Weise die technische Maßnahme außer Kraft gesetzt wird und ob dies **im Zusammenwirken** mit anderen Geräten oder Programmen geschieht, ist aber unerheblich. Der Einwand der in den USA nach dem Digital Millennium Copyright Act (DMCA) in Anspruch genommenen Firma „321 Studios", die von ihr in den USA vertriebenen Programme „**DVD Copy Plus**" und „**DVD X Copy**", mit denen sich Film-DVDs kopieren lassen, würden die Audio- und Videosignale lediglich abfangen, nachdem sie bereits vom DVD-Player dekodiert worden seien, überzeugt daher jedenfalls für das deutsche Recht nicht.

Die Schwerpunkte des § 95a Abs. 1 sind damit bei der Beseitigung eines gegenständ- **29** lichen **Kopierschutzes**, der Veränderung des den Kopierschutz bewirkenden **Computerprogramms** und der Umgehung von **Sicherheitssystemen**, zB indem statt des verschlüsselten digitalen das analoge Signal aufgefangen und in MP3-Format umgewandelt wird, zu erwarten.

b) Umgehungsabsicht. aa) Bösgläubigkeit im Zeitpunkt der Umgehung. Der Ge- **30** setzgeber hat sich im Laufe des Gesetzgebungsverfahrens zur ausdrücklichen Aufnahme subjektiver Elemente in § 95a entschlossen und damit den Vorgaben des Art. 6 Abs. 1 Harmonisierungsrichtlinie entsprochen. Die Umgehung technischer Schutzmaßnahmen ist jetzt nur noch verboten, wenn dem Handelnden bekannt ist oder bekannt sein muss, dass die Umgehung erfolgt, um den Zugang zu einem solchen Werk oder Schutzgegenstand oder dessen Nutzung zu ermöglichen. Der Wortlaut ist missverständlich: Dass Personen, die mit Vorrichtungen zu tun haben, die der Umgehung wirksamer technischer Maßnahmen dienen, Kenntnis davon haben, dass diese den Zugang zum Werk bzw zur geschützten Leistung ermöglichen, kann als selbstverständlich vorausgesetzt werden. Nicht das ist gemeint, sondern die Kenntnis, dass die Vorrichtung gerade mit dem Ziel einer unberechtigten Nutzung des Werkes bzw der Leistung eingesetzt wird. Art. 6 Abs. 1 der Harmonisierungsrichtlinie spricht demzufolge auch davon, Rechtsschutz sei zu gewähren „gegen die Umgehung wirksamer technischer Maßnahmen durch eine Person ..., der bekannt ist oder den Umständen nach bekannt sein muss, dass sie dieses Ziel verfolgt". Das subjektive Tatbestandsmerkmal ist also im Sinne einer **Bösgläubigkeit** zu verstehen (vgl auch amtl. Begr. zu § 95a, BT-Drucks. 15/38, 26). Es gilt auch für Ansprüche, bei denen, wie beim Unterlassungsanspruch, regelmäßig die objektive Störereigenschaft ausreicht (amtl. Begr. zu § 95a, BT-Drucks. 15/38, 26), die also kein Verschulden voraussetzen. Wer in Unkenntnis dessen, dass das dafür verwandte Kopierprogramm einen bestehenden Kopierschutz gegen den Willen des Berechtigten außer Kraft setzt, eine CD kopiert, kann wegen des Kopiervorgangs folglich nicht auf Unterlassung, auf Beseitigung des schädigenden Zustandes (Herausgabe bzw Vernichtung des Vervielfältigungsstücks) oder Schadenersatz in Anspruch genommen werden. **§ 95a Abs. 1 schließt Ansprüche aus einer subjektiv in gutem Glauben vorgenommenen objektiven Umgehung wirksamer technischer Maßnahmen aus.**

31 **bb) Gutgläubig erworbene Umgehungsmittel. aaa) Bestandsschutz und Vertrauensschutz.** Der Anwendungsbereich des § 95a Abs. 1 bleibt allerdings noch weit genug. Denn er verbietet eine in der entspr. Absicht vorgenommene Umgehung wirksamer technischer Maßnahmen auch dann, wenn der **Handelnde noch gutgläubig war, als er die Vorbereitungen für die Umgehung traf,** insb. das Mittel zur Umgehung der wirksamen technischen Maßnahme erwarb. Einen **Bestandsschutz** für vor dem 13.9.2003 erworbene Mittel zur Umgehung technischer Maßnahmen sieht das Gesetz nicht vor. Erst recht kennt es keinen **Vertrauensschutz** für nach diesem Zeitpunkt gutgläubig erworbene Produkte, mit denen sich DRM umgehen lassen. Daher liegt prinzipiell in jedem Einsatz eines solchen Produkts zur Umgehung von Digital Rights Managements ein Verstoß gegen die Rechte der Urheber bzw Leistungsschutzberechtigten, der von § 95a Abs. 1 untersagt wird, wenn nur im Zeitpunkt der Umgehungshandlung selbst die erforderliche Kenntnis des Handelnden gegeben ist. Setzt also der Besitzer eines Kopierprogramms, das er in gutem Glauben an seine Herkunft vom Berechtigten erworben hat, dieses auch noch ein, nachdem er seinen Irrtum bemerkt hat, verstößt er gegen § 95a Abs. 1. Auch in der Verwendung eines Produkts, das der Käufer im guten Glauben an eine entspr. Berechtigung des Verkäufers zur Außerkraftsetzung von DRM erworben hat, liegt also ein Verstoß gegen § 95a Abs. 1, wenn nur der Handelnde im Zeitpunkt der Handlung Kenntnis davon hat, dass das Programm nicht vom Rechteinhaber stammt. Dann bleibt dem Nutzer zwar der Besitz des Produkts erhalten (arg. e § 95a Abs. 3), ein bestimmungsgemäßer Gebrauch ist ihm jedoch verwehrt.

32 Angesichts des Umstandes, dass für den Käufer von Programmen oder Geräten **nicht immer erkennbar** ist, ob das den Zugang zur Leistung eröffnende **Gerät/Programm vom Rechteinhaber stammt** bzw mit dessen Zustimmung vertrieben wird (hierzu schon oben Rn 24 und 27), kann das den **Nutzer teuer zu stehen kommen.** Den Schutz des § 95a Abs. 1 genießen auch solche wirksamen technischen Maßnahmen, die sich relativ leicht umgehen lassen (vgl oben Rn 21). Entspr. hoch wird bei

ihnen die Zahl der im Verkehr erhältlichen „Piratenschlüssel" sein, die der Nutzer nicht immer als solche erkennen kann. Das Risiko, ein nicht autorisiertes Gerät bzw Programm erworben zu haben, das wegen § 95a Abs. 1 nicht einsatzfähig ist, trägt er trotzdem. Oft wird er es auch nicht auf den Verkäufer des Geräts/Programms abwälzen können, sei es, weil dieser nicht mehr greifbar oder insolvent ist, sei es, weil Ansprüche bereits verjährt sind.

Problematisch ist insb. auch die **Rückwirkung** der Vorschrift (vgl § 137j und Art. 6 **33** des Gesetzes zur Regelung des Urheberrechts in der Informationsgesellschaft). Sie hat zur Folge, dass auch derjenige, der das Produkt zur Umgehung technischer Schutzvorrichtungen schon vor In-Kraft-Treten des Gesetzes zur Regelung des Urheberrechts in der Informationsgesellschaft erworben hat und seine **Nutzung nur fortsetzt**, gegen § 95a Abs. 1 verstößt. Denn in jeder neuen Nutzung der Umgehungsvorrichtung liegt prinzipiell eine Umgehung iSd § 95a Abs. 1, die dann meist auch in Umgehungsabsicht erfolgen wird. Lediglich der nichtgewerbliche Besitz (arg. e § 95a Abs. 3), nicht jedoch der Einsatz des Produktes bleibt dem Nutzer noch.

Das gilt prinzipiell sogar dann, wenn der Nutzer im Zeitpunkt des Erwerbs der Um- **34** gehungsvorrichtung gutgläubig war, weil er annehmen durfte, dass die Umgehungsvorrichtung vom Rechtsinhaber stammt, der den Einsatz also billigt, oder weil er das Mittel noch vor In-Kraft-Treten des Gesetzes zur Regelung des Urheberrechts in der Informationsgesellschaft erworben hat und aufgrund einer Schrankenregelung zu ihrer Nutzung berechtigt war. Denn eine **Selbsthilfe** sieht § 95a Abs. 1 nicht vor (amtl. Begr. zu § 95b, BT-Drucks. 15/38, 27; näher unten Rn 41 und § 95b Rn 37).

bbb) Einwand von Treu und Glauben. Möglich bleibt hier nur der Rückgriff auf **35** **Treu und Glauben**. In der Form des *dolo agit, qui petit, quod statim redditurus est* ist er allerdings nicht gegeben. Denn das liefe auf die pauschale Zuerkennung des vom Gesetzgeber gerade verneinten Selbsthilferechts hinaus. Es würde zudem nicht das Wahlrecht des Rechtsinhabers zwischen verschiedenen gleich geeigneten „Schlüsseln" beachten. Die Abwägung der Interessen der Rechteinhaber an einem wirksamen Schutz einerseits und der Interessen des Nutzers an der Aufrechterhaltung gutgläubig getätigter Investitionen in eine Umgehungsvorrichtung andererseits kann aber zu Gunsten des Nutzers ausfallen, wenn dieser **im Vertrauen darauf, zur Nutzung berechtigt zu sein, erhebliche Investitionen getätigt hat.** Voraussetzung ist also, dass der Nutzer

(1) eine nicht unerhebliche **Investition** in eine den Werkzugang ermöglichende Technologie oder Vorrichtung zur Umgehung der wirksamen technischen Maßnahme getätigt hat,

(2) bei der Vornahme der Investition darauf **vertrauen** durfte, zur Nutzung vertraglich oder gesetzlich berechtigt zu sein, weil die Vorrichtung den schutzwürdigen Eindruck erweckte, vom Rechtsinhaber zu stammen, oder weil der damals durch eine gesetzliche Schranke begünstigte Nutzer sie zu einem Zeitpunkt erworben hat, als das Umgehungsverbot des § 95a Abs. 1 noch nicht absehbar war, und

(3) bei **Abwägung** der Umstände die betroffenen Urheber und Leistungsschutzrechte nicht unzumutbar belastet werden.

Die Interessenabwägung wird zu Lasten der Urheber bzw Leistungsschutzberechtig- **36** ten ausfallen, wenn sie nämlich nur den Einsatz der in gutem Glauben erworbenen Umgehungsvorrichtungen dulden müssen und andernfalls eine unerträgliche

Schlechterstellung der Personen eintreten würde, die im Vertrauen auf die Zulässigkeit der Nutzung entspr. Investitionen getätigt haben. Für die Anwendung des Grundsatzes von Treu und Glauben bleibt auch Raum, weil die Europäische Harmonisierungsrichtlinie nur dazu verpflichtet, einen „angemessenen" Schutz wirksamer technischer Maßnahmen zu gewähren (Art. 6 Abs. 1 Harmonisierungsrichtlinie). In jedem Fall muss die Nutzung der Umgehungsvorrichtung aber verhältnismäßig sein, dh sie darf vor allem nicht über das im Zeitpunkt der Investition absehbare **Maß** der Nutzung hinausgehen. UU kann die Abwägung für eine zeitliche Beschränkung im Sinne einer **Aufbrauchsfrist** sprechen. Die Verbreitung der Vorrichtung an Dritte wird wegen der für den Rechtsinhaber unüberschaubaren Folgen die Urheber bzw Leistungsschutzberechtigten idR unzumutbar belasten, sodass **Händler**, die vermeintlich vom Berechtigten stammende Vorrichtungen zur Umgehung aufkaufen, zu deren Weiterverkauf nicht berechtigt sind.

37   In allen anderen Fällen muss es hingegen bei der Rechtsfolge des § 95a Abs. 1 bleiben. Ein schutzwürdiges Vertrauen der Nutzer, das die gesetzlich geschützten Interessen der Rechteinhaber so erheblich überwiegt, dass dies den Rückgriff auf Treu und Glauben rechtfertigen würde, ist hier nicht gegeben.

38   **cc) Umgehung gerade in Bezug auf die Nutzung.** Die Umgehungsabsicht muss gerade in Bezug auf die Nutzung des Werkes bzw Objekts des Leistungsschutzrechts gegeben sein. Darin liegt aber kein Freibrief für eine Umgehung zum Zwecke der Verwertung des Werkes aus nicht-kommerziellen, insb. wissenschaftlichen oder altruistischen Motiven heraus. Gemeint ist vielmehr, dass die Beseitigung bzw Beschädigung eines Zugangshindernisses dann keinen Verstoß gegen § 95a bedeutet, wenn das Interesse des Handelnden sich darauf beschränkt, das Zugangshindernis zu beseitigen, ohne dass es ihm darum geht, das Werk bzw den Gegenstand des Leistungsschutzrechts selbst iSd §§ 11 ff., 70 ff. zu verwerten oder seine Verwertung durch Dritte zu ermöglichen. Umgehungshandlungen, die ausschließlich **wissenschaftlichen Zwecken** dienen, zB die Kryptografie, werden so von § 95a ausgenommen (amtl. Begr. zu § 95a, BT-Drucks. 15/38, 26). Hinter ihnen steht nicht die Absicht, Zugang zur urheberrechtlich geschützten Leistung zu erlangen, sondern das Bemühen um den Erhalt nicht urheberrechtsgeschützter Informationen; anders hingegen, wenn nur die Werknutzung wissenschaftlichen Zwecken dienen soll (zB § 53 Abs. 2 Nr. 1). Das **Hacken** in seinem ursprünglichen Sinne, nämlich als Sport, ein System zu „knacken" oder mit dem Anspruch, die Sicherheitsmängel eines Systems aufzuzeigen, unterfällt gleichfalls nicht § 95a. Wird es zum **Cracken**, geht es dem Handelnden also darum, Nutzen aus den Hacks zu ziehen, ist § 95a einschlägig. Ausgenommen sind allerdings Hacks, die den Zugang zu einem (reinen) Computerprogramm iSd §§ 69a ff. ermöglichen (§ 69a Abs. 5).

39   **dd) Fremdnützige Umgehung.** Die Umgehungsabsicht muss **nicht eigennützig** bedingt sein. Derjenige, der aus der Umgehung einer wirksamen technischen Maßnahme einen eigenen Nutzen ziehen will, verstößt ebenso gegen § 95a Abs. 1 wie derjenige, der einem anderen den Zugang zum Werk verschaffen möchte. Erst recht ist die **Absicht, Gewinne oder auch nur Einnahmen zu erzielen**, nicht Voraussetzung.

3. Keine Ausnahme (§ 95a Abs. 4)

Vom Verbot ausgenommen bleiben die Aufgaben und Befugnisse öffentlicher Stel- **40** len zum Zwecke des Schutzes der öffentlichen Sicherheit oder der Strafrechtspflege (§ 95a Abs. 4). Der Begriff der **öffentlichen Sicherheit** deckt sich mit dem des § 45 Abs. 2 (näher § 45 Rn 16). Unter **Strafrechtspflege** versteht man den Ausschnitt aus der Rechtspflege (hierzu näher § 45 Rn 16) – insoweit handelt es sich um den in § 45 Abs. 1 geltenden Begriff –, der sich mit dem Strafrecht beschäftigt.

4. Rechtsfolgen

Wer gegen das Verbot des § 95a Abs. 1 verstößt, macht sich **strafbar**, außer wenn er **41** die Tat ausschließlich zum eigenen privaten Gebrauch oder dem der mit ihm persönlich verbundenen Personen begeht (§ 108b). Das gilt auch dann, wenn er als Begünstigter einer Schrankenregelung an sich zur Nutzung des Werkes berechtigt ist. Denn eine **Selbsthilfe** sieht das Gesetz nicht vor.

Zur zivilrechtlichen Rechtsfolge äußert sich das Gesetz nicht. Aus **§ 95a** selbst ergibt **42** sich, obschon § 95b Abs. 4 vom „Rechtsschutz" des § 95a spricht, nur das grds Verbot der Beseitigung wirksamer technischer Maßnahmen („dürfen nicht"), nicht auch die Rechtsfolge, sodass auf die allg. Vorschriften zurückzugreifen ist. Hiervon ist der deutsche Gesetzgeber offenbar ausgegangen; denn mit dem Erfordernis einer Umgehungsabsicht sollte nach der amtl. Begr. (BT-Drucks. 15/38, 26) verhindert werden, dass der Handelnde bereits aufgrund einer bloß objektiven Störereigenschaft zivilrechtlich in Anspruch genommen werden könne. Allerdings sind die Anspruchsgrundlagen beschränkt:

Die Anwendung der **§§ 97 ff. scheidet aus**. Sie setzen die Verletzung eines durch das **43** UrhG geschützten **absoluten** Rechts voraus. Daran fehlt es, da nicht die Beseitigung der wirksamen technischen Maßnahme, sondern allenfalls die darauf folgende Nutzung das Urheberrecht verletzen kann. Von der seitens der Opposition vorgeschlagenen Erstreckung des § 97 auf die Verwertungsverbote in §§ 95a, 95c hat der Gesetzgeber abgesehen. Wer vorsätzlich eine Nutzung durch einen Nichtberechtigten und damit eine Urheberrechtsverletzung ermöglicht, kann allerdings wegen Beihilfe (§ 830 Abs. 2 BGB, §§ 97 ff.) in Anspruch genommen werden. Das ist nicht möglich, wenn seine Handlung nur dazu führt, dass ein aufgrund einer Schrankenregelung Berechtigter das Werk gegen den Willen des Urhebers in Benutzung nimmt; hier fehlt es an einer Urheberrechtsverletzung, zu welcher der Handelnde beigetragen haben kann.

§ 95a Abs. 1 gewährt keine absolute Rechtsposition. Wegen der Verletzung von **44** § 95a sind daher auch Ansprüche aus **§§ 823 Abs. 1, 1004 BGB nicht gegeben**. Bereicherungsrechtliche wie vertragliche Ansprüche werden im Regelfall ebenfalls nicht bestehen. Auch das **UKlaG** gibt keine Handhabe. Durch das Gesetz zur Regelung des Urheberrechts in der Informationsgesellschaft wurde ausdrücklich nur ein Unterlassungsanspruch bei Verletzung von § 95b Abs. 1 eingefügt (§ 2a Abs. 1 UKlaG). Schließlich scheitert unter Zugrundelegung der neueren Rspr auch ein Schadenersatzanspruch aus **§ 1 UWG iVm § 95a UrhG**. Nach neuerer Rspr des *BGH* (WRP 2002, 943 ff. – Elektroarbeiten; WRP 2003, 262 ff. – Altautoverwertung) stellt ein Gesetzesverstoß nur dann einen Verstoß gegen § 1 UWG dar, wenn er die Handlung in der Weise prägt, dass diese gerade auch als Wettbewerbsverhalten

sittenwidrig ist; die Norm muss also zumindest eine sekundäre wettbewerbsbezoge-
ne, dh auf die Lauterkeit des Wettbewerbs bezogene Schutzfunktion haben. Zweck
des § 95a Abs. 1 ist der Schutz technischer Maßnahmen unabhängig davon, ob ihre
Anbringung oder Beseitigung das Marktverhalten beeinflusst. Ihr Ziel ist auch nicht
der Schutz der Hersteller legaler Entschlüsselungsvorrichtungen vor illegalem Wettbewerb (so zum ZKDSG *OLG Frankfurt* GRUR-RR 2003, 287). Der Vorschrift geht
es folglich nicht um die Aufrechterhaltung bzw Wiederherstellung der Lauterkeit
von Maßnahmen von Marktteilnehmern. Das zeigt sich auch daran, dass wirksame
technische Maßnahmen nach § 95a unabhängig davon Schutz genießen, wer sie angebracht hat und ob eine Vermarktung des Werkes überhaupt bezweckt ist.

45   Damit bleiben nur Ansprüche aus **§§ 823 Abs. 2, 1004 BGB**. In der Tat wird man
§ 95a als Schutzgesetz iSd § 823 Abs. 2 BGB ansehen müssen. Die Vorschrift bezweckt den Schutz eines im einzelnen bestimmten Personenkreises, nämlich den der
Personen, die am Werk bzw der Leistung ein Urheberrecht, ein Leistungsschutzrecht
oder ein von diesen Rechten abgeleitetes Recht haben, und fügt sich damit in das haftpflichtrechtliche Gesamtsystem ein (vgl hierzu *Palandt/Thomas* § 823 Rn 141). Der
Schutz ist auch nicht bloß Reflex eines Allgemein- oder Verbraucherschutzes. Das
zeigt sich schon daran, dass die begünstigten Rechtsinhaber über ihn disponieren können, indem sie sich vertraglich verpflichten, den Nutzungsberechtigten Zugang zum
Werk zu verschaffen (§ 95b Abs. 3). Folglich steht dem Urheber bzw am Werk Berechtigten im Falle der Verletzung des § 95a jedenfalls ein **Unterlassungsanspruch**
zu (§§ 823 Abs. 2, 1004 BGB iVm § 95a). Der grds ebenfalls gegebene **Schadener-**
satzanspruch erweist sich deshalb als problematisch, weil er den Nachweis eines
durch die Beseitigung der wirksamen technischen Maßnahme verursachten Schadens
voraussetzt. Unmittelbar geschädigt ist der am Werk bzw an der Leistung Berechtigte
allenfalls in Höhe der Kosten für die Wiederanbringung der entfernten bzw beschädigten Werk- bzw Leistungssicherung. Man wird angesichts des Schutzzwecks des
§ 95a weitergehend jedoch auch den mittelbaren Schaden als ersatzfähig ansehen
müssen. Er liegt in der durch die Beseitigung der Schutzvorrichtung möglichen Nutzung des Werkes bzw der Leistung durch Dritte, und zwar prinzipiell nicht nur durch
Unberechtigte, sondern auch durch Personen, die aufgrund einer Schrankenregelung
zur Nutzung an sich berechtigt wären. Soweit sie in § 95b Abs. 1, 2 nicht genannt
sind, hätten sie ohne die Beseitigung der technischen Maßnahme ohnehin keine
Handhabe gehabt, das Werk bzw die Leistung zu nutzen. Aber auch hinsichtlich der
durch andere Schrankenbegünstigte vorgenommenen Nutzungen ist von einem Schaden auszugehen, wenn sie das zur Durchsetzung ihrer Rechte (§ 95b Abs. 2) mögliche
Klageverfahren voraussichtlich nicht auf sich genommen hätten. Davon ist nach allg.
Lebenserfahrung jedenfalls dann auszugehen, wenn die zulässige Nutzung sich im
privaten Bereich abgespielt und keinen großen Umfang angenommen hätte. Da sich
der Schutz der wirksamen technischen Maßnahme nur als Zwischenschritt auf dem
Weg zu einem wirksamen Schutz des Urheberrechts selbst darstellt, ist dem Verletzten bei einem Verstoß gegen § 95a UrhG iVm § 823 Abs. 2 BGB auch die im Urheberrecht und Immaterialgüterrecht anerkannte Möglichkeit der Wahl zwischen drei
verschiedenen Schadensberechnungen (angemessen Lizenzgebühr, Ersatz des konkreten Schadens, Gewinnherausgabe) zuzubilligen; wegen der Einzelheiten der Schadensberechnung wird auf die Kommentierung zu § 97 verwiesen.

5. Wirksame technische Maßnahmen und Grundrechte

a) Der durch eine Schrankenregelung Begünstigten. § 95a beschränkt den Schutz **46** wirksamer technischer Maßnahmen nicht auf Bereiche, die außerhalb gesetzlicher (§§ 45 ff.) Nutzungsrechte liegen. Er schützt alle wirksamen technischen Maßnahmen, unabhängig davon, welche Beschränkungen für Dritte mit ihnen verbunden sind. Erst § 95b versucht für die durch eine Schrankenregelung Begünstigten den Interessenausgleich, der freilich missglückt (näher § 95b Rn 3).

Es macht für die Anwendbarkeit des § 95a mithin keinen Unterschied, ob die wirk- **47** samen technischen Maßnahmen sich als technische Verstärkung einer dem Urheber rechtlich ohnehin zustehenden Rechtsposition darstellen, oder ob sie dessen Rechtskreis erweitern und ihm technischen Schutz auch dort gewähren, wo er die Nutzung des Werkes infolge einer einschlägigen Schrankenregelung rechtlich hinzunehmen hat.

Problematisch ist dies angesichts der damit verbundenen Einschränkung der durch **48** die Schrankenregelung geschützten Allgemeininteressen. Für eine verfassungskonforme extensive Auslegung der §§ 95a ff. in dem Sinne, dass die durch eine Schrankenregelung Begünstigten generell Anspruch auf Bereitstellung der für die Nutzung erforderlichen technischen Maßnahmen hätten, ist angesichts des eindeutigen Wortlauts dieser Vorschriften kein Raum. Sowohl dem deutschen als auch dem europäischen Gesetzgeber war infolge der lebhaften Diskussion das Konfliktpotential bekannt. § 95a ist auch nicht deshalb nichtig, weil das Grundrecht der durch eine Schrankenregelung Begünstigten auf Eigentum (Art. 14 GG) verletzt würde. Denn die bloße Chance auf eine lizenz- und ggf sogar vergütungsfreie Nutzung gehört nicht zum Eigentum und kann diesem auch nicht gleichgestellt werden. Ohnehin übt das BVerfG die Überprüfung von Grundrechtsverletzungen im fraglichen Bereich in einem Kooperationsverhältnis mit dem EuGH aus, weshalb es sich auf eine generelle Gewährleistung des unabdingbaren Grundrechtsstandards zu beschränken hat (*BVerfGE* 89, 155 ff. – Maastricht). Damit bleiben für die durch eine der nicht in § 95b genannten Schrankenregelungen Begünstigten prinzipiell drei Möglichkeiten:

1. Unter bestimmten Umständen können sich Personen, die im Vertrauen darauf, dass die Umgehungsvorrichtung vom Berechtigten stammt, oder die zur Nutzung aufgrund einer gesetzlichen Schrankenregelung berechtigt waren und die Umgehungsvorrichtung zu diesem Zwecke erworben haben, noch bevor das Verbot des § 95a Abs. 1 absehbar war, gegenüber Ansprüchen des Rechtsinhabers auf **Treu und Glauben** berufen (näher oben Rn 35 f.).
2. In jedem Fall können sie sich auf **Besonderheiten des Einzelfalls**, etwa eine bes. Betroffenheit der Presse, weil ein konkretes für die Berichterstattung wichtiges Werk nicht zugänglich ist, berufen, denen durch eine **verfassungskonforme** Auslegung der §§ 95a ff. Rechnung getragen werden muss. Letzter muss sich auf Ausnahmefälle beschränken. Eine Korrektur der vom Gesetzgeber vorgenommenen Bewertung der Interessen der Urheber bzw Leistungsschutzberechtigten einerseits und durch Schrankenregelungen Begünstigten andererseits durch verfassungskonforme Auslegung scheitert am eindeutigen Wortlaut der §§ 95a ff.
3. Sie können dem Gesetzgeber eine **falsche Gewichtung der Interessen** und eine damit einhergehende Grundrechtsverletzung vorwerfen. Dann ist eine Korrektur im Wege der Auslegung nicht möglich. Es bleibt nur die Möglichkeit, dass

§§ 95a ff. wegen Grundrechtsverstoßes ganz oder teilweise nichtig sind. Das BVerfG kann insoweit allerdings nur die Einhaltung des unabdingbaren Grundrechtsstandards prüfen (*BVerfGE* 89, 155 ff. – Maastricht).

49 **b) Der durch § 44a Begünstigten.** Bei § 44a handelt es sich nach Art. 5 Abs. 1 Harmonisierungsrichtlinie nicht um eine Beschränkung, sondern um eine Ausnahme vom Vervielfältigungsrecht. Diese terminologische Unterscheidung hat der deutsche Gesetzgeber abweichend vom ursprünglichen Gesetzesentwurf nicht übernommen. Für § 95a ist sie ohne Bedeutung. In gleicher Weise wie in die durch Schrankenregelungen betroffene Bereiche greift § 95a auch in den durch § 44a geregelten Ausnahmebereich ein. Kopierschutzsysteme werden unter den weiteren Voraussetzungen des § 95a deshalb selbst dann geschützt, wenn sie dem Nutzer eine Werkverwertung nach § 44a unmöglich machen. Praktisch werden diese Fälle freilich in der Minderheit bleiben, schon weil die Urheber und in ihrem Gefolge die Hersteller derartiger Systeme kaum ein Interesse daran haben, die wenig langlebigen Vervielfältigungen des § 44a zu verhindern. Freilich wird die Problematik als Nebenprodukt stets dort relevant, wo flüchtige Vervielfältigungen verhindert werden, deren alleiniger Zweck es ist, eine rechtmäßige Nutzung aufgrund einer durch eine Schrankenregelung Privilegierten zu verhindern. So zB dann, wenn ein Kopierschutzmechanismus schon das Zwischenspeichern des Online bereit gestellten Werkes verhindert, obgleich der Nutzer derartige Kopien nach § 53 Abs. 1 anfertigen darf. § 95b findet auf § 44a keine Anwendung. Es gilt also nichts anderes als für die Schrankenregelungen, die in § 95b nicht genannt sind.

50 **c) Der durch den Erschöpfungsgrundsatz Begünstigten.** Eine weitere problematisch Folge des § 95a zeigt sich in Bezug auf das Verhältnis zum Erschöpfungsgrundsatz. Denn wirksame technische Maßnahmen können dazu führen, dass eine Verbreitung des Werkexemplars unmöglich oder sinnlos ist, obwohl sich das Verbreitungsrecht des Urhebers daran bereits erschöpft hat. So verhält es sich zB bei CDs, deren Einsatzfähigkeit mittels eines sog. **Regional Encoding Enhancement** territorial, möglicherweise sogar auf die Nutzung mit einem einzigen, genau bezeichneten Gerät, begrenzt wird. Die Möglichkeit des Weiterverkaufs einer solchen CD ist eine rein theoretische; niemand, der die CD nicht selbst nutzen kann, wird ein solches Exemplar erwerben. Weitere Beispiele sind die **technische Koppelung der Nutzbarkeit von auf CD-ROM niedergelegten Werken an einen bestimmten PC**, die den Einsatz des veräußerten Werkexemplars durch Dritte letztlich nicht zulässt, und Techniken, durch die sich ein auch rechtmäßig verbreitetes Werk bzw Vervielfältigungsstück überschnell abnutzt und unbrauchbar wird. In all diesen Fällen ist der Erwerber eines Werkstücks faktisch an einer Weiterverbreitung gehindert oder diese wird ihm erheblich erschwert.

51 Hingegen fallen technische Maßnahmen, die den Abruf von Werken im **Internet** verhindern, nicht in diese Gruppe. Denn der Erschöpfungsgrundsatz ist auf körperliche Werkstücke beschränkt, weshalb die Online-Nutzung keine körperliche Werkverwertung darstellt. Eine analoge Anwendung des § 17 Abs. 2 scheidet mangels Regelungslücke und wegen der bei digitalisierten Werken erheblich höheren Gefahr der unberechtigten Nutzung aus.

52 Hier greift auch der Einwand von **Treu und Glauben** nicht. Denn eine schutzwürdige Investition haben die Personen, die durch den Erschöpfungsgrundsatz begünstigt werden, nicht getätigt. Es muss daher dabei bleiben, dass ein Selbsthilferecht nicht besteht. Damit gilt also nichts anderes als für die Schrankenregelungen, die in § 95b nicht genannt sind.

d) Der vertraglich Berechtigten. Vielen Nutzern sind die **Einschränkungen der** 53 **Nutzbarkeit des Schutzgegenstandes** durch technische Maßnahmen **nicht bekannt** oder sie gehen infolge eines Rechtsirrtums davon aus, sie selbst beseitigen zu dürfen. § 95d Abs. 1 verpflichtet zwar zur Anbringung eines deutlich sichtbaren Hinweises auf die Eigenschaften des technischen Schutzes eines Werkes oder sonstigen Schutzgegenstandes. Kommt der Rechtsinhaber dieser Verpflichtung aber nicht nach, folgt daraus **kein Selbsthilferecht** des Käufers in Bezug auf die Herstellung uneingeschränkter Nutzbarkeit. Rücksicht auf die berechtigte Erwartung des Käufers, das Gerät mit allen bekannten und unbekannten Funktionen nutzen zu können, nimmt § 95a Abs. 1 nicht. Macht der Käufer von der den Kopierschutz umgehenden Technik Gebrauch, verstößt er gegen § 95a Abs. 1. Sein Einwand, das Gerät in dem Glauben erworben zu haben, es stamme vom Berechtigten, ist idR (hierzu Rn 31 ff.) unerheblich. Die etwaige Unkenntnis des Gesetzesrechts kann ohnehin allenfalls eine Rolle bei der Frage spielen, ob das Verhalten des Nutzers schuldhaft ist (s. hierzu näher die Kommentierung zu § 108). Dem Käufer bleibt danach meist nur, den Verkäufer wegen der infolge § 95a Abs. 1 nur begrenzten Nutzbarkeit in Anspruch zu nehmen. Ob ihm Ansprüche auf Herabsetzung des Kaufpreises (§§ 437 Ziff. 2, 441 BGB), auf Rückgängigmachung des Kaufvertrags (§§ 437 Ziff. 2, 440, 323, 326 Abs. 5 BGB) und/oder Schadenersatz (§§ 437 Ziff. 3, 440, 280, 281, 283, 311a BGB) zustehen, hängt vor allem davon ab, ob sich aus dem Vertrag ausdrücklich oder durch Auslegung entnehmen lässt, dass die umfassende Nutzbarkeit geschuldet war. Ausnahmsweise kann sich der Nutzer auf einen Verstoß gegen **Treu und Glauben** berufen. Dafür reicht allerdings nicht aus, dass er eine Umgehungsvorrichtung in Unkenntnis des rechtlichen Verbots erworben hat. Vielmehr muss der Nutzer entweder darauf vertraut haben, dass die Umgehungsvorrichtung vom Berechtigten stammt, oder der Erwerb muss aus einer Zeit stammen, in welcher der Nutzer noch darauf vertrauen durfte, mit der Vorrichtung eine gesetzlich vorgesehene Nutzbarkeit des Werkes herzustellen, und die Einschränkung muss den Rechteinhabern zumutbar sein (näher oben Rn 35 f.).

e) Sonstiger Personen. Zunehmend in die Diskussion gerät die Frage der Vereinbar- 54 keit der §§ 95a ff. mit den Grundrechten der Hersteller bzw Händler von Vorrichtungen usw iSd § 95a Abs. 3. Ein privates Gutachten von Prof. Dr. Bernd Holznagel v. 26.9.2003 gelangte zum Ergebnis, die Vorschriften seien verfassungskonform iSd (vom Gesetzgeber ausdrücklich abgelehnten, vgl § 95b Rn 3) Selbsthilferechts der Schrankenbegünstigten und insoweit auch im Sinne eines Rechts zur weiteren Herstellung bzw dem Weitervertrieb von Umgehungsvorrichtungen usw auszulegen.

6. Beispiele

Verboten ist der Einsatz eines **Programms** zum Zwecke des Kopierens einer kopier- 55 geschützten CD-ROM. Gegen § 95a Abs. 1 verstößt, wer sich wissentlich eine gehackte **d-box** verschafft, um den verschlüsselten Fernsehsender Premiere zu empfangen. Wer einen **CD-ROM-Player** einsetzt, der zum Abspielen von mit einem **Kopierschutz** versehenen CD-ROMs eines anderen Herstellers dient, verstößt gegen

§ 95a Abs. 1, wenn ihm dieser Sachverhalt bekannt ist. Ebenso derjenige, der ein **Gerät**, das so konstruiert ist, dass damit nur nicht kopiergeschützte oder „freigeschaltete" CD-ROMs oder CDs abgespielt werden können, in nutzungserweiternder Weise mechanisch so verändert, dass es auch zum Abspielen anderer Datenträger eingesetzt werden kann. Der Einsatz von **De-CSS** zum Zwecke des Abspielens kodierter DVDs ist eine Umgehung iSd § 95a Abs. 1. Wer **Mod-Chips** zur Umgehung des Kopierschutzes für die Microsoft Xbox und die Play Station von Sony benutzt, mit denen auf den Konsolen Raubversionen von Spielen gespielt werden können, verstößt gegen § 95a Abs. 1; erst jüngst ist wegen Handels mit Mod-Chips auf der Grundlage des DCMA von einem US-amerikanischen Gericht eine Haftstrafe von fünf Monaten ausgeworfen worden. Wer einen **Copybit Killer** benutzt, der das Copy-prohibit-Bit aus dem S/PDIF-Audiosignal entfernt, um trotz des Serial Copy Management Systems (**SCMS**) digitale Audioaufnahmen ab der zweiten Generation ohne Qualitätsverluste zu ermöglichen, verstößt gegen § 95a Abs. 1.

56 **Nicht von § 95a Abs. 1 erfasst** wird die Beseitigung des unter Garantiegesichtspunkten am Computer angebrachten **Sicherungsstreifens**, da er nur als Beweismittel dafür dient, dass der Kunde am Gerät eigenmächtig Reparaturarbeiten durchgeführt hat. Wer eine am Hauptcomputer eines Unternehmens befestigte **Plombe** beseitigt, verstößt nicht gegen § 95a Abs. 1, weil sie nicht dem Schutz der etwaig gespeicherten urheberrechtlichen Werke und Schutzgegenstände vor Nutzung dient, sondern den nichtberechtigten Zugriff auf sensible Daten des Unternehmens verhindern soll. **Signierungscodes** fallen nicht in den Anwendungsbereich der Vorschrift. Wer den vom Gerichtsvollzieher an der Eingangstür der Räumlichkeiten des insolventen Autors angebrachten „**Kuckuck**" beseitigt, verstößt nicht gegen § 95a Abs. 1, da Schutzziel nicht die Verhinderung der Nutzung, sondern die Sicherung von Vermögen ist. Der **Einbrecher**, der das an der Haustür bzw den Fenstern angebrachte Schloss knackt, verstößt nicht gegen § 95a Abs. 1, da dieser mechanische Schutz im normalen Betrieb nicht dazu bestimmt ist, die Nutzung bestimmter Werke oder Schutzgegenstände zu verhindern oder einzuschränken, sondern das Vermögen des Hauseigentümers vor unberechtigtem Zugriff zu sichern. Wer ein Kassettendeck, welches lediglich über die Abspielfunktion verfügt, nachträglich mit Zubehör zum Aufnehmen von Werken ausstattet, verstößt nicht gegen § 95a Abs. 1, weil die **fehlende technische Funktion** hier nicht der Verhinderung des Zugriffs auf ein Werk/ eine Leistung diente. Das **Hacken** und sogar **Cracken** verstößt nicht gegen § 95a Abs. 1, wenn es nur dazu dient, Zugriff auf einen Programmcode zu erlangen, weil Computerprogramme vom Schutz des § 95a ausgenommen sind (§ 69a Abs. 5); anders aber, wenn das Cracken des Programms dazu dient, Zugriff auf eine vom Programm zu unterscheidenden, nach UrhG geschützten Leistung zu gewinnen. Selbst wenn auf der Original-CD das Copybit gesetzt ist, erlauben die meisten Soundkarten eine **1:1-Kopie über einen optischen oder elektrischen Digital-Eingang**, wobei das Abspielen solcher Kopien dann nur in einfacher Geschwindigkeit möglich ist. Dieses Verfahren ist daher insoweit, also in Bezug auf die 1:1-Kopie, keine wirksame technische Maßnahme. Wer auf dem allg. Markt erhältliche **Altgeräte**, auf denen sich kopiergeschützte CDs abspielen lassen, einsetzt, verstößt idR nicht gegen § 95a Abs. 1. Gleichfalls keine Umgehung einer wirksamen technischen Maßnahme ist es, wenn der Nutzer bei bestehendem digitalem Kopierschutz eine **analoge Kopie** zieht, weil der technische Kopierschutz insoweit, also was die Anfertigung analoger Kopien angeht, nicht wirksam ist. Die Anfertigung von **1:1-Kopien** bei mit Dummy Files geschützten Werkexemplaren ist aus dem gleichen Grund kein Verstoß gegen §95a Abs. 1. Der Kopierschutz Media Max CD 3, der sich durch bloßen Druck der Shift-Taste (Deaktivierung des Autorun) außer Kraft setzen lässt, ist schon nicht „wirksam".

III. Verbote im Vorfeld von Umgehungsmaßnahmen (§95a Abs. 3)

1. Systematik und richtlinienkonforme Auslegung

§95a Abs. 3 verbietet über §95a Abs. 1 hinaus bestimmte Handlungen, die sich im Vorfeld der Umgehung wirksamer technischer Schutzmaßnahmen ereignen. Der komplizierte Wortlaut des §95a Abs. 3 erklärt sich daraus, dass der deutsche Gesetzgeber den Richtlinientext im Wesentlichen unverändert übernommen hat.   **57**

§95a Abs. 3 verbietet die Herstellung, die Einfuhr, die Verbreitung, den Verkauf, die Vermietung, die Bewerbung im Hinblick auf sie und den gewerblichen Besitz von Vorrichtungen, Erzeugnissen und Bestandteilen, sowie die Erbringung von Dienstleistungen, wenn die Voraussetzungen auch nur einer einzigen Ziffer des §95a Abs. 3 vorliegen, nämlich wenn   **58**

1. die fraglichen Gegenstände bzw Dienstleistungen entweder zum Zeitpunkt der Vornahme der Handlung bereits in ihrer Eigenschaft als Umgehungsmaßnahme beworben, vermarktet oder ihr Verkauf in ähnlicher Weise gefördert wurden oder wenn
2. sie abgesehen von der Umgehung wirksamer technischer Maßnahmen nur einen begrenzten wirtschaftlichen Zweck oder Nutzen haben oder wenn
3. sie hauptsächlich entworfen, hergestellt, angepasst oder erbracht wurden, um die Umgehung wirksamer technischer Maßnahmen zu ermöglichen oder zu erleichtern.
   Wenngleich der Tatbestand in einigen Punkten §9 PatG ähnelt, kann wegen des Gebots der **europäischen Auslegung** auf die Rspr zum deutschen **PatG** nicht zurückgegriffen werden.

Der 48. Erwgr der Harmonisierungsrichtlinie hält zur Frage des Rechtsschutzes für wirksame technische Maßnahmen fest: „Dieser Rechtsschutz sollte auch das Verhältnismäßigkeitsprinzip berücksichtigen, und es sollten nicht jene Vorrichtungen oder Handlungen untersagt werden, deren wirtschaftlicher Zweck und Nutzen nicht in der Umgehung technischer Schutzvorkehrungen besteht. Insbesondere dürfen die Forschungsarbeiten im Bereich der Verschlüsselungstechnik dadurch nicht behindert werden". **Richtlinienkonform** ist §95a Abs. 3 folglich dahingehend auszulegen, dass eine Handlung, die zu **Forschungszwecken** erfolgt, keine die Umgehung vorbereitende Maßnahme iSd §95a Abs. 3 ist.   **59**

2. Herstellung, Einfuhr, Verbreitung, Verkauf, Vermietung, Werbung, gewerblicher Besitz von Vorrichtungen, Erzeugnissen oder Bestandteilen sowie Erbringung von Dienstleistungen

a) Herstellung. Unter der Herstellung von Vorrichtungen, Erzeugnissen oder Bestandteilen versteht man deren **nicht notwendig gewerbsmäßige Produktion**. Der   **60**

Begriff der Vorrichtung bzw des Bestandteils bezieht sich hier anders als in § 95a Abs. 1 nicht auf die wirksame technische Maßnahme, sondern kennzeichnet den zu ihrer Umgehung eingesetzten Gegenstand.

61   Unerheblich ist, ob die Vorrichtung, das Erzeugnis oder der Bestandteil **rechtmäßig** hergestellt wurde.

62   Die Begriffe der **Vorrichtung** und des **Erzeugnisses** iSd § 95a Abs. 3 lassen sich nicht trennen. Bereits der Begriff der Vorrichtung ist weit auszulegen, insb. nicht auf körperliche Gegenstände beschränkt. Erfasst sind alle **Gegenstände**, welche die wirksame technische Maßnahme ganz oder teilweise außer Kraft setzen oder beseitigen. Auf ihre Körperlichkeit kommt es nicht an, sodass auch Computerprogramme zu ihnen gehören. Der Kreis der Vorrichtungen bzw Erzeugnisse ist weit; er umfasst bei den mittels einer Plombe oder einem fest fixierten Plastikteil an der Kassette gesicherten Schutzgegenständen sogar den Hammer oder Schraubenzieher. Derartige vielfach einsetzbare Handwerkzeuge werden erst im Tatbestand der einzelnen Ziffern des § 95a Abs. 3 ausgeschieden, weil ihnen die erforderliche Zielrichtung fehlt. IdR geht es bei den Vorrichtungen und Erzeugnissen um **Geräte**, welche die Nutzung der Leistung erst ermöglichen, zB um die **d-box**, ohne die das verschlüsselte Programm nicht empfangen werden kann, den **MP3-Recorder**, der den Kopierschutz dadurch umgeht, dass er statt des digitalen Audiosignals das schlechtere analoge Signal aufzeichnet und dieses mit entspr. Qualitätseinbußen in das digitale Format umwandelt, und die Abspielvorrichtung des Herstellers, die allein das Abspielen der von ihm hergestellten Tonträger ermöglicht. Vorrichtungen bzw Erzeugnisse sind nicht notwendig **körperlich**. Auch das **Computerprogramm**, welches der Entschlüsselung codierter CD-ROMs dient und nur online abrufbar ist, gehört zu ihnen.

63   Schließlich unterfallen § 95a Abs. 3 auch **Bestandteile** dieser Vorrichtungen oder Erzeugnisse, die der Umgehung des Kopierschutzes dienen können. Bei **Multifunktionsanlagen** sind dies diejenigen Teile, die sich mit der Umgehung des Kopierschutzes beschäftigen, also zB bei einer Stereoanlage der MP3-Recorder, der den Kopierschutz außer Kraft setzt, und beim Computerprogramm der Teil der Programmierung, die der Entfernung des Kopierschutzes dient.

64   **b) Einfuhr.** Die Einfuhr setzt die Verbringung der Verfügungsgewalt über die Vorrichtung, das Erzeugnis oder den Bestandteil ins Inland voraus. Die bloße **Durchfuhr** reicht hierfür nicht aus. Das Verbringen von Vorrichtungen, Erzeugnissen oder Bestandteilen in ein anderes (vor allem europäisches) Mitgliedsland kann aber das dort geltende Urheberrecht verletzen. Wegen der Begriffe der Vorrichtungen, Erzeugnisse und Bestandteile gilt das zu deren Herstellung (oben Rn 62 f.) Gesagte.

65   **c) Verbreitung.** Der Begriff der Verbreitung **entspricht nicht dem in § 17 Abs. 1 Verwandten.** Allerdings ist ein Änderungsantrag der Opposition im Gesetzgebungsverfahren dahingehend, dass neben der Verbreitung auch die sonstige Zugänglichmachung verboten sei, nicht aufgegriffen worden. Dass der Begriff der Verbreitung sich mit dem des § 17 Abs. 1 nicht deckt, folgt aber schon daraus, dass er nicht auf körperliche Werkexemplare beschränkt ist (amtl. Begr. zu § 95a, BT-Drucks. 15/38, 26).

66   Erfasst wird jede **körperliche oder unkörperliche Überlassung** der Vorrichtung, des Erzeugnisses bzw des Bestandteils. Dass die meisten Europäischen Mitgliedstaaten das Abstraktionsprinzip nicht kennen, ist iRd gebotenen europäischen Auslegung zu berücksichtigen. Nicht erforderlich ist, dass die Überlassung **gewerblich** erfolgt. Der Begriff der Verbreitung indiziert aber, dass die Vorrichtung, das Erzeugnis bzw der Bestandteil an die Öffentlichkeit gelangt. Der Weitergabe im rein **privaten Bereich** fehlt die für eine Verbreitung erforderliche Streuwirkung. Deshalb stellt die Übergabe eines auf CD-ROM gebrannten Entschlüsselungsprogramms im Familienkreis keine relevante Verbreitungshandlung dar. Ebenso nicht erfasst ist die Weitergabe innerhalb einer organisatorischen Einheit, wie etwa einem **Unternehmen** oder einer **Behörde**.

In Abgrenzung zum Verkauf bzw der Vermietung ist nicht das schuldrechtliche Geschäft, sondern der (auch teilweise) Übergang einer nicht notwendig auf körperliche Gegenstände bezogenen **Verfügungsgewalt** gemeint. Nicht unter den Begriff des In-Verkehr-Bringens fallen Handlungen, die nicht auf die Verschaffung der **Verfügungsgewalt** gerichtet sind. Die kurzfristige Überlassung eines Entcodierungsprogramms an einen Dritten, damit dieser es im Beisein des Eigentümers überprüfen kann, ist daher kein Inverkehrbringen. Anders verhält es sich hingegen, wenn die Überlassung der Anfertigung einer Programmkopie dient, da sie zwar nicht zu einem Wechsel, aber zumindest zur Verschaffung der Verfügungsgewalt führt. **67**

Auch die **Online-Übermittlung** kann den Normtatbestand erfüllen. Verboten ist zB unter den weiteren Voraussetzungen des § 95a Abs. 3 die Online-Bereitstellung von **Computerprogrammen**, mit deren Hilfe ein Kopierschutzmechanismus geknackt werden kann. Ebenso fällt die Übereignung einer (körperlichen) CD-ROM, auf welcher sich das Programm befindet, unter § 95a Abs. 2. **68**

Die Begriffe der Vorrichtung, des Erzeugnisses und des Bestandteils entsprechen denen bei der Herstellung dieser Gegenstände. Auf die obige (Rn 62 f.) Kommentierung wird verwiesen. **69**

d) Verkauf. Unter dem Verkauf der Vorrichtungen, Erzeugnisse oder Bestandteile versteht man das den Übergang der Verfügungsgewalt vorbereitende **schuldrechtliche** Geschäft. Es muss nicht notwendig allen Anforderungen der §§ 433 ff. BGB genügen. Denn § 95a beruht auf den im Wesentlichen wörtlich übernommenen Vorgaben der Europäischen Richtlinie, sodass der Begriff des Verkaufs europäisch auszulegen ist. Ein auf Probe oder unter einer Bedingung abgeschlossener Kaufvertrag reicht. Ein zum Zwecke der Sicherungsübereignung abgeschlossener Kaufvertrag ist ebenfalls ausreichend, nicht jedoch ein Verkauf unter Eigentumsvorbehalt. **70**

Wegen der Begriffe der Vorrichtung, des Erzeugnisses und des Bestandteils wird auf die Kommentierung zur Herstellung dieser Gegenstände (oben Rn 62 f.) verwiesen. **71**

e) Vermietung. Für den Begriff der **Vermietung** gilt die **Legaldefinition des § 17 Abs. 3**. Denn sie beruht auf der Europäischen Vermiet- und Verleihrichtlinie, sodass im Interesse der Rechtseinheit von einem einheitlichen Vermietbegriff auszugehen ist. **72**

Vermietung ist danach jede **auch mittelbar entgeltliche Gebrauchsüberlassung** (*BGH* NJW 1972, 1270, 1271 – Werkbücherei; GRUR 1989, 417, 418 – Kauf mit Rückgaberecht). So wie beim Begriff des Inverkehrbringens kommt es auch hier auf eine wirtschaftliche und nicht auf eine zivilrechtliche Betrachtungsweise an. Ein Mietverhältnis iSd §§ 535 ff. BGB braucht nicht vorzuliegen (*BGH* NJW 1972, 1270, 1272 – Werkbücherei; GRUR 1989, 417, 418 – Kauf mit Rückgaberecht), viel- **73** mehr fallen auch ähnliche rechtliche Gestaltungen und Umgehungsformen unter den Vermietungsbegriff (amtl. Begr. BT-Drucks. 13/115, 12). Maßgeblich ist allein, ob die Gebrauchsüberlassung eine uneingeschränkte und wiederholbare Werknutzung durch Dritte ermöglicht und die Benutzer deshalb in aller Regel als potenzielle Käufer von Vervielfältigungsstücken ausfallen, und ob sie den wirtschaftlichen Interessen des Vermieters dient (*BGH* GRUR 1989, 417, 418 – Kauf mit Rückgaberecht). Ein Verkauf mit der Abrede, die Vervielfältigungsstücke innerhalb weniger Tage gegen Erstattung des größten Teils des Kaufpreises zurückzunehmen, gilt deshalb als Vermietung (*BGH* NJW 1989, 417, 418 – Kauf mit Rückgaberecht).

74 **Keine Vermietung ist die Überlassung** von Originalen oder Vervielfältigungsstücken eines Bild- oder Tonträgers **im Rahmen eines Dienst- oder Arbeitsverhältnisses** zu dem ausschließlichen Zweck, bei der Erfüllung von Verpflichtungen aus dem Dienst- oder Arbeitsverhältnis verwandt zu werden (§ 17 Abs. 3). Das Verschenken von Vorrichtungen, Erzeugnissen und Bestandteilen erfüllt den Begriff der Vermietung ebenfalls nicht.

75 Wegen der Begriffe der Vorrichtung, des Erzeugnisses und des Bestandteils wird auf die Kommentierung zur Herstellung dieser Gegenstände (oben Rn 62 f.) verwiesen.

76 **f) Bewerbung.** Darüber hinaus können Vorrichtungen, Erzeugnisse und Bestandteile aber auch im Hinblick auf Verkauf oder Vermietung beworben werden. Der Begriff der **Werbung** deckt sich mit dem des Art. 2 Ziff. 1 der Europäischen Richtlinie 84/450/EWG zur Angleichung der Rechts- und Verwaltungsvorschriften der Mitgliedstaaten über irreführende Werbung vom 10.9.1984 (ABlEG Nr. L 250/17). Danach ist Werbung jede Äußerung bei der Ausübung eines Handels, Gewerbes, Handwerks oder freien Berufs mit dem Ziel, den Absatz von Waren oder die Erbringung von Dienstleistungen, einschließlich unbeweglicher Sachen, Rechte und Verpflichtungen zu fördern.

77 Voraussetzung ist, dass die Anzeige **zumindest indirekt zum Kauf oder zur Anmietung auffordert** (näher zu diesen Begriffen oben Rn 70 ff.). Werbemaßnahmen, die ein Verbreiten der Gegenstände fördern sollen, das nicht Verkauf oder Vermietung ist, fallen nicht darunter. Danach ist es zulässig, das Verschenken von CD-ROMs mit einem Entschlüsselungsprogramm für codierte Werke öffentlich anzukündigen. Ebenso darf für das Verleihen eines solchen Programms geworben werden. Erst das Verleihen und Verschenken selbst unterfällt dem Verbotstatbestand.

78 Unerheblich ist, ob die Werbung sich an die **Allgemeinheit** richtet oder Personen gezielt angesprochen werden. Auch erst **in der Produktion befindliche** Vorrichtungen, Erzeugnisse oder Bestandteile können beworben werden. Es kommt nicht darauf an, ob das Angebot **Erfolg** hat und tatsächlich ein Vertrag geschlossen wird. Grds reicht jede auf den Verkauf bzw die Vermietung gerichtete Bewerbung aus, also zB ein Verkaufsinserat, die Beschreibung in einem Werbeprospekt und das Ausstellen als Ware im Geschäft.

79 Wegen der Begriffe der Vorrichtung, des Erzeugnisses und des Bestandteils wird auf die Kommentierung zur Herstellung dieser Gegenstände (oben Rn 62 f.) verwiesen.

80 **g) Besitz.** Schließlich ist auch der Besitz von Vorrichtungen, Erzeugnissen oder Bestandteilen verboten, wenn er zu **gewerblichen** Zwecken gehalten wird. Der Begriff

des gewerblichen Zwecks ist enger als der zB in § 52 verwandte des Erwerbszwecks. Gewerblich wird nicht schon der tätig, der die tatsächliche Sachherrschaft über den Gegenstand zur unmittelbaren oder mittelbaren Förderung seines eigenen Erwerbs ausübt. Vielmehr muss der Besitz gerade **zur Förderung einer eigenen gewerblichen**, dh einer auf Dauer angelegten, auf Gewinnerzielung gerichteten Tätigkeit gehalten werden. Maßgeblich ist, ob diese Voraussetzungen bei demjenigen vorliegen, der den (auch mittelbaren) Besitz hält.

Wegen der Begriffe der Vorrichtung, des Erzeugnisses und des Bestandteils wird auf die Kommentierung zur Herstellung dieser Gegenstände (oben Rn 62 f.) verwiesen. **81**

h) Erbringung von Dienstleistungen. Schließlich ist auch die Erbringung von **82** Dienstleistungen verboten. Sie muss sich nicht notwendig auf Vorrichtungen, Bestandteile oder Erzeugnisse beziehen, sofern nur die Voraussetzungen einer der drei Alternativen des § 95a Abs. 2 Ziff. 1-3 erfüllt sind.

Der Begriff der Dienstleistung ist bei der gebotenen europäischen Auslegung **weit zu** **83** **fassen.** Darunter fallen nicht nur Dienste iSd § 611 BGB, sondern **auch erfolgsbezogene Arbeiten** nach § 631 BGB. Der Begriff der Dienstleistung kann nach dem Schutzzweck der Norm insb. auch Anleitungen zur Umgehung von Schutzmechanismen umfassen (amtl. Begr. zu § 95a, BT-Drucks. 15/38, 26). Ob der beabsichtigte Erfolg tatsächlich eintritt, ist ohne Belang. Auch der **Versuch** der Beseitigung eines Dongle für einen Kunden kann danach schon Verstoß gegen § 95a Abs. 2 sein.

Keine Dienste sind hingegen die im Rahmen eines **Arbeitsverhältnisses** für einen **84** anderen erbrachten Tätigkeiten. Hier fungiert der Arbeitnehmer ohnehin nur als Hilfsperson für den Arbeitgeber, der sich dessen Arbeiten hat zurechnen zu lassen.

Die **unternehmensinterne** Anfertigung von Vorrichtungen ist keine Dienstleistung, **85** sondern Herstellung.

Eine Beschränkung auf **gewerbliche** Tätigkeiten sieht das Gesetz nicht vor. Begriff- **86** lich kann von einer Dienstleistung aber nur dort die Rede sein, wo die Tätigkeit **entgeltlich** erbracht wird. Daran fehlt es bei unentgeltlich und bei nur gegen Erstattung der Aufwendungen erbrachten Tätigkeiten. Bedeutsam ist dies vor allem bei der kostenlosen Herstellung eines Computerprogramms für einen Dritten, die nicht als Erbringung einer Dienstleistung, aber uU als Beihilfe zur Umgehungshandlung (§ 95a Abs. 1 iVm § 830 Abs. 2 BGB) erfasst werden kann.

3. Die eine der Alternativen des § 95a Abs. 3 Nr. 1-3 erfüllen

a) Gegenstand einer Verkaufsförderung, Werbung oder Vermarktung mit dem **87** **Ziel der Umgehung wirksamer technischer Maßnahmen.** Das Verbot greift ein, wenn die Vorrichtung, das Erzeugnis oder der Bestandteil bzw wenn die Dienstleistung Objekt einer Verkaufsförderung, Werbung oder Vermarktung mit dem Ziel der Umgehung wirksamer technischer Maßnahmen ist.

Vermarktung ist jede unmittelbar auf den Absatz der Vorrichtungen, Erzeugnisse, **88** Bestandteile bzw Dienstleistung gerichtete Tätigkeit. Darunter fallen auch Verkaufsveranstaltungen, so zB eine Werbeveranstaltung am verkaufsfreien Sonntag. Ebenso erfasst sind Maßnahmen wie das Verpacken bzw das farbliche Gestalten derartiger Gegenstände sowie die Eintragung einer Marke für sie, eine Verbraucherumfrage mit dem Ziel, Absatznischen zu erkennen und ähnliche absatzorientierte Maßnahmen. Keine Vermarktung ist der Verkauf des Produkts selbst und das zu diesem Zwecke geführte sachliche Verkaufsgespräch.

89 Der Begriff der **Werbung** deckt sich mit dem des Art. 2 Ziff. 1 der Europäischen Irreführungsrichtlinie (ABlEG Nr. L 250/17). Danach ist Werbung jede Äußerung bei der Ausübung eines Handels, Gewerbes, Handwerks oder freien Berufs mit dem Ziel, den Absatz von Waren oder die Erbringung von Dienstleistungen, einschließlich unbeweglicher Sachen, Rechte und Verpflichtungen zu fördern.

90 **Verkaufsförderung** ist jede sonstige Maßnahme, die unmittelbar oder mittelbar dem Absatz der Vorrichtungen, Erzeugnisse, Bestandteile bzw der Dienstleistungen dient. Dazu können auch Tätigkeiten in einer anderen Unternehmenssparte zählen, wenn sie eine Umsatzsteigerung im Absatzbereich dieser Gegenstände bewirken sollen, zB die unentgeltliche Abgabe einer CD beim Kauf eines Dongles sowie die Gewährung günstiger Einkaufsbedingungen für gewerbliche Abnehmer unter der Voraussetzung, dass diese in ihren Einkauf auch Vorrichtungen, Erzeugnisse und Bestandteile des Unternehmens zur Verhinderung bzw Einschränkung von wirksamen technischen Maßnahmen aufnehmen.

91 Die Verkaufsförderung, die Werbung bzw die Vermarktung muss **gerade darauf ausgerichtet** sein, den technisch möglichen Einsatz des Gegenstandes/der Dienstleistung zur Umgehung einer technischen Schutzvorrichtung herauszukehren. Eine wissenschaftlich motivierte Publizierung zu den Eigenschaften der wirksamen technischen Maßnahmen ist daher keine Verkaufsförderung.

92 Die Verkaufsförderung, die Werbung bzw die Vermarktung muss **im Inland** stattgefunden haben. Das folgt aus dem Territorialitätsprinzip. Bloße Vorbereitungshandlungen im Inland genügen nicht. Dafür spricht iÜ auch, dass eine lediglich im Ausland geschaltete Werbung den Verbraucher wegen der Sprachschwellen weniger leicht erreicht und für den Urheber daher ungleich weniger risikoreich sein wird. Als Werbung im Inland ist jede Werbung anzusehen, die vom Nutzer im Inland wahrgenommen werden kann. Das ist insb. auch eine im Ausland ins **Internet** gestellte, vom Inland aus abrufbare Werbemaßnahme.

93 Wer die Verkaufsförderung, die Bewerbung oder die Vermarktung vornimmt, ist unerheblich; auch eine Bewerbung, Verkaufsförderung oder Vermarktung durch **Dritte**, zB den Hersteller, reicht aus. Das zeigt neben dem Wortlaut der Vorschrift der Vergleich mit § 95a Abs. 1, der im Einklang mit Art. 6 Abs. 1 Harmonisierungsrichtlinie für das Verbot der Umgehung von technischen Maßnahmen ausdrücklich die Bösgläubigkeit des Handelnden verlangt. Hingegen fehlt der entspr. Passus in § 95a Abs. 3 bzw Art. 6 Abs. 2 Harmonisierungsrichtlinie. Das Gesetz will so der abstrakten Gefährlichkeit Rechnung tragen, die von gewerblichen Handlungen im Vorfeld der Umgehung, zB dem Verkauf eines als „Kopierschutzknacker" beworbenen Produkts ausgeht. Den uU erheblichen wirtschaftlichen Schaden, der den Herstellern bzw Händlern dadurch entstehen kann, dass sie gutgläubig hergestellte bzw erworbene Produkte vernichten müssen, wenn sie oder Dritte ein entspr. Produkt unter dem Aspekt der Umgehung wirksamer technischer Maßnahmen beworben haben, nimmt das Gesetz hin. Es unterstellt, dass der gewerblich Tätige über die erforderlichen Kenntnisse verfügt oder sich diese zumindest beschaffen kann, um vor einer Investition in die Herstellung, die Einfuhr, die Verbreitung, den Verkauf, die Vermietung oder die Werbung bzw vor der Beschaffung von Produkten herauszufinden, ob die fragliche Ware, auch wenn sie bislang noch nicht als solche genutzt oder beworben wurde, zur Umgehung technischer Maßnahmen geeignet ist. Parallelen lassen sich auch zur auf der Europäischen Verbrauchsgüterkaufrichtlinie beruhenden Vorschrift des § 434 Abs. 1 S. 3 BGB nF ziehen, die ebenfalls davon ausgeht, dass sich derjenige, der im weitesten Sinne mit Produkten handelt, Äußerungen Dritter über diese Erzeugnisse unter bestimmten Umständen zurechnen lassen muss.

Zu beachten ist aber, dass sich die absatzfördernden Maßnahmen **gerade auf das** **94** **fragliche Produkt beziehen** müssen. Wird nur eine ähnliche Vorrichtung, ein vergleichbares Erzeugnis oder ein von dem fraglichen Produkt abweichender Bestandteil beworben, greift § 95a Abs. 3 Nr. 1 nicht.

Die Bewerbung, Verkaufsförderung bzw Vermarktung muss der Herstellung, der **95** Einfuhr, der Verbreitung, dem Verkauf, der Vermietung, der Bewerbung bzw der Dienstleistung **zeitlich vorangegangen** sein. Die **Aufrechterhaltung gewerblichen** **Besitzes** nach Bewerbung, Verkaufsförderung bzw Vermarktung des Produkts unter dem Gesichtspunkt seines Umgehungscharakters reicht aber aus, um das Verbot des § 95a Abs. 3 auszulösen.

§ 95a Abs. 3 enthält abweichend von § 95a Abs. 1 kein subjektives Element. Vor al- **96** lem bei **Multifunktionsprodukten**, die mit anderen Zielen (§ 95a Abs. 3 lit. c) und anderem Hauptzweck und -nutzen (§ 95b Abs. 2 lit. b) als der Umgehung eines wirksamen technischen Schutzes auf den Markt gebracht werden, erweist sich dies als problematisch. Grds ist denkbar, dass sich erst später, nachdem die Produktion bereits angelaufen ist, herausstellt, dass das produzierte Multifunktionsprodukt zur Umgehung wirksamer technischer Maßnahmen taugt. Bewirbt in diesem Fall der gewerblich Tätige selbst oder ein Dritter das Produkt entspr., wird das Verbot des § 95b Abs. 2 lit. a trotz des **im Zeitpunkt der Investition vorhandenen guten Glaubens** ausgelöst. Unterstellt wird nämlich, dass ein gewerblich Tätiger in der Lage sein muss, abzuklären, ob sich ein Produkt zur Umgehung wirksamer technischer Maßnahmen eignet, bevor er es zum Gegenstand von Investitionen macht. Unterlässt er dies oder nimmt er das Risiko, dass die dunklen Seiten des Multifunktionsprodukts von Dritten erkannt werden, vielleicht sogar bewusst in Kauf, wird er als nicht schutzwürdig angesehen.

Die für den Unterlassungsanspruch erforderliche **Störereigenschaft** ist daher auch **97** dann gegeben, wenn der Anspruchsgegner von der Bewerbung, Verkaufsförderung bzw Vermarktung nichts weiß. Die abstrakte Gefährdung, die von diesen Maßnahmen ausgeht, reicht aus. Für einen Schadenersatzanspruch ist nach allg. Grundsätzen Verschulden erforderlich. Dafür reicht aus, dass der Anspruchsgegner im Zeitpunkt der fraglichen Handlung Kenntnis von der Bewerbung, Verkaufsförderung bzw Vermarktung hat, selbst wenn er die Vorrichtung, das Erzeugnis oder den Bestandteil schon vorher erworben hat. Wer ein Computerprogramm zur Entcodierung von CD-ROMs in Unkenntnis dessen erworben hat, dass es nicht vom Hersteller stammt, darf es nur noch zu nichtgewerblichen Zwecken besitzen, nicht aber mehr an Dritte verkaufen, vermieten, bewerben oder verbreiten, sobald das Programm im Internet entsprechen beworben wird. Eine Eigennutzung ist in engen Grenzen unter bestimmten Umständen nach Treu und Glauben möglich (näher oben Rn 35 f.).

98 **b) Begrenzter sonstiger wirtschaftlicher Zweck oder Nutzen.** Auch wenn die Voraussetzungen des § 95a Abs. 2 Ziff. 1 nicht erfüllt sind, kann die Herstellung pp. der Vorrichtung, des Erzeugnisses oder Bestandteils bzw die Erbringung der Dienstleistung verboten sein, wenn sie nämlich abgesehen von der Umgehung wirksamer technischer Maßnahmen nur einen begrenzten wirtschaftlichen Zweck oder Nutzen hat. Derartige Gegenstände bzw Dienstleistungen hält das Gesetz wegen des in ihnen verborgenen sehr hohen Risikos eines Einsatzes gegen wirksame technische Maßnahmen nicht für schutzwürdig. Maßgeblich ist der **wirtschaftliche**, nicht der technische Zweck bzw Nutzen des Produkts. Auf die Motive und Auffassungen der Hersteller bzw Händler und Dienstleistenden kommt es nicht an.

99 Der wirtschaftliche Zweck bzw Nutzen des Gegenstands/der Dienstleistung muss **ganz überwiegend** auf der Umgehung wirksamer technischer Maßnahmen liegen. Ihre weitere technische Verwendbarkeit muss wirtschaftlich gesehen begrenzt sein. Ob das der Fall ist, kann der Tatrichter oftmals aufgrund eigener **Wertung** beantworten; andernfalls muss er ein Gutachten einholen. Auch Verbraucherumfragen sind ein wichtiges Indiz dafür, wo die wirtschaftlichen Absatzgebiete des Geräts bzw der Dienstleistung liegen.

100 Ausreichend ist bereits, wenn nur ein **Bestandteil eines Multifunktionsgeräts** einen abgesehen von der Umgehung wirksamer technischer Maßnahmen nur begrenzten wirtschaftlichen Zweck oder Nutzen hat (§ 95a Abs. 3 HS 1). Andernfalls ließe sich § 95a Abs. 3 Ziff. 3 auch leicht dadurch umgehen, dass ein zur Umgehung des DRM gedachtes Gerät mit einer nicht zu beanstandenden Zusatzfunktion ausgestattet wird. Oftmals gibt es Geräte, die neben einer normalen Aufnahme- und Wiedergabefunktion über einen davon zu unterscheidenden Mechanismus verfügen, mit dem sich ein Kopierschutz umgehen lässt. So lassen sich zB mit dem sog. „**Ripflash**" alte Schallplatten aufzeichnen, wobei die Pausen zwischen den Stücken selbsttätig vom Geräte erkannt werden. Gleichzeitig kann das Gerät aber noch mehr. Angeschlossen an eine beliebige Stereoanlage umgeht es Kopierschutzsysteme dadurch, dass es nicht direkt das digitale Audiosignal, sondern – bei entspr. Qualitätsminderung – das analoge Signal aufzeichnet und dieses in das gewünschte MP3-Format umwandelt.

101 **c) Hauptsächlich zum Zwecke der Umgehung entworfen, hergestellt, angepasst oder erbracht.** Die Bedeutung des § 95a Abs. 3 Nr. 3 beschränkt sich angesichts der schwierigen Beweislage auf Sachverhalte, in denen die Voraussetzungen von § 95 Abs. 3 Nr. 1 und 2 nicht gegeben sind. Die Herstellung, Konstruktion, Anpassung bzw Erbringung muss hier **zweckgerichtet** auf die Umgehung wirksamer technischer Maßnahmen ausgerichtet sein. Eine neben anderen Hauptzielen nebensächlich nur mitverfolgte Zielsetzung im Sinne einer Umgehung wirksamer technischer Maßnahmen ist nicht ausreichend. Denn maßgeblich ist nach § 95 Abs. 2 Ziff. 3 das mit der Konstruktion, der Herstellung oder Anpassung des Gegenstandes bzw Erbringung der Dienstleistung **schwerpunktmäßig** verfolgte Ziel („hauptsächlich"). Es reicht auch nicht, dass der andere (etwa wissenschaftliche) Ziele verfolgende Unternehmer nur damit rechnete und dies in Kauf nimmt, dass seine Kunden den Gegenstand auch zum Zwecke der Umgehung wirksamer technischer Maßnahmen einsetzen würden.

102 Ob mit dem Entwerfen, der Herstellung oder der Anpassung der Vorrichtung, des Erzeugnisses oder Bestandteils bzw mit der Erbringung der Dienstleistung hauptsächlich das Ziel der Umgehung wirksamer technischer Maßnahmen verfolgt wird, lässt sich als innere Tatsache nur anhand von **Indizien** feststellen. Für diese Zielsetzung sprechen neben der objektiven Eignung des Gegenstands sein schwerpunktmäßiger Verwendungszweck. Auch der Schriftverkehr der an der Herstellung bzw dem Verkauf beteiligten Unternehmen und die Konstruktionspläne können manchmal Aufschluss geben. Stehen der Preis und der Nutzen des Zweckes, unter dem das Produkt vermarktet wird, in keinem Verhältnis, sondern rechtfertigt sich letzterer nur unter dem Gesichtspunkt, dass das Gerät, wie technisch möglich, Einsatz bei der Umgehung wirksamer technischer Maßnahmen findet, kann das ebenfalls ein Anhalt für § 95a Abs. 2 lit. c sein.

Einen **Auskunfts- oder Herausgabeanspruch** sieht das Gesetz nicht vor; er kann   **103** sich nur nach allg. Grundsätzen aus Treu und Glauben ergeben.

4. Ausnahmen

Vom Verbot des § 95a Abs. 3 unberührt bleiben Aufgaben und Befugnisse öffentli-   **104** cher Stellen zum Zwecke des Schutzes der öffentlichen Sicherheit oder Strafrechtspflege. Auf die Kommentierung zu § 95a Abs. 1 (Rn 40) wird verwiesen.

5. Rechtsfolgen

Die zivilrechtlichen Rechtsfolgen des § 95a Abs. 3 entsprechen denen des § 95a   **105** Abs. 1. Auf die dortigen Ausführungen wird verwiesen (oben Rn 41 ff.). Wer dem Verbot des § 95a Abs. 3 zuwiderhandelt, macht sich gem. § 108b Abs. 2 strafbar und handelt gem. § 111a Abs. 1 Ziff. 1, Abs. 2 ordnungswidrig. Allg. Strafvorschriften bleiben unberührt.

6. Beispiele

Verboten ist die Herstellung eines an die Stereoanlage des Nutzers anschließbaren   **106** **MP3-Players** mit einer Technik, welche Kopierschutzsysteme durch Aufzeichnung des analogen statt des digitalen Signals und dessen Rückumwandlung in MP3-fähiges Material umgeht, wenn das Gerät im Zeitpunkt der Herstellung bereits als Gerät zur Umgehung eines Kopierschutzes beworben worden war. Kann ein Gerät **seiner Art nach** nur zu dem einen Zweck der Umgehung eines Kopierschutzes eingesetzt werden, sind seine Herstellung, Einfuhr, Verbreitung, sein Verkauf und seine Vermietung und die entspr. Bewerbung verboten. Ebenso verhält es sich, wenn der Zweck, zu dem das Gerät offiziell veräußert wird, sichtlich nur vorgeschoben ist, weil zB eine „Entstörung" von Signalen, wie sie die Produktbeschreibung verspricht, weder notwendig noch sinnvoll ist.

Zulässig bleibt der Verkauf von Geräten zur Umgehung eines DRM zu ausschließ-   **107** lich **wissenschaftlichen** Zwecken (näher oben Rn 38). Keine Umgehungsvorrichtung ist ein Gerät, welches das unverschlüsselte analoge Signal auffängt und 1:1 kopiert, selbst wenn die gleichzeitig übermittelte digitale Fassung verschlüsselt ist.

IV. Ansprüche des Nutzers als Folge einer Kopierschutzmaßnahme

1. Mangelnde Gebrauchsfähigkeit

108   Der Schutz von Werken mittels technischer Maßnahmen bringt für den Nutzer erhebliche Einschränkungen mit sich. Er kann das entspr. Werkexemplar nur in den Grenzen des technischen Schutzes nutzen. Die Möglichkeiten der Weiterveräußerung sind deshalb begrenzt, vor allem, wenn die Nutzung des Werkexemplars auch ortsgebunden ist. Die Nutzbarkeit von mit DRM ausgestatteten Werkexemplaren ist möglicherweise nur gewährleistet, wenn ein eigens für die Nutzung der entspr. Werkexemplars geschaffenes Gerät erworben wird, womit zusätzlich auch eine Beschränkung der Einsetzbarkeit des Werkexemplars auf eben dieses Gerät einhergeht. Die Verschleißquote der entspr. Geräte ist oftmals höher als die des Werkexemplars, wobei eine Reparatur bzw ein Neukauf der entspr. Geräte nicht immer möglich ist, sodass das Werk schon vor Verschleiß des erworbenen Werkexemplars nicht mehr genutzt werden kann.

109   Tragende Grundsätze des Urheber- und Leistungsschutzrechts sind der das (körperliche) Verbreitungsrecht einschränkende Erschöpfungsgrundsatz und der in den Schrankenregelungen zum Ausdruck kommende Ausgleich zwischen den Interessen der Rechteinhaber und denen der Allgemeinheit. Diese Grundsätze werden durch den Schutz von Digital Rights Management nicht außer Kraft gesetzt, aber auf tatsächlicher Ebene doch erheblich eingeschränkt. Nach der gesetzlichen Wertung bilden die Erschöpfung des Verbreitungsrechts und die zulässige Schrankennutzung nach wie vor die Regel und die faktische Einschränkung der Nutzbarkeit durch die schutzfähige wirksame technische Maßnahme die Ausnahme. Wer Ware erwirbt, an der ein Urheber- oder Leistungsschutzrecht besteht, geht von deren üblicher Verwendbarkeit aus. So erwartet der Käufer einer CD-ROM, dass er diese in jedem CD-ROM-Laufwerk abspielen kann. Die bloße Möglichkeit, dass ein Werk technisch geschützt sein könnte, ändert an dieser Erwartungshaltung nichts, weil der technische Schutz von Werken beim Verkauf an Endnutzer bislang immer noch die Ausnahme und nicht die Regel ist. Ohne gesonderten **Hinweis** hierauf vor Vertragsschluss beim Erwerb eines Werkexemplars muss der Nutzer folglich nicht mit Einschränkungen gegenüber der in §§ 17 Abs. 2, 44a ff., 70 ff. geregelten Nutzbarkeit rechnen. Das gilt erst recht, nachdem nun § 95d Abs. 1 die Rechteinhaber zur deutlich sichtbaren Kennzeichnung der Werke bzw Schutzgegenstände, die mit technischen Maßnahmen geschützt werden, verpflichtet.

110   Der Hinweis ist als Bestandteil der den Vertrag begründenden Willenserklärung so zu gestalten, dass er aus Sicht eines objektiven Dritten **Vertragsbestandteil** wird. Wird er erst nach dem Aufreißen der Verpackung erkennbar, fehlt es daran. Der Hinweis muss außerdem so formuliert sein, dass der durchschnittliche Käufer erkennt, welche Einschränkungen gegenüber der üblichen Nutzbarkeit des Werkexemplars gegeben sind. Der allg. Verweis darauf, dass eine CD „technisch geschützt" sei, reicht also nicht. Erst recht muss der Käufer nicht aus dem Umstand, dass auf einer CD bzw einem CD-Player das **CDDA-Logo fehlt**, auf einen technischen Schutz (welchen?) schließen, da jedenfalls bislang keine an das Logo anknüpfende Käufererwartung besteht.

111   Der Hinweis auf den technischen Schutz kann auch in **Allg. Geschäftsbedingungen** (AGB) erfolgen. Im Hinblick auf den Umstand, dass die Schutzfähigkeit von DRM nunmehr gesetzlich anerkannt ist, ist dies weder überraschend (§ 305c BGB) noch mit wesentlichen Grundgedanken der gesetzlichen Regelung, von der abgewichen wird, nicht zu vereinbaren (§ 307 Abs. 2 Ziff. 1 BGB). Der Kennzeichnungspflicht nach § 95d wird durch einen vorformulierten Hinweis allerdings nicht genügt.

Unterbleibt der Hinweis bzw wird er nicht Vertragsbestandteil, wird der Vertrag über **112** ein gem. §§ 17 Abs. 2, 44a ff. nutzbares Werkexemplar geschlossen. Der Verkäufer, der ein nur eingeschränkt nutzbares Werkexemplar zur Verfügung stellt, verletzt dann seine vertraglichen Pflichten mit der Folge der allg. zivilrechtlichen Ansprüche (**§§ 323 ff., 281 BGB**).

Über Nutzungseinschränkungen von CDs kann sich der interessierte Nutzer im Inter- **113** net informieren. Unter www.cd-register.de kann **im Internet der Kopierschutz abgefragt** werden; für die gängigen CDs sind dort Angaben dazu vorhanden, auf welchen Geräten sie abgespielt werden können.

2. Schäden an Gegenständen des Nutzers durch kopiergeschützte Ware

In letzter Zeit mehren sich die Meldungen, nach denen durch kopiergeschützte Ware **114** Schäden an den im Eigentum bzw Besitz des Nutzers stehenden Gegenständen auftreten. So soll es nach Internetberichten bei Versuchen, die kopiergeschützte CD der amerikanischen Sängerin Celine Dion abzuspielen, zu Computerabstürzen gekommen sein. Es wurde sogar die Behauptung aufgestellt, der Datenträger könne bei der Benutzung zu dauerhaften Schäden führen.

Auch derjenige, der kopiergeschützte Ware erwirbt, darf davon ausgehen, dass diese **115** zum üblichen Gebrauch geeignet ist und nicht zu Schäden an anderen Rechtsgütern führt. Für derartige Schäden haftet der Verkäufer daher gem. § 280 BGB auf Schadenersatz. Das gilt auch dann, wenn ein Vertrag zwischen den Parteien nicht zustande kommt, etwa weil der Schaden beim Ausprobieren der Ware auftritt (§ 282, 241 Abs. 2 BGB). Daneben tritt die deliktische Haftung aus § 823 Abs. 1 BGB, weil eine vom verkauften Produkt zu unterscheidende, mit ihr nicht stoffgleiche Sache beschädigt wird. Auch Ansprüche aus dem ProdHaftG kommen in Betracht.

V. Altfälle

Wie sich im Umkehrschluss aus § 137j Abs. 1 ergibt, ist der Schutz wirksamer tech- **116** nischer Maßnahmen nach § 95a Abs. 1 und 3 auf Sachverhalte **ab In-Kraft-Treten des Gesetzes** zur Regelung des Urheberrechts in der Informationsgesellschaft anwendbar. Übergangsregelungen, wie § 137j Abs. 1 sie für die Durchsetzung von Schrankenbestimmungen enthält, gibt es für das Verbot des § 95a nicht. Auf **Altfälle** ist § 95a nicht anwendbar. Das bedeutet freilich **keinen Freibrief für den Einsatz von vor dem 13.9.2003 erworbenen Vorrichtungen,** Erzeugnissen und Bestandteilen zur Umgehung von wirksamen technischen Maßnahmen oder zu ihrer gewerblichen Verwertung. Denn in jedem Einsatz einer solchen Vorrichtung, eines solchen Erzeugnisses oder Bestandteils, um Zugang zu einer Leistung zu erlangen, liegt eine erneute Umgehung wirksamer technischer Maßnahmen; wird ein vor In-Kraft-Treten erworbenes Computerprogramm nach In-Kraft-Treten des Gesetzes zur Entfernung eines Kopierschutzes eingesetzt, liegt darin folglich ein Verstoß gegen § 95a Abs. 1. Und sobald ein Produkt entspr. beworben bzw unter den Voraussetzungen des § 95b

Abs. 2 lit. b und c verwertet wird, ist jedenfalls sein gewerblicher Besitz verboten, selbst wenn eine weitere Verwertung nicht stattfindet. Vor dem 13.9.2003 erworbene Vorrichtungen, Erzeugnisse und Bestandteile zur Umgehung wirksamer technischer Maßnahmen dürfen daher seit dem 13.9.2003 praktisch **nur noch zu nichtgewerblichen Zwecken besessen** (arg. e § 95a Abs. 3 HS 1), aber nicht mehr eingesetzt werden. Nur unter engen Voraussetzungen kann das für eine erhebliche Investition ursächliche Vertrauen in die Rechtmäßigkeit der geplanten Nutzung gegenüber Ansprüchen des Rechtsinhabers aus § 95a den **Einwand von Treu und Glauben** rechtfertigen (näher oben Rn 35 f.).

§ 95b Durchsetzung von Schrankenbestimmungen

(1) Soweit ein Rechtsinhaber technische Maßnahmen nach Maßgabe dieses Gesetzes anwendet, ist er verpflichtet, den durch eine der nachfolgend genannten Bestimmungen Begünstigten, soweit sie rechtmäßig Zugang zu dem Werk oder Schutzgegenstand haben, die notwendigen Mittel zur Verfügung zu stellen, um von diesen Bestimmungen in dem erforderlichen Maße Gebrauch machen zu können:

1. **§ 45 (Rechtspflege und öffentliche Sicherheit),**
2. **§ 45a (Behinderte Menschen),**
3. **§ 46 (Sammlungen für Kirchen-, Schul- oder Unterrichtsgebrauch), mit Ausnahme des Kirchengebrauchs,**
4. **§ 47 (Schulfunksendungen),**
5. **§ 52a (Öffentliche Zugänglichmachung für Unterricht und Forschung),**
6. **§ 53 (Vervielfältigungen zum privaten und sonstigen eigenen Gebrauch)**
   a) **Absatz 1, soweit es sich um Vervielfältigungen auf Papier oder einem ähnlichen Träger mittels beliebiger photomechanischer Verfahren oder anderer Verfahren mit ähnlicher Wirkung handelt,**
   b) **Absatz 2 Satz 1 Nr. 1,**
   c) **Absatz 2 Satz 1 Nr. 2 in Verbindung mit Satz 2 Nr. 1 oder 3,**
   d) **Absatz 2 Satz 1 Nr. 3 und 4 jeweils in Verbindung mit Satz 2 Nr. 1 und Satz 3,**
   e) **Absatz 3,**
7. **§ 55 (Vervielfältigung durch Sendeunternehmen).**

Vereinbarungen zum Ausschluss der Verpflichtungen nach Satz 1 sind unwirksam.

(2) *[Abs. 2 in Kraft ab 1.9.2004] Wer gegen das Gebot nach Absatz 1 verstößt, kann von dem Begünstigten einer der genannten Bestimmungen darauf in Anspruch genommen werden, die zur Verwirklichung der jeweiligen Befugnis benötigten Mittel zur Verfügung zu stellen. Entspricht das angebotene Mittel einer Vereinbarung zwischen Vereinigung der Rechtsinhaber und der durch die Schrankenregelung Begünstigten, so wird vermutet, dass das Mittel ausreicht.*

(3) Die Absätze 1 und 2 gelten nicht, soweit Werke und sonstige Schutzgegenstände der Öffentlichkeit auf Grund einer vertraglichen Vereinbarung in einer

Weise zugänglich gemacht werden, dass sie Mitgliedern der Öffentlichkeit von Orten und zu Zeiten ihrer Wahl zugänglich sind.

(4) Zur Erfüllung der Verpflichtungen aus Absatz 1 angewandte technische Maßnahmen, einschließlich der zur Umsetzung freiwilliger Vereinbarungen angewandten Maßnahmen, genießen Rechtsschutz nach § 95a.

Auszug aus dem Gesetz über Unterlassungsklagen (UKlaG) idF ab 1.9.2004:

§ 2   Unterlassungsanspruch bei verbraucherschutzgesetzwidrigen Praktiken

(1)-(2) …

(3) Der Anspruch auf Unterlassung kann nicht geltend gemacht werden, wenn die Geltendmachung unter Berücksichtigung der gesamten Umstände missbräuchlich ist, insbesondere wenn sie vorwiegend dazu dient, gegen den Zuwiderhandelnden einen Anspruch auf Ersatz von Aufwendungen oder Kosten der Rechtsverfolgung entstehen zu lassen.

§ 2a   Unterlassungsanspruch nach dem Urheberrechtsgesetz

(1) Wer gegen § 95b Abs. 1 des Urheberrechtsgesetzes verstößt, kann auf Unterlassung in Anspruch genommen werden.

(2) Absatz 1 gilt nicht, soweit Werke und sonstige Schutzgegenstände der Öffentlichkeit auf Grund einer vertraglichen Vereinbarung in einer Weise zugänglich gemacht werden, dass sie Mitgliedern der Öffentlichkeit von Orten und zu Zeiten ihrer Wahl zugänglich sind.

(3) § 2 Abs. 3 gilt entsprechend.

§ 3   Anspruchsberechtigte Stellen

(1) Die in den §§ 1 und 2 bezeichneten Ansprüche auf Unterlassung und auf Widerruf stehen zu …

(2) …

§ 3a   Anspruchsberechtigte Verbände nach § 2a

Der in § 2a Abs. 1 bezeichnete Anspruch auf Unterlassung steht rechtsfähigen Verbänden zur nicht gewerbsmäßigen und nicht nur vorübergehenden Förderung der Interessen derjenigen zu, die durch § 95b Abs. 1 Satz 1 des Urheberrechtsgesetzes begünstigt werden. Der Anspruch kann nur an Verbände im Sinne des Satzes 1 abgetreten werden.

§ 5   Anwendung der Zivilprozessordnung und anderer Vorschriften

Auf das Verfahren sind die Vorschriften der Zivilprozessordnung und die §§ 23a, 23b und 25 des Gesetzes gegen den unlauteren Wettbewerb anzuwenden, soweit sich aus diesem Gesetz nicht etwas anderes ergibt.

§ 6   Zuständigkeit

(1) Für Klagen nach diesem Gesetz ist das Landgericht ausschließlich zuständig, in dessen Bezirk der Beklagte seine gewerbliche Niederlassung oder in Ermangelung einer solchen seinen Wohnsitz hat. Hat der Beklagte im Inland weder eine gewerbliche

Niederlassung noch einen Wohnsitz, so ist das Gericht des inländischen Aufenthalts-orts zuständig, in Ermangelung eines solchen das Gericht, in dessen Bezirk

1. *die nach den §§ 307 bis 309 des Bürgerlichen Gesetzbuches unwirksamen Bestim-mungen in Allgemeinen Geschäftsbedingungen verwendet wurden,*
2. *gegen Verbraucherschutzgesetze verstoßen wurde oder*
3. *gegen § 95b Abs. 1 des Urheberrechtsgesetzes verstoßen wurde.*

(2) Die Landesregierungen werden ermächtigt, zur sachdienlichen Förderung oder schnelleren Erledigung der Verfahren durch Rechtsverordnung einem Landgericht für die Bezirke mehrerer Landgerichte Rechtsstreitigkeiten nach diesem Gesetz zuzu-weisen. Die Landesregierungen können die Ermächtigung durch Rechtsverordnung auf die Landesjustizverwaltungen übertragen.

(3) Die vorstehenden Absätze gelten nicht für Klagen, die einen Anspruch der in § 13 bezeichneten Art zum Gegenstand haben.

§ 6   idF bis 31.8.2004

(1) Für Klagen nach diesem Gesetz ist das Landgericht ausschließlich zuständig, in dessen Bezirk der Beklagte seine gewerbliche Niederlassung oder in Ermangelung einer solchen seinen Wohnsitz hat. Hat der Beklagte im Inland weder eine gewerb-liche Niederlassung noch einen Wohnsitz, so ist das Gericht des inländischen Auf-enthaltsorts zuständig, in Ermangelung eines solchen das Gericht, in dessen Bezirk die nach den §§ 307 bis 309 des Bürgerlichen Gesetzbuchs unwirksamen Bestim-mungen in Allgemeinen Geschäftsbedingungen verwendet wurden oder gegen Ver-braucherschutzgesetze verstoßen wurde.

(2)-(3) …

§ 7   *Veröffentlichungsbefugnis*

Wird der Klage stattgegeben, so kann dem Kläger auf Antrag die Befugnis zugespro-chen werden, die Urteilsformel mit der Bezeichnung des verurteilten Beklagten auf dessen Kosten im Bundesanzeiger, im Übrigen auf eigene Kosten bekannt zu machen. Das Gericht kann die Befugnis zeitlich begrenzen.

Auszug aus dem UWG

§ 23a   Bemessung des Streitwerts bei Unterlassungsklagen

Bei der Bemessung des Streitwerts für Ansprüche auf Unterlassung von Zuwider-handlungen gegen die §§ 1, 3, 4, 6, 6a bis 6c, 7, 8 ist es wertmindernd zu berücksich-tigen, wenn die Sache nach Art und Umfang einfach gelagert ist oder eine Belastung einer der Parteien mit den Prozeßkosten nach dem vollen Streitwert angesichts ihrer Vermögens- und Einkommensverhältnisse nicht tragbar erscheint.

§ 23b   Herabsetzung des Streitwerts

(1) Macht in bürgerlichen Rechtsstreitigkeiten, in denen durch Klage ein An-spruch auf Grund dieses Gesetzes geltend gemacht wird, eine Partei glaubhaft, daß die Belastung mit den Prozeßkosten nach dem vollen Streitwert ihre wirtschaftliche Lage erheblich gefährden würde, so kann das Gericht auf ihren Antrag anordnen, daß die Verpflichtung dieser Partei zur Zahlung von Gerichtskosten sich nach ei-nem ihrer Wirtschaftslage angepaßten Teil des Streitwerts bemißt. Das Gericht

kann die Anordnung davon abhängig machen, daß die Partei außerdem glaubhaft macht, daß die von ihr zu tragenden Kosten des Rechtsstreits weder unmittelbar noch mittelbar von einem Dritten übernommen werden. Die Anordnung hat zur Folge, daß die begünstigte Partei die Gebühren ihres Rechtsanwalts ebenfalls nur nach diesem Teil des Streitwerts zu entrichten hat. Soweit ihr Kosten des Rechtsstreits auferlegt werden oder soweit sie diese übernimmt, hat sie die von dem Gegner entrichteten Gerichtsgebühren und die Gebühren seines Rechtsanwalts nur nach dem Teil des Streitwerts zu erstatten. Soweit die außergerichtlichen Kosten dem Gegner auferlegt oder von ihm übernommen werden, kann der Rechtsanwalt der begünstigten Partei seine Gebühren von dem Gegner nach dem für diesen geltenden Streitwert beitreiben.

(2) Der Antrag nach Absatz 1 kann vor der Geschäftsstelle des Gerichts zur Niederschrift erklärt werden. Er ist vor der Verhandlung zur Hauptsache anzubringen. Danach ist er nur zulässig, wenn der angenommene oder festgesetzte Streitwert später durch das Gericht heraufgesetzt wird. Vor der Entscheidung über den Antrag ist der Gegner zu hören.

§ 25   Einstweilige Verfügung

Zur Sicherung der in diesem Gesetze bezeichneten Ansprüche auf Unterlassung können einstweilige Verfügungen erlassen werden, auch wenn die in den §§ 935, 940 der Zivilprozeßordnung bezeichneten Voraussetzungen nicht zutreffen.

Übersicht

Dreyer

I. Gesetzesgeschichte und Regelungsgehalt

1   § 95b wurde durch das Gesetz zur Regelung des Urheberrechts in der Informationsgesellschaft eingefügt, das die Europäische Richtlinie zur Harmonisierung des Urheberrechts in deutsches Recht umsetzt. **§ 95b Abs. 2 sowie die Änderungen des UKlaG gelten erst ab dem 1.9.2004, § 95b Abs. 1 ist ab dem 13.9.2003 anzuwenden** (Art. 6 Abs. 1 und 2 des Gesetzes zur Regelung des Urheberrechts in der Informationsgesellschaft). Auf Sachverhalte vor diesen Zeitpunkten findet die Vorschrift keine Anwendung (vgl Art. 6 Abs. 1 des Gesetzes zur Regelung des Urheberrechts in der Informationsgesellschaft).

2   Mit dem Schutz wirksamer technischer Maßnahmen nach § 95a wurde den Urhebern und Inhabern verwandter Schutzrechte ein starkes Instrument an die Hand gegeben, mit dem diese nicht nur die unberechtigte, sondern auch die berechtigte Nutzung des Schutzgegenstandes durch Dritte verhindern können. Insb. macht § 95a auch dort nicht Halt, wo durch die wirksame technische Maßnahme der durch eine Schrankenregelung Privilegierte am Gebrauch des Werkes bzw sonstigen Schutzgegenstandes gehindert wird (näher Vor §§ 95a ff. Rn 7). Um zu verhindern, dass die Schrankenregelungen zur Farce werden, sah sich der Gesetzgeber gezwungen, ihre **Durchsetzung** gesetzlich anzuordnen. § 95b soll also verhindern, dass technische Schutzmaßnahmen im Sinne eines **code as law** an die Stelle des Gesetzes treten (vgl *Möhring/ Schulze/Ulmer/Zweigert/Lehmann* Quellen, Europ. GemeinschaftsR/II/6, S. 8 f. mwN).

3   Die Vorschrift ist allerdings **wenig schlagkräftig**. Der **Kreis der Schrankenregelungen**, die von ihr überhaupt erfasst werden, ist klein (§§ 45, 45a, 46 – nur bzgl Schul- und Unterrichtsgebrauch – 47, 52a, 55 und mit sehr starken Einschränkungen § 53). In ihn fällt insb. nicht die Privatkopierfreiheit nach § 53 Abs. 1 in Bezug auf digitale Vervielfältigungen. Ein „subjektives Recht auf Privatkopie", wie es im Gesetzgebungsverfahren gefordert worden war, gibt es also nicht. Der Schutz des § 95b **entfällt** zudem, wenn der betroffene Schutzgegenstand der Öffentlichkeit aufgrund einer freiwilligen Vereinbarung zu Orten und Zeiten ihrer Wahl zugänglich ist (**§ 95 Abs. 3**). Schließlich kommt entscheidend hinzu, dass die zur Durchsetzung der Schrankenregelungen in § 95b vorgesehenen **Rechtsbehelfe nicht ausreichend** sind. Die Vorschrift sieht nur die Herausgabeklage nach § 95b Abs. 2 und die Unterlassungsklage nach § 2a UKlaG vor. Eine Anspruchsgrundlage für Schadenersatzansprüche, welche zivilrechtlich betrachtet die einzig wirksame Waffe der durch eine Schrankenbestimmung Privilegierten wäre, stellt § 95b nicht dar. Erst Recht gewährt er kein **Selbsthilferecht** (amtl. Begr. zu §§ 95b, 111a, BT-Drucks. 15/38, 27). Erst der Rückgriff auf § 823 Abs. 2 BGB verspricht hier eine gewisse Abhilfe. Die tatsächlichen Barrieren, vor die der Nutzer sich gestellt sieht, lassen aber in jedem Fall erwarten, dass auch von den durch § 95b genannten Schranken erheblich weniger Gebrauch gemacht werden wird als vor In-Kraft-Treten der §§ 95a ff. In eiligen Fällen, zB bei der geplanten Aufzeichnung einer verschlüsselten Sendung zu wissen-schaftlichen Zwekken, wird häufig nicht einmal eine einstweilige Verfügung recht-zeitig kommen. Da der Verstoß gegen die Vorschrift **nicht strafbewehrt**, sondern nur mit **Bußgeld** bis zu 50.000 Euro belegt wurde (§ 111a Abs. 1 Nr. 2, Abs. 2) und bislang auch noch nicht absehbar ist, wie intensiv die zuständigen Behörden ein-schreiten werden, sind die Anreize, § 95b Abs. 1 ohne gerichtlichen Zwang nachzu-kommen, für die Rechtsinhaber zz eher gering.

II. Verpflichtung zur Bereitstellung technischer Mittel

1. Einführung

§ 95b Abs. 1 verpflichtet die Rechteinhaber unter der Voraussetzung, dass auf ein   **4**
Werk oder einen Schutzgegenstand technische Maßnahmen angewandt werden, den durch bestimmte Schranken Privilegierten die technischen Mittel zur Verfügung zu stellen, die zur Nutzung der jeweiligen Schranke in dem erforderlichen Maße benö-tigt werden. Im Gegensatz zu den technischen Maßnahmen des § 95a, deren Aufgabe die Zugangsverhinderung ist, gewähren die technischen Mittel dem Schrankenbe-günstigten einen solchen Zugang gerade. Während beide Begriffe in rechtlicher Hin-sicht deutlich voneinander zu unterscheiden sind, kann es in technischer Hinsicht durchaus zu Überschneidungen und Abgrenzungsschwierigkeiten kommen.

2. Voraussetzungen der Verpflichtung (§ 95b Abs. 1)

a) Anwendung technischer Maßnahmen auf den Schutzgegenstand. Zur Bereit-   **5**
stellung technischer Mittel ist der Rechteinhaber nur verpflichtet, wenn auf ein Werk **technische Maßnahmen** angewandt werden. Darunter versteht man die in § 95a Abs. 2 S. 1 definierten Technologien, Vorrichtungen und Bestandteile zum Schutz vor einer ungenehmigten Nutzung des Werkes.

Die technischen Maßnahmen **müssen nicht wirksam** iSd § 95a Abs. 2 S. 2 sein.   **6**
Auch der Rechtsinhaber, der sein Werk mit einem Kopierschutz versieht, den jeder-mann ohne weiteres beseitigen kann, ist also verpflichtet, den durch §§ 45, 45a, 46 (ohne Kirchengebrauch), 47, 52a, 53 (in engen Grenzen) und 55 zur Nutzung Berech-tigten die hierfür erforderlichen Mittel zur Verfügung zu stellen. Dadurch werden zum einen Abgrenzungsschwierigkeiten zwischen wirksamen und nicht wirksamen technischen Maßnahmen und die daraus resultierende Irrtumsproblematik vermie-den. Zum anderen ist dafür gesorgt, dass die technisch stümperhafte Arbeit nicht bes-ser als die technisch hochwertige gestellt wird.

Ist das Produkt, an dem die technische Maßnahme angebracht wird, schon **gar kein**   **7**
Werk und steht dem Rechtsinhaber daran auch **kein Leistungsschutzrecht zu**, **greift die Verpflichtung aus § 95b nicht ein**. Auch ursprünglich geschützte, im Zeitpunkt der Klage aber gemeinfreie Leistungen unterfallen der Vorschrift nicht. Es fehlt bei ihnen nämlich sowohl an einem Rechtsinhaber als auch an Schrankenbegüns-tigten. Hingegen wird § 95b nicht dadurch ausgeschlossen, dass die Rechte des Ur-hebers am Werk kraft Gesetzes (vgl § 5) eingeschränkt sind.

Der Rechtsinhaber muss die zur Nutzung des Werkes bzw der Leistung erforderli-   **8**
chen Mittel nur zur Verfügung stellen, wenn er selbst die technische Maßnahme an-wendet bzw sich die Anbringung eines Dritten nach allg. Rechtsgrundsätzen **zurech-**

nen zu lassen hat. Letzteres beurteilt sich nach den im Deliktsrecht geltenden Vorschriften, da eine vertragliche Beziehung zwischen dem Rechtsinhaber und den Nutzern nicht besteht und § 95b Abs. 1 und 2 iVm § 2a UKlaG der Sache nach einem deliktischen Beseitigungsanspruch nahe steht.

9   **b) Katalog der Schranken.** Die Verpflichtung zur Überlassung technischer Mittel zum Zwecke der Nutzung des Werkes besteht nur gegenüber bestimmten Schrankenbegünstigten. Schrankenbegünstigte sind dabei die Personen, die nach den gesetzlichen Bestimmungen die geschützten Werke aufgrund einer gesetzlichen Lizenz oder Freistellung auch ohne Zustimmung des Urhebers nutzen dürfen, sowie über die in §§ 70 ff. ausgesprochenen Verweise auch die Personen, denen diese Befugnis in Bezug auf bestimmte Leistungsschutzrechte zusteht. Nicht alle Schrankenbegünstigten können freilich vom Rechtsinhaber die Mittel verlangen, die zur Nutzung des Schutzgegenstandes erforderlich sind, sondern nur die Begünstigten der im Katalog des § 95b Abs. 1 Ziff. 1-7 genannten Schranken, nämlich §§ 45, 45a, 46 (eingeschränkt), 47, 52a, 53 (eingeschränkt) und 55. Die Auswahl der Schranken beruht auf dem teils verbindlichen, teils fakultativen Art. 6 Abs. 4 der Europäischen Harmonisierungsrichtlinie.

10   Wegen der Voraussetzungen der einzelnen Schrankenbestimmungen wird auf dortige Kommentierung verwiesen.

11   Ausgenommen vom Verweis auf § 46 ist die Nutzung zum Zwecke der Aufnahme in eine Sammlung für den Kirchengebrauch, die in Art. 6 Abs. 4, 5 Europäische Harmonisierungsrichtlinie keine Grundlage findet; somit gilt § 95b hinsichtlich **§ 46 nur bzgl der Sammlungen für den Schul- und Unterrichtsgebrauch**.

12   Auch **§ 53 ist eingeschränkt**; zur Ermöglichung des privaten bzw sonstigen eigenen Gebrauchs (§ 53) muss der Rechteinhaber nur im folgenden Umfang technische Mittel zur Verfügung stellen:

13   In Bezug auf private Vervielfältigungen (§ 53 Abs. 1) insoweit, als es um papierne Vervielfältigungen oder um Vervielfältigungen geht, die in einem photomechanischen Verfahren oder einem Verfahren mit ähnlicher Wirkung angefertigt werden (also um die Herstellung **analoger** Vervielfältigungsstücke).

14   Die sonstige eigene Vervielfältigung muss ermöglicht werden:
1. zum eigenen **wissenschaftlichen** Gebrauch, wenn und soweit die Vervielfältigung zu diesem Zweck geboten ist (§ 53 Abs. 2 Nr. 1);
2. zum eigenen Gebrauch zu **Archivzwecken** (§ 53 Abs. 2 Nr. 2), wenn
   a) die hierzu gebotene Vervielfältigung eines eigenen Werkstücks entweder auf Papier oder in einem photomechanischen bzw einem diesem vergleichbaren Verfahren erfolgt (also **analoge** Vervielfältigungsstücke hergestellt werden), oder wenn
   b) das Archiv **keinen** unmittelbaren oder mittelbaren wirtschaftlichen **Erwerbszweck** verfolgt;
3. zum eigenen Gebrauch zur **Unterrichtung über Tagesfragen** bei einem durch Funk gesendeten Werk (§ 53 Abs. 2 Nr. 3), wenn die Vervielfältigung auf Papier oder in einem photomechanischem bzw einem diesem vergleichbaren Verfahren erfolgt (also **analoge** Vervielfältigungsstücke hergestellt werden);

4. zum eigenen sonstigen Gebrauch, wenn es sich um **kleine Teile** eines erschienenen Werkes oder um **einzelne Beiträge** aus Zeitungen oder Zeitschriften oder um ein seit zwei Jahren **vergriffenes** Werk handelt (§ 53 Abs. 2 Nr. 4) und die Vervielfältigung auf Papier oder in einem photomechanischen bzw einem diesem vergleichbaren Verfahren erfolgt (also **analoge** Vervielfältigungsstücke hergestellt werden);

5. zum eigenen Gebrauch von **kleinen Teilen** eines Druckwerks oder einzelnen in Zeitungen bzw Zeitschriften erschienen Beiträgen im **Unterricht** oder für bestimmte **Prüfungen** (§ 53 Abs. 3).

Die Herstellung digitaler Vervielfältigungen zum privaten Gebrauch fällt also vollständig aus dem Schutzbereich des § 95b. Dahinter steht die Erwartung, dass die digitale private Vervielfältigung eine weitere Verbreitung finden und größere wirtschaftliche Bedeutung erlangen wird, sodass das Ausschließlichkeitsrecht der Urheber ausgehöhlt würde, wenn man ihm nicht die Möglichkeit eines technischen Schutzes belassen würde. Der 38. Erwgr der Europäischen Harmonisierungsrichtlinie hält vor diesem Hintergrund fest: „Daher sollte den Unterschieden zwischen digitaler und analoger privater Vervielfältigung gebührend Rechnung getragen und hinsichtlich bestimmter Punkte zwischen ihnen unterschieden werden". **15**

c) Rechtmäßiger Zugang zum Schutzgegenstand. Der anspruchsberechtigte Schrankenbegünstigte muss rechtmäßig Zugang zum Werk haben. Damit nimmt das Gesetz den von Lit. und Rspr im Rahmen von § 53 streitig diskutierten Gedanken auf, dass eine rechtswidrig hergestellte Situation durch die Schrankennutzung nicht perpetuiert werden darf. Rechtmäßig Zugang zum Schutzgegenstand hat jeder, der die Möglichkeit zur Werknutzung auf eine Art und Weise erlangt hat, die nicht gegen die Rechtsordnung verstößt. Der Verstoß muss nicht spezifisch urheberrechtlicher Art sein, um den Anspruch aus § 95b zu Fall zu bringen. Auch derjenige, der den Zugang zum Werk unter Verstoß gegen am Schutzgegenstand bestehende Eigentumsrechte Dritter erlangt hat, hat keinen Anspruch auf Bereitstellung der zur Nutzung erforderlichen technischen Mittel.

3. Kein Ausschluss nach § 95b Abs. 3

Die Verpflichtung zur Bereitstellung technischer Mittel besteht nicht, wenn der Schutzgegenstand, der Gegenstand einer wirksamen technischen Maßnahme ist, der Öffentlichkeit aufgrund einer vertraglichen Vereinbarung in einer Weise zugänglich gemacht wird, dass er Mitgliedern der Öffentlichkeit von Orten und zu Zeiten ihrer Wahl zugänglich ist. Dahinter steht die Überlegung, dass **freiwillige Vereinbarungen**, durch welche die durch eine Schrankenregelung Privilegierten Zugang zum Werk erhalten, vorrangig zu beachten sind. Daher schließt § 95b Abs. 3 den Anspruch aus § 95b Abs. 2 nur aus, soweit die entspr. Schrankenbegünstigten an die vertragliche Vereinbarung **gebunden** sind. So kann der Mitarbeiter eines Unternehmens, der nach § 53 zur Vervielfältigung eines mit technischen Maßnahmen geschützten Werkes berechtigt ist, grds auch dann einen eigenen Anspruch aus § 95b Abs. 2 geltend machen, wenn das Werk aufgrund einer Vereinbarung zwischen den Urhebern und Spitzenorganisationen der Wirtschaft auch im unternehmenseigenen Netzwerk des Betriebs, dem der Kläger angehört, verfügbar ist. Enthält die Vereinbarung, die ihn als Nichtpartei nicht bindet, eine Regelung über die von den Urhebern **16** bereitzustellenden technischen Mittel, führt das aber zu der gesetzlichen **Vermutung**, dass das diese Mittel auch ausreichend sind (§ 95b Abs. 2 S. 2).

17   Nicht **interaktive Formen** der Online-Nutzung bleiben vom Anwendungsbereich des § 95b Abs. 2 außen vor (vgl 53. Erwgr der RL zur Harmonisierung des Urheberrechts v. 22.5.2001, ABlEG Nr. L 167/10).

18   Die vertragliche Vereinbarung muss **wirksam** sein. Mangelnde Rechtsinhaberschaft bzw Vertretungsmacht auf Seiten einer der Beteiligten führt daher zum Eingreifen des § 95b Abs. 1.

19   Der gesetzlichen Verpflichtung aus § 95b Abs. 1 vor gehen nach dem Sinn und Zweck des § 95b Abs. 3, der Privatautonomie weitmöglichsten Raum zu belassen, auch vertragliche Vereinbarungen, die **vor In-Kraft-Treten des § 95b Abs. 4 abgeschlossen** wurden.

20   § 95b Abs. 3 enthält keine explizite Regelung dazu, ob auch solche Vereinbarungen § 95b Abs. 1, 2 vorgehen, die den Abruf des Schutzgegenstandes an ein **Entgelt** knüpfen. Bejaht man dies, könnte sich der Rechteinhaber seiner Verpflichtung zur Bereitstellung des Schutzgegenstands dadurch entledigen, dass er das Werk aufgrund entspr. vertraglicher Vereinbarung mit dem entspr. Verband bzw Zusammenschluss (vgl oben Rn 16) gegen ein nicht unerhebliches Entgelt im Internet abrufbar macht, wobei sogar schon die Wahrnehmbarmachung als solche an ein Entgelt geknüpft werden könnte. Das würde ihn auch im Hinblick auf solche Schrankenregelungen von der Verpflichtung zur Bereitstellung technischer Mittel befreien, die eine entgeltfreie Nutzung vorsehen (gesetzliche Freistellung) oder die Vergütungshöhe auf ein angemessenes Maß festschreiben (gesetzliche Lizenz). So könnte der Rechtsinhaber **die gesetzlichen Freistellungen der §§ 45, 47, 53 Abs. 2 in gesetzliche Lizenzen umwandeln** und an der Stelle der für eine gesetzliche Lizenz zu erbringenden angemessen Zahlung eine **überhöhte Vergütung** verlangen.

21   Berücksichtigt man den Grundsatz der Privatautonomie, wird man § 95b Abs. 3 trotzdem nicht dahingehend verstehen können, dass nur die unentgeltliche Bereitstellung der Schutzgegenstände geeignet ist, die Verpflichtung der Rechteinhaber aus § 95b Abs. 1 auszuschließen. Denn die Verbände bzw Zusammenschlüsse, in denen sich die durch eine Schrankenregelung Privilegierten zusammengeschlossen haben, haben es in der Hand, einer solchen Vereinbarung die Zustimmung zu versagen. Tun sie dies nicht, muss es bei dem Vorrang der vertraglichen Vereinbarung bleiben, und zwar kraft Gesetzes auch für diejenigen Personen, die dem Verein bzw Zusammenschluss nicht angehören (hierzu schon näher oben). Für etwaige im Zeitpunkt des In-Kraft-Tretens bereits bestehenden Vereinbarungen kommt unter den hierfür entwickelten allg. Grundsätzen ein Wegfall der Geschäftsgrundlage in Betracht.

4. Verpflichtung zur Bereitstellung der erforderlichen technischen Mittel

22   **a) Technische Mittel.** Das Gebot des § 95b Abs. 1 richtet sich auf Bereitstellung der zur Nutzung erforderlichen technischen Mittel. Der Begriff der technischen Mittel wird vom Gesetzgeber in Abgrenzung zu dem der technischen Maßnahmen verwandt (näher § 95a Rn 4 f.).

b) Art und Weise der Nutzung. Das Gebot des Abs. 1 enthält keine Vorgaben zur Art und Weise oder zur Form, in welcher der Verwender technischer Schutzmaßnahmen seiner Verpflichtung aus § 95b Abs. 1, die Nutzung iRd jeweiligen Schranke sicherzustellen, nachkommen muss. Auf diese Weise sollte nach dem Willen des Gesetzgebers ein weiter Gestaltungsspielraum eröffnet werden, der neben freiwilligen Maßnahmen, die bereits nach § 95b Abs. 3 zum Ausschluss der Verpflichtung des Rechteinhabers führen, auch andere, unterschiedlichste technische Lösungen zulässt (amtl. Begr. zu §§ 95b, 111a, BT-Drucks. 15/38, 27). Der Gesetzgeber dachte dabei vor allem an die Überlassung von Schlüsselinformationen zur ein- oder mehrmaligen Überwindung der wirksamen technischen Maßnahmen, der Überlassung von Vervielfältigungsstücken in ausreichender Zahl an Verbände von Schrankenbegünstigten zur eigenständigen Verteilung an einzelne Berechtigte und die Bereitstellung von Vervielfältigungsstücken im Internet (amtl. Begr. zu §§ 95b, 111a, BT-Drucks. 15/38, 27). **23**

c) Nutzung in dem erforderlichen Maße. aa) Maßgeblicher Personenkreis. Nur eine Bereitstellung technischer Mittel, durch die der Nutzer den Schutzgegenstand in dem erforderlichen Maße nutzen kann, ist ausreichend. Was **erforderlich** ist, bemisst sich dabei nach dem Inhalt der jeweiligen Schrankenregelung. Abzustellen ist iRd abstrakten Gebotstatbestandes des § 95b Abs. 1 auf die Situation der jeweiligen **Nutzergruppe in ihrer Gesamtheit**. Das Gebot entfällt also nicht deshalb, weil einzelne Nutzer schon in dem erforderlichen Maße Zugriff auf das Werk haben. **24**

bb) Mehrere Verwertungsrechte. Welche Verwertungsformen iSd § 15 Abs. 1 und 2 der Rechteinhaber zulassen muss, ergibt sich aus der jeweiligen Schrankenregelung. Während den durch die Schrankenregelung des § 45 Privilegierten sowohl die unkörperliche als auch die körperliche Werknutzung gewährt werden muss, beschränkt sich das Gebot des § 95b Abs. 1 in Bezug auf die durch § 53 Abs. 2 Privilegierten auf die Vervielfältigung und in sehr engem Rahmen (§ 53 Abs. 5 S. 2) Verbreitung des Schutzgegenstandes. Schränkt die wirksame technische Maßnahme mehrere Verwertungsrechte des Rechteinhabers ein, müssen die technischen Mittel für alle betroffenen **Verwertungsrechte** bereitgestellt werden. Daher genügt der Rechteinhaber der Verpflichtung nicht, wenn er dem in § 47 genannten Personenkreis nur ein System zur Entschlüsselung seines Fernsehprogramms zur Verfügung stellt, sondern bei gegen Überspielen geschützten Programmen müssen auch die technischen Voraussetzungen für das Überspielen des Programms auf Bild- bzw Tonträger zur anschließenden Wiedergabe im Unterricht gegeben sein. **25**

cc) Mehrere Nutzungsarten. Sichert ein Verwertungsrecht dem Rechteinhaber die Entsch. über die Nutzung des Schutzgegenstandes auf unterschiedliche **Nutzungsarten**, ist also zB eine Vervielfältigung durch Überspielen auf CD oder CD-ROM möglich, sind dem Nutzer die technischen Mittel bereit zu stellen, damit er von jeder dieser Nutzungsarten Gebrauch machen kann. Daher muss der Rechteinhaber den durch § 45 Privilegierten nicht nur ein Entcodierungsprogramm zur Verfügung stellen, mit dem der Nutzer das Werk auf Kassette überspielen kann, sondern es muss darüber hinaus auch die Möglichkeit zum Überspielen des Werkes auch auf CD-ROM gegeben sein. Gerade im Bereich des Vervielfältigungsrechts, der sich durch eine bes. Vielfalt der Nutzungsarten auszeichnet, wird dem Rechteinhaber damit die Bereitstellung technischer Mittel abverlangt, die den Kopierschutz im Wesentlichen vollständig beseitigen. **26**

Dreyer

27   Gibt es mehrere Möglichkeiten, den Schutzgegenstand auf ein und dieselbe Nutzungsart zu nutzen, darf der durch die Schrankenregelung Privilegierte nicht auf veraltete oder noch nicht ausgereifte Techniken verwiesen werden. Es muss sichergestellt sein, dass der durch die Schrankenregelung Privilegierte den Schutzgegenstand auf die **übliche Weise** nutzen kann. Die Nutzungsmöglichkeit darf also nicht etwa auf ein Verfahren beschränkt werden, das technisch nicht mehr oder noch nicht allg. üblich ist (vgl amtl. Begr. zu §§ 95b, 111a, BT-Drucks. 15/38, 27). Auch auf Verfahren mit an sich **besserer Qualität** als diese die üblichen Verfahren aufweisen, muss sich der Nutzer nicht einlassen, wenn das Verfahren nur auf Geräten bzw mit entspr. Ausstattung möglich ist, die noch nicht gängig an den üblichen Nutzungsorten eingesetzt werden. Daher kann der nach § 53 Abs. 2 privilegierte Student, dem das Werk bereits auf DVD vorliegt, den Urheber auf Bereitstellung der technischen Mittel in Anspruch nehmen, ohne dass es noch darauf ankommt, ob DVD und CD-ROM unterschiedliche Nutzungsarten darstellen. Denn mangels entspr. Hardware wird er das auf DVD überspielte Werk, anders als eine CD-ROM, an seinem universitären Arbeitsplatz nicht abspielen können.

28   Stehen mehrere **gleichwertige übliche** Nutzungsformen zur Verfügung, hat der Rechteinhaber die **Wahl** unter diesen. Bei mehreren ungleichwertigen üblichen Verfahren muss er eines auswählen, welches zumindest dem durchschnittlichen Standard entspricht.

29   Problematisch ist die Frage der Erforderlichkeit dann, wenn der Zugang zum Schutzgegenstand auf dem Markt bereits erhältlich ist, also zB neben den mit einer wirksamen technischen Maßnahme geschützten Werkexemplaren auch freie Werkexemplare auf dem Markt existieren. So etwa wenn der Urheber neben kopiergeschützten CD-ROMs seines Werkes auch unbeschränkt überspielbare CD-ROMs vertreibt. Hier ist zu unterscheiden:

30   Erfolgt der Vertrieb der freien Werkexemplare aufgrund einer **vertraglichen Vereinbarung** mit dem durch die Schrankenregelung Privilegierten, greift bereits § 95b Abs. 4, was zum Entfallen des Gebots aus § 95b Abs. 1 führt.

31   Fehlt es an einer vertraglichen Vereinbarung, kommt es darauf an, ob der durch die Schrankenregelung Privilegierte den Schutzgegenstand wegen der vorhandenen freien Exemplare bereits in dem erforderlichen Maße nutzen kann (§ 95b Abs. 1). Das ist nicht der Fall, wenn die Nutzung der vorhandenen Werkexemplare **einen höheren Aufwand** erfordert, als ihn die jeweilige Schrankenregelung abverlangt. So zB wenn die gem. § 45 freigestellte Nutzung nur gegen Entgelt oder als Beigabe zu einer gegen solches erhältlichen Zeitschrift erlangt werden kann oder der Nutzer sich erst aufwendig nach freien Werkexemplaren umsehen muss, während er das Werk ohne den Kopierschutz einfach im Internet abrufen könnte.

32   **dd) Bereits vorhandener Zugang zum Schutzgegenstand.** Befinden sich bereits technische Mittel zur Beseitigung der wirksamen technischen Maßnahmen auf dem Markt, kommt es vor allem darauf an, ob diese nach Art und Zahl ausreichend sind, um allen privilegierten Nutzern den Gebrauch des Schutzgegenstandes zu eröffnen. Das ist wegen der großen Zahl der Nutzer vor allem nach § 53 Abs. 2 nicht der Fall, wenn nur eine geringe Zahl von Freiexemplaren an die Bibliotheken mit der Bitte weitergegeben wurden, sie in Umlauf zu bringen. Deren Weitergabe muss der Nutzer nicht abwarten.

Wird das Werk im Internet verfügbar gemacht, bedarf es aber eines seltenen oder kostenpflichtigen Programms, kann der Nutzer das Werk hierdurch noch nicht iSd § 95a Abs. 1 in dem erforderlichen Maße nutzen. Ebenso wenig kommt der Rechteinhaber seiner Verpflichtung aus § 95b Abs. 1 nach, wenn er an einer nur durch eine aufwendige Suchaktion auffindbaren Stelle im Internet den Entschlüsselungscode bekannt gibt. **33**

Erst Recht kann er sich nicht darauf berufen, der Nutzer könne das Werk auf **illegalem** Wege nutzen, etwa einen vorhandenen Kopierschutz mit Hilfe eines hierzu **von Dritten gegen den Willen des Rechteinhabers ins Netz gestellten Computerprogramms** beseitigen. Dabei wird bedeutsam, dass auch der an sich berechtigte Nutzer eine wirksame technische Maßnahme nach § 95a Abs. 1 zu wahren hat (näher Vor § 95a ff. Rn 7). Deshalb vermögen nur solche bereits verfügbaren Mittel die Erforderlichkeit der Bereitstellung technischer Mittel durch den Rechteinhaber iSd § 95b Abs. 1 zu beseitigen, die eine hierzu berechtigte Person an die Öffentlichkeit gegeben hat. **34**

d) Adressat und Begünstigter des Gebots. Alle Rechteinhaber, also neben dem Urheber bzw Inhaber eines verwandten Schutzrechts auch etwaige Lizenz- und Unterlizenznehmer einschließlich der Verwertungsgesellschaften und sogar diejenigen Personen, die durch eine cessio legis in den Genuss aller oder einiger Rechte am Schutzgegenstand gekommen sind, unterliegen § 95b. **35**

5. Verzicht

Auf das in § 95b Abs. 1 abstrakt ausgestaltete Gebot zur Bereitstellung der technischen Mittel zur Nutzung des Schutzgegenstandes hat der Wunsch des durch die entspr. Schrankenregelung Privilegierten nach einer solchen Technik keinen Einfluss. Insb. entfällt dieses Gebot nicht dadurch, dass der Nutzer auf seine Ansprüche aus § 95b Abs. 2 verzichtet. Das folgt schon daraus, dass vertragliche Vereinbarungen zum Ausschluss der Verpflichtung aus § 95b Abs. 1 S. 1 **unwirksam** sind (§ 95b Abs. 1 S. 2). Lediglich unter den Voraussetzungen des § 95b Abs. 3 kann auf den Anspruch Einfluss genommen werden. Entspr. bleibt die Verhängung eines Bußgeldes nach § 111a auch im Falle eines Verzichts möglich. **36**

III. Rechtsfolgen eines Verstoßes gegen § 95b Abs. 1

1. Übersicht über die Rechtsfolgen

§ 95b Abs. 1 und 2 gewährt dem Schrankenbegünstigten **kein Selbsthilferecht** (amtl. Begr. zum RefE v. 18.3.2002 zu §§ 95b, 111a). Der versierte Privatmann darf sein digitales Archiv von literarischen Werken auf Festplatte, die er ausschließlich analog nutzt, also nicht einfach dadurch auffüllen, dass er unter Umgehung entspr. Kopierschutzmechanismen Inhalte aus dem Internet herunter lädt (vgl § 53 Abs. 2 S. 1 Nr. 2, S. 2 iVm § 95b Abs. 1 Nr. 6c). Ihm steht lediglich ein ab **1.9.2004 einklagbarer Anspruch** gegen den Rechteinhaber darauf zu, dass ihm diejenigen Mittel überlassen werden, die er zur Verwirklichung seiner Befugnisse aus der Schranke benötigt (hierzu sogleich Rn 38 ff.). Außerdem kann er auf den Druck durch Verbände usw (hierzu unten Rn 53 ff.) und ein Bußgeldverfahren hoffen (näher § 111a Rn 4). Vertraut er nicht auf diese Möglichkeiten, sondern schreitet zur Selbsthilfe, riskiert **37** der Schrankenbegünstigte, dem es nicht ausschließlich um seinen eigenen privaten Gebrauch bzw den seines engsten Familien- und Freundeskreises geht, eine Freiheitsstrafe von bis zu einem Jahr (vgl § 108b Abs. 1 Ziff. 1). Noch schlechter sind diejenigen Schrankenbegünstigten gestellt, deren **Gebrauch nicht in § 95b Abs. 1 genannt** ist; sie haben überhaupt keine Möglichkeit, den Zugang zum Werk zu erzwingen.

2. Individualklage auf die erforderlichen Mittel (§ 95b Abs. 2)

38 **a) Klagebefugnis oder Anspruchsberechtigung.** § 95b Abs. 2 S. 1 regelt nicht die Klagebefugnis, sondern die Anspruchsberechtigung der durch eine Schrankenregelung Begünstigten. Das folgt neben dem Wortlaut („Anspruch") aus der systematischen Stellung der Norm im materiellen Urheberrecht.

39 **b) Zur-Verfügung-Stellen.** § 95b Abs. 2 S. 1 geht dahin, dass dem Schrankenbegünstigten die benötigten Mittel zur Verfügung zu stellen sind. Über § 95b Abs. 2 kann der durch eine Schrankenregelung Privilegierte also **nicht die Beseitigung technischer Maßnahmen erzwingen.** Vielmehr ist der Rechteinhaber nur verpflichtet, den Nutzer in den Stand zu versetzen, dies mittels der ihm zu überlassenden Technologien, Gegenstände und Informationen in dem Rahmen, in dem er zur Nutzung berechtigt ist und den das überlassene Mittel ermöglicht, selbst zu tun bzw alternativ ihm dasjenige zur Verfügung zu stellen, was erforderlich ist, um den Schutzgegenstand trotz der wirksamen technischen Maßnahmen nutzen zu können.

40 Der Anspruch geht deshalb dahin, dass die benötigten Mittel zur Verfügung gestellt werden. Der Begriff des Zur-Verfügung-Stellens ist **weit** zu fassen. Er beinhaltet auch die Bereitstellung **unkörperlicher** Informationen, zB die Bekanntgabe des Entschlüsselungscodes, die dann allerdings schriftlich niedergelegt sein müssen.

41 Zur **Übereignung** der Mittel, etwa eines Computerprogramms oder Dongles, ist der Rechteinhaber nicht verpflichtet. Er muss dem Schrankenbegünstigten diese nur so lange zur Verfügung stellen, wie letzterer sie zur Nutzung benötigt.

42 Die Bereitstellung der Mittel muss nach Sinn und Zweck des § 95b Abs. 2 **kostenlos** erfolgen. Ausgeschlossen wird der Anspruch nach § 95b Abs. 3 aber auch dadurch, dass Mitgliedern der Öffentlichkeit das Werk aufgrund einer vertraglichen Vereinbarung gegen Bezahlung zur Verfügung gestellt wird.

43 **c) Mittel zur Verwirklichung der Befugnis.** Bereitgestellt werden müssen die **Mittel**, die zur Verwirklichung der Befugnis erforderlich sind. Das sind alle Technologien, Gegenstände und Informationen, die den Zugang zum Schutzgegenstand gewähren, den die jeweilige Schrankenregelung voraussetzt, also zB Computerprogramme zur Beseitigung eines Verschlüsselungscodes.

44 **d) Erforderlichkeit.** Zur Verfügung zu stellen sind die zur Verwirklichung der jeweiligen Befugnis benötigten Mittel. Während das abstrakt gefasste Gebot des § 95b Abs. 1 – mit der Rechtsfolge des § 111a Abs. 1 – unabhängig davon besteht, ob sich bestimmte Einzelpersonen bereits Zugang zum Werk haben verschaffen können, kommt es iRd Individualanspruchs des § 95b Abs. 2 zusätzlich noch darauf an, **ob gerade der klagende Nutzer zur Verwirklichung seiner Befugnisse aus der Schrankenregelung technische Mittel benötigt.** Daran fehlt es, wenn auf dem

Markt zwar keine für die entspr. Nutzergruppe erforderliche Anzahl von Vervielfältigungsstücken erhältlich ist, aber der klagende Nutzer über ein solches verfügt.

e) Darlegungs- und Beweislast. Die Voraussetzungen des § 95b Abs. 2 sind, da es **45** um die Anspruchsberechtigung und nicht um die Klagebefugnis geht, **nicht von Amts wegen zu prüfen.** Vielmehr trägt nach allg. Grundsätzen der Kläger die Darlegungs- und Beweislast für die anspruchsbegründenden Tatsachen und der Beklagte jene für die anspruchsvernichtenden, anspruchshemmenden und anspruchshindernden Voraussetzungen. Insb. die Tatsache, dass er bestimmte Mittel zur Verwirklichung seiner Befugnisse aus der jeweiligen Schranke benötigt, ist als Anspruchsvoraussetzung vom Kläger darzutun und zu beweisen.

§ 95b Abs. 2 S. 2 sieht für den Fall, dass ein bereits vorhandenes Mittel, das den Zu **46** gang zum Werk bzw zur Leistung ermöglicht, einer Vereinbarung zwischen Vereinigungen von Rechtsinhabern und den Schrankenbegünstigten entspricht, die **gesetzliche Vermutung** vor, dass dieses Mittel ausreicht. Damit soll ein Anreiz für freiwillige Vereinbarungen geschaffen werden. Freilich muss die Vereinbarung gerade auch den Fall regeln, um den es im fraglichen Rechtsstreit geht. Trotzdem sie oftmals mit Blick auch auf die Rechtssituation Dritter getroffen werden, entfalten solche Vereinbarungen gegenüber Personen, die nicht Vertragspartei sind, keine Drittwirkung. Um für die Rechteinhaber trotzdem Anreize zum Abschluss freiwilliger Vereinbarungen über die Schrankendurchsetzung zu schaffen, die auf Verbandsebene getroffen werden sollen, ist in letzter Sekunde noch § 95b Abs. 2 S. 2 eingefügt worden. Er hat zur Folge, dass eine Beweislastumkehr dahingehend eintritt, dass der Schrankenbegünstigte darzulegen hat, weshalb die ihm angebotenen Mittel zur Schrankendurchsetzung nicht ausreichend sind. Die gesetzliche Vermutung ist **widerlegbar** (§ 292 ZPO). § 95b Abs. 2 S. 2 stützt sich darauf, dass Vereinbarungen zwischen Rechteinhabern und Schrankenbegünstigten normalerweise einen adäquaten Ausgleich der verschiedenen Interessen darstellen. Um die Vermutung zu widerlegen, können Umstände in der Person des Schrankenbegünstigten dargetan und bewiesen werden, die belegen, dass die vorhandenen technischen Mittel keinen ausreichenden Zugang gewähren. Ein solcher Umstand kann zB eine persönliche Behinderung sein. Auch der Nachweis eines im Zeitpunkt des Abschlusses der Vereinbarung vorliegenden Verhandlungsungleichgewichts, welches Einfluss auf das Ergebnis der Verhandlungen genommen hat, oder nachträglich eingetretener, nicht unerheblicher marktwirtschaftliche Veränderungen, die dazu führen, dass die Vereinbarung jetzt insgesamt anders ausfallen würde, können die Vermutung des § 95b Abs. 2 S. 2 widerlegen. Die Umstände hierfür muss derjenige dartun und (voll) beweisen, der sich auf sie beruft.

Wer **passivlegitimiert** ist, ist für den Kläger der Sache nach schwer festzustellen. **47** § 95d Abs. 2 verpflichtet aber denjenigen, der Werke oder andere Schutzgegenstände mit technischen Maßnahmen schützt, diese mit Angaben zu seinem Namen und seiner zustellungsfähigen Anschrift zu versehen (näher § 95d Rn 12 ff.). Anhand der Kennzeichnung lässt sich die Passivlegitimation ausmachen.

f) Prozessuales. aa) Zuständiges Gericht. Die örtliche Zuständigkeit für die **Indi** **48** **vidualklage** aus § 95b Abs. 2 bestimmt sich nach den **allg. Vorschriften der ZPO,** wobei die Konzentrationsregelung des § 105 zu beachten ist. Oftmals wird, weil dies für den Kläger günstiger ist, am Ort der Rechtsverletzung geklagt werden. Hingegen gehört die Verbandsklage nach § 2a UKlaG gem. § 6 UKlaG ausschließlich vor das Landgericht, in dessen Bezirk der Beklagte seine gewerbliche Niederlassung bzw seinen Wohnsitz hat bzw wo, fehlt es an einem Wohnsitz und einer gewerblichen Niederlassung, der Verstoß erfolgt ist. Sowohl nach § 105 als auch nach § 6 Abs. 2 UKlaG gibt es die Möglichkeit der Spezialzuständigkeit durch Rechtsverordnung. **Für die Individual- und die Verbandsklage können prinzipiell unterschiedliche Gerichte zuständig sein.**

49 **bb) Klageantrag.** Es handelt sich um eine **Leistungsklage.** Der Klageantrag richtet sich auf das Zur-Verfügung-Stellen der für die Nutzung erforderlichen Mittel. Er muss so konkret gefasst werden, dass eine Vollstreckung aus einem entspr. Tenor möglich ist, andernfalls der Klageantrag nämlich nicht die nach § 253 ZPO nF erforderliche **Bestimmtheit** besitzt. Anzugeben ist also insb., zur Überwindung welcher wirksamen technischen Maßnahme die Mittel geeignet seien und welche Verwertungsart sie ermöglichen sollen. Weitere Angaben zur Beschaffenheit der technischen Mittel und Maßnahmen, also insb. die Bezeichnung, um welche Art von Mittel (Computerprogramm, Hardware, Dongle etc) es sich handeln soll, können nicht gefordert werden und wären auch zu weitgehend, da dem Beklagten insoweit ein Wahlrecht zusteht.

50 **cc) Erledigung der Hauptsache.** Erlangt der durch die Schrankenregelung Privilegierte während des Rechtsstreits den erforderlichen Gebrauch, sei es durch den Rechtsinhaber oder auf andere Weise, erledigt sich der Prozess mit der möglichen Folge der **§§ 91a, 269 ZPO.** Dabei ist zu beachten, dass dem Nutzer ein illegaler Gebrauch nicht zuzumuten ist und daher auch kein erledigendes Ereignis darstellen kann. Der Rechteinhaber kann einen **illegalen Gebrauch** aber uU dadurch **legalisieren**, dass er zu ihm noch im Prozess seine Zustimmung erteilt. Erledigendes Ereignis ist hier nicht der Gebrauch, sondern die Zustimmungserklärung des Rechteinhabers.

51 **dd) Urteilstenor.** Das der Klage aus § 95b Abs. 2 stattgebende Urt. lautet entspr. den bereits zum Klageantrag dargestellten Grundsätzen (oben Rn 49) auf Herausgabe bestimmter Mittel und Maßnahmen, die nach ihrer Funktion zur Überwindung wirksamer technischer Maßnahmen und nach den betroffenen Nutzungsarten zu bezeichnen sind.

52 **ee) Vollstreckung.** Vollstreckt wird das Urt. nicht nach den Vorschriften über die Herausgabe von Sachen (§§ 883 ff. ZPO), weil der Begriff des Zur-Verfügung-Stellens in § 95b Abs. 2 ein anderer als der dortige Herausgabebegriff ist, insb. die Mittel im Zeitpunkt der Urteilsvollstreckung nicht einmal vorhanden sein müssen. Das Zur-Verfügung-Stellen der technischen Mittel nach § 95b Abs. 2 stellt vielmehr eine **vertretbare Handlung** dar (§ 887 ZPO). Der Gläubiger kann daher den gerichtlichen Beschl. erwirken, dass er ermächtigt wird, die entspr. Mittel **auf Kosten des Schuldners** herstellen zu lassen (§ 887 Abs. 1 ZPO). Gleichzeitig kann auf Antrag auch die Auszahlung eines entspr. **Vorschusses** angeordnet werden (§ 887 Abs. 2).

3. Verbandsklage (§ 2a UKlaG)

53 **a) Anspruchsberechtigung.** Auch bestimmte Verbände können im Falle eines Verstoßes gegen § 95b Abs. 1 klagen. Ihre Anspruchsberechtigung ergibt sich **abschließend** aus § 3a UKlaG. Den Anspruch geltend machen können also nur rechtsfähige

Verbände zur **nichtgewerbsmäßigen** und nicht nur vorübergehenden Förderung der Interessen der durch die jeweilige Schrankenvorschrift Begünstigten. Darunter fallen zB die Deutsche Initiative für Netzwerkinformation eV (DINI), in der sich ua Bibliotheken und Medienzentren zur gemeinsamen Wahrnehmung der Interessen vor allem in Bezug auf § 52a zusammengeschlossen haben. Die Arbeitsgemeinschaft Neuer Deutscher Spielfilmproduzenten eV (SPIO) ist ein rechtsfähiger Verband zur Wahrnehmung der Interessen ua aus § 52a, ebenso der Bundesverband der Deutschen Industrie (BDI). Neben die Verbandsklage tritt die Individualklage durch die im Einzelfall anspruchsberechtigten Personen nach § 95b Abs. 2. Sie ist unabhängig von der Verbandsklage möglich.

Der Anspruch kann nur an Verbände iSd § 3a UKlaG abgetreten werden (§ 3a S. 2 **54** UKlaG). Eine Abtretung an andere Personen ist wegen Verstoßes gegen ein gesetzliches **Abtretungsverbot** unwirksam.

b) Verstoß gegen § 95b Abs. 1. Wer ab dem 1.9.2004 (vgl Art. 6 Abs. 2 des Geset- **55** zes zur Regelung des Urheberrechts in der Informationsgesellschaft) gegen das Gebot des § 95b Abs. 1 verstößt, kann nach § 2a Unterlassungsklagengesetz (UKlaG) auf Unterlassung in Anspruch genommen werden. Zur Frage, wann ein Verstoß gegen § 95b Abs. 1 vorliegt, s. näher oben Rn 5 ff. Anders als der Individualanspruch des durch eine Schrankenregelung Privilegierten (§ 95b Abs. 2) setzt der im Wege der Verbandsklage durchzusetzende Anspruch auf Unterlassung **keine konkrete Verletzung** in dem Sinne voraus, dass die Mittel von dem klagenden Verband benötigt werden, um Befugnisse seiner Mitglieder aus einer Schrankenregelung durchzusetzen. Ausreichend ist, dass mindestens eine nach §§ 45, 45a, 46 (betr. des Schul- und Unterrichtsgebrauchs), 47, 52a, 53 (sehr eingeschränkt) bzw 55 privilegierte Person die Schranke nicht in dem erforderlichen Maße nutzen kann.

Der Anspruch ist ausgeschlossen, wenn entspr. Schutzgegenstände der Öffentlich- **56** keit aufgrund einer vertraglichen Vereinbarung in einer Weise zugänglich gemacht werden, dass sie Mitgliedern der Öffentlichkeit von Orten und zu Zeiten ihrer Wahl zugänglich sind (§ 2a Abs. 2 UKlaG). Die Bestimmung entspricht § 95b Abs. 3; auf die Kommentierung Rn 16 ff. wird Bezug genommen.

c) Bereitstellung technischer Mittel. § 2a UKlaG enthält einen Unterlassungsan- **57** spruch in der Form des Beseitigungsanspruchs. Er richtet sich auf **Unterlassung des Verstoßes gegen das Gebot zum Handeln**, also auf Bereitstellung technischer Mittel iSd § 95b Abs. 1. Nicht hingegen ist die Vorschrift so zu verstehen, dass es der Rechtsinhaber zu unterlassen hat, die den Schrankengebrauch hindernden wirksamen technischen Maßnahmen auf den Schutzgegenstand überhaupt anzuwenden. Wie der Rechtsinhaber dieser Verpflichtung nachkommt, bleibt ihm überlassen; zwischen mehreren gleich wirksamen Mitteln hat er die Wahl.

d) Wiederholungs- bzw Erstbegehungsgefahr. Die Wiederholungs- bzw Erstbege- **58** hungsgefahr ist ungeschriebene materielle Anspruchsvoraussetzung. Sie wird durch die Erfüllung des Tatbestandes des § 95b Abs. 1 indiziert. Entfallen kann sie – mit der Folge des Erlöschens des Anspruchs – ausnahmsweise dann, wenn der Beklagte sich bei Meidung einer ausreichenden Vertragsstrafe verpflichtet, die wirksamen technischen Maßnahmen an den noch bei ihm vorhandenen Werkexemplaren zu beseitigen und künftig die Schrankennutzung nicht mehr zu hindern.

59   **e) Darlegungs- und Beweislast.** Die Darlegungs- und Beweislast hängt davon ab, ob
man § 2a UKlaG als materielle oder verfahrensrechtliche Bestimmung begreift, darin
also eine Regelung über die Klagebefugnis oder die Anspruchsberechtigung sieht. In
§ 95 Abs. 3 RefE vom 18.3.2002 ist noch ausdrücklich von der „Anspruchsberechtigung" der jetzt in § 2a UKlaG genannten Verbände die Rede. Auch § 2a UKlaG
spricht noch vom (Unterlassungs-)Anspruch. § 2a UKlaG regelt daher einen Fall der
materiellen Anspruchsberechtigung. Darzulegen und zu beweisen sind seine Voraussetzungen folglich vom Kläger. Der Beklagte hat lediglich die anspruchshindernden, anspruchsvernichtenden und anspruchshemmenden Tatsachen darzutun und zu
beweisen.

60   Wer **passivlegitimiert** ist, ist für den Kläger der Sache nach schwer festzustellen.
§ 95d Abs. 2 verpflichtet aber denjenigen, der Werke oder andere Schutzgegenstände mit technischen Maßnahmen schützt, diese mit Angaben zu seinem Namen und
seiner zustellungsfähigen Anschrift zu versehen (näher § 95d Rn 12 ff.). Anhand der
Kennzeichnung lässt sich die Passivlegitimation ausmachen.

61   **f) Prozessuales. aa) Zuständiges Gericht.** Für die Unterlassungsklage ist gem.
§§ 2a, 6 Abs. 1 UKlaG das **LG der Niederlassung bzw des Wohnsitzes des Beklagten ausschließlich zuständig**, wobei die Landesregierungen **Spezialzuweisun-
gen für bestimmte Bezirke** vorsehen können (§ 6 Abs. 2 UKlaG). Für die Klage eines Schrankenbegünstigten und die auf denselben Sachverhalt gestützte Klage eines
Verbandes können unterschiedliche Zuständigkeiten begründet sein (s. Rn 48). Die
Anrufung einer Einigungsstelle ist nicht vorgesehen, da § 12 UKlaG nur für die in
§ 2 UKlaG, nicht aber für die Klagen nach § 2a UKlaG auf § 27a UWG verweist.

62   **bb) Zulässigkeit der Klage. aaa) Klageantrag.** Der Klageantrag muss hinreichend
bestimmt sein (§ 253 Abs. 2 Ziff. 2 ZPO. Die Klage ist darauf zu richten, dass den
durch eine Schranke nach §§ 45, 45a, 46 (eingeschränkt), 47, 53 (sehr eingeschränkt), 52a, 55 Begünstigten die zur Nutzung erforderlichen Mittel zur Verfügung
gestellt werden. Hinsichtlich der Frage, ob der Klageantrag noch bestimmt genug ist,
ist neben der einer solchen kollektiven Klage per se anhaftenden Schwierigkeit der
Konkretisierung das bzgl der Art der Mittel gegebene Wahlrecht des Rechtsinhabers
zu beachten.

63   **bbb) Kein Rechtsmissbrauch.** Die Klage ist unzulässig (vgl zu dem vergleichbaren
Fall des § 13 UWG *BGH* GRUR 2001, 82 – Neu in Bielefeld I), wenn die Geltendmachung unter Berücksichtigung der gesamten Umstände missbräuchlich ist, insb.
vorwiegend dazu dient, gegen den Beklagten einen Anspruch auf Ersatz von Aufwendungen oder Kosten der Rechtsverfolgung entstehen zu lassen (§ 2 Abs. 3 iVm
§ 2a Abs. 3 UKlaG).

64   **cc) Abmahnung.** Eine vorherige Abmahnung ist weder Prozess- noch Anspruchsvoraussetzung. Sie schützt den Beklagten aber vor der Kostenfolge des § 93 ZPO.

65   **dd) Erledigung der Hauptsache.** Stellt der Beklagte während des Prozesses die
Produktion dahingehend um, dass an den Schutzgegenständen keine technischen
Maßnahmen mehr angebracht werden, tritt keine Erledigung der Hauptsache ein, solange nicht sichergestellt ist, dass auch Personen, die sich schon im Besitz eines Exemplars des Schutzgegenstands befinden, diesen entspr. den in § 95b Abs. 1 genannten Schrankenregelungen nutzen können.

ee) Urteilstenor. Der stattgebende Urteilstenor lautet entspr. dem oben (Rn 51) Ge- **66**
sagten auf das **Zur-Verfügung-Stellen** der technischen Mittel an die zur Nutzung
nach den §§ 45, 45a, 46 (betr. Schul- und Unterrichtsgebrauch), 47, 52a, 53 (sehr eingeschränkt), 55 Berechtigten. Eine Überlassung an den Kläger sieht das Gesetz nicht
vor; sie ist daher nur möglich, soweit dieser von den betr. Personen entspr. bevollmächtigt wurde.

Auf Antrag kann dem Kläger die – uU zeitlich begrenzte – Befugnis zugesprochen **67**
werden, die Urteilsformel mit der Bezeichnung des verurteilten Beklagten auf dessen
Kosten im Bundesanzeiger, iÜ auf eigene Kosten bekannt zu machen, § 7 UKlaG
(**Veröffentlichungsbefugnis**).

ff) Kostenstreitwert. Bei der Bemessung des Streitwerts ist wertmindernd zu be- **68**
rücksichtigen, wenn die Sache nach **Art und Umfang** einfach gelagert ist oder eine
Belastung einer der Parteien mit den Prozesskosten nach dem vollen Streitwert angesichts ihrer Vermögens- und Einkommenssituation nicht tragbar erscheint (§ 5
UKlaG iVm § 23a UWG).

Auf Antrag einer Partei kann das Gericht für diese eine **Streitwertherabsetzung** **69**
vornehmen, wenn die Partei glaubhaft macht, dass die Belastung mit den Prozesskosten nach dem vollen Streitwert ihre wirtschaftliche Lage erheblich gefährden würde;
die Streitwertherabsetzung bezieht sich nur auf die Gerichtskosten dieser Partei und
ihre eigenen Anwaltskosten (§ 5 UKlaG iVm § 23b UWG).

Für das Verfahren des einstweiligen Rechtsschutzes ist zu berücksichtigen, inwie- **70**
weit durch die einstweilige Verfügung das Hauptsacheverfahren vorweggenommen
wird. Da § 11 UKlaG, der für Verbandsklagen gegen Allg. Geschäftsbedingungen
die Breitenwirkung einer einstweiligen Verfügung zwingend erst nach Abschluss des
Hauptsacheverfahrens eintreten lässt, für Ansprüche aus § 2a UKlaG, § 95b Abs. 1
UrhG nicht gilt, kann das je nach den Umständen des Einzelfalls dazu führen, dass
schon für das Verfügungsverfahren der volle Hauptsachestreitwert anzusetzen ist.

gg) Vollstreckung. Vollstreckt wird der Titel nach § 887 Abs. 1 ZPO. Auf die obi- **71**
gen (Rn 52) Ausführungen wird Bezug genommen.

hh) Einstweilige Verfügung. Der Anspruch kann auch im Wege der einstweiligen **72**
Verfügung verfolgt werden. Der Unterlassungsanspruch kann dabei im Interesse eines wirksamen Schutzes auch Gegenstand einer Befriedigungsverfügung sein, weil
sonst der Verweis des § 5 UKlaG auf § 25 UWG unerklärlich wäre. Ausschließlich
zuständig ist nach § 6 UKlaG iVm § 937 Abs. 1 ZPO das Gericht der Hauptsache,
also das Gericht, an dem der Antragsgegner seine gewerbliche Niederlassung bzw in
Ermangelung einer solchen seinen Wohnsitz hat. Fehlt es an beidem, ist das Gericht
des inländischen Aufenthaltsorts bzw in Ermangelung eines solchen das Gericht zuständig, in dessen Bezirk gegen § 95b Abs. 1 verstoßen wurde. Die Anforderungen
an den Verfügungsgrund werden durch die Anwendung von § 25 UWG gegenüber
den allg. Regeln der ZPO modifiziert; die Dringlichkeit wird vermutet und besteht
bereits aufgrund der Wiederholungs- bzw Erstbegehungsgefahr.

4. Altfälle und Übergangsvorschriften

73 Die Ansprüche aus § 95b Abs. 2 UrhG und § 2a UKlaG gelten erst nach Ablauf einer **Übergangsfrist** von fast einem Jahr ab In-Kraft-Treten des Gesetzes zur Regelung des Urheberrechts in der Informationsgesellschaft (Art. 6 des Gesetzes zur Regelung des Urheberrechts in der Informationsgesellschaft). Dadurch soll zum Abschluss vertraglicher Vereinbarungen iSd 95b Abs. 3 Gelegenheit gegeben werden. Im Referentenentwurf war ursprünglich eine Frist von nur drei Monaten vorgesehen. Auf die Kritik, dass binnen einer so kurzen Zeitspanne vertragliche Vereinbarungen nicht geschlossen werden könnten, hat der Gesetzgeber die Übergangsfrist verlängert.

74 Auf **Altfälle** finden § 95b Abs. 2 UrhG und die Änderungen des UKlaG keine Anwendung.

5. Weitere zivilrechtliche Anspruchsgrundlagen

75 Wie § 95a Abs. 1 ist auch § 95b Abs. 1 Schutzgesetz iSd **§ 823 Abs. 2 BGB**. Die Vorschrift bezweckt den Schutz eines im einzelnen bestimmten Personenkreises, nämlich den der Personen, die am Werk bzw der Leistung ein Urheberrecht, ein Leistungsschutzrecht oder ein von diesen Rechten abgeleitetes Recht haben, und fügt sich damit in das haftpflichtrechtliche Gesamtsystem ein. Der Schutz besteht auch nicht bloß im allg. Interesse oder zum Zwecke der Aufrechterhaltung der Lauterkeit des Wettbewerbs, wie sich daran zeigt, dass die Geschützten gem. § 95b Abs. 3 über ihn disponieren können.

76 Andere zivilrechtliche Anspruchsgrundlagen kommen, das Nichtbestehen vertraglicher Rechtsbeziehungen vorausgesetzt, nicht in Betracht. Dem aus einer Schrankenregelung Privilegierten steht daher im Falle der Verletzung des Gebots aus § 95b Abs. 1 insb. auch **kein Anspruch auf Schadenersatz** (§ 97) gegen den Rechteinhaber zu. Da die Schrankenregelungen dem Nutzer keinen eigenen Anspruch gewähren, sondern lediglich die Rechte des Urhebers beschränken, und auch § 95b Abs. 1 kein eigenes Recht des Nutzers, sondern lediglich ein allg. Gebot begründet, liegt schon begrifflich kein Verstoß gegen ein – in § 97 jedoch vorausgesetztes – geschütztes absolutes Recht vor.

IV. Schutz der technischen Mittel selbst (§ 95b Abs. 4)

77 Die zur Erfüllung der Verpflichtung aus § 95b Abs. 1 angewandten technischen Maßnahmen genießen ihrerseits Rechtsschutz nach § 95a. Darunter fallen nicht nur die technischen Mittel, mit denen der Rechtsinhaber seiner gesetzlichen Verpflichtung aus § 95a Abs. 2 nachkommt, sondern auch die technischen Mittel, mit denen sichergestellt wird, dass der Schutzgegenstand Mitgliedern der Öffentlichkeit im Umfang einer freiwilligen Vereinbarung iSd § 95a Abs. 3 zugänglich ist. Geschützt sind zB Entschlüsselungssysteme, Entcodierungssysteme, Dongles und Zubehör, mit denen ein DRM außer Kraft gesetzt werden kann. Voraussetzung ist stets, dass sie tatsächlich verwandt werden, um den Schutzgegenstand den in § 95a Abs. 1 genannten Schrankenbegünstigten zugänglich zu machen, oder weil der Rechtsinhaber dadurch der Verpflichtung aus einer freiwilligen Vereinbarung iSd § 95a Abs. 3 nachkommt. Näher zu dem ihnen durch § 95b Abs. 4 gewährten Schutz s. die Kommentierung zu § 95a.

V. Altfälle

Auf Sachverhalte aus der Zeit **vor dem 13.9.2003** finden § 95b und die Änderungen **78**
des UKlaG keine Anwendung. Für die Zeit ab dem 13.9.2003 greift die Verpflichtung aus § 95b Abs. 1 zwar (Art. 6 Abs. 1 des Gesetzes zur Regelung des Urheberrechts in der Informationsgesellschaft), **Ansprüche** daraus ergeben sich aber erstmals für Sachverhalte aus der Zeit nach dem 1.9.2004, da nach der Übergangsvorschrift des Art. 6 Abs. 2 des Gesetzes zur Regelung des Urheberrechts in der
Informationsgesellschaft § 95b Abs. 2 und die Änderungen im UKlaG sowie die
Bußgeldvorschrift des § 111a Abs. 1 Nr. 2 und 3, Abs. 3 nach einer etwa einjährigen
Übergangsfrist anwendbar sind.

§ 95c Schutz der zur Rechtewahrnehmung erforderlichen Informationen

**(1) Von Rechtsinhabern stammende Informationen für die Rechtewahrneh-
mung dürfen nicht entfernt oder verändert werden, wenn irgendeine der betreffenden Informationen an einem Vervielfältigungsstück eines Werkes oder eines
sonstigen Schutzgegenstandes angebracht ist oder im Zusammenhang mit der
öffentlichen Wiedergabe eines solchen Werks oder Schutzgegenstandes erscheint und wenn die Entfernung oder Veränderung wissentlich unbefugt erfolgt und dem Handelnden bekannt ist oder den Umständen nach bekannt sein
muss, dass er dadurch die Verletzung von Urheberrechten oder verwandter
Schutzrechte veranlasst, ermöglicht, erleichtert oder verschleiert.**

**(2) Informationen für die Rechtewahrnehmung im Sinne dieses Gesetzes sind
elektronische Informationen, die Werke oder andere Schutzgegenstände, den
Urheber oder jeden anderen Rechtsinhaber identifizieren, Informationen über
die Modalitäten und Bedingungen für die Nutzung der Werke oder Schutzgegenstände sowie die Zahlen und Codes, durch die derartige Informationen ausgedrückt werden.**

**(3) Werke oder sonstige Schutzgegenstände, bei denen Informationen für die
Rechtewahrnehmung unbefugt entfernt oder geändert wurden, dürfen nicht
wissentlich unbefugt verbreitet, zur Verbreitung eingeführt, gesendet, öffentlich wiedergegeben oder öffentlich zugänglich gemacht werden, wenn dem Handelnden bekannt ist oder den Umständen nach bekannt sein muss, dass er
dadurch die Verletzung von Urheberrechten oder verwandter Schutzrechte
veranlasst, ermöglicht, erleichtert oder verschleiert.**

I. Gesetzesgeschichte und Regelungsgehalt

1   Die Vorschrift setzt Art. 7 der Europäischen Richtlinie zur Harmonisierung des Urheberrechts v. 22.5.2001 (ABlEG Nr. L 167/10) um. Eingefügt wurde die zum 13.9.2003 in Kraft getretene (vgl Art. 6 Abs. 1 des Gesetzes zur Regelung des Urheberrechts in der Informationsgesellschaft) Vorschrift im Zuge der Gesetzesreform im Jahre 2003. Eigentliche Vorläufer dieser urheberrechtlichen Regelung gibt es nicht, jedoch sind gewisse Parallelen zum ebenfalls in weiten Teilen harmonisierten **Kennzeichenrecht** nicht zu verkennen (vgl §§ 14, 15 MarkenG).

2   Eine Kennzeichnungspflicht enthält im Interesse der Verbraucher, der Lauterkeit des Wettbewerbs und der durch eine Schrankenregelung Begünstigten § 95d. Sie verpflichtet die Rechtsinhaber, die ihre Schutzgegenstände mit technischen Maßnahmen versehen, zu Angaben über deren Eigenschaften sowie zur Kennzeichnung mit ihrem Namen und einer zustellungsfähigen Anschrift auf dem Werk bzw Schutzgegenstand.

3   Die wegen ihrer Herkunft europäisch auszulegende Vorschrift des § 95c verbietet es, **Informationen für die elektronische Wahrnehmung der Schutzgegenstände** des UrhG **zu entfernen oder zu verändern** oder Werke oder sonstige Schutzgegenstände, aus denen diese Informationen ohne Erlaubnis entfernt wurden, **zu verwerten**. Um ein uneinheitliches rechtliches Vorgehen der Mitgliedstaaten zu vermeiden, das den Binnenmarkt in seiner Funktion beeinträchtigen könnte, hielt der Europäische Gesetzgeber die Harmonisierung eines solchen Schutzes für erforderlich (56. Erwgr der Europäischen RL zur Harmonisierung des Urheberrechts, ABlEG Nr. L 167/10). Daneben sollen, wie auch durch § 95d, die Rechteinhaber darin bestärkt werden, Kennzeichen zu verwenden, aus denen bei der Eingabe der Schutzgegenstände in Netze hervorgeht, dass sie ihre Erlaubnis erteilt haben (vgl 55. Erwgr der Europäischen RL zur Harmonisierung des Urheberrechts, ABlEG Nr. L 167/10).

II. Abgrenzung zum Kennzeichenrecht

4   Auch das im MarkenG geregelte Kennzeichenrecht verbietet bestimmte Nutzungshandlungen, die im Zusammenhang mit der Beseitigung von auf dem Schutzgegenstand angebrachter Zeichen stehen. So darf etwa eine CD-ROM im geschäftlichen Verkehr nicht mehr vertrieben werden, wenn der daran ursprünglich angebrachte Firmenvermerk verändert wurde. Der Grundsatz, dass das MarkenG und das UrhG nebeneinander anwendbar sind (näher § 1 Rn 9), gilt auch im Anwendungsbereich des § 95c. Denn beide Gesetze dienen jeweils unterschiedlichen Schutzzwecken und beleuchten daher ein und dieselbe Handlung von jeweils unterschiedlichen Standpunkten aus.

III. Verbot der Beseitigung und Veränderung von Informationen für die Rechtewahrnehmung (§ 95c Abs. 1)

1. Voraussetzungen des Verbotstatbestandes

a) Vom Rechtsinhaber stammende elektronische Information für die Rechte- 5
wahrnehmung. aa) Vom Rechtsinhaber stammend. Nur die von einem **Rechtsin-**
haber stammende elektronische Information ist geschützt. Der Schutz hat seine
Wurzeln im Urheberrecht, die Rechtsinhaberschaft muss daher eine **urheber- bzw**
leistungsschutzrechtliche sein; das Eigentum am Gegenstand ist nicht ausreichend.
Rechtsinhaber iSd § 95c Abs. 1 sind neben den Urhebern bzw Inhabern verwandter
Schutzrechte auch deren Rechtsnachfolger sowie Lizenznehmer. Ist das Urheber-
bzw Leistungsschutzrecht nach Ablauf der Schutzdauer gemeinfrei geworden, greift
der Schutz des § 95c Abs. 1 nicht mehr.

Gibt es **mehrere Rechtsinhaber**, reicht aus, wenn die elektronische Information von 6
nur einem von ihnen stammt. Eine bloß schuldrechtliche Rechtsposition am Schutzgegenstand, etwa der Anspruch auf Einräumung eines Pfandrechts, macht den Dritten aber noch nicht zum Rechtsinhaber. Elektronische Informationen, die in dessen
Auftrag oder **aufgrund vertraglicher Vereinbarung mit dem Rechteinhaber** auf
dem Schutzgegenstand angebracht wurden oder bei dessen Wahrnehmung erscheinen, sind ihm zuzurechnen.

bb) Information für die Rechtewahrnehmung. Nur Informationen für die Rechte- 7
wahrnehmung sind geschützt. Das sind gem. § 95c Abs. 2 elektronische Informationen, die Werke oder andere Schutzgegenstände, den Urheber oder jeden anderen
Rechtsinhaber identifizieren, Informationen über die Modalitäten und Bedingungen
für die Nutzung der Werke oder Schutzgegenstände sowie Zahlen und Codes, durch
die derartige Informationen ausgedrückt werden.

Elektronisch ist jede Information, die mit den der Elektronik zugehörenden Mitteln 8
gegeben, also mit Hilfe von Elektronen und Ionen dargestellt, wird. Andere Informationen, etwa der körperlich auf dem Werkexemplar aufgebrachte Copyright-Ver-
merk, stehen ihnen nicht gleich. Der Europäische Gesetzgeber ging davon aus, dass
die Verbreitung von Werken über Netze genauere Informationen über den Schutzgegenstand, dessen Rechtsinhaber und die Nutzungsbedingungen erforderlich mache
(55. Erwgr der Europäischen RL zur Harmonisierung des Urheberrechts v.
22.5.2002, ABlEG Nr. L 167/10). § 95c Abs. 1 gewährt diesen Informationen einen
Schutz vor Beseitigung und Veränderung.

Gegenstand der Information muss der Schutzgegenstand, der Rechtsinhaber oder 9
müssen die Nutzungsmodalitäten bzw Nutzungsbedingungen sein. Es muss sich also
entweder um Angaben über die Nutzungsmodalitäten bzw Nutzungsbedingungen
oder um solche handeln, die entweder **das Werk** bzw den Schutzgegenstand **oder den**
Rechtsinhaber identifizieren. Das können alle auf das Werk bzw den Schutzgegenstand oder auf die Person des Rechtsinhabers bezogenen Daten sein, also neben der
Marke und der Kontrollnummer der Vor- und Zuname des Urhebers bzw des Lizenznehmers, dessen Privat- oder Firmenanschrift, die Telefonnummer, die E-Mail-Adres-
se oder die IP-Nummer. Erforderlich ist nur, dass der Nutzer den Schutzgegenstand
bzw den Rechtsinhaber, wenn auch mit einem gewissen Aufwand, über diese Information aufspüren kann. Information über die **Nutzungsmodalitäten** ist jedes Datum,

aus dem sich für den Interessenten ganz oder teilweise erschließt, in welcher Weise er das Werk ohne bzw mit Zustimmung des Rechteinhabers nutzen darf. Dazu zählen neben dem digitalen Copyrightvermerk und den AGB des Herstellers auch nutzungsbezogene FAQs, dh Antworten auf „Frequently Asked Questions", sowie Entgeltlisten.

10   Nicht nur die **Information** selbst, sondern auch die **Zahlen** und **Codes**, durch die derartige Informationen ausgedrückt werden, unterfallen dem Schutzbereich des § 95c Abs. 1. Wer den binären Zahlencode verändert, der den Namen des Urhebers ausdrückt, verstößt deshalb gegen § 95c Abs. 1.

11   **b) Verbindung der Information mit dem Schutzgegenstand.** Die Information muss mit dem Exemplar des Schutzgegenstands so verbunden sein bzw bei der öffentlichen Wiedergabe so wahrnehmbar gemacht werden, dass sie dem Werk bzw Schutzgegenstand zugeordnet werden kann. Auf körperlichen **Vervielfältigungsstücken** muss sie also **angebracht** sein, ohne dass sie notwendig **sichtbar** sein muss. Die Anbringung wird im Allgemeinen dadurch geschehen, dass zusammen mit dem Werk auch die Information über dieses oder den Rechteinhaber digitalisiert und auf dem Werkträger niedergelegt wird, sodass sie beim Abspielen des Werkes auf dem Bildschirm bzw Fernseher sichtbar wird. Wird ein Schutzgegenstand öffentlich wiedergegeben, reicht aus, dass die Information **im Zusammenhang mit der öffentlichen Wiedergabe** des Schutzgegenstandes erscheint. Ob sie mit dem zur öffentlichen Wiedergabe verwandten Original bzw Vervielfältigungsstück fest verbunden ist, ist ohne Belang.

12   Eine Entfernung bzw Veränderung einer Information liegt bei der gebotenen **richtlinienkonformen Auslegung** der Vorschrift nicht nur dann vor, wenn die Verbindung der Daten mit einem Werkstück, auf das der Rechtsinhaber selbst sie aufgebracht hat, entfernt oder beschädigt wird, bzw wenn die von ihm selbst geschaffene Verbindung zwischen Information und öffentlicher Wiedergabe aufgelöst oder beeinträchtigt wird. Vielmehr reicht schon aus, dass die Verbindung zwischen Information und Schutzgegenstand durch einen **nachfolgenden Verwertungsvorgang** aufgelöst, also zB die Information vom Vervielfältigungsvorgang ausgespart wird. Das folgt aus dem 56. Erwgr der Harmonisierungsrichtlinie, in dem es heißt: „Es besteht jedoch die Gefahr, dass rechtswidrige Handlungen vorgenommen werden, um die Informationen für die elektronische Wahrnehmung der Urheberrechte zu entfernen oder zu verändern oder Werke oder sonstige **Schutzgegenstände, aus denen diese Informationen ohne Erlaubnis entfernt wurden, in sonstiger Weise zu verbreiten**, zu Vervielfältigungszwecken einzuführen, zu senden, öffentlich wiederzugeben oder der Öffentlichkeit zugänglich zu machen". Dem europäischen Gesetzgeber ging es also darum, dass die einmalige Anbringung einer Information auf dem Werk bzw ihre Wiedergabe im Zusammenhang mit diesem sicherstellt, dass die Information auch auf allen körperlichen Werkexemplaren bzw im Zusammenhang mit allen unkörperlichen Verwertungshandlungen erscheint, die sich von dem ursprünglichen Werkstück bzw der ursprünglichen öffentlichen Wiedergabe ableiten.

13   Deshalb darf beim **Überspielen** des Filmes der Eingangstext mit den Daten über den Urheber und die Inhaber verwandter Schutzrechte nicht weggeschnitten werden. Der Betreiber eines Internet-Cafés darf auf seinen Computern keine **Programme** einsetzen, die neben der Werbung auch die dem Abruf des Werkes von der Website des

Urhebers vorgeschalteten Allg. Geschäftsbedingungen unterdrücken. Auf **Compu-terprogramme** ist § 95c allerdings nicht anwendbar, sodass die Beseitigung der vor dem Download eines Computerprogramms erscheinenden AGB nicht darunter fällt. Ebenso wenig dürfen Unternehmen in ihrem Intranet Programme einsetzen, mit de-ren Hilfe die am eingesetzten Werkexemplar angebrachten Informationen über den Urheber oder die Nutzung **ausgeblendet** werden, sodass nur noch der Textteil eines digitalisierten Werkes sichtbar wird. Die Vorschrift verbietet unter den dortigen wei-teren Voraussetzungen sogar, beim Mitschnitt einer digitalen Radio- oder Fernseh-sendung bzw beim Streaming die gesprochenen Informationen zum Komponisten, zu den Schauspielern oder dem Regisseur des nachfolgend gespielten Werkes **heraus-zuschneiden**.

c) Entfernung oder Veränderung. Entfernt wird die Information dadurch, dass ih-   **14** re Verbindung zum Schutzgegenstand aufgelöst wird. Entfernt werden elektronische Informationen zB dadurch, dass die auf der zum Überspielen eingesetzten DVD an-gebrachten digitalen Daten gelöscht werden. Das Entfernen der Informationen kann aber auch dadurch geschehen, dass die Information bei der Vervielfältigung oder öf-fentlichen Wiedergabe des Werkes nur unterdrückt wird, dass sie, obwohl vorhan-den, auf dem Vervielfältigungsstück oder bei der öffentlichen Wiedergabe **nicht mehr wahrnehmbar** ist.

Nicht nur die Unterdrückung, sondern auch jede **Veränderung** der Informationen ist   **15** unter den weiteren Voraussetzungen des § 95c verboten. Sie liegt nicht zuletzt in je-der teilweisen Entfernung der Daten. Auch in der eigenmächtigen **Ersetzung von Teilen** der Allg. Geschäftsbedingungen des Rechteinhabers liegt ein Verändern von Informationen über die Nutzung. Daher läuft der Internet-Versteigerer, der vor der **Versteigerung** eines literarischen oder künstlerischen Werkes ohne Absprache mit dem Rechteinhaber einzelne Klauseln durch die seinigen ersetzt, die Gefahr, sich strafbar zu machen (§ 108b Abs. 1). Dabei kommt es auch nicht darauf an, ob der Rechteinhaber nach den Versteigerungsbedingungen dem Provider gegenüber zu ei-ner entspr. Abänderung verpflichtet war.

d) Erhöhung der Gefahr von Schutzrechtsverletzungen oder von ihrer Ver-   **16** **schleierung.** Untersagt ist die Beseitigung bzw Veränderung der Informationen nur, wenn dem Handelnden bekannt ist, dass er hierdurch die Verletzung von Urheber-rechten oder verwandten Schutzrechten veranlasst, ermöglicht, erleichtert oder ver-schleiert. Das setzt in objektiver Hinsicht voraus, dass sich die Gefahr einer Schutz-rechtsverletzung bzw die ihrer Verschleierung durch die Entfernung bzw Verände-rung der Informationen zumindest erhöht. Dabei ist auf die tatsächlichen Verhältnisse abzustellen und sind die Umstände des Einzelfalls zu berücksichtigen.

Werden **Informationen über den Schutzgegenstand oder den Rechtsinhaber ent-**   **17** **fernt,** kann das bedeuten, dass nutzungswillige Dritte die Mühe nicht auf sich neh-men, die berechtigte Person zu ermitteln. Das kann dazu führen, dass sich die Hemm-schwelle, das Werk ohne Einholung einer Lizenz zu nutzen, erniedrigt. Bei Werken, die regelmäßig von Verwertungsgesellschaften verwertet werden, kann das aller-dings angesichts der guten Infrastruktur der Gesellschaften, die es ihnen oftmals er-möglicht, auch ohne den Namen des Urhebers das fragliche Werk zu ermitteln, nicht ohne weiteres vorausgesetzt werden. Je nach Werkart und Verwertungsform ist auch denkbar, dass das Fehlen einer Kennzeichnung bei Dritten den Anschein erweckt, der Schutzgegenstand sei nicht geschützt oder der Rechtsinhaber sei mit der Verwertung durch jedermann einverstanden.

18   Die **Entfernung von Informationen über die Nutzungsmodalitäten** bzw Nutzungsbedingungen kann ebenfalls das Risiko mit sich bringen, dass Dritte davon ausgehen, der Schutzgegenstand sei frei nutzbar. Ob dies der Fall ist, ist anhand der Umstände des Einzelfalls, insb. der betroffenen Verwertungsform und des betroffenen Verwertungsmediums, zu prüfen. Da die Aufbringung von Informationen auf dem Schutzgegenstand, die den Rechteinhaber oder die Nutzungsmöglichkeiten deutlich machen, im deutschen Recht bislang nicht vorgeschrieben und bei vielen Formen der öffentlichen Wiedergabe auch unüblich war (vgl nur § 63 Abs. 2), werden Nutzungswillige meist aus dem Fehlen von Informationen über die Nutzungsmodalitäten nicht auf einen Willen des Urhebers schließen, die freie Verwertung durch jedermann zuzulassen. Anders kann es sich aber im Einzelfall verhalten, wenn die Werke im Internet abrufbar sind, weil kostenlose Lizenzen für jedermann dort eher vorkommen. Dass das Fehlen der Informationen den Entschluss von Personen begünstigt, sich den Schutzgegenstand trotz etwaig entgegen stehender Rechte des Schutzrechtsinhabers zu Nutze zu machen, wird man im Hinblick auf die erhebliche Strafe, die auf derartiges Verhalten steht (§§ 106 ff.), wohl nicht annehmen können. Versteht aber ein auch nur kleiner Teil der potentiellen Nutzer das Fehlen der entspr. Informationen dahingehend, dass der Schutzgegenstand unbeschränkt nutzbar sei, und verwertet das Werk aus eben diesem Grunde entspr., reicht das für § 95c Abs. 1 schon aus.

19   Bei **Veränderungen von Informationen** über den Schutzgegenstand, den Rechtsinhaber oder die Nutzungsmodalitäten ist im Allgemeinen davon auszugehen, dass dies die Gefahr einer Schutzrechtsverletzung bzw von deren Verschleierung erhöht. Werden Informationen über den Schutzrechtsinhaber oder über die Nutzungsbedingungen verändert, liegt nämlich auf der Hand, dass Dritte das Werk in der Annahme, die Zustimmung einer in Wahrheit nichtberechtigten Person bzw die von den wahren Nutzungsbedingungen abweichenden Nutzungsmodalitäten seien maßgeblich, nutzen und hierdurch, weil es einen gutgläubigen Erwerb von Lizenzen nicht gibt (näher § 11 Rn 3), die am Werk bzw sonstigen Schutzgegenstand bestehenden Rechte verletzen werden.

20   **e) Subjektiver Tatbestand.** Neben der objektiven Erhöhung der Gefahr einer Schutzrechtsverletzung bzw deren Verschleierung setzt § 95c Abs. 1 voraus, dass die Entfernung oder Veränderung wissentlich unbefugt erfolgt und dem Handelnden bekannt ist oder den Umständen nach bekannt sein muss, dass er dadurch die Verletzung von Urheberrechten oder verwandten Schutzrechten veranlasst, ermöglicht, erleichtert oder verschleiert. Gefordert ist mit anderen Worten

     1. **wissentlich unbefugte Entfernung bzw Veränderung und**
     2. **Kenntnis oder grob fahrlässige Unkenntnis von der** sich hieraus ergebenden Erhöhung der **Gefahr** einer Schutzrechtsverletzung bzw deren Verschleierung.

21   Grob fahrlässig ist die Unkenntnis des Handelnden dabei dann, wenn dieser bewusst die Augen vor der gegebenen Gefahr verschließt, auch indem er bewusst den im konkreten Fall gebotenen Mindestinformationsaufwand, den jeder an seiner Stelle unternommen hätte, nicht betreibt.

Wer im Zusammenhang mit dem Schutzgegenstand wahrnehmbare Informationen 22 verändert, wird sich der hieraus folgenden Gefahren und der Unbefugtheit seines Tuns im Allgemeinen bewusst sein. Anders kann es dann liegen, wenn der Handelnde irrtümlich Umstände annimmt, aus denen sich seine Befugnis zur Beseitigung bzw Veränderung der Informationen ergibt. So zB dann, wenn er sich hierzu aufgrund eines Vertrags mit einem in Wahrheit Unbefugten berechtigt wähnt. Ausgeschlossen ist Vorsatz dann, wenn der Handelnde gar nicht bemerkt, dass er die Information beseitigt oder verändert hat, zB weil es beim Einstellen des Werkes ins Internet technische Probleme gab, die dazu führten, dass ein Teil des Werkes samt der Angabe des Urhebers und der Nutzungsbedingungen nicht mit übertragen wurde. Bei nicht sichtbaren digitalen Informationen auf Werkexemplaren bzw im Zusammenhang mit der Werkwiedergabe kann eine Kenntnis von ihrer Existenz bei dem Nutzer, vor allem wenn er privat nutzt, idR nicht vorausgesetzt werden. Anders kann es sich verhalten, wenn entspr. Formen der Informationsanbringung üblich sind.

2. Rechtsfolgen eines Verstoßes gegen das Verbot

Der Verstoß gegen § 95c Abs. 1 ist strafbewehrt, außer wenn die Tat ausschließlich 23 zum eigenen privaten Gebrauch des Täters oder von mit dem Täter persönlich verbundenen Personen erfolgt oder sich auf einen derartigen Gebrauch bezieht (§ 108b Abs. 1 Ziff. 2 lit. a, Abs. 3). Die Tat wird nur auf Antrag oder im öffentlichen Interesse verfolgt (§ 109). Andere strafrechtliche Bestimmungen bleiben unberührt.

Besteht kein Vertragsverhältnis, kommt zivilrechtlich nur ein Anspruch aus **§ 823** 24 **Abs. 2 BGB** in Betracht. § 95c Abs. 1 ist Schutzgesetz. Das Verbot der Beseitigung der erforderlichen Informationen stellt sich als Zwischenschritt auf dem Weg zum Schutz des Urheberrechts bzw Leistungsschutzrechts dar. Damit geht es § 95c Abs. 1 gerade um den Schutz des einzelnen Rechtsinhabers und nicht bloß der Allgemeinheit oder der Lauterkeit des Wettbewerbs.

IV. Nutzungsverbot im Anschluss an die Beseitigung oder Veränderung von Informationen für die Rechtewahrnehmung (§ 95c Abs. 3)

1. Voraussetzungen

Werke oder sonstige Schutzgegenstände, bei denen elektronische Informationen für 25 die Rechtewahrnehmung unbefugt entfernt oder geändert wurden, unterliegen nach § 95c Abs. 3 einem fast vollständigen Nutzungsverbot.

Voraussetzung des Nutzungsverbots ist es, dass in Bezug auf diese Schutzgegenstände elektronische Informationen iSd § 95c Abs. 1 objektiv **unbefugt entfernt oder** 26 **geändert** wurden. Auf die dortige Kommentierung (Rn 5 ff.) wird verwiesen. Die **Nutzung des so veränderten Schutzgegenstandes muss die Gefahr einer Schutzrechtsverletzung bzw von deren Verschleierung erhöhen**. Es gelten, allerdings bezogen auf die Nutzung des Schutzgegenstandes, die gleichen Anforderungen wie iRd § 95c Abs. 1; auf die dortige Kommentierung (Rn 16 ff.) wird verwiesen. Unerheblich ist, ob schon die Beseitigung bzw Veränderung der Information selbst die Gefahr einer Schutzrechtsverletzung bzw von deren Verschleierung erhöht hat.

Die Person, die das Werk iSd § 95c Abs. 3 nutzt, muss wissen oder bewusst die Au- 27 gen davor verschließen, dass sie durch die Nutzung die Verletzung von Urheberrechten oder verwandten Schutzrechten veranlasst, ermöglicht, erleichtert oder verschleiert. Sie muss also mit anderen Worten **Kenntnis oder grob fahrlässige Unkenntnis** von der sich aus ihrer eigenen Handlung ergebenden Erhöhung der **Gefahr** einer Schutzrechtsverletzung bzw deren Verschleierung haben. Es gelten, allerdings bezogen auf den Nutzer, die gleichen Voraussetzungen wie iRd § 95c Abs. 1; auf die dortige Kommentierung (Rn 20) wird Bezug genommen. Ob schon die Person, welche die Informationen beseitigt oder verändert hat, dabei vorsätzlich bzw grob fahrlässig gehandelt hat, ist für § 95c Abs. 3 unerheblich.

28 Liegen diese Voraussetzungen vor, darf das Werk bzw der Schutzgegenstand, bei dem die elektronische Information für die Rechtewahrnehmung unbefugt entfernt wurde, nicht **verbreitet** (§ 17), **zur Verbreitung eingeführt** (§ 17), **gesendet** (§§ 20 ff.), (sonst) **öffentlich wiedergegeben** (§§ 15 Abs. 2, 19 ff.) oder **öffentlich zugänglich gemacht** (§ 19a) werden. Die Durchfuhr steht der Einfuhr nicht gleich. IÜ wird auf die Kommentierung zu den einzelnen Verwertungsrechten verwiesen.

2. Rechtsfolgen eines Verstoßes

29 Der Verstoß gegen § 95c Abs. 3 ist strafbewehrt, außer wenn die Tat ausschließlich zum eigenen privaten Gebrauch des Täters oder von mit dem Täter persönlich verbundenen Personen erfolgt oder sich auf einen derartigen Gebrauch bezieht (§ 108b Abs. 1 Ziff. 2 lit. b, Abs. 3). Die Tat wird nur auf Antrag oder im öffentlichen Interesse verfolgt (§ 109). Andere strafrechtliche Bestimmungen bleiben ebenso unberührt wie zivilrechtliche Ansprüche. Steht dem Nutzer keine Lizenz zu und ist die Nutzung auch nicht durch eine Schranke gedeckt, kommt aber nur ein Anspruch aus **§ 823 Abs. 2 BGB** in Betracht; insoweit gilt nichts anderes als für § 95c Abs. 1 (näher Rn 24).

V. Behandlung von Altfällen

30 § 95c ist ab In-Kraft-Treten des Gesetzes zur Regelung des Urheberrechts in der Informationsgesellschaft anwendbar. Auf Sachverhalte aus dem Zeitraum vor dem 13.9.2004 findet die Vorschrift keine Anwendung. Übergangsvorschriften gibt es für § 95c nicht (vgl § 137j und Art. 6 des Gesetzes zur Regelung des Urheberrechts in der Informationsgesellschaft).

§ 95d Kennzeichnungspflichten

(1) Werke und andere Schutzgegenstände, die mit technischen Maßnahmen geschützt werden, sind deutlich sichtbar mit Angaben über die Eigenschaften der technischen Maßnahmen zu kennzeichnen.

(2) *[Abs. 2 in Kraft ab 1.9.2004]* *Wer Werke und andere Schutzgegenstände mit technischen Maßnahmen schützt, hat diese zur Ermöglichung der Geltendmachung von Ansprüchen nach § 95b Abs. 2 mit seinem Namen oder seiner Firma und der zustellungsfähigen Anschrift zu kennzeichnen. Satz 1 findet in den Fällen des § 95b Abs. 3 keine Anwendung.*

I. Gesetzesgeschichte und Regelungsgehalt

Der durch das Gesetz zur Regelung des Urheberrechts in der Informationsgesell- **1** schaft eingefügte § 95d verpflichtet den Rechtsinhaber, der seine Werke bzw sonstigen Schutzgegenstände mit technischen Maßnahmen schützt, zu bestimmten Angaben. Während der auf alle **ab dem 1.12.2003** neu in den Verkehr gebrachten Werke und anderen Schutzgegenstände anwendbare § 95d Abs. 1 dem Verbraucherschutz und der Lauterkeit des Wettbewerbs dient, stellt der ab 1.9.2004 geltende § 95d Abs. 2 eine flankierende Maßnahme zu § 95b dar (amtl. Begr. zu § 95d, BT-Drucks. 15/38, 28). § 95d Abs. 2 beruht auf Art. 6 Abs. 4 der Europäischen Harmonisierungsrichtlinie, welche die Mitgliedstaaten zu geeigneten Maßnahmen verpflichtet, die sicherstellen, dass bestimmte Schrankenbegünstigte den Schutzgegenstand nutzen können; folglich ist § 95d Abs. 2, anders als § 95d Abs. 1, europäisch auszulegen. § 95d Abs. 2 dient in Umsetzung von Art. 6 Abs. 4 der Europäischen Harmonisierungsrichtlinie der prozessualen Durchsetzung der Ansprüche der Schrankenbegünstigten aus § 95b. Sie soll sicherstellen, dass die Personen, die nach dieser Vorschrift verpflichtet sind, den Schrankenbegünstigten technische Mittel für den Zugang zum Werk zur Verfügung zu stellen, ihre Inanspruchnahme nicht dadurch verhindern, dass sie ihre Passivlegitimation verschleiern oder unterdrücken (amtl. Begr. zu § 95d Abs. 2, BT-Drucks. 15/38, 28).

Die Verletzung der Kennzeichnungspflicht kann mit Mängelgewährleistungsansprü- **2** chen einhergehen, s. näher § 95a Rn 108 ff.

II. Kennzeichnung mit Eigenschaften (§ 95d Abs. 1)

1. Werk oder anderer Schutzgegenstand

Wer an **ab dem 1.12.2003** neu in den Verkehr gebrachten Werken oder anderen **3** Schutzgegenständen technische Maßnahme anbringt, muss deutlich sichtbar über deren Eigenschaften informieren. Die Informationsverpflichtung besteht nur für geschützte Werke und sonstige Schutzgegenstände des UrhG, Computerprogramme ausgenommen (§ 69a Abs. 5). Fehlt einer Leistung der Werkcharakter und ist sie auch nicht Gegenstand eines Leistungsschutzrechts (§§ 70 ff.), greift § 95d Abs. 1 nicht ein. Nicht Voraussetzung ist, dass der Schutz des UrhG noch greift. Auch gemeinfreie Werke und sonstige Leistungen, die mit technischen Maßnahmen versehen werden, müssen daher entspr. gekennzeichnet werden.

2. Schutz mit technischen Maßnahmen

4 Die Werke müssen mit technischen Maßnahmen geschützt sein. Es gilt die Legaldefinition des § 95a Abs. 2 S. 1; auf die dortige Kommentierung wird Bezug genommen. Nicht Voraussetzung der Informationspflicht ist die **Wirksamkeit** des technischen Schutzes (hierzu § 95a Rn 17 ff.). Daher muss auf die Eigenschaften der technischen Maßnahme auch hingewiesen werden, wenn letztere so minderwertig ist, dass sie nicht mehr als wirksam bezeichnet werden kann.

3. Umfang der Kennzeichnungspflicht

5 § 95d Abs. 1 verpflichtet dazu, die „Werke und andere(n) Schutzgegenstände … deutlich sichtbar … zu kennzeichnen". Eine Beschränkung der Informationspflicht auf Originale oder jedenfalls **körperliche** Werkstücke bzw Leistungen besteht jedoch nicht. Informiert werden muss nach Sinn und Zweck der Vorschrift, den Verbraucherschutz und die Lauterkeit des Wettbewerbs sicherzustellen (amtl. Begr. zu § 95d, BT-Drucks. 15/38, 28), bei **jeder Verwertungshandlung** iSd §§ 15 ff. Als Anhalt dafür, in welcher Weise das Werk bzw der Schutzgegenstand bei der unkörperlichen Wiedergabe zu kennzeichnen ist, kann die Quellenangabeverpflichtung nach § 63 Abs. 2 dienen (näher hierzu die Kommentierung zu § 63).

4. Kennzeichnungspflichtiger

6 § 95d Abs. 1 sagt nicht, wen die Kennzeichnungspflicht trifft. Ein wirksamer Verbraucherschutz und Schutz der Lauterkeit des Wettbewerbs kann nur dadurch erreicht werden, dass neben dem **Rechtsinhaber**, also dem Urheber bzw Leistungsschutzberechtigten und dessen Rechtsnachfolgern alle **sonstigen Personen** zur Anbringung der Kennzeichnung jedenfalls dann verpflichtet sind, wenn sie den technischen Schutz selbst angebracht haben. Das sind vor allem die Lizenznehmer und die Personen, die das Werk auf der Grundlage einer schuldrechtlichen Vereinbarung oder des Erschöpfungsgrundsatzes (§ 17 Abs. 2) vertreiben, sowie Dritte, die das Werk ohne ein vom Schutzrecht abgeleitetes Recht verwerten.

7 Nach dem Rechtsgedanken des § 100, der selbst nicht unmittelbar anwendbar ist, haben sich alle genannten Personen auch das Handeln von **Arbeitnehmern** oder **Beauftragten** zurechnen zu lassen. Fraglich ist, ob zumindest der Rechtsinhaber zur Anbringung der Information nach § 95d Abs. 1 auch verpflichtet ist, wenn er den technischen Schutz nicht selbst angebracht hat, sondern dies durch **sonstige Dritte**, die weder Arbeitnehmer noch Beauftragte sind, geschehen ist. Für eine solche Zustandshaftung könnte der Wortlaut des § 95d Abs. 1 sprechen, der anders als § 95d Abs. 2 nicht an die Handlung des Anbringens der technischen Maßnahme anknüpft. Berücksichtigt man allerdings, dass den Rechteinhabern oft die rechtlichen und auch tatsächlichen Möglichkeiten fehlen, um jedes körperliche Werkexemplar und erst recht jede unkörperliche Wiedergabe auf die Einhaltung der Verpflichtung hin zu überprüfen, findet die Informationspflicht der Rechteinhaber und erst recht sonstiger Personen dort eine Grenze, wo nicht sie selbst bzw ihre Arbeitnehmer oder Beauftragten, sondern Dritte den technischen Schutz angebracht haben. Das gilt auch dann, wenn sie über den urheberrechtlichen Entstellungsschutz die Möglichkeit hätten, auf die Beseitigung des technischen Schutzes hinzuwirken. Denn insb. die Urheber überlassen die Verwertung ihrer Werke meist professionellen Verwertern, denen sie oft aus einer wirtschaftlich abhängigen Stellung heraus entgegentreten. Würde man ihnen zumuten, das Vermarktungskonzept des Verwerters dadurch zu unterlaufen, dass sie auf einen vom Verwerter am Werk angebrachten technischen Schutz hinweisen bzw diesen alternativ beseitigen, würde das erhebliches Konfliktpotential mit sich bringen. Nur derjenige, der **selbst** technische Maßnahmen am Werk oder am sonstigen Schutzgegenstand anbringt, muss daher auf die Eigenschaften der technischen Maßnahmen hinweisen.

Das Ziel des § 95d Abs. 1, der Verbraucherschutz und der Schutz des lauteren Wettbewerbs, wird dadurch nicht vereitelt. Denn wer technische Maßnahmen am Werk oder sonstigen Schutzgegenstand anbringt, muss nach **§ 95b Abs. 2** seinen Namen und seine zustellungsfähige Anschrift angeben. Die Verbraucher und die Wettbewerber wissen also im Regelfall, wer die technische Maßnahme am Werk bzw sonstigen Schutzgegenstand angebracht hat, und können die entspr. Person auf Beseitigung in Anspruch nehmen.   **8**

Denkbar wäre allenfalls eine Kennzeichnungspflicht derjenigen Verwerter, die den technischen Schutz zwar nicht selbst angebracht haben, das Werk bzw den Schutzgegenstand aber **im fraglichen Zustand weiterverwerten**. Denn sie haben die technische Maßnahme zwar nicht selbst auf den Schutzgegenstand aufgebracht, sie aber bei der Verwertung auch nicht beseitigt. Wendet man den von der Rspr entwickelten weiten Störerbegriff an, könnten sie durch den Vertrieb ungekennzeichneter Werkexemplare zum Mitstörer werden. Dagegen spricht indes zweierlei: Zum einen geht es bei § 95d Abs. 1 nicht um einen Unterlassungsanspruch, sondern um ein Handlungsgebot, sodass der weite Störerbegriff keine Anwendung findet. Zum anderen sind die Verwerter auf nachfolgenden Stufen meist gar nicht berechtigt, den technischen Schutz eines Werkexemplars zu beseitigen, das sie selbst in nur eingeschränkt nutzbarer Form erworben haben. Ihnen unter diesen Umständen trotzdem eine Informationspflicht aufzuerlegen, würde zu weit gehen.   **9**

5. Rechtsfolgen eines Verstoßes

Die Rechtsfolgen eines Verstoßes gegen das abstrakte Gebot des § 95d Abs. 1 sind nicht spezialgesetzlich geregelt worden. Selbst die Bußgeldvorschrift des § 111a Abs. 1 Ziff. 3 ist auf die Informationspflicht des § 95d Abs. 2 beschränkt worden. Im Falle eines Verstoßes gegen die Informationspflicht aus § 95d Abs. 1 bleibt daher nur der Rückgriff auf die allg. Vorschriften. **Strafbar** kann ein Verstoß gegen § 95d Abs. 1 vor allem als **Betrug** sein, wenn der Verbraucher im Zusammenhang mit der unterlassenen Kennzeichnung bewusst über Eigenschaften des Produkts irregeführt wird. Wer es unterlässt, in der Werbung für das Produkt auf die Nutzungseinschränkung hinzuweisen, kann sich außerdem wegen der durch die Missachtung der Kennzeichnungspflicht bewirkten Irreführung gem. **§ 4 UWG** strafbar machen.   **10**

Zivilrechtlich können Gewährleistungsansprüche des Käufers eines mit einer technischen Maßnahme versehenen Produkts bestehen. Ein Deliktsschutz aus **§§ 823 Abs. 2, 1004 BGB** iVm § 95d Abs. 1 scheidet hingegen aus, weil die Vorschrift keinen individualschützenden Charakter hat. Der Vorschrift geht es wie § 3 UWG um den Schutz der Verbraucher und der Lauterkeit des Wettbewerbs. Bei ihr handelt es sich um eine kollektive Schutznorm zugunsten der Allgemeinheit und der Marktgegenseite. Das wird für § 3 UWG auch von der **hM** so gesehen (vgl *Köhler/Piper* § 3 Rn 5).   **11**

III. Kennzeichnung mit Identitätszeichen (§ 95d Abs. 2)

1. Schutz von Werken oder anderen Schutzgegenständen mit technischen Maßnahmen

12   Wer Schutzgegenstände des UrhG mit Ausnahme von Computerprogrammen (§ 69a Abs. 5) mit technischen Maßnahmen schützt, muss über seinen Namen bzw seine Firma und eine zustellungsfähige Anschrift informieren. Ebenso wie § 95d Abs. 1 ist die Informationspflicht des § 95d Abs. 2 nicht auf die körperliche Werkverwertung beschränkt; auf die obigen (Rn 5) Ausführungen wird verwiesen.

2. Kein Ausschluss

13   Er kann sich der Verpflichtung aber dadurch entledigen, dass er das Werk der Öffentlichkeit aufgrund einer freiwilligen Vereinbarung zur Verfügung stellt (§ 95d Abs. 2 S. 2 iVm § 95b Abs. 3).

3. Umfang der Kennzeichnungspflicht

14   Die Kennzeichnungspflicht ist umfassend. Sie geht über die Quellenangabepflicht des § 63 Abs. 2 insofern hinaus, als sie auch bei der unkörperlichen Verwertung des Werkes bzw sonstigen Schutzgegenstandes umfassend zur Information verpflichtet. Eine Ausnahme von der Kennzeichnungspflicht ist auch nicht für den Fall vorgesehen, dass die Information technische Schwierigkeiten bereiten würde. Einen entspr. Änderungsvorschlag der Opposition hatte man im Gesetzgebungsverfahren nicht aufgegriffen. Das Risiko, dass sich die Namens- bzw Anschriftenangabe nicht verwirklichen lässt, trägt damit derjenige, der das Werk bzw den sonstigen Schutzgegenstand mit der technischen Maßnahme versieht.

15   Auf dem Exemplar des Schutzgegenstandes bzw in unmittelbarem Zusammenhang mit seiner öffentlichen Wiedergabe ist anzugeben, wer (Name bzw Firma) den technischen Schutz angebracht hat und wie seine zustellungsfähige Anschrift lautet. Ob die Angaben den Anforderungen des § 95d Abs. 2 genügen, ist daran festzumachen, ob sie die Passivlegitimation desjenigen, gegen den sich der Anspruch des § 95b richtet, ausreichend kenntlich machen und eine Klage gegen die entspr. Person ermöglichen.

4. Kennzeichnungspflichtiger

16   Verpflichteter ist derjenige, der die technische Maßnahme auf den Schutzgegenstand aufbringt. Insofern gilt nichts anderes als iRd § 95d Abs. 1. Auf die dortige Kommentierung (oben Rn 6 ff.) wird verwiesen.

5. Rechtsfolge

17   Bußgeldrechtlich ist § 95d Abs. 2 durch **§ 111a Abs. 1 Ziff. 3** abgesichert. § 95d Abs. 2 stellt eine flankierende Maßnahme zu § 95b dar (amtl. Begr. zu § 95d, BT-Drucks. 15/38, 28). Trotzdem ist die Vorschrift nicht in § 95b Abs. 2, § 2a UKlaG genannt. § 95d Abs. 2 ist aber wie § 95b Schutzgesetz iSd **§ 823 Abs. 2 BGB**.

§ 96 Verwertungsverbot

(1) Rechtswidrig hergestellte Vervielfältigungsstücke dürfen weder verbreitet noch zu öffentlichen Wiedergaben benutzt werden.

(2) Rechtswidrig veranstaltete Funksendungen dürfen nicht auf Bild- oder Tonträger aufgenommen oder öffentlich wiedergegeben werden.

Literatur: *Braun* Die Schutzlücken-Piraterie nach dem Urheberrechtsänderungsgesetz vom 23. Juni 1995, GRUR Int 1996, 790; *Bungeroth* Der Schutz der ausübenden Künstler gegen die Verbreitung im Ausland hergestellter Vervielfältigungsstücke ihrer Darbietungen, GRUR 1976, 454; *Katzenberger* Inlandsschutz ausübender Künstler gegen die Verbreitung ausländischer Mitschnitte ihrer Darbietungen, GRUR Int 1993, 640; *Krüger* Anmerkung zu BGH „Bob Dylan", GRUR 1986, 456.

I. Allgemeines

1. Zweck der Vorschrift

Die in § 96 enthaltene Regelung wurde erstmals mit dem Urheberrechtsgesetz von **1** 1965 in das Gesetz aufgenommen. Sie stellt klar, dass derjenige, der aufgrund einer Erlaubnis des Urhebers oder aufgrund der Bestimmungen in §§ 45 bis 60 berechtigt ist, ein Werk zu verbreiten oder öffentlich wiederzugeben, hierzu keine rechtswidrig hergestellten Vervielfältigungsstücke benutzen darf; die Verwertung solcher Vervielfältigungsstücke, die nach § 98 Abs. 1 dem Vernichtungsanspruch des Urhebers unterliegen, soll der Urheber stets und ausnahmslos verbieten können (so die amtl. Begr. BT-Drucks. IV/270, 103).

Erforderlich wurde die Regelung, weil der Urheber die Verwertungsrechte der §§ 15 ff. unabhängig voneinander einräumen darf; gem. § 31 unterliegt es der vertraglichen Gestaltungsfreiheit der Parteien, welche Rechte die Lizenz in welchem Umfang umfasst. So können das Verbreitungsrecht nach § 17 und das Vervielfältigungsrecht nach § 16 verschiedenen Lizenznehmern zustehen, auch wenn dies in der Praxis eher die Ausnahme als die Regel sein dürfte. Die Bedeutung für im Inland hergestellte Vervielfältigungsstücke ist daher eher gering. Anderes gilt für aus dem Ausland importierte Vervielfältigungsstücke, die nach dortigem Recht rechtmäßig, nach deutschem Recht jedoch rechtswidrig hergestellt wurden (s. dazu im Einzelnen unten, Rn 5 f.).

Ist der Tatbestand des § 96 erfüllt, folgen die Ansprüche aus §§ 97 ff.; § 96 ist **keine Anspruchsgrundlage.**

2. Aktiv- und Passivlegitimation

2 **a)** Nach § 96 passivlegitimiert ist, wer ein rechtswidrig hergestelltes Vervielfältigungsstück oder eine rechtswidrig veranstaltete Funksendung durch eine der dort umschriebenen Handlungen verwertet. § 96 hat in Bezug auf die **Passivlegitimation subsidiären Charakter**. Die Regelung greift nur in den Fällen ein, in denen eine vorausgegangene unzulässige Benutzungshandlung eines anderen (zB die rechtswidrige Herstellung von Vervielfältigungsstücken) von einem Dritten zur Ausübung einer an sich zugelassenen eigenen Benutzungshandlung (im Falle des Abs. 1 Verbreitung und öffentliche Wiedergabe) ausgenutzt wird (amtl. Begr. BT-Drucks. IV/270, 103). Dies folgt daraus, dass derjenige, dessen Benutzungshandlung ohnehin unzulässig ist, bereits nach §§ 15, 16, 21, 97 unmittelbar haftet, wenn er rechtswidrig hergestellte Vervielfältigungsstücke verbreitet oder zur öffentlichen Wiedergabe benutzt. § 96 Abs. 1 besitzt daher nur in den Fällen Bedeutung, in denen ein zur Verbreitung oder öffentlichen Wiedergabe an sich Berechtigter rechtswidrig hergestellte Vervielfältigungsstücke benutzt (*BGH* ZUM 1986, 199, 202 – GEMA-Vermutung III). Entspr. gilt für § 96 Abs. 2.

Die Vorschrift bewirkt, dass auch derjenige, der an der rechtswidrigen Herstellung eines Vervielfältigungsstückes oder der rechtswidrigen Veranstaltung einer Funksendung **weder als Täter noch als Teilnehmer** beteiligt war, dieselben nicht verwerten kann.

3 **b)** Die **Aktivlegitimation** liegt im Falle des § 96 Abs. 1 bei demjenigen, dessen Vervielfältigungsrecht durch das Herstellen der Vervielfältigungsstücke verletzt wurde, also zB beim Urheber oder demjenigen, an den der Urheber das betr. Vervielfältigungsrecht lizenziert hat (*Schricker/Wild* § 96 Rn 3; *Möhring/Nicolini/Lütje* § 96 Rn 3; *Bungeroth* GRUR 1976, 454, 457; **aA** *Wandtke/Bullinger* § 96 Rn 10-12, wonach der Inhaber des Verbreitungsrechts und des Rechts auf öffentliche Wiedergabe aktivlegitimiert sind. Deren Rechte werden durch § 96 jedoch gerade eingeschränkt).

Der Vervielfältigungsberechtigte wird durch § 96 in die Lage versetzt, nicht nur gegen die an der rechtswidrigen Herstellung des Vervielfältigungsstückes Beteiligten vorzugehen, sondern auch gegen diejenigen Werkverwerter, die an sich zur Verwertung berechtigt sind.

Dementsprechend ist bei Verstößen nach § 96 Abs. 2 der Inhaber des Senderechts gem. § 20 aktivlegitimiert.

II. Rechtswidrig hergestellte Vervielfältigungsstücke, Abs. 1

1. Vervielfältigungsstücke

4 Der Begriff der Vervielfältigungsstücke entspricht dem in § 16. Gemeint sind also (auch vorübergehende) körperliche Festlegungen, die geeignet sind, das Werk den menschlichen Sinnen auf irgendeine Weise unmittelbar oder mittelbar wahrnehmbar zu machen (amtl. Begr. BT-Drucks. IV/270, 47; *BGH* GRUR 1991, 449, 453 – Betriebssystem).

2. Rechtswidrigkeit der Herstellung

a) Maßgeblichkeit deutschen Rechts. Der Hersteller eines Vervielfältigungsstü- 5
ckes handelt rechtswidrig, wenn er sich weder auf eine vertraglich eingeräumte Befugnis (§ 31) noch auf eine der urheberrechtlichen Schrankenbestimmungen (§§ 45
bis 60) berufen kann.

Wurde ein Vervielfältigungsstück im Ausland hergestellt, kommt es für die Frage der
Rechtswidrigkeit nicht auf die Gesetzeslage im Herstellungsland an; maßgeblich ist
vielmehr auch in diesem Fall deutsches Recht (*BGH* GRUR 1993, 550, 552 – The
Doors; NJW 1995, 868, 870 – Cliff Richard II; *Katzenberger* GRUR Int 1993, 640,
647; *Bungeroth* GRUR 1976, 454, 459). Das wird immer dann relevant, wenn im
betr. Herstellungsland kein entspr. Leistungsschutz besteht, oder die Schutzfrist kürzer als in Deutschland und bereits abgelaufen ist. Es geht also in erster Linie um die
verwandten Schutzrechte der §§ 70 ff. Auch wenn der Wortlaut des § 96 eher darauf
hindeuten mag, dass auf die Rechtslage im Herstellerland abzustellen ist, spricht die
historische Auslegung doch entscheidend dafür, deutsches Recht anzuwenden. Denn
die Gesetzesbegründung spricht ausdrücklich davon, dass gerade auch der ausübende
Künstler umfassend gegen die Verwertung von unautorisiert hergestellten Tonträgern
geschützt sein sollte (amtl. Begr. BT-Drucks. IV/270, 103). Auch Sinn und Zweck
des § 96 gebieten diese Auslegung (*BGH* GRUR 1993, 550, 552 – The Doors).

Das **Territorialitätsprinzip** steht nicht entgegen. Dieses besagt lediglich, dass ein
durch die Gesetzgebung eines Staates gewährtes Urheberrecht oder verwandtes
Schutzrecht seine Schutzwirkungen stets nur auf dem betr. Territorium, also innerhalb der Grenzen dieses Staates entfaltet und dass die Beurteilung der aus inländischen Schutzrechten sich ergebenden Rechte und Ansprüche ausschließlich inländischem Recht und die Beurteilung der aus ausländischen Schutzrechten abzuleitenden
Rechte und Ansprüche ausschließlich ausländischem Recht unterliegt. Daraus folgt,
dass die Beurteilung der Rechte und Ansprüche aus einem inländischen Schutzrecht
zwar durch tatsächliche Verhältnisse und Vorgänge im Ausland, dagegen grds nicht
durch die im Ausland bestehende Schutzrechtslage und das ausländische Recht beeinflusst werden kann (so *Bungeroth* GRUR 1976, 454, 458 und sich ihm anschließend *BGH* GRUR 1993, 550, 552 – The Doors).

Wurde das Vervielfältigungsstück aus einem **EU-Mitgliedsstaat** eingeführt, stellt
sich die Frage, ob das Verbot der Verwertung eines in diesem Mitgliedsstaat rechtmäßig, nach deutschem Recht jedoch rechtswidrig hergestellten Vervielfältigungsstückes gegen Europäisches Gemeinschaftsrecht (Art. 30 EGV) verstößt. Dies ist zu
verneinen. Gem. Art. 36 EGV steht Art. 30 EGV Einfuhrbeschränkungen nicht entgegen, die aus Gründen des gewerblichen und kommerziellen Eigentums gerechtfertigt sind. Hierzu zählen die Vorschriften über das Urheberrecht und die verwandten
Schutzrechte (*EuGH* NJW 1994, 35 – Phil Collins, Erwgr 23; *BGH* NJW 1995, 868,
869 – Cliff Richard II; GRUR 1993, 550, 553 – The Doors).

Daraus, dass für die Beurteilung der Rechtswidrigkeit der Herstellung eines Vervielfältigungsstücks deutsches Recht maßgeblich ist, folgt auch, dass Importe, die zwar
nach den Bestimmungen des Herstellungslandes rechtswidrig produziert wurden,
nicht jedoch nach inländischem Recht, nicht den Verboten des § 96 unterliegen
(*Wandke/Bullinger* § 96 Rn 8).

6 **b) Umfang des Schutzes ausländischer Rechtsinhaber.** Die Tatsache, dass sich die Rechtswidrigkeit der Herstellung von Vervielfältigungsstücken nach deutschem Recht richtet, führt noch nicht zu einem Anspruch ausländischer Rechtsinhaber, insb. ausübender Künstler, nach § 96. Ob diese Inlandsschutz genießen, richtet sich vielmehr nach § 125 Abs. 2 bis 6. Gem. § 125 Abs. 5 besteht Schutz nach Maßgabe der Staatsverträge. Hier ist insb. das Rom-Abkommen v. 26.10.1961 zu nennen, dem Deutschland seit dem 21.10.1966 angehört. Danach knüpft der Schutz des ausübenden Künstlers an den Ort der Darbietung an. Fand diese nach dem 21.10.1966 in einem anderen vertragschließenden Staat statt, genießt er gem. Art. 4 Inländerbehandlung.

Liegen die Voraussetzungen des § 125 Abs. 2 bis 5 nicht vor, bleibt dem ausländischen Rechtsinhaber nur der **Mindestschutz** nach § 125 Abs. 6. Danach kann sich der ausübende Künstler zwar gegen die nicht autorisierte Aufnahme seiner Darbietung auf Bild- oder Tonträger wehren, nicht aber gegen die Vervielfältigung und Verbreitung von Aufnahmen, denn § 125 Abs. 6 nimmt nur auf § 77 Abs. 1 nF, nicht jedoch auf § 77 Abs. 2 nF Bezug. Fraglich ist, ob der Gesetzgeber mit der Beschränkung des Schutzes auf § 77 Abs. 1 dem ausländischen ausübenden Künstler Schutz auch in den Fällen versagen wollte, in denen ein unautorisierter Mitschnitt seiner Darbietung („bootlegs") vervielfältigt und verbreitet wird, oder ob die Ausklammerung des § 77 Abs. 2 lediglich besagt, dass gegen die unautorisierte Vervielfältigung und Verbreitung von Aufnahmen, die mit Einwilligung des Künstlers gefertigt wurden, kein Inlandsschutz besteht. Der BGH hat diese Frage im zuerst genannten Sinn beantwortet (*BGH* GRUR 1987, 814, 815 – Die Zauberflöte; GRUR 1986, 454, 455 – Bob Dylan) und zur Begr. ausgeführt, dies ergebe sich aus dem eindeutigen Wortlaut des § 125 Abs. 6, der ausdrücklich nur auf § 77 Abs. 1 nF (§ 75 Abs. 1 aF) Bezug nehme und gerade nicht auf § 77 Abs. 2. Hätte der Gesetzgeber die Absicht gehabt, den ausländischen ausübenden Künstler auch gegen die weitere Verwertung der heimlichen Aufnahme zu schützen, hätte er nach Auffassung des BGH § 77 Abs. 2 ebenfalls in § 125 Abs. 6 nennen müssen (*BGH* GRUR 1986, 454, 455 – Bob Dylan; bestätigt in GRUR 1987, 814, 815 – Die Zauberflöte; zustimmend *OLG Frankfurt* GRUR Int 1993, 872 – Beatles; *Fromm/Nordemann* § 96 Rn 3).

Diese Auffassung ist im Schrifttum auf verbreitete Ablehnung gestoßen. Es wird eingewandt, der von § 125 Abs. 6 bezweckte Schutz gegen die unautorisierte Aufnahme von Darbietungen werde weitgehend entwertet, wenn der ausländische ausübende Künstler sich zwar gegen die Aufnahme selbst, und damit gegen die erste Fixierung, nicht aber gegen die tausendfache Vervielfältigung dieser Aufnahme wehren könne (*Schack* Rn 822; *Krüger* GRUR 1986, 456, 457; *Schricker/Wild* § 96 Rn 8; *Möhring/Nicolini/Lütje* § 96 Rn 17). Werde eine unautorisierte Aufnahme verwertet, folge der Schutz bereits aus § 77 Abs. 1; § 77 Abs. 2 bezwecke nur einen erg. Schutz gegen die unberechtigte Vervielfältigung und Verbreitung von Aufnahmen, die der ausübende Künstler gestattet habe (*Schricker/Wild* § 96 Rn 8).

So sinnvoll es auch sein mag, den Mindestschutz auf die Verwertung heimlicher Mitschnitte zu erstrecken, um den Schutz gegen ihre Aufnahme nicht zu entwerten: Der Gesetzgeber des Jahres 2003 hat § 125 Abs. 6 ungeachtet der Auslegung durch den BGH nur redaktionell geändert, insb. § 77 Abs. 2 nicht aufgenommen. Die Gesetzesbegründung zu § 77 nF enthält ebenfalls keinen Hinweis darauf, dass die Verwertung heimlicher Mitschnitte schon gegen § 77 Abs. 1 verstößt. Dies spricht dafür, dass die

Auslegung, die § 75 aF in Bezug auf § 125 Abs. 6 durch den BGH erfahren hat, jedenfalls nicht auf die Ablehnung des Gesetzgebers stößt.

3. Verbot der Verbreitung und der öffentlichen Wiedergabe

Rechtsfolge des Verstoßes gegen § 96 Abs. 1 ist das Verbot der Verbreitung und der **7** öffentlichen Wiedergabe. Die Reichweite des Verbots der Verbreitung deckt sich mit dem des **Verbreitungsrechts** gem. § 17. Der Begriff der öffentlichen Wiedergabe umfasst gem. § 15 Abs. 2 **alle Formen der unkörperlichen Verwertung**. Es sind dies insb. das Vortrags-, Aufführungs- und Vorführungsrecht (§ 19), das Recht der öffentlichen Zugänglichmachung (§ 19a), das Senderecht (§ 20), das Recht der Wiedergabe durch Bild- oder Tonträger (§ 21) und das Recht der Wiedergabe von Funksendungen und von öffentlicher Zugänglichmachung (§ 22).

4. Weitere Verbote?

§ 96 Abs. 1 verbietet nicht die **Ausstellung** rechtswidrig hergestellter Vervielfälti- **8** gungsstücke iSv §§ 15 Abs. 1 Nr. 3, 18. Nach allg. Auffassung handelt es sich hierbei um eine planwidrige Gesetzeslücke, die den Weg für eine analoge Anwendung des § 96 Abs. 1 eröffnet (*Schricker/Wild* § 96 Rn 3; *Wandke/Bullinger* § 96 Rn 22; *Fromm/Nordemann* § 96 Rn 2). Dem ist zuzustimmen, obwohl der Gesetzgeber auch die jüngste Novelle des Urheberrechts nicht zum Anlass genommen hat, das Verbot der Ausstellung aufzunehmen. Hierbei kann es sich kaum um etwas anderes als ein erneutes Übersehen handeln, da kein Grund ersichtlich ist, die Verwertungsform der Verbreitung (§ 15 Abs. 1 Nr. 2) zu verbieten, nicht aber die der Ausstellung.

III. Rechtswidrig veranstaltete Funksendungen, Abs. 2

Die Veranstaltung einer Funksendung ist rechtswidrig, wenn sie weder durch den In- **9** haber des Senderechts gem. § 20 gestattet wurde noch gem. den urheberrechtlichen Schrankenbestimmungen (§§ 45 bis 60) erlaubt ist. Verboten ist die Aufnahme auf Bild- oder Tonträger. Hierbei handelt es sich gem. § 16 Abs. 2 um eine Maßnahme der Vervielfältigung. Außerdem ist die öffentliche Wiedergabe der Funksendung untersagt. Damit ist gem. § 22 das Verbot gemeint, Funksendungen des Werkes durch Bildschirm, Lautsprecher oder ähnliche technische Einrichtungen öffentlich wahrnehmbar zu machen.

Meckel

Abschnitt 2
Rechtsverletzungen

Unterabschnitt 1
Bürgerlich-rechtliche Vorschriften; Rechtsweg

§ 97   Anspruch auf Unterlassung und Schadenersatz

(1) Wer das Urheberrecht oder ein anderes nach diesem Gesetz geschütztes Recht widerrechtlich verletzt, kann vom Verletzten auf Beseitigung der Beeinträchtigung, bei Wiederholungsgefahr auf Unterlassung und, wenn dem Verletzer Vorsatz oder Fahrlässigkeit zur Last fällt, auch auf Schadenersatz in Anspruch genommen werden. An Stelle des Schadenersatzes kann der Verletzte die Herausgabe des Gewinns, den der Verletzer durch die Verletzung des Rechts erzielt hat, und Rechnungslegung über diesen Gewinn verlangen.

(2) Urheber, Verfasser wissenschaftlicher Ausgaben (§ 70), Lichtbildner (§ 72) und ausübende Künstler (§ 73) können, wenn dem Verletzer Vorsatz oder Fahrlässigkeit zur Last fällt, auch wegen des Schadens, der nicht Vermögensschaden ist, eine Entschädigung in Geld verlangen, wenn und soweit es der Billigkeit entspricht.

(3) Ansprüche aus anderen gesetzlichen Vorschriften bleiben unberührt.

Literatur: *Asendorf* Zum Produktpirateriebekämpfungsgesetz, NJW 1990, 1283; *Aßmann* Schadensersatz in mehrfacher Höhe des Schadens, BB 1985, 15; *Götz* Schaden und Bereicherung in der Verletzerkette, GRUR 2001, 295; *Haedicke* Die Haftung für unmittelbare Urheber- und Wettbewerbsrechtsverletzungen, zugleich eine Besprechung von BGH v. 15.10.1998 – Möbelklassiker, GRUR 1999, 397; *Kraßer* Schadensersatz für Verletzungen von gewerblichen Schutzrechten und Urheberrechten nach deutschem Recht, GRUR Int 1980, 259; *Lehmann* Juristisch-ökonomische Kriterien zur Berechnung des Verletzergewinns bzw. des entgangenen Gewinns, BB 1988, 1680; *Leisse/Traub* Schadensschätzung im unlauteren Wettbewerb – Beitrag zur Bezifferung des entgangenen Gewinns, GRUR 1980, 1; *Lubitz* Die Haftung der Internet Service Provider für Urheberrechtsverletzungen: Ein Vergleich von US-amerikanischem und europäischen Recht, GRUR Int 2001, 283; *Preu* Richtlinien für die Bemessung von Schadensersatz bei Verletzung von Patenten, GRUR 1979, 753; *Tilmann* Gewinnherausgabe im gewerblichen Rechtsschutz und Urheberrecht – Folgerungen aus der Entscheidung „Gemeinkostenanteil", GRUR 2003, 647; *Traub* Abstaffelung der Schadenersatzlizenz bei wiederholter Urheberrechtsverletzung?, FS Roeber, 1982, S. 401; *Ullmann* Die Verschuldenshaftung und die Bereicherungshaftung des Verletzers im gewerblichen Rechtsschutz und Urheberrecht, GRUR 1978, 615.

Übersicht

I. § 97 Abs. 1 S. 1 – Anspruch auf Unterlassung und Ersatz des Vermögensschadens

1. Geschützte Rechte

Wie § 823 Abs. 1 BGB ist § 97 Abs. 1 eine deliktische Anspruchsgrundlage. Ge- **1**
schützt werden nur **absolute Rechte**, also solche subjektiven Rechte, die jedermann
zu beachten verpflichtet ist. Im Gegensatz dazu stehen die relativen Rechte, die einer
bestimmten Person Pflichten auferlegen, zB aufgrund eines geschlossenen Vertrages.

a) Geschützt sind zunächst die **absoluten Urheberrechte**. Hierzu zählen die aus dem
Urheberpersönlichkeitsrecht folgenden Befugnisse, nämlich das Veröffentli-
chungsrecht (§ 12), das Recht auf Anerkennung der Urheberschaft (§ 13) und das
Recht, die Entstellung des Werkes zu verbieten (§ 14).

Daneben sind die **Verwertungsrechte** der §§ 15 ff. geschützt, also das Vervielfältigungsrecht (§ 16), das Verbreitungsrecht (§ 17), das Ausstellungsrecht (§ 18), das
Vortrags-, Aufführungs- und Vorführungsrecht (§ 19), das Recht der öffentlichen
Zugänglichmachung (§ 19a), das Senderecht (§ 20), das Recht der Wiedergabe durch
Bild- oder Tonträger (§ 21) und das Recht der Wiedergabe von Funksendungen und
von öffentlicher Zugänglichmachung (§ 22a). Außerdem löst ein Verstoß gegen das
das Vervielfältigungsrecht flankierende Verwertungsverbot (§ 96) Ansprüche aus
§ 97 aus (s. dazu § 96 Rn 1).

Hat der Urheber von seinem Recht Gebrauch gemacht, eines oder mehrere Rechte
zur Nutzung seines Werkes zu lizenzieren (§ 31), sind auch die Nutzungsrechte des

Lizenznehmers durch § 97 geschützt, wenn sein **Nutzungsrecht ausschließlich ausgestaltet** ist, denn nur dann hat es dingliche Wirkung und gehört mithin zu den absoluten Rechten (*BGH* GRUR 1987, 37, 39 –Videolizenzvertrag).

2 **Überschreitet ein Lizenznehmer** das ihm gem. § 32 beschränkt eingeräumte **Nutzungsrecht**, erwachsen dem Urheber daraus nicht nur vertragliche Ansprüche wegen Verletzung des Lizenzvertrages, sondern zugleich die deliktischen gem. § 97. Denn in dem Moment, in dem der Lizenznehmer die Grenzen des ihm eingeräumten Nutzungsrechts überschreitet, greift er in die beim Urheber verbliebenen Verwertungsrechte ein.

Das bloße **Bestreiten von ausschließlichen urheberrechtlichen Nutzungsbefugnissen** verletzt diese Rechte noch nicht, weil es an der Vornahme einer dem ausschließlichen Rechtsinhaber vorbehaltenen Nutzungshandlung fehlt (*BGH* WRP 1997, 1079, 1080 – „Mecki"-Igel III). Jedoch kann eine unberechtigte Schutzrechtsverwarnung Ansprüche aus § 1 UWG und aus § 823 Abs. 1 BGB unter dem Gesichtspunkt des Eingriffs in den eingerichteten und ausgeübten Gewerbebetrieb auslösen (*BGH* WRP 1995, 489 – Abnehmerverwarnung). Diese Ansprüche werden durch § 97 nicht ausgeschlossen (§ 97 Abs. 3).

3 Zu differenzieren ist bei der Frage, ob und inwieweit die gesetzlichen und vertraglichen Zustimmungsrechte des Urhebers durch § 97 geschützt sind.

Gesetzliche Zustimmungsrechte finden sich etwa in §§ 8 Abs. 2, 9, 23, 34 und 35. Da sich die Zustimmungsrechte der §§ 8 Abs. 2 und 9 nur gegen andere Urheber und damit bestimmte Personen richten, wird ein Verstoß nicht gem. § 97 sanktioniert (*Schricker/Wild* § 97 Rn 4; *Möhring/Nicolini/Lütje* § 97 Rn 56). Dagegen wirkt das in § 23 geregelte Zustimmungsrecht des Urhebers gegenüber jedermann mit der Folge, dass eine Verletzung die Rechte aus § 97 auslöst (*Hubmann* GRUR 1987, 40, 41; *Schricker/Wild* § 97 Rn 3).

Umstr. ist, ob auch die Zustimmungsrechte nach § 34 (Übertragung von Nutzungsrechten) und § 35 (Einräumung einfacher Nutzungsrechte) durch § 97 geschützt sind. Der BGH hat dies bejaht und mit ihrer dinglichen Wirkung begründet (*BGH* GRUR 1982, 369, 371 – Allwetterbad, GRUR 1987, 37, 39 – Videolizenzvertrag). Da ein gutgläubiger Erwerb von Rechten nicht möglich ist, kann ein Dritter Nutzungsrechte, die ihm unter Missachtung der Zustimmungsrechte des Urhebers angeboten werden, nicht wirksam erwerben. Nichts anderes gilt für **vertraglich ausbedungene Zustimmungsrechte**, die nichts anderes sind als eine inhaltliche Beschränkung des eingeräumten Nutzungsrechts iSv § 32. Der BGH hat daher in der Entsch. „Videolizenzvertrag" (GRUR 1987, 37, 39) einen Verstoß gegen das Verbot der Unterlizenzierung als Rechtsverstoß iSv § 97 bewertet. Die Entsch. ist auf Kritik gestoßen. *Hubmann* (GRUR 1987, 40, 41) vertritt die Auffassung, das vertraglich vereinbarte Nutzungsrecht könne, ebenso wie die Nutzungsrechte nach §§ 34, 35 nur vom Nutzungsrechtsinhaber verletzt werden und sei deshalb kein absolutes, von § 97 geschütztes Recht. *Schack* (Rn 679) wendet ein, da der Zustimmungsvorbehalt dingliche Wirkung entfalte, sei eine Verfügung über das Nutzungsrecht ohne die Zustimmung des Urhebers nichtig mit der Folge, dass die Verfügung, mithin der Verstoß gegen das Zustimmungsrecht, das Urheberrecht nicht verletzen könne. Dieses Argument wird gestärkt durch die Entsch. „Spielbankaffaire" des *BGH* (NJW 1998, 1395,

1397), wo es heißt, die Verfügung eines Nichtberechtigten über urheberrechtliche Befugnisse stelle keine Werknutzung dar; sie greife als solche nicht in die Beziehungen des Urhebers zu seinem Werk ein. Ein Verstoß gegen die Zustimmungsrechte gegenüber dem Nutzungsberechtigten ist danach **keine Verletzungshandlung** iSv § 97. Erst die Werknutzung durch den unberechtigten Dritten stellt eine Verletzung der Verwertungsrechte des Urhebers dar. Diese kann der Urheber – nicht nur gegenüber dem Dritten, sondern auch gegenüber seinem an diesem Rechtsverstoß beteiligten Lizenznehmer – gem. §§ 97, 15 ff. verfolgen.

b) Neben dem Urheberrecht sind die anderen, nach dem Urheberrechtsgesetz geschützten Rechte von § 97 erfasst. Hiermit sind die **verwandten Schutzrechte** des Zweiten Teils gemeint, soweit sie absolut wirken.

4

Am weitesten geht dabei der **Schutz wissenschaftlicher Ausgaben** (§ 70) und der **Schutz der Lichtbilder** (§ 72). Er orientiert sich in beiden Fällen an den Vorschriften des für das Urheberrecht geltenden Ersten Teils einschließlich aller dort geregelten persönlichkeitsrechtlichen Befugnisse.

Deutlich gestärkt wurde die Rechtsstellung der **ausübenden Künstler** durch die Änderung des Urheberrechtsgesetzes 2003. Während § 83 aF in persönlichkeitsrechtlicher Hinsicht lediglich einen Schutz gegen Entstellung vorsah, sind die Persönlichkeitsrechte der ausübenden Künstler dem der Urheber nunmehr angenähert. Neben dem jetzt in § 75 geregelten Schutz gegen Entstellung hat der ausübende Künstler das Recht, in Bezug auf seine Darbietung als solcher anerkannt zu werden (§ 74 Abs. 1). Auch die vermögensrechtlichen Befugnisse des ausübenden Künstlers und mit ihm des Veranstalters (§ 81) wurden gestärkt. An die Stelle der bisherigen **Einwilligungsrechte** sind **ausschließliche Verwertungsrechte** getreten, nämlich das Recht, die Darbietung auf Bild- oder Tonträger aufzunehmen sowie diese Aufnahmen zu vervielfältigen und zu verbreiten (§ 77) und das Recht der öffentlichen Zugänglichmachung (§§ 78 Abs. 1 Nr. 1, 19a), das Senderecht (§§ 78 Abs. 1 Nr. 2, 20) und das Recht, die Darbietung öffentlich wahrnehmbar zu machen (§ 78 Abs. 1 Nr. 3). Zwar waren auch die früheren Einwilligungsrechte gem. § 97 geschützt. Jetzt hat der ausübende Künstler jedoch die Möglichkeit, gem. § 79 vergleichbar dem Urheber Nutzungsrechte einzuräumen. Die Vorschrift verweist auch auf die gesetzlichen Zustimmungsrechte der §§ 34, 35, die ebenfalls von § 97 geschützte Rechte sind (so Rn 3).

Ebenso wurden die vermögensrechtlichen Befugnisse des **Tonträgerherstellers** (§ 85), des **Sendeunternehmers** (§ 87) sowie des **Herstellers von Filmwerken** (§ 94) und von **Laufbildern** (§ 95, durch Verweisung auf den neu gefassten § 94) umgestaltet von Einwilligungsrechten in ausschließliche Verwertungsrechte, mit der Folge, dass auch den Trägern dieser Leistungsschutzrechte die Zustimmungsrechte der §§ 34, 35 zustehen können.

Schließlich werden die vermögensrechtlichen Befugnisse an **nachgelassenen Werken** in dem durch § 71 eingeräumten Umfang durch § 97 geschützt.

c) Nicht unter § 97 fallen relative Rechte, die sich nicht als Abwehrrechte gegenüber der Allgemeinheit darstellen, sondern nur bestimmte Personen verpflichten. Hierzu zählen neben sämtlichen vertraglichen Ansprüchen zunächst die gesetzlichen Vergütungsansprüche (§§ 26 Abs. 1, 27 Abs. 1, 45a Abs. 2 – Vervielfältigung für be-

5

hinderte Menschen, §§ 46 Abs. 4, 47 Abs. 2, 49 Abs. 1 S. 2, 52 Abs. 1 S. 2 und Abs. 2 S. 2, 52a Abs. 3 – Öffentliche Zugänglichmachung für Unterricht und Forschung, §§ 54 Abs. 1, 54a Abs. 1 und 78 Abs. 2 – Öffentliche Wiedergabe einer Darbietung). Weitere Rechte des Urhebers, die nur gegen bestimmte Verpflichtete wirken, sind die in §§ 8 Abs. 2 S. 2 und 9 geregelten Ansprüche auf Einwilligung gegen andere Urheber, die Auskunftsrechte des § 26 Abs. 3 und 4 und die Rückrufrechte nach §§ 41, 42.

2. Aktivlegitimation

6   **a) Verletzung persönlichkeitsrechtlicher Befugnisse.** Wird das Persönlichkeitsrecht des Urhebers oder Inhabers eines verwandten Schutzrechts (soweit dieses persönlichkeitsrechtliche Befugnisse verleiht, §§ 70, 72, 74, 75, 93) verletzt, liegt die Aktivlegitimation bis zu seinem Tode bei ihm selbst. Stirbt der Urheber bzw der nach §§ 70, 72 Berechtigte, sind seine **Rechtsnachfolger** iSv §§ 28, 29 aktivlegitimiert, also die Erben oder einer der Miterben (§ 29) oder der Testamentsvollstrecker. Nach dem Tod des ausübenden Künstlers stehen die Rechte seinen **Angehörigen** zu (§ 76 S. 4). Das sind gem. § 60 Abs. 2 der Ehegatte oder der Lebenspartner und die Kinder oder, falls diese nicht vorhanden sind, die Eltern. Deren Aktivlegitimation reicht grds ebenso weit wie die des Urhebers/Schutzrechtsinhabers und umfasst grds auch den Anspruch auf **Ersatz immateriellen Schadens nach § 97 Abs. 2.** Das gilt ohne Einschränkung für die Entschädigungsansprüche, die im Todeszeitpunkt bereits entstanden waren, weil die Rechtsverletzung schon zu Lebzeiten stattgefunden hatte. Der Rechtsnachfolger kann aber auch bei postmortaler Verletzung des Urheberpersönlichkeitsrechts immateriellen Schadenersatz verlangen. Das ergibt sich aus dem Werkbezug des Urheberpersönlichkeitsrechts (*Schricker* § 30 Rn 3; **aA** *OLG Hamburg* ZUM 1995, 430). Allerdings ist der Umstand, dass der Rechtsnachfolger Anspruchsteller ist, bei der nach § 97 Abs. 2 zu treffenden Billigkeitsentscheidung zu berücksichtigen (*Schricker* § 30 Rn 3).

7   Die Ansprüche aus § 97 wegen Verletzung des Urheberpersönlichkeitsrechts gehen damit in subjektiver wie in objektiver Hinsicht weiter als die aus § 823 Abs. 1 BGB wegen Verletzung des **allg. Persönlichkeitsrechts.** Zwar besteht auch der allg. Wert- und Achtungsanspruch nach dem Tode fort, sodass das fortwirkende Lebensbild eines Verstorbenen weiterhin wenigstens gegen grob ehrverletzende Beeinträchtigungen geschützt wird. Dieser Schutzanspruch kann jedoch nur von den hierzu Ermächtigten und von den nächsten Angehörigen geltend gemacht werden (*BGH* GRUR 1984, 907, 909 – Frischzellenkosmetik; *BGHZ* 50, 133, 137 ff. – Mephisto). Zudem erstreckt er sich nicht auf den Entschädigungsanspruch. Das folgt aus der Funktion der Entschädigung, die dem Betroffenen in erster Linie eine Genugtuung für die ihm zugefügte Verletzung seiner Persönlichkeit verschaffen soll. Diese Funktion könnte eine von den Angehörigen geltend gemachte Entschädigung wegen eines verletzenden Angriffs auf das Ansehen eines Verstorbenen nicht erfüllen (*BGH* GRUR 1974, 797, 800 – Fiete Schulze).

8   **b) Verletzung vermögensrechtlicher Befugnisse.** Wird ein in dem Urheberrecht oder verwandten Schutzrecht enthaltenes, durch § 97 geschütztes Vermögensrecht verletzt, stehen die Ansprüche aus § 97 wiederum zunächst dem Urheber/Schutzrechtsinhaber zu.

aa) Daran ändert sich nichts, wenn der Inhaber des Urheber- oder verwandten Schutzrechts Dritten ein **einfaches Nutzungsrecht** einräumt. Die Aktivlegitimation verbleibt in diesem Fall beim Lizenzgeber. Der Inhaber eines einfachen Nutzungsrechts erlangt kein dingliches Recht und kann demzufolge Rechtsverletzungen Dritter nicht verfolgen. Er kann sich jedoch vom Lizenzgeber ermächtigen lassen, den Rechtsverstoß in dessen Namen im Wege der gewillkürten Prozessstandschaft zu verfolgen. Das hierfür erforderliche eigene rechtsschutzwürdige Interesse folgt aus seiner Rechtsstellung als Lizenznehmer. Der Urheber bzw Schutzrechtsinhaber ist seinem Lizenznehmer gegenüber uU aus dem geschlossenen Lizenzvertrag verpflichtet, Rechtsverstöße Dritter zu ahnden oder ihn wenigstens zu ermächtigen, selbst gegen etwaige Verletzer vorzugehen. Schreitet der Lizenzgeber gegen Verletzer nicht ein, kann sein Bestehen auf Lizenzzahlungen unter dem Gesichtspunkt der Unzumutbarkeit gegen Treu und Glauben verstoßen (*BGH* GRUR 1965, 591 – Wellplatten – für ein Patentrecht).

bb) Demgegenüber ist der Inhaber eines **ausschließlichen Nutzungsrechts** selbst befugt, Rechtsverstöße zu verfolgen. Deliktische Ansprüche aus § 97 stehen ihm nicht nur gegen Dritte zu, sondern – neben vertraglichen Ansprüchen – auch gegen seinen Lizenzgeber. Sind ihm umfassende ausschließliche Nutzungsrechte eingeräumt worden, geht das Verbietungsrecht des Lizenznehmers weiter als sein positives Benutzungsrecht; es schließt alle Ansprüche ein, die erforderlich sind, um einen wirksamen Schutz des Rechts zu gewährleisten, so auch solche gegen eine unfreie Bearbeitung des Werks, obwohl der Lizenznehmer zu deren Nutzung selbst nicht befugt wäre (*BGH* GRUR 1999, 984, 985 – Laras Tochter).

Inwieweit der Urheber neben dem Inhaber eines ausschließlichen Nutzungsrechts legitimiert bleibt, Rechtsverstöße zu verfolgen, hängt vom Umfang der ausschließlichen Lizenz ab. Sind nur einzelne Nutzungsrechte übertragen worden, ist die Aktivlegitimation des Lizenznehmers auf Verletzungen dieser Rechte beschränkt (*BGH* GRUR 1957, 614, 615 – Ferien vom Ich; GRUR 1960, 251, 252 – Mecki-Igel II). Für die Fälle hingegen, in denen der Urheber sämtliche Nutzungsrechte lizenziert hat, nahm die frühere Rspr an, dass der Urheber regelmäßig nicht neben seinem Rechtsnachfolger zur Geltendmachung von Unterlassungs- und Schadenersatzansprüchen aktivlegitimiert sei (*BGH* GRUR 1970, 40, 42 – Musikverleger), eine Klagebefugnis in der Regel nur wegen einer etwaigen Gefährdung seiner **ideellen Interessen** in Betracht komme (*BGH* GRUR 1957, 614, 615 – Ferien vom Ich). Später erkannte der BGH in Anlehnung an die patentrechtliche Rspr ein eigenes schutzwürdiges Interesse des Urhebers an der Geltendmachung der Ansprüche aus Rechtsverletzung neben dem Klagerecht des Nutzungsberechtigten an, wenn ihm aus der Lizenzvergabe fortdauernde materielle Vorteile erwachsen, da die Rechtsverletzungen Dritter und die damit verbundene Beeinträchtigung der Verwertungsrechte in diesem Fall zugleich die **materiellen Interessen** des Urhebers berühren (*BGH* GRUR 1992, 697, 698 f. – ALF). Entspr. gilt auf der nächsten Stufe für den ausschließlichen Nutzungsberechtigten, der seine Nutzungs- und Verwertungsrechte gegen Zahlung einer Unterlizenz weitergegeben hat; für eine unterschiedliche Behandlung von Urheber und Unterlizenznehmer besteht insoweit kein Grund, da es nur um die materiellen Interessen geht (*BGH* GRUR 1999, 984, 985 – Laras Tochter; GRUR 1992, 697, 699 – ALF).

Ebenso wie die Aktivlegitimation des lizenzgebenden Urhebers hängt die des Inhabers eines **Leistungsschutzrechts** vom Umfang der gewährten Rechtseinräumung ab. §§ 79, 81, 85, 87, 94 nF räumen, im Unterschied zu dem früheren System der Einwilligungsrechte, auch den ausübenden Künstlern, Veranstaltern, Tonträgerherstellern, Sendeunternehmern und Filmherstellern die Befugnis ein, einfache oder ausschließliche Nutzungsrechte zu lizenzieren, wie das schon nach altem Recht für Verfasser wissenschaftlicher Ausgaben und Lichtbildner galt. Insofern gilt für die Aktivlegitimation das oben (Rn 6) für den Urheber Gesagte.

10 **c) Mehrheit von Urhebern.** Für den Fall, dass mehrere ein Werk gemeinsam geschaffen haben, sieht § 8 Abs. 2 ein gemeinsames Urheberrecht vor, welches das Recht zur Veröffentlichung und zur Verwertung des Werkes umfasst. Die übrigen urheberpersönlichkeitsrechtlichen Befugnisse stehen jedem Urheber gesondert zu (*Rehbinder* Rn 171), hier ergeben sich für die Aktivlegitimation keine Besonderheiten. Soweit das gemeinsame Urheberrecht betroffen ist, bilden die Miturheber eine Gesamthandsgemeinschaft. Jeder Miturheber ist gem. § 8 Abs. 2 S. 3 berechtigt, Verletzungen des gemeinsamen Urheberrechts geltend zu machen, ohne die Zustimmung der anderen einholen zu müssen. Leistungen kann er jedoch nur an alle Miturheber verlangen. Es handelt sich um einen Fall der gesetzlichen Prozessstandschaft.

11 **d) Wahrnehmung fremder Rechte in Prozessstandschaft.** Auch wer nicht selbst aktivlegitimiert ist, kann Rechte aus § 97 geltend machen, wenn ein Fall gesetzlicher oder gewillkürter Prozessstandschaft vorliegt. Leistung, insb. von Schadenersatz, kann in diesen Fällen jedoch nur an den Rechtsinhaber verlangt werden, da dessen Recht verfolgt wird.

Einen Fall der gesetzlichen Prozessstandschaft regelt § 8 Abs. 2 S. 3 für Miturheber (so Rn 10).

Im Wege der gewillkürten Prozessstandschaft kann vorgehen, wer vom Rechtsinhaber hierzu ermächtigt worden ist und ein eigenes rechtsschutzwürdiges Interesse vorweisen kann. Ein solches hat neben dem Einzugsermächtigten (*BGH* GRUR 1960, 630, 631 – Orchester Graunke) der einfache Lizenznehmer (*BGH* GRUR 1981, 652 – Stühle und Tische; GRUR 1959, 200, 201 – Der Heiligenhof), soweit die Verletzungshandlung ein ihm eingeräumtes Recht betrifft. Liegt eine Verletzung des Urheberpersönlichkeitsrechts vor, kann der Inhaber eines – einfachen oder ausschließlichen – Nutzungsrechts hiergegen als Prozessstandschafter vorgehen, wenn sie sich auf das eingeräumte Recht bezieht (*Schricker/Wild* § 97 Rn 33).

3. Passivlegitimation

12 **a) Grundsätze.** Verletzer eines nach dem UrhG geschützten Rechts und damit für Ansprüche aus § 97 passivlegitimiert kann jeder sein, dessen Verhalten einen **adäquat-kausalen Beitrag für die Rechtsverletzung** darstellt, also eine nicht hinwegzudenkende Bedingung des Verletzungserfolgs ist, wobei der Eintritt dieses Erfolgs bei objektiver Beurteilung auch nicht außerhalb aller Wahrscheinlichkeit liegt (*BGH* GRUR 1965, 104, 106 – Personalausweise). Auf ein Verschulden kommt es für die Frage der Passivlegitimation nicht an, es muss sich lediglich um **willentliches Verhalten** handeln.

Als Mitwirkung kann auch die Unterstützung oder Ausnutzung der Handlung eines eigenverantwortlich handelnden Dritten genügen, sofern der in Anspruch Genommene die rechtliche Möglichkeit zur Verhinderung dieser Handlung hatte (*BGH* GRUR 1999, 418, 419 – Möbelklassiker, unter Verweis auf die zu § 1 UWG ergangene Entsch. *BGH* GRUR 1997, 313, 315 – Architektenwettbewerb). Um die Haftung solcher Personen, die die Urheberrechtsverletzung nicht selbst begangen haben, nicht ausufern zu lassen, setzt deren Verantwortlichkeit, wie die wettbewerbsrechtliche Störerhaftung Dritter, die Verletzung von **Prüfungspflichten** voraus (*BGH* GRUR 1999, 418, 420 – Möbelklassiker).

Haben sich mehrere Verletzer an einer Urheberrechtsverletzung beteiligt, sei es als Mittäter, Nebentäter, Anstifter oder Gehilfen, haften sie gem. §§ 830, 840 Abs. 1 iVm §§ 421 ff. BGB als **Gesamtschuldner**. Das bedeutet, der Verletzte kann sich aussuchen, wem gegenüber er seinen Schaden geltend macht. Das gilt unabhängig von der gewählten Schadensberechnungsmethode (*BGH* GRUR 1959, 379, 383 – Gasparone). Zu beachten ist aber, dass sich die gemeinschaftliche Schadensverursachung auf denselben Schaden beziehen muss. Gesamtschuldner sind nur diejenigen, die kausale Beiträge zu einem bestimmten Verletzungserfolg geleistet haben (*Schricker/Wild* § 97 Rn 40).

Juristische Personen haften gem. § 31 BGB für ihre Organe; § 831 BGB regelt die Haftung für Verrichtungsgehilfen, wobei die Möglichkeit des Entlastungsbeweises besteht. Eine Erweiterung dieser Haftung sieht § 100 für die Arbeitnehmer und Beauftragten eines Unternehmers vor; hier besteht keine Exkulpationsmöglichkeit. Die Vorschrift gilt jedoch nicht für Schadenersatzansprüche. § 278 BGB greift erst, wenn ein vertragliches oder gesetzliches Schuldverhältnis besteht, und damit noch nicht bei Verletzungshandlungen, die Ansprüche aus § 97 erst entstehen lassen.

b) Beispiele. Verantwortlich ist neben demjenigen, der den Verletzungserfolg unmittelbar herbeiführt, auch der **Veranlasser**, etwa der Veranstalter, der die verletzende Aufführung organisiert hat und ein wirtschaftliches Interesse mit ihr verfolgt (*BGH* GRUR 1960, 606, 607 – Eisrevue II). Als **mittelbarer Täter** verantwortlich ist der Inhaber einer Lizenz, der unbefugterweise Unterlizenzen erteilt (*BGH* GRUR 1987, 37, 39 – Videolizenzvertrag). Eine entspr. Verantwortlichkeit trifft denjenigen, der dem unmittelbaren Verletzer einen Gegenstand zur Verfügung stellt, dessen **bestimmungsgemäßer Gebrauch** idR einen Eingriff in die Rechte Dritter mit sich bringt (*BGH* GRUR 1965, 104, 106 – Personalausweise; GRUR 1984, 54, 55 – Kopierläden). Für Urheberrechtsverletzungen durch **Presseveröffentlichungen** haftet neben dem Verfasser des Artikels der verantwortliche Redakteur. Ob auch der Chefredakteur und der Herausgeber haften, ist eine Frage des Einzelfalls (vgl dazu *OLG München* NJW 1996, 135, 136). Bei der Veröffentlichung von Anzeigen obliegt Presseunternehmen keine umfassende Prüfungspflicht. Sie haften für die Veröffentlichung urheberrechtsverletzender Anzeigen nur im Falle grober, unschwer zu erkennender Verstöße (*BGH* GRUR 1999, 418, 420 – Möbelklassiker). **13**

c) Verantwortlichkeit für Rechtsverletzungen im Internet. Die Haftung des Erstellers und des Nutzers von Internet-Seiten richtet sich nach den allg. Vorschriften (*Schricker/Wild* § 97 Rn 40a; *Wandtke/Bullinger/v. Wolff* § 97 Rn 14). **Ersteller** ist, wer eigene Inhalte in das Internet stellt und damit öffentlich zugänglich macht. In **14**

§ 15 Abs. 2 nF ist ausdrücklich geregelt, dass es sich hierbei um einen Fall der öffentlichen Wiedergabe handelt, nicht etwa um einen Fall der Verbreitung iSd § 17 (zur Problematik der Einordnung nach altem Recht s. *Schricker/Wild* § 97 Rn 40c). **Nutzer** ist, wer die Inhalte abruft. Der Nutzer vervielfältigt den Inhalt nicht nur dann, wenn er ihn dauerhaft auf die Festplatte oder einen anderen Datenträger herunterlädt, sondern bereits dann, wenn er ihn nur in seinen Arbeitsspeicher lädt; schon die damit verbundene vorübergehende Vervielfältigung unterfällt § 16 nF nach seinem ausdrücklichen Wortlaut.

Nach allg. Regeln wären auch die **Diensteanbieter (Provider)** für Urheberrechtsverletzungen verantwortlich, da ihr Beitrag, selbst wenn er sich darin erschöpft, den Zugang zum Server zu vermitteln, iSd condicio-sine-qua-non-Formel nicht hinweggedacht werden kann, ohne dass der Erfolg – die Rechtsverletzung – entfiele. Das Teledienstgesetz (TDG) privilegiert die Haftung der Provider jedoch und unterscheidet dabei nach der Funktion des Providers. **Content-Provider**, die eigene Informationen bereitstellen oder sich Informationen Dritter zu eigen machen, haften für diese gem. § 8 Abs. 1 TDG nach den allg. Gesetzen, also uneingeschränkt. **Host-Provider**, die fremde Informationen auf eigenen Rechnern für einen Nutzer speichern, sind gem. § 11 TDG nicht verantwortlich, wenn sie die rechtswidrige Handlung weder kannten noch – im Falle von Schadenersatzansprüchen – kennen mussten. Sobald sie Kenntnis erlangt haben, müssen sie gem. § 11 Nr. 2 TDG unverzüglich tätig werden, um von der Haftung frei zu bleiben. **Access-Provider**, die lediglich fremde Informationen im Netz übermitteln, oder den Zugang zu einem Netz, haften gem. § 9 Abs. 1 TDG ebenso wenig wie **Netzbetreiber**, wenn sie weder die Übermittlung veranlasst, noch den Adressaten der zu übermittelnden Information ausgewählt noch die übermittelten Informationen ausgewählt oder verändert haben.

4. Widerrechtlichkeit der Verletzung

15   Die Verletzung des Urheberrechts oder eines anderen, nach dem UrhG geschützen Rechts muss widerrechtlich sein, um Ansprüche nach § 97 auslösen zu können, das heißt, der Eingriff darf nicht gerechtfertigt sein. Die **Beweislast** für das Vorliegen eines Rechtfertigungsgrundes trägt der Verletzer.

Ein Rechtfertigungsgrund liegt vor, wenn der Rechtsinhaber in die Benutzungshandlung eingewilligt oder sie genehmigt hat (*BGH* GRUR 1959, 147, 149 – Bad auf der Tenne). Nicht gemeint ist hiermit die vertragliche Gestattung, die bereits die Tatbestandsmäßigkeit einer Rechtsverletzung entfallen lässt (*Schricker/Wild* § 97 Rn 17). An das Vorliegen des Rechtfertigungsgrundes der **Einwilligung oder Genehmigung** sind strenge Anforderungen zu stellen, denn es liegt nicht nahe, dass der Schutzrechtsinhaber ohne vertragliche Absprache gewillt ist, fremde Nutzungshandlungen zu dulden (vgl *KG* GRUR 1997, 128 – Verhüllter Reichstag I; GRUR 1997, 129 – Verhüllter Reichstag II; *OLG Hamburg* GRUR 2001, 831; *LG Stuttgart* CR 1994, 162, 163).

16   Als weitere Rechtfertigungsgründe kommen in Betracht: **Notwehr** und **Notstand** (§§ 227, 228 BGB), die **erlaubte Selbsthilfe** (§§ 229 ff. BGB) und der sog. **übergesetzliche Notstand**. Letzterer rechtfertigt eine Rechtsverletzung, wenn sie zum Schutz eines höherwertigen anderen Rechtsgutes erforderlich ist. Hier kann das Eigentumsinteresse des Urhebers an der ungestörten Verwertung seines Werkes kollidieren mit der Meinungs- und Informationsfreiheit des Nutzers (s. im Einzelnen *Schricker/Wild* § 97 Rn 20 ff.). Zwischen diesen Rechtsgütern von Verfassungsrang ist eine Abwägung vorzunehmen, wobei allerdings zu berücksichtigen ist, dass die Bestimmungen zu den Schranken des Urheberrechts (§§ 45 ff.) bereits auf der Tatbestandsebene den Interessen der Werknutzer Rechnung tragen, sodass zweifelhaft erscheint, ob daneben Raum für die Anerkennung eines übergesetzlichen Notstandes ist (eher ablehnend *Schack* Rn 680). Bejaht wurde ein solcher im Jahr 1962 vom *LG Berlin* in einem Verfahren der Ost-Wochenschau „Der Augenzeuge" gegen den Sender Freies Berlin, welches die Verwertung von Filmaufnahmen der Wochenschau über Feierlichkeiten zum 1. Mai im Rahmen einer Dokumentarsendung zum Gegenstand hatte (GRUR 1962, 207, 210 – Maifeiern).

Ebenfalls um eine Kollision von Grundrechten geht es in den Fällen rechtswidrig **aufgedrängter Kunst**, wenn also die Herstellung des Werkes mit einer Eigentumsverletzung verbunden ist, wie häufig bei der Graffiti-Malerei. Zwar gilt grds, dass das Eigentumsrecht an Gegenständen, die ein urheberrechtlich geschütztes Werk verkörpern, nur unbeschadet des Urheberrechts ausgeübt werden darf, da Urheberrecht und Eigentum am Werkoriginal selbständig nebeneinander stehen. Dieser Grundsatz unterliegt jedoch einer Einschränkung, wenn das Werk an fremdem Eigentum ohne Zustimmung des Eigentümers entstanden ist. Hier wird die Kunstfreiheit (Art. 5 Abs. 3 GG) durch die Eigentumsgarantie des Art. 14 GG begrenzt; der Eigentümer ist grds berechtigt, das Werk zu zerstören, nicht jedoch, es unter Ausschluss des Urhebers wirtschaftlich zu verwerten (*BGH* NJW 1995, 1556, 1557 – Mauer-Bilder). **17**

5. Anspruch auf Beseitigung der Beeinträchtigung, Abs. 1 S. 1

Hat eine Rechtsverletzung zu einer fortdauernden Beeinträchtigung des Rechtsinhabers geführt, kann dieser die Beseitigung des Störungszustandes fordern. Der Anspruch wird ergänzt durch den Vernichtungsanspruch aus §§ 98, 99, der ebenfalls auf die Beseitigung eines fortdauernden Störungszustandes gerichtet ist (*BGH* GRUR 1993, 899, 890 – Dia-Duplikate). Gemeinsam mit dem Unterlassungsanspruch bildet der Beseitigungsanspruch den **negatorischen Rechtsschutz**. Er stellt sozusagen eine Fortsetzung des Unterlassungsanspruchs dar: Wenn das bloße Unterlassen nicht genügt, um den Störungszustand zu beenden, greift der Beseitigungsanspruch, um weitere Rechtsbeeinträchtigungen zu verhindern. Demgegenüber dient der Schadenersatzanspruch, auch soweit er auf Naturalrestitution gerichtet ist (§ 249 S. 1 BGB), dazu, bereits entstandene Schäden auszugleichen. Der Beseitigungsanspruch ist also, ebenso wie der Unterlassungsanspruch, auf die Zukunft gerichtet, während der Schadenersatzanspruch sich auf die Vergangenheit bezieht. Die Abgrenzung kann im Einzelfall schwierig sein, weil die Beseitigung des Störungszustandes mit der Schadensbeseitigung einhergehen kann (vgl *BGH* GRUR 1960, 500, 502 – Plagiatsvorwurf), ist aber bedeutsam, weil dem Schadenersatzanspruch nur der schuldhaft handelnde Verletzer ausgesetzt ist, während der Beseitigungsanspruch **verschuldensunabhängig** besteht. **18**

Der Anspruch ist auf die Beseitigung der Störung gerichtet und kann grds nicht auf das Ergreifen bestimmter Maßnahmen verengt werden, es sei denn, es kommt nur eine Art der Störungsbeseitigung in Betracht (*BGH* GRUR 1964, 82 – Lesering; GRUR 1954, 337, 342 – Radschutz). Mit Rücksicht darauf, dass der Beseitigungsanspruch verschuldensunabhängig besteht, muss die vorzunehmende Beseitigung nach Art und Umfang **verhältnismäßig** sein. Dh es müssen geeignete Beseitigungsmaßnahmen möglich sein und die Beseitigung muss notwendig und dem Verletzer zumutbar sein (*BGH* GRUR 1995, 668 – Emil Nolde: Beseitigung gefälschter Signatur, nicht aber Kennzeichnung des Bildes als Fälschung oder gar Zerstörung; GRUR 1984, 54 – Kopierläden: deutlich sichtbarer Hinweis im Ladenlokal auf die Verpflichtung der Kunden, fremde Urheberrechte zu beachten, nicht jedoch Kontrollpflicht).

Die **Kosten**, die dem Verletzer durch die Beseitigung entstehen, hat er selbst zu tragen. Ergreift der Verletzte Beseitigungsmaßnahmen, kann er die ihm entstehenden Kosten vom Verletzer aus ungerechtfertigter Bereicherung ersetzt verlangen (*BGH* GRUR 1962, 261, 262 – Öl regiert die Welt), bei schuldhaftem Verhalten daneben auch als Schadensersatz (*Schricker/Wild* § 97 Rn 49).

6. Unterlassungsanspruch, Abs. 1 S. 1

19 **a) Unterlassungsanspruch nach begangener Rechtsverletzung.** § 97 Abs. 1 S. 1 gibt dem Verletzten nach begangener Verletzungshandlung einen Anspruch auf Unterlassung, wenn eine Wiederholungsgefahr besteht. Ein schuldhaftes Handeln des Verletzers ist für den Unterlassungsanspruch ebenso wenig erforderlich wie für den Beseitigungsanspruch.

Die **Wiederholungsgefahr** wird aufgrund der begangenen Rechtsverletzung vermutet (*BGH* GRUR 1955, 97, 98 – Constanze II; *OLG Hamm* NJW 1991, 2161; *Schricker/Wild* § 97 Rn 42; zum UWG: HK-WettbR/*Kotthoff* Einl. 4 Rn 8). Die Rspr hat an die **Beseitigung** der Wiederholungsgefahr stets strenge Anforderungen gestellt. Die Tatsache, dass sich der Betrieb des Verletzers in Liquidation befindet, genügt nicht, wenn der Liquidator im Prozess die Rechtsverletzung verteidigt (*BGH* GRUR 1955, 97, 98 – Constanze II). Stellt der Verletzer Klageabweisungsantrag und begründet ihn damit, die als verletzend beanstandete Handlung sei berechtigt, wird die Verletzungshandlung selbst dann nicht ausgeräumt, wenn der Beklagte im Verlauf des Rechtsstreits das Versprechen ablegt, sich der beanstandeten Handlung in Zukunft zu enthalten (*BGHZ* 1, 241, 248; *BGH* NJW 1951, 521; GRUR 1961, 138, 140 – Familie Schölermann). Erforderlich ist die Abgabe einer **Unterlassungserklärung**, die durch das Versprechen einer Vertragsstrafe für jeden Fall der Zuwiderhandlung in angemessener Höhe strafbewehrt ist (*BGH* GRUR 1994, 146, 147 – Vertragsstrafebemessung; GRUR 1961, 138, 140 – Familie Schölermann). Die Vertragsstrafe muss so bemessen sein, dass sie keinen Zweifel an der Ernstlichkeit des Willens des Verletzers lässt, künftig keine Verletzungshandlungen mehr zu begehen. IdR werden Vertragsstrafen von über 5.000 Euro für jeden Fall der Zuwiderhandlung vereinbart, um im Streitfall die Zuständigkeit der Landgerichte zu begründen. Die Unterwerfungserklärung muss grds unbefristet und bedingungslos abgegeben werden (*BGH* NJW-RR 1993, 1000, 1002 – Bedingte Unterwerfung). Sie ist nicht an eine bestimmte Form gebunden (HK-WettbR/*Kotthoff* Einl. 4 Rn 14).

Schon mit der **Abgabe** einer ernsthaften, unbefristeten, vorbehaltlosen und hinreichend strafbewehrten Unterlassungserklärung erlischt die Wiederholungsgefahr und damit der gesetzliche Unterlassungsanspruch. Die Annahme der Unterwerfungserklärung durch den Verletzten ist hierfür nicht erforderlich, da seine Entscheidung, die

Unterwerfungserklärung zu akzeptieren oder nicht, auf die vom Verletzer mit der Abgabe dokumentierte Ernstlichkeit des Unterlassungswillens keinen Einfluss hat (*BGH* NJW-RR 1990, 1390 – Vertragsstrafe ohne Obergrenze).

An Stelle des gesetzlichen tritt der vertragliche Unterlassungsanspruch. Im Falle einer Zuwiderhandlung kann der Gläubiger, wenn er die Unterwerfungserklärung angenommen hat, gleichzeitig die Vertragsstrafe geltend machen und erneut auf Unterlassung klagen. Denn die Zuwiderhandlung begründet eine **neue Wiederholungsgefahr** (*Baumbach/Hefermehl* Einl. UWG Rn 293a) und lässt damit den gesetzlichen Unterlassungsanspruch wieder entstehen; der daneben bestehende vertragliche Unterlassungsanspruch lässt das Rechtsschutzbedürfnis für eine Unterlassungsklage nicht entfallen (*BGH* GRUR 1980, 241, 242 – Rechtsschutzbedürfnis). Jetzt kann die Wiederholungsgefahr nur durch ein **deutlich höheres Vertragsstrafeversprechen** ausgeräumt werden (*BGH* NJW-RR 1990, 561, 562 – Abruf-Coupon). **20**

Um die Wiederholungsgefahr zu beseitigen, muss die strafbewehrte Unterlassungserklärung nicht gegenüber dem Anspruchsteller abgegeben werden; eine **Drittunterwerfung** kann genügen. Diese Konstellation kann im Urheberrecht beispielsweise relevant werden, wenn der Urheber und der ausschließlich Nutzungsberechtigte nebeneinander befugt sind, die unerlaubte Werknutzung eines Dritten zu verfolgen (s. dazu oben Rn 9). Unterwirft der Verletzer sich gegenüber einem Unterlassungsgläubiger und bringt damit die Wiederholungsgefahr zum Erlöschen, kann sie gegenüber einem anderen Gläubiger nicht als fortbestehend angesehen werden, denn die Wiederholungsgefahr ist nicht teilbar (*BGH* NJW 1983, 1060, 1061 – Wiederholte Unterwerfung I; NJW 1987, 3251, 3252 – Wiederholte Unterwerfung II). Vollständig erloschen ist die Wiederholungsgefahr allerdings nur dann, wenn sie gegenüber einem Vertragsstrafegläubiger abgegeben wurde, der aus Sicht des Schuldners zum Zeitpunkt der Abgabe der Erklärung bereit und geeignet erscheint, die allein ihm eingeräumte Sanktionsmöglichkeit im Falle einer Zuwiderhandlung auszuschöpfen (HK-WettbR/*Kotthoff* Einl. 4 Rn 25). Bestehen hieran Zweifel, kann von der Ernsthaftigkeit der dem Dritten gegenüber abgegebenen Unterwerfungserklärung nicht ausgegangen werden (*BGH* NJW 1983, 1060, 1061 – Wiederholte Unterwerfung I). **21**

b) Vorbeugender Unterlassungsanspruch. Wenngleich nicht ausdrücklich gesetzlich geregelt, ist allg. anerkannt, dass der Unterlassungsanspruch bereits bei einer erstmalig drohenden Rechtsverletzung entsteht; der Rechtsinhaber muss die Verletzungshandlung nicht abwarten, um gegen den Störer vorzugehen. Die hierfür erforderliche **Erstbegehungsgefahr** entsteht, wenn konkrete Anhaltspunkte dafür bestehen, dass eine bestimmte Verletzungshandlung in naher Zukunft begangen werden wird. Diese Besorgnis ist vor allem dann gerechtfertigt, wenn der potenzielle Verletzer sich **berühmt**, eine bestimmte Handlung vornehmen zu dürfen (*BGH* WRP 2001, 1076, 1079 – Berühmungsaufgabe; NJW-RR 1987, 288, 289 – Berühmung). Das kann insb. in einem laufenden Gerichtsverfahren geschehen, wenn der auf Unterlassung in Anspruch Genommene sich nicht nur auf den Standpunkt stellt, zur Vornahme der streitgegenständlichen Handlung berechtigt zu sein, sondern seinen Erklärungen bei Würdigung der Einzelumstände auch die Bereitschaft zu entnehmen ist, sich unmittelbar oder in naher Zukunft so zu verhalten (*BGH* WRP 2001, 1076, 1079 – Berühmungsaufgabe). Stellt er jedoch klar, dass seine Ausführungen lediglich der **Rechtsverteidigung** dienen und er nicht beabsichtigt, die betr. Handlungen vorzu- **22**

nehmen, wird eine Erstbegehungsgefahr nicht ausgelöst (*BGH* WRP 2001, 1076, 1079 – Berühmungsaufgabe; NJW-RR 1992, 618, 619 – Systemunterschiede).

Um die Erstbegehungsgefahr wieder zu **beseitigen**, ist es regelmäßig nicht erforderlich, eine strafbewehrte Unterlassungsverpflichtung einzugehen (HK-WettbR/*Kotthoff* Einl. 4 Rn 34). Erforderlich, aber auch ausreichend ist es, wenn der potenzielle Verletzer sich eindeutig von seinem die Erstbegehungsgefahr auslösenden Verhalten distanziert, also zB die Berühmung aufgibt. Das kann durch eine uneingeschränkte und eindeutige Erklärung geschehen, die beanstandete Handlung werde in Zukunft nicht vorgenommen (*BGH* WRP 2001, 1076, 1080 – Berühmungsaufgabe; GRUR 1993, 53, 55 – Ausländischer Inserent).

7. Anspruch auf Schadenersatz, Abs. 1 S. 1

23   Neben Beseitigung und Unterlassung kann der Verletzer auch auf Schadenersatz in Anspruch genommen werden, Letzteres allerdings nur, wenn ihm Vorsatz oder Fahrlässigkeit zur Last fällt.

a) Verschulden. aa) Vorsatz. Vorsatz ist der Wille zur Verwirklichung der Rechtsverletzung in Kenntnis aller seiner objektiven Tatumstände. Man kann unterscheiden zwischen Absicht (dem Verletzer kommt es gerade darauf an, fremdes Urheberrecht zu verletzen), direktem Vorsatz (der Verletzer weiß, oder sieht es als sicher voraus, dass sein Handeln urheberrechtsverletzend ist) und Eventualvorsatz (der Verletzer hält es ernsthaft für möglich und findet sich damit ab, dass sein Verhalten zur Rechtsverletzung führt).

24   **bb) Fahrlässigkeit.** Fahrlässig handelt, wer die im Verkehr erforderliche Sorgfalt außer Acht lässt, § 276 Abs. 1 S. 2 BGB. Es gilt ein objektiver Sorgfaltsmaßstab. Die Rspr stellt im Urheberrecht wie im gewerblichen Rechtsschutz und im Wettbewerbsrecht hohe Anforderungen an das Maß der zu beachtenden Sorgfalt (*BGH* WRP 2002, 214, 219 – Spiegel-CD-ROM). Wer von einem fremden Urheberrecht oder Leistungsschutzrecht Gebrauch macht, muss sich vergewissern, dass dies mit Erlaubnis des (wahren) Berechtigten geschieht (*BGH* GRUR 1960, 606, 608 – Eisrevue II). Ihn trifft eine **Prüfungspflicht**. Im Falle einer Übertragungskette muss der Letzterwerber die wirksame Weiterübertragung von Rechten auf den einzelnen Stufen prüfen; er darf sich nicht auf die Angaben seines Vertragspartners verlassen (*BGH* GRUR 1988, 373, 375 – Schallplattenimport III; GRUR 1959, 331, 334 – Dreigroschenroman II). Wer sich gewerblich mit der Verwertung von urheberrechtsschutzfähigen Werken befasst, unterliegt bes. hohen Sorgfaltsanforderungen (*Schricker/Wild* § 97 Rn 52; *Möhring/Nicolini/Lütje* § 97 Rn 137). Der **Verleger** eines Buches darf sich nicht auf die Behauptung des Autors verlassen, die Verlagsrechte des ursprünglichen Verlegers seien erloschen. Ihm ist eine sorgfältige Nachprüfung zuzumuten, ob er etwaige Rechte des ursprünglichen Verlegers verletzt (*BGH* GRUR 1959, 331, 334 – Dreigroschenroman II). Bei periodischen Druckwerken trifft die Prüfungspflicht in erster Linie den **Herausgeber**, den Verleger kann allerdings auch hier ein Organisationsverschulden treffen (*Schricker/Wild* § 97 Rn 52). Deutlich weniger streng ist die Rspr in Bezug auf die Haftung von Presseunternehmen für **Anzeigen**. Mit Rücksicht darauf, dass es sich hier um ein Massengeschäft handelt, sind die Anforderungen an die Prüfungspflicht reduziert. Das Presseunternehmen haftet, in

Anschluss an die zum Wettbewerbsrecht entwickelten Grundsätze, nur für grobe, unschwer zu erkennende Verstöße (*BGH* GRUR 1999, 418, 420 – Möbelklassiker).

Für **Internet-Provider**, die keine eigenen Informationen im Internet anbieten, regelt § 8 Abs. 2 TDG ausdrücklich, dass sie nicht verpflichtet sind, die von ihnen übermittelten oder gespeicherten Informationen zu überwachen oder nach Umständen zu forschen, die auf eine rechtswidrige Tätigkeit hinweisen (s. auch oben Rn 14 zur Frage der Passivlegitimation von Providern).

Restriktiv ist die Rspr auch bei der Frage, ob der Verletzer sich in einem entschuldi- **25** genden **Rechtsirrtum** befunden hat. Ein Rechtsirrtum entschuldigt grds nicht (*BGH* GRUR 1982, 102, 104 – Masterbänder), und zwar selbst dann nicht, wenn der Werknutzer vor der Rechtsverletzung eine Rechtsauskunft eingeholt hatte (*BGH* GRUR 1993, 34, 37 – Bedienungsanweisung). Nur dann, wenn der Irrende bei Anwendung der im Verkehr erforderlichen Sorgfalt mit einer anderen Beurteilung durch die Gerichte nicht zu rechnen brauchte, ist sein Rechtsirrtum entschuldigt (*BGH* WRP 2002, 214, 219 – Spiegel-CD-ROM; NJW 1998, 2144, 2145 – Beatles-Doppel-CD). Auf den Fortbestand einer gefestigten höchstrichterlichen Rspr kann sich der Nutzer verlassen. Bei zweifelhafter Rechtslage darf er jedoch nicht darauf vertrauen, das Gericht werde im Streitfall die ihm günstige Rechtsauffassung zugrunde legen. Wer sich erkennbar in einem Grenzbereich des rechtlich Zulässigen bewegt, in dem er eine von der eigenen Einschätzung abweichende Beurteilung der rechtlichen Zulässigkeit des fraglichen Verhaltens in Betracht ziehen muss, handelt fahrlässig (*BGH* WRP 2002, 214, 219 – Spiegel-CD-ROM; NJW 1998, 2144, 2145 – Beatles-Doppel-CD; zum Markenrecht: *BGHZ* 131, 308, 318 – Gefärbte Jeans).

Auch der gutgläubige Verletzer wird jedenfalls dann bösgläubig, wenn er abgemahnt wird mit der Folge, dass Rechtsverstöße nach Zugang der **Abmahnung** schuldhaft begangen werden (*Fromm/Nordemann* § 97 Rn 35).

b) Schadensberechnung. Kann der Verletzte darlegen, dass ihm ein **Schaden ent-** **26** **standen** ist, wobei ihm die Beweiserleichterung des § 287 ZPO zugute kommt und was bei der unberechtigten Verwertung vom Immaterialgüterrechten regelmäßig gelingt, weil der Berechtigte die Verwertungshandlung nicht selbst vornehmen oder an Dritte lizenzieren kann, hat er im Urheberrecht, ebenso wie im gewerblichen Rechtsschutz und Wettbewerbsrecht, drei Möglichkeiten, seinen Schaden zu berechnen. Er kann seinen konkreten Schaden gem. §§ 249 ff. BGB berechnen, also in erster Linie Ersatz des **entgangenen Gewinns** (§ 252 BGB) verlangen, da eine Naturalrestitution regelmäßig nicht in Betracht kommt. Da es regelmäßig sehr schwierig ist, den hypothetischen Geschehensverlauf ohne die Verletzungshandlung darzulegen, stehen dem Geschädigten daneben zwei sog. objektive Schadensberechnungsarten zur Verfügung, nämlich die **Lizenzanalogie** und die **Herausgabe des Verletzergewinns** (*BGH* GRUR 1962, 509, 511 – Dia-Rähmchen II; GRUR 1993, 55, 57 – Tchibo/Rolex II). Während die Lizenzanalogie ihre dogmatische Grundlage im Bereicherungsrecht hat und daher, gestützt auf § 812 BGB, auch ohne Verschulden des Verletzers verlangt werden kann, wenn die übrigen bereicherungsrechtlichen Voraussetzungen vorliegen, wurzelt der Anspruch auf Herausgabe des Verletzergewinns in dem Recht der Geschäftsführung ohne Auftrag (*BGH* GRUR 1962, 509, 511 – Dia-Rähmchen II). Schon das Reichsgericht hat diese dreifache Art der Schadensberechnung anerkannt (*RGZ* 35, 63 – Ariston); der Anspruch auf Herausgabe des Verletzergewinns ist nunmehr in § 97 Abs. 1 S. 2 ausdrücklich geregelt (vgl dazu im Einzelnen unten Rn 30).

27 Der Verletzte hat die **Wahl**, nach welcher Methode er seinen Schaden berechnen will, allerdings handelt es sich nicht um eine Wahlschuld iSv § 262 BGB (*Schricker/Wild* § 97 Rn 58). Er muss es sich nicht mit der Klageschrift auf eine der Berechnungsmethoden festlegen, sondern kann alle drei Arten der Berechnung eventualiter geltend machen, oder auch von einer Berechnungsmethode zu einer anderen wechseln (*BGH* GRUR 1993, 757, 758 – Kollektion Holiday; GRUR 1962, 509, 511 – Dia-Rähmchen II). Eine Klageänderung liegt hierin nicht, weil es sich nicht um verschiedene Ansprüche handelt, sondern nur um verschiedene Wege, einen Anspruch zu berechnen (*BGH* GRUR 1993, 55, 57 – Tchibo/Rolex II). Deshalb ist der Verletzte erst dann auf eine Berechnungsweise festgelegt, wenn der Schuldner den danach berechneten Anspruch erfüllt, oder dieser rechtskräftig zuerkannt worden ist (*BGH* GRUR 2000, 226, 227 – Planungsmappe; GRUR 1993, 55, 57 – Tchibo/Rolex II). Erhebt der Verletzte Schadenersatzklage und stellt die drei Berechnungsarten zur Begr. seines Anspruchs nebeneinander, hat das Gericht zu prüfen, nach welcher Berechnungsart der Verletzte der Begründetheit seiner Klage am nächsten kommt (*BGH* GRUR 1993, 757, 759 – Kollektion Holliday; GRUR 1962, 509, 511 – Dia-Rähmchen II).

Die günstigste Berechnungsart ist allerdings ausschließlich anzuwenden; nicht zulässig ist es, Elemente verschiedener Berechnungsarten miteinander zu **verquicken** (*BGH* GRUR 1993, 757, 758 – Kollektion Holiday; GRUR 1993, 55, 57 – Tchibo/Rolex II; GRUR 1962, 509, 513 – Dia-Rähmchen II). Das gilt natürlich nur, soweit es um die Berechnung desselben – fiktiven – Schadens geht; der Ersatz eines **Marktverwirrungsschadens**, der aus einer Diskreditierung des geschützten Werks herrührt, kann zusätzlich verlangt werden (*BGH* GRUR 1973, 375, 378 – Miss Petite; *Möhring/Nicolini/Lütje* § 97 Rn 159). Erst recht gilt das für einen Marktverwirrungsschaden, der aus einer Irreführung der interessierten Verkehrskreise herrührt; ein solcher Schaden kann überhaupt nicht nach § 97 liquidiert werden, weil er außerhalb des Schutzzwecks des Urheberrechts liegt, uU aber aus Wettbewerbsrecht (*BGH* GRUR 2000, 226, 22 – Planungsmappe).

28 **aa) Entgangener Gewinn.** Der Verletzte kann seinen Schaden konkret berechnen nach Maßgabe der §§ 249 ff. BGB und insb. seinen entgangenen Gewinn (§ 252 BGB) ersetzt verlangen. Zu vergleichen ist die tatsächliche Vermögenslage mit der **hypothetischen Vermögenslage**, die ohne den Eintritt des schädigenden Ereignisses bestehen würde. Als entgangen gilt gem. § 252 S. 2 BGB der Gewinn, welcher nach dem gewöhnlichen Lauf der Dinge oder nach den bes. Umständen, insb. nach den getroffenen Anstalten und Vorkehrungen, mit **Wahrscheinlichkeit** erwartet werden konnte. An den Nachweis des entgangenen Gewinns dürfen keine zu strengen Anforderungen gestellt werden. § 252 BGB dient gemeinsam mit § 287 ZPO dazu, dem Geschädigten den Schadensnachweis zu erleichtern (*BGH* GRUR 1993, 757, 758 – Kollektion Holliday). Wenn der Verletzte auch der Notwendigkeit enthoben ist, den entgangenen Gewinn genau zu belegen, muss er doch eine tatsächliche Grundlage unterbreiten, die eine Schätzung des entgangenen Gewinns ermöglicht (*BGH* aaO; *BGHZ* 77, 16, 19 – Tolbutamid). Sind Unterlagen für die Schätzung nicht vorhanden und auch nicht mehr zu beschaffen, muss sich der Verletzte damit abfinden, dass sein möglicherweise bestehender Schadenersatzanspruch an der tatsächlichen Möglichkeit des – wenn auch nach § 287 ZPO erleichterten – Beweises scheitert (*BGH* GRUR 1962, 509, 513 – Dia-Rähmchen II).

bb) Lizenzanalogie. Gewohnheitsrechtlich anerkannt ist es, dass der Verletzte seinen Schaden im Wege der Lizenzanalogie berechnen kann. Bei dieser Berechnungsmethode geht es weniger um die Kompensation eines Vermögensnachteils beim Geschädigten als um die Herausgabe eines Vermögensvorteils seitens des Schädigers, den dieser dadurch erlangt hat, dass er die Verwertungshandlung ohne Eingehung einer Lizenzzahlungsverpflichtung begangen hat. Die Lizenzanalogie beruht auf dem Gedanken, dass der schuldhaft handelnde Verletzer nicht besser gestellt sein soll, als der redliche Lizenznehmer (*BGH* GRUR 1990, 353, 355 – Raubkopien; GRUR 1987, 37, 39 – Videolizenzvertrag; GRUR 1962, 509, 513 – Dia-Rähmchen II). Die Leistung von Schadenersatz im Wege der Lizenzanalogie führt jedoch nicht zum Abschluss eines Lizenzvertrages und damit auch nicht zur Einräumung eines Nutzungsrechts (*BGH* WRP 2002, 214 – Spiegel-CD-ROM). 29

Es wird eine **fiktive Lizenz** errechnet, deren Höhe sich rein objektiv danach bemisst, was ein vernünftiger Lizenzgeber gefordert und ein vernünftiger Lizenznehmer gewährt hätte (*BGH* GRUR 1990, 1008, 1009 – Lizenzanalogie; GRUR 1962, 509, 513 – Dia-Rähmchen II). Die Lizenzanalogie hat für den Geschädigten den Vorteil, dass er nicht darlegen muss, in welcher Höhe ihm ein Schaden tatsächlich entstanden ist. Das Gericht muss lediglich unter Anwendung des § 287 ZPO davon überzeugt sein, dass er überhaupt einen Schaden erlitten hat.

Um zu beurteilen, was vernünftige Vertragspartner vereinbart haben würden, kommt es wesentlich darauf an, den **objektiven, sachlich angemessenen Wert der Benutzungsberechtigung** zu ermitteln, den der Verletzer sich angemaßt hat (*BGH* GRUR 1962, 509, 513 – Dia-Rähmchen II). Es kommt nicht darauf an, ob der Berechtigte dem Verletzer oder einem anderen zu diesen Konditionen ein Nutzungsrecht eingeräumt hätte, oder ob der Berechtigte überhaupt eine Lizenz erteilt hätte. Erst recht nicht gehört wird der Verletzer mit dem Einwand, er hätte zu diesen Konditionen keinen Vertrag abgeschlossen. Nur dann, wenn ein Recht verletzt wird, das üblicherweise überhaupt nicht lizenziert wird, scheidet eine Lizenzanalogie aus (*BGHZ* 44, 372, 374 – Meßmer-Tee II; GRUR 1973, 375, 378 – Miss Petite).

Grds ist davon auszugehen, was vernünftige Vertragsparteien vereinbart hätten, wenn sie die im **Zeitpunkt der Entsch.** gegebene Sachlage gekannt hätten (*BGH* GRUR 1993, 55, 58 – Tchibo/Rolex II; GRUR 1990, 1008, 1009 – Lizenzanalogie; GRUR 1975, 323, 324 – Geflügelte Melodien). Auf eine nachträgliche Betrachtung kommt es allerdings nur an, soweit üblicherweise in der betr. Branche geschlossene Lizenzverträge dies zulassen. So verfängt der Einwand des Verletzers nicht, er habe von ihm raubkopierte Videokassetten nicht verbreiten können, weil sie beschlagnahmt worden seien, wenn auf die Herstellung beschränkte Lizenzen erfahrungsgemäß unüblich sind und daher ohnehin eine ungeteilte Lizenz für Vervielfältigung und Verbreitung hätte erworben werden müssen (*BGH* GRUR 1990, 353, 355 – Raubkopien). Ist die Vereinbarung einer Pauschallizenz anstelle einer Stücklizenz üblich, kann der Verletzer sich nicht darauf berufen, nur in einem eingeschränkten Umfang von dem verletzten Recht Gebrauch gemacht zu haben (*BGH* GRUR 1990, 1008,

1009 – Lizenzanalogie; vgl auch *BGH* GRUR 1993, 55, 58 – Tchibo/Rolex II: wird die Sachlage bei Schluss der mündlichen Verhandlung durch nach wie vor erheblich widersprüchliche Parteieinschätzungen geprägt, so erscheint es dem BGH sachgerecht, die widerstreitenden Interessen der Parteien mittels Kriterien zu beurteilen, die sich vernünftigen Vertragsparteien bei streitiger Sachlage als objektive Anhaltspunkte angeboten hätten; mit dieser Argumentation wurde es dem Verletzer verwehrt, sich darauf zu berufen, dass sich das Vertragsrisiko nach dem Zeitpunkt des Abschlusses des fiktiven Lizenzvertrages entgegen die auf diesen Zeitpunkt bezogene Prognose der Vertragsparteien zu seinem Nachteil entwickelt habe).

Einen wichtigen Anhaltspunkt für die Höhe der fiktiven Lizenz bilden die **Tarifwerke** der Verwertungsgesellschaften, soweit sie in der betr. Branche die übliche Vergütung darstellen (*BGH* GRUR 1966, 570, 572 – Eisrevue III). Ob das der Fall ist, richtet sich nach dem Grad der Durchsetzung des Tarifs. Die Akzeptanz von Verwertern, die zusammen über einen Marktanteil von 50 % verfügen, soll noch nicht ausreichen (*BGHZ* 97, 37, 45 – Filmmusik). Unabhängig von der Verkehrsgeltung ist ein Tarif für das Gericht bei der Bemessung der fiktiven Lizenz niemals bindend, sondern auf seine Angemessenheit zu überprüfen (*BGH* GRUR 1983, 565, 566 – Tarifüberprüfung II). Gibt es keinen unmittelbar einschlägigen Tarif, kann auf den zurückgegriffen werden, der für Verwertungshandlungen gilt, die der Rechtsverletzung am nächsten liegen (*BGH* GRUR 1976, 35, 36 – Bar-Filmmusik). Gibt es gar keinen passenden Tarif, muss das Gericht die angemessene Lizenz gem. § 287 ZPO unter Berücksichtigung aller Umstände des Einzelfalls schätzen.

Mit der Dogmatik des deutschen Schadensrechts grds nicht vereinbar ist es, bei der fiktiven Lizenz einen **Verletzerzuschlag** zu berücksichtigen. Auch die Lizenzanalogie dient dem Zweck, einen eingetretenen Schaden auszugleichen, soll die sie auslösende unerlaubte Handlung aber nicht sanktionieren. Eine Ausnahme macht die Rspr für Ansprüche, die von Verwertungsgesellschaften geltend gemacht werden, wenn diese einen umfangreichen und kostspieligen Überwachungsapparat unterhalten müssen, um den Urheberrechtsverletzungen nachgehen zu können. Hier wird ein hundertprozentiger Aufschlag berechnet. Der BGH hat dies bislang ausschließlich für die GEMA anerkannt (*BGHZ* 59, 286, 288 – Doppelte Tarifgebühr; 37, 49 – Filmmusik; *BGH* ZUM 1986, 199, 201 – GEMA-Vermutung III) und betont den Ausnahmecharakter dieser Rspr (*BGH* GRUR 1990, 353, 355 – Raubkopien; GRUR 1966, 570, 572 – Eisrevue III; **aA** *OLG Frankfurt* GRUR 1989, 203, 205 – Wüstenflug).

II. § 97 Abs. 1 S. 2 – Herausgabe des Verletzergewinns und Rechnungslegung; Auskunft

1. Herausgabe des Verletzergewinns

30 § 97 Abs. 1 S. 2 gibt dem Verletzten das Recht, „an Stelle des Schadenersatzes" die Herausgabe des Gewinns zu verlangen, den der Verletzer durch die Verletzung des Rechts erzielt hat. Ungeachtet dieser Formulierung ist es unstr., dass es sich auch bei der Herausgabe des Verletzergewinns um eine **Form des Schadenersatzes** handelt (*Fromm/Nordemann* § 97 Rn 41; *Schricker/Wild* § 97 Rn 67), wenngleich diese Berechnungsmethode den Verletzten von der Pflicht befreit, seinen eigenen Schaden

konkret zu berechnen. Bereits vor In-Kraft-Treten des Urheberrechtsgesetzes im Jahr 1965 war die Herausgabe des Verletzergewinns als eine Methode der Schadensberechnung anerkannt (*RGZ* 35, 63 – Ariston; *BGH* GRUR 1962, 509, 511 – Dia-Rähmchen II). Sie ähnelt dem Herausgabeanspruch aus angemaßter Geschäftsführung ohne Auftrag gem. §§ 687 Abs. 2, 684 BGB (*BGH* WRP 2002, 552, 557 – Unikatrahmen). Gegenüber der Lizenzanalogie hat diese Berechnungsmethode den Nachteil, dass der Verletzte zwar nicht seinen eigenen Schaden, dafür aber den Gewinn des Verletzers konkret darlegen muss.

Herauszugeben ist derjenige Gewinn, der **adäquat-kausal auf der Verletzungs-handlung beruht**. Hat ein Verkaufserfolg seine Ursache nur zT in der Rechtsverletzung, muss dieser **Teil** ermittelt und herausgegeben werden. Das Gericht kann den Anteil schätzen (§ 287 ZPO) und hat hier einen großen Spielraum (*BGH* GRUR 1993, 55, 59 – Tchibo/Rolex II; GRUR 1966, 570, 571 f. – Eisrevue III). Denn es darf nicht zu Lasten des Geschädigten gehen, wenn dieser Teil sich aus Gründen, die nicht in seinem Verantwortungsbereich, sondern in der Natur der Sache liegen, nicht verlässlich bestimmen lässt; zumindest muss das Gericht im Wege der Schätzung einen Mindestschaden ermitteln (*BGH* GRUR 1993, 55, 59 – Tchibo/Rolex II). Stellt das unbefugt genutzte Werk nicht das Original, sondern nur eine abhängige Bearbeitung dar, kann der Verletzte nur denjenigen Teil des Gewinns beanspruchen, der auf der unbefugten Benutzung des geschützten Gutes, also des Originals beruht (*BGH* GRUR 1959, 379 – Gasparone). Ist der Verletzte zur Vornahme der Rechtsverletzung, zB dem Vermieten von Videokassetten, selbst nicht befugt, sondern steht ihm lediglich ein Zustimmungsvorbehalt zu, kann er als Verletzergewinn nur denjenigen Teil beanspruchen, der gerade auf der Verletzung dieses Zustimmungsvorbehalts beruht (*BGH* GRUR 1987, 37, 39 – Videolizenzvertrag).

Nicht mehr in ursächlichem Zusammenhang zu der Rechtsverletzung steht der Gewinn, den der Verletzer dadurch erzielt hat, dass er den aus der Rechtsverletzung unmittelbar gezogenen Gewinn nicht an den Verletzten herausgegeben, sondern in seinem Betrieb gewinnbringend hat weiterarbeiten lassen (*BGH* GRUR 1962, 509, 512 – Dia-Rähmchen II).

Der Verletzergewinn errechnet sich aus dem Umsatz des Verletzers abzüglich der **variablen Kosten. Fixkosten**, dh solche Kosten, die von der jeweiligen Beschäftigung unabhängig sind, wie zB Mieten und zeitabhängige Abschreibungen, kann der Verletzer jedoch nicht absetzen, da andernfalls der aus der Rechtsverletzung stammende Gewinn nicht vollständig abgeschöpft würde; ihm würde vielmehr ein Deckungsbeitrag zu seinen Fixkosten verbleiben (*BGH* WRP 2001, 276, 278 f. – Gemeinkostenanteil; in Abkehr von *BGH* GRUR 1962, 509, 511 – Dia-Rähmchen II).

Ebenso wenig sind bei der Bemessung des Schadenersatzanspruchs Ersatzzahlungen, die der Verletzer deshalb an seine Abnehmer geleistet hat, weil diese am Weitervertrieb der rechtsverletzenden Gegenstände gehindert sind, abzuziehen (*BGH* WRP 2002, 552, 557 – Unikatrahmen). Denn bei der Bemessung des Schadenersatzes anhand des Verletzergewinns wird fingiert, dass der Rechtsinhaber ohne die Rechtsverletzung durch Verwertung seines Schutzrechts den gleichen Gewinn wie der Verletzer erzielt hätte und dieser Gewinn wäre nicht durch Schadenersatzzahlungen an die Abnehmer geschmälert worden (*BGH* aaO).

Es ist nicht zwingend erforderlich, dass der in Anspruch genommene Verletzer den Gewinn, dessen Herausgabe verlangt wird, erwirtschaftet hat. Haben mehrere Täter ein und denselben Schaden verursacht, haften sie gem. §§ 421 ff. BGB als Gesamtschuldner. Das gilt auch für die Herausgabe des Verletzergewinns (*Schricker/Wild* § 97 Rn 68 aE).

2. Rechnungslegung und Auskunft

31   § 97 regelt in Abs. 1 S. 2 ausdrücklich nur einen Rechnungslegungsanspruch über den Verletzergewinn. Es ist jedoch gewohnheitsrechtlich anerkannt, dass der Verletzte zur Vorbereitung seines bezifferten Schadenersatzanspruchs unabhängig von der gewählten Berechnungsmethode einen Auskunfts- und Rechnungslegungsanspruch hat (*BGH* GRUR 1980, 227, 232 – Monumenta Germanae Historica). Seine Grundlage findet dieser Anspruch in einer erweiternden Anwendung des § 259 BGB und in der Bestimmung des § 242 BGB. Er setzt voraus, dass der Verletzte sich über den Umfang der Verletzung und damit über Bestehen und Umfang seines Ersatzanspruchs im Unklaren ist, er sich die zur Vorbereitung und Durchführung seines Zahlungsanspruchs notwendigen Auskünfte nicht auf zumutbare Weise selbst beschaffen kann und der Verpflichtete sie unschwer, das heißt ohne unbillig belastet zu sein, zu geben vermag (*BGH* GRUR 1986, 62, 64 – GEMA-Vermutung I; GRUR 1980, 227, 232 – Monumenta Germanae Historica).

Voraussetzung für die Anwendbarkeit der §§ 259, 242 BGB ist allerdings das **Bestehen eines Schuldverhältnisses**, hier eines gesetzlichen Schuldverhältnisses. Dh, es muss davon ausgegangen werden können, dass ein Schadenersatzanspruch dem Grunde nach besteht. Dabei können die an die Feststellung des Anspruchsgrundes zu stellenden Anforderungen im Auskunftsverfahren geringer sein als im Betragsverfahren (*BGH* GRUR 1986, 66, 69 – GEMA-Vermutung II; GRUR 1977, 42, 43 – Schmalfilmrechte). Zugunsten der GEMA hat der BGH in einem Fall, in dem eine Vielzahl von Rechtsverletzungen im Raum standen, einen Anspruch auf „**Grundauskunft**" zuerkannt, um der GEMA die Prüfung zu ermöglichen, ob und in welchem Umfang es tatsächlich zu Rechtsverstößen gekommen ist (*BGH* GRUR 1986, 66, 69 – GEMA-Vermutung II).

Der Verletzte muss sich, wenn er den Auskunftsanspruch geltend macht, noch nicht entschieden haben, nach welcher der drei Schadensberechnungsarten er seinen Schaden berechnen will. Der Anspruch auf Auskunftserteilung und Rechnungslegung dient auch dazu, dem Verletzten die Entsch. zu ermöglichen, welche Berechnungsmethode die für ihn günstigste ist. Er erstreckt sich daher auf alle Angaben, die notwendig sind, um den Schaden nach jeder der drei Berechnungsarten zu errechnen (*BGH* GRUR 1980, 227, 232 – Monumenta Germanae Historica).

Der Umfang der zu erteilenden Auskunft muss gem. § 242 BGB **verhältnismäßig** sein. Es sind die Interessen beider Parteien unter Berücksichtigung der bes. Umstände des Einzelfalls gegeneinander abzuwägen (*BGH* GRUR 1980, 227, 232 – Monumenta Germanae Historica). Der Auskunftsanspruch muss einerseits weit genug gehen, um dem Verletzten eine hinreichend sichere Grundlage für die Berechnung seines Schadenersatzanspruchs zu bieten. Andererseits darf der Verletzer nicht in die Situation gebracht werden, über die notwendigen Informationen hinaus Betriebsinterna offenbaren zu müssen, die für den Verletzten jenseits des zu berechnenden

Schadens vor allem dann von Interesse sind, wenn die Parteien in einem Wettbewerbsverhältnis stehen. Daher ist es unverhältnismäßig, von dem Verletzer zur Vorbereitung eines Anspruchs auf Herausgabe des Verletzergewinns die Offenlegung sämtlicher Kostenfaktoren zu verlangen, wenn der Verletzergewinn ohnehin nur geschätzt werden kann, etwa weil die begangene Rechtsverletzung nur einen Teil des veräußerten Produkts betrifft (*BGH* GRUR 1973, 375, 378 – Miss Petite, eine Markenverletzung betr.).

Es sind auch Angaben zu machen, die notwendig sind, um die **Richtigkeit der Rechnungslegung nachzuprüfen**. Daher müssen grds Namen und Anschriften der Abnehmer genannt werden (*BGH* GRUR 1980, 227, 232 – Monumenta Germanae Historica), es sei denn, dies ist im Einzelfall unverhältismäßig (*BGH* GRUR 1973, 375, 377 – Miss Petite).

Die Interessenabwägung kann dazu führen, dass der Verletzer zwar Auskunft erteilen **32** muss, bspw über seine Abnehmer und Lieferanten, jedoch nicht gegenüber dem Verletzten, sondern gegenüber einem vom Verletzten zu bestimmenden, neutralen und zur Verschwiegenheit verpflichteten Dritten, zB einem öffentlich bestellten Wirtschaftsprüfer oder vereidigten Buchprüfer, sog. **Wirtschaftsprüfervorbehalt** (*BGH* GRUR 1980, 227, 233 – Monumenta Germanae Historica; GRUR 1963, 642 – Plastikkorb; GRUR 1962, 354 – Furniergitter). Die damit verbundenen Kosten sind vom Verletzer zu tragen. Klagt der Verletzte auf Auskunft an sich, hat das Gericht auch ohne entspr. Hilfsantrag darüber zu entscheiden, ob die Auskunft unter Wirtschaftsprüfervorbehalt zu titulieren ist; es handelt sich um ein von § 308 ZPO gedecktes Minus, nicht um ein Aliud (*BGH* GRUR 1981 535 – Wirtschaftsprüfervorbehalt; GRUR 1980, 227, 232 – Monumenta Germanae Historica). Allerdings hat der Verletzer die Darlegungs- und Beweislast dafür, dass ihm eine Auskunftserteilung nur unter Wirtschaftsprüfervorbehalt zugemutet werden kann (*BGH* GRUR 1981 535 – Wirtschaftsprüfervorbehalt).

Der Auskunftsanspruch iSv §§ 97 Abs. 1 S. 2, 259, 242 BGB ist bloßer Hilfsanspruch zur Vorbereitung der Geltendmachung des Schadenersatzanspruchs und hat daher nicht die Funktion, den Verletzten das Vorgehen gegen weitere Verletzer zu ermöglichen. Daher ist dieser unter bestimmten Voraussetzungen gegebene Anspruch auf **Drittauskunft** in § 101a zusätzlich geregelt.

Ist der Verletzte der Auffassung, die erteilte Auskunft sei inhaltlich falsch oder unvollständig, kann er die **Abgabe einer eidesstattlichen Versicherung** verlangen (§§ 259 Abs. 2, 260 Abs. 2 BGB). Er muss hierfür Umstände darlegen, welche Zweifel an der Richtigkeit und Vollständigkeit der erteilten Auskunft begründen. Nur bei **offenkundiger Unvollständigkeit** der erteilten Auskunft ist der Erfüllungsanspruch noch nicht erloschen mit der Folge, dass noch auf Auskunft geklagt bzw aus dem Auskunftstitel die Zwangsvollstreckung nach § 888 ZPO betrieben werden kann.

III. § 97 Abs. 2 – Entschädigungsanspruch

Der schuldhaft handelnde Verletzer ist dem Verletzten nicht nur gem. § 97 Abs. 1 **33** zum Ausgleich des materiellen Schadens verpflichtet, sondern gem. Abs. 2 auch zum Ersatz des immateriellen Schadens, wenn Urheberpersönlichkeitsrechte verletzt wurden. **Anspruchsberechtigt** können neben dem Urheber auch Leistungsschutzberechtigte sein, deren ideelle Interessen das Urheberrecht schützt, nämlich Verfasser wissenschaftlicher Ausgaben, Lichtbildner und ausübende Künstler. Die Aufzählung ist abschließend (*Möhring/Nicolini/Lütje* § 97 Rn 242). Inhaber anderer Leistungsschutzrechte und Lizenznehmer können sich nicht auf § 97 Abs. 2 berufen (*OLG Hamburg* UFITA 65, 284, 287).

Nur solche **Verletzungshandlungen** können Ansprüche aus § 97 Abs. 2 auslösen, die die vom Urheberrecht anerkannten Persönlichkeitsrechte der Anspruchsberechtigten verletzen. Das sind zunächst Verstöße gegen das Veröffentlichungs- und das Informationsrecht (§ 12), das Urheberbenennungsrecht (§ 13) und das Beeinträchtigungsverbot (§ 14), die gem. §§ 70, 72 auch dem Verfasser wissenschaftlicher Ausgaben und dem Lichtbildner zustehen, sowie Verstöße gegen das für ausübende Künstler geltende Beeinträchtigungsverbot (§ 75 nF). Darüber hinaus kommt eine Verletzung der §§ 25, 42 und 77 Abs. 1 nF als anspruchsbegründende Handlung in Betracht (*Fromm/Nordemann* § 97 Rn 45). Eine scharfe Zäsur des einheitlichen Urheberrechts in persönlichkeitsrechtliche und vermögensrechtliche Interessen ist allerdings nicht möglich. Daher kann auch die Verletzung von Verwertungsrechten ideelle Interessen verletzen und damit Ansprüche aus § 97 Abs. 2 auslösen (*Schricker/Wild* § 97 Rn 79; *Möhring/Nicolini/Lütje* § 97 Rn 41; *Traub* S. 401, 409).

34 Der Entschädigungsanspruch hat neben dem Schadenersatzanspruch die Funktion, dem Betroffenen über die Kompensation der Beeinträchtigung seiner Vermögensinteressen hinaus **Genugtuung** für die ihm zugefügte Verletzung seiner Persönlichkeit zu gewähren. Das Bedürfnis, dem Verletzten Genugtuung zu verschaffen, wird nicht durch Handlungen ausgelöst, die seine ideellen Interessen nur unmaßgeblich berühren; erforderlich ist ein **schwerwiegender Eingriff** (*BGH* GRUR 1971, 525, 526 – Petite Jacqueline).

Außerdem ist der Entschädigungsanspruch **subsidiär**; er greift nur, wenn sich die erlittene Beeinträchtigung nicht in anderer Weise befriedigend ausgleichen lässt, da der Entschädigungsanspruch seine Rechtfertigung in dem Gedanken findet, dass das Persönlichkeitsrecht gegenüber erheblichen Beeinträchtigungen andernfalls ohne rechtlichen Schutz bliebe (*BGH* GRUR 1970, 370, 373 – Nachtigall). Eine andere Ausgleichsmöglichkeit kann insb. die Beseitigung, ergänzt um einen Unterlassungstitel bieten (BGH aaO: Widerruf und Unterlassung einer das Allg. Persönlichkeitsrecht verletzenden Äußerung), allerdings nur dann, wenn die Beseitigung geeignet ist, die (begangene) Persönlichkeitsrechtsverletzung soweit abzumildern, dass es nicht mehr geboten erscheint, dem Verletzten noch Genugtuung in Gestalt eines Entschädigungsanspruchs zu verschaffen.

Der Entschädigungsanspruch setzt, ebenso wie der Unterlassungsanspruch, **schuldhaftes Verhalten** voraus. Für den Anspruchsgrund ist die Verschuldensform unerheblich; für die nach Billigkeitsgesichtspunkten zu erfolgende Bemessung der zu leistenden Entschädigung hingegen ist der Grad des Verschuldens bedeutsam (*BGH* GRUR 1972, 97 – Pariser Liebestropfen; *Fromm/Nordemann* § 97 Rn 51). Da die Geldentschädigung iSv § 97 Abs. 2, anderes als der Schadenersatz, nicht das Ziel der Naturalrestitution verfolgt, sondern nach Billigkeitsgesichtspunkten zu bemessen ist, kann auch der Gedanke der **Prävention** wertbestimmend sein. Die Entschädigungssumme muss so hoch sein, dass weitere Verletzungshandlungen unattraktiv sind (*BGHZ* 128, 1, 12 – Caroline von Monaco). Als weitere Bemessungsfaktoren sind zu berücksichtigen: die Motivation des Handelns (BGH aaO: Auflagensteigerung), das Ausmaß der Verbreitung (*BGH* GRUR 1972, 97 – Pariser Liebestropfen) und der künstlerische Rang des Verletzten (*OLG München* NJW-RR 1998, 556).

IV. § 97 Abs. 3 – Ansprüche aus anderen gesetzlichen Vorschriften

1. Wettbewerbsrecht

Besteht zwischen Verletzer und Verletztem ein **Wettbewerbsverhältnis**, stehen dem   **35** Verletzer gem. § 97 Abs. 3 neben Ansprüchen aus dieser Vorschrift Unterlassungs- und Schadenersatzansprüche aus UWG, insb. § 1 UWG zu. Voraussetzung ist, dass der Verletzer eine Wettbewerbswidrigkeit begangen hat. Die Schutzrechtsverletzung als solche stellt auch im Rahmen eines bestehenden Wettbewerbsverhältnisses keine Wettbewerbswidrigkeit dar (*BGH* GRUR 1992, 697, 699 – ALF; *BGHZ* 44, 295, 296 – Apfel-Madonna; 26, 52, 59 – Sherlock Holmes). Liegen jedoch bes. Begleitumstände vor, die das Handeln des Verletzers unlauter erscheinen lassen, indem beispielsweise die **Gefahr einer vermeidbaren Herkunftstäuschung** begründet wird, bestehen Ansprüche aus § 1 UWG (dazu im Einzelnen: HK-WettbR/*Kotthoff* § 1 UWG Rn 543 ff.). Dies hat praktisch nur geringe Bedeutung, wenn die Urheberrechtsschutzfähigkeit des verletzen Werkes außer Frage steht, da die Ansprüche aus § 1 UWG nicht weiter gehen als die aus § 97. Ist die Werksqualität jedoch zweifelhaft oder zu verneinen, beispielsweise im Falle eines Werbeslogans (vgl *BGH* NJW-RR 1997, 41 – Wärme fürs Leben), bietet § 1 UWG einen **erg. wettbewerbsrechtlichen Leistungsschutz**, wenn der Gegenstand der Nachahmung wenigstens **wettbewerbliche Eigenart**, dh Merkmale aufweist, die geeignet sind, für die angesprochenen Verkehrskreise auf die betriebliche Herkunft und auf die Besonderheiten des nachgeahmten Erzeugnisses hinzuweisen (HK-WettbR/*Kotthoff* § 1 UWG Rn 550 mwN).

2. Bereicherungsrecht

Neben Ansprüchen aus § 97 bestehen auch bereicherungsrechtliche Ansprüche un-   **36** eingeschränkt. In Betracht kommt hier insb. die **Eingriffskondiktion** gem. § 812 Abs. 1 S. 1 Var. 2 BGB. Wer ein fremdes Urheber- oder Leistungsschutzrecht verletzt, greift in die ausschließliche Benutzungsbefugnis des Berechtigten ein. **Erlangtes Etwas** ist der Gebrauch des immateriellen Schutzgegenstandes (*BGH* GRUR 1982, 301, 303 – Kunststoffhohlprofil II). Der Bereicherungsschuldner hat, da er das Erlangte seiner Natur nach nicht herausgeben kann, **Wertersatz** gem. § 818 Abs. 2 BGB zu leisten. Maßgeblich ist der objektive Verkehrswert des Erlangten, was bedeutet, dass der Bereicherungsschuldner eine **angemessene Lizenz** zu zahlen hat. Geschuldet wird nicht etwa gem. § 818 Abs. 1 BGB die Herausgabe des Verletzergewinns (*BGH* GRUR 1982, 301, 303 – Kunststoffhohlprofil II). Gegenüber dem Schadenersatzanspruch gem. § 97 hat der Bereicherungsanspruch den Vorteil, dass er **verschuldensunabhängig** gilt. Der gutgläubige Verletzer kann sich auch nicht auf **Entreicherung** gem. § 818 Abs. 3 BGB berufen, da der Gebrauch des fremden Schutzgegenstandes, also das Erlangte, in seinem Vermögen verbleibt (*Schricker/ Wild* § 97 Rn 87; *Fromm/Nordemann* § 97 Rn 56).

3. Geschäftsführung ohne Auftrag und unerlaubte Handlung

37 Neben § 97 kommen auch Ansprüche aus angemaßter Eigengeschäftsführung (§ 687 Abs. 2 BGB) in Betracht, die allerdings wissentliches Handeln voraussetzen. Diese Ansprüche waren bis zum In-Kraft-Treten der Schuldrechtsreform trotzdem interessant, da sie anders als der deliktische Anspruch aus § 97 nicht in drei Jahren verjährten (§ 102), sondern erst nach dreißig Jahren. § 102 gilt für Ansprüche wegen Urheberrechtsverletzungen, die nicht auf Urheberrecht gestützt werden, nicht (*BGH* GRUR 1971, 522 – Gasparone II). Nunmehr unterliegen auch Ansprüche aus § 687 BGB der dreijährigen Verjährungsfrist gem. § 195 BGB (*Palandt/Heinrichs* § 195 Rn 5).

Gegenüber § 823 Abs. 1 BGB ist § 97 lex specialis. Geht die Schutzrechtsverletzung mit Verstößen gegen andere gesetzliche Bestimmungen einher, kommen Ansprüche aus § 823 Abs. 2 BGB iVm dem Schutzgesetz in Betracht; außerdem ist § 826 BGB anwendbar.

§ 98 Anspruch auf Vernichtung oder Überlassung der Vervielfältigungsstücke

(1) Der Verletzte kann verlangen, daß alle rechtswidrig hergestellten, verbreiteten oder zur rechtswidrigen Verbreitung bestimmten Vervielfältigungsstücke, die im Besitz oder Eigentum des Verletzers stehen, vernichtet werden.

(2) Statt der in Absatz 1 vorgesehenen Maßnahmen kann der Verletzte verlangen, daß ihm die Vervielfältigungsstücke, die im Eigentum des Verletzers stehen, gegen eine angemessene Vergütung überlassen werden, welche die Herstellungskosten nicht übersteigen darf.

(3) Sind die Maßnahmen nach den Absätzen 1 und 2 gegenüber dem Verletzer oder Eigentümer im Einzelfall unverhältnismäßig und kann der durch die Rechtsverletzung verursachte Zustand der Vervielfältigungsstücke auf andere Weise beseitigt werden, so hat der Verletzte nur Anspruch auf die hierfür erforderlichen Maßnahmen.

Literatur: *Asendorf* Gesetz zur Stärkung des Schutzes geistigen Eigentums und zur Bekämpfung der Produktpiraterie, NJW 1990,1283; *Rehbinder* Die rechtlichen Sanktionen bei Urheberrechtsverletzungen nach ihrer Neuordnung durch das Produktpirateriegesetz, ZUM 1990, 462; *Retzer* Einige Überlegungen zum Vernichtungsanspruch bei der Nachahmung von Waren und Leistungen, FS Piper, 1996, S. 421.

Meckel

I. Rechtliche Einordnung

Der Vernichtungsanspruch des § 98 dient der Beendigung eines fortdauernden Stö- **1** rungszustands und stellt daher eine **Konkretisierung des allg. Beseitigungsanspruchs** gem. § 97 Abs. 1 S. 1 dar (*Möhring/Nicolini/Lütje* § 98 Rn 4; *Schricker/ Wild* §§ 98/99 Rn 3). Dementsprechend setzt er kein schuldhaftes Handeln des Verletzers voraus.

Verletzer ist, wer aktivlegitimiert iSv § 97 ist. Die Ansprüche aus § 98 richten sich nicht gegen jeden, der Eigentümer oder Besitzer eines rechtsverletzenden Vervielfältigungstücks ist, wie sich auch aus der abweichenden Formulierung von § 69f Abs. 1 ergibt (*Rehbinder* Rn 462). Allerdings ist der Eigentümer des Vervielfältigungstücks verpflichtet, die Vernichtung zu dulden, wenn es sich im Besitz eines Passivlegitimierten befindet (*Möhring/Nicolini/Lütje* § 98 Rn 19). Als **Verletzter** anspruchsberechtigt ist, wer aktivlegitimiert iSv § 97 ist (vgl dazu § 97 Rn 6).

Vernichtungs- und Überlassungsansprüche stehen dem Verletzten nur zu, wenn dies im Einzelfall **verhältnismäßig** ist, wie sich aus § 98 Abs. 3 ergibt.

II. Rechtswidrig hergestellte, verbreitete oder zur rechtswidrigen Verbreitung bestimmte Vervielfältigungsstücke

Gegenstand der Ansprüche aus § 98 sind **Vervielfältigungstücke**; damit ist jedes **2** Exemplar des Werkes in verkörperter Form anzusehen, gleich auf welchem Trägermaterial. Auf Werkoriginale findet § 98 keine Anwendung; das gilt auch für rechtsverletzende Originale, also Bearbeitungen iSv § 3 (*Schricker/Wild* §§ 98/99 Rn 4).

Rechtswidrig hergestellt ist ein Vervielfältigungsstück, wenn der Hersteller sich weder auf eine vertraglich eingeräumte Befugnis (§ 31) noch auf eine der urheberrechtlichen Schrankenbestimmungen (§§ 45 bis 60) berufen kann (s. dazu im Einzelnen § 96 Rn 5 ff.).

Wann ein Vervielfältigungsstück **verbreitet** wird, ergibt sich aus § 17. Auch die Verbreitung rechtmäßig hergestellter Vervielfältigungstücke kann rechtswidrig sein, zB wenn der Lizenzvertrag eine bestimmte Art der Verbreitung erlaubt, jedoch eine andere gewählt wird, oder wenn die Nutzungsberechtigung zwischen Herstellung und Verbreitung endet.

Ansprüche aus § 98 werden bereits durch Vervielfältigungsstücke ausgelöst, die zur rechtswidrigen Verbreitung bestimmt sind. Damit wird der Beseitigungsanspruch, ebenso wie der vorbeugende Unterlassungsanspruch, auf das Vorfeld der Rechtsverletzung erstreckt (*Schricker/Wild* §§ 98/99 Rn 4). Der Begriff des **Bestimmens** ist subjektiv zu verstehen. Der Verletzte muss die Absicht des Verletzers darlegen, eine rechtswidrige Verbreitungshandlung vornehmen zu wollen. Dies kann in den meisten Fällen nur geschehen, indem Indizien dargelegt werden, die den Schluss auf eine entspr. Absicht zulassen.

III. Vernichtungsanspruch, Abs. 1

Gem. Abs. 1 hat der Verletzte einen Anspruch auf Vernichtung der rechtsverletzen- **3** den Vervielfältigungsstücke. Vernichtung bedeutet **Veränderung der Substanz,** bspw durch Einstampfen oder Verbrennen (*Fromm/Nordemann* §§ 98/99 Rn 3). Die Vernichtung kann auch in der Form verlangt werden, dass rechtswidrig hergestellte Vervielfältigungsstücke an einen zur Vernichtung bereiten **Gerichtsvollzieher** herauszugeben sind (*BGH* NJW 2003, 668 – P-Vermerk). Der Verletzte ist zwar auch berechtigt, die Vernichtung selbst vorzunehmen (*Möhring/Nicolini/Lütje* § 98 Rn 21), die Vernichtung durch den Gerichtsvollzieher hat für den Verletzten jedoch den Vorteil, dass die dabei entstehenden und von dem Verletzer zu tragenden Kosten eindeutig belegbar sind.

IV. Überlassungsanspruch, Abs. 2

4 An Stelle der Vernichtung kann der Verletzte die Überlassung der Vervielfältigungsstücke verlangen. Er hat hierfür eine angemessene Vergütung zu bezahlen, welche die Herstellungskosten jedoch nicht übersteigen darf. Der Überlassungsanspruch steht dem Verletzten nur zu, wenn die Vervielfältigungsstücke im Eigentum des Verletzers stehen. Überlassen bedeutet, dass **Eigentum und Besitz an den Vervielfältigungsstücken zu übertragen** sind (*Schricker/Wild* §§ 98/99 Rn 10). Allerdings darf der Verletzte die ihm überlassenen Vervielfältigungsstücke nur unter Beachtung etwa bestehender Rechte Dritter, uU auch des Verletzers, nutzen. In Betracht kommen den insb. Miturheberrechte und Bearbeiterurheberrechte (*Möhring/Nicolini/Lütje* § 98 Rn 27).

Der Verletzte kann wählen, ob er die Vernichtung gem. Abs. 1, oder die Überlassung gem. Abs. 2 wünscht. Beide Ansprüche stehen gleichrangig nebeneinander.

Für die Überlassung der Vervielfältigungsstücke muss der Verletzte eine angemessene Vergütung zahlen; diese ist nach objektiven Kriterien zu ermitteln.

V. Anspruch auf die erforderlichen Maßnahmen, Abs. 3

5 Nur dann, wenn kumulativ zwei Voraussetzungen erfüllt sind, weicht der Vernichtungs- bzw Überlassungsanspruch den in Abs. 3 geregelten erforderlichen Maßnahmen: Die Vernichtung bzw Überlassung muss im Einzelfall unverhältnismäßig sein und es muss die Möglichkeit bestehen, den durch die Rechtsverletzung verursachten Zustand der Vervielfältigungsstücke auf andere Weise zu beseitigen.

Ob die Ansprüche der Abs. 1 und 2 den Verletzer unverhältnismäßig belasten, ist unter Berücksichtigung aller Umstände des Einzelfalles zu würdigen. Keine oder eine geringe Schuld des Verletzers, ein nur marginaler Eingriff in das fremde Recht und ein im Verhältnis zu dem Schaden des Verletzten sehr großer Schaden beim Verletzer im Falle der Vernichtung können die Unverhältnismäßigkeit begründen (*BGHZ* 135, 183, 188 – Vernichtungsanspruch).

Als **milderes Mittel** kommt zB das Schwärzen der beanstandeten Stellen in einem Buch in Betracht, oder die Kennzeichnung von Änderungen „als nicht vom Berechtigten herrührend" (*Fromm/Nordemann* §§ 98/99 Rn 5).

VI. Prozessuales

6 Zur Sicherung der Ansprüche aus § 98 kann im **Eilverfahren** die Herausgabe an den Gerichtsvollzieher zum Zwecke der Verwahrung bis zum rechtskräftigen Abschluss des Hauptsacheverfahrens beantragt werden. Erg. kann ein Verbot im Wege der einstweiligen Verfügung ausgesprochen werden, die unrechtmäßigen Vervielfältigungsstücke an den Lieferanten zurückzugeben (*OLG Frankfurt* GRUR-RR 2003, 96).

Streitig ist, ob der Verletzte das ihm zustehende **Wahlrecht** zwischen Überlassung und Vernichtung mit Klageerhebung ausüben muss (so *Fromm/Nordemann* §§ 98/99 Rn 2), oder ob das Wahlrecht bis zur Erfüllung bestehen bleibt, mit der Folge, dass der Verletzte auch die wahlweise Verurteilung des Verletzers beantragen kann (dafür *Schricker/Wild* §§ 98, 99 Rn 14; *Möhring/Nicolini/Lütje* § 98 Rn 24, der folgenden Antrag vorschlägt: „Der Beklagte wird verurteilt, dem Kläger die – genau zu bezeichnenden – Vervielfältigungsstücke Zug um Zug gegen Bezahlung von x DM herauszugeben und zu übereignen oder nach Wahl des Klägers einem vom Kläger zu beauftragenden Gerichtsvollzieher zum Zwecke der auf Kosten des Beklagten vorzunehmenden Vernichtung herauszugeben.“). Unstr. ist aber, dass der Verletzte jedenfalls dann, wenn er mit Klageerhebung sein Wahlrecht ausübt, an diese Wahl gebunden bleibt.

Entscheidet sich der Verletzte für die Überlassung, muss er hinsichtlich der im Gegenzug zu leistenden Vergütung einen bestimmten, dh bezifferten Klageantrag stellen. Hierfür gilt die **Beweiserleichterung** des § 287 Abs. 2 ZPO. Der Verletzte hat die Möglichkeit, **Stufenklage** zu erheben und von dem Verletzer zunächst Auskunft und Rechnungslegung zu verlangen, um Anhaltspunkte für eine gem. Abs. 2 angemessene Vergütung zu gewinnen (*Möhring/Nicolini/Lütje* § 98 Rn 30).

§ 99 Anspruch auf Vernichtung oder Überlassung der Vorrichtungen

Die Bestimmungen des § 98 sind entsprechend auf die im Eigentum des Verletzers stehenden, ausschließlich oder nahezu ausschließlich zur rechtswidrigen Herstellung von Vervielfältigungsstücken benutzten oder bestimmten Vorrichtungen anzuwenden.

Literatur: *Asendorf* Gesetz zur Stärkung des Schutzes geistigen Eigentums und zur Bekämpfung der Produktpiraterie, NJW 1990, 1283; *Braun* Bedeuten Herstellung und Vertrieb von Doppel-Videorecordern eine Urheberrechtsverletzung?, ZUM 1990, 487; *Waldenberger* Zur zivilrechtlichen Verantwortlichkeit für Urheberrechtsverletzungen im Internet, ZUM 1997, 176.

I. Rechtliche Einordnung

§ 99 ergänzt § 98, indem er die dort geregelten Beseitigungsansprüche (Vernichtung, **1** Überlassung, sonstige Maßnahmen) auf Vorrichtungen erstreckt, die zur rechtswidrigen Herstellung von Vervielfältigungsstücken benutzt werden oder bestimmt sind. Die Vorschrift hat präventiven Charakter; sie erstreckt den Beseitigungsanspruch auf einen Störungszustand im Vorfeld der eigentlichen Rechtsverletzung.

II. Vorrichtungen, die ausschließlich oder nahezu ausschließlich zur rechtswidrigen Herstellung von Vervielfältigungsstücken benutzt werden oder bestimmt sind

2   Vorrichtungen iSv § 99 sind solche, die zur Herstellung von Vervielfältigungstücken geeignet sind. Hierunter fallen beispielsweise Lithos und Druckstöcke (*KG* NJW 2002, 621), Negative, Kopiergeräte, Videorekorder, Festplatten und CD-Brenner. Ob diese Vorrichtungen der Beseitigung unterliegen, hängt davon ab, ob sie ausschließlich oder nahezu ausschließlich zur rechtswidrigen Herstellung von Vervielfältigungsstücken benutzt werden oder bestimmt sind. Rechtswidrig muss also bereits die in Herstellung der Vervielfältigungsstücke sein, nicht etwa nur die Verbreitung. Nicht ganz klar ist, wann eine **„nahezu ausschließliche"** Nutzung zur rechtswidrigen Herstellung vorliegt. *Fromm/Nordemann* (§§ 98/99 Rn 7) schlagen vor, von einer Quote auszugehen, die 75 % übersteigt. Dem Verletzten Anspruchssteller wird es regelmäßig sehr schwer fallen, dies darzulegen und zu beweisen, weshalb eine Verlagerung der Darlegungslast auf den Verletzer dahingehend erwägenswert ist, zu der in seiner Sphäre liegenden Tatsache des Benutzungsschwerpunktes vorzutragen (*Fromm/ Nordemann* §§ 98/99 Rn 7).

Wann eine Vorrichtung zur rechtswidrigen Herstellung von Vervielfältigungsstücken **bestimmt** ist, richtet sich nach der subjektiven Willensrichtung des Verletzers. Diese Bestimmung kann eine Vorrichtung jederzeit erfahren; sie muss nicht bereits zur Zeit ihrer Herstellung festgelegt werden *(Möhring/Nicolini/Lütje* § 99 Rn 3).

III. Im Eigentum des Verletzers stehend

3   Um die Ansprüche aus § 99 durchsetzen zu können, muss der Verletzte darlegen und beweisen, dass sich die betr. Vorrichtungen im Eigentum des Verletzers befinden (*KG* NJW 2002, 621).

§ 100   Haftung des Inhabers eines Unternehmens

Ist in einem Unternehmen von einem Arbeitnehmer oder Beauftragten ein nach diesem Gesetz geschütztes Recht widerrechtlich verletzt worden, so hat der Verletzte die Ansprüche aus den §§ 97 bis 99 mit Ausnahme des Anspruchs auf Schadenersatz auch gegen den Inhaber des Unternehmens. Weitergehende Ansprüche nach anderen gesetzlichen Vorschriften bleiben unberührt.

Literatur. *Götting* Die persönliche Haftung des GmbH-Geschäftsführers für Schutzrechtsverletzungen und Wettbewerbsverstöße, GRUR 1994, 6.

Übersicht

I. Zuwiderhandlung in einem Unternehmen

Werden Urheberrechte oder andere, nach dem Urheberrechtsgesetz geschützte Rech- **1**
te widerrechtlich in einem Unternehmen verletzt, so haftet der Inhaber dieses Unternehmens dafür nach Maßgabe des § 100. Die Vorschrift verschärft seine Haftung für
Dritte gegenüber den bürgerlich-rechtlichen Vorschriften der §§ 278, 831 BGB, weil
ihm die Möglichkeit eines Entlastungsbeweises auch außerhalb eines bestehenden
Schuldverhältnisses verschlossen bleibt. Allerdings gilt § 100 nur für Unterlassungs-
und Beseitigungsansprüche, nicht auch für Schadenersatzansprüche. Die Vorschrift
ist § 13 Abs. 4 UWG nachgebildet. Sie ist, ebenso wie § 13 Abs. 4 UWG, verfassungskonform (*BVerfG* NJW 1996, 2567).

In einem Unternehmen wird eine Zuwiderhandlung begangen, wenn sie dem Unternehmensinhaber zugute kommt (*Baumbach/Hefermehl* § 13 UWG Rn 63; *BGH*
NJW 1995, 2355, 2356 – Franchise-Nehmer). Der Begriff ist nicht räumlich, sondern
funktional zu verstehen. Der Unternehmensinhaber haftet auch dann, wenn er von
der durch seine Arbeitnehmer oder Beauftragten begangenen Zuwiderhandlung
nichts wusste (*OLG München* GRUR 1989, 624, 625).

II. Arbeitnehmer und Beauftragte

Der Begriff der Arbeitnehmer und Beauftragten ist mit Rücksicht auf den Schutz- **2**
zweck des § 100, ebenso wie der der Angestellten und Beauftragten iSv § 13 Abs. 4
UWG, weit auszulegen (*Möhring/Nicolini/Lütje* § 100 Rn 6). Arbeitnehmer ist, wer
aufgrund eines Beschäftigungsverhältnisses verpflichtet ist, in dem Unternehmen
Dienstleistungen zu erbringen (*BGH* NJW 1992, 1310, 1312 – Seminarkopien). Beauftragter ist jeder, der, ohne Arbeitnehmer zu sein, mit dem Willen des Unternehmensinhabers in dessen Betriebsorganisation eingegliedert ist und dessen Arbeitsergebnis auch dem Betriebsorganismus zugute kommt (*BGH* NJW 1995, 2355, 2356 –
Franchise-Nehmer; *OLG Bremen* GRUR 1985, 356 – Asterix-Plagiate, zur Haftung
einer politischen Partei für ihre Wahlhelfer).

III. Haftung des Unternehmensinhabers

Inhaber des Unternehmens ist derjenige, in dessen Namen das Unternehmen seine **3**
Geschäfte führt. Das ist im Falle einer Einzelfirma der Kaufmann, im Falle einer
rechtsfähigen Gesellschaft die Gesellschaft als solche, daneben im Falle einer Personengesellschaft auch der persönlich haftende Gesellschafter. Für Kapitalgesellschaften haften nicht auch ihre Gesellschafter oder Organe als Inhaber (*BGH* GRUR 1964,
88, 89 – Verona-Gerät). Der Unternehmensinhaber haftet nach Maßgabe der §§ 97
bis 99 auf Unterlassung und Beseitigung (einschließlich Vernichtung und Überlassung), nicht jedoch auf Schadenersatz, auch nicht auf Entschädigung gem. § 97
Abs. 2, da § 100 nur die verschuldensunabhängige Haftung erfasst.

IV. § 100 S. 2 – Weitergehende Ansprüche

Weitergehende Ansprüche bleiben gem. § 100 S. 2 unberührt. Zu denken ist hier zu- **4**
nächst an die deliktischen Ansprüche der §§ 97, 823 BGB für Zuwiderhandlungen
von Arbeitnehmern und Beauftragten, für die der Unternehmensinhaber als Mittäter
oder Teilnehmer verantwortlich ist (*Fromm/Nordemann* § 103 Rn 10). Unberührt

bleibt auch die Haftung für Erfüllungs- und Verrichtungsgehilfen gem. §§ 278, 831 BGB und die Organhaftung der juristischen Personen gem. § 31 BGB. Schließlich bleibt auch die Amtshaftung des Staates für Urheberrechtsverletzungen gem. § 839 BGB iVm Art. 34 GG unberührt (*BGH* NJW 1992, 1310 – Seminarkopien).

§ 101   Ausnahmen

(1) Richten sich im Falle der Verletzung eines nach diesem Gesetz geschützten Rechts die Ansprüche des Verletzten auf Beseitigung oder Unterlassung (§ 97), auf Vernichtung oder Überlassung der Vervielfältigungsstücke (§ 98) oder der Vorrichtungen (§ 99) gegen eine Person, der weder Vorsatz noch Fahrlässigkeit zur Last fällt, so kann diese zur Abwendung der Ansprüche den Verletzten in Geld entschädigen, wenn ihr durch die Erfüllung der Ansprüche ein unverhältnismäßig großer Schaden entstehen würde und dem Verletzten die Abfindung in Geld zuzumuten ist. Als Entschädigung ist der Betrag zu zahlen, der im Falle einer vertraglichen Einräumung des Rechts als Vergütung angemessen gewesen wäre. Mit der Zahlung der Entschädigung gilt die Einwilligung des Verletzten zur Verwertung im üblichen Umfange als erteilt.

(2) Den in den §§ 98 und 99 vorgesehenen Maßnahmen unterliegen nicht:
1. Bauwerke;
2. ausscheidbare Teile von Vervielfältigungsstücken und Vorrichtungen, deren Herstellung oder Verbreitung nicht rechtswidrig ist.

Übersicht

I. Allgemeines

1   Die Ausnahmevorschrift des § 101 enthält eine spezialgesetzliche Ausprägung des im § 251 Abs. 2 BGB enthaltenen Rechtsgedankens und geht dieser Vorschrift als lex specialis vor (*Möhring/Nicolini/Lütje* § 101 Rn 3).

Er mildert die strenge, verschuldensunabhängige Haftung auf Beseitigung und Unterlassung (§ 97) sowie auf Vernichtung und Überlassung (§§ 98 und 99), indem er dem Verletzer unter bestimmten Voraussetzungen die Möglichkeit einräumt, diese Ansprüche ersatzweise durch Zahlung einer Geldentschädigung zu befriedigen. Bei der **eng auszulegenden Ausnahmevorschrift** des § 101 handelt es sich um ein Gegenrecht, deren Voraussetzungen von dem Verletzer darzulegen und gegebenenfalls zu beweisen sind.

§ 101 ist eine Ausprägung des Verhältnismäßigkeitsgrundsatzes; im Unterschied zu § 98 Abs. 3 führt die Anwendung dieser Vorschrift dazu, dass die Vervielfältigungsstücke oder Vorrichtungen unbeeinträchtigt beim Verletzer verbleiben.

II. Voraussetzungen der Abwendungsbefugnis, Abs. 1 S. 1

1. Schuldlos handelnder Verletzer

Voraussetzung für die Anwendbarkeit der Abwendungsbefugnis ist zunächst, dass   2
dem Verletzer weder Vorsatz noch Fahrlässigkeit zur Last fällt. Zu berücksichtigen ist hier nicht nur eigenes Verschulden (auch Auswahl- und Überwachungsverschulden gem. § 831 BGB), sondern auch **fremdes Verschulden**, das gem. §§ 31, 278 BGB zurechenbar ist. Die Haftung des Unternehmensinhabers nach Maßgabe des § 101 führt nicht dazu, dass ihm ein etwaiges Verschulden seiner Arbeitnehmer und Beauftragten zuzurechnen wäre, mit der Folge, dass ihm die Abwendungsbefugnis des § 101 nicht zustehen könnte (BT-Drucks. IV/270, 105).

2. Unverhältnismäßig großer Schaden beim Verletzer

Die Abwendungsbefugnis setzt weiter voraus, dass dem Verletzten durch die Erfül-   3
lung der in §§ 97 bis 99 vorgesehenen Ansprüche auf Unterlassung, Beseitigung, Vernichtung und Überlassung ein unverhältnismäßig großer Schaden entstehen würde. Ins Verhältnis zu setzen ist der potenzielle Schaden zur Intensität der Rechtsverletzung. Ein Anhaltspunkt ist insb. die Höhe der Lizenzgebühren, die für die Nutzung des Rechts zu zahlen gewesen wäre. Das Missverhältnis muss **gravierend** sein, um es dem Verletzten ausnahmsweise zuzumuten, auf Unterlassung und insb. auf die Beseitigung des Störungszustandes (einschließlich Vernichtung oder Überlassung) zu verzichten. Ein unverhältnismäßig großer Schaden kann insb. dann entstehen, wenn die Rechtsverletzung nur einen sehr kleinen Teil eines Werkes betrifft, jedoch nicht eliminiert werden kann, ohne das gesamte Werk zu zerstören (zB im Falle der unberechtigten Verwendung einiger Takte eines Musikstückes in einem Filmwerk, BT-Drucks. IV/270, 105).

3. Zumutbarkeit für Verletzten

Ein unverhältnismäßig großer Schaden, der dem Verletzer durch die Erfüllung der   4
Ansprüche entstehen würde, genügt alleine nicht, um die Abwendungsbefugnis des § 101 auszulösen. Es muss hinzukommen, dass dem Verletzten eine Entschädigung in Geld zumutbar ist. Auch hier hat eine **Interessenabwägung** stattzufinden (*BGH* GRUR 1976, 317, 321 – Unsterbliche Stimmen). Der Aufwand, den es kosten würde, um den geltend gemachten Anspruch zu erfüllen, ist zu vergleichen mit dem Vorteil, den die Erfüllung dem Verletzten bringt sowie dem Nachteil der Nichterfüllung.

Das Interesse des Verletzten an der Beseitigung des Störungszustandes wiegt weniger schwer, wenn die Einräumung einer der Rechtsverletzung entspr. Nutzungsberechtigung gegen Entgelt üblich ist. Verletzungen des Urheberpersönlichkeitsrechts sind dem Entschädigungsanspruch des § 101 weniger zugänglich, als Verletzungen der Verwertungsbefugnisse. Zu berücksichtigen bei der Interessenabwägung sind neben der Art der Nutzung auch ihre Dauer und Intensität.

III. Entschädigungshöhe, Abs. 1 S. 2

5   Die Höhe der zu leistenden Entschädigung bemisst sich nach der angemessenen Vergütung im Falle einer vertraglichen Einräumung des verletzten Rechts. Es ist also die **angemessene Lizenz** zu ermitteln. Da die Zahlung der Entschädigung (im Gegensatz zum Schadenersatz nach Maßgabe der Lizenzanalogie) gem. § 101 Abs. 1 S. 3 dazu führt, dass die Einwilligung des Verletzten zur Verwertung im üblichen Umfang fingiert wird, ist dieser Verwertungsumfang bereits bei der Höhe der zu zahlenden Entschädigung zu berücksichtigen.

IV. Rechtsfolge der Zahlung, Abs. 1 S. 3

6   Zahlt der Verletzer die Entschädigungssumme, erlischt damit zugleich der Anspruch, auf den sich die Abwendungsbefugnis bezieht. Daneben fingiert das Gesetz die Einwilligung des Verletzten, das verletzte Recht, für das die Entschädigung gezahlt wurde, im üblichen Umfang zu verwerten. Diese Wirkung tritt erst mit der Zahlung ein, erstreckt sich dann aber auf die **Vergangenheit** bis zum Zeitpunkt der Rechtsverletzung. Sie eröffnet dem Verletzer insb. die Möglichkeit der Weiterverwertung, bspw des Verkaufs der rechtswidrig hergestellten Vervielfältigungsstücke. Welcher Umfang üblich ist, bestimmt sich nach dem Gesetz; es gilt die Zweckübertragungstheorie (*Schricker/Wild* § 101 Rn 8).

V. Überhaupt nicht von §§ 98 und 99 erfasste Objekte, Abs. 2

7   Im Unterschied zu Abs. 1 regelt Abs. 2 keine Erfüllungsmodifikation, sondern zählt Objekte auf, die den Beseitigungsansprüchen der §§ 98 und 99 von vornherein entzogen sind. Hierbei handelt es sich zunächst um **Bauwerke**, das sind die in § 2 Abs. 1 Nr. 4 erfassten Werke der Baukunst, nicht jedoch die zu ihrer Anfertigung benutzten Pläne und Modelle (*Fromm/Nordemann* § 101 Rn 7). Außerdem sind solche **ausscheidbaren Teile** von Vervielfältigungsstücken und Vorrichtungen den Ansprüchen aus §§ 98 und 99 entzogen, deren Herstellung oder Verbreitung nicht rechtswidrig ist. Für die Ausscheidbarkeit eines Teils kommt es nicht darauf an, ob die Abtrennnung wirtschaftlich sinnvoll und der betr. Teil selbständig wirtschaftlich verwertbar ist (*Möhring/Nicolini/Lütje* § 101 Rn 24).

§ 101a   Anspruch auf Auskunft hinsichtlich Dritter

(1) Wer im geschäftlichen Verkehr durch die Herstellung oder Verbreitung von Vervielfältigungsstücken das Urheberrecht oder ein anderes nach diesem Gesetz geschütztes Recht verletzt, kann vom Verletzten auf unverzügliche Auskunft über die Herkunft und den Vertriebsweg dieser Vervielfältigungsstücke in Anspruch genommen werden, es sei denn, daß dies im Einzelfall unverhältnismäßig ist.

(2) Der nach Absatz 1 zur Auskunft Verpflichtete hat Angaben zu machen über Namen und Anschrift des Herstellers, des Lieferanten und anderer Vorbesitzer der Vervielfältigungsstücke, des gewerblichen Abnehmers oder Auftrag-

gebers sowie über die Menge der hergestellten, ausgelieferten, erhaltenen oder bestellten Vervielfältigungsstücke.

(3) In Fällen offensichtlicher Rechtsverletzung kann die Verpflichtung zur Erteilung der Auskunft im Wege der einstweiligen Verfügung nach den Vorschriften der Zivilprozeßordnung angeordnet werden.

(4) Die Auskunft darf in einem Strafverfahren oder in einem Verfahren nach dem Gesetz über Ordnungswidrigkeiten wegen einer vor der Erteilung der Auskunft begangenen Tat gegen den zur Auskunft Verpflichteten oder gegen einen in § 52 Abs. 1 der Strafprozeßordnung bezeichneten Angehörigen nur mit Zustimmung des zur Auskunft Verpflichteten verwertet werden.

(5) Weitergehende Ansprüche auf Auskunft bleiben unberührt.

Literatur: *Asendorf* Auskunftsansprüche nach dem Produktpirateriegesetz und ihre analoge Anwendung auf Wettbewerbsverstöße, FS Traub, 1994, S. 21; *Braun* Schutzlücken-Piraterie nach dem Urheberrechtsänderungsgesetz vom 23. Juni 1995, GRUR Int 1996, 790; *Crone/Olenhusen* Der Anspruch auf Auskunft gegenüber Internet-Providern bei Rechtsverletzungen nach Urheber- bzw Wettbewerbsrecht, WRP 2002, 464; *Eichmann* Die Durchsetzung des Anspruchs auf Drittauskunft, GRUR 1990, 575; *Foerstl/Weichs* Der allgemeine Auskunftsanspruch im Urheberrechtsprozess, ZUM 2000, 897; *Rehbinder* Die rechtlichen Sanktionen bei Urheberrechtsverletzungen nach ihrer Neuordnung durch das Produktpirateriegesetz, ZUM 1990, 462.

I. Allgemeines

§ 101a ist durch das Produktpirateriegesetz v. 7.3.1990 in das Gesetz aufgenommen worden. Im Unterschied zu § 97 UrhG und § 242 BGB gewährt § 101a einen selbständigen Auskunftsanspruch, der nicht als Hilfsanspruch zur Vorbereitung weitergehender Ansprüche dient. Die Vorschrift trägt dem Bedürfnis des Verletzten Rechnung, den Vertriebsweg eines rechtsverletzenden Vervielfältigungsstückes vom ertappten Verletzer zurück an die Quelle zu verfolgen, wo sich oft die gefährlicheren Verletzer befinden. Dem Umstand, dass dies schnell geschehen muss, um möglichen Vertuschungsmaßnahmen zuvor zu kommen, trägt § 101 Abs. 3 Rechnung. Nach Ansicht des *OLG Hamburg* (NJW-RR 1999, 1204) ist § 101a entspr. anzuwenden, wenn es nicht um die Herkunft unautorisierter Vervielfältigungsstücke, sondern um den Verbleib des Originals geht. **1**

II. Voraussetzungen des Anspruchs auf Drittauskunft, Abs. 1

Der Anspruch auf Drittauskunft besteht nur bei Rechtsverletzungen im **geschäftlichen Verkehr**. Dieses Tatbestandsmerkmal wurde aus dem UWG übernommen und **2** wird dort weit ausgelegt; er umfasst jede selbständige, wirtschaftliche Betätigung, die der Förderung eines – auch fremden – Geschäftszwecks dient; ausgeklammert ist nur die rein private oder hoheitliche Tätigkeit (*BGH* NJW 1964, 818 – Fernsehinterview; NJW 1962, 629, 630 – Fußball-Programmheft).

Bereits nach Abs. 1 schuldet der Verletzte die Auskunft „**unverzüglich**", das bedeutet gem. § 121 Abs. 1 S. 1 BGB ohne schuldhaftes Zögern. Geschuldet wird gem. § 101a nur Auskunft, nicht auch Rechnungslegung. Auskunft ist zu erteilen über die Herkunft und den Vertriebsweg der rechtswidrig hergestellten oder verbreiteten Vervielfältigungsstücke. Welche Angaben der Verpflichtete hierzu zu machen hat, regelt Abs. 2. Gibt die erteilte Auskunft zu Zweifeln hinsichtlich ihrer Richtigkeit und Vollständigkeit Anlass, besteht gegen den Verpflichteten ein Anspruch auf **Abgabe der eidesstattlichen Versicherung**; §§ 259, 260 BGB gelten auch im Rahmen von § 101a (*Möhring/Nicolini/Lütje* § 101a Rn 10).

Der Anspruch besteht gem. Abs. 1 letzter HS nicht, wenn er im Einzelfall **unverhältnismäßig** ist. Aus der Formulierung des Gesetzes folgt, dass der Verletzer hierfür die Darlegungs- und gegebenenfalls Beweislast trägt. Die Unverhältnismäßigkeit muss sich aus einer Abwägung der Interessen des Verletzten und des zur Auskunft Verpflichteten ergeben. Ein Minus zur Auskunftserteilung gegenüber dem Verletzten dergestalt, dem Verpflichteten die Befugnis einzuräumen, die Angaben unter Einräumung eines Wirtschaftsprüfervorbehalts zu machen, widerspricht dem Sinn und Zweck des § 101a und ist daher nicht möglich (*Möhring/Nicolini/Lütje* § 101a Rn 10).

III. Umfang des Auskunftsanspruchs, Abs. 2

3   § 101a Abs. 2 legt fest, welche Angaben der Verpflichtete zu machen hat, um dem Verletzten Auskunft über die Herkunft und den Vertriebsweg zu geben. Mitzuteilen sind zunächst Namen und Anschrift der Personen, durch deren Hände die Vervielfältigungsstücke gingen, bevor sie zu dem Auskunftsverpflichteten gelangten, also des Herstellers, des Lieferanten und anderer Vorbesitzer. Der Auskunftsanspruch erstreckt sich auch auf diejenigen, für die die Plagiate bestimmt waren, allerdings nur so weit es sich hierbei um gewerbliche Abnehmer oder Auftraggeber handelt. Auskunft über selbst nicht im geschäftlichen Verkehr handelnde, private Abnehmer kann nicht verlangt werden. Schließlich erstreckt sich der Auskunftsanspruch auf den Umfang der Verletzungshandlungen, dh auf die Menge der hergestellten, ausgelieferten, erhaltenen oder bestellten Vervielfältigungsstücke.

IV. Geltendmachung im Eilverfahren, Abs. 3

4   In Fällen offensichtlicher Rechtsverletzung hat der Verletzte die Möglichkeit, seinen Anspruch auf Drittauskunft im Wege der einstweiligen Verfügung durchzusetzen. § 101a Abs. 3 macht im Interesse des Verletzten an effektivem Rechtsschutz eine Ausnahme von dem Grundsatz, dass eine einstweilige Verfügung die Hauptsache nicht endgültig vorweg nehmen darf. Um den Verpflichteten davor zu schützen, aufgrund der summarischen Prüfung im Eilverfahren unumkehrbar einen Anspruch zu erfüllen, der tatsächlich nicht besteht, ist der Anwendungsbereich des Abs. 3 auf Fälle offensichtlicher Rechtsverletzung beschränkt. Es ist ein strenger Maßstab anzulegen. Offensichtlich ist eine Rechtsverletzung nur dann, wenn der Antragsteller einen

Sachverhalt glaubhaft gemacht hat, der in tatsächlicher und rechtlicher Hinsicht keinen Zweifel am Vorliegen der Rechtsverletzung aufkommen lässt und auch keine Anhaltspunkte am Vorliegen tatsächlicher Umstände erkennbar sind, die ein anderes Ergebnis rechtfertigen könnten.

V. Verwertung der Auskunft im Strafverfahren oder einem Verfahren nach dem Gesetz über Ordnungswidrigkeiten, Abs. 4

Es bedarf der Zustimmung des zur Auskunft Verpflichteten, um seine Angaben im   5
Rahmen eines Straf- oder Ordnungswidrigkeitenverfahrens gegen ihn oder einen seiner Angehörigen iSv § 52 Abs. 1 StPO verwerten zu dürfen. Die Verwertung in anderen Verfahren, insb. zivilrechtlichen nach dem UrhG, ist ebenso frei wie die Verwertung von Angaben über an dem Vertriebsweg beteiligte Personen, die keine Angehörigen des Auskunftspflichtigen iSv § 52 Abs. 1 StPO sind, in jeglichen Verfahren.

VI. Weitergehende Ansprüche, Abs. 5

§ 101a will die Rechtsstellung des Verletzten stärken, nicht jedoch seine Ansprüche   6
einschränken. Abs. 5 regelt daher ausdrücklich, dass weitergehende Ansprüche unberührt bleiben. Gemeint sind hiermit insb. die unselbständigen Auskunftsansprüche zur Vorbereitung von Schadenersatz-, Entschädigungs- oder Bereicherungsansprüchen nach § 97 Abs. 1 S. 2 UrhG, §§ 242, 259, 260 BGB.

§ 102   Verjährung

Auf die Verjährung der Ansprüche wegen Verletzung des Urheberrechts oder eines anderen nach diesem Gesetz geschützten Rechts finden die Vorschriften des Abschnitts 5 des Buches 1 des Bürgerlichen Gesetzbuchs entsprechende Anwendung. Hat der Verpflichtete durch die Verletzung auf Kosten des Berechtigten etwas erlangt, findet § 852 des Bürgerlichen Gesetzbuchs entsprechende Anwendung.

Übersicht

I. Allgemeines

Anlässlich der am 1.1.2002 in Kraft getretenen Schuldrechtsreform wurde auch   1
§ 102 neu gefasst. Nachdem die regelmäßige Verjährungsfrist gem. § 195 BGB nunmehr drei Jahre, nicht mehr dreißig Jahre beträgt, verweist § 102 S. 1 nF auf die §§ 194 ff. BGB.

§ 102 aF hatte folgenden Wortlaut: „Die Ansprüche wegen Verletzung des Urheberrechts oder eines anderen nach diesem Gesetz geschützten Rechts verjähren in drei Jahren von dem Zeitpunkt an, in denen der Berechtigte von der Verletzung und der Person des Verpflichteten Kenntnis erlangt, ohne Rücksicht auf diese Kenntnis in dreißig Jahren von der Verletzung an. § 852 Abs. 2 des Bürgerlichen Gesetzbuchs ist entsprechend anzuwenden. Hat der Verpflichtete durch die Verletzung auf Kosten des Berechtigten etwas erlangt, so ist er auch nach Vollendung der Verjährung zur Herausgabe nach den Vorschriften über die Herausgabe einer ungerechtfertigten Bereicherung verpflichtet."

Gem. § 137i findet Art. 229 § 6 EGBGB mit der Maßgabe entspr. Anwendung, dass § 102 in der bis zum 1.1.2002 geltenden Fassung den Vorschriften des Bürgerlichen Gesetzbuchs über die Verjährung in der bis zum 1.1.2002 geltenden Fassung gleichgestellt ist. Das bedeutet, dass das neue Verjährungsrecht grds auf sämtliche Ansprüche Anwendung findet, die am 1.1.2002 bestanden und nach altem Recht noch nicht verjährt sind. Eine Ausnahme gilt gem. § 137i iVm Art. 229 § 6 Abs. 1 S. 2 EGBGB für den Beginn der Verjährung, der sich für den Zeitraum vor dem 1.1.2002 nach altem Recht richtet.

II. Entsprechende Anwendung der §§ 194 ff. BGB, S. 1

2   Die entspr. Anwendung der §§ 194 ff. BGB bedeutet für die von § 102 erfassten Ansprüche, dass diese gem. § 195 BGB in drei Jahren verjähren. Diese Frist galt auch nach altem Recht. Für den Beginn der Verjährungsfrist gilt § 199 BGB, dh die Frist beginnt nunmehr nach § 199 Abs. 1 BGB mit dem Schluss des Jahres, in dem der Anspruch entstanden ist und der Gläubiger von den den Anspruch begründenden Umständen und der Person des Schuldners Kenntnis erlangt oder ohne grobe Fahrlässigkeit erlangen musste. Unabhängig hiervon verjähren die Ansprüche gem. § 199 Abs. 4 BGB in zehn Jahren von ihrer Entstehung an. Dies bedeutet eine erhebliche Verschärfung gegenüber dem alten Recht, wonach eine Frist von dreißig Jahren galt.

III. Anwendbarkeit des § 852 BGB, S. 2

3   Hat der Verpflichtete durch die Verletzung auf Kosten des Berechtigten etwas erlangt, findet § 852 BGB entspr. Anwendung. Das bedeutet, der Ersatzpflichtige ist, wie bereits nach § 102 S. 2 aF, auch nach Eintritt der Verjährung des Anspruchs auf Ersatz des aus einer unerlaubten Handlung entstandenen Schadens zur Herausgabe des Erlangten nach Maßgabe der §§ 812 ff. BGB verpflichtet. Es handelt sich um eine Rechtsfolgenverweisung. Der Anspruch verjährt gem. § 852 S. 2 BGB in zehn Jahren von seiner Entstehung an, ohne Rücksicht auf die Entstehung in dreißig Jahren von der Begehung der Verletzungshandlung oder dem sonstigen, den Schaden auslösenden Ereignis an.

§ 103 Bekanntmachung des Urteils

(1) Ist eine Klage auf Grund dieses Gesetzes erhoben worden, so kann im Urteil der obsiegenden Partei die Befugnis zugesprochen werden, das Urteil auf Kosten der unterliegenden Partei öffentlich bekanntzumachen, wenn sie ein berechtigtes Interesse dartut. Das Urteil darf erst nach Rechtskraft bekanntgemacht werden, wenn nicht das Gericht etwas anderes bestimmt.

(2) Art und Umfang der Bekanntmachung werden im Urteil bestimmt. Die Befugnis zur Bekanntmachung erlischt, wenn das Urteil nicht innerhalb von sechs Monaten nach Eintritt der Rechtskraft bekannt gemacht wird.

(3) Die Partei, der die Befugnis zur Bekanntmachung zusteht, kann beantragen, die unterliegende Partei zur Vorauszahlung der Bekanntmachungskosten zu verurteilen. Über den Antrag entscheidet das Prozeßgericht erster Instanz durch Beschluß ohne mündliche Verhandlung. Vor der Entscheidung ist die unterliegende Partei zu hören.

Literatur: *Loewenheim* Vermarktung eines Konzertmitschnitts im Vertrauen auf allerdings umstrittene Schutzrechtslücke – „Beatles-Doppel-CD", EWiR 1998, 857; *Wronka* Veröffentlichungsbefugnis von Urteilen, WRP 1975, 644.

Übersicht

I. Allgemeines

Die Regelung entspricht der in § 23 UWG. Sie trägt dem Bedürfnis des Urhebers bzw Leistungsschutzberechtigten Rechnung, der Öffentlichkeit mitzuteilen, dass sein Werk gegen seinen Willen benutzt oder gar entstellt wurde (*Schricker/Wild* § 103 Rn 1). Der Anspruch auf Bekanntmachung des Urt. zählt zu den Beseitigungsansprüchen, denn er dient wie sie dazu, eine fortwirkende Störung zu beseitigen (*BGH* WRP 2002, 990, 993 – Stadtbahnfahrzeug; *Fromm/Nordemann* §103 Rn 2).   **1**

II. Befugnis zur öffentlichen Bekanntmachung auf Kosten der unterliegenden Partei, Abs. 1 S. 1

Die Befugnis zur öffentlichen Bekanntmachung kann derjenigen Partei zugesprochen werden, die aufgrund dieses Gesetzes klagt und ein obsiegendes Urt. erstreitet. Der klagenden Partei muss also ein Anspruch zugesprochen worden sein, der auf dem UrhG beruht. Nicht erforderlich ist es, dass eine Norm des Urheberrechts Anspruchsgrundlage für den zuerkannten Anspruch ist; auch Ansprüche aus einem Vertrag, der Urheberrechte zum Gegenstand hat, werden erfasst (*Möhring/Nicolini/Lütje* § 103 Rn 7). Der Anspruch muss in einem ordentlichen Erkenntnisverfahren tituliert wor-   **2** den sein. Ein in einem **Eilverfahren** erstrittenes Urt. genügt nicht, was sich aus Abs. 1 S. 2 ergibt, denn es erwächst hinsichtlich des Verfügungsanspruchs nicht in Rechtskraft; schon gar nicht der Veröffentlichung zugänglich ist ein Beschl., mit dem eine einstweilige Verfügung erlassen wurde (*OLG Frankfurt* NJW-RR 1996, 423).

Für den Fall eines **teilweisen Obsiegens** wird die Auffassung vertreten, dass jeder der Parteien nur die Befugnis zugesprochen werden kann, das Urt. hinsichtlich des obsiegenden Teils zu veröffentlichen (*Fromm/Nordemann* § 103 Rn 4). Es sind jedoch Fälle denkbar, in denen das Urt. nicht richtig verstanden werden kann, wenn die Veröffentlichung sich auf diesen Teil beschränkt (*Schricker/Wild* § 103 Rn 3). Es kann daher aufgrund der vorzunehmenden Interessenabwägung geboten sein, einer Partei, die die Bekanntmachung des Teils des Urt. begehrt, das ihr Obsiegen betrifft, diese Befugnis, quasi als Minus, nur zuzusprechen, wenn die Bekanntmachung sich auch auf die für die antragstellende Partei ungünstigen Passagen des Urt. erstreckt.

Neben der Veröffentlichungsbefugnis enthält § 103 Abs. 1 S. 1 zugleich eine Anspruchsgrundlage für die obsiegende Partei, von der unterliegenden Partei die **Kosten** der Bekanntmachung erstattet zu verlangen, die sie zunächst selbst tragen muss, wenn die unterliegende Partei nicht gem. Abs. 3 zur Vorauszahlung verurteilt wird. Die Pflicht, die Kosten der Bekanntmachung des Urt. zu tragen, ist im Urt. gesondert auszusprechen, da es sich hierbei nicht um Kosten des Rechtsstreits handelt, die folglich auch nicht von der entspr. Kostenentscheidung mit abgedeckt sind (*Möhring/Nicolini/Lütje* § 103 Rn 13; **aA** *Schricker/Wild* § 103 Rn 6).

III. Berechtigtes Interesse, Abs. 1 S. 1

3 Der obsiegenden Partei ist die Befugnis zur Bekanntmachung des Urt. nur zuzusprechen, wenn sie ein berechtigtes Interesse dartut. Es hat eine Interessenabwägung stattzufinden (*BGH* NJW 1998, 2144, 2145 – Beatles-Doppel-CD). Die Urteilsbekanntmachung muss geeignet und erforderlich sein, um einen fortwirkenden Störungszustand zu beseitigen. Dabei kommt es darauf an, in welchem Umfang die Verletzung der Öffentlichkeit bekannt geworden und noch nicht in Vergessenheit geraten ist (*Schricker/Wild* § 103 Rn 4). Zugunsten des Verletzers ist zu prüfen, ob die Bekanntmachung mit einem unverhältnismäßig hohen Aufwand verbunden wäre und welches Maß an Verschulden ihm zur Last fällt (*BGH* NJW 1998, 2144, 2145 – Beatles-Doppel-CD). Maßgeblicher **Zeitpunkt** für die Interessenabwägung ist die letzte mündliche Verhandlung (*BGH* WRP 2002, 990, 993 – Stadtbahnfahrzeug).

IV. Bekanntmachung erst nach Rechtskraft des Urteils, wenn nicht andere Bestimmung durch das Gericht, Abs. 1 S. 2

4 Grds soll die Bekanntmachung eines Urt. erst nach seiner Rechtskraft erfolgen, da sie nicht mehr rückgängig gemacht werden kann. Das Gericht kann jedoch etwas anderes bestimmen. Es handelt sich um eine Ermessensentscheidung, die davon abhängt, ob das Interesse des Verletzten an einer baldigen Aufklärung des Publikums das Interesse des Verletzers überwiegt, nicht die Bekanntmachung eines für ihn nachteiligen Urt. hinnehmen zu müssen, welches später abgeändert wird. Wird ein nicht rechtskräftiges Urt. bekannt gemacht und später abgeändert, ist das abändernde Urt. ebenfalls bekannt zu machen (*Möhring/Nicolini/Lütje* § 103 Rn 20).

V. Art, Umfang und Frist der Bekanntmachung, Abs. 2

Nach Abs. 2 sind Art und Umfang der Bekanntmachung im Urt. zu bestimmen. Gegenstand der Bekanntmachung kann, anders als in den Fällen des § 23 UWG, der gesamte Inhalt des Urt. sein, oder auch nur Teile hiervon. Außerdem hat das Gericht zu bestimmen, in welchen Publikationen mit welcher Häufigkeit bzw Dauer und in welcher Größe die Bekanntmachung zu erfolgen hat. Beurteilungsmaßstab ist die Frage, was zur Störungsbeseitigung erforderlich ist. **5**

Da die bei der Anwendung des § 103 erforderliche Abwägung der beteiligten Interessen zeitgebunden ist, bestimmt Abs. 2 S. 2, dass die Befugnis zur Bekanntmachung erlischt, wenn das Urt. nicht innerhalb von sechs Monaten nach Eintritt der Rechtskraft bekannt gemacht wird.

VI. Antrag auf Vorauszahlung der Bekanntmachungskosten, Abs. 3

Ist zugunsten der obsiegenden Partei die Befugnis zur Bekanntmachung tituliert worden, kann diese beantragen, die unterliegende Partei zu Vorauszahlung der Bekanntmachungskosten zu verurteilen. Die Formulierung ist insofern missverständlich, als die Pflicht zur Vorauszahlung nicht durch Urt. sondern gem. Abs. 3 S. 2 durch Beschl. ausgesprochen wird. Die Pflicht zur Vorauszahlung hängt nur von der Stellung eines entspr. Antrages ab; das Gericht hat kein Ermessen. Es kommt insb. nicht darauf an, ob die obsiegende Partei nach ihren wirtschaftlichen Verhältnissen in der Lage ist, die Kosten zunächst selbst zu tragen. Dennoch ist die unterliegende Partei vor der Entsch. zu hören, Abs. 3 S. 3. **6**

§ 104   Rechtsweg

Für alle Rechtsstreitigkeiten, durch die ein Anspruch aus einem der in diesem Gesetz geregelten Rechtsverhältnisse geltend gemacht wird, (Urheberrechtsstreitsachen) ist der ordentliche Rechtsweg gegeben. Für Urheberrechtsstreitsachen aus Arbeits- oder Dienstverhältnissen, die ausschließlich Ansprüche auf Leistung einer vereinbarten Vergütung zum Gegenstand haben, bleiben der Rechtsweg zu den Gerichten für Arbeitssachen und der Verwaltungsrechtsweg unberührt.

Literatur: *Spellenberg* Zuständigkeit bei Anspruchskonkurrenz und kraft Sachzusammenhangs – Bemerkungen zum Urteil des BGH vom 8.2.1980, ZZP 95 (1982), 17.

Übersicht

I. Allgemeines

§ 104 hat zusammen mit § 105 die Funktion, eine **Konzentration** der Zuständigkeit für die Entsch. urheberrechtlicher Streitigkeiten zu bewirken. § 104 dient mit seiner **1**

Festlegung des Rechtsweges der Einheitlichkeit höchstrichterlicher Rspr. Ohne diese Vorschrift könnte derselbe Sachverhalt im Falle mehrerer Verletzer auf zwei Rechtswegen, etwa vor der ordentlichen und der Arbeitsgerichtsbarkeit, behandelt werden, wenn einer der Verletzer Arbeitgeber des Schutzrechtsinhabers ist (vgl *BGHZ* 33, 20 – Figaros Hochzeit).

II. Urheberstreitsachen, S. 1

2   Das Gesetz definiert Urheberstreitsachen als Rechtsstreitigkeiten, durch die ein Anspruch aus einem der in diesem Gesetz geregelten Rechtsverhältnisse geltend gemacht wird. Der Begriff ist **weit auszulegen**, um den Zweck des Gesetzes einer einheitlichen Rspr zu erreichen. Erfasst sind nicht nur Streitigkeiten, in denen die in Betracht kommende Anspruchsgrundlage im Urheberrechtsgesetz zu finden ist, sondern alle Streitigkeiten, die im weitesten Sinne unter Anwendung des Urheberrechts zu entscheiden sind (*Schricker/Wild* § 104 Rn 2). Streiten die Parteien um ein Wettbewerbsverbot, welches im Rahmen eines Verlagsvertrages vereinbart wurde, handelt es sich dennoch um eine Urheberrechtsstreitigkeit (*OLG Koblenz* ZUM-RD 2001, 392). Keine Urheberrechtsstreitigkeit liegt hingegen vor, wenn die Parteien sich um die Frage streiten, ob die Klägerin eine bestellte Software fristgerecht und mangelfrei geliefert hat, denn hierbei handelt es sich nicht um ein im Urheberrechtsgesetz geregeltes Rechtsverhältnis (*OLG Karlsruhe* CR 1999, 488).

III. Ausnahmen, S. 2

3   § 104 S. 2 lässt den Rechtsweg zu den Gerichten für Arbeitssachen und den Verwaltungsrechtsweg unberührt, wenn es sich um Urheberrechtsstreitsachen aus Arbeits- oder Dienstverhältnissen handelt, die **ausschließlich** Ansprüche auf Leistung einer vereinbarten Vergütung zum Gegenstand haben. Wird der Vergütungsanspruch zusammen mit anderen Ansprüchen iSv § 104 S. 1 geltend gemacht, greift die Ausnahmevorschrift des S. 2 nicht; es steht allein der ordentliche Rechtsweg offen (*Schricker/Wild* § 104 Rn 2; *Fromm/Nordenmann* § 104 Rn 2). Der Kläger, der einen Vergütungsanspruch aus einem Arbeits- oder Dienstverhältnis geltend macht, hat es also in der Hand, ob er ihn mit anderen Ansprüchen verbindet und damit den Rechtsweg zu den ordentlichen Gerichten begründet, oder nicht. § 104 S. 2 modifiziert damit den Grundsatz, dass im Falle einer objektiven Klagehäufung, bei der Ansprüche geltend gemacht werden, die vor unterschiedlichen Gerichtsbarkeiten zu verfolgen sind, eine Abtrennung stattzufinden hat (vgl dazu *BGH* NJW 1998, 826; **aA** *Wandtke/Bullinger/Kefferpütz* § 104 Rn 15).

§ 105   Gerichte für Urheberrechtsstreitsachen

(1) Die Landesregierungen werden ermächtigt, durch Rechtsverordnung Urheberrechtsstreitsachen, für die das Landgericht in erster Instanz oder in der Berufungsinstanz zuständig ist, für die Bezirke mehrerer Landgerichte einem von ihnen zuzuweisen, wenn dies der Rechtspflege dienlich ist.

(2) Die Landesregierungen werden ferner ermächtigt, durch Rechtsverordnung die zur Zuständigkeit der Amtsgerichte gehörenden Urheberrechtsstreit-

sachen für die Bezirke mehrerer Amtsgerichte einem von ihnen zuzuweisen, wenn dies der Rechtspflege dienlich ist.

(3) Die Landesregierungen können die Ermächtigungen nach den Absätzen 1 und 2 auf die Landesjustizverwaltungen übertragen.

Übersicht

I. Allgemeines

Während § 104 den für Urheberrechtsstreitigkeiten eröffneten Rechtsweg auf die or- **1** dentliche Gerichtsbarkeit konzentriert, ermöglicht es § 105 den Ländern, eine weitere Konzentration von Urheberrechtsstreitigkeiten auf bestimmte Gerichte, und zwar sowohl auf Landgerichts- als auch auf Amtsgerichtsebene, vorzunehmen. Der Begriff der Urheberstreitsache wird hier ebenso weit ausgelegt wie bei Anwendung des § 104 (s. dort Rn 2).

§ 105 lässt die Regelungen über die internationale, örtliche und sachliche Zuständigkeit unberührt. Er gibt den Ländern lediglich die Möglichkeit, die Zuständigkeit für die Bearbeitung von Urheberstreitsachen, für die nach allg. Regeln die AG oder LG „A", „B" und „C" zuständig sind, bei dem AG bzw LG „A" zu konzentrieren.

II. Von den Ländern getroffene Zuständigkeitsregelungen

Nach dem Recht der Länder gelten folgende Zuständigkeitskonzentrationen: **2**

Baden-Württemberg: Das LG Stuttgart ist für den OLG-Bezirk Stuttgart zuständig und das LG Mannheim für den OLG-Bezirk Karlsruhe. Für die Zuständigkeit der AG wurde keine Sonderregelung getroffen.

Bayern: Das LG München I ist zuständig für den OLG-Bezirk München und das LG Nürnberg-Fürth für die OLG-Bezirke Nürnberg und Bamberg. Das AG München ist zuständig für alle Gerichtsbezirke des Landes.

Berlin: Einziges, für Urheberrechtsstreitigkeiten zuständiges AG ist das AG Charlottenburg.

Brandenburg: Zuständig für alle Urheberrechtsstreitsachen sind das AG und das LG Potsdam.

Bremen: Keine Sonderregelung.

Hamburg: Für alle Gerichtsbezirke ist das AG Hamburg zuständig.

Hessen: Das AG und das LG Frankfurt/Main sind zuständig für die LG-Bezirke Darmstadt, Frankfurt/Main, Gießen, Hanau, Limburg an der Lahn und Wiesbaden; das AG und das LG Kassel sind zuständig für die LG-Bezirke Fulda, Kassel und Marburg an der Lahn.

Mecklenburg-Vorpommern: Das AG und das LG Rostock sind zuständig für alle Gerichtsbezirke.

Niedersachsen: Das AG und das LG Braunschweig sind zuständig für den OLG-Bezirk Braunschweig, das AG und das LG Hannover für den OLG-Bezirk Celle und das AG und das LG Oldenburg für den OLG-Bezirk Oldenburg.

Nordrhein Westfalen: Das AG und das LG Bielefeld sind zuständig für die LG-Bezirke Bielefeld, Detmold, Münster und Paderborn; das AG und das LG Bochum sind zuständig für die LG-Bezirke Arnsberg, Bochum, Dortmund, Essen, Hagen und Siegen; das AG und das LG Düsseldorf sind zuständig für den OLG-Bezirk Düsseldorf und das AG und das LG Köln sind zuständig für den OLG-Bezirk Köln.

Rheinland Pfalz: Das LG Frankenthal ist zuständig für alle Gerichtsbezirke des Landes; das AG Frankenthal für den OLG-Bezirk Zweibrücken und das AG Koblenz für den OLG-Bezirk Koblenz.

Saarland: Keine Sonderregelung.

Sachsen: Das AG und das LG Leipzig sind zuständig für alle Gerichtsbezirke.

Sachsen-Anhalt: Das AG und das LG Halle sind zuständig für die LG-Bezirke Halle und Dessau; das AG und das LG Magdeburg sind zuständig für die LG-Bezirke Magdeburg und Stendal.

Schleswig-Holstein: Keine Sonderregelung.

Thüringen: Das AG und das LG Erfurt sind zuständig für alle Gerichtsbezirke.

Unterabschnitt 2
Straf- und Bußgeldvorschriften

§ 106   Unerlaubte Verwertung urheberrechtlich geschützter Werke

(1) Wer in anderen als in den gesetzlich zugelassenen Fällen ohne Einwilligung des Berechtigten ein Werk oder eine Bearbeitung oder Umgestaltung eines Werkes vervielfältigt, verbreitet oder öffentlich wiedergibt, wird mit Freiheitsstrafe bis zu drei Jahren oder mit Geldstrafe bestraft.

(2) Der Versuch ist strafbar.

Literatur: *Bork* Effiziente Beweissicherung für den Urheberrechtsverletzungsprozeß – dargestellt am Beispiel raubkopierter Computerprogramme, NJW 1997, 1665; *Braun* Die Schutzlücken-Piraterie nach dem Urheberrechtsänderungsgesetz vom 23. Juni 1995, GRUR Int 1996, 790; *Dierck/Lehmann* Die Bekämpfung der Produktpiraterie nach der Urheberrechts-Novelle, CR 1993, 537; *Dreier* Verletzung urheberrechtlich geschützter Software nach der Umsetzung der EG-Richtlinie, GRUR 1993, 781; *Dreiss* Programmdiebstahl und Urheberrecht, GRUR Int 1989, 219; *Etter* Softwareschutz durch Strafanzeige, CR 1989, 115; *Franzheim* Überkriminalisierung durch Urheberrechtsnovelle, CR 1993, 101; *v. Gravenreuth* Zur Strafbarkeit nach UrhG § 106 bei Nutzung eines raubkopierten Computerspiels, CR 1990, 55; *ders.* Typische und untypische Raubkopien, CR 1991, 36; *ders.* Neue Formen der Softwarepiraterie, CR 1995, 309; *Gummig* Wesen und Bekämpfung der Videopiraterie, ZUM 1992, 415; *Heinrich* Die Strafbarkeit der unbefugten Vervielfältigung und Verbreitung von Standardsoftware, 1993; *ders.* Die Entgegennahme von raubkopierter Software als Hehlerei?, JZ 1994, 938; *Katzenberger* Kein Laufbildschutz für ausländische Videospiele in Deutschland, GRUR Int 1992, 513; *Kuhlmann* Kein Rechtsschutz für den Kopierschutz?, CR 1989, 177; *Lauer* Der Irrtum über Blankettstrafgesetze am Beispiel des § 106 UrhG, 1997; *Lührs* Verfolgungsmöglichkeiten im Fall der „Produktpiraterie" unter besonderer Betrachtung der Einziehungs- und Gewinnabschöpfungsmöglichkeiten (bei Ton-, Bild- und Computerprogrammträgern), GRUR 1994, 264; *Meier* Softwarepiraterie – eine Straftat?, JZ 1992, 657; *Rehbinder* Die rechtlichen Sanktionen bei Urheberrechtsverletzungen nach ihrer Neuordnung durch das Produktpianteriegesetz, ZUM 1990, 462; *Schüller* Zur Strafbarkeit der Verletzung von Urheberrechten an Computerspielen, NStZ 1993, 496; *Spautz* Urheberstrafrecht – Wohin geht die Entwicklung?, ZUM 1990, 164; *Ullmann* Urheberrechtlicher und patentrechtlicher Schutz von Computerprogrammen, CR 1992, 641; *Weber* Zur Anwendbarkeit des deutschen Urheberstrafrechts auf Rechtsverletzungen mit Auslandsberührung, FS Stree und Wessels, 1993.

Übersicht

I. Allgemeines zum Urheberstrafrecht

Die §§ 106 ff. enthalten das Urheberstrafrecht. Neben dem in §§ 97 ff. geregelten zivilrechtlichen Schutz des Urheberrechts und der verwandten Schutzrechte handelt es sich bei dem Urheberstrafrecht um die zweite Säule des durch das UrhG zur Verfügung gestellten Schutzes. Zuzugeben ist freilich, dass die praktische Bedeutung des Urheberstrafrechts neben dem zivilrechtlichen Schutz des Urheberrechts und der verwandten Schutzrechte nachhaltig zurückbleibt.　**1**

Geschütztes Rechtsgut sind iRd Urheberstrafrechts die Verwertungsrechte des Urhebers (§ 106), die Urheberbezeichnung (§ 107) sowie die Verwertungsrechte der Inhaber verwandter Schutzrechte (§ 108). Für den Fall, dass der Täter gewerbsmäßig handelt, ist eine Strafschärfung vorgesehen (§ 108a). Eine strafrechtliche Absicherung erfährt auch der Schutz technischer Maßnahmen gem. § 95a sowie der Schutz der zur Rechtewahrnehmung erforderlichen Informationen gem. § 95c (§ 108b). Sofern nicht gewerbsmäßige Urheberrechtsverletzungen Gegenstand der Tat sind und kein bes. öffentliches Interesse vorliegt, bedarf es eines Strafantrags (§ 109). Als Nebenstrafe ist die Einziehung der Plagiate vorgesehen (§ 110). Eine mögliche Verurteilung des Täters wird auf Antrag des Verletzten öffentlich bekannt gemacht (§ 111). Erstmals eingeführt wurde mit dem Gesetz zur Regelung des Urheberrechts in der Informationsgesellschaft eine Bußgeldvorschrift (§ 111a). Als Ordnungswidrigkeit werden danach bestimmte Zuwiderhandlungen gegen die §§ 95a Abs. 3, 95b Abs. 1 und 95d Abs. 2 geahndet.　**2**

Die §§ 106 bis 108b zählen zu den Normen des materiellen Strafrechts. Daher sind die Vorschriften des Allg. Teils des StGB (§§ 1 bis 79b) anwendbar. Wird durch die Tat neben einer Vorschrift der §§ 106 bis 108b gleichzeitig ein außerhalb des UrhG geregelter Straftatbestand verwirklicht, finden die Grundsätze über Ideal- und Realkonkurrenz (§§ 52 bis 55 StGB) Anwendung. Aus der Tatsache, dass es sich bei den　**3**

§§ 106 bis 108b um Vorschriften des materiellen Strafrechts handelt, folgt auch die Anwendbarkeit des Analogieverbots (s. dazu *Schönke/Schröder/Eser* § 1 Rn 24 ff.).

II. Tatbestand (Abs. 1)

1. Tathandlung

4   Tathandlung des § 106 kann die Vervielfältigung (s. dazu § 16), die Verbreitung (s. dazu § 17) oder die öffentliche Wiedergabe (s. dazu § 15 Abs. 2) eines Werks (s. dazu §§ 2 bis 4) oder der Bearbeitung oder Umgestaltung eines Werks (s. dazu § 23) sein.

5   Ausgeschlossen ist der Tatbestand des § 106 Abs. 1, wenn eine davon erfasste Verwertungshandlung in einem gesetzlich zugelassenen Fall vorgenommen wird. Die gesetzlich zugelassenen Fälle, die der Tatbestand des § 106 erwähnt, beziehen sich in erster Linie auf die §§ 45 bis 60 (Einzelheiten bei *Schricker/Haß* § 106 Rn 7 ff.).

2. Einwilligung

6   Ob die fehlende Einwilligung des Berechtigten zum Tatbestand des § 106 gehört oder lediglich rechtfertigende Wirkung hat, ist umstr. (s. *Schricker/Haß* § 106 Rn 11 mwN). In der Praxis hat die Streitfrage keine Bedeutung, weil eine Strafbarkeit in beiden Fällen ausscheidet. Gleiches gilt für die ebenfalls umstr. Frage, ob die Einwilligung iSd § 106 Abs. 1 mit der zivilrechtlichen Einwilligung nach § 183 BGB übereinstimmt (so *Moehring/Nicolini/Spautz* § 106 Rn 5; *Fromm/Nordemann/Vinck* § 106 Rn 5) oder der strafrechtliche Einwilligungsbegriff maßgebend ist (so *Schricker/Haß* § 106 Rn 11). Die Strafbarkeit nach § 106 entfällt nur dann, wenn die Einwilligung zum Zeitpunkt der Begehung der Tat vorliegt. Von den Fällen des § 108a (Offizialdelikt) abgesehen, wird allerdings eine nachträgliche Zustimmung des Berechtigten die strafrechtliche Ahndung der Tat beseitigen, da in einem solchen Fall der – vorbehaltlich eines öffentlichen Interesses an der Strafverfolgung – erforderliche Strafantrag (§ 109) entweder nicht gestellt oder jedenfalls nicht aufrecht erhalten wird.

7   Erteilen muss die Einwilligung der Berechtigte. Bei dem Berechtigten handelt es sich um die Person, der das Recht zusteht, die den Tatbestand des § 106 erfüllende Nutzung des Täters zu erlauben. Je nach Lage des Falles kann es sich hierbei um den Urheber oder die Miturheber handeln, aber auch um den Inhaber eines Nutzungsrechts, der berechtigt ist, die tatgegenständliche Nutzung durch Einräumung eines weiteren Nutzungsrechts oder auf sonstige Weise zu gestatten.

3. Vorsatz

8   Die Strafbarkeit setzt voraus, dass der Täter vorsätzlich handelt (§ 15 StGB). Ausgeschlossen ist der Vorsatz, wenn ein Irrtum über Tatumstände vorliegt (§ 16 Abs. 1 StGB). Ein Irrtum über Tatumstände liegt zB vor, wenn der Täter über das Vorliegen von Tatsachen irrt, die einen gesetzlich zugelassenen Fall (s. Rn 5) der Nutzung des Werks darstellen würden. Die Strafbarkeit entfällt ebenfalls, wenn der Täter über das tatsächliche Vorliegen einer Einwilligung oder die Berechtigung desjenigen irrt, der die Einwilligung erteilt hat. Dies gilt selbst dann, wenn mit der **hM** die Einwilligung als Merkmal der Rechtswidrigkeit der Tat angesehen wird (sog. Erlaubnistatbe-

standsirrtum, s. *Schönke/Schröder* § 16 StGB Rn 14 ff.). Betrifft der Irrtum nicht die Tatumstände, sondern das Verbotensein der Tat, also insb. die rechtliche Bewertung der Tathandlung durch den Täter, liegt ein Verbotsirrtum (§ 17 StGB) vor.

4. Strafrahmen

Hat der Täter den objektiven Tatbestand verwirklicht, vorsätzlich, rechtswidrig und schuldhaft gehandelt, so kommt eine Freiheitsstrafe von bis zu drei Jahren (s. §§ 38 f. StGB) oder eine Geldstrafe (s. §§ 40 ff. StGB) in Betracht.   **9**

III. Versuch (Abs. 2)

Nach § 106 Abs. 2 ist bereits der Versuch strafbar (s. §§ 22, 23 StGB).   **10**

§ 107 Unzulässiges Anbringen der Urheberbezeichnung

(1) Wer

1. auf dem Original eines Werkes der bildenden Künste die Urheberbezeichnung (§ 10 Abs. 1) ohne Einwilligung des Urhebers anbringt oder ein derart bezeichnetes Original verbreitet,

2. auf einem Vervielfältigungsstück, einer Bearbeitung oder Umgestaltung eines Werkes der bildenden Künste die Urheberbezeichnung (§ 10 Abs. 1) auf eine Art anbringt, die dem Vervielfältigungsstück, der Bearbeitung oder Umgestaltung den Anschein eines Originals gibt, oder ein derart bezeichnetes Vervielfältigungsstück, eine solche Bearbeitung oder Umgestaltung verbreitet,

wird mit Freiheitsstrafe bis zu drei Jahren oder mit Geldstrafe bestraft, wenn die Tat nicht in anderen Vorschriften mit schwerer Strafe bedroht ist.

(2) Der Versuch ist strafbar.

Literatur: *Katzenberger* Der Schutz von Werken der bildenden Künste durch das Urheberstrafrecht und die Praxis der Strafverfolgung in der Bundesrepublik Deutschland, GRUR 1982, 715; *Löffler* Künstlersignatur und Kunstfälschung, NJW 1993, 1421; *Weber* Der strafrechtliche Schutz des Urheberrechts, 1976.

I. Allgemeines

§ 107 schützt einerseits einen Ausschnitt des Urheberpersönlichkeitsrechts und andererseits das Interesse der Allgemeinheit an der Lauterkeit des Kunsthandels. Dabei bezieht sich § 107 ausschließlich auf Werke der bildenden Kunst iSd § 2 Abs. 1 Nr. 4. Unter Strafe gestellt wird neben der unbefugten Signierung des Originals   **1**

(Abs. 1 Nr. 1) sowie der Täuschung über die fehlende Original-Qualität eines bloßen Vervielfältigungsstücks oder einer Bearbeitung (Abs. 1 Nr. 2) jeweils die Verbreitung derart manipulierter Werke.

II. Signierung des Originals ohne Einwilligung des Urhebers (Abs. 1 Nr. 1)

1. Anbringen der Urheberbezeichnung

2   Tatobjekt des § 107 Abs. 1 Nr. 1 ist das Original (s. § 26 Rn 13) eines Werks der bildenden Künste. Tathandlung ist das Anbringen der Urheberbezeichnung (§ 10 Abs. 1) ohne Einwilligung des Urhebers. Eine Urheberbezeichnung gilt dann als am Werk angebracht, wenn die Identität des Urhebers erkennbar ist. Insofern kommt es darauf an, dass dem Betrachter des Werks Klarheit darüber verschafft wird, wer für dessen Urheberschaft verantwortlich zeichnet. Zwangsläufig setzt dies voraus, dass vor der Tat der Urheber nicht erkennbar war. Dies kann zum einen daran liegen, dass eine Signierung des Werkes überhaupt fehlte; zum anderen ist aber auch vorstellbar, dass das Werk bisher nur mit einem Pseudonym oder einem sonstigen individualisierenden Zeichen versehen war (*Nordemann/Fromm/Vinck* § 107 Rn 2; *Schricker/Haß* § 107 Rn 6). Das Aufdecken der Identität des Urhebers wiederum setzt nicht notwendig voraus, dass dessen bürgerlicher Name auf dem Werk erscheint; vielmehr kann der Tatbestand auch dann als erfüllt angesehen werden, wenn der Urheber ein Pseudonym oder ein sonstiges individualisierendes Zeichen verwendet, welches die interessierten Kreise diesem unzweideutig zuordnen. Der Schutzzweck des § 107 Abs. 1 Nr. 1 wird zwar auch berührt, wenn die Urheberbezeichnung nicht auf dem Werk selbst, sondern in unmittelbarer Nähe angebracht wird; wegen des eindeutigen Wortlauts der Strafnorm scheidet eine Strafbarkeit in einem solchen Fall aber wegen des allg. strafrechtlichen Analogieverbots aus. Wird die Urheberbezeichnung etwa auf dem Rahmen eines Bildes oder dem Podest einer Plastik angebracht, ist freilich im Einzelfall zu prüfen, ob diese noch Bestandteil des Werks sind (s. *Moehring/Nicolini/Spautz* § 107 Rn 2; *Fromm/Nordemann/Vinck* § 107 Rn 2).

3   Ob das Vorliegen einer Einwilligung bereits den Tatbestand oder nur die Rechtswidrigkeit ausschließt, ist umstr. (s. *Fromm/Nordemann/Vinck* § 107 Rn 2 sowie § 106 Rn 6).

2. Verbreiten

4   Nach Abs. 1 Nr. 1 ist nicht nur das unzulässige Anbringen der Urheberbezeichnung unter Strafe gestellt, sondern auch die Verbreitung (§ 17) eines entspr. manipulierten Werks. Eine Strafbarkeit nach dieser Tatbestandsalternative kommt auch dann in Betracht, wenn ein anderer die Vortat begangen hat. In diesem Fall ist allerdings für die Erfüllung des subjektiven Tatbestands erforderlich, dass dem Täter die Vortat bekannt ist.

III. Vortäuschen eines Originals (Abs. 1 Nr. 2)

1. Anbringen der Urheberbezeichnung

5   Die Tathandlung des Abs. 1 Nr. 2 umfasst das Anbringen der Urheberbezeichnung (§ 10 Abs. 1) auf einem Vervielfältigungsstück (s. § 16) oder einer Bearbeitung oder Umgestaltung (s. § 23) eines Werkes der bildenden Künste (§ 2 Abs. 1 Nr. 4) auf ei-

ne Art, die dem Vervielfältigungsstück den Anschein eines Originals (zum Begriff s. *Schricker/Katzenberger* § 26 Rn 25 ff.) gibt. Täter kann auch der Urheber selbst sein, wobei in einem solchen Fall die Frage, ob ein Original vorliegt, bes. sorgfältig zu prüfen ist. Die Vorschrift schützt das Vertrauen des Kunstmarkts darauf, dass tatsächlich ein Original vorliegt. Entscheidend ist daher, ob die Urheberbezeichnung auf eine Art angebracht ist, die den Anschein eines Originals gibt. Dagegen entfällt eine Strafbarkeit, wenn auf andere Weise sichergestellt wird, dass im Verkehr keine Zweifel über die Qualität des Werks als Vervielfältigungsstück, Bearbeitung oder Umgestaltung entstehen. Dies könnte etwa dadurch erfolgen, dass auf der Rückseite eines Gemäldes eindeutig und klar erkennbar auf diesen Umstand hingewiesen wird. Erkennt nur der Fachmann, dass es sich nicht um ein Original handelt, kommt eine Strafbarkeit nach Abs. 1 Nr. 2 in Betracht (*Moehring/Nicolini/Spautz* § 107 Rn 5). Wird die Urheberbezeichnung auf einer Bearbeitung oder Umgestaltung des Originals angebracht, so muss die Art der Anbringung den Anschein erwecken, dass es sich um das nicht bearbeitete oder nicht umgestaltete Original handelt (*Moehring/Nicolini/Spautz* § 107 Rn 5; *Schrikker/Haß* § 107 Rn 10).

2. Verbreiten

Nach Abs. 1 Nr. 2 wird auch die Verbreitung eines Vervielfältigungsstücks, einer Bearbeitung oder einer Umgestaltung unter Strafe gestellt, bei der durch Anbringen der Urheberbezeichnung der Eindruck erweckt wird, es handele sich um das Original eines Werks (s. bereits oben Rn 5). **6**

IV. Strafrahmen

Der Strafrahmen des § 107 Abs. 1 entspricht jenem des § 106 Abs. 1 (s. dort Rn 9). Als andere Vorschriften, die eine schwerere Strafe vorsehen (vgl Abs. 1 aE), kommen insb. Betrug (§ 263 StGB) und Urkundenfälschung (§ 267 StGB) in Betracht. **7**

V. Strafbarkeit des Versuchs (Abs. 2)

Nach § 107 Abs. 2 ist bereits der Versuch einer Tat gem. § 107 Abs. 1 strafbar (s. auch § 106 Rn 10). **8**

§ 108   Unerlaubte Eingriffe in verwandte Schutzrechte

(1) Wer in anderen als den gesetzlich zugelassenen Fällen ohne Einwilligung des Berechtigten

1. eine wissenschaftliche Ausgabe (§ 70) oder eine Bearbeitung oder Umgestaltung einer solchen Ausgabe vervielfältigt, verbreitet oder öffentlich wiedergibt,
2. ein nachgelassenes Werk oder eine Bearbeitung oder Umgestaltung eines solchen Werkes entgegen § 71 verwertet,
3. ein Lichtbild (§ 72) oder eine Bearbeitung oder Umgestaltung eines Lichtbildes vervielfältigt, verbreitet oder öffentlich wiedergibt,

4. die Darbietung eines ausübenden Künstlers entgegen den § 77 Abs. 1 oder Abs. 2 Satz 1, § 78 Abs. 1 verwertet,

5. einen Tonträger entgegen § 85 verwertet,

6. eine Funksendung entgegen § 87 verwertet,

7. einen Bildträger oder Bild- und Tonträger entgegen §§ 94 oder 95 in Verbindung mit § 94 verwertet,

8. eine Datenbank entgegen § 87b Abs. 1 verwertet,

wird mit Freiheitsstrafe bis zu drei Jahren oder mit Geldstrafe bestraft.

(2) Der Versuch ist strafbar.

Literatur: S. die Literaturhinweise zu § 106.

I. Allgemeines

1 Die Vorschrift sieht die strafrechtliche Ahndung von Eingriffen in verwandte Schutzrechte vor. Es handelt sich um eine parallele Bestimmung zu § 106, der die strafrechtlichen Konsequenzen einer Urheberrechtsverletzung regelt.

II. Tatbestand

2 Die Voraussetzung für die Anwendbarkeit der Vorschrift ist ein Eingriff in eines der in Abs. 1 Nr. 1 bis 8 im Einzelnen aufgeführten Leistungsschutzrechte. Die Erfüllung des strafrechtlichen Tatbestands bedingt jeweils, dass der Tatbestand der in § 108 Abs. 1 Nr. 1 bis 8 zitierten Norm erfüllt ist. Soweit in Abs. 1 Nr. 1 bis 8 nur allg. von „verwerten", nicht aber einer bestimmten Verwertungsform gesprochen wird, beschränkt sich der Begriff des „Verwertens" auf die in der jeweils zitierten Norm enthaltenen Verwertungsarten (*Moehring/Nicolini/Spautz* § 108 Rn 15).

3 Ein Verhalten, das zwar den Tatbestand einer der in Abs. 1 Nr. 1 bis 8 zitierten Normen erfüllt, jedoch an anderer Stelle gesetzlich zugelassen ist, steht nicht unter Strafe. Dies stellt § 108 Abs. 1 durch die Wendung „in anderen als den gesetzlich zugelassenen Fällen" klar. Mit den „gesetzlich zugelassenen Fällen" sind insb. die §§ 44a bis 61 gemeint, soweit sie für das jeweils in Rede stehende Leistungsschutzrecht überhaupt in Betracht kommen (Einzelheiten bei *Moehring/Nicolini/Spautz* § 108 Rn 3).

4 Eine Strafbarkeit nach § 108 scheidet ferner aus, wenn die Einwilligung des Berechtigten vorliegt (s. hierzu § 106 Rn 6).

5 Zudem stellt die Vorschrift ausschließlich vorsätzliches Handeln unter Strafe (s. § 106 Rn 8).

III. Strafrahmen

6 Der Strafrahmen des § 108 entspricht jenem der §§ 106, 107 (s. § 106 Rn 9).

IV. Versuch

Bereits der Versuch einer Tat nach § 108 Abs. 1 ist gem. Abs. 2 strafbar (vgl § 106   **7**
Rn 10).

§ 108a   Gewerbsmäßige unerlaubte Verwertung

(1) Handelt der Täter in den Fällen der §§ 106 bis 108 gewerbsmäßig, so ist die Strafe Freiheitsstrafe bis zu fünf Jahren oder Geldstrafe.

(2) Der Versuch ist strafbar.

I. Allgemeines

Die Vorschrift wurde durch die Urheberrechtsnovelle v. 24.6.1985 (BGBl I, 1137) in   **1**
das UrhG eingefügt und durch das Produktpirateriegesetz v. 7.3.1999 (BGBl I, 422)
in die heute noch geltende Fassung geändert. Die gewerbsmäßige unerlaubte Verwertung von Urheberrechten oder verwandten Schutzrechten ist eine Qualifikation,
deren Grunddelikte die §§ 106 bis 108 sind. Bei der „Gewerbsmäßigkeit", die Voraussetzung für die Anwendbarkeit des § 108a ist, handelt es sich um ein persönliches
strafschärfendes Merkmal iSd § 28 Abs. 2 StGB.

II. Tatbestand

Der Tatbestand des § 108a setzt zunächst voraus, dass ein Tatbestand der §§ 106 bis   **2**
108 erfüllt wurde. Als einziges weiteres Tatbestandsmerkmal fordert § 108a sodann
ein gewerbsmäßiges Verhalten des Täters. Der Begriff der Gewerbsmäßigkeit ist in
einer Vielzahl von strafrechtlichen Bestimmungen enthalten (zB §§ 180a Abs. 1, 243
Abs. 1 Nr. 3, 260 Abs. 1 Nr. 1 StGB). Dies bedingt, dass sich in der strafrechtlichen
Rspr und Lit. bereits seit langer Zeit eine feste Bestimmung des Begriffs herausgear-
beitet hat. Gewerbsmäßig handelt danach, wem es darauf ankommt, sich aus wiederholter Begehung der Tat eine fortlaufende Haupt- oder Nebeneinnahmequelle zu verschaffen (Einzelheiten bei *Lackner/Kühl* Vor § 52 StGB Rn 20 mwN).

III. Strafrahmen

Liegt ein Fall der gewerbsmäßigen Verletzung von Urheber- oder Leistungsschutz-   **3**
rechten vor, kommt ein gegenüber der §§ 106 bis 108 erhöhter Strafrahmen zur Anwendung. Statt der dort vorgesehenen Freiheitsstrafe von bis zu drei Jahren sieht
§ 108a einen Strafrahmen von bis zu fünf Jahren vor. Da die Vorschrift in § 109 nicht
erwähnt wird, ist sie – anders als die §§ 106 bis 108 – kein Antragsdelikt, sondern ein
Offizialdelikt. Die Verfolgung der Tat erfolgt also auch dann, wenn ein Strafantrag
nicht gestellt wurde.

IV. Versuch

Nach § 108a Abs. 2 wird bereits der Versuch des gewerbsmäßigen Verhaltens nach   **4**
§ 108a bestraft (s. § 106 Rn 10).

§ 108b Unerlaubte Eingriffe in technische Schutzmaßnahmen und zur Rechtewahrnehmung erforderliche Informationen

(1) Wer

1. in der Absicht, sich oder einem Dritten den Zugang zu einem nach diesem Gesetz geschützten Werk oder einem anderen nach diesem Gesetz geschützten Schutzgegenstand oder deren Nutzung zu ermöglichen, eine wirksame technische Maßnahme ohne Zustimmung des Rechtsinhabers umgeht oder

2. wissentlich unbefugt

   a) eine von Rechtsinhabern stammende Information für die Rechtewahrnehmung entfernt oder verändert, wenn irgendeine der betreffenden Informationen an einem Vervielfältigungsstück eines Werkes oder eines sonstigen Schutzgegenstandes angebracht ist oder im Zusammenhang mit der öffentlichen Wiedergabe eines solchen Werks oder Schutzgegenstandes erscheint, oder

   b) ein Werk oder einen sonstigen Schutzgegenstand, bei dem eine Information für die Rechtewahrnehmung unbefugt entfernt oder geändert wurde, verbreitet, zur Verbreitung einführt, sendet, öffentlich wiedergibt oder öffentlich zugänglich macht

und dadurch wenigstens leichtfertig die Verletzung von Urheberrechten oder verwandten Schutzrechten veranlasst, ermöglicht, erleichtert oder verschleiert,

wird, wenn die Tat nicht ausschließlich zum eigenen privaten Gebrauch des Täters oder mit dem Täter persönlich verbundener Personen erfolgt oder sich auf einen derartigen Gebrauch bezieht, mit Freiheitsstrafe bis zu einem Jahr oder mit Geldstrafe bestraft.

(2) Ebenso wird bestraft, wer entgegen § 95a Abs. 3 eine Vorrichtung, ein Erzeugnis oder einen Bestandteil zu gewerblichen Zwecken herstellt, einführt, verbreitet, verkauft oder vermietet.

(3) Handelt der Täter in den Fällen des Absatzes 1 gewerbsmäßig, so ist die Strafe Freiheitsstrafe bis zu drei Jahren oder Geldstrafe.

Übersicht

Kotthoff

I. Allgemeines

Die Vorschrift wurde durch das Gesetz zur Regelung des Urheberrechts in der Infor- 1
mationsgesellschaft eingeführt. Sie ist in engem Zusammenhang mit den §§ 95a bis
95d sowie § 111a zu sehen. Diese Bestimmungen dienen in ihrer Gesamtheit der Umsetzung von Art. 6 und Art. 7 der Richtlinie 2001/29/EG, die den Schutz von technischen Maßnahmen und von Informationen für die Wahrnehmung der Rechte betreffen. Die Richtlinie 2001/29/EG schreibt in Art. 8 Abs. 1 vor, dass die Mitgliedsstaaten bei der Verletzung der in der Richtlinie festgelegten Rechte und Pflichten
angemessene Sanktionen und Rechtsbehelfe vorzusehen haben. Insoweit hat der
deutsche Gesetzgeber mit den §§ 95a bis 95d ein zivilrechtliches Instrumentarium
geschaffen, während §§ 108b, 111a hoheitliche Maßnahmen zum Schutz von technischen Maßnahmen und von Informationen für die Wahrnehmung der Rechte vorsehen. Da die in Art. 6 und Art. 7 der Richtlinie 2001/29/EG beschriebenen Verhaltensweisen nach ihrem Unrechtsgehalt differenziert werden müssen, hat sich der Gesetzgeber entschlossen, einen Teil dieser Verhaltensweisen als Straftaten, die übrigen
jedoch nur als Ordnungswidrigkeiten zu ahnden (s. BT-Drucks. 15/38, 28). Während
§ 108b die strafrechtlichen Bestimmungen zum Schutz von technischen Maßnahmen
und von Informationen für die Wahrnehmung der Rechte enthält, sind diesbezügliche
Ordnungswidrigkeiten in § 111a geregelt.

Unter Strafe gestellt sind nach § 108b die Umgehung technischer Maßnahmen 2
(Abs. 1 Nr. 1), die Entfernung oder Veränderung von Informationen für die Rechtewahrnehmung sowie der Vertrieb entspr. manipulierter Schutzgegenstände (Abs. 1
Nr. 2), die gewerbsmäßige Begehung dieser Straftaten (Abs. 3) sowie der gewerbliche Vertrieb von Gegenständen, die der Umgehung technischer Maßnahmen dienen
(Abs. 2). Die gesamte Vorschrift ist in engem Zusammenhang mit §§ 95a, 95c zu lesen, da zT auf diese Vorschriften unmittelbar verwiesen wird und zT Begriffe verwendet werden, die dort eine Legaldefinition gefunden haben.

II. Umgehung technischer Maßnahmen (Abs. 1 Nr. 1)

1. Objektiver Tatbestand

Der objektive Tatbestand von Abs. 1 Nr. 1 deckt sich mit dem zivilrechtlichen 3
Schutz wirksamer technischer Maßnahmen gem. § 95a Abs. 1.

Der Begriff der „technischen Maßnahme" ist in § 95a Abs. 2 S. 1 definiert, jener der 4
„Wirksamkeit" einer solchen technischen Maßnahme in § 95a Abs. 2 S. 2. Die dort
enthaltenen Definitionen beruhen wiederum auf Art. 6 Abs. 3 der Richtlinie 2001/29/
EG. Wegen der Einzelheiten wird auf die Kommentierung zu § 95a verwiesen (dort
Rn 4 ff.). Der Begriff der „Umgehung" ist weder in § 95a noch in der Richtlinie
2001/29/EG definiert. Umgangen wird eine wirksame technische Maßnahme dann,
wenn durch das Verhalten des Täters eine Nutzung ermöglicht wird, die ohne ein solches Verhalten gerade wegen der bestehenden technischen Maßnahme nicht möglich
gewesen wäre (Einzelheiten bei § 95a Rn 28 ff.).

Eine Strafbarkeit nach § 108b Abs. 1 Nr. 1 kommt nicht in Betracht, wenn die Um- 5
gehung der technischen Maßnahme mit Zustimmung des Rechtsinhabers erfolgt. Ob
die fehlende Zustimmung des Rechtsinhabers bereits den Tatbestand ausschließt
oder lediglich rechtfertigende Wirkung hat, ist umstr., mag aber dahinstehen

(s. § 106 Rn 6). Auffällig ist, daß der Gesetzgeber in § 108b Abs. 1 Nr. 1 von der „Zustimmung des Rechtsinhabers" spricht, während in den übrigen Vorschriften des Urheberstrafrechts (zB §§ 106, 107) von der „Einwilligung des Berechtigten" die Rede ist. Zieht man zur Auslegung der unterschiedlichen Begriffe die zivilrechtlichen Vorschriften heran, so bedeutet dies, dass im Falle der §§ 106, 107 die Zustimmung des Berechtigten im Zeitpunkt der Tathandlung vorliegen muss (vgl § 183 BGB), während bei § 108b auch eine nachträgliche Zustimmung in Betracht kommt (vgl § 184 BGB). Dass eine in diesem Sinne unterschiedliche Interpretation der Vorschriften des Urheberstrafrechts gewollt ist, mag bezweifelt werden. Auch wenn umstr. ist, ob für die Auslegung des Einwilligungsbegriffs auf die zivilrechtlichen Vorschriften Rückgriff genommen werden kann (s. § 106 Rn 6), verbietet sich jedenfalls eine Analogie zulasten des Täters, mit der Folge, dass auch eine nachträgliche Zustimmung die Anwendbarkeit der Vorschrift ausschließt.

2. Subjektiver Tatbestand

6   In subjektiver Hinsicht setzt eine Straftat nach § 108b Abs. 1 Nr. 1 voraus, dass der Täter in der Absicht handelt, sich oder einem Dritten den Zugang zu einem nach dem UrhG geschützten Werk oder Gegenstand zu verschaffen oder sich die Nutzung eines solchen Werks oder Gegenstands zu ermöglichen. Wer also eine wirksame technische Maßnahme nur versehentlich beseitigt, erfüllt den subjektiven Tatbestand des § 108b Abs. 1 Nr. 1 nicht (zum Begriff der „Absicht" s. *Schönke/Schröder/Cramer/Sternberg-Lieben* § 15 Rn 24, 65 ff.). Es kommt nicht darauf an, ob der Täter den durch die technische Maßnahme geschützten Gegenstand tatsächlich nutzen will; denn nach dem Wortlaut des Gesetzes ist ausdrücklich auch die Absicht ausreichend, sich Zugang zu dem Werk zu verschaffen (s. hierzu auch § 95a Rn 30). Neben der Absicht, sich Zugang zu dem geschützten Gegenstand zu verschaffen oder diesen zu nutzen, muss der Täter vorsätzlich hinsichtlich der objektiven Tatbestandsmerkmale (s. oben Rn 3 ff.) handeln. Ihm muss daher also neben dem Willen zur Tatbestandsverwirklichung bewusst sein, dass er eine wirksame technische Maßnahme umgeht und es insoweit an einer Zustimmung des Rechtsinhabers fehlt.

3. Begehung der Tat zum eigenen privaten Gebrauch

7   Die Umgehung technischer Maßnahmen ist nicht strafbar, wenn die Tat ausschließlich zum eigenen privaten Gebrauch des Täters oder mit dem Täter persönlich verbundener Personen erfolgt. In solchen Fällen entfällt die Strafbarkeit also auch dann, wenn der Täter tatbestandsmäßig und rechtswidrig gehandelt hat. Der Gesetzgeber verhindert damit eine „Kriminalisierung der Wohn- und Kinderzimmer". Die Herausnahme des privaten Gebrauchs aus der Vorschrift des § 108b begründet der Gesetzgeber zum einen damit, dass dies einem Vorschlag zahlreicher zum „Forum der Rechteinhaber" zusammengeschlossener Organisationen entspreche; zum anderen verweist er auf eine hierdurch erreichte Entlastung der Strafverfolgungsbehörden (BT-Drucks. 15/38, 29). Dem Begriff des privaten Gebrauchs liegt die bei § 53 kommentierte Bedeutung zugrunde (dort Rn 13 ff.). Der Begriff der mit dem Täter persönlich verbunden Personen knüpft nach dem Willen des Gesetzgebers an den entspr. Begriff in § 15 Abs. 3 an (s. BT-Drucks. 15/38, 29 sowie § 15 Rn 78 f.). Hinzuweisen ist allerdings darauf, dass die Privilegierung der Privatsphäre nur für die strafrechtliche Sanktion der Umgehung technischer Maßnahmen sowie der Beseitigung

von Informationen zur Rechtewahrnehmung gilt. Zivilrechtliche Ansprüche nach §§ 95a ff. bleiben in solchen Fällen unberührt (s. BT-Drucks. 15/38, 29).

III. Eingriff in die zur Rechtewahrnehmung erforderlichen Informationen (Abs. 1 Nr. 2)

1. Objektiver Tatbestand

a) Entfernung und Veränderung von Informationen für die Rechtewahrneh- **8** **mung (Abs. 1 Nr. 2a).** Der Straftatbestand des § 108b Abs. 1 Nr. 2a) stellt das strafrechtliche Pendant zur zivilrechtlichen Vorschrift des § 95c (Abs. 1) dar. Der für die Straftat zentrale Begriff der „Information für die Rechtewahrnehmung" ist in § 95c Abs. 2 gesetzlich definiert (s. § 95c Rn 7). Unter Strafe wird die Entfernung oder Veränderung (s. § 95c Rn 14 ff.) von Informationen für die Rechtewahrnehmung gestellt, sobald eine Information an einem Vervielfältigungsstück eines Werks oder eines sonstigen Schutzgegenstandes angebracht ist (s. § 95c Rn 11) oder im Zusammenhang mit der öffentlichen Wiedergabe eines solchen Werks oder solchen Schutzgegenstandes erscheint (s. § 95c Rn 11).

b) Verbreitung von Gegenständen, bei denen in die Informationen für die Rech- **9** **tewahrnehmung eingegriffen wurde (Abs. 1 Nr. 2b).** Bestraft wird auch, wer im Anschluss an eine Tat nach Abs. 1 Nr. 2a) die so manipulierten Gegenstände weiterverbreitet, zur Verbreitung einführt, sendet, öffentlich wiedergibt oder öffentlich zugänglich macht. Die Vorschrift entspricht § 95c Abs. 3 (zu Einzelheiten s. § 95c Rn 25 ff.).

2. Subjektiver Tatbestand

Der Täter muss wissentlich und willentlich die objektiven Tatbestandsmerkmale des **10** Abs. 1 Nr. 2a oder b erfüllt haben. Für beide Straftatbestände gilt außerdem, dass der Täter wissentlich unbefugt gehandelt hat. Dies ist dann der Fall, wenn dem Täter bewusst ist, dass er ohne Zustimmung des zur Erteilung einer solchen Zustimmung Berechtigten handelt. Außerdem ist erforderlich, dass der Täter wenigstens leichtfertig (s. hierzu *Schönke/Schröder/Cramer/Sternberg-Lieben* § 15 Rn 106, 205) die Verletzung von Urheberrechten oder verwandten Schutzrechten veranlasst, ermöglicht, erleichtert oder verschleiert (hierzu s. § 95c Rn 20 ff.).

3. Begehung der Tat zum eigenen privaten Gebrauch

Wie im Falle des unerlaubten Eingriffs in technische Schutzmaßnahmen gilt auch für **11** derartige Eingriffe in die zur Rechtewahrnehmung erforderlichen Informationen, dass eine Strafbarkeit nach § 108b entfällt, wenn diese zum eigenen privaten Gebrauch des Täters oder mit dem Täter persönlich verbundener Personen erfolgt oder sich auf einen derartigen Gebrauch bezieht (s. hierzu oben Rn 7).

IV. Vertrieb von Vorrichtungen zur Umgehung technischer Maßnahmen (Abs. 2)

Technische Maßnahmen iSd § 95a Abs. 2 werden häufig durch bestimmte Vorrich- **12** tungen, Erzeugnisse oder Bestandteile umgangen. Daher untersagt § 95a Abs. 3 bestimmte Formen des Inverkehrbringens solcher Vorrichtungen, Erzeugnisse oder Bestandteile sowie diesbezüglicher Vorbereitungshandlungen. Im Anschluss daran stellt § 108b Abs. 2 die Herstellung, Einfuhr, Verbreitung sowie den Verkauf oder die Vermietung solcher Vorrichtungen, Erzeugnisse oder Bestandteile unter Strafe, wenn dies zu gewerblichen Zwecken erfolgt. Die gewerblichen Zwecke sind wie der Begriff der Gewerbsmäßigkeit in § 108a zu verstehen (s. die dortige Kommentierung). Wegen der Tatbestandsvoraussetzungen wird auf die Kommentierung zu § 95a Abs. 3 verwiesen (s. § 95a Rn 57 ff.).

13   Die Bestimmung des § 108b Abs. 2 bildet nur einen Teil der zivilrechtlichen Verbote des § 95a Abs. 3 ab, die übrigen werden als Ordnungswidrigkeit nach § 111a Abs. 1 Nr. 1 geahndet.

V. Strafrahmen

14   Für eine Straftat nach Abs. 1 ist Freiheitsstrafe bis zu einem Jahr oder Geldstrafe vorgesehen. Wird die Tat gewerbsmäßig (s. dazu § 108a Rn 2) begangen, so kommt nach § 108b Abs. 3 Freiheitsstrafe bis zu drei Jahren in Betracht.

§ 109   Strafantrag

In den Fällen der §§ 106 bis 108 und des § 108b wird die Tat nur auf Antrag verfolgt, es sei denn, daß die Strafverfolgungsbehörde wegen des besonderen öffentlichen Interesses an der Strafverfolgung ein Einschreiten von Amts wegen für geboten hält.

Literatur: *Heghmanns* Öffentliches und besonderes öffentliches Interesse an der Verfolgung von Softwarepiraterie, NStZ 1991, 112; *Etter* Softwareschutz durch Strafanzeige?, CR 1989, 115.

I. Allgemeines

1   Die Vorschrift bestimmt, dass im Falle der §§ 106 bis 108 die Tat nur auf Antrag verfolgt wird, sofern nicht die Strafverfolgungsbehörden – auch ohne Antrag – die Strafverfolgung wegen des bes. öffentlichen Interesses für geboten halten. Damit handelt es sich bei §§ 106 bis 108 um sog. Mischformen zwischen absoluten Antragsdelikten und Offizialdelikten. Nicht erwähnt wird in der Vorschrift § 108a. Konsequenz ist, dass es sich bei der gewerbsmäßigen Verletzung von Urheber- und Leistungsschutzrechten um ein Offizialdelikt handelt (s. § 108a Rn 3).

II. Antragserfordernis

2   Ist eine Straftat nur auf Antrag verfolgbar, so richten sich die weiteren Einzelheiten nach den §§ 77 ff. StGB. Zunächst ergibt sich aus § 77 die Antragsberechtigung. Nach § 77 Abs. 1 StGB ist antragsberechtigt grds der Verletzte. Verletzter ist derjenige, in dessen Rechte der Täter durch die verbotene Handlung eingegriffen hat (*BGHSt* 31, 207 mwN). Dies kann der Urheber sein, aber auch der Inhaber eines Nut-

zungsrechts. Entscheidend ist im Falle des Inhabers eines Nutzungsrechts, dass dieser die Befugnis hatte, in die Tat einzuwilligen (vgl *Moehring/Nicolini/Spautz* § 109 Rn 7). Der Verletzte kann auch eine juristische Person sein (*Lackner/Kühl* § 77 StGB Rn 6 mwN).

Zum Strafantrag ist zu berücksichtigen, dass § 77b StGB eine Antragsfrist vorsieht. **3** Diese beträgt 3 Monate und beginnt mit Ablauf des Tages, an dem der Berechtigte (dh der Verletzte) von der Tat und der Person des Täters Kenntnis erlangt.

Die Zurücknahme des Antrags ist in § 77d geregelt und bis zum rechtskräftigen Ab- **4** schluss des Strafverfahrens möglich. Wird ein gestellter Antrag zurückgenommen, kann allerdings im Falle der §§ 106 bis 108 eine Weiterverfolgung durch die Strafverfolgungsbehörden wegen bestehenden öffentlichen Interesses (dazu unten 5) erfolgen.

III. Besonderes öffentliches Interesse an der Verfolgung der Tat

Selbst wenn der Verletzte einen Strafantrag nicht stellt (§ 77 StGB) oder diesen spä- **5** ter zurücknimmt (§ 77d StGB), ist eine Strafverfolgung möglich. Ob ein bes. öffentliches Interesse vorliegt, ist eine Entsch., die im pflichtgemäßen Ermessen der Strafverfolgungsbehörden steht. Nach stRspr ist weder die positive noch die negative Entsch. über das Einschreiten bzw Nichteinschreiten nachprüfbar (s. *Lackner/Kühl* § 230 StGB Rn 5 mwN).

§ 110   Einziehung

Gegenstände, auf die sich eine Straftat nach den §§ 106, 107 Abs. 1 Nr. 2, §§ 108 bis 108b bezieht, können eingezogen werden. § 74a des Strafgesetzbuches ist anzuwenden. Soweit den in den §§ 98 und 99 bezeichneten Ansprüchen im Verfahren nach den Vorschriften der Strafprozeßordnung über die Entschädigung des Verletzten (§§ 403 bis 406c) stattgegeben wird, sind die Vorschriften über die Einziehung nicht anzuwenden.

Literatur: *Lührs* Verfolgungsmöglichkeiten im Fall der „Produktpiraterie" unter besonderer Betrachtung der Einziehungs- und Gewinnabschöpfungsmöglichkeiten (bei Ton-, Bild- und Computerprogrammträgern), GRUR 1994, 264; *Spautz* Urheberstrafrecht – Wohin geht die Entwicklung?, ZUM 1990, 164.

I. Allgemeines

Nach § 74 StGB unterliegen Gegenstände, die durch eine Straftat hervorgebracht **1** werden (sog. *producta sceleris*) oder zu ihrer Begehung oder Vorbereitung gebraucht wurden oder bestimmt gewesen sind (sog. *instrumenta sceleris*), der Einziehung (dazu allg. s. *Lackner/Kühl* § 74 StGB Rn 1 f.). Die allg. Einziehung nach den §§ 74 ff. StGB findet auch im Bereich des Urheberrechts Anwendung. Der Anwendungsbereich von § 74 Abs. 1 StGB wird durch § 110 S. 1 allerdings über die *producta sceleris* und *instrumenta sceleris* hinaus erweitert (dazu unten Rn 2). S. 2 bestimmt die Anwendbarkeit von § 74a StGB; S. 3 der Vorschrift klärt das Verhältnis zwischen dem strafprozessualen Adhäsionsverfahren und der Einziehung nach § 110.

II. Erweiterte Einziehungsmöglichkeiten (S. 1)

2 Nach S. 1 können Gegenstände, auf die sich eine Straftat nach den §§ 106, 107 Abs. 1 Nr. 2, 108 oder 108a bezieht, eingezogen werden. Der nach § 110 geforderte Zusammenhang zwischen der Tat und den einzuziehenden Gegenständen ist gegenüber § 74 Abs. 1 StGB deutlich erweitert. Der Zweck der Regelung erklärt sich vor dem Hintergrund, dass die Einziehung nach § 74 StGB für weite Teile des Urheberstrafrechts nicht in Betracht kommt. Wird die Tat durch ein Vervielfältigen begangen, so erfasst § 74 StGB zwar sowohl die zur Vervielfältigung eingesetzte Vorrichtung (*instrumenta sceleris*) als auch die damit hergestellten Vervielfältigungsstücke (*producta sceleris*); besteht die Tathandlung hingegen in einem Verbreiten, griffe § 74 StGB ins Leere. Hier setzt § 110 an, der es für eine Einziehung ausreichen lässt, wenn sich die Straftat auf die einzuziehenden Gegenstände bezieht. Dass ein solcher Bezug gegeben ist, liegt zB bei der Verbreitung illegaler Tonträger hinsichtlich dieser Tonträger auf der Hand (weitere Einzelheiten bei *Schricker/Haß* § 110 Rn 4).

III. Anwendung des § 74a StGB (S. 2)

3 Nach § 74 Abs. 2 StGB setzt die Einziehung voraus, dass dem Täter die einzuziehenden Gegenstände zur Zeit der Entsch. gehören oder zustehen (Nr. 1) oder diese Gegenstände die Allgemeinheit gefährden oder voraussichtlich zur Begehung weiterer Straftaten eingesetzt werden (Nr. 2). Damit die Einziehung nicht in aller Regelmäßigkeit an § 74 Abs. 2 Nr. 1 StGB scheitert, bestimmt § 74a StGB, dass die Einziehung auch dann zulässig ist, wenn derjenige, dem die einzuziehenden Gegenstände gehören oder zustehen, den Einsatz dieser Gegenstände im Zusammenhang mit der Straftat mit zu verantworten hat. Da die Anwendbarkeit von § 74a ausdrücklich davon abhängt, dass das Gesetz auf diese Vorschrift verweist, findet sich in § 110 S. 2 eine entspr. Verweisung.

IV. Verhältnis zwischen Einziehung und Adhäsionsverfahren (S. 3)

4 S. 3 regelt das Verhältnis zwischen der Einziehung und der Geltendmachung der in §§ 98, 99 geregelten Ansprüche auf Vernichtung und Überlassung von Vervielfältigungsstücken und zu ihrer Herstellung eingesetzten Vorrichtungen im Adhäsionsverfahren nach §§ 403 ff. StPO. Hierzu ordnet S. 3 an, dass das Adhäsionsverfahren den Vorrang in dem Sinne hat, dass es eine Einziehung ausschließt (weitere Einzelheiten bei *Schricker/Haß* § 110 Rn 2).

§ 111 Bekanntgabe der Verurteilung

Wird in den Fällen der §§ 106 bis 108b auf Strafe erkannt, so ist, wenn der Verletzte es beantragt und ein berechtigtes Interesse daran dartut, anzuordnen, daß die Verurteilung auf Verlangen öffentlich bekanntgemacht wird. Die Art der Bekanntmachung ist im Urteil zu bestimmen.

Literatur: *Schomburg* Die öffentliche Bekanntmachung einer strafrechtlichen Verurteilung, ZRP 1986, 65.

Übersicht

I. Allgemeines

Nach § 111 kommt die öffentliche Bekanntmachung einer Verurteilung nach §§ 106 **1** bis 108b in Betracht. Bekannt ist dieses Instrument insb. aus § 200 StGB (Bekanntgabe der Verurteilung wegen Beleidigung). In der Sache dient die öffentliche Bekanntmachung der Rehabilitation des Verletzten. Dabei geht es im Falle einer Urheberrechtsverletzung in erster Linie darum, einer durch den Täter bewirkten Marktverwirrung entgegenzutreten. Eine § 111 entspr. Regelung befindet sich für die zivilrechtliche Durchsetzung von Ansprüchen aus dem UrhG in § 103. Auch dort hängt die Bekanntmachung davon ab, dass ein berechtigtes Interesse dargetan wird. Sowohl bei § 103 als auch bei § 108 werden außerdem Art und Umfang der Bekanntmachung im Urt. bestimmt.

II. Voraussetzungen der Bekanntgabe

Zunächst setzt die öffentliche Bekanntgabe voraus, dass der Täter wegen einer Straf- **2** tat nach §§ 106 bis 108b verurteilt wurde. Des weiteren bedarf es eines Antrags des durch die Tat Verletzten (s. dazu § 109 Rn 2). Schließlich ist erforderlich, dass der Verletzte ein berechtigtes Interesse an der Bekanntgabe dargetan hat. Ob ein solches an der Bekanntgabe der Entsch. besteht, ist anhand der Umstände des Einzelfalles zu ermitteln. Zu berücksichtigen sind dabei insb. das Rehabilitationsinteresse des Verletzten, aber auch das Resozialisierungsinteresse des Täters. Eine wesentliche Rolle spielt in diesem Zusammenhang auch der Faktor Zeit. Liegt die Tat bereits länger zurück und ist sie im Bewusstsein der maßgebenden Kreise der Öffentlichkeit mehr oder weniger erloschen, wird ein berechtigtes Interesse allenfalls noch unter dem Gesichtspunkt der Generalprävention bejaht werden können. Regelmäßig wird in diesen Fällen aber das Resozialisierungsinteresse des Täters vorgehen.

Umstr. ist, welche Bedeutung der Wendung zukommt, dass das berechtigte Interesse **3** an der Bekanntgabe durch den Verletzten „dargetan" werden muss. Da es sich bei der öffentlichen Bekanntgabe nach § 110 um eine strafrechtliche Sanktion handelt, kann iE auch für das Vorliegen der Voraussetzungen dieser Norm nur der das Strafverfahren insgesamt beherrschende Amtsermittlungsgrundsatz zur Anwendung gelangen (zutr. *Schricker/Haß* § 111 Rn 6 mwN zum Streitstand).

III. Art der Bekanntmachung (S. 2)

4   Nach S. 2 wird im Urt. die Art der Bekanntmachung der Verurteilung bestimmt. Hierzu gehört insb. die Form der Veröffentlichung und das Medium, in dem diese erfolgen soll. Zu bestimmen ist außerdem der zur Veröffentlichung Berechtigte und der genaue Gegenstand der Veröffentlichung. Zu berücksichtigen ist in diesem Zusammenhang, dass im Falle einer gleichzeitigen Verurteilung des Täters aus Straftatbeständen, die außerhalb der §§ 106 bis 108b liegen, eine Bekanntgabe sich nicht auf diese weiteren Normen beziehen darf (*BGHSt* 10, 306, 312).

§ 111a   Bußgeldvorschriften

(1) Ordnungswidrig handelt, wer

1. entgegen § 95a Abs. 3
   a) eine Vorrichtung, ein Erzeugnis oder einen Bestandteil verkauft, vermietet oder über den Kreis der mit dem Täter persönlich verbundenen Personen hinaus verbreitet oder
   b) zu gewerblichen Zwecken eine Vorrichtung, ein Erzeugnis oder einen Bestandteil besitzt, für deren Verkauf oder Vermietung wirbt oder eine Dienstleistung erbringt,
2. entgegen § 95b Abs. 1 Satz 1 ein notwendiges Mittel nicht zur Verfügung stellt oder
3. entgegen § 95d Abs. 2 Satz 1 Werke oder andere Schutzgegenstände nicht oder nicht vollständig kennzeichnet.

(2) Die Ordnungswidrigkeit kann in den Fällen des Absatzes 1 Nr. 1 und 2 mit einer Geldbuße bis zu fünfzigtausend Euro und in den übrigen Fällen mit einer Geldbuße bis zu zehntausend Euro geahndet werden.

Übersicht

	Rn		Rn
I. Allgemeines	1	3. Kennzeichnung von Gegenständen,	
II. Ordnungswidrigkeiten (Abs. 1)	2	die durch wirksame technische	
1. Förderung des Einsatzes von Vorrich-		Maßnahmen geschützt sind	
tungen, die der Beseitigung wirksamer		(Abs. 1 Nr. 3)	5
technischer Maßnahmen dienen	2	III. Geldbuße (Abs. 2)	6
2. Durchsetzung von Schrankenbestim-			
mungen (Abs. 1 Nr. 2)	4		

I. Allgemeines

1   Infolge des Gesetzes zur Regelung des Urheberrechts in der Informationsgesellschaft wurde mit dem neuen § 111a erstmals eine Bußgeldvorschrift in das UrhG eingeführt. Gleichzeitig erhielt der bisherige § 111a die neue Ordnungszahl 111b. Die Vorschrift ist im Zusammenspiel mit den §§ 95a bis 95d sowie mit § 108b zu sehen (s. § 108b Rn 1). Sie betrifft die hoheitliche Ahndung jener zivilrechtlichen Verbotstatbestände der §§ 95a ff., deren Verfolgung als Straftat nicht angemessen wäre, weil es sich um weniger schwerwiegende Fälle handelt (s. BT-Drucks. 15/38, 28).

II. Ordnungswidrigkeiten (Abs. 1)

1. Förderung des Einsatzes von Vorrichtungen, die der Beseitigung wirksamer technischer Maßnahmen dienen

In § 111a Abs. 1 Nr. 1 werden jene zivilrechtlichen Verbotstatbestände des § 95a Abs. 3 als Ordnungswidrigkeit behandelt, die nicht bereits in § 108b Abs. 2 als Straftat geahndet werden. Wie im Falle des § 108b Abs. 2 sind Anknüpfungspunkte Vorrichtungen, Erzeugnisse oder Bestandteile, die der Umgehung wirksamer technischer Maßnahmen dienen (s. § 95a Rn 4 ff.). 2

Nach Abs. 1 Nr. 1a handelt ordnungswidrig, wer eine solche Vorrichtung verkauft oder vermietet, also auf diese Weise Einkünfte erzielt. Eine Verbreitung solcher Vorrichtungen ohne die Absicht der Erzielung von Einkünften wird nur dann als Ordnungswidrigkeit geahndet, wenn sie über den Kreis der mit dem Täter persönlich verbundenen Personen hinaus erfolgt. Entspr. § 108b Abs. 1 sollen also solche Personen von der hoheitlichen Verfolgung (nicht aber der zivilrechtlichen Verfolgung) ihrer Tat ausgenommen werden, die nur in ihrer Privatsphäre handeln (s. § 108b Rn 7).

Ordnungswidrig ist es nach Abs. 1 Nr. 1b, die in § 95a bezeichneten Vorrichtungen, Erzeugnisse oder Bestandteile zu gewerblichen Zwecken zu besitzen oder für ihren Verkauf oder ihre Vermietung zu werben. Schließlich handelt ordnungswidrig, wer entgegen § 95a Abs. 3 Dienstleistungen erbringt, deren Ziel es ist, wirksame technische Maßnahmen zu umgehen. Wegen der Einzelheiten des Tatbestands wird auf die Kommentierung zu § 95a Abs. 3 verwiesen (s. § 95a Rn 57 ff.). 3

2. Durchsetzung von Schrankenbestimmungen (Abs. 1 Nr. 2)

Der Einsatz wirksamer technischer Maßnahmen hat zwangsläufig zur Folge, dass Personen, die nach den Schrankenbestimmungen der §§ 45 ff. zur Nutzung eines Werks berechtigt sind, diese Nutzung tatsächlich nicht realisieren können. Daher schreibt § 95b Abs. 1 vor, dass den durch die in jener Vorschrift genannten Bestimmungen begünstigten Personen die notwendigen Mittel zur Verfügung zu stellen sind, um die durch die Schranken gewährten Rechte durchzusetzen (zu Einzelheiten s. die Kommentierung bei § 95b). Wer den berechtigten Personen die notwendigen Mittel vorenthält, handelt nach § 111a Abs. 1 Nr. 2 ordnungswidrig. 4

3. Kennzeichnung von Gegenständen, die durch wirksame technische Maßnahmen geschützt sind (Abs. 1 Nr. 3)

Die Bestimmung des Abs. 1 Nr. 3 knüpft an § 95d Abs. 2 S. 1 an. Wie Abs. 1 Nr. 2 bzw § 95b hat die Vorschrift den Zweck, die Unterwanderung der in § 95b Abs. 1 genannten Schrankenbestimmungen durch wirksame technische Maßnahmen zu unterbinden. Nach § 95b Abs. 2 kann die durch eine Schrankenbestimmung begünstigte Person die Herausgabe der zur Beseitigung der technischen Schutzmaßnahme notwendigen Mittel verlangen. Damit er diesen Anspruch geltend machen kann, ist derjenige, der die technischen Maßnahmen einsetzt, nach § 95d Abs. 2 S. 1 verpflichtet, die mit technischen Maßnahmen geschützten Werke mit seinem Namen und seiner zustellungsfähigen Anschrift zu kennzeichnen. Unterbleibt dies, liegt eine Ordnungswidrigkeit nach § 111a Abs. 1 Nr. 3 vor. Zu beachten ist freilich, dass eine der- 5 artige Ahndung ausscheidet, wenn gem. § 95d Abs. 2 S. 2 eine Anwendung von § 95d Abs. 2 S. 1 ausscheidet.

III. Geldbuße (Abs. 2)

6 Die in § 111a Abs. 1 genannten Ordnungswidrigkeiten können mit Geldbuße geahndet werden, und zwar in Höhe von bis zu 50.000 € im Falle von Abs. 1 Nr. 1 und Nr. 2 sowie mit bis zu 10.000 € im Falle von Abs. 1 Nr. 3.

Unterabschnitt 3
Vorschriften über Maßnahmen der Zollbehörde

§ 111b   Maßnahmen der Zollbehörden

(1) Verletzt die Herstellung oder Verbreitung von Vervielfältigungsstücken das Urheberrecht oder ein anderes nach diesem Gesetz geschütztes Recht, so unterliegen die Vervielfältigungsstücke, soweit nicht die Verordnung (EG) Nr. 3295/94 des Rates vom 22. Dezember 1994 über Maßnahmen zum Verbot der Überführung nachgeahmter Waren und unerlaubt hergestellter Vervielfältigungsstücke oder Nachbildungen in den zollrechtlich freien Verkehr oder in ein Nichterhebungsverfahren sowie zum Verbot ihrer Ausfuhr und Wiederausfuhr (ABl. EG Nr. L 341 S. 8) in ihrer jeweils geltenden Fassung anzuwenden ist, auf Antrag und gegen Sicherheitsleistung des Rechtsinhabers bei ihrer Einfuhr oder Ausfuhr der Beschlagnahme durch die Zollbehörde, sofern die Rechtsverletzung offensichtlich ist. Dies gilt für den Verkehr mit anderen Mitgliedstaaten der Europäischen Union sowie mit den anderen Vertragsstaaten des Abkommens über den Europäischen Wirtschaftsraum nur, soweit Kontrollen durch die Zollbehörden stattfinden.

(2) Ordnet die Zollbehörde die Beschlagnahme an, so unterrichtet sie unverzüglich den Verfügungsberechtigten sowie den Antragsteller. Dem Antragsteller sind Herkunft, Menge und Lagerort der Vervielfältigungsstücke sowie Name und Anschrift des Verfügungsberechtigten mitzuteilen; das Brief- und Postgeheimnis (Artikel 10 des Grundgesetzes) wird insoweit eingeschränkt. Dem Antragsteller wird Gelegenheit gegeben, die Vervielfältigungsstücke zu besichtigen, soweit hierdurch nicht in Geschäfts- oder Betriebsgeheimnisse eingegriffen wird.

(3) Wird der Beschlagnahme nicht spätestens nach Ablauf von zwei Wochen nach Zustellung der Mitteilung nach Absatz 2 Satz 1 widersprochen, so ordnet die Zollbehörde die Einziehung der beschlagnahmten Vervielfältigungsstücke an.

(4) Widerspricht der Verfügungsberechtigte der Beschlagnahme, so unterrichtet die Zollbehörde hiervon unverzüglich den Antragsteller. Dieser hat

gegenüber der Zollbehörde unverzüglich zu erklären, ob er den Antrag nach Absatz 1 in bezug auf die beschlagnahmten Vervielfältigungsstücke aufrechterhält.

1. Nimmt der Antragsteller den Antrag zurück, hebt die Zollbehörde die Beschlagnahme unverzüglich auf.

2. Hält der Antragsteller den Antrag aufrecht und legt er eine vollziehbare gerichtliche Entscheidung vor, die die Verwahrung der beschlagnahmten Vervielfältigungsstücke oder eine Verfügungsbeschränkung anordnet, trifft die Zollbehörde die erforderlichen Maßnahmen.

Liegen die Fälle der Nummern 1 oder 2 nicht vor, hebt die Zollbehörde die Beschlagnahme nach Ablauf von zwei Wochen nach Zustellung der Mitteilung an den Antragsteller nach Satz 1 auf; weist der Antragsteller nach, daß die gerichtliche Entscheidung nach Nummer 2 beantragt, ihm aber noch nicht zugegangen ist, wird die Beschlagnahme für längstens zwei weitere Wochen aufrechterhalten.

(5) Erweist sich die Beschlagnahme als von Anfang an ungerechtfertigt und hat der Antragsteller den Antrag nach Absatz 1 in bezug auf die beschlagnahmten Vervielfältigungsstücke aufrechterhalten oder sich nicht unverzüglich erklärt (Absatz 4 Satz 2), so ist er verpflichtet, den dem Verfügungsberechtigten durch die Beschlagnahme entstandenen Schaden zu ersetzen.

(6) Der Antrag nach Absatz 1 ist bei der Oberfinanzdirektion zu stellen und hat Wirkung für zwei Jahre, sofern keine kürzere Geltungsdauer beantragt wird; er kann wiederholt werden. Für die mit dem Antrag verbundenen Amtshandlungen werden vom Antragsteller Kosten nach Maßgabe des § 178 der Abgabenordnung erhoben.

(7) Die Beschlagnahme und die Einziehung können mit den Rechtsmitteln angefochten werden, die im Bußgeldverfahren nach dem Gesetz über Ordnungswidrigkeiten gegen die Beschlagnahme und Einziehung zulässig sind. Im Rechtsmittelverfahren ist der Antragsteller zu hören. Gegen die Entscheidung des Amtsgerichts ist die sofortige Beschwerde zulässig; über sie entscheidet das Oberlandesgericht.

(8) In Verfahren nach der Verordnung (EG) Nr. 3295/94 sind die Absätze 1 bis 7 entsprechend anzuwenden, soweit in der Verordnung nichts anderes bestimmt ist.

Literatur: *Ahrens* Die gesetzlichen Grundlagen der Grenzbeschlagnahme von Produktpiraterieewaren nach dem deutschen nationalen Recht, BB 1997, 902; *ders.* Die europarechtlichen Möglichkeiten der Beschlagnahme von Produktpiraterieewaren an der Grenze unter Berücksichtigung des TRIPS-Abkommen, RIW 1996, 727; *Bär* Durchsuchungen im EDV-Bereich, CR 1995, 158; *Beuszel* Die Grenzbeschlagnahme von Parallelimporten, GRUR 2000, 188; *Bork* Effiziente Beweissicherung für den Urheberrechtsverletzungsprozeß – dargestellt am Beispiel raubkopierter Computerprogramme, NJW 1997, 1665; *Braun/Heise* Die Grenzbeschlagnahme illegaler Tonträger in Fällen des Transits, GRUR Int 2001, 28; *Dierck/Lehmann* Die Bekämpfung der Produktpiraterie nach der Urheberrechtsnovelle, CR 1993, 537; *Fritze/Stauder* Die Beschaffung von Beweisen für die Verletzung von gewerblichen Schutzrechten, GRUR Int 1986, 342; *Götting* Die Entwicklung neuer Methoden der Beweisbeschaffung zur Bekämpfung von Schutzrechtsverletzungen, GRUR Int 1988, 729; *Knaak* Die nationalen und internationalen Arbeiten gegen die Markenpiraterie, GRUR Int 1988, 1; *Kröger/Bausch* Produktpiraterie im Patentwesen, GRUR 1997, 321; *Lührs* Verfolgungsmöglichkeiten im Fall der „Produktpiraterie" unter besonderer Betrachtung der Einziehungs- und Gewinnabschöpfungsmöglichkeiten (bei Ton-, Bild- und Computerprogrammträgern), GRUR 1994, 264; *Scheja* Bekämpfung der grenzüberschreitenden Produktpiraterie durch die Zollbehörden, CR 1995, 714; *Tilmann* Der Schutz gegen Produktpiraterie nach dem Gesetz von 1990, BB 1990, 1565.

I. Allgemeines

1. Gegenstand der Regelung

1 Die Vorschrift wurde durch das Produktpirateriegesetz v. 7.3.1990 (BGBl I, 422) als § 111a in das UrhG eingefügt und ohne inhaltliche Änderung durch das Gesetz zur Regelung des Urheberrechts in der Informationsgesellschaft zu § 111b. Ihr Sinn und Zweck liegt darin, es dem Rechtsinhaber zu ermöglichen, Waren, die das Urheberrecht oder verwandte Schutzrechte verletzen, möglichst wirksam aus dem Verkehr zu ziehen. Die Grenzbeschlagnahme ist hierbei ein geeignetes Mittel, da der Zugriff auf solche Ware bei dem Zoll eine wirksame Möglichkeit darstellt, deren weiteren Vertrieb zu unterbinden.

2. Verhältnis zu der Verordnung (EG) Nr. 3295/94

2 Die praktische Bedeutung von § 111b ist gering. Der Grund hierfür ist die in der Vorschrift selbst mehrfach erwähnte VO (EG) Nr. 3295/94 des Rates v. 22.12.1994 (ABlEG L 341/8). Diese bildet den Rechtsrahmen für Grenzbeschlagnahmen im Verhältnis zwischen den Mitgliedstaaten der EU und den Vertragsstaaten des EWR-Abkommens einerseits sowie Drittstaaten andererseits. Die Subsidiarität des § 111b gegenüber der VO (EG) Nr. 3295/94 ist in § 111b Abs. 1 S. 1 ausdrücklich festgehalten. Damit gilt § 111b praktisch nur im Verhältnis der Mitgliedstaaten der EU und Vertragsstaaten des EWR-Abkommens. Dass die praktische Bedeutung der Vorschrift insoweit gering ist, wird durch Abs. 1 S. 2 unterstrichen. Danach kommt eine Grenzbeschlagnahme nur in Betracht, soweit Kontrollen durch die Zollbehörden überhaupt stattfinden. Dies allerdings ist im Verhältnis der Mitgliedstaaten der EU und der Vertragsstaaten des EWR-Abkommens häufig nicht der Fall.

3 Nach Abs. 8 sind die Abs. 1 bis 7 entspr. auf die Grenzbeschlagnahme nach der VO (EG) Nr. 3295/94 anzuwenden, soweit die Verordnung keine abweichende Be-

stimmung trifft (zur praktischen Bedeutung s. *Wandtke/Bullinger/Kefferpütz* § 111a Rn 45).

3. Überblick

Die Vorschrift regelt zunächst die materiellen Voraussetzungen einer Grenzbe-   **4** schlagnahme (Abs. 1 S. 1). Außerdem finden sich Bestimmungen über den Ablauf des Verfahrens. Geregelt sind ferner die Antragstellung (Abs. 1 und 6), die Anordnung (Abs. 2) sowie das weitere Schicksal der Anordnung in Abhängigkeit von dem anschließenden Verhalten der Beteiligten (Abs. 3 und 4). Die gegen die Grenzbeschlagnahme zur Verfügung stehenden Rechtsmittel führt Abs. 7 auf. Schließlich bestimmt Abs. 5, dass der Antragsteller zu Schadenersatz verpflichtet ist, sollte sich herausstellen, daß die Grenzbeschlagnahme nicht gerechtfertigt ist und der Antragsteller gleichwohl das Verfahren weiter betreibt.

II. Materielle Voraussetzungen

1. Offensichtliche Rechtsverletzung

Nach Abs. 1 S. 1 kommt eine Grenzbeschlagnahme nur in Betracht, wenn offensicht-   **5** lich ist, dass die dem Zoll vorgelegte Ware nach dem UrhG geschützte Rechte verletzt. Offensichtlich ist die Rechtsverletzung, wenn sie sich ohne juristische und sonstige Fachkenntnisse feststellen lässt (*Schricker/Haß* § 111a Rn 4; s. auch BT-Drucks. 11/4792, 32). An der notwendigen Offensichtlichkeit fehlt es, wenn entweder die Rechtslage oder die Vollständigkeit des maßgeblichen Sachverhalts Zweifel zulassen (*Wandtke/Bullinger/Kefferpütz* § 111a Rn 19).

2. Einfuhr oder Ausfuhr

Der Grenzbeschlagnahme unterliegt nach Abs. 1 S. 1 ausdrücklich Verletzungsgut,   **6** das ausgeführt oder eingeführt wird. Nicht ausdrücklich angesprochen ist der Fall des Transits, bei dem eine direkte Wiederausfuhr des eingeführten Verletzungsguts stattfindet. Der Wortlaut des § 111b Abs. 1 S. 1 spricht allerdings dafür, dass auch die Fälle des Transits erfasst werden. Entscheidend ist, dass das Verletzungsgut eingeführt ist, unerheblich hingegen, ob es anschließend im Inland verbreitet oder unmittelbar wieder ausgeführt wird. Für die VO (EG) Nr. 3295/94 hat der EuGH ausdrücklich entschieden, dass eine Grenzbeschlagnahme auch im Falle des Transits möglich ist (*EuGH* WRP 2000, 713, 716; s. auch *Braun/Heise* GRUR Int 2001, 28).

III. Verfahren

1. Antragstellung (Abs. 1 S. 1, Abs. 6)

Voraussetzung für eine Grenzbeschlagnahme ist ein Antrag des Rechtsinhabers.   **7** Rechtsinhaber ist derjenige, der die Befugnis hat, die Einfuhr oder Ausfuhr des Verletzungsguts zu autorisieren. Dies muss nicht zwingend der betroffene Urheber oder Inhaber des verwandten Schutzrechts sein (so aber *Wandtke/Bullinger/Kefferpütz* § 111a Rn 10). Vielmehr ist hier auch der Inhaber eines Nutzungsrechts denkbar, insb. soweit es sich um ein ausschließliches handelt.

8 Nach Abs. 6 ist der Antrag bei der Oberfinanzdirektion zu stellen. Eine bestimmte Form wird durch das Gesetz nicht vorgeschrieben. Die zuständige Zollbehörde (Oberfinanzdirektion Nürnberg) hat jedoch geeignete Formulare entwickelt (s. www.zoll-d.de), deren Verwendung empfehlenswert ist.

2. Sicherheitsleistung (Abs. 1 S. 1)

9 Nach Abs. 1 S. 1 kommt eine Beschlagnahme durch die Zollbehörde nur in Betracht, wenn der Rechtsinhaber eine Sicherheitsleistung erbracht hat. Die Höhe der Sicherheitsleistung wird durch das Gesetz nicht näher bestimmt, sondern ist durch die zuständige Behörde festzusetzen. Eine Möglichkeit, die Beschlagnahme ohne Sicherheitsleistung anzuordnen, sieht das Gesetz nicht vor. In der Praxis erfolgt die Sicherheitsleistung regelmäßig durch die Erbringung einer Bankbürgschaft.

3. Entscheidung über den Grenzbeschlagnahmeantrag

10 Die Entsch. der nach Abs. 6 für den Grenzbeschlagnahmeantrag zuständigen Oberfinanzdirektion bewirkt als solche noch nicht die Beschlagnahme des Verletzungsguts. Hierfür ist vielmehr eine Anordnung der Zollbehörde nach Abs. 2 S. 1 erforderlich. Der Antrag auf Grenzbeschlagnahme setzt nicht voraus, dass konkret die Einfuhr oder Ausfuhr von Verletzungsgut droht. Vielmehr reicht die generelle Möglichkeit der Einfuhr eines bestimmten Verletzungsguts. Dies ergibt sich aus dem Umstand, dass der Antrag auf Grenzbeschlagnahme nach Abs. 6 Wirkung für bis zu zwei Jahre haben und auch wiederholt werden kann.

11 Lehnt die nach Abs. 6 zuständige Oberfinanzdirektion den Antrag auf Durchführung der Grenzbeschlagnahme ab, so kann der Antragsteller hiergegen binnen einer Frist von einem Monat Einspruch einlegen (§ 347 AO).

4. Anordnung der Beschlagnahme

12 Liegt eine wirksame Entsch. der Oberfinanzdirektion über die Grenzbeschlagnahme eines bestimmten Verletzungsguts vor, so haben die Zollbehörden darauf zu achten, ob entspr. Ware in das Bundesgebiet eingeführt oder aus diesem ausgeführt wird. Stellt die Zollbehörde die Einfuhr oder Ausfuhr von Waren fest, die offensichtlich Verletzungsgut darstellen, so ordnet sie die Beschlagnahme dieser Ware an (Abs. 2 S. 1). Hiervon sind sodann der Antragsteller (so Rn 7) sowie der Verfügungsberechtigte zu unterrichten. Verfügungsberechtigt ist derjenige, der die Waren einführt oder ausführt, zB also der Importeur, Exporteur oder Spediteur der Ware. Gleichzeitig ist dem Antragsteller Gelegenheit zu geben, sich Kenntnis der für die Einleitung eines gerichtlichen Verfahrens notwendigen Tatsachen zu verschaffen. Zu diesem Zwecke ist die Zollbehörde verpflichtet, dem Antragsteller Herkunft, Menge und Lagerort der Vervielfältigungsstücke sowie Name und Anschrift des Verfügungsberechtigten mitzuteilen (Abs. 2 S. 2). Außerdem ist dem Antragsteller Gelegenheit zu geben, die beschlagnahmte Ware zu besichtigen (Abs. 2 S. 3). Dieses Besichtigungsrecht steht allerdings unter dem ausdrücklichen Vorbehalt, dass hierdurch keine Geschäfts- oder Betriebsgeheimnisse verletzt werden. Praktisch relevant dürfte dies allerdings nicht sein, denn der Antragsteller ist in erster Linie daran interessiert, die beschlagnahmte Ware in der Form zu besichtigen, in der sie in den Verkehr gelangen soll. Insoweit sind Einschränkungen, die sich aus fremden Geschäfts- und Betriebsgeheimnissen ergeben können, nicht denkbar.

5. Widerspruchsrecht des Verfügungsberechtigten

a) Fehlende Ausübung des Widerspruchsrechts (Abs. 3). Binnen zwei Wochen   **13** nach Zustellung der in Abs. 2 S. 1 vorgesehenen Mitteilung über die Anordnung der Beschlagnahme hat der Verfügungsberechtigte die Möglichkeit, Widerspruch gegen diese Entsch. einzulegen. Unterbleibt dies, so unterliegt nach Abs. 3 die beschlagnahmte Ware der Einziehung, welche die Zollbehörde anordnet. Eines weiteren Tätigwerdens des Antragstellers bedarf es hierzu nicht. Ein solches vereinfachtes Einziehungsverfahren ist in der VO (EG) Nr. 3295/94 nicht vorgesehen (dazu eingehend *Wandtke/Bullinger/Kefferpütz* § 111a Rn 25 f.).

b) Widerspruch des Verfügungsberechtigten (Abs. 4). Widerspricht der Verfü-   **14** gungsberechtigte der Anordnung der Beschlagnahme binnen zwei Wochen nach Zustellung einer entspr. Mitteilung, so muss der Antragsteller tätig werden. Begründen muss der Verfügungsberechtigte seinen Widerspruch nicht. Liegt dessen Widerspruch vor, unterrichtet die Zollbehörde den Antragsteller davon (Abs. 4 S. 1). Dieser muss sich sodann unverzüglich dazu erklären, ob er den Grenzbeschlagnahmeantrag in Bezug auf die beschlagnahmte Ware aufrechterhält (Abs. 4 S. 2). Erklärt der Antragsteller, dass er den Antrag insoweit nicht aufrechterhält (Abs. 4 S. 2 Nr. 1) oder unterbleibt eine Äußerung binnen zwei Wochen ab Unterrichtung über den Widerspruch des Verfügungsberechtigten (Abs. 4 S. 3), so hebt die Zollbehörde die Anordnung der Beschlagnahme auf.

Entscheidet sich der Antragsteller dafür, den Grenzbeschlagnahmeantrag auch hin-   **15** sichtlich der beschlagnahmten Ware aufrechtzuerhalten, so hat er gleichzeitig eine gerichtliche Entsch. vorzulegen, die die Verwahrung der beschlagnahmten Ware oder eine Verfügungsbeschränkung anordnet (Abs. 4 S. 2 Nr. 2). Der Antragsteller muss dann also vor den ordentlichen Gerichten eine einstweilige Verfügung gem. § 935 ZPO erwirken. Hierfür steht ihm ein Zeitraum von bis zu vier Wochen zur Verfügung, der in der Praxis auch ausreichend ist. Dieser Zeitraum ergibt sich daraus, dass zum einen der Antragsteller sich binnen zwei Wochen äußern muss, ob er den Grenzbeschlagnahmeantrag hinsichtlich der beschlagnahmten Ware aufrechterhält und zum anderen daraus, dass gem. Abs. 4 S. 3 eine Aufrechterhaltung der Beschlagnahme für zwei weitere Wochen in Betracht kommt, wenn der Antragsteller nachweist, dass er die erforderlichen gerichtlichen Schritte eingeleitet hat.

6. Rechtsmittel (Abs. 7)

Welche Rechtsmittel dem Verfügungsberechtigten gegen die Beschlagnahme oder   **16** die Einziehung zur Verfügung stehen, ist in Abs. 7 geregelt. Dort wird auf die maßgebenden Vorschriften des OWiG verwiesen. Gegen die Anordnung der Beschlagnahme durch die Zollbehörde kann der Verfügungsberechtigte danach einen Antrag auf gerichtliche Entsch. nach § 62 OWiG stellen. Wird nach Abs. 3 die Einziehung des Verletzungsguts angeordnet, so besteht hiergegen das Rechtsmittel des Einspruchs (§ 67 OWiG). Gegen die Entsch. und über den Antrag auf gerichtliche Entsch. oder den Einspruch ist gem. Abs. 7 S. 3 die sofortige Beschwerde zulässig, über die sodann das zuständige OLG entscheidet.

17   Der Antrag auf gerichtliche Entsch. über die Beschlagnahme nach § 62 OWiG kommt auch dann noch in Betracht, wenn es der Verfügungsberechtigte versäumt hat, nach Abs. 4 Widerspruch gegen die Anordnung der Beschlagnahme einzulegen. Denn dabei handelt es sich nur um eine verfahrensmäßige Voraussetzung für die Zulässigkeit einer Einziehung nach Abs. 3 (*OLG München* WRP 1997, 975, 977).

IV. Schadenersatzanspruch (Abs. 5)

18   Ähnlich wie eine einstweilige Verfügung beruht die Grenzbeschlagnahme auf einer summarischen Entsch. Daher findet sich in § 111a Abs. 5 eine Regelung, die in ihrer Intention § 945 ZPO entspricht. Nach Abs. 5 trägt der Antragsteller das Risiko, dass sich die Beschlagnahme als von Anfang an ungerechtfertigt erweist, wenn er im Anschluss an die Mitteilung gem. Abs. 2 S. 1 hinsichtlich der beschlagnahmten Ware den Antrag auf Grenzbeschlagnahme aufrechterhält oder nicht unverzüglich erklärt, dass er ihn nicht aufrechterhält. In diesen Fällen ist der Antragsteller dem Verfügungsberechtigten nämlich nach Abs. 5 zum Ersatz des durch die Beschlagnahme entstandenen Schadens verantwortlich. Von Anfang an ungerechtfertigt war die Beschlagnahme dann, wenn zum Zeitpunkt ihrer Anordnung durch die Zollbehörde eine Verletzung der durch das UrhG geschützten Rechte des Antragstellers nicht vorgelegen hat.

Abschnitt 3
Zwangsvollstreckung

Unterabschnitt 1
Allgemeines

§ 112   Allgemeines

Die Zulässigkeit der Zwangsvollstreckung in ein nach diesem Gesetz geschütztes Recht richtet sich nach den allgemeinen Vorschriften, soweit sich aus den §§ 113 bis 119 nichts anderes ergibt.

Literatur: *Breidenbach* Computersoftware in der Zwangsvollstreckung, CR 1989, 873 und 971; *Paulus* Software in Vollstreckung und Insolvenz, ZIP 1996, 2; *ders.* Die Pfändung von EDV-Anlagen, DGVZ 1990, 151; *Petzoldt* Gedanken zur Vollstreckung von Titeln auf Herausgabe von Software, JurPC 1990, 857; *Redeker* Vollstreckungsfähige Titel über die Herausgabe von Programmträgern, CR 1988, 277; *Roy/Palm* Zur Problematik der Zwangsvollstreckung in Computer, NJW 1995, 690; *Tintelnot* Die gegenseitigen Verträge im neuen Insolvenzverfahren, ZIP 1995, 616; *Weimann* Softwarepakete als Vollstreckungsgut unter Berücksichtigung der Aufgaben der Gerichtsvollzieher, DGVZ 1996, 1.

I. Allgemeines

1. Urheberrecht und Zwangsvollstreckung

Die Behandlung urheberrechtlicher Sachverhalte in der Zwangsvollstreckung richtet sich in erster Linie nach den einschlägigen Bestimmungen der ZPO (dazu im Überblick unten Rn 5 ff.). Bereits aus diesen allg. Vorschriften ergeben sich im Zusammenhang mit den Bestimmungen des Urheberrechts gewisse Beschränkungen. Darüber hinaus schränken die §§ 113 bis 119 die Zwangsvollstreckung wegen Geldforderungen in nach dem UrhG geschützte Rechte (Urheberrecht und bestimmte Leistungsschutzrechte) sowie Werkoriginale ein. Hintergrund dieser Einschränkungen ist die persönlichkeitsrechtlich geprägte Beziehung des Urhebers zu seinem Werk. **1**

Erfolgt die Zwangsvollstreckung nicht wegen Geldforderungen, gelten keine bes. Bestimmungen. Der Vollstreckung eines auf das Original eines Werks gerichteten Herausgabetitels steht zB § 114 nicht entgegen. **2**

Ebenfalls keine bes. Regelungen gelten für die Zwangsvollstreckung, die der Durchsetzung des Urheberrechts oder der Leistungsschutzrechte gelten (dazu unten Rn 17). **3**

Nach den allg. Vorschriften der InsO richtet sich schließlich das Schicksal des Urheberrechts und der Leistungsschutzrechte sowie hiervon abgeleiteter Rechte in der Insolvenz (dazu Rn 18).

2. Überblick über die §§ 113 bis 119

Die §§ 113 ff. gelten ausschließlich für die Zwangsvollstreckung wegen Geldforderungen. Sie modifizieren insoweit die allg. zwangsvollstreckungsrechtlichen Vorschriften der §§ 803 ff. ZPO. Ein bes. Schutz des Urhebers wird dadurch bewirkt, dass die Zwangsvollstreckung in das Urheberrecht (§§ 113) sowie in das Original des Werks (§ 114) grds nur mit seiner Einwilligung möglich ist. Einen etwas eingeschränkten Schutz genießt insoweit der Rechtsnachfolger des Urhebers (§§ 115 bis 117). Da die §§ 70 Abs. 1, 72 Abs. 1 den Verfasser wissenschaftlicher Ausgaben und den Lichtbildner, obwohl es sich nur um Leistungsschutzberechtigte handelt, dem Urheber gleichstellen, sieht § 118 konsequent die entspr. Anwendung der §§ 113 bis **4**

117 auf diesen Personenkreis vor. Schließlich regelt § 119, dass bestimmte Vorrichtungen, die der Vervielfältigung oder Funksendung eines Werks dienen, nur eingeschränkt der Zwangsvollstreckung zugänglich sind.

II. Urheberrecht und Leistungsschutzrechte in der Zwangsvollstreckung

1. Allgemeines

5   Bevor in ein Urheberrecht, Leistungsschutzrecht oder damit in Zusammenhang stehende Gegenstände oder Rechte vollstreckt wird, müssen – wie bei jeder Zwangsvollstreckungsmaßnahme – die allg. Voraussetzungen der Zwangsvollstreckung vorliegen. Auch hier gilt also, dass ein Vollstreckungsantrag nur dann in Betracht kommt, wenn der Gläubiger gegen den Schuldner einen Vollstreckungstitel besitzt (§§ 704, 794 ZPO), die Vollstreckungsklausel erteilt wurde (§ 725 ZPO) und dem Schuldner der vollstreckungsfähige Titel zugestellt wurde (§ 750 ZPO).

6   Das Zwangsvollstreckungsrecht unterscheidet bei der Vollstreckung in das bewegliche Vermögen zwischen der Zwangsvollstreckung wegen Geldforderungen (also eines Zahlungstitels) und der Erwirkung von Handlungen (zB Herausgabe einer Sache, Vornahme einer Handlung, Unterlassung). Die §§ 113 ff. gelten nur für die Zwangsvollstreckung wegen Geldforderungen, dh hinsichtlich der Erwirkung von Handlungen gelten die allg. zwangsvollstreckungsrechtlichen Bestimmungen der §§ 883 ff. ZPO. Bei der Zwangsvollstreckung wegen Geldforderungen ist wiederum hinsichtlich des Gegenstands der Vollstreckung zu unterscheiden, nämlich zwischen der Zwangsvollstreckung in körperliche Sachen (dazu Rn 7 ff.), in Geldforderungen (dazu Rn 12) und in sonstige Rechte (dazu Rn 13 ff.).

2. Zwangsvollstreckung wegen Geldforderungen in körperliche Sachen

7   Die Zwangsvollstreckung wegen Geldforderungen in körperliche Sachen ist in den §§ 808 ff. ZPO geregelt. Diese erfolgt durch Pfändung im Wege der Inbesitznahme durch den Gerichtsvollzieher (§ 808 ZPO) und anschließender Verwertung der gepfändeten Sache. Verwertet werden solchermaßen gepfändete Sachen durch öffentliche Versteigerung (§§ 814 ff. ZPO); jedoch ist auch eine andere Verwertungsart möglich (§ 825 ZPO).

8   **a) Vollstreckung in Originale.** Handelt es sich bei der körperlichen Sache, in die vollstreckt werden soll, um das Original eines Werkes, so gelten die Einschränkungen des §§ 114, wenn das Werkoriginal noch dem Urheber gehört. IÜ gelten die allg. Bestimmungen, aus denen sich freilich auch Einschränkungen der Zwangsvollstreckung ergeben können (s. zB § 811 ZPO).

9   **b) Vollstreckung in Vervielfältigungsstücke.** Keine Einschränkungen ergeben sich aus den §§ 113 ff. für die Vollstreckung in Vervielfältigungsstücke. Zu beachten ist allerdings, dass eine Verwertung gepfändeter Vervielfältigungsstücke nicht ohne Zustimmung des Urhebers möglich ist, wenn diese Verwertung in sein Erstveröffentlichungsrecht eingreifen würde (*Möhring/Nicolini/Lütje* § 112 Rn 54 mwN). Werden durch den Gläubiger Vervielfältigungsstücke gepfändet, so können einer Verwertung des Pfandguts durch eine Verbreitung entspr. Exklusivrechte Dritter entgegenstehen (solange keine Erschöpfung eingetreten ist).

c) Vollstreckung in der Verwertung dienende Vorrichtungen und Arbeitsmate- 10 rial. Die Sachpfändung in Gegenstände, deren ausschließliche Zweckbestimmung darin liegt, die Verwertung eines Werks zu ermöglichen, sind nur nach Maßgabe des § 119 pfändbar. Erforderlich ist insoweit, dass der Gläubiger zur Nutzung des Werks mittels der zu pfändenden Vorrichtungen berechtigt ist.

Bereits durch die allg. Vorschriften eingeschränkt wird die Möglichkeit der Voll- 11 streckung in das Arbeitsmaterial des nach dem UrhG geschützten Personenkreises. Nach § 811 Nr. 5 ZPO sind bei Personen, die aus ihrer geistigen Arbeit ihren Erwerb ziehen, die zur Fortsetzung dieser Erwerbstätigkeit erforderlichen Gegenstände unpfändbar. Nicht pfändbar ist somit zB die Kamera des Lichtbildners. Selbst eine Austauschpfändung (§ 811a ZPO) wird in den Fällen des § 811 Nr. 5 ZPO wegen der bes. Beziehung des Kreativen zu seinem Arbeitsmaterial nur selten in Betracht kommen.

3. Zwangsvollstreckung in Geldforderungen

Die Zwangsvollstreckung in Geldforderungen erfolgt durch Pfändung und Überwei- 12 sung der Geldforderung (§§ 829, 835 ZPO). Für die Vollstreckung in Geldforderungen, die dem Urheber aus der Verwertung des Urheberrechts zustehen (also Lizenzgebühren), sehen die §§ 113 ff. keine Sonderregelung vor. Es bleibt also bei den allg. zwangsvollstreckungsrechtlichen Vorschriften. Insoweit sind jedoch die Bestimmungen über den Pfändungsschutz zu berücksichtigen, insb. § 850i ZPO. Grds möglich ist auch die Pfändung von künftigen Forderungen, wenn sie nach Rechtsgrund und Drittschuld bestimmt sind (*Thomas/Putzo* § 829 Rn 10). Soweit es um Zahlungsansprüche geht, die aus dem Folgerecht (§ 26) oder dem Fairnessausgleich (§ 32a) resultieren, muss dieser Anspruch bereits konkret entstanden sein. Die Anwartschaft hierauf ist nach dem ausdrücklichen Gesetzeswortlaut nicht pfändbar (§§ 26 Abs. 2 S. 2, 32a Abs. 3 S. 2).

4. Zwangsvollstreckung in Rechte

Die Zwangsvollstreckung in immaterielle Rechte richtet sich nach § 857 ZPO. Die 13 Vorschrift verweist in Abs. 1 im Wesentlichen auf die Bestimmungen über die Pfändung von Geldforderungen. Insoweit ist insb. § 851 Abs. 1 ZPO von Bedeutung. Danach ist eine Forderung nur dann pfändbar, wenn sie auch übertragbar ist. Es unterliegen also nur solche Rechte der Zwangsvollstreckung, die auch übertragen werden können. Unveräußerliche Rechte können nach § 857 Abs. 3 ZPO soweit gepfändet werden, wie die Ausübung einem Dritten überlassen werden kann.

a) Vollstreckung in das Urheberrecht. Das Urheberrecht ist als solches nicht über- 14 tragbar (§ 29 Abs. 1). Daher unterliegt es auch nicht der Zwangsvollstreckung (§§ 857 Abs. 1, 851 Abs. 1 ZPO). Entsprechendes gilt für das Urheberpersönlichkeitsrecht, soweit dieses nicht übertragbar ist (s. dazu Vor §§ 12-14 Rn 4 ff.). Dass die Zwangsvollstreckung in das Urheberrecht unzulässig ist, wird in § 113 nochmals ausdrücklich festgehalten.

b) Vollstreckung in Leistungsschutzrechte. Die Leistungsschutzrechte können als 15 solche Gegenstand der Zwangsvollstreckung sein, soweit sie übertragbar sind. Dies ist zu bejahen im Falle der Rechte des Veranstalters (§ 81), des Tonträgerherstellers (§§ 85, 86), des Sendeunternehmers (§ 87), des Herstellers von Datenbanken (§ 87a) sowie des Herstellers von Filmwerken und Laufbildern (§§ 94, 95). Dagegen findet keine Zwangsvollstreckung in das Recht des Verfassers wissenschaftlicher Ausgaben (§ 70) sowie das Recht des Lichtbildners (§ 72) statt, da diese Rechte dem Urheberrecht gleichgestellt sind. Das Recht des ausübenden Künstlers unterliegt zwar nicht als Ganzes der Zwangsvollstreckung, ist allerdings im Hinblick auf die Aufnahme, die Vervielfältigung, die Verbreitung sowie die öffentliche Wiedergabe gem. der §§ 79 Abs. 1, 857 Abs. 3 ZPO der Pfändung unterworfen.

16 **c) Vollstreckung in Nutzungsrechte.** Nach § 113 ist gegen den Urheber die Vollstreckung in das Urheberrecht zulässig, soweit er Nutzungsrechte einräumen kann und in diese Art der Zwangsvollstreckung eingewilligt hat (Einzelheiten bei § 113). In der Praxis relevanter ist der Fall, dass in Nutzungsrechte vollstreckt wird, die einem Dritten eingeräumt wurden, und zwar durch den Urheber oder einem hierzu befugten Inhaber eines Nutzungsrechts. Da eine Zwangsvollstreckung in das Nutzungsrecht nach §§ 857 Abs. 1, 851 ZPO nur zulässig ist, soweit das Nutzungsrecht übertragen werden kann, kommt es für die Zwangsvollstreckung in Nutzungsrechte auf § 34 an. Danach gilt der Grundsatz, dass das Nutzungsrecht nur mit Zustimmung des Urhebers übertragen werden kann (§ 34 Abs. 1 S. 1). Die erforderliche Zustimmung darf der Urheber nach § 34 Abs. 1 S. 2 nicht treuwidrig versagen. Hierbei ist freilich zu beachten, dass diese Treuepflicht nur gegenüber dem Inhaber des Nutzungsrechts, nicht aber gegenüber dessen Gläubiger gilt (zur Ausübung des Zustimmungsrechts bei der Zwangsvollstreckung in Nutzungsrechte an Computerprogrammen s. *Roy/ Palm* NJW 1995, 690, 693; *Paulus* ZIP 1996, 1, 4). Streitig ist, ob die Zustimmung des Urhebers zur Zwangsvollstreckung in das einem Dritten eingeräumte Nutzungsrecht erst zur Verwertung oder bereits zur Pfändung erforderlich ist (hierzu s. *Möhring/Nicolini/Lütje* § 112 Rn 38 f. mwN). In der Praxis ist dieser Streit jedoch ohne wesentliche Bedeutung.

III. Zwangsvollstreckung wegen Verletzung von Urheber- und Leistungsschutzrechten

17 Soweit es um die Durchsetzung der Rechte im Falle der Verletzung von Urheber- und Leistungsschutzrechten geht, enthält das UrhG keine bes. Bestimmungen. Der Unterlassungsanspruch wird nach § 890 ZPO, der Beseitigungsanspruch nach §§ 887, 888 ZPO, der Auskunfts- und Rechnungslegungsanspruch nach § 888 ZPO und ein etwaiger Zahlungsanspruch nach §§ 830 ff. ZPO vollstreckt.

IV. Urheberrechte und Leistungsschutzrechte in der Insolvenz

18 Gem. § 36 Abs. 1 InsO gehören solche Vermögenswerte nicht zur Insolvenzmasse, die nicht Gegenstand von Maßnahmen der Einzelzwangsvollstreckung sein können. Insoweit finden die §§ 113 bis 119 sowie die vorstehend dargelegten Grundsätze auch iRd Insolvenz Anwendung (Einzelheiten bei *Wandtke/Bullinger/Kefferpütz* § 112 Rn 40 ff.; *Möhring/Nicolini/Lütje* § 112 Rn 9 ff.).

Unterabschnitt 2
Zwangsvollstreckung wegen Geldforderungen gegen den Urheber

§ 113   Urheberrecht

Gegen den Urheber ist die Zwangsvollstreckung wegen Geldforderungen in das Urheberrecht nur mit seiner Einwilligung und nur insoweit zulässig, als er Nutzungsrechte einräumen kann (§ 31). Die Einwilligung kann nicht durch den gesetzlichen Vertreter erteilt werden.

Übersicht

I. Allgemeines

Nach § 113 ist die Zwangsvollstreckung gegen den Urheber in das Urheberrecht in zweifacher Hinsicht eingeschränkt. Zunächst bedarf es hierzu der Einwilligung des Urhebers. IÜ ist die Zwangsvollstreckung nur insoweit zulässig, als der Urheber Nutzungsrechte einräumen kann. Diese Regelung hat im Wesentlichen deklaratorische Bedeutung. Denn Entsprechendes ergibt sich bereits aus den §§ 857 Abs. 1 und 3, 851 Abs. 1 ZPO sowie den §§ 29 Abs. 2, 31 ff.   **1**

II. Sachliche Grenzen der Zwangsvollstreckung in das Urheberrecht

Liegt die Einwilligung des Urhebers vor, so kann gleichwohl in das Urheberrecht nur insoweit vollstreckt werden, als der Urheber Nutzungsrechte einräumen kann. Letzteres wiederum ergibt sich aus § 31, auf den § 113 S. 1 ausdrücklich verweist. Durch die Zwangsvollstreckung kann der Urheber also nicht die Befugnis verlieren, das Werk auf noch nicht bekannte Nutzungsarten zu nutzen (§ 31 Abs. 4).   **2**

III. Einwilligung

In jedem Fall bedarf die Zwangsvollstreckung in das Urheberrecht der Einwilligung des Urhebers. Ohne diese ist die Zwangsvollstreckung nicht zulässig. Mithin hat die Einwilligung den Charakter einer Zulässigkeitsvoraussetzung, woraus sich ergibt, dass der Urheber bereits vor dem Beginn der Zwangsvollstreckung einwilligen muss. Insoweit entspricht der Einwilligungsbegriff des § 113 jenem des § 183 BGB. Erfolgt die Vollstreckungsmaßnahme ohne vorheriges Vorliegen einer Einwilligung, so kommt allerdings – anders als durch die §§ 184, 185 Abs. 2 BGB vorgesehen – eine nachträgliche Genehmigung nicht mehr in Betracht (**hM**, s. nur *Schricker/Wild* § 113 Rn 3).   **3**

Die Einwilligung kann formlos oder sogar konkludent erteilt werden. Diese Möglichkeit ist freilich eher theoretisch; denn dem Gläubiger wird es in solchen Fällen nicht leicht fallen, mit dem Antrag auf Erlass eines Pfändungsbeschlusses nach § 829 ZPO   **4** das Vorliegen dieser Voraussetzung darzulegen. Die Tatsache, dass der Urheber einem anderen Gläubiger ein Pfandrecht an einem übertragbaren Ausschnitt des Urheberrechts eingeräumt hat, wird man nicht als generelle und konkludent erteilte Einwilligung in Zwangsvollstreckungsmaßnahmen in diesen Ausschnitt des Urheberrechts deuten können (zutr. *Fromm/Nordemann/Finck* § 113 Rn 2). In seiner Entsch., ob er in die Zwangsvollstreckung einwilligt, ist der Urheber frei. Er kann die Einwilligung selbst uU versagen, die sich nur schwer mit den Grundsätzen von Treu und Glauben vereinbaren lassen. Dies ist in der Vergangenheit insb. im Hinblick auf den Urheberrechtsschutz von Werken, die praktisch ausschließlich kommerzieller Natur sind, kritisiert worden (zum Diskussionsstand s. *Möhring/Nicolini/Lütje* § 133 Rn 19 ff.). Eine einschränkende Interpretation des §§ 113 verbietet sich jedoch wegen der Eindeutigkeit des Wortlauts (ebenso *Wandtke/Bullinger/Kefferpütz* § 113 Rn 15 ff.).

5   Nach § 113 S. 2 darf die Einwilligung nicht durch den gesetzlichen Vertreter erteilt werden. Möglich ist jedoch eine rechtsgeschäftliche Vertretung. Erforderlich ist insoweit das Vorliegen einer durch den Urheber ausgestellten Vollmacht.

§ 114   Originale von Werken

(1) Gegen den Urheber ist die Zwangsvollstreckung wegen Geldforderungen in die ihm gehörenden Originale seiner Werke nur mit seiner Einwilligung zulässig. Die Einwilligung kann nicht durch den gesetzlichen Vertreter erteilt werden.

(2) Der Einwilligung bedarf es nicht,

1. **soweit die Zwangsvollstreckung in das Original des Werkes zur Durchführung der Zwangsvollstreckung in ein Nutzungsrecht am Werk notwendig ist,**
2. **zur Zwangsvollstreckung in das Original eines Werkes der Baukunst,**
3. **zur Zwangsvollstreckung in das Original eines anderen Werkes der bildenden Künste, wenn das Werk veröffentlicht ist.**

In den Fällen der Nummern 2 und 3 darf das Original des Werkes ohne Zustimmung des Urhebers verbreitet werden.

Übersicht

I. Allgemeines

1   Die Vorschrift betrifft die Vollstreckung in Originale des Werkes. Wie bei § 113 gilt hier der Grundsatz, dass die Zwangsvollstreckung wegen Geldforderungen in die dem Urheber gehörenden Originale von seiner Einwilligung abhängig ist. Allerdings sieht Abs. 2 bestimmte Ausnahmen von diesem Grundsatz vor.

Die Bestimmung gilt nur für die Zwangsvollstreckung wegen Geldforderungen. Hat **2** ein Dritter einen titulierten Herausgabeanspruch, der auf das Original eines Werks gerichtet ist, kann der Urheber diesem Anspruch § 114 nicht entgegenhalten.

II. Zwangsvollstreckung in Originale (Abs. 1)

Eine Einwilligung (s. hierzu § 113 Rn 3 ff.) ist in die Zwangsvollstreckung dann er- **3** forderlich, wenn sie sich auf die dem Urheber gehörenden Originale seiner Werke bezieht (zum Begriff des Originals sowie zur fließenden Abgrenzung zwischen Original und Vervielfältigungsstück s. § 26 Rn 13). Auf den Schutz des § 114 kann sich der Urheber nur dann berufen, wenn ihm das Original noch gehört. Ist ein Dritter Eigentümer des Werks, kommt eine Anwendung des § 114 Abs. 1 nicht in Betracht. Wird das einem Dritten gehörende Werkoriginal noch im Besitz des Urhebers gepfändet, so kann der Dritte hiergegen mit der Drittwiderspruchsklage (§ 771 ZPO) vorgehen.

Die nach Abs. 1 S. 1 erforderliche Einwilligung kann nach Abs. 1 S. 2 nicht durch **4** den gesetzlichen Vertreter erteilt werden (s. dazu § 113 Rn 5).

III. Zwangsvollstreckung in Originale ohne Einwilligung des Urhebers (Abs. 2)

In den in Abs. 2 genannten Fällen ist eine Zwangsvollstreckung in Originale eines **5** Werks möglich, ohne dass es hierzu einer Einwilligung des Urhebers bedarf. Nach Abs. 2 S. 1 Nr. 1 ist die Einwilligung entbehrlich, wenn die Zwangsvollstreckung in das Original des Werks für die Durchführung der Zwangsvollstreckung in ein Nutzungsrecht am Werk erforderlich ist. Diese Bestimmung vermeidet einen Wertungswiderspruch zwischen § 113 und § 114 Abs. 1. Hat der Urheber nach § 113 Abs. 1 S. 1 in die Zwangsvollstreckung in ein ihm zustehendes Verwertungsrecht eingewilligt, so soll sich diese Einwilligung ohne weiteres auch auf das Original erstrecken, wenn dieses erforderlich ist, um das entspr. Nutzungsrecht auszuüben.

Generell entbehrlich ist nach Abs. 2 S. 1 Nr. 2 die Einwilligung des Urhebers bei der **6** Zwangsvollstreckung in Werke der Baukunst. Dieser Bestimmung liegt der Gedanke zugrunde, dass ohne eine solche Regelung ein Werk der Baukunst als Kreditsicherung ungeeignet wäre. Auch für andere Werke der bildenden Künste als Werke der Baukunst (vgl § 2 Abs. 1 Nr. 4) ist das Erfordernis der Einwilligung des Urhebers in die Zwangsvollstreckung eingeschränkt. Nach § 114 Abs. 2 S. 2 Nr. 3 gilt dies nur solange, wie das betr. Werk noch nicht veröffentlicht ist. Wann ein Werk der bildenden Künste veröffentlicht ist, ergibt sich aus § 6 Abs. 1 (s. die Kommentierung dort). Die Bestimmung wird in der Kommentarliteratur einhellig kritisiert, da nicht ersichtlich ist, weshalb die Zwangsvollstreckung in das Original eines Werks im Falle von Werken der bildenden Künste anders als im Falle anderer Werkarten beurteilt werden soll (s. *Wandtke/Bullinger/Kefferpütz* § 114 Rn 15; *Möhring/Nicolini/Lütje* § 114 Rn 23 ff.; *Schricker/Wild* § 114 Rn 7; *Fromm/Nordemann/Finck* § 114 Rn 2).

Wird in das Original eines Werks der bildenden Künste nach Abs. 2 S. 1 Nr. 2 oder **7** Nr. 3 vollstreckt, so bedarf es zur Verwertung des Werks im Wege der Zwangsvollstreckung nicht noch zusätzlich einer Pfändung des entspr. Verwertungsrechts. Dies stellt Abs. 2 S. 2 klar. Auf Abs. 2 S. 1 Nr. 1 muss sich Abs. 2 S. 2 nicht beziehen, weil diese Bestimmung den umgekehrten Fall regelt, in dem bereits das erforderliche Nutzungsrecht vollstreckt wurde.

Unterabschnitt 3
Zwangsvollstreckung wegen Geldforderungen gegen
den Rechtsnachfolger des Urhebers

§ 115   Urheberrecht

Gegen den Rechtsnachfolger des Urhebers (§ 30) ist die Zwangsvollstreckung wegen Geldforderungen in das Urheberrecht nur mit seiner Einwilligung und nur insoweit zulässig, als er Nutzungsrechte einräumen kann (§ 31). Der Einwilligung bedarf es nicht, wenn das Werk erschienen ist.

Durch § 115 wird der Schutz des Urhebers im Falle einer Zwangsvollstreckung wegen Geldforderung in das Urheberrecht auf den Rechtsnachfolger des Urhebers erstreckt. Zum Begriff des Rechtsnachfolgers verweist § 115 ausdrücklich auf § 30 (s. Kommentierung dort). Auch zugunsten des Rechtsnachfolgers gilt zunächst, dass die Zwangsvollstreckung wegen Geldforderungen in das Urheberrecht nur mit seiner Einwilligung zulässig ist. Vom Umfang her ist die Zwangsvollstreckung außerdem nur insoweit zulässig, als der Rechtsnachfolger Nutzungsrechte einräumen kann (s. bereits § 113 Rn 1). Im Vergleich zu § 113 ist § 115 jedoch eingeschränkt. Denn § 115 S. 2 regelt, dass es nach dem Erscheinen des Werkes der nach S. 1 grds erforderlichen Einwilligung nicht mehr bedarf (zum Begriff des Erscheinens s. § 6 Abs. 1).

§ 116   Originale von Werken

(1) Gegen den Rechtsnachfolger des Urhebers (§ 30) ist die Zwangsvollstreckung wegen Geldforderungen in die ihm gehörenden Originale von Werken des Urhebers nur mit seiner Einwilligung zulässig.

(2) Der Einwilligung bedarf es nicht
1. in den Fällen des § 114 Abs. 2 Satz 1,
2. zur Zwangsvollstreckung in das Original eines Werkes, wenn das Werk erschienen ist.
§ 114 Abs. 2 Satz 2 gilt entsprechend.

1   Durch § 116 wird der in § 114 vorgesehene Schutz des Urhebers im Falle einer Zwangsvollstreckung wegen Geldforderungen in die ihm gehörenden Originale seiner Werke auf den Rechtsnachfolger des Urhebers ausgedehnt (zum Begriff des Rechtsnachfolgers s. § 30 Rn 2). Abs. 1 regelt entspr. § 114 Abs. 1 S. 1, dass die Zwangsvollstreckung in die dem Rechtsnachfolger gehörenden Originale von Werken des Urhebers nur mit der Einwilligung des Rechtsnachfolgers zulässig ist. Im Gegensatz zu § 114 Abs. 1 S. 2 sieht § 116 Abs. 1 keinen Ausschluss der Möglichkeit der gesetzlichen Vertretung bei der Erklärung der Einwilligung vor.

2   Wie im Falle des § 114 Abs. 2 wird auch in § 116 Abs. 2 die Zwangsvollstreckung in Originale des Werks eingeschränkt. Zunächst gilt gem. § 116 Abs. 2 S. 1 Nr. 1,

S. 2 § 114 Abs. 2 entspr. Darüber hinaus ist jedoch generell, also nicht nur im Falle von Originalwerken der bildenden Künste (s. § 114 Abs. 2 S. 1 Nr. 3), die Zwangsvollstreckung in das Original eines Werkes zulässig, wenn dieses erschienen ist (§ 116 Abs. 2 S. 1 Nr. 2).

§ 117   Testamentsvollstrecker

Ist nach § 28 Abs. 2 angeordnet, daß das Urheberrecht durch einen Testamentsvollstrecker ausgeübt wird, so ist die nach den §§ 115 und 116 erforderliche Einwilligung durch den Testamentsvollstrecker zu erteilen.

Die Vorschrift knüpft an §§ 115, 116 an und greift den Fall der Anordnung einer Testamentsvollstreckung auf (s. § 28 Abs. 2). Liegt eine solche Testamentsvollstreckung vor, so hat der Testamentsvollstrecker das in § 115 S. 1 bzw § 116 S. 1 zugunsten des Rechtsnachfolgers des Urhebers vorgesehene Einwilligungsrecht.

Unterabschnitt 4
Zwangsvollstreckung wegen Geldforderungen gegen den Verfasser wissenschaftlicher Ausgaben und gegen den Lichtbildner

§ 118   Entsprechende Anwendung

Die §§ 113 bis 117 sind sinngemäß anzuwenden
1. **auf die Zwangsvollstreckung wegen Geldforderungen gegen den Verfasser wissenschaftlicher Ausgaben (§ 70) und seinen Rechtsnachfolger,**
2. **auf die Zwangsvollstreckung wegen Geldforderungen gegen den Lichtbildner (§ 72) und seinen Rechtsnachfolger.**

Durch § 118 werden die § 113 bis 117 auf den Verfasser wissenschaftlicher Ausgaben (§ 70) und seinen Rechtsnachfolger (§ 118 Nr. 1) sowie auf den Lichtbildner (§ 72) und seinen Rechtsnachfolger (§ 118 Nr. 2) in ihrem Anwendungsbereich erstreckt. Dies ist konsequent, da § 70 bzw § 72 diese Personen grds dem Urheber gleichstellt.

Unterabschnitt 5
Zwangsvollstreckung wegen Geldforderungen in bestimmte Vorrichtungen

§ 119   Zwangsvollstreckung in bestimmte Vorrichtungen

(1) Vorrichtungen, die ausschließlich zur Vervielfältigung oder Funksendung eines Werkes bestimmt sind, wie Formen, Platten, Steine, Druckstöcke, Matrizen und Negative, unterliegen der Zwangsvollstreckung wegen Geldforderun-

gen nur, soweit der Gläubiger zur Nutzung des Werkes mittels dieser Vorrichtungen berechtigt ist.

(2) Das gleiche gilt für Vorrichtungen, die ausschließlich zur Vorführung eines Filmwerkes bestimmt sind, wie Filmstreifen und dergleichen.

(3) Die Absätze 1 und 2 sind auf die nach den §§ 70 und 71 geschützten Ausgaben, die nach § 72 geschützten Lichtbilder, die nach § 77 Abs. 2 Satz 1, §§ 85, 87, 94 und 95 geschützten Bild- und Tonträger und die nach § 87b Abs. 1 geschützten Datenbanken entsprechend anzuwenden.

I. Allgemeines

1   Die Vorschrift betrifft die Zwangsvollstreckung wegen Geldforderungen in Vorrichtungen, die ausschließlich zur Vervielfältigung oder Funksendung eines Werks bestimmt sind. In solche Vorrichtungen kann nur dann vollstreckt werden, wenn der Gläubiger zur Nutzung des Werks eben durch diese Vorrichtungen berechtigt ist. Hintergrund der Bestimmung ist, dass ohne Bestehen eines entspr. Nutzungsrechts die Vorrichtung für den Vollstreckungsgläubiger nur den bloßen Materialwert hat. Der Wert der Vorrichtung für denjenigen, der ein entspr. Nutzungsrecht besitzt, ist ungleich höher. Damit soll § 119 einer wirtschaftlich nicht sinnvollen Wertvernichtung entgegenwirken. Dieser Zielsetzung entspricht es, dass es für die Zulässigkeit der Zwangsvollstreckung auch nicht auf die Einwilligung des Vollstreckungsschuldners ankommt. Vollstreckungsschuldner kann jedoch nicht nur der Urheber, sondern zugleich jeder Inhaber eines Nutzungsrechts sein. Keinen Sinn ergibt es hingegen, § 119 auch zugunsten solcher Personen anzuwenden, die nicht über die in Abs. 1 angesprochenen Nutzungsrechte verfügen; denn für diese haben die Vorrichtungen keinen höheren Wert als für den Vollstreckungsgläubiger, sodass § 119 bereits nach seinem Sinn und Zweck keine Anwendung finden kann.

II. Vollstreckung in Vorrichtungen, die der Vervielfältigung oder Funksendung eines Werkes dienen (Abs. 1)

2   Der in Abs. 1 enthaltene Begriff der Vorrichtung ist weit zu verstehen. Nur beispielhaft werden Formen, Platten, Steine, Druckstöcke, Matrizen und Negative als mögliche Vorrichtungen genannt, die der Vervielfältigung (§ 17) unter der Funksendung (§ 22) dienen können. Allerdings fordert Abs. 1 eine ausschließliche Zweckbestimmung der Vorrichtung zur Vervielfältigung oder Funksendung eines Werkes. Maßgebend ist insoweit eine objektive Betrachtungsweise (zutr. *Wandtke/Bullinger/ Kefferpütz* § 119 Rn 6; **aA** *Möhring/Nicolini/Lütje* § 119 Rn 8).

III. Vorrichtungen, die zur Vorführung eines Filmwerks bestimmt sind

3   Für Vorrichtungen, die ausschließlich zur Vorführung eines Filmwerks bestimmt sind, gilt gem. Abs. 2, dass die Zwangsvollstreckung wegen Geldforderungen in diese nur betrieben werden kann, soweit der Gläubiger über ein entspr. Vorführungsrecht verfügt.

IV. Vorrichtungen, die der Nutzung des Gegenstands eines Leistungsschutzrechts dienen (Abs. 3)

Durch Abs. 3 werden Abs. 1 und 2 für Vorrichtungen entspr. anwendbar erklärt, die **4** der bestimmungsgemäßen Nutzung des Gegenstands eines Leistungsschutzrechts dienen. Im Einzelnen handelt es sich um wissenschaftliche Ausgaben (§ 70), nachgelassene Werke (§ 71), Lichtbilder (§ 72), Bild- und Tonträger (§§ 77 Abs. 2 S. 1, 85, 87, 94, 95) sowie Datenbanken (§ 87b Abs. 1).

Teil 5
Anwendungsbereich, Übergangs- und Schlussbestimmungen

Abschnitt 1
Anwendungsbereich des Gesetzes

Unterabschnitt 1
Urheberrecht

§ 120 Deutsche Staatsangehörige und Staatsangehörige anderer EU-Staaten und EWR-Staaten

(1) Deutsche Staatsangehörige genießen den urheberrechtlichen Schutz für alle ihre Werke, gleichviel, ob und wo die Werke erschienen sind. Ist ein Werk von Miturhebern (§ 8) geschaffen, so genügt es, wenn ein Miturheber deutscher Staatsangehöriger ist.

(2) Deutschen Staatsangehörigen stehen gleich:

1. Deutsche im Sinne des Artikels 116 Abs. 1 des Grundgesetzes, die nicht die deutsche Staatsangehörigkeit besitzen, und

2. Staatsangehörige eines anderen Mitgliedstaates der Europäischen Union oder eines anderen Vertragsstaates des Abkommens über den Europäischen Wirtschaftsraum.

Literatur: *v. Bar* Kollisionsrecht, Fremdenrecht und Sachrecht für internationale Sachverhalte im Internationalen Urheberrecht, UFITA 108 (1988), 27; *Baudenbacher* Erschöpfung der Immaterialgüterrechte in der EFTA und die Rechtslage in der EU, GRUR Int 2000, 584; *Beier/Schricker/Ulmer* Stellungnahme des Max-Planck-Instituts München zum Entwurf eines Gesetzes zur Ergänzung des internationalen Privatrechts (außervertragliche Schuldverhältnisse und Sachen), GRUR Int 1985, 104; *Birk* Der angestellte Urheber im Kollisionsrecht, UFITA 108 (1988), 101; *Bortloff* Internationale Lizenzierung von Internet-Simulcasts durch die Tonträgerindustrie, GRUR Int 2003, 669; *Braun* Das Diskriminierungsverbot des Art. 7 Abs. 1 EWGV und das internationale Urheber- und Leistungsschutzrecht, IPRax 1994, 263; *ders.* Joseph Beuys und das deutsche Folgerecht bei ausländischen Kunstauktionen, IPRax 1995, 227; *ders.* Die Schutzlücken-Piraterie nach dem Urheberrechtsänderungsgesetz vom 23. Juni 1995, GRUR Int 1996, 790; *Castendyk/v. Albrecht* Der Richtlinienvorschlag der EG-Kommission zum Satellitenfernsehen, GRUR Int 1992, 734; *Dietz* Urheberrecht und Satellitensendungen, UFITA 108 (1988), 73; *ders.* Die Schutzdauer-Richtlinie der EU, GRUR Int 1995, 670; *Dittrich* Urheberrechtliche Probleme des Satellitenfernsehens, ZUM 1998, 359; *Edelmann* Das anwendbare Recht bei der Verwertung nachkolorierter amerikanischer Filme in Frankreich, GRUR Int 1992, 260; *Firsching* Der Schutz des ausübenden Künstlers aus europäischer Perspektive in Hinblick auf das „Phil Collins"-Urteil des Europäischen Gerichtshofs, UFITA 133 (1997), 131; *Flechsig* Urheberrecht und verwandte Schutzrechte in der Informationsgesellschaft, CR 1998, 225; *Flechsig/Klett* Europäische Union und europäischer Urheberschutz, ZUM 1994, 685; *Gaster* Anmerkungen zum Arbeitsdokument der Kommissionsdienststellen über die Folgen des Phil-Collins-Urteils des EuGH für den Bereich des Urheberrechts und der Leistungsschutzrechte, ZUM 1996, 261; *Geller* Neue Triebkräfte im internationalen Urheberrecht, GRUR Int 1993, 526; *ders.* Internationales Immaterialgüterrecht, Kollisionsrecht und gerichtliche Sanktionen im Internet, GRUR Int 2000, 659; *Ginsburg* Die Rolle des nationalen Urheberrechts im Zeitalter der internationalen Urheberrechtsnormen, GRUR Int 2000, 97; *Herrmann* Grenzüberschreitende Fernseh- und Hörfunksendungen im Gemeinsamen Markt, GRUR Int 1984, 578; *Hoeren* IPR und EDV-Recht – Kollisionsrechtliche Anknüpfungen bei internationalen EDV-Verträgen, CR 1993, 129; *Hoeren/Thum* Internet und IPR – Kollisionsrechtliche Anknüpfungen in internationalen Datennetzen in: Dittrich, Beiträge zum Urheberrecht V, 1997, S. 78; *Hohloch* EG-Direktsatellitenrichtlinie versus Bogsch-Theorie – Anmerkung zum Kollisionsrecht des Senderechts, IPRax 1994, 387; *Katzenberger* Internationalrechtliche Aspekte des Schutzes von Datenbanken, ZUM 1992, 332; *ders.* Deutsches Folgerecht und ausländische Kunstauktionen, GRUR Int 1992, 567; *ders.* Urheberrecht und Urhebervertragsrecht in der deutschen Einigung, GRUR Int 1993, 2; *ders.* TRIPS und das Urheberrecht, GRUR Int 1995, 447; *Klett* Puccini und kein Ende, GRUR Int 2001, 810; *Köster* Urheberkollisionsrecht im Internet – Aufweichung der „Territorialitätsprinzips" durch das europäische „Ursprungslandprinzip"?, in: Götting, Multimedia, Internet und Urheberrecht, 1998, S. 153; *Kuner* Internationale Zuständigkeitskonflikte im Internet, CR 1996, 453; *Loewenheim* Nationale und internationale Erschöpfung von Schutzrechten im Wandel der Zeiten, GRUR Int 1996, 307; *ders.* Rechtswahl bei Filmlizenzverträgen, ZUM 1999, 923; *Mestmäcker* Schutz der ausübenden Künstler und EWG-Diskriminierungsverbot, GRUR Int 1993, 532; *Nordemann* Zur Ermittlung des Ursprunglandes nach der Revidierten Berner Übereinkunft, GRUR Int 1983, 443; *ders.* Das Prinzip der Inländerbehandlung und der Beriff der „Werke der Literatur und Kunst", GRUR Int 1989, 615; *Pfefferle* Das deutsche Folgerecht in Fallen mit Auslandsberührung, GRUR 1996, 338; *Rumphorst* Satellitenfernsehen und Urheberrecht, GRUR Int 1992, 910; *ders.* Erwerb des Satellitensenderechts für ein bestimmtes Territorium?, GRUR Int 1993, 934; *Schack* Urheberrechtsverletzung im internationalen Privatrecht – Aus Sicht des Kollisionsrechts, GRUR Int 1985, 523; *ders.* Schutzfristenchaos im europäischen Urheberrecht, GRUR Int 1995, 310; *ders.* Neue Techniken und Geistiges Eigentum, JZ 1998, 753; *ders.* Internationale Urheber-, Marken- und Wettbewerbsverletzungen im Internet – Internationales Privatrecht, MMR 2000, 59; *Schlatter* Die BGH-Entscheidung „The Doors": Zur Prozeßführungsbefugnis bei Gruppenleistungen nach § 80 UrhG – zum Leistungsschutz ausübender Künstler bei Sachverhalten mit Auslandsberührung, ZUM 1993, 522; *Siehr* Das Urheberrecht in neueren IPR-Kodifikationen, UFITA 108 (1988), 9; *ders.* Das urheberrechtliche Folgerecht inländischer Künstler nach Versteigerung ihrer Werke im Ausland, IPRax 1992, 219; *Spoendlin* Der internationale Schutz der Urhebers, UFITA 107 (1988), 11; *Thum* Das Territorialitätsprinzip im Zeitalter des Internet – Zur Frage des auf Urheberrechtsverletzungen im Internet anwendbaren Rechts, in: Bartsch/Lutterbeck, Neues Recht für neue Medien, 1998, S. 117; *v.*

Ungern-Sternberg Das anwendbare Urheberrecht bei grenzüberschreitenden Rundfunksendungen, in: Schwarze (Hrsg), Rechtsschutz gegen Urheberrechtsverletzungen und Wettbewerbsverstöße in grenzüberschreitenden Medien, 2000, S. 109; *Vogel* Die Umsetzung der Richtlinie zur Hamonisierung der Schutzdauer des Urheberrechts und bestimmter verwandter Schutzrechte, ZUM 1995, 451.

I. Allgemeines

1. Einordnung der §§ 120 ff.

Die §§ 120 bis 128 regeln, wer sich auf den durch das UrhG gewährten Schutz berufen kann, also den **persönlichen Anwendungsbereich des UrhG**. Hingegen regeln die Vorschriften **nicht die kollisionsrechtliche Anwendbarkeit** der Vorschriften des UrhG (dazu Rn 4 ff.). Erst wenn feststeht, dass das UrhG auf einen bestimmten Sachverhalt überhaupt Anwendung findet, ist zu prüfen, ob und in welchem Umfang sich die Beteiligten auf die Vorschriften des UrhG berufen dürfen. Hierfür sind dann die §§ 120 ff. maßgebend. **1**

2. Überblick über die §§ 120 ff.

Während die §§ 120 bis 123 regeln, wer den urheberrechtlichen Schutz des UrhG in Anspruch nehmen darf, betreffen die §§ 124 bis 128 die verwandten Schutzrechte. Anknüpfungspunkt für den durch das UrhG gewährten Schutz ist grds die Staatsangehörigkeit des Werkschöpfers bzw des Leistungsschutzberechtigten. Soweit das Leistungsschutzrecht einer juristischen Person zustehen kann, kommt es statt auf die Staatsangehörigkeit auf den Unternehmenssitz an. Nach § 120 genießen zunächst deutsche Staatsangehörige den **urheberrechtlichen Schutz** für alle ihre Werke. Diesen gleichgestellt sind Deutsche iSd Art. 116 GG sowie die Staatsangehörigen anderer Mitgliedstaaten der EU oder eines EWR-Vertragsstaates. In § 121 wird bestimmt, unter welchen Voraussetzungen ausländische Staatsangehörige sich für den Schutz ihrer **2**

Werke auf das UrhG berufen dürfen. Wichtig ist insb. der in § 121 Abs. 4 enthaltene Hinweis, dass ausländische Staatsangehörige den urheberrechtlichen Schutz nach Inhalt der Staatsverträge erhalten, zB der RBÜ oder dem TRIPS-Abkommen. In §§ 122, 123 finden sich bes. Regelungen für Staatenlose sowie ausländische Flüchtlinge.

3   Die §§ 124 bis 128 regeln, wer sich als **Leistungsschutzberechtigter** auf die verwandten Schutzrechte nach §§ 70 bis 95 berufen kann. Entspr. der Reihenfolge der Bestimmungen über den Leistungsschutz im Zweiten Teil finden sich Regelungen zu wissenschaftlichen Ausgaben und Lichtbildern (§ 124), für ausübende Künstler (§ 125), für Hersteller von Tonträgern (§ 126), für Sendeunternehmen (§ 127), für Datenbankhersteller (§ 127a) sowie für Filmhersteller (§ 128).

II. Grundzüge des internationalen Urheberrechts

1. Überblick

4   Der **Schutz des Urheberrechts wird durch das nationale Recht gewährt**. Ein jeder Staat bestimmt, ob und in welchem Umfang auf seinem Staatsgebiet der Schöpfer eines Werkes für dieses urheberrechtlichen Schutz in Anspruch nehmen kann. Auch wenn durch int. Abkommen, etwa die RBÜ oder das TRIPS-Abkommen, auf breiter int. Ebene für einen Mindestschutz schöpferischer Werke und damit für eine gewisse Vereinheitlichung gesorgt wurde, verbleiben mitunter **große Unterschiede der nationalen Rechtsordnungen** in Bezug auf die Voraussetzungen und den Umfang eines urheberrechtlichen Schutzes (s. hierzu *Ginsburg* GRUR Int 2000, 97). Weil dies so ist, kann der Schutz des Urhebers räumlich stets nur auf den Geltungsbereich des Gesetzes beschränkt sein, das diesen Schutz gewährt. Dieses sog. **Territorialitätsprinzip** ist für den Bereich des Immaterialgüterrechts heute allg. anerkannt (*BGH* GRUR 1994, 798, 799 – Folgerecht bei Auslandsbezug). Dem Urheber steht also kein einheitliches Urheberrecht, sondern nur ein **Bündel nationaler Urheberrechte** zu, dessen Ausgestaltung von der jeweiligen nationalen Rechtslage abhängt *(Schricker/Katzenberger* vor §§ 120 ff. Rn 121 mwN; *Möhring/Nicolini/Hartmann* vor §§ 120 ff. Rn 2 mwN).

5   Aus dem Territorialitätsprinzip ergeben sich zwangsläufig Konsequenzen für die Ermittlung des auf einen bestimmten Sachverhalt anzuwendenden Rechts. Wird für das Gebiet eines bestimmten Staates urheberrechtlicher Schutz in Anspruch genommen, kann nur das Recht dieses Staates darüber entscheiden, ob ein solcher Schutz zu gewähren ist (sog. **Schutzlandprinzip**, dazu Rn 7 ff.). Voraussetzung für die Geltendmachung von Ansprüchen aus dem UrhG ist außerdem, dass ein Sachverhalt vorliegt, der **einen hinreichenden Bezug zu dem Geltungsbereich dieses Gesetzes** hat (Rn 14 ff.). Erst wenn danach deutsches Recht zur Anwendung gelangt, ist anhand der §§ 120 ff. zu prüfen, ob derjenige, der sich auf den Schutz des UrhG beruft, hierzu berechtigt ist. In erster Linie wird der Schutz des UrhG inländischen Personen vorbehalten; durch int. Abkommen (wie zB TRIPS oder die RBÜ) wird der Bundesrepublik jedoch die Verpflichtung auferlegt, auch ausländischen Personen eine Inländerbehandlung zuteil werden zu lassen (s. §§ 121 Abs. 4, 125 Abs. 5, 126 Abs. 3, 127 Abs. 3, 127a Abs. 3 und die jeweilige Kommentierung dort).

6   Im Bereich des **Urhebervertragsrechts** ist grds das nach den allg. Regelungen des IPR zu ermittelnde Vertragsstatut maßgebend. Jedoch ergeben sich im Falle eines

nach dem UrhG zu beurteilenden Sachverhalts Einschränkungen, soweit ein Vertrag, der ausländischem Recht unterliegt, zwingenden Normen des deutschen Rechts widerspricht (Einzelheiten bei Rn 22 sowie § 31 Rn 16 ff.). Außerdem kann durch eine vom Recht des Schutzlandes abweichende Rechtswahl nicht die dem Berechtigten nach dem Recht des Schutzlandes zukommende Rechtsmacht beschränkt werden (*BGH* GRUR 1992, 697, 698, 699 – ALF).

2. Schutzlandprinzip

a) Allgemeines zum Schutzlandprinzip. Der Schutz des Urheberrechts bestimmt sich jeweils nach der Rechtsordnung des Staates, für dessen Staatsgebiet der Schutz eines solchen Rechts in Anspruch genommen wird (sog. **Schutzlandprinzip**). Die Maßgeblichkeit des Schutzlandprinzips zur Ermittlung des anwendbaren Rechts im Bereich des Urheberrechts ist unbestritten (Einzelheiten bei *Schricker/Katzenberger* vor §§ 120 ff. Rn 124 ff.). Es ist durch Art. 5 Abs. 2 S. 2 RBÜ vorgegeben und in Deutschland auch durch die höchstrichterliche Rspr anerkannt (*BGH* GRUR 1992, 697, 698 – ALF; GRUR 1994, 798, 799 – Folgerecht bei Auslandsbezug; GRUR 1999, 152, 153 – Spielbankaffaire). Nimmt jemand in Deutschland Urheberrechtsschutz in Anspruch, sind deshalb nach deutschem Recht der Umfang des Schutzes sowie die zur Durchsetzung des Schutzes zur Verfügung stehenden Rechte zu prüfen. Steht nach deutschem Recht fest, dass der Urheber im Inland Schutz für sein Werk in Anspruch nehmen kann, kommt es nicht mehr darauf an, ob ihm für ein solches Werk in dessen Ursprungsland ein gleichartiger Schutz gewährt wird. Der **Schutz des Schutzlandes ist damit grds unabhängig von jenem des Ursprungslandes** (*Schricker/Katzenberger* vor §§ 120 ff. Rn 132 f.). Das Recht des Schutzlandes steht nicht zur Disposition der Parteien; eine Vereinbarung, nach der bei Verletzung von Urheberrechten und Leistungsschutzrechten eine andere Rechtsordnung als jene des Schutzlandes angewendet werden soll, ist unzulässig (*BGH* GRUR 1992, 697, 698 – ALF; GRUR 1999, 152, 153 – Spielbankaffaire). Eine Anknüpfung an das Deliktsstatut findet bei der Verletzung urheberrechtlich geschützter Positionen nicht statt; Art. 40 EGBGB findet keine Anwendung (*Schricker/Katzenberger* vor §§ 120 ff. Rn 130; *Möhring/Nicolini/Hartmann* vor §§ 120 ff. Rn 17).

Werden vor inländischen Gerichten Rechte aus einem durch einen ausländischen Staat gewährten Urheberrecht geltend gemacht, so ist zunächst nach deutschem Recht zu prüfen, ob ein Eingriff in das Urheberrecht vorliegt. Ist diese **kollisionsrechtliche Frage** zu bejahen, wird das deutsche Recht zur Anknüpfung auf das Recht des (ausländischen) Schutzlandes verweisen, nach dem dann zu prüfen ist, ob auch **sachrechtlich** ein Eingriff in das Urheberrecht vorliegt (*BGH* GRUR 1999, 152, 154 – Spielbankaffaire). Dies entspricht dem allg. Grundsatz, dass die *lex fori* über die Auslegung der Kollisionsnormen entscheidet (*Palandt/Heldrich* Einl. v. EGBGB 3 Rn 27 mwN). Allerdings wird vertreten, dass von diesem allg. anerkannten Grundsatz für den Bereich des Urheberrechts eine Ausnahme zu machen ist, sodass das designierte Recht des Schutzlandes auch über die Auslegung der inländischen Kollisionsnorm zu entscheiden hätte (*Schack* JZ 1998, 1015, 1020; *Möhring/Nicolini/Hartmann* vor §§ 120 ff. Rn 20). Zwingende Gründe dafür, im Bereich des Urheberrechts von der Maßgeblichkeit der *lex fori* für die Auslegung der kollisionsrechtlichen Bestimmungen abzusehen, bestehen nicht. Denn die Verweisung auf das Recht des

Schutzlandes hängt nicht davon ab, dass auch nach der *lex fori* der geltend gemachte Anspruch besteht; ausreichend ist vielmehr, dass hiernach ein Sachverhalt vorliegt, der grds nach dem Recht des Schutzlandes zu beurteilen ist (ähnlich *Schricker/ Katzenberger* vor §§ 120 ff. Rn 128).

9   **b) Bestand und Rechtsinhaberschaft.** Das Recht des Schutzlands entscheidet zunächst darüber, ob für ein bestimmtes Werk oder eine Leistung überhaupt Schutz in Anspruch genommen werden kann (*BGH* GRUR 1992, 697, 698 – ALF). Sieht das Recht des Schutzlandes keinen Schutz vor, kann dieser logischerweise auch nicht in Anspruch genommen werden. Unerheblich ist dabei, ob für das gleiche Werk oder die gleiche Leistung in einem anderen Staat Schutz gewährt wird (Rn 7). Auch die wesentlichen int. Staatsverträge sehen nur vor, dass Ausländern, die einem Verbandsstaat angehören, wie Inländer behandelt werden (so zB Art. 5 Abs. 1 RBÜ). Ist dem Inländer Schutz versagt, gilt das Gleiche für den Ausländer. Eine Ausnahme gilt dort, wo Staatsverträge Mindestrechte für die Angehörigen der Verbandsstaaten regeln, die das Recht des Schutzlandes so nicht vorsieht. Ein ausländischer Verbandsangehöriger kann sich dann im Inland auf die Bestimmungen eines Staatsvertrages unmittelbar berufen, sofern diese durch Ratifikation und Veröffentlichung im BGBl Bestandteil des deutschen Rechts geworden sind (*BGH* GRUR 1954, 216, 217 – Schallplatten-Lautsprecherübertragung: zur Rom-Fassung der RBÜ). Konsequenz wäre in einem solchen Fall die Schlechterstellung von Inländern gegenüber ausländischen Verbandsangehörigen (**sog. Inländerdiskriminierung**).

10   Bei konsequenter Anwendung des Schutzlandprinzips müsste auch die **Schutzdauer des Urheberrechts** nach dem Recht des Schutzlandes beurteilt werden. Insoweit enthält allerdings Art. 7 Abs. 8 RBÜ eine praktisch bedeutsame Einschränkung. Dort ist vorgesehen, dass die Schutzdauer zwar nach dem Recht des Schutzlandes bestimmt wird, jedoch die im Ursprungsland des Werkes festgesetzte Dauer nicht übersteigt (zum Begriff des Ursprungslandes s. Art. 5 Abs. 4 RBÜ, Art. IV Abs. 4 lit. a WUA). IE ist also ein **Schutzfristenvergleich** zwischen dem Recht des Schutzlandes und jenem des Ursprungslandes anzustellen (s. *BGH* GRUR 1986, 69 – Puccini; GRUR 1978, 302, 303 f. – Wolfsblut).

11   Ebenfalls das Recht des Schutzlandes entscheidet über die Frage, wer als **Urheber und erster Inhaber des Urheberrechts** anzusehen ist (*BGH* GRUR 1999, 152, 153 – Spielbankaffaire mwN). Das Recht des Schutzlandes regelt auch, ob urheberrechtliche Befugnisse übertragbar sind (*BGH* GRUR 1999, 152, 153 – Spielbankaffaire). Dies gilt zunächst für die **Übertragbarkeit des Urheberrechts oder Leistungsschutzrechts** als solchem, aber auch für die Vererbbarkeit des Urheberrechts (*Möhring/Nicolini/Hartmann* vor §§ 120 ff. Rn 16 mwN). Gleiches gilt für die Frage, ob und in welchem Umfang **Nutzungsrechte** übertragen werden können, sodass selbst bei einem ausländischen Vertragsstatut § 31 Abs. 4 und 5 zu beachten ist (vgl *BGH* GRUR 1999, 152, 153 – Spielbankaffaire). Schließlich entscheidet das Recht des Schutzlandes darüber, ob der Erwerber eines Nutzungsrechts zur Verfolgung von Rechtsverletzungen aktivlegitimiert und ob ggf neben ihm der Urheber oder ein weiterer Inhaber eines ausschließlichen Nutzungsrechts zur Verfolgung der Rechtsverletzungen berechtigt ist (*BGH* GRUR 1992, 697, 698 – ALF).

c) Rechtsmacht des Urhebers. Die Rechtsmacht des Inhabers des Urheberrechts – 12 oder des Leistungsschutzrechts – bestimmt sich nach dem Recht des Schutzlandes (*BGH* GRUR 1999, 152, 153 – Spielbankaffaire; GRUR 1992, 697, 698 – ALF). Zur Rechtsmacht gehören sämtliche Rechte, die dem Urheber in Ansehung des Urheberrechts gewährt werden. Neben dem **Urheberpersönlichkeitsrecht** und den **Verwertungsrechten** sind hier auch die sonstigen Rechte zu nennen, zB das **Folgerecht**. In jedem Fall setzt die Anwendbarkeit des Rechts des Schutzlandes aber logisch voraus, dass ein Sachverhalt vorliegt, der zu dem Schutzland einen hinreichenden Bezug aufweist. Ob ein solcher Sachverhalt **hinreichende Bezüge zum Schutzland** aufweist, entscheidet sich nach dem Recht des Schutzlandes selbst (*Schricker/Katzenberger* vor §§ 120 ff. Rn 135). Praktisch relevant wird die Frage des hinreichenden Bezugs zum Schutzland insb. dann, wenn in Deutschland Rechte aus dem Urheberrecht auf der Grundlage eines Sachverhalts geltend gemacht werden, der sich nicht ausschließlich im Inland entwickelt hat (dazu Rn 14 ff.).

Steht fest, dass nach dem Recht des Schutzlandes in das Urheberrecht eingegriffen 13 wurde, so ist das Recht des Schutzlandes auch für die **Ermittlung der Rechtsfolgen** maßgebend. Dies gilt zunächst für die Frage der **Aktivlegitimation** zur Geltendmachung von Ansprüchen aus dem Urheberrecht. Das Recht des Schutzlandes entscheidet also darüber, ob der Inhaber eines Nutzungsrechts berechtigt ist, bestimmte Ansprüche geltend zu machen, und ob neben ihm dieses Recht auch dem Urheber oder weiteren Inhabern von Nutzungsrechten zustehen (*BGH* GRUR 1992, 697, 698 – ALF). Eine vertragliche Absprache oder eine Rechtswahl, die die Aktivlegitimation ausschließt, entfaltet keine Wirkung (*BGH* GRUR 1992, 697, 698, 699 – ALF). Schließlich bestimmt ebenfalls das Recht des Schutzlands, **welche Ansprüche** der Berechtigte aufgrund des Eingriffs in das Urheberrecht geltend machen kann. Dies gilt nicht nur für die Abwehransprüche (Unterlassung, Beseitigung), sondern auch für weitere Ansprüche, etwa auf Auskunft und Schadenersatz oder aus ungerechtfertigter Bereicherung (*BGH* GRUR 1999, 152, 154, 155 – Spielbankaffaire).

3. Hinreichender Inlandsbezug bei Eingriffen in die Rechtsmacht des Urhebers

Wer als Inhaber des Urheberrechts oder eines von dem Urheber abgeleiteten Rechts 14 Ansprüche geltend macht, die das UrhG dem Urheber zuordnet, muss dies auf der Grundlage eines Sachverhalts tun, der einen **hinreichenden Bezug zum Geltungsbereich des UrhG** aufweist. Fehlt es hieran, so wird jedenfalls im Geltungsbereich des UrhG nicht in die Rechtsmacht des Urhebers eingegriffen, sodass Deutschland als Schutzland bereits gedanklich ausscheidet. Die Frage des hinreichenden inländischen Bezugs stellt sich stets dann, wenn ein Sachverhalt ebenfalls Berührungspunkte zum Ausland aufweist. In der Praxis ist hier zwischen den einzelnen aus dem Urheberrecht folgenden Ansprüchen zu unterscheiden.

a) Vervielfältigungsrecht (§ 16 Abs. 1). Eine Vervielfältigungshandlung lässt sich 15 regelmäßig einem bestimmten Ort und damit auch einem bestimmten Schutzland zuordnen. Erfolgt in Deutschland die Vervielfältigung eines urheberrechtlich geschützten Werks, wird in das Vervielfältigungsrecht nach § 16 eingegriffen. In diesem Zusammenhang ist ohne Bedeutung, ob beabsichtigt ist, die Vervielfältigungsstücke auch in Deutschland in den Verkehr zu bringen (s. zum Markenrecht *BGH* GRUR 1957, 231, 233 – Taeschner I). Keine bes. Regelungen gelten für Vervielfältigungshandlungen im Bereich des Internets (s. hierzu Art. 2 und 5 der Richtlinie 2001/29/ EG). Die Speicherung eines Werks auf einem inländischen Server stellt ebenso wie das Herunterladen eines geschützten Werks von einem ausländischen Server auf ein inländisches Speichermedium einen Eingriff in das Vervielfältigungsrecht im Inland dar (hierzu allg. § 16 Rn 25 ff.).

16 **b) Verbreitungsrecht (§ 17).** Das Verbreitungsrecht nach § 17 Abs. 1 ist – vorbehaltlich einer nach § 17 Abs. 2 eingetretenen Erschöpfung – berührt, wenn das Original oder Vervielfältigungsstück eines Werks **im Inland der Öffentlichkeit angeboten oder in den Verkehr gebracht** wird. Werden im Ausland hergestellte Vervielfältigungsstücke eines Werks in das Inland importiert, liegt hierin eine Verbreitung im Inland (*BGH* GRUR 1980, 227, 230 – Monumenta Germaniae Historica). Als Eingriff in das Verbreitungsrecht ist es bereits anzusehen, wenn sich eine im Ausland ansässige Person bereit erklärt, das geschützte Werk in das Inland zu liefern (*BGH* GRUR 1980, 227, 230 – Monumenta Germaniae Historica). Ob die Bereitschaft besteht, auch ins Inland zu liefern, ist insb. dann schwierig festzustellen, wenn es sich um ein Angebot auf den Internet-Seiten eines ausländischen Anbieters handelt. Der Hinweis, dass ein ausländischer Internet-Anbieter die **auf seiner Internet-Seite angebotenen Produkte** in alle Länder der Welt liefert, kann selbst dann als Eingriff in das Verbreitungsrecht im Inland angesehen werden, wenn tatsächlich Lieferungen in das Inland nicht stattgefunden haben (*OLG Frankfurt* K&R 1999, 138 mit krit. Anm. *Kotthoff* mwN). Ob sich das Angebot eines geschützten Werks durch einen ausländischen Anbieter über das Internet als inländisches Angebot iSd § 17 Abs. 1 ansehen lässt, hängt von den konkreten Umständen des Einzelfalls ab (vgl *Kotthoff* CR 1997, 676, 682 f.). Beschränken sich die Lieferungen in das Inland auf die Erfüllung von Bestellungen, die zum Zwecke des Nachweises einer inländischen Verletzungshandlung aufgegeben wurden (sog. Provokationsbestellung), kann es an einem inländischen Eingriff in das Verbreitungsrecht fehlen. Dies gilt jedoch nicht, wenn sich aus der Art des verbreiteten Werks sowie der Zusammensetzung des Interessentenkreises ergibt, dass grds auch inländische Interessenten angesprochen werden sollen (*BGH* GRUR 1980, 227, 230 – Monumenta Germaniae Historica).

17 Der **Export eines urheberrechtlich geschützten Werks** stellt ebenfalls ein Inverkehrbringen im Geltungsbereich des UrhG dar, und zwar selbst dann, wenn es sich um ein Werk handelt, das zuvor importiert und sodann in das Ausland weiterverkauft wurde. Lediglich in den Fällen des reinen Transits, bei denen die Ware nur durch den Geltungsbereich des UrhG hindurch befördert wird, scheidet ein Inverkehrbringen im Inland aus (*BGH* GRUR 1957, 231, 233 – Taeschner I). Denkbar ist allerdings, dass der den Transit durchführende Spediteur im Inland wegen seiner Mitwirkung an einer im Exportstaat erfolgenden Urheberrechtsverletzung in Anspruch genommen wird (vgl *BGH* GRUR 1957, 352, 353 – Taeschner II).

18 **c) Senderecht (§§ 20, 20a, 20b).** Nach § 20 umfasst das Senderecht das Recht, das Werk durch Funk der Öffentlichkeit zugänglich zu machen. Bestimmte Sendetechniken sind dadurch gekennzeichnet, dass das Sendeunternehmen nur bedingt kontrollieren kann, in welchen Staaten die Sendung empfangbar ist. Dies gilt zunächst für den terrestrischen Funk, bei dem insb. in Grenzregionen die Sendung auch in Staaten empfangen werden kann, für die die Sendung nicht bestimmt ist (**sog. Overspill**).

Insb. gilt dies aber für die **Satellitensendung**, deren Empfangbarkeit nicht von nationalen Grenzen abhängt. Vor diesem Hintergrund stellt sich die Frage, ob die bloße Empfangbarkeit einer ausländischen Sendung (ob terrestrisch oder per Satellit) in Deutschland bereits den Anwendungsbereich des § 20 eröffnet. Für die Fälle der Satellitensendung innerhalb des Gebiets eines Mitgliedstaats der EU oder Vertragsstaates des EWR-Abkommens trifft § 20a eine klare Regelung. Eine solche **Europäische Satellitensendung** gilt als ausschließlich in dem Mitglied- oder Vertragsstaat erfolgt, in dem die für den öffentlichen Empfang bestimmten programmtragenden Signale eingegeben werden, die in einer ununterbrochenen Übertragungskette zum Satelliten und zurück zur Erde führen (§ 20a Abs. 1 und 3). Durch die Anknüpfung an die Signaleingabe wird klargestellt, dass die bloße Empfangbarkeit einer Europäischen Satellitensendung keinen Eingriff in das Senderecht darstellt. Um zu vermeiden, dass durch Verlagerung des Vorgangs der Signaleingabe in einem Staat außerhalb des Gebiets der EU und des EWR das Schutzniveau innerhalb von EU und EWR unterwandert wird, bestimmt § 20a Abs. 2, dass die Europäische Satellitensendung am Standort der Erdfunkstation oder hilfsweise in der Niederlassung des Sendeunternehmens erfolgt ist, wenn der maßgebliche ausländische Staat über ein geringeres Schutzniveau als EU und EWR verfügt.

Sieht man von dem Sonderfall einer Europäischen Satellitensendung ab, liegt ein inländischer Eingriff in das Senderecht vor, sobald hier eine in einem ausländischen Staat ausgestrahlte **Sendung bestimmungsgemäß empfangen** werden kann (**sog. Bogsch-Theorie**, s. hierzu *Schricker/Katzenberger* vor §§ 120 ff. Rn 141 mwN). Die Bogsch-Theorie hat mehr und mehr die früher vorherrschende Auffassung abgelöst, nach der Urheberrechtsverletzungen durch eine Funksendung international privatrechtlich ausschließlich nach dem Recht des Ausstrahlungslandes zu beurteilen waren (*Schricker/Katzenberger* vor §§ 120 ff. Rn 141 mwN). Die Anknüpfung an das Recht des Ausstrahlungslandes ist heute deshalb nicht mehr zeitgemäß, weil die technische Entwicklung es ermöglicht, Funk gezielt in Staaten zu senden, die außerhalb des Ausstrahlungsstaates liegen. Bei dieser Sachlage birgt eine Anknüpfung an das Ausstrahlungsland die Gefahr, dass das Sendeunternehmen ein Ausstrahlungsland mit einem geringeren urheberrechtlichen Schutzniveau wählt und von dort aus grenzüberschreitend in andere Staaten sendet. Ob eine im Ausland ausgestrahlte Sendung im Inland bestimmungsgemäß empfangbar ist und somit ein Eingriff in das inländische Senderecht vorliegt, hängt von den **konkreten Umständen des Einzelfalls** ab. Insb. anhand des Inhalts der Sendung sowie unter Berücksichtigung der Begleitumstände der Sendung ist zu ermitteln, ob diese zumindest auch an im Inland ansässige Empfänger gerichtet ist (vgl dazu *Kotthoff* CR 1997, 676 ff. mwN; *Castendyk/v. Albrecht* GRUR Int 1992, 734, 735). Wird lediglich die tatsächliche Empfangbarkeit einer Sendung im Inland festgestellt, nicht jedoch eine bestimmungsgemäße Empfangbarkeit, liegt ein bloßer Overspill vor (*OLG München* ZUM 1995, 328, 330; *OGH* GRUR Int 1991, 920, 923; GRUR Int 1992, 933, 934). In diesen Fällen fehlt es an einem Eingriff in das inländische Senderecht.

d) Recht der öffentlichen Zugänglichmachung (§ 22). In Umsetzung der Richtlinie 2001/29/EG wird in §§ 15 Abs. 2 Nr. 5, 22 als weiteres benanntes Verwertungsrecht das Recht der öffentlichen Zugänglichmachung eines Werkes dem Urheber zugeordnet. Die öffentliche Zugänglichmachung ist dadurch gekennzeichnet, dass der Zugriff des Werkes durch die Öffentlichkeit von beliebigen Orten und zu beliebigen Zeiten unter Einsatz drahtgebundener oder drahtloser Kommunikationsmittel erfolgen kann. Wichtigster Anwendungsfall des Rechts der öffentlichen Zugänglichmachung ist die **Bereitstellung geschützter Werke und Leistungen über das Internet**. Für die Frage, ob das Recht der öffentlichen Zugänglichmachung im Inland mit der Folge berührt ist, dass deutsches Recht als Recht des Schutzlandes Anwendung findet, kommt es auf die gleichen Grundsätze an, die – mit Ausnahme der Europäischen Satellitensendung (§ 20a) – für das Senderecht maßgebend sind. Nach der sog. Bogsch-Theorie liegt ein den Anwendungsbereich des nationalen Urheberrechts eröffnender, hinreichender Inlandsbezug vor, wenn die im Internet bereitgestellten Inhalte bestimmungsgemäß auch im Inland abgerufen werden können (so Rn 19). Es ist also nicht ausreichend, dass ein Abruf des geschützten Werks im Inland überhaupt möglich ist; vielmehr muss sich das Angebot des geschützten Werks oder der geschützten Leistung gezielt gerade auch an die inländischen Internet-Nutzer richten. Die Anwendung der Bogsch-Theorie hat zwar zur Folge, dass ein weltweit operierendes Unternehmen, wenn es urheberrechtlich geschützte Werke und Leistungen über das Internet anbieten möchte, grds die Rechtsordnungen sämtlicher Staaten der Welt zu berücksichtigen hat. Keine Lösung kann es jedoch sein, stattdessen auf das Recht des Staates abzustellen, in dem der Server steht, von dem die geschützten Werke und Leistungen abgerufen werden können (sog. Country of Upload). Denn dies würde ohne weiteren technischen Aufwand die Möglichkeit eröffnen, ein int. Schutzgefälle gezielt auszunutzen (s. zum Stand der Diskussion *Thum* GRUR Int 2001, 9, 20 ff.).

21   **e) Sonstige Rechte.** Der Grundsatz, dass ein Sachverhalt, aus dem sich aus dem Urheberrecht oder Leistungsschutzrecht ergebende Rechte hergeleitet werden, einen hinreichenden Bezug zum Inland aufweisen muss, gilt nicht nur für die Verwertungsrechte der §§ 15 ff. Entsprechendes gilt auch für die Geltendmachung von Ansprüchen aus dem **Urheberpersönlichkeitsrecht**, dem **Folgerecht** oder aus dem Fairnessausgleich (§ 32a). Im Falle des Folgerechts (§ 26) ist es nicht erforderlich, dass die Verbreitungshandlung vollständig im Inland stattfindet. Nicht ausreichend ist es aber, wenn lediglich der Weiterveräußerung vorgelagerte Vorbereitungshandlungen im Inland stattfinden. Der Anwendungsbereich des § 26 ist deshalb nicht eröffnet, wenn bei der Versteigerung eines Werks durch ein Auktionshaus im Ausland lediglich die Besitzübergabe an das Auktionshaus oder dessen Bevollmächtigten im Inland erfolgt (*BGH* GRUR 1994, 798, 800 – Folgerecht bei Auslandsbezug).

4. Internationales Urhebervertragsrecht

22   Während sich der Schutz des Urhebers und seines Werks nach dem Recht des Schutzlands richtet, ist im Bereich des Urhebervertragsrechts das jeweils anwendbare Recht nach den allg. Regeln des Int. Privatrechts zu ermitteln (dazu § 31 Rn 18 ff.). Zu beachten ist freilich, dass bei einem Auseinanderfallen von Schutzland und Vertragsstatut der Anwendungsbereich des Schutzlandprinzips (dazu Rn 5) nicht durch ein hiervon **abweichendes Vertragsstatut** eingeschränkt wird.

III. Persönlicher Anwendungsbereich des UrhG

23   Auf den Schutz des UrhG können sich nur Inländer berufen. Einen **Inländerstatus** haben neben deutschen Staatsangehörigen (Abs. 1) auch Deutsche iSd Art. 116

Abs. 1 GG (Abs. 2 Nr. 1) sowie die Staatsangehörigen eines anderen Mitgliedstaates der EU oder eines anderen Vertragsstaates des EWR-Abkommens (Abs. 2 Nr. 2). Ausländische Staatsangehörige, die keinen Inländerstatus haben, können eine Inländerbehandlung nur nach Maßgabe von § 121 erfahren. Die darin zum Ausdruck kommende **Diskriminierung ausländischer Staatsangehöriger** soll einen Anreiz für ausländische Staaten schaffen, Staatsverträge mit der Bundesrepublik Deutschland abzuschließen, durch die den Angehörigen der Vertragsstaaten in all diesen Staaten eine Inländerbehandlung zuteil wird. Der Gedanke der Ausländerdiskriminierung ist die Triebfeder der bestehenden multinationalen und bilateralen Staatsverträge zum Urheberrechtsschutz (dazu § 121 Rn 8 ff.). Wer über einen Inländerstatus verfügt, genießt für alle seine Werke Urheberrechtsschutz. Ausdrücklich weist § 120 Abs. 1 S. 1 darauf hin, dass es keine Rolle spielt, ob und wo die Werke erschienen sind. Für die Anwendbarkeit des durch das UrhG gewährten Schutzes kommt es ausschließlich auf den Inländerstatus des Urhebers an. Ohne Bedeutung ist hingegen, ob etwaige Rechtsnachfolger (§§ 28 ff.) oder Erwerber von Nutzungsrechten (§§ 31 ff.) ebenfalls über einen Inländerstatus verfügen (*Schricker/Katzenberger* § 120 Rn 10; *Fromm/Nordemann/ Hertin* § 121 Rn 2).

1. Deutsche Staatsangehörige (Abs. 1)

Wer deutscher Staatsangehöriger ist, bestimmt neben den grundgesetzlichen Bestim-   **24** mungen der Art. 16, 116 GG in erster Linie das Staatsangehörigkeitsgesetz (StAG v. 22.7.1913 idF v. 15.7.1990, BGBl I, 1618).

Deutsche Staatsangehörige waren bereits vor der deutschen Wiedervereinigung am   **25** 3.10.1990 die Staatsangehörigen der ehemaligen DDR (s. *BVerfGE* 36, 1, 29 ff.; *Möhring/Nicolini/Hartmann* § 120 Rn 30; *Schricker/Katzenberger* § 120 Rn 15). Wenn es in § 1 Abs. 1 der Bes. Bestimmungen für die Einführung des UrhG im Beitrittsgebiet gem. Anlage I, Kap. III, Sachgebiet E, Abschn. II Nr. 2 zum Einigungsvertrag heißt, dass die Vorschriften des UrhG auf die vor dem Wirksamwerden des Beitritts der DDR zur Bundesrepublik geschaffenen Werke anzuwenden sind, wird hierdurch die bis dahin geltende Rechtslage nur noch bestätigt (zu weiteren Einzelheiten der Einführung des UrhG in den neuen Bundesländern su Rn 31 ff.).

2. Deutsche iSd Art. 116 Abs. 1 GG (Abs. 2 Nr. 1)

Inländerstatus für Zwecke des UrhG genießen Deutsche iSd Art. 116 Abs. 1 GG.   **26** Dies sind Flüchtlinge oder Vertriebene deutscher Volkszugehörigkeit, einschließlich deren Ehegatten und Abkömmlinge, die im Gebiet des Deutschen Reiches nach dem Stand v. 31.12.1937 Aufnahme gefunden haben (s. hierzu auch § 1 des Gesetzes über die Angelegenheiten der Vertriebenen und Flüchtlinge v. 19.5.1953, BGBl I, 201).

3. Staatsangehörige anderer EU- und EWR-Staaten (Abs. 2 Nr. 2)

Die Staatsangehörigen eines Mitgliedsstaats der EU sowie die Staatsangehörigen ei-   **27** nes Vertragsstaats des Abkommens über den Europäischen Wirtschaftsraum genießen nach § 120 Abs. 2 Nr. 2 Inländerstatus. Der Schutz ihrer Werke hängt damit nicht mehr von den fremdenrechtlichen Bestimmungen der §§ 121 ff. ab. Die Bestimmung des § 120 Abs. 2 Nr. 2 stellt klar, was sich auch unabhängig hiervon aus dem in Art. 12 EGV (bzw Art. 4 EWR-Abkommen) enthaltenen **Verbot der Diskri-**

minierung aus Gründen der Staatsangehörigkeit ergibt. Der Beweggrund zur Schaffung des Abs. 2 Nr. 2 war für den deutschen Gesetzgeber die Entsch. des EuGH v. 20.10.1993 zwischen dem Sänger und Komponisten Phil Collins und einem Vertreiber von Tonträgern (*EuGH* GRUR 1994, 280 – Collins/Imtrat). In jener Entsch. befand der EuGH, dass das Diskriminierungsverbot auch für das Urheberrecht und die verwandten Schutzrechte gelte. Konsequenz sei, dass es gegen das Diskriminierungsverbot verstoße, wenn es den Angehörigen anderer Mitgliedsstaaten verwehrt werde, sich in gleicher Weise wie ein Inländer auf urheberrechtliche Bestimmungen zu berufen. Gleichzeitig stellte der EuGH klar, dass das Diskriminierungsverbot Urheber und ausübende Künstler eines anderen Mitgliedstaats unmittelbar berechtigte, in gleicher Weise wie ein Inländer vor den nationalen Gerichten Schutz zu verlangen (*EuGH* GRUR 1994, 280, 283 – Collins/Imtrat; so anschließend auch *BGH* GRUR 1994, 794, 795 – Rolling Stones; GRUR Int 1995, 503 – Cliff Richard II). Mit dem Grundgesetz ist diese Gleichstellung von EU-Ausländern mit Deutschen vereinbar (*BVerfG* GRUR Int 2001, 768).

4. Miturheber (Abs. 1 S. 2)

28 Wird ein Werk durch mehrere Personen als Miturheber iSd § 8 geschaffen, so bestimmt Abs. 1 S. 2, dass sich nicht nur ein Miturheber mit Inländerstatus, sondern auch ein Miturheber ohne Inländerstatus uneingeschränkt auf den durch das UrhG gewährten Schutz berufen kann (weitere Einzelheiten bei *Möhring/Nicolini/Hartmann* § 120 Rn 17 ff.).

5. Änderungen in der Staatsangehörigkeit und in dem Verhältnis zu anderen Staaten

29 **a) Änderungen in der Staatsangehörigkeit.** Zwar bestimmt § 120 Abs. 1 allg., dass Personen mit Inländerstatus für alle ihre Werke urheberrechtlichen Schutz genießen; offen bleibt jedoch die Frage, welche Auswirkungen ein Wechsel der Staatsangehörigkeit hat. Durch einen Wechsel der Staatsangehörigkeit kann der Inländerstatus nur mit Wirkung für die Zukunft verloren gehen; in Ansehung solcher Werke, die vor dem Wechsel geschaffen wurden, bleibt der Inländerstatus erhalten (*BGH* GRUR 1982, 308, 310 – Kunsthändler; *OLG München* GRUR 1990, 446, 447; *Schricker/Katzenberger* § 120 Rn 19; **aA** *Möhring/Nicolini/Hartmann* § 120 Rn 11). Wird der Inländerstatus erst erworben, nachdem bereits Werke geschaffen wurden, so gilt der Schutz des UrhG auch in Ansehung dieser früheren Werke (*BGH* GRUR 1973, 602 – Kandinsky III). Konsequenz ist, dass eine Person, die den Inländerstatus erst nachträglich erwirbt, anschließend jedoch wieder verliert, für sämtliche von ihm bis zum Verlust des Inländerstatus geschaffenen Werke Schutz nach dem UrhG beanspruchen kann (*OLG München* GRUR 1990, 446, 447). Der Umstand, dass der nachträgliche Erwerb des Inländerstatus auch zu einem **Schutz früher geschaffener Werke** führt, kann die Unzulässigkeit einer bisher zulässigen Nutzung im Inland durch Dritte zur Folge haben. Nach überwiegender Auffassung können in einem solchen Fall die betroffenen Nutzer Vertrauensschutz in Anspruch nehmen (für eine entspr. Anwendung von § 136: *Möhring/Nicolini/Hartmann* § 120 Rn 10; *Schricker/Katzenberger* § 120 Rn 18; für eine Lösung über § 242 BGB: *Fromm/Nordemann/Hertin* § 120 Rn 2; **aA** *v. Gamm* § 120 Rn 5).

b) Änderungen des Verhältnisses zu anderen Staaten. Ein Inländerstatus kann **30** nicht nur durch einen Wechsel der Staatsangehörigkeit erworben oder verloren werden, sondern auch durch Veränderungen in den Beziehungen der Bundesrepublik zu anderen Staaten. Hier sind insb. die **deutsche Wiedervereinigung** (dazu Rn 31 ff.) sowie **neu hinzukommende EU- und EWR-Staaten** (dazu Rn 35 ff.) zu nennen. Angehörige eines Staates, denen aufgrund der bes. Beziehungen dieses Staates zur Bundesrepublik zu irgendeinem Zeitpunkt ein Inländerstatus zuerkannt wurde, können sich für alle ihre vor dem Erwerb und während der Dauer des Inländerstatus geschaffenen Werke auf den Schutz des UrhG berufen. Der Verlust der Staatsangehörigkeit berührt den Schutz der bis dahin geschaffenen Werke nach dem UrhG nicht (so Rn 29). Entsprechendes gilt für eine Beendigung der bes. Beziehungen, die dazu geführt haben, dass den Angehörigen eines anderen Staats der Inländerstatus zuerkannt wird.

c) Deutsche Wiedervereinigung. Anlage I, Kap. III, Sachgebiet E, Abschn. II Nr. 2 **31** zum Einigungsvertrag enthält Bes. Bestimmungen für die Einführung des UrhG im Beitrittsgebiet. Nach § 1 Abs. 1 der Einführungsbestimmungen gelten die Vorschriften des UrhG auch für die vor dem Beitritt geschaffenen Werke. Nach den amtl. Erläuterungen zu den Einführungsbestimmungen (abgedr. in GRUR 1990, 897, 927 f.) sind mit Wirksamwerden des Beitritts auch solche zuvor geschaffenen Werke geschützt, die nach dem URG-DDR nicht schutzfähig waren (s. dazu *Schricker/Katzenberger* vor §§ 120 ff. Rn 29 mwN). Gem. § 1 Abs. 1 S. 2 der Einführungsbestimmungen können sich Urheber, die Staatsangehörige der ehemaligen DDR sind, auch in Ansehung solcher Werke auf den Schutz des UrhG für das Gesamtgebiet der Bundesrepublik berufen, deren Schutzfristen nach dem Recht der DDR (50 Jahre) zum Zeitpunkt des Beitritts bereits abgelaufen waren (vgl im Gegensatz dazu § 129 Abs. 2).

§ 2 Abs. 1 der Einführungsbestimmungen behandelt teilweise die Konsequenzen, die **32** sich daraus ergeben, dass eine **vor dem Beitritt zulässige Nutzung mit dem Beitritt unzulässig** wird. Hier ist **Vertrauensschutz** für solche Nutzungen vorgesehen, die vor dem 1.7.1990, dem Zeitpunkt des In-Kraft-Tretens der Wirtschafts-, Währungs- und Sozialunion, aufgenommen wurden und nach dem Beitritt noch andauerten. Für die Inanspruchnahme des Vertrauensschutzes soll es ausreichend sein, dass redliche Vorbereitungshandlungen für eine Nutzung aufgenommen wurden. Unter diesen Voraussetzungen hat der Nutzer des Werks für die Zeit ab dem Beitritt, nicht jedoch für die davor liegende Zeit, eine **angemessene Vergütung** zu leisten. Die Vertrauensschutzregelung ist allerdings auf solche Nutzungsarten beschränkt, die für die jeweils in Rede stehende Werkart typisch sind (s. § 2 Abs. 1 der Einführungsbestimmungen sowie die Erläuterungen hierzu, GRUR 1990, 897, 927 f.). Nicht unmittelbar geregelt ist der umgekehrte Fall, dass nach dem URG-DDR eine bestimmte Nutzung als Urheberrechtsverletzung angesehen wurde, die nach dem UrhG und somit ab dem Zeitpunkt des Beitritts zulässig ist. In diesen Fällen ist klar, dass der Berechtigte ab dem Zeitpunkt des Beitritts keine Ansprüche mehr geltend machen kann. Soweit die Urheberrechtsverletzung aber vor dem Beitritt zu auskunfts-, schadenersatz- oder bereicherungsrechtlichen Ansprüchen geführt hat, können diese auch nach dem In-Kraft-Treten des UrhG im Beitrittsgebiet geltend gemacht werden (vgl Art. 232 EGBGB § 10). Ist die vor dem Beitrittszeitpunkt unzulässige Nutzung nur deshalb zulässig, weil ein nach dem URG-DDR gegebener Schutz durch das UrhG nicht gewährt wird, ist freilich zu überprüfen, ob nicht eine Fortwirkung des Schutzes geboten ist. In der Sache geht es hier um die Fälle, in denen gem. dem URG-DDR nach dem UrhG schutzunfähige Werke geschützt wurden oder bei denen aufgrund des nationalen Fremdenrechts der DDR oder int. Abkommen ausländische Urheber einen Schutz erworben haben, der ihnen für das Gebiet der Bundesrepublik weder über die fremdenrechtlichen Bestimmungen des UrhG noch nach dem Konventionsrecht zusteht. In beiden Konstellationen gebietet es der Grundsatz des Vertrauensschutzes den Schutz der betroffenen Werke so aufrecht zu erhalten, wie er ohne den Beitritt bestanden hätte (*Schricker/Katzenberger* vor §§ 120 ff. Rn 33 f. mwN teilweise streitig).

33   Durch § 2 Abs. 1 der Einführungsbestimmungen werden insb. die Fälle der Nutzung von Werken erfasst, die im Beitrittszeitpunkt zwar nach dem UrhG, jedoch nicht mehr nach dem URG-DDR geschützt waren. Eine Sonderregelung trifft § 3 Abs. 1 der Einführungsbestimmungen für die Fälle, in denen vor Ablauf der in der DDR geltenden Schutzfrist Nutzungsrechte eingeräumt wurden. Diese sollen sich im Zweifel auch auf den Zeitraum erstrecken, der sich durch die **längere Schutzfrist des § 64 Abs. 1** ergibt. Für die Zeit ab dem Beitrittszeitpunkt steht dem Rechtsinhaber ein Anspruch auf eine angemessene Vergütung zu, dem der Nutzungsberechtigte entgehen kann, wenn er erklärt, das Nutzungsrecht nicht ausüben zu wollen. Nach § 2 Abs. 2 und § 3 Abs. 3 der Einführungsbestimmungen gilt, dass die zulässige Nutzung sich nicht auf Nutzungsarten erstreckt, die in der Praxis in der DDR nicht Gegenstand der Einräumung von Nutzungsrechten waren. Außerdem gelten §§ 1 bis 3 der Einführungsbestimmungen – mit Ausnahme von § 3 Abs. 3 – entspr. für verwandte Schutzrechte (§§ 1 Abs. 2, 2 Abs. 3, 3 Abs. 4 der Einführungsbestimmungen).

34   Nicht Gegenstand des Einigungsvertrages, sondern lediglich eine Folge der Wiedervereinigung ist die Frage, ob sich räumlich für das Gebiet der alten Bundesländer eingeräumte **Nutzungsrechte** mit der Wiedervereinigung mehr oder weniger automatisch auch **auf die neuen Bundesländer** erstrecken. Dies ist zu verneinen. Sofern es aber den Vertragsparteien bei der Einräumung von Nutzungsrechten, in der Praxis insb. bei Senderechten, darauf ankam, eine Versorgung der deutschen Gesamtbevölkerung sicherzustellen, kommt für den Erwerber des Nutzungsrechts unter dem Gesichtspunkt des Wegfalls der Geschäftsgrundlage ein Anspruch auf Anpassung des Vertrages in dem Sinne in Betracht, dass ihm gegen Entrichtung einer angemessenen zusätzlichen Vergütung die weiteren Nutzungsrechte eingeräumt werden (*BGH* GRUR 1997, 215, 218 ff. – Klimbim).

35   **d) EU und EWR.** Sowohl die EU als auch der EWR sind darauf ausgelegt, weitere Staaten aufzunehmen, deren Angehörigen sodann gem. § 120 Abs. 2 Nr. 2 der Inländerstatus verliehen wird. Auch die bisherigen Mitgliedstaaten der EU sind dieser zu unterschiedlichen Zeitpunkten beigetreten. Wegen der unmittelbaren Geltung des in Art. 12 EGV enthaltenen Diskriminierungsverbots (so Rn 12) – früher Art. 7 EWGV – besteht der Inländerstatus für die Angehörigen von EU-Mitgliedstaaten ab dem Zeitpunkt des Beginns der jeweiligen EU-Mitgliedschaft. Ebenfalls aus dem **Diskriminierungsverbot** ergibt sich, dass der Schutz des UrhG auch für solche Werke in Anspruch genommen werden kann, die vor dem jeweiligen EU-Beitritt geschaffen wurden (*BGH* GRUR Int 1995, 503 – Cliff Richard II; *OLG Frankfurt* GRUR Int 1995, 337, 338; s. auch oben Rn 29). Für den Erwerb des Inländerstatus muss es, zur

Vermeidung eines Verstoßes gegen das Diskriminierungsverbot, iÜ ausreichend sein, dass der Urheber des nach dem UrhG zu schützenden Werks zu irgendeinem Zeitpunkt Angehöriger eines anderen EU-Mitgliedstaats gewesen ist, auch wenn er diese Staatsangehörigkeit später wieder aufgegeben hat (so Rn 29). Das Diskriminierungsverbot begünstigt auch solche Urheber, die noch vor Wirksamwerden des Diskriminierungsverbots durch Beitritt des betr. Staats zur EU verstorben sind (*EuGH* GRUR 2002, 689 – Ricordi; vorgelegt durch *BGH* GRUR 2000, 1020 – Puccini II; s. auch die Vorinstanz *OLG Frankfurt* GRUR 1998, 47, 48 f.).

Soweit durch den Beitritt eines neuen Staats zur EU zuvor gemeinfreie Werke – wegen einer längeren deutschen Schutzfrist – wieder nach dem UrhG geschützt sind, besteht ein Bedürfnis des inländischen Urheberrechtsverkehrs nach **Vertrauensschutz**, der in entspr. Anwendung des § 136 gewährt werden kann (s. Rn 29). Zu beachten ist allerdings, dass sich Verhandlungen mit EU-Beitrittskandidaten über viele Jahre hinziehen, sodass es möglich und wohl auch zumutbar ist, sich auf die künftig geänderte Situation einzustellen. Ein Vertrauensschutz wird in diesen Fällen also regelmäßig ausscheiden. Die Frage des schutzwürdigen Vertrauens stellt sich auch im Zusammenhang mit Schadenersatzansprüchen, die wegen vor dem Zeitpunkt der Verkündung der **Phil Collins-Entsch.** des *EuGH* (GRUR 1994, 280 – Collins/Imtrat) liegender Verletzungshandlungen von den Rechtsinhabern geltend gemacht werden. Bis zu jener Entsch. waren die nationalen Gerichte überwiegend der Auffassung, dass das Diskriminierungsverbot im Bereich des Urheber- und Leistungsschutzes keine Geltung beanspruchen könne (s. *BGH* GRUR 1992, 845, 847 – Cliff Richard I; *OLG Hamburg* GRUR Int 1992, 390; *OLG München* ZUM 1991, 540; nicht problematisch in *BGH* GRUR 1986, 69 – Puccini). Ein Verschulden des Verwerters liegt jedenfalls dann vor, wenn die Rechtsverletzung nach dem Vorlagebeschluss des BGH v. 25.6.1992 (*BGH* GRUR 1992, 845 – Cliff Richard I) erfolgte (*BGH* GRUR 1998, 568, 569 – Beatles-Doppel-CD; GRUR 1999, 49, 52 – Bruce Springsteen and his Band).

36

§ 121 Ausländische Staatsangehörige

(1) **Ausländische Staatsangehörige genießen den urheberrechtlichen Schutz für ihre im Geltungsbereich dieses Gesetzes erschienenen Werke, es sei denn, daß das Werk oder eine Übersetzung des Werkes früher als dreißig Tage vor dem Erscheinen im Geltungsbereich dieses Gesetzes außerhalb dieses Gebietes erschienen ist. Mit der gleichen Einschränkung genießen ausländische Staatsangehörige den Schutz auch für solche Werke, die im Geltungsbereich dieses Gesetzes nur in Übersetzung erschienen sind.**

(2) **Den im Geltungsbereich dieses Gesetzes erschienenen Werken im Sinne des Absatzes 1 werden die Werke der bildenden Künste gleichgestellt, die mit einem Grundstück im Geltungsbereich dieses Gesetzes fest verbunden sind.**

(3) **Der Schutz nach Absatz 1 kann durch Rechtsverordnung des Bundesministers der Justiz für ausländische Staatsangehörige beschränkt werden, die keinem Mitgliedstaat der Berner Übereinkunft zum Schutze von Werken der**

Literatur und der Kunst angehören und zur Zeit des Erscheinens des Werkes weder im Geltungsbereich dieses Gesetzes noch in einem anderen Mitgliedstaat ihren Wohnsitz haben, wenn der Staat, dem sie angehören, deutschen Staatsangehörigen für ihre Werke keinen genügenden Schutz gewährt.

(4) Im übrigen genießen ausländische Staatsangehörige den urheberrechtlichen Schutz nach Inhalt der Staatsverträge. Bestehen keine Staatsverträge, so besteht für solche Werke urheberrechtlicher Schutz, soweit in dem Staat, dem der Urheber angehört, nach einer Bekanntmachung des Bundesministers der Justiz im Bundesgesetzblatt deutsche Staatsangehörige für ihre Werke einen entsprechenden Schutz genießen.

(5) Das Folgerecht (§ 26) steht ausländischen Staatsangehörigen nur zu, wenn der Staat, dem sie angehören, nach einer Bekanntmachung des Bundesministers der Justiz im Bundesgesetzblatt deutschen Staatsangehörigen ein entsprechendes Recht gewährt.

(6) Den Schutz nach den §§ 12 bis 14 genießen ausländische Staatsangehörige für alle ihre Werke, auch wenn die Voraussetzungen der Absätze 1 bis 5 nicht vorliegen.

Literatur: *Baumgarten/Meyer* Die Bedeutung des Beitritts der USA zur Berner Übereinkunft, GRUR Int 1989, 620; *Beseler* Die Harmonisierung des Urheberrechts aus europäischer Sicht, ZUM 1995, 437; *v. Bogdandy* Die Überlagerung der ZPO durch WTO-Recht, NJW 1999, 2088; *Braun, Th.* Joseph Beuys und das deutsche Folgerecht bei ausländischen Kunstauktionen, IPRax 1995, 227; *Bungeroth* Die Pariser Fassung des Welturheberrechtsabkommens und der Berner Übereinkunft, UFITA 68 (1973), 27; *Czychowski/Danckwerts* Der urheberrechtliche Schutz von Werken deutscher Staatsangehöriger in den USA im Hinblick auf die formalen Erfordernisse und die Schutzfristen des US-amerikanischen Rechts – Entwicklung und aktuelle Rechtslage, GRUR Int 1998, 870; *Dietz* Die USA und das „droit moral": Idiosynkrasie oder Annäherung?, GRUR Int 1989, 627; *Dreier* TRIPS und die Durchsetzung von Rechten des geistigen Eigentums, GRUR Int 1996, 205; *Drexl* Nach „GATT und WIPO": Das TRIPS-Abkommen und seine Anwendung in der Europäischen Gemeinschaft, GRUR Int 1994, 777; *Duggal* Die unmittelbare Anwendung der Konventionen des internationalen Urheberrechts am Beispiel des TRIPS-Übereinkommens, IPRax 2002, 101; *Faupel* GATT und geistiges Eigentum, GRUR 1990, 225; *Flechsig* Die Bedeutung der urheberrechtsgesetzlichen Übergangsbestimmungen für den Urheberschutz ausländischer Werke, GRUR Int 1981, 760; *Geller* Geistiges Eigentum auf dem Weltmarkt: Welche Bedeutung hat die Streitbeilegung nach TRIPS, GRUR Int 1995, 935; *Heath* Bedeutet TRIPS wirklich eine Schlechterstellung von Entwicklungsländern?, GRUR Int 1996, 1169; *Heinz* Das sogenannte Folgerecht („droit de suite") als künftige europaweite Regelung?, GRUR 1998, 786; *Hertin* Die Vermarktung nicht lizenzierter Live-Mitschnitte von Darbietungen ausländischer Künstler nach den höchstrichterlichen Entscheidungen „Bob Dylan" und „Die Zauberflöte", GRUR 1991, 772; *Hilpert* TRIPS und das Interesse der Entwicklungsländer am Schutz von Immaterialgüterrechten in ökonomischer Sicht, GRUR Int 1998, 91; *Hohagen* WIPO-Sitzung zum zukünftigen internationalen Schutz von Datenbanken, GRUR Int 1998, 54; *Hundt-Neumann/Schaefer* Elvis lebt!, Zur Elvis Presley"-Entscheidung des Hanseatischen Oberlandesgerichts und zum Aufsatz Nordemann „Altaufnahmen aus den USA und das deutsche Urheberrecht", GRUR 1995, 381; *Katzenberger* Urheberrecht und Urhebervertragsrecht in der deutschen Einigung, GRUR Int 1993, 2; *ders.* Harmonisierung des Folgerechts in Europa, GRUR Int 1997, 309; *ders.* TRIPS und das Urheberrecht, GRUR Int 1995, 447; *Kunstadt* Urheberrechtsschutz für ausländische Kunstwerke in den USA: Die ungelöste Frage der „Veröffentlichung", GRUR Int 1977, 22; *Lehmann* TRIPS/WTO und der internationale Schutz von Computerprogrammen, CR 1996, 2; *v. Lewinski* Das Urheberrecht zwischen GATT/WTO und WIPO, UFITA 136 (1998), 103; *dies.* Die diplomatische Konferenz der WIPO 1996 zum Urheberrecht und zu verwandten Schutzrechten, GRUR Int 1997, 667; *dies.* Die WIPO-Verträge zum Urheberrecht und zu verwandten Schutzrechten vom Dezember 1996, CR 1997, 438; *v. Lewinski/Gaster* Die diplomatische Konferenz der WIPO 1996 zum Urheberrecht und zu verwandten Schutzrechten, ZUM 1997, 607; *Nordermann/Scheuermann* Der Beitritt der USA zur Revidierten Berner Übereinkunft – Bericht über ein Berliner Urheberrechtssymposium, GRUR Int 1990, 945; *Pfennig* Stellungnahme zum Vorschlag für eine Richtlinie des Europäischen Parlaments und des Rates zur Harmonisierung des Folgrechts der Mitgliedstaaten, ZUM 1996, 777; *Püschel* Einigungsvertrag und Geltungsbereich des Urheberrechtsgesetzes, GRUR 1992, 579; *Reinbothe* Der Schutz des Urheberrechts und der Leistungsschutzrechte im Abkommensentwurf GATT/TRIPS, GRUR Int 1992, 707; *ders.* TRIPS und die Folgen für das Urheberrecht, ZUM 1996, 735; *Riesenhuber* Der Einfluß der RBÜ auf die Auslegung des deutschen Urheberrechtsgesetzes, ZUM 2003, 333; *Schack* Die grenzüberschreitende Verletzung allgemeiner und Urheberpersönlichkeitsrechte, UFITA 108 (1988), 51; *Schäfers* Normsetzung zum geistigen Eigentum in internationalen Organisationen: WIPO und WTO – ein Vergleich, GRUR Int 1996, 763; *Schulze, G.* Zählt die DDR rückwirkend zum Geltungsbereich des Urheberrechtsgesetzes?, GRUR 1991, 730; *Steup/Bungeroth* Die Pariser Revisionen der internationalen Urheberrechtsabkommen, UFITA 68 (1973), 1; *Thum* Internationalprivatrechtliche Aspekte der Verwertung urheberrechtlich geschützter Werke im Internet, GRUR Int 2001, 9; *Ullrich* Technologieschutz nach TRIPS: Prinzipien und Probleme, GRUR Int 1995, 623; *Ulmer* Die Revisionen der Urheberrechtsabkommen, GRUR Int 1971, 423; *ders.* Die Bundesrepublik Deutschland und die Berner Union, GRUR Int 1986, 229; *ders.* Der Vergleich der Schutzfristen in seiner Bedeutung für den Urheberrechtsschutz amerikanischer Werke in der Bundesrepublik Deutschland, GRUR Int 1979, 39.

Übersicht

I. Allgemeines

Während § 120 bestimmt, dass sich deutsche Staatsangehörige sowie weitere Personen mit Inländerstatus auf den Schutz des UrhG berufen dürfen, regelt § 121, unter 1 welchen Voraussetzungen Personen ohne Inländerstatus sich für ein einzelnes Werk auf den Schutz des UrhG berufen können. In der Sache geht es dabei um die **Angehörigen ausländischer Staaten, die weder Mitglied der EU noch Vertragsstaat des EWR** sind. Durch § 121 werden **zwei alternative Wege des Schutzes der Werke ausländischer Staatsangehöriger** zur Verfügung gestellt. Zunächst regelt § 121 Abs. 1 bis 3, unter welchen Voraussetzungen ausländische Staatsangehörige sich unmittelbar auf den Schutz des UrhG berufen können und – mit Ausnahme des Folgerechts (s. Abs. 5) – wie Inländer behandelt werden. Diesen Bestimmungen des deutschen Fremdenrechts folgt in § 121 Abs. 4 die Öffnung für das Konventionsrecht, indem bestimmt wird, dass ausländische Staatsangehörige den urheberrechtlichen Schutz nach Inhalt der Staatsverträge genießen.

2   Der **konventionsrechtliche Schutz ist unabhängig von dem fremdenrechtlichen Schutz** und steht selbständig neben diesem (*BGH* GRUR 1985, 69, 70 – Puccini). In der Praxis überwiegt die Bedeutung des konventionsrechtlichen Schutzes jene des fremdenrechtlichen Schutzes bei weitem. Eine Einschränkung sowohl des nationalen Fremdenrechts als auch des Konventionsrechts findet sich in Abs. 5 für das **Folgerecht** (§ 26), auf das sich ausländische Staatsangehörige nur dann berufen können, wenn Reziprozität besteht, also deutschen Staatsangehörigen in dem jeweiligen ausländischen Staat ein entspr. Schutz gewährt wird. Eine bes. fremdenrechtliche Bestimmung enthält Abs. 6. Danach können sich ausländische Urheber in jedem Fall auf den Schutz ihres Urheberpersönlichkeitsrechts nach den §§ 12 bis 14 berufen. Damit wird der urheberpersönlichkeitsrechtliche Schutz des ausländischen Staatsangehörigen auch für solche Werke sichergestellt, die weder nach fremdenrechtlichen noch nach konventionsrechtlichen Bestimmungen den Schutz des UrhG genießen.

II. Fremdenrecht (Abs. 1 bis 3)

1. Schutz im Inland erschienener Werke (Abs. 1)

3   Ausländische Staatsangehörige, die nicht als Angehörige eines EU-Mitgliedstaats oder EWR-Vertragsstaats den Inländerstatus haben (§ 120 Abs. 2 Nr. 2), können sich auf den Schutz des UrhG für solche Werke berufen, die erstmalig im Geltungsbereich des UrhG erschienen sind. Dies gilt allerdings nur unter der Voraussetzung, dass das Werk oder eine Übersetzung des Werks nicht früher als 30 Tage vor einem solchen Erscheinen im Geltungsbereich des UrhG außerhalb des Gebietes der Bundesrepublik erschienen ist (Abs. 1 S. 1). Dem Erscheinen des Ursprungswerks steht das Erscheinen einer Übersetzung desselben gleich (Abs. 1 S. 2). In diesen Fällen kann sich der Rechtsinhaber nicht nur für die Übersetzung, sondern auch für das Ursprungswerk auf den Schutz des UrhG berufen.

4   Ob und zu welchem Zeitpunkt ein Werk erschienen ist, richtet sich nach § 6 Abs. 2. Danach kommt es darauf an, ob mit Zustimmung des Berechtigten Vervielfältigungsstücke des Werks nach ihrer Herstellung in genügender Anzahl der Öffentlichkeit angeboten oder in Verkehr gebracht worden sind (vgl § 17 Abs. 1; s. § 6 Rn 60 ff.). Ein Werk der bildenden Künste gilt auch dann als erschienen, wenn das Original oder ein Vervielfältigungsstück des Werkes mit Zustimmung des Berechtigten bleibend der Öffentlichkeit zugänglich ist (§ 6 Abs. 2 S. 2). Im Geltungsbereich des UrhG ist ein Werk erschienen, wenn der Tatbestand des Erscheinens **innerhalb der räumlichen**

und zeitlichen Grenzen dieses Gesetzes liegt. Nicht erforderlich ist, dass die für das Erscheinen sorgende Verbreitungshandlung vollständig im Inland vorgenommen wurde; es genügt, wenn die Verbreitungshandlung teilweise im Inland stattgefunden hat, sofern diese über eine bloße Vorbereitungshandlung hinausgeht (vgl *BGH* GRUR 1994, 798, 799 – Folgerecht bei Auslandsbezug).

In zeitlicher Hinsicht gilt § 121 Abs. 1 für alle Werke, die ab dem In-Kraft-Treten des　　**5** UrhG in den alten Bundesländern (1.1.1966) sowie ab dem **Beitritt der DDR** zur Bundesrepublik (3.10.1990) im heutigen Bundesgebiet erschienen sind. Ausländische Staatsangehörige, die in der Zeit zwischen In-Kraft-Treten des UrhG und dem Wirksamwerden des Beitritts der DDR zum Bundesgebiet ihre Werke auf dem Gebiet der ehemaligen DDR zum Erscheinen gebracht haben, können sich folglich nicht auf § 121 Abs. 1 berufen (*Möhring/Nicolini/Hartmann* § 121 Rn 10 mwN). Soweit nach den fremdenrechtlichen Bestimmungen des URG-DDR auf dem Gebiet der ehemaligen DDR Schutz gewährt wurde, der nach der Rechtslage des UrhG nicht bestünde, ist ausnahmsweise von einer Fortgeltung des durch das URG-DDR gewährten Schutzes auszugehen (s. § 120 Rn 31 ff.). Aus dem Wortlaut des § 121 Abs. 1 ergibt sich auch, dass die Vorschrift keine Anwendung auf Werke findet, die im Geltungsbereich des UrhG vor dessen In-Kraft-Treten (1.1.1966) erschienen sind. Es sind keine Anhaltspunkte dafür erkennbar, dass der Gesetzgeber älteren Werken einen originären Urheberrechtsschutz aufgrund des nationalen Fremdenrechtes für Werke verschaffen wollte, die vor dem 1.1.1966 erschienen sind (*BGH* GRUR 1986, 69, 71 – Puccini). In diesen Fällen ist zu prüfen, ob sich bei Anwendung des Konventionsrechts eine abweichende Regelung ergibt.

Der Schutz eines im Inland erschienen Werks eines ausländischen Staatsangehörigen　　**6** wird nicht gewährt, wenn das in Rede stehende Werk früher als 30 Tage vor dem Erscheinen im Inland außerhalb des Geltungsbereichs des UrhG erschienen ist (Abs. 1 S. 1). Die Bestimmung entspricht Art. 3 Abs. 4 RBÜ. Dass die 30-Tage-Frist gewahrt wurde, ist durch den Rechtsinhaber darzulegen und zu beweisen (vgl *BGH* GRUR 1986, 69, 72 – Puccini). Aus dem Schutzlandprinzip folgt, dass es für die Bewertung der Frage, ob ein relevantes Erscheinen im Ausland vorliegt, ebenfalls auf den Begriff des Erscheinens nach § 6 Abs. 2 ankommt (*OLG Frankfurt* GRUR 1994, 49, 51; *Schricker/Katzenberger* § 121 Rn 5).

2. Schutz mit einem Grundstück fest verbundener Werke der bildenden Künste (Abs. 2)

Die Urheber von Werken der bildenden Künste, die mit einem Grundstück im Gel-　　**7** tungsbereich dieses Gesetzes fest verbunden sind, genießen den Schutz des UrhG (Abs. 2). Der Schutz eines solchen Werkes entfällt selbst dann nicht, wenn das Werk früher als 30 Tage zuvor im Ausland erschienen ist (so auch *Fromm/Nordemann* § 121 Rn 6; **aA** *Schricker/Katzenberger* § 121 Rn 9; *Möhring/Nicolini/Hartmann* § 121 Rn 16). Würde die 30-Tage-Frist des Abs. 1 gelten, so hätte es der Sonderregelung des Abs. 2 nicht bedurft. Die Forderung, dass es sich bei dem Werk der bildenden Künste um das Original handeln muss (so *Schricker/Katzenberger* § 121 Rn 9), findet im Wortlaut des Gesetzes keine Stütze.

Der Anwendungsbereich des Abs. 2 ist begrenzt auf Werke der bildenden Künste iSd　　**8** § 2 Abs. 1 Nr. 4, die mit einem inländischen Grundstück fest verbunden sind. In Betracht kommen hier in erster Linie Werke der Baukunst sowie Werke der graphischen und plastischen Künste (vgl Art. 4b RBÜ). Fest verbunden ist ein Werk der bildenden Künste mit einem Grundstück, wenn die Trennung zur Beschädigung oder zur Änderung des Wesens des Werks führt oder auch nur mit unverhältnismäßigem Aufwand möglich ist (vgl *Palandt/Heinrichs* § 94 BGB Rn 2 mwN).

3. Rechtsverordnung zur Beschränkung des fremdenrechtlichen Schutzes (Abs. 3)

9   Nach Abs. 3 kann das Bundesministerium der Justiz den nach Abs. 1 gewährten Schutz für solche ausländische Staatsangehörige beschränken, die keinem Mitgliedstaat der RBÜ angehören und bei Erscheinen des Werkes ihren Wohnsitz weder im Inland noch in einem Mitgliedstaat der RBÜ haben, wenn der Staat, dem der betr. Urheber angehört, den deutschen Staatsangehörigen keinen ausreichenden Schutz gewährt. Tatsächlich wurde von der Möglichkeit, eine solche Rechtsverordnung zu erlassen, bisher noch nicht Gebrauch gemacht. Die Bestimmung stellt ein Instrument dar, um durch die Diskriminierung ausländischer Staatsangehöriger materielle Gegenseitigkeit zu erreichen, also einen dem UrhG weitgehend entspr. Schutz deutscher Staatsangehöriger in dem Staat, dessen Staatsangehörige durch die zu erlassende Rechtsverordnung betroffen sind.

III. Konventionsrechtlicher Schutz (Abs. 4)

10   Die praktische Bedeutung der fremdenrechtlichen Bestimmungen des § 121 Abs. 1 bis 3 ist gering. Für die Praxis von ungleich größerer Bedeutung ist der Rechtsschutz, der Personen ohne Inländerstatus über Staatsverträge gewährt wird, die für die Bundesrepublik verbindlich sind. In Abs. 4 S. 1 findet sich der allg. Hinweis, dass ausländische Staatsangehörige den urheberrechtlichen Schutz nach Inhalt der Staatsverträge genießen. Die Bestimmung stellt damit gewissermaßen die **Schnittstelle zwischen dem nationalen Urheberrecht und dem Konventionsrecht** dar. Nach Abs. 4 S. 2 kann auch ohne Vorliegen eines Staatsvertrages ausländischen Staatsangehörigen urheberrechtlicher Schutz zugestanden werden, wenn deutsche Staatsangehörige in dem Heimatstaat des ausländischen Staatsangehörigen einen entspr. Schutz genießen. Voraussetzung ist allerdings, dass eine entspr. Bekanntmachung des Bundesministeriums der Justiz im BGBl erfolgt. Dies ist bisher nicht geschehen.

1. Allgemeines und Überblick zum Schutz nach Inhalt der Staatsverträge

11   **a) Überblick über die wesentlichen Staatsverträge im Bereich des Urheberrechts.** Im Bereich der Staatsverträge ist zu unterscheiden zwischen multilateralen und bilateralen Staatsverträgen. In der Praxis sind heute nahezu ausschließlich die multilateralen Staatsverträge, also mehrseitige Abkommen, von Bedeutung. Das älteste und in der Praxis bisher bedeutendste Abkommen im Bereich des Urheberrechts ist die Berner Übereinkunft zum Schutz von Werken der Lit. und Kunst v. 9.9.1886, die nach verschiedenen Überarbeitungen allg. als **Revidierte Berner Übereinkunft (RBÜ)** bezeichnet wird (Einzelheiten dazu bei Rn 22 ff.). Geringer ist die praktische Bedeutung des **Welturheberrechtabkommens** v. 6.9.1952 (WUA), weil dieses gegenüber der RBÜ nur subsidiär Anwendung findet (Einzelheiten bei Rn 37 ff.). Auf dem durch die RBÜ gewährten Schutz bauen sowohl das Übereinkommen über han-

delsbezogene Aspekte der Rechte des geistigen Eigentums v. 15.4.1994 **(TRIPS)** als auch der am 20.12.1996 unterzeichnete **WIPO-Urheberrechtsvertrag (WCT)** (Einzelheiten bei Rn 28 ff. und 33 ff.) auf. Beide Abkommen übernehmen den Schutz der RBÜ und schaffen zusätzliche, sich teilweise überschneidende Schutzstandards.

Dadurch, dass nach und nach immer mehr Staaten sich einem oder mehreren multi-   **12** lateralen Staatsverträgen (s. Rn 11) angeschlossen haben, haben die bilateralen Staatsverträge, die die Bundesrepublik Deutschland sowie ihr Rechtsvorgänger abgeschlossen haben, heute keine praktische Bedeutung mehr. Dies gilt auch für die **Übereinkunft von Montevideo** v. 11.1.1889, der Deutschland im Jahre 1927 beigetreten ist (dazu s. *Schricker/Katzenberger* vor §§ 120 ff. Rn 66 f.). Eine Ausnahme gilt für das zwischen **Deutschland und den USA** am 15.1.1892 getroffene **bilaterale Übereinkommen** über den gegenseitigen Schutz der Urheberrechte (RGBl 1892, 473). Dieses Abkommen ist nach wie vor in Kraft und hat insoweit eine praktische Bedeutung, als es eine uneingeschränkte Inländerbehandlung der Angehörigen des jeweils anderen Staates vorsieht, sodass der nach Art. 7 Abs. 8 RBÜ vorgesehene Schutzfristenvergleich (dazu Rn 27) keine Anwendung findet (Einzelheiten bei Rn 40). Allerdings können Staatsverträge, die heute keine praktische Bedeutung mehr haben, noch relevant sein, wenn es um die Beurteilung von Sachverhalten geht, die vor dem In-Kraft-Treten einer neuen staatsvertraglichen Regelung bereits abgeschlossen waren.

b) Allgemeine Grundsätze der Staatsverträge im Bereich des Urheberrechts.   **13** Ausgangspunkt sämtlicher int. Abkommen im Bereich des Urheberrechts ist das **Territorialitäts- und das Schutzlandprinzip** (dazu § 120 Rn 4 ff.). Weil sich der durch die einzelstaatlichen Urheberrechtsordnungen gewährte Schutz auf den jeweiligen Geltungsbereich des Gesetzes beschränkt und dieser Schutz grds nur Inländern oder bei Vorliegen spezifischer inländischer Anknüpfungspunkte (Erscheinen des Werks im Inland) gewährt wird, ist es aus der Sicht eines Staates erstrebenswert, Verträge abzuschließen, durch die sichergestellt wird, dass die eigenen Staatsangehörigen auch ohne das Vorliegen dieser Voraussetzungen in ausländischen Staaten Schutz genießen. Hiervon hängt insb. die Fähigkeit ab, urheberrechtlich geschützte Wirtschaftsgüter im Ausland erfolgreich zu vermarkten.

Tragendes Prinzip der heute im Bereich des Urheberrechts relevanten Abkommen ist   **14** der **Grundsatz der Inländerbehandlung** (s. zB Art. 3 Abs. 1 TRIPS, Art. 5 Abs. 1 RBÜ). Inländerbehandlung bedeutet, dass die in einem Verbandsstaat geschützten Werke, soweit sie durch das Abkommen geschützt werden (sog. verbandseigene Werke, s. Art. 3 RBÜ), in allen anderen Verbandsstaaten nach Maßgabe der Bestimmungen geschützt sind, die dort jeweils auf den Schutz der Werke von Inländern Anwendung finden. Allerdings kann das jeweilige Abkommen **Einschränkungen der Inländerbehandlung** vorbehalten; so sieht zB Art. 7 Abs. 8 RBÜ einen Schutzfristenvergleich vor (dazu Rn 27).

Da der Grundsatz der Inländerbehandlung für sich genommen noch nicht sicherstel-   **15** len kann, dass in anderen Verbandsstaaten auch tatsächlich ein effektiver Schutz des Urheberrechts stattfindet, legen die Abkommen **Mindestrechte** fest, die den Rechtsinhabern aus anderen Verbandsstaaten in jedem Fall zu gewähren sind. Hieraus wiederum kann sich eine Benachteiligung der inländischen Rechtsinhaber ergeben, soweit der durch das Abkommen gewährte Schutz über den Schutz der nationalen Regelung hinausgeht. Diese **Inländerdiskriminierung** ist durchaus gewollt und soll einen Anreiz darstellen, das nationale Schutzniveau zu heben. Auf diese Weise sind die int. Abkommen zum Schutz des Urheberrechts geeignet, für eine Harmonisierung der einzelstaatlichen Vorschriften zum Schutz des Urheberrechts auf dem Niveau des Mindestschutzes zu sorgen. Aus dem Umstand, dass die int. Abkommen im Bereich des Urheberrechts nur einen Mindestschutz vorschreiben, folgt, dass es den einzelnen Verbandsstaaten unbenommen ist, ein **höheres Schutzniveau** einzuführen oder aufrecht zu erhalten. Im Anwendungsbereich von TRIPS gilt allerdings, dass ein solches höheres Schutzniveau jenem Abkommen nicht zuwider laufen darf (Art. 1 Abs. 1 S. 2 TRIPS).

16 Ein weiterer allg. Grundsatz der int. Abkommen im Bereich des Urheberrechts ist, dass der Schutz des Urheberrechts in den Verbandsstaaten **nicht an die Erfüllung irgendwelcher Förmlichkeiten gebunden** sein darf (Art. 5 Abs. 2 RBÜ).

17 Art. 4 TRIPS führt erstmals das **Prinzip der Meistbegünstigung** ein. Dieses besagt, dass Vorteile, Vergünstigungen, Sonderrechte und Befreiungen, die aufgrund anderer Übereinkommen den Angehörigen eines anderen Staates gewährt werden, ohne weiteres auch den Angehörigen eines TRIPS-Mitgliedstaates zu gewähren sind (Einzelheiten bei Rn 31).

18 **c) Anwendungsbereich der Staatsverträge.** Die int. Abkommen im Bereich des Urheberrechts regeln ausschließlich den Schutz verbandseigener Werke außerhalb des Ursprungslandes, sodass sich **Inländer grds nicht** auf sie berufen können. Allerdings schließt der unmittelbare Schutz eines Werks nach den Bestimmungen des UrhG es nicht aus, dass sich die Angehörigen eines EU-Mitgliedstaates oder EWR-Vertragsstaates, der zugleich zB RBÜ-Vertragsstaat oder TRIPS-Mitglied ist, für ihre verbandseigenen Werke (Art. 3 RBÜ) auf die RBÜ oder TRIPS berufen. Auch deutsche Staatsangehörige können den nach RBÜ oder TRIPS gewährten Schutz in Anspruch nehmen, wenn das zu schützende Werk nach Art. 4 RBÜ geschützt wird. Ebenfalls auf den Schutz eines Abkommens können sich Personen berufen, die neben der deutschen Staatsangehörigkeit noch die Staatsangehörigkeit eines Verbandsstaates haben (*Schricker/Katzenberger* § 121 Rn 12; **aA** *Möhring/Nicolini/Hartmann* § 121 Rn 4). Die gegenteilige Auffassung ist mit dem klaren Wortlaut von Art. 3 Abs. 1 RBÜ nicht vereinbar. Soweit der Konventionsschutz über den Schutz des UrhG hinausreicht, kann bei der Auslegung der Bestimmungen des UrhG die für den ausschließlich auf die nationale Bestimmung angewiesenen Rechtsinhaber günstigere Regelung eines Abkommens im Wege der Auslegung berücksichtigt werden; denn es besteht die Vermutung, dass die Bundesrepublik nicht die Absicht hat, Inländer gegenüber Ausländern zu benachteiligen (*Schricker/Katzenberger* vor §§ 120 ff. Rn 119). Jedoch gilt hierbei der Grundsatz, dass jeder Auslegung durch den Wortlaut der anwendbaren Bestimmung Grenzen gesetzt sind.

19 Ausgangspunkt für die Frage, ob die Bestimmungen eines int. Abkommens zum Schutz des Urheberrechts anwendbar sind, ist jeweils der konkrete Sachverhalt. Entscheidend ist dabei, dass zu dem **für die rechtliche Bewertung eines Sachverhalts maßgebenden Zeitpunkt** das Abkommen in Kraft ist. Wegen der unmittelbaren Anwendbarkeit der staatsvertraglichen Bestimmungen (dazu Rn 20) kommt es hingegen

nicht auf den Zeitpunkt an, in dem der Staatsvertrag nach Verkündung eines Zustimmungsgesetzes im BGBl (Art. 59 Abs. 2, 82 GG) innerstaatlich anwendbar wird (dazu *Schricker/Katzenberger* vor §§ 120 ff. Rn 114 f.). Ist ein Sachverhalt vor dem In-Kraft-Treten eines bestimmten Staatsvertrages bereits abgeschlossen, findet dieser Staatsvertrag keine Anwendung. Unberührt bleibt freilich die Anwendbarkeit einer früheren Fassung des Abkommens, zB im Falle der RBÜ (s. Rn 23). **Treten einem multilateralen Abkommen neue Vertragsstaaten bei,** so gelten die Bestimmungen im Verhältnis zu einem solchen Staat ab dem Zeitpunkt des Wirksamwerdens des Beitritts. Dies gilt grds auch, wenn es sich bei dem beitretenden Staat um die Abspaltung eines Staats handelt, der seinerseits durch das Abkommen gebunden ist (sehr großzügig *OLG Hamburg* GRUR Int 1998, 431, 433; 1999, 76, 78 f.; weitere Einzelheiten bei *Möhring/Nicolini/Hartmann* vor §§ 120 ff. Rn 50).

Die **Bestimmungen der int. Abkommen** im Bereich des Urheberrechts sind, soweit **20** sie privatrechtliche Rechtssätze enthalten, in Deutschland **unmittelbar anwendbar**; dies gilt selbst dann, wenn diese privatrechtlichen Rechtssätze in die Form von völkerrechtlichen Verpflichtungen gekleidet sind (*Schricker/Katzenberger* vor §§ 120 ff. Rn 116; *Möhring/Nicolini/Hartmann* vor §§ 120 ff. Rn 55; *OGH* GRUR Int 1995, 729, 730 – Ludus tonalis). Hiervon geht auch die deutsche Rspr ohne weiteres aus (s. nur *BGH* GRUR 1986, 887, 888 f. – Bora Bora). Voraussetzung für die **innerstaatliche Anwendbarkeit** der Abkommen im Bereich des Urheberrechts ist also nur das Vorliegen eines entspr. Zustimmungsgesetzes. Obwohl zum einen das Übereinkommen zur Errichtung der Welthandelsorganisation v. 15.4.1994 (WTO-Übereinkommen) den Rahmen sowohl für TRIPS als auch für das Allg. Zoll- und Handelsabkommen (GATT) bildet und zum anderen zu dem hiervor bestehenden GATT aus dem Jahre 1947 angenommen wurde, dass dieses keine unmittelbare innerstaatliche Anwendung finde, ist auch von der **unmittelbaren innerstaatlichen Anwendbarkeit von TRIPS** auszugehen (eingehend hierzu *Drexl* GRUR Int 1994, 777, 783 ff.; *Katzenberger* GRUR Int 1995, 447, 459; *Duggal* IPRax 2002, 101 ff.). Zwar hat die EG in der 11. Begründungserwägung des Beschl. 94/800/EG des Rates v. 22.12.1994 (ABlEG Nr. L 336/1), mit dem das WTO-Abkommen und somit auch TRIPS genehmigt wurden, geäußert, dass TRIPS nicht im Sinne einer unmittelbaren Anwendung durch die Rechtsprechungsorgane der Gemeinschaft und der Mitgliedstaaten angelegt sei. Jedoch hat der EuGH entschieden, dass in Bereichen, in denen die Gemeinschaft bereits Rechtsvorschriften erlassen hat, eine unmittelbare Berufung auf TRIPS möglich sei, während es iÜ den Mitgliedstaaten überlassen sei, eine unmittelbare Berufung auf TRIPS zuzulassen (*EuGH* GRUR 2001, 234, 237 Nr. 47 bis 49 – Christian Dior/TUK sowie Assco/Layher). Da die EG mit der Richtlinie 2001/29/EG Vorschriften erlassen hat, die den Schutz des Urheberrechts insgesamt betreffen, können sich hiernach jedenfalls die Angehörigen der EU-Mitgliedstaaten unmittelbar auf die TRIPS-Vorschriften berufen.

Bei der Anwendung der **Bestimmungen eines Staatsvertrages** sind diese **grds aus** **21** **sich heraus auszulegen.** Dies folgt bereits aus § 121 Abs. 4 S. 1, der den urheberrechtlichen Schutz nach Inhalt der Staatsverträge zuspricht. Jedenfalls soweit Staatsverträge unmittelbar innerstaatlich anwendbar sind, bedarf es hingegen keiner „konventionsfreundlichen" Auslegung des deutschen Urheberrechts (eingehend *Riesenhuber* ZUM 2003, 333 ff.).

2. Einzelne Staatsverträge im Bereich des Urheberrechts

22 **a) Revidierte Berner Übereinkunft (RBÜ).** Der älteste multilaterale Staatsvertrag auf dem Gebiet des Urheberrechts ist die Berner Übereinkunft zum Schutz von Werken der Lit. und Kunst v. 9.9.1886, die im Deutschen Reich am 5.12.1887 in Kraft trat (RGBl 1887, 493). Sie wurde in der Folgezeit mehrfach revidiert und ist heute allg. als **Revidierte Berner Übereinkunft (RBÜ)** bekannt. Die Ursprungsfassung wurde vervollständigt in Paris am 4.5.1896 (RGBl 1897, 759) sowie revidiert in Berlin am 13.11.1908 (RGBl 1910, 965, 987), vervollständigt in Bern am 20.3.1914 (RGBl 1920, 31, 137), revidiert in Rom am 2.6.1928 (RGBl II 1933, 889), in Brüssel am 26.6.1948 (BGBl II 1965, 1213; 1966, 1565), in Stockholm am 14.7.1967 (BGBl II 1970, 293, 348; ausgenommen Art. 1 bis 21 und Anh.; s. auch BGBl I 1994, 3082) sowie letztmals in Paris am 24.7.1971 (BGBl II 1973, 1069; 1974, 165; 1974, 1079; 1985, 81). Die RBÜ ist das in der Praxis bedeutendste mehrseitige int. Abkommen zum Urheberrecht. Diese Bedeutung wird auch durch TRIPS (dazu Rn 28 ff.) und den WCT (dazu Rn 33 ff.) nicht geschmälert, sondern vielmehr noch gesteigert. Denn beide Übereinkommen verpflichten die jeweiligen Unterzeichnerstaaten, Art. 1 bis 21 RBÜ nachzukommen (Art. 9 Abs. 1 TRIPS – unter Ausnahme von Art. 6bis RBÜ – sowie Art. 1 Abs. 4 WCT) und ergreifen darüber hinausgehende Maßnahmen zum Schutz des Urheberrechts (sog. **„Bern plus"-Lösung**). Durch die Verknüpfung von TRIPS mit dem GATT iRd WTO-Übereinkommens (s. Rn 28) wurde im Wege eines „Package Deals" auch für solche Staaten, die der RBÜ und dem WUA (dazu Rn 37) nicht oder jedenfalls nicht in der jüngsten Fassung angehörten, ein Anreiz geschaffen, TRIPS zu akzeptieren (eingehend *Katzenberger* GRUR Int 1995, 447, 452 f.).

23 Im Verhältnis zwischen zwei Verbandsmitgliedern ist jeweils **die jüngste Fassung der RBÜ maßgebend**, der beide Staaten angehören (Art. 32 Abs. 1 RBÜ). Tritt ein bisher verbandsfremder Staat ausschließlich der jüngsten Fassung bei, so gelangt diese im Verhältnis zu allen anderen Verbandsmitgliedern auch dann zur Anwendung, wenn diese nur durch eine frühere Fassung gebunden sind. Dabei steht es solchen Staaten frei, gegenüber dem bisher verbandsfremden Mitglied nur diese frühere Fassung anzuwenden (Art. 32 Abs. 2 RBÜ). Beruft sich ein Rechtsinhaber auf die RBÜ, so ist stets anhand des konkreten Einzelfalls zu prüfen, welche Fassung maßgebend ist. Dies hängt davon ab, ab welchem Zeitpunkt welche Fassung im Verhältnis zu dem Verbandsstaat maßgebend war, über dessen **Verbandszugehörigkeit der Rechtsinhaber** seine Rechte herleiten will. Auf den Internetseiten der World Intellectual Property Organization (WIPO) ist eine aktuelle Übersicht der Verbandsstaaten abrufbar, aus der auch hervorgeht, zu welchem Zeitpunkt für den einzelnen Verbandsstaat die für ihn aktuell maßgebende Fassung in Kraft getreten ist (www.wipo.int/treaties/ip). Zum 15.10.2003 gibt es 151 Verbandsstaaten, von denen die ganz überwiegende Zahl der Pariser Fassung aus dem Jahre 1971 angehören. Die **RBÜ sieht keine Exklusivität** vor. Die Verbandsstaaten haben das Recht, andere mulilaterale oder bilaterale Abkommen betr. das Urheberrecht zu schließen oder aufrechtzuerhalten, soweit diese der RBÜ nicht zuwider laufen (Art. 20 RBÜ).

24 Eine Definition des Begriffs der durch die RBÜ geschützten „Werke der Literatur und Kunst" findet sich in Art. 2 Abs. 1 RBÜ. Nach Art. 3 Abs. 1 lit. a) genießen die einem Verbandsland angehörenden Urheber für ihre veröffentlichten (dazu Art. 3

Abs. 3 RBÜ) und unveröffentlichten Werke den durch die RBÜ gewährten Schutz. Gleiches gilt für Angehörige von verbandsfremden Staaten, wenn diese ihren dauernden Aufenthaltsort in einem Verbandsstaat haben (Art. 3 Abs. 2 RBÜ). Der **Schutz gilt grds für alle Werke eines solchen Urhebers,** und zwar selbst dann, wenn sie zu einem Zeitpunkt geschaffen wurden, in dem die RBÜ zugunsten dieses Urhebers noch nicht anzuwenden war. Art. 18 Abs. 1 RBÜ knüpft dies allerdings an die Voraussetzung, dass im Ursprungsstaat (Art. 5 Abs. 4 RBÜ) des jeweiligen Werks die dort geltende Schutzfrist noch nicht abgelaufen war. Neben den verbandsangehörigen Urhebern werden auch Urheber aus verbandsfremden Staaten für solche Werke geschützt, die erstmals oder gleichzeitig in einem Verbandsstaat veröffentlicht wurden (Art. 3 Abs. 1 lit. b, Abs. 3, Abs. 4 RBÜ). Schließlich werden durch die RBÜ die Urheber von Filmwerken, deren Hersteller ihren Sitz oder gewöhnlichen Aufenthalt in einem Verbandsland haben, sowie die Urheber von in einem Verbandsland errichteten Werk der Baukunst und die Urheber von Werken der graphischen oder plastischen Künste, die mit einem im Verbandsland gelegenen Grundstück verbunden sind, geschützt (Art. 4 RBÜ).

Der durch die RBÜ gewährte **Schutz gilt nicht im Ursprungsland eines Werks.** **25** Dort richtet sich der Schutz alleine nach den innerstaatlichen Rechtsvorschriften (Art. 5 Abs. 3 S. 1 RBÜ). Eine Definition des Ursprungslands befindet sich in Art. 5 Abs. 4 lit a RBÜ. Der Schutz eines Werks im Ursprungsland richtet sich selbst dann nur nach den dort geltenden Bestimmungen, wenn der Urheber diesem Staat nicht angehört (Art. 5 Abs. 3 S. 2 RBÜ). Auf den nach der RBÜ gewährten Schutz kann sich nicht nur der Urheber, sondern auch sein Rechtsnachfolger und die Inhaber von ausschließlichen Nutzungsrechten an dem Werk berufen (Art. 2 Abs. 6 RBÜ). Ob diese einem Verbandsstaat angehören, spielt keine Rolle; für die Anwendbarkeit der RBÜ ist insoweit alleine die Person des Urhebers maßgebend (s. Art. 3 Abs. 1 RBÜ).

Den Schutz des Urhebers verwirklicht die RBÜ durch Anwendung zweier unter- **26** schiedlicher **Schutzprinzipien.** Zunächst schreibt Art. 5 Abs. 1 das **Prinzip der In- länderbehandlung** fest. Danach genießen die Urheber in allen Verbandsländern (ausgenommen das Ursprungsland, s. Rn 25) den Schutz, der dort jeweils inländischen Urhebern gewährt wird. Die Inländerbehandlung darf weder an die Erfüllung etwaiger Förmlichkeiten noch an das Bestehen eines Schutzes im Ursprungsland des Werkes geknüpft werden (Art. 5 Abs. 2 RBÜ). Das zweite Schutzprinzip besteht in der **Festschreibung von Mindestrechten.** Als Mindestrechte vorgesehen sind Verwertungsrechte (Art. 8: Übersetzung; Art. 9 Abs. 1: Vervielfältigung; Art. 11 Abs. 1: Öffentliche Aufführung von Bühnenwerken und deren öffentliche Übertragung; Art. 11bis: Sendung und öffentliche Wiedergabe der Sendung; Art. 11ter: Vortrag und dessen öffentliche Übertragung; Art. 12: Bearbeitung; Art. 14: Verfilmung und Verwertung des Films), aber auch Urheberpersönlichkeitsrechte (Art. 6bis: Anerkennung der Urheberschaft, Entstellungsschutz). Außerdem sieht Art. 14ter grds das **Folge- recht** vor, jedoch nicht als Mindestrecht. Vielmehr bleibt es dem einzelnen Verbandsstaat überlassen, das Folgerecht zu gewähren; soweit dies der Fall ist, kann sich der Angehörige eines anderen Verbandsstaates jedoch nur dann darauf berufen, wenn sein Heimatstaat einen entspr. Schutz gewährt (Art. 14ter Abs. 2 RBÜ). Hier wird also das **Prinzip der materiellen Gegenseitigkeit** verwirklicht, das der RBÜ iÜ fremd ist (zum Schutzfristenvergleich s. Rn 27).

27   Art. 7 Abs. 1 RBÜ sieht eine Schutzfrist von 50 Jahren *p.m.a.* vor. Für bestimmte Werke haben die Verbandsstaaten nach Art. 7 Abs. 2 bis 4 RBÜ die Möglichkeit, kürzere Schutzfristen vorzusehen. Der Tatsache, dass die Schutzfrist des Urheberrechts in den einzelnen Verbandsstaaten durchaus unterschiedlich lang ist, trägt die Zulassung längerer Schutzfristen als 50 Jahre *p.m.a.* in Art. 7 Abs. 6 Rechnung. Konsequent iSd materiellen Gegenseitigkeit ordnet Art. 7 Abs. 8 sodann einen **Schutzfristenvergleich** an. Sofern die Schutzfrist des Urheberrechts im Schutzland länger als im Ursprungsland (Art. 5 Abs. 4 RBÜ) ist, bestimmt sich auch die Schutzdauer im Schutzland nach der Schutzfrist des Ursprungslands. Besonderheiten gelten hier im **Verhältnis zwischen Deutschland und den USA**, da das Urheberrechtsübereinkommen zwischen dem Deutschen Reich und den USA v. 15.1.1892 eine uneingeschränkte Inländerbehandlung vorsieht (s. Rn 40).

28   **b) TRIPS-Übereinkommen (TRIPS).** Das Übereinkommen über handelsbezogene Aspekte der Rechte des geistigen Eigentums (TRIPS) ist als Anlage 1 C des **Übereinkommens zur Errichtung der Welthandelsorganisation** (World Trade Organization – WTO) v. 15.4.1994 unterzeichnet worden. In Deutschland ist es durch Zustimmungsgesetz v. 30.8.1994 (BGBl II 1994, 1438) in Kraft getreten. Die Kurzbezeichnung TRIPS ist der englischsprachigen Bezeichnung *„Agreement on Trade-related Aspects of Intellectual Property Rights"* entlehnt. Durch das WTO-Übereinkommen wurde TRIPS mit der Neufassung des Allg. Zoll- und Handelsübereinkommens (**General Agreement on Tariffs and Trade – GATT**) verknüpft, das als Anlage 1 A des WTO-Übereinkommens Wirksamkeit erlangt hat. Durch die Verknüpfung mit dem GATT ist es im Wege eines „Package Deals" gelungen, auch solche Staaten für TRIPS zu gewinnen, die den herkömmlichen multilateralen Abkommen zum Urheberrecht nicht oder jedenfalls nicht in der aktuellsten Fassung beigetreten sind (Einzelheiten zu Hintergrund und Entstehungsgeschichte von TRIPS bei *Katzenberger* GRUR Int 1995, 447 ff.). Zum 4.4.2003 zählt die WTO und damit auch TRIPS 146 Mitglieder. Zu ihnen gehören Deutschland, die EG und die USA. Eine aktuelle Liste sämtlicher Mitglieder ist über die Internet-Seiten der WTO zugänglich (www.wto.org).

29   TRIPS ist das erste multilaterale Abkommen, das neben dem Schutz des Urheberrechts auch den Schutz bestimmter verwandter Schutzrechte regelt (zum Schutz der verwandten Schutzrechte nach TRIPS s. § 125 Rn 18 ff.). Im Bereich des Urheberrechts **setzt TRIPS auf der RBÜ auf**. Art. 9 Abs. 1 TRIPS bestimmt, dass die Mitglieder die Art. 1 bis 21 RBÜ anzuwenden haben. Diese Verpflichtung bezieht sich auf die Pariser – und damit die jüngste – Fassung v. 24.7.1971 (s. Rn 22). Ausgenommen von der Übernahme durch TRIPS ist allerdings Art. 6bis RBÜ, der den Schutz bestimmter Urheberpersönlichkeitsrechte vorsieht. Art. 9 Abs. 1 TRIPS hat zur Folge, dass TRIPS-Mitglieder, die zuvor nur durch eine ältere Fassung der RBÜ gebunden waren, konventionsrechtlich nunmehr nach Maßgabe der **jüngsten RBÜ-Fassung** Schutz gewähren müssen. Unabhängig davon lässt TRIPS die unmittelbare Anwendung der RBÜ unberührt (Art. 2 Abs. 2 TRIPS). TRIPS beschränkt sich nicht auf eine Übernahme der urheberrechtlichen Bestimmungen der RBÜ, sondern enthält selbst weitere Regelungen zum Urheberrechtschutz (sog. **„Bern plus"-Ansatz**, s. *Reinbothe* GRUR Int 1992, 707, 709 ff.). Die **neuen Schutzelemente** im Bereich des Urheberrechtrechts sind der Schutz von Computerprogrammen und Datensammlungen (Art. 10 TRIPS) sowie das Vermietrecht in Bezug auf Filmwerke und Computerprogramme (Art. 11 TRIPS).

Wie die RBÜ folgt TRIPS dem **Prinzip der Inländerbehandlung** (s. Rn 26). Für die **30** gem. Art. 9 Abs. 1 TRIPS in der RBÜ geregelten Rechte ergibt sich dies bereits aus Art. 5 Abs. 1 RBÜ; iÜ ist dieser Grundsatz in Art. 3 Abs. 1 festgeschrieben. Hiernach gilt er jedoch nur vorbehaltlich der in der RBÜ selbst enthaltenen Einschränkungen, also insb. des Schutzfristenvergleichs nach Maßgabe von Art. 7 Abs. 8 RBÜ.

Mit dem in Art. 4 TRIPS verankerten **Prinzip der Meistbegünstigung** führt TRIPS **31** ein neues Schutzprinzip im Bereich der int. Abkommen zum Urheberrecht ein. Der Grundsatz der Meistbegünstigung besagt, dass ein TRIPS-Mitglied Vorteile, Vergünstigungen, Sonderrechte und Befreiungen, die es den Angehörigen eines anderen Staates – ob TRIPS-Mitglied oder nicht – gewährt, auch den Angehörigen aller anderen TRIPS-Staaten zu gewähren hat. Freilich sieht Art. 4 Ausnahmen von diesem Grundsatz vor. Das Prinzip der Meistbegünstigung findet ua dort keine Anwendung, wo die RBÜ die Gewährung des Schutzes an das Vorliegen materieller Gegenseitigkeit knüpft. Dies ist insb. bei dem Folgerecht der Fall (Art. 14ter RBÜ). Weitere praktisch wichtigere Ausnahmen von dem Prinzip der Meistbegünstigung sind nach Art. 4 lit. d TRIPS int. Übereinkünfte betr. den Schutz des geistigen Eigentums, die (i) vor dem WTO-Übereinkommen in Kraft getreten sind, (ii) dem Rat für TRIPS notifiziert wurden und (iii) keine willkürliche oder ungerechtfertigte Diskriminierung von Angehörigen eines TRIPS-Mitgliedstaats darstellen. Ein hiernach der Ausnahme fähiges Übereinkommen ist insb. jenes zwischen dem Deutschen Reich und den USA v. 15.1.1892 (dazu Rn 39 f.). Die Bundesrepublik ist danach nicht verpflichtet, die den USA in jenem Übereinkommen gewährte uneingeschränkte Inländerbehandlung, die Urhebern aus den USA insb. den für sie nachteilhaften Schutzfristenvergleich nach Art. 7 Abs. 8 RBÜ erspart, sämtlichen TRIPS-Mitgliedern zu gewähren. Problematischer erscheint eine **Ausnahme des EG-Vertrags und des EWR-Abkommens** von dem Prinzip der Meistbegünstigung. Wäre die Ausnahme nicht möglich, so wären sämtliche EU-Staaten verpflichtet, den Anwendungsbereich ihres jeweiligen nationalen Urheberrechts für sämtliche TRIPS-Mitglieder zu öffnen. Dies ist die Konsequenz daraus, dass gem. dem in Art. 12 EG enthaltenen Diskriminierungsverbot die Angehörigen eines EU-Mitgliedstaats in allen anderen EU-Mitgliedstaaten wie Inländer behandelt werden (*EuGH* GRUR 1994, 280 – Phil Collins, sowie § 120 Rn 27). Nachdem der EuGH selbst in der Phil Collins-Entsch. befunden hat, dass das Urheberrecht (und die verwandten Schutzrechte) in den Anwendungsbereich des EG-Vertrags (damals noch EWG-Vertrag) fallen, kann davon ausgegangen werden, dass es sich bei dem EG-Vertrag und dem EWR-Abkommen um Übereinkünfte betr. den Schutz des geistigen Eigentums iSd Art. 4 lit. d) TRIPS handelt, sodass eine Ausnahme vom Prinzip der Meistbegünstigung möglich ist (*Katzenberger* GRUR Int 1995, 447, 462 f.). Alternativ ließe sich die Unanwendbarkeit des Prinzips der Meistbegünstigung im Hinblick auf EG-Vertrag und EWG-Abkommen damit begründen, dass die Angehörigen jener Staaten durch die jeweiligen nationalen Gesetze als Inländer, nicht aber als Angehörige eines anderen Lands iSd Art. 4 TRIPS angesehen werden.

Art. 41 bis Art. 64 TRIPS enthalten umfassende Regelungen zur **Durchsetzung des** **32** **geistigen Eigentums**. Diese gelten nicht nur für das Urheberrecht und die verwandten Schutzrechte, sondern auch für die übrigen in TRIPS behandelten gewerblichen

Schutzrechte (zur unmittelbaren Anwendbarkeit dieser Bestimmungen in den EU-Mitgliedstaaten s. Rn 20).

33 **c) WIPO-Urheberrechtsvertrag (WCT).** Der durch die Weltorganisation für geistiges Eigentum (World Intellectual Property Organization – WIPO) moderierte WIPO-Urheberrechtsvertrag (**WIPO Copyright Treaty – WCT**) wurde am 20.12.1996 geschlossen. Zu den Unterzeichnerstaaten gehören neben Deutschland und den weiteren EU-Staaten auch die USA. Der Vertrag ist mit Wirkung zum 6.3.2002 in Kraft getreten, nachdem die erforderlichen 30 Ratifikations- oder Beitrittsurkunden bei der WIPO hinterlegt wurden (Art. 20). Die EU-Mitgliedstaaten haben per 1.12.2003 noch keine Ratifikations- oder Beitrittsurkunde hinterlegt, wohl aber die USA. Der deutsche BTag stimmte dem WCT allerdings am 10.8.2003 zu (BGBl II 2003, 754). Der ebenfalls am 20.12.1996 unterzeichnete WIPO-Vertrag über Darbietungen und Tonträger (**WIPO Perfomances and Phonogramms Treaty – WPPT**, dazu § 125 Rn 20 ff.) ist am 20.5.2002 in Kraft getreten. Aktuelle Informationen zu WCT und WPPT, insb. zum Stand der Mitglieder und der Ratifizierungen, können über die Internet-Seiten der WIPO abgefragt werden (www.wipo.int/treaties/ip).

34 Ziel der WIPO war ursprünglich eine Neufassung der zuletzt 1971 revidierten RBÜ gewesen. IRd WTO-Übereinkommens wurde mit TRIPS der int. Schutz des Urheberrechts in der Folgezeit zwar auf eine breitere Grundlage gestellt und um einzelne Schutzelemente (Computerprogramme, Datenbanken, Vermietrecht) ergänzt (s. Rn 29); gleichwohl bleibt der durch TRIPS gewährte Schutz hinter dem Schutzbedürfnis des Urheberrechts in der Informationsgesellschaft zurück, sodass sich die Bemühungen der WIPO fortan auf ein eigenständiges Vertragswerk konzentrierten, das letztlich als der WCT unterzeichnet wurde (zur Entstehungsgeschichte ausführlich *v. Lewinski* GRUR Int 1997, 667 ff.).

35 Das **Verhältnis des WCT zu TRIPS** bestimmt sich nach Art. 5 TRIPS. Diese Bestimmung setzt für iRd WIPO geschlossene mehrseitige Verträge insb. das Prinzip der Meistbegünstigung gem. Art. 4 TRIPS außer Kraft (dazu Rn 31). Die **Vereinbarkeit des WCT mit der RBÜ** ergibt sich daraus, dass die Vorgaben von Art. 20 RBÜ eingehalten wurden; denn Art. 1 Abs. 4 WCT verpflichtet die WCT-Vertragsstaaten, den Art. 1 bis 21 RBÜ in der Pariser Fassung v. 24.7.1971 nachzukommen. Wesentliche Grundprinzipien der RBÜ übernimmt der WCT auch für die über die RBÜ hinausgehenden Schutzelemente, indem Art. 3 WCT festlegt, dass die Art. 2 bis 6 RBÜ auch für die zusätzlichen Schutzelemente des WCT gelten. In der Sache handelt es sich dabei um die Regelungen über die Anknüpfung des Verbandschutzes (Art. 3 und 4 RBÜ) sowie die Grundsätze der Inländerbehandlung (Art. 5 Abs. 1 RBÜ), das Verbot von Förmlichkeiten (Art. 5 Abs. 2 RBÜ) sowie die Absicherung der Mindestrechte (Art. 6 RBÜ). Wie auch TRIPS (s. Rn 28 ff.) sieht der WCT über die RBÜ hinaus einen ausdrücklichen Schutz von Computerprogrammen und Datenbanken vor (Art. 4 und 5 WCT). Die Regelung des Verbreitungsrechts belässt den WCT-Vertragsstaaten die Freiheit, im Einzelnen die Voraussetzungen der Erschöpfung festzulegen (Art. 6 WCT). Die Bestimmungen über das Vermietrecht (Art. 7 WCT) sind gegenüber Art. 11 TRIPS erweitert. Das Recht der öffentlichen Wiedergabe schließt bereits ausdrücklich das Recht der öffentlichen Zugänglichmachung ein (Art. 8 WCT; s. auch Art. 3 Abs. 1 der RL 2001/29/EG).

Während Art. 7 Abs. 4 RBÜ für **Werke der Fotographie eine Schutzfrist** von min-   **36**
destens 25 Jahren *p.m.a.* vorsieht, bleibt es nach Art. 9 WCT bei der 50-jährigen
Schutzfrist des Art. 7 Abs. 1 RBÜ (Art. 9 WCT). Generalklauselartig eröffnet
Art. 10 WCT die Möglichkeit, die **Verwertungsrechte des Urhebers zu beschrän-**
ken (vgl damit die detaillierte Regelung in Art. 5 der RL 2001/29/EG). Erstmals in
einem int. Abkommen zum Schutz des Urheberrechts findet sich die Verpflichtung,
einen Rechtsschutz gegen die **Umgehung wirksamer technischer Vorkehrungen**
oder die Entfernung von Identifikationsmerkmalen zu gewährleisten (Art. 11, 12
WCT; vgl Art. 6, 7 der RL 2001/29/EG sowie §§ 95 ff.).

d) Welturheberrechtsabkommen (WUA). Das Welturheberrechtsabkommen   **37**
(WUA) wurde am 6.9.1952 in Genf unterzeichnet (BGBl II 1955, 101) und am
24.7.1971 in Paris revidiert (BGBl II 1974, 1309). Insgesamt haben per 30.6.2003
88 Staaten das WUA unterzeichnet, davon 63 auch die revidierte Fassung. Eine Liste
der WUA-Mitgliedstaaten, einschließlich der Angabe, welche Fassung jeweils verbindlich ist, kann über die Internet-Seiten der UNESCO abgerufen werden
(www.unesco.org). Zu den Mitgliedstaaten des WUA zählen neben Deutschland und
einer Vielzahl weiterer europäischer Staaten auch die USA. Die praktische Bedeutung des WUA ist heute gering. Grund hierfür ist, dass nach Art. XVII WUA iVm
einer zu dieser Vorschrift gehörenden Zusatzerklärung (abgedr. bei *Hillig* Urheber-
und Verlagsrecht, Nr. 27) die Bestimmungen des WUA **keine Anwendung im Ver-**
hältnis zwischen Verbandsstaaten der RBÜ finden, soweit es um den Schutz von
Werken geht, deren Ursprungsland iSd Art. 5 Abs. 4 RBÜ ein Verbandsstaat der
RBÜ ist. Nachdem auch die USA (1989), die Volksrepublik China (1992) sowie die
Russische Föderation (1995) der RBÜ beigetreten sind, findet im Verhältnis eines
Verbandsstaats der RBÜ zu diesen Staaten somit ausschließlich die RBÜ Anwendung. Der praktisch wichtigste Anwendungsbereich des WUA hat sich damit erledigt
(s. hierzu auch *Katzenberger* GRUR Int 1995, 447, 454 f.). Das **Verhältnis zu ande-**
ren Staatsverträgen als der RBÜ ist in Art. XIX WUA geregelt. Danach hat das
WUA gegenüber früheren zweiseitigen oder mehrseitigen Abkommen zwischen
WUA-Vertragsstaaten den Vorrang, soweit solche Abkommen von den Bestimmungen des WUA abweichen (s. zum Übereinkommen zwischen dem Deutschen Reich
und den USA v. 15.1.1892 Rn 39 f.).

Die Bestimmung der **verbandseigenen Werke** des WUA in Art. II WUA entspricht   **38**
weitgehend jener in Art. 3 RBÜ. Zu berücksichtigen ist allerdings, dass das WUA keine Anwendung auf Werke oder auf Rechte an Werken findet, die im Schutzland bei
In-Kraft-Treten des Abkommens nicht oder nicht mehr geschützt waren (Art. VII
WUA). Wie die RBÜ (Rn 22 ff.) greift auch das WUA auf das **Schutzprinzip der In-**
länderbehandlung zurück (Art. II WUA). Das **Förmlichkeitsverbot** (vgl Art. 5
Abs. 2 RBÜ) ist in der Weise eingeschränkt, dass Förmlichkeiten als erfüllt gelten,
wenn die mit Zustimmung des Urhebers veröffentlichten Werkstücke einen Copy-
right-Vermerk tragen (Art. III Nr. 1 WUA). Ähnlich wie Art. 7 Abs. 8 RBÜ sieht
Art. IV Nr. 4 WUA einen **Schutzfristenvergleich** vor (vgl Rn 27). Das WUA sieht in
Art. I, IVbis, V Nr. 1 gewisse Mindestrechte des Urhebers vor. Ob diese es wegen ihrer
eher unbestimmten Formulierung zulassen, dass sich ein Rechteinhaber in einem Vertragsstaat unmittelbar auf sie berufen kann, ist zweifelhaft (dagegen *Möhring/Nico-*
lini/Hartmann vor §§ 120 ff. Rn 73; *Nordemann/Vinck/Hertin* WUA Art IVbis Rn 1).

39   **e) Deutsch-amerikanisches Übereinkommen vom 15.1.1892.** Am 15.1.1892 wur-
de zwischen dem Deutschen Reich und den Vereinigten Staaten von Amerika ein
Übereinkommen über den gegenseitigen Schutz der Urheberrechte geschlossen
(RGBl 1892, 473). In der Bundesrepublik gilt das Abkommen auch nach dem zwei-
ten Weltkrieg fort (*BGH* GRUR 1978, 300, 301 – Buster Keaton-Filme); s. auch den
Notenwechsel zwischen der BReg und dem Amerikanischen Hohen Kommissar
(GRUR 1950, 414).

40   Eine praktische Bedeutung erlangte das Übereinkommen insb. dadurch, dass in
Art. 1 eine uneingeschränkte Inländerbehandlung vereinbart ist. Dies bedeutet, dass
sich der Schutz des Urheberrechts ausschließlich nach den jeweiligen Vorschriften
des Schutzlands bemisst. Der in Art. 7 Abs. 8 RBÜ bzw Art. IV Nr. 4 WUA vorgesehene **Schutzfristenvergleich findet damit keine Anwendung**. Mit In-Kraft-
Treten des WUA am 16.9.1955 wurde die durch Art. 1 des Übereinkommens gewährte uneingeschränkte Inländerbehandlung durch Art. IV Nr. 4 WUA und den dort
angeordneten Schutzfristenvergleich überlagert (Art. XIX S. 1 und 2 WUA). Davon
ausgenommen sind Werke, die vor diesem Zeitpunkt geschaffen wurden (Art. XIX
S. 3 WUA). Dieser Bestandsschutz ist jedoch im Verhältnis zwischen den Vereinigten Staaten und Deutschland ohne wesentliche Bedeutung; denn das zum maßgebenden Zeitpunkt geltende LUG sah nur eine Schutzdauer von 50 Jahren vor (*Möhring/
Nicolini/Hartmann* vor §§ 120 ff. Rn 137 mwN).

41   Durch den **Beitritt der Vereinigten Staaten zur RBÜ** zum 1.3.1989 ist gem.
Art. XVII Abs. 1 WUA für die Beziehungen zwischen Deutschland und den Vereinigten Staaten ausschließlich die RBÜ maßgebend (s. Rn 37). Damit findet auch
Art. XIX S. 2 WUA keine Anwendung mehr, sondern Art. 20 RBÜ. Danach können
aber die Verbandsstaaten sich einander durch weitere Abkommen Rechte gewähren,
die über den durch die RBÜ gewährleisteten Schutz hinausgehen. Konsequenz ist,
dass die Bürger der Vereinigten Staaten seit dem 1.3.1989 erneut **uneingeschränkte
Inländerbehandlung** nach Maßgabe von Art. 1 des Übereinkommens genießen.
Hieran hat sich auch dadurch nichts geändert, dass seit dem 1.1.1995 im Verhältnis
zwischen den USA und Deutschland TRIPS maßgebend ist. Denn nach Art. 9 Abs. 1
TRIPS werden Art. 1 bis 21 RBÜ – und damit auch die im vorliegenden Zusammenhang maßgebende Bestimmung des Art. 20 RBÜ – übernommen. Das Übereinkommen zwischen den Vereinigten Staaten und Deutschland ist von dem Prinzip der
Meistbegünstigung gem. Art. 4 lit. d TRIPS ausgenommen. Die praktische Bedeutung des Übereinkommens hat sich allerdings durch den US **Copyright Term
Extension Act** v. 27.1.1998 erheblich verringert. Hiernach beträgt die Schutzdauer
für urheberrechtlich geschützte Werke auch in den USA 70 Jahre *p.m.a.*

IV. Folgerecht für ausländische Staatsangehörige (Abs. 5)

42   Für ausländische Staatsangehörige enthält Abs. 5 eine Sonderregelung in Bezug auf
das Folgerecht (§ 26). Diese Sonderregelung greift ein, wenn der ausländische
Staatsangehörige aufgrund von § 121 Abs. 1 oder 2 oder durch einen das Folgerecht
nicht regelnden Staatsvertrag gem. § 121 Abs. 4 S. 1 für seine Werke im Inland
Schutz genießt. Der Urheber solcher Werke kann das Folgerecht nur geltend machen,
wenn zum einen der Staat, dem er angehört, **deutschen Staatsangehörigen ein ent-**

spr. Recht gewährt und dies zum anderen durch den Bundesminister der Justiz im BGBl bekannt gemacht wurde. Nach dem klaren Wortlaut des Gesetzes ist die **Bekanntmachung zwingende Voraussetzung** für die Entstehung des Folgerechts. Ob bei erfolgter Bekanntmachung eine Rückwirkung auf den Zeitpunkt eintritt, ab dem die materielle Gegenseitigkeit im Verhältnis zu dem Staat gegeben war, dem der ausländische Urheber angehört, ist streitig (dafür *Schricker/Katzenberger* § 121 Rn 17; dagegen *Möhring/Nicolini/Hartmann* § 121 Rn 26; offen gelassen in *BGH* GRUR 1978, 639 – Jeannot). Bekanntmachungen nach Abs. 5 sind bisher erfolgt am 4.11.1975 in Bezug auf Frankreich (BGBl I 1975, 2775) sowie am 21.9.1977 in Bezug auf Belgien (BGBl I 1977, 1871). Praktische Bedeutung haben diese Bekanntmachungen heute nicht mehr, nachdem sich sowohl belgische als auch französische Staatsbürger als Angehörige eines EU-Mitgliedstaats gem. § 120 Abs. 2 Nr. 2 unmittelbar auf § 26 berufen können. Den Angehörigen von EU-Mitgliedstaaten und EWR-Vertragsstaaten steht das Folgerecht also auch dann zu, wenn der jeweilige Heimatstaat ein vergleichbares Recht nicht anerkennt. Dies ist iSd Gerechtigkeit nicht tragbar. Die **Richtlinie des Europäischen Parlaments und des Rates v. 27.9.2001 über das Folgerecht** des Urhebers des Originals eines Kunstwerkes (RL 2001/84/EG, ABlEG Nr. L 277 v. 13.10.2001, 32) sorgt nunmehr für die gebotene Harmonisierung.

Sobald ein im konkreten Fall anwendbarer Staatsvertrag eine Regelung des Folgerechts enthält, ist nur diese, nicht aber § 121 Abs. 5 maßgebend. Dies folgt ungeachtet der systematischen Stellung des Abs. 5 hinter § 121 Abs. 4 aus dem **Grundsatz der völkerrechtsfreundlichen Auslegung** (*Möhring/Nicolini/Hartmann* § 121 Rn 27). Für Art. 14ter RBÜ (Pariser Fassung 1971) ergibt sich dies außerdem aus dem Grundsatz, dass die jüngere Rechtsvorschrift der älteren vorgeht (*BGH* GRUR 1978, 639, 640 – Jeannot). Daher kann sich der Angehörige eines Verbandsstaates der RBÜ auf das in Art. 14ter RBÜ geregelte Folgerecht berufen, auch wenn eine Bekanntmachung iSd § 125 Abs. 5 nicht erfolgt ist. Wesentlich ist in diesem Zusammenhang, dass Art. 14ter RBÜ das in Art. 5 Abs. 1 RBÜ niedergelegte Schutzprinzip der Inländerbehandlung (dazu Rn 26) durchbricht. Nach Art. 14ter Abs. 2 RBÜ kann das Folgerecht nur ein solcher Urheber beanspruchen, dessen Heimatgesetzgebung ebenfalls ein Folgerecht vorsieht. Da TRIPS (Rn 29) und WCT (Rn 35) die Schutzelemente der RBÜ und damit auch deren Regelung zum Folgerecht übernehmen, findet auch bei auf TRIPS gestützten Ansprüchen aus dem Folgerecht § 121 Abs. 5 keine Anwendung. Das WUA (Rn 37) enthält keine Reglung des Folgerechts. Freilich berechtigt das in Art. II WUA niedergelegte Prinzip der Inländerbehandlung die Urheber solcher WUA-Staaten, die kein Folgerecht anerkennen, nicht dazu, in anderen WUA-Staaten Ansprüche aus dem Folgerecht geltend zu machen (streitig; s. dazu *Schricker/Katzenberger* § 121 Rn 19 mwN). **43**

V. Urheberpersönlichkeitsrechte ausländischer Staatsangehöriger (Abs. 6)

Das Veröffentlichungsrecht (§ 12), das Recht auf Anerkennung der Urheberschaft (§ 13) sowie der Schutz gegen eine Entstellung des Werks (§ 14) steht einem ausländischen Staatsangehörigen selbst dann zu, wenn das Werk als solches in Deutschland keinen Schutz genießt. Die Kernelemente des Urheberpersönlichkeitsrechts bleiben somit jedem Urheber für das Staatsgebiet der Bundesrepublik vorbehalten. Der urhe- **44** berpersönlichkeitsrechtliche Schutz ist an keinerlei Voraussetzungen geknüpft; er kann in Anspruch genommen werden, sobald im Inland ein Eingriff in die Rechte gem. §§ 12 bis 14 erfolgt.

§ 122   Staatenlose

(1) Staatenlose mit gewöhnlichem Aufenthalt im Geltungsbereich dieses Gesetzes genießen für ihre Werke den gleichen urheberrechtlichen Schutz wie deutsche Staatsangehörige.

(2) Staatenlose ohne gewöhnlichen Aufenthalt im Geltungsbereich dieses Gesetzes genießen für ihre Werke den gleichen urheberrechtlichen Schutz wie die Angehörigen des ausländischen Staates, in dem sie ihren gewöhnlichen Aufenthalt haben.

I. Überblick

1   Nachdem die §§ 120, 121 für die Anwendung des UrhG an die Staatsangehörigkeit des Urhebers anknüpfen, bedurfte es einer Regelung für Staatenlose, dh **Personen, die keine Staatsangehörigkeit besitzen**. Diese Regelung findet sich in § 122. Bei Staatenlosen ersetzt der gewöhnliche Aufenthalt die Staatsangehörigkeit als Anknüpfungspunkt für die Anwendung des UrhG. Entspr. unterscheidet § 122 zwischen Staatenlosen, die ihren gewöhnlichen Aufenthalt im Geltungsbereich des UrhG haben (Abs. 1) und solchen, die sich gewöhnlich außerhalb des Geltungsbereichs des UrhG aufhalten.

II. Staatenlose mit gewöhnlichem Aufenthalt im Geltungsbereich des UrhG (Abs. 1)

2   Staatenlose, die ihren gewöhnlichen Aufenthalt im Bundesgebiet haben, genießen nach Abs. 1 für ihre Werke den gleichen urheberrechtlichen Schutz wie deutsche Staatsangehörige. Dies bedeutet, dass sie für alle ihre Werke Schutz beanspruchen können, also auch für solche, die sie geschaffen haben, bevor sie staatenlos wurden.

3   Ihren gewöhnlichen Aufenthalt hat eine Person dann im Bundesgebiet, wenn hier der Lebensmittelpunkt, dh der Schwerpunkt der Lebensverhältnisse (*BGHZ* 78, 293, 295), liegt (*Schricker/Katzenberger* § 122 Rn 2). Dies ist aufgrund einer Bewertung sämtlicher Umstände des Einzelfalls zu ermitteln. Formelle Kriterien, etwa eine bestimmte Mindestaufenthaltsdauer pro Jahr, helfen nicht weiter. Der gewöhnliche Aufenthalt im Bundesgebiet wird nicht dadurch ausgeschlossen, dass ein Staatenloser sich für längere Zeiträume außerhalb des Geltungsbereichs des Gesetzes aufhält. Ein Wohnsitz im Bundesgebiet bedeutet umgekehrt nicht, dass hier auch der ge-

wöhnliche Aufenthalt liegt. Der Schutz des Abs. 1 hängt auch nicht davon ab, dass der gewöhnliche Aufenthalt bereits seit längerer Zeit im Geltungsbereich des Gesetzes besteht. Ausreichend ist, dass der Aufenthalt im Inland langfristig geplant ist.

III. Staatenlose ohne gewöhnlichen Aufenthalt im Geltungsbereich des UrhG (Abs. 2)

Staatenlose, die ihren gewöhnlichen Aufenthalt (dazu Rn 3) nicht im Geltungsbe-   **4** reich des UrhG haben, können sich in gleicher Weise wie die Angehörigen des Staates, in dem sie ihren gewöhnlichen Aufenthalt haben, auf den Schutz des UrhG berufen. Ist der gewöhnliche Aufenthalt in einem EU-Mitgliedstaat oder EWR-Vertragsstaat, so bedeutet dies, dass sich wegen § 120 Abs. 2 Nr. 2 der Staatenlose auf den vollen Schutz des UrhG berufen kann. Wegen des eindeutigen Wortlauts der §§ 122 Abs. 2, 120 Abs. 2 Nr. 2 ist eine abweichende Beurteilung auch nicht vor dem Hintergrund möglich, dass das § 120 Abs. 2 Nr. 2 zugrunde liegende Diskriminierungsverbot des Art. 12 EGV auf den Staatenlosen keine Anwendung findet (iE ebenso *Schricker/Katzenberger* § 122 Rn 1). IÜ genießt der Staatenlose in Deutschland Schutz für seine Werke nach § 121 Abs. 1 und 2 sowie gem. § 121 Abs. 4 S. 1 nach Maßgabe der Staatsverträge, die im Verhältnis zwischen Deutschland und dem Staat gelten, in dem der Staatenlose seinen gewöhnlichen Aufenthaltsort hat. Hat ein Staatenloser überhaupt keinen gewöhnlichen Aufenthaltsort, so gilt für ihn gleichwohl zumindest § 121 Abs. 1, 2 und 6; denn nach ihrem Sinn und Zweck setzen diese Vorschriften nur einen fehlenden Inländerstatus, nicht aber eine ausländische Staatsangehörigkeit voraus (*Schricker/Katzenberger* § 122 Rn 5).

§ 123   Ausländische Flüchtlinge

Für Ausländer, die Flüchtlinge im Sinne von Staatsverträgen oder anderen Rechtsvorschriften sind, gelten die Bestimmungen des § 122 entsprechend. Hierdurch wird ein Schutz nach § 121 nicht ausgeschlossen.

I. Allgemeines

Die Vorschrift enthält eine Sonderregelung für ausländische Flüchtlinge. Sofern   **1** Flüchtlinge noch eine Staatsangehörigkeit besitzen, gilt für sie § 121, was durch § 123 S. 2 klargestellt wird. Zusätzlich können sich ausländische Flüchtlinge jedoch auf die für Staatenlose geltenden Vorschriften berufen.

II. Anwendung der Vorschriften für Staatenlose (S. 1)

Nach S. 1 gilt für Ausländer, die Flüchtlinge iSv Staatsverträgen oder anderen   **2** Rechtsvorschriften sind, die Regelung des § 122 entspr. Der Flüchtlingsbegriff des § 123 ist nach dem Wortlaut des Gesetzes nicht autonom auszulegen; vielmehr kommt es darauf an, ob eine Person als Flüchtling im Sinne eines Staatsvertrages oder einer anderen Rechtsvorschrift anzusehen ist. Hier ist in erster Linie das Abkommen über die Rechtsstellung der Flüchtlinge v. 28.7.1951 (BGBl II 1953, 560) zu nennen.

3   Weil § 123 S. 1 auf § 122 verweist, kommt es für die Frage, ob und inwieweit sich ein Flüchtling auf das UrhG berufen kann, darauf an, wo der gewöhnliche Aufenthaltsort des Flüchtlings ist. Befindet sich dieser in einem EU-Mitgliedstaat oder EWR-Vertragsstaat, so besteht nach §§ 122 Abs. 2, 120 Abs. 2 Nr. 2 der volle Schutz des UrhG. Gleiches gilt nach § 122 Abs. 1, wenn der gewöhnliche Aufenthalt des Flüchtlings im Inland ist (s. § 122 Rn 3). Befindet sich der gewöhnliche Aufenthaltsort des Flüchtlings in einem Staat, dem die Bundesrepublik durch Staatsverträge verbunden ist, richtet sich der Schutz nach diesen Staatsverträgen (§ 121 Abs. 4 S. 1) sowie nach § 121 Abs. 1 und 2. Hat der Flüchtling keinen gewöhnlichen Aufenthaltsort, so kann er sich gleichwohl auf § 121 Abs. 1, 2 und 6 berufen (s. § 122 Rn 4).

III. Schutz ausländischer Flüchtlinge nach der Staatsangehörigkeit (S. 2)

4   Die Anknüpfung des ausländischen Flüchtlingen nach dem UrhG zu gewährenden Schutzes an den gewöhnlichen Aufenthaltsort lässt die Anknüpfung an die Staatsangehörigkeit unberührt. Dies stellt § 123 S. 2 klar. Gehört der Flüchtling also noch einem Staat an, kann er sich unmittelbar auf § 121, insb. auf die Staatsverträge zwischen der Bundesrepublik und dem Staat, dem der Flüchtling angehört, berufen.

Unterabschnitt 2
Verwandte Schutzrechte

§ 124   Wissenschaftliche Ausgaben und Lichtbilder

Für den Schutz wissenschaftlicher Ausgaben (§ 70) und den Schutz von Lichtbildern (§ 72) sind die §§ 120 bis 123 sinngemäß anzuwenden.

I. Allgemeines

1   Obwohl wissenschaftliche Ausgaben iSd § 70 und Lichtbilder iSd § 72 keine Werkqualität haben, verweisen die §§ 70, 72 für den Schutz dieser Leistungen auf die für Werke geltenden Vorschriften. Insoweit ist es folgerichtig, wenn auch in Ansehung des Anwendungsbereichs des Gesetzes für den Schutz von wissenschaftlichen Ausgaben und Lichtbildern die für Werke geltenden Vorschriften der §§ 120 bis 123 sinngemäß für anwendbar erklärt werden.

2   Eine Regelung für nachgelassene Werke iSd § 71 klammert § 124 aus. Konsequenz ist, dass jedermann sich auf § 71 berufen kann (*Schricker/Katzenberger* § 124 Rn 4). Genau dies ist auch durch den Gesetzgeber gewollt, um denjenigen zu belohnen, der dafür sorgt, dass in Deutschland die erstmalige Veröffentlichung oder das erstmalige Erscheinen eines nachgelassenen Werks erfolgt (s. die amtl. Begr. in BT-Drucks. IV/270, 113).

II. Sinngemäße Anwendung der §§ 120 bis 123

Gem. § 124 sind die §§ 120 bis 123 auf den Schutz von wissenschaftlichen Ausgaben   3
und Lichtbildern anzuwenden. Ob der Verfasser der wissenschaftlichen Ausgabe
(§ 70 Abs. 2) oder der Lichtbildner (§ 72 Abs. 2) sich auf den Schutz des UrhG berufen kann, hängt danach davon ab, ob er über einen Inländerstatus verfügt (§ 120),
ausländischer Staatsangehöriger (§ 121), Staatenloser (§ 122) oder ausländischer
Flüchtling (§ 123) ist.

In Bezug auf Lichtbilder stellt sich bei dem Schutz nach Inhalt der Staatsverträge   4
(§ 121 Abs. 4 S. 1) die Frage, ob die jeweiligen Staatsverträge auch Lichtbilder ohne
Werkqualität erfassen. Ist dies nicht der Fall, scheidet ein konventionsrechtlicher
Schutz aus. Eine eindeutige Regelung dieser Frage findet sich in dem deutsch-ame-
rikanischen Übereinkommen v. 15.1.1892 (dazu § 121 Rn 39 ff.), dessen Art. 1 den
„Schutz der Fotographien" ausdrücklich erwähnt. Streitig ist hingegen, ob ein bloßes
Lichtbild ein „Werk der Literatur und Kunst" iSd Art. 2 Abs. 1 RBÜ ist (bejahend
Katzenberger GRUR Int 1989, 116, 119 mwN; **aA** *OLG Frankfurt* GRUR Int 1993,
872, 873). Ohne Bedeutung ist in diesem Zusammenhang, dass das UrhG zwischen
Lichtbildwerken und Lichtbildern unterscheidet; entscheidend ist allein die Aus-
legung des Begriffs der „Werke der Literatur und Kunst" gem. Art. 2 RBÜ
(*Katzenberger* GRUR Int 1989, 116, 119; s. auch § 121 Rn 24).

§ 125 Schutz des ausübenden Künstlers

**(1) Den nach den §§ 73 bis 83 gewährten Schutz genießen deutsche Staatsan-
gehörige für alle ihre Darbietungen, gleichviel, wo diese stattfinden. § 120
Abs. 2 ist anzuwenden.**

**(2) Ausländische Staatsangehörige genießen den Schutz für alle ihre Darbie-
tungen, die im Geltungsbereich dieses Gesetzes stattfinden, soweit nicht in den
Absätzen 3 und 4 etwas anderes bestimmt ist.**

**(3) Werden Darbietungen ausländischer Staatsangehöriger erlaubterweise
auf Bild- oder Tonträger aufgenommen und sind diese erschienen, so genießen
die ausländischen Staatsangehörigen hinsichtlich dieser Bild- oder Tonträger
den Schutz nach § 77 Abs. 2 Satz 1, § 78 Abs. 1 Nr. 1 und Abs. 2, wenn die Bild-
oder Tonträger im Geltungsbereich dieses Gesetzes erschienen sind, es sei denn,
daß die Bild- oder Tonträger früher als dreißig Tage vor dem Erscheinen im
Geltungsbereich dieses Gesetzes außerhalb dieses Gebietes erschienen sind.**

**(4) Werden Darbietungen ausländischer Staatsangehöriger erlaubterweise
durch Funk gesendet, so genießen die ausländischen Staatsangehörigen den
Schutz gegen Aufnahme der Funksendung auf Bild- oder Tonträger (§ 77
Abs. 1) und Weitersendung der Funksendung (§ 78 Abs. 1 Nr. 2) sowie den
Schutz nach § 78 Abs. 2, wenn die Funksendung im Geltungsbereich dieses Ge-
setzes ausgestrahlt worden ist.**

(5) Im übrigen genießen ausländische Staatsangehörige den Schutz nach Inhalt der Staatsverträge. § 121 Abs. 4 Satz 2 sowie die §§ 122 und 123 gelten entsprechend.

(6) Den Schutz nach den §§ 74 und 75, § 77 Abs. 1 sowie § 78 Abs. 1 Nr. 3 genießen ausländische Staatsangehörige für alle ihre Darbietungen, auch wenn die Voraussetzungen der Absätze 2 bis 5 nicht vorliegen. Das gleiche gilt für den Schutz nach § 78 Abs. 1 Nr. 2, soweit es sich um die unmittelbare Sendung der Darbietung handelt.

(7) Wird Schutz nach den Absätzen 2 bis 4 oder 6 gewährt, so erlischt er spätestens mit dem Ablauf der Schutzdauer in dem Staat, dessen Staatsangehöriger der ausübende Künstler ist, ohne die Schutzfrist nach § 82 zu überschreiten.

Literatur: *Braun* Der Schutz ausübender Künstler durch TRIPS, GRUR Int 1997, 427; *Dreier* Kabelrundfunk, Satelliten und das Rom-Abkommen zum Schutze der ausübenden Künstler, der Hersteller von Tonträgern und der Sendeunternehmen, GRUR Int 1988, 75; *ders.* Die Schutzlücken-Piraterie nach dem Urheberrechtsänderungsgesetz vom 23. Juni 1995, GRUR Int 1996, 790; *Dünnwald* Die Leistungsschutzrechte im TRIPS-Abkommen, ZUM 1996, 725; *Hertin* Zum Künstlerbegriff des Urheberrechtsgesetzes und des Rom-Abkommens, UFITA 81 (1978), 39; *Hohagen* WIPO-Sitzung zum zukünftigen internationalen Schutz audiovisueller Darbietungen von ausübenden Künstlern, GRUR Int 1998, 52; *Krüger* Zum Leistungsschutz ausländischer ausübender Künstler in der Bundesrepublik Deutschland im Falle des sog. Bootlegging, GRUR Int 1986, 381; *ders.* Zur Frage des Urheberrechtsschutzes ausländischer Künstler bei Mitschnitten im Ausland, GRUR 1986, 456; *v. Lewinski* Die diplomatische Konferenz der WIPO 1996 zum Urheberrecht und zu verwandten Schutzrechten, GRUR Int 1997, 667; *dies.* Die WIPO-Verträge zum Urheberrecht und zu verwandten Schutzrechten vom Dezember 1996, CR 1997, 438; *dies.* Die Diplomatische Konferenz der WIPO 2000 zum Schutz der audiovisuellen Darbietungen, GRUR 2000, 529; *v. Lewinski/Gaster* Die Diplomatische Konferenz der WIPO 1996 zum Urheberrecht und zu verwandten Schutzrechten, ZUM 1997, 607; *Reinbothe* Der Schutz des Urheberrechts und der Leistungsschutzrechte im Abkommensentwurf GATT/TRIPS, GRUR Int 1992, 707; *ders.* TRIPS und die Folgen für das Urheberrecht, ZUM 1996, 735; *Schack* Leistungsschutz für Tonträgeraufnahmen mit ausübenden Künstlern aus den USA, ZUM 1986, 69; *Schlatter* Die BGH-Entscheidung „The Doors" – Zur Prozeßführungsbefugnis bei Gruppenleistungen nach § 80 UrhG – Zum Leistungsschutz ausübender Künstler bei Sachverhalten mit Auslandsberührung, ZUM 1993, 522; *Strauss* Der Schutz der ausübenden Künstler und das Rom-Abkommen von 1961 – Eine retrospektive Betrachtung, GRUR Int 1985, 19; *Unger* Die Verlängerung der Schutzfristen für ausübende Künstler – Perpetuierung des Bootlegging – Probleme bei historischen Aufnahmen?, ZUM 1990, 501; *ders.* Herstellung und Import unautorisierter Live-Aufnahmen auf Tonträger, ZUM 1988, 59; *Vogel* Die Umsetzung der Richtlinie zur Harmonisierung der Schutzdauer des Urheberrechts und bestimmter verwandter Schutzrechte, ZUM 1995, 451.

I. Allgemeines

Die Vorschrift regelt, wer sich auf den nach §§ 73 bis 83 gewährten Schutz ausüben- **1**
der Künstler berufen kann. Sie ist den §§ 120 bis 123 nachgebildet. Entspr. bestimmt
Abs. 1, dass deutsche Staatsangehörige sowie sonstige Personen mit Inländerstatus
(§ 120 Abs. 2) geschützt werden. Der **fremdenrechtliche Schutz** ist in Abs. 2 bis 4
sowie Abs. 6 und 7 geregelt. Schutz genießen ausländische Staatsangehörige für
sämtliche Darbietungen, die im Geltungsbereich des UrhG stattfinden (Abs. 2). Bild-
oder Tonträger mit Darbietungen ausländischer Staatsangehöriger, die im Inland erscheinen, werden nach Abs. 3 geschützt, wenn sie nicht mehr als dreißig Tage früher
im Ausland erschienen sind. Wird die Darbietung des ausländischen Staatsangehörigen im Inland durch Funk gesendet, steht ihm nach Abs. 4 das Recht zu, die Funksendung auf Bild- oder Tonträger aufzunehmen, die Funksendung weiterzusenden
oder sie öffentlich wiederzugeben. Während Abs. 2 und 4 den Schutz des ausländischen ausübenden Künstlers daran knüpfen, dass ein spezifischer Bezug zum Inland
vorliegt, werden nach Abs. 6 bestimmte Rechte auch ohne spezifischen Inlandsbezug
gewährt, nämlich das Recht der Anerkennung als ausübender Künstler (§ 74), den
Schutz vor Beeinträchtigungen der Darbietung (§ 75), das Recht der Aufnahme der
Darbietung auf Bild- oder Tonträger (§ 77 Abs. 1), das Recht der Bildschirm- und
Lautsprecherübertragung der Darbietung (§ 78 Abs. 1 Nr. 3), sowie das Recht zur
Live-Sendung (§ 78 Abs. 1 Nr. 2). Für den nach den fremdenrechtlichen Bestimmun-
gen des § 125 dem ausländischen ausübenden Künstler gewährten Schutz ordnet
Abs. 7 einen Schutzfristenvergleich an.

Eine § 121 Abs. 4 S. 1 entspr. Öffnung für den **konventionsrechtlichen Schutz** fin- **2**
det sich in Abs. 5 S. 1, der darauf verweist, dass ausländische Staatsangehörige iÜ
nach dem Inhalt der Staatsverträge geschützt werden. Für Staatenlose sowie ausländische Flüchtlinge verweist Abs. 5 S. 2 auf die §§ 122, 123.

II. Ausübende Künstler mit Inländerstatus (Abs. 1)

Auf den Schutz des ausübenden Künstlers (§§ 73 bis 83) können sich deutsche **3**
Staatsangehörige für alle ihre Darbietungen berufen. Bereits aus dem Wortlaut folgt,
dass es **unerheblich ist, ob die Darbietung selbst im Inland oder im Ausland
stattfindet**. Indem § 125 Abs. 1 S. 2 auf § 120 Abs. 2 verweist, wird festgeschrieben,
dass der Schutz des ausübenden Künstlers auch Deutschen iSd Art. 116 Abs. 1 GG
(dazu § 120 Rn 26) sowie den Angehörigen der EU-Mitgliedstaaten und der EWR-
Vertragsstaaten (dazu § 120 Rn 27) gewährt wird. Auch vor Einführung des § 120
Abs. 2 Nr. 2 war es ausübenden Künstlern aus anderen EU-Mitgliedstaaten oder
EWR-Vertragsstaaten wegen des Diskriminierungsverbots nach Art. 12 EG möglich,
sich für alle ihre Darbietungen auf § 125 Abs. 1 zu berufen (*EuGH* GRUR 1994, 280

– Phil Collins; *BGH* GRUR 1999, 49, 50 – Bruce Springsteen and his Band; GRUR 1998, 568, 569 f. – Beatles-Doppel-CD; GRUR Int 1995, 503, 504 f. – Cliff Richard II; GRUR Int 1995, 65, 66 – Rolling Stones; weitere Einzelheiten bei § 120 Rn 35 f.).

4   Inhaltlich entspricht § 125 Abs. 1 der für das Urheberrecht geltenden Vorschrift des § 120. Keine entspr. Regelung findet sich freilich zu § 120 Abs. 1 S. 2, wonach der inländische Werkschutz eines von Miturhebern (§ 8) geschaffenen Werks bereits dann gewährt wird, wenn ein Miturheber den Inländerstatus hat. Dies erklärt sich vor dem Hintergrund, dass nach § 73 die „künstlerische Mitwirkung" bereits zum Entstehen des Leistungsschutzrechts führt. Sind mehrere Personen an einer Darbietung beteiligt, erwirbt jede Person, deren Mitwirkung als künstlerisch angesehen werden kann, ein eigenständiges Leistungsschutzrecht (*Schricker/Krüger* § 73 Rn 39). Danach ist denkbar, dass sich für eine bestimmte Darbietung einzelne Beteiligte auf den Schutz der §§ 73 ff. berufen können, während dies anderen Beteiligten verwehrt ist.

5   Die Bestimmung des § 125 ist auf den ausübenden Künstler zugeschnitten. Gleichwohl gilt § 125 Abs. 1 auch für die **Rechte des Veranstalters** nach § 81 (*OLG München* ZUM 1997, 144, 145). Dies ergibt sich – ungeachtet der insoweit nicht passenden Formulierung „für alle ihre Darbietungen" – aus dem Umstand, dass § 125 Abs. 1 uneingeschränkt auf die §§ 73 bis 83 verweist.

III. Fremdenrechtlicher Schutz ausländischer Staatsangehöriger

1. Mindestschutz ausländischer ausübender Künstler (Abs. 6)

6   Nach Abs. 6 wird ausübenden Künstlern mit ausländischer Staatsangehörigkeit ein relativ umfangreicher Schutz für Darbietungen gewährt, die **nicht im Geltungsbereich des Gesetzes** stattfinden (vgl Abs. 2). Hierzu zählen das Recht der Bildschirm- und Lautsprecherübertragung (§ 78 Abs. 1 Nr. 3), der Aufnahme der Darbietung auf Bild- oder Tonträger (§ 77 Abs. 1) sowie das Recht zur Live-Sendung durch Funk (§ 125 Abs. 6 S. 2 iVm § 78 Abs. 1 Nr. 2). Neben diesen Verwertungsrechten können sich ausübende Künstler mit ausländischer Staatsangehörigkeit nach Abs. 6 S. 2 ebenfalls für alle ihre Darbietungen auf den persönlichkeitsrechtlichen Schutz vor Beeinträchtigungen der Darbietung (§ 75) berufen. Obwohl sich ein ausländischer ausübender Künstler auch für seine ausländischen Darbietungen nach §§ 125 Abs. 6 S. 1, 77 Abs. 1 dagegen wehren kann, dass diese ohne seine Einwilligung auf Bild- oder Tonträger aufgenommen werden, hat er – sofern nicht ein konventionsrechtlicher Schutz besteht (dazu Rn 11 ff.) – keine Möglichkeit, die inländische Verbreitung einer ohne seine Einwilligung hergestellten Aufnahme auf Bild- oder Tonträger zu untersagen (*BGH* GRUR 1986, 454, 455 – Bob Dylan; GRUR 1987, 814, 815 – Die Zauberflöte).

2. Darbietungen im Geltungsbereich des UrhG (Abs. 2)

7   Findet die Darbietung eines ausländischen ausübenden Künstlers im Inland statt, so genießt diese Darbietung gem. § 125 Abs. 2 grds den gleichen Schutz wie im Falle eines inländischen ausübenden Künstlers. Die Verwertung von Bild- oder Tonträgern oder einer Funksendung, die die Darbietung enthalten, richten sich jedoch im Falle des ausländischen ausübenden Künstlers ausschließlich nach Abs. 3 bzw 4. Dies ergibt sich daraus, dass Abs. 2 insoweit einen ausdrücklichen Vorbehalt formuliert.

3. Verwertung der Darbietung auf Bild- oder Tonträger (Abs. 3)

Abs. 3 regelt die Rechte des ausländischen ausübenden Künstlers in Bezug auf Bild- oder Tonträger, auf die seine Darbietung aufgenommen wurde. Die Anknüpfung des inländischen Schutzes in Abs. 3 entspricht jener aus § 121 Abs. 1. Anders als im Falle von Abs. 2 spielt es bei Abs. 3 keine Rolle, wo die Darbietung stattgefunden hat. Ein ausländischer Staatsangehöriger kann sich also **auch für eine Darbietung im Ausland** auf Abs. 3 berufen. Hiernach steht ihm in Bezug auf Bild- oder Tonträger, auf denen die Darbietung aufgenommen ist, das Recht der Vervielfältigung und Verbreitung (§ 77 Abs. 2), des öffentlichen Zugänglichmachens (§ 78 Abs. 1 Nr. 1) sowie in den in § 78 Abs. 2 genannten Fällen ein Anspruch auf angemessene Vergütung zu, wenn die Bild- oder Tonträger im Inland entweder erstmalig oder spätestens dreißig Tage nach dem erstmaligen Erscheinen im Ausland iSd § 6 Abs. 2 erscheinen (s. *OLG Frankfurt* ZUM 1996, 697, 701; *OLG Hamburg* ZUM 1995, 334).

8

4. Verwertung der Darbietung durch Funksendung (Abs. 4)

Wird eine inländische oder ausländische Darbietung eines ausländischen Staatsangehörigen im Wege der Funksendung im Geltungsbereich des UrhG ausgestrahlt, so können sich auch ausländische Staatsangehörige auf das Recht zur Aufnahme der Funksendung auf Bild- oder Tonträger (§ 77 Abs. 1), der Weitersendung der Funksendung (§ 78 Abs. 1 Nr. 2) sowie dem Anspruch auf angemessene Vergütung in den in § 78 Abs. 2 genannten Fällen berufen.

9

5. Schutzfristenvergleich (Abs. 7)

Abs. 7 sieht einen Schutzfristenvergleich vor. Kann sich ein ausländischer Staatsangehöriger nach Maßgabe von Abs. 2 bis 4 und 6 im Inland auf den Schutz des ausübenden Künstlers berufen, gilt grds die in § 82 geregelte Schutzfrist. Sodann ist jedoch dieser Schutzfrist die Schutzfrist gegenüberzustellen, die für den Schutz des ausübenden Künstlers in dem Staat gilt, dem er angehört. Ist sie dort kürzer, endet auch der dem ausländischen ausübenden Künstler nach den fremdenrechtlichen Bestimmungen des § 125 Abs. 5 gewährte Schutz zu diesem Zeitpunkt, also früher als nach § 82 vorgesehen (s. auch § 126 Rn 4).

10

IV. Konventionsrechtlicher Schutz ausländischer Staatsangehöriger (Abs. 5)

1. Überblick über den konventionsrechtlichen Schutz ausübender Künstler

Der wichtigste Staatsvertrag, der einen Schutz der ausübenden Künstler vorsieht, ist das **Rom-Abkommen v. 26.10.1961** (dazu Rn 14 ff.). Ebenfalls ausdrücklich einen Schutz ausübender Künstler sieht das **TRIPS-Übereinkommen v. 15.4.1994** vor (Rn 18 f.). Schließlich wurde am 20.12.1996 der **WIPO-Vertrag über Darbietungen und Tonträger** (WPPT) geschlossen, der ebenfalls einen Schutz ausübender Künstler vorsieht (dazu Rn 20 ff.).

11

Für die **Anwendung der Staatsverträge**, die die Rechte des ausübenden Künstlers schützen, gelten die gleichen Grundsätze wie für die Anwendung der Staatsverträge im Bereich des Urheberrechts (s. § 121 Rn 13 ff.).

12

Ausübende Künstler können sich **nicht** auf den Schutz der **Staatsverträge im Bereich des Urheberrechts** berufen. Dies gilt selbst für Darbietungen vor In-Kraft-

13

Treten des UrhG am 1.1.1966, für die gem. § 2 Abs. 2 LUG ein fiktives Bearbeiter-Urheberrecht gewährt wurde. Dies gilt sowohl für die RBÜ (*BGH* GRUR 1994, 794, 795 – Rolling Stones; GRUR 1992, 845, 846 f. – Cliff Richard I; GRUR 1987, 814, 816 – Die Zauberflöte) als auch für das WUA und das deutsch-amerikanische Übereinkommen v. 15.1.1892 (*BGH* GRUR 1986, 454, 455 – Bob Dylan).

2. Einzelne Staatsverträge zum Schutz des ausübenden Künstlers

14   **a) Rom-Abkommen.** Das Rom-Abkommen wurde am 26.10.1961 geschlossen als Int. Abkommen über den Schutz der ausübenden Künstler, der Hersteller von Tonträgern und der Sendeunternehmen (BGBl II 1965, 1243 sowie BGBl II 1966, 1473). Es handelt sich um das älteste und jedenfalls bis zum Abschluss des TRIPS-Übereinkommens (dazu Rn 18 f.) bedeutendste int. Abkommen über verwandte Schutzrechte. Geschützt werden durch das Rom-Abkommen neben den **ausübenden Künstlern** auch die **Hersteller von Tonträgern** (dazu § 126 Rn 7 ff.) sowie die **Sendeunternehmen** (dazu § 127 Rn 10 ff.). Die Zahl der dem Rom-Abkommen angehörenden Staaten ist mit 76 Mitgliedern per 15.10.2003 verhältnismäßig gering. Insb. die USA gehören dem Rom-Abkommen nicht an. Der jeweils aktuelle Mitgliederbestand kann auf den Internet-Seiten der World Intellectual Property Organization (WIPO) abgerufen werden (www.wipo.int).

15   Das Rom-Abkommen stellt es den ihm angehörenden Staaten frei, ob sie die Bestimmungen des Abkommens auch in Ansehung von Darbietungen, Tonträger-Festlegungen sowie Funksendungen anwenden, die **vor In-Kraft-Treten des Abkommens** stattgefunden haben. Die Bundesrepublik hat sich gem. Art. 4 des Zustimmungsgesetzes zum Rom-Abkommen dafür entschieden, eine Rückwirkung auszuschließen (BGBl II 1965, 1243). Das **Verhältnis des Rom-Abkommens zu anderen int. Staatsverträgen** regeln dessen Art. 21, 22. Das Rom-Abkommen berührt nicht den Schutz, den die Begünstigten des Abkommens aus anderen Rechtsgründen genießen (Art. 21). Der Abschluss weiterer Vereinbarungen zwischen einzelnen oder mehreren Staaten des Rom-Abkommens ist möglich, soweit hierdurch ein weitergehender Schutz oder Regelungen geschaffen werden, die nicht im Widerspruch zu dem Rom-Abkommen stehen. Nicht unproblematisch ist das Verhältnis zwischen dem Rom-Abkommen und TRIPS (dazu unten Rn 19).

16   Der Schutz der ausübenden Künstler nach dem Rom-Abkommen folgt dem Prinzip der Inländerbehandlung (dazu allg. § 121 Rn 14) Die durch das Rom-Abkommen festgelegte **Inländerbehandlung ist allerdings eingeschränkt**. Denn Art. 2 Nr. 2 Rom-Abkommen sieht vor, dass die Inländerbehandlung nur für den im Abkommen selbst gewährleisteten Schutz und vorbehaltlich der insoweit vorgesehenen Einschränkungen gewährt wird. Ausübende Künstler, die durch das Rom-Abkommen geschützt werden, sind gem. dessen Art. 2 Abs. 1 lit. a den inländischen ausübenden Künstlern in Bezug auf **Darbietungen** gleichzustellen, **die im Inland stattfinden, gesendet oder erstmals festgelegt werden.** Auf diese Inländerbehandlung können sich ausübende Künstler berufen, wenn eine der in Art. 4 lit. a bis c Rom-Abkommen genannten Voraussetzungen vorliegt. Sinn und Zweck der Anknüpfungspunkte nach Art. 4 lit. b und c Rom-Abkommen ist es, einen Gleichklang des Schutzes der Tonträgerhersteller und Sendeunternehmen einerseits sowie der ausübenden Künstler andererseits für solche Darbietungen zu erreichen, die auf einem Tonträger aufgenommen bzw in einer Sendung ausgestrahlt werden (*BGH* GRUR 1999, 49, 51 – Bruce Springsteen and his Band). Der Schutz des Abkommens greift nur ein, wenn die **Darbietung in einem anderen Vertragsstaat** stattfindet; für eine inländische Darbietung des ausländischen ausübenden Künstlers gelten die inländischen Gesetze, nicht aber das Rom-Abkommen. Aus dem Wortlaut von Art. 4 lit. a folgt, dass die **Staatsangehörigkeit eines ausübenden Künstlers ohne Belang** ist, wenn seine Darbietung nur in einem anderen vertragschließenden Staat stattfindet (*Schricker/Katzenberger* vor §§ 120 ff. Rn 78). Weitere Anknüpfungsmerkmale für die Inländerbehandlung ausübender Künstler sind die Festlegung auf einem nach Art. 5 geschützten Tonträger (näher dazu § 126 Rn 7) sowie die Ausstrahlung durch eine nach Art. 6 geschützte Sendung (dazu § 127 Rn 10).

Neben dem Grundsatz der Inländerbehandlung (oben Rn 16) verfolgt das Rom-Abkommen auch das **Schutzprinzip der Mindestrechte** (dazu § 121 Rn 15). Diese sind für den ausübenden Künstler in Art. 7 Rom-Abkommen geregelt. Hiernach hat der ausübende Künstler das ausschließliche Recht der Sendung und öffentlichen Wiedergabe seiner Darbietung (Art. 7 Nr. 1 lit. a), der erstmaligen Festlegung seiner Darbietung (Art. 7 Nr. 1 lit. b) sowie – mit gewissen Einschränkungen – der Vervielfältigung einer Festlegung seiner Darbietung (Art. 7 Nr. 1 lit. c). Von der in Art. 8 gegebenen Möglichkeit, eine Vertretung mehrerer an der gleichen Darbietung mitwirkender ausübender Künstler anzuordnen, hat die Bundesrepublik in § 80 Abs. 2 Gebrauch gemacht. In Art. 14 ist eine Mindestschutzdauer von 20 Jahren ab der Darbietung – im Falle ihrer Festlegung auf Tonträger ab der Festlegung – bestimmt. **17**

b) TRIPS-Übereinkommen. Das TRIPS-Übereinkommen v. 15.4.1994 regelt als erstes multilaterales Abkommen neben dem Schutz des Urheberrechts auch den Schutz bestimmter verwandter Schutzrechte und so auch den Schutz der ausübenden Künstler (allg. zu TRIPS s. § 121 Rn 28 ff.). Nach Art. 14 Abs. 1 TRIPS haben ausübende Künstler das Recht der **Festlegung ihrer nicht festgelegten Darbietung** und der **Vervielfältigung einer solchen Festlegung** sowie der **Funksendung auf drahtlosem Weg** und der öffentlichen Wiedergabe ihrer Darbietung. Die Schutzdauer wird gegenüber dem Rom-Abkommen deutlich erhöht, nämlich auf einen Zeitraum von 50 Jahren ab dem Ende des Kalenderjahres, in dem die Festlegung vorgenommen wurde oder die Darbietung stattgefunden hat. Wegen der Anknüpfungsmerkmale für diesen Schutz verweist Art. 1 Abs. 3 TRIPS auf Art. 4 Rom-Abkommen. **18**

Zu dem **Verhältnis zwischen TRIPS und dem Rom-Abkommen** stellt Art. 2 Abs. 2 TRIPS ausdrücklich klar, dass die Verpflichtungen der Vertragsstaaten des Rom-Abkommens nicht berührt werden. Der Grundsatz der Inländerbehandlung gilt nach Art. 3 TRIPS nur mit den im Rom-Abkommen vorgesehenen Einschränkungen (dazu oben Rn 16). Soweit das Rom-Abkommen Ausnahmen von dem Grundsatz der Inländerbehandlung zulässt, bleiben diese durch TRIPS also unberührt. Während allerdings TRIPS für das Urheberrecht den Schutzgehalt der RBÜ übernimmt (Art. 9 Abs. 1 TRIPS), gilt Entsprechendes nicht für das Rom-Abkommen (dazu Rn 14 ff.). Der durch TRIPS ausübenden Künstlern, Herstellern von Tonträgern und Sendeunternehmen gewährte Schutz ergibt sich somit ausschließlich aus TRIPS selbst. Anders als das Rom-Abkommen in seinem Art. 20 Nr. 2 ordnet Art. 14 Abs. 6 TRIPS durch Verweis auf Art. 18 RBÜ an, dass der Schutz von TRIPS sich auch auf Darbietungen, Sendungen und Tonträger-Festlegungen erstreckt, die vor In-Kraft-Treten **19** von TRIPS erfolgt sind, sofern nicht entweder im Ursprungsland oder im Schutzland die Schutzdauer bereits abgelaufen war.

20   **c) WIPO-Vertrag über Darbietungen und Tonträger (WPPT).** Der WIPO-Vertrag über Darbietungen und Tonträger (**WIPO Performances and Phonogramms Treaty – WPPT**) wurde am 20.12.1996 in Genf unterzeichnet. Die Entstehung dieses Vertrages wurde maßgeblich durch die WIPO gesteuert. Zu den WPPT-Unterzeichnerstaaten gehören die EG, ihre Mitgliedstaaten sowie die Vereinigten Staaten. Der Vertrag ist zum 20.5.2002 in Kraft getreten, drei Monate nachdem die erforderlichen 30 Ratifikations- oder Beitrittsurkunden hinterlegt wurden (Art. 29 WPPT). Die EU-Mitgliedstaaten haben bisher keine Beitrittsurkunde hinterlegt, der deutsche BTag stimmte dem Vertrag allerdings per Gesetz am 10.8.2003 (BGBl II 2003, 754) zu. Über die Internet-Seiten der WIPO (www.wipo.int/treaties/ip) kann eine aktuelle Liste der Mitglieder sowie der Stand der erfolgten Ratifizierungen und Beitritte in Erfahrung gebracht werden. Zeitgleich mit dem WPPT wurde auch der WIPO-Urheberrechtsvertrag (WCT) unterzeichnet (dazu § 121 Rn 33 ff.).

21   Ziel des WPPT ist es, einen **der heutigen technologischen Entwicklung angemessenen Schutz** der ausübenden Künstler sowie der Tonträgerhersteller zu gewährleisten. Das dem Schutz dieser Personengruppen dienende Rom-Abkommen (dazu oben Rn 14 ff.) wurde im Jahre 1961 abgeschlossen und seither nicht revidiert. Die wesentliche Bedeutung von TRIPS liegt vor allem darin, dass es deutlich mehr Staaten als das Rom-Abkommen bindet. Außerdem finden sich in Art. 42 ff. TRIPS ausführliche Regelungen zur Durchsetzung auch der verwandten Schutzrechte. In materieller Hinsicht wird der Schutz der ausübenden Künstler und Tonträgerhersteller durch TRIPS jedoch kaum verbessert (zur Entstehungsgeschichte ausführlich *v. Lewinski* GRUR Int 1997, 667 ff.; zu TRIPS s. auch § 121 Rn 28 ff. sowie oben Rn 18 f.). Während das Rom-Abkommen und TRIPS neben den ausübenden Künstlern und Tonträgerherstellern auch die Sendeunternehmen schützt, ist der Schutz der Sendeunternehmen nicht Gegenstand des WPPT.

22   Das **Verhältnis zwischen WPPT und Rom-Abkommen** ist durch Art. 1 Abs. 1 WPPT geklärt. Danach bleibt das Rom-Abkommen unberührt. Anders als es im Falle des parallel abgeschlossenen WCT mit der RBÜ geschehen ist (dazu § 121 Rn 35), übernimmt der WPPT jedoch nicht den Schutzstandard des Rom-Abkommens. Für das **Verhältnis zwischen WPPT und TRIPS** ist von Bedeutung, dass der in Art. 4 TRIPS enthaltene Grundsatz der Meistbegünstigung keine Anwendung findet. Nach Art. 4 lit. c) TRIPS sind die WPPT-Vertragsstaaten nicht verpflichtet, über TRIPS hinausgehende Rechte von ausübenden Künstlern und Herstellern von Tonträgern nach dem Prinzip der Meistbegünstigung (dazu § 121 Rn 17) anderen Mitgliedern des TRIPS-Übereinkommens zu gewähren.

23   Der WPPT sieht **zwei Anknüpfungspunkte für den durch ihn gewährten Schutz** vor. Nach Art. 3 Abs. 1 WPPT können sich zunächst die Angehörigen eines Vertragsstaates auf den Vertrag berufen, also ausübende Künstler mit entspr. Staatsangehörigkeit und Tonträgerhersteller mit entspr. Sitz. Darüber hinaus ist eine Berufung auf den Schutz des WPPT möglich, wenn die in Art. 4 und 5 Rom-Abkommen festgelegten Anknüpfungsmerkmale für einen Schutz von ausübenden Künstlern und Tonträgerherstellern gegeben sind. Zu diesem Zwecke unterstellt Art. 3 Abs. 2 WPPT, dass sämtliche Vertragsstaaten gleichzeitig dem Rom-Abkommen angehören. Die allg. Schutzprinzipien des WPPT entsprechen den Vorbildern älterer Staatsverträge. Nach Art. 4 Abs. 1 WPPT gilt das **Prinzip der Inländerbehandlung** (dazu § 121 Rn 14). Wie das Rom-Abkommen (oben Rn 14 ff.) und TRIPS (oben Rn 18 f.) sieht Art. 4 Abs. 1 jedoch eine Einschränkung des Grundsatzes der Inländerbehandlung auf die **nach dem WPPT ausdrücklich gewährten ausschließlichen Rechte** vor. Der Schutz der ausübenden Künstler und Tonträgerhersteller wird parallel zu der vorgeschriebenen Inländerbehandlung durch die in Art. 5 bis 10 WPPT vorgesehenen Mindestrechte (dazu unten Rn 24) sichergestellt. Nach Art. 20 WPPT darf der durch den WPPT vorgesehene Schutz nicht an die Einhaltung von Förmlichkeiten geknüpft werden. Der durch den WPPT gewährte Schutz gilt auch für Darbietungen und Tonträger-Festlegungen, die vor In-Kraft-Treten des WPPT stattgefunden haben. Dies ergibt sich aus Art. 22 Abs. 1 WPPT iVm Art. 18 RBÜ (zu TRIPS so Rn 18 f.). Anders als im Falle des Rom-Abkommens kann diese Rückwirkung nicht ausgeschlossen werden (so Rn 15).

Der durch den WPPT vorgesehene Schutz des ausübenden Künstlers enthält insb. gegenüber Art. 7 Rom-Abkommen zusätzliche Elemente. So sieht Art. 5 ein **Persönlichkeitsrecht des ausübenden Künstlers** vor, insb. das Recht auf Namensnennung und einen Entstellungsschutz. Neben den bereits im Rom-Abkommen und in TRIPS vorgesehenen Rechten des ausübenden Künstlers, nicht festgelegte Darbietungen zu senden, öffentlich wiederzugeben oder (erstmals) festzulegen (s. Art. 6 WPPT) und auf Tonträger festgelegte Darbietungen zu vervielfältigen (s. Art. 7 WPPT), sieht der WPPT mit dem **Verbreitungsrecht** (Art. 8 WPPT), dem **Vermietrecht** (Art. 9 WPPT) und dem **Recht auf Zugänglichmachung festgelegter Darbietungen** (Art. 10 WPPT) zugunsten des ausübenden Künstlers neue Schutzelemente vor. Die **Schutzdauer** beträgt nach Art. 17 Abs. 1 WPPT 50 Jahre ab dem Ende des Jahres, in dem die Darbietung auf einem Tonträger festgelegt wurde.   **24**

V. Schutz Staatenloser und ausländischer Flüchtlinge

Für den Schutz Staatenloser sowie ausländischer Flüchtlinge verweist § 125 Abs. 2 S. 2 auf §§ 122, 123 (s. die dortige Kommentierung).   **25**

§ 126   Schutz des Herstellers von Tonträgern

(1) Den nach den §§ 85 und 86 gewährten Schutz genießen deutsche Staatsangehörige oder Unternehmen mit Sitz im Geltungsbereich dieses Gesetzes für alle ihre Tonträger, gleichviel, ob und wo diese erschienen sind. § 120 Abs. 2 ist anzuwenden. Unternehmen mit Sitz in einem anderen Mitgliedstaat der Europäischen Union oder in einem anderen Vertragsstaat des Abkommens über den Europäischen Wirtschaftsraum stehen Unternehmen mit Sitz im Geltungsbereich dieses Gesetzes gleich.

(2) Ausländische Staatsangehörige oder Unternehmen ohne Sitz im Geltungsbereich dieses Gesetzes genießen den Schutz für ihre im Geltungsbereich dieses Gesetzes erschienenen Tonträger, es sei denn, daß der Tonträger früher als dreißig Tage vor dem Erscheinen im Geltungsbereich dieses Gesetzes außerhalb

dieses Gebietes erschienen ist. Der Schutz erlischt jedoch spätestens mit dem Ablauf der Schutzdauer in dem Staat, dessen Staatsangehörigkeit der Hersteller des Tonträgers besitzt oder in welchem das Unternehmen seinen Sitz hat, ohne die Schutzfrist nach § 85 Abs. 3 zu überschreiten.

(3) Im übrigen genießen ausländische Staatsangehörige oder Unternehmen ohne Sitz im Geltungsbereich dieses Gesetzes den Schutz nach Inhalt der Staatsverträge. § 121 Abs. 4 Satz 2 sowie die §§ 122 und 123 gelten entsprechend.

Literatur: *Bortloff* Internationale Lizenzierung von Internet-Simulcasts durch die Tonträgerindustrie, GRUR Int 2003, 669; *Dreier* Kabelrundfunk, Satelliten und das Rom-Abkommen zum Schutz der ausübenden Künstler, der Hersteller von Tonträgern und der Sendeunternehmen, GRUR Int 1988, 75; *Dünnwald* Die Leistungsschutzrechte im TRIPS-Abkommen, ZUM 1996, 725; *Hertin* Die Vermarktung nicht lizenzierter Life-Mitschnitte von Darbietungen ausländischer Künstler nach den höchstrichterlichen Entscheidungen „Bob Dylan" und „Die Zauberflöte", GRUR 1991, 722; *Katzenberger* Kein Laufbildschutz für ausländische Videospiele in Deutschland, GRUR Int 1992, 513; *Schack* Zur Zurückgewinnung des Tonträgerübereinkommens („Beatles"), JZ 1994, 362; *Stewart* Das Genfer Tonträgerabkommen, UFITA 70 (1974), 1; *Unger* Herstellung und Import unautorisierter Live-Aufnahmen auf Tonträger, ZUM 1988, 59.

I. Allgemeines

1   Die Vorschrift regelt, wer sich als Tonträgerhersteller auf den Schutz der §§ 85, 86 berufen kann. Die Systematik des § 126 entspricht den §§ 120 bis 123 für das Urheberrecht und somit auch § 125 für den ausübenden Künstler. Abs. 1 S. 1 und S. 2 bestimmen, dass deutsche Staatsangehörige sowie sonstige Personen mit **Inländerstatus** (§ 120 Abs. 2) sich ohne weiteres auf §§ 85, 86 berufen können. Da Inhaber dieser Rechte auch eine juristische Person sein kann, knüpft Abs. 1 S. 1 und S. 3 die Gewährung des Schutzes statt an die Staatsangehörigkeit an den Unternehmenssitz. **Fremdenrechtlicher Schutz** wird nach Abs. 2 S. 1 für Tonträger gewährt, deren erstmaliges Erscheinen im Geltungsbereich des UrhG stattgefunden hat. Der fremdenrechtliche Schutz wird jedoch nur unter Vorbehalt eines Schutzfristenvergleiches gem. Abs. 2 S. 1 gewährt. Abs. 3 entspricht schließlich § 125 Abs. 5. Die Regelung enthält insb. die Öffnung für den **konventionsrechtlichen Schutz**.

II. Tonträgerhersteller mit Inländerstatus (Abs. 1)

Abs. 1 regelt, wer sich ohne weiteres auf den Schutz der Tonträgerhersteller nach **2**
§§ 86, 87 berufen kann. Dabei ist zu unterscheiden zwischen natürlichen und juristischen Personen. Eine **natürliche Person** genießt den in §§ 86, 87 bezeichneten Schutz, wenn sie die deutsche Staatsangehörigkeit besitzt (Abs. 1 S. 1), Deutscher iSd Art. 116 Abs. 1 GG ist (Abs. 1 S. 2 iVm § 120 Abs. 2 Nr. 1) oder Staatsangehöriger eines anderen EU-Mitgliedstaats oder EWR-Vertragsstaats ist (Abs. 1 S. 2 iVm § 120 Abs. 2 Nr. 2). Statt auf die Staatsangehörigkeit kommt es bei **juristischen Personen** auf den Unternehmenssitz an. Juristische Personen genießen dann ohne weiteres den Schutz gem. §§ 86, 87, wenn sie ihren Sitz entweder im Geltungsbereich des UrhG (Abs. 1 S. 1) oder in einem anderen EU-Mitgliedstaat oder EWR-Vertragsstaat haben (Abs. 1 S. 3).

III. Fremdenrechtlicher Schutz des Tonträgerherstellers (Abs. 2)

Ausländische Tonträgerhersteller, die nicht unter Abs. 1 fallen, genießen den Schutz **3**
der §§ 86, 87 für solche Tonträger, deren **erstes Erscheinen** (§ 6 Abs. 2) **im Geltungsbereich des UrhG** stattgefunden hat. Ein früheres Erscheinen im Ausland ist unschädlich, wenn es im Zeitpunkt des erstmaligen Erscheinens im Inland nicht mehr als dreißig Tage zurückliegt (Abs. 2 S. 1). Die Regelung entspricht weitgehend § 121 Abs. 1 (s. dort Rn 3 ff.).

Ein **Schutzfristenvergleich** wird durch § 126 Abs. 2 S. 2 angeordnet. Endet danach **4**
die Schutzfrist für einen im Geltungsbereich des UrhG erschienenen Tonträger nach § 85 Abs. 3 später als der entspr. Schutz in dem Staat, dem der Tonträgerhersteller angehört oder in dem er – im Falle eines Unternehmens – seinen Sitz hat, ist diese kürzere Frist des Heimatstaats maßgebend. Problematisch sind in diesem Zusammenhang jene **Fälle, in denen der Heimatstaat einen Schutz des Herstellers von Tonträgern überhaupt nicht vorsieht**. In solchen Fällen liegt es durchaus nahe, den fremdenrechtlichen Schutz des Abs. 2 S. 1 insgesamt zu entziehen (offen gelassen in *OLG Hamburg* GRUR-RR 2001, 73, 78). Gegen diese Konsequenz spricht jedoch die Entstehungsgeschichte von § 126 Abs. 2 S. 2. Die Vorschrift wurde durch das Dritte UrhGÄndG v. 23.6.1995 eingeführt und geht auf Art. 7 der Richtlinie 93/98/EWG zurück. Dieser Richtlinie lag jedoch nicht die Erwägung zugrunde, die Gewährung eines fremdenrechtlichen Schutzes an das **Vorliegen materieller Gegenseitigkeit** im Verhältnis zu dem Heimatstaat eines Urhebers oder Leistungsschutzberechtigten zu knüpfen; vielmehr ging es darum, durch eine Vereinheitlichung der Schutzfristen im Bereich des Urheberrechts und der verwandten Schutzrechte die ohne eine solche Vereinheitlichung bestehenden Beeinträchtigungen des freien Waren- und Dienstleistungsverkehrs zu beseitigen (s. Erwgr Nr. 2 zur RL 93/98/EWG). Für den Bereich der EU und des EWR wird dies dadurch erreicht, dass die Schutzfristen einheitlich festgesetzt werden. Der Art. 7 der Richtlinie 93/98/EWG folgende § 126 Abs. 2 S. 2 stellt lediglich ein Mittel dar, um bei Werken, die einen fremdenrechtlichen Schutz nach § 126 Abs. 2 S. 1 genießen, unterschiedliche Schutzfristen im Ursprungsland und im Schutzland zu vermeiden. Dies kann nur dadurch geschehen, dass die Schutzfrist im Schutzland jener im Ursprungsland angepasst wird. Sieht das Ursprungsland einen Schutz überhaupt nicht vor, stellt sich das Problem einheitlicher

Schutzfristen nicht, sodass für eine Anwendung von § 126 Abs. 2 S. 2 kein Raum bleibt (iE so auch *Braun* GRUR Int 1996, 790, 797). Keine Anwendung findet der Schutzfristenvergleich im Falle eines über § 126 Abs. 3 S. 1 gewährten konventionsrechtlichen Schutzes (*OLG Hamburg* GRUR-RR 2001, 73, 78).

IV. Konventionsrechtlicher Schutz der Tonträgerhersteller (Abs. 3 S. 1)

1. Überblick über den konventionsrechtlichen Schutz der Tonträgerhersteller

5   Selbst wenn die Voraussetzungen von Abs. 1 und Abs. 2 nicht vorliegen, kann sich ein Tonträgerhersteller auf die §§ 86, 87 berufen, wenn dies nach dem Inhalt von Staatsverträgen vorgesehen ist. Die wichtigsten multilateralen Abkommen, die einen Schutz der Hersteller von Tonträgern vorsehen, sind das Rom-Abkommen v. 26.10.1961, das Genfer Tonträger-Abkommen v. 29.10.1971, das TRIPS-Übereinkommen v. 15.4.1994 sowie der WIPO-Vertrag über Darbietungen und Tonträger v. 20.12.1996.

6   Für die Anwendung der Staatsverträge, die den Schutz der Tonträgerhersteller vorsehen, gelten die gleichen Grundsätze wie für die Anwendung der Staatsverträge im Bereich des Urheberrechts (s. § 121 Rn 13 ff.).

2. Einzelne Staatsverträge zum Schutz der Tonträgerhersteller

7   **a) Rom-Abkommen.** Das Rom-Abkommen v. 26.10.1961 sieht neben dem Schutz der ausübenden Künstler und der Sendeunternehmen auch jenen der Hersteller von Tonträgern vor (s. allg. zum Rom-Abkommen § 125 Rn 14 ff.). Für den Schutz des Tonträgerherstellers sieht Art. 5 Nr. 1 Rom-Abkommen drei **verschiedene Anknüpfungsmerkmale** vor. Der Schutz wird gewährt, wenn der Tonträgerhersteller einem anderen Vertragsstaat angehört, dort die erste Festlegung des Tons auf einen Tonträger erfolgt ist oder dort der Tonträger erstmals, jedenfalls aber nicht später als dreißig Tage nach dem erstmaligen Veröffentlichen in einem anderen Staat, veröffentlicht wurde. Zu dem Merkmal der Veröffentlichung nach Art. 5 Nr. 1 lit. c Rom-Abkommen hat die Bundesrepublik in Art. 2 des Zustimmungsgesetzes (BGBl II 1965, 1243) einen Vorbehalt erklärt.

8   Als **Mindestrecht des Tonträgerherstellers** sieht Art. 10 Rom-Abkommen das Vervielfältigungsrecht vor. Für den Fall der Benutzung eines Tonträgers für Zwecke einer Funksendung oder einer sonstigen öffentlichen Wiedergabe sieht Art. 12 Rom-Abkommen kein Verbotsrecht, sondern nur einen Vergütungsanspruch des Tonträgerherstellers vor. Der Tonträgerhersteller wird nach Art. 14 lit. a Rom-Abkommen für wenigstens 20 Jahre ab dem Ende des Jahres der Festlegung geschützt. Das in Staatsverträgen im Bereich des Urheberrechts übliche Verbot der Bindung des Schutzes an die Erfüllung von Förmlichkeiten (s. § 121 Rn 16) wird für Tonträgerhersteller in Art. 11 nur eingeschränkt festgeschrieben. Danach sind für die Erlangung des Schutzes etwa erforderliche Förmlichkeiten erfüllt, wenn die in den Verkehr gebrachten Vervielfältigungsstücke eines veröffentlichten Tonträgers mit einem „P" und der Angabe des Jahres der ersten Veröffentlichung versehen sind.

9   Selbst wenn das Rom-Abkommen nur die Rechte der Tonträgerhersteller selbst regelt, so können sich gleichwohl auch Unternehmen, die die **Tonträgerherstellerrechte von dem ursprünglichen Tonträgerhersteller erwerben**, auf den Schutz

des Abkommens berufen; denn der durch das Abkommen bezweckte Schutz wäre unvollkommen, wenn sich nicht jeder Inhaber der – übertragbaren – Herstellerrechte auf den Inlandsschutz berufen könnte (*BGH* GRUR 1994, 210, 211 – Beatles). Für die Gewährung des Schutzes des Rom-Abkommens kommt es nur darauf an, ob der Tonträgerhersteller den Schutz in Anspruch nehmen konnte. Ob auch dessen Rechtsnachfolger selbst einen solchen Schutz beanspruchen könnte, spielt keine Rolle (*BGH* GRUR 1994, 210, 211 – Beatles).

b) Genfer Tonträger-Abkommen (GTA). Am 29.10.1971 wurde das Übereinkommen zum Schutz der Hersteller von Tonträgern gegen die unerlaubte Vervielfältigung ihrer Tonträger (**Genfer Tonträger-Abkommen – GTA**) geschlossen. Im Anschluss an das Zustimmungsgesetz v. 10.12.1973 (BGBl II 1973, 1669; 1974, 336) trat es am 18.5.1974 in der Bundesrepublik in Kraft. Dem GTA gehören per 15.10.2003 72 Staaten an, zu denen neben Deutschland auch die meisten Mitgliedstaaten der EU sowie – anders als im Falle des Rom-Abkommens – auch die Vereinigten Staaten gehören. Der aktuelle Mitgliederstand des GTA sowie der jeweilige Beitrittszeitpunkt können über die Internet-Seiten der WIPO in Erfahrung gebracht werden (www.wipo.int/treaties/ip). **10**

Das GTA ist neben dem Rom-Abkommen anwendbar (*BGH* GRUR 1994, 210, 211 – Beatles). Problematisch ist jedoch das **Verhältnis des GTA zu TRIPS,** das in Art. 14 Abs. 2 ebenfalls einen Schutz für Tonträgerhersteller vorsieht. Die Fortgeltung des GTA zwischen Vertragsstaaten, die gleichzeitig TRIPS-Mitglieder sind, ist deshalb fraglich, weil Art. 2 Abs. 2 TRIPS klarstellt, dass die nach der PVÜ, der RBÜ, dem Rom-Abkommen sowie dem Vertrag über den Schutz des geistigen Eigentums im Hinblick auf integrierte Schaltkreise bestehenden Verpflichtungen der TRIPS-Mitglieder nicht außer Kraft gesetzt werden. Im Umkehrschluss würde dies bedeuten, dass in Art. 2 Abs. 2 TRIPS nicht ausdrücklich genannte Staatsverträge keine Anwendung mehr finden sollen. Dies kann allerdings nur gelten, soweit nicht der Schutzgehalt des GTA über jenen von TRIPS hinausgeht (s. *Katzenberger* GRUR Int 1995, 447, 457 f.). Zu dem **Verhältnis des GTA zu dem WPPT** ergibt sich aus Art. 1 Abs. 3 WPPT (dazu Rn 15), dass GTA und WPPT unabhängig voneinander anzuwenden sind. **11**

Das GTA findet Anwendung auf die Hersteller von Tonträgern, die Angehörige anderer Vertragsstaaten sind (Art. 2). Bei natürlichen Personen kommt es somit auf die Staatsangehörigkeit, bei juristischen Personen auf den Unternehmenssitz an. Genießt der Tonträgerhersteller den Schutz des GTA, so kann sich auch ein Rechtsnachfolger darauf berufen, und zwar selbst wenn dieser selbst keinem GTA-Vertragsstaat angehört (*BGH* GRUR 1994, 210, 211 – Beatles). Anders als im Falle des Rom-Abkommens (dazu Rn 7 ff.) findet das GTA nicht bereits dann Anwendung, wenn das erstmalige Erscheinen eines Tonträgers in einem Vertragsstaat stattfindet. In Art. 2 des Zustimmungsgesetzes zum GTA hat die Bundesrepublik von der durch Art. 7 Abs. 3 GTA eröffneten Möglichkeit Gebrauch gemacht, die Bestimmungen des GTA auch in Ansehung von Tonträgern anzuwenden, die vor In-Kraft-Treten des GTA festgelegt wurden. Diese **Rückwirkung** ist allerdings durch § 129 auf ab dem 1.1.1966 festgelegte Tonträger beschränkt, da vor diesem Zeitpunkt ein Schutz der Hersteller von Tonträgern in der Bundesrepublik nicht stattgefunden hat (*BGH* GRUR 1994, 210, 212 – Beatles). **12**

13   Anders als die meisten Staatsverträge im Bereich des Urheberrechts und der ver-
      wandten Schutzrechte sieht das GTA nicht das Schutzprinzip der Inländerbehand-
      lung vor. Vielmehr gewährleistet Art. 2 GTA **lediglich Mindestrechte**, nämlich jene
      zur Vervielfältigung und Verbreitung der durch das GTA geschützten Tonträger.
      Nach Art. 3 GTA müssen die einzelnen Vertragsstaaten durch ihre nationale Gesetz-
      gebung eine wirksame Durchsetzung dieser Rechte gewährleisten. Diesen Anforde-
      rungen genügen §§ 85 Abs. 1, 86. Die §§ 85, 86 finden zugunsten eines nach dem
      GTA berechtigten Tonträgerherstellers keine Anwendung, soweit sie Rechte gewäh-
      ren, die über Art. 2 GTA hinausgehen. Dies ergibt sich gerade aus der Tatsache, dass
      das GTA **keine Inländerbehandlung** vorsieht.

14   **c) TRIPS-Übereinkommen.** Das TRIPS-Übereinkommen v. 15.4.1994 sieht in
      Art. 14 Abs. 2 den Schutz von Tonträgerherstellern vor (allg. zu TRIPS s. § 121
      Rn 28 ff.). Das Schutzprinzip der Inländerbehandlung gilt gem. Art. 3 Abs. 1 S. 2
      TRIPS für die Hersteller von Tonträgern nur eingeschränkt. Soweit §§ 85, 86 weitere
      Rechte gewähren, können diese nicht unter Berufung auf den Grundsatz der Inlän-
      derbehandlung nach Art. 3 Abs. 1 TRIPS in Anspruch genommen werden. Auch das
      Prinzip der Meistbegünstigung gilt nach Art. 4 lit. c TRIPS nicht für Rechte der Ton-
      trägerhersteller, die in TRIPS nicht geregelt sind (zum Verhältnis von TRIPS zum
      Rom-Abkommen s. § 125 Rn 19, zum GTA s. Rn 11, zum WPPT s. § 125 Rn 22).

15   **d) WIPO-Vertrag über Darbietungen und Tonträger (WPPT).** Den Schutz der
      Hersteller von Tonträgern enthält auch der am 20.12.1996 unterzeichnete, bis zum
      15.1.2002 aber noch nicht in Kraft getretene WIPO-Vertrag über Darbietungen und
      Tonträger (WPPT; allg. zum WPPT s. § 125 Rn 20 ff.). Die den Tonträgerherstellern
      durch den WPPT gewährten Rechte gehen deutlich über jene hinaus, die im GTA
      (dazu Rn 10 ff.), in TRIPS (dazu Rn 14), aber auch im Rom-Abkommen (dazu
      Rn 7 ff.) geregelt sind. Neben dem Vervielfältigungsrecht (Art. 11) sieht der WPPT
      zugunsten der Tonträgerhersteller auch das Verbreitungsrecht (Art. 12), das Ver-
      mietrecht (Art. 13) sowie das Recht auf Zugänglichmachung von Tonträgern
      (Art. 14) vor.

**V. Schutz ausländischer Tonträgerhersteller bei Gewährleistung der
      Gegenseitigkeit (Abs. 3 S. 2)**

16   Nach Abs. 3 iVm § 121 Abs. 4 S. 2 genießen ausländische Hersteller von Tonträgern
      den Schutz der §§ 85, 86, soweit der Heimatstaat des Tonträgerherstellers deutschen
      Tonträgerherstellern einen entspr. Schutz gewährt und dies nach einer Bekanntma-
      chung des BMJ im BGBl veröffentlicht wird (s. § 121 Rn 10). Eine entspr. Bekannt-
      machung wurde bisher nur in Bezug auf Indonesien veröffentlicht und beschränkt auf
      das Vervielfältigungs- und Verbreitungsrecht nach § 85 Abs. 1 (BGBl I 1988, 2071).

VI. Staatenlose und ausländische Flüchtlinge (Abs. 3 S. 2)

17   Soweit es sich bei dem Tonträgerhersteller um eine natürliche Person handelt, die
      staatenlos oder ein ausländischer Flüchtling ist, kommen nach § 126 Abs. 3 S. 2 die
      §§ 122, 123 entspr. zur Anwendung.

§ 127 Schutz des Sendeunternehmens

(1) Den nach § 87 gewährten Schutz genießen Sendeunternehmen mit Sitz im Geltungsbereich dieses Gesetzes für alle Funksendungen, gleichviel, wo sie diese ausstrahlen. § 126 Abs. 1 Satz 3 ist anzuwenden.

(2) Sendeunternehmen ohne Sitz im Geltungsbereich dieses Gesetzes genießen den Schutz für alle Funksendungen, die sie im Geltungsbereich dieses Gesetzes ausstrahlen. Der Schutz erlischt spätestens mit dem Ablauf der Schutzdauer in dem Staat, in dem das Sendeunternehmen seinen Sitz hat, ohne die Schutzfrist nach § 87 Abs. 3 zu überschreiten.

(3) Im übrigen genießen Sendeunternehmen ohne Sitz im Geltungsbereich dieses Gesetzes den Schutz nach Inhalt der Staatsverträge. § 121 Abs. 4 Satz 2 gilt entsprechend.

Literatur: *Bortloff* Internationale Lizenzierung von Internet-Simulcasts durch die Tonträgerindustrie, GRUR Int 2003, 669; *Dreier* Kabelrundfunk, Satelliten und das Rom-Abkommen zum Schutze der ausübenden Künstler, der Hersteller von Tonträgern und der Sendeunternehmen, GRUR Int 1988, 75; *Dünnwald* Die Leistungsschutzrechte im TRIPS-Abkommen, ZUM 1996, 725; *Hertin* Die Vermarktung nicht lizenzierter Live-Mitschnitte von Darbietungen ausländischer Künstler nach den höchstrichterlichen Entscheidungen „Bob Dylan" und „Die Zauberflöte", GRUR 1991, 772; *Klinter* Die Brüsseler Satellitenkonvention, UFITA 74 (1995), 221; *Steup/Bungeroth* Die Brüsseler Konferenz zum Schutz der durch Satelliten übertragenen Sendungen, GRUR Int 1975, 124; *Schulze, E.* Inkrafttreten des Brüsseler Satellitenübereinkommens, UFITA 87 (1980), 187.

I. Überblick

Der Aufbau von § 127 entspricht jenem des § 126. Die Vorschrift berücksichtigt nur, dass es sich bei Sendeunternehmen stets um juristische Personen handelt. In Abs. 1 wird geregelt, wer sich ohne weiteres auf den nach § 87 gewährten Schutz berufen kann. Es handelt sich hierbei um **Sendeunternehmen mit Sitz in Deutschland oder einem anderen EU-Mitgliedstaat oder EWR-Vertragsstaat**. Gem. Abs. 2 werden solche Sendungen **ausländischer Sendeunternehmen** geschützt, die im Geltungsbereich des Gesetzes ausgestrahlt werden. Abs. 2 S. 2 sieht einen Schutzfristenvergleich vor. Außerdem kann sich nach Abs. 3 der Schutz des Sendeunternehmens nach dem **Inhalt der Staatsverträge** ergeben. Wird schließlich bekannt gemacht, dass im Heimatstaat eines Sendeunternehmens deutschen Sendeunternehmen ein § 87 vergleichbarer Schutz gewährt wird, so genießen Sendeunternehmen mit Sitz in einem solchen Staat gem. Abs. 3 S. 2 iVm § 121 Abs. 4 S. 2 Schutz. **1**

II. Sendeunternehmen mit Inländerstatus (Abs. 1)

2   Der durch § 87 gewährte Schutz des Sendeunternehmens wird an den Unternehmenssitz geknüpft. Befindet sich dieser in Deutschland, gilt der Schutz des § 87 ohne weiteres und für alle Funksendungen, die dieses Sendeunternehmen – im Inland oder im Ausland – ausstrahlt (Abs. 1 S. 1). Die gleiche Regelung gilt nach Abs. 1 S. 2 iVm § 126 Abs. 1 S. 3 auch für Sendeunternehmen, deren Sitz in einem anderen EU-Mitgliedstaat oder EWR-Vertragsstaat ist.

III. Fremdenrechtlicher Schutz

3   Sendeunternehmen mit Sitz außerhalb des Gebiets der EU und des EWR genießen nach Abs. 2 Schutz für ihre im Bundesgebiet **ausgestrahlten Sendungen** (Abs. 2 S. 1). Das Gesetz stellt ausdrücklich auf die Ausstrahlung ab. Die **bloße Möglichkeit des Empfangs** im Inland begründet selbst im Falle einer gezielten grenzüberschreitenden Sendung keine Anwendbarkeit des § 87 über § 127 Abs. 2 S. 1 (*Schricker/ Katzenberger* § 127 Rn 4 mwN). Ein **Schutzfristenvergleich** wird durch § 127 Abs. 2 S. 2 angeordnet. Insoweit wird auf die Erl. zu § 125 Abs. 7 (§ 127 Rn 10) sowie § 126 Abs. 2 S. 2 (§ 126 Rn 4) verwiesen.

IV. Staatsverträge zum Schutz von Sendeunternehmen (Abs. 3 S. 1)

1.   Überblick über den Schutz durch Staatsverträge

4   Unabhängig von einem fremdenrechtlichen Schutz nach Abs. 2 werden ausländische Sendeunternehmen im Inland nach Maßgabe der geltenden Staatsverträge geschützt. Die Regelung entspricht §§ 121 Abs. 4 S. 1, 125 Abs. 5 S. 1 und § 126 Abs. 3 S. 1 (allg. zur Anwendung der Staatsverträge s. § 121 Rn 13 ff.).

5   Die wesentlichen int. Abkommen, die einen Schutz der Sendeunternehmen vorsehen, sind das Rom-Abkommen v. 26.10.1961, das Brüsseler Satelliten-Abkommen v. 21.5.1974, das Europäische Fernseh-Abkommen v. 22.6.1960 sowie das TRIPS-Übereinkommen (Einzelheiten unter Rn 7 ff.).

6   Selbst wenn ein ausländisches Sendeunternehmen weder fremdenrechtlichen Schutz nach Abs. 2 noch Schutz nach Maßgabe eines Staatsvertrages gem. Abs. 3 S. 1 genießt, kann es sich auf § 87 berufen, wenn durch Bekanntmachung des BMJ festgestellt wird, dass im Verhältnis zu dem Heimatstaat eines solchen Sendeunternehmens materielle Gegenseitigkeit besteht (§ 127 Abs. 3 S. 2 iVm § 121 Abs. 4 S. 2). Entspr. Bekanntmachungen sind bisher allerdings nicht erfolgt.

2.   Einzelne Staatsverträge zum Schutz des Sendeunternehmens

7   **a) Europäisches Fernseh-Abkommen.** Das **Europäische Abkommen zum Schutz von Fernsehsendungen ist am 22.6.1960** unterzeichnet worden (abgedr. bei *Hillig* Nr. 36). Gemeinsam mit einem Protokoll v. 22.1.1965 (abgedr. bei *Hillig* Urheber- und Verlagsrecht, Nr. 36a) ist es am 9.10.1967 in der Bundesrepublik in Kraft getreten (Bekanntmachung v. 14.2.1968, BGBl II 1968, 135). Das deutsche Zustimmungsgesetz zum Europäischen Fernseh-Abkommen datiert v. 15.9.1965 (abgedr. bei *Hillig* aaO, Nr. 37). Änderungen des Europäischen Fernseh-Abkommens erfolgten durch die Zusatzprotokolle v. 14.1.1974 (*Hillig* aaO, Nr. 36b) sowie 21.3.1983

(*Hillig* aaO, Nr. 36c). Ein weiteres Zusatzprotokoll v. 20.4.1989, dem die Bundesrepublik durch Gesetz v. 7.12.1989 zugestimmt hat (BGBl II 1989, 986), ist bisher noch nicht in Kraft getreten. Durch das Abkommen, das Protokoll sowie die beiden Zusatzprotokolle werden neben Deutschland noch Dänemark, Frankreich, Norwegen, Schweden und Großbritannien gebunden (*Schricker/Katzenberger* vor §§ 120 ff. Rn 100).

Das Europäische Fernseh-Abkommen **gilt nur für Fernsehsendungen**. Auf seinen **8** Schutz können sich Sendeunternehmen berufen, deren Unternehmenssitz sich in einem Vertragsstaat befindet oder die in einem Vertragsstaat Sendungen durchführen, dh ausstrahlen (Art. 1). Art. 1 Nr. 2 des Abkommens sieht vor, dass den begünstigten Sendeunternehmen **Inländerbehandlung** zu gewähren ist. Gleichzeitig sieht Art. 1 Nr. 1 bestimmte **Mindestrechte** vor, nämlich die Rechte der Weitersendung, der öffentlichen Übertragung und der öffentlichen Wiedergabe der Sendung und das Recht der Festlegung einer Sendung sowie der Vervielfältigung einer solchen Festlegung. Die Schutzdauer beträgt nach Art. 2 20 Jahre ab dem Ende des Jahres, in dem die Sendung stattgefunden hat. Nicht umfasst durch den Schutz des Europäischen Fernseh-Abkommens ist der von einer aus Bild und Ton bestehenden Fernsehsendung abgetrennte und getrennt gesendete Tonteil (Art. 5).

Das Europäische Fernseh-Abkommen ist **neben dem Rom-Abkommen** (dazu **9** Rn 10) **anwendbar** (s. Art. 21 Rom-Abkommen). Nach Art. 13 Abs. 2 des Europäischen Fernseh-Abkommens ist nach dem 1.1.1989 ein Beitritt zu diesem Abkommen nur einem Vertragsstaat des Rom-Abkommens möglich. Soweit der Schutzgehalt des Europäischen Fernsehabkommens über jenen von TRIPS (dazu Rn 16) hinausgeht, bleibt seine Anwendung durch TRIPS unberührt (s. § 126 Rn 11).

b) Rom-Abkommen. Das Rom-Abkommen wurde am 26.10.1961 und damit unmit- **10** telbar nach dem Europäischen Fernseh-Abkommen (dazu Rn 7 ff.) unterzeichnet (allg. zum Rom-Abkommen s. § 125 Rn 14 ff.). Es gewährt dem Sendeunternehmen Schutz nicht nur für Fernsehsendungen, sondern für **sämtliche Formen der Funksendung** (s. Begriffsbestimmung in Art. 3 lit. f Rom-Abkommen). Der Schutz des Sendeunternehmens knüpft nach Art. 6 Nr. 1 Rom-Abkommen sowohl an den **Sitz des Sendeunternehmens** als auch an die **Ausstrahlung der Sendung in einem Vertragsstaat** an. Liegen diese Voraussetzungen vor, genießt das Sendeunternehmen im Inland nach Art. 2 Nr. 1 lit. c, Art. 6 Nr. 1 Rom-Abkommen **Inländerbehandlung**.

Neben dem Schutzprinzip der Inländerbehandlung sieht das Rom-Abkommen auch **11** **Mindestrechte für Sendeunternehmen** vor. Nach Art. 13 Rom-Abkommen genießen die Sendeunternehmen das Recht der Weitersendung und Festlegung ihrer Sendungen, der Vervielfältigung von Festlegungen der Sendungen und der öffentlichen Wiedergabe von Fernsehsendungen. Nach Art. 3 des Zustimmungsgesetzes v. 15.9.1965 (abgedr. bei *Hillig* Urheber- und Verlagsrecht, Nr. 30) wird das Recht der öffentlichen Wiedergabe einer Fernsehsendung nur gegenüber solchen Vertragsstaaten gewährt, die insoweit keinen – von Art. 13 lit. d Rom-Abkommen zugelassenen – Vorbehalt geltend gemacht haben.

Das Rom-Abkommen findet neben dem Europäischen Fernseh-Abkommen **12** (Rn 7 ff.) Anwendung und wird auch durch TRIPS nicht berührt (Art. 2 Abs. 2 TRIPS).

13 **c) Brüsseler Satelliten-Übereinkommen.** Das Brüsseler Satelliten-Übereinkommen wurde am 21.5.1974 als Übereinkommen über die Verbreitung der durch Satelliten übertragenen programmtragenden Signale unterzeichnet (abgedr. bei *Hillig* Urheber- und Verlagsrecht, Nr. 34). Es ist in der Bundesrepublik am 25.8.1979 auf der Grundlage des Gesetzes v. 14.2.1979 (abgedr. bei *Hillig* aaO, Nr. 35) in Kraft getreten (Bekanntmachung v. 5.7.1979, BGBl II 1979, 816). Dem Brüsseler Satelliten-Übereinkommen gehören per 15.1.2002 insgesamt 24 Vertragsstaaten an, zu denen neben Deutschland die Vereinigten Staaten gehören. Der aktuelle Stand der Vertragsstaaten des Übereinkommens sowie der Zeitpunkt ihres Beitritts kann über die Internet-Seiten der WIPO in Erfahrung gebracht werden (www.wipo.int/treaties/ip).

14 Der Schutz des Brüsseler Satelliten-Übereinkommens wird Sendeunternehmen gewährt, die Programme über Satellit ausstrahlen (sog. **Ursprungsunternehmen** gem. Art. 1 vi). Nach Art. 2 des Übereinkommens ist jeder Vertragsstaat verpflichtet, angemessene Maßnahmen zu treffen, um eine Weitersendung in seinem Hoheitsgebiet oder von seinem Hoheitsgebiet aus zu verhindern. Keine Anwendung findet das Übereinkommen gem. Art. 3 auf Direktsendungen. Da nach Art. 2 Abs. 1 das Brüsseler Satelliten-Übereinkommen die Vertragsstaaten nur verpflichtet, bestimmte Maßnahmen zu treffen, **fehlt es an einer unmittelbaren Anwendbarkeit des Übereinkommens** (*Möhring/Nicolini/Hartmann* vor §§ 120 ff. Rn 99 sowie § 121 Rn 18). Damit können sich Sendeunternehmen nicht unmittelbar auf das Übereinkommen berufen. Die Bundesrepublik ist lediglich in völkerrechtlicher Hinsicht verpflichtet, den Vorgaben des Übereinkommens nachzukommen. Allerdings sieht **Art. 2 des Zustimmungsgesetzes v. 14.2.1979** (abgedr. bei *Hillig* Urheber- und Verlagsrecht, Nr. 35) ein den Anforderungen des Art. 2 des Brüsseler Satelliten-Übereinkommens genügendes Recht vor. Auf dieses können sich nicht nur Sendeunternehmen mit Sitz in einem anderen Vertragsstaat, sondern auch inländische Sendeunternehmen berufen. Dies folgt aus dem Wortlaut von Art. 2 des Zustimmungsgesetzes, der von Sendeunternehmen mit Sitz „in einem Vertragsstaat" spricht. Nach Art. 2 Abs. 6 des Zustimmungsgesetzes bleibt § 87 unberührt.

15 Die im Brüsseler Satelliten-Übereinkommen selbst nicht geregelte Frage der **Schutzfrist des Rechts zur Weitersendung** wird durch Art. 2 Abs. 2 des Zustimmungsgesetzes in dem Sinne beantwortet, dass die Schutzfrist 25 Jahre ab dem Zeitpunkt der Übertragung über Satellit beträgt. Anders als im Falle des § 87 Abs. 2 wird der Lauf der Schutzfrist nicht ausschließlich durch die erste Sendung, sondern auch durch weitere Sendungen jeweils neu in Gang gesetzt. Im Lichte von Art. 3 Abs. 4 der Richtlinie 93/98/EWG ist Art. 2 Abs. 2 des Zustimmungsgesetzes zum Brüsseler Satelliten-Übereinkommen richtlinienkonform in dem Sinne auszulegen, dass das dort gewährte Recht der Weitersendung jedenfalls fünfzig Jahre nach der Erstsendung erlischt. Mit dem Übereinkommen ist dies vereinbar, weil dieses generell nur einen angemessenen Schutz des Sendeunternehmens verlangt (s. hierzu auch *Schricker/Katzenberger* vor §§ 120 ff. Rn 99; *Möhring/Nicolini/Hartmann* vor §§ 120 ff. Rn 100).

16 **d) TRIPS-Übereinkommen.** Das TRIPS-Übereinkommen v. 15.4.1994 (dazu allg. § 121 Rn 28 ff.) sieht in Art. 14 Abs. 3 den Schutz von Sendeunternehmen vor. Diesen steht das Recht der Festlegung einer Sendung, der Vervielfältigung einer solchen Festlegung, der drahtlosen Weitersendung einer Funksendung sowie der öffentlichen

Wiedergabe von Fernsehsendungen solcher Funksendungen zu. Wie sich aus Art. 14 Abs. 3 S. 2 und Abs. 6 TRIPS ergibt, handelt es sich hierbei **nicht um Mindestrechte**. Vielmehr steht es den Vertragsstaaten frei, einen solchen Schutz zu gewähren. Verpflichtet sind sie nur dazu, den Inhabern des Urheberrechts an dem Gegenstand einer Funksendung ausreichenden Rechtsschutz zu gewähren. Selbst wenn ein Vertragsstaat die in Art. 14 Abs. 3 TRIPS bezeichneten Rechte nicht gewährt, genießen seine Angehörigen gleichwohl in Bezug auf diese Rechte in anderen Vertragsstaaten Inländerbehandlung (Art. 3 Abs. 1 S. 2 TRIPS). Davon ausgenommen ist nur das Recht der öffentlichen Wiedergabe einer Fernsehsendung gegen Entgelt (Art. 3 Abs. 1 S. 3 TRIPS, Art. 16 Abs. 1 lit. b Rom-Abkommen, Art. 3 des Zustimmungsgesetzes zum Rom-Abkommen v. 15.9.1965). Das **Prinzip der Meistbegünstigung** findet gem. Art. 4 lit. c TRIPS auf Sendeunternehmen keine Anwendung. Soweit das Brüsseler Satelliten-Übereinkommen (s. Rn 13 ff.) und das Europäische Fernseh-Abkommen (s. Rn 7 ff.) Rechte gewähren, die über die in TRIPS vorgesehenen Rechte hinausgehen, bleiben sie ungeachtet der in Art. 2 Abs. 2 TRIPS enthaltenen Regelungen anwendbar (s. § 126 Rn 11).

§ 127a Schutz des Datenbankherstellers

(1) **Den nach § 87b gewährten Schutz genießen deutsche Staatsangehörige sowie juristische Personen mit Sitz im Geltungsbereich dieses Gesetzes. § 120 Abs. 2 ist anzuwenden.**

(2) **Die nach deutschem Recht oder dem Recht eines der in § 120 Abs. 2 Nr. 2 bezeichneten Staaten gegründeten juristischen Personen ohne Sitz im Geltungsbereich dieses Gesetzes genießen den nach § 87b gewährten Schutz, wenn**

1. **ihre Hauptverwaltung oder Hauptniederlassung sich im Gebiet eines der in § 120 Abs. 2 Nr. 2 bezeichneten Staaten befindet oder**
2. **ihr satzungsmäßiger Sitz sich im Gebiet eines dieser Staaten befindet und ihre Tätigkeit eine tatsächliche Verbindung zur deutschen Wirtschaft oder zur Wirtschaft eines dieser Staaten aufweist.**

(3) **Im übrigen genießen ausländische Staatsangehörige sowie juristische Personen den Schutz nach dem Inhalt von Staatsverträgen sowie von Vereinbarungen, die die Europäische Gemeinschaft mit dritten Staaten schließt; diese Vereinbarungen werden vom Bundesministerium der Justiz im Bundesgesetzblatt bekanntgemacht.**

Literatur: S. die Literaturhinweise zu § 87a.

Übersicht

Kotthoff

I. Allgemeines

1   Mit der Einführung eines Leistungsschutzrechtes für Datenbankhersteller nach § 87a ff. wurde auch eine Regelung dazu erforderlich, wer sich auf diesen Schutz berufen kann. Diese Regelung ist in § 127a enthalten. Abs. 1 und 2 regeln, welche Personen sich ohne weiteres auf den Schutz des § 87b berufen können. Anders als im Falle der §§ 121, 125 Abs. 2, 126 Abs. 2, 127 Abs. 2 und 128 Abs. 2 gibt es **keinen fremdenrechtlichen Schutz für ausländische Datenbankhersteller**. Diese werden gem. Abs. 3 **nur nach Maßgabe der Staatsverträge** oder bei Gewährleistung der Gegenseitigkeit geschützt.

II. Datenbankhersteller mit Inländerstatus (Abs. 1 und 2)

2   Auf den Schutz des § 87b können sich sowohl natürliche als auch juristische Personen berufen. Entspr. regelt Abs. 1 S. 1, dass deutsche Staatsangehörige sowie Unternehmen mit Sitz im Inland den Schutz des § 87b genießen. Für Deutsche iSd Art. 116 Abs. 1 GG sowie Staatsangehörige anderer EU-Mitgliedstaaten oder EWR-Vertragsstaaten verweist § 127a Abs. 1 S. 2 auf § 120 Abs. 2. Unter welchen Voraussetzungen sich Unternehmen aus anderen EU-Mitgliedstaaten und EWR-Vertragsstaaten auf § 87b berufen können, ist in Abs. 2 geregelt. Inländerstatus genießen danach Unternehmen, deren Hauptverwaltung oder Hauptniederlassung sich in einem anderen EU-Mitgliedstaat oder EWR-Vertragsstaat befindet (Abs. 2 Nr. 1). Angeknüpft wird hier an den tatsächlichen Ort der Hauptverwaltung oder Hauptniederlassung. Im Gegensatz dazu knüpft Abs. 2 Nr. 2 an den satzungsmäßigen und damit an den rechtlichen Sitz an. Ein satzungsmäßiger Sitz in einem EU-Mitgliedstaat oder EWR-Vertragsstaat reicht jedoch nicht aus, wenn nicht gleichzeitig zu einem solchen Staat eine tatsächliche wirtschaftliche Verbindung besteht. Die sich von § 126 Abs. 1 S. 3, der bloß auf den Unternehmenssitz in einem EU-Mitgliedstaat oder EWR-Vertragsstaat abstellt, unterscheidende Regelung des § 127a Abs. 2 erklärt sich vor dem Hintergrund des Art. 11 Abs. 2 der Richtlinie 96/9/EG. Diese Bestimmung nimmt die gleiche Abschichtung vor, wie sie in § 127a Abs. 2 zu finden ist.

III. Datenbankhersteller ohne Inländerstatus

3   Unter welchen Voraussetzungen sich ein Datenbankhersteller, der weder nach Abs. 1 noch nach Abs. 2 Inländerstatus genießt, auf § 87b berufen kann, ist in § 127a Abs. 3 geregelt. Die Vorschrift verweist zunächst auf den Schutz nach Inhalt der Staatsverträge sowie etwaiger Vereinbarungen, die die EG mit dritten Staaten schließt und die sodann vom BMJ im BGBl bekanntgemacht werden. Staatsverträge oder Vereinbarungen der EG mit dritten Staaten, die Datenbankherstellern ohne Inländerstatus einen Schutz nach § 87b sichern würden, existieren gegenwärtig nicht. Insb. sehen Art. 10 Abs. 2 TRIPS sowie Art. 5 WCT **nur einen Schutz von Datenbankwerken, nicht aber ein Leistungsschutzrecht** oder ein Recht sui generis für den Datenbankhersteller vor.

4   Konsequenz ist, dass gegenwärtig der Schutz nach § 87b ausschließlich den in Abs. 1 und 2 genannten natürlichen und juristischen Personen vorbehalten ist. Datenbankhersteller ohne Inländerstatus haben keine Möglichkeit, sich auf § 87b zu berufen. Unbefriedigend ist dies insb. für ausländische Staatsangehörige mit festem Wohnsitz

im Inland oder ausländische Unternehmen, die über unselbständige Niederlassungen im Inland ihre Geschäfte betreiben.

Im Vergleich mit § 125 Abs. 5 S. 2 und § 126 Abs. 3 S. 2 fällt auf, dass Staatenlose   **5** (§ 122) und ausländische Flüchtlinge (§ 123) den Schutz des Datenbankherstellers nicht in Anspruch nehmen können.

§ 128   Schutz des Filmherstellers

(1) Den nach den §§ 94 und 95 gewährten Schutz genießen deutsche Staatsangehörige oder Unternehmen mit Sitz im Geltungsbereich dieses Gesetzes für alle ihre Bildträger oder Bild- und Tonträger, gleichviel, ob und wo diese erschienen sind. § 120 Abs. 2 und § 126 Abs. 1 Satz 3 sind anzuwenden.

(2) Für ausländische Staatsangehörige oder Unternehmen ohne Sitz im Geltungsbereich dieses Gesetzes gelten die Bestimmungen in § 126 Abs. 2 und 3 entsprechend.

Literatur: *Hertin* Wo bleibt der internationale Leistungsschutz für Filme?, ZUM 1990, 442; *Katzenberger* Kein Laufbildschutz für ausländische Videospiele in Deutschland, GRUR Int 1992, 513.

I. Allgemeines

In § 128 wird festgelegt, wer sich auf den dem Filmhersteller nach §§ 94 und 95 ge-   **1** währten Schutz für Bildträger sowie Bild- und Tonträger berufen kann. Die Vorschrift entspricht jener über den Schutz des Tonträgerherstellers in § 126. Nach § 128 Abs. 1 S. 1 sind deutsche Staatsangehörige sowie Unternehmen mit Sitz im Inland nach §§ 94, 95 geschützt. Aus dem Verweis auf die §§ 120 Abs. 2, 126 Abs. 1 S. 3 ergibt sich, dass dies auch für Deutsche iSd Art. 116 Abs. 1 GG sowie natürliche oder juristische Personen aus einem anderen EU-Mitgliedstaat oder EWR-Vertragsstaat gilt. Für den fremdenrechtlichen und den konventionsrechtlichen Schutz des Filmherstellers verweist § 128 Abs. 2 auf die entspr. Regelungen in § 126 Abs. 2 und 3.

II. Filmhersteller mit Inländerstatus

Den Schutz nach §§ 94, 95 können deutsche Staatsangehörige sowie Unternehmen   **2** mit Sitz in der Bundesrepublik in Anspruch nehmen (Abs. 1 S. 1). Dies gilt jeweils für alle ihre Bildträger oder Bild- und Tonträger, unabhängig davon, ob diese im Inland oder im Ausland erschienen sind. Gleiches gilt für Deutsche iSd Art. 116 Abs. 1 GG (§ 128 Abs. 2 S. 2 iVm § 120 Abs. 2 Nr. 1) sowie für Filmhersteller, die einem anderen EU-Mitgliedstaat oder EWR-Vertragsstaat angehören (§ 128 Abs. 2 S. 2

iVm § 120 Abs. 2 Nr. 2) oder dort ihren Unternehmenssitz haben (§ 128 Abs. 1 S. 2 iVm § 126 Abs. 1 S. 3).

III. Fremdenrechtlicher Schutz des Filmherstellers

3   Ausländische Filmhersteller können sich für ihre Bildträger sowie Bild- und Tonträger auf den Schutz der §§ 94, 95 berufen, wenn deren erstmaliges Erscheinen (§ 6 Abs. 2) im Inland stattfindet, wobei ein erstmaliges Erscheinen auch dann noch angenommen wird, wenn der betr. Bildträger oder Bild- und Tonträger nicht früher als dreißig Tage außerhalb des Geltungsbereichs des UrhG erscheint (§ 128 Abs. 2 iVm § 126 Abs. 2 S. 1). Gewährt der Heimatstaat des ausländischen Filmherstellers für Rechte, die §§ 94, 95 entsprechen, eine kürzere Schutzfrist als § 94 Abs. 3, so erlischt auch der Schutz nach §§ 94, 95 innerhalb dieser kürzeren Schutzfrist (§ 128 Abs. 2 iVm § 126 Abs. 2 S. 2).

IV. Schutz nach Inhalt der Staatsverträge oder bei materieller Gegenseitigkeit

4   Ein Schutz des Filmherstellers nach Inhalt der Staatsverträge (§ 128 Abs. 2 iVm § 126 Abs. 3 S. 1) ist in der Praxis nicht relevant. Die int. Abkommen auf dem Gebiet des Urheberrechts sind schon deshalb nicht anwendbar, weil es sich bei dem Recht des Filmherstellers um ein verwandtes Schutzrecht handelt. Das Rom-Abkommen (§ 125 Rn 14 ff.), das Genfer Tonträger-Abkommen (§ 126 Rn 10 ff.) und der WPPT (§ 125 Rn 20 ff.) regeln das Recht des Filmherstellers nicht.

5   Eine Bekanntmachung materieller Gegenseitigkeit nach § 128 Abs. 2 iVm §§ 126 Abs. 3 S. 2, 121 Abs. 4 S. 2 ist bisher nicht erfolgt.

V. Staatenlose und ausländische Flüchtlinge

6   Sofern es sich bei dem Filmhersteller um einen Staatenlosen oder einen ausländischen Flüchtling handelt, gelten gem. §§ 128 Abs. 2, 126 Abs. 3 S. 2 die §§ 122, 123 entspr.

Abschnitt 2
Übergangsbestimmungen

§ 129   Werke

(1) Die Vorschriften dieses Gesetzes sind auch auf die vor seinem Inkrafttreten geschaffenen Werke anzuwenden, es sei denn, daß sie zu diesem Zeitpunkt urheberrechtlich nicht geschützt sind oder daß in diesem Gesetz sonst etwas anderes bestimmt ist. Dies gilt für verwandte Schutzrechte entsprechend.

(2) Die Dauer des Urheberrechts an einem Werk, das nach Ablauf von fünfzig Jahren nach dem Tode des Urhebers, aber vor dem Inkrafttreten dieses Gesetzes veröffentlicht worden ist, richtet sich nach den bisherigen Vorschriften.

Literatur: *Flechsig* Die Bedeutung der urheberrechtlichen Übergangsbestimmungen für den Urheberschutz ausländischer Werke, GRUR Int 1981, 760; *Katzenberger* Urheberecht und Urhebervertragsrecht in der deutschen Einigung, GRUR Int 1993, 2; *Nordemann* Zur Problematik der Schutzfristen für Lichtbildwerke und Lichtbilder im vereinigten Deutschland, GRUR 1991, 418; *Schorn* Zum Schutz ausländischer Künstler in der Bundesrepublik Deutschland, GRUR 1983, 492; *Schulze, E.* Das Urheberrecht im Prozeß der Deutschen Einigung, GRUR 1991, 573; *Ulmer* Zur Schutzdauer ausländischer Werke in der Bundesrepublik Deutschland und Österreich, GRUR Int 1993, 109; *Wandtke* Auswirkungen des Einigungsvertrags auf das Urheberrecht in den neuen Bundesländern, GRUR 1991, 263.

Übersicht

I. Überblick über §§ 129 bis 137h

Der zweite Abschnitt des fünften Teils des UrhG enthält die **Übergangsbestimmungen**. Dabei ist zu unterscheiden zwischen den §§ 129 bis 137, die den Übergang anlässlich des In-Kraft-Tretens des UrhG regeln, sowie den §§ 137a bis 137h, die Übergangsbestimmungen zu späteren Gesetzesänderungen enthalten. Im Zuge der Reform des Urhebervertragsrechts (dazu § 31 Rn 9) wurde diese Systematik allerdings durchbrochen, indem die diesbezüglichen Übergangsbestimmungen in § 132 Abs. 3 und 4 enthalten sind. Die Übergangsbestimmungen für die Einführung des UrhG auf dem Gebiet der ehemaligen DDR sind im Einigungsvertrag niedergelegt (s. dazu § 120 Rn 31 ff.). **1**

Die Übergangsbestimmungen, seien sie aus Anlass des In-Kraft-Tretens des UrhG oder anlässlich späterer Gesetzesänderungen erlassen worden, beruhen auf dem gleichen Konzept. Der neu eingeführte Schutz soll auch auf Werke und – im Falle verwandter Schutzrechte – Leistungen aus der Zeit vor der Gesetzesänderung Anwendung finden (s. § 129 Abs. 1 sowie §§ 137a ff.). Der Vorteil dieses Konzepts liegt darin, dass die **parallele Anwendung von altem und neuem Recht** weitgehend vermieden wird (*Schricker/Katzenberger* § 129 Rn 1). Diesem Konzept sind allerdings aus **verfassungsrechtlichen Gründen** Grenzen gesetzt (dazu *Möhring/Nicolini/Hartmann* vor § 129 Rn 2 f.). Zum einen dürfen dem Rechtsinhaber durch die Ablösung des alten Rechts keine ihm danach zustehenden Rechtspositionen entzogen werden; zum anderen darf die Gesetzesänderung nicht zur Folge haben, dass ein bisher zulässiges Verhalten rückwirkend unzulässig wird. Diesem Grundgedanken tragen die im UrhG enthaltenen Übergangsbestimmungen Rechnung. **2**

II. Grundregel für vor In-Kraft-Treten geschaffene Werke (Abs. 1 S. 1)

Nach der Grundregel des Abs. 1 S. 1 finden die Vorschriften des UrhG auch **Anwendung auf solche Werke, die vor seinem In-Kraft-Treten geschaffen worden sind**. Der Zeitpunkt des In-Kraft-Tretens ergibt sich aus § 143 und ist damit vorbehaltlich der in § 143 Abs. 1 geregelten Fälle der 1.1.1966. Da dem Anwendungsbefehl neuen **3**

Rechts auf alte Sachverhalte Grenzen gesetzt sind (Rn 2), enthält Abs. 1 S. 1 zwei Ausnahmen von dieser Grundregel. Zunächst sollen Werke, die zum Zeitpunkt des In-Kraft-Tretens des UrhG (§ 143 Abs. 2) durch das bis dahin geltende Recht urheberrechtlich geschützt waren, auch unter Geltung des UrhG geschützt sein. Außerdem enthält Abs. 1 S. 1 einen Vorbehalt zugunsten anderweitiger Bestimmungen, also insb. der §§ 129 Abs. 2, 130 ff.

4 Gem. Abs. 1 S. 1 findet das UrhG keine Anwendung auf Werke, die vor seinem In-Kraft-Treten geschaffen wurden und **nach der bis zum In-Kraft-Treten geltenden Gesetzeslage urheberrechtlich nicht geschützt** waren. Damit wird das Vertrauen derjenigen Personen geschützt, die vor dem 1.1.1966 einen Gegenstand nutzten, der nach den bis dahin geltenden Vorschriften nicht geschützt war. Dieses Grundprinzip wird allerdings durch die §§ 137d, 137g durchbrochen, die anordnen, dass die §§ 69a ff., 87a ff. auch solche Computerprogramme bzw Datenbanken schützen, die vor dem In-Kraft-Treten des jeweiligen gesetzlichen Schutzes geschaffen wurden. Das Abweichen jener Bestimmungen von dem in § 129 Abs. 1 S. 1 niedergelegten Grundsatz erklärt sich vor dem Hintergrund der dies vorgebenden Richtlinien der EG.

5 Ob ein Werk, das nach den Bestimmungen des UrhG grds Schutz genießen würde, zum Zeitpunkt des In-Kraft-Tretens urheberrechtlich geschützt war, ist zwangsläufig nach der früheren Rechtslage zu beurteilen. Dass ein urheberrechtlicher Schutz zum maßgebenden Zeitpunkt des 1.1.1966 (§ 143 Abs. 2) nicht gegeben ist, kann Verschiebungen zur Folge haben. Zunächst ist es möglich, dass ein Werk zwar auch nach altem Recht geschützt, die insoweit **geltende Schutzfrist jedoch bei In-Kraft-Treten des UrhG bereits abgelaufen** war. Nach LUG und KUG geschützte Werke, für die die maßgebende fünfzigjährige Schutzfrist (§§ 29 S. 1 LUG, 25 Abs. 1 KUG) bei In-Kraft-Treten des UrhG bereits abgelaufen war, kommen also nicht mehr in den Genuss der siebzigjährigen Schutzfrist des § 64. Im Falle eines im Jahre 1915 verstorbenen Urhebers, dessen Werke nach LUG und KUG nur bis zum 31.12.1965 geschützt waren, ist freilich zu berücksichtigen, dass nach § 143 Abs. 1 die Bestimmungen der §§ 64 bis 67, 69 bereits zum 17.9.1965 in Kraft getreten sind. Hieraus folgt, dass für die Werke eines solchen Urhebers die siebzigjährige Schutzfrist des § 64 Anwendung findet. Ursache dafür, dass ein nach dem UrhG grds schutzfähiges Werk zum Zeitpunkt des In-Kraft-Tretens des UrhG nicht geschützt war, kann ferner die **fehlende Werkqualität nach früherem Recht** sein. Zwar entsprechen sich nach allg. Auffassung die insoweit nach altem und nach neuem Recht bestehenden Anforderungen (*Schricker/Katzenberger* § 129 Rn 13; *Möhring/Nicolini/Hartmann* § 129 Rn 8); Ausnahmen gelten jedoch für choreographische und pantomimische Werke, die im Gegensatz zu § 2 Abs. 1 Nr. 3 nach altem Recht (§ 1 Abs. 2 LUG) nur bei körperlicher Festlegung geschützt waren, sowie für nach § 53 Abs. 1 S. 1 KUG vom urheberrechtlichen Schutz ausgeschlossene Werke der angewandten Kunst (*BGH* GRUR 1976, 649, 650 – Hans Thoma-Stühle; vgl auch *BGH* GRUR 1968, 321 – Haselnuß).

III. Übergangsregelung für verwandte Schutzrechte (Abs. 1 S. 2)

6 Gem. Abs. 1 S. 2 gilt Abs. 1 S. 1 für verwandte Schutzrechte entspr. Eine nach dem UrhG grds geschützte Leistung, die vor dem 1.1.1966 stattgefunden hat, ist nach den

Bestimmungen des UrhG also nur dann geschützt, wenn sie **vor diesem Zeitpunkt urheberrechtlichen Schutz** genossen hat. In der Tat kommt nur ein urheberrechtlicher Schutz in Betracht, weil das bis zum 1.1.1966 geltende Urheberrecht keine verwandten Schutzrechte kannte. Ein solcher urheberrechtlicher Schutz für Leistungen, für die nach heutigem Recht ein Leistungsschutzrecht gewährt wird, bestand nach den §§ 1, 3 KUG für **Fotografien** (auch wenn sie keine Werkqualität hatten) sowie nach § 2 Abs. 2 LUG für die **auf einem Tonträger festgelegte Darbietung eines ausübenden Künstlers**. Nur in diesen engen Grenzen ist es möglich, sich für vor dem 1.1.1966 erbrachte Leistungen auf den Schutz des UrhG zu berufen. Andere Leistungen, für die nach dem UrhG verwandte Schutzrechte gewährt werden, waren nach früherem Recht urheberrechtlich nicht geschützt, sodass auf sie nach § 129 Abs. 1 die Bestimmungen des UrhG keine Anwendung finden. Dies gilt auch in Ansehung solcher Leistungen, die früher nach den §§ 823, 826 BGB oder im Wege des erg. Leistungsschutzes nach § 1 UWG geschützt waren (*BGH* GRUR 1994, 210, 212 – Beatles). Denkbar ist allerdings, dass für solche Leistungen, die nach den Übergangsbestimmungen nicht den Schutz des UrhG genießen, auch heute noch Schutz gem. § 1 UWG oder §§ 823 ff. BGB beansprucht werden kann (*BGH* GRUR 1986, 454, 456 – Bob Dylan; GRUR 1987, 814, 816 – Die Zauberflöte; *Schorn* GRUR 1983, 492, 493).

IV. Schutzdauer bei nach dem Tode des Urhebers veröffentlichtem Altwerk (Abs. 2)

Die Bestimmung hat heute **keine praktische Bedeutung** mehr. Sie trägt dem Umstand Rechnung, dass nach § 29 S. 1 LUG das Werk, unabhängig von der fünfzigjährigen Schutzfrist, 10 Jahre ab der Erstveröffentlichung geschützt wurde. Diese Regelung gilt nach Abs. 2 für solche Werke fort, die vor dem 1.1.1966 veröffentlicht wurden. Spätestens mit dem 1.1.1976 hat sich der Anwendungsbereich des Abs. 2 damit erledigt.

7

§ 130   Übersetzungen

Unberührt bleiben die Rechte des Urhebers einer Übersetzung, die vor dem 1. Januar 1902 erlaubterweise ohne Zustimmung des Urhebers des übersetzten Werkes erschienen ist.

Die Vorschrift gilt für Übersetzungen, die vor dem 1.1.1902 erlaubterweise ohne Zustimmung des Urhebers des übersetzten Werks erschienen sind. Zum 1.1.1902 ist das LUG v. 19.6.1901 (RGBl 1901, 227) in Kraft getreten. Hiervor richtete sich der Schutz von Werken der Lit. nach dem UrhG v. 11.6.1870. Nach diesem konnte der Urheber eines Werks der Lit. die Verwertung einer Übersetzung nur verbieten, wenn er sich das Recht zur Übersetzung durch einen Vermerk auf dem Werk vorbehalten hatte und die Übersetzung sodann durch den Urheber binnen einer Frist von drei Jahren veröffentlicht wurde. Eine entspr. Einschränkung des Übersetzungsrechts des Urhebers sah das LUG nicht mehr vor. Durch § 62 S. 2 LUG wurde jedoch sichergestellt, dass die vor In-Kraft-Treten des LUG berechtigterweise ohne Zustimmung des Urhebers des übersetzten Werks erworbenen Rechte fortgelten. Die Übergangsbestimmung des § 62 S. 2 LUG wird durch § 130 für die Zeit nach dem In-Kraft-Treten des heute geltenden UrhG v. 1.1.1966 fortgeschrieben. Der Urheber der Übersetzung bedarf jedoch nur für solche Verwertungshandlungen nicht der Zustimmung des Urhebers des übersetzten Werks, die vor In-Kraft-Treten des LUG bekannt waren; denn nur insoweit ist sein Vertrauen schutzwürdig (*Schricker/Katzenberger* § 130 Rn 5).

§ 131   Vertonte Sprachwerke

Vertonte Sprachwerke, die nach § 20 des Gesetzes betreffend das Urheberrecht an Werken der Literatur und der Tonkunst vom 19. Juni 1901 (Reichsgesetzbl. S. 227) in der Fassung des Gesetzes zur Ausführung der revidierten Berner Übereinkunft zum Schutze von Werken der Literatur und Kunst vom 22. Mai 1910 (Reichsgesetzbl. S. 793) ohne Zustimmung ihres Urhebers vervielfältigt, verbreitet und öffentlich wiedergegeben werden durften, dürfen auch weiterhin in gleichem Umfang vervielfältigt, verbreitet und öffentlich wiedergegeben werden, wenn die Vertonung des Werkes vor dem Inkrafttreten dieses Gesetzes erschienen ist.

Nach den §§ 20, 26 LUG war es gestattet, bestimmte Sprachwerke ohne Zustimmung des jeweiligen Urhebers zu einem Werk der Tonkunst zu vertonen. Eine entspr. Vertonungsfreiheit sieht das UrhG nicht vor. Hieraus ergibt sich die Notwendigkeit, für Altfälle eine **Übergangsregelung** zu schaffen. Dies ist die Aufgabe von § 131. Durch die Übergangsbestimmungen des § 131 privilegiert werden sämtliche vertonten Sprachwerke, die vor dem In-Kraft-Treten des UrhG (1.1.1966) erschienen (§ 6 Abs. 2) sind. Ist dies der Fall, dürfen die vertonten Sprachwerke ohne Zustimmung der Urheber des Sprachwerks in genau dem Umfang weiterhin verwertet werden, der auch vor dem In-Kraft-Treten des UrhG möglich war. Selbst wenn sich § 131 nur auf § 20 LUG bezieht, besteht Einigkeit, dass auch nach § 26 LUG zulässige Formen der Verwertung durch die Übergangsbestimmung erfasst werden (*Fromm/Nordemann* § 131 Rn 1; *Schricker/Katzenberger* § 131 Rn 5).

§ 132   Verträge

(1) Die Vorschriften dieses Gesetzes sind mit Ausnahme der §§ 42 und 43 auf Verträge, die vor dem 1. Januar 1966 abgeschlossen worden sind, nicht anzuwenden. § 43 gilt für ausübende Künstler entsprechend. Die §§ 40 und 41 gelten für solche Verträge mit der Maßgabe, daß die in § 40 Abs. 1 Satz 2 und § 41 Abs. 2 genannten Fristen frühestens mit dem 1. Januar 1966 beginnen.

(2) Vor dem 1. Januar 1966 getroffene Verfügungen bleiben wirksam.

(3) Auf Verträge oder sonstige Sachverhalte, die vor dem 1. Juli 2002 geschlossen worden oder entstanden sind, sind die Vorschriften dieses Gesetzes vorbehaltlich der Sätze 2 und 3 in der am 30. Juni 2002 geltenden Fassung weiter anzuwenden. § 32a findet auf Sachverhalte Anwendung, die nach dem 30. Juni 2002 entstanden sind. Auf Verträge, die seit dem 1. Juni 2001 und bis zum 30. Juni 2002 geschlossen worden sind, findet auch § 32 Anwendung, sofern von dem eingeräumten Recht oder der Erlaubnis nach dem 30. Juni 2002 Gebrauch gemacht wird.

(4) Absatz 3 gilt für ausübende Künstler entsprechend.

Literatur: *Gounalakis* Urhebervertragsrecht und Verfassung, in: Gounalakis/Heinze/Dörr, Urhebervertragsrecht – verfassungs- und europarechtliche Bewertung des Entwurfs der Bundesregierung vom 30. Mai 2001, 2001; *Haupt* Die Übertragung des Urheberrechts, ZUM 1999, 898; *Katzenberger* Beteiligung des Urhebers an Ertrag und Ausmaß der Werkverwertung – Altverträge, Drittwirkung und Reform des § 36 UrhG, GRUR Int 1983, 410; *ders.* Urheberrecht und Urhebervertragsrecht in der deutschen Einigung, GRUR 1993, 2; *Loewenheim* Die Behandlung von vor der Wiedervereinigung eingeräumten vertraglichen Vertriebs- und Verwertungsrechten in den alten und neuen Bundesländern, GRUR 1993, 934; *Reupert* Rechtsfolgen der Deutschen Einheit für das Filmurheberrecht, ZUM 1994, 87; *Wandtke* Auswirkungen des Einigungsvertrags auf das Urheberrecht in den neuen Bundesländern, GRUR 1991, 263; *ders.* Nochmals: Zur urheberrechtlichen Stellung des Filmregisseurs in der DDR und Probleme der Rechteverwertung nach der Wiedervereinigung, GRUR 1999, 305.

Übersicht

I. Allgemeines

Die Bestimmung des § 132 enthält Übergangsregeln für Verträge. Abs. 1 und 2 regeln die Frage, inwieweit das UrhG auf Verträge anzuwenden ist, die vor seinem In-Kraft-Treten zum 1.1.1966 geschlossen wurden. Demgegenüber enthalten Abs. 3 und 4 die Übergangsregeln für Verträge im Zusammenhang mit der Reform des Urhebervertragsrechts (s. § 31 Rn 9). Innerhalb der §§ 129 bis 137 stellen Abs. 3 und 4 einen Fremdkörper dar. Die §§ 129 bis 137 enthalten iÜ nur die Übergangsbestimmungen zum In-Kraft-Treten des UrhG, während die Übergangsbestimmungen aus Anlass des In-Kraft-Tretens späterer Gesetzesänderungen in den §§ 137a ff. enthalten sind.

1

Kotthoff

II. Einführung des UrhG (Abs. 1 und 2)

1. Grundsatz der Nichtanwendbarkeit der vertragsrechtlichen Bestimmungen des UrhG (Abs. 1 S. 1 und 2)

2 Das Grundprinzip der §§ 129 ff., Sachverhalte aus der Zeit vor dem In-Kraft-Treten des UrhG, sofern sie noch nicht abgeschlossen sind, den Bestimmungen des UrhG grds zu unterwerfen (dazu § 129 Rn 3 ff.), wird durch § 132 Abs. 1 S. 1 für Verträge in sein Gegenteil verkehrt. Wurde ein Vertrag vor dem In-Kraft-Treten des UrhG, also vor dem 1.1.1966, abgeschlossen, so finden die vertragsrechtlichen Vorschriften des UrhG auf einen solchen Vertrag **grds keine Anwendung**. Ausgenommen sind nach Abs. 1 S. 1 lediglich die §§ 42 und 43, also die **Bestimmungen über das Rückrufsrecht wegen gewandelter Überzeugung** sowie über **Urheber in Arbeits- oder Dienstverhältnissen**. Mit gewissen Einschränkungen sind nach Abs. 1 S. 3 außerdem noch die §§ 40, 41 anwendbar (dazu Rn 4). Für ausübende Künstler gilt nach S. 2 die Bestimmung des § 43 über Urheber in Arbeits- oder Dienstverhältnissen entspr.

3 Nicht anwendbar auf Altverträge sind also insb. die §§ 31 bis 39, 44 sowie die §§ 88, 89. Die sich hieraus ergebenden praktischen Konsequenzen sind freilich begrenzt, weil die in den §§ 31 ff., 88 f. enthaltenen Auslegungsregeln zT der urheberrechtlichen Rspr vor In-Kraft-Treten des UrhG entsprachen. Dies gilt insb. für die **Zweckübertragungsregel** (*BGHZ* 11, 135, 143 – Schallplatten-Lautsprecherübertragung), die heute in § 31 Abs. 5 eine gesetzliche Ausprägung erfahren hat. Unter Geltung des LUG gab es freilich keine § 31 Abs. 4 entspr. Bestimmung, die die Einräumung von Nutzungsrechten früher noch nicht bekannter Nutzungsarten verbot (vgl *BGH* GRUR 1999, 152 – Spielbankaffaire). Auch eine dem Bestseller-Paragraph (§ 32a, § 36 aF) entspr. Regelung fehlte vor In-Kraft-Treten des UrhG. Bei Altverträgen kommt aus der Sicht des Urhebers die Korrektur einer nicht angemessenen Vergütung nur unter den freilich recht engen Voraussetzungen der Sittenwidrigkeit (§ 138 BGB) oder des Wegfalls der Geschäftsgrundlage (§ 313 BGB) in Betracht (*BGH* GRUR 1990, 1005, 1006 – Salomé).

2. Eingeschränkte Anwendbarkeit der §§ 40, 41 (Abs. 1 S. 3)

4 Das UrhG gewährt dem Urheber ein **bes. Kündigungsrecht** bei Verträgen über die Einräumung von Nutzungsrechten an künftigen Werken (§ 40) sowie ein **Rückrufsrecht wegen unzureichender Ausübung** eines ausschließlichen Nutzungsrechts (§ 41). Voraussetzung ist jeweils, dass seit Vertragsabschluss (§ 40 Abs. 1 S. 2) bzw Einräumung des Nutzungsrechts (§ 41 Abs. 2) bestimmte Fristen verstrichen sind. Der Gesetzgeber des UrhG hat sich grds dafür entschieden, die dem Schutz des Urhebers dienenden Bestimmungen der §§ 40, 41 auch auf Altverträge anzuwenden. Dabei sollen jedoch nach § 132 Abs. 1 S. 2 die in den §§ 40 Abs. 1 S. 2, 41 Abs. 2 genannten Fristen **frühestens ab dem 1.1.1966** zu laufen beginnen. Durch die Anwendbarkeit des § 40 auf Altverträge stellt sich die Frage, ob für diese auch das **Schriftformerfordernis des § 40 Abs. 1 S. 1** gilt. Dies wird allg. bejaht (*Schricker/Katzenberger* § 132 Rn 6; *Möhring/Nicolini/Hartmann* § 132 Rn 13), dürfte aber nicht dem Willen des Gesetzgebers entsprechen. Konsequenz wäre nämlich, dass zum 1.1.1966 solche Altverträge gem. § 125 S. 1 BGB nichtig wären. Dies würde jedem der Vertragspartner per 1.1.1966 die Möglichkeit geben, sich von dem Vertrag über ein künftiges Werk loszusagen.

3. Verfügungen vor dem 1.1.1966 (Abs. 2)

Abs. 2 stellt klar, dass Verfügungen, die vor dem In-Kraft-Treten des UrhG zum   **5**
1.1.1966 (§ 143 Abs. 2) vorgenommen wurden, auch dann wirksam bleiben, wenn
sie nach der ab diesem Zeitpunkt geltenden Gesetzeslage unwirksam wären. Voraussetzung ist allerdings, dass die in Rede stehende Verfügung nach altem Recht zulässig war. Praktisch relevant wird diese Übergangsregelung insb. für die **Einräumung**
von Nutzungsrechten an noch nicht bekannten Nutzungsarten (§ 31 Abs. 4 sowie Rn 3).

III. Übergangsregelung zur Urhebervertragsrechtsreform (Abs. 3 und 4)

1. Reform des Urhebervertragsrechts gilt grundsätzlich nicht für Alt-Verträge (Abs. 3 S. 1)

Auch für die durch die Reform des Urhebervertragsrechts (dazu § 31 Rn 9) geänder-   **6**
ten Bestimmungen gilt der Grundsatz, dass sie auf Verträge, die vor dem In-Kraft-
Treten der Gesetzesänderung abgeschlossen wurden, keine Anwendung finden. Insoweit entspricht Abs. 3 S. 1 der in Abs. 1 S. 1 für das In-Kraft-Treten des UrhG insgesamt geltenden Übergangsregelung für Verträge. Allerdings wird dieser Grundsatz
im Falle der Reform des Urhebervertragsrechts durch Abs. 3 S. 2 und S. 3 in weitaus
stärkerem Maße eingeschränkt als dies bei Abs. 1 S. 1 durch Abs. 1 S. 2 der Fall ist.

2. Anwendung des Fairnessausgleichs auf Alt-Verträge (Abs. 3 S. 2)

Durch Abs. 3 S. 2 wird angeordnet, dass Ansprüche auf einen Fairnessausgleich   **7**
(§ 32a) auch in Bezug auf Verträge geltend gemacht werden können, die vor dem In-
Kraft-Treten der Reform des Urhebervertragsrechts abgeschlossen wurden. Allerdings können solche Ansprüche nur auf Tatsachen gestützt werden, die nach dem In-
Kraft-Treten entstanden sind. Bei dieser Regelung handelt es sich um einen **politi-**
schen Kompromiss. Der ursprüngliche Gesetzentwurf, in dem der Bestseller-Paragraph (§ 36 aF) entfallen war, sah vor, dass der Anspruch auf angemessene Vergütung (§ 32) ab dem Zeitpunkt des In-Kraft-Tretens der Reform auch auf Verträge angewendet werden sollte, die innerhalb der letzten 20 Jahre vor diesem Zeitpunkt
geschlossen wurden (s. BT-Drucks. 14/6433, 6). In der Begr. des Gesetzentwurfs
wurde ausdrücklich darauf hingewiesen, dass die in dieser Regelung liegende **unech-**
te Rückwirkung auf der Grundlage der verfassungsrechtlich gebotenen Güterabwä-
gung gerechtfertigt sei. Gleichwohl wurden gegen diese Bestimmung vielfach **ver-**
fassungsrechtliche Bedenken geäußert. Zutr. wurde darauf hingewiesen, dass die
vorgesehene Anwendung der neuen Vergütungsregelung auch solche Sachverhalte
erfasse, die in der Vergangenheit abgeschlossen wurden. In der Sache handelt es sich
um die Fälle der Einräumung von Nutzungsrechten gegen Leistung eines Pauschalhonorars. In solchen Fällen musste der Erwerber des Nutzungsrechts, von den seltenen Ausnahmen des § 36 aF abgesehen, mit einer Nachforderung des Urhebers nicht
mehr rechnen. Der gesetzlich vorgesehene Eingriff in ein praktisch bereits vollständig abgewickeltes Vertragsverhältnis kommt iE einer verfassungswidrigen echten
Rückwirkung sehr nahe (eingehend *Gounalakis* S. 120 ff.).

8   Die gegen die im ursprünglichen Gesetzentwurf enthaltene Fassung des Abs. 3 S. 2 vorgebrachten **verfassungsrechtlichen Bedenken (dazu Rn 7) sind auch bei der vorliegenden Fassung** dieser Bestimmung nicht vollständig von der Hand zu weisen. Eine Anwendung des Bestseller-Paragraphen idF des § 36 aF kam dort nicht in Betracht, wo die Parteien ein verhältnismäßig niedriges Pauschalhonorar vereinbart haben, obwohl ihnen bewusst war, dass die Erträge aus der Nutzung des Werks außer Verhältnis zu dem geleisteten Honorar stehen würden (*BGH* GRUR 1998, 680 – Comic-Übersetzungen, s. § 32a Rn 4). In diesen Fällen waren mit der Einräumung des Nutzungsrechts und ggf der Ablieferung des Werks einerseits und der Leistung des Pauschalhonorars andererseits die wechselseitigen vertraglichen Hauptpflichten erfüllt. Der Erwerber des Nutzungsrechts musste in solchen Fällen nicht mehr mit weiteren Zahlungspflichten rechnen. Nach der neuen Rechtslage können Ansprüche aus dem Bestseller-Paragraphen unter erleichterten Voraussetzungen geltend gemacht werden (s. § 32a). Insb. spielt keine Rolle mehr, ob die Vertragsparteien bei Abschluss des Vertrags die später erzielten Erträge vorhersehen konnten (§ 32a Abs. 1 S. 2). Soweit Tatsachen, die einen Anspruch nach § 32a auslösen, nach dem 30.6.2002 eintreten, gilt § 32a nach § 132 Abs. 3 S. 2 auch für Alt-Verträge. Damit können sich die Verwerter in dem soeben beschriebenen Beispiel nicht mehr darauf verlassen, dass sie ihre finanziellen Verpflichtungen aus Alt-Verträgen vollständig erfüllt haben. Der Sache nach ergeben sich damit die gleichen verfassungsrechtlichen Bedenken, die auch gegen den RegE v. 30.5.2001 vorgebracht wurden (dazu so Rn 7 und *Gounalakis* S. 120 ff.).

3. Anwendung von § 32 auf nach dem 1.6.2001 geschlossene Verträge (Abs. 3 S. 3)

9   Der Anspruch auf angemessene Vergütung gem. § 32 findet nach § 132 Abs. 3 S. 3 auf sämtliche Verträge Anwendung, die ab dem 1.6.2001 geschlossen wurden. Dieser Stichtag orientiert sich an der Vorlage des RegE am 30.5.2001. Die Anwendung des § 32 auf Verträge, die ab dem 1.6.2001 und damit vor dem Zeitpunkt des In-Kraft-Tretens des Gesetzes geschlossen wurden, stellt einen **Fall der echten Rückwirkung** dar. Diese ist nur ausnahmsweise zulässig, wenn mit einer Änderung der Rechtslage gerechnet werden musste. Dies aber war mit der Verabschiedung des RegE v. 30.5.2001 der Fall (*Gounalakis* S. 122), zumal diese das Ergebnis einer bereits zuvor ausführlich in den beteiligten Kreisen erörterten Gesetzesinitiative war (s. § 31 Rn 9).

4. Übergangsregelung für Verträge mit ausübenden Künstlern

10 Nach Abs. 4 findet Abs. 3 auf ausübende Künstler entspr. Anwendung. Eine Übergangsregelung für ausübende Künstler wurde erforderlich, nachdem § 79 Abs. 2 S. 2 nunmehr ausdrücklich § 31 Abs. 1-3 sowie die §§ 32-43 für Verträge mit ausübenden Künstlern anwendbar erklärt. Hinsichtlich der entspr. Anwendung von Abs. 3 S. 2 auf ausübende Künstler stellt sich die oben zu Rn 7 erörterte **verfassungsrechtliche Problematik** in noch ausgeprägterem Maße. Denn bei der anzustellenden Interessenabwägung ist zu berücksichtigen, dass die frühere Bestseller-Regelung des § 36 aF zugunsten ausübender Künstler nicht anwendbar war (*Fromm/Nordemann/Hertin* vor § 73 Rn 12). Mit einem entspr. Nachforderungsrecht musste der Vertragspartner des ausübenden Künstlers also nicht rechnen.

§ 133   Tonträger

(aufgehoben)

§ 134   Urheber

Wer zur Zeit des Inkrafttretens dieses Gesetzes nach den bisherigen Vorschriften, nicht aber nach diesem Gesetz als Urheber eines Werkes anzusehen ist, gilt, abgesehen von den Fällen des § 135, weiterhin als Urheber. Ist nach den bisherigen Vorschriften eine juristische Person als Urheber eines Werkes anzusehen, so sind für die Berechnung der Dauer des Urheberrechts die bisherigen Vorschriften anzuwenden.

I. Durchbrechung des Schöpferprinzips (S. 1)

Nach § 7 ist als Urheber stets der Schöpfer eines Werks anzusehen. Konsequenz ist, **1** dass etwa juristische Personen unter keinen Umständen Urheber sein können. Dieses **Schöpferprinzip wurde durch das LUG und das KUG punktuell durchbrochen.** Unter bestimmten Voraussetzungen konnten juristische Personen des öffentlichen Rechts als Herausgeber von Sammelwerken angesehen werden, ohne dass es insoweit auf das Schöpferprinzip ankam (s. §§ 3, 4 LUG, §§ 5, 6 KUG). Um zu vermeiden, dass solchen Urhebern ihre Rechtsposition gem. der §§ 129 Abs. 1 S. 1, 7 mit In-Kraft-Treten des UrhG entzogen wird, bedurfte es der Übergangsbestimmung des § 134 S. 1. **Voraussetzung für die Anwendbarkeit des § 134 S. 1** ist, dass der Vorgang der Werkschöpfung zum Zeitpunkt des In-Kraft-Tretens des UrhG so weit abgeschlossen war, dass ein der üblichen Verwertung zugängliches Werk vorlag.

Keine Anwendung findet § 134 in Ansehung solcher vor dem In-Kraft-Treten des **2** UrhG erworbener Urheberrechte, die nunmehr durch verwandte Schutzrechte abgelöst wurden. Hierzu verweist § 134 S. 1 ausdrücklich auf § 135. Ausschließlich diese Übergangsbestimmung gilt also für die unter der Geltung des LUG erworbenen Urheberrechte des Lichtbildners und des ausübenden Künstlers. Keine Anwendung findet § 134 S. 1 zugunsten des Filmherstellers, da dieser auch nach früherem Recht nicht als Urheber eines Films anzusehen war (*LG München* GRUR 1991, 377, 378; *Schricker/Katzenberger* § 134 Rn 4).

II. Berechnung der Schutzfrist (S. 2)

Die Berechnung der Schutzdauer knüpft nach § 64 an den Tod des Urhebers an. Weil **3** nach § 134 S. 1 – anders als gem. § 7 – auch juristische Personen Urheber sein können, muss für diese der Beginn der Schutzfrist an ein anderes Ereignis als das des Todes anknüpfen. § 134 S. 2 verweist insoweit auf das bisher geltende Recht, das auf den **Zeitpunkt der Veröffentlichung** (§ 32 LUG) bzw das **Erscheinen des Werks** (§ 25 Abs. 2 KUG) abstellte. Aus dem Zweck des § 134 S. 2, für juristische Personen den Zeitpunkt des Beginns der Schutzdauer festzulegen, folgt auch, dass sich die Dauer der Schutzfrist nach neuem Recht richtet, also nach § 64. Ein anderes Verständnis würde ohne Rechtfertigung solche unter § 134 S. 1 fallende Personen privilegieren, die natürliche Personen sind (zB als Herausgeber eines Sammelwerks).

§ 135 Inhaber verwandter Schutzrechte

Wer zur Zeit des Inkrafttretens dieses Gesetzes nach den bisherigen Vorschriften als Urheber eines Lichtbildes oder der Übertragung eines Werkes auf Vorrichtungen zur mechanischen Wiedergabe für das Gehör anzusehen ist, ist Inhaber der entsprechenden verwandten Schutzrechte, die dieses Gesetz ihm gewährt.

1 Das vor dem In-Kraft-Treten des UrhG geltende Urheberrecht kannte keine verwandten Schutzrechte. Jedoch wurden zwei Gruppen von Personen für ihre Leistungen geschützt, die nach In-Kraft-Treten des UrhG durch verwandte Schutzrechte geschützt sind. Dies sind zum einen die Lichtbildner für ihre Lichtbilder (§§ 1, 3 KUG) und zum anderen die ausübenden Künstler für ihre auf einen Tonträger übertragenen Darbietungen (§ 2 Abs. 2 LUG). Mit der Einführung der **Leistungsschutzrechte für Lichtbildner (§ 72) und ausübende Künstler (§§ 73 ff.)** galt es, den früheren urheberrechtlichen Schutz mit der Folge überzuleiten, dass ab In-Kraft-Treten des UrhG auch auf Leistungen vor dem 1.1.1966 das neue Recht Anwendung findet. Eine solche Überleitung wird bereits durch § 129 Abs. 1 S. 2 angeordnet und durch § 135 unter ausdrücklicher Nennung der betroffenen Rechte wiederholt.

2 Mit In-Kraft-Treten des UrhG richtet sich der Schutz der Lichtbildner und ausübenden Künstler für Leistungen vor dem 1.1.1966 ausschließlich nach diesem Gesetz. Eine bes. Übergangsbestimmung gilt lediglich für die Berechnung der Schutzfrist (s. § 135a).

§ 135a Berechnung der Schutzfrist

Wird durch die Anwendung dieses Gesetzes auf ein vor seinem Inkrafttreten entstandenes Recht die Dauer des Schutzes verkürzt und liegt das für den Beginn der Schutzfrist nach diesem Gesetz maßgebende Ereignis vor dem Inkrafttreten dieses Gesetzes, so wird die Frist erst vom Inkrafttreten dieses Gesetzes an berechnet. Der Schutz erlischt jedoch spätestens mit Ablauf der Schutzdauer nach den bisherigen Vorschriften.

1 Die Vorschrift ist vor dem Hintergrund der **Entsch. des BVerfG v. 8.7.1971** (*BVerfG* NJW 1972, 145) zu sehen. Gegenstand der Entsch. war § 82 aF, der für die in Ansehung eines Tonträgers bestehenden Rechte des ausübenden Künstlers eine Schutzfrist von 25 Jahren ab dem Erscheinen des Tonträgers bzw – bei fehlendem Erscheinen – der Darbietung vorsah. Für die entspr. Rechte der ausübenden Künstler galt nach dem LUG die allg. für urheberrechtlich geschützte Werke maßgebende Schutzfrist von 50 Jahren ab dem Tode des ausübenden Künstlers (§§ 2 Abs. 2, 29, 30 LUG). Die Anwendbarkeit des § 82 aF auf Darbietungen der ausübenden Künstler, die vor dem 1.1.1966 auf Tonträger festgelegt wurden, sah das *BVerfG* (NJW 1972, 145) als verfassungswidrig an. Den Vorgaben des BVerfG trägt § 135a Rechnung. Nach S. 1 beginnt die durch das UrhG vorgesehene Schutzfrist erst ab dem In-Kraft-Treten des UrhG, wenn das für den Beginn der Schutzfristen maßgebende Ereignis

(s. § 82) vor dem 1.1.1966 stattgefunden hat. Diese Regelung gilt nur in den Fällen, in denen die Anwendung des neuen Rechts die Dauer des Schutzes, wie sie sich bei Anwendung des alten Rechts ergeben würde, verkürzt. Die Anknüpfung des Fristbeginns nach S. 1 an das In-Kraft-Treten des UrhG soll nicht zur Folge haben, dass sich die nach altem Recht geltende Frist verlängern würde (zB im Falle eines im Jahre 1925 verstorbenen ausübenden Künstlers). Deshalb bestimmt § 135a S. 2, dass in den Fällen des S. 1 der Schutz jedenfalls mit Ablauf der Schutzdauer nach den bisherigen Vorschriften endet.

Auch wenn sich die Entsch. des BVerfG aus dem Jahre 1971 nur auf die Rechte der   **2** ausübenden Künstler an ihren auf Tonträgern festgelegten Darbietungen bezog, **gilt § 135a für alle Werke und geschützte Leistungen**.

Praktisch relevant ist § 135a heute vor allem für die **auf Tonträger festgelegten**   **3** **Darbietungen der ausübenden Künstler**. Ein weiterer Anwendungsfall sind die **Rechte des Lichtbildners**; denn während die Schutzfrist nach § 26 S. 2 KUG 25 Jahre ab dem Tod des Lichtbildners betrug, gewährt § 72 Abs. 3 einen Schutz von 50 Jahren grds ab dem Erscheinen des Lichtbilds. Dies kann für Fotografien, die vor dem 1.1.1966 erschienen sind, nach wie vor zu einer Verkürzung der Schutzfrist führen (*OLG Hamburg* GRUR 1999, 717, 718 f.).

§ 136   Vervielfältigung und Verbreitung

(1) War eine Vervielfältigung, die nach diesem Gesetz unzulässig ist, bisher erlaubt, so darf die vor Inkrafttreten dieses Gesetzes begonnene Herstellung von Vervielfältigungsstücken vollendet werden.

(2) Die nach Absatz 1 oder bereits vor dem Inkrafttreten dieses Gesetzes hergestellten Vervielfältigungsstücke dürfen verbreitet werden.

(3) Ist für eine Vervielfältigung, die nach den bisherigen Vorschriften frei zulässig war, nach diesem Gesetz eine angemessene Vergütung an den Berechtigten zu zahlen, so dürfen die in Absatz 2 bezeichneten Vervielfältigungsstücke ohne Zahlung einer Vergütung verbreitet werden.

Übersicht

I. Zulässige Vervielfältigung (Abs. 1)

Abs. 1 regelt den Fall, dass eine Vervielfältigungshandlung, die nach den bis zu dem   **1** In-Kraft-Treten des UrhG geltenden Vorschriften zulässig war, nunmehr unzulässig ist. In der Sache betrifft dies in erster Linie **Schrankenbestimmungen des LUG**, die das UrhG nicht mehr aufrecht erhält. Als Beispiele sind die Vervielfältigungen einzelner Gedichte in Lieder- und Gesangbüchern (§ 19 Nr. 3 LUG) oder die Vervielfältigung einzelner Gedichte oder kleinerer Teile eines Schriftwerks in Sammlungen zu einem eigentümlichen literarischen Zweck (§ 19 Nr. 4 LUG) zu nennen. Beide Schranken sind im UrhG nicht mehr vorgesehen. Die entspr. Vervielfältigung bedarf nun der Zustimmung des Urhebers. Wurde noch unter Geltung des alten Urheberrechts mit der Herstellung von Vervielfältigungsstücken begonnen, so darf diese Herstellung auch unter der neuen Gesetzeslage vollendet werden. Voraussetzung ist, dass zumindest solche Anstalten getroffen wurden, die ohne wesentliche Zwischenschritte zu der Vollendung der Vervielfältigungshandlung führen. Mehr als 35 Jahre nach In-Kraft-Treten des UrhG wird dies nicht mehr der Fall sein, sodass die Vorschrift heute ihre **praktische Bedeutung verloren hat**. Die Weiterverwendung von Druckvorrichtungen, die vor In-Kraft-Treten des UrhG erstellt wurden, ist nicht durch § 136 Abs. 1 gedeckt (*Schricker/Katzenberger* § 136 Rn 5).

II. Zulässige Verbreitung (Abs. 2)

2 Das in Abs. 1 vorgesehene Vervielfältigungsrecht ergibt aus der Sicht des Begünstigten nur dann einen Sinn, wenn die zulässigerweise hergestellten Vervielfältigungsstücke auch verbreitet werden dürfen. Dies stellt Abs. 2 sicher. Danach können sowohl die gem. Abs. 1 hergestellten Vervielfältigungsstücke als auch sonstige Vervielfältigungsstücke, die vor In-Kraft-Treten des UrhG zulässigerweise erstellt wurden, noch nach diesem Zeitpunkt verbreitet werden.

III. Vergütungsfreie Vervielfältigung und Verbreitung (Abs. 3)

3 Die Schrankenbestimmungen der §§ 46 ff. sehen vor, dass der Urheber bestimmte Nutzungshandlungen zu dulden hat, dafür jedoch einen gesetzlichen Vergütungsanspruch erhält. Teilweise wird ein solcher Vergütungsanspruch auch dort vorgesehen, wo eine **Nutzungshandlung zuvor vergütungsfrei** war. Als Beispiel ist hier die Vervielfältigung und Verbreitung von Werken in Sammlungen für den Kirchen-, Schul- oder Unterrichtsgebrauch (§ 46 Abs. 1, 2 und 4) zu nennen, die früher zulässig und nicht vergütungspflichtig waren (§§ 19 Nr. 4, 26 LUG). Soweit durch das UrhG eine Vergütungspflicht neu eingeführt wird, stellt Abs. 3 sicher, dass durch die Verbreitung von Vervielfältigungsstücken, deren Herstellung vor In-Kraft-Treten des UrhG zumindest begonnen wurde, keine Vergütungspflicht ausgelöst wurde.

§ 137   Übertragung von Rechten

(1) Soweit das Urheberrecht vor Inkrafttreten dieses Gesetzes auf einen anderen übertragen worden ist, stehen dem Erwerber die entsprechenden Nutzungsrechte (§ 31) zu. Jedoch erstreckt sich die Übertragung im Zweifel nicht auf Befugnisse, die erst durch dieses Gesetz begründet werden.

(2) Ist vor dem Inkrafttreten dieses Gesetzes das Urheberrecht ganz oder teilweise einem anderen übertragen worden, so erstreckt sich die Übertragung im Zweifel auch auf den Zeitraum, um den die Dauer des Urheberrechts nach den §§ 64 bis 66 verlängert worden ist. Entsprechendes gilt, wenn vor dem Inkraft-

treten dieses Gesetzes einem anderen die Ausübung einer dem Urheber vorbehaltenen Befugnis erlaubt worden ist.

(3) In den Fällen des Absatzes 2 hat der Erwerber oder Erlaubnisnehmer dem Veräußerer oder Erlaubnisgeber eine angemessene Vergütung zu zahlen, sofern anzunehmen ist, daß dieser für die Übertragung oder die Erlaubnis eine höhere Gegenleistung erzielt haben würde, wenn damals bereits die verlängerte Schutzdauer bestimmt gewesen wäre.

(4) Der Anspruch auf die Vergütung entfällt, wenn alsbald nach seiner Geltendmachung der Erwerber dem Veräußerer das Recht für die Zeit nach Ablauf der bisher bestimmten Schutzdauer zur Verfügung stellt oder der Erlaubnisnehmer für diese Zeit auf die Erlaubnis verzichtet. Hat der Erwerber das Urheberrecht vor dem Inkrafttreten dieses Gesetzes weiterveräußert, so ist die Vergütung insoweit nicht zu zahlen, als sie den Erwerber mit Rücksicht auf die Umstände der Weiterveräußerung unbillig belasten würde.

(5) Absatz 1 gilt für verwandte Schutzrechte entsprechend.

Literatur: *Flechsig* Einigungsvertrag und Urhebervertragsrecht, ZUM 1991, 1; *Haupt* Urheberrechtliche Probleme im Zusammenhang mit der Vereinigung von BRD und DDR unter besonderer Berücksichtigung der Videoauswertung, ZUM 1991, 285; *ders.* Die Rechteübertragung auf den Filmhersteller in der DDR am Beispiel der Spielfilmproduktion, ZUM 1999, 380; *ders.* Die Übertragung des Urheberrechts, ZUM 1999, 898; *Hemler* Bestehen Verlagsrechte nach dem Beitritt der DDR fort?, GRUR 1993, 371; *Katzenberger* Urheberrecht und Urhebervertragsrecht in der deutschen Einigung, GRUR Int 1993, 2; *Loewenheim* Die Behandlung von vor der Wiedervereinigung eingeräumten vertraglichen Vertriebs- und Verwertungsrechten in den alten und neuen Bundesländern, GRUR 1993, 934; *Reupert* Rechtsfolgen der Deutschen Einheit für das Filmurheberrecht, ZUM 1994, 87; *Schwarz/Zeiss* Altlizenzen und Wiedervereinigung, ZUM 1990, 468; *Wandtke* Auswirkungen des Einigungsvertrags auf das Urheberrecht in den neuen Bundesländern, GRUR 1991, 263; *ders.* Nochmals: Zur urheberrechtlichen Stellung des Filmregisseurs in der DDR und Probleme der Rechteverwertung nach der Wiedervereinigung, GRUR 1999, 305.

Übersicht

I. Umdeutung der Übertragung des Urheberrechts (Abs. 1 S. 1)

Nach § 29 ist das Urheberrecht **nicht übertragbar**. Die einzige Ausnahme stellt die **Übertragung in Erfüllung einer Verfügung von Todes wegen** dar. IÜ ist nur die Einräumung von Nutzungsrechten möglich, wodurch der Urheber dem Erwerber des Nutzungsrechts einen Ausschnitt der ihm zustehenden vermögensrechtlichen Befugnisse zur Ausübung überlässt. Nach dem früher geltenden Urheberrecht war zwar die Übertragung des Urheberrechts als solche ebenfalls nicht möglich; gegen die Übertragung einzelner Ausschnitte, nämlich der Verwertungsrechte, bestanden hingegen keine Bedenken (s. § 8 Abs. 3 LUG, § 10 Abs. 3 KUG). Soweit vor In-Kraft-Treten des

1

UrhG Ausschnitte des Urheberrechts auf den Urheber übertragen wurden, wäre eine solche Übertragung nach neuem Recht wegen § 29 Abs. 1 (§ 29 S. 2 aF) unwirksam. Abweichend von dem in § 129 Abs. 1 S. 1 festgelegten Grundsatz, dass auch auf alte Sachverhalte neues Recht anzuwenden ist, bestimmt § 132 Abs. 2 die Wirksamkeit von Verfügungen, die vor dem In-Kraft-Treten des UrhG getroffen wurden. Dieses Ergebnis wird durch § 137 Abs. 1 S. 1 nicht etwa korrigiert, sondern nur auf eine **neue dogmatische Grundlage** gestellt, indem das UrhG eine frühere Übertragung des Urheberrechts als die **Einräumung der entspr. Nutzungsrechte** qualifiziert. Praktische Auswirkungen ergeben sich damit aus Abs. 1 S. 1 nicht. Von Bedeutung sind allerdings die **Auslegungsregeln**, die in Abs. 1 S. 2 sowie Abs. 2 bis Abs. 4 für Verträge, die die Übertragung des Urheberrechts zum Gegenstand hatten, aufgestellt werden.

II. Auslegung von Verträgen über die Übertragung des Urheberrechts (Abs. 1 S. 2, Abs. 2-4)

1. Nutzungsrechte für neue Befugnisse (Abs. 1 S. 2)

2   Nach Abs. 1 S. 1 ist eine frühere Übertragung des Urheberrechts nach In-Kraft-Treten des UrhG als **Einräumung von Nutzungsrechten** anzusehen. Einer solchen Umdeutung setzt Abs. 1 S. 2 Grenzen, indem bestimmt wird, dass sich die Übertragung im Zweifel nicht auf Befugnisse erstreckt, die durch das UrhG neu begründet wurden. Aus dem Charakter der Bestimmung als **Auslegungsregel** („im Zweifel") folgt, dass es durchaus zu berücksichtigen ist, wenn die Parteien im Einzelfall etwas anderes gewollt haben. Darlegungs- und beweispflichtig ist jedoch der Erwerber des Nutzungsrechts, der sich auf eine von der Auslegungsregel abweichende Interpretation der vertraglichen Absprachen beruft. Welche Befugnisse erst durch das UrhG begründet wurden, ist durch einen **Vergleich der Rechtslage vor und nach In-Kraft-Treten des Gesetzes** zu ermitteln. Dabei sind neben den gesetzlich normierten Befugnissen auch solche zu berücksichtigen, die vor In-Kraft-Treten des UrhG durch die Rspr anerkannt waren. **Neue Befugnisse** sind nach allg. Ansicht das ausschließliche Vermietrecht (§ 17 Abs. 1 und 2), das Ausstellungsrecht (§ 18), das Vortragsrecht (§ 19), das Folgerecht (§ 26), die gesetzlichen Vergütungsansprüche bei Vermietung und Verleihung (§ 27), die Ansprüche aus dem Bestseller-Paragrafen (§ 36 aF, s. aber § 132 Abs. 1) sowie die Vergütungsansprüche nach den §§ 54, 54d (*Schricker/Katzenberger* § 137 Rn 8; *Möhring/Nicolini/Hartmann* § 137 Rn 5 jeweils mwN).

2. Auslegungsregel für verlängerte Schutzfrist (Abs. 2)

3   Nach § 129 Abs. 1 S. 1 gilt auch für Werke, die vor In-Kraft-Treten des UrhG geschaffen wurden, die **70-jährige Schutzfrist** des § 64. Dies bedeutet eine **Schutzfristverlängerung** um zwanzig Jahre gegenüber dem früheren Recht (§ 29 S. 1 LUG, § 25 Abs. 1 KUG). Soweit der Urheber das Urheberrecht übertragen oder Nutzungsrechte hieran eingeräumt hat, stellt sich die Frage, ob dies auch für die verlängerte Schutzdauer gilt. Für die Beantwortung dieser Frage stellt Abs. 2 eine Auslegungsregel zur Verfügung, die einerseits bei einer Übertragung des Urheberrechts (S. 1) und andererseits bei der Einräumung von Nutzungsrechten (S. 2) zur Anwendung gelangt. Danach gilt im Zweifel, dass die Übertragung des Urheberrechts sowie die Einräumung von Nutzungsrechten auch für die verlängerte Schutzdauer gewollt

ist. Die Auslegungsregel wird stets dann eingreifen, wenn die Vertragsparteien die Einräumung der urheberrechtlichen Befugnisse für die Schutzdauer des Urheberrechts gewollt haben und kein Zweifel daran besteht, dass der Rechtserwerb nur für einen bestimmten Zeitraum, mag dieser auch mit der bisherigen Schutzdauer des Urheberrechts übereinstimmen, gewollt ist. War etwa die verbleibende Schutzdauer des Urheberrechts eine **Rechengröße bei der Bemessung der Vergütung des Urhebers**, so spricht dies dafür, dass entgegen der Auslegungsregel die Übertragung auf den bei der Berechnung der Vergütung zugrunde gelegten Zeitraum beschränkt sein sollte (*BGH* GRUR 1975, 495, 496 – Lustige Witwe).

Durch die Auslegungsregel des Abs. 2 wird dem Urheber der Vorteil, der ihm durch   **4** die Schutzfristverlängerung zuteil wird, praktisch wieder entzogen. Ein gewisses Korrektiv stellt hier der in Abs. 3 geregelte Vergütungsanspruch dar. Nach dieser Regelung hat der Rechtserwerber dafür, dass ihm die Rechte nach Abs. 2 für einen verlängerten Zeitraum zur Verfügung stehen, eine angemessene Vergütung zu zahlen. Dies gilt jedoch nur, wenn davon ausgegangen werden kann, dass eine solche höhere Vergütung bei Kenntnis der verlängerten Schutzdauer von den Parteien vereinbart worden wäre. Diese Einschränkung nimmt dem Vergütungsanspruch einen wesentlichen Teil seiner Bedeutung. War nämlich die bisherige Dauer des Schutzrechts für die Vergütung maßgebend, so kommt hierdurch zum Ausdruck, dass die Rechtseinräumung nur für die frühere, kürzere Schutzdauer gewollt war. Dann aber greift bereits Abs. 2 nicht ein (dazu Rn 3). IÜ kommt ein Vergütungsanspruch nach Abs. 3 nur dann in Betracht, wenn für die Rechtseinräumung eine Pauschalvergütung geleistet wurde (*BGH* GRUR 1996, 763, 766 – Salome II; s. auch GRUR 2000, 869 – Salome III). Bei jeglicher Form der nutzungsabhängigen oder nach zeitlichen Abschnitten bemessenen Vergütung scheidet eine Anwendung von Abs. 3 hingegen aus; denn insoweit erhält der Urheber unmittelbar eine Gegenleistung dafür, dass die Rechtseinräumung für einen verlängerten Zeitraum erfolgt. Ob bei einem einmaligen Pauschalhonorar der Vergütungsanspruch gem. Abs. 3 besteht, hängt von den Umständen des Einzelfalles ab. Sofern die eingeräumten Rechte nach ihrer Art in der Praxis über den Zeitraum der ursprünglichen Schutzdauer hinaus genutzt werden, muss davon ausgegangen werden, dass bei Kenntnis einer längeren Schutzdauer ein höheres Honorar vereinbart worden wäre (ähnlich *Schricker/Katzenberger* § 137 Rn 13). Weigert sich in solchen Fällen der Rechtserwerber, die Rechte gem. Abs. 4 S. 1 nach Ablauf der ursprünglich geltenden Schutzdauer zur Verfügung zu stellen, so wird dies in aller Regel dafür sprechen, dass er sich bei Kenntnis der längeren Schutzdauer von Anfang an auf eine höhere Vergütung eingelassen hätte.

Besteht der Vergütungsanspruch nach Abs. 3, so hat der Rechtserwerber die Mög-   **5** lichkeit, mit dem Ablauf der ursprünglich geltenden Schutzdauer die Rechte wieder zur Verfügung zu stellen (Abs. 4 S. 1). Der Urheber erhält hierdurch die Möglichkeit, die an ihn zurückgefallenen Rechte für den Zeitraum, um den die Schutzdauer verlängert wurde, anderweitig zu verwerten.

Gegen den Vergütungsanspruch kann der Rechtserwerber ferner einwenden, dass er   **6** das Urheberrecht vor dem In-Kraft-Treten des UrhG weiterveräußert habe und ihn die Zahlung der Vergütung gem. Abs. 3 unbillig belasten würde. Soweit dieser Einwand gerechtfertigt ist, ist die Vergütung nach Abs. 3 zu reduzieren. Von maßgebender Bedeutung ist insoweit, auf welche Weise der Rechtserwerber durch den Zweiterwerber vergütet wurde. Dabei ist auch zu berücksichtigen, dass im Verhältnis dieser Vertragsparteien § 137 gleichfalls Anwendung findet. Abs. 4 S. 2 erwähnt ausdrücklich nur den Fall, dass das Urheberrecht übertragen worden ist. Nach ihrem Sinn und Zweck ist die Fortsetzung aber auch in den Fällen anwendbar, in denen ausschließliche Nutzungsrechte eingeräumt wurden.

III. Verwandte Schutzrechte (Abs. 5)

7   Nach Abs. 5 ist Abs. 1 auf die **Einräumung von Rechten an verwandten Schutz-rechten** (s. § 135) entspr. anzuwenden. Der Verweis auf Abs. 1 S. 1 hat nur insoweit Bedeutung als ein Lichtbildner das ihm nach früherem Recht zustehende Urheber-recht (§§ 1, 3 KUG) übertragen hat. Denn gem. § 72 Abs. 1 gilt § 29 Abs. 1 (§ 29 S. 2 aF) auch für Lichtbilder. Insofern besteht auch hier ein Bedürfnis, die Übertragung des Urheberrechts in die **Einräumung entspr. Nutzungsrechte** umzudeuten. Prak-tisch von größerer Bedeutung ist der Verweis von Abs. 5 auf Abs. 1 S. 2. Da der Lichtbildner gem. § 72 Abs. 1 wie ein Urheber geschützt wird, kann auf die für Ur-heber geltenden Ausführungen verwiesen werden. Für Rechte, die ein ausübender Künstler eingeräumt hat, gilt gem. Abs. 1 S. 2, dass sich die frühere Rechtseinräu-mung grds nicht auf die Rechte erstreckt, die die §§ 73 ff. über den § 2 Abs. 2 LUG hinaus gewähren.

§ 137a   Lichtbildwerke

(1) Die Vorschriften dieses Gesetzes über die Dauer des Urheberrechts sind auch auf Lichtbildwerke anzuwenden, deren Schutzfrist am 1. Juli 1985 nach dem bis dahin geltenden Recht noch nicht abgelaufen ist.

(2) Ist vorher einem anderen ein Nutzungsrecht an einem Lichtbildwerk ein-geräumt oder übertragen worden, so erstreckt sich die Einräumung oder Über-tragung im Zweifel nicht auf den Zeitraum, um den die Dauer des Urheber-rechts an Lichtbildwerken verlängert worden ist.

1   Bis zu der Urheberrechtsnovelle von 1985 waren Lichtbildwerke nur für eine **Schutzfrist von 25 Jahren** ab dem Erscheinen (§ 6 Abs. 2) geschützt. Mit In-Kraft-Treten der Gesetzesänderung gilt auch für Lichtbildwerke die **70-jährige Schutz-frist** des § 64. Auf Lichtbildwerke, die vor dem 1.7.1985 geschaffen worden sind, findet nach § 137a Abs. 1 die verlängerte Schutzfrist dann Anwendung, wenn die **früher geltende Schutzfrist zum 1.7.1985 noch nicht abgelaufen** war. Für Verträ-ge, die die Einräumung von Nutzungsrechten an einem Lichtbildwerk zum Gegen-stand hatten, bestimmt § 137a Abs. 2, dass die Einräumung der Nutzungsrechte **im Zweifel nicht für die verlängerte Dauer der Schutzfrist** gilt. Die Auslegungsregel steht somit diametral im Gegensatz zu jener aus § 137 Abs. 2. Zu berücksichtigen ist aber, dass aus der Gleichstellung der Lichtbildwerke mit den übrigen Werken eine sehr deutlich verlängerte Schutzfrist resultiert.

§ 137b   Bestimmte Ausgaben

(1) Die Vorschriften dieses Gesetzes über die Dauer des Schutzes nach den §§ 70 und 71 sind auch auf wissenschaftliche Ausgaben und Ausgaben nachgelassener Werke anzuwenden, deren Schutzfrist am 1. Juli 1990 nach dem bis dahin geltenden Recht noch nicht abgelaufen ist.

(2) Ist vor dem 1. Juli 1990 einem anderen ein Nutzungsrecht an einer wissenschaftlichen Ausgabe oder einer Ausgabe nachgelassener Werke eingeräumt oder übertragen worden, so erstreckt sich die Einräumung oder Übertragung im Zweifel auch auf den Zeitraum, um den die Dauer des verwandten Schutzrechtes verlängert worden ist.

(3) Die Bestimmungen in § 137 Abs. 3 und 4 gelten entsprechend.

Durch das Produktpirateriegesetz v. 7.3.1990 wurde die **Schutzfrist für die Herausgabe wissenschaftlicher und nachgelassener Werke** (§§ 70, 71) von zehn auf 25 Jahre erhöht. Nach § 137b Abs. 1 gilt die verlängerte Schutzfrist der §§ 70 Abs. 3, 71 Abs. 3 für sämtliche Ausgaben, deren Schutzfrist am 1.7.1990 nach dem bis dahin geltenden Recht noch nicht abgelaufen war. Anders als im Falle des § 137a Abs. 2 bestimmt § 137b Abs. 2, dass die Einräumung an Rechten der nach den §§ 70, 71 geschützten Ausgaben im Zweifel auch für die verlängerte Schutzdauer gilt (s. § 137 Rn 2). Es ist deshalb konsequent, wenn § 137b Abs. 3 die entspr. Geltung des § 137 Abs. 3 und 4 anordnet.

§ 137c   Ausübende Künstler

(1) Die Vorschriften dieses Gesetzes über die Dauer des Schutzes nach § 82 sind auch auf Darbietungen anzuwenden, die vor dem 1. Juli 1990 auf Bild- oder Tonträger aufgenommen worden sind, wenn am 1. Januar 1991 seit dem Erscheinen des Bild- oder Tonträgers 50 Jahre noch nicht abgelaufen sind. Ist der Bild- oder Tonträger innerhalb dieser First nicht erschienen, so ist die Frist von der Darbietung an zu berechnen. Der Schutz nach diesem Gesetz dauert in keinem Fall länger als 50 Jahre nach dem Erscheinen des Bild- oder Tonträgers oder, falls der Bild- oder Tonträger nicht erschienen ist, 50 Jahre nach der Darbietung.

(2) Ist vor dem 1. Juli 1990 einem anderen ein Nutzungsrecht an der Darbietung eingeräumt oder übertragen worden, so erstreckt sich die Einräumung oder Übertragung im Zweifel auch auf den Zeitraum, um den die Dauer des Schutzes verlängert worden ist.

(3) Die Bestimmungen in § 137 Abs. 3 und 4 gelten entsprechend.

Durch das Produktpirateriegesetz v. 7.3.1990 wurde die **Schutzdauer für die Rechte des ausübenden Künstlers** von 25 auf 50 Jahre verlängert (§ 82). Nach § 137c Abs. 1 gilt die verlängerte Schutzdauer auch für Darbietungen aus der Zeit vor In-Kraft-Treten der Gesetzesänderung. Voraussetzung ist, dass seit dem Erscheinen des   **1**

Bild- oder Tonträgers, auf dem die Darbietung aufgenommen ist, nicht mehr als 50 Jahre vergangen sind (Abs. 1 S. 1). Ist ein Bild- oder Tonträger innerhalb dieser Frist nicht erschienen (§ 6 Abs. 2), genießt der ausübende Künstler den verlängerten Schutz nur für solche Darbietungen, die ab dem 1.1.1941 erfolgt sind (Abs. 1 S. 2). Durch Abs. 1 S. 3 wird klargestellt, dass in keinem Fall Darbietungen vor dem 1.7.1990 für eine längere als die in § 82 vorgesehene Dauer geschützt sind (s. § 135a S. 2 sowie dort Rn 1).

2   **Nutzungsrechte**, die der ausübende Künstler vor dem 1.7.1990 in Ansehung einer Darbietung eingeräumt und übertragen hat, gelten nach Abs. 2 im Zweifel auch für den Zeitraum, um den die Schutzdauer verlängert wurde. Konsequent ist daher, dass Abs. 3 die **entspr. Anwendbarkeit** der §§ 137 Abs. 3 und 4 anordnet.

§ 137d   Computerprogramme

(1) Die Vorschriften des Abschnitts 8 des Teils 1 sind auch auf Computerprogramme anzuwenden, die vor dem 24. Juni 1993 geschaffen worden sind. Jedoch erstreckt sich das ausschließliche Vermietrecht (§ 69c Nr. 3) nicht auf Vervielfältigungsstücke eines Programms, die ein Dritter vor dem 1. Januar 1993 zum Zweck der Vermietung erworben hat.

(2) § 69g Abs. 2 ist auch auf Verträge anzuwenden, die vor dem 24. Juni 1993 abgeschlossen worden sind.

1   Die Vorschrift enthält die **Übergangsbestimmungen für die Anwendung der §§ 69a ff.** Diese sind zum 24.6.1993 in Kraft getreten. Die Übergangsbestimmung folgt den Vorgaben von Art. 9 Abs. 2 der Richtlinie 91/250 EWG.

2   Nach § 137d Abs. 1 sind die **§§ 69a ff. auch auf solche Computerprogramme anzuwenden, die vor ihrem In-Kraft-Treten geschaffen** wurden (Abs. 1 S. 1). Ohne Belang ist in diesem Zusammenhang, ob ein urheberrechtlicher Schutz bereits vor dem 24.6.1993 bestand. Selbst solche Computerprogramme, die nach dem bis dahin geltenden Urheberrecht die notwendige Schöpfungshöhe nicht erreichten (dazu § 69a Rn 20), sind also nach den §§ 69a ff. geschützt. Wer bis zu dem In-Kraft-Treten der §§ 69a ff. ein bis dahin urheberrechtlich nicht geschütztes Computerprogramm benutzte, hat dies für die Zukunft zu unterlassen. Eine Übergangsregelung, wie sie in § 136 für bereits begonnene Vervielfältigungs- und Verbreitungshandlungen enthalten ist, fehlt bei § 137d. **Auskunfts- und Schadenersatzansprüche** für die Zeit vor In-Kraft-Treten der §§ 69 ff. scheitern an einem fehlendem Verschulden des Nutzers. Solange die Nutzung eines Computerprogramms, weil dieses nicht geschützt war, zulässig war, liegt auch keine ungerechtfertigte Bereicherung des Nutzers vor.

3   Nach § 137d Abs. 1 S. 2 ist das ausschließliche Vermietrecht des Urhebers eines Computerprogramms gem. § 69c Nr. 3 nicht auf solche Vervielfältigungsstücke eines Programms erstreckt, die zum Zwecke der Vermietung vor dem 1.1.1993 erworben wurden. Hintergrund der Regelung ist, dass bis zu diesem Zeitpunkt der Erwerber eines Vervielfältigungsstücks davon ausgehen konnte, dass in Bezug auf dieses

Vervielfältigungsstück das Urheberrecht erschöpft sei und das Urheberrecht somit einer Vermietung nicht entgegenstehe. Erforderlich ist allerdings, dass die Vervielfältigungsstücke **gerade zu dem Zweck des Vermietens erworben** wurden. Eine spätere Änderung des Verwendungszwecks im Sinne einer Vermietung ist durch Abs. 1 S. 2 nicht gedeckt.

Nach Abs. 2 ist § 69g Abs. 2 auch auf Verträge anzuwenden, die vor dem 24.6.1993   **4** abgeschlossen worden sind. Hieraus folgt zunächst im Umkehrschluss, dass unter Geltung des früheren Rechts abgeschlossene Verträge über die Einräumung von Rechten an Computerprogrammen grds nach dem damals geltenden Recht zu beurteilen sind. Durchbrochen wird dieses Prinzip nur für die in § 69g Abs. 2 genannten Bestimmungen der §§ 69d Abs. 2 und 3 sowie 69e. Hingegen findet insb. § 69b, der Arbeitgebern an dienstlich geschaffenen Computerprogrammen umfassende Verwertungsbefugnisse einräumt, auf Altverträge keine Anwendung. Insoweit verbleibt es bei § 43.

§ 137e Übergangsregelung bei Umsetzung
der Richtlinie 92/100/EWG

(1) Die am 30. Juni 1995 in Kraft tretenden Vorschriften dieses Gesetzes finden auch auf vorher geschaffene Werke, Darbietungen, Tonträger, Funksendungen und Filme Anwendung, es sei denn, daß diese zu diesem Zeitpunkt nicht mehr geschützt sind.

(2) Ist ein Original oder Vervielfältigungsstück eines Werkes oder ein Bild- oder Tonträger vor dem 30. Juni 1995 erworben oder zum Zweck der Vermietung einem Dritten überlassen worden, so gilt für die Vermietung nach diesem Zeitpunkt die Zustimmung der Inhaber des Vermietrechts (§§ 17, 77 Abs. 2 S. 1, §§ 85 und 94) als erteilt. Diesen Rechtsinhabern hat der Vermieter jeweils eine angemessene Vergütung zu zahlen; § 27 Abs. 1 Satz 2 und 3 hinsichtlich der Ansprüche der Urheber und ausübenden Künstler und § 27 Abs. 3 finden entsprechende Anwendung. § 137d bleibt unberührt.

(3) Wurde ein Bild- oder Tonträger, der vor dem 30. Juni 1995 erworben oder zum Zweck der Vermietung einem Dritten überlassen worden ist, zwischen dem 1. Juli 1994 und dem 30. Juni 1995 vermietet, besteht für diese Vermietung ein Vergütungsanspruch in entsprechender Anwendung des Absatzes 2 Satz 2.

(4) Hat ein Urheber vor dem 30. Juni 1995 ein ausschließliches Verbreitungsrecht eingeräumt, so gilt die Einräumung auch für das Vermietrecht. Hat ein ausübender Künstler vor diesem Zeitpunkt bei der Herstellung eines Filmwerkes mitgewirkt oder in die Benutzung seiner Darbietung zur Herstellung eines Filmwerkes eingewilligt, so gelten seine ausschließlichen Rechte als auf den Filmhersteller übertragen. Hat er vor diesem Zeitpunkt in die Aufnahme seiner Darbietung auf Tonträger und in die Vervielfältigung eingewilligt, so gilt die Einwilligung auch als Übertragung des Verbreitungsrechts, einschließlich der Vermietung.

1   Zum 30.6.1995 wurde die Richtlinie 92/100/EWG über das **Vermiet- und Verleih-recht** umgesetzt. Hierzu enthält § 137e Übergangsregelungen.

2   Die zum 30.6.1995 in Kraft getretenen Bestimmungen der §§ 17 Abs. 2 und 3, 27 gelten auch für Werke, Darbietungen, Tonträger, Funksendungen und Filme, die vor diesem Zeitpunkt geschaffen wurden (Abs. 1). Eine Ausnahme gilt allerdings dann, wenn der Schutz zu dem maßgebenden Zeitpunkt des 30.6.1995 nicht mehr besteht.

3   Abs. 2 enthält eine Übergangsregelung für die Nutzung von vor dem 30.6.1995 **zum Zwecke der Vermietung** erworbenen Werken sowie Bild- oder Tonträgern für die Zeit ab In-Kraft-Treten der Gesetzesänderung. In solchen Fällen kann der Inhaber des Vermietrechts nach den §§ 17, 77 Abs. 2 S. 1, 85 und 94 das ihm durch diese Vorschriften zugeordnete Verbotsrecht nicht mehr ausüben. Vielmehr gilt seine Zustimmung zur Vermietung als erteilt (Abs. 2 S. 1). Im Gegenzug hat der Vermieter dem Rechtsinhaber jedoch eine angemessene Vergütung zu zahlen, wobei auch für diese Ansprüche die durch § 27 Abs. 1 S. 3 und Abs. 3 vorgesehene Verwertungsgesellschaftspflicht besteht (Abs. 2 S. 2). Die Vergütungsregelung steht im Widerspruch zu der Übergangsbestimmung, die für das Vermietrecht an Computerprogrammen durch § 137d Abs. 1 S. 2 aufgestellt wurde. Deshalb bestimmt § 137e Abs. 2 S. 3, dass § 137d unberührt bleibt.

4   Für die Vermietung von Bild- oder Tonträgern gewährt § 137e Abs. 3 einen **rückwirkenden Vergütungsanspruch** für die Zeit v. 1.7.1994 bis zum 30.6.1995. Die in Abs. 2 S. 2 für den Vergütungsanspruch für eine künftige Nutzung enthaltenen Regelungen gelten auch für den rückwirkenden Vergütungsanspruch. Dies gilt insb. für die Verwertungsgesellschaftspflicht. Die durch Abs. 3 vorgesehene Rückwirkung rechtfertigt sich vor dem Hintergrund, dass ab dem 1.7.1994 die Einführung des Vermietrechts absehbar war und insoweit ein **schutzwürdiges Vertrauen der Vermieter** nicht mehr bestand.

5   In § 137e Abs. 4 sind Bestimmungen für die **Auslegung von Verträgen** enthalten, die vor dem 30.6.1995 abgeschlossen wurden. Auch wenn die Maßgaben des Abs. 4 nicht als Auslegungsregel formuliert sind (es fehlt die Wendung „im Zweifel"), können sie gleichwohl dort keine Anwendung finden, wo die Parteien eines Altvertrages eine ausdrückliche Regelung für das Vermietrecht getroffen haben. Fehlt es hieran, so erstreckt sich ein ausschließliches Verbreitungsrecht, das vor dem 30.6.1995 eingeräumt wurde, auch auf das Vermietrecht (Abs. 4 S. 1). Der Filmhersteller erwirbt das ausschließliche Vermietrecht eines ausübenden Künstlers, der an der Herstellung eines Filmwerks mitwirkt oder der Benutzung seiner Darbietung in einem Filmwerk zugestimmt hat (Abs. 4 S. 2). Soweit ein ausübender Künstler vor dem 30.6.1995 in die Aufnahme seiner Darbietung auf Tonträger und in dessen Vervielfältigung eingewilligt hat, umfasst diese Einwilligung auch die Übertragung des Verbreitungsrechts, einschließlich des Vermietrechts (Abs. 4 S. 3).

§ 137f Übergangsregelung bei Umsetzung
der Richtlinie 93/98/EWG

(1) Würde durch die Anwendung dieses Gesetzes in der ab dem 1. Juli 1995 geltenden Fassung die Dauer eines vorher entstandenen Rechts verkürzt, so erlischt der Schutz mit dem Ablauf der Schutzdauer nach den bis zum 30. Juni 1995 geltenden Vorschriften. Im übrigen sind die Vorschriften dieses Gesetzes über die Schutzdauer in der ab dem 1. Juli 1995 geltenden Fassung auch auf Werke und verwandte Schutzrechte anzuwenden, deren Schutz am 1. Juli 1995 noch nicht erloschen ist.

(2) Die Vorschriften dieses Gesetzes in der ab dem 1. Juli 1995 geltenden Fassung sind auch auf Werke anzuwenden, deren Schutz nach diesem Gesetz vor dem 1. Juli 1995 abgelaufen ist, nach dem Gesetz eines anderen Mitgliedstaates der Europäischen Union oder eines Vertragsstaates des Abkommens über den Europäischen Wirtschaftsraum zu diesem Zeitpunkt aber noch besteht. Satz 1 gilt entsprechend für die verwandten Schutzrechte des Herausgebers nachgelassener Werke (§ 71), der ausübenden Künstler (§ 73), der Hersteller von Tonträgern (§ 85), der Sendeunternehmen (§ 87) und der Filmhersteller (§§ 94 und 95).

(3) Lebt nach Absatz 2 der Schutz eines Werkes im Geltungsbereich dieses Gesetzes wieder auf, so stehen die wiederauflebenden Rechte dem Urheber zu. Eine vor dem 1. Juli 1995 begonnene Nutzungshandlung darf jedoch in dem vorgesehenen Rahmen fortgesetzt werden. Für die Nutzung ab dem 1. Juli 1995 ist eine angemessene Vergütung zu zahlen. Die Sätze 1 bis 3 gelten für verwandte Schutzrechte entsprechend.

(4) Ist vor dem 1. Juli 1995 einem anderen ein Nutzungsrecht an einer nach diesem Gesetz noch geschützten Leistung eingeräumt oder übertragen worden, so erstreckt sich die Einräumung oder Übertragung im Zweifel auch auf den Zeitraum, um den die Schutzdauer verlängert worden ist. Im Fall des Satzes 1 ist eine angemessene Vergütung zu zahlen.

Durch das Änderungsgesetz v. 23.6.1995 wurde nicht nur die Richtlinie 92/100/ EWG über das Vermiet- und Verleihrecht, sondern auch die Richtlinie 93/98/EWG über die Schutzdauer des Urheberrechts und der verwandten Schutzrechte umgesetzt. Hierzu enthält § 137f Übergangsbestimmungen. Diese beruhen auf Art. 10 der Richtlinie 93/98/EWG. **1**

Die neuen Schutzfristen sind grds auch auf Werke und geschützte Leistungen anzuwenden, die vor dem 1.7.1995 geschaffen wurden. Allerdings könnte dies teilweise eine **Verkürzung der Schutzdauer** zur Folge haben. Daher bestimmt § 137f Abs. 1 S. 1, dass in solchen Fällen einer Verkürzung der Schutzdauer durch das neue Recht die Schutzdauer nach der alten Rechtslage zu berechnen ist. Anzustellen ist hiernach ein **Schutzfristenvergleich zwischen altem und neuem Recht**, wobei das alte Recht nur dann Anwendung findet, wenn danach eine längere Schutzfrist gelten würde. **2**

Soweit das neue Recht eine **Verlängerung der Schutzdauer** zur Folge hat, gilt die hiernach berechnete Schutzdauer nur für solche Rechte, deren Schutz am 1.7.1995 noch nicht erloschen ist (Abs. 1 S. 2). Eine Ausnahme gilt für die Fälle, in denen die **3**

Schutzdauer eines Rechts zum 1.7.1995 in Deutschland abgelaufen war, in mindestens einem EU-Mitgliedstaat oder EWR-Vertragsstaat aber noch lief (Abs. 2). Konsequenz ist, dass hier in Deutschland **bereits erloschene Rechte wiederaufleben** können. Diese wiederauflebenden Rechte stehen dem Urheber zu (Abs. 3 S. 1). Hieraus ergibt sich die Notwendigkeit, das **Vertrauen der Nutzer auf eine bereits abgelaufene Schutzfrist** zu schützen. Deshalb bestimmt Abs. 3 S. 2, dass eine Nutzungshandlung fortgesetzt werden darf, die vor dem 1.7.1995 begonnen wurde. Insoweit wird das wiederauflebende Recht durch den allg. Grundsatz des **Verbots echter Rückwirkungen** entkleidet. Dem Rechtsinhaber verbleibt ein Anspruch auf eine **angemessene Vergütung** für die in dem vorgesehenen Rahmen fortgesetzte Nutzung ab dem 1.7.1995 (Abs. 3 S. 3).

4   Abs. 4 enthält eine **vertragsrechtliche Übergangsbestimmung** für die Fälle, in denen Nutzungsrechte an einem Recht eingeräumt wurden, dessen Schutzfrist durch die Umsetzung der Richtlinie 93/98/EWG verlängert wurde. Im **Zweifel** erstreckt sich die Einräumung auch auf den Zeitraum, um den die Schutzdauer verlängert wurde. Anwendbar ist diese Auslegungsregel allerdings nur in solchen Fällen, in denen von einer Rechtseinräumung für die gesamte Schutzdauer nach früherem Recht auszugehen war. Der Rechtserwerber hat demgemäß nach Abs. 4 S. 2 für die verlängerte Dauer der Rechtseinräumung eine **angemessene Vergütung** zu bezahlen (vgl § 137 Abs. 3 und 4 sowie § 137 Rn 4 f.).

§ 137g   Übergangsregelung bei Umsetzung der Richtlinie 96/9/EG

(1) § 23 Satz 2, § 53 Abs. 5, die §§ 55a und 63 Abs. 1 Satz 2 sind auch auf Datenbankwerke anzuwenden, die vor dem 1. Januar 1998 geschaffen wurden.

(2) Die Vorschriften des Abschnitts 6 des Teils 2 sind auch auf Datenbanken anzuwenden, die zwischen dem 1. Januar 1983 und dem 31. Dezember 1997 hergestellt worden sind. Die Schutzfrist beginnt in diesen Fällen am 1. Januar 1998.

(3) Die §§ 55a und 87e sind nicht auf Verträge anzuwenden, die vor dem 1. Januar 1998 abgeschlossen worden sind.

1   Die Vorschrift enthält die Übergangsbestimmungen für die Vorschriften, die zur Umsetzung der **Richtlinie 96/9/EG** (Datenbankrichtlinie, s. dazu § 87a Rn 2) in das UrhG aufgenommen wurden. Die für § 137g relevanten Vorgaben finden sich in Art. 14 der Richtlinie 96/9/EG.

2   Abs. 1 erklärt zur Konkretisierung des in § 129 Abs. 1 enthaltenen allg. Grundsatzes die Bestimmungen, die den **Schutz von Datenbankwerken** iSd § 4 Abs. 2 betreffen, auch auf solche Datenbankwerke anwendbar, die **vor dem 1.1.1998** geschaffen wurden. In der Sache geht es dabei um die in Abs. 1 ausdrücklich genannten §§ 23 S. 2, 53 Abs. 5, 55a sowie 63 Abs. 1 S. 2.

3   Während Abs. 1 Datenbankwerke betrifft, enthält Abs. 2 eine Regelung zur Anwendbarkeit des für **Datenbanken iSd §§ 87a ff.** geltenden Schutzes. Nach Abs. 2

S. 1 sind die §§ 87a ff. auch auf Datenbanken anzuwenden, die zwischen dem
1.1.1983 und dem 31.12.1997 hergestellt worden sind, wobei die Schutzfrist in diesen Fällen gem. Abs. 2 S. 2 am 1.1.1998 beginnt. Entscheidend für die Anwendbarkeit des Schutzes ist, dass in der Zeit ab dem 1.1.1983 durch den Datenbankhersteller
Maßnahmen ergriffen wurden, die den Datenbankschutz begründen. Wurde eine Datenbank vor dem 1.1.1983 hergestellt, ist Abs. 2 gleichwohl anwendbar, wenn nach
diesem Zeitpunkt eine neue Datenbank iSd § 87a Abs. 1 S. 2 durch Veränderung einer älteren Datenbank geschaffen wurde. Wer eine solche Datenbank vor dem
1.1.1998 genutzt hat, benötigt für eine solche Nutzung zukünftig die Zustimmung
des Datenbankherstellers. Für die Vergangenheit kommen Schadenersatzansprüche,
auch wenn dies nicht ausdrücklich geregelt wurde, nicht in Betracht, weil es insoweit
bereits an einer Rechtsverletzung fehlt.

In den §§ 55a, 87e sind Regelungen enthalten, die Verträge über die Nutzung von   **4**
Datenbankwerken bzw Datenbanken enthalten. Nach § 137g Abs. 3 sind diese Vorschriften nicht auf Verträge anzuwenden, die vor dem 1.1.1998 abgeschlossen worden sind. Dies entspricht dem in § 132 Abs. 1 S. 1 normierten Grundsatz.

§ 137h   Übergangsregelung bei Umsetzung
der Richtlinie 93/83/EWG

**(1) Die Vorschrift des § 20a ist auf Verträge, die vor dem 1. Juni 1998 ge-
schlossen worden sind, erst ab dem 1. Januar 2000 anzuwenden, sofern diese
nach diesem Zeitpunkt ablaufen.**

**(2) Sieht ein Vertrag über die gemeinsame Herstellung eines Bild- oder Ton-
trägers, der vor dem 1. Juni 1998 zwischen mehreren Herstellern, von denen
mindestens einer einem Mitgliedstaat der Europäischen Union oder Vertragsstaat des Europäischen Wirtschaftsraumes angehört, geschlossen worden ist,
eine räumliche Aufteilung des Rechts der Sendung unter den Herstellern vor,
ohne nach der Satellitensendung und anderen Arten der Sendung zu unterscheiden, und würde die Satellitensendung der gemeinsam hergestellten Produktion durch einen Hersteller die Auswertung der räumlich oder sprachlich
beschränkten ausschließlichen Rechte eines anderen Herstellers beeinträchtigen, so ist die Satellitensendung nur zulässig, wenn ihr der Inhaber dieser ausschließlichen Rechte zugestimmt hat.**

**(3) Die Vorschrift des § 20b Abs. 2 ist nur anzuwenden, sofern der Vertrag
über die Einräumung des Kabelweitersenderechts nach dem 1. Juni 1998 geschlossen wurde.**

Durch das Änderungsgesetz v. 8.5.1998 (BGBl I, 902) wurde die **Richtlinie 93/83/**   **1**
EWG (Satelliten- und Kabelrichtlinie) umgesetzt (s. §§ 20a, 20b). Hierzu enthält
§ 137h Übergangsbestimmungen. Diese folgen den Vorgaben von Art. 7 der Richtlinie 93/83/EWG.

Die Einführung des Begriffs der Europäischen Satellitensendung in § 20a, die aus-   **2**
schließlich als im Sendeland erfolgt gilt, beseitigt für das Gebiet der EU-Mitglied-

staaten und EWR-Vertragsstaaten die Möglichkeit, das Senderecht territorial nach Empfangsländern aufzuspalten. Nach § 137h Abs. 1 soll dies für **Verträge, die vor dem 1.6.1998 geschlossen wurden,** erst **ab dem 1.1.2000** gelten, sofern der Vertrag zu diesem Zeitpunkt noch nicht abgelaufen ist.

3   Eine **Sonderregelung** ist in § 137h Abs. 2 für **grenzüberschreitende Koproduktionen** enthalten. Insb. in Verträgen zwischen Sendeunternehmen aus verschiedenen Staaten über eine Koproduktion wurde eine Aufteilung der Senderechte im Hinblick auf die die einzelnen Produzenten interessierenden Gebiete vorgenommen. Abs. 2 sorgt dafür, dass entspr. vertragliche Absprachen, sofern sie vor dem 1.6.1998 unter Beteiligung mindestens eines Produzenten aus einem EU-Mitgliedstaat oder EWR-Vertragsstaat geschlossen wurden, auch nach Einführung des § 20a weitgehend honoriert werden. Sichergestellt wird dies dadurch, dass die Satellitensendung, sofern für sie keine gesonderte vertragliche Regelung getroffen wurde, nur zulässig ist, wenn ihr die Inhaber der ausschließlichen Rechte für ein von der Satellitensendung betroffenes Gebiet zustimmen. Die Zustimmungspflicht besteht jedoch nur dann, wenn die Satellitensendung die Auswertung der Koproduktion durch einen anderen Vertragspartner beeinträchtigen würde.

4   Eine Übergangsbestimmung zu § 20b Abs. 2 enthält § 137h Abs. 3. Der in § 20b Abs. 2 vorgesehene **Vergütungsanspruch des Urhebers gegen das Kabelunternehmen** besteht nur, wenn der Vertrag über die Einräumung der Kabelweitersenderechte **nach dem 1.6.1998** geschlossen wurde (krit. zur Entstehungsgeschichte des § 137h Abs. 3 *Fromm/Nordemann/Nordemann* § 137h Rn 3).

§ 137i   Übergangsregelung zum Gesetz zur Modernisierung des Schuldrechts

Artikel 229 § 6 des Einführungsgesetzes zum Bürgerlichen Gesetzbuche findet mit der Maßgabe entsprechende Anwendung, dass § 26 Abs. 7, § 36 Abs. 2 und § 102 in der bis zum 1. Januar 2002 geltenden Fassung den Vorschriften des Bürgerlichen Gesetzbuchs über die Verjährung in der bis zum 1. Januar 2002 geltenden Fassung gleichgestellt sind.

1   Durch das **Gesetz zur Modernisierung des Schuldrechts** v. 26.11.2001 (BGBl I, 3138) wurden **die im UrhG enthaltenen Verjährungsregeln modifiziert.** § 102 wurde verändert, §§ 26 Abs. 7, 36 Abs. 2 aF gestrichen (s. dazu § 102 Rn 1 ff.). Zu der Änderung der urheberrechtlichen Verjährungsregeln enthält § 137i eine Übergangsregelung. Sie erstreckt die in Art. 229 § 6 EGBG enthaltene allg. Überleitungsvorschrift zur Änderung des Verjährungsrechts aus Anlass der Schuldrechtsmodernisierung auf das Urheberrecht, indem die Bestimmung für entspr. anwendbar erklärt wird. Zu diesem Zwecke sollen die geänderten oder aufgehobenen Verjährungsvorschriften des UrhG den in Art. 229 § 6 EGBGB enthaltenen früheren Verjährungsvorschriften des BGB gleichgestellt werden. Erforderlich wurde die Bestimmung deshalb, weil Art. 229 § 6 EGBGB nur die früheren BGB-Vorschriften betrifft (s. BT-Drucks. 14/6040, 282 f.).

Art. 229 § 6 Abs. 1 S. 1 EGBGB enthält den **Grundsatz, dass die neuen Verjäh-** 2
rungsvorschriften für alle Ansprüche gelten, die am 1.1.2002 bestehen und noch
nicht verjährt sind. Dem gegenüber richten sich **der Beginn, die Hemmung, die**
Ablaufhemmung und der Neubeginn der Verjährung nach den bis zum 1.1.2002
geltenden Vorschriften, also §§ 26 Abs. 7, 36 Abs. 2 und 102 aF (Art. 229 § 6 Abs. 2
S. 2 EGBGB). Nach Art. 229 § 6 Abs. 3 EGBGB gilt der Grundsatz der Anwendung
der neuen Verjährungsvorschriften dann nicht, wenn diese im Vergleich mit den
alten Verjährungsvorschriften zu einer **Verlängerung der Verjährung** führen sollte. Diese Regelung dient dem Interesse des Schuldners, der sich auf eine bestimmte
Verjährungsfrist eingerichtet hat. Im umgekehrten Fall einer **kürzeren Verjährung**
nach den neuen Verjährungsvorschriften kommen die neuen Verjährungsvorschriften zur Anwendung, wobei die kürzere Frist ab dem 1.1.2002 berechnet wird,
jedoch längstens bis zu dem Zeitpunkt, nach dem diese Frist nach den alten Verjährungsvorschriften abgelaufen wäre (Art. 229 § 6 Abs. 4 EGBGB).

§ 137j Übergangsregelung aus Anlass der Umsetzung der Richtlinie 2001/29/EG

(1) § 95d Abs. 1 ist auf alle ab dem 1. Dezember 2003 neu in den Verkehr ge-
brachten Werke und anderen Schutzgegenstände anzuwenden.

(2) Die Vorschrift dieses Gesetzes über die Schutzdauer für Hersteller von
Tonträgern in der ab dem 13. September 2003 geltenden Fassung ist auch auf
verwandte Schutzrechte anzuwenden, deren Schutz am 22. Dezember 2002
noch nicht erloschen ist.

(3) Lebt nach Absatz 2 der Schutz eines Tonträgers wieder auf, so stehen die
wiederauflebenden Rechte dem Hersteller des Tonträgers zu.

(4) Ist vor dem 13. September 2003 einem anderen ein Nutzungsrecht an ei-
nem nach diesem Gesetz noch geschützten Tonträger eingeräumt oder übertra-
gen worden, so erstreckt sich, im Fall einer Verlängerung der Schutzdauer nach
§ 85 Abs. 3, die Einräumung oder Übertragung im Zweifel auch auf diesen Zeit-
raum. Im Fall des Satzes 1 ist eine angemessene Vergütung zu zahlen.

Die Vorschrift enthält die Übergangsbestimmungen zu Regelungen, die im Zusam- 1
menhang mit dem Gesetz zur Regelung des Urheberrechts in der Informationsgesellschaft in das UrhG aufgenommen wurden.

Abs. 1 betrifft § 95d Abs. 1. Nach dieser Bestimmung haben die Verwender von 2
technischen Maßnahmen iSd § 95a Abs. 2 Gegenstände, die mit solchen technischen
Maßnahmen geschützt werden, mit Angaben über die Eigenschaften der technischen
Maßnahmen zu kennzeichnen. Diese Verpflichtung soll nach § 137j Abs. 1 erst nach
einer Übergangsfrist von 3 Monaten Geltung finden. Daher findet § 95d Abs. 1 nur
auf Werke und andere Schutzgegenstände Anwendung, die ab dem 1.12.2003 neu in
den Verkehr gebracht werden (s. BT-Drucks. 15/38, 29).

Abs. 2 betrifft die Neuregelung der Schutzfrist für die Herstellung von Tonträgern 3
gem. § 85 Abs. 3. Ohne die Vorschrift des Abs. 2 kämen solche Tonträgerhersteller,

deren Schutz zum Zeitpunkt des In-Kraft-Tretens des Gesetzes zur Regelung des Urheberrechts in der Informationsgesellschaft bereits abgelaufen war, nicht mehr in den
Genuss der verlängerten Schutzfrist. Insoweit trägt Abs. 2 dem Umstand Rechnung,
dass das Gesetz zur Regelung des Urheberrechts in der Informationsgesellschaft eigentlich bis zum 22.12.2002 hätte umgesetzt werden müssen (s. Art. 11 Abs. 2 sowie
Art. 13 Abs. 1 der RL 2001/29/EG). Durch Abs. 2 wird ein Wiederaufleben solcher
Schutzrechte von Tonträgerherstellern angeordnet, für die die Schutzfrist zwischen
dem 22.12.2002 und dem 12.9.2003 abgelaufen ist. Auf diesem Weg wird ein Verstoß gegen die Richtlinie 2001/29/EG vermieden.

4   In Abs. 3 wird angeordnet, dass für den Fall eines Wiederauflebens von Rechten
nach Abs. 2 diese Rechte dem Hersteller des Tonträgers zustehen. Wie in § 137f
Abs. 4 regelt § 137j Abs. 4 allerdings, dass derjenige, dem zum Zeitpunkt des Ablaufs der Schutzdauer ein Nutzungsrecht eingeräumt war, dieses Nutzungsrecht auch
im Falle eines Wiederauflebens nach Abs. 2 automatisch erhalten sollte. Im Gegenzug steht nach Abs. 4 S. 2 dem Inhaber der Rechte ein Anspruch auf angemessene
Vergütung zu.

§ 137k   Übergangsregelung zur öffentlichen
Zugänglichmachung für Unterricht und Forschung

§ 52a ist mit Ablauf des 31. Dezember 2006 nicht mehr anzuwenden.

Durch die Vorschrift wird die Anwendbarkeit der bei ihrer Einführung im Zusammenhang mit dem Gesetz zur Regelung des Urheberrechts in der Informationsgesellschaft bes. heftig umstr. Bestimmung des § 52a in zeitlicher Hinsicht bis zum
31.12.2006 befristet. Das in § 52a angeordnete Privileg der öffentlichen Zugänglichmachung von Werken zum Zwecke von Unterricht und Forschung endet damit zum
31.12.2006. Soll es darüber hinaus gelten, ist ein erneutes Tätigwerden des Gesetzgebers zwingend erforderlich. Die Bestimmung wurde ausdrücklich vor dem Hintergrund der Befürchtungen der wissenschaftlichen Verleger vor unzumutbaren Beeinträchtigungen durch § 52a in das Gesetz aufgenommen (BT-Drucks. 15/837, 36).

Abschnitt 3
Schlussbestimmungen

§ 138   Register anonymer und pseudonymer Werke

**(1) Das Register anonymer und pseudonymer Werke für die in § 66 Abs. 2
Satz 2 vorgesehenen Eintragungen wird beim Patentamt geführt. Das Patentamt bewirkt die Eintragungen, ohne die Berechtigung des Antragstellers oder
die Richtigkeit der zur Eintragung angemeldeten Tatsachen zu prüfen.**

(2) Wird die Eintragung abgelehnt, so kann der Antragsteller gerichtliche Entscheidung beantragen. Über den Antrag entscheidet das für den Sitz des Patentamts zuständige Oberlandesgericht durch einen mit Gründen versehenen Beschluß. Der Antrag ist schriftlich bei dem Oberlandesgericht einzureichen. Die Entscheidung des Oberlandesgerichts ist endgültig. Im übrigen gelten für das gerichtliche Verfahren die Vorschriften des Gesetzes über die Angelegenheiten der freiwilligen Gerichtsbarkeit entsprechend. Für die Gerichtskosten gilt die Kostenordnung; die Gebühren richten sich nach § 131 der Kostenordnung.

(3) Die Eintragungen werden im Bundesanzeiger öffentlich bekanntgemacht. Die Kosten für die Bekanntmachung hat der Antragsteller im voraus zu entrichten.

(4) Die Einsicht in das Register ist jedem gestattet. Auf Antrag werden Auszüge aus dem Register erteilt.

(5) Der Bundesminister der Justiz wird ermächtigt, durch Rechtsverordnung
1. Bestimmungen über die Form des Antrags und die Führung des Registers zu erlassen,
2. zur Deckung der Verwaltungskosten die Erhebung von Kosten (Gebühren und Auslagen) für die Eintragung, für die Ausfertigung eines Eintragungsscheins und für die Erteilung sonstiger Auszüge und deren Beglaubigung anzuordnen sowie Bestimmungen über den Kostenschuldner, die Fälligkeit von Kosten, die Kostenvorschußpflicht, Kostenbefreiungen, die Verjährung, das Kostenfestsetzungsverfahren und die Rechtsbehelfe gegen die Kostenfestsetzung zu treffen.

(6) Eintragungen, die nach § 56 des Gesetzes betreffend das Urheberrecht an Werken der Literatur und der Tonkunst vom 19. Juni 1901 beim Stadtrat in Leipzig vorgenommen worden sind, bleiben wirksam.

I. Anwendungsbereich

Die **praktische Bedeutung der Vorschrift** ist gering. Eine Urheberrolle wider-   **1**
spricht ihrer Natur nach bereits dem im int. Bereich des Urheberrechts anerkannten Verbot, den Schutz an die Einhaltung von Förmlichkeiten zu knüpfen (s. § 121 Rn 16). Der Anwendungsbereich der Urheberrolle, die bei dem Deutschen Patent- und Markenamt geführt wird, **beschränkt sich damit auf den in § 66 Abs. 2 S. 2 beschriebenen Fall**. Für die Berechnung der in § 64 genannten Schutzdauer kommt es auf den Zeitpunkt des Todes des Urhebers an. Für die Berechnung der Schutzfrist ist es also unerlässlich, die **Identität des Urhebers** zu kennen. Es liegt auf der Hand, dass es schwierig ist, die Schutzfrist bei anonymen oder pseudonymen Werken zu bestimmen. Daher ordnet § 66 Abs. 1 an, dass das Urheberrecht 70 Jahre nach der Veröffentlichung des Werks oder – bei fehlender Veröffentlichung – ab der Schaffung

des Werks erlischt. Dieser Verkürzung der Schutzfrist kann der Urheber nach § 66 Abs. 2 entgehen, wenn sein wahrer Name zur Eintragung in die Urheberrolle nach § 138 angemeldet wurde oder aus anderen Gründen keine Zweifel an seiner Identität bestehen. Wer daran interessiert ist, seine Identität nicht oder zumindest vorläufig nicht zu offenbaren, wird von einer Eintragung in die Urheberrolle absehen. Da diese Eintragungen nach § 138 Abs. 3 S. 1 im BAnz. öffentlich bekannt zu machen sind, führen sie zu einer Offenlegung der Identität. Wer seinen Nachfahren die Früchte seines Werks für einen möglichst langen Zeitraum erhalten möchte, wird zB über einen Treuhänder sicherstellen können, dass seine Identität nach seinem Tode zweifelsfrei offenbart wird und damit gem. § 66 Abs. 2 S. 1 die normale Schutzfrist des § 64 zur Anwendung gelangt.

II. Eintragungsverfahren (Abs. 1 bis 3)

2   Die Urheberrolle wird bei dem **Deutschen Patent- und Markenamt** geführt (Abs. 1 S. 1). Das DPMA trägt den wahren Namen des Urhebers eines bestimmten Werks in die Urheberrolle ein, ohne die Berechtigung des Antragstellers oder die Richtigkeit der behaupteten Werkschöpfung zu prüfen (Abs. 1 S. 2). Die Anforderungen an den Antrag auf Eintragung in die Urheberrolle ergeben sich aus der Verordnung über die Urheberrolle v. 18.12.1965, die auf der Grundlage von § 138 Abs. 5 durch das BMJ erlassen wurde (BGBl I 1965, 1273).

3   Lehnt das DPMA die Eintragung ab, kann der Antragsteller eine gerichtliche Entsch. durch das für den Sitz des DPMA zuständige OLG München beantragen (§ 138 Abs. 2).

4   Erfolgt die Eintragung in die Urheberrolle, so wird dies im BAnz. öffentlich bekanntgemacht (Abs. 3). Hierdurch wird allerdings die Identität des anonymen oder pseudonymen Werkschöpfers offenbart (so Rn 1).

III. Publizität (Abs. 4)

5   Jedermann ist berechtigt, in die Urheberrolle Einsicht zu nehmen (Abs. 4 S. 1). Das DPMA erteilt beglaubigte und unbeglaubigte Auszüge aus der Rolle (Abs. 4 S. 2).

IV. Eintragung in die Leipziger Urheberrolle (Abs. 6)

6   Nach § 138 Abs. 6 bleiben Eintragungen, die nach § 56 LUG in die Leipziger Urheberrolle vorgenommen wurden, wirksam.

§ 139   Änderung der Strafprozeßordnung

§ 374 Abs. 1 Nr. 8 der Strafprozeßordnung erhält folgende Fassung:

„8. alle Verletzungen des Patent-, Gebrauchsmuster-, Warenzeichen- und Geschmacksmusterrechtes, soweit sie als Vergehen strafbar sind, sowie die Vergehen nach §§ 106 bis 108 des Urheberrechtsgesetzes".

Die Vorschrift sieht eine Neufassung von § 374 Abs. 1 Nr. 8 StPO vor. Diese regelt die Statthaftigkeit der Privatklage in Fällen von Straftaten gegen fremde Immaterialgüter. Die geltende Fassung von § 374 Abs. 1 Nr. 8 StPo ist gegenüber der in § 139 vorgesehenen Fassung noch erweitert. Die Vorschrift ist heute gegenstandslos.

§ 140 Änderung des Gesetzes über das am 6. September 1952 unterzeichnete Welturheberrechtsabkommen

In das Gesetz über das am 6. September 1952 unterzeichnete Welturheberrechtsabkommen vom 24. Februar 1955 (Bundesgesetzbl. II, S. 101) wird nach Artikel 2 folgender Artikel 2a eingefügt:

„Artikel 2a
Für die Berechnung der Dauer des Schutzes, den ausländische Staatsangehörige für ihre Werke nach dem Abkommen im Geltungsbereich dieses Gesetzes genießen, sind die Bestimmungen in Artikel IV Nr. 4 bis 6 des Abkommens anzuwenden."

Die Vorschrift betrifft eine Änderung des Zustimmungsgesetzes zum Welturheberrechtsabkommen (WUA) v. 6.9.1952. Das WUA (dazu § 121 Rn 37) sieht in Art. IV Nr. 4 bis 6 die Möglichkeit vor, dass der Schutz der Angehörigen eines Vertragsstaats im Inland auf die entspr. Dauer im Herkunftsland beschränkt werden darf. Der dort angesprochene Schutzfristenvergleich findet sich etwa auch in Art. 7 Abs. 8 RBÜ. Weil Art. IV Abs. 4 WUA nur von der Möglichkeit des Schutzfristenvergleichs spricht, kam es zunächst zum Streit darüber, ob die Anwendbarkeit des Schutzfristenvergleichs von einer entspr. positiven Entsch. des einzelnen WUA-Vertragsstaats abhing (s. dazu *Schricker/Katzenberger* § 140 Rn 2 mwN). Um klarzustellen, dass für das Gebiet der Bundesrepublik von der in Art. IV Nr. 4 bis 6 WUA vorgesehenen Möglichkeit des Schutzfristenvergleichs Gebrauch gemacht wird, wurde durch § 140 das Zustimmungsgesetz zum WUA durch einen neuen Art. 2a ergänzt.

§ 141 Aufgehobene Vorschriften

Mit dem Inkrafttreten dieses Gesetzes werden aufgehoben:
1. **die §§ 57 bis 60 des Gesetzes betreffend das Urheberrecht an Schriftwerken, Abbildungen, musikalischen Kompositionen und dramatischen Werken vom 11. Juni 1870 (Bundesgesetzblatt des Norddeutschen Bundes S. 339);**
2. **die §§ 17 bis 19 des Gesetzes betreffend das Urheberrecht an Werken der bildenden Künste vom 9. Januar 1876 (Reichsgesetzbl. S. 4);**
3. **das Gesetz betreffend das Urheberrecht an Werken der Literatur und der Tonkunst vom 19. Juni 1901 in der Fassung des Gesetzes zur Ausführung der revidierten Berner Übereinkunft zum Schutze von Werken der Literatur und Kunst vom 22. Mai 1910 und des Gesetzes zur Verlängerung der Schutzfristen im Urheberrecht vom 13. Dezember 1934 (Reichsgesetzbl. II S. 1395);**
4. **die §§ 3, 13 und 42 des Gesetzes über das Verlagsrecht vom 19. Juni 1901 (Reichsgesetzbl. S. 217) in der Fassung des Gesetzes zur Ausführung der re-**

vidierten Berner Übereinkunft zum Schutze von Werken der Literatur und Kunst vom 22. Mai 1910;

5. das Gesetz betreffend das Urheberrecht an Werken der bildenden Künste und der Photographie vom 9. Januar 1907 (Reichsgesetzbl. S. 7) in der Fassung des Gesetzes zur Ausführung der revidierten Berner Übereinkunft zum Schutze von Werken der Literatur und Kunst vom 22. Mai 1910, des Gesetzes zur Verlängerung der Schutzfristen im Urheberrecht vom 13. Dezember 1934 und des Gesetzes zur Verlängerung der Schutzfristen für das Urheberrecht an Lichtbildern vom 12. Mai 1940 (Reichsgesetzbl. I S. 758), soweit es nicht den Schutz von Bildnissen betrifft;

6. die Artikel I, III und IV des Gesetzes zur Ausführung der revidierten Berner Übereinkunft zum Schutze von Werken der Literatur und Kunst vom 22. Mai 1910;

7. das Gesetz zur Erleichterung der Filmberichterstattung vom 30. April 1936 (Reichsgesetzbl. I S. 404);

8. § 10 des Gesetzes über die Rechtsstellung heimatloser Ausländer im Bundesgebiet vom 25. April 1951 (Bundesgesetzbl. I S. 269).

Die Vorschrift sieht vor, dass mit In-Kraft-Treten des UrhG eine Reihe von bis dahin geltenden gesetzlichen Bestimmungen aufgehoben werden. Es handelt sich um solche Vorschriften, die durch die Regelungen des UrhG gegenstandslos werden. Von der Aufhebung betroffen sind insb. das LUG (Nr. 3) sowie das KUG (Nr. 5). Die in § 141 Nr. 5 vorgesehene Aufhebung des KUG nimmt jedoch ausdrücklich den Schutz von Bildnissen aus. Hieraus ergibt sich, dass die §§ 22 bis 24 KUG weiterhin Anwendung finden. Entsprechendes gilt für jene allg. Bestimmungen der §§ 33 bis 50 KUG, die sich auf die §§ 22 bis 24 KUG beziehen. Erwähnenswert ist schließlich noch die Aufhebung der §§ 3, 13 und 42 VerlG (§ 141 Nr. 4).

§ 142

(aufgehoben)

§ 143 Inkrafttreten

(1) Die §§ 64 bis 67, 69, 105 Abs. 1 bis 3 und § 138 Abs. 5 treten am Tage nach der Verkündung dieses Gesetzes in Kraft.

(2) Im übrigen tritt dieses Gesetz am 1. Januar 1966 in Kraft.

Die Vorschrift regelt das In-Kraft-Treten des UrhG. Als maßgebenden Zeitpunkt legt Abs. 2 den 1.1.1966 fest. Für einzelne Vorschriften sieht Abs. 1 eine Ausnahme in dem Sinne vor, dass sie am Tage nach der Verkündung des Gesetzes in Kraft treten. Betroffen sind zunächst die Bestimmungen über die Schutzdauer des Urheberrechts (§§ 64 ff.). Hierdurch wird verhindert, dass Werke, deren bisherige Schutzfrist mit dem Ende des Jahres 1965 abgelaufen wäre, von der ab dem 1.1.1966 geltenden längeren Schutzfrist ausgenommen bleiben. Ebenfalls am Tage nach der Verkündung des UrhG sind die in § 105 Abs. 1 bis 3 sowie § 138 Abs. 5 vorgesehenen Ermächtigungen zum Erlass von Rechtsverordnungen in Kraft getreten. Da das UrhG am 16.9.1965 verkündet wurde (BGBl I 1965, 1273), sind die in Abs. 1 genannten Vorschriften am 17.9.1965 in Kraft getreten.

II. Gesetz über die Wahrnehmung von Urheberrechten und verwandten Schutzrechten (Urheberrechtswahrnehmungsgesetz)

vom 9. September 1965 (BGBl I S. 1294),
zuletzt geändert durch Gesetz vom 10. September 2003 (BGBl I S. 1774)

Einführung

Das Wahrnehmungsgesetz gibt das Instrumentarium, die Tätigkeit der Verwertungs-   1
gesellschaften im Urheberrecht zu regeln, die kollektiv die Urheberrechte und verwandten Schutzrechte wahrnehmen. Der Grundgedanke, Urheberrechte in einem bestimmten Umfang gemeinsam durch eine Gesellschaft wahrnehmen zu lassen, kam
bereits frühzeitig im Bereich der Verwertung der musikalischen Rechte auf. Die Urheber erkannten, dass mit der Fortentwicklung des Urheberrechts und der urheberrechtlichen Befugnisse die individuelle Wahrnehmung der Rechte an ihre Grenzen
stößt.

Die ersten urheberrechtlichen Zusammenschlüsse als Organisation zur gemeinsamen   2
Wahrnehmung von Verwertungsrechten, insb. der öffentlichen Aufführung von
Werken, erfolgten in Frankreich mit der SACD (Societé des Auteurs et Compositeurs
Dramatiques) im Jahre 1829 und der SACM (Societé des Auteurs, Compositeurs et
Editeurs de Musique) im Jahre 1851.

In Deutschland gründeten sich im Jahre 1903 mit der AFMA (Anstalt für musikali-   3
sche Aufführungsrechte) und der GDT (Genossenschaft deutscher Tonsetzer) die
ersten Verwertungsgesellschaften, die von Richard Strauss mitinitiiert wurden.
Grundlage war die Einführung des Schutzes der öffentlichen Aufführungen in § 11
LUG. Als nächste Gesellschaft etablierte sich 1909 die AMMRE (Anstalt für mecha-
nische-musikalische Rechte GmbH), um die Rechte der Urheber und Verleger gegenüber der Schallplattenindustrie wahrzunehmen. Eine weitere Gründung im Jahre
1915 war die GEMA – alt – (Genossenschaft zur Verwertung musikalischer Aufführungsrechte GmbH). Die einzelnen Organisationen und weiteren Verbände schlossen
sich im Jahr 1930 zum Musikschutzverband (Verband zum Schutz musikalischer
Aufführungsrechte für Deutschland) zusammen. Als nächster Schritt folgte im Jahr
1933 die Vereinigung von GEMA und GDT zur STAGMA (Staatlich genehmigte
Gesellschaft zur Verwertung musikalischer Urheberrechte) in Form eines rechtsfähigen wirtschaftlichen Vereins. Grundlage war das Gesetz über die Vermittlung von
Musikaufführungsrechten v. 4.7.1933, das für Verwertungsgesellschaften eine Ge-
nehmigungspflicht vorsah, um die Interessensvertretung für die Verwertung der musikalischen Aufführungsrechte einer einzigen staatlich genehmigten Monopol-Ver-
wertungsgesellschaft anzuvertrauen.

Nach dem 2. Weltkrieg wurde die STAGMA durch den alliierten Kontrollrat in   4
GEMA – neu – (Gesellschaft für musikalische Aufführungs- und mechanische Vervielfältigungsrechte rV) umbenannt. Der Kontrollrat hob in seiner Gesetzgebung den
Genehmigungszwang für die Tätigkeit und das gesetzliche Monopol der STAGMA
auf, beließ es aber bei den übrigen Bestimmungen der STAGMA-Gesetzgebung, die
ihre Geltung weiterhin behielt. Zwischen der GEMA und der STAGMA besteht insofern Identität (*Haertel* UFITA 50 (1967), 7; *Haensel* UFITA 45 (1965), 68; *Häußer*
Mitt. 1984, 66; *Nordemann* FS GRUR II, S. 1197 ff.; *Arnold/Rehbinder* UFITA 118
(1992), 203 ff.; *Vogel* Wahrnehmungsrecht und Verwertungsgesellschaften in der
Bundesrepublik Deutschland, GRUR 1993, 513).

Die Urheberrechtsreform von 1965 wurde von dem rechtlichen Grundsatz getragen,   5
dem Werkschöpfer für jede Nutzung seines Werkes ein angemessenes Entgelt zu sichern. Als wesentlichen Bestandteil für die Garantie sah sie die Tätigkeit von Ver-

wertungsgesellschaften als erforderlich an. Dies kam darin zum Ausdruck, dass bestimmte Rechte sinnvollerweise oder faktisch nur von einer Verwertungsgesellschaft geltend gemacht werden können. Ferner traf das Gesetz Regelungen für gesetzliche Lizenzen, deren Vergütungsanspruch nur durch eine Verwertungsgesellschaft geltend gemacht werden können (vgl *Vogel* GRUR 1993, 514 ff.).

6   Das Wahrnehmungsgesetz hat demnach zur Zielsetzung, die angemessene Vergütung des Urhebers durch die kollektive Wahrnehmung der Rechte in einer Verwertungsgesellschaft effektiv zu gewährleisten. Der Gesetzgeber sah daher eine Monopolstellung der Verwertungsgesellschaft als zweckmäßig und wünschenswert an, lehnte jedoch aus verfassungsrechtlichen Gründen ein gesetzliches Monopol ab (amtl. Begr. BT-Drucks. IV/271, 11 = UFITA 46 (1966), 275). Infolge der Bündelung einzelner gleicher Verwertungsrechte in einer urheberrechtlichen Organisation und der möglichen int. Verflechtung ist zu erwarten, dass die Verwertungsgesellschaften im Laufe der Zeit eine tatsächliche Monopolstellung erwerben, oder wie die GEMA bereits besitzen (amtl. Begr. BT-Drucks. IV/271, 11 = UFITA 46 (1966), 275). Die faktische Monopolstellung verbunden mit der eingeräumten Treuhandstellung birgt die Gefahr des Machtmissbrauchs in sich, dem zu begegnen ist. Die Gefahr kann sowohl im Innenverhältnis gegenüber dem Berechtigten bei der Verteilung der eingezogenen Vergütungen als auch im Außenverhältnis bei der Erhebung der Vergütungssätze gegenüber den Werknutzern bestehen. Eine Kontrollfunktion sah der Gesetzgeber zum einen in verschiedenen festgelegten subjektiven Zulassungsvoraussetzungen für die Gründung einer Verwertungsgesellschaft und zum anderen in einem Genehmigungsverfahren, für das das Deutsche Patentamt – jetzt Deutsches Patent- und Markenamt – in München zuständig war. Gleichzeitig wurden Rahmenbedingungen geschaffen, die das Innenverhältnis der Verwertungsgesellschaften zu den Berechtigten und das Außenverhältnis zu den Werknutzern betrafen. Für die Streitigkeiten zwischen Verwertungsgesellschaften und Werknutzern über die Vergütungshöhe bzw über den Abschluss von Gesamtverträgen wurde eine eigene Schiedsstelle eingerichtet. Schließlich unterstellte das Gesetz die Verwertungsgesellschaften nicht nur der Kartellaufsicht, sondern auch einer staatlichen Aufsicht durch das Deutsche Patentamt, das auf die Einhaltung der Bestimmungen im WahrnG zu achten hat.

7   Die Kritiken an dem WahrnG sind zwischenzeitlich stiller geworden, insb. sind die verfassungsrechtlichen Bedenken zurückgenommen worden (vgl *Fromm/Nordemann* Einl. Rn 10; zur Kritik *Schricker/Reinbothe* vor §§ 1 ff. Rn 12) oder wurden mit einer Verfassungsklage nicht mehr näher beleuchtet, nachdem die GEMA, die GVL, die VG-WORT und acht weitere Beteiligte ihre Verfassungsbeschwerde v. 2.8.1966 zurückgenommen haben.

8   Als positive Regelung gilt insb. das neue Schiedsstellenverfahren (nachfolgend §§ 14 ff.) und die Festschreibung der vermuteten Aktivlegitimation der Verwertungsgesellschaften bei der Geltendmachung von Auskunftsansprüchen nach § 13b durch die Urheberrechtsnovelle von 1985. In der nachfolgenden Novelle des Jahres 2003 wurde in dem neuen § 19 Abs. 2 die Stellung der Aufsichtsbehörde gestärkt, indem einer Verwertungsgesellschaft die Fortsetzung des Geschäftsbetriebs untersagt werden kann, wenn die Erlaubnis der Tätigkeit fehlt. Ferner ist sie berechtigt, alle Maßnahmen zu ergreifen, um die ordnungsgemäße Erfüllung der den Verwertungs-

gesellschaften obliegenden Pflichten sicherzustellen. Die Einführung der Vorschrift geht auf ein Urt. des *VGH München* v. 13.8.2002 zurück (CR 2003, 61 ff., zuvor *VG München* ZUM-RD 2002, 323 ff.). Der VGH verneinte die Befugnis des DPMA als Aufsichtsbehörde, einer Gesellschaft, die im Verlagswesen in Form einer Verwertungsgesellschaft agierte, die Tätigkeit zu untersagen, obwohl keine Erlaubnis nach § 2 vorlag.

Nach der Angleichung des Urheberrechts in der Reform von 2003 an die EU-Richt- **9** linie 2001/29/EG, die die Urheberrechte und Schutzrechte der Informationsgesellschaft zum Inhalt hat, wird eine Angliederung des Rechts der Verwertungsgesellschaften in den Mitgliedstaaten der EU erforderlich sein, um den Erfordernissen der Rechtewahrnehmung im digitalen Zeitalter zu genügen (vgl *Vogel* GRUR 1993, 531; *Kreile/Becker* Multimedia und die Praxis der Lizenzierung von Urheberrechten, GRUR Int 1996, 677 ff.; *Dillenz* Harmonisierung des Rechts der Verwertungsgesellschaften in Europa, GRUR Int 1997, 315 ff.; *Dreier* Urheberrecht an der Schwelle des 3. Jahrtausends, CR 2000, 45 ff.; *Spindler* Europäisches Urheberrecht in der Informationsgesellschaft, GRUR 2002, 114 ff.; *Reinbothe* Rechtliche Perspektiven für Verwertungsgesellschaften im europäischen Binnenmarkt, ZUM 2003, 27 ff., *ders.* Rechtliche Rahmenbedingungen für Verwertungsgesellschaften im europäischen Binnenmarkt, in: Die Verwertungsgesellschaften im Europäischen Binnenmarkt, Schriftenreihe UFITA, Bd 91, 1990, S. 19 ff.; *Pfennig* Die Entwicklung der Verwertungsgesellschaft für bildende Kunst, Fotografie und Film im europäischen Rahmen, in: Die Verwertungsgesellschaften im Europäischen Binnenmarkt, Schriftenreihe UFITA, Bd 91, 1990, S. 63 ff.). Ein erster Schritt sollte zumindest sein, für die Gründung und die Tätigkeit der Verwertungsgesellschaften hinsichtlich der Berechtigten und Verwerter ein Mindestmaß an Übereinstimmung zu erzielen, damit eine Anpassung der Tarife, des Inkassos und der Verteilung erreicht werden kann. Einzelne nationale Besonderheiten können in der Harmonisierung berücksichtigt werden, da letztlich nicht Ziel sein kann, eine zentrale europäische Groß-Verwertungsgesellschaft zu schaffen.

Erster Abschnitt
Erlaubnis zum Geschäftsbetrieb

§ 1   Erlaubnispflicht

(1) Wer Nutzungsrechte, Einwilligungsrechte oder Vergütungsansprüche, die sich aus dem Urheberrechtsgesetz vom 9. September 1965 (Bundesgesetzbl. I S. 1273) ergeben, für Rechnung mehrerer Urheber oder Inhaber verwandter Schutzrechte zur gemeinsamen Auswertung wahrnimmt, bedarf dazu der Erlaubnis, gleichviel, ob die Wahrnehmung in eigenem oder fremdem Namen erfolgt.

(2) Absatz 1 ist auf die gelegentliche oder kurzfristige Wahrnehmung der bezeichneten Rechte und Ansprüche nicht anzuwenden.

(3) Wer ohne die nach Absatz 1 erforderliche Erlaubnis tätig wird, kann die ihm zur Wahrnehmung anvertrauten Rechte oder Ansprüche nicht geltend machen. Ihm steht das Antragsrecht nach § 109 des Urheberrechtsgesetzes nicht zu.

(4) Übt eine juristische Person oder eine Personengemeinschaft die in Absatz 1 bezeichnete Tätigkeit aus, so ist sie Verwertungsgesellschaft im Sinne dieses Gesetzes. Übt eine einzelne natürliche Person die in Absatz 1 bezeichnete Tätigkeit aus, so sind auf sie die in diesem Gesetz für Verwertungsgesellschaften getroffenen Bestimmungen sinngemäß anzuwenden.

Literatur: *Arnold/Rehbinder* Zur Rechtsnatur der Staatsaufsicht über die Verwertungsgesellschaften, UFITA 118 (1992), 203; *Dietz* Das Urheberrecht in der Europäischen Gemeinschaft, 1978; *Dördelmann* Gedanken zur Zukunft der Staatsaufsicht über Verwertungsgesellschaften, GRUR 1999, 890; *Haertel* Verwertungsgesellschaften und Verwertungsgesellschaftengesetz, UFITA 50 (1967), 7; *Häußer* Praxis und Probleme der Aufsicht über Verwertungsgesellschaften, FuR 1980, 57; *ders.* Die Verteilung der im Rahmen von Urheberrechten und Leistungsschutzrechten erzielten Einnahmen an Ausländer, FS Kreile, 1994, S. 281; *Kreile* Die Zusammenarbeit der Verwertungsgesellschaften unter der Aufsicht des Deutschen Patent- und Markenamtes, GRUR 1999, 885; *Kreile/Becker* Multimedia und die Praxis der Lizenzierung von Urheberrechten, GRUR Int 1996, 677; *Melichar* Die Wahrnehmung von Urheberrechten durch Verwertungsgesellschaften am Beispiel der VG Wort, 1983; *Menzel* Die Aufsicht über die GEMA durch das Deutsche Patentamt, 1986; *Pfennig* Rechtstellung auf Aufgaben der VG Bild-Kunst, KUR 1999, 10; *Reinbothe* Rechtliche Perspektiven für Verwertungsgesellschaften im Europäischen Binnenmarkt, ZUM 2003, 27; *Rossbach* Die Vergütungsansprüche im deutschen Urheberrecht, 1990; *Sandberger/Treeck* Fachaufsicht und Kontrollaufsicht nach dem Gesetz über die Wahrnehmung von Urheberrechten und verwandten Schutzrechten, UFITA 47 (1966), 165; *Schulze, E.* Urheberrecht in der Musik, 5. Aufl. 1981; *Schulze, M.* Leitfaden zum Urheberrecht des Künstlers, 1997; *Vogel* Wahrnehmungsrecht und Verwertungsgesellschaften in der Bundesrepublik Deutschland – Eine Bestandsaufnahme im Hinblick auf die Harmonisierung des Urheberrechts in der Europäischen Gemeinschaft, GRUR 1993, 513.

I. Allgemeines

1. Überblick

1   § 1 legt die Voraussetzungen fest, unter denen urheberrechtliche Verwertungsrechte einer kollektiven Wahrnehmung durch Dritte zugänglich sind. Sie benennt, wer Adressat der Zulassungsbeschränkung ist und unter welchen Auflagen und Beschränkungen. Die kollektive Wahrnehmung der urheberrechtlichen Nutzungsrechte, Einwilligungsrechte oder Vergütungsansprüche im fremden oder eigenen Namen erfordern eine behördliche Erlaubnis.

Die Erlaubnispflicht beschränkt die Gründung von Verwertungsgesellschaften. De- 2
ren Ausuferung soll vermieden und die faktische Monopolstellung gestärkt und kontrolliert werden (amtl. Begr. BT-Drucks. IV/271, 14 = UFITA 46 (1966), 271, 273;
Vogel GRUR 1993, 516, der die Vielzahl der gegenwärtigen Verwertungsgesellschaften beim Film krit. sieht).

Die Erlaubnis der Tätigkeit ist an verschiedene subjektive Zulassungsvoraussetzun- 3
gen gebunden, die in § 2 geregelt sind. Das gesamte Verfahren, einschließlich Erteilung und Widerruf der Erlaubnis, bestimmt sich nach §§ 1–5.

Über die Erteilung der Erlaubnis entscheidet das DPMA im Einvernehmen mit dem 4
Bundeskartellamt (§ 18 Abs. 1 und 2).

2. Verwertungsgesellschaften

Gegenwärtig existieren in der Bundesrepublik Deutschland 11 Verwertungsgesell- 5
schaften. Im Einzelnen:

GEMA – Gesellschaft für musikalische Aufführungs- und mechanische Vervielfältigungsrechte rV – für die Rechte der Komponisten, Textdichter und Musikverleger.

VG WORT – Verwertungsgesellschaft WORT rV – für die Rechte der Wortautoren
und ihre Verleger.

VG Bild-Kunst – Verwertungsgesellschaft Bild-Kunst rV – für die Rechte der bildenden Künstler, Fotografen, Graphikdesigner und deren Verleger, sowie für Filmurheber und -hersteller.

GVL – Gesellschaft zur Verwertung von Leistungsschutzrechten mbH – für die
Rechte der ausübenden Künstler, Veranstalter, Tonträgerhersteller und Hersteller
von Videoclips sowie für deren Bildurheber.

VG Musikedition – Verwertungsgesellschaft für die Wahrnehmung von Nutzungsrechten an Editionen (Ausgaben) von Musikwerken rV – für die Rechte der Herausgeber wissenschaftlicher Ausgaben von Musikwerken und nachgelassener Werke
(§§ 70, 71 UrhG) und ihrer Verleger.

VFF – Verwertungsgesellschaft für Film- und Fernsehproduzenten mbH – für die
Rechte der Auftragsproduzenten sowie der öffentlichen und privaten Rundfunkanstalten.

VGF – Verwertungsgesellschaft für die Nutzung an Filmwerken mbH – für die
Rechte der deutschen und ausländischen Kinofilmproduzenten sowie Filmurheber.

GWFF – Gesellschaft zur Wahrnehmung von Film- und Fernsehrechten mbH – für
die Rechte deutscher und ausländischer Kinofilmproduzenten sowie Filmurheber.

GÜFA – Gesellschaft zur Übernahme und Wahrnehmung von Filmaufführungsrechten mbH – für die Rechte der Produzenten erotischer und pornographischer Filme.

AGRICOA – Urheberrechtsschutzgesellschaft mbH – für die Kabelweiterleitungs-
vergütung der Filmverwerter; im Wesentlichen aus dem Ausland (seit 1995).

VG-Satellit – Gesellschaft zur Verwertung der Leistungsschutzrechte von Sendeunternehmen mbH – für die Rechte der Sendeunternehmen aus §§ 20a, 20b UrhG (seit
1997).

Zu den von den Wahrnehmungsgesellschaften wahrgenommenen Rechten s. *Schricker/Reinbothe* vor § 1 Rn 14; *Fromm/Nordemann* vor § 1 Einl. Rn 1 ff.; Anh. 13; *Haberstumpf* Hdb, Rn 463; *Pfennig* KUR 1999, 10; zu den jeweiligen Satzungen *Hillig* Urheber- und Verlagsrecht, Nr. 16 ff., S. 189 ff.

3. Inkassozusammenschlüsse

6   Die von den Verwertungsgesellschaften praktizierten Zusammenschlüsse zum Inkasso gemeinsamer urheberrechtlicher Vergütungen und Ansprüche sind ihrerseits keine Verwertungsgesellschaften. Die Kooperationen bilden selbständige Inkassostellen in Form einer GbR und bedürfen nicht der Erlaubnis (*Häußer* FuR 1980, 60; *Melichar* S. 69 ff.; *Fromm/Nordemann* Einl. Rn 4; *Schricker/Reinbothe* vor §§ 1 ff. Rn 14; *Kreile* GRUR 1999, 889; **aM** *Haertel* UFITA 50 (1967), 15; krit. *Vogel* GRUR 1993, 516 ff.).

7   Als kooperative Zusammenschlüsse (zu den Kooperationen *Kreile* GRUR 1999, 887 ff.; zu den einzelnen Gesellschaftsverträgen *Hillig* Urheber- und Verlagsrecht, S. 276 ff.) bestehen gegenwärtig:

8   **a) Als Inkassostellen. ZPÜ** (Zentralstelle für private Überspielungsrechte), Geschäftsführung GEMA; **ZBT** (Zentralstelle Bibliothekstantiemen), Geschäftsführung VG WORT; **ZVV** (Zentralstelle für Videovermietung), Geschäftsführung GEMA; **ZFS** (Zentralstelle Fotokopieren an Schulen), Geschäftsführung VG WORT; **ZWF** (Zentralstelle für die Wiedergabe von Fernsehwerken), Geschäftsführung VG Bild-Kunst; **Arbeitsgemeinschaft DRAMA** (Wahrung der Rechte dramatischer Autoren und Verleger), Geschäftsführung GEMA und VG WORT gemeinsam; Inkassostelle **Kabelweitersendung** (Inkasso für die Kabelweitersendung gegenüber der Deutschen Telekom AG), Inkasso nimmt die GEMA wahr.

9   **b) Als Informationsvermittlungsstelle** fungiert die bei der GEMA eingerichtete **CMMV** (Clearingstelle Multimedia für Verwertungsgesellschaften von Urheber- und Leistungsschutzrechten GmbH). – Gegenstand der Unternehmung ist, „die Verhandlung zwischen den Herstellern bzw Verwertern von Multimediaprodukten bzw -leistungen und den Rechteinhabern zu fördern und die Rechte aus einer Hand zu erwerben (One-Stop-Shopping)". Gegenwärtig besteht ein reiner Informationsdienst mittels einer Datenbank im Internet (www.cmmv.de). Geplant ist ein Lizenzierungsmodell, um die vielfältigen Rechte bei Multimedia-Produktionen zu bündeln (hierzu *Kreile/Becker* GRUR Int 1996, 691 ff.). Ob grds die bestehenden Rechte von Verwertungsgesellschaften kollektiv wahrgenommen werden müssen, wird bezweifelt. Durch elektronische Lizenzierungssysteme wie „Electronic Copyright Management Systems-ECMS" können die Nutzungsvorgänge einzeln erfasst und auf individueller Basis abgerechnet werden (*Rehbinder* 9. Kap., § 64 Rn 441).

4. Internationale Dachorganisationen

10   Int. Dachorganisationen der Verwertungsgesellschaften bestehen gegenwärtig in der **CISAC** (Confédération Internationale des Sociétés d'Auteurs et Compositeurs) und dem **BIEM** (Bureau International des Sociétés gerant les Droits d'Enregistrement et de Reproduction Mécanique). Die int. Zusammenarbeit der jeweiligen nationalen Verwertungsgesellschaften erstreckt sich des weiteren auf die zentrale Lizenzierung

der mechanischen Rechte für Europa in dem **BEL** (Büro für European Licensing) in der Rechtsform einer Europäischen Wirtschaftlichen Interessenvereinigung (EWIV) (zur int. Zusammenarbeit der VG Bild-Kunst, *Pfennig* KUR 1999, 10).

II. Erlaubnispflicht

Wer in der Bundesrepublik Deutschland Rechte und Ansprüche nach dem Urheber- **11** gesetz gemeinsam und für fremde Rechnung wahrnimmt, bedarf der Erlaubnis. Nur wer diesen Rechtskreis treuhänderisch wahrnimmt, unterliegt generell der Erlaubnispflicht. Eine partielle Rechtewahrnehmung ist nicht möglich.

1. Zu dem Katalog zählen nicht nur die Rechte und Ansprüche, die das Urhebergesetz **12** als Nutzungsrechte, Einwilligungsrechte oder Vergütungsansprüche nennt. Im Sinne einer erweiterten Auslegung (*Fromm/Nordemann* § 1 Rn 2; *Schricker/Reinbothe* § 1 Rn 3) fallen hierunter alle Rechte, die das Urhebergesetz gewährt. Mithin kommen sowohl Urheberrechte als auch die Leistungsschutzrechte in Betracht.

Die Wahrnehmungstatbestände bleiben auch nicht auf die Rechte und Ansprüche be- **13** schränkt, die rechtlich und faktisch nur kollektiv wahrgenommen werden können. Merkmal ist die **treuhänderische gemeinsame Wahrnehmung** der Rechte und nicht die Notwendigkeit und Zweckmäßigkeit der Wahrnehmungsform für die Rechte und Ansprüche. Dem Urheber bleibt es unbelassen, Rechte, die er auch individuell wahrnehmen kann (zB das Senderecht § 20 UrhG oder das Vervielfältigungsrecht § 16 UrhG), einer gemeinsamen Wahrnehmung zu unterstellen. Der Gesetzgeber hat daher davon abgesehen, einzelne Rechte ausdrücklich von der gemeinsamen Wahrnehmung freizustellen, wie zB die bühnenmäßige Aufführung dramatischer oder dramatisch-musikalischer Werke wie Schauspiel und Oper (BT-Drucks. IV/271, 14 = UFITA 46 (1966), 278).

a) Zu den **Nutzungsrechten** zählen neben denen durch den Urheber nach § 31 UrhG **14** eingeräumten Rechten auch die Leistungsschutzrechte für die wissenschaftliche Ausgabe urheberrechtlich nicht geschützter Werke oder Texte iSv § 70 UrhG und die Erstausgabe nachgelassener Werke nach § 71 UrhG. Ebenso sind Lichtbilder iSv § 72 UrhG hinzuzuzählen. Der dem Hersteller gewährte Schutz für das **Vervielfältigen** und **Verbreiten** von Tonträgern nach § 85 UrhG wird gleichfalls mitumfasst. Ergänzt wird der Rechtespiegel durch das Recht auf **Funksendungen** für Sendeunternehmen in § 87 UrhG und den Schutz des **Filmherstellers** nach § 94 UrhG.

b) Einwilligungsrechte regeln zB die Vorschriften des § 23 UrhG für die Bearbei- **15** tung und Umgestaltung von Werken. Eingeräumte Nutzungsrechte können nach § 34 Abs. 1 UrhG nur mit Zustimmung des Urhebers übertragen werden. Gleiches gilt nach § 35 UrhG für die Einräumung von weiteren Nutzungsrechten durch den ausschließlich Nutzungsberechtigten. Für den ausübenden Künstler ergeben sich Einwilligungsrechte in § 77 UrhG für die Aufnahme, Vervielfältigung und Verbreitung der Bild- und Tonträger der Darbietung, in § 78 Abs. 1 Nr. 1 UrhG für die öffentliche Zugänglichmachung der Darbietung, in § 78 Abs. 1 Nr. 2 UrhG für die Funksendung der Darbietung, sowie in § 78 Abs. 1 Nr. 3 UrhG für die Bildschirm- und Lautsprecherübertragung außerhalb des Aufführungsraumes.

16   **aa)** Die im Urhebergesetz vorgesehenen Vergütungsansprüche für Urheber und Leistungsschutzberechtigte weist der Gesetzgeber teilweise zur Wahrnehmung **ausschließlich** den **Verwertungsgesellschaften** zu.

17   Für die Verwertungsgesellschaften exemplarisch und bedeutsam sind dies die Ansprüche aus der **Kabelweitersendung** § 20b UrhG, dem **Folgerecht** § 26 Abs. 1 und 5 UrhG, der Vergütung für **Vermietung** und **Verleihen** § 27 Abs. 1 S. 1 und 3 UrhG und der **Vervielfältigung** und **Verbreitung** von Zeitungsartikeln und Rundfunkkommentaren § 49 Abs. 1 S. 2 und 3 UrhG. Nach § 54h UrhG unterliegen der Wahrnehmung durch Verwertungsgesellschaften die Vergütungspflicht für Vervielfältigung im Wege der **Bild- und Tonaufzeichnung** in § 54 Abs. 1 UrhG und für die Vervielfältigung im Wege der **Ablichtung** in § 54a Abs. 1 UrhG. Auch die doppelten Vergütungssätze nach § 54f Abs. 3 UrhG wegen Verletzung der Meldepflicht und nach § 54g Abs. 3 UrhG wegen Unterlassen der Auskunftspflicht sind als verwertungsgesellschaftspflichtig vorgesehen. Innerhalb der Leistungsschutzrechte für ausübende Künstler ist die Wahrnehmung des Vergütungsanspruches für die Aufnahme, Vervielfältigung und Verbreitung in § 77 Abs. 2 UrhG festgelegt. Die Vergütung für die Rechte des Filmherstellers nimmt iRd Verweisung nach § 94 Abs. 4 UrhG allein eine Verwertungsgesellschaft wahr.

18   **bb)** Vergütungsansprüche, die **nicht** der alleinigen Wahrnehmung von Verwertungsgesellschaften unterliegen, bestehen zB bei Teilen von Werken, die in Sammlungen für Kirchen-, Schul- oder Unterrichtsgebrauch aufgenommen werden § 46 Abs. 4 UrhG, bei Schulfunksendungen § 47 Abs. 2 S. 2 UrhG und bei der öffentlichen Wiedergabe von Werken § 52 Abs. 1 S. 2 und Abs. 2 S. 2 UrhG, sowie die Vergütung nach § 78 Abs. 2 UrhG an den ausübenden Künstler für die öffentliche Wiedergabe.

19   **c)** Die Wahrnehmungsbefugnis umfasst auch **Schadenersatzansprüche** wegen Verletzung von Urhebern- und Leistungsschutzrechten nach § 97 UrhG oder ein Anspruch auf Entschädigung iSv § 101 UrhG. Miteinbezogen werden **Bereicherungsansprüche**, die wegen Verletzung von urheberrechtlichen Regelungen bestehen (*BGH* GRUR 1987, 128 – NENA). Auch das Persönlichkeitsrecht kommt in Frage (*OLG Hamm* NJW-RR 1987, 232).

20   **2.** Das Merkmal der Wahrnehmung der Rechte für Rechnung mehrerer Urheber oder Inhaber verwandter Schutzrechte spricht die **Treuhandstellung** der Verwertungsgesellschaften an (BT-Drucks. IV/271, 14 = UFITA 46 (1966), 278).

21   **a)** Das **Treuhandprinzip** grenzt zu anderen Formen der zusammengefassten Wahrnehmung von Rechten ab. Insb. Verlage, die von mehreren Urhebern Rechte zur Auswertung auf eigene Rechnung erwarben, und regelmäßig gemeinsam auswerten, bedürfen mangels treuhänderischer Tätigkeit keiner Erlaubnis. Allein die monopolartige kollektive Auswertung der Rechte genügt nicht, um eine Staatsaufsicht zu rechtfertigen. Der treuhänderische Moment erfordert die staatliche Aufsicht, während die Monopolstellung eine kartellrechtliche Kontrollfrage an das Bundeskartellamt ist. Der Erlaubnispflicht unterliegen alle Rechtewahrnehmungen, auch die Rechte, die der Urheber oder Verleger selbst auch wahrnehmen kann. Wie die Rechte geltend gemacht werden, ob im eigenen oder fremden Namen, ist unerheblich (*Haertel* UFITA 50 (1967), 15).

b) Die Wahrnehmung hat für die **Ansprüche mehrerer Berechtigter** zu erfolgen. **22** Das Kriterium der Kollektivität ermöglicht, zu der Wahrnehmung der Rechte eines einzelnen Berechtigten abzugrenzen. Agenten oder Bevollmächtigte bedürfen unter der Voraussetzung keiner Erlaubnis.

c) Die Rechte sollen für **Urheber und Leistungsschutzberechtigte** wahrgenommen **23** werden. Überwiegend wird die Auffassung vertreten, dass die kollektive Wahrnehmung nicht auf den Personenkreis beschränkt bleibt. Insb. können Verleger, die keine originären Schutzrechte innehaben, als Mitglieder ihre eigenen erworbenen Rechte in eine Verwertungsgesellschaft einbringen (*Fromm/Nordemann* § 1 Rn 2 am Beispiel der GEMA und Musikverleger; *Menzel* S. 18; *Melichar* UFITA 117 (1991), 8 ff.). Gegen die Sonderstellung der Verleger bestehen krit. Stimmen (*Dietz* Rn 570, *Schack* § 37 Rn 116). Bis zum gegenwärtigen Zeitpunkt kann die Mitwirkung der Verlage nicht negativ beurteilt werden. Auch erscheint es faktisch schwierig und wenig opportun, bei der gegenwärtigen Globalisierung der Nutzung von Urheberrechten und verwandten Schutzrechten sowie der int. Zusammenschlüsse der Verwertungsgesellschaften (zuvor Rn 10) die Verleger von einer Mitgliedschaft auszuschließen. Weder das ehemalige Patentamt als Aufsichtsbehörde (UFITA 81 (1978), 357; 94 (1982), 370 ff.) noch die Rspr (*BGHZ* 55, 381 – UFA-Musikverlage) sahen bereits keinen Hinderungsgrund für eine Mitgliedschaft in einer Verwertungsgesellschaft.

Die damals von der Aufsichtsbehörde getroffene Feststellung: „Die gegenseitige Ab- **24** hängigkeit von Urhebern und Verlegern außerhalb und innerhalb der GEMA ist so groß, daß jede Gruppe existentiellen Schaden nehmen würde, wenn in einem der Bereiche eine Trennung erfolgen würde. Die starke in der Natur der Sache liegende Verbundenheit läßt es als unwahrscheinlich erscheinen, daß eine Gruppe für sich allein in sinnvoller und wirtschaftlich tragbarer Weise ihre Rechte wahrnehmen könnte" (UFITA 81 (1978), 360) gilt in verstärktem Maß.

Für die Praxis kann nur entscheidend sein, wie innerhalb der Verwertungsgesell- **25** schaft die jeweilige Mitwirkungsmöglichkeit iSv § 6 Abs. 2 geregelt wird (*Melichar* UFITA 117 (1991), 13).

3. Die Erlaubnispflicht ist an eine gemeinsame Auswertung der Rechte und Ansprü- **26** che gebunden. Neben dem zuvor erläuterten Treuhandprinzip wird das zweite tragende Kriterium der Erlaubnispflicht, das **Kollektivprinzip** angesprochen. Die Wahrnehmung erfolgt gegenüber dem Nutzer für eine Vielzahl von Rechten und Ansprüchen. Er soll sich darauf verlassen können, mit dem abgeschlossenen Nutzungsvertrag Nutzungsrechte aus einem verwalteten Gesamtrepertoire zu erwerben. Die Verwertungsgesellschaften offerieren zu dem Zweck Pauschal- oder Einheitsverträge. Die Vergütung legen sie anhand einheitlich aufgestellter Tarife fest. Pauschalabmachungen müssen aber nicht stets getroffen werden.

Da der Begriff nicht zu eng auszulegen ist (*Schricker/Reinbothe* § 1 Rn 7), sind auch **27** individuell geltend gemachte Vergütungsansprüche den Verwertungsgesellschaften zuzurechnen. Maßgebend ist, dass eine einheitlich ausgeübte Kontrolle, Verwaltung oder Geltendmachung von Auskunftsansprüchen zu dem Individualanspruch stattfindet (*Schricker/Reinbothe* § 1 Rn 7). Das Prinzip der kollektiven Wahrnehmung bringt zum Treuhandprinzip ein weiteres Abgrenzungskriterium gegenüber der individuellen Rechtewahrnehmung, wie zB durch Verlage, Bühnenvereine, Agenturen oder auch einzelnen Personen. Sie sind nicht als Verwertungsgesellschaft konzipiert.

28   4. Eine **mittelbare Wahrnehmung** von Rechten und Ansprüchen bedarf gleichfalls einer Erlaubnis (*Haertel* UFITA 50 (1967), 15; *Häußer* FuR 1980, 60; *Melichar* S. 69 ff.). Die Problematik entzündet sich bei den Zusammenschlüssen von Verwertungsgesellschaften zu Inkassogemeinschaften (zuvor Rn 6). Nehmen diese Vereinigungen treuhänderisch für die angeschlossenen Verwertungsgesellschaften deren anvertraute Rechte wahr, unterliegen sie gleichfalls der Erlaubnis (*Haertel* UFITA 50 (1967), 15). In der Funktion als reine Inkassostelle bedarf es keiner Erlaubnis. Zum gegenwärtigen Zeitpunkt gelten alle Zusammenschlüsse der Verwertungsgesellschaften als reine Inkassostellen (*Kreile* GRUR 1999, 887 ff.; *Vogel* GRUR 1993, 516 ff. mit krit. Anm.).

29   5. In welcher **Rechtsform** sich eine Verwertungsgesellschaft konstituiert, stellt das Gesetz frei (*Häußer* FuR 1980, 61). Als Vorbild der gesetzlichen Regelung diente der rechtsfähige Verein kraft Verleihung iSv § 22 BGB (BT-Drucks. IV/271, 14 = UFITA 46 (1966), 278). Gegenwärtig organisieren sich vier Verwertungsgesellschaften in dieser Rechtsform, während die verbleibenden sieben Gesellschaften die GmbH vorzogen.

III. Nicht nur gelegentliche oder kurzfristige Wahrnehmung, Abs. 2

30   Der **Abs. 2** beinhaltet eine Ausnahmeregelung von Abs. 1. Die Bestimmung befreit den Wahrnehmenden von der Erlaubnis, der nur gelegentlich oder kurzfristig Rechte und Ansprüche auswertet. Ausschließlich eine **geschäftsmäßige** und **regelmäßige** Tätigkeit begründet die Erlaubnispflicht. Die Ausnahme hat im Streitfall der Wahrnehmende zu beweisen.

IV. Fehlende Erlaubnis, Abs. 3

31   Der **Abs. 3** regelt die Rechtsfolgen einer erlaubnispflichtigen Wahrnehmung von Rechten, ohne die entspr. Erlaubnis beantragt zu haben. Der Wahrnehmende verliert die im UrhG vorgesehenen Rechte, um die ihm zur Wahrnehmung übertragenen Rechte gegen Dritte geltend zu machen einschließlich eines Strafantrages nach § 109 UrhG oder weitere zivilrechtliche Ansprüche oder strafrechtliche Anträge (BT-Drucks. IV/271, 14 = UFITA 46 (1966), 278). Die Übertragung der Rechte durch den Rechteinhaber auf den Wahrnehmenden und etwaige Weiterübertragungen durch diesen sind nicht unwirksam. Nur die **Geltendmachung** der übertragenen Rechte wird **ausgeschlossen** (*Fromm/Nordemann* § 1 Rn 5). Die Berechtigung der Aufsichtsbehörde, den unerlaubten Geschäftsbetrieb zu untersagen, regelt § 19 Abs. 2.

V. Verwertungsgesellschaften und natürliche Personen, Abs. 4

32   1. Der **Abs. 4 S. 1** enthält die **Legaldefinition** für die Verwertungsgesellschaft. In Verbindung mit Abs. 1 ist eine juristische Person oder Personengemeinschaft, die wie in Abs. 1 beschrieben Nutzungsrechte, Einwilligungsrechte oder Vergütungsansprüche wahrnimmt, eine Verwertungsgesellschaft. Weitere Festlegungen werden nicht getroffen. Die Anzahl der Verwertungsgesellschaften bleibt offen. Selbst auf einem gleichen Gebiet können mehrere Verwertungsgesellschaften existieren (zB VG für Filmrechte, Beispiele Rn 5).

2. Der **Abs. 4 S. 2** sieht den Fall vor, dass eine natürliche Person Urheberrechte und **33** Leistungsschutzrechte kollektiv wahrnehmen will und die Tätigkeit über eine gelegentliche und kurzfristige Aktivität hinausgeht. Werden die Voraussetzungen erfüllt, sind die Bestimmungen, die für die Verwertungsgesellschaften gelten, sinngemäß anzuwenden. Eine große praktische Auswirkung hat die Vorschrift nicht, wenn auch entspr. Anträge bei der Aufsichtsbehörde hin und wieder eingehen. Gegenüber den bestehenden Verwertungsgesellschaften wird oft die wirtschaftliche Grundlage für eine wirksame Wahrnehmung der anvertrauten Rechte fehlen (*BayVGH* Bl PMZ 1978, 261; *Häußer* FuR 1980, 60).

§ 2   Erteilung der Erlaubnis

Die Erlaubnis wird auf schriftlichen Antrag von der Aufsichtsbehörde (§ 18 Abs. 1) erteilt. Dem Antrag sind beizufügen:

1. die Satzung der Verwertungsgesellschaft,

2. Angaben über Namen, Anschrift und Staatsangehörigkeit der nach Gesetz oder Satzung zur Vertretung der Verwertungsgesellschaft berechtigten Personen,

3. eine Erklärung über die Zahl der Personen, welche die Verwertungsgesellschaft mit der Wahrnehmung ihrer Nutzungsrechte, Einwilligungsrechte oder Vergütungsansprüche beauftragt haben, sowie über Zahl und wirtschaftliche Bedeutung der der Verwertungsgesellschaft zur Wahrnehmung anvertrauten Rechte und Ansprüche.

Literatur: *Häußer* Praxis und Probleme der Aufsicht über Verwertungsgesellschaften, FuR 1980, 57; *ders.* Aufsicht über Verwertungsgesellschaften und Vereinsautonomie, FS Roeber, 1982, S. 113; *Sandberger/Treeck* Fachaufsicht und Kartellaufsicht nach dem Gesetz über die Wahrnehmung von Urheberrechten und verwandten Schutzrechten, UFITA 47 (1966), 165; *Vogel* Wahrnehmungsrecht und Verwertungsgesellschaften in der Bundesrepublik Deutschland – Eine Bestandsaufnahme im Hinblick auf die Harmonisierung des Urheberrechts in der Europäischen Gemeinschaft, GRUR 1993, 513.

I. Allgemeines

§ 2 regelt das Verfahren der Erlaubniserteilung. Zur Erleichterung des Verfahrens **1** hat der Antrag bestimmten formellen Voraussetzungen zu genügen. Sie sind mittels entspr. Unterlagen zu erbringen und dienen dem Zweck, die Entsch. über die Erlaubniserteilung zu erleichtern (BT-Drucks. IV/271, 14 = UFITA 46 (1966), 278).

Unberührt bleiben weitergehende Zulassungsbestimmungen, die sich aufgrund der **2** Gesellschaftsform oder aus anderen gesetzlichen Vorschriften ergeben. ZB bei den wirtschaftlichen Vereinen § 22 BGB und bei den Handelsgesellschaften und natürlichen Personen § 14 GewO (*Schricker/Reinbothe* § 2 Rn 1).

II. Antrag auf Erlaubnis

3   **1.** Den Antrag können juristische Personen oder Personengemeinschaften sowie natürliche Personen stellen. Sie definiert § 1 Abs. 4 als Wahrnehmungsberechtigte. Zu richten ist der Antrag an die Aufsichtsbehörde **DPMA**, die die Erlaubnis erteilt.

4   **2.** Der Antrag ist an **keine Form** gebunden, muss aber **schriftlich** eingereicht werden.

5   Einer Begr. des Antrags bedarf es nicht. Der Antragsteller hat jedoch dem Antrag die Unterlagen nach den Ziff. 1-3 in S. 2 der Vorschrift beizufügen. Die Vorlage bezweckt eine zügige Bearbeitung der Erlaubnis. Die Aufsichtsbehörde kann anhand der subjektiven Zulassungsvoraussetzungen erkennen, ob die Statuten eine Tätigkeit iRd WahrnG erwarten lassen (*Vogel* GRUR 1993, 516).

6   Der Begriff der **Satzung** betrifft keine vereinsrechtliche Verordnung. Da die Verwertungsgesellschaften in Rechtsform und Ausgestaltung unterschiedlich sein können, soll eine Regelung entspr. der Organisationsform erreicht werden. Die von den Verwertungsgesellschaften überwiegend gewählte Personengesellschaft der GmbH benötigen demnach einen entspr. Gesellschaftsvertrag. Natürliche Personen haben die subjektiven Zulassungsvoraussetzungen ebenso zu erfüllen und die vorgegebenen Unterlagen einzureichen (*Häußer* ZuR 1980, 60). Die Satzung entfällt bei ihnen. Nach Auffassung der Aufsichtsbehörde hat für die Person eine Selbstbindung zu erfolgen. Geregelt sein muss der Berechtigungsvertrag, die Grundsätze des Verteilungsplans sowie Mitwirkung und Vertretung der Berechtigten (*Häußer* ZuR 1980, 60; *Schricker/Reinbothe* § 2 Rn 3).

§ 3   Versagung der Erlaubnis

(1) Die Erlaubnis darf nur versagt werden, wenn

1. die Satzung der Verwertungsgesellschaft nicht den Vorschriften dieses Gesetzes entspricht,

2. Tatsachen die Annahme rechtfertigen, daß eine nach Gesetz oder Satzung zur Vertretung der Verwertungsgesellschaft berechtigte Person die für die Ausübung ihrer Tätigkeit erforderliche Zuverlässigkeit nicht besitzt, oder

3. die wirtschaftliche Grundlage der Verwertungsgesellschaft eine wirksame Wahrnehmung der ihr anvertrauten Rechte oder Ansprüche nicht erwarten läßt.

(2) Die Versagung der Erlaubnis ist zu begründen und der Verwertungsgesellschaft zuzustellen.

Literatur: S. die Literaturhinweise zu § 2.

Übersicht

I. Allgemeines

§ 3 zählt die Versagungsgründe **abschließend** auf, unter denen die Aufsichtsbehörde **1** die Erlaubnis verweigern kann (BT-Drucks. IV/271, 14 = UFITA 46 (1966), 279). Bei den Gründen handelt es sich um subjektive Voraussetzungen, wie sie bereits in § 2 festgelegt sind. Liegen die Tatbestände für eine Versagung nicht vor, besteht ein materieller Anspruch auf Erlaubnis (*BayVGH* Bl PMZ 1978, 262).

Die erteilte Erlaubnis schließt das Verfahren ab, und die Vorschrift findet keine An- **2** wendung mehr. Nach der Erlaubnis ist das Verhalten der Verwertungsgesellschaft nach §§ 19 und 20 zu kontrollieren und eventuell die Erlaubnis gem. § 4 zu widerrufen (*Schricker/Reinbothe* § 3 Rn 2). Gesetzestechnisch konzipierte der Gesetzgeber die Vorschrift als öffentlich-rechtliche Erlaubnisvorschrift (BT-Drucks. IV/271, 14 = UFITA 46 (1966), 279).

Eine Versagung der Erlaubnis kann mit einer Klage vor dem Verwaltungsgericht an- **3** gefochten werden (vgl Rn 13 ff.).

Inhaltlich gestaltet sich die Vorschrift als **Berufszulassungsvoraussetzung**, die die **4** Freiheit der Berufswahl einschränkt. Zum Schutz wichtiger Gemeinschaftsgüter, hier der Kulturschaffenden und der Teilnahme des Bürgers am kulturellen Leben, sind sie iRd Verhältnismäßigkeit zulässig (*Häußer* FS Roeber, S. 124 ff.; *Sandberger/Treeck* UFITA 47 (1996), 181).

II. Versagung der Erlaubnis

1. Abs. 1 Nr. 1 stellt sicher, dass die eingereichte **Satzung** den Vorschriften des **5** WahrnG entspricht. Die Satzung (zuvor § 2 Rn 6) soll konkret wiederspiegeln, wie die für die Tätigkeit im WahrnG aufgestellten Forderungen an die Verwertungsgesellschaften erfüllt sind. Die Aufsichtsbehörde überprüft daher die Satzung nicht auf ihre Zulässigkeit im Grundsätzlichen, sondern ausschließlich, ob Verpflichtungen aus dem Wahrnehmungsgesetz eingehalten sind.

Das eingereichte Regelwerk lässt eine Tätigkeit iRd WahrnG erwarten. Definitiv **6** müssen als gesetzliche Verpflichtung die Grundsätze des **Verteilungsplanes** (§ 7 S. 3) und die **angemessene Mitwirkung** der Berechtigten an der Willensbildung der Gesellschaft satzungsmäßig vorgesehen sein. Weitere normierte Pflichten, wie zB der Wahrnehmungszwang (§ 6 Abs. 1), die Rechnungslegung (§ 9), die Auskunft (§ 10), der Abschlusszwang (§§ 11, 12) usw, können ohne satzungsmäßige Regelung bleiben. In den Statuten darf aber die Satzung gegen diese Vorschriften nicht verstoßen (*Schricker/Reinbothe* § 3 Rn 5/6).

2. Abs. 1 Nr. 2 verneint die Erlaubnis bei **Unzuverlässigkeit** der verwertungsbe- **7** rechtigten Person. Die persönliche Zuverlässigkeit der Vertreterperson schätzt der Gesetzgeber als selbstverständliches und hohes Gut ein, sodass er von einer näheren Begr. absah (BT-Drucks. IV/271, 214 = UFITA 46 (1966), 279). Zur Auslegung bieten sich die Bestimmungen des § 33 Abs. 1 Nr. 1 KWG und der §§ 30 ff. GewO an (*Schricker/Reinbothe* § 3 Rn 7; *Fromm/Nordemann* § 3 Rn 2). Die Feststellungen beziehen sich auf konkrete, objektiv nachweisbare Tatsachen. Allein der Nachweis charakterlicher Mängel genügt nicht, um den Betreffenden für die Ausübung der Tätigkeit als ungeeignet erscheinen zu lassen (*Schricker/Reinbothe* § 3 Rn 7; *Fromm/*

Nordemann § 3 Rn 2). Zudem müssen die Mängel für die spezielle Tätigkeit bei der Verwertungsgesellschaft relevant sein (*Schricker/Reinbothe* § 3 Rn 8; *Fromm/Nordmann* § 3 Rn 2). Als hinreichende Tatsachen kommen zB in Betracht: Vorstrafen aus Vermögensdelikten, Verbrechen jeder Art, Verschulden oder Mitverschulden von Insolvenzen.

8   Die Annahme der Unzuverlässigkeit muss sich nicht zwingend ergeben. Die Aufsichtsbehörde erhält für ihre Entsch. einen **Ermessensspielraum**. Aus den erhaltenen Tatsachen erschließt sich für die Aufsichtsbehörde ein Erkenntnisstand, der die Annahme der Unzuverlässigkeit rechtfertigt. Eine Kausalität zwischen den Tatsachen und der Unzuverlässigkeit ist nicht erforderlich (*Schricker/Reinbothe* § 3 Rn 9).

9   **3. Abs. 1 Nr. 3** gibt der Erlaubnisbehörde des weiteren das Recht, die **Erlaubnis zu verweigern**, wenn die wirtschaftliche Grundlage eine wirksame Rechtewahrung nicht erwarten lässt. Unterlässt die Verwertungsgesellschaft die Angaben iSd Vorschrift, ist eine wirksame Wahrnehmung abzulehnen (*BayVGH* Bl PMZ 1978, 262).

10 **a)** Im Vordergrund der Wertung steht **nicht die Kapitaldecke**, die die Gründungsgesellschaft mit dem Antrag auf Erlaubnis ausweisen kann. Meist besitzen neu zu gründende Verwertungsgesellschaften nur ein eng kalkuliertes Grundvermögen. Stellt die Aufsichtsbehörde das Kriterium in den Vordergrund, stünde eine entstehende Verwertungsgesellschaft vor einem oft nur schwierig zu meisternden Hindernis. Zum einen ist die Geldbeschaffung auf dem Kapitalmarkt beschwerlich, zum anderen wird die anfangs nur geringe Mitgliederzahl nicht für eine hohe Finanzkraft sorgen können. Die Überbewertung der Finanzkraft widerspricht Sinn und Zweck der Vorschrift, den Urhebern und Leistungsschutzberechtigten einen hinreichenden Schutz zu gewähren (BT-Drucks. IV/271, 14 = UFITA 46 (1966), 279). Die materielle Basis soll jedoch den zu erwartenden Aufwand für Verwaltung und Büroführung sicherstellen (*BayVGH* Bl PMZ 1978, 263).

11 **b)** Die auf die **Zukunft ausgerichtete Bewertung** der Leistungsfähigkeit erfordert eine Prognose anhand der mit dem Antrag eingereichten Vertragswerke. Neben der Satzung bestimmen ua der Finanzplan, Verteilungsplan, Umfang der wahrzunehmenden Rechte und Ansprüche sowie die Gegenseitigkeitsvereinbarungen mit ausländischen Verwertungsgesellschaften die Einschätzung der Wirtschaftlichkeit. Aus den Statuten soll hervorgehen, dass eine wirksame Rechtswahrung zu erwarten ist. Das Organisations- und Kontrollsystem verwaltet und vermittelt die anvertrauten Rechte und Ansprüche iSd Urheber und Leistungsberechtigten, die oft auf die Einnahmen angewiesen sind (BT-Drucks. IV/271, 14 = UFITA 46 (1966), 279). Ein wichtiges Indiz wird der Katalog der wahrgenommenen Rechte sein. Ein umfangreiches nationales und int. Repertoire lässt ein großes Aufkommen erwarten, das den Wettbewerb mit weiteren konkurrierenden Verwertungsgesellschaften einengt. Die Vorschrift bietet aber keine Möglichkeit, Konkurrenz auszuschließen (*Rehbinder* Rn 445; *Schricker/Reinbothe* § 3 Rn 100; **aA** *DPMA* ZUM 1989, 506/509; *Vogel* GRUR 1993, 513/516). Bei einer Vielzahl von gleichartigen Verwertungsgesellschaften stellt sich aber die Frage der Wirtschaftlichkeit der Einzelnen. Die jeweils entstehenden Verwaltungskosten dürfen gegenüber den Einnahmen nicht übersetzt sein (*Fromm/Nordemann* § 3 Rn 4; *Schricker/Reinbothe* § 3 Rn 11).

III. Verwaltungsakt, Rechtsweg

Die Versagung der Erlaubnis nach Abs. 2 ist ein **Verwaltungsakt** der Aufsichtsbe-   **12**
hörde und schriftlich zu begründen. Der Bescheid hat die Gründe zu enthalten, die
nach § 3 Abs. 1 im konkreten Fall für die Versagung vorgelegen haben. Die Zustellung des Bescheides erfolgt an die antragstellende Verwertungsgesellschaft nach
dem Verwaltungszustellungsgesetz (VwZG).

Gegen die Versagung wird der **Verwaltungsrechtsweg** nach der Verwaltungsge-   **13**
richtsordnung eröffnet (§ 40 VwGO). Da das DPMA obere und nicht oberste Behörde ist, beginnt der Rechtsweg zunächst mit einem Widerspruch nach § 68 Abs. 1
VwGO beim DPMA. Das Widerspruchsverfahren ist auch dann nicht obsolet, wenn
das nach § 18 Abs. 3 vorgeschriebene Einverständnis zwischen DPMA und BKartA
durch eine Weisung des Bundesminister der Justiz iSv § 18 Abs. 3 S. 2 ersetzt wird
(*Schricker/Reinbothe* § 3 Rn 144; **aA** *Mestmäcker/Schulze* § 3 Anm. 5 aE).

Über den **Widerspruch** entscheidet das DPMA, indem es dem Bescheid abhilft oder   **14**
einen begründeten Widerspruchsbescheid erlässt. Gegen Letzteren kann Anfech-
tungs- oder Verpflichtungsklage (§§ 42, 74 VwGO) zum Verwaltungsgericht München als das für das DPMA örtlich zuständige Verwaltungsgericht (§ 52 VwGO) erhoben werden. Eine sich anschließende Berufung ist beim Bayerischen Verwaltungs-
gerichtshof einzulegen (§ 142 VwGO).

Widerspruchs-, Klage- und Berufungsfrist beträgt jeweils ein Monat ab Zustellung   **15**
der Entsch. an die antragstellende Verwertungsgesellschaft.

§ 4   Widerruf der Erlaubnis

(1) Die Erlaubnis ist zu widerrufen, wenn

**1. einer der Versagungsgründe des § 3 Abs. 1 bei Erteilung der Erlaubnis der
   Aufsichtsbehörde nicht bekannt war oder nachträglich eingetreten ist und
   dem Mangel nicht innerhalb einer von der Aufsichtsbehörde zu setzenden
   Frist abgeholfen wird oder**
**2. die Verwertungsgesellschaft einer der ihr nach diesem Gesetz obliegenden
   Verpflichtungen trotz Abmahnung durch die Aufsichtsbehörde wiederholt
   zuwiderhandelt.**

**(2) Der Widerruf der Erlaubnis ist zu begründen und der Verwertungsgesell-
schaft zuzustellen. Der Widerruf wird drei Monate, nachdem er unanfechtbar
geworden ist, wirksam, wenn darin kein späterer Zeitpunkt festgesetzt ist.**

Literatur: *Arnold/Rehbinder* Zur Rechtsnatur der Staatsaufsicht über die Verwertungsgesellschaften, UFITA 118 (1992), 203; *Häußer* Praxis und Probleme der Aufsicht über Verwertungsgesellschaften, FuR 1980, 57; *ders.* Aufsicht über Verwertungsgesellschaften und
Vereinsautonomie, FS Roeber 1982, S. 113; *Melichar* Die Wahrnehmung von Urheberrechten
durch Verwertungsgesellschaften am Beispiel der VG Wort, 1983; *Sandberger/Treeck* Fachaufsicht und Kontrollaufsicht nach dem Gesetz über die Wahrnehmung von Urheberrechten
und verwandten Schutzrechten, UFITA 47 (1966), 165; *Vogel* Wahrnehmungsrecht und Ver-

wertungsgesellschaften in der Bundesrepublik Deutschland – Eine Bestandsaufnahme im Hinblick auf die Harmonisierung des Urheberrechts in der Europäischen Gemeinschaft, GRUR 1993, 513.

Übersicht

I. Allgemeines

1   Die Erteilung der Erlaubnis kann widerrufen werden.

2   § 4 regelt den nachträglichen Widerruf einer an eine Verwertungsgesellschaft erteilten Erlaubnis. Der Widerruf untersagt ein zukünftiges Handeln der bereits tätigen Verwertungsgesellschaft. Wenn die in Abs. 1 Nr. 1 und 2 genannten Voraussetzungen vorliegen, ist eine Tätigkeit zwingend zu untersagen. Einen Ermessensspielraum für ihre Entsch. bekommt die Aufsichtsbehörde nicht eingeräumt. Die Vorschrift enthält die Ermächtigungsgrundlage sowohl für den Widerruf als auch für die vorhergehenden Maßnahmen der Fristsetzung nach Abs. 1 Nr. 1 und der Abmahnung nach Abs. 1 Nr. 2 (*Schricker/Reinbothe* § 4 Rn 2; **aM** *Arnold/Rehbinder* UFITA 118 (1992), 210).

II. Widerruf der Erlaubnis

3   **1. § 4 Abs. 1** bestimmt in Nr. 1 und Nr. 2 abschließend die Voraussetzungen, die die Aufsichtsbehörde veranlasst, die Erlaubnis zu widerrufen.

4   **a) Abs. 1 Nr. 1** benennt als Widerrufsgründe die in § 3 Abs. 1 Nr. 1 bis 3 genannten Tatbestandsmerkmale, die bereits rechtfertigen, eine Erlaubnis zu versagen. Die dort normierten Gründe für eine Versagung erfordern den Widerruf der Erlaubnis, wenn sie der Aufsichtsbehörde zum einen nachträglich – folglich **nach Erteilung der Erlaubnis** – bekannt geworden oder erst zu einem späteren Zeitpunkt nach der Erlaubnis eingetreten sind. Nicht hinzu zählt der Fall, dass der Aufsichtsbehörde der Versagungsgrund bei der Erlaubniserteilung bekannt war, von ihr aber falsch interpretiert und nicht beachtet wurde. Diese Konstellation regelt sich nach § 4 Abs. 1 Nr. 2 (su Rn 9).

5   **aa)** Die nachträglich bekannt gewordenen oder eingetretenen Versagungsgründe berechtigen die Aufsichtsbehörde nicht, die Erlaubnis unverzüglich zu widerrufen. Sie ist vielmehr verpflichtet, der Verwertungsgesellschaft die Möglichkeit einzuräumen, den **Mangel zu beseitigen** (BT-Drucks. IV/271, 14 = UFITA 46 (1966), 279). Für die Mängelbeseitigung setzt sie eine Frist.

6   Die **Fristsetzung** ist ein **Verwaltungsakt**, der nach der Verwaltungsgerichtsordnung angefochten werden kann (§ 40 VwGO). Der Verwaltungsrechtsweg wird durch einen Widerspruch beim DPMA eröffnet (zum Verfahren so § 3 Rn 13 ff.). Die Anfechtung mittels Widerspruch und Klage hat aufschiebende Wirkung der Fristsetzung (§ 80 VwGO). Der Widerruf der Erlaubnis kann daher nur dann erfolgen, wenn die Verfügung zur Frist unanfechtbar geworden ist. Den sofortigen Vollzug der Verfügung sieht die gesetzliche Regelung nicht vor. Zur Anwendung schwerer Nachteile der Rechteinhaber und Nutzer kann unter den bes. Voraussetzungen des § 80

VwGO eine aufschiebende Wirkung aufgehoben werden. Insofern muss nach den Gesamtumständen ein dringender Fall gegeben sein. Bes. zu berücksichtigen ist in dem Fall das Interesse der Mitglieder, das sie an dem – befristeten – Fortbestand der Verwertungsgesellschaft innehaben können.

bb) Die Länge der Frist muss **angemessen** sein (BT-Drucks. IV/271, 15 = UFITA 46   **7** (1966), 27). In ihr müssen sich die Interessen der Betroffenen an der Beseitigung der Mängel widerspiegeln. Der festgelegte Zeitraum gestaltet sich für die Verwertungsgesellschaft ausreichend, um die Beseitigung des Mangels nach den Gesamtumständen als realistisch anzusehen. Die Rechteinhaber und Nutzer erwarten eine Garantie, dass sich ein Schaden möglichst gering auswirkt. Die Frist orientiert sich daher stets am Einzelfall. Für die Beseitigung der einzelnen entspr. § 3 vorgegebenen Mängel besteht ein unterschiedlicher Aufwand, um den einzelnen Mangel aufzuheben. Die **Mindestfrist** beträgt jedenfalls **ein Monat**. Denn die festgelegte Frist kann innerhalb eines Monats rechtswirksam angefochten werden (su Rn 16). Ein Widerruf der Erlaubnis innerhalb der Widerspruchsfrist schließt sich damit aus. Solange der die Frist aussprechende Bescheid noch anfechtbar und nicht bestandskräftig ist, kann die Erlaubnis nicht widerrufen werden.

Wird dem Mangel nicht innerhalb der rechtskräftig festgesetzten Frist abgeholfen, ist   **8** die Erlaubnis seitens der Aufsichtsbehörde zu widerrufen.

b) Abs. 1 Nr. 2 sieht den Widerruf für den Fall der „**hartnäckigen Missachtung**"   **9** des Gesetzes durch die Verwertungsgesellschaft vor. Den Widerrufsgrund stufte bereits der Gesetzgeber als „seltenen Ausnahmefall" ein (BT-Drucks. IV/271, 15 = UFITA 46 (1960), 279), der bisher in der Praxis noch nicht in Erscheinung trat.

aa) Die Verwertungsgesellschaft muss gegen die ihr **auferlegten gesetzlichen**   **10** **Pflichten** des WahrnG (s. § 3 Rn 6) verstoßen. Der Verstoß kann auf einem aktiven Handeln beruhen, aber auch das Unterlassen einer Handlung umfassen, zu der die Verwertungsgesellschaft gesetzlich verpflichtet ist. Unerheblich bleibt, ob der Gesetzesverstoß als geringfügig oder schwerwiegend interpretiert wird (*Vogel* GRUR 1993, 530; *Schricker/Reinbothe* § 4 Rn 6; **aA** *Melichar* S. 54; *Häußer* FS Roeber, S. 128 ff.). Insofern steht der Aufsichtsbehörde kein Entschließungsermessen zu (*Vogel* GRUR 1993, 530).

Verstößt die Verwertungsgesellschaft wiederholt gegen die Regeln, so ist die Auf-   **11** sichtsbehörde verpflichtet, die Erlaubnis zu widerrufen. Die Vorgehensweise wird relativiert durch die Voraussetzung, dass ein wiederholter Verstoß gegen dieselbe Verpflichtung vorgelegen haben muss und zuvor eine Abmahnung erfolgte. Der Verhältnismäßigkeit ihres Vorgehens genügt die Aufsichtsbehörde, indem sie die Verwertungsgesellschaft nach bekannt werden der Pflichtwidrigkeit diese erstmals formlos auf die Verfehlung hinweist und zur Beseitigung auffordert (*Vogel* GRUR 1993, 530; *Arnold/Rehbinder* UFITA 118 (1992), 211).

bb) Die wiederholte Zuwiderhandlung betrifft ein und **denselben Gesetzesverstoß**,   **12** der mindestens zweimal vorkam. Mehrere Verstöße verschiedener Art rechtfertigen den Widerruf nicht, auch wenn die Aufsichtsbehörde „allgemein abmahnt" und zur Gesetzestreue auffordert (*Fromm/Nordemann* § 4 Rn 3).

13   Vor dem Widerruf hat die Aufsichtsbehörde eine Abmahnung auszusprechen. Sie ist Voraussetzung für den späteren Widerruf der Erlaubnis. Die Abmahnung ist wegen ihrer Einzelfallregelung ein **Verwaltungsakt** mit vollstreckbarem Inhalt (*Arnold/Rehbinder* UFITA 128 (1992), 209). Gegen sie kann daher gleichfalls auf dem Verwaltungsrechtsweg Rechtsmittel eingelegt werden, beginnend mit dem Widerspruch vor dem DPMA. Ein Widerruf der Erlaubnis kann demnach erst dann erfolgen, wenn die Abmahnung unanfechtbar geworden ist.

14   **cc)** Liegt ein Gesetzesverstoß vor, hat die Aufsichtsbehörde dagegen vorzugehen. Eine Verwertungsgesellschaft kann sich nicht darauf berufen, dass bereits zum Zeitpunkt der Erlaubniserteilung der Gesetzesverstoß – zB in der Satzungsregelung – zu erkennen war und unbeanstandet blieb.

15   Setzt **Abs. 1 Nr. 1** voraus, dass der Versagungsgrund nachträglich bekannt geworden oder eingetreten ist, spielt es bei **Abs. 1 Nr. 2** keine Rolle, ob der Verstoß bereits zum Zeitpunkt der Erlaubnis vorlag oder erst danach eintrat. Nach dem Gesetzeswortlaut ist ein Gesetzesverstoß stets zu verfolgen, unabhängig vom Zeitpunkt seiner Existenz. Die Aufsichtsbehörde hat iSv § 19 ihrer Kontrollpflicht stets nachzukommen. Die Verwertungsgesellschaften können aus der Erlaubnis und den mit ihr verbundenen Regelwerken keinen Vertrauensschutz auf den Bestand der erlaubten Regelung herleiten. Das Kontrollrecht der Staatsaufsicht ist nicht verbraucht, sondern ein permanentes (**hM**; *Schricker/Reinbothe* § 4 Rn 6; *Fromm/Nordemann* § 4 Rn 3). Die Kollision von Satzungsbestimmungen mit dem Gesetz muss die Aufsichtsbehörde auch dann noch beheben können, wenn sie beim Erlaubnisbescheid diese nicht erkannt oder übersehen hat.

2. § 4 Abs. 2 regelt die Formalien des Widerrufs.

16   **a)** Der Widerruf der Erlaubnis ist ein anfechtbarer Verwaltungsakt. Die Aufsichtsbehörde hat ihn zu begründen und der Verwaltungsgesellschaft ordnungsgemäß nach der VwZG zuzustellen.

17   Der angefochtene Widerruf der Erlaubnis eröffnet den Verwaltungsrechtsweg (so § 3 Rn 13 ff.).

18   **b)** In **Abs. 2 S. 2** wird der Zeitpunkt festgelegt, zu dem der Widerruf wirksam wird. Die Verlegung des Zeitpunkts an dem die Erlaubnis als entzogen anzusehen ist, beinhaltet eine Schutzfunktion für die Mitglieder der Verwertungsgesellschaft (BT-Drucks. IV/271, 15 = UFITA 46 (1966), 279). Ihnen soll die Möglichkeit geschaffen werden, eine neue Verwertungsgesellschaft zu gründen oder einer anderen gleichartigen beizutreten. Die ununterbrochene Wahrnehmung ihrer Rechte soll auf diese Weise gesichert werden (aaO).

19   Die widerrufene Erlaubnis entfaltet die **Rechtswirkung ex nunc** und nicht ex tunc. Dem Widerruf der Erlaubnis haben Fristsetzung und Abmahnung vorauszugehen, die nachträglich nicht mehr mittels Widerspruch und Klage angefochten werden können. Unanfechtbar wird der Widerruf, wenn er nicht mehr infolge Fristablauf mittels Widerspruch und Klage angefochten werden kann oder wenn die Rechtsmittel eingelegt und rechtskräftig entschieden wurden.

§ 5   Bekanntmachung

Die Erteilung der Erlaubnis und ein nach § 4 Abs. 2 wirksam gewordener Widerruf sind im Bundesanzeiger bekanntzumachen.

Die Erteilung der Erlaubnis zum Geschäftsbetrieb als Verwertungsgesellschaft und der wirksam gewordene Widerruf sind wegen ihrer Bedeutung für die Öffentlichkeit im BAnz. bekannt zu machen. Die Versagung der Erlaubnis dagegen nicht. Die Bekanntmachung hat die Aufsichtsbehörde wahrzunehmen.

Zweiter Abschnitt
Rechte und Pflichten der Verwertungsgesellschaft

§ 6   Wahrnehmungszwang

(1) Die Verwertungsgesellschaft ist verpflichtet, die zu ihrem Tätigkeitsbereich gehörenden Rechte und Ansprüche auf Verlangen der Berechtigten zu angemessenen Bedingungen wahrzunehmen, wenn diese Deutsche im Sinne des Grundgesetzes oder Staatsangehörige eines anderen Mitgliedsstaates der Europäischen Union oder eines anderen Vertragsstaates des Abkommens über den Europäischen Wirtschaftsraum sind oder ihren Wohnsitz im Geltungsbereich dieses Gesetzes haben und eine wirksame Wahrnehmung der Rechte oder Ansprüche anders nicht möglich ist. Ist der Inhaber eines Unternehmens Berechtigter, so gilt die Verpflichtung gegenüber dem Unternehmen mit Sitz in einem Mitgliedstaat der Europäischen Union oder in einem Vertragsstaat des Abkommens über den Europäischen Wirtschaftsraum.

(2) Zur angemessenen Wahrnehmung der Belange der Berechtigten, die nicht als Mitglieder der Verwertungsgesellschaft aufgenommen werden, ist eine gemeinsame Vertretung zu bilden. Die Satzung der Verwertungsgesellschaft muß Bestimmungen über die Wahl der Vertretung durch die Berechtigten sowie über die Befugnisse der Vertretung enthalten.

Literatur: *Dördelmann* Gedanken zur Zukunft der Staatsaufsicht über Verwertungsgesellschaften, GRUR 1999, 890; *Dünnwald* Die Verpflichtung der Verwertungsgesellschaften zur Rechtswahrnehmung zu angemessenen Bedingungen, FS Kreile, 1994, S. 161; *Häußer* Praxis und Probleme der Aufsicht über Verwertungsgesellschaften, FuR 1987, 57; *ders.* Die Verteilung der im Rahmen von Urheberrechten und Leistungsschutzrechten erzielten Einnahmen an Ausländer, FS Kreile, 1994, S. 281; *ders.* Das Recht der Verwertungsgesellschaften aus der Sicht der Aufsichtsbehörde, Mitt. 1984, 64; *Hillig* Zur Rechtsstellung des Beirats in der urheberrechtlichen Verwertungsgesellschaft, FS Kreile 1994, S. 295; *ders.* Schöpfer vorbestehender Werke aus der Sicht der VG-Wort, ZUM 1999, 12; *Kreile/Becker* Multimedia und die Praxis der Lizenzierung von Urheberrechten, GRUR Int 1996, 677; *Kuck* Kontrolle von Musterverträgen im Urheberrecht, GRUR 2000, 285; *Lerche* Verwertungsgesellschaften als Unternehmen „sui generis", ZUM 2003, 34; *Mauhs* Der Wahrnehmungsvertrag, 1991; *Melichar* Die Wahrnehmung von Urheberrechten durch Verwertungsgesellschaften, 1983; *ders.* Verleger und Verwertungsgesellschaften, UFITA 117 (1991), 51; *Menzel* Die Aufsicht über die GEMA durch das Deutsche Patentamt, 1986; *Möhring/Lieberknecht* Kartellrecht und Urheberrecht, UFITA 29 (1959), 269; *Nordemann* Der Begriff der „angemessenen Bedingungen" in § 6 Abs. 1 Wahrnehmungsgesetz, GRUR Int 1973, 306; *ders.* Mängel der Staatsaufsicht über die deutschen Verwertungsgesellschaften?, GRUR 1992, 584; *Platho* Die nachträgliche Erweiterung des Rechtekatalogs in den Wahrnehmungsverträgen von Verwertungsgesellschaften, ZUM 1987, 77; *Rehbinder* Mängel der Staatsaufsicht über die deutschen Verwertungsgesellschaften, DVBl 1992, 216; *Reinbothe* Schlichtung im Urheberrecht, 1978; *Riesenhuber* Beim Abschluss des Wahrnehmungsvertrags sind die Berechtigten Unternehmer i.S.v. § 14 BGB, ZUM 2002, 777; *Russ* Das Lied eines Boxers. Grenzen der Rechtswahrnehmung durch die GEMA am Beispiel des Falls „Henry Maske", ZUM 1995, 32; *Schulze, E.* Urheberrechtliche Verwertungsgesellschaften auf dem gemeinsamen Markt, UFITA 65 (1972), 342; *ders.* Mitgliedsausschluss aus einem wirtschaftlichen Verein am Beispiel der GEMA, NJW 1991, 3264; *Schulze, G.* Teil-Werknutzung, Bearbeitung und Werkverbindung bei Musikwerken – Grenzen des Wahrnehmungsumfangs der GEMA, ZUM 1993, 255; *Siebert* Die Auslegung der Wahrnehmungsverträge unter Berücksichtigung der digitalen Technik, erläutert am Beispiel der GEMA, GVL, VG WORT und VG BILD KUNST, 2002; *v. Ungern-Sternberg* Die Wahrnehmungspflicht der Verwertungsgesellschaften und die Urheberrechtskonvention, GRUR Int 1973, 61; *Vogel* Wahrnehmungsrecht und Verwertungsgesellschaften in der Bundesrepublik Deutschland – Eine Bestandsaufnahme im Hinblick auf die Harmonisierung des Urheberrechts in der Europäischen Gemeinschaft, GRUR 1993, 513.

Übersicht

I. Allgemeines

1 **1.** Die Wahrnehmung der Rechte von Urhebern und den Inhabern verwandter Schutzrechte verpflichtet die jeweilige Verwertungsgesellschaft in doppelter Hinsicht. Zum einen unterliegen sie gegenüber den Berechtigten einem Wahrnehmungszwang nach § 6 und zum anderen gegenüber den Verwertern einem Abschlusszwang nach § 11. Dieser **doppelte Kontrahierungszwang** ist Ausfluss der faktischen Monopolstellung der Verwertungsgesellschaften (*v. Ungern-Sternberg* GRUR Int 1973, 61, 62 mwN; *Melichar* Die Wahrnehmung von Urheberrechten durch Verwertungsgesellschaften am Beispiel der VG-Wort, S. 34 ff.).

2 **2.** Ziel des § 6 ist, den Urheber und den Inhaber verwandter Schutzrechte vor **wirtschaftlichen Schäden zu bewahren**, indem die Vertragsfreiheit aufgehoben ist und die Verwertungsgesellschaften unter bestimmten Voraussetzungen verpflichtet sind, alle zu ihrem Tätigkeitsbereich gehörenden Rechte und Ansprüche auf Verlangen des Rechtsinhabers wahrzunehmen (BT-Drucks. IV/271, 15 = UFITA 46 (1996), 279). Dabei ist zu berücksichtigen, dass einzelne Rechte nicht individuell geltend gemacht werden können, sondern den Verwertungsgesellschaften zur Wahrnehmung ausschließlich zugewiesen sind (vgl zB § 26 Abs. 5 und § 25 Abs. 3 UrhG). § 6 verpflichtet die Verwertungsgesellschaft ausschließlich zum Abschluss eines Berechtigungsvertrages. Die Vorschrift schafft keine Grundlage, dem Rechteinhaber auch ei-

nen Anspruch auf Mitgliedschaft in der Verwertungsgesellschaft einzuräumen (BT-Drucks. IV/271, 15 = UFITA 46 (1966), 280; *Häußer* Mitt. 1984, 64, 70; *Melichar* UFITA 117 (1991), 513; *Schricker/Reinbothe* § 6 Rn 3; *Fromm/Nordemann* § 6 Rn 1; su Rn 45).

II. Der Wahrnehmungszwang

§ 6 Abs. 1 verpflichtet die Verwertungsgesellschaft auf Verlangen des Rechteinha- **3** bers zur Wahrnehmung aller Rechte und Ansprüche, die zu ihrem Tätigkeitsbereich gehören. Sie schließt hierzu mit dem Berechtigten einen Wahrnehmungs- oder Berechtigungsvertrag.

1. Die Verpflichtung zur Wahrnehmung betrifft ausschließlich Rechte und Pflichten, **4** die zum **Tätigkeitsbereich** der jeweiligen Verwertungsgesellschaft gehören. Der Tätigkeitsbereich wird zum einen durch das Urhebergesetz bestimmt. Wahrzunehmen sind nur die Rechte, die das Urhebergesetz normiert. Zum anderen bestimmt die beschlossene Satzung bzw der vereinbarte Gesellschaftsvertrag und der Erlaubnisbescheid der Aufsichtsbehörde die Aufgabenstellung der Verwertungsgesellschaft. Der Berechtigte hat keinen Anspruch auf eine weitergehende Rechtewahrnehmung.

Die Verwertungsgesellschaft ist insofern **frei**, den Umfang der Rechtewahrnehmung **5** festzulegen. Damit sie sich der gesetzlichen Verpflichtung nicht entzieht, dürfen nur objektive und nicht subjektive Kriterien den Tätigkeitsbereich beschränken (*Haertel* UFITA 50 (1967), 7, 17; *Schricker/Reinbothe* § 6 Rn 2). Objektive Abgrenzungsmerkmale beinhaltet die Abgrenzung nach bestimmten Gruppen von Werkschöpfern oder Leistungsschutzberechtigten, nach bestimmten Werkarten und Nutzungsbefugnissen sowie nach Vergütungsansprüchen (*Vogel* GRUR 1993, 513; *Schricker/Reinbothe* § 6 Rn 2; *Fromm/Nordemann* § 6 Rn 1; zum Gegenstand der einzelnen Rechtewahrnehmung so § 1 Rn 5).

Der Berechtigte hat ausschließlich den Anspruch, dass die Verwertungsgesellschaft **6** seine Rechte wahrnimmt. Der Wahrnehmungsanspruch verpflichtet dagegen die Verwertungsgesellschaft nicht, den Berechtigten als Mitglied oder Gesellschafter aufzunehmen. Wen die Verwertungsgesellschaft in den engeren Kreis der Mitglieder oder in den der rein Berechtigten aufnimmt, bleibt ihr unter Beachtung des § 6 Abs. 2 überlassen (BT-Drucks. IV/271, 16; *Schricker/Reinbothe* § 6 Rn 3; *Fromm/Nordemann* § 6 Rn 4; *Melichar* UFITA 117 (1991), 13; *Häußer* Mitt. 1984 64).

2. Wahrnehmungs- oder Berechtigungsvertrag

a) Der Wahrnehmungs- oder Berechtigungsvertrag zwischen dem Berechtigten und **7** der Verwertungsgesellschaft beinhaltet eine **treuhänderische Rechtsübertragung** (so § 1 Rn 20; *LG Köln* ZUM 1998, 168). Zwischen dem Berechtigten und der Verwertungsgesellschaft besteht **Prozessstandschaft** (*BVerfG* ZUM 1988, 234). Inhaltlich stellt der Vertrag einen Nutzungsvertrag eigener Art dar, der Elemente des Auftrages (*BGH* GRUR 1968, 321 – Haselnuß; GRUR 1982, 308 – Kunsthändler), des Gesellschaftsvertrages sowie des Dienst- und Geschäftsbesorgungsvertrages in sich verbindet (*BGH* GRUR 1968, 321 – Haselnuß; GRUR 1966, 567 – GELU). Die in dem Vertrag eingeräumten Rechte zur Wahrnehmung der Belange des Berechtigten werden in einem Katalog zum Vertrag eingehend aufgezählt (*Schulze* ZUM 1993,

255). Regelmäßig überträgt der Berechtigte nicht sämtliche Nutzungsrechte, sondern nur diejenigen, die individuell nicht wahrnehmbar sind, da sie kraft Gesetzes einer Verwertungsgesellschaft zur Wahrnehmung zugewiesen sind (zB §§ 26, 27, 49, 54h UrhG) oder nur mit sehr hohem Aufwand wahrgenommen werden können (*Vogel* GRUR 1993, 513).

8   **b)** Der Berechtigte bindet sich vertraglich nicht nur hinsichtlich der gegenwärtigen ihm zustehenden Rechte, sondern auch für alle **künftig entstehenden Ansprüche** aus neu geschaffenen Werken, meist erstreckt auf alle Länder.

9   Das Gesetz sieht in § 40 Abs. 1 UrhG eine entspr. Regelung vor. Die auf die Zukunft gerichtete Abtretung neuer Werkrechte schützt den Urheber vor vorschnellen und unüberlegten Handlungen bei der Verwertung seiner Rechte. Neue Berechtigungs-verträge zu den einzelnen neuen Werken sind nicht mehr abzuschließen. Die Verwer-tungsgesellschaft wiederum erlangt den Vorteil, ihr Repertoire nahezu lückenlos auf-zubauen. Räumt der Urheber Verwertern Rechte an neu geschaffenen Werken ein, ist die Vereinbarung ohne rechtliche Wirkung (insgesamt *Schricker/Reinbothe* § 6 Rn 5; *Fromm/Nordemann* § 6 Rn 8; *Schulze* ZUM 1993, 25; **krit.** *Schack* § 37 Anm. 1204 bei formularmäßigen Vorausverfügungen).

10   Für die Auslegung des Umfangs der eingeräumten Rechte gilt zwischen dem Berech-tigten und der Verwertungsgesellschaft der **Zweckübertragungsgedanke**. Der Ur-heber räumt die Nutzungsrechte nur in dem Umfang ein, wie es zur Erreichung des Vertragszweckes erforderlich ist. Er soll vor einer überbordenden Rechtevergabe ge-schützt werden (*BGH* GRUR 1986, 62 – GEMA-Vermutung I; GRUR 1966, 568 – GELU; *Haberstumpf* Hdb, Rn 401; *Russ* ZUM 1995, 32 mwN).

11   Letztlich hat die Auslegung des Wahrnehmungsvertrages für den Berechtigten glei-chermaßen den späteren Kontrahierungszwang der Verwertungsgesellschaft nach § 11 zu berücksichtigen und folglich in restriktivem Umfang zu erfolgen. Ein gut-gläubiger Rechteerwerb scheidet für die Verwertungsgesellschaft aus (*Schulze* ZUM 1993, 255).

12   **c)** Vereinbart der Wahrnehmungsvertrag Nutzungsrechte hinsichtlich einer bei Ver-tragsschluss **unbekannten Nutzungsart**, so kann die sog. Auffangklausel unter der Voraussetzung des § 31 Abs. 4 UrhG unwirksam sein. Die uneingeschränkte Vor-schrift gilt auch im Verhältnis zur Verwertungsgesellschaft und nicht nur gegenüber Nutzern (*BGH* GRUR 1987, 296 – GEMA-Vermutung IV; *Schricker/Reinbothe* § 6 Rn 5; *Schack* § 37 Anm. 1206; *Rehbinder* DVBl 1992, 216; *Platho* ZUM 1987, 77). Mitentscheidendes Kriterium wird sein, ob die neue Nutzungsart als wirtschaftlich bedeutsam und verwertbar bekannt ist (*BGH* GRUR 1987, 296 – GEMA-Vermutung IV; zu einzelnen neuen Nutzungsarten *Haberstumpf* Hdb, Rn 406; *Melichar* ZUM 1999, 13 zu Pay-TV und TV-on-demand; *Kreile/Becker* GRUR Int 1996, 677 zu Multimedia). Eine Differenzierung erscheint angebracht, soweit Rechte und Ansprü-che ausschließlich durch Verwertungsgesellschaften geltend gemacht werden kön-nen und insofern der Berechtigungsvertrag Vorrang genießt. Der Berechtigte ist dann bereits vorzeitig in die Rechtewahrnehmung einzubinden, da eine frühzeitige Wahr-nehmung der treuhänderischen Aufgabe der Verwertungsgesellschaft entspricht (*Fromm/Nordemann* § 6 Rn 8, § 31 UrhG Rn 17; *Vogel* GRUR 1993, 513).

d) Weitere Einbeziehungsklauseln, die die Änderung der Satzung oder des Vertei-   **13**
lungsplans ansprechen, treffen auf Bedenken, wenn der einzelne Berechtigte keinen
Einfluss auf die Änderung hat (*Schack* § 37 Anm. 1205; *Vogel* ZUM 1993, 513, 526;
Mauhs S. 157 ff.). Fehlende Mitwirkung kann bei Entsch. eintreten, die die Position
der Nichtmitglieder tangieren (*KG Berlin* ZUM-RD 1999, 374) und bei der Gesellschaftsform der GmbH, bei der die Gesellschafter ausschließlich den Gesellschaftsvertrag schließen (*Vogel* ZUM 1993, 513). Neben den Bestimmungen des Vertrags-
rechts kommen auch die Vorschriften des GWB (zB §§ 19, 21 und 30 GWB) und der
AGB (zB §§ 2, 5, 9 ABGB aF, nF §§ 305 Abs. 2, 305c Abs. 2, 307 Abs. 1 und 2
BGB) zum Zuge (*Schack* § 37 Anm. 1205; *Vogel* ZUM 1993, 513; *Mauhs* S. 157 ff.;
Kuck GRUR 2000, 285).

e) Auf die vertraglichen Regelungen zur **Laufzeit** und **Kündigung** finden die Be-   **14**
stimmungen des Dienstvertrages Anwendung, da der Wahrnehmungsvertrag ein Ge-
schäftsbesorgungsvertrag über Dienstleistungen ist (*Schricker/Reinbothe* § 6 Rn 6).
Eine Kündigung seitens der Verwertungsgesellschaft besteht nur ausnahmsweise, da
der Abschlusszwang des § 6 dem entgegensteht.

Im Einzelnen legen die jeweiligen Verwertungsgesellschaften **Laufzeiten** und **Kün-**   **15**
digung individuell fest. Die Laufzeit erstreckt sich regelmäßig auf mehrere Jahre,
verbunden mit einer Verlängerungsoption bei fehlender Kündigung. Das BGB bindet
insofern die Verwertungsgesellschaften nicht an das Verbot einer längeren denn
zweijährigen Laufzeit in § 309 Nr. 9 lit. a BGB. Hierzu gilt die Ausnahmeregelung
des § 309 Nr. 9 HS 2 BGB für Wahrnehmungsverträge. Die EG-Kommission beanstandete jedoch eine sechsjährige Bindung für Berechtigte aus anderen EU-Staaten
(*EG-Kommission* GRUR Int 1973, 86; *Schack* § 37 Anm. 1202) und legte eine
Höchstgrenze von drei Jahren fest.

Die meisten Verwertungsgesellschaften bleiben in ihren Statuten unbeschränkt für   **16**
alle Berechtigten unter dieser Höchstgrenze. Eine Ausnahme bildet lediglich die
GEMA bei nationalen Berechtigten und solchen aus Drittstaaten. Für sie gilt eine
sechsjährige Laufzeit, mit zwangsläufiger Verlängerung bei fehlender rechtzeitiger
Kündigung. Diese Regelung könnte neben Art. 85 EGV insb. gegen das Angemessenheitsgebot in § 6 Abs. 1 verstoßen.

Der **Tod des Berechtigten** beendet nicht den Wahrnehmungsvertrag, da § 672 BGB   **17**
gilt. Erlischt der Wahrnehmungsvertrag bleibt die Verwertungsgesellschaft für solche Ansprüche weiterhin aktivlegitimiert, die in der Vertragszeit durch die Rechtewahrnehmung entstanden sind (*BGH* GRUR 1982, 308 – Kunsthändler).

f) Anmelde- und Verfallfristen in den Verträgen verpflichten den Berechtigten, seine   **18**
Ansprüche zeitgebunden geltend zu machen. Die im Zivilrecht maßgebliche 30-jäh-
rige Verjährungsfrist verkürzt die Vertragsklausel auf ein Jahr bis drei Jahre (*Vogel*
GRUR 1993, 513).

3. Einschränkung des Wahrnehmungszwangs

a) Die Verpflichtung der Verwertungsgesellschaften, die Rechte für einen Berechtig-   **19**
ten wahrzunehmen, schränkt der Gesetzgeber ein, um eine unbillige Belastung der
Verwertungsgesellschaften zu vermeiden (BT-Drucks. IV/271, 15 = UFITA 46
(1966), 278) und normiert in **§ 6 Abs. 1 S. 1** drei einschränkende Attribute:

– Berechtigt sind nur **Deutsche** bzw Staatsangehörige anderer **EU-Mitgliedsstaaten** oder **EWR-Vertragsstaaten**, sowie Ausländer, die ihren **Wohnsitz** im Geltungsbereich des Urheberwahrnehmungsgesetzes haben;
– die Rechte und Ansprüche können nicht auf **andere Weise** wirksam wahrgenommen werden;
– die Wahrnehmung erfolgt zu **angemessenen Bedingungen**.

20 **aa)** Wer Deutscher iSd Gesetzes ist, bestimmt Art. 116 GG.

21 **bb)** Die Anspruchsberechtigung für Staatsangehörige als **EU-Mitglied** oder **EWR-Vertragsstaaten** wurde durch das ÄndG 1995 (BGBl I, 842) eingeführt. Die bis dahin geltende Beschränkung auf Deutsche und Nichtdeutsche mit deutschem Wohnsitz galt als problematisch. Sowohl das europäische Gemeinschaftsrecht als auch die int. urheberrechtlichen Konventionen (Revidierte Berner Übereinkunft – RBÜ und Welturheberrechtsabkommen – WUA; zu den amtl. deutschen Texten *Hillig* Urheber- und Verlagsrecht, S. 327 ff. und 355 ff.) standen einer solchen Differenzierung entgegen (*Schricker/Reinbothe* § 6 Rn 9 mwN). Mit der Reform von 1995 wurde die Wahrnehmungspflicht der Verwertungsgesellschaften auf Staatsangehörige aus EU- und EWR-Staaten ergänzt und sie den deutschen Staatsangehörigen gleichgestellt. Der **§ 6 Abs. 1 S. 2** ergänzte die Regelung dahingehend, dass die Wahrnehmungspflicht auch für Berechtigte gilt, die **Inhaber eines Unternehmens** sind, dessen Sitz in einem EU-Mitgliedsstaat oder in einem Vertragsstaat des EWR-Abkommens angesiedelt ist. Die Wahrnehmungspflicht existiert dann gegenüber dem Unternehmen.

22 **cc)** Ausländische Staatsangehörige anderer Staaten sowie Flüchtlinge und Staatenlose können die Wahrnehmung ihrer Rechte beanspruchen, wenn sie ihren **Wohnsitz im Geltungsbereich** des Gesetzes, folglich in der BRD haben. Er kann willkürlich festgelegt oder gesetzlich bestimmt (§§ 7 ff. BGB) sein. Als Wohnsitz wird üblicherweise der Ort verstanden, an dem sich der Mittelpunkt oder räumliche Schwerpunkt der Lebensverhältnisse einer Person befindet. Dabei kann eine Person mehrere Wohnsitze haben, ohne dass zwischen Erst- und Zweitwohnsitz unterschieden wird. Begründet wird der Wohnsitz durch die ständige Niederlassung an einem Ort. Eine eigene Wohnung ist ein Indiz, jedoch nicht erforderlich. Es genügt der dauerhaft angelegte Bezug eines Ortes, auch als Untermieter oder lediglich die Nutzung als Schlafstelle. Längere Abwesenheiten heben den Wohnsitz nicht auf, solange der Wille zur Wohnungsaufgabe nicht manifestiert ist (*Schricker/Reinbothe* § 6 Rn 8; Fromm/Nordemann, der an den gewöhnlichen Aufenthaltsort anknüpft, um eine Angleichung an §§ 122-123, 125 Abs. 2 und 126 Abs. 3 UrhG zu erreichen).

23 Das Festhalten an einem inländischen Wohnsitz für andere Ausländer, folglich auch für Flüchtlinge und Staatenlose (vgl §§ 122, 123 UrhG), stößt auf Bedenken. Auf der einen Seite ist zu berücksichtigen, wie Flüchtlinge und Staatenlose aus EU- und EWR-Mitgliedsstaaten und auf der anderen Seite wie Ausländer und Staatenlose aus Drittstaaten einen Anspruch auf Wahrnehmung ihrer Rechte durch eine Verwertungsgesellschaft haben.

24 **aaa)** Für **anerkannte Flüchtlinge** und **Staatenlose** aus der EU und dem EWR ist grds von einer Wahrnehmungspflicht der Verwertungsgesellschaft auszugehen. Sowohl als Urheber als auch als Leistungsschutzberechtigter stehen sie den Deutschen gleich (vgl zB §§ 120, 125-128 UrhG). Zur Wahrnehmung ihrer Rechte und Ansprüche muss ihnen die gleiche Rechtsposition eingeräumt werden wie dem inländischen Staatsangehörigen. Vor allem gilt dies für die Vergütungsansprüche, die ausschließlich durch Verwertungsgesellschaften wahrzunehmen sind. Die getroffenen europäischen Vereinbarungen gestatten nicht, diesen Personenkreis von der Wahrnehmung ihrer Vergütungsansprüche auszuschließen.

bbb) Ausländer und **Staatenlose** aus **Drittstaaten** sind nach dem Wortlaut des Gesetzestextes von der Gleichstellung mit inländischen Wahrnehmungsberechtigten ausgeschlossen. Die konventionsrechtlichen und die bi- und multilateralen Abkommen, denen die Bundesrepublik Deutschland beigetreten ist und eine Inländerbehandlung normieren, lassen eine derart enge Auslegung nicht zu. **25**

Zumindest soweit Vergütungsansprüche betroffen sind, die lediglich von einer Verwertungsgesellschaft geltend gemacht werden können, hat der konventionsrechtlich gebundene ausländische Berechtigte Anrecht auf Inländerbehandlung. Die Revidierte Berner Übereinkunft (RBÜ) und das Welturheberrechtsabkommen (WUA) manifestieren in Art. 5 Abs. 1-3 RBÜ (Pariser Fassung) und Art. II WUA (zum Text *Hillig* Urheber- und Verlagsrecht, S. 329 und 355) das Prinzip der Inländerbehandlung. Der Ausländer aus einem Mitgliedsstaat wird im anderen Schutzland in seiner Rechtsstellung dem inländischen Urheber gleichgestellt. Eine Inländerbehandlung sieht auch das multilaterale Übereinkommen über handelsbezogene Aspekte der Rechte des geistigen Eigentums (TRIPS-Abkommen) in Art. 3 vor (zum Text *Hillig* Urheber- und Verlagsrecht, S. 385, 387). **26**

Der Beitritt der BRD zu den drei Abkommen verpflichtet sie, ihre Gesetze **konventionsbedingt auszulegen**. Die **hM** vertritt daher bei der Auslegung des § 6 Abs. 1 eine „konventionsfreundliche" Auslegung. Die Wahrnehmungspflicht gilt bei verwertungspflichtigen Vergütungen auch gegenüber Ausländern, soweit sie Angehörige eines Staates sind, mit dem die BRD durch Abkommen zur Inländerbehandlung verpflichtet ist (*Schricker/Reinbothe* § 6 Rn 9 mwN; *Fromm/Nordemann* § 2 Rn 2; *Menzel* Anm. 11.18; *Rehbinder* 9. Kap., § 64 Rn 446; *Häußer* FuR 1980, 65; *ders.* FS Kreile, S. 281; *v. Ungern-Sternberg* GRUR Int 1973, 64; *Vogel* GRUR 1993, 518). **27**

Die **entgegenstehende Auffassung** (*Melichar* S. 36) stellt die umfangreichen Gegenseitigkeitsverträge mit den int. Verwertungsgesellschaften in den Vordergrund. Die bestehenden vielfältigen Verpflichtungen zur rechtlichen Anerkennung und Gleichstellung anderer ausländischer Staatsangehöriger erfordere materiell-rechtlich keine weitergehende Auslegung des Wahrnehmungszwangs in § 6 Abs. 1. **28**

Der Ansatz ändert nicht die Grundsätze der Berücksichtigung der Ausländer aus Konventionsländern nach den konventionsrechtlichen Bestimmungen. Die Gegenseitigkeitsverträge tragen lediglich dazu bei, die Wahrnehmungspflicht leichter zu konkretisieren. In der Praxis wird die Auslegungsfrage bei den Verwertungsgesellschaften GEMA und VG-WORT aktuell, die im Gegensatz zu den anderen Verwertungsgesellschaften ihren Tätigkeitsbereich auf die Staatsangehörigkeit eines Rechteinhabers abstellen. Die Satzung der VG-WORT sieht in § 2 Abs. 1 S. 4 (Text bei *Hillig* Urheber- und Verlagsrecht, S. 207) ausdrücklich vor, dass der Vorstand einen Wahrnehmungsvertrag ablehnen kann, wenn der Antragsteller weder Deutscher noch in der BRD ansässig noch Angehöriger eines Mitgliedsstaates der EG ist. Letztlich folgen die beiden Verwertungsgesellschaften in der Praxis der konventionsfreundlichen Auslegung. **29**

30   **b)** Die Verwertungsgesellschaft ist zur Wahrnehmung nur verpflichtet, wenn die Rechte und Ansprüche **nicht auf andere Weise** wirksam wahrgenommen werden können.

31   Primär gilt der Grundsatz, dass der Berechtigte seine Vergütungsansprüche gegenüber Nutzern und Verwertern selbst geltend machen und durchsetzen soll, wenn dies ohne großen Aufwand erfolgreich erscheint. Ausgeschlossen wird der Urheber von einer eigenständigen Geltendmachung durch rechtliche Bestimmungen und teilweise aus praktischen Überlegungen, die für eine wirksame Wahrnehmung der Rechte durch eine Verwertungsgesellschaft sprechen.

32   **aa)** In Einzelfällen sah der Gesetzgeber die individuelle Durchsetzung der Vergütung für problematisch an und schrieb daher deren Geltendmachung den Verwertungsgesellschaften zu. **Verwertungsgesellschaftspflichtig** bestimmte das Urhebergesetz nachfolgende Nutzungsarten: das Folgerecht in § 26 Abs. 5 UrhG, die Vergütung für das Vermieten und Verleihen in § 27 Abs. 3 UrhG, das Vervielfältigen, Verbreiten und die öffentliche Wiedergabe von Zeitungsartikeln und Rundfunkkommentaren in § 49 Abs. 1 S. 3 UrhG, das Vervielfältigen im Wege der Ton- und Bildaufzeichnung nach § 54 UrhG (Geräte- und Betreiberabgabe) gem. § 54h Abs. 1 UrhG sowie die Auskunftsansprüche nach §§ 26 Abs. 3 und 54g iVm § 54h Abs. 1 UrhG, die Sanktionen bei Verstoß gegen die Meldepflicht in § 54f Abs. 3 iVm § 54h Abs. 1 UrhG.

33   **bb)** Rechte, die der Urheber individuell wahrnehmen kann, sind durch tatsächliche oder wirtschaftliche Bedingungen **zweckmäßig** von einer Verwertungsgesellschaft effektiver durchzusetzen (vgl *Schulze* ZUM 1993, 258). Dies gilt insb. dann, wenn durch die Vielzahl der Verwertungshandlungen der Urheber keine ausreichende Kenntnis über den Umfang der Nutzung erlangt. Hierzu müssen gezählt werden: Das Vertragsrecht an Sprachwerken nach § 19 Abs. 1 UrhG, das Recht der Bild- und Tonträgerwiedergabe aus § 21 UrhG. Die Vergütung für die öffentliche Wiedergabe nach § 52 UrhG kann ein Urheber gleichfalls nicht für sich überwachen und kontrollieren, sodass auch hier ein Wahrnehmungszwang für eine Verwertungsgesellschaft besteht. In die Zukunft gerichtet werden die Urheber überlegen müssen, ob die digitalen Nutzungsrechte mangels hinreichender Kontrollmöglichkeiten auch in eine Verwertungsgesellschaft eingebracht werden, die dann zur Wahrnehmung verpflichtet ist.

34   **cc) Individuelle Rechte**, die der Urheber selbst wirksam durchsetzen könnte, sind uU über eine Verwertungsgesellschaft besser verwaltet. Das Treuhandprinzip der Verwertungsgesellschaft verpflichtet diese, die Rechte der Urheber zu gleichen Bedingungen wahrzunehmen. Praktisch wirkt sich das nach dem jeweiligen Recht unterschiedlich aus. Im Musikbereich neigen zB die Komponisten und Textdichter dazu, einige Rechte durch die GEMA verwalten zu lassen. Die Wortschöpfer dagegen sind zurückhaltender und üben ihre Rechte überwiegend individuell aus. Zur kollektiven Wahrnehmung eignen sich zB das mechanische Vervielfältigungsrecht nach § 16 UrhG und das Verbreitungsrecht nach § 17 UrhG für den Urheber oder nach § 77 UrhG für den ausübenden Künstler, sowie das Senderecht an Sprachwerken nach § 20 UrhG. Beruft sich ein Berechtigter auf die Wahrnehmung einer dieser Rechte, so ist entscheidend, ob die Wahrnehmung durch eine Verwertungsgesellschaft üblich ist (*Fromm/Nordemann* § 6 Rn 3; *Schricker/Reinbothe* § 6 Rn 10).

dd) In die Diskussion geraten ist eine Wahrnehmungspflicht der Verwertungsgesell- **35** schaften für vom Urheber an einen Dritten **abgetretene Rechte**. Berechtigter ist nicht mehr der Urheber sondern der Zessionar, der zB Agent, Manager, Produzent, Verleger oder sonstiger Rechteverwerter sein kann.

Teilweise wird die **Auffassung** vertreten, die freie Übertragbarkeit einzelner Nut- **36** zungsrechte verpflichte die Verwertungsgesellschaft, mit dem Zessionar einen Wahrnehmungsvertrag über die abgetretenen Rechte abzuschließen (so Bescheid Aufsichtsbehörde *DPMA* UFITA 94 (1982), 368 ff; *Häußer* FuR 1980, 60 ff.; *ders.* Mitt. 1984, 70). Der Wahrnehmungszwang komme jedem Rechteinhaber zugute, da § 6 Abs. 1 als Antragsteller nur den Berechtigten normiert und nicht zwischen Inhabern originärer Rechte und Inhabern abgetretener Rechte unterscheide (*Schricker/ Reinbothe* § 6 Rn 11).

Die **zutr. Gegenauffassung** (*Fromm/Nordemann* § 6 Rn 3; *Schack* § 37 Anm. 1197; **37** *Vogel* GRUR 1993, 517) erachtet die sich ergebende Konsequenz als mit dem Zweck und der Funktion des WahrnG nicht vereinbar. Der Zessionar ist erfahrungsgemäß Gegenpart des Urhebers und Leistungsschutzberechtigten. Er verfolgt eigene wirtschaftliche Interessen, die denen des oftmals pauschal abgefundenen Urhebers und ausübenden Künstlers nicht gerecht werden. Die Position des Urhebers soll mit dem Urheberrechtswahrnehmungsgesetz nicht geschwächt, sondern entspr. dem Gesetzeszweck durch die Zusammenfassung der übertragenen Rechte in das Monopol einer Verwertungsgesellschaft gefestigt werden (BT-Drucks. IV/271, 9 = UFITA 46 (1996), 273). Die Auslegung des § 6 Abs. 1 in Zusammenhang mit § 1 Abs. 1, der den originären Rechtsinhaber anspricht, stützt die Ansicht, dass eine Verwertungsgesellschaft **nicht verpflichtet** ist, mit einem Zessionar einen Wahrnehmungsvertrag abzuschließen.

Die unterschiedlichen theoretischen Ansätze **nivellieren sich in der Praxis**. Der Ur- **38** heber und Leistungsberechtigte kann seine Rechte wirtschaftlich sinnvoll meist nur dann verwerten, wenn er sich eines Dritten, zB eines Verlages oder Tonträgerherstellers, bedient. Innerhalb der Verwertungsgesellschaften schlossen sich daher die originären Urheber und Leistungsschutzberechtigten mit den Erstverwertern zu einer gemeinsamen Verwaltung der Rechte zusammen, unabhängig, wer die Rechte einbringt und ob ein Wahrnehmungszwang besteht. Diesbezüglich verpflichten sich die Urheber und Leistungsschutzberechtigten zukünftige Rechte im Voraus auf die Verwertungsgesellschaft zu übertragen. Entspr. den Grundsätzen der kollektiven Wahrnehmung teilen die Beteiligten die vereinnahmten Erträge nach angemessenen Quoten untereinander auf (*Vogel* GRUR 1993, 517 ff.). Auf Seiten der Verwertungsgesellschaft Bild-Kunst besteht eine satzungsgebundene Regelung in § 7 Abs. 3 der Satzung (Text bei *Hillig* Urheber- und Verlagsrecht, S. 227). Der Abschluss eines Wahrnehmungsvertrages mit einem Zessionar erfolgt nur dann, wenn dieser die Gewähr bietet, dass die ihm „zufließenden Erträge in angemessenem Umfang an die Urheber oder deren Gesamtrechtsnachfolger weitergeleitet werden".

ee) Einem Berechtigten kann die Wahrnehmung seiner Rechte nicht mit der Begr. **39** versagt werden, es bestünden noch **weitere Verwertungsgesellschaften**. Die Existenz weiterer Verwertungsgesellschaften im selben Tätigkeitsbereich berechtigt die in Anspruch genommene Verwertungsgesellschaft nicht, auf eine andere Möglich-

keit der Rechtewahrnehmung hinzuweisen. Anderenfalls könnte jede Verwertungs-
gesellschaft auf die andere verweisen und der Berechtigte bliebe entgegen der
Schutzfunktion des WahrnG und des § 6 Abs. 1 – zumindest eine Zeit lang, bis die
Verpflichtung einer Verwertungsgesellschaft geklärt ist – ohne Wahrnehmung seiner
Rechte (*Schricker/Reinbothe* § 6 Rn 12; *Fromm/Nordemann* § 6 Rn 3 lit. d). Die **aA**
(BT-Drucks. IV/271, 15 = UFITA 46 (1966), 280), der Rechtsinhaber müsse „bei
Verweigerung der Wahrnehmung seiner Rechte durch eine Verwertungsgesellschaft
auf eine andere ausweichen" und könne sich erst auf den Wahrnehmungszwang be-
rufen, „wenn er bei allen erfolglos um die Wahrnehmung seiner Rechte nachgesucht
habe", würde eine wirksame Rechtewahrnehmung verhindern.

40   Ebensowenig kann die nachgesuchte Verwertungsgesellschaft darauf verweisen,
dass die Neugründung einer weiteren Verwertungsgesellschaft zu erwarten sei.

41   **c)** Die Wahrnehmung der Rechte des Berechtigten hat zu **angemessenen Bedingungen** zu erfolgen.

42   Die angemessenen Bedingungen sind vom Gesetzgeber nicht definiert. Die amtliche
Begr. hält die Bedingungen für angemessen, die „die Verwertungsgesellschaften allgemein ihren Mitgliedern auferlegen" (BT-Drucks. IV/271, 15 ff. = UFITA 46
(1966), 280).

43   Ein **Teil des Schrifttums** schloss aus dem Wortlaut der Begr., dass § 6 Abs. 1 nur
die Berechtigten betreffe, die **nicht Mitglieder** einer Verwertungsgesellschaft sind.
Die Mitglieder koordinieren und kontrollieren ihre Rechtewahrnehmung bereits innerhalb der Vereinsautonomie selbst. Einer weitergehenden Angemessenheitskontrolle für die Mitglieder bedarf es nicht (Nachweise bei *Fromm/Nordemann* § 6
Rn 5). Mit der **überwiegenden Literaturmeinung** (*Fromm/Nordemann* § 6 Rn 5;
Schricker/Reinbothe § 6 Rn 13 jeweils mwN) ist festzuhalten, § 6 trifft keine Unterscheidung zwischen Mitgliedern und Berechtigten, die keine Mitglieder sind. Die
Differenzierung nach Mitgliedern und Nichtmitgliedern trifft erst § 6 Abs. 2.

44   Das Merkmal „angemessen" ist keine feste Größe, die sich nach einer Regel berechnet. Die Angemessenheit misst sich zum Zeitpunkt des Vertragsabschlusses nach den
Gesamtumständen und berücksichtigt nicht nur das Diskriminierungsverbot (*Nordemann* GRUR Int 1973, 308). Auf der einen Seite ist die erbrachte Leistung, die eingebrachten Rechte und Ansprüche, auf der anderen Seite der Rechtekatalog zu deren
Wahrnehmung. Rechte und Pflichten sollen während der gesamten Laufzeit in einem
ausgewogenen Verhältnis stehen. Ein bes. Augenmerk richtet sich auf den Inhalt der
gesellschaftlichen Satzung, die Verteilungspläne und die Wahrnehmungsverträge.
Leistung und Gegenleistung sollen in einem ausgeglichenen Verhältnis zueinander
stehen. Verstöße gegen zwingende Vorschriften des Urhebergesetzes und gegen
Allg. Geschäftsbestimmungen des BGB in der vertraglichen Regelung sind unangemessen und unwirksam. Der Berechtigte kann erwarten, dass die Leistungen der Verwertungsgesellschaft Art und Umfang seiner eingebrachten Rechte wiederspiegeln
und nicht willkürlich geregelt werden. Verhältnismäßigkeit und die Gleichbehandlung gleichgelagerter Fälle muss gewährleistet sein (*Fromm/Nordemann* § 6 Rn 6;
Schricker/Reinbothe § 6 Rn 13; *Schack* Anm. 1198).

III. Absatz 2

Absatz 2 unterscheidet zwischen Berechtigten als Mitglieder und Nichtmitglieder ei-   **45**
ner Verwertungsgesellschaft. Die Vorschrift verdeutlicht, dass dem Rechtsinhaber
kein Anspruch auf Mitgliedschaft zusteht. Die Nichtmitglieder haben jedoch einen
Anspruch, durch Vertreter und entspr. Satzungsgebung an der Willensbildung der
Verwertungsgesellschaft teilzunehmen.

1. Die Termini „Satzung" und „Mitglieder" sind untechnisch zu interpretieren. Sie   **46**
gelten sinngemäß für Personengruppen und Organe in einer Verwertungsgesellschaft, die nicht als Verein konstituiert sind (BT-Drucks. IV/271, 14 = UFITA 46
(1966), 278).

„**Mitglieder**" sind alle Personen, die in ihrem Verhältnis zur Gesellschaft eine entspr.   **47**
Stellung haben wie zB Vereinsmitglieder, Genossen einer Genossenschaft und Gesellschafter einer Gesellschaft.

„**Satzung**" ist jede der Vereinssatzung entspr. Organisationsgrundlage der Gesell-   **48**
schaft, zB bei einer GmbH der Gesellschaftsvertrag (BT-Drucks. aaO).

Die Verwertungsgesellschaft entscheidet frei, wer als Rechteinhaber in die Gesell-   **49**
schaft als Mitglied aufgenommen wird. Das Interesse der Verwertungsgesellschaft
geht dahin, die volle verbandsrechtliche Stellung an den Personenkreis zu verleihen,
der als Urheber und Leistungsschutzberechtigter mit einem erheblichen Repertoire
das wirtschaftliche Fundament der Verwertungsgesellschaft bildet. Werkschöpfer
und Erbringer schutzfähiger Leistungen, die nur gelegentlich tätig sind, sollen nicht
in den gleichen Rechtsstatus versetzt werden und einen überproportionalen Einfluss
gewinnen. Ihre Stellung muss im Verhältnis zur Bedeutung ihrer Rechte stehen und
die tragenden Werkschöpfer nicht majorisieren (BT-Drucks IV/271, 16 = UFITA 46
(1966), 280).

2. Die Belange der **berechtigten Nichtmitglieder** hat die Verwertungsgesellschaft   **50**
„**angemessen zu wahren**". Wie im Einzelnen die angemessene Wahrnehmung festzustellen ist, wird nicht näher definiert. Wegen des systematischen Zusammenhangs
kann jedoch nichts anderes gelten, als bei den angemessenen Bedingungen in § 6
Abs. 1.

Für die angemessene Wahrnehmung der Interessen der wahrnehmungsberechtigten   **51**
Nichtmitglieder sieht das Gesetz zwei Bedingungen als unabdingbar an. Zwingend
vorgegeben wird: Die Verwertungsgesellschaften müssen eine gemeinsame Vertretung der wahrnehmungsberechtigten Nichtmitglieder bilden. Die Satzung der Verwertungsgesellschaften hat Bestimmungen über die Wahl der Vertretung durch die
Berechtigten sowie über die Befugnis der Vertretung zu enthalten.

a) Die **gemeinsame Vertretung** bei Verwertungsgesellschaften – Mitgliederver-   **52**
sammlung beim Verein und Beirat bei einer GmbH – müssen den Nichtmitgliedern
gleichfalls Rechte zur gemeinsamen Willensbildung einräumen. Für die Ausgestaltung haben die Verwertungsgesellschaften einen weiteren Ermessensspielraum (BT-
Drucks. IV/271, 16 = UFITA 46 (1966), 280). Die zu bildende gemeinsame Vertretung nimmt auf die Willensbildung unmittelbar Einfluss, ohne die Mitglieder zu majorisieren. Der ausgewogene Kräftevergleich kann herbeigeführt werden, indem aus
der Mitte der Nichtmitglieder eine bestimmte Zahl von Personen gewählt werden, die

dann stimmberechtigt an der Mitgliederversammlung teilnehmen (BT-Drucks. IV/
271, 16 = UFITA 46 (1966), 280). Die Anzahl der Delegierten ist nicht näher festgelegt, muss aber unter der Maxime gesehen werden, dass nicht eine Machtposition geschaffen wird, die die tatsächliche Position der Mitglieder einengt. Ausschlaggebend
für die Relation kann daher nicht die Gesamtheit der Mitglieder sein, sondern die
Mitgliederzahl, die erfahrungsgemäß an der Mitgliederversammlung teilnimmt
(*Schricker/Reinbothe* § 6 Rn 15; *Fromm/Nordemann* § 6 Rn 6; *Nordemann* GRUR
1992, 587; *Vogel* GRUR 1993, 220; **aA** *Rehbinder* DVBl 1992, 220, der das Tantie-
menaufkommen der Nichtmitglieder für ausschlaggebend hält). Die Gesamtheit der
Berechtigten, sowohl Mitglieder als auch Nichtmitglieder, muss letztlich das Gremium sein, das auf die Verwertungsgesellschaft Einfluss nimmt.

53 **b)** **§ 6 Abs. 2 S. 2** legt fest, dass in der Satzung der Verwertungsgesellschaft Bestimmungen über die Wahl der gemeinsamen Vertreter durch die Berechtigten sowie über
die Befugnis der Vertreter enthalten sein müssen. Zu dem Modus der Vertretungs-
wahl und der Vertretungsbefugnis hat die Verwertungsgesellschaft einen weiten Ermessensspielraum. Er wird aber gleichermaßen begrenzt, wie vorher bei der gemeinsamen Vertretung aufgezeigt (so Rn 52 ff.).

§ 7   Verteilung der Einnahmen

**Die Verwertungsgesellschaft hat die Einnahmen aus ihrer Tätigkeit nach fe-
sten Regeln (Verteilungsplan) aufzuteilen, die ein willkürliches Vorgehen bei
der Verteilung ausschließen. Der Verteilungsplan soll dem Grundsatz entsprechen, daß kulturell bedeutende Werke und Leistungen zu fördern sind. Die
Grundsätze des Verteilungsplans sind in die Satzung der Verwertungsgesellschaft aufzunehmen.**

Literatur: *Dördelmann* Gedanken zur Zukunft der Staatsaufsicht über die Verwertungsgesellschaften, GRUR 1999, 890; *Haertel* Verwertungsgesellschaften und Verwertungsgesellschaften im Gesetz, UFITA 50 (1967), 7; *Häußer* Praxis und Probleme der Aufsicht über
Verwertungsgesellschaften, FuR 1980, 57; *ders.* Die Verteilung der im Rahmen der Wahrnehmung von Urheberrechten und Leistungsschutzrechten erzielten Einnahmen an Ausländer, FS
Kreile, 1994, S. 281; *Melichar* Die Wahrnehmung von Urheberrechten durch Verwertungsgesellschaften, 1983; *ders.* Verleger und Verwertungsgesellschaften, UFITA 117 (1991), 5; *Menzel* Die Aufsicht über die GEMA durch das Deutsche Patentamt, 1986; *Nordemann* Der Begriff
der „angemessenen Bedingungen" in § 6 Abs. 1 WahrnG, GRUR Int 1973, 306; *Seibt/Wiech-
mann* Probleme der urheberrechtlichen Verwertungsgesellschaften bei der Werkverbindung,
GRUR 1995, 562; *Vogel* Wahrnehmungsrecht und Verwertungsgesellschaften in der Bundesrepublik Deutschland, GRUR 1993, 513.

I. Allgemeines

§ 7 legt für die Verwertungsgesellschaft die Regeln fest, nach denen die Einnahmen **1** zu verteilen sind. Sie sind allg. gehalten und fordern lediglich in zweifacher Hinsicht zwingend, dass die Einnahmen nach festen Regeln, Verteilungsplänen, aufzuteilen (S. 1) und der Verteilungsplan in den Grundsätzen in die Satzung aufzunehmen sind (S. 3). Die weitere Vorgabe, dass der Verteilungsplan die Förderung von kulturell bedeutenden Werken und Leistungen berücksichtigt, gilt nur als Sollvorschrift.

II. Aufstellung des Verteilungsplans

Die Aufstellung des Verteilungsplans iSv § 7 S. 1 dient dem Zweck, ein willkür- **2** liches Vorgehen bei der Verteilung auszuschließen.

1. Der Verteilungsplan hat nach dem Gesetzestext **Regeln aufzustellen**, die die Ein- **3** nahmen an die Berechtigten verteilen. Er ist Bestandteil der Zulassungsvoraussetzung als Verwertungsgesellschaft und unterliegt der Prüfung durch die Aufsichtsbehörde, inwiefern gegen das Willkürverbot verstoßen wird. Die aufgestellten Regeln zur Verteilung dürfen selbst dann überprüft werden, wenn sie entspr. den Statuten ordnungsgemäß beschlossen wurden.

2. Willkürliches Verhalten liegt vor, wenn eine Gruppe ohne sachlich gerechtfer- **4** tigten Grund benachteiligt wird. Die Benachteiligung besteht dann, wenn entspr. des Gleichbehandlungsgrundsatzes nach Art. 3 GG „wesentlich Gleiches ungleich" und „wesentliches Ungleiches gleich" behandelt wird (*Leibholz/Rinck/Hesselberger* GG der Bundesrepublik Deutschland, Bd 1, Art. 1 Rn 21). Soweit objektive Kriterien entscheidend sind, können innerhalb der Verwertungsgesellschaft einzelne Berechtigte, zB nach Werkart und Nutzungsart, unterschiedlich behandelt werden.

Das Verbot eines willkürlichen Verhaltens und das damit einhergehende Gebot, die **5** Einnahmen gerecht zu verteilen, steht in Zusammenhang mit den angemessenen Bedingungen zur Wahrnehmung der Rechte in § 6. Die **Angemessenheitskontrolle** erfasst auch die Verteilungspläne, die Bestandteil des Wahrnehmungsvertrages sind (*Fromm/Nordemann* § 7 Rn 2; *Vogel* GRUR 1993, 521; *Schack* § 38 Anm. 1219). Die Aufsichtsbehörde ist verpflichtet zu prüfen, ob die aufgestellten Verteilungspläne für die Berechtigten zu angemessenen Bedingungen erfolgt sind. Der Schutzzweck des Wahrnehmungsgesetzes, einen Missbrauch der Monopolstellung zu verhindern, erfordert, das Merkmal „willkürliches Vorgehen" konform zu dem der „angemessenen Bedingungen" auszulegen (*Vogel* GRUR 1993, 521; *Fromm/Nordemann* § 7 Rn 2 spricht von einer „sprachlich missglückten Wiederholung").

Die **aA** interpretiert streng am Gesetzestext, **verneint** eine Angemessenheitsprüfung **6** und hält an dem Willkürverbot fest (*Häußer* FuR 1980, 68; *Schricker/Reinbothe* § 7 Rn 5; *Melichar* UFITA 117 (1991), 15; *Mestmäcker/Schulze* § 7 Anm. 1; *Menzel* S. 52). Damit wird die Aufsichtsbefugnis des DPMA eingeschränkt und die Verwertungsgesellschaften erstellen autonom die Regeln der Verteilung.

Berechtigterweise wird eingewandt (*Vogel* GRUR 1993, 521), dass bereits das **7** BVerfG feststellte: „Frei von Willkür im Sinne dieser Vorschrift ist eine Verteilungsregel, die, wie § 6 Abs. 1 UrhWG bestimmt, angemessen ist" (*BVerfGE* 79, 17 ff.).

8   In der Praxis führen die unterschiedlichen dogmatischen Ausgangspunkte zu **keinem** wesentlich **unterschiedlichen** Ergebnis. Die Aufsichtsbehörde interpretiert das Willkürverbot auch als ein Verbot von offensichtlich unangemessenen Verteilungs-plänen (vgl Beispiele bei *Vogel* GRUR 1993, 521).

9   3. Die **Verteilung** der Einnahmen erfolgt in den Verwertungsgesellschaften nach ei-nem nahezu übereinstimmenden Parameter. Nach Abzug von Kosten, Rückstel-lungsbeträgen und Zuweisungen an die Sozial- und Förderungseinrichtungen wird eine Verteilungssumme gebildet. Der Berechtigte erhält aus der Verteilungssumme den aus der tatsächlichen Nutzung seines Werkes entfallenden Anteil, soweit er mit angemessenen Mitteln festgestellt werden kann. Fehlt eine derartige Zuordnungs-möglichkeit oder ist sie nur mit unverhältnismäßigem Aufwand möglich, sind Pau-schalierungen, Schätzungen und sonstige Vereinfachungen zulässig, wie zB in § 27 UrhG die Vergütung für das Vermieten oder Verleihen von Bild-Tonträgern oder wie in §§ 54, 54a UrhG für das Kopieren oder Überspielen (zum Verteilungsschlüssel im Einzelnen *Vogel* GRUR 1993, 522 ff.).

III. Verteilungsplan

10   Die Grundsätze des Verteilungsplans sind in die Satzung aufzunehmen (S. 3).

11   1. Der Begriff der **Satzung** ist wie bei den anderen Vorschriften untechnisch zu se-hen.

12   Der Verteilungsplan muss nur in seinen Grundsätzen in der Satzung festgehalten werden. Er wird in seinen Eckdaten zu einer festen Größe. Eine Änderung der Krite-rien kann nur unter den Voraussetzungen einer Satzungsänderung erfolgen. Die Mit-glieder werden auf diese Weise in ihren Interessen geschützt.

13   2. Die Grundsätze des Verteilungsplans umfassen die **Eckdaten** der zu verteilenden Einnahmen. Für die Mitglieder sind sie von der Bedeutung, dass ihre Änderung nur mit einer formellen demokratisch abgestimmten Satzungsänderung erfolgen kann. Hierzu zählen im Einzelnen die Voraussetzungen, die die Gruppe der Berechtigten festlegt, die Bedingungen zu denen der einzelne Berechtigte an der Verteilung teil-nimmt und die Berechnung der Verteilungssumme (*Haertel* UFITA 50 (1967), 18; vgl bei *Hillig* Urheber- und Verlagsrecht, Nr. 211 Satzung der VG-Wort, § 9 und Nr. 232 Satzung der VG-Bild-Kunst, § 18). Damit die Satzung nicht zu stark mit Re-geln des Verteilungsplans belastet wird, stehen keine Gründe entgegen, durch eine allg. Bestimmung in der Satzung die Grundsätze des Verteilungsplans zu Bestim-mungen der Satzung zu erklären (*Haertel* UFITA 50 (1967), 18; *Schricker/Reinbothe* § 7 Rn 9).

IV. Förderung kulturell bedeutender Werke

14   Der als **Soll-Vorschrift** konzipierte § 7 S. 2 verlangt, dass der Verteilungsplan kul-turell bedeutende Werke und Leistungen fördert. Da wegen verfassungsrechtlicher Bedenken (vgl BT-Drucks. IV/271, 16 = UFITA 46 (1966), 280; *Schack* § 38 Anm. 1224) die Vorschrift nicht absolut gefasst wurde, kann die Aufsichtsbehörde deren Durchsetzung nicht erzwingen und auch nicht Erteilung, Versagung oder Widerruf der Erlaubnis der Geschäftstätigkeit hiervon abhängig machen. Die der Verwertungsgesellschaft gegebene Ermessensentscheidung ist aber nicht gänzlich frei. Bedeutet die Vorgabe des Gesetzgebers auch nur ein „moralischer Appell", ist dieser als Forderung zu sehen, die dem **Angemessenheitsgebot** des § 6 entsprechen muss. Wie die Verwertungsgesellschaft der Aufforderung nachkommt, durch einzelne Förderprogramme oder begünstigende Ausschüttungen, verbleibt in ihrem Entscheidungsbereich (zu einzelnen Fördereinrichtungen, vgl *Vogel* GRUR 1993, 524).

§ 8   Vorsorge- und Unterstützungseinrichtungen

Die Verwertungsgesellschaft soll Vorsorge- und Unterstützungseinrichtungen für die Inhaber der von ihr wahrgenommenen Rechte oder Ansprüche einrichten.

Literatur: *Becker* Verwertungsgesellschaften als Träger öffentlicher und privater Aufgaben, FS Kreile, 1994, S. 27; *Hauptmann* Der Zwangseinbehalt von Tantiemen der Urheber und ihre Verwendung für soziale und kulturelle Zwecke bei der GEMA und der VG-Wort, UFITA 126 (1994), 149; *Häußer* Praxis und Probleme der Aufsicht über Verwertungsgesellschaften, FuR 1980, 57; *ders.* Die Verteilung der im Rahmen von Urheberrechten und Leistungsschutzrechten erzielten Einnahmen an Ausländer, FS Kreile, 1994, S. 281; *Melichar* Die Wahrnehmung von Urheberrechten durch Verwertungsgesellschaften, 1983; *ders.* Der Abzug für soziale und kulturelle Zwecke durch Verwertungsgesellschaften im Lichte des internationalen Urheberrechts, FS Kreile, 1990, S. 47; *Menzel* Die Aufsicht über die GEMA durch das Deutsche Patentamt, 1986; *Vogel* Wahrnehmungsrecht und Verwertungsgesellschaften in der Bundesrepublik Deutschland – eine Bestandsaufnahme im Hinblick auf die Harmonisierung des Urheberrechts in der Europäischen Gemeinschaft, GRUR 1993, 513.

Übersicht

I. Allgemeines

Das vor dem Gesetzgebungsverfahren bereits bestehende Sozialkassenprinzip der GEMA zur Absicherung der Altersversorgung und von Notfällen hatte sich bewährt und veranlasste den Gesetzgeber, die Einrichtung auf die weiteren Verwertungsgesellschaften zu übertragen (BT-Drucks. IV/271, 16 = UFITA 46 (1966), 281). Die Treuhandfunktion der Verwertungsgesellschaft fordert nicht nur eine ordnungsgemäße Verwaltung und Ausschüttung der Einnahmen, sondern für die Solidargemeinschaft auch eine angemessene Versorgung der Berechtigten in Notsituationen. Die Sozialabgaben sind zu Recht gesetzlich gefordert und entsprechen dem Gebot der „horizontalen Selbstbindung" (*Schricker/Reinbothe* § 8 Rn 1 mwN; **aA** *Hauptmann* UFITA 126 (1994); *Schack* § 38 Anm. 1224). Die Vorschrift begründet für die Verwertungsgesellschaften das Recht, soziale Einrichtungen zu installieren (zu den einzelnen Sozialeinrichtungen *Vogel* GRUR 1993, 524). Im int. Bereich wird die Errichtung von Sozial- und Kulturfonds gleichfalls angeregt (*Melichar* FS Kreile, S. 49; *Schricker/Reinbothe* § 8 Rn 1 mwN).   **1**

II. Vorsorge- und Unterstützungseinrichtungen

2   **1.** Die Bestimmung ist als **Soll-Vorschrift** konzipiert (BT-Drucks. IV/271, 216 = UFITA 46 (1966), 281). Die Schaffung solcher Einrichtungen kann folglich von der Aufsichtsbehörde nicht erzwungen werden (BT-Drucks. IV/271, 16 = UFITA 46 (1966), 281) und bleibt ohne entscheidenden Einfluss auf die Erlaubnis, Versagung und den Widerruf der verwertungsgesellschaftlichen Tätigkeit (**hM** *Schricker/Reinbothe* § 8 Rn 3; *Fromm/Nordemann* § 8 Rn 1; **aA** *Becker* S. 27). Die fehlende Verbindlichkeit der Soll-Vorschrift, die wohl als Kann-Vorschrift zu sehen ist (*Fromm/ Nordemann* § 8 Rn 1), lässt den Verwertungsgesellschaften nicht gänzlich freie Hand. Vielmehr darf die Vorgabe nicht generell und grundlos missachtet werden (*Häußer* FS Kreile, S. 185).

3   **2.** Die bestehenden Vorsorge- und Unterstützungseinrichtungen, die teilweise rechtlich selbständig organisiert sind, unterliegen der **Aufsicht** (*Häußer* FuR 1980, 67; *Menzel* S. 11; **aA** *Mestmäcker/Schulze* § 8 Anm. 2). Die eingerichteten und verwalteten Vorsorge- und Unterstützungseinrichtungen sind Teil der Treuhandtätigkeit der Verwaltung, da deren Kapital sich aus den Einnahmen der Wahrnehmungstätigkeit bildet. Unabhängig davon, ob die Einrichtung selbständig organisiert ist, besteht für die Aufsichtsbehörde die Verpflichtung zu prüfen, ob gegen Belange der Wahrnehmungsberechtigten verstoßen wird. Insoweit sind die Vorsorge- und Unterstützungseinrichtungen zur Rechnungslegung und zur Unterrichtung der Aufsichtsbehörde verpflichtet. Gleichrangig bleibt die Prüfung des Angemessenheitsgebots nach § 6 Abs. 1 bestehen. Die Wahrnehmung der Rechte zu angemessenen Bedingungen beinhaltet gleichfalls, dass primär auf die Ausschüttung der Einnahmen zu achten ist und die Sozialeinrichtungen nicht überproportional bedacht werden.

4   **3.** Wie das Vermögen der Vorsorge- und Unterstützungskassen **verwaltet** und Einzelnen **zugeteilt** wird, ist nicht näher geregelt. Der Personenkreis der Berechtigten muss nach objektiven Regeln festgelegt werden (vgl **Kritik** *Schack* § 38 Anm. 1224; für GEMA und VG-WORT *Hauptmann* UFITA 126 (1994), 149 ff.). Der Umfang der geldlichen Zuweisung aus den Gesamteinnahmen ist prozentual festzuhalten und im Regelfall nicht höher als 10 % anzusetzen. In Ausnahmefällen, die eine höhere Abgabe rechtfertigen, soll die absolute Grenze bei 50 % (vgl VG-WORT 50 % Bibliotheksabgabe an das Autorenversorgungswerk) und ansonsten deutlich darunter liegen (im Einzelnen *Vogel* GRUR 1993, 524; *Fromm/Nordemann* § 8 Rn 1; *Schricker/ Reinbothe* § 8 Rn 3).

§ 9   Rechnungslegung und Prüfung

(1) Die Verwertungsgesellschaft hat unverzüglich nach dem Schluß des Geschäftsjahrs für das vergangene Geschäftsjahr die Jahresbilanz, die Gewinn- und Verlustrechnung und den Anhang (Jahresabschluß) sowie einen Lagebericht aufzustellen.

(2) Der Jahresabschluß ist klar und übersichtlich aufzustellen. Er hat den Grundsätzen ordnungsgemäßer Buchführung zu entsprechen. Die Jahresbilanz sowie die Gewinn und Verlustrechnung sind im Anhang zu erläutern.

(3) Im Lagebericht sind der Geschäftsverlauf und die Lage der Verwertungsgesellschaft so darzustellen, daß ein den tatsächlichen Verhältnissen entsprechendes Bild vermittelt wird.

(4) Der Jahresabschluß ist unter Einbeziehung der Buchführung und des Lageberichts durch einen oder mehrere sachverständige Prüfer (Abschlußprüfer) zu prüfen. Abschlußprüfer können nur Wirtschaftsprüfer oder Wirtschaftsprüfungsgesellschaften sein.

(5) Die Abschlußprüfer haben über das Ergebnis ihrer Prüfung schriftlich zu berichten. Sind nach dem abschließenden Ergebnis ihrer Prüfung keine Einwendungen zu erheben, so haben sie dies durch den folgenden Vermerk zum Jahresabschluß zu bestätigen:

Die Buchführung, der Jahresabschluß und der Lagebericht entsprechen nach meiner (unserer) pflichtmäßigen Prüfung Gesetz und Satzung.

Sind Einwendungen zu erheben, so haben die Abschlußprüfer die Bestätigung einzuschränken oder zu versagen. Die Abschlußprüfer haben den Bestätigungsvermerk mit Angabe von Ort und Tag zu unterzeichnen.

(6) Die Verwertungsgesellschaft hat den Jahresabschluß und den Lagebericht spätestens acht Monate nach dem Schluß des Geschäftsjahres im Bundesanzeiger zu veröffentlichen. Dabei ist der volle Wortlaut des Bestätigungsvermerks wiederzugeben. Haben die Abschlußprüfer die Bestätigung versagt, so ist hierauf in einem besonderen Vermerk zum Jahresabschluß hinzuweisen.

(7) Weitergehende gesetzliche Vorschriften über die Rechnungslegung und Prüfung bleiben unberührt.

Die Treuhandstellung der Verwertungsgesellschaft verpflichtet diese, zu der in der Vorschrift auferlegten Rechnungslegung und -prüfung. Der Allgemeinheit und den Inhabern der wahrgenommenen Rechte und Ansprüche soll ein Überblick über die Geschäftsführung und das Geschäftsergebnis gewährt werden (BT-Drucks. IV/271, 16 = UFITA 46 (1996), 281). Die Vorschrift wurde dem Bilanzrichtlinien-Gesetz v. 19.12.1985 (BGBl I, 2355) angeglichen (Einzelheiten *Schricker/Reinbothe* § 9 Rn 1). Im Wesentlichen stützt sich die Bestimmung auf die für Kapitalgesellschaften geltenden Regeln der §§ 238 ff., 264–289 und 316–335 HGB (Einzelheiten *Schricker/Reinbothe* § 9 Rn 2).

§ 10   Auskunftspflicht

Die Verwertungsgesellschaft ist verpflichtet, jedermann auf schriftliches Verlangen Auskunft darüber zu geben, ob sie Nutzungsrechte an einem bestimmten Werk oder bestimmte Einwilligungsrechte oder Vergütungsansprüche für einen Urheber oder Inhaber eines verwandten Schutzrechts wahrnimmt.

Literatur: *Häußer* Praxis und Probleme der Aufsicht über Verwertungsgesellschaften, FuR 1980, 57; *ders.* Das Recht der Verwertungsgesellschaften aus der Sicht der Aufsichtsbehörde, Mitt. 1984, 64; *Kreile/Becker* Multimedia und die Praxis der Lizenzierung von Urheberrechten,

GRUR Int 1996, 677; *Melichar* Die Wahrnehmung von Urheberrechten durch Verwertungsgesellschaften, 1983; *Stormann* Zur Reform des österreichischen Verwertungsgesellschaftengesetzes, FuR 1980, 78.

I. Allgemeines

1   Die Verpflichtung der Verwertungsgesellschaft zur Auskunft dient nach dem Willen des Gesetzgebers dem **Zweck**, den Verwertern von Werken und Rechten zu ermöglichen, von der Verwertungsgesellschaft zu erfahren, welche Verwertungsgesellschaft die Erlaubnis zur Nutzung einräumen kann. Die den Gesetzgeber leitende Überlegung, dass für ein Werk oder eine geschützte Leistung mehrere Verwertungsgesellschaften in Frage kommen können (BT-Drucks. IV/271, 16 = UFITA 46 (1966), 281), besteht gegenwärtig aber nur theoretisch. Die Verwertungsgesellschaft erhält im Gegenzug frühzeitige Kenntnis von einer eventuellen Nutzung ihres Repertoires (*Häußer* FuR 1980, 66). Ein Verwerter, der die Auskunft nicht einholt, riskiert eine Rechtsverletzung (*BGH* GRUR 1988, 375 – Schallplattenimport III). Das Auskunftsbegehren ist von § 13b zu trennen, der die Aktivlegitimation der Verwertungsgesellschaft für ihre Auskunfts- und Vergütungsansprüche betrifft. Die Vermutung in § 13b entbindet die Verwertungsgesellschaft nicht von ihrer Auskunftspflicht nach § 10.

II. Verpflichtung zur Auskunft

2   **1.** Den Antrag auf Auskunft kann **jedermann** stellen, ohne ein bes. Interesse nachzuweisen. Als Antragsteller kann jeder Dritte auftreten. Eine Qualifikation als tatsächlicher oder potenzieller Nutzer muss nicht nachgewiesen werden. Die Auskunft kann versagt werden, wenn dahinter lediglich eine Schikane iSd § 226 BGB gegen die Verwertungsgesellschaft steht, um dieser zu schaden. Der Anspruch auf Auskunft ist nur begründet, wenn der Antrag **schriftlich** gestellt wird.

3   **2.** Inhaltlich ist das Auskunftsbegehren **eingeschränkt**. Die Verwertungsgesellschaft ist zu Auskünften verpflichtet, die die Wahrnehmung von Nutzungs- und Einwilligungsrechten an einem einzelnen Werk betreffen. Aus praktischen Erwägungen können mehrere Anfragen miteinander verbunden werden (**aA** *Fromm/Nordemann* § 10, der aus dem Wortlaut ausschließlich Einzelauskünfte postuliert). Des weiteren hat sie anzugeben, ob bestimmte Einwilligungsrechte oder Vergütungsansprüche eines Urhebers oder Leistungsschutzberechtigten von ihr wahrgenommen werden. Zu einer **globalen Auskunft,** welche Rechte eines Urhebers oder Leistungsschutzberechtigten sie insgesamt wahrnimmt, welche Vertragsmodalitäten im Einzelnen vereinbart sind, welche Schutzdauer das Werk aufweist oder wie viel Berechtigte vorhanden sind, ist die Verwertungsgesellschaft nicht verpflichtet.

4   Die teilweise von den Verwertungsgesellschaften **periodisch** herausgegebenen **Verzeichnisse,** der von ihnen vertretenen Wahrnehmungsberechtigten, erfüllen meist den Auskunftsanspruch des Petenten (*Melichar* S. 44; *Schricker/Reinbothe* § 10

Rn 5). Überwiegend ermöglichen die Verzeichnisse, die erforderlichen Daten mühelos zu ermitteln.

3. Die Auskünfte haben die Verwertungsgesellschaften bei **Einzelanfragen** grds   5
kostenlos zu erteilen (BT-Drucks. IV/271, 16 ff = UFITA 46 (1966), 280). Die Kostenfreiheit kann aber dann nicht gelten, wenn der Verwertungsgesellschaft ein umfangreicher Werkekatalog vorgelegt wird. Die ausgedehnten und intensiven Ermittlungen erfordern einen hohen Zeitaufwand und Personaleinsatz. Eine **kostendeckende Bearbeitungsgebühr** ist je nach Arbeitsaufwand der Verwertungsgesellschaft zuzusprechen (*Melichar* S. 45; *Häußer* FuR 1980, 84; *Schricker/Reinbothe* § 10 Rn 6; bei *Nordemann* [*Fromm/Nordemann* § 10] ist die Problematik **nicht aktuell**, da er die Vorschrift auf Einzelstücke beschränkt). Da die Verwertungsgesellschaft nur kostendeckende Bearbeitungsgebühren verlangen kann, wird sie iRd großen IT-Ausstattung der Verwertungsgesellschaften nicht sehr hoch sein und sich manchmal nur auf die Druckkosten belaufen (vgl *Schricker/Reinbothe* § 10 Rn 6, der diesbezüglich für Kostenfreiheit plädiert; *Häußer* Mitt. 1984, 71).

§ 11   Abschlußzwang

(1) Die Verwertungsgesellschaft ist verpflichtet, auf Grund der von ihr wahrgenommenen Rechte jedermann auf Verlangen zu angemessenen Bedingungen Nutzungsrechte einzuräumen.

(2) Kommt eine Einigung über die Höhe der Vergütung für die Einräumung der Nutzungsrechte nicht zustande, so gelten die Nutzungsrechte als eingeräumt, wenn die Vergütung in Höhe des vom Nutzer anerkannten Betrages an die Verwertungsgesellschaft gezahlt und in Höhe der darüber hinausgehenden Forderung der Verwertungsgesellschaft unter Vorbehalt an die Verwertungsgesellschaft gezahlt oder zu ihren Gunsten hinterlegt worden ist.

Schrifttum: *Becker* Verwertungsgesellschaften als Träger öffentlicher und privater Aufgaben, FS Kreile, 1994, S. 27; *v. Gamm* Die Tariffestsetzung durch die urheberrechtlichen Verwertungsgesellschaften, FS Nirk, 1992, S. 314; *Häußer* Praxis und Probleme der Aufsicht über Verwertungsgesellschaften, FuR 1980, 57; *Held* Fragen der kartellrechtlichen Missbrauchsaufsicht über Verwertungsgesellschaften, FuR 1980, 71; *Kröber* Anspruch von Verwertungsgesellschaften auf Hinterlegung?, ZUM 1997, 927; *Melichar* Die Wahrnehmung von Urheberrechten durch Verwertungsgesellschaften, 1983; *Menzel* Die Aufsicht über die GEMA durch das Deutsche Patentamt, 1986; *Schulze, G.* Teil-Werknutzung, Bearbeitung und Werkverbindung bei Musikwerken – Grenzen des Wahrnehmungsumfangs der GEMA, ZUM 1993, 255; *Stockmann* Die Verwertungsgesellschaften und das nationale und europäische Kartellrecht, FS Kreile 1990, S. 25.

I. Allgemeines

1   § 11 normiert einen **Kontrahierungszwang** der Verwertungsgesellschaft gegenüber den Nutzern von Werken. Er besteht **parallel** zu dem der Rechtsinhaber nach **§ 6**. Die Verwertungsgesellschaften sind somit einem doppelten Kontrahierungszwang unterworfen. Der Abschlusszwang gegenüber jedem möglichen Verwerter beruht auf der faktischen Monopolstellung der Verwertungsgesellschaft, die nicht zum Nachteil der Allgemeinheit eingesetzt werden darf (BT-Drucks. IV/271, 17 = UFITA 46 (1966), 281). Der Grundsatz der Vertragsfreiheit wird aufgehoben.

2   Die Monopolwirkung führt meist zu einer marktbeherrschenden Stellung der Verwertungsgesellschaft, sodass **§ 20 GWB** sich auf den Kontrahierungszwang auswirkt und parallel anzuwenden ist. Die Verwertungsgesellschaft hat den Abschluss des Vertrages zu nicht diskriminierenden Bedingungen vorzunehmen (*Schricker/Reinbothe* § 11 Rn 3 mwN).

3   Nach dem Gesetzeswortlaut gelten für den Abschlusszwang keine Ausnahmen. Der gegenteiligen Auffassung (vgl *Fromm/Nordemann* § 11 Rn 2) kann dann zugestimmt werden, wenn ein bes. Einzelfall gegeben ist, der die berechtigten Interessen der Verwertungsgesellschaft unter Berücksichtigung der Belange des Nutzers als vorrangig erscheinen lässt (*Fromm/Nordemann* aaO).

II. Kontrahierungszwang zu angemessenen Bedingungen, § 11 Abs. 1

4   **1.** Die Verwertungsgesellschaft ist gegenüber **jedermann**, demnach jedem potenziellen Nutzer, verpflichtet, einen Nutzungsvertrag abzuschließen. Die eingeräumte Lizenz kann konsequenterweise nur eine einfache iSv § 31 Abs. 1 UrhG betreffen. Eine absolute Lizenz nach § 31 Abs. 3 UrhG schließt inhaltlich alle weiteren Personen als Lizenznehmer aus.

5   **2.** Der Abschluss des Nutzungsvertrages hat zu **angemessenen Bedingungen** zu erfolgen. Die Kondition gilt für den Vertragsschluss. Bereits abgeschlossene Verträge können nicht mehr überprüft werden (*v. Gamm* FS Nirk, 1992, S. 317; *Becker* S. 46) und bedürfen anderenfalls einer vorherigen Kündigung.

6   **a)** Das Gesetz definiert den Begriff **angemessene Bedingungen** wie im gesamten Gesetzestext nicht näher. Er wird letztlich von den Interessen der Beteiligten und den bes. Umständen im Einzelfall bestimmt und relativiert. Leistung und Gegenleistung sollen sich entsprechen. Ein bes. Augenmerk für eine sachgerechte Interessensabwägung ist auf die Nutzungsvergütung zu richten. Der Verwerter hat eine angemessene finanzielle Beteiligung an den Urheber- und Leistungsschutzberechtigten für die Nutzung seines Werkes zu erbringen, die dem geldwerten Vorteil der Nutzung entspricht (*BGH* GRUR 1982, 102 – Masterbänder, mwN). Richtlinie für die Angemessenheit des Tarifs gibt § 13 Abs. 3, der als Bezugsgröße auf den **wirtschaftlichen Erfolg** des Verwerters abstellt. In die Vergütung fließen zusätzlich Kosten ein, die der Verwertungsgesellschaft zur ordnungsgemäßen Erfüllung ihrer Aufgaben entstehen. Die Angemessenheit der Bedingungen erfordert zudem, dass das verfassungsrechtliche Gleichbehandlungsgebot beachtet wird und gleichartige Verwerter bei gleichen Verwertungshandlungen gleich behandelt werden.

b) Die Auslegung der angemessenen Bedingungen im Gesetzeszusammenhang kann 7
zu dem Schluss führen, die Nutzungsvergütung nach den von der Verwertungsgesellschaft entspr. § 13 Abs. 1 aufzustellenden **Tarifen** auszulegen. Ein einheitliches
Meinungsbild hierfür besteht nicht.

Die Befürworter einer Interpretation nach den **aufgestellten Tarifen** verweisen dar- 8
auf, dass die Tarife angemessen sein müssen und die Aufsichtsbehörde sie überprüft
(*BGH* GRUR 1974, 35 – Musikautomat; GRUR 1983, 565 – Tarifüberprüfung II;
Schulze UFITA 80 (1977), 152).

Die **Gegenmeinung** betont die gerichtliche Überprüfbarkeit der Tarife und schließt 9
eine gesetzliche Vermutung für die Angemessenheit des Tarifs aus (*BGH* GRUR
1986, 377 f. – Filmmusik). Zudem kann die Aufsichtsbehörde bei der Tarifüberprüfung nur einschreiten, wenn ein grobes „meist auch für Laien erkennbares Missverhältnis zwischen Leistung und Gegenleistung" gegeben ist (*Häußer* FuR 1980, 60;
Menzel S. 65).

Vermittelnd wird darauf abzustellen sein, dass zur Vertragsgestaltung der Werks- 10
nutzung ein nach den Kriterien des § 13 Abs. 3 aufgestellter **Tarif herangezogen
werden kann**. Maßgeblich ist der Tarif, der in seinen Merkmalen in Art und Weise
der Nutzung sowie im Nutzungsumfang der beanspruchten Verwertung am nächsten
kommt (*BGH* GRUR 1976, 35 – Bar-Filmmusik; GRUR 1984, 54 – Tarifüberprüfung I). Einigen sich die Beteiligten auf einen Tarif, ist dessen Angemessenheit nicht
mehr zu überprüfen (*BGH* GRUR 1984, 54 – Tarifüberprüfung I). Bleibt ein gemeinsamer Konsens über den Tarif aus, muss eine angemessene Vergütung selbständig
ausgehandelt und notfalls gerichtlich durchgesetzt werden. Weder die Tarife noch
die Üblichkeit einer Vergütung sind in der Situation ein Indiz oder Auslegungsmerk-
mal für eine angemessene Vergütung.

III. Zahlung der Vergütung unter Vorbehalt oder Hinterlegung, § 11 Abs. 2

Die Bestimmung begünstigt den Verwerter in der Nutzung von Werken. Die Verwer- 11
tungsgesellschaft wird gehindert, den Abschlusszwang zu umgehen, indem im Streitfall über die Vergütung die weiteren Verhandlungen verzögert oder ein langwieriges
Gerichtsverfahren in Gang gesetzt wird und der Nutzer unter Druck gerät (BT-
Drucks. IV/271, 17 = UFITA 46 (1966), 282).

Scheitern die Verhandlungen zur Vergütung zwischen Verwertungsgesellschaft und 12
Verwerter und zahlt der Nutzer unter Vorbehalt die geforderte Vergütung an die Verwertungsgesellschaft oder hinterlegt er die Summe zu deren Gunsten bei der rechtlich maßgebenden Hinterlegungsstelle, erhält er das Nutzungsrecht zugesprochen.

Die Urheberrechtsnovelle von 2003 konkretisiert den **Umfang** der **Vorbehaltszah-** 13
lung oder der **Hinterlegungssumme**. In der vorangegangenen Regelung wurde als
strittig angesehen, ob der Nutzer den gesamten von der Verwertungsgesellschaft geforderten Betrag unter Vorbehalt zahlen oder hinterlegen muss, oder nur den strittigen Differenzbetrag zwischen dem seitens der Verwertungsgesellschaft geforderten
Gesamtbetrag und dem Zahlungsangebot des Nutzers (vgl *Schricker/Reinbothe* § 11
Rn 10; *Fromm/Nordemann* § 10 Rn 4; *Melichar* S. 38). Die Neuregelung stellt klar,
dass der Vorbehalts- oder Hinterlegungsbetrag nur die **Differenz** zwischen Forderung und Angebot sein kann und die Zahlungsofferte einen anerkannten Sockelbetrag

darstellt, der an die Verwertungsgesellschaft vorbehaltlos zu zahlen ist. Ansonsten entstehen der Verwertungsgesellschaft und den angeschlossenen Berechtigten erhebliche Nachteile finanzieller und tatsächlicher Art (vgl BT-Drucks. 15/38, 29 f.).

14 Hält sich der Verwerter nicht an die Vorgehensweise, kommt der gesetzliche Rechtsübergang nicht zustande. Nutzt der Verwerter die Werke ohne Nutzungsvereinbarung, verletzt er § 13a Abs. 1 und der Verwertungsgesellschaft steht ein Unterlassungs- und Schadenersatzanspruch zu. Der Schadenersatzanspruch richtet sich auf Zahlung unter Vorbehalt oder Hinterlegung gem. § 11 Abs. 2 der geforderten Lizenzgebühr.

IV. Der Rechtsweg für Streitigkeiten über den Abschlusszwang nach § 11 Abs. 1 ist der der ordentlichen Gerichtsbarkeit.

15 Nach § 14 Abs. 1 Nr. 1 kann vor Klageerhebung die Schiedsstelle von jeder Partei angerufen werden. Das Verfahren vor der Schiedsstelle ist Prozessvoraussetzung, wenn die Streitigkeit nach § 11 Abs. 1 die Anwendbarkeit oder Angemessenheit des Tarifs betrifft, nicht dagegen bei § 11 Abs. 2 (zur Schiedsstelle vgl nachfolgend § 14 ff.).

§ 12   Gesamtverträge

Die Verwertungsgesellschaft ist verpflichtet, mit Vereinigungen, deren Mitglieder nach dem Urheberrechtsgesetz geschützte Werke oder Leistungen nutzen oder zur Zahlung von Vergütungen nach dem Urheberrechtsgesetz verpflichtet sind, über die von ihr wahrgenommenen Rechte und Ansprüche Gesamtverträge zu angemessenen Bedingungen abzuschließen, es sei denn, daß der Verwertungsgesellschaft der Abschluß eines Gesamtvertrages nicht zuzumuten ist, insbesondere weil die Vereinigung eine zu geringe Mitgliederzahl hat.

Literatur: *Becker* Verwertungsgesellschaften als Träger öffentlicher und privater Aufgaben, FS Kreile 1994, S. 27; *v. Gamm* Die Tariffestsetzung durch die urheberrechtlichen Verwertungsgesellschaften, FS Nirk, 1992, S. 314; *Melichar* Die Wahrnehmung von Urheberrechten durch Verwertungsgesellschaften, 1983; *Menzel* Die Aufsicht über die GEMA durch das Deutsche Patentamt, 1986; *Reinbothe* Schlichtung im Urheberrecht, 1978; *Schulze, E.* Tarife und Gesamtverträge der Verwertungsgesellschaften, UFITA 80 (1977), 151; *ders.* Stellungnahme zum deutschen Referentenentwurf für eine Urheberrechtsnovelle, FuR 1981, 25; *Strittmatter* Tarife vor der urheberrechtlichen Schiedsstelle, 1994; *Vogel* Wahrnehmungsrechte und Verwertungsgesellschaften in der Bundesrepublik Deutschland – Eine Bestandsaufnahme im Hinblick auf die Harmonisierung des Urheberrechts in der europäischen Gemeinschaft, GRUR 1993, 513.

Übersicht

I. Allgemeines

§ 12 ordnet für die Verwertungsgesellschaft einen weiteren Kontrahierungszwang   1
an. Die Verwertungsgesellschaft wird verpflichtet, mit einer Mehrheit von Nutzern
gleicher Rechte, die sich in einer Vereinigung zusammengefunden haben, einen Gesamtvertrag zu angemessenen Bedingungen abzuschließen. In der **Rahmenverein-
barung** erkannte der Gesetzgeber eine wesentliche Erleichterung zum Abschluss der
Einzelverträge mit den einzelnen Nutzern. Ein Gesamtvertrag wird sowohl den Interessen der Verwertungsgesellschaft als auch der Veranstalter gerecht (BT-Drucks. IV/
271, 17 = UFITA 46 (1966), 282). Die Bedenken gegen die Vorschrift auch wegen
deren Verfassungsmäßigkeit sind nicht derart einschneidend, dass der in der Vorschrift verankerte Kontrahierungszwang als Korelat zur Monopolstellung der Verwertungsgesellschaft aufzugeben ist (zu den Bedenken vgl *Schricker/Reinbothe* § 12
Rn 1).

**II. Verpflichtung zum Abschluss von Gesamtverträgen zu angemessenen
Bedingungen**

1. Die Verwertungsgesellschaft ist verpflichtet, über die von ihr wahrgenommenen   2
Rechte und Ansprüche Gesamtverträge mit den Vereinigungen abzuschließen, deren
Mitglieder urheberrechtlich geschützte Werke und Leistungen nutzen oder urheber-
rechtliche Vergütungsansprüche zu entrichten haben, wie zB nach §§ 53, 54, 54a
UrhG.

Inhalt der Gesamtverträge sind die **wesentlichen Bedingungen**, zu denen die   3
Verwertungsgesellschaft später die **Nutzungserlaubnis** an einzelne Verbandsmit-
glieder erteilt. Die Eckpfeiler für die Einzelverträge stellt der Gesamtvertrag fest. Mit
dem Einzelnutzer werden erg. nur noch die Besonderheiten für den Einzelvertrag
geregelt.

In der Praxis haben die Gesamtverträge **Vorteile** für **beide Seiten**. Die Nutzerverei-   4
nigung und deren Mitglieder kommen in den Genuss von niedrigen Vergütungssätzen, da regelmäßig Nachlässe von bis zu 20 % gewährt werden (*BGH* ZUM 2001,
988 – Gesamtvertrag privater Rundfunk; *Melichar* S. 85; *Menzel* S. 21). Die Verwertungsgesellschaft wird zum einen mit einem geringen Verwaltungsaufwand begünstigt, da die wesentlichen Vertragsbedingungen bereits in den Rahmenbedingungen
enthalten und nur noch einzelne Besonderheiten zu regeln sind (BT-Drucks. IV/271,
17 = UFITA 46 (1966), 282). Des weiteren unterstützen die Nutzervereinigungen die
Verwertungsgesellschaft bei der Kontrolle und Beachtung der individuellen Nut-
zungsverträge (*BGH* GRUR 1974, 35 – Musikautomat; *OLG München* ZUM-RD
2002, 156 Ziff. 4 – Gesamtvertrag der GVL zur Vergütung für Kabelweitersendung
in Beherbergungsbetrieben; Schiedsstelle ZUM 1989, 315).

a) Der Gesamtvertrag wird als **Rahmenvertrag** angesehen (BT-Drucks. IV/271, 217   5
= UFITA 46 (1966), 282). Eine nähere Definition gibt der Gesetzgeber nicht. Er
übernahm als Gesetz eine bereits bestehende Praxis der GEMA und erläuterte diese
Verträge in Bezug auf die Vereinigung der Musikveranstalter als Gesamtverträge „in
denen allgemein die Bedingungen festgelegt sind, unter denen den einzelnen in der
Vereinigung zusammengeschlossenen Veranstaltern die Erlaubnis zur Musikauffüh-
rung erteilt wird" (BT-Drucks. aaO). Der Gesamtvertrag selbst regelt nicht die ein-

zelnen Nutzungsvorgänge. Er legt **einzelne Normen** fest, die Inhalt des später mit dem Einzelnutzer zu schließenden Nutzungsvertrages sein sollen. Die Vereinbarung ist daher **schuldrechtlicher Art** und zu einem bestimmten einheitlichen Standard in späteren Verträgen verpflichtend. Die Ähnlichkeit zu den arbeits- oder sozialrechtlichen Kollektivvereinbarungen ist zu erkennen (*Reinbothe* S. 27; *Schricker/Reinbothe* § 12 Rn 5). Die schuldrechtliche Verpflichtung zur Einhaltung von Normen in späteren Drittverträgen gestaltet sich inhaltlich als ein Rahmenvertrag (*Reinbothe* S. 28; *Schricker/Reinbothe* § 12 Rn 5; *OLG München* ZUM 1986, 157; *Strittmatter* S. 40).

6   **b)** Eine **Bindungswirkung** entfaltet der Gesamtvertrag nur zwischen der **Verwertungsgesellschaft** und der **Nutzervereinigung**, nicht gegenüber den Mitgliedern der Vereinigung (Schiedsstelle ZUM 1987, 184). Soweit sich die Mitglieder als Einzelnutzer dem Gesamtvertrag unterwerfen, gilt er für sie in seinen rechtlichen Konsequenzen unmittelbar. Haben sich Mitglieder nicht unterworfen, besteht für sie weiterhin die Möglichkeit, die Angemessenheit des Tarifs zu bestreiten und einen eigenen Nutzungsvertrag zu vereinbaren (*OLG München* GRUR 1990, 359 – Doppelmitgliedschaft). In diesem Fall hat die Verwertungsgesellschaft andererseits das Recht, bei Unstimmigkeiten gegen den ungebundenen Nutzer vorzugehen (*BGH* ZUM 1988, 575 – Kopierwerk; *Strittmatter* S. 37).

7   **c)** Von den Gesamtverträgen sind die **Pauschalverträge** zu unterscheiden. In ihnen verpflichtet sich die Verwerterseite unmittelbar über ihren Verband zur Auskunftserteilung oder Vergütungszahlung. Beispiele sind die Abgeltung der Bibliothekstantieme oder das Folgerecht mit dem Arbeitskreis Deutscher Kunsthandelsverbände (vgl hierzu *Vogel* GRUR 1993, 527).

III. Angemessene Bedingungen

8   Der der Verwertungsgesellschaft auferlegte Kontrahierungszwang wird auch hier durch das Merkmal der angemessenen Bedingungen eingeschränkt. **Leistung** und **Gegenleistung** müssen **einander entsprechen**. Die Auslegung kann sich im Wesentlichen auf die Grundsätze in § 11 stützen (so § 11 Rn 5 ff.), da beide Regelwerke Nutzungsbedingungen festlegen. Die Interessensabwägung bestimmt auch hier die Nutzungsvergütung wesentlich mit. Gleichfalls zu beachten ist der Gleichbehandlungsgrundsatz (so § 11 Rn 6). Für den Gesamtvertrag muss die Angemessenheit auch im Verhältnis Vertragshilfe auf Seiten der Nutzungsvereinigung und Vergütungsnachlass seitens der Verwertungsgesellschaft garantiert sein.

IV. Ausnahme vom Abschlusszwang

9   Eine Ausnahme vom Abschlusszwang trifft § 12 letzter HS. Expressis verbis besitzt eine Verwertungsgesellschaft das Recht, einen Gesamtvertrag zu verweigern, wenn der Abschluss für die Verwertungsgesellschaft **nicht zumutbar** ist. Ablehnen kann sie den Gesamtvertrag insb. dann, wenn die Vereinigung eine zu geringe Mitgliederzahl aufweist.

10   **1.** Die **geringe Mitgliederzahl** besteht sicherlich bei einer Vereinigung von sechs Mitgliedern und selbst dann, wenn diese Mitglieder behaupten, für den Verwertungsbereich die alleinigen Nutzer zu repräsentieren (Schiedsstelle ZUM 1989, 315;

Melichar S. 40; *Schricker/Reinbothe* § 12 Rn 10). Der Verwaltungsaufwand, der eben durch den Gesamtvertrag eingeschränkt werden soll, würde sich nur unwesentlich reduzieren. Auch kann die Anzahl von 21 Mitgliedern zu gering sein, wenn offen bleibt, ob und welche Mitglieder sich an den Gesamtvertrag binden wollen. Der Verwaltungsaufwand wird für die Verwertungsgesellschaft nicht geringer werden, da ungewiss ist, ob Einzelnutzungsverträge ausreichend zum Abschluss kommen.

Die Verwertungsgesellschaft kann den Abschluss eines Gesamtvertrags jedoch nicht   **11**
als unzumutbar mit der Begr. verweigern, dass bereits mit einer anderen mitgliederstärkeren Verwertungsgesellschaft ein entspr. Gesamtvertrag abgeschlossen ist (*OLG München* GRUR 1990, 358 – Doppelmitgliedschaft; *Strittmatter* S. 180 f.; *Schricker/Reinbothe* § 12 Rn 10).

2. Weitere Gründe bestehen, den Gesamtvertrag als unzumutbar zurückzuweisen,   **12**
wenn die gegenüberstehenden **Leistungen** sich **nicht** als **äquivalent** herausstellen. Die von der Verwertungsgesellschaft gesamtvertraglich eingeräumten finanziellen Vergünstigungen im Tarif erhalten seitens des Gesamtvertragspartners nicht die erforderlichen Vergünstigungen in der Verwaltungsvereinfachung und der Hilfe bei der Kontrolle und Abwicklung der Einzelverträge. Die Grenze des Zumutbaren überschreitet eine Nutzervereinigung, die im Gesamtvertrag offen lässt, ob und welche Nutzer den gesamtvertraglichen Regelungen beitreten (*OLG München* ZUM-RD 2002, 156 – Gesamtvertrag der GVL zur Vergütung für Kabelweitersendung in Beherbergungsbetrieben; *Schricker/Reinbothe* § 12 Rn 11). Die Unzumutbarkeit hat grds, als Begünstigte der Ausnahmeregelung des Kontrahierungszwangs, die Verwertungsgesellschaft zu beweisen.

V. Rechtsweg

Den **Rechtsweg** bei Streitigkeiten über Abschluss oder Änderung des Gesamtvertra-   **13**
ges eröffnet die Anrufung der Schiedsstelle (§ 14 Abs. 1 Nr. 1 lit. b). Berechtigt sind die am Gesamtvertrag Beteiligten, die Verwertungsgesellschaft und die Nutzervereinigung. Ein vereinbarter privater Schiedsvertrag für künftige Streitigkeiten kann in diesem Fall ein Schiedsverfahren nicht ausschließen (§ 14 Abs. 6). Vor einer Klageerhebung ist nach § 16 Abs. 1 das Schiedsstellenverfahren zwingend vorgeschrieben. Das Schiedsverfahren ist eine von Amts wegen zu berücksichtigende Prozessvoraussetzung (BT-Drucks. 10/837, 24). Ausgenommen sind nach § 16 Abs. 3 Anträge auf Anordnung eines Arrestes oder einer einstweiligen Verfügung (zum Schiedsverfahren § 14 ff.). Die Festsetzung des Gesamtvertrages durch das OLG erfolgt nach billigem Ermessen (*BGH* ZUM 2001, 988 – Gesamtvertrag privater Rundfunk).

VI. Tarif

Wegen der überregionalen Bedeutung der Gesamtverträge gelten die hierin aufge-   **14**
nommenen Vergütungssätze entspr. § 13 Abs. 1 S. 2 als gesetzlicher **Tarif** und sind nach § 13 Abs. 2 zu veröffentlichen. Die Nutzervereinigung ist nicht verpflichtet, sich an den anfallenden Kosten zu beteiligen (*Schricker/Reinbothe* § 12 Rn 15; **aA** *Schulze* FuR 1981, 26).

§ 13   Tarife

(1) Die Verwertungsgesellschaft hat Tarife aufzustellen über die Vergütung, die sie auf Grund der von ihr wahrgenommenen Rechte und Ansprüche fordert. Soweit Gesamtverträge abgeschlossen sind, gelten die in diesen Verträgen vereinbarten Vergütungssätze als Tarife.

(2) Die Verwertungsgesellschaft ist verpflichtet, die Tarife und jede Tarifänderung unverzüglich im Bundesanzeiger zu veröffentlichen.

(3) Berechnungsgrundlage für die Tarife sollen in der Regel die geldwerten Vorteile sein, die durch die Verwertung erzielt werden. Die Tarife können sich auch auf andere Berechnungsgrundlagen stützen, wenn diese ausreichende, mit einem wirtschaftlich vertretbaren Aufwand zu erfassende Anhaltspunkte für die durch die Verwertung erzielten Vorteile ergeben. Bei der Tarifgestaltung ist auf den Anteil der Werknutzung am Gesamtumfang des Verwertungsvorganges angemessen Rücksicht zu nehmen. Die Verwertungsgesellschaft soll bei der Tarifgestaltung und bei der Einziehung der tariflichen Vergütung auf religiöse, kulturelle und soziale Belange der zur Zahlung der Vergütung Verpflichteten einschließlich der Belange der Jugendpflege angemessene Rücksicht nehmen.

(4) Bei der Gestaltung von Tarifen, die auf den §§ 54 und 54a des Urheberrechtsgesetzes beruhen, ist auch zu berücksichtigen, inwieweit technische Schutzmaßnahmen nach § 95a des Urheberrechtsgesetzes auf die betreffenden Werke oder die betreffenden Schutzgegenstände angewendet werden.

Literatur: *Becker* Verwertungsgesellschaften als Träger öffentlicher und privater Aufgaben, FS Kreile, 1994, S. 27; *Bitz/Schmidt* Classik Open Air-Konzerte im Dschungel der GEMA-Tarife, ZUM 1999, 819; *Bullinger* Tonträgermusik im Hörfunk – Rechtliche Überlegungen zur Angemessenheit der Vergütung für die ausübenden Künstler, ZUM 2001, 1; *Dreier* Urheberrecht an der Schwelle des 3. Jahrtausends – Einige Gedanken zur Zukunft des Urheberrechts, CR 2000, 45; *ders.* Die Umsetzung der Urheberrechtsrichtlinie 2001/21/EG in deutsches Recht, ZUM 2002, 28; *Flechsig* Grundlagen des Europäischen Urheberrechts, ZUM 2002, 1; *v. Gamm* Tariffestsetzung durch die urheberrechtlichen Verwertungsgesellschaften, FS Nirk, 1992, S. 314; *Kreile/Becker* Multimedia und die Praxis der Lizenzierung von Urheberrechten, GRUR Int 1996, 677; *Melichar* Die Wahrnehmung von Urheberrechten durch Verwertungsgesellschaften, 1983; *Menzel* Die Aufsicht über die GEMA durch das Deutsche Patentamt, 1986; *Meyer* Verwertungsgesellschaften und ihre Kontrolle nach dem Urheberwahrnehmungsgesetz, Schriftenreihe UFITA, Bd 191, 2001; *Nordemann* Die Urheberrechtsreform 1985, GRUR 1985, 837; *Reber* Aktuelle Fragen zu Recht und Praxis der Verwertungsgesellschaften, GRUR 2000, 203; *Reinbothe* Schlichtung im Urheberrecht, 1978; *ders.* Die Umsetzung der Urheberrechtsrichtlinie 2001/21/EG in deutsches Recht; *Schricker* Zum Begriff der angemessenen Vergütung im Urheberrecht – 10 % vom Umsatz als Maßstab?, GRUR 2002, 737; *Schulze, E.* Stellungnahme zum deutschen Referentenentwurf für eine Urheberrechtsnovelle, FuR 1981, 25; *ders.* Tarife und Gesamtverträge der Verwertungsgesellschaften, UFITA 80 (1977), 151; *ders.* Tarife und Gesamtverträge von urheberrechtlichen Verwertungsgesellschaften, GRUR 1989, 257; *Schulze, G.* Zur Tarifhoheit der GEMA – Zugleich eine Erwiderung auf den Aufsatz „Classik Open Air-Konzerte im Dschungel der GEMA-Tarife", ZUM 1999, 827; *Siebert* Die Auslegung der Wahrnehmungsverträge unter Berücksichtigung der digitalen Technik, erläutert am Beispiel der GEMA, GVL, VG WORT und VG BILD KUNST, 2002; *Strittmatter* Tarife vor der urheberrechtlichen Schiedsstelle, 1994; *Zecher* Die Umsetzung der EU-Urheberrechtsrichtlinie in deutsches Recht, ZUM 2002, 52.

I. Allgemeines

§ 13 verpflichtet die Verwertungsgesellschaft, zu der von ihr für die Nutzung von **1** Werken geforderte Vergütung Tarife aufzustellen und im BAnz. zu veröffentlichen. Berechnungsgrundlage soll der durch die Verwertung erzielte geldwerte Vorteil sein, wobei Anteil der Werknutzung am Gesamtumfang der Verwertung und religiöse, kulturelle und soziale Belange zu berücksichtigen sind. Die Vorschrift ist als **Soll-Vorschrift** definiert, muss aber unter Berücksichtigung des § 11 als **Regelfall** angesehen werden (*Schricker/Reinbothe* § 13 Rn 7 mwN; *Strittmatter* S. 130 ff.).

II. Aufstellung der Tarife, § 13 Abs. 1

§ 13 Abs. 1 S. 1 ordnet für die Verwertungsgesellschaften an, zu den Vergütungen **2** für die Nutzungsvorgänge ihres Wahrnehmungsbereiches Tarife aufzustellen. Die Vorgabe soll erreichen, dass alle gleichgelagerten Verwertungen **gleich behandelt und vergütet** werden (BT-Drucks. IV/273, 17 = UFITA 46 (1966), 282). Die Tarifaufstellung hat daher den Gleichbehandlungsgrundsatz zu beachten (Schiedsstelle ZUM 1987, 189). Für die Verwertungsgesellschaft beinhalten die Tarife den Vorteil, in Verhandlungen mit den Einzelnutzern nicht ständig erneut langwierige Verhandlungen über Art und Höhe der zu zahlenden Vergütungen führen zu müssen (BT-Drucks. IV/273, 17 = UFITA 46 (1966), 282). Aus ökonomischer Sicht wird die Verwertungsgesellschaft zweckmäßig Tarife aufstellen, die typischerweise den aktuellen Nutzungshandlungen entsprechen. In die Zukunft gerichtet, muss die Verwertungsgesellschaft nicht jedwede mögliche Nutzungshandlung tariflich berücksichtigen (Schiedsstelle ZUM-RD 1998, 203). Neue Nutzungsarten im innovativen Medienbereich können dann erst erfasst werden, wenn die Technik sich durchgesetzt hat, und die Werke der Urheber und Leistungsschutzberechtigten genutzt werden (vgl *Schulze* ZUM 1999, 830).

1. Die von der Verwertungsgesellschaft aufgestellten Tarife bilden keine bindenden **3** Normen. Die Verwertungsgesellschaft unterbreitet vielmehr ein **Tarifangebot**. Die Tarife fungieren als eine Preisliste für die Nutzer, in der die zu entrichtenden Vergütungen zusammengestellt und offen gelegt sind (*Reinbothe* Schlichtung im Urheberrecht, S. 30; *Schricker/Reinbothe* § 13 Rn 2). Kommt eine Einigung über den Tarif nicht zustande, kann der Nutzer unter Beachtung des § 11 die Vergütungssätze frei verhandeln. Vereinbarte Tarife können nachträglich nicht mehr als unangemessen beanstandet werden (*BGH* GRUR 1984, 54 – Tarifüberprüfung I).

2. § 13 Abs. 1 S. 2 bestimmt, dass die vereinbarten Vergütungssätze in Gesamtver- **4** trägen ebenfalls als **Tarife** gelten. Die Bestimmung hebt nicht bereits bestehende allgemeingültige Tarife auf oder ersetzt sie. Der Gesamtvertrag regelt ausschließlich die Vergütungsregelung eines Mitglieds einer Nutzervereinigung, die den Gesamtvertrag mit der Verwertungsgesellschaft abgeschlossen hat. Für den ungebundenen

Werknutzer gelten weiterhin die allg. Tarife (*BGH* GRUR 1974, 35 – Musikautomat). Ist für eine Nutzungsart kein Tarif aufgestellt, besteht aber hierfür eine gesamtvertragliche Regelung, findet dieser Tarif im Gesamtvertrag – ohne den Gesamtvertragsrabatt für den Einzelnutzer – Anwendung (Schiedsstelle ZUM 1988, 352). Die Bezugnahme auf den Tarif soll klarstellen, dass die getroffenen Vergütungsregelungen entspr. eines Tarifes zu veröffentlichen sind.

III. Veröffentlichung der Tarife, § 13 Abs. 2

5   **1.** Die Verwertungsgesellschaft trifft eine **Publikationspflicht** für die Tarife und deren Änderung. Die Bekanntgabe hat unverzüglich – ohne schuldhaftes Zögern (§ 121 BGB) – im BAnz. zu erfolgen und betrifft die Einzeltarife sowie die Vergütungen im Gesamtvertrag. Der interessierte Personenkreis soll sich leicht über die Tarifgestaltungen unterrichten können (BT-Drucks. IV/273, 17 = UFITA 46 (1966), 282; krit. *Mestmäcker/Schulze* § 13 WahrnG Anm. 3).

6   **2.** Die für die Veröffentlichung anfallenden **Kosten** hat die Verwertungsgesellschaft zu tragen. Neben den allgemeingültigen Tarifen gilt die Kostentragungspflicht auch für das Veröffentlichen der Vergütungen in Gesamtverträgen. Eine Kostenbeteiligung zwischen den Gesamtvertrags-Parteien (*Schulze* FuR 1981, 26) findet im Gesetz keine Quelle (*Schricker/Reinbothe* § 13 Rn 5).

IV. Berechnungsgrundlagen der Tarife, § 13 Abs. 3

7   Die Vorschrift soll dazu beitragen, die Tarifgestaltung der Verwertungsgesellschaften „durchschaubarer" zu gestalten (vgl *Schricker/Reinbothe* § 13 Rn 6 mit Hinweisen zur Urheberrechtsnovelle 1985). Im Grundsatz müssen die Tarife eine **„innere Logik"** und ein **„nachvollziehbares Berechnungsschema"** aufweisen (Schiedsstelle ZUM 1987, 189). Pauschalierungen in der tariflichen Vergütung, zB Mindestvergütungsregelungen, sind dabei zulässig (*BGH* GRUR 1988, 373 – Schallplattenimport III) und eventuell auftretende Härten hinzunehmen (Schiedsstelle ZUM 1990, 260).

8   **1.** § 13 Abs. 3 S. 1 nennt als regelmäßige Berechnungsgrundlage für die Tarife „die **geltendwerten Vorteile"** der Nutzung. Die Interpretation des Kriteriums „geldwerte Vorteile" verweist auf den urheberrechtlichen Grundsatz „den Urheber tunlichst an allen wirtschaftlichen Erträgen aus der Nutzung seiner Werke angemessen zu beteiligen" (*BGH* GRUR 1986, 376 – Filmmusik; GRUR 1982, 102 – Masterbänder; GRUR 1988, 373 – Schallplattenimport III; *EuGH* GRUR 2003, 327, Ziff. 33 ff.; Schiedsstelle ZUM 1987, 185; *Strittmatter* S. 103 ff.). Maßgeblich wird nicht der Gewinn des Nutzers sein, sondern der **Umsatz**, den er mit dem Werk erzielt (*BGH* GRUR 1986, 376 – Filmmusik; *LG Mannheim* ZUM-RD 1998, 278 – Drei Tenöre; Schiedsstelle, ständige Entsch., ZUM 1987, 185; 1989, 207; 1989, 426; 1989, 535; 1998, 203; *Fromm/Nordemann* § 13 Rn 4; *Schricker/Reinbothe* § 13 Rn 7; *Schack* § 38 Anm. 1211). Im Einzelfall wäre zB auf den jeweiligen Umsatz, Detailverkaufspreis, den Mietpreis und das Veranstaltungs- oder Werbeentgelt abzustellen (*BGH* GRUR 1986, 376 – Filmmusik; GRUR 1988, 373 – Schallplattenimport III; Schiedsstelle ZUM 1987, 185; 1989, 429; 1989, 535). Von der Marge des **Bruttoumsatzes** ausgehend, gilt eine Beteiligung des Urhebers iHv **10 %** als angemessen (*Becker* S. 47; Schiedsstelle GRUR 1998, 204 – für Großveranstaltungen 8 %; **aA** *Witz/*

Schmidt ZUM 1999, 821; *Schricker* GRUR 2002, 737 ff., bei Wortautoren und Verlagen; für die Problematik bei Multimedia und Musikverwertung *Kreile/Becker* GRUR Int 1996, 681 ff.; digitale Technik *Dreier* CR 2000, 45 ff.). Die Beteiligung am Umsatz bewirkt beim Urheber eine Schutzfunktion und schließt ihn vom wirtschaftlichen Risiko, das der Nutzer trägt, aus. Der Vergütungssatz kann im Einzelfall herabgesetzt werden, wenn die konkreten Umstände zu einer unangemessenen Belastung des Nutzers führen (*BGH* GRUR 1988, 373 – Schallplattenimport III).

2. **§ 13 Abs. 3 S. 2** berücksichtigt bei der Vergütung die Fälle, bei denen kein geldwerter Vorteil, sondern lediglich ein anderer Vorteil erzielt wird. Der Nutzer erstrebt **keine Einnahmen.** Hierunter fallen zB kostenfreie Bibliotheken, die Nutzung im Schulunterricht, interne Pressespiegel in Behörden und die öffentliche Wiedergabe nach § 52 Abs. 1 S. 1 und 2 sowie Abs. 2 UrhG. Die Vorteile müssen sich in einem vertretbaren wirtschaftlichen Aufwand ermitteln lassen (Schiedsstelle ZUM 1990, 260). Die Überlegung von Reinbothe (*Schricker/Reinbothe* § 13 Rn 8; ebenso *Reber* GRUR 2000, 205) an den ideellen Wert des Werkgenusses anzuknüpfen oder an eine hypothetische Einbuße, soweit das Werk ohne die Veranstaltung noch weiteren Absatz gefunden hätte, wird schwer umzusetzen sein und dem Wirtschaftlichkeitsgedanken widersprechen. Anhaltspunkte für die Vergütung bietet der Umfang der Nutzung, deren Bedeutung für den Verwerter und der eventuelle Wert, wenn sie entgeltlich erbracht worden wäre (*Fromm/Nordemann* § 13 Rn 5).   **9**

3. **§ 13 Abs. 3 S. 3** regelt zwingend, dass die Verwertungsgesellschaften bei der Tarifgestaltung den **Anteil** der **Werknutzung** am Gesamtumfang des Verwertungsvorganges angemessen berücksichtigen. Die Vergütung der übertragenen Rechte darf nicht in einem Missverhältnis stehen zu Art und Gesamtumfang des spezifischen Nutzungsvorganges. Ein Konzert mit geschützten Werken durch eine örtliche idealistische Jugendmusikgruppe mit 50 bis 100 Gästen wird anders zu bewerten sein als ein Orchester bei einer Großveranstaltung mit entspr. hoher Anzahl von Zuhörern. Die Vorschrift fordert dagegen nicht, in den Tarifen bereits den Umfang der tatsächlich genutzten und geschützten Werke zu berücksichtigen. Die Vorschrift berücksichtigt weiter, dass ein Verwertungsvorgang oft mehrere Rechte und Ansprüche verschiedener Urheber umfasst, die unterschiedlich wahrgenommen werden. Für die Vergütung sind die einzelnen Anteile des Gesamtwerkes gegeneinander zu gewichten und ihre Anteile am Gesamtwerk zu berücksichtigen (*BGH* GRUR 2003, 331; *EuGH* GRUR 2003, 327 Ziff. 39 ff.); vgl Beispiele *Fromm/Nordemann* § 13 Rn 6).   **10**

4. Nach **§ 13 Abs. 3 S. 4** sind religiöse, kulturelle und soziale Belange einschließlich der Jugendpflege zu berücksichtigen. Die Vorschrift ist als **Soll-Vorschrift** normiert, auf die kein Anspruch seitens des Verwerters besteht. Beachten die Verwertungsgesellschaften die Vorgabe nicht in der Tarifgestaltung, so kann dies die Unangemessenheit des Tarifs zur Folge haben (*Fromm/Nordemann* § 13 Rn 7). Als Indiz für eine begünstigende Vergütungsregelung kann gelten, wenn **keine wirtschaftlichen Ziele** verfolgt werden. Die Verwertungsgesellschaft kommt der gesetzlichen Aufforderung nach, indem sie zB einen bes. Tarif aufstellt oder einen Nachlass oder eine Vergünstigung einräumt.   **11**

5. Der mit der Urheberrechtsreform 2003 neu eingefügte **§ 13 Abs. 4** setzt Art. 5 Abs. 2 lit. b der Richtlinie 2001/29/EG des europäischen Parlaments und des Rates v. 22.5.2001 zur Harmonisierung bestimmter Aspekte des Urheberrechts und der ver-   **12**

wandten Schutzrechte in der Informationsgesellschaft (ABlEG L 167/10 v. 22.6.2001) um. Die Auslegung der nationalen Bestimmung wird daher die Grundsätze der EU-Bestimmungen berücksichtigen müssen.

13   Die Vorschrift beinhaltet den urheberrechtlichen Grundsatz, eine doppelte Vergütung der urheberrechtlichen Nutzung zu verhindern. Werden **technische Schutzmaßnahmen** iSd Art. 6 der EU-Richtlinie ergriffen, soll sichergestellt sein, dass eine Pauschalvergütung für ein Nutzungsrecht die durch die technische Schutzmaßnahme bereits bestehende Vergütungspflicht zwingend berücksichtigt. Die in diesem Fall von der Verwertungsgesellschaft aufzustellenden Tarife müssen daher flexibel gestaltet sein, um an die technischen Veränderungen und wechselnde Wirksamkeit der technischen Schutzmaßnahmen angepasst zu werden (BT-Drucks. 15/38, 30).

§ 13a   Pflichten des Veranstalters

(1) Veranstalter von öffentlichen Wiedergaben urheberrechtlich geschützter Werke haben vor der Veranstaltung die Einwilligung der Verwertungsgesellschaft einzuholen, welche die Nutzungsrechte an diesen Werken wahrnimmt.

(2) Nach der Veranstaltung hat der Veranstalter der Verwertungsgesellschaft eine Aufstellung über die bei der Veranstaltung benutzten Werke zu übersenden. Dies gilt nicht für die Wiedergabe eines Werkes mittels Tonträger, für Wiedergaben von Funksendungen eines Werkes und für Veranstaltungen, auf denen in der Regel nicht geschützte oder nur unwesentlich bearbeitete Werke der Musik aufgeführt werden.

(3) Soweit für die Verteilung von Einnahmen aus der Wahrnehmung von Rechten zur Wiedergabe von Funksendungen Auskünfte der Sendeunternehmen erforderlich sind, die die Funksendungen veranstaltet haben, sind diese Sendeunternehmen verpflichtet, der Verwertungsgesellschaft die Auskünfte gegen Erstattung der Unkosten zu erteilen.

Literatur: *Hillig* Die Urheberrechtsnovelle 1985, UFITA 102 (1986), 11; *Melichar* Die Wahrnehmung von Urheberrechten durch Verwertungsgesellschaften, 1983; *Möller* Die Urheberrechtsnovelle 1985: Entstehungsgeschichte und verfassungsrechtliche Grundlagen, 1986; *Nordemann* Die Urheberrechtsreform 1985, GRUR 1985, 837.

I. Allgemeines

1   Der § 13a regelt die Verpflichtungen der Veranstalter von öffentlichen Wiedergaben urheberrechtlich geschützter Werke und der Sendeunternehmen gegenüber den Verwertungsgesellschaften. Die Vorschrift wiederholt die bereits nach dem Urheber-

recht bestehende Verpflichtung, dass die öffentliche Wiedergabe eines urheberrechtlich geschützten Werkes nur mit Einwilligung des Berechtigten zulässig ist (amtl. Begr. BT-Drucks. IV/3402, 19 = UFITA 46 (1966), 283 zu § 13 aF). In ihrer Grundlage beruht sie auf § 16 aF und wurde in der Urheberrechtsreform von 1985 modifiziert.

II. Einwilligung der Verwertungsgesellschaften, § 13a Abs. 1

§ 13a Abs. 1 legt für die Veranstalter von öffentlichen Wiedergaben urheberrecht-   **2** lich geschützter Werke die Pflicht auf, vor der Veranstaltung hierzu die vorherige Einwilligung der die Nutzungsrechte am Recht wahrnehmenden Verwertungsgesellschaft einzuholen. Der Begriff der öffentlichen Wiedergabe ist nach § 15 Abs. 2 und 3 UrhG auszulegen und umfasst demnach das Vertrags-, Aufführungs- und Vorführungsrecht, das Senderecht, das Recht der Wiedergabe durch Bild- oder Tonträger sowie das Recht zur Wiedergabe von Funksendungen.

1. Der Begriff des **Veranstalters** ist iSd § 81 UrhG zu definieren. Als Veranstalter   **3** gilt, wer technisch und organisatorisch weitgehend eigenständig die Veranstaltung ausrichtet. Ein Einfluss auf die inhaltliche Ausrichtung des Musikprogramms ist nicht erforderlich. Nicht erforderlich ist, dass der Veranstalter auch das eigentliche finanzielle Risiko trägt, ausreichend kann bereits sein, wenn eigenes wirtschaftliches Interesse besteht, wie zB eine erfolgsabhängige Umsatzbeteiligung (vgl *OLG Hamburg* ZUM 2001, 523; zum Begriff grds § 81 UrhG).

2. Die Einholung der Erlaubnis vor der Veranstaltung betrifft die grundlegende   **4** Pflicht des Veranstalters, die Durchführung der Veranstaltung der betr. Verwertungsgesellschaft erstmals anzuzeigen. Die Anzeige, die als **vorläufige Auskunft** über die Werknutzung zu sehen ist, muss aber insofern konkretisiert sein, dass die Verwertungsgesellschaft die anfälligen Tarif- und Vergütungssätze ermitteln kann. Fürs Erste genügen entspr. den Tarif- und Vergütungsstrukturen die Art der Veranstaltung, die Höhe der zu zahlenden Eintrittsgelder und die Größe des Veranstaltungsraumes (vgl *LG Erfurt* ZUM-RD 1997, 26). Die Angaben sind als erforderlich anzusehen, um den Abschlusszwang der Verwertungsgesellschaft nach § 11 zu begründen. Dem von den Veranstaltern erfahrungsgemäß stets erhobenen Einwand des hohen Verwaltungsaufwandes ist entgegenzuhalten, dass die Sondierung zu einem für den Veranstalter wünschenswerten angemessenen Tarif beiträgt. In der Information an die Verwertungsgesellschaft müssen dagegen für die Einwilligung nicht bereits alle Werke konkret benannt sein, deren Nutzung beabsichtigt ist. Insofern kann von einer „Art Generalkonsens" ausgegangen werden (vgl *Fromm/Nordemann* § 13a Rn 1).

III. Übersendung einer Aufstellung benutzter Werke, § 13a Abs. 2

§ 13a Abs. 2 verpflichtet den Veranstalter in S. 1 zur nachträglichen Auskunft über   **5** die genützten Werke und normiert in Abs. 2 eine Ausnahme von der Pflicht.

1. Abs. 2 S. 1 gibt dem Veranstalter auf, der Verwertungsgesellschaft nach der Ver-   **6** anstaltung eine Aufstellung über die **benutzten Werke** zu übersenden. Die Maßnahme soll die Verwertungsgesellschaft in die Lage versetzen, die erzielten Einnahmen unter den Mitgliedern gerecht zu verteilen (amtl. Begr. BT-Drucks. IV/271, 19 = UFITA 46 (1966), 283). Insofern wird von einer „Programmpflicht" der Nutzer gesprochen (vgl *Melichar* S. 43).

7 **2. Abs. 2 S. 2** legt **zwei Ausnahmen** von der Anzeigepflicht fest.

8 **a)** Von der Aufstellung des genutzten Programms ist der Veranstalter befreit, wenn bei der Veranstaltung Werke mittels **Tonträger** oder durch **Funksendung** wiedergegeben werden. Unter diesen Voraussetzungen ist zu erwarten, dass die Verwertungsgesellschaften für die erforderliche Verteilung der erzielten Einnahmen die Daten bereits aus dem Schallplattenumsatz und den Rundfunkprogrammen entnehmen können (amtl. Begr. BT-Drucks. IV/271, 19 = UFITA 46 (1966), 283). Die Vorgehensweise trägt dazu bei, den Verwaltungsaufwand des Veranstalters zu mindern. Auf der anderen Seite erhalten die Verwertungsgesellschaften einen Parameter für die Verteilungspläne, in dem an die objektiven Nutzungsmöglichkeiten angeknüpft wird (vgl *Melichar* S. 43; zuvor § 7 Rn 2 f.).

9 **b)** Eine weitere Ausnahme der Programmpflicht legte die Urheberrechtsreform von 1985 für **öffentliche Wiedergaben** auf Veranstaltungen fest, auf denen idR nicht geschützte oder nur unwesentlich bearbeitete Werke der Musik aufgeführt werden. Die Programmpflicht entfällt für Veranstaltungen, die ganz oder doch überwiegend gemeinfreie Musik wiedergeben. Die Vorschrift steht im Kontext mit der zeitgleichen Neufassung des § 3 UrhG, der „nur unwesentliche Bearbeitungen eines nicht geschützten Werkes der Musik" vom Urheberrechtsschutz ausnimmt.

10 Die Regelung wird als **systemwidrig** angesehen und stößt auf **verfassungsrechtliche Bedenken**. Die Befreiung soll für Veranstaltungen gelten, in denen „in der Regel" und nicht ausnahmslos gemeinfreie Musik aufgeführt wird. Der Bedeutungsinhalt des Kriteriums „in der Regel" ist diffus und überlässt die Einschätzung dem Veranstalter. Dieser entscheidet dann nicht nur iSd § 3 S. 2 UrhG, welche Bearbeitung als wesentlich anzusehen ist, sondern erhält ein weiteres Recht, das ihn von der Programmpflicht befreit. Die für die Wahrnehmung der musikalischen Rechte zuständige GEMA hat somit keine Kontrollmöglichkeit, inwiefern doch geschützte Werke aufgeführt werden. Der Gastwirt zB (der HS wurde im Rechtsausschuss auf Betreiben der Bayerischen Landesregierung für das Gastgewerbe eingeführt, vgl BT-Drucks. X/3360, 18, 21) entscheidet bereits nach § 3 S. 2 UrhG – der ebenfalls nicht frei von verfassungsrechtlichen Bedenken ist –, welche Bearbeitung als wesentlich und damit vergütungspflichtig und welche als unwesentlich und damit vergütungsfrei gilt. Der § 13a Abs. 2 S. 2 erweitert das Recht, indem der Wirt von der Meldepflicht befreit wird, obwohl geschützte Werke aufgeführt werden, weil dies nicht „zur Regel" gehört. Der Urheber wird somit in seinen ausschließlichen Verwertungsrechten nach § 19 Abs. 2 UrhG beschränkt, was eine Verletzung des Art. 14 GG begründet (vgl *Fromm/Nordemann* § 13a Rn 1; *Nordemann* GRUR 1985, 838; *Schack* § 37 Anm. 1213; *Schricker/Reinbothe* § 13a Rn 7; *Hillig* UFITA 102 (1986), 14, 30).

IV. Auskunftserteilung, § 13a Abs. 3

11 § 13a Abs. 3 legt gegen Erstattung der Unkosten eine **Auskunftspflicht** für Sendeunternehmen gegenüber den Verwertungsgesellschaften fest, wenn eine öffentliche Wiedergabe von Funksendungen stattgefunden hat und die Auskünfte für die Einnahmenverteilung erforderlich sind. Die Vorschrift bezweckt, den Verwertungsgesellschaften für die Verteilungspläne auch dann die erforderlichen Daten zu sichern, wenn zu einem der Veranstalter von der öffentlichen Wiedergabe von Funksendun-

gen nach § 13a Abs. 2 S. 2 keiner Programmpflicht unterliegt und zum anderen die Verwertungsgesellschaft nicht selbst die Senderechte wahrnimmt.

§ 13b Vermutung der Sachbefugnis; Außenseiter bei Kabelweitersendung

(1) Macht die Verwertungsgesellschaft einen Auskunftsanspruch geltend, der nur durch eine Verwertungsgesellschaft geltend gemacht werden kann, so wird vermutet, daß sie die Rechte aller Berechtigten wahrnimmt.

(2) Macht die Verwertungsgesellschaft einen Vergütungsanspruch nach §§ 27, 54 Abs. 1, § 54a Abs. 1 oder 2, § 77 Abs. 2, § 85 Abs. 4 oder § 94 Abs. 5 des Urheberrechtsgesetzes geltend, so wird vermutet, daß sie die Rechte aller Berechtigten wahrnimmt. Sind mehr als eine Verwertungsgesellschaft zur Geltendmachung des Anspruchs berechtigt, so gilt die Vermutung nur, wenn der Anspruch von allen berechtigten Verwertungsgesellschaften gemeinsam geltend gemacht wird. Soweit die Verwertungsgesellschaft Zahlungen auch für die Berechtigten erhält, deren Rechte sie nicht wahrnimmt, hat sie den zur Zahlung Verpflichteten von den Vergütungsansprüchen dieser Berechtigten freizustellen.

(3) Hat ein Rechtsinhaber die Wahrnehmung seines Rechts der Kabelweitersendung im Sinne des § 20b Abs. 1 Satz 1 des Urheberrechtsgesetzes keiner Verwertungsgesellschaft übertragen, so gilt die Verwertungsgesellschaft, die Rechte dieser Art wahrnimmt, als berechtigt, seine Rechte wahrzunehmen. Kommen dafür mehrere Verwertungsgesellschaften in Betracht, so gelten sie gemeinsam als berechtigt; wählt der Rechtsinhaber eine von ihnen aus, so gilt nur diese als berechtigt. Die Sätze 1 und 2 gelten nicht für Rechte, die das Sendeunternehmen innehat, dessen Sendung weitergesendet wird.

(4) Hat die Verwertungsgesellschaft, die nach Absatz 3 als berechtigt gilt, eine Vereinbarung über die Kabelweitersendung getroffen, so hat der Rechtsinhaber im Verhältnis zu dieser Verwertungsgesellschaft die gleichen Rechte und Pflichten, wie wenn er ihr seine Rechte zur Wahrnehmung übertragen hätte. Seine Ansprüche verjähren in drei Jahren von dem Zeitpunkt an, in dem die Verwertungsgesellschaft satzungsgemäß die Abrechnung der Kabelweitersendung vorzunehmen hat; die Verwertungsgesellschaft kann ihm eine Verkürzung durch Meldefristen oder auf ähnliche Weise nicht entgegenhalten.

Literatur: *Dreier* Die Umsetzung der Richtlinien zum Satellitenfunk und zur Kabelweiterleitung, ZUM 1995, 458; *Hillig* Die Urheberrechtsnovelle 1985, UFITA 102 (1986), 11; *Katzenberger* Prozessuale Hilfen bei der Durchsetzung von Rechten der urheberrechtlichen Verwertungsgesellschaften, FuR 1981, 236; *Melichar* Die Wahrnehmung von Urheberrechten durch Verwertungsgesellschaften, 1983; *Möller* Die Urheberrechtsnovelle 1985: Entstehungsgeschichte und verfassungsrechtliche Grundlagen, 1986; *Nordemann* Die Urheberrechtsnovelle 1985, GRUR 1985, 837; *Platho* Die nachträgliche Erweiterung des Rechtekatalogs in den Wahrnehmungsverträgen der Verwertungsgesellschaften, ZUM 1987, 777; *Scheuermann/ Strittmatter* Die Verfügungspflicht nach § 27 UrhG für das Vermieten/Verleihen von Bildtonträgern in Videotheken, ZUM 1990, 218; *ders.* Die Angemessenheit der Vergütung nach § 27

UrhG für das Vermieten/Verleihen von Bildtonträgern in Videotheken, ZUM 1990, 338; *Schneider* GEMA-Vermutung, Werkbegriff und das Problem sogenannter „GEMA-freier Musik", GRUR 1986, 657.

Übersicht

I. Allgemeines

1   **1.** Der **§ 13b** wurde mit seinem Abs. 1 und 2 in der Urheberrechtsnovelle von 1985 (BGBl I 1985, 1137) gesetzliche Vorschrift. Die Umsetzung der Richtlinie 93/83 EWG des Rates v. 27.9.1993 zur Koordinierung bestimmter urheber- und leistungsschutzrechtlicher Vorschriften betr. den Satellitenrundfunk und die Kabelweiterverbreitung – sog. Satelliten- und Kabelrichtlinien – (ABlEG Nr. L 248 v. 6.10.1993, 15 = UFITA 124 (1994), 285) ergänzte den Paragraphen um die Abs. 3 und 4 (4. UrhG-ÄndG, BGBl I 1998, 902 = UFITA 137 (1998), 229). Die Novelle v. 11.4.2003 passte die Vorschrift an das reformierte Urhebergesetz an.

2   **2.** Die **Absätze 1 und 2** normieren zugunsten der Verwertungsgesellschaften eine Vermutung für deren Sachbefugnis bei bestimmten prozessualen Streitigkeiten.

3   Zweck der beiden Bestimmungen ist, den Verwertungsgesellschaften die Durchsetzung ihrer Rechte in bestimmten Einzelfällen zu erleichtern. Schon frühzeitig bestand für die Verwertungsgesellschaften die Schwierigkeit, nachzuweisen, dass sie in ihrem Wahrnehmungsbereich Inhaber der vom Verwerter beanspruchten Rechte waren. Die Nutzer behaupteten teilweise, dass keine Urheberrechtsverletzung vorliege, da keine geschützte Musik gespielt werde, und andererseits die Verwertungsgesellschaften nicht Inhaber der Rechte seien (vgl *Katzenberger* FuR 1981, 240).

4   **a)** Im Falle der GEMA begegnete die Rspr bereits frühzeitig dem Dilemma, dass beim Bestreiten der Rechteinhaberschaft und des urheberrechtlichen Schutzes der Werke nur mit einem erheblichen wirtschaftlichen und organisatorischen Aufwand der Rechtsanspruch durchgesetzt werden konnte. Das KG Berlin erkannte beim Aufführungsrecht zugunsten der GEMA-Vorgängergesellschaft, der staatlich genehmigten Gesellschaft zur Verwertung musikalischer Aufführungsrechte (STAGMA), ohne weiteren Beweisantritt die Verletzung urheberrechtlicher Ansprüche an und beurteilte die Aktivlegitimation der Gesellschaft als gerichtsbekannt (*KG Berlin* UFITA 11 (1938), 55; *BGH* GRUR 1951, 351; vgl hierzu *Katzenberger* FuR 1981, 238).

5   **b)** Die spätere Rspr der Instanzgerichte und des BGH erleichterten der GEMA die Beweisführung durch die Anerkennung eines **Anscheinsbeweises**. Für die GEMA spricht, wegen ihrer Monopolstellung und der umfangreichen durch Gegenseitigkeitsverträge gestützten weltweit geltenden Wahrnehmungsberechtigung bei einzelnen Verwertungsvorgängen, eine doppelte Vermutung. Die sog. GEMA-Vermutung nimmt die Aktivlegitimation der GEMA und die Nutzung geschützter Werke an, die im Zusammenhang mit der öffentlichen Aufführung von Tanz- und Unterhaltungsmusik sowie bei der öffentlichen Wiedergabe von Musik in Hörfunk- und Fernsehsendungen stehen. Gleiches galt auch für die Wiedergabe von Schallplattenmusik in Gaststätten (stRspr *BGHZ* 17, 376 – Betriebsfeiern; *BGH* GRUR 1961, 97 – Sport-

heim; GRUR 1974, 35 – Musikautomat). Die faktische Monopolstellung der GEMA verhalf ihr, auch im Wahrnehmungsbereich der mechanischen Vervielfältigung und Verbreitung ihre Aktivlegitimation nachzuweisen (*BGH* GRUR 1964, 94 – Tonbandgeräte-Händler; GRUR 1986, 66 – GEMA-Vermutung II; *BGH* ZUM 1986, 199 – GEMA-Vermutung III; vgl *Katzenberger* FuR 1981, 239 f.).

c) Dem Anscheinsbeweis für die GEMA folgte die Rspr jedoch nicht in jedem Fall   6
und verneinte die Aktivlegitimation. Zu unterscheiden ist nach **Werknutzung** und **urheberrechtlichem Anspruch**. Die Vermutungsregel gilt zum einen nicht für alle von der GEMA wahrgenommenen Rechte (*OLG München* GRUR 1983, 571 – Spielfilm-Videogramme; *BGH* GRUR 1986, 62 – GEMA-Vermutung I; GRUR 1987, 199 – GEMA-Vermutung III), zum anderen nicht für alle Nutzungsarten und Veranstaltungen (*OLG Hamm* GRUR 1983, 576 – Musikuntermalung bei Pornokassetten; *BGH* GRUR 1986, 66 – GEMA-Vermutung II; vgl *Schneider* GRUR 1986, 663).

d) Zur Wahrnehmung ihrer Rechte benötigt die GEMA gewisse „**Grundauskünf-**   7
te", um ihre Rechte auch wahrnehmen zu können. Die Verpflichtung zur Auskunft des Verwerters folgt aus § 242 BGB (*BGH* ZUM 1988, 576) und kann als Einzelklage oder Stufenklage eingebracht werden.

e) Die Grundsätze des Anscheinsbeweises bei der GEMA können nicht ohne weite-   8
res auf die anderen Verwertungsgesellschaften ausgedehnt werden. Verwertungsgesellschaften wie die VG-WORT, VG Bild-Kunst oder GVL besitzen zwar wirtschaftliche Macht und eine faktische Monopolstellung, verwalten aber teilweise Rechte, die auch individuell geltend gemacht werden können. Sie sind dann nicht in der Lage, eine lückenlose Wahrnehmungskette der Rechte nachweisen zu können. Gelang der VG-WORT der Nachweis bei der Vergütung der Lesezirkelmappen (*KG Berlin* GRUR 1975, 87 und GRUR 1978, 24 f.), so scheiterte sie bei der Pressespiegelvergütung nach § 49 Abs. 1 S. 2 UrhG (*OLG Köln* GRUR 1980, 913 – Presseschau CN; nicht thematisiert aber bejahende Anm. *OLG München* GRUR 1980, 284 – Tagespressedienst). Im gleichen Maße wurde der VG-Bild-Kunst beim Auskunftsanspruch, insb. zum Folgerecht des § 26 UrhG, der Anscheinsbeweis nicht ohne weiteres zugesprochen (vgl *Katzenberger* FuR 1981, 242 ff.; bejahend *OLG Frankfurt* GRUR 1980, 918 – Folgerecht für ausländische Künstler).

3. Auf der Basis der vorausgegangenen Rspr hat die Urheberrechtsnovelle von 1985   9
in § 13b Abs. 1 und 2 die **Vermutung der Aktivlegitimation** für zwei Bereiche festgeschrieben, um „die Durchsetzung urheberrechtlicher Vergütungsansprüche durch die Verwertungsgesellschaften zu erleichtern" (amtl. Begr. BT-Drucks. X/137, 22).

a) Die Aktivlegitimation der Verwertungsgesellschaft wird gem. **§ 13b Abs. 1** für   10
die Geltendmachung von **Auskunftsansprüchen** vermutet, wenn diese nur durch eine Verwertungsgesellschaft geltend gemacht werden können. Nach § 13b Abs. 2 gilt die Vermutung, wenn Vergütungsansprüche nach § 27 UrhG (Vergütung für Vermietung und Verleihen), § 54 Abs. 1 UrhG (Vergütung für die Vervielfältigung im Wege der Bild- und Tonaufzeichnung) und § 54a Abs. 1 und 2 UrhG (Reprographievergütung) beansprucht werden.

b) Die Nennung der §§ 77 Abs. 2 UrhG (75 Abs. 3 aF), 85 Abs. 4 UrhG (85 Abs. 3   11
aF) und 94 Abs. 5 UrhG (94 Abs. 4 aF) determiniert, dass die Vermutung der Aktivlegitimation auch für die von einer Verwertungsgesellschaft wahrgenommenen Ver-

gütungsansprüche der **ausübenden Künstler** der **Tonträgerhersteller** und der **Filmhersteller** gilt.

12   **c)** Die Bestimmung des **§ 13b Abs. 1 und 2** setzt im Gegensatz zu den Grundsätzen der bisherigen Rspr keine faktische Monopolstellung der Verwertungsgesellschaft voraus (*BGH* GRUR 1989, 819 – Gesetzliche Vermutung; GRUR 1991, 595 – Gesetzliche Vermutung II). Die Vorschrift normiert eine gesetzliche Vermutung iSd § 292 ZPO und bewirkt eine Umkehr der Beweislast. Die Bestimmung ist mit dem Gleichheitssatz des Art. 3 Abs. 1 GG vereinbar (*BVerfG* GRUR 2001, 48).

13   Inhaltlich trifft die Vorschrift ausschließlich eine **verfahrensrechtliche Regelung** und kann keinen materiell-rechtlichen Anspruch begründen (*BGH* GRUR 1989, 821 – Gesetzliche Vermutung; **aA** *Scheuermann/Strittmatter* ZUM 1990, 346 f.). Sie gilt auch rückwirkend auf vor dem In-Kraft-Treten des Gesetzes anhängige Verfahren und entstandene Ansprüche (*BGH* GRUR 1989, 819 – Gesetzliche Vermutung; GRUR 1991, 596 – Gesetzliche Vermutung II; *Scheuermann/Strittmatter* ZUM 1990, 227).

14   **d)** Andere Sachverhalte, die nicht die Bedingungen des § 13 Abs. 1 und 2 erfüllen, beurteilen sich weiterhin nach den in der Rspr aufgestellten Regeln, die den Verwertungsgesellschaften die Durchsetzung ihrer Rechte erleichtern.

15   **4. § 13 Abs. 3 und 4** regelt die so genannte **Außenseiterproblematik** bei der Kabelweitersendung iSd § 20b UrhG. Der § 20b UrhG bindet das Recht der Kabelweitersendung grds an die Realisierung durch eine Verwertungsgesellschaft. Ausgenommen sind Urheberpersönlichkeitsrechte und solche Rechte der Kabelweitersendung, die ein Sendeunternehmen in Bezug auf seine eigene Sendung geltend macht. Die Vorschrift setzt die so genannte Satelliten- und Kabelrichtlinie (so Rn 1) in Art. 9 Abs. 2 um. Bezogen auf die Verwertungsgesellschaftenpflicht in § 20 UrhG regeln die beiden Absätze die Konstellation, in der ein Rechteinhaber die Wahrnehmung seines Kabelweitersendungsrechts keiner Verwertungsgesellschaft übertragen hat. Der „Außenseiter" soll in die Rechtswahrnehmung eingebunden werden (Begr. RegE, BT-Drucks. 13/4796, 10). In Konsequenz der Verpflichtung stellen die beiden Bestimmungen keine Vermutung auf, sondern **fingieren** unwiderleglich die Berechtigung der Verwertungsgesellschaft. Im Einzelnen regelt § 13 Abs. 3 das Außenverhältnis der Verwertungsgesellschaften gegenüber dem Nutzer und § 13 Abs. 4 das Innenverhältnis des „Außenseiters" gegenüber der Verwertungsgesellschaft. Für die Auslegung ist in Zweifelsfällen die Richtlinie einschließlich der Erwgr hinzuzuziehen (vgl *Dreier* ZUM 1995, 462).

II. Vermutete Sachbefugnisse

16   **1.** Nach **§ 13 Abs. 1** gilt für die Verwertungsgesellschaft die Rechtsvermutung der Inhaberschaft der Rechte ausschließlich für einen **Auskunftsanspruch** und unter der weiteren Voraussetzung, dass dieser nur durch eine **Verwertungsgesellschaft** geltend gemacht werden kann. Anzusprechen sind die normierten Auskunftsansprüche nach § 26 Abs. 3 iVm Abs. 5 UrhG und § 54g iVm § 54 UrhG. Erweiternd sind alle erforderlichen Auskunftsansprüche einzubeziehen, die eine Verwertungsgesellschaft zwingend benötigt, um einen Vergütungsanspruch geltend zu machen, der gesetzlich ausschließlich von einer Verwertungsgesellschaft geltend gemacht werden kann.

Verfahrenstechnisch besteht der Auskunftsanspruch neben dem Leistungsanspruch 17
als Hilfsantrag, um alle Rechtstatsachen zu ermitteln, die zur Feststellung und Berechnung der Vergütung erforderlich sind und den Zahlungsanspruch begründen.

2. Die in § 13 Abs. 1 normierte gesetzliche Vermutung weist der Verwertungsgesell- 18
schaft **prima facie** die Aktivlegitimation für die Geltendmachung des Auskunftsanspruchs zu, ohne dass die Verwertungsgesellschaft weitere Nachweise ihrer berechtigten Rechtewahrnehmung erbringen muss. Für Zahlungsansprüche besteht die
Rechtsvermutung nicht. Die Vermutung der Aktivlegitimation ist nicht absolut, sondern kann **widerlegt werden**. Der Verfahrensgegner kann sich aber nicht ausschließlich darauf berufen, dass die Rechte von mehreren Verwertungsgesellschaften wahrgenommen werden. Pauschaliertes Bestreiten genügt nicht (*BGH* GRUR 1985, 819
– Gesetzliche Vermutung; GRUR 1989, 595 – Gesetzliche Vermutung II). Erforderlich ist ein **qualifiziertes Bestreiten**, das eine fehlende Rechtswahrnehmung seitens
der Verwertungsgesellschaft darlegt und beweist. Der Verwerter hat im Einzelfall
nachzuweisen, dass er ausschließlich Werke oder Leistungen von Urhebern und
Leistungsschutzberechtigten nutzt, die von keiner oder einer bestimmten anderen
Verwertungsgesellschaft wahrgenommen werden. Gelingt der Nachweis nicht gänz-
lich und verbleiben bei der Verwertungsgesellschaft ein Teil der streitbefangenen
Rechte, besteht die Rechtsvermutung fort, da die Vermutung der Sachbefugnis auch
bei einem lückenhaften Rechtsbestand der Verwertungsgesellschaft zu bejahen ist
(*BGH* GRUR 1989, 819 – Gesetzliche Vermutung; GRUR 1991, 596 – Gesetzliche
Vermutung II).

3. § 13b Abs. 2 legt die Vermutungsregel für die Rechtsinhaberschaft der Verwer- 19
tungsgesellschaften bei der Geltendmachung der Vergütungsansprüche nach §§ 27,
54 Abs. 1, 54a Abs. 1 oder 2, 77 Abs. 2 UrhG (75 Abs. 3 aF), 85 Abs. 4 UrhG (85
Abs. 3 aF) und 94 Abs. 5 UrhG (94 Abs. 4 aF) fest. Die Vorschrift wirkt nicht rechts-
begründend für die materiellen Ansprüche auf Vergütung (*BGH* GRUR 1989, 34 –
Gesetzliche Vermutung).

a) Die Bestimmung hat den Zweck, den Verwertungsgesellschaften eine **vermutete** 20
Aktivlegitimation bei den Vergütungsansprüchen einzuräumen, die nur von einer
Verwertungsgesellschaft geltend gemacht werden können und die zudem üblicherweise in ihren einzelnen Nutzungsvorgängen nicht erfasst werden. Die Verwertungsgesellschaften sind bei den anonymen Verwertungsvorgängen nicht in der Lage, diese einzeln zu erfassen und ihre Rechtsinhaberschaft im Einzelnen nachzuweisen
(amtl. Begr. BT-Drucks. 10/837, 23). Zum einen kann es an einer Lizenzpflicht fehlen, wie zB bei § 54 Abs. 1 UrhG im Zusammenhang mit Überspielungen von Ton-
und Bildträgern in häuslicher Umgebung. Zum anderen können Kosten- und Zumut-
barkeitsgründe einer Erfassung entgegenstehen, wie teilweise bei der Vermietung
von Bild- und Tonträgern iSv § 27 Abs. 1 UrhG (*LG Oldenburg* GRUR 1996, 487)
und bei der Vergütung für Vervielfältigungen im Wege der Ablichtung iSv § 54a
Abs. 1 UrhG (*BGH* GRUR 1989, 819 – Gesetzliche Vermutung).

b) Geltung hat die gesetzliche Vermutung für den Wahrnehmungsbefugten auch bei 21
vertraglichen Vereinbarungen, die die gesetzlichen Vergütungsansprüche zum
Gegenstand des Vertrags gemacht haben (*BGH* GRUR 1991, 595 – Gesetzliche Vermutung II).

22   **c)** Die vermutete Aktivlegitimation einer Verwertungsgesellschaft besteht unabhängig von dem Umstand, ob **inländische** oder **ausländische** Werke oder Produktionen
zu vergüten sind (*BGH* GRUR 1989, 819 – Gesetzliche Vermutung; GRUR 1991,
596 – Gesetzliche Vermutung II). Die vom Wahrnehmungsberechtigten in Anspruch
genommenen Nutzer können die gesetzliche Vermutung **widerlegen** (*BGH* GRUR
1989, 819 – Gesetzliche Vermutung; GRUR 1991, 595 – Gesetzliche Vermutung II).
Die Verwertungsgesellschaft ist dann verpflichtet ihre ausschließliche Rechteinhaberschaft nachzuweisen (*BGH* aaO; *Katzenberger* FuR 1981, 248).

23   Das Bestreiten der Aktivlegitimation muss **qualifiziert** erfolgen und nicht nur Lücken im Rechtsbestand der Verwertungsgesellschaft nachweisen. Der in Anspruch
genommene Verwerter hat für jeden genutzten Bild-Tonträger-Titel, der zum Bestand des Betriebes gehört, im Einzelnen darzulegen, dass die Rechte nicht der Verwertungsgesellschaft zur Wahrnehmung übertragen wurden. Sei es, dass sie zB noch
beim Produzenten verblieben oder einer anderen Verwertungsgesellschaft übertragen worden sind (*BGH* aaO; *LG Frankenthal* ZUM-RD 2000, 548). Der alleinige
Hinweis, die Titel entstammen amerikanischen oder anderen ausländischen Ursprungs, reicht nicht aus.

24   Neben der Rechtsvermutung in § 13 Abs. 2 bleiben die bisher von der Rspr aufgestellten Regeln zur Vermutung der Sachbefugnis der Verwertungsgesellschaften bei
der Geltendmachung von Vergütungsansprüchen bestehen (amtl. Begr. BT-Drucks.
10/837, 23; *Katzenberger* FuR 1981, 241, 247 f.).

25   **§ 13b Abs. 2 S. 2** schützt den Verwerter vor einer **mehrfachen Vergütungspflicht**
für denselben Nutzungsvorgang. Der Verwerter ist zwar verpflichtet, mehrfach Auskunft zu erteilen, muss aber den Verwertungsvorgang nur einmal vergüten. Sind
mehrere Verwertungsgesellschaften parallel zur Geltendmachung des Vergütungsanspruchs berechtigt, soll die Vermutungsregel den Verwertungsgesellschaften nicht
den Vorteil eröffnen, ohne Nachweis der Rechtsinhaberschaft mehrfach gegen den
Nutzer für den gleichen Nutzungsvorgang vorzugehen. Die Verwertungsgesellschaften können in diesem Fall die gesetzliche Vermutung der Aktivlegitimation nur dann
beanspruchen, wenn sie ihn gemeinsam geltend machen. Als parallel tätige Verwertungsgesellschaften sind diejenigen einzustufen, die Vergütungsansprüche von Berechtigten gleicher Art vertreten.

26   **d)** § 13b Abs. 2 S. 3 gibt dem Nutzer einen **Freistellungsanspruch**, der ebenfalls eine Mehrfachinanspruchnahme des Nutzers verhindert. Eine Verwertungsgesell-
schaft, die Zahlungen auch für Berechtigte erhält, deren Rechte sie nicht wahrnimmt,
hat den zahlenden Nutzer von den Ansprüchen dieser Berechtigten freizustellen
(amtl. Begr. BT-Drucks. 10/837, 23). Die Norm betrifft das Innenverhältnis des Nutzers zur Verwertungsgesellschaft der geleisteten Zahlung. Wird ein Nutzer mehrfach
in Anspruch genommen, erhält er einen Regressanspruch gegenüber der Verwertungsgesellschaft.

III. Kabelweitersendung

27   **1.** Das in § 13b Abs. 3 bestimmte Außenverhältnis der Verwertungsgesellschaft zum
Nutzer fingiert die Wahrnehmungsberechtigung der Verwertungsgesellschaft und
kann daher nicht widerlegt werden. Die Fiktion greift die verwertungsgesellschaften-

pflichtigen Rechte der Kabelweitersendung in §§ 20b Abs. 1, 76 Abs. 3 und 94 Abs. 4 UrhG auf, und unterstellt sie einer umfassenden Rechteinhaberschaft der Verwertungsgesellschaften auch in dem Fall, in dem ein Rechtsinhaber seine Rechte nicht an eine Verwertungsgesellschaft zur Wahrnehmung übertragen hat. Die Verwertungsgesellschaft ist auch in dieser Außenseitersituation zur Wahrnehmung der Rechte aktivlegitimiert, damit der Forterwerb der erforderlichen Rechte und eine Kabelweitersendung nicht behindert wird.

2. Entspr. der Regelung des § 13b Abs. 2 regelt **§ 13b Abs. 3 S. 2**, dass mehrere parallel berechtigte Verwertungsgesellschaften ihren Anspruch **gemeinsam** wahrnehmen müssen. Dem „Außenseiter" steht jedoch entspr. § 6 ein freies Wahlrecht hinsichtlich der Verwertungsgesellschaft zu. Trifft er die Wahl, ist nur die von ihm bevorzugte Verwertungsgesellschaft zur Wahrnehmung seiner Rechte berechtigt. Eine einseitige Erklärung des Rechteinhabers ist ausreichend und ein eigener Wahrnehmungsvertrag mit der Verwertungsgesellschaft nicht erforderlich (amtl. Begr. BT-Drucks. 13/4796, 16). **28**

§ 13b Abs. 3 S. 3 stellt klar, dass die Berechtigungsfiktion nicht für Kabelweitersendungsrechte gilt, die ein Sendeunternehmen in Bezug auf eigene Sendungen geltend macht. **29**

3. Das in **§ 13b Abs. 4** geregelte Innenverhältnis des „Außenseiters" zur Verwertungsgesellschaft verpflichtet die Verwertungsgesellschaft, bei einer fiktiven Vertretung des „Außenseiters" hinsichtlich einer Vereinbarung über die Kabelweitersendung, diesen wie einen vertraglich gebundenen Wahrnehmungsberechtigten zu behandeln. Zur Geltendmachung seines Rechts ist der „Außenseiter" an eine 3-jährige Frist nach dem satzungsgemäßen Abrechnungszeitraum der Verwertungsgesellschaft gebunden. Die Verwertungsgesellschaft ist nicht berechtigt, diese Frist durch Verkürzung der Meldefristen oder auf ähnliche Weise, wie zB Satzungsänderung, einseitig zu verkürzen. Anderes kann gelten, wenn nachträglich ein Wahrnehmungsvertrag abgeschlossen wird (amtl. Begr. BT-Drucks. 13/4796, 16). **30**

Vorbemerkung zu §§ 14-17

Literatur: *Bundesvereinigung der Musikveranstalter e.V. (Hrsg)* Weißbuch der Bundesvereinigung der Musikveranstalter e.V. zum Urheberrecht, 1996; *Eberl* ICC-Schiedsverfahren versus AFMA-Schiedsverfahren, ZUM 2002, 433; *Flechsig* Der Entwurf eines Gesetzes zur Stärkung der vertragrechtlichen Stellung von Urhebern und ausübenden Künstlern – eine kritische Stellungnahme zu Chancen und Risiken des nunmehr in ein konkretes Stadium tretenden Vorhabens zur Schaffung eines Urhebervertragsrechts, ZUM 2000, 484; *Flechsig/Hendricks* Konsensorientierte Streitschlichtung im Urhebervertragsrecht – die Neuregelung der Findung gemeinsamer Vergütungsregeln via Schlichtungsverfahren, ZUM 2002, 423; *Hillig* Die Urheberrechtsnovelle 1985, UFITA 102 (1986), 11; *ders.* Das 4. Gesetz zur Änderung des Urheberrechtsgesetzes, UFITA 138 (1999), 5; *Kaube/Volz* Die Schiedsstelle nach dem Gesetz über Arbeitnehmererfindungen beim Deutschen Patentamt, RdA 1981, 213; *Lutz* Das 4. Gesetz zur Änderung des Urhebergesetzes, ZUM 1998, 622; *Melichar* Die Wahrnehmung von Urheberrechten durch Verwertungsgesellschaften, 1983; *Meyer* Verwertungsgesellschaften und ihre

Kontrolle nach dem Urheberwahrnehmungsgesetz, Schriftenreihe UFITA, Bd 191, 2001; *Möller* Die Urheberrechtsnovelle 1985: Entstehungsgeschichte und verfassungsrechtliche Grundlagen, 1986; *Nordemann* Die Urheberrechtsreform 1985, GRUR 1985, 837; *Reimer* Schiedsstellen im Urheberrecht, GRUR Int 1982, 215; *Reinbothe* Schlichtung im Urheberrecht, 1978; *Schulze, E.* Stellungnahmen zum deutschen Referentenentwurf für eine Urheberrechtsnovelle, FuR 1981, 25; *ders.* Das Gesetz über die Wahrnehmung von Urheberrechten und verwandten Schutzrechten verlangt eine Reform, FS Möhring, 1975, S. 427; *Seifert* Das Schiedsstellenverfahren als Prozessvoraussetzung im Urheberrechtsstreit, FS Kreile, 1994, S. 627; *Strittmatter* Tarife vor der urheberrechtlichen Schiedsstelle, 1994; *Vogel* Wahrnehmungsrecht und Verwertungsgesellschaften in der Bundesrepublik Deutschland – eine Bestandsaufnahme im Hinblick auf die Harmonisierung des Urheberrechts in der europäischen Gemeinschaft, GRUR 1993, 513; *Weisser/Höppener* Kabelweitersendung und urheberrechtlicher Kontrahierungszwang, ZUM 2003, 597.

Übersicht

I. Schiedsstellenverfahren

1 Die ursprüngliche Regelung der Schiedsstelle von 1965 als justizförmig ausgestaltetes Schlichtungsverfahren (vgl *Reinbothe* S. 15 f.; *Strittmatter* S. 17 ff.) wurde mit der Urheberrechts-Novelle von 1985 in Anerkennung ein „sinnvolles Instrument der Vertragshilfe" zu sein (BT-Drucks. 10/837, 12) neu gestaltet. Da sich das alte Verfahren nicht bewährt hatte (vgl *Melichar* S. 51 f.; *Reinbothe* S. 181; *Möller* S. 59; *Strittmatter* S. 22 ff.; *Schulze* FuR 1981, 25 ff.), wollte der Gesetzgeber eine Neuordnung und in bestimmten Fällen den Verfahren vor dem ordentlichen Gericht eine **außergerichtliche Schlichtung** vorschalten. Insb. sollte bei den Werknutzern mehr Transparenz in das System der kollektiven Rechtewahrnehmung im Urheberrecht gebracht werden.

2 Um die Aufgabe zu erfüllen, ist die Schiedsstelle für sämtliche Streitigkeiten zwischen einem Werknutzer und einer Verwertungsgesellschaft über die Nutzung geschützter Werke oder Leistungen zuständig. Schlichtungsrelevant können in dem Zusammenhang die Einräumung von Nutzungsrechten oder Vergütungsrechten, sowie Schadenersatz-, Bereicherungs- oder Unterlassungsansprüche sein. In die Entscheidungsbefugnis der Schiedsstelle gehört auch der Abschluss oder die Abänderung eines Gesamtvertrages. Obwohl nicht ausdrücklich im Gesetz erwähnt, besteht weiterhin die Zuständigkeit der Schiedsstelle für Streitigkeiten über den Abschluss und die Änderung von Verträgen zwischen Sendeunternehmen und Verwertungsgesellschaften, da das Sendeunternehmen Einzelnutzer ist und damit dem § 14 Abs. 1 Nr. 1 zuzurechnen ist.

3 Die Schiedsstelle kann von jedem der Beteiligten angerufen werden. Nicht zuständig ist sie bei Streitigkeiten zwischen Verwertungsgesellschaften und Urhebern oder sonstigen Berechtigten (vgl *Hillig* UFITA 102 (1986), 27 f.).

II. Einrichtung beim DPMA

Eingerichtet ist die Schiedsstelle beim **DPMA**. Deren Mitglieder – ein Vorsitzender,   **4**
dessen Stellvertreter und zwei Beisitzer – werden für vier Jahre vom BMJ berufen.
Verfahrenstechnisch ist die Schiedsstelle nachempfunden der Schiedsstelle nach
dem ArbnErfG, die gleichfalls am DPMA besteht, sowie den Einigungsstellen für
Wettbewerbsstreitigkeiten nach § 27a UWG.

III. Gütliche Streitbeilegung

Wird die Schiedsstelle angerufen, ist unter dem Rechtsgedanken der Vertragshilfe auf   **5**
eine **gütliche Streitbeilegung** hinzuwirken. Kommt eine Einigung nicht zustande,
unterbreitet die Schiedsstelle einen Einigungsvorschlag, der von den Beteiligten angenommen werden kann, aber nicht muss. Geht gegen den Vorschlag nicht innerhalb
eines Monats ein Widerspruch ein, gilt der Einigungsvorschlag als angenommen.

Das Verfahren vor der Schiedsstelle ist **Prozessvoraussetzung** für ordentliche Ge-   **6**
richtsverfahren, wenn bei Streitfällen zwischen Einzelnutzern und Verwertungsgesellschaften die Anwendbarkeit oder Angemessenheit eines Tarifs bestritten ist oder
der Abschluss oder die Änderung eines Gesamtvertrages zwischen einer Verwertungsgesellschaft und einer Nutzervereinigung im Streit ist. Ein bereits anhängiges
Gerichtsverfahren ist in diesen Fällen auszusetzen, um die Entsch. der Schiedsstelle
herbeizuführen.

IV. Zuständigkeitserweiterung durch 4. UrhGÄndG

Das 4. UrhGÄndG 1998 erweiterte die Zuständigkeit der Schiedsstelle für Streitig-   **7**
keiten über Rechte der **Kabelweitersendung** zwischen Sendeunternehmen und Kabelunternehmen. Die Regelung geht auf Art. 11 Abs. 1 der Richtlinie 93/83/EWG
(Kabel- und Satelliten-Richtlinie) zurück. Diese fordert die Einrichtung einer Stelle
eines „Vermittlers", die bei erfolgloser Verhandlung über die Einräumung des
Rechts der Kabelweitersendung zur Vertragshilfe angerufen werden kann und „volle
Gewähr für Unabhängigkeit und Unparteilichkeit biete".

V. Überprüfung der Tarife

Das Schiedsstellenverfahren hat sich insb. bei der Überprüfung der Anwendbarkeit   **8**
und Angemessenheit der **Tarife bewährt** und zu einer einheitlichen Tarifanwendung
beigetragen. Nachdem zB Einigungsvorschläge zu Videotheken und Copy-Shops in
ihren Grundsätzen Eingang in spätere gerichtliche Verfahren fanden, konnten zahlreiche ähnliche Verfahren vor der Schiedsstelle zum Abschluss gebracht werden. Der
mit dem Schiedsverfahren mitverfolgte Zweck, eine einvernehmliche Einigung zu
erreichen, ohne ein Gerichtsverfahren anzustrengen, konnte erreicht werden. Weiterhin wurden zahlreiche Entsch. über die Anwendbarkeit von Tarifen im Veranstal-
tungsrecht getroffen, die in die Entscheidungsfindung der Gerichte eingingen (vgl
LG Mannheim ZUM-RD 1998, 222 – Drei Tenöre, mit Anm. *Kröber* 229 ff.; Einigungsvorschlag, Schiedsstelle Urheberrecht ZUM 1998, 197). Ein weiterer wichtiger
Schritt zur tariflichen Anwendung waren die Vergütungen für Vervielfältigungen bei
den neuen elektronischen Geräten wie Readerprinter, Fax, Scanner und CD-Brenner

(*BGH* GRUR 1993, 553 – Readerprinter; GRUR 1999 928 – Telefaxgeräte; *BGH* CR 2002, 176 – Scanner = GRUR 2002, 964). Hier leistete die Schiedsstelle mit ihren eingehenden Einigungsvorschlägen wertvolle Vorarbeiten.

VI. Schlichtungsverfahren

9   Vom Schiedsstellenverfahren ist das Verfahren vor der **Schlichtungsstelle** nach §§ 36, 36a UrhG zu unterscheiden. Das Schlichtungsverfahren betrifft die Vergütungsregel nach §§ 32, 32a UrhG. Der Gesetzgeber hat von der ursprünglichen Intention, alternativ ein Schiedsverfahren nach §§ 1025 ff. ZPO oder ein Verfahren vor der Schiedsstelle nach dem UrhG einleiten zu können, nach massiven Einwendungen der Verbände der Urheber und Verwerter Abstand genommen und dem Vorschlag des Rechtsausschusses für eine ausschließliche Schlichtung zugestimmt (BT-Drucks. 14/8058, 14 ff. und 49 f.). Bei der Verhandlung über eine gemeinsame Vergütungsregelung können die Beteiligten nun sofort die Schlichtung einleiten, wenn ihnen das zweckmäßig erscheint. Die Verwerterseite war der Auffassung, dass sich die Verbände und Verwerter freiwillig auf gemeinsame Vergütungsregelungen einigen werden. Inwiefern sich die obligatorische Schlichtung bewährt, wird in Zukunft zu beobachten und der Gesetzgeber eventuell erneut zur Regelung aufgefordert sein (Rechtsausschuss BT-Drucks. 14/8058, 50).

VII. Übersicht §§ 14 ff.

10   Der § 14 regelt die Zusammensetzung der Schiedsstelle und die nachfolgenden §§ 14a-14d beschreiben den Inhalt und die Wirkung des Schiedsstellenverfahrens. § 15 bestimmt die Ermächtigung, das Schiedsstellenverfahren in einer Verordnung zu regeln. In § 16 wird das Verhältnis der Schiedsstelle und ihrer Entsch. gegenüber den ordentlichen Gerichten geregelt.

§ 14   Schiedsstelle

(1) **Die Schiedsstelle kann von jedem Beteiligten angerufen werden bei Streitfällen,**
1. **an denen eine Verwertungsgesellschaft beteiligt ist, wenn sie**
   a) **die Nutzung von Werken oder Leistungen, die nach dem Urheberrechtsgesetz geschützt sind, oder**
   b) **den Abschluß oder die Änderung eines Gesamtvertrages betreffen,**
2. **an denen ein Sendeunternehmen und ein Kabelunternehmen beteiligt sind, wenn sie die Verpflichtung zum Abschluß eines Vertrages über die Kabelweitersendung betreffen.**
(2) **Die Schiedsstelle wird bei der Aufsichtsbehörde (§ 18 Abs. 1) gebildet. Sie besteht aus dem Vorsitzenden oder seinem Vertreter und zwei Beisitzern. Die Mitglieder der Schiedsstelle müssen die Befähigung zum Richteramt nach dem Deutschen Richtergesetz haben. Sie werden vom Bundesministerium der Justiz auf vier Jahre berufen; Wiederberufung ist zulässig.**

(3) Die Mitglieder der Schiedsstelle sind nicht an Weisungen gebunden.

(4) Die Schiedsstelle wird durch schriftlichen Antrag angerufen.

(5) Die Schiedsstelle hat auf eine gütliche Beilegung des Streitfalles hinzuwirken. Aus einem vor der Schiedsstelle geschlossenen Vergleich findet die Zwangsvollstreckung statt, wenn er unter Angabe des Tages seines Zustandekommens von dem Vorsitzenden und den Parteien unterschrieben ist; § 797a der Zivilprozeßordnung gilt entsprechend.

(6) Ein Schiedsvertrag über künftige Streitfälle nach Absatz 1 Nr. 1 Buchstabe b ist nichtig, wenn er nicht jedem Beteiligten das Recht einräumt, im Einzelfall statt des Schiedsgerichts die Schiedsstelle anzurufen und eine Entscheidung durch die ordentlichen Gerichte zu verlangen.

(7) Durch die Anrufung der Schiedsstelle wird die Verjährung in gleicher Weise wie durch Klageerhebung gehemmt.

Literatur: S. die Literaturhinweise Vor §§ 14 ff.

I. Sachliche Zuständigkeit

1. § 14 Abs. 1 autorisiert die Schiedsstelle für einzelne urheberrechtliche Streitigkeiten. Sie entscheidet über Streitfälle, an denen eine Verwertungsgesellschaft beteiligt ist und die Nutzung von Werken oder Leistungen nach dem Urhebergesetz im Streit stehen (lit. a) oder den Abschluss oder die Änderung eines Gesamtvertrages betreffen (lit. b). Antragsberechtigt sind die beteiligten Verwertungsgesellschaften sowie der oder die Beteiligten auf der Nutzerseite. Die Schiedsstellenverfahren sind fakultativ, soweit § 16 nichts anderes bestimmt.   **1**

a) Die Verfahren zu urheberrechtlichen Auseinandersetzungen vor der Schiedsstelle   **2**
umfassen **urheberrechtliche Streitigkeiten jeglicher Art,** wie die Einräumung von Nutzungsrechten, die Vergütungsansprüche sowie Schadenersatz- oder Bereicherungsansprüche (BT-Drucks. 10/837, 23). Nicht entscheidend ist, dass auch die Anwendbarkeit und Angemessenheit der Tarife Streitgegenstand sind (vgl Schiedsstelle ZUM 1987, 188) oder der Verfahrensgegenstand die Verletzung von Urheberrechten, die Vergütungspflicht oder die Aktivlegitimation der Verwertungsgesellschaft betrifft. **Ausgeschlossen** vom Schiedsverfahren sind bestehende und ungekündigte vertragliche Vereinbarungen, die auch in ihrer tariflichen Gestaltung bindend sind (*Seifert* S. 632; *BGH* GRUR 2000, 873 – Schiedsstelle). Gleichfalls sind Streitigkeiten zwischen einer Verwertungsgesellschaft und einem Berechtigtem dem Schiedsverfahren nicht zugänglich, da hier die Nutzungsbedingungen entscheidend sind (BT-Drucks. 10/837, 23).

3   Die zwingende Beteiligung einer Verwertungsgesellschaft am Schiedsstellenverfahren **untersagt** daher Entsch., die zB Streitigkeiten zwischen Urhebern und Verwertern, zwischen Miturhebern, zwischen Leistungsschutzberechtigten oder mit Dritten betreffen.

4   Nutzer, die den Verwertungsgesellschaften entgegentreten, sind überwiegend Einzelnutzer, die die Anwendbarkeit und Angemessenheit der verwertungsgesellschaftlichen Tarife anzweifeln. Unabhängig von der tariflichen Frage können Verwertungsgesellschaften Anträge auf **Auskunft** oder **Unterlassung** gegen den Verletzer stellen. Der Verwerter hat die Möglichkeit, Auskunft (§ 10) oder den Abschluss von **Nutzungsrechten** (§ 11) zu erstreiten. Zulässig ist auch, die Schiedsstelle erneut zu einem Tarifstreit anzurufen, wenn bereits in einem früheren Verfahren die Tariffrage entschieden wurde (Schiedsstelle ZUM 1988, 352; *Strittmatter* S. 109). Den Einzelnutzern sind auch die **Sendeunternehmen** zuzurechnen, deren Nennung daher innerhalb der Vorschrift unterbleibt (vgl Rechtsausschuss BT-Drucks. 10/3360, 21).

5   **b)** Die Streitigkeit zwischen einer Verwertungsgesellschaft und einer Nutzervereinigung über den Abschluss oder die Änderung eines **Gesamtvertrages** entscheidet die Schiedsstelle allein über den **Inhalt** des Gesamtvertrages in einem den Vertrag wiedergebenden Einigungsvorschlag. Die Angemessenheit der im Gesamtvertrag wiedergegebenen Tarife kann die Schiedsstelle auch für einen bereits bestehenden Gesamtvertrag überprüfen, wenn der Streitgegner dem Vertrag noch nicht beigetreten ist (Schiedsstelle ZUM 1987, 184; 1988, 352). Die Überprüfungsmöglichkeit steht auch Mitgliedern einer Nutzervereinigung zu, mit der ein Gesamtvertrag besteht, da der Gesamtvertrag keine Rechtswirkung zulasten der Mitglieder entfaltet (Schiedsstelle ZUM 1988, 352 und 477; *Strittmatter* S. 37 ff.). Die gesamtvertraglichen Regelungen gelten auch für **Sendeanstalten**, die sich zu einer Nutzervereinigung zusammengeschlossen haben. Der Anspruch auf **Abschluss** oder **Änderung** des Gesamtvertrages kann dagegen ausschließlich beim OLG München geltend gemacht werden.

6   **2. § 14 Abs. 1 Nr. 2** wurde mit dem 4. UrhGÄndG v. 8.5.1998 (BGBl I, 902) eingefügt. Der Nachtrag erweitert die Zuständigkeit der Schiedsstelle auf Streitigkeiten zwischen einem **Sendeunternehmen** und einem **Kabelunternehmen**. Die Ergänzung der Zuständigkeit der Schiedsstelle steht in Zusammenhang mit der gleichzeitig eingeführten Vorschrift des § 20b UrhG hinsichtlich der Kabelweitersendung von gesendeten Werken. Auf Seiten der Beteiligten stehen sich als Rechteinhaber nicht eine Verwertungsgesellschaft, sondern ein Sendeunternehmen und ein Kabelunternehmen als Nutzer der Sendung gegenüber, nachdem § 20b Abs. 1 S. 2 UrhG die Sendeunternehmen für ihre originären und vertraglich zuvor erworbenen Rechte von der normierten Verwertungsgesellschaftspflicht für die Kabelweitersendung ausgenommen hat. Ergibt sich die Zuständigkeit der Schiedsstelle bei Beteiligung einer Verwertungsgesellschaft aus § 14 Abs. 1 Nr. 1, musste für die Sendeunternehmen eine eigene Regelung gefunden werden. Dies insb. unter Berücksichtigung der sog. **Satelliten- und Kabelrichtlinie** (RL 93/83 EWG, so Vor §§ 14 ff. Rn 6). Ihr folgend sind Sendeunternehmen und Kabelunternehmen entspr. § 87 Abs. 5 (Abs. 4 aF) UrhG verpflichtet, einen gegenseitigen Vertrag über die Kabelweitersendung zu angemessenen Bedingungen abzuschließen. Die Vorgabe in Art. 11 der Richtlinie, bei Streitigkeiten mit Kabelunternehmen ein Vermittlungsverfahren rechtlich vorzuse-

hen, wurde der Schiedsstelle übertragen, da sie die in Art. 11 genannten Kriterien des Vermittlungsverfahrens bereits erfüllt (BT-Drucks. 13/4796, 16 f.; *Hillig* UFITA 138 (1999), 19 f.).

Angerufen werden kann die Schiedsstelle von **jedem Beteiligten** bei allen Streitig-   **7** keiten urheberrechtlicher Art, die sich aus dem Vertrag ergeben. Schwerpunkte werden die Vertragshilfe für den Abschluss oder die Änderung eines Vertrages oder die angemessene Vergütung sein. Der Anspruch auf Abschluss oder Änderung eines Vertrages kann dagegen ausschließlich in der 1. Instanz vor dem OLG München eingeklagt werden.

II. Einrichtung beim DPMA, Abs. 2 und 3

§ 14 Abs. 2 und 3 betreffen die Schiedsstelle als Institution und legen den **Sitz** der   **8** Schiedsstelle und ihre Zusammensetzung, die Voraussetzungen für das Gremium und dessen Mitglieder fest. Instituiert ist die Schiedsstelle bei der Aufsichtsbehörde, dem **DPMA**. Die Behörde figuriert nach außen als Träger der Schiedsstelle und bindet sie verwaltungstechnisch in den Geschäftsbetrieb ein (vgl UrhSchiedsV §§ 11 Abs. 2, 13 Abs. 1). Organisatorisch muss die Unabhängigkeit der Schiedsstelle und deren unbehinderte Arbeit sowie für die Mitglieder der hierfür erforderliche Freiraum garantiert sein. Die Schiedsstelle ist daher nicht in die Aufsichtsbehörde integriert und unterliegt nicht deren Aufsicht.

Die Schiedsstelle setzt sich aus **drei ständigen Mitgliedern** zusammen; dem Vorsit-   **9** zenden oder seinem Vertreter sowie zwei Beisitzern. Jeder Mitwirkende muss die Befähigung zum Richteramt nach dem DRiG nachweisen. Die einzelnen Personen für das Gremium werden durch das Bundesministerium der Justiz berufen, wobei eine Wiederberufung zulässig ist. Die Besetzung der Schiedsstelle kann auch mit ehrenamtlichen Mitgliedern erfolgen (§ 11 UrhSchiedsV). Das Berufungsverfahren der Mitglieder stellt sicher, dass die erforderliche Unabhängigkeit der Schiedsstelle gewahrt ist und den einzelnen Mitgliedern eine richterähnliche Stellung zukommt. Die Ablehnung eines Mitglieds der Schiedsstelle in einem Verfahren regelt § 9 UrhSchiedsV.

Die Neutralität und Unabhängigkeit der Schiedsstelle hebt § 14 Abs. 3 ausdrücklich   **10** hervor, indem gesetzlich festgehalten ist, dass die Mitglieder der Schiedsstelle an Weisungen nicht gebunden sind.

III. Antrag nach Abs. 4

Nach **§ 14 Abs. 4** wird das Verfahren vor der Schiedsstelle mit einem **schriftlichen**   **11** **Antrag** eingeleitet. Der Antrag soll nach § 1 UrhSchiedsV in zweifacher Ausfertigung erfolgen und Namen und Anschrift des Antragsgegners sowie eine Darstellung des Sachverhalts enthalten. Die Schiedsstelle übermittelt den Antrag an den Antragsgegner mit der Aufforderung, sich innerhalb eines Monats schriftlich zu äußern (§ 1 Abs. 2 UrhSchiedsV). Den weiteren Fortgang des Verfahrens regelt die Verordnung über die Schiedsstelle für Urheberrechtsstreitigkeiten (UrhSchiedsV).

Stellt eine Verwertungsgesellschaft einen Antrag auf Abschluss eines Gesamtvertra-   **12** ges, so gilt nach **§ 1 Abs. 3 UrhSchiedsV** eine **Sonderregelung**. Der Antragsgegner ist darüber zu belehren, dass das Verfahren eingestellt wird, wenn er ausdrücklich erklärt, zum Abschluss des Vertrages nicht bereit zu sein, oder wenn er sich nicht innerhalb eines Monats erklärt. Erklärt sich die Gegenseite zum Abschluss des Gesamtvertrages nicht bereit oder gibt sie innerhalb des Monats keine Erklärung ab, ist die Schiedsstelle nach § 1 Abs. 3 S. 2 UrhSchiedsV verpflichtet, das **Schiedsstellenverfahren einzustellen**. Die Regelung gilt nicht für die Änderung eines Gesamtvertrages oder andere urheberrechtliche Ansprüche.

13   Der Antrag auf ein Schiedsstellenverfahren kann im schriftlichen Verfahren ohne Zustimmung des Antragsgegners **zurückgenommen werden**. Findet eine mündliche Verhandlung statt, besteht die Möglichkeit der Antragsrücknahme nur bis zum Beginn der mündlichen Verhandlung, ansonsten hat der Antragsgegner der Einstellung zuzustimmen (§ 2 Abs. 1 UrhSchiedsV).

14   Wird der Antrag zurückgenommen, hat der Antragsteller nach § 2 Abs. 2 UrhSchiedsV die Kosten des Verfahrens und die notwendigen Auslagen des Antragsgegners zu tragen.

IV. Gütliche Beilegung, Abs. 5

15   Mit § 14 Abs. 5 wird die vorrangige Zielrichtung des Schiedsstellenverfahrens, zwischen den Parteien Vertragshilfe zu leisten, deutlich. Zuerst hat die Schiedsstelle auf eine „**gütliche Beilegung**" des Streitfalls durch Vergleich hinzuwirken, da die Streitschlichtung Verfahrenszweck ist. Im schriftlichen Verfahren unterbreitet die Schiedsstelle den Vergleichsvorschlag schriftlich. In den Fällen des Abschlusses oder der Änderung eines Gesamtvertrages gibt § 5 UrhSchiedsV dem Vorsitzenden die Möglichkeit, vor einer mündlichen Verhandlung die Vertragsbeteiligten mit deren Einverständnis zu einer **Vergleichsverhandlung** ohne Beisitzer zu laden. Zu dem Vergleichsgespräch ist er verpflichtet, wenn dies beide Beteiligten beantragen.

16   Aus dem erzielten Vergleich kann nach § 14 Abs. 5 S. 2 **vollstreckt** werden. Voraussetzung ist, dass der Vorsitzende und die Beteiligten unter Angabe des Datums des Zustandekommens gemeinsam unterschrieben haben. Die Vollstreckungsklausel erteilt der Urkundsbeamte der Geschäftsstelle des zuständigen Amtsgerichts entspr. § 797a ZPO.

V. Schiedsvertrag, Abs. 6

17   § 14 Abs. 6 berücksichtigt die Schiedsverträge. Unabhängig vom Schiedsverfahren können die Beteiligten zur Beilegung ihrer aktuellen urheberrechtlichen Streitigkeit ein privates Schiedsgericht frei vereinbaren. Ausgenommen sind nach § 14 Abs. 6 Vereinbarungen zu künftigen Streitfällen einer Gesamtvertragsvereinbarung, die eine Anrufung der Schiedsstelle ausschließt. Solch eine Vereinbarung ist nichtig. Dagegen bleibt die Möglichkeit erhalten, Streitigkeiten zu einem Gesamtvertrag, die einen konkreten Einzelfall betreffen, mit Hilfe eines privaten Schiedsgerichts zu lösen.

VI. Verjährungshemmung, Abs. 7

18   § 14 Abs. 7 legt für das Schiedsstellenverfahren fest, dass die Anrufung der Schiedsstelle die **Verjährung** in gleicher Weise **unterbricht** wie die Klageerhebung. Die Unterbrechung gilt für die Dauer des Schiedsverfahrens. Gerät das Verfahren zum

Stillstand, weil vereinbart oder von den Beteiligten nicht mehr weiter betrieben, so endet die Unterbrechung mit der letzten Verfahrenshandlung der Beteiligten oder der Schiedsstelle. Die Unterbrechung beginnt erneut, wenn einer der Beteiligten das Verfahren weiter betreibt (§ 14 Abs. 7 S. 3 iVm § 204 Abs. 2 BGB). Die Verjährung gilt nach § 14 Abs. 7 S. 4 dann nicht als unterbrochen, wenn der Antrag auf Anrufung der Schiedsstelle zurückgenommen wird.

§ 14a   Einigungsvorschlag der Schiedsstelle

(1) Die Schiedsstelle faßt ihre Beschlüsse mit Stimmenmehrheit. § 196 Abs. 2 des Gerichtsverfassungsgesetzes ist anzuwenden.

(2) Die Schiedsstelle hat den Beteiligten einen Einigungsvorschlag zu machen. Der Einigungsvorschlag ist zu begründen und von sämtlichen Mitgliedern der Schiedsstelle zu unterschreiben. Auf die Möglichkeit des Widerspruchs und auf die Folgen bei Versäumung der Widerspruchsfrist ist in dem Einigungsvorschlag hinzuweisen. Der Einigungsvorschlag ist den Parteien zuzustellen.

(3) Der Einigungsvorschlag gilt als angenommen und eine dem Inhalt des Vorschlags entsprechende Vereinbarung als zustande gekommen, wenn nicht innerhalb eines Monats nach Zustellung des Vorschlags ein schriftlicher Widerspruch bei der Schiedsstelle eingeht. Betrifft der Streitfall die Einräumung oder Übertragung von Nutzungsrechten der Kabelweitersendung, beträgt die Frist drei Monate.

(4) Aus dem angenommenen Einigungsvorschlag findet die Zwangsvollstreckung statt; § 797a der Zivilprozeßordnung gilt entsprechend.

Literatur: S. die Literaturhinweise Vor §§ 14 ff.

Übersicht

I. Allgemeines

Der Einigungsvorschlag ist die das Schiedsverfahren **abschließende Verfahrenshandlung**, soweit die Vergleichsbemühungen nach § 14 Abs. 5 erfolglos blieben. **1**

Für das Verfahren vor der Schiedsstelle sind die Vorschriften der Urheberschiedsstellenverordnung, die auf der Ermächtigungsgrundlage des § 15 beruhen, mitbestimmend. Ist der Antrag formgerecht schriftlich gestellt (§ 14 Abs. 4 iVm § 1 Abs. 1 UrhSchiedsV) und eine Vergleichsverhandlung ohne Erfolg geblieben, hat die Schiedsstelle den Beteiligten einen Einigungsvorschlag zu unterbreiten (§ 14a Abs. 2). **2**

Die Schiedsstelle trifft die Entsch. in Fällen des § 14 Abs. 1 Nr. 1 lit. a im schriftlichen Verfahren. Eine **mündliche Verhandlung** ist anzuberaumen, wenn einer der Beteiligten dies beantragt und die Gegenseite zustimmt, oder wenn ein (schwieriger) **3**

Sachverhalt näher aufgeklärt werden kann (§ 4 UrhSchiedsV). **Verpflichtend** ist die mündliche Verhandlung bei Streitfällen iSd § 14 Abs. 1 Nr. 1 lit. b für Gesamtvertragsvereinbarungen und hinsichtlich solcher zu Verträgen über die Kabelweitersendung iSd § 14 Abs. 1 Nr. 2. Letztere entsprechen in ihrem Vertragsbild den Gesamtverträgen, sodass sie entspr. § 14d mit diesen gleich zu behandeln sind.

4   Das Verfahren der mündlichen Verhandlung regelt § 6 UrhSchiedsV. Neben den vorbereitenden Verfahrenshandlungen (§ 6 Abs. 1 UrhSchiedsV), dem Verfahrensablauf (§ 6 Abs. 4 und 5 UrhSchiedsV) und dem Ausschluss von Bevollmächtigten oder Beiständen oder der Untersagung des Vortrags (§ 6 Abs. 3 UrhSchiedsV) ordnet die Vorschrift die **Nichtöffentlichkeit** der Sitzung an (§ 6 Abs. 2 UrhSchiedsV). Ausgenommen sind Beauftragte des Bundesministeriums der Justiz, der Aufsichtsbehörde und des BKartA. Der Ausschluss der Öffentlichkeit ist in dem Umstand zu sehen, dass in den Verhandlungen teilweise sensible Daten zu Urhebern, Werknutzern, Veranstaltern, Verwertungsgesellschaften oder Nutzervereinigungen verhandelt werden, die den Persönlichkeitsbereich und das Geschäfts- und Betriebsinteresse betreffen. Bleiben die Beteiligten der **mündlichen Verhandlung fern**, sind die Konsequenzen in § 7 UrhSchiedsV geregelt:

1. Erscheint der **Anmelder** nicht zur mündlichen Verhandlung, gilt der Antrag als zurückgenommen. Wiedereinsetzung in den vorigen Stand nach den Vorschriften der ZPO ist möglich.
2. Erscheint der **Antragsgegner** nicht zur mündlichen Verhandlung, kann die Schiedsstelle nach Lage der Akten entscheiden.
3. Unentschuldigt ausgebliebene Beteiligte haben die durch das Ausbleiben verursachten **Kosten** zu tragen.

5   Wegen der Konsequenzen sind die Beteiligten in der Ladung zur mündlichen Verhandlung auf die Folgen ihres Ausbleibens hinzuweisen (§ 7 Abs. 4 UrhSchiedsV).

6   Die weiteren Verfahrensvorschriften der UrhSchiedsV behandeln den Amtsermittlungsgrundsatz der Schiedsstelle und die Beweiserhebung (§ 8 Abs. 1 UrhSchiedsV), das Vernehmen der Beteiligten und Zeugen sowie das Anfordern von Gutachten (§ 8 Abs. 2 und 3 UrhSchiedsV). Das Verfahrensermessen der Schiedsstelle normiert § 10 UrhSchiedsV und die Ablehnung von Mitgliedern der Schiedsstelle regelt § 9 UrhSchiedsV. Weiterhin werden Regelungen getroffen über die Entschädigung der ehrenamtlichen Mitglieder (§ 11 UrhSchiedsV) und der Zeugen und Gutachter (§ 12 UrhSchiedsV). Die Kostenregelung treffen die Vorschriften der §§ 13-15 UrhSchiedsV.

II. Einigungsvorschlag der Schiedsstelle

7   **1.** Nach **§ 14a Abs. 1 S. 1** sind im Einigungsverfahren die von der Schiedsstelle zu fassenden Beschlüsse mit **Stimmenmehrheit** zu treffen (vgl § 196 GVG: mit absoluter Mehrheit der Stimmen). Das Prinzip der Stimmenmehrheit gilt für jeden im Verfahren zu treffenden Beschluss und nicht ausschließlich für den Einigungsvorschlag. Die Mitglieder der Schiedsstelle treffen die Entsch. mit gleichberechtigter Stimme.

8   § 14a Abs. 1 S. 2 erklärt § 196 Abs. 2 GVG für anwendbar, der besagt: „Bilden sich in Beziehung auf Summen, über die zu entscheiden ist, mehr als zwei Meinungen,

deren keine die Mehrheit für sich hat, so werden die für die größte Summe abgegebenen Stimmen den für die zunächst geringere abgegebenen so lange hinzugerechnet, bis sich eine Mehrheit ergibt." Die zweithöchste Summe gilt demnach als mehrheitliche Abstimmung.

2. Nach **§ 14a Abs. 2** hat die Schiedsstelle einen Einigungsvorschlag zu unterbreiten. **9** Er ist schriftlich abzufassen, mit einer schriftlichen Begründung zu versehen und von sämtlichen an dem Verfahren beteiligten Mitgliedern zu unterzeichnen, sowie den Beteiligten nach §§ 966 ff. ZPO zuzustellen.

In den Einigungsvorschlag muss eine **Widerspruchsbelehrung** aufgenommen werden, mit dem Hinweis, dass dieser innerhalb eines Monats ab Zustellung schriftlich bei der Schiedsstelle einzureichen ist. Zusätzlich muss auf die Folgen der Fristsäumnis hingewiesen werden, die sich aus § 14a Abs. 3 ergeben. **10**

Im Einigungsvorschlag ist die Schiedsstelle an Gesetz und Recht gebunden. Nicht **11** nur die Vorschriften des Urheberrechts und des WahrnG sind maßgeblich, sondern alle den Einigungsvorschlag **tangierenden Rechtsbestimmungen**, insb. wettbewerbsrechtliche Vorschriften (*Reinbothe* S. 40; *Schricker/Reinbothe* § 14a Rn 8; *Strittmatter* S. 103). In ihrem Einigungsvorschlag kann die Schiedsstelle nicht über das von den Beteiligten Beantragte hinausgehen (*Strittmatter* S. 126 f.). Die Tatsachenermittlungen dagegen beruhen auf dem Sachvortrag der Beteiligten. In der Tatsachenermittlung gilt für die Schiedsstelle der Amtsermittlungsgrundsatz, dem der Sachvortrag der Beteiligten zugrunde zu legen ist.

3. § 14a Abs. 3 erleichtert die Annahme der vorgeschlagenen Einigung (BT-Drucks. **12** 10/837, 42). Schweigen die Beteiligten zu dem Vorschlag und legt nicht zumindest eine der Parteien innerhalb eines Monats nach ordnungsgemäßer Zustellung (bei Kabelweiterleitungsfällen drei Monate) schriftlich Widerspruch bei der Schiedsstelle ein, gilt der Einigungsvorschlag als angenommen. Das Gesetz **fingiert** eine Annahme einer vergleichsweisen Regelung durch Schweigen. Eine Wiedereinsetzung in die Frist ist ausgeschlossen, da keine Notfrist iSd § 233 ZPO vorliegt und keine Wiedereinsetzungsklausel gesetzlich aufgenommen wurde.

4. § 14a Abs. 4 erklärt den angenommenen Einigungsvorschlag für vollstreckbar. **13** Entspr. § 797a ZPO erteilt die Vollstreckungsklausel der Urkundsbeamte der Geschäftsstelle des AG München. Der nicht angenommene Einigungsvorschlag bleibt als solcher wirksam. Der Widerspruch bewirkt nur, dass er nicht als angenommen gilt. Der Einigungsvorschlag der Schiedsstelle kann in nachfolgenden gerichtlichen Verfahren eingebracht werden.

§ 14b   Beschränkung des Einigungsvorschlags; Absehen vom Einigungsvorschlag

(1) Ist bei Streitfällen nach § 14 Abs. 1 Nr. 1 Buchstabe a die Anwendbarkeit oder die Angemessenheit eines Tarifs (§ 13) bestritten und ist der Sachverhalt auch im übrigen streitig, so kann sich die Schiedsstelle in ihrem Einigungsvorschlag auf eine Stellungnahme zur Anwendbarkeit oder Angemessenheit des Tarifs beschränken.

(2) Sind bei Streitfällen nach § 14 Abs. 1 Nr. 1 Buchstabe a die Anwendbarkeit und die Angemessenheit eines Tarifs nicht im Streit, so kann die Schiedsstelle von einem Einigungsvorschlag absehen.

Literatur: S. die Literaturhinweise Vor §§ 14 ff.

I. Allgemeines

1   Die Vorschrift enthält für Nutzungsstreitigkeiten, die weder einen Gesamtvertrag noch die Kabelweiterleitung betreffen, zwei Ausnahmefälle, in denen der Einigungsvorschlag **teilweise eingeschränkt** wird oder **gänzlich unterbleibt**.

2   **II. § 14b Abs. 1** vereinfacht bei Einzelnutzungsvereinbarungen für die originäre Tätigkeit der Schiedsstelle – die Anwendbarkeit und Angemessenheit der Tarife zu überprüfen – Entsch. über komplexe Streitigkeiten, die nicht nur Tariffragen betreffen, sondern auch weitergehende rechtliche Probleme wie zB hinsichtlich des Anspruchsgrundes, des Vergütungsanspruches oder des Umfanges der tatsächlich erfolgten Nutzung. In diesen Fällen hat die Schiedsstelle die Möglichkeit, nicht über die Gesamtheit der strittigen Punkte zu entscheiden, sondern ihren Einigungsvorschlag auf die Anwendbarkeit und **Angemessenheit des Tarifs zu begrenzen**. Die Tarifstreitigkeit muss die Schiedsstelle im Einigungsvorschlag entscheiden, während die Entsch. zu den weiteren Streitpunkten in ihrem Ermessen steht. Im Einigungsvorschlag hat die Schiedsstelle auf die eingeschränkte Entsch. hinzuweisen und die Gründe darzulegen (vgl *Strittmatter* S. 65). Das Fehlen einer § 14a Abs. 2 entspr. Regelung zur Schriftlichkeit in § 14b scheint ein Redaktionsfehler zu sein (*Fromm/Nordemann* §§ 14-16 Rn 5). Legt keiner der Beteiligten gegen den eingeschränkten Einigungsvorschlag Widerspruch ein, gilt der von der Schiedsstelle vorgeschlagene Tarif als zwischen den Parteien vereinbart und ist bei weiteren gerichtlichen Klagen zugrunde zu legen (BT-Drucks. 10/837, 24).

3   **III. § 14b Abs. 2** eröffnet der Schiedsstelle die Möglichkeit, bei Einzelnutzungsvereinbarungen von einem Einigungsvorschlag **gänzlich abzusehen**, wenn bei der Streitigkeit weder die Anwendbarkeit noch die Angemessenheit des Tarifs bestritten werden. Die Entsch., von einem Einigungsvorschlag abzusehen, liegt gleichfalls im Ermessen der Schiedsstelle. In der Vorschrift eine Soll-Bestimmung zu sehen (vgl *Strittmatter* S. 100; *Schricker/Reinbothe* § 14b Rn 3), kann nicht gefolgt werden, da der Gesetzgeber auch in weniger geeigneten Fällen die Anrufung der Schiedsstelle zulassen will, „weil den Beteiligten die Möglichkeit einer sachkundigen Schlichtung ohne Anrufung der Gerichte ermöglicht werden soll" (BT-Drucks. 10/837, 24). Der Beschl. ist als eine das Verfahren abschließende Handlung zu begründen und zuzustellen. Ein Rechtsmittel gegen die Entsch. **besteht nicht**. Zum späteren Bestreiten des Tarifs vor Gericht s. § 16 Abs. 2.

§ 14c   Streitfälle über Gesamtverträge

(1) Bei Streitfällen nach § 14 Abs. 1 Nr. 1 Buchstabe b enthält der Einigungsvorschlag den Inhalt des Gesamtvertrages. Die Schiedsstelle kann einen Gesamtvertrag nur mit Wirkung vom 1. Januar des Jahres vorschlagen, in dem der Antrag gestellt wird.

(2) Auf Antrag eines Beteiligten kann die Schiedsstelle einen Vorschlag für eine einstweilige Regelung machen. § 14a Abs. 2 Satz 2 bis 4 und Abs. 3 ist anzuwenden. Die einstweilige Regelung gilt, wenn nichts anderes vereinbart wird, bis zum Abschluß des Verfahrens vor der Schiedsstelle.

(3) Die Schiedsstelle hat das Bundeskartellamt über das Verfahren zu unterrichten. Die Bestimmungen in § 90 Abs. 1 Satz 2 und Abs. 2 des Gesetzes gegen Wettbewerbsbeschränkungen sind mit der Maßgabe entsprechend anzuwenden, daß der Präsident des Bundeskartellamts keinen Angehörigen der Aufsichtsbehörde (§ 18 Abs. 1) zum Vertreter bestellen kann.

I. Schiedsverfahren

Für die gesamtvertragliche Regelung stellt die Vorschrift klar, dass das Verfahren vor der Schiedsstelle ausschließlich den Gesamtvertrag „als Ganzes" betreffen kann (BT-Drucks. 10/837, 24). Die angerufene Schiedsstelle muss diesbezüglich einen Einigungsvorschlag den Beteiligten unterbreiten. Den Vorschlag kann sie nicht nach § 14b nur auf die Anwendbarkeit und Angemessenheit des Tarifs beschränken. Das vorgeschaltete Schiedsstellenverfahren ist eine unabdingbare Prozessvoraussetzung für ein Klageverfahren. **1**

II. Einigungsvorschlag

Nach **§ 14c Abs. 1** muss die angerufene Schiedsstelle bei erfolglos gebliebenen Vergleichsverhandlungen (so § 14 Rn 15) einen das gesamte Vertragswerk umfassenden Einigungsvorschlag unterbreiten (so § 12 Rn 4; § 14a Rn 9). Der Vorschlag erfolgt nach einer mündlichen Verhandlung, soweit nicht die Beteiligten einvernehmlich darauf verzichteten (§ 3 UrhSchiedsV). Wird der Einigungsvorschlag angenommen, begründet er zwischen den Beteiligten ein privatrechtliches Schuldverhältnis. **2**

Die **Laufzeit** des Gesamtvertrages beginnt zum 1. Januar des Jahres, in dem der Antrag auf Einleitung des Schiedsverfahrens gestellt wurde (§ 14c Abs. 1 S. 2). Die Begrenzung begründet sich aus § 12, da die Verwertungsgesellschaft nicht berechtigt ist, rückwirkend den Gesamtvertrag zu schließen (BT-Drucks. 10/837, 24). Wenn auch wünschenswert ist, dass der Einigungsvorschlag sich auf ein Wirtschaftsjahr bezieht (Rechtsausschuss BT-Drucks. 10/3360, 21), kann die Schiedsstelle einen späteren Vertragsbeginn festlegen. Für die Festlegung ist die Schiedsstelle an die Anträge der Beteiligten gebunden, die den Vertragsbeginn frei wählen können. **3**

III. Einstweilige Regelung

4   § 14c Abs. 2 trifft eine einstweilige Regelung für gesamtvertragliche Vereinbarungen vor der Schiedsstelle. Die Befugnis ermächtigt aber nicht zum Erlass einer einstweiligen Verfügung, die den Gerichten vorbehalten bleibt. Der Schiedsstelle fehlt insofern die Entscheidungsbefugnis in der Hauptsache (BT-Drucks. 10/837, 24). Die einstweilige Regelung der Schiedsstelle bedeutet einen Verfahrensschritt, der ihr auf entspr. Antrag einer der Parteien erlaubt, einen **vorgezogenen Vorschlag** zu unterbreiten. Die Regelung soll dazu beitragen, bei einer zwischen den Parteien länger andauernden Gesamtvertragsverhandlung einen die Verhandlung abschließenden Vorschlag zu unterbreiten, ohne zu präjudizieren. Letztlich wird die einstweilige Regelung nur ein beschränkt taugliches Mittel sein, um eine gezielte Verfahrensverzögerung zu verhindern (BT-Drucks. 10/837, 24). Da die einstweilige Regelung in das Schiedsverfahren eingebunden ist, gelten für sie verfahrenstechnisch die Verfahrensregeln zum Einigungsvorschlag entspr. Die Zwischenregelung hat den Vorgaben des § 14a Abs. 2 S. 2–4 zu folgen. Soweit keiner der Beteiligten einen Widerspruch einlegt, wird der Vorschlag als Vereinbarung zwischen den Parteien wirksam. Der Vorschlag für eine einstweilige Regelung bindet folglich die Parteien ebenso wenig wie der Einigungsvorschlag.

5   Die einstweilige Regelung gilt, bis die Schiedsstelle das Einigungsverfahren mit einem Einigungsvorschlag abgeschlossen hat. Die Beteiligten haben die Möglichkeit, auf der Grundlage der einstweiligen Regelung die Geltungsdauer miteinander zu vereinbaren (§ 14c Abs. 2 S. 2).

6   Da die einstweilige Regelung eine vorläufige Lösung anbietet, findet aus einem angenommenen Vorschlag keine Zwangsvollstreckung statt.

IV. Bundeskartellamt

7   Bei Streitigkeiten über Gesamtverträge hat die Schiedsstelle das **BKartA** über das Verfahren zu **unterrichten.** Bei den Gesamtverträgen können Bestimmungen des GWB zum Tragen kommen. Folglich muss die Schiedsstelle in diesen Fällen das BKartA unterrichten, um kartellrechtliche Bewertungen einbringen zu können. Die Schiedsstelle übersendet gem. § 90 Abs. 1 S. 2–4 GWB zu diesem Zweck Abschriften der Schriftsätze, Verfügungen, Protokolle und Einigungsvorschläge. Der Präsident des BKartA kann ferner aus der Mitte des BKartA einen Vertreter mit der Befugnis bestellen, auf Tatsachen und Beweismittel hinzuweisen, am Termin beizuwohnen und in diesem Ausführungen vorzubringen und Fragen zu stellen (vgl § 24 iVm § 30 GWB). Als Vertreter darf nicht ein Angehöriger der Aufsichtsbehörde bestellt werden.

§ 14d   Streitfälle über Rechte der Kabelweitersendung

Bei Streitfällen nach § 14 Abs. 1 Nr. 2 gilt § 14c entsprechend.

1   Die Vorschrift ergänzt § 14 Abs. 1 Nr. 2, in dem die Schiedsstellenaufgaben um die Streitigkeiten zwischen Sendeunternehmen und Kabelunternehmen über Kabelweitersendungsrechte erweitert wurden. Ausgangspunkt war die so genannte Satelli-

ten- und Kabelrichtlinie der EU (RL 93/83/EWG v. 27.9.1993; so § 14 Rn 6; Vor §§ 14 ff. Rn 7).

Der Gesetzgeber erkannte in den Verträgen über die Kabelweitersendungsrechte Parallelen zu den Gesamtverträgen, da sie als Pauschverträge diesen ähnlicher sind als den Einzelnutzungsverträgen (BT-Drucks. 13/4796, 17). Folglich sind die Verträge zur Kabelweitersendung im Schiedsstellenverfahren rechtlich wie Gesamtverträge zu behandeln. Für diese Streitverfahren erklärt § 14d den § 14c für entspr. anwendbar. Folglich hat die Schiedsstelle den Vertrag zur Kabelweitersendung in der gesamten vertraglichen Regelung zu beurteilen (*OLG Dresden* ZUM 2003, 233). **2**

§ 15 Verfahren vor der Schiedsstelle

Das Bundesministerium der Justiz wird ermächtigt, durch Rechtsverordnung
1. **das Verfahren vor der Schiedsstelle zu regeln,**
2. **die näheren Vorschriften über die Entschädigung der Mitglieder der Schiedsstelle für ihre Tätigkeit zu erlassen,**
3. **die für das Verfahren vor der Schiedsstelle von der Aufsichtsbehörde zur Deckung der Verwaltungskosten zu erhebenden Kosten (Gebühren und Auslagen) zu bestimmen; die Gebühren dürfen nicht höher sein als die im Prozeßverfahren erster Instanz zu erhebenden Gebühren,**
4. **Bestimmungen über den Kostenschuldner, die Fälligkeit und die Verjährung von Kosten, die Kostenvorschußpflicht, Kostenbefreiungen, das Kostenfestsetzungsverfahren und die Rechtsbehelfe gegen die Kostenfestsetzung zu treffen.**

Der Paragraph enthält die Ermächtigung für den Bundesminister der Justiz, das Verfahren iSd Ziff. 1–4 durch Rechtsverordnung zu regeln. Sie ist Quell für die Verordnung über die Schiedsstelle für Urheberrechtsstreitfälle (Urheberrechtsschiedsstellenverordnung – UrhSchiedsV), die wesentliche Teile des Schiedsverfahrens regelt, einschließlich der Kosten des Verfahrens und der Entschädigung der Zeugen und Sachverständigen.

§ 16 Gerichtliche Geltendmachung

(1) Bei Streitfällen nach § 14 Abs. 1 können Ansprüche im Wege der Klage erst geltend gemacht werden, nachdem ein Verfahren vor der Schiedsstelle vorausgegangen ist.

(2) Dies gilt nicht, wenn bei Streitfällen nach § 14 Abs. 1 Nr. 1 Buchstabe a die Anwendbarkeit und die Angemessenheit des Tarifs nicht bestritten sind. Stellt sich erst im Laufe des Rechtsstreits heraus, daß die Anwendbarkeit oder die Angemessenheit des Tarifs im Streit ist, setzt das Gericht den Rechtsstreit aus, um den Parteien die Anrufung der Schiedsstelle zu ermöglichen. Weist die Partei,

die die Anwendbarkeit oder die Angemessenheit des Tarifs bestreitet, nicht innerhalb von zwei Monaten nach Aussetzung nach, daß ein Antrag bei der Schiedsstelle gestellt ist, so wird der Rechtsstreit fortgesetzt; in diesem Fall gilt die Anwendbarkeit und die Angemessenheit des von der Verwertungsgesellschaft dem Nutzungsverhältnis zugrunde gelegten Tarifs als zugestanden.

(3) Der vorherigen Anrufung der Schiedsstelle bedarf es ferner nicht für Anträge auf Anordnung eines Arrestes oder einer einstweiligen Verfügung. Nach Erlaß eines Arrestes oder einer einstweiligen Verfügung ist die Klage ohne die Beschränkung des Absatzes 1 zulässig, wenn der Partei nach den §§ 926, 936 der Zivilprozeßordnung eine Frist zur Erhebung der Klage bestimmt worden ist.

(4) Über Ansprüche auf Abschluß eines Gesamtvertrages (§ 12) und eines Vertrages nach § 14 Abs. 1 Nr. 2 entscheidet ausschließlich das für den Sitz der Schiedsstelle zuständige Oberlandesgericht im ersten Rechtszug. Für das Verfahren gilt der Erste Abschnitt des Zweiten Buchs der Zivilprozeßordnung entsprechend. Das Oberlandesgericht setzt den Inhalt der Gesamtverträge, insbesondere Art und Höhe der Vergütung, nach billigem Ermessen fest. Die Festsetzung ersetzt die entsprechende Vereinbarung der Beteiligten. Die Festsetzung eines Vertrages ist nur mit Wirkung vom 1. Januar des Jahres an möglich, in dem der Antrag gestellt wird. Gegen die von dem Oberlandesgericht erlassenen Endurteile findet die Revision nach Maßgabe der Zivilprozeßordnung statt.

Literatur: S. die Literaturhinweise Vor §§ 14 ff.

Übersicht

I. Allgemeines

1   Die Bestimmung weist in den Zusammenhang von Schiedsstelle als Verwaltungsorgan und den ordentlichen Gerichten ein, wenn urheberrechtliche Ansprüche geltend gemacht werden. Grds kann jede Klage vor Gericht erhoben werden. Nur bei den Streitigkeiten nach **§ 14 Abs. 1** soll das Verfahren bei der Schiedsstelle vorgeschaltet werden, um sich deren Sachkunde in möglichst großem Umfang zu Nutze zu machen (BT-Drucks. 10/873, 24). Während für die Gesamtverträge und die Kabelweitersendung das Schiedsstellenverfahren obligatorisch ist, ergibt sich im Zusammenhang mit § 16 Abs. 2 S. 1 für Einzelnutzerverträge eine eingeschränkte Verpflichtung zur Anrufung der Schiedsstelle. Die Ansprüche müssen im Zusammenhang mit der Anwendbarkeit und Angemessenheit der Tarife stehen.

II. Verfahren vor Gericht

2   **1.** Die Einzelnutzerstreitigkeit nach **§ 14 Abs. 1 Nr. 1 lit. a**, die eine Nutzung der urheberrechtlich geschützten Werke und Leistungen betrifft, ist zu unterscheiden, ob der Vergütungsanspruch im Kontext mit der **Anwendbarkeit** und **Angemessenheit**

eines verwertungsgesellschaftlichen **Tarifs** steht. Ist das auszuschließen, entfällt eine dem Gerichtsverfahren vorgeschaltete Schiedsstellenentscheidung.

a) Nicht tarifgestützte, anderweitige Streitigkeiten mit urheberrechtlichem Bezug, 3 die kein vorheriges Schiedsstellenverfahren erfordern, sind zB Auskunftsansprüche, Anspruch auf Abschluss von Nutzungsrechten oder Unterlassungsansprüche (*BGH* NJW 2001, 228).

Die Anrufung der Schiedsstelle schließt sich auch dann aus, wenn ein auf vertragli- 4 cher Vereinbarung beruhender Zahlungsanspruch geltend gemacht wird. Den Vertragspartnern bleibt es unbenommen, den Inhalt des Vertrages einschließlich des Vergütungsanspruchs frei zu bestimmen. Die Schiedsstelle hat keine Befugnis, in das Vertragsverhältnis einzugreifen, selbst wenn die Vergütung nach Tarif vereinbart ist. Die Verwertungsgesellschaft würde in unzulässiger Weise in der Durchsetzung ihrer Ansprüche behindert (vgl *BGH* ZUM 2000, 953 – Schiedsstelle = GRUR 2000, 873). Anderes kann gelten, und die Sachkunde der Schiedsstelle gefragt sein, falls sich die Frage der Angemessenheit des vereinbarten Tarifs unmittelbar auf die Wirksamkeit des Vertrags auswirkt, aber die Ausnahme sein wird (*BGH* aaO).

b) Die Geltendmachung von urheberrechtlichen Schadenersatzansprüchen setzt ein 5 vorgeschaltetes Schiedsstellenverfahren voraus. Selbst unter der Voraussetzung, dass die Schadenersatzklage nur auf Zahlung unter Vorbehalt der Nachprüfung durch die Schiedsstelle oder auf Hinterlegung gerichtet ist (*BGH* ZUM 2000, 953 f. – Schiedsstelle = GRUR 2000, 873; **aA** *Schricker/Reinbothe* § 16 Rn 3).

c) Sind die Ansprüche tarifgestützt, ist zu unterscheiden, ob die Anwendbarkeit und 6 Angemessenheit des Tarifs bestritten sind und zu welchem Zeitpunkt.

aa) Streiten sich die Verfahrensbeteiligten bereits **vor Klageerhebung** über die ta- 7 rifliche Frage, muss vor Klageerhebung die Schiedsstelle entspr. § 16 Abs. 1 angerufen werden. Die Durchführung eines mit Einigungsvorschlag abgeschlossenen Schiedsverfahrens ist Prozessvoraussetzung und von Amts wegen zu beachten. Eine Klage ohne ein vorgeschaltetes Einigungsverfahren ist unzulässig. Ein Schiedsverfahren wird obsolet, wenn zwischen denselben Beteiligten bereits zuvor ein Schiedsverfahren zur gleichen Tariffrage durchgeführt wurde (*LG Bielefeld* ZUM 1995, 804). Dagegen können die Parteien nicht auf ein anderes Verfahren verweisen, das eine identische Tarifstreitigkeit betraf (*OLG Karlsruhe* ZUM 1993, 237).

bb) Fanden **keine vorprozessualen Streitigkeiten** zwischen den Beteiligten statt 8 und bleibt die Anwendbarkeit und Angemessenheit des Tarifs in einem Gerichtsverfahren weiterhin unstreitig, bedarf es keines Schiedsstellenverfahrens (§ 16 Abs. 1 iVm § 16 Abs. 2 S. 1).

cc) Werden **während des Gerichtsverfahrens** Anwendbarkeit und Angemessenheit 9 des Tarifs nachträglich gerügt, muss das Gericht nach § 16 Abs. 2 S. 2 das Verfahren aussetzen, um die Anrufung der Schiedsstelle zu ermöglichen. Das Bestreiten der Tarifmerkmale hat substantiiert zu erfolgen und nicht in einem allg. und pauschalierten Einwand. Der Tatsachenvortrag gibt die Gründe wieder, die den Tarif dem Grunde und der Höhe nach angreifen. Der Einwand muss sich erstmals während des Rechtsstreits ergeben haben und darf **nicht bereits vor** dem Gerichtsverfahren zwischen den Parteien streitig gewesen sein (*BGH* ZUM 2000, 953 f. – Schiedsstelle = GRUR

2000, 873; *OLG Karlsruhe* ZUM 1993, 237). Das Gericht hat unter den Voraussetzungen das Verfahren **von Amts wegen auszusetzen**, um eine sachkundige Entsch.
der Schiedsstelle zu ermöglichen (BT-Drucks. 10/837, 25).

10   Nach der Zustellung des Aussetzungsbeschlusses hat die den Tarif bestreitende Partei die Möglichkeit, innerhalb einer **Frist von zwei Monaten** die Schiedsstelle mit
schriftlichem Antrag anzurufen und dies bei Gericht nachzuweisen. Der Nachweis
kann mit der von der Schiedsstelle übersandten Eingangsbestätigung geführt werden.
Eine Pflicht, die tarifliche Einigung herbeizuführen, besteht nicht. Fehlt der fristge-
rechte Antrag, hebt das Gericht die Aussetzung mit der Fortsetzung des Verfahrens
auf. Die von der Verwertungsgesellschaft geltend gemachte tarifliche Nutzungsent-
schädigung gilt dann von dem den Tarif anfechtenden Nutzer als anerkannt (§ 16
Abs. 2 S. 3). Die Untätigkeit geht zu seinen Lasten (BT-Drucks. 10/837, 25). Bei einer Klagehäufung bezieht sich die Aussetzung hinsichtlich der mehreren Ansprüche
nur auf die tarifgestützten Ansprüche (*Fromm/Nordemann* § 16 Rn 6).

11   2. Die Streitigkeiten über den **Abschluss** oder die **Änderung** von **Gesamtverträgen**
nach § 14 Abs. 1 erfordern als Prozessvoraussetzung stets ein vorhergegangenes ab-
geschlossenes Schiedsstellenverfahren. Eine Klage kann erst erhoben werden, wenn
der Einigungsvorschlag der Schiedsstelle vorliegt. Das obligatorische Schiedsstellenverfahren besteht auch in den Fällen, in denen sich die Vertragsstreitigkeit nicht
auf die Anwendbarkeit und Angemessenheit eines vorgesehenen Tarifes bezieht. Der
bes. Sachverstand der Schiedsstelle soll auch für diese Sachverhalte zur Verfügung
stehen. Unerheblich ist auch, ob die Nutzervereinigung den Abschluss des Gesamtvertrages oder eine Verwertungsgesellschaft eine Änderung des Gesamtvertrages begehrt. Als Prozessvoraussetzung ist das vorgeschaltete Schiedsstellenverfahren bei
Gericht von Amts wegen zu beachten. Fehlt die vorherige Anrufung der Schiedsstelle, ist die **Klage unzulässig**.

12   3. Die Streitigkeiten über die Rechte der Kabelweitersendung nach § 14 Abs. 1 Nr. 2
zwischen Sendeunternehmen sind durch die Verweisung auf die Gesamtverträge entspr. diesen abzuhandeln.

13   4. § 16 Abs. 3 **entbindet** von der Durchführung des Schiedsstellenverfahrens im Fall
der Erwirkung eines **Arrestes** oder einer **einstweiligen Verfügung** (§§ 916 ff. ZPO).
Der Gesetzgeber hat bewusst für diese Verfahren das Schiedsstellenverfahren ausgenommen, da die Parteien ein dringendes Interesses an einer baldigen Entsch. des Ge-
richtes haben (BT-Drucks. 10/837, 25). Die strengen Voraussetzungen für den Erlass
eines Arrestes oder einer einstweiligen Verfügung lassen eine missbräuchliche Umgehung der Schiedsstelle nicht befürchten (BT-Drucks. 10/837, 25).

14   Ordnet das Gericht bei Erlass des Arrestes oder der einstweiligen Verfügung an, in-
nerhalb einer Frist Klage in der Hauptsache zu erheben (§§ 926, 930 ZPO), entfällt
das Schiedsstellenverfahren gleichfalls (§ 16 Abs. 3 S. 2), um bei der begrenzten
Frist Rechtsnachteile zu vermeiden (BT-Drucks. 10/837, 25). Das Hauptverfahren
nach Fristsetzung ist aber entspr. § 16 Abs. 2 auszusetzen, da § 16 Abs. 3 S. 2 nur die
Anwendbarkeit des § 16 Abs. 1 ausschließt (vgl *Fromm/Nordemann* § 16 Rn 6).
Fehlt es an einer Fristsetzung, ist die Dringlichkeit nicht mehr gegeben, und die
Schiedsstelle vorab anzurufen.

5. § 16 Abs. 4 bestimmt bei Streitigkeiten über den Abschluss oder die Änderung eines Gesamtvertrages und solche über Rechte der Kabelweitersendung das **OLG am Sitz der Schiedsstelle**, demnach München, im ersten Rechtszug für ausschließlich zuständig. Der fehlende Hinweis im Gesetzestext auf das Kriterium der „Änderung" von Gesamtvertragsvereinbarungen beruht offensichtlich auf einem Redaktionsfehler (vgl *Schricker/Reinbothe* § 16 Rn 6). Nach dem historischen Zusammenhang und Sinn und Zweck der gesamtvertraglichen Vereinbarung sollte das Merkmal der „Änderung" nicht ausgenommen werden. **15**

Die **ausschließliche Zuständigkeit** des OLG München soll dazu beitragen, dass die umfangreichen Vereinbarungen zwischen den Beteiligten von einem sachkundigen und erfahrenen OLG entschieden werden (Stellungnahme Bundesrat BT-Drucks. 10/837, 35). Die erstinstanzliche Zuständigkeit des OLG berücksichtigt, dass das vorangegangene ausführliche Schiedsstellenverfahren eine zweite gerichtliche Tatsacheninstanz entbehrlich erscheinen lässt (BT-Drucks. 10/837, 25). **16**

Für das Verfahren vor dem OLG gelten die Verfahrensbestimmungen des landgerichtlichen Verfahrens in §§ 253–494a ZPO entspr. Das Verfahren ist nicht ausschließlich auf die Bestimmungen beschränkt, vielmehr wollte der Gesetzgeber klarstellen, dass das OLG wie ein LG 1. Instanz verfahren soll (*Fromm/Nordemann* § 16 Rn 7). **17**

Die Entsch. des OLG über den Inhalt des Gesamt- oder Kabelweiterleitungsvertrages insb. über Art und Höhe der Vergütung erfolgt nach **billigem Ermessen**. In ihrem Ermessen ist das Gericht aber an die Parteianträge gebunden und kann über diese nicht hinausgehen (§ 308 ZPO). Des weiteren wird das Ermessen durch die Regelung in § 12 begrenzt, den Gesamtvertrag zu **„angemessenen Bedingungen"** abzuschließen. Die Interessen der Vertragsbeteiligten sind gegeneinander abzuwägen und auf einen gemeinsamen ausgewogenen Nenner zu bringen. Für die Vergütung wird die Zahlung entscheidend sein, die nach wirtschaftlichen Voraussetzungen und den Regeln des Marktes für den Einzelfall üblich ist (so § 12 Rn 10 und § 11 Rn 7 ff.). Letztlich wird die Entsch. in einem **pflichtgemäßen Ermessen** bestehen, das zur Berücksichtigung aller Umstände verpflichtet (*Fromm/Nordemann* § 16 Rn 7; *Schricker/Reinbothe* § 16 Rn 8; *Strittmatter* S. 105 ff.). **18**

Der Vertrag kann nach **§ 16 Abs. 4 S. 5** frühestens ab dem 1. Januar des Jahres der Antragstellung abgeschlossen werden. Die Regelung berücksichtigt den Usus, aus wirtschaftlichen Überlegungen den Gesamtvertrag stets für ein Kalenderjahr abzuschließen. Der zu berücksichtigende Antrag stellt zudem auf den Antrag auf das vorgeschaltete Schiedsstellenverfahren bei der Schiedsstelle ab. Damit wird eine Lücke (Vakuum) vermieden, die zwischen dem Ende des alten Vertrages und dem Abschluss des neuen Vertrages entstehen könnte (*Fromm/Nordemann* § 16 Rn 7; *Schricker/Reinbothe* § 16 Rn 8; *Strittmatter* S. 105 ff.). **19**

§ 16 Abs. 4 S. 6 normiert ausdrücklich, dass gegen die Entsch. des OLG die Revision nach §§ 542 ff. ZPO grds zulässig ist. Dies war vor der Urheberrechtsnovelle vor 1985 nicht der Fall, die Verfahren endeten vor dem OLG. Sowohl die Streitigkeiten mit Einzelnutzern als auch die Gesamtvertrags- und Kabelweitersendungsvereinbarungen können nun den Instanzenweg bis zum BGH einschlagen. **20**

§ 17 Ausschließlicher Gerichtsstand

(1) Für Rechtsstreitigkeiten über Ansprüche einer Verwertungsgesellschaft wegen Verletzung eines von ihr wahrgenommenen Nutzungsrechts oder Einwilligungsrechts ist das Gericht ausschließlich zuständig, in dessen Bezirk die Verletzungshandlung vorgenommen worden ist oder der Verletzer seinen allgemeinen Gerichtsstand hat. § 105 des Urheberrechtsgesetzes bleibt unberührt.

(2) Sind nach Absatz 1 Satz 1 für mehrere Rechtsstreitigkeiten gegen denselben Verletzer verschiedene Gerichte zuständig, so kann die Verwertungsgesellschaft alle Ansprüche bei einem dieser Gerichte geltend machen.

I. Regelungszweck

1   Die Regelung hat nach dem Willen des Gesetzgebers den Zweck, eine **Benachteiligung der Veranstalter** bei Urheberrechtsstreitigkeiten hinsichtlich des Gerichtsstands **auszugleichen**. Die Gerichte in Berlin nahmen bei unerlaubten Musikaufführungen nach § 32 ZPO den Sitz der GEMA in Berlin als Ort der Verletzungshandlung an, weil hier der Vermögensschaden eingetreten war oder der Nutzungsvertrag hätte abgeschlossen werden müssen. Der allg. Gerichtsstand am Wohnsitz des Veranstalters war damit ausgehebelt, mit den Folgen erheblicher Benachteiligungen für ihn (vgl BT-Drucks. IV/271, 19 = UFITA 46 (1966), 283 f.).

II. Ausschließlicher Gerichtsstand, § 17 Abs. 1

2   **1.** Der Gesetzgeber versuchte in § 17 Abs. 1 das Dilemma dadurch zu lösen, dass er für Klagen einer Verwertungsgesellschaft gegen einen Verletzer zwei Gerichtsstände für ausschließlich erklärte. Wahlweise kann der allg. Gerichtsstand – der **Wohnsitz** nach § 13 ZPO – oder der bes. Gerichtsstand des **Ortes der Verletzungshandlung** – Handlungsort, § 32 ZPO – beansprucht werden. Der Sitz der Verwertungsgesellschaft sollte nicht mehr nach § 32 ZPO als Gerichtsstand gelten. Eine freie Vereinbarung zwischen den Parteien über die Zuständigkeit eines anderen Gerichts ist nicht möglich. Das Ziel wurde nicht erreicht (zur Kritik: *Fromm/Nordemann* § 17 Rn 1) und erst mit einer methodischen Auslegung in der Rspr verwirklicht (*BGHZ* 52, 111 f.). Die Verwertungshandlung gilt nicht als am Sitz der Verwertungsgesellschaft begangen und die Zuständigkeit der dortigen Gerichte wird nicht begründet, wenn der Rechtsverletzer weder seinen Wohnsitz dort hat noch dort tätig geworden ist (*BGHZ* 52, 111 f.; *Fromm/Nordemann* § 17 Rn 1; *Schricker/Reinbothe* § 17 Rn 2).

3   **2.** Die Regelung des § 17 Abs. 1 zum Gerichtsstand gilt nur für Klagen einer Verwertungsgesellschaft gegen einen Rechtsverletzer. **Keine Anwendung** findet die Vorschrift bei einer Klage gegen eine **Verwertungsgesellschaft**.

4   Die Bestimmung des ausschließlichen Gerichtsstands nach § 17 gilt unabhängig von der gesetzlichen Bestimmung, aus der sich der Anspruch der Verwertungsge-

sellschaft für die Rechtsverletzung begründet. Bewusst hat der Gesetzgeber von einer bes. Bestimmung zu einem Anspruch aus unerlaubter Handlung abgesehen (BT-Drucks. IV/271, 19 = UFITA 46 (1966), 284).

3. Nach **§ 17 Abs. 1 S. 2** bleibt die Ermächtigungsregel des § 105 UrhG für zentrale   5
Gerichte in Urheberrechtsstreitigkeiten beibehalten. Die Länderregierungen können durch Verordnung bei bestimmten AG und LG die Urheberrechtsstreitigkeiten konzentrieren. Die Einheit der Rspr soll auf diese Weise gewahrt werden (BT-Drucks. IV/271, 19 = UFITA 46 (1966), 284; vgl auch § 105 UrhG).

III. Wahlrecht des Klägers bei verschiedenen Gerichtsständen

§ 17 Abs. 2 regelt den Gerichtsstand bei Verletzungshandlungen eines Nutzers an   6
mehreren Orten. Gedacht ist an **Wanderveranstaltungen** oder **Tourneen** an verschiedenen Orten, bei denen es jeweils zu Rechtsverletzungen seitens des Veranstalters kommt. Nach den Grundsätzen des § 17 Abs. 1, in der Auslegung der Rspr (so Rn 2), müsste der Veranstalter an verschiedenen Gerichten verklagt werden (BT-Drucks. IV/271, 19 = UFITA 46 (1966), 284). Damit die Rechtsverfolgung für die Verwertungsgesellschaft nicht erschwert wird, hat sie die Möglichkeit, sämtliche Ansprüche bei einem Gericht zu konzentrieren (BT-Drucks. aaO). Zur Wahl steht eines der Gerichte, an dem die Verletzungshandlung begangen wurde oder auch der Wohnsitz des Veranstalters als allg. Gerichtsstand.

Dritter Abschnitt
Aufsicht über die Verwertungsgesellschaft

§ 18   Aufsichtsbehörde

(1) Aufsichtsbehörde ist das Patentamt.

(2) Soweit auf Grund anderer gesetzlicher Vorschriften eine Aufsicht über die Verwertungsgesellschaft ausgeübt wird, ist sie im Benehmen mit dem Patentamt auszuüben.

(3) Über Anträge auf Erteilung der Erlaubnis zum Geschäftsbetrieb (§ 2) und über den Widerruf der Erlaubnis (§ 4) entscheidet das Patentamt im Einvernehmen mit dem Bundeskartellamt. Gelingt es nicht, das Einvernehmen herzustellen, so legt das Patentamt die Sache dem Bundesministerium der Justiz vor; dessen Weisungen, die im Benehmen mit dem Bundesministerium für Wirtschaft und Technologie erteilt werden, ersetzen das Einvernehmen.

Literatur: *Arnold/Rehbinder* Zur Rechtsnatur der Staatsaufsicht über die deutschen Verwertungsgesellschaften, UFITA 118 (1992), 203; *Fritsch* Besteht ein subjektiv-öffentliches Recht auf ermessensfehlerfreie Ausübung der Staatsaufsicht über Verwertungsgesellschaften?, GRUR 1984, 22; *Häußer* Praxis und Probleme der Aufsicht über Verwertungsgesellschaften, FuR 1980, 57; *ders.* Aufsicht über Verwertungsgesellschaften und Vereinsautonomie, FS Roeber, 1982, S. 113; *Löhr* Die Aufsicht über Verwertungsgesellschaften, 1992; *Melichar* Die Wahrnehmung von Urheberrechten durch Verwertungsgesellschaften, 1983; *Menzel* Die Aufsicht über die GEMA durch das Deutsche Patentamt, 1986; *Mestmäcker* Zur Anwendung von Kartellaufsicht und Fachaufsicht auf urheberrechtliche Verwertungsgesellschaften und ihre Mitglieder, FS Luckes, 1989, S. 445; *Meyer* Verwertungsgesellschaften und ihre Kontrolle nach dem Urheberwahrnehmungsgesetz, Schriftenreihe UFITA, Bd 191, 2001; *Reinbothe* Schlichtung im Urheberrecht, 1978; *Ruzicka* Zur individualrechtlichen Konzeption des Gesetzes über die Wahrnehmung von Urheberrechten und verwandten Schutzrechten, FS Roeber, 1982, S. 355; *Sandberger/Treeck* Fachaufsicht und Kartellaufsicht nach dem Gesetz über die Wahrnehmung von Urheberrechten und verwandten Schutzrechten, UFITA 47 (1966), 165; *Vogel* Wahrnehmungsrecht und Verwertungsgesellschaften in der Bundesrepublik Deutschland – eine Bestandsaufnahme im Hinblick auf die Harmonisierung des Urheberrechts in der Europäischen Gemeinschaft, GRUR 1993, 513.

Übersicht

I. Allgemeines

1   Die Monopolstellung der Verwertungsgesellschaft und ihre treuhänderische Betätigung birgt die Gefahr in sich, dass die Sonderstellung zum Missbrauch der wirtschaftlichen Macht verleitet. Der Gesetzgeber hat daher die Verwertungsgesellschaften einer **zweifachen Aufsicht** unterstellt. Auf der einen Seite der staatlichen Aufsicht durch das Deutsche Patent- und Markenamt (DPMA) nach §§ 18–20 und der anderen Seite der Kartellaufsicht nach §§ 19, 20 GWB (s. auch § 24). Das DPMA als Aufsichtsbehörde geht zurück auf den freiwilligen Aufsichtsvertrag zwischen GEMA und dem BMJ v. 10.1.1952, nach welchem der Minister den Präsident des Deutschen Patentamts mit der Aufsicht betraut hatte (im Einzelnen: *Schricker/ Reinbothe* § 18 Rn 1). Zusätzlich können Verwertungsgesellschaften entspr. ihrer Organisationsform weiteren staatlichen Kontrollen unterliegen, wie zB der Vereinsaufsicht und der Gewerbeaufsicht.

2   Die Aufsicht durch das DPMA soll die Verpflichtungen der Verwertungsgesellschaften gegenüber den Berechtigten und Nutzern (im Einzelnen: *Vogel* GRUR 1993, 529) sowie die Verantwortung gegenüber der Allgemeinheit sicherstellen. Dagegen ist ein subjektives öffentliches Recht eines Berechtigten auf Tätigwerden der Aufsichtsbehörde und ein Anspruch auf ermessensfehlerfreie Ausübung der Aufsicht zu verneinen (**aA** *Schricker/Reinbothe* § 18 Rn 2; *Ruzicka* S. 360 f.). Im letzteren Fall kann jedoch eine Untätigkeit der Aufsichtsbehörde gegen das pflichtgemäße Ermessen verstoßen und Ansprüche aus Amtspflichtverletzung begründen (*Fromm/Nordemann* § 19 Rn 3).

II. Aufsichtsbehörde

3   **1.** Aufsichtsbehörde nach **§ 18 Abs. 1** ist das DPMA mit Sitz in München (so Rn 2).

4   **2. § 18 Abs. 2** berücksichtigt den Umstand, dass eine Verwertungsgesellschaft neben der Aufsicht durch das DPMA und das Kartellamt anhand zusätzlicher – meist länderspezifischer – Rechtsregeln weiterer Aufsicht unterworfen ist. Hierunter fällt die vereinsrechtliche Aufsicht bei den Verwertungsgesellschaften als wirtschaftli-

cher Verein (so § 1 Rn 29) oder auch eine Gewerbeaufsicht. Die betr. Behörde muss mit dem DPMA nur ein **Benehmen**, kein Einvernehmen erwirken. Mithin haben diese Behörden das DPMA über die Maßnahmen zu informieren und es anzuhören. Ein Mitspracherecht steht dem DPMA nicht zu (*BGH* GRUR 1988, 782 – GEMA-Wertungsverfahren). Die Differenzierung ist aus den verschiedenen staatlichen Hoheiten begründet. Die Aufsicht des DPMA ist Angelegenheit des Bundes, während Vereins- und Gewerbeaufsicht Aufgabe der Bundesländer ist. Eine gemeinsame Verwaltung als Mischverwaltung wäre verfassungsrechtlich bedenklich (BT-Drucks. IV/271, 20 = UFITA 46 (1966), 285).

3. **§ 18 Abs. 3** regelt bei den verschiedenen Aufsichtsfunktionen das Verhältnis des DPMA zur Kartellaufsicht. Grds bestehen beide Aufsichten parallel nebeneinander. Bei einem Aufeinandertreffen beider Staatsaufsichten des Bundes in einem Entscheidungsprozess, der die Erlaubnis zum Geschäftsbetrieb (§ 2) und den Widerruf der Erlaubnis (§ 4) betrifft, muss das DPMA Einvernehmen mit dem BKartA herstellen. **Einvernehmen** bedeutet Zustimmung, um der Bedeutung des Kartellrechts Rechnung zu tragen. Die Zustimmung ist notwendige Voraussetzung für die Wirksamkeit der aufsichtsrechtlichen Entsch. in diesen beiden Fällen.

Aus der gestärkten Stellung des BKartA folgt, dass die Aufsichtsbehörde DPMA bei **6** seinen wichtigsten Maßnahmehandlungen, die Erteilung der Erlaubnis und deren Widerruf, vom BKartA abhängig ist und nicht ohne deren Zustimmung entscheiden kann (*Sandberger/Treeck* UFITA 47 (1966), 207; *Menzel* S. 77 ff.). Bleibt das Einvernehmen aus, ist die Sache dem Bundesminister der Justiz vorzulegen. Seine mit dem BKartA abgestimmte Weisung ersetzt das Einvernehmen (§ 18 Abs. 3 S. 2).

§ 19 Inhalt der Aufsicht

(1) Die Aufsichtsbehörde hat darauf zu achten, daß die Verwertungsgesellschaft den ihr nach diesem Gesetz obliegenden Verpflichtungen ordnungsgemäß nachkommt.

(2) Wird eine Verwertungsgesellschaft ohne eine Erlaubnis nach § 1 Abs. 1 tätig, kann die Aufsichtsbehörde die Fortsetzung des Geschäftsbetriebs untersagen. Die Aufsichtsbehörde kann alle erforderlichen Maßnahmen ergreifen, um sicherzustellen, dass die Verwertungsgesellschaft die sonstigen ihr obliegenden Verpflichtungen ordnungsgemäß erfüllt.

(3) Die Aufsichtsbehörde kann von der Verwertungsgesellschaft jederzeit Auskunft über alle die Geschäftsführung betreffenden Angelegenheiten sowie Vorlage der Geschäftsbücher und anderen geschäftlichen Unterlagen verlangen.

(4) Die Aufsichtsbehörde ist berechtigt, an der Mitgliederversammlung und, wenn ein Aufsichtsrat oder Beirat besteht, auch an dessen Sitzungen durch einen Beauftragten teilzunehmen.

(5) Rechtfertigen Tatsachen die Annahme, daß ein nach Gesetz oder Satzung zur Vertretung der Verwertungsgesellschaft Berechtigter die für die Ausübung seiner Tätigkeit erforderliche Zuverlässigkeit nicht besitzt, so setzt die Auf-

sichtsbehörde der Verwertungsgesellschaft zur Vermeidung des Widerrufs der Erlaubnis nach § 4 Abs. 1 Nr. 1 eine Frist zu seiner Abberufung. Die Aufsichtsbehörde kann ihm bis zum Ablauf dieser Frist die weitere Ausübung seiner Tätigkeit untersagen, wenn dies zur Abwendung schwerer Nachteile erforderlich ist.

Literatur: *Arnold/Rehbinder* Zur Rechtsnatur der Staatsaufsicht über die deutschen Verwertungsgesellschaften, UFITA 118 (1992), 203; *Häußer* Praxis und Probleme der Aufsicht über Verwertungsgesellschaften, FuR 1980, 57; *ders.* Aufsicht über Verwertungsgesellschaften und Vereinsautonomie, FS Roeber, 1982, S. 113; *Hübner/Stern* Zur Zulässigkeit der Aufsicht des Deutschen Patentamtes über die Verwertungsgesellschaften nach dem Urheberrechtswahrnehmungsgesetz, GEMA-Nachrichten 108 (1978), 85; *Löhr* Die Aufsicht über Verwertungsgesellschaften, 1992; *Melichar* Die Wahrnehmung von Urheberrechten durch Verwertungsgesellschaften, 1983; *Meyer* Verwertungsgesellschaften und ihre Kontrolle nach dem Urheberwahrnehmungsgesetz, Schriftenreihe UFITA, Bd 191, 2001; *Menzel* Die Aufsicht über die GEMA durch das Deutsche Patentamt, 1986; *Reinbothe* Schlichtung im Urheberrecht, 1978; *Reischl* Zum Umfang der Staatsaufsicht nach dem Urheberrechtswahrnehmungsgesetz, GEMA-Nachrichten 108 (1978), 79; *Ruzicka* Zur individualrechtlichen Konzeption des Gesetzes über die Wahrnehmung von Urheberrechten und verwandten Schutzrechten, FS Roeber, 1982, S. 355; *Sandberger/Treeck* Fachaufsicht und Kartellaufsicht nach dem Gesetz über die Wahrnehmung von Urheberrechten und verwandten Schutzrechten, UFITA 47 (1966), 165; *Strittmatter* Tarife vor der urheberrechtlichen Schiedsstelle, 1994; *Vogel* Wahrnehmungsrecht und Verwertungsgesellschaften in der Bundesrepublik Deutschland – eine Bestandsaufnahme im Hinblick auf die Harmonisierung des Urheberrechts in der Europäischen Gemeinschaft, GRUR 1993, 513.

I. Allgemeines

1   § 19 regelt die Befugnisse und Aufgaben der Aufsichtsbehörde. Von massiven Eingriffen in den Geschäfts- und Persönlichkeitsbereich wird abgesehen und die Aufsicht auf allg. Überwachungspflichten beschränkt (BT-Drucks. IV/271, 20 = UFITA 46 (1966), 285). Unabhängig von der Rechtsform unterliegen die Verwertungsgesellschaften einer ständigen Aufsicht des DPMA.

2   Mit der Gesetzesnovelle zur „Gestaltung des Urheberrechts in der Informationsgesellschaft" v. 6.11.2002 (BT-Drucks. 15/38) wurde auf Intention des Rechtsausschusses (BT-Drucks. 15/38, 85 f.) der § 19 Abs. 2 neu eingefügt und die bisherigen Ordnungszahlen fortgeschrieben.

II. Aufsicht über obliegende Verpflichtungen, § 19 Abs. 1

3   **1.** Aufgabenstellung des § 19 Abs. 1 für die Aufsichtsbehörde ist die Überwachung sämtlicher Verwertungsgesellschaften hinsichtlich ihrer aus dem WahrnG **obliegen-**

den Verpflichtungen. Die Verpflichtungen sind nicht aufgezeigt, sondern gehen aus dem WahrnG hervor. Sie betreffen Pflichten der Verwertungsgesellschaft gegenüber den Mitgliedern, den Verwertern, den Nutzervereinigungen, dem Wahrnehmungsberechtigten und der Allgemeinheit. Eingebunden in das Aufsichtsspektrum sind Pflichten der Verwertungsgesellschaften abzuleiten aus: dem Wahrnehmungszwang einschließlich der angemessenen Bedingungen (§ 6), der Verteilung der Einnahmen unter Beachtung des Willkürverbots (§ 7 S. 1), der Rechnungslegung und -prüfung (§ 9) und die Auskunftspflicht (§ 10) auf der einen Seite und auf der anderen Seite der Abschlusszwang (§ 11), der Abschluss von Gesamtverträgen (§ 12) und die Aufstellung und Bekanntgabe von Tarifen (§ 13 Abs. 1 und 2).

Als einzuhaltende Verpflichtungen iSd Vorschrift zählen auch die Gründe, die nach §§ 3 und 4 die Versagung oder den Widerruf der Erlaubnis zum Geschäftsbetrieb rechtfertigen (*Schricker/Reinbothe* § 19 Rn 1). Den Pflichten der Verwertungsgesellschaften sind auch die Einhaltung von Schiedsstellenentscheidungen und -vergleichen sowie der gerichtlichen Entsch. zuzurechnen und seitens der Aufsichtsbehörde zu überwachen (*Fromm/Nordemann* § 19 Rn 2a). **4**

Von der Aufsicht **ausgeschlossen** sind Rechtsverhältnisse der Verwertungsgesellschaften, die weitere Verpflichtungen treffen, wie zB gegenüber den eigenen Mitarbeitern und Angestellten oder Geschäftsführern und Beauftragten. Sie sind als innere Angelegenheiten selbständig zu regeln. Verwährt ist der Aufsichtsbehörde ein Einschreiten bei Sollvorschriften des WahrG wie in § 7 S. 2 und § 13 Abs. 3; allenfalls kann eine verbindliche Empfehlung ausgesprochen werden (BT-Drucks. IV/271, 20 = UFITA 46 (1966), 285; *Strittmatter* S. 89). **5**

2. Welche **aufsichtsrechtlichen Befugnisse** für die Aufsichtsbehörde bestehen, regeln in § 19 die Abs. 2–5. In welchem Umfang die Befugnisse wahrgenommen werden können, ermittelt sich aus den zu überwachenden Vorschriften, ergänzt durch Absatz 2 S. 2 (su Rn 8). **6**

a) Zur Aufgabe der Aufsichtsbehörde gehört nicht nur, auf die **Legalität des Handelns** der Verwertungsgesellschaft, sondern auch des weiteren auf die **Zweckmäßigkeit** ihres Handelns zu achten. Zur Erfüllung ihrer Aufgaben steht ihr ein Ermessensspielraum zu (*Häußer* FuR 1980, 62). Das Durchsetzungsvermögen der Aufsichtsbehörde ist zunächst auf die Maßnahme der **Abmahnung** nach § 4 Abs. 1 Nr. 2 und bei erfolglos gebliebener Maßnahme und weiterer Zuwiderhandlung auf den **Widerruf** der Geschäftserlaubnis nach § 4 Abs. 1 beschränkt. Auf die beiden Aufsichtshandlungen finden die Vorschriften des Verwaltungsvollstreckungsgesetzes Anwendung (§ 21). Weitere Maßnahmen durch unmittelbare Eingriffe in den Geschäfts- und Vertragsbereich der Verwertungsgesellschaft oder Ersatzvornahmen durch eigene Handlung bestehen nicht (vgl *Melichar* S. 53; *Häußer* FuR 1980, 62; *ders.* FS Roeber, S. 127; *Arnold/Rehbinder* UFITA 118 (1992), 212). Bei der Aufsichtsbehörde verbleibt jedoch die Möglichkeit, auf eine Pflichtwidrigkeit formlos hinzuweisen. Derartige Hinweise praktiziert die Aufsichtsbehörde überwiegend erfolgreich (*Vogel* GRUR 1983, 530; *Arnold/Rehbinder* UFITA 118 (1992), 21). **7**

b) Die Neuregelung in **§ 19 Abs. 2 S. 2** soll klarstellen, „dass das DPMA alle Maßnahmen ergreifen kann, um die ordnungsgemäße Erfüllung der den Verwertungsgesellschaften obliegenden Pflichten sicherzustellen" (BT-Drucks. 15/837, 83 f.; su **8**

Rn 9). Die Befugnisnorm kann aber nur die Tätigkeit eines **pflichtgemäßen Ermessens** beschreiben. Die Aufsichtsbehörde wird den Grundsatz der Verhältnismäßigkeit der Mittel und das Übermaßverbot zu befolgen haben (vgl *Menzel* S. 74 f.). Ferner besteht die Aufforderung, sich an Gesetz und Recht zu halten. Die aufsichtsbehördlichen Entsch. beziehen sich nicht nur auf das WahrnG und UrhG, sondern haben auch die übrigen den Streitfall tangierenden Gesetze einschließlich der Bestimmungen des EU-Rechts und die nach dessen Regeln ergangenen Entsch. zu beachten (vgl *Schricker/Reinbothe* § 19 Rn 2).

9   **3.** Zur Eigenart der Aufsicht existieren verschiedene Meinungsbilder. Die Ansicht einer **Rechtsaufsicht** wird nur vereinzelt vertreten (*Hübner/Stern* GEMA-Nachr. 108 (1978), 88). Die Vertreter einer **Fachaufsicht** sehen nicht nur die Rechtmäßigkeit, sondern auch die Zweckmäßigkeit der verwertungsgesellschaftlichen Handlung überprüft (vgl *DPA* UFITA 81 (1978), 356; *Ruzicka* S. 359; *Sandberger/Treeck* UFITA 47 (1966), 169 ff.). Die überwiegende Meinung, dcr zu folgen ist, erkennt weder auf Rechts- noch auf Fachaufsicht im verwaltungsrechtlichen Sinn, sondern befürwortet eine Mischform, eine **Aufsicht „sui generis"**, die näher zur Rechtsaufsicht als zur Fachaufsicht steht (*Häußer* FuR 1980, 63; *ders.* FS Roeber, S. 127; *Vogel* GRUR 1993, 529; *Melichar* S. 53; *Menzel* S. 30 ff.; *Arnold/Rehbinder* UFITA 118 (1992), 212; *Fromm/Nordemann* § 19 Rn 2a; *Schricker/Reinbothe* § 19 Rn 3). Die beiden Rechtsbegriffe aus dem Verwaltungsrecht sind nur schwer auf die privatrechtlich organisierten Verwertungsgesellschaften zu übertragen (vgl *Häußer* FuR 1980, 63; *Menzel* S. 31 f.).

III. § 19 Abs. 2 nach der Urheberrechtsreform

10   Der § 19 Abs. 2 wurde innerhalb der Urheberrechtsreform v. 6.11.2002 (BT-Drucks. 15/38) durch den Rechtsausschuss eingefügt (BT-Drucks. 15/837, 85 f.). Ursache der Ergänzung war ein Beschl. des *BayVGH* v. 13.8.2002 (CR 2003, 61), der den Beschl. des Verwaltungsgerichts (ZUM-RD 2002, 323) bestätigte. Das Gericht bezweifelte die Befugnis des DPMA, einem Unternehmen die Betätigung als nicht erlaubte Verwertungsgesellschaft zu untersagen, da eine entspr. ausreichende gesetzliche Regelung nicht bestehe. Sowohl die §§ 1–5 als auch § 19 Abs. 1 iVm § 21 lassen den Schluss auf eine solche Befugnis nicht zu (*BayVGH* CR 2003, 62).

11   Der Absatz 2 soll die Befugnisnorm schaffen. Gleichzeitig soll klargestellt werden, „dass das DPMA **alle Maßnahmen** ergreifen kann, um die ordnungsgemäße Erfüllung der den Verwertungsgesellschaften obliegenden Pflichten sicher zu stellen" (BT-Drucks. 15/837, 85 f.).

IV. Auskunftsrecht, § 19 Abs. 3

12   Eine effiziente Aufsicht erfordert einen Kenntnisstand zu den einzelnen Abläufen und Vorgängen bei einer Verwertungsgesellschaft. **§ 19 Abs. 3** gibt daher der Aufsichtsbehörde ein Recht, von den Verwertungsgesellschaften bestimmte Auskünfte und Unterlagen für die Ausübung der Aufsicht zu fordern. Die Verwertungsgesellschaften sind verpflichtet, die Auskunft zu erteilen und die Unterlagen vorzulegen.

13   Das Auskunftsrecht ist nicht grenzenlos, sondern auf das erforderliche Maß begrenzt, um die Aufsicht erfolgreich durchzuführen. Hierzu zählen alle Auskünfte und Unterlagen zur Geschäftstätigkeit nach außen – zB Nutzer, Nutzervereinigungen – und nach innen – zB Mitglieder und Berechtigte. Das Auskunfts- und Vorlagebegehren muss das DPMA nicht gesondert begründen. Ein Verweigerungsrecht steht den Verwertungsgesellschaften nicht zu.

V. Teilnahmerecht, § 19 Abs. 4

Der Aufsichtsbehörde kommt das Recht zu, an der Mitgliederversammlung, Aufsichts- und Beiratssitzung selbst oder durch einen Beauftragten teilzunehmen. Um der Aufgabe nachkommen zu können, sind die Verwertungsgesellschaften verpflichtet, das DPMA rechtzeitig zu informieren. Das Recht der Teilnahme ist ein **Recht auf Präsenz** und nicht auf Mitwirkung. Ein Recht auf Teilnahme bei anderen Organen der Verwertungsgesellschaft besteht nicht. **14**

VI. Abberufung eines Vertretungsberechtigten, § 19 Abs. 5

Vertretungsberechtigte einer Verwertungsgesellschaft, deren Unzuverlässigkeit (so § 3 Rn 7 f.) sich herausstellt, kann die Aufsichtsbehörde durch entspr. Aufforderung an die Verwertungsgesellschaft innerhalb einer Frist abberufen lassen. Angesprochen ist das berechtigte Organ der Verwertungsgesellschaft. Der Abs. 5 S. 2 ermöglicht, jegliche weitere Tätigkeit des unzuverlässigen Vertreters seitens der Aufsichtsbehörde sofort zu untersagen. Der sofortige Vollzug muss zur Abwendung schwerer Nachteile **zwingend erforderlich** sein. Die Nachteile sind nicht durch andere Maßnahmen zu vermeiden. Lassen sie sich realistisch auf andere Weise verhindern, ist die Sofortmaßnahme unzulässig. Ist der Betroffene der einzige Vertretungsberechtigte der Verwertungsgesellschaft, so muss von der zuständigen Stelle – nicht die Aufsichtsbehörde – ein Notvorstand bestellt werden, zB Registergericht beim AG für Vereine nach § 29 BGB. **15**

§ 20   Unterrichtungspflicht

Die Verwertungsgesellschaft hat der Aufsichtsbehörde jeden Wechsel der nach Gesetz oder Satzung zu ihrer Vertretung berechtigten Personen anzuzeigen. Sie hat der Aufsichtsbehörde unverzüglich abschriftlich zu übermitteln
1. **jede Satzungsänderung,**
2. **die Tarife und jede Tarifänderung,**
3. **die Gesamtverträge,**
4. **die Vereinbarungen mit ausländischen Verwertungsgesellschaften,**
5. **die Beschlüsse der Mitgliederversammlung, eines Aufsichtsrats oder Beirats und aller Ausschüsse,**
6. **den Jahresabschluß, den Lagebericht und den Prüfungsbericht,**
7. **die Entscheidungen in gerichtlichen oder behördlichen Verfahren, in denen sie Partei ist, soweit die Aufsichtsbehörde dies verlangt.**

Zur Ermöglichung der Aufsicht bestimmt § 20 erg. zu § 19 Abs. 2 für die Verwertungsgesellschaften Unterrichtungspflichten gegenüber der Aufsichtsbehörde. **1**

2   § 20 S. 1 verpflichtet die Verwertungsgesellschaften, der Aufsichtsbehörde den Wechsel der nach der Organisationsform vertretungsberechtigten Personen unaufgefordert anzuzeigen.

3   § 20 S. 2 verpflichtet die Verwertungsgesellschaften, die in Nr. 1–6 genannten Unterlagen der Aufsichtsbehörde unaufgefordert zu übermitteln (BT-Drucks. 4/271, 21 = UFITA 46 (1966), 286). Die in Nr. 7 genannten Entsch. sind nur auf Verlangen zu übermitteln. Ein diesbezügliches Begehren kann aber nur erhoben werden, wenn die Verwertungsgesellschaft die Aufsichtsbehörde pflichtgemäß unterrichtet.

§ 20a   Weitergabe von Einfuhrmeldungen

Die Aufsichtsbehörde ist befugt, Angaben über die Einfuhr von Geräten und Bild- oder Tonträgern im Sinne von § 54 des Urheberrechtsgesetzes, die ihr vom Bundesamt für gewerbliche Wirtschaft mitgeteilt werden, an die zur Wahrnehmung des Vergütungsanspruchs berechtigte Verwertungsgesellschaft weiterzuleiten.

Die Vorschrift wurde aufgehoben durch das 3. UrhGÄndG v. 23.6.1995 (BGBl I, 842). An die Stelle des § 20a tritt die unmittelbare Meldepflicht nach § 54f UrhG.

Vierter Abschnitt
Übergangs- und Schlußbestimmungen

§ 21   Zwangsgeld

Auf die Vollstreckung von Verwaltungsakten, die auf Grund dieses Gesetzes erlassen werden, findet das Verwaltungs-Vollstreckungsgesetz vom 27. April 1953 (Bundesgesetzbl. I S. 157) mit der Maßgabe Anwendung, daß die Höhe des Zwangsgeldes bis hunderttausend Euro betragen kann.

1   Auf die Vollstreckung der Verwaltungsakte der Aufsichtsbehörde findet das Verwaltungsvollstreckungsgesetz Anwendung. Bei den Vollstreckungsmaßnahmen wird regelmäßig nur das Zwangsgeld anwendbar sein (*Schricker/Reinbothe* § 21).

2   Das Zwangsgeld erhöhte der Gesetzgeber in der Urheberrechtsnovelle v. 6.11.2002 auf hunderttausend Euro, da ihm fünftausend Euro beim Umsatz der Verwertungsgesellschaften als zu gering erschien (BT-Drucks. 15/38, 30).

§ 22   Verletzung der Geheimhaltungspflicht

(1) Wer ein fremdes Geheimnis, namentlich ein Betriebs- oder Geschäftsgeheimnis, das ihm in seiner Eigenschaft als Angehöriger oder Beauftragter der Aufsichtsbehörde (§ 18 Abs. 1) bekanntgeworden ist, unbefugt offenbart, wird mit

Gefängnis bis zu einem Jahr und mit Geldstrafe oder mit einer dieser Strafen bestraft.

(2) Handelt der Täter gegen Entgelt oder in der Absicht, sich oder einen anderen zu bereichern oder einen anderen zu schädigen, so ist die Strafe Gefängnis bis zu zwei Jahren; daneben kann auf Geldstrafe erkannt werden. Ebenso wird bestraft, wer ein fremdes Geheimnis, namentlich ein Betriebs- oder Geschäftsgeheimnis, das ihm unter den Voraussetzungen des Absatzes 1 bekanntgeworden ist, unbefugt verwertet.

(3) Die Tat wird nur auf Antrag des Verletzten verfolgt.

Die Vorschrift wurde aufgehoben durch Art. 287 Nr. 21 Einführungsgesetz zum Strafgesetzbuch (EGStGB) v. 2.3.1974 (BGBl I, 469). Die entspr. Strafvorschrift ist in den §§ 203, 204 StGB enthalten.

§ 23   Bestehende Verwertungsgesellschaften

(1) Bei Inkrafttreten eines Gesetzes bestehende Verwertungsgesellschaften dürfen ihre Tätigkeit im bisherigen Umfang bis zum Ablauf eines Jahres nach Inkrafttreten dieses Gesetzes ohne die nach diesem Gesetz erforderliche Erlaubnis (§ 1) fortsetzen.

(2) Die Aufsichtsbehörde kann eine solche Verwertungsgesellschaft auf Antrag für die Zeit bis zum Ablauf eines Jahres nach Inkrafttreten dieses Gesetzes von einzelnen ihr nach diesem Gesetz obliegenden Verpflichtungen befreien.

(3) Die Aufsichtsbehörde kann für eine Verwertungsgesellschaft auf Antrag die in den Absätzen 1 und 2 genannten Fristen einmal oder mehrmals angemessen verlängern, längstens jedoch bis zum 31. Dezember 1969.

§ 23 ist durch Zeitablauf gegenstandslos geworden.

§ 24   Änderung des Gesetzes gegen Wettbewerbsbeschränkungen

Das Gesetz gegen Wettbewerbsbeschränkungen wird wie folgt geändert:

1. In § 91 Abs. 1 Satz 1 wird nach „§§ 100, 102" eingefügt: „102a". § 91 erhält ferner folgenden Absatz 3:

„(3) § 14 Abs. 1 Satz 3 des Gesetzes über die Wahrnehmung von Urheberrechten und verwandten Schutzrechten vom 9. September 1965 (Bundesgesetzbl. I S. 1294) bleibt unberührt."

2. Nach § 102 wird folgender § 102a eingefügt:

„§ 102a

(1) Die §§ 1 und 15 finden keine Anwendung auf die Bildung von Verwertungsgesellschaften, die der Aufsicht nach dem Gesetz über die Wahrnehmung von

*Urheberrechten und verwandten Schutzrechten unterliegen, sowie auf wettbe-
werbsbeschränkende Verträge oder Beschlüsse solcher Verwertungsgesellschaften, wenn und soweit die Verträge oder Beschlüsse sich auf die nach § 1 des
Gesetzes über die Wahrnehmung von Urheberrechten und verwandten Schutzrechten erlaubnisbedürftige Tätigkeit beziehen und der Aufsichtsbehörde gemeldet worden sind. Die Aufsichtsbehörde hat Näheres über den Inhalt der Meldung
zu bestimmen. Sie leitet die Meldungen an das Bundeskartellamt weiter.*

*(2) Das Bundeskartellamt kann den Verwertungsgesellschaften Maßnahmen
untersagen und Verträge und Beschlüsse für unwirksam erklären, die einen
Missbrauch der durch Freistellung von den §§ 1 und 15 erlangten Stellung im
Markt darstellen. Ist der Inhalt eines Gesamtvertrages oder eines Vertrages mit
einem Sendeunternehmen nach § 14 des Gesetzes über die Wahrnehmung von
Urheberrechten und verwandten Schutzrechten durch die Schiedsstelle verbindlich festgesetzt worden, so stehen dem Bundeskartellamt Befugnisse nach
diesem Gesetz nur zu, soweit in dem Vertrag Bestimmungen zum Nachteil Dritter enthalten sind oder soweit der Vertrag mißbräuchlich gehandhabt wird. Ist
der Inhalt des Vertrages nach § 15 des Gesetzes über die Wahrnehmung von Urheberrechten und verwandten Schutzrechten durch das Oberlandesgericht festgesetzt worden, so stehen dem Bundeskartellamt Befugnisse nach diesem Gesetz
nur zu, soweit der Vertrag mißbräuchlich gehandhabt wird.*

*(3) Verfügungen nach diesem Gesetz, die die Tätigkeit von Verwertungsgesell-
schaften betreffen, werden vom Bundeskartellamt im Benehmen mit der Aufsichtsbehörde getroffen."*

3. In § 105 wird nach „§§ 100, 102" eingefügt: „102a".

§ 30 GWB   Urheberrechtsverwertungsgesellschaften

**(1) Die §§ 1 und 14 gelten nicht für die Bildung von Verwertungsgesellschaf-
ten, die der Aufsicht nach dem Gesetz über die Wahrnehmung von Urheberrechten und verwandten Schutzrechten unterliegen, sowie für Verträge und
Beschlüsse solcher Verwertungsgesellschaften, soweit sie zur wirksamen Wahrnehmung der Rechte im Sinne von § 1 des Gesetzes über die Wahrnehmung von
Urheberrechten und verwandten Schutzrechten erforderlich und der Aufsichtsbehörde gemeldet sind. Die Aufsichtsbehörde leitet die Meldungen an das
Bundeskartellamt weiter.**

**(2) Ist der Inhalt eines Vertrages nach § 16 Abs. 4 des Gesetzes über die
Wahrnehmung von Urheberrechten und verwandten Schutzrechten durch das
Oberlandesgericht festgesetzt worden, so stehen dem Bundeskartellamt Befugnisse nach diesem Gesetz nur zu, soweit der Vertrag mißbräuchlich gehandhabt
wird.**

Literatur: *Arnold/Rehbinder* Zur Rechtsnatur der Staatsaufsicht über die deutschen Verwertungsgesellschaften, UFITA 118 (1992), 203; *Becker* Verwertungsgesellschaften als Träger öffentlicher und privater Aufgaben, FS Kreile, 1994, S. 27; *Dördelmann* Gedanken zur Zukunft

der Staatsaufsicht über Verwertungsgesellschaften, GRUR 1999, 890; *Fikentscher* Urhebervertragsrecht und Kartellrecht, FS Schricker, 1995, S. 149; *Fritz* Die Kontrolle von Verwertungsgesellschaften, 2002; *Held* Fragen der kartellrechtlichen Mißbrauchsaufsicht über
Verwertungsgesellschaften, FuR 1980, 71; *Lerche* Verwertungsgesellschaften als Unternehmen sui generis, ZUM 2003, 34; *Lux* Verwertungsgesellschaften, Kartellrecht und 6. GWB-
Novelle, WRP 1998, 31; *Melichar* Die Wahrnehmung von Urheberrechten durch Verwertungsgesellschaften, 1983; *Menzel* Die Aufsicht über die GEMA durch das Deutsche Patentamt,
1986; *Mestmäcker* Sind urheberrechtliche Verwertungsgesellschaften Kartelle?, 1960; *ders.*
Zur Anwendung von Kartellaufsicht und Fachaufsicht auf urheberrechtliche Verwertungsgesellschaften und ihre Mitglieder, FS Lukes, 1989, S. 445; *ders.* Zur Rechtsstellung urheberrechtlicher Verwertungsgesellschaften im europäischen Wettbewerbsrecht, FS Rittner, 1991,
S. 391; *Pfennig* Kartellrechtliche Fragen im urheberrechtlichen Geschäftsverkehr, UFITA 25
(1958), 129; *Pickrahn* Verwertungsgesellschaften nach deutschem und europäischem Kartellrecht, 1995; *Popp* Verwertungsgesellschaften, 2001; *Reinbothe* Schlichtung im Urheberrecht,
1978; *ders.* Rechtliche Rahmenbedingungen für Verwertungsgesellschaften im europäischen
Binnenmarkt, FS Kreile, 1990, S. 19; *Sandberger/Treeck* Fachaufsicht und Kartellaufsicht
nach dem Gesetz über die Wahrnehmung von Urheberrechten und verwandten Schutzrechten,
UFITA 47 (1966), 165; *Stockmann* Die Verwertungsgesellschaften und das nationale und europäische Kartellrecht, FS Kreile, 1990, S. 25; *Wünschmann* Die kollektive Verwertung von
Urheber- und Leistungsschutzrechten nach europäischem Wettbewerbsrecht, Schriftenreihe
UFITA, Bd 184, 2002.

Übersicht

I. Allgemeines

Die faktische Monopolstellung der Verwertungsgesellschaften korrespondiert nach **1**
der **hM** mit der Stellung als **marktbeherrschendes Unternehmen** im kartellrechtlichen Sinn, auf die die Vorschriften des GWB anzuwenden sind (*Held* FuR 1980, 71;
Reinbothe Schlichtung im Urheberrecht, S. 7 mwN; *Arnold/Rehbinder* UFITA 118
(1992), 205 f.; *Stockmann* S. 25; *Lux* WRP 1998, 32 ff. mwN; *Pickrahn* S. 17 ff.
mwN; *Schricker/Reinbothe* § 24/30 GWB Rn 1 mwN zur Gegenmeinung; FK/*Nägele*
§ 30 Rn 2; BT-Drucks. IV/271, 9 ff. = UFITA 46 (1966), 274 ff.).

1. Die **Reform des Urheberrechts von 1965** legte in § 24 eine **Freistellungsrege-** **2**
lung nach § 102a GWB fest. Die Vorschrift war dem § 102 GWB für Banken, Ver-
sicherungen und Bausparkassen nachgebildet und sah eine teilweise Freistellung von
den Vorschriften des GWB vor. Auf Verwertungsgesellschaften sollten die §§ 1 und
15 GWB aF nur beschränkt anwendbar sein und dem BKartA nur eine Missbrauchsaufsicht zustehen (BT-Drucks. IV/271, 21 = UFITA 46 (1966), 286). Die Bereichsausnahme für die Urheberrechtsverwertungsgesellschaften machte die bisher schwe-
lende Streitfrage, ob Bildung und Tätigkeit der Verwertungsgesellschaften überhaupt
dem Kartellrecht unterliegen, obsolet (*Melichar* S. 55; *Menzel* S. 90 ff.; *Held* FuR

1980, 73; *Schricker/Reinbothe* § 24/30 GWB Rn 2). Der Gesetzgeber schuf für diesen Bereich der Bildung und Tätigkeit einer Verwertungsgesellschaft einen grds Ausnahmetatbestand von dem Verbot der § 1 und § 15 GWB (aF). Das BKartA erhielt im Gegenzug eine Missbrauchsaufsicht über die durch die Freistellung erlangte Marktstellung. Festgelegt wurde somit eine zweifache Aufsicht durch die Aufsichtsbehörde und das BKartA. Ausgenommen waren die Entsch. der damaligen Schiedsstelle im Urheberrecht und des OLG für die von ihnen festgelegten Vertragsinhalte in Gesamtverträgen.

3   In der Praxis ist der § 102a GWB (aF) ohne große Bedeutung geblieben (*Held* FuR 1980, 74; *Menzel* S. 95 f.; *Becker* S. 38; *Stockmann* S. 28). Für eine Missbrauchsaufsicht nach § 102a Abs. 2 S. 1 GWB aF war offensichtlich kein Bedarf gegeben (RegE 6. GWB-Novelle BT-Drucks. 13/9720, 55; *Lux* WRP 1998, 31; *Pickrahn* S. 62 f.).

4   **2. Die 6. GWB-Novelle** v. 26.8.1998 (BGBl I, 2456, in Kraft getreten am 1.1.1999) übernimmt mit § 30 GWB die bisherige Fassung des § 102a Abs. 1 aF, sodass § 24 gegenstandslos ist. Die **kartellrechtliche Bereichsausnahme** für urheberrechtliche Verwertungsgesellschaften bleibt weiterhin bestehen. Die Rspr des EuGH zur Bildung und Tätigkeit der Verwertungsgesellschaften ist in der Neuregelung berücksichtigt (RegE BT-Drucks. 13/9720, 54). Ansonsten wurde die bisherige Fassung der Vorschrift – von redaktionellen Änderungen abgesehen – beibehalten. Die Vorschrift normiert eine **Freistellung** der Verwertungsgesellschaften vom Kartellverbot nach § 1 GWB und vom Verbot von Vereinbarungen über Vertragsgestaltungen oder Geschäftsbedingungen nach § 14 GWB. Umfasst sind einerseits die Bildung der Verwertungsgesellschaft und andererseits die zur wirksamen Rechtewahrnehmung erforderlichen Verträge und Beschlüsse.

5   Keine erneute Berücksichtigung in § 30 GWB fand § 102a Abs. 2 S. 1 und 2 aF. Der Satz 1 wurde mangels eines praktischen Bedürfnisses gestrichen (RegE 6. GWB-Novelle BT-Drucks. 13/9720, 55) und die allg. Untersagungstatbestände der §§ 19 ff. GWB (§§ 22, 26 aF) für anwendbar erklärt. Der Satz 2 konnte entfallen, da mit der Urheberrechtsnovelle v. 24.6.1985 im Schiedsstellenverfahren nach § 14 ff. nur ein unverbindlicher Einigungsvorschlag unterbreitet wird, der einer Gerichtsentscheidung nicht gleichsteht (RegE 6. GWB-Novelle BT-Drucks. 13/9720, 55). Der Satz 3 wurde in § 30 Abs. 2 redaktionell angepasst.

6   § 30 GWB berücksichtigt auch nicht mehr § 102a Abs. 3 GWB aF, da die Regelung in § 13 Abs. 2 WahrnG übereinstimmend aufgenommen ist (RegE 6. GWB-Novelle BT-Drucks. 13/9720, 55).

II. Regelungsbereich

1. Verwertungsgesellschaft und Kartellrecht

7   Die Tätigkeit der Verwertungsgesellschaften stehen in einem Spannungsfeld zu den kartellrechtlichen Bestimmungen des GWB. Nehmen Urheber und Inhaber verwandter Schutzrechte innerhalb des Wettbewerbs ihre Rechte wahr und verwerten sie, treten sie innerhalb der jeweiligen Werkkategorie als **Unternehmer** im kartellrechtlichen Sinn auf (vgl *Immenga/Mestmäcker* § 1 GWB Rn 93 mwN). Die kollektive Wahrnehmung der Urheberrechte schränkt folglich den Wettbewerb mehrerer miteinander im Wettbewerb stehender Unternehmer ein und unterfällt dem Kartellver

bot des § 1 GWB (FK/*Nägele* § 30 Rn 2; **aA** *Möschel* in: Immenga/Mestmäcker § 30 GWB Rn 5 mwN). Gleichzeitig sind die Tätigkeiten der Verwertungsgesellschaften, zB beim Wahrnehmungs- und Abschlusszwang und beim Abschluss von Gesamtverträgen und deren Tarifen, teilweise **Preis- und Konditionsbindungen**, die das Verbot des § 14 GWB betreffen (FK/*Nägele* § 30 Rn 3 f.).

2. Einschränkung der Kartellaufsicht

Die kartellrechtliche Aufsicht für diese Fälle soll mit § 30 GWB beschränkt werden, indem die Verwertungsgesellschaften vom Kartellverbot des § 1 GWB und dem Verbot der Preis- und Konditionenbindung des § 14 GWB **freigestellt** werden. Von einer völligen Freistellung der Verwertungsgesellschaften vom GWB hat der Gesetzgeber abgesehen, da neben der typischen Tätigkeit nach dem WahrnG noch weitere wirtschaftliche Handlungen wettbewerbswidriger Art möglich sind, die einer kartellrechtlichen Prüfung zugänglich sein müssen (vgl RegE BT-Drucks. IV/271, 21 = UFITA 46 (1966), 276).

Die partielle Freistellung nimmt die Verwertungsgesellschaft vom Kartellverbot aus, soweit die in dem WahrnG geregelten Beschlüsse und Verträge zur Bildung der Verwertungsgesellschaften und zur Wahrnehmung der Rechte **erforderlich** sind (RegE 6. GWB-Novelle BT-Drucks. 13/9720, 54; *Lux* WRP 1998, 34 f.; FK/*Nägele* § 30 Rn 4; **aA** nach der Immanenztheorie *Möschel* in: Immenga/Mestmäcker § 30 GWB Rn 5: Die Bildung von Verwertungsgesellschaften unterfällt nicht dem Verbot des § 1; insofern läuft die Freistellung in § 30 notwendig leer).

Die Bereichsfreistellung der Verwertungsgesellschaften umfasst nicht die weiteren Bestimmungen des GWB, soweit kein unmittelbarer zwingender Zusammenhang mit § 1 oder § 14 GWB besteht, wie dies zB in den §§ 2–13 und 15 GWB der Fall ist. Die **parallele Anwendung** des GWB neben dem WahrnG gilt nach überwiegender Meinung dann, wenn sich Verträge und Verhalten der Verwertungsgesellschaften auf dem Markt auswirken (so Rn 1). Die Regelungen des GWB können sowohl zwischen Verwertungsgesellschaften untereinander als auch den Verwertungsgesellschaften zu den Berechtigten und den Werknutzern entscheidend sein (*Held* FuR 1980, 73; *Reinbothe* Schlichtung im Urheberrecht, S. 124 mwN; *Schricker/Reinbothe* § 24/30 GWB Rn 8). Die sich möglicherweise ergebende **doppelte Aufsicht** durch die Aufsichtsbehörde und das BKartA löst § 18 Abs. 3 WahrnG (so § 18 Rn 5 f.).

3. Missbrauchs-, Diskriminierungs- und Behinderungsverbot

Für die Verwertungsgesellschaften bleiben insb. auch die Vorschriften der **Missbrauchsaufsicht** nach § 19 GWB und des **Diskriminierungs- und Behinderungsverbots** nach § 20 GWB aktuell (vgl RegE zur 6. GWB-Novelle BT-Drucks. 13/9720, 54; vorher zu § 102a GWB aF: *Melichar* S. 56 ff.; *Menzel* S. 96; *Held* FuR 1980, 73; *Reinbothe* Schlichtung im Urheberrecht, S. 122 und 125 ff.; *Stockmann* S. 31). Sie sind auf die marktbeherrschenden Verwertungsgesellschaften anzuwenden, die ein faktisches Monopol innehaben. **Einschränkungen** sind wohl bei den vielen Verwertungsgesellschaften zu machen, die mehrfach existieren und sich in den Werkkategorien überschneiden (vgl *Schricker/Reinbothe* § 24/30 GWB Rn 1; *Lux* WRP 1998, 35; *Möschel* in: Immenga/Mestmäcker § 30 GWB Rn 16). Der § 20 Abs. 1 GWB gilt zwar auch für nicht marktbeherrschende Unternehmen, dagegen

8

9

10

11

nicht der § 19 GWB (*Möschel* aaO). IRd Vorschriften ist anhand der Interessen der Beteiligten abzuwägen, wie sich die Verträge und Beschlüsse der Verwertungsgesellschaften – auch wenn sie auf dem WahrnG beruhen – auf den Markt und den verbleibenden Wettbewerb auswirken. Missbrauch und Diskriminierung bei ihrem Handeln kann einer Verwertungsgesellschaft nur dann vorgeworfen werden, wenn das gerügte Verhalten nicht aus dem WahrnG zu rechtfertigen ist.

12   Der Gesetzgeber hat zwar nicht die vorherige ausdrückliche Missbrauchskontrolle des § 102a Abs. 2 S. 1–2 GWB in § 30 GWB übernommen. Hieraus kann aber kein Verzicht auf das Missbrauchsverbot bei wettbewerblichen Handlungen der Verwertungsgesellschaften abgelesen werden. Vielmehr konnte aufgrund der vom EuGH anerkannten Stellung der Verwertungsgesellschaften (vgl *Möschel* in: Immenga/Mestmäcker § 30 GWB Rn 20 mwN Rspr) auf eine weitere Regelung verzichtet werden (vgl RegE zur 6. GWB-Novelle BT-Drucks. 13/9720, 54). Bei gegebener marktbeherrschender Stellung sind sie einer Missbrauchsaufsicht nach § 19 GWB zu unterstellen und unabhängig von der Marktstellung ist das Diskriminierungs- und Behinderungsverbot des § 20 GWB zu prüfen.

4. EG-Normen

13   Auf die Verwertungsgesellschaften sind auch die Vorschriften der Art. 81 und 82 EGV (vorher Art. 85 und 86) unmittelbar anzuwenden. Eine Ausnahme entspr. § 30 GWB enthalten die Vorschriften nicht (vgl *Schricker/Reinbothe* § 24/30 GWB Rn 3; *Möschel* in: Immenga/Mestmäcker § 30 GWB Rn 20; FK/*Nägele* § 30 Rn 23). Von der unbeschränkten Anwendbarkeit der beiden Artikel geht der EuGH in seiner Rspr aus. Er differenziert dann dahingehend, dass die Urheberrechtsgesellschaften bei Verfolgung ihrer rechtmäßigen Ziele nach dem WahrnG nicht gegen Art. 81 Abs. 1 EGV verstoßen. Das Marktverhalten der Verwertungsgesellschaften wird nach Art. 82 gemessen, wobei der EuGH bei seiner Wertung für eine allein agierende Verwertungsgesellschaft eine marktbeherrschende Stellung annimmt (vgl FK/*Nägele* § 30 Rn 23 ; *Möschel* in: Immenga/Mestmäcker § 30 GWB Rn 20).

III. Regelungsinhalt des § 30 GWB

1.   Ausnahme bei der Bildung einer Verwertungsgesellschaft

14   § 30 Abs. 1 HS 1 GWB nimmt auf die Bildung einer Verwertungsgesellschaft die Anwendung der §§ 1 und 14 GWB aus. Die Verwertungsgesellschaft wird für den gesamten nach dem WahrnG erlaubnispflichtigen Gründungsvorgang von den beiden kartellrechtlichen Tatbeständen freigestellt.

2. Ausnahme von Verträgen und Beschlüssen

15   § 30 Abs. 1 HS 2 GWB stellt weiterhin die **Verträge** und **Beschlüsse** der Verwertungsgesellschaften frei, die zur wirksamen Wahrnehmung der Rechte nach § 1 WahrnG erforderlich sind und der Aufsichtsbehörde gemeldet werden. Die Meldung an die Aufsichtsbehörde ist Wirksamkeitsvoraussetzung für die kartellrechtliche Freistellung (vgl FK/*Nägele* § 30 Rn 18). Das Merkmal „erforderlich" bestimmt sich aus dem Zusammenhang der Wahrnehmungstätigkeit. Im Wesentlichen sind Beschlüsse und Verträge angesprochen, die die Wahrnehmung von Nutzungsrechten,

Einwilligungsrechten und Vergütungsansprüchen nach dem Urheberrecht zur gemeinsamen Auswertung betreffen. Zu den Verträgen zählen ferner diejenigen, die zwischen den Verwertungsgesellschaften untereinander national und int. geschlossen und von den Verwertungsgesellschaften den Nutzern von Werken unterbreitet werden. Im Einzelfall sind auch Gesamtverträge und Sendepauschalverträge betroffen (vgl *Möschel* in: Immenga/Mestmäcker § 30 GWB Rn 13 mwN).

Der § 30 Abs. 1 verhindert, dass die mit der Wahrnehmungstätigkeit gebundenen Vorgänge nach §§ 1 und 14 GWB nichtig sind.   **16**

3. Einschränkungen nach § 30 Abs. 2 GWB

Die Vorschrift beschränkt die Missbrauchsaufsicht durch das BKartA für **Gesamt-   17 verträge** nach § 12 WahrnG und Verträge über die Kabelweitersendung nach § 14 Abs. 1 Nr. 2 WahrnG, die inhaltlich vom OLG festgesetzt wurden. Die Inhalte der Verträge werden nach § 16 Abs. 4 WahrnG nach billigem Ermessen des Gerichts verbindlich festgelegt und sollen nicht mehr durch das BKartA nachgeprüft werden. Innerhalb ihres Ermessens ist das OLG ohnehin verpflichtet, die §§ 19 ff. WahrnG zu beachten. Dem BKartA steht eine Missbrauchsaufsicht jedoch hinsichtlich der Handhabung der Verträge durch die Beteiligten zu (vgl *Schricker/Reinbothe* § 24/30 GWB Rn 11; FK/*Nägele* § 30 Rn 21; *Möschel* in: Immenga/Mestmäcker § 30 GWB Rn 17; zu § 102a GWB *Stockmann* S. 30; *Reinbothe* Schlichtung im Urheberrecht, S. 72; *Pickrahn* S. 72).

§ 25   Änderung der Bundesgebührenordnung für Rechtsanwälte

(nicht abgedruckt)

§ 26   Aufgehobene Vorschriften

Mit Inkrafttreten dieses Gesetzes werden folgende Vorschriften aufgehoben, soweit sie nicht bereits außer Kraft getreten sind:
1. das Gesetz über Vermittlung von Musikaufführungsrechten vom 4. Juli 1933 (Reichsgesetzbl. I S. 452);
2. die Verordnung zur Durchführung des Gesetzes über die Vermittlung von Musikaufführungsrechten vom 15. Februar 1934 (Reichsgesetzbl. I S. 100).

§ 26a   Anhängige Verfahren

Die §§ 14 bis 16 sind auf Verfahren, die bei Inkrafttreten dieses Gesetztes vor der Schiedsstelle anhängig sind, nicht anzuwenden; für diese Verfahren gelten die §§ 14 und 15 des Gesetzes über die Wahrnehmung von Urheberrechten und verwandten Schutzrechten in der Fassung vom 9. September 1965 (BGBl. I S. 1294).

Zeisberg

§ 27   Geltung im Land Berlin

(gegenstandslos)

§ 28   Inkrafttreten

(1) § 14 Abs. 7 tritt am Tage nach der Verkündung dieses Gesetzes in Kraft

(2) Im übrigen tritt dieses Gesetz am 1. Januar 1966 in Kraft.

Anhang

Inhaltsübersicht

1. Gesetz über das Verlagsrecht
(Verlagsgesetz)

vom 19. Juni 1910 (RGBl I S. 217),
zuletzt geändert durch Gesetz vom 22. März 2002 (BGBl I S. 1158)

§ 1   Verlagsvertrag

Durch den Verlagsvertrag über ein Werk der Literatur oder der Tonkunst wird der Verfasser verpflichtet, dem Verleger das Werk zur Vervielfältigung und Verbreitung für eigene Rechnung zu überlassen. Der Verleger ist verpflichtet, das Werk zu vervielfältigen und zu verbreiten.

§ 2   Vervielfältigungsrechte

(1) Der Verfasser hat sich während der Dauer des Vertragsverhältnisses jeder Vervielfältigung und Verbreitung des Werkes zu enthalten, die einem Dritten während der Dauer des Urheberrechts untersagt ist.

(2) Dem Verfasser verbleibt jedoch die Befugnis zur Vervielfältigung und Verbreitung:
1. für die Übersetzung in eine andere Sprache oder in eine andere Mundart;
2. für die Wiedergabe einer Erzählung in dramatischer Form oder eines Bühnenwerkes in der Form einer Erzählung;
3. für die Bearbeitung eines Werkes der Tonkunst, soweit sie nicht bloß ein Auszug oder eine Übertragung in eine andere Tonart oder Stimmlage ist;
4. für die Benutzung des Werkes zum Zwecke der mechanischen Wiedergabe für das Gehör;
5. für die Benutzung eines Schriftwerkes oder einer Abbildung zu einer bildlichen Darstellung, welche das Originalwerk seinem Inhalt nach im Wege der Kinematographie oder eines ihr ähnlichen Verfahrens wiedergibt.

(3) Auch ist der Verfasser zur Vervielfältigung und Verbreitung in einer Gesamtausgabe befugt, wenn seit dem Ablaufe des Kalenderjahrs, in welchem das Werk erschienen ist, zwanzig Jahre verstrichen sind.

§ 3
(aufgehoben)

§ 4   Sonderausgaben

Der Verleger ist nicht berechtigt, ein Einzelwerk für eine Gesamtausgabe oder ein Sammelwerk sowie Teile einer Gesamtausgabe oder eines Sammelwerkes für eine Sonderausgabe zu verwerten. Soweit jedoch eine solche Verwertung auch während der Dauer des Urheberrechts einem jeden freisteht, bleibt sie dem Verleger gleichfalls gestattet.

§ 5   Auflage

(1) Der Verleger ist nur zu einer Auflage berechtigt. Ist ihm das Recht zur Veranstaltung mehrerer Auflagen eingeräumt, so gelten im Zweifel für jede neue Auflage die gleichen Abreden wie für die vorhergehende.

(2) Ist die Zahl der Abzüge nicht bestimmt, so ist der Verleger berechtigt, tausend Abzüge herzustellen. Hat der Verleger durch eine vor dem Beginne der Vervielfältigung dem Verfasser gegenüber abgegebene Erklärung die Zahl der Abzüge niedriger bestimmt, so ist er nur berechtigt, die Auflage in der angegebenen Höhe herzustellen.

§ 6   Zuschuß- und Freiexemplare

(1) Die üblichen Zuschußexemplare werden in die Zahl der zulässigen Abzüge nicht einge-rechnet. Das gleiche gilt von Freiexemplaren, soweit ihre Zahl den zwanzigsten Teil der zulässigen Abzüge nicht übersteigt.

(2) Zuschußexemplare, die nicht zum Ersatz oder zur Ergänzung beschädigter Abzüge verwendet worden sind, dürfen von dem Verleger nicht verbreitet werden.

§ 7   Verlust von Abzügen

Gehen Abzüge unter, die der Verleger auf Lager hat, so darf er sie durch andere ersetzen; er hat vorher dem Verfasser Anzeige zu machen.

§ 8   Verlagsrecht

In dem Umfang, in welchem der Verfasser nach den §§ 2 bis 7 verpflichtet ist, sich der Vervielfältigung und Verbreitung zu enthalten und sie dem Verleger zu gestatten, hat er, soweit nicht aus dem Vertrage sich ein anderes ergibt, dem Verleger das ausschließliche Recht zur Vervielfältigung und Verbreitung (Verlagsrecht) zu verschaffen.

§ 9   Dauer und Schutz des Verlagsrechts

(1) Das Verlagsrecht entsteht mit der Ablieferung des Werkes an den Verleger und erlischt mit der Beendigung des Vertragsverhältnisses.

(2) Soweit der Schutz des Verlagsrechts es erfordert, kann der Verleger gegen den Verfasser sowie gegen Dritte die Befugnisse ausüben, die zum Schutze des Urheberrechts durch das Gesetz vorgesehen sind.

§ 10   Ablieferung des Werkes

Der Verfasser ist verpflichtet, dem Verleger das Werk in einem für die Vervielfältigung geeigneten Zustand abzuliefern.

§ 11   Frist für Ablieferung

(1) Ist der Verlagsvertrag über ein bereits vollendetes Werk geschlossen, so ist das Werk sofort abzuliefern.

(2) Soll das Werk erst nach dem Abschlusse des Verlagsvertrags hergestellt werden, so richtet sich die Frist der Ablieferung nach dem Zwecke, welchem das Werk dienen soll. Soweit sich hieraus nichts ergibt, richtet sich die Frist nach dem Zeitraum, innerhalb dessen der Verfasser das Werk bei einer seinen Verhältnissen entsprechenden Arbeitsleistung herstellen kann; eine anderweitige Tätigkeit des Verfassers bleibt bei der Bemessung der Frist nur dann außer Betracht, wenn der Verleger die Tätigkeit bei dem Abschlusse des Vertrags weder kannte noch kennen mußte.

§ 12   Änderungsrecht des Verfassers

(1) Bis zur Beendigung der Vervielfältigung darf der Verfasser Änderungen an dem Werke vornehmen. Vor der Veranstaltung einer neuen Auflage hat der Verleger dem Verfasser zur Vornahme von Änderungen Gelegenheit zu geben. Änderungen sind nur insoweit zulässig, als nicht durch sie ein berechtigtes Interesse des Verlegers verletzt wird.

(2) Der Verfasser darf die Änderungen durch einen Dritten vornehmen lassen.

(3) Nimmt der Verfasser nach dem Beginne der Vervielfältigung Änderungen vor, welche das übliche Maß übersteigen, so ist er verpflichtet, die hieraus entstehenden Kosten zu ersetzen;

die Ersatzpflicht liegt ihm nicht ob, wenn Umstände, die inzwischen eingetreten sind, die Änderung rechtfertigen.

§ 13
(aufgehoben)

§ 14   Vervielfältigung und Verbreitung

Der Verleger ist verpflichtet, das Werk in der zweckentsprechenden und üblichen Weise zu vervielfältigen und zu verbreiten. Die Form und Ausstattung der Abzüge wird unter Beobachtung der im Verlagshandel herrschenden Übung sowie mit Rücksicht auf Zweck und Inhalt des Werkes von dem Verleger bestimmt.

§ 15   Beginn der Vervielfältigung

Der Verleger hat mit der Vervielfältigung zu beginnen, sobald ihm das vollständige Werk zugegangen ist. Erscheint das Werk in Abteilungen, so ist mit der Vervielfältigung zu beginnen, sobald der Verfasser eine Abteilung abgeliefert hat, die nach ordnungsmäßiger Folge zur Herausgabe bestimmt ist.

§ 16   Zahl der Abzüge

Der Verleger ist verpflichtet, diejenige Zahl von Abzügen herzustellen, welche er nach dem Vertrag oder gemäß dem § 5 herzustellen berechtigt ist. Er hat rechtzeitig dafür zu sorgen, daß der Bestand nicht vergriffen wird.

§ 17   Neuauflage

Ein Verleger, der das Recht hat, eine neue Auflage zu veranstalten, ist nicht verpflichtet, von diesem Rechte Gebrauch zu machen. Zur Ausübung des Rechtes kann ihm der Verfasser eine angemessene Frist bestimmen. Nach dem Ablaufe der Frist ist der Verfasser berechtigt, von dem Vertrage zurückzutreten, wenn nicht die Veranstaltung rechtzeitig erfolgt ist. Der Bestimmung einer Frist bedarf es nicht, wenn die Veranstaltung von dem Verleger verweigert wird.

§ 18   Kündigungsrecht des Verlegers

(1) Fällt der Zweck, welchem das Werk dienen sollte, nach dem Abschlusse des Vertrags weg, so kann der Verleger das Vertragsverhältnis kündigen; der Anspruch des Verfassers auf die Vergütung bleibt unberührt.

(2) Das gleiche gilt, wenn Gegenstand des Verlagsvertrags ein Beitrag zu einem Sammelwerk ist und die Vervielfältigung des Sammelwerkes unterbleibt.

§ 19   Beiträge zu Sammelwerken

Werden von einem Sammelwerke neue Abzüge hergestellt, so ist der Verleger im Einverständnisse mit dem Herausgeber berechtigt, einzelne Beiträge wegzulassen.

§ 20   Korrektur

(1) Der Verleger hat für die Korrektur zu sorgen. Einen Abzug hat er rechtzeitig dem Verfasser zur Durchsicht vorzulegen.

(2) Der Abzug gilt als genehmigt, wenn der Verfasser ihn nicht binnen einer angemessenen Frist dem Verleger gegenüber beanstandet.

§ 21 Ladenpreis

Die Bestimmung des Ladenpreises, zu welchem das Werk verbreitet wird, steht für jede Auflage dem Verleger zu. Er darf den Ladenpreis ermäßigen, soweit nicht berechtigte Interessen des Verfassers verletzt werden. Zur Erhöhung dieses Preises bedarf es stets der Zustimmung des Verfassers.

§ 22 Honorar

(1) Der Verleger ist verpflichtet, dem Verfasser die vereinbarte Vergütung zu zahlen. Eine Vergütung gilt als stillschweigend vereinbart, wenn die Überlassung des Werkes den Umständen nach nur gegen eine Vergütung zu erwarten ist.

(2) Ist die Höhe der Vergütung nicht bestimmt, so ist eine angemessene Vergütung in Geld als vereinbart anzusehen.

§ 23 Fälligkeit des Honorars

Die Vergütung ist bei der Ablieferung des Werkes zu entrichten. Ist die Höhe der Vergütung unbestimmt oder hängt sie von dem Umfange der Vervielfältigung, insbesondere von der Zahl der Druckbogen, ab, so wird die Vergütung fällig, sobald das Werk vervielfältigt ist.

§ 24 Absatzhonorars

Bestimmt sich die Vergütung nach dem Absatze, so hat der Verleger jährlich dem Verfasser für das vorangegangene Geschäftsjahr Rechnung zu legen und ihm, soweit es für die Prüfung erforderlich ist, die Einsicht seiner Geschäftsbücher zu gestatten.

§ 25 Freiexemplare

(1) Der Verleger eines Werkes der Literatur ist verpflichtet, dem Verfasser auf je hundert Abzüge ein Freiexemplar, jedoch im ganzen nicht weniger als fünf und nicht mehr als fünfzehn zu liefern. Auch hat er dem Verfasser auf dessen Verlangen ein Exemplar in Aushängebogen zu überlassen.

(2) Der Verleger eines Werkes der Tonkunst ist verpflichtet, dem Verfasser die übliche Zahl von Freiexemplaren zu liefern.

(3) Von Beiträgen, die in Sammelwerken erscheinen, dürfen Sonderabzüge als Freiexemplare geliefert werden.

§ 26 Überlassung von Abzügen zum Vorzugspreis

Der Verleger hat die zu seiner Verfügung stehenden Abzüge des Werkes zu dem niedrigsten Preise, für welchen er das Werk im Betriebe seines Verlagsgeschäfts abgibt, dem Verfasser, soweit dieser es verlangt, zu überlassen.

§ 27 Rückgabe des Manuskripts

Der Verleger ist verpflichtet, das Werk, nachdem es vervielfältigt worden ist, zurückzugeben, sofern der Verfasser sich vor dem Beginne der Vervielfältigung die Rückgabe vorbehalten hat.

§ 28 Übertragung der Verlegerrechte
(aufgehoben ab 1.7.2002)

(1) Die Rechte des Verlegers sind übertragbar, soweit nicht die Übertragung durch Vereinbarung zwischen dem Verfasser und dem Verleger ausgeschlossen ist. Der Verleger kann jedoch durch einen Vertrag, der nur über einzelne Werke geschlossen wird, seine Rechte nicht ohne Zu-

stimmung des Verfassers übertragen. Die Zustimmung kann nur verweigert werden, wenn ein wichtiger Grund vorliegt. Fordert der Verleger den Verfasser zur Erklärung über die Zustimmung auf, so gilt diese als erteilt, wenn nicht die Verweigerung von dem Verfasser binnen zwei Monaten nach dem Empfange der Aufforderung dem Verleger gegenüber erklärt wird.

(2) Die dem Verleger obliegende Vervielfältigung und Verbreitung kann auch durch den Rechtsnachfolger bewirkt werden. Übernimmt der Rechtsnachfolger dem Verleger gegenüber die Verpflichtung, das Werk zu vervielfältigen und zu verbreiten, so haftet er dem Verfasser für die Erfüllung der aus dem Verlagsvertrage sich ergebenden Verbindlichkeiten neben dem Verleger als Gesamtschuldner. Die Haftung erstreckt sich nicht auf eine bereits begründete Verpflichtung zum Schadensersatze.

§ 29   Beendigung des Vertragsverhältnisses

(1) Ist der Verlagsvertrag auf eine bestimmte Zahl von Auflagen oder von Abzügen beschränkt, so endigt das Vertragsverhältnis, wenn die Auflagen oder Abzüge vergriffen sind.

(2) Der Verleger ist verpflichtet, dem Verfasser auf Verlangen Auskunft darüber zu erteilen, ob die einzelne Auflage oder die bestimmte Zahl von Abzügen vergriffen ist.

(3) Wird der Verlagsvertrag für eine bestimmte Zeit geschlossen, so ist nach dem Ablaufe der Zeit der Verleger nicht mehr zur Verbreitung der noch vorhandenen Abzüge berechtigt.

§ 30   Rücktrittsrecht des Verlegers wegen nicht rechtzeitiger Ablieferung des Werkes

(1) Wird das Werk ganz oder zum Teil nicht rechtzeitig abgeliefert, so kann der Verleger, statt den Anspruch auf Erfüllung geltend zu machen, dem Verfasser eine angemessene Frist zur Ablieferung mit der Erklärung bestimmen, daß er die Annahme der Leistung nach dem Ablaufe der Frist ablehne. Zeigt sich schon vor dem Zeitpunkt, in welchem das Werk nach dem Vertrag abzuliefern ist, daß das Werk nicht rechtzeitig abgeliefert werden wird, so kann der Verleger die Frist sofort bestimmen; die Frist muß so bemessen werden, daß sie nicht vor dem bezeichneten Zeitpunkt abläuft. Nach dem Ablaufe der Frist ist der Verleger berechtigt, von dem Vertrage zurückzutreten, wenn nicht das Werk rechtzeitig abgeliefert worden ist; der Anspruch auf Ablieferung des Werkes ist ausgeschlossen.

(2) Der Bestimmung einer Frist bedarf es nicht, wenn die rechtzeitige Herstellung des Werkes unmöglich ist oder von dem Verfasser verweigert wird oder wenn der sofortige Rücktritt von dem Vertrage durch ein besonderes Interesse des Verlegers gerechtfertigt wird.

(3) Der Rücktritt ist ausgeschlossen, wenn die nicht rechtzeitige Ablieferung des Werkes für den Verleger nur einen unerheblichen Nachteil mit sich bringt.

(4) Durch diese Vorschriften werden die im Falle des Verzugs des Verfassers dem Verleger zustehenden Rechte nicht berührt.

§ 31   Rücktrittsrecht wegen nicht vertragsmäßiger Beschaffenheit des Werkes

(1) Die Vorschriften des § 30 finden entsprechende Anwendung, wenn das Werk nicht von vertragsmäßiger Beschaffenheit ist.

(2) Beruht der Mangel auf einem Umstande, den der Verfasser zu vertreten hat, so kann der Verleger statt des in § 30 vorgesehenen Rücktrittsrechts den Anspruch auf Schadensersatz wegen Nichterfüllung geltend machen.

§ 32   Rücktrittsrecht des Verfassers

Wird das Werk nicht vertragsmäßig vervielfältigt oder verbreitet, so finden zugunsten des Verfassers die Vorschriften des § 30 entsprechende Anwendung.

§ 33 Zufälliger Untergang des Werkes

(1) Geht das Werk nach der Ablieferung an den Verleger durch Zufall unter, so behält der Verfasser den Anspruch auf die Vergütung. Im übrigen werden beide Teile von der Verpflichtung zur Leistung frei.

(2) Auf Verlangen des Verlegers hat jedoch der Verfasser gegen eine angemessene Vergütung ein anderes im wesentlichen übereinstimmendes Werk zu liefern, sofern dies auf Grund vorhandener Vorarbeiten oder sonstiger Unterlagen mit geringer Mühe geschehen kann; erbietet sich der Verfasser, ein solches Werk innerhalb einer angemessenen Frist kostenfrei zu liefern, so ist der Verleger verpflichtet, das Werk an Stelle des untergegangenen zu vervielfältigen und zu verbreiten. Jeder Teil kann diese Rechte auch geltend machen, wenn das Werk nach der Ablieferung infolge eines Umstandes untergegangen ist, den der andere Teil zu vertreten hat.

(3) Der Ablieferung steht es gleich, wenn der Verleger in Verzug der Annahme kommt.

§ 34 Vorzeitiger Tod des Verfassers

(1) Stirbt der Verfasser vor der Vollendung des Werkes, so ist, wenn ein Teil des Werkes dem Verleger bereits abgeliefert worden war, der Verleger berechtigt, in Ansehung des gelieferten Teiles den Vertrag durch eine dem Erben des Verfassers gegenüber abzugebende Erklärung aufrechtzuerhalten.

(2) Der Erbe kann dem Verleger zur Ausübung des in Absatz 1 bezeichneten Rechtes eine angemessene Frist bestimmen. Das Recht erlischt, wenn sich der Verleger nicht vor dem Ablaufe der Frist für die Aufrechterhaltung des Vertrags erklärt.

(3) Diese Vorschriften finden entsprechende Anwendung, wenn die Vollendung des Werkes infolge eines sonstigen nicht von dem Verfasser zu vertretenden Umstandes unmöglich wird.

§ 35 Rücktrittsrecht des Verfassers wegen veränderter Umstände

(1) Bis zum Beginn der Vervielfältigung ist der Verfasser berechtigt, von dem Verlagsvertrage zurückzutreten, wenn sich Umstände ergeben, die bei dem Abschlusse des Vertrags nicht vorauszusehen waren und den Verfasser bei Kenntnis der Sachlage und verständiger Würdigung des Falles von der Herausgabe des Werkes zurückgehalten haben würden. Ist der Verleger befugt, eine neue Auflage zu veranstalten, so findet für die Auflage diese Vorschrift entsprechende Anwendung.

(2) Erklärt der Verfasser auf Grund der Vorschrift des Absatzes 1 den Rücktritt, so ist er dem Verleger zum Ersatze der von diesem gemachten Aufwendungen verpflichtet. Gibt er innerhalb eines Jahres seit dem Rücktritte das Werk anderweit heraus, so ist er zum Schadensersatze wegen Nichterfüllung verpflichtet; diese Ersatzpflicht tritt nicht ein, wenn der Verfasser dem Verleger den Antrag, den Vertrag nachträglich zur Ausführung zu bringen, gemacht und der Verleger den Antrag nicht angenommen hat.

§ 36 Konkurs des Verlegers

(1) Wird über das Vermögen des Verlegers das Insolvenzverfahren eröffnet, so finden die Vorschriften des § 103 der Insolvenzordnung auch dann Anwendung, wenn das Werk bereits vor der Eröffnung des Verfahrens abgeliefert worden war.

(2) Besteht der Insolvenzverwalter auf der Erfüllung des Vertrags, so tritt, wenn er die Rechte des Verlegers auf einen anderen überträgt, dieser an Stelle der Insolvenzmasse in die sich aus dem Vertragsverhältnis ergebenden Verpflichtungen ein. Die Insolvenzmasse haftet jedoch, wenn der Erwerber die Verpflichtungen nicht erfüllt, für den von dem Erwerber zu ersetzenden Schaden wie ein Bürge, der auf die Einrede der Vorausklage verzichtet hat. Wird das Insolvenzverfahren aufgehoben, so sind die aus dieser Haftung sich ergebenden Ansprüche des Verfassers gegen die Masse sicherzustellen.

(3) War zur Zeit der Eröffnung des Verfahrens mit der Vervielfältigung noch nicht begonnen, so kann der Verfasser von dem Vertrage zurücktreten.

§ 37 Auf Rücktrittsrecht anzuwendende Vorschriften

Auf das in den §§ 17, 30, 35, 36 bestimmte Rücktrittsrecht finden die für das Rücktrittsrecht geltenden Vorschriften der §§ 346 bis 351 des Bürgerlichen Gesetzbuchs entsprechende Anwendung.

§ 38 Teilweise Aufrechterhaltung des Vertrages

(1) Wird der Rücktritt von dem Verlagsvertrag erklärt, nachdem das Werk ganz oder zum Teil abgeliefert worden ist, so hängt es von den Umständen ab, ob der Vertrag teilweise aufrechterhalten bleibt. Es begründet keinen Unterschied, ob der Rücktritt auf Grund des Gesetzes oder eines Vorbehalts im Vertrag erfolgt.

(2) Im Zweifel bleibt der Vertrag insoweit aufrechterhalten, als er sich auf die nicht mehr zur Verfügung des Verlegers stehenden Abzüge, auf frühere Abteilungen des Werkes oder auf ältere Auflagen erstreckt.

(3) Soweit der Vertrag aufrechterhalten bleibt, kann der Verfasser einen entsprechenden Teil der Vergütung verlangen.

(4) Diese Vorschriften finden auch Anwendung, wenn der Vertrag in anderer Weise rückgängig wird.

§ 39 Gemeinfreie Werke

(1) Soll Gegenstand des Vertrags ein Werk sein, an dem ein Urheberrecht nicht besteht, so ist der Verfasser zur Verschaffung des Verlagsrechts nicht verpflichtet.

(2) Verschweigt der Verfasser arglistig, daß das Werk bereits anderweit in Verlag gegeben oder veröffentlicht worden ist, so finden die Vorschriften des bürgerlichen Rechtes, welche für die dem Verkäufer wegen eines Mangels im Rechte obliegende Gewährleistungspflicht gelten, entsprechende Anwendung.

(3) Der Verfasser hat sich der Vervielfältigung und Verbreitung des Werkes gemäß den Vorschriften des § 2 in gleicher Weise zu enthalten, wie wenn an dem Werke ein Urheberrecht bestände. Diese Beschränkung fällt weg, wenn seit der Veröffentlichung des Werkes durch den Verleger sechs Monate abgelaufen sind.

§ 40 Befugnissse des Verlegers bei gemeinfreien Werken

Im Falle des § 39 verbleibt dem Verleger die Befugnis, das von ihm veröffentlichte Werk gleich jedem Dritten von neuem unverändert oder mit Änderungen zu vervielfältigen. Diese Vorschrift findet keine Anwendung, wenn nach dem Vertrage die Herstellung neuer Auflagen oder weiterer Abzüge von der Zahlung einer besonderen Vergütung abhängig ist.

§ 41 Beiträge zu periodischen Sammelwerken

Werden für eine Zeitung, eine Zeitschrift oder ein sonstiges periodisches Sammelwerk Beiträge zur Veröffentlichung angenommen, so finden die Vorschriften dieses Gesetzes Anwendung, soweit sich nicht aus den §§ 42 bis 46 ein anderes ergibt.

§ 42

(aufgehoben)

§ 43   Abzüge bei Sammelwerken

Der Verleger ist in der Zahl der von dem Sammelwerke herzustellenden Abzüge, die den Beitrag enthalten, nicht beschränkt. Die Vorschrift des § 20 Abs. 1 Satz 2 findet keine Anwendung.

§ 44   Änderungen bei Sammelwerken

Soll der Beitrag ohne den Namen des Verfassers erscheinen, so ist der Verleger befugt, an der Fassung solche Änderungen vorzunehmen, welche bei Sammelwerken derselben Art üblich sind.

§ 45   Kündigungsrecht des Verfassers bei Sammelwerken

(1) Wird der Beitrag nicht innerhalb eines Jahres nach der Ablieferung an den Verleger veröffentlicht, so kann der Verfasser das Vertragsverhältnis kündigen. Der Anspruch auf die Vergütung bleibt unberührt.

(2) Ein Anspruch auf Vervielfältigung und Verbreitung des Beitrags oder auf Schadensersatz wegen Nichterfüllung steht dem Verfasser nur zu, wenn ihm der Zeitpunkt, in welchem der Beitrag erscheinen soll, von dem Verleger bezeichnet worden ist.

§ 46   Keine Freiexemplare bei Zeitungen

(1) Erscheint der Beitrag in einer Zeitung, so kann der Verfasser Freiexemplare nicht verlangen.

(2) Der Verleger ist nicht verpflichtet, dem Verfasser Abzüge zum Buchhändlerpreise zu überlassen.

§ 47   Bestellvertrag

(1) Übernimmt jemand die Herstellung eines Werkes nach einem Plane, in welchem ihm der Besteller den Inhalt des Werkes sowie die Art und Weise der Behandlung genau vorschreibt, so ist der Besteller im Zweifel zur Vervielfältigung und Verbreitung nicht verpflichtet.

(2) Das gleiche gilt, wenn sich die Tätigkeit auf die Mitarbeit an enzyklopädischen Unternehmungen oder auf Hilfs- oder Nebenarbeiten für das Werk eines anderen oder für ein Sammelwerk beschränkt.

§ 48   Verlaggeber

Die Vorschriften dieses Gesetzes finden auch dann Anwendung, wenn derjenige, welcher mit dem Verleger den Vertrag abschließt, nicht der Verfasser ist.

§ 49

(gegenstandslos)

§ 50   Inkrafttreten

Dieses Gesetz tritt am 1. Januar 1902 in Kraft.

2. WIPO-Urheberrechtsvertrag (WCT)

vom 20. Dezember 1996
(ABlEG Nr. L 89/4)

Inhaltsübersicht

Präambel

DIE VERTRAGSPARTEIEN –

in dem Wunsch, den Schutz der Rechte der Urheber an ihren Werken der Literatur und Kunst in möglichst wirksamer und gleichmäßiger Weise fortzuentwickeln und aufrechtzuerhalten,

in Erkenntnis der Notwendigkeit, neue internationale Vorschriften einzuführen und die Auslegung bestehender Vorschriften zu präzisieren, damit für die durch wirtschaftliche, soziale, kulturelle und technische Entwicklungen entstehenden Fragen angemessene Lösungen gefunden werden können,

im Hinblick auf die tiefgreifenden Auswirkungen der Entwicklung und Annäherung der Informations- und Kommunikationstechnologien auf die Erschaffung und Nutzung von Werken der Literatur und Kunst,

unter Betonung der herausragenden Bedeutung des Urheberrechtsschutzes als Anreiz für das literarische und künstlerische Schaffen,

in Erkenntnis der Notwendigkeit, ein Gleichgewicht zwischen den Rechten der Urheber und dem umfassenderen öffentlichen Interesse, insbesondere Bildung, Forschung und Zugang zu Informationen, zu wahren, wie dies in der Berner Übereinkunft zum Ausdruck kommt –

SIND WIE FOLGT ÜBEREINGEKOMMEN:

Artikel 1
Verhältnis zur Berner Übereinkunft

(1) Dieser Vertrag ist ein Sonderabkommen im Sinne des Artikels 20 der Berner Übereinkunft zum Schutz von Werken der Literatur und Kunst in bezug auf Vertragsparteien, die Länder des durch diese Übereinkunft geschaffenen Verbands sind. Dieser Vertrag steht weder in

Verbindung mit anderen Verträgen als der Berner Übereinkunft, noch berührt er Rechte oder Pflichten aus anderen Verträgen.

(2) Die zwischen den Vertragsparteien bestehenden Pflichten aus der Berner Übereinkunft zum Schutz von Werken der Literatur und Kunst werden durch diesen Vertrag nicht beeinträchtigt.

(3) Berner Übereinkunft bezeichnet im folgenden die Pariser Fassung der Berner Übereinkunft zum Schutz von Werken der Literatur und Kunst vom 24. Juli 1971.

(4) Die Vertragsparteien kommen den Artikeln 1 bis 21 und dem Anhang der Berner Übereinkunft nach.

Artikel 2
Umfang des Urheberrechtsschutzes

Der Urheberrechtsschutz erstreckt sich auf Ausdrucksformen und nicht auf Gedanken, Verfahren, Methoden oder mathematische Konzepte als solche.

Artikel 3
Anwendung der Artikel 2 bis 6 der Berner Übereinkunft

Die Vertragsparteien wenden die Bestimmungen der Artikel 2 bis 6 der Berner Übereinkunft in bezug auf den nach diesem Vertrag gewährten Schutz entsprechend an.

Artikel 4
Computerprogramme

Computerprogramme sind als Werke der Literatur im Sinne von Artikel 2 der Berner Übereinkunft geschützt. Dieser Schutz gilt für Computerprogramme unabhängig von der Art und Form ihres Ausdrucks.

Artikel 5
Datensammlungen (Datenbanken)

Sammlungen von Daten oder anderem Material in jeder Form, die aufgrund der Auswahl oder Anordnung ihres Inhalts geistige Schöpfungen darstellen, sind als solche geschützt. Dieser Schutz erstreckt sich nicht auf die Daten oder das Material selbst und gilt unbeschadet eines an den Daten oder dem Material der Sammlung bestehenden Urheberrechts.

Artikel 6
Verbreitungsrecht

(1) Die Urheber von Werken der Literatur und Kunst haben das ausschließliche Recht zu erlauben, daß das Original und Vervielfältigungsstücke ihrer Werke durch Verkauf oder sonstige Eigentumsübertragung der Öffentlichkeit zugänglich gemacht werden.

(2) Dieser Vertrag berührt nicht die Freiheit der Vertragsparteien, gegebenenfalls zu bestimmen, unter welchen Voraussetzungen sich das Recht nach Absatz 1 nach dem ersten mit Erlaubnis des Urhebers erfolgten Verkaufs des Originals oder eines Vervielfältigungsstücks oder der ersten sonstigen Eigentumsübertragung erschöpft.

Artikel 7
Vermietrecht

(1) Die Urheber von

i) Computerprogrammen,
ii) Filmwerken und

1336

iii) auf Tonträgern aufgenommenen Werken, wie sie im Recht der Vertragsparteien definiert sind,

haben das ausschließliche Recht, die gewerbsmäßige Vermietung der Originale oder Vervielfältigungsstücke ihrer Werke an die Öffentlichkeit zu erlauben.

(2) Absatz 1 findet keine Anwendung

i) bei Computerprogrammen, wenn das Programm selbst nicht der wesentliche Gegenstand der Vermietung ist, und

ii) bei Filmwerken, sofern die gewerbsmäßige Vermietung nicht zu einer weit verbreiteten Vervielfältigung dieser Werke geführt hat, die das ausschließliche Vervielfältigungsrecht erheblich beeinträchtigt.

(3) Eine Vertragspartei, in deren Gebiet seit dem 15. April 1994 eine Regelung in Kraft ist, die für Urheber eine angemessene Vergütung für die Vermietung von Vervielfältigungsstücken ihrer auf Tonträgern aufgenommenen Werke vorsieht, kann diese Regelung unbeschadet der Bestimmungen von Absatz 1 beibehalten, sofern die gewerbsmäßige Vermietung der auf Tonträgern aufgenommenen Werke das ausschließliche Vervielfältigungsrecht der Urheber nicht erheblich beeinträchtigt.

Artikel 8
Recht der öffentlichen Wiedergabe

Unbeschadet der Bestimmungen von Artikel 11 Absatz 1 Ziffer 2, Artikel 11 *bis* Absatz 1 Ziffern 1 und 2, Artikel 11 *ter* Absatz 1 Ziffer 2, Artikel 14 Absatz 1 Ziffer 2 und Artikel 14 *bis* Absatz 1 der Berner Übereinkunft haben die Urheber von Werken der Literatur und Kunst das ausschließliche Recht, die öffentliche drahtlose oder drahtgebundene Wiedergabe ihrer Werke zu erlauben, einschließlich der Zugänglichmachung ihrer Werke in der Weise, daß sie Mitgliedern der Öffentlichkeit an Orten und zu Zeiten ihrer Wahl zugänglich sind.

Artikel 9
Schutzdauer für Werke der Photographie

Die Vertragsparteien wenden die Bestimmungen von Artikel 7 Absatz 4 der Berner Übereinkunft nicht auf Werke der Photographie an.

Artikel 10
Beschränkungen und Ausnahmen

(1) Die Vertragsparteien können in ihren Rechtsvorschriften in bezug auf die den Urhebern von Werken der Literatur und Kunst nach diesem Vertrag gewährten Rechte Beschränkungen oder Ausnahmen in bestimmten Sonderfällen vorsehen, die weder die normale Verwertung der Werke beeinträchtigen, noch die berechtigten Interessen der Urheber unzumutbar verletzen.

(2) Bei der Anwendung der Berner Übereinkunft begrenzen die Vertragsparteien in bezug auf die darin vorgesehenen Rechte Beschränkungen oder Ausnahmen auf bestimmte Sonderfälle, die weder die normale Verwertung der Werke beeinträchtigen, noch die berechtigten Interessen der Urheber unzumutbar verletzen.

Artikel 11
Pflichten in bezug auf technische Vorkehrungen

Die Vertragsparteien sehen einen hinreichenden Rechtsschutz und wirksame Rechtsbehelfe gegen die Umgehung wirksamer technischer Vorkehrungen vor, von denen Urheber im Zusammenhang mit der Ausübung ihrer Rechte nach diesem Vertrag oder der Berner Übereinkunft Gebrauch machen und die Handlungen in bezug auf ihre Werke einschränken, die die betreffenden Urheber nicht erlaubt haben oder die gesetzlich nicht zulässig sind.

Artikel 12
Pflichten in bezug auf Informationen für die Wahrnehmung der Rechte

(1) Die Vertragsparteien sehen hinreichende und wirksame Rechtsbehelfe gegen Personen vor, die wissentlich eine der nachstehenden Handlungen vornehmen, obwohl ihnen bekannt ist oder in bezug auf zivilrechtliche Rechtsbehelfe den Umständen nach bekannt sein muß, daß diese Handlung die Verletzung eines unter diesen Vertrag oder die Berner Übereinkunft fallenden Rechts herbeiführen, ermöglichen, erleichtern oder verbergen wird:

i) unbefugte Entfernung oder Änderung elektronischer Informationen für die Wahrnehmung der Rechte;

ii) unbefugte Verbreitung, Einfuhr zur Verbreitung, Sendung, öffentliche Wiedergabe von Werken oder Vervielfältigungsstücken von Werken in Kenntnis des Umstands, daß elektronische Informationen für die Wahrnehmung der Rechte unbefugt entfernt oder geändert wurden.

(2) Im Sinne dieses Artikels sind „Informationen für die Wahrnehmung der Rechte" Informationen, die das Werk, den Urheber des Werks, den Inhaber eines Rechts an diesem Werk identifizieren, oder Informationen über die Nutzungsbedingungen des Werks sowie Zahlen oder Codes, die derartige Informationen darstellen, wenn irgendeines dieser Informationselemente an einem Vervielfältigungsstück eines Werks angebracht ist oder im Zusammenhang mit der öffentlichen Wiedergabe eines Werks erscheint.

Artikel 13
Anwendung in zeitlicher Hinsicht

Die Vertragsparteien wenden Artikel 18 der Berner Übereinkunft auf alle in diesem Vertrag vorgesehenen Schutzgüter an.

Artikel 14
Rechtsdurchsetzung

(1) Die Vertragsparteien verpflichten sich, in Übereinstimmung mit ihren Rechtsordnungen die notwendigen Maßnahmen zu ergreifen, um die Anwendung dieses Vertrags sicherzustellen.

(2) Die Vertragsparteien stellen sicher, daß in ihren Rechtsordnungen Verfahren zur Rechtsdurchsetzung verfügbar sind, um ein wirksames Vorgehen gegen jede Verletzung von unter diesen Vertrag fallenden Rechten zu ermöglichen, einschließlich Eilverfahren zur Verhinderung von Verletzungshandlungen und Rechtsbehelfen zur Abschreckung von weiteren Verletzungshandlungen.

Artikel 15
Die Versammlung

(1) a) Die Vertragsparteien haben eine Versammlung.

b) Jede Vertragspartei wird durch einen Delegierten vertreten, der von Stellvertretern, Beratern und Sachverständigen unterstützt werden kann.

c) Die Kosten jeder Delegation werden von der Vertragspartei getragen, die sie entsandt hat. Die Versammlung kann die Weltorganisation für geistiges Eigentum (im folgenden als „WIPO" bezeichnet) um finanzielle Unterstützung bitten, um die Teilnahme von Delegationen von Vertragsparteien zu erleichtern, die nach der bestehenden Übung der Generalversammlung der Vereinten Nationen als Entwicklungsländer angesehen werden oder die Länder im Übergang zur Marktwirtschaft sind.

(2) a) Die Versammlung behandelt Fragen, die die Erhaltung und Entwicklung sowie die Anwendung und Durchführung dieses Vertrags betreffen.

b) Die Versammlung nimmt in bezug auf die Zulassung bestimmter zwischenstaatlicher Organisationen als Vertragspartei die ihr nach Artikel 17 Absatz 2 übertragene Aufgabe wahr.

c) Die Versammlung beschließt die Einberufung einer diplomatischen Konferenz zur Revision dieses Vertrags und erteilt dem Generaldirektor der WIPO die notwendigen Weisungen für die Vorbereitung einer solchen Konferenz.

(3) a) Jede Vertragspartei, die ein Staat ist, verfügt über eine Stimme und stimmt nur in ihrem Namen ab.

b) Eine Vertragspartei, die eine zwischenstaatliche Organisation ist, kann anstelle ihrer Mitgliedstaaten an der Abstimmung teilnehmen und verfügt hierzu über eine Anzahl von Stimmen, die der Anzahl ihrer Mitgliedstaaten entspricht, die Vertragspartei dieses Vertrags sind. Eine zwischenstaatliche Organisation kann nicht an der Abstimmung teilnehmen, wenn einer ihrer Mitgliedstaaten sein Stimmrecht ausübt und umgekehrt.

(4) Die Versammlung tritt nach Einberufung durch den Generaldirektor der WIPO alle zwei Jahre einmal zu einer ordentlichen Tagung zusammen.

(5) Die Versammlung gibt sich eine Geschäftsordnung, in der unter anderem die Einberufung außerordentlicher Tagungen, die Voraussetzungen für die Beschlußfähigkeit und vorbehaltlich der Bestimmungen dieses Vertrags die Mehrheitserfordernisse für die verschiedenen Arten von Beschlüssen geregelt sind.

Artikel 16
Das Internationale Büro

Das Internationale Büro der WIPO nimmt die Verwaltungsaufgaben im Rahmen dieses Vertrags wahr.

Artikel 17
Qualifikation als Vertragspartei

(1) Jeder Mitgliedstaat der WIPO kann Vertragspartei dieses Vertrags werden.

(2) Die Versammlung kann beschließen, jede zwischenstaatliche Organisation als Vertragspartei zuzulassen, die erklärt, für die durch diesen Vertrag geregelten Bereiche zuständig zu sein, über diesbezügliche Vorschriften, die für alle ihre Mitgliedstaaten bindend sind, zu verfügen und in Übereinstimmung mit ihrer Geschäftsordnung ordnungsgemäß ermächtigt worden zu sein, Vertragspartei zu werden.

(3) Die Europäische Gemeinschaft, die auf der Diplomatischen Konferenz, auf der dieser Vertrag angenommen wurde, die in Absatz 2 bezeichnete Erklärung abgegeben hat, kann Vertragspartei dieses Vertrags werden.

Artikel 18
Rechte und Pflichten nach dem Vertrag

Sofern dieser Vertrag nicht ausdrücklich etwas anderes bestimmt, gelten für jede Vertragspartei alle Rechte und Pflichten nach diesem Vertrag.

Artikel 19
Unterzeichnung des Vertrags

Dieser Vertrag liegt bis zum 31. Dezember 1997 zur Unterzeichnung durch jeden Mitgliedstaat der WIPO und durch die Europäische Gemeinschaft auf.

Artikel 20
Inkrafttreten des Vertrags

Dieser Vertrag tritt drei Monate nach Hinterlegung der dreißigsten Ratifikations- oder Beitrittsurkunde beim Generaldirektor der WIPO in Kraft.

Artikel 21
Inkrafttreten des Vertrags für eine Vertragspartei

Dieser Vertrag bindet

i)   die dreißig Staaten im Sinne von Artikel 20 ab dem Tag, an dem dieser Vertrag in Kraft getreten ist;

ii) jeden anderen Staat nach Ablauf von drei Monaten nach Hinterlegung seiner Urkunde beim Generaldirektor der WIPO;

iii) die Europäische Gemeinschaft nach Ablauf von drei Monaten nach Hinterlegung ihrer Ratifikations- oder Beitrittsurkunde, wenn diese Urkunde nach Inkrafttreten dieses Vertrags nach Artikel 20 hinterlegt worden ist, oder drei Monate nach Inkrafttreten dieses Vertrags, wenn die Urkunde vor Inkrafttreten des Vertrags hinterlegt worden ist;

iv) jede andere zwischenstaatliche Organisation, die als Vertragspartei dieses Vertrags zugelassen wird, nach Ablauf von drei Monaten nach Hinterlegung ihrer Beitrittsurkunde.

Artikel 22
Vorbehalte

Vorbehalte zu diesem Vertrag sind nicht zulässig.

Artikel 23
Kündigung des Vertrags

Dieser Vertrag kann von jeder Vertragspartei durch eine an den Generaldirektor der WIPO gerichtete Notifikation gekündigt werden. Die Kündigung wird ein Jahr nach dem Tag wirksam, an dem die Notifikation beim Generaldirektor der WIPO eingegangen ist.

Artikel 24
Vertragssprachen

(1) Dieser Vertrag wird in einer Urschrift in englischer, arabischer, chinesischer, französischer, russischer und spanischer Sprache unterzeichnet, wobei jede Fassung gleichermaßen verbindlich ist.

(2) Ein amtlicher Wortlaut in einer anderen als der in Absatz 1 genannten Sprachen wird durch den Generaldirektor der WIPO auf Ersuchen einer interessierten Vertragspartei nach Konsultation mit allen interessierten Vertragsparteien erstellt. „Interessierte Vertragspartei" im Sinne dieses Absatzes bedeutet einen Mitgliedstaat der WIPO, dessen Amtssprache oder eine von dessen Amtssprachen betroffen ist, sowie die Europäische Gemeinschaft und jede andere zwischenstaatliche Organisation, die Vertragspartei dieses Vertrags werden kann, wenn eine ihrer Amtssprachen betroffen ist.

Artikel 25
Verwahrer

Verwahrer dieses Vertrags ist der Generaldirektor der WIPO.

Vereinbarte Erklärungen

Zu Artikel 1 Absatz 4

Das Vervielfältigungsrecht nach Artikel 9 der Berner Übereinkunft und die darunter fallenden Ausnahmen finden in vollem Umfang im digitalen Bereich Anwendung, insbesondere auf die Verwendung von Werken in digitaler Form. Die elektronische Speicherung eines geschützten Werks in digitaler Form gilt als Vervielfältigung im Sinne von Artikel 9 der Berner Übereinkunft.

Zu Artikel 3

Zur Anwendung von Artikel 3 dieses Vertrags ist der Ausdruck „Verbandsland" in den Artikeln 2 bis 6 der Berner Übereinkunft so zu verstehen, als bezeichne er eine Vertragspartei dieses Vertrags, wenn diese Artikel der Berner Übereinkunft im Zusammenhang mit dem durch den vorliegenden Vertrag gewährten Schutz angewandt werden. In gleicher Weise ist der Ausdruck „verbandsfremdes Land" in den betreffenden Artikeln der Berner Übereinkunft so zu verstehen, als, bezeichne er ein Land, das nicht Vertragspartei dieses Vertrags ist. Der Ausdruck „diese Übereinkunft" in Artikel 2 Absatz 8, Artikel 2 *bis* Absatz 2, Artikel 3, 4 und 5 der Berner Übereinkunft ist sowohl als Verweis auf die Berner Übereinkunft als auch als Verweis auf diesen Vertrag zu verstehen. Der Verweis in den Artikeln 3 bis 6 der Berner Übereinkunft auf die „einem Verbandsland angehörenden" Personen bezeichnet, wenn diese Artikel im Zusammenhang mit diesem Vertrag angewandt werden, in bezug auf eine zwischenstaatliche Organisation, die Vertragspartei dieses Vertrags ist, einen Angehörigen einer der Länder, die Mitglieder dieser Organisation sind.

Zu Artikel 4

Der Schutzumfang für Computerprogramme nach Artikel 4 im Artikel 2 dieses Vertrags steht im Einklang mit Artikel 2 der Berner Übereinkunft und entspricht den einschlägigen Bestimmungen des TRIPS-Übereinkommens.

Zu Artikel 5

Der Schutzumfang für Datensammlungen (Datenbanken) nach Artikel 5 im Artikel 2 dieses Vertrags steht im Einklang mit Artikel 2 der Berner Übereinkunft und entspricht den einschlägigen Bestimmungen des TRIPS-Übereinkommens.

Zu den Artikeln 6 und 7

Die in diesen Artikeln im Zusammenhang mit dem Verbreitungs- und Vermietrecht verwendeten Ausdrücke „Vervielfältigungsstücke" und „Original und Vervielfältigungsstücke" beziehen sich ausschließlich auf Vervielfältigungsstücke, die als körperliche Gegenstände in Verkehr gebracht werden können.

Zu Artikel 7

Artikel 7 Absatz 1 verpflichtet die Vertragsparteien nicht, Urhebern, denen nach dem Recht der Vertragsparteien keine Rechte in bezug auf Tonträgern gewährt werden, ein ausschließliches Recht auf gewerbsmäßige Vermietung einzuräumen. Die Verpflichtung des Artikels 7 Absatz 1 steht im Einklang mit Artikel 14 Absatz 4 des TRIPS-Übereinkommens.

Zu Artikel 8

Die Bereitstellung der materiellen Voraussetzungen, die eine Wiedergabe ermöglichen oder bewirken, stellt für sich genommen keine Wiedergabe im Sinne dieses Vertrags oder der Berner

Übereinkunft dar. Artikel 10 steht einer Anwendung von Artikel 11 *bis* Absatz 2 der Berner Übereinkunft durch die Vertragsparteien nicht entgegen.

Zu Artikel 10

Die Bestimmungen des Artikels 10 erlauben den Vertragsparteien, die in ihren Rechtsvorschriften bestehenden Ausnahmen und Beschränkungen, die nach der Berner Übereinkunft als zulässig angesehen werden, auf digitale Technologien anzuwenden und in angemessener Form auszudehnen. Diese Bestimmungen sind gleichermaßen dahin auszulegen, daß sie den Vertragsparteien erlauben, neue Ausnahmen und Beschränkungen zu konzipieren, die für Digitalnetze angemessen sind.

Der Anwendungsbereich der nach der Berner Übereinkunft zulässigen Ausnahmen und Beschränkungen wird durch Artikel 10 Absatz 2 weder reduziert noch erweitert.

Zu Artikel 12

Der Verweis auf die „Verletzung eines durch diesen Vertrag oder die Berner Übereinkunft geschützten Rechts" schließt sowohl ausschließliche Rechte als auch Vergütungsrechte ein.

Die Vertragsparteien können sich nicht auf diesen Artikel berufen, um Verwertungssysteme zu entwerfen oder einzuführen, die Förmlichkeiten vorschreiben, die nach der Berner Übereinkunft oder diesem Vertrag nicht zulässig sind und den freien Warenverkehr unterbinden oder den Genuß von Rechten verhindern, die dieser Vertrag gewährleistet.

3. WIPO-Vertrag über Darbietungen und Tonträger (WPPT)

vom 20. Dezember 1996
(ABlEG Nr. 89/15)

Inhaltsübersicht

Präambel

DIE VERTRAGSPARTEIEN –

in dem Wunsch, den Rechtsschutz für ausübende Künstler und Hersteller von Tonträgern in möglichst wirksamer und gleichmäßiger Weise fortzuentwickeln und aufrechtzuerhalten,

in Erkenntnis der Notwendigkeit, neue internationale Vorschriften einzuführen, damit für die durch wirtschaftliche, soziale, kulturelle und technische Entwicklungen entstehenden Fragen angemessene Lösungen gefunden werden können,

im Hinblick auf die tiefgreifenden Auswirkungen der Entwicklung und Annäherung der Informations- und Kommunikationstechnologien auf die Produktion und Nutzung von Darbietungen und Tonträgern,

in Erkenntnis der Notwendigkeit, ein Gleichgewicht zwischen den Rechten der ausübenden Künstler und Tonträgerhersteller und dem umfassenderen öffentlichen Interesse, insbesondere Bildung, Forschung und Zugang zu Informationen, zu wahren –

SIND WIE FOLGT ÜBEREINGEKOMMEN:

1343

Kapitel I
Allgemeine Bestimmungen

Artikel 1
Verhältnis zu anderen Übereinkünften

(1) Die zwischen den Vertragsparteien bestehenden Pflichten aus dem am 26. Oktober 1961 in Rom geschlossenen Internationalen Abkommen über den Schutz der ausübenden Künstler, der Hersteller von Tonträgern und der Sendeunternehmen (nachstehend „Rom-Abkommen") werden durch diesen Vertrag nicht beeinträchtigt.

(2) Der durch diesen Vertrag vorgesehene Schutz läßt den Schutz der Urheberrechte an Werken der Literatur und Kunst unberührt und beeinträchtigt ihn in keiner Weise. Daher darf keine Bestimmung dieses Vertrags in einer Weise ausgelegt werden, die diesem Schutz Abbruch tut.

(3) Dieser Vertrag steht weder in Verbindung mit anderen Verträgen, noch berührt er Rechte oder Pflichten aus anderen Verträgen.

Artikel 2
Begriffsbestimmungen

Im Sinne dieses Vertrags

a) sind „ausübende Künstler" Schauspieler, Sänger, Musiker, Tänzer und andere Personen, die Werke der Literatur und Kunst oder Ausdrucksformen der Volkskunst aufführen, singen, vortragen, vorlesen, spielen, interpretieren oder auf andere Weise darbieten;

b) bedeutet „Tonträger" die Festlegung der Töne einer Darbietung oder anderer Töne oder einer Darstellung von Tönen außer in Form einer Festlegung, die Bestandteil eines Filmwerks oder eines anderen audiovisuellen Werks ist;

c) bedeutet „Festlegung" die Verkörperung von Tönen oder von Darstellungen von Tönen in einer Weise, daß sie mittels einer Vorrichtung wahrgenommen, vervielfältigt oder wiedergegeben werden können;

d) bedeutet „Hersteller von Tonträgern" die natürliche oder juristische Person, die die erste Festlegung der Töne einer Darbietung oder anderer Töne oder der Darstellung von Tönen eigenverantwortlich veranlaßt;

e) bedeutet „Veröffentlichung" einer festgelegten Darbietung oder eines Tonträgers das Angebot einer genügenden Anzahl von Vervielfältigungsstücken der festgelegten Darbietung oder des Tonträgers an die Öffentlichkeit mit Zustimmung des Rechtsinhabers;

f) bedeutet „Sendung" die drahtlose Übertragung von Tönen oder von Bildern und Tönen oder deren Darstellungen zum Zwecke des Empfangs durch die Öffentlichkeit; die Übertragung über Satellit ist ebenfalls „Sendung"; die Übertragung verschlüsselter Signale ist eine „Sendung", soweit die Mittel zur Entschlüsselung der Öffentlichkeit von dem Sendeunternehmen oder mit dessen Zustimmung zur Verfügung gestellt werden;

g) bedeutet „öffentliche Wiedergabe" einer Darbietung oder eines Tonträgers die öffentliche Übertragung der Töne einer Darbietung oder der auf einem Tonträger festgelegten Töne oder Darstellungen von Tönen auf einem anderen Wege als durch Sendung. Im Sinne von Artikel 15 umfaßt „öffentliche Wiedergabe" das öffentliche Hörbarmachen der auf einem Tonträger festgelegten Töne oder Darstellungen von Tönen.

Artikel 3
Schutzberechtigte nach dem Vertrag

(1) Die Vertragsparteien gewähren den ausübenden Künstlern und Herstellern von Tonträgern, die Angehörige anderer Vertragsparteien sind, den in diesem Vertrag vorgesehenen Schutz.

(2) Als Angehörige anderer Vertragsparteien gelten die ausübenden Künstler und Hersteller von Tonträgern, die nach den Kriterien des Rom-Abkommens schutzberechtigt wären, wenn alle Parteien dieses Vertrags Vertragsstaaten des Rom-Abkommens wären. Die Vertragsparteien wenden hinsichtlich dieser Berechtigungskriterien die entsprechenden Begriffsbestimmungen in Artikel 2 dieses Vertrags an.

(3) jede Vertragspartei, die von den Möglichkeiten des Artikels 5 Absatz 3 des Rom-Abkommens oder für die Zwecke des Artikels 5 des Rom-Abkommens von Artikel 17 des Abkommens Gebrauch macht, richtet nach Maßgabe dieser Bestimmungen eine Notifikation an den Generaldirektor der Weltorganisation für geistiges Eigentum (WIPO).

Artikel 4
Inländerbehandlung

(1) jede Vertragspartei gewährt den Angehörigen anderer Vertragsparteien im Sinne von Artikel 3 Absatz 2 die Behandlung, die sie ihren eigenen Angehörigen in bezug auf die nach diesem Vertrag ausdrücklich gewährten ausschließlichen Rechte und das Recht auf angemessene Vergütung gemäß Artikel 15 gewährt.

(2) Die Verpflichtung nach Absatz 1 gilt nicht, soweit eine andere Vertragspartei von den Vorbehalten nach Artikel 15 Absatz 3 Gebrauch macht.

Kapitel II
Rechte der ausübenden Künstler

Artikel 5
Persönlichkeitsrechte

(1) Unabhängig von ihren wirtschaftlichen Rechten haben ausübende Künstler auch nach Abtretung dieser Rechte in bezug auf ihre hörbaren Live-Darbietungen oder auf Tonträgern festgelegten Darbietungen das Recht auf Namensnennung, sofern die Unterlassung der Namensnennung nicht durch die Art der Nutzung der Darbietung geboten ist, und können gegen jede Entstellung, Verstümmelung oder sonstige Änderung ihrer Darbietungen, die ihrem Ruf abträglich wäre, Einspruch erheben.

(2) Die Rechte der ausübenden Künstler nach Absatz 1 bestehen nach ihrem Tod mindestens bis zum Erlöschen der wirtschaftlichen Rechte fort und können von den Personen oder Institutionen wahrgenommen werden, die nach dem Recht der Vertragspartei, in deren Gebiet der Schutz beansprucht wird, hierzu befugt sind. Die Vertragsparteien, deren Recht zum Zeitpunkt der Ratifikation dieses Vertrags oder des Beitritts zu diesem Vertrag keinen Schutz für sämtliche in Absatz 1 genannten Rechte der ausübenden Künstler nach deren Ableben vorsieht, können bestimmen, daß einige dieser Rechte nach dem Tod nicht fortbestehen.

(3) Die Möglichkeiten des Rechtsschutzes zur Wahrung der nach diesem Artikel gewährten Rechte bestimmen sich nach dem Recht der Vertragspartei, in deren Gebiet der Schutz beansprucht wird.

Artikel 6
Wirtschaftliche Rechte der ausübenden Künstler an ihren nicht festgelegten Darbietungen

Ausübende Künstler haben in bezug auf ihre Darbietungen das ausschließliche Recht zu erlauben:

i) die Sendung und die öffentliche Wiedergabe ihrer nicht festgelegten Darbietungen, sofern es sich nicht bereits um eine gesendete Darbietung handelt, und
ii) die Festlegung ihrer nicht festgelegten Darbietungen.

Artikel 7
Vervielfältigungsrecht

Ausübende Künstler haben das ausschließliche Recht, jede unmittelbare oder mittelbare Vervielfältigung ihrer auf Tonträger festgelegten Darbietungen zu erlauben.

Artikel 8
Verbreitungsrecht

(1) Ausübende Künstler haben das ausschließliche Recht zu erlauben, daß das Original und Vervielfältigungsstücke ihrer auf Tonträgern festgelegten Darbietungen durch Verkauf oder sonstige Eigentumsübertragung der Öffentlichkeit zugänglich gemacht werden.

(2) Dieser Vertrag berührt nicht die Freiheit der Vertragsparteien, gegebenenfalls zu bestimmen, unter welchen Voraussetzungen sich das Recht nach Absatz 1 nach dem ersten mit Erlaubnis des ausübenden Künstlers erfolgten Verkaufs des Originals oder eines Vervielfältigungsstücks oder der ersten sonstigen Eigentumsübertragung erschöpft.

Artikel 9
Vermietrecht

(1) Ausübende Künstler haben das ausschließliche Recht, die gewerbsmäßige Vermietung des Originals und der Vervielfältigungsstücke ihrer auf Tonträgern festgelegten Darbietungen nach Maßgabe der Rechtsvorschriften der Vertragsparteien zu erlauben, auch wenn das Original und die Vervielfältigungsstücke bereits mit allgemeiner oder ausdrücklicher Erlaubnis des ausübenden Künstlers verbreitet worden sind.

(2) Eine Vertragspartei, in deren Gebiet seit dem 15. April 1994 eine Regelung in Kraft ist, die für ausübende Künstler eine angemessene Vergütung für die Vermietung von Vervielfältigungsstücken ihrer auf Tonträger festgelegten Darbietungen vorsieht, kann diese Regelung unbeschadet der Bestimmungen von Absatz 1 beibehalten, sofern die gewerbsmäßige Vermietung von Tonträgern das ausschließliche Vervielfältigungsrecht der ausübenden Künstler nicht erheblich beeinträchtigt.

Artikel 10
Recht auf Zugänglichmachung festgelegter Darbietungen

Ausübende Künstler haben das ausschließliche Recht zu erlauben, daß ihre auf Tonträgern festgelegten Darbietungen drahtgebunden oder drahtlos in einer Weise der Öffentlichkeit zugänglich gemacht werden, daß sie Mitgliedern der Öffentlichkeit an Orten und zu Zeiten ihrer Wahl zugänglich sind.

Kapitel III
Rechte der Tonträgerhersteller

Artikel 11
Vervielfältigungsrecht

Die Hersteller von Tonträgern haben das ausschließliche Recht, jede unmittelbare oder mittelbare Vervielfältigung ihrer Tonträger zu erlauben.

Artikel 12
Verbreitungsrecht

(1) Die Hersteller von Tonträgern haben das ausschließliche Recht zu erlauben, daß das Original und Vervielfältigungsstücke ihrer Tonträger durch Verkauf oder sonstige Eigentumsübertragung der Öffentlichkeit zugänglich gemacht werden.

(2) Dieser Vertrag berührt nicht die Freiheit der Vertragsparteien gegebenenfalls zu bestimmen, unter welchen Voraussetzungen sich das Recht nach Absatz 1 nach dem ersten mit Erlaubnis des Tonträgerherstellers erfolgten Verkaufs des Originals oder eines Vervielfältigungsstücks oder der ersten sonstigen Eigentumsübertragung erschöpft.

Artikel 13
Vermietrecht

(1) Die Hersteller von Tonträgern haben das ausschließliche Recht, die gewerbsmäßige Vermietung des Originals und der Vervielfältigungsstücke ihrer Tonträger zu erlauben, auch wenn das Original und die Vervielfältigungsstücke bereits mit allgemeiner oder besonderer Erlaubnis des Herstellers verbreitet worden sind.

(2) Eine Vertragspartei, in deren Gebiet seit dem 15. April 1994 eine Regelung in Kraft ist, die für Tonträgerhersteller eine angemessene Vergütung für die Vermietung von Vervielfältigungsstücken ihrer Tonträger vorsieht, kann diese Regelung unbeschadet der Bestimmungen von Absatz 1 beibehalten, sofern die gewerbsmäßige Vermietung von Tonträgern das ausschließliche Vervielfältigungsrecht der Tonträgerhersteller nicht erheblich beeinträchtigt.

Artikel 14
Recht auf Zugänglichmachung von Tonträgern

Die Hersteller von Tonträgern haben das ausschließliche Recht zu erlauben, daß ihre Tonträger drahtgebunden oder drahtlos in einer Weise der Öffentlichkeit zugänglich gemacht werden, daß sie Mitgliedern der Öffentlichkeit an Orten und zu Zeiten ihrer Wahl zugänglich sind.

Kapitel IV
Gemeinsame Bestimmungen

Artikel 15
Vergütungsrecht für Sendung und öffentliche Wiedergabe

(1) Werden zu gewerblichen Zwecken veröffentlichte Tonträger unmittelbar oder mittelbar für eine Sendung oder öffentliche Wiedergabe benutzt, so haben ausübende Künstler und Tonträgerhersteller Anspruch auf eine einzige angemessene Vergütung.

(2) Die Vertragsparteien können in ihren Rechtsvorschriften bestimmen, daß der ausübende Künstler oder der Tonträgerhersteller oder beide von dem Benutzer die Zahlung der einzigen angemessenen Vergütung verlangen. Die Vertragsparteien können Rechtsvorschriften erlassen, die in Ermangelung einer Vereinbarung zwischen dem ausübenden Künstler und dem Tonträgerhersteller die Bedingungen festlegen, nach denen die einzige angemessene Vergütung zwischen ausübenden Künstlern und Tonträgerherstellern aufzuteilen ist.

(3) jede Vertragspartei kann in einer beim Generaldirektor der WIPO hinterlegten Notifikation erklären, daß sie die Bestimmungen in Absatz 1 nur in bezug auf bestimmte Nutzungsarten anwenden oder die Anwendung in einer anderen Weise einschränken wird oder daß sie diese Bestimmungen überhaupt nicht anwenden wird.

(4) Tonträger, die drahtgebunden oder drahtlos in einer Weise der Öffentlichkeit zugänglich gemacht wurden, daß sie Mitgliedern der Öffentlichkeit an Orten und zu Zeiten ihrer Wahl zugänglich sind, gelten im Sinne dieses Artikels als zu gewerblichen Zwecken veröffentlicht.

Artikel 16
Beschränkungen und Ausnahmen

(1) Die Vertragsparteien können in ihren Rechtsvorschriften in bezug auf den Schutz der ausübenden Künstler und der Hersteller von Tonträgern Beschränkungen und Ausnahmen gleicher

Art vorsehen, wie sie in ihren Rechtsvorschriften im Zusammenhang mit dem Schutz des Urheberrechts an Werken der Literatur und Kunst vorgesehen sind.

(2) Die Vertragsparteien begrenzen die Beschränkungen und Ausnahmen in bezug auf die in
diesem Vertrag vorgesehenen Rechte auf bestimmte Sonderfälle, die weder die normale Verwertung der Darbietung oder des Tonträgers beeinträchtigen noch die berechtigten Interessen
der ausübenden Künstler oder Tonträgerhersteller unzumutbar verletzen.

Artikel 17
Schutzdauer

(1) Die Dauer des den ausübenden Künstlern nach diesem Vertrag zu gewährenden Schutzes
beträgt mindestens 50 Jahre, gerechnet vom Ende des Jahres, in dem die Darbietung auf einem
Tonträger festgelegt wurde.

(2) Die Dauer des den Tonträgerherstellern nach diesem Vertrag zu gewährenden Schutzes
beträgt mindestens 50 Jahre, gerechnet vom Ende des Jahres, in dem der Tonträger veröffentlicht wurde, oder, falls er innerhalb von 50 Jahren nach seiner Festlegung nicht veröffentlicht wurde, 50 Jahre, gerechnet vom Ende des Jahres, in dem er festgelegt wurde.

Artikel 18
Pflichten in bezug auf technische Vorkehrungen

Die Vertragsparteien sehen einen hinreichenden Rechtsschutz und wirksame Rechtsbehelfe
gegen die Umgehung wirksamer technischer Vorkehrungen vor, von denen ausübende Künstler
oder Tonträgerhersteller im Zusammenhang mit der Ausübung ihrer Rechte nach diesem Vertrag Gebrauch machen und die Handlungen in bezug auf ihre Darbietungen oder Tonträger einschränken, die der betreffende ausübende Künstler oder Tonträgerhersteller nicht erlaubt hat
oder die gesetzlich nicht zulässig sind.

Artikel 19
Pflichten in bezug auf Informationen für die Wahrnehmung der Rechte

(1) Die Vertragsparteien sehen hinreichende und wirksame Rechtsbehelfe gegen Personen
vor, die wissentlich eine der nachstehenden Handlungen vornehmen, obwohl ihnen bekannt ist
oder in bezug auf zivilrechtliche Rechtsbehelfe den Umständen nach bekannt sein muß, daß
diese Handlung die Verletzung eines unter diesen Vertrag fallenden Rechts herbeiführen, ermöglichen, erleichtern oder verbergen wird:

i) unbefugte Entfernung oder Änderung elektronischer Informationen für die Wahrnehmung
der Rechte;
ii) unbefugte Verbreitung, Einfuhr zur Verbreitung, Sendung, öffentliche Wiedergabe oder Zugänglichmachung von Darbietungen, Vervielfältigungsstücken festgelegter Darbietungen
oder Tonträgern in Kenntnis des Umstands, daß elektronische Informationen für die Wahrnehmung der Rechte unbefugt entfernt oder geändert wurden.

(2) Im Sinne dieses Artikels sind „Informationen für die Wahrnehmung der Rechte" Informationen, die den ausübenden Künstler, seine Darbietung, den Hersteller des Tonträgers, den
Tonträger, den Inhaber eines Rechts an der Darbietung oder an dem Tonträger identifizieren,
oder Informationen über die Nutzungsbedingungen einer Darbietung oder eines Tonträgers
oder Zahlen oder Codes, die derartige Informationen darstellen, wenn irgendeines dieser Informationselemente an einem Vervielfältigungsstück einer festgelegten Darbietung oder einem
Tonträger angebracht ist oder im Zusammenhang mit der öffentlichen Wiedergabe oder Zugänglichmachung einer festgelegten Darbietung oder eines Tonträgers erscheint.

Artikel 20
Formvorschriften

Der Genuß und die Ausübung der in diesem Vertrag vorgesehenen Rechte unterliegen keinerlei Formvorschriften.

Artikel 21
Vorbehalte

Mit Ausnahme des Artikels 15 Absatz 3 sind Vorbehalte zu diesem Vertrag nicht zulässig.

Artikel 22
Anwendung in zeitlicher Hinsicht

(1) Die Vertragsparteien wenden Artikel 18 der Berner Übereinkunft entsprechend auf die nach diesem Vertrag vorgesehenen Rechte der ausübenden Künstler und Tonträgerhersteller an.

(2) Unbeschadet des Absatzes 1 kann eine Vertragspartei die Anwendung des Artikels 5 dieses Vertrags auf Darbietungen beschränken, die nach Inkrafttreten dieses Vertrags für die betreffende Vertragspartei stattgefunden haben.

Artikel 23
Rechtsdurchsetzung

(1) Die Vertragsparteien verpflichten sich, in Übereinstimmung mit ihren Rechtsordnungen die notwendigen Maßnahmen zu ergreifen, um die Anwendung dieses Vertrags sicherzustellen.

(2) Die Vertragsparteien stellen sicher, daß in ihren Rechtsordnungen Verfahren zur Rechtsdurchsetzung verfügbar sind, um ein wirksames Vorgehen gegen jede Verletzung von unter diesen Vertrag fallenden Rechten zu ermöglichen, einschließlich Eilverfahren zur Verhinderung von Verletzungshandlungen und Rechtsbehelfen zur Abschreckung von weiteren Verletzungshandlungen.

Kapitel V
Verwaltungs- und Schlußbestimmungen

Artikel 24
Die Versammlung

(1) a) Die Vertragsparteien haben eine Versammlung.
b) Jede Vertragspartei wird durch einen Delegierten vertreten, der von Stellvertretern, Beratern und Sachverständigen unterstützt werden kann.
c) Die Kosten jeder Delegation werden von der Vertragspartei getragen, die sie entsandt hat. Die Versammlung kann die WIPO um finanzielle Unterstützung bitten, um die Teilnahme von Delegationen von Vertragsparteien zu erleichtern, die nach der bestehenden Übung der Generalversammlung der Vereinten Nationen als Entwicklungsländer angesehen werden oder die Länder im Übergang zur Marktwirtschaft sind.

(2) a) Die Versammlung behandelt Fragen, die die Erhaltung und Entwicklung sowie die Anwendung und Durchführung dieses Vertrags betreffen.
b) Die Versammlung nimmt in bezug auf die Zulassung bestimmter zwischenstaatlicher Organisationen als Vertragspartei die ihr nach Artikel 26 Absatz 2 übertragene Aufgabe wahr.
c) Die Versammlung beschließt die Einberufung einer diplomatischen Konferenz zur Revision dieses Vertrags und erteilt dem Generaldirektor der WIPO die notwendigen Weisungen für die Vorbereitung einer solchen Konferenz.

(3) a) Jede Vertragspartei, die ein Staat ist, verfügt über eine Stimme und stimmt nur in ihrem Namen ab.

b) Eine Vertragspartei, die eine zwischenstaatliche Organisation ist, kann anstelle ihrer Mitgliedstaaten an der Abstimmung teilnehmen und verfügt über eine Anzahl von Stimmen, die der Anzahl ihrer Mitgliedstaaten entspricht, die Vertragspartei dieses Vertrags sind. Eine zwischenstaatliche Organisation kann nicht an der Abstimmung teilnehmen, wenn einer ihrer Mitgliedstaaten sein Stimmrecht ausübt und umgekehrt.

(4) Die Versammlung tritt nach Einberufung durch den Generaldirektor der WIPO alle zwei Jahre einmal zu einer ordentlichen Tagung zusammen.

(5) Die Versammlung gibt sich eine Geschäftsordnung, in der unter anderem die Einberufung außerordentlicher Tagungen, die Voraussetzungen für die Beschlußfähigkeit und vorbehaltlich der Bestimmungen dieses Vertrags die Mehrheitserfordernisse für die verschiedenen Arten von Beschlüssen geregelt sind.

Artikel 25
Das Internationale Büro

Das Internationale Büro der WIPO nimmt die Verwaltungsaufgaben im Rahmen dieses Vertrags wahr.

Artikel 26
Qualifikation als Vertragspartei

(1) Jeder Mitgliedstaat der WIPO kann Vertragspartei dieses Vertrags werden.

(2) Die Versammlung kann beschließen, jede zwischenstaatliche Organisation als Vertragspartei zuzulassen, die erklärt, für die durch diesen Vertrag geregelten Bereiche zuständig zu sein, über diesbezügliche Vorschriften, die für alle ihre Mitgliedstaaten bindend sind, zu verfügen und in Übereinstimmung mit ihrer Geschäftsordnung ordnungsgemäß ermächtigt worden zu sein, Vertragspartei zu werden.

(3) Die Europäische Gemeinschaft, die auf der Diplomatischen Konferenz, auf der dieser Vertrag angenommen wurde, die in Absatz 2 bezeichnete Erklärung abgegeben hat, kann Vertragspartei dieses Vertrags werden.

Artikel 27
Rechte und Pflichten nach dem Vertrag

Sofern dieser Vertrag nicht ausdrücklich etwas anderes bestimmt, gelten für jede Vertragspartei alle Rechte und Pflichten nach diesem Vertrag.

Artikel 28
Unterzeichnung des Vertrags

Dieser Vertrag liegt bis zum 31. Dezember 1997 zur Unterzeichnung durch jeden Mitgliedstaat der WIPO und durch die Europäische Gemeinschaft auf.

Artikel 29
Inkrafttreten des Vertrags

Dieser Vertrag tritt drei Monate nach Hinterlegung der dreißigsten Ratifikations- oder Beitrittsurkunde beim Generaldirektor der WIPO in Kraft.

Artikel 30
Inkrafttreten des Vertrags für eine Vertragspartei

Dieser Vertrag bindet

i) die dreißig Staaten im Sinne von Artikel 29 ab dem Tag, an dem dieser Vertrag in Kraft getreten ist;

ii) jeden anderen Staat nach Ablauf von drei Monaten nach Hinterlegung seiner Urkunde beim Generaldirektor der WIPO;

iii) die Europäische Gemeinschaft nach Ablauf von drei Monaten nach Hinterlegung ihrer Ratifikations- oder Beitrittsurkunde, wenn diese Urkunde nach Inkrafttreten dieses Vertrags nach Artikel 29 hinterlegt worden ist, oder drei Monate nach Inkrafttreten dieses Vertrags, wenn die Urkunde vor Inkrafttreten des Vertrags hinterlegt worden ist;

iv) jede andere zwischenstaatliche Organisation, die als Vertragspartei dieses Vertrags zugelassen wird, nach Ablauf von drei Monaten nach Hinterlegung ihrer Beitrittsurkunde.

Artikel 31
Kündigung des Vertrags

Dieser Vertrag kann von jeder Vertragspartei durch eine an den Generaldirektor der WIPO gerichtete Notifikation gekündigt werden. Die Kündigung wird ein Jahr nach dem Tag wirksam, an dem die Notifikation beim Generaldirektor der WIPO eingegangen ist.

Artikel 32
Vertragssprachen

(1) Dieser Vertrag wird in einer Urschrift in englischer, arabischer, chinesischer, französischer, russischer und spanischer Sprache unterzeichnet, wobei jeder Wortlaut gleichermaßen verbindlich ist.

(2) Ein amtlicher Wortlaut in einer anderen als der in Absatz 1 genannten Sprachen wird durch den Generaldirektor der WIPO auf Ersuchen einer interessierten Vertragspartei nach Konsultation mit allen interessierten Vertragsparteien erstellt. „Interessierte Vertragspartei" im Sinne dieses Absatzes bedeutet einen Mitgliedstaat der WIPO, dessen Amtssprache oder eine von dessen Amtssprachen betroffen ist, sowie die Europäische Gemeinschaft und jede andere zwischenstaatliche Organisation, die Vertragspartei dieses Vertrags werden kann, wenn eine ihrer Amtssprachen betroffen ist.

Artikel 33
Verwahrer

Verwahrer dieses Vertrags ist der Generaldirektor der WIPO.

Vereinbarte Erklärungen

Zu Artikel 1

Artikel 1 Absatz 2 präzisiert das Verhältnis zwischen Rechten an Tonträgern im Sinne dieses Vertrags und dem Urheberrecht an in Tonträgern verkörperten Werken. In Fällen in denen sowohl die Zustimmung des Urhebers eines in einen Tonträger eingefügten Werks als auch die Zustimmung des ausübenden Künstlers oder Herstellers, der Rechte an dem Tonträger besitzt, erforderlich ist, wird das Erfordernis der Zustimmung des Urhebers nicht deshalb hinfällig, weil auch die Zustimmung des ausübenden Künstlers oder Herstellers erforderlich ist und umgekehrt.

Artikel 1 Absatz 2 hindert einen Vertragsstaat nicht daran, einem ausübenden Künstler oder Tonträgerhersteller ausschließliche Rechte zu gewähren, die über die nach diesem Vertrag zu gewährenden Rechte hinausgehen.

Zu Artikel 2 Buchstabe b)

Die Tonträgerdefinition in Artikel 2 Buchstabe b) läßt nicht darauf schließen, daß Rechte an einem Tonträger durch ihre Einfügung in ein Filmwerk oder in ein anderes audiovisuelles Werk in irgendeiner Weise beeinträchtigt werden.

Zu Artikel 2 Buchstabe e) und die Artikel 8, 9, 12 und 13

Die in diesen Artikeln im Zusammenhang mit dem Verbreitungs- und Vermietrecht verwendeten Ausdrücke „Vervielfältigungsstücke" und „Original und Vervielfältigungsstücke" beziehen sich ausschließlich auf Vervielfältigungsstücke, die als körperliche Gegenstände in Verkehr gebracht werden können.

Zu Artikel 3

Der Verweis in den Artikeln 5 Buchstabe a) und 16 Buchstabe a) Ziffer iv) des Rom-Abkommens auf „Angehöriger eines anderen vertragschließenden Staates" bezeichnet, wenn er sich auf diesen Vertrag bezieht, im Hinblick auf eine zwischenstaatliche Organisation, die Partei dieses Vertrags ist, einen Angehörigen, einer der Staaten, die Mitglieder dieser Organisation sind.

Zu Artikel 3 Absatz 2

Im Sinne von Artikel 3 Absatz 2 bedeutet Festlegung die Fertigstellung des Master-Bands.

Zu den Artikeln 7, 11 und 16

Das in den Artikeln 7 und 11 niedergelegte Vervielfältigungsrecht mit den in Artikel 16 aufgeführten zulässigen Ausnahmen findet in vollem Umfang im digitalen Bereich Anwendung, insbesondere auf die Verwendung von Darbietungen und Tonträgern in digitaler Form. Die elektronische Speicherung einer geschützten Darbietung oder eines geschützten Tonträgers in digitaler Form gilt als Vervielfältigung im Sinne dieser Artikel.

Zu Artikel 15

Der Umfang der Sende- und Wiedergaberechte, die ausübende Künstler und Tonträgerhersteller im Zeitalter der Digitaltechnik in Anspruch nehmen können, ist in Artikel 15 nicht vollständig geregelt. Die Delegationen waren nicht in der Lage, einen Konsens über die verschiedenen Vorschläge zu den unter bestimmten Voraussetzungen zu gewährenden Ausschließlichkeitsrechten oder zu Rechten, die ohne die Möglichkeit eines Vorbehalts gewährt werden, herbeizuführen und haben diese Frage daher einer künftigen Regelung vorbehalten.

Zu Artikel 15

Artikel 15 steht der Gewährung des Rechts nicht entgegen, das dieser Artikel den Interpreten der Volkskunst und den Tonträgerherstellern, die Volkskunst aufzeichnen, einräumt, wenn diese Tonträger nicht zu gewerblichen Zwecken veröffentlicht worden sind.

Zu Artikel 16

Die vereinbarte Erklärung zu Artikel 10 (Beschränkungen und Ausnahmen) des WIPO-Urheberrechtsvertrags gilt mutatis mutandis ebenfalls für Artikel 16 (Beschränkungen und Ausnahmen) des WIPO-Vertrags über Darbietungen und Tonträger.

Zu Artikel 19

Die vereinbarte Erklärung zu Artikel 12 (Pflichten in bezug auf Informationen für die Wahrnehmung der Rechte) des WIPO-Urheberrechtsvertrags gilt mutatis mutandis ebenfalls für Artikel 19 (Pflichten in bezug auf Informationen für die Wahrnehmung der Rechte) des WIPO-Vertrags über Darbietungen und Tonträger.

4. Berner Übereinkommen zum Schutz von Werken der Literatur und Kunst (RBÜ)

Pariser Fassung vom 24. Juli 1971
(BGBl II 1973 S. 1071, 1985 S. 81)

Die Verbandsländer gleichermaßen von dem Wunsch geleitet, die Rechte der Urheber an ihren Werken der Literatur und Kunst in möglichst wirksamer und gleichmäßiger Weise zu schützen, in Anerkennung der Bedeutung der Arbeitsergebnisse der 1967 in Stockholm abgehaltenen Revisionskonferenz haben beschlossen, die von der Stockholmer Konferenz angenommene Fassung dieser Übereinkunft unter unveränderter Beibehaltung der Artikel 1 bis 20 und 22 bis 26 zu revidieren.

Die unterzeichneten Bevollmächtigten haben daher nach Vorlage ihrer in guter und gehöriger Form befundenen Vollmachten folgendes vereinbart:

Artikel 1

Die Länder, auf die diese Übereinkunft Anwendung findet, bilden einen Verband zum Schutz der Rechte der Urheber an ihren Werken der Literatur und Kunst.

Artikel 2

(1) Die Bezeichnung „Werke der Literatur und Kunst" umfaßt alle Erzeugnisse auf dem Gebiet der Literatur, Wissenschaft und Kunst, ohne Rücksicht auf die Art und Form des Ausdrucks, wie: Bücher, Broschüren und andere Schriftwerke; Vorträge, Ansprachen, Predigten und andere Werke gleicher Art; dramatische oder dramatisch-musikalische Werke; choreographische Werke und Pantomimen; musikalische Kompositionen mit oder ohne Text; Filmwerke einschließlich der Werke, die durch ein ähnliches Verfahren wie Filmwerke hervorgebracht sind; Werke der zeichnenden Kunst, der Malerei, der Baukunst, der Bildhauerei, Stiche und Lithographien; fotografische Werke, denen Werke gleichgestellt sind, die durch ein der Photographie ähnliches Verfahren hervorgebracht sind; Werke der angewandten Kunst; Illustrationen, geographische Karten; Pläne, Skizzen und Darstellungen plastischer Art auf den Gebieten der Geographie, Topographie, Architektur oder Wissenschaft.

(2) Der Gesetzgebung der Verbandsländer bleibt jedoch vorbehalten, die Werke der Literatur und Kunst oder eine oder mehrere Arten davon nur zu schützen, wenn sie auf einem materiellen Träger festgelegt sind.

(3) Den gleichen Schutz wie Originalwerke genießen, unbeschadet der Rechte des Urhebers des Originalwerks, die Übersetzungen, Bearbeitungen, musikalischen Arrangements und andere Umarbeitungen eines Werkes der Literatur oder Kunst.

(4) Der Gesetzgebung der Verbandsländer bleibt vorbehalten, den Schutz amtlicher Texte auf dem Gebiet der Gesetzgebung, Verwaltung und Rechtsprechung sowie der amtlichen Übersetzungen dieser Texte zu bestimmen.

(5) Sammlungen von Werken der Literatur oder Kunst, wie zum Beispiel Enzyklopädien und Anthologien, die wegen der Auswahl oder der Anordnung des Stoffes geistige Schöpfungen darstellen, sind als solche geschützt, unbeschadet der Rechte der Urheber an jedem einzelnen der Werke, die Bestandteile dieser Sammlungen sind.

(6) Die oben genannten Werke genießen Schutz in allen Verbandsländern. Dieser Schutz besteht zugunsten des Urhebers und seiner Rechtsnachfolger oder sonstiger Inhaber ausschließlicher Werknutzungsrechte.

(7) Unbeschadet des Artikels 7 Absatz 4 bleibt der Gesetzgebung der Verbandsländer vorbehalten, den Anwendungsbereich der Gesetze, die die Werke der angewandten Kunst und die ge-

1354

werblichen Muster und Modelle betreffen, sowie die Voraussetzungen des Schutzes dieser Werke, Muster und Modelle festzulegen. Für Werke, die im Ursprungsland nur als Muster und Modelle geschützt werden, kann in einem anderen Verbandsland nur der besondere Schutz beansprucht werden, der in diesem Land den Mustern und Modellen gewährt wird; wird jedoch in diesem Land kein solcher besonderer Schutz gewährt, so sind diese Werke als Werke der Kunst zu schützen.

(8) Der Schutz dieser Übereinkunft besteht nicht für Tagesneuigkeiten oder vermischte Nachrichten, die einfache Zeitungsmitteilungen darstellen.

Artikel 2bis

(1) Der Gesetzgebung der Verbandsländer bleibt vorbehalten, politische Reden und Reden in Gerichtsverhandlungen teilweise oder ganz von dem in Artikel 2 vorgesehenen Schutz auszuschließen.

(2) Ebenso bleibt der Gesetzgebung der Verbandsländer vorbehalten zu bestimmen, unter welchen Voraussetzungen Vorträge, Ansprachen und andere in der Öffentlichkeit dargebotene Werke gleicher Art durch die Presse vervielfältigt, durch Rundfunk gesendet, mittels Draht an die Öffentlichkeit übertragen werden und in den Fällen des Artikels 11bis Absatz 1 öffentlich wiedergegeben werden dürfen, wenn eine solche Benutzung durch den Informationszweck gerechtfertigt ist.

(3) Der Urheber genießt jedoch das ausschließliche Recht, seine in den Absätzen 1 und 2 genannten Werke in Sammlungen zu vereinigen.

Artikel 3

(1) Aufgrund dieser Übereinkunft sind geschützt:
a) die einem Verbandsland angehörenden Urheber für ihre veröffentlichten und unveröffentlichten Werke;
b) die keinem Verbandsland angehörenden Urheber für die Werke, die sie zum ersten Mal in einem Verbandsland oder gleichzeitig in einem verbandsfremden und in einem Verbandsland veröffentlichen.

(2) Die Urheber, die keinem Verbandsland angehören, jedoch ihren gewöhnlichen Aufenthalt in einem Verbandsland haben, sind für die Anwendung dieser Übereinkunft den Urhebern gleichgestellt, die diesem Land angehören.

(3) Unter „veröffentlichten Werken" sind die mit Zustimmung ihrer Urheber erschienenen Werke zu verstehen, ohne Rücksicht auf die Art der Herstellung der Werkstücke, die je nach der Natur des Werkes in einer Weise zur Verfügung der Öffentlichkeit gestellt sein müssen, die deren normalen Bedarf befriedigt. Eine Veröffentlichung stellen nicht dar: die Aufführung eines dramatischen, dramatisch-musikalischen oder musikalischen Werkes, die Vorführung eines Filmwerks, der öffentliche Vortrag eines literarischen Werkes, die Übertragung oder die Rundfunksendung von Werken der Literatur oder Kunst, die Ausstellung eines Werkes der bildenden Künste und die Errichtung eines Werkes der Baukunst.

(4) Als gleichzeitig in mehreren Ländern veröffentlicht gilt jedes Werk, das innerhalb von dreißig Tagen seit der ersten Veröffentlichung in zwei oder mehr Ländern erschienen ist.

Artikel 4

Auch wenn die Voraussetzungen des Artikels 3 nicht vorliegen, sind durch diese Übereinkunft geschützt:
a) die Urheber von Filmwerken, deren Hersteller seinen Sitz oder seinen gewöhnlichen Aufenthalt in einem Verbandsland hat;

b) die Urheber von Werken der Baukunst, die in einem Verbandsland errichtet sind, oder von Werken der graphischen und plastischen Künste, die Bestandteile eines in einem Verbandsland gelegenen Grundstücks sind.

Artikel 5

(1) Die Urheber genießen für die Werke, für die sie durch diese Übereinkunft geschützt sind, in allen Verbandsländern mit Ausnahme des Ursprungslandes des Werkes die Rechte, die die einschlägigen Gesetze den inländischen Urhebern gegenwärtig gewähren oder in Zukunft gewähren werden, sowie die in dieser Übereinkunft besonders gewährten Rechte.

(2) Der Genuß und die Ausübung dieser Rechte sind nicht an die Erfüllung irgendwelcher Förmlichkeiten gebunden; dieser Genuß und diese Ausübung sind unabhängig vom Bestehen des Schutzes im Ursprungsland des Werkes. Infolgedessen richten sich der Umfang des Schutzes sowie die dem Urheber zur Wahrung seiner Rechte zustehenden Rechtsbehelfe ausschließlich nach den Rechtsvorschriften des Landes, in dem der Schutz beansprucht wird, soweit diese Übereinkunft nichts anderes bestimmt.

(3) Der Schutz im Ursprungsland richtet sich nach den innerstaatlichen Rechtsvorschriften. Gehört der Urheber eines aufgrund dieser Übereinkunft geschützten Werkes nicht dem Ursprungsland des Werkes an, so hat er in diesem Land die gleichen Rechte wie die inländischen Urheber.

(4) Als Ursprungsland gilt:

a) für die zum ersten Mal in einem Verbandsland veröffentlichten Werke dieses Landes; handelt es sich jedoch um Werke, die gleichzeitig in mehreren Verbandsländern mit verschiedener Schutzdauer veröffentlicht wurden, das Land, dessen innerstaatliche Rechtsvorschriften die kürzeste Schutzdauer gewähren,

b) für die gleichzeitig in einem verbandsfremden Land und in einem Verbandsland veröffentlichten Werke dieses letzte Land,

c) für die nichtveröffentlichten oder die zum ersten Mal in einem verbandsfremden Land veröffentlichten Werke, die nicht gleichzeitig in einem Verbandsland veröffentlicht wurden, das Verbandsland, dem der Urheber angehört; jedoch ist Ursprungsland,

   i) wenn es sich um Filmwerke handelt, deren Hersteller seinen Sitz oder seinen gewöhnlichen Aufenthalt in einem Verbandsland hat, dieses Land und,

   ii) wenn es sich um Werke der Baukunst, die in einem Verbandsland errichtet sind, oder um Werke der graphischen und plastischen Künste handelt, die Bestandteile eines in einem Verbandsland gelegenen Grundstücks sind, dieses Land.

Artikel 6

(1) Wenn ein verbandsfremdes Land die Werke der einem Verbandsland angehörenden Urheber nicht genügend schützt, kann dieses letzte Land den Schutz der Werke einschränken, deren Urheber im Zeitpunkt der ersten Veröffentlichung dieser Werke Angehörige des verbandsfremden Landes sind und ihren gewöhnlichen Aufenthalt nicht in einem Verbandsland haben. Wenn das Land der ersten Veröffentlichung von dieser Befugnis Gebrauch macht, sind die anderen Verbandsländer nicht gehalten, den Werken, die in dieser Weise einer besonderen Behandlung unterworfen sind, einen weitergehenden Schutz zu gewähren als das Land der ersten Veröffentlichung.

(2) Keine nach Absatz 1 festgesetzte Einschränkung darf die Rechte beeinträchtigen, die ein Urheber an einem Werk erworben hat, das in einem Verbandsland vor dem Inkrafttreten dieser Einschränkung veröffentlicht worden ist.

(3) Die Verbandsländer, die nach diesem Artikel den Schutz der Rechte der Urheber einschränken, notifizieren dies dem Generaldirektor der Weltorganisation für geistiges Eigentum (im folgenden als „der Generaldirektor" bezeichnet) durch eine schriftliche Erklärung; darin

sind die Länder, denen gegenüber der Schutz eingeschränkt wird, und die Einschränkungen anzugeben, denen die Rechte der diesen Ländern angehörenden Urheber unterworfen werden.
Der Generaldirektor teilt dies allen Verbandsländern unverzüglich mit.

Artikel 6bis

(1) Unabhängig von seinen vermögensrechtlichen Befugnissen und selbst nach deren Abtretung behält der Urheber das Recht, die Urheberschaft am Werk für sich in Anspruch zu nehmen
und sich jeder Entstellung, Verstümmelung, sonstigen Änderung oder Beeinträchtigung des
Werkes zu widersetzen, die seiner Ehre oder seinem Ruf nachteilig sein könnten.

(2) Die dem Urheber nach Absatz 1 gewährten Rechte bleiben nach seinem Tod wenigstens
bis zum Erlöschen der vermögensrechtlichen Befugnisse in Kraft und werden von den Personen
oder Institutionen ausgeübt, die nach den Rechtsvorschriften des Landes, in dem der Schutz beansprucht wird, hierzu berufen sind. Die Länder, deren Rechtsvorschriften im Zeitpunkt der
Ratifikation dieser Fassung der Übereinkunft oder des Beitritts zu ihr keine Bestimmungen
zum Schutz aller nach Absatz 1 gewährten Rechte nach dem Tod des Urhebers enthalten, sind
jedoch befugt vorzusehen, daß einzelne dieser Rechte nach dem Tod des Urhebers nicht aufrechterhalten bleiben.

(3) Die zur Wahrung der in diesem Artikel gewährten Rechte erforderlichen Rechtsbehelfe
richten sich nach den Rechtsvorschriften des Landes, in dem der Schutz beansprucht wird.

Artikel 7

(1) Die Dauer des durch diese Übereinkunft gewährten Schutzes umfaßt das Leben des Urhebers und fünfzig Jahre nach seinem Tod.

(2) Für Filmwerke sind die Verbandsländer jedoch befugt vorzusehen, daß die Schutzdauer
fünfzig Jahre nach dem Zeitpunkt endet, in dem das Werk mit Zustimmung des Urhebers der
Öffentlichkeit zugänglich gemacht worden ist, oder, wenn ein solches Ereignis nicht innerhalb
von fünfzig Jahren nach der Herstellung eines solchen Werkes eintritt, fünfzig Jahre nach der
Herstellung.

(3) Für anonyme und pseudonyme Werke endet die durch diese Übereinkunft gewährte
Schutzdauer fünfzig Jahre, nachdem das Werk erlaubterweise der Öffentlichkeit zugänglich gemacht worden ist. Wenn jedoch das vom Urheber angenommene Pseudonym keinerlei Zweifel
über die Identität des Urhebers zuläßt, richtet sich die Schutzdauer nach Absatz 1. Wenn der
Urheber eines anonymen oder pseudonymen Werkes während der oben angegebenen Frist seine Identität offenbart, richtet sich die Schutzdauer gleichfalls nach Absatz 1. Die Verbandsländer sind nicht gehalten, anonyme oder pseudonyme Werke zu schützen, bei denen aller Grund
zu der Annahme besteht, daß ihr Urheber seit fünfzig Jahren tot ist.

(4) Der Gesetzgebung der Verbandsländer bleibt vorbehalten, die Schutzdauer für Werke der
Photographie und für als Kunstwerke geschützte Werke der angewandten Kunst festzusetzen;
diese Dauer darf jedoch nicht weniger als fünfundzwanzig Jahre seit der Herstellung eines solchen Werkes betragen.

(5) Die sich an den Tod des Urhebers anschließende Schutzfrist und die in den Absätzen 2,
3 und 4 vorgesehenen Fristen beginnen mit dem Tod oder dem in diesen Absätzen angegebenen
Ereignis zu laufen, doch wird die Dauer dieser Fristen erst vom 1. Januar des Jahres an gerechnet, das auf den Tod oder das genannte Ereignis folgt.

(6) Die Verbandsländer sind befugt, eine längere als die in den vorhergehenden Absätzen
vorgesehene Schutzdauer zu gewähren.

(7) Die Verbandsländer, die durch die Fassung von Rom dieser Übereinkunft gebunden sind
und die in ihren bei der Unterzeichnung der vorliegenden Fassung der Übereinkunft geltenden
Rechtsvorschriften kürzere Schutzfristen gewähren, als in den vorhergehenden Absätzen vor-

gesehen sind, sind befugt, sie beim Beitritt zu dieser Fassung oder bei deren Ratifikation beizubehalten.

(8) In allen Fällen richtet sich die Dauer nach dem Gesetz des Landes, in dem der Schutz beansprucht wird; jedoch überschreitet sie, sofern die Rechtsvorschriften dieses Landes nichts anderes bestimmen, nicht die im Ursprungsland des Werkes festgesetzte Dauer.

Artikel 7bis

Die Bestimmungen des Artikels 7 sind ebenfalls anwendbar, wenn das Urheberrecht den Miturhebern eines Werkes gemeinschaftlich zusteht, wobei die an den Tod des Urhebers anknüpfenden Fristen vom Zeitpunkt des Todes des letzten überlebenden Miturhebers an gerechnet werden.

Artikel 8

Die Urheber von Werken der Literatur und Kunst, die durch diese Übereinkunft geschützt sind, genießen während der ganzen Dauer ihrer Rechte am Originalwerk das ausschließliche Recht, ihre Werke zu übersetzen oder deren Übersetzung zu erlauben.

Artikel 9

(1) Die Urheber von Werken der Literatur und Kunst, die durch diese Übereinkunft geschützt sind, genießen das ausschließliche Recht, die Vervielfältigung dieser Werke zu erlauben, gleichviel, auf welche Art und in welcher Form sie vorgenommen wird.

(2) Der Gesetzgebung der Verbandsländer bleibt vorbehalten, die Vervielfältigung in gewissen Sonderfällen unter der Voraussetzung zu gestatten, daß eine solche Vervielfältigung weder die normale Auswertung des Werkes beeinträchtigt noch die berechtigten Interessen des Urhebers unzumutbar verletzt.

(3) Jede Aufnahme auf einen Bild- oder Tonträger gilt als Vervielfältigung im Sinne dieser Übereinkunft.

Artikel 10

(1) Zitate aus einem der Öffentlichkeit bereits erlaubterweise zugänglich gemachten Werk sind zulässig, sofern sie anständigen Gepflogenheiten entsprechen und in ihrem Umfang durch den Zweck gerechtfertigt sind, einschließlich der Zitate aus Zeitungs- und Zeitschriftenartikeln in Form von Presseübersichten.

(2) Der Gesetzgebung der Verbandsländer und den zwischen ihnen bestehenden oder in Zukunft abzuschließenden Sonderabkommen bleibt vorbehalten, die Benützung von Werken der Literatur oder Kunst in dem durch den Zweck gerechtfertigten Umfang zur Veranschaulichung des Unterrichts durch Veröffentlichungen, Rundfunksendungen oder Aufnahmen auf Bild- oder Tonträger zu gestatten, sofern eine solche Benützung anständigen Gepflogenheiten entspricht.

(3) Werden Werke nach den Absätzen 1 und 2 benützt, so ist die Quelle zu erwähnen sowie der Name des Urhebers, wenn dieser Name in der Quelle angegeben ist.

Artikel 10bis

(1) Der Gesetzgebung der Verbandsländer bleibt vorbehalten, die Vervielfältigung durch die Presse, die Rundfunksendung oder die Übertragung mittels Draht an die Öffentlichkeit von Artikeln über Tagesfragen wirtschaftlicher, politischer oder religiöser Natur, die in Zeitungen oder Zeitschriften veröffentlicht worden sind, oder von durch Rundfunk gesendeten Werken gleicher Art zu erlauben, falls die Vervielfältigung, die Rundfunksendung oder die genannte

Übertragung nicht ausdrücklich vorbehalten ist. Jedoch muß die Quelle immer deutlich angegeben werden; die Rechtsfolgen der Unterlassung dieser Angabe werden durch die Rechtsvorschriften des Landes bestimmt, in dem der Schutz beansprucht wird.

(2) Ebenso bleibt der Gesetzgebung der Verbandsländer vorbehalten zu bestimmen, unter welchen Voraussetzungen anläßlich der Berichterstattung über Tagesereignisse durch Photographie oder Film oder im Weg der Rundfunksendung oder Übertragung mittels Draht an die Öffentlichkeit Werke der Literatur oder Kunst, die im Verlauf des Ereignisses sichtbar oder hörbar werden, in dem durch den Informationszweck gerechtfertigten Umfang vervielfältigt und der Öffentlichkeit zugänglich gemacht werden dürfen.

Artikel 11

(1) Die Urheber von dramatischen, dramatisch-musikalischen und musikalischen Werken genießen das ausschließliche Recht, zu erlauben:
1. die öffentliche Aufführung ihrer Werke einschließlich der öffentlichen Aufführung durch irgendein Mittel oder Verfahren,
2. die öffentliche Übertragung der Aufführung ihrer Werke durch irgendein Mittel.

(2) Die gleichen Rechte werden den Urhebern dramatischer oder dramatisch-musikalischer Werke während der ganzen Dauer ihrer Rechte am Originalwerk hinsichtlich der Übersetzung ihrer Werke gewährt.

Artikel 11bis

(1) Die Urheber von Werken der Literatur und Kunst genießen das ausschließliche Recht, zu erlauben:
1. die Rundfunksendung ihrer Werke oder die öffentliche Wiedergabe der Werke durch irgendein anderes Mittel zur drahtlosen Verbreitung von Zeichen, Tönen oder Bildern,
2. jede öffentliche Wiedergabe des durch Rundfunk gesendeten Werkes mit oder ohne Draht, wenn diese Wiedergabe von einem anderen als dem ursprünglichen Sendeunternehmen vorgenommen wird,
3. die öffentliche Wiedergabe des durch Rundfunk gesendeten Werkes durch Lautsprecher oder irgendeine andere ähnliche Vorrichtung zur Übertragung von Zeichen, Tönen oder Bildern.

(2) Der Gesetzgebung der Verbandsländer bleibt vorbehalten, die Voraussetzungen für die Ausübung der in Absatz 1 erwähnten Rechte festzulegen; doch beschränkt sich die Wirkung dieser Voraussetzungen ausschließlich auf das Hoheitsgebiet des Landes, das sie festgelegt hat. Sie dürfen in keinem Fall das Urheberpersönlichkeitsrecht oder den Anspruch des Urhebers auf eine angemessene Vergütung beeinträchtigen die mangels gütlicher Einigung durch die zuständige Behörde festgesetzt wird.

(3) Sofern keine gegenteilige Vereinbarung vorliegt, schließt eine nach Absatz 1 gewährte Erlaubnis nicht die Erlaubnis ein, das durch Rundfunk gesendete Werk auf Bild- oder Tonträger aufzunehmen. Der Gesetzgebung der Verbandsländer bleibt jedoch vorbehalten, Bestimmungen über die von einem Sendeunternehmen mit seinen eigenen Mitteln und für seine eigenen Sendungen vorgenommenen ephemeren Aufnahmen auf Bild- oder Tonträger zu erlassen. Diese Gesetzgebung kann erlauben, daß die Bild- oder Tonträger aufgrund ihres außergewöhnlichen Dokumentationscharakters in amtlichen Archiven aufbewahrt werden.

Artikel 11ter

(1) Die Urheber von Werken der Literatur genießen das ausschließliche Recht, zu erlauben:
1. den öffentlichen Vortrag ihrer Werke einschließlich des öffentlichen Vortrags durch irgendein Mittel oder Verfahren,

2. die öffentliche Übertragung des Vortrags ihrer Werke durch irgendein Mittel.

(2) Die gleichen Rechte werden den Urhebern von Werken der Literatur während der ganzen Dauer ihrer Rechte am Originalwerk hinsichtlich der Übersetzung ihrer Werke gewährt.

Artikel 12

Die Urheber von Werken der Literatur oder Kunst genießen das ausschließliche Recht, Bearbeitungen, Arrangements und andere Umarbeitungen ihrer Werke zu erlauben.

Artikel 13

(1) Jedes Verbandsland kann für seinen Bereich Vorbehalte und Voraussetzungen festlegen für das ausschließliche Recht des Urhebers eines musikalischen Werkes und des Urhebers eines Textes, dessen Aufnahme auf einen Tonträger zusammen mit dem musikalischen Werk dieser Urheber bereits gestattet hat, die Aufnahme des musikalischen Werkes und gegebenenfalls des Textes auf Tonträger zu erlauben; doch beschränkt sich die Wirkung aller derartigen Vorbehalte und Voraussetzungen ausschließlich auf das Hoheitsgebiet des Landes, das sie festgelegt hat; sie dürfen in keinem Fall den Anspruch des Urhebers auf eine angemessene Vergütung beeinträchtigen, die mangels gütlicher Einigung durch die zuständige Behörde festgesetzt wird.

(2) Tonträger, auf die musikalische Werke in einem Verbandsland nach Artikel 13 Absatz 3 der am 2. Juni 1928 in Rom und am 26. Juni 1948 in Brüssel unterzeichneten Fassungen dieser Übereinkunft aufgenommen worden sind, können in diesem Land bis zum Ablauf einer Frist von zwei Jahren seit dem Zeitpunkt, in dem dieses Land durch die vorliegende Fassung gebunden wird, ohne Zustimmung des Urhebers des musikalischen Werkes vervielfältigt werden.

(3) Tonträger, die nach den Absätzen 1 und 2 hergestellt und ohne Erlaubnis der Beteiligten in ein Land eingeführt worden sind, in dem sie nicht erlaubt sind, können dort beschlagnahmt werden.

Artikel 14

(1) Die Urheber von Werken der Literatur oder Kunst haben das ausschließliche Recht, zu erlauben:
1. die filmische Bearbeitung und Vervielfältigung dieser Werke und das Inverkehrbringen der auf diese Weise bearbeiteten oder vervielfältigten Werke,
2. die öffentliche Vorführung und die Übertragung mittels Draht an die Öffentlichkeit der auf diese Weise bearbeiteten oder vervielfältigten Werke.

(2) Die Bearbeitung von Filmwerken, die auf Werken der Literatur oder Kunst beruhen, in irgendeine andere künstlerische Form bedarf, unbeschadet der Erlaubnis ihrer Urheber, der Erlaubnis der Urheber der Originalwerke.

(3) Artikel 13 Absatz 1 ist nicht anwendbar.

Artikel 14bis

(1) Unbeschadet der Rechte des Urhebers jedes etwa bearbeiteten oder vervielfältigten Werkes wird das Filmwerk wie ein Originalwerk geschützt. Der Inhaber des Urheberrechts am Filmwerk genießt die gleichen Rechte wie der Urheber eines Originalwerks einschließlich der in Artikel 14 genannten Rechte.

(2) a) Der Gesetzgebung des Landes, in dem der Schutz beansprucht wird, bleibt vorbehalten, die Inhaber des Urheberrechts am Filmwerk zu bestimmen.
b) In den Verbandsländern jedoch, deren innerstaatliche Rechtsvorschriften als solche Inhaber auch Urheber anerkennen, die Beiträge zur Herstellung des Filmwerks geleistet haben, können sich diese, wenn sie sich zur Leistung solcher Beiträge verpflichtet haben, mangels ge-

genteiliger oder besonderer Vereinbarung der Vervielfältigung, dem Inverkehrbringen, der öffentlichen Vorführung, der Übertragung mittels Draht an die Öffentlichkeit, der Rundfunksendung, der öffentlichen Wiedergabe, dem Versehen mit Untertiteln und der Textsynchronisation des Filmwerks nicht widersetzen.

c) Die Frage, ob für die Anwendung des Buchstaben b die Form der dort genannten Verpflichtung in einem schriftlichen Vertrag oder in einem gleichwertigen Schriftstück bestehen muß, wird durch die Rechtsvorschriften des Verbandslandes geregelt, in dem der Hersteller des Filmwerks seinen Sitz oder seinen gewöhnlichen Aufenthalt hat. Die Rechtsvorschriften des Verbandslandes, in dem der Schutz beansprucht wird, können jedoch vorsehen, daß diese Verpflichtung durch einen schriftlichen Vertrag oder durch ein gleichwertiges Schriftstück begründet sein muß. Die Länder, die von dieser Befugnis Gebrauch machen, müssen dies dem Generaldirektor durch eine schriftliche Erklärung notifizieren, der sie unverzüglich allen anderen Verbandsländern mitteilt.

d) Als „gegenteilige oder besondere Vereinbarung" gilt jede einschränkende Bestimmung, die in der vorgenannten Verpflichtung gegebenenfalls enthalten ist.

(3) Sofern die innerstaatlichen Rechtsvorschriften nichts anderes vorsehen, ist Absatz 2 Buchstabe b weder auf die Urheber der Drehbücher, der Dialoge und der musikalischen Werke anwendbar, die für die Herstellung des Filmwerks geschaffen worden sind, noch auf dessen Hauptregisseur. Die Verbandsländer jedoch, deren Rechtsvorschriften keine Bestimmungen über die Anwendung des Absatzes 2 Buchstabe b auf den Hauptregisseur vorsehen, müssen dies dem Generaldirektor durch eine schriftliche Erklärung notifizieren, der sie unverzüglich allen anderen Verbandsländern mitteilt.

Artikel 14ter

(1) Hinsichtlich der Originale von Werken der bildenden Künste und der Originalhandschriften der Schriftsteller und Komponisten genießt der Urheber – oder nach seinem Tod die von den innerstaatlichen Rechtsvorschriften dazu berufenen Personen oder Institutionen – ein unveräußerliches Recht auf Beteiligung am Erlös aus Verkäufen eines solchen Werkstücks nach der ersten Veräußerung durch den Urheber.

(2) Der in Absatz 1 vorgesehene Schutz kann in jedem Verbandsland nur beansprucht werden, sofern die Heimatgesetzgebung des Urhebers diesen Schutz anerkennt und soweit es die Rechtsvorschriften des Landes zulassen, in dem dieser Schutz beansprucht wird.

(3) Das Verfahren und das Ausmaß der Beteiligung werden von den Rechtsvorschriften der einzelnen Länder bestimmt.

Artikel 15

(1) Damit die Urheber der durch diese Übereinkunft geschützten Werke der Literatur und Kunst mangels Gegenbeweises als solche gelten und infolgedessen vor den Gerichten der Verbandsländer zur Verfolgung der unbefugten Vervielfältiger zugelassen werden, genügt es, daß der Name in der üblichen Weise auf dem Werkstück angegeben ist. Dieser Absatz ist anwendbar, selbst wenn dieser Name ein Pseudonym ist, sofern das vom Urheber angenommene Pseudonym keinen Zweifel über seine Identität aufkommen läßt.

(2) Als Hersteller des Filmwerks gilt mangels Gegenbeweises die natürliche oder juristische Person, deren Name in der üblichen Weise auf dem Werkstück angegeben ist.

(3) Bei den anonymen Werken und bei den nicht unter Absatz 1 fallenden pseudonymen Werken gilt der Verleger, dessen Name auf dem Werkstück angegeben ist, ohne weiteren Beweis als berechtigt, den Urheber zu vertreten; in dieser Eigenschaft ist er befugt, dessen Rechte wahrzunehmen und geltend zu machen. Die Bestimmung dieses Absatzes ist nicht mehr anwendbar, sobald der Urheber seine Identität offenbart und seine Berechtigung nachgewiesen hat.

(4) a) Für die nichtveröffentlichten Werke, deren Urheber unbekannt ist, bei denen jedoch aller Grund zu der Annahme besteht, daß ihr Urheber Angehöriger eines Verbandslandes ist, kann die Gesetzgebung dieses Landes die zuständige Behörde bezeichnen, die diesen Urheber vertritt und berechtigt ist, dessen Rechte in den Verbandsländern wahrzunehmen und geltend zu machen.

b) Die Verbandsländer, die nach dieser Bestimmung eine solche Bezeichnung vornehmen, notifizieren dies dem Generaldirektor durch eine schriftliche Erklärung, in der alle Angaben über die bezeichnete Behörde enthalten sein müssen. Der Generaldirektor teilt diese Erklärung allen anderen Verbandsländern unverzüglich mit.

Artikel 16

(1) Jedes unbefugt hergestellte Werkstück kann in den Verbandsländern, in denen das Originalwerk Anspruch auf gesetzlichen Schutz hat, beschlagnahmt werden.

(2) Die Bestimmungen des Absatzes 1 sind auch auf Vervielfältigungsstücke anwendbar, die aus einem Land stammen, in dem das Werk nicht oder nicht mehr geschützt ist.

(3) Die Beschlagnahme findet nach den Rechtsvorschriften jedes Landes statt.

Artikel 17

Die Bestimmungen dieser Übereinkunft können in keiner Beziehung das der Regierung jedes Verbandslandes zustehende Recht beeinträchtigen, durch Maßnahmen der Gesetzgebung oder inneren Verwaltung die Verbreitung, die Aufführung oder das Ausstellen von Werken oder Erzeugnissen jeder Art zu gestatten, zu überwachen oder zu untersagen, für die die zuständige Behörde dieses Recht auszuüben hat.

Artikel 18

(1) Diese Übereinkunft gilt für alle Werke, die bei ihrem Inkrafttreten noch nicht infolge Ablaufs der Schutzdauer im Ursprungsland Gemeingut geworden sind.

(2) Ist jedoch ein Werk infolge Ablaufs der Schutzfrist, die ihm vorher zustand, in dem Land, in dem der Schutz beansprucht wird, Gemeingut geworden, so erlangt es dort nicht von neuem Schutz.

(3) Die Anwendung dieses Grundsatzes richtet sich nach den Bestimmungen der zwischen Verbandsländern zu diesem Zweck abgeschlossenen oder abzuschließenden besonderen Übereinkünfte. Mangels solcher Bestimmungen legen die betreffenden Länder, jedes für sich, die Art und Weise dieser Anwendung fest.

(4) Die vorstehenden Bestimmungen gelten auch, wenn ein Land dem Verband neu beitritt sowie für den Fall, daß der Schutz nach Artikel 7 oder durch Verzicht auf Vorbehalte ausgedehnt wird.

Artikel 19

Die Bestimmungen dieser Übereinkunft hindern nicht daran, die Anwendung von weitergehenden Bestimmungen zu beanspruchen, die durch die Gesetzgebung eines Verbandslandes etwa erlassen werden.

Artikel 20

Die Regierungen der Verbandsländer behalten sich das Recht vor, Sonderabkommen miteinander insoweit zu treffen, als diese den Urhebern Rechte verleihen, die über die ihnen durch diese Übereinkunft gewährten Rechte hinausgehen, oder andere Bestimmungen enthalten, die dieser Übereinkunft nicht zuwiderlaufen. Die Bestimmungen bestehender Abkommen, die den angegebenen Voraussetzungen entsprechen, bleiben anwendbar.

1362

Artikel 21

(1) Besondere Bestimmungen für Entwicklungsländer sind im Anhang enthalten.

(2) Vorbehaltlich des Artikels 28 Absatz 1 Buchstabe b ist der Anhang ein integrierender Bestandteil dieser Fassung der Übereinkunft.

Artikel 22

(1) a) Der Verband hat eine Versammlung, die sich aus den durch die Artikel 22 bis 26 gebundenen Verbandsländern zusammensetzt.

b) Die Regierung jedes Landes wird durch einen Delegierten vertreten, der von Stellvertretern, Beratern und Sachverständigen unterstützt werden kann.

c) Die Kosten jeder Delegation werden von der Regierung getragen, die sie entsandt hat.

(2) a) Die Versammlung

   i)   behandelt alle Fragen betreffend die Erhaltung und die Entwicklung des Verbandes sowie die Anwendung dieser Übereinkunft;

   ii)   erteilt dem Internationalen Büro für geistiges Eigentum (im folgenden als „das Internationale Büro" bezeichnet), das in dem Übereinkommen zur Errichtung der Weltorganisation für geistiges Eigentum (im folgenden als „die Organisation" bezeichnet) vorgesehen ist, Weisungen für die Vorbereitung der Revisionskonferenzen unter gebührender Berücksichtigung der Stellungnahmen der Verbandsländer, die durch die Artikel 22 bis 26 nicht gebunden sind;

   iii) prüft und billigt die Berichte und die Tätigkeit des Generaldirektors der Organisation betreffend den Verband und erteilt ihm alle zweckdienlichen Weisungen in Fragen, die in die Zuständigkeit des Verbandes fallen;

   iv) wählt die Mitglieder des Exekutivausschusses der Versammlung;

   v)   prüft und billigt die Berichte und die Tätigkeit ihres Exekutivausschusses und erteilt ihm Weisungen;

   vi) legt das Programm fest, beschließt den Zweijahres-Haushaltsplan des Verbandes und billigt seine Rechnungsabschlüsse;

   vii) beschließt die Finanzvorschriften des Verbandes;

   viii) bildet die Sachverständigenausschüsse und Arbeitsgruppen, die sie zur Verwirklichung der Ziele des Verbandes für zweckdienlich hält;

   ix) bestimmt, welche Nichtmitgliedländer des Verbandes, welche zwischenstaatlichen und welche internationalen nichtstaatlichen Organisationen zu ihren Sitzungen als Beobachter zugelassen werden;

   x)   beschließt Änderungen der Artikel 22 bis 26;

   xi) nimmt jede andere Handlung vor, die zur Erreichung der Ziele des Verbandes geeignet ist;

   xii) nimmt alle anderen Aufgaben wahr, die sich aus dieser Übereinkunft ergeben;

   xiii) übt vorbehaltlich ihres Einverständnisses die ihr durch das Übereinkommen zur Errichtung der Organisation übertragenen Rechte aus.

b) Über Fragen, die auch für andere von der Organisation verwaltete Verbände von Interesse sind, entscheidet die Versammlung nach Anhörung des Koordinierungsausschusses der Organisation.

(3) a) Jedes Mitgliedland der Versammlung verfügt über eine Stimme.

b) Die Hälfte der Mitgliedländer der Versammlung bildet das Quorum (die für die Beschlußfähigkeit erforderliche Mindestzahl).

c) Ungeachtet des Buchstabens b kann die Versammlung Beschlüsse fassen, wenn während einer Tagung die Zahl der vertretenen Länder zwar weniger als die Hälfte, aber mindestens ein Drittel der Mitgliedländer der Versammlung beträgt; jedoch werden diese Beschlüsse mit Ausnahme der Beschlüsse über das Verfahren der Versammlung nur dann wirksam, wenn die folgenden Bedingungen erfüllt sind: Das Internationale Büro teilt diese Beschlüsse den Mitgliedländern der Versammlung mit, die nicht vertreten waren, und lädt sie ein, innerhalb einer Frist von drei Monaten vom Zeitpunkt der Mitteilung an schriftlich ihre Stimme oder Stimmenthaltung bekanntzugeben. Entspricht nach Ablauf der Frist die Zahl der Länder, die auf diese Weise ihre Stimme oder Stimmenthaltung bekanntgegeben haben, mindestens der Zahl der Länder, die für die Erreichung des Quorums während der Tagung gefehlt hatte, so werden die Beschlüsse wirksam, sofern gleichzeitig die erforderliche Mehrheit noch vorhanden ist.

d) Vorbehaltlich des Artikels 26 Absatz 2 faßt die Versammlung ihre Beschlüsse mit einer Mehrheit von zwei Dritteln der abgegebenen Stimmen.

e) Stimmenthaltung gilt nicht als Stimmabgabe.

f) Ein Delegierter kann nur ein Land vertreten und nur in dessen Namen abstimmen.

g) Die Verbandsländer, die nicht Mitglied der Versammlung sind, werden zu den Sitzungen der Versammlung als Beobachter zugelassen.

(4) a) Die Versammlung tritt nach Einberufung durch den Generaldirektor alle zwei Jahre einmal zu einer ordentlichen Tagung zusammen, und zwar, abgesehen von außergewöhnlichen Fällen, zu derselben Zeit und an demselben Ort wie die Generalversammlung der Organisation.

b) Die Versammlung tritt nach Einberufung durch den Generaldirektor zu einer außerordentlichen Tagung zusammen, wenn der Exekutivausschuß oder ein Viertel der Mitgliedländer der Versammlung es verlangt.

(5) Die Versammlung gibt sich eine Geschäftsordnung.

Artikel 23

(1) Die Versammlung hat einen Exekutivausschuß.

(2) a) Der Exekutivausschuß setzt sich aus den von der Versammlung aus dem Kreis ihrer Mitgliedländer gewählten Ländern zusammen. Außerdem hat das Land, in dessen Hoheitsgebiet die Organisation ihren Sitz hat, vorbehaltlich des Artikels 25 Absatz 7 Buchstabe b ex officio einen Sitz im Ausschuß.

b) Die Regierung jedes Mitgliedlandes des Exekutivausschusses wird durch einen Delegierten vertreten, der von Stellvertretern, Beratern und Sachverständigen unterstützt werden kann

c) Die Kosten jeder Delegation werden von der Regierung getragen, die sie entsandt hat.

(3) Die Zahl der Mitgliedländer des Exekutivausschusses entspricht einem Viertel der Zahl der Mitgliedländer der Versammlung. Bei der Berechnung der zu vergebenden Sitze wird der nach Teilung durch vier verbleibende Rest nicht berücksichtigt.

(4) Bei der Wahl der Mitglieder des Exekutivausschusses trägt die Versammlung einer angemessenen geographischen Verteilung und der Notwendigkeit Rechnung, daß unter den Ländern des Exekutivausschusses Vertragsländer der Sonderabkommen sind, die im Rahmen des Verbandes errichtet werden könnten.

(5) a) Die Mitglieder des Exekutivausschusses üben ihr Amt vom Schluß der Tagung der Versammlung, in deren Verlauf sie gewählt worden sind, bis zum Ende der darauffolgenden ordentlichen Tagung der Versammlung aus.

b) Höchstens zwei Drittel der Mitglieder des Exekutivausschusses können wiedergewählt werden.

c) Die Versammlung regelt die Einzelheiten der Wahl und der etwaigen Wiederwahl der Mitglieder des Exekutivausschusses.

(6) a) Der Exekutivausschuß

i)   bereitet den Entwurf der Tagesordnung der Versammlung vor;

ii) unterbreitet der Versammlung Vorschläge zu den vom Generaldirektor vorbereiteten Entwürfen des Programms und des Zweijahres Haushaltsplans des Verbandes;

iii) *(gestrichen)*
iv) unterbreitet der Versammlung mit entsprechenden Bemerkungen die periodischen Berichte des Generaldirektors und die jährlichen Berichte über die Rechnungsprüfung;
v) trifft alle zweckdienlichen Maßnahmen zur Durchführung des Programms des Verbandes durch den Generaldirektor in Übereinstimmung mit den Beschlüssen der Versammlung und unter Berücksichtigung der zwischen zwei ordentlichen Tagungen der Versammlung eintretenden Umstände;
vi) nimmt alle anderen Aufgaben wahr, die ihm im Rahmen dieser Übereinkunft übertragen werden.
b) Über Fragen, die auch für andere von der Organisation verwaltete Verbände von Interesse sind, entscheidet der Exekutivausschuß nach Anhörung des Koordinierungsausschusses der Organisation.

(7) a) Der Exekutivausschuß tritt nach Einberufung durch den Generaldirektor jedes Jahr einmal zu einer ordentlichen Tagung zusammen, und zwar möglichst zu derselben Zeit und an demselben Ort wie der Koordinierungsausschuß der Organisation.
b) Der Exekutivausschuß tritt nach Einberufung durch den Generaldirektor zu einer außerordentlichen Tagung zusammen, entweder auf Initiative des Generaldirektors oder wenn der Vorsitzende oder ein Viertel der Mitglieder des Exekutivausschusses es verlangt.

(8) a) Jedes Mitgliedland des Exekutivausschusses verfügt über eine Stimme.
b) Die Hälfte der Mitgliedländer des Exekutivausschusses bildet das Quorum.
c) Die Beschlüsse werden mit einfacher Mehrheit der abgegebenen Stimmen gefaßt.
d) Stimmenthaltung gilt nicht als Stimmabgabe.
e) Ein Delegierter kann nur ein Land vertreten und nur in dessen Namen abstimmen.

(9) Die Verbandsländer, die nicht Mitglied des Exekutivausschusses sind, werden zu dessen Sitzungen als Beobachter zugelassen.

(10) Der Exekutivausschuß gibt sich eine Geschäftsordnung.

Artikel 24

(1) a) Die Verwaltungsaufgaben des Verbandes werden vom Internationalen Büro wahrgenommen, das an die Stelle des mit dem Verbandsbüro der internationalen Übereinkunft zum Schutz des gewerblichen Eigentums vereinigten Büros des Verbandes tritt.
b) Das Internationale Büro besorgt insbesondere das Sekretariat der verschiedenen Organe des Verbandes.
c) Der Generaldirektor der Organisation ist der höchste Beamte des Verbandes und vertritt den Verband.

(2) Das Internationale Büro sammelt und veröffentlicht Informationen über den Schutz des Urheberrechts. Jedes Verbandsland teilt so bald wie möglich dem Internationalen Büro alle neuen Gesetze und anderen amtlichen Texte mit, die den Schutz des Urheberrechts betreffen.

(3) Das Internationale Büro gibt eine monatlich erscheinende Zeitschrift heraus.

(4) Das Internationale Büro erteilt jedem Verbandsland auf Verlangen Auskünfte über Fragen betreffend den Schutz des Urheberrechts.

(5) Das Internationale Büro unternimmt Untersuchungen und leistet Dienste zur Erleichterung des Schutzes des Urheberrechts.

(6) Der Generaldirektor und die von ihm bestimmten Mitglieder des Personals nehmen ohne Stimmrecht an allen Sitzungen der Versammlung, des Exekutivausschusses und aller anderen Sachverständigenausschüsse oder Arbeitsgruppen teil. Der Generaldirektor oder ein von ihm bestimmtes Mitglied des Personals ist von Amts wegen Sekretär dieser Organe.

(7) a) Das Internationale Büro bereitet nach den Weisungen der Versammlung und in Zusammenarbeit mit dem Exekutivausschuß die Konferenzen zur Revision der Bestimmungen der Übereinkunft mit Ausnahme der Artikel 22 bis 26 vor.

b) Das Internationale Büro kann bei der Vorbereitung der Revisionskonferenzen zwischenstaatliche sowie internationale nichtstaatliche Organisationen konsultieren.

c) Der Generaldirektor und die von ihm bestimmten Personen nehmen ohne Stimmrecht an den Beratungen dieser Konferenzen teil.

(8) Das Internationale Büro nimmt alle anderen Aufgaben wahr, die ihm übertragen werden.

Artikel 25

(1) a) Der Verband hat einen Haushaltsplan.

b) Der Haushaltsplan des Verbandes umfaßt die eigenen Einnahmen und Ausgaben des Verbandes, dessen Beitrag zum Haushaltsplan der gemeinsamen Ausgaben der Verbände sowie gegebenenfalls den dem Haushaltsplan der Konferenz der Organisation zur Verfügung gestellten Betrag.

c) Als gemeinsame Ausgaben der Verbände gelten die Ausgaben, die nicht ausschließlich dem Verband, sondern auch einem oder mehreren anderen von der Organisation verwalteten Verbänden zuzurechnen sind. Der Anteil des Verbandes an diesen gemeinsamen Ausgaben entspricht dem Interesse, das der Verband an ihnen hat.

(2) Der Haushaltsplan des Verbandes wird unter Berücksichtigung der Notwendigkeit seiner Abstimmung mit den Haushaltsplänen der anderen von der Organisation verwalteten Verbände aufgestellt.

(3) Der Haushaltsplan des Verbandes umfaßt folgende Einnahmen:

i) Beiträge der Verbandsländer;

ii) Gebühren und Beiträge für Dienstleistungen des Internationalen Büros im Rahmen des Verbandes;

iii) Verkaufserlöse und andere Einkünfte aus Veröffentlichungen des Internationalen Büros, die den Verband betreffen;

iv) Schenkungen, Vermächtnisse und Zuwendungen;

v) Mieten, Zinsen und andere verschiedene Einkünfte.

(4) a) Jedes Verbandsland wird zur Bestimmung seines Beitrags zum Haushaltsplan in eine Klasse eingestuft und zahlt seine Jahresbeiträge auf der Grundlage einer Zahl von Einheiten, die wie folgt festgesetzt wird:

Klasse I	25
Klasse II	20
Klasse III	15
Klasse IV	10
Klasse V	5
Klasse VI	3
Klasse VII	1

b) Falls es dies nicht schon früher getan hat, gibt jedes Land gleichzeitig mit der Hinterlegung seiner Ratifikations- oder Beitrittsurkunde die Klasse an, in die es eingestuft zu werden wünscht. Es kann die Klasse wechseln. Wählt es eine niedrigere Klasse, so hat es dies der Versammlung auf einer ihrer ordentlichen Tagungen mitzuteilen. Ein solcher Wechsel wird zu Beginn des auf diese Tagung folgenden Kalenderjahres wirksam.

c) Der Jahresbeitrag jedes Landes besteht aus einem Betrag, der in demselben Verhältnis zu der Summe der Jahresbeiträge aller Länder zum Haushaltsplan des Verbandes steht wie die Zahl der Einheiten der Klasse, in die das Land eingestuft ist, zur Summe der Einheiten aller Länder.

d) Die Beiträge werden am 1. Januar jedes Jahres fällig.
e) Ein Land, das mit der Zahlung seiner Beiträge im Rückstand ist, kann sein Stimmrecht in keinem der Organe des Verbandes, denen es als Mitglied angehört, ausüben, wenn der rückständige Betrag die Summe der von ihm für die zwei vorhergehenden vollen Jahre geschuldeten Beiträge erreicht oder übersteigt. Jedoch kann jedes dieser Organe einem solchen Land gestatten, das Stimmrecht in diesem Organ weiter auszuüben, wenn und solange es überzeugt ist, daß der Zahlungsrückstand eine Folge außergewöhnlicher und unabwendbarer Umstände ist.
f) Wird der Haushaltsplan nicht vor Beginn eines neuen Rechnungsjahres beschlossen, so wird der Haushaltsplan des Vorjahres nach Maßgabe der Finanzvorschriften übernommen.

(5) Die Höhe der Gebühren und Beiträge für Dienstleistungen des Internationalen Büros im Rahmen des Verbandes wird vom Generaldirektor festgesetzt, der der Versammlung und dem Exekutivausschuß darüber berichtet.

(6) a) Der Verband hat einen Betriebsmittelfonds, der durch eine einmalige Zahlung jedes Verbandslandes gebildet wird. Reicht der Fonds nicht mehr aus, so beschließt die Versammlung seine Erhöhung.
b) Die Höhe der erstmaligen Zahlung jedes Landes zu diesem Fonds oder sein Anteil an dessen Erhöhung ist proportional zu dem Beitrag dieses Landes für das Jahr, in dem der Fonds gebildet oder die Erhöhung beschlossen wird.
c) Dieses Verhältnis und die Zahlungsbedingungen werden von der Versammlung auf Vorschlag des Generaldirektors und nach Äußerung des Koordinierungsausschusses der Organisation festgesetzt.

(7) a) Das Abkommen über den Sitz, das mit dem Land geschlossen wird, in dessen Hoheitsgebiet die Organisation ihren Sitz hat, sieht vor, daß dieses Land Vorschüsse gewährt, wenn der Betriebsmittelfonds nicht ausreicht. Die Höhe dieser Vorschüsse und die Bedingungen, unter denen sie gewährt werden, sind in jedem Fall Gegenstand besonderer Vereinbarungen zwischen diesem Land und der Organisation. Solange dieses Land verpflichtet ist, Vorschüsse zu gewähren, hat es ex officio einen Sitz im Exekutivausschuß.
b) Das unter Buchstabe a bezeichnete Land und die Organisation sind berechtigt, die Verpflichtung zur Gewährung von Vorschüssen durch schriftliche Notifikation zu kündigen. Die Kündigung wird drei Jahre nach Ablauf des Jahres wirksam, in dem sie notifiziert worden ist.

(8) Die Rechnungsprüfung wird nach Maßgabe der Finanzvorschriften von einem oder mehreren Verbandsländern oder von außenstehenden Rechnungsprüfern vorgenommen, die mit ihrer Zustimmung vor der Versammlung bestimmt werden.

Artikel 26

(1) Vorschläge zur Änderung der Artikel 22, 23, 24, 25 und dieses Artikels können von jedem Mitgliedland der Versammlung vom Exekutivausschuß oder vom Generaldirektor vorgelegt werden. Diese Vorschläge werden vom Generaldirektor mindestens sechs Monate, bevor sie in der Versammlung beraten werden, den Mitgliedländern der Versammlung mitgeteilt.

(2) Jede Änderung der in Absatz 1 bezeichneten Artikel wird von der Versammlung beschlossen. Der Beschluß erfordert drei Viertel der abgegebenen Stimmen; jede Änderung des Artikels 22 und dieses Absatzes erfordert jedoch vier Fünftel der abgegebenen Stimmen.

(3) Jede Änderung der in Absatz 1 bezeichneten Artikel tritt einen Monat nach dem Zeitpunkt in Kraft, zu dem die schriftlichen Notifikationen der verfassungsmäßig zustande gekommenen Annahme des Änderungsvorschlags von drei Vierteln der Länder, die im Zeitpunkt der Beschlußfassung über die Änderung Mitglied der Versammlung waren, beim Generaldirektor eingegangen sind. Jede auf diese Weise angenommene Änderung der genannten Artikel bindet alle Länder, die im Zeitpunkt des Inkrafttretens der Änderung Mitglied der Versammlung sind

oder später Mitglied werden; jedoch bindet eine Änderung, die die finanziellen Verpflichtungen der Verbandsländer erweitert, nur die Länder, die die Annahme dieser Änderung notifiziert haben.

Artikel 27

(1) Diese Übereinkunft soll Revisionen unterzogen werden, um Verbesserungen herbeizuführen, die geeignet sind, das System des Verbandes zu vervollkommnen.

(2) Zu diesem Zweck werden der Reihe nach in einem der Verbandsländer Konferenzen zwischen den Delegierten dieser Länder stattfinden.

(3) Vorbehaltlich des für die Änderung der Artikel 22 bis 26 maßgebenden Artikels 26 bedarf jede Revision dieser Fassung der Übereinkunft einschließlich des Anhangs der Einstimmigkeit unter den abgegebenen Stimmen.

Artikel 28

(1) a) Jedes Verbandsland kann diese Fassung der Übereinkunft ratifizieren, wenn es sie unterzeichnet hat, oder ihr beitreten, wenn es sie nicht unterzeichnet hat. Die Ratifikations- oder Beitrittsurkunden werden beim Generaldirektor hinterlegt.
b) Jedes Verbandsland kann in seiner Ratifikations- oder Beitrittsurkunde erklären, daß sich seine Ratifikation oder sein Beitritt nicht auf die Artikel 1 bis 21 und den Anhang erstreckt; hat jedoch ein Verbandsland bereits eine Erklärung nach Artikel VI Absatz 1 des Anhangs abgegeben, so kann es in der Urkunde nur erklären, daß sich seine Ratifikation oder sein Beitritt nicht auf die Artikel 1 bis 20 erstreckt.
c) Jedes Verbandsland, das gemäß Buchstabe b die dort bezeichneten Bestimmungen von der Wirkung seiner Ratifikation oder seines Beitritts ausgenommen hat, kann zu jedem späteren Zeitpunkt erklären, daß es die Wirkung seiner Ratifikation oder seines Beitritts auf diese Bestimmungen erstreckt. Eine solche Erklärung wird beim Generaldirektor hinterlegt.

(2) a) Die Artikel 1 bis 21 und der Anhang treten drei Monate nach Erfüllung der beiden folgenden Voraussetzungen in Kraft:
  i)   mindestens fünf Verbandsländer haben diese Fassung der Übereinkunft ohne Erklärung nach Absatz 1 Buchstabe b ratifiziert oder sind ihr ohne eine solche Erklärung beigetreten;
  ii) Frankreich, Spanien, das Vereinigte Königreich von Großbritannien und Nordirland und die Vereinigten Staaten von Amerika sind durch das in Paris am 24. Juli 1971 revidierte Welturheberrechtsabkommen gebunden.
b) Das Inkrafttreten nach Buchstabe a ist für diejenigen Verbandsländer wirksam, die ihre Ratifikations- oder Beitrittsurkunden ohne Erklärung nach Absatz 1 Buchstabe b und mindestens drei Monate vor dem Inkrafttreten hinterlegt haben.
c) Für jedes Verbandsland, auf das Buchstabe b nicht anwendbar ist und das ohne Abgabe einer Erklärung nach Absatz 1 Buchstabe b diese Fassung der Übereinkunft ratifiziert oder ihr beitritt, treten die Artikel 1 bis 21 und der Anhang drei Monate nach dem Zeitpunkt in Kraft, in dem der Generaldirektor die Hinterlegung der betreffenden Ratifikations- oder Beitrittsurkunde notifiziert, sofern nicht in der hinterlegten Urkunde ein späterer Zeitpunkt angegeben ist. In diesem Fall treten die Artikel 1 bis 21 und der Anhang für dieses Land zu dem angegebenen Zeitpunkt in Kraft.
d) Die Buchstaben a bis c berühren die Anwendung des Artikels VI des Anhangs nicht.

(3) Für jedes Verbandsland, das mit oder ohne Erklärung nach Absatz 1 Buchstabe b diese Fassung der Übereinkunft ratifiziert oder ihr beitritt, treten die Artikel 22 bis 38 drei Monate nach dem Zeitpunkt in Kraft, in dem der Generaldirektor die Hinterlegung der betreffenden Ratifikations- oder Beitrittsurkunde notifiziert, sofern nicht in der hinterlegten Urkunde ein spä-

terer Zeitpunkt angegeben ist. In diesem Fall treten die Artikel 22 bis 38 für dieses Land zu dem angegebenen Zeitpunkt in Kraft.

Artikel 29

(1) Jedes verbandsfremde Land kann dieser Fassung der Übereinkunft beitreten und dadurch Vertragspartei dieser Übereinkunft und Mitglied des Verbandes werden. Die Beitrittsurkunden werden beim Generaldirektor hinterlegt.

(2) a) Vorbehaltlich des Buchstaben b tritt diese Übereinkunft für jedes verbandsfremde Land drei Monate nach dem Zeitpunkt in Kraft in dem der Generaldirektor die Hinterlegung der betreffenden Beitrittsurkunde notifiziert, sofern nicht in der hinterlegten Urkunde ein späterer Zeitpunkt angegeben ist. In diesem Fall tritt die Übereinkunft für dieses Land zu dem angegebenen Zeitpunkt in Kraft.

b) Tritt diese Übereinkunft gemäß Buchstabe a für ein verbandsfremdes Land vor dem Zeitpunkt in Kraft, in dem die Artikel 1 bis 21 und der Anhang gemäß Artikel 28 Absatz 2 Buchstabe a in Kraft treten, so ist dieses Land in der Zwischenzeit statt durch die Artikel 1 bis 21 und den Anhang durch die Artikel 1 bis 20 der Brüsseler Fassung dieser Übereinkunft gebunden.

Artikel 29bis

Die Ratifikation dieser Fassung der Übereinkunft oder der Beitritt zu ihr durch ein Land, das nicht durch die Artikel 22 bis 38 der Stockholmer Fassung dieser Übereinkunft gebunden ist, gilt, und zwar einzig und allein zum Zweck der Anwendung des Artikels 14 Absatz 2 des Übereinkommens zur Errichtung der Organisation, als Ratifikation der Stockholmer Fassung oder als Beitritt zu ihr mit der in ihrem Artikel 28 Absatz 1 Buchstabe b Ziffer i vorgesehenen Beschränkung.

Artikel 30

(1) Vorbehaltlich der durch Absatz 2 dieses Artikels, durch Artikel 28 Absatz 1 Buchstabe b und Artikel 33 Absatz 2 sowie durch den Anhang zugelassenen Ausnahmen bewirkt die Ratifikation oder der Beitritt von Rechts wegen die Annahme aller Bestimmungen und die Zulassung zu allen Vorteilen dieser Übereinkunft.

(2) a) Jedes Verbandsland, das diese Fassung der Übereinkunft ratifiziert oder ihr beitritt, kann vorbehaltlich des Artikels V Absatz 2 des Anhangs die früher erklärten Vorbehalte aufrechterhalten, sofern es bei der Hinterlegung seiner Ratifikations- oder Beitrittsurkunde eine entsprechende Erklärung abgibt.

b) Jedes verbandsfremde Land kann vorbehaltlich des Artikels V Absatz 2 des Anhangs beim Beitritt zu dieser Übereinkunft erklären, daß es den das Übersetzungsrecht betreffenden Artikel 8 dieser Fassung wenigstens vorläufig durch die Bestimmungen des Artikels 5 der im Jahre 1896 in Paris vervollständigten Verbandsübereinkunft von 1886 ersetzen will, wobei Einverständnis darüber besteht, daß diese Bestimmungen nur auf Übersetzungen in eine in diesem Land allgemein gebräuchliche Sprache anwendbar sind. Vorbehaltlich des Artikels 1 Absatz 6 Buchstabe b des Anhangs ist jedes Verbandsland befugt, hinsichtlich des Übersetzungsrechts an Werken, deren Ursprungsland von einem solchen Vorbehalt Gebrauch macht, den Schutz anzuwenden, der dem vom Ursprungsland gewährten Schutz entspricht.

c) Jedes Land kann solche Vorbehalte jederzeit durch eine an den Generaldirektor gerichtete Notifikation zurückziehen.

Artikel 31

(1) Jedes Land kann in seiner Ratifikations- oder Beitrittsurkunde erklären oder zu jedem späteren Zeitpunkt dem Generaldirektor schriftlich notifizieren, daß diese Übereinkunft auf alle oder einzelne in der Erklärung oder Notifikation bezeichnete Gebiete anwendbar ist, für deren auswärtige Beziehungen es verantwortlich ist.

(2) Jedes Land, das eine solche Erklärung oder eine solche Notifikation abgegeben hat, kann dem Generaldirektor jederzeit notifizieren, daß diese Übereinkunft auf alle oder einzelne dieser Gebiete nicht mehr anwendbar ist.

(3) a) Jede in der Ratifikations- oder Beitrittsurkunde abgegebene Erklärung gemäß Absatz 1 wird gleichzeitig mit der Ratifikation oder dem Beitritt und jede Notifikation gemäß Absatz 1 wird drei Monate nach ihrer Notifizierung durch den Generaldirektor wirksam.
b) Jede Notifikation gemäß Absatz 2 wird zwölf Monate nach ihrem Eingang beim Generaldirektor wirksam.

(4) Dieser Artikel darf nicht dahin ausgelegt werden, daß er für ein Verbandsland die Anerkennung oder stillschweigende Hinnahme der tatsächlichen Lage eines Gebiets in sich schließt, auf das diese Übereinkunft durch ein anderes Verbandsland aufgrund einer Erklärung nach Absatz 1 anwendbar gemacht wird.

Artikel 32

(1) Diese Fassung der Übereinkunft ersetzt in den Beziehungen zwischen den Verbandsländern und in dem Umfang, in dem sie anwendbar ist, die Berner Übereinkunft vom 9. September 1886 und die folgenden revidierten Fassungen dieser Übereinkunft. Die früheren Fassungen bleiben in ihrer Gesamtheit oder in dem Umfang, in dem diese Fassung sie nicht gemäß Satz 1 ersetzt, in den Beziehungen zu den Verbandsländern anwendbar, die diese Fassung der Übereinkunft weder ratifizieren noch ihr beitreten.

(2) Die verbandsfremden Länder, die Vertragsparteien dieser Fassung der Übereinkunft werden, wenden sie vorbehaltlich des Absatzes 3 im Verhältnis zu jedem Verbandsland an, das nicht durch diese Fassung der Übereinkunft gebunden ist oder das zwar durch diese Fassung gebunden ist, aber die in Artikel 28 Absatz 1 Buchstabe b vorgesehene Erklärung abgegeben hat. Diese Länder lassen es zu, daß ein solches Verbandsland in seinen Beziehungen zu ihnen
i) die Bestimmungen der jüngsten Fassung der Übereinkunft, durch die es gebunden ist, anwendet und
ii) vorbehaltlich des Artikels 1 Absatz 6 des Anhangs befugt ist, den Schutz dem in dieser Fassung der Übereinkunft vorgesehenen Stand anzupassen.

(3) Jedes Land, das eine der im Anhang vorgesehenen Befugnisse in Anspruch genommen hat, kann die diese Befugnis betreffenden Bestimmungen des Anhangs in seinen Beziehungen zu jedem anderen Verbandsland anwenden, das nicht durch diese Fassung der Übereinkunft gebunden ist, aber die Anwendung dieser Bestimmungen zugelassen hat.

Artikel 33

(1) Jede Streitigkeit zwischen zwei oder mehr Verbandsländern über die Auslegung oder Anwendung dieser Übereinkunft, die nicht auf dem Verhandlungsweg beigelegt wird, kann von jedem beteiligten Land durch eine dem Statut des Internationalen Gerichtshofs entsprechende Klage diesem Gerichtshof zur Entscheidung vorgelegt werden, sofern die beteiligten Länder keine andere Regelung vereinbaren. Das Land, das die Streitigkeit vor diesen Gerichtshof bringt, hat dies dem Internationalen Büro mitzuteilen; das Büro setzt die anderen Verbandsländer davon in Kenntnis.

(2) Jedes Land kann bei der Unterzeichnung dieser Fassung der Übereinkunft oder bei der Hinterlegung seiner Ratifikations- oder Beitrittsurkunde erklären, daß es sich durch Absatz 1

nicht als gebunden betrachtet. Auf Streitigkeiten zwischen einem solchen Land und jedem anderen Verbandsland ist Absatz 1 nicht anwendbar.

(3) Jedes Land, das eine Erklärung gemäß Absatz 2 abgegeben hat, kann sie jederzeit durch eine an den Generaldirektor gerichtete Notifikation zurückziehen.

Artikel 34

(1) Vorbehaltlich des Artikels 29bis kann kein Land nach Inkrafttreten der Artikel 1 bis 21 und des Anhangs frühere Fassungen dieser Übereinkunft ratifizieren noch Ihnen beitreten.

(2) Nach Inkrafttreten der Artikel 1 bis 21 und des Anhangs kann kein Land eine Erklärung gemäß Artikel 5 des der Stockholmer Fassung dieser Übereinkunft beigefügten Protokolls betreffend der Entwicklungsländer abgeben.

Artikel 35

(1) Diese Übereinkunft bleibt ohne zeitliche Begrenzung in Kraft.

(2) Jedes Land kann diese Fassung der Übereinkunft durch eine an den Generaldirektor gerichtete Notifikation kündigen. Diese Kündigung gilt auch als Kündigung aller früheren Fassungen und hat nur Wirkung für das Land, das sie erklärt hat; für die übrigen Verbandsländer bleibt die Übereinkunft in Kraft und wirksam.

(3) Die Kündigung wird ein Jahr nach dem Tag wirksam, an dem die Notifikation beim Generaldirektor eingegangen ist.

(4) Das in diesem Artikel vorgesehene Kündigungsrecht kann von einem Land nicht vor Ablauf von fünf Jahren nach dem Zeitpunkt ausgeübt werden, in dem es Mitglied des Verbandes geworden ist.

Artikel 36

(1) Jedes Vertragsland dieser Übereinkunft verpflichtet sich gemäß seiner Verfassung, die notwendigen Maßnahmen zu ergreifen, um die Anwendung dieser Übereinkunft zu gewährleisten.

(2) Es besteht Einverständnis darüber, daß jedes Land in dem Zeitpunkt, in dem es durch diese Übereinkunft gebunden wird, nach seinen innerstaatlichen Rechtsvorschriften in der Lage sein muß, den Bestimmungen dieser Übereinkunft Wirkung zu verleihen.

Artikel 37

(1) a) Diese Fassung der Übereinkunft wird in einer einzigen Ausfertigung in englischer und französischer Sprache unterzeichnet und vorbehaltlich des Absatzes 2 beim Generaldirektor hinterlegt.

b) Amtliche Texte werden vom Generaldirektor nach Konsultierung der beteiligten Regierungen in arabischer, deutscher, italienischer, portugiesischer und spanischer Sprache sowie in anderen Sprachen hergestellt, die die Versammlung bestimmen kann.

c) Bei Streitigkeiten über die Auslegung der verschiedenen Texte ist der französische Text maßgebend.

(2) Diese Fassung der Übereinkunft liegt bis 31. Januar 1972 zur Unterzeichnung aus. Bis zu diesem Datum bleibt die in Absatz 1 Buchstabe a bezeichnete Ausfertigung bei der Regierung der Französischen Republik hinterlegt.

(3) Der Generaldirektor übermittelt zwei beglaubigte Abschriften des unterzeichneten Textes dieser Fassung der Übereinkunft den Regierungen aller Verbandsländer und der Regierung jedes anderen Landes, die es verlangt.

(4) Der Generaldirektor läßt diese Fassung der Übereinkunft beim Sekretariat der Vereinten Nationen registrieren.

(5) Der Generaldirektor notifiziert den Regierungen aller Verbandsländer die Unterzeichnungen, die Hinterlegungen von Ratifikationen der Beitrittsurkunden sowie die in diesen Urkunden enthaltenen oder gemäß Artikel 28 Absatz 1 Buchstabe c, Artikel 30 Absatz 2 Buchstaben a und b und Artikel 33 Absatz 2 abgegebenen Erklärungen, das Inkrafttreten aller Bestimmungen dieser Fassung der Übereinkunft ,die Notifikationen von Kündigungen und die Notifikationen gemäß Artikel 30 Absatz 2 Buchstabe c, Artikel 31 Absätze 1 und 2, Artikel 33 Absatz 3 und Artikel 38 Absatz 1 sowie die im Anhang vorgesehenen Notifikationen.

Artikel 38

(1) Verbandsländer, die diese Fassung der Übereinkunft weder ratifiziert haben noch ihr beigetreten sind und die nicht durch die Artikel 22 bis 26 der Stockholmer Fassung dieser Übereinkunft gebunden sind, können, wenn sie dies wünschen, bis zum 26. April 1975 die in diesen Artikeln vorgesehenen Rechte so ausüben, als wären sie durch diese Artikel gebunden. Jedes Land, das diese Rechte auszuüben wünscht, hinterlegt zu diesem Zweck beim Generaldirektor eine schriftliche Notifikation, die im Zeitpunkt ihres Eingangs wirksam wird. Solche Länder gelten bis zu dem genannten Tag als Mitglieder der Versammlung.

(2) Solange nicht alle Verbandsländer Mitglieder der Organisation geworden sind, handelt das Internationale Büro der Organisation zugleich als Büro des Verbandes und der Generaldirektor als Direktor dieses Büros.

(3) Sobald alle Verbandsländer Mitglieder der Organisation geworden sind, gehen die Rechte und Verpflichtungen sowie das Vermögen des Büros des Verbandes auf das Internationale Büro der Organisation über.

Anhang

Artikel I

(1) Jedes Land, das nach der bestehenden Übung der Generalversammlung der Vereinten Nationen als Entwicklungsland angesehen wird und das diese Fassung der Übereinkunft, deren integrierender Bestandteil dieser Anhang ist, ratifiziert oder ihr beitritt und das sich auf Grund seiner wirtschaftlichen Lage und seiner sozialen oder kulturellen Bedürfnisse nicht sogleich imstande sieht, den Schutz aller in dieser Fassung der Übereinkunft vorgesehenen Rechte zu gewährleisten, kann durch eine bei Hinterlegung seiner Ratifikations- oder Beitrittsurkunde oder, vorbehaltlich des Artikels V Absatz 1 Buchstabe c, zu jedem späteren Zeitpunkt beim Generaldirektor hinterlegte Notifikation erklären, daß es die in Artikel II oder die in Artikel III vorgesehene Befugnis oder beide Befugnisse in Anspruch nimmt. Es kann, statt die in Artikel II vorgesehene Befugnis in Anspruch zu nehmen, eine Erklärung nach Artikel V Absatz 1 Buchstabe a abgeben

(2) a) Jede Erklärung nach Absatz 1, die vor Ablauf einer mit Inkrafttreten der Artikel 1 bis 21 und dieses Anhangs gemäß Artikel 28 Absatz 2 beginnenden Frist von zehn Jahren notifiziert wird, ist bis zum Ablauf dieser Frist wirksam. Sie kann ganz oder teilweise für jeweils weitere zehn Jahre durch eine frühestens fünfzehn und spätestens drei Monate vor Ende der laufenden Zehnjahresfrist beim Generaldirektor zu hinterlegende Notifikation erneuert werden.

b) Jede Erklärung nach Absatz 1, die nach Ablauf einer mit Inkrafttreten der Artikel 1 bis 21 und dieses Anhangs gemäß Artikel 28 Absatz 2 beginnenden Frist von zehn Jahren notifiziert wird, ist bis zum Ablauf der dann laufenden Zehnjahresfrist wirksam. Sie kann gemäß Buchstabe a Satz 2 erneuert werden.

(3) Ein Verbandsland, das nicht länger als Entwicklungsland im Sinn von Absatz 1 angesehen wird, ist nicht mehr berechtigt, seine Erklärung gemäß Absatz 2 zu erneuern; gleichviel, ob dieses Land seine Erklärung förmlich zurückzieht oder nicht, verliert es die Möglichkeit, die in

Absatz 1 genannten Befugnisse in Anspruch zu nehmen entweder nach Ablauf der laufenden Zehnjahresfrist oder drei Jahre nach dem Zeitpunkt, in dem das Land nicht mehr als Entwicklungsland angesehen wird, wobei die später endende Frist maßgebend ist.

(4) Sind in dem Zeitpunkt, in dem eine gemäß den Absätzen 1 oder 2 abgegebene Erklärung ihre Wirkung verliert, noch Werkstücke vorrätig, die auf Grund einer nach diesem Anhang gewährten Lizenz hergestellt worden sind, so dürfen sie weiterhin in Verkehr gebracht werden, bis der Vorrat erschöpft ist.

(5) Jedes Land, das durch diese Fassung der Übereinkunft gebunden ist und nach Artikel 31 Absatz 1 eine Erklärung oder eine Notifikation über die Anwendung dieser Fassung der Übereinkunft auf ein bestimmtes Gebiet abgegeben hat, dessen Lage als der Lage der in Absatz 1 bezeichneten Länder analog erachtet werden kann, kann für dieses Gebiet die Erklärung gemäß Absatz 1 abgeben und die Notifikation der Erneuerung gemäß Absatz 2 hinterlegen. Solange eine solche Erklärung oder Notifikation wirksam ist, sind die Bestimmungen dieses Anhangs auf das Gebiet, für das die Erklärung abgegeben oder die Notifikation hinterlegt worden ist, anwendbar.

(6) a) Nimmt ein Verbandsland eine der in Absatz 1 vorgesehenen Befugnisse in Anspruch, so berechtigt dies die anderen Verbandsländer nicht, den Werken, deren Ursprungsland dieses Verbandsland ist, weniger Schutz zu gewähren, als sie nach den Artikeln 1 bis 20 zu gewähren haben.

b) Die in Artikel 30 Absatz 2 Buchstabe b Satz 2 vorgesehene Befugnis, Schutz nur nach Maßgabe der Gegenseitigkeit zu gewähren, darf bis zu dem Zeitpunkt, in dem die nach Artikel I Absatz 3 maßgebende Frist abläuft, nicht in bezug auf Werke ausgeübt werden, deren Ursprungsland eine Erklärung gemäß Artikel V Absatz 1 Buchstabe a abgegeben hat.

Artikel II

(1) Jedes Land, das erklärt hat, es werde die in diesem Artikel vorgesehene Befugnis in Anspruch nehmen, ist berechtigt, für Werke, die im Druck oder in einer entsprechenden Vervielfältigungsform veröffentlicht worden sind, das in Artikel 8 vorgesehene ausschließliche Übersetzungsrecht durch ein System nicht ausschließlicher und unübertragbarer Lizenzen zu ersetzen, die von der zuständigen Behörde unter den folgenden Voraussetzungen und gemäß Artikel IV erteilt werden.

(2) a) Ist vom Inhaber des Übersetzungsrechts oder mit seiner Erlaubnis innerhalb einer Frist von drei Jahren oder einer längeren, in den innerstaatlichen Rechtsvorschriften des Landes festgelegten Frist seit der ersten Veröffentlichung eines Werkes eine Übersetzung des Werkes in eine in diesem Land allgemein gebräuchliche Sprache nicht veröffentlicht worden, so kann jeder Angehörige des Landes eine Lizenz zur Übersetzung des Werkes in diese Sprache und zur Veröffentlichung der Übersetzung im Druck oder in einer entsprechenden Vervielfältigungsform erhalten; Absatz 3 bleibt vorbehalten.

b) Eine Lizenz kann aufgrund dieses Artikels auch erteilt werden, wenn alle Ausgaben der in der betreffenden Sprache veröffentlichten Übersetzung vergriffen sind.

(3) a) Für Übersetzungen in eine Sprache, die nicht in einem oder mehreren der entwickelten Länder, die Mitglieder des Verbandes sind, allgemein gebräuchlich ist, wird die in Absatz 2 Buchstabe a genannte Frist von drei Jahren durch eine Frist von einem Jahr ersetzt.

b) Jedes in Absatz 1 bezeichnete Land kann aufgrund einer einstimmigen Vereinbarung mit den entwickelten Ländern, die Mitglieder des Verbandes sind und in denen dieselbe Sprache allgemein gebräuchlich ist, für Übersetzungen in diese Sprache die in Absatz 2 Buchstabe a genannte Frist von drei Jahren durch eine kürzere, in der Vereinbarung festgelegte Frist ersetzen, die aber nicht weniger als ein Jahr betragen darf. Satz 1 ist jedoch auf Übersetzungen in die englische, französische oder spanische Sprache nicht anwendbar. Jede derartige Vereinbarung wird dem Generaldirektor von den Regierungen, die sie getroffen haben, notifiziert.

(4) a) Nach diesem Artikel darf eine nach drei Jahren erwirkbare Lizenz erst nach Ablauf einer weiteren Frist von sechs Monaten und eine nach einem Jahr erwirkbare Lizenz erst nach Ablauf einer weiteren Frist von neun Monaten erteilt werden, beginnend

    i)   in dem Zeitpunkt, in dem der Antragsteller die in Artikel IV Absatz 1 vorgesehenen Erfordernisse erfüllt, oder,

    ii)   sofern der Inhaber des Übersetzungsrechts oder seine Anschrift unbekannt ist, in dem Zeitpunkt, in dem der Antragsteller, wie in Artikel IV Absatz 2 vorgesehen, Abschriften seines bei der zuständigen Behörde gestellten Lizenzantrags absendet.

b) Wird vom Inhaber des Übersetzungsrechts oder mit seiner Erlaubnis innerhalb der genannten Frist von sechs oder neun Monaten eine Übersetzung in die Sprache veröffentlicht, für die die Lizenz beantragt worden ist, so darf keine Lizenz nach diesem Artikel erteilt werden.

(5) Eine Lizenz nach diesem Artikel darf nur für Unterrichts-, Studien- oder Forschungszwecke erteilt werden.

(6) Wird eine Übersetzung des Werkes vom Inhaber des Übersetzungsrechts oder mit seiner Erlaubnis zu einem Preis veröffentlicht, der dem für vergleichbare Werke in dem Land üblichen Preis entspricht, so erlischt jede nach diesem Artikel erteilte Lizenz, sofern diese Übersetzung in derselben Sprache abgefaßt ist und im wesentlichen den gleichen Inhalt hat wie die auf Grund der Lizenz veröffentlichte Übersetzung. Werkstücke, die bereits vor Erlöschen der Lizenz hergestellt worden sind, dürfen weiterhin in Verkehr gebracht werden, bis der Vorrat erschöpft ist.

(7) Für Werke, die vorwiegend aus Abbildungen bestehen, darf eine Lizenz zur Herstellung und Veröffentlichung einer Übersetzung des Textes und zur Vervielfältigung und Veröffentlichung der Abbildungen nur erteilt werden, wenn auch die Voraussetzungen des Artikels III erfüllt sind.

(8) Aufgrund dieses Artikels darf keine Lizenz erteilt werden, wenn der Urheber alle Werkstücke aus dem Verkehr gezogen hat.

(9) a) Eine Lizenz zur Übersetzung eines Werkes, das im Druck oder in einer entsprechenden Vervielfältigungsform veröffentlicht worden ist, kann auch jedem Sendeunternehmen, das seinen Sitz in einem in Absatz 1 bezeichneten Land hat, auf seinen an die zuständige Behörde dieses Landes gerichteten Antrag erteilt werden, sofern alle folgenden Bedingungen erfüllt sind:

    i)   die Übersetzung wird an Hand eines Werkstücks angefertigt, das in Übereinstimmung mit den Rechtsvorschriften dieses Landes hergestellt und erworben wurde;

    ii)   die Übersetzung ist nur für den Gebrauch in Rundfunksendungen bestimmt, die ausschließlich dem Unterricht oder der Verbreitung wissenschaftlicher oder technischer Forschungsergebnisse an Sachverständige eines bestimmten Berufs dienen;

    iii) die Übersetzung wird ausschließlich zu den unter Ziffer ii bezeichneten Zwecken in rechtmäßig ausgestrahlten Rundfunksendungen benutzt, die für Empfänger im Hoheitsgebiet dieses Landes bestimmt sind, einschließlich der Rundfunksendungen, die mit Hilfe von rechtmäßig und ausschließlich für diese Sendungen hergestellten Aufnahmen auf Bild- oder Tonträger ausgestrahlt werden;

    iv) der Gebrauch der Übersetzung darf keinen Erwerbszwecken dienen.

b) Aufnahmen einer Übersetzung auf Bild- oder Tonträger, die von einem Sendeunternehmen aufgrund einer nach diesem Absatz erteilten Lizenz angefertigt worden ist, dürfen mit Zustimmung dieses Unternehmens zu den in Buchstabe a genannten Zwecken und Bedingungen auch von anderen Sendeunternehmen benutzt werden, die ihren Sitz in dem Land haben, dessen zuständige Behörde die Lizenz erteilt hat.

c) Sofern alle in Buchstabe a aufgeführten Merkmale und Bedingungen erfüllt sind, kann einem Sendeunternehmen auch eine Lizenz zur Übersetzung des Textes einer audiovisuellen Festlegung erteilt werden, die selbst ausschließlich für den Gebrauch im Zusammenhang mit systematischem Unterricht hergestellt und veröffentlicht worden ist.

1374

d) Vorbehaltlich der Buchstaben a bis c sind die vorausgehenden Absätze auf die Erteilung und die Ausübung jeder Lizenz anzuwenden, die aufgrund dieses Absatzes erteilt wird.

Artikel III

(1) Jedes Land, das erklärt hat, es werde die in diesem Artikel vorgesehene Befugnis in Anspruch nehmen, ist berechtigt, das in Artikel 9 vorgesehene ausschließliche Vervielfältigungsrecht durch ein System nicht ausschließlicher und unübertragbarer Lizenzen zu ersetzen, die von der zuständigen Behörde unter den folgenden Voraussetzungen und gemäß Artikel IV erteilt werden.

(2) a) Sind Werkstücke einer bestimmten Ausgabe eines Werkes, auf das dieser Artikel gemäß Absatz 7 anwendbar ist, innerhalb

   i)   der in Absatz 3 festgelegten und vom Zeitpunkt der ersten Veröffentlichung einer bestimmten Ausgabe an zu berechnenden Frist oder

   ii) einer längeren, in den innerstaatlichen Rechtsvorschriften des in Absatz 1 bezeichneten Landes festgelegten und von demselben Zeitpunkt an zu berechnenden Frist in diesem Land vom Inhaber des Vervielfältigungsrechts oder mit seiner Erlaubnis zu einem Preis, der dem dort für vergleichbare Werke üblichen Preis entspricht, der Allgemeinheit oder für den Gebrauch im Zusammenhang mit systematischem Unterricht nicht zum Kauf angeboten worden, so kann jeder Angehörige dieses Landes eine Lizenz erhalten, die Ausgabe zu diesem oder einem niedrigeren Preis für den Gebrauch im Zusammenhang mit systematischem Unterricht zu vervielfältigen und zu veröffentlichen.

b) Eine Lizenz zur Vervielfältigung und Veröffentlichung einer Ausgabe, die, wie in Buchstabe a beschrieben, in Verkehr gebracht worden ist, kann unter den in diesem Artikel vorgesehenen Voraussetzungen auch erteilt werden, wenn nach Ablauf der maßgebenden Frist in dem Land mit Erlaubnis des Rechtsinhabers hergestellte Werkstücke dieser Ausgabe zu einem Preis, der dem dort für vergleichbare Werke üblichen Preis entspricht, sechs Monate lang für die Allgemeinheit oder für den Gebrauch im Zusammenhang mit systematischem Unterricht nicht mehr zum Verkauf standen.

(3) Die in Absatz 2 Buchstabe a Ziffer i bezeichnete Frist beträgt fünf Jahre; dagegen beträgt sie

i)   drei Jahre für Werke aus den Bereichen der Naturwissenschaften, Mathematik und Technik und

ii) sieben Jahre für Romane, Gedichte und Dramen sowie für musikalische Werke und Kunstbücher.

(4) a) Eine nach drei Jahren erwirkbare Lizenz darf nach diesem Artikel erst nach Ablauf einer Frist von sechs Monaten erteilt werden beginnend

   i)   in dem Zeitpunkt, in dem der Antragsteller die in Artikel IV Absatz 1 vorgesehenen Erfordernisse erfüllt, oder,

   ii) sofern der Inhaber des Vervielfältigungsrechts oder seine Anschrift unbekannt ist, in dem Zeitpunkt, in dem der Antragsteller, wie in Artikel IV Absatz 2 vorgesehen, Abschriften seines bei der zuständigen Behörde gestellten Lizenzantrags absendet.

b) Sind Lizenzen nach anderen Fristen erwirkbar und ist Artikel IV Absatz 2 anzuwenden, so darf eine Lizenz nicht vor Ablauf einer Frist von drei Monaten seit Absendung der Abschriften des Lizenzantrags erteilt werden.

c) Werden innerhalb der in den Buchstaben a und b genannten Fristen von sechs oder drei Monaten Werkstücke der Ausgabe, wie in Absatz 2 Buchstabe a beschrieben, zum Kauf angeboten, so darf keine Lizenz nach diesem Artikel erteilt werden.

d) Keine Lizenz wird erteilt, wenn der Urheber alle Werkstücke der Ausgabe, für die eine Lizenz zur Vervielfältigung und Veröffentlichung beantragt worden ist, aus dem Verkehr gezogen hat.

(5) Eine Lizenz zur Vervielfältigung und Veröffentlichung der Übersetzung eines Werkes wird nach diesem Artikel nicht erteilt,

i) wenn die Übersetzung nicht vom Inhaber des Übersetzungsrechts oder mit seiner Erlaubnis veröffentlicht worden ist oder

ii) wenn die Übersetzung nicht in einer Sprache abgefaßt ist, die in dem Land, in dem die Lizenz beantragt worden ist, allgemein gebräuchlich ist.

(6) Werden vom Inhaber des Vervielfältigungsrechts oder mit seiner Erlaubnis Werkstücke der Ausgabe eines Werkes in dem in Absatz 1 bezeichneten Land der Allgemeinheit oder für den Gebrauch im Zusammenhang mit systematischem Unterricht zu einem Preis, der dem für vergleichbare Werke dort üblichen Preis entspricht, zum Kauf angeboten, so erlischt jede nach diesem Artikel erteilte Lizenz, sofern diese Ausgabe in derselben Sprache abgefaßt ist und im wesentlichen den gleichen Inhalt hat wie die aufgrund der Lizenz veröffentlichte Ausgabe. Werkstücke, die bereits vor Erlöschen der Lizenz hergestellt worden sind, dürfen weiterhin in Verkehr gebracht werden, bis der Vorrat erschöpft ist.

(7) a) Vorbehaltlich des Buchstaben b ist dieser Artikel nur auf Werke anwendbar, die im Druck oder in einer entsprechenden Vervielfältigungsform veröffentlicht worden sind.

b) Dieser Artikel ist auch auf die audio-visuelle Vervielfältigung rechtmäßig hergestellter audio-visueller Festlegungen, soweit sie selbst geschützte Werke sind oder geschützte Werke enthalten, und auf die Übersetzung des in ihnen enthaltenen Textes in eine Sprache anwendbar, die in dem Land, in dem die Lizenz beantragt worden ist, allgemein gebräuchlich ist, immer vorausgesetzt, daß die betreffenden audio-visuellen Festlegungen ausschließlich für den Gebrauch im Zusammenhang mit systematischem Unterricht hergestellt und veröffentlicht worden sind.

Artikel IV

(1) Eine Lizenz nach Artikel II oder III darf nur erteilt werden, wenn der Antragsteller gemäß den Rechtsvorschriften des betreffenden Landes nachweist, daß er um die Erlaubnis des Rechtsinhabers je nachdem zur Übersetzung des Werkes und zur Veröffentlichung der Übersetzung oder zur Vervielfältigung und Veröffentlichung der Ausgabe ersucht und diese nicht erhalten hat oder daß er den Rechtsinhaber trotz gehöriger Bemühungen nicht ausfindig machen konnte. Gleichzeitig mit dem Gesuch an den Rechtsinhaber hat der Antragsteller jedes in Absatz 2 bezeichnete nationale oder internationale Informationszentrum zu unterrichten.

(2) Vermag der Antragsteller den Rechtsinhaber nicht ausfindig zu machen, so hat er eine Abschrift seines an die zuständige Behörde gerichteten Lizenzantrags mit eingeschriebener Luftpost dem Verleger, dessen Name auf dem Werk angegeben ist, und jedem nationalen oder internationalen Informationszentrum zu senden, das gegebenenfalls von der Regierung des Landes, in dem der Verleger vermutlich den Mittelpunkt seiner Geschäftstätigkeit hat, in einer beim Generaldirektor hinterlegten Notifikation bezeichnet worden ist.

(3) Der Name des Urhebers ist auf allen Werkstücken einer Übersetzung oder einer Vervielfältigung, die aufgrund einer nach Artikel II oder III erteilten Lizenz veröffentlicht wird, anzugeben. Der Titel des Werkes ist auf allen Werkstücken aufzuführen. Bei einer Übersetzung ist jedenfalls der Originaltitel auf allen Werkstücken anzugeben.

(4) a) Eine nach Artikel II oder III erteilte Lizenz erstreckt sich nicht auf die Ausfuhr von Werkstücken und berechtigt je nachdem nur zur Veröffentlichung der Übersetzung oder der Vervielfältigung im Hoheitsgebiet des Landes, in dem die Lizenz beantragt worden ist.

b) Für die Anwendung des Buchstaben a wird auch der Versand von Werkstücken von einem Gebiet nach dem Land, das für dieses Gebiet eine Erklärung nach Artikel I Absatz 5 abgegeben hat, als Ausfuhr angesehen.

c) Versendet eine staatliche oder andere öffentliche Stelle eines Landes, das nach Artikel II eine Lizenz zur Übersetzung in eine andere als die englische. französische oder spanische Sprache erteilt hat, Werkstücke der unter dieser Lizenz veröffentlichten Übersetzung in ein anderes Land, so wird dieser Versand nicht als Ausfuhr im Sinn von Buchstabe a angesehen, sofern alle folgenden Voraussetzungen erfüllt sind:

   i) die Empfänger sind Einzelpersonen, die dem Land, dessen zuständige Behörde die Lizenz erteilt hat, angehören, oder Zusammenschlüsse solcher Einzelpersonen;

   ii) die Werkstücke sind nur für Unterrichts-, Studien- oder Forschungszwecke bestimmt;

   iii) der Versand der Werkstücke und ihre spätere Verteilung an die Empfänger dienen keinen Erwerbszwecken;

   iv) das Land, in das die Werkstücke gesandt werden, hat mit dem Land, dessen zuständige Behörde die Lizenz erteilt hat, eine Vereinbarung getroffen, die den Empfang, die Verteilung oder beides gestattet, und die Regierung dieses Landes hat dem Generaldirektor die Vereinbarung notifiziert.

(5) Alle Werkstücke, die aufgrund einer nach Artikel II oder III erteilten Lizenz veröffentlicht werden, haben in der betreffenden Sprache einen Vermerk zu tragen, daß sie nur in dem Land oder Gebiet, auf das sich die Lizenz bezieht, in Verkehr gebracht werden dürfen.

(6) a) Auf nationaler Ebene ist dafür zu sorgen, daß

   i) die Lizenz zugunsten des Inhabers des Übersetzungsrechts oder des Inhabers des Vervielfältigungsrechts eine angemessene Vergütung vorsieht, die der bei frei vereinbarten Lizenzen zwischen Personen in den beiden betreffenden Ländern üblichen Vergütung entspricht,

   ii) Zahlung und Transfer der Vergütung sichergestellt werden; bestehen nationale Devisenbeschränkungen, so hat die zuständige Behörde unter Zuhilfenahme internationaler Einrichtungen alles ihr Mögliche zu tun, um den Transfer der Vergütung in international konvertierbarer Währung oder gleichgestellten Zahlungsmitteln sicherzustellen.

b) Die innerstaatliche Gesetzgebung hat eine getreue Übersetzung des Werkes oder eine genaue Wiedergabe der Ausgabe zu gewährleisten.

Artikel V

(1) a) Jedes Land, das zu erklären berechtigt ist, es werde die in Artikel II vorgesehene Befugnis in Anspruch nehmen, kann statt dessen bei der Ratifikation oder beim Beitritt zu dieser Fassung,

   i) sofern es ein Land ist, auf das Artikel 30 Absatz 2 Buchstabe a zutrifft, hinsichtlich des Übersetzungsrechts eine Erklärung nach dieser Bestimmung abgeben;

   ii) sofern es ein Land ist, auf das Artikel 30 Absatz 2 Buchstabe a nicht zutrifft, und selbst, wenn es sich nicht um ein verbandsfremdes Land handelt, die in Artikel 30 Absatz 2 Buchstabe b Satz 1 vorgesehene Erklärung abgeben.

b) Eine nach diesem Absatz abgegebene Erklärung bleibt für ein Land, das nicht länger als Entwicklungsland im Sinn von Artikel I Absatz 1 angesehen wird, bis zu dem Zeitpunkt wirksam, in dem die nach Artikel I Absatz 3 maßgebende Frist abläuft.

c) Ein Land, das eine Erklärung nach diesem Absatz abgegeben hat, kann die in Artikel II vorgesehene Befugnis nicht mehr in Anspruch nehmen, selbst wenn es die Erklärung zurückzieht.

(2) Vorbehaltlich des Absatzes 3 kann ein Land, das die in Artikel II vorgesehene Befugnis in Anspruch genommen hat, keine Erklärung nach Absatz 1 mehr abgeben.

(3) Ein Land, das nicht länger als Entwicklungsland im Sinn von Artikel I Absatz 1 angesehen wird, kann, obwohl es kein verbandsfremdes Land ist, bis zu zwei Jahren vor Ablauf der nach Artikel I Absatz 3 maßgebenden Frist die in Artikel 30 Absatz 2 Buchstabe b Satz 1 vorgesehene Erklärung abgeben. Diese Erklärung wird in dem Zeitpunkt wirksam, in dem die nach Artikel I Absatz 3 maßgebende Frist abläuft.

Artikel VI

(1) Ein Verbandsland kann vom Zeitpunkt der Unterzeichnung dieser Fassung der Übereinkunft an jederzeit, bevor es durch die Artikel 1 bis 21 und diesen Anhang gebunden ist,

i) erklären – sofern es berechtigt wäre, die in Artikel I Absatz 1 bezeichneten Befugnisse in Anspruch zu nehmen, wenn es durch die Artikel 1 bis 21 und diesen Anhang gebunden wäre –, daß es die Artikel II oder III oder beide Artikel auf Werke anwenden wird, deren Ursprungsland ein Land ist, das gemäß Ziffer ii die Anwendung dieser Artikel auf solche Werke zuläßt oder das durch die Artikel 1 bis 21 und diesen Anhang gebunden ist; die Erklärung kann sich statt auf Artikel II auf Artikel V beziehen;

ii) erklären, daß es die Anwendung dieses Anhangs auf Werke, deren Ursprungsland es ist, durch die Länder zuläßt, die eine Erklärung nach Ziffer i abgegeben oder eine Notifikation nach Artikel I hinterlegt haben.

(2) Jede Erklärung nach Absatz 1 muß schriftlich abgefaßt und beim Generaldirektor hinterlegt werden. Sie wird im Zeitpunkt ihrer Hinterlegung wirksam.

Zu Urkund dessen haben die hierzu gehörig bevollmächtigten Unterzeichneten diese Fassung der Übereinkunft unterschrieben.

Geschehen zu Paris am 24. Juli 1971.

5. Welturheberrechtsabkommen

vom 6. September 1952, revidiert in Paris am 24. Juli 1971
(BGBl II 1973 S. 1111)

Die Vertragsstaaten

– von dem Wunsch geleitet, den Schutz des Urheberrechts an Werken der Literatur, Wissenschaft und Kunst in allen Ländern zu gewährleisten,

in der Überzeugung, daß eine allen Nationen angemessene, in einem Weltabkommen niedergelegte Regelung des Schutzes des Urheberrechts, die die bereits in Kraft befindlichen zwischenstaatlichen Ordnungen, ohne sie zu beeinträchtigen, ergänzt, die Achtung der Menschenrechte sichern und die Entwicklung der Literatur, Wissenschaft und Kunst fördern wird,

und in der Gewißheit, daß eine solche weltweite Regelung des Schutzes des Urheberrechts die Verbreitung der Geisteswerke erleichtern und zu einer besseren Verständigung unter den Nationen beitragen wird

– haben beschlossen, das am 6. September 1952 in Genf unterzeichnete Welturheberrechtsabkommen (im folgenden als „Abkommen von 1952" bezeichnet) zu revidieren, und haben daher folgendes vereinbart:

Artikel I

Jeder Vertragsstaat verpflichtet sich, alle notwendigen Bestimmungen zu treffen, um einen ausreichenden und wirksamen Schutz der Rechte der Urheber und anderer Inhaber von Urheberrechten an den Werken der Literatur, Wissenschaft und Kunst, wie Schriftwerken, musikalischen und dramatischen Werken, Filmwerken sowie Werken der Malerei, Stichen und Werken der Bildhauerei, zu gewähren.

Artikel II

1. Veröffentlichte Werke der Angehörigen eines Vertragsstaats und die zum ersten Mal im Hoheitsgebiet eines Vertragsstaats veröffentlichten Werke genießen in jedem anderen Vertragsstaat den gleichen Schutz, den dieser andere Staat den zum ersten Mal in seinem eigenen Hoheitsgebiet veröffentlichten Werken seiner Staatsangehörigen gewährt, sowie den durch dieses Abkommen besonders gewährten Schutz.

2. Unveröffentlichte Werke der Angehörigen eines Vertragsstaats genießen in jedem anderen Vertragsstaat den gleichen Schutz, den dieser andere Staat den unveröffentlichten Werken seiner Staatsangehörigen gewährt, sowie den durch dieses Abkommen besonders gewährten Schutz.

3. Für die Anwendung dieses Abkommens kann jeder Vertragsstaat durch seine innerstaatliche Gesetzgebung seinen Staatsangehörigen die Personen gleichstellen, die ihren Wohnsitz in seinem Hoheitsgebiet haben

Artikel III

1. Ein Vertragsstaat, dessen innerstaatliche Rechtsvorschriften als Voraussetzung für den Urheberrechtsschutz die Erfüllung von Förmlichkeiten wie Hinterlegung, Registrierung, Vermerk, notarielle Beglaubigungen, Gebührenzahlung, Herstellung oder Veröffentlichung in seinem eigenen Hoheitsgebiet, fordern, hat diese Erfordernisse für jedes durch dieses Abkommen geschützte und zum ersten Mal außerhalb seines Hoheitsgebiets veröffentlichte Werk, dessen Urheber nicht Angehöriger dieses Staates ist, als erfüllt anzusehen, wenn alle

Werkstücke, die mit Erlaubnis des Urhebers oder eines anderen Inhabers des Urheberrechts veröffentlicht worden sind, von der ersten Veröffentlichung des Werkes an das Kennzeichen © in Verbindung mit dem Namen des Inhabers des Urheberrechts und der Jahreszahl der ersten Veröffentlichung tragen; Kennzeichen, Name und Jahreszahl sind in einer Weise und an einer Stelle anzubringen, daß sie den Vorbehalt des Urheberrechts genügend zum Ausdruck bringen.

2. Absatz 1 hindert keinen Vertragsstaat, die Erfüllung von Förmlichkeiten oder anderen Voraussetzungen für den Erwerb und die Ausübung des Urheberrechts bei Werken, die zum ersten Mal in seinem Hoheitsgebiet veröffentlicht worden sind, sowie, ohne Rücksicht auf den Ort der Veröffentlichung, bei Werken seiner Staatsangehörigen zu fordern.

3. Absatz 1 hindert keinen Vertragsstaat, von Personen, die ihre Rechte gerichtlich geltend machen, zu verlangen, daß sie in einem Rechtsstreit bestimmte Verfahrenserfordernisse, wie die Vertretung des Klägers durch einen inländischen Rechtsbeistand oder die Hinterlegung eines Werkstücks durch den Kläger bei dem Gericht oder einer Verwaltungsbehörde oder bei beiden, erfüllen. Jedoch wird der Bestand des Urheberrechts durch die Nichterfüllung dieser Erfordernisse nicht berührt. Die Erfüllung eines Erfordernisses, das der Staat, in dem der Schutz beansprucht wird, seinen Staatsangehörigen nicht auferlegt, darf von den Angehörigen eines anderen Vertragsstaats nicht verlangt werden.

4. Jeder Vertragsstaat ist verpflichtet, den unveröffentlichten Werken der Angehörigen anderer Vertragsstaaten Rechtsschutz zu gewähren, ohne die Erfüllung von Förmlichkeiten zu verlangen.

5. Sieht ein Vertragsstaat für die Schutzdauer mehr als eine Frist vor und überschreitet die erste Frist eine der in Artikel IV vorgeschriebenen Mindestzeiten, so ist dieser Staat nicht verpflichtet, Absatz 1 auf die zweite und jede weitere Frist anzuwenden.

Artikel IV

1. Die Schutzdauer des Werkes wird durch das Recht des Vertragsstaats, in dem der Schutz beansprucht wird, gemäß diesem Artikel und Artikel II geregelt.

2. a) Bei den durch dieses Abkommen geschützten Werken umfaßt die Schutzdauer mindestens die Lebenszeit des Urhebers und fünfundzwanzig Jahre nach seinem Tod. Jedoch kann ein Vertragsstaat, der in dem Zeitpunkt, in dem dieses Abkommen für ihn in Kraft tritt, für bestimmte Arten von Werken die Schutzdauer auf eine von der ersten Veröffentlichung an berechnete Frist beschränkt, diese Ausnahmen aufrechterhalten und sie auf andere Arten von Werken erstrecken. Für alle diese Arten von Werken darf die Schutzdauer nicht weniger als fünfundzwanzig Jahre seit der ersten Veröffentlichung betragen.

   b) Ein Vertragsstaat, der in dem Zeitpunkt, in dem dieses Abkommen für ihn in Kraft tritt, die Schutzdauer nicht auf der Grundlage der Lebenszeit des Urhebers berechnet, ist befugt, sie von der ersten Veröffentlichung des Werkes oder gegebenenfalls von der der Veröffentlichung vorausgegangenen Registrierung an zu berechnen; die Schutzdauer darf nicht weniger als fünfundzwanzig Jahre seit der ersten Veröffentlichung oder gegebenenfalls seit der ihr vorausgegangenen Registrierung betragen.

   c) Sehen die innerstaatlichen Rechtsvorschriften eines Vertragsstaats zwei oder mehr aufeinanderfolgende Schutzfristen vor, so darf die Dauer der ersten Frist nicht weniger als eine der in Buchstaben a und b bezeichneten Mindestzeiten betragen.

3. Absatz 2 ist auf Werke der Fotografie und der angewandten Kunst nicht anzuwenden. Jedoch darf in den Vertragsstaaten, die Werke der Fotografie schützen oder Werken der angewandten Kunst als Kunstwerken Schutz gewähren, die Schutzdauer für diese Werke nicht weniger als zehn Jahre betragen.

4. a) Kein Vertragsstaat ist verpflichtet, einem Werk einen längeren Schutz als den zu gewähren, der für Werke dieser Art in dem Vertragsstaat, in dem das Werk zum ersten Mal veröffentlicht worden ist, oder, sofern es sich um ein unveröffentlichtes Werk handelt, in dem Vertragsstaat, dem der Urheber angehört, festgelegt ist.

    b) Sehen die Rechtsvorschriften eines Vertragsstaats zwei oder mehr aufeinanderfolgende Schutzfristen vor, so wird für die Anwendung des Buchstaben a die Summe dieser Schutzfristen als die von diesem Staat gewährte Schutzdauer angesehen. Wird jedoch in diesem Staat ein bestimmtes Werk, gleichviel aus welchem Grund, während der zweiten oder einer der folgenden Fristen nicht geschützt, so sind die anderen Vertragsstaaten nicht verpflichtet, dieses Werk während der zweiten Frist oder der folgenden Fristen zu schützen.

5. Für die Anwendung des Absatzes 4 wird das Werk des Angehörigen eines Vertragsstaats, das zum ersten Mal in einem vertragsfremden Staat veröffentlicht worden ist, so angesehen, als sei es zum ersten Mal in dem Vertragsstaat veröffentlicht worden, dem der Urheber angehört.

6. Bei gleichzeitiger Veröffentlichung in zwei oder mehr Vertragsstaaten gilt das Werk für die Anwendung des Absatzes 4 als zum ersten Mal in dem Staat veröffentlicht, der die kürzeste Schutzdauer gewährt. Jedes Werk, das innerhalb von dreißig Tagen seit seiner ersten Veröffentlichung in zwei oder mehr Vertragsstaaten erschienen ist, gilt als in diesen Staaten gleichzeitig veröffentlicht.

Artikel IVbis

1. Die in Artikel I bezeichneten Rechte umfassen die grundlegenden Rechte, die die wirtschaftlichen Interessen des Urhebers schützen, insbesondere das ausschließliche Recht, die Vervielfältigung gleichviel in welchem Verfahren, die öffentliche Aufführung und die Rundfunksendung zu erlauben. Dieser Artikel ist auf die durch dieses Abkommen geschützten Werke sowohl in ihrer ursprünglichen Form als auch in einer erkennbar von dem ursprünglichen Werk abgeleiteten Form anzuwenden.

2. Jeder Vertragsstaat kann in seiner innerstaatlichen Gesetzgebung für die in Absatz 1 bezeichneten Rechte Ausnahmen vorsehen, die dem Geist und den Bestimmungen dieses Abkommens nicht widersprechen. Jedoch muß ein Staat, der von dieser Befugnis Gebrauch macht jedem der Rechte, für die er Ausnahmen vorsieht, ein angemessenes Maß an wirksamem Schutz gewähren.

Artikel V

1. Die in Artikel I bezeichneten Rechte umfassen das ausschließliche Recht, die durch dieses Abkommen geschützten Werke zu übersetzen und die Übersetzung zu veröffentlichen, sowie das Recht anderen die Übersetzung und die Veröffentlichung der Übersetzung zu erlauben.

2. Den Vertragsstaaten bleibt es jedoch vorbehalten, durch ihre innerstaatliche Gesetzgebung das Übersetzungsrecht an Schriftwerken einzuschränken, aber nur nach Maßgabe der folgenden Bestimmungen:

    a) Ist vom Inhaber des Übersetzungsrechts oder mit seiner Erlaubnis innerhalb von sieben Jahren seit der ersten Veröffentlichung eines Schriftwerks eine Übersetzung dieses Werkes in eine in einem Vertragsstaat allgemein gebräuchliche Sprache nicht veröffentlicht worden so kann jeder Angehörige dieses Vertragsstaats von der zuständigen Behörde des Staates eine nicht ausschließliche Lizenz zur Übersetzung des Werkes in diese Sprache und zur Veröffentlichung der Übersetzung erhalten.

b) Die Lizenz darf nur erteilt werden, wenn der Antragsteller gemäß den Rechtsvorschriften des Staates, in dem die Lizenz beantragt worden ist, nachweist, daß er um die Erlaubnis des Inhabers des Übersetzungsrechts zur Übersetzung des Werkes und zur Veröffentlichung der Übersetzung ersucht und diese nicht erhalten hat, oder daß er den Rechtsinhaber trotz gehöriger Bemühungen nicht ausfindig machen konnte. Eine Lizenz kann unter denselben Bedingungen auch erteilt werden, wenn alle bisherigen Ausgaben einer Übersetzung in eine in einem Vertragsstaat allgemein gebräuchliche Sprache vergriffen sind.

c) Vermag der Antragsteller den Inhaber des Übersetzungsrechts nicht ausfindig zu machen, so hat er eine Abschrift seines Antrags dem Verleger zu senden, dessen Name auf dem Werk angegeben ist; eine weitere Abschrift hat er dem diplomatischen oder konsularischen Vertreter des Staates, dessen Angehöriger der Inhaber des Übersetzungsrechts ist, oder einer gegebenenfalls von der Regierung dieses Staates bezeichneten Stelle zuzuleiten, sofern die Staatsangehörigkeit des Inhabers des Übersetzungsrechts bekannt ist. Die Lizenz darf nicht vor Ablauf von zwei Monaten nach Absendung der Abschriften des Antrags erteilt werden.

d) Durch die innerstaatliche Gesetzgebung sind geeignete Vorschriften zu erlassen, die für den Inhaber des Übersetzungsrechts eine angemessene, internationalen Maßstäben entsprechende Vergütung vorsehen und die Zahlung und den Transfer der Vergütung sowie eine getreue Übersetzung des Werkes gewährleisten.

e) Der Originaltitel des Werkes und der Name seines Urhebers sind auf allen Werkstücken der veröffentlichten Übersetzung im Druck anzugeben. Die Lizenz berechtigt nur zur Veröffentlichung der Übersetzung im Hoheitsgebiet des Vertragsstaats, in dem sie beantragt worden ist. Werkstücke der Übersetzung dürfen in einen anderen Vertragsstaat eingeführt und dort verkauft werden, wenn die Sprache, in die das Werk übersetzt wurde, in diesem Staat allgemein gebräuchlich ist und wenn dessen innerstaatliche Rechtsvorschriften entsprechende Lizenzen zulassen und die Einfuhr und den Verkauf der Werkstücke nicht untersagen. In einem Vertragsstaat, für den diese Voraussetzungen nicht zutreffen, sind für die Einfuhr und den Verkauf der Werkstücke die innerstaatlichen Rechtsvorschriften dieses Staates und die von ihm geschlossenen Verträge maßgebend. Die Lizenz kann von dem Lizenznehmer nicht übertragen werden.

f) Eine Lizenz wird nicht erteilt, wenn der Urheber alle Werkstücke aus dem Verkehr gezogen hat.

Artikel V^{bis}

1. Jeder Vertragsstaat, der nach der bestehenden Übung der Generalversammlung der Vereinten Nationen als Entwicklungsland angesehen wird, kann durch eine bei der Ratifikation, der Annahme, dem Beitritt oder später beim Generaldirektor der Organisation der Vereinten Nationen für Erziehung, Wissenschaft und Kultur (im folgenden als „der Generaldirektor" bezeichnet) hinterlegte Notifikation einzelne oder alle der in den Artikeln V^{ter} und V^{quater} vorgesehenen Ausnahmen in Anspruch nehmen.

2. Jede Notifikation nach Absatz 1 ist während einer Frist von zehn Jahren seit Inkrafttreten dieses Abkommens oder während des nach der Hinterlegung der Notifikation noch verbleibenden Teiles dieser Zehnjahresfrist wirksam; sie kann ganz oder teilweise für jeweils weitere zehn Jahre erneuert werden, wenn der Vertragsstaat frühestens fünfzehn und spätestens drei Monate vor Ende der laufenden Zehnjahresfrist beim Generaldirektor eine neue Notifikation hinterlegt. Während der weiteren Zehnjahresfristen können auch erstmalige Notifikationen gemäß diesem Artikel hinterlegt werden.

3. Ungeachtet des Absatzes 2 ist ein Vertragsstaat, der nicht länger als Entwicklungsland im Sinn von Absatz 1 angesehen wird, nicht mehr berechtigt, seine nach Absatz 1 oder 2 hinterlegte Notifikation zu erneuern; gleichviel, ob dieser Staat seine Notifikation förmlich zu-

rückzieht oder nicht, verliert er die Möglichkeit, die in den Artikeln V^{ter} und V^{quater} vorgesehenen Ausnahmen in Anspruch zu nehmen, entweder nach Ablauf der laufenden Zehnjahresfrist oder drei Jahre nach dem Zeitpunkt, in dem der Staat nicht mehr als Entwicklungsland angesehen wird, wobei die später endende Frist maßgebend ist.

4. Nach Ablauf der Frist, für die Notifikationen nach diesem Artikel wirksam waren, dürfen Werkstücke, die aufgrund der Ausnahmen in den Artikeln V^{ter} und V^{quater} bereits hergestellt worden sind, weiterhin in Verkehr gebracht werden, bis der Vorrat erschöpft ist.

5. Ein Vertragsstaat, der eine Notifikation gemäß Artikel XIII über die Anwendung dieses Abkommens auf ein bestimmtes Land oder Gebiet hinterlegt hat, dessen Lage als der Lage der in Absatz 1 bezeichneten Staaten analog erachtet werden kann, kann für dieses Land oder Gebiet auch Notifikationen gemäß diesem Artikel hinterlegen und erneuern. Solange eine solche Notifikation wirksam ist, dürfen die Artikel V^{ter} Und V^{quater} auf dieses Land oder Gebiet angewandt werden. Der Versand von Werkstücken aus diesem Land oder Gebiet in den Vertragsstaat wird als Ausfuhr im Sinn der Artikel V^{ter} und V^{quater} angesehen.

Artikel V^{ter}

1. a) Ein Vertragsstaat, auf den Artikel V^{bis} Absatz 1 anwendbar ist, kann die in Artikel V Absatz 2 vorgesehene Frist von sieben Jahren durch eine Frist von drei Jahren oder durch eine längere in seinen innerstaatlichen Rechtsvorschriften festgelegte Frist ersetzen. Für eine Übersetzung in eine Sprache, die nicht in einem oder mehreren der entwickelten Länder, die diesem Abkommen oder nur dem Abkommen von 1952 angehören, allgemein gebräuchlich ist, beträgt die Frist ein Jahr statt drei Jahre.

   b) Ein Vertragsstaat, auf den Artikel V^{bis} Absatz 1 anwendbar ist, kann auf Grund einer einstimmigen Vereinbarung mit den entwickelten Ländern, die diesem Abkommen oder nur dem Abkommen von 1952 angehören und in denen dieselbe Sprache allgemein gebräuchlich ist, für Übersetzungen in diese Sprache die in Buchstabe a vorgesehene Frist von drei Jahren durch eine andere, in der Vereinbarung festgelegte Frist ersetzen, die aber nicht kürzer als ein Jahr sein darf. Satz 1 ist jedoch auf Übersetzungen in die englische, französische oder spanische Sprache nicht anwendbar. Jede derartige Vereinbarung wird dem Generaldirektor notifiziert.

   c) Die Lizenz darf nur erteilt werden, wenn der Antragsteller gemäß den Rechtsvorschriften des Staates, in dem die Lizenz beantragt worden ist, nachweist, daß er um die Erlaubnis des Inhabers des Übersetzungsrechts ersucht und diese nicht erhalten hat oder daß er den Rechtsinhaber trotz gehöriger Bemühungen nicht ausfindig machen konnte. Gleichzeitig mit dem Gesuch an den Rechtsinhaber hat der Antragsteller entweder das von der Organisation der Vereinten Nationen für Erziehung, Wissenschaft und Kultur errichtete Internationale Informationszentrum für Urheberrecht oder jedes nationale oder regionale Informationszentrum zu unterrichten, das von der Regierung des Staates, in dem der Verleger vermutlich den Mittelpunkt seiner Geschäftätigkeit hat, in einer beim Generaldirektor hinterlegten Notifikation bezeichnet worden ist.

   d) Vermag der Antragsteller den Inhaber des Übersetzungsrechts nicht ausfindig zu machen, so hat er eine Abschrift seines Antrags mit eingeschriebener Luftpost dem Verleger, dessen Name auf dem Werk angegeben ist, und jedem in Buchstabe c bezeichneten nationalen oder regionalen Informationszentrum zu senden. Ist kein solches Zentrum notifiziert worden, so hat der Antragsteller auch dem von der Organisation der Vereinten Nationen für Erziehung, Wissenschaft und Kultur errichteten Internationalen Informationszentrum für Urheberrecht eine Abschrift zu senden.

2. a) Nach diesem Artikel darf eine nach drei Jahren erwirkbare Lizenz erst nach Ablauf einer weiteren Frist von sechs Monaten und eine nach einem Jahr erwirkbare Lizenz erst nach Ablauf einer weiteren Frist von neun Monaten erteilt werden. Die weitere Frist beginnt

entweder in dem Zeitpunkt des in Absatz 1 Buchstabe c bezeichneten Gesuchs um Erlaubnis zur Übersetzung oder, sofern der Inhaber des Übersetzungsrechts oder seine Anschrift unbekannt ist, im Zeitpunkt der Absendung der in Absatz 1 Buchstabe d bezeichneten Abschriften des Lizenzantrags.

b) Eine Lizenz darf nicht erteilt werden, wenn eine Übersetzung innerhalb der genannten Frist von sechs oder neun Monaten vom Inhaber des Übersetzungsrechts oder mit seiner Erlaubnis veröffentlicht worden ist.

3. Eine Lizenz nach diesem Artikel darf nur für Unterrichts-, Studien- oder Forschungszwecke erteilt werden.

4. a) Eine nach diesem Artikel erteilte Lizenz erstreckt sich nicht auf die Ausfuhr von Werkstücken und berechtigt nur zur Veröffentlichung der Übersetzung im Hoheitsgebiet des Staates, in dem die Lizenz beantragt worden ist.

b) Alle Werkstücke, die gemäß einer nach diesem Artikel erteilten Lizenz veröffentlicht werden, haben in der betreffenden Sprache einen Vermerk zu tragen, daß sie nur in dem Vertragsstaat, der die Lizenz erteilt hat, in Verkehr gebracht werden dürfen. Trägt das Werk den in Artikel III Absatz 1 bezeichneten Vermerk, so haben die Werkstücke denselben Vermerk zu tragen.

c) Das in Buchstabe a) vorgesehene Ausfuhrverbot gilt nicht, wenn eine staatliche oder andere öffentliche Stelle eines Staates, der nach diesem Artikel eine Lizenz zur Übersetzung eines Werkes in eine andere als die englische, französische oder spanische Sprache erteilt hat Werkstücke der unter dieser Lizenz hergestellten Übersetzung in ein anderes Land versendet, sofern

i) die Empfänger entweder Einzelpersonen, die dem Vertragsstaat der die Lizenz erteilt hat, angehören, oder Zusammenschlüsse solcher Einzelpersonen sind;

ii) die Werkstücke nur für Unterrichts-, Studien- oder Forschungszwecke bestimmt sind;

iii) der Versand der Werkstücke und ihre spätere Verteilung an die Empfänger keinen Erwerbszwecken dienen und

iv) das Land, in das die Werkstücke gesandt werden, mit dem Vertragsstaat eine Vereinbarung getroffen hat, die den Empfang, die Verteilung oder beides gestattet, und eine der beteiligten Regierungen die Vereinbarung dem Generaldirektor notifiziert hat.

5. Auf nationaler Ebene ist dafür zu sorgen, daß

a) die Lizenz eine angemessene Vergütung vorsieht, die der bei frei vereinbarten Lizenzen zwischen Personen in den beiden betreffenden Ländern üblichen Vergütung entspricht, und

b) Zahlung und Transfer der Vergütung bewirkt werden; bestehen nationale Devisenbeschränkungen, so hat die zuständige Behörde unter Zuhilfenahme internationaler Einrichtungen alles ihr Mögliche zu tun, um den Transfer der Vergütung in international konvertierbarer Währung oder gleichgestellten Zahlungsmitteln sicherzustellen.

6. Jede von einem Vertragsstaat nach diesem Artikel erteilte Lizenz erlischt, wenn vom Inhaber des Übersetzungsrechts oder mit seiner Erlaubnis eine Übersetzung des Werkes in dieselbe Sprache und mit im wesentlichen gleichem Inhalt wie die aufgrund der Lizenz herausgegebene Übersetzung in diesem Staat zu einem Preis veröffentlicht wird, der dem für vergleichbare Werke in dem Staat üblichen Preis entspricht. Werkstücke, die bereits vor Erlöschen der Lizenz hergestellt worden sind, dürfen weiterhin in Verkehr gebracht werden, bis der Vorrat erschöpft ist.

7. Für Werke, die vorwiegend aus Abbildungen bestehen, darf eine Lizenz zur Übersetzung des Textes und zur Vervielfältigung der Abbildungen nur erteilt werden, wenn auch die Voraussetzungen des Artikels V^{quater} erfüllt sind.

8. a) Eine Lizenz zur Übersetzung eines nach diesem Abkommen geschützten Werkes, das im Druck oder in einer entsprechenden Vervielfältigungsform veröffentlicht worden ist, kann auch einem Sendeunternehmen, das seinen Sitz in einem Vertragsstaat hat, auf den Artikel V^{bis} Absatz 1 zutrifft, auf seinen in diesem Staat gestellten Antrag unter folgenden Bedingungen gewährt werden:

    i) die Übersetzung wird an Hand eines Werkstücks angefertigt, das in Übereinstimmung mit den Rechtsvorschriften des Vertragsstaats hergestellt und erworben wurde;

    ii) die Übersetzung ist nur für den Gebrauch in Rundfunksendungen bestimmt, die ausschließlich dem Unterricht oder der Verbreitung wissenschaftlicher oder technischer Forschungsergebnisse an Sachverständige eines bestimmten Berufs dienen;

    iii) die Übersetzung wird ausschließlich zu den unter Ziffer ii) bezeichneten Zwecken in rechtmäßig ausgestrahlten Rundfunksendungen benutzt, die für Empfänger im Hoheitsgebiet des Vertragsstaats bestimmt sind, einschließlich der Rundfunksendungen, die mit Hilfe von rechtmäßig und ausschließlich für diese Sendungen hergestellten Aufnahmen auf Bild- oder Tonträger ausgestrahlt werden;

    iv) Bild- oder Tonträger der Übersetzung dürfen nur zwischen Sendeunternehmen ausgetauscht werden, die ihren Sitz in dem Vertragsstaat haben, der die Lizenz erteilt hat, und

    v) der Gebrauch der Übersetzung darf keinen Erwerbszwecken dienen.

  b) Sofern alle in Buchstabe a aufgeführten Merkmale und Bedingungen erfüllt sind, kann einem Sendeunternehmen auch eine Lizenz zur Übersetzung des Textes einer audiovisuellen Festlegung erteilt werden, die selbst ausschließlich für den Gebrauch im Zusammenhang mit systematischem Unterricht hergestellt und veröffentlicht worden ist.

  c) Vorbehaltlich der Buchstaben a und b sind die anderen Bestimmungen dieses Artikels auf die Erteilung und die Ausübung der Lizenz anzuwenden.

9. Vorbehaltlich der Bestimmungen dieses Artikels unterliegt jede nach diesem Artikel erteilte Lizenz dem Artikel V; sie bleibt dem Artikel V und diesem Artikel auch nach Ablauf der in Artikel V Absatz 2 vorgesehenen Frist von sieben Jahren unterworfen. Jedoch kann der Lizenznehmer nach Ablauf dieser Frist verlangen, daß diese Lizenz durch eine Lizenz ersetzt wird, die ausschließlich dem Artikel V unterliegt.

Artikel V^{quater}

1. Ein Vertragsstaat, auf den Artikel V^{bis} Absatz 1 zutrifft, kann folgende Bestimmungen annehmen:

  a) Sind innerhalb

    i) der in Buchstabe c festgelegten und vom Zeitpunkt der ersten Veröffentlichung einer bestimmten Ausgabe eines in Absatz 3 bezeichneten Werkes der Literatur, Wissenschaft oder Kunst an zu berechnenden Frist oder

    ii) einer längeren, in seinen innerstaatlichen Rechtsvorschriften festgelegten Frist

    in diesem Staat vom Inhaber des Vervielfältigungsrechts oder mit seiner Erlaubnis Werkstücke der Ausgabe zu einem Preis, der dem für vergleichbare Werke dort üblichen Preis entspricht, der Allgemeinheit oder für den Gebrauch im Zusammenhang mit systematischem Unterricht nicht zum Kauf angeboten worden, so kann jeder Angehörige dieses Staates von der zuständigen Behörde eine nicht ausschließliche Lizenz erhalten, die Ausgabe zu diesem oder einem niedrigeren Preis für den Gebrauch im Zusammenhang mit systematischem Unterricht zu veröffentlichen. Die Lizenz darf nur erteilt werden, wenn der Antragsteller gemäß den Rechtsvorschriften dieses Staates nachweist, daß er um die Erlaubnis des Rechtsinhabers zur Veröffentlichung des Werkes ersucht und diese nicht erhalten hat oder daß er den Rechtsinhaber trotz gehöriger Bemühungen nicht ausfindig machen konnte. Gleichzeitig

1385

mit dem Gesuch an den Rechtsinhaber hat der Antragsteller entweder das von der Organisation der Vereinten Nationen für Erziehung, Wissenschaft und Kultur errichtete Internationale Informationszentrum für Urheberrecht oder jedes in Buchstabe d bezeichnete nationale oder regionale Informationszentrum zu unterrichten.

b) Eine Lizenz kann unter denselben Bedingungen auch erteilt werden, wenn mit Erlaubnis des Rechtsinhabers hergestellte Werkstücke der Ausgabe zu einem Preis, der dem für vergleichbare Werke in dem Staat üblichen Preis entspricht, sechs Monate lang für die Allgemeinheit oder für den Gebrauch im Zusammenhang mit systematischem Unterricht nicht mehr zum Verkauf standen.

c) Die in Buchstabe a bezeichnete Frist beträgt fünf Jahre; dagegen beträgt sie
   i) drei Jahre für Werke aus den Bereichen der Naturwissenschaften, Mathematik und Technik und
   ii) sieben Jahre für Romane, Gedichte und Dramen sowie für musikalische Werke und Kunstbücher.

d) Vermag der Antragsteller den Inhaber des Vervielfältigungsrechts nicht ausfindig zu machen, so hat er eine Abschrift seines Lizenzantrags mit eingeschriebener Luftpost dem Verleger, dessen Name auf dem Werk angegeben ist, und jedem nationalen oder regionalen Informationszentrum zu senden, das von der Regierung des Staates, in dem der Verleger vermutlich den Mittelpunkt seiner Geschäftstätigkeit hat, in einer beim Generaldirektor hinterlegten Notifikation bezeichnet worden ist. Mangels einer solchen Notifikation hat er eine Abschrift auch dem von der Organisation der Vereinten Nationen für Erziehung, Wissenschaft und Kultur errichteten Internationalen Informationszentrum für Urheberrecht zu senden. Die Lizenz darf nicht vor Ablauf von drei Monaten seit Absendung der Abschriften des Antrags erteilt werden.

e) Eine nach drei Jahren erwirkbare Lizenz darf nach diesem Artikel erst erteilt werden,
   i) wenn eine Frist von sechs Monaten seit dem Zeitpunkt des in Buchstabe a bezeichneten Gesuchs um Erlaubnis oder, sofern der Inhaber des Vervielfältigungsrechts oder seine Anschrift unbekannt ist, seit dem Zeitpunkt der in Buchstabe d vorgesehenen Versendung von Abschriften des Lizenzantrags abgelaufen ist, und
   ii) wenn innerhalb dieser Frist Werkstücke der Ausgabe nicht, wie in Buchstabe a erwähnt, in Verkehr gebracht worden sind.

f) Der Name des Urhebers und der Titel der Ausgabe sind auf allen Werkstücken der veröffentlichten Vervielfältigung im Druck anzugeben. Die Lizenz erstreckt sich nicht auf die Ausfuhr von Werkstücken und gilt nur für die Veröffentlichung im Hoheitsgebiet des Vertragsstaats, in dem die Lizenz beantragt worden ist. Die Lizenz kann vom Lizenznehmer nicht übertragen werden.

g) Die innerstaatliche Gesetzgebung hat eine genaue Wiedergabe der Ausgabe zu gewährleisten.

h) Eine Lizenz zur Vervielfältigung und Veröffentlichung der Übersetzung eines Werkes wird nach diesem Artikel nicht erteilt,
   i) wenn die Übersetzung nicht vom Inhaber des Übersetzungsrechts oder mit seiner Erlaubnis veröffentlicht worden ist oder
   ii) wenn die Übersetzung nicht in einer Sprache abgefaßt ist, die in dem Staat, der zur Erteilung der Lizenz befugt ist, allgemein gebräuchlich ist.

2. Ferner gelten für die in Absatz 1 vorgesehenen Ausnahmen die folgenden Bestimmungen:

   a) Alle Werkstücke, die gemäß einer nach diesem Artikel erteilten Lizenz veröffentlicht werden, haben in der betreffenden Sprache einen Vermerk zu tragen, daß sie nur in dem Vertragsstaat, auf den sich die Lizenz bezieht, in Verkehr gebracht werden dürfen. Trägt die Ausgabe den in Artikel III Absatz 1 bezeichneten Vermerk, so haben die Werkstücke denselben Vermerk zu tragen.

b) Auf nationaler Ebene ist dafür zu sorgen, daß

   i) die Lizenz eine angemessene Vergütung vorsieht, die der bei frei vereinbarten Lizenzen zwischen Personen in den beiden betreffenden Ländern üblichen Vergütung entspricht, und

   ii) Zahlung und Transfer der Vergütung bewirkt werden; bestehen nationale Devisenbeschränkungen, so hat die zuständige Behörde unter Zuhilfenahme internationaler Einrichtungen alles ihr Mögliche zu tun, um den Transfer der Vergütung in international konvertierbarer Währung oder gleichgestellten Zahlungsmitteln sicherzustellen.

c) Werden vom Inhaber des Vervielfältigungsrechts oder mit seiner Erlaubnis Werkstücke der Ausgabe eines Werkes in dem Vertragsstaat dem allgemeinen Publikum oder für den Gebrauch im Zusammenhang mit systematischem Unterricht zu einem Preis, der dem für vergleichbare Werke dort üblichen Preis entspricht, zum Kauf angeboten, so erlischt jede nach diesem Artikel erteilte Lizenz, sofern diese Ausgabe in derselben Sprache abgefaßt ist und im wesentlichen den gleichen Inhalt hat wie die aufgrund der Lizenz veröffentlichte Ausgabe. Werkstücke, die bereits vor Erlöschen der Lizenz hergestellt worden sind, dürfen weiterhin in Verkehr gebracht werden, bis der Vorrat erschöpft ist.

d) Eine Lizenz wird nicht erteilt, wenn der Urheber alle Werkstücke der Ausgabe aus dem Verkehr gezogen hat.

3. a) Vorbehaltlich des Buchstaben b ist dieser Artikel nur auf Werke der Literatur, Wissenschaft oder Kunst anwendbar, die im Druck oder in einer entsprechenden Vervielfältigungsform veröffentlicht worden sind.

   b) Dieser Artikel ist auch auf die audiovisuelle Vervielfältigung rechtmäßig hergestellter audiovisueller Festlegungen, soweit sie selbst geschützte Werke sind oder geschützte Werke enthalten, und auf die Übersetzung des in ihnen enthaltenen Textes in eine Sprache anwendbar, die in dem Staat, der zur Erteilung der Lizenz befugt ist, allgemein gebräuchlich ist, immer vorausgesetzt, daß die betreffenden audiovisuellen Festlegungen ausschließlich für den Gebrauch im Zusammenhang mit systematischem Unterricht hergestellt und veröffentlicht worden sind.

Artikel VI

Eine „Veröffentlichung" im Sinn dieses Abkommens liegt vor, wenn das Werk in einer körperlichen Form vervielfältigt und der Öffentlichkeit durch Werkstücke zugänglich gemacht wird, die es gestatten, das Werk zu lesen oder sonst mit dem Auge wahrzunehmen.

Artikel VII

Dieses Abkommen findet keine Anwendung auf Werke oder auf Rechte an Werken, die bei Inkrafttreten des Abkommens in dem Vertragsstaat, in dem der Schutz beansprucht wird, endgültig den Schutz verloren haben oder niemals geschützt waren.

Artikel VIII

1. Dieses Abkommen, das das Datum vom 24. Juli 1971 trägt, wird beim Generaldirektor hinterlegt und liegt nach diesem Datum während eines Zeitraums von 120 Tagen zur Unterzeichnung durch alle Mitgliedstaaten des Abkommens von 1952 auf. Es bedarf der Ratifikation oder Annahme durch die Unterzeichnerstaaten.

2. Jeder Staat, der dieses Abkommen nicht unterzeichnet hat, kann ihm beitreten.

3. Ratifikation, Annahme oder Beitritt werden durch die Hinterlegung einer entsprechenden Urkunde beim Generaldirektor bewirkt.

Artikel IX

1. Dieses Abkommen tritt drei Monate nach Hinterlegung von zwölf Ratifikations-, Annahme- oder Beitrittsurkunden in Kraft.

2. Danach tritt dieses Abkommen für jeden Staat drei Monate nach Hinterlegung seiner Ratifikations-, Annahme- oder Beitrittsurkunde in Kraft.

3. Für einen Staat, der dem Abkommen von 1952 nicht angehört, gilt der Beitritt zu diesem Abkommen zugleich als Beitritt zu dem Abkommen von 1952; hinterlegt jedoch ein Staat seine Beitrittsurkunde vor Inkrafttreten dieses Abkommens, so kann er seinen Beitritt zu dem Abkommen von 1952 von dem Inkrafttreten dieses Abkommens abhängig machen. Nach dem Inkrafttreten dieses Abkommens kann kein Staat nur dem Abkommen von 1952 beitreten.

4. Die Beziehungen zwischen den Staaten, die diesem Abkommen, und den Staaten, die nur dem Abkommen von 1952 angehören, richten sich nach dem Abkommen von 1952. Jedoch kann jeder Staat, der nur dem Abkommen von 1952 angehört, durch eine beim Generaldirektor hinterlegte Notifikation erklären, daß er die Anwendung des Abkommens von 1971 auf Werke seiner Staatsangehörigen oder auf Werke, die zum ersten Mal in seinem Hoheitsgebiet veröffentlicht worden sind, durch alle Staaten, die diesem Abkommen angehören, zuläßt.

Artikel X

1. Jeder Vertragsstaat verpflichtet sich, gemäß seiner Verfassung die notwendigen Maßnahmen zu ergreifen, um die Anwendung dieses Abkommens zu gewährleisten.

2. Es besteht Einverständnis darüber, daß jeder Staat in dem Zeitpunkt, in dem dieses Abkommen für ihn in Kraft tritt nach seinen innerstaatlichen Rechtsvorschriften in der Lage sein muß den Bestimmungen dieses Abkommens Wirkung zu verleihen.

Artikel XI

1. Es wird ein Ausschuß von Regierungsvertretern gebildet, dem folgende Aufgaben obliegen:
   a) Prüfung von Fragen, die sich auf die Anwendung und Ausführung des Welturheberrechtsabkommens beziehen;
   b) Vorbereitung periodischer Revisionen dieses Abkommens;
   c) Prüfung aller anderen den zwischenstaatlichen Urheberrechtsschutz betreffenden Fragen in Zusammenarbeit mit den verschiedenen interessierten zwischenstaatlichen Organisationen, insbesondere mit der Organisation der Vereinten Nationen für Erziehung, Wissenschaft und Kultur, mit dem Internationalen Verband zum Schutz von Werken der Literatur und Kunst und mit der Organisation der Amerikanischen Staaten;
   d) Unterrichtung der Staaten, die dem Welturheberrechtsabkommen angehören, über seine Tätigkeit.

2. Der Ausschuß besteht aus Vertretern von achtzehn Staaten, die diesem Abkommen oder nur dem Abkommen von 1952 angehören.

3. Der Ausschuß wird unter gebührender Beachtung eines angemessenen Ausgleichs der nationalen Interessen auf der Grundlage der geographischen Lage, der Bevölkerung, der Sprachen und des Entwicklungsstadiums ausgewählt.

4. Der Generaldirektor der Organisation der Vereinten Nationen für Erziehung, Wissenschaft und Kultur, der Generaldirektor der Weltorganisation für geistiges Eigentum und der Generalsekretär der Organisation der Amerikanischen Staaten oder ihre Vertreter können an den Sitzungen des Ausschusses als Berater teilnehmen.

Artikel XII

Der Ausschuß der Regierungsvertreter beruft eine Revisionskonferenz ein, wenn er es für notwendig erachtet oder wenn mindestens zehn Staaten, die diesem Abkommen angehören, es verlangen.

Artikel XIII

1. Jeder Vertragsstaat kann bei der Hinterlegung seiner Ratifikations-, Annahme- oder Beitrittsurkunde oder später durch eine an den Generaldirektor gerichtete Notifikation erklären, daß dieses Abkommen auf alle oder einzelne der Länder oder Gebiete anwendbar ist, deren auswärtige Beziehungen er wahrnimmt. Das Abkommen ist sodann auf die in der Notifikation bezeichneten Länder oder Gebiete nach Ablauf der in Artikel IX vorgesehenen Frist von drei Monaten anzuwenden. Mangels einer solchen Notifikation ist dieses Abkommen auf diese Länder und Gebiete nicht anwendbar.

2. Dieser Artikel darf jedoch nicht dahin ausgelegt werden, daß er für einen Vertragsstaat die Anerkennung oder stillschweigende Hinnahme der tatsächlichen Lage eines Landes oder Gebiets in sich schließt, auf das dieses Abkommen durch einen anderen Vertragsstaat aufgrund dieses Artikels anwendbar gemacht wird.

Artikel XIV

1. Jeder Vertragsstaat kann dieses Abkommen im eigenen Namen oder im Namen aller oder einzelner der Länder oder Gebiete kündigen, für die er eine Notifikation gemäß Artikel XIII abgegeben hat. Die Kündigung erfolgt durch eine an den Generaldirektor gerichtete Notifikation. Diese Kündigung gilt auch als Kündigung des Abkommens von 1952.

2. Die Kündigung hat nur für den Staat oder für das Land oder Gebiet Wirkung, in dessen Namen sie abgegeben wird; sie wird erst zwölf Monate nach dem Tag des Eingangs der Notifikation wirksam.

Artikel XV

Jede Streitigkeit zwischen zwei oder mehr Vertragsstaaten über die Auslegung oder Anwendung dieses Abkommens, die nicht auf dem Verhandlungsweg beigelegt wird, ist dem Internationalen Gerichtshof zur Entscheidung vorzulegen, sofern die beteiligten Staaten keine andere Regelung vereinbaren.

Artikel XVI

1. Dieses Abkommen wird in englischer, französischer und spanischer Sprache abgefaßt. Die drei Texte sind zu unterzeichnen und sind gleichermaßen verbindlich.

2. Amtliche Texte werden vom Generaldirektor nach Konsultierung der beteiligten Regierungen in arabischer, deutscher, italienischer und portugiesischer Sprache hergestellt.

3. Jeder Vertragsstaat oder jede Gruppe von Vertragsstaaten ist berechtigt, im Einvernehmen mit dem Generaldirektor und durch ihn andere Texte in der Sprache ihrer Wahl herstellen zu lassen.

4. Alle diese Texte werden dem unterzeichneten Text dieses Abkommens beigefügt.

Artikel XVII

1. Dieses Abkommen berührt in keiner Weise die Bestimmungen der Berner Übereinkunft zum Schutz von Werken der Literatur und Kunst noch die Mitgliedschaft in dem durch diese Übereinkunft geschaffenen Verband.

2. Zur Ausführung des Absatzes 1 wird diesem Artikel eine Erklärung beigefügt. Diese Erklärung ist ein integrierender Bestandteil dieses Abkommens für die am 1. Januar 1951 durch die Berner Übereinkunft gebundenen und für die ihr später beigetretenen oder beitretenden Staaten. Die Unterzeichnung dieses Abkommens durch solche Staaten gilt auch als Unterzeichnung der Erklärung; die Ratifikation oder Annahme dieses Abkommens oder der Beitritt hierzu durch solche Staaten gilt auch als Ratifikation oder Annahme dieser Erklärung oder Beitritt zu ihr.

Artikel XVIII

Dieses Abkommen läßt die mehrseitigen oder zweiseitigen Verträge oder Vereinbarungen über das Urheberrecht unberührt, die ausschließlich zwischen zwei oder mehr amerikanischen Republiken in Kraft sind oder in Kraft treten werden. Weichen die Bestimmungen solcher bereits bestehenden Verträge oder Vereinbarungen von den Bestimmungen dieses Abkommens ab oder weichen die Bestimmungen dieses Abkommens von den Bestimmungen eines neuen Vertrags oder einer neuen Vereinbarung ab, die nach dem Inkrafttreten dieses Abkommens zwischen zwei oder mehr amerikanischen Republiken geschlossen werden, so hat der zuletzt geschlossene Vertrag oder die zuletzt geschlossene Vereinbarung unter den Mitgliedstaaten des Vertrags oder der Vereinbarung den Vorrang. Unberührt bleiben die Rechte an einem Werk, die in einem diesem Abkommen angehörenden Staat aufgrund bestehender Verträge oder Vereinbarungen erworben worden sind, bevor dieses Abkommen für diesen Staat in Kraft getreten ist.

Artikel XIX

Dieses Abkommen läßt die mehrseitigen oder zweiseitigen Verträge oder Vereinbarungen über das Urheberrecht unberührt, die zwischen zwei oder mehr diesem Abkommen angehörenden Staaten in Kraft sind. Weichen die Bestimmungen eines solchen Vertrags oder einer solchen Vereinbarung von den Bestimmungen dieses Abkommens ab, so haben die Bestimmungen dieses Abkommens den Vorrang. Unberührt bleiben die Rechte an einem Werk, die in einem diesem Abkommen angehörenden Staat aufgrund bestehender Verträge oder Vereinbarungen erworben worden sind, bevor dieses Abkommen für diesen Staat in Kraft getreten ist. Die Artikel XVII und XVIII dieses Abkommens werden durch diesen Artikel in keiner Weise berührt.

Artikel XX

Vorbehalte zu diesem Abkommen sind nicht zulässig.

Artikel XXI

1. Der Generaldirektor übermittelt gehörig beglaubigte Abschriften dieses Abkommens den interessierten Staaten und zum Zweck der Registrierung dem Generalsekretär der Vereinten Nationen.
2. Er unterrichtet außerdem alle interessierten Staaten über die Hinterlegung der Ratifikations-, Annahme- und Beitrittsurkunden, über den Tag des Inkrafttretens dieses Abkommens, über die aufgrund dieses Abkommens abgegebenen Notifikationen und über die Kündigungen gemäß Artikel XIV.

Zusatzerklärung zu Artikel XVII

Die Mitgliedstaaten des Internationalen Verbandes zum Schutz von Werken der Literatur und Kunst (im folgenden als „Berner Verband" bezeichnet), die diesem Abkommen angehören,

– in dem Wunsch, ihre gegenseitigen Beziehungen auf der Grundlage dieses Verbandes enger zu gestalten und jeden Konflikt zu vermeiden, der sich aus dem Nebeneinanderbestehen der Berner Übereinkunft und des Welturheberrechtsabkommens ergeben könnte,

– in Anerkennung des zeitweiligen Bedürfnisses einiger Staaten, den Umfang des Urheberrechtsschutzes dem Stand ihrer kulturellen, sozialen und wirtschaftlichen Entwicklung anzupassen,

– haben in allseitiger Übereinstimmung folgende Erklärung angenommen:

a) Vorbehaltlich des Buchstaben b werden Werke, die als Ursprungsland im Sinn der Berner Übereinkunft ein Land haben, das nach dem 1. Januar 1951 aus dem Berner Verband ausgetreten ist, in den Ländern des Berner Verbandes nicht durch das Welturheberrechtsabkommen geschützt.

b) Für einen Vertragsstaat, der nach der bestehenden Übung der Generalversammlung der Vereinten Nationen als Entwicklungsland angesehen wird und der bei seinem Austritt aus dem Berner Verband beim Generaldirektor der Organisation der Vereinten Nationen für Erziehung, Wissenschaft und Kultur eine Notifikation hinterlegt hat, daß er sich als Entwicklungsland betrachtet, ist Buchstabe a nicht anwendbar, solange dieser Staat die in diesem Abkommen vorgesehenen Ausnahmen gemäß Artikel V^{bis} in Anspruch nehmen kann.

c) Das Welturheberrechtsabkommen ist in den Beziehungen zwischen den Ländern des Berner Verbandes auf den Schutz der Werke nicht anwendbar, die als Ursprungsland im Sinn der Berner Übereinkunft ein Land des Berner Verbandes haben.

Entschließung zu Artikel XI

Die Revisionskonferenz für das Welturheberrechtsabkommen

– nach Erwägung der Fragen, die den Ausschuß der Regierungsvertreter betreffen, der in Artikel XI dieses Abkommens, dem diese Entschließung beigefügt wird, vorgesehen ist,

– beschließt folgendes:

1. Der Ausschuß besteht am Anfang aus Vertretern der zwölf Staaten, die Mitglieder des nach Artikel XI des Abkommens von 1952 und der ihm beigefügten Entschließung gebildeten Ausschusses der Regierungsvertreter sind, und außerdem aus Vertretern der folgenden Staaten: Algerien, Australien, Japan, Jugoslawien, Mexiko und Senegal.

2. Die Staaten, die dem Abkommen von 1952 nicht angehören und diesem Abkommen nicht vor der ersten ordentlichen Sitzung des Ausschusses nach Inkrafttreten dieses Abkommens beigetreten sind, werden durch andere Staaten ersetzt, die der Ausschuß in seiner ersten ordentlichen Sitzung gemäß Artikel XI Absatz 2 und 3 bestimmt.

3. Mit dem Inkrafttreten dieses Abkommens gilt der in Absatz 1 vorgesehene Ausschuß als gemäß Artikel XI dieses Abkommens gebildet.

4. Innerhalb eines Jahres seit Inkrafttreten dieses Abkommens hält der Ausschuß seine erste Sitzung ab; danach tritt er mindestens alle zwei Jahre einmal zu einer ordentlichen Sitzung zusammen.

5. Der Ausschuß wählt einen Präsidenten und zwei Vizepräsidenten. Er gibt sich seine Geschäftsordnung nach den folgenden Grundsätzen:

   a) Die gewöhnliche Dauer des Mandats der Ausschußmitglieder beträgt sechs Jahre; alle zwei Jahre wird der Ausschuß zu einem Drittel erneuert, wobei jedoch Einverständnis darüber besteht, daß von den ersten Mandaten ein Drittel am Ende der zweiten ordentlichen Sitzung des Ausschusses nach dem Inkrafttreten dieses Abkommens, ein weiteres Drittel am Ende der dritten ordentlichen Sitzung und das verbleibende Drittel am Ende der vierten ordentlichen Sitzung erlischt.

b) Die Regeln für das Verfahren, nach dem der Ausschuß neue Mitglieder beruft, die Reihenfolge, in der die Mandate erlöschen, die Regeln für die Wiederwahl und das Wahlverfahren sollen sowohl einen Ausgleich zwischen der notwendigen Kontinuität der Mitgliedschaft und dem erforderlichen Wechsel in der Vertretung anstreben als auch den in Artikel XI Absatz 3 erwähnten Gesichtspunkten Rechnung tragen.

– wünscht, die Organisation der Vereinten Nationen für Erziehung Wissenschaft und Kultur möge das Sekretariat des Ausschusses stellen.

Zu Urkund dessen haben die Unterzeichneten nach Hinterlegung ihrer Vollmachten dieses Abkommen unterschrieben.

Geschehen zu Paris am 24. Juli 1971 in einer einzigen Ausfertigung.

Zusatzprotokoll 1

zum Welturheberrechtsabkommen in der am 24. Juli 1971
in Paris revidierten Fassung über die Anwendung dieses Abkommens auf Werke
von Staatenlosen und Flüchtlingen

Die diesem Protokoll angehörenden Staaten, die zugleich Vertragsstaaten des am 24. Juli 1971 in Paris revidierten Welturheberrechtsabkommens (im folgenden als „Abkommen von 1971" bezeichnet) sind,

haben folgendes vereinbart:

1. Staatenlose und Flüchtlinge, die ihren gewöhnlichen Aufenthalt in einem Vertragsstaat haben, werden für die Anwendung des Abkommens von 1971 den Angehörigen dieses Staates gleichgestellt.

2. a) Dieses Protokoll ist zu unterzeichnen, bedarf der Ratifikation oder Annahme durch die Unterzeichnerstaaten und steht zum Beitritt offen; Artikel VIII des Abkommens von 1971 ist zu beachten.

b) Dieses Protokoll tritt für jeden Staat am Tag der Hinterlegung seiner Ratifikations-, Annahme- oder Beitrittsurkunde oder an dem Tag in Kraft, an dem das Abkommen von 1971 für diesen Staat in Kraft tritt, sofern dieser Tag später liegt.

c) Für einen Staat, der dem Zusatzprotokoll 1 zum Abkommen von 1952 nicht angehört, gilt das genannte Zusatzprotokoll mit Inkrafttreten dieses Protokolls für diesen Staat als in Kraft getreten.

Zu Urkund dessen haben die hierzu gehörig bevollmächtigten Unterzeichneten dieses Protokoll unterschrieben.

Geschehen zu Paris am 24. Juli 1971 in einer einzigen Ausfertigung in englischer, französischer und spanischer Sprache, wobei jeder Text gleichermaßen verbindlich ist; diese Ausfertigung wird beim Generaldirektor der Organisation der Vereinten Nationen für Erziehung, Wissenschaft und Kultur hinterlegt. Der Generaldirektor übermittelt beglaubigte Abschriften den Unterzeichnerstaaten und zum Zweck der Registrierung dem Generalsekretär der Vereinten Nationen.

Zusatzprotokoll 2

zum Welturheberrechtsabkommen in der am 24. Juli 1971
in Paris revidierten Fassung über die Anwendung dieses Abkommens auf Werke
bestimmter internationaler Organisationen

Die diesem Protokoll angehörenden Staaten, die zugleich Vertragsstaaten des am 24. Juli 1971
in Paris revidierten Welturheberrechtsabkommens (im folgenden als „Abkommen von 1971"
bezeichnet) sind, haben folgendes vereinbart:

(1) a) Der in Artikel II Absatz 1 des Abkommens von 1971 vorgesehene Schutz wird Werken
gewährt, die zum ersten Mal durch die Organisation der Vereinten Nationen, durch die
mit ihr verbundenen Sonderorganisationen oder durch die Organisation der Amerikanischen Staaten veröffentlicht worden sind.
   b) Ebenso ist Artikel 11 Absatz 2 des Abkommens von 1971 zugunsten dieser Organisationen anzuwenden.
(2) a) Dieses Protokoll ist zu unterzeichnen, bedarf der Ratifikation oder Annahme durch die
Unterzeichnerstaaten und steht zum Beitritt offen; Artikel VIII des Abkommens von
1971 ist zu beachten.
   b) Dieses Protokoll tritt für jeden Staat am Tag der Hinterlegung seiner Ratifikations-, An-
nahme- oder Beitrittsurkunde oder an dem Tag in Kraft, an dem das Abkommen von
1971 für diesen Staat in Kraft tritt, sofern dieser Tag später liegt.

Zu Urkund dessen haben die hierzu gehörig bevollmächtigten Unterzeichneten dieses Protokoll
unterschrieben.

Geschehen zu Paris am 24. Juli 1971 in einer einzigen Ausfertigung in englischer, französischer
und spanischer Sprache, wobei jeder Text gleichermaßen verbindlich ist; diese Ausfertigung
wird beim Generaldirektor der Organisation der Vereinten Nationen für Erziehung, Wissenschaft und Kultur hinterlegt. Der Generaldirektor übermittelt beglaubigte Abschriften den Unterzeichnerstaaten und zum Zweck der Registrierung dem Generalsekretär der Vereinten Nationen.

6. Rom-Abkommen

vom 26. Oktober 1961
(BGBl II 1965 S. 1245)

Die vertragschließenden Staaten,

von dem Wunsche geleitet, die Rechte der ausübenden Künstler, der Hersteller von Tonträgern und der Sendeunternehmen zu schützen,

haben folgendes vereinbart:

Artikel 1

Der durch dieses Abkommen vorgesehene Schutz läßt den Schutz der Urheberrechte an Werken der Literatur und der Kunst unberührt und beeinträchtigt ihn in keiner Weise. Daher kann keine Bestimmung dieses Abkommens in einer Weise ausgelegt werden, die diesem Schutz Abbruch tut.

Artikel 2

1. Für die Zwecke dieses Abkommens ist unter Inländerbehandlung die Behandlung zu verstehen, die der vertragschließende Staat, in dessen Gebiet der Schutz beansprucht wird, auf Grund seiner nationalen Gesetzgebung gewährt:
   a) den ausübenden Künstlern, die seine Staatsangehörigen sind, für die Darbietungen, die in seinem Gebiet stattfinden, gesendet oder erstmals festgelegt werden;
   b) den Herstellern von Tonträgern, die seine Staatsangehörigen sind, für die Tonträger, die in seinem Gebiet erstmals festgelegt oder erstmals veröffentlicht werden;
   c) den Sendeunternehmen, die ihren Sitz in seinem Gebiet haben, für die Funksendungen, die von Sendern ausgestrahlt werden, die in seinem Gebiet gelegen sind.
2. Die Inländerbehandlung wird nach Maßgabe des in diesem Abkommen ausdrücklich gewährleisteten Schutzes und der dann ausdrücklich vorgesehenen Einschränkungen gewährt.

Artikel 3

Für die Zwecke dieses Abkommens versteht man unter

a) „ausübenden Künstlern" die Schauspieler, Sänger, Musiker, Tänzer und anderen Personen, die Werke der Literatur oder der Kunst aufführen, singen, vortragen, vorlesen, spielen oder auf irgendeine andere Weise darbieten;
b) „Tonträger" jede ausschließlich auf den Ton beschränkte Festlegung der Töne einer Darbietung oder anderer Töne;
c) „Hersteller von Tonträgern" die natürliche oder juristische Person, die erstmals die Töne einer Darbietung oder andere Töne festlegt;
d) „Veröffentlichung" das Angebot einer genügenden Anzahl von Vervielfältigungsstücken eines Tonträgers an die Öffentlichkeit;
e) „Vervielfältigung" die Herstellung eines Vervielfältigungsstücks oder mehrerer Vervielfältigungsstücke einer Festlegung;
f) „Funksendung" die Ausstrahlung von Tönen oder von Bildern und Tönen mittels radioelektrischer Wellen zum Zwecke des Empfangs durch die Öffentlichkeit;
g) „Weitersendung" die gleichzeitige Ausstrahlung der Sendung eines Sendeunternehmens durch ein anderes Sendeunternehmen.

Artikel 4

Jeder vertragschließende Staat gewährt den ausübenden Künstlern Inländerbehandlung, wenn eine der folgenden Voraussetzungen vorliegt:

a) Die Darbietung findet in einem anderen vertragschließenden Staat statt;

b) die Darbietung wird auf einem nach Artikel 5 geschützten Tonträger festgelegt;

c) die nicht auf einem Tonträger festgelegte Darbietung wird durch eine nach Artikel 6 geschützte Sendung ausgestrahlt.

Artikel 5

1. Jeder vertragschließende Staat gewährt den Herstellern von Tonträgern Inländerbehandlung, wenn eine der folgenden Voraussetzungen vorliegt:

   a) Der Hersteller von Tonträgern ist Angehöriger eines anderen vertragschließenden Staates (Merkmal der Staatsangehörigkeit);

   b) die erste Festlegung des Tons ist in einem anderen vertragschließenden Staat vorgenommen worden (Merkmal der Festlegung);

   c) der Tonträger ist erstmals in einem anderen vertragschließenden Staat veröffentlicht worden (Merkmal der Veröffentlichung).

2. Wenn die erste Veröffentlichung in keinem vertragschließenden Staat stattgefunden hat, der Tonträger jedoch innerhalb von dreißig Tagen seit der ersten Veröffentlichung auch in einem vertragschließenden Staat veröffentlicht worden ist (gleichzeitige Veröffentlichung), gilt dieser Tonträger als erstmals in dem vertragschließenden Staat veröffentlicht.

3. Jeder vertragschließende Staat kann durch eine beim Generalsekretär der Organisation der Vereinten Nationen hinterlegte Mitteilung erklären, daß er entweder das Merkmal der Veröffentlichung oder das Merkmal der Festlegung nicht anwenden wird. Diese Mitteilung kann bei der Ratifikation, der Annahme oder dem Beitritt oder in jedem späteren Zeitpunkt hinterlegt werden; im letzten Fall wird sie erst sechs Monate nach ihrer Hinterlegung wirksam.

Artikel 6

1. Jeder vertragschließende Staat gewährt den Sendeunternehmen Inländerbehandlung, wenn eine der folgenden Voraussetzungen vorliegt:

   a) Der Sitz des Sendeunternehmens liegt in einem anderen vertragschließenden Staat;

   b) die Sendung ist von einem im Gebiet eines anderen vertragschließenden Staates gelegenen Sender ausgestrahlt worden.

2. Jeder vertragschließende Staat kann durch eine beim Generalsekretär der Organisation der Vereinten Nationen hinterlegte Mitteilung erklären, daß er Sendungen nur Schutz gewähren wird, wenn der Sitz des Sendeunternehmens in einem anderen vertragschließenden Staat liegt und die Sendung von einem im Gebiet desselben vertragschließenden Staates gelegenen Sender ausgestrahlt worden ist. Diese Mitteilung kann bei der Ratifikation, der Annahme oder dem Beitritt oder in jedem späteren Zeitpunkt vorgenommen werden; im letzten Fall wird sie erst sechs Monate nach ihrer Hinterlegung wirksam.

Artikel 7

1. Der in diesem Abkommen zugunsten der ausübenden Künstler vorgesehene Schutz muß die Möglichkeit geben zu untersagen:

   a) die Sendung und die öffentliche Wiedergabe ihrer Darbietung ohne ihre Zustimmung, es sei denn, daß für die Sendung oder für die öffentliche Wiedergabe eine bereits gesendete Darbietung oder die Festlegung einer Darbietung verwendet wird;

b) die Festlegung ihrer nicht festgelegten Darbietung ohne ihre Zustimmung;

c) die Vervielfältigung einer Festlegung ihrer Darbietung ohne ihre Zustimmung:

    (i) wenn die erste Festlegung selbst ohne ihre Zustimmung vorgenommen worden ist;

    (ii) wenn die Vervielfältigung zu anderen Zwecken als denjenigen vorgenommen wird, zu denen sie ihre Zustimmung gegeben haben;

    (iii) wenn die erste Festlegung auf Grund der Bestimmungen des Artikels 15 vorgenommen worden ist und zu anderen Zwecken vervielfältigt wird, als denjenigen, die in diesen Bestimmungen genannt sind.

2. (1) Hat der ausübende Künstler der Sendung zugestimmt, so bestimmt sich der Schutz gegen die Weitersendung, gegen die Festlegung für Zwecke der Sendung und gegen die Vervielfältigung einer solchen Festlegung für Zwecke der Sendung nach der nationalen Gesetzgebung des vertragschließenden Staates, in dessen Gebiet der Schutz beansprucht wird.

(2) Die Voraussetzungen, unter denen Sendeunternehmen für Zwecke von Sendungen vorgenommene Festlegungen benützen dürfen, werden von der nationalen Gesetzgebung des vertragschließenden Staates geregelt, in dessen Gebiet der Schutz beansprucht wird.

(3) Die nationale Gesetzgebung darf jedoch in den Fällen der Unterabsätze (1) und (2) dieses Absatzes nicht zur Folge haben, daß den ausübenden Künstlern die Befugnis entzogen wird, ihre Beziehungen zu den Sendeunternehmen vertraglich zu regeln.

Artikel 8

Jeder vertragschließende Staat kann durch seine nationale Gesetzgebung bestimmen, wie die ausübenden Künstler bei der Ausübung ihrer Rechte vertreten werden, wenn mehrere von ihnen an der gleichen Darbietung mitwirken.

Artikel 9

Jeder vertragschließende Staat kann durch seine nationale Gesetzgebung den in diesem Abkommen vorgesehenen Schutz auf Künstler ausdehnen, die keine Werke der Literatur oder der Kunst darbieten.

Artikel 10

Die Hersteller von Tonträgern genießen das Recht, die unmittelbare oder mittelbare Vervielfältigung ihrer Tonträger zu erlauben oder zu verbieten.

Artikel 11

Wenn ein vertragschließender Staat in seiner nationalen Gesetzgebung als Voraussetzung für den Schutz der Rechte der Hersteller von Tonträgern oder der ausübenden Künstler oder beider mit Bezug auf Tonträger die Erfüllung von Förmlichkeiten fordert, sind diese Erfordernisse als erfüllt anzusehen, wenn alle im Handel befindlichen Vervielfältigungsstücke des veröffentlichten Tonträgers oder ihre Umhüllungen einen Vermerk tragen, der aus dem Kennzeichen ℗ in Verbindung mit der Angabe des Jahres der ersten Veröffentlichung besteht und in einer Weise angebracht ist, die klar erkennen läßt, daß der Schutz vorbehalten wird. Wenn die Vervielfältigungsstücke oder ihre Umhüllungen den Hersteller des Tonträgers oder den Inhaber des vom Hersteller eingeräumten Nutzungsrechts nicht – mit Hilfe des Namens, der Marke oder jeder anderen geeigneten Bezeichnung – erkennen lassen, muß der Vermerk außerdem auch den Namen des Inhabers der Rechte des Herstellers des Tonträgers enthalten. Wenn schließlich die Vervielfältigungsstücke oder ihre Umhüllungen die Hauptpersonen unter den ausübenden Künstlern nicht erkennen lassen, muß der Vermerk auch den Namen der Person enthalten, die in dem Land, in dem die Festlegung stattgefunden hat, die Rechte dieser Künstler innehat.

Artikel 12

Wird ein zu Handelszwecken veröffentlichter Tonträger oder ein Vervielfältigungsstück eines solchen Tonträgers für die Funksendung oder für irgendeine öffentliche Wiedergabe unmittelbar benützt, so hat der Benützer den ausübenden Künstlern, den Herstellern von Tonträgern oder beiden eine einzige angemessene Vergütung zu zahlen. Für den Fall, daß die Beteiligten sich nicht einigen, kann die nationale Gesetzgebung die Aufteilung dieser Vergütung regeln.

Artikel 13

Die Sendeunternehmen genießen das Recht, zu erlauben oder zu verbieten:
a) die Weitersendung ihrer Sendungen;
b) die Festlegung ihrer Sendungen;
c) die Vervielfältigung
   (i) der ohne ihre Zustimmung vorgenommenen Festlegungen ihrer Sendungen;
   (ii) der auf Grund der Bestimmungen des Artikels 15 vorgenommenen Festlegungen ihrer Sendungen, wenn die Vervielfältigung zu anderen als den in diesen Bestimmungen genannten Zwecken vorgenommen wird;
d) die öffentliche Wiedergabe ihrer Fernsehsendungen, wenn sie an Orten stattfindet, die der Öffentlichkeit gegen Zahlung eines Eintrittsgeldes zugänglich sind; es obliegt der nationalen Gesetzgebung des Staates, in dem der Schutz dieses Rechtes beansprucht wird, die Bedingungen für die Ausübung dieses Rechtes zu regeln.

Artikel 14

Die Dauer des nach diesem Abkommen zu gewährenden Schutzes darf nicht kürzer als zwanzig Jahre sein, gerechnet:
a) vom Ende des Jahres der Festlegung bei Tonträgern und bei Darbietungen, die auf Tonträgern festgelegt sind;
b) vom Ende des Jahres, in dem die Darbietung stattgefunden hat, bei Darbietungen, die nicht auf Tonträgern festgelegt sind;
c) vom Ende des Jahres, in dem die Sendung stattgefunden hat, bei Funksendungen.

Artikel 15

1. Jeder vertragschließende Staat kann in seiner nationalen Gesetzgebung Ausnahmen von dem mit diesem Abkommen gewährleisteten Schutz in den folgenden Fällen vorsehen:
   a) für eine private Benützung;
   b) für eine Benützung kurzer Bruchstücke anläßlich der Berichterstattung über Tagesereignisse;
   c) für eine ephemere Festlegung, die von einem Sendeunternehmen mit seinen eigenen Mitteln und für seine eigenen Sendungen vorgenommen wird;
   d) für eine Benützung, die ausschließlich Zwecken des Unterrichts oder der wissenschaftlichen Forschung dient.
2. Unbeschadet der Bestimmungen des Absatzes 1 kann jeder vertragschließende Staat für den Schutz der ausübenden Künstler, der Hersteller von Tonträgern und der Sendeunternehmen in seiner nationalen Gesetzgebung Beschränkungen gleicher Art vorsehen, wie sie in dieser Gesetzgebung für den Schutz des Urheberrechts an Werken der Literatur und der Kunst vorgesehen sind. Zwangslizenzen können jedoch nur insoweit vorgesehen werden, als sie mit den Bestimmungen dieses Abkommens vereinbar sind.

Artikel 16

1. Ein Staat, der Mitglied dieses Abkommens wird, übernimmt damit alle Verpflichtungen und genießt alle Vorteile, die darin vorgesehen sind. Jedoch kann ein Staat jederzeit durch eine beim Generalsekretär der Organisation der Vereinten Nationen hinterlegte Mitteilung erklären:

   a) hinsichtlich des Artikels 12:
      (i) daß er keine Bestimmung dieses Artikels anwenden wird;
      (ii) daß er die Bestimmungen dieses Artikels für bestimmte Benützungen nicht anwenden wird;
      (iii) daß er die Bestimmungen dieses Artikels für Tonträger nicht anwenden wird, deren Hersteller nicht Angehöriger eines vertragschließenden Staates ist;
      (iv) daß er für die Tonträger, deren Hersteller Angehöriger eines anderen vertragschließenden Staates ist, den Umfang und die Dauer des in diesem Artikel vorgesehenen Schutzes auf den Umfang und die Dauer des Schutzes beschränken wird, den dieser vertragschließende Staat den Tonträgern gewährt, die erstmals von einem Angehörigen des Staates, der die Erklärung abgegeben hat, festgelegt worden sind; wenn jedoch der vertragschließende Staat, dem der Hersteller angehört, den Schutz nicht dem oder den gleichen Begünstigten gewährt wie der vertragschließende Staat, der die Erklärung abgegeben hat, so gilt dies nicht als Unterschied im Umfang des Schutzes;
   b) hinsichtlich des Artikels 13, daß er die Bestimmungen des Buchstabens d) dieses Artikels nicht anwenden wird; gibt ein vertragschließender Staat eine solche Erklärung ab, so sind die anderen vertragschließenden Staaten nicht verpflichtet, den Sendeunternehmen, die ihren Sitz im Gebiet dieses Staates haben, das in Artikel 13 Buchstabe d) vorgesehene Recht zu gewähren.

2. Wird die in Absatz 1 vorgesehene Mitteilung zu einem späteren Zeitpunkt als dem der Hinterlegung der Ratifikations-, Annahme oder Beitrittsurkunde hinterlegt, so wird sie erst sechs Monate nach ihrer Hinterlegung wirksam.

Artikel 17

Jeder Staat, dessen nationale Gesetzgebung am 26. Oktober 1961 den Herstellern von Tonträgern einen Schutz gewährt, der ausschließlich auf dem Merkmal der Festlegung beruht, kann durch eine gleichzeitig mit seiner Ratifikations-, Annahme- oder Beitrittsurkunde beim Generalsekretär der Organisation der Vereinten Nationen hinterlegte Mitteilung erklären, daß er hinsichtlich des Artikels 5 nur dieses Merkmal der Festlegung und hinsichtlich des Artikels 16 Abs. 1 Buchstabe a) (iii) und (iv) das gleiche Merkmal der Festlegung an Stelle des Merkmals der Staatsangehörigkeit des Herstellers anwenden wird.

Artikel 18

Jeder Staat, der eine der in Artikel 5 Abs. 3, in Artikel 6 Abs. 2, in Artikel 16 Abs. 1 oder in Artikel 17 vorgesehenen Erklärungen abgegeben hat, kann durch eine neue, an den Generalsekretär der Organisation der Vereinten Nationen gerichtete Mitteilung ihre Tragweite einschränken oder sie zurückziehen.

Artikel 19

Unbeschadet aller anderen Bestimmungen dieses Abkommens ist Artikel 7 nicht mehr anwendbar, sobald ein ausübender Künstler seine Zustimmung dazu erteilt hat, daß seine Darbietung einem Bildträger oder einem Bild- oder Tonträger eingefügt wird.

Artikel 20

1. Dieses Abkommen läßt die Rechte unberührt, die in einem der vertragschließenden Staaten erworben worden sind, bevor dieses Abkommen für diesen Staat in Kraft getreten ist.

2. Kein vertragschließender Staat ist verpflichtet, die Bestimmungen dieses Abkommens auf Darbietungen oder Funksendungen anzuwenden, die stattgefunden haben, bevor dieses Abkommen für diesen Staat in Kraft getreten ist, oder auf Tonträger, die vor diesem Zeitpunkt festgelegt worden sind.

Artikel 21

Der in diesem Abkommen vorgesehene Schutz läßt den Schutz unberührt, den die ausübenden Künstler, die Hersteller von Tonträgern und die Sendeunternehmen etwa aus anderen Rechtsgründen genießen.

Artikel 22

Die vertragschließenden Staaten behalten sich das Recht vor, untereinander besondere Vereinbarungen zu treffen, soweit diese den ausübenden Künstlern, den Herstellern von Tonträgern oder den Sendeunternehmen weitergehende Rechte verschaffen als diejenigen, die durch dieses Abkommen gewährt werden, oder soweit sie andere Bestimmungen enthalten, die nicht im Widerspruch zu diesem Abkommen stehen.

Artikel 23

Dieses Abkommen wird beim Generalsekretär der Organisation der Vereinten Nationen hinterlegt. Es steht bis zum 30. Juni 1962 den Staaten zur Unterzeichnung offen, die zur Diplomatischen Konferenz über den internationalen Schutz der ausübenden Künstler, der Hersteller von Tonträgern und der Sendeunternehmen eingeladen worden sind und die dem Welturheberrechtsabkommen angehören oder Mitglieder des Internationalen Verbandes zum Schutze von Werken der Literatur und der Kunst sind.

Artikel 24

1. Dieses Abkommen soll durch die Unterzeichnerstaaten ratifiziert oder angenommen werden.

2. Dieses Abkommen steht für die Staaten, die zu der in Artikel 23 bezeichneten Konferenz eingeladen worden sind, sowie für jeden Mitgliedstaat der Organisation der Vereinten Nationen zum Beitritt offen, vorausgesetzt, daß der beitretende Staat dem Welturheberrechtsabkommen angehört oder Mitglied des Internationalen Verbandes zum Schutze von Werken der Literatur und der Kunst ist.

3. Die Ratifikation, die Annahme oder der Beitritt geschieht durch Hinterlegung einer entsprechenden Urkunde beim Generalsekretär der Organisation der Vereinten Nationen.

Artikel 25

1. Dieses Abkommen tritt drei Monate nach der Hinterlegung der sechsten Ratifikations-, Annahme- oder Beitrittsurkunde in Kraft.

2. In der Folge tritt dieses Abkommen für jeden Staat drei Monate nach Hinterlegung seiner Ratifikations-, Annahme- oder Beitrittsurkunde in Kraft.

Artikel 26

1. Jeder vertragschließende Staat verpflichtet sich, im Einklang mit seiner Verfassung die notwendigen Maßnahmen zu ergreifen, um die Anwendung dieses Abkommens zu gewährleisten.

2. Im Zeitpunkt der Hinterlegung seiner Ratifikations-, Annahme- oder Beitrittsurkunde muß jeder Staat nach seiner nationalen Gesetzgebung in der Lage sein, die Bestimmungen dieses Abkommens anzuwenden.

Artikel 27

1. Jeder Staat kann im Zeitpunkt der Ratifikation, der Annahme oder des Beitritts oder in jedem späteren Zeitpunkt durch eine an den Generalsekretär der Organisation der Vereinten Nationen gerichtete Mitteilung erklären, daß dieses Abkommen sich auf alle oder einen Teil der Gebiete erstreckt, deren internationale Beziehungen er wahrnimmt, vorausgesetzt, daß das Welturheberrechtsabkommen oder die Internationale Übereinkunft zum Schutze von Werken der Literatur und der Kunst auf die betreffenden Gebiete anwendbar ist. Diese Mitteilung wird drei Monate nach ihrem Empfang wirksam.

2. Die in Artikel 5 Abs. 3, in Artikel 6 Abs. 2, in Artikel 16 Abs. 1, in Artikel 17 oder in Artikel 18 genannten Erklärungen und Mitteilungen können auf alle oder einen Teil der in Absatz 1 genannten Gebiete erstreckt werden.

Artikel 28

1. Jeder vertragschließende Staat kann dieses Abkommen in seinem eigenen Namen oder im Namen aller oder eines Teiles der in Artikel 27 genannten Gebiete kündigen.

2. Die Kündigung geschieht durch eine an den Generalsekretär der Organisation der Vereinten Nationen gerichtete Mitteilung und wird zwölf Monate nach dem Empfang der Mitteilung wirksam.

3. Von der in diesem Artikel vorgesehenen Möglichkeit der Kündigung kann ein vertragschließender Staat nicht vor Ablauf von fünf Jahren von dem Zeitpunkt an Gebrauch machen, in dem das Abkommen für diesen Staat in Kraft getreten ist.

4. Jeder vertragschließende Staat hört in dem Zeitpunkt auf, Mitglied dieses Abkommens zu sein, in dem er nicht mehr dem Welturheberrechtsabkommen angehört und nicht mehr Mitglied des Internationalen Verbandes zum Schutze von Werken der Literatur und der Kunst ist.

5. Dieses Abkommen hört in dem Zeitpunkt auf, auf eines der in Artikel 27 genannten Gebiete anwendbar zu sein, in dem auf dieses Gebiet weder das Welturheberrechtsabkommen noch die Internationale Übereinkunft zum Schutze von Werken der Literatur und der Kunst weiterhin anwendbar ist.

Artikel 29

1. Nachdem dieses Abkommen fünf Jahre lang in Kraft gewesen ist, kann jeder vertragschließende Staat durch eine an den Generalsekretär der Organisation der Vereinten Nationen gerichtete Mitteilung die Einberufung einer Konferenz zur Revision dieses Abkommens beantragen. Der Generalsekretär teilt diesen Antrag allen vertragschließenden Staaten mit. Wenn innerhalb von sechs Monaten seit der Mitteilung des Generalsekretärs der Organisation der Vereinten Nationen mindestens die Hälfte der vertragschließenden Staaten ihm ihre Zustimmung zu diesem Antrag bekanntgegeben hat, unterrichtet der Generalsekretär den Generaldirektor des Internationalen Arbeitsamtes, den Generaldirektor der Organisation der Vereinten Nationen für Erziehung, Wissenschaft und Kultur und den Direktor des Büros des Inter-

nationalen Verbandes zum Schutze von Werken der Literatur und der Kunst, die in Zusammenarbeit mit dem in Artikel 32 vorgesehenen Ausschuß von Regierungsvertretern eine Revisionskonferenz einberufen.

2. Jede Revision dieses Abkommens muß mit Zweidrittelmehrheit der bei der Revisionskonferenz anwesenden Staaten angenommen werden, vorausgesetzt, daß diese Mehrheit zwei Drittel der Staaten umfaßt, die im Zeitpunkt der Revisionskonferenz Mitglieder dieses Abkommens sind.

3. Falls ein neues Abkommen angenommen wird, das dieses Abkommen ganz oder teilweise ändert, und sofern das neue Abkommen nichts anderes bestimmt,

   a) steht dieses Abkommen vom Zeitpunkt des Inkrafttretens des neuen, revidierten Abkommens an nicht mehr zur Ratifikation, zur Annahme oder zum Beitritt offen,

   b) bleibt dieses Abkommen hinsichtlich der Beziehungen zwischen den vertragschließenden Staaten in Kraft, die nicht Mitglieder des neuen Abkommens werden.

Artikel 30

Jede Streitfrage zwischen zwei oder mehreren vertragschließenden Staaten über die Auslegung oder die Anwendung dieses Abkommens, die nicht auf dem Verhandlungswege geregelt wird, soll auf Antrag einer der streitenden Parteien zur Entscheidung vor den Internationalen Gerichtshof gebracht werden, sofern die beteiligten Staaten nicht eine andere Art der Regelung vereinbaren.

Artikel 31

Unbeschadet der Bestimmungen des Artikels 5 Abs. 3, des Artikels 6 Abs. 2, des Artikels 16 Abs. 1 und des Artikels 17 ist kein Vorbehalt zu diesem Abkommen zulässig.

Artikel 32

1. Es wird ein Ausschuß von Regierungsvertretern eingesetzt, der folgende Aufgaben hat:

   a) die Fragen zu prüfen, die sich auf die Anwendung und Durchführung dieses Abkommens beziehen;

   b) die Vorschläge zu sammeln und die Unterlagen vorzubereiten, die sich auf etwaige Revisionen dieses Abkommens beziehen.

2. Der Ausschuß setzt sich aus Vertretern der vertragschließenden Staaten zusammen, die unter Berücksichtigung einer angemessenen geographischen Verteilung ausgewählt werden. Die Zahl der Mitglieder des Ausschusses beträgt sechs, wenn die Zahl der vertragschließenden Staaten zwölf oder weniger beträgt, neun, wenn die Zahl der vertragschließenden Staaten dreizehn bis achtzehn beträgt, und zwölf, wenn die Zahl der vertragschließenden Staaten achtzehn übersteigt.

3. Der Ausschuß wird zwölf Monate nach Inkrafttreten dieses Abkommens auf Grund einer Abstimmung gebildet, die unter den vertragschließenden Staaten – von denen jeder über eine Stimme verfügt – von dem Generaldirektor des Internationalen Arbeitsamtes, dem Generaldirektor der Organisation der Vereinten Nationen für Erziehung, Wissenschaft und Kultur und dem Direktor des Büros des Internationalen Verbandes zum Schutze von Werken der Literatur und der Kunst nach den Regeln durchgeführt wird, die vorher von der absoluten Mehrheit der vertragschließenden Staaten genehmigt worden sind.

4. Der Ausschuß wählt seinen Vorsitzenden und sein Büro. Er stellt seine Geschäftsordnung auf, die sich insbesondere auf seine künftige Arbeitsweise und die Art seiner Erneuerung bezieht; diese Geschäftsordnung muß namentlich einen Wechsel unter den verschiedenen vertragschließenden Staaten sicherstellen.

5. Das Sekretariat des Ausschusses setzt sich zusammen aus Angehörigen des Internationalen Arbeitsamtes, der Organisation der Vereinten Nationen für Erziehung, Wissenschaft und Kultur und des Büros des Internationalen Verbandes zum Schutze von Werken der Literatur und der Kunst, die von den Generaldirektoren und dem Direktor der drei beteiligten Organisationen bestimmt werden.

6. Die Sitzungen des Ausschusses, der einberufen wird, sobald die Mehrheit seiner Mitglieder es für zweckmäßig hält, werden abwechselnd am Sitz des Internationalen Arbeitsamtes, der Organisation der Vereinten Nationen für Erziehung, Wissenschaft und Kultur und des Büros des Internationalen Verbandes zum Schutze von Werken der Literatur und der Kunst abgehalten.

7. Die Auslagen der Mitglieder des Ausschusses werden von ihren Regierungen getragen.

Artikel 33

1. Dieses Abkommen wird in englischer, französischer und spanischer Sprache abgefaßt; diese drei Texte sind in gleicher Weise maßgebend.

2. Außerdem werden offizielle Texte dieses Abkommens in deutscher, italienischer und portugiesischer Sprache abgefaßt.

Artikel 34

1. Der Generalsekretär der Organisation der Vereinten Nationen unterrichtet die Staaten, die zu der in Artikel 23 genannten Konferenz eingeladen worden sind, und jeden Mitgliedstaat der Organisation der Vereinten Nationen sowie den Generaldirektor des Internationalen Arbeitsamtes, den Generaldirektor der Organisation der Vereinten Nationen für Erziehung, Wissenschaft und Kultur und den Direktor des Büros des Internationalen Verbandes zum Schutze von Werken der Literatur und der Kunst:

   a) über die Hinterlegung jeder Ratifikations-, Annahme- oder Beitrittsurkunde;
   b) über den Zeitpunkt des Inkrafttretens des Abkommens;
   c) über die in diesem Abkommen vorgesehenen Mitteilungen, Erklärungen und sonstigen Anzeigen;
   d) über den Eintritt eines in Artikel 28 Abs. 4 oder Abs. 5 genannten Sachverhalts.

2. Der Generalsekretär der Organisation der Vereinten Nationen unterrichtet ferner den Generaldirektor des Internationalen Arbeitsamtes, den Generaldirektor der Organisation der Vereinten Nationen für Erziehung, Wissenschaft und Kultur und den Direktor des Büros des Internationalen Verbandes zum Schutze von Werken der Literatur und der Kunst über die Anträge, die nach Artikel 29 an ihn gerichtet werden, sowie über jede Mitteilung, die er hinsichtlich der Revision dieses Abkommens von den vertragschließenden Staaten erhält.

Zur Urkund dessen haben die Unterzeichneten, die hierzu in gehöriger Weise ermächtigt sind, dieses Abkommen unterzeichnet.

Geschehen zu Rom am 26. Oktober 1961 in einem einzigen Exemplar in englischer, französischer und spanischer Sprache. Beglaubigte Abschriften übersendet der Generalsekretär der Organisation der Vereinten Nationen an alle Staaten, die zu der in Artikel 23 genannten Konferenz eingeladen worden sind, und an jeden Mitgliedstaat der Organisation der Vereinten Nationen sowie an den Generaldirektor des Internationalen Arbeitsamtes, an den Generaldirektor der Organisation der Vereinten Nationen für Erziehung, Wissenschaft und Kultur und an den Direktor des Büros des Internationalen Verbandes zum Schutze von Werken der Literatur und der Kunst.

7. Übereinkommen über handelsbezogene Aspekte der Rechte des geistigen Eigentums (TRIPS)

(BGBl II 1994 S. 1730)

– Auszug –

Die Mitglieder

von dem Wunsch geleitet, Verzerrungen und Behinderungen des internationalen Handels zu verringern, und unter Berücksichtigung der Notwendigkeit, einen wirksamen und angemessenen Schutz der Rechte des geistigen Eigentums zu fördern sowie sicherzustellen, daß die Maßnahmen und Verfahren zur Durchsetzung der Rechte des geistigen Eigentums nicht selbst zu Schranken für den rechtmäßigen Handel werden,

in der Erkenntnis, daß es zu diesem Zweck neuer Regeln und Disziplinen bedarf im Hinblick auf

a) die Anwendbarkeit der Grundprinzipien des GATT 1994 und der einschlägigen internationalen Übereinkünfte über geistiges Eigentum,

b) die Aufstellung angemessener Normen und Grundsätze betreffend die Verfügbarkeit, den Umfang und die Ausübung handelsbezogener Rechte des geistigen Eigentums,

c) die Bereitstellung wirksamer und angemessener Mittel für die Durchsetzung handelsbezogener Rechte des geistigen Eigentums unter Berücksichtigung der Unterschiede in den Rechtssystemen der einzelnen Länder,

d) die Bereitstellung wirksamer und zügiger Verfahren für die multilaterale Vermeidung und Beilegung von Streitigkeiten zwischen Regierungen und

e) Übergangsregelungen, die auf eine möglichst umfassende Beteiligung an den Ergebnissen der Verhandlungen abzielen,

in Erkenntnis der Notwendigkeit eines multilateralen Rahmens von Grundsätzen, Regeln und Disziplinen betreffend den internationalen Handel mit gefälschten Waren,

in der Erkenntnis, daß Rechte an geistigem Eigentum private Rechte sind,

in Erkenntnis der dem öffentlichen Interesse dienenden grundsätzlichen Ziele der Systeme der einzelnen Länder für den Schutz des geistigen Eigentums, einschließlich der entwicklungs- und technologiepolitischen Ziele,

sowie in Erkenntnis der besonderen Bedürfnisse der am wenigsten entwickelten Länder, die Mitglieder sind, in bezug auf größtmögliche Flexibilität bei der Umsetzung von Gesetzen und sonstigen Vorschriften im Inland, um es ihnen zu ermöglichen, eine gesunde und tragfähige technologische Grundlage zu schaffen,

unter Betonung der Bedeutung des Abbaus von Spannungen durch die verstärkte Verpflichtung, Streitigkeiten betreffend handelsbezogene Fragen des geistigen Eigentums durch multilaterale Verfahren zu lösen,

in dem Wunsch, eine der gegenseitigen Unterstützung dienende Beziehung zwischen der Welthandelsorganisation und der Weltorganisation für geistiges Eigentum (in diesem Übereinkommen als „WIPO" bezeichnet) sowie anderen einschlägigen internationalen Organisationen aufzubauen

kommen hiermit wie folgt überein:

Teil I
Allgemeine Bestimmungen und Grundprinzipien

Artikel 1
Wesen und Umfang der Pflichten

(1) Die Mitglieder wenden die Bestimmungen dieses Übereinkommens an. Die Mitglieder dürfen in ihr Recht einen umfassenderen Schutz als den durch dieses Übereinkommen geforderten aufnehmen, vorausgesetzt, dieser Schutz läuft diesem Übereinkommen nicht zuwider, sie sind dazu aber nicht verpflichtet. Es steht den Mitgliedern frei, die für die Umsetzung dieses Übereinkommens in ihrem eigenen Rechtssystem und in ihrer Rechtspraxis geeignete Methode festzulegen.

(2) Der Begriff „geistiges Eigentum" im Sinne dieses Übereinkommens umfaßt alle Arten des geistigen Eigentums, die Gegenstand der Abschnitte 1 bis 7 des Teils II sind.

(3) Die Mitglieder gewähren die in diesem Übereinkommen festgelegte Behandlung den Angehörigen der anderen Mitglieder. In bezug auf das einschlägige Recht des geistigen Eigentums sind unter den Angehörigen anderer Mitglieder diejenigen natürlichen oder juristischen Personen zu verstehen, die den Kriterien für den Zugang zum Schutz nach der Pariser Verbandsübereinkunft (1967), der Berner Übereinkunft (1971), dem Rom-Abkommen und dem Vertrag über den Schutz des geistigen Eigentums im Hinblick auf integrierte Schaltkreise entsprächen, wenn alle Mitglieder der Welthandelsorganisation Vertragsparteien dieser Übereinkünfte wären. Ein Mitglied, das von den in Artikel 5 Absatz 3 oder Artikel 6 Absatz 2 des Rom-Abkommens vorgesehenen Möglichkeiten Gebrauch macht, hat eine Notifikation gemäß den genannten Bestimmungen an den Rat für handelsbezogene Aspekte der Rechte des geistigen Eigentums (den „Rat für TRIPS") vorzunehmen.

Artikel 2
Übereinkünfte über geistiges Eigentum

(1) In bezug auf die Teile II, III und IV dieses Übereinkommens befolgen die Mitglieder die Artikel 1 bis 12 sowie Artikel 19 der Pariser Verbandsübereinkunft (1967).

(2) Die in den Teilen I bis IV dieses Übereinkommens enthaltenen Bestimmungen setzen die nach der Pariser Verbandsübereinkunft, der Berner Übereinkunft, dem Rom-Abkommen und dem Vertrag über den Schutz des geistigen Eigentums im Hinblick auf integrierte Schaltkreise bestehenden Verpflichtungen der Mitglieder untereinander nicht außer Kraft.

Artikel 3
Inländerbehandlung

(1) Die Mitglieder gewähren den Angehörigen der anderen Mitglieder eine Behandlung, die nicht weniger günstig ist als die, die sie ihren eigenen Angehörigen in bezug auf den Schutz des geistigen Eigentums gewähren, vorbehaltlich der jeweils bereits in der Pariser Verbandsübereinkunft (1967), der Berner Übereinkunft (1971), dem Rom-Abkommen oder dem Vertrag über den Schutz des geistigen Eigentums im Hinblick auf integrierte Schaltkreise vorgesehenen Ausnahmen. In bezug auf ausübende Künstler, Hersteller von Tonträgern und Sendeunternehmen gilt diese Verpflichtung nur in bezug auf die durch dieses Übereinkommen vorgesehenen Rechte. Ein Mitglied, das von den in Artikel 6 der Berner Übereinkunft (1971) oder in Artikel 16 Absatz 1 Buchstabe b des Rom-Abkommens vorgesehenen Möglichkeiten Gebrauch macht, hat eine Notifikation gemäß den genannten Bestimmungen an den Rat für TRIPS vorzunehmen.

(2) Die Mitglieder dürfen in bezug auf Gerichts- und Verwaltungsverfahren, einschließlich der Bestimmung einer Anschrift für die Zustellung oder der Ernennung eines Vertreters innerhalb des Hoheitsgebiets eines Mitglieds, von den in Absatz 1 vorgesehenen Ausnahmen nur

Gebrauch machen, wenn diese Ausnahmen notwendig sind, um die Einhaltung von Gesetzen und sonstigen Vorschriften sicherzustellen, die mit den Bestimmungen dieses Übereinkommens nicht unvereinbar sind, und wenn diese Praktiken nicht in einer Weise angewendet werden, die eine verschleierte Handelsbeschränkung bilden würde.

Artikel 4
Meistbegünstigung

In bezug auf den Schutz des geistigen Eigentums werden Vorteile, Vergünstigungen, Sonderrechte und Befreiungen, die von einem Mitglied den Angehörigen eines anderen Landes gewährt werden, sofort und bedingungslos den Angehörigen aller anderen Mitglieder gewährt. Von dieser Verpflichtung ausgenommen sind von einem Mitglied gewährte Vorteile, Vergünstigungen, Sonderrechte und Befreiungen,

a) die sich aus internationalen Übereinkünften über Rechtshilfe oder Vollstreckung ableiten, die allgemeiner Art sind und sich nicht speziell auf den Schutz des geistigen Eigentums beschränken;

b) die gemäß den Bestimmungen der Berner Übereinkunft (1971) oder des Rom-Abkommens gewährt werden, in denen gestattet wird, daß die gewährte Behandlung nicht von der Inländerbehandlung, sondern von der in einem anderen Land gewährten Behandlung abhängig gemacht wird;

c) die sich auf die in diesem Übereinkommen nicht geregelten Rechte von ausübenden Künstlern, Herstellern von Tonträgern und Sendeunternehmen beziehen;

d) die sich aus internationalen Übereinkünften betreffend den Schutz des geistigen Eigentums ableiten, die vor dem Inkrafttreten des WTO-Übereinkommens in Kraft getreten sind, vorausgesetzt, daß diese Übereinkünfte dem Rat für TRIPS notifiziert werden und keine willkürliche oder ungerechtfertigte Diskriminierung von Angehörigen anderer Mitglieder darstellen.

Artikel 5
Mehrseitige Übereinkünfte über den Erwerb oder die Aufrechterhaltung
des Schutzes

Die in den Artikeln 3 und 4 aufgeführten Verpflichtungen finden keine Anwendung auf Verfahren, die in im Rahmen der Weltorganisation für geistiges Eigentum geschlossenen mehrseitigen Übereinkünften betreffend den Erwerb oder die Aufrechterhaltung von Rechten des geistigen Eigentums enthalten sind.

Artikel 6
Erschöpfung

Für die Zwecke der Streitbeilegung im Rahmen dieses Übereinkommens darf vorbehaltlich der Artikel 3 und 4 dieses Übereinkommen nicht dazu verwendet werden, die Frage der Erschöpfung von Rechten des geistigen Eigentums zu behandeln.

Artikel 7
Ziele

Der Schutz und die Durchsetzung von Rechten des geistigen Eigentums sollen zur Förderung der technischen Innovation sowie zur Weitergabe und Verbreitung von Technologie beitragen, dem beiderseitigen Vorteil der Erzeuger und Nutzer technischen Wissens dienen, in einer dem gesellschaftlichen und wirtschaftlichen Wohl zuträglichen Weise erfolgen und einen Ausgleich zwischen Rechten und Pflichten herstellen.

Artikel 8
Grundsätze

(1) Die Mitglieder dürfen bei der Abfassung oder Änderung ihrer Gesetze und sonstigen Vorschriften die Maßnahmen ergreifen, die zum Schutz der öffentlichen Gesundheit und Ernährung sowie zur Förderung des öffentlichen Interesses in den für ihre sozio-ökonomische und technische Entwicklung lebenswichtigen Sektoren notwendig sind; jedoch müssen diese Maßnahmen mit diesem Übereinkommen vereinbar sein.

(2) Geeignete Maßnahmen, die jedoch mit diesem Übereinkommen vereinbar sein müssen, können erforderlich sein, um den Mißbrauch von Rechten des geistigen Eigentums durch die Rechtsinhaber oder den Rückgriff auf Praktiken, die den Handel unangemessen beschränken oder den internationalen Technologietransfer nachteilig beeinflussen, zu verhindern.

Teil II
Normen betreffend die Verfügbarkeit, den Umfang und die Ausübung von Rechten des geistigen Eigentums

Abschnitt 1
Urheberrecht und verwandte Schutzrechte

Artikel 9
Verhältnis zur Berner Übereinkunft

(1) Die Mitglieder befolgen die Artikel 1 bis 21 der Berner Übereinkunft (1971) und den Anhang dazu. Die Mitglieder haben jedoch aufgrund dieses Übereinkommens keine Rechte oder Pflichten in bezug auf die in Artikel 6bis der Übereinkunft gewährten oder die daraus abgeleiteten Rechte.

(2) Der urheberrechtliche Schutz erstreckt sich auf Ausdrucksformen und nicht auf Ideen, Verfahren, Arbeitsweisen oder mathematische Konzepte als solche.

Artikel 10
Computerprogramme und Zusammenstellungen von Daten

(1) Computerprogramme, gleichviel, ob sie in Quellcode oder in Maschinenprogrammcode ausgedrückt sind, werden als Werke der Literatur nach der Berner Übereinkunft (1971) geschützt.

(2) Zusammenstellungen von Daten oder sonstigem Material, gleichviel, ob in maschinenlesbarer oder anderer Form, die aufgrund der Auswahl oder Anordnung ihres Inhalts geistige Schöpfungen bilden, werden als solche geschützt. Dieser Schutz, der sich nicht auf die Daten oder das Material selbst erstreckt, gilt unbeschadet eines an den Daten oder dem Material selbst bestehenden Urheberrechts.

Artikel 11
Vermietrechte

Zumindest in bezug auf Computerprogramme und Filmwerke gewähren die Mitglieder den Urhebern und ihren Rechtsnachfolgern das Recht, die gewerbliche Vermietung von Originalen oder Vervielfältigungsstücken ihrer urheberrechtlich geschützten Werke an die Öffentlichkeit zu gestatten oder zu verbieten. Ein Mitglied ist in bezug auf Filmwerke von dieser Pflicht befreit, es sei denn, diese Vermietung hat zu weit verbreiteter Vervielfältigung dieser Werke geführt, die das den Urhebern und ihren Rechtsnachfolgern in diesem Mitglied gewährte ausschließliche Vervielfältigungsrecht erheblich beeinträchtigt. In bezug auf Computerprogramme findet diese Verpflichtung keine Anwendung auf Vermietungen, bei denen das Programm selbst nicht der wesentliche Gegenstand der Vermietung ist.

Artikel 12
Schutzdauer

Wird die Dauer des Schutzes eines Werkes, das kein photographisches Werk und kein Werk der angewandten Kunst ist, auf einer anderen Grundlage als der Lebensdauer einer natürlichen Person berechnet, so darf die Schutzdauer nicht weniger als 50 Jahre ab dem Ende des Kalenderjahrs der gestatteten Veröffentlichung und, wenn es innerhalb von 50 Jahren ab der Herstellung des Werkes zu keiner gestatteten Veröffentlichung kommt, nicht weniger als 50 Jahre ab dem Ende des Kalenderjahrs der Herstellung betragen.

Artikel 13
Beschränkungen und Ausnahmen

Die Mitglieder begrenzen Beschränkungen und Ausnahmen von ausschließlichen Rechten auf bestimmte Sonderfälle, die weder die normale Auswertung des Werkes beeinträchtigen noch die berechtigten Interessen des Rechtsinhabers unzumutbar verletzen.

Artikel 14
Schutz von ausübenden Künstlern, Herstellern von Tonträgern (Tonaufnahmen) und Sendeunternehmen

(1) In bezug auf die Festlegung ihrer Darbietung auf einem Tonträger haben ausübende Künstler die Möglichkeit, folgende Handlungen zu verhindern, wenn diese ohne ihre Erlaubnis vorgenommen werden: die Festlegung ihrer nicht festgelegten Darbietung und die Vervielfältigung einer solchen Festlegung. Ausübende Künstler haben auch die Möglichkeit, folgende Handlungen zu verhindern, wenn diese ohne ihre Erlaubnis vorgenommen werden: die Funksendung auf drahtlosem Weg und die öffentliche Wiedergabe ihrer lebenden Darbietung.

(2) Die Hersteller von Tonträgern haben das Recht, die unmittelbare oder mittelbare Vervielfältigung ihrer Tonträger zu gestatten oder zu verbieten.

(3) Sendeunternehmen haben das Recht, folgende Handlungen zu verbieten, wenn diese ohne ihre Erlaubnis vorgenommen werden: die Festlegung, die Vervielfältigung von Festlegungen und die drahtlose Weitersendung von Funksendungen sowie die öffentliche Wiedergabe von Fernsehsendungen solcher Funksendungen. Mitglieder, die den Sendeunternehmen solche Rechte nicht gewähren, müssen den Inhabern des Urheberrechts an dem Gegenstand von Funksendungen die Möglichkeit gewähren, die genannten Handlungen vorbehaltlich der Berner Übereinkunft (1971) zu verhindern.

(4) Die Bestimmungen des Artikels 11 betreffend Computerprogramme gelten, wie im innerstaatlichen Recht des Mitglieds bestimmt, sinngemäß auch für Hersteller von Tonträgern und sonstige Inhaber der Rechte an Tonträgern. Ist am 15. April 1994 in einem Mitglied ein System der angemessenen Vergütung für die Inhaber von Rechten in bezug auf die Vermietung von Tonträgern in Kraft, so kann das Mitglied dieses System beibehalten, sofern die gewerbliche Vermietung von Tonträgern die ausschließlichen Vervielfältigungsrechte der Rechtsinhaber nicht erheblich beeinträchtigt.

(5) Die nach diesem Übereinkommen ausübenden Künstlern und Herstellern von Tonträgern gewährte Schutzdauer läuft mindestens bis zum Ende eines Zeitraums von 50 Jahren, gerechnet ab dem Ende des Kalenderjahrs, in dem die Festlegung vorgenommen wurde oder die Darbietung stattgefunden hat. Die Dauer des nach Absatz 3 gewährten Schutzes beträgt mindestens 20 Jahre ab dem Ende des Kalenderjahrs, in dem die Funksendung stattgefunden hat.

(6) Die Mitglieder können in bezug auf die nach den Absätzen 1, 2 und 3 gewährten Rechte in dem durch das Rom-Abkommen gestatteten Umfang Bedingungen, Beschränkungen, Ausnahmen und Vorbehalte vorsehen. Jedoch findet Artikel 18 der Berner Übereinkunft (1971) sinngemäß auch auf die Rechte der ausübenden Künstler und der Hersteller von Tonträgern an Tonträgern Anwendung.

Teil III
Durchsetzung der Rechte des geistigen Eigentums

Abschnitt 1
Allgemeine Pflichten

Artikel 41

(1) Die Mitglieder stellen sicher, daß die in diesem Teil aufgeführten Durchsetzungsverfahren in ihrem Recht vorgesehen werden, um ein wirksames Vorgehen gegen jede Verletzung von unter dieses Übereinkommen fallenden Rechten des geistigen Eigentums einschließlich Eilverfahren zur Verhinderung von Verletzungshandlungen und Rechtsbehelfe zur Abschreckung von weiteren Verletzungshandlungen zu ermöglichen. Diese Verfahren sind so anzuwenden, daß die Errichtung von Schranken für den rechtmäßigen Handel vermieden wird und die Gewähr gegen ihren Mißbrauch gegeben ist.

(2) Die Verfahren zur Durchsetzung von Rechten des geistigen Eigentums müssen fair und gerecht sein. Sie dürfen nicht unnötig kompliziert oder kostspielig sein und keine unangemessenen Fristen oder ungerechtfertigten Verzögerungen mit sich bringen.

(3) Sachentscheidungen sind vorzugsweise schriftlich abzufassen und mit Gründen zu versehen. Sie müssen zumindest den Verfahrensparteien ohne ungebührliche Verzögerung zur Verfügung gestellt werden. Sachentscheidungen dürfen sich nur auf Beweise stützen, zu denen die Parteien Gelegenheit zur Stellungnahme hatten.

(4) Die Parteien eines Verfahrens erhalten Gelegenheit zur Nachprüfung von Endentscheidungen der Verwaltungsbehörden durch ein Gericht und, vorbehaltlich der Bestimmungen über die gerichtliche Zuständigkeit im innerstaatlichen Recht des Mitglieds in bezug auf die Bedeutung einer Rechtssache, zumindest auch der Rechtsfragen erstinstanzlicher Sachentscheidungen der Gerichte. Es besteht jedoch keine Verpflichtung, eine Gelegenheit zur Nachprüfung von Freisprüchen in Strafverfahren vorzusehen.

(5) Es besteht Einvernehmen darüber, daß dieser Teil weder eine Verpflichtung begründet, ein gerichtliches System für die Durchsetzung von Rechten des geistigen Eigentums getrennt von dem für die Durchsetzung des Rechts im allgemeinen zu errichten, noch die Fähigkeit der Mitglieder berührt, ihr Recht allgemein durchzusetzen. Dieser Teil schafft keine Verpflichtung hinsichtlich der Aufteilung von Mitteln für Zwecke der Durchsetzung von Rechten des geistigen Eigentums und für Zwecke der Durchsetzung des Rechts im allgemeinen.

Abschnitt 2
Zivil- und Verwaltungsverfahren und Rechtsbehelfe

Artikel 42
Faire und gerechte Verfahren

Die Mitglieder stellen den Rechtsinhabern zivilprozessuale Verfahren für die Durchsetzung aller unter dieses Übereinkommen fallenden Rechte des geistigen Eigentums zur Verfügung. Die beklagte Partei hat Anspruch auf rechtzeitige schriftliche Benachrichtigung, die genügend Einzelheiten einschließlich der Grundlage für den Anspruch enthält. Den Parteien ist zu gestatten, sich durch einen unabhängigen Rechtsanwalt vertreten zu lassen, und im Verfahren dürfen keine übermäßig erschwerten Anforderungen hinsichtlich der Notwendigkeit des persönlichen Erscheinens gestellt werden. Alle Parteien solcher Verfahren sind berechtigt, ihre Ansprüche zu begründen und alle sachdienlichen Beweismittel vorzulegen. Das Verfahren muß Möglichkeiten vorsehen, vertrauliche Informationen festzustellen und zu schützen, sofern dies nicht bestehenden verfassungsrechtlichen Erfordernissen zuwiderlaufen würde.

Artikel 43
Beweise

(1) Hat eine Partei alle vernünftigerweise verfügbaren Beweismittel zur hinreichenden Begründung ihrer Ansprüche vorgelegt und rechtserhebliche Beweismittel zur Begründung ihrer Ansprüche, die sich in der Verfügungsgewalt der gegnerischen Partei befinden, bezeichnet, so sind die Gerichte befugt anzuordnen, daß diese Beweismittel von der gegnerischen Partei vorgelegt werden, gegebenenfalls unter Bedingungen, die den Schutz vertraulicher Informationen gewährleisten.

(2) In Fällen, in denen eine Prozeßpartei aus eigenem Willen und ohne stichhaltigen Grund den Zugang zu notwendigen Informationen verweigert oder diese nicht innerhalb einer angemessenen Frist vorlegt oder ein Verfahren zur Durchsetzung eines Rechts wesentlich behindert, kann ein Mitglied die Gerichte ermächtigen, auf der Grundlage der ihnen vorgelegten Informationen, einschließlich der Klageschrift oder des Vorbringens der durch die Verweigerung des Zugangs zu den Informationen beschwerten Partei, bestätigende oder abweisende Entscheidungen vorläufiger und endgültiger Art zu treffen, sofern die Parteien die Gelegenheit hatten, zu dem Vorbringen und den Beweisen Stellung zu nehmen.

Artikel 44
Unterlassungsanordnungen

(1) Die Gerichte sind befugt, gegenüber einer Partei anzuordnen, daß eine Rechtsverletzung zu unterlassen ist, unter anderem um zu verhindern, daß eingeführte Waren, die eine Verletzung eines Rechts des geistigen Eigentums mit sich bringen, unmittelbar nach der Zollfreigabe in die in ihrem Zuständigkeitsbereich liegenden Vertriebswege gelangen. Die Mitglieder sind nicht verpflichtet, diese Befugnisse auch in bezug auf einen geschützten Gegenstand zu gewähren, der von einer Person erworben oder bestellt wurde, bevor sie wußte oder vernünftigerweise hätte wissen müssen, daß der Handel mit diesem Gegenstand die Verletzung eines Rechts des geistigen Eigentums nach sich ziehen würde.

(2) Ungeachtet der anderen Bestimmungen dieses Teils und unter der Voraussetzung, daß die Bestimmungen des Teils II, in denen es speziell um die Benutzung durch Regierungen oder durch von einer Regierung ermächtigte Dritte ohne Zustimmung des Rechtsinhabers geht, eingehalten werden, können die Mitglieder die gegen eine solche Benutzung zur Verfügung stehenden Ansprüche auf die Zahlung einer Vergütung nach Artikel 31 Buchstabe h beschränken. In anderen Fällen finden die in diesem Teil festgelegten Rechtsbehelfe Anwendung oder sind, wenn diese Rechtsbehelfe nicht im Einklang mit dem Recht eines Mitglieds stehen, Feststellungsurteile und angemessene Entschädigungen vorzusehen.

Artikel 45
Schadensersatz

(1) Die Gerichte sind befugt anzuordnen, daß der Verletzer dem Rechtsinhaber zum Ausgleich des von diesem wegen einer Verletzung seines Rechts des geistigen Eigentums durch einen Verletzer, der wußte oder vernünftigerweise hätte wissen müssen, daß er eine Verletzungshandlung vornahm, erlittenen Schadens angemessenen Schadensersatz zu leisten hat.

(2) Die Gerichte sind ferner befugt anzuordnen, daß der Verletzer dem Rechtsinhaber die Kosten zu erstatten hat, zu denen auch angemessene Anwaltshonorare gehören können. In geeigneten Fällen können die Mitglieder die Gerichte ermächtigen, die Herausgabe der Gewinne und/oder die Zahlung eines festgelegten Schadensersatzbetrags selbst dann anzuordnen, wenn der Verletzer nicht wußte oder nicht vernünftigerweise hätte wissen müssen, daß er eine Verletzungshandlung vornahm.

Artikel 46
Sonstige Rechtsbehelfe

Um wirksam von Verletzungen abzuschrecken, sind die Gerichte befugt anzuordnen, daß über Waren, die nach ihren Feststellungen ein Recht verletzen, ohne Entschädigung irgendwelcher Art außerhalb der Vertriebswege so verfügt wird, daß dem Rechtsinhaber kein Schaden entstehen kann, oder daß sie vernichtet werden, sofern dies nicht bestehenden verfassungsrechtlichen Erfordernissen zuwiderlaufen würde. Die Gerichte sind ferner befugt anzuordnen, daß über Material und Werkzeuge, die vorwiegend zur Herstellung der rechtsverletzenden Waren verwendet wurden, ohne Entschädigung irgendwelcher Art außerhalb der Vertriebswege so verfügt wird, daß die Gefahr weiterer Rechtsverletzungen möglichst gering gehalten wird. Bei der Prüfung derartiger Anträge sind die Notwendigkeit eines angemessenen Verhältnisses zwischen der Schwere der Rechtsverletzung und den angeordneten Maßnahmen sowie die Interessen Dritter zu berücksichtigen. Bei nachgeahmten Markenwaren reicht das einfache Entfernen der rechtswidrig angebrachten Marke außer in Ausnahmefällen nicht aus, um eine Freigabe der Waren in die Vertriebswege zu gestatten.

Artikel 47
Recht auf Auskunft

Die Mitglieder können vorsehen, daß die Gerichte befugt sind anzuordnen, daß der Verletzer dem Rechtsinhaber Auskunft über die Identität Dritter, die an der Herstellung und am Vertrieb der rechtsverletzenden Waren oder Dienstleistungen beteiligt waren, und über ihre Vertriebswege erteilen muß, sofern dies nicht außer Verhältnis zur Schwere der Verletzung steht.

Artikel 48
Entschädigung des Beklagten

(1) Die Gerichte sind befugt anzuordnen, daß eine Partei, auf deren Antrag hin Maßnahmen ergriffen wurden und die Durchsetzungsverfahren mißbräuchlich benutzt hat, einer zu Unrecht mit einem Verbot oder einer Beschränkung belegten Partei angemessene Entschädigung für den durch einen solchen Mißbrauch erlittenen Schaden zu leisten hat. Die Gerichte sind ferner befugt anzuordnen, daß der Antragsteller dem Antragsgegner die Kosten zu erstatten hat, zu denen auch angemessene Anwaltshonorare gehören können.

(2) In bezug auf die Anwendung von Rechtsvorschriften über den Schutz oder die Durchsetzung von Rechten des geistigen Eigentums dürfen die Mitglieder sowohl Behörden als auch Beamte von der Haftung auf angemessene Wiedergutmachung nur freistellen, wenn ihre Handlungen in gutem Glauben bei der Anwendung dieser Rechtsvorschriften vorgenommen oder unternommen werden.

Artikel 49
Verwaltungsverfahren

Soweit zivilrechtliche Ansprüche als Ergebnis von Sachentscheidungen im Verwaltungsverfahren zuerkannt werden können, müssen diese Verfahren Grundsätzen entsprechen, die im wesentlichen den in diesem Abschnitt dargelegten gleichwertig sind.

Abschnitt 3
Einstweilige Maßnahmen

Artikel 50

(1) Die Gerichte sind befugt, schnelle und wirksame einstweilige Maßnahmen anzuordnen,

a) um die Verletzung eines Rechts des geistigen Eigentums zu verhindern, und insbesondere, um zu verhindern, daß Waren, einschließlich eingeführter Waren unmittelbar nach der Zollfreigabe, in die innerhalb ihres Zuständigkeitsbereichs liegenden Vertriebswege gelangen;

b) um einschlägige Beweise hinsichtlich der behaupteten Rechtsverletzung zu sichern.

(2) Die Gerichte sind befugt, gegebenenfalls einstweilige Maßnahmen ohne Anhörung der anderen Partei zu treffen, insbesondere dann, wenn durch eine Verzögerung dem Rechtsinhaber wahrscheinlich ein nicht wiedergutzumachender Schaden entstünde oder wenn nachweislich die Gefahr besteht, daß Beweise vernichtet werden.

(3) Die Gerichte sind befugt, dem Antragsteller aufzuerlegen, alle vernünftigerweise verfügbaren Beweise vorzulegen, um sich mit ausreichender Sicherheit davon überzeugen zu können, daß der Antragsteller der Rechtsinhaber ist und daß das Recht des Antragstellers verletzt wird oder daß eine solche Verletzung droht, und anzuordnen, daß der Antragsteller eine Kaution zu stellen oder eine entsprechende Sicherheit zu leisten hat, die ausreicht, um den Antragsgegner zu schützen und einem Mißbrauch vorzubeugen.

(4) Wenn einstweilige Maßnahmen ohne Anhörung der anderen Partei getroffen wurden, sind die betroffenen Parteien spätestens unverzüglich nach der Vollziehung der Maßnahmen davon in Kenntnis zu setzen. Auf Antrag des Antragsgegners findet eine Prüfung, die das Recht zur Stellungnahme einschließt, mit dem Ziel statt, innerhalb einer angemessenen Frist nach der Mitteilung der Maßnahmen zu entscheiden, ob diese abgeändert, aufgehoben oder bestätigt werden sollen.

(5) Der Antragsteller kann aufgefordert werden, weitere Informationen vorzulegen, die für die Identifizierung der betreffenden Waren durch die Behörde, welche die einstweiligen Maßnahmen vollzieht, notwendig sind.

(6) Unbeschadet des Absatzes 4 werden aufgrund der Absätze 1 und 2 ergriffene einstweilige Maßnahmen auf Antrag des Antragsgegners aufgehoben oder auf andere Weise außer Kraft gesetzt, wenn das Verfahren, das zu einer Sachentscheidung führt, nicht innerhalb einer angemessenen Frist eingeleitet wird, die entweder von dem die Maßnahmen anordnenden Gericht festgelegt wird, sofern dies nach dem Recht des Mitglieds zulässig ist, oder, wenn es nicht zu einer solchen Festlegung kommt, 20 Arbeitstage oder 31 Kalendertage, wobei der längere der beiden Zeiträume gilt, nicht überschreitet.

(7) Werden einstweilige Maßnahmen aufgehoben oder werden sie aufgrund einer Handlung oder Unterlassung des Antragstellers hinfällig oder wird in der Folge festgestellt, daß keine Verletzung oder drohende Verletzung eines Rechts des geistigen Eigentums vorlag, so sind die Gerichte befugt, auf Antrag des Antragsgegners anzuordnen, daß der Antragsteller dem Antragsgegner angemessenen Ersatz für durch diese Maßnahmen entstandenen Schaden zu leisten hat.

(8) Soweit einstweilige Maßnahmen aufgrund von Verwaltungsverfahren angeordnet werden können, müssen diese Verfahren Grundsätzen entsprechen, die im wesentlichen den in diesem Abschnitt dargelegten gleichwertig sind.

Abschnitt 4
Besondere Erfordernisse bei Grenzmaßnahmen

Artikel 51
Aussetzung der Freigabe durch die Zollbehörden

Die Mitglieder sehen gemäß den nachstehenden Bestimmungen Verfahren vor, die es dem Rechtsinhaber, der den begründeten Verdacht hat, daß es zur Einfuhr von nachgeahmten Markenwaren oder unerlaubt hergestellten urheberrechtlich geschützten Waren kommen kann, ermöglichen, bei den zuständigen Gerichten oder Verwaltungsbehörden schriftlich zu beantragen, daß die Zollbehörden die Freigabe dieser Waren in den freien Verkehr aussetzen. Die Mitglieder können vorsehen, daß ein solcher Antrag auch in bezug auf Waren gestellt werden kann, bei denen es um andere Verletzungen von Rechten des geistigen Eigentums geht, sofern die Erfordernisse dieses Abschnitts beachtet werden. Die Mitglieder können ferner entsprechende Verfahren betreffend die Aussetzung der Freigabe rechtsverletzender Waren, die für die Ausfuhr aus ihren Hoheitsgebieten bestimmt sind, vorsehen.

Artikel 52
Antrag

Ein Rechtsinhaber, der die in Artikel 51 aufgeführten Verfahren in Gang bringt, muß ausreichende Beweise vorlegen, um die zuständigen Behörden davon zu überzeugen, daß nach Maßgabe des Rechts des Einfuhrlands prima facie eine Verletzung des Rechts des geistigen Eigentums des Rechtsinhabers vorliegt, sowie eine hinreichend genaue Beschreibung der Waren, um sie für die Zollbehörden leicht erkennbar zu machen. Die zuständigen Stellen setzen innerhalb einer angemessenen Frist den Antragsteller davon in Kenntnis, ob sie den Antrag angenommen haben, und davon, innerhalb welchen Zeitraums die Zollbehörden Maßnahmen ergreifen werden, sofern ein solcher von den zuständigen Stellen festgelegt worden ist.

Artikel 53
Kaution oder gleichwertige Sicherheitsleistung

(1) Die zuständigen Stellen sind befugt, vom Antragsteller eine Kaution oder eine gleichwertige Sicherheitsleistung zu verlangen, die ausreicht, um den Antragsgegner und die zuständigen Stellen zu schützen und einem Mißbrauch vorzubeugen. Eine solche Kaution oder gleichwertige Sicherheitsleistung darf nicht unangemessen von der Inanspruchnahme dieser Verfahren abschrecken.

(2) Wenn aufgrund eines Antrags nach diesem Abschnitt von den Zollbehörden auf der Grundlage einer nicht von einem Gericht oder einer sonstigen unabhängigen Stelle getroffenen Entscheidung die Freigabe von Waren, welche die Rechte an gewerblichen Mustern und Modellen, Patenten, Layout-Designs oder nicht offenbarten Informationen betreffen, in den freien Verkehr ausgesetzt wurde und wenn die in Artikel 55 festgelegte Frist verstrichen ist, ohne daß die hierzu befugte Stelle eine einstweilige Maßnahme getroffen hat, und sofern alle anderen Einfuhrvoraussetzungen erfüllt sind, hat der Eigentümer, der Einführer oder der Empfänger solcher Waren das Recht auf deren Freigabe nach Leistung einer Sicherheit in Höhe eines Betrags, der zum Schutz des Rechtsinhabers vor einer Verletzung ausreicht. Die Leistung einer solchen Sicherheit darf nicht den Rückgriff des Rechtsinhabers auf andere Rechtsbehelfe beeinträchtigen, wobei davon ausgegangen wird, daß die Sicherheit freigegeben wird, wenn der Rechtsinhaber nicht innerhalb einer angemessenen Frist seinen Anspruch geltend macht.

Artikel 54
Mitteilung der Aussetzung

Der Einführer und der Antragsteller werden umgehend von der Aussetzung der Freigabe von Waren nach Artikel 51 in Kenntnis gesetzt.

Artikel 55
Dauer der Aussetzung

Sind die Zollbehörden nicht innerhalb einer Frist von zehn Arbeitstagen nach der Mitteilung der Aussetzung an den Antragsteller davon in Kenntnis gesetzt worden, daß ein zu einer Sachentscheidung führendes Verfahren von einer anderen Partei als dem Antragsgegner in Gang gesetzt worden ist oder daß die hierzu befugte Stelle einstweilige Maßnahmen getroffen hat, um die Aussetzung der Freigabe der Waren zu verlängern, so sind die Waren freizugeben, sofern alle anderen Voraussetzungen für die Einfuhr oder Ausfuhr erfüllt sind; in geeigneten Fällen kann diese Frist um weitere zehn Arbeitstage verlängert werden. Ist ein zu einer Sachentscheidung führendes Verfahren eingeleitet worden, so findet auf Antrag des Antragsgegners eine Prüfung, die das Recht zur Stellungnahme einschließt, mit dem Ziel statt, innerhalb einer angemessenen Frist zu entscheiden, ob diese Maßnahmen abgeändert, aufgehoben oder bestätigt werden sollen. Ungeachtet der vorstehenden Bestimmungen findet Artikel 50 Absatz 6 Anwendung, wenn die Aussetzung der Freigabe von Waren nach Maßgabe einer einstweiligen gerichtlichen Maßnahme durchgeführt oder fortgeführt wird.

Artikel 56
Entschädigung des Einführers und des Eigentümers der Waren

Die zuständigen Stellen sind befugt anzuordnen, daß der Antragsteller dem Einführer, dem Empfänger und dem Eigentümer der Waren angemessenen Ersatz für alle Schäden zu leisten hat, die sie aufgrund der unrechtmäßigen Zurückhaltung von Waren oder aufgrund der Zurückhaltung von nach Artikel 55 freigegebenen Waren erlitten haben.

Artikel 57
Recht auf Untersuchung und Auskunft

Unbeschadet des Schutzes vertraulicher Informationen ermächtigen die Mitglieder die zuständigen Stellen, dem Rechtsinhaber ausreichend Gelegenheit zu geben, die von den Zollbehörden zurückgehaltenen Waren untersuchen zu lassen, um seine Ansprüche begründen zu können. Die zuständigen Stellen haben ferner die Befugnis, dem Einführer eine gleichwertige Gelegenheit zu bieten, solche Waren untersuchen zu lassen. Ist eine Sachentscheidung zugunsten des Rechtsinhabers ergangen, so können die Mitglieder die zuständigen Stellen ermächtigen, dem Rechtsinhaber die Namen und Anschriften des Absenders, des Einführers und des Empfängers und die Menge der fraglichen Waren mitzuteilen.

Artikel 58
Vorgehen von Amts wegen

Sofern Mitglieder verlangen, daß die zuständigen Stellen von sich aus tätig werden und die Freigabe der Waren aussetzen, hinsichtlich deren ihnen ein Prima-facie-Beweis für eine Verletzung eines Rechts des geistigen Eigentums vorliegt,

a) können die zuständigen Stellen jederzeit vom Rechtsinhaber Auskünfte einholen, die ihnen bei der Ausübung dieser Befugnisse helfen können,

b) werden Einführer und Rechtsinhaber umgehend von der Aussetzung in Kenntnis gesetzt. Hat der Einführer bei den zuständigen Stellen ein Rechtsmittel gegen die Aussetzung eingelegt, so unterliegt die Aussetzung sinngemäß den in Artikel 55 festgelegten Bedingungen,

c) stellen die Mitglieder sowohl Behörden als auch Beamte von der Haftung auf angemessene Wiedergutmachung nur frei, wenn Handlungen in gutem Glauben vorgenommen oder unternommen werden.

Artikel 59
Rechtsbehelfe

Unbeschadet anderer Rechte des Rechtsinhabers und vorbehaltlich des Rechts des Antragsgegners, die Überprüfung durch ein Gericht zu beantragen, sind die zuständigen Stellen befugt, die Vernichtung oder Beseitigung der rechtsverletzenden Waren im Einklang mit den in Artikel 46 aufgeführten Grundsätzen anzuordnen. In bezug auf nachgeahmte Markenwaren gestatten die zuständigen Stellen nur ausnahmsweise die Wiederausfuhr der rechtsverletzenden Waren in unverändertem Zustand und unterwerfen sie nur in Ausnahmefällen einem anderen Zollverfahren.

Artikel 60
Einfuhren in Kleinstmengen

Die Mitglieder können kleine Mengen von Waren ohne gewerblichen Charakter, die sich im persönlichen Gepäck von Reisenden oder in kleinen Sendungen befinden, von der Anwendung der vorstehenden Bestimmungen ausnehmen.

Abschnitt 5
Strafverfahren

Artikel 61

Die Mitglieder sehen Strafverfahren und Strafen vor, die zumindest bei vorsätzlicher Nachahmung von Markenwaren oder vorsätzlicher unerlaubter Herstellung urheberrechtlich geschützter Waren in gewerbsmäßigem Umfang Anwendung finden. Die vorgesehenen Sanktionen umfassen zur Abschreckung ausreichende Haft- und/oder Geldstrafen entsprechend dem Strafmaß, das auf entsprechend schwere Straftaten anwendbar ist. In geeigneten Fällen umfassen die vorzusehenden Sanktionen auch die Beschlagnahme, die Einziehung und die Vernichtung der rechtsverletzenden Waren und allen Materials und aller Werkzeuge, die überwiegend dazu verwendet wurden, die Straftat zu begehen. Die Mitglieder können Strafverfahren und Strafen für andere Fälle der Verletzung von Rechten des geistigen Eigentums vorsehen, insbesondere wenn die Handlungen vorsätzlich und in gewerbsmäßigem Umfang begangen werden.

Teil IV
Erwerb und Aufrechterhaltung von Rechten des geistigen Eigentums und
damit im Zusammenhang stehende Inter-partes-Verfahren

Artikel 62

(1) Die Mitglieder sind befugt, als Voraussetzung für den Erwerb oder die Aufrechterhaltung der in den Abschnitten 2 bis 6 des Teils II vorgesehenen Rechte des geistigen Eigentums die Beachtung angemessener Verfahren und Förmlichkeiten vorzuschreiben. Solche Verfahren und Förmlichkeiten müssen mit den Bestimmungen dieses Übereinkommens im Einklang stehen.

(2) Wenn der Erwerb eines Rechts des geistigen Eigentums die Erteilung oder Eintragung des Rechts voraussetzt, stellen die Mitglieder sicher, daß die Verfahren für die Erteilung oder Eintragung, vorbehaltlich der Erfüllung der materiellrechtlichen Bedingungen für den Erwerb des Rechts, die Erteilung oder Eintragung innerhalb einer angemessenen Frist möglich machen, um eine ungerechtfertigte Verkürzung der Schutzdauer zu vermeiden.

(3) Artikel 4 der Pariser Verbandsübereinkunft (1967) findet sinngemäß auf Dienstleistungsmarken Anwendung.

(4) Die Verfahren betreffend den Erwerb oder die Aufrechterhaltung von Rechten des geistigen Eigentums und, sofern das Recht eines Mitglieds solche Verfahren vorsieht, der Widerruf im Verwaltungsweg und Inter-partes-Verfahren wie zum Beispiel Einspruch, Widerruf und Löschung, unterliegen den in Artikel 41 Absätze 2 und 3 dargelegten allgemeinen Grundsätzen.

(5) Verwaltungsrechtliche Endentscheidungen in einem der in Absatz 4 genannten Verfahren unterliegen der Nachprüfung durch ein Gericht oder eine gerichtsähnliche Einrichtung. Es besteht jedoch keine Verpflichtung, die Gelegenheit zu einer solchen Überprüfung von Entscheidungen in Fällen eines erfolglosen Einspruchs oder Widerrufs im Verwaltungsweg vorzusehen, sofern die Gründe für solche Verfahren Gegenstand von Nichtigkeitsverfahren sein können.

Teil V
Streitvermeidung und -beilegung
Artikel 63
Transparenz

(1) Gesetze und sonstige Vorschriften sowie allgemein anwendbare rechtskräftige gerichtliche Entscheidungen und Verwaltungsverfügungen in bezug auf den Gegenstand dieses Übereinkommens (die Verfügbarkeit, den Umfang, den Erwerb und die Durchsetzung von Rechten des geistigen Eigentums sowie die Verhütung ihres Mißbrauchs), die in einem Mitglied rechtswirksam geworden sind, sind in einer Amtssprache zu veröffentlichen oder, wenn eine solche Veröffentlichung nicht durchführbar ist, in einer Weise öffentlich zugänglich zu machen, die es Regierungen und Rechtsinhabern ermöglicht, sich damit vertraut zu machen. Zwischen der Regierung oder einer Regierungsbehörde eines Mitglieds und der Regierung oder einer Regierungsbehörde eines anderen Mitglieds in Kraft befindliche Übereinkünfte über den Gegenstand dieses Übereinkommens sind gleichfalls zu veröffentlichen.

(2) Die Mitglieder notifizieren dem Rat für TRIPS die in Absatz 1 genannten Gesetze und sonstigen Vorschriften, um den Rat bei der Überprüfung der Wirkungsweise dieses Übereinkommens zu unterstützen. Der Rat versucht, die im Zusammenhang mit der Erfüllung dieser Pflicht entstehende Belastung der Mitglieder möglichst gering zu halten, und kann beschließen, auf die Pflicht zur Notifikation dieser Gesetze und sonstigen Vorschriften unmittelbar an den Rat zu verzichten, wenn Konsultationen mit der WIPO über die Einrichtung eines gemeinsamen Registers dieser Gesetze und sonstigen Vorschriften erfolgreich sind. In diesem Zusammenhang berücksichtigt der Rat auch die im Hinblick auf die Notifikation erforderlichen Maßnahmen, die sich in Erfüllung der aus diesem Übereinkommen erwachsenden Verpflichtungen aus Artikel 6ter der Pariser Verbandsübereinkunft (1967) ergeben.

(3) Die Mitglieder sind bereit, in Beantwortung eines schriftlichen Ersuchens eines anderen Mitglieds Informationen der in Absatz 1 angeführten Art zur Verfügung zu stellen. Ein Mitglied, das Grund zu der Annahme hat, daß eine bestimmte gerichtliche Entscheidung oder Verwaltungsverfügung oder zweiseitige Übereinkunft auf dem Gebiet der Rechte des geistigen Eigentums seine Rechte nach diesem Übereinkommen berührt, kann auch schriftlich darum ersuchen, Zugang zu solchen bestimmten Entscheidungen oder Verwaltungsverfügungen oder zweiseitigen Übereinkünften zu erhalten oder davon ausreichend genau in Kenntnis gesetzt zu werden.

(4) Die Absätze 1, 2 und 3 verpflichten die Mitglieder nicht, vertrauliche Informationen zu offenbaren, wenn dies die Durchsetzung der Gesetze behindern oder sonst dem öffentlichen Interesse zuwiderlaufen oder den berechtigten kommerziellen Interessen bestimmter öffentlicher oder privater Unternehmen schaden würde.

Artikel 64
Streitbeilegung

(1) Die Artikel XXII und XXIII des GATT 1994, wie sie durch die Vereinbarung über Streitbeilegung im einzelnen ausgeführt und angewendet werden, finden auf Konsultationen und die Streitbeilegung nach diesem Übereinkommen Anwendung, sofern hierin nicht ausdrücklich etwas anderes vorgesehen ist.

(2) Artikel XXIII Absatz 1 Buchstaben b und c des GATT 1994 findet während eines Zeitraums von fünf Jahren, gerechnet ab dem Zeitpunkt des Inkrafttretens des WTO-Übereinkommens, keine Anwendung auf die Streitbeilegung im Rahmen dieses Übereinkommens.

(3) Während des in Absatz 2 genannten Zeitraums untersucht der Rat für TRIPS den Anwendungsbereich und die Modalitäten für Beschwerden der in Artikel XXIII Absatz 1 Buchstaben b und c des GATT 1994 vorgesehenen Art, die nach diesem Übereinkommen erhoben werden, und legt seine Empfehlungen der Ministerkonferenz zur Billigung vor. Entscheidungen der Ministerkonferenz, diese Empfehlungen zu billigen oder den in Absatz 2 genannten Zeitraum zu verlängern, können nur durch Konsens getroffen werden, und die gebilligten Empfehlungen werden für alle Mitglieder ohne einen weiteren förmlichen Annahmevorgang rechtswirksam.

8. Richtlinie 91/250/EWG des Rates über den Rechtsschutz von Computerprogrammen

vom 14. Mai 1991 (ABlEG Nr. L 122/42),
geändert durch RL vom 29. Oktober 1993 (ABlEG Nr. L 290/9)

DER RAT DER EUROPÄISCHEN GEMEINSCHAFTEN –

gestützt auf den Vertrag zur Gründung der Europäischen Wirtschaftsgemeinschaft, insbesondere auf Artikel 100a,

auf Vorschlag der Kommission,

in Zusammenarbeit mit dem Europäischen Parlament,

nach Stellungnahme des Wirtschafts- und Sozialausschusses,

in Erwägung nachstehender Gründe:

Derzeit ist nicht in allen Mitgliedstaaten ein eindeutiger Rechtsschutz von Computerprogrammen gegeben. Wird ein solcher Rechtsschutz gewährt, so weist er unterschiedliche Merkmale auf.

Die Entwicklung von Computerprogrammen erfordert die Investition erheblicher menschlicher, technischer und finanzieller Mittel. Computerprogramme können jedoch zu einem Bruchteil der zu ihrer unabhängigen Entwicklung erforderlichen Kosten kopiert werden.

Computerprogramme spielen eine immer bedeutendere Rolle in einer Vielzahl von Industrien. Die Technik der Computerprogramme kann somit als von grundlegender Bedeutung für die industrielle Entwicklung der Gemeinschaft angesehen werden.

Bestimmte Unterschiede des in den Mitgliedstaaten gewährten Rechtsschutzes von Computerprogrammen haben direkte und schädliche Auswirkungen auf das Funktionieren des Gemeinsamen Marktes für Computerprogramme; mit der Einführung neuer Rechtsvorschriften der Mitgliedstaaten auf diesem Gebiet könnten sich diese Unterschiede noch vergrößern.

Bestehende Unterschiede, die solche Auswirkungen haben, müssen beseitigt und die Entstehung neuer Unterschiede muß verhindert werden. Unterschiede, die das Funktionieren des Gemeinsamen Marktes nicht in erheblichem Masse beeinträchtigen, müssen jedoch nicht beseitigt und ihre Entstehung muß nicht verhindert werden.

Der Rechtsrahmen der Gemeinschaft für den Schutz von Computerprogrammen kann somit zunächst darauf beschränkt werden, grundsätzlich festzulegen, daß die Mitgliedstaaten Computerprogrammen als Werke der Literatur Urheberrechtsschutz gewähren. Ferner ist festzulegen, wer schutzberechtigt und was schutzwürdig ist, und darüber hinaus sind die Ausschließlichkeitsrechte festzulegen, die die Schutzberechtigten geltend machen können, um bestimmte Handlungen zu erlauben oder zu verbieten, sowie die Schutzdauer.

Für die Zwecke dieser Richtlinie soll der Begriff „Computerprogramm" Programme in jeder Form umfassen, auch solche, die in die Hardware integriert sind; dieser Begriff umfasst auch Entwurfsmaterial zur Entwicklung eines Computerprogramms, sofern die Art der vorbereitenden Arbeit die spätere Entstehung eines Computerprogramms zulässt.

Qualitative oder ästhetische Vorzüge eines Computerprogramms sollten nicht als Kriterium für die Beurteilung der Frage angewendet werden, ob ein Programm ein individuelles Werk ist oder nicht.

Die Gemeinschaft fühlt sich zur Förderung der internationalen Standardisierung verpflichtet.

Die Funktion von Computerprogrammen besteht darin, mit den anderen Komponenten eines Computersystems und den Benutzern in Verbindung zu treten und zu operieren. Zu diesem

Zweck ist eine logische und, wenn zweckmässig, physische Verbindung und Interaktion notwendig, um zu gewährleisten, daß Software und Hardware mit anderer Software und Hardware und Benutzern wie beabsichtigt funktionieren können.

Die Teile des Programms, die eine solche Verbindung und Interaktion zwischen den Elementen von Software und Hardware ermöglichen sollen, sind allgemein als „Schnittstellen" bekannt.

Diese funktionale Verbindung und Interaktion ist allgemein als „Interoperabilität" bekannt. Diese Interoperabilität kann definiert werden als die Fähigkeit zum Austausch von Informationen und zur wechselseitigen Verwendung der ausgetauschten Informationen.

Zur Vermeidung von Zweifeln muß klargestellt werden, daß der Rechtsschutz nur für die Ausdrucksform eines Computerprogramms gilt und daß die Ideen und Grundsätze, die irgendeinem Element des Programms einschließlich seiner Schnittstellen zugrunde liegen, im Rahmen dieser Richtlinie nicht urheberrechtlich geschützt sind.

Entsprechend diesem Urheberrechtsgrundsatz sind Ideen und Grundsätze, die der Logik, den Algorithmen und den Programmsprachen zugrunde liegen, im Rahmen dieser Richtlinie nicht urheberrechtlich geschützt.

Nach dem Recht und der Rechtsprechung der Mitgliedstaaten und nach den internationalen Urheberrechtskonventionen ist die Ausdrucksform dieser Ideen und Grundsätze urheberrechtlich zu schützen.

Im Sinne dieser Richtlinie bedeutet der Begriff „Vermietung" die Überlassung eines Computerprogramms oder einer Kopie davon zur zeitweiligen Verwendung und zu Erwerbszwecken; dieser Begriff beinhaltet nicht den öffentlichen Verleih, der somit aus dem Anwendungsbereich der Richtlinie ausgeschlossen bleibt.

Zu dem Ausschließlichkeitsrecht des Urhebers, die nicht erlaubte Vervielfältigung seines Werks zu untersagen, sind im Fall eines Computerprogramms begrenzte Ausnahmen für die Vervielfältigung vorzusehen, die für die bestimmungsgemäße Verwendung des Programms durch den rechtmäßigen Erwerber technisch erforderlich sind. Dies bedeutet, daß das Laden und Ablaufen, sofern es für die Benutzung einer Kopie eines rechtmäßig erworbenen Computerprogramms erforderlich ist, sowie die Fehlerberichtigung nicht vertraglich untersagt werden dürfen. Wenn spezifische vertragliche Vorschriften nicht vereinbart worden sind, und zwar auch im Fall des Verkaufs einer Programmkopie, ist jede andere Handlung eines rechtmäßigen Erwerbers einer Programmkopie zulässig, wenn sie für eine bestimmungsgemäße Benutzung der Kopie notwendig ist.

Einer zur Verwendung eines Computerprogramms berechtigten Person sollte nicht untersagt sein, die zum Betrachten, Prüfen oder Testen des Funktionierens des Programms notwendigen Handlungen vorzunehmen, sofern diese Handlungen nicht gegen das Urheberrecht an dem Programm verstoßen.

Die nicht erlaubte Vervielfältigung, Übersetzung, Bearbeitung oder Änderung der Codeform einer Kopie eines Computerprogramms stellt eine Verletzung der Ausschließlichkeitsrechte des Urhebers dar.

Es können jedoch Situationen eintreten, in denen eine solche Vervielfältigung des Codes und der Übersetzung der Codeform im Sinne des Artikels 4 Buchstaben a) und b) unerläßlich ist, um die Informationen zu erhalten, die für die Interoperabilität eines unabhängig geschaffenen Programms mit anderen Programmen notwendig sind.

Folglich ist davon auszugehen, daß nur in diesen begrenzten Fällen eine Vervielfältigung und Übersetzung seitens oder im Namen einer zur Verwendung einer Kopie des Programms berechtigten Person rechtmäßig ist, anständigen Gepflogenheiten entspricht und deshalb nicht der Zustimmung des Rechtsinhabers bedarf.

Ein Ziel dieser Ausnahme ist es, die Verbindung aller Elemente eines Computersystems, auch solcher verschiedener Hersteller, zu ermöglichen, so daß sie zusammenwirken können.

Von einer solchen Ausnahme vom Ausschließlichkeitsrecht des Urhebers darf nicht in einer Weise Gebrauch gemacht werden, die die rechtmäßigen Interessen des Rechtsinhabers beeinträchtigt oder die im Widerspruch zur normalen Verwendung des Programms steht.

Zur Wahrung der Übereinstimmung mit den Bestimmungen der Berner Übereinkunft über den Schutz literarischer und künstlerischer Werke sollte die Dauer des Schutzes auf die Lebenszeit des Urhebers und 50 Jahre ab dem 1. Januar des auf sein Todesjahr folgenden Jahres oder im Fall eines anonymen Werkes auf 50 Jahre nach dem 1. Januar des Jahres, das auf das Jahr der Erstveröffentlichung des Werkes folgt, festgesetzt werden.

Der Schutz von Computerprogrammen im Rahmen des Urheberrechts sollte unbeschadet der Anwendung anderer Schutzformen in den relevanten Fällen erfolgen. Vertragliche Regelungen, die im Widerspruch zu Artikel 6 oder den Ausnahmen nach Artikel 5 Absätze 2 und 3 stehen, sollten jedoch unwirksam sein.

Die Bestimmungen dieser Richtlinie lassen die Anwendung der Wettbewerbsregeln nach den Artikeln 85 und 86 des Vertrages unberührt, wenn ein marktbeherrschender Anbieter den Zugang zu Informationen verweigert, die für die in dieser Richtlinie definierte Interoperabilität notwendig sind.

Die Bestimmungen dieser Richtlinie sollten unbeschadet spezifischer Auflagen bereits bestehender gemeinschaftlicher Rechtsvorschriften für die Veröffentlichung von Schnittstellen im Telekommunikationssektor oder von Ratsbeschlüssen betreffend die Normung im Bereich der Informations- und Telekommunikationstechnologie gelten.

Diese Richtlinie berührt nicht die in den einzelstaatlichen Rechtsvorschriften in Übereinstimmung mit der Berner Übereinkunft vorgesehenen Ausnahmeregelungen für Punkte, die nicht von der Richtlinie erfasst werden –

HAT FOLGENDE RICHTLINIE ERLASSEN:

Artikel 1
Gegenstand des Schutzes

(1) Gemäß den Bestimmungen dieser Richtlinie schützen die Mitgliedstaaten Computerprogramme urheberrechtlich als literarische Werke im Sinne der Berner Übereinkunft zum Schutze von Werken der Literatur und der Kunst. Im Sinne dieser Richtlinie umfasst der Begriff „Computerprogramm" auch das Entwurfsmaterial zu ihrer Vorbereitung.

(2) Der gemäß dieser Richtlinie gewährte Schutz gilt für alle Ausdrucksformen von Computerprogrammen. Ideen und Grundsätze, die irgendeinem Element eines Computerprogramms zugrunde liegen, einschließlich der den Schnittstellen zugrundeliegenden Ideen und Grundsätze, sind nicht im Sinne dieser Richtlinie urheberrechtlich geschützt.

(3) Computerprogramme werden geschützt, wenn sie individuelle Werke in dem Sinne darstellen, daß sie das Ergebnis der eigenen geistigen Schöpfung ihres Urhebers sind. Zur Bestimmung ihrer Schutzfähigkeit sind keine anderen Kriterien anzuwenden.

Artikel 2
Urheberschaft am Programm

(1) Der Urheber eines Computerprogramms ist die natürliche Person, die Gruppe natürlicher Personen, die das Programm geschaffen hat, oder, soweit nach den Rechtsvorschriften der Mitgliedstaaten zulässig, die juristische Person, die nach diesen Rechtsvorschriften als Rechtsinhaber gilt. Soweit kollektive Werke durch die Rechtsvorschriften eines Mitgliedstaats aner-

kannt sind, gilt die Person als Urheber, die nach den Rechtsvorschriften des Mitgliedstaats als Person angesehen wird, die das Werk geschaffen hat.

(2) Ist ein Computerprogramm von einer Gruppe natürlicher Personen gemeinsam geschaffen worden, so stehen dieser die ausschließlichen Rechte daran gemeinsam zu.

(3) Wird ein Computerprogramm von einem Arbeitnehmer in Wahrnehmung seiner Aufgaben oder nach den Anweisungen seines Arbeitgebers geschaffen, so ist ausschließlich der Arbeitgeber zur Ausübung aller wirtschaftlichen Rechte an dem so geschaffenen Programm berechtigt, sofern keine andere vertragliche Vereinbarung getroffen wird.

Artikel 3
Schutzberechtigte

Schutzberechtigt sind alle natürlichen und juristischen Personen gemäß dem für Werke der Literatur geltenden innerstaatlichen Urheberrecht.

Artikel 4
Zustimmungsbedürftige Handlungen

Vorbehaltlich der Bestimmungen der Artikel 5 und 6 umfassen die Ausschließlichkeitsrechte des Rechtsinhabers im Sinne des Artikels 2 das Recht, folgende Handlungen vorzunehmen oder zu gestatten:

a) die dauerhafte oder vorübergehende Vervielfältigung, ganz oder teilweise, eines Computerprogramms mit jedem Mittel und in jeder Form. Soweit das Laden, Anzeigen, Ablaufen, Übertragen oder Speichern des Computerprogramms eine Vervielfältigung erforderlich macht, bedürfen diese Handlungen der Zustimmung des Rechtsinhabers;

b) die Übersetzung, die Bearbeitung, das Arrangement und andere Umarbeitungen eines Computerprogramms sowie die Vervielfältigung der erzielten Ergebnisse, unbeschadet der Rechte der Person, die das Programm umarbeitet;

c) jede Form der öffentlichen Verbreitung des originalen Computerprogramms oder von Kopien davon, einschließlich der Vermietung. Mit dem Erstverkauf einer Programmkopie in der Gemeinschaft durch den Rechtsinhaber oder mit seiner Zustimmung erschöpft sich in der Gemeinschaft das Recht auf die Verbreitung dieser Kopie; ausgenommen hiervon ist jedoch das Recht auf Kontrolle der Weitervermietung des Programms oder einer Kopie davon.

Artikel 5
Ausnahmen von den zustimmungsbedürftigen Handlungen

(1) In Ermangelung spezifischer vertraglicher Bestimmungen bedürfen die in Artikel 4 Buchstaben a) und b) genannten Handlungen nicht der Zustimmung des Rechtsinhabers, wenn sie für eine bestimmungsgemäße Benutzung des Computerprogramms einschließlich der Fehlerberichtigung durch den rechtmäßigen Erwerber notwendig sind.

(2) Die Erstellung einer Sicherungskopie durch eine Person, die zur Benutzung des Programms berechtigt ist, darf nicht vertraglich untersagt werden, wenn sie für die Benutzung erforderlich ist.

(3) Die zur Verwendung einer Programmkopie berechtigte Person kann, ohne die Genehmigung des Rechtsinhabers einholen zu müssen, das Funktionieren dieses Programms beobachten, untersuchen oder testen, um die einem Programmelement zugrundeliegenden Ideen und Grundsätze zu ermitteln, wenn sie dies durch Handlungen zum Laden, Anzeigen, Ablaufen, Übertragen oder Speichern des Programms tut, zu denen sie berechtigt ist.

Artikel 6
Dekompilierung

(1) Die Zustimmung des Rechtsinhabers ist nicht erforderlich, wenn die Vervielfältigung des Codes oder die Übersetzung der Codeform im Sinne des Artikels 4 Buchstaben a) und b) unerläßlich ist, um die erforderlichen Informationen zur Herstellung der Interoperabilität eines unabhängig geschaffenen Computerprogramms mit anderen Programmen zu erhalten, sofern folgende Bedingungen erfüllt sind:

a) Die Handlungen werden von dem Lizenznehmer oder von einer anderen zur Verwendung einer Programmkopie berechtigten Person oder in deren Namen von einer hierzu ermächtigten Person vorgenommen;

b) die für die Herstellung der Interoperabilität notwendigen Informationen sind für die unter Buchstabe a) genannten Personen noch nicht ohne weiteres zugänglich gemacht; und

c) die Handlungen beschränken sich auf die Teile des ursprünglichen Programms, die zur Herstellung der Interoperabilität notwendig sind.

(2) Die Bestimmungen von Absatz 1 erlauben nicht, daß die im Rahmen ihrer Anwendung gewonnenen Informationen

a) zu anderen Zwecken als zur Herstellung der Interoperabilität des unabhängig geschaffenen Programms verwendet werden;

b) an Dritte weitergegeben werden, es sei denn, daß dies für die Interoperabilität des unabhängig geschaffenen Programms notwendig ist;

c) für die Entwicklung, Herstellung oder Vermarktung eines Programms mit im wesentlichen ähnlicher Ausdrucksform oder für irgendwelche anderen, das Urheberrecht verletzenden Handlungen verwendet werden.

(3) Zur Wahrung der Übereinstimmung mit den Bestimmungen der Berner Übereinkunft zum Schutz von Werken der Literatur und der Kunst können die Bestimmungen dieses Artikels nicht dahin gehend ausgelegt werden, daß dieser Artikel in einer Weise angewendet werden kann, die die rechtmäßigen Interessen des Rechtsinhabers in unvertretbarer Weise beeinträchtigt oder im Widerspruch zur normalen Nutzung des Computerprogramms steht.

Artikel 7
Besondere Schutzmaßnahmen

(1) Unbeschadet der Artikel 4, 5 und 6 sehen die Mitgliedstaaten gemäß ihren innerstaatlichen Rechtsvorschriften geeignete Maßnahmen gegen Personen vor, die eine der nachstehend unter den Buchstaben a), b) und c) aufgeführten Handlungen begehen:

a) Inverkehrbringen einer Kopie eines Computerprogramms, wenn die betreffende Person wußte oder Grund zu der Annahme hatte, daß es sich um eine unerlaubte Kopie handelt;

b) Besitz einer Kopie eines Computerprogramms für Erwerbszwecke, wenn diese betreffende Person wußte oder Grund zu der Annahme hatte, daß es sich um eine unerlaubte Kopie handelt;

c) das Inverkehrbringen oder der Erwerbszwecken dienende Besitz von Mitteln, die allein dazu bestimmt sind, die unerlaubte Beseitigung oder Umgehung technischer Programmschutzmechanismen zu erleichtern.

(2) Jede unerlaubte Kopie eines Computerprogramms kann gemäß den Rechtsvorschriften des betreffenden Mitgliedstaats beschlagnahmt werden.

(3) Die Mitgliedstaaten können die Beschlagnahme der in Absatz 1 Buchstabe c) genannten Mittel vorsehen.

Artikel 8
Schutzdauer

(aufgehoben)

Artikel 9
Weitere Anwendung anderer Rechtsvorschriften

(1) Die Bestimmungen dieser Richtlinie stehen sonstigen Rechtsvorschriften, so für Patentrechte, Warenzeichen, unlauteres Wettbewerbsverhalten, Geschäftsgeheimnisse und den Schutz von Halbleiterprodukten, sowie dem Vertragsrecht nicht entgegen. Vertragliche Bestimmungen, die im Widerspruch zu Artikel 6 oder zu den Ausnahmen nach Artikel 5 Absätze 2 und 3 stehen, sind unwirksam.

(2) Die Bestimmungen dieser Richtlinie finden unbeschadet etwaiger vor dem 1. Januar 1993 getroffener Vereinbarungen und erworbener Rechte auch auf vor diesem Zeitpunkt geschaffene Programme Anwendung.

Artikel 10
Schlußbestimmungen

(1) Die Mitgliedstaaten erlassen die erforderlichen Rechts- und Verwaltungsvorschriften, um dieser Richtlinie vor dem 1. Januar 1993 nachzukommen.

Wenn die Mitgliedstaaten diese Vorschriften erlassen, nehmen sie in ihnen selbst oder durch einen Hinweis bei der amtlichen Veröffentlichung auf diese Richtlinie Bezug. Sie regeln die Einzelheiten der Bezugnahme.

(2) Die Mitgliedstaaten teilen der Kommission die innerstaatlichen Rechtsvorschriften mit, die sie auf dem unter diese Richtlinie fallenden Gebiet erlassen.

Artikel 11

Diese Richtlinie ist an die Mitgliedstaaten gerichtet.

9. Richtlinie 93/98/EWG des Rates zur Harmonisierung der Schutzdauer des Urheberrechts und bestimmter verwandter Schutzrechte

vom 29. Oktober 1993
(ABlEG Nr. L 250/9)

DER RAT DER EUROPÄISCHEN GEMEINSCHAFTEN –

gestützt auf den Vertrag zur Gründung der Europäischen Wirtschaftsgemeinschaft, insbesondere auf die Artikel 57 Absatz 2, 66 und 100a,

auf Vorschlag der Kommission,

in Zusammenarbeit mit dem Europäischen Parlament,

nach Stellungnahme des Wirtschafts- und Sozialausschusses,

in Erwägung nachstehender Gründe:

1. Die Berner Übereinkunft zum Schutz von Werken der Literatur und Kunst und das Internationale Abkommen über den Schutz der ausübenden Künstler, der Hersteller von Tonträgern und der Sendeunternehmen (Rom-Abkommen) sehen nur eine Mindestschutzdauer vor und überlassen es damit den Vertragsstaaten, die betreffenden Rechte längerfristig zu schützen. Einige Mitgliedstaaten haben von dieser Möglichkeit Gebrauch gemacht. Andere Mitgliedstaaten sind dem Rom-Abkommen nicht beigetreten.

2. Diese Rechtslage und die längere Schutzdauer in einigen Mitgliedstaaten führen dazu, daß die geltenden einzelstaatlichen Vorschriften über die Schutzdauer des Urheberrechts und der verwandten Schutzrechte Unterschiede aufweisen, die den freien Warenverkehr sowie den freien Dienstleistungsverkehr behindern und die Wettbewerbsbedingungen im Gemeinsamen Markt verfälschen können. Es ist daher im Hinblick auf das reibungslose Funktionieren des Binnenmarkts erforderlich, die Rechtsvorschriften der Mitgliedstaaten zu harmonisieren, damit in der gesamten Gemeinschaft dieselbe Schutzdauer gilt.

3. Die Harmonisierung darf sich nicht auf die Schutzdauer als solche erstrecken, sondern muß auch einige ihrer Modalitäten wie den Zeitpunkt, ab dem sie berechnet wird, betreffen.

4. Die Bestimmungen dieser Richtlinie berühren nicht die Anwendung von Artikel 14 bis Absatz 2 Buchstaben b), c) und d) und Absatz 3 der Berner Übereinkunft durch die Mitgliedstaaten.

5. Die Mindestschutzdauer, die nach der Berner Übereinkunft fünfzig Jahre nach dem Tod des Urhebers umfasst, verfolgte den Zweck, den Urheber und die ersten beiden Generationen seiner Nachkommen zu schützen. Wegen der gestiegenen durchschnittlichen Lebenserwartung in der Gemeinschaft reicht diese Schutzdauer nicht mehr aus, um zwei Generationen zu erfassen.

6. Einige Mitgliedstaaten haben die Schutzdauer über den Zeitraum von fünfzig Jahren nach dem Tod des Urhebers hinaus verlängert, um einen Ausgleich für die Auswirkungen der beiden Weltkriege auf die Verwertung der Werke zu schaffen.

7. Bei der Schutzdauer der verwandten Schutzrechte haben sich einige Mitgliedstaaten für eine Schutzdauer von fünfzig Jahren nach der erlaubten Veröffentlichung oder der erlaubten öffentlichen Wiedergabe entschieden.

8. Nach dem Standpunkt der Gemeinschaft für die Verhandlungen der Uruguay-Runde im Rahmen des Allgemeinen Zoll- und Handelsabkommens (GATT) sollte die Schutzdauer für die Hersteller von Tonträgern fünfzig Jahre nach der ersten Veröffentlichung betragen.

9. Die Wahrung erworbener Rechte gehört zu den allgemeinen Rechtsgrundsätzen, die von der Gemeinschaftsrechtsordnung geschützt werden. Eine Harmonisierung der Schutzdauer des Urheberrechts und der verwandten Schutzrechte darf daher nicht zur Folge haben, daß der Schutz, den die Rechtsinhaber gegenwärtig in der Gemeinschaft genießen, beeinträchtigt wird. Damit sich die Auswirkungen der Übergangsmaßnahmen auf ein Mindestmaß beschränken lassen und der Binnenmarkt in der Praxis funktionieren kann, ist die Harmonisierung auf eine lange Schutzdauer auszurichten.

10. In ihrer Mitteilung vom 17. Januar 1991 „Initiativen zum Grünbuch – Arbeitsprogramm der Kommission auf dem Gebiet des Urheberrechts und der verwandten Schutzrechte" betont die Kommission, daß die Harmonisierung des Urheberrechts und der verwandten Schutzrechte auf einem hohen Schutzniveau erfolgen müsse, da diese Rechte die Grundlage für das geistige Schaffen bilden; weiter hebt sie hervor, daß durch den Schutz dieser Rechte die Aufrechterhaltung und Entwicklung der Kreativität im Interesse der Autoren, der Kulturindustrie, der Verbraucher und der ganzen Gesellschaft sichergestellt werden können.

11. Zur Einführung eines hohen Schutzniveaus, das sowohl den Anforderungen des Binnenmarkts als auch der Notwendigkeit entspricht, ein rechtliches Umfeld zu schaffen, das die harmonische Entwicklung der literarischen und künstlerischen Kreativität in der Gemeinschaft fördert, ist die Schutzdauer folgendermaßen zu harmonisieren: siebzig Jahre nach dem Tod des Urhebers bzw. siebzig Jahre, nachdem das Werk erlaubterweise der Öffentlichkeit zugänglich gemacht worden ist, für das Urheberrecht und fünfzig Jahre nach dem für den Beginn der Frist maßgebenden Ereignis für die verwandten Schutzrechte.

12. Sammlungen sind nach Artikel 2 Absatz 5 der Berner Übereinkunft geschützt, wenn sie wegen der Auswahl und Anordnung des Stoffes geistige Schöpfungen darstellen; diese Werke sind als solche geschützt, und zwar unbeschadet der Rechte der Urheber an jedem einzelnen der Werke, die Bestandteile dieser Sammlungen sind; folglich können für die Werke in Sammlungen spezifische Schutzfristen gelten.

13. In allen Fällen, in denen eine oder mehrere natürliche Personen als Urheber identifiziert sind, sollte sich die Schutzfrist ab ihrem Tod berechnen; die Frage der Urheberschaft an einem Werk insgesamt oder an einem Teil eines Werks ist eine Tatsachenfrage, über die gegebenenfalls die nationalen Gerichte zu entscheiden haben.

14. Die Schutzfristen sollten entsprechend der Regelung in der Berner Übereinkunft und im Rom-Abkommen am 1. Januar des Jahres beginnen, das auf den rechtsbegründenden Tatbestand folgt.

15. Gemäß Artikel 1 der Richtlinie 91/250/EWG des Rates vom 14. Mai 1991 über den Rechtsschutz von Computerprogrammen haben die Mitgliedstaaten Computerprogramme urheberrechtlich als literarische Werke im Sinne der Berner Übereinkunft zu schützen. Die vorliegende Richtlinie harmonisiert die Schutzdauer für literarische Werke in der Gemeinschaft. Artikel 8 der Richtlinie 91/250/EWG, der nur eine vorläufige Harmonisierung der Schutzdauer für Computerprogramme vorsieht, ist daher aufzuheben.

16. Die Artikel 11 und 12 der Richtlinie 92/100/EWG des Rates vom 19. November 1992 zum Vermietrecht und Verleihrecht sowie zu bestimmten dem Urheberrecht verwandten Schutzrechten im Bereich des geistigen Eigentums sehen unbeschadet einer weiteren Harmonisierung nur eine Mindestschutzdauer der Rechte vor. Die vorliegende Richtlinie bezweckt diese weitere Harmonisierung. Folglich ist es notwendig, diese Artikel außer Kraft treten zu lassen.

17. Der Schutz von Fotografien ist in den Mitgliedstaaten unterschiedlich geregelt. Damit die Schutzdauer für fotografische Werke insbesondere bei Werken, die aufgrund ihrer künstlerischen oder professionellen Qualität im Rahmen des Binnenmarkts von Bedeutung sind, ausreichend harmonisiert werden kann, muß der hierfür erforderliche Originalitätsgrad in der vorliegenden Richtlinie festgelegt werden. Im Sinne der Berner Übereinkunft ist ein fotografisches Werk als ein individuelles Werk zu betrachten, wenn es die eigene geistige Schöpfung des Urhebers darstellt, in der seine Persönlichkeit zum Ausdruck kommt; andere Kriterien wie z. B. Wert oder Zwecksetzung sind hierbei nicht zu berücksichtigen. Der Schutz anderer Fotografien kann durch nationale Rechtsvorschriften geregelt werden.

18. Um Unterschiede bei der Schutzdauer für verwandte Schutzrechte zu vermeiden, ist für deren Berechnung in der gesamten Gemeinschaft ein und derselbe für den Beginn der Schutzdauer maßgebliche Zeitpunkt vorzusehen. Die Darbietung, Aufzeichnung, Übertragung, erlaubte Veröffentlichung oder erlaubte öffentliche Wiedergabe, d. h. die Mittel, mit denen ein Gegenstand eines verwandten Schutzrechts Personen in jeder geeigneten Weise generell zugänglich gemacht wird, werden für die Berechnung der Schutzdauer ungeachtet des Landes berücksichtigt, in dem die betreffende Darbietung, Aufzeichnung, Übertragung, erlaubte Veröffentlichung oder erlaubte öffentliche Wiedergabe erfolgt.

19. Das Recht der Sendeunternehmen an ihren Sendungen, unabhängig davon, ob es sich hierbei um drahtlose oder drahtgebundene, über Kabel oder durch Satelliten vermittelte Sendungen handelt, sollte nicht zeitlich unbegrenzt währen; es ist deshalb notwendig, die Schutzdauer nur von der ersten Ausstrahlung einer bestimmten Sendung an laufen zu lassen; diese Vorschrift soll verhindern, daß eine neue Frist in den Fällen zu laufen beginnt, in denen eine Sendung mit einer vorhergehenden identisch ist.

20. Es steht den Mitgliedstaaten frei, andere verwandte Schutzrechte beizubehalten oder einzuführen, insbesondere in bezug auf den Schutz kritischer und wissenschaftlicher Ausgaben; um die Transparenz auf Gemeinschaftsebene sicherzustellen, müssen die Mitgliedstaaten, die neue verwandte Schutzrechte einführen, dies jedoch der Kommission mitteilen.

21. Es empfiehlt sich klarzustellen, daß sich die in dieser Richtlinie vorgesehene Harmonisierung nicht auf die Urheberpersönlichkeitsrechte erstreckt.

22. Bei Werken, deren Ursprungsland im Sinne der Berner Übereinkunft ein Drittland ist und deren Urheber kein Gemeinschaftsangehöriger ist, sollte ein Schutzfristenvergleich angewandt werden, wobei die in der Gemeinschaft gewährte Schutzfrist die Frist nach dieser Richtlinie nicht überschreiten darf.

23. Die in dieser Richtlinie vorgesehene Schutzdauer der verwandten Schutzrechte sollte auch für Rechtsinhaber gelten, die nicht Angehörige eines Mitgliedstaats der Gemeinschaft sind, die jedoch aufgrund internationaler Vereinbarungen einen Schutzanspruch haben, ohne daß diese Schutzdauer die des Drittlands überschreitet, dessen Staatsangehöriger der Rechtsinhaber ist.

24. Die Anwendung der Bestimmungen über den Schutzfristenvergleich darf nicht zur Folge haben, daß die Mitgliedstaaten mit ihren internationalen Verpflichtungen in Konflikt geraten.

25. Damit der Binnenmarkt reibungslos funktionieren kann, sollte diese Richtlinie ab 1. Juli 1995 anwendbar sein.

26. Den Mitgliedstaaten sollte es freistehen, Bestimmungen zu erlassen, die die Auslegung, Anpassung und weitere Erfüllung von Verträgen über die Nutzung geschützter Werke oder sonstiger Gegenstände betreffen, die vor der sich aus dieser Richtlinie ergebenden Verlängerung der Schutzdauer geschlossen wurden.

27. Die Wahrung erworbener Rechte und die Berücksichtigung berechtigter Erwartungen sind Bestandteil der gemeinschaftlichen Rechtsordnung. Die Mitgliedstaaten sollten insbeson-

1425

dere vorsehen können, daß das Urheberrecht und verwandte Schutzrechte, die in Anwendung dieser Richtlinie wiederaufleben, unter bestimmten Umständen diejenigen Personen nicht zu Zahlungen verpflichten, die die Werke zu einer Zeit gutgläubig verwertet haben, als diese gemeinfrei waren –

HAT FOLGENDE RICHTLINIE ERLASSEN:

Artikel 1
Dauer der Urheberrechte

(1) Die Schutzdauer des Urheberrechts an Werken der Literatur und Kunst im Sinne des Artikels 2 der Berner Übereinkunft umfasst das Leben des Urhebers und siebzig Jahre nach seinem Tod, unabhängig von dem Zeitpunkt, zu dem das Werk erlaubterweise der Öffentlichkeit zugänglich gemacht worden ist.

(2) Steht das Urheberrecht den Miturhebern eines Werkes gemeinsam zu, so beginnt die Frist nach Absatz 1 mit dem Tod des längstlebenden Miturhebers.

(3) Für anonyme und pseudonyme Werke endet die Schutzdauer siebzig Jahre, nachdem das Werk erlaubterweise der Öffentlichkeit zugänglich gemacht worden ist. Wenn jedoch das vom Urheber angenommene Pseudonym keinerlei Zweifel über die Identität des Urhebers zulässt oder wenn der Urheber innerhalb der in Satz 1 angegebenen Frist seine Identität offenbart, richtet sich die Schutzdauer nach Absatz 1.

(4) Sieht ein Mitgliedstaat besondere Urheberrechtsbestimmungen in bezug auf Kollektivwerke oder in bezug auf eine als Inhaber der Rechte zu bestimmende juristische Person vor, so wird die Schutzdauer nach Absatz 3 berechnet, sofern nicht die natürlichen Personen, die das Werk als solches geschaffen haben, in den der Öffentlichkeit zugänglich gemachten Fassungen dieses Werks als solche identifiziert sind. Dieser Absatz lässt die Rechte identifizierter Urheber, deren identifizierbare Beiträge in diesen Werken enthalten sind, unberührt; für diese Beiträge findet Absatz 1 oder 2 Anwendung.

(5) Für Werke, die in mehreren Bänden, Teilen, Lieferungen, Nummern oder Episoden veröffentlicht werden und für die die Schutzfrist ab dem Zeitpunkt zu laufen beginnt, in dem das Werk erlaubterweise der Öffentlichkeit zugänglich gemacht worden ist, beginnt die Schutzfrist für jeden Bestandteil einzeln zu laufen.

(6) Bei Werken, deren Schutzdauer nicht nach dem Tod des Urhebers oder der Urheber berechnet wird und die nicht innerhalb von 70 Jahren nach ihrer Schaffung erlaubterweise der Öffentlichkeit zugänglich gemacht worden sind, erlischt der Schutz.

Artikel 2
Filmwerke oder audiovisuelle Werke

(1) Der Hauptregisseur eines Filmwerks oder eines audiovisuellen Werks gilt als dessen Urheber oder als einer seiner Urheber. Es steht den Mitgliedstaaten frei, vorzusehen, daß weitere Personen als Miturheber benannt werden können.

(2) Die Schutzfrist für ein Filmwerk oder ein audiovisuelles Werk erlischt 70 Jahre nach dem Tod des Längstlebenden der folgenden Personen, unabhängig davon, ob diese als Miturheber benannt worden sind: Hauptregisseur, Urheber des Drehbuchs, Urheber der Dialoge und Komponist der speziell für das betreffende Filmwerk oder audiovisuelle Werk komponierten Musik.

Artikel 3
Dauer der verwandten Schutzrechte

(1) Die Rechte der ausübenden Künstler erlöschen fünfzig Jahre nach der Darbietung. Wird jedoch eine Aufzeichnung der Darbietung innerhalb dieser Frist erlaubterweise veröffentlicht

oder erlaubterweise öffentlicht wiedergegeben, so erlöschen die Rechte fünfzig Jahre nach der betreffenden ersten Veröffentlichung oder ersten öffentlichen Wiedergabe, je nachdem, welches Ereignis zuerst stattgefunden hat.

(2)[1] Die Rechte der Hersteller von Tonträgern erlöschen fünfzig Jahre nach der Aufzeichnung. Wurde jedoch der Tonträger innerhalb dieser Frist rechtmäßig veröffentlicht, so erlöschen diese Rechte fünfzig Jahre nach der ersten rechtmäßigen Veröffentlichung. Wurde der Tonträger innerhalb der in Satz 1 genannten Frist nicht rechtmäßig veröffentlicht und wurde der Tonträger innerhalb dieser Frist rechtmäßig öffentlich wiedergegeben, so erlöschen diese Rechte fünfzig Jahre nach der ersten rechtmäßigen öffentlichen Wiedergabe.

Sind jedoch die Rechte der Hersteller von Tonträgern aufgrund des Ablaufs der Schutzfrist gemäß dem vorliegenden Absatz in seiner Fassung vor der Änderung durch die Richtlinie 2001/29/EG des Europäischen Parlaments und des Rates vom 22. Mai 2001 zur Harmonisierung bestimmter Aspekte des Urheberrechts und der verwandten Schutzrechte in der Informationsgesellschaft[2] am 22. Dezember 2002 nicht mehr geschützt, so bewirkt dieser Absatz nicht, dass jene Rechte erneut geschützt sind.

(3) Die Rechte der Hersteller der erstmaligen Aufzeichnung eines Films erlöschen fünfzig Jahre nach der Aufzeichnung. Wird jedoch der Film innerhalb dieser Frist erlaubterweise veröffentlicht oder erlaubterweise öffentlich wiedergegeben, so erlöschen die Rechte fünfzig Jahre nach der betreffenden ersten Veröffenlichung oder öffenlichen Wiedergabe, je nachdem, welches Ereignis zuerst stattgefunden hat. Für die Zwecke dieser Richtlinie bedeutet „Film" vertonte oder nicht vertonte Filmwerke, audiovisuelle Werke oder Laufbilder.

(4) Die Rechte der Sendeunternehmen erlöschen fünfzig Jahre nach der Erstsendung unabhängig davon, ob es sich hierbei um drahtlose oder drahtgebundene, über Kabel oder durch Satelliten vermittelte Sendungen handelt.

Artikel 4
Schutz zuvor unveröffentlichter Werke

Wer ein zuvor unveröffentlichtes Werk, dessen urheberrechtlicher Schutz abgelaufen ist, erstmals erlaubterweise veröffentlicht bzw. erlaubterweise öffentlich wiedergibt, genießt einen den vermögensrechtlichen Befugnissen des Urhebers entsprechenden Schutz. Die Schutzdauer für solche Rechte beträgt 25 Jahre ab dem Zeitpunkt, zu dem das Werk erstmals erlaubterweise veröffentlicht oder erstmals erlaubterweise öffentlich wiedergegeben worden ist.

Artikel 5
Kritische und wissenschaftliche Ausgaben

Die Mitgliedstaaten können kritische und wissenschaftliche Ausgaben von gemeinfrei gewordenen Werken urheberrechtlich schützen. Die Schutzfrist für solche Rechte beträgt höchstens 30 Jahre ab dem Zeitpunkt der ersten erlaubten Veröffentlichung.

Artikel 6
Schutz von Fotografien

Fotografien werden gemäß Artikel 1 geschützt, wenn sie individuelle Werke in dem Sinne darstellen, daß sie das Ergebnis der eigenen geistigen Schöpfung ihres Urhebers sind. Zur Be-

---

1 Art. 3 Abs. 2 neu gefasst durch Art. 11 der RL 2001/29/EG vom 22. Mai 2001, abgedr. Anh. 12.
2 ABl. L 167 vom 22.6.2001, S. 10.

stimmung ihrer Schutzfähigkeit sind keine anderen Kriterien anzuwenden. Die Mitgliedstaaten können den Schutz anderer Fotografien vorsehen.

Artikel 7
Schutz im Verhältnis zu Drittländern

(1) Für Werke, deren Ursprungsland im Sinne der Berner Übereinkunft ein Drittland und deren Urheber nicht Staatsangehöriger eines Mitgliedstaats der Gemeinschaft ist, endet der in den Mitgliedstaaten gewährte Schutz spätestens mit dem Tag, an dem der Schutz im Ursprungsland des Werkes endet, ohne jedoch die Frist nach Artikel 1 zu überschreiten.

(2) Die Schutzdauer nach Artikel 3 gilt auch für Rechtsinhaber, die nicht Angehörige eines Mitgliedstaats der Gemeinschaft sind, sofern ihnen der Schutz in den Mitgliedstaaten gewährt wird. Jedoch endet der in den Mitgliedstaaten gewährte Schutz, unbeschadet der internationalen Verpflichtungen der Mitgliedstaaten, spätestens mit dem Tag, an dem der Schutz in dem Drittland endet, dessen Staatsangehöriger der Rechtsinhaber ist, und darf die in Artikel 3 festgelegte Schutzdauer nicht überschreiten.

(3) Mitgliedstaaten, die zum Zeitpunkt der Annahme dieser Richtlinie insbesondere aufgrund ihrer internationalen Verpflichtungen eine längere Schutzdauer als die in den Absätzen 1 und 2 vorgesehene gewährt haben, dürfen diesen Schutz bis zum Abschluß internationaler Übereinkommen zur Schutzdauer des Urheberrechts oder verwandter Schutzrechte beibehalten.

Artikel 8
Berechnung der Fristen

Die in dieser Richtlinie genannten Fristen werden vom 1. Januar des Jahres an berechnet, das auf das für den Beginn der Frist maßgebende Ereignis folgt.

Artikel 9
Urheberpersönlichkeitsrechte

Diese Richtlinie lässt die Bestimmungen der Mitgliedstaaten zur Regelung der Urheberpersönlichkeitsrechte unberührt.

Artikel 10
Zeitliche Anwendbarkeit

(1) Wenn eine Schutzfrist, die länger als die entsprechende Schutzfrist nach dieser Richtlinie ist, zu dem in Artikel 13 Absatz 1 genannten Zeitpunkt in einem Mitgliedstaat bereits läuft, so wird sie durch diese Richtlinie in dem betreffenden Mitgliedstaat nicht verkürzt.

(2) Die in dieser Richtlinie vorgesehene Schutzfrist findet auf alle Werke oder Gegenstände Anwendung, die zu dem in Artikel 13 Absatz 1 genannten Zeitpunkt zumindest in einem der Mitgliedstaaten aufgrund der Anwendung nationaler Bestimmungen im Bereich des Urheberrechts oder verwandter Schutzrechte geschützt werden, oder die zu diesem Zeitpunkt die Schutzkriterien der Richtlinie 92/100/EWG erfüllen.

(3) Nutzungshandlungen, die vor dem in Artikel 13 Absatz 1 genannten Zeitpunkt erfolgt sind, bleiben von dieser Richtlinie unberührt. Die Mitgliedstaaten treffen die notwendigen Bestimmungen, um insbesondere die erworbenen Rechte Dritter zu schützen.

(4) Die Mitgliedstaaten brauchen Artikel 2 Absatz 1 auf vor dem 1. Juli 1994 geschaffene Filmwerke und audiovisuelle Werke nicht anzuwenden.

(5) Die Mitgliedstaaten können festlegen, von wann an Artikel 2 Absatz 1 Anwendung finden soll; der Zeitpunkt darf jedoch nicht nach dem 1. Juli 1997 liegen.

Artikel 11
Technische Anpassungen

(1) Artikel 8 der Richtlinie 91/250/EWG wird aufgehoben.

(2) Die Artikel 11 und 12 der Richtlinie 92/100/EWG werden aufgehoben.

Artikel 12
Meldeverfahren

Die Mitgliedstaaten teilen der Kommission unverzüglich jeden Gesetzentwurf zur Einführung neuer verwandter Schutzrechte mit und geben die Hauptgründe für ihre Einführung sowie die vorgesehene Schutzdauer an.

Artikel 13
Allgemeine Bestimmungen

(1) Die Mitgliedstaaten erlassen die erforderlichen Rechts- und Verwaltungsvorschriften, um den Bestimmungen der Artikel 1 bis 11 dieser Richtlinie bis zum 1. Juli 1995 nachzukommen.

Wenn die Mitgliedstaaten die Vorschriften nach Unterabsatz 1 erlassen, nehmen sie in diesen Vorschriften oder durch einen Hinweis bei der amtlichen Veröffentlichung auf diese Richtlinie Bezug. Die Mitgliedstaaten regeln die Einzelheiten dieser Bezugnahme.

Die Mitgliedstaaten teilen der Kommission die innerstaatlichen Rechtsvorschriften mit, die sie auf dem unter diese Richtlinie fallenden Gebiet erlassen.

(2) Die Mitgliedstaaten wenden die Bestimmungen des Artikels 12 ab dem Tag der Bekanntgabe dieser Richtlinie an.

Artikel 14

Diese Richtlinie ist an die Mitgliedstaaten gerichtet.

10. Richtlinie 96/9/EG des Europäischen Parlaments und des Rates über den rechtlichen Schutz von Datenbanken

vom 11. März 1996
(ABlEG Nr. L 077/20)

DAS EUROPÄISCHE PARLAMENT UND DER RAT DER EUROPÄISCHEN UNION –

gestützt auf den Vertrag zur Gründung der Europäischen Gemeinschaft, insbesondere auf Artikel 57 Absatz 2 und die Artikel 66 und 100a,

auf Vorschlag der Kommission,

nach Stellungnahme des Wirtschafts- und Sozialausschusses,

gemäß dem Verfahren des Artikels 189b des Vertrags,

in Erwägung nachstehender Gründe:

(1) Ein ausreichender rechtlicher Schutz von Datenbanken besteht zur Zeit nicht in allen Mitgliedstaaten. Wird ein solcher rechtlicher Schutz gewährt, so weist er unterschiedliche Merkmale auf.

(2) Ein derartiger unterschiedlicher rechtlicher Schutz durch die Rechtsvorschriften der Mitgliedstaaten wirkt sich unmittelbar nachteilig auf das Funktionieren des Binnenmarktes für Datenbanken aus, insbesondere auf die Freiheit von natürlichen und juristischen Personen, Online-Datenbankprodukte und -dienste überall in der Gemeinschaft auf einer innerhalb der gesamten Gemeinschaft harmonisierten Rechtsgrundlage zur Verfügung zu stellen. Mit der Einführung neuer Rechtsvorschriften der Mitgliedstaaten auf diesem Gebiet, das weltweit immer mehr Bedeutung erhält, könnten sich diese Unterschiede noch vergrößern.

(3) Bestehende Unterschiede, die sich verzerrend auf das Funktionieren des Binnenmarktes auswirken, müssen beseitigt, und die Entstehung neuer Unterschiede muß verhindert werden; Unterschiede, die das Funktionieren des Binnenmarktes oder die Entwicklung eines Informationsmarktes in der Gemeinschaft zur Zeit nicht beeinträchtigen, brauchen hingegen in dieser Richtlinie nicht berücksichtigt zu werden.

(4) Datenbanken werden in den Mitgliedstaaten in unterschiedlicher Form durch Gesetzes- oder Richterrecht urheberrechtlich geschützt. Solange die Rechtsvorschriften der Mitgliedstaaten weiterhin Unterschiede hinsichtlich des Umfangs und der Bedingungen des Schutzes aufweisen, können solche nichtharmonisierten Rechte des geistigen Eigentums den freien Verkehr von Waren und Dienstleistungen innerhalb der Gemeinschaft behindern.

(5) Das Urheberrecht ist eine geeignete Form der ausschließlichen Rechte der Urheber von Datenbanken.

(6) Da es in den Mitgliedstaaten noch keine harmonisierte Regelung betreffend den unlauteren Wettbewerb bzw. noch keine Rechtsprechung auf diesem Gebiet gibt, sind jedoch weitere Maßnahmen erforderlich, um eine unerlaubte Entnahme und/oder Weiterverwendung des Inhalts einer Datenbank zu unterbinden.

(7) Der Aufbau von Datenbanken erfordert die Investition erheblicher menschlicher, technischer und finanzieller Mittel, während sie zu einem Bruchteil der zu ihrer unabhängigen Entwicklung erforderlichen Kosten kopiert oder abgefragt werden können.

(8) Die unerlaubte Entnahme und/oder Weiterverwendung des Inhalts einer Datenbank sind Handlungen, die schwerwiegende wirtschaftliche und technische Folgen haben können.

(9) Datenbanken sind für die Entwicklung des Informationsmarktes in der Gemeinschaft von großer Bedeutung und werden in vielen anderen Bereichen von Nutzen sein.

(10) Die exponentielle Zunahme der Daten, die in der Gemeinschaft und weltweit jedes Jahr in allen Bereichen des Handels und der Industrie erzeugt und verarbeitet werden, macht in allen Mitgliedstaaten Investitionen in fortgeschrittene Informationsmanagementsysteme erforderlich.

(11) Zur Zeit besteht ein großes Ungleichgewicht im Ausmaß der Investitionen zur Schaffung von Datenbanken sowohl unter den Mitgliedstaaten selbst als auch zwischen der Gemeinschaft und den in der Herstellung von Datenbanken führenden Drittstaaten.

(12) Investitionen in moderne Datenspeicher- und Datenverarbeitungs-Systeme werden in der Gemeinschaft nur dann in dem gebotenen Umfang stattfinden, wenn ein solides, einheitliches System zum Schutz der Rechte der Hersteller von Datenbanken geschaffen wird.

(13) Mit dieser Richtlinie werden Sammlungen – bisweilen auch Zusammenstellungen genannt – von Werken, Daten oder anderen Elementen geschützt, bei denen die Zusammenstellung, die Speicherung und der Zugang über elektronische, elektromagnetische, elektrooptische oder ähnliche Verfahren erfolgen.

(14) Der aufgrund dieser Richtlinie gewährte Schutz ist auf nichtelektronische Datenbanken auszuweiten.

(15) Die Kriterien, ob eine Datenbank für den urheberrechtlichen Schutz in Betracht kommt, sollten darauf beschränkt sein, daß der Urheber mit der Auswahl oder Anordnung des Inhalts der Datenbank eine eigene geistige Schöpfung vollbracht hat. Dieser Schutz bezieht sich auf die Struktur der Datenbank.

(16) Bei der Beurteilung, ob eine Datenbank für den urheberrechtlichen Schutz in Betracht kommt, sollten keine anderen Kriterien angewendet werden als die Originalität im Sinne einer geistigen Schöpfung; insbesondere sollte keine Beurteilung der Qualität oder des ästhetischen Wertes der Datenbank vorgenommen werden.

(17) Unter dem Begriff „Datenbank" sollten Sammlungen von literarischen, künstlerischen, musikalischen oder anderen Werken sowie von anderem Material wie Texten, Tönen, Bildern, Zahlen, Fakten und Daten verstanden werden. Es muß sich um Sammlungen von Werken, Daten oder anderen unabhängigen Elementen handeln, die systematisch oder methodisch angeordnet und einzeln zugänglich sind. Daraus ergibt sich, daß die Aufzeichnung eines audiovisuellen, kinematographischen, literarischen oder musikalischen Werkes als solche nicht in den Anwendungsbereich dieser Richtlinie fällt.

(18) Diese Richtlinie läßt die Freiheit der Urheber unberührt zu entscheiden, ob oder in welcher Form sie die Aufnahme ihrer Werke in eine Datenbank gestatten und insbesondere ob die Genehmigung ausschließlich ist oder nicht. Der Schutz von Datenbanken durch das Schutzrecht sui generis läßt die an ihrem Inhalt bestehenden Rechte unberührt; hat insbesondere ein Urheber oder Inhaber eines verwandten Schutzrechts in einem nichtausschließlichen Lizenzvertrag die Aufnahme einiger seiner Werke oder Leistungen in eine Datenbank gestattet, so kann ein Dritter diese Werke oder Leistungen im Rahmen der erforderlichen Genehmigung des Urhebers oder des Inhabers des verwandten Rechts nutzen, ohne daß ihm gegenüber das Schutzrecht sui generis des Herstellers der Datenbank geltend gemacht werden kann, sofern diese Werke oder Leistungen weder der Datenbank entnommen noch ausgehend von dieser Datenbank weiterverwendet werden.

(19) Normalerweise fällt die Zusammenstellung mehrerer Aufzeichnungen musikalischer Darbietungen auf einer CD nicht in den Anwendungsbereich dieser Richtlinie, da sie als Zusammenstellung weder die Voraussetzungen für einen urheberrechtlichen Schutz erfüllt, noch eine Investition im Sinne eines Schutzrechts sui generis darstellt, die ausreichend erheblich wäre, um in den Genuß eines Rechts sui generis zu kommen.

(20) Der in dieser Richtlinie vorgesehene Schutz kann sich auch auf Elemente erstrecken, die für den Betrieb oder die Abfrage bestimmter Datenbanken erforderlich sind, beispielsweise auf den Thesaurus oder die Indexierungssysteme.

(21) Der in dieser Richtlinie vorgesehene Schutz bezieht sich auf Datenbanken, in denen die Werke, Daten oder anderen Elemente systematisch oder methodisch angeordnet sind. Es ist nicht erforderlich, daß ihre physische Speicherung in geordneter Weise erfolgt.

(22) Elektronische Datenbanken im Sinne dieser Richtlinie können auch Vorrichtungen wie CD-ROM und CD-I umfassen.

(23) Der Begriff „Datenbank" ist nicht auf für die Herstellung oder den Betrieb einer Datenbank verwendete Computerprogramme anzuwenden; diese Computerprogramme sind durch die Richtlinie 91/250/EWG des Rates vom 14. Mai 1991 über den Rechtsschutz von Computerprogrammen geschützt.

(24) Die Vermietung und der Verleih von Datenbanken werden hinsichtlich des Urheberrechts und verwandter Schutzrechte ausschließlich durch die Richtlinie 92/100/EWG des Rates vom 19. Dezember 1992 zum Vermietrecht und Verleihrecht sowie zu bestimmten dem Urheberrecht verwandten Schutzrechten im Bereich des geistigen Eigentums geregelt.

(25) Die Schutzdauer des Urheberrechts ist bereits durch die Richtlinie 93/98/EWG des Rates vom 29. Oktober 1993 zur Harmonisierung der Schutzdauer des Urheberrechts und bestimmter verwandter Schutzrechte geregelt.

(26) Für urheberrechtlich geschützte Werke und durch verwandte Schutzrechte geschützte Leistungen, die in eine Datenbank aufgenommen sind, gelten jedoch weiterhin die jeweiligen ausschließlichen Rechte; ohne Erlaubnis des Rechtsinhabers oder dessen Rechtsnachfolgers dürfen sie somit nicht in eine Datenbank aufgenommen oder aus dieser vervielfältigt werden.

(27) Das Urheberrecht an Werken bzw. die verwandten Schutzrechte an Leistungen, die auf diese Weise in Datenbanken aufgenommen sind, werden in keiner Weise durch die Existenz eines gesonderten Rechts an der Auswahl oder Anordnung dieser Werke und Leistungen in der Datenbank berührt.

(28) Für die Urheberpersönlichkeitsrechte der natürlichen Person, die die Datenbank geschaffen hat, und deren Ausübung haben die Rechtsvorschriften der Mitgliedstaaten im Einklang mit den Bestimmungen der Berner Übereinkunft zum Schutz von Werken der Literatur und der Kunst zu gelten; sie bleiben deshalb außerhalb des Anwendungsbereichs dieser Richtlinie.

(29) Es bleibt den Mitgliedstaaten überlassen, welche Regelung auf die Schöpfung von Datenbanken in unselbständiger Tätigkeit anzuwenden ist. Diese Richtlinie hindert die Mitgliedstaaten daher nicht daran, in ihren Rechtsvorschriften vorzusehen, daß im Fall einer Datenbank, die von einem Arbeitnehmer in Wahrnehmung seiner Aufgaben oder nach den Anweisungen seines Arbeitgebers geschaffen wird, ausschließlich der Arbeitgeber zur Ausübung aller vermögensrechtlichen Befugnisse an der so geschaffenen Datenbank berechtigt ist, sofern durch vertragliche Vereinbarung nichts anderes bestimmt wird.

(30) Die ausschließlichen Rechte des Urhebers sollten das Recht einschließen, zu bestimmen, in welcher Weise und durch wen das Werk genutzt wird, und insbesondere das Recht, die Verbreitung seines Werkes an unbefugte Personen zu kontrollieren.

(31) Der urheberrechtliche Schutz von Datenbanken schließt auch die Zurverfügungstellung von Datenbanken in einer anderen Weise als durch die Verbreitung von Vervielfältigungsstücken ein.

(32) Die Mitgliedstaaten sind gehalten, zumindest die materielle Gleichwertigkeit ihrer einzelstaatlichen Bestimmungen in bezug auf die in dieser Richtlinie vorgesehenen zustimmungsbedürftigen Handlungen sicherzustellen.

(33) Die Frage der Erschöpfung des Verbreitungsrechts stellt sich nicht im Fall von Online-Datenbanken, die in den Dienstleistungsbereich fallen. Dies gilt auch in bezug auf ein physisches Vervielfältigungsstück einer solchen Datenbank, das vom Nutzer der betreffenden Dienstleistung mit Zustimmung des Rechtsinhabers hergestellt wurde. Anders als im Fall der CD-ROM bzw. CD-I, bei denen das geistige Eigentum an ein physisches Trägermedium, d. h. an eine Ware gebunden ist, stellt jede Online-Leistung nämlich eine Handlung dar, die, sofern das Urheberrecht dies vorsieht, genehmigungspflichtig ist.

(34) Hat der Rechtsinhaber sich entschieden, einem Benutzer durch einen Online-Dienst oder durch andere Mittel der Verbreitung eine Kopie der Datenbank zur Verfügung zu stellen, so muß dieser rechtmäßige Benutzer Zugang zu der Datenbank haben und sie für die Zwecke und in der Art und Weise benutzen können, die in dem Lizenzvertrag mit dem Rechtsinhaber festgelegt sind, auch wenn für diesen Zugang und diese Benutzung Handlungen erforderlich sind, die ansonsten zustimmungsbedürftig sind.

(35) Für die zustimmungsbedürftigen Handlungen ist eine Liste von Ausnahmen festzulegen und dabei zu berücksichtigen, daß das Urheberrecht im Sinne dieser Richtlinie nur für die Auswahl und Anordnung des Inhalts einer Datenbank gilt. Den Mitgliedstaaten soll die Wahlmöglichkeit gegeben werden, diese Ausnahmen in bestimmten Fällen vorzusehen. Diese Wahlmöglichkeit muß jedoch im Einklang mit der Berner Übereinkunft ausgeübt werden und beschränkt sich auf Fälle, in denen sich die Ausnahmen auf die Struktur der Datenbank beziehen. Dabei ist zu unterscheiden zwischen Ausnahmen für Fälle des privaten Gebrauchs und Ausnahmen für Fälle der Vervielfältigung zu privaten Zwecken, wobei letzterer Bereich die einzelstaatlichen Vorschriften bestimmter Mitgliedstaaten betreffend Abgaben auf unbeschriebene Datenträger und auf Aufzeichnungsgeräte berührt.

(36) Im Sinne dieser Richtlinie werden mit dem Ausdruck „wissenschaftliche Forschung" sowohl die Naturwissenschaften als auch die Geisteswissenschaften erfaßt.

(37) Artikel 10 Absatz 1 der Berner Übereinkunft wird durch diese Richtlinie nicht berührt.

(38) Der zunehmende Einsatz der Digitaltechnik setzt den Hersteller der Datenbank der Gefahr aus, daß die Inhalte seiner Datenbank kopiert und ohne seine Genehmigung zwecks Erstellung einer Datenbank identischen Inhalts, die aber keine Verletzung des Urheberrechts an der Anordnung des Inhalts seiner Datenbank darstellt, elektronisch neu zusammengestellt werden.

(39) Neben dem Urheberrecht an der Auswahl oder Anordnung des Inhalts einer Datenbank sollen mit dieser Richtlinie die Hersteller von Datenbanken in bezug auf die widerrechtliche Aneignung der Ergebnisse der finanziellen und beruflichen Investitionen, die für die Beschaffung und das Sammeln des Inhalts getätigt wurden, in der Weise geschützt werden, daß die Gesamtheit oder wesentliche Teile einer Datenbank gegen bestimmte Handlungen eines Benutzers oder eines Konkurrenten geschützt sind.

(40) Das Ziel dieses Schutzrechts sui generis besteht darin, den Schutz einer Investition in die Beschaffung, Überprüfung oder Darstellung des Inhalts einer Datenbank für die begrenzte Dauer des Schutzrechtes sicherzustellen. Diese Investition kann in der Bereitstellung von finanziellen Mitteln und/oder im Einsatz von Zeit, Arbeit und Energie bestehen.

(41) Das Schutzrecht sui generis soll dem Hersteller einer Datenbank die Möglichkeit geben, die unerlaubte Entnahme und/oder Weiterverwendung der Gesamtheit oder wesentlicher Teile des Inhalts dieser Datenbank zu unterbinden. Hersteller einer Datenbank ist die Person, die die Initiative ergreift und das Investitionsrisiko trägt. Insbesondere Auftragnehmer fallen daher nicht unter den Begriff des Herstellers.

(42) Das besondere Recht auf Untersagung der unerlaubten Entnahme und/oder Weiterverwendung stellt auf Handlungen des Benutzers ab, die über dessen begründete Rechte hinausgehen und somit der Investition schaden. Das Recht auf Verbot der Entnahme und/oder Weiterverwendung der Gesamtheit oder eines wesentlichen Teils des Inhalts bezieht sich nicht nur auf

1433

die Herstellung eines parasitären Konkurrenzprodukts, sondern auch auf einen Benutzer, der durch seine Handlungen einen qualitativ oder quantitativ erheblichen Schaden für die Investition verursacht.

(43) Im Fall einer Online-Übermittlung erschöpft sich das Recht, die Weiterverwendung zu untersagen, weder hinsichtlich der Datenbank noch hinsichtlich eines vom Empfänger der Übermittlung mit Zustimmung des Rechtsinhabers angefertigten physischen Vervielfältigungsstücks dieser Datenbank oder eines Teils davon.

(44) Ist für die Darstellung des Inhalts einer Datenbank auf dem Bildschirm die ständige oder vorübergehende Übertragung der Gesamtheit oder eines wesentlichen Teils dieses Inhalts auf einen anderen Datenträger erforderlich, so bedarf diese Handlung der Genehmigung durch den Rechtsinhaber.

(45) In dem Recht auf Untersagung der unerlaubten Entnahme und/oder Weiterverwendung ist in keinerlei Hinsicht eine Ausdehnung des urheberrechtlichen Schutzes auf reine Fakten oder Daten zu sehen.

(46) Die Existenz eines Rechts auf Untersagung der unerlaubten Entnahme und/oder Weiterverwendung der Gesamtheit oder eines wesentlichen Teils von Werken, Daten oder Elementen einer Datenbank führt nicht zur Entstehung eines neuen Rechts an diesen Werken, Daten oder Elementen selbst.

(47) Zur Förderung des Wettbewerbs zwischen Anbietern von Informationsprodukten und -diensten darf der Schutz durch das Schutzrecht sui generis nicht in einer Weise gewährt werden, durch die der Mißbrauch einer beherrschenden Stellung erleichtert würde, insbesondere in bezug auf die Schaffung und Verbreitung neuer Produkte und Dienste, die einen Mehrwert geistiger, dokumentarischer, technischer, wirtschaftlicher oder kommerzieller Art aufweisen. Die Anwendung der gemeinschaftlichen oder einzelstaatlichen Wettbewerbsvorschriften bleibt daher von den Bestimmungen dieser Richtlinie unberührt.

(48) Ziel dieser Richtlinie ist es, ein angemessenes und einheitliches Niveau im Schutz der Datenbanken sicherzustellen, damit der Hersteller der Datenbank die ihm zustehende Vergütung erhält; Ziel der Richtlinie 95/46/EG des Europäischen Parlaments und des Rates vom 24. Oktober 1995 zum Schutz natürlicher Personen bei der Verarbeitung personenbezogener Daten und zum freien Datenverkehr ist es hingegen, den freien Verkehr personenbezogener Daten auf der Grundlage harmonisierter Bestimmungen zu gewährleisten, mit denen die Grundrechte und insbesondere das in Artikel 8 der Europäischen Konvention zum Schutz der Menschenrechte und Grundfreiheiten anerkannte Recht auf Schutz der Privatsphäre geschützt werden sollen. Die Bestimmungen der vorliegenden Richtlinie berühren nicht die Rechtsvorschriften für den Datenschutz.

(49) Ungeachtet des Rechts, die Entnahme und/oder Weiterverwendung der Gesamtheit oder eines wesentlichen Teils einer Datenbank zu untersagen, ist vorzusehen, daß der Hersteller einer Datenbank oder der Rechtsinhaber dem rechtmäßigen Benutzer der Datenbank nicht untersagen kann, unwesentliche Teile der Datenbank zu entnehmen und weiterzuverwenden. Der Benutzer darf jedoch die berechtigten Interessen weder des Inhabers des Rechts sui generis noch des Inhabers eines Urheberrechts oder eines verwandten Schutzrechts an den in dieser Datenbank enthaltenen Werken oder Leistungen in unzumutbarer Weise beeinträchtigen.

(50) Es ist zweckmäßig, den Mitgliedstaaten die Wahlmöglichkeit einzuräumen, Ausnahmen von dem Recht vorzusehen, die unerlaubte Entnahme und/oder die Weiterverwendung eines wesentlichen Teils des Inhalts einer Datenbank zu untersagen, wenn es sich um eine Entnahme zu privaten Zwecken oder zur Veranschaulichung des Unterrichts oder zu Zwecken der wissenschaftlichen Forschung oder auch um eine Entnahme und/oder Weiterverwendung im Interesse der öffentlichen Sicherheit oder im Rahmen eines Verwaltungs- oder Gerichtsverfahrens handelt. Es ist wichtig, daß diese Maßnahmen die ausschließlichen Rechte des Herstellers zur Nut-

zung der Datenbank unberührt lassen und daß mit ihnen keinerlei kommerzielle Zwecke verfolgt werden.

(51) Wenn die Mitgliedstaaten von der Möglichkeit Gebrauch machen, dem rechtmäßigen Benutzer einer Datenbank die Entnahme eines wesentlichen Teils des Inhalts zur Veranschaulichung des Unterrichts oder zu Zwecken der wissenschaftlichen Forschung zu genehmigen, können sie diese Genehmigung auf bestimmte Gruppen von Lehranstalten oder wissenschaftlichen Forschungseinrichtungen beschränken.

(52) Die Mitgliedstaaten, die bereits eine spezifische Regelung haben, die dem in dieser Richtlinie vorgesehenen Schutzrecht sui generis gleicht, dürfen die nach diesen Rechtsvorschriften herkömmlicherweise gestatteten Ausnahmen in bezug auf das neue Recht beibehalten.

(53) Der Hersteller der Datenbank trägt die Beweislast für den Zeitpunkt der Fertigstellung einer Datenbank.

(54) Die Beweislast dafür, daß die Voraussetzungen vorliegen, die den Schluß zulassen, daß eine wesentliche Änderung des Inhalts einer Datenbank als eine wesentliche Neuinvestition zu betrachten ist, liegt bei dem Hersteller der aus dieser Neuinvestition hervorgegangenen Datenbank.

(55) Eine wesentliche Neuinvestition, die eine neue Schutzdauer nach sich zieht, kann in einer eingehenden Überprüfung des Inhalts der Datenbank bestehen.

(56) Das Recht auf Schutz vor unrechtmäßiger Entnahme und/oder Weiterverwendung gilt für Datenbanken, deren Hersteller Staatsangehörige von Drittländern sind oder dort ihren gewöhnlichen Aufenthalt haben, und für Datenbanken, die von juristischen Personen erstellt wurden, die nicht im Sinne des Vertrags in einem Mitgliedstaat niedergelassen sind, nur dann, wenn diese Drittländer einen vergleichbaren Schutz für Datenbanken bieten, die von Staatsangehörigen der Mitgliedstaaten oder von Personen erstellt wurden, die ihren gewöhnlichen Aufenthalt im Gebiet der Gemeinschaft haben.

(57) Neben den Sanktionen, die im Recht der Mitgliedstaaten für Verletzungen des Urheberrechts oder anderer Rechte vorgesehen sind, haben die Mitgliedstaaten geeignete Sanktionen gegen die nicht genehmigte Entnahme und/oder Weiterverwendung des Inhalts von Datenbanken vorzusehen.

(58) Neben dem Schutz, der mit dieser Richtlinie der Struktur der Datenbank durch das Urheberrecht und deren Inhalt durch das Recht sui generis, die nicht genehmigte Entnahme und/oder Weiterverwendung zu untersagen, gewährt wird, bleiben andere Rechtsvorschriften der Mitgliedstaaten betreffend das Anbieten von Datenbankprodukten und -diensten weiter anwendbar.

(59) Diese Richtlinie berührt nicht die Anwendung der gegebenenfalls durch die Rechtsvorschriften eines Mitgliedstaats anerkannten Regeln über die Sendung audiovisueller Programme auf Datenbanken, die audiovisuelle Werke zum Inhalt haben.

(60) In einigen Mitgliedstaaten werden Datenbanken, die den Kriterien für den urheberrechtlichen Schutz gemäß dieser Richtlinie nicht genügen, gegenwärtig durch eine urheberrechtliche Regelung geschützt. Auch wenn die betreffenden Datenbanken für den Schutz durch das in dieser Richtlinie vorgesehene Recht, die unrechtmäßige Entnahme und/oder Weiterverwendung ihres Inhalts zu untersagen, in Frage kommen, liegt die Dauer des Schutzes durch das zuletztgenannte Recht weiter unter der Dauer des Schutzes durch die gegenwärtig geltenden einzelstaatlichen Regelungen. Eine Harmonisierung der Kriterien, die angewendet werden um festzustellen, ob eine Datenbank urheberrechtlich geschützt wird, darf nicht zu einer Verkürzung der Schutzdauer führen, die derzeit den Inhabern der betreffenden Rechte zusteht. Diesbezüglich ist eine Ausnahmeregelung vorzusehen. Die Auswirkungen dieser Ausnahmeregelung müssen auf das Hoheitsgebiet der betreffenden Mitgliedstaaten beschränkt werden –

HABEN FOLGENDE RICHTLINIE ERLASSEN:

Kapitel I
Geltungsbereich

Artikel 1
Geltungsbereich

(1) Diese Richtlinie betrifft den Rechtsschutz von Datenbanken in jeglicher Form.

(2) Im Sinne dieser Richtlinie bezeichnet der Ausdruck „Datenbank" eine Sammlung von Werken, Daten oder anderen unabhängigen Elementen, die systematisch oder methodisch angeordnet und einzeln mit elektronischen Mitteln oder auf andere Weise zugänglich sind.

(3) Der durch diese Richtlinie gewährte Schutz erstreckt sich nicht auf für die Herstellung oder den Betrieb elektronisch zugänglicher Datenbanken verwendete Computerprogramme.

Artikel 2
Beschränkungen des Geltungsbereichs

Diese Richtlinie gilt unbeschadet der gemeinschaftlichen Bestimmungen

a) über den Rechtsschutz von Computerprogrammen;
b) zum Vermietrecht und Verleihrecht sowie zu bestimmten dem Urheberrecht verwandten Schutzrechten im Bereich des geistigen Eigentums;
c) zur Schutzdauer des Urheberrechts und bestimmter verwandter Schutzrechte.

Kapitel II
Urheberrecht

Artikel 3
Schutzgegenstand

(1) Gemäß dieser Richtlinie werden Datenbanken, die aufgrund der Auswahl oder Anordnung des Stoffes eine eigene geistige Schöpfung ihres Urhebers darstellen, als solche urheberrechtlich geschützt. Bei der Bestimmung, ob sie für diesen Schutz in Betracht kommen, sind keine anderen Kriterien anzuwenden.

(2) Der durch diese Richtlinie gewährte urheberrechtliche Schutz einer Datenbank erstreckt sich nicht auf deren Inhalt und läßt Rechte an diesem Inhalt unberührt.

Artikel 4
Urheberschaft

(1) Der Urheber einer Datenbank ist die natürliche Person oder die Gruppe natürlicher Personen, die die Datenbank geschaffen hat, oder, soweit dies nach den Rechtsvorschriften der Mitgliedstaaten zulässig ist, die juristische Person, die nach diesen Rechtsvorschriften als Rechtsinhaber gilt.

(2) Soweit kollektive Werke durch die Rechtsvorschriften eines Mitgliedstaats anerkannt sind, stehen die vermögensrechtlichen Befugnisse der Person zu, die das Urheberrecht innehat.

(3) Ist eine Datenbank von einer Gruppe natürlicher Personen gemeinsam geschaffen worden, so stehen diesen die ausschließlichen Rechte daran gemeinsam zu.

Artikel 5
Zustimmungsbedürftige Handlungen

Der Urheber einer Datenbank hat das ausschließliche Recht, folgende Handlungen in bezug auf die urheberrechtsfähige Ausdrucksform vorzunehmen oder zu erlauben:

1436

a) die vorübergehende oder dauerhafte Vervielfältigung, ganz oder teilweise, mit jedem Mittel und in jeder Form;

b) die Übersetzung, die Bearbeitung, die Anordnung und jede andere Umgestaltung;

c) jede Form der öffentlichen Verbreitung der Datenbank oder eines ihrer Vervielfältigungs-stücke. Mit dem Erstverkauf eines Vervielfältigungsstücks einer Datenbank in der Gemein-schaft durch den Rechtsinhaber oder mit seiner Zustimmung erschöpft sich in der Gemein-schaft das Recht, den Weiterverkauf dieses Vervielfältigungsstücks zu kontrollieren;

d) jede öffentliche Wiedergabe, Vorführung oder Aufführung;

e) jede Vervielfältigung sowie öffentliche Verbreitung, Wiedergabe, Vorführung oder Auffüh-rung der Ergebnisse der unter Buchstabe b) genannten Handlungen.

Artikel 6
Ausnahmen von den zustimmungsbedürftigen Handlungen

(1) Der rechtmäßige Benutzer einer Datenbank oder ihrer Vervielfältigungsstücke bedarf für die in Artikel 5 aufgezählten Handlungen nicht der Zustimmung des Urhebers der Datenbank, wenn sie für den Zugang zum Inhalt der Datenbank und deren normale Benutzung durch den rechtmäßigen Benutzer erforderlich sind. Sofern der rechtmäßige Benutzer nur berechtigt ist, einen Teil der Datenbank zu nutzen, gilt diese Bestimmung nur für diesen Teil.

(2) Die Mitgliedstaaten können Beschränkungen der in Artikel 5 genannten Rechte in folgen-den Fällen vorsehen:

a) für die Vervielfältigung einer nichtelektronischen Datenbank zu privaten Zwecken;

b) für die Benutzung ausschließlich zur Veranschaulichung des Unterrichts oder zu Zwecken der wissenschaftlichen Forschung – stets mit Quellenangabe –, sofern dies zur Verfolgung nichtkommerzieller Zwecke gerechtfertigt ist;

c) für die Verwendung zu Zwecken der öffentlichen Sicherheit oder eines Verwaltungs- oder Gerichtsverfahrens;

d) im Fall sonstiger Ausnahmen vom Urheberrecht, die traditionell von ihrem innerstaatlichen Recht geregelt werden, unbeschadet der Buchstaben a), b) und c).

(3) In Übereinstimmung mit der Berner Übereinkunft zum Schutz von Werken der Literatur und der Kunst können die Bestimmungen dieses Artikels nicht dahin gehend ausgelegt werden, daß dieser Artikel in einer Weise angewendet werden kann, die die rechtmäßigen Interessen des Rechtsinhabers unzumutbar verletzt oder die normale Nutzung der Datenbank beeinträchtigt.

Kapitel III
Schutzrecht Sui Generis

Artikel 7
Gegenstand des Schutzes

(1) Die Mitgliedstaaten sehen für den Hersteller einer Datenbank, bei der für die Beschaf-fung, die Überprüfung oder die Darstellung ihres Inhalts eine in qualitativer oder quantitativer Hinsicht wesentliche Investition erforderlich ist, das Recht vor, die Entnahme und/oder die Weiterverwendung der Gesamtheit oder eines in qualitativer oder quantitativer Hinsicht we-sentlichen Teils des Inhalts dieser Datenbank zu untersagen.

(2) Für die Zwecke dieses Kapitels gelten folgende Begriffsbestimmungen:

a) „Entnahme" bedeutet die ständige oder vorübergehende Übertragung der Gesamtheit oder eines wesentlichen Teils des Inhalts einer Datenbank auf einen anderen Datenträger, unge-achtet der dafür verwendeten Mittel und der Form der Entnahme;

b) „Weiterverwendung" bedeutet jede Form öffentlicher Verfügbarmachung der Gesamtheit oder eines wesentlichen Teils des Inhalts der Datenbank durch die Verbreitung von Verviel-fältigungsstücken, durch Vermietung, durch Online-Übermittlung oder durch andere Formen der Übermittlung. Mit dem Erstverkauf eines Vervielfältigungsstücks einer Datenbank in der Gemeinschaft durch den Rechtsinhaber oder mit seiner Zustimmung erschöpft sich in der Gemeinschaft das Recht, den Weiterverkauf dieses Vervielfältigungsstücks zu kontrollieren. Der öffentliche Verleih ist keine Entnahme oder Weiterverwendung.

(3) Das in Absatz 1 genannte Recht kann übertragen oder abgetreten werden oder Gegenstand vertraglicher Lizenzen sein.

(4) Das in Absatz 1 vorgesehene Recht gilt unabhängig davon, ob die Datenbank für einen Schutz durch das Urheberrecht oder durch andere Rechte in Betracht kommt. Es gilt ferner unabhängig davon, ob der Inhalt der Datenbank für einen Schutz durch das Urheberrecht oder durch andere Rechte in Betracht kommt. Der Schutz von Datenbanken durch das nach Absatz 1 gewährte Recht berührt nicht an ihrem Inhalt bestehende Rechte.

(5) Unzulässig ist die wiederholte und systematische Entnahme und/oder Weiterverwendung unwesentlicher Teile des Inhalts der Datenbank, wenn dies auf Handlungen hinausläuft, die einer normalen Nutzung der Datenbank entgegenstehen oder die berechtigten Interessen des Herstellers der Datenbank unzumutbar beeinträchtigen.

Artikel 8
Rechte und Pflichten der rechtmäßigen Benutzer

(1) Der Hersteller einer der Öffentlichkeit – in welcher Weise auch immer – zur Verfügung gestellten Datenbank kann dem rechtmäßigen Benutzer dieser Datenbank nicht untersagen, in qualitativer und/oder quantitativer Hinsicht unwesentliche Teile des Inhalts der Datenbank zu beliebigen Zwecken zu entnehmen und/oder weiterzuverwenden. Sofern der rechtmäßige Benutzer nur berechtigt ist, einen Teil der Datenbank zu entnehmen und/oder weiterzuverwenden, gilt dieser Absatz nur für diesen Teil.

(2) Der rechtmäßige Benutzer einer der Öffentlichkeit – in welcher Weise auch immer – zur Verfügung gestellten Datenbank darf keine Handlungen vornehmen, die die normale Nutzung dieser Datenbank beeinträchtigen oder die berechtigten Interessen des Herstellers der Datenbank unzumutbar verletzen.

(3) Der rechtmäßige Benutzer einer der Öffentlichkeit – in welcher Weise auch immer – zur Verfügung gestellten Datenbank darf dem Inhaber eines Urheberrechts oder verwandten Schutzrechts an in dieser Datenbank enthaltenen Werken oder Leistungen keinen Schaden zufügen.

Artikel 9
Ausnahmen vom Recht sui generis

Die Mitgliedstaaten können festlegen, daß der rechtmäßige Benutzer einer der Öffentlichkeit – in welcher Weise auch immer – zur Verfügung gestellten Datenbank ohne Genehmigung des Herstellers der Datenbank in folgenden Fällen einen wesentlichen Teil des Inhalts der Datenbank entnehmen und/oder weiterverwenden kann:

a) für eine Entnahme des Inhalts einer nichtelektronischen Datenbank zu privaten Zwecken;
b) für eine Entnahme zur Veranschaulichung des Unterrichts oder zu Zwecken der wissenschaftlichen Forschung, sofern er die Quelle angibt und soweit dies durch den nichtkommerziellen Zweck gerechtfertigt ist;
c) für eine Entnahme und/oder Weiterverwendung zu Zwecken der öffentlichen Sicherheit oder eines Verwaltungs- oder Gerichtsverfahrens.

Artikel 10
Schutzdauer

(1) Das in Artikel 7 vorgesehene Recht entsteht mit dem Zeitpunkt des Abschlusses der Herstellung der Datenbank. Es erlischt 15 Jahre nach dem 1. Januar des auf den Tag des Abschlusses der Herstellung folgenden Jahres.

(2) Im Fall einer Datenbank, die vor Ablauf des in Absatz 1 genannten Zeitraums der Öffentlichkeit – in welcher Weise auch immer – zur Verfügung gestellt wurde, endet der durch dieses Recht gewährte Schutz 15 Jahre nach dem 1. Januar des Jahres, das auf den Zeitpunkt folgt, zu dem die Datenbank erstmals der Öffentlichkeit zur Verfügung gestellt wurde.

(3) Jede in qualitativer oder quantitativer Hinsicht wesentliche Änderung des Inhalts einer Datenbank einschließlich wesentlicher Änderungen infolge der Anhäufung von aufeinanderfolgenden Zusätzen, Löschungen oder Veränderungen, aufgrund deren angenommen werden kann, daß eine in qualitativer oder quantitativer Hinsicht wesentliche Neuinvestition erfolgt ist, begründet für die Datenbank, die das Ergebnis dieser Investition ist, eine eigene Schutzdauer.

Artikel 11
Begünstigte im Rahmen des Schutzrechts sui generis

(1) Das in Artikel 7 vorgesehene Recht gilt für Datenbanken, sofern deren Hersteller oder Rechtsinhaber Staatsangehöriger eines Mitgliedstaats ist oder seinen gewöhnlichen Aufenthalt im Gebiet der Gemeinschaft hat.

(2) Absatz 1 gilt auch für Unternehmen und Gesellschaften, die entsprechend den Rechtsvorschriften eines Mitgliedstaats gegründet wurden und ihren satzungsmäßigen Sitz, ihre Hauptverwaltung oder ihre Hauptniederlassung in der Gemeinschaft haben; haben diese Unternehmen oder Gesellschaften jedoch lediglich ihren satzungsmäßigen Sitz im Gebiet der Gemeinschaft, so muß ihre Tätigkeit eine tatsächliche ständige Verbindung zu der Wirtschaft eines der Mitgliedstaaten aufweisen.

(3) Vereinbarungen über die Ausdehnung des in Artikel 7 vorgesehenen Rechts auf in Drittländern hergestellte Datenbanken, auf die die Bestimmungen der Absätze 1 und 2 keine Anwendung finden, werden vom Rat auf Vorschlag der Kommission geschlossen. Die Dauer des nach diesem Verfahren auf Datenbanken ausgedehnten Schutzes übersteigt nicht die Schutzdauer nach Artikel 10.

Kapitel IV
Gemeinsame Bestimmungen

Artikel 12
Sanktionen

Die Mitgliedstaaten sehen geeignete Sanktionen für Verletzungen der in dieser Richtlinie vorgesehenen Rechte vor.

Artikel 13
Weitere Anwendbarkeit anderer Rechtsvorschriften

Diese Richtlinie läßt die Rechtsvorschriften unberührt, die insbesondere folgendes betreffen: das Urheberrecht, verwandte Schutzrechte oder andere Rechte und Pflichten, die in bezug auf die in eine Datenbank aufgenommenen Daten, Werke oder anderen Elemente bestehen, Patentrechte, Warenzeichen, Geschmacksmuster, den Schutz von nationalem Kulturgut, das Kartellrecht und den unlauteren Wettbewerb, Geschäftsgeheimnisse, die Sicherheit, die Vertraulichkeit, den Schutz personenbezogener Daten und der Privatsphäre, den Zugang zu öffentlichen Dokumenten sowie das Vertragsrecht.

Artikel 14
Anwendbarkeit in zeitlicher Hinsicht

(1) Der urheberrechtliche Schutz nach dieser Richtlinie gilt auch für Datenbanken, die vor dem in Artikel 16 Absatz 1 genannten Zeitpunkt hergestellt wurden, wenn sie zu diesem Zeit-

punkt die Anforderungen, wie sie in dieser Richtlinie für den urheberrechtlichen Schutz von Datenbanken niedergelegt sind, erfüllen.

(2) Genügt eine Datenbank, die zum Zeitpunkt der Veröffentlichung dieser Richtlinie in einem Mitgliedstaat durch eine urheberrechtliche Regelung geschützt wird, nicht den Kriterien für den urheberrechtlichen Schutz gemäß Artikel 3 Absatz 1, so bewirkt diese Richtlinie in Abweichung von Absatz 1 in diesem Mitgliedstaat nicht die Verkürzung der verbleibenden Dauer des durch die obengenannte Regelung gewährten Schutzes.

(3) Der in dieser Richtlinie vorgesehene Schutz in bezug auf das in Artikel 7 vorgesehene Recht gilt auch für die Datenbanken, deren Herstellung während der letzten 15 Jahre vor dem in Artikel 16 Absatz 1 genannten Zeitpunkt abgeschlossen wurde und die zu diesem Zeitpunkt die in Artikel 7 vorgesehenen Anforderungen erfüllen.

(4) Der in den Absätzen 1 und 3 vorgesehene Schutz läßt die vor dem in diesen Absätzen genannten Zeitpunkt abgeschlossenen Handlungen und erworbenen Rechte unberührt.

(5) Im Fall einer Datenbank, deren Herstellung während der letzten 15 Jahre vor dem in Artikel 16 Absatz 1 genannten Zeitpunkt abgeschlossen wurde, beträgt die Schutzdauer des in Artikel 7 vorgesehenen Rechts 15 Jahre ab dem 1. Januar, der auf diesen Zeitpunkt folgt.

Artikel 15
Verbindlichkeit bestimmter Vorschriften

Dem Artikel 6 Absatz 1 und dem Artikel 8 zuwiderlaufende vertragliche Bestimmungen sind nichtig.

Artikel 16
Schlußbestimmungen

(1) Die Mitgliedstaaten erlassen die erforderlichen Rechts- und Verwaltungsvorschriften, um dieser Richtlinie vor dem 1. Januar 1998 nachzukommen.

Wenn die Mitgliedstaaten diese Vorschriften erlassen, nehmen sie in den Vorschriften selbst oder durch einen Hinweis bei der amtlichen Veröffentlichung auf diese Richtlinie Bezug. Die Mitgliedstaaten regeln die Einzelheiten der Bezugnahme.

(2) Die Mitgliedstaaten teilen der Kommission den Wortlaut der innerstaatlichen Rechtsvorschriften mit, die sie auf dem unter diese Richtlinie fallenden Gebiet erlassen.

(3) Spätestens am Ende des dritten Jahres nach dem in Absatz 1 genannten Zeitpunkt und danach alle drei Jahre übermittelt die Kommission dem Europäischen Parlament, dem Rat und dem Wirtschafts- und Sozialausschuß einen Bericht über die Anwendung dieser Richtlinie, in dem sie – vor allem anhand spezifischer Informationen der Mitgliedstaaten – insbesondere die Anwendung des Schutzrechts sui generis, einschließlich der Artikel 8 und 9, prüft und insbesondere untersucht, ob die Anwendung dieses Rechts zu Mißbräuchen einer beherrschenden Stellung oder anderen Beeinträchtigungen des freien Wettbewerbs geführt hat, die entsprechende Maßnahmen rechtfertigen würden, wie insbesondere die Einführung einer Zwangslizenzregelung. Sie macht gegebenenfalls Vorschläge für die Anpassung dieser Richtlinie an die Entwicklungen im Bereich der Datenbanken.

Artikel 17

Diese Richtlinie ist an die Mitgliedstaaten gerichtet.

11. Richtlinie 2001/84/EG des Europäischen Parlaments und des Rates über das Folgerecht des Urhebers des Originals eines Kunstwerks

vom 27. September 2001
(ABlEG Nr. L 272/32)

DAS EUROPÄISCHE PARLAMENT UND DER RAT DER EUROPÄISCHEN UNION –

gestützt auf den Vertrag zur Gründung der Europäischen Gemeinschaft, insbesondere auf Artikel 95,

auf Vorschlag der Kommission,

nach Stellungnahme des Wirtschafts- und Sozialausschusses,

gemäß dem Verfahren des Artikels 251 des Vertrags, aufgrund des vom Vermittlungsausschuss am 6. Juni 2001 gebilligten gemeinsamen Entwurfs,

in Erwägung nachstehender Gründe:

(1) Im Bereich des Urheberrechts ist das Folgerecht das unabtretbare und unveräußerliche Recht des Urhebers des Originals eines Werks der bildenden Künste auf wirtschaftliche Beteiligung am Erlös aus jeder Weiterveräußerung des betreffenden Werks.

(2) Das Folgerecht ist seinem Wesen nach ein vermögenswertes Recht, das dem Urheber/Künstler die Möglichkeit gibt, für jede Weiterveräußerung seines Werks eine Vergütung zu erhalten. Gegenstand des Folgerechts ist das materielle Werkstück, d. h. der Träger, der das geschützte Werk verkörpert.

(3) Das Folgerecht soll den Urhebern von Werken der bildenden Künste eine wirtschaftliche Beteiligung am Erfolg ihrer Werke garantieren. Auf diese Weise soll ein Ausgleich zwischen der wirtschaftlichen Situation der bildenden Künstler und der Situation der anderen Kunstschaffenden hergestellt werden, die aus der fortgesetzten Verwertung ihrer Werke Einnahmen erzielen.

(4) Das Folgerecht ist Bestandteil des Urheberrechts und stellt ein wesentliches Vorrecht der Urheber dar. Um den Urhebern ein angemessenes und einheitliches Schutzniveau zu gewährleisten, ist die Einführung des Folgerechts in allen Mitgliedstaaten notwendig.

(5) Die Gemeinschaft ist nach Artikel 151 Absatz 4 des Vertrags gehalten, bei ihrer Tätigkeit aufgrund anderer Bestimmungen des Vertrages den kulturellen Aspekten Rechnung zu tragen.

(6) Nach der Berner Übereinkunft zum Schutz von Werken der Literatur und Kunst kann das Folgerecht nur dann in Anspruch genommen werden, wenn der Heimatstaat des Urhebers dieses Recht anerkennt. Das Folgerecht ist demnach fakultativ und durch die Gegenseitigkeitsregel beschränkt. Aus der Rechtsprechung des Gerichtshofes der Europäischen Gemeinschaften zur Anwendung des Diskriminierungsverbots gemäß Artikel 12 des Vertrags, insbesondere dem Urteil vom 20. Oktober 1993 in den verbundenen Rechtssachen C-92/92 und C-326/92, Phil Collins und andere, folgt, dass einzelstaatliche Bestimmungen, die Gegenseitigkeitsklauseln enthalten, nicht geltend gemacht werden dürfen, um den Angehörigen anderer Mitgliedstaaten die Inländerbehandlung vorzuenthalten. Die Anwendung solcher Klauseln im Gemeinschaftskontext steht im Widerspruch zu dem Gleichbehandlungsgebot, das sich aus dem Verbot jeder Diskriminierung aus Gründen der Staatsangehörigkeit ergibt.

(7) Bedingt durch den Prozess der Globalisierung des Marktes der modernen und zeitgenössischen Kunst der Gemeinschaft, der zurzeit durch die Auswirkungen der neuen Wirtschaft beschleunigt wird, und angesichts einer Rechtslage, wonach nur wenige Staaten außerhalb der

1441

Europäischen Union das Folgerecht anerkennen, ist es wesentlich, dass die Europäische Gemeinschaft auf außenpolitischer Ebene Verhandlungen einleitet, um Artikel 14 ter der Berner Übereinkunft zu einer zwingenden Vorschrift zu machen.

(8) Angesichts eben dieser Realität des internationalen Marktes und der Tatsache, dass das Folgerecht in diversen Mitgliedstaaten überhaupt nicht existiert und die einzelstaatlichen Regelungen, in denen dieses Recht anerkannt wird, sehr unterschiedlich sind, ist es wesentlich, sowohl hinsichtlich des Inkrafttretens als auch in Bezug auf die inhaltliche Regelung dieses Rechts Übergangsbestimmungen einzuführen, durch die die Wettbewerbsfähigkeit des europäischen Marktes gewahrt bleibt.

(9) Das Folgerecht ist derzeit in den innerstaatlichen Rechtsvorschriften der meisten Mitgliedstaaten vorgesehen. Diese Rechtsvorschriften weisen – soweit sie bestehen – Unterschiede insbesondere in Bezug auf die erfassten Werke, die Anspruchsberechtigten, die Höhe des Satzes, die diesem Recht unterliegenden Transaktionen und die Berechnungsgrundlage auf. Die Anwendung oder Nichtanwendung eines solchen Rechts hat insofern erhebliche Auswirkungen auf die Wettbewerbsbedingungen im Binnenmarkt, als das Bestehen oder Nichtbestehen einer aus dem Folgerecht resultierenden Abführungspflicht ein Aspekt ist, der von jeder an dem Verkauf eines Kunstwerks interessierten Person in Betracht zu ziehen ist. Daher ist dieses Recht einer der Faktoren, die zu Wettbewerbsverzerrungen und Handelsverlagerungen in der Gemeinschaft beitragen.

(10) Diese Unterschiede hinsichtlich des Bestehens des Folgerechts und seiner Anwendung durch die Mitgliedstaaten haben unmittelbare negative Auswirkungen auf das reibungslose Funktionieren des Binnenmarkts im Sinne von Artikel 14 des Vertrags, soweit er Kunstwerke betrifft. Artikel 95 des Vertrags ist daher die geeignete Rechtsgrundlage.

(11) Zu den im Vertrag verankerten Zielen der Gemeinschaft gehören die Schaffung der Grundlagen für einen immer engeren Zusammenschluss der europäischen Völker, die Herstellung engerer Beziehungen zwischen den Mitgliedstaaten der Gemeinschaft und die Sicherung des wirtschaftlichen und sozialen Fortschritts durch gemeinsames Handeln, das die Europa trennenden Schranken beseitigt. Zur Verwirklichung dieser Ziele sieht der Vertrag die Errichtung eines Binnenmarkts vor, in dem die Hindernisse für den freien Waren- und Dienstleistungsverkehr sowie für die Niederlassungsfreiheit beseitigt sind, und die Schaffung eines Systems, das den Wettbewerb innerhalb des Binnenmarkts vor Verfälschungen schützt. Die Harmonisierung der Bestimmungen der Mitgliedstaaten zum Folgerecht trägt zur Verwirklichung dieser Ziele bei.

(12) Die Sechste Richtlinie 77/388/EWG des Rates vom 17. Mai 1977 zur Harmonisierung der Rechtsvorschriften der Mitgliedstaaten über die Umsatzsteuern – Gemeinsames Mehrwertsteuersystem: einheitliche steuerpflichtige Bemessungsgrundlage sieht die schrittweise Einführung einer gemeinschaftlichen Regelung u. a. für die Besteuerung von Kunstgegenständen vor. Steuerliche Maßnahmen allein reichen jedoch nicht aus, um das reibungslose Funktionieren des Kunstmarkts zu gewährleisten. Erreicht werden kann dies nur mit Hilfe einer Harmonisierung des Folgerechts.

(13) Bestehende rechtliche Unterschiede sollten beseitigt werden, soweit sie den Binnenmarkt in seiner Funktion beeinträchtigen, und es sollte verhindert werden, dass neue Unterschiede auftreten. Unterschiede hingegen, die sich voraussichtlich nicht nachteilig auf den Binnenmarkt auswirken, können bestehen bleiben bzw. müssen nicht verhindert werden.

(14) Eine Voraussetzung für das reibungslose Funktionieren des Binnenmarktes sind Wettbewerbsbedingungen, die keine Verzerrungen aufweisen. Unterschiede zwischen den nationalen Rechtsvorschriften zum Folgerecht lassen Wettbewerbsverzerrungen und Handelsverlagerungen in der Gemeinschaft entstehen und führen – je nachdem, wo die Werke verkauft werden – zu einer Ungleichbehandlung der Künstler. Die zur Prüfung stehende Frage weist somit transnationale Aspekte auf, die sich durch Maßnahmen der Mitgliedstaaten nicht befriedigend re-

geln lassen. Eine Untätigkeit der Gemeinschaft wäre unvereinbar mit dem Gebot des Vertrags, Wettbewerbsverzerrungen und Ungleichbehandlung entgegenzuwirken.

(15) In Anbetracht des Ausmaßes der Unterschiede zwischen den nationalen Bestimmungen ist es daher erforderlich, Harmonisierungsmaßnahmen zu erlassen, um Disparitäten zwischen den Rechtsvorschriften der Mitgliedstaaten in den Bereichen zu beheben, in denen diese Disparitäten die Schaffung oder die Aufrechterhaltung von Wettbewerbsverzerrungen zur Folge haben könnten. Eine Harmonisierung sämtlicher Bestimmungen der Mitgliedstaaten zum Folgerecht erscheint jedoch nicht erforderlich; damit so viel Spielraum wie möglich für einzelstaatliche Entscheidungen bleibt, genügt es, nur diejenigen einzelstaatlichen Vorschriften zu harmonisieren, die sich am unmittelbarsten auf das Funktionieren des Binnenmarkts auswirken.

(16) Diese Richtlinie entspricht daher in ihrer Gesamtheit dem Subsidiaritäts- und Verhältnismäßigkeitsprinzip nach Artikel 5 des Vertrags.

(17) Gemäß der Richtlinie 93/98/EWG des Rates vom 29. Oktober 1993 zur Harmonisierung der Schutzdauer des Urheberrechts und bestimmter verwandter Schutzrechte erstreckt sich der Schutz des Urheberrechts auf einen Zeitraum von 70 Jahren nach dem Tod des Urhebers. Es empfiehlt sich, die gleiche Dauer für das Folgerecht vorzusehen. Folglich erstreckt sich der Anwendungsbereich des Folgerechts nur auf Originale moderner und zeitgenössischer Kunstwerke. Damit jedoch die Mitgliedstaaten, die zum Zeitpunkt der Annahme dieser Richtlinie ein Folgerecht zugunsten von Künstlern nicht anwenden, dieses Recht in ihre jeweiligen Rechtsordnungen übernehmen können und damit es ferner den Wirtschaftsteilnehmern in den betreffenden Mitgliedstaaten ermöglicht wird, sich schrittweise unter Wahrung ihrer wirtschaftlichen Rentabilität an das Folgerecht anzupassen, sollte den betreffenden Mitgliedstaaten ein begrenzter Übergangszeitraum eingeräumt werden, während dessen sie sich dafür entscheiden können, das Folgerecht zugunsten der nach dem Tode des Künstlers anspruchsberechtigten Rechtsnachfolger nicht anzuwenden.

(18) Der Folgerechtsanspruch sollte bei allen Weiterveräußerungen mit Ausnahme der Weiterveräußerungen zwischen Privatpersonen ohne Beteiligung eines Vertreters des Kunstmarkts entstehen. Dieser Folgerechtsanspruch sollte sich nicht auf Weiterveräußerungen durch Privatpersonen an Museen, die nicht auf Gewinn ausgerichtet und der Öffentlichkeit zugänglich sind, erstrecken. Im Hinblick auf die besondere Situation von Kunstgalerien, die Werke unmittelbar von ihren Urhebern erwerben, sollte den Mitgliedstaaten die Möglichkeit eingeräumt werden, die Weiterveräußerung solcher Werke vom Folgerecht auszunehmen, wenn sie binnen drei Jahren, vom Erwerb an gerechnet, erfolgt. Durch Begrenzung dieser Ausnahme auf Weiterveräußerungen, bei denen der Verkaufspreis 10000 EUR nicht übersteigt, sollte auch den Interessen der Künstler Rechnung getragen werden.

(19) Es sollte klargestellt werden, dass sich die durch diese Richtlinie bewirkte Harmonisierung nicht auf die Originalhandschriften von Schriftstellern und Komponisten erstreckt.

(20) Anhand der Erfahrungen, die mit dem Folgerecht auf nationaler Ebene gesammelt wurden, sollte eine tragfähige Regelung eingeführt werden. Die Folgerechtsvergütung sollte als prozentuale Beteiligung am Verkaufspreis und nicht am Mehrerlös, den das Kunstwerk durch eine etwaige Wertsteigerung erzielt, berechnet werden.

(21) Die Werkgattungen, die dem Folgerecht unterliegen, sollten harmonisiert werden.

(22) Der Verzicht auf die Geltendmachung des Folgerechts unterhalb des Mindestbetrags kann dazu beitragen, Erhebungs- und Verwaltungskosten zu vermeiden, die im Verhältnis zum Gewinn des Künstlers unverhältnismäßig sind. Den Mitgliedstaaten sollte jedoch nach dem Subsidiaritätsprinzip die Möglichkeit gegeben werden, unter dem gemeinschaftlichen Mindestbetrag liegende nationale Mindestbeträge festzusetzen, um unbekannte Künstler zu fördern. Diese Ausnahmeregelung dürfte sich aufgrund der niedrigen Beträge nicht nennenswert auf das ordnungsgemäße Funktionieren des Binnenmarkts auswirken.

(23) Die Höhe der Folgerechtssätze in den einzelnen Mitgliedstaaten ist derzeit sehr unterschiedlich. Um die Leistungsfähigkeit des Binnenmarkts im Bereich moderner und zeitgenössischer Kunstwerke zu gewährleisten, müssen die Sätze so weit wie möglich vereinheitlicht werden.

(24) In dem Bemühen um einen Ausgleich der verschiedenen Interessen auf dem Markt für Originale von Kunstwerken empfiehlt es sich, ein System mit degressiven Sätzen für bestimmte Preisspannen festzulegen. Die Gefahr einer Handelsverlagerung und Umgehung der gemeinschaftlichen Bestimmungen zum Folgerecht muss verringert werden.

(25) Die Folgerechtsvergütung sollte grundsätzlich vom Veräußerer abzuführen sein. Die Mitgliedstaaten sollten die Möglichkeit haben, in Bezug auf die Haftung für die Zahlung der Folgerechtsvergütung Ausnahmen von diesem Grundsatz vorzusehen. Veräußerer sind die Personen oder Unternehmen, in deren Namen die Veräußerung erfolgt.

(26) Es sollte die Möglichkeit einer regelmäßigen Anpassung des Mindestbetrags und der Sätze vorgesehen werden. Zu diesem Zweck sollte die Kommission beauftragt werden, regelmäßig über die tatsächliche Anwendung des Folgerechts in den Mitgliedstaaten sowie über dessen Folgen für den Kunstmarkt in der Gemeinschaft zu berichten und gegebenenfalls Vorschläge zur Änderung der vorliegenden Richtlinie vorzulegen.

(27) Es erscheint angezeigt, unter Wahrung des Subsidiaritätsprinzips den Kreis der Personen zu bestimmen, denen die Folgerechtsvergütung zusteht. Das Erbrecht der Mitgliedstaaten sollte von dieser Richtlinie unberührt bleiben. Die Rechtsnachfolger des Urhebers müssen jedoch, zumindest nach Ablauf des oben genannten Übergangszeitraums, das Folgerecht nach dem Tod des Urhebers in vollem Umfang in Anspruch nehmen können.

(28) Es ist Sache der Mitgliedstaaten, die Ausübung des Folgerechts, insbesondere die Modalitäten für die Wahrnehmung des Folgerechts zu regeln. Die Wahrnehmung des Folgerechts durch eine Verwertungsgesellschaft ist nur eine der möglichen Wahrnehmungsformen. Die Mitgliedstaaten sollten gewährleisten, dass Verwertungsgesellschaften transparent und effizient arbeiten. Die Mitgliedstaaten müssen auch dafür sorgen, dass die Vergütungen für Urheber aus anderen Mitgliedstaaten tatsächlich eingezogen und verteilt werden. In den Mitgliedstaaten bestehende Regelungen und Vereinbarungen für die Einziehung und Verteilung werden durch diese Richtlinie nicht berührt.

(29) Das Folgerecht sollte den Angehörigen der Gemeinschaft sowie Urhebern aus Drittländern vorbehalten werden, die den Urhebern aus den Mitgliedstaaten einen solchen Schutz gewähren. Einem Mitgliedstaat sollte es möglich sein, dieses Recht auf Urheber aus Drittländern mit gewöhnlichem Aufenthalt in diesem Mitgliedstaat zu erstrecken.

(30) Für die Kontrolle der Weiterveräußerungen sind geeignete Verfahren einzurichten, die in der Praxis gewährleisten, dass das Folgerecht in den Mitgliedstaaten tatsächlich angewandt wird. Hierzu zählt auch das Recht des Urhebers oder seines Bevollmächtigten, alle notwendigen Auskünfte bei der abführungspflichtigen natürlichen oder juristischen Person einzuholen. Die Mitgliedstaaten, die eine Wahrnehmung des Folgerechts durch eine Verwertungsgesellschaft vorsehen, können auch vorsehen, dass nur die zuständigen Verwertungsgesellschaften ein Auskunftsrecht haben –

HABEN FOLGENDE RICHTLINIE ERLASSEN:

Kapitel I
Anwendungsbereich

Artikel 1
Gegenstand des Folgerechts

(1) Die Mitgliedstaaten sehen zugunsten des Urhebers des Originals eines Kunstwerks ein Folgerecht vor, das als unveräußerliches Recht konzipiert ist, auf das der Urheber auch im Voraus nicht verzichten kann; dieses Recht gewährt einen Anspruch auf Beteiligung am Verkaufspreis aus jeder Weiterveräußerung nach der ersten Veräußerung durch den Urheber.

(2) Das Recht nach Absatz 1 gilt für alle Weiterveräußerungen, an denen Vertreter des Kunstmarkts wie Auktionshäuser, Kunstgalerien und allgemein Kunsthändler als Verkäufer, Käufer oder Vermittler beteiligt sind.

(3) Die Mitgliedstaaten können vorsehen, dass das Recht nach Absatz 1 auf Weiterveräußerungen nicht anzuwenden ist, wenn der Veräußerer das Werk weniger als drei Jahre vor der betreffenden Weiterveräußerung unmittelbar beim Urheber erworben hat und wenn der bei der Weiterveräußerung erzielte Preis 10000 EUR nicht übersteigt.

(4) Die Folgerechtsvergütung wird vom Veräußerer abgeführt. Die Mitgliedstaaten können vorsehen, dass eine – vom Veräußerer verschiedene – natürliche oder juristische Person nach Absatz 2 allein oder gemeinsam mit dem Veräußerer für die Zahlung der Folgerechtsvergütung haftet.

Artikel 2
Unter das Folgerecht fallende Kunstwerke

(1) Als „Originale von Kunstwerken" im Sinne dieser Richtlinie gelten Werke der bildenden Künste wie Bilder, Collagen, Gemälde, Zeichnungen, Stiche, Bilddrucke, Lithographien, Plastiken, Tapisserien, Keramiken, Glasobjekte und Lichtbildwerke, soweit sie vom Künstler selbst geschaffen worden sind oder es sich um Exemplare handelt, die als Originale von Kunstwerken angesehen werden.

(2) Exemplare von unter diese Richtlinie fallenden Kunstwerken, die vom Künstler selbst oder unter seiner Leitung in begrenzter Auflage hergestellt wurden, gelten im Sinne dieser Richtlinie als Originale von Kunstwerken. Derartige Exemplare müssen in der Regel nummeriert, signiert oder vom Künstler auf andere Weise ordnungsgemäß autorisiert sein.

Kapitel II
Besondere Bestimmungen

Artikel 3
Mindestbetrag

(1) Die Mitgliedstaaten setzen einen Mindestverkaufspreis fest, ab dem die Veräußerungen im Sinne des Artikels 1 dem Folgerecht unterliegen.

(2) Dieser Mindestverkaufspreis darf 3000 EUR in keinem Fall überschreiten.

Artikel 4
Sätze

(1) Die Folgerechtsvergütung nach Artikel 1 beträgt:
a) 4 % für die Tranche des Verkaufspreises bis zu 50000 EUR,
b) 3 % für die Tranche des Verkaufspreises von 50000,01 bis 200000 EUR,
c) 1 % für die Tranche des Verkaufspreises von 200000,01 bis 350000 EUR,

1445

d) 0,5 % für die Tranche des Verkaufspreises von 350000,01 bis 500000 EUR,

e) 0,25 % für die Tranche des Verkaufspreises über 500000 EUR.

Der Gesamtbetrag der Folgerechtsvergütung darf jedoch 12500 EUR nicht übersteigen.

(2) Abweichend von Absatz 1 können die Mitgliedstaaten einen Satz von 5 % auf die Tranche des Verkaufspreises nach Absatz 1 Buchstabe a) anwenden.

(3) Setzt ein Mitgliedstaat einen niedrigeren Mindestverkaufspreis als 3000 EUR fest, so bestimmt er auch den Satz, der für die Tranche des Verkaufspreises bis zu 3000 EUR gilt; dieser Satz darf nicht unter 4 % liegen.

Artikel 5
Berechnungsgrundlage

Als Verkaufspreis im Sinne der Artikel 3 und 4 gilt der Verkaufspreis ohne Steuern.

Artikel 6
Anspruchsberechtigte

(1) Die Folgerechtsvergütung nach Artikel 1 ist an den Urheber des Werks und, vorbehaltlich des Artikels 8 Absatz 2, nach seinem Tod an seine Rechtsnachfolger zu zahlen.

(2) Die Mitgliedstaaten können vorsehen, dass die Wahrnehmung des Folgerechts nach Artikel 1 obligatorisch oder fakultativ einer Verwertungsgesellschaft übertragen wird.

Artikel 7
Anspruchsberechtigte aus Drittländern

(1) Die Mitgliedstaaten sehen vor, dass Urheber, die Staatsangehörige von Drittländern sind, und – vorbehaltlich des Artikels 8 Absatz 2 – deren Rechtsnachfolger das Folgerecht gemäß dieser Richtlinie und den Rechtsvorschriften des betreffenden Mitgliedstaats nur dann in Anspruch nehmen können, wenn die Rechtsvorschriften des Landes, dessen Staatsangehörigkeit der Urheber oder sein Rechtsnachfolger hat, den Schutz des Folgerechts für Urheber aus den Mitgliedstaaten und deren Rechtsnachfolger in diesem Land anerkennen.

(2) Auf der Grundlage der von den Mitgliedstaaten gemachten Angaben veröffentlicht die Kommission so bald wie möglich ein als Hinweis dienendes Verzeichnis der Drittländer, die die Bedingung nach Absatz 1 erfüllen. Dieses Verzeichnis wird laufend aktualisiert.

(3) Ein Mitgliedstaat kann Urheber, die nicht Staatsangehörige eines Mitgliedstaats sind, ihren gewöhnlichen Aufenthalt jedoch in diesem Mitgliedstaat haben, für die Zwecke des Folgerechtsschutzes genauso behandeln wie seine eigenen Staatsangehörigen.

Artikel 8
Schutzdauer des Folgerechts

(1) Die Schutzdauer des Folgerechts entspricht der in Artikel 1 der Richtlinie 93/98/EWG vorgesehenen Schutzdauer.

(2) Abweichend von Absatz 1 brauchen die Mitgliedstaaten, die das Folgerecht am [Zeitpunkt des Inkrafttretens nach Artikel 13] nicht anwenden, während eines Zeitraums, der spätestens am 1. Januar 2010 abläuft, ein Folgerecht zugunsten der nach dem Tod des Künstlers anspruchsberechtigten Rechtsnachfolger nicht anzuwenden.

(3) Ein Mitgliedstaat, auf den Absatz 2 Anwendung findet, verfügt erforderlichenfalls über einen zusätzlichen Zeitraum von höchstens zwei Jahren, um die Wirtschaftsteilnehmer in diesem Mitgliedstaat in die Lage zu versetzen, sich unter Wahrung ihrer wirtschaftlichen Lebensfähigkeit allmählich an das Folgerechtssystem anzupassen, bevor dieses Recht zugunsten der

nach dem Tod des Künstlers anspruchsberechtigten Rechtsnachfolger angewandt werden muss. Spätestens zwölf Monate vor dem Ende des in Absatz 2 genannten Zeitraums unterrichtet der betreffende Mitgliedstaat die Kommission hierüber unter Angabe der Gründe, so dass die Kommission nach entsprechenden Konsultationen innerhalb von drei Monaten nach dieser Unterrichtung eine Stellungnahme abgeben kann. Falls der Mitgliedstaat der Stellungnahme der Kommission nicht folgt, unterrichtet er die Kommission innerhalb eines Monats hiervon und rechtfertigt seine Entscheidung. Die Unterrichtung und die Rechtfertigung des Mitgliedstaats sowie die Stellungnahme der Kommission werden im Amtsblatt der Europäischen Gemeinschaften veröffentlicht und dem Europäischen Parlament übermittelt.

(4) Kommt es innerhalb der in Artikel 8 Absätze 2 und 3 genannten Zeiträume zu einem erfolgreichen Abschluss von internationalen Verhandlungen zur Ausweitung des Folgerechts auf internationaler Ebene, so legt die Kommission geeignete Vorschläge vor.

Artikel 9
Auskunftsrecht

Die Mitgliedstaaten sehen vor, dass die Anspruchsberechtigten nach Artikel 6 in einem Zeitraum von drei Jahren nach dem Zeitpunkt der Weiterveräußerung von jedem Vertreter des Kunstmarkts nach Artikel 1 Absatz 2 alle Auskünfte einholen können, die für die Sicherung der Zahlung der Folgerechtsvergütung aus dieser Weiterveräußerung erforderlich sein können.

Kapitel III
Schlussbestimmungen

Artikel 10
Zeitliche Anwendbarkeit

Diese Richtlinie gilt für alle Originale von Kunstwerken im Sinne des Artikels 2, die am 1. Januar 2006 noch durch die Urheberrechtsbestimmungen der Mitgliedstaaten geschützt sind oder die Kriterien für einen Schutz nach dieser Richtlinie zu diesem Zeitpunkt erfüllen.

Artikel 11
Anpassungsklausel

(1) Die Kommission legt dem Europäischen Parlament, dem Rat und dem Wirtschafts- und Sozialausschuss spätestens bis 1. Januar 2009 und danach alle vier Jahre einen Bericht über die Durchführung und die Auswirkungen dieser Richtlinie vor, wobei besonders auf die Wettbewerbsfähigkeit des Marktes für moderne und zeitgenössische Kunst in der Gemeinschaft einzugehen ist, vor allem auf die Position der Gemeinschaft gegenüber den einschlägigen Märkten, die ein Folgerecht nicht anwenden, und auf die Förderung des künstlerischen Schaffens sowie auf die Verwaltungsmodalitäten der Mitgliedstaaten. In dem Bericht sind insbesondere die Auswirkungen auf den Binnenmarkt und die Folgen der Einführung des Folgerechts in den Mitgliedstaaten zu prüfen, die vor dem Inkrafttreten dieser Richtlinie ein Folgerecht nicht angewandt haben. Die Kommission legt gegebenenfalls Vorschläge für eine Anpassung des Mindestbetrags und der Folgerechtssätze an die Entwicklung des Sektors, Vorschläge bezüglich des in Artikel 4 Absatz 1 genannten Höchstbetrags sowie weitere Vorschläge vor, die sie für notwendig hält, um die Richtlinie in ihrer Wirkung zu verbessern.

(2) Hiermit wird ein Kontaktausschuss eingerichtet. Dieser Ausschuss setzt sich aus Vertretern der zuständigen Behörden der Mitgliedstaaten zusammen. In ihm führt ein Vertreter der Kommission den Vorsitz, und er tritt entweder auf dessen Initiative oder auf Antrag der Delegation eines Mitgliedstaats zusammen.

(3) Der Ausschuss hat folgende Aufgaben:

– Durchführung von Konsultationen zu allen sich aus der Anwendung dieser Richtlinie ergebenden Fragen,

– Erleichterung des Informationsaustauschs zwischen der Kommission und den Mitgliedstaaten über relevante Entwicklungen des Kunstmarkts in der Gemeinschaft.

Artikel 12
Umsetzung der Richtlinie

(1) Die Mitgliedstaaten setzen die Rechts- und Verwaltungsvorschriften in Kraft, die erforderlich sind, um dieser Richtlinie vor dem 1. Januar 2006 nachzukommen. Sie setzen die Kommission unverzüglich davon in Kenntnis.

Wenn die Mitgliedstaaten diese Vorschriften erlassen, nehmen sie in den Vorschriften selbst oder durch einen Hinweis bei der amtlichen Veröffentlichung auf diese Richtlinie Bezug. Die Mitgliedstaaten regeln die Einzelheiten der Bezugnahme.

(2) Die Mitgliedstaaten teilen der Kommission den Wortlaut der innerstaatlichen Rechtsvorschriften mit, die sie auf dem unter diese Richtlinie fallenden Gebiet erlassen.

Artikel 13
Inkrafttreten

Diese Richtlinie tritt am Tag ihrer Veröffentlichung im *Amtsblatt der Europäischen Gemeinschaften* in Kraft.

Artikel 14
Adressaten

Diese Richtlinie ist an alle Mitgliedstaaten gerichtet.

Richtlinie 2001/29/EG des Europäischen Parlaments und des Rates zur Harmonisierung bestimmter Aspekte des Urheberrechts und der verwandten Schutzrechte in der Informationsgesellschaft

vom 22. Mai 2001
(ABlEG Nr. 167/10)

DAS EUROPÄISCHE PARLAMENT UND DER RAT DER EUROPÄISCHEN UNION –

gestützt auf den Vertrag zur Gründung der Europäischen Gemeinschaft, insbesondere auf Artikel 47 Absatz 2, Artikel 55 und Artikel 95,

auf Vorschlag der Kommission,

nach Stellungnahme des Wirtschafts- und Sozialausschusses,

gemäß dem Verfahren des Artikels 251 des Vertrags,

in Erwägung nachstehender Gründe:

(1) Der Vertrag sieht die Schaffung eines Binnenmarkts und die Einführung einer Regelung vor, die den Wettbewerb innerhalb des Binnenmarkts vor Verzerrungen schützt. Die Harmonisierung der Rechtsvorschriften der Mitgliedstaaten über das Urheberrecht und die verwandten Schutzrechte trägt zur Erreichung dieser Ziele bei.

(2) Der Europäische Rat hat auf seiner Tagung in Korfu am 24. und 25. Juni 1994 die Notwendigkeit der Schaffung eines allgemeinen und flexiblen Ordnungsrahmens auf Gemeinschaftsebene für die Förderung der Entwicklung der Informationsgesellschaft in Europa hervorgehoben. Hierzu ist unter anderem ein Binnenmarkt für neue Produkte und Dienstleistungen erforderlich. Wichtige gemeinschaftsrechtliche Bestimmungen, mit denen ein derartiger Ordnungsrahmen sichergestellt werden sollte, wurden bereits eingeführt, in anderen Fällen steht ihre Annahme bevor. In diesem Zusammenhang spielen das Urheberrecht und die verwandten Schutzrechte eine bedeutende Rolle, da sie die Entwicklung und den Vertrieb neuer Produkte und Dienstleistungen und die Schaffung und Verwertung ihres schöpferischen Inhalts schützen und fördern.

(3) Die vorgeschlagene Harmonisierung trägt zur Verwirklichung der vier Freiheiten des Binnenmarkts bei und steht im Zusammenhang mit der Beachtung der tragenden Grundsätze des Rechts, insbesondere des Eigentums einschließlich des geistigen Eigentums, der freien Meinungsäußerung und des Gemeinwohls.

(4) Ein harmonisierter Rechtsrahmen zum Schutz des Urheberrechts und der verwandten Schutzrechte wird durch erhöhte Rechtssicherheit und durch die Wahrung eines hohen Schutzniveaus im Bereich des geistigen Eigentums substantielle Investitionen in Kreativität und Innovation einschließlich der Netzinfrastruktur fördern und somit zu Wachstum und erhöhter Wettbewerbsfähigkeit der europäischen Industrie beitragen, und zwar sowohl bei den Inhalten und der Informationstechnologie als auch allgemeiner in weiten Teilen der Industrie und des Kultursektors. Auf diese Weise können Arbeitsplätze erhalten und neue Arbeitsplätze geschaffen werden.

(5) Die technische Entwicklung hat die Möglichkeiten für das geistige Schaffen, die Produktion und die Verwertung vervielfacht und diversifiziert. Wenn auch kein Bedarf an neuen Konzepten für den Schutz des geistigen Eigentums besteht, so sollten die Bestimmungen im Bereich des Urheberrechts und der verwandten Schutzrechte doch angepasst und ergänzt werden, um den wirtschaftlichen Gegebenheiten, z. B. den neuen Formen der Verwertung, in angemessener Weise Rechnung zu tragen.

(6) Ohne Harmonisierung auf Gemeinschaftsebene könnten Gesetzgebungsinitiativen auf einzelstaatlicher Ebene, die in einigen Mitgliedstaaten bereits in die Wege geleitet worden sind, um den technischen Herausforderungen zu begegnen, erhebliche Unterschiede im Rechtsschutz und dadurch Beschränkungen des freien Verkehrs von Dienstleistungen und Produkten mit urheberrechtlichem Gehalt zur Folge haben, was zu einer Zersplitterung des Binnenmarkts und zu rechtlicher Inkohärenz führen würde. Derartige rechtliche Unterschiede und Unsicherheiten werden sich im Zuge der weiteren Entwicklung der Informationsgesellschaft, in deren Gefolge die grenzüberschreitende Verwertung des geistigen Eigentums bereits stark zugenommen hat, noch stärker auswirken. Diese Entwicklung wird und sollte fortschreiten. Erhebliche rechtliche Unterschiede und Unsicherheiten in Bezug auf den Rechtsschutz können die Erzielung von Größenvorteilen für neue Produkte und Dienstleistungen mit urheber- und leistungsschutzrechtlichem Gehalt beschränken.

(7) Der bestehende Gemeinschaftsrechtsrahmen zum Schutz des Urheberrechts und der verwandten Schutzrechte ist daher anzupassen und zu ergänzen, soweit dies für das reibungslose Funktionieren des Binnenmarkts erforderlich ist. Zu diesem Zweck sollten diejenigen einzelstaatlichen Rechtsvorschriften über das Urheberrecht und die verwandten Schutzrechte, die sich von Mitgliedstaat zu Mitgliedstaat beträchtlich unterscheiden oder eine derartige Rechtsunsicherheit bewirken, dass der Binnenmarkt in seiner Funktionsfähigkeit beeinträchtigt und die Informationsgesellschaft in Europa in ihrer Entwicklung behindert wird, angepasst und uneinheitliches Vorgehen der Mitgliedstaaten gegenüber technischen Entwicklungen vermieden werden, während Unterschiede, die das Funktionieren des Binnenmarkts nicht beeinträchtigen, nicht beseitigt oder verhindert zu werden brauchen.

(8) Angesichts der verschiedenen sozialen, gesellschaftlichen und kulturellen Auswirkungen der Informationsgesellschaft ist die Besonderheit des Inhalts von Produkten und Dienstleistungen zu berücksichtigen.

(9) Jede Harmonisierung des Urheberrechts und der verwandten Schutzrechte muss von einem hohen Schutzniveau ausgehen, da diese Rechte für das geistige Schaffen wesentlich sind. Ihr Schutz trägt dazu bei, die Erhaltung und Entwicklung kreativer Tätigkeit im Interesse der Urheber, ausübenden Künstler, Hersteller, Verbraucher, von Kultur und Wirtschaft sowie der breiten Öffentlichkeit sicherzustellen. Das geistige Eigentum ist daher als Bestandteil des Eigentums anerkannt worden.

(10) Wenn Urheber und ausübende Künstler weiter schöpferisch und künstlerisch tätig sein sollen, müssen sie für die Nutzung ihrer Werke eine angemessene Vergütung erhalten, was ebenso für die Produzenten gilt, damit diese die Werke finanzieren können. Um Produkte wie Tonträger, Filme oder Multimediaprodukte herstellen und Dienstleistungen, z. B. Dienste auf Abruf, anbieten zu können, sind beträchtliche Investitionen erforderlich. Nur wenn die Rechte des geistigen Eigentums angemessen geschützt werden, kann eine angemessene Vergütung der Rechtsinhaber gewährleistet und ein zufrieden stellender Ertrag dieser Investitionen sichergestellt werden.

(11) Eine rigorose und wirksame Regelung zum Schutz der Urheberrechte und verwandten Schutzrechte ist eines der wichtigsten Instrumente, um die notwendigen Mittel für das kulturelle Schaffen in Europa zu garantieren und die Unabhängigkeit und Würde der Urheber und ausübenden Künstler zu wahren.

(12) Ein angemessener Schutz von urheberrechtlich geschützten Werken und sonstigen Schutzgegenständen ist auch kulturell gesehen von großer Bedeutung. Nach Artikel 151 des Vertrags hat die Gemeinschaft bei ihrer Tätigkeit den kulturellen Aspekten Rechnung zu tragen.

(13) Gemeinsame Forschungsanstrengungen und die kohärente Anwendung technischer Maßnahmen zum Schutz von Werken und sonstigen Schutzgegenständen und zur Sicherstellung der nötigen Informationen über die Schutzrechte auf europäischer Ebene sind von grundlegender

Bedeutung, weil das Endziel dieser Maßnahmen die Umsetzung der in den Rechtsvorschriften enthaltenen Grundsätze und Garantien ist.

(14) Ziel dieser Richtlinie ist es auch, Lernen und kulturelle Aktivitäten durch den Schutz von Werken und sonstigen Schutzgegenständen zu fördern; hierbei müssen allerdings Ausnahmen oder Beschränkungen im öffentlichen Interesse für den Bereich Ausbildung und Unterricht vorgesehen werden.

(15) Die Diplomatische Konferenz, die unter der Schirmherrschaft der Weltorganisation für geistiges Eigentum (WIPO) im Dezember 1996 stattfand, führte zur Annahme von zwei neuen Verträgen, dem WIPO-Urheberrechtsvertrag und dem WIPO-Vertrag über Darbietungen und Tonträger, die den Schutz der Urheber bzw. der ausübenden Künstler und Tonträgerhersteller zum Gegenstand haben. In diesen Verträgen wird der internationale Schutz des Urheberrechts und der verwandten Schutzrechte, nicht zuletzt in Bezug auf die sog. „digitale Agenda", auf den neuesten Stand gebracht; gleichzeitig werden die Möglichkeiten zur Bekämpfung der Piraterie weltweit verbessert. Die Gemeinschaft und die meisten Mitgliedstaaten haben die Verträge bereits unterzeichnet, und inzwischen wurde mit den Vorbereitungen zu ihrer Genehmigung bzw. Ratifizierung durch die Gemeinschaft und die Mitgliedstaaten begonnen. Die vorliegende Richtlinie dient auch dazu, einigen dieser neuen internationalen Verpflichtungen nachzukommen.

(16) Die Haftung für Handlungen im Netzwerk-Umfeld betrifft nicht nur das Urheberrecht und die verwandten Schutzrechte, sondern auch andere Bereiche wie Verleumdung, irreführende Werbung, oder Verletzung von Warenzeichen, und wird horizontal in der Richtlinie 2000/31/EG des Europäischen Parlaments und des Rates vom 8. Juni 2000 über bestimmte rechtliche Aspekte der Dienste der Informationsgesellschaft, insbesondere des elektronischen Geschäftsverkehrs, im Binnenmarkt („Richtlinie über den elektronischen Geschäftsverkehr") geregelt, die verschiedene rechtliche Aspekte der Dienste der Informationsgesellschaft, einschließlich des elektronischen Geschäftsverkehrs, präzisiert und harmonisiert. Die vorliegende Richtlinie sollte in einem ähnlichen Zeitrahmen wie die Richtlinie über den elektronischen Geschäftsverkehr umgesetzt werden, da jene Richtlinie einen einheitlichen Rahmen für die Grundsätze und Vorschriften vorgibt, die auch für wichtige Teilbereiche der vorliegenden Richtlinie gelten. Die vorliegende Richtlinie berührt nicht die Bestimmungen der genannten Richtlinie zu Fragen der Haftung.

(17) Insbesondere aufgrund der durch die Digitaltechnik bedingten Erfordernisse muss sichergestellt werden, dass die Verwertungsgesellschaften im Hinblick auf die Beachtung der Wettbewerbsregeln ihre Tätigkeit stärker rationalisieren und für mehr Transparenz sorgen.

(18) Diese Richtlinie berührt nicht die Regelungen der betroffenen Mitgliedstaaten für die Verwaltung von Rechten, beispielsweise der erweiterten kollektiven Lizenzen.

(19) Die Urheberpersönlichkeitsrechte sind im Einklang mit den Rechtsvorschriften der Mitgliedstaaten und den Bestimmungen der Berner Übereinkunft zum Schutz von Werken der Literatur und der Kunst, des WIPO-Urheberrechtsvertrags und des WIPO-Vertrags über Darbietungen und Tonträger auszuüben. Sie bleiben deshalb außerhalb des Anwendungsbereichs dieser Richtlinie.

(20) Die vorliegende Richtlinie beruht auf den Grundsätzen und Bestimmungen, die in den einschlägigen geltenden Richtlinien bereits festgeschrieben sind, und zwar insbesondere in den Richtlinien 91/250/EWG, 92/100/EWG, 93/83/EWG, 93/98/EWG und 96/9/EG. Die betreffenden Grundsätze und Bestimmungen werden fortentwickelt und in den Rahmen der Informationsgesellschaft eingeordnet. Die Bestimmungen dieser Richtlinie sollten unbeschadet der genannten Richtlinien gelten, sofern diese Richtlinie nichts anderes bestimmt.

(21) Diese Richtlinie sollte den Umfang der unter das Vervielfältigungsrecht fallenden Handlungen in Bezug auf die verschiedenen Begünstigten bestimmen. Dabei sollte der gemein-

schaftliche Besitzstand zugrunde gelegt werden. Um die Rechtssicherheit im Binnenmarkt zu gewährleisten, muss die Definition dieser Handlungen weit gefasst sein.

(22) Die Verwirklichung des Ziels, die Verbreitung der Kultur zu fördern, darf nicht durch Verzicht auf einen rigorosen Schutz der Urheberrechte oder durch Duldung der unrechtmäßigen Verbreitung von nachgeahmten oder gefälschten Werken erfolgen.

(23) Mit dieser Richtlinie sollte das für die öffentliche Wiedergabe geltende Urheberrecht weiter harmonisiert werden. Dieses Recht sollte im weiten Sinne verstanden werden, nämlich dahin gehend, dass es jegliche Wiedergabe an die Öffentlichkeit umfasst, die an dem Ort, an dem die Wiedergabe ihren Ursprung nimmt, nicht anwesend ist. Dieses Recht sollte jegliche entsprechende drahtgebundene oder drahtlose öffentliche Übertragung, oder Weiterverbreitung eines Werks, einschließlich der Rundfunkübertragung, umfassen. Dieses Recht sollte für keine weiteren Handlungen gelten.

(24) Das Recht der öffentlichen Zugänglichmachung von Schutzgegenständen nach Artikel 3 Absatz 2 sollte dahin gehend verstanden werden, dass es alle Handlungen der Zugänglichmachung derartiger Schutzgegenstände für Mitglieder der Öffentlichkeit umfasst, die an dem Ort, an dem die Zugänglichmachung ihren Ursprung nimmt, nicht anwesend sind; dieses Recht gilt für keine weiteren Handlungen.

(25) Die Rechtsunsicherheit hinsichtlich der Art und des Umfangs des Schutzes der netzvermittelten Übertragung der urheberrechtlich geschützten Werke und der durch verwandte Schutzrechte geschützten Gegenstände auf Abruf sollte durch einen harmonisierten Rechtsschutz auf Gemeinschaftsebene beseitigt werden. Es sollte klargestellt werden, dass alle durch diese Richtlinie anerkannten Rechtsinhaber das ausschließliche Recht haben sollten, urheberrechtlich geschützte Werke und sonstige Schutzgegenstände im Wege der interaktiven Übertragung auf Abruf für die Öffentlichkeit zugänglich zu machen. Derartige interaktive Übertragungen auf Abruf zeichnen sich dadurch aus, dass sie Mitgliedern der Öffentlichkeit von Orten und zu Zeiten ihrer Wahl zugänglich sind.

(26) In Bezug auf Radio- und Fernsehproduktionen, die Musik aus gewerblichen Tonträgern enthalten und von den Sendeunternehmen auf Abruf angeboten werden, sind Vereinbarungen über Sammellizenzen zu fördern, um die Klärung im Zusammenhang mit den betreffenden Rechten zu erleichtern.

(27) Die bloße Bereitstellung der Einrichtungen, die eine Wiedergabe ermöglichen oder bewirken, stellt selbst keine Wiedergabe im Sinne dieser Richtlinie dar.

(28) Der unter diese Richtlinie fallende Urheberrechtsschutz schließt auch das ausschließliche Recht ein, die Verbreitung eines in einem Gegenstand verkörperten Werks zu kontrollieren. Mit dem Erstverkauf des Originals oder dem Erstverkauf von Vervielfältigungsstücken des Originals in der Gemeinschaft durch den Rechtsinhaber oder mit dessen Zustimmung erschöpft sich das Recht, den Wiederverkauf dieses Gegenstands innerhalb der Gemeinschaft zu kontrollieren. Dies gilt jedoch nicht, wenn das Original oder Vervielfältigungsstücke des Originals durch den Rechtsinhaber oder mit dessen Zustimmung außerhalb der Gemeinschaft verkauft werden. Die Vermiet- und Verleihrechte für Urheber wurden in der Richtlinie 92/100/EWG niedergelegt. Das durch die vorliegende Richtlinie gewährte Verbreitungsrecht lässt die Bestimmungen über die Vermiet- und Verleihrechte in Kapitel I jener Richtlinie unberührt.

(29) Die Frage der Erschöpfung stellt sich weder bei Dienstleistungen allgemein noch bei Online-Diensten im Besonderen. Dies gilt auch für materielle Vervielfältigungsstücke eines Werks oder eines sonstigen Schutzgegenstands, die durch den Nutzer eines solchen Dienstes mit Zustimmung des Rechtsinhabers hergestellt worden sind. Dasselbe gilt daher auch für die Vermietung oder den Verleih des Originals oder von Vervielfältigungsstücken eines Werks oder eines sonstigen Schutzgegenstands, bei denen es sich dem Wesen nach um Dienstleistungen handelt. Anders als bei CD-ROM oder CD-I, wo das geistige Eigentum in einem ma-

teriellen Träger, dh einem Gegenstand, verkörpert ist, ist jede Bereitstellung eines On-line-Dienstes im Grunde eine Handlung, die zustimmungsbedürftig ist, wenn das Urheberrecht oder ein verwandtes Schutzrecht dies vorsieht.

(30) Die von dieser Richtlinie erfassten Rechte können unbeschadet der einschlägigen einzelstaatlichen Rechtsvorschriften über das Urheberrecht und die verwandten Schutzrechte übertragen oder abgetreten werden oder Gegenstand vertraglicher Lizenzen sein.

(31) Es muss ein angemessener Rechts- und Interessenausgleich zwischen den verschiedenen Kategorien von Rechtsinhabern sowie zwischen den verschiedenen Kategorien von Rechtsinhabern und Nutzern von Schutzgegenständen gesichert werden. Die von den Mitgliedstaaten festgelegten Ausnahmen und Beschränkungen in Bezug auf Schutzrechte müssen vor dem Hintergrund der neuen elektronischen Medien neu bewertet werden. Bestehende Unterschiede bei den Ausnahmen und Beschränkungen in Bezug auf bestimmte zustimmungsbedürftige Handlungen haben unmittelbare negative Auswirkungen auf das Funktionieren des Binnenmarkts im Bereich des Urheberrechts und der verwandten Schutzrechte. Diese Unterschiede könnten sich mit der Weiterentwicklung der grenzüberschreitenden Verwertung von Werken und den zunehmenden grenzüberschreitenden Tätigkeiten durchaus noch deutlicher ausprägen. Um ein reibungsloses Funktionieren des Binnenmarkts zu gewährleisten, sollten diese Ausnahmen und Beschränkungen einheitlicher definiert werden. Dabei sollte sich der Grad ihrer Harmonisierung nach ihrer Wirkung auf die Funktionsfähigkeit des Binnenmarkts bestimmen.

(32) Die Ausnahmen und Beschränkungen in Bezug auf das Vervielfältigungsrecht und das Recht der öffentlichen Wiedergabe sind in dieser Richtlinie erschöpfend aufgeführt. Einige Ausnahmen oder Beschränkungen gelten, soweit dies angemessen erscheint, nur für das Vervielfältigungsrecht. Diese Liste trägt den unterschiedlichen Rechtstraditionen in den Mitgliedstaaten Rechnung und soll gleichzeitig die Funktionsfähigkeit des Binnenmarkts sichern. Die Mitgliedstaaten sollten diese Ausnahmen und Beschränkungen in kohärenter Weise anwenden; dies wird bei der zukünftigen Überprüfung der Umsetzungsvorschriften besonders berücksichtigt werden.

(33) Eine Ausnahme vom ausschließlichen Vervielfältigungsrecht sollte für bestimmte vorübergehende Vervielfältigungshandlungen gewahrt werden, die flüchtige oder begleitende Vervielfältigungen sind, als integraler und wesentlicher Teil eines technischen Verfahrens erfolgen und ausschließlich dem Ziel dienen, entweder die effiziente Übertragung in einem Netz zwischen Dritten durch einen Vermittler oder die rechtmäßige Nutzung eines Werks oder sonstiger Schutzgegenstände zu ermöglichen. Die betreffenden Vervielfältigungshandlungen sollten keinen eigenen wirtschaftlichen Wert besitzen. Soweit diese Voraussetzungen erfüllt sind, erfasst diese Ausnahme auch Handlungen, die das „Browsing" sowie Handlungen des „Caching" ermöglichen; dies schließt Handlungen ein, die das effiziente Funktionieren der Übertragungssysteme ermöglichen, sofern der Vermittler die Information nicht verändert und nicht die erlaubte Anwendung von Technologien zur Sammlung von Daten über die Nutzung der Information, die von der gewerblichen Wirtschaft weithin anerkannt und verwendet werden, beeinträchtigt. Eine Nutzung sollte als rechtmäßig gelten, soweit sie vom Rechtsinhaber zugelassen bzw. nicht durch Gesetze beschränkt ist.

(34) Die Mitgliedstaaten sollten die Möglichkeit erhalten, Ausnahmen oder Beschränkungen für bestimmte Fälle, etwa für Unterrichtszwecke und wissenschaftliche Zwecke, zugunsten öffentlicher Einrichtungen wie Bibliotheken und Archive, zu Zwecken der Berichterstattung über Tagesereignisse, für Zitate, für die Nutzung durch behinderte Menschen, für Zwecke der öffentlichen Sicherheit und für die Nutzung in Verwaltungs- und Gerichtsverfahren vorzusehen.

(35) In bestimmten Fällen von Ausnahmen oder Beschränkungen sollten Rechtsinhaber einen gerechten Ausgleich erhalten, damit ihnen die Nutzung ihrer geschützten Werke oder sonstigen Schutzgegenstände angemessen vergütet wird. Bei der Festlegung der Form, der Einzelheiten und der etwaigen Höhe dieses gerechten Ausgleichs sollten die besonderen Umstände eines je-

den Falls berücksichtigt werden. Für die Bewertung dieser Umstände könnte der sich aus der betreffenden Handlung für die Rechtsinhaber ergebende etwaige Schaden als brauchbares Kriterium herangezogen werden. In Fällen, in denen Rechtsinhaber bereits Zahlungen in anderer Form erhalten haben, zB als Teil einer Lizenzgebühr, kann gegebenenfalls keine spezifische oder getrennte Zahlung fällig sein. Hinsichtlich der Höhe des gerechten Ausgleichs sollte der Grad des Einsatzes technischer Schutzmaßnahmen gemäß dieser Richtlinie in vollem Umfang berücksichtigt werden. In bestimmten Situationen, in denen dem Rechtsinhaber nur ein geringfügiger Nachteil entstünde, kann sich gegebenenfalls keine Zahlungsverpflichtung ergeben.

(36) Die Mitgliedstaaten können einen gerechten Ausgleich für die Rechtsinhaber auch in den Fällen vorsehen, in denen sie die fakultativen Bestimmungen über die Ausnahmen oder Beschränkungen, die einen derartigen Ausgleich nicht vorschreiben, anwenden.

(37) Die bestehenden nationalen Regelungen über die Reprographie schaffen keine größeren Hindernisse für den Binnenmarkt. Die Mitgliedstaaten sollten die Möglichkeit haben, eine Ausnahme oder Beschränkung für die Reprographie vorzusehen.

(38) Die Mitgliedstaaten sollten die Möglichkeit erhalten, unter Sicherstellung eines gerechten Ausgleichs eine Ausnahme oder Beschränkung in Bezug auf das Vervielfältigungsrecht für bestimmte Arten der Vervielfältigung von Ton-, Bild- und audiovisuellem Material zu privaten Zwecken vorzusehen. Dazu kann die Einführung oder Beibehaltung von Vergütungsregelungen gehören, die Nachteile für Rechtsinhaber ausgleichen sollen. Wenngleich die zwischen diesen Vergütungsregelungen bestehenden Unterschiede das Funktionieren des Binnenmarkts beeinträchtigen, dürften sie sich, soweit sie sich auf die analoge private Vervielfältigung beziehen, auf die Entwicklung der Informationsgesellschaft nicht nennenswert auswirken. Die digitale private Vervielfältigung dürfte hingegen eine weitere Verbreitung finden und größere wirtschaftliche Bedeutung erlangen. Daher sollte den Unterschieden zwischen digitaler und analoger privater Vervielfältigung gebührend Rechnung getragen und hinsichtlich bestimmter Punkte zwischen ihnen unterschieden werden.

(39) Bei der Anwendung der Ausnahme oder Beschränkung für Privatkopien sollten die Mitgliedstaaten die technologischen und wirtschaftlichen Entwicklungen, insbesondere in Bezug auf die digitale Privatkopie und auf Vergütungssysteme, gebührend berücksichtigen, wenn wirksame technische Schutzmaßnahmen verfügbar sind. Entsprechende Ausnahmen oder Beschränkungen sollten weder den Einsatz technischer Maßnahmen noch deren Durchsetzung im Falle einer Umgehung dieser Maßnahmen behindern.

(40) Die Mitgliedstaaten können eine Ausnahme oder Beschränkung zugunsten bestimmter nicht kommerzieller Einrichtungen, wie der Öffentlichkeit zugängliche Bibliotheken und ähnliche Einrichtungen sowie Archive, vorsehen. Jedoch sollte diese Ausnahme oder Beschränkung auf bestimmte durch das Vervielfältigungsrecht erfasste Sonderfälle begrenzt werden. Eine Nutzung im Zusammenhang mit der Online-Lieferung von geschützten Werken oder sonstigen Schutzgegenständen sollte nicht unter diese Ausnahme fallen. Die Möglichkeit, dass die Mitgliedstaaten Ausnahmen vom ausschließlichen öffentlichen Verleihrecht gemäß Artikel 5 der Richtlinie 92/100/EWG vorsehen, bleibt von dieser Richtlinie unberührt. Spezifische Verträge und Lizenzen, die diesen Einrichtungen und ihrer Zweckbestimmung zur Verbreitung der Kultur in ausgewogener Weise zugute kommen, sollten daher unterstützt werden.

(41) Bei Anwendung der Ausnahme oder Beschränkung für ephemere Aufzeichnungen, die von Sendeunternehmen vorgenommen werden, wird davon ausgegangen, dass zu den eigenen Mitteln des Sendeunternehmens auch die Mittel einer Person zählen, die im Namen oder unter der Verantwortung des Sendeunternehmens handelt.

(42) Bei Anwendung der Ausnahme oder Beschränkung für nicht kommerzielle Unterrichtszwecke und nicht kommerzielle wissenschaftliche Forschungszwecke einschließlich Fernunterricht sollte die nicht kommerzielle Art der betreffenden Tätigkeit durch diese Tätigkeit als

solche bestimmt sein. Die organisatorische Struktur und die Finanzierung der betreffenden Einrichtung sind in dieser Hinsicht keine maßgeblichen Faktoren.

(43) Die Mitgliedstaaten sollten in jedem Fall alle erforderlichen Maßnahmen ergreifen, um für Personen mit Behinderungen, die ihnen die Nutzung der Werke selbst erschweren, den Zugang zu diesen Werken zu erleichtern, und dabei ihr besonderes Augenmerk auf zugängliche Formate richten.

(44) Bei der Anwendung der Ausnahmen und Beschränkungen im Sinne dieser Richtlinie sollten die internationalen Verpflichtungen beachtet werden. Solche Ausnahmen und Beschränkungen dürfen nicht auf eine Weise angewandt werden, dass die berechtigten Interessen der Rechtsinhaber verletzt werden oder die normale Verwertung ihrer Werke oder sonstigen Schutzgegenstände beeinträchtigt wird. Die von den Mitgliedstaaten festgelegten Ausnahmen oder Beschränkungen sollten insbesondere die gesteigerte wirtschaftliche Bedeutung, die solche Ausnahmen oder Beschränkungen im neuen elektronischen Umfeld erlangen können, angemessen berücksichtigen. Daher ist der Umfang bestimmter Ausnahmen oder Beschränkungen bei bestimmten neuen Formen der Nutzung urheberrechtlich geschützter Werke und sonstiger Schutzgegenstände möglicherweise noch enger zu begrenzen.

(45) Die in Artikel 5 Absätze 2, 3 und 4 vorgesehenen Ausnahmen und Beschränkungen sollten jedoch vertraglichen Beziehungen zur Sicherstellung eines gerechten Ausgleichs für die Rechtsinhaber nicht entgegenstehen, soweit dies nach innerstaatlichem Recht zulässig ist.

(46) Die Einschaltung einer Schlichtungsinstanz könnte Nutzern und Rechtsinhabern für die Beilegung ihrer Streitigkeiten hilfreich sein. Die Kommission sollte gemeinsam mit den Mitgliedstaaten im Rahmen des Kontaktausschusses eine Untersuchung über neue rechtliche Möglichkeiten durchführen, mit denen Streitigkeiten im Bereich des Urheberrechts und der verwandten Schutzrechte beigelegt werden können.

(47) Im Zuge der technischen Entwicklung werden Rechtsinhaber von technischen Maßnahmen Gebrauch machen können, die dazu bestimmt sind, die Verhinderung oder Einschränkung von Handlungen zu erreichen, die von den Inhabern von Urheberrechten oder verwandten Schutzrechten oder des Sui-generis-Rechts an Datenbanken nicht genehmigt worden sind. Es besteht jedoch die Gefahr, dass die Umgehung des durch diese Vorrichtungen geschaffenen technischen Schutzes durch rechtswidrige Handlungen ermöglicht oder erleichtert wird. Um ein uneinheitliches rechtliches Vorgehen zu vermeiden, das den Binnenmarkt in seiner Funktion beeinträchtigen könnte, muss der rechtliche Schutz vor der Umgehung wirksamer technischer Maßnahmen und vor der Bereitstellung entsprechender Vorrichtungen und Produkte bzw. der Erbringung entsprechender Dienstleistungen harmonisiert werden.

(48) Dieser Rechtsschutz sollte für technische Maßnahmen gelten, die wirksam Handlungen beschränken, die von den Inhabern von Urheberrechten oder verwandten Schutzrechten oder des Sui generis-Rechts an Datenbanken nicht genehmigt worden sind, ohne jedoch den normalen Betrieb elektronischer Geräte und deren technische Entwicklung zu behindern. Dieser Rechtsschutz verpflichtet nicht dazu, Vorrichtungen, Produkte, Komponenten oder Dienstleistungen zu entwerfen, die den technischen Maßnahmen entsprechen, solange diese Vorrichtungen, Produkte, Komponenten oder Dienstleistungen nicht in anderer Weise unter das Verbot des Artikels 6 fallen. Dieser Rechtsschutz sollte auch das Verhältnismäßigkeitsprinzip berücksichtigen, und es sollten nicht jene Vorrichtungen oder Handlungen untersagt werden, deren wirtschaftlicher Zweck und Nutzen nicht in der Umgehung technischer Schutzvorkehrungen besteht. Insbesondere dürfen die Forschungsarbeiten im Bereich der Verschlüsselungstechniken dadurch nicht behindert werden.

(49) Der Rechtsschutz technischer Maßnahmen lässt einzelstaatliche Rechtsvorschriften unberührt, die den privaten Besitz von Vorrichtungen, Erzeugnissen oder Bestandteilen zur Umgehung technischer Maßnahmen untersagen.

(50) Ein solcher harmonisierter Rechtsschutz lässt die speziellen Schutzbestimmungen gemäß der Richtlinie 91/250/EWG unberührt. Er sollte insbesondere nicht auf den Schutz der in Verbindung mit Computerprogrammen verwendeten technischen Maßnahmen Anwendung finden, der ausschließlich in jener Richtlinie behandelt wird. Er sollte die Entwicklung oder Verwendung anderer Mittel zur Umgehung technischer Maßnahmen, die erforderlich sind, um Handlungen nach Artikel 5 Absatz 3 oder Artikel 6 der Richtlinie 91/250/EWG zu ermöglichen, nicht aufhalten oder verhindern. Artikel 5 und 6 jener Richtlinie sehen ausschließlich Ausnahmen von den auf Computerprogramme anwendbaren ausschließlichen Rechten vor.

(51) Der Rechtsschutz technischer Maßnahmen gilt unbeschadet des in Artikel 5 zum Ausdruck kommenden Gesichtspunkts des Allgemeininteresses sowie unbeschadet der öffentlichen Sicherheit. Die Mitgliedstaaten sollten freiwillige Maßnahmen der Rechtsinhaber, einschließlich des Abschlusses und der Umsetzung von Vereinbarungen zwischen Rechtsinhabern und anderen interessierten Parteien, fördern, mit denen dafür Sorge getragen wird, dass die Ziele bestimmter Ausnahmen oder Beschränkungen, die im Einklang mit dieser Richtlinie in einzelstaatlichen Rechtsvorschriften vorgesehen sind, erreicht werden können. Werden innerhalb einer angemessenen Frist keine derartigen freiwilligen Maßnahmen oder Vereinbarungen getroffen, sollten die Mitgliedstaaten angemessene Maßnahmen ergreifen, um zu gewährleisten, dass die Rechtsinhaber durch Änderung einer schon angewandten technischen Maßnahme oder durch andere Mittel den von derartigen Ausnahmen oder Beschränkungen Begünstigten geeignete Mittel für die Inanspruchnahme dieser Ausnahmen oder Beschränkungen an die Hand geben. Damit jedoch bei derartigen Maßnahmen, die von den Rechtsinhabern, auch im Rahmen von Vereinbarungen, oder von einem Mitgliedstaat ergriffen werden, kein Missbrauch entsteht, sollten alle technischen Maßnahmen Rechtsschutz genießen, die bei der Umsetzung derartiger Maßnahmen zur Anwendung kommen.

(52) Bei der Umsetzung einer Ausnahme oder einer Beschränkung im Hinblick auf Vervielfältigungen zum privaten Gebrauch nach Artikel 5 Absatz 2 Buchstabe b) sollten die Mitgliedstaaten auch die Anwendung freiwilliger Maßnahmen fördern, mit denen dafür Sorge getragen wird, dass die Ziele derartiger Ausnahmen oder Beschränkungen erreicht werden können. Werden innerhalb einer angemessenen Frist keine derartigen freiwilligen Maßnahmen zur Ermöglichung von Vervielfältigungen zum privaten Gebrauch getroffen, können die Mitgliedstaaten Maßnahmen ergreifen, damit die Begünstigten der betreffenden Ausnahme oder Beschränkung sie tatsächlich nutzen können. Freiwillige Maßnahmen des Rechtsinhabers, einschließlich etwaiger Vereinbarungen zwischen Rechtsinhabern und interessierten Parteien, sowie Maßnahmen der Mitgliedstaaten stehen solchen technischen Maßnahmen der Rechtsinhaber nicht entgegen, die mit den im nationalen Recht vorgesehenen Ausnahmen und Beschränkungen in Bezug auf Vervielfältigungen zum privaten Gebrauch nach Artikel 5 Absatz 2 Buchstabe b) vereinbar sind, wobei der Bedingung des gerechten Ausgleichs nach jener Bestimmung und der Möglichkeit einer Differenzierung zwischen verschiedenen Anwendungsbedingungen nach Artikel 5 Absatz 5, wie zB Überwachung der Anzahl der Vervielfältigungen, Rechnung zu tragen ist. Damit bei derartigen Maßnahmen kein Missbrauch entsteht, sollten alle technischen Schutzmaßnahmen Rechtsschutz genießen, die bei der Umsetzung derartiger Maßnahmen zur Anwendung kommen.

(53) Der Schutz technischer Maßnahmen sollte ein sicheres Umfeld gewährleisten für die Erbringung interaktiver Dienste auf Abruf in der Weise, dass Mitgliedern der Öffentlichkeit Werke und andere Schutzgegenstände von Orten und zu Zeiten ihrer Wahl zugänglich sind. Werden entsprechende Dienste auf der Grundlage von vertraglichen Vereinbarungen erbracht, sollte Artikel 6 Absatz 4 Unterabsätze 1 und 2 keine Anwendung finden. Nicht interaktive Formen der Online-Nutzung sollten im Anwendungsbereich dieser Vorschriften verbleiben.

(54) Die internationale Normung technischer Identifizierungssysteme für Werke und sonstige Schutzgegenstände in digitalem Format hat große Fortschritte gemacht. In einer sich auswei-

tenden Netzwerkumgebung könnten Unterschiede zwischen technischen Maßnahmen zur Inkompatibilität der Systeme innerhalb der Gemeinschaft führen. Kompatibilität und Interoperabilität der verschiedenen Systeme sollten gefördert werden. Es erscheint in hohem Maße wünschenswert, die Entwicklung weltweiter Systeme zu fördern.

(55) Die technische Entwicklung wird die Verbreitung von Werken, insbesondere die Verbreitung über Netze erleichtern, und dies bedeutet, dass Rechtsinhaber das Werk oder den sonstigen Schutzgegenstand, den Urheber und jeden sonstigen Leistungsschutzberechtigten genauer identifizieren und Informationen über die entsprechenden Nutzungsbedingungen mitteilen müssen, um die Wahrnehmung der mit dem Werk bzw. dem Schutzgegenstand verbundenen Rechte zu erleichtern. Rechtsinhaber sollten darin bestärkt werden, Kennzeichnungen zu verwenden, aus denen bei der Eingabe von Werken oder sonstigen Schutzgegenständen in Netze zusätzlich zu den genannten Informationen unter anderem hervorgeht, dass sie ihre Erlaubnis erteilt haben.

(56) Es besteht jedoch die Gefahr, dass rechtswidrige Handlungen vorgenommen werden, um die Informationen für die elektronische Wahrnehmung der Urheberrechte zu entfernen oder zu verändern oder Werke oder sonstige Schutzgegenstände, aus denen diese Informationen ohne Erlaubnis entfernt wurden, in sonstiger Weise zu verbreiten, zu Verbreitungszwecken einzuführen, zu senden, öffentlich wiederzugeben oder der Öffentlichkeit zugänglich zu machen. Um ein uneinheitliches rechtliches Vorgehen zu vermeiden, das den Binnenmarkt in seiner Funktion beeinträchtigen könnte, muss der rechtliche Schutz vor solchen Handlungen harmonisiert werden.

(57) Die genannten Informationssysteme für die Wahrnehmung der Rechte sind je nach Auslegung in der Lage, gleichzeitig personenbezogene Daten über die individuelle Nutzung von Schutzgegenständen zu verarbeiten und Online-Aktivitäten nachzuvollziehen. Die technischen Funktionen dieser Vorrichtungen sollten dem Schutz der Privatsphäre gemäß der Richtlinie 95/46/EG des Europäischen Parlaments und des Rates vom 24. Oktober 1995 zum Schutz natürlicher Personen bei der Verarbeitung personenbezogener Daten und zum freien Datenverkehr gerecht werden.

(58) Die Mitgliedstaaten sollten wirksame Sanktionen und Rechtsbehelfe bei Zuwiderhandlungen gegen die in dieser Richtlinie festgelegten Rechte und Pflichten vorsehen. Sie sollten alle erforderlichen Maßnahmen treffen, um die Anwendung dieser Sanktionen und Rechtsbehelfe sicherzustellen. Die vorgesehenen Sanktionen müssen wirksam, verhältnismäßig und abschreckend sein und die Möglichkeit einschließen, Schadenersatz und/oder eine gerichtliche Anordnung sowie gegebenenfalls die Beschlagnahme von rechtswidrigem Material zu beantragen.

(59) insbesondere in der digitalen Technik können die Dienste von Vermittlern immer stärker von Dritten für Rechtsverstöße genutzt werden. Oftmals sind diese Vermittler selbst am besten in der Lage, diesen Verstößen ein Ende zu setzen. Daher sollten die Rechtsinhaber – unbeschadet anderer zur Verfügung stehender Sanktionen und Rechtsbehelfe – die Möglichkeit haben, eine gerichtliche Anordnung gegen einen Vermittler zu beantragen, der die Rechtsverletzung eines Dritten in Bezug auf ein geschütztes Werk oder einen anderen Schutzgegenstand in einem Netz überträgt. Diese Möglichkeit sollte auch dann bestehen, wenn die Handlungen des Vermittlers nach Artikel 5 freigestellt sind. Die Bedingungen und Modalitäten für eine derartige gerichtliche Anordnung sollten im nationalen Recht der Mitgliedstaaten geregelt werden.

(60) Der durch diese Richtlinie gewährte Schutz sollte die nationalen und gemeinschaftlichen Rechtsvorschriften in anderen Bereichen wie gewerbliches Eigentum, Datenschutz, Zugangskontrolle, Zugang zu öffentlichen Dokumenten und den Grundsatz der Chronologie der Auswertung in den Medien, die sich auf den Schutz des Urheberrechts oder verwandter Rechte auswirken, unberührt lassen.

(61) Um den Bestimmungen des WIPO-Vertrags über Darbietungen und Tonträger nachzukommen, sollten die Richtlinien 92/100/EWG und 93/98/EWG geändert werden –

HABEN FOLGENDE RICHTLINIE ERLASSEN:

Kapitel I
Ziel und Anwendungsbereich

Artikel 1
Anwendungsbereich

(1) Gegenstand dieser Richtlinie ist der rechtliche Schutz des Urheberrechts und der verwandten Schutzrechte im Rahmen des Binnenmarkts, insbesondere in Bezug auf die Informationsgesellschaft.

(2) Außer in den in Artikel 11 genannten Fällen lässt diese Richtlinie die bestehenden gemeinschaftsrechtlichen Bestimmungen über folgende Bereiche unberührt und beeinträchtigt sie in keiner Weise:

a) über den rechtlichen Schutz von Computerprogrammen;
b) über das Vermietrecht, das Verleihrecht und bestimmte dem Urheberrecht verwandte Schutzrechte im Bereich des geistigen Eigentums;
c) über das Urheberrecht und die verwandten Schutzrechte im Bereich des Satellitenrundfunks und der Kabelweiterverbreitung;
d) über die Dauer des Schutzes des Urheberrechts und bestimmter verwandter Schutzrechte;
e) über den rechtlichen Schutz von Datenbanken.

Kapitel II
Rechte und Ausnahmen

Artikel 2
Vervielfältigungsrecht

Die Mitgliedstaaten sehen für folgende Personen das ausschließliche Recht vor, die unmittelbare oder mittelbare, vorübergehende oder dauerhafte Vervielfältigung auf jede Art und Weise und in jeder Form ganz oder teilweise zu erlauben oder zu verbieten:

a) für die Urheber in Bezug auf ihre Werke,
b) für die ausübenden Künstler in Bezug auf die Aufzeichnungen ihrer Darbietungen,
c) für die Tonträgerhersteller in Bezug auf ihre Tonträger,
d) für die Hersteller der erstmaligen Aufzeichnungen von Filmen in Bezug auf das Original und die Vervielfältigungsstücke ihrer Filme,
e) für die Sendeunternehmen in Bezug auf die Aufzeichnungen ihrer Sendungen, unabhängig davon, ob diese Sendungen drahtgebunden oder drahtlos, über Kabel oder Satellit übertragen werden.

Artikel 3
Recht der öffentlichen Wiedergabe von Werken und Recht der
öffentlichen Zugänglichmachung sonstiger Schutzgegenstände

(1) Die Mitgliedstaaten sehen vor, dass den Urhebern das ausschließliche Recht zusteht, die drahtgebundene oder drahtlose öffentliche Wiedergabe ihrer Werke einschließlich der öffentlichen Zugänglichmachung der Werke in der Weise, dass sie Mitgliedern der Öffentlichkeit von Orten und zu Zeiten ihrer Wahl zugänglich sind, zu erlauben oder zu verbieten.

(2) Die Mitgliedstaaten sehen für folgende Personen das ausschließliche Recht vor, zu erlauben oder zu verbieten, dass die nachstehend genannten Schutzgegenstände drahtgebunden oder drahtlos in einer Weise der Öffentlichkeit zugänglich gemacht werden, dass sie Mitgliedern der Öffentlichkeit von Orten und zu Zeiten ihrer Wahl zugänglich sind:

a) für die ausübenden Künstler in Bezug auf die Aufzeichnungen ihrer Darbietungen;
b) für die Tonträgerhersteller in Bezug auf ihre Tonträger;
c) für die Hersteller der erstmaligen Aufzeichnungen von Filmen in Bezug auf das Original und auf Vervielfältigungsstücke ihrer Filme;
d) für die Sendeunternehmen in Bezug auf die Aufzeichnungen ihrer Sendungen, unabhängig davon, ob diese Sendungen drahtgebunden oder drahtlos, über Kabel oder Satellit übertragen werden.

(3) Die in den Absätzen 1 und 2 bezeichneten Rechte erschöpfen sich nicht mit den in diesem Artikel genannten Handlungen der öffentlichen Wiedergabe oder der Zugänglichmachung für die Öffentlichkeit.

Artikel 4
Verbreitungsrecht

(1) Die Mitgliedstaaten sehen vor, dass den Urhebern in Bezug auf das Original ihrer Werke oder auf Vervielfältigungsstücke davon das ausschließliche Recht zusteht, die Verbreitung an die Öffentlichkeit in beliebiger Form durch Verkauf oder auf sonstige Weise zu erlauben oder zu verbieten.

(2) Das Verbreitungsrecht erschöpft sich in der Gemeinschaft in Bezug auf das Original oder auf Vervielfältigungsstücke eines Werks nur, wenn der Erstverkauf dieses Gegenstands oder eine andere erstmalige Eigentumsübertragung in der Gemeinschaft durch den Rechtsinhaber oder mit dessen Zustimmung erfolgt.

Artikel 5
Ausnahmen und Beschränkungen

(1) Die in Artikel 2 bezeichneten vorübergehenden Vervielfältigungshandlungen, die flüchtig oder begleitend sind und einen integralen und wesentlichen Teil eines technischen Verfahrens darstellen und deren alleiniger Zweck es ist,

a) eine Übertragung in einem Netz zwischen Dritten durch einen Vermittler oder
b) eine rechtmäßige Nutzung

eines Werks oder sonstigen Schutzgegenstands zu ermöglichen, und die keine eigenständige wirtschaftliche Bedeutung haben, werden von dem in Artikel 2 vorgesehenen Vervielfältigungsrecht ausgenommen.

(2) Die Mitgliedstaaten können in den folgenden Fällen Ausnahmen oder Beschränkungen in Bezug auf das in Artikel 2 vorgesehene Vervielfältigungsrecht vorsehen:

a) in Bezug auf Vervielfältigungen auf Papier oder einem ähnlichen Träger mittels beliebiger fotomechanischer Verfahren oder anderer Verfahren mit ähnlicher Wirkung, mit Ausnahme von Notenblättern und unter der Bedingung, dass die Rechtsinhaber einen gerechten Ausgleich erhalten;
b) in Bezug auf Vervielfältigungen auf beliebigen Trägern durch eine natürliche Person zum privaten Gebrauch und weder für direkte noch indirekte kommerzielle Zwecke unter der Bedingung, dass die Rechtsinhaber einen gerechten Ausgleich erhalten, wobei berücksichtigt wird, ob technische Maßnahmen gemäß Artikel 6 auf das betreffende Werk oder den betreffenden Schutzgegenstand angewendet wurden;

c) in Bezug auf bestimmte Vervielfältigungshandlungen von öffentlich zugänglichen Bibliotheken, Bildungseinrichtungen oder Museen oder von Archiven, die keinen unmittelbaren oder mittelbaren wirtschaftlichen oder kommerziellen Zweck verfolgen;

d) in Bezug auf ephemere Aufzeichnungen von Werken, die von Sendeunternehmen mit eigenen Mitteln und für eigene Sendungen vorgenommen worden sind; aufgrund ihres außergewöhnlichen Dokumentationscharakters kann die Aufbewahrung dieser Aufzeichnungen in amtlichen Archiven erlaubt werden;

e) in Bezug auf Vervielfältigungen von Sendungen, die von nicht kommerziellen sozialen Einrichtungen wie Krankenhäusern oder Haftanstalten angefertigt wurden, unter der Bedingung, dass die Rechtsinhaber einen gerechten Ausgleich erhalten.

(3) Die Mitgliedstaaten können in den folgenden Fällen Ausnahmen oder Beschränkungen in Bezug auf die in den Artikeln 2 und 3 vorgesehenen Rechte vorsehen:

a) für die Nutzung ausschließlich zur Veranschaulichung im Unterricht oder für Zwecke der wissenschaftlichen Forschung, sofern – außer in Fällen, in denen sich dies als unmöglich erweist – die Quelle, einschließlich des Namens des Urhebers, wann immer dies möglich ist, angegeben wird und soweit dies zur Verfolgung nicht kommerzieller Zwecke gerechtfertigt ist;

b) für die Nutzung zugunsten behinderter Personen, wenn die Nutzung mit der Behinderung unmittelbar in Zusammenhang steht und nicht kommerzieller Art ist, soweit es die betreffende Behinderung erfordert;

c) für die Vervielfältigung durch die Presse, die öffentliche Wiedergabe oder die Zugänglichmachung von veröffentlichten Artikeln zu Tagesfragen wirtschaftlicher, politischer oder religiöser Natur oder von gesendeten Werken oder sonstigen Schutzgegenständen dieser Art, sofern eine solche Nutzung nicht ausdrücklich vorbehalten ist und sofern die Quelle, einschließlich des Namens des Urhebers, angegeben wird, oder die Nutzung von Werken oder sonstigen Schutzgegenständen in Verbindung mit der Berichterstattung über Tagesereignisse, soweit es der Informationszweck rechtfertigt und sofern – außer in Fällen, in denen sich dies als unmöglich erweist – die Quelle, einschließlich des Namens des Urhebers, angegeben wird;

d) für Zitate zu Zwecken wie Kritik oder Rezensionen, sofern sie ein Werk oder einen sonstigen Schutzgegenstand betreffen, das bzw. der der Öffentlichkeit bereits rechtmäßig zugänglich gemacht wurde, sofern – außer in Fällen, in denen sich dies als unmöglich erweist – die Quelle, einschließlich des Namens des Urhebers, angegeben wird und sofern die Nutzung den anständigen Gepflogenheiten entspricht und in ihrem Umfang durch den besonderen Zweck gerechtfertigt ist;

e) für die Nutzung zu Zwecken der öffentlichen Sicherheit oder zur Sicherstellung des ordnungsgemäßen Ablaufs von Verwaltungsverfahren, parlamentarischen Verfahren oder Gerichtsverfahren oder der Berichterstattung darüber;

f) für die Nutzung von politischen Reden oder von Auszügen aus öffentlichen Vorträgen oder ähnlichen Werken oder Schutzgegenständen, soweit der Informationszweck dies rechtfertigt und sofern – außer in Fällen, in denen sich dies als unmöglich erweist – die Quelle, einschließlich des Namens des Urhebers, angegeben wird;

g) für die Nutzung bei religiösen Veranstaltungen oder offiziellen, von einer Behörde durchgeführten Veranstaltungen;

h) für die Nutzung von Werken wie Werken der Baukunst oder Plastiken, die dazu angefertigt wurden, sich bleibend an öffentlichen Orten zu befinden;

i) für die beiläufige Einbeziehung eines Werks oder sonstigen Schutzgegenstands in anderes Material;

j) für die Nutzung zum Zwecke der Werbung für die öffentliche Ausstellung oder den öffentlichen Verkauf von künstlerischen Werken in dem zur Förderung der betreffenden Veranstaltung erforderlichen Ausmaß unter Ausschluss jeglicher anderer kommerzieller Nutzung;

k) für die Nutzung zum Zwecke von Karikaturen, Parodien oder Pastiches;

l) für die Nutzung im Zusammenhang mit der Vorführung oder Reparatur von Geräten;

m) für die Nutzung eines künstlerischen Werks in Form eines Gebäudes bzw. einer Zeichnung oder eines Plans eines Gebäudes zum Zwecke des Wiederaufbaus des Gebäudes;

n) für die Nutzung von Werken und sonstigen Schutzgegenständen, für die keine Regelungen über Verkauf und Lizenzen gelten und die sich in den Sammlungen der Einrichtungen gemäß Absatz 2 Buchstabe c) befinden, durch ihre Wiedergabe oder Zugänglichmachung für einzelne Mitglieder der Öffentlichkeit zu Zwecken der Forschung und privater Studien auf eigens hierfür eingerichteten Terminals in den Räumlichkeiten der genannten Einrichtungen;

o) für die Nutzung in bestimmten anderen Fällen von geringer Bedeutung, soweit solche Ausnahmen oder Beschränkungen bereits in einzelstaatlichen Rechtsvorschriften vorgesehen sind und sofern sie nur analoge Nutzungen betreffen und den freien Waren- und Dienstleistungsverkehr in der Gemeinschaft nicht berühren; dies gilt unbeschadet der anderen in diesem Artikel enthaltenen Ausnahmen und Beschränkungen.

(4) Wenn die Mitgliedstaaten gemäß Absatz 2 oder 3 eine Ausnahme oder Beschränkung in Bezug auf das Vervielfältigungsrecht vorsehen können, können sie entsprechend auch eine Ausnahme oder Beschränkung in Bezug auf das Verbreitungsrecht im Sinne von Artikel 4 zulassen, soweit diese Ausnahme durch den Zweck der erlaubten Vervielfältigung gerechtfertigt ist.

(5) Die in den Absätzen 1, 2, 3 und 4 genannten Ausnahmen und Beschränkungen dürfen nur in bestimmten Sonderfällen angewandt werden, in denen die normale Verwertung des Werks oder des sonstigen Schutzgegenstands nicht beeinträchtigt wird und die berechtigten Interessen des Rechtsinhabers nicht ungebührlich verletzt werden.

Kapitel III
Schutz von technischen Maßnahmen und von Informationen
für die Wahrnehmung der Rechte

Artikel 6
Pflichten in Bezug auf technische Maßnahmen

(1) Die Mitgliedstaaten sehen einen angemessenen Rechtsschutz gegen die Umgehung wirksamer technischer Maßnahmen durch eine Person vor, der bekannt ist oder den Umständen nach bekannt sein muss, dass sie dieses Ziel verfolgt.

(2) Die Mitgliedstaaten sehen einen angemessenen Rechtsschutz gegen die Herstellung, die Einfuhr, die Verbreitung, den Verkauf, die Vermietung, die Werbung im Hinblick auf Verkauf oder Vermietung und den Besitz zu kommerziellen Zwecken von Vorrichtungen, Erzeugnissen oder Bestandteilen sowie die Erbringung von Dienstleistungen vor,

a) die Gegenstand einer Verkaufsförderung, Werbung oder Vermarktung mit dem Ziel der Umgehung wirksamer technischer Maßnahmen sind oder

b) die, abgesehen von der Umgehung wirksamer technischer Maßnahmen, nur einen begrenzten wirtschaftlichen Zweck oder Nutzen haben oder

c) die hauptsächlich entworfen, hergestellt, angepasst oder erbracht werden, um die Umgehung wirksamer technischer Maßnahmen zu ermöglichen oder zu erleichtern.

(3) Im Sinne dieser Richtlinie bezeichnet der Ausdruck „technische Maßnahmen" alle Technologien, Vorrichtungen oder Bestandteile, die im normalen Betrieb dazu bestimmt sind, Werke oder sonstige Schutzgegenstände betreffende Handlungen zu verhindern oder einzuschränken, die nicht von der Person genehmigt worden sind, die Inhaber der Urheberrechte oder der dem Urheberrecht verwandten gesetzlich geschützten Schutzrechte oder des in Kapitel III der

Richtlinie 96/9/EG verankerten Sui-generis-Rechts ist. Technische Maßnahmen sind als „wirksam" anzusehen, soweit die Nutzung eines geschützten Werks oder eines sonstigen Schutzgegenstands von den Rechtsinhabern durch eine Zugangskontrolle oder einen Schutzmechanismus wie Verschlüsselung, Verzerrung oder sonstige Umwandlung des Werks oder sonstigen Schutzgegenstands oder einen Mechanismus zur Kontrolle der Vervielfältigung, die die Erreichung des Schutzziels sicherstellen, unter Kontrolle gehalten wird.

(4) Werden von Seiten der Rechtsinhaber freiwillige Maßnahmen, einschließlich Vereinbarungen zwischen den Rechtsinhabern und anderen betroffenen Parteien, nicht ergriffen, so treffen die Mitgliedstaaten ungeachtet des Rechtsschutzes nach Absatz 1 geeignete Maßnahmen, um sicherzustellen, dass die Rechtsinhaber dem Begünstigten einer im nationalen Recht gemäß Artikel 5 Absatz 2 Buchstaben a), c), d), oder e) oder Absatz 3 Buchstaben a), b) oder e) vorgesehenen Ausnahme oder Beschränkung die Mittel zur Nutzung der betreffenden Ausnahme oder Beschränkung in dem für die Nutzung der betreffenden Ausnahme oder Beschränkung erforderlichen Maße zur Verfügung stellen, soweit der betreffende Begünstigte rechtmäßig Zugang zu dem geschützten Werk oder Schutzgegenstand hat.

Ein Mitgliedstaat kann derartige Maßnahmen auch in Bezug auf den Begünstigten einer Ausnahme oder Beschränkung gemäß Artikel 5 Absatz 2 Buchstabe b) treffen, sofern die Vervielfältigung zum privaten Gebrauch nicht bereits durch die Rechtsinhaber in dem für die Nutzung der betreffenden Ausnahme oder Beschränkung erforderlichen Maße gemäß Artikel 5 Absatz 2 Buchstabe b) und Absatz 5 ermöglicht worden ist; der Rechtsinhaber kann dadurch nicht gehindert werden, geeignete Maßnahmen in Bezug auf die Zahl der Vervielfältigungen gemäß diesen Bestimmungen zu ergreifen.

Die von den Rechtsinhabern freiwillig angewandten technischen Maßnahmen, einschließlich der zur Umsetzung freiwilliger Vereinbarungen angewandten Maßnahmen, und die technischen Maßnahmen, die zur Umsetzung der von den Mitgliedstaaten getroffenen Maßnahmen angewandt werden, genießen den Rechtsschutz nach Absatz 1.

Die Unterabsätze 1 und 2 gelten nicht für Werke und sonstige Schutzgegenstände, die der Öffentlichkeit aufgrund einer vertraglichen Vereinbarung in einer Weise zugänglich gemacht werden, dass sie Mitgliedern der Öffentlichkeit von Orten und zu Zeiten ihrer Wahl zugänglich sind.

Wenn dieser Artikel im Zusammenhang mit der Richtlinie 92/100/EWG und 96/9/EG angewandt wird, so findet dieser Absatz entsprechende Anwendung.

Artikel 7
Pflichten in Bezug auf Informationen für die Rechtewahrnehmung

(1) Die Mitgliedstaaten sehen einen angemessenen rechtlichen Schutz gegen Personen vor, die wissentlich unbefugt eine der nachstehenden Handlungen vornehmen, wobei ihnen bekannt ist oder den Umständen nach bekannt sein muss, dass sie dadurch die Verletzung von Urheberrechten oder dem Urheberrecht verwandten gesetzlich geschützten Schutzrechten oder die Verletzung des in Kapitel III der Richtlinie 96/9/EG vorgesehenen Sui-generis-Rechts veranlassen, ermöglichen, erleichtern oder verschleiern:

a) die Entfernung oder Änderung elektronischer Informationen für die Wahrnehmung der Rechte,

b) die Verbreitung, Einfuhr zur Verbreitung, Sendung, öffentliche Wiedergabe oder öffentliche Zugänglichmachung von Werken oder sonstigen unter diese Richtlinie oder unter Kapitel III der Richtlinie 96/9/EG fallenden Schutzgegenständen, bei denen elektronische Informationen für die Wahrnehmung der Rechte unbefugt entfernt oder geändert wurden.

(2) Im Sinne dieser Richtlinie bezeichnet der Ausdruck „Informationen für die Rechtewahrnehmung" die von Rechtsinhabern stammenden Informationen, die die in dieser Richtlinie be-

zeichneten Werke oder Schutzgegenstände oder die durch das in Kapitel III der Richtlinie 96/9/EG vorgesehene Suigeneris-Recht geschützten Werke oder Schutzgegenstände, den Urheber oder jeden anderen Rechtsinhaber identifizieren, oder Informationen über die Modalitäten und Bedingungen für die Nutzung der Werke oder Schutzgegenstände sowie die Zahlen oder Codes, durch die derartige Informationen ausgedrückt werden.

Unterabsatz 1 gilt, wenn irgendeine der betreffenden Informationen an einem Vervielfältigungsstück eines Werks oder eines sonstigen Schutzgegenstands, der in dieser Richtlinie genannt wird oder unter das in Kapitel III der Richtlinie 96/9/EG vorgesehene Sui-generis-Recht fällt, angebracht wird oder im Zusammenhang mit der öffentlichen Wiedergabe eines solchen Werks oder Schutzgegenstands erscheint.

Kapitel IV
Allgemeine Bestimmungen

Artikel 8
Sanktionen und Rechtsbehelfe

(1) Die Mitgliedstaaten sehen bei Verletzungen der in dieser Richtlinie festgelegten Rechte und Pflichten angemessene Sanktionen und Rechtsbehelfe vor und treffen alle notwendigen Maßnahmen, um deren Anwendung sicherzustellen. Die betreffenden Sanktionen müssen wirksam, verhältnismäßig und abschreckend sein.

(2) Jeder Mitgliedstaat trifft die erforderlichen Maßnahmen, um sicherzustellen, dass Rechtsinhaber, deren Interessen durch eine in seinem Hoheitsgebiet begangene Rechtsverletzung beeinträchtigt werden, Klage auf Schadenersatz erheben und/ oder eine gerichtliche Anordnung sowie gegebenenfalls die Beschlagnahme von rechtswidrigem Material sowie von Vorrichtungen, Erzeugnissen oder Bestandteilen im Sinne des Artikels 6 Absatz 2 beantragen können.

(3) Die Mitgliedstaaten stellen sicher, dass die Rechtsinhaber gerichtliche Anordnungen gegen Vermittler beantragen können, deren Dienste von einem Dritten zur Verletzung eines Urheberrechts oder verwandter Schutzrechte genutzt werden.

Artikel 9
Weitere Anwendung anderer Rechtsvorschriften

Diese Richtlinie lässt andere Rechtsvorschriften insbesondere in folgenden Bereichen unberührt: Patentrechte, Marken, Musterrechte, Gebrauchsmuster, Topographien von Halbleitererzeugnissen, typographische Schriftzeichen, Zugangskontrolle, Zugang zum Kabel von Sendediensten, Schutz nationalen Kulturguts, Anforderungen im Bereich gesetzlicher Hinterlegungspflichten, Rechtsvorschriften über Wettbewerbsbeschränkungen und unlauteren Wettbewerb, Betriebsgeheimnisse, Sicherheit, Vertraulichkeit, Datenschutz und Schutz der Privatsphäre, Zugang zu öffentlichen Dokumenten sowie Vertragsrecht.

Artikel 10
Zeitliche Anwendbarkeit

(1) Die Vorschriften dieser Richtlinie finden auf alle von ihr erfassten Werke und Schutzgegenstände Anwendung, die am 22. Dezember 2002 durch die Rechtsvorschriften der Mitgliedstaaten auf dem Gebiet des Urheberrechts und der verwandten Schutzrechte geschützt sind oder die die Schutzkriterien im Sinne dieser Richtlinie oder der in Artikel 1 Absatz 2 genannten Bestimmungen erfüllen.

(2) Die Richtlinie berührt Handlungen und Rechte nicht, die vor dem 22. Dezember 2002 abgeschlossen bzw. erworben wurden.

Artikel 11
Technische Anpassungen

(1) Die Richtlinie 92/100/EWG wird wie folgt geändert:

a) Artikel 7 wird gestrichen.

b) Artikel 10 Absatz 3 erhält folgende Fassung:

„(3) Die Beschränkungen dürfen nur in bestimmten Sonderfällen angewandt werden, in denen die normale Verwertung des Schutzgegenstands nicht beeinträchtigt wird und die berechtigten Interessen des Rechtsinhabers nicht ungebührlich verletzt werden."

(2) Artikel 3 Absatz 2 der Richtlinie 93/98/EWG erhält folgende Fassung:

„(2) Die Rechte der Hersteller von Tonträgern erlöschen fünfzig Jahre nach der Aufzeichnung. Wurde jedoch der Tonträger innerhalb dieser Frist rechtmäßig veröffentlicht, so erlöschen diese Rechte fünfzig Jahre nach der ersten rechtmäßigen Veröffentlichung. Wurde der Tonträger innerhalb der in Satz 1 genannten Frist nicht rechtmäßig veröffentlicht und wurde der Tonträger innerhalb dieser Frist rechtmäßig öffentlich wiedergegeben, so erlöschen diese Rechte fünfzig Jahre nach der ersten rechtmäßigen öffentlichen Wiedergabe.

Sind jedoch die Rechte der Hersteller von Tonträgern aufgrund des Ablaufs der Schutzfrist gemäß dem vorliegenden Absatz in seiner Fassung vor der Änderung durch die Richtlinie 2001/29/EG des Europäischen Parlaments und des Rates vom 22. Mai 2001 zur Harmonisierung bestimmter Aspekte des Urheberrechts und der verwandten Schutzrechte in der Informationsgesellschaft am 22. Dezember 2002 nicht mehr geschützt, so bewirkt dieser Absatz nicht, dass jene Rechte erneut geschützt sind."

Artikel 12
Schlussbestimmungen

(1) Spätestens am 22. Dezember 2002 und danach alle drei Jahre unterbreitet die Kommission dem Europäischen Parlament, dem Rat und dem Wirtschafts- und Sozialausschuss einen Bericht über die Anwendung dieser Richtlinie, in dem sie unter anderem auf der Grundlage der von den Mitgliedstaaten mitgeteilten Informationen insbesondere die Anwendung der Artikel 5, 6 und 8 anhand der Entwicklung des digitalen Marktes prüft. Im Falle des Artikels 6 prüft sie insbesondere, ob dieser ein ausreichendes Schutzniveau sicherstellt und ob sich der Einsatz wirksamer technischer Maßnahmen nachteilig auf gesetzlich erlaubte Handlungen auswirkt. Erforderlichenfalls legt sie – insbesondere um das Funktionieren des Binnenmarkts im Sinne von Artikel 14 des Vertrags sicherzustellen – entsprechende Änderungsvorschläge zu dieser Richtlinie vor.

(2) Der Schutz der dem Urheberrecht verwandten Schutzrechte im Sinne dieser Richtlinie lässt den Schutz des Urheberrechts unberührt und beeinträchtigt ihn in keiner Weise.

(3) Es wird ein Kontaktausschuss eingesetzt. Dieser Ausschuss setzt sich aus Vertretern der zuständigen Behörden der Mitgliedstaaten zusammen. In ihm führt ein Vertreter der Kommission den Vorsitz, und er tritt entweder auf Initiative des Vorsitzenden oder auf Antrag der Delegation eines Mitgliedstaats zusammen.

(4) Der Ausschuss hat folgende Aufgaben:

a) Prüfung der Auswirkungen dieser Richtlinie auf den Binnenmarkt und Benennung etwaiger Schwierigkeiten;

b) Durchführung von Konsultationen zu allen mit der Anwendung dieser Richtlinie zusammenhängenden Fragen;

c) Erleichterung des Informationsaustauschs über einschlägige Entwicklungen in der Gesetzgebung und Rechtsprechung sowie über die einschlägigen wirtschaftlichen, sozialen, kulturellen und technischen Entwicklungen;

d) Wahrnehmung der Funktion eines Forums zur Bewertung des digitalen Markts für Werke und andere Gegenstände, einschließlich Privatkopien und der Verwendung technischer Maßnahmen.

Artikel 13
Umsetzung

(1) Die Mitgliedstaaten erlassen die erforderlichen Rechts- und Verwaltungsvorschriften, um dieser Richtlinie vor dem 22. Dezember 2002 nachzukommen. Sie setzen die Kommission hiervon unverzüglich in Kenntnis.

Wenn die Mitgliedstaaten diese Vorschriften erlassen, nehmen sie in den Vorschriften selbst oder durch einen Hinweis bei der amtlichen Veröffentlichung auf diese Richtlinie Bezug. Die Mitgliedstaaten regeln die Einzelheiten dieser Bezugnahme.

(2) Die Mitgliedstaaten teilen der Kommission den Wortlaut der innerstaatlichen Rechtsvorschriften mit, die sie auf dem unter diese Richtlinie fallenden Gebiet erlassen.

Artikel 14
Inkrafttreten

Diese Richtlinie tritt am Tag ihrer Veröffentlichung im *Amtsblatt der Europäischen Gemeinschaften* in Kraft.

Artikel 15
Adressaten

Diese Richtlinie ist an die Mitgliedstaaten gerichtet.

Wichtige Anschriften

a) Organisationen und Vereinigungen

1. AIPPI

AIPPI Generalsekretariat	Tel.: +41/1/280 58 80
Tödistraße 16	Fax: +41/1/280 58 85
P.O. Box	E-Mail: mail@aippi.org
8027 Zürich, Schweiz	Internet: www.AIPPI.org

2. BIEM

Bureau international des Sociétés gérant les	Tel.: +33/1/55 62 08 40
Droits d'Enregistrement et de Repróduction	Fax: +33/1/55 62 08 41
Mécanique	E-Mail: info@biem.org
20-26 Boulevard du Parc	Internet: www.biem.org
92200 Neuilly-sur-Seine, Paris, France	

3. GESAC

Groupment Européen des Sociétés d'Auteurs	Tel.: +32/2/511 44 54
et Compositeurs	Fax: +32/2/514 56 62
23 Rue Montoyer	E-Mail: secretariatgeneral@gesac.org
1000 Brüssel, Belgien	Internet: www.gesac.org

4. CISAC

Confédération internationale des Sociétés	Tel.: +33/1/55 62 08 50
d'Auteurs et Compositeurs	Fax: +33/1/55 62 08 60
20-26 Boulevard du Parc	Internet: www.cisac.org
92200 Neuilly-sur-Seine, Paris, France	

5. IFRRO

International Federation of Reproduction Rights	Tel.: +32/2/551 08 99
Organisations (IFRRO)	Fax: +32/2/551 08 95
Rue du Prince Royal 87	E-Mail: secretariat@ifrro.be
1050 Brussels, Belgium	Internet: www.ifrro.org

b) Verwertungsgesellschaften

1. AGICOA (Urheberrechtsschutz GmbH)

Tätigkeitsbereich: Vertretung in- und ausländischer Filmhersteller und Verwerter bei der Wahrnehmung von Rechten und Ansprüchen aus der Einspeisung von Filmwerken in Kabelsendeanlagen zum Zwecke der Weitersendung per Kabel

AGICOA Urheberrechtsschutz GmbH	Tel.: 089/29 77 25
Marstallstraße 8	Fax: 089/29 78 33
80539 München	

2. CMMV

Clearingstelle Multimedia für Verwertungs-	Tel.: 089/480 03-777
gesellschaften von Urheber- und Leistungs-	Fax: 089/480 03-357
schutzrechten GmbH (CMMV)	Technische Hotline: 0231/165 72 45
Rosenheimer Straße 11	E-Mail: kontakt@cmmv.de
81667 München	Internet: www.cmmv.de

3. GEMA

Tätigkeitsbereich: gesamte urheberrechtlich geschützte Musik

Gesellschaft für musikalische Aufführungs- und
mechanische Vervielfältigungsrechte (GEMA)
Bayreuther Straße 37
10787 Berlin

Tel.: 030/212 45-00
Fax: 030/212 45-950
E-Mail: gema@gema.de
Internet: www.gema.de

Rosenheimer Straße 11
81667 München

Tel.: 089/480 03-00
Fax: 089/480 03-969

4. GÜFA

Tätigkeitsbereich: Wahrnehmung der ausschließlichen Urheber- und Leistungsschutzrechte von
Filmherstellern und Rechteinhabern im Bereich der Herstellung von erotischen und porno-
graphischen Filmen

Gesellschaft zur Übernahme und Wahrnehmung
von Filmaufführungsrechten mbH (GÜFA)
Vautierstraße 72
40235 Düsseldorf

Tel.: 0211/91 41 90
Fax: 0211/679 88 87
E-Mail: info@guefa.de
Internet: www.guefa.de

5. GVL

Tätigkeitsbereich: Wahrnehmung der Leistungsschutzrechte für ausübende Künstler, Tonträgerhersteller und Musikvideoproduzenten

Gesellschaft zur Verwertung von Leistungsschutzrechten mbH (GVL)
Heimhuder Straße 5
20148 Hamburg

Tel.: 040/411 70 70
Fax: 040/410 38 66
E-Mail: kontakt@gvl.de
Internet: www.gvl.de

6. GWFF

Tätigkeitsbereich: Vertretung inländischer und ausländischer Film- und Fernsehproduzenten,
Videoprogrammhersteller sowie Urheber

Gesellschaft zur Wahrnehmung von Film- und
Fernsehrechten mbH (GWFF)
Marstallstraße 8
80539 München

Tel.: 089/22 26 68
Fax: 089/22 95 60
E-Mail: kontakt@gwff.de
Internet: www.gwff.de

7. VFF

Tätigkeitsbereich: Rechtevermittlung bei Eigen- und Auftragsproduktionen im Bereich der Produzenten von Eigen- und Auftragsproduktionen öffentlich-rechtlicher und privater Fernsehsender

Verwertungsgesellschaft der Film- und Fernsehproduzenten mbH (VFF)
Barer Straße 9
80333 München

Tel.: 089/286 28-382
Fax: 089/286 28-247
E-Mail: anna.nassl@vffvg.de
Internet: www.vffvg.de

8. VG BILD-KUNST

Tätigkeitsbereich: Wahrnehmung der Nutzungsrechte für die bildenden Künstler, Fotografen, Fotojournalisten, Graphiker, Designer, Karikaturisten, Pressezeichner sowie Verleger, Urheber und Produzenten in den Bereichen Film, Fernsehen und Audiovision

Verwertungsgesellschaft Bild-Kunst
(VG Bild-Kunst)
Weberstraße 61
53113 Bonn

Tel.: 0228/915 34-0
Fax: 0228/915 34-38
E-Mail: info@bildkunst.de
Internet: www.bildkunst.de

Köthener Straße 44
10963 Berlin

Tel.: 030/261 27 51
Fax: 030/261 38 79

9. VGF

Tätigkeitsbereich: Vertretung deutscher und ausländischer Filmproduzenten, Urheber, Fernsehfilmproduzenten und Videoprogrammhersteller

Verwertungsgesellschaft für Nutzungsrechte an
Filmwerken mbH (VGF)
Beichstraße 8
80802 München

Tel.: 089/39 14 25
Fax: 089/340 12 91

10. VG Musikedition

Tätigkeitsbereich: Rechtewahrnehmung für die Verfasser, Herausgeber und Verleger von wissenschaftlichen Ausgaben von Musikwerken

VG Musikedition
Königtor 1a
34117 Kassel

Tel.: 0561/10 96 56-0
Fax: 0561/10 96 56-20
E-Mail: info@vg-musikedition.de
Internet: www.vg-musikedition.de

11. VG WORT

Tätigkeitsbereich: Wahrnehmung der Rechte der Autoren von Sprachwerken aller Art und den Verlagen

Verwertungsgesellschaft Wort (VG Wort)
Goethestraße 49
80336 München

Tel.: 089/51 41 20
Fax: 089/514 12 58
E-Mail: A.Amini@vgwort.de
Internet:www.vgwort.de

Köthener Straße 44
10963 Berlin

Tel.: 030/261 38 45
Fax: 030/23 00 36 29
E-Mail: vgbuero@t-online.de

Fälleverzeichnis mit Fundstellen

Europäischer Gerichtshof

Fallname	EuGH-Slg.	GRUR	NJW	Andere	Fundstelle im Kommentar
Arduino				WRP 02, 417	I § 15 37
Boehringer Ingelheim				WRP 02, 666	I § 15 38-40
Bristol-Myers Squibb					I § 15 34, 38, 39, 49, 50
Collins/Imtrat	93, 5171	94, 280; Int. 94, 53		Schulze 17; MR 93, 200	I § 120 27, 36; I § 121 31; I § 125 3
De Agostini				WRP 98, 145	I § 15 46
Dior/Evora	97, 6034	Int. 98, 140		WRP 98, 150	I § 15 34, 39, 47
Freier Warenverkehr für Schallplatten	81, 147	Int. 81, 229	81, 1143	Schulze 2	I § 11 6; I § 15 34, 41; I § 17 58
Loendersloot/Ballantine				WRP 98, 156	I § 15 36, 38, 43, 44
Metronome Musik	98, 1971	Int. 98, 596	CoR 98, 304	ZUM 98, 490; CR 98, 684	I § 15 44
Parfums Christian Dior SA/TUK Consultancy BV		01, 235			I § 15 38; I § 121 20
Pharmacia&Upjohn SA					I § 15 34, 38-40, 42, 49, 51
Phil Collins			94, 35		I § 96 5
Ricordi		02, 689			I § 120 35
SACEM	89, 2823			Schulze 16; EuZW 90, 515	I § 15 44
Sebago				EuZW 99, 474	I § 17 25, 53
SENA/NOS		03, 325			I § 27 5
Silhouette				WRP 98, 3158	I § 17 60
Stüssy				WRP 00, 1280	I § 15 39; I § 17 74
Tournier	89, 2565	Int. 90, 622		Schulze 15; ZUM 90, 239	I § 15 44
Van Doren + Q				WRP 03, 623	I § 17 74
Zino Davidoff SA ./. A&G Imports Ltd				EuZW 02, 157	I § 17 54, 55, 56

Bundesverfassungsgericht

Fallname	BVerfGE	GRUR	NJW	Andere	Fundstelle im Kommentar
31.7.1973/Az. 2 BvF 1/73	36, 1		73, 1539	MDR 73, 826	I § 120 25
11.11.1992/Az. 1 BvR 1595/92, 1 BvR 1606/92			92, 3288		I Anh. § 60/§ 23 KUG 10
28.5.1996/Az. 1 BvR 927/91			96, 2567	ZUM 96, 673	I § 100 1
29.7.1998/Az. 1 BvR 1143/90		99, 226	99, 414		I § 5 6, 23, 26, 28
9.4.2000/Az. 2 BvR 293/00				NStZ 00, 544	I Anh. § 60/§ 23 KUG 14
4.9.2000/Az. 1 BvR 142/96		01, 48	01, 1200		II § 13b 12
25.9.2000/Az. 1 BvR 1520/00			01, 600		I Vor §§ 12 ff. 18
24.1.2001/Az. 1 BvR 2623/95, 1 BvR 622/99			01, 1633	WRP 01, 243	I Anh. § 60 4, 6, 7
Bibliotheksgroschen	31, 248	72, 485	71, 2165	Schulze 10; MDR 72, 25	I § 27 2
Bob Dylan	81, 208	90, 438	90, 2189	Schulze 29; ZUM 90, 285; MDR 90, 599; CR 90, 540, 609	E 9

Fallname	BVerfGE	GRUR	NJW	Andere	Fundstelle im Kommentar
Brecht Passagen im Bühnenwerk von Heiner Müller		01, 149	01, 598		I § 24 27; I § 51 42, 47
Deutschland muss sterben			01, 596	ZUM 01, 320	E 9; I 14 44
Flick-Tochter			00, 2194		I Anh. § 60/§ 23 KUG 52
Gesetzliche Vermutung			01, 1200		I § 27 29
Greenpeace-Plakataktion			99, 2358		I Anh. § 60 2, 10; I Anh. § 60/§ 23 KUG 3, 46, 47, 55
Kinder Prominenter			00, 2191		I Anh. § 60/§ 23 KUG 51
Kirchen- und Schulgebrauch	31, 229	72, 481	71, 2163	Schulze 8	E 9, 23; I § 3 30; I § 15 3; I Vor §§ 44a ff. 1, 2, 14; I § 46 1; I § 52 42
Kirchenmusik	49, 382	80, 44	79, 2029	Schulze 18	E 9; I § 3 30; I § 15 3; I Vor §§ 44a ff. 1; I § 52 2
Kopierladen I		97, 123	97, 247	Schulze 34; ZUM 97, 41	E 9; I § 15 7; I Vor §§ 44a ff. 1; I § 54a 22; I § 54d 4, 12
Kopierladen II		97, 124	97, 248	Schulze 35; ZUM 97, 40; BB 96, 2483; DB 97, 92	E 9; I § 54d 4, 12
Kurzberichterstattung im Fernsehen	97, 228		98, 1627	ZUM 98, 240; AfP 98, 192	I § 50 5; I Anh. § 60/§ 23 KUG 10, 22
Lebach	35, 202	73, 541	73, 1226		I Anh. § 60/§ 23 KUG 54
Maastricht	89, 155				I § 95a 48
Politische Satire			02, 3767		I Anh. § 60 10; I Anh. § 60/§ 23 KUG 2, 34, 36
Prinz Ernst August von Hannover			01, 1921		I Anh. § 60/§ 23 KUG 5, 12-14, 21
Privatleben Prominenter			00, 1021		I Anh. § 60 7, 10; I Anh. § 60/§ 23 KUG 3, 7, 19, 48-51, 56
Relative Person der Zeitgeschichte			00, 1026		I Anh. § 60/§ 23 KUG 24
Schallplatten	31, 275	72, 491	72, 145	Schulze 11; MDR 72, 118	E 9, 23; I § 73 8; I § 135a 1
Schulfunksendungen	31, 270	72, 487	71, 2169	Schulze 9; MDR 72, 24	E 9, 23; I § 15 3; I Vor §§ 44a ff. 2; I § 47 1
Vollzugsanstalten	79, 29	89, 193		Schulze 28; FuR/ZUM 89, 190	E 9; I § 3 30; I § 52 2, 51; I § 64 3
Willy Brandt-Gedenkmünze			01, 594		I Anh. § 60/§ 23 KUG 29, 53, 55; I Anh. § 60/§ 50 KUG 32
Zeitschriftenauslage	77, 263	88, 687	88, 1371	ZUM 88, 234; AfP 88, 11	I § 27 2, 12; II § 6 7

Bundesgerichtshof

Fallname	BGHZ	GRUR	NJW	Andere	Fundstelle im Kommentar
3.11.1999/Az. I ZR 55/97					I § 64 18
7.2.2002/Az. I ZR 304/99		02, 532			I § 14 68
Abnehmerverwarnung				WRP 95, 489	I § 97 2
Abruf-Coupon			RR 90, 561		I § 97 20
AKI	37, 1	62, 470	62, 1295	UFITA 62, 308; Schulze 94; FuR 62, 9	I § 2 31, 32, 237, 239; I § 16 7; I § 19 1, 39, 41; I § 72 6, 7, 9, 18
Alcolix	122, 53	94, 206	93, 2620	Schulze 422; FuR/ZUM 93, 534	I § 2 30, 51, 94, 96, 122, 233; I § 3 14; I § 24 16, 18, 19, 20
ALF	118, 394	92, 697	92, 2824	MDR 92, 1043; FuR/ZUM 93, 187	I § 1 6; I § 31 104; I § 88 12; I § 97 9; I § 120 6, 7, 9, 11-13
Allwetterbad		82, 369	82, 2553	UFITA 93 (1982), 170	I § 2 146, 149, 233; I § 14 37, 59, 68; I § 97 3
Altautoverwertung				WRP 03, 262	I § 95a 44

1470

Fallname	BGHZ	GRUR	NJW	Andere	Fundstelle im Kommentar
Alte Herren	31, 308	60, 449	60, 476	UFITA 31 (1960), 242; Schulze 72; BB 60, 151	I § 2 105; I Vor §§ 12 ff. 55, 56, 58
Altenwohnheim II	116, 305	92, 386	92, 1171	Schulze 411; MDR 92, 359; FuR/ZUM 92, 200	I § 52 9, 10, 14, 55, 58
Alters-Wohnheim		75, 33	74, 1872	UFITA 73 (1975), 278; Schulze 217; FuR/ZUM 74, 689; AfP 75, 760	I § 6 19, 20, 26, 32; I § 45a 5-7; I § 52 1, 4, 5, 11, 12, 16, 17, 58; I § 52a 21; I § 53 63; I § 58 23
Altverträge		82, 727	82, 2733	UFITA 96 (1983), 203; Schulze 298; FuR/ZUM 82, 580	I § 19 39, 41, 42; I § 20 6; I § 31 118
Angélique		68, 152	67, 2354	UFITA 50 (1967), 994; Schulze 142; BB 67, 1220; GA 68, 84	I § 17 51; I § 31 137
Anwaltsschriftsatz		86, 739	87, 1332	Schulze 345; MDR 86, 999; FuR/ZUM 86, 539; AfP 86, 360	I § 2 29, 51, 54, 55, 65, 74, 75, 77, 82, 88, 99, 101, 104, 191; I § 5 10, 29, 55
AOK-Merkblatt		87, 166	RR 87, 185	Schulze 355; MDR 87, 291; FuR/ZUM 87, 458; AfP 86, 335	I § 2 104, 178, 191; I § 5 20, 22, 26, 43, 45, 47, 49, 50, 63, 64; I § 8 18
Apfel-Madonna	44, 288	66, 503	66, 542	UFITA 47 (1966), 258; Schulze 125; BB 66, 51	I § 3 33; I § 24 4; I § 64 29, 30; I § 97 35
Architektenwechsel		80, 853		Schulze 268	I § 2 69, 122, 136, 139, 146, 149; I § 3 17, 26, 36, 39; I § 15 15; I § 16 8, 35; I § 24 16, 26
Architektenwettbewerb		97, 313			I § 97 12
Asterix-Persiflagen		94, 191	RR 93, 1002	Schulze 423; MDR 93, 747	I § 2 30, 51, 96, 122, 233; I § 3 28; I § 24 7, 9, 12, 18, 19
August Vierzehn	64, 183	75, 561; Int. 75, 361	75, 1220	UFITA 74 (1974), 303; Schulze 226; FuR/ZUM 75, 515	I § 6 10, 37
Ausländischer Inserent		93, 53			I § 97 22
Ausschreibungs-unterlagen		84, 659	85, 1631	UFITA 98 (1984), 230; Schulze 318; FuR/ZUM 84, 458; AfP 84, 252	I § 2 101
Autoscooter		60, 253		UFITA 31 (1960), 238; Schulze 65; DB 60, 260	I § 81 3
Bad auf der Tenne		59, 147	59, 34	UFITA 27 (1959), 50; Schulze 48; FuR/ZUM 8/1959, 9; BB 58, 1182	I § 97 15
Bad auf der Tenne II		62, 531	62, 1613	UFITA 38 (1962), 172; Schulze 97; FuR 63, 8; BB 62, 820	I § 2 31, 32; I § 8 20, 22, 26; I § 88 3

Fallname	BGHZ	GRUR	NJW	Andere	Fundstelle im Kommentar
Bambi		60, 144	60, 37	UFITA 30 (1960), 217; Schulze 59; BB 59, 1187	I § 2 51
Bar-Filmmusik		76, 35		UFITA 77 (1976), 242; Schulze 228; BB 75, 1276	I § 97 29; II § 11 10
Barfuß ins Bett		01, 826		WRP 01, 940	I § 7 8; I § 31 119
Bauaußenkante		89, 416	RR 89, 618	Schulze 393; MDR 89, 716; FuR/ZUM 89, 419	I § 2 85, 123, 129, 140, 231, 234; I § 3 12; I § 88 4
Beatles	123, 356	94, 210; Int. 94, 337	94, 1961	Schulze 430	I § 126 9, 11, 12; I § 129 6
Beatles-Doppel-CD		98, 568	98, 2144	Schulze 458; ZUM-RD 98, 157; MMR 98, 448	I § 97 25; I § 103 3, 36; I § 125 3
Bebauungsplan	18, 319	56, 88	55, 1918	UFITA 21 (1956), 77; Schulze 20; DB 55, 1138	I § 2 82, 126, 272, 275
Bedienungsanweisung		93, 34	92, 689	MDR 92, 658; FuR/ZUM 92, 427; WRP 92, 160; CR 92, 162	I § 2 54, 55, 65, 73, 75, 99, 126, 127, 129, 169, 178, 182, 186, 188, 275; I § 15 25; I § 17 63, 64; I § 72 7; I § 97 25
Bedingte Unterwerfung			RR 93, 1000		I § 97 19
Bel Ami		57, 611		UFITA 24 (1957), 406; Schulze 37; FuR/ZUM 10/1957, 14; DB 57, 966	I § 88 4
Berühmung			RR 87, 288		I § 97 22
Berühmungsaufgabe				WRP 01, 1076	I § 97 22
Beschlagprogramm		86, 673	86, 1041	WRP 86, 377	I § 64 30
Bestellvertrag		84, 528		UFITA 98 (1984), 225; Schulze 317; FuR/ZUM 84, 379; WM 84, 1325	I § 31 138; I § 44 1
Betreibervergütung	135, 1		97, 3440	ZUM-RD 97, 425	I § 54a 17, 19, 20, 22; I § 54d 4
Betriebsfeiern	17, 376	55, 549	55, 1356	UFITA 20 (1955), 340; Schulze 17; BB 55, 672	I § 6 32; I § 45a 7; I § 52 13, 15, 17, 54; II § 13b 5
Betriebssystem	112, 264	91, 449	91, 1231	Schulze 404; MDR 91, 503; FuR/ZUM 91, 246; DB 91, 587; CR 91, 80; ZIP 91, 191; Jur PC 91, 888	I § 2 54, 55, 61, 99, 123, 130-132, 134, 137, 142, 171, 200, 202, 274; I § 16 6, 7, 17, 26, 29, 36; I § 64 26; I § 69a 20; I § 69c 10; I § 87b 3, 4; I § 96 4
Bibelreproduktion			RR 90, 1061		I § 3 9, 10, 18; I § 4 8; I § 17 50, 52; I § 23 19; I § 31 113; I § 72 6, 7, 8
Biographie: Ein Spiel		72, 143	72, 198	UFITA 64 (1972), 288; Schulze 186	I § 3 15, 24-27; I § 24 17, 18
Bob Dylan		86, 454	86, 1253	Schulze 350; FuR/ZUM 86, 202; IPRax 87, 27	I § 96 6; I § 125 6, 13; I § 129 6
BORA BORA		86, 887		FuR/ZUM 87, 40	I § 10 10, 17, 19, 21, 24, 26, 29; I § 121 20

Fallname	BGHZ	GRUR	NJW	Andere	Fundstelle im Kommentar
Box-Programme	27, 264	58, 549	58, 1486	UFITA 26 (1958), 224; Schulze 45; WRP 58, 269	**I § 1** 8; **I Vor §§ 44a ff.** 40
Branchenverzeichnis		71, 119	70, 2294	BB 70, 1413	**I § 17** 16, 21, 34
Brombeer-Muster		83, 377		Schulze 303; DB 83, 1197	**I § 2** 113, 114, 118, 121, 136, 138, 229, 234; **I § 72** 7
Brown-Girl I		91, 531	RR 91, 810	Schulze 406; MDR 91, 1056; FuR/ZUM 91, 492	**I § 3** 16; **I § 24** 15, 18, 35, 36
Brown-Girl II		91, 533	RR 91, 812	Schulze 405; MDR 91, 1057; FuR/ZUM 91, 41; MR 91, 80	**I § 2** 65, 66, 107, 108, 211, 212; **I § 3** 13, 16, 24; **I § 7** 13; **I § 24** 15, 18, 35, 42, 47; **I Anh. §§ 23, 24** 9
Bruce Springsteen and his Band		99, 49	99, 934	Schulze 461; FuR/ZUM 98, 934	**I § 80** 3; **I § 120** 36; **I § 125** 3, 16
Buchhaltungsprogramm	123, 208	94, 39	93, 3136	Schulze 428; FuR/ZUM 93, 509; CR 93, 725	**I § 2** 47, 49, 61, 102, 201; **I § 8** 4, 11, 14, 16; **I § 10** 1, 3, 15, 19, 29; **I § 69a** 20, 22
Büromöbelprogramm		82, 305	82, 222		**I § 2** 68, 70, 71
Buster Keaton-Filme	70, 268	78, 300	78, 1110	UFITA 83 (1978), 208; FuR/ZUM 78, 345	**I § 120** 39
Candida-Schrift	27, 351	58, 562	58, 1585	UFITA 26 (1958), 235; Schulze 44; BB 58, 677	**I § 2** 71, 87, 91, 114, 117, 119, 121, 139, 234
Caroline von Monaco I – Erfundenes Exclusiv- interview	128, 1	95, 224	95, 861	JZ 95, 360	**I § 97** 34
Caroline von Monaco II	131, 332		96, 1128	MDR 96, 913; FuR/ZUM 96, 405; EWiR 96, 371; AfP 96, 140	**I Anh. § 60/§ 23 KUG** 28, 46, 48-50, 56
CB-infobank I	134, 250	97, 459	97, 1363	ZUM-RD 97, 329; AfP 97, 624; CR 97, 402	**I § 2** 100, 104, 182, 186, 188, 191; **I § 53** 31, 52, 53, 56, 67, 80, 85
CB-infobank II		97, 464	97, 1368	ZUM-RD 97, 336; AfP 97, 629	**I § 2** 104, 191; **I § 31** 109; **I § 53** 31, 80, 85
CD-Einlegeblatt		97, 125	97, 1152	MDR 97, 147; FuR/ZUM 97, 133; AfP 97, 475	**I Anh. § 60/§ 23 KUG** 10, 17, 19, 24, 53, 56
Celestina		74, 672		UFITA 71 (1974), 163; Schulze 209; FuR 74, 198	**I § 2** 75, 121, 123, 234; **I § 88** 4
Chinesische Schrift- zeichen	115, 23	92, 36	92, 374	CR 91, 662	**I § 69g** 3
Cinzano	60, 185	73, 468	73, 1079	BB 73, 769	**I § 17** 23
Cliff Richard I		92, 845	92, 2640, 3056	Schulze 416; MDR 93, 134; FuR/ZUM 92, 626; WRP 93, 12; EuZW 92, 644	**I § 120** 36; **I § 125** 13
Cliff Richard II		Int. 95, 503	95, 868	Schulze 441; MDR 95, 1139	**I § 96** 5; **I § 120** 27, 35; **I § 125** 3
Colle de Cologne			89, 2046		**I § 17** 34
Comic-Übersetzungen	137, 387	98, 680		Schulze 98, 497; FuR/ZUM 98, 95	**I § 32** 35; **I § 32a** 1, 4, 8, 14, 26; **I § 132** 8
Comic-Übersetzungen II			00, 140		**I § 2** 100; **I § 3** 34
Comics (Kreuzboden- ventilsäcke I)		60, 447	60, 1154	UFITA 31 (1960), 365; Schulze 69	**I § 6** 36

Fallname	BGHZ	GRUR	NJW	Andere	Fundstelle im Kommentar
Constanze II	14, 163	55, 97	54, 1682	UFITA 19 (1955), 237; DB 54, 801	I § 97 19
Cosima Wagner	15, 249	55, 201	55, 260	UFITA 19 (1955), 353; Schulze 12; DB 55, 68	I Vor §§ 12 ff. 3, 4, 6, 7, 14, 21, 24, 27-29; I § 12 2, 3, 10, 13, 15; I § 28 6
Coverversion		98, 376	98, 1393	Schulze 457; ZUM-RD 98, 153	I § 3 36; I § 5 69; I § 10 19, 23; I § 42a 16
CPU-Klausel		03, 416			I § 69d 11, 12
Curt-Goetz-Filme II		69, 143		UFITA 54 (1969), 272; Schulze 153; FuR/ZUM 69, 154; BB 69, 292	I § 31 145
Der 7. Sinn	68, 132	77, 543	77, 951	UFITA 80 (1977), 352; Schulze 249; FuR/ZUM 77, 347; AfP 78, 45	I § 2 153, 157
Der blaue Engel			00, 2201		I Vor §§ 12 ff. 41, 48; I Anh. § 60 2, 3; I Anh. § 60/§ 22 KUG 4, 5, 7, 8; I Anh. § 60/ § 23 KUG 10, 24, 53; I Anh. § 60/§§ 33-50 KUG 9, 14, 16, 18, 24, 29-31
Der Heiligenhof		59, 200		UFITA 28 (1959), 201; Schulze 51; BB 59, 93	I § 31 34, 101, 113, 137; I § 69c 28; I § 97 11
Der kleine Tierfreund		68, 329			I § 4 20
Dia-Duplikate		93, 899	RR 93, 1321	Schulze 424; MDR 93, 1193; FuR/ZUM 93, 358	I § 53 36; I § 72 14; I § 97 18
Dia-Rähmchen II		62, 509	62, 1507	BB 62, 734	I § 97 26-30
Die Zauberflöte		87, 814		Schulze 413; MDR 87, 732; FuR/ZUM 87, 462	I § 11 4; I § 14 69; I § 75 4, 5; I § 96 6; I § 125 6, 13; I § 129 6
Differenzlizenz		88, 606	89, 453	Schulze 391; FuR/ZUM 89, 30; MDR 88, 934; FuR/ZUM 89, 30; CR 88, 661	I § 17 47, 58
DIN-Normen		90, 1003	RR 90, 1452	Schulze 438; MDR 91, 217; CR 90, 772	I § 2 36, 51, 104, 129, 205, 275; I § 5 1, 10, 12, 17, 22, 23, 25-28, 38, 49, 65
Dirlada		81, 267		UFITA 90 (1981), 125; Schulze 338	I § 2 65, 69, 83, 106-110, 209, 210-212; I § 3 17; I § 7 13; I § 24 14-16, 19, 35, 40, 42; I Anh. §§ 23, 24 9
Disney-Parodie		71, 588	71, 2169	UFITA 62 (1971), 265; Schulze 182; AfP 72, 272	I Vor §§ 12 ff. 53; I § 24 12, 20, 21, 27; I Anh. § 60 12; I Anh. § 60/§ 22 KUG 3
Dispositionsprogramm		77, 96			I § 69g 3
Doppelte Tarifgebühr	59, 286	73, 379	73, 96	UFITA 67 (1973), 187; Schulze 192;	I § 97 29
Dreckschleuder		71, 529		UFITA 62 (1971), 277; AfP 71, 132	I Vor §§ 12 ff. 55, 56, 59

Fallname	BGHZ	GRUR	NJW	Andere	Fundstelle im Kommentar
Dreigroschenroman II		59, 331	59, 934	UFITA 28 (1959), 324; Schulze 54; BB 59, 354	I § 97 24
Ein bißchen Frieden		88, 812	89, 337	Schulze 379; MDR 88, 837; FuR/ZUM 88, 571	I § 2 106, 107, 210; I § 3 28, 38; I § 7 13; I § 24 37, 38, 40-43, 45; I Anh. §§ 23, 24 9
Einzelangebot	113, 159	91, 316	91, 1234	MDR 91, 959; FuR/ZUM 91, 363; WRP 91, 234; CR 91, 404	I § 6 6, 9, 36, 37; I § 15 8, 78; I § 17 8, 13, 19, 20; I § 69c 19, 20
Eisrevue I		60, 604	60, 1900	Schulze 74	I § 2 112, 217; I § 3 15; I § 19 20; I § 24 18
Eisrevue II		60, 606	60, 1902	Schulze 75	I § 2 217; I § 3 34; I § 6 21; I § 19 14, 23; I § 52 39; I § 97 13, 24
Eisrevue III		66, 570		UFITA 48 (1966), 261; Schulze 130	I § 97 29, 30
Elektroarbeiten				WRP 02, 943	I § 95a 44
Elektrodenfabrik		85, 129	86, 1045	Schulze 331; FuR/ZUM 84, 652; DB 85, 587	I § 2 129, 139, 271; I § 6 9; I § 15 78; I § 17 13, 19, 20, 54; I § 43 7
Elektronische Presse-archive	140, 183		99, 1964	Schulze 467; FuR/ZUM 99, 240; CR 99, 213; JZ 99, 632	I § 16 14, 39; I § 17 11, 17, 20; I § 53 53, 56, 59, 67
Elektronischer Presse-spiegel				WRP 02, 1296	I Vor §§ 44a ff. 20; I § 49 9, 10
Emil Nolde	107, 384	95, 668	90, 1986	FuR/ZUM 90, 180; AfP 89, 728	I Vor §§ 12 ff. 21, 25, 26, 31, 35-38, 41, 44, 45, 47, 48, 51; I § 13 10, 22, 45, 46; I Anh. § 60/§§ 33-50 KUG 28; I § 76 4; I § 97 18
EROC III				WRP 03, 393; ZUM 03, 229	I § 31 2; I § 79 4
Erscheinen von Tonträgern		81, 360		UFITA 92 (1982), 177; Schulze 276; FuR/ZUM 81, 329	I § 6 34, 66, 67, 70, 73; I § 78 3; I § 82 2
Europapost	22, 209	57, 291	57, 220	UFITA 57, 207; Schulze 33; FuR 57, 11; BB 57, 91	I § 2 91, 114, 117, 118, 121, 223, 226-228
Explosionszeichnungen		91, 529	RR 91, 1189	Schulze 407; MDR 91, 1159; FuR/ZUM 91, 425; MR 91, 125; DB 91, 73	I § 2 62, 126, 129, 130, 274, 275
Familie Schölermann		61, 138	61, 558	UFITA 34 (1961), 86; Schulze 82; BB 61, 9	I § 57 4, 8; I Anh. § 60/§ 22 KUG 6; I Anh. § 60/§ 23 KUG 33, 37; I § 97 19
Fantasy		88, 810	89, 386	Schulze 380; MDR 88, 839; FuR/ZUM 88, 534	I § 3 16; I § 7 13; I § 24 9, 18, 37, 38, 40-42; I Anh. §§ 23, 24 9
Farbanstrich	55, 77		71, 556	Schulze 201; BB 71, 199	I § 2 149; I § 14 59
Faxkarte		02, 1046	RR 02, 1617		I § 2 52
Ferien vom Ich		57, 614		UFITA 25 (1958), 94; Schulze 40; FuR/ZUM 57, 15; DB 57, 894	I § 97 9

Fallname	BGHZ	GRUR	NJW	Andere	Fundstelle im Kommentar
Fernsehauswertung		69, 364		UFITA 54 (1969), 278; Schulze 154; FuR/ZUM 69, 156; BB 69, 292	I § 19 39; I Vor §§ 20 ff. 4
Fernsehinterview			64, 818		I § 101a 2
Fernsehwiedergabe von Sprachwerken	38, 356	63, 213	63, 651	UFITA 39 (1963), 104; Schulze 101; FuR 63, 13; BB 63, 161	I § 2 193; I § 6 4, 32, 60; I § 15 25; I § 17 2; I § 22 1, 2, 18
Fiete Schulze		74, 797	74, 1371	UFITA 73 (1975), 248; Schulze 213; AfP 74, 671	I Vor §§ 12 ff. 59, 60; I § 97 7
Figaros Hochzeit	33, 20	60, 614	60, 2043	UFITA 32 (1960), 223; Schulze 77; DB 60, 1035	E 5; I § 73 4; I § 104 4
Filmauswertungspflicht				ZUM 03, 135	I § 31 42, 89
Filmhersteller	120, 67	93, 472	93, 1470	Schulze 417; FuR/ZUM 93, 286; MDR 93, 861	I § 87a 37; I § 89 4; I § 94 2
Filmmusik	97, 37	86, 376	87, 1405	Schulze 351; FuR/ZUM 86, 280	I § 97 29; II § 13 8
Filmregisseur	90, 219	84, 730	84, 2582	UFITA 99 (1985), 268; Schulze 339; FuR 84, 454; AfP 84, 149	I § 2 4, 125, 254-256, 259, 261
Filmzitat	99, 162	87, 362	87, 1408	Schulze 357; MDR 87, 381; FuR/ZUM 87, 242; EWiR 87, 287; JZ 87, 476; AfP 87, 491	I § 2 256, 259; I § 51 22, 37, 42, 48
Finnischer Schmuck		91, 223	91, 1485	CR 91, 229	I § 1 7
Flughafenpläne	73, 288	79, 464	79, 1548	UFITA 85 (1979), 254; Schulze 257; BB 79, 1257	I § 2 130, 234, 271, 274
Flugkostenminimierung	98, 12	86, 531			I § 69g 3
Folgerecht bei Auslandsbezug	126, 252	94, 798	94, 2888	Schulze 436	I § 26 5, 9, 11, 39, 40; I § 120 4, 7, 21; I § 121 4
Fotografieren eines Demonstrationszuges			75, 2075	FuR/ZUM 75, 870	I Anh. § 60/§ 24 KUG 5, 6
Fotokopie	18, 44	55, 544	55, 1433	UFITA 20 (1955), 346; Schulze 18; BB 55, 672	I § 16 14; I § 53 1, 15, 16, 36
Fotoveröffentlichung		92, 557	92, 2084	FuR/ZUM 93, 140; WRP 92, 632	I Anh. § 60/§ 23 KUG 24, 30, 53; I Anh. § 60/§§ 33-50 KUG 1, 13, 20, 21
Fragensammlung		81, 520		UFITA 92 (1982), 203; Schulze 286	I § 2 63, 82, 104, 150, 182, 187, 189, 191; I § 3 15, 35
Franchise-Nehmer			95, 2355		I § 100 1, 2
Fremdenverkehrsbroschüre		88, 300	RR 87, 1146	Schulze 361; MDR 87, 909; FuR/ZUM 87, 524	I § 31 142
Friesenhaus		90, 390	89, 2251	Schulze 395; FuR/ZUM 89, 516; AfP 89, 660	I § 59 4, 11; I § 64 29

Fallname	BGHZ	GRUR	NJW	Andere	Fundstelle im Kommentar
Frischzellenkosmetik		84, 907		UFITA 84 (1979), 252; FuR/ ZUM 84, 584; AfP 252	**I Vor §§ 12 ff.** 31, 35, 37, 48; **I § 97** 7
FTOS		98, 902	97, 3315	WRP 97, 1181	**I § 69g** 6
Furniergitter		62, 354		BB 62, 428	**I § 97** 32
Fußball-Programmheft			62, 629		**I § 101a** 2
Fußballspieler		79, 425	79, 2203	UFITA 85 (1979), 264; Schulze 255; FuR/ZUM 80, 157; AfP 80, 101	**I Anh. § 60/§ 23 KUG** 17-19, 24, 53
Fußballtor		79, 732	79, 2205	UFITA 86 (1980), 223; Schulze 261; FuR/ZUM 79, 501; AfP 79, 345	**I Anh. § 60/§ 22 KUG** 4-6, 8; **I Anh. § 60/ § 23 KUG** 24, 30, 53; **I Anh. § 60/§§ 33-50 KUG** 16, 20, 21, 23
Gasparone		59, 379		UFITA 30 (1960), 193; Schulze 55	**I § 88** 3; **I § 97** 12, 30
Gasparone II	56, 317	71, 522	71, 2023	UFITA 62 (1971), 299; Schulze 185	**I § 97** 37
Gaunerroman	9, 237	53, 497	53, 1062	Schulze 27	**I § 2** 29, 146; **I § 12** 5
Gebührendifferenz IV		86, 668; Int. 86, 724	86, 3025	UFITA 86, 910; Schulze 342; FuR/ZUM 86, 533	**I § 17** 16, 30, 34, 36
Gedächtniskapelle	19, 382	56, 234	56, 627	UFITA 21 (1956), 327; BB 56, 182	**I § 11** 9
Geflügelte Melodien		75, 323		UFITA 77 (1976), 217; Schulze 218	**I § 97** 29
Geistchristentum		86, 59	86, 131	Schulze 348; FuR/ZUM 86, 141; AfP 86, 141	**I § 51** 10, 11, 22, 42, 48, 58, 59
GELU		66, 567		UFITA 50 (1967), 195; Schulze 133; FuR/ZUM 67, 207	**II § 6** 7, 10
GEMA	15, 338	55, 351	55, 382	UFITA 20 (1955), 111; Schulze 13; DB 55, 165	**I § 3** 39, 42; **I § 7** 2
GEMA-Wertungs-verfahren		88, 782		Schulze 371; FuR/ZUM 89, 80; MDR 88, 936; WRP 89, 85	**II § 18** 4
GEMA Vermutung I	95, 274	86, 62	86, 1244	Schulze 334; FuR/ZUM 86, 48; WM 86, 498	**I § 31** 109, 111; **I § 97** 31; **II § 6** 10; **II § 13b** 6
GEMA Vermutung II	95, 285	86, 66	86, 1247	Schulze 335; FuR/ZUM 86, 53; WM 86, 502	**I § 97** 31; **II § 13b** 5, 6
GEMA Vermutung III			86, 1249	Schulze 337; ZUM 86, 199	**I § 96** 2; **I § 97** 29; **II § 13b** 5, 6
GEMA Vermutung IV		88, 296	88, 1847	Schulze 369; MDR 88, 469; FuR/ZUM 88, 241	**I § 31** 111; **I § 88** 2; **II § 6** 12
Gemeinkostenanteil				WRP 01, 276	**I § 97** 30
Gesamtdarstellung rheu-matischer Krankheiten		84, 754		AfP 84, 154	**I § 31** 45

Fallname	BGHZ	GRUR	NJW	Andere	Fundstelle im Kommentar
Gesamtvertrag privater Rundfunk				ZUM 01, 988	II § 12 4, 13
Gesetzliche Vermutung I		89, 819		Schulze 372; MDR 90, 26; FuR/ZUM 90, 32; CR 89, 994	I § 27 28, 29; I § 54h 5; II § 13b 12, 13, 18-20, 22
Gesetzliche Vermutung II		91, 595	91, 2025	Schulze 387; MDR 91, 615; FuR/ZUM 91, 586; AfP 91, 667	I § 27 29; I § 54h 5; II § 13b 12, 13, 18, 21, 22
Gies-Adler					I § 14 23; I § 24 19, 20, 26; I § 50 27; I § 51 36; I § 59 15
Goggolore		91, 456	91, 1484	Schulze 403; FuR/ZUM 91, 140	I § 10 1, 3, 22, 24, 30
Goldrausch		73, 88; Int. 73, 49		UFITA 69 (1973), 217; Schulze 195	I § 6 73
Grabungsmaterialien	112, 243	91, 523	91, 1480	Schulze 385; MDR 91, 410; FuR/ZUM 91, 580	I § 2 170, 171, 182; I § 43 8
Grundig-Reporter	17, 266	55, 492	55, 1276	UFITA 20 (1955), 314; Schulze 15; BB 55, 460	I § 15 1, 3, 5, 14; I § 16 6, 19, 22
Güllepumpen		99, 751			I § 1 7
Handbuch moderner Zitate		73, 216	72, 2304	UFITA 67 (1973), 215; Schulze 198; AfP 74, 581	I § 51 3, 10, 11, 13, 45, 46, 49
Hans Thoma-Stühle		76, 649		UFITA 78 (1977), 226; Schulze 235	I § 2 225
Happening		89, 529	85, 1633	Schulze 327; FuR/ZUM 85, 369	I § 2 122, 170; I § 3 33, 36; I § 88 2
Haselnuß		68, 321	68, 594	UFITA 51 (1968), 295; Schulze 144; FuR/ZUM 68, 145; BB 68, 265	I § 3 6; I § 129 5; II § 6 7
Hegel-Archiv		78, 360		UFITA 83 (1978), 195; Schulze 250; WM 78, 333	I § 11 4; I § 13 13, 23, 45; I § 70 8
Heimliche Tonband- aufnahme	27, 284	58, 615	58, 1344	UFITA 26 (1958), 230; Schulze 46; FuR/ ZUM 8/1958, 11; BB 58, 748	I Anh. § 60 7; I Anh. § 60/ § 22 KUG 9
Hemdblusenkleid		84, 453		DB 84, 1295	I § 1 7; I § 2 120, 229, 234
Hemingway-Serie		93, 595			I § 31 48
Herrenreiter	26, 349	58, 408	58, 827	UFITA 25 (1958), 445; Schulze 43; FuR/ ZUM 8/1958, 10; BB 58, 351	I Anh. § 60/§§ 33-50 KUG 9, 16
Herstellerbegriff		84, 518	84, 2291	UFITA 98 (1984), 222; Schulze 315; FuR/ZUM 84, 383; DB 84, 2088	I § 54 28-30
Herstellerbegriff II		85, 280	85, 1637 (LS)	Schulze 324; FuR/ZUM 85, 162; DB 85, 856	I § 54 2, 28, 29; I § 54a 3; I § 54d 2; I § 54g 8; I § 54h 5

Fallname	BGHZ	GRUR	NJW	Andere	Fundstelle im Kommentar
Herstellerbegriff III		85, 284	85, 1637 (LS)	Schulze 325; FuR/ZUM 85, 168; DB 85, 857	I § 54 28, 30, 31; I § 54d 2
Herstellerbegriff IV		85, 287	85, 1637 (LS)	Schulze 326; FuR/ZUM 85, 260	I § 54 28, 30, 31; I § 54d 2
Herstellervergütung		85, 531	85, 1634	FuR/ZUM 85, 430	I § 54 28, 30, 31; I § 54d 2
Hofbräuhaus-Lied		74, 789		UFITA 71 (1974), 175; Schulze 232	I § 41 6, 7
Holzhandelsprogramm		94, 363	94, 1216	MDR 94, 462; CR 94, 275	I § 16 17, 36
Honorarbedingungen: Sendevertrag		84, 45		UFITA 96 (1983), 185; Schulze 309; AfP 84, 62	I § 31 26, 30; I § 34 18; I § 88 2, 13
Honorarvereinbarung		81, 196		UFITA 92 (1982), 139; Schulze 278; WM 81, 145	I § 16 8, 35; I § 31 143
Horoskop-Kalender	115, 63	91, 901	91, 3150	Schulze 415; MDR 92, 38; AfP 91, 741; WRP 91, 779	I § 32 10; I § 32a 8, 26
Hummel I	5, 1	52, 516	52, 784	Schulze 7; BB 52, 707	I § 2 46, 50; I § 64 30
Hummel III		70, 250		Schulze 168; FuR 69, 54	I § 2 46, 51, 94-97; I § 3 13, 16, 37; I § 24 18
Hummelrechte		74, 480	74, 904	UFITA 71 (1974), 192; Schulze 220; FuR/ZUM 74, 411; DB 74, 1242	I § 43 7
Illustrationsvertrag		85, 378		Schulze 346; FuR/ZUM 85, 317; AfP 85, 108	I § 2 122, 222, 233; I § 31 138
Im Rhythmus der Jahrhunderte		72, 713		UFITA 81 (1978), 179; Schulze 194	I § 13 11, 13, 27, 33
Inkasso-Programm	94, 279	85, 1041	86, 192	Schulze 330; FuR/ZUM 86, 39; BB 85, 1747	I § 2 38, 39, 40, 44, 54, 87, 99, 103, 198, 200, 268; I § 64 26; I § 69a 1, 5, 14, 17, 19, 20, 22
Jeannot	72, 63	78, 639	78, 2449	UFITA 85 (1979), 235; Schulze 277; FuR/ZUM 78, 652; BB 78, 1084	I § 26 42, 43; I § 121 42
Kabelfernsehen II		88, 206	88, 1022	Schulze 362; MDR 88, 289; FuR/ZUM 88, 35; AfP 88, 18	I § 15 25; I § 17 22; I § 20 5, 6, 13
Kabelfernsehen in Abschattungsgebieten	79, 350	81, 413	81, 1042	UFITA 91 (1981), 211; Schulze 273; FuR/ZUM 81, 272; AfP 81, 454 ZUM 00, 749	I § 15 25; I § 20 5, 6, 13, 16; I § 22 2, 13
Kabelweiterübertragung					I § 15 25; I § 20 5; I § 20b 3
Kandinsky I	50, 147	68, 607	68, 1875	UFITA 52 (1969), 223; Schulze 152; BB 68, 807	I § 44 5; I Vor §§ 44a ff. 19; I § 51 1, 18, 19, 25, 27-32, 35
Kandinsky III		73, 602		UFITA 69 (1973), 272; Schulze 203	I § 120 29
Karate			RR 00, 569		I § 17 60, 61, 74, 75

Fallname	BGHZ	GRUR	NJW	Andere	Fundstelle im Kommentar
Kassettenfilm		74, 786		UFITA 72 (1975), 342; Schulze 212; FuR/ZUM 74, 616; AfP 74, 707	I § 16 19; I § 31 137; I § 88 2; I § 89 8
Katalogbild		93, 822	93, 1468	Schulze 418; MDR 93, 525; AfP 93, 483	I § 58 10, 11, 16, 33, 34
Kauf auf Probe				WRP 01, 1231	I § 17 5, 14, 67, 69
Kauf mit Rückgaberecht		89, 417		Schulze 394; MDR 89, 716; FuR/ZUM 90, 80; CR 89, 988	I § 17 69; I § 27 12, 23; I § 95a 73
Kaviar		76, 382		UFITA 78 (1977), 179; Schulze 230; FuR/ZUM 76, 497	I § 19 39, 41; I Vor §§ 20 ff. 4; I § 31 118, 133, 145; I § 88 5
Keine Ferien für den lieben Gott		60, 197		UFITA 32 (1960), 188; Schulze 61	I § 31 133
Keltisches Horoskop	115, 69	93, 40	92, 232	Schulze 409; MDR 91, 1155; FuR/ZUM 92, 94; WRP 91, 781; MR 91, 212; EWiR 91, 1229	I § 2 86, 104, 191
Kettenkerze		77, 547		DB 77, 817	I § 2 45, 47, 69, 73, 75, 136, 164, 223
Kinderhörspiele		02, 153	RR 02, 255		I § 32 11; I § 32a 8, 12, 14, 21
Kirchen-Innenraum-gestaltung		82, 107	82, 639	Schulze 302	I § 2 230; I § 14 7-10, 25, 34, 37, 38, 40, 46, 59, 60, 69; I § 62 2-4
Kirmes (Rosenmontagsfest)	19, 227	56, 131	56, 377	UFITA 21 (1956), 245; Schulze 22; DB 56, 134	I § 52 1, 12, 13, 54; I § 53 46
Klausurerfordernis				WRP 02, 442	I § 10 6
Klimbim	133, 281	97, 215	97, 320	Schulze 449; FuR/ZUM 97, 128; WM 96, 2341; AfP 97, 468; EWiR 96, 1139	I § 15 55, 70; I § 17 44; I § 20 4, 8; I § 20a 7, 11; I § 31 112, 114, 116, 119, 120; I § 120 34
Kollektion Holiday		93, 757			I § 97 27, 28
Kommentar	32, 123	60, 636	60, 1055	UFITA 31 (1960), 353; Schulze 73; BB 60, 460	I § 3 13, 16, 17; I § 24 18
Konzertveranstalter		72, 141	71, 2173	UFITA 64 (1972), 274; Schulze 247	I § 17 15, 21; I § 53 34
Kopienversanddienst	141, 13	99, 707	99, 1953	Schulze 470; FuR/ZUM 99, 566; CR 99, 614; K&R 99, 413	I § 16 39; I § 17 9, 11, 17; I § 49 24; I § 53 18, 30-32, 35, 46, 80, 88, 97
Kopierläden		84, 54	84, 1106	Schulze 314; FuR/ZUM 83, 658; AfP 83, 461	I § 16 35, 40, 41; I § 97 13, 18
Kopierwerk		88, 604	89, 389	Schulze 382; MDR 88, 934; FuR/ZUM 88, 575; CR 88, 661	I § 16 39; II § 12 6
Krankenhauskartei		52, 257	52, 661	Schulze 1	I § 2 191; I § 7 7; I § 25 2, 14; I § 43 7

Fallname	BGHZ	GRUR	NJW	Andere	Fundstelle im Kommentar
Kristallfiguren		88, 690	89, 383	Schulze 381; FuR/ZUM 89, 239	**I § 2** 70, 114, 115, 219, 227
Kumulationsgedanke (Wiederholungs-veröffentlichung)		96, 227	96, 985	MDR 96, 365	**I Anh. § 60/§ 23 KUG** 5, 7, 9-11, 13; **I Anh. § 60/§ 50 KUG** 18
Kunsthändler		82, 308; Int. 82, 549		UFITA 94 (1982), 301; Schulze 363	**I § 26** 14, 20, 33, 34; **I § 31** 17; **I § 120** 29; **II § 6** 7, 17
Künstlerlizenz Rundfunk	33, 38	60, 627	60, 2048	UFITA 32 (1960), 243; Schulze 79; BB 60, 919	**E** 5; **I § 19** 1; **I Vor §§ 20 ff.** 2; **I § 21** 2; **I § 73** 4
Künstlerlizenz Schall-platten	33, 1	60, 619	60, 2051	UFITA 32 (1960), 200; Schulze 76; BB 60, 919	**E** 5; **I § 15** 25; **I § 21** 2, 13; **I § 73** 4
Kunststoffhohlprofil II	82, 299	82, 301	82, 1154	DB 82, 1006	**I § 97** 36
Landesversicherungs-anstalt	58, 262	72, 614	72, 1273	Schulze 191	**I § 6** 10, 16, 23, 31, 32; **I § 15** 2; **I Vor §§ 44a ff.** 19; **I § 45a** 5; **I § 52** 11, 14, 55, 58; **I § 52a** 21; **I § 53** 63; **I § 58** 23
Laras Tochter	141, 267	99, 984	00, 2202	Schulze 471; FuR/ZUM 99, 644; MMR 99, 665	**I § 2** 100; **I § 3** 34; **I § 24** 12-14, 19, 21, 27; **I § 31** 104; **I § 88** 12; **I § 97** 9
Lautsprecher-übertragung	11, 135	54, 216	54, 305	UFITA 18 (1954), 214; Schulze 4; BB 54, 113	**I § 19** 1; **I § 21** 2
Le-Corbusier-Möbel		87, 903	87, 2678		**I § 2** 98, 117, 121, 137, 139, 228, 229
Ledigenheim	24, 55	57, 391	57, 1108	UFITA 24 (1957), 226; Schulze 35; BB 57, 560	**I § 2** 113, 116, 147, 219, 224, 231
Leitsätze	116, 136	92, 382	92, 1316	Schulze 439; MDR 92, 467; FuR/ZUM 93, 23; WRP 92, 301	**I § 3** 36; **I § 4** 15; **I § 5** 22, 32-35, 38, 39, 41; **I § 24** 15; **I § 51** 36, 49
Les-Paul-Gitarren			98, 3773		**I § 1** 7; **I § 2** 75, 118, 123, 227-229, 234
Lesering		64, 82		UFITA 41 (1964), 184; BB 63, 1032	**I § 97** 18
Liebestropfen		72, 97	71, 698	UFITA 60 (1971), 292; Schulze 187; FuR/ZUM 71, 171; AfP 71, 76	**I Vor §§ 12 ff.** 59; **I Anh. § 60/§ 22 KUG** 4, 5; **I Anh. § 60/§ 23 KUG** 20, 30; **I Anh. § 60/§§ 33-50 KUG** 12, 18; **I § 97** 34
Lied der Wildbahn I	9, 262	53, 299	53, 1258	Schulze 8; DB 53, 956	**I § 2** 33, 85, 100, 125, 140, 142, 143, 235, 254, 255, 257; **I § 24** 9; **I § 95** 2
Lied der Wildbahn III				UFITA 24 (1957), 399; Schulze 38; FuR/ZUM 4/1958, 12	**I § 88** 3
Liedersammlung	114, 368	91, 903	92, 1686	Schulze 408; MDR 92, 39; FuR/ZUM 92, 357; MR 91, 250	**I Vor §§ 44a ff.** 2; **I § 46** 11, 15-18, 21, 28; **I § 52a** 6, 39
Liedtextwiedergabe I		87, 34	85, 2134	Schulze 340; FuR/ZUM 85, 435; AfP 85, 119	**I § 50** 14, 27; **I § 51** 46, 49

Fallname	BGHZ	GRUR	NJW	Andere	Fundstelle im Kommentar
Liedtextwiedergabe II		87, 36	RR 86, 1382	Schulze 359; MDR 87, 28; FuR/ZUM 86, 683	**I Vor §§ 44a ff.** 36
Ligäa		86, 613		Schulze 343; FuR/ZUM 86, 534; WRP 86, 381	**I § 23** 6; **I § 24** 10; **I § 41** 20
Ligaspieler	49, 288	68, 652	68, 1091	UFITA 55 (1970), 293; Schulze 150; BB 68, 397	**I Anh. § 60/§ 23 KUG** 9, 10, 19, 30
Lizenzanalogie		90, 1008	RR 90, 1377	FuR/ZUM 90, 573; Schulze 401; MDR 90, 986	**I § 97** 29
Logik-Verifikation		00, 498			**I § 69g** 3
Lustige Witwe		75, 495	75, 1030	UFITA 76 (1976), 334; Schulze 222; FuR/ZUM 75, 515; DB 75, 973	**I § 137** 3
MAC Dog				WRP 98, 1181	**I § 1** 6; **I § 69g** 7; **I § 87a** 13
Magdalenenarie		71, 266		UFITA 60 (1971), 260; Schulze 175	**I § 2** 110; **I § 7** 13; **I § 24** 1, 35, 38, 42-44; **I Anh. §§ 23, 24** 9
Magnettonbänder	8, 88	53, 140	53, 540	Schulze 3	**I § 16** 1, 20
Marlene Dietrich I			00, 2195		**I Vor §§ 12 ff.** 7, 14, 30, 31, 39, 41, 48, 60; **I Anh. § 60** 2, 3, 6; **I Anh. § 60/§ 22 KUG** 3, 8; **I Anh. § 60/§ 23 KUG** 10, 24, 30, 53; **I Anh. § 60/§ 50 KUG** 9, 16, 18, 26, 27, 30-32
Marlene Dietrich II		02, 690			**I § 15** 47; **I Anh. § 60/§ 23 KUG** 10, 17, 25, 29; **I Anh. § 60/§ 50 KUG** 9, 30, 31
Maske in Blau	55, 1	71, 35	70, 2247	UFITA 60 (1971), 247; Schulze 174; FuR/ZUM 71, 50; AfP 71, 81	**I § 14** 3, 8, 9, 14, 16, 41, 53; **I § 31** 46, 141; **I § 39** 10, 12; **I § 62** 2, 3, 6; **I § 88** 5
Masterbänder		82, 102	82, 335	UFITA 94 (1982), 285; Schulze 295	**I § 15** 3; **I § 16** 6, 11, 20, 21, 35; **I § 69c** 19; **I § 97** 25; **II § 11** 6; **II § 13** 8
Mattscheibe			01, 603		**I § 24** 16, 19, 20, 26
Mauer-Bilder	129, 66	95, 673	95, 1556; RR 95, 931	Schulze 444; MDR 95, 707; FuR/ZUM 95, 716; WRP 95, 609	**I § 2** 93, 122; **I § 11** 11; **I § 15** 17, 19, 25; **I § 17** 20, 30, 31, 33; **I § 18** 5, 6; **I § 97** 17
Mecki-Igel I		58, 500	58, 1587	UFITA 26 (1958), 220; Schulze 57; BB 58, 721	**I § 2** 8; **I § 3** 4, 6, 28; **I § 24** 12, 14, 15
Mecki-Igel II		60, 251	60, 573	UFITA 31 (1960, 233; Schulze 64	**I § 2** 30; **I § 24** 14, 22; **I § 97** 9
Mecki-Igel III				WRP 97, 1079	**I § 97** 2
Medizin-Duden		73, 426	73, 802	UFITA 69 (1973), 248; Schulze 202; BB 73, 459	**I § 31** 40
Mephisto	50, 133	68, 552	68, 1773	UFITA 51 (1968), 337; Schulze 151; FuR/ZUM 68, 110	**I Vor §§ 12 ff.** 30, 31, 34, 35, 41, 48, 55; **I Anh. § 60/§§ 33-50 KUG** 29; **I § 72** 16; **I § 97** 7
Merkmalklötze		76, 434		WRP 76, 308	**I § 2** 85, 94, 95, 123; **I § 8** 19
Meßmer-Tee II	44, 372	66, 375	66, 823	BB 66, 261	**I § 97** 29

Fallname	BGHZ	GRUR	NJW	Andere	Fundstelle im Kommentar
Metaxa		86, 885	RR 87, 103	Schulze 373; MDR 87, 117; FuR/ZUM 87, 39; EWiR 86, 1141 WRP 02, 1181	I § 31 136
Mischtonmeister					I § 2 109
Miss Petite	60, 206	73, 375	73, 622	UFITA 69 (1973), 263; BB 73, 536	I § 97 27, 29, 31
Mit Dir allein		63, 441		UFITA 39 (1963), 267; Schulze 98; FuR/ZUM 4/1963, 10; BB 63, 57	I § 3 34, 51; I § 15 13; I § 23 1
Möbelklassiker		99, 418		Schulze 465; FuR/ZUM 99, 144; AfP 99, 624; MMR 99, 280	I § 97 12, 13, 24
Modeneuheit	60, 168	73, 478	73, 800	UFITA 71 (1974), 131; BB 73, 631	I § 1 7; I § 2 117, 119, 122, 139
Monumenta Germaniae Historica		80, 227		UFITA 87 (1980), 277; Schulze 263	I § 2 8, 44, 51, 268; I § 26 30; I § 31 21, 38; I § 70 2, 6; I § 97 31, 32; I § 120 16
Museumskatalog	126, 313	94, 800	94, 2891	Schulze 437; WRP 94, 807	I § 51 11, 59; I § 58 8, 10, 12, 17, 21, 30, 34
Musical-Gala			00, 2207		I § 9 14; I § 19 20, 47
Musikautomat		74, 35		UFITA 71 (1974), 149; Schulze 205; DB 73, 381	I Vor §§ 44a ff. 36; II § 11 8; II § 12 4; II § 13 4; II § 13b 5
Musikfragmente		02, 602			I § 32 40; I § 32a 4, 8, 14, 23, 26
Musikverleger I		70, 40	69, 2239	UFITA 59 (1971), 257; Schulze 165	I § 41 6; I § 97 9
Musikverleger II		73, 328		UFITA 69 (1973), 241; Schulze 199; BB 73, 397	I § 9 5, 16-18, 20, 25, 29, 35; I § 42 19
Musikverleger III		82, 41	82, 641	UFITA 94 (1982), 291; Schulze 290	I § 8 8, 30, 31; I § 9 5, 14, 20, 21, 24, 35; I § 26 33; I § 31 45
Musikverleger IV		90, 443	90, 1989	Schulze 384; MDR 90, 890	I § 8 18, 24, 25
Nachtigall		70, 370	70, 1077	UFITA 58 (1970), 282; Schulze 172; FuR/ZUM 70, 371; DB 70, 1125	I § 97 34
Nacktaufnahmen			47, 1948		I § 7 4
Nacktfoto		85, 398	85, 1617	Schulze 332; FuR/ZUM 85, 321; AfP 85, 110	I Vor §§ 44a ff. 40; I § 50 4; I § 51 7, 37, 39, 43; I Anh. § 60 11; I Anh. § 60/§ 22 KUG 2; I Anh. § 60/§ 23 16, 26; I Anh. § 60/§ 24 KUG 2
Naher Osten		60, 346	60, 768	UFITA 31 (1960), 347; Schulze 99; BB 60, 341	I § 3 26; I § 24 17
Namensnennungsrecht des Architekten	126, 245	95, 671	94, 2621	Schulze 435; WRP 94, 754	I § 11 1, 7; I § 13 4, 11, 12, 15-19, 21, 24, 27, 30, 33, 40, 45
Nebelscheinwerfer		94, 53			I § 31 38
NENA		87, 128	RR 87, 231	Schulze 356; MDR 87, 305; FuR/ZUM 87, 460; EWiR 87, 79	I Anh. § 60/§ 23 KUG 24, 30, 53; I Anh. § 60/§§ 33-50 KUG 1, 21; II § 1 19

Fallname	BGHZ	GRUR	NJW	Andere	Fundstelle im Kommentar
Neu in Bielefeld I		01, 82			I § 95b 63
Notizklötze		79, 705		WRP 79, 646	I § 2 47, 52
Oberammergauer Passi-onsspiele I		86, 458	87, 1404	Schulze 341; FuR/ZUM 86, 346	I § 2 119, 122, 149, 222, 233; I § 3 9, 36; I § 14 5, 18, 19, 22, 52, 69; I § 15 13; I § 23 14, 26, 27; I § 39 6, 12; I § 44 1; I § 88 4
Oberammergauer Passi-onsspiele II		89, 106	89, 384	Schulze 392; MDR 89, 230; FuR/ZUM 89, 84; BlPMZ 89, 218	I § 3 48; I Vor §§ 12 ff. 27, 30, 31, 35, 37; I § 14 14-18, 20, 34, 35, 42, 45, 51, 52, 69; I § 15 13; I § 23 14, 26, 27; I § 62 6, 21; I § 88 4
OEM-Version		01, 153	00, 3571		I § 15 16; I § 17 41, 50, 62, 72; I § 31 106, 115, 129; I § 69c 28
Öl regiert die Welt		62, 261		BB 62, 198	I § 97 18
Orchester Graunke	33, 48	60, 630	60, 2055	UFITA 32 (1960), 236; Schulze 78; DB 60, 1035	E 5; I § 73 4; I § 97 11
Ovalpuderdose				WRP 76, 370	I § 64 30
P-Vermerk		03, 228	03, 668		I § 10 4, 11; I § 98 3
Paperback		03, 958			I § 87a 13, 14
Parfumflakon		01, 51			I § 15 4, 26, 47; I § 16 17, 35; I § 17 64; I Vor §§ 44a ff. 19, 21; I § 58 6, 11, 17, 34; I § 59 15; I § 69c 8
Parkstraße 13		52, 530	52, 662		I § 3 6; I § 11 3; I § 15 25; I § 31 34
Paul Dahlke	20, 345	56, 527	56, 1554	UFITA 22 (1956), 361; Schulze 25; BB 56, 609	I Anh. § 60/§ 23 KUG 10
Pauschale Rechts-einräumung		96, 121	95, 3252		I § 2 123, 130, 171, 274; I § 31 136, 143; I § 44 2, 5
Personalausweise	42, 118	65, 104	64, 2157	UFITA 43, (1964), 134; Schulze 112; BB 64, 1232	I § 97 12, 13
Petite Jacqueline		71, 525	71, 885	UFITA 60 (1971), 312; Schulze 181; FuR/ZUM 71, 243; AfP 71, 79	I Vor §§ 12 ff. 36; I § 14 68; I Anh. § 60/§§ 33-50 KUG 1, 2; I § 97 34
Pflegebett				WRP 03, 496	I § 1 7
Plagiatsvorwurf		60, 500	60, 672	UFITA 31 (1960), 325; Schulze 67; BB 60, 265	I § 97 18
Plakataktion (Greenpeace)			94, 124	Schulze 429; FuR/ZUM 94, 431	I Anh. § 60/§ 23 KUG 55
Planungsmappe		00, 226			I § 97 27
Plastikkorb		63, 642		DB 63, 959	I § 97 32
Popmusikproduzent		98, 673	98, 1639	FuR/ZUM 98, 405	I § 8 29
Power-Point	135, 278	98, 155		FuR/ZUM 98, 255; WRP 97, 1184; CR 98, 5	I § 69g 6
Präzisionsmessgeräte				WRP 03, 500	I § 1 7
Preisabstandsklausel		86, 91	85, 2944; 86, 58	Schulze 349; AfP 85, 280; DB 85, 2558	I § 33 7
Presseberichterstattung und Kunstwerkwieder-gabe II		83, 28	83, 1199	UFITA 96 (1983), 233; Schulze 301; AfP 82, 224	I § 16 6, 14, 35; I § 17 11; I § 50 7, 12, 23, 26; I § 69c 5

Fallname	BGHZ	GRUR	NJW	Andere	Fundstelle im Kommentar
Presseberichterstattung und Kunstwiedergabe I	85, 1	83, 25	83, 1196	UFITA 96 (1983), 226; Schulze 300; AfP 82, 221	**I § 50** 8, 11, 13, 15, 18, 22, 26, 27; **I § 51** 3, 17, 20, 43, 49, 59
Programmfehler-beseitigung				CR 00, 656	**I § 69c** 12; **I § 69d** 6, 9
Prüfverfahren		78, 102			**I § 69g** 3
Puccini	95, 229	86, 69	86, 1251	FuR/ZUM 86, 57	**I § 120** 10, 36; **I § 121** 2, 5, 6
Puccini II		00, 1020			**I § 120** 35
Quizmaster	79, 362	81, 419	81, 2055	UFITA 90 (1981), 132; Schulze 279	**I § 2** 205; **I § 19** 9; **I § 73** 17, 18
Radschutz		54, 337		BB 54, 361	**I § 97** 18
Ratgeber für Tierheilkun-de		78, 244		UFITA 84 (1979), 173; Schulze 243; DB 78, 742	**I § 43** 7
Raubkopien		90, 353	RR 90, 997	FuR/ZUM 90, 363; Schulze 399; MDR 90, 698	**I § 97** 29
Readerprinter	121, 215	93, 553	93, 2118	Schulze 420; MDR 93, 1072; FuR/ZUM 94, 497; CR 93, 548	**I § 54** 1, 8-13, 15; **I § 54a** 9; **I § 54c** 3, 4; **I § 54d** 4; **II Vor §§ 14 ff.** 8
Rechenschieber	39, 306	63, 633	63, 1877	UFITA 40 (1963), 177; Schulze 105; BB 63, 744	**I § 2** 39, 40, 45, 52, 175, 177, 181, 183, 184, 192
Rechtsschutzbedürfnis		80, 241	80, 1843	UFITA 87 (1980), 268; BB 80, 594	**I § 97** 20
Reichswehrprozeß		75, 667	75, 2064	UFITA 77 (1976), 247; Schulze 227; FuR/ZUM 75, 867; AfP 76, 39	**I § 24** 19; **I § 70** 1, 5, 6
Rennsportgemeinschaft	81, 75	81, 846	81, 2402	UFITA 94 (1982), 280; Schulze 289; BB 82, 267	**I Anh. § 60/§ 23 KUG** 24; **I Anh. § 60/§§ 33-50 KUG** 21
Reprint	51, 41	69, 186	69, 46	UFITA 54 (1969), 284; Schulze 155	**I § 1** 7
Rollenantriebseinheit		01, 226			**I § 8** 20
Rollhocker		81, 517	81, 2252	UFITA 92 (1982), 190; Schulze 293; WRP 81, 514	**I § 2** 117, 123
Rolling-Stones	125, 382	94, 794; Int. 95, 65	94, 2607	Schulze 431	**I § 120** 27; **I § 125** 3, 13
Rosaroter Elefant		95, 47	RR 95, 307	Schulze 442; MDR 95, 742	**I § 2** 30, 51, 96, 122, 233; **I § 8** 4, 15
Rücktrittsfrist				ZUM 02, 289	**I § 31** 49
Rundfunkempfang im Hotelzimmer I	36, 171	62, 201	62, 532	UFITA 36 (1962), 485; Schulze 91; BB 61, 158	**I Vor §§ 20 ff.** 6
Rüschenhaube	50, 340	69, 90	68, 2193	UFITA 59 (1971), 225; BB 68, 1353	**I § 2** 71
Salomé		90, 1005	91, 1478	Schulze 402; MDR 91, 217; FuR/ZUM 91, 37	**I § 31** 48; **I § 132** 3

Fallname	BGHZ	GRUR	NJW	Andere	Fundstelle im Kommentar
Salomé II		96, 763	RR 96, 942	Schulze 448; MDR 96, 1146; FuR/ZUM 96, 519	**I § 31** 48; **I § 137** 4
Salomé III		00, 869			**I § 137** 4
Scanner			02, 964	CR 02, 176	**I § 54a** 7, 9; **I § 54d** 16; **II Vor §§ 14 ff.** 8
Schacht-Briefe	13, 334	55, 197	54, 1404	UFITA 18 (1954), 370; Schulze 10; BB 54, 727	**I § 14** 1
Schallplatten-Lautsprecherübertragung	11, 135	54, 216	54, 305	UFITA 18 (1954), 214; Schulze 4; BB 54, 113	**I § 69c** 21; **I § 120** 9; **I § 132** 3
Schallplatteneinblendung		62, 370	62, 1006	UFITA 37 (1962), 212; Schulze 96; FuR/ZUM 9/1962, 10; BB 62, 429	**I § 3** 44
Schallplattenexport (Gebührendifferenz III)	81, 282	82, 100; Int. 82, 58	82, 1221	UFITA 94 (1982), 257; Schulze 294	**I § 17** 34, 36, 47
Schallplattenimport I	80, 101	81, 587; Int. 81, 562	81, 1906	UFITA 92 (1982), 210; Schulze 285; FuR/ZUM 81, 385	**I § 17** 20, 45, 58, 61
Schallplattenimport II		85, 924	85, 2135	UFITA 85 (1979), 308; Schulze 329; FuR/ZUM 85, 505	**I § 17** 45, 46, 58, 61
Schallplattenimport III		88, 373	RR 88, 829	Schulze 370; MDR 88, 558; FuR/ZUM 88, 410	**I § 17** 45, 47, 61, 74, 75; **I § 97** 24; **II § 10** 1; **II § 13** 7, 8
Schallplattenvermietung		86, 736	RR 86, 1183	UFITA 86, 999; Schulze 344; FuR/ZUM 86, 678; AfP 86, 361	**I § 17** 50, 52, 66; **I § 27** 3, 7; **I § 31** 106, 118; **I § 69c** 28
Schauspielerehe			96, 999		**I Anh. § 60/§ 50 KUG** 24
Schiedsstelle		00, 873		ZUM 00, 953	**II § 14** 2; **II § 16** 4, 5, 9
Schlafsäcke		66, 691		UFITA 53 (1969), 290; Schulze 135; BB 66, 996	**I § 2** 158, 159; **I § 31** 142
Schloß Tegel		75, 500	75, 778	UFITA 76 (1976), 319; Schulze 238; FuR/ZUM 74, 869; DB 75, 881	**I § 59** 4, 15
Schmalfilmrechte	67, 56	77, 42	76, 2164	UFITA 79 (1977), 287; Schulze 236; FuR 76, 790; BB 76, 1535	**I § 2** 246; **I § 88** 2; **I § 97** 31
Schneewalzer		78, 305		UFITA 83 (1978), 201; Schulze 244; FuR 78, 208; DB 78, 633	**I § 2** 170, 182, 191; **I § 3** 15, 25, 28; **I § 24** 12, 15, 18
Schopenhauer-Ausgabe		91, 596			**I § 70** 2, 6

Fallname	BGHZ	GRUR	NJW	Andere	Fundstelle im Kommentar
Schulbuch		72, 432		UFITA 66 (1973), 290; Schulze 190; JZ 72, 96	I § 46 1, 16, 18
Schulerweiterung	62, 331	74, 675	73, 1381	UFITA 73 (1975), 241; Schulze 221; DB 74, 1380	I § 2 62, 122; I § 14 3, 22, 26, 29-31, 63, 64; I § 39 10, 13
Schulfunksendung		85, 874	86, 1254	Schulze 347; AfP 86, 40	I Vor §§ 44a ff. 2, 19; I § 47 1, 8, 9
Schützenfest	19, 235	56, 134	56, 379	UFITA 21 (1956), 250; Schulze 23; DB 56, 135	I § 52 1
Schwarzwaldfahrt		71, 480			I § 31 141
Seminarkopien		93, 37	92, 1310	Schulze 412; FuR/ZUM 93, 86; MDR 92, 760; WRP 92, 373	I § 100 2, 4
Sendeformat				WRP 03, 1135	I § 88 3
Sender Felsberg		03, 328			I Vor §§ 20 ff. 7, 10
Sendeunternehmen als Tonträgerhersteller	140, 94	99, 577	99, 1961	Schulze 466; K&R 99, 321	I Vor §§ 54 ff. 11, 12; I § 54 6
Serigrafie		76, 706		UFITA 78 (1977), 194; Schulze 233	I § 31 73
Sessel		74, 740		UFITA 72 (1985), 305; Schulze 210	I § 2 73, 119-122, 131, 134, 229, 233
Sherlock Holmes	26, 52	58, 354	58, 459	UFITA 25 (1958), 337; Schulze 41; FuR 58, 8	I § 1 6, 7; I § 3 28, 34; I § 24 12, 19, 21; I § 97 35
Silberdistel		95, 581	RR 95, 1253	Schulze 445; MDR 95, 1229; FuR/ZUM 95, 790	I § 1 9; I § 2 7, 54-56, 78, 99, 117, 118, 121, 123, 229, 234; I § 31 78
skai-cubana		67, 315	67, 723	UFITA 53 (1969), 298; Schulze 140; BB 67, 225	I § 2 117, 123, 139, 240; I § 24 4; I § 72 10, 12
Sonnengesang		88, 303		Schulze 376	I § 41 20
Spätheimkehrer	24, 200	57, 494	57, 1315	UFITA 25 (1958), 89; Schulze 36; BB 57, 726	I Vor §§ 12 ff. 56
SPIEGEL-CD-ROM		02, 248		WRP 02, 214	I § 31 106-108, 114, 123, 131, 134, 139, 144; I § 97 24, 25, 29
Spielbankaffaire	136, 380	99, 152; Int. 98, 427	98, 1395	ZUM-RD 97, 546; MMR 98, 35; AfP 98, 56; EWiR 98, 85	I § 19a 28; I Vor §§ 20 ff. 7; I § 31 18; I § 97 3; I § 120 7, 8, 11-13; I § 132 3
Spielgefährtin I		66, 102	65, 2148	UFITA 47 (1966), 246; Schulze 123; BB 65, 1121	I Vor §§ 12 ff. 57; I Anh. § 60/ § 22 KUG 3, 5; I Anh. § 60/ § 23 KUG 12, 14, 20, 30
Spielgefährtin II		69, 301		UFITA 55 (1970), 309; Schulze 156; DB 69, 1142	I Vor §§ 12 ff. 58, 59; I Anh. § 60/§§ 33-50 KUG 18
Sportheim		61, 97	61, 121	UFITA 33 (1961), 99; Schulze 81; BB 60, 1302	II § 13b 5
Sprachanalyse- einrichtung		00, 1007			I § 69g 3

Fallname	BGHZ	GRUR	NJW	Andere	Fundstelle im Kommentar
Staatsbibliothek				WRP 03, 279	I § 3 51; I § 8 16, 38; I § 10 26, 29; I § 15 13; I § 16 6; I § 23 5, 20
Staatsexamensarbeit		81, 352		UFITA 92 (1982), 143; Schulze 280; DB 81, 1281	I § 2 63, 82, 85, 177, 181, 182, 185-187, 190; I § 3 25; I § 15 15; I § 24 15
Stadtbahnfahrzeug				WRP 02, 990	I § 8 5; I § 13 13, 14, 45; I § 103 1, 3
Stadtplan		65, 45	64, 2153	UFITA 43 (1964), 156; Schulze 118; BB 64, 1024	I § 2 126, 130, 275; I § 5 3, 6, 57, 64; I § 10 34
Stadtplanwerk		98, 916	98, 3352	ZUM-RD 98, 361; MMR 98, 665	I § 2 36, 51, 123, 126-130, 140, 171, 272-275; I § 3 16; I § 24 18
Stahlrohrstuhl		61, 635	61, 1210	UFITA 34 (1961), 337; Schulze 87; BB 61, 549	I § 2 98
Straßen – gestern und morgen		63, 40		UFITA 38 (1962), 340; Schulze 100	I § 2 149, 170, 182; I § 3 12, 34; I § 7 5, 8; I § 8 19; I Vor §§ 12 ff. 3, 6; I § 12 13, 15; I § 13 2, 4, 7, 11, 13, 15, 26, 27, 30, 39, 45; I § 24 12, 26; I § 88 3
Stühle und Tische		81, 652		UFITA 92 (1982), 199; Schulze 284	I § 97 11
Subverlagsvertrag		59, 51	58, 1531	26 (1958), 331; Schulze 47; BB 58, 821	I § 31 45
Subverleger		64, 326		UFITA 42 (1964), 178; Schulze 110; BB 64, 238	I § 9 14, 17, 25
Suche fehlerhafter Zeichenketten		02, 143			I § 69g 3
Synchronisations-sprecher		84, 119	84, 1112	UFITA 98 (1984), 216; Schulze 307; FuR/ZUM 84, 100; WM 84, 238	I § 31 26, 133
Systemunterschiede			RR 92, 618		I § 97 22
Taeschner I	23, 100	57, 231	57, 910	BB 57, 380	I § 120 15, 17
Taeschner II		57, 352	57, 910	DB 57, 715	I § 120 17
Tanzkurse		56, 515	56, 1553	UFITA 23 (1957), 121; Schulze 26; DB 56, 843	I § 6 3, 16, 18, 20-22, 30, 31, 33; I § 52 39
Tarifüberprüfung I	87, 281	84, 54	84, 1113	UFITA 97 (1984), 209; Schulze 304; AfP 83, 392	II § 11 10; II § 13 3
Tarifüberprüfung II		83, 565		UFITA 97 (1984), 213; Schulze 305; FuR/ZUM 83, 662	I § 97 29; II § 11 8
Taschenbuch-Lizenz		92, 310	92, 1320	Schulze 440; MDR 92, 360; FuR/ZUM 93, 30	I § 17 50, 51, 52; I § 31 106, 113, 137
Tchibo/Rolex II	119, 20	93, 55	92, 2753	WRP 92, 700	I § 97 26, 27, 29, 30
TE DEUM	64, 164	75, 447	75, 1219	UFITA 74 (1975), 294; Schulze 225; DB 75, 2081	I § 6 73; I § 71 5, 11

Fallname	BGHZ	GRUR	NJW	Andere	Fundstelle im Kommentar
Technische Liefer-bedingungen				WRP 02, 1177	I § 2 76, 268, 275; I § 5 21, 24, 41
Tele-Info-CD	141, 329	99, 923	99, 2898	Schulze 472; FuR/ZUM 99, 638; MMR 99, 470; WRP 99, 831	I § 2 51, 105, 134, 192, 197; I § 4 14; I § 5 7, 8, 59, 64; I § 87a 13, 21, 22
Telefaxgeräte	140, 319	99, 928	99, 3561	Schulze 469; FuR/ZUM 99, 649; WRP 99, 860; K&R 99, 463	I § 54 1, 8-10, 15; I § 54a 5, 9; I § 54c 2; I § 54d 8, 15, 21, 22; I § 54g 3; II Vor §§ 14 ff. 8
Telefonkarte				WRP 01, 804	I § 2 105
Textdichteranmeldung		77, 551	77, 1777	UFITA 79 (1977), 313; Schulze 237	I § 31 45
The Doors	121, 319	93, 550	93, 2183	Schulze 421; MDR 93, 856; FuR/ZUM 93, 531; JZ 94, 40	I § 8 3; I § 77 3; I § 80 2; I § 96 5
Themenkatalog		91, 130	RR 90, 1513	MDR 91, 216; FuR/ZUM 91, 208; AfP 91, 780	I § 2 101, 104, 145, 275
Tierfiguren		74, 669		UFITA 76 (1976), 313; Schulze 219	I § 2 91, 98, 113-115, 121, 122, 219, 227, 233
Todesgift		74, 794		UFITA 72 (1975), 311; Schulze 211; AfP 75, 756	I Vor §§ 12 ff. 59; I Anh. § 60/ § 23 KUG 30
Tofifa		60, 199		UFITA 32 (1960), 195; Schulze 63	I § 89 6
Tolbutamid	77, 16	80, 841	80, 2522		I § 97 28
Tonbänder-Werbung		64, 91	63, 1736	UFITA 40 (1963), 362; Schulze 107; BB 63, 914	I § 16 4, 20, 42
Tonbandgeräte-Händler		64, 94	63, 1739	UFITA 40 (1963), 371; Schulze 108	I § 16 21, 22, 42; II § 13b 5
Tonbandgeräte-Importeur		70, 200		UFITA 61 (1971), 205; FuR/ ZUM 70, 154	I § 53 35; I § 54d 3
Tonfilmgeräte		82, 104	82, 642	Schulze 296	I § 54 4, 11, 19; I § 54d 2
Tonmeister		83, 22	84, 1110	UFITA 96 (1983), 213; Schulze 310; FuR/ZUM 83, 340; AfP 84, 121	I § 2 261; I § 73 17
Topographische Landes-karten		88, 33	88, 337	Schulze 368; MDR 88, 117; FuR/ZUM 87, 634; WRP 88, 233; CR 88, 205; AfP 88, 105	I § 2 55, 62, 126, 129, 130, 270, 274, 275; I § 5 43, 57, 64
Treppenhausgestaltung		99, 230	99, 790 (LS); RR 98, 1661		I § 2 146, 148, 149; I § 14 5, 14, 16, 19, 21, 26, 28, 42, 52; I § 39 4; I § 62 6, 7
Triumph des Willens			69, 151	UFITA 55 (1970), 313; Schulze 160	I § 89 4; I § 94 2

Fallname	BGHZ	GRUR	NJW	Andere	Fundstelle im Kommentar
UFA-Musikverlage	55, 381	71, 326	71, 879	UFITA 61 (1971), 221; Schulze 264; FuR/ZUM 10, 276; BB 71, 449 WRP 02, 552	II § 1 23
Unikatrahmen					I § 3 9, 34; I § 14 44; I § 97 30
Unsterbliche Stimmen		76, 317		UFITA 77 (1976), 223; Schulze 223	I § 101 4
Urheberfolgerecht	56, 256	71, 519	71, 2021	UFITA 62 (1971), 292; DB 71, 1907	I § 26 3, 22, 23
Vakuumpumpen			RR 96, 613		I § 64 30
Vasenleuchter		72, 38		Schulze 169	I § 2 113, 117-119, 122, 134, 135; I § 3 38; I § 7 13; I § 24 42; I Anh. §§ 23, 24 9
Verbundene Werke		82, 743	83, 1192	UFITA 96 (1983), 221; Schulze 311 WRP 02, 712	I § 8 30, 31; I § 9 14, 16, 17, 20, 29, 30, 34, 35; I § 26 33
Verhüllter Reichstag					I § 59 7
Verkehrskinderlied	28, 234	59, 197	59, 336	UFITA 27 (1959), 58; Schulze 50; DB 59, 137	I § 31 133; I § 51 37, 42, 48
Vernichtungsanspruch	135, 183	97, 897	97, 3443	WRP 97, 1189; BB 97, 2126; Beil. 4,4	I § 98 5
Verschenktexte		90, 218	89, 391	FuR/ZUM 89, 299; WRP 89, 91; AfP 88, 237	I § 2 153, 154, 156, 157
Verteileranlage im Krankenhaus		94, 797	RR 94, 1328	Schulze 434; MDR 94, 1103; FuR/ZUM 94, 585	I § 20 5, 13, 15-17, 23; I § 52 35, 59
Verteileranlagen	123, 149	94, 45	93, 2871	Schulze 425; FuR/ZUM 94, 503	I § 19 28, 33, 40; I Vor §§ 20 ff. 5; I § 20 5, 13, 15, 17, 23, 24; I § 21 4, 8, 11, 12; I § 22 5, 17, 18; I Vor §§ 44a ff. 19; I § 45a 7; I § 52 17, 33, 35, 37, 59
Vertragsstrafe ohne Obergrenze			RR 90, 1390		I § 97 19
Vertragsstrafebemessung		94, 146			I § 97 19
Vervielfältigungsstücke		78, 474	78, 2596	UFITA 83 (1978), 227; Schulze 252; FuR/ZUM 78, 344; DB 78, 1222	I § 45 7; I § 45a 18; I § 53 23, 84, 85; I § 87c 5
Vespa-Roller			RR 88, 1122		I § 64 30
Video-Recorder		81, 355	81, 925	UFITA 93 (1982), 148; Schulze 275	I Vor §§ 44a ff. 37; I § 53 14, 15; I Vor §§ 54 ff. 5; I § 54 4, 5, 7, 12; I § 54c 3
Videofilmvorführung		86, 742	RR 86, 1251	Schulze 358; MDR 86, 1000; FuR/ZUM 86, 543; AfP 86, 361	I § 15 25; I § 17 64
Videolizenzvertrag		87, 37	RR 87, 181	Schulze 260; MDR 87, 117; FuR/ZUM 87, 83; AfP 86, 243	I § 3 42; I § 17 14, 20, 39, 66; I § 31 118; I § 97 1, 3, 13, 29, 30
Videozweitauswertung I		91, 133	RR 91, 429	Schulze 386; MDR 91, 410; AfP 91, 408	I § 2 261; I § 7 8; I § 31 109, 111, 118; I § 43 16
Videozweitauswertung II	123, 142	94, 41	93, 2939	Schulze 426; FuR/ZUM 94, 506	I § 15 12; I § 16 23; I § 17 14; I § 88 5

Fallname	BGHZ	GRUR	NJW	Andere	Fundstelle im Kommentar
Videozweitauswertung III	128, 336	95, 212		Schulze 443; FuR/ZUM 95, 713; EWiR 95, 393; CR 95, 725	**I § 8** 38; **I § 31** 109, 110; **I § 88** 11; **I § 89** 7, 8
VOB/C		84, 117	84, 1621	UFITA 98 (1984), 209; Schulze 306; FuR/ZUM 84, 37; AfP 84, 62	**I § 5** 3, 10, 12, 17, 18, 20, 21, 23, 24, 27, 41, 44, 45, 50, 56, 64
Vollzugsanstalten		84, 734	84, 2884	Schulze 320; AfP 84, 252	**I § 6** 16, 19, 21-23, 26, 32
Vor unserer eigenen Tür		67, 205	66, 2353	UFITA 50 (1967), 255; Schulze 137; BB 66, 1251	**I Vor §§ 12 ff.** 55, 57; **I Anh. § 60** 1, 7; **I Anh. § 60 /§ 22 KUG** 9; **I Anh. § 60/§ 23 KUG** 5, 11, 57
Voran	49, 331	68, 195	68, 1042	BB 68, 395	**I § 17** 23
Vorentwurf I		84, 656	84, 2818	UFITA 100 (1985), 225; Schulze 136; FuR/ZUM 84, 317; AfP 84, 252	**I § 16** 8, 35; **I § 31** 143; **I § 44** 1
Vorentwurf II		88, 533	RR 88, 1204	Schulze 378; MDR 88, 558	**I § 2** 29, 33, 34, 36, 51, 122, 140, 144, 231, 232; **I § 3** 51; **I § 15** 13; **I § 16** 8, 18, 35
Vortragsveranstaltung	39, 352	63, 575	63, 1742	UFITA 40 (1963), 192; Schulze 106; FuR/ZUM 10/ 1963, 15; BB 63, 831	**I § 16** 3, 5, 8, 20, 35
Wählamt	61, 88	73, 663	73, 1696	UFITA 70 (1974), 286; Schulze 206; DB 73, 1745	**I § 2** 122
Wahlkampfillustrierte		80, 259	80, 994	UFITA 87 (1980), 272; Schulze 267; AfP 80, 35	**I Anh. § 60/§§ 33-50 KUG** 12, 18
Walzstabteilung		81, 39			**I § 69g** 3
Warenzeichenlexika		87, 704	RR 87, 1081	Schulze 366; MDR 87, 908; FuR/ZUM 87, 525	**I § 2** 8, 47, 51, 73-75, 77, 104, 182; **I § 3** 16; **I § 24** 18
Wärme fürs Leben			RR 97, 41		**I § 97** 35
Wellplatten		65, 591	65, 1861	BB 65, 803	**I § 97** 8
Werbefilm		66, 390		UFITA 47 (1966), 297; Schulze 129; FuR/ZUM 66, 144; BB 66, 302	**I § 2** 92, 125, 258, 259
Werbefotos				WRP 00, 203	**I § 2** 124, 240, 241, 244
Werbeidee (Nachschlagewerk)	18, 175	55, 598	55, 1753	UFITA 21 (1956), 65; Schulze 31; DB 55, 1038	**I § 2** 40, 50, 52, 150, 151, 168, 175, 184
Werbepläne		87, 360	RR 87, 750	Schulze 374; MDR 87, 557; FuR/ZUM 87, 335; BB 87, 506	**I § 2** 29, 36, 51, 55, 126, 129, 130, 272, 274, 275
Werbung für Tonbandgeräte		60, 340	60, 771	UFITA 31 (1960), 335; Schulze 68; BB 60, 341	**I Vor §§ 12 ff.** 3

Fallname	BGHZ	GRUR	NJW	Andere	Fundstelle im Kommentar
Werkbücherei	58, 270	72, 617	72, 1270	UFITA 66 (1973), 301; Schulze 193; BB 72, 965	I § 17 69, 71; I § 27 2, 7, 12; I § 95a 73
Wetterführungspläne I		01, 155		ZUM 01, 161	I § 1 9; I § 69b 11, 12
Wetterführungspläne II		02, 149	02, 1352 (LS); RR 02,339	NZA-RR 02, 202; MMR 02, 99	I § 1 9; I § 43 24; I § 64b 12
White Christmas		79, 637	79, 2610	UFITA 85 (1979), 259; Schulze 260; WRP 79, 705	I § 31 133; I § 73 2
Wie uns die Anderen sehen		65, 495	65, 1374	UFITA 44 (1965), 157; Schulze 120; BB 65, 522	I Vor §§ 12 ff. 59; I Anh. § 60/ § 23 KUG 44, 46; I Anh. § 60/ § 50 KUG 18, 19
Wiederholte Unterwerfung I		83, 186	83, 1060	DB 83, 1420	I § 97 21
Wiederholte Unterwerfung II			87, 3251		I § 97 21
Willy Brandt (Abschiedsmedaille)		96, 195	96, 593	Schulze 447; MDR 96, 163; FuR/ZUM 96, 240; EWiR 96, 183	I Anh. § 60/§ 23 KUG 10, 28, 29, 53, 55; I Anh. § 60/ §§ 33-50 KUG 32
Winnetous Rückkehr				WRP 03, 644	I § 2 71, 156
Wirtschaftsprüfervorbehalt		81, 535		DB 81, 1458	I § 97 32
WK-Dokumentation		82, 37		UFITA 94 (1982), 270; Schulze 297	I § 2 63, 86, 182, 285; I § 3 15; I § 5 6, 47, 51-53, 64; I § 24 3, 15, 19; I § 51 3, 20, 35; I § 70 3
Wo ist mein Kind?		66, 157		UFITA 44 (1965), 362; Schulze 122	I Vor §§ 12 ff. 58, 59
Wolfsblut		78, 302	78, 1112	UFITA 83 (1978), 214; Schulze 246; FuR/ZUM 78, 350	I § 120 10
Zahlenlotto		62, 51		UFITA 36 (1962), 229; Schulze 95; DB 61, 1690	I § 2 48, 165, 192
Zeitschriftenauslage beim Frisör	92, 54	85, 134	85, 435	Schulze 321; BB 84, 2217	I § 17 69; I § 27 12
Zeitungsbericht als Tagesereignis		02, 1050			I Vor §§ 44a ff. 19, 40; I § 48 5; I § 50 7, 8, 11, 26
Zoll- und Finanzschulen	87, 126	83, 562	84, 1108	UFITA 97 (1984), 203; Schulze 313; FuR/ZUM 83, 337; AfP 83, 390	I § 6 23, 31, 32; I § 52 2, 15
Zweibettzimmer im Krankenhaus		96, 875	96, 3084	Schulze 450; MDR 97, 157; FuR/ZUM 96, 783; NVwZ 97, 103; EWiR 96, 1047	I § 6 12, 20, 22, 23, 33, 38; I § 15 60; I § 20 21; I § 22 13, 14, 19

Stichwortverzeichnis

Die **fetten römischen Ziffern** verweisen auf das jeweilige Kapitel des Kommentars;
fette arabische Ziffern benennen den Paragrafen; die *mageren Ziffern* beziehen
sich auf die *Randnummern*; Einl. = Einleitung; Anh. = Anhang

Stichwortverzeichnis

Stichwortverzeichnis

Stichwortverzeichnis

Branchenübung *siehe auch Vergütung*
– Namensnennungsrecht **I 13** 18, 30 ff.
Brenner
– Brennen von CDs **I 16** 35
– Demonstration der Funktion **I 56** 7
– Geräteabgabe **I 54** 19
– Kopierfreiheit **I 53** 29 ff.
Brief
– Urheberrechtsschutz **I 2** 51, 99, 105, 188
– wegen Aufnahme in Sammlung **I 46** 29 ff.
Briefmarke
– als amtliches Werk **I 5** 19
– als Werk **I 2** 233
Browsing
– Schranke **I 44a** 1 ff.
– Vervielfältigung durch ~ **I 16** 30
Bruchteilsgemeinschaft
– Miturheber **I 8** 20
Brücke **I 2** 230
Brüsseler Satelliten-Übereinkommen
I 127 13
– unmittelbare Anwendbarkeit **I 127** 14
Buch *siehe auch eigenständige Nutzungsart*
– Illustration **I 2** 222, 233; **8** 18
– Kopieren **I 16** 35; **53** 86 ff.
– Schulbuchprivileg **I 46** 1 ff.
– Urheberschaftsvermutung **I 10** 19
– vergriffene Werke **I 53** 86 ff.
– Vertrieb über Buchgemeinschaften **I 17** 51
Buchhaltungssystem **I 2** 165
Buchprüfer
– Wirtschaftsprüfervorbehalt **I 54g** 6
Buchverlag
– Änderungsverbot **I 39** 11
Bühne
– Bühnenurheber **I 8** 6, 10
– Entstellungsverbot **I 14** 69
– öffentliche bühnenmäßige Darstellung **I 19** 19 ff.
– Übertragung von der Bühne ins Foyer **I 20** 23
– Veränderungen am Bühnenbild **I 3** 36; **14** 69
– Werkschutz für das Bühnenbild **I 2** 222, 233; **3** 36
Bühnenverlag **I 31** 59
Bund
– als Amt **I 5** 22, 46
– öffentliche Wiedergabe in staatlichen Einrichtungen **I 52** 41 ff.
Bundeskartellamt
– Einschränkung der Kartellaufsicht **II 24/30 GWB** 8 f.
– Einvernehmen mit Aufsichtsbehörde **II 18** 5 f.
– Gesamtvertrag **II 14c** 7
– Missbrauchs-Diskriminierungs-Behinderungsverbot **II 24/30 GWB** 11

Bundesrat
– Bundesrats-Drucksache als amtliches Werk **I 5** 63
– Reden aus dem ~ **I 48** 21
Bundestag
– Bildnisschutz von Abgeordneten **I Anh. 60/23 KUG** 10
– Bundestags-Drucksache als amtliches Werk **I 5** 63
– Reden aus dem ~ **I 48** 21
Bunter Abend
– öffentliche Wiedergabe **I 52** 52
Bus und Bahn
– Einzelsitzplatzwiedergabe **I 21** 14
– Musikberieselung **I 21** 13; **22** 18
– Rundfunk/Fernsehen **I 20** 23
Bußgeld **I 111a**
Button **I 2** 282
Buy-out-Verträge
– gesetzliche Vergütungsansprüche **I 20b** 10 ff.; **63a** 1, 4 f.
– Kabelweitersendung **I 20b** 1, 10

Cachen
– Hyperlink **I 16** 33, 36
– Schranke **I 44a** 1 ff.
– Vervielfältigung durch ~ **I 16** 29 f.
CD
– als Bild- und Tonträger **I 16** 19 f., 35
– Berichterstattung mittels ~ **I 50** 8, 24 f., 27
– Bildnisse auf den Einlegeblättern **I Anh. 60/23 KUG** 24, 56
– DRM **I 95a** 22, 24, 30, 50, 55 f., 90, 110, 113 f.; **95b** 27
– Geräteabgabe auf CD-Brenner **I 54** 19
– Werkform **I 2** 31
CDDA-Logo **I 95a** 110
CD-ROM **I 31** 95; *siehe auch neue Nutzungsart*
– als Bild- und Tonträger **I 16** 19 f.
– als Werkform **I 2** 31
– Berichterstattung auf ~ **I 50** 8, 24 f., 27
Charakterfigur **I 2** 30
Chat
– Vortragsrecht **I 19** 12
Chip *siehe Schutzfähigkeit*
Chor
– öffentliche Wiedergabe durch Schulchor **I 52** 53
Choreografie
– Abgrenzung **I 2** 213, 217
– Fixierung **I 2** 216
– Improvisation **I 2** 216
– kleine Münze **I 2** 218
– Urheberrechtsschutz **I 2** 43, 112, 151, 213 ff.
CISAC *siehe internationale Dachorganisationen*
CMMV *siehe Informationsvermittlungsstelle*

Stichwortverzeichnis

1506

Stichwortverzeichnis

Filmverwertung
- Verträge **I 31** 88

Filmwerk I 88 9; *siehe auch eigenständige Nutzungsart; Übertragungszweck; Zwangsvollstreckung*
- Download *siehe neue Nutzungsart*
- Verwertung **I 31** 82

Finanzierung
- Filmwerk **I 31** 86

Flüchtlinge I 123; 125 25; **126** 17; **128** 6; **II 6** 22

Folgerecht I 121 26
- Allgemeines **I 26** 1 ff.
- Auftragsveräußerung **I 26** 16
- Auskunftsanspruch **I 26** 28 ff.
- Baukunst **I 26** 15
- Beteiligungsanspruch **I 26** 19
- Einsichtsrecht **I 26** 30 f.
- Erlös **I 26** 17 f.
- Europäisches Recht **Einl.** 17; **I 26** 4
- Fotografien **I 26** 14
- Fremdenrecht **I 121** 42
- Rechtsgeschäfte über ~ **I 26** 5, 24 ff.
- Rückveräußerung an den Urheber **I 26** 9
- Territorialitätsprinzip **I 26** 38 ff.
- Verletzung **I 26** 6
- Werke der bildenden Künste **I 26** 14 f.

Folie
- Herstellung **I 16** 7, 35

Fonts *siehe Schutzfähigkeit*

Form
- Nutzungsrechtseinräumung **I 31** 25

Form des Werkes
- Abgussform **I 26** 13
- als Werkschutzvoraussetzung **I 2** 7, 29 ff.
- Comic-Figuren **I 2** 30, 52, 96, 122, 233
- Entstellungsverbot **I 14** 1 ff., 36, 38 ff., 48
- konkrete und fiktive Gestalt **I 2** 30
- Schriftform **I 2** 29, 184; **Vor 12** 23
- Verbindung mit dem Werkinhalt **I 2** 7

Formate I 88 3

Formblatt
- Geräte sowie Bild- und Tonträger **I 54h** 9

Förmlichkeitenverbot I 121 16, 38

Forschung
- Großbetreibervergütung **I 54a** 19
- öffentliche Zugänglichmachung **I 52a** 25 ff.
- Schranken zugunsten der ~ **I Vor 44a** 32
- Umgehung wirksamer technischer Maßnahmen **I 95a** 38

Fortsetzung
- als freie Benutzung **I 24** 21
- Fortschreiben einer Geschichte **I 3** 34
- Fortschreibung einer Melodie **I 3** 34
- Fortsetzungsroman **I 3** 34; **24** 21

Forumshopping I Vor 20 9; **20a** 12

Fotogeschäft I 56 8

Fotograf
- angestellter **I 31** 81

Fotografien *siehe Lichtbildwerk; Übertragungszweck*

Fotokopie
- als Vervielfältigung **I 16** 14, 35
- als Werk **I 2** 238
- Anfertigung durch Dritte **I 53** 29 f., 40 f., 48, 59, 72, 83, 90, 105, 111, 136
- Copy-Shop **I 16** 41; **53** 29, 49 f.
- Kopierfreiheit **I 53** 1 ff.

Fragesammlung
- als Bearbeitung **I 3** 35
- Lernhilfe **I 3** 35

Free-TV I 31 91

Freie Benutzung
- als Werk **I 3** 28
- Entstellung durch ~ **I 24** 29
- und Parodie **I 24** 20
- unzulässige **I 24** 51 f.
- von Melodien **I 24** 30 ff.
- von Werkteilen **I 24** 7, 9

Freihaltebedürfnis
- Gedanke **I 2** 47
- Idee **I 2** 47
- Methode **I 2** 47
- Motiv **I 2** 47
- Spiel **I 2** 48
- Stil **I 2** 46
- Technik **I 2** 49

Freistellung
- durch gesetzliche Schranke **I Vor 44a** 38

Freistellungsanspruch II 13 26

Fremdenrecht I 121 3; *siehe auch Datenbankhersteller; Urheberpersönlichkeitsrecht; Urheberrecht*
- Filmhersteller **I 128** 3
- Flüchtlinge **I 123**
- Folgerecht **I 121** 42

Frist I 69; *siehe auch Datenbankrecht*

Funk *siehe auch Recht der Wiedergabe von Funksendungen; Senderecht; Sendung*
- Begriff **I 20** 6
- neue Medien als ~ **I 20** 15
- rechtswidrig veranstaltete Funksendung **I 96** 9
- Unterrichtung über Tagesfragen **I 49** 1 ff.
- Urheberverwertungsrecht **I 20** 1 ff.; **20a** 1 ff.; **20b** 1 ff.

Funksendung I 31 82; **87** 3; *siehe auch Zwangsvollstreckung*

Funktion
- Demonstration eines Gerätes **I 56** 1 ff.

Fußball
- Fußballspieler als Person der Zeitgeschichte **I Anh. 60/23 KUG** 10, 19
- Urheberrechtsschutz **I 2** 52

1510

Stichwortverzeichnis

Stichwortverzeichnis

Stichwortverzeichnis

Stichwortverzeichnis

Stichwortverzeichnis